陝西省圖書館
古籍普查登記目録
（下）
索引

全國古籍普查登記目録

國家圖書館出版社
National Library of China Publishing House

書名筆畫字頭索引

一畫

一 ……………………………………… 23

二畫

二 ……………………………………… 23
十 ……………………………………… 24
丁 ……………………………………… 26
七 ……………………………………… 26
卜 ……………………………………… 26
八 ……………………………………… 26
人 ……………………………………… 27
入 ……………………………………… 27
九 ……………………………………… 27
力 ……………………………………… 28
又 ……………………………………… 28
了 ……………………………………… 28

三畫

三 ……………………………………… 28
于 ……………………………………… 31
工 ……………………………………… 31
士 ……………………………………… 31
下 ……………………………………… 31
大 ……………………………………… 31
才 ……………………………………… 36
上 ……………………………………… 36
巾 ……………………………………… 37
山 ……………………………………… 37
千 ……………………………………… 37
川 ……………………………………… 38
彡 ……………………………………… 38
勺 ……………………………………… 38
丸 ……………………………………… 38

尸 ……………………………………… 38
己 ……………………………………… 38
巳 ……………………………………… 38
也 ……………………………………… 38
女 ……………………………………… 38
小 ……………………………………… 38
子 ……………………………………… 41

四畫

王 ……………………………………… 41
井 ……………………………………… 42
天 ……………………………………… 42
元 ……………………………………… 44
廿 ……………………………………… 45
木 ……………………………………… 45
五 ……………………………………… 45
支 ……………………………………… 48
不 ……………………………………… 48
太 ……………………………………… 48
尤 ……………………………………… 49
友 ……………………………………… 49
比 ……………………………………… 49
切 ……………………………………… 49
牙 ……………………………………… 49
止 ……………………………………… 49
少 ……………………………………… 49
日 ……………………………………… 49
中 ……………………………………… 51
内 ……………………………………… 52
牛 ……………………………………… 53
午 ……………………………………… 53
毛 ……………………………………… 53
手 ……………………………………… 53
壬 ……………………………………… 53
升 ……………………………………… 53
仁 ……………………………………… 53

片	53	左	67
化	53	石	68
反	54	布	69
介	54	戊	69
父	54	平	69
今	54	北	70
分	54	占	70
公	54	目	70
月	54	且	70
勿	55	甲	70
丹	55	申	70
勾	55	田	71
六	55	冊	71
文	56	史	71
方	59	叩	73
火	59	四	73
心	59	生	77
尹	59	丘	77
尺	59	仕	77
弔	60	代	77
引	60	仙	78
孔	60	白	78
毋	60	印	79
水	60	句	79
		外	79
		冬	79
		包	79

五畫

		市	79
玉	61	立	79
刊	62	玄	79
未	62	半	79
巧	62	汀	79
正	62	必	79
功	62	永	79
去	62	司	80
甘	62	尼	80
世	63	民	80
艾	63	弗	80
古	63	弘	80
本	66	出	80
札	67	弁	80
可	67		

2

台	……… 80		舌	……… 89
幼	……… 80		竹	……… 89
			伏	……… 89
			延	……… 89
			仲	……… 90

六畫

匡	……… 81		任	……… 90
式	……… 81		仰	……… 90
刑	……… 81		仿	……… 90
吉	……… 81		自	……… 90
考	……… 81		伊	……… 90
老	……… 81		向	……… 90
地	……… 81		似	……… 90
耳	……… 82		后	……… 90
共	……… 82		行	……… 90
芝	……… 82		全	……… 91
臣	……… 82		合	……… 91
吏	……… 82		邠	……… 91
再	……… 82		危	……… 91
西	……… 82		各	……… 91
在	……… 85		名	……… 92
百	……… 85		多	……… 92
有	……… 85		色	……… 92
而	……… 86		交	……… 92
存	……… 86		亦	……… 92
列	……… 86		亥	……… 92
成	……… 86		羊	……… 92
扣	……… 86		米	……… 92
夷	……… 86		州	……… 92
攷	……… 86		次	……… 92
至	……… 86		汗	……… 92
此	……… 86		江	……… 92
光	……… 86		汲	……… 93
早	……… 87		池	……… 93
曲	……… 87		汝	……… 93
同	……… 87		守	……… 94
因	……… 88		安	……… 94
回	……… 88		冰	……… 94
屺	……… 88		字	……… 94
朱	……… 88		祁	……… 95
缶	……… 89		聿	……… 95
先	……… 89		艮	……… 95

阮	95	見	99
防	95	助	99
那	95	男	99
如	95	困	99
羽	95	串	99
		呂	99

七畫

形	95	吟	100
戒	95	吹	100
攻	95	吳	100
赤	95	別	101
孝	95	岐	101
坊	95	刪	101
志	95	告	101
劫	96	利	101
芙	96	秀	101
花	96	我	101
芥	96	兵	101
芳	96	邱	101
苎	96	何	101
克	96	佐	101
杜	96	佔	102
杏	97	伸	102
李	97	佚	102
車	98	作	102
甫	98	身	102
更	98	佛	102
吾	98	伽	103
酉	98	近	103
辰	98	厄	103
邳	98	返	103
扶	98	余	103
抛	98	希	103
批	98	坐	103
折	98	豸	103
抗	99	孚	103
求	99	含	103
步	99	劬	103
肖	99	狄	103
里	99	角	103
		刪	103
		言	103

辛 …………………………………… 103
忘 …………………………………… 103
判 …………………………………… 103
弟 …………………………………… 103
冷 …………………………………… 104
汪 …………………………………… 104
汧 …………………………………… 104
沅 …………………………………… 104
沔 …………………………………… 104
沙 …………………………………… 104
沖 …………………………………… 104
汽 …………………………………… 104
汾 …………………………………… 104
泛 …………………………………… 104
汴 …………………………………… 104
沈 …………………………………… 104
決 …………………………………… 104
完 …………………………………… 104
宋 …………………………………… 107
宏 …………………………………… 107
冶 …………………………………… 107
良 …………………………………… 107
初 …………………………………… 107
即 …………………………………… 107
壯 …………………………………… 107
改 …………………………………… 107
阿 …………………………………… 108
附 …………………………………… 108
妙 …………………………………… 108
邵 …………………………………… 108
甫 …………………………………… 108

八畫

奉 …………………………………… 109
玩 …………………………………… 109
武 …………………………………… 109
青 …………………………………… 110
表 …………………………………… 110
長 …………………………………… 110
幸 …………………………………… 111

坡 …………………………………… 111
亞 …………………………………… 111
其 …………………………………… 111
取 …………………………………… 111
若 …………………………………… 111
苗 …………………………………… 111
英 …………………………………… 111
苻 …………………………………… 111
苑 …………………………………… 111
范 …………………………………… 111
苾 …………………………………… 111
直 …………………………………… 111
苔 …………………………………… 112
苕 …………………………………… 112
茅 …………………………………… 112
林 …………………………………… 112
枝 …………………………………… 112
板 …………………………………… 112
來 …………………………………… 112
松 …………………………………… 113
杭 …………………………………… 113
述 …………………………………… 113
枕 …………………………………… 114
東 …………………………………… 114
臥 …………………………………… 116
事 …………………………………… 116
刺 …………………………………… 116
兩 …………………………………… 116
雨 …………………………………… 117
鹵 …………………………………… 117
郁 …………………………………… 117
奇 …………………………………… 117
拔 …………………………………… 117
抱 …………………………………… 117
拙 …………………………………… 117
招 …………………………………… 117
叔 …………………………………… 117
歧 …………………………………… 117
虎 …………………………………… 117
尚 …………………………………… 117
盱 …………………………………… 118

具 ……………………………………… 118
果 ……………………………………… 118
味 ……………………………………… 118
昆 ……………………………………… 118
昌 ……………………………………… 119
門 ……………………………………… 119
明 ……………………………………… 119
易 ……………………………………… 121
典 ……………………………………… 122
忠 ……………………………………… 122
呻 ……………………………………… 123
邵 ……………………………………… 123
咏 ……………………………………… 123
廻 ……………………………………… 123
制 ……………………………………… 123
知 ……………………………………… 123
牧 ……………………………………… 124
物 ……………………………………… 124
乖 ……………………………………… 124
和 ……………………………………… 124
季 ……………………………………… 124
岳 ……………………………………… 124
使 ……………………………………… 124
版 ……………………………………… 124
岱 ……………………………………… 124
兒 ……………………………………… 124
佩 ……………………………………… 124
依 ……………………………………… 125
征 ……………………………………… 125
往 ……………………………………… 125
彼 ……………………………………… 125
所 ……………………………………… 125
舍 ……………………………………… 125
金 ……………………………………… 125
郃 ……………………………………… 127
采 ……………………………………… 127
受 ……………………………………… 127
念 ……………………………………… 127
周 ……………………………………… 127
京 ……………………………………… 130
夜 ……………………………………… 130

府 ……………………………………… 130
庚 ……………………………………… 130
放 ……………………………………… 130
刻 ……………………………………… 130
育 ……………………………………… 130
性 ……………………………………… 130
怪 ……………………………………… 131
怡 ……………………………………… 131
卷 ……………………………………… 131
法 ……………………………………… 131
河 ……………………………………… 131
況 ……………………………………… 131
泊 ……………………………………… 131
泖 ……………………………………… 132
注 ……………………………………… 132
波 ……………………………………… 132
泾 ……………………………………… 132
治 ……………………………………… 132
宗 ……………………………………… 132
定 ……………………………………… 132
宜 ……………………………………… 133
官 ……………………………………… 133
空 ……………………………………… 133
宛 ……………………………………… 133
郎 ……………………………………… 133
建 ……………………………………… 133
居 ……………………………………… 133
屈 ……………………………………… 134
弧 ……………………………………… 134
弦 ……………………………………… 134
弢 ……………………………………… 134
陋 ……………………………………… 134
陔 ……………………………………… 134
姑 ……………………………………… 134
姓 ……………………………………… 134
始 ……………………………………… 134
迦 ……………………………………… 134
孟 ……………………………………… 134
孤 ……………………………………… 135
函 ……………………………………… 135

九畫

奏	135
春	135
珂	138
珍	138
封	138
城	138
垤	138
政	138
埏	138
郝	138
荊	138
茸	139
茉	139
草	139
茶	139
荀	139
茗	139
荒	139
故	139
胡	139
茹	140
荔	140
南	140
枯	142
柯	142
柘	142
相	142
柏	142
柳	142
柈	142
勅	143
柬	143
咸	143
研	143
砭	143
耐	143
奎	143
持	143
括	143
拾	143
指	143
拯	143
貞	143
省	143
是	143
郢	144
則	144
盼	144
映	144
星	144
昭	144
毗	144
毘	144
虹	144
思	144
韋	145
品	145
咽	145
咳	145
罘	145
幽	145
拜	145
看	145
矩	145
香	145
秋	145
科	146
重	146
段	150
便	150
修	150
保	150
俄	151
俗	151
信	151
皇	151
鬼	155
泉	155
禹	155

侯 ……………………………… 155
追 ……………………………… 155
俟 ……………………………… 155
盾 ……………………………… 155
衍 ……………………………… 155
待 ……………………………… 156
衍 ……………………………… 156
律 ……………………………… 156
後 ……………………………… 156
俞 ……………………………… 157
弇 ……………………………… 157
食 ……………………………… 157
脉 ……………………………… 157
胎 ……………………………… 157
勉 ……………………………… 157
風 ……………………………… 157
急 ……………………………… 157
計 ……………………………… 157
訂 ……………………………… 157
哀 ……………………………… 158
亭 ……………………………… 158
度 ……………………………… 158
庭 ……………………………… 158
疫 ……………………………… 158
施 ……………………………… 158
奕 ……………………………… 158
音 ……………………………… 158
帝 ……………………………… 158
恆 ……………………………… 158
恤 ……………………………… 158
恪 ……………………………… 158
恨 ……………………………… 158
美 ……………………………… 158
姜 ……………………………… 158
前 ……………………………… 159
逆 ……………………………… 159
炮 ……………………………… 159
洪 ……………………………… 159
洞 ……………………………… 159
泂 ……………………………… 160
洗 ……………………………… 160

活 ……………………………… 160
洵 ……………………………… 160
洛 ……………………………… 160
洋 ……………………………… 160
洴 ……………………………… 160
津 ……………………………… 160
宣 ……………………………… 160
宦 ……………………………… 160
軍 ……………………………… 161
扁 ……………………………… 161
祛 ……………………………… 161
祖 ……………………………… 161
神 ……………………………… 161
祝 ……………………………… 161
祠 ……………………………… 161
為 ……………………………… 161
退 ……………………………… 161
咫 ……………………………… 161
屏 ……………………………… 161
陝 ……………………………… 161
姚 ……………………………… 163
飛 ……………………………… 163
癸 ……………………………… 163
柔 ……………………………… 163
紅 ……………………………… 163
約 ……………………………… 163
紀 ……………………………… 163
紉 ……………………………… 163
耕 ……………………………… 163
馬 ……………………………… 163

十畫

秦 ……………………………… 164
泰 ……………………………… 164
珠 ……………………………… 164
敖 ……………………………… 164
班 ……………………………… 164
素 ……………………………… 165
栽 ……………………………… 165
貢 ……………………………… 165

8

袁 ……………………………… 165
都 ……………………………… 165
埃 ……………………………… 165
恥 ……………………………… 165
華 ……………………………… 165
莆 ……………………………… 166
恭 ……………………………… 166
莫 ……………………………… 166
莊 ……………………………… 166
荷 ……………………………… 166
真 ……………………………… 166
桂 ……………………………… 167
桐 ……………………………… 167
栝 ……………………………… 167
桃 ……………………………… 167
格 ……………………………… 167
栘 ……………………………… 168
校 ……………………………… 168
連 ……………………………… 168
栗 ……………………………… 168
酌 ……………………………… 168
夏 ……………………………… 168
砥 ……………………………… 168
庮 ……………………………… 168
原 ……………………………… 169
捕 ……………………………… 169
振 ……………………………… 169
捐 ……………………………… 169
哲 ……………………………… 169
晉 ……………………………… 169
柴 ……………………………… 169
時 ……………………………… 169
眠 ……………………………… 170
晁 ……………………………… 170
晏 ……………………………… 170
恩 ……………………………… 170
豈 ……………………………… 170
迴 ……………………………… 170
峭 ……………………………… 170
崐 ……………………………… 170
峨 ……………………………… 170

峯 ……………………………… 170
乘 ……………………………… 170
秣 ……………………………… 170
秘 ……………………………… 170
笑 ……………………………… 170
借 ……………………………… 170
倚 ……………………………… 170
倭 ……………………………… 171
倪 ……………………………… 171
健 ……………………………… 171
皋 ……………………………… 171
躬 ……………………………… 171
息 ……………………………… 171
師 ……………………………… 171
徑 ……………………………… 171
徐 ……………………………… 171
殷 ……………………………… 171
般 ……………………………… 171
航 ……………………………… 171
針 ……………………………… 172
拿 ……………………………… 172
倉 ……………………………… 172
釘 ……………………………… 172
翁 ……………………………… 172
胭 ……………………………… 172
脈 ……………………………… 172
烏 ……………………………… 172
逢 ……………………………… 172
留 ……………………………… 172
絮 ……………………………… 172
託 ……………………………… 172
訓 ……………………………… 172
記 ……………………………… 172
高 ……………………………… 172
郭 ……………………………… 173
席 ……………………………… 173
病 ……………………………… 173
疹 ……………………………… 173
唐 ……………………………… 173
旅 ……………………………… 176
畜 ……………………………… 176

悟 ………………………………… 176
悔 ………………………………… 176
悅 ………………………………… 176
瓶 ………………………………… 176
拳 ………………………………… 177
益 ………………………………… 177
兼 ………………………………… 177
朔 ………………………………… 177
剡 ………………………………… 177
涑 ………………………………… 177
酒 ………………………………… 177
浙 ………………………………… 177
涇 ………………………………… 178
娑 ………………………………… 178
消 ………………………………… 178
浩 ………………………………… 178
海 ………………………………… 178
浮 ………………………………… 179
浣 ………………………………… 179
浪 ………………………………… 179
宸 ………………………………… 179
家 ………………………………… 179
宮 ………………………………… 179
容 ………………………………… 179
宰 ………………………………… 179
袖 ………………………………… 179
被 ………………………………… 179
祥 ………………………………… 179
書 ………………………………… 179
弱 ………………………………… 181
陸 ………………………………… 181
陳 ………………………………… 181
陰 ………………………………… 182
陶 ………………………………… 182
娛 ………………………………… 183
通 ………………………………… 183
桑 ………………………………… 185
孫 ………………………………… 185
純 ………………………………… 185
納 ………………………………… 185
紛 ………………………………… 185

十一畫

碧 ………………………………… 185
理 ………………………………… 185
現 ………………………………… 185
琉 ………………………………… 186
琅 ………………………………… 186
堵 ………………………………… 186
埤 ………………………………… 186
教 ………………………………… 186
培 ………………………………… 186
堊 ………………………………… 186
基 ………………………………… 186
聊 ………………………………… 186
黃 ………………………………… 186
著 ………………………………… 187
萊 ………………………………… 187
菲 ………………………………… 187
菜 ………………………………… 187
萃 ………………………………… 187
菩 ………………………………… 187
萍 ………………………………… 187
乾 ………………………………… 187
菉 ………………………………… 187
菰 ………………………………… 188
械 ………………………………… 188
梵 ………………………………… 188
梧 ………………………………… 188
桯 ………………………………… 188
梅 ………………………………… 188
梓 ………………………………… 188
專 ………………………………… 188
曹 ………………………………… 188
區 ………………………………… 188
堅 ………………………………… 188
帶 ………………………………… 189
硤 ………………………………… 189
硃 ………………………………… 189
匏 ………………………………… 189
盛 ………………………………… 189

10

雪	……	189	敏	……	194
捷	……	189	偃	……	195
推	……	189	偶	……	195
頂	……	189	偏	……	195
授	……	189	得	……	195
探	……	189	從	……	195
掃	……	190	船	……	195
救	……	190	釣	……	195
處	……	190	斜	……	195
堂	……	190	鳥	……	195
常	……	190	魚	……	195
野	……	190	象	……	195
晨	……	190	逸	……	195
眼	……	190	猗	……	196
問	……	190	許	……	196
曼	……	190	訟	……	196
晦	……	190	訪	……	196
晞	……	190	麻	……	196
晚	……	190	庚	……	196
異	……	191	產	……	196
略	……	191	庸	……	196
鄂	……	191	康	……	196
唱	……	191	鹿	……	197
婁	……	191	裒	……	197
國	……	191	章	……	197
唯	……	193	商	……	197
啖	……	193	望	……	197
崧	……	193	率	……	198
眾	……	193	情	……	198
崑	……	193	惜	……	198
崔	……	193	悼	……	198
崇	……	193	惕	……	198
崆	……	194	惟	……	198
過	……	194	惇	……	198
梨	……	194	剪	……	198
移	……	194	清	……	199
笛	……	194	淩	……	199
符	……	194	淑	……	200
笠	……	194	淮	……	200
筍	……	194	淨	……	200
第	……	194	淳	……	200

11

淡 …………………………………………… 200
深 …………………………………………… 200
梁 …………………………………………… 200
渌 …………………………………………… 200
涵 …………………………………………… 200
寄 …………………………………………… 200
宿 …………………………………………… 201
密 …………………………………………… 201
視 …………………………………………… 201
屠 …………………………………………… 201
張 …………………………………………… 201
強 …………………………………………… 201
隋 …………………………………………… 202
郿 …………………………………………… 202
陽 …………………………………………… 202
隆 …………………………………………… 202
婦 …………………………………………… 202
習 …………………………………………… 202
參 …………………………………………… 202
貫 …………………………………………… 202
鄉 …………………………………………… 202
紺 …………………………………………… 202
絃 …………………………………………… 202
紹 …………………………………………… 202
巢 …………………………………………… 202

十二畫

貳 …………………………………………… 202
絜 …………………………………………… 203
琴 …………………………………………… 203
琳 …………………………………………… 203
堯 …………………………………………… 203
項 …………………………………………… 203
越 …………………………………………… 203
趂 …………………………………………… 203
超 …………………………………………… 203
場 …………………………………………… 203
博 …………………………………………… 203
喜 …………………………………………… 203
彭 …………………………………………… 203

蛮 …………………………………………… 203
裁 …………………………………………… 203
報 …………………………………………… 203
達 …………………………………………… 203
壹 …………………………………………… 203
酤 …………………………………………… 204
惡 …………………………………………… 204
棊 …………………………………………… 204
斯 …………………………………………… 204
期 …………………………………………… 204
葉 …………………………………………… 204
散 …………………………………………… 204
葬 …………………………………………… 204
萬 …………………………………………… 204
葛 …………………………………………… 205
董 …………………………………………… 205
葆 …………………………………………… 205
敬 …………………………………………… 205
落 …………………………………………… 205
葬 …………………………………………… 205
葷 …………………………………………… 205
朝 …………………………………………… 205
葭 …………………………………………… 206
喪 …………………………………………… 206
植 …………………………………………… 206
棲 …………………………………………… 206
棉 …………………………………………… 206
棣 …………………………………………… 206
惠 …………………………………………… 206
粟 …………………………………………… 206
棗 …………………………………………… 206
棘 …………………………………………… 206
廈 …………………………………………… 206
皕 …………………………………………… 206
硯 …………………………………………… 206
雁 …………………………………………… 206
雲 …………………………………………… 206
揚 …………………………………………… 207
提 …………………………………………… 207
揖 …………………………………………… 207
揣 …………………………………………… 207

搜	……………………………	207
援	……………………………	207
揮	……………………………	207
握	……………………………	207
雅	……………………………	207
悲	……………………………	207
紫	……………………………	207
虛	……………………………	207
棠	……………………………	207
掌	……………………………	207
最	……………………………	207
貼	……………………………	207
貽	……………………………	208
鼎	……………………………	208
開	……………………………	208
閑	……………………………	208
閒	……………………………	208
喇	……………………………	208
遏	……………………………	208
景	……………………………	208
貴	……………………………	208
鄖	……………………………	209
達	……………………………	209
單	……………………………	209
喤	……………………………	209
喻	……………………………	209
圌	……………………………	209
黑	……………………………	209
無	……………………………	209
餅	……………………………	209
智	……………………………	209
剩	……………………………	209
稌	……………………………	209
程	……………………………	209
稀	……………………………	209
等	……………………………	209
策	……………………………	210
答	……………………………	210
筍	……………………………	210
筆	……………………………	210
備	……………………………	210
傅	……………………………	210
貸	……………………………	210
順	……………………………	210
集	……………………………	210
焦	……………………………	211
臬	……………………………	211
皖	……………………………	211
御	……………………………	211
復	……………………………	216
循	……………………………	217
徧	……………………………	217
舒	……………………………	217
鉅	……………………………	217
鈍	……………………………	217
鈴	……………………………	217
欽	……………………………	217
鈞	……………………………	220
番	……………………………	220
創	……………………………	220
飲	……………………………	220
腓	……………………………	221
勝	……………………………	221
猶	……………………………	221
觚	……………………………	221
然	……………………………	221
貿	……………………………	221
鄒	……………………………	221
詁	……………………………	221
評	……………………………	221
註	……………………………	221
詠	……………………………	221
詞	……………………………	221
敦	……………………………	221
痘	……………………………	221
痧	……………………………	222
遊	……………………………	222
童	……………………………	222
惺	……………………………	222
愧	……………………………	222
惲	……………………………	222
善	……………………………	222

普	……	222
尊	……	222
道	……	222
遂	……	223
曾	……	223
焠	……	224
馮	……	224
湛	……	224
湖	……	224
湘	……	225
湯	……	225
測	……	225
溫	……	226
渭	……	226
滑	……	226
淵	……	226
湝	……	226
渡	……	226
游	……	226
渼	……	226
滋	……	226
渾	……	226
溉	……	226
滌	……	227
割	……	227
寒	……	227
富	……	227
寓	……	227
甯	……	227
運	……	227
補	……	227
褚	……	228
尋	……	228
畫	……	228
強	……	228
費	……	228
粥	……	228
賀	……	228
登	……	228
發	……	228
婺	……	228

嫂	……	228
結	……	228
絳	……	228
絕	……	228
幾	……	228

十三畫

瑟	……	228
瑞	……	228
瑙	……	228
韞	……	228
填	……	228
遠	……	229
聖	……	229
戡	……	229
鄞	……	230
勤	……	230
蓮	……	230
靳	……	230
夢	……	230
蓬	……	230
蒿	……	230
蒲	……	230
蒞	……	230
蓉	……	230
蒙	……	230
蔭	……	230
禁	……	230
楚	……	230
楷	……	231
楊	……	231
楞	……	231
槐	……	231
榆	……	232
楓	……	232
楹	……	232
較	……	232
賈	……	232
感	……	232
肇	……	232

碑	……………………………	232	會	……………………………	235
碎	……………………………	233	愛	……………………………	235
匯	……………………………	233	飴	……………………………	235
鄠	……………………………	233	頒	……………………………	235
電	……………………………	233	詹	……………………………	235
雷	……………………………	233	肆	……………………………	235
損	……………………………	233	解	……………………………	235
裘	……………………………	233	遙	……………………………	236
督	……………………………	233	試	……………………………	236
歲	……………………………	233	詩	……………………………	236
虞	……………………………	233	誠	……………………………	237
當	……………………………	233	話	……………………………	237
睫	……………………………	233	詮	……………………………	237
睡	……………………………	233	詳	……………………………	237
愚	……………………………	233	廉	……………………………	237
暖	……………………………	233	痲	……………………………	237
歇	……………………………	233	瘍	……………………………	237
暗	……………………………	233	廊	……………………………	237
號	……………………………	233	靖	……………………………	238
照	……………………………	233	新	……………………………	238
路	……………………………	233	韵	……………………………	242
遣	……………………………	233	意	……………………………	242
蛾	……………………………	233	雍	……………………………	242
蛻	……………………………	233	慎	……………………………	242
豌	……………………………	233	愼	……………………………	242
農	……………………………	233	義	……………………………	242
罪	……………………………	234	慈	……………………………	242
蜀	……………………………	234	煙	……………………………	242
嵩	……………………………	234	煉	……………………………	242
圓	……………………………	234	資	……………………………	242
稗	……………………………	234	滇	……………………………	244
筊	……………………………	234	溧	……………………………	244
筱	……………………………	234	滄	……………………………	244
節	……………………………	234	滂	……………………………	244
與	……………………………	234	禊	……………………………	244
傳	……………………………	234	福	……………………………	244
傷	……………………………	234	群	……………………………	244
粵	……………………………	235	羣	……………………………	244
微	……………………………	235	彙	……………………………	244
鉄	……………………………	235	辟	……………………………	245
鉛	……………………………	235	遜	……………………………	245

15

經 ……………………………… 245
綏 ……………………………… 247
彙 ……………………………… 247
駁 ……………………………… 247

十四畫

碧 ……………………………… 247
趙 ……………………………… 247
嘉 ……………………………… 247
截 ……………………………… 247
赫 ……………………………… 247
臺 ……………………………… 247
穀 ……………………………… 247
壽 ……………………………… 247
聚 ……………………………… 247
摹 ……………………………… 247
蒨 ……………………………… 247
蔡 ……………………………… 247
蔗 ……………………………… 248
熙 ……………………………… 248
蓼 ……………………………… 248
槍 ……………………………… 248
榴 ……………………………… 248
榕 ……………………………… 248
歌 ……………………………… 248
監 ……………………………… 248
厲 ……………………………… 248
爾 ……………………………… 248
需 ……………………………… 249
摘 ……………………………… 249
翡 ……………………………… 249
對 ……………………………… 249
嘗 ……………………………… 249
暌 ……………………………… 249
暢 ……………………………… 249
聞 ……………………………… 249
閩 ……………………………… 249
團 ……………………………… 249
鳴 ……………………………… 249
嘯 ……………………………… 250

嘜 ……………………………… 250
圖 ……………………………… 250
鄒 ……………………………… 250
製 ……………………………… 250
種 ……………………………… 250
稱 ……………………………… 250
箧 ……………………………… 250
箋 ……………………………… 250
算 ……………………………… 250
管 ……………………………… 251
僥 ……………………………… 251
銅 ……………………………… 251
銀 ……………………………… 251
鄙 ……………………………… 251
遘 ……………………………… 251
鳳 ……………………………… 251
疑 ……………………………… 251
雛 ……………………………… 251
誠 ……………………………… 251
誌 ……………………………… 251
語 ……………………………… 251
誥 ……………………………… 251
說 ……………………………… 251
廣 ……………………………… 254
瘙 ……………………………… 255
瘍 ……………………………… 255
瘟 ……………………………… 255
瘦 ……………………………… 255
韶 ……………………………… 255
端 ……………………………… 255
適 ……………………………… 255
齊 ……………………………… 255
精 ……………………………… 255
鄭 ……………………………… 256
榮 ……………………………… 256
漢 ……………………………… 256
滿 ……………………………… 257
漸 ……………………………… 257
漱 ……………………………… 257
漱 ……………………………… 257
漁 ……………………………… 257

漪 ···································· 258
漳 ···································· 258
演 ···································· 258
滬 ···································· 258
澂 ···································· 258
寤 ···································· 258
寧 ···································· 258
實 ···································· 259
肇 ···································· 259
暨 ···································· 259
隨 ···································· 259
熊 ···································· 259
翠 ···································· 259
綱 ···································· 260
網 ···································· 260
維 ···································· 260
綿 ···································· 260
綴 ···································· 260
綠 ···································· 260

十五畫

璜 ···································· 260
璇 ···································· 260
髩 ···································· 260
駐 ···································· 260
摯 ···································· 260
瑿 ···································· 260
增 ···································· 260
截 ···································· 263
邁 ···································· 263
蕉 ···································· 263
蕩 ···································· 263
樓 ···································· 263
樊 ···································· 263
輪 ···································· 263
輟 ···································· 263
甌 ···································· 263
歐 ···································· 264
賢 ···································· 264
醉 ···································· 264

遼 ···································· 264
確 ···································· 265
震 ···································· 265
霄 ···································· 265
撫 ···································· 265
播 ···································· 265
撰 ···································· 265
齒 ···································· 265
賞 ···································· 265
賦 ···································· 265
賭 ···································· 265
賜 ···································· 265
閱 ···································· 265
影 ···································· 266
遺 ···································· 266
蝶 ···································· 266
數 ···································· 266
墨 ···································· 266
稽 ···································· 266
稻 ···································· 266
黎 ···································· 266
簏 ···································· 266
範 ···································· 266
箴 ···································· 266
篆 ···································· 266
牖 ···································· 266
儀 ···································· 267
德 ···································· 268
衛 ···································· 269
徵 ···································· 269
徹 ···································· 269
盤 ···································· 269
銷 ···································· 269
劍 ···································· 269
餘 ···································· 269
滕 ···································· 269
魯 ···································· 269
劉 ···································· 269
請 ···································· 270
諸 ···································· 270
課 ···································· 270

誰 …………………………………… 270
論 …………………………………… 270
調 …………………………………… 270
談 …………………………………… 270
廟 …………………………………… 271
摩 …………………………………… 271
褒 …………………………………… 271
瘥 …………………………………… 271
瘠 …………………………………… 271
慶 …………………………………… 271
憬 …………………………………… 271
養 …………………………………… 271
遵 …………………………………… 272
導 …………………………………… 272
潮 …………………………………… 272
潛 …………………………………… 272
澗 …………………………………… 272
澄 …………………………………… 272
澳 …………………………………… 272
潘 …………………………………… 272
潼 …………………………………… 272
澄 …………………………………… 272
寫 …………………………………… 272
審 …………………………………… 273
憨 …………………………………… 273
履 …………………………………… 273
遲 …………………………………… 273
選 …………………………………… 273
險 …………………………………… 273
豫 …………………………………… 273
樂 …………………………………… 273
練 …………………………………… 273
緬 …………………………………… 273
緝 …………………………………… 273
緱 …………………………………… 274
編 …………………………………… 274
畿 …………………………………… 274
璞 …………………………………… 274
靜 …………………………………… 274
隸 …………………………………… 274
駱 …………………………………… 274

駮 …………………………………… 274
駢 …………………………………… 274

十六畫

撼 …………………………………… 275
燕 …………………………………… 275
薛 …………………………………… 275
薇 …………………………………… 275
薈 …………………………………… 275
蕭 …………………………………… 275
翰 …………………………………… 275
頤 …………………………………… 275
薛 …………………………………… 275
樹 …………………………………… 275
藪 …………………………………… 275
檐 …………………………………… 275
樵 …………………………………… 275
樽 …………………………………… 275
橘 …………………………………… 275
輯 …………………………………… 275
輶 …………………………………… 275
賴 …………………………………… 276
融 …………………………………… 276
醒 …………………………………… 276
勵 …………………………………… 276
磧 …………………………………… 276
磚 …………………………………… 276
歷 …………………………………… 276
憨 …………………………………… 278
霓 …………………………………… 278
冀 …………………………………… 278
頻 …………………………………… 278
餐 …………………………………… 278
盧 …………………………………… 278
曉 …………………………………… 278
器 …………………………………… 278
戰 …………………………………… 278
還 …………………………………… 279
嶧 …………………………………… 279
嶼 …………………………………… 279

圍 279
黔 279
積 279
穆 279
篤 279
舉 279
興 279
學 279
盥 280
儒 280
衡 280
錢 281
錫 281
錦 281
錄 281
劍 281
餞 281
館 281
雕 281
獲 281
獨 281
駕 281
諧 281
諭 281
憑 281
凝 282
磨 282
辨 282
親 282
龍 282
憺 282
營 282
縈 282
澣 282
澠 282
潞 282
澤 282
澹 282
濂 282
憲 282
寰 282

窺 283
禪 283
避 283
彊 283
隰 283
隱 283
縉 283

十七畫

環 283
贅 283
戴 283
壕 283
螯 283
蟄 283
聲 283
聰 283
聯 283
藍 283
藏 284
舊 284
韓 284
隸 285
檉 285
檀 285
擊 286
臨 286
霜 286
霞 286
擬 286
嶇 286
嶺 286
嶽 286
穗 286
魏 286
輿 287
優 287
儲 287
龜 287
徽 287

19

鍊 …………………………………… 287
鍼 …………………………………… 287
鍾 …………………………………… 287
爵 …………………………………… 287
谿 …………………………………… 287
臆 …………………………………… 287
鮨 …………………………………… 287
謝 …………………………………… 288
謙 …………………………………… 288
襄 …………………………………… 288
氈 …………………………………… 288
應 …………………………………… 288
甕 …………………………………… 288
燮 …………………………………… 288
鴻 …………………………………… 288
濬 …………………………………… 288
濟 …………………………………… 288
濯 …………………………………… 288
濰 …………………………………… 288
賽 …………………………………… 288
邃 …………………………………… 288
禮 …………………………………… 288
檗 …………………………………… 290
嚲 …………………………………… 290
翼 …………………………………… 290
縵 …………………………………… 290
總 …………………………………… 290
繆 …………………………………… 290

十八畫

饅 …………………………………… 290
藕 …………………………………… 290
藝 …………………………………… 290
藤 …………………………………… 291
藥 …………………………………… 291
擰 …………………………………… 291
覆 …………………………………… 291
醫 …………………………………… 291
麗 …………………………………… 292
燹 …………………………………… 292

霧 …………………………………… 292
豐 …………………………………… 292
叢 …………………………………… 292
題 …………………………………… 292
瞻 …………………………………… 292
闕 …………………………………… 292
曠 …………………………………… 292
蟲 …………………………………… 292
鵑 …………………………………… 292
轀 …………………………………… 292
穢 …………………………………… 293
簡 …………………………………… 293
簪 …………………………………… 293
雙 …………………………………… 293
邊 …………………………………… 293
歸 …………………………………… 293
鎮 …………………………………… 293
翻 …………………………………… 294
觴 …………………………………… 294
謫 …………………………………… 294
顏 …………………………………… 294
雜 …………………………………… 294
離 …………………………………… 294
癖 …………………………………… 294
燼 …………………………………… 294
瀏 …………………………………… 294
璧 …………………………………… 294
隴 …………………………………… 294
彝 …………………………………… 294
繙 …………………………………… 294
織 …………………………………… 294

十九畫

難 …………………………………… 294
撢 …………………………………… 294
蹇 …………………………………… 294
勸 …………………………………… 294
蘇 …………………………………… 295
警 …………………………………… 295
藹 …………………………………… 295

蘊 …… 295
麗 …… 295
礦 …… 295
願 …… 295
擽 …… 295
曝 …… 296
關 …… 296
疇 …… 297
嚴 …… 297
韡 …… 297
羅 …… 297
贊 …… 297
籀 …… 297
簷 …… 297
鯤 …… 297
譚 …… 297
識 …… 297
證 …… 298
廬 …… 298
癡 …… 298
韻 …… 298
懶 …… 298
懷 …… 298
類 …… 298
爆 …… 299
瀟 …… 299
瀕 …… 299
瀛 …… 299
繹 …… 299
繪 …… 299
繡 …… 300
蘭 …… 300
醴 …… 300
甗 …… 300
耀 …… 300
闡 …… 300
闞 …… 300
鶡 …… 300

二十畫

蠛 …… 300
蠕 …… 300
籌 …… 300
纂 …… 300
覺 …… 300
鐔 …… 301
鐫 …… 301
鐘 …… 301
鐙 …… 301
釋 …… 301
饒 …… 301
饑 …… 301
臙 …… 301
觸 …… 301
護 …… 301
譯 …… 301
議 …… 301
懺 …… 301
寶 …… 301
竇 …… 301
繼 …… 301

二十一畫

鰲 …… 302
權 …… 302
礮 …… 302
攜 …… 302
儼 …… 302
鐵 …… 302
爛 …… 302
竈 …… 302
顧 …… 302
鶴 …… 302
蠡 …… 303
續 …… 303

二十二畫

聽 …… 305
蘿 …… 305
鷩 …… 305
欝 …… 305

鷗 ·············· 305
矑 ·············· 305
體 ·············· 305
穰 ·············· 305
鑄 ·············· 305
鑑 ·············· 306
讀 ·············· 306
龔 ·············· 308

二十三畫

纑 ·············· 308
驗 ·············· 308
顯 ·············· 308
麟 ·············· 308
欒 ·············· 308
變 ·············· 308

二十四畫

觀 ·············· 308
鹽 ·············· 309
靈 ·············· 309

靉 ·············· 309
攬 ·············· 309
蠱 ·············· 309
艷 ·············· 309
衢 ·············· 309
讒 ·············· 310
贛 ·············· 310

二十五畫

蠻 ·············· 310

二十六畫

灤 ·············· 310

二十八畫

驪 ·············· 310

二十九畫

鬱 ·············· 310

書名筆畫索引

一畫

一八九八年之西美戰史十六章 ……… 1－576
一八九八年之西美戰史十六章 ……… 1－576
一山經說二卷雜文一卷 ………… 2－241
一切經音義二十五卷 ………… 2－66
一切經音義二十五卷 ………… 2－112
一切經音義二十五卷 ………… 2－179
一行居集八卷 ………… 1－537
一呼便透三十九卷首一卷 ………… 1－239
一乘決疑論不分卷 ………… 2－129
一規八棱研齋詞鈔一卷文鈔一卷時
　文一卷詩鈔六卷類鈔一卷 ……… 1－419
一笠菴北詞廣正譜十八卷附南戲北
　詞正謬一卷 ……… 1－398
一經廬琴學二卷 ………… 2－268
一鐙精舍甲部藁五卷 ………… 2－27
一鐙精舍甲部藁五卷 ………… 2－311

二畫

二十一史 ………… 1－32
二十一史 ………… 1－33
二十一史 ………… 1－33
二十一史 ………… 1－245
二十一史 ………… 1－245
二十一史 ………… 1－245
二十一史 ………… 1－451
二十一史文鈔五十八卷 ……… 2－15
二十二子 ………… 1－304
二十二子 ………… 1－304
二十二子 ………… 2－32
二十二子 ………… 2－71
二十二子 ………… 2－330
二十二子全書 ………… 2－573
二十二史感應錄二卷 ………… 1－298

二十二史感應錄二卷 ………… 1－301
二十二史感應錄二卷 ………… 2－141
二十二史感應錄二卷 ………… 2－250
二十二史感應錄二卷 ………… 2－250
二十子 ………… 1－6
二十子 ………… 1－29
二十子 ………… 1－48
二十五子彙函 ………… 2－357
二十四史 ………… 1－244
二十四史 ………… 1－244
二十四史 ………… 1－245
二十四史 ………… 1－245
二十四史 ………… 1－245
二十四史 ………… 1－245
二十四史 ………… 1－245
二十四史 ………… 1－245
二十四史 ………… 1－245
二十四史 ………… 1－245
二十四史 ………… 1－245
二十四史 ………… 2－217
二十四史 ………… 2－331
二十四史 ………… 2－434
二十四史 ………… 2－503
二十四史分類輯要十二卷 ……… 2－518
二十四史約編八卷首一卷 ……… 1－572
二十四孝不分卷 ………… 1－489
二十四孝圖說不分卷 ………… 2－400
二十家子書 ………… 1－35
二瓦硯齋詩鈔十卷附一卷 ……… 2－293
二申野錄八卷 ………… 1－527
二百十一科鄉會文統不分卷 …… 2－357
二百十一科鄉會文統不分卷 …… 2－565
二百十一科鄉會文統不分卷 …… 2－566
二百冊孝圖四卷 ………… 1－467
二百冊孝圖四卷 ………… 2－335
二百蘭亭齋古印考藏六卷 ……… 1－531
二百蘭亭齋金石記一卷 ……… 2－337
二曲先生摘要一卷 ………… 1－482

二曲先生摘要一卷 …………… 1－483
二曲全集二十六卷 …………… 2－537
二曲集二十六卷 …………… 1－4
二曲集二十六卷 …………… 1－13
二曲集二十六卷 …………… 1－136
二曲集二十六卷 …………… 1－136
二曲集二十六卷 …………… 2－500
二曲集四十六卷 …………… 1－99
二曲集四十六卷 …………… 2－107
二曲集四十六卷 …………… 2－334
二曲富平答問一卷 …………… 2－290
二曲擇要三卷 …………… 1－412
二竹齋文集二卷詩鈔四卷 …………… 2－17
二如居贈答詩詞二卷 …………… 2－300
二如亭群芳譜二十八卷首一卷 …………… 1－302
二如亭群芳譜二十八卷首一卷 …………… 2－196
二如亭群芳譜三十卷 …………… 1－124
二如亭群芳譜三十卷 …………… 1－467
二如亭群芳譜三十卷 …………… 1－467
二如亭群芳譜三十卷 …………… 1－468
二如亭群芳譜三十卷 …………… 2－329
二如亭群芳譜三十卷 …………… 2－463
二李唱和集一卷 …………… 2－274
二西堂叢書二十一種 …………… 1－432
二西堂叢書二十一種 …………… 1－432
二西堂叢書二十一種 …………… 1－432
二西堂叢書二十一種 …………… 1－438
二西堂叢書二十一種 …………… 1－550
二西堂叢書二十一種 …………… 2－29
二西堂叢書二十一種 …………… 2－125
二西堂叢書二十一種 …………… 2－142
二西堂叢書二十一種 …………… 2－483
二西堂叢書三十六種 …………… 2－311
二希堂文集十一卷首一卷 …………… 1－102
二希堂文集十一卷首一卷 …………… 1－155
二妙集八卷逸文一卷 …………… 2－280
二林居集二十四卷 …………… 1－516
二林居集二十四卷 …………… 1－516
二林居集二十四卷 …………… 2－118
二林居集二十四卷 …………… 2－136
二林居集二十四卷 …………… 2－253

二知軒詩鈔十四卷 …………… 2－168
二垞詩稿四卷詞稿一卷 …………… 2－148
二南遺音四卷補遺一卷 …………… 2－17
二南遺音續集一卷 …………… 2－18
二思堂叢書六種 …………… 1－438
二思堂叢書六種 …………… 2－183
二家詞鈔五卷 …………… 2－420
二家詩鈔二十卷 …………… 1－81
二家詩選不分卷 …………… 1－498
二娛小廬詩鈔五卷詞鈔二卷 …………… 2－204
二程子遺書纂二卷 …………… 1－556
二程全書五十一卷拾遺一卷 …………… 1－72
二程全書六種 …………… 1－308
二程全書六種 …………… 1－590
二程粹言二卷 …………… 1－104
二銘艸堂金石聚十六卷 …………… 1－541
二銘艸堂金石聚十六卷 …………… 2－182
二銘艸堂金石聚十六卷 …………… 2－284
二銘艸堂金石聚十六卷 …………… 2－337
二語合編二卷 …………… 1－525
十一朝東華錄六百二十四卷 …………… 2－98
十一朝東華錄詳節二十四卷 …………… 1－263
十一朝東華錄詳節二十四卷 …………… 1－263
十一朝東華錄詳節二十四卷 …………… 1－263
十一經音訓 …………… 1－216
十一經音訓 …………… 1－216
十一經音訓 …………… 1－216
十一經音訓 …………… 1－567
十一經音訓 …………… 2－447
十二門論宗致義記三卷 …………… 2－59
十二門論宗致義記四卷 …………… 1－374
十二緣生祥瑞經二卷 …………… 1－370
十七史商榷一百卷 …………… 1－46
十七史商榷一百卷 …………… 1－46
十七史商榷一百卷 …………… 1－90
十七史商榷一百卷 …………… 1－159
十七史商榷一百卷 …………… 1－257
十七史商榷一百卷 …………… 1－257
十八家詩鈔二十八卷首一卷 …………… 2－524
十八家詩鈔二十八卷首一卷 …………… 2－545
十九世紀外交史十七章 …………… 1－296

十九世紀外交史十七章 …………… 1－296
十九世紀外交史十七章 …………… 2－210
十九周新學史五十五節 …… 2－563
十三科絳雪園古方選注十五卷 …… 1－328
十三翎閣試帖二卷附二十四孝試帖一卷
　　　　…………………………… 2－550
十三翎閣詩鈔六卷文稿一卷 …… 2－563
十三經 ………………………………… 2－222
十三經古注 ……………………… 1－215
十三經古注 ……………………… 2－90
十三經札記 ……………………… 2－67
十三經札記 ……………………… 2－96
十三經札記 ……………………… 2－176
十三經札記十二種附一種 …… 1－213
十三經序論選一卷 ……………… 1－87
十三經注疏 ……………………… 1－568
十三經注疏 ……………………… 2－109
十三經注疏 ……………………… 2－446
十三經注疏并校勘記 …………… 1－213
十三經注疏并校勘記 …………… 1－567
十三經注疏附考證 ……………… 1－212
十三經注疏附考證 ……………… 1－212
十三經注疏附考證 ……………… 1－212
十三經注疏附考證 ……………… 1－441
十三經注疏附考證 ……………… 2－68
十三經注疏附校勘記 …………… 1－213
十三經注疏附校勘記 …………… 1－213
十三經注疏附校勘記 …………… 1－213
十三經注疏校勘記 ……………… 1－441
十三經注疏校勘記 ……………… 2－96
十三經注疏校勘記二百四十八卷 …… 2－502
十三經注疏校勘記識語四卷 …… 1－213
十三經注疏校勘記識語四卷 …… 2－93
十三經音略十二卷附錄一卷 …… 1－567
十三經客難五十五卷 …………… 2－96
十三經策案二十二卷 …………… 2－520
十三經集字一卷 ………………… 1－447
十三經集字摹本不分卷 ………… 1－441
十三經集字摹本不分卷 ………… 2－93
十三經集字摹本不分卷 ………… 2－98
十三經集字摹本不分卷 ………… 2－181

十三經集字摹本不分卷 ………… 2－394
十三經集字摹本不分卷 ………… 2－565
十三經集字摹本不分卷 ………… 2－573
十三經註疏 ……………………… 1－2
十三經註疏 ……………………… 1－30
十三經註疏 ……………………… 1－195
十三經註疏 ……………………… 1－202
十三經註疏 ……………………… 1－206
十三經類語十四卷 ……………… 1－87
十三經類語十四卷 ……………… 1－132
十子全書 ………………………… 1－305
十子全書 ………………………… 2－103
十子全書 ………………………… 2－326
十子全書 ………………………… 2－396
十子全書 ………………………… 2－459
十子全書 ………………………… 2－522
十子全書 ………………………… 2－523
十子全書 ………………………… 2－536
十五家年譜叢書 ………………… 1－550
十五家年譜叢書 ………………… 1－550
十五家年譜叢書 ………………… 1－563
十六金符齋印存不分卷 ………… 2－25
十六國春秋一百卷 ……………… 1－40
十六國春秋一百卷 ……………… 1－267
十六國春秋一百卷 ……………… 2－200
十六國春秋一百卷 ……………… 2－356
十六國春秋一百卷 ……………… 2－356
十六國春秋一百卷 ……………… 2－510
十六國春秋輯補一百卷年表一卷 …… 1－455
十六國宮詞二卷 ………………… 2－69
十六國疆域志十六卷 …………… 1－253
十六國疆域志十六卷 …………… 1－253
十六國疆域志十六卷 …………… 1－434
十年讀書之廬重刊韻史二卷補一卷
　　　　…………………………… 1－469
十竹齋書畫譜八種 ……………… 1－364
十竹齋書畫譜八種 ……………… 2－157
十名家詞集 ……………………… 1－97
十杉亭帖體詩鈔五卷續編二卷 … 1－503
十科策畧箋釋十卷 ……………… 1－76
十科策畧箋釋十卷 ……………… 2－464

十華小築詩鈔四卷⋯⋯⋯⋯⋯ 2－145
十家牌法一卷⋯⋯⋯⋯⋯⋯ 1－465
十家牌法一卷⋯⋯⋯⋯⋯⋯ 1－589
十家牌法一卷⋯⋯⋯⋯⋯⋯ 1－589
十家牌法一卷⋯⋯⋯⋯⋯⋯ 1－589
十家牌法一卷⋯⋯⋯⋯⋯⋯ 2－476
十家鈔⋯⋯⋯⋯⋯⋯⋯⋯⋯ 1－25
十國春秋一百十六卷⋯⋯⋯⋯ 1－70
十國春秋一百十六卷⋯⋯⋯⋯ 1－154
十國春秋一百十六卷⋯⋯⋯⋯ 1－158
十國春秋一百十六卷⋯⋯⋯⋯ 1－267
十國春秋一百十四卷⋯⋯⋯⋯ 1－152
十國春秋一百十四卷附拾遺一卷備
　考一卷⋯⋯⋯⋯⋯⋯⋯⋯ 1－55
十國春秋一百十四卷附拾遺一卷備
　考一卷⋯⋯⋯⋯⋯⋯⋯⋯ 1－572
十國宮詞一百首⋯⋯⋯⋯⋯⋯ 1－399
十國宮詞一百首⋯⋯⋯⋯⋯⋯ 2－176
十國宮詞一卷⋯⋯⋯⋯⋯⋯⋯ 2－245
十萬卷樓叢書五十一種⋯⋯⋯ 1－437
十萬卷樓叢書五十一種⋯⋯⋯ 1－437
十萬卷樓叢書五十一種⋯⋯⋯ 2－135
十朝東華錄五百二十五卷同治東華
　續錄一百卷⋯⋯⋯⋯⋯⋯ 1－263
十朝東華錄五百二十五卷同治東華
　續錄一百卷⋯⋯⋯⋯⋯⋯ 1－263
十朝聖訓⋯⋯⋯⋯⋯⋯⋯⋯ 2－448
十朝聖訓⋯⋯⋯⋯⋯⋯⋯⋯ 2－522
十詠樓賦鈔箋註一卷⋯⋯⋯⋯ 1－502
十種古逸書⋯⋯⋯⋯⋯⋯⋯ 2－75
十種古逸書⋯⋯⋯⋯⋯⋯⋯ 2－164
十種古逸書⋯⋯⋯⋯⋯⋯⋯ 2－269
十種唐詩選⋯⋯⋯⋯⋯⋯⋯ 1－179
十種唐詩選十七卷⋯⋯⋯⋯⋯ 1－145
十種唐詩選十七卷⋯⋯⋯⋯⋯ 1－159
十種唐詩選十七卷唐賢三昧集三卷
　⋯⋯⋯⋯⋯⋯⋯⋯⋯⋯ 1－392
十誦齋集六卷⋯⋯⋯⋯⋯⋯ 1－189
十駕齋養新錄二十卷餘錄三卷⋯ 2－69
十駕齋養新錄二十卷餘錄三卷⋯ 1－340
十駕齋養新錄二十卷餘錄三卷⋯ 1－340

十駕齋養新錄二十卷餘錄三卷⋯⋯ 1－340
十駕齋養新錄二十卷餘錄三卷⋯⋯ 2－128
十駕齋養新錄二十卷餘錄三卷⋯⋯ 2－375
十駕齋養新錄二十卷餘錄三卷錢辛
　楣先生年譜一卷⋯⋯⋯⋯⋯ 1－485
十藥神書一卷⋯⋯⋯⋯⋯⋯⋯ 2－234
丁文誠公奏稿二十六卷首一卷⋯ 2－292
丁戊筆記二卷⋯⋯⋯⋯⋯⋯⋯ 2－199
丁亥爐遺錄四卷⋯⋯⋯⋯⋯⋯ 2－207
七十二峰足徵集八十八卷⋯⋯⋯ 1－168
七十家賦鈔六卷⋯⋯⋯⋯⋯⋯ 1－246
七十家賦鈔六卷⋯⋯⋯⋯⋯⋯ 1－402
七十家賦鈔六卷⋯⋯⋯⋯⋯⋯ 2－225
七子詩選十四卷⋯⋯⋯⋯⋯⋯ 1－83
七子詩選十四卷⋯⋯⋯⋯⋯⋯ 1－155
七巧圖合璧不分卷⋯⋯⋯⋯⋯ 1－490
七克七卷⋯⋯⋯⋯⋯⋯⋯⋯⋯ 2－273
七言詩歌行鈔十五卷⋯⋯⋯⋯ 2－15
七言詩歌行鈔十五卷⋯⋯⋯⋯ 2－478
七政臺曆不分卷⋯⋯⋯⋯⋯⋯ 1－330
七修類稿五十一卷續稿七卷⋯⋯ 1－438
七家後漢書七種附一種⋯⋯⋯⋯ 1－528
七家試帖輯註彙鈔不分卷⋯⋯⋯ 2－18
七家試帖輯註彙鈔不分卷⋯⋯⋯ 2－375
七家詩選七卷⋯⋯⋯⋯⋯⋯⋯ 2－585
七國地理考七卷⋯⋯⋯⋯⋯⋯ 2－189
七國地理考七卷國策編年一卷⋯ 2－121
七國新學備要一卷⋯⋯⋯⋯⋯ 1－343
七經精義⋯⋯⋯⋯⋯⋯⋯⋯⋯ 1－442
七經精義七種⋯⋯⋯⋯⋯⋯⋯ 1－441
七經樓文鈔六卷⋯⋯⋯⋯⋯⋯ 1－510
卜法詳考四卷⋯⋯⋯⋯⋯⋯⋯ 1－75
卜筮正宗十四卷⋯⋯⋯⋯⋯⋯ 2－357
卜筮正宗十四卷⋯⋯⋯⋯⋯⋯ 2－557
卜筮正宗全書十四卷⋯⋯⋯⋯ 1－556
八大人覺經一卷⋯⋯⋯⋯⋯⋯ 1－372
八史經籍志⋯⋯⋯⋯⋯⋯⋯⋯ 2－99
八史經籍志十種⋯⋯⋯⋯⋯⋯ 1－254
八代詩選二十卷⋯⋯⋯⋯⋯⋯ 1－392
八代詩選二十卷⋯⋯⋯⋯⋯⋯ 1－499
八代詩選二十卷⋯⋯⋯⋯⋯⋯ 2－81

八代詩選二十卷……………… 2－256
八宅明鏡二卷……………… 1－164
八宅明鏡二卷……………… 2－425
八宅明鏡二卷……………… 2－450
八字覺原一卷……………… 1－440
八宗綱要二卷……………… 2－276
八指頭陀詩集十卷補遺一卷……… 2－174
八家四六文注八卷首一卷……… 1－392
八家四六文注八卷首一卷……… 1－495
八家四六文注八卷首一卷……… 1－496
八家四六文注八卷首一卷……… 2－138
八家四六文鈔……………… 1－393
八家四六文鈔……………… 2－84
八家四六文鈔……………… 2－230
八家四六文鈔……………… 2－575
八宮圖訣八卷……………… 2－113
八旗滿洲氏族通譜八十卷……… 1－275
八賢手札不分卷……………… 2－580
八線拾級二卷答案一卷……… 2－9
八線備旨四卷……………… 1－356
八線備旨四卷……………… 1－356
八線備旨四卷……………… 2－213
八線對數簡表一卷……………… 1－347
八線對數簡表一卷……………… 1－347
八線對數簡表一卷……………… 1－347
八線對數類編不分卷……… 2－308
八線簡表一卷……………… 2－355
八線簡表一卷……………… 2－355
人子宜知書三卷……………… 1－366
人生必讀書十二卷 ……………… 1－94
人生必讀書十二卷……………… 1－339
人生必讀書五卷……………… 2－210
人事通一卷……………… 2－445
人壽金鑑二十二卷……………… 2－113
人壽金鑑二十二卷……………… 2－122
人壽金鑑二十二卷……………… 2－125
人壽金鑑二十二卷……………… 2－231
人範六卷……………… 1－309
人範六卷……………… 1－309
人範六卷……………… 1－309
人範六卷……………… 1－310

人範六卷……………… 1－473
人範六卷……………… 1－473
人範六卷……………… 1－473
人範六卷……………… 2－107
人範六卷……………… 2－110
人範六卷……………… 2－335
人範六卷……………… 2－396
人範須知六卷……………… 2－551
人鏡類纂四十六卷 ……………… 2－73
人譜一卷……………… 1－312
人譜一卷……………… 1－312
人譜一卷……………… 1－312
人譜一卷……………… 2－396
人譜一卷……………… 2－396
人譜一卷……………… 2－477
人譜一卷……………… 2－492
人譜一卷人譜類記二卷……… 1－311
人譜一卷人譜類記二卷……… 1－477
人譜一卷人譜類記二卷……… 2－223
人譜正篇一卷續篇一卷……… 2－528
人譜類記一卷……………… 1－477
人譜類記二卷……………… 2－104
人譜類記二卷人譜一卷……… 2－108
人譜類記增訂六卷……………… 1－592
人鑑三卷……………… 2－544
入地眼全書十卷……………… 2－112
入洛集不分卷……………… 1－427
入幕須知五種附一種……… 1－463
入幕須知五種附一種……… 2－70
入幕須知五種附一種……… 2－255
入聲便記一卷……………… 2－288
入藥鏡一卷……………… 2－426
九九銷夏錄十四卷……………… 1－367
九九銷夏錄十四卷……………… 2－469
九水山房文存二卷……………… 1－539
九史同姓名略七十二卷補遺四卷…… 1－577
九皇真經注解三卷……………… 2－275
九皇新經註解三卷……………… 2－575
九家集注杜詩三十六卷……… 1－169
九家詩詳注□□卷……………… 2－585
九通……………… 1－287

九通‧‧‧‧‧‧‧‧‧‧‧‧‧‧‧‧‧‧‧‧‧‧‧‧ 1－287
九通‧‧‧‧‧‧‧‧‧‧‧‧‧‧‧‧‧‧‧‧‧‧‧‧ 1－287
九通‧‧‧‧‧‧‧‧‧‧‧‧‧‧‧‧‧‧‧‧‧‧‧‧ 1－287
九通‧‧‧‧‧‧‧‧‧‧‧‧‧‧‧‧‧‧‧‧‧‧‧‧ 1－287
九通‧‧‧‧‧‧‧‧‧‧‧‧‧‧‧‧‧‧‧‧‧‧‧‧ 1－288
九通‧‧‧‧‧‧‧‧‧‧‧‧‧‧‧‧‧‧‧‧‧‧‧‧ 1－461
九通‧‧‧‧‧‧‧‧‧‧‧‧‧‧‧‧‧‧‧‧‧‧‧‧ 2－195
九通分類總纂二百四十卷‧‧‧‧‧‧‧‧ 1－381
九域志十卷‧‧‧‧‧‧‧‧‧‧‧‧‧‧‧‧‧‧ 1－158
九國志十二卷‧‧‧‧‧‧‧‧‧‧‧‧‧‧‧‧ 2－541
九章算術九卷‧‧‧‧‧‧‧‧‧‧‧‧‧‧‧‧ 1－159
九章算術音義一卷‧‧‧‧‧‧‧‧‧‧‧‧ 1－159
九章算術細草圖說九卷‧‧‧‧‧‧‧‧ 1－330
九章算術細草圖說九卷‧‧‧‧‧‧‧‧ 1－488
九章算術細草圖說九卷附海島算經
　細草圖說一卷‧‧‧‧‧‧‧‧‧‧‧‧‧ 1－352
九章算術細草圖說九卷附海島算經
　細草圖說一卷‧‧‧‧‧‧‧‧‧‧‧‧‧ 1－352
九章算術細草圖說九卷附海島算經
　細草圖說一卷‧‧‧‧‧‧‧‧‧‧‧‧‧ 1－352
九章算術細草圖說九卷附海島算經
　細草圖說一卷‧‧‧‧‧‧‧‧‧‧‧‧‧ 2－421
九章算術細草圖說九卷附海島算經
　細草圖說一卷‧‧‧‧‧‧‧‧‧‧‧‧‧ 2－431
九章算術細草圖說九卷附海島算經
　細草圖說一卷‧‧‧‧‧‧‧‧‧‧‧‧‧ 2－514
九章算術細草圖說九卷附海島算經
　細草圖說一卷‧‧‧‧‧‧‧‧‧‧‧‧‧ 2－539
九朝野記四卷‧‧‧‧‧‧‧‧‧‧‧‧‧‧‧‧ 2－115
九畹古文十卷‧‧‧‧‧‧‧‧‧‧‧‧‧‧‧‧ 1－85
九畹堂文集一卷‧‧‧‧‧‧‧‧‧‧‧‧‧‧ 2－256
九畹續集二卷‧‧‧‧‧‧‧‧‧‧‧‧‧‧‧‧ 1－427
九畹續集二卷‧‧‧‧‧‧‧‧‧‧‧‧‧‧‧‧ 1－427
九經三傳沿革例一卷‧‧‧‧‧‧‧‧‧‧ 2－311
九經古義十六卷‧‧‧‧‧‧‧‧‧‧‧‧‧‧ 2－26
九經古義十六卷‧‧‧‧‧‧‧‧‧‧‧‧‧‧ 2－146
九經古義十六卷‧‧‧‧‧‧‧‧‧‧‧‧‧‧ 2－223
九經補注‧‧‧‧‧‧‧‧‧‧‧‧‧‧‧‧‧‧‧‧ 1－70
九旗古義述一卷‧‧‧‧‧‧‧‧‧‧‧‧‧‧ 1－492

九數外錄一卷‧‧‧‧‧‧‧‧‧‧‧‧‧‧‧‧ 1－345
九數外錄一卷‧‧‧‧‧‧‧‧‧‧‧‧‧‧‧‧ 1－345
九數存古九卷‧‧‧‧‧‧‧‧‧‧‧‧‧‧‧‧ 2－184
九數通考十一卷首一卷末一卷‧‧ 1－348
九數通考十一卷首一卷末一卷‧‧ 1－348
九數通考十一卷首一卷末一卷‧‧ 1－348
九數通考十一卷首一卷末一卷‧‧ 1－350
九數通考十一卷首一卷末一卷‧‧ 1－351
九數通考十一卷首一卷末一卷‧‧ 1－351
九數通考十一卷首一卷末一卷‧‧ 1－352
九數通考十一卷首一卷末一卷‧‧ 1－352
九數通考十一卷首一卷末一卷‧‧ 1－554
九數通考十一卷首一卷末一卷‧‧ 2－119
九數通考十一卷首一卷末一卷‧‧ 2－532
九數通考十三卷‧‧‧‧‧‧‧‧‧‧‧‧‧‧ 2－184
九數通考續集九卷‧‧‧‧‧‧‧‧‧‧‧‧ 1－352
九鍾精舍金石跋尾甲編不分卷‧‧ 2－145
力本文集十三卷‧‧‧‧‧‧‧‧‧‧‧‧‧‧ 1－59
力餘西曹日課草一卷‧‧‧‧‧‧‧‧‧‧ 2－331
力餘葵向吟草六卷西曹日課草一卷客
　子光陰草另編二編螯屋土風草一卷
　‧‧‧‧‧‧‧‧‧‧‧‧‧‧‧‧‧‧‧‧‧‧‧‧ 2－336
力餘螯屋土風草一卷旅路樽譚草前
　編一卷說書答友草四編時藝試帖
　草前冊一卷後冊一卷始帖一卷‧‧ 2－238
又其次齋詩集七卷‧‧‧‧‧‧‧‧‧‧‧‧ 1－412
了凡四訓一卷‧‧‧‧‧‧‧‧‧‧‧‧‧‧‧‧ 1－376
了凡四訓一卷‧‧‧‧‧‧‧‧‧‧‧‧‧‧‧‧ 1－485
了凡綱鑑補三十九卷首一卷‧‧‧‧ 2－412

三畫

三十家詩鈔六卷首一卷末一卷‧‧‧‧ 1－395
三十家詩鈔六卷首一卷末一卷‧‧‧‧ 1－400
三十家詩鈔六卷首一卷末一卷‧‧‧‧ 1－503
三十家詩鈔六卷首一卷末一卷‧‧‧‧ 2－78
三十家詩鈔六卷首一卷末一卷‧‧‧‧ 2－148
三十家詩鈔六卷首一卷末一卷‧‧‧‧ 2－276
三十家詩鈔六卷首一卷末一卷‧‧‧‧ 2－493
三才紀要一卷‧‧‧‧‧‧‧‧‧‧‧‧‧‧‧‧ 1－355
三才紀要一卷‧‧‧‧‧‧‧‧‧‧‧‧‧‧‧‧ 1－355

三才紀要一卷 …………… 1-355

三才圖會一百〇六卷 …………… 1-27

三才藻異三十三卷 …………… 1-57

三山陳氏家刻左海全集十種 …… 2-86

三千有門頌略解一卷 …………… 2-423

三千字文音釋不分卷 …………… 2-242

三元秘授六集 …………… 2-112

三元記二卷 …………… 1-188

[同治]三水縣志十二卷首一卷 ……… 2-43

[同治]三水縣志十二卷首一卷 ……… 2-44

[康熙]三水縣志四卷 …………… 1-41

三古圖 …………… 1-77

三打天門陣四卷三十二回 …………… 2-348

三史拾遺五卷 …………… 1-256

三史拾遺五卷 …………… 2-193

三史拾遺五卷 …………… 2-456

三代榮封不分卷 …………… 2-595

三白寶海三卷 …………… 1-193

三出辨誤一卷 …………… 2-289

三台詩錄三十二卷詞錄二卷 …………… 2-522

三多齋重訂註釋采眉故事十卷 …… 1-94

三多齋重訂註釋采眉故事十卷 …… 2-595

三字經註解備旨二卷 …………… 2-426

三劫三千佛緣起三卷 …………… 2-252

三角數理十二卷 …………… 1-346

三角數理十二卷 …………… 1-346

三角數理十二卷 …………… 1-346

三角數理十二卷 …………… 1-542

三角數理十二卷 …………… 1-546

三宋人集 …………… 1-390

三宋人集 …………… 2-219

三長物齋叢書二十六種 …………… 2-315

三松堂集三十卷 …………… 2-154

三事忠告 …………… 2-491

三易註畧讀法一卷義易註畧三卷孔
　易註畧十四卷 …………… 1-217

三命通會十二卷 …………… 1-93

三命通會十二卷 …………… 1-334

三命通會十二卷 …………… 2-564

三命通會十二卷 …………… 2-580

三河創業記五卷 …………… 1-582

三河創業記五卷 …………… 2-28

三垣筆記三卷 …………… 2-335

三指禪三卷 …………… 1-324

三指禪三卷 …………… 2-583

三省山内風土雜識一卷 …………… 2-259

三省邊防備覽十四卷 …………… 2-25

三省邊防備覽十四卷 …………… 2-69

三原圖并玄武七宿圖論解不分卷 … 1-32

[乾隆]三原縣志二十二卷首一卷 … 1-115

[乾隆]三原縣志十八卷首一卷 …… 1-116

[康熙]三原縣志七卷 …………… 1-115

[光緒]三原縣新志八卷 …………… 2-36

[光緒]三原縣新志八卷 …………… 2-36

[光緒]三原縣新志八卷 …………… 2-37

[光緒]三原縣新志八卷 …………… 2-37

[光緒]三原縣新志八卷 …………… 2-37

[光緒]三原縣新志八卷 …………… 2-37

[光緒]三原縣新志八卷 …………… 2-37

[光緒]三原縣新志八卷 …………… 2-37

[光緒]三原縣新志八卷 …………… 2-37

[光緒]三原縣新志八卷 …………… 2-37

三晉見聞錄不分卷 …………… 2-68

三乘集要三卷 …………… 2-426

三唐人集 …………… 1-494

三唐人集 …………… 2-304

三益堂詳校醫宗必讀十卷 …………… 2-587

三流道里表一卷 …………… 1-292

三流道里表一卷 …………… 1-292

三家宮詞一卷 …………… 1-397

三家宮詞三卷 …………… 2-220

三家宮詞三卷 …………… 2-244

三家詩異文疏證六卷補遺三卷 …… 2-138

三家醫案合刻三卷 …………… 1-480

三家醫案合刻三卷 …………… 2-435

三通考詳節 …………… 2-405

三通考詳節 …………… 2-425

三通考詳節 …………… 2-551

三通考輯要 …………… 2-355

三通考輯要 …………… 2-405

三通考輯要 …………… 2-407

三通考輯要 …………………… 2－431
三通序不分卷 ………………… 1－583
三通序不分卷 ………………… 1－583
三國志六十五卷 ……………… 1－46
三國志六十五卷 ……………… 1－158
三國志六十五卷 ……………… 1－182
三國志六十五卷 ……………… 1－202
三國志六十五卷 ……………… 1－206
三國志六十五卷 ……………… 1－206
三國志六十五卷 ……………… 1－246
三國志六十五卷 ……………… 1－246
三國志六十五卷 ……………… 1－450
三國志六十五卷 ……………… 2－88
三國志六十五卷 ……………… 2－278
三國志六十五卷 ……………… 2－397
三國志六十五卷 ……………… 2－402
三國志六十五卷 ……………… 2－510
三國志六十五卷 ……………… 2－528
三國志六十五卷 ……………… 2－533
三國志六十五卷 ……………… 2－569
三國志六十五卷 ……………… 2－570
三國志攷證二卷 ……………… 2－236
三國志攷證八卷 ……………… 1－256
三國志攷證八卷 ……………… 2－221
三國志注證遺四卷 …………… 1－257
三國志旁證三十卷 …………… 2－252
三國志旁證三十卷 …………… 2－527
三國志補注續一卷 …………… 1－257
三國志辨疑三卷 ……………… 1－256
三國郡縣表八卷 ……………… 1－252
三國郡縣表八卷 ……………… 1－252
三國郡縣表八卷 ……………… 1－252
三國郡縣表八卷 ……………… 1－252
三國郡縣表八卷 ……………… 1－252
三國郡縣表八卷 ……………… 2－450
三國郡縣表八卷 ……………… 2－450
三國紀年表一卷 ……………… 1－252
三魚堂日記十卷(清康熙五年至三十一年)
　　………………………………… 1－311
三魚堂日記十卷(清康熙五年至三十一年)
　　………………………………… 2－179

三魚堂日記十卷(清康熙五年至三十
　　一年)讀禮志疑一卷 ………… 1－311
三魚堂文集十二卷外集六卷 …… 1－141
三魚堂文集十二卷外集六卷 …… 1－519
三魚堂文集十二卷外集六卷附錄一卷
　　………………………………… 1－424
三魚堂文集十二卷外集六卷附錄一卷
　　………………………………… 1－424
三魚堂文集十二卷外集六卷附錄一卷
　　………………………………… 1－424
三魚堂文集十二卷外集六卷附錄一卷
　　………………………………… 2－122
三魚堂文集十二卷外集六卷附錄一卷
　　………………………………… 2－179
三場程式不分卷 ……………… 1－465
三朝北盟會編二百五十卷首一卷 … 1－263
三朝北盟會編二百五十卷首一卷 … 1－263
三朝北盟會編二百五十卷首一卷 … 1－263
三朝北盟會編二百五十卷校勘記二卷
　　………………………………… 2－312
三雁紀游一卷 ………………… 2－116
三農紀二十四卷 ……………… 1－475
三農紀二十四卷 ……………… 2－268
三農紀十卷 …………………… 1－177
三經音義四卷 ………………… 2－342
三經精華 ……………………… 1－214
三場程式不分卷 ……………… 2－311
三輔黃圖六卷 ………………… 1－20
三輔黃圖六卷 ………………… 1－582
三輔黃圖六卷 ………………… 2－556
三輔黃圖六卷補遺一卷 ……… 1－188
三影閣箏語三卷 ……………… 1－549
三餘偶筆十六卷 ……………… 2－112
三餘閒墨 ……………………… 2－509
三壇圓滿天仙大戒略說一卷 …… 2－485
三壇傳戒正範四卷 …………… 1－373
三甕老人詩一卷 ……………… 2－287
三禮約編十八卷 ……………… 1－227
三禮約編十八卷 ……………… 1－227
三禮約編十八卷 ……………… 1－227
三禮約編十八卷 ……………… 2－96

三禮約編十九卷 …………………… 2－421
三禮約編喈鳳十九卷 ……………… 1－227
三禮陳數求義三十卷 ……………… 1－227
三禮陳數求義三十卷 ……………… 1－445
三禮從今三卷 ……………………… 2－245
三禮義證十二卷 …………………… 1－225
三藩紀事本末二十二卷 …………… 2－397
三藩紀事本末四卷 ………………… 1－157
三蘇文集七十一卷首一卷 ………… 1－25
三蘇全集 …………………………… 1－384
三蘇全集 …………………………… 2－220
三蘇全集 …………………………… 2－519
三蘇策論十二卷 …………………… 2－355
三蘇策論十二卷 …………………… 2－356
三蘇策論十二卷 …………………… 2－356
三蘇策論十二卷 …………………… 2－356
三蘇策論十二卷 …………………… 2－356
三蘇策論十二卷 …………………… 2－356
三蘇策論十二卷 …………………… 2－356
三蘇策論十二卷 …………………… 2－356
三蘇策論十二卷 …………………… 2－356
三蘇策論十二卷 …………………… 2－356
三蘇策論十二卷 …………………… 2－356
三蘇策論十二卷 …………………… 2－356
三蘇策論十二卷 …………………… 2－356
三蘇策論十二卷 …………………… 2－365
三蘇策論十二卷 …………………… 2－365
三蘇策論十二卷 …………………… 2－383
三蘇策論十二卷 …………………… 2－565
三蘇策論十二卷 …………………… 2－567
三蘇策論十二卷 …………………… 2－567
［光緒］三續華州志十二卷 ………… 2－44
［光緒］三續華州志十二卷 ………… 2－100
［光緒］三續華州志十二卷 ………… 2－427
［光緒］三續華州志十二卷 ………… 2－579
三續疑年錄十卷 …………………… 2－224
三續疑年錄十卷 …………………… 2－224
于少保萃忠全傳十卷 ……………… 1－66
于氏中說二卷 ……………………… 2－166
于役迤南記二卷 …………………… 2－192
于清端公政書八卷首編一卷外集一卷

　　　　　　　　　　　　　　　… 1－72
于清端公政書八卷首編一卷外集一卷
　　　　　　　　　　　　　　　… 1－172
于清端公政書八卷首編一卷外集一
　卷續集一卷 ……………………… 1－91
于湖小集六卷 ……………………… 2－197
于湖小集六卷金陵襍事詩一卷 …… 2－120
于湖題襟集十卷 …………………… 2－159
工程致富論略十三卷首一卷附圖 … 2－9
工程做法四十八卷 ………………… 1－220
工業教育一卷 ……………………… 1－363
工業與國政相關論二卷 …………… 2－10
士那補釋一卷 ……………………… 2－142
士那補釋一卷 ……………………… 2－199
士那補釋一卷 ……………………… 2－209
士箴一卷 …………………………… 1－481
士禮居黃氏叢書十八種 …………… 2－575
士禮居黃氏叢書十八種附二種 …… 1－435
士禮居黃氏叢書十八種附二種 …… 1－435
士禮居黃氏叢書十八種附二種 …… 2－173
士禮居黃氏叢書十八種附二種 …… 2－309
士禮居藏書題跋記六卷 …………… 1－247
士禮居藏書題跋記六卷 …………… 2－176
士禮居藏書題跋記六卷 …………… 2－208
下馬陵詩文集二卷 ………………… 1－88
下學寮彙稿四卷 …………………… 2－24
大小雅堂詩集四卷附冰鹽詞一卷 … 2－257
大小雅堂詩鈔十卷文鈔二卷 ……… 2－184
大元聖政典章新集至治條例不分卷 … 1－18
大日本中興先覺志二卷 …………… 1－274
大日本中興先覺志二卷 …………… 1－578
大日本中興先覺志二卷 …………… 2－463
大中講義三卷 ……………………… 2－114
大六壬大全十三卷 ………………… 1－209
大六壬尋原四集 …………………… 1－334
大文堂書經體注六卷 ……………… 1－444
大文堂綱鑑易知錄九十二卷 ……… 2－506
大方便佛報恩經七卷 ……………… 1－369
大方等大集賢護經五卷 …………… 2－210
大方廣佛華嚴經八十卷 …………… 2－249
大方廣佛華嚴經八十卷 …………… 2－530

大方廣佛華嚴經八十卷 …………… 2－541

大方廣佛華嚴經八十卷附復菴和尚
　華嚴綸貫一卷 ………………… 2－427

大方廣佛華嚴經著述集要二十八種
　………………………………… 1－212

大方廣佛華嚴經疏鈔懸談二十八卷
　首一卷 ………………………… 1－367

大方廣佛新華嚴經合論一百二十卷
　首一卷 ………………………… 1－367

大方廣圓覺修多羅了義經二卷 …… 2－252

大方廣圓覺修多羅了義經二卷 …… 2－275

大方廣圓覺修多羅了義經四卷附一卷
　………………………………… 2－252

大方廣圓覺修多羅了義經近釋六卷
　………………………………… 1－367

大方廣圓覺經大疏十六卷首一卷 … 1－368

大方廣圓覺經大疏十六卷首一卷 … 2－273

大方辨證二卷 …………………… 2－250

大生要旨五卷 …………………… 1－324

大生要旨五卷 …………………… 1－477

大生要旨五卷 …………………… 2－582

大司馬劉凝齋先生虛籟集十六卷 … 2－340

大成通志十八卷首一卷 ………… 1－173

[道光]大竹縣志四十卷 ………… 2－261

大仳集三卷 ……………………… 1－21

大佛頂如來密因修證了義諸菩薩萬
　行首楞嚴經十卷 ……………… 1－5

大佛頂如來密因修證了義諸菩薩萬
　行首楞嚴經十卷 ……………… 2－421

大佛頂如來密因修證了義諸菩薩萬
　行首楞嚴經貫珠集十卷 ……… 1－342

大佛頂首楞嚴經十卷 …………… 2－72

大佛頂首楞嚴經十卷 …………… 2－74

大佛頂首楞嚴經十卷 …………… 2－145

大佛頂首楞嚴經十卷 …………… 2－488

大佛頂首楞嚴經正脈疏四十卷首一卷
　………………………………… 2－13

大佛頂首楞嚴經疏解蒙鈔六十卷首一卷
　………………………………… 2－418

大英國志八卷 …………………… 1－282

大英國志八卷 …………………… 1－583

大事記十二卷通釋三卷解題十二卷………
　………………………………… 1－163

大明一統志九十卷 ……………… 1－67

大明三藏法數五十卷 …………… 1－172

大明天順四年歲次庚辰大統曆一卷 … 1－14

大明太宗文皇帝御製序讚文十篇一
　卷御製感應序一卷諸佛世尊如來
　菩薩尊者名稱歌曲感應卷五十一卷
　………………………………… 1－374

大明正德乙亥重刊改併五音類聚四
　聲篇十五卷 …………………… 1－187

大明正德皇遊江南傳七卷四十五回
　………………………………… 1－343

大明成化丁亥重刊改併五音類聚四
　聲篇十五卷 …………………… 1－3

大金國志四十卷 ………………… 2－24

大金集禮四十卷 ………………… 1－292

大金集禮校勘記一卷 …………… 1－292

大泌山房集一百三十四卷目錄二卷
　………………………………… 1－205

[乾隆]大荔縣志二十六卷首一卷 … 1－210

[乾隆]大荔縣志十六卷首一卷 …… 1－40

[道光]大荔縣志十六卷首一卷足徵
　錄四卷 ………………………… 2－38

[道光]大荔縣志十六卷首一卷足徵
　錄四卷 ………………………… 2－39

[道光]大荔縣志十六卷首一卷足徵
　錄四卷 ………………………… 2－39

[道光]大荔縣志十六卷首一卷足徵
　錄四卷 ………………………… 2－45

[道光]大荔縣志十六卷首一卷足徵
　錄四卷 ………………………… 2－45

[光緒]大荔縣續志十二卷首一卷足
　徵錄四卷 ……………………… 2－45

[光緒]大荔縣續志十二卷首一卷足
　徵錄四卷 ……………………… 2－45

[光緒]大荔縣續志十二卷首一卷足
　徵錄四卷 ……………………… 2－416

大毗盧遮那成佛神變加持經四卷 … 2－210

[道光]大姚縣志十六卷圖一卷 …… 2－260

大乘大集地藏十輪經十卷………… 1－202

大乘中觀釋論十卷 ……………………… 1－371
大乘中觀釋論十卷 ……………………… 1－375
大乘舍黎娑擔摩經一卷 ………………… 1－370
大乘法界無差別論疏二卷 ……………… 1－375
大乘修行菩薩行門諸經要集三卷 …… 1－373
大乘起信論一卷 ………………………… 1－371
大乘起信論一卷 ………………………… 2－211
大乘起信論直解二卷 …………………… 2－245
大乘起信論科注一卷 …………………… 2－13
大乘起信論義記七卷 …………………… 1－374
大乘密嚴經三卷 ………………………… 1－370
大般涅槃經十三錄三卷廿一經錄一卷
　　…………………………………………… 1－371
大般涅槃經四十卷 ……………………… 1－369
大般涅槃經四十卷 ……………………… 2－315
大般涅槃經四十卷 ……………………… 2－442
大般涅槃經玄義二卷 …………………… 2－483
大般涅槃經疏三德指歸□□卷 ………… 2－417
大唐六典三十卷 ………………………… 1－285
大唐六典三十卷 ………………………… 2－123
大唐西域記十二卷 ……………………… 2－24
大唐西域記十二卷 ……………………… 2－473
大唐開元占經一百二十卷 ……………… 1－334
大唐開元占經一百二十卷目錄二卷
　　…………………………………………… 1－176
大唐開元禮一百五十卷 ………………… 1－297
大梅山館集四十七卷 …………………… 2－177
大清一統志四百二十四卷 ……………… 2－520
大清一統志四百二十四卷 ……………… 2－520
大清一統志四百二十四卷 ……………… 2－525
大清一統志四百二十四卷 ……………… 2－567
大清一統志四百二十四卷 ……………… 2－567
大清一統志表不分卷 …………………… 1－67
大清一統志表不分卷 …………………… 1－583
大清一統志表不分卷 …………………… 2－311
大清一統志表不分卷紀元表不分卷
　　…………………………………………… 1－178
大清一統輿圖三十卷首一卷中卷一卷
　　…………………………………………… 1－545
大清一統輿圖三十卷首一卷中卷一卷
　　…………………………………………… 2－309

大清一統輿圖三十卷首一卷中卷一卷
　　…………………………………………… 2－534
大清十朝聖訓九百二十二卷 …………… 1－282
大清太宗應天興國弘德彰武寬溫仁
　　聖睿孝敬敏昭定隆道顯功文皇帝
　　聖訓六卷 …………………………… 2－450
大清中外壹統輿圖三十卷中一卷首一卷
　　…………………………………………… 1－268
大清中樞備覽六卷 ……………………… 2－292
大清中樞備覽六卷 ……………………… 2－292
大清文宗協天翊運執中垂謨懋德振
　　武聖孝淵恭端仁寬敏顯皇帝聖訓
　　一百十卷 …………………………… 2－492
大清世祖體天隆定統建極英睿欽定
　　文顯武大德弘功至仁純孝章皇帝
　　聖訓六卷 …………………………… 2－373
大清光緒二十一年歲次乙未時憲書一卷
　　…………………………………………… 1－31
大清光緒二十七年歲次辛丑時憲書一卷
　　…………………………………………… 1－30
大清光緒二十八年歲次壬寅時憲書一卷
　　…………………………………………… 1－31
大清光緒二十九年歲次癸卯時憲書一卷
　　…………………………………………… 1－31
大清光緒二十六年歲次庚子時憲書一卷
　　…………………………………………… 1－30
大清光緒二十四年歲次戊戌時憲書一卷
　　…………………………………………… 1－30
大清光緒二十年歲次甲午時憲書一卷
　　…………………………………………… 1－31
大清光緒二十年歲次甲午時憲書一卷
　　…………………………………………… 2－341
大清光緒十七年歲次辛卯時憲書一卷
　　…………………………………………… 1－30
大清光緒十八年歲次壬辰時憲書一卷
　　…………………………………………… 1－226
大清光緒十八年歲次壬辰時憲書一卷
　　…………………………………………… 2－585
大清光緒十九年歲次癸巳時憲書一卷
　　…………………………………………… 1－30
大清光緒十五年歲次己丑時憲書一卷

33

……………………………… 1－31

大清光緒十四年歲次戊子時憲書一卷

……………………………… 1－31

大清光緒八年歲次壬午時憲書一卷 … 1－31

大清光緒八年歲次壬午時憲書一卷

……………………………… 2－585

大清光緒三十一年歲次乙巳時憲書一卷

……………………………… 1－31

大清光緒三十二年歲次丙午時憲書一卷

……………………………… 1－31

大清光緒三十三年歲次丁未時憲書一卷

……………………………… 2－297

大清光緒三十三年歲次丁未時憲書一卷

……………………………… 2－585

大清光緒新法令十三類附錄一類…… 2－273

大清同治七年歲次戊辰時憲書一卷

……………………………… 2－32

大清同治元年歲次壬戌時憲書一卷 … 1－31

大清如庠題名錄六卷首一卷……… 2－234

大清咸豐四年歲次甲寅時憲書一卷

……………………………… 2－578

大清重刻龍藏彙記一卷…………… 1－374

大清律例按語一百○四卷………… 2－314

大清律例按語三十卷……………… 1－202

大清律例按語不分卷……………… 2－471

大清律例統纂集成四十二卷……… 1－294

大清律例新修統纂集成四十卷附二卷

……………………………… 2－323

大清律例彙輯便覽四十卷………… 2－540

大清律例彙輯便覽四十卷附督捕則

例二卷五軍道里表一卷三流道里

表一卷………………………… 1－293

大清律例彙輯便覽四十卷附督捕則

例二卷五軍道里表一卷三流道里

表一卷………………………… 1－293

大清律例彙輯便覽四十卷附督捕則

例二卷五軍道里表一卷三流道里

表一卷………………………… 1－293

大清律例彙輯便覽四十卷附督捕則

例二卷五軍道里表一卷三流道里

表一卷………………………… 2－99

大清律例彙輯便覽四十卷附督捕則

例二卷五軍道里表一卷三流道里

表一卷………………………… 2－423

大清律例彙輯便覽四十卷附督捕則

例二卷五軍道里表一卷三流道里

表一卷………………………… 2－423

大清律例彙輯便覽四十卷附督捕則

例二卷五軍道里表一卷三流道里

表一卷………………………… 2－423

大清律例彙輯便覽四十卷附督捕則

例二卷五軍道里表一卷三流道里

表一卷………………………… 2－519

大清律例彙輯便覽四十卷附督捕則

例二卷五軍道里表一卷三流道里

表一卷………………………… 2－519

大清律例彙輯便覽四十卷附督捕則

例二卷五軍道里表一卷三流道里

表一卷………………………… 2－524

大清律例彙輯便覽四十卷附督捕則

例二卷五軍道里表一卷三流道里

表一卷………………………… 2－545

大清律例彙輯便覽附秋審實緩比較

彙案二卷……………………… 2－545

大清律例歌訣三卷洗冤錄歌訣一卷

……………………………… 1－293

大清律例歌訣三卷洗冤錄歌訣一卷

……………………………… 1－293

大清律例歌訣三卷洗冤錄歌訣一卷

……………………………… 1－293

大清律例歌訣三卷洗冤錄歌訣一卷

……………………………… 2－517

大清律例增修統纂集成四十卷……… 2－210

大清律例增修統纂集成四十卷……… 2－523

大清律例輯要不分卷……………… 2－518

大清律例輯要不分卷……………… 2－557

大清律集解附例三十卷首一卷…… 2－522

大清律纂修條例不分卷…………… 2－194

大清宣宗效天符運立中體正至文聖

武智勇仁慈儉勤孝敏成皇帝聖訓

一百三十卷…………………… 2－493

大清宣統二年歲次庚戌時憲書一卷 … 1－30

大清宣統二年歲次庚戌時憲書一卷
　　…………………………………………… 2－584
大清高宗法天隆運至誠先覺體元立
　　極敷文奮武孝慈神聖純皇帝聖訓
　　三百卷首一卷…………………………… 2－449
大清通禮五十四卷 ………………………… 1－291
大清通禮五十四卷 ………………………… 1－293
大清通禮五十四卷 ………………………… 2－24
大清通禮五十四卷 ………………………… 2－194
大清通禮五十四卷 ………………………… 2－373
大清通禮五十四卷 ………………………… 2－373
大清通禮五十卷 …………………………… 2－505
大清通禮品官士庶人喪禮傳二卷 ……… 2－312
大清聖祖合天弘運文武睿哲恭儉寬
　　裕孝敬誠信中和功德大成仁皇帝
　　聖訓六十卷……………………………… 2－396
大清聖祖合天弘運文武睿哲恭儉寬
　　裕孝敬誠信中和功德大成仁皇帝
　　聖訓六十卷……………………………… 2－451
大清聖祖合天弘運文武睿哲恭儉寬
　　裕孝敬誠信中和功德大成仁皇帝
　　聖訓六十卷……………………………… 2－458
大清搢紳全書不分卷 ……………………… 2－347
大清搢紳全書四卷 ………………………… 1－286
大清搢紳全書四卷 ………………………… 1－457
大清搢紳全書四卷 ………………………… 1－458
大清搢紳全書四卷 ………………………… 1－458
大清搢紳全書四卷 ………………………… 1－458
大清搢紳全書四卷 ………………………… 1－458
大清搢紳全書四卷 ………………………… 1－458
大清搢紳全書四卷 ………………………… 1－458
大清搢紳全書四卷 ………………………… 2－331
大清搢紳全書四卷 ………………………… 2－450
大清搢紳全書四卷 ………………………… 2－493
大清會典二百五十卷 ……………………… 1－110
大清會典二百五十卷 ……………………… 1－134
大清會典四卷 ……………………………… 1－289
大清會典四卷 ……………………………… 1－586
大雲山房文槀二集四卷 …………………… 2－135
大雲山房文槀初集四卷二集四卷 ……… 1－427
大雲山房文槀初集四卷二集四卷 ……… 1－427

大雲山房文槀初集四卷二集四卷…… 1－535
大雲山房文槀初集四卷二集四卷…… 2－312
大雲山房文槀初集四卷二集四卷言
　　事二卷 ………………………………… 2－81
大雲山房文槀初集四卷二集四卷言
　　事二卷補編一卷 …………………… 2－170
大雲山房文槀初集四卷二集四卷言
　　事二卷續刻一卷 …………………… 1－519
大悲心呪持誦簡法不分卷 ……………… 2－13
大悲咒註像一卷 ………………………… 2－146
大道略說不分卷 ………………………… 2－419
大富貴編一卷 …………………………… 2－328
大意尊聞一卷 …………………………… 2－111
大慈恩寺三藏法師傳十卷 ……………… 2－151
大廣益會玉篇三十卷 …………………… 1－61
大廣益會玉篇三十卷 …………………… 1－162
大慧普覺禪師宗門武庫一卷 …………… 2－481
大慧普覺禪師語錄三十卷 ……………… 2－481
大薩遮尼乾子受記經十卷 ……………… 1－368
大還閣琴譜六卷萬峰閣指法閟箋一
　　卷谿山琴況一卷 …………………… 1－157
大還閣琴譜六卷谿山琴況一卷萬峰
　　閣指法閟箋一卷 …………………… 1－16
大還閣琴譜六卷谿山琴況一卷萬峰
　　閣指法閟箋一卷 …………………… 1－77
大興徐氏三種 …………………………… 2－223
大學古本質言一卷 ……………………… 1－312
大學直解二卷 …………………………… 1－234
大學或問二卷 …………………………… 1－234
大學或問二卷 …………………………… 1－234
大學或問二卷 …………………………… 1－234
大學或問二卷 …………………………… 1－234
大學衍義四十三卷 ……………………… 1－12
大學衍義四十三卷 ……………………… 1－27
大學衍義四十三卷 ……………………… 1－50
大學衍義四十三卷 ……………………… 1－67
大學衍義四十三卷 ……………………… 1－136
大學衍義四十三卷 ……………………… 1－136
大學衍義四十三卷 ……………………… 1－136
大學衍義四十三卷 ……………………… 1－234
大學衍義四十三卷 ……………………… 1－447

大學衍義四十三卷……………… 1－567　　大戴禮記十三卷………………… 1－106

大學衍義四十三卷……………… 1－567　　大戴禮記十三卷………………… 1－142

大學衍義四十三卷……………… 1－571　　大戴禮記十三卷………………… 1－162

大學衍義四十三卷………………… 2－72　　大戴禮記十三卷………………… 2－421

大學衍義四十三卷………………… 2－73　　大戴禮記補注十三卷…………… 1－227

大學衍義四十三卷……………… 2－106　　大戴禮記補注十三卷…………… 2－221

大學衍義四十三卷……………… 2－343　　大題文府不分卷………………… 1－390

大學衍義四十三卷……………… 2－498　　大題觀海二集不分卷…………… 2－523

大學衍義四十三卷……………… 2－498　　大題觀海初集不分卷…………… 2－573

大學衍義四十三卷……………… 2－498　　大覺普濟玉林禪師語錄十二卷首一卷

大學衍義四十三卷……………… 2－555　　　　……………………………… 2－201

大學衍義四十三卷……………… 2－556　　大觀亭志二卷…………………… 2－155

大學衍義補一百六十卷………… 2－387　　才調集十卷 ……………………… 1－81

大學衍義補一百六十卷首一卷 …… 1－27　　才調集十卷 ……………………… 1－97

大學衍義補一百六十卷首一卷 …… 1－43　　才調集補注十卷………………… 1－97

大學衍義補一百六十卷首一卷 …… 1－47　　才調集補注十卷……………… 1－166

大學衍義補一百六十卷首一卷 …… 1－47　　［同治］上江兩縣志二十九卷首一卷

大學衍義補一百六十卷首一卷 …… 1－50　　　　……………………………… 2－51

大學衍義補一百六十卷首一卷 … 1－136　　［同治］上江兩縣志二十九卷首一卷

大學衍義補一百六十卷首一卷 … 2－106　　　　……………………………… 2－220

大學衍義補一百六十卷首一卷 … 2－407　　［同治］上江兩縣志二十九卷首一卷

大學衍義補輯要十二卷首一卷 … 1－312　　　　……………………………… 2－578

大學衍義補輯要十二卷首一卷 … 1－567　　［同治］上江兩縣志二十九卷首一卷

大學衍義補輯要十二卷首一卷 …… 2－72　　　　……………………………… 2－581

大學衍義補輯要十二卷首一卷 … 2－106　　上秉藏經節要宗鏡錄一百卷……… 2－478

大學衍義補纂要六卷 …………… 1－59　　上乘藏經節要宗鏡錄一百卷…… 1－207

大學衍義輯要六卷………………… 1－312　　［嘉慶］上海縣志二十卷首一卷 …… 2－581

大學衍義輯要六卷 ………………… 2－72　　［同治］上海縣志三十二卷首一卷

大學衍義輯要六卷……………… 2－106　　　　末一卷 ………………………… 2－264

大學衍義輯要六卷……………… 2－107　　［同治］上海縣志三十二卷首一卷

大學衍義續七十卷……………… 2－107　　　　末一卷附補遺敘錄 ………… 2－51

大學衍義體要十六卷…………… 2－107　　上虞五鄉水利紀實一卷………… 2－240

大學堂章程不分卷……………… 1－297　　上虞塘工紀要二卷……………… 2－241

大學堂暫行試辦章程一卷……… 1－296　　上虞塘工紀要二卷……………… 2－245

大學偶言一卷…………………… 1－157　　［光緒］上虞縣志四十八卷首一卷

大學章句或問二卷……………… 2－334　　　　末一卷附錄一卷 …………… 2－54

大學章句質疑一卷中庸章句質疑二卷　　　［光緒］上虞縣志校續五十卷首一

　　……………………………… 1－233　　　　卷末一卷 …………………… 2－58

大學新編五卷…………………… 1－101　　［光緒］上虞縣志校續五十卷首一

大戴禮記十三卷 ………………… 1－54　　　　卷末一卷 …………………… 2－58

大戴禮記十三卷 ………………… 1－69　　上蔡先生語錄三卷……………… 2－216

36

上諭内閣一百五十九卷 …………… 1－459

上諭恭錄不分卷 ………………… 2－303

上諭條例不分卷(清道光三十年至咸
　　豐九年) ……………………… 1－581

巾經纂四帙二十卷 ……………… 2－301

山左金石志二十四卷 …………… 2－29

山右石刻叢編四十卷 …………… 2－59

山右金石存略目錄摘要一卷 …… 1－468

山右金石錄一卷 ………………… 2－196

[乾隆]山西志輯要十卷首一卷 … 1－134

[乾隆]山西志輯要十卷首一卷 … 1－138

[光緒]山西通志一百八十四卷首一卷
　　　………………………………… 2－34

[光緒]山西通志一百八十四卷首一卷
　　　………………………………… 2－263

[雍正]山西通志二百三十卷 …… 1－112

山西鄉試硃卷道光辛卯恩科不分卷
　　　………………………………… 2－346

山西疆域沿革圖譜五卷 ………… 1－458

山志六卷 ………………………… 1－404

山志六卷 ………………………… 1－404

山志六卷二集六卷 ……………… 1－340

山志初集六卷二集四卷 ………… 1－67

山谷内集詩注二十卷 …………… 2－501

山谷内集詩注二十卷外集詩注十七卷
　　　………………………………… 2－554

山谷詩内集注二十卷 …………… 1－81

山谷詩内集注二十卷 …………… 1－151

山谷詩外集注十七卷 …………… 1－401

山谷詩集注二十卷外集十七卷別集二卷
　　　………………………………… 2－75

山谷詩集注三十九卷 …………… 2－185

山谷詩集注内集二十卷外集十七卷
　　別集二卷 ……………………… 2－279

山東考古錄一卷 ………………… 1－298

[雍正]山東通志三十六卷首一卷 … 1－112

山東現奉部議奏准賑捐章程一卷 …… 1－461

山東現奉部議奏准賑捐章程一卷 …… 1－465

山東運河備覽十二卷圖說一卷 … 1－70

山東鹽法志二十二卷附編十卷 … 2－357

山東鹽法續增備考六卷 ………… 2－357

山法全書二卷 …………………… 1－332

山南詩選四卷 …………………… 1－398

山南詩選四卷 …………………… 1－504

山南詩選四卷 …………………… 2－281

山海經十八卷 …………………… 1－1

山海經十八卷 …………………… 1－37

山海經十八卷 …………………… 1－176

山海經十八卷 …………………… 2－120

山海經十八卷圖贊一卷 ………… 2－130

山海經十八卷篇目考一卷 ……… 1－71

山海經存九卷首一卷 …………… 2－120

山海經圖贊二卷爾雅圖贊一卷 … 2－152

山海經箋疏十八卷附圖贊一卷 … 2－71

山海經箋疏十八卷附圖贊一卷訂譌
　　一卷敘錄一卷 ………………… 1－342

山海經箋疏十八卷附圖贊一卷訂譌
　　一卷敘錄一卷 ………………… 1－342

山海經廣注十八卷雜述一卷讀山海
　　經語一卷圖五卷 ……………… 1－167

山海經廣注十八卷讀山海經語一卷
　　雜述一卷圖五卷 ……………… 1－94

山堂肆考二百二十八卷補遺十二卷
　　　………………………………… 1－14

山堂肆考二百二十八卷補遺十二卷
　　　………………………………… 1－14

山堂肆考二百二十八卷補遺十二卷
　　　………………………………… 1－14

山堂肆考二百二十八卷補遺十二卷
　　　………………………………… 1－38

山堂肆考二百二十八卷補遺十二卷
　　　………………………………… 1－131

山堂肆考二百二十八卷補遺十二卷
　　　………………………………… 1－211

[同治]山陽縣志二十一卷圖一卷 … 2－410

[同治]山陽縣志二十一卷圖一卷 … 2－588

[康熙]山陽縣初志三卷 ………… 1－120

山樵書外紀一卷 ………………… 2－301

山礬書屋詩二集九卷 …………… 2－158

千手千眼觀世音菩薩廣大圓滿無碍
　　大悲心陀羅尼經一卷 ………… 1－375

千手千眼觀世音菩薩廣大圓滿無碍

大悲心陀羅尼經一卷 …………… 1－375
千文六書統要二卷 ……………… 1－553
千字文一卷續千字文一卷廣千字文一卷
　　……………………………… 1－338
千字文釋義不分卷 ……………… 2－176
千佛名經三卷 …………………… 2－275
千金裘二十七卷 ………………… 2－14
千金裘二十七卷 ………………… 2－489
千金裘二十七卷二集二十六卷 …… 1－493
千金翼方三十卷 ………………… 1－156
千金翼方三十卷 ………………… 2－206
千金翼方三十卷 ………………… 2－206
千金翼方三十卷 ………………… 2－485
千金翼方三十卷 ………………… 2－515
千金翼方三十卷備急千金要方三十
　　卷考異一卷 ………………… 2－154
千金翼方三十卷備急千金要方三十
　　卷考異一卷 ………………… 2－208
千家詩四卷 ……………………… 2－288
千甓亭磚錄六卷續錄四卷 ……… 2－127
千甓亭磚錄六卷續錄四卷 ……… 2－236
[光緒]川沙廳志十四卷首一卷末一卷
　　……………………………… 2－377
彡石自訂年譜一卷 ……………… 1－276
勺零薈蕶四種 …………………… 2－215
丸散膏丹不分卷 ………………… 2－240
丸藥配製不分卷 ………………… 2－249
尸子存疑一卷尸子二卷 ………… 1－332
[光緒十五年]己丑恩科鄉試十八省
　　同年全錄不分卷 …………… 2－257
己任編八卷 ……………………… 1－217
己酉庚戌存古學校課業齋文言略存
　　不分卷(清宣統元年至二年) …… 2－17
己畦集二十二卷原詩四卷 ……… 1－60
己畦詩集十卷殘餘一卷 ………… 1－60
己畦詩集十卷殘餘一卷 ………… 1－149
巳吾集十四卷壺山集三卷 ……… 2－134
也居山房詩文集十九卷 ………… 2－187
女四書二卷 ……………………… 1－305
女四書四卷 ……………………… 1－472
女孝經一卷 ……………………… 2－529

女科二卷 ………………………… 2－253
女科二卷產後編二卷 …………… 1－327
女科二卷產後編二卷 …………… 2－153
女科切要八卷 …………………… 1－165
女科仙方四卷 …………………… 1－477
女科仙方四卷 …………………… 2－208
女科要旨四卷 …………………… 1－479
女科節要一卷 …………………… 1－557
女科輯要二卷 …………………… 2－60
女科雜癥不分卷 ………………… 2－249
女科證治準繩五卷 ……………… 2－418
女科證治準繩五卷 ……………… 2－434
女教詩鈔三卷 …………………… 2－110
女誡淺釋一卷附校勘記一卷 …… 2－311
女誡淺釋一卷附校勘記一卷 …… 2－328
小山詞不分卷 …………………… 1－18
小山畫譜二卷 …………………… 2－311
小五義一百二十四回 …………… 2－233
小方壺輿地叢鈔再補編十二秩一百
　　七十八種 …………………… 2－161
小方壺齋輿地叢鈔十二秩 ……… 2－284
小石山文集不分卷 ……………… 1－512
小石山房叢書三十八種 ………… 1－435
小石山房叢書三十八種 ………… 1－435
小石山房叢書三十八種 ………… 1－435
小石山房叢書三十八種 ………… 1－524
小石山房叢書三十八種 ………… 2－134
小石山房叢書三十八種 ………… 2－189
小石山房叢書三十八種 ………… 2－189
小四書 …………………………… 1－89
小四書 …………………………… 1－470
小四書 …………………………… 1－471
小四書 …………………………… 2－112
小四書 …………………………… 2－258
小先知釋義不分卷 ……………… 1－378
小安樂窩文集四卷詩存一卷 …… 2－129
小安樂窩文集四卷詩存一卷 …… 2－129
小安樂窩文集四卷詩存一卷 …… 2－215
小豆棚十六卷 …………………… 2－154
小沙子史略一卷 ………………… 1－256
小初詩稿三十四卷 ……………… 1－411

小初詩稿三十卷 …………… 1－411
小坡識小錄四卷 …………… 1－440
小坡識小錄四卷 …………… 1－474
小知錄十二卷 ……………… 2－143
小知錄十二卷 ……………… 2－160
小兒科不分卷 ……………… 2－250
小兒推拿法方脉活嬰秘旨三卷 … 2－239
小兒推拿廣意三卷 ………… 1－561
小兒語一卷 ………………… 1－475
小兒藥證真訣三卷 ………… 1－324
小兒藥證真訣三卷 ………… 1－324
小兒藥證真訣三卷 ………… 1－324
小兒藥證真訣三卷 ………… 2－578
小草廬時文一卷 …………… 1－97
小桐廬詩草十卷 …………… 1－60
小峴山人詩集二十八卷文集六卷續
　文集二卷補編一卷 ……… 2－282
小峴山人詩集十卷 ………… 2－78
小峴山人詩集十卷 ………… 2－118
小倉山房文集三十五卷 …… 1－127
小倉山房文集三十五卷 …… 1－127
小倉山房文集三十五卷 …… 1－515
小倉山房文集三十五卷 …… 2－404
小倉山房文集三十五卷詩集三十一卷
　…………………………… 2－586
小倉山房文集三十五卷詩集三十七
　卷補遺二卷外集七卷 …… 2－223
小倉山房尺牘十卷 ………… 2－381
小倉山房尺牘八卷 ………… 2－337
小倉山房尺牘六卷 ………… 1－397
小倉山房尺牘六卷 ………… 2－471
小倉山房尺牘六卷 ………… 2－474
小倉山房尺牘六卷 ………… 2－503
小倉山房外集八卷 ………… 1－515
小倉山房外集八卷 ………… 2－510
小倉山房外集六卷補遺一卷 … 1－127
小倉山房往還書札全集十八卷 … 1－515
小倉山房往還書札全集十八卷 … 1－515
小倉山房詩集三十一卷 …… 2－537
小倉山房詩集三十一卷 …… 2－563
小倉山房詩集三十一卷補遺一卷附

錄一卷 …………………… 1－515
小倉山房詩集三十七卷 …… 2－505
小倉山房詩集三十六卷 …… 2－565
小倉山房詩集三十六卷補遺二卷 … 1－127
小琅嬛園詩錄七卷集句一卷詞錄一卷
　…………………………… 1－408
小嫏嬛山館彙刊類書十二種 … 1－486
小嫏嬛山館彙刊類書十二種 … 1－493
小嫏嬛室詩餘殘槀一卷 …… 2－165
小琴詩稿不分卷 …………… 2－140
小萬卷樓詩稿三十二卷 …… 1－552
小萬卷樓叢書十七種 ……… 1－435
小萬卷樓叢書十七種 ……… 1－555
小萬卷樓叢書十八種 ……… 1－523
小萬卷樓叢書十八種 ……… 2－164
小萬卷齋文藁二十四卷詩藁三十二
　卷詩續藁十二卷詩遺藁一卷經進
　藁四卷 …………………… 1－414
小萬卷齋經進藁四卷詩藁三十二卷
　續藁四卷 ………………… 2－223
小雲廬詩藁刪存五卷 ……… 2－204
小腆紀年附考二十卷 ……… 1－263
小腆紀年附考二十卷 ……… 2－67
小腆紀年附考二十卷 ……… 2－249
小湖田樂府十卷 …………… 2－148
小蓬萊山館方鈔二卷 ……… 2－253
小蓬萊金石文字不分卷 …… 1－298
小睡足寮詩錄四卷續錄二卷補錄二
　卷附錄一卷 ……………… 2－175
小滄浪筆談四卷 …………… 1－425
小爾雅訓纂六卷 …………… 1－240
小樓詩集八卷 ……………… 1－128
小學千家詩人生必讀二卷 … 2－244
小學六卷 …………………… 1－37
小學六卷 …………………… 1－93
小學六卷 …………………… 2－443
小學六卷 …………………… 2－458
小學六卷近思錄十四卷 …… 1－472
小學六卷近思錄十四卷 …… 2－509
小學句讀記六卷 …………… 1－92
小學句讀記六卷 …………… 1－331

小學句讀記六卷⋯⋯⋯⋯⋯⋯⋯⋯ 1－472
小學句讀記六卷⋯⋯⋯⋯⋯⋯⋯⋯ 1－474
小學句讀記六卷首一卷⋯⋯⋯⋯⋯ 2－348
小學考五十卷⋯⋯⋯⋯⋯⋯⋯⋯⋯ 1－239
小學考五十卷⋯⋯⋯⋯⋯⋯⋯⋯⋯ 1－239
小學考五十卷⋯⋯⋯⋯⋯⋯⋯⋯⋯ 1－448
小學考五十卷 ⋯⋯⋯⋯⋯⋯⋯⋯⋯ 2－92
小學考五十卷⋯⋯⋯⋯⋯⋯⋯⋯⋯ 2－128
小學考五十卷⋯⋯⋯⋯⋯⋯⋯⋯⋯ 2－565
小學弦歌八卷⋯⋯⋯⋯⋯⋯⋯⋯⋯ 2－176
小學弦歌八卷⋯⋯⋯⋯⋯⋯⋯⋯⋯ 2－273
小學書六卷⋯⋯⋯⋯⋯⋯⋯⋯⋯⋯ 1－590
小學淺解六卷⋯⋯⋯⋯⋯⋯⋯⋯⋯ 2－104
小學淺解六卷⋯⋯⋯⋯⋯⋯⋯⋯⋯ 2－107
小學紺珠十卷⋯⋯⋯⋯⋯⋯⋯⋯⋯ 2－201
小學紺珠十卷⋯⋯⋯⋯⋯⋯⋯⋯⋯ 2－424
小學紺珠十卷⋯⋯⋯⋯⋯⋯⋯⋯⋯ 2－425
小學紺珠十卷⋯⋯⋯⋯⋯⋯⋯⋯⋯ 2－462
小學紺珠十卷⋯⋯⋯⋯⋯⋯⋯⋯⋯ 2－487
小學集註六卷⋯⋯⋯⋯⋯⋯⋯⋯⋯ 1－591
小學集註六卷⋯⋯⋯⋯⋯⋯⋯⋯⋯ 2－350
小學集註六卷首一卷⋯⋯⋯⋯⋯⋯ 2－549
小學集解六卷⋯⋯⋯⋯⋯⋯⋯⋯⋯ 1－308
小學集解六卷⋯⋯⋯⋯⋯⋯⋯⋯⋯ 1－308
小學集解六卷⋯⋯⋯⋯⋯⋯⋯⋯⋯ 1－308
小學集解六卷⋯⋯⋯⋯⋯⋯⋯⋯⋯ 1－472
小學集解六卷⋯⋯⋯⋯⋯⋯⋯⋯⋯ 1－472
小學集解六卷 ⋯⋯⋯⋯⋯⋯⋯⋯⋯ 2－73
小學集解六卷 ⋯⋯⋯⋯⋯⋯⋯⋯⋯ 2－98
小學集解六卷⋯⋯⋯⋯⋯⋯⋯⋯⋯ 2－433
小學集解六卷⋯⋯⋯⋯⋯⋯⋯⋯⋯ 2－444
小學集解六卷⋯⋯⋯⋯⋯⋯⋯⋯⋯ 2－449
小學集解六卷⋯⋯⋯⋯⋯⋯⋯⋯⋯ 2－450
小學集解六卷⋯⋯⋯⋯⋯⋯⋯⋯⋯ 2－475
小學集解六卷輯說一卷⋯⋯⋯⋯⋯ 1－306
小學集解六卷輯說一卷⋯⋯⋯⋯⋯ 1－379
小學集解六卷輯說一卷⋯⋯⋯⋯⋯ 1－379
小學集解六卷輯說一卷⋯⋯⋯⋯⋯ 1－379
小學集解六卷輯說一卷⋯⋯⋯⋯⋯ 2－104
小學集解六卷輯說一卷⋯⋯⋯⋯⋯ 2－104
小學集解六卷輯說一卷⋯⋯⋯⋯⋯ 2－107

小學集解六卷輯說一卷⋯⋯⋯⋯⋯ 2－200
小學集解六卷輯說一卷⋯⋯⋯⋯⋯ 2－343
小學集解六卷輯說一卷⋯⋯⋯⋯⋯ 2－397
小學集解六卷輯說一卷⋯⋯⋯⋯⋯ 2－448
小學鈎沈三十九種⋯⋯⋯⋯⋯⋯⋯ 2－120
小學節本二卷⋯⋯⋯⋯⋯⋯⋯⋯⋯ 1－312
小學節本二卷⋯⋯⋯⋯⋯⋯⋯⋯⋯ 1－312
小學節本二卷⋯⋯⋯⋯⋯⋯⋯⋯⋯ 1－312
小學節本二卷⋯⋯⋯⋯⋯⋯⋯⋯⋯ 2－396
小學節本二卷⋯⋯⋯⋯⋯⋯⋯⋯⋯ 2－445
小學鈎沈三十九種⋯⋯⋯⋯⋯⋯⋯ 1－237
小學鈎沈三十九種⋯⋯⋯⋯⋯⋯⋯ 1－240
小學彙函十四種⋯⋯⋯⋯⋯⋯⋯⋯ 1－236
小學彙函十四種⋯⋯⋯⋯⋯⋯⋯⋯ 1－236
小學彙函十四種⋯⋯⋯⋯⋯⋯⋯⋯ 1－236
小學彙函十四種 ⋯⋯⋯⋯⋯⋯⋯⋯ 2－31
小學韻語一卷⋯⋯⋯⋯⋯⋯⋯⋯⋯ 1－311
小學韻語一卷⋯⋯⋯⋯⋯⋯⋯⋯⋯ 1－591
小學韻語一卷⋯⋯⋯⋯⋯⋯⋯⋯⋯ 2－443
小學類編六種附編三種 ⋯⋯⋯⋯⋯ 2－93
小學類編六種附編三種⋯⋯⋯⋯⋯ 2－189
小學纂註六卷⋯⋯⋯⋯⋯⋯⋯⋯⋯ 1－305
小學纂註六卷⋯⋯⋯⋯⋯⋯⋯⋯⋯ 1－470
小學纂註六卷⋯⋯⋯⋯⋯⋯⋯⋯⋯ 2－325
小檀欒室彙刻閨秀詞一百種附一種
⋯⋯⋯⋯⋯⋯⋯⋯⋯⋯⋯⋯⋯⋯ 1－393
小檀欒室彙刻閨秀詞一百種附一種
⋯⋯⋯⋯⋯⋯⋯⋯⋯⋯⋯⋯⋯⋯ 1－393
小檀欒室彙刻閨秀詞一百種附一種
⋯⋯⋯⋯⋯⋯⋯⋯⋯⋯⋯⋯⋯⋯ 1－395
小謨觴館文注四卷文續注二卷 ⋯⋯ 2－78
小謨觴館全集四種⋯⋯⋯⋯⋯⋯⋯ 2－173
小謨觴館詩集八卷⋯⋯⋯⋯⋯⋯⋯ 2－277
小謨觴館詩集八卷詩餘附錄注一卷
文集四卷⋯⋯⋯⋯⋯⋯⋯⋯⋯⋯ 2－212
小謨觴館詩集八卷詩續集二卷文集
四卷文續集二卷 ⋯⋯⋯⋯⋯⋯⋯ 2－78
小謨觴館詩集八卷詩續集二卷詩餘
附錄一卷文集四卷文續集二卷⋯⋯ 1－424
小謨觴館詩集八卷詩續集二卷詩餘
附錄一卷文集四卷文續集二卷⋯⋯ 2－319

40

小謨觴館詩集八卷續二卷文集四卷
　　續二卷詩餘一卷續一卷…………… 1－534
小謨觴館詩集注八卷文集注四卷文
　　續集注二卷續集注二卷詩餘附
　　錄注一卷………………………… 2－212
小謨觴館詩集注八卷詩續集注二卷詩
　　餘附錄注一卷詩餘續附錄注一卷小
　　謨觴館文集注四卷文續集注二卷
　　……………………………………… 2－171
小謨觴館詩集注八卷詩續集注二卷
　　詩餘注一卷詩餘續注一卷小謨觴
　　館文集注四卷文續集注二卷懺摩
　　錄一卷潘瀾筆記二卷附錄四卷附
　　錄補遺一卷……………………… 1－533
小題文府不分卷…………………… 1－496
小題正鵠四集……………………… 1－496
小題四萬選□□卷………………… 2－565
小題四萬選不分卷………………… 2－357
小題四萬選不分卷………………… 2－379
小題四萬選不分卷………………… 2－493
小題詠新□□卷…………………… 2－575
小題篋存草一卷…………………… 2－137
小蘇潭詞六卷……………………… 2－105
小鷗波館詩鈔十卷………………… 2－190
子史精華一百六十卷 ……………… 1－72
子史精華一百六十卷……………… 1－77
子史精華一百六十卷……………… 1－78
子史精華一百六十卷……………… 1－78
子史精華一百六十卷……………… 1－78
子史精華一百六十卷……………… 1－78
子史精華一百六十卷……………… 1－95
子史精華一百六十卷……………… 1－95
子史精華一百六十卷……………… 1－107
子史精華一百六十卷……………… 1－133
子史精華一百六十卷……………… 1－180
子史精華一百六十卷……………… 1－197
子史精華一百六十卷……………… 1－490
子史精華一百六十卷……………… 1－490
子史精華一百六十卷……………… 1－558
子史精華一百六十卷……………… 2－357
子史精華一百六十卷……………… 2－357

子史精華一百六十卷……………… 2－375
子史精華一百六十卷……………… 2－438
子史精華一百六十卷……………… 2－441
子史精華一百六十卷……………… 2－470
子史精華一百六十卷……………… 2－490
子史輯要詩賦題解四卷題解續編四卷
　　……………………………………… 2－32
子良詩錄二卷……………………… 2－141
子書二十二種……………………… 2－405
子書二十二種……………………… 2－406
子書二十二種……………………… 2－567
子書二十八種……………………… 2－410
子書二十八種……………………… 2－528
子書二十八種……………………… 2－544
子書二十八種……………………… 2－568
子書百家…………………………… 1－304
子書百家…………………………… 1－590
子書百家 …………………………… 2－83
子書百家…………………………… 2－109
子書百家…………………………… 2－203
子書百家…………………………… 2－387
子書百家…………………………… 2－388
子藥準則一卷……………………… 1－319
子藥準則一卷……………………… 1－319
子藥準則一卷……………………… 1－319
子藥準則一卷……………………… 2－537

四畫

王九峰先生醫案一卷……………… 1－563
王九峰先生醫案二卷……………… 1－564
王山史先生年譜□□卷附遺事一卷
　　……………………………………… 1－578
王子安集十六卷…………………… 1－408
王子安集注二十卷首一卷末一卷… 2－130
王子安集注二十卷首一卷末一卷… 2－322
王氏仁蔭堂全集六卷……………… 1－407
王氏四種 …………………………… 2－73
王氏宗祠志一卷…………………… 1－578
王氏書苑補益十二卷……………… 1－35
王氏經說六卷……………………… 2－327

王氏漁洋詩鈔十二卷 ……………… 1–168
王氏醫案五卷隨息居重訂霍亂論四
　卷隨息居飲食譜七卷 …………… 2–270
王氏醫案續編八卷 ………………… 2–429
王文成公全書三十八卷 …………… 1–49
王文成公全書三十八卷 …………… 1–405
王文成公全書三十八卷 …………… 1–405
王文成公全書三十八卷 …………… 2–127
王文成公集要七卷 ………………… 2–303
王文成公集要七卷 ………………… 2–424
王文成公語錄二卷 ………………… 1–164
王文恪公集三十六卷 ……………… 1–37
王文端公年譜一卷 ………………… 1–267
王刊四種 …………………………… 1–432
王本史記一百三十卷 ……………… 2–65
王右丞集二十八卷首一卷末一卷 …… 1–80
王右丞集二十八卷首一卷末一卷 …… 1–125
王右丞集二十八卷首一卷末一卷 …… 1–140
王右丞集二十八卷首一卷末一卷 …… 1–146
王右丞集二十八卷首一卷末一卷 …… 1–177
王右丞集二十八卷首一卷末一卷 …… 1–400
王右丞詩集二卷 …………………… 1–150
王先生十七史蒙求十六卷 ………… 1–135
王先生十七史蒙求十六卷 ………… 2–101
王志二卷 …………………………… 2–234
王壯武公遺集二十四卷首一卷 …… 2–412
王壯武公遺集二十四卷首一卷 …… 2–412
王奉常書畫題跋二卷 ……………… 2–156
王奉常集詩十五卷目錄三卷文五十
　四卷目錄五卷 …………………… 1–32
王制箋一卷 ………………………… 1–224
王孟調明經西㡿草不分卷 ………… 2–129
王荊公唐百家詩選二十卷 ………… 1–146
王荊公唐百家詩選二十卷 ………… 2–133
王荊文公詩五十卷 ………………… 1–57
王荊文公詩五十卷補遺一卷 ……… 1–174
王洪緒先生外科證治全生一卷 …… 1–426
王洪緒先生外科證治全生一卷 …… 1–562
王洪緒先生外科證治全生二卷 …… 2–591
王烈婦孫宜人哀辭不分卷 ………… 1–579
王恩綬忠孝錄不分卷 ……………… 1–457

王黃州小畜集三十卷 ……………… 1–50
王菉友九種 ………………………… 2–498
王船山先生年譜二卷 ……………… 2–297
王船山經史論八種 ………………… 1–329
王深寧先生年譜一卷 ……………… 1–276
王深寧先生年譜一卷 ……………… 2–110
王陽明先生文鈔二十卷 …………… 1–98
王陽明先生全集二十二卷首一卷 …… 1–82
王陽明先生全集二十二卷首一卷 …… 1–82
王陽明先生全集十六卷 …………… 1–404
王註正譌一卷 ……………………… 1–81
王註正譌一卷 ……………………… 1–82
王註正譌一卷 ……………………… 1–102
王註正譌一卷 ……………………… 1–150
王註正譌一卷東坡年譜一卷 ……… 1–62
王詹事集一卷 ……………………… 1–398
王鳳洲先生綱鑑正史全編二十四卷
　附紀一卷歷代輿地圖一卷 ……… 1–124
王端毅公文集八卷續文集二卷 …… 2–279
王漁洋遺書三十八種 ……………… 1–148
王漁洋遺書三十八種 ……………… 2–279
王學質疑五卷附錄一卷 …………… 1–306
王臨川文集一百卷目錄二卷 ……… 1–8
王臨川文集四卷 …………………… 1–505
王臨川全集一百卷目錄二卷 ……… 1–401
王臨川全集一百卷目錄二卷 ……… 2–103
王臨川全集一百卷目錄二卷 ……… 2–132
井利圖說一卷 ……………………… 2–290
井利圖說一卷 ……………………… 2–290
[雍正]井陘縣志八卷 ……………… 1–112
井蛙錄四卷 ………………………… 2–32
井礦工程三卷 ……………………… 1–353
井礦工程三卷 ……………………… 1–353
井礦工程三卷 ……………………… 1–354
天一閣見存書目四卷首一卷末一卷
　…………………………………… 1–546
天一閣書目一卷碑目一卷 ………… 1–141
天下一統志九十卷 ………………… 1–27
天下一統志九十卷 ………………… 1–68
天下才子必讀書十五卷 …………… 2–224
天下才子必讀書十五卷 …………… 2–424

天下才子必讀書十五卷末一卷 ……… 1－494
天下山河兩戒考十四卷圖一卷 ……… 1－105
天下名山勝景一覽圖不分卷 ………… 1－217
天下郡國利病書一百二十卷 ………… 1－57
天下郡國利病書一百二十卷 ………… 1－279
天下郡國利病書一百二十卷 ………… 1－279
天下郡國利病書一百二十卷 ………… 1－279
天下郡國利病書一百二十卷 ………… 1－458
天下郡國利病書一百二十卷 ………… 2－350
天下郡國利病書一百二十卷 ………… 2－398
天下郡國利病書一百二十卷 ………… 2－401
天下郡國利病書一百二十卷 ………… 2－413
天下郡國利病書一百二十卷 ………… 2－475
天下郡國利病書一百二十卷 ………… 2－501
天元餘義二卷 …………………………… 2－4
天元曆理全書十二卷首一卷 ………… 1－563
天中記六十卷 ………………………… 1－95
天中記六十卷 ………………………… 1－186
天中記六十卷 …………………………… 2－27
天文大成全志輯要八十卷 …………… 1－487
天文大成管窺輯要八十卷 …………… 1－76
天文揭要二卷 ………………………… 1－359
天文揭要二卷 ………………………… 1－359
天文揭要二卷 ………………………… 1－359
天文歌略一卷地學歌略一卷 ………… 2－319
天文圖說四卷 ………………………… 1－359
天文算學纂要二十卷 ………………… 1－479
天文算學纂要二十卷 ………………… 1－544
天方性理五卷 ………………………… 2－257
天方性理五卷首一卷 ………………… 1－173
天方曆源不分卷 ……………………… 2－25
天水冰山錄不分卷附錄一卷附鈐山
　堂書畫記一卷 ……………………… 2－273
天仙正理二卷附錄一卷 ……………… 2－130
天仙聖母源留泰山寶卷五卷 ………… 2－595
天主實義二卷 ………………………… 2－276
天台八教大意一卷 …………………… 1－373
天台八教大意一卷 …………………… 2－272
天台四教儀一卷 ……………………… 1－373
天台四教儀一卷 ……………………… 2－272

天台四教儀集注十卷 ………………… 1－375
天地奇異志一卷 ……………………… 1－357
天地間集一卷 …………………………… 1－58
天地寶懺一卷 ………………………… 2－477
天花精言六卷 ………………………… 1－548
天花藏批評平山冷燕六卷二十回 …… 1－486
天雨花三十回 ………………………… 2－487
天雨花三十回 ………………………… 2－563
天岳山館文鈔四十卷 ………………… 2－315
［乾隆］天津縣志二十四卷 ………… 1－210
天神會課不分卷 ……………………… 2－274
天咫偶聞十卷 …………………………… 2－5
天真閣集三十二卷 …………………… 1－416
天真閣集三十二卷 …………………… 2－169
天真閣集三十二卷 …………………… 2－229
天真閣集三十六卷 …………………… 2－218
天恩存問錄前集一卷後集一卷續集
　一卷附錄一卷 ……………………… 1－3
天罡掌訣詩不分卷 …………………… 2－447
天倫詩一卷 …………………………… 1－392
天瓶齋書畫題跋二卷 ………………… 1－149
天益山堂遺集十卷續刻一卷 ………… 1－128
天問注補二卷 ………………………… 1－185
天童寺志十卷首一卷 ………………… 2－266
天道功課不分卷 ……………………… 1－377
天道溯原三卷附徐光啟奏疏一卷 …… 2－14
天道興國淺說一卷 …………………… 1－378
天道講臺三卷 ………………………… 2－275
天祿閣外史八卷 ……………………… 1－492
天聖明道本國語二十一卷考異四卷
　………………………………………… 1－455
天聖明道本國語二十一卷考異四卷
　………………………………………… 2－528
天聖明道本國語二十一卷考異四卷
　………………………………………… 2－571
天蓋樓四書語錄四十六卷 …………… 1－89
天演論二卷 …………………………… 1－267
天演論二卷 …………………………… 1－267
天演論二卷 …………………………… 1－335
天演論二卷 …………………………… 1－335
天演論二卷 …………………………… 1－335

天演論二卷	…………	1－335
天演論二卷	…………	2－212
天演論二卷	…………	2－412
天演論二卷	…………	2－454
天演論二卷	…………	2－472
天慧徹禪師語錄二卷	…………	1－377
天學大成二種	…………	2－8
天壤閣叢書二十六種	…………	1－431
天壤閣叢書二十六種	…………	2－168
元人十種詩	…………	1－37
元文類七十卷	…………	1－16
元文類七十卷目錄三卷	…………	1－39
元文類七十卷目錄三卷	…………	1－388
元文類七十卷目錄三卷	…………	1－388
元文類七十卷目錄三卷	…………	1－495
元文類七十卷目錄三卷	…………	2－82
元文類七十卷目錄三卷	…………	2－121
元史二百十卷	…………	1－251
元史二百十卷	…………	1－251
元史二百十卷	…………	1－251
元史二百十卷	…………	2－384
元史二百十卷	…………	2－433
元史二百十卷目錄二卷	…………	1－110
元史二百十卷目錄二卷	…………	1－110
元史氏族表三卷	…………	1－253
元史氏族表三卷	…………	1－254
元史氏族表三卷	…………	1－254
元史氏族表三卷	…………	1－528
元史紀事本末二十七卷	…………	1－274
元史紀事本末二十七卷	…………	1－274
元史紀事本末二十七卷	…………	1－454
元史紀事本末二十七卷	…………	1－574
元史紀事本末二十七卷	…………	1－576
元史紀事本末二十七卷	…………	2－98
元史紀事本末二十七卷	…………	2－391
元史菁華錄三卷	…………	2－339
元史新編九十五卷	…………	1－251
元史藝文志四卷	…………	1－252
元史藝文志四卷	…………	1－253
元史藝文志四卷	…………	1－528
元史藝文志四卷	…………	2－257
元史藝文志四卷宋遼金元四史朔閏攷二卷	…………	1－253
元史類編四十二卷	…………	1－170
元史譯文證補三十卷	…………	1－277
元史譯文證補三十卷	…………	1－277
元史譯文證補三十卷	…………	2－24
元白長慶集	…………	1－1
元白長慶集	…………	1－16
元白長慶集	…………	1－20
元包經傳五卷	…………	1－3
元包數總義二卷	…………	1－3
元曲選十集	…………	1－5
元和姓纂十卷	…………	1－382
元和姓纂十卷	…………	1－382
元和姓纂十卷	…………	1－456
元和郡縣志四十卷	…………	1－53
元和郡縣志四十卷	…………	1－69
元和郡縣補志九卷	…………	2－260
元和郡縣圖志四十卷補志九卷	…………	1－280
元和郡縣圖志四十卷補志九卷	…………	1－280
元和郡縣圖志四十卷補志九卷	…………	1－280
元和蔡氏所著書三種	…………	2－258
元城語錄解三卷行錄解一卷	…………	1－342
元城語錄解三卷行錄解一卷	…………	1－342
元城語錄解三卷行錄解一卷	…………	1－342
元城語錄解三卷行錄解一卷	…………	2－6
元城語錄解三卷行錄解一卷	…………	2－6
元祐黨人傳十卷	…………	2－181
元宰必讀書一卷	…………	1－473
元書一百〇二卷首一卷	…………	1－540
元扈山房集二十二卷	…………	2－23
元扈山房集二十二卷	…………	2－23
元朝名臣事略十五卷	…………	2－97
元朝秘史十五卷	…………	2－558
元朝秘史十五卷	…………	2－565
元詩自攜一卷七言律詩十六卷	…………	1－138
元詩選二百九十六種	…………	1－161
元詩選二集不分卷	…………	2－76
元詩選六卷補遺一卷	…………	1－96
元詩選六卷補遺一卷	…………	1－139
元詩選六卷補遺一卷	…………	1－178

元詩選初集 …………………………………… 1－81
元詩選初集 …………………………………… 1－107
元詩選初集 …………………………………… 1－126
元詩選初集十集首一卷二集八集三
　集八集 …………………………………… 1－148
元詩選首一卷初集六十八卷二集二
　十六卷三集十六卷 ……………………… 1－173
元詩選癸集十六卷 ………………………… 1－127
元詩選癸集十六卷 ………………………… 1－402
元詩選癸集十六卷 ………………………… 2－121
元經薛氏傳十卷 …………………………… 2－501
元遺山先生全集九種 ……………………… 1－405
元遺山先生全集九種 ……………………… 2－165
元遺山先生全集九種 ……………………… 2－306
元遺山先生集四十卷首一卷附錄一
　卷補載一卷年譜三種四卷新樂府
　四卷續夷堅志四卷 ……………………… 1－410
元遺山先生集四十卷首一卷附錄一
　卷補載一卷年譜三種四卷新樂府
　四卷續夷堅志四卷 ……………………… 1－535
元遺山先生集四十卷首一卷附錄一
　卷補載一卷年譜三種四卷新樂府
　四卷續夷堅志四卷 ……………………… 2－332
元遺山詩集箋注十四卷 …………………… 1－506
元遺山詩集箋注十四卷 …………………… 2－182
元遺山詩集箋注十四卷附錄一卷補
　載一卷 …………………………………… 2－168
元遺山詩集箋注十四卷首一卷附錄
　一卷補載一卷 …………………………… 2－227
元憲集三十六卷 …………………………… 1－533
元豐九域志十卷 …………………………… 1－53
元豐九域志十卷 …………………………… 1－167
元豐九域志十卷 …………………………… 1－277
元豐九域志十卷 …………………………… 1－277
元豐九域志十卷 …………………………… 1－277
元豐類藁五十卷 …………………………… 1－181
元豐類藁五十卷目錄一卷 ………………… 1－146
元豐類藁五十卷首一卷 …………………… 1－534
元豐類藁五十卷首一卷 …………………… 2－132
廿一史四譜五十四卷 ……………………… 2－374
廿一史四譜五十四卷 ……………………… 2－374

廿一史約編八卷 …………………………… 1－469
廿一史約編八卷 …………………………… 2－573
廿一史約編八卷首一卷 …………………… 1－302
廿一史約編八卷首一卷 …………………… 2－106
廿一史約編八卷首一卷 …………………… 2－113
廿一史約編八卷首一卷 …………………… 2－113
廿一史約編八卷首一卷 …………………… 2－222
廿一史約編八卷首一卷 …………………… 2－525
廿一史提綱歌二卷 ………………………… 1－256
廿一史彈詞二卷 …………………………… 1－398
廿一史彈詞十一卷附類聚數考一卷
　………………………………………… 2－194
廿一史彈詞註十一卷 ……………………… 1－76
廿一史彈詞註十二卷 ……………………… 1－513
廿一史彈詞註十卷 ………………………… 1－487
廿一史彈詞註十卷 ………………………… 2－106
廿一史戰略攷三十三卷 …………………… 1－564
廿二史攷異一百卷 ………………………… 1－561
廿二史攷異一百卷 ………………………… 2－106
廿二史策案十二卷首一卷 ………………… 1－302
廿二史劄記三十六卷首一卷補遺一卷
　………………………………………… 1－572
廿二史劄記三十六卷補遺一卷 …………… 1－254
廿二史劄記三十六卷補遺一卷 …………… 1－255
廿二史劄記三十六卷補遺一卷 …………… 1－255
廿二史劄記三十六卷補遺一卷 …………… 2－105
廿二史劄記三十六卷補遺一卷 …………… 2－413
廿二史綜編八卷 …………………………… 2－106
木皮散人鼓詞一卷 ………………………… 2－342
木庵居士詩四卷補遺一卷 ………………… 2－170
木犀軒叢書三十三種 ……………………… 2－85
木犀軒叢書三十三種 ……………………… 2－150
木雞書屋文鈔四卷 ………………………… 1－539
木雞書屋文鈔四卷二集六卷三集八
　卷四集六卷五集六卷 …………………… 2－157
木蘭書齋詩鈔一卷 ………………………… 2－16
木蘭書齋詩鈔一卷 ………………………… 2－156
木蘭書齋詩鈔一卷 ………………………… 2－286
木蘭書齋詩鈔一卷 ………………………… 2－286
五十年泰西實學衍義補不分卷 ………… 1－358
五十名家書札十二卷 ……………………… 2－16

五大洲述異錄四卷	1－584	五代會要三十卷	1－286
五大洲述異錄四卷	1－584	五代會要三十卷	2－68
五大洲政治通考四十八卷	1－460	五代會要三十卷	2－219
五大洲政治通考四十八卷	2－536	五百四峰堂詩鈔二十五卷	1－537
五大洲圖說五卷	2－345	五百家註音辨昌黎先生文集四十卷	
五大洲圖說五卷首一卷	2－467		2－411
五大部直音三卷	2－275	五百家註音辨昌黎先生文集四十卷	
五大書院課藝四卷	1－395		2－414
五子近思錄十四卷	1－472	五行大義五卷	1－330
五子近思錄十四卷	1－472	五字鑑一卷	2－516
五子近思錄發明十四卷	1－470	五車韻瑞一百六十卷	1－23
五子近思錄發明十四卷	2－113	五車韻瑞一百六十卷	2－93
五公山人集十六卷	1－83	五言今體詩鈔九卷七言今體詩鈔九卷	
五代史七十四卷	1－110		1－394
五代史七十四卷	1－158	五言今體詩鈔九卷七言今體詩鈔九卷	
五代史七十四卷	1－249		2－15
五代史七十四卷	1－250	五言今體詩鈔九卷七言今體詩鈔九卷	
五代史七十四卷	1－250		2－441
五代史七十四卷	1－251	五言今體詩鈔九卷七言今體詩鈔九卷	
五代史七十四卷	1－251		2－462
五代史七十四卷	1－251	五知齋琴譜八卷	1－64
五代史七十四卷	1－251	五知齋琴譜八卷	1－68
五代史七十四卷	2－88	五知齋琴譜八卷	1－77
五代史七十四卷	2－507	五知齋琴譜八卷	1－137
五代史七十四卷	2－507	五省溝洫圖說一卷	1－282
五代史七十四卷	2－507	五省溝洫圖說不分卷	2－451
五代史七十四卷	2－512	五洲史略不分卷	1－268
五代史校勘札記七十三卷	2－399	五洲各國政治考八卷	1－292
五代史校勘札記七十四卷	1－256	五洲政藝撮要二十六卷	1－343
五代史校勘札記七十四卷	1－256	五軍道里表一卷	1－462
五代史校勘札記七十四卷	1－256	五軍道里表一卷三流道里表一卷	2－560
五代史校勘札記七十四卷	1－572	五眞閣吟藁一卷	1－421
五代史記七十四卷	1－68	五眞閣吟藁一卷	1－537
五代史記七十四卷	1－90	五眞閣吟藁一卷	2－329
五代史記七十四卷	2－343	五倫書六十二卷	1－5
五代史記注七十四卷	1－450	五倫書六十二卷	1－67
五代史記注七十四卷	2－68	[乾隆]五凉考治六德集全志五卷	1－121
五代史記纂誤補四卷附錄一卷	2－239	五萬卷閣書目記四卷	1－297
五代史纂誤三卷	1－52	五萬卷閣書目記四卷	1－466
五代史纂誤三卷	1－277	五朝名臣言行錄七十五卷	2－97
五代紀年表一卷	1－252	五朝名臣言行錄七十五卷	2－227

五朝名臣言行錄前集十卷後集十四卷
　　…………………………… 2－122
五朝名臣言行錄前集十卷後集十四卷
　　…………………………… 2－332
五朝名臣言行錄前集十卷後集十四卷
　續集八卷別集二十六卷外集十七卷
　　…………………………… 1－456
五朝名臣言行錄前集十卷後集十四卷
　續集八卷別集二十六卷外集十七卷
　　…………………………… 2－547
五朝名臣言行錄續集八卷別集二十
　六卷外集十七卷 …………… 2－122
五雅全書 ……………………… 1－19
五雅全書 ……………………… 1－235
五湖漁莊圖題詞四卷 ………… 2－171
五聖濟世經五卷 ……………… 2－593
五經 …………………………… 2－285
五經三傳讀本四十四卷 ……… 2－93
五經分類文鈔二十六卷 ……… 2－466
五經分類輯要二十八卷 ……… 1－493
五經文字三卷 ………………… 1－138
五經文字三卷 ………………… 1－159
五經文字三卷 ………………… 1－161
五經文字疑一卷 ……………… 1－161
五經四子書 …………………… 1－87
五經同異三卷 ………………… 2－26
五經合纂大成四十四卷 ……… 2－98
五經旁訓 ……………………… 2－91
五經異義疏證三卷 …………… 2－221
五經集解三十卷附錄三卷 …… 2－98
五經歲徧齋校書 ……………… 1－472
五經算術二卷 ………………… 1－52
五經類編二十八卷 …………… 1－131
五經類編二十八卷 …………… 1－492
五經體注大全合參三十二卷 … 2－91
五臺山志一卷 ………………… 1－115
五臺山志一卷 ………………… 1－115
五臺山志一卷 ………………… 1－115
五臺山志一卷 ………………… 1－115
五臺山志一卷 ………………… 1－115
五臺山志一卷 ………………… 1－184

五種秘竅全書 ………………… 1－28
五種遺規 ……………………… 1－75
五種遺規 ……………………… 1－135
五種遺規 ……………………… 1－333
五種遺規 ……………………… 1－333
五種遺規 ……………………… 1－333
五種遺規 ……………………… 2－102
五種遺規 ……………………… 2－433
五種遺規 ……………………… 2－433
五種遺規 ……………………… 2－468
五種遺規十六卷 ……………… 2－518
五緯捷算四卷 ………………… 1－353
五緯捷算四卷 ………………… 1－353
五緯捷算四卷 ………………… 1－542
五燈會元二十卷 ……………… 1－491
五燈會元二十卷 ……………… 2－524
五禮通考二百六十二卷 ……… 1－205
五禮通考二百六十二卷 ……… 1－207
五禮通考二百六十二卷首四卷 ……… 1－50
五禮通考二百六十二卷首四卷 ……… 1－148
五禮通考二百六十二卷首四卷 ……… 1－148
五禮通考二百六十二卷首四卷 ……… 2－389
五禮通考二百六十二卷總目二卷首四卷
　　…………………………… 1－131
五禮通考二百六十二卷總目二卷首四卷
　　…………………………… 1－226
五禮通考二百六十二卷總目二卷首四卷
　　…………………………… 1－227
五禮通考二百六十二卷總目二卷首四卷
　　…………………………… 1－227
五禮通考二百六十二卷總目二卷首四卷
　　…………………………… 1－304
五禮通考二百六十二卷總目二卷首四卷
　　…………………………… 2－355
五禮通考二百六十二卷總目二卷首四卷
　　…………………………… 2－372
五禮通考二百六十二卷總目二卷首四卷
　　…………………………… 2－447
五禮通考二百六十二卷總目二卷首四卷
　　…………………………… 2－449
五變中黃經二卷 ……………… 1－242

支那通史四卷 …………………… 1－574
支那通史四卷 …………………… 2－334
支那通史附錄四卷 ……………… 2－567
支那教案論一卷 ………………… 2－13
支社詩拾不分卷 ………………… 1－411
不二歌集四卷 …………………… 1－507
不二歌集四卷 …………………… 2－296
不自是齋詩草八卷詩餘一卷野鶴山
　房詩草四卷蒙養日記故事四卷補
　編一卷 ………………………… 1－510
不解解軒詩稿二卷 ……………… 1－418
太乙舟文集八卷 ………………… 2－587
太乙神鍼一卷 …………………… 2－276
太乙數統宗大全四十卷 ………… 1－330
太上玉笈救劫金燈感應篇新註一卷
　 ………………………………… 2－421
太上玉笈救劫金燈感應篇新註一卷
　 ………………………………… 2－425
太上玄靈北斗本命延生經三卷 …… 2－485
太上洞玄靈寶文昌梓潼本願眞經□□卷
　 ………………………………… 2－424
太上洞玄靈寶文昌梓潼本願眞經一卷
　 ………………………………… 2－592
太上洞淵說請雨龍王經一卷太上元
　始天尊說大雨龍王經一卷太上天
　功護國祈雨消魔經一卷 ……… 2－425
太上救苦青玄濟鍊玉陽鐵罐法食一卷
　 ………………………………… 2－427
太上混元聖紀九卷 ……………… 2－426
太上道德眞經集註六卷 ………… 1－312
太上道德眞經集註六卷 ………… 2－592
太上道德眞經集註六卷 ………… 2－593
太上感應篇一卷 ………………… 1－376
太上感應篇一卷 ………………… 1－475
太上感應篇一卷 ………………… 1－475
太上感應篇一卷 ………………… 2－141
太上感應篇一卷 ………………… 2－590
太上感應篇一卷 ………………… 2－590
太上感應篇□□卷 ……………… 2－425
太上感應篇圖說八卷首一卷 …… 2－487
太上感應篇圖說不分卷 ………… 2－419

太上感應篇增訂圖說十二卷 ……… 1－310
太上感應篇增訂圖說十二卷 ……… 2－418
太上感應篇增訂圖說十二卷 ……… 2－419
太上感應篇讀法十條一卷 ……… 2－418
太上寶符圖說不分卷 …………… 1－473
太上靈寶補謝竈君咒偈不分卷 …… 2－590
太平御覽一千卷目錄十五卷 …… 1－381
太平御覽一千卷目錄十五卷 …… 1－381
太平御覽一千卷目錄十五卷 …… 1－494
太平御覽一千卷目錄十五卷 …… 2－90
太平御覽一千卷目錄十五卷 …… 2－139
太平御覽一千卷目錄十五卷 …… 2－300
太平廣記五百卷 ………………… 1－343
太平廣記五百卷目錄十卷 ……… 2－28
［嘉慶］太平縣志十八卷 ……… 2－590
［道光］太平縣志十六卷首一卷 … 2－341
太平寰宇記二百卷目錄二卷 …… 1－278
太平寰宇記二百卷目錄二卷 …… 1－278
太平寰宇記二百卷目錄二卷 …… 1－278
太平寰宇記二百卷目錄二卷 …… 2－65
太平寰宇記二百卷目錄二卷 …… 2－317
太平寰宇記二百卷目錄二卷 …… 2－319
太平寰宇記二百卷目錄二卷 …… 2－458
太平寰宇記二百卷目錄二卷 …… 2－462
太平寰宇記補闕七卷 …………… 2－319
太平寰宇記補闕八卷 …………… 2－317
太史升庵文集八十一卷目錄四卷 …… 1－7
太史華句八卷 …………………… 1－18
太史華句八卷 …………………… 2－471
太史陳明卿批點國策八卷 ……… 1－207
太白山人槲葉集五卷南遊草一卷附
　補遺一卷附刊一卷 …………… 1－424
太白山人槲葉集五卷南遊草一卷附
　補遺一卷附刊一卷 …………… 2－234
太白山人槲葉集五卷 …………… 1－172
太玄經十卷 ……………………… 1－308
太玄經十卷 ……………………… 1－530
太函集一百二十卷目錄六卷 …… 1－34
太華山人詩存五卷 ……………… 2－281
太華山人詩存五卷 ……………… 2－281
太華山人詩存五卷 ……………… 2－281

太華山人詩存五卷 …………………… 2－281
太華山人詩存五卷 …………………… 2－282
太華山人詩存五卷 …………………… 2－282
太華山人詩存五卷 …………………… 2－298
太華山紫金嶺兩世修行劉香寶卷全
　集二卷 ……………………………… 2－117
太華太白紀游略一卷 ………………… 2－261
太華紀游略一卷太白紀游略一卷 …… 1－582
太原王氏義莊全案不分卷 …………… 2－240
太師王端毅公奏議十五卷 …………… 1－284
太師誠意伯劉文成公集二十卷 ……… 1－411
太師誠意伯劉文成公集二十卷 ……… 1－417
太師誠意伯劉文成公集二十卷 ……… 1－532
太極圖集解一卷 ……………………… 1－526
太極圖集解一卷 ……………………… 2－492
太湖備考十六卷首一卷 ……………… 1－166
太湖備考十六卷首一卷 ……………… 1－167
太湖備考十六卷首一卷湖程紀略一卷
　…………………………………………… 1－56
太湖備考續編四卷 …………………… 1－166
太醫院校註婦人良方大全二十四卷
　……………………………………………… 1－6
太醫院補遺本草歌訣雷公炮製八卷
　…………………………………………… 1－526
太醫院增補青囊藥性賦直解十卷 …… 1－426
太醫院增補醫方捷徑二卷附四言舉
　要一卷 ……………………………… 2－435
太鶴山人集十三卷 …………………… 2－18
太鶴山人集十三卷 …………………… 2－183
尤太史西堂餘集三十三卷 …………… 1－156
友石軒印存不分卷 …………………… 1－364
友石軒印存不分卷 …………………… 1－364
友石軒印存不分卷 …………………… 1－364
友石軒印存不分卷 …………………… 2－156
友石齋印存不分卷 …………………… 1－489
友竹山房詩草七卷首一卷補遺一卷
　…………………………………………… 1－420
友竹書舍印存六卷 …………………… 1－491
友松吟館詩鈔十五卷 ………………… 1－429
友雲詩鈔十二卷 ……………………… 2－32
比目魚傳奇二卷 ……………………… 2－323

比丘尼傳四卷 ………………………… 1－372
比利時政治要覽九編 ………………… 1－586
比利時國法條論五卷 ………………… 1－315
比國通商條約稅則章程一卷 ………… 1－296
比雅十卷 ……………………………… 1－376
切音捷訣一卷幼學切音便讀一卷 …… 2－253
切音捷訣一卷幼學切音便讀一卷 …… 2－295
切問齋文鈔三十卷 …………………… 1－140
切問齋文鈔三十卷 …………………… 1－389
切問齋文鈔三十卷 …………………… 2－162
切問齋文鈔三十卷 …………………… 2－464
切問齋文鈔三十卷集十六卷 ………… 2－77
切問齋集十二卷首一卷 ……………… 1－424
切問齋集十六卷 ……………………… 2－238
切問齋集十六卷文鈔三十卷 ………… 1－159
切總傷寒一卷 ………………………… 2－579
切韻考五卷 …………………………… 2－128
牙牌靈數一卷 ………………………… 1－481
止止齋集七十卷 ……………………… 1－4
止軒餘集八卷 ………………………… 2－215
止堂集十八卷 ………………………… 1－53
止園尺牘六卷 ………………………… 2－243
少谷詩集八卷 ………………………… 2－312
少室山房筆叢十二種 ………………… 1－437
少室山房集二種 ……………………… 2－128
少嵒賦草四卷 ………………………… 2－589
少湖徐先生學則辯一卷 ……………… 1－403
少湖徐先生學則辯一卷 ……………… 2－272
少微通鑑節要五十卷外紀四卷 ……… 1－27
日下舊聞四十二卷 …………………… 1－71
日下舊聞四十二卷 …………………… 1－156
日下舊聞四十二卷 …………………… 1－284
日下舊聞四十二卷 …………………… 1－527
日下舊聞四十二卷 …………………… 2－207
日川曹夫子通書述解二卷 …………… 1－471
日本丙午議會四卷 …………………… 1－585
日本外史二十二卷 …………………… 2－236
日本外史二十二卷首一卷 …………… 1－271
日本外史二十二卷首一卷 …………… 1－271
日本地理兵要十卷日本會計錄四卷
　…………………………………………… 1－335

日本全史二十二卷⋯⋯⋯⋯⋯　1－271

日本全史二十二卷⋯⋯⋯⋯⋯　2－319

日本各校紀略一卷⋯⋯⋯⋯⋯　1－299

日本近世豪傑小傳四卷⋯⋯⋯⋯　1－272

日本武備教育九章⋯⋯⋯⋯⋯　1－587

日本武學兵隊紀略一卷附一卷⋯⋯　2－2

日本東京大學規制考略一卷⋯⋯⋯　2－14

日本法規解字一卷⋯⋯⋯⋯⋯　1－382

日本官制通覽二編⋯⋯⋯⋯⋯　1－584

日本政治地理七編⋯⋯⋯⋯⋯　1－580

日本政治要覽十編⋯⋯⋯⋯⋯　1－584

日本現勢論一卷⋯⋯⋯⋯⋯⋯　1－339

日本國志四十卷首一卷⋯⋯⋯⋯　2－127

日本國志四十卷首一卷⋯⋯⋯⋯　2－166

日本國志四十卷首一卷⋯⋯⋯⋯　2－246

日本國志四十卷首一卷⋯⋯⋯⋯　2－465

日本國志四十卷首一卷⋯⋯⋯⋯　2－468

日本國志序一卷⋯⋯⋯⋯⋯⋯　2－216

日本國志序一卷⋯⋯⋯⋯⋯⋯　2－246

日本國志序一卷⋯⋯⋯⋯⋯⋯　2－246

日本訪書志十六卷⋯⋯⋯⋯⋯　1－546

日本訪書志十六卷⋯⋯⋯⋯⋯　2－97

日本游學指南不分卷⋯⋯⋯⋯⋯　1－365

日本統計釋例六卷附勘誤表一卷⋯⋯　1－584

日本監獄法二十章⋯⋯⋯⋯⋯　1－592

日本維新史十二編附錄一編⋯⋯⋯　1－242

日本維新英雄兒女奇遇記一卷⋯⋯⋯　1－353

日本興學之經驗不分卷⋯⋯⋯⋯　1－366

日本興學之經驗不分卷⋯⋯⋯⋯　1－366

日本興學之經驗不分卷⋯⋯⋯⋯　1－366

日本興學之經驗不分卷⋯⋯⋯⋯　2－491

日本學校源流一卷⋯⋯⋯⋯⋯　2－5

日本憲法疏證四卷附一卷⋯⋯⋯⋯　1－584

日本憲法說明書十二卷⋯⋯⋯⋯　2－4

日本憲政略論一卷⋯⋯⋯⋯⋯　1－584

日本環海險要圖志二十卷⋯⋯⋯⋯　2－305

日本議會詁法六卷⋯⋯⋯⋯⋯　1－584

日本變法次第類考二十五卷⋯⋯⋯　1－286

日本變法次第類考二十五卷⋯⋯⋯　1－286

日本變法次第類考二十五卷⋯⋯⋯　1－287

日知堂文集六卷⋯⋯⋯⋯⋯⋯　1－85

日知薈說四卷⋯⋯⋯⋯⋯⋯　1－101

日知薈說四卷樂善堂全集四十卷目

　錄四卷⋯⋯⋯⋯⋯⋯⋯⋯　1－83

日知錄三十二卷⋯⋯⋯⋯⋯⋯　1－94

日知錄三十二卷⋯⋯⋯⋯⋯⋯　1－155

日知錄三十二卷⋯⋯⋯⋯⋯⋯　1－155

日知錄三十二卷⋯⋯⋯⋯⋯⋯　1－186

日知錄三十二卷⋯⋯⋯⋯⋯⋯　2－446

日知錄三十二卷⋯⋯⋯⋯⋯⋯　2－461

日知錄三十二卷⋯⋯⋯⋯⋯⋯　2－486

日知錄三十二卷之餘四卷⋯⋯⋯⋯　1－94

日知錄三十二卷之餘四卷⋯⋯⋯⋯　2－486

日知錄三十二卷之餘四卷菰中隨筆一卷

　⋯⋯⋯⋯⋯⋯⋯⋯⋯⋯　1－336

日知錄三十二卷之餘四卷菰中隨筆一卷

　⋯⋯⋯⋯⋯⋯⋯⋯⋯⋯　1－486

日知錄之餘四卷⋯⋯⋯⋯⋯⋯　1－483

日知錄之餘四卷⋯⋯⋯⋯⋯⋯　2－187

日知錄集釋三十二卷⋯⋯⋯⋯⋯　1－336

日知錄集釋三十二卷刊誤二卷續刊

　誤二卷⋯⋯⋯⋯⋯⋯⋯⋯　1－261

日知錄集釋三十二卷刊誤二卷續刊

　誤二卷⋯⋯⋯⋯⋯⋯⋯⋯　1－336

日知錄集釋三十二卷刊誤二卷續刊

　誤二卷⋯⋯⋯⋯⋯⋯⋯⋯　2－5

日知錄集釋三十二卷刊誤二卷續刊

　誤二卷⋯⋯⋯⋯⋯⋯⋯⋯　2－74

日知錄集釋三十二卷刊誤二卷續刊

　誤二卷⋯⋯⋯⋯⋯⋯⋯⋯　2－98

日知錄集釋三十二卷刊誤二卷續刊

　誤二卷⋯⋯⋯⋯⋯⋯⋯⋯　2－103

日知錄集釋三十二卷刊誤二卷續刊

　誤二卷⋯⋯⋯⋯⋯⋯⋯⋯　2－456

日知錄集釋三十二卷刊誤二卷續刊

　誤二卷⋯⋯⋯⋯⋯⋯⋯⋯　2－560

日省錄二十卷⋯⋯⋯⋯⋯⋯　1－485

日省錄二卷⋯⋯⋯⋯⋯⋯⋯　1－56

日省錄二卷⋯⋯⋯⋯⋯⋯⋯　1－92

日省錄二卷⋯⋯⋯⋯⋯⋯⋯　1－305

日省錄二卷⋯⋯⋯⋯⋯⋯⋯　2－288

日省錄三卷補遺一卷⋯⋯⋯⋯⋯　2－200

日俄戰史四卷 …………………… 1－574
日涉編十二卷 …………………… 1－153
日涉編十二卷 …………………… 1－550
日損益齋古今體詩十八卷 ……… 2－294
日損益齋古文八卷 ……………… 1－426
日鋤日記四卷 …………………… 2－326
日鋤齋律呂新書初解二卷 ……… 1－446
日鋤齋律呂新書初解二卷 ……… 2－232
日鋤齋詩集十八卷 ……………… 1－509
日講四書解義二十六卷 ………… 1－23
日講四書解義二十六卷 ………… 1－23
日講四書解義二十六卷 ………… 1－133
日講書經解義十三卷 …………… 1－134
中山史論二卷詩鈔四卷奏議四卷 …… 1－420
中文訓蒙學塾課程不分卷附功課年表
　　　 …………………………… 2－13
中外交涉類要表一卷光緒通商綜覈
　　表一卷 ……………………… 1－295
中外交涉類要表一卷光緒通商綜覈
　　表一卷 ……………………… 1－295
中外交涉類要表一卷光緒通商綜覈
　　表一卷 ……………………… 1－295
中外經世緒言十六卷 …………… 1－334
中外經世緒言十六卷 …………… 1－334
中外經世緒言十六卷 …………… 1－334
中外經世緒言十六卷 …………… 2－493
中外經世緒言三編二十卷 ……… 1－335
中外經世緒言三編二十卷 ……… 1－335
中外經世緒言三編二十卷 ……… 2－493
中外經世緒言三編二十卷 ……… 2－493
中外經世緒言三編二十卷 ……… 2－493
中外經世緒言三編二十卷 ……… 2－493
中外經世緒言三編二十卷 ……… 2－556
中外經世緒言續編八卷 ………… 1－334
中外經世緒言續編八卷 ………… 1－334
中外經世緒言續編八卷 ………… 2－556
中外實務策府統宗四十四卷 …… 1－383
中外輿地全圖不分卷 …………… 1－466
中外輿地圖說集成一百三十卷首一卷
　　 ……………………………… 1－561
中西天文算學問答十卷 ………… 1－353

中西天文算學問答十卷 ………… 1－353
中西兵略指掌二十四卷首一卷 … 1－321
中西兵略指掌二十四卷首一卷 … 1－321
中西兵略指掌二十四卷首一卷 … 2－513
中西兵略指掌二十四卷首一卷 … 2－553
中西骨格辨正七卷 ……………… 1－332
中西度量權衡表一卷 …………… 2－328
中西紀事二十四卷 ……………… 1－527
中西紀事二十四卷 ……………… 1－576
中西紀事二十四卷 ……………… 2－170
中西紀事二十四卷首一卷 ……… 1－299
中西時務策學纂要六卷 ………… 1－383
中西算學大成一百卷 …………… 1－350
中西算學大成一百卷 …………… 1－542
中西算學大成一百卷 …………… 1－550
中西算學集要五種 ……………… 1－349
中西算學匯通四卷 ……………… 1－353
中西算學匯通四卷 ……………… 1－353
中西算學叢書初編十四種附八種 … 1－350
中西算學叢書初編十四種附八種 … 1－350
中西算學叢書初編十四種附八種 … 1－350
中西醫學入門二卷 ……………… 1－425
中西關繫略論四卷 ……………… 1－459
中州人物考八卷 ………………… 1－269
中州全韻十九卷 ………………… 1－33
中州名賢文表三十卷 …………… 1－495
中州金石記五卷 ………………… 1－175
中州集十卷中州樂府一卷 ……… 1－28
中州集十卷首一卷中州樂府一卷 … 1－22
中州集十卷首一卷中州樂府一卷 … 1－22
中州集十卷首一卷中州樂府一卷 … 1－45
中州集十卷首一卷中州樂府一卷 … 1－408
中州道學存真錄四卷 …………… 1－100
中州課吏錄一卷 ………………… 1－397
中州課吏錄一卷 ………………… 1－397
中州樂府一卷 …………………… 1－440
中吳紀聞六卷 …………………… 1－44
中吳紀聞六卷 …………………… 1－76
中祀合編一卷 …………………… 1－300
中祀合編不分卷 ………………… 1－588
中祀合編不分卷 ………………… 2－441

51

中阿含經六十卷⋯⋯⋯⋯⋯⋯ 1－202
中阿含經六十卷⋯⋯⋯⋯⋯⋯ 2－361
中東戰紀本末八卷首一卷末一卷續
　　編四卷文學與國策二卷⋯⋯ 1－574
中東戰紀本末八卷首一卷末一卷續
　　編四卷首一卷末一卷⋯⋯⋯ 1－268
中東戰紀本末三編四卷⋯⋯⋯⋯ 1－268
中東戰紀本末三編四卷⋯⋯⋯⋯ 1－268
中東戰紀本末續編四卷首一卷末一卷
　　⋯⋯⋯⋯⋯⋯⋯⋯⋯⋯⋯ 2－499
中俄界約斠注七卷首一卷⋯⋯⋯ 1－295
中俄界約斠注七卷首一卷⋯⋯⋯ 1－295
中俄界約斠注七卷首一卷⋯⋯⋯ 1－295
中俄界記二編首一編⋯⋯⋯⋯⋯ 1－583
中俄界記二編首一編⋯⋯⋯⋯⋯ 1－583
中俄界務七卷西悉畢利鐵路考一卷
　　⋯⋯⋯⋯⋯⋯⋯⋯⋯⋯⋯ 1－588
中俄界務七卷西悉畢利鐵路考一卷
　　⋯⋯⋯⋯⋯⋯⋯⋯⋯⋯⋯ 1－588
中俄約章會要三卷 ⋯⋯⋯⋯⋯ 2－20
中華古今注三卷⋯⋯⋯⋯⋯⋯⋯ 2－396
中峰國師三時繫念佛事一卷⋯⋯ 1－376
中倭戰守始末記四卷中法交涉一卷
　　中俄交涉一卷⋯⋯⋯⋯⋯⋯ 2－347
中唐十二家詩集⋯⋯⋯⋯⋯⋯⋯ 1－1
[康熙]中部縣志四卷⋯⋯⋯⋯⋯ 1－41
中晚唐詩叩彈集十二卷⋯⋯⋯⋯ 2－460
中晚唐詩叩彈集十二卷續集三卷 ⋯ 1－99
中晚唐詩叩彈集十二卷續集三卷 ⋯ 1－103
中晚唐詩叩彈集十二卷續集三卷⋯ 1－140
中晚唐詩叩彈續集三卷⋯⋯⋯⋯ 2－460
中國工商業考一卷⋯⋯⋯⋯⋯⋯ 1－363
中國文明小史十五章⋯⋯⋯⋯⋯ 1－574
中國文明小史十五章⋯⋯⋯⋯⋯ 2－340
中國地理學教科書三卷⋯⋯⋯⋯ 2－13
中國地理學教科書三卷⋯⋯⋯⋯ 2－442
中國江海險要圖志二十二卷首一卷
　　⋯⋯⋯⋯⋯⋯⋯⋯⋯⋯⋯ 2－97
中國江海險要圖志二十二卷首一卷
　　補編五卷⋯⋯⋯⋯⋯⋯⋯⋯ 2－552
中國江海險要圖志二十二卷首一卷

補編五卷圖五卷⋯⋯⋯⋯⋯⋯ 2－437
中國江海險要圖志二十二卷首一卷
　　補編五卷圖五卷⋯⋯⋯⋯⋯ 2－540
中國字母北京切音合訂不分卷⋯ 1－244
中國度支考一卷⋯⋯⋯⋯⋯⋯⋯ 2－119
中國財政紀略一卷⋯⋯⋯⋯⋯⋯ 1－585
中國現勢論不分卷⋯⋯⋯⋯⋯⋯ 1－337
中國現勢論不分卷⋯⋯⋯⋯⋯⋯ 1－337
中國歷史問答十六卷⋯⋯⋯⋯⋯ 1－574
中國歷史問答十六卷⋯⋯⋯⋯⋯ 1－574
中國歷代文派沿革錄一卷⋯⋯⋯ 2－268
中庸注一卷⋯⋯⋯⋯⋯⋯⋯⋯⋯ 2－255
中庸衍義十七卷⋯⋯⋯⋯⋯⋯⋯ 1－308
中庸衍義十七卷⋯⋯⋯⋯⋯⋯⋯ 1－308
中庸衍義十七卷⋯⋯⋯⋯⋯⋯⋯ 2－254
中庸湖南講一卷中庸詁一卷⋯⋯ 2－203
中等地理教科書二卷⋯⋯⋯⋯⋯ 1－580
中等美國歷史教科書二十章中等英
　　國歷史教科書三篇中等法國歷史
　　教科書九章⋯⋯⋯⋯⋯⋯⋯ 1－578
中復堂全集九種附一種⋯⋯⋯⋯ 1－416
中復堂全集九種附一種 ⋯⋯⋯ 2－84
中復堂全集九種附一種 ⋯⋯⋯ 2－88
中說十卷⋯⋯⋯⋯⋯⋯⋯⋯⋯⋯ 2－254
中興名臣事略八卷⋯⋯⋯⋯⋯⋯ 1－578
中興奏議選八卷⋯⋯⋯⋯⋯⋯⋯ 1－286
中興將帥別傳三十卷⋯⋯⋯⋯⋯ 2－126
中興論略八卷⋯⋯⋯⋯⋯⋯⋯⋯ 1－303
中興論略八卷⋯⋯⋯⋯⋯⋯⋯⋯ 1－303
中興論略八卷⋯⋯⋯⋯⋯⋯⋯⋯ 1－303
中興論略八卷⋯⋯⋯⋯⋯⋯⋯⋯ 2－445
中興論略八卷⋯⋯⋯⋯⋯⋯⋯⋯ 2－485
中興論略八卷⋯⋯⋯⋯⋯⋯⋯⋯ 2－551
中藏經八卷華佗內照法一卷⋯⋯ 1－328
中藏經八卷華佗內照法一卷⋯⋯ 1－561
中藏經八卷華佗內照法一卷⋯⋯⋯ 2－4
中簡公集七卷⋯⋯⋯⋯⋯⋯⋯⋯ 2－326
中觀道人集十二種⋯⋯⋯⋯⋯⋯ 2－420
中衢一勺三卷附錄四卷⋯⋯⋯⋯ 2－115
內外驗方選不分卷⋯⋯⋯⋯⋯⋯ 2－117
內科理法後編十卷⋯⋯⋯⋯⋯⋯ 2－412

52

内科理法後編十卷 ···················· 2－412
内科理法後編十卷 ···················· 2－487
内科理法後編十卷附一卷 ·········· 1－325
内科理法前編六卷後編十卷附一卷
　　··································· 1－327
内科理法前編六卷後編十卷附一卷
　　··································· 1－327
内科理法前編六卷後編十卷附一卷
　　··································· 1－327
内科新說二卷 ···················· 1－324
内務府慶典成案五卷 ·········· 1－297
内經知要二卷 ···················· 1－324
内經知要二卷 ···················· 1－479
内閣撰擬文字二卷 ·············· 1－579
内閣藏書目錄八卷 ·············· 1－546
牛氏家言二卷 ···················· 1－308
牛氏家言二卷 ···················· 2－200
牛氏家言二卷 ···················· 2－295
牛戒彙鈔不分卷 ·················· 1－376
午亭文編五十卷 ···················· 1－47
午亭文編五十卷 ···················· 1－59
午亭文編五十卷 ···················· 1－60
午亭文編五十卷 ···················· 1－85
午亭文編五十卷 ···················· 1－85
午亭文編五十卷 ···················· 1－99
午亭文編五十卷 ·················· 1－104
午亭文編五十卷 ·················· 1－160
午亭文編五十卷 ·················· 1－182
午陰清舍詩草十六卷試帖四卷 ····· 2－17
午陰清舍詩草三編五卷 ·········· 2－17
午陰清舍詩草三編五卷 ·········· 2－17
午陰清舍詩草三編五卷 ·········· 2－585
毛西河先生全集經集四十九種文集
　　六十九種 ···················· 2－20
毛西河先生全集經集四十九種文集
　　六十九種 ···················· 2－90
毛詩二十卷 ······················ 1－87
毛詩天文攷一卷 ·················· 1－222
毛詩古音攷四卷附錄一卷 ········ 1－222
毛詩本義十六卷 ·················· 2－62
毛詩名物圖說九卷 ·············· 1－185

毛詩注疏二十卷 ·················· 2－434
毛詩注疏二十卷 ·················· 2－471
毛詩故訓傳定本三十卷 ·········· 2－62
毛詩故訓傳定本三十卷 ·········· 2－188
毛詩要義二十卷 ·················· 2－62
毛詩要義二十卷 ·················· 2－93
毛詩後箋三十卷 ·················· 1－223
毛詩訂詁八卷附錄二卷 ·········· 1－222
毛詩音韻考四卷 ·················· 1－570
毛詩音韻考四卷 ·················· 2－446
毛詩異義四卷詩譜一卷 ·········· 2－229
毛詩傳箋三十卷 ·················· 1－222
毛詩鄭箋改字說四卷 ·············· 2－313
毛詩稽古編三十卷 ·············· 1－442
毛詩稽古編三十卷 ·············· 2－62
毛詩稽古編三十卷 ·············· 2－62
毛詩禮徵十卷 ···················· 2－62
手中桂新鈔一卷 ·················· 2－211
手札節要三卷 ···················· 1－517
手抄琴譜一卷 ···················· 2－511
壬辰蜀道雜詩一卷 ·············· 1－419
[咸豐]壬癸志稿二十八卷 ········ 2－265
升庵先生文集八十一卷目錄四卷 ····· 1－185
仁王護國般若波羅密多經二卷 ······· 1－374
仁王護國般若波羅密經二卷 ········ 2－274
仁王護國般若經疏五卷 ············ 1－368
仁在堂時藝辨一卷 ·············· 1－498
仁在堂時藝竅十七卷 ·············· 1－506
仁在堂時藝竅十七卷 ·············· 2－502
仁孝先生事略附錄一卷 ·········· 2－242
[嘉靖]仁和縣志十四卷 ·········· 2－377
[嘉靖]仁和縣志十四卷 ·········· 2－404
[嘉靖]仁和縣志十四卷 ·········· 2－580
仁書二卷 ························· 1－474
仁書二卷 ························· 2－251
仁恕堂筆記一卷 ·················· 2－304
仁壽鏡四卷 ······················ 1－322
片玉山房花箋錄二十卷 ·········· 2－324
片玉山房花箋錄二十卷 ·········· 2－489
化學工藝二集四卷圖一卷 ········ 2－10
化學工藝初集四卷圖一卷 ········ 2－10

化學大成七十卷 …………… 1-358
化學分原八卷 ……………… 1-361
化學分原八卷 ……………… 2-11
化學考質八卷附表一卷 …… 2-10
化學求數十五卷附表一卷 … 2-10
化學初階四卷 ……………… 1-488
化學初階四卷 ……………… 1-488
化學表一卷 ………………… 2-10
化學歌括一卷植物學歌略一卷 … 1-358
化學衛生論四卷 …………… 1-328
化學鑑原六卷 ……………… 1-544
化學鑑原六卷 ……………… 2-11
化學鑑原六卷 ……………… 2-535
化學鑑原補編六卷附一卷 … 2-11
化學鑑原續編二十四卷 …… 1-361
化學鑑原續編二十四卷 …… 2-11
化學鑑原續編二十四卷 …… 2-544
化學鑑原續編六卷 ………… 2-450
反離騷一卷 ………………… 1-12
介石山房遺集三卷 ………… 2-188
介石堂文鈔八卷附編一卷 … 2-281
[嘉慶]介休縣志十四卷 …… 2-35
[嘉慶]介休縣志十四卷 …… 2-267
介菴先生年譜十七卷 ……… 2-29
介菴先生年譜十七卷 ……… 2-290
父師善誘法二卷讀書作文譜十二卷
 …………………………… 1-107
父師善誘法二卷讀書作文譜十二卷 … 2-60
父師善誘法二卷讀書作文譜十二卷
 …………………………… 2-251
今水經一卷表一卷 ………… 1-179
今水經一卷表一卷 ………… 1-580
今古奇觀四十卷 …………… 1-482
今古奇觀四十卷 …………… 1-487
今白華堂詩錄補八卷 ……… 2-581
分月新賦四卷 ……………… 1-97
分甘餘話四卷 ……………… 1-62
分湖柳氏重脩家譜十二卷 … 1-554
分湖柳氏家譜十卷 ………… 1-554
分隸偶存二卷 ……………… 1-449
分隸偶存二卷 ……………… 2-233

分類文腋八卷 ……………… 1-499
分類尺牘備覽三十卷 ……… 1-507
分類尺牘備覽三十卷 ……… 1-507
分類尺牘備覽三十卷 ……… 2-337
分類史事政治論海十六卷 … 1-461
分類字錦六十四卷 ………… 1-143
分類字錦六十四卷 ………… 1-155
分類時務通纂三百卷 ……… 1-583
分類補註李太白詩二十五卷 … 1-1
分類補註李太白詩二十五卷 … 1-9
分類補註李太白詩二十五卷 … 1-38
分類補註李太白詩二十五卷 … 1-182
分類補註李太白詩二十五卷 … 1-199
分類詩腋八卷 ……………… 1-501
分類詩腋四卷 ……………… 1-501
分類詳註飲香尺牘四卷 …… 1-503
分類賦學三十卷附錄一卷 … 1-493
分類賦學三十卷附錄一卷 … 1-500
分類賦學雞跖集三十卷附錄一卷 …… 2-14
分類賦學雞跖集三十卷附錄一卷 …… 2-537
分類編次李太白文五卷 …… 1-1
分類韻錦十二卷附錄一卷 … 2-373
分類韻錦十二卷附錄一卷 … 2-564
分體利試文中初集六卷 …… 1-96
公羊傳一卷穀梁傳一卷 …… 1-69
公門果報錄一卷 …………… 1-376
公門果報錄一卷 …………… 1-376
公門果報錄一卷 …………… 1-470
公門果報錄一卷續錄一卷 … 1-558
公門修行一卷 ……………… 2-5
公門修行錄不分卷 ………… 1-341
公門感應錄一卷 …………… 2-439
公法會通十卷 ……………… 1-593
公法會通十卷 ……………… 1-593
公法會通十卷 ……………… 1-593
公法總論一卷 ……………… 1-592
公是弟子記四卷 …………… 1-53
月川未是藁文十四卷詩四卷公牘四卷
 …………………………… 2-282
月日紀古十二卷 …………… 1-306
月令明義四卷 ……………… 1-138

月令廣義二十四卷首一卷附錄一卷…… 1－6
月令粹編二十四卷……………… 2－497
月令粹編二十四卷首一卷……… 2－563
月令粹編二十四卷圖說一卷…… 2－218
月令粹編二十四卷圖說一卷…… 2－520
月令粹編二十四卷圖說一卷…… 2－521
月令粹編二十四卷圖說一卷…… 2－543
月令粹編二十四卷圖說一卷補遺一
　　卷附編一卷………………… 1－381
月河精舍叢鈔五種……………… 1－432
月泉吟社二卷…………………… 2－211
月樓琴語一卷…………………… 1－425
勿待軒文集存稿十卷…………… 2－269
丹邱生集五卷…………………… 2－231
丹邱生集五卷附錄一卷………… 2－78
丹桂初堦延嗣錄八卷…………… 1－484
丹桂根緣一卷…………………… 1－376
丹桂根緣一卷…………………… 1－376
丹桂根緣一卷…………………… 1－376
丹桂根緣一卷…………………… 2－403
丹桂根緣一卷…………………… 2－460
丹桂籍四卷首一卷末一卷續一卷…… 1－476
丹徒張氏家集三種……………… 2－229
［康熙］丹徒縣志十卷首一卷　 1－210
［光緒］丹徒縣志六十卷首四卷……… 2－52
［光緒］丹徒縣志六十卷首四卷……… 2－267
［光緒］丹徒縣志六十卷首四卷……… 2－518
［光緒］丹徒縣志六十卷首四卷……… 2－521
［光緒］丹徒縣志六十卷首四卷　 2－580
［光緒］丹徒縣志撫餘二十一卷　 2－52
［光緒］丹徒縣志撫餘二十一卷… 2－264
丹鉛總錄二十七卷 ……………… 1－95
丹溪心法附餘二十四卷首一卷… 2－301
丹溪朱氏脈因證治二卷………… 1－168
勾股六術一卷…………………… 1－346
勾股六術一卷…………………… 1－346
勾股割圜記三卷………………… 2－202
勾股邊角相求圖解舉隅一卷…… 1－332
六一居士全集錄五卷外集錄二卷…… 2－316
六一詞一卷……………………… 2－291
六一題跋十一卷 ………………… 1－47

六十自定稿一卷………………… 2－540
六九軒筭書六種………………… 2－411
六子書…………………………… 1－39
六子書六十卷 …………………… 1－12
六壬指南五卷…………………… 1－330
六壬粹言六卷首一卷…………… 1－330
六壬類聚四卷…………………… 1－330
六半樓詩鈔四卷 ………………… 2－19
六半樓詩鈔四卷 ………………… 2－280
六臣註文選六十卷……………… 1－48
六合內外瑣言十四卷…………… 2－236
六事箴言一卷…………………… 1－482
六事箴言一卷…………………… 1－482
六事箴言一卷…………………… 1－482
六事箴言一卷…………………… 2－439
六事箴言一卷…………………… 2－562
六治闡要五卷首一卷…………… 1－562
六科證治準繩…………………… 1－327
六科證治準繩…………………… 2－584
六祖法寶壇經二卷……………… 2－211
六祖法寶壇經二卷……………… 2－422
六家文選六十卷 ………………… 1－15
六家文選六十卷 ………………… 1－39
六書分類十二卷首一卷………… 1－31
六書分類十二卷首一卷………… 1－92
六書分類十二卷首一卷………… 1－101
六書分類十二卷首一卷………… 1－111
六書分類十二卷首一卷………… 1－132
六書分類十二卷首一卷………… 2－357
六書正譌五卷…………………… 1－241
六書正譌五卷…………………… 2－30
六書故三十三卷通釋一卷……… 1－153
六書音均表五卷………………… 1－124
六書音均表五卷………………… 1－241
六書音均表五卷………………… 2－462
六書音均表五卷………………… 2－554
六書音均表五卷………………… 2－576
六書通十卷……………………… 1－30
六書通十卷……………………… 1－89
六書通十卷……………………… 1－104
六書通十卷……………………… 1－132

六書通十卷 ················· 2－230
六書通十卷 ················· 2－338
六書通十卷 ················· 2－350
六書通十卷 ················· 2－418
六書假借經徵四卷 ·········· 2－94
六書轉注錄十卷 ············· 1－237
六書轉注錄十卷 ············· 2－233
六通訂誤六卷 ··············· 2－531
六通訂誤六卷 ··············· 2－533
六通訂誤六卷 ··············· 2－561
六朝文絜四卷 ··············· 1－38
六朝文絜四卷 ··············· 2－170
六朝文絜四卷 ··············· 2－297
六朝文絜四卷 ··············· 2－304
六朝文絜四卷 ··············· 2－336
六朝文絜四卷 ··············· 2－336
六朝文絜四卷 ··············· 2－357
六朝文絜箋注十二卷 ········ 2－80
六朝事迹編類十四卷附識一卷 ·· 2－179
六朝唐賦英華四卷 ·········· 1－502
六朝唐賦讀本一卷 ·········· 2－332
六朝唐賦讀本一卷 ·········· 2－339
六朝唐賦讀本不分卷 ········ 2－402
六經全圖六卷 ··············· 2－280
六經定法一卷 ··············· 2－516
六經定法一卷 ··············· 2－592
六經脉訣一卷 ··············· 2－595
六經奧論六卷 ··············· 1－529
六經圖六卷 ················· 1－1
六藝綱目二卷附錄一卷 ······ 2－68
六藝綱目二卷附錄一卷札記一卷 ·· 2－220
六藝綱目二卷附錄二卷 ······ 2－146
六藝綱目二卷附錄二卷 ······ 2－223
六藝綱目二卷首一卷末一卷坿錄二卷
 ························· 1－475
六藝論疏證一卷 ············· 1－214
六離合釋法式通關一卷 ······ 1－372
文公朱先生感興詩一卷 ······ 1－420
文公朱先生感興詩一卷 ······ 2－108
文公家禮儀節八卷 ·········· 1－91
文心雕龍十卷 ··············· 1－39

文心雕龍十卷 ··············· 1－49
文心雕龍十卷 ··············· 1－86
文心雕龍十卷 ··············· 1－129
文心雕龍十卷 ··············· 1－135
文心雕龍十卷 ··············· 1－149
文心雕龍十卷 ··············· 1－164
文心雕龍十卷 ··············· 1－164
文心雕龍十卷 ··············· 1－429
文心雕龍十卷 ··············· 1－429
文心雕龍十卷 ··············· 2－32
文心雕龍十卷 ··············· 2－82
文心雕龍十卷 ··············· 2－127
文心雕龍十卷 ··············· 2－228
文史通義八卷 ··············· 2－143
文史通義八卷校讎通義三卷 ·· 1－302
文史通義八卷校讎通義三卷 ·· 1－302
文史通義八卷校讎通義三卷 ·· 2－186
文史通義八卷校讎通義三卷 ·· 2－334
文史通義八卷校讎通義三卷 ·· 2－518
文光堂增定課兒鑑略妥注善本五卷
 ························· 2－108
文竹山房詩稿四卷 ·········· 2－160
文字蒙求四卷 ··············· 1－237
文字蒙求四卷 ··············· 2－461
文字蒙求四卷 ··············· 2－514
文字蒙求廣義四卷 ·········· 1－236
文苑英華一千卷 ············· 1－78
文苑英華一千卷 ············· 2－584
文苑英華一千卷目錄二卷 ···· 1－266
文苑英華辨證十卷 ·········· 1－52
文林綺繡五種 ··············· 1－34
文昌孝經一卷 ··············· 2－592
文昌孝經六章 ··············· 2－328
文昌孝經六章 ··············· 2－592
文昌帝君孝經一卷 ·········· 2－589
文昌帝君孝經一卷附廿二史孝感錄
 一卷述夢記一卷 ·········· 2－466
文昌帝君陰隲文不分卷 ······ 2－349
文昌帝君陰隲文校注□□卷 ·· 2－594
文昌帝君陰隲文廣義節錄三卷 ·· 1－375
文昌帝君救劫寶誥一卷本願真經一卷

............................2－593

文昌帝君救劫寶誥一卷本願真經一卷

............................2－593

文昌帝君敬信錄一卷⋯⋯⋯⋯⋯ 1－376

文昌帝君勸友文註釋一卷⋯⋯⋯ 2－466

文昌帝君勸懲復申集要不分卷⋯ 2－591

文昌雜錄六卷補遺一卷⋯⋯⋯⋯ 1－141

文房四譜五卷⋯⋯⋯⋯⋯⋯⋯⋯ 2－563

文房肆考圖說八卷⋯⋯⋯⋯⋯⋯ 1－101

文始真經言外經旨二卷⋯⋯⋯⋯ 1－8

文貞公年譜二卷⋯⋯⋯⋯⋯⋯⋯ 2－282

文貞公集十二卷⋯⋯⋯⋯⋯⋯⋯ 1－82

文貞公集十二卷⋯⋯⋯⋯⋯⋯⋯ 1－142

文信國公手札一卷⋯⋯⋯⋯⋯⋯ 1－507

文信國公集二十卷 ⋯⋯⋯⋯⋯⋯ 2－19

文信國公集二十卷首一卷⋯⋯⋯ 2－326

文恭集四十卷⋯⋯⋯⋯⋯⋯⋯⋯ 1－405

文恭集四十卷附一卷⋯⋯⋯⋯⋯ 2－137

文莫書屋詹詹言二卷⋯⋯⋯⋯⋯ 2－199

文莫書屋詹詹言二卷⋯⋯⋯⋯⋯ 2－259

文莫書屋詹詹言二卷⋯⋯⋯⋯⋯ 2－591

文致不分卷 ⋯⋯⋯⋯⋯⋯⋯⋯⋯ 1－32

文料大成四十卷⋯⋯⋯⋯⋯⋯⋯ 1－490

文料大成四十卷⋯⋯⋯⋯⋯⋯⋯ 1－491

文料大成四卷⋯⋯⋯⋯⋯⋯⋯⋯ 1－496

文料大成四卷⋯⋯⋯⋯⋯⋯⋯⋯ 2－340

文料大成四卷首一卷⋯⋯⋯⋯⋯ 1－490

文料觸機二卷續刻二卷⋯⋯⋯⋯ 2－337

文家稽古編十卷首一卷 ⋯⋯⋯⋯ 2－96

文章正宗復刻三十卷⋯⋯⋯⋯⋯ 2－459

文章正宗復刻三十卷⋯⋯⋯⋯⋯ 2－459

文章正宗鈔四卷 ⋯⋯⋯⋯⋯⋯⋯ 1－31

文章軌範七卷⋯⋯⋯⋯⋯⋯⋯⋯ 2－186

文章游戲初編八卷二編八卷三編八

　卷四編八卷⋯⋯⋯⋯⋯⋯⋯⋯ 2－340

文章游戲初編八卷二編八卷三編八

　卷四編八卷⋯⋯⋯⋯⋯⋯⋯⋯ 2－340

文清公薛先生文集二十四卷⋯⋯ 1－20

文清公薛先生文集二十四卷⋯⋯ 1－29

文清公薛先生文集二十四卷⋯⋯ 1－29

文清公薛先生文集二十四卷 ⋯⋯ 1－83

文遠詩集一卷機語一卷雜著一卷⋯⋯ 1－157

文粹一百卷⋯⋯⋯⋯⋯⋯⋯⋯⋯ 2－129

文粹一百卷⋯⋯⋯⋯⋯⋯⋯⋯⋯ 2－147

文粹一百卷補遺一卷⋯⋯⋯⋯⋯ 1－388

文粹一百卷補遺一卷⋯⋯⋯⋯⋯ 1－388

文粹補遺二十六卷⋯⋯⋯⋯⋯⋯ 2－129

文談一卷⋯⋯⋯⋯⋯⋯⋯⋯⋯⋯ 1－549

文廟丁祭譜十卷首一卷附錄三卷首一卷

............................2－412

文廟丁祭譜不分卷⋯⋯⋯⋯⋯⋯ 1－296

文廟丁祭譜不分卷⋯⋯⋯⋯⋯⋯ 1－464

文廟丁祭譜不分卷⋯⋯⋯⋯⋯⋯ 1－570

文廟丁祭譜四卷⋯⋯⋯⋯⋯⋯⋯ 2－412

文廟大成祀譜八卷⋯⋯⋯⋯⋯⋯ 2－412

文廟祀位一卷⋯⋯⋯⋯⋯⋯⋯⋯ 1－292

文廟祀位一卷⋯⋯⋯⋯⋯⋯⋯⋯ 1－588

文廟祀位考略六卷⋯⋯⋯⋯⋯⋯ 2－400

文廟祀典考五十卷首一卷⋯⋯⋯ 1－291

文廟祀典考五十卷首一卷⋯⋯⋯ 2－118

文廟通考六卷⋯⋯⋯⋯⋯⋯⋯⋯ 1－291

文廟通考六卷⋯⋯⋯⋯⋯⋯⋯⋯ 1－291

文廟通考六卷⋯⋯⋯⋯⋯⋯⋯⋯ 1－291

文廟通考六卷⋯⋯⋯⋯⋯⋯⋯⋯ 1－291

文廟通考六卷⋯⋯⋯⋯⋯⋯⋯⋯ 1－464

文廟通考六卷⋯⋯⋯⋯⋯⋯⋯⋯ 2－251

文廟通考六卷首一卷⋯⋯⋯⋯⋯ 2－490

文廟通考六卷首一卷⋯⋯⋯⋯⋯ 2－538

文廟通考六卷首一卷⋯⋯⋯⋯⋯ 2－538

文廟從祀位次考一卷鄒縣孟廟叢禮

　位次考一卷⋯⋯⋯⋯⋯⋯⋯⋯ 2－243

文廟備考八卷⋯⋯⋯⋯⋯⋯⋯⋯ 1－463

文廟備考八卷⋯⋯⋯⋯⋯⋯⋯⋯ 1－463

文廟備考八卷⋯⋯⋯⋯⋯⋯⋯⋯ 1－463

文廟備考八卷⋯⋯⋯⋯⋯⋯⋯⋯ 1－463

文廟禮樂考二卷⋯⋯⋯⋯⋯⋯⋯ 2－270

文選十五卷⋯⋯⋯⋯⋯⋯⋯⋯⋯ 1－391

文選六十卷 ⋯⋯⋯⋯⋯⋯⋯⋯⋯ 1－36

文選六十卷 ⋯⋯⋯⋯⋯⋯⋯⋯⋯ 1－55

文選六十卷 ⋯⋯⋯⋯⋯⋯⋯⋯⋯ 1－78

文選六十卷 ⋯⋯⋯⋯⋯⋯⋯⋯⋯ 1－79

文選六十卷 ⋯⋯⋯⋯⋯⋯⋯⋯⋯ 1－79

文選六十卷 ……………………… 1－79
文選六十卷 ……………………… 1－95
文選六十卷 ……………………… 1－96
文選六十卷 ……………………… 1－96
文選六十卷 ……………………… 1－96
文選六十卷 ……………………… 1－96
文選六十卷 ……………………… 1－96
文選六十卷 ……………………… 1－139
文選六十卷 ……………………… 1－181
文選六十卷 ……………………… 1－193
文選六十卷 ……………………… 1－193
文選六十卷 ……………………… 1－193
文選六十卷 ……………………… 1－193
文選六十卷 ……………………… 1－193
文選六十卷 ……………………… 1－193
文選六十卷 ……………………… 1－193
文選六十卷 ……………………… 1－193
文選六十卷 ……………………… 1－193
文選六十卷 ……………………… 1－194
文選六十卷 ……………………… 1－194
文選六十卷 ……………………… 1－387
文選六十卷 ……………………… 1－388
文選六十卷 ……………………… 1－388
文選六十卷 ……………………… 1－495
文選六十卷 ……………………… 2－16
文選六十卷 ……………………… 2－74
文選六十卷 ……………………… 2－75
文選六十卷 ……………………… 2－178
文選六十卷 ……………………… 2－195
文選六十卷 ……………………… 2－322
文選六十卷 ……………………… 2－338
文選六十卷 ……………………… 2－418
文選六十卷 ……………………… 2－422
文選六十卷 ……………………… 2－423
文選六十卷 ……………………… 2－423
文選六十卷 ……………………… 2－425
文選六十卷 ……………………… 2－427
文選六十卷 ……………………… 2－427
文選六十卷 ……………………… 2－436
文選六十卷 ……………………… 2－437
文選六十卷 ……………………… 2－458

文選六十卷考異十卷 ……………… 2－75
文選六十卷考異十卷 ……………… 2－141
文選六十卷考異十卷 ……………… 2－425
文選古字通疏證六卷 ……………… 2－86
文選四十卷 ……………………… 1－386
文選考異十卷 …………………… 2－195
文選刪註十二卷 ………………… 1－111
文選音義八卷 …………………… 1－79
文選音義八卷 …………………… 1－148
文選旁證四十六卷 ……………… 1－494
文選旁證四十六卷 ……………… 2－84
文選旁證四十六卷 ……………… 2－181
文選旁證四十六卷 ……………… 2－202
文選旁證四十六卷 ……………… 2－222
文選理學權輿十七卷 …………… 1－386
文選理學權輿十七卷 …………… 1－386
文選章句二十八卷 ……………… 1－35
文選集腋六卷 …………………… 1－496
文選補遺四十卷 ………………… 1－393
文選補遺四十卷 ………………… 2－75
文選摘抄二卷 …………………… 1－495
文選樓叢書三十二種 …………… 2－196
文選雙字類要三卷 ……………… 1－13
文選類雋十四卷 ………………… 1－492
文編六十四卷 …………………… 1－20
文翰類選大成一百六十三卷 …… 1－200
[光緒]文縣志八卷首一卷末一卷 … 2－260
文學興國策二卷 ………………… 1－453
文學叢書書目提要一卷 ………… 1－588
文獻通考二十四卷 ……………… 1－289
文獻通考二十四卷 ……………… 1－289
文獻通考二十四卷 ……………… 1－289
文獻通考二十四卷首一卷 ……… 2－468
文獻通考二十四卷首一卷 ……… 2－469
文獻通考二十四卷首一卷 ……… 2－469
文獻通考二十四卷首一卷 ……… 2－469
文獻通考二十四卷首一卷 ……… 2－469
文獻通考二十四卷首一卷 ……… 2－470
文獻通考二十四卷首一卷 ……… 2－470
文獻通考二十四卷首一卷 ……… 2－484
文獻通考二十四卷首一卷 ……… 2－484

文獻通考二十四卷首一卷…………… 2－484　　文獻徵存錄十卷………………………… 2－185

文獻通考二十四卷首一卷…………… 2－484　　方氏脈證正宗四卷……………………… 1－163

文獻通考二十四卷首一卷…………… 2－484　　方氏墨譜六卷…………………………… 1－1

文獻通考二十四卷首一卷…………… 2－489　　方氏墨譜六卷…………………………… 1－4

文獻通考二十四卷首一卷…………… 2－489　　方正學先生年譜一卷…………………… 1－275

文獻通考二十四卷首一卷…………… 2－489　　方正學先生年譜一卷…………………… 1－457

文獻通考二十四卷首一卷…………… 2－490　　方南堂先生輟耕錄一卷………………… 2－227

文獻通考二十四卷首一卷…………… 2－557　　方泉先生詩集三卷……………………… 2－146

文獻通考二十四卷首一卷…………… 2－557　　方望溪文鈔六卷………………………… 1－517

文獻通考二十四卷首一卷…………… 2－557　　方廣大莊嚴經十二卷…………………… 1－368

文獻通考二十四卷首一卷…………… 2－574　　方廣大莊嚴經十二卷…………………… 1－371

文獻通考三百四十八卷 …………… 1－20　　　方學博全集二十六卷…………………… 1－537

文獻通考三百四十八卷 …………… 1－27　　　方輿全圖總說五卷……………………… 1－458

文獻通考三百四十八卷 …………… 1－30　　　方輿全圖總說五卷……………………… 2－250

文獻通考三百四十八卷 …………… 1－137　　方輿紀要簡覽三十四卷………………… 1－277

文獻通考三百四十八卷 …………… 1－190　　方輿紀要簡覽三十四卷………………… 1－277

文獻通考三百四十八卷 …………… 1－197　　火攻挈要三卷圖一卷…………………… 2－226

文獻通考三百四十八卷 …………… 1－198　　火礮量算通法一卷……………………… 2－8

文獻通考三百四十八卷 …………… 1－199　　心史二卷………………………………… 2－327

文獻通考三百四十八卷 …………… 1－199　　心白日齋集六卷………………………… 1－413

文獻通考三百四十八卷 …………… 1－289　　心白日齋集六卷………………………… 2－129

文獻通考三百四十八卷 …………… 1－557　　心白日齋集六卷………………………… 2－170

文獻通考三百四十八卷 …………… 1－581　　心身藥四卷……………………………… 2－505

文獻通考三百四十八卷 …………… 1－581　　心矩齋叢書八種………………………… 1－554

文獻通考三百四十八卷 …………… 2－317　　心矩齋叢書八種………………………… 2－168

文獻通考三百四十八卷 …………… 2－408　　心矩齋叢書八種………………………… 2－229

文獻通考三百四十八卷目錄一卷…… 1－134　　心遠堂新編小學纂註六卷……………… 2－490

文獻通考紀要二卷 ………………… 1－91　　　心靈學一卷……………………………… 2－299

文獻通考紀要二卷 ………………… 2－125　　心靈學一卷……………………………… 2－402

文獻通考鈔一卷 …………………… 2－98　　　尹涇論學一卷…………………………… 1－306

文獻通考詳節二十四卷……………… 1－134　　尺木堂明鑑易知錄十五卷……………… 1－451

文獻通考詳節二十四卷 …………… 2－69　　　尺木堂綱鑑易知錄二十卷……………… 1－260

文獻通考詳節二十四卷……………… 2－339　　尺木堂綱鑑易知錄二十卷……………… 1－260

文獻通考輯要二十四卷……………… 2－406　　尺木堂綱鑑易知錄二十卷……………… 1－260

文獻通考輯要二十四卷……………… 2－436　　尺木堂綱鑑易知錄二十卷……………… 1－260

文獻通考總序一卷…………………… 1－461　　尺木堂綱鑑易知錄二十卷……………… 2－397

文獻通考纂二十二卷………………… 1－134　　尺木堂綱鑑易知錄二十卷……………… 2－441

文獻通考纂二十二卷………………… 1－460　　尺木堂綱鑑易知錄二十卷……………… 2－491

文獻徵存錄十卷……………………… 1－275　　尺木堂綱鑑易知錄二十卷……………… 2－494

文獻徵存錄十卷……………………… 1－456　　尺木堂綱鑑易知錄二十卷……………… 2－504

文獻徵存錄十卷……………………… 1－456　　尺木堂綱鑑易知錄九十二卷………… 1－454

尺木堂綱鑑易知錄九十二卷 ……… 2－348
尺木堂綱鑑易知錄九十二卷 ……… 2－350
尺木堂綱鑑易知錄九十二卷 ……… 2－459
尺木堂綱鑑易知錄九十二卷 ……… 2－547
尺木堂綱鑑易知錄九十二卷 ……… 2－554
尺木堂綱鑑易知錄九十二卷 ……… 2－567
尺牘蒙詁□□卷 …………………… 1－123
弔腳痧方論一卷 …………………… 2－252
引痘略一卷 ………………………… 1－477
引痘略一卷 ………………………… 2－295
孔子家語十卷 ……………………… 1－23
孔子家語十卷 ……………………… 1－154
孔子家語十卷 ……………………… 1－199
孔子家語十卷 ……………………… 1－556
孔子家語十卷 ……………………… 2－483
孔子家語十卷 ……………………… 2－489
孔子家語八卷 ……………………… 1－309
孔子家語四卷 ……………………… 2－106
孔子家語憲四卷 …………………… 1－163
孔子集語十七卷 …………………… 1－556
孔子編年五卷 ……………………… 2－162
孔子編年四卷 ……………………… 1－453
孔子編年四卷 ……………………… 1－578
孔氏三世出妻辨一卷 ……………… 2－294
孔氏家語十卷 ……………………… 2－339
孔門言行錄三卷 …………………… 1－306
孔教真理二卷 ……………………… 2－465
孔聖枕中秘記真本一卷 …………… 2－572
孔經新義四種 ……………………… 1－441
毋欺錄一卷補一卷 ………………… 2－200
水心文集二十九卷 ………………… 1－18
水心文集二十九卷 ………………… 1－145
水心文集二十九卷補遺一卷別集十六卷
 …………………………………… 2－171
水心先生文集二十九卷補遺一卷 …… 1－400
水心先生別集十六卷 ……………… 2－121
水田居文集五卷 …………………… 2－140
水仙亭詞集二卷 …………………… 1－411
水西答問一卷 ……………………… 1－484
水利議一卷 ………………………… 1－583
水利議一卷 ………………………… 1－583

水師保身法六章 …………………… 1－321
水師保身法六章 …………………… 2－3
水師章程十四卷 …………………… 2－520
水師章程十四卷續編六卷 ………… 1－291
水師章程十四卷續編六卷 ………… 1－291
水師章程十四卷續編六卷 ………… 1－291
水師章程十四卷續編六卷 ………… 1－542
水師操練十八卷首一卷附一卷 ……… 1－289
水師操練十八卷首一卷附一卷 ……… 1－289
水師操練十八卷首一卷附一卷 ……… 1－289
水師操練十八卷首一卷附一卷 ……… 2－457
水師操練十八卷首一卷附一卷 ……… 2－458
水師操練十八卷首一卷附一卷 ……… 2－459
水師操練十八卷首一卷附一卷 ……… 2－460
水師操練十八卷首一卷附一卷 ……… 2－460
水流雲在館集杜詩存一卷 ………… 1－425
水流雲在館集蘇詩存一卷 ………… 1－425
水流雲在館試帖二卷詩鈔十四卷詞
 鈔八卷悔餘詞續刊一卷 ………… 1－429
水雲村吟稿十二卷首一卷末一卷 …… 2－79
水雲欸乃一卷泥爪詞一卷竹窗秋籟
 一卷悔餘詞一卷 ………………… 1－425
水道提綱二十八卷 ………………… 1－70
水道提綱二十八卷 ………………… 1－165
水道提綱二十八卷 ………………… 1－176
水道提綱二十八卷 ………………… 1－188
水道提綱二十八卷 ………………… 1－280
水道提綱二十八卷 ………………… 1－460
水道提綱二十八卷 ………………… 2－482
水道提綱二十八卷 ………………… 2－500
水雷秘要五卷圖一卷 ……………… 1－320
水雷秘要五卷圖一卷 ……………… 1－320
水雷秘要五卷圖一卷 ……………… 1－541
水經四十卷 ………………………… 1－11
水經四十卷 ………………………… 1－37
水經四十卷 ………………………… 1－185
水經四十卷 ………………………… 2－201
水經注四十卷 ……………………… 1－70
水經注四十卷 ……………………… 1－92
水經注四十卷 ……………………… 1－177
水經注四十卷 ……………………… 1－181

水經注四十卷…………………………… 1－281
水經注四十卷…………………………… 1－461
水經注四十卷…………………………… 2－304
水經注四十卷…………………………… 2－317
水經注四十卷首一卷……………………… 1－281
水經注四十卷首一卷……………………… 1－281
水經注四十卷首一卷……………………… 2－122
水經注四十卷首一卷附錄二卷…… 1－461
水經注四十卷首一卷附錄二卷 ……… 2－30
水經注四十卷補遺一卷附錄二卷…… 2－200
水經注西南諸水攷三卷弧三角平視
　法一卷 ………………………… 1－559
水經注補遺一卷附錄二卷…………… 2－317
水經注匯校四十卷附錄二卷首一卷
　…………………………………… 1－460
水經注匯校四十卷首一卷…………… 1－281
水經注圖一卷附錄一卷……………… 2－117
水經注圖一卷附錄一卷……………… 2－312
水經注圖二卷………………………… 1－459
水經注圖二卷 ………………………… 2－73
水經注圖說殘槀四卷………………… 2－462
水經注箋刊誤十二卷………………… 1－281
水經注箋四十卷 ……………………… 1－23
水經注釋四十卷首一卷附錄二卷水
　經注箋刊誤十二卷 ……………… 1－49
水經注釋四十卷首一卷附錄二卷水
　經注箋刊誤十二卷……………… 1－146
水經注釋四十卷首一卷附錄二卷刊
　誤十二卷………………………… 1－281
水滸後傳十卷………………………… 1－487
水鏡集四卷…………………………… 2－564

五畫

玉山璞槀二卷………………………… 2－581
玉井山館集二十三卷………………… 2－232
玉芝堂談薈三十六卷首一卷………… 1－111
玉芝堂談薈三十六卷首一卷………… 2－153
玉坡先生奏議六卷…………………… 1－286
玉坡張先生黃花集七卷………………… 1－2
玉函山房輯佚書五百九十四種……… 1－436

玉函山房輯佚書五百九十四種……… 1－436
玉函山房輯佚書五百九十四種……… 1－436
玉函山房輯佚書五百九十四種……… 1－436
玉函山房輯佚書五百九十四種……… 1－436
玉函山房輯佚書五百九十四種……… 2－297
玉函山房輯佚書五百九十四種……… 2－388
玉函山房輯佚書五百九十四種……… 2－394
玉函山房輯佚書五百九十四種……… 2－407
玉函山房輯佚書五百九十四種……… 2－411
玉函山房輯佚書五百九十四種……… 2－456
玉茗堂全集五十四卷 ………………… 1－21
玉茗堂還魂記二卷 …………………… 1－12
玉海二百卷附刻十四種……………… 1－380
玉海二百卷附刻十四種……………… 2－354
玉海二百卷附刻十四種……………… 2－447
玉海二百卷辭學指南四卷附刻十四種
　…………………………………… 1－380
玉海二百卷辭學指南四卷附刻十四種
　…………………………………… 1－195
玉海二百卷辭學指南四卷附刻十四種
　…………………………………… 1－380
玉海二百卷辭學指南四卷附刻十四種
　…………………………………… 2－81
玉海二百卷辭學指南四卷附刻十四種
　…………………………………… 2－324
玉堂試帖振采集六卷………………… 1－494
玉笙樓詩錄十二卷…………………… 2－486
玉笙樓詩錄十二卷…………………… 2－583
玉笙樓詩錄十二卷…………………… 2－585
玉笥山房制義一卷…………………… 1－418
玉笥山房制義一卷 …………………… 2－20
玉笥山房要集四卷…………………… 1－419
玉獅堂傳奇十種附一種……………… 2－123
玉溪生詩詳註三卷…………………… 2－180
玉溪生詩詳註三卷首一卷…………… 1－401
玉溪生詩詳註三卷首一卷樊南文集
　詳註八卷首一卷………………… 1－125
玉溪生詩詳註三卷樊南文集箋註八卷
　…………………………………… 1－399
玉溪生詩詳註三卷樊南文集箋註八卷

……………………………………… 1-399
玉溪生詩意八卷 ……………… 1-55
玉溪生詩意八卷 …………… 1-145
玉溪生詩意八卷 …………… 1-506
玉溪生詩意八卷 …………… 1-512
玉溪生詩意八卷 …………… 2-355
玉溪生詩意八卷 …………… 2-452
玉經箋注合參四十四卷首一卷 …… 2-391
玉臺畫史五卷別錄一卷 …… 2-187
玉臺新詠十卷 ……………… 1-166
玉臺新詠十卷 ……………… 2-152
玉臺新詠十卷 ……………… 2-324
玉臺新詠箋注十卷 ………… 1-402
玉臺新詠箋注十卷 ………… 2-74
玉餘尺牘附編八卷 ………… 1-509
玉機微義五十卷 …………… 1-11
玉歷鈔傳警世不分卷 ……… 2-422
玉歷鈔傳警世不分卷 ……… 2-507
玉歷鈔傳警世不分卷 ……… 2-594
[光緒]玉環廳志十四卷首一卷 …… 2-393
[光緒]玉環廳志十四卷首一卷補
　　遺一卷 …………………… 2-54
玉簡齋叢書二十二種 ……… 2-86
玉蘭山房詩鈔四卷 ………… 2-217
玉巖先生文集九卷附錄一卷 …… 1-161
刊謬正俗八卷 ……………… 2-315
未了緣初集二卷續集二卷 … 2-233
巧對錄八卷 ………………… 1-391
巧對錄五卷 ………………… 2-278
正字通十二卷 ……………… 1-162
正字通十二集首一卷 ……… 1-172
正字略一卷 ………………… 2-114
正音切韻指掌一卷 ………… 2-209
正氣集十卷 ………………… 1-511
正教奉褒不分卷 …………… 2-202
正蒙十七卷 ………………… 1-75
正蒙四書十九卷 …………… 2-100
正蒙會稿四卷 ……………… 1-242
正蒙會稿四卷 ……………… 1-521
正誼書院朱文公祠藏書目錄二卷 …… 2-60
正誼堂文集二十二卷 ……… 2-17

正誼堂文集不分卷詩集二十卷蓉渡
　　詞三卷 …………………… 1-141
正誼堂文集選一百三十卷 … 1-536
正誼堂全書六十八種 ……… 1-431
正誼堂全書六十八種 ……… 1-431
正誼堂全書六十八種 ……… 1-431
正誼堂全書六十八種 ……… 2-100
正誼堂全書六十八種 ……… 2-109
正誼堂全書六十八種 ……… 2-195
正誼堂詩集十卷 …………… 2-17
正學隅見述一卷 …………… 1-319
正學隅見述一卷 …………… 1-319
正學隅見述一卷 …………… 1-590
正學隅見述一卷 …………… 2-505
正學語錄一卷 ……………… 1-469
正覺樓叢刻二十九種 ……… 1-430
正覺樓叢刻二十九種 ……… 2-87
正覺樓叢刻二十九種 ……… 2-168
正續西藝知新二十二卷 …… 1-491
功過格輯要十六卷 ………… 1-164
功順堂叢書十八種 ………… 1-431
功順堂叢書十八種 ………… 1-522
功順堂叢書十八種 ………… 1-523
功順堂叢書十八種 ………… 2-89
功順堂叢書十八種 ………… 2-167
功順堂叢書十八種 ………… 2-170
功順堂叢書十八種 ………… 2-403
功順堂叢書十八種 ………… 2-531
去偽齋集十卷呻吟語六卷附錄一卷
　　實政錄七卷 …………… 2-76
去傲齋四書存十六卷 ……… 2-94
[乾隆]甘州府志十六卷首一卷 …… 1-121
甘泉鄉人稿二十四卷餘稿二卷 …… 1-423
甘泉鄉人稿二十四卷餘稿二卷 …… 1-541
甘泉鄉人稿二十四卷餘稿二卷年譜一卷
　　………………………… 2-306
甘泉歷年表一卷 …………… 1-40
甘泉縣鄉土志一卷 ………… 2-44
甘肅全省輿地圖不分卷 …… 1-282
甘肅全省輿地圖不分卷 …… 1-282
甘肅全省輿地圖不分卷 …… 1-282

[乾隆]甘肅通志五十卷首一卷 …… 1－121
[光緒]甘肅新通志一百卷首五卷 …… 2－49
世本一卷 …………………………… 2－325
世宗憲皇帝聖訓三十六卷 ………… 2－510
世界教育統計年鑒不分卷 ………… 2－214
世界歷史問答四篇 ………………… 1－574
世界歷史問答四篇 ………………… 1－574
世界歷史問答四篇 ………………… 1－574
世補齋醫書前集六種 ……………… 1－547
世補齋醫書前集六種後集四種附五種
　……………………………………… 1－327
世補齋醫書前集六種後集四種附五種
　……………………………………… 2－301
世說新語八卷 ……………………… 1－162
世說新語八卷 ……………………… 1－183
世說新語三卷佚文一卷校勘小識一
　卷考證一卷校勘小識補一卷 …… 2－129
世說新語補二十卷 ………………… 1－137
世說新語補二十卷 ………………… 1－140
世說新語補二十卷 ………………… 2－337
世篤忠貞錄不分卷 ………………… 1－457
世濟堂遺詩一卷附錄一卷 ………… 2－143
艾陵文鈔十六卷詩鈔二卷 ………… 1－181
古今文統十六卷 …………………… 1－127
古今合璧事類備要前集六十九卷後
　集八十一卷續集五十六卷 …… 1－26
古今合璧事類備要前集六十九卷後
　集八十一卷續集五十六卷 …… 1－36
古今合璧事類備要前集六十九卷後
　集八十一卷續集五十六卷別集九
　十四卷外集六十六卷 …………… 2－476
古今合璧事類備要前集六十九卷後
　集八十一卷續集五十六卷別集九
　十四卷外集六十六卷 …………… 2－505
古今名醫方論四卷匯粹八卷 ……… 1－552
古今治統二十卷 …………………… 1－469
古今創物志一卷 …………………… 2－294
古今楹聯彙刻小傳十二集首一集外一集
　……………………………………… 1－456
古今算學叢書第三九七種 ………… 1－349
古今算學叢書□□種 ……………… 2－8

古今說部叢書二百六十六種 ……… 1－431
古今說海 …………………………… 1－8
古今說海一百三十五種 …………… 1－187
古今說海一百三十五種 …………… 1－552
古今說海四部一百三十五種 ……… 1－50
古今說海四部一百三十五種 ……… 2－151
古今說海四部一百三十五種 ……… 2－171
古今說海四部一百三十五種 ……… 2－306
古今錢略三十二卷首一卷末一卷 …… 2－159
古今錢略三十二卷首一卷末一卷 …… 2－222
古今醫案按十卷 …………………… 1－328
古今韻略五卷 ……………………… 1－89
古今韻略五卷 ……………………… 1－108
古今韻略五卷 ……………………… 1－141
古今韻略五卷 ……………………… 1－145
古今韻會舉要三十卷禮部韻略七音
　三十六字母通考一卷 …………… 1－449
古今類傳四卷 ……………………… 1－171
古今釋疑十八卷 …………………… 1－70
古月軒詩存五卷文存西江泛宅集二
　卷試帖偶存一卷 ………………… 2－124
古文七種 …………………………… 2－87
古文分編集評初集五卷二集五卷三
　集八卷四集四卷 ………………… 1－79
古文分編集評初集五卷二集五卷三
　集八卷四集四卷 ………………… 1－130
古文苑二十一卷 …………………… 2－175
古文苑二十一卷 …………………… 2－256
古文苑二十一卷 …………………… 2－458
古文苑九卷 ………………………… 2－226
古文苑九卷 ………………………… 2－229
古文披金二十四卷 ………………… 2－88
古文尚書十卷 ……………………… 1－143
古文尚書考二卷 …………………… 1－3
古文尚書撰異三十二卷 …………… 2－61
古文尚書辨八卷 …………………… 2－61
古文周易參同契註八卷 …………… 1－217
古文奇賞二十二卷續古文奇賞三十
　四卷奇賞齋廣文苑英華二十六卷
　四續古文奇賞五十三卷 ………… 1－48
古文眉詮二十七鈔七十九卷 ……… 1－135

63

古文眉詮七十九卷 ……………… 1－179　　古文淵鑒六十四卷 ……………… 1－79

古文眉詮七十九卷 ……………… 1－189　　古文淵鑒六十四卷 ……………… 1－104

古文眉詮七十九卷 ……………… 1－195　　古文淵鑒六十四卷 ……………… 1－107

古文眉詮七十九卷 ……………… 2－400　　古文淵鑒六十四卷 ……………… 1－139

古文眉詮七十九卷首一卷 ………… 1－79　　古文淵鑒六十四卷 ……………… 1－172

古文眉詮七十九卷首一卷 ………… 1－96　　古文淵鑒六十四卷 ……………… 1－188

古文眉詮七十九卷首一卷 ……… 1－130　　古文淵鑒六十四卷 ……………… 1－191

古文眉詮七十九卷首一卷 ……… 1－151　　古文淵鑒六十四卷 ……………… 1－191

古文眉詮七十九卷首一卷 ……… 1－183　　古文淵鑒六十四卷 ……………… 1－191

古文約選不分卷 ………………… 1－110　　古文淵鑒六十四卷 ……………… 1－192

古文約選不分卷 ………………… 1－496　　古文淵鑒六十四卷 ……………… 1－204

古文約編六卷 …………………… 1－168　　古文淵鑒六十四卷 ……………… 1－389

古文雅正十四卷 ………………… 1－78　　古文淵鑒六十四卷 ……………… 1－389

古文雅正十四卷 ………………… 1－386　　古文淵鑒六十四卷 ……………… 1－389

古文雅正十四卷 ………………… 1－386　　古文淵鑒六十四卷 ……………… 2－355

古文雅正十四卷 ………………… 1－386　　古文經訓一卷 …………………… 2－279

古文雅正十四卷 ………………… 1－495　　古文精選一卷 …………………… 1－495

古文雅正十四卷 ………………… 1－524　　古文賞音十二卷 ………………… 2－119

古文雅正十四卷 ………………… 2－355　　古文輯註二編八卷 ……………… 1－130

古文雅正十四卷 ………………… 2－365　　古文斷前集十六卷後集十八卷 …… 1－150

古文雅正十四卷 ………………… 2－365　　古文斷前集十六卷後集十八卷 …… 1－171

古文雅正十四卷三通序三卷 …… 2－499　　古文翼八卷 ……………………… 1－386

古文喈鳳新編八卷 ……………… 2－406　　古文辭類纂七十五卷 …………… 1－385

古文喈鳳新編八卷 ……………… 2－406　　古文辭類纂七十五卷 …………… 1－385

古文喈鳳新編八卷 ……………… 2－578　　古文辭類纂七十五卷 …………… 1－385

古文筆法四卷 …………………… 1－495　　古文辭類纂七十五卷 …………… 1－388

古文筆法百篇二十卷 …………… 2－336　　古文辭類纂七十五卷 …………… 2－228

古文筆法百篇二十卷 …………… 2－468　　古文辭類纂七十五卷 …………… 2－343

古文筆法百篇二十卷 …………… 2－476　　古文辭類纂七十五卷 …………… 2－417

古文筆法百篇八卷 ……………… 1－387　　古文辭類纂七十五卷 …………… 2－422

古文詞畧二十四卷 ……………… 2－501　　古文辭類纂七十五卷 …………… 2－424

古文詞畧讀本二十四卷 ………… 1－389　　古文辭類纂七十五卷 …………… 2－439

古文詞畧讀本二十四卷 ………… 2－343　　古文辭類纂七十五卷 …………… 2－468

古文詞畧讀本二十四卷 ………… 2－381　　古文辭類纂七十四卷 …………… 1－261

古文詞畧讀本二十四卷 ………… 2－381　　古文辭類纂七十四卷 …………… 1－386

古文詞畧讀本二十四卷 ………… 2－382　　古文辭類纂七十四卷 …………… 1－386

古文詞畧讀本二十四卷 ………… 2－511　　古文辭類纂七十四卷 …………… 1－386

古文詞畧讀本二十四卷 ………… 2－563　　古文辭類纂七十四卷 …………… 1－497

古文淵鑒六十四卷 ……………… 1－59　　古文辭類纂七十四卷 …………… 2－71

古文淵鑒六十四卷 ……………… 1－79　　古文辭類纂七十四卷 …………… 2－138

古文淵鑒六十四卷 ……………… 1－79　　古文辭類纂七十四卷 …………… 2－144

古文辭類纂七十四卷 …………… 2－220
古文辭類纂七十四卷 …………… 2－498
古文觀止十二卷 ………………… 2－118
古文觀止十二卷 ………………… 2－203
古文觀止十二卷 ………………… 2－317
古文觀止十二卷 ………………… 2－354
古方彙精五卷 …………………… 2－258
古玉圖二卷 ……………………… 1－47
古玉圖考不分卷 ………………… 2－181
古玉圖考不分卷 ………………… 2－197
古玉圖考不分卷 ………………… 2－197
古本尚書表注二卷 ……………… 1－221
古本周易參同契集註二卷附補遺一
　卷附錄一卷圖像一卷 ………… 1－592
古本影劇原稿本一卷 …………… 1－343
古史像解不分卷 ………………… 2－198
古史像解不分卷 ………………… 2－198
古史像解不分卷 ………………… 2－198
古史像解不分卷 ………………… 2－557
古列女傳八卷 …………………… 1－275
古均閣遺箸二種 ………………… 2－128
古均閣寶刻錄一卷 ……………… 2－349
古事比五十二卷 ………………… 1－493
古事比五十二卷 ………………… 2－166
古周易一卷 ……………………… 1－445
古刻叢鈔一卷 …………………… 1－107
古春軒詩鈔二卷 ………………… 2－225
古南餘話五卷 …………………… 2－104
古品節錄六卷 …………………… 1－137
古品節錄六卷 …………………… 2－100
古香室叢書十二種 ……………… 1－165
古香詩草二卷 …………………… 2－287
古香齋新刻袖珍御選古文淵鑑六十四卷
　…………………………………… 1－49
古香齋新刻袖珍御選古文淵鑑六十四卷
　…………………………………… 2－553
古香齋新刻袖珍淵鑑類函四百五十
　卷目錄四卷 …………………… 1－383
古香齋新刻袖珍淵鑑類函四百五十
　卷目錄四卷 …………………… 2－99
古香齋新刻袖珍淵鑑類函四百五十
　卷目錄四卷 …………………… 2－206
古香齋新刻袖珍淵鑑類函四百五十
　卷目錄四卷 …………………… 2－336
古香齋新刻袖珍淵鑑類函四百五十
　卷目錄四卷 …………………… 2－497
古香齋新刻袖珍淵鑑類函四百五十
　卷目錄四卷 …………………… 2－500
古香齋新刻袖珍淵鑑類函四百五十
　卷目錄四卷 …………………… 2－511
古香齋新刻袖珍淵鑑類函四百五十
　卷目錄四卷 …………………… 2－554
古泉匯首集四卷元集十四卷亨集十
　四卷利集十八卷貞集十四卷 …… 1－298
古泉匯首集四卷元集十四卷亨集十
　四卷利集十八卷貞集十四卷 …… 1－554
古泉匯首集四卷元集十四卷亨集十
　四卷利集十八卷貞集十四卷 …… 2－336
古泉匯首集四卷元集十四卷亨集十
　四卷利集十八卷貞集十四卷首一
　卷續泉匯首集一卷元集三卷亨集
　三卷利集三卷貞集五卷補遺二卷
　…………………………………… 1－531
古泉叢話三卷 …………………… 2－336
古泉雜詠四卷 …………………… 2－131
古律經傳附考五卷 ……………… 2－272
古律賦要四卷 …………………… 1－504
古音類表九卷首一卷 …………… 1－243
古音類表九卷首一卷 …………… 1－243
古音類表九卷首一卷 …………… 1－243
古音類表九卷首一卷 …………… 1－244
古音類表九卷首一卷 …………… 1－244
古紅楳閣集八卷附錄一卷 ……… 2－138
古唐詩合解十二卷 ……………… 2－17
古唐詩合解十二卷 ……………… 2－278
古唐詩合解十二卷 ……………… 2－392
古唐詩合解十二卷 ……………… 2－392
古唐詩合解十二卷 ……………… 2－392
古唐詩合解十二卷 ……………… 2－392
古唐詩合解十二卷 ……………… 2－445
古唐詩合解十二卷 ……………… 2－451
古唐詩合解十二卷 ……………… 2－483

古唐詩合解十二卷······················ 2－547
古唐詩合解十二卷古詩四卷 ·········· 1－97
古唐詩合解十二卷古詩四卷 ·········· 1－97
古唐詩合解十二卷古詩四卷 ·········· 1－97
古唐詩合解十二卷古詩四卷 ·········· 1－206
古唐詩合解十二卷古詩四卷·········· 2－353
古唐詩合解十二卷古詩四卷·········· 2－392
古唐詩合解十二卷古詩四卷·········· 2－392
古唐詩選七卷························· 2－239
古雪堂詩集□□集··················· 2－18
古逸叢書二十六種··················· 1－522
古逸叢書二十六種··················· 1－559
古逸叢書二十六種··················· 2－174
古逸叢書二十六種··················· 2－178
古聖徒殉難記三卷··················· 1－377
古聖徒殉難記三卷··················· 1－579
古聖賢像傳略十六卷················· 2－269
古愚老人消夏錄十七種 ············· 1－76
古愚老人消夏錄十七種 ············· 1－138
古微書三十六卷····················· 1－212
古微書三十六卷 ···················· 2－61
古微書三十六卷····················· 2－151
古微書三十六卷····················· 2－310
古微堂内集三卷外集七卷··········· 1－414
古微堂内集三卷外集七卷 ·········· 2－79
古微堂外集七卷····················· 1－535
古微堂外集七卷内集三卷··········· 1－553
古詩肆及六卷唐詩肆及十八卷······· 1－104
古詩源十二卷······················· 2－354
古詩源十四卷······················· 1－136
古詩源十四卷······················· 1－147
古詩源十四卷······················· 1－149
古詩源十四卷······················· 1－394
古詩源十四卷······················· 1－394
古詩源十四卷······················· 1－502
古詩源十四卷······················· 2－113
古詩源十四卷······················· 2－151
古詩源十四卷······················· 2－196
古詩源十四卷······················· 2－454
古詩箋三十二卷 ···················· 1－79
古詩箋三十二卷····················· 1－128
古詩箋三十二卷····················· 1－139
古詩箋三十二卷····················· 1－189
古詩選十五卷······················· 2－176
古詩選不分卷 ······················ 1－97
古詩歸十五卷唐詩歸三十六卷 ······ 1－56
古詩類苑一百三十卷················· 1－208
古經解鈎沉三十卷··················· 2－205
古經解彙函十七種··················· 2－149
古經解彙函十七種··················· 2－166
古經解彙函十六種··················· 1－215
古經解彙函十六種··················· 1－215
古經解彙函十六種··················· 1－215
古經解彙函十六種 ·················· 2－87
古經解彙函十六種小學彙函十四種
　　　　　　　　　　　　　　　　 1－441
古經解彙函十六種小學彙函十四種
　　　　　　　　　　　　　　　　 2－337
古經解彙函十六種小學彙函十四種
　續附十二種 ······················ 1－566
古墨齋金石跋六卷··················· 1－297
古學記問錄十五卷··················· 1－332
古學記問錄十五卷··················· 2－193
古學記問錄十五卷··················· 2－287
古謠諺一百卷······················· 1－385
古韻發明不分卷····················· 2－321
古籌算考釋六卷····················· 1－355
古籌算考釋六卷····················· 1－544
古歡室全集四種····················· 2－125
古歡堂集三十七卷··················· 1－423
本事詩十二卷 ······················ 1－58
本事詩十二卷······················· 1－145
本事詩十二卷······················· 2－121
本草三家合註三卷··················· 1－426
本草分經一卷······················· 2－271
本草求真九卷脈理求真三卷本草求
　真主治二卷······················· 1－173
本草求真九卷脈理求真三卷本草求
　真主治二卷······················· 2－273
本草述三十二卷首一卷··············· 1－328
本草述鈎元三十二卷················· 2－301

本草思辨錄四卷首一卷‥‥‥‥‥ 2－235
本草便讀二集‥‥‥‥‥‥‥‥‥ 2－248
本草原始合雷公炮製十二卷‥‥‥ 2－590
本草從新十八卷‥‥‥‥‥‥‥‥ 2－254
本草萬方鍼線八卷‥‥‥‥‥‥‥ 2－156
本草萬方鍼線八卷‥‥‥‥‥‥‥ 2－301
本草萬方鍼線八卷‥‥‥‥‥‥‥ 2－431
本草備要八卷‥‥‥‥‥‥‥‥‥ 1－476
本草備要八卷‥‥‥‥‥‥‥‥‥ 2－118
本草備要八卷醫方集解二十一卷末二卷
　‥‥‥‥‥‥‥‥‥‥‥‥‥‥ 1－553
本草綱目五十二卷‥‥‥‥‥‥‥ 1－325
本草綱目五十二卷‥‥‥‥‥‥‥ 2－335
本草綱目五十二卷‥‥‥‥‥‥‥ 2－426
本草綱目五十二卷‥‥‥‥‥‥‥ 2－479
本草綱目五十二卷‥‥‥‥‥‥‥ 2－484
本草綱目五十二卷‥‥‥‥‥‥‥ 2－509
本草綱目五十二卷‥‥‥‥‥‥‥ 2－583
本草綱目五十二卷‥‥‥‥‥‥‥ 2－591
本草綱目五十二卷‥‥‥‥‥‥‥ 2－593
本草綱目五十二卷附圖三卷‥‥‥ 1－68
本草綱目五十二卷附圖三卷‥‥‥ 1－94
本草綱目五十二卷首一卷圖三卷‥‥ 2－234
本草綱目五十二卷首一卷藥品總目
　一卷圖三卷附奇經八脈考一卷脈
　訣考證一卷瀕湖脉學一卷‥‥‥ 2－156
本草綱目五十二卷首一卷藥品總目
　一卷圖三卷附奇經八脈考一卷脈
　訣考證一卷瀕湖脉學一卷‥‥‥ 2－301
本草綱目五十二卷圖三卷附瀕湖脉
　學一卷奇經八脈一卷‥‥‥‥‥ 1－75
本草綱目拾遺十卷‥‥‥‥‥‥‥ 2－156
本草綱目拾遺十卷‥‥‥‥‥‥‥ 2－301
本草綱目拾遺十卷首一卷‥‥‥‥ 1－563
本朝五言近體瓣香集十六卷‥‥‥ 1－80
本朝史講義三編‥‥‥‥‥‥‥‥ 2－111
本朝名媛詩鈔六卷‥‥‥‥‥‥‥ 1－151
本朝歷科小題殖學集□□卷‥‥‥ 2－593
本經疏證十二卷續疏六卷本經序疏
　要八卷‥‥‥‥‥‥‥‥‥‥‥ 1－323
本經疏證十二卷續疏六卷本經序疏

要八卷‥‥‥‥‥‥‥‥‥‥‥‥ 1－323
本經疏證十二卷續疏六卷本經序疏
　要八卷‥‥‥‥‥‥‥‥‥‥‥ 1－323
本經疏證十二卷續疏六卷本經序疏
　要八卷‥‥‥‥‥‥‥‥‥‥‥ 2－537
本經疏證十二卷續疏六卷本經序疏
　要八卷‥‥‥‥‥‥‥‥‥‥‥ 2－569
本經疏證十二卷續疏六卷序疏要八卷
　‥‥‥‥‥‥‥‥‥‥‥‥‥‥ 2－162
本經疏證十二卷續證六卷‥‥‥‥ 2－311
札迻十二卷‥‥‥‥‥‥‥‥‥‥ 2－169
札樸十卷‥‥‥‥‥‥‥‥‥‥‥ 1－241
札樸十卷‥‥‥‥‥‥‥‥‥‥‥ 2－72
札樸十卷‥‥‥‥‥‥‥‥‥‥‥ 2－119
札樸十卷‥‥‥‥‥‥‥‥‥‥‥ 2－137
可泉擬涯翁擬古樂府二卷‥‥‥‥ 1－21
可園草一卷‥‥‥‥‥‥‥‥‥‥ 1－84
可齋雜藁三十四卷續藁八卷續藁後
　十二卷‥‥‥‥‥‥‥‥‥‥‥ 1－12
可簡方四卷‥‥‥‥‥‥‥‥‥‥ 2－528
左氏春秋内外傳類選八卷‥‥‥‥ 1－210
左氏春秋内外傳類選八卷‥‥‥‥ 1－211
左氏節萃十卷‥‥‥‥‥‥‥‥‥ 1－19
左文襄公全集六種‥‥‥‥‥‥‥ 2－201
左文襄公全集目錄卷首一卷‥‥‥ 2－350
左文襄公奏疏一百二十卷‥‥‥‥ 2－19
左文襄公奏疏續編七十六卷三編六卷
　‥‥‥‥‥‥‥‥‥‥‥‥‥‥ 2－278
左文襄公奏稿六十四卷‥‥‥‥‥ 2－506
左文襄公奏稿初編三十八卷續編七
　十六卷三編六卷‥‥‥‥‥‥‥ 1－579
左忠毅公集五卷‥‥‥‥‥‥‥‥ 2－122
左恪靖伯奏稿二十五卷‥‥‥‥‥ 2－181
左恪靖伯奏稿三十八卷‥‥‥‥‥ 2－324
左恪靖侯奏稿初編三十八卷續編七
　十六卷三編六卷‥‥‥‥‥‥‥ 1－285
左恪靖侯奏稿初編三十八卷續編七
　十六卷三編六卷‥‥‥‥‥‥‥ 1－285
左恪靖侯奏稿初編三十八卷續編七
　十六卷三編六卷‥‥‥‥‥‥‥ 2－562
左恪靖侯奏稿初編三十八卷續編七

十六卷三編六卷⋯⋯⋯⋯⋯ 2－562　　左傳評林八卷補遺一卷 ⋯⋯⋯⋯⋯ 1－18

左海乙集駢體文四卷⋯⋯⋯⋯ 2－286　　左傳練要詳評十卷⋯⋯⋯⋯⋯ 1－207

左海文集二十卷⋯⋯⋯⋯⋯ 1－521　　左傳舊疏考正八卷⋯⋯⋯⋯⋯ 1－229

左海全集十種⋯⋯⋯⋯⋯⋯ 2－324　　左傳舊疏考正八卷⋯⋯⋯⋯⋯ 1－229

左通補釋三十二卷⋯⋯⋯⋯ 1－228　　左傳舊疏考正八卷⋯⋯⋯⋯⋯ 1－230

左通補釋三十二卷⋯⋯⋯⋯ 2－149　　左傳舊疏考正八卷 ⋯⋯⋯⋯⋯ 2－63

左國腴詞八卷⋯⋯⋯⋯⋯⋯ 2－415　　左傳舊疏考正八卷 ⋯⋯⋯⋯⋯ 2－63

左傳分國紀事本末二十二卷⋯ 1－185　　左傳舊疏考正八卷⋯⋯⋯⋯⋯ 2－541

左傳分國纂畧十六卷⋯⋯⋯ 1－138　　左傳舊疏考正八卷⋯⋯⋯⋯⋯ 2－544

左傳史論二卷⋯⋯⋯⋯⋯⋯ 2－195　　左傳舊疏考正八卷⋯⋯⋯⋯⋯ 2－545

左傳史論二卷⋯⋯⋯⋯⋯⋯ 2－344　　左傳舊疏考證八卷⋯⋯⋯⋯⋯ 2－389

左傳史論二卷⋯⋯⋯⋯⋯⋯ 2－387　　左傳翼三十八卷⋯⋯⋯⋯⋯⋯ 1－20

左傳史論二卷⋯⋯⋯⋯⋯⋯ 2－483　　左傳翼三十八卷⋯⋯⋯⋯⋯⋯ 2－417

左傳史論二卷⋯⋯⋯⋯⋯⋯ 2－497　　左繡一卷⋯⋯⋯⋯⋯⋯⋯⋯ 1－101

左傳史論二卷⋯⋯⋯⋯⋯⋯ 2－497　　左繡三十卷首一卷⋯⋯⋯⋯⋯ 1－446

左傳史論二卷⋯⋯⋯⋯⋯⋯ 2－499　　左繡三十卷首一卷⋯⋯⋯⋯⋯ 1－571

左傳史論二卷⋯⋯⋯⋯⋯⋯ 2－501　　左繡三十卷首一卷⋯⋯⋯⋯⋯ 1－571

左傳史論二卷⋯⋯⋯⋯⋯⋯ 2－542　　左繡三十卷首一卷⋯⋯⋯⋯⋯ 2－338

左傳史論二卷⋯⋯⋯⋯⋯⋯ 2－544　　石帆詩集八卷⋯⋯⋯⋯⋯⋯ 1－58

左傳事緯十二卷附左傳字釋一卷 ⋯ 2－63　　石臼前集九卷後集七卷⋯⋯⋯ 2－216

左傳事緯十二卷附錄八卷⋯⋯ 1－19　　石甫文鈔三卷⋯⋯⋯⋯⋯⋯ 2－162

左傳事緯十二卷附錄八卷⋯⋯ 2－123　　石林遺書十三種⋯⋯⋯⋯⋯ 1－508

左傳事緯十二卷前書八卷⋯⋯ 1－571　　石松堂集八卷 ⋯⋯⋯⋯⋯⋯ 1－61

左傳易讀六卷⋯⋯⋯⋯⋯⋯ 1－228　　[嘉慶]石門縣志二十六卷首一卷 ⋯ 2－54

左傳易讀六卷⋯⋯⋯⋯⋯⋯ 2－501　　石門題跋二卷⋯⋯⋯⋯⋯⋯ 2－336

左傳易讀六卷⋯⋯⋯⋯⋯⋯ 2－533　　石刻鋪敘二卷⋯⋯⋯⋯⋯⋯ 2－29

左傳易讀六卷⋯⋯⋯⋯⋯⋯ 2－534　　石柱記五卷 ⋯⋯⋯⋯⋯⋯ 1－55

左傳易讀六卷⋯⋯⋯⋯⋯⋯ 2－539　　[康熙]石泉縣志四卷⋯⋯⋯⋯ 1－42

左傳易讀六卷⋯⋯⋯⋯⋯⋯ 2－544　　[道光]石泉縣志四卷⋯⋯⋯⋯ 2－47

左傳易讀六卷⋯⋯⋯⋯⋯⋯ 2－548　　[道光]石泉縣志四卷⋯⋯⋯⋯ 2－47

左傳易讀六卷⋯⋯⋯⋯⋯⋯ 2－548　　[道光]石泉縣志四卷⋯⋯⋯⋯ 2－47

左傳易讀六卷⋯⋯⋯⋯⋯⋯ 2－548　　石亭稿不分卷 ⋯⋯⋯⋯⋯⋯ 1－85

左傳易讀六卷⋯⋯⋯⋯⋯⋯ 2－561　　石室仙機五卷⋯⋯⋯⋯⋯⋯ 1－491

左傳紀事本末五十三卷⋯⋯⋯ 1－264　　石室秘錄六卷⋯⋯⋯⋯⋯⋯ 1－111

左傳紀事本末五十三卷⋯⋯⋯ 1－264　　石室秘錄六卷⋯⋯⋯⋯⋯⋯ 1－477

左傳紀事本末五十三卷⋯⋯⋯ 1－264　　石室秘錄六卷 ⋯⋯⋯⋯⋯⋯ 2－60

左傳紀事本末五十三卷⋯⋯⋯ 1－453　　石室秘錄四卷⋯⋯⋯⋯⋯⋯ 2－472

左傳紀事本末五十三卷 ⋯⋯⋯ 2－83　　石屏詩集十卷 ⋯⋯⋯⋯⋯⋯ 1－7

左傳紀事本末五十三卷 ⋯⋯⋯ 2－96　　石笥山房文集五卷補遺一卷⋯⋯ 1－417

左傳紀事本末五十三卷⋯⋯⋯ 2－449　　石笥山房文集五卷補遺一卷⋯⋯ 1－517

左傳紀事本末五十三卷⋯⋯⋯ 2－468　　石笥山房文集六卷補一卷詩集十一

卷詩餘一卷補二卷續補二卷········ 1－535
石笥山房文集六卷補一卷詩集十一
　　卷詩餘一卷補二卷續補二卷········ 2－161
石笥山房集二十一卷 ············· 2－79
石笥山房集二十三卷 ············· 2－172
石笥山房集十卷 ················· 2－78
石渠紀餘六卷················ 1－274
石渠閣校刻庭訓閱古隨筆二卷········ 1－484
石琴詩鈔十二卷 ················· 1－426
石雲山人詩稿一卷 ··············· 2－284
石湖居士詩集三十五卷 ··········· 1－61
石湖居士詩集三十五卷 ··········· 1－126
石鼓文正誤四卷 ················· 1－4
石鼓文定本二卷 ················· 1－531
石鼓文纂釋一卷 ················· 2－173
石經考一卷 ·················· 2－26
石經考一卷 ·················· 2－28
石經考文提要十三卷 ············· 2－26
石經考異二卷 ················· 1－442
石經彙函十種 ················· 2－30
石經閣文初集八卷 ············· 2－230
石榴記傳奇四卷 ················· 1－545
石墨鐫華八卷 ················· 1－2
石墨鐫華八卷 ················· 1－2
石墨鐫華八卷 ················· 1－30
石墨鐫華八卷 ················· 1－55
石墨鐫華八卷 ················· 1－55
石墨鐫華八卷 ················· 1－103
石墨鐫華八卷 ················· 1－467
石齋先生經傳九種 ············· 1－57
石齋先生經傳九種 ············· 1－69
石齋先生經傳九種 ············· 1－178
石鐘山志十六卷首一卷 ··········· 2－264
石龕詩卷二十三卷詩餘偶存一卷 ····· 2－277
石龕詩卷二十四卷詩餘偶存一卷 ····· 1－424
布衣陳先生遺集四卷 ············· 2－283
戊戌政變記九卷 ················· 2－277
戊笈談兵九卷首一卷 ············· 1－555
戊笈談兵九卷首一卷 ············· 2－335
平三角舉要五卷 ················· 1－348
平三角舉要五卷 ················· 1－348

平三角舉要五卷 ················· 1－348
平三角舉要五卷 ················· 2－537
平山堂小志十二卷 ··············· 1－63
平山堂圖志十卷首一卷 ··········· 2－117
平山堂圖志十卷首一卷 ··········· 2－260
平山堂圖志十卷首圖一卷 ········· 2－25
平平言四卷 ·················· 1－305
平江記事一卷 ················· 1－459
平江記事一卷 ················· 2－157
［乾隆］平利縣志書一卷 ··········· 1－42
平易方四卷 ·················· 2－60
平定粵匪紀略十八卷附記四卷 ····· 1－269
平定粵匪紀略十八卷附記四卷 ····· 1－269
平定粵匪紀略十八卷附記四卷 ····· 2－254
平定粵寇紀畧十八卷附記四卷 ····· 1－269
平定粵寇紀畧十八卷附記四卷 ····· 2－189
平定猺匪紀略二卷 ············· 2－207
平定關隴紀略十三卷 ············· 1－564
平定關隴紀略十三卷 ············· 2－306
平津館叢書三十八種 ············· 1－432
平津館叢書三十八種 ············· 1－432
平津館叢書三十八種 ············· 1－432
平津館叢書三十八種 ············· 2－85
平津館叢書三十八種 ············· 2－89
平津館叢書三十八種 ············· 2－180
平津館叢書三十八種 ············· 2－196
平津館叢書三十八種 ············· 2－474
平津館叢書四十二種 ············· 2－161
平津館鑒藏記書籍三卷補遺一卷續
　　編一卷················ 2－274
平津館鑒藏記書籍三卷補遺一卷續
　　編一卷················ 2－335
平津館鑒藏記書籍三卷補遺一卷續
　　編一卷廉石居藏書記二卷 ········· 2－71
平津讀碑記八卷續記一卷 ········· 2－118
平浙紀略十六卷················ 1－266
平浙紀略十六卷················ 1－266
平寇紀略九篇················ 1－237
平陽全書十五卷················ 1－194
平陽全書十五卷················ 1－196
平陽全書十五卷················ 2－463

平湖陸氏景賢祠志四卷·············· 2－265

［光緒］平湖縣志二十五卷首一卷末一卷
···················· 2－264

［光緒］平湖縣志二十五卷首一卷末一卷
···················· 2－414

［光緒］平湖縣志二十五卷首一卷末一卷
···················· 2－584

［光緒］平湖縣志二十五卷首一卷末一卷
···················· 2－584

平湖顧氏遺書五種··········· 2－170

平湖顧氏遺書五種··········· 2－180

北史一百卷 ···············1－34

北史一百卷 ···············1－40

北史一百卷 ···············1－63

北史一百卷 ···············1－90

北史一百卷 ···············1－183

北史一百卷 ···············1－200

北史一百卷 ···············1－249

北史一百卷 ···············1－249

北史一百卷 ···············1－451

北史一百卷 ···············2－88

北史一百卷 ···············2－377

北史一百卷 ···············2－399

北史一百卷 ···············2－408

北史一百卷 ···············2－433

北行日札一卷 ·············1－72

北行日札一卷 ·············1－169

北行日札一卷 ·············1－338

北行日記一卷征途隨筆一卷······ 2－278

北江詩話六卷·············1－428

北江詩話六卷·············1－520

北堂書鈔一百六十卷首一卷······ 1－380

北堂書鈔一百六十卷首一卷······ 2－74

北堂書鈔一百六十卷首一卷······ 2－128

北堂書鈔一百六十卷首一卷······ 2－156

北堂書鈔一百六十卷首一卷······ 2－219

北湖小志六卷首一卷········· 2－221

北湖小志六卷首一卷········· 2－267

北夢瑣言二十卷··········· 1－141

北溪先生字義二卷··········· 1－208

北溪字義二卷補遺一卷嚴陵講義一卷

···················· 1－311

北溪字義二卷補遺一卷嚴陵講義一卷
···················· 1－311

北溪字義二卷補遺一卷嚴陵講義一卷
···················· 1－311

北溪字義二卷補遺一卷嚴陵講義一卷
···················· 1－543

北溪字義二卷補遺一卷嚴陵講義一卷
···················· 2－538

北溪字義二卷補遺一卷嚴陵講義一卷
···················· 2－568

北溪字義二卷補遺一卷嚴陵講義一卷
···················· 2－578

北溪字義二卷補遺一卷嚴陵講義一卷
···················· 2－578

北齊書五十卷 ·············1－34

北齊書五十卷 ·············1－34

北齊書五十卷 ·············1－90

北齊書五十卷 ·············1－109

北齊書五十卷 ·············1－109

北齊書五十卷 ·············1－183

北齊書五十卷 ·············1－191

北齊書五十卷 ·············1－195

北齊書五十卷 ·············1－248

北齊書五十卷 ·············1－248

北齊書五十卷 ·············1－248

北齊書五十卷 ·············1－450

北齊書五十卷 ·············2－378

北齊書五十卷 ·············2－384

北畿賀文宗批點策學指南四卷 ······· 1－44

占察善惡業報經玄義一卷疏二卷行
　法一卷··············· 1－367

目耕帖三十卷·············· 2－489

目連三世寶卷三卷··········· 2－155

且亭詩三卷··············· 1－187

且亭詩□□卷附本傳一卷········ 2－589

甲子會紀五卷·············· 1－5

甲子會紀五卷 ············· 1－27

甲行日注八卷·············· 2－209

申江勝景圖二卷············· 2－261

申報館書目一卷············· 2－327

申飭各屬遵辦十家牌設卡巡緝札勸
　諭紳民協拏賊匪告示一卷 ………… 1–589
申質堂夫子全稿四卷 ……………… 1–65
申質堂先生詩集一卷 ……………… 2–249
申質堂先生詩集一卷 ……………… 2–288
田硯齋文集二卷 …………………… 2–142
田間文集三十卷 …………………… 2–85
冊府元龜一千卷目錄十卷 ………… 1–172
史文忠公集四卷首一卷 …………… 2–22
史目表二卷 ………………………… 1–466
史目表二卷 ………………………… 2–269
史印不分卷 ………………………… 1–492
史外八卷 …………………………… 1–452
史外八卷 …………………………… 1–452
史外八卷 …………………………… 1–548
史外八卷 …………………………… 2–105
史外八卷 …………………………… 2–181
史外八卷 …………………………… 2–508
史忠正公文集四卷首一卷 ………… 1–408
史忠正公文集四卷首一卷 ………… 2–530
史忠正公集四卷末一卷 …………… 2–213
史忠正公集四卷首一卷末一卷 …… 1–65
史忠正公集四卷首一卷末一卷 …… 1–135
史忠正公集四卷首一卷末一卷 …… 2–104
史忠正公集四卷首一卷末一卷 …… 2–129
史忠正公集四卷首一卷末一卷 …… 2–309
史姓韻編六十四卷 ………………… 2–30
史姓韻編六十四卷 ………………… 2–158
史姓韻編六十四卷 ………………… 2–308
史約不分卷 ………………………… 2–104
史約便讀一卷 ……………………… 2–110
史記一百三十卷 …………………… 1–15
史記一百三十卷 …………………… 1–15
史記一百三十卷 …………………… 1–16
史記一百三十卷 …………………… 1–25
史記一百三十卷 …………………… 1–29
史記一百三十卷 …………………… 1–39
史記一百三十卷 …………………… 1–39
史記一百三十卷 …………………… 1–41
史記一百三十卷 …………………… 1–49
史記一百三十卷 …………………… 1–90

史記一百三十卷 …………………… 1–108
史記一百三十卷 …………………… 1–191
史記一百三十卷 …………………… 1–191
史記一百三十卷 …………………… 1–194
史記一百三十卷 …………………… 1–194
史記一百三十卷 …………………… 1–197
史記一百三十卷 …………………… 1–198
史記一百三十卷 …………………… 1–198
史記一百三十卷 …………………… 1–202
史記一百三十卷 …………………… 1–202
史記一百三十卷 …………………… 1–203
史記一百三十卷 …………………… 1–204
史記一百三十卷 …………………… 1–204
史記一百三十卷 …………………… 1–206
史記一百三十卷 …………………… 1–245
史記一百三十卷 …………………… 1–245
史記一百三十卷 …………………… 1–246
史記一百三十卷 …………………… 1–246
史記一百三十卷 …………………… 2–27
史記一百三十卷 …………………… 2–125
史記一百三十卷 …………………… 2–154
史記一百三十卷 …………………… 2–231
史記一百三十卷 …………………… 2–338
史記一百三十卷 …………………… 2–354
史記一百三十卷 …………………… 2–368
史記一百三十卷 …………………… 2–384
史記一百三十卷 …………………… 2–395
史記一百三十卷 …………………… 2–444
史記一百三十卷 …………………… 2–452
史記一百三十卷 …………………… 2–465
史記一百三十卷 …………………… 2–472
史記一百三十卷 …………………… 2–478
史記一百三十卷 …………………… 2–481
史記一百三十卷 …………………… 2–484
史記一百三十卷 …………………… 2–495
史記一百三十卷 …………………… 2–495
史記一百三十卷 …………………… 2–497
史記一百三十卷 …………………… 2–501
史記一百三十卷 …………………… 2–524
史記一百三十卷 …………………… 2–532
史記一百三十卷 …………………… 2–532

史記一百三十卷 …………………… 2－534
史記一百三十卷 …………………… 2－536
史記一百三十卷 …………………… 2－539
史記一百三十卷 …………………… 2－546
史記一百三十卷 …………………… 2－549
史記一百三十卷 …………………… 2－553
史記一百三十卷 …………………… 2－561
史記一百三十卷 …………………… 2－576
史記一百三十卷 …………………… 2－584
史記一百三十卷附司馬貞補史記一卷
　　…………………………………… 2－443
史記一百三十卷附司馬貞補史記一卷
　　…………………………………… 2－443
史記一百三十卷附司馬貞補史記一卷
　　…………………………………… 2－444
史記一百三十卷附司馬貞補史記一卷
　　…………………………………… 2－444
史記一百三十卷附司馬貞補史記一卷
　史記正義論例謚法解列國分野一卷
　　…………………………………… 2－496
史記一百三十卷首一卷 …………… 1－198
史記一百三十卷首一卷 …………… 2－116
史記一百三十卷首一卷 …………… 2－513
史記一百三十卷首一卷 …………… 2－524
史記一百三十卷首一卷 …………… 2－531
史記天官書補目一卷 ……………… 1－257
史記毛本正誤不分卷 ……………… 1－256
史記正義論例列國分野一卷 ……… 2－354
史記正譌三卷 ……………………… 1－256
史記志疑三十六卷 ………………… 1－124
史記志疑三十六卷 ………………… 2－401
史記志疑三十六卷補遺一卷 ……… 1－255
史記注補正一卷 …………………… 1－255
史記校勘札記一百三十卷補一卷 … 1－256
史記校勘札記一百三十卷補一卷 … 1－256
史記校勘札記一百三十卷補一卷 … 1－257
史記校勘札記一百三十卷補一卷 … 2－398
史記校勘札記一百三十卷補一卷 … 2－402
史記校勘札記一百三十卷論例一卷
　補一卷 …………………………… 1－257
史記索隱三十卷 …………………… 1－39

史記菁華錄六卷 …………………… 1－469
史記菁華錄六卷 …………………… 1－469
史記菁華錄六卷 …………………… 2－105
史記菁華錄六卷 …………………… 2－278
史記菁華錄六卷 …………………… 2－344
史記菁華錄六卷 …………………… 2－465
史記菁華錄六卷 …………………… 2－465
史記菁華錄六卷 …………………… 2－466
史記菁華錄六卷 …………………… 2－571
史記集解一百三十卷 ……………… 1－246
史記集解一百三十卷 ……………… 1－452
史記集解索隱正義合刻本一百三十卷
　　…………………………………… 1－450
史記集解索隱正義合刻本一百三十卷
　　…………………………………… 2－87
史記集解索隱正義合刻本一百三十卷
　　…………………………………… 2－96
史記集解索隱正義合刻本一百三十卷
　　…………………………………… 2－310
史記鈔四卷 ………………………… 1－146
史記鉤玄四卷 ……………………… 1－26
史記評林一百三十卷 ……………… 1－25
史記評林一百三十卷 ……………… 1－71
史記評林一百三十卷 ……………… 1－302
史記評林一百三十卷 ……………… 1－302
史記評林一百三十卷 ……………… 2－553
史記評林一百三十卷 ……………… 2－575
史記論文一百三十卷 ……………… 1－136
史記輯評二十四卷 ………………… 1－201
史記輯評二十四卷 ………………… 2－482
史記題評一百三十卷 ……………… 1－201
史記題評一百三十卷 ……………… 2－481
史記題評一百三十卷 ……………… 2－516
史通削繁四卷 ……………………… 1－49
史通削繁四卷 ……………………… 1－301
史通削繁四卷 ……………………… 2－68
史通削繁四卷 ……………………… 2－110
史通削繁四卷 ……………………… 2－186
史通削繁四卷 ……………………… 2－332
史通削繁四卷 ……………………… 2－373
史通削繁四卷 ……………………… 2－400

史通削繁四卷 …………………… 2-400
史通通釋二十卷 ………………… 2-71
史略八十七卷 …………………… 2-105
史略提綱六卷 …………………… 2-446
史腴二卷 ………………………… 2-337
史傳三編五十六卷 ……………… 1-61
史傳三編五十六卷 ……………… 1-276
史傳三編五十六卷 ……………… 1-276
史微四卷 ………………………… 2-234
史漢駢枝一卷 …………………… 1-572
史餘二十卷 ……………………… 2-342
史餘補錄一卷 …………………… 2-342
史緯三百三十卷首一卷 ………… 1-73
史學提要二卷 …………………… 2-473
史學提要四卷 …………………… 1-262
史學提要箋釋三卷 ……………… 1-179
史學提要輯注四卷 ……………… 1-262
史學聯珠十卷 …………………… 2-390
史學聯珠十卷 …………………… 2-410
史學叢書四十三種 ……………… 2-269
史鑑節要便讀六卷 ……………… 2-107
史鑑節要便讀六卷 ……………… 2-110
史鑑節要便讀六卷 ……………… 2-344
史鑑節要便讀六卷 ……………… 2-459
史鑑節要便讀六卷 ……………… 2-512
史鑑節要便讀六卷 ……………… 2-518
史鑑節要便讀六卷 ……………… 2-555
史鑑節要便讀六卷 ……………… 2-593
史鑑總論二卷 …………………… 2-332
叩缽齋應酬全書十六卷 ………… 2-210
叩缽齋纂行廚集十八卷 ………… 1-78
叩缽齋四六春華十二卷 ………… 2-15
四大觀樓詩鈔九卷 ……………… 2-495
四千字文不分卷 ………………… 2-196
四川名勝志三十五卷 …………… 2-366
[四川射洪]射洪古繩楊氏族譜一卷
　　　………………………………… 2-293
[嘉慶]四川通志二百〇四卷首二十二卷
　　　………………………………… 2-55
[嘉慶]四川通志二百〇四卷首二十二卷
　　　………………………………… 2-55

[嘉慶]四川通志二百〇四卷首二十二卷
　　　………………………………… 2-263
四川勸工局章程一卷 …………… 2-193
四子書 …………………………… 1-567
四子譜二卷 ……………………… 2-595
四元玉鑑細艸三卷 ……………… 1-350
四元玉鑑細艸三卷 ……………… 2-312
四元玉鑑細艸三卷首一卷 ……… 2-372
四元玉鑑細艸三卷首一卷坿增一卷
　　四坿一卷 …………………………… 1-379
四元玉鑑細艸三卷首一卷坿增一卷
　　四坿一卷 …………………………… 1-430
四元玉鑑細艸三卷首一卷坿增一卷
　　四坿一卷 …………………………… 1-560
四元玉鑑細艸三卷首一卷坿增一卷
　　四坿一卷 …………………………… 2-472
四元釋例三卷 …………………… 1-546
四六雕蟲十卷 …………………… 1-429
四六叢話三十三卷選詩叢話一卷 … 1-428
四六叢話三十三卷選詩叢話一卷 … 1-428
四六叢話三十三卷選詩叢話一卷 … 1-428
四六叢話三十三卷選詩叢話一卷 … 2-84
四六叢話三十三卷選詩叢話一卷 … 2-84
四六叢話三十三卷選詩叢話一卷 … 2-138
四六類腋不分卷 ………………… 1-493
四六類編十六卷 ………………… 1-45
四史 ……………………………… 2-297
四史發伏十卷 …………………… 2-205
四史鴻裁四十卷 ………………… 1-26
四印齋所刻詞二十種附一種 …… 2-124
四印齋所刻詞二十種附一種 …… 2-175
四印齋彙刻宋元三十一家詞三十一卷
　　　………………………………… 2-172
四夷編年表四卷 ………………… 2-499
四夷編年表四卷 ………………… 2-558
四安堂詩鈔二卷 ………………… 1-408
四字鑑略一卷 …………………… 2-287
四字鑑略一卷 …………………… 2-441
四吟稿六卷畿南疏草二卷西臺奏議一卷
　　　………………………………… 1-402
四言閨鑑二卷 …………………… 2-6

73

四言閨鑑二卷 …………………… 2－403　　四書五經義不分卷 ……………… 1－214
四明酬唱集二卷 ………………… 2－202　　四書五經義不分卷 ……………… 2－404
四忠集四種 ……………………… 2－299　　四書不分卷 ……………………… 2－404
四念處四卷 ……………………… 1－370　　四書反身錄十二卷續錄二卷 …… 2－572
四品彙鈔 ………………………… 1－503　　四書反身錄十四卷 ……………… 1－472
四音釋義十二集 ………………… 2－331　　四書反身錄十四卷續錄二卷 …… 1－430
四音釋義十二集 ………………… 2－348　　四書反身錄八卷 ………………… 1－472
四音釋義十二集 ………………… 2－349　　四書反身錄八卷 ………………… 1－558
四洪年譜四種 …………………… 1－547　　四書反身錄八卷 ………………… 1－591
四秘全書地理大全十二種 ……… 1－480　　四書反身錄六卷 ………………… 1－136
四庫未收書目提要五卷 ………… 2－318　　四書反身錄六卷 ………………… 1－136
四庫全書序一卷 ………………… 1－484　　四書反身錄六卷 ………………… 1－311
四庫全書表文箋釋四卷 ………… 2－70　　四書反身錄六卷續錄二卷 ……… 1－472
四庫全書總目提要二百卷 ……… 2－70　　四書心解不分卷 ………………… 1－231
四庫全書辯正通俗文字一卷 …… 1－525　　四書引左匯解十卷 ……………… 1－133
四家賦鈔四卷 …………………… 1－402　　四書引解二十六卷 ……………… 1－132
四書二十八卷 …………………… 1－55　　四書引解二十六卷 ……………… 1－567
四書二十六卷 …………………… 2－169　　四書引經節解圖考十七卷 ……… 1－133
四書十九卷 ……………………… 1－232　　四書正事括略七卷附錄一卷 …… 2－138
四書十九卷 ……………………… 1－233　　四書正事括略七卷附錄一卷 …… 2－167
四書十九卷 ……………………… 1－233　　四書正韻平仄合參一卷 ………… 1－189
四書十九卷 ……………………… 2－90　　四書古註群義九種彙解 ………… 1－571
四書人物類典串珠四十卷 ……… 1－489　　四書左國匯纂四卷 ……………… 1－88
四書人物類典串珠四十卷 ……… 1－491　　四書左國匯纂四卷 ……………… 1－88
四書人物類典串珠四十卷 ……… 2－95　　四書左國匯纂四卷 ……………… 1－133
四書人物類典串珠四十卷 ……… 2－349　　四書考二十八卷 ………………… 2－556
四書大全四種 …………………… 1－133　　四書考二十八卷四書考異一卷 …… 1－35
四書大全摘要二十卷 …………… 1－133　　四書考異一卷 …………………… 2－556
四書大全講義十九卷 …………… 1－133　　四書考異總考三十六卷條考三十六卷
四書大註匯糸合講題鏡合纂七卷 …… 1－446　　　　　　　　　　　　………………… 2－157
四書小參一卷 …………………… 1－232　　四書考異總考三十六卷條考三十六卷
四書小參一卷 …………………… 2－108　　　　　　　　　　　　………………… 2－306
四書小參一卷 …………………… 2－114　　四書考輯要二十卷 ……………… 1－24
四書五經 ………………………… 2－232　　四書考輯要二十卷 ……………… 1－88
四書五經新義二種 ……………… 1－565　　四書考輯要二十卷 ……………… 1－89
四書五經新義二種 ……………… 1－565　　四書考輯要二十卷 ……………… 1－89
四書五經新義二種 ……………… 1－565　　四書考輯要二十卷 ……………… 1－132
四書五經義二十四篇 …………… 1－213　　四書成語對聯彙編一卷 ………… 2－255
四書五經義大全五十六卷目錄一卷　　四書朱子本義匯糸 ……………… 1－203
　首一卷 ………………………… 1－212　　四書朱子本義匯糸四十三卷首四卷 …… 1－22
四書五經義不分卷 ……………… 1－214　　四書朱子本義匯糸四十三卷首四卷 …… 1－89

四書朱子本義匯叅四十三卷首四卷…… 2 – 94
四書朱子本義匯叅四十三卷首四卷 … 2 – 114
四書朱子本義匯叅四十三卷首四卷 … 2 – 367
四書朱子本義匯叅四十三卷首四卷 … 2 – 384
四書朱子本義匯叅四十三卷首四卷 … 2 – 384
四書朱子本義匯叅四十三卷首四卷 … 2 – 518
四書朱子異同條辨四十卷 ………… 1 – 23
四書朱子異同條辨四十卷 ………… 1 – 132
四書朱註原解 ………………… 2 – 455
四書合講十九卷 ……………… 1 – 447
四書合講十九卷 ……………… 2 – 396
四書字詁七十八卷檢字一卷 …… 1 – 217
四書字類釋義六卷 …………… 2 – 14
四書近指二十卷 ……………… 2 – 94
四書近指二十卷 ……………… 2 – 114
四書改錯二十二卷 …………… 2 – 64
四書述要旁訓十九卷 ………… 1 – 133
四書或問三十九卷 …………… 1 – 134
四書味根錄三十七卷 ………… 2 – 95
四書味根錄三十七卷 ………… 2 – 566
四書典林三十卷 ……………… 1 – 95
四書典林三十卷 ……………… 1 – 132
四書典林三十卷 ……………… 1 – 204
四書典林四十二卷 …………… 1 – 471
四書典制匯海四十卷 ………… 1 – 471
四書典制匯海四十卷 ………… 2 – 565
四書典制類聯音註三十三卷 …… 1 – 233
四書典制類聯音註三十三卷 …… 1 – 382
四書典制類聯音註三十三卷 …… 2 – 384
四書典制類聯音註四卷 ……… 1 – 565
四書典制類聯音註四卷 ……… 2 – 557
四書典故辨正二十卷 ………… 1 – 234
四書典故辨正二十卷附錄問答一卷
  ……………………………… 1 – 233
四書拾義六卷 ………………… 2 – 133
四書便蒙添注十九卷 ………… 2 – 571
四書恆解十卷 ………………… 2 – 94
四書約旨十九卷 ……………… 1 – 133
四書約旨十九卷 ……………… 1 – 231
四書約旨十九卷 ……………… 1 – 233
四書旁訓二卷 ………………… 2 – 95

四書益智錄二十卷 …………… 2 – 96
四書通二十六卷 ……………… 1 – 233
四書通二十六卷 ……………… 1 – 233
四書通旨六卷 ………………… 2 – 94
四書問答一卷 ………………… 1 – 232
四書逸箋六卷 ………………… 2 – 95
四書逸箋六卷 ………………… 2 – 243
四書章句附攷四卷 …………… 2 – 231
四書章句集注二十六卷 ……… 2 – 223
四書章句集注二十六卷 ……… 2 – 231
四書章句集注二十六卷 ……… 2 – 437
四書章句集注十九卷 ………… 1 – 571
四書章句集注十九卷 ………… 2 – 100
四書章句集注十九卷 ………… 2 – 405
四書章句集注十九卷 ………… 2 – 465
四書章句集注十九卷 ………… 2 – 507
四書章句集注定本辨一卷 …… 2 – 231
四書章句集註十九卷 ………… 1 – 445
四書章句集註十九卷 ………… 1 – 571
四書章句集註十九卷 ………… 1 – 571
四書章句集註十九卷 ………… 1 – 571
四書章句集註十九卷 ………… 2 – 563
四書貫珠講義十九卷 ………… 1 – 446
四書貫珠講義十九卷 ………… 2 – 533
四書最勝藏二十卷 …………… 1 – 42
四書筆記十七卷 ……………… 2 – 335
四書集注十九卷 ……………… 1 – 231
四書集注十九卷 ……………… 1 – 540
四書集注十九卷四書家塾讀本句讀
  一卷四書章句集注定本辨一卷四
  書章句附考四卷 …………… 2 – 64
四書集注正蒙十九卷 ………… 2 – 330
四書集注正蒙十九卷四書集字音義
  辨一卷 ……………………… 1 – 571
四書集註二十八卷 …………… 1 – 55
四書集註十九卷 ……………… 1 – 446
四書集註大全 ………………… 1 – 24
四書集註大全 ………………… 1 – 144
四書集疏六卷 ………………… 1 – 566
四書集疏附正二十二卷論語緒言一卷
  ……………………………… 1 – 231

四書集疏附正二十二卷論語緒言一卷
　………………………………　1－567
四書集疏附正二十二卷論語緒言一卷
　………………………………　2－114
四書集疏附正二十二卷論語緒言一卷
　………………………………　2－114
四書集說四十一卷　………………　2－95
四書集編二十九卷　………………　2－95
四書集編二十九卷　………………　2－95
四書註疏大全合纂三十七卷　……　1－133
四書湖南講十一卷　………………　1－46
四書疏註撮言大全三十七卷　……　1－232
四書疏註撮言大全三十七卷　……　2－95
四書疏註撮言大全三十七卷　……　2－520
四書會同一卷　……………………　1－479
四書會同□□卷　…………………　2－486
四書會解二十七卷　………………　1－571
四書解義四種七卷　………………　1－139
四書新義不分卷　…………………　2－567
四書義十二卷　……………………　1－233
四書義十二卷　……………………　1－233
四書義正鵠不分卷　………………　1－212
四書義正鵠不分卷　………………　1－212
四書義正鵠不分卷　………………　1－232
四書義正鵠不分卷　………………　1－232
四書義正鵠不分卷　………………　2－559
四書義正鵠四卷　…………………　2－575
四書義正鵠四卷　…………………　2－585
四書經正錄不分卷　………………　2－95
四書經註集證十九卷　……………　1－232
四書經註集證十九卷　……………　1－232
四書經註集證十九卷　……………　1－232
四書經註集證十九卷　……………　1－568
四書經註集證十九卷　……………　2－94
四書經註集證十九卷　……………　2－101
四書經註集證十九卷　……………　2－378
四書經註集證十九卷　……………　2－407
四書經註集證十九卷　……………　2－456
四書經註集證十九卷　……………　2－533
四書經註集證十九卷　……………　2－538
四書經註集證十九卷　……………　2－566

四書摭餘說七卷　…………………　1－233
四書摭餘說七卷　…………………　2－95
四書摭餘說七卷　…………………　2－125
四書摭餘說七卷　…………………　2－404
四書箋義纂要十二卷　……………　1－42
四書劄記九卷　……………………　2－94
四書劄記九卷　……………………　2－114
四書劄記不分卷　…………………　1－566
四書疑問五卷　……………………　1－27
四書說苑十一卷首一卷補遺一卷　…　2－64
四書說苑十一卷首一卷補遺一卷續
　遺一卷　…………………………　2－95
四書說約三十三卷　………………　2－94
四書隨見錄四十五卷　……………　2－95
四書質疑十九卷孝經質疑一卷　……　2－96
四書徵十二卷　……………………　1－101
四書諸儒輯要四十卷　……………　1－133
四書諸儒輯要四十卷　……………　2－114
四書論二卷　………………………　1－232
四書緯四卷　………………………　2－64
四書凝道錄十九卷　………………　1－233
四書凝道錄十九卷　………………　1－566
四書凝道錄不分卷　………………　1－16
四書講義二十二卷　………………　2－225
四書講義十二卷　…………………　1－565
四書講義十二卷　…………………　1－565
四書講義十二卷　…………………　1－565
四書講義大全□□卷　……………　2－352
四書講義困勉錄三十七卷續錄六卷
　附錄一卷　………………………　1－104
四書翼注論文十二卷愚一錄十二卷
　補學軒批選時文讀本二卷文集外
　編四卷制藝四卷制藝雜話一卷詩
　集十二卷　………………………　1－426
四書翼注論文十六卷　……………　1－88
四書翼注論文三十八卷　…………　2－94
四書鞭影二十卷　…………………　2－474
四書題鏡不分卷　…………………　1－132
四書題鏡不分卷　…………………　1－445
四書題鏡不分卷　…………………　2－348
四書類考三十卷　…………………　2－225

四書類典賦二十四卷 …………………… 1－186
四書類典賦二十四卷年譜二卷 ……… 1－133
四書闡注十九卷 …………………………… 1－132
四書釋地一卷續一卷又續一卷三續一卷
　　……………………………………………… 1－138
四書釋地一卷續一卷又續一卷三續一卷
　　……………………………………………… 1－145
四書釋地一卷續一卷又續一卷三續
　　一卷孟子生卒年月考一卷 ………… 1－89
四書釋地補一卷續補一卷又續補一
　　卷三續補一卷 ………………………… 1－232
四書釋地補一卷續補一卷又續補一
　　卷三續補一卷 ………………………… 2－94
四書襯十九卷 ……………………………… 1－133
四書體註十九卷 …………………………… 2－595
四書讀本十九卷 …………………………… 1－231
四書讀書樂六卷 …………………………… 1－566
四焉齋文集六卷 …………………………… 1－60
四教義六卷 ………………………………… 1－372
四眾弟子淨土詩不分卷 ………………… 1－369
四聖心源十卷 ……………………………… 2－342
四聖懸樞五卷 ……………………………… 2－590
四裔制作權輿三卷 ……………………… 1－286
四裔編年表四卷 …………………………… 1－263
四裔編年表四卷 …………………………… 1－263
四裔編年表四卷 …………………………… 1－263
四裔編年表四卷 …………………………… 1－269
四裔編年表四卷 …………………………… 1－269
四裔編年表四卷 …………………………… 1－269
四裔編年表四卷 …………………………… 2－350
四裔編年表四卷 …………………………… 2－560
四種經文□□卷 …………………………… 2－589
四種遺規 …………………………………… 1－75
四銅鼓齋論畫集刻十二種 …………… 1－532
四銅鼓齋論畫集刻十二種 …………… 2－323
四錄堂類集四種 …………………………… 2－222
四憶堂詩集六卷 …………………………… 2－82
四憶堂詩集六卷 …………………………… 2－244
四憶堂詩集六卷 …………………………… 2－352
四聲切韻表一卷音學辨微一卷 ……… 2－257
四聲便覽四卷 ……………………………… 2－474
四聲便覽□□卷 …………………………… 2－347
四禮初稿四卷 ……………………………… 1－104
四禮初稿四卷 ……………………………… 1－179
四禮約言四卷 ……………………………… 1－104
四禮約言四卷 ……………………………… 1－179
四禮翼一卷 ………………………………… 1－554
四禮翼八卷 ………………………………… 1－93
四禮翼八卷 ………………………………… 1－205
四禮翼八卷 ………………………………… 1－528
四禮翼八卷 ………………………………… 2－492
生香館詩二卷 ……………………………… 2－343
丘隅集十九卷 ……………………………… 1－11
仕商應酬須知便覽二十卷 …………… 1－496
仕學初桄雜記一卷 ……………………… 1－493
代耕堂全集十四種 ……………………… 1－413
代耕堂全集十四種 ……………………… 1－413
代耕堂全集十四種 ……………………… 1－421
代耕堂吟存一卷 …………………………… 2－21
代耕堂吟存一卷 …………………………… 2－421
代微積拾級十八卷 ……………………… 1－560
代微積拾級補草一卷 …………………… 1－543
代數通藝錄十六卷 ……………………… 1－349
代數通藝錄十六卷 ……………………… 1－349
代數通藝錄十六卷 ……………………… 1－349
代數菁華錄十六卷 ……………………… 1－349
代數術二十五卷 …………………………… 1－344
代數術二十五卷 …………………………… 1－344
代數術二十五卷 …………………………… 1－344
代數術二十五卷 …………………………… 1－560
代數術二十五卷 …………………………… 2－439
代數術二十五卷首一卷 ………………… 1－347
代數術二十五卷首一卷 ………………… 1－347
代數術二十五卷首一卷 ………………… 1－347
代數術二十五卷首一卷 ………………… 2－439
代數術二十五卷首一卷 ………………… 2－439
代數術二十五卷首一卷 ………………… 2－443
代數術二十五卷首一卷 ………………… 2－480
代數積拾級十八卷 ……………………… 1－354
代數積拾級十八卷 ……………………… 1－354
代數積拾級十八卷 ……………………… 1－354
代數學十三卷首一卷 …………………… 1－544

代數難題解法十六卷 …………… 1－345

代數難題解法十六卷 …………… 1－345

代數難題解法十六卷 …………… 1－345

代數難題解法十六卷 …………… 1－560

仙心閣文鈔二卷詩鈔八卷紀時略一

　　卷省身雜錄一卷 ………… 2－183

仙合曲譜一卷 ……………………… 2－258

仙佛合宗九章 ……………………… 2－274

仙佛合宗語錄不分卷 …………… 1－375

仙拈集四卷 ………………………… 2－591

仙傳白喉忌表抉微一卷 ………… 2－252

仙機武庫八卷 ……………………… 1－24

白下瑣言十卷 ……………………… 2－155

[順治]白水縣志二卷 …………… 1－40

[乾隆]白水縣志四卷首一卷 ……… 1－116

[乾隆]白水縣志四卷首一卷 ……… 1－184

[乾隆]白水縣志四卷首一卷 ……… 2－38

[乾隆]白水縣志四卷首一卷 ……… 2－38

白玉蟾真人註釋木郎祈雨咒一卷 … 2－13

白石道人詩集二卷集外詩一卷 …… 1－149

白石道人詩集二卷集外詩一卷詩說

　　一卷歌曲四卷別集一卷 ……… 1－159

白石道人詩集二卷集外詩一卷詩說

　　一卷歌曲四卷別集一卷 ……… 2－122

白石道人歌曲四卷別集一卷 ……… 1－545

白石詩集一卷詞集一卷諸家評論一卷

　　……………………………… 1－38

白石詩詞一卷 ……………………… 1－545

白田草堂存稿二十四卷 ………… 1－141

白田草堂存稿二十四卷 ………… 1－145

白田草堂存稿二十四卷行狀一卷崇

　　祀鄉賢祠錄一卷 ……………… 1－58

白圭堂詩鈔八卷續鈔六卷 ……… 1－413

白圭堂詩鈔八卷續鈔六卷 ……… 1－541

白芙堂算書二十三種 …………… 1－344

白芙堂算書二十三種 …………… 1－344

白芙堂算書二十三種 …………… 1－348

白芙堂算書二十三種 …………… 1－348

白芙堂算書二十三種 …………… 1－348

白芙堂算書二十三種 …………… 1－378

白芙堂算書二十三種 …………… 1－544

白芙堂算書二十三種 …………… 1－544

白芙堂算書二十三種 …………… 2－410

白芙堂算書二十三種 …………… 2－488

白芙堂算書二十三種 …………… 2－488

白芙堂算書二十三種 …………… 2－533

白芙堂算書二十三種 …………… 2－571

白沙子古詩教解二卷 …………… 1－50

白沙子古詩教解二卷 …………… 1－84

白沙子全集十卷首一卷末一卷 …… 1－50

白沙子全集十卷首一卷末一卷 …… 1－83

白沙子全集六卷首一卷 ………… 1－150

白沙子全集六卷首一卷 ………… 1－166

白茅堂集四十六卷 ……………… 2－329

白雨湖莊詩鈔四卷 ……………… 1－519

白雨齋詞話八卷附詩鈔一卷詞存一卷

　　……………………………… 2－202

白雨齋詞話八卷詞存一卷詩鈔一卷

　　……………………………… 2－218

白虎通四卷 ………………………… 1－57

白虎通四卷 ………………………… 1－483

白虎通疏證十二卷 ……………… 1－227

白虎通疏證十二卷 ……………… 1－481

白虎通疏證十二卷 ……………… 2－72

白虎通德論二卷 ………………… 1－8

白虎通德論二卷 ………………… 1－13

白門新柳記一卷 ………………… 1－484

[光緒]白河縣志十三卷 ………… 2－46

[光緒]白河縣志十四卷 ………… 2－46

白香山詩長慶集二十卷後集十七卷

　　別集一卷補遺二卷 ………… 1－84

白香山詩長慶集二十卷後集十七卷

　　別集一卷補遺二卷 ………… 1－105

白香山詩長慶集二十卷後集十七卷

　　別集一卷補遺二卷 ………… 1－126

白香山詩長慶集二十卷後集十七卷

　　別集一卷補遺二卷 ………… 1－150

白香山詩長慶集二十卷後集十七卷

　　別集一卷補遺二卷 ………… 1－161

白香山詩長慶集二十卷後集十七卷

　　別集一卷補遺二卷 ………… 1－164

白香山詩長慶集二十卷後集十七卷

別集一卷補遺二卷 …………………… 1－171
白香山詩長慶集二十卷後集十七卷
　　別集一卷補遺二卷 …………………… 1－207
白香山詩集二十卷後集十七卷別集
　　一卷補遺二卷 ………………………… 2－105
白香亭詩存一卷 …………………………… 2－217
白香亭詩集二卷和陶詩一卷 …………… 1－418
白香詞譜箋四卷 …………………………… 2－172
白華山人詩集十六卷詩說二卷 ……… 1－539
白華前稿六十卷 …………………………… 1－144
白鹿書院志十九卷 ……………………… 1－163
白鄉詩鈔十卷文鈔四卷 ………………… 2－257
白雲文集五卷詩集二卷 ………………… 2－82
白喉忌表抉微一卷 ……………………… 1－479
白喉治法忌表抉微一卷 ………………… 1－479
白喉治法急救法一卷 …………………… 1－479
白喉辯癥一卷 ……………………………… 1－481
白鵠山房駢體文鈔二卷續鈔二卷 …… 2－164
印人傳三卷 ………………………………… 2－234
印人傳三卷續印人傳八卷再續印人
　　傳四卷 ………………………………… 1－456
印史五卷 …………………………………… 1－24
[道光]印江縣志二卷 …………………… 2－260
印度刑律三卷 ……………………………… 1－313
印度劄記二卷 ……………………………… 2－295
句溪褉著四卷 ……………………………… 1－425
句溪雜箸五卷 ……………………………… 2－67
句溪雜箸五卷 ……………………………… 2－135
句儉堂集四卷 ……………………………… 2－212
句餘土音四卷 ……………………………… 2－299
句讀敘述二卷 ……………………………… 2－318
外丁卯橋居士初藁八卷 ………………… 1－518
外交報 ……………………………………… 2－449
外科大成四卷 ……………………………… 1－65
外科心法十卷選要二卷 ………………… 1－531
外科正宗十二卷 …………………………… 1－554
外科正宗十二卷 …………………………… 2－74
外科正宗十二卷 …………………………… 2－191
外科發揮八卷 ……………………………… 2－454
外科樞要四卷 ……………………………… 2－590
外科醫方不分卷 …………………………… 2－240

外科證治全書五卷末一卷 ……………… 1－562
外症秘方集錄一卷 ……………………… 2－251
外國地理學校教科書三卷 ……………… 1－580
外國師船圖表十二卷 …………………… 1－463
冬心先生集四卷 …………………………… 1－58
冬生艸堂詞四卷 …………………………… 2－214
冬生艸堂詩錄八卷文錄四卷 ………… 2－256
冬青引注一卷登西臺慟哭記注一卷 … 1－58
冬青館古宮詞三卷 ……………………… 2－309
包孝肅公奏議十卷 ……………………… 2－102
包孝肅公奏議十卷 ……………………… 2－309
市曲茆堂詩一卷 …………………………… 1－166
立山詞一卷 ………………………………… 2－162
立山詞一卷 ………………………………… 2－204
立向法一卷 ………………………………… 1－476
立命功過格不分卷 ……………………… 1－340
立命編四卷首一卷附一卷格言纂要一卷
　　…………………………………………… 1－164
立雪齋琴譜二卷 …………………………… 1－559
立雪齋琴譜二卷 …………………………… 2－209
立德堂詩話一卷 …………………………… 1－427
立齋外科發揮八卷 ……………………… 1－211
玄妙鏡入道真詮三卷 …………………… 2－419
半厂叢書初編十種 ……………………… 1－432
半厂叢書初編十種 ……………………… 2－83
半厂叢書初編十種 ……………………… 2－148
半厂叢書初編十種 ……………………… 2－170
半半山莊農言著實一卷 ………………… 1－441
半半山莊農言著實一卷 ………………… 2－33
半行庵詩存稾八卷 ……………………… 2－584
半舫齋古文八卷 …………………………… 1－139
半舫齋古文八卷 …………………………… 1－411
半塘定稿二卷賸稿一卷 ………………… 2－308
半園尺牘二十五卷補遺六卷 ………… 1－506
半學齋草稿一卷小草一卷 ……………… 1－517
[乾隆]汀州府志四十五卷首一卷 … 2－589
必元局增定課讀鑑略妥注五卷 ……… 2－104
永矢弗諼四集 ……………………………… 1－136
永年申氏遺書十三種 …………………… 2－194
永定河志三十二卷附錄一卷 ………… 2－58
永定河續志十六卷首一卷補錄一卷 … 2－58

［道光］永康縣志十二卷首一卷 …… 2－352

［光緒］永康縣志十六卷首一卷 …… 2－59

永嘉先生八面鋒十三卷 …… 2－220

［光緒］永嘉縣志三十八卷首一卷 … 2－388

永嘉叢書十三種 …… 2－169

永嘉叢書十三種 …… 2－316

［光緒］永壽縣重修新志十卷首一卷 … 2－43

［光緒］永壽縣重修新志十卷首一卷 … 2－43

［光緒］永壽縣重修新志十卷首一卷 … 2－43

司牧寶鑑一卷 …… 1－296

司空表聖文集十卷 …… 1－44

司馬氏書儀十卷 …… 1－62

司馬氏書儀十卷 …… 1－226

司馬氏書儀十卷 …… 2－130

司馬文正公集八十二卷首一卷目錄二卷

…… 1－160

司馬文正公傳家集八十卷目錄二卷

…… 1－139

司馬文正公傳家集八十卷目錄二卷

…… 1－175

司馬文正公傳家集八十卷目錄二卷

年譜一卷附錄一卷 …… 1－560

司馬彪莊子注一卷 …… 2－73

司馬溫公文集八十二卷 …… 2－102

司馬溫公通鑑論二卷 …… 2－461

司馬溫公稽古錄二十卷 …… 1－7

司馬溫公稽古錄二十卷 …… 1－72

司馬溫公稽古錄二十卷 …… 1－254

司馬溫公稽古錄二十卷 …… 1－255

司馬溫公稽古錄二十卷 …… 1－527

司馬溫公稽古錄二十卷 …… 2－200

尼羅海戰史十七章溫聖脫海戰史九

章哥品杭海戰史二編十七章 …… 1－265

民政部奏定巡警服章圖表一卷 …… 1－587

弗措山房詩存不分卷 …… 1－1

弘正四傑詩集四種附一種 …… 2－153

弘戒法儀二卷 …… 2－416

弘明集十四卷 …… 1－372

弘明集十四卷 …… 2－104

弘簡錄二百五十四卷 …… 1－269

弘簡錄二百五十四卷續四十二卷 …… 1－179

弘簡錄二百五十四卷續弘簡錄元史

類編四十二卷 …… 2－491

出山草十二卷 …… 1－504

出山詩草一卷 …… 1－428

出使日記續刻十卷 …… 1－283

出使公牘十卷 …… 1－271

出使公牘十卷 …… 2－191

出使英法義比四國日記六卷 …… 1－282

出使英法義比四國日記六卷 …… 1－284

出使英法義比四國日記六卷 …… 2－444

出使英法義比四國日記六卷 …… 2－446

出使英法義比四國日記六卷 …… 2－544

出使奏疏二卷 …… 1－285

出埃及記不分卷 …… 2－245

出圍城記一卷 …… 2－233

弁服釋例八卷 …… 2－158

台州叢書九種 …… 2－119

幼迁詩鈔四卷 …… 2－175

幼科不分卷 …… 2－240

幼科不分卷 …… 2－271

幼科鐵鏡六卷 …… 1－105

幼科鐵鏡六卷 …… 1－325

幼科鐵鏡六卷 …… 2－4

幼科鐵鏡六卷 …… 2－486

幼科鐵鏡六卷 …… 2－582

幼科醫學指南四卷 …… 2－252

幼科證治準繩九卷 …… 1－194

幼科證治準繩九卷 …… 1－195

幼科證治準繩九卷 …… 2－588

幼學平仄易記略不分卷 …… 2－449

幼學集一卷 …… 1－513

幼學歌五卷續編一卷 …… 1－366

幼學歌五卷續編一卷 …… 1－366

幼學歌五卷續編一卷 …… 1－366

幼學歌五卷續編一卷 …… 2－539

幼學歌五卷續編一卷 …… 2－546

幼學操身不分卷 …… 1－366

幼學操身不分卷 …… 1－366

幼學操身不分卷 …… 1－367

幼學操身不分卷 …… 2－412

幼學操身不分卷 …… 2－412

幼學操身不分卷 …………………… 2－434
幼學操身不分卷 …………………… 2－435
幼學操身不分卷 …………………… 2－435
幼學操身不分卷 …………………… 2－443

六畫

匡謬正俗八卷 …………………… 1－89
式訓堂叢書三集四十一種………… 2－166
式訓堂叢書四十一種……………… 1－431
式訓堂叢書四十一種……………… 1－431
式訓堂叢書四十一種……………… 1－431
式訓堂叢書四十一種……………… 1－522
式訓堂叢書四十一種 ……………… 2－86
式訓堂叢書四十一種……………… 2－121
刑部新定現行則例二卷督捕則例一卷
………………………… 2－268
刑部說帖各省通行成案摘要抄存十四卷
………………………… 1－317
刑案成式十卷 …………………… 1－290
刑案匯覽六十卷 ………………… 1－551
刑案彙要十一卷 ………………… 1－294
吉羊鐙室詩鈔五卷 ……………… 2－283
吉林外記十卷 …………………… 2－68
［道光］吉林外記十卷刊誤一卷 ……… 2－51
吉林紀事詩四卷首一卷末一卷…… 2－260
吉林紀事詩四卷首一卷末一卷…… 2－298
［光緒］吉林通志一百二十二卷圖一卷
………………………… 2－50
［光緒］吉林通志一百二十二卷圖一卷
………………………… 2－50
［光緒］吉林通志一百二十二卷圖一卷
………………………… 2－50
吉金志存四卷 …………………… 2－337
吉金齋古銅印譜六卷 …………… 1－466
考工記四卷 ……………………… 1－131
考工記要十七卷 ………………… 2－10
考古圖十卷 ……………………… 1－47
考定大學經傳解一卷附錄一卷…… 1－441
考試司機七卷首一卷 …………… 1－360
考試司機七卷首一卷 …………… 1－360

考試司機七卷首一卷 …………… 1－360
考槃餘事四卷 …………………… 1－94
考察英國政府臣民答問不分卷…… 1－586
考察英國議院答問一卷 ………… 1－586
考禮一卷 ………………………… 1－305
老子章義二卷 …………………… 1－475
老子集解二卷考異一卷 ………… 2－341
老子道德經二卷 ………………… 1－10
老子道德經二卷 ………………… 1－74
老子道德經二卷 ………………… 2－447
老子道德經解二卷首一卷觀老莊影
　響論一卷 ……………………… 1－313
老子解二卷 ……………………… 1－29
老子鬳齋口義二卷 ……………… 1－28
老子翼八卷首一卷 ……………… 1－310
老子翼八卷首一卷 ……………… 2－190
老子翼八卷首一卷 ……………… 2－332
老生常談一卷 …………………… 1－505
老泉先生全集錄五卷 …………… 1－178
老僧戒煙歌解一卷 ……………… 2－294
老學庵筆記二卷 ………………… 1－484
老學庵筆記十卷 ………………… 1－4
老學庵筆記十卷 ………………… 1－336
地文學問答十一章 ……………… 1－581
地文學問答十一章 ……………… 1－582
地文學問答十一章 ……………… 1－582
地方自治財政論一卷 …………… 2－579
地志四種………………………… 1－278
地球各國考略一卷 ……………… 1－583
地球韻言四卷 …………………… 2－322
地球韻言四卷 …………………… 2－482
地理三字經二卷 ………………… 2－403
地理大全入門要訣二十二卷……… 2－112
地理五訣八卷 …………………… 1－330
地理五訣八卷 …………………… 1－479
地理六經註六卷 ………………… 2－418
地理全志一卷 …………………… 1－280
地理全志一卷 …………………… 1－280
地理全志一卷 …………………… 1－458
地理全志四卷 …………………… 2－470
地理知本金鎖秘二卷……………… 1－330

地理指掌四卷續四卷 …………… 2－112
地理悟真合編□□卷 …………… 1－478
地理啖蔗錄八卷 ………………… 2－202
地理須知不分卷 ………………… 1－278
地理須知不分卷 ………………… 1－278
地理須知不分卷 ………………… 1－278
地理錄要四卷 …………………… 1－334
地理辨正五卷 …………………… 2－112
地理辨正直解五卷天元五歌闡義五
　　卷心眼指要四卷 …………… 1－331
地學指略三卷 …………………… 2－5
地學指略三卷 …………………… 2－5
地學指略三卷 …………………… 2－5
地學淺釋三十八卷 ……………… 1－277
地學淺釋三十八卷 ……………… 1－277
地學淺釋三十八卷 ……………… 1－544
地藏菩薩本願經三卷 …………… 1－370
地藏菩薩本願經科注六卷首一卷 … 1－377
耳食錄五卷 ……………………… 1－338
耳談類增五十四卷 ……………… 1－43
共城從政錄一卷 ………………… 2－295
共城從政錄一卷海陵從政錄一卷廣
　　陵從政錄一卷 ……………… 2－6
芝雲堂詩稿四卷 ………………… 1－61
芝雲堂詩稿四卷 ………………… 1－156
臣鑒錄二十卷 …………………… 1－273
臣鑒錄二十卷 …………………… 2－106
臣鑒錄二十卷 …………………… 2－237
臣鑒錄二十卷 …………………… 2－401
臣鑒錄二十卷 …………………… 2－498
臣鑒錄二十卷 …………………… 2－564
吏治三書 ………………………… 1－465
吏治三書六卷 …………………… 2－120
吏治輯要不分卷 ………………… 1－300
吏部例章揭要六卷 ……………… 1－293
吏部等部議奏獲咎人員投效列保章
　　程一卷 ……………………… 2－328
再送越南貢使日記一卷 ………… 1－520
再送越南貢使日記一卷 ………… 2－305
［乾隆］再續華州志十二卷 ………… 1－118
［乾隆］再續華州志十二卷 ………… 2－44

［乾隆］再續華州志十二卷 ………… 2－100
［乾隆］再續華州志十二卷 ………… 2－582
再續寰宇訪碑錄二卷 …………… 2－31
再續寰宇訪碑錄二卷 …………… 2－31
西山先生真文忠公文章正宗讀本二
　　十四卷 ……………………… 1－138
西山先生真文忠公文集五十五卷 …… 1－74
西山先生真文忠公文集五十五卷目
　　錄二卷 ……………………… 1－135
西山先生真文忠公文集五十五卷目
　　錄二卷 ……………………… 2－246
西山先生真文忠公文集五十五卷目
　　錄二卷 ……………………… 2－352
西山先生真文忠公讀書記甲集三十
　　七卷丁集二卷乙集下二十二卷 …… 1－26
西山先生真文忠公讀書記四十卷 …… 1－161
西山先生真文忠公讀書記四十卷 …… 2－352
西山先生真文忠公讀書記四十卷 …… 2－512
西山題跋三卷 …………………… 2－336
西方子明堂灸經八卷校勘記一卷 …… 1－367
西方合論十卷 …………………… 2－423
西方歸道十一章 ………………… 1－378
西石城風俗志不分卷 …………… 2－265
西史彙函二十二卷 ……………… 1－267
西史彙函二十二卷 ……………… 1－267
西史綱目二十卷 ………………… 1－578
西史綱目三十五卷 ……………… 1－270
［乾隆］西安府志八十卷首一卷 …… 1－114
［乾隆］西安府志八十卷首一卷 …… 1－114
［乾隆］西安府志八十卷首一卷 …… 1－173
［嘉慶］西安縣志四十八卷首一卷 … 2－415
［嘉慶］西安縣志四十八卷首一卷 … 2－588
［嘉慶］西安縣志四十八卷首一卷 … 2－591
［嘉慶］西安縣志四十八卷首一卷 … 2－593
西村省己錄一卷 ………………… 1－469
西陂類稿五十卷 ………………… 1－156
西事文鈔十二卷首一卷末一卷 …… 2－169
西招圖署一卷 …………………… 1－561
西征日記一卷 …………………… 1－284
西征述一卷後西征述一卷 ……… 1－582
西征集四卷 ……………………… 2－137

西京雜記五卷 …………………… 1-484
西河古文錄八卷 ………………… 1-393
西河古文錄八卷 ………………… 1-412
西河古文錄八卷 ………………… 1-497
西河古文錄八卷 ………………… 1-497
西河古文錄八卷 ………………… 1-497
西河古文錄八卷 ………………… 1-535
西河古文錄八卷詩錄八卷 ……… 1-497
西河詩錄八卷 …………………… 1-412
西河詩錄八卷 …………………… 1-513
西泠八家印選三十卷 …………… 2-234
西泠五布衣遺著 ………………… 1-545
西泠五布衣遺著三十一卷 ……… 1-389
西泠五布衣遺著三十一卷 ……… 1-390
西泠五布衣遺著五種 …………… 2-156
西泠五布衣遺著五種 …………… 2-164
西泠詞萃六種 …………………… 2-154
西泠詞萃六種 …………………… 2-161
西泠酬唱集五卷二集五卷三集五卷
 ……………………………………… 1-534
西泠懷古集十卷 ………………… 1-423
西泠懷古集十卷 ………………… 1-423
西政叢書三十二種 ……………… 1-434
西政叢書三十二種 ……………… 2-345
西政叢書三十二種 ……………… 2-370
西政叢書三十二種 ……………… 2-431
西政叢書三十二種 ……………… 2-496
西政叢書三十二種 ……………… 2-522
西政叢書三十二種 ……………… 2-573
西亭文鈔十二卷首一卷末一卷 … 1-408
西亭文鈔十二卷首一卷末一卷 … 2-119
西洋兵書五種 …………………… 1-317
西洋兵書後五種 ………………… 1-317
西洋歷史教科書二卷 …………… 1-574
西洋歷史教科書二卷 …………… 1-574
西洋歷史教科書二卷附中西名表一卷
 ……………………………………… 1-575
西洋歷史教科書二卷附中西名表一卷
 ……………………………………… 1-575
西軒效唐集錄十二卷 …………… 1-60
西夏紀事本末三十六卷年表一卷 … 1-563

西夏紀事本末三十六卷首二卷 … 1-528
西圃集十卷續集三卷 …………… 2-141
西被考略六卷 …………………… 2-269
西陲總統事略十二卷 …………… 2-114
西域水道記五卷 ………………… 1-582
西域水道記五卷 ………………… 2-541
西域瑣談四卷 …………………… 1-230
[陝西朝邑]西垫楊氏壬申譜一卷附
 續一卷 …………………………… 2-288
西堂全集四集三十一種附一種 … 1-422
西堂全集四集三十一種附一種 … 1-422
西堂全集四集三十一種附一種 … 1-422
西堂全集四集三十一種附一種 … 1-422
西堂全集四集三十一種附一種 … 1-422
西堂全集四集附一種 …………… 1-534
西堂全集四集附一種 …………… 2-89
西堂全集四種附一種 …………… 2-178
西堂全集四種附一種 …………… 2-244
西堂杂俎一集八卷二集八卷三集八卷
 ……………………………………… 1-131
西堂秋夢錄一卷 ………………… 1-206
西堂剩稾二卷 …………………… 1-515
西國近事彙編三十六卷 ………… 1-342
西國近事彙編三十六卷 ………… 1-342
西國近事彙編三十六卷 ………… 1-342
西國近事彙編三十六卷 ………… 1-342
西國近事彙編四卷 ……………… 2-346
西國近事彙編四卷 ……………… 2-456
西國近事彙編四卷 ……………… 2-456
西國近事彙編□□卷 …………… 2-452
西國近事彙編□□卷 …………… 2-452
西國近事彙編□□卷 …………… 2-452
西國近事彙編□□卷 …………… 2-452
西國近事彙編□□卷 …………… 2-453
西國近事彙編□□卷 …………… 2-455
西國近事彙編□□卷 …………… 2-455
西國近事彙編□□卷 …………… 2-455
西國近事彙編□□卷 …………… 2-457
西崑酬唱集二卷 ………………… 1-66
西清古鑑四十卷 ………………… 2-126
西清古鑑四十卷錢錄十六卷 …… 1-19

西清古鑑四十卷錢錄十六卷 ……… 1－364
西清古鑑四十卷錢錄十六卷 ……… 2－29
西清續鑑甲編二十卷附錄一卷 …… 1－364
西清續鑑甲編二十卷附錄一卷 …… 1－364
［道光］西鄉縣志六卷 ……………… 2－48
西廂記四卷十六齣 …………………… 1－10
西遊真詮一百回 ……………………… 2－285
西遊原旨二十四卷一百回 ………… 2－291
西遊錄一卷 …………………………… 1－283
西湖竹枝集一卷 ……………………… 1－508
西湖志四十八卷 ……………………… 1－44
西湖志四十八卷 ……………………… 1－121
西湖志四十八卷 ……………………… 1－121
西湖志四十八卷 ……………………… 1－122
西湖志四十八卷 ……………………… 1－189
西湖志四十八卷 ……………………… 1－189
西湖志四十八卷 ……………………… 2－53
西湖志四十八卷 ……………………… 2－262
西湖志四十八卷 ……………………… 2－265
西湖志四十八卷 ……………………… 2－594
西湖志纂十五卷首一卷 …………… 1－122
西湖志纂十五卷首一卷 …………… 2－378
西湖志纂十五卷首一卷 …………… 2－378
西湖志纂十五卷首一卷 …………… 2－594
西湖志纂要九卷 ……………………… 1－166
西湖拾遺四十四卷附一卷 ………… 2－271
西湖紀遊一卷 ………………………… 2－247
西湖遊覽志二十四卷志餘二十六卷
　…………………………………… 1－283
西湖遊覽志二十四卷志餘二十六卷
　…………………………………… 1－527
西湖遊覽志餘二十六卷 …………… 2－394
西湖叢集不分卷 ……………………… 1－386
西游錄一卷 …………………………… 1－459
西園文集四卷 ………………………… 1－409
西園外集二卷 ………………………… 2－483
西園瓣香集三卷 ……………………… 1－186
西園瓣香集三卷 ……………………… 2－193
西園瓣香集三卷 ……………………… 2－330
西蜀唐圃亭先生行畧一卷 ………… 2－123
西蜀唐圃亭先生行畧一卷 ………… 2－150

西蜀唐圃亭先生行畧一卷 ………… 2－151
西崑山居殘草一卷補編一卷 …… 2－589
西臺集二十卷 ………………………… 1－174
西銘講義一卷 ………………………… 1－591
西漢年紀三十卷 ……………………… 2－450
西漢年紀三十卷 ……………………… 2－451
西漢會要七十卷 ……………………… 1－286
西漢會要七十卷 ……………………… 1－286
西漢會要七十卷 ……………………… 2－219
西漢會要七十卷 ……………………… 2－307
西漢會要七十卷 ……………………… 2－327
［乾隆］西寧府新志四十卷 ……… 1－121
［乾隆］西寧府新志四十卷 ……… 1－166
西寧軍務節略不分卷 ……………… 1－582
西樓易說十八卷 ……………………… 1－217
西樓記四卷 …………………………… 1－97
西輶日記四卷 ………………………… 1－284
西學大成十二編五十六種 ………… 1－550
西學大成十二編五十六種 ………… 2－9
西學大成十二編五十六種 ………… 2－448
西學自強叢書五十三種 …………… 1－432
西學軍政全書十二種 ……………… 2－2
西學書目表三卷附一卷 …………… 2－9
西學書目表三卷附一卷 …………… 2－202
西學書目表三卷附一卷 …………… 2－472
西學書目表三卷附一卷讀西學書
　法一卷 ………………………… 2－289
西學書目表三卷附一卷讀西學書
　法一卷 ………………………… 2－520
西學書目表三卷附一卷讀西學書
　法一卷 ………………………… 2－521
西學書目表三卷讀西學書法一卷 … 1－297
西學啟蒙十六種 ……………………… 1－434
西學啟蒙十六種 ……………………… 1－434
西學啟蒙十六種 ……………………… 1－434
西學啟蒙十六種 ……………………… 2－23
西學富強叢書八十八種 …………… 1－434
西學課程彙編一卷 ………………… 2－13
西徽水道一卷 ………………………… 2－116
西藏碑文一卷 ………………………… 2－306
［光緒］西藏圖考八卷首一卷 …… 2－259

84

［光緒］西藏圖考八卷首一卷 ……… 2－262
［光緒］西藏圖考八卷首一卷 ……… 2－298
西藏賦一卷 ……………………… 2－298
西藏賦一卷 ……………………… 2－306
西魏書二十四卷 ………………… 1－56
西魏書二十四卷 ………………… 1－165
西魏書二十四卷 ………………… 2－326
西魏書二十四卷附錄一卷 ……… 1－454
西齋淨土詩四卷 ………………… 1－369
西齋集十五卷删遺一卷 ………… 1－222
西藝知新二十二卷 ……………… 1－363
西藝知新二十二卷 ……………… 1－488
西藝知新正續合編二十二卷 …… 1－357
西藝知新正續合編二十二卷 …… 1－357
西藝知新正續合編二十二卷 …… 1－357
西藥大成十卷首一卷 …………… 1－327
西藥大成十卷首一卷 …………… 1－327
西藥大成十卷首一卷 …………… 1－545
西藥大成補編十卷首一卷 ……… 2－588
西藥大成藥品中西名目表一卷 … 2－4
西藥略釋四卷 …………………… 1－327
西藥新書中西藥名目錄一卷 …… 2－4
西醫眼科撮要不分卷 …………… 1－323
西醫略論三卷 …………………… 1－327
西醫略論三卷 …………………… 1－328
西醫舉隅一卷 …………………… 2－271
西歸日札一卷 …………………… 1－283
西歸直指四卷首一卷 …………… 1－373
西廬文集四卷 …………………… 2－19
西廬文集四卷 …………………… 2－187
在官法戒錄四卷 ………………… 1－73
在官法戒錄四卷 ………………… 1－525
在官法戒錄四卷 ………………… 1－525
在官法戒錄摘鈔四卷 …………… 1－526
在官法戒錄摘鈔四卷 …………… 2－419
在官法戒錄摘鈔四卷 …………… 2－466
在陸草堂文集六卷 ……………… 2－173
百二人畫像 ……………………… 1－20
百年兩事一卷 …………………… 1－375
百年經不分卷 …………………… 2－302
百名家詩選 ……………………… 1－198

百花詩二卷 ……………………… 2－457
百里治署一卷 …………………… 1－469
百研銘不分卷 …………………… 1－26
百美印存不分卷 ………………… 2－235
百美新詠圖傳不分卷 …………… 1－490
百美新詠圖傳不分卷 …………… 1－492
百華詩箋譜一卷 ………………… 2－285
百華詩箋譜不分卷 ……………… 2－156
百家姓考略一卷 ………………… 2－352
百將圖傳二卷 …………………… 1－274
百將圖傳二卷 …………………… 2－25
百將圖傳二卷 …………………… 2－117
百雞術衍二卷 …………………… 2－372
百雞術衍二卷 …………………… 2－491
百獸圖說一卷 …………………… 1－361
有三惜齋詩二卷 ………………… 1－425
有正味齋外集五卷 ……………… 1－514
有正味齋集十六卷駢體文二十四卷
　駢體文續集八卷外集五卷 …… 2－129
有正味齋詞集八卷詩集十六卷詩續
　集八卷駢體文續集八卷 ……… 1－513
有正味齋詞集八卷續集二卷外集二卷
　　………………………………… 2－168
有正味齋試帖詩註八卷 ………… 2－18
有正味齋試帖詩註八卷 ………… 2－561
有正味齋詩集十六卷外集五卷駢體
　文二十四卷詞集八卷 ………… 2－18
有正味齋詩集十六卷駢體文二十四
　卷外集五卷詞集八卷 ………… 2－223
有正味齋詩集十六卷駢體文二十四
　卷詞集八卷外集五卷 ………… 1－414
有正味齋詩集十六卷駢體文二十四
　卷詞集八卷外集五卷 ………… 1－535
有正味齋詩集十六卷續集八卷詞集
　八卷詞續集二卷駢體文二十四卷
　續集八卷外集五卷 …………… 1－416
有正味齋賦稿四卷 ……………… 2－320
有正味齋駢文十六卷 …………… 2－127
有正味齋駢文十六卷 …………… 2－199
有正味齋駢文十六卷補注一卷 … 2－338
有正味齋駢文箋注十六卷補注一卷 … 1－419

85

有正味齋駢文箋注十六卷補注一卷 … 1－514
有正味齋駢文箋注十六卷補注一卷 … 2－16
有正味齋駢文箋注合纂二十四卷 …… 2－19
有正味齋駢體文二十四卷首一卷…… 1－539
有正味齋駢體文二十四卷首一卷…… 2－84
有正味齋駢體文箋注二十四卷首一卷
　　　…………………………… 2－339
有竹石齋句說四卷 ………………… 2－226
有竹居集十六卷 …………………… 2－130
有恆心齋集六種 …………………… 2－160
有恆心齋詩七卷 …………………… 2－594
有餘地遺詩六卷 …………………… 2－158
有懷堂文藁二十二卷詩藁六卷 …… 1－56
有懷堂文藁二十二卷詩藁六卷……… 1－101
而菴說唐詩二十二卷首一卷……… 1－195
而菴說唐詩二十二卷首一卷……… 1－207
而菴說唐詩二十二卷首一卷……… 1－519
而菴說唐詩二十二卷首一卷 …… 2－17
而菴說唐詩十卷………………… 1－504
存古學校課業齋文言略存一卷…… 1－397
存古學校課業齋文言略存一卷…… 1－397
存古學校課業齋文言略存一卷…… 1－397
存古學校課業齋文言略存一卷…… 1－397
存古學校課業齋文言略存一卷…… 1－397
存研樓文集十六卷 ………………… 1－512
存研樓文集十六卷 ………………… 2－159
存素堂詩藁十三卷續集一卷文藁四
　　卷補遺一卷 ………………… 2－78
存素堂詩藁十三卷續集一卷…… 2－145
存悔齋集二十八卷外集四卷……… 1－421
存悔齋集二十八卷外集四卷……… 2－184
存悔齋集二十八卷外集四卷……… 2－309
存齋教言一卷………………………… 2－202
列女傳十六卷 …………………… 1－14
列女傳十六卷 …………………… 2－106
列女傳八卷………………………… 2－243
列女傳攷證一卷…………………… 2－138
列女傳校注八卷…………………… 1－274
列女傳補注八卷校正本二卷列仙傳
　　贊一卷 ……………………… 2－268
列子八卷…………………………… 1－244

列子八卷…………………………… 1－310
列子八卷…………………………… 2－228
列子沖虛至德真經釋文二卷……… 1－310
列子盧重陽注八卷………………… 2－127
列子釋文二卷……………………… 1－175
列子釋文考異不分卷……………… 1－175
列祖提綱錄四十二卷首一卷……… 1－377
列國政要一百三十二卷首一卷…… 1－461
列國陸軍制不分卷………………… 1－301
列國陸軍制不分卷………………… 2－2
列國歲計政要十二卷……………… 1－291
列國歲計政要十二卷首一卷……… 2－507
列國變通興盛記不分卷…………… 1－274
列朝詩集八十一卷………………… 1－390
列朝詩集八十一卷………………… 2－16
成方切用二十六卷………………… 2－271
成方切用十二卷首一卷末一卷…… 1－173
成案彙錄不分卷…………………… 2－235
成唯識論十卷……………………… 2－315
成唯識論述記六十卷……………… 1－369
成聖銘箴不分卷…………………… 2－419
扣舷集二卷………………………… 1－144
夷堅志甲志二十卷乙志二十卷丙志
　　二十卷丁志二十卷 ………… 2－191
攷古質疑六卷 ……………………… 1－51
攷史拾遺十卷……………………… 2－237
至大重修宣和博古圖錄三十卷 …… 1－16
至大重修宣和博古圖錄三十卷 …… 1－16
此木軒春秋闕如編八卷 …………… 2－64
此木軒雜著八卷…………………… 1－512
此木軒雜著八卷…………………… 2－72
此木軒雜著八卷…………………… 2－188
［乾隆］光州志六十八卷附志餘十二卷
　　……………………………… 1－121
光緒乙巳年交涉要覽五卷………… 1－561
光緒乙丑恩科陝西闈墨不分卷…… 2－346
光緒乙未科會試硃卷一卷………… 2－329
光緒二十七年變通科舉考試章程一卷
　　……………………………… 1－465
［光緒二十三年］陝西鄉試同年錄一卷
　　……………………………… 2－290

［光緒十五年］恩科十八省鄉試同年

　　錄不分卷 ················ 2－236

光緒丁酉科順天鄉試硃卷一卷 ········ 2－329

光緒丁酉科順天鄉試硃卷一卷江南

　　安徽選拔貢卷一卷 ··········· 2－319

光緒八年山西清查章程不分卷 ······ 1－301

光緒己卯科甘肅闈墨不分卷 ········· 2－341

光緒太平續志十八卷首一卷 ······· 2－366

［光緒二十六至二十八年］光緒壬寅

　　補行庚子辛丑恩正併科陝西鄉試

　　卷不分卷 ················ 2－290

光緒壬寅補行庚子辛丑恩科併科陝

　　西鄉試硃卷一卷 ············· 2－329

光緒壬寅補行庚子恩正併科山西鄉

　　試闈墨不分卷 ············· 1－391

光緒壬寅補行庚子恩正併科山西鄉

　　試闈墨不分卷 ············· 2－18

光緒史料雜志不分卷 ············ 1－182

光緒府廳州縣歌一卷 ··········· 2－278

光緒癸巳恩科河南鄉試硃卷一卷 ····· 2－329

光緒癸巳恩科陝西鄉試硃卷一卷 ····· 2－329

光緒癸卯恩科山西鄉試闈墨不分卷 ··· 2－18

光緒癸卯恩科陝西鄉試闈墨不分卷

　　 ···················· 1－392

光緒通商列表不分卷 ············ 2－235

光緒通商列表不分卷 ············ 2－237

光緒勘定西北邊界俄文譯漢圖例言一卷

　　 ···················· 2－314

光緒勘定西北邊界俄文譯漢圖例言一卷

　　 ···················· 2－314

光緒勘定西北邊界俄文譯漢圖例言一卷

　　 ···················· 2－314

光緒勘定西北邊界俄文譯漢圖例言一卷

　　 ···················· 2－314

光緒勘定西北邊界俄文譯漢圖例言一卷

　　 ···················· 2－442

光緒勘定西北邊界俄文譯漢圖例言一卷

　　 ···················· 2－544

光緒僑居志二十四卷首一卷 ······· 2－528

光緒僑居志二十四卷首一卷附僑居

　　集二十四卷 ·············· 2－406

光緒諭摺彙存二十二卷 ·········· 2－24

光緒應城志十四卷首一卷 ········· 2－374

光緒蘭谿縣志八卷首一卷附補遺一卷

　　 ···················· 2－59

光緒蘭谿縣志八卷首一卷附補遺一卷

　　 ···················· 2－393

光緒蘭谿縣志八卷首一卷附補遺一卷

　　 ···················· 2－416

光緒蘭谿縣志八卷首一卷附補遺一卷

　　 ···················· 2－582

光學二卷 ················· 1－360

光學二卷 ················· 1－360

光學二卷 ················· 1－488

早花集一卷 ················ 2－77

曲江淚痕一卷 ··············· 2－59

［乾隆］曲阜縣志一百卷 ········· 1－112

曲園襍纂五十卷 ············· 1－421

曲園襍纂五十卷 ············· 2－137

曲綫新說一卷隄積術辨一卷 ······· 1－346

曲綫新說一卷隄積術辨一卷 ······· 1－346

同人集十二卷 ·············· 2－81

同人集十二卷 ·············· 2－203

［天啟］同州志十八卷 ·········· 1－40

［乾隆］同州府志二十卷首一卷 ····· 1－117

［乾隆］同州府志二十卷首一卷 ····· 1－202

［咸豐］同州府志三十四卷首二卷 ····· 2－38

［咸豐］同州府志三十四卷首二卷 ····· 2－38

［乾隆］同州府志六十卷首一卷 ····· 1－117

［光緒］同州府續志十六卷首一卷 ····· 2－38

［光緒］同州府續志十六卷首一卷 ····· 2－38

［光緒］同州府續志十六卷首一卷 ····· 2－38

［光緒］同州府續志十六卷首一卷 ··· 2－582

同治中興京外奏議約編八卷 ········· 1－459

同治中興京外奏議約編八卷 ········· 1－579

同治中興京外奏議約編八卷 ········· 2－441

同治中興京外奏議約編八卷 ········· 2－449

同治甲戌科會試硃卷不分卷 ········ 2－301

同治光緒中興奏議八卷 ·········· 2－101

同治東華續錄一百卷 ············ 1－261

同治東華續錄一百卷 ············ 1－261

同治東華續錄一百卷 ············ 1－262

87

同治東華續錄一百卷 ····················· 1 - 262
同治東華續錄一百卷 ····················· 1 - 262
［萬曆］同官縣志十卷 ·················· 1 - 40
［乾隆］同官縣志十卷 ·················· 1 - 171
同官縣續志摘要一卷 ····················· 2 - 278
同菴史彙十卷 ···························· 1 - 300
同聲勸世善言願效籍四卷 ··············· 1 - 137
因果實錄一卷 ···························· 1 - 376
因寄軒文初集十卷 ······················ 2 - 82
因樹屋書影十卷 ························· 1 - 86
因樹屋書影十卷 ························· 1 - 94
因樹屋書影十卷 ························· 2 - 270
因難見巧四卷 ···························· 1 - 496
回文類聚四卷補遺一卷 ················· 2 - 87
回文類聚四卷織錦回文圖一卷續編十卷
   ······································· 2 - 299
回文類聚原編四卷首一卷織錦回文
   圖一卷續編十卷首一卷 ············· 2 - 273
回文類聚續編十卷補遺一卷 ··········· 2 - 125
回生集二卷 ······························ 2 - 258
回春夢二卷 ······························ 2 - 17
回疆誌四卷首一卷 ······················ 1 - 252
屺雲樓文鈔十二卷 ······················ 2 - 19
屺雲樓集四種 ···························· 2 - 19
朱九江先生集十卷首四卷 ··············· 1 - 514
朱子大全文集一百卷目錄二卷 ········· 2 - 535
朱子大全文集一百卷目錄二卷續集
   五卷別集七卷正譌一卷 ············· 1 - 403
朱子大全文集一百卷目錄二卷續集
   五卷別集七卷正譌一卷 ············· 1 - 403
朱子大全文集一百卷目錄二卷續集
   五卷別集七卷正譌一卷 ············· 2 - 389
朱子大全文集一百卷目錄二卷續集
   五卷別集七卷正譌一卷 ············· 2 - 401
朱子大全文集一百卷目錄二卷續集
   五卷別集七卷正譌一卷 ············· 2 - 545
朱子五書二卷 ···························· 1 - 308
朱子五書二卷 ···························· 1 - 590
朱子五書二卷 ···························· 2 - 401
朱子五書二卷 ···························· 2 - 531
朱子古文書疑一卷 ······················ 1 - 138

朱子四書或問小註三十六卷 ··········· 1 - 102
朱子四書或問小註三十六卷 ··········· 1 - 134
朱子四書或問小註三十六卷 ··········· 1 - 136
朱子年譜一卷 ···························· 1 - 456
朱子年譜一卷 ···························· 1 - 580
朱子年譜一卷 ···························· 2 - 108
朱子年譜四卷考異四卷附錄二卷 ······ 2 - 68
朱子年譜四卷年譜考異四卷論學切
   要語二卷 ···························· 2 - 277
朱子行狀一卷程明道先生行狀一卷
   ······································· 1 - 276
朱子為學次第考二卷 ···················· 1 - 306
朱子約編八卷 ···························· 2 - 108
朱子校昌黎先生集傳一卷 ··············· 1 - 37
朱子原訂近思錄十四卷 ················· 1 - 306
朱子原訂近思錄十四卷 ················· 1 - 306
朱子原訂近思錄十四卷 ················· 1 - 483
朱子原訂近思錄十四卷 ················· 1 - 543
朱子原訂近思錄十四卷 ················· 2 - 98
朱子原訂近思錄十四卷 ················· 2 - 107
朱子原訂近思錄十四卷 ················· 2 - 107
朱子原訂近思錄十四卷 ················· 2 - 393
朱子原訂近思錄十四卷 ················· 2 - 408
朱子原訂近思錄十四卷 ················· 2 - 458
朱子原訂近思錄十四卷 ················· 2 - 467
朱子原訂近思錄十四卷 ················· 2 - 474
朱子原訂近思錄十四卷 ················· 2 - 498
朱子原訂近思錄十四卷 ················· 2 - 513
朱子原訂近思錄十四卷校勘記一卷
   考訂朱子世家引言一卷 ············· 1 - 307
朱子原訂近思錄集注十四卷 ··········· 1 - 472
朱子原訂近思錄集注十四卷 ··········· 2 - 311
朱子家禮八卷首一卷 ···················· 1 - 104
朱子家禮八卷首一卷 ···················· 1 - 179
朱子家禮六卷首一卷 ···················· 1 - 470
朱子註釋廉關三書三卷 ················· 1 - 75
朱子詩義補正八卷 ······················ 1 - 570
朱子語類一百四十卷 ···················· 1 - 307
朱子語類一百四十卷 ···················· 1 - 307
朱子語類一百四十卷 ···················· 1 - 307
朱子語類一百四十卷 ···················· 2 - 101

朱子語類一百四十卷 …………………… 2－388
朱子語類一百四十卷 …………………… 2－404
朱子語類五十二卷 ……………………… 2－402
朱子語類日鈔五卷 ……………………… 1－474
朱子語類日鈔五卷 ……………………… 2－111
朱子增損呂氏鄉約一卷 ………………… 1－471
朱子遺書十七種 ………………………… 1－104
朱子遺書十七種 ………………………… 1－175
朱子儀禮經傳通解六十九卷目錄一卷
　　　　　　　　　　　　　　　　 1－131
朱子儀禮經傳通解六十九卷目錄一卷
　　…………………………………… 2－365
朱子儀禮經傳通解六十九卷目錄一卷
　　…………………………………… 2－524
朱子論語集注訓詁攷二卷 ……………… 2－241
朱子議政錄不分卷 ……………………… 1－342
朱夫子年譜一卷行狀一卷 ……………… 1－168
朱止泉先生文集八卷 …………………… 1－150
朱丹溪女科經驗良方一卷 ……………… 2－250
朱文公校昌黎先生文集四十卷外集十卷
　　…………………………………… 1－24
朱文公校昌黎先生文集四十卷外集
　　十卷遺文一卷 ………………… 1－38
朱文公校昌黎先生文集四十卷外集
　　十卷遺文一卷集傳一卷 ……… 1－7
朱文公校昌黎先生文集四十卷外集
　　十卷遺文一卷集傳一卷 ……… 1－47
朱文公校昌黎先生集傳一卷 …………… 1－38
朱文公書劄十四卷 ……………………… 2－75
朱文定公集十卷 ………………………… 2－162
朱竹垞先生杜詩評本二十四卷 ………… 1－520
朱珪年譜三卷 …………………………… 2－324
朱鼎甫輓聯詩文不分卷 ………………… 1－414
朱飲山千金譜二十九卷三韻易知十卷
　　…………………………………… 1－80
缶廬詩八卷別存一卷 …………………… 2－229
缶廬詩五卷 ……………………………… 2－187
先天三皇大數演易正冊三卷副冊三卷 … 2－8
先正讀書訣一卷 ………………………… 2－319
先生終事記一卷 ………………………… 1－537
先考王公府君行狀一卷 ………………… 1－141

先考王公府君行狀一卷 ………………… 1－145
先聖生平年月日表二卷 ………………… 1－457
先聖生卒年月日考二卷 ………………… 1－275
先儒趙子言行錄二卷 …………………… 1－591
先儒齊治錄三卷 ………………………… 1－76
舌鑑辨正二卷 …………………………… 2－537
竹汀居士年譜續編一卷 ………………… 1－340
竹汀居士年譜續編一卷 ………………… 1－340
竹汀居士年譜續編一卷 ………………… 1－340
竹汀居士年譜續編一卷 ………………… 2－69
竹汀居士年譜續編一卷 ………………… 2－128
竹林寺女科秘傳一卷 …………………… 1－540
竹垞文類二十六卷 ……………………… 2－377
竹柏山房十五種 ………………………… 1－561
竹柏山房十五種 ………………………… 2－171
竹書紀年二卷 …………………………… 1－267
竹書紀年二卷 …………………………… 2－396
竹書紀年二卷 …………………………… 2－507
竹書紀年統箋十二卷 …………………… 1－526
竹書紀年統箋十二卷 …………………… 2－185
竹書穆天子傳六卷 ……………………… 1－246
竹葉亭雜記八卷 ………………………… 2－127
竹葉亭雜記八卷 ………………………… 2－155
竹葉亭雜記八卷 ………………………… 2－155
竹葉亭雜記八卷 ………………………… 2－442
竹雲題跋四卷虛舟題跋十卷又三卷
　　…………………………………… 1－143
伏羌紀事詩一卷 ………………………… 1－153
伏敬堂詩錄十五卷續錄二卷 …………… 2－168
伏敬堂詩錄十五卷續錄四卷首一卷
　　…………………………………… 2－123
伏羲圖贊二卷雜卦傳古音考一卷 ……… 1－7
［順治］延川縣志一卷 ………………… 1－120
延平四先生年譜四卷 …………………… 1－578
延平答問一卷 …………………………… 1－472
延平答問二卷 …………………………… 2－199
［乾隆］延長縣志十卷 ………………… 1－41
［康熙］延長縣志十卷首一卷 ………… 1－41
［康熙］延綏鎮志六卷 ………………… 1－123
延壽集十卷 ……………………………… 1－504
延壽集四卷 ……………………………… 1－99

延齡館菊花百咏一卷 …………… 1－524
仲景存真集二卷 ………………… 2－420
仲景全書五種 …………………… 1－328
仲實詩存二卷類稿一卷 ………… 2－142
任子遺書十二篇 ………………… 1－308
任兆麟述記三卷 ………………… 1－471
任兆麟述記三卷 ………………… 2－258
任彥升集六卷 …………………… 1－48
任彥升集六卷 …………………… 1－47
任釣臺先生遺書四卷 …………… 1－457
仰止編三卷 ……………………… 2－203
仰止編三卷 ……………………… 2－320
仰斗堂遺草一卷附一卷 ………… 2－286
仰斗堂遺草五卷 ………………… 2－331
仰視千七百二十九鶴齋叢書六集四十種
……………………………………… 2－139
仰視千七百二十九鶴齋叢書六集四十種
……………………………………… 2－390
仰蕭樓文集一卷 ………………… 2－209
仰蕭樓文集一卷國朝經學名儒記一卷
……………………………………… 2－213
仰齋醫鏡二卷 …………………… 2－240
仿宋刻阮本十三經注疏附校勘記 …… 2－226
仿宋相臺五經附考證 …………… 1－215
仿宋相臺五經附考證 …………… 1－565
仿宋相臺五經附考證五種 ……… 1－4
仿唐寫本說文解字木部一卷箋異一卷
……………………………………… 2－66
自存印譜一卷 …………………… 1－492
自知錄二卷 ……………………… 2－250
自怡園屏錦詩集二卷詞集二卷 … 2－164
自強軍西法類編十八卷創制公言二卷
……………………………………… 1－321
自強軍西法類編十八卷創制公言二卷
……………………………………… 1－321
自強軍西法類編十八卷創制公言二卷
……………………………………… 1－543
自然好學齋詩鈔十卷 …………… 1－539
自愉堂文集六卷詩集四卷 ……… 1－404
自愉堂文集六卷詩集四卷 ……… 2－23
自愉堂集十卷 …………………… 1－146
自愉堂詩集四卷 ………………… 1－507
自愉堂詩集四卷 ………………… 2－288
自遠堂琴譜十二卷 ……………… 2－136
自遠堂琴譜十二卷 ……………… 2－208
自遠堂琴譜十二卷 ……………… 2－276
自鏡齋文鈔一卷 ………………… 2－212
伊川文集八卷附錄一卷 ………… 2－145
伊川易傳四卷 …………………… 1－567
伊川易傳四卷 …………………… 1－567
伊川經說八卷 …………………… 2－217
伊川擊壤集二十卷 ……………… 1－29
伊川擊壤集二十卷補遺一卷 …… 2－20
伊川擊壤集二十卷補遺一卷 …… 2－134
向湖邨舍詩初集十二卷 ………… 1－516
似昇長生冊不分卷 ……………… 2－19
后山詩十二卷 …………………… 1－54
行川必要一卷 …………………… 1－468
行水金鑑一百七十五卷首一卷 … 1－50
行軍指南一卷 …………………… 1－318
行軍指要六卷 …………………… 2－2
行軍測繪十卷首一卷 …………… 1－473
行軍測繪十卷首一卷 …………… 1－546
行軍測繪十卷首一卷 …………… 2－2
行軍測繪十卷首一卷 …………… 2－2
行軍鐵路工程二卷附圖一卷 …… 2－4
行素草堂目睹書錄十編 ………… 2－70
行素草堂金石叢書十六種 ……… 1－304
行素草堂金石叢書十六種 ……… 1－522
行素草堂金石叢書十六種 ……… 2－30
行素草堂金石叢書十六種 ……… 2－468
行素草堂金石叢書十六種 ……… 2－475
行素軒算稿五種 ………………… 1－544
行素軒算稿六種 ………………… 1－346
行素軒算稿六種 ………………… 1－346
行素軒算稿六種 ………………… 2－460
行素軒算學五種 ………………… 1－352
行素堂目覩書錄十編 …………… 1－296
行素堂目覩書錄十編 …………… 1－466
行素齋雜記二卷 ………………… 1－271
行素齋雜記二卷 ………………… 2－235
行素齋雜記二卷 ………………… 2－270

行海要術四卷 …………………………… 1－315

行海要術四卷 …………………………… 1－316

行海要術四卷 …………………………… 1－316

行船免撞章程十八章附三卷 ………… 1－545

行船免撞章程十八章附三卷 ………… 2－9

行朝錄十二卷 …………………………… 2－84

行醫寶鑑一卷 …………………………… 1－480

全人矩獲四卷 …………………………… 1－485

全人譜十二卷 …………………………… 1－469

全上古三代秦漢三國六朝文七百四

十六卷 …………………………… 1－500

全上古三代秦漢三國六朝文七百四

十六卷 …………………………… 2－161

全五代詩一百卷 ………………………… 2－15

全史一覽不分卷 ………………………… 2－335

全史宮詞二十卷 ………………………… 1－534

全史宮詞二十卷 ………………………… 2－235

全地五大洲女俗通政二十卷首一卷

…………………………………… 1－563

全芳備祖前集二十七卷後集三十一卷

…………………………………… 1－261

全唐近體詩鈔五卷 ……………………… 1－504

全唐詩九百卷 …………………………… 1－56

全唐詩九百卷目錄十二卷 …………… 1－105

全唐詩九百卷目錄十二卷 …………… 1－150

全唐詩三十二卷 ………………………… 2－421

全唐詩三十二卷 ………………………… 2－436

全唐詩三十二卷 ………………………… 2－478

全唐詩三十二卷 ………………………… 2－582

全唐詩鈔八十卷補遺十六卷 ………… 1－394

全蜀藝文志六十四卷首一卷 ………… 1－551

全滇紀要不分卷 ………………………… 1－561

全滇紀要不分卷 ………………………… 2－259

全謝山文鈔十六卷 ……………………… 1－519

全邊略記十二卷 ………………………… 1－584

全體新論一卷 …………………………… 1－325

全體闡微三卷 …………………………… 1－328

合肥三家詩錄二卷 ……………………… 2－214

合肥相國七十賜壽圖一卷 …………… 1－457

合肥相國壽言一卷 ……………………… 2－198

［康熙］合肥縣志二十卷 …………… 1－210

合訂西廂記文機活趣全解八卷 ……… 1－487

合璧美善四書 …………………………… 2－480

合鐫士材三書三種附一種 …………… 1－549

［嘉靖］邠州誌四卷 ………………… 1－41

邠縣鄉土志一卷 ………………………… 1－249

危太僕文集十卷附錄一卷補遺一卷 … 2－145

危太僕雲林集二卷補遺一卷續補一卷

…………………………………… 2－145

危言四卷 ………………………………… 2－253

各省西學課藝匯海四十卷 …………… 1－396

各省西學課藝匯海四十卷 …………… 1－396

各省西學課藝匯海四十卷 …………… 2－566

各省呈送書目十六卷 ………………… 1－43

各省進呈書目不分卷 ………………… 2－335

各省選拔同年明經通譜不分卷 ……… 1－558

各省藥材出處不分卷 ………………… 2－249

各國立約始末記三十卷 ……………… 2－69

各國交涉公法論三集十六卷校勘記一卷

…………………………………… 1－587

各國交涉公法論初集四卷二集四卷

三集八卷 ………………………… 1－317

各國交涉公法論初集四卷二集四卷

三集八卷 ………………………… 1－317

各國交涉公法論初集四卷二集四卷

三集八卷 ………………………… 1－317

各國交涉公法論初集四卷二集四卷

三集八卷 ………………………… 1－317

各國交涉公法論初集四卷二集四卷

三集八卷 ………………………… 1－530

各國交涉公法論初集四卷二集四卷

三集八卷 ………………………… 2－328

各國交涉公法論初集四卷二集四卷

三集八卷 ………………………… 2－467

各國交涉公法論初集四卷二集四卷

三集八卷 ………………………… 2－554

各國交涉公法論初集四卷二集四卷

三集四卷 ………………………… 1－588

各國交涉便法論六卷 ………………… 1－592

各國法制一斑一卷 …………………… 1－591

各國政治藝學通考三十六卷 ………… 1－286

各國時事類編十八卷 ………………… 1－383

各國藝學政治輿地考五十六卷 ········ 1－338
各國鐵路圖考四卷 ············ 1－337
各國鐵路圖考四卷 ············ 1－337
名公筆記一卷 ·············· 1－37
名世文宗二十卷外集四卷 ········ 1－187
名臣言行錄前集十卷後集十四卷 ····· 1－269
名法指掌新例增訂四卷 ········· 1－475
名原二卷 ················ 1－239
名媛詩歸三十六卷 ··········· 1－553
名賢手札一卷 ············· 2－150
名賢書札不分卷 ············ 1－2
名賢集一卷 ··············· 1－471
名數畫譜一卷 ············· 1－549
名醫方論四卷 ············· 1－168
名醫方論四卷 ············· 2－581
名醫方論四卷 ············· 2－582
名醫類案十二卷 ············ 1－144
名醫類案十二卷 ············ 1－210
名醫類案十二卷 ············ 1－294
名醫類案十二卷 ············ 1－558
名醫類案十二卷續編三十六卷 ····· 2－116
多忠勇公平陝事略一卷 ········· 1－453
多忠勇公勤勞錄四卷 ·········· 1－525
多忠勇公勤勞錄四卷 ·········· 1－554
多忠勇公勤勞錄四卷 ·········· 2－103
多識集類編六卷 ············ 1－309
多識錄八種 ·············· 2－72
色戒錄全集二卷 ············ 1－484
交代章程一卷 ············· 1－464
交食引蒙一卷 ············· 2－9
交食引蒙一卷 ············· 2－441
交涉約案摘要七卷首一卷附編一卷
 ·················· 1－300
交涉約案摘要七卷首一卷附編一卷
 ·················· 1－588
交翠軒筆記四卷 ············ 2－276
亦有生齋集詩三十二卷文二十卷詞
 五卷樂府二卷 ··········· 1－558
亦有生齋集樂府二卷 ·········· 2－216
亦政堂重考古玉圖二卷 ········· 1－198
亦政堂重修考古圖十卷 ········· 1－199
亦政堂重修宣和博古圖錄三十卷 ····· 1－47
亦政堂重修宣和博古圖錄三十卷 ····· 1－186
亦政堂訂正瀛涯勝覽一卷 ········ 2－476
亦政堂鋟陳眉公志秘笈一集五十種 ··· 1－100
亦耕草堂詩鈔四卷 ··········· 1－509
亥白詩草八卷 ············· 1－395
羊城古鈔八卷首一卷 ·········· 2－57
[光緒]米脂縣志十二卷 ········· 2－44
[光緒]米脂縣志十二卷 ········· 2－44
[光緒]米脂縣志十二卷 ········· 2－44
[光緒]米脂縣志十二卷 ········· 2－44
州軍總音釋一卷 ············ 2－226
次園詩草三卷 ············· 2－287
汗簡七卷 ················ 2－404
汗簡七卷目錄一卷 ··········· 2－231
江上小蓬萊吟舫詩存十八卷詩餘二卷
 ·················· 1－423
[同治]江山縣志十二卷首一卷末一卷
 ·················· 2－389
[同治]江山縣志十二卷首一卷末一卷
 ·················· 2－577
江氏音學十書 ············· 2－151
江氏數學翼梅八卷 ··········· 1－357
江氏數學翼梅八卷 ··········· 1－357
江氏叢書六種 ············· 2－66
江文通文集十卷 ············ 1－30
江文通集四卷 ············· 1－108
江左三大家詩鈔九卷 ·········· 2－82
江左三大家詩鈔九卷 ·········· 2－214
江北高等學堂試辦章程一卷 ······· 1－295
江西大學堂教習芻言一卷 ········ 2－13
江西全省輿圖十四卷 ·········· 2－270
江西武備學堂中西算學課程二卷 ····· 1－347
江西抽釐章程一卷 ··········· 1－292
江西忠義錄十二卷 ··········· 1－272
[光緒]江西通志一百八十卷首五卷
 ·················· 2－55
[光緒]江西通志一百八十卷首五卷
 ·················· 2－55
[光緒]江西通志一百八十卷首五卷
 ·················· 2－394

［光緒］江西通志一百八十卷首五卷

　　……………………………… 2－395

［光緒］江西通志一百八十卷首五卷

　　……………………………… 2－519

［光緒］江西通志一百八十卷首五卷

　　……………………………… 2－528

［雍正］江西通志一百六十二卷首三卷

　　……………………………… 1－122

［雍正］江西通志一百六十二卷首三卷

　　……………………………… 1－203

江西統捐章程五卷 ……………… 1－586

江西詳定大中小蒙學堂章程不分卷

　　附試辦章程不分卷 ……… 2－394

江邨銷夏錄三卷 ………………… 1－165

江邨銷夏錄三卷 ………………… 2－148

江汗炳靈集二卷 ………………… 1－511

江表忠略二十卷 ………………… 2－101

江表忠略二十卷 ………………… 2－175

江忠烈公遺集二卷附錄一卷 …… 2－291

江忠烈公遺集二卷首一卷附錄一卷

　　……………………………… 1－561

江刻書目三種 …………………… 1－281

江南製造全案□□卷 …………… 2－12

江南機器製造總局所刻書一百五十六種

　　……………………………… 1－316

江南機器製造總局所刻書一百五十六種

　　……………………………… 1－316

江南機器製造總局所刻書一百五十六種

　　……………………………… 1－316

江南機器製造總局記十卷首一卷 …… 2－10

江南機器製造總局記十卷首一卷 …… 2－10

江風集五卷 ……………………… 2－77

江都陳氏叢書七種 ……………… 1－440

［乾隆］江都縣志三十二卷 …… 2－390

［同治］江夏縣志八卷首一卷 … 2－55

江陵張文忠公全集四十七卷 …… 1－406

［光緒］江陰縣志三十卷首一卷 … 2－260

［光緒］江陰縣志三十卷首一卷 … 2－584

江陰縣忠義錄十四卷 …………… 1－549

江鄂兩督覆陳變法三摺三卷 …… 1－464

江楚兩制軍會奏變通政治全集一卷

　　……………………………… 1－579

江漢炳靈集二卷 ………………… 1－512

江漢炳靈集二卷 ………………… 1－521

江寧金石記八卷待訪目二卷 …… 2－233

江寧府七縣地形考略一卷 ……… 2－261

江寧紀事不分卷 ………………… 1－229

江隣幾雜誌一卷 ………………… 1－485

江震人物續志十卷 ……………… 2－262

江蘇水利圖說不分卷 …………… 2－234

江蘇全省輿圖不分卷 …………… 2－234

江蘇金壇縣守城日記一卷 ……… 2－189

江蘇省全圖不分卷 ……………… 1－282

江蘇校士館變法課藝四卷 ……… 1－396

江蘇校士館變法課藝四卷 ……… 1－396

江蘇海塘新志八卷首一卷 ……… 2－53

江蘇海塘新志八卷首一卷 ……… 2－261

江蘇詩徵一百八十三卷 ………… 2－27

江蘇詩徵一百八十三卷 ………… 2－127

汲古堂集二十八集 ……………… 2－143

汲古閣說文訂一卷 ……………… 2－522

汲冢周書十卷 …………………… 1－201

汲冢周書輯要一卷 ……………… 1－568

汲庵文存六卷 …………………… 2－157

汲庵文存六卷 …………………… 2－159

汲綆書屋詩鈔一卷附淮黃策略兼濟

　　運五議一卷 ………………… 2－201

池北偶談二十六卷 ……………… 1－76

池北偶談二十六卷 ……………… 1－125

池北偶談二十六卷 ……………… 1－144

池北偶談二十六卷 ……………… 1－178

池北偶談二十六卷 ……………… 1－343

池北偶談二十六卷 ……………… 2－424

池北偶談二十六卷 ……………… 2－514

池陽吟草二卷 …………………… 1－518

池陽吟草二卷 …………………… 1－518

池陽吟草二卷 …………………… 2－60

池陽吟草二卷續草一卷 ………… 1－424

池陽吟草二卷續草一卷 ………… 1－425

池陽吟草二卷續草一卷 ………… 1－425

［道光］汝州全志十卷首一卷 … 2－34

汝東判語六卷 …………………… 2－268

汝東判語六卷 ··············· 2－268
守山閣叢書一百十二種 ······ 1－525
守山閣叢書一百十二種 ······ 1－555
守吾山房詩草一卷 ··········· 1－421
守身執玉軒遺文不分卷 ······· 2－32
守城要覽四卷 ··············· 1－268
守信錄二卷 ················· 1－308
守約堂詩草四卷 ············· 2－291
［同治］安化縣志三十四卷首五卷末一卷
··············· 2－369
安危注四卷 ················· 2－115
安危注四卷 ················· 2－299
安吳四種 ··················· 1－437
安吳四種 ··················· 1－437
安吳四種 ··················· 1－438
安吳四種 ··················· 1－438
安吳四種 ··················· 2－67
安吳四種 ··················· 2－68
安吳四種 ··················· 2－147
安吳四種 ··················· 2－172
安吳四種 ··················· 2－400
安序堂文鈔二十卷 ··········· 1－83
安事齋詞錄二卷 ············· 2－214
［道光］安定縣志八卷首一卷 ····· 2－44
［雍正］安定縣志不分卷 ········· 1－41
安般簃詩續鈔十卷春闈雜詠一卷 ··· 2－197
安陸集一卷 ················· 1－90
安陸集一卷 ················· 2－93
［嘉慶］安康縣志二十卷 ········· 2－46
［嘉慶］安康縣志二十卷 ········· 2－46
［嘉慶］安康縣志二十卷 ········· 2－298
安康縣興賢學倉志二卷 ······· 2－386
安陽集五十卷 ··············· 1－147
安陽縣金石錄十二卷 ········· 1－467
安惠堂志略二卷 ············· 1－276
安雅堂文集二卷 ············· 1－142
安節先生年譜一卷 ··········· 1－21
安溪先生解義三種 ··········· 2－241
［順治］安塞縣志十卷 ··········· 1－41
安樂集二卷 ················· 2－274
安樂銘一卷 ················· 2－289

［安徽］方氏族譜四卷首一卷末一卷
··············· 2－594
［光緒］安徽通志三百五十卷補遺十卷
··············· 2－53
冰玉集四卷 ················· 1－401
冰泉唱和集一卷續和一卷再續和一
卷附錄一卷潤集一卷 ······· 2－191
冰菴詩鈔八卷 ··············· 2－249
冰壺山館詩鈔六十四卷首一卷 ······ 1－405
字林考逸八卷 ··············· 1－124
字林考逸八卷附錄一卷 ······· 1－238
字典考證十二集 ············· 2－129
字典考證十二集 ············· 2－208
字典考證十二集 ············· 2－219
字典考證三十六卷 ··········· 1－240
字詁一卷附一卷義府二卷 ····· 2－139
字詁一卷義府二卷 ··········· 2－222
字彙十二集首一卷 ··········· 1－566
字彙十二集首一卷末一卷 ····· 1－241
字彙十二集首一卷末一卷 ····· 2－347
字彙十二集首一卷末一卷 ····· 2－493
字彙十二集首一卷末一卷韻法直圖
一卷韻法橫圖一卷 ········· 2－442
字彙十二集首一卷末一卷韻法直圖
一卷韻法橫圖一卷 ········· 2－570
字彙巳集一卷 ··············· 2－478
字彙舊本首卷一卷 ··········· 1－162
字說一卷 ··················· 1－238
字說一卷 ··················· 1－449
字說一卷 ··················· 2－30
字說一卷 ··················· 2－222
字學七種二卷 ··············· 2－336
字學大全三十二卷 ··········· 1－40
字學蒙求四卷 ··············· 2－162
字學舉隅不分卷 ············· 1－448
字學舉隅不分卷 ············· 2－309
字學舉隅不分卷 ············· 2－439
字學舉隅不分卷 ············· 2－442
字學舉隅不分卷 ············· 2－534
字韻學鵠二卷 ··············· 1－448
字鑑五卷 ··················· 1－108

字鑑五卷 ································· 1－271
[同治]祁門縣志三十六卷首一卷
 ·· 2－266
聿修堂醫學叢書十三種 ·········· 1－325
艮山雜志二卷附一卷 ············· 2－266
艮齋先生薛常州浪語集三十五卷 ····· 2－75
艮齋先生薛常州浪語集三十五卷 ····· 2－280
艮齋先生薛常州浪語集三十五卷 ····· 2－300
阮本十三經注疏附校勘記 ······· 2－525
阮亭詩選十七卷 ···················· 1－127
阮嗣宗集二卷 ························ 1－22
阮嗣宗集二卷 ························ 1－48
防海節要一卷 ························ 1－464
防海新論十八卷 ···················· 1－280
防海新論十八卷 ···················· 1－280
防海新論十八卷 ···················· 1－280
防海新論十八卷 ···················· 2－554
那波唎翁戰史二卷 ················· 1－576
如此才是人一卷 ···················· 2－294
如面談新集十卷首一卷 ··········· 1－516
如皋冒氏叢書三十五種 ··········· 2－280
如登樓遵注四書揭要四卷 ········· 2－94
如諫果室叢刻四種 ················· 2－154
如響錄一卷 ··························· 1－479
羽陽千秋館兩漢錢範模考五卷 ····· 1－232

攻守炮法一卷 ························ 1－545
攻媿集一百十二卷 ················· 1－126
赤水玄珠三十卷醫案五卷 ········· 2－154
赤水玄珠三十卷醫案五卷醫旨緒餘二卷
 ·· 1－22
赤城集十八卷 ························ 2－280
孝惠先生遺稿一卷 ················· 2－287
孝惠先生遺稿一卷 ················· 2－300
[光緒]孝義廳志十二卷首一卷 ····· 2－46
[光緒]孝義廳志十二卷首一卷 ····· 2－46
[光緒]孝義廳志十二卷首一卷 ····· 2－46
孝肅奏議十卷 ························ 2－120
孝經一卷 ······························ 1－25
孝經一卷 ······························ 1－234
孝經一卷 ······························ 1－447
孝經一卷 ······························ 1－448
孝經一卷 ······························ 2－420
孝經十八章一卷附褉記一卷 ······ 2－537
孝經大全二十八卷首一卷 ········· 1－33
孝經刊誤一卷 ························ 1－234
孝經刊誤一卷 ························ 1－235
孝經刊誤一卷 ························ 2－93
孝經正義九卷 ························ 1－89
孝經本義一卷 ························ 1－235
孝經本義一卷 ························ 1－235
孝經本義一卷 ························ 1－235
孝經本義一卷 ························ 2－405
孝經本義一卷 ························ 2－554
孝經本義二卷孝經或問三卷 ······ 1－234
孝經朱子刊誤一卷 ················· 2－288
孝經合刻一卷 ························ 1－199
孝經直解一卷 ························ 1－566
孝經或問三卷 ························ 1－33
孝經易知一卷 ························ 2－149
孝經注疏十卷 ························ 1－234
孝經注疏九卷音義一卷 ··········· 1－447
孝經衍義一百卷首二卷 ··········· 1－235
孝經翼一卷 ··························· 1－33
孝經翼一卷 ··························· 1－234
坊表錄十六卷 ························ 1－492
志公勸世文一卷 ···················· 1－376

七畫

形學備旨十卷 ························ 1－345
形學備旨十卷 ························ 1－345
形學備旨十卷 ························ 1－345
形學備旨十卷 ························ 2－486
戒亭詩草二卷 ························ 1－526
戒亭詩草六卷詩集二卷 ··········· 1－146
戒亭管窺一卷 ························ 1－184
戒亭續集四卷 ························ 1－100
戒亭續集四卷 ························ 1－169
戒殺放生文一卷 ···················· 1－376
戒菴詩草六卷 ························ 1－81
戒淫詩一卷 ··························· 1－515
戒溺女論不分卷 ···················· 2－455

志心皈依一卷 …………………… 1－526
志道集一卷 ……………………… 1－125
志寧堂叢書六種 ………………… 1－438
志學會約一卷困學錄一卷 ……… 1－307
劫火紀焚不分卷 ………………… 1－409
芙蓉山館文鈔一卷詩鈔八卷詩補鈔
　　一卷詞鈔二卷 ……………… 2－282
芙蓉山館全集二十卷 …………… 1－538
芙蓉山館全集二十卷 …………… 2－317
芙蓉山館詩鈔一卷文鈔一卷 …… 1－171
芙蓉山館詩稿六卷 ……………… 2－166
芙蓉山館詩稿六卷詞稿二卷 …… 1－158
芙蓉池館詩鈔二卷 ……………… 2－184
芙蓉湖櫂歌一卷 ………………… 2－245
花王閣賸藁一卷 ………………… 1－498
花甲聞談十六卷 ………………… 2－285
花甲聞談十六卷首一卷 ………… 2－115
花宜館詩鈔十六卷無腔村笛二卷 …… 1－413
花宜館詩鈔五卷 ………………… 2－216
花洋山館詩鈔十二卷文鈔六卷試帖二卷
　　……………………………… 1－410
花間集十卷 ……………………… 2－546
花箋錄二十卷 …………………… 2－353
花潭集詠一卷 …………………… 1－515
芥子園畫傳二集九卷 …………… 1－62
芥子園畫傳二集九卷 …………… 2－359
芥子園畫傳三集六卷 …………… 2－354
芥子園畫傳五卷 ………………… 1－55
芥子園畫傳五卷 ………………… 1－364
芥子園畫傳五卷 ………………… 2－492
芥子園畫傳四集四卷 …………… 1－365
芥子園畫傳初集六卷二集九卷 …… 2－347
芥軒雜著不分卷 ………………… 2－335
芥隱筆記三卷 …………………… 2－7
芳茂山人文集十二卷 …………… 2－120
苧城三子詩合存三卷 …………… 2－158
克虜伯礮準心法一卷 …………… 1－546
克虜伯礮準心法一卷表格一卷 …… 1－316
克虜伯礮說四卷附表一卷 ……… 1－316
克虜伯礮說四卷附表一卷 ……… 1－316
克虜伯礮說四卷附表一卷 ……… 1－316

克虜伯礮說四卷附操法四卷 …… 1－546
克虜伯礮彈造法二卷圖一卷 …… 1－316
克虜伯礮彈造法二卷圖一卷 …… 1－316
克虜伯礮彈造法二卷圖一卷 …… 1－316
克虜伯礮彈造法二卷圖一卷餅藥
　　造法一卷 …………………… 2－471
克虜伯礮彈造法二卷餅藥造法一卷
　　………………………………… 1－546
杜工部文集二卷集千家註杜工部詩
　　集二十卷 …………………… 1－24
杜工部集二十卷 ………………… 1－103
杜工部集二十卷 ………………… 1－126
杜工部集二十卷 ………………… 1－142
杜工部集二十卷 ………………… 1－150
杜工部集二十卷 ………………… 2－131
杜工部集二十卷 ………………… 2－391
杜工部集二十卷年譜一卷諸家詩話
　　一卷唱酬題咏附錄一卷附錄一卷
　　………………………………… 1－160
杜工部集二十卷首一卷 ………… 1－49
杜工部集二十卷首一卷 ………… 1－549
杜工部集二十卷首一卷 ………… 2－127
杜工部詩話一卷 ………………… 1－520
杜工部詩話一卷 ………………… 2－564
杜少陵全集詳注二十五卷首一卷附
　　編二卷 ……………………… 1－508
杜少陵全集詳注二十五卷首一卷附
　　編二卷 ……………………… 2－152
杜少陵全集箋注二十五卷首一卷附
　　編二卷 ……………………… 1－80
杜少陵全集箋注二十五卷首一卷附
　　編二卷 ……………………… 1－80
杜律意註二卷 …………………… 1－19
杜詩偶評四卷 …………………… 1－64
杜詩偶評四卷 …………………… 1－80
杜詩偶評四卷 …………………… 1－145
杜詩集說二十卷末一卷 ………… 1－110
杜詩集說二十卷末一卷 ………… 1－170
杜詩詳註二十五卷首一卷 ……… 2－401
杜詩詳註二十五卷首一卷附編二卷 … 1－98
杜詩詳註二十五卷首一卷附編二卷

………………………………………… 1－532

杜詩詳註二十五卷首一卷諸家詠杜
　附錄一卷杜詩補註一卷………… 2－392

杜詩詳註二十五卷首一卷諸家詠杜
　附錄一卷杜詩補註一卷………… 2－401

杜詩詳註二十五卷諸家詠杜附錄二
　卷首一卷 ………………………… 2－297

杜詩詳註三十一卷首一卷………… 1－155

杜詩詳註三十一卷首一卷………… 2－389

杜詩詳註三十卷首一卷…………… 2－320

杜詩詳註附編二卷 ………………… 1－98

杜詩論文五十六卷………………… 1－85

杜詩論文五十六卷………………… 1－125

杜詩鏡詮二十卷…………………… 2－104

杜詩鏡銓二十卷…………………… 2－167

杜詩鏡銓二十卷…………………… 2－203

杜詩鏡銓二十卷附年譜一卷……… 2－75

杜詩鏡銓二十卷附杜文注解二卷…… 2－316

杜詩鏡銓二十卷附錄一卷………… 1－430

杜詩鏡銓二十卷附錄一卷………… 1－430

杜詩鏡銓二十卷附錄一卷………… 1－430

杜詩鏡銓二十卷附錄一卷………… 2－393

杜塾九訂方言插注雜字不分卷……… 2－318

杜樊川集十七卷…………………… 1－25

杜樊川集注六卷 ………………… 2－74

杏壇聖蹟四卷 …………………… 2－278

杏廬文鈔八卷 …………………… 2－198

李二曲先生全集二十六卷………… 2－306

李于鱗唐詩廣選七卷 …………… 1－10

李元賓文集六卷 ………………… 1－274

李太白文集三十二卷…………… 1－125

李太白文集三十二卷…………… 1－178

李太白文集三十六卷…………… 1－80

李太白文集三十六卷…………… 1－156

李太白文集三十六卷…………… 1－177

李太白文集三十六卷…………… 1－181

李太白文集三十六卷…………… 1－400

李太白文集三十六卷…………… 2－332

李太白文集三十卷 ……………… 1－55

李太白文集三十卷 ……………… 2－158

李太白文集三十卷附錄六卷……… 1－198

李太白全集二十五卷……………… 2－478

李太白集三十卷………………… 1－138

李太白詩集二十二卷…………… 1－125

李中丞遺集三卷 ………………… 2－19

李氏五種 ………………………… 2－189

李氏五種 ………………………… 2－308

李氏五種 ………………………… 2－572

李氏五種合刊 …………………… 1－279

李氏五種合刊 …………………… 1－279

李氏五種合刊 …………………… 1－279

李氏五種合刊 …………………… 1－279

李氏五種合刊 …………………… 1－279

李氏五種合刊 …………………… 2－112

[陝西旬邑]李氏家譜不分卷 …… 2－352

李氏焚書六卷 …………………… 1－5

李氏蒙求補注六卷……………… 2－139

李氏蒙求詳註四卷……………… 2－5

李氏藏書六十八卷……………… 1－57

李文忠公全集六種……………… 2－25

李文忠公全集六種……………… 2－28

李文忠公全集六種……………… 2－178

李文忠公事略不分卷…………… 1－278

李文忠公朋僚函稿二十四卷 …… 2－71

李文忠公海軍函稿四卷………… 1－459

李文貞公全集三十九種 ………… 2－87

李文清公遺書四種附一種……… 2－18

李石疊集四卷 …………………… 1－11

李見菴四書大成直講二十卷…… 1－232

李長吉集四卷外集一卷………… 1－397

李長吉集四卷外集一卷………… 2－151

李長吉集四卷外集一卷………… 2－201

李長吉歌詩四卷首一卷外集一卷…… 1－157

李長吉歌詩四卷首一卷外集一卷…… 2－105

李卓吾批點世說新語補二十卷……… 1－7

李昌谷詩注四卷首一卷外集一卷… 1－400

李昌谷詩注四卷首一卷外集一卷… 2－130

李忠武公奏疏一卷……………… 2－149

李刻徐騎省集校勘記二卷補遺一卷
　………………………………… 2－203

李空同詩集三十三卷附錄一卷…… 1－514

李空同詩集三十三卷附錄一卷…… 1－406

李渠志六卷圖一卷⋯⋯⋯⋯⋯⋯ 2－511
李義山文集十卷 ⋯⋯⋯⋯⋯ 1－58
李義山文集十卷 ⋯⋯⋯⋯⋯ 1－63
李義山文集十卷 ⋯⋯⋯⋯⋯ 1－80
李義山文集十卷 ⋯⋯⋯⋯⋯ 1－141
李義山文集十卷 ⋯⋯⋯⋯⋯ 1－150
李義山文集十卷⋯⋯⋯⋯⋯⋯ 1－182
李義山詩集十六卷 ⋯⋯⋯⋯⋯ 1－58
李義山詩集十六卷 ⋯⋯⋯⋯⋯ 1－80
李義山詩集十六卷 ⋯⋯⋯⋯⋯ 1－195
李義山詩集三卷 ⋯⋯⋯⋯⋯⋯ 1－207
李義山詩集三卷首一卷 ⋯⋯⋯ 1－401
李義山詩集三卷首一卷 ⋯⋯⋯ 2－74
李義山詩集三卷詩譜一卷諸家詩評一卷
⋯⋯⋯⋯⋯⋯⋯⋯⋯⋯ 1－37
李義山詩集三卷詩譜一卷諸家詩評一卷
⋯⋯⋯⋯⋯⋯⋯⋯⋯⋯ 2－124
李義山詩集三卷詩譜一卷諸家詩評一卷
⋯⋯⋯⋯⋯⋯⋯⋯⋯⋯ 2－201
李義山詩集三卷詩譜一卷諸家詩評一卷
⋯⋯⋯⋯⋯⋯⋯⋯⋯⋯ 2－209
李衛公集三十五卷補遺一卷 ⋯⋯ 2－177
李翰林集三十卷 ⋯⋯⋯⋯⋯ 2－75
李鴻章十二章⋯⋯⋯⋯⋯⋯⋯ 2－247
李鴻章十二章⋯⋯⋯⋯⋯⋯⋯ 2－285
李鴻章十二章⋯⋯⋯⋯⋯⋯⋯ 2－513
車書樓選註當代名公四六天花八卷 ⋯ 1－45
甫田集三十六卷⋯⋯⋯⋯⋯⋯ 1－405
甫田集三十六卷⋯⋯⋯⋯⋯⋯ 2－147
更生齋文乙集四卷⋯⋯⋯⋯⋯ 2－389
更生齋文乙集四卷⋯⋯⋯⋯⋯ 2－478
更生齋文甲集四卷乙集二卷詩集八
　卷詩餘二卷⋯⋯⋯⋯⋯⋯ 2－225
更生齋詩八卷⋯⋯⋯⋯⋯⋯⋯ 2－528
更生齋詩續集十卷文續集二卷 ⋯ 2－181
更豈有此理四卷⋯⋯⋯⋯⋯⋯ 1－483
更豈有此理四卷⋯⋯⋯⋯⋯⋯ 2－5
更豈有此理四卷⋯⋯⋯⋯⋯⋯ 2－292
吾溪時文不分卷⋯⋯⋯⋯⋯⋯ 1－501
吾學編六十九卷 ⋯⋯⋯⋯⋯ 1－20
吾學錄初編二十四卷⋯⋯⋯⋯ 1－291

吾學錄初編二十四卷⋯⋯⋯⋯ 1－291
吾學錄初編二十四卷⋯⋯⋯⋯ 1－291
吾學錄初編二十四卷⋯⋯⋯⋯ 1－531
吾學錄初編二十四卷⋯⋯⋯⋯ 1－584
吾學錄初編二十四卷 ⋯⋯⋯⋯ 2－69
吾學錄初編二十四卷 ⋯⋯⋯⋯ 2－98
吾學錄初編二十四卷⋯⋯⋯⋯ 2－109
吾學錄初編二十四卷⋯⋯⋯⋯ 2－110
吾學錄初編二十四卷⋯⋯⋯⋯ 2－345
吾學錄初編二十四卷⋯⋯⋯⋯ 2－345
吾學錄初編二十四卷⋯⋯⋯⋯ 2－521
吾學錄初編二十四卷⋯⋯⋯⋯ 2－556
吾學錄初編二十四卷⋯⋯⋯⋯ 2－560
吾學錄初編二十四卷⋯⋯⋯⋯ 2－562
酉陽雜俎二十卷續集十卷⋯⋯ 1－483
酉陽雜俎二十卷續集十卷⋯⋯⋯ 2－179
辰州府義田總記二卷 ⋯⋯⋯⋯ 2－28
辰州府義田總記二卷⋯⋯⋯⋯ 2－285
辰州府義田總記二卷⋯⋯⋯⋯ 2－529
[咸豐]邠州志二十卷首一卷 ⋯⋯ 2－52
[嘉慶]扶風縣志十八卷首一卷 ⋯⋯ 2－41
[嘉慶]扶風縣志十八卷首一卷 ⋯⋯ 2－41
[嘉慶]扶風縣志十八卷首一卷 ⋯⋯ 2－41
[嘉慶]扶風縣志十八卷首一卷 ⋯⋯ 2－351
[嘉慶]扶風縣志十八卷首一卷 ⋯⋯ 2－351
[嘉慶]扶風縣志十八卷首一卷 ⋯⋯ 2－386
[嘉慶]扶風縣志十八卷首一卷 ⋯⋯ 2－386
扶桑驪唱集一卷附錄一卷續和一卷
⋯⋯⋯⋯⋯⋯⋯⋯⋯⋯ 2－246
扶雅堂初集十卷⋯⋯⋯⋯⋯⋯ 2－158
扶雅堂詩集十四卷⋯⋯⋯⋯⋯ 2－158
扶雅堂詩集十四卷⋯⋯⋯⋯⋯ 2－167
拋物淺釋一卷⋯⋯⋯⋯⋯⋯⋯ 1－356
批點七家試帖輯註彙鈔七卷 ⋯⋯ 1－392
批點七家詩選註釋七卷⋯⋯⋯ 1－500
批點春秋左傳綱目句解彙雋六卷 ⋯⋯ 1－227
批點禮記易讀旁訓四卷⋯⋯⋯ 1－443
折獄龜鑑八卷⋯⋯⋯⋯⋯⋯⋯ 1－592
折獄龜鑑八卷 ⋯⋯⋯⋯⋯⋯ 2－99
折獄龜鑑八卷⋯⋯⋯⋯⋯⋯⋯ 2－386
折獄龜鑑八卷⋯⋯⋯⋯⋯⋯⋯ 2－386

折獄龜鑑八卷折獄龜鑑補六卷⋯⋯⋯ 1－294
折獄龜鑑八卷折獄龜鑑補六卷⋯⋯⋯ 1－294
折獄龜鑑補六卷⋯⋯⋯⋯⋯⋯⋯⋯ 2－386
抗希堂十六種⋯⋯⋯⋯⋯⋯⋯⋯ 1－124
抗希堂十六種⋯⋯⋯⋯⋯⋯⋯⋯ 1－179
抗希堂十六種⋯⋯⋯⋯⋯⋯⋯⋯ 1－410
求一術通解二卷⋯⋯⋯⋯⋯⋯⋯⋯ 2－8
求一術通解二卷⋯⋯⋯⋯⋯⋯⋯⋯ 2－373
求己堂八種⋯⋯⋯⋯⋯⋯⋯⋯⋯ 1－438
求己錄三卷⋯⋯⋯⋯⋯⋯⋯⋯⋯ 1－309
求己錄三卷⋯⋯⋯⋯⋯⋯⋯⋯⋯ 1－309
求己錄三卷⋯⋯⋯⋯⋯⋯⋯⋯⋯ 1－341
求己錄三卷⋯⋯⋯⋯⋯⋯⋯⋯⋯ 2－146
求古精舍金石圖一卷⋯⋯⋯⋯⋯⋯ 2－215
求古精舍金石圖四卷⋯⋯⋯⋯⋯⋯ 1－302
求古精舍金石圖初集四卷 ⋯⋯⋯⋯ 2－26
求古錄禮說十六卷補遺一卷⋯⋯⋯ 1－223
求古錄禮說十六卷補遺一卷 ⋯⋯⋯ 2－63
求古錄禮說十六卷補遺一卷⋯⋯⋯ 2－128
求可堂自記一卷⋯⋯⋯⋯⋯⋯⋯⋯ 2－254
求治管見一卷⋯⋯⋯⋯⋯⋯⋯⋯ 2－140
求是於古齋三種附一種⋯⋯⋯⋯⋯ 1－474
求實齋叢書十五種 ⋯⋯⋯⋯⋯⋯ 2－87
求實齋叢書十五種⋯⋯⋯⋯⋯⋯⋯ 2－284
求闕齋日記類鈔二卷⋯⋯⋯⋯⋯⋯ 2－369
求闕齋日記類鈔二卷⋯⋯⋯⋯⋯⋯ 1－535
求闕齋日記類鈔二卷⋯⋯⋯⋯⋯⋯ 2－523
求闕齋弟子記三十二卷 ⋯⋯⋯⋯⋯ 2－26
求闕齋弟子記三十二卷⋯⋯⋯⋯⋯ 2－321
求闕齋弟子記三十二卷⋯⋯⋯⋯⋯ 2－482
求闕齋讀書錄十卷⋯⋯⋯⋯⋯⋯⋯ 1－532
求闕齋讀書錄十卷⋯⋯⋯⋯⋯⋯⋯ 2－522
求礦指南十卷附一卷 ⋯⋯⋯⋯⋯⋯ 2－11
步光閣遺草不分卷⋯⋯⋯⋯⋯⋯⋯ 2－340
肖岩詩鈔十二卷⋯⋯⋯⋯⋯⋯⋯⋯ 1－534
肖雲槀十四卷肖雲文槀一卷 ⋯⋯⋯ 1－44
里堂學算記十六卷⋯⋯⋯⋯⋯⋯⋯ 2－218
見山草堂詩鈔二卷⋯⋯⋯⋯⋯⋯⋯ 2－192
見物五卷⋯⋯⋯⋯⋯⋯⋯⋯⋯⋯ 1－361
見物五卷⋯⋯⋯⋯⋯⋯⋯⋯⋯⋯ 1－361
見素抱樸之齋詩存六卷⋯⋯⋯⋯⋯ 1－504

見聞隨筆二十六卷⋯⋯⋯⋯⋯⋯⋯ 2－176
見聞續筆二十四卷⋯⋯⋯⋯⋯⋯⋯ 2－472
見龍樓新較算法全書四卷算法指掌二卷
⋯⋯⋯⋯⋯⋯⋯⋯⋯⋯⋯⋯ 2－338
助字辨畧五卷⋯⋯⋯⋯⋯⋯⋯⋯ 2－119
男女育兒新法四十九章⋯⋯⋯⋯⋯ 1－329
男科二卷⋯⋯⋯⋯⋯⋯⋯⋯⋯⋯ 2－592
困知記二卷續二卷三續一卷四續一
卷附錄一卷續補一卷外編一卷⋯⋯ 1－171
困學日鈔三十一卷⋯⋯⋯⋯⋯⋯⋯ 1－135
困學紀聞二十卷⋯⋯⋯⋯⋯⋯⋯⋯ 1－332
困學紀聞二十卷⋯⋯⋯⋯⋯⋯⋯⋯ 1－482
困學紀聞二十卷⋯⋯⋯⋯⋯⋯⋯⋯ 2－110
困學紀聞二十卷⋯⋯⋯⋯⋯⋯⋯⋯ 2－199
困學紀聞二十卷首一卷 ⋯⋯⋯⋯ 2－70
困學紀聞注二十卷⋯⋯⋯⋯⋯⋯⋯ 1－332
困學紀聞注二十卷⋯⋯⋯⋯⋯⋯⋯ 1－339
困學紀聞注二十卷⋯⋯⋯⋯⋯⋯⋯ 1－481
困學紀聞注二十卷⋯⋯⋯⋯⋯⋯⋯ 2－108
困學紀聞注二十卷⋯⋯⋯⋯⋯⋯⋯ 2－127
困學紀聞集證合註二十卷⋯⋯⋯⋯ 1－485
困學語一卷⋯⋯⋯⋯⋯⋯⋯⋯⋯ 2－213
困學齋雜錄一卷⋯⋯⋯⋯⋯⋯⋯⋯ 2－161
串雅內編四卷⋯⋯⋯⋯⋯⋯⋯⋯ 2－176
呂子節錄四卷⋯⋯⋯⋯⋯⋯⋯⋯ 1－102
呂子節錄四卷⋯⋯⋯⋯⋯⋯⋯⋯ 1－135
呂子節錄四卷⋯⋯⋯⋯⋯⋯⋯⋯ 1－310
呂子節錄四卷補遺二卷⋯⋯⋯⋯⋯ 1－74
呂子節錄四卷補遺二卷⋯⋯⋯⋯⋯ 1－93
呂子節錄四卷補遺二卷⋯⋯⋯⋯⋯ 1－200
呂子節錄四卷補遺二卷⋯⋯⋯⋯⋯ 2－200
呂子節錄四卷補遺二卷⋯⋯⋯⋯⋯ 2－403
呂公實政錄七卷⋯⋯⋯⋯⋯⋯⋯⋯ 1－529
呂氏春秋二十六卷⋯⋯⋯⋯⋯⋯⋯ 1－39
呂氏春秋二十六卷⋯⋯⋯⋯⋯⋯⋯ 1－39
呂氏春秋二十六卷⋯⋯⋯⋯⋯⋯⋯ 1－66
呂氏春秋二十六卷⋯⋯⋯⋯⋯⋯⋯ 1－67
呂氏春秋二十六卷⋯⋯⋯⋯⋯⋯⋯ 1－71
呂氏春秋二十六卷⋯⋯⋯⋯⋯⋯⋯ 1－161
呂氏春秋二十六卷⋯⋯⋯⋯⋯⋯⋯ 1－176
呂氏春秋二十六卷⋯⋯⋯⋯⋯⋯⋯ 1－202

呂氏春秋二十六卷…………………… 2－175
呂氏春秋二十六卷…………………… 2－447
呂氏家塾讀詩記三十二卷 …………… 1－29
呂氏家塾讀詩記三十二卷…………… 1－223
呂氏家塾讀詩記三十二卷…………… 2－62
呂氏家塾讀詩記三十二卷…………… 2－128
呂氏家塾讀詩記三十二卷…………… 2－458
呂氏家塾讀詩記三十二卷…………… 2－461
呂東萊先生文集二十卷首一卷……… 1－161
呂東萊先生文集二十卷首一卷……… 2－101
呂東萊先生文集四卷 ………………… 1－98
呂叔簡先生四禮翼不分卷…………… 1－569
呂叔簡先生四禮翼不分卷…………… 1－569
呂叔簡先生四禮翼不分卷…………… 2－468
呂帝外函四卷………………………… 2－403
呂帝外函□□卷……………………… 2－391
呂帝函彙集錄遺三卷首一卷………… 2－400
呂帝函彙集錄遺三卷首一卷………… 2－400
呂祖彙集三十四卷附十四卷………… 1－481
呂祖編年詩集十卷附呂氏詩鈔一卷

　　………………………………… 2－425
呂涇野先生文集三十八卷續刻八卷

　　首一卷 …………………………… 2－20
［嘉靖］呂涇野先生高陵縣志七卷 …… 2－37
呂涇野經說五種……………………… 2－576
呂涇野經說五種……………………… 2－576
呂涇野經說五種……………………… 2－576
呂書六種合刻………………………… 1－474
呂純陽祖師太極生生伸數一卷……… 2－435
呂晚邨先生文集八卷附錄一卷……… 2－144
呂晚邨先生四書語錄四十六卷……… 1－133
呂晚邨先生四書講義四十三卷……… 1－447
呂晚邨先生四書講義四十三卷……… 1－526
呂晚邨先生家書真跡四卷…………… 2－166
呂新吾先生去僞齋文集十卷………… 1－148
呂新吾先生語錄六卷………………… 2－107
呂語集粹四卷………………………… 2－205
呂語集粹四卷首一卷 ………………… 2－73
呂語集粹四卷首一卷………………… 2－418
呂衡州文集十卷……………………… 2－230
吟秋閣詩鈔初稿一卷………………… 1－7

吹網錄六卷…………………………… 1－548
吹網錄六卷…………………………… 2－120
吳山伍公廟志六卷首一卷…………… 1－284
吳山伍公廟志六卷首一卷…………… 2－263
吳山城隍廟志八卷首一卷…………… 2－580
吳友如畫寶十二集…………………… 1－498
吳友如畫寶十二集…………………… 2－276
吳中舊事一卷………………………… 1－459
吳氏方程舉隅一卷…………………… 1－313
吳氏遺箸五卷………………………… 1－336
吳地記一卷…………………………… 2－53
吳地記一卷…………………………… 2－264
吳地記一卷後集一卷………………… 2－240
［光緒］吳江縣續志四十卷首一卷 … 2－263
吳吳山三婦合評牡丹亭還魂記二卷

　　附錄一卷………………………… 2－237
吳吳山三婦合評牡丹亭還魂記二卷

　　附錄一卷或問一卷 ……………… 2－18
吳門補乘十卷首一卷………………… 2－389
吳郡名賢圖傳贊二十卷……………… 1－554
吳郡名賢圖傳贊二十卷……………… 2－179
吳郡名賢圖傳贊二十卷……………… 2－222
［元豐］吳郡圖經續記三卷 ………… 2－53
吳梅村先生行狀一卷 ………………… 2－76
吳梅村詩集箋注十八卷……………… 1－514
吳越所見書畫錄六卷 ………………… 1－43
吳越所見書畫錄六卷附書畫說鈴一

　　卷書畫作偽日奇論一卷………… 2－310
吳越春秋十卷………………………… 1－19
吳越春秋十卷補注一卷……………… 2－162
吳越備史四卷補遺一卷……………… 1－455
吳越備史雜考一卷…………………… 1－455
［道光］吳堡縣志四卷首一卷 ……… 2－45
［道光］吳堡縣志四卷首一卷 ……… 2－45
吳淵穎集十二卷……………………… 1－174
吳詩集覽二十卷……………………… 1－99
吳詩集覽二十卷……………………… 1－128
吳詩集覽二十卷……………………… 1－144
吳詩集覽二十卷……………………… 1－185
吳詩集覽二十卷……………………… 1－412
吳詩集覽二十卷……………………… 1－537

吳詩集覽二十卷 ·················· 2－323
吳詩集覽二十卷 ·················· 2－389
吳詩集覽二十卷談藪二卷 ········ 1－515
吳詩集覽二十卷談藪二卷補注二十卷
·················· 1－155
吳詩談藪一卷 ·················· 1－144
吳摯甫文集四卷深州風土記一卷 ······ 1－514
吳摯甫詩集一卷 ·················· 1－514
吳徵君蓮洋詩抄八卷 ·················· 1－84
[光緒]吳橋縣志十二卷 ·················· 2－33
吳興節孝題辭二卷 ·················· 2－243
吳興詩話十六卷 ·················· 1－534
吳學士文集四卷 ·················· 1－412
吳學士文集四卷 ·················· 1－414
吳學士文集四卷詩集五卷 ·················· 1－534
吳學士詩集五卷 ·················· 1－412
吳學士詩集五卷 ·················· 1－414
吳學士詩集五卷文集五卷 ·················· 2－123
吳顧賦合刻一卷 ·················· 1－498
別下齋叢書二十七種 ·················· 2－160
別雅五卷 ·················· 1－70
別弊廣增分韻五方元音二卷首一卷
·················· 1－567
[光緒]岐山縣志八卷 ·················· 2－42
[光緒]岐山縣志八卷 ·················· 2－42
[光緒]岐山縣志八卷 ·················· 2－380
[光緒]岐山縣志八卷 ·················· 2－380
[光緒]岐山縣志八卷 ·················· 2－380
[光緒]岐山縣志八卷 ·················· 2－583
岐山縣鄉土志三卷 ·················· 1－249
岐山縣鄉土志三卷 ·················· 1－249
岐嶺贈言集一卷 ·················· 1－401
刪注脈訣規正二卷 ·················· 1－478
刪定管荀二卷 ·················· 1－167
刪訂四書初學易知解十卷 ·················· 2－114
刪除律例不分卷 ·················· 2－347
刪除律例不分卷 ·················· 2－395
刪除律例不分卷 ·················· 2－518
刪註脈訣規正二卷 ·················· 2－4
刪註脈訣規正二卷 ·················· 2－349
刪註脈訣規正二卷 ·················· 2－447

刪註脈訣規正二卷圖註八十一難經四卷
·················· 1－478
刪補古今文致十卷 ·················· 1－127
刪補名醫方論八卷 ·················· 2－429
刪補名醫方論八卷 ·················· 2－508
告存贅語二卷 ·················· 1－474
告君錄一卷 ·················· 1－472
利於不息齋初集一卷 ·················· 1－512
利濟學堂報不分卷 ·················· 1－344
秀英寶卷一卷 ·················· 2－155
我法集二卷 ·················· 1－418
我法集二卷 ·················· 2－110
我法集二卷 ·················· 2－248
我法集註釋四卷 ·················· 2－449
兵垣四編四卷附四種四卷 ·················· 1－2
兵垣奏議一卷 ·················· 2－190
兵船汽機六卷 ·················· 1－320
兵船汽機六卷 ·················· 1－320
兵船汽機六卷 ·················· 1－320
兵船礮法六卷 ·················· 1－331
兵船礮法六卷 ·················· 1－331
兵船礮法六卷 ·················· 1－331
兵船礮法六卷 ·················· 2－4
兵鏡備考十三卷孫子集注一卷兵鏡
或問二卷 ·················· 2－99
兵鏡備考十三卷孫子集注一卷兵鏡
或問二卷 ·················· 2－545
邱海二公合集 ·················· 2－76
何大復先生全集三十八卷附錄一卷
·················· 1－507
何大復先生集三十八卷 ·················· 1－50
何大復先生集三十八卷附錄一卷 ····· 1－21
何太僕集十卷 ·················· 1－25
何氏公羊春秋十論一卷續十論一卷
再續十論一卷春秋天子二伯方伯
卒正附庸尊卑表一卷 ·················· 1－571
何文貞公千字文一卷 ·················· 2－215
何斠元聖武親征錄一卷 ·················· 2－24
何燕泉先生餘冬序錄六十五卷 ······ 1－164
何龍圖先生戒溺女歌不分卷 ·········· 2－455
佐玄直指圖解九卷首一卷 ·················· 1－31

佐治芻言一卷 …………………………… 1－295
佐治藥言一卷續一卷 ……………… 1－462
佐治藥言一卷續一卷 ……………… 1－462
佐治藥言二卷 …………………………… 1－299
佐治藥言二卷 …………………………… 1－299
佐治藥言二卷 …………………………… 1－299
佐治藥言二卷 …………………………… 1－299
佔畢叢談六卷勸學卮言一卷時文蠹
　測一卷 …………………………………… 1－481
伸蒙子三卷 ……………………………… 2－387
佚存叢書六秩十七種 ……………… 1－432
作文家法一卷 …………………………… 1－493
作吏要言一卷 …………………………… 1－559
作吏要言一卷 …………………………… 1－593
作吏要言一卷 …………………………… 1－593
作吏要言一卷 …………………………… 1－593
作吏要言一卷 …………………………………… 2－1
作吏要言一卷 …………………………… 2－539
身世金丹不分卷 ……………………… 2－210
身世準繩二卷 …………………………… 1－307
身世準繩二卷 …………………………… 1－307
佛母大孔雀明王經三卷 …………… 1－369
佛母大孔雀明王經三卷 …………… 1－369
佛母大孔雀明王經三卷 …………… 1－369
佛母大孔雀明王經三卷 …………… 2－274
［光緒］佛坪廳志二卷首一卷 ……… 2－48
［光緒］佛坪廳志二卷首一卷 ……… 2－48
［光緒］佛坪廳志二卷首一卷 ……… 2－48
［光緒］佛坪廳志二卷首一卷 ……… 2－48
佛坪廳鄉土志一卷 …………………… 2－48
佛事二卷 ………………………………… 2－482
佛事讚集□□卷 ……………………… 2－482
佛祖統系道影四卷 …………………… 1－377
佛祖綱目四十一卷首一卷 ………… 1－208
佛祖歷代通載三十六卷 …………… 1－372
佛祖歷代通載三十六卷 …………… 2－59
佛教中學課本古文四集 …………… 1－374
佛教西來玄化應運略錄一卷 …… 1－491
佛教西來玄化應運略錄一卷 …… 1－491
佛教初學課本一卷 …………………… 2－274
佛教初學課本一卷註一卷 ………… 1－374

佛頂光明摩訶薩怛多般怛囉無上神
　咒不分卷 …………………………… 2－426
佛頂尊勝陀羅尼經一卷 …………… 1－375
佛頂尊勝陀羅尼經一卷 …………… 1－375
佛頂尊勝陀羅尼經一卷 …………… 2－417
佛崖驗方抄一卷歷代帝王諡號年譜一卷
　…………………………………………… 2－239
佛經十六種 ……………………………… 2－315
佛說一切如來金剛三業最上祕密大
　教王經七卷 ………………………… 1－375
佛說七俱胝佛母準提大明陀羅尼經一卷
　…………………………………………… 1－375
佛說七俱胝佛母準提大明陀羅尼經一卷
　…………………………………………… 1－375
佛說七俱胝佛母準提大明陀羅尼經一卷
　…………………………………………… 2－417
佛說大聖末劫真經一卷 …………… 2－417
佛說天地寶懺□□卷 ……………… 2－594
佛說文陀竭王經一卷 ……………… 1－370
佛說本相倚致經一卷 ……………… 1－370
佛說目連問戒律中五百輕重事經二卷
　…………………………………………… 1－369
佛說四十二章經一卷 ……………… 1－372
佛說四諦經一卷 ……………………… 1－370
佛說孝子五王七經不分卷 ………… 1－371
佛說貝多樹下思惟十二因緣經一卷
　…………………………………………… 1－370
佛說阿彌陀經 ………………………… 2－273
佛說阿彌陀經要解一卷 …………… 1－371
佛說阿彌陀經要解一卷 …………… 2－247
佛說阿彌陀經要解一卷 …………… 2－420
佛說阿彌陀經要解便蒙鈔三卷 … 2－15
佛說阿彌陀經要解便蒙鈔三卷 … 2－488
佛說阿彌陀經疏一卷 ……………… 2－273
佛說恆水經一卷 ……………………… 1－370
佛說造像量度經一卷解一卷續補一卷
　…………………………………………… 1－373
佛說造像量度經一卷解一卷續補一卷
　…………………………………………… 1－375
佛說高王觀世音經一卷 …………… 2－587
佛說梵網經菩薩心地品合注七卷 …… 1－370

佛說頂生王故事經一卷……………… 1－370
佛說無量壽經義疏六卷 1－372
佛說無量壽經義疏六卷 2－276
佛說樓炭經六卷……………………… 1－370
佛說稻稈經一卷……………………… 1－370
佛說緣本致經一卷…………………… 1－370
佛說緣起聖道經一卷………………… 1－370
佛說轉天圖經不分卷………………… 2－276
佛說瞻婆比丘經一卷………………… 1－370
佛說觀無量壽佛經一卷……………… 1－370
佛說觀無量壽佛經一卷……………… 2－273
佛說觀無量壽佛經疏四卷…………… 1－372
佛遺教經一卷………………………… 1－372
伽藍記五卷…………………………… 2－241
近三科墨卷約選一卷………………… 1－494
近世世界商工業史十章……………… 1－467
近世史略不分卷……………………… 1－242
近四科同館試帖鳴盛集四卷………… 1－503
近代疇人著述記一卷………………… 1－334
近代疇人著述記一卷………………… 1－334
近光集二十八卷……………………… 1－128
近光集二十八卷……………………… 1－152
近光集二十八卷……………………… 1－211
近事要務不分卷……………………… 1－299
近思錄十四卷………………………… 1－92
近思錄十四卷………………………… 1－277
近思錄十四卷………………………… 1－543
近思錄十四卷………………………… 2－73
近思錄十四卷………………………… 2－104
近思錄十四卷………………………… 2－393
近思錄十四卷………………………… 2－393
近思錄十四卷………………………… 2－459
近思錄十四卷………………………… 2－468
近思錄十四卷………………………… 2－502
近思錄十四卷………………………… 2－538
近思錄十四卷校勘記一卷考訂朱子
　　世家一卷………………………… 2－552
近思錄集注十四卷…………………… 1－472
近思錄集解十四卷…………………… 1－111
近思錄集解十四卷…………………… 1－158
近思錄集解十四卷…………………… 2－104

近科館課分韻詩鈔十五卷二集十五卷
　　…………………………………… 2－537
巵林小語十卷………………………… 2－73
返性圖十卷…………………………… 1－332
余忠宣公文集六卷…………………… 2－281
余忠宣公青陽集五卷………………… 2－153
希達太子寶卷全集一卷……………… 2－117
希賢言行錄一卷……………………… 1－476
希賢錄五卷…………………………… 1－157
希臘名士伊索寓言不分卷…………… 2－7
希臘名士伊索寓言不分卷…………… 2－7
希臘名士伊索寓言不分卷…………… 2－8
坐隱先生全集三種…………………… 1－23
坐隱齋先生自訂棋譜全集不分卷…… 1－12
豸華堂文鈔八卷……………………… 1－539
豸華堂文鈔八卷……………………… 2－319
孚齋詩集二卷………………………… 2－215
含英閣詩草十卷……………………… 1－97
劬雲年譜二卷………………………… 2－278
狄雲行館偶記一卷…………………… 2－592
角山樓詩鈔十五卷…………………… 2－80
角山樓增補類腋六十七卷…………… 2－389
角山樓蘇詩評注彙鈔二十卷………… 2－76
角山樓蘇詩評註彙鈔二十卷目錄二
　　卷附錄三卷……………………… 2－130
刪訂四書初學易知解十卷…………… 2－95
刪訂唐詩解二十四卷………………… 1－127
刪註脈訣規正二卷…………………… 2－434
言子文學錄三卷首一卷末一卷……… 1－311
辛丑銷夏記五卷……………………… 2－224
辛卯侍行記六卷……………………… 2－143
辛卯侍行記六卷……………………… 2－341
辛亥撫新記程一卷…………………… 2－281
忘憂清樂集不分卷…………………… 1－367
判語錄存四卷………………………… 1－313
判語錄存四卷………………………… 2－99
弟子規一卷…………………………… 2－348
弟子箴言二卷………………………… 1－591
弟子箴言十六卷……………………… 1－315
弟子箴言十六卷……………………… 2－141
弟子職女誡居家雜儀三書一卷……… 1－484

弟子職女誡居家雜儀三書一卷········ 1－525
弟子職集解一卷················· 2－240
冷語二卷···················· 2－111
冷齋夜話十卷·················· 1－187
冷廬雜識八卷·················· 2－177
汪子遺書二種·················· 2－148
汪王廟志略不分卷··············· 2－265
汪氏兵學三書·················· 2－198
汪氏珊瑚網法書題跋二十四卷名畫
　　題跋二十四卷··············· 1－221
汪文摘謬一卷·················· 1－495
汪本隸釋刊誤一卷··············· 1－240
汪本隸釋刊誤一卷··············· 2－274
汪梅村先生集十二卷文外集一卷······ 2－86
汪梅村先生集十二卷文外集一卷······ 2－310
汪鈍翁文鈔十二卷··············· 1－497
汪龍莊先生遺書四種············· 2－280
[順治]汧陽志不分卷············· 1－40
汧陽述古編二卷················ 1－297
汧陽述古編二卷················ 2－260
汧陽述古編二卷················ 2－478
沅湘耆舊集二百卷··············· 1－393
沅湘通藝錄八卷四書文二卷········· 2－123
[康熙]洮縣志四卷·············· 1－121
[光緒]洮縣新志四卷············· 2－49
[光緒]洮縣新志四卷············· 2－49
沙彌律儀要略一卷··············· 1－373
沙彌律儀要略述義二卷············ 1－377
沖虛至德真經八卷··············· 1－305
沖虛至德真經八卷··············· 2－545
汽機必以十二卷首一卷附一卷········ 1－354
汽機必以十二卷首一卷附一卷········ 1－354
汽機必以十二卷首一卷附一卷········ 1－354
汽機必以十二卷首一卷附一卷········ 1－488
汽機發軔九卷附表一卷············ 1－357
汽機發軔九卷附表一卷············ 1－357
汽機發軔九卷附表一卷············ 1－357
汽機發軔九卷表一卷············· 1－546
汽機新制八卷················· 1－357
汽機新制八卷················· 1－488
[乾隆]汾陽縣志十四卷首一卷······ 1－113

[光緒]汾陽縣志十四卷首一卷········ 2－35
[道光]汾陽縣志十四卷首一卷········ 2－35
泛槎錄二卷··················· 1－423
汴京遺跡志二十四卷············· 1－466
汴城宣防志略一卷··············· 2－270
汴游冰玉稿初集四卷二集五卷三集
　　四卷四編二卷··············· 1－427
沈元咸詩墨一卷················ 1－412
沈氏三先生文集················ 1－385
沈氏弋說六卷·················· 1－27
沈氏尊生書五種················ 1－107
沈氏尊生書五種················ 1－327
沈氏尊生書五種················ 2－207
沈氏尊生書五種················ 2－301
沈氏經學六種················· 1－214
沈文忠公集十卷················ 2－226
沈文節公事實一卷··············· 2－256
沈文肅公政書七卷··············· 2－245
沈文肅公政書七卷··············· 2－300
沈文肅公政書七卷首一卷··········· 1－285
沈文肅公政書七卷首一卷··········· 1－588
沈文肅公政書七卷首一卷··········· 1－588
沈余遺書三種················· 1－387
沈余遺書三種················· 1－530
沈獅峯先生詩畫合冊不分卷········· 1－23
沈端恪公遺書四卷年譜二卷········· 2－113
沈隱侯集四卷················· 1－185
沈歸愚詩文全集十四種··········· 1－167
沈歸愚詩文全集十四種··········· 1－170
沈歸愚詩文全集十四種··········· 1－414
決科九煉一卷················· 1－494
決疑數學十卷················· 1－349
決疑數學十卷················· 1－350
決疑數學十卷················· 1－350
決疑數學十卷················· 1－350
完石齋集六卷·················· 1－64
完菴劉先生詩集二卷············· 1－256
宋十五家詩選················· 1－147
宋七家詞選七卷················ 2－127
宋大家王文公文抄十六卷·········· 1－165
宋大家王文公文抄十六卷·········· 1－401

宋大家王文公文抄十六卷 …………… 1－401
宋大家王文公文抄十六卷 …………… 1－511
宋大家曾文定公文抄十卷 …………… 1－402
宋大家曾文定公文抄十卷 …………… 1－551
宋大家曾文定公文抄十卷 …………… 2－516
宋大家歐陽文忠公文抄三十二卷 …… 1－207
宋大家蘇文忠公文抄二十八卷 ……… 1－207
宋大家蘇文忠公文抄二十八卷 ……… 1－551
宋大家蘇文忠公文抄二十八卷 ……… 2－22
宋王忠文公文集五十卷目錄四卷 …… 1－144
宋王忠文公文集五十卷目錄四卷年
　譜一卷 …………………………… 1－398
宋王忠文公集五十卷 ……………… 2－245
宋王黃州小畜集三十卷 …………… 1－58
宋王黃州小畜集三十卷 …………… 2－227
宋元以來畫人姓氏錄三十六卷首一卷
　………………………………… 2－225
宋元四明六志八種 ………………… 2－54
宋元明詩三百首箋一卷 …………… 1－498
宋元通鑑一百五十七卷 …………… 1－91
宋元通鑑一百五十七卷 …………… 2－556
宋元學案一百卷 …………………… 2－182
宋元學案一百卷首一卷 …………… 1－309
宋元學案一百卷首一卷 …………… 1－309
宋元學案一百卷首一卷 …………… 1－309
宋元學案一百卷首一卷 …………… 2－102
宋元學案一百卷首一卷 …………… 2－528
宋元舊本書經眼錄三卷附錄二卷 …… 2－30
宋元舊本書經眼錄三卷附錄二卷 …… 2－306
宋元舊本書經眼錄三卷附錄二卷 …… 2－320
宋氏綿津詩鈔八卷 ………………… 1－99
宋六十一家詞選十二卷 …………… 1－384
宋六十名家詞 ……………………… 2－129
宋六家詩集 ………………………… 1－37
宋文憲公全集八十三卷 …………… 2－195
宋文憲公全集五十三卷首四卷 …… 2－134
宋文鑑一百五十卷目錄三卷 ……… 1－9
宋文鑑一百五十卷目錄三卷 ……… 1－387
宋文鑑一百五十卷目錄三卷 ……… 1－387
宋文鑑一百五十卷目錄三卷 ……… 1－387
宋文鑑一百五十卷目錄三卷 ……… 1－499

宋文鑑一百五十卷目錄三卷 ……… 2－81
宋文鑑一百五十卷目錄三卷 ……… 2－152
宋本十三經注疏附校勘記 …………… 1－567
宋本十三經注疏附校勘記 …………… 2－561
宋本唐人合集二十八卷 …………… 1－550
宋史四百九十六卷 ………………… 1－34
宋史四百九十六卷 ………………… 1－249
宋史四百九十六卷 ………………… 1－249
宋史四百九十六卷 ………………… 1－249
宋史四百九十六卷 ………………… 2－373
宋史四百九十六卷 ………………… 2－376
宋史四百九十六卷 ………………… 2－382
宋史四百九十六卷 ………………… 2－406
宋史四百九十六卷 ………………… 2－432
宋史四百九十六卷 ………………… 2－440
宋史四百九十六卷 ………………… 2－464
宋史四百九十六卷 ………………… 2－473
宋史四百九十六卷 ………………… 2－540
宋史四百九十六卷 ………………… 2－562
宋史四百九十六卷 ………………… 2－564
宋史四百九十六卷 ………………… 2－571
宋史四百九十六卷 ………………… 2－572
宋史四百九十六卷 ………………… 2－575
宋史四百九十六卷 ………………… 2－575
宋史四百九十六卷目錄三卷 ……… 1－68
宋史四百九十六卷目錄三卷 ……… 1－110
宋史四百九十六卷目錄三卷 ……… 1－177
宋史四百九十六卷目錄三卷 ……… 2－86
宋史四百九十六卷目錄三卷 ……… 2－388
宋史四百九十六卷目錄三卷 ……… 2－445
宋史四百九十六卷目錄三卷 ……… 2－524
宋史四百九十六卷目錄三卷 ……… 2－548
宋史紀事本末一百○九卷 ………… 1－265
宋史紀事本末一百○九卷 ………… 1－265
宋史紀事本末一百○九卷 ………… 1－265
宋史紀事本末一百○九卷 ………… 1－265
宋史紀事本末一百○九卷 ………… 1－266
宋史紀事本末一百○九卷 ………… 1－266
宋史紀事本末一百○九卷 ………… 1－453
宋史紀事本末一百○九卷 ………… 1－575
宋史紀事本末一百○九卷 ………… 2－97

宋史紀事本末一百〇九卷⋯⋯⋯⋯ 2－507

宋史紀事本末二十七卷⋯⋯⋯⋯⋯⋯ 1－274

宋史菁華錄三卷遼史菁華錄三卷⋯⋯ 2－339

宋史論三卷元史論一卷⋯⋯⋯⋯⋯ 1－590

宋史翼四十卷⋯⋯⋯⋯⋯⋯⋯⋯⋯ 1－249

宋史藝文志補不分卷⋯⋯⋯⋯⋯⋯ 1－451

宋四子抄釋二十一卷⋯⋯⋯⋯⋯⋯ 1－308

宋四子抄釋二十一卷⋯⋯⋯⋯⋯⋯ 1－308

宋四子抄釋二十一卷⋯⋯⋯⋯⋯⋯ 1－308

宋四六選二十四卷⋯⋯⋯⋯⋯⋯⋯ 1－64

宋四六選二十四卷⋯⋯⋯⋯⋯⋯⋯ 1－110

宋四六選二十四卷⋯⋯⋯⋯⋯⋯⋯ 1－495

宋四六選二十四卷⋯⋯⋯⋯⋯⋯⋯ 2－159

宋四六選二十四卷⋯⋯⋯⋯⋯⋯⋯ 2－340

宋四六選二十四卷⋯⋯⋯⋯⋯⋯⋯ 2－393

宋四六選二十四卷⋯⋯⋯⋯⋯⋯⋯ 2－453

宋四名家詩⋯⋯⋯⋯⋯⋯⋯⋯⋯⋯ 1－126

宋四名家詩⋯⋯⋯⋯⋯⋯⋯⋯⋯⋯ 1－399

宋四名家詩⋯⋯⋯⋯⋯⋯⋯⋯⋯⋯ 2－105

宋司馬文正公年譜一卷⋯⋯⋯⋯⋯ 1－106

宋司農公遺集二卷⋯⋯⋯⋯⋯⋯⋯ 2－204

宋百家詩存⋯⋯⋯⋯⋯⋯⋯⋯⋯⋯ 1－151

宋名臣言行錄七十五卷⋯⋯⋯⋯⋯ 2－305

宋名臣言行錄別集二十六卷續集八卷

　⋯⋯⋯⋯⋯⋯⋯⋯⋯⋯⋯⋯⋯⋯ 1－28

宋名臣言行錄前集十卷後集十四卷

　續集八卷別集二十六卷外集十七卷

　⋯⋯⋯⋯⋯⋯⋯⋯⋯⋯⋯⋯⋯ 2－100

宋名臣言行錄前集十卷後集十四卷

　續集八卷別集二十六卷外集十七卷

　⋯⋯⋯⋯⋯⋯⋯⋯⋯⋯⋯⋯⋯ 2－203

宋名家詞六集六十一種⋯⋯⋯⋯⋯ 1－14

宋名家詞六集六十一種⋯⋯⋯⋯⋯ 1－37

宋州郡志校勘記一卷⋯⋯⋯⋯⋯⋯ 2－269

宋州郡志校勘記一卷⋯⋯⋯⋯⋯⋯ 2－367

宋丞相文山先生全集二十卷⋯⋯⋯ 1－81

宋李忠定公文集選四十四卷首四卷

　目錄二卷⋯⋯⋯⋯⋯⋯⋯⋯⋯ 2－440

宋李忠定公文集選四十四卷首四卷

　目錄二卷⋯⋯⋯⋯⋯⋯⋯⋯⋯ 2－512

宋伯魯書札一卷⋯⋯⋯⋯⋯⋯⋯⋯ 1－186

宋邵康節先生伊川擊壤集十卷⋯⋯⋯ 1－506

宋邵康節先生伊川擊壤集十卷⋯⋯⋯ 1－539

宋林和靖詩四卷⋯⋯⋯⋯⋯⋯⋯⋯ 1－187

宋東京考二十卷⋯⋯⋯⋯⋯⋯⋯⋯ 1－55

宋東萊呂成公外錄四卷⋯⋯⋯⋯⋯ 1－64

宋東萊呂成公外錄四卷⋯⋯⋯⋯⋯ 1－164

宋尚宮女論語一卷⋯⋯⋯⋯⋯⋯⋯ 2－6

宋季三朝政要六卷⋯⋯⋯⋯⋯⋯⋯ 1－227

宋金仁山先生大學疏義一卷論語集

　註攷證十卷孟子集註攷證七卷⋯⋯ 1－204

宋宗忠簡公文集四卷首一卷補遺一

　卷附錄一卷⋯⋯⋯⋯⋯⋯⋯⋯ 2－530

宋宗忠簡公文集四卷首一卷補遺一

　卷遺事二卷⋯⋯⋯⋯⋯⋯⋯⋯ 1－405

宋宗忠簡公文集四卷首一卷補遺一

　卷遺事二卷⋯⋯⋯⋯⋯⋯⋯⋯ 2－22

宋宗忠簡公文集四卷首一卷補遺一

　卷遺事二卷⋯⋯⋯⋯⋯⋯⋯⋯ 2－291

宋南燼紀聞四卷⋯⋯⋯⋯⋯⋯⋯⋯ 1－47

宋重修廣韻五卷⋯⋯⋯⋯⋯⋯⋯⋯ 1－160

宋洪魏公進萬首唐人絕句四十卷目

　錄四卷⋯⋯⋯⋯⋯⋯⋯⋯⋯⋯ 1－21

宋書一百卷⋯⋯⋯⋯⋯⋯⋯⋯⋯⋯ 1－34

宋書一百卷⋯⋯⋯⋯⋯⋯⋯⋯⋯⋯ 1－68

宋書一百卷⋯⋯⋯⋯⋯⋯⋯⋯⋯⋯ 1－90

宋書一百卷⋯⋯⋯⋯⋯⋯⋯⋯⋯⋯ 1－182

宋書一百卷⋯⋯⋯⋯⋯⋯⋯⋯⋯⋯ 1－190

宋書一百卷⋯⋯⋯⋯⋯⋯⋯⋯⋯⋯ 1－208

宋書一百卷⋯⋯⋯⋯⋯⋯⋯⋯⋯⋯ 1－208

宋書一百卷⋯⋯⋯⋯⋯⋯⋯⋯⋯⋯ 1－247

宋書一百卷⋯⋯⋯⋯⋯⋯⋯⋯⋯⋯ 1－247

宋書一百卷⋯⋯⋯⋯⋯⋯⋯⋯⋯⋯ 1－247

宋書一百卷⋯⋯⋯⋯⋯⋯⋯⋯⋯⋯ 1－450

宋書一百卷⋯⋯⋯⋯⋯⋯⋯⋯⋯⋯ 2－511

宋書一百卷⋯⋯⋯⋯⋯⋯⋯⋯⋯⋯ 2－569

宋書一百卷⋯⋯⋯⋯⋯⋯⋯⋯⋯⋯ 2－574

宋孫仲益內簡尺牘十卷首一卷目錄一卷

　⋯⋯⋯⋯⋯⋯⋯⋯⋯⋯⋯⋯⋯ 1－98

宋黃文節公文集正集三十二卷外集

　二十四卷別集十九卷⋯⋯⋯⋯⋯ 1－179

宋張宣公全集三種⋯⋯⋯⋯⋯⋯⋯ 1－410

宋張宣公詩文集論孟解合刻四十四卷
　　…………………………………… 2－103
宋葉文康公禮經會元四卷 ………… 1－124
宋葉文康公禮經會元節本四卷 …… 1－223
宋朝事實二十卷 …………………… 1－53
宋朝事實二十卷 …………………… 1－277
宋提刑洗冤集錄五卷 ……………… 1－297
宋提刑洗冤集錄五卷 ……………… 1－297
宋提刑洗冤集錄五卷 ……………… 2－123
宋蜀本孔子家語十卷札記一卷 …… 1－307
宋稗類鈔三十六卷 ………………… 1－555
宋詩紀事一百卷 …………………… 1－100
宋詩紀事一百卷 …………………… 1－173
宋詩紀事一百卷 …………………… 1－175
宋詩紀事一百卷 …………………… 1－429
宋詩紀事一百卷 …………………… 1－521
宋詩紀事一百卷 …………………… 2－189
宋詩紀事補遺一百卷小傳補正四卷
　　…………………………………… 1－429
宋詩紀事補遺一百卷小傳補正四卷
　　…………………………………… 2－182
宋詩鈔初集八十四種 ……………… 1－80
宋詩鈔初集八十四種 ……………… 1－141
宋詩鈔初集八十四種 ……………… 1－144
宋詩鈔初集八十四種 ……………… 1－190
宋瑣語一卷 ………………………… 2－156
宋端明殿學士蔡忠惠公文集三十六
　　卷首一卷別紀補遺二卷 ……… 1－400
宋端明殿學士蔡忠惠公文集三十六
　　卷首一卷別集補遺二卷 ……… 1－142
宋鄭夾漈先生六經奧論六卷首一卷 … 2－96
宋學三書 …………………………… 1－241
宋學士全集三十三卷 ……………… 1－150
宋濂溪周元公先生集十卷 ………… 1－7
宋豔十二卷 ………………………… 1－548
宋豔十二卷 ………………………… 2－154
宏文堂古文觀止十二卷 …………… 1－493
宏道高等學堂預科中國地理講義一卷
　　…………………………………… 2－16
冶金錄三卷 ………………………… 1－361
冶金錄三卷 ………………………… 1－361

冶金錄三卷 ………………………… 1－361
冶金錄三卷 ………………………… 2－525
冶金錄三卷 ………………………… 2－525
良方集腋二卷 ……………………… 2－251
良方集腋合璧一卷 ………………… 2－284
良朋彙集五卷 ……………………… 2－491
良朋彙集四卷 ……………………… 1－221
初月樓文鈔十卷附詩鈔四卷程子香
　　文鈔二卷 ……………………… 2－239
初月樓四種 ………………………… 2－280
初白菴詩評三卷 …………………… 1－151
初唐四傑文集二十一卷 …………… 1－385
初唐四傑文集二十一卷 …………… 1－385
初唐四傑文集二十一卷 …………… 2－74
初等小學國文教科書不分卷 ……… 2－472
初等農業學堂教科書九卷 ………… 2－2
初潭集十二卷 ……………………… 1－43
初學行文語類四卷 ………………… 1－95
初學宜讀諸書要略一卷初學稍進讀
　　書要略一卷讀評書須知一卷論格
　　致理法綱要一卷 ……………… 2－319
初學起講秘訣一卷 ………………… 1－493
初學記三十卷 ……………………… 1－9
初學記三十卷 ……………………… 1－9
初學記三十卷 ……………………… 1－24
初學記三十卷 ……………………… 1－26
初學記三十卷 ……………………… 1－67
初學集一百十卷有學集五十卷補遺
　　二卷投筆集一卷 ……………… 1－536
初學數紀典故一卷 ………………… 1－484
初學題類文法合編二卷 …………… 1－493
初學題類文法合編二卷 …………… 1－493
初學讀書要略不分卷 ……………… 1－340
[同治]即墨縣志十二卷 …………… 2－263
壯悔堂文集十卷 …………………… 1－415
壯悔堂文集十卷 …………………… 2－312
壯悔堂文集十卷遺稿一卷 ………… 2－134
壯悔堂文集十卷遺稿一卷 ………… 2－204
改正世界地理學六卷首一卷 ……… 1－580
改正星平要訣百年經不分卷 ……… 2－439
改良乾坤法竅三卷 ………………… 1－329

阿彌陀鼓音聲王陀羅尼經一卷⋯⋯⋯ 2－273
阿難問事佛吉凶經一卷⋯⋯⋯⋯⋯ 1－370
附釋文互註禮部韻略五卷 ⋯⋯⋯⋯ 1－35
附釋文互註禮部韻略五卷⋯⋯⋯⋯ 1－243
附釋文互註禮部韻略五卷⋯⋯⋯⋯ 1－243
附釋文互註禮部韻略五卷淳熙重修
　文書式一卷⋯⋯⋯⋯⋯⋯⋯⋯⋯ 2－483
附釋音毛詩注疏二十卷⋯⋯⋯⋯⋯ 2－450
附釋音毛詩注疏七十卷校勘記七十
　卷毛詩注疏札記一卷⋯⋯⋯⋯⋯ 2－419
附釋音毛詩注疏七十卷校勘語七十卷
　⋯⋯⋯⋯⋯⋯⋯⋯⋯⋯⋯⋯⋯⋯ 1－222
附釋音毛詩注疏七十卷校勘語七十卷
　⋯⋯⋯⋯⋯⋯⋯⋯⋯⋯⋯⋯⋯⋯ 1－222
附釋音尚書注疏二十卷⋯⋯⋯⋯⋯ 1－220
附釋音尚書注疏二十卷⋯⋯⋯⋯⋯ 2－384
附釋音尚書注疏二十卷⋯⋯⋯⋯⋯ 2－430
附釋音尚書注疏二十卷⋯⋯⋯⋯⋯ 2－449
附釋音周禮注疏四十二卷⋯⋯⋯⋯ 1－225
附釋音周禮注疏四十二卷⋯⋯⋯⋯ 1－225
附釋音周禮注疏四十二卷⋯⋯⋯⋯ 1－225
附釋音周禮注疏四十二卷⋯⋯⋯⋯ 1－225
附釋音周禮注疏四十二卷⋯⋯⋯⋯ 1－442
附釋音周禮注疏四十二卷⋯⋯⋯⋯ 2－384
附釋音周禮注疏四十二卷⋯⋯⋯⋯ 2－432
附釋音周禮注疏四十二卷⋯⋯⋯⋯ 2－449
附釋音周禮注疏四十二卷⋯⋯⋯⋯ 2－476
附釋音周禮注疏四十二卷⋯⋯⋯⋯ 2－546
附釋音周禮注疏四十二卷⋯⋯⋯⋯ 2－550
附釋音周禮注疏四十二卷附校刊記
　四十二卷⋯⋯⋯⋯⋯⋯⋯⋯⋯⋯ 2－383
附釋音周禮注疏四十二卷附校刊記
　四十二卷⋯⋯⋯⋯⋯⋯⋯⋯⋯⋯ 2－383
附釋音周禮注疏四十二卷附校刊記
　四十二卷⋯⋯⋯⋯⋯⋯⋯⋯⋯⋯ 2－383
附釋音周禮注疏四十二卷附校勘記
　四十二卷⋯⋯⋯⋯⋯⋯⋯⋯⋯⋯ 2－416
附釋音周禮注疏四十二卷附校勘記
　四十二卷⋯⋯⋯⋯⋯⋯⋯⋯⋯⋯ 2－431
附釋音周禮注疏四十二卷附校勘記
　四十二卷⋯⋯⋯⋯⋯⋯⋯⋯⋯⋯ 2－477

附釋音周禮注疏四十二卷校勘記四
　十二卷⋯⋯⋯⋯⋯⋯⋯⋯⋯⋯⋯ 2－568
附釋音春秋左傳注疏六十卷⋯⋯⋯ 1－228
附釋音春秋左傳注疏六十卷⋯⋯⋯ 1－430
附釋音春秋左傳注疏六十卷⋯⋯⋯ 1－446
附釋音春秋左傳注疏六十卷⋯⋯⋯ 2－463
附釋音春秋左傳注疏六十卷⋯⋯⋯ 2－513
附釋音春秋左傳注疏六十卷⋯⋯⋯ 2－526
附釋音禮記注疏六十三卷⋯⋯⋯⋯ 2－420
附釋音禮記注疏六十三卷⋯⋯⋯⋯ 2－466
附釋音禮記注疏六十三卷⋯⋯⋯⋯ 2－542
附釋音禮記注疏六十三卷附校勘記
　六十三卷⋯⋯⋯⋯⋯⋯⋯⋯⋯⋯ 2－379
附釋音禮記注疏六十三卷附校勘記
　六十三卷⋯⋯⋯⋯⋯⋯⋯⋯⋯⋯ 2－451
附釋音禮記注疏六十三卷附校勘記
　六十三卷⋯⋯⋯⋯⋯⋯⋯⋯⋯⋯ 2－571
妙法蓮華經七卷⋯⋯⋯⋯⋯⋯⋯⋯ 1－369
妙法蓮華經七卷⋯⋯⋯⋯⋯⋯⋯⋯ 2－274
妙法蓮華經七卷⋯⋯⋯⋯⋯⋯⋯⋯ 2－417
妙法蓮華經八卷⋯⋯⋯⋯⋯⋯⋯⋯ 2－488
妙法蓮華經文句二十卷⋯⋯⋯⋯⋯ 2－482
妙法蓮華經玄意節要二卷⋯⋯⋯⋯ 2－275
妙法蓮華經通義二十卷⋯⋯⋯⋯⋯ 1－370
妙法蓮華經臺宗會義十六卷⋯⋯⋯ 2－274
妙法蓮華經觀世音菩薩普門品一卷
　⋯⋯⋯⋯⋯⋯⋯⋯⋯⋯⋯⋯⋯⋯ 1－227
妙香齋詩集四卷⋯⋯⋯⋯⋯⋯⋯⋯ 2－292
妙香齋詩集四卷⋯⋯⋯⋯⋯⋯⋯⋯ 2－292
妙香齋詩集四卷⋯⋯⋯⋯⋯⋯⋯⋯ 2－292
邵子湘全集三十二卷 ⋯⋯⋯⋯⋯⋯ 1－83
邵公預明歌一卷⋯⋯⋯⋯⋯⋯⋯⋯ 1－563
邵文莊公經史全書五種 ⋯⋯⋯⋯⋯ 1－57
邵位西遺文一卷⋯⋯⋯⋯⋯⋯⋯⋯ 2－190
邵武徐氏叢書二十三種⋯⋯⋯⋯⋯ 1－435
邵武徐氏叢書二十三種⋯⋯⋯⋯⋯ 2－128
甬上宋元詩略十六卷⋯⋯⋯⋯⋯⋯ 2－571
甬上耆舊詩三十卷⋯⋯⋯⋯⋯⋯⋯ 1－142
甬上高僧詩二卷⋯⋯⋯⋯⋯⋯⋯⋯ 1－154

八畫

[光緒]奉化縣志四十卷首一卷 ‥‥‥ 2－395

奉旨減免虞鄉差徭章程定本一卷‥‥‥ 1－464

奉使三音諾彥記程草二卷‥‥‥‥‥ 1－419

奉聖同劫顯化錄二卷首一卷末一卷

‥‥‥‥‥‥‥‥‥‥‥‥‥‥ 2－418

[光緒]奉節縣志三十六卷首一卷 ‥‥ 2－56

玩易四道十三卷首一卷末一卷‥‥‥ 1－220

玩易意見二卷 ‥‥‥‥‥‥‥‥‥ 1－217

[正德]武功縣志三卷 ‥‥‥‥‥‥ 1－180

[正德]武功縣志三卷 ‥‥‥‥‥‥ 2－40

[正德]武功縣志三卷 ‥‥‥‥‥‥ 2－330

[正德]武功縣志三卷首一卷 ‥‥‥ 1－119

[正德]武功縣志三卷首一卷 ‥‥‥ 1－167

[正德]武功縣志三卷首一卷 ‥‥‥ 1－189

[正德]武功縣志三卷首一卷 ‥‥‥ 2－40

[正德]武功縣志三卷首一卷 ‥‥‥ 2－41

[正德]武功縣志三卷首一卷 ‥‥‥ 2－41

[正德]武功縣志三卷首一卷 ‥‥‥ 2－41

[正德]武功縣志三卷首一卷 ‥‥‥ 2－41

[正德]武功縣志三卷首一卷 ‥‥‥ 2－41

[正德]武功縣志三卷首一卷 ‥‥‥ 2－41

[正德]武功縣志三卷首一卷 ‥‥‥ 2－117

[正德]武功縣志三卷首一卷 ‥‥‥ 2－266

[正德]武功縣志三卷首一卷 ‥‥‥ 2－267

[正德]武功縣志三卷首一卷 ‥‥‥ 2－317

[正德]武功縣志四卷首一卷 ‥‥‥ 2－41

武功縣鄉土志一卷 ‥‥‥‥‥‥‥ 1－248

[光緒]武功縣續志二卷 ‥‥‥‥‥ 2－41

[光緒]武功縣續志二卷 ‥‥‥‥‥ 2－41

[光緒]武功縣續志二卷 ‥‥‥‥‥ 2－41

[光緒]武功縣續志二卷 ‥‥‥‥‥ 2－41

武夷山志二十四卷首一卷‥‥‥‥‥ 1－166

武夷山志二十四卷首一卷 ‥‥‥‥‥ 2－57

武夷山志二十四卷首一卷‥‥‥‥‥ 2－577

武夷新集二十卷附楊文公逸詩文一卷

‥‥‥‥‥‥‥‥‥‥‥‥‥‥ 2－428

武夷櫂歌注一卷 ‥‥‥‥‥‥‥‥ 1－420

[乾隆]武安縣志二十卷圖一卷 ‥‥ 1－204

武英殿本二十四史‥‥‥‥‥‥‥‥ 1－245

武英殿聚珍版書 ‥‥‥‥‥‥‥‥ 1－51

武英殿聚珍版書 ‥‥‥‥‥‥‥‥ 1－52

武英殿聚珍版書 ‥‥‥‥‥‥‥‥ 1－52

武英殿聚珍版書 ‥‥‥‥‥‥‥‥ 1－52

武英殿聚珍版書 ‥‥‥‥‥‥‥‥ 1－54

武英殿聚珍版書 ‥‥‥‥‥‥‥‥ 1－150

武英殿聚珍版書 ‥‥‥‥‥‥‥‥ 1－153

武英殿聚珍版書 ‥‥‥‥‥‥‥‥ 1－436

武英殿聚珍版書 ‥‥‥‥‥‥‥‥ 1－436

武英殿聚珍版書 ‥‥‥‥‥‥‥‥ 1－524

武英殿聚珍版書 ‥‥‥‥‥‥‥‥ 2－109

武英殿聚珍版書三十九種 ‥‥‥‥ 1－432

武林往哲遺著二編六十六種 ‥‥‥ 1－431

武林往哲遺著二編六十六種 ‥‥‥ 2－152

武林掌故叢編二十六集 ‥‥‥‥‥ 1－431

武林掌故叢編二十六集 ‥‥‥‥‥ 2－126

武林舊事十卷 ‥‥‥‥‥‥‥‥‥ 2－342

[光緒]武昌縣志二十六卷首一卷末一卷

‥‥‥‥‥‥‥‥‥‥‥‥‥‥ 2－409

[光緒]武昌縣志二十六卷首一卷末一卷

‥‥‥‥‥‥‥‥‥‥‥‥‥‥ 2－589

武城記事二卷 ‥‥‥‥‥‥‥‥‥ 2－300

武威韓氏忠節錄二卷 ‥‥‥‥‥‥ 1－278

武侯全書二十卷首一卷 ‥‥‥‥‥ 2－102

武陵山人遺書十種續刊二種 ‥‥‥‥ 1－437

武陵山人遺書十種續刊二種 ‥‥‥‥ 2－327

武盛耆舊傳四卷 ‥‥‥‥‥‥‥‥ 2－194

[道光]武進陽湖縣合志三十六卷首一卷

‥‥‥‥‥‥‥‥‥‥‥‥‥‥ 2－52

[道光]武進陽湖縣合志三十六卷首一卷

‥‥‥‥‥‥‥‥‥‥‥‥‥‥ 2－266

[道光]武進陽湖縣合志三十六卷首一卷

‥‥‥‥‥‥‥‥‥‥‥‥‥‥ 2－526

[道光]武進陽湖縣合志三十六卷首一卷

‥‥‥‥‥‥‥‥‥‥‥‥‥‥ 2－527

[光緒]武進陽湖縣志三十卷首一卷

‥‥‥‥‥‥‥‥‥‥‥‥‥‥ 2－259

[光緒]武進陽湖縣志三十卷首一卷

‥‥‥‥‥‥‥‥‥‥‥‥‥‥ 2－264

[光緒]武陽志餘十二卷首一卷 ‥‥‥ 2－52

武陽團練紀實二卷 …………… 2－52

武備志六種 ………………… 2－99

武備志畧五卷 ……………… 1－73

武備輯要二卷 …………… 1－473

武經直解十二卷 …………… 1－17

武經讀本不分卷 ………… 1－473

［光緒］武緣縣圖經八卷勘誤表一卷

………………………… 2－57

青山風月詩存五卷 ………… 1－524

青芙蓉閣詩鈔六卷 ………… 1－504

青邱高季迪先生鳧藻集五卷扣舷集

一卷附錄一卷 …………… 1－38

青邱高季迪先生詩集十八卷首一卷

補遺一卷扣舷集一卷附錄一卷 …… 1－101

青邱高季迪先生詩集十八卷首一卷

補遺一卷扣舷集一卷附錄一卷 …… 1－127

青邱高季迪先生詩集十八卷首一卷

遺詩一卷 ………………… 1－38

青邱高季迪先生詩集十八卷首一卷

遺詩一卷鳧藻集五卷 …… 1－172

青邱高季迪先生詩集十八卷補遺一

卷詩餘一卷附錄一卷 …… 1－61

青門簏稾十六卷賸稾八卷旅稾六卷

………………………… 1－152

青泥蓮花記十三卷 ………… 2－155

青草堂三集十六卷 ………… 2－192

青草堂集十二卷二集十六卷 … 2－142

青荃集四卷 ……………… 1－516

［乾隆］青浦縣志四十卷 …… 1－203

青浦續詩傳八卷附一卷 …… 2－175

青雲集分韻試帖詳注四卷 … 1－494

青虛山房集十一卷 ………… 1－408

青照堂叢書四十四種 ……… 1－437

青照堂叢書四十四種 ……… 1－437

青照堂叢書四十四種 ……… 1－523

青照堂叢書四十四種 ……… 1－523

青照堂叢書四十四種 ……… 1－524

青照堂叢書四十四種 ……… 1－524

青照堂叢書四十四種 ……… 1－524

青照堂叢書四十四種 ……… 1－524

青溪舊屋文集十一卷 ……… 1－539

青溪舊屋文集十一卷 ……… 2－82

青溪舊屋文集十一卷 ……… 2－82

青溪舊屋文集十一卷 ……… 2－161

青霞館論畫絕句一百首一卷 … 2－315

青藤書屋文集三十卷 ……… 1－514

青巖集十二卷 …………… 1－82

表孝錄不分卷 …………… 2－242

表忠錄一卷 ……………… 2－252

表異錄二十卷 …………… 1－274

表異錄二十卷 …………… 1－379

表異錄二十卷 …………… 2－507

長生殿二卷 ……………… 1－506

長生殿傳奇二卷 …………… 2－237

長自閒齋詩鈔三卷 ………… 2－293

長江圖說十二卷首一卷 …… 1－282

長江圖說十二卷首一卷 …… 2－328

［熙寧］長安志二十卷圖三卷 … 1－114

［熙寧］長安志二十卷圖三卷 … 1－114

［熙寧］長安志二十卷圖三卷 … 1－124

［熙寧］長安志二十卷圖三卷 … 1－175

長安宮詞一卷 …………… 1－561

長安宮詞一卷 …………… 2－173

［嘉慶］長安縣志三十六卷 … 2－35

［嘉慶］長安縣志三十六卷 … 2－35

［嘉慶］長安縣志三十六卷 … 2－100

［嘉慶］長安縣志三十六卷 … 2－114

［嘉慶］長安縣志三十六卷 … 2－351

［嘉慶］長安縣志三十六卷 … 2－580

長安獲古編二卷補遺一卷 … 1－529

長安獲古編二卷補遺一卷 … 1－531

長安獲古編二卷補遺一卷 … 2－27

長安獲古編二卷補遺一卷 … 2－150

長沙胡氏叢書 …………… 1－566

［同治］長沙縣志三十六卷首一卷 … 2－264

［康熙］長武縣志二卷 ……… 1－41

［乾隆］長武縣志十二卷 …… 1－181

［宣統］長武縣志十二卷 …… 2－43

長武縣志附後續刻一卷 …… 1－181

長河志籍考十卷 …………… 1－123

長春真人西遊記二卷 ……… 2－558

長恩書室叢書十九種 ……… 2－87

110

[同治]長樂縣志二十卷首一卷 …… 2－581

長興志拾遺二卷首一卷 ………… 2－266

[嘉慶]長興縣志二十八卷首一卷 …… 2－54

[同治]長興縣志三十二卷 ………… 2－367

[同治]長興縣志三十二卷 ………… 2－584

長興學記一卷 ………………… 2－316

幸存錄二卷 …………………… 2－259

幸餘求定稿十二卷 …………… 2－176

幸魯盛典四十卷 ……………… 1－73

幸魯盛典四十卷 ……………… 1－146

坡門酬唱二十三卷 …………… 2－184

亞西里西巴比倫史九章 ……… 1－242

亞剌伯史二篇首一篇 ………… 1－242

亞拉伯志一卷新志一卷 ……… 2－589

亞美利加洲通史十編 ………… 1－242

其恕堂詩鈔二卷 ……………… 2－452

取此居文集二卷 ……………… 1－112

取濾火油法一卷附圖一卷 …… 2－11

若菴集五卷 …………………… 1－58

苗氏說文四種 ………………… 1－238

苗防備覽二十二卷 …………… 1－282

苗防備覽二十二卷 …………… 2－187

苗族風俗寫真不分卷 ………… 1－216

英法政概二卷 ………………… 1－584

英政概一卷英藩政概四卷 …… 1－292

英政概一卷英藩政概四卷 …… 1－292

英俄印度交涉書一卷續編一卷 … 1－576

英美海軍戰史三卷 …………… 1－265

英國水師考一卷 ……………… 2－3

英國水師律例四卷 …………… 1－290

英國水師律例四卷 …………… 1－290

英國水師律例四卷 …………… 1－290

英國定準軍藥書四卷附編三卷 … 2－3

英國財政要覽五章 …………… 1－587

英話註解一卷 ………………… 2－434

英話註解一卷 ………………… 2－500

英話註解一卷 ………………… 2－579

符秦鄧太尉祠碑并跋一卷 …… 1－589

符秦鄧太尉祠碑并跋一卷 …… 1－589

苑洛集二十二卷 ……………… 1－98

苑洛集二十二卷 ……………… 2－279

苑洛集二十二卷 ……………… 2－342

苑洛集二十二卷 ……………… 2－471

苑洛集二十二卷 ……………… 2－551

范文正公文集十卷 …………… 1－403

范文正公年譜一卷 …………… 1－34

范文正公年譜補遺一卷 ……… 1－34

范文正公全集十二種 ………… 1－160

范文正公集二十卷別集四卷政府奏
議二卷尺牘三卷年譜補遺一卷言
行拾遺四卷鄱陽遺事錄一卷遺蹟
一卷義莊規矩二卷褒賢集五卷補
編五卷 ………………………… 1－102

范文正公集二十卷別集四卷政府奏
議二卷尺牘三卷年譜補遺一卷言
行拾遺四卷鄱陽遺事錄一卷遺蹟
一卷義莊規矩二卷褒賢集五卷補
編五卷 ………………………… 1－176

范文正公集十二卷 …………… 1－34

范石湖詩集注三卷 …………… 1－401

范伯子詩集十九卷 …………… 2－80

范伯子詩集十九卷 …………… 2－170

范忠貞公文集五卷首一卷 …… 1－536

范忠貞公全集五卷首一卷 …… 2－77

范忠宣公集二十卷奏議二卷遺文一
卷補編一卷附錄一卷 ………… 1－162

范忠宣公集二十卷首一卷奏議二卷
遺文一卷附錄一卷補編一卷 … 2－128

范忠宣公集二十卷遺文三卷奏議二
卷遺文一卷附錄一卷補編一卷 … 1－102

范忠宣公集二十卷遺文三卷奏議二
卷遺文一卷附錄一卷補編一卷 … 1－176

苾芻館詞集五卷 ……………… 1－517

苾芻館詞集五卷 ……………… 2－18

苾芻館詞集六卷 ……………… 2－17

苾芻館詞集六卷 ……………… 2－85

直省鄉墨正宗一卷 …………… 1－500

直省釋奠禮樂記六卷首一卷末一卷
………………………………… 1－300

直省釋奠禮樂記六卷首一卷末一卷
………………………………… 1－570

直省釋奠禮樂記六卷首一卷末一卷

·················· 2 – 126

［嘉慶］直隸太倉州志六十五卷 ······ 2 – 367

［嘉慶］直隸太倉州志六十五卷 ······ 2 – 409

［乾隆］直隸邠州志二十五卷 ········ 1 – 119

［乾隆］直隸邠州志二十五卷 ········ 1 – 119

［乾隆］直隸邠州志二十五卷 ········ 2 – 532

［乾隆］直隸秦州新志十二卷首一卷

·················· 1 – 121

直隸現行通飭章程三卷附恤囚編一卷

·················· 1 – 301

直隸現行通飭章程三卷附恤囚編一卷

·················· 1 – 587

［乾隆］直隸商州志十四卷首一卷 ··· 1 – 120

［乾隆］直隸商州志十四卷首一卷 ··· 1 – 120

［乾隆］直隸商州志十四卷首一卷 ··· 1 – 121

［道光］直隸澧州志二十八卷首三卷

·················· 2 – 583

［同治］直隸澧州志二十六卷首三卷

·················· 2 – 352

直齋書錄解題二十二卷 ········ 1 – 51

直齋書錄解題二十二卷 ········ 1 – 63

直齋書錄解題二十二卷 ········ 1 – 71

直齋書錄解題二十二卷 ········ 1 – 73

直齋書錄解題二十二卷 ········ 1 – 134

直齋書錄解題二十二卷 ········ 1 – 158

直齋書錄解題二十二卷 ········ 1 – 296

直齋書錄解題二十二卷 ········ 1 – 296

直齋書錄解題二十二卷 ········ 1 – 466

直齋書錄解題二十二卷 ········ 2 – 115

苕溪集五十五卷 ············ 2 – 280

苕溪漁隱叢話前集六十卷後集四十卷

·················· 1 – 161

苕苓集初刊八種 ············ 1 – 422

茅山志十四卷 ············· 2 – 265

林氏活人錄彙編十四卷 ········ 1 – 103

林文忠公政書五種 ··········· 1 – 285

林文忠公政書五種 ··········· 1 – 459

林文忠公政書甲集九卷乙集十七卷

　　丙集十一卷 ············ 1 – 285

林文忠公政書甲集九卷乙集十七卷

　　丙集十一卷 ············ 2 – 103

林文忠公政書甲集九卷乙集十七卷

　　丙集十一卷 ············ 2 – 200

林文忠公政書甲集九卷乙集十七卷

　　丙集十一卷蒐遺一卷 ······ 1 – 459

林文忠公遺集四種 ··········· 2 – 165

林文忠公遺集四種 ··········· 2 – 200

林文忠公遺集四種 ··········· 2 – 238

林東莆先生全集六卷 ········· 2 – 85

林和靖集五卷 ············· 2 – 173

林蕙堂文集十二卷 ··········· 1 – 130

林蕙堂文集十二卷 ··········· 1 – 146

林蕙堂文集十二卷文集續刻六卷亭

　　皋詩鈔四卷藝香詞鈔四卷 ······ 1 – 85

林嚴文鈔四卷 ············· 1 – 386

林嚴文鈔四卷 ············· 2 – 115

林嚴文鈔四卷 ············· 2 – 517

枝山文集四卷 ············· 2 – 249

板屋吟詩草不分卷 ··········· 1 – 171

板橋集六卷 ·············· 1 – 427

板橋集六卷 ·············· 1 – 519

板橋集六卷 ·············· 2 – 190

板橋集六卷 ·············· 2 – 206

板橋詞鈔一卷 ············· 1 – 519

來生福彈詞三十六回 ········· 2 – 331

來鹿堂文集八卷詩集三卷 ······· 2 – 19

來陽伯文集二十卷 ··········· 1 – 406

來陽伯文集二十卷 ··········· 1 – 406

來陽伯文集二十卷 ··········· 2 – 287

來陽伯先生詩集二十卷 ········ 1 – 406

來紫堂合集三卷 ············ 1 – 424

來紫堂合集三卷 ············ 1 – 521

來紫堂合集三卷 ············ 1 – 521

來紫堂合集三卷 ············ 2 – 298

來紫堂合集三卷 ············ 2 – 590

來齋金石刻考畧三卷 ········· 2 – 190

來齋金石刻考畧三卷 ········· 2 – 213

來瞿唐先生日錄十三卷 ········ 1 – 486

來瞿唐先生日錄十三卷 ········ 2 – 460

來瞿唐先生易註十五卷首一卷末一卷

·················· 2 – 91

來瞿唐先生易註十五卷首一卷末一卷

……………………2－445

來瞿唐先生易註十五卷首一卷末一卷
……………………2－446

來瞿唐先生易註十五卷首一卷末一卷
……………………2－452

來瞿唐先生易註十五卷首一卷末一卷
……………………2－452

來瞿唐先生易註十五卷首一卷末一卷
……………………2－453

來瞿唐先生易註十五卷首一卷末一卷
……………………2－457

來瞿唐先生易註十五卷首一卷末一卷
……………………2－458

來瞿唐先生易註十五卷首一卷末一卷
……………………2－460

［嘉慶］松江府志八十四卷首二卷圖一卷
……………………2－527

［嘉慶］松江府志八十四卷首二卷圖一卷
……………………2－587

［光緒］松江府續志四十卷首一卷圖一卷
……………………2－527

松花菴全集十一種 ……………1－412
松花菴全集十一種 ……………2－569
松花菴律古一卷 ………………1－99
松花菴詩草一卷 ………………1－185
松花庵遊草一卷雜稿一卷 ………1－69
松花菴全集十二卷 ……………1－166
松泉文集二十二卷 ……………2－204
松風閣琴譜二卷 ………………1－548
松風閣詩鈔二十六卷 …………1－516
松桂堂全集三十七卷 …………1－160
松桂堂全集三十七卷南淮集三卷延
　露詞三卷 ……………………1－417
松陵文錄二十四卷 ……………1－413
松陵文錄二十四卷 ……………2－125
松陵文錄二十四卷 ……………2－152
松陵文錄二十四卷 ……………2－315
松陵文獻十五卷 ………………1－167
松陵見聞錄十卷首一卷 ………2－267
松陵詩徵續編十四卷 …………2－126
松菊堂雜著一卷 ………………1－524

松菊齋時文一卷 ………………1－495
松雪齋集十卷外集一卷 ………1－126
松雪齋集十卷外集一卷 ………1－160
松雪齋集十卷趙公謚文行狀一卷外
　集一卷 ………………………1－537
松崖筆記三卷 …………………2－276
松陽鈔存二卷 …………………1－425
松陽鈔存二卷 …………………2－6
松陽鈔存二卷 …………………2－288
松陽講義十二卷 ………………1－104
松陽講義十二卷 ………………1－233
松陽講義十二卷 ………………1－233
松陽講義十二卷 ………………1－565
松陽講義十二卷 ………………1－565
松陽講義十二卷 ………………2－333
松陽講義十二卷 ………………2－345
松陽講義十二卷 ………………2－384
松陽講義十二卷 ………………2－384
松陽講義十二卷 ………………2－512
松雅堂雜著不分卷 ……………2－19
松嵐詩鈔一卷 …………………2－283
松窗餘事草八卷 ………………2－298
松楊講義十二卷 ………………2－396
松圓浪淘集十八卷偈庵集二卷 …1－11
松漠紀聞一卷續一卷補遺一卷考異一卷
……………………2－451

松源經說四卷 …………………1－70
松溪詩薈一卷 …………………1－516
松壽堂詩鈔十卷 ………………2－76
松寥山人詩初集十卷 …………2－282
松聲池館詩存四卷 ……………1－534
松聲池館詩存四卷 ……………2－136
松聲池館詩存四卷 ……………2－186
松聲池館詩存四卷 ……………2－300
杭大宗七種叢書 ………………1－87
杭大宗七種叢書 ………………1－151
杭州節孝全錄一卷續錄一卷 ……2－239
述文一卷 ………………………2－22
述古堂文集十二卷 ……………1－427
述古堂集十二卷 ………………1－535
述古齋幼科新書三種 …………2－302

113

述古叢鈔四集二十六種 …………… 2－193

述古叢鈔初集十種二集三種 … 2－163

述古叢鈔第一集十六種 ………… 2－117

述本堂詩集十八卷 ………………… 1－55

述本堂詩集十八卷續集五卷 …… 1－157

述祖詩一卷于京集五卷 ………… 1－211

述記三十四種 …………………… 2－534

述記四卷 ………………………… 1－137

述記四卷 ………………………… 2－418

述記四卷 ………………………… 2－472

述菴詩鈔十二卷 ………………… 1－150

述學內篇三卷補遺一卷外篇一卷別

　錄一卷附錄一卷校勘記一卷 …… 1－419

述學內篇三卷補遺一卷外篇一卷別

　錄一卷附錄一卷校勘記一卷 … 2－69

述學內篇三卷補遺一卷外篇一卷別

　錄一卷附錄一卷校勘記一卷 … 2－142

述學內篇三卷補遺一卷外篇一卷別

　錄一卷附錄一卷校勘記一卷 …… 2－229

述舊三卷 ………………………… 2－330

枕善堂尺牘一隅二十卷 ………… 1－503

枕經堂金石書畫題跋三卷 ……… 2－145

東三省交涉輯要十二卷首一卷 … 2－276

東山草堂全集五種 ……………… 2－19

東文易解前編一卷後編一卷 …… 2－483

東方兵事紀略五卷 ……………… 1－548

東方時局論略一卷 ……………… 1－587

東廵金石錄八卷 ………………… 2－30

東西洋考十二卷 ………………… 1－284

東西洋考十二卷 ………………… 1－284

東西洋考十二卷 ………………… 2－497

東江詩鈔十二卷 ………………… 1－12

東社讀史隨筆二卷 ……………… 1－469

［康熙］東阿縣志十二卷 ……… 1－42

東坡本傳 ………………………… 1－24

東坡年譜一卷 …………………… 1－23

東坡年譜一卷 …………………… 1－24

東坡年譜一卷 …………………… 1－81

東坡年譜一卷 …………………… 1－82

東坡年譜一卷 …………………… 1－102

東坡年譜一卷 …………………… 1－150

東坡先生全集七十五卷 ………… 1－4

東坡先生全集七十五卷 ………… 1－23

東坡先生志林十二卷 …………… 1－11

東坡先生墓誌銘一卷 …………… 1－24

東坡先生詩集註三十二卷 ……… 1－8

東坡先生詩集註三十二卷 ……… 1－11

東坡先生編年詩五十卷 ………… 1－140

東坡全集一百十五卷目錄七卷 … 1－24

東坡和陶合箋四卷 ……………… 1－407

東坡和陶合箋四卷附錄一卷 …… 1－271

東坡紀年錄一卷 ………………… 1－11

東坡書傳二十卷 ………………… 1－531

東坡集八十四卷目錄二卷 ……… 2－387

東坡詞一卷 ……………………… 1－17

東坡詩鈔一卷 …………………… 1－500

東坡詩選十二卷 ………………… 1－23

東坡遺意二卷 …………………… 2－249

東亞各港口岸志八篇 …………… 2－334

東亞將來大勢論一卷 …………… 1－339

東林同難錄一卷同難列傳一卷同難

　附傳一卷 ……………………… 2－71

東林書院志二十二卷 …………… 2－260

東周列國全志二十三卷一百〇八回

　………………………………… 1－343

東周列國全志二十三卷一百〇八回

　………………………………… 1－512

東周列國志二十七卷一百〇八回 …… 1－487

東周列國志二十七卷一百〇八回 …… 2－391

東周紀年一卷 …………………… 1－91

東垣十書 ………………………… 1－13

東垣十書 ………………………… 1－29

東垣十書 ………………………… 1－224

東垣十書 ………………………… 1－228

東垣十書 ………………………… 1－228

東垣十書 ………………………… 1－547

東垣十書 ………………………… 2－59

東垣十書 ………………………… 2－435

東南文集一卷淚枯草一卷詩餘一卷

　………………………………… 2－296

東南紀事十二卷 ………………… 1－269

東洋史要二卷 …………………… 1－455

東洋史要二卷 …………………… 2－336

東洋看操察學日記一卷 …………… 1－342

東洲艸堂文鈔二十卷 …………… 1－33

東洲艸堂詩鈔三十卷 …………… 2－227

東洲艸堂詩鈔三十卷首一卷 …… 2－182

東都事畧一百三十卷 …………… 2－202

東都事畧一百三十卷 …………… 2－202

東都事畧一百三十卷 …………… 2－216

東都事略一百三十卷 …………… 1－43

東都事略一百三十卷 …………… 1－180

東都事略一百三十卷 …………… 1－266

東都事略一百三十卷 …………… 1－452

東都事略一百三十卷 …………… 1－452

東都事略一百三十卷 …………… 1－452

東都事略一百三十卷 …………… 2－121

東都事略一百三十卷 …………… 2－143

東華全錄四百二十五卷附續編咸豐
　六十九卷 …………………… 1－261

東華全錄四百二十五卷附續編咸豐
　六十九卷 …………………… 1－261

東華錄二十二卷（天命、天聰、崇德朝）
　………………………………… 1－262

東華錄一百二十卷 ……………… 2－407

東華錄一百九十五卷續錄二百三十卷
　………………………………… 2－90

東華錄三十二卷 ………………… 1－91

東華錄三十二卷 ………………… 1－106

東華錄三十二卷 ………………… 1－106

東華錄三十二卷 ………………… 1－263

東華錄三十二卷 ………………… 1－453

東華錄三十二卷 ………………… 1－559

東華錄三十六卷（順治朝）………… 1－262

東華錄天命四卷天聰十一卷崇德八
　卷順治三十六卷康熙一百十卷雍
　正二十六卷東華續錄乾隆一百二十
　卷嘉慶五十卷道光六十卷 ……… 2－390

東華續錄一百二十卷（乾隆朝）…… 1－262

東華續錄一百卷（咸豐朝）………… 1－262

東華續錄五十卷（嘉慶朝）………… 1－262

東華續錄六十卷（道光朝）………… 1－262

東華續錄六十九卷（咸豐朝）……… 2－438

東軒吟社畫像一卷附一卷 ……… 2－123

東晉疆域志四卷 ………………… 1－253

東晉疆域志四卷 ………………… 1－253

東皋詩存四十八卷 ……………… 2－78

東書堂重修宣和博古圖錄三十卷 … 1－183

東埭文鈔四卷 …………………… 2－241

東萊左氏博議二十五卷 ………… 2－157

東萊先生三國志詳節二十卷首一卷 … 1－48

東萊先生古文關鍵二卷 ………… 2－15

東萊先生古文關鍵二卷 ………… 2－105

東萊先生古文關鍵二卷 ………… 2－228

東萊先生左氏博議二十五卷 …… 2－138

東萊先生北史詳節二十八卷首一卷 … 1－48

東萊先生西漢詳節三十卷 ……… 1－25

東萊先生西漢詳節三十卷 ……… 1－48

東萊先生南史詳節二十五卷首一卷 … 1－48

東萊先生音注唐鑑二十四卷 …… 2－68

東萊先生音註唐鑑二十四卷 …… 1－303

東萊先生音註唐鑑二十四卷 …… 1－303

東萊先生音註唐鑑二十四卷 …… 1－572

東萊先生音註唐鑑二十四卷 …… 2－119

東萊先生音註唐鑑二十四卷 …… 2－455

東萊博議二十五卷 ……………… 1－590

東萊博議四卷 …………………… 1－168

東萊博議四卷 …………………… 1－303

東萊博議四卷 …………………… 1－303

東萊博議四卷 …………………… 1－303

東萊博議四卷 …………………… 1－468

東萊博議四卷 …………………… 1－468

東萊博議四卷 …………………… 1－590

東萊博議四卷 …………………… 2－335

東萊集註類編觀瀾文甲集二十五卷
　甲攷一卷乙集二十五卷乙攷一卷
　丙集二十卷丙攷一卷續攷一卷 … 2－135

東萊詩集二十卷 ………………… 1－403

［道光］東陽縣志二十七卷首一卷 … 2－416

［道光］東陽縣志二十七卷首一卷 … 2－576

［道光］東陽縣志二十八卷首一卷 … 2－409

東越証學錄十六卷 ……………… 1－22

東越儒林後傳一卷 ……………… 2－471

東越儒林傳一卷文苑傳一卷……… 2－135

東嵒艸堂評訂唐詩鼓吹十卷…………… 1-142
東嵒艸堂評訂唐詩鼓吹十卷…………… 1-128
東游紀程四卷……………………………… 1-548
東遠紀畧一卷……………………………… 1-420
東槎紀略五卷……………………………… 1-529
東槎紀略五卷……………………………… 2-284
東槎紀略五卷姚氏先德傳六卷………… 2-136
東溟文集六卷外集四卷 ………………… 2-79
東溟文集六卷外集四卷………………… 2-136
東語初階□□篇…………………………… 2-12
東語初階□□篇…………………………… 2-12
東塾集六卷………………………………… 2-228
東塾集六卷附申范一卷………………… 1-536
東塾集六卷附申范一卷 ………………… 2-81
東塾集六卷附申范一卷………………… 2-136
東塾集六卷附申范一卷………………… 2-456
東塾讀書記二十五卷…………………… 1-215
東塾讀書記二十五卷…………………… 1-215
東塾讀書記二十五卷…………………… 1-442
東塾讀書記二十五卷 …………………… 2-74
東塾讀書記二十五卷…………………… 2-141
東塾讀書記二十五卷…………………… 2-203
東塾讀書記二十五卷…………………… 2-231
東塾讀書記二十五卷…………………… 2-305
東塾讀書記二十五卷…………………… 2-463
東塾讀書記二十五卷…………………… 2-471
東塾讀書記二十五卷…………………… 2-506
東漢會要四十卷………………………… 1-245
東漢會要四十卷………………………… 1-286
東漢會要四十卷………………………… 1-286
東漢會要四十卷………………………… 1-559
東漢會要四十卷………………………… 2-189
東漢會要四十卷………………………… 2-460
東甌金石志十二卷 ……………………… 2-30
東甌金石志十二卷……………………… 2-235
東壁先生書鈔五種……………………… 2-324
東醫寶鑑二十二卷目錄二卷………… 1-210
東醫寶鑑二十二卷目錄二卷………… 1-542
東醫寶鑑二十二卷目錄二卷………… 2-504
東醫寶鑑二十二卷目錄二卷………… 2-528
東醫寶鑑二十二卷目錄二卷………… 2-585

東醫寶鑑二十二卷目錄二卷………… 2-586
東醫寶鑑二十二卷目錄二卷………… 2-586
東醫寶鑑二十三卷目錄二卷………… 1-323
東關紀略二卷附錄一卷………………… 1-575
東瀛詩記二卷…………………………… 2-299
東瀛詩選四十卷補遺四卷詩紀二卷
　　　　　　　　　　　　　　　　 2-326
東瀛觀學記一卷………………………… 2-255
東觀奏記三卷…………………………… 1-214
東觀漢記二十四卷………………………… 1-51
東觀漢記二十四卷………………………… 1-70
東觀漢記二十四卷……………………… 1-453
東觀漢記二十四卷……………………… 2-135
臥雲山房詩草一卷……………………… 2-204
臥龍崗志二卷…………………………… 1-123
事物考八卷………………………………… 1-56
事物紀原十卷…………………………… 1-337
事物紀原十卷…………………………… 1-337
事物紀原十卷…………………………… 1-338
事宜不分卷……………………………… 2-474
事類統編九十三卷首一卷……………… 1-541
事類賦三十卷…………………………… 1-78
事類賦三十卷…………………………… 1-78
事類賦三十卷…………………………… 1-78
事類賦三十卷…………………………… 1-489
事類賦三十卷…………………………… 2-144
事類賦三十卷…………………………… 2-526
事類賦補遺十四卷……………………… 2-385
刺灸心法撮要不分卷…………………… 2-249
刺疔捷法一卷…………………………… 2-294
刺疔捷法一卷…………………………… 2-562
兩山墨談十八卷………………………… 1-274
兩山墨談十八卷………………………… 1-274
兩山墨談十八卷………………………… 1-523
兩般秋雨盦隨筆八卷…………………… 1-339
兩般秋雨盦隨筆八卷…………………… 2-6
兩般秋雨盦隨筆八卷…………………… 2-195
兩般秋雨盦隨筆八卷…………………… 2-339
兩般秋雨盦隨筆八卷…………………… 2-354
兩般秋雨盦隨筆四卷…………………… 1-483
兩浙名賢錄六十二卷…………………… 1-272

兩浙防護陵寢祠墓錄一卷 …………… 2－264
兩浙防護陵寢祠墓錄不分卷 ………… 2－200
兩浙防護錄不分卷 …………………… 1－283
兩浙金石志十八卷補遺一卷 ………… 1－302
兩浙金石志十八卷補遺一卷 ………… 1－302
兩浙金石志十八卷補遺一卷 ………… 2－316
兩浙輶軒錄四十卷 …………………… 2－210
兩浙輶軒錄四十卷補遺十卷 ………… 1－385
兩浙輶軒錄四十卷補遺十卷 ………… 2－183
兩浙輶軒錄四十卷補遺十卷 ………… 2－210
兩浙輶軒續錄五十四卷補遺六卷 …… 2－151
兩浙輶軒續錄五十四卷補遺六卷 …… 2－182
兩浙輶軒續錄五十四卷補遺六卷 …… 2－210
兩淮鹽法志五十六卷首四卷 ………… 1－291
兩淮鹽法志五十六卷首四卷 ………… 2－390
兩湖書院課程二卷 …………………… 1－398
兩當軒集二十二卷 …………………… 1－538
兩當軒集二十二卷 …………………… 2－318
兩當軒集二十二卷集攷二卷附錄四卷
………………………………………… 1－420
兩當軒集二十卷集攷二卷附六卷 …… 2－136
兩當軒詩鈔十四卷 …………………… 2－145
兩當軒詩鈔十四卷竹眠詞鈔二卷 …… 1－505
兩當軒詩鈔十四卷竹眠詞鈔二卷 …… 2－81
兩當軒詩鈔十四卷悔存詞鈔二卷 …… 2－170
兩當軒詩鈔十四卷悔存詞鈔二卷 …… 2－199
兩廣學務處遊學報告一卷 …………… 2－14
兩漢五經博士考三卷 ………………… 1－215
兩漢刊誤補遺十卷 …………………… 1－53
兩漢刊誤補遺十卷 …………………… 2－281
兩漢金石記二十二卷 ………………… 1－68
兩漢金石記二十二卷 ………………… 1－73
兩漢金石記二十二卷 ………………… 1－73
兩漢金石記二十二卷 ………………… 1－92
兩漢金石記二十二卷 ………………… 1－101
兩漢金石記二十二卷 ………………… 1－104
兩漢金石記二十二卷 ………………… 1－148
兩漢策要十二卷 ……………………… 1－460
兩漢策要十二卷 ……………………… 2－112
兩漢策要十二卷 ……………………… 2－340
兩漢雋言十六卷 ……………………… 2－416

兩罍軒尺牘十二卷 …………………… 2－231
兩罍軒印攷漫存九卷 ………………… 2－284
兩罍軒彝器圖釋十二卷 ……………… 1－300
雨村詩話十六卷 ……………………… 2－354
雨亭尺牘八卷 ………………………… 2－407
雨亭尺牘八卷 ………………………… 2－466
雨亭尺牘六卷 ………………………… 1－506
雨屋深燈詞一卷續稿一卷三編一卷 … 2－238
鹵厈四書文一卷 ……………………… 1－494
郁謝麻科合璧一卷 …………………… 2－429
奇門遁甲秘要二卷 …………………… 1－3
奇門遁甲統宗十二卷 ………………… 2－355
奇門遁甲統宗十二卷 ………………… 2－464
奇門遁甲統宗十二卷 ………………… 2－492
奇晉齋叢書十六種 …………………… 1－147
奇觚廎文集三卷外集一卷 …………… 1－535
奇經八脈考一卷 ……………………… 1－478
拔一切業障根本得生淨土神咒一卷
………………………………………… 2－273
抱月園初集一卷二集一卷山奚囊一
　卷浮丘山房存稿一卷 ……………… 2－252
抱真書屋詩鈔十一卷 ………………… 1－425
抱經堂文集三十四卷 ………………… 1－139
抱經堂叢書十七種 …………………… 1－174
抱犢山房集六卷 ……………………… 1－531
抱犢山房集六卷 ……………………… 1－131
拙修集十卷 …………………………… 2－178
拙圃詩草十卷 ………………………… 1－141
拙尊園叢稿六卷 ……………………… 1－538
拙尊園叢稿六卷 ……………………… 2－147
拙尊園叢稿六卷 ……………………… 2－229
拙尊園叢稿六卷 ……………………… 2－270
拙盦叢稿五種 ………………………… 2－212
拙盦叢稿五種 ………………………… 2－212
招隱山志十二卷首一卷 ……………… 2－114
叔苴子内篇六卷外篇二卷 …………… 2－484
歧韻詳辨六卷 ………………………… 2－25
虎鈐經二十卷 ………………………… 1－473
尚友錄二十二卷 ……………………… 1－23
尚友錄二十二卷 ……………………… 2－410
尚史七十卷 …………………………… 1－266

尚史七十卷 …………………… 2-105
尚史七十卷 …………………… 2-315
尚書十三卷 …………………… 1-87
尚書大傳四卷 ………………… 1-568
尚書大傳四卷 ………………… 2-159
尚書大傳四卷補遺一卷 ……… 1-106
尚書日記十六卷 ……………… 1-42
尚書今注音疏十二卷末一卷外編一卷
　　……………………………… 1-161
尚書引義六卷 ………………… 2-546
尚書孔傳參正三十六卷 ……… 2-61
尚書古文疏證八卷 …………… 1-138
尚書古文疏證八卷 …………… 1-142
尚書古文疏證八卷 …………… 1-220
尚書古文疏證八卷 …………… 2-92
尚書古文辨惑二十二卷 ……… 1-220
尚書古文證疑四卷 …………… 2-277
尚書古文證疑四卷 …………… 2-568
尚書申孔篇一卷 ……………… 2-269
尚書四卷 ……………………… 2-476
尚書考異六卷 ………………… 1-568
尚書考異六卷 ………………… 2-124
尚書攷辨四卷 ………………… 2-446
尚書攷辨四卷 ………………… 2-548
尚書因文六卷 ………………… 2-445
尚書因文六卷首一卷 ………… 2-309
尚書因文六卷首一卷末一卷 … 2-92
尚書因文六卷首一卷末一卷 … 2-109
尚書伸孔篇一卷 ……………… 1-218
尚書表注二卷 ………………… 1-221
尚書注疏二十卷 ……………… 1-37
尚書注疏二十卷 ……………… 1-444
尚書注疏十九卷 ……………… 1-220
尚書要義二十卷 ……………… 2-93
尚書後案三十卷 ……………… 1-153
尚書後案三十卷後辨一卷 …… 2-61
尚書後案三十卷後辨一卷 …… 2-148
尚書通考十卷 ………………… 1-221
尚書逸文二卷 ………………… 1-143
尚書註疏二十卷 ……………… 2-580
尚書詳解二十六卷 …………… 1-54

尚書詳解十三卷 ……………… 1-220
尚書詳解五十卷 ……………… 1-54
尚書箋三十卷 ………………… 1-220
尚書離句六卷 ………………… 2-429
尚書釋天六卷 ………………… 1-69
尚書釋天六卷 ………………… 1-153
尚絅堂詩集五十二卷詞集二卷駢體
　　文二卷 …………………… 1-421
尚絅堂詩集五十二卷詞集二卷駢體
　　文二卷 …………………… 1-421
尚詩徵名二卷 ………………… 2-61
尚論張仲景傷寒論重編二卷首一卷
　　後四卷 …………………… 1-322
尚論張仲景傷寒論重編三百九十七
　　法四卷首一卷 …………… 2-437
尚論篇四卷後篇四卷 ………… 1-475
尚論篇四卷後篇四卷寓意草一卷 … 1-323
[光緒]盱眙縣志稿十七卷 …… 2-263
具茨晁先生詩集一卷 ………… 1-18
具茨晁先生詩集一卷 ………… 1-35
果堂集十二卷 ………………… 1-33
味梨集一卷 …………………… 1-511
味梨集一卷 …………………… 2-310
味無味齋詩鈔十卷 …………… 2-173
味道根齋草四卷 ……………… 1-421
味經官書局擬印書目一卷 …… 2-328
味經時務齋課稿叢鈔四種 …… 1-356
味經書院藏書目不分卷 ……… 1-466
味經書院藏書目不分卷 ……… 1-589
味經書院藏書目不分卷 ……… 1-589
味經書院藏書目不分卷 ……… 2-477
味經傳經書目合刻一卷 ……… 2-318
味經課藝四卷 ………………… 1-398
味經齋遺書十二種 …………… 2-66
味塵軒詩集十六卷詩餘二卷詞餘一卷
　　……………………………… 2-21
味餘書室隨筆二卷 …………… 2-153
昆曲粹存初集不分卷 ………… 1-510
[道光]昆明縣志十卷 ………… 2-56
[道光]昆明縣志十卷 ………… 2-56
[道光]昆明縣志十卷 ………… 2-56

昌谷集四卷···································· 1－1
昌黎年譜一卷······························ 2－172
昌黎先生外集十卷遺文一卷昌黎先
　　生集傳一卷···························· 1－104
昌黎先生全集四十卷遺文一卷外集十卷
　　·· 1－147
昌黎先生集四十卷·························· 2－133
昌黎先生集四十卷·························· 2－217
昌黎先生集四十卷外集十卷············ 1－185
昌黎先生集四十卷外集十卷············ 1－398
昌黎先生集四十卷外集十卷············ 1－398
昌黎先生集四十卷外集十卷遺文一卷
　　·· 1－37
昌黎先生集四十卷外集十卷遺文一卷
　　·· 1－396
昌黎先生集四十卷集傳一卷············ 2－525
昌黎先生集考異十卷······················ 1－174
昌黎先生集遺文一卷······················ 2－483
昌黎先生詩集注十一卷··················· 1－57
昌黎先生詩集注十一卷··················· 1－99
昌黎先生詩集注十一卷··················· 1－140
昌黎先生詩集注十一卷··················· 1－160
昌黎先生詩集注十一卷··················· 1－399
昌黎先生詩集注十一卷··················· 1－400
昌黎先生詩集注十一卷··················· 2－75
昌黎先生詩集注十一卷··················· 2－168
昌黎先生詩集注十一卷··················· 2－172
昌黎先生詩集注十一卷··················· 2－219
昌黎先生詩集注十一卷年譜一卷······ 1－551
昌黎先生詩增注證訛十一卷············ 1－272
昌黎先生詩增注證訛十一卷············ 2－75
昌黎先生詩增注證訛十一卷············ 2－226
昌黎先生詩增注證訛十一卷············ 2－323
門存倡和詩鈔十卷續刻三卷············ 1－391
明十三家詩選初集八卷··················· 2－468
明人詩鈔正集十四卷續集十四卷······ 1－147
明人詩鈔續集十四卷······················ 2－132
明九邊考四卷······························ 2－529
明三十家詩選初集八卷二集八卷······ 1－394
明三十家詩選初集八卷二集八卷······ 2－81
明三十家詩選初集八卷二集八卷······ 2－126

明大司馬盧公奏議十卷··················· 2－238
明大司馬盧公奏議十卷··················· 2－325
明大政纂要六十三卷······················ 2－301
明太祖功臣圖一卷·························· 2－116
明太僕寺少卿徐公遺像題辭不分卷
　　·· 1－276
明中憲大夫南京吏部主事前巡按直隸
　　廣西道監察御史雲麓馬公行狀一卷
　　·· 2－289
明文在一百卷······························ 1－176
明文在一百卷······························ 1－388
明文在一百卷······························ 1－388
明文在一百卷······························ 1－494
明文在一百卷······························ 2－82
明文英華十卷······························ 1－146
明文奇賞四十卷···························· 1－15
明文明四卷··································· 1－494
明本釋三卷··································· 1－53
明史三百三十二卷························· 1－251
明史三百三十二卷························· 1－251
明史三百三十二卷························· 1－252
明史三百三十二卷························· 1－252
明史三百三十二卷························· 2－232
明史三百三十二卷························· 2－386
明史三百三十二卷························· 2－386
明史三百三十二卷························· 2－386
明史三百三十二卷························· 2－387
明史三百三十二卷························· 2－387
明史三百三十二卷························· 2－553
明史紀事本末八十卷······················ 1－266
明史紀事本末八十卷······················ 1－266
明史紀事本末八十卷······················ 1－266
明史紀事本末八十卷······················ 1－453
明史紀事本末八十卷······················ 2－97
明史紀事本末八十卷······················ 2－201
明史紀事本末八十卷······················ 2－369
明史紀事本末八十卷······················ 2－379
明史紀事本末八十卷······················ 2－392
明史紀事本末八十卷······················ 2－401
明史紀事本末八十卷······················ 2－414
明史紀事本末八十卷······················ 2－473

明史紀事本末八十卷 ·················· 2－491
明史紀事本末八十卷 ·················· 2－496
明史紀事本末八十卷 ·················· 2－498
明史紀事本末八十卷 ·················· 2－561
明史稿三百十卷目錄三卷 ············ 1－563
明史稿三百十卷目錄三卷 ············ 1－572
明史稿三百十卷目錄三卷 ············ 2－154
明史論四卷 ·························· 1－590
明史論四卷 ·························· 2－195
明史論四卷 ·························· 2－344
明史論四卷 ·························· 2－387
明史論四卷 ·························· 2－483
明史論四卷 ·························· 2－499
明史論四卷 ·························· 2－501
明史論四卷 ·························· 2－542
明史論四卷 ·························· 2－544
明史雜詠四卷 ······················ 1－149
明四子詩集一百二十六卷 ············ 1－394
明刑管見錄一卷 ···················· 1－315
明刑管見錄一卷 ···················· 1－315
明刑管見錄一卷 ···················· 2－317
明刑管見錄一卷 ···················· 2－347
明臣奏議十二卷 ···················· 2－194
明夷待訪錄一卷 ···················· 1－178
明夷待訪錄一卷 ···················· 1－309
明夷待訪錄一卷 ···················· 1－309
明夷待訪錄一卷 ···················· 1－309
明夷待訪錄一卷 ···················· 1－309
明夷待訪錄一卷 ···················· 2－243
明夷待訪錄一卷 ···················· 2－408
明夷待訪錄一卷 ···················· 2－504
明夷待訪錄一卷 ···················· 2－542
明州阿育王山志十卷續志六卷 ······· 2－58
明州繫年錄七卷 ···················· 2－239
明呂叔簡先生四禮翼四卷 ············ 1－197
明良志略一卷 ······················ 1－528
明良志略一卷 ······················ 1－560
明東陽孫石臺先生定志編二卷 ········ 1－164
明東陽孫石臺先生定志編二卷 ········ 2－243
明季北略二十四卷 ·················· 1－266
明季北略二十四卷 ·················· 2－116

明季南略十八卷明季北略二十四卷
 ································· 1－266
明季稗史彙編十六種 ················ 1－274
明季稗史彙編十六種 ················ 1－561
明季稗史彙編十六種 ················ 2－71
明季稗史彙編十六種 ················ 2－197
明季稗史彙編十六種 ················ 2－311
明季實錄四卷 ······················ 1－266
明季續聞一卷 ······················ 2－207
明治小學教育沿革不分卷 ············ 1－365
明治小學教育沿革不分卷 ············ 1－365
明治小學教育沿革不分卷 ············ 1－365
明紀六十卷 ························· 1－259
明紀六十卷 ························· 1－259
明紀六十卷 ························· 1－259
明紀六十卷 ························· 1－259
明紀六十卷 ························· 1－259
明紀六十卷 ························· 1－260
明紀六十卷 ························· 1－452
明紀六十卷 ························· 2－109
明紀六十卷 ························· 2－441
明紀六十卷 ························· 2－490
明紀六十卷 ························· 2－528
明紀六十卷 ························· 2－529
明紀六十卷 ························· 2－530
明紀六十卷 ························· 2－530
明紀六十卷 ························· 2－530
明紀彈詞註一卷 ···················· 1－487
明紀彈詞註一卷 ···················· 2－106
明宮雜詠二十卷 ···················· 2－173
明通鑑一百卷 ······················ 1－257
明通鑑九十卷目錄二十卷前編四卷
  附編六卷 ······················· 2－211
明通鑑九十卷首一卷前編四卷附編六卷
 ································· 1－573
明通鑑九十卷首一卷前編四卷附編六卷
  ································ 2－307
明通鑑九十卷首一卷前編四卷附編六卷
  ································ 2－398
明通鑑目錄二十卷 ·················· 1－573
明孫石臺先生質疑稿三卷 ············ 1－163

明孫石臺先生質疑稿三卷 ………… 2－244　　明詩綜一百卷 ………………… 1－181
明理學月川曹先生年譜二卷 ……… 1－28　　明詩綜一百卷 ………………… 1－524
明堂大道錄八卷禘說二卷 ………… 1－124　　明詩綜一百卷 ………………… 1－533
明堂大道錄八卷禘說二卷 ………… 1－176　　明詩選集十二卷 ……………… 1－560
明堂考三卷 ………………………… 2－316　　明滇南詩選六卷 ……………… 1－394
明堂陰陽夏小正經傳考釋十卷夏時　　　　明僮小錄一卷 ………………… 1－484
　等列說一卷 ……………………… 2－244　　明賢尺牘四卷 ………………… 2－247
明清職官列傳□□卷 ……………… 1－216　　明賢蒙正錄二卷 ……………… 2－241
明張文忠公全集四十六卷附錄二卷　　　　明德先生文集二十六卷 ……… 1－21
　………………………………………… 2－236　　明德先生文集二十六卷 ……… 1－25
明朝紀事本末八十卷 ……………… 1－191　　明儒學案六十二卷 …………… 1－140
明詞綜十二卷 ……………………… 2－86　　明儒學案六十二卷 …………… 1－310
明道先生文集五卷 ………………… 2－206　　明儒學案六十二卷 …………… 1－380
明道書院論語講義偶存一卷 ……… 1－84　　明儒學案六十二卷 …………… 1－473
明聖經不分卷 ……………………… 2－595　　明儒學案六十二卷 …………… 1－473
明詩正聲十八卷 …………………… 1－20　　明辨錄一卷 …………………… 1－311
明詩別裁集十二卷 ………………… 1－56　　明辨錄一卷 …………………… 2－302
明詩別裁集十二卷 ………………… 1－97　　明齋小識十二卷 ……………… 2－154
明詩別裁集十二卷 ………………… 1－97　　明齋小識十二卷 ……………… 2－157
明詩別裁集十二卷 ………………… 1－126　　易大義一卷 …………………… 2－140
明詩別裁集十二卷 ………………… 1－135　　易占經緯四卷 ………………… 1－220
明詩別裁集十二卷 ………………… 1－201　　易占經緯四卷附錄一卷 ……… 1－442
明詩別裁集十二卷 ………………… 1－501　　易占經緯四卷附錄一卷 ……… 1－442
明詩別裁集十二卷 ………………… 2－465　　易占經緯四卷附錄一卷 ……… 1－442
明詩別裁集十二卷 ………………… 2－475　　易占經緯四卷附錄一卷 ……… 1－442
明詩紀事甲籤三十卷乙籤二十二卷　　　　易占經緯四卷附錄一卷 ……… 1－444
　丙籤十二卷丁籤十七卷戊籤二十　　　　易林補遺十二卷 ……………… 1－177
　二卷己籤二十卷庚籤三十卷辛籤　　　　易知摘要類編十二卷 ………… 1－260
　三十四卷 ………………………… 1－521　　易知摘要類編十二卷 ………… 2－101
明詩紀事甲籤三十卷乙籤二十二卷　　　　易知摘要類編十二卷 ………… 2－106
　丙籤十二卷丁籤十七卷戊籤二十　　　　易理三種初稿一卷 …………… 1－471
　二卷己籤二十卷庚籤三十卷辛籤　　　　易堂問目四卷 ………………… 1－144
　三十四卷 ………………………… 2－144　　易堂問目四卷 ………………… 1－148
明詩紀事甲籤三十卷乙籤二十二卷　　　　易堂問目四卷 ………………… 1－443
　丙籤十二卷丁籤十七卷戊籤二十　　　　易象意言一卷 ………………… 2－488
　二卷己籤二十卷庚籤三十卷辛籤　　　　易園集七卷 …………………… 2－169
　三十四卷 ………………………… 2－145　　易傳十七卷 …………………… 1－568
明詩綜一百卷 ……………………… 1－97　　易經十二卷首一卷末一卷 …… 1－568
明詩綜一百卷 ……………………… 1－140　　易經十二卷首一卷末一卷 …… 2－426
明詩綜一百卷 ……………………… 1－141　　易經八卷 ……………………… 1－218
明詩綜一百卷 ……………………… 1－176　　易經八卷 ……………………… 1－441

易經八卷 ……………………………… 2－90
易經大全二十卷…………………………… 1－132
易經大全會解四卷 ……………………… 1－443
易經考異一卷 ……………………………… 1－42
易經卦名試帖二卷 ……………………… 1－443
易經來註圖解一卷易學啟蒙一卷來
　瞿唐先生易註十五卷末一卷 ……… 1－219
易經揆一十四卷學啟蒙補二卷……… 1－171
易經集解一卷易傳集解十卷周易口
　訣義六卷周易口訣義補一卷 ……… 1－217
易經精義旁訓三卷 ……………………… 2－92
易經讀本不分卷 ………………………… 1－219
易經讀本不分卷 ………………………… 1－568
易經讀本不分卷 ………………………… 1－568
易經讀本不分卷 ………………………… 2－457
易聞十二卷首一卷 ……………………… 1－69
易圖明辨十卷 …………………………… 2－61
易說十二卷便錄一卷 …………………… 1－419
易說十二卷便錄一卷 …………………… 2－320
易說六卷…………………………………… 2－190
易說六卷…………………………………… 2－228
易說旁通十卷 …………………………… 1－219
易漢學八卷 ……………………………… 1－176
易漢學八卷 ……………………………… 2－61
易緯八種 ………………………………… 1－53
易緯乾坤鑿度二卷 ……………………… 1－53
易緯略義三卷 …………………………… 1－220
易學啟蒙四卷周易本義十二卷 ……… 1－218
易學啟蒙四卷周易本義十二卷 ……… 1－218
易學啟蒙四卷周易本義十二卷 ……… 1－218
易憲四卷 ………………………………… 1－153
易憲四卷 ………………………………… 1－219
易憲四卷卦歌一卷圖說一卷 ………… 1－123
易隱八卷首一卷 ………………………… 1－220
易隱八卷首一卷 ………………………… 1－220
易盪二卷 ………………………………… 1－10
易簡齋詩鈔二卷 ………………………… 2－210
典林瑯環二十四卷 ……………………… 2－31
典制駢儷集成五卷 ……………………… 1－490
典籍格言不分卷 ………………………… 1－8
忠介公集十三卷 ………………………… 1－509

忠介公集十三卷附錄五卷 …………… 2－291
忠介公集十三卷首一卷末一卷附錄五卷
　………………………………………… 1－404
忠介公集十三卷首一卷末一卷附錄五卷
　………………………………………… 1－409
忠介公集十三卷首一卷末一卷附錄五卷
　………………………………………… 2－475
忠正德文集十卷 ………………………… 1－539
忠正德文集十卷附錄一卷 …………… 2－246
忠孝節義見聞紀略一卷 ……………… 1－580
忠孝節義見聞紀略一卷 ……………… 2－296
忠孝節義錄四卷 ………………………… 2－389
忠武祠墓志七卷首一卷末一卷 ……… 1－297
忠武祠墓志七卷首一卷末一卷 ……… 1－552
忠武祠墓志七卷首一卷末一卷 ……… 1－584
忠武祠墓志七卷首一卷末一卷 ……… 2－30
忠武祠墓志七卷首一卷末一卷 ……… 2－102
忠武祠墓志七卷首一卷末一卷 ……… 2－260
忠武祠墓志七卷首一卷末一卷 ……… 2－334
忠武誌十卷 ……………………………… 2－60
忠武誌八卷……………………………… 1－123
忠雅堂文集十二卷 ……………………… 2－138
忠雅堂文集十二卷詩集二十七卷補
　遺二卷銅絃詞附南北曲二卷 ……… 2－78
忠雅堂評選四六法海八卷 …………… 1－389
忠雅堂評選四六法海八卷 …………… 1－389
忠雅堂評選四六法海八卷 …………… 2－15
忠雅堂評選四六法海八卷 …………… 2－84
忠雅堂詞集二卷 ………………………… 2－148
忠雅堂詩集二十七卷補遺二卷……… 1－416
忠雅堂詩集二十七卷補遺二卷……… 1－416
忠雅堂詩集二十七卷補遺二卷……… 2－143
忠雅堂詩集二十七卷補遺二卷……… 2－222
忠雅堂詩集二十七卷補遺二卷詞集二卷
　………………………………………… 1－539
忠雅堂詩集二十七卷補遺二卷詞集二卷
　………………………………………… 2－160
忠雅堂詩集二十七卷補遺二卷銅絃
　詞附南北曲二卷 …………………… 1－127
忠統三卷 ………………………………… 1－23
忠義紀聞錄三十卷續錄十卷………… 2－175

忠義節孝錄二卷 ·············· 1-63

忠愍公詩集三卷 ·············· 1-24

忠愍公詩集三卷文集一卷 ········ 1-5

忠經一卷 ················· 2-420

忠經集註一卷 ·············· 1-10

忠簡公集七卷 ·············· 2-102

呻吟語六卷 ················ 1-8

呻吟語六卷 ··············· 1-189

呻吟語六卷 ··············· 1-308

呻吟語六卷 ··············· 1-532

呻吟語六卷 ··············· 2-111

呻吟語六卷 ··············· 2-201

呻吟語六卷 ··············· 2-333

呻吟語六卷 ··············· 2-354

呻吟語六卷 ··············· 2-354

呻吟語六卷 ··············· 2-451

呻吟語六卷附錄一卷 ·········· 1-591

呻吟語六卷首一卷補遺一卷 ······ 1-314

呻吟語六卷首一卷補遺一卷 ······ 1-314

呻吟語六卷首一卷補遺一卷 ······ 1-314

呻吟語六卷首一卷補遺一卷 ······ 1-476

呻吟語六卷補遺一卷 ·········· 2-102

邵亭詩鈔六卷 ·············· 2-79

邵亭詩鈔六卷 ·············· 2-133

邵亭遺詩八卷 ·············· 2-277

邵亭遺詩八卷 ·············· 2-490

咏物詩選八卷 ·············· 1-172

咏物詩選八卷 ·············· 1-540

咏物詩選八卷 ·············· 2-244

咏物詩選八卷 ·············· 2-495

咏物詩選註釋八卷 ··········· 2-339

廻文傳十六卷 ·············· 1-489

制賊淺說一卷 ·············· 2-294

制義禮要十九卷 ············· 2-106

制義叢話二十四卷 ··········· 1-506

制義叢話二十四卷 ··········· 2-490

制義靈樞四卷 ·············· 1-508

制藝萃珍十卷 ·············· 1-506

制藝博鈔不分卷 ············· 1-507

知不足齋叢書三十集 ·········· 1-86

知不足齋叢書三十集 ·········· 1-86

知不足齋叢書三十集 ·········· 1-131

知不足齋叢書三十集 ·········· 1-140

知不足齋叢書三十集 ·········· 1-181

知不足齋叢書三十集 ·········· 1-522

知不足齋叢書三十集 ·········· 1-523

知不足齋叢書三十集 ·········· 2-225

知不足齋叢書三十集 ·········· 2-412

知不足齋叢書三十集 ·········· 2-432

知止軒文草二卷 ············· 2-213

知止齋詩集十六卷 ··········· 1-535

知古錄三卷拾慧錄一卷 ········· 1-485

知本提綱十卷 ·············· 1-74

知本提綱十卷 ·············· 1-592

知味軒啟事四卷 ············· 1-501

知味軒啟事四卷稟言三卷 ········ 1-502

知服齋叢書五集二十五種 ········ 2-316

知畏齋文稿一卷 ············· 1-516

知愧軒尺牘十六卷 ··········· 2-250

知新編六卷 ··············· 1-333

知養恬齋時文鈔六卷賦鈔四卷題解
  一卷試帖二卷詩集三十卷 ······· 1-423

牧令書二十三卷末一卷 ········· 2-391

牧令書二十三卷保甲書四卷 ······· 1-465

牧令書二十三卷保甲書四卷 ······· 2-368

牧令書二十三卷保甲書四卷 ······· 2-390

牧令書二十三卷保甲書四卷 ······· 2-436

牧令書節要十八卷 ··········· 1-462

牧令書輯要十卷 ············· 1-301

牧令書輯要十卷 ············· 2-102

牧令書輯要十卷 ············· 2-367

牧令書輯要十卷 ············· 2-367

牧令書輯要十卷 ············· 2-467

牧令書輯要十卷 ············· 2-468

牧令須知六卷 ·············· 1-462

牧民忠告二卷 ·············· 1-463

牧民忠告二卷 ·············· 2-367

牧民忠告二卷風憲忠告一卷廟堂忠
  告一卷 ················· 1-299

牧民忠告二卷風憲忠告一卷廟堂忠
  告一卷 ················· 1-299

牧民忠告二卷風憲忠告一卷廟堂忠

告一卷……………………… 1－299
牧菴雜紀六卷……………… 1－418
牧庵年譜一卷 ……………… 1－52
牧庵集三十六卷 …………… 1－52
牧庵集三十六卷 …………… 1－508
牧齋尺牘三卷……………… 2－570
牧齋有學集五十卷 ………… 1－66
物理小識十二卷首一卷…… 2－110
物理推原一卷……………… 2－314
物理標準二卷……………… 1－358
物理學上編四卷中編四卷下編四卷 … 2－10
物理學算法八卷…………… 1－542
物體遇熱改易記四卷……… 2－10
乖崖先生文集十二卷附錄一卷…… 1－405
乖崖集存六卷……………… 1－505
和文漢譯讀本八卷………… 2－558
和文漢譯讀本八卷………… 2－562
和靖尹先生文集十卷……… 1－403
季漢書九十卷……………… 2－244
季漢書辨異一卷…………… 2－199
岳忠武王文集八卷首一卷末一卷…… 1－406
岳忠武王文集八卷首一卷末一卷…… 2－187
岳忠武王文集八卷首一卷末一卷…… 2－423
岳忠武王文集八卷首一卷末一卷…… 2－530
岳忠武王集八卷首一卷末一卷…… 1－538
岳忠武王集八卷首一卷末一卷…… 2－102
岳廟志略十卷首一卷 ……… 2－54
使西紀程二卷……………… 1－284
使西紀程二卷……………… 2－154
使西紀程二卷……………… 2－278
使琉球記六卷……………… 2－271
使黔草二卷………………… 2－192
版權考三卷………………… 2－214
岱史十八卷………………… 1－42
岱史十八卷………………… 1－168
岱南閣叢書十六種………… 1－147
岱覽三十二卷……………… 1－527
兒科醒十二卷……………… 1－322
兒童諸病□□卷…………… 2－249
兒童矯弊論不分卷………… 1－366
兒童矯弊論不分卷………… 1－366

兒童矯弊論不分卷………… 1－367
佩文詩韻五卷……………… 1－447
佩文詩韻五卷……………… 2－486
佩文詩韻釋要五卷………… 1－241
佩文詩韻釋要五卷………… 1－241
佩文詩韻釋要五卷………… 1－241
佩文詩韻釋要五卷………… 1－449
佩文詩韻釋要五卷………… 1－450
佩文詩韻釋要五卷………… 1－566
佩文詩韻釋要五卷………… 2－145
佩文詩韻釋要五卷………… 2－161
佩文詩韻釋要五卷………… 2－309
佩文詩韻釋要五卷………… 2－389
佩文詩韻釋要五卷………… 2－413
佩文詩韻釋要五卷………… 2－521
佩文詩韻釋要五卷………… 2－531
佩文詩韻釋要五卷………… 2－533
佩文詩韻釋要五卷………… 2－563
佩文齋書畫譜一百卷……… 1－77
佩文齋書畫譜一百卷……… 1－145
佩文齋書畫譜一百卷……… 1－183
佩文齋書畫譜一百卷……… 1－551
佩文齋書畫譜一百卷 ……… 2－71
佩文齋書畫譜一百卷……… 2－277
佩文齋書畫譜一百卷……… 2－308
佩文齋書畫譜一百卷……… 2－388
佩文齋書畫譜一百卷……… 2－545
佩文齋書畫譜一百卷……… 2－553
佩文齋廣羣芳譜一百卷目錄二卷…… 1－154
佩文韻府一百〇六卷……… 1－173
佩文韻府一百〇六卷……… 1－244
佩文韻府一百〇六卷……… 1－244
佩文韻府一百〇六卷……… 1－244
佩文韻府一百〇六卷……… 1－450
佩文韻府一百〇六卷……… 1－559
佩文韻府一百〇六卷……… 2－305
佩文韻府一百〇六卷……… 2－345
佩文韻府一百〇六卷……… 2－375
佩文韻府一百〇六卷……… 2－390
佩文韻府一百〇六卷……… 2－397
佩文韻府一百〇六卷……… 2－414

佩文韻府一百〇六卷 ·············· 2－415
佩文韻府一百〇六卷 ·············· 2－436
佩文韻府一百〇六卷 ·············· 2－436
佩文韻府一百〇六卷韻府拾遺一百
　〇六卷 ················· 1－447
佩文韻府一百〇六卷韻府拾遺一百
　〇六卷 ················· 2－368
佩文韻府一百〇六卷韻府拾遺一百
　〇六卷 ················· 2－369
佩文韻府一百〇六卷韻府拾遺一百
　〇六卷 ················· 2－439
佩文韻府拾遺一百〇六卷 ·········· 1－570
佩文韻府拾遺一百〇六卷 ··········· 2－83
佩文韻府拾遺一百〇六卷 ·········· 2－388
佩蘅詩鈔八卷 ·················· 2－258
佩觿三卷 ····················· 1－158
佩觿三卷 ····················· 2－205
依舊草堂遺稿一卷 ··············· 1－535
征剿紀略四卷 ··················· 2－85
往生集二卷略論安樂淨土義一卷讚
　阿彌陀佛偈一卷 ············· 2－251
往生集三卷附一卷 ··············· 1－372
彼得大帝九章 ·················· 2－309
彼得大帝九章 ·················· 2－334
彼得興俄記一卷 ················ 1－576
所願學齋書鈔四種附一種 ·········· 1－437
舍是集十卷 ···················· 2－228
金工教範一卷 ··················· 2－12
金山志十九卷首一卷 ············· 1－210
金山志十卷首一卷 ··············· 1－70
金山志十卷續二卷 ··············· 2－261
金山志十卷續二卷 ··············· 2－265
［光緒］金山縣志三十卷首一卷 ····· 2－351
［光緒］金山縣志三十卷首一卷 ····· 2－377
［光緒］金山縣志三十卷首一卷 ····· 2－377
金元明八大家文選五十三卷 ········ 2－123
金元明八大家文選五十三卷 ········ 2－332
金氏世德紀二卷 ················ 2－165
金氏精華錄箋注辯訛一卷 ·········· 1－124
金氏精華錄箋注辯訛一卷 ·········· 1－161
金氏精華錄箋注辯訛一卷 ·········· 1－179
金丹真傳一卷 ·················· 1－526
金文雅十六卷 ·················· 1－388
金文雅十六卷 ··················· 2－15
金文雅十六卷 ·················· 2－168
金文雅十六卷 ·················· 2－219
金文雅十六卷金文雅作者考一卷 ····· 2－165
金文最一百二十卷首一卷 ·········· 1－387
金文最一百二十卷首一卷 ·········· 2－151
金文最六十卷首一卷 ············· 1－388
金文最六十卷首一卷 ·············· 2－82
金文最六十卷首一卷 ············· 2－122
金石三例 ······················ 1－71
金石三例 ····················· 1－139
金石三例 ····················· 1－300
金石三例 ····················· 1－541
金石三例 ····················· 2－231
金石三例 ····················· 2－234
金石三例 ····················· 2－303
金石三例再續編二種附二種 ········ 1－300
金石三例再續編二種附二種 ········ 2－124
金石三例再續編二種附二種 ········ 2－349
金石三例續編 ·················· 1－300
金石文字記六卷 ················· 1－62
金石文字記六卷 ················ 2－150
金石文字記六卷 ················ 2－218
金石文鈔八卷續鈔二卷 ··········· 1－552
金石文鈔八卷續鈔二卷 ············ 2－26
金石存十五卷 ·················· 1－467
金石存十五卷 ·················· 2－304
金石表一卷 ···················· 2－11
金石苑八卷 ···················· 1－300
金石苑六卷 ···················· 2－26
金石苑六卷 ···················· 2－169
金石索十二卷首一卷 ············· 1－363
金石索十二卷首一卷 ·············· 2－31
金石索十二卷首一卷 ·············· 2－70
金石索十二卷首一卷 ············· 2－182
金石屑四卷 ···················· 1－529
金石屑四卷 ···················· 2－236
金石屑四卷 ···················· 2－387
金石萃編一百六十卷 ············· 1－296

金石萃編一百六十卷 …………… 1－552
金石萃編一百六十卷 …………… 1－553
金石萃編一百六十卷 …………… 2－160
金石萃編一百六十卷 …………… 2－160
金石萃編一百六十卷 …………… 2－321
金石萃編補目三卷 ……………… 1－298
金石萃編補證四卷 ……………… 2－321
金石摘十卷 ……………………… 2－31
金石摘十卷 ……………………… 2－187
金石圖不分卷 …………………… 1－110
金石圖不分卷 …………………… 1－111
金石圖不分卷 …………………… 1－111
金石圖說二卷 …………………… 2－185
金石圖說二卷 …………………… 2－336
金石圖說二卷 …………………… 2－337
金石學錄二卷 …………………… 1－23
金石錄三十卷 …………………… 1－60
金石錄三十卷 …………………… 2－29
金石識別十二卷 ………………… 1－358
金石識別十二卷 ………………… 1－361
金石識別十二卷 ………………… 1－361
金石識別十二卷 ………………… 1－361
金石識別十二卷 ………………… 1－543
金石識別十二卷 ………………… 2－472
金石識別十二卷 ………………… 2－503
金史一百三十五卷 ……………… 1－34
金史一百三十五卷 ……………… 1－198
金史一百三十五卷 ……………… 1－251
金史一百三十五卷 ……………… 1－251
金史一百三十五卷 ……………… 1－251
金史一百三十五卷 ……………… 2－451
金史一百三十五卷 ……………… 2－451
金史一百三十五卷目錄二卷 …… 1－12
金史一百三十五卷目錄二卷 …… 1－110
金史一百三十五卷附金國語解不分卷
　　 ……………………………… 2－375
金史紀事本末五十二卷首一卷 …… 1－268
金史紀事本末五十二卷首一卷 …… 1－453
金史紀事本末五十二卷首一卷 …… 2－529
金史菁華錄三卷 ………………… 2－339
金史詳校十卷史論五答一卷 …… 1－257

金光明經玄義二卷 ……………… 1－371
金光明經玄義拾遺記五卷 ……… 1－371
金忠節公文集八卷 ……………… 1－413
金忠節公文集八卷 ……………… 2－122
金科輯要三種 …………………… 1－317
金華文萃七十種 ………………… 2－24
金華府正堂通飭八邑碑示不分卷 …… 2－248
金華唐氏遺書五種附一種 ……… 1－506
金華詩錄六十卷 ………………… 2－444
金華詩錄六十卷外集六卷別集四卷
　　書後一卷 …………………… 1－69
金華徵獻略二十卷 ……………… 1－167
金華叢書六十九種 ……………… 1－436
金華叢書六十九種 ……………… 1－436
金峨山館叢書十一種 …………… 2－313
金剛決疑一卷 …………………… 2－255
金剛般若波羅蜜經一卷 ………… 2－421
金剛般若波羅蜜經一卷 ………… 2－581
金剛般若波羅蜜經一卷附心經一卷
　　 ……………………………… 2－488
金剛般若波羅蜜經直解二卷 …… 1－489
金剛般若波羅蜜經直解二卷 …… 2－419
金剛般若波羅蜜經宗通九卷 …… 2－274
金剛般若波羅蜜經破空論一卷 …… 2－275
金剛般若經注解全集十六卷 …… 2－256
金剛般若經疏一卷 ……………… 2－256
金剛道德翼注不分卷 …………… 2－586
金剛經石註一卷 ………………… 2－417
金剛經集註四卷 ………………… 2－146
金剛經註解二卷 ………………… 2－420
金剛經詳釋二卷 ………………… 2－426
金剛經讀本一卷 ………………… 2－424
金陵詩徵四十四卷 ……………… 2－244
金陵瑣志五種 …………………… 2－266
金陵賦一卷 ……………………… 1－498
金陵賦一卷 ……………………… 2－16
金陵賦一卷 ……………………… 2－191
金國語解一卷 …………………… 2－451
金國語解一卷 …………………… 2－451
金壺七墨六種 …………………… 1－339
金壺七墨六種 …………………… 1－485

金壺精粹五卷 ················· 2－340

金湯借箸十二籌十二卷 ············· 2－99

金源紀事詩八卷 ················· 1－413

金源紀事詩八卷 ················· 1－414

金源紀事詩八卷 ················· 2－238

金源紀事詩八卷 ················· 2－239

金匱心典三卷 ·················· 1－562

金匱心典三卷 ·················· 2－271

金匱玉函經八卷 ················· 1－105

金匱要略心典三卷 ··············· 2－203

金匱要略四卷 ·················· 2－581

金匱翼八卷 ··················· 2－235

金匱翼八卷 ··················· 2－588

金精廖公秘授地學心法正傳書筴扒
　砂經四卷廖金精畫筴撥砂經心法
　地理學直訓補遺一卷 ············ 1－330

金精廖公秘授地學心法正傳書筴扒
　砂經四卷廖金精畫筴撥砂經心法
　地理學直訓補遺一卷 ············ 1－330

金精廖公秘授地學心法正傳書筴扒
　砂經四卷廖金精畫筴撥砂經心法
　地理學直訓補遺一卷 ············ 1－331

金精廖公秘授地學心法正傳書筴扒
　砂經四卷廖金精畫筴撥砂經心法
　地理學直訓補遺一卷 ············ 2－477

金精廖公秘授地學心法正傳書筴扒
　砂經四卷廖金精畫筴撥砂經心法
　地理學直訓補遺一卷附集一卷 ····· 1－331

金精廖公秘授地學心法正傳書筴扒
　砂經四卷廖金精畫筴撥砂經心法
　地理學直訓補遺一卷附集一卷外
　集二卷二難別五卷 ············· 2－391

金瘡鐵扇散一卷 ················· 2－504

[光緒]金壇縣志十六卷首一卷 ······· 2－581

金薤琳琅二十卷補遺一卷 ··········· 1－185

金薤琳琅二十卷補遺一卷 ··········· 1－548

金鶚書院新定章程不分卷 ··········· 1－299

金鰲退食筆記二卷 ··············· 1－71

[乾隆]郃陽縣全志四卷 ··········· 1－117

[乾隆]郃陽縣全志四卷 ··········· 1－117

[乾隆]郃陽縣全志四卷 ··········· 1－117

[乾隆]郃陽縣全志四卷 ··········· 1－117

[乾隆]郃陽縣全志四卷 ··········· 1－117

[乾隆]郃陽縣全志四卷 ··········· 1－117

[乾隆]郃陽縣全志四卷 ··········· 1－117

[乾隆]郃陽縣全志四卷 ··········· 1－117

[乾隆]郃陽縣全志四卷 ··········· 1－184

[乾隆]郃陽縣全志四卷 ··········· 1－188

[乾隆]郃陽縣全志四卷 ··········· 1－188

[乾隆]郃陽縣全志四卷 ··········· 1－210

采風記五卷坿紀程感事詩一卷時務
　論一卷 ···················· 2－285

受其堂文集八卷 ················· 2－192

受持佛說阿彌陀經行願儀一卷 ········ 1－373

受恆受漸齋集十二卷 ·············· 2－159

受祺堂文集四卷 ················· 2－160

受祺堂文集四卷續刻四卷 ··········· 1－412

受祺堂文集四卷續刻四卷 ··········· 1－515

受祺堂文集四卷續刻四卷 ··········· 2－19

受經堂匯稿五種 ················· 2－304

念佛十鏡不分卷 ················· 2－275

念佛百問一卷 ·················· 1－373

念佛伽陀一卷 ·················· 1－373

周人經說八卷 ·················· 2－327

周子全書二十二卷首一卷 ··········· 1－555

周子全書四卷 ·················· 1－310

周子全書四卷 ·················· 1－591

周子全書四卷 ·················· 1－591

周氏止庵詞辨二卷雜著一卷 ·········· 1－426

周文忠公尺牘二卷附錄一卷 ·········· 1－421

周列士傳一卷 ·················· 1－277

周安士先生全書四種 ·············· 1－371

周易十五卷 ··················· 2－478

周易十卷 ···················· 1－89

周易八卷 ···················· 2－61

周易九卷 ···················· 1－565

周易内傳六卷 ·················· 2－504

周易正義十卷 ·················· 1－217

周易本義十二卷首一卷末一卷 ········ 1－442

周易本義正解二十二卷首一卷 ········ 1－6

周易本義附音訓十二卷 ············ 1－218

周易本義辨證五卷 ·············· 2-26
周易四卷 ·················· 1-217
周易四卷 ·················· 1-569
周易四卷 ·················· 2-61
周易四卷 ·················· 2-90
周易述補四卷 ·············· 2-140
周易述聞一卷 ·············· 1-567
周易易讀六卷 ·············· 2-386
周易注疏九卷 ·············· 1-442
周易函書別集十六卷 ·········· 1-219
周易函書約存十五卷首三卷 ······ 1-9
周易函書約存十五卷首三卷別集十六卷
    ······················ 1-174
周易函書約註十八卷 ·········· 1-9
周易音義一卷 ·············· 1-568
周易姚氏學十六卷首一卷 ········ 1-219
周易姚氏學十六卷首一卷 ········ 1-565
周易兼義九卷附音義一卷注疏校勘
    記九卷釋文校勘記一卷 ······ 2-375
周易通義二十二卷首一卷 ········ 2-61
周易通論月令二卷 ············ 2-136
周易乾鑿度二卷 ············ 1-105
周易象義集成三卷 ············ 1-443
周易淺義四卷 ·············· 1-6
周易參考三卷 ·············· 1-217
周易參考三卷 ·············· 1-217
周易參同契正義三卷 ·········· 1-205
周易晰奧十卷 ·············· 2-207
周易程傳八卷 ·············· 1-219
周易備旨一見能解六卷 ········ 1-443
周易集解十七卷 ············ 1-35
周易集解十七卷 ············ 2-61
周易集解十七卷 ············ 2-107
周易集解十卷 ·············· 2-566
周易集解略例一卷 ············ 1-35
周易虞氏義九卷周易虞氏消息二卷
    ······················ 2-137
周易傳義大全二十四卷 ········ 2-32
周易傳義大全二十四卷筮儀一卷易五
    贊一卷朱子圖說一卷易說綱領一卷
    ······················ 1-42

周易傳義合訂十二卷 ·········· 2-92
周易傳義音訓八卷首一卷末一卷 ···· 2-320
周易解故一卷 ·············· 1-217
周易詮義十四卷首一卷 ········ 2-61
周易詮義十四卷首一卷 ········ 2-196
周易詳說十八卷 ············ 1-9
周易義海撮要十二卷 ·········· 2-300
周易經義審七卷首一卷 ········ 1-218
周易圖說述四卷首一卷 ········ 1-441
周易圖說述四卷首一卷 ········ 1-441
周易圖說述四卷首一卷 ········ 1-565
周易說翼三卷 ·············· 2-577
周易說翼三卷 ·············· 2-577
周易廣義四卷 ·············· 1-9
周易鄭康成注一卷 ············ 1-569
周易鏡十一卷學易管窺二卷 ······ 2-61
周易闡真四卷首一卷 ·········· 1-330
周易纂一卷禮記纂一卷詩經纂一卷
    ······················ 2-436
周易變通解六卷首一卷末一卷 ···· 2-131
周易觀象十二卷 ············ 1-176
周忠毅公奏議四卷 ············ 1-14
周季編略九卷 ·············· 1-267
周季編略九卷 ·············· 1-528
周季編略九卷 ·············· 2-217
周季編略九卷 ·············· 2-413
周官析疑三十六卷 ············ 1-131
周官析疑三十六卷 ············ 1-131
周官恆解六卷 ·············· 1-569
周官集注十二卷 ············ 1-189
周官祿田考三卷 ············ 1-69
周官祿田考三卷 ············ 1-138
周官新義十六卷考工記解二卷 ······ 1-223
周官精義十二卷 ············ 1-223
周官精義十二卷 ············ 1-223
周官精義十二卷 ············ 1-443
周官精義十二卷 ············ 1-568
周官精義十二卷 ············ 1-569
周官精義十二卷 ············ 1-569
周官精義十二卷 ············ 1-569
周官精義十二卷 ············ 1-570

周官精義十二卷	1－572	周禮折衷六卷	1－131
周官精義十二卷	1－572	周禮初學讀本六卷	1－178
周官精義十二卷	2－97	周禮初學讀本六卷	1－223
周官精義十二卷	2－309	周禮述注二十四卷	2－62
周官精義十二卷	2－445	周禮易讀六卷	1－225
周官辨八卷	1－131	周禮易讀六卷	1－225
周官禮注十二卷	2－62	周禮易讀六卷	1－443
周孟侯先生全書六種	2－83	周禮注疏四十二卷	1－442
周恭肅公集二十二卷	1－45	周禮注疏四十二卷	2－376
周恭肅公集十六卷附錄一卷	1－14	周禮注疏四十二卷	2－431
周書五十卷	1－8	周禮注疏刪翼三十卷	1－16
周書五十卷	1－90	周禮注疏刪翼三十卷	1－225
周書五十卷	1－109	周禮注疏刪翼三十卷	2－384
周書五十卷	1－109	周禮政要二卷	1－570
周書五十卷	1－183	周禮政要二卷	2－314
周書五十卷	1－189	周禮政要四卷	1－226
周書五十卷	1－190	周禮政要四卷	1－226
周書五十卷	1－248	周禮政要四卷	2－343
周書五十卷	1－248	周禮政要四卷	2－382
周書五十卷	1－451	周禮政要四卷	2－386
周書五十卷	2－87	周禮政要四卷	2－408
周書五十卷	2－547	周禮政要四卷	2－522
周書斠補四卷	1－569	周禮政要四卷	2－546
周圖五卷周注三卷	1－443	周禮軍賦說四卷	2－133
周髀算經二卷	1－159	周禮約編六卷	1－223
周髀算經音義一卷	1－159	周禮約編六卷	2－344
周濱集四卷附柳湖詞續鈔一卷	2－420	周禮約編六卷	2－364
周禮十二卷	1－2	周禮約編六卷	2－395
周禮十二卷	2－352	周禮約編六卷	2－420
周禮六卷	1－223	周禮約編六卷	2－420
周禮六卷	1－443	周禮約編六卷	2－420
周禮六卷	1－444	周禮約編六卷	2－437
周禮六卷	2－306	周禮約編六卷	2－437
周禮六卷	2－343	周禮約編六卷	2－555
周禮六卷	2－352	周禮旁訓經疏節要六卷	1－225
周禮六卷	2－352	周禮集解節要六卷	1－223
周禮正義八十六卷	1－225	周禮註疏四十二卷	1－192
周禮正義八十六卷	1－569	周禮註疏四十二卷	1－195
周禮正義八十六卷	2－571	周禮註疏刪翼三十卷	1－206
周禮全經釋原十二卷通論一卷傳敘		周禮註釋十二卷	2－285
論一卷	1－42	周禮節釋十二卷	1－13

周禮節釋十二卷‥‥‥‥‥‥‥‥‥ 1－132
周禮精華六卷‥‥‥‥‥‥‥‥‥‥ 1－223
周禮精華六卷‥‥‥‥‥‥‥‥‥‥ 1－443
周禮精華六卷‥‥‥‥‥‥‥‥‥‥ 2－91
周禮精華六卷‥‥‥‥‥‥‥‥‥‥ 2－348
周禮精華六卷‥‥‥‥‥‥‥‥‥‥ 2－479
周禮漢讀考六卷‥‥‥‥‥‥‥‥‥ 2－62
周犢山文稿一卷‥‥‥‥‥‥‥‥‥ 1－524
周懶予圍棋譜一卷‥‥‥‥‥‥‥‥ 1－559
京口山水志十八卷首一卷末一卷‥‥ 2－58
京口山水志十八卷首一卷末一卷‥‥ 2－261
京口山水志十八卷首一卷末一卷‥‥ 2－262
京江後七子詩鈔七卷‥‥‥‥‥‥‥ 2－104
京華百二竹枝詞不分卷‥‥‥‥‥‥ 2－293
京華慷慨竹枝詞不分卷‥‥‥‥‥‥ 2－292
京師大學堂史學科講義二卷‥‥‥‥ 1－576
京師大學堂萬國史講義一卷‥‥‥‥ 1－576
京師大學堂講義十四種‥‥‥‥‥‥ 2－13
京師公立求實中學堂詳細章程一卷
　‥‥‥‥‥‥‥‥‥‥‥‥‥‥‥ 1－464
京畿金石考二卷‥‥‥‥‥‥‥‥‥ 1－298
京畿金石考二卷‥‥‥‥‥‥‥‥‥ 1－298
京畿金石考二卷‥‥‥‥‥‥‥‥‥ 1－298
京畿金石考二卷‥‥‥‥‥‥‥‥‥ 1－467
京畿金石考二卷‥‥‥‥‥‥‥‥‥ 2－465
京畿金石考二卷‥‥‥‥‥‥‥‥‥ 2－477
京畿金石考二卷‥‥‥‥‥‥‥‥‥ 2－577
夜雨秋燈錄初集四卷續集四卷三集四卷
　‥‥‥‥‥‥‥‥‥‥‥‥‥‥‥ 1－338
夜雨秋燈錄八卷‥‥‥‥‥‥‥‥‥ 1－548
夜雪集一卷後集一卷‥‥‥‥‥‥‥ 2－163
[乾隆]府谷縣志四卷‥‥‥‥‥‥‥ 1－120
府谷縣鄉土志□□卷‥‥‥‥‥‥‥ 1－250
庚子京津拳匪紀略八卷‥‥‥‥‥‥ 2－277
庚子銷夏記八卷‥‥‥‥‥‥‥‥‥ 1－67
庚子銷夏記八卷‥‥‥‥‥‥‥‥‥ 1－138
庚子銷夏記八卷‥‥‥‥‥‥‥‥‥ 1－142
庚子銷夏記八卷‥‥‥‥‥‥‥‥‥ 1－363
庚子銷夏記八卷‥‥‥‥‥‥‥‥‥ 2－28
庚子銷夏記八卷‥‥‥‥‥‥‥‥‥ 2－28
庚子銷夏記八卷‥‥‥‥‥‥‥‥‥ 2－334

庚子銷夏記八卷閒者軒帖考一卷‥‥ 1－10
庚子銷夏記八卷閒者軒帖考一卷‥‥ 1－124
庚辰集五卷‥‥‥‥‥‥‥‥‥‥‥ 1－96
庚辰集五卷附唐人試律說一卷‥‥‥ 1－402
庚辰集五卷附唐人試律說一卷‥‥‥ 1－513
庚辰集五卷附唐人試律說一卷‥‥‥ 2－448
放翁逸槁二卷家世舊聞一卷齋居紀
　事一卷‥‥‥‥‥‥‥‥‥‥‥‥ 2－457
刻精注大明律例致君奇術十一卷首一卷
　‥‥‥‥‥‥‥‥‥‥‥‥‥‥‥ 1－187
育正堂重訂幼學須知句解四卷‥‥‥ 1－92
育正堂重訂幼學須知句解四卷首一卷
　‥‥‥‥‥‥‥‥‥‥‥‥‥‥‥ 2－561
育英源一卷‥‥‥‥‥‥‥‥‥‥‥ 1－471
育兒淺講一卷‥‥‥‥‥‥‥‥‥‥ 2－177
育嬰彙講一卷‥‥‥‥‥‥‥‥‥‥ 2－177
性存堂印紀四卷‥‥‥‥‥‥‥‥‥ 2－235
性命雙脩萬神圭旨四卷‥‥‥‥‥‥ 1－32
性命雙脩萬神圭旨四卷‥‥‥‥‥‥ 1－430
性命雙脩萬神圭旨四卷‥‥‥‥‥‥ 2－595
性相通說一卷‥‥‥‥‥‥‥‥‥‥ 2－16
性理三解‥‥‥‥‥‥‥‥‥‥‥‥ 1－93
性理三解‥‥‥‥‥‥‥‥‥‥‥‥ 1－93
性理三解‥‥‥‥‥‥‥‥‥‥‥‥ 1－93
性理三解‥‥‥‥‥‥‥‥‥‥‥‥ 1－93
性理三解‥‥‥‥‥‥‥‥‥‥‥‥ 1－473
性理大全書七十卷‥‥‥‥‥‥‥‥ 1－14
性理大全書七十卷‥‥‥‥‥‥‥‥ 1－18
性理大全書七十卷‥‥‥‥‥‥‥‥ 1－27
性理大全書七十卷‥‥‥‥‥‥‥‥ 1－28
性理大全書七十卷‥‥‥‥‥‥‥‥ 1－29
性理大全書七十卷‥‥‥‥‥‥‥‥ 1－208
性理大全書七十卷‥‥‥‥‥‥‥‥ 2－368
性理大全書七十卷‥‥‥‥‥‥‥‥ 2－370
性理大全書七十卷‥‥‥‥‥‥‥‥ 2－380
性理大全會通七十卷‥‥‥‥‥‥‥ 1－543
性理易讀一卷‥‥‥‥‥‥‥‥‥‥ 1－470
性理真詮四卷首一卷‥‥‥‥‥‥‥ 2－250
性理集解四卷‥‥‥‥‥‥‥‥‥‥ 2－113
性理會通七十卷續編四十二卷‥‥‥ 1－46
性理會通四十二卷‥‥‥‥‥‥‥‥ 1－543

性理體注補訓解八卷 …………………… 2－102
性理體注補訓解不分卷 ……………… 2－370
性理體註補訓解不分卷 ……………… 1－201
性學舉隅一卷 …………………………… 1－329
怪疾奇方一卷 …………………………… 2－236
怪疾奇方一卷 …………………………… 2－294
怡志堂詩初編八卷文初編六卷 …… 1－412
怡志堂詩初編八卷文初編六卷 …… 2－268
怡怡樓遺槀一卷 ……………………… 2－291
怡堂詩鈔二卷 …………………………… 2－157
怡園筆記不分卷 ……………………… 2－335
怡靜齋詩鈔一卷 ……………………… 2－60
怡靜齋詩鈔一卷 ……………………… 2－60
卷施閣文甲集十卷補遺一卷乙集八
　　卷續編一卷 …………………… 2－496
卷施閣文甲集十卷補遺一卷乙集八
　　卷續編一卷 …………………… 2－566
卷園書牘一卷 …………………………… 2－241
法化老和尚貪嗔癡註一卷 ………… 1－368
法化老和尚貪嗔癡註一卷 ………… 2－272
法言十卷 ………………………………… 1－477
法苑火齊八卷 ……………………………… 1－92
法苑珠林一百二十卷 ………………… 1－381
法苑珠林一百卷 ……………………… 1－381
法苑珠林一百卷 ……………………… 2－210
法門疏抄二卷 …………………………… 1－368
法界安立圖三卷 ……………………… 1－377
法界聖凡水陸普度大齋勝會儀軌會
　　本六卷 ………………………… 2－202
法律學研究術不分卷 ………………… 1－318
法律學研究術不分卷 ………………… 2－247
法律學綱領不分卷 …………………… 1－318
法律醫學二十四卷首一卷附一卷 … 2－1
法華指掌疏七卷懸示一卷科判一卷
　　事義一卷 ……………………… 1－372
法華擊節不分卷 ……………………… 1－368
法部奏定考試法官主要科應用法律
　　章程一卷 ……………………… 1－461
法部第二次統計表一卷 ……………… 1－588
法海觀瀾五卷 ………………………… 2－275
法書二卷法書墨榻一卷名畫二卷 … 2－347

法書二卷法書墨榻一卷名畫二卷 … 2－347
法國水師考五章 ……………………… 2－2
法國條款一卷 …………………………… 1－292
法國新志四卷 …………………………… 1－582
法蘭西史五卷 …………………………… 1－577
法蘭西史五卷 …………………………… 1－577
法蘭西史五卷 …………………………… 1－577
法蘭西志六卷 …………………………… 2－589
法蘭西政治要覽四編 ………………… 1－586
河工器具圖說四卷 …………………… 1－489
河工器具圖說四卷 …………………… 1－529
河工器具圖說四卷 …………………… 2－167
河工簡要四卷 …………………………… 2－116
河上易注八卷圖說二卷 ……………… 2－61
［道光］河內縣志三十六卷 ………… 2－376
河防一覽十四卷 ……………………… 1－105
河防志十二卷 …………………………… 1－105
河防策要四卷 …………………………… 1－460
河東先生文集六卷 …………………… 1－397
河東先生集十五卷 …………………… 2－163
河東先生集十五卷 …………………… 2－227
河南先生文集二十七卷附錄一卷 … 2－76
河南邵氏聞見錄前錄二十卷 ……… 1－43
河南省圖不分卷 ……………………… 2－586
［雍正］河南通志八十卷 …………… 2－34
河南程氏全書六種 …………………… 1－203
河南程氏遺書二十五卷附錄一卷 … 1－204
［河南鄧州］春風唐氏家譜一卷 …… 2－295
河洛理數七卷 ………………………… 2－488
河洛精蘊九卷 …………………………… 1－72
河套圖考一卷 …………………………… 1－582
河套圖考一卷 …………………………… 2－258
河間試律矩二卷 ……………………… 1－499
河濱文選二十六卷 …………………… 2－116
河濱詩選十卷 …………………………… 1－430
況太守集十六卷首一卷補遺一卷 … 2－158
況靖安集八卷首一卷末一卷 ……… 1－404
泊如齋重修宣和博古圖錄三十卷 … 1－27
泊如齋重修宣和博古圖錄三十卷 … 1－29
泊如齋重修宣和博古圖錄三十卷 … 1－186
泊如齋重修宣和博古圖錄三十卷 … 1－188

泊如齋重修宣和博古圖錄三十卷……1－201
泊如齋重修宣和博古圖錄三十卷……1－207
泊如齋重修宣和博古圖錄三十卷……1－207
泊如齋重修宣和博古圖錄三十卷……1－532
泖東近課五卷……2－130
注解傷寒論十卷……2－239
波弄子一卷……2－442
波斯史三篇首一篇……1－242
波餘遺藥一卷首一卷附錄二卷……1－406
泾野先生文集三十八卷……1－406
治天行瘟疫方不分卷……2－447
治心免病法二卷……1－329
治心免病法二卷……1－329
治心齋琴學練要五卷……1－76
治心齋琴學練要五卷……2－108
治心齋琴學練要五卷……2－354
治心齋琴學練要五卷……2－365
治心齋琴學練要五卷……2－483
治平大略四卷……1－439
治平大略四卷……1－461
治平大略四卷……1－549
治平大略四卷……2－206
治平要略十卷……2－477
治平要略十卷……2－479
治平通議八卷……2－564
治平畧增定全書三十三卷……1－462
治平略增定全書三十三卷……1－290
治平略增定全書三十三卷……1－290
治河方畧十卷首一卷……1－528
治河方略十卷首一卷……1－548
治河方略十卷首一卷……2－277
治河奏疏二卷……1－559
治家格言繹義一卷……1－339
治家畧八卷……1－165
治溫提要一卷……1－479
治禪病秘要經二卷……2－484
宗玄集三卷……1－212
宗忠簡公全集九卷……2－211
宗聖志二十卷……1－558
宗聖志二十卷……2－178
宗聖學規錄要七卷……1－591

宗範八卷……1－374
宗鏡錄一百卷……1－174
宗鏡錄一百卷……1－369
定山堂古文小品二卷……1－501
定東陵工程清冊不分卷……1－217
定例成案合鐫三十卷目錄二卷……1－170
定香亭筆談四卷……1－273
定香亭筆談四卷……1－341
定香亭筆談四卷……2－146
定香亭筆談四卷……2－154
定香亭筆談四卷……2－231
定香亭筆談四卷……2－318
定舫旅吟賸藁一卷……1－422
[光緒]定海廳志三十卷首一卷……2－587
[光緒]定遠廳志二十六卷首一卷末一卷
……2－48
[光緒]定遠廳志二十六卷首一卷末一卷
……2－48
定盦文集三卷附少作一卷……2－77
定盦文集三卷續集四卷文集補二卷
雜詩一卷詞選一卷……2－225
定盦文集三卷續集四卷文集補四卷
……1－511
定盦文集三卷續集四卷文集補四卷
文集補編四卷……1－512
定盦文集三卷續集四卷文集補四卷
文集補編四卷……1－537
定盦文集三卷續集四卷文集補編四
卷拾遺一卷文集補二卷別集一卷
……2－187
定盦文集三卷續集四卷文集補編四
卷餘集一卷……2－542
定盦文集三卷續集四卷文集補編四
卷餘集一卷文集補一卷……2－485
定盦文集三卷續集四卷集補二卷……2－203
定盦文集三卷續集四卷補編四卷餘
集一卷續錄一卷……1－407
定盦文集三卷續集四卷補編四卷餘
集一卷續錄一卷……1－407
定盦文集三卷續集四卷補編四卷餘
集一卷續錄一卷……1－407

定盦文集三卷續集四卷補編四卷餘
　　集一卷續錄一卷 …………………… 2－518
定盦文集初集三卷續集四卷 ………… 2－77
定盦先生年譜一卷 …………………… 2－187
定盦全集十一卷 ……………………… 2－19
定盦全集十一卷 ……………………… 2－19
［雍正］定襄縣志八卷 ……………… 1－112
定齋易箋八卷首一卷 ………………… 1－173
［嘉慶］定邊縣志十四卷首一卷 …… 2－45
［雍正］宜君縣志不分卷 …………… 1－120
［雍正］宜君縣志不分卷 …………… 1－120
［雍正］宜君縣志不分卷 …………… 1－184
宜雨宜晴山館文存一卷 ……………… 2－60
宜振書室印存不分卷 ………………… 2－208
宜堂類編二十五卷 …………………… 2－80
宜堂類編二十五卷 …………………… 2－149
宜堂類編二十五卷 …………………… 2－183
宜稼堂叢書七種 ……………………… 1－435
宜稼堂叢書七種 ……………………… 1－435
宜稼堂叢書七種 ……………………… 2－8
宜稼堂叢書七種 ……………………… 2－89
宜稼堂叢書七種 ……………………… 2－157
宜稼堂叢書七種 ……………………… 2－314
［光緒］宜興荊谿縣新志十卷首一卷
　　末一卷 …………………………… 2－58
官板地理玉髓真經二十八卷後卷一卷
　　 ……………………………………… 2－424
官板地理玉髓真經二十八卷後卷一卷
　　 ……………………………………… 2－464
官幕同舟錄三卷 ……………………… 2－178
官箴十則一卷 ………………………… 1－296
空同子集六十六卷目錄三卷附錄二卷
　　 ……………………………………… 1－1
空同集六十三卷 ……………………… 1－38
空同集六十三卷 ……………………… 2－561
空同集六十四卷 ……………………… 1－37
空同詩集三十四卷 …………………… 1－413
空同詩集三十四卷 …………………… 2－209
空氣測學叢談四卷 …………………… 1－542
宛陵先生文集六十卷 ………………… 1－148
宛陵先生文集六十卷 ………………… 2－167

宛雅三編四卷末一卷足字韻詩一卷
　　 ……………………………………… 2－246
宛雅初編八卷二編八卷三編二十四卷
　　 ……………………………………… 1－527
宛雅初編八卷二編八卷三編二十四
　　卷首一卷 ………………………… 1－412
宛湄書屋文鈔十一卷 ………………… 2－317
宛鄰書屋古詩錄十二卷 ……………… 2－151
宛鄰書屋古詩錄十二卷 ……………… 2－255
宛鄰書屋叢書十種 …………………… 2－132
宛鄰書屋叢書十種 …………………… 2－230
郎潛紀聞十四卷 ……………………… 2－125
郎潛紀聞十四卷 ……………………… 2－167
郎潛紀聞十四卷燕下鄉脞錄十六卷
　　 ……………………………………… 1－344
郎潛紀聞十四卷燕下鄉脞錄十六卷
　　 ……………………………………… 1－530
郎潛紀聞初筆七卷二筆八卷三筆六卷
　　 ……………………………………… 1－487
郎潛紀聞初筆七卷二筆八卷三筆六卷
　　 ……………………………………… 1－487
建文年譜四卷 ………………………… 1－276
建文年譜四卷 ………………………… 1－455
建文年譜四卷 ………………………… 1－455
建文年譜四卷 ………………………… 1－457
建文書法儗前編一卷正編二卷附編二卷
　　 ……………………………………… 1－5
建文朝野彙編二十卷 ………………… 1－202
建文朝野彙編二十卷 ………………… 2－477
建炎以來朝野雜記甲集二十卷乙集
　　二十卷逸文一卷 ………………… 1－453
建炎以來繫年要錄二百卷 …………… 1－262
建炎以來繫年要錄二百卷 …………… 2－310
居士傳五十六卷 ……………………… 1－77
居士傳五十六卷 ……………………… 2－179
居易初集二卷 ………………………… 1－459
居易軒詩遺鈔一卷文遺鈔一卷 …… 1－515
居易堂集二十卷 ……………………… 1－513
居易錄三十四卷 ……………………… 1－177
居易錄三十四卷 ……………………… 2－101
居易錄三十四卷 ……………………… 2－187

居官寡過錄四卷 …………………… 1－92
居官鏡一卷 ……………………… 1－485
居家必備八編一百○一種 ………… 2－419
居業堂文集二十卷 ……………… 1－511
居業錄粹語二卷 ………………… 2－283
居學錄二卷 ……………………… 1－311
居濟一得八卷 …………………… 1－72
居濟一得八卷 …………………… 1－86
屈原列傳一卷 …………………… 1－98
屈原賦注七卷賦通釋二卷賦音釋三卷
　　………………………………… 2－156
屈翁山詩集八卷詞一卷 ………… 1－138
弧角拾遺一卷 …………………… 1－346
弧角拾遺一卷 …………………… 1－346
弦切對數表不分卷 ……………… 1－262
弦雪居重訂遵生八牋十九卷……… 2－166
弦雪居重訂遵生八牋十九卷總目一卷
　　………………………………… 1－362
弢甫五嶽集二十卷 ……………… 1－84
弢甫集十四卷 …………………… 1－84
弢甫集三十卷 …………………… 1－84
弢甫續集二十卷 ………………… 1－84
弢華館詩稿一卷 ………………… 2－145
陋軒詩十二卷續二卷……………… 1－536
陋軒詩十二卷續二卷……………… 1－536
陔餘叢考四十三卷 ……………… 1－76
陔餘叢考四十三卷 ……………… 1－76
陔餘叢考四十三卷 ……………… 1－125
陔餘叢考四十三卷 ……………… 1－148
姑溪題跋二卷 …………………… 2－336
姑蘇名賢小記二卷 ……………… 2－125
姓氏尋源四十五卷 ……………… 2－594
姓氏譜纂七卷 …………………… 1－30
姓氏辯誤三十卷 ………………… 2－312
姓史人物考十五卷首一卷………… 2－278
始終心要一卷 …………………… 1－373
始終心要一卷 …………………… 2－272
迦陵詞全集三十卷 ……………… 1－533
孟子七卷 ………………………… 2－320
孟子七卷 ………………………… 2－541
孟子正義三十卷 ………………… 2－64

孟子正義三十卷………………… 2－130
孟子正義三十卷………………… 2－510
孟子四考四卷…………………… 1－101
孟子年譜二卷…………………… 1－456
孟子年譜二卷…………………… 1－556
孟子年譜二卷…………………… 2－112
孟子注疏十四卷………………… 2－96
孟子注疏解經十四卷…………… 1－199
孟子注疏解經十四卷…………… 1－234
孟子注疏解經十四卷…………… 1－234
孟子注疏解經十四卷…………… 1－234
孟子注疏解經十四卷…………… 2－431
孟子注疏解經十四卷…………… 2－432
孟子注疏解經十四卷…………… 2－472
孟子要略五卷…………………… 1－234
孟子要略五卷…………………… 1－566
孟子要略五卷…………………… 1－566
孟子要略五卷…………………… 1－566
孟子要略五卷…………………… 1－566
孟子要略五卷…………………… 2－113
孟子音義二卷…………………… 1－124
孟子集注七卷…………………… 1－179
孟子集注本義匯參十四卷首一卷…… 1－197
孟子集注本義匯參十四卷首一卷…… 1－197
孟子編年四卷…………………… 1－453
孟子編年四卷…………………… 2－212
孟志編略六卷…………………… 2－209
孟東野集十卷…………………… 1－397
孟東野集十卷附一卷追昔遊集三卷
　　………………………………… 1－508
孟東野詩集十卷………………… 1－9
孟東野詩集十卷附錄一卷……… 1－1
孟忠毅公奏疏二卷……………… 2－296
孟姜仙女寶卷一卷……………… 2－117
孟晉齋文集五卷………………… 1－420
孟晉齋文集五卷周列士傳一卷…… 2－203
孟塗文集十卷前集十卷後集二十二
　　卷駢體文二卷………………… 2－59
孟塗文集十卷前集十卷後集二十二
　　卷駢體文二卷………………… 2－460
孟塗文集十卷駢體文二卷………… 2－221

134

孟塗文集十卷駢體文二卷·········· 2－280

孟塗初集十卷 ················· 2－83

孟塗初集十卷 ················· 2－218

孟塗前集十卷後集二十二卷文集十
　卷駢體文二卷 ··············· 1－424

孤忠錄二卷 ·················· 2－250

孤忠錄二卷 ·················· 1－277

孤樹裒談十卷 ················· 1－37

孤鴻編四卷首一卷 ·············· 2－152

孤鴻編四卷首一卷 ·············· 2－165

函史上編八十二卷下編二十一卷 ····· 1－25

函史上編八十二卷下編二十一卷 ····· 1－163

函海四十函一百五十二種 ·········· 1－214

函海四十函一百五十二種 ·········· 1－435

函海四十函一百五十二種 ·········· 1－522

函海四十函一百五十二種 ·········· 2－297

函海四十函一百五十二種 ·········· 2－466

函海四十函一百五十二種 ·········· 2－515

函海四十函一百五十二種 ·········· 2－521

函海四十函一百五十二種 ·········· 2－526

九畫

奏定度量權衡畫一制度圖說總表推
　行章程一卷 ················· 2－470

奏定度量權衡畫一制度圖說總表推
　行章程不分卷 ··············· 2－12

奏定陸軍畢業學生考試收官暫行章
　程一卷 ··················· 2－467

奏定陸軍營制餉章三卷 ··········· 1－464

奏定學堂章程不分卷 ············ 1－465

奏定學堂章程不分卷 ············ 2－14

奏定學堂章程不分卷 ············ 2－531

奏摺譜不分卷 ················· 1－286

奏辦西路蒙旗墾務公司章程一卷 ····· 1－465

奏辦清查保甲章程不分卷 ·········· 1－212

奏辦湖南礦務簡明章程一卷 ········· 1－296

奏擬編湖北常備軍制分設兩鎮添練
　兵隊酌擬餉數并設立參謀執法督
　操經理四項營務處附全練減練人
　數餉數與北洋比較數目清單二件摺

　　　　　　　　　　　　　　　 1－586

春在堂尺牘五卷 ··············· 2－205

春在堂全書三十四種 ············ 1－440

春在堂全書三十四種 ············ 1－440

春在堂全書三十四種 ············ 1－440

春在堂全書三十四種 ············ 1－440

春在堂全書三十四種 ············ 1－440

春在堂全書三十四種 ············ 1－440

春在堂全書三十四種 ·········· 2－89

春在堂全書三十四種 ·········· 2－166

春在堂全書三十四種 ·········· 2－205

春在堂全書三十四種 ·········· 2－401

春在堂全書三十四種 ·········· 2－542

春在堂隨筆十九卷 ············· 1－484

春冰室詩鈔不分卷 ············· 1－261

春雨于喁集二卷 ··············· 2－296

春明盍簪集試帖續刻四卷 ········ 1－497

春明詩課彙選一卷 ············· 2－477

春明詩課彙選八卷 ············· 1－396

春明詩課彙選八卷 ············· 1－396

春明詩課彙選八卷 ············· 1－396

春明詩課彙選八卷 ············· 2－477

春帖遺墨題詞一卷 ············· 1－426

春草堂琴譜六卷 ··············· 2－209

春柳唱和詩一卷 ··············· 1－401

春星草堂集七卷 ··············· 1－512

春秋十六卷首一卷 ············· 1－231

春秋十六卷首一卷名號歸一圖二卷
　釋文音義一卷 ··············· 1－231

春秋十六卷首一卷名號歸一圖二卷
　釋文音義一卷 ··············· 1－231

春秋十六卷首一卷名號歸一圖二卷
　釋文音義一卷 ··············· 1－231

春秋十六卷首一卷名號歸一圖二卷
　釋文音義一卷 ··············· 2－90

春秋三十卷 ················· 1－20

春秋三十卷 ················· 1－185

春秋三十卷首一卷 ············· 1－104

春秋三傳十六卷首一卷 ·········· 2－92

春秋三傳十六卷首一卷 ·········· 2－519

春秋大成三十一卷 ············ 1－88

春秋大全三十七卷 ·············· 1－132
春秋大全三十七卷 ·············· 2－92
春秋大事表五十卷附錄一卷春秋輿
　圖一卷 ·············· 1－19
春秋大事表五十卷輿圖一卷 ·········· 1－19
春秋大事表五十卷輿圖一卷附錄一卷
　·············· 1－228
春秋大事表五十卷輿圖一卷附錄一卷
　·············· 1－229
春秋大事表五十卷輿圖一卷附錄一卷
　·············· 1－229
春秋大事表五十卷輿圖一卷附錄一卷
　·············· 1－545
春秋大事表五十卷輿圖一卷附錄一卷
　·············· 2－64
春秋大事表五十卷輿圖一卷附錄一卷
　·············· 2－108
春秋大事表五十卷輿圖一卷附錄一卷
　·············· 2－331
春秋大事表五十卷讀春秋偶筆一卷
　附錄一卷 ·············· 1－156
春秋比二卷 ·············· 2－140
春秋比事參義十六卷 ·········· 2－92
春秋内外傳筮辭考證三卷 ········ 2－149
春秋公羊注疏二十八卷 ·········· 1－38
春秋公羊傳十一卷 ·············· 1－230
春秋公羊傳十一卷 ·············· 2－520
春秋公羊傳十一卷 ·············· 2－521
春秋公羊傳十二卷附音本校記一卷
　·············· 1－446
春秋公羊傳注疏二十八卷 ········ 1－445
春秋公羊傳注疏二十八卷附考證一卷
　·············· 1－230
春秋公羊經何氏釋例十卷公羊春秋
　何氏解詁箋一卷左氏春秋考證二
　卷穀梁廢疾申何二卷箴膏肓評一
　卷論語述何二卷 ·········· 2－63
春秋公羊經傳十二卷 ·········· 2－137
春秋公羊經傳解詁十二卷 ········ 1－230

春秋公羊經傳解詁十二卷 ········ 1－230
春秋公羊經傳解詁十二卷 ········ 1－230
春秋公羊經傳解詁十二卷 ········ 2－151
春秋公羊經傳解詁十二卷 ········ 2－322
春秋公羊經傳解詁十二卷附音本校
　記一卷 ·············· 1－230
春秋公羊經傳解詁十二卷附音本校
　記一卷 ·············· 1－230
春秋正傳三十七卷末一卷 ········ 2－63
春秋世族輯略二卷春秋列國輯略一卷
　·············· 2－64
春秋世論三卷 ·············· 1－484
春秋左氏傳賈服注輯述二十卷 ······ 2－157
春秋左傳十五卷 ·············· 1－28
春秋左傳三十卷首一卷 ·········· 2－64
春秋左傳五十卷 ·············· 1－229
春秋左傳五十卷 ·············· 1－229
春秋左傳五十卷 ·············· 1－229
春秋左傳五十卷 ·············· 1－446
春秋左傳五十卷 ·············· 1－572
春秋左傳五十卷 ·············· 2－376
春秋左傳五十卷 ·············· 2－433
春秋左傳五十卷附異名考 ········ 2－375
春秋左傳分類賦四卷 ·········· 1－88
春秋左傳杜林匯參三十卷首一卷 ······ 1－69
春秋左傳杜林滙參三十卷首一卷 ······ 1－206
春秋左傳杜注三十卷 ·········· 2－255
春秋左傳杜注三十卷 ·········· 2－531
春秋左傳杜注三十卷 ·········· 2－560
春秋左傳杜注三十卷首一卷 ········ 1－51
春秋左傳杜注三十卷首一卷 ········ 1－228
春秋左傳杜注三十卷首一卷 ········ 1－230
春秋左傳杜注三十卷首一卷 ········ 2－100
春秋左傳杜注三十卷首一卷 ········ 2－369
春秋左傳杜注三十卷首一卷 ········ 2－499
春秋左傳杜注三十卷首一卷春秋名
　號歸一圖二卷 ·········· 2－388
春秋左傳杜注三十卷首一卷春秋名
　號歸一圖二卷 ·········· 2－388
春秋左傳杜注三十卷首一卷春秋名
　號歸一圖二卷 ·········· 2－500

春秋左傳杜註補輯三十卷⋯⋯⋯⋯⋯ 1－446
春秋左傳註疏六十卷⋯⋯⋯⋯⋯⋯ 1－204
春秋左傳注疏六十卷⋯⋯⋯⋯⋯⋯ 1－446
春秋左傳注疏六十卷目錄一卷附錄一卷
⋯⋯⋯⋯⋯⋯⋯⋯⋯⋯⋯⋯⋯ 1－228
春秋左傳音訓不分卷⋯⋯⋯⋯⋯⋯ 2－332
春秋左傳旁訓十八卷⋯⋯⋯⋯⋯⋯ 1－540
春秋左傳詁二十卷⋯⋯⋯⋯⋯⋯⋯ 1－229
春秋左傳詁二十卷 ⋯⋯⋯⋯⋯⋯⋯ 2－64
春秋左傳註疏六十卷⋯⋯⋯⋯⋯⋯ 2－568
春秋左傳詳節句解三十五卷⋯⋯⋯⋯ 1－187
春秋左傳綱目杜林詳注十四卷首一卷
⋯⋯⋯⋯⋯⋯⋯⋯⋯⋯⋯⋯⋯ 1－197
春秋左傳釋義評苑二十卷⋯⋯⋯⋯⋯ 1－11
春秋四傳管窺□□卷⋯⋯⋯⋯⋯⋯ 1－570
春秋考略二卷⋯⋯⋯⋯⋯⋯⋯⋯⋯ 1－445
春秋名號歸一圖二卷⋯⋯⋯⋯⋯⋯ 1－88
春秋名號歸一圖二卷⋯⋯⋯⋯⋯⋯ 2－542
春秋直解十二卷⋯⋯⋯⋯⋯⋯⋯⋯ 2－91
春秋述義拾遺八卷首一卷書目考一卷
⋯⋯⋯⋯⋯⋯⋯⋯⋯⋯⋯⋯⋯ 1－230
春秋或問二十卷⋯⋯⋯⋯⋯⋯⋯⋯ 1－190
春秋或問六卷⋯⋯⋯⋯⋯⋯⋯⋯⋯ 2－325
春秋宗朱辨義十二卷首一卷末一卷 ⋯ 2－64
春秋宗朱辨義十二卷首一卷末一卷 ⋯ 2－64
春秋要義五卷⋯⋯⋯⋯⋯⋯⋯⋯⋯ 1－88
春秋要義五卷⋯⋯⋯⋯⋯⋯⋯⋯⋯ 1－106
春秋指掌三十卷附錄二卷前二卷 ⋯⋯ 1－69
春秋恆解八卷⋯⋯⋯⋯⋯⋯⋯⋯⋯ 1－228
春秋恆解八卷餘傳一卷⋯⋯⋯⋯⋯⋯ 1－570
春秋紀傳五十一卷⋯⋯⋯⋯⋯⋯⋯ 2－255
春秋朔閏日食攷二卷⋯⋯⋯⋯⋯⋯ 2－139
春秋家說三卷⋯⋯⋯⋯⋯⋯⋯⋯⋯ 1－570
春秋通論六卷⋯⋯⋯⋯⋯⋯⋯⋯⋯ 1－132
春秋通論六卷⋯⋯⋯⋯⋯⋯⋯⋯⋯ 1－231
春秋通論六卷⋯⋯⋯⋯⋯⋯⋯⋯⋯ 1－569
春秋通論四卷⋯⋯⋯⋯⋯⋯⋯⋯⋯ 1－131
春秋規過考信三卷⋯⋯⋯⋯⋯⋯⋯ 1－230
春秋提要一卷⋯⋯⋯⋯⋯⋯⋯⋯⋯ 1－570
春秋筆削微旨二十六卷⋯⋯⋯⋯⋯⋯ 1－136
春秋筆削微旨二十六卷⋯⋯⋯⋯⋯⋯ 1－231

春秋筆削微旨二十六卷⋯⋯⋯⋯⋯⋯ 1－569
春秋集古傳注二十六卷首一卷⋯⋯⋯ 1－228
春秋集傳十六卷首一卷末一卷⋯⋯⋯ 2－179
春秋集傳大全三十七卷序論一卷東
　　坡圖說一卷諸國興廢說一卷春秋
　　二十國年表一卷 ⋯⋯⋯⋯⋯⋯⋯ 1－46
春秋集傳大全三十七卷序論一卷諸國
　　興廢說一卷春秋二十國年表一卷
⋯⋯⋯⋯⋯⋯⋯⋯⋯⋯⋯⋯⋯ 1－34
春秋集傳辨異十二卷⋯⋯⋯⋯⋯⋯ 1－229
春秋集傳辨異十二卷 ⋯⋯⋯⋯⋯⋯ 2－92
春秋集傳辨異十二卷 ⋯⋯⋯⋯⋯⋯ 2－453
春秋集傳辨異十二卷 ⋯⋯⋯⋯⋯⋯ 2－475
春秋集傳釋義大成十二卷首一卷⋯⋯ 1－230
春秋集解十二卷⋯⋯⋯⋯⋯⋯⋯⋯ 1－231
春秋集讀十五卷⋯⋯⋯⋯⋯⋯⋯⋯ 2－229
春秋詞命三卷⋯⋯⋯⋯⋯⋯⋯⋯⋯ 1－228
春秋傳三十卷首一卷⋯⋯⋯⋯⋯⋯ 1－88
春秋傳說例一卷⋯⋯⋯⋯⋯⋯⋯⋯ 1－54
春秋傳說薈要十二卷⋯⋯⋯⋯⋯⋯ 1－445
春秋微旨三卷⋯⋯⋯⋯⋯⋯⋯⋯⋯ 1－231
春秋會義二十六卷 ⋯⋯⋯⋯⋯⋯⋯ 2－63
春秋經傳集解三十卷⋯⋯⋯⋯⋯⋯ 1－88
春秋經傳集解三十卷⋯⋯⋯⋯⋯⋯ 1－228
春秋經傳集解三十卷首一卷⋯⋯⋯⋯ 1－101
春秋經傳集解三十卷首一卷⋯⋯⋯⋯ 2－366
春秋經傳集解三十卷首一卷⋯⋯⋯⋯ 2－396
春秋經傳集解三十卷首一卷⋯⋯⋯⋯ 2－421
春秋經傳集解三十卷首一卷⋯⋯⋯⋯ 2－503
春秋經傳類求十二卷⋯⋯⋯⋯⋯⋯ 1－124
春秋經解十五卷 ⋯⋯⋯⋯⋯⋯⋯⋯ 1－54
春秋穀梁注疏二十卷⋯⋯⋯⋯⋯⋯ 1－445
春秋穀梁傳讀本四卷⋯⋯⋯⋯⋯⋯ 1－177
春秋穀梁經傳補注二十四卷首一卷
　　末一卷 ⋯⋯⋯⋯⋯⋯⋯⋯⋯⋯ 2－63
春秋圖解十卷⋯⋯⋯⋯⋯⋯⋯⋯⋯ 1－445
春秋綱領一卷⋯⋯⋯⋯⋯⋯⋯⋯⋯ 1－156
春秋穀梁注疏二十卷⋯⋯⋯⋯⋯⋯ 1－230
春秋穀梁傳十二卷⋯⋯⋯⋯⋯⋯⋯ 1－230
春秋穀梁傳十二卷⋯⋯⋯⋯⋯⋯⋯ 1－231
春秋穀梁傳十二卷⋯⋯⋯⋯⋯⋯⋯ 1－231

春秋穀梁傳十二卷……………… 1－445
春秋穀梁傳十二卷 …………… 2－63
春秋穀梁傳十二卷……………… 2－544
春秋穀梁傳十二卷考異一卷…… 2－303
春秋穀梁傳注疏二十卷………… 1－231
春秋穀梁傳音訓不分卷………… 2－568
春秋衡庫三十卷附錄三卷備錄一卷 … 1－48
春秋辨疑四卷 ………………… 1－54
春秋繁露十七卷………………… 1－231
春秋繁露十七卷………………… 1－445
春秋繁露十七卷………………… 1－570
春秋繁露十七卷………………… 2－100
春秋繁露十七卷………………… 2－321
春秋繁露十七卷………………… 2－325
春秋繁露十七卷漢廣川董子集一卷 … 1－88
春秋釋例十五卷 ……………… 1－54
春秋權衡十七卷………………… 2－453
春秋屬辭辨例編六十卷首二卷… 1－228
春秋屬辭辨例編六十卷首二卷… 1－228
春秋屬辭辨例編六十卷首二卷 … 2－64
春秋體註四卷 ………………… 1－18
春秋體註四卷 ………………… 1－106
春洋子自訂年譜一卷…………… 1－457
春卿遺稿一卷…………………… 2－137
春酒堂文集一卷………………… 1－520
春雪箋八卷 …………………… 1－44
春雲集六卷首一卷末一卷……… 1－422
春暉草堂詩存四卷……………… 2－342
春暉堂初稿八卷首一卷………… 1－425
春暉堂叢書十二種……………… 1－439
春暉堂叢書十二種……………… 2－120
春暉堂叢書十二種……………… 2－328
春暉閣詩選三卷………………… 2－559
春暉叢稿十一種………………… 2－71
春穀詩鈔一卷春穀小草二卷且種樹
　齋詩鈔一卷問梅軒詩鈔一卷 2－257
春融堂集六十八卷……………… 2－134
珂雪詞二卷補遺一卷…………… 1－533
珍珠囊指掌補遺藥性賦四卷…… 2－432
珍珠囊指掌補遺藥性賦四卷…… 2－562
珍埶宦遺書十一種 …………… 2－86

封泥考略十卷…………………… 2－115
封泥考略十卷…………………… 2－156
城北草堂存稿七卷……………… 2－122
城北草堂詩餘二卷詞餘一卷…… 2－165
城守篇一卷……………………… 1－474
城防備覽不分卷………………… 1－283
[康熙]城固縣志十卷…………… 2－48
[康熙]城固縣志十卷…………… 2－48
[康熙]城固縣志十卷…………… 2－48
[康熙]城固縣志十卷…………… 2－48
垤氏實踐教育學二卷…………… 1－367
垤氏實踐教育學二卷…………… 1－367
政治一斑四卷…………………… 1－583
政治一斑四卷…………………… 1－584
政治一斑四卷…………………… 1－584
政治泛論四卷…………………… 1－585
政治策論八卷…………………… 1－559
政學錄初稿八卷………………… 2－102
政藝通報丙午全書六十三卷…… 2－250
政藝新書五種…………………… 1－588
政藝叢書甲辰全書六十三卷…… 2－250
埏紘外乘二十五卷……………… 1－281
郝氏遺書三十三種……………… 1－419
郝氏遺書三十三種……………… 1－556
郝氏遺書三十三種 …………… 2－87
郝文忠公陵川文集三十九卷附錄一卷
　………………………………… 1－404
郝文忠公陵川文集三十九卷附錄一卷
　………………………………… 1－407
郝文忠公陵川文集三十九卷附錄一卷
　………………………………… 2－103
郝文忠公陵川文集三十九卷附錄一卷
　………………………………… 2－286
荊川文集十八卷………………… 1－158
荊川先生右編四十卷 ………… 1－20
荊川先生右編四十卷 ………… 1－37
荊川集十八卷補遺一卷附錄一卷… 2－135
[光緒]荊州府志八十卷首一卷 … 2－55
[光緒]荊州府志八十卷首一卷 2－265
荊州記三卷……………………… 2－267
荊州萬城堤志十卷首一卷末一卷… 2－269

荊州萬城堤志十卷首一卷末一卷…… 2-271
荊駝逸史五十二種附一種………… 2-185
荊駝逸史五十三種………………… 1-273
茸城九老會詩存一卷……………… 2-177
茶聲館集三十三卷首一卷………… 2-222
草字彙十二卷 …………………… 1-91
草字彙十二卷 …………………… 1-192
草字彙十二卷 …………………… 2-253
草堂詩餘五卷 …………………… 1-7
草堂詩餘五卷 …………………… 1-18
草堂詩餘正集六卷續集二卷別集四
　　卷新集五卷………………… 1-23
草堂詩餘正集六卷續集二卷別集四
　　卷新集五卷………………… 1-165
草窗詞二卷草窗詞補二卷………… 2-119
草聖彙辯不分卷 ………………… 1-43
草聖彙辯不分卷 ………………… 1-56
草廬吳文正公集四十九卷首一卷…… 2-491
草廬經略十二卷 ………………… 1-337
草韻彙編二十六卷 ……………… 1-156
茶山集八卷 ……………………… 1-53
茶山集八卷 ……………………… 1-110
茶山集八卷 ……………………… 1-178
茶香室經說十六卷 ……………… 2-96
茶香室經說十六卷 ……………… 2-150
茶香室經說十六卷 ……………… 2-205
茶香室叢鈔二十三卷目錄一卷…… 2-159
茶香室叢鈔二十三卷目錄一卷續鈔
　　二十五卷…………………… 1-379
茶香室續鈔二十五卷……………… 2-210
茶夢盦稿十二卷…………………… 2-153
茶磨山人詩鈔八卷………………… 2-145
荀子二十卷 ……………………… 1-46
荀子二十卷 ……………………… 1-66
荀子二十卷 ……………………… 1-68
荀子二十卷 ……………………… 1-165
荀子二十卷 ……………………… 1-177
荀子二十卷 ……………………… 1-475
荀子二十卷首一卷………………… 1-305
荀子二十卷首一卷………………… 2-471
荀子二十卷校勘補遺一卷 ……… 1-74

荀子二十卷校勘補遺一卷………… 2-452
荀子集解二十卷考證二卷………… 1-555
荀子集解二十卷首一卷…………… 1-559
荀莊詩鈔四卷……………………… 2-137
茗柯文四編五卷…………………… 2-139
茗柯文初編一卷二編二卷三編一卷
　　四編一卷…………………… 1-410
茗柯文初編一卷二編二卷三編一卷
　　四編一卷…………………… 1-410
茗柯文初編一卷二編二卷三編一卷
　　四編一卷…………………… 1-500
茗柯文編初編一卷二編二卷三編一
　　卷四編一卷 ……………… 2-82
茗柯文編初編一卷二編二卷三編一
　　卷四編一卷 ……………… 2-82
茗柯詞一卷………………………… 2-162
茗柯詞一卷………………………… 2-204
荒政輯要九卷……………………… 1-289
荒政輯要九卷……………………… 1-289
荒政輯要九卷……………………… 1-290
故事尋源十卷……………………… 1-107
故唐律疏議三十卷………………… 1-297
故唐律疏議三十卷………………… 1-297
故唐律疏議三十卷………………… 1-530
故唐律疏議三十卷………………… 2-123
故唐律疏議三十卷………………… 2-193
胡少師總集六卷首一卷附錄一卷…… 2-310
胡氏家集十八卷補遺四卷………… 1-218
胡氏書畫考三種…………………… 2-310
胡氏榮哀錄二卷…………………… 1-106
胡氏雜著五種……………………… 2-164
胡文忠公政書十四卷 …………… 2-73
胡文忠公政書十四卷 …………… 2-372
胡文忠公遺集十卷首一卷………… 1-552
胡文忠公遺集十卷首一卷………… 2-147
胡文忠公遺集十卷首一卷………… 2-163
胡文忠公遺集十卷首一卷………… 2-242
胡文忠公遺集十卷首一卷………… 2-353
胡文忠公遺集十卷首一卷………… 2-369
胡文忠公遺集八十六卷 ………… 2-19
胡文忠公遺集八十六卷…………… 2-179

胡文忠公遺集八十六卷⋯⋯⋯⋯ 2－353　　南史八十卷⋯⋯⋯⋯⋯⋯⋯⋯ 1－183

胡文忠公遺集八十六卷首一卷⋯⋯ 1－417　　南史八十卷⋯⋯⋯⋯⋯⋯⋯⋯ 1－191

胡文忠公遺集八十六卷首一卷⋯⋯ 1－417　　南史八十卷⋯⋯⋯⋯⋯⋯⋯⋯ 1－248

胡文忠公遺集八十六卷首一卷⋯⋯ 1－417　　南史八十卷⋯⋯⋯⋯⋯⋯⋯⋯ 1－248

胡文忠公遺集八十六卷首一卷⋯⋯ 1－422　　南史八十卷⋯⋯⋯⋯⋯⋯⋯⋯ 1－248

胡文忠公遺集八十六卷首一卷⋯⋯ 1－422　　南史八十卷⋯⋯⋯⋯⋯⋯⋯⋯ 1－451

胡文忠公遺集八十六卷首一卷⋯⋯ 1－422　　南史八十卷⋯⋯⋯⋯⋯⋯⋯⋯ 2－88

胡文忠公遺集八十六卷首一卷⋯⋯ 1－518　　南史八十卷⋯⋯⋯⋯⋯⋯⋯⋯ 2－377

胡文忠公遺集八十六卷首一卷⋯⋯ 1－533　　南史八十卷⋯⋯⋯⋯⋯⋯⋯⋯ 2－473

胡文忠公遺集八十六卷首一卷⋯⋯ 1－543　　南史識小錄十四卷北史識小錄十四卷

胡文忠公遺集八十六卷首一卷⋯⋯ 2－105　　　　⋯⋯⋯⋯⋯⋯⋯⋯⋯⋯ 1－468

胡文忠公遺集八十六卷首一卷⋯⋯ 2－353　　南史識小錄十四卷北史識小錄十四卷

胡文忠公遺集八十六卷首一卷⋯⋯ 2－369　　　　⋯⋯⋯⋯⋯⋯⋯⋯⋯⋯ 1－527

胡文忠公遺集八十六卷首一卷⋯⋯ 2－370　　南皮張宮保政書奏議初編十二卷⋯⋯ 2－444

胡文忠公遺集八十六卷首一卷⋯⋯ 2－371　　南皮張宮保政書奏議初編十二卷⋯⋯ 2－489

胡文忠公遺集八十六卷首一卷⋯⋯ 2－372　　南州草堂集三十卷首一卷⋯⋯⋯⋯ 1－147

胡文忠公遺集八十六卷首一卷⋯⋯ 2－374　　南巡盛典一百二十卷⋯⋯⋯⋯⋯⋯ 1－527

胡文忠公遺集八十六卷首一卷⋯⋯ 2－374　　南巡盛典一百二十卷⋯⋯⋯⋯⋯⋯ 2－401

胡文忠公遺集八十六卷首一卷⋯⋯ 2－375　　南宋文範七十卷外編四卷⋯⋯⋯⋯ 1－388

胡文忠公遺集八十六卷首一卷⋯⋯ 2－378　　南宋文範七十卷外編四卷⋯⋯⋯⋯ 1－388

胡文忠公遺集八十六卷首一卷⋯⋯ 2－378　　南宋文範七十卷外編四卷⋯⋯⋯⋯ 1－499

胡文忠公遺集八十六卷首一卷⋯⋯ 2－378　　南宋文範七十卷外編四卷⋯⋯⋯⋯ 2－118

胡文煥校刻書十種⋯⋯⋯⋯⋯⋯ 1－27　　南宋文範七十卷外編四卷⋯⋯⋯⋯ 2－146

胡敬齋先生文集三卷⋯⋯⋯⋯⋯⋯ 1－407　　南宋文錄錄二十四卷⋯⋯⋯⋯⋯⋯ 1－388

胡敬齋先生文集三卷⋯⋯⋯⋯⋯⋯ 2－21　　南宋文錄錄二十四卷⋯⋯⋯⋯⋯⋯ 2－134

胡敬齋先生文集三卷居業錄四卷⋯⋯ 2－103　　南宋院畫錄八卷⋯⋯⋯⋯⋯⋯⋯⋯ 2－139

胡敬齋先生文集三卷居業錄四卷⋯⋯ 2－328　　南宋書六十卷⋯⋯⋯⋯⋯⋯⋯⋯ 2－331

胡敬齋先生居業錄四卷⋯⋯⋯⋯ 2－6　　南宋群賢小集七十五種⋯⋯⋯⋯⋯ 2－322

胡敬齋先生居業錄四卷文集三卷⋯⋯ 1－476　　南宋雜事詩七卷⋯⋯⋯⋯⋯⋯⋯⋯ 1－148

茹古畧集三十卷⋯⋯⋯⋯⋯⋯⋯ 1－45　　南宋雜事詩七卷⋯⋯⋯⋯⋯⋯⋯⋯ 1－415

荔園撷葉草一卷⋯⋯⋯⋯⋯⋯⋯ 2－331　　南宋雜事詩七卷⋯⋯⋯⋯⋯⋯⋯⋯ 2－298

南北史捃華八卷⋯⋯⋯⋯⋯⋯⋯ 2－318　　南宋雜事詩七卷目錄一卷⋯⋯⋯⋯ 2－123

南北史補志十四卷⋯⋯⋯⋯⋯⋯ 1－254　　南宋雜事詩七卷目錄一卷⋯⋯⋯⋯ 2－143

南北史補志十四卷⋯⋯⋯⋯⋯⋯ 1－573　　南宋雜事詩七卷目錄一卷⋯⋯⋯⋯ 2－143

南北史補志十四卷⋯⋯⋯⋯⋯⋯ 1－573　　南宋雜事詩七卷目錄一卷⋯⋯⋯⋯ 2－155

南北史補志十四卷⋯⋯⋯⋯⋯⋯ 2－402　　南宋雜事詩七卷目錄一卷⋯⋯⋯⋯ 2－461

南田畫跋一卷⋯⋯⋯⋯⋯⋯⋯⋯ 2－339　　南宋雜事詩七卷首一卷⋯⋯⋯⋯⋯ 2－462

南史八十卷⋯⋯⋯⋯⋯⋯⋯⋯ 1－67　　南苑一知十卷⋯⋯⋯⋯⋯⋯⋯⋯ 2－271

南史八十卷⋯⋯⋯⋯⋯⋯⋯⋯ 1－90　　南阜山人詩集類稿七卷⋯⋯⋯⋯⋯ 2－259

南史八十卷⋯⋯⋯⋯⋯⋯⋯⋯ 1－110　　南河成案五十四卷⋯⋯⋯⋯⋯⋯ 2－206

南史八十卷⋯⋯⋯⋯⋯⋯⋯⋯ 1－110　　南畇文稿二卷⋯⋯⋯⋯⋯⋯⋯⋯ 1－143

南畇文稿十二卷詩稿十卷雜稿十一
　卷姚江釋毀錄一卷 …………… 2－160
南畇全集七種 ………………………… 1－504
南屏山人詩集十卷賦一卷 ………… 1－58
南華山人詩鈔十六卷南華山房詩鈔
　六卷賦一卷 …………………… 1－82
南華真經十卷 ……………………… 2－71
南華真經十卷 ……………………… 2－254
南華真經正義三十三卷 ………… 1－313
南華真經本義十六卷附錄八卷 ……… 2－74
南華真經旁注五卷 ………………… 1－181
南華真經旁注五卷 ………………… 1－181
南華真經解內篇七卷外篇十五卷雜
　篇十一卷 ……………………… 1－195
南華真經解內篇七卷外篇十五卷雜
　篇十一卷 ……………………… 1－479
南華真經解內篇七卷外篇十五卷雜
　篇十一卷 ……………………… 2－397
南華真經解六卷 …………………… 1－475
南華真經解六卷 …………………… 2－403
南華真經解六卷 …………………… 2－457
南華眞經十卷 ……………………… 1－47
南華眞經副墨八卷讀南華眞經雜說一卷
　…………………………………… 1－4
南華眞經解六卷 …………………… 2－450
南華發覆八卷 ……………………… 1－74
南華發覆八卷 ……………………… 1－74
南華詩鈔六卷 ……………………… 1－145
南華經分章句解四卷 …………… 1－211
南華經外篇十五卷 ………………… 2－506
南華經解內篇七卷外篇十五卷雜篇
　十一卷 ………………………… 1－196
南華經解六卷 ……………………… 2－458
南華經解六卷 ……………………… 2－572
南軒文集四十四卷 ………………… 2－205
南軒先生孟子說七卷 …………… 2－139
南軒論語解十卷 …………………… 2－139
南唐書十八卷 ……………………… 2－445
南唐書十八卷 ……………………… 2－461
南唐書十八卷 ……………………… 2－491
南唐書三十卷 ……………………… 2－119

南唐書合刻二種 …………………… 2－342
南唐書注十八卷 …………………… 2－226
南唐書音釋一卷 …………………… 2－226
南海先生戊戌奏稿不分卷 ……… 1－459
南海先生戊戌奏稿不分卷 ……… 1－527
南宮奏議三十卷 …………………… 1－47
南菁文鈔二集六卷 ………………… 2－79
南菁文鈔三集十六卷 …………… 2－79
南菁文鈔三集十六卷 …………… 2－196
南菁札記十四種 …………………… 2－79
南菁書院叢書八集四十一種 …… 2－87
南菁書院叢書八集四十一種 …… 2－162
南菁書院叢書八集四十一種 …… 2－171
南菁書院叢書八集四十一種 …… 2－195
南菁書院叢書八集四十一種 …… 2－306
南菁書院叢書四十一種 ………… 1－435
南菁講舍文集六卷 ………………… 2－79
南菁講舍文集六卷 ………………… 2－124
南菁講舍文集六卷 ………………… 2－196
南野堂筆記十二卷 ………………… 2－209
南陽集六卷 ………………………… 1－148
南陽樂傳奇二卷 …………………… 1－173
南極篇二十二卷 …………………… 1－5
南雅堂醫書全集二十一種 ……… 2－197
南雅堂醫書全集二十一種 ……… 2－580
南無消災解厄救苦真經一卷 …… 2－594
南游稿二卷 ………………………… 1－402
南窗紀談一卷 ……………………… 1－94
南塘張氏詩略二卷 ………………… 2－167
南塘張氏詩略二卷 ………………… 2－251
［光緒］南匯縣志二十二卷首一卷末一卷
　…………………………………… 2－263
［光緒］南匯縣志二十二卷首一卷末一卷
　…………………………………… 2－579
［光緒］南匯縣志二十二卷首一卷末一卷
　…………………………………… 2－580
南雷文定前集十一卷 …………… 2－477
南雷文定前集十一卷後集四卷三集
　三卷四集四卷附錄一卷 ……… 1－96
南雷詩歷四卷 ……………………… 2－473
南溪筆錄群賢詩話前集一卷後集一卷

································ 1－66

南溪筆錄群賢詩話前集一卷後集一
 卷續集一卷 ··············· 1－188
南齊書五十九卷 ··············· 1－34
南齊書五十九卷 ··············· 1－90
南齊書五十九卷 ··············· 1－109
南齊書五十九卷 ··············· 1－109
南齊書五十九卷 ··············· 1－182
南齊書五十九卷 ··············· 1－192
南齊書五十九卷 ··············· 1－247
南齊書五十九卷 ··············· 1－247
南齊書五十九卷 ··············· 1－247
南齊書五十九卷 ··············· 1－451
南齊書五十九卷 ··············· 2－88
南齊書五十九卷 ··············· 2－433
南齊書五十九卷 ··············· 2－572
南鄭鄉土志一卷 ··············· 1－251
南漢地理志一卷 ··············· 1－458
南漢金石志二卷 ··············· 1－467
南漢紀五卷 ···················· 1－453
南漢書十八卷文字四卷叢錄二卷 ····· 2－157
南滑楷語八卷 ················· 2－72
南澗甲乙稿二十二卷 ············ 1－110
南薰殿圖像攷二卷 ············· 2－168
南嶽志八卷 ···················· 1－122
南嶽志八卷 ···················· 1－167
南嶽志八卷 ···················· 1－210
南齋先生魏文靖公摘稿八卷附錄一卷
 ································ 1－167
南豐先生元豐類藁五十三卷 ········ 1－151
南豐先生元豐類藁五十三卷 ········ 1－159
南疆繹史勘本三十卷首二卷 ········ 1－574
南疆繹史勘本三十卷首二卷 ········ 2－506
南疆繹史勘本紀略六卷列傳二十四
 卷首二卷 ················ 2－25
南疆繹史勘本紀略六卷列傳二十四
 卷首二卷 ················ 2－115
枯木禪琴譜八卷 ··············· 1－547
柯山集五十卷 ················· 1－80
柯山集五十卷 ················· 1－535
柘坡居士集十二卷 ············· 1－129

相地探金石法四卷 ············· 2－12
相宗八要解八卷 ··············· 2－149
相理衡真十卷首一卷 ············ 2－145
相臺書塾刊正九經三傳沿革例一卷 ··· 1－175
相臺書塾刊正九經三傳沿革例一卷 ··· 2－210
柏子俊先生言行錄一卷 ·········· 2－290
柏香書屋詩鈔二十四卷 ·········· 1－409
柏梘山房文集十六卷續集一卷詩集
 十卷續集二卷駢體文二卷 ····· 2－79
柏梘山房文集十六卷續集一卷駢體
 文二卷詩集十卷詩續集二卷 ······ 2－163
柏梘山房文集十六卷續集一卷駢體
 文二卷詩集十卷續集二卷 ······ 1－518
柏梘山房文集十六卷續集一卷駢體
 文二卷詩集十卷續集二卷 ······ 2－136
柏堂集前編十四卷次編十三卷續編
 二十二卷餘編八卷補存三卷外編
 十二卷附五卷 ············· 2－80
柏堂集前編十四卷次編十三卷續編二
 十二卷餘編八卷補存三卷外編十
 二卷附五卷 ·············· 2－151
柏堂遺書八種 ················· 2－133
柏堂遺書九種 ················· 2－92
柳氏家藏三元總錄三卷 ·········· 1－334
柳文四十三卷別集二卷外集二卷附
 錄一卷 ················· 1－66
柳文四十三卷別集二卷外集二卷附
 錄一卷 ················· 1－66
柳文四十三卷附錄一卷別集二卷外
 集二卷 ················· 1－506
柳岸吟一卷 ···················· 2－493
柳河東集十五卷 ··············· 2－75
柳河東集四十三卷別集二卷外集二
 卷附錄一卷 ·············· 2－222
柳洲遺稿二卷 ················· 2－158
柳洲醫話良方一卷 ············· 2－60
柳堂師友詩錄二卷 ············· 2－251
柳選四家醫案 ················· 1－326
桦湖文集十二卷 ··············· 1－416
桦湖文集十二卷 ··············· 1－535
桦湖文集十二卷 ··············· 2－80

勅修河東鹽法志十二卷 ·············· 1－289

[雍正]勅修浙江通志二百八十卷首三卷

　　　　　　　　　　　　　　　　 2－527

[雍正]勅修浙江通志二百八十卷首三卷

　　　　　　　　　　　　　　　　 2－527

柬埔寨以北探路記十五卷 ·············· 1－284

柬埔寨以北探路記十五卷 ·············· 1－284

咸平集三十卷 ························ 1－212

咸同以來中俄交涉記二卷 ·············· 1－463

咸同以來中俄交涉記三卷 ·············· 1－295

咸同以來中俄交涉記三卷 ·············· 1－295

咸同以來中俄交涉記三卷 ·············· 1－295

咸同以來中俄交涉記三卷 ·············· 2－284

咸同以來中俄交涉記三卷 ·············· 2－346

咸同以來中俄交涉記三卷 ·············· 2－484

咸同以來中俄交涉記三卷 ·············· 2－541

咸淳臨安志一百卷 ·················· 2－54

咸淳臨安志一百卷 ·················· 2－69

咸淳臨安志一百卷 ·················· 2－320

[乾隆]咸陽縣志二十二卷首一卷 ··· 1－114

[乾隆]咸陽縣志二十二卷首一卷 ··· 1－115

[乾隆]咸陽縣志二十二卷首一卷 ··· 1－167

[乾隆]咸陽縣志二十二卷首一卷 ··· 2－380

[乾隆]咸陽縣志二十二卷首一卷 ··· 2－380

[乾隆]咸陽縣志二十二卷首一卷 ··· 2－587

[嘉慶]咸寧縣志二十六卷首一卷 ····· 2－35

[嘉慶]咸寧縣志二十六卷首一卷 ····· 2－35

[嘉慶]咸寧縣志二十六卷首一卷 ····· 2－36

[嘉慶]咸寧縣志二十六卷首一卷 ····· 2－36

[嘉慶]咸寧縣志二十六卷首一卷 ····· 2－36

[嘉慶]咸寧縣志二十六卷首一卷 ··· 2－285

[嘉慶]咸寧縣志二十六卷首一卷 ··· 2－579

[嘉慶]咸寧縣志二十六卷首一卷 ··· 2－587

咸豐己未科會試闈墨不分卷 ········ 2－341

咸豐辛亥恩科陝甘闈墨不分卷 ········ 2－346

咸豐初朝邑縣志三卷 ·············· 2－40

咸豐初朝邑縣志三卷附志例一卷志

　　例後錄一卷 ················ 2－39

咸豐初朝邑縣志三卷附志例一卷志

　　例後錄一卷 ················ 2－39

咸豐初朝邑縣志三卷附志例一卷志

例後錄一卷 ·············· 2－39

咸豐初朝邑縣志三卷附志例一卷志

　　例後錄一卷 ················ 2－40

咸豐初朝邑縣志三卷附志例一卷志

　　例後錄一卷 ················ 2－40

咸豐初朝邑縣志三卷附志例一卷志

　　例後錄一卷 ················ 2－40

咸豐東華續錄六十九卷 ·············· 1－262

咸豐拾壹年陝西鄉試一卷 ·············· 1－243

[同治]咸豐縣志二十卷首一卷附圖一卷

　　　　　　　　　　　　　　　　 2－55

研六室文鈔十卷 ·················· 2－77

研六室文鈔十卷補遺一卷 ·············· 2－135

研六室文鈔十卷補遺一卷 ·············· 2－183

砭身集六卷 ···················· 1－428

耐庵類稿五種 ···················· 1－530

耐庵類稿五種 ···················· 2－208

奎壁小學六卷孝經忠經不分卷 ····· 1－21

奎壁書經六卷 ···················· 1－221

持志塾言二卷 ···················· 2－211

持靜齋書目四卷續增一卷 ·············· 1－547

持靜齋書目四卷續增一卷 ·············· 2－228

持靜齋藏書紀要二卷 ·············· 1－547

括地志八卷 ···················· 1－267

括地志八卷 ···················· 2－260

括地志八卷補遺一卷 ·············· 2－191

拾子取義海歌卷一卷 ·············· 1－525

指月錄三十二卷 ·················· 2－401

拯溺寶筏不分卷 ·················· 1－341

貞觀政要十卷 ···················· 1－460

貞觀政要十卷 ···················· 2－403

省吾堂四種 ···················· 1－3

省吾齋詩賦集十二卷古文集十二卷

　　　　　　　　　　　　　　　　 2－223

省香齋詩集六卷 ·················· 1－419

省軒考古類編十二卷 ·············· 1－71

省軒考古類編十二卷 ·············· 1－73

省軒考古類編十二卷 ·············· 1－91

省軒考古類編十二卷 ·············· 1－137

省軒考古類編十二卷 ·············· 1－146

是程堂初集四卷 ·················· 2－130

是程堂集十四卷⋯⋯⋯⋯⋯⋯ 1－541
郢雲詞一卷⋯⋯⋯⋯⋯⋯⋯ 2－156
郢雲詞一卷⋯⋯⋯⋯⋯⋯⋯ 2－458
郢雲詞一卷⋯⋯⋯⋯⋯⋯⋯ 2－470
則古昔齋算學二十四卷⋯⋯ 1－345
則古昔齋算學二十四卷⋯⋯ 1－345
則古昔齋算學十三種⋯⋯⋯ 1－550
則古昔齋算學十三種⋯⋯⋯ 2－188
則古昔齋算學十三種⋯⋯⋯ 2－567
則古昔齋算學叢書十三種⋯ 1－351
則古昔齋算學叢書十三種⋯ 1－351
則古昔齋算學叢書十三種⋯ 1－352
則古昔齋算學叢書十三種⋯ 1－543
則古昔齋算學叢書十三種⋯ 2－490
則例便覽四十九卷⋯⋯⋯⋯ 2－402
盼雲軒畫傳四卷⋯⋯⋯⋯⋯ 1－267
映雪堂詳校醫宗必讀十卷⋯ 2－494
星土釋三卷首一卷⋯⋯⋯⋯ 1－359
星平要訣不分卷百年經不分卷⋯ 2－285
星平要訣不分卷百年經不分卷⋯ 2－439
星軺指掌三卷續一卷⋯⋯⋯ 1－293
星軺指掌三卷續一卷⋯⋯⋯ 1－465
星學發軔十六卷⋯⋯⋯⋯⋯ 2－322
昭代名人尺牘小傳二十四卷⋯⋯ 1－399
昭代名人尺牘小傳二十四卷 ⋯⋯ 2－18
昭代名人尺牘小傳二十四卷⋯⋯ 2－248
昭代名人尺牘續集二十四卷⋯ 2－165
昭代名人尺牘續編六卷⋯⋯ 1－399
昭代詞選三十八卷⋯⋯⋯⋯ 1－130
昭代詞選三十八卷⋯⋯⋯⋯ 1－141
昭代詞選三十八卷⋯⋯⋯⋯ 1－149
昭代叢書十一集⋯⋯⋯⋯⋯ 1－431
昭代叢書十一集⋯⋯⋯⋯⋯ 1－431
昭代叢書十一集⋯⋯⋯⋯⋯ 1－434
昭代叢書十一集⋯⋯⋯⋯⋯ 1－434
昭代叢書十一集⋯⋯⋯⋯⋯ 1－525
昭代叢書十一集 ⋯⋯⋯⋯⋯ 2－89
昭代叢書十一集⋯⋯⋯⋯⋯ 2－217
昭代叢書十一集⋯⋯⋯⋯⋯ 2－505
昭代叢書十一集⋯⋯⋯⋯⋯ 2－551
昭代叢書十一集⋯⋯⋯⋯⋯ 2－551

昭如女子詩鈔一卷⋯⋯⋯⋯ 1－528
昭明文選六十卷⋯⋯⋯⋯⋯ 1－199
昭明文選六臣彙註疏解十九卷⋯ 1－525
昭明文選集評十五卷首一卷末一卷 ⋯ 2－314
昭明選詩初學讀本四卷⋯⋯ 1－155
昭明選詩初學讀本四卷⋯⋯ 2－287
昭昧詹言十卷續錄二卷續昭昧詹言八卷
　　⋯⋯⋯⋯⋯⋯⋯⋯⋯⋯ 2－141
昭德先生郡齋讀書志二十卷附一卷
　　首一卷⋯⋯⋯⋯⋯⋯⋯ 2－100
毗尼日用切要一卷⋯⋯⋯⋯ 1－373
毗陵左氏識字書一卷⋯⋯⋯ 2－198
毗尼珍敬錄二卷⋯⋯⋯⋯⋯ 1－373
毗尼關要十六卷事議十六卷⋯ 1－377
毗陵集二十卷補遺一卷附錄一卷⋯ 1－175
毗陵集十六卷 ⋯⋯⋯⋯⋯⋯ 1－54
毗陵集十六卷⋯⋯⋯⋯⋯⋯ 1－102
毗陵集十六卷附錄一卷⋯⋯ 2－130
虹橋老屋遺稿九卷⋯⋯⋯⋯ 2－269
虹橋詩稿不分卷⋯⋯⋯⋯⋯ 2－140
思古堂十四種書⋯⋯⋯⋯⋯ 1－154
思古齋雙鉤漢碑篆額不分卷⋯ 1－364
思兄樓文稿一卷附爨餘稿一卷⋯ 2－245
思茗齋集十二卷題詞一卷⋯⋯ 2－135
思益堂詩鈔六卷古文二卷詞鈔一卷
　　日札十卷⋯⋯⋯⋯⋯⋯ 1－429
思菴野錄二卷⋯⋯⋯⋯⋯⋯ 2－345
思菴野錄三卷⋯⋯⋯⋯⋯⋯ 1－405
思菴野錄三卷⋯⋯⋯⋯⋯⋯ 2－60
思菴野錄三卷⋯⋯⋯⋯⋯⋯ 2－285
思菴薛先生行實一卷賓興彩旗聯一卷
　　⋯⋯⋯⋯⋯⋯⋯⋯⋯⋯ 2－285
思菴薛先生行實一卷賓興彩旗聯一卷
　　⋯⋯⋯⋯⋯⋯⋯⋯⋯⋯ 2－345
思貽齋古近體詩二十一卷⋯⋯ 1－498
思貽齋古近體詩二十一卷⋯⋯ 1－498
思貽齋古近體詩二十一卷⋯⋯ 1－498
思貽齋古近體詩二十一卷⋯⋯ 1－501
思貽齋古近體詩約存二十一卷⋯ 1－501
思貽齋詩約存二十一卷⋯⋯ 1－498
思貽齋雜著續集□□卷⋯⋯⋯ 1－510

思貽齋雜著續集□□卷 …………… 2-490
思無邪齋文存一卷 ……………… 2-209
思無邪齋文存六卷 ……………… 1-551
思痛錄一卷 …………………… 2-473
思補齋文集四卷 ………………… 1-417
思補齋筆記八卷 ………………… 2-211
思適齋書跋四卷補遺一卷 ……… 2-334
思適齋集十八卷 ………………… 1-270
思適齋集十八卷 ………………… 2-136
思綺堂文集十卷 ………………… 1-82
思綺堂文集十卷 ………………… 1-98
思綺堂文集十卷 ………………… 1-107
思綺堂文集十卷 ………………… 1-536
思辨錄疑義一卷 ………………… 2-326
思辨錄輯要前集二十二卷後集十三卷
………………………… 1-312
思辨錄輯要前集二十二卷後集十三卷
………………………… 2-108
思辨錄輯要前集二十二卷後集十三卷
………………………… 2-137
思辨錄輯要前集二十二卷後集十三卷
………………………… 2-190
思舊集一卷 …………………… 1-538
思齋山房集不分卷 ……………… 2-298
韋蘇州集十卷 ………………… 1-1
韋蘇州集十卷 ………………… 1-36
韋蘇州集十卷 ………………… 1-533
韋蘇州集十卷 ………………… 1-560
韋蘇州集十卷總論一卷 ………… 1-9
品花寶鑑六十回 ………………… 1-486
品花寶鑑六十回 ………………… 2-284
咽喉秘集一卷 ………………… 2-593
咽喉總論一卷 ………………… 1-558
咳唾珠玉二卷補遺一卷 ………… 2-155
罘罳草堂詩集四卷 ……………… 1-535
幽夢續影一卷 ………………… 1-470
幽夢續影一卷 ………………… 1-470
幽夢續影一卷 ………………… 1-470
幽夢續影一卷 ………………… 1-470
幽夢續影一卷 ………………… 1-492
幽夢續影一卷 ………………… 2-447

拜經堂叢書十種 ………………… 2-84
拜經樓藏書題跋記五卷附錄一卷 …… 2-71
看山閣集六十四卷 ……………… 1-100
看陽宅要訣不分卷 ……………… 2-165
看雲草堂集八卷 ………………… 2-246
看詩隨錄一百三十卷 …………… 1-409
矩象測繪一卷 ………………… 1-488
香山詩選六卷 ………………… 2-122
香草齋詩註六卷 ………………… 2-283
香南精舍金石契不分卷 ………… 2-236
香研居詞麈五卷 ………………… 2-406
香祖筆記十二卷 ………………… 1-72
香祖筆記十二卷 ………………… 1-103
香祖筆記十二卷 ………………… 1-152
香祖筆記十二卷 ………………… 1-182
香祖筆記十二卷 ………………… 1-197
香祖筆記十二卷 ………………… 1-197
香祖筆記十二卷 ………………… 1-342
香祖筆記十二卷 ………………… 1-486
香祖筆記十二卷 ………………… 2-31
香乘二十八卷 ………………… 1-15
香海盦叢書九種 ………………… 2-251
香案集不分卷 ………………… 2-255
香屑集十八卷首一卷末一卷 …… 1-418
香屑集十八卷首一卷末一卷 …… 2-132
香雪齋詩鈔四卷 ………………… 1-515
香葉草堂詩存一卷 ……………… 2-283
香畹樓二卷影梅庵傳奇二卷 ……… 2-86
香蘇山館古體詩集十四卷香蘇山館
　今體詩集十六卷 ……………… 1-414
香豔叢書三百二十八種 ………… 1-436
香豔叢書三百二十八種 ………… 2-355
香豔叢書三百二十八種 ………… 2-579
秋士史疑四卷君子堂詩一卷秋士新
　詩一卷 ……………………… 1-73
秋士先生遺集六卷 ……………… 1-516
秋士先生遺集六卷 ……………… 2-215
秋水軒尺牘二卷 ………………… 2-247
秋水軒尺牘四卷 ………………… 1-507
秋水軒尺牘四卷 ………………… 1-507
秋水軒詳注四卷 ………………… 2-337

秋水庵花影集五卷 …………………… 2－185
秋江集註六卷 ………………………… 1－416
秋江集註六卷 ………………………… 2－158
秋江集註六卷 ………………………… 2－217
秋江集註六卷 ………………………… 2－279
秋甫先生藝文畧一卷 ………………… 1－456
秋笳集八卷 …………………………… 1－60
秋笳集八卷 …………………………… 2－574
秋園雜詠一卷 ………………………… 2－292
秋園吟草八卷 ………………………… 2－582
秋影樓詩集九卷 ……………………… 1－556
秋審實緩比較成案二十四卷 ………… 2－342
秋審實緩比較成案二十四卷 ………… 2－402
秋審實緩比較條欵五卷 ……………… 2－402
秋審實緩比較條欵五卷 ……………… 2－440
秋審實緩比較條欵五卷 ……………… 2－496
秋審實緩比較條欵五卷 ……………… 2－556
秋樹讀書樓遺集十六卷 ……………… 2－159
秋燈叢話十八卷 ……………………… 2－31
秋蟪吟館詩鈔七卷 …………………… 1－537
秋蟪吟館詩鈔七卷 …………………… 2－321
秋鏡齋制藝不分卷 …………………… 1－505
科塲條約二卷 ………………………… 1－301
科儀二卷 ……………………………… 2－60
科學目錄一卷 ………………………… 2－571
重刊二十四史 ………………………… 1－289
重刊五百家註音辯昌黎先生文集四十卷
　　　……………………………………… 1－81
重刊五百家註音辯昌黎先生文集四十卷
　　　……………………………………… 1－181
重刊五百家註音辯昌黎先生文集四十卷
　　　……………………………………… 2－559
重刊六藝綱目札記一卷 ……………… 2－146
重刊正誼堂全書總目二卷 …………… 2－299
重刊史鑑節要便讀六卷 ……………… 2－540
重刊芝龕記樂府六卷首一卷 ………… 2－224
[嘉慶]重刊江寧府志五十六卷校
　　　勘記一卷 ………………………… 2－51
[嘉慶]重刊江寧府志五十六卷校
　　　勘記一卷 ………………………… 2－51
重刊宋文憲公集五十三卷 …………… 2－387

重刊宋本十三經注疏附校勘記 ……… 1－213
重刊宋本十三經注疏附校勘記 ……… 2－81
重刊宋本十三經注疏附校勘記 ……… 2－377
重刊宋本十三經注疏附校勘記 ……… 2－388
重刊宋本十三經注疏附校勘記 ……… 2－411
重刊宋本十三經注疏附校勘記 ……… 2－415
重刊宋本十三經注疏附校勘記 ……… 2－433
重刊宋本十三經注疏附校勘記 ……… 2－460
重刊宋本十三經注疏附校勘記 ……… 2－467
重刊宋本十三經注疏附校勘記 ……… 2－503
重刊宋本十三經注疏附校勘記 ……… 2－509
重刊宋本十三經注疏附校勘記 ……… 2－509
重刊宋本十三經注疏附校勘記 ……… 2－559
重刊宋本十三經注疏附校勘記 ……… 2－562
重刊宋本周易注疏八卷校勘記一卷
　　　……………………………………… 1－442
重刊宋本爾雅注疏附校勘記十卷 …… 1－567
[正德]重刊武功縣志四卷首一卷 … 2－330
[嘉慶]重刊宜興縣志四卷首一卷 … 2－263
[嘉慶]重刊宜興縣舊志十卷首一卷
　　　末一卷 …………………………… 2－577
重刊荊川先生文集十七卷外集三卷
　　　附錄一卷 ………………………… 1－19
重刊拜經樓叢書七種 ………………… 1－433
重刊拜經樓叢書七種 ………………… 1－433
重刊拜經樓叢書七種 ………………… 2－221
重刊校正唐荊川先生文集十二卷 …… 2－233
重刊校正唐荊川先生文集十二卷外
　　　集三卷附錄一卷補遺五卷 ……… 1－404
重刊校正唐荊川先生文集十二卷補
　　　遺五卷新刊外集三卷附錄一卷 … 2－76
重刊校正笠澤叢書四卷補遺一卷 …… 2－133
重刊校正笠澤叢書四卷補遺一卷 …… 2－342
重刊救荒補遺書二卷 ………………… 1－290
重刊救荒補遺書二卷 ………………… 1－587
重刊崇祀鄉賢錄一卷 ………………… 2－192
重刊許氏說文解字五音韻譜十二卷 … 1－14
重刊許氏說文解字五音韻譜十二卷 … 1－89
重刊巢氏諸病源候總論五十卷 ……… 1－325
重刊巢氏諸病源候總論五十卷 ……… 1－547
重刊道藏輯要二十八集二百九十種 … 2－26

重刊道藏輯要二十八集二百九十種
　　………………………………… 2－422
重刊道藏輯要二十八集二百九十種
　　………………………………… 2－546
重刊道藏輯要二十八集二百九十種
　　………………………………… 2－574
重刊補註洗冤錄集證五卷……………… 1－559
重刊補註洗冤錄集證五卷……………… 2－218
重刊補註洗冤錄集證五卷……………… 2－454
重刊補註洗冤錄集證六卷……………… 1－315
重刊補註洗冤錄集證六卷……………… 1－315
重刊補註洗冤錄集證六卷……………… 1－472
重刊補註洗冤錄集證六卷……………… 1－530
重刊補註洗冤錄集證六卷……………… 1－559
重刊補註洗冤錄集證六卷 ……………… 2－69
重刊補註洗冤錄集證六卷 ……………… 2－99
重刊補註洗冤錄集證六卷 ……………… 2－189
重刊補註洗冤錄集證四卷附刊檢骨圖
　　格一卷作吏要言一卷……………… 2－469
重刊補註洗冤錄集證四卷附刊檢骨
　　圖格一卷洗冤錄補遺一卷檢骨補
　　遺考證一卷洗冤錄全纂一卷……… 2－313
重刊補註洗冤錄集證四卷附刊檢骨
　　圖格一卷洗冤錄補遺一卷檢骨補
　　遺考證一卷洗冤錄全纂一卷……… 2－321
重刊增補論策全題性理集要八卷……… 1－6
[天順]重刊襄陽郡誌四卷 …………… 1－42
重刻天備子全集十卷首一卷末一卷
　　………………………………… 2－291
重刻四庫全書辨正通俗文字一卷…… 2－294
重刻四庫全書辨正通俗文字一卷…… 2－294
重刻朱文端公三傳五十一卷 ………… 1－67
重刻吳淵穎集十二卷附錄一卷……… 1－98
重刻宋本夷堅志甲志二十卷乙志二
　　十卷丙志二十卷丁志二十卷 1－340
重刻昭明文選李善註六十卷 ………… 1－50
重刻昭明文選李善註六十卷………… 1－196
重刻保嬰編一卷……………………… 1－478
重刻律髓記言一卷 …………………… 1－85
重刻恭簡公志樂二十卷………………… 1－227
重刻恭簡公志樂二十卷………………… 1－446

重刻恭簡公志樂二十卷 ……………… 1－446
重刻恭簡公志樂二十卷 ……………… 1－446
重刻恭簡公志樂二十卷 ……………… 2－268
重刻恭簡公志樂二十卷 ……………… 2－544
重刻剡川姚氏本戰國策札記三卷…… 1－455
重刻剡川姚氏本戰國策札記三卷…… 2－475
重刻剡川姚氏本戰國策劄記三卷…… 2－546
重刻剡川姚氏本戰國策劄記三卷…… 2－546
重刻黃文節山谷先生文集三十卷…… 1－175
重刻黃文節山谷先生文集三十卷…… 1－187
重刻清容居士集札記一卷…………… 1－512
重刻張太僕堂邑鄉約保甲規一卷…… 1－463
重刻渼陂王太史先生全集二十七卷… 1－6
重刻補遺秘傳痘疹玉髓金鏡錄四卷
　　………………………………… 2－443
重刻經史海篇直音十卷 ……………… 1－47
重刻韓恭簡公志樂二十卷…………… 2－193
重刻觀世音菩薩本行經簡集二卷…… 2－234
重定金石契不分卷…………………… 1－466
重定金石契不分卷…………………… 1－529
重定金石契不分卷 …………………… 2－70
重定金石契不分卷 …………………… 2－127
重定金石契不分卷 …………………… 2－167
重定齊家寶要二卷…………………… 1－332
重建魯齋書院記不分卷……………… 1－587
[嘉靖]重修三原志十六卷 ………… 1－18
[光緒]重修丹陽縣志三十六卷首一卷
　　………………………………… 2－582
重修正文對音捷要真傳琴譜大全十卷
　　………………………………… 1－2
重修正文對音捷要真傳琴譜大全十卷
　　………………………………… 1－4
[康熙]重修平遙縣志二卷…………… 1－40
[道光]重修延川縣志五卷首一卷…… 2－44
[道光]重修延川縣志五卷首一卷…… 2－44
[嘉慶]重修延安府志八十卷………… 2－43
[嘉慶]重修延安府志八十卷………… 2－43
重修名法指掌圖四卷………………… 1－320
重修名法指掌圖四卷………………… 1－462
重修名法指掌圖四卷………………… 2－99
[順治]重修岐山縣志四卷 ………… 1－119

［道光］重修沔陽縣志十二卷首一卷 … 2－42

［道光］重修沔陽縣志十二卷首一卷 … 2－42

［道光］重修沔陽縣志十二卷首一卷 … 2－42

重修兩淮鹽法志一百六十卷首一卷 … 1－529

重修南海普陀山志二十卷首一卷 …… 2－57

重修南海普陀山志二十卷首一卷…… 2－262

重修南海普陀山志二十卷首一卷…… 2－262

重修南海普陀山志二十卷首一卷…… 2－413

重修南嶽志二十六卷 …………… 2－349

重修宣和博古圖錄三十卷…………… 1－6

重修宣和博古圖錄三十卷…………… 1－201

重修宣和博古圖錄三十卷…………… 2－482

［雍正］重修陝西乾州志六卷 ……… 1－119

［光緒］重修華亭縣志二十四卷首一
卷末一卷 ………………………… 2－265

［宣統］重修涇陽縣志十六卷首一卷
末一卷 ………………………… 2－37

［宣統］重修涇陽縣志十六卷首一卷
末一卷 ………………………… 2－37

［宣統］重修涇陽縣志十六卷首一卷
末一卷 ………………………… 2－37

［宣統］重修涇陽縣志十六卷首一卷
末一卷 ………………………… 2－39

［道光］重修略陽縣志四卷 ………… 2－49

［道光］重修略陽縣志四卷 ………… 2－49

［嘉慶］重修揚州府志七十二卷首一卷
………………………………… 2－51

重修輞川志六卷……………………… 2－341

［光緒］重修嘉善縣志三十六卷首一卷
………………………………… 2－265

［光緒］重修嘉善縣志三十六卷首一卷
………………………………… 2－416

［光緒］重修嘉善縣志三十六卷首一卷
………………………………… 2－585

［乾隆］重修臺灣府志二十五卷首一卷
………………………………… 1－122

［乾隆］重修臺灣府志二十五卷首一卷
………………………………… 2－377

［乾隆］重修鳳翔府志十二卷首一卷

………………………………… 1－180

重修輞川志六卷……………………… 2－386

重修輞川志六卷文徵錄四卷 ……… 2－36

重修輞川志六卷文徵錄四卷 ……… 2－36

重修輞川志六卷文徵錄四卷 ……… 2－386

［道光］重修膠州志四十卷 ………… 2－34

［道光］重修膠州志四十卷 ………… 2－579

重修潘劉隉碑一卷………………… 1－590

［咸豐］重修興化縣志十卷 ………… 2－52

［咸豐］重修興化縣志十卷 ………… 2－52

［咸豐］重修興化縣志十卷 ………… 2－377

［咸豐］重修興化縣志十卷 ………… 2－393

［咸豐］重修興化縣志十卷 ………… 2－581

［乾隆］重修盩厔縣志十四卷 ……… 1－7

［乾隆］重修盩厔縣志十四卷 ……… 1－180

［乾隆］重修盩厔縣志十四卷 ……… 2－42

［道光］重修鎮番縣志十卷首一卷 … 2－50

［道光］重修寶應縣志二十八卷首一卷
………………………………… 2－52

重訂七種文選 …………………… 1－78

重訂王鳳洲先生綱鑑會纂八十九卷
………………………………… 1－254

重訂王鳳洲先生綱鑑會纂八十九卷
………………………………… 1－254

重訂王鳳洲先生綱鑑會纂八十九卷
………………………………… 1－254

重訂王鳳洲先生綱鑑會纂四十六卷
………………………………… 1－257

重訂王鳳洲先生綱鑑會纂四十六卷
………………………………… 1－454

重訂王鳳洲先生綱鑑會纂四十六卷
………………………………… 2－407

重訂王鳳洲先生綱鑑會纂四十六卷
………………………………… 2－407

重訂王鳳洲先生綱鑑會纂四十六卷
………………………………… 2－414

重訂王鳳洲先生綱鑑會纂四十六卷
………………………………… 2－575

重訂王鳳洲先生綱鑑會纂四十六卷
續宋元二十三卷…………………… 2－500

重訂王鳳洲先生綱鑑會纂四十六卷

續宋元二十三卷三編二十卷⋯⋯⋯ 2－518
重訂王鳳洲先生綱鑑會纂四十六卷
　續宋元二十三卷三編二十卷⋯⋯⋯ 2－518
重訂王鳳洲先生綱鑑會纂四十六卷
　續宋元二十三卷三編二十卷⋯⋯⋯ 2－519
重訂王鳳洲先生綱鑑會纂四十六卷
　續宋元二十三卷三編二十卷⋯⋯⋯ 2－519
重訂王鳳洲先生綱鑑會纂四十六卷
　續宋元二十三卷三編二十卷⋯⋯⋯ 2－519
重訂王鳳洲先生綱鑑會纂四十六卷
　續宋元二十三卷三編二十卷⋯⋯⋯ 2－520
重訂王鳳洲先生綱鑑會纂四十六卷
　續宋元紀二十三卷 ⋯⋯⋯⋯⋯⋯ 1－43
重訂王鳳洲先生綱鑑會纂四十六卷
　續編二十三卷⋯⋯⋯⋯⋯⋯⋯⋯ 2－543
重訂文選集評十五卷首一卷末一卷⋯⋯ 1－78
重訂文選集評十五卷首一卷末一卷 ⋯ 1－131
重訂文選集評十五卷首一卷末一卷⋯ 2－338
重訂文選集評十五卷首一卷末一卷⋯ 2－425
重訂文選集評十五卷首一卷末一卷 ⋯ 2－545
重訂方百川全稿一卷⋯⋯⋯⋯⋯⋯ 2－327
重訂申文定公署經講義會編十二卷 ⋯ 1－11
重訂四書說叢十七卷 ⋯⋯⋯⋯⋯⋯ 1－46
重訂外科正宗十二卷⋯⋯⋯⋯⋯⋯ 2－585
重訂外科正宗十二卷⋯⋯⋯⋯⋯⋯ 2－586
重訂幼學須知句解四卷⋯⋯⋯⋯⋯ 2－166
重訂幼學須知句解四卷⋯⋯⋯⋯⋯ 2－485
重訂西方公據二卷⋯⋯⋯⋯⋯⋯ 1－373
重訂西方公據二卷⋯⋯⋯⋯⋯⋯ 1－373
重訂西青散記八卷⋯⋯⋯⋯⋯⋯ 2－205
重訂全唐詩話八卷⋯⋯⋯⋯⋯⋯ 1－519
重訂李義山詩箋注三卷集外詩箋注一卷
　⋯⋯⋯⋯⋯⋯⋯⋯⋯⋯⋯⋯⋯ 1－151
重訂李義山詩箋注三卷集外詩箋注一卷
　⋯⋯⋯⋯⋯⋯⋯⋯⋯⋯⋯⋯⋯ 1－162
重訂事類賦三十卷 ⋯⋯⋯⋯⋯⋯ 1－95
重訂事類賦三十卷⋯⋯⋯⋯⋯⋯ 2－374
重訂事類賦三十卷⋯⋯⋯⋯⋯⋯ 2－381
重訂事類賦三十卷⋯⋯⋯⋯⋯⋯ 2－399
重訂易經疑問十二卷 ⋯⋯⋯⋯⋯ 1－35
重訂欣賞編七十一種⋯⋯⋯⋯⋯ 2－194

重訂法國志略二十四卷 ⋯⋯⋯⋯⋯ 1－558
重訂唐詩三百首續選六卷⋯⋯⋯⋯ 2－243
重訂唐詩合解箋注十二卷⋯⋯⋯⋯ 1－394
重訂唐詩別裁集二十卷⋯⋯⋯⋯⋯ 1－162
重訂唐詩別裁集二十卷⋯⋯⋯⋯⋯ 1－541
重訂唐詩別裁集二十卷⋯⋯⋯⋯⋯ 2－161
重訂唐詩別裁集二十卷⋯⋯⋯⋯⋯ 2－592
重訂教乘法數十二卷⋯⋯⋯⋯⋯⋯ 1－375
重訂教乘法數十二卷⋯⋯⋯⋯⋯⋯ 2－422
重訂教乘法數十二卷⋯⋯⋯⋯⋯⋯ 2－426
重訂普法戰紀四卷⋯⋯⋯⋯⋯⋯⋯ 1－266
重訂普法戰紀四卷⋯⋯⋯⋯⋯⋯⋯ 1－266
重訂廣事類賦四十卷 ⋯⋯⋯⋯⋯⋯ 1－95
重訂綴白裘十二集四十八卷⋯⋯⋯ 1－209
重訂增補陶朱公致富全書四卷⋯⋯⋯ 1－94
重訂選擇集要七卷⋯⋯⋯⋯⋯⋯⋯ 2－112
重訂類字蒙求不分卷⋯⋯⋯⋯⋯⋯ 1－449
重栞宋本十三經注疏附校勘記⋯⋯⋯ 1－567
重栞宋本十三經注疏附校勘記⋯⋯⋯ 2－443
重栞宋本十三經注疏附校勘記⋯⋯⋯ 2－444
重栞宋本十三經注疏附校勘記⋯⋯⋯ 2－492
重栞宋本十三經注疏附校勘記⋯⋯⋯ 2－529
重栞宋本十三經注疏附校勘記⋯⋯⋯ 2－576
重栞宋本十三經注疏附校勘記十三
　種附一種⋯⋯⋯⋯⋯⋯⋯⋯⋯⋯ 2－528
重栞宋本毛詩注疏附校勘記二十卷
　⋯⋯⋯⋯⋯⋯⋯⋯⋯⋯⋯⋯⋯ 1－444
重栞宋本周禮注疏附校勘記四十二卷
　⋯⋯⋯⋯⋯⋯⋯⋯⋯⋯⋯⋯⋯ 2－511
重栞宋本儀禮注疏附校勘記五十卷
　⋯⋯⋯⋯⋯⋯⋯⋯⋯⋯⋯⋯⋯ 1－443
重栞宋本儀禮注疏附校勘記五十卷
　⋯⋯⋯⋯⋯⋯⋯⋯⋯⋯⋯⋯⋯ 2－449
重栞金庸齋先生居官必覽二卷⋯⋯⋯ 1－486
重栞張運青先生治鏡錄二卷⋯⋯⋯ 1－462
重校十三經不貳字不分卷⋯⋯⋯⋯ 1－441
重校十三經不貳字不分卷⋯⋯⋯⋯ 1－448
重校十三經不貳字不分卷⋯⋯⋯⋯ 2－545
重校十三經集字不分卷⋯⋯⋯⋯⋯ 2－442
重校分部書法正傳一卷⋯⋯⋯⋯⋯ 2－290
重校分部書法正傳一卷⋯⋯⋯⋯⋯ 2－296

重校刊官板玉髓真經二十八卷附錄一卷
　　‥‥‥‥‥‥‥‥‥‥‥‥‥　2－389
重校刊官板玉髓真經二十八卷附錄一卷
　　‥‥‥‥‥‥‥‥‥‥‥‥‥　2－424
重校正唐文粹一百卷‥‥‥‥‥‥‥　1－7
重校正唐文粹一百卷‥‥‥‥‥‥‥　1－47
重校趙氏水經注釋四十卷首一卷附
　　錄二卷水經注箋刊誤十二卷‥‥　1－459
重校劍南詩藁八十五卷‥‥‥‥‥　1－403
重校臨文便覽不分卷‥‥‥‥‥‥　2－442
［順治］重脩郃陽縣志七卷　‥‥‥　1－40
重廣補注黃帝内經素問二十四卷‥‥　1－479
重廣補註黃帝内經素問二十四卷　‥　1－39
重廣補註黃帝内經素問二十四卷遺
　　篇一卷‥‥‥‥‥‥‥‥‥‥　1－19
重增格物入門七卷‥‥‥‥‥‥‥　1－491
重樓玉鑰二卷‥‥‥‥‥‥‥‥‥　1－321
重樓玉鑰二卷‥‥‥‥‥‥‥‥‥　1－322
重樓玉鑰二卷‥‥‥‥‥‥‥‥‥　1－322
重樓玉鑰二卷‥‥‥‥‥‥‥‥‥　2－177
重樓玉鑰二卷‥‥‥‥‥‥‥‥‥　2－485
重論文齋筆錄十二卷‥‥‥‥‥‥　2－580
重編五經文字三卷附新加九經字樣一卷
　　‥‥‥‥‥‥‥‥‥‥‥‥‥　2－226
重編留青新集二十四卷‥‥‥‥‥　1－532
重學二十卷‥‥‥‥‥‥‥‥‥‥　1－360
重學二十卷‥‥‥‥‥‥‥‥‥‥　1－360
重學二十卷曲線說三卷‥‥‥‥‥　1－351
重學二十卷曲線說三卷‥‥‥‥‥　1－351
重學二十卷曲線說三卷‥‥‥‥‥　1－352
重學二十卷曲線說三卷‥‥‥‥‥　1－550
重學二十卷曲線說三卷‥‥‥‥‥　2－567
重學須知不分卷‥‥‥‥‥‥‥‥　1－358
重鎸香雪文鈔十二卷‥‥‥‥‥‥　1－155
［光緒］重纂秦州直隸州新志二十四
　　卷首一卷‥‥‥‥‥‥‥‥‥　2－49
［光緒］重纂秦州直隸州新志二十四
　　卷首一卷　‥‥‥‥‥‥‥‥　2－49
［光緒］重纂秦州直隸州新志二十四
　　卷首一卷‥‥‥‥‥‥‥‥‥　2－100
［光緒］重纂秦州直隸州新志二十四

卷首一卷‥‥‥‥‥‥‥‥‥‥　2－260
［光緒］重纂禮縣新志四卷首一卷‥‥　2－49
重鎸本草醫方合編六卷‥‥‥‥‥　2－516
重鎸官板地理天機會元正篇體用括
　　要三十五卷　‥‥‥‥‥‥‥　2－32
重鎸官板陽宅大全十卷‥‥‥‥‥　1－554
重鎸食物本草纂會六卷圖六卷‥‥‥　1－477
重鎸清靜經圖註一卷‥‥‥‥‥‥　2－418
段氏說文注訂八卷‥‥‥‥‥‥‥　1－238
段氏說文注訂八卷‥‥‥‥‥‥‥　1－238
段氏說文注訂八卷‥‥‥‥‥‥‥　2－142
段氏說文注訂八卷‥‥‥‥‥‥‥　2－190
段氏說文注訂八卷‥‥‥‥‥‥‥　2－248
段氏說文注訂八卷‥‥‥‥‥‥‥　2－319
段氏說文注訂八卷說文新附攷六卷
　　續攷一卷‥‥‥‥‥‥‥‥‥　2－231
便易經驗集一卷‥‥‥‥‥‥‥‥　1－564
修西日課不分卷‥‥‥‥‥‥‥‥　1－373
修西定課一卷‥‥‥‥‥‥‥‥‥　2－275
修身第一書不分卷‥‥‥‥‥‥‥　1－340
修改長江通商章程一卷‥‥‥‥‥　1－300
修省約編二卷‥‥‥‥‥‥‥‥‥　1－166
修真六書九卷‥‥‥‥‥‥‥‥‥　1－204
修設瑜伽集要施食壇儀一卷首一卷
　　‥‥‥‥‥‥‥‥‥‥‥‥‥　1－375
修設瑜伽集要施食壇儀一卷首一卷
　　‥‥‥‥‥‥‥‥‥‥‥‥‥　1－375
修習止觀坐禪法要二卷‥‥‥‥‥　2－274
修習止觀坐禪法要二卷元妙法門一卷
　　‥‥‥‥‥‥‥‥‥‥‥‥‥　1－370
修道時義或問一卷‥‥‥‥‥‥‥　1－525
修齊直指一卷‥‥‥‥‥‥‥‥‥　1－313
保心堂詩鈔不分卷‥‥‥‥‥‥‥　2－142
保甲書四卷‥‥‥‥‥‥‥‥‥‥　1－301
保甲書四卷‥‥‥‥‥‥‥‥‥‥　2－461
保甲書輯要四卷‥‥‥‥‥‥‥‥　1－463
保甲書輯要四卷‥‥‥‥‥‥‥‥　2－367
保全生命論一卷附一卷‥‥‥‥‥　1－329
保全生命論一卷附一卷‥‥‥‥‥‥　2－5
［光緒］保安縣志略二卷‥‥‥‥‥　2－44
保赤良方四卷‥‥‥‥‥‥‥‥‥　1－479

保赤彙編七種 …………………… 2－555
保赤精要二卷 …………………… 1－156
保赤聯珠一卷 …………………… 2－270
保產心法一卷 …………………… 2－434
保富述要十七章 ………………… 1－586
保富述要十七章 ………………… 2－12
[道光]保寧府志六十二卷 ……… 2－261
保嬰撮要二十卷 ………………… 2－464
保嬰撮要二十卷 ………………… 2－515
保嬰撮要二卷 …………………… 1－165
俄土戰紀六卷附錄一卷 ………… 1－574
俄史輯譯四卷 …………………… 1－242
俄史輯譯四卷 …………………… 1－243
俄史輯譯四卷 …………………… 1－243
俄史輯譯四卷 …………………… 2－566
俄事新書二卷 …………………… 1－585
俄租遼東暫行省治律一卷 ……… 1－586
俄國水師考一卷 ………………… 2－3
俄國新志八卷 …………………… 1－582
俄國新志八卷 …………………… 2－311
俄國蠶食亞洲史略一卷 ………… 1－576
俄羅斯大風潮不分卷 …………… 1－271
俄羅斯史十六章附俄羅斯史中大事
　年譜一章 ……………………… 1－575
俄羅斯史十六章附俄羅斯史中大事
　年譜一章 ……………………… 1－575
俄羅斯史十六章附俄羅斯史中大事
　年譜一章 ……………………… 1－575
俗言一卷 ………………………… 1－483
俗言一卷 ………………………… 1－483
俗言一卷 ………………………… 2－211
信札一帙 ………………………… 2－343
信好錄四卷 ……………………… 1－310
信好錄四卷 ……………………… 1－310
信好錄四卷 ……………………… 1－379
信好錄四卷 ……………………… 2－402
皇明文徵七十四卷 ……………… 1－16
皇明玉曆祥異賦圖注類纂十五卷 … 1－2
皇明名臣言行錄四卷 …………… 1－6
皇明詞林人物考十二卷 ………… 1－18
皇明詩選七卷 …………………… 1－44

皇明館課經世宏辭續集十五卷 …… 1－25
皇華紀聞四卷南來志一卷北歸志一
　卷廣州遊覽一卷 ……………… 1－57
皇清分巡河南開歸陳許等處兵備河
　務道誥授中憲大夫庚申科副榜顯
　考簾舫府君行述一卷 ………… 2－295
皇清陝西歷科進士錄(清順治三年至
　道光十六年)四卷 …………… 1－455
皇清陝西歷科進士錄不分卷(清順治
　三年至光緒二十四年) ……… 2－308
皇清陝西歷科進士錄不分卷(清順治
　三年至光緒二十四年) ……… 2－308
皇清敕授文林郎山西太原府陽曲縣
　令徵君九畹先生墓志銘一卷 …… 1－184
皇清敕授文林郎山西太原府陽曲縣
　令徵君九畹先生暨元配李儒人合
　葬墓志銘一卷 ………………… 1－184
皇清敕授文林郎山西太原府陽曲縣
　令徵君九畹先生暨元配李儒人合
　葬墓志銘一卷 ………………… 1－184
皇清敕授文林郎山西太原府陽曲縣
　顯考九畹府君行述一卷 ……… 1－184
皇清敕授文林郎山西太原府陽曲縣
　顯考九畹府君行述一卷 ……… 1－184
皇清敕授文林郎山西太原府陽曲縣
　顯考九畹府君行述一卷 ……… 1－184
皇清開國方略三十二卷首一卷 … 2－237
皇清開國方略三十二卷首二卷 … 1－463
皇清經解一百七十三種 ………… 1－215
皇清經解一百七十三種 ………… 1－215
皇清經解一百七十三種 ………… 1－215
皇清經解一百七十三種 ………… 1－303
皇清經解一百七十三種 ………… 2－81
皇清經解一百七十三種 ………… 2－108
皇清經解一百七十三種 ………… 2－199
皇清經解一百七十三種 ………… 2－199
皇清經解一百七十三種 ………… 2－444
皇清經解一百七十三種 ………… 2－455
皇清經解一百七十三種 ………… 2－495
皇清經解一百七十三種 ………… 2－495
皇清經解一百七十三種 ………… 2－495

皇清經解一百七十三種‥‥‥‥‥ 2－495　皇朝文典七十四卷‥‥‥‥‥‥‥‥ 1－291

皇清經解一百七十三種‥‥‥‥‥ 2－499　皇朝文典七十四卷‥‥‥‥‥‥‥‥ 2－171

皇清經解一百七十三種‥‥‥‥‥ 2－516　皇朝文獻通考三百卷‥‥‥‥‥‥‥ 1－287

皇清經解一百七十三種‥‥‥‥‥ 2－568　皇朝文獻通考三百卷‥‥‥‥‥‥‥ 1－287

皇清經解一百七十三種‥‥‥‥‥ 2－586　皇朝文獻通考三百卷‥‥‥‥‥‥‥ 1－287

皇清經解一百七十三種‥‥‥‥‥ 2－587　皇朝文獻通考三百卷‥‥‥‥‥‥‥ 1－289

皇清經解一百七十三種‥‥‥‥‥ 2－588　皇朝文獻通考三百卷‥‥‥‥‥‥‥ 1－581

皇清經解一百七十四種‥‥‥‥‥ 2－495　皇朝文獻通考三百卷‥‥‥‥‥‥‥ 1－581

皇清經解一百六十八種‥‥‥‥‥ 2－586　皇朝文獻通考三百卷‥‥‥‥‥‥‥ 2－379

皇清經解一百六十八種‥‥‥‥‥ 2－586　皇朝文獻通考三百卷‥‥‥‥‥‥‥ 2－382

皇清經解分經彙纂十六種‥‥‥‥ 1－430　皇朝文獻通考三百卷‥‥‥‥‥‥‥ 2－385

皇清經解檢目八卷附通用表一卷‥‥ 1－215　皇朝文獻通考三百卷‥‥‥‥‥‥‥ 2－391

皇清經解續編二百〇七種‥‥‥‥ 1－212　皇朝文獻通考三百卷‥‥‥‥‥‥‥ 2－395

皇清經解續編二百〇七種‥‥‥‥ 1－303　皇朝文獻通考三百卷‥‥‥‥‥‥‥ 2－399

皇清經解續編二百〇七種‥‥‥‥ 1－304　皇朝文獻通考三百卷‥‥‥‥‥‥‥ 2－409

皇清經解續編二百〇七種　‥‥‥‥ 2－81　皇朝文獻通考三百卷‥‥‥‥‥‥‥ 2－440

皇清經解續編二百〇七種‥‥‥‥ 2－202　皇朝文獻通考三百卷‥‥‥‥‥‥‥ 2－453

皇清誥封宜人張繼室馬宜人紀事詩　　　皇朝文獻通考三百卷‥‥‥‥‥‥‥ 2－463

　文彙刊不分卷‥‥‥‥‥‥‥‥ 2－489　皇朝文獻通考三百卷‥‥‥‥‥‥‥ 2－494

皇清誥授奉政大夫守陝西潼關聽同　　　皇朝文獻通考三百卷‥‥‥‥‥‥‥ 2－497

　知浙江紹興府會稽縣石潼坊顧府　　　皇朝文獻通考三百卷‥‥‥‥‥‥‥ 2－497

　君年五十七行述一卷‥‥‥‥‥ 1－580　皇朝文獻通考三百卷‥‥‥‥‥‥‥ 2－497

皇朝一統輿地全圖一卷‥‥‥‥‥ 2－341　皇朝文獻通考三百卷‥‥‥‥‥‥‥ 2－498

皇朝五經彙解二百七十卷　‥‥‥ 2－91　皇朝文獻通考三百卷‥‥‥‥‥‥‥ 2－498

皇朝五經彙解二百七十卷‥‥‥‥ 2－384　皇朝文獻通考三百卷‥‥‥‥‥‥‥ 2－510

皇朝中外壹統輿圖三十卷中一卷首一卷　　皇朝文獻通考三百卷‥‥‥‥‥‥‥ 2－526

　‥‥‥‥‥‥‥‥‥‥‥‥‥‥ 2－439　皇朝文獻通考三百卷‥‥‥‥‥‥‥ 2－526

皇朝中外壹統輿圖三十卷中一卷首一卷　　皇朝文獻通考三百卷‥‥‥‥‥‥‥ 2－526

　‥‥‥‥‥‥‥‥‥‥‥‥‥‥ 2－439　皇朝文獻通考三百卷‥‥‥‥‥‥‥ 2－527

皇朝中外壹統輿圖三十卷中一卷首一卷　　皇朝文獻通考三百卷‥‥‥‥‥‥‥ 2－559

　‥‥‥‥‥‥‥‥‥‥‥‥‥‥ 2－449　皇朝文獻通考詳節二十六卷‥‥‥‥ 2－405

皇朝中外壹統輿圖中一卷南十卷北　　　皇朝文獻通考詳節二十六卷‥‥‥‥ 2－430

　二十卷首一卷‥‥‥‥‥‥‥‥ 1－280　皇朝文獻通考詳節二十六卷‥‥‥‥ 2－431

皇朝中外壹統輿圖中一卷南十卷北　　　皇朝文獻通考詳節二十六卷‥‥‥‥ 2－572

　二十卷首一卷‥‥‥‥‥‥‥‥ 1－280　皇朝文獻通考輯要二十六卷‥‥‥‥ 1－581

皇朝中外壹統輿圖中一卷南十卷北　　　皇朝文獻通考輯要二十六卷‥‥‥‥ 2－392

　二十卷首一卷‥‥‥‥‥‥‥‥ 1－280　皇朝文獻通考輯要二十六卷‥‥‥‥ 2－393

皇朝中外壹統輿圖中一卷南十卷北　　　皇朝文獻通考輯要二十六卷‥‥‥‥ 2－396

　二十卷首一卷　‥‥‥‥‥‥‥ 2－96　皇朝文獻通考輯要二十六卷‥‥‥‥ 2－407

皇朝內府輿地圖縮摹本一卷附一卷　　　皇朝文獻通考輯要二十六卷‥‥‥‥ 2－408

　‥‥‥‥‥‥‥‥‥‥‥‥‥‥ 1－560　皇朝文獻通考輯要二十六卷‥‥‥‥ 2－428

152

皇朝文獻通考輯要二十六卷 ………… 2－436
皇朝文獻通考輯要二十六卷 ………… 2－436
皇朝文獻通考輯要二十六卷 ………… 2－504
皇朝武功紀盛四卷 ………………………… 2－162
皇朝直省府廳州縣歌括一卷 …………… 2－496
皇朝政典挈要八卷 ……………………… 2－515
皇朝政典挈要八卷 ……………………… 2－556
皇朝政典挈要八卷 ……………………… 2－558
皇朝政典類纂五百卷目錄六卷 ……… 1－381
皇朝政典類纂五百卷目錄六卷 ……… 1－381
皇朝政典類纂五百卷目錄六卷 ……… 1－381
皇朝政典類纂五百卷目錄六卷 ……… 2－436
皇朝政典類纂五百卷目錄六卷 ……… 2－499
皇朝政典類纂五百卷目錄六卷 ……… 2－569
皇朝貞孝節烈文編六卷 ……………… 2－125
皇朝紀略一卷 …………………………… 2－242
皇朝通志一百二十六卷 ……………… 1－287
皇朝通志一百二十六卷 ……………… 1－288
皇朝通志一百二十六卷 ……………… 1－288
皇朝通志一百二十六卷 ……………… 1－288
皇朝通志一百二十六卷 ……………… 1－288
皇朝通志一百二十六卷 ……………… 1－289
皇朝通志一百二十六卷 ……………… 1－581
皇朝通志一百二十六卷 ……………… 1－581
皇朝通志一百二十六卷 ……………… 2－383
皇朝通志一百二十六卷 ……………… 2－440
皇朝通志一百二十六卷 ……………… 2－510
皇朝通典一百卷 ……………………… 1－287
皇朝通典一百卷 ……………………… 1－287
皇朝通典一百卷 ……………………… 1－288
皇朝通典一百卷 ……………………… 1－288
皇朝通典一百卷 ……………………… 1－288
皇朝通典一百卷 ……………………… 1－288
皇朝通典一百卷 ……………………… 1－581
皇朝通典一百卷 ……………………… 1－581
皇朝通典一百卷 ……………………… 2－398
皇朝通典一百卷 ……………………… 2－398
皇朝通典一百卷 ……………………… 2－398
皇朝通典一百卷 ……………………… 2－420
皇朝通典一百卷 ……………………… 2－435

皇朝通典一百卷 ……………………… 2－462
皇朝通典一百卷 ……………………… 2－501
皇朝通鑑長編紀事本末一百五十卷 … 1－452
皇朝祭器樂舞錄二卷 ………………… 1－292
皇朝祭器樂舞錄二卷 ………………… 1－588
皇朝掌故二卷 ………………………… 2－252
皇朝詞林典故六十四卷 ……………… 2－85
皇朝蓄艾文編八十卷 ………………… 2－296
皇朝蓄艾文編八十卷 ………………… 2－301
皇朝蓄艾文編八十卷目錄一卷 ……… 2－573
皇朝經世文三編八十卷 ……………… 2－369
皇朝經世文三編八十卷 ……………… 2－369
皇朝經世文三編八十卷 ……………… 2－369
皇朝經世文三編八十卷 ……………… 2－391
皇朝經世文三編八十卷 ……………… 2－428
皇朝經世文三編八十卷 ……………… 2－428
皇朝經世文三編八十卷 ……………… 2－490
皇朝經世文三編八十卷 ……………… 2－506
皇朝經世文三編八十卷 ……………… 2－574
皇朝經世文四編五十二卷 …………… 2－429
皇朝經世文四編五十二卷 …………… 2－434
皇朝經世文四編五十二卷 …………… 2－485
皇朝經世文四編五十二卷 …………… 2－504
皇朝經世文四編五十二卷 …………… 2－516
皇朝經世文四編五十二卷 …………… 2－570
皇朝經世文四編五十二卷 …………… 2－570
皇朝經世文四編五十二卷 …………… 2－570
皇朝經世文鈔三十卷 ………………… 2－100
皇朝經世文統編一百○七卷 ………… 2－491
皇朝經世文統編一百二十卷 ………… 2－512
皇朝經世文新增續編一百二十卷 …… 2－368
皇朝經世文新增續編一百二十卷 …… 2－470
皇朝經世文新增續編一百二十卷附
　時務續編四十卷洋務續編八卷 …… 2－429
皇朝經世文新增續編一百二十卷新
　增時事四十卷洋務策論八卷 ……… 2－505
皇朝經世文新編二十一卷 …………… 2－368
皇朝經世文新編二十一卷 …………… 2－368
皇朝經世文新編二十一卷 …………… 2－392
皇朝經世文新編二十一卷 …………… 2－406
皇朝經世文新編二十一卷 …………… 2－465

皇朝經世文新編二十一卷·············· 2－506
皇朝經世文新編二十一卷·············· 2－515
皇朝經世文新編二十一卷·············· 2－553
皇朝經世文新編二十一卷·············· 2－558
皇朝經世文新編二十一卷·············· 2－591
皇朝經世文編一百二十卷·············· 2－368
皇朝經世文編一百二十卷·············· 2－428
皇朝經世文編一百二十卷·············· 2－431
皇朝經世文編一百二十卷·············· 2－515
皇朝經世文編一百二十卷·············· 2－518
皇朝經世文編一百二十卷姓名總目二卷
·························· 1－391
皇朝經世文編一百二十卷姓名總目二卷
·························· 1－393
皇朝經世文編一百二十卷姓名總目二卷
·························· 1－393
皇朝經世文編一百二十卷姓名總目二卷
·························· 1－393
皇朝經世文編一百二十卷姓名總目二卷
·························· 1－497
皇朝經世文編一百二十卷姓名總目二卷
·························· 1－499
皇朝經世文編一百二十卷姓名總目二卷
·························· 2－86
皇朝經世文編一百二十卷姓名總目二卷
·························· 2－98
皇朝經世文編一百二十卷姓名總目二卷
·························· 2－109
皇朝經世文編一百二十卷姓名總目二卷
·························· 2－318
皇朝經世文編一百二十卷姓名總目二卷
·························· 2－360
皇朝經世文編一百二十卷姓名總目二卷
·························· 2－367
皇朝經世文編一百二十卷姓名總目二卷
·························· 2－368
皇朝經世文編一百二十卷姓名總目二卷
·························· 2－369
皇朝經世文編一百二十卷姓名總目二卷
·························· 2－391
皇朝經世文編一百二十卷姓名總目二卷

·························· 2－397
皇朝經世文編一百二十卷姓名總目二卷
·························· 2－397
皇朝經世文編一百二十卷姓名總目二卷
·························· 2－428
皇朝經世文編一百二十卷姓名總目二卷
·························· 2－497
皇朝經世文編一百二十卷姓名總目二卷
·························· 2－506
皇朝經世文編一百二十卷姓名總目二卷
·························· 2－509
皇朝經世文編一百二十卷姓名總目二卷
·························· 2－535
皇朝經世文編一百二十卷姓名總目二卷
·························· 2－535
皇朝經世文編一百二十卷姓名總目二卷
·························· 2－553
皇朝經世文編一百二十卷姓名總目二卷
·························· 2－570
皇朝經世文編一百二十卷姓名總目二卷
·························· 2－570
皇朝經世文編五集三十二卷········· 2－481
皇朝經世文編補一百二十卷··········· 2－318
皇朝經世文編補一百二十卷··········· 2－497
皇朝經世文續編一百二十卷··········· 2－355
皇朝經世文續編一百二十卷··········· 2－359
皇朝經世文續編一百二十卷··········· 2－368
皇朝經世文續編一百二十卷··········· 2－368
皇朝經世文續編一百二十卷··········· 2－369
皇朝經世文續編一百二十卷··········· 2－392
皇朝經世文續編一百二十卷··········· 2－403
皇朝經世文續編一百二十卷··········· 2－428
皇朝經世文續編一百二十卷··········· 2－429
皇朝經世文續編一百二十卷··········· 2－429
皇朝經世文續編一百二十卷··········· 2－429
皇朝經世文續編一百二十卷··········· 2－470
皇朝經世文續編一百二十卷··········· 2－473
皇朝經世文續編一百二十卷··········· 2－473
皇朝經世文續編一百二十卷········· 2－481
皇朝經世文續編一百二十卷··········· 2－485
皇朝經世文續編一百二十卷··········· 2－505

皇朝經世文續編一百二十卷 ········· 2－505
皇朝經世文續編一百二十卷 ········· 2－506
皇朝經世文續編一百二十卷 ········· 2－506
皇朝經世文續編一百二十卷 ········· 2－569
皇朝經世文續編一百二十卷 ········· 2－569
皇朝經世文續編一百二十卷姓名總
　目一卷 ····················· 1－391
皇朝經世文續編一百二十卷姓名總
　目一卷 ····················· 1－391
皇朝經世文續編一百二十卷姓名總
　目一卷 ····················· 2－86
皇朝經世文續編一百二十卷姓名總
　目一卷 ····················· 2－569
皇朝經世文續編一百二十卷姓名總
　目一卷生存姓名總目一卷 ········· 2－516
皇朝經籍志六卷 ··············· 2－234
皇朝駢文類苑十四卷 ············· 1－499
皇朝駢文類苑十四卷首一卷 ········· 1－391
皇朝駢文類苑十四卷首一卷 ········· 2－87
皇朝謚法考五卷 ··············· 2－242
皇朝謚法考五卷續編一卷補編一卷
　···························· 1－578
皇朝謚法考五卷續編一卷補編一卷
　···························· 2－110
皇朝謚法考五卷續編一卷補編一卷
　···························· 2－117
皇朝謚法考五卷續編一卷補編一卷
　···························· 2－205
皇朝謚法考五卷續編一卷補編一卷
　續補編一卷 ················· 1－527
皇朝輿地略二帙 ··············· 2－96
皇朝藩部世系表四卷 ············· 2－545
皇朝藩部要略十八卷世系表四卷 ····· 1－283
皇朝藩部要略十八卷世系表四卷 ····· 2－341
皇朝藩部要略十八卷世系表四卷 ····· 2－513
皇朝藩部要略十八卷附世系表四卷
　···························· 2－200
皇朝續文獻通考四百卷 ··········· 2－387
皇朝續文獻通考四百卷 ··········· 2－535
皇朝續文獻通考勘誤表一卷 ········· 2－394
皇極經世六十卷觀物外篇二卷皇極

經世圖一卷 ·················· 2－426
皇極經世六十卷觀物外篇二卷圖一卷
　···························· 1－473
皇極經世全書八卷首一卷 ········· 1－75
皇極經世緒言九卷首二卷 ········· 1－330
皇極經世緒言九卷首二卷 ········· 1－555
鬼谷子三卷 ·················· 1－272
泉志十五卷 ·················· 1－229
泉幣圖說六卷 ················· 2－115
泉漳治法論一卷 ··············· 2－285
禹貢山川簡易圖考一卷 ··········· 1－568
禹貢山川簡易圖考一卷 ··········· 1－568
禹貢山川簡易圖考一卷 ··········· 1－568
禹貢正解一卷 ················· 2－189
禹貢指南四卷 ················· 1－54
禹貢便讀二卷 ················· 2－190
禹貢班義述三卷 ··············· 1－221
禹貢集解二卷 ················· 1－444
禹貢會箋十二卷 ··············· 2－307
禹貢詳畧二卷 ················· 1－8
禹貢圖考不分卷 ··············· 1－221
禹貢圖考不分卷 ··············· 1－221
禹貢圖考不分卷 ··············· 1－221
禹貢圖考不分卷 ··············· 2－491
禹貢說斷四卷 ················· 1－53
禹貢說斷四卷 ················· 1－103
禹貢錐指二十卷略例圖一卷 ········· 1－87
禹貢錐指二十卷略例圖一卷 ········· 1－147
禹貢錐指二十卷略例圖一卷 ········· 2－61
禹貢錐指節要一卷 ············· 2－231
侯官嚴氏叢刻六種 ············· 1－440
侯鯖詞五種 ·················· 2－214
追昔遊集三卷 ················· 1－397
俟命齋存稿一卷 ··············· 1－511
俟後編六卷末一卷 ············· 1－165
俟後編六卷補錄一卷 ············· 2－242
俟寧居偶詠二卷 ··············· 1－271
盾鼻餘瀋一卷 ················· 1－418
衍石齋記事稿十卷 ············· 1－426
衍石齋記事稿十卷 ············· 2－126
衍石齋記事稿十卷 ············· 2－126

衍石齋記事稿十卷 …………… 2－162

衍石齋記事稿十卷 …………… 2－311

衍石齋記事稿十卷續稿十卷刻楮集

　　四卷旅逸小稿二卷 …… 1－518

待菴日札一卷 …………… 1－283

待菴日札一卷 …………… 2－347

待菴日札一卷 …………… 2－489

待菴日札一卷西歸日札一卷 … 1－338

待園詩鈔四卷 …………… 1－170

衍元小草二卷 …………… 1－346

衍元小草二卷 …………… 1－488

衍元筆算今式二卷 ……… 1－546

衍元筆算今式二卷 ……… 2－316

衍極二卷 ………………… 1－47

律呂圖說二卷 …………… 1－64

律呂圖說二卷 …………… 1－156

律例便覽八卷 …………… 1－296

律法須知二卷 …………… 1－315

律法須知二卷 …………… 1－462

律音義一卷 ……………… 1－297

律音義一卷 ……………… 1－297

律音義一卷 ……………… 2－123

律賦必以集二卷 ………… 1－498

律賦必以集二卷餘論一卷 … 1－397

律賦必以集二卷餘論一卷 … 2－353

律賦風芝箋釋一卷 ……… 1－502

律賦莘新箋註一卷 ……… 1－501

律賦偶箋四卷 …………… 2－15

律賦清華一卷 …………… 1－502

律賦蕊珠新編四卷二編四卷 … 1－502

律賦韻蘭集註釋六卷 …… 1－502

律賦韻蘭集註釋六卷 …… 1－502

後八家四六文鈔八卷 …… 2－87

後山先生集二十四卷首一卷 … 1－403

後山先生集二十四卷首一卷 … 2－319

後山集二十四卷 ………… 1－505

後山集二十四卷首一卷 … 2－180

後甲集二卷 ……………… 1－194

後出阿彌陀佛偈經一卷 … 2－273

後邨居士詩二十卷 ……… 1－156

後村居士詩十六卷詩話二卷詩餘二卷

…………………………… 1－59

後村詩集七卷 …………… 1－130

後知不足齋叢書八函四十七種 …… 1－433

後知不足齋叢書八函四十七種 …… 1－433

後知不足齋叢書八函四十七種 …… 1－523

後知不足齋叢書八函四十七種 …… 1－523

後湘詩集九卷二集五卷 … 2－136

後漢紀三十卷 …………… 1－263

後漢紀三十卷 …………… 2－317

後漢紀三十卷兩漢紀校紀二卷 … 1－245

後漢書一百二十卷 ……… 1－199

後漢書一百二十卷 ……… 1－202

後漢書一百二十卷 ……… 1－208

後漢書一百二十卷 ……… 1－246

後漢書一百二十卷 ……… 1－246

後漢書一百二十卷 ……… 1－246

後漢書一百二十卷 ……… 1－246

後漢書一百二十卷 ……… 1－246

後漢書一百二十卷 ……… 1－247

後漢書一百二十卷 ……… 1－247

後漢書一百二十卷 ……… 2－303

後漢書一百二十卷 ……… 2－366

後漢書一百二十卷 ……… 2－375

後漢書一百二十卷 ……… 2－379

後漢書一百二十卷 ……… 2－379

後漢書一百二十卷 ……… 2－379

後漢書一百二十卷 ……… 2－379

後漢書一百二十卷 ……… 2－380

後漢書一百二十卷 ……… 2－382

後漢書一百二十卷 ……… 2－402

後漢書一百二十卷 ……… 2－411

後漢書一百二十卷 ……… 2－411

後漢書一百二十卷 ……… 2－451

後漢書一百二十卷 ……… 2－453

後漢書一百二十卷 ……… 2－504

後漢書一百二十卷 ……… 2－541

後漢書一百二十卷 ……… 2－543

後漢書一百二十卷 ……… 2－544

後漢書一百二十卷 ……… 2－556

後漢書一百二十卷 ……… 2－559

後漢書一百二十卷 ……… 2－559

後漢書一百二十卷 …………… 2－561
後漢書一百二十卷 …………… 2－570
後漢書一百二十卷 …………… 2－570
後漢書一百二十卷 …………… 2－571
後漢書一百二十卷 …………… 2－571
後漢書一百二十卷 …………… 2－575
後漢書一百三十卷 …………… 2－232
後漢書一百三十卷附考證 …… 2－574
後漢書一百卷 ………………… 1－451
後漢書一百卷 ………………… 2－88
後漢書九十卷 ………………… 1－66
後漢書九十卷 ………………… 1－106
後漢書九十卷 ………………… 1－108
後漢書九十卷 ………………… 1－109
後漢書九十卷 ………………… 1－109
後漢書九十卷 ………………… 1－190
後漢書九十卷 ………………… 1－573
後漢書九十卷 ………………… 2－503
後漢書志三十卷 ……………… 1－190
後漢書注又補一卷 …………… 1－255
後漢書注補正八卷 …………… 1－254
後漢書菁華錄二卷 …………… 2－339
後漢書補注二十四卷 ………… 2－218
後漢書疏證三十卷 …………… 1－255
後漢書辨疑十一卷 …………… 1－257
後續大宋楊家將文武曲星包公狄青
　　初傳十四卷六十八回 …… 2－273
俞俞齋文槀四卷詩槀二卷 …… 2－136
俞寧世文集四卷 ……………… 2－228
俞樓詩記一卷 ………………… 2－241
弇山堂別集一百卷 …………… 1－45
弇州山人四部稿一百七十四卷目錄
　　十二卷 …………………… 1－45
弇州山人詩集五十二卷 ……… 2－283
弇州山人續稿二百〇七卷目錄十卷 … 1－45
弇州史料前集三十卷後集七十卷 …… 1－16
弇州史料前集三十卷後集七十卷 …… 1－45
弇州史料前集三十卷後集七十卷 …… 1－182
食古齋文錄一卷詩錄四卷詩餘一卷
　　…………………………… 2－342
食古齋詩錄四卷詩餘一卷文錄一卷

　　…………………………… 1－420
食物本草會纂十二卷 ………… 1－101
食物本草會纂十二卷圖六卷 … 1－328
食舊德齋雜著不分卷 ………… 2－72
食舊德齋雜著不分卷 ………… 2－187
脈訣要覽不分卷 ……………… 2－240
胎產心法三卷 ………………… 1－327
胎產心法三卷 ………………… 1－478
胎產心法三卷 ………………… 1－553
胎產秘書二卷 ………………… 2－270
胎產集要三卷附幼科撮要一卷 … 2－200
胎產護生篇一卷附婦科秘方一卷 … 2－257
胎產續編一卷 ………………… 1－67
勉行堂詩集二十四卷首一卷文集六卷
　　…………………………… 1－415
勉行堂詩集二十四卷首一卷文集六卷
　　…………………………… 1－415
勉行堂詩集二十四卷首一卷文集六卷
　　…………………………… 2－307
勉益齋偶存八卷 ……………… 1－415
勉益齋偶存稿八卷續存稿十六卷 … 1－415
勉益齋續存稿十六卷 ………… 2－281
勉廬詩鈔四卷試草一卷 ……… 1－60
風木盒圖題詠一卷 …………… 2－198
風角書八卷 …………………… 1－477
風雨懷人館詞抄二卷 ………… 1－421
風俗通義十卷 ………………… 2－250
急救應驗良方一卷 …………… 1－482
急救應驗良方一卷 …………… 1－524
急救應驗良方一卷 …………… 1－524
急救應驗良方一卷 …………… 2－272
急救應驗良方一卷 …………… 2－295
急救應驗良方一卷 …………… 2－295
急救應驗良方一卷 …………… 2－482
急救應驗良方一卷 …………… 2－503
急救應驗良方一卷 …………… 2－503
計樹園詩存一卷 ……………… 2－255
訂正仲景全書金匱要略注八卷 … 2－405
訂正仲景全書傷寒論十七卷 … 2－419
訂正仲景全書傷寒論註十七卷 … 2－428
訂正仲景全書傷寒論註十七卷 … 2－430

訂正仲景全書傷寒論註十七卷⋯⋯⋯ 2－453

訂正仲景全書傷寒論註十七卷⋯⋯⋯ 2－488

訂正仲景全書傷寒論註十七卷⋯⋯⋯ 2－515

訂正東醫寶鑑二十二卷目錄二卷 2－591

訂補明醫指掌十卷⋯⋯⋯⋯⋯⋯ 1－25

訂譌雜錄十卷⋯⋯⋯⋯⋯⋯⋯⋯ 1－152

訂譌雜錄十卷⋯⋯⋯⋯⋯⋯⋯⋯ 2－248

哀弦集一卷⋯⋯⋯⋯⋯⋯⋯⋯⋯ 2－239

哀絃集一卷擬明史樂府一卷外國竹

　枝詞一卷⋯⋯⋯⋯⋯⋯⋯⋯⋯ 2－594

亭林文集六卷⋯⋯⋯⋯⋯⋯⋯⋯ 2－299

亭林文集六卷餘集一卷⋯⋯⋯⋯ 1－417

亭林文集六卷餘集一卷⋯⋯⋯⋯ 1－438

亭林先生遺書十種補遺十一種⋯⋯ 2－560

亭林遺書十種⋯⋯⋯⋯⋯⋯⋯⋯ 2－142

度律五言註解三卷⋯⋯⋯⋯⋯⋯ 1－32

度隴記四卷⋯⋯⋯⋯⋯⋯⋯⋯⋯ 2－313

度隴記四卷⋯⋯⋯⋯⋯⋯⋯⋯⋯ 2－341

度隴記四卷⋯⋯⋯⋯⋯⋯⋯⋯⋯ 2－344

庭聞憶畧二卷附竹坡先生遺文一卷

　⋯⋯⋯⋯⋯⋯⋯⋯⋯⋯⋯⋯⋯ 2－200

疫痧草一卷⋯⋯⋯⋯⋯⋯⋯⋯⋯ 1－562

疫痧草辯論章一卷痧喉闡解一卷⋯⋯ 2－236

施氏家風述畧一卷⋯⋯⋯⋯⋯⋯ 1－60

施氏家風述畧一卷⋯⋯⋯⋯⋯⋯ 1－177

施氏家風述畧續編一卷⋯⋯⋯⋯ 1－177

施食通覽一卷⋯⋯⋯⋯⋯⋯⋯⋯ 2－426

施註蘇詩四十二卷總目二卷⋯⋯⋯ 1－62

施註蘇詩四十二卷總目二卷⋯⋯⋯ 1－81

施註蘇詩四十二卷總目二卷⋯⋯⋯ 1－81

施註蘇詩四十二卷總目二卷⋯⋯⋯ 1－102

施註蘇詩四十二卷總目二卷⋯⋯⋯ 1－126

施註蘇詩四十二卷總目二卷⋯⋯⋯ 1－135

施註蘇詩四十二卷總目二卷⋯⋯⋯ 1－150

施註蘇詩四十二卷總目二卷蘇詩續

　補遺二卷⋯⋯⋯⋯⋯⋯⋯⋯⋯ 1－508

施註蘇詩四十二卷蘇詩續補遺二卷⋯⋯⋯

　⋯⋯⋯⋯⋯⋯⋯⋯⋯⋯⋯⋯⋯ 2－548

施愚山先生戒溺女歌不分卷⋯⋯⋯ 2－455

施愚山先生學餘文集二十八卷 ⋯⋯ 1－60

施愚山先生學餘文集二十八卷詩集

五十卷別集四卷⋯⋯⋯⋯⋯⋯⋯ 1－177

施愚山先生學餘文集七卷 ⋯⋯⋯ 1－60

奕理指歸圖三卷⋯⋯⋯⋯⋯⋯⋯ 1－171

奕理指歸圖三卷⋯⋯⋯⋯⋯⋯⋯ 1－559

奕萃官子一卷⋯⋯⋯⋯⋯⋯⋯⋯ 1－559

音漢清文鑑十卷 ⋯⋯⋯⋯⋯⋯⋯ 1－34

音學五書⋯⋯⋯⋯⋯⋯⋯⋯⋯⋯ 1－244

音學五書⋯⋯⋯⋯⋯⋯⋯⋯⋯⋯ 2－66

音學五書⋯⋯⋯⋯⋯⋯⋯⋯⋯⋯ 2－315

音學辨微不分卷⋯⋯⋯⋯⋯⋯⋯ 2－130

音韻六書指南不分卷 ⋯⋯⋯⋯⋯ 1－18

音韻貫珠六集⋯⋯⋯⋯⋯⋯⋯⋯ 2－475

音韻闡微十八卷⋯⋯⋯⋯⋯⋯⋯ 1－241

音韻闡微十八卷⋯⋯⋯⋯⋯⋯⋯ 2－166

帝王世紀纂要四卷⋯⋯⋯⋯⋯⋯ 1－528

帝王甲子記一卷⋯⋯⋯⋯⋯⋯⋯ 1－267

帝王甲子記一卷⋯⋯⋯⋯⋯⋯⋯ 2－289

帝王經世圖譜十六卷附錄一卷⋯⋯ 2－269

帝國主義不分卷⋯⋯⋯⋯⋯⋯⋯ 1－329

帝範四卷 ⋯⋯⋯⋯⋯⋯⋯⋯⋯⋯ 1－53

帝鑑圖說不分卷⋯⋯⋯⋯⋯⋯⋯ 1－169

帝鑑圖說不分卷⋯⋯⋯⋯⋯⋯⋯ 2－106

帝鑑圖說不分卷⋯⋯⋯⋯⋯⋯⋯ 2－333

恆言錄六卷⋯⋯⋯⋯⋯⋯⋯⋯⋯ 2－164

恆河沙館算草二卷⋯⋯⋯⋯⋯⋯ 1－345

恆春吟館詩集二卷⋯⋯⋯⋯⋯⋯ 2－272

恆星赤道經緯度圖不分卷⋯⋯⋯⋯ 1－355

恆軒所見所藏吉金錄不分卷⋯⋯⋯ 2－172

恆軒所見所藏吉金錄不分卷⋯⋯⋯ 2－270

恆產瑣言一卷聰訓齋語一卷⋯⋯⋯ 2－198

恤囚編不分卷⋯⋯⋯⋯⋯⋯⋯⋯ 1－315

恪靖侯盾鼻餘瀋一卷⋯⋯⋯⋯⋯ 1－517

恨盦手刻印存不分卷⋯⋯⋯⋯⋯ 2－542

美國水師考一卷⋯⋯⋯⋯⋯⋯⋯ 2－3

美國名君言行錄不分卷⋯⋯⋯⋯⋯ 1－273

美國提煉煤油法一卷 ⋯⋯⋯⋯⋯ 2－11

美國鐵路彙考十三卷⋯⋯⋯⋯⋯ 2－11

美國鐵路彙考十三卷⋯⋯⋯⋯⋯ 2－11

姜氏家集五種⋯⋯⋯⋯⋯⋯⋯⋯ 1－421

姜氏痘科不分卷⋯⋯⋯⋯⋯⋯⋯ 2－239

姜白石詩詞合集九卷附錄一卷 ⋯⋯ 1－58

前守寶錄五卷後守寶錄二十卷 ……… 1－336
前漢紀三十卷 ………………………… 1－245
前漢紀三十卷 ………………………… 1－263
前漢書一百二十卷 …………………… 1－194
前漢書一百二十卷 …………………… 1－209
前漢書一百二十卷 …………………… 1－246
前漢書一百二十卷 …………………… 1－246
前漢書一百二十卷 …………………… 1－246
前漢書一百二十卷 …………………… 1－246
前漢書一百二十卷 …………………… 1－249
前漢書一百二十卷 …………………… 1－572
前漢書一百二十卷 …………………… 2－304
前漢書一百二十卷 …………………… 2－354
前漢書一百二十卷 …………………… 2－367
前漢書一百二十卷 …………………… 2－436
前漢書一百二十卷 …………………… 2－439
前漢書一百二十卷 …………………… 2－499
前漢書一百二十卷 …………………… 2－499
前漢書一百二十卷 …………………… 2－546
前漢書一百二十卷 …………………… 2－554
前漢書一百二十卷 …………………… 2－559
前漢書一百二十卷 …………………… 2－573
前漢書一百二十卷附考證一百二十卷
………………………………………… 2－452
前漢書一百二十卷附考證一百二十卷
………………………………………… 2－452
前漢書一百二十卷附考證一百二十卷
………………………………………… 2－496
前漢書一百二十卷附考證一百二十卷
………………………………………… 2－496
前漢書一百二十卷附考證一百二十卷
………………………………………… 2－543
前漢書一百三十卷 …………………… 1－55
前漢書一百卷 ………………………… 1－16
前漢書一百卷 ………………………… 1－249
前漢書一百卷 ………………………… 1－449
前漢書一百卷 ………………………… 2－394
前漢書一百卷 ………………………… 2－398
前漢書一百卷 ………………………… 2－402
前漢書一百卷 ………………………… 2－411
前漢書一百卷 ………………………… 2－415

前漢書一百卷 ………………………… 2－463
前漢書一百卷 ………………………… 2－473
前漢書一百卷 ………………………… 2－509
前漢書一百卷 ………………………… 2－556
前漢書一百卷 ………………………… 2－571
前漢書一百卷 ………………………… 2－572
前漢書一百卷 ………………………… 2－572
前漢書味腴十一卷 …………………… 1－229
前漢書校勘札記一百卷 ……………… 1－255
前漢書校勘札記一百卷 ……………… 1－255
前漢書校勘札記一百卷 ……………… 1－255
前漢書校勘札記一百卷 ……………… 2－476
前漢書菁華錄四卷 …………………… 2－339
前漢書補注一百卷 …………………… 1－257
前敵須知四卷 ………………………… 2－2
逆臣傳四卷貳臣傳十二卷 …………… 2－293
逆旅集二十卷 ………………………… 2－23
逆旅集二十卷逆旅集奏議四卷 ……… 1－402
逆旅集奏議四卷 ……………………… 2－23
炮法求新六卷 ………………………… 1－546
炮法畫譜一卷 ………………………… 1－543
洪氏晦木齋叢書二十一種 …………… 2－150
洪文襄奏對筆記二卷 ………………… 1－485
洪北江全集二十三種 ………………… 1－438
洪北江全集二十三種 ………………… 1－438
洪北江全集二十三種 ………………… 2－24
洪北江全集二十三種 ………………… 2－84
洪北江全集二十三種 ………………… 2－180
洪北江全集九種 ……………………… 1－130
洪北江全集九種 ……………………… 2－400
洪武正韻十六卷 ……………………… 1－22
洪武正韻十六卷 ……………………… 1－66
洪武正韻十六卷 ……………………… 1－66
洪武正韻十六卷 ……………………… 1－72
洪武正韻牋十卷 ……………………… 1－18
洞天奧旨十六卷 ……………………… 2－208
洞天奧旨十六卷 ……………………… 2－432
洞天奧旨十六卷 ……………………… 2－484
洞天奧旨十六卷 ……………………… 2－590
洞主仙師白喉治法忌表抉微一卷 …… 1－329
洞主仙師白喉治法忌表抉微一卷 …… 1－329

洞主仙師白喉治法忌表抉微一卷 …… 1－526

洞玄靈寶真靈位業圖一卷 …… 2－425

洞庭湖志十四卷 …… 2－267

洞庭湖志十四卷 …… 2－409

洞庭湖志十四卷 …… 2－580

洞霄詩集十四卷 …… 2－566

洄溪醫案一卷 …… 2－457

洄溪醫案一卷 …… 2－558

洄溪醫案一卷附許辛木農部札一卷 … 2－455

洗冤錄詳義四卷 …… 2－531

洗冤錄詳義四卷首一卷 …… 1－314

洗冤錄詳義四卷首一卷 …… 1－314

洗冤錄詳義四卷首一卷 …… 1－314

洗冤錄詳義四卷首一卷 …… 1－472

洗冤錄詳義四卷首一卷 …… 1－530

洗冤錄詳義四卷首一卷 …… 1－592

洗冤錄詳義四卷首一卷 …… 2－452

洗冤錄詳義四卷首一卷 …… 2－472

洗冤錄詳義四卷首一卷 …… 2－588

洗冤錄詳義四卷首一卷摭遺二卷 …… 2－545

洗冤錄義證四卷 …… 2－99

洗冤錄摭遺二卷補一卷 …… 2－498

洗冤錄摭遺二卷補一卷 …… 1－314

洗冤錄摭遺二卷補一卷 …… 1－314

洗冤錄摭遺二卷補一卷 …… 1－314

洗冤錄摭遺二卷補一卷 …… 2－472

活人方十四卷 …… 2－206

活世生機三卷 …… 2－255

活幼心法九卷 …… 1－562

活幼心法九卷 …… 2－433

活幼便覽一卷 …… 1－1

活幼精要一卷 …… 1－170

[光緒]洵陽縣志十四卷 …… 2－46

[光緒]洵陽縣志十四卷 …… 2－46

[雍正]洵陽縣志六卷 …… 1－42

洵陽縣鄉土志四卷 …… 1－251

[順治]洛川志二卷 …… 1－41

[嘉慶]洛川縣志二十卷首一卷 …… 2－44

[嘉慶]洛川縣志二十卷首一卷 …… 2－386

洛學編五卷 …… 1－92

洛學編五卷 …… 2－545

洛學編六卷附國朝洛學文徵二卷 …… 2－490

洋防輯要二十四卷 …… 1－282

洋務用軍必讀三卷 …… 1－313

洋務用軍必讀三卷 …… 1－313

洋務自強新論四卷 …… 1－483

洋務時事彙編八卷 …… 1－343

洋務時事彙編八卷 …… 2－357

洋務備考十六卷 …… 1－339

洋務備考十六卷 …… 2－378

洋務新論六卷亞東救時論議二卷 …… 1－335

洋務新論六卷亞東救時論議二卷 …… 1－335

洋務新論六卷亞東救時論議二卷 …… 2－565

洋務新論六卷亞東救時論議二卷 …… 2－592

洋務經濟通考十六卷 …… 2－495

洋務經濟通考十六卷 …… 2－522

洋務經濟通考十六卷 …… 2－539

洋務實學新編二卷 …… 1－329

[光緒]洋縣志八卷 …… 2－48

[光緒]洋縣志八卷 …… 2－48

[光緒]洋縣志八卷 …… 2－351

[康熙]洋縣志八卷首一卷 …… 1－121

洋縣鄉土志一卷 …… 1－251

洋縣鄉土志一卷 …… 1－252

洋鎗淺言一卷 …… 1－474

洴澼百金方十四卷 …… 1－530

洴澼百金方十四卷首一卷 …… 1－331

洴澼百金方十四卷首一卷 …… 1－480

洴澼百金方十四卷首一卷 …… 2－97

洴澼百金方十四卷首一卷 …… 2－154

洴澼百金方十四卷首一卷 …… 2－238

津逮祕書一百四十一種 …… 1－3

津逮祕書一百四十一種 …… 1－3

津逮祕書一百四十一種 …… 1－16

津逮祕書一百四十一種 …… 1－48

津逮祕書一百四十一種 …… 1－49

[光緒]宣平縣志二十卷首一卷 …… 2－414

宣和畫譜二十卷 …… 1－28

宣南夢憶二卷 …… 2－235

宣德鼎彝譜八卷 …… 2－27

宦遊紀略六卷續一卷 …… 2－69

宦游紀略二卷 …… 1－458

宦游紀略二卷 …………………… 1－458
宦游紀略二卷 …………………… 1－459
宦游紀略二卷 …………………… 1－459
宦游紀略二卷附林文忠公告示一卷 … 2－561
軍國民讀本甲編二卷乙編一卷 …… 1－343
扁善齋文存二卷詩存一卷 ……… 2－77
扁善齋詩存二卷文存三卷 ……… 2－229
扁鵲心書三卷神方一卷 ………… 1－168
祛痾齋文集六卷續集一卷 ……… 1－510
祛痾齋文集六卷續集一卷 ……… 1－510
祛痾齋文集六卷續集一卷 ……… 2－115
祖帳集二卷賜杖集一卷 ………… 1－402
[道光]神木縣志八卷 …………… 2－44
神農本草經百種錄一卷 ………… 1－426
神農本草經百種錄一卷 ………… 2－432
神農本草經指歸四卷 …………… 2－334
神農本草經疏三十卷 …………… 1－33
神農本草經讀四卷 ……………… 2－486
祝由科太醫十三科二卷 ………… 2－440
祠部集三十五卷 ………………… 2－343
為政忠告四卷 …………………… 2－111
為政忠告四卷 …………………… 2－370
為政忠告四卷 …………………… 2－557
退省錄二卷 ……………………… 2－293
退思軒詩存一卷 ………………… 1－420
退思軒詩集六卷補遺一卷 ……… 1－411
退思軒詩集六卷補遺一卷 ……… 2－242
退思軒詩集六卷補遺一卷 ……… 2－242
退思堂家書條誡一卷 …………… 1－312
退思說略六卷 …………………… 1－332
退思齋詩存二卷 ………………… 2－212
退菴金石書畫跋二十卷 ………… 2－169
退菴隨筆二十二卷 ……………… 2－220
退菴隨筆二十卷 ………………… 1－484
退菴隨筆二十卷 ………………… 2－144
退庵賸稿一卷 …………………… 2－245
退密刪存稿二卷 ………………… 2－162
退密時文不分卷 ………………… 1－500
咫進齋叢書三十七種 …………… 1－434
咫進齋叢書三十七種 …………… 1－523
咫進齋叢書三十七種 …………… 2－89

咫進齋叢書三十七種 …………… 2－89
咫進齋叢書三十七種 …………… 2－180
屏錦集四卷 ……………………… 2－177
陝甘味經書院志一卷 …………… 1－283
陝甘味經書院志一卷 …………… 1－283
陝甘味經書院志一卷 …………… 1－439
陝甘味經書院志一卷 …………… 2－37
陝甘味經書院志一卷 …………… 2－347
陝甘鄉試同年齒錄不分卷 ……… 1－457
陝甘鄉試硃卷同治庚午科帶補丁卯
　科不分卷 …………………… 2－301
陝甘鄉試硃卷同治庚午科帶補丁卯
　科不分卷 …………………… 2－346
[陝西三原]三原焦吳里梁氏家乘不分卷
　…………………………………… 1－22
[陝西三原]王氏族譜一卷 ……… 2－343
[陝西三原]段氏家乘不分卷 …… 1－21
[陝西三原]段氏家乘不分卷 …… 1－157
陝西古蹟志二卷 ………………… 2－352
陝西西安府選拔貢卷咸豐辛酉科不分卷
　…………………………………… 2－347
陝西存古學校現辦節略一卷 …… 2－525
陝西存古學校現辦節略一卷 …… 2－541
陝西存古學校現辦節略不分卷 … 1－439
陝西存古學校現辦節略不分卷 … 2－14
陝西存古學校現辦節略不分卷 … 2－14
陝西存古學校現辦節略不分卷 … 2－14
陝西存古學校現辦節略不分卷 …… 2－503
陝西同州府大荔縣鄉土志稿不分卷
　…………………………………… 1－250
陝西同州府大荔縣鄉土志稿不分卷 … 2－46
陝西全省實務表略五種 ………… 1－275
陝西全省複選當選議員一覽表不分卷
　…………………………………… 2－277
陝西全省學堂一覽表不分卷 …… 2－14
陝西全省學堂一覽表不分卷 …… 2－573
陝西志輯要六卷首一卷秦疆志略一卷
　漢南游草一卷關中漢唐存碑跋一卷
　…………………………………… 2－578
陝西志輯要六卷首一卷關中漢唐存
　碑跋一卷漢南游草一卷 ……… 2－35

陝西志輯要六卷首一卷關中漢唐存
　碑跋一卷漢南游草一卷 ……………… 2 - 35
陝西志輯要六卷首一卷關中漢唐存
　碑跋一卷漢南游草一卷 ……………… 2 - 35
陝西志輯要六卷首一卷關中漢唐存
　碑跋一卷漢南游草一卷 ……………… 2 - 35
陝西志輯要六卷首一卷關中漢唐存
　碑跋一卷漢南游草一卷 ……………… 2 - 35
陝西志輯要六卷首一卷關中漢唐存
　碑跋一卷漢南游草一卷 …………… 2 - 385
陝西味經官書局書目一卷 ………… 1 - 465
陝西味經官書局書目一卷 ………… 1 - 588
陝西官書局書目一卷 ……………… 1 - 465
陝西南山谷口考一卷 ……………… 2 - 302
陝西南山谷口攷一卷 ……………… 1 - 460
陝西省更名賦役全書不分卷 ……… 2 - 331
陝西省賑捐請獎章程一卷 ………… 1 - 465
陝西省禮泉縣光緒拾伍年摧徵拾肆
　年欠銀糧徵信冊不分卷 ………… 2 - 233
陝西校士錄一卷 …………………… 1 - 391
陝西校士錄一卷 …………………… 1 - 391
陝西校士錄一卷 …………………… 2 - 286
［雍正］陝西通志一百卷首一卷 ……… 1 - 60
［雍正］陝西通志一百卷首一卷 …… 1 - 113
［雍正］陝西通志一百卷首一卷 …… 1 - 113
［雍正］陝西通志一百卷首一卷 …… 1 - 113
［雍正］陝西通志一百卷首一卷 …… 1 - 113
［雍正］陝西通志一百卷首一卷 …… 1 - 113
［雍正］陝西通志一百卷首一卷 …… 1 - 113
［雍正］陝西通志一百卷首一卷 …… 1 - 113
［雍正］陝西通志一百卷首一卷 …… 1 - 113
［雍正］陝西通志一百卷首一卷 …… 1 - 113
［雍正］陝西通志一百卷首一卷 …… 1 - 113
［雍正］陝西通志一百卷首一卷 …… 1 - 113
［雍正］陝西通志一百卷首一卷 …… 1 - 114
［雍正］陝西通志一百卷首一卷 …… 1 - 114
［雍正］陝西通志一百卷首一卷 …… 1 - 114
［雍正］陝西通志一百卷首一卷 …… 1 - 188
［雍正］陝西通志一百卷首一卷 …… 1 - 189
［雍正］陝西通志一百卷首一卷 …… 1 - 189
［雍正］陝西通志一百卷首一卷 …… 1 - 190
［雍正］陝西通志一百卷首一卷 …… 1 - 191
［雍正］陝西通志一百卷首一卷 …… 1 - 192
［雍正］陝西通志一百卷首一卷 …… 1 - 192
［雍正］陝西通志一百卷首一卷 …… 1 - 192
［雍正］陝西通志一百卷首一卷 …… 1 - 193
［雍正］陝西通志一百卷首一卷 …… 1 - 194
［雍正］陝西通志一百卷首一卷 …… 1 - 194
［雍正］陝西通志一百卷首一卷 …… 1 - 195
［雍正］陝西通志一百卷首一卷 …… 1 - 196
［雍正］陝西通志一百卷首一卷 …… 1 - 196
［雍正］陝西通志一百卷首一卷 …… 1 - 196
［雍正］陝西通志一百卷首一卷 …… 1 - 196
［雍正］陝西通志一百卷首一卷 …… 1 - 197
［雍正］陝西通志一百卷首一卷 …… 1 - 197
［雍正］陝西通志一百卷首一卷 …… 1 - 198
［雍正］陝西通志一百卷首一卷 …… 1 - 198
［雍正］陝西通志一百卷首一卷 …… 1 - 200
［雍正］陝西通志一百卷首一卷 …… 1 - 201
［雍正］陝西通志一百卷首一卷 …… 2 - 365
［雍正］陝西通志一百卷首一卷 …… 2 - 365
［康熙］陝西通志三十二卷首一卷 … 1 - 113
陝西鄉試硃卷一卷 ………………… 2 - 290
陝西鄉試硃卷一卷 ………………… 2 - 290
陝西鄉試硃卷一卷 ………………… 2 - 290
陝西鄉試硃卷一卷 ………………… 2 - 290
陝西鄉試硃卷一卷 ………………… 2 - 290
陝西鄉試硃卷一卷 ………………… 2 - 290
陝西鄉試硃卷光緒乙卯科不分卷 …… 2 - 346
陝西鄉試硃卷光緒乙亥恩科不分卷
　…………………………………… 2 - 346
陝西鄉試硃卷光緒乙酉科拔貢附後
　不分卷 …………………………… 2 - 347
陝西鄉試硃卷光緒壬午科不分卷 …… 2 - 346
陝西鄉試硃卷光緒丙子科不分卷 …… 2 - 346
陝西鄉試墨卷光緒癸卯恩科一卷 …… 2 - 331
陝西紹興會館條規不分卷 ………… 2 - 592
陝西朝邑縣應催徵光緒拾壹年民欠銀
　錢糧草總數仍未完散數徵信冊一卷
　…………………………………… 1 - 462
陝西節義總局章程一卷 …………… 1 - 463

陝西境内漢江流域貿易稽核比較冊一卷

     …………………………… 1－379

陝西境内漢江流域貿易稽核比較冊一卷

     …………………………… 2－300

陝省清訟簡明冊章程附冊式不分卷

     …………………………… 2－564

姚氏四種 ………………………… 1－244

姚江淵源錄四卷 ………………… 1－455

姚江學辨二卷 …………………… 1－311

姚江學辨二卷 …………………… 2－302

飛跎全傳四卷三十二回 ………… 2－271

飛鴻堂印譜初集八卷二集八卷三集

    八卷四集八卷五集八卷 … 1－123

癸巳存稿十五卷 ………………… 1－340

癸巳存稿十五卷 ………………… 2－79

癸巳存稿十五卷 ………………… 2－144

癸巳存稿十五卷 ………………… 2－223

癸巳存稿十五卷 ………………… 2－238

癸巳科直省鄉墨精萃不分卷 …… 2－341

癸巳類稿十五卷 ………………… 1－339

癸巳類稿十五卷 ………………… 2－73

癸巳類稿十五卷 ………………… 2－175

癸巳類稿十五卷 ………………… 2－228

癸巳類稿十五卷 ………………… 2－307

癸巳類稿十五卷 ………………… 2－333

癸卯新譯列國歲計政要續編不分卷

     …………………………… 2－575

癸辛雜識前集一卷後集一卷續集二

    卷別集二卷 ……………… 1－35

癸辛雜識續集二卷 ……………… 1－66

柔遠新書四卷 …………………… 1－299

紅豆樹館書畫記八卷 …………… 2－223

紅豆樹館詞三卷 ………………… 2－178

紅雪詞鈔四卷 …………………… 2－208

紅雪樓十二種 …………………… 2－26

紅雪樓九種曲 …………………… 1－130

紅雪樓九種曲 …………………… 1－146

紅雪樓九種曲 …………………… 1－182

紅梨社詩鈔不分卷 ……………… 2－177

紅蕉館詩鈔六卷 ………………… 2－158

紅樓夢一百二十回 ……………… 2－205

紅樓圓夢三十回 ………………… 1－276

紅藕山莊尺牘十二卷首一卷 …… 1－506

約章成案匯覽甲篇十卷乙篇四十二卷

     …………………………… 1－465

紀元通攷十二卷 ………………… 1－266

紀元通攷十二卷 ………………… 1－461

紀元通攷十二卷 ………………… 1－529

紀元彙攷四卷 …………………… 1－163

紀元編三卷末一卷 ……………… 2－204

紀文達公遺集十六卷 …………… 2－301

紀文達公遺集三十二卷 ………… 1－410

紀文達公遺集三十二卷 ………… 1－410

紀文達公遺集三十二卷 ………… 1－410

紀文達公遺集三十二卷 ………… 1－410

紀文達公遺集三十二卷 ………… 1－532

紀文達公遺集三十二卷 ………… 2－489

紀文達公遺集三十二卷 ………… 2－505

紀文達公遺集文十六卷 ………… 1－410

紀事續編四卷末一卷 …………… 2－245

紀效新書十八卷 ………………… 1－555

紀效新書十八卷首一卷 ………… 1－320

紀效新書十八卷首一卷 ………… 1－320

紀效新書十八卷首一卷 ………… 1－320

紀效新書十八卷首一卷 ………… 1－474

紀效新書十八卷首一卷 ………… 2－31

紀效新書十八卷首一卷 ………… 2－480

紀效新書十八卷首一卷 ………… 2－508

紀效新書十八卷首一卷 ………… 2－509

紀載彙編十種 …………………… 2－73

紀慎齋先生全集十二種續集七種 …… 1－411

紀慎齋先生全集十二種續集七種 …… 1－413

紀慎齋先生全集十二種續集七種 …… 2－20

紀慎齋先生求雨文一卷 ………… 2－6

紀曉嵐先生筆記二十四卷 ……… 1－486

紀曉嵐詩註釋四卷 ……………… 1－502

紀韓來安遺政一卷 ……………… 2－476

紉齋畫賸一卷 …………………… 2－201

耕雲別墅詩集一卷 ……………… 1－415

耕雲別墅詩話一卷 ……………… 1－427

耕織圖一卷 ……………………… 1－20

馬太福音略解一卷 ……………… 1－378

馬氏光裕錄一卷‥‥‥‥‥‥‥‥‥‥ 2 - 111

馬氏庭訓六卷精選後續庭訓二卷匯
　　聚增補庭訓四卷‥‥‥‥‥‥‥ 1 - 563

馬氏歷科硃卷一卷‥‥‥‥‥‥‥‥ 1 - 497

馬文莊公文集選十五卷‥‥‥‥‥‥ 1 - 66

馬文莊公文集選十五卷附錄一卷‥‥ 1 - 409

馬文莊公集十五卷附一卷‥‥‥‥‥ 1 - 509

馬玉山行狀一卷‥‥‥‥‥‥‥‥‥ 2 - 328

馬石田文集十五卷附錄一卷‥‥‥‥ 1 - 221

馬祖丹陽十二神針法一卷張吳祖傳
　　女科三十六症問答一卷‥‥‥‥ 2 - 489

馬朗山草書墨跡不分卷‥‥‥‥‥‥ 2 - 300

馬嵬志十六卷首一卷‥‥‥‥‥‥‥ 2 - 298

馬嵬志十六卷首一卷‥‥‥‥‥‥‥ 2 - 385

十畫

秦川焚餘草六卷首一卷‥‥‥‥‥‥ 2 - 154

秦中書局彙報十九冊‥‥‥‥‥‥‥ 1 - 589

秦中書局彙報十九冊‥‥‥‥‥‥‥ 2 - 256

秦刻三子‥‥‥‥‥‥‥‥‥‥‥‥ 2 - 305

秦御醫景明大方折衷三卷‥‥‥‥‥ 2 - 251

秦蜀驛程後記二卷‥‥‥‥‥‥‥‥ 2 - 192

秦漢瓦當文字一卷續一卷‥‥‥‥‥ 1 - 111

秦漢瓦當文字不分卷‥‥‥‥‥‥‥ 1 - 22

秦漢文鈔六卷‥‥‥‥‥‥‥‥‥‥ 1 - 78

秦輶日記一卷‥‥‥‥‥‥‥‥‥‥ 1 - 284

秦硐泉稿不分卷汪雲璽稿不分卷吳
　　雲巖稿不分卷袁簡齋稿不分卷周
　　犢山稿不分卷陳厚甫稿不分卷‥‥ 1 - 513

秦邊紀略六卷‥‥‥‥‥‥‥‥‥‥ 1 - 582

秦疆治略一卷‥‥‥‥‥‥‥‥‥‥ 1 - 580

秦疆治略一卷‥‥‥‥‥‥‥‥‥‥ 2 - 35

秦疆治略一卷‥‥‥‥‥‥‥‥‥‥ 2 - 35

秦疆治略一卷‥‥‥‥‥‥‥‥‥‥ 2 - 35

秦疆治略一卷‥‥‥‥‥‥‥‥‥‥ 2 - 35

秦疆治略一卷‥‥‥‥‥‥‥‥‥‥ 2 - 35

泰山志二十卷‥‥‥‥‥‥‥‥‥‥ 2 - 34

泰山集三卷‥‥‥‥‥‥‥‥‥‥‥ 1 - 170

泰山道里記一卷‥‥‥‥‥‥‥‥‥ 2 - 266

泰山道里記一卷‥‥‥‥‥‥‥‥‥ 2 - 266

泰云堂集二十五卷‥‥‥‥‥‥‥‥ 2 - 188

泰西十八周史攬要十八卷‥‥‥‥‥ 1 - 270

泰西十八周史攬要十八卷‥‥‥‥‥ 1 - 270

泰西十八周史攬要十八卷‥‥‥‥‥ 1 - 270

泰西人物韻編五卷‥‥‥‥‥‥‥‥ 1 - 579

泰西人物韻編五卷‥‥‥‥‥‥‥‥ 1 - 579

泰西人物韻編五卷‥‥‥‥‥‥‥‥ 1 - 579

泰西人物韻編五卷‥‥‥‥‥‥‥‥ 2 - 519

泰西水法六卷‥‥‥‥‥‥‥‥‥‥ 1 - 313

泰西民族文明史十四章‥‥‥‥‥‥ 2 - 246

泰西各國名人言行錄十六卷首二卷
　　‥‥‥‥‥‥‥‥‥‥‥‥‥‥ 1 - 272

泰西各國采風記五卷附紀程感事詩
　　一卷時務論一卷‥‥‥‥‥‥‥ 1 - 585

泰西事物起原四卷‥‥‥‥‥‥‥‥ 1 - 329

泰西通史上編六章‥‥‥‥‥‥‥‥ 1 - 242

泰西新史攬要二十四卷‥‥‥‥‥‥ 1 - 270

泰西新史攬要二十四卷‥‥‥‥‥‥ 1 - 270

泰西新史攬要二十四卷‥‥‥‥‥‥ 1 - 270

泰西新史攬要二十四卷‥‥‥‥‥‥ 1 - 577

泰西新史攬要二十四卷‥‥‥‥‥‥ 1 - 578

泰西新史攬要二十四卷‥‥‥‥‥‥ 1 - 578

泰西新史攬要二十四卷‥‥‥‥‥‥ 2 - 455

泰西新史攬要二十四卷‥‥‥‥‥‥ 2 - 563

泰西新史攬要二十四卷‥‥‥‥‥‥ 2 - 566

泰西新學叢書十五種‥‥‥‥‥‥‥ 1 - 433

[道光]泰州志三十六卷首一卷‥‥‥ 2 - 52

[道光]泰州志三十六卷首一卷‥‥‥ 2 - 367

[道光]泰州志三十六卷首一卷‥‥‥ 2 - 388

[道光]泰州志三十六卷首一卷‥‥‥ 2 - 392

[道光]泰州志三十六卷首一卷‥‥‥ 2 - 448

泰州鄉土志二卷‥‥‥‥‥‥‥‥‥ 2 - 261

泰伯梅里志八卷‥‥‥‥‥‥‥‥‥ 2 - 53

泰雲堂文集二卷駢體文集二卷詩集
　　十八卷詞集三卷‥‥‥‥‥‥‥ 1 - 532

泰雲堂集二十五卷‥‥‥‥‥‥‥‥ 2 - 222

珠玉垂光二卷‥‥‥‥‥‥‥‥‥‥ 2 - 282

珠玉詞一卷‥‥‥‥‥‥‥‥‥‥‥ 2 - 291

珠萊閣遺稿一卷‥‥‥‥‥‥‥‥‥ 2 - 239

敖氏傷寒金鏡錄一卷‥‥‥‥‥‥‥ 1 - 93

班馬字類二卷‥‥‥‥‥‥‥‥‥‥ 1 - 550

班馬字類五卷 …………………… 1－12
班馬字類五卷 …………………… 1－66
班馬字類五卷 …………………… 2－30
素行錄二編 …………………… 2－251
素書一卷 …………………… 2－216
素書三卷 …………………… 1－330
素問集注九卷 …………………… 2－179
素問靈樞類纂約注三卷 ………… 1－325
素問靈樞類纂約注三卷 ………… 2－252
素履子三卷 …………………… 2－387
栽苧麻法略一卷 ……………… 1－318
栽桑問答一卷 ……………… 1－317
貢甫讀書考解日記不分卷 ……… 2－335
袁了凡王鳳洲綱鑑合編三十九卷 … 2－338
袁王綱鑑合編五十九卷 ………… 1－454
袁王綱鑑合編五十九卷 ………… 1－454
袁王綱鑑合編五十九卷 ………… 2－577
袁太常疏稿不分卷 …………… 2－236
袁文箋正十六卷 ……………… 2－216
袁文箋正十六卷 ……………… 2－560
袁文箋正十六卷補注一卷 ……… 1－495
袁文箋正十六卷補注一卷 ……… 1－516
袁文箋正十六卷補注一卷 ……… 2－77
袁文箋正十六卷補注一卷 ……… 2－123
袁文箋正十六卷補注一卷 ……… 2－177
袁文箋正十六卷補注一卷 ……… 2－339
袁文箋正十六卷補注一卷 ……… 2－522
袁文箋正十六卷補注一卷 ……… 2－523
袁易齋先生圖民錄四卷 ………… 2－245
都天滾盤珠一卷附錄一卷 ……… 2－272
都門紀略四卷菊部羣英二卷 …… 1－454
都門彙纂會館不分卷 …………… 2－482
都是春齋文集八卷 …………… 1－402
都是春齋文集八卷 …………… 1－511
都是春齋文集八卷 …………… 1－511
都是春齋文集八卷 …………… 2－331
都是春齋文集八卷 …………… 2－531
都是春齋文集八卷制義存槀一卷韻
　語一卷年譜一卷 …………… 1－511
都是春齋制義存槀一卷春陽子自訂
　年譜一卷韻語一卷 ………… 1－500

都是春齋制義存槀二卷 ………… 1－496
都是春齋制義存槀二卷 ………… 2－288
都是春齋制義存槀二卷 ………… 2－288
都是春齋制義存槀二卷 ………… 2－532
都是春齋韻語一卷 …………… 1－498
都是春齋韻語一卷 …………… 1－511
都是春齋韻語一卷 …………… 2－287
埃及史三篇首一篇 …………… 1－242
埃及近世史二十七章 …………… 1－575
埃及近世史二十七章 …………… 1－575
埃及近世史二十七章 …………… 1－575
恥躬堂詩文鈔二十六卷 ………… 2－169
恥躬堂詩鈔十六卷 …………… 2－128
恥堂存稿八卷 …………… 1－65
華山游草二卷 …………… 2－555
華氏中西算學全書四集 ………… 1－544
華氏中藏經三卷 ……………… 1－560
華延年室題跋三卷 …………… 2－176
〔隆慶〕華州志二十四卷 ……… 1－119
〔隆慶〕華州志二十四卷 ……… 2－40
〔隆慶〕華州志二十四卷 ……… 2－44
〔隆慶〕華州志二十四卷 ……… 2－100
華原風土詞一卷(一百首) ……… 2－298
華原風土詞一卷 ……………… 1－498
〔乾隆〕華陰縣志二十二卷首一卷 … 1－119
〔乾隆〕華陰縣志二十二卷首一卷 … 1－210
〔萬曆〕華陰縣志九卷 ………… 1－118
〔萬曆〕華陰縣志九卷 ………… 1－118
〔萬曆〕華陰縣志九卷 ………… 1－180
〔萬曆〕華陰縣志九卷 ………… 1－184
華盛頓全傳八卷 ……………… 2－346
華盛頓泰西史略八卷 …………… 1－242
華盛頓泰西史略八卷 …………… 1－242
華盛頓泰西史略八卷 …………… 1－242
華盛頓泰西史略八卷 …………… 1－242
華盛頓泰西史略八卷 …………… 1－243
華盛頓傳八卷 ……………… 2－399
華盛頓傳八卷 ……………… 2－399
華盛頓傳八卷 ……………… 2－525
華盛頓傳八卷 ……………… 2－557
華盛頓傳八卷 ……………… 2－560

華盛頓傳八卷 ……………………… 2－560
華野郭公年譜一卷 ………………… 2－187
華國編文選八卷 …………………… 1－160
華陽金仙證論一卷最上一乘慧命經一卷
　………………………………………… 1－311
華陽國志十二卷 …………………… 1－272
華陽國志十二卷 …………………… 1－272
華陽國志十二卷 …………………… 1－455
華嶽志八卷首一卷 ………………… 2－49
華嶽志八卷首一卷 ………………… 2－49
華嶽志八卷首一卷 ………………… 2－49
華嶽志八卷首一卷 ………………… 2－50
華嶽志八卷首一卷 ………………… 2－50
華嶽志八卷首一卷 ………………… 2－50
華嶽志八卷首一卷 ………………… 2－50
華嶽志八卷首一卷 ………………… 2－100
華嶽志八卷首一卷 ………………… 2－262
華嶽志八卷首一卷 ………………… 2－263
華嶽志八卷首一卷 ………………… 2－353
華嶽志八卷首一卷 ………………… 2－353
華嶽志八卷首一卷 ………………… 2－353
華嶽志八卷首一卷 ………………… 2－353
華嶽金石志一卷 …………………… 1－23
華嶽圖經二卷 ……………………… 1－458
華嶽圖經二卷 ……………………… 1－458
華嶽圖經二卷 ……………………… 2－194
華嚴法界玄鏡三卷 ………………… 1－556
莆陽知稼翁文集十一卷詞一卷 …… 2－469
莆陽知稼翁文集十一卷詞一卷 …… 2－513
莆陽知稼翁集二卷 ………………… 1－537
莆陽黃御史集二卷 ………………… 2－280
恭壽堂奏議十二卷 ………………… 1－285
莫愁湖志六卷首一卷 ……………… 2－52
莫愁湖志六卷首一卷 ……………… 2－53
莫愁湖楹聯便覽一卷 ……………… 1－391
莫愁湖楹聯便覽一卷 ……………… 2－162
莫愁湖楹聯便覽一卷 ……………… 2－247
莊子十卷 …………………………… 2－564
莊子內篇註四卷 …………………… 1－312
莊子因六卷 ………………………… 1－74
莊子因六卷 ………………………… 1－181

莊子因六卷 ………………………… 2－71
莊子因六卷 ………………………… 2－247
莊子因六卷 ………………………… 2－248
莊子南華真經十卷 ………………… 2－334
莊子南華真經十卷 ………………… 2－458
莊子雪三卷 ………………………… 1－313
莊子集解八卷 ……………………… 2－176
莊子集釋十卷 ……………………… 1－382
莊子集釋十卷 ……………………… 2－189
莊子解十二卷 ……………………… 2－247
莊子解三卷 ………………………… 1－202
莊子獨見三十三卷 ………………… 1－74
莊子翼八卷 ………………………… 1－48
荷塘詩集十卷 ……………………… 1－166
真文忠公心經一卷 ………………… 1－305
真文忠公心經一卷 ………………… 2－443
真文忠公心經一卷政經一卷 ……… 1－154
真文忠公心經一卷政經一卷 ……… 1－470
真文忠公心經一卷政經一卷 ……… 1－470
真文忠公心經一卷政經一卷 ……… 1－470
真文忠公心經一卷政經一卷 ……… 2－107
真文忠公心經一卷政經一卷 ……… 2－110
真文忠公心經一卷政經一卷 ……… 2－111
真文忠公心經二卷 ………………… 2－547
真文忠公政經一卷 ………………… 2－464
真西山全集七種 …………………… 2－111
真西山全集七種 …………………… 2－212
真西山讀書記乙集上大學衍義四十三卷
　………………………………………… 1－26
真珠船二十卷 ……………………… 2－501
真道自證四卷首一卷 ……………… 2－210
真道結果實證八章 ………………… 1－377
真蹟日錄初集一卷二集一卷三集一卷
　………………………………………… 1－490
真蹟日錄初集一卷二集一卷三集一卷
　………………………………………… 2－413
桂山堂詩鈔五卷 …………………… 1－170
桂舟遊草二卷 ……………………… 2－349
桂州夏文愍公奏議二十一卷 ……… 1－285
桂杏聯芳譜六卷附錄一卷 ………… 1－296
桂林霜二卷 ………………………… 1－206

166

桂學答問一卷 …………………… 1－300
桂巖子二卷 ……………………… 1－198
桐花齋制藝四卷 ………………… 1－505
桐花齋詩鈔六卷 ………………… 1－515
桐城吳氏古文讀本十三卷 ……… 1－385
桐城吳氏古文讀本十三卷 ……… 1－495
桐城吳先生文集四卷 …………… 2－204
桐城吳先生全書二種 …………… 1－552
桐城馬太僕奏略二卷 …………… 2－282
桐華吟館詩稿六卷詞稿二卷 …… 1－158
桐華閣叢書六種 ………………… 2－89
桐陰論畫二卷首一卷桐陰畫訣一卷
　續桐陰論畫一卷 ……………… 1－49
桐陰論畫二卷首一卷畫訣一卷續桐
　陰論畫一卷 …………………… 2－160
桐陰論畫二卷首一卷續一卷畫訣一
　卷二編二卷三編二卷 ………… 1－364
桐陰論畫二編二卷 ……………… 2－167
桐陰論畫二編二卷 ……………… 2－566
桐陰論畫二編二卷三編二卷 …… 2－304
桐陰論畫三編二卷 ……………… 2－401
桐陰論畫初編二卷首一卷 ……… 2－402
桐陰論畫初編二卷首一卷二編二卷三
　編二卷續桐陰論畫一卷畫訣一卷
　………………………………… 2－338
[光緒]桐鄉縣志二十四卷首四卷 … 2－265
[嘉慶]桐鄉縣志十二卷 ………… 2－54
桐溪耆隱集一卷補錄一卷 ……… 2－118
桐溪記略一卷 …………………… 2－279
桐閣先生文鈔十二卷 …………… 2－501
桐閣先生文鈔十二卷首一卷 …… 1－411
桐閣先生文鈔十二卷首一卷 …… 1－411
桐閣先生文鈔十二卷首一卷 …… 1－513
桐閣先生文鈔十二卷首一卷 …… 1－513
桐閣先生文鈔十二卷首一卷 …… 2－115
桐閣全書二十四種 ……………… 1－493
桐閣全書二十四種 ……………… 1－513
桐閣性理十三論一卷 …………… 1－592
桐閣拾遺二卷 …………………… 2－283
桐閣關中三先生語要四卷 ……… 2－397
桐膽餘藥四卷桐閣拾遺二卷 …… 2－268

[乾隆]桐廬縣志十六卷 ………… 1－211
[乾隆]桐廬縣志十六卷 ………… 1－211
栝蒼金石志十二卷續四卷 ……… 2－30
桃花扇傳奇二卷 ………………… 1－8
桃花扇傳奇二卷四十齣 ………… 1－505
桃花扇傳奇四卷首一卷 ………… 2－280
桃花源志二十四卷首一卷 ……… 2－58
桃鄉文鈔二卷 …………………… 1－169
格言彙編八種 …………………… 1－558
格林礮操法一卷 ………………… 2－4
格物入門七卷 …………………… 1－362
格物入門七卷 …………………… 1－487
格物入門七卷 …………………… 1－488
格物入門七卷 …………………… 1－542
格物入門七卷 …………………… 2－321
格物探源六卷 …………………… 1－362
格物課程一卷 …………………… 2－10
格致小引一卷 …………………… 2－9
格致古微六卷 …………………… 2－153
格致志八卷 ……………………… 2－9
格致書院彙編不分卷 …………… 1－396
格致書院課藝癸巳二卷壬辰二卷辛
　卯二卷庚寅二卷戊子一卷丁亥一
　卷丙戌一卷 …………………… 1－395
格致進化不分卷 ………………… 1－358
格致啟蒙四種 …………………… 1－362
格致啟蒙四種 …………………… 2－9
格致啟蒙四種 …………………… 2－9
格致啟蒙四種 …………………… 2－9
格致啟蒙四種 …………………… 2－402
格致須知十九種 ………………… 1－544
格致須知十九種 ………………… 2－323
格致須知四集 …………………… 1－358
格致彙編不分卷 ………………… 1－360
格致彙編不分卷 ………………… 1－360
格致彙編不分卷 ………………… 1－360
格致彙編不分卷 ………………… 1－491
格致精華錄四卷 ………………… 1－383
格致精華錄四卷 ………………… 1－383
格致課藝彙編十三卷 …………… 2－537
格致課藝彙編十三卷 …………… 2－559

格致課藝彙編不分卷 ………………… 1－396

格致鏡原一百卷 ……………………… 1－65

格致鏡原一百卷 ……………………… 1－77

格致鏡原一百卷 ……………………… 1－78

格致鏡原一百卷 ……………………… 1－136

格致鏡原一百卷 ……………………… 1－192

格致鏡原一百卷 ……………………… 1－195

格致鏡原一百卷 ……………………… 2－337

格致鏡原一百卷 ……………………… 2－401

格致鏡原一百卷 ……………………… 2－412

格致鏡原一百卷 ……………………… 2－415

格致鏡原一百卷 ……………………… 2－448

格致鏡原一百卷 ……………………… 2－449

格致譜二十四卷 ……………………… 1－489

格術補一卷 …………………………… 2－403

栘華館駢體文四卷 …………………… 2－323

校刊史記集解索隱正義札記五卷 …… 1－256

校刊史記集解索隱正義札記五卷 …… 2－221

校刊史記集解索隱正義札記五卷 …… 2－310

校刊史記集解索隱正義札記五卷 …… 2－316

校刊明道本韋氏解國語札記一卷 …… 2－343

校刊資治通鑑全書八種 ……………… 2－318

校正元親征錄一卷 …………………… 1－454

校正地理四彈子 ……………………… 2－302

校正尚友錄二十二卷 ………………… 1－384

校正尚友錄二十二卷 ………………… 1－491

校正尚友錄續集二十二卷 …………… 1－490

校正圖註脈訣四卷 …………………… 2－471

校正圖註脈訣四卷附方一卷 ………… 1－478

校正醫學心悟六卷 …………………… 1－323

校正瀕湖脉學一卷 …………………… 1－478

校邠廬抗議二卷 ……………………… 1－390

校邠廬抗議二卷 ……………………… 1－391

校邠廬抗議二卷 ……………………… 1－498

校邠廬抗議二卷 ……………………… 2－475

校邠廬抗議二卷 ……………………… 2－479

校邠廬抗議二卷 ……………………… 2－486

校邠廬抗議二卷 ……………………… 2－529

校邠廬抗議二卷 ……………………… 2－563

校邠廬抗議別論一卷 ………………… 2－6

校訂困學紀聞三箋二十卷 …………… 2－238

校訂困學紀聞三箋二十卷 …………… 2－332

校訂困學紀聞五箋二十卷 …………… 1－481

校訂困學紀聞集證二十卷 …………… 2－72

校訂困學紀聞集證二十卷 …………… 2－74

校訂困學紀聞集證二十卷 …………… 2－390

校訂定盦全集十卷 …………………… 2－570

校栞咸淳臨安志札記三卷 …………… 2－320

校徐集札記一卷 ……………………… 2－218

校勘大金集禮識語一卷 ……………… 1－292

校補玉海瑣記二卷 …………………… 2－81

校補竹書紀年二卷 …………………… 1－108

校經廎文橐十八卷 …………………… 2－140

校增三要合編 ………………………… 1－205

校增字學舉隅不分卷 ………………… 1－449

校增字學舉隅不分卷 ………………… 1－449

校增字學舉隅不分卷 ………………… 1－449

校禮堂集六種 ………………………… 1－514

連筠簃叢書十五種 …………………… 1－524

連筠簃叢書十五種 …………………… 2－314

栗大王年譜一卷 ……………………… 1－275

栗恭勤公年譜二卷 …………………… 1－275

酌定中州會館條規一卷河南義地章

　程一卷 ……………………………… 1－587

夏峰先生集十四卷補遺二卷首一卷 … 2－20

夏書禹貢攷畧一卷 …………………… 1－444

夏節愍全集十卷首一卷末一卷補遺二卷

　……………………………………… 2－129

夏節愍全集十卷首一卷末一卷補遺二卷

　……………………………………… 2－173

夏節愍全集十卷首一卷末一卷補遺二卷

　……………………………………… 2－196

[光緒]夏縣志十卷首一卷 …………… 2－35

[光緒]夏縣志十卷首一卷 …………… 2－262

砥齋集十二卷 ………………………… 1－56

砥齋集十二卷 ………………………… 1－404

砥齋集十二卷 ………………………… 1－404

砥齋集十二卷 ………………………… 1－404

砥齋集十二卷 ………………………… 2－441

砥齋集十二卷 ………………………… 2－546

砥齋集十二卷 ………………………… 2－558

唐堂集五十卷補遺二卷續集八卷冬

録一卷 …………………………… 1－146
厬堂集五十卷補遺二卷續集八卷冬
　録一卷 ……………………… 1－61
原人論一卷 ………………………… 1－374
原故文録一卷詩録一卷 …………… 1－520
原故文録一卷詩録一卷 …………… 2－333
原故文録一卷詩録一卷 …………… 2－333
原富五卷 …………………………… 1－461
原富五卷 …………………………… 2－370
原富五卷 …………………………… 2－372
原富五卷 …………………………… 2－372
原富五卷 …………………………… 2－544
原獻文録四卷 ……………………… 1－520
原獻文録四卷 ……………………… 2－287
原獻文録四卷 ……………………… 2－333
原獻文録四卷 ……………………… 2－333
原獻文録四卷詩録三卷原故文録一
　卷詩録一卷 ………………… 2－192
原獻詩録三卷 ……………………… 1－520
原獻詩録三卷 ……………………… 2－333
原獻詩録三卷 ……………………… 2－333
捕蝗要訣一卷除蝻八要一卷 ……… 1－564
捕蝗備要一卷 ……………………… 1－564
捕蝗彙編四卷 ……………………… 2－194
振綺堂詩存一卷 …………………… 1－534
振綺堂詩存一卷 …………………… 2－136
振綺堂詩存一卷 …………………… 2－300
振綺堂叢書二集 …………………… 2－134
振綺堂叢書二集 …………………… 2－164
捐藏正誼書院書目録一卷捐藏朱文
　公祠書目録一卷 …………… 2－289
哲匠金桴五卷 ……………………… 2－209
哲學要領一卷 ……………………… 2－211
晉五胡指掌二卷 …………………… 2－153
晉史乘一卷 ………………………… 2－396
晉宋書故一卷 ……………………… 1－254
晉昌蜀中吟草一卷 ………………… 1－170
晉政輯要八卷 ……………………… 1－106
晉政輯要四十卷 …………………… 1－291
晉泰始笛律匡謬一卷 ……………… 2－234
晉書一百三十卷 …………………… 1－67

晉書一百三十卷 …………………… 1－90
晉書一百三十卷 …………………… 1－109
晉書一百三十卷 …………………… 1－109
晉書一百三十卷 …………………… 1－111
晉書一百三十卷 …………………… 1－182
晉書一百三十卷 …………………… 1－186
晉書一百三十卷 …………………… 1－191
晉書一百三十卷 …………………… 1－191
晉書一百三十卷 …………………… 1－200
晉書一百三十卷 …………………… 1－200
晉書一百三十卷 …………………… 1－247
晉書一百三十卷 …………………… 1－450
晉書一百三十卷 ………………… 2－87
晉書一百三十卷 …………………… 2－440
晉書一百三十卷 …………………… 2－440
晉書一百三十卷 …………………… 2－513
晉書一百三十卷 …………………… 2－540
晉書音義三卷 ……………………… 1－109
晉書斠注一百三十卷 ……………… 2－530
晉書輯本不分卷 …………………… 1－450
晉畧六十五卷 ……………………… 1－268
晉畧六十五卷序目一卷 ………… 2－67
晉畧六十六卷 ……………………… 1－452
晉畧六十六卷 ……………………… 2－224
晉國垂棘一卷 …………………… 2－15
柴氏古韻通八卷 …………………… 1－243
時方妙用四卷 ……………………… 1－477
時方妙用四卷 ……………………… 2－319
時事新論十二卷 …………………… 1－343
時事新論圖說一卷 ……………… 2－7
時事曝獻一卷 ……………………… 2－192
時物典彙二卷 ………………… 1－4
時疫白喉捷要一卷 ………………… 1－322
時疫白喉捷要一卷 ………………… 1－322
時疫白喉捷要一卷 ………………… 1－322
時疫結喉經驗良方一卷 …………… 1－526
時病論八卷 ………………………… 1－328
時病論八卷 ………………………… 1－531
時病論八卷 ………………………… 1－562
時病論八卷 ………………………… 2－32
時病論八卷 ………………………… 2－486

時病論八卷 …………………… 2－592
時務分類文編三十二卷 …… 2－472
時務要覽八卷 ………………… 1－286
時務通攷八十二卷 …………… 1－338
時務通攷三十一卷首一卷 … 1－338
時務通攷三十一卷首一卷 … 2－404
時務通攷續編三十一卷 …… 1－338
時務通攷續編三十一卷 …… 1－338
時務詞林二卷 ………………… 1－337
時務新書八種 ………………… 1－335
時務齋算稿叢鈔六種 ……… 1－347
時務齋隨錄不分卷 …………… 1－314
時務齋隨錄不分卷 …………… 1－314
時務齋隨錄不分卷 …………… 1－314
時務齋隨錄不分卷 …………… 2－446
時務齋隨錄不分卷 …………… 2－480
時務齋隨錄不分卷 …………… 2－569
時務叢鈔三種 ………………… 2－272
時務叢鈔不分卷 ……………… 2－302
時晴齋試帖二卷 ……………… 1－494
時齋文集十卷詩集四卷 …… 2－103
時齋四書簡題六卷附時齋四書簡題
　　補一卷 …………………… 2－464
時齋詩集初刻四卷 …………… 2－386
時藝向十二卷 ………………… 1－497
時藝階一卷 …………………… 1－497
時藝階一卷 …………………… 1－497
時藝階一卷 …………………… 2－558
時藝開十二卷 ………………… 1－500
眠琴閣詩鈔十二卷首一卷續編三卷
　　首一卷末一卷 …………… 1－425
眠琴閣遺文一卷遺詩二卷 … 1－33
眠綠山房詩鈔四卷末一卷 … 2－216
晁具茨先生詩集十五卷 …… 2－125
晏子春秋七卷 ………………… 1－175
晏子春秋八卷 ………………… 1－245
晏子春秋八卷 ………………… 1－333
恩正併科行卷一卷 …………… 1－497
恩福堂筆記二卷 ……………… 2－199
恩福堂筆記二卷 ……………… 2－322
恩誦堂集十卷 ………………… 2－226

恩餘堂經進稿四十九卷 …… 2－175
恩餘堂輯稿四卷 ……………… 1－416
恩錫堂家訓編二卷 …………… 1－305
豈有此理四卷 ………………… 1－483
迴瀾紀要二卷 ………………… 2－249
峭帆樓叢書十八種 …………… 1－436
峴嶕山房詩集初編八卷續編二卷 … 2－258
峨山圖說二卷 ………………… 2－267
[嘉慶]峨眉縣志十卷首一卷 … 2－260
[宣統]峨眉縣續志十卷圖一卷 … 2－260
峯泖去思集一卷 ……………… 1－425
乘查筆記一卷 ………………… 2－232
乘查筆記二卷 ………………… 1－283
秣陵集六卷 …………………… 1－423
秣陵集六卷 …………………… 2－213
秣陵集六卷金陵歷代紀年事表一卷
　　歷代互見圖考一卷 ……… 2－76
秣陵集六卷金陵歷代紀年事表一卷
　　歷代互見圖考一卷 ……… 2－135
秣陵集六卷歷代互見圖考一卷金陵
　　歷代紀年事表一卷 ……… 1－423
秘書廿一種 …………………… 1－100
秘書廿一種 …………………… 1－170
秘書廿一種 …………………… 1－201
秘書廿一種 …………………… 1－208
秘書廿一種 …………………… 1－522
秘書廿一種 …………………… 2－286
秘書廿一種 …………………… 2－297
秘書廿一種 …………………… 2－556
秘授喉科不分卷 ……………… 1－563
秘傳天錄閣寓言外史八卷 … 1－46
秘傳花鏡六卷 ………………… 1－489
秘傳花鏡六卷 ………………… 2－201
秘傳花鏡六卷 ………………… 2－330
秘傳妙用不分卷 ……………… 2－239
秘藏疑龍經大全三卷 ……… 1－559
笑笑錄六卷 …………………… 2－277
笑梅軒遺藁不分卷 …………… 1－509
借閒生詩三卷詞一卷 ……… 1－269
倚松閣詩鈔十五卷 …………… 1－414
倚晴樓七種曲 ………………… 1－419

170

倚晴樓七種曲 ……………………… 2－456
倚晴樓集三種 ……………………… 2－182
倭文瑞公遺書八卷首二卷末一卷 …… 2－214
倭文端公遺書十一卷首二卷 ………… 2－103
倭文端公遺書十一卷首二卷 ………… 2－129
倭文端公遺書十種 ………………… 1－471
倪氏產寶一卷 ……………………… 1－165
倪氏產寶一卷 ……………………… 1－165
倪高士年譜一卷 …………………… 1－456
健松齋續集十卷 …………………… 2－462
健松齋續集十卷 …………………… 2－492
健修堂詩集二十二卷空青館詞稾三卷
……………………………………… 2－178
[乾隆]皋蘭縣志二十卷 …………… 1－121
[乾隆]皋蘭縣志二十卷 …………… 1－166
皋鶴堂批評第一奇書金瓶梅一百回
……………………………………… 1－563
躬恥齋文鈔二十卷詩鈔十四卷首一卷
……………………………………… 2－144
躬恥齋文鈔二十卷詩鈔十四卷首一卷
……………………………………… 2－144
息存室吟稿一卷續集一卷 ………… 2－32
息存室吟稿二卷 …………………… 2－350
息存室吟稿初集一卷 ……………… 1－418
息存室吟稿初集二卷 ……………… 2－153
息存室吟稿續集一卷 ……………… 1－418
息柯居士全集十一種 ……………… 2－220
息養廬詩集四卷末一卷 …………… 2－535
息齋集四卷外集一卷續外集一卷外
集補遺一卷 …………………… 1－45
師說匯五卷 ………………………… 1－128
師鄭堂中國文學講義不分卷 ……… 1－367
師鄭堂集六卷 ……………………… 1－540
師鄭堂駢文二卷 …………………… 2－172
師鄭堂駢體文存二卷 ……………… 2－215
師鄭堂駢體文存二卷 ……………… 2－215
師範半夜講習所講本八種 ………… 2－13
徑中徑又徑徵義三卷首一卷 ……… 2－59
徑中徑又徑徵義三卷首一卷 ……… 2－150
徐氏三種 …………………………… 2－403
徐氏醫書八種 ……………………… 2－185

徐氏醫書八種 ……………………… 2－455
徐氏醫書六種 ……………………… 1－93
徐氏醫書六種 ……………………… 1－326
徐氏醫書六種 ……………………… 1－552
徐氏醫書六種 ……………………… 2－207
徐文長文集八卷目錄一卷 ………… 1－54
徐文長逸稿二十四卷畸譜一卷 …… 1－44
徐州二遺民集 ……………………… 1－423
徐州二遺民集 ……………………… 2－173
徐州二遺民集 ……………………… 2－221
徐州詩徵八卷 ……………………… 2－129
徐孝穆全集六卷 …………………… 1－510
徐孝穆全集六卷 …………………… 2－74
徐孝穆全集六卷 …………………… 2－121
徐孝穆全集六卷 …………………… 2－228
徐孝穆全集六卷 …………………… 2－345
徐孝穆集箋注六卷 ………………… 1－399
徐孝穆集箋注六卷 ………………… 2－187
徐批葉天士先生方案真本一卷 …… 1－562
徐東皋祖抄秘本良方不分卷 ……… 2－250
徐雨峰中丞勘語四卷 ……………… 2－220
徐莊愍公算書七種 ………………… 2－8
徐莊愍公算書七種 ………………… 2－420
徐詩二卷 …………………………… 1－97
[康熙]徐溝縣志四卷 ……………… 1－112
徐騎省集三十卷補遺一卷 ………… 1－536
徐騎省集三十卷補遺一卷 ………… 2－75
徐騎省集三十卷補遺一卷 ………… 2－186
徐騎省集三十卷補遺一卷 ………… 2－218
殷氏醫案一卷 ……………………… 1－558
殷高宗刻石釋文不分卷 …………… 1－232
殷商貞卜文字考一卷 ……………… 2－235
殷商貞卜文字考一卷 ……………… 2－335
殷齋文集八卷詩集四卷 …………… 2－135
殷齋文集八卷詩集四卷 …………… 2－323
般若波羅蜜多心經一卷 …………… 2－275
般若波羅蜜多心經一卷 …………… 2－421
般若波羅蜜多心經直說一卷 ……… 2－256
般若波羅蜜多心經疏一卷 ………… 2－256
般若綱要十卷卷前一卷 …………… 1－370
航海吟草一卷 ……………………… 1－407

航海章程一卷初議紀錄一卷 ········ 1－546
航海章程一卷初議紀錄一卷 ········ 2－4
航海簡法四卷 ················ 1－318
航海簡法四卷 ················ 1－318
航海簡法四卷 ················ 1－319
針灸甲乙經十二卷 ·············· 2－258
針灸甲乙經十二卷 ·············· 2－590
拿破崙本紀四卷 ··············· 2－335
倉頡篇三卷 ················· 1－238
倉頡篇校證三卷補遺一卷 ········· 2－196
飣餖吟十二卷 ················ 1－509
飣餖吟十二卷 ················ 1－509
翁山文外十六卷 ··············· 2－127
翁仲仁先生痘科金鏡賦六卷 ······· 2－257
胭脂牡丹六卷 ················ 2－481
胭脂牡丹尺牘六卷 ·············· 1－507
脈訣附方一卷 ················ 1－480
脈訣秘傳一卷 ················ 1－564
脈經十卷 ·················· 1－326
脈經十卷 ·················· 1－327
脈經十卷 ·················· 1－551
脈經十卷 ·················· 2－257
脈學奇經八脈考一卷 ············ 1－478
烏目山房詩存六卷 ·············· 2－80
烏夜啼思親曲一卷 ·············· 1－376
[乾隆]烏程縣志十六卷 ·········· 1－122
[光緒]烏程縣志三十六卷 ········ 2－366
[光緒]烏程縣志三十六卷 ········ 2－403
逢吉堂焚餘稿一卷 ·············· 1－428
留茆盦尺牘叢殘四卷 ············ 1－503
留春山房集古詩鈔二集三卷 ······· 1－500
留春草堂詩鈔七卷 ·············· 1－401
留溪外傳十八卷 ··············· 2－130
[光緒]留壩鄉土志不分卷 ········ 1－252
[道光]留壩廳志十卷附足徵錄四卷 ··· 2－49
[道光]留壩廳志十卷附足徵錄四卷 ··· 2－49
芻言不分卷 ················· 1－300
託素齋詩集四卷文集六卷 ········· 1－172
託素齋詩集四卷文集六卷 ········· 2－296
訓士一卷 ·················· 1－332
訓士一卷 ·················· 1－332

訓士一卷 ·················· 1－332
訓士一卷 ·················· 1－481
訓士一卷 ·················· 2－517
訓女三字文一卷註一卷 ·········· 2－6
訓俗書擇要一卷 ··············· 1－311
訓俗遺規四卷 ················ 1－76
訓俗遺規四卷 ················ 1－333
訓俗遺規四卷 ················ 2－432
訓俗遺規四卷 ················ 2－432
訓俗遺規四卷 ················ 2－435
訓俗遺規補編二卷 ·············· 2－429
訓俗遺規摘抄二卷 ·············· 2－430
訓俗遺規摘抄四卷 ·············· 2－430
訓俗遺規摘抄四卷 ·············· 2－433
訓俗遺規摘抄四卷 ·············· 2－434
訓勇歌不分卷 ················ 2－440
訓蒙千字文一卷 ··············· 2－13
訓蒙平仄簡易一卷 ·············· 2－490
訓蒙捷徑二卷 ················ 1－366
訓蒙捷徑二卷 ················ 2－324
訓蒙捷徑二卷 ················ 2－328
訓練操法詳晰圖說二十二卷 ······· 1－321
記王幼農先生守寧遠府城事一卷 ····· 2－237
記事珠十卷 ················· 1－380
記過齋藏書六種 ··············· 1－549
高士傳三卷 ················· 1－527
高士傳三卷 ················· 2－439
高士傳三卷 ················· 2－474
高士傳三卷附蓮社高賢傳一卷 ······ 2－297
高上玉皇本行集經三卷 ·········· 1－211
高上玉皇本行集經三卷 ·········· 2－274
高上玉皇本行集經三卷 ·········· 2－423
高上玉皇本行集經三卷玉皇宥罪錫
　　福寶懺一卷 ··············· 2－595
高上玉皇本行集經法戒三卷 ······· 2－428
高子遺書十二卷附錄一卷 ········· 1－505
高子遺書十二卷附錄一卷 ········· 1－564
高子遺書十二卷附錄一卷 ········· 2－141
高子遺書十二卷附錄一卷 ········· 2－148
高王多心藥師聖經合璧三卷 ······· 2－416
高王觀世音經一卷 ·············· 2－578

高王觀世音經一卷 ······················ 2－581　　高僧傳初集十五卷 ··················· 1－556
高王觀世音經一卷 ······················ 2－590　　高僧傳初集十五卷 ··················· 1－557
高王觀世音經一卷 ······················ 2－591　　高僧傳初集十五卷 ··················· 1－557
高王觀世音經一卷附高王觀音經感　　　郭大理遺稿八卷 ··················· 2－140
　　應一卷 ···························· 2－591　　郭氏傳家易說十一卷 ············· 1－53
高王觀世音經一卷附感應一卷 ········ 2－587　　郭侍郎奏疏十二卷 ··················· 1－407
高王觀世音經一卷附感應一卷 ········ 2－589　　郭侍郎奏疏十二卷 ··················· 2－124
高王觀世音經一卷附感應一卷 ········ 2－589　　席門集十六卷 ························ 2－501
高王觀世音經一卷附感應一卷 ········ 2－590　　病榻夢痕錄二卷 ···················· 2－234
高季迪先生大全集十八卷 ··········· 1－11　　病榻夢痕錄二卷 ···················· 2－253
高季迪先生大全集十八卷 ··········· 1－22　　病榻夢痕錄二卷錄餘一卷 ········· 1－275
高季迪先生大全集十八卷 ··········· 1－143　　疹科類編一卷 ························ 1－170
高弧細草一卷 ························ 2－313　　疹科類編一卷 ························ 2－60
高厚蒙求五集 ························ 1－488　　疹科類編一卷 ························ 2－294
高厚蒙求五集 ························ 1－543　　疹略一卷 ···························· 2－287
高厚蒙求五集 ························ 2－209　　疹略一卷 ···························· 2－287
高厚蒙求五集 ························ 2－469　　唐人三家集 ··························· 1－1
高厚蒙求四集八種 ··················· 1－358　　唐人三家集 ··························· 1－387
高厚蒙求四集八種 ··················· 1－358　　唐人三家集 ··························· 1－533
高峰大師語錄一卷 ··················· 1－374　　唐人五十家小集 ···················· 1－384
［雍正］高陵縣志十卷序圖一卷 ····· 1－116　　唐人五十家小集 ···················· 1－384
［嘉靖］高陵縣志七卷 ··············· 2－330　　唐人五十家小集 ···················· 1－537
［嘉靖］高陵縣志七卷 ··············· 2－330　　唐人五十家小集 ···················· 2－147
［光緒］高陵縣續志八卷 ············· 2－37　　唐人五十家小集 ···················· 2－229
［光緒］高陵縣續志八卷 ············· 2－38　　唐人五言長律清麗集六卷 ········· 1－99
［光緒］高陵縣續志八卷 ············· 2－330　　唐人五言排律詩論三卷 ············· 1－168
［光緒］高陵縣續志八卷 ············· 2－583　　唐人百家小說 ························ 1－15
高陶堂遺集八卷 ······················ 1－534　　唐人萬首絕句選七卷 ············· 1－392
高陶堂遺集八卷 ······················ 2－181　　唐人萬首絕句選七卷 ············· 2－244
高密遺書十一種 ······················ 2－65　　唐人萬首絕句選七卷 ············· 2－487
高陽挽集二卷 ························ 1－59　　唐人試律說一卷 ···················· 2－327
［雍正］高陽縣志六卷 ··············· 1－112　　唐人試律說一卷 ···················· 2－444
高等實業學堂章程十八卷 ··········· 1－464　　唐人說薈六集一百六十四種 ········· 1－199
高僧傳二集四十卷 ··················· 1－557　　唐三體詩六卷 ························ 2－547
高僧傳二集四十卷 ··················· 1－557　　唐大家柳柳州文抄十二卷 ········· 1－511
高僧傳三集三十卷 ··················· 1－557　　唐大家韓文公文鈔十六卷 ········· 1－186
高僧傳三集三十卷 ··················· 1－557　　唐王燾先生外臺秘方四十卷 ······· 1－328
高僧傳三集三十卷 ··················· 1－557　　唐王燾先生外臺秘要方四十卷 ····· 1－530
高僧傳四集六卷 ······················ 1－557　　唐王燾先生外臺秘要方四十卷 ····· 1－553
高僧傳四集六卷 ······················ 1－557　　唐王燾先生外臺秘要方四十卷 ····· 1－557
高僧傳初集十五卷 ··················· 1－372　　唐王燾先生外臺秘要方四十卷 ····· 2－236

173

唐五代宋元詞綜三十八卷明詞綜十
　　二卷國朝詞綜四十八卷國朝詞綜
　　二集八卷 …………………… 1－402
唐中興閑氣集二卷 …………… 1－387
唐中興閑氣集二卷 …………… 2－320
唐氏蒙求三卷 ………………… 1－392
唐文拾遺七十二卷目錄八卷續拾十六卷
　　……………………………… 1－385
唐文恪公文集十六卷首一卷 …… 2－161
唐文粹一百卷 ………………… 1－56
唐文粹補遺二十六卷 ………… 1－387
唐文粹補遺二十六卷 ………… 1－387
唐文粹補遺二十六卷 ………… 1－492
唐文粹補遺二十六卷 ………… 2－151
唐世說新語十三卷 …………… 1－59
唐石經校文十卷 ……………… 1－442
唐石經校文十卷 ……………… 1－565
唐四大家詩集 ………………… 1－173
唐四家集 ……………………… 1－10
唐四家集二十八卷 …………… 2－318
唐四家集二十八卷 …………… 2－340
唐四家詩八卷 ………………… 1－125
唐四家詩集二十卷 …………… 2－320
唐代叢書一百六十四種 ……… 1－430
唐代叢書一百六十四種 ……… 2－26
唐代叢書一百六十四種 ……… 2－29
唐代叢書一百六十四種 ……… 2－113
唐代叢書一百六十四種 ……… 2－413
唐代叢書一百六十四種 ……… 2－414
唐玄奘法師八識規矩母頌一卷 …… 1－377
唐丞相曲江張文獻公集十二卷千秋
　　金鑒錄五卷附錄一卷 ……… 1－102
唐丞相曲江張文獻公集十二卷附錄一卷
　　……………………………… 1－105
唐李衛公通纂四卷 …………… 1－123
唐宋十大家全集錄 …………… 1－177
唐宋十大家全集錄 …………… 1－141
唐宋十大家全集錄 …………… 2－124
唐宋八大家文鈔一百六十卷 …… 1－79
唐宋八大家文鈔一百六十卷 …… 1－187
唐宋八大家文鈔一百六十卷 …… 1－389

唐宋八大家讀本三十卷 ……… 2－413
唐宋八家文讀本三十卷 ……… 1－95
唐宋八家文讀本三十卷 ……… 1－96
唐宋八家文讀本三十卷 ……… 1－107
唐宋八家文讀本三十卷 ……… 1－149
唐宋八家文讀本三十卷 ……… 2－514
唐宋八家文讀本三十卷 ……… 2－535
唐宋文選不分卷 ……………… 2－478
唐宋白孔六帖一百卷目錄二卷 …… 1－27
唐宋叢書一百〇三種 ………… 1－522
唐荊川先生文集十二卷目錄一卷附
　　錄一卷 …………………… 1－65
唐柳先生外集一卷 …………… 2－215
唐柳河東集四十五卷外集五卷遺文
　　一卷附錄一卷 …………… 1－160
唐昭陵石蹟考畧五卷 ………… 1－23
唐段少卿酉陽雜俎前集二十卷續集十卷
　　……………………………… 1－36
唐律消夏錄五卷 ……………… 1－174
唐律賦鈔一卷 ………………… 1－402
唐律賦鈔一卷 ………………… 1－498
唐音審體二十卷 ……………… 1－58
唐書二百二十五卷 …………… 1－33
唐書二百二十五卷 …………… 1－41
唐書二百二十五卷 …………… 1－90
唐書二百二十五卷 …………… 1－110
唐書二百二十五卷 …………… 1－111
唐書二百二十五卷 …………… 1－186
唐書二百二十五卷 …………… 1－186
唐書二百二十五卷 …………… 1－189
唐書二百二十五卷 …………… 1－200
唐書二百二十五卷 …………… 1－201
唐書二百二十五卷 …………… 1－201
唐書二百二十五卷 …………… 1－249
唐書二百二十五卷 …………… 1－249
唐書二百二十五卷 …………… 1－250
唐書二百二十五卷 …………… 1－250
唐書二百二十五卷 …………… 2－88
唐書二百二十五卷 …………… 2－366
唐書二百二十五卷 …………… 2－370
唐書二百二十五卷 …………… 2－382

唐書二百二十五卷…………… 2－511
唐書二百二十五卷…………… 2－568
唐書二百二十五卷…………… 2－571
唐書二百二十五卷…………… 2－571
唐書合鈔補正六卷…………… 1－301
唐書釋音二十五卷…………… 1－186
唐書釋音二十五卷…………… 1－187
唐書釋音二卷………………… 1－376
唐陸宣公奏議全集四卷首一卷……… 1－286
唐陸宣公奏議讀本四卷……… 1－460
唐陸宣公奏議讀本四卷首一卷… 2－342
唐陸宣公集二十二卷………… 1－16
唐陸宣公集二十二卷………… 1－38
唐陸宣公集二十二卷………… 1－91
唐陸宣公集二十二卷………… 1－126
唐陸宣公集二十二卷………… 1－126
唐陸宣公集二十二卷………… 1－199
唐陸宣公集二十二卷………… 1－285
唐陸宣公集二十二卷………… 1－286
唐陸宣公集二十二卷………… 1－460
唐陸宣公集二十二卷………… 2－229
唐陸宣公集二十二卷………… 2－314
唐陸宣公集二十二卷………… 2－441
唐陸宣公集二十二卷………… 2－503
唐陸宣公集二十二卷………… 2－504
唐陸宣公集二十二卷附年譜輯畧一卷
………………………………… 2－310
唐陸宣公集二十二卷增輯二卷……… 1－527
唐陸宣公集二十四卷………… 2－91
唐陸宣公翰苑集二十四卷…… 1－73
唐陸宣公翰苑集二十四卷首一卷…… 2－557
唐陸宣公翰苑集二十四卷首一卷末一卷
………………………………… 1－285
唐陸宣公翰苑集二十四卷首一卷末一卷
………………………………… 1－285
唐陸宣公翰苑集二十四卷首一卷末一卷
………………………………… 1－285
唐陸宣公翰苑集二十四卷首一卷末一卷
………………………………… 2－91
唐陸宣公翰苑集二十四卷首一卷末一卷
………………………………… 2－338

唐陸宣公翰苑集二十四卷首一卷末一卷
………………………………… 2－349
唐陸宣公翰苑集二十四卷首一卷末一卷
………………………………… 2－466
唐陸宣公翰苑集二十四卷首一卷末一卷
………………………………… 2－466
唐陸宣公翰苑集二十四卷首一卷末一卷
………………………………… 2－474
唐陸宣公翰苑集二十四卷首一卷末一卷
………………………………… 2－479
唐陸宣公翰苑集二十四卷首一卷末一卷
………………………………… 2－514
唐黃御史集八卷……………… 1－533
唐黃御史集八卷附錄一卷…… 1－10
唐張文獻公曲江集十二卷…… 1－9
唐雅八卷……………………… 1－21
唐御史臺精舍題名考三卷附錄一卷
………………………………… 2－133
唐會要一百卷………………… 1－54
唐會要一百卷………………… 2－206
唐詩三百首六卷目錄二卷…… 2－244
唐詩三百首註疏六卷………… 1－397
唐詩三百首註疏六卷………… 2－414
唐詩三百首註疏六卷………… 2－414
唐詩三百首註疏六卷………… 2－414
唐詩三百首註疏四卷………… 1－505
唐詩三百首註釋七卷………… 2－474
唐詩三百首註釋六卷………… 1－394
唐詩三百首註釋六卷………… 1－394
唐詩三百首註釋六卷………… 1－394
唐詩三百首註釋六卷………… 2－413
唐詩三百首補注八卷………… 1－394
唐詩三百首輯評六卷………… 1－505
唐詩三百首續選一卷………… 1－394
唐詩三百首續選一卷………… 1－499
唐詩三百首續選一卷………… 2－474
唐詩百名家全集……………… 1－179
唐詩成法十二卷……………… 1－180
唐詩成法十二卷……………… 2－288
唐詩合解十二卷……………… 2－392
唐詩合選詳解十二卷………… 1－394

175

唐詩別裁集二十卷 …………………… 1-504
唐詩別裁集十卷 ………………………… 1-128
唐詩別裁集十卷 ………………………… 1-135
唐詩別裁集十卷 ………………………… 1-148
唐詩別裁集八卷 ………………………… 1-61
唐詩別裁集引典備註二十卷 ………… 2-347
唐詩別裁集引典備註二十卷 ………… 2-422
唐詩別裁集引典備註二十卷 ………… 2-492
唐詩別裁集引典備註二十卷 ………… 2-510
唐詩別裁集引典備註二十卷 ………… 2-514
唐詩別裁集引典備註二十卷 ………… 2-524
唐詩直解七卷 …………………………… 2-457
唐詩金粉十卷 …………………………… 1-62
唐詩金粉十卷 …………………………… 1-149
唐詩金粉十卷 …………………………… 2-8
唐詩品彙九十卷拾遺十卷 …………… 1-10
唐詩紀一百七十卷目錄三十四卷 …… 1-17
唐詩貫珠六十卷 ………………………… 1-81
唐詩貫珠六十卷 ………………………… 1-192
唐詩畫譜三集 …………………………… 1-229
唐詩鼓吹十卷 …………………………… 1-147
唐詩選七卷 ……………………………… 2-244
唐詩選六卷 ……………………………… 2-16
唐詩歸三十六卷 ………………………… 1-21
唐詩類苑一百卷 ………………………… 1-26
唐詩類選六卷 …………………………… 1-66
唐韵四聲正一卷 ………………………… 2-242
唐溥淵觀察崇祀錄一卷 ……………… 1-463
唐摭言十五卷 …………………………… 1-152
唐語林八卷 ……………………………… 1-274
唐語林八卷 ……………………………… 1-274
唐語林八卷 ……………………………… 2-28
唐賢三昧集三卷 ………………………… 1-145
唐賢三昧集三卷 ………………………… 1-159
唐賢三昧集三卷 ………………………… 1-177
唐賢三昧集三卷 ………………………… 1-537
唐寫本說文解字木部箋異一卷仿唐
　寫本說文解字木部一卷 …………… 1-527
唐駢體文抄十七卷 ……………………… 1-393
唐駢體文抄十七卷 ……………………… 2-176
唐翰林李太白年譜一卷 ……………… 1-9

唐翰林李太白年譜一卷 ……………… 1-182
唐韓文公年譜一卷 ……………………… 1-228
唐韓昌黎集四十卷外集十卷遺文一
　卷附錄一卷 ………………………… 1-11
唐類函二百卷目錄二卷 ……………… 1-20
唐類函二百卷目錄二卷 ……………… 1-30
唐類函二百卷目錄二卷 ……………… 1-38
唐類函二百卷目錄二卷 ……………… 1-46
唐鑒十二卷 ……………………………… 2-109
旅游小草四卷 …………………………… 1-533
畜德錄二十卷 …………………………… 1-72
悟真直指十卷 …………………………… 1-312
悟真篇三註三卷 ………………………… 1-526
悟真篇三註三卷外集一卷 …………… 2-454
悟真篇外集一卷 ………………………… 1-526
悟真篇集註三卷首一卷末一卷 …… 2-461
悟雪樓詩初集六卷二集六卷 ……… 1-538
悟道錄二卷 ……………………………… 2-204
悔言六卷 ………………………………… 2-243
悔言辨正六卷首一卷 ………………… 2-216
悔昨齋詩錄四卷 ………………………… 2-78
悔翁筆記六卷 …………………………… 2-178
悔翁集二十二卷 ………………………… 2-238
悔翁詩鈔十五卷補遺一卷詞鈔五卷 … 2-86
悔翁詩鈔十五卷補遺一卷詞鈔五卷
　…………………………………………… 2-141
悔翁詩鈔十五卷補遺一卷詩餘五卷
　筆記六卷 …………………………… 2-271
悔過齋續集八卷 ………………………… 2-182
悔餘菴文稿九卷詩稿十三卷樂府四
　卷衲蘇集二卷餘辛集三卷 ……… 1-413
悔餘菴文稿六卷樂府四卷詩稿十二卷
　…………………………………………… 2-130
悔餘菴集三種 …………………………… 2-79
悔廬文鈔十卷首一卷 ………………… 2-183
悅心集四卷 ……………………………… 1-538
瓶水齋詩集十七卷別集二卷詩話一卷
　…………………………………………… 1-536
瓶水齋詩集十七卷別集二卷詩話一卷
　…………………………………………… 2-133
瓶水齋詩集十七卷別集二卷詩話一卷

……………………………………… 2－157

瓶花齋集十卷 ……………………… 1－45

瓶城山館詩鈔十六卷 ……………… 1－539

拳匪紀略八卷前編二卷後編二卷 …… 1－561

拳匪紀略前編二卷 ………………… 2－277

拳教析疑說一卷 …………………… 1－459

拳教析疑說一卷 …………………… 2－531

拳教析疑說一卷義和拳教門源流考

　　書後一卷 ……………………… 1－575

益公題跋十二卷 …………………… 2－336

益古演段三卷 ……………………… 1－347

益古演段三卷 ……………………… 2－372

益雅堂叢書六十五種 ……………… 1－430

益智圖二卷 ………………………… 2－256

益智圖二卷續圖一卷 ……………… 2－551

兼山堂弈譜一卷 …………………… 2－252

兼濟堂文集選二十卷 ……………… 2－183

兼濟堂文集選十六卷 ……………… 2－553

兼濟堂文集選十六卷詩集選三卷 …… 2－546

兼濟堂纂刻梅勿菴先生曆算全書二

　　十八種 ………………………… 1－138

兼濟堂纂刻梅勿菴先生曆算全書二

　　十八種 ………………………… 1－344

兼濟堂纂刻梅勿菴先生曆算全書二

　　十八種 ………………………… 1－344

兼濟堂纂刻梅勿菴先生曆算全書二

　　十八種 ………………………… 1－344

兼濟堂纂刻梅勿菴先生曆算全書二

　　十八種 ………………………… 1－542

朔方備乘六十八卷首十二卷 ……… 1－283

朔方備乘六十八卷首十二卷 ……… 2－68

朔方備乘六十八卷首十二卷 ……… 2－117

剡源文鈔四卷 ……………………… 1－498

剡源集三十卷 ……………………… 1－508

剡源集三十卷 ……………………… 1－508

剡源集三十卷 ……………………… 2－120

剡源集三十卷附劄記一卷 ………… 2－76

［嘉定］剡錄十卷 ………………… 2－240

［嘉定］剡錄十卷 ………………… 2－263

涑水記聞十六卷 …………………… 1－52

涑水記聞十六卷 …………………… 2－110

涑水記聞十六卷 …………………… 2－110

酒令叢鈔四卷 ……………………… 2－166

酒令叢鈔四卷 ……………………… 2－272

酒經三卷 …………………………… 1－180

浙士解經錄四卷附浙江考一卷 …… 2－217

浙西六家詞 ………………………… 2－270

浙西水利備考不分卷 ……………… 1－281

浙西水利備考不分卷 ……………… 1－582

浙西水利備考不分卷 ……………… 2－220

浙西邨人初集十三卷 ……………… 2－197

浙江全省輿圖並水陸道里記不分卷

　　……………………………………… 1－564

浙江全省輿圖並水陸道里記不分卷

　　……………………………………… 2－249

浙江全省輿圖並水陸道里記不分卷

　　……………………………………… 2－270

浙江名勝圖說不分卷 ……………… 1－12

浙江校士經史試帖六卷 …………… 1－501

［雍正］浙江通志二百八十三卷首三卷

　　……………………………………… 2－53

［雍正］浙江通志二百八十三卷首三卷

　　……………………………………… 2－53

［雍正］浙江通志二百八十三卷首三卷

　　……………………………………… 2－53

［雍正］浙江通志二百八十三卷首三卷

　　……………………………………… 2－53

［雍正］浙江通志二百八十卷首三卷

　　……………………………………… 2－395

［雍正］浙江通志二百八十卷首三卷

　　……………………………………… 2－395

［雍正］浙江通志二百八十卷首三卷

　　……………………………………… 2－395

浙江採集遺書總錄十卷閏集一卷 …… 1－157

浙江溫州府平陽縣白梅村七世修行

　　玉英寶卷一卷 ………………… 2－117

［道光］浙江新城縣志二十四卷首一卷

　　……………………………………… 2－415

［道光］浙江新城縣志二十四卷首一卷

　　……………………………………… 2－584

浙江圖考一卷 ……………………… 2－350

浙東紀遊草一卷 …………………… 2－120

浙東籌防錄四卷 …………………… 1－283
浙東籌防錄四卷 …………………… 2－191
涇川叢書五十一種 ………………… 1－523
涇川叢書五十一種 ………………… 2－324
涇西書屋詩稿四卷文稿二卷 ……… 2－494
涇林續記一卷 ……………………… 2－327
涇野子內篇二十七卷 ……………… 1－311
涇野子內篇二十七卷 ……………… 1－311
涇野子內篇二十七卷 ……………… 2－91
涇野先生文集三十八卷 …………… 1－406
涇野先生四書因問六卷 …………… 2－105
涇野先生周易說翼三卷 …………… 1－219
［乾隆］涇陽縣志十卷 …………… 1－116
［康熙］涇陽縣志八卷 …………… 1－40
［雍正］涇陽縣志八卷 …………… 1－180
［乾隆］涇陽縣後志四卷 ………… 1－116
涇陽縣鄉土志三卷 ………………… 1－248
涇渭清濁辨一卷 …………………… 1－329
［嘉慶］涇縣志三十二卷首一卷 …… 2－261
娑羅館清語一卷 …………………… 2－190
娑羅館清語一卷 …………………… 2－203
娑羅館清語一卷 …………………… 2－278
消夏百一詩二卷 …………………… 2－268
消夏同咏一卷 ……………………… 1－399
消寒新詠四卷集詠一卷 …………… 1－205
浩然堂詩集七卷詞稿一卷 ………… 2－287
浩然堂詩集六卷雙忠研齋詩餘一卷
　　　……………………………… 2－194
浩然齋雅談三卷 …………………… 1－52
海上老人畫稿一卷 ………………… 2－158
海山仙館叢書五十六種 …………… 1－434
海山仙館叢書五十六種 …………… 1－434
海山仙館叢書五十六種 …………… 1－434
海山仙館叢書五十六種 …………… 2－171
海山仙館叢書五十六種 …………… 2－197
海山仙館叢書五十六種 …………… 2－312
海山詩屋詩話十卷 ………………… 2－328
［嘉慶］海州直隸州志三十二卷首一卷
　　　……………………………… 2－52
海防策要四卷 ……………………… 1－460
海防新論節要一卷 ………………… 2－539
海防纂要十三卷 …………………… 1－23
海東金石苑四卷 …………………… 1－531
海東逸史十八卷 …………………… 1－276
海東逸史十八卷 …………………… 1－576
海門詩鈔八卷外集四卷補錄一卷 … 2－80
海門詩鈔八卷外集四卷補錄一卷 … 2－223
海門詩鈔外集四卷補錄一卷 ……… 2－439
海忠介公文集十卷 ………………… 1－37
海秋詩集二十六卷附評跋附錄 …… 1－415
海秋詩集二十六卷附評跋附錄 …… 1－415
海風蕭詞一卷 ……………………… 2－292
海軍調度要言三卷 ………………… 1－331
海軍調度要言三卷 ………………… 1－331
海紅華館詩詞鈔十二卷 …………… 2－191
海峰文集八卷 ……………………… 2－322
海峰文集八卷詩集六卷 …………… 1－421
海峰先生文十卷詩六卷 …………… 2－207
海峰先生詩集十卷 ………………… 1－414
海峰先生詩集十卷 ………………… 1－439
海峰先生精選八大家文鈔一卷 …… 2－80
海剛峰集十卷 ……………………… 1－19
海域大觀一卷 ……………………… 2－470
海國勝游草一卷 …………………… 2－261
海國聞見錄二卷 …………………… 1－72
海國聞見錄二卷 …………………… 1－72
海國圖志一百卷 …………………… 1－281
海國圖志一百卷 …………………… 1－281
海國圖志一百卷 …………………… 1－282
海國圖志一百卷 …………………… 1－528
海國圖志一百卷 …………………… 2－67
海國圖志一百卷 …………………… 2－401
海國圖志一百卷 …………………… 2－517
海國圖志一百卷 …………………… 2－520
海國圖志一百卷 …………………… 2－522
海國圖志一百卷續集二十五卷首一卷
　　　……………………………… 2－532
海國圖志六十卷 …………………… 2－69
［雍正］海陽縣志十二卷 ………… 1－122
海參崴公董局城治章程一卷 ……… 1－589
海棠仙館詩鈔四卷 ………………… 2－313
海道圖說十五卷長江圖說一卷 …… 1－281

海道圖說十五卷長江圖說一卷……… 1-281
海道圖說十五卷長江圖說一卷……… 1-281
海道圖說十五卷長江圖說一卷……… 1-529
海道圖說十五卷長江圖說一卷……… 1-541
海道圖說十五卷長江圖說一卷……… 2-564
海塘輯要十卷首一卷附釋一卷……… 1-313
海塘輯要十卷首一卷附釋一卷……… 1-582
海虞三陶先生集合刻………………… 1-385
海虞三陶先生集合刻 ……………… 2-80
海漚小譜一卷…………………………… 1-100
海寧念訊大口門二限三限石塘圖說一卷
……………………………………… 2-249
海藏樓詩一卷………………………… 1-520
海濱酬唱詞一卷……………………… 2-191
［乾隆］海豐縣志十卷末一卷 …… 1-122
［同治］海豐縣志續編二卷 ……… 2-57
海鹽張氏涉園叢刻七種……………… 2-165
浮邱子十二卷………………………… 1-332
浮邱子十二卷………………………… 2-227
浮邱子十二卷首一卷………………… 1-591
浮邱子十二卷首一卷………………… 1-591
浮邱子十二卷首一卷………………… 2-125
浮邱子十二卷首一卷………………… 2-414
浣月樓遺詩二卷 …………………… 1-33
浣青詩草四卷………………………… 1-156
浣筆泉詩不分卷……………………… 1-10
浣霞軒詩稿二卷試帖拾遺一卷…… 2-124
浪跡叢談十一卷……………………… 2-132
浪跡叢談十一卷……………………… 2-240
浪跡續談八卷 ……………………… 2-72
浪語集三十五卷……………………… 1-506
浪語集三十五卷……………………… 2-178
宸垣識畧十六卷……………………… 2-327
宸垣識畧十六卷……………………… 2-335
宸垣識略十六卷……………………… 1-171
家居自述一卷………………………… 2-294
家政約言一卷………………………… 1-481
家庭講話三卷………………………… 2-240
家庭講話三卷………………………… 2-243
家庭講話三卷………………………… 2-255
家乘蒐遺不分卷……………………… 1-276

家蔭堂一瞬錄一卷…………………… 1-486
家蔭堂尺牘一卷……………………… 1-505
家蔭堂省心錄一卷…………………… 2-289
家蔭堂風檐世草一卷………………… 1-517
家蔭堂感深知己錄一卷續刊一卷… 2-289
家傳秘術不分卷……………………… 1-564
家語十卷……………………………… 1-154
家語疏證六卷………………………… 1-556
家語疏證六卷………………………… 2-316
家塾蒙求五卷………………………… 1-493
家塾蒙求五卷………………………… 2-107
家塾蒙求五卷………………………… 2-113
家塾蒙求五卷………………………… 2-113
家塾蒙求五卷………………………… 2-465
家塾蒙求五卷………………………… 2-467
家塾蒙求五卷………………………… 2-469
家塾準繩一卷………………………… 2-199
家範十卷……………………………… 1-36
家範十卷……………………………… 1-472
家禮五卷附錄一卷…………………… 2-221
家寶四集三十二卷…………………… 2-488
家寶全集四集三十五種……………… 1-518
宮吏部公制義一卷…………………… 1-497
宮吏部公制義一卷…………………… 1-497
容城三賢文集………………………… 1-387
容齋隨筆十六卷首一卷續筆十六卷
　三筆十六卷四筆十六卷五筆十卷
……………………………………… 1-379
容齋隨筆十六卷續筆十六卷三筆十
　六卷四筆十六卷五筆十卷 ……… 1-72
容齋隨筆十六卷續筆十六卷三筆十
　六卷四筆十六卷五筆十卷 ……… 1-148
容齋隨筆十六卷續筆十六卷三筆十
　六卷四筆十六卷五筆十卷 ……… 2-321
宰家訓俗一卷………………………… 2-303
袖珍八經旁訓二十四卷……………… 1-441
袖珍文林智珠二卷…………………… 1-525
袖珍文林智珠五卷…………………… 1-541
被褐子五卷…………………………… 1-6
祥人尺牘□□卷……………………… 2-563
書六卷………………………………… 2-428

書古微十二卷首一卷 …………… 1－218
書古微十二卷首一卷 …………… 1－218
書古微十二卷首一卷 ………… 2－91
書古微十二卷首一卷 ………… 2－547
書目答問不分卷 …………………… 1－465
書目答問不分卷 …………………… 1－465
書目答問不分卷 …………………… 1－550
書目答問不分卷 ………………… 2－24
書目答問不分卷 ………………… 2－70
書目答問不分卷 ………………… 2－98
書目答問不分卷 ………………… 2－111
書目答問不分卷 ………………… 2－153
書目答問不分卷 ………………… 2－278
書目答問不分卷 ………………… 2－287
書目答問不分卷 ………………… 2－297
書目答問不分卷 ………………… 2－541
書目答問不分卷 ………………… 2－549
書目答問不分卷附國朝著述諸家知
　略一卷 …………………………… 2－279
書目答問四卷古今人著述合刻叢書
　目一卷別錄一卷國朝著述諸家姓
　名略一卷 ………………………… 1－262
書目答問略例不分卷 ……………… 2－325
書考辯二卷 ………………………… 2－502
書林揚觶二卷 ……………………… 2－299
書林揚觶二卷 ……………………… 2－466
書法正宗不分卷 …………………… 1－95
書法正宗不分卷 …………………… 2－248
書法摘要善本三卷 ………………… 2－248
書契原恉十四卷 …………………… 2－66
書叙指南二十卷 …………………… 2－498
書記洞詮一百二十卷目錄十卷 …… 1－26
書叙指南二十卷 …………………… 1－338
書叙指南二十卷 …………………… 1－338
書畫跋跋三卷續三卷 ……………… 1－166
書畫說鈴一卷 ……………………… 1－43
書畫鑑影二十四卷 ………………… 1－365
書畫鑑影二十四卷 ………………… 2－183
書畫鑑影二十四卷 ………………… 2－321
書傳大全十卷書說綱領一卷 ……… 1－7
書傳音釋六卷首一卷末一卷 ……… 2－324

書義會真錄十九卷 ………………… 1－29
書經大全十卷 ……………………… 2－32
書經大全十卷 ……………………… 2－91
書經大全十卷圖一卷 ……………… 2－228
書經大全正解十二卷 ……………… 1－7
書經六卷 …………………………… 1－218
書經六卷 …………………………… 1－218
書經六卷 …………………………… 1－221
書經六卷 …………………………… 1－444
書經六卷 …………………………… 1－569
書經六卷 …………………………… 2－90
書經六卷 …………………………… 2－333
書經六卷 …………………………… 2－387
書經六卷 …………………………… 2－427
書經六卷 …………………………… 2－445
書經六卷 …………………………… 2－445
書經六卷 …………………………… 2－473
書經六卷 …………………………… 2－474
書經六卷 …………………………… 2－482
書經六卷首一卷末一卷 …………… 1－218
書經六卷首一卷末一卷 …………… 1－218
書經六卷首一卷末一卷 …………… 1－444
書經考異一卷 ……………………… 2－228
書經近指六卷 ……………………… 1－132
書經直指六卷 ……………………… 1－42
書經要義六卷 ……………………… 1－10
書經要義六卷 ……………………… 1－87
書經要義六卷 ……………………… 1－87
書經要義六卷 ……………………… 1－87
書經要義六卷 ……………………… 1－88
書經集句賦稿補注二卷 …………… 1－444
書經傳說匯纂二十一卷首二卷書序一卷
　………………………………… 2－92
書經詮義十二卷首二卷 …………… 2－92
書經圖解十卷 ……………………… 1－445
書經精華十卷首一卷 ……………… 1－568
書經精義旁訓四卷 ………………… 2－92
書經講義會編十二卷 ……………… 1－221
書經體注大全六卷 ………………… 1－443
書經體註大全合參六卷 …………… 1－568
書經體註大全合參六卷 …………… 2－430

書經體註大全合參六卷 …………… 2－458
書經體註六卷 ………………………… 1－221
書經讀本不分卷 ……………………… 1－218
書經讀本不分卷 ……………………… 1－218
書蔡傳附釋一卷 ……………………… 1－220
書說二卷 ……………………………… 1－568
書說二卷 ……………………………… 2－189
書牘六卷 ………………………………… 1－5
弱水集二十二卷 ……………………… 1－65
弱水集二十二卷 ……………………… 1－100
弱水集二十二卷 ……………………… 1－138
弱水集二十二卷 ……………………… 1－158
陸子全書十八種 ……………………… 1－395
陸子全書十八種 ……………………… 2－153
陸子全書十八種 ……………………… 2－206
陸氏傳家記四卷陸氏先德錄一卷 …… 2－118
陸氏傳家集十六種附一種 …………… 2－138
陸地仙經一卷勿藥元詮一卷 ………… 2－595
陸批四書不分卷 ……………………… 2－111
陸放翁全集六種 ……………………… 1－24
陸放翁全集六種 ……………………… 1－35
陸放翁全集六種 ……………………… 1－45
陸放翁全集六種 ……………………… 1－81
陸宣公奏議四卷 ……………………… 2－206
陸宣公奏議願學編二卷 ……………… 1－460
陸宣公集二十二卷 …………………… 1－73
陸宣公集二十二卷 …………………… 1－181
陸宣公集二十二卷 …………………… 2－121
陸宣公集二十二卷附錄一卷 ………… 1－285
陸陳二先生文鈔十二卷 ……………… 2－171
陸陳二先生詩文鈔 …………………… 2－186
陸桴亭先生遺書二十種附一種 ……… 1－439
陸桴亭先生遺書二十種附一種 ……… 1－539
陸桴亭先生遺書二十種附一種 ……… 2－224
陸堂文集二十卷 ……………………… 1－152
陸堂詩學十二卷 ……………………… 1－152
陸象山先生文集三十六卷 …………… 1－403
陸象山先生文集三十六卷 …………… 2－322
陸象山先生全集三十六卷 …………… 2－272
陸清獻公日記十卷（清順治十四年至
　康熙三十一年）………………… 2－204
陸清獻公年譜一卷 …………………… 1－457
陸清獻公年譜一卷 …………………… 1－578
陸清獻公年譜一卷 …………………… 2－191
陸清獻公年譜一卷 …………………… 2－259
陸清獻公年譜一卷 …………………… 2－478
陸清獻公松陽講義十二卷 …………… 2－23
陸清獻公松陽講義十二卷 …………… 2－23
陸清獻公松陽講義十二卷 …………… 2－511
陸清獻公松陽講義十二卷 …………… 2－512
陸清獻公松陽講義十二卷 …………… 2－512
陸清獻公松陽講義十二卷 …………… 2－527
陸清獻公莅嘉遺蹟三卷 ……………… 1－275
陸清獻公莅嘉遺蹟三卷 ……………… 2－197
陸操新義四卷 ………………………… 1－380
陸操新義四卷 ………………………… 1－380
陸操新義四卷 ………………………… 1－380
［乾隆］陸豐縣志十二卷 …………… 1－122
陳太史無夢園初集三十四卷 ………… 1－31
陳比部遺集三卷 ……………………… 2－217
陳少湍丁未秋冬之政見一卷 ………… 1－586
陳氏毛詩五種 ………………………… 1－569
陳氏毛詩五種 ………………………… 1－569
陳氏毛詩五種 ………………………… 2－62
陳氏易說五卷 ………………………… 2－213
陳文恭公手札節要三卷 ……………… 1－517
陳文恭公手札節要三卷 ……………… 2－258
陳文恭公伐蛟說一卷 ………………… 1－318
陳文恭公伐蛟說一卷 ………………… 1－318
陳北溪先生文集十四卷 ……………… 1－152
陳北溪先生文集十四卷補遺一卷 …… 1－400
陳北溪先生文集十四卷補遺一卷 …… 1－403
陳百生遺集四卷 ……………………… 1－517
陳州集三卷 …………………………… 1－429
陳克齋先生集五卷 …………………… 2－215
陳臥子先生安雅堂稿十八卷 ………… 1－510
陳忠裕全集三十卷首一卷末一卷年
　譜三卷兵垣奏議一卷 …………… 2－139
陳忠裕全集三十卷首四卷末一卷 …… 2－118
陳忠裕全集三十卷首四卷末一卷 …… 2－258
陳定宇先生文集十六卷別集一卷 …… 1－159
陳迦陵文集六卷儷體文集十卷湖海

樓詩集八卷迦陵詞全集三十卷 …… 1－103

陳修園廿三種 …………………… 1－478

陳修園廿三種 …………………… 1－480

陳修園醫書十六種 ……………… 2－432

陳修園醫書三十二種 …………… 2－430

陳修園醫書三十種 ……………… 1－477

陳修園醫書五十種 ……………… 1－323

陳修園醫書五十種 ……………… 1－553

陳修園醫書五十種 ……………… 2－568

陳修園醫書五十種 ……………… 2－577

陳修園醫書四十八種 …………… 2－428

陳修園醫書四十種 ……………… 1－323

陳修園醫學全集十六種 ………… 1－323

陳眉公重訂書品一卷 …………… 1－31

陳眉公訂正三輔黃圖二卷 ……… 1－188

陳眉公訂正卓異記一卷 ………… 1－188

陳眉公訂正海語三卷 …………… 1－14

陳紀十卷 ………………………… 1－319

陳書三十六卷 …………………… 1－8

陳書三十六卷 …………………… 1－34

陳書三十六卷 …………………… 1－62

陳書三十六卷 …………………… 1－90

陳書三十六卷 …………………… 1－90

陳書三十六卷 …………………… 1－109

陳書三十六卷 …………………… 1－182

陳書三十六卷 …………………… 1－197

陳書三十六卷 …………………… 1－247

陳書三十六卷 …………………… 1－247

陳書三十六卷 …………………… 1－247

陳書三十六卷 …………………… 1－247

陳書三十六卷 …………………… 2－88

陳書三十六卷 …………………… 2－325

陳書三十六卷 …………………… 2－391

陳張散騎集一卷 ………………… 1－439

陳學士文集十八卷 ……………… 1－152

陳檢討四六二十卷 ……………… 1－81

陳檢討四六二十卷 ……………… 1－143

陳檢討四六二十卷 ……………… 2－83

陳檢討集二十卷 ………………… 1－148

陳檢討集二十卷 ………………… 1－521

陳檢討集二十卷 ………………… 1－521

陳檢討集二十卷 ………………… 1－521

陳檢討集二十卷 ………………… 2－164

陳檢討集二十卷 ………………… 2－247

陳檢討詞鈔十二卷 ……………… 2－123

陰晉異函三卷 …………………… 1－341

陰晉異函三卷 …………………… 2－281

陰符玄解一卷 …………………… 1－168

陰符經發隱不分卷道德經發隱不分

　卷沖虛經發隱不分卷南華經發隱

　不分卷 ………………………… 1－371

陰隲文制藝一卷 ………………… 2－18

陰隲文制藝一卷 ………………… 2－18

陰隲文解一卷 …………………… 2－256

陰隲文圖解四卷 ………………… 1－137

陰隲文圖解四卷 ………………… 2－113

陰隲文圖解四卷 ………………… 2－417

陰騭果報圖注不分卷 …………… 2－419

陶山集十六卷 …………………… 1－125

陶山集十六卷 …………………… 1－157

陶山詩錄二十四卷詩前錄二卷露蟬

　吟詞鈔一卷詞續鈔一卷 ……… 2－133

陶文毅公全集六十四卷首一卷末一卷

　………………………………… 1－421

陶文毅公全集六十四卷首一卷末一卷

　………………………………… 1－534

陶文毅公全集六十四卷首一卷末一卷

　………………………………… 2－22

陶文毅公全集六十四卷首一卷末一卷

　………………………………… 2－82

陶文毅公全集六十四卷首一卷末一卷

　………………………………… 2－103

陶文毅公全集六十四卷首一卷末一卷

　………………………………… 2－223

陶菴全集二十四卷 ……………… 1－126

陶堂志微錄五卷遺文一卷 ……… 1－410

陶堂志微錄五卷遺文一卷恤誦一卷

　………………………………… 2－142

陶庵集二十二卷首一卷末一卷 … 2－21

陶庵集二十二卷首一卷末一卷 … 2－172

陶淵明文集十卷 ………………… 2－180

陶淵明文集十卷 ………………… 2－279

陶淵明集十卷 …………………… 2－160
陶淵明集八卷首一卷末一卷 ………… 1－400
陶淵明集八卷首一卷末一卷 ………… 2－29
陶淵明詩一卷 …………………… 1－401
陶淵明詩一卷 …………………… 2－179
陶園文集八卷詩集二十二卷詩餘二
　卷附六如亭傳奇二卷 ………… 2－218
陶節菴傷寒全生集四卷 …………… 1－35
陶節菴傷寒全生集四卷 …………… 1－163
陶節菴傷寒全生集四卷 …………… 1－324
陶詩匯評四卷附錄一卷 …………… 1－429
陶靖節集十卷 …………………… 1－15
陶靖節集八卷 …………………… 2－110
陶齋吉金錄八卷 ………………… 1－467
陶齋吉金錄八卷 ………………… 2－164
陶齋吉金錄八卷續錄二卷 ………… 2－175
陶齋吉金續錄二卷 ……………… 1－467
陶齋藏石記四十四卷 …………… 2－121
陶齋藏石記四十四卷附陶齋藏磚記二卷
　………………………………… 1－531
陶齋藏石記四十四卷附陶齋藏磚記二卷
　………………………………… 2－31
陶齋藏石記四十四卷附陶齋藏磚記二卷
　………………………………… 2－31
娛萱草彈詞三十二卷 …………… 2－156
娛萱草彈詞三十二篇 …………… 2－285
娛園叢刻十一種 ………………… 1－522
娛園叢刻十一種 ………………… 2－223
通介堂經說十二卷 ……………… 2－162
通行條例不分卷（清光緒元年起至十
　四年止） ……………………… 2－241
［光緒］通州直隸州志十六卷首一卷
　末一卷 ………………………… 2－34
通志二百卷 ……………………… 1－288
通志二百卷 ……………………… 1－288
通志二百卷 ……………………… 1－581
通志二百卷 ……………………… 2－137
通志二百卷 ……………………… 2－310
通志二百卷 ……………………… 2－405
通志二百卷 ……………………… 2－421
通志二百卷 ……………………… 2－537

通志二百卷欽定通志考證三卷 ……… 2－543
通志序一卷通典序一卷文獻通考序一卷
　………………………………… 1－495
通志堂集二十卷 ………………… 1－46
通志堂經解一百三十九種 ………… 1－213
通志堂經解一百三十九種 ………… 1－213
通志堂經解一百三十九種 ………… 1－304
通志堂經解一百三十九種 ………… 1－304
通志堂經解一百三十九種 ………… 1－379
通志堂經解一百三十九種 ………… 2－90
通志堂經解一百三十九種 ………… 2－278
通志堂經解一百三十九種 ………… 2－528
通志略五十二卷 ………………… 1－8
通志略五十二卷 ………………… 1－43
通志總序一卷 …………………… 1－460
通甫詩存四卷詩存之餘二卷 ……… 2－204
通甫類槀四卷續編二卷詩存四卷詩
　存之餘二卷 …………………… 2－141
通典二百卷 ……………………… 1－288
通典二百卷 ……………………… 1－288
通典二百卷 ……………………… 1－288
通典二百卷 ……………………… 1－288
通典二百卷 ……………………… 1－288
通典二百卷 ……………………… 2－307
通典二百卷 ……………………… 2－375
通典二百卷 ……………………… 2－406
通典二百卷 ……………………… 2－421
通典二百卷 ……………………… 2－422
通典二百卷 ……………………… 2－429
通典二百卷 ……………………… 2－463
通典總序一卷 …………………… 1－460
通物電光四卷附圖一卷 …………… 2－10
通俗編三十八卷 ………………… 1－108
通俗編三十八卷 ………………… 1－144
通庠題名錄四卷末一卷 …………… 2－155
通商各國條約不分卷 …………… 2－25
通商各國條約類編十八卷首一卷末
　一卷附錄一卷 ………………… 1－462
通商約章類纂三十五卷 …………… 2－464
通商約章類纂三十五卷 …………… 2－469
通商約章類纂三十五卷 …………… 2－499

183

通雅五十二卷首三卷‥‥‥‥‥‥‥‥ 1－145
通雅五十二卷首三卷‥‥‥‥‥‥‥‥ 1－160
通雅五十二卷首三卷‥‥‥‥‥‥‥‥ 1－340
通雅五十二卷首三卷‥‥‥‥‥‥‥‥ 1－340
通雅五十二卷首三卷刊誤補遺一卷

‥‥‥‥‥‥‥‥‥‥‥‥‥‥‥ 2－543
通雅堂詩鈔十卷‥‥‥‥‥‥‥‥‥‥ 1－538
通解續二十九卷首一卷‥‥‥‥‥‥‥ 2－421
通德類情十三卷‥‥‥‥‥‥‥‥‥‥ 1－164
通隱堂詩存四卷‥‥‥‥‥‥‥‥‥‥ 2－20
通齋全集十種‥‥‥‥‥‥‥‥‥‥‥ 2－224
通藝閣詩錄八卷‥‥‥‥‥‥‥‥‥‥ 2－205
通藝錄二十一種‥‥‥‥‥‥‥‥‥‥ 2－85
通藝錄二十一種‥‥‥‥‥‥‥‥‥‥ 2－147
通藝錄□□種‥‥‥‥‥‥‥‥‥‥‥ 2－306
通鑑三卷稽古錄一卷‥‥‥‥‥‥‥‥ 2－454
通鑑本末紀要八十一卷首三卷‥‥‥‥ 1－160
通鑑地理通釋十四卷‥‥‥‥‥‥‥‥ 1－203
通鑑地理通釋十四卷‥‥‥‥‥‥‥‥ 1－540
通鑑地理通釋十四卷‥‥‥‥‥‥‥‥ 2－376
通鑑至聖備考全集二卷‥‥‥‥‥‥‥ 1－578
通鑑至聖備考全集二卷闕里聖廟記一卷

‥‥‥‥‥‥‥‥‥‥‥‥‥‥‥ 1－276
通鑑宋本校勘記五卷元本校勘記二卷

‥‥‥‥‥‥‥‥‥‥‥‥‥‥‥ 2－187
通鑑宋本校勘記五卷元本校勘記二卷

‥‥‥‥‥‥‥‥‥‥‥‥‥‥‥ 2－320
通鑑注商十八卷‥‥‥‥‥‥‥‥‥‥ 2－25
通鑑注商十八卷‥‥‥‥‥‥‥‥‥‥ 2－583
通鑑紀事本末二百三十九卷‥‥‥‥‥ 1－172
通鑑紀事本末二百三十九卷‥‥‥‥‥ 1－264
通鑑紀事本末二百三十九卷‥‥‥‥‥ 1－264
通鑑紀事本末二百三十九卷‥‥‥‥‥ 1－264
通鑑紀事本末二百三十九卷‥‥‥‥‥ 1－454
通鑑紀事本末二百三十九卷‥‥‥‥‥ 2－83
通鑑紀事本末二百三十九卷‥‥‥‥‥ 2－97
通鑑紀事本末二百三十九卷‥‥‥‥‥ 2－205
通鑑紀事本末二百三十九卷‥‥‥‥‥ 2－379
通鑑紀事本末二百三十九卷‥‥‥‥‥ 2－379
通鑑紀事本末二百三十九卷‥‥‥‥‥ 2－379
通鑑紀事本末二百三十九卷‥‥‥‥‥ 2－379

通鑑紀事本末二百三十九卷‥‥‥‥‥ 2－380
通鑑紀事本末二百三十九卷‥‥‥‥‥ 2－405
通鑑紀事本末二百三十九卷‥‥‥‥‥ 2－405
通鑑紀事本末二百三十九卷‥‥‥‥‥ 2－432
通鑑紀事本末二百三十九卷‥‥‥‥‥ 2－451
通鑑紀事本末二百三十九卷‥‥‥‥‥ 2－496
通鑑紀事本末二百三十九卷‥‥‥‥‥ 2－512
通鑑紀事本末二百三十九卷‥‥‥‥‥ 2－537
通鑑紀事本末二百三十九卷‥‥‥‥‥ 2－573
通鑑策論經世編二十七卷‥‥‥‥‥‥ 2－451
通鑑策論經世編二十七卷‥‥‥‥‥‥ 2－565
通鑑答問五卷‥‥‥‥‥‥‥‥‥‥‥ 2－105
通鑑集要十卷‥‥‥‥‥‥‥‥‥‥‥ 1－44
通鑑綱目五十九卷‥‥‥‥‥‥‥‥‥ 2－576
通鑑綱目分類策論檢題不分卷‥‥‥‥ 1－382
通鑑綱目分類策論檢題不分卷‥‥‥‥ 1－382
通鑑綱目分類策論檢題不分卷‥‥‥‥ 1－382
通鑑綱目分類策論檢題不分卷‥‥‥‥ 2－23
通鑑綱目分類策論檢題不分卷‥‥‥‥ 2－380
通鑑綱目分類策論檢題不分卷‥‥‥‥ 2－380
通鑑綱目分類策論檢題不分卷‥‥‥‥ 2－422
通鑑綱目分類策論檢題不分卷‥‥‥‥ 2－500
通鑑綱目全書四種‥‥‥‥‥‥‥‥‥ 1－192
通鑑綱目全書四種‥‥‥‥‥‥‥‥‥ 1－192
通鑑綱目全書四種‥‥‥‥‥‥‥‥‥ 1－203
通鑑綱目全書四種‥‥‥‥‥‥‥‥‥ 2－398
通鑑綱目全書四種‥‥‥‥‥‥‥‥‥ 2－526
通鑑綱目全書四種‥‥‥‥‥‥‥‥‥ 2－556
通鑑綱目輯要三十七卷‥‥‥‥‥‥‥ 1－261
通鑑論三卷‥‥‥‥‥‥‥‥‥‥‥‥ 1－38
通鑑論三卷‥‥‥‥‥‥‥‥‥‥‥‥ 2－392
通鑑論三卷稽古錄論一卷‥‥‥‥‥‥ 2－517
通鑑論三卷稽古錄論一卷‥‥‥‥‥‥ 2－530
通鑑擘要前編二卷正編十九卷續編

八卷明史八卷‥‥‥‥‥‥‥‥‥ 1－454
通鑑擘要前編二卷附錄一卷正編十

九卷續編八卷明史擘要八卷‥‥‥‥ 1－208
通鑑類纂二十卷‥‥‥‥‥‥‥‥‥‥ 2－392
通鑑類纂二十卷‥‥‥‥‥‥‥‥‥‥ 2－427
通鑑類纂二十卷‥‥‥‥‥‥‥‥‥‥ 2－503
通鑑釋文辯誤十二卷‥‥‥‥‥‥‥‥ 1－50

通鑑釋文辯誤十二卷 …………… 1－134
通鑑釋文辯誤十二卷 …………… 1－257
通鑑釋文辯誤十二卷 …………… 1－258
通鑑釋文辯誤十二卷 …………… 1－258
通鑑釋文辯誤十二卷 …………… 1－258
通鑑釋文辯誤十二卷 …………… 1－258
通鑑釋文辯誤十二卷 …………… 1－259
通鑑釋文辯誤十二卷 …………… 1－259
通鑑釋文辯誤十二卷 …………… 1－303
通鑑釋文辯誤十二卷 …………… 1－573
通鑑釋文辯誤十二卷 …………… 2－414
通鑑釋文辯誤十二卷 …………… 2－562
桑梓述聞十卷 ………………… 2－56
桑蠶說一卷 …………………… 1－319
桑蠶說一卷 …………………… 1－319
桑蠶說一卷 …………………… 1－476
桑蠶說一卷 …………………… 2－276
桑蠶說一卷 …………………… 2－276
孫子十家註十三卷 …………… 1－266
孫子十家註十三卷 …………… 2－464
孫子十家註十三卷敘錄一卷 …… 1－555
孫子十家註十三卷敘錄一卷遺說一卷
……………………………… 1－320
孫月峰先生批評禮記六卷 …… 1－42
孫氏叢書四種 ………………… 2－84
孫文定公奏疏十二卷 ………… 1－91
孫文定公奏疏十二卷 ………… 1－91
孫文靖年譜一卷 ……………… 1－457
孫可之文集二卷 ……………… 1－396
孫批胡刻文選六十卷 ………… 2－447
孫真人千金方二卷 …………… 2－28
孫真人千金方衍義三十卷 …… 1－529
孫真人千金方衍義三十卷 …… 2－125
孫真人千金方衍義三十卷 …… 2－132
孫真人備急千金要方九十三卷 …… 1－200
孫真人備急千金要方九十三卷 …… 2－486
孫真人備急千金要方九十三卷 …… 2－586
孫真人備急千金要方九十三卷 …… 2－587
孫真人備急千金要方三十卷 …… 2－33
孫真人備急千金要方三十卷 …… 2－433
孫夏峰全集五種附一種 ……… 1－413

孫淵如先生全集二十二卷 …… 2－101
孫淵如先生全集二十二卷 …… 2－137
孫溪朱氏經學叢書初編十三種 …… 2－134
孫檢討自訂四書文一卷 ……… 1－84
孫谿朱氏經學叢書初編十三種 …… 1－213
孫谿朱氏經學叢書初編十三種 …… 2－317
純陽呂祖定生生數占法不分卷 …… 2－595
納書楹曲譜正集三卷續集四卷外集二卷
……………………………… 1－98
納書楹曲譜正集三卷續集四卷外集二卷
……………………………… 1－209
納書楹曲譜正集四卷續集四卷外集二卷
……………………………… 2－374
納書楹曲譜正集四卷續集四卷外集二卷
……………………………… 2－375
納書楹紫釵記全譜二卷 ……… 2－442
納蘭詞五卷補遺一卷 ………… 2－146
紛欣閣叢書十三種 …………… 2－326

十一畫

碧溪詩話十卷 ………………… 1－51
理化示教不分卷 ……………… 1－358
理信存稿三卷 ………………… 1－170
理財學課本一卷 ……………… 2－11
理氣三訣四卷 ………………… 2－276
理虛元鑑二卷 ………………… 2－466
理論瀹文不分卷 ……………… 2－433
理學宗傳二十六卷 …………… 1－74
理學宗傳二十六卷 …………… 1－134
理學宗傳二十六卷 …………… 1－308
理學宗傳二十六卷 …………… 1－531
理學宗傳二十六卷 …………… 2－513
理學宗傳辨正十六卷 ………… 1－555
理學宗傳辨正十六卷 ………… 2－100
理學備考三十四卷 …………… 1－74
理瀹駢文一卷 ………………… 2－431
理瀹駢文二十一種膏藥一卷附錄應
驗諸方一卷 ………………… 2－158
理瀹駢文摘要不分卷 ………… 2－140
現行刑律簡明圖不分卷 ……… 1－461

琉球國志略十六卷首一卷 ………… 1－51
琅邪代醉編四十卷 ……………… 1－45
堵文忠公年譜一卷 …………… 2－243
堵文忠公集十卷 ……………… 1－417
埤雅二十卷 ………………… 1－27
埤雅二十卷 ………………… 1－42
埤雅二十卷 ………………… 1－124
教女遺規三卷 ………………… 2－451
教育文編一卷 ………………… 1－391
教育史四篇二十四章 …………… 1－367
教官譜二卷 ………………… 1－482
教要序論一卷 ………………… 2－477
教諭語一卷 ………………… 2－198
教諭語一卷 ………………… 2－450
教諭語一卷 ………………… 2－463
教諭語四卷 ………………… 1－470
教諭語四卷 ………………… 1－470
教諭語四卷 ………………… 1－525
教觀綱宗一卷釋義一卷 ………… 1－374
教觀綱宗一卷釋義一卷 ………… 1－374
教觀綱宗一卷釋義一卷 ………… 2－486
培遠堂手札節存三卷 …………… 1－425
培遠堂手札節存三卷 …………… 2－186
培遠堂手札節存三卷 …………… 2－187
培遠堂手札節存三卷 …………… 2－463
培遠堂偶存稿十卷 …………… 2－178
培遠堂偶存稿四十八卷 ………… 1－421
培遠堂偶存稿四十八卷 ………… 2－103
塈室錄感一卷 ………………… 2－206
塈室錄感一卷 ………………… 2－254
塈室錄感一卷 ………………… 2－288
基督約言一卷 ………………… 1－378
基督聖德論不分卷 …………… 1－377
基督實錄三卷 ………………… 1－378
聊齋先生文集二卷 …………… 1－419
聊齋志異新評十六卷 …………… 1－487
聊齋志異新評十六卷 …………… 1－512
聊齋志異新評十六卷 …………… 2－334
黃太史訂正春秋大全三十七卷 …… 1－160
黃太史訂正春秋大全三十七卷 …… 1－205
黃太史參補古今大方詩經大會十五卷

黃 …………………………… 1－132
黃公遺愛詩集不分卷 …………… 1－401
黃氏文鈔四卷 ………………… 2－254
黃氏畫譜八種 ………………… 1－17
黃氏醫書八種 ………………… 2－588
黃文節公年譜一卷 …………… 1－228
黃石公素書一卷 ……………… 2－467
黃石公素書一卷 ……………… 2－542
黃石公素書三卷 ……………… 2－445
黃石公素書三卷 ……………… 2－460
黃石齋手寫書卷不分卷 ………… 2－213
黃石齋水天小草不分卷 ………… 1－17
黃石齋先生大滌函書六卷 ……… 1－7
［光緒］黃州府志四十卷首一卷 … 2－263
黃花晚節圖題詞一卷續輯一卷 …… 1－395
黃花集七卷 ………………… 1－402
黃花集七卷 ………………… 1－407
黃青社先生伐檀集二卷 ………… 1－179
黃忠端公年譜四卷補遺一卷 …… 1－456
［光緒］黃岡縣志二十四卷首一卷 … 2－266
黃金篇一卷 ………………… 1－484
黃帝五書 …………………… 1－580
黃帝內經素問二十四卷 ………… 1－530
黃帝內經素問二十四卷 ………… 2－258
黃帝內經素問九卷 …………… 1－326
黃帝內經素問九卷 …………… 2－101
黃帝內經素問九卷靈樞經九卷 …… 1－163
黃帝內經素問註證發微十卷靈樞註
　證發微九卷 ………………… 1－326
黃帝內經素問註證發微九卷 …… 1－4
黃帝內經靈樞十二卷 …………… 2－432
黃帝宅經二卷 ………………… 2－4
黃梨洲先生南雷文約四卷 ……… 2－173
黃梨洲先生南雷文約四卷明夷待訪
　錄一卷 ………………… 2－82
黃梨洲遺書八種 ……………… 1－417
黃梨洲遺書八種 ……………… 2－576
黃湄詩選十卷 ………………… 1－34
黃湄詩選十卷 ………………… 2－157
黃楊集三卷 ………………… 1－227
黃詩全集五十四卷 …………… 1－401

黃漳浦集五十卷首一卷目錄二卷…… 1－404
黃漳浦集五十卷首一卷目錄二卷…… 2－329
黃翰林校正書經大全十卷………… 1－132
[同治]黃縣志十四卷首一卷末一卷
　………………………………… 2－259
黃龍士先生棋誝不分卷范施程梁棋
　誝不分卷……………………… 1－235
黃鵠山志十二卷首一卷 ………… 2－25
黃鵠山志十二卷首一卷 ………… 2－393
黃鶴岳陽樓楹聯詩賦全部一卷…… 2－293
[光緒]黃巖縣志四十卷首一卷 … 2－527
[光緒]黃巖縣志四十卷首一卷 … 2－576
[光緒]黃巖縣志四十卷首一卷附黃
　巖集三十二卷………………… 2－260
[光緒]黃巖縣志四十卷首一卷附黃
　巖集三十二卷………………… 2－541
著石堂新刻幼科直言六卷………… 1－165
[康熙]萊陽縣志十卷 …………… 1－167
菲泉書屋學語八卷 ……………… 1－84
菜根譚一卷………………………… 1－482
菜根譚一卷………………………… 2－190
菜根譚一卷………………………… 2－203
菜根譚一卷………………………… 2－278
萃林詩賦不分卷…………………… 2－485
萃錦唫十四卷……………………… 2－302
萃錦唫八卷………………………… 2－121
菩提資糧論六卷…………………… 2－211
菩薩戒本經不分卷箋要不分卷…… 1－371
菩薩戒羯磨文釋一卷……………… 1－370
菩薩瓔珞經二十卷………………… 1－202
菩薩瓔珞經二十卷………………… 2－361
萍因蕉夢十二圖題辭二卷………… 2－130
萍香榭吟草一卷…………………… 2－212
萍軒小草二卷避弋小草二卷萍軒詞草
　一卷律賦賸槀一卷試帖賸槀一卷
　………………………………… 1－423
萍鄉壬寅童試錄經義一卷………… 1－391
萍鄉壬寅童試錄經義一卷………… 1－391
萍鄉文氏所刻醫書六種…………… 1－562
萍鄉文氏所刻醫書六種…………… 2－257
萍鄉課士新藝四卷續編四卷……… 1－396

萍鄉課士新藝四卷續編四卷………… 1－396
萍鄉課士新藝四卷續編四卷………… 2－470
[道光]萍鄉縣志十六卷 ………… 2－407
[同治]萍鄉縣志十卷首一卷 …… 2－58
[同治]萍鄉縣志十卷首一卷 …… 2－588
萍課演算不分卷…………………… 1－348
萍鑛土法煉焦詳說一卷…………… 1－525
[光緒]乾州志稿十四卷首一卷別錄
　四卷乾陽殉難士女錄一卷…… 2－43
[光緒]乾州志稿十四卷首一卷別錄
　四卷乾陽殉難士女錄一卷…… 2－43
[光緒]乾州志稿十四卷首一卷別錄
　四卷乾陽殉難士女錄一卷…… 2－43
[光緒]乾州志稿十四卷首一卷別錄
　四卷乾陽殉難士女錄一卷…… 2－43
[光緒]乾州志稿十四卷首一卷附別
　錄四卷乾州殉難士女錄一卷… 2－353
[光緒]乾州志稿十四卷首一卷附別
　錄四卷乾陽殉難士女錄一卷… 2－353
乾州志稿補正一卷………………… 2－43
乾州志稿補正一卷………………… 2－43
乾州志稿補正一卷………………… 2－43
乾州志稿補正一卷………………… 2－43
乾州志稿補正一卷………………… 2－43
[同治]乾州廳志十六卷首一卷 … 2－57
乾坤正氣集五百七十四卷首一卷…… 2－206
乾坤正氣錄八卷…………………… 1－135
乾坤法竅三卷……………………… 1－168
乾象圖古抄本三卷 ……………… 1－67
乾隆府廳州縣圖志五十卷 ……… 2－33
乾隆府廳州縣圖志五十卷 ……… 2－33
乾隆府廳州縣圖志五十卷 ……… 2－578
乾隆府廳州縣圖志五十卷 ……… 2－581
乾道稿二卷淳熙稿二十卷章泉稿五卷
　………………………………… 1－81
乾道臨安志十五卷………………… 1－167
乾道臨安志十五卷………………… 2－266
乾嘉詩壇點將錄一卷……………… 1－559
菉斐軒詞韻一卷…………………… 2－23
菉斐軒詞韻一卷…………………… 2－24
菉斐軒詞韻一卷…………………… 2－299

菰中隨筆一卷 ················· 1－337
菰中隨筆一卷 ················· 1－531
菰中隨筆一卷 ················· 2－300
械鬥危言一卷 ················· 2－211
梵網經心地品菩薩戒義疏發隱五卷
　首一卷戒疏發隱事義五卷菩薩戒
　問辯一卷 ················· 1－370
梵網經菩薩戒本疏十卷 ········ 1－368
梧溪集七卷補遺一卷 ·········· 2－161
桯史十五卷附錄一卷 ············ 1－2
桯史十五卷附錄一卷 ··········· 1－38
梅氏曆學五種 ················· 2－318
梅氏叢書二十八種 ············ 1－142
梅氏叢書輯要二十一種附二種 ······· 1－95
梅氏叢書輯要二十一種附二種 ······ 1－344
梅氏叢書輯要二十一種附二種 ······ 1－348
梅氏叢書輯要二十一種附二種 ······ 1－348
梅氏叢書輯要二十一種附二種 ······ 1－349
梅氏叢書輯要二十一種附二種 ······ 1－544
梅氏叢書輯要二十一種附二種 ······ 2－167
梅氏叢書輯要二十一種附二種 ······ 2－345
梅氏叢書輯要二十一種附二種 ······ 2－371
梅氏叢書輯要二十一種附二種 ······ 2－471
梅氏叢書輯要二十一種附二種 ······ 2－484
梅氏叢書輯要二十一種附二種 ······ 2－524
梅氏叢書輯要二十一種附二種 ······ 2－537
梅花易數五卷 ················· 1－473
梅花夢二卷 ··················· 1－545
梅村文集二十卷 ··············· 1－514
梅村家藏稿五十八卷補遺一卷 ······ 1－547
梅村家藏稿五十八卷補遺一卷 ······ 2－185
梅村家藏稿五十八卷補遺一卷世系一
　卷年譜四卷梅村先生樂府三種二卷
　 ······················· 1－539
梅村集四十卷目錄二卷 ········· 1－159
梅村詩集箋注十八卷 ·········· 1－414
梅村詩集箋注十八卷 ·········· 1－415
梅村詩集箋注十八卷 ·········· 1－552
梅村詩集箋注十八卷 ··········· 2－20
梅村詩集箋注十八卷 ··········· 2－76
梅村詩集箋注十八卷 ·········· 2－124

梅村詩集箋注十八卷 ·········· 2－140
梅村詩集箋注十八卷 ·········· 2－323
梅苑十卷 ···················· 2－27
梅苑十卷 ··················· 2－151
梅崖居士文集三十卷首一卷外集八卷
　 ························· 1－65
梅崖居士文集三十卷首一卷外集八卷
　 ························· 1－99
梅庵詩鈔五卷 ················· 2－231
梅溪先生廷試策一卷奏議四卷文集
　二十卷後集二十九卷 ········· 1－12
梓溪文鈔內集八卷外集十卷 ······· 1－13
梓溪文鈔內集八卷外集十卷 ······· 1－13
梓溪文鈔內集八卷外集十卷 ······· 1－28
專治血症經驗良方論一卷 ········· 2－4
曹大家女誡四卷 ··············· 2－501
曹子建集十卷 ················· 1－11
曹月川先生語錄一卷 ·········· 2－241
曹月川先生遺書十種 ·········· 2－322
曹江孝女廟誌八卷首一卷末一卷補
　遺一卷 ··················· 2－58
曹江孝女廟誌八卷首一卷末一卷補
　遺一卷 ·················· 2－243
曹江孝女廟誌八卷首一卷末一卷補
　遺一卷 ·················· 2－264
曹李尺牘合選二卷 ············ 1－505
曹集銓評十卷逸文一卷 ········· 1－428
曹集銓評十卷逸文一卷 ·········· 2－74
曹集銓評十卷逸文一卷年譜一卷 ···· 2－141
區田編一卷 ···················· 2－2
區田編加注一卷變通區田省工法一卷
　 ························· 2－33
區種四種附一種 ··············· 2－33
堅瓠甲集四卷乙集四卷丙集四卷丁
　集四卷戊集四卷己集四卷庚集四
　卷辛集四卷壬集四卷癸集四卷補
　集六卷廣集六卷餘集四卷秘集六
　卷續集四卷 ··············· 1－515
堅瓠集首集四卷二集四卷三集四卷四
　集四卷五集四卷六集四卷七集四卷
　八集四卷九集四卷十集四卷餘集四

188

卷廣集六卷祕集六卷補集六卷 …… 1－85　　盛世危言六卷續編四卷………… 2－566
堅瓠集選十二卷………………… 1－515　　盛世危言續編四卷……………… 2－566
帶經堂集九十二卷 ……………… 1－16　　盛世危言續編四卷……………… 2－566
帶經堂集九十二卷 ……………… 1－58　　盛京典制備考八卷首一卷目錄一卷 … 2－24
帶經堂集九十二卷 ……………… 1－59　　［乾隆］盛京通志四十八卷首一卷 … 1－121
帶經堂集九十二卷 ……………… 1－102　　［乾隆］盛京通志四十八卷首一卷 … 1－203
帶經堂集九十二卷 ……………… 1－155　　［乾隆］盛京通志四十八卷首一卷 …… 2－50
帶經堂集九十二卷 ……………… 1－155　　盛湖詩萃十二卷………………… 2－121
帶經堂集九十二卷 ……………… 1－174　　雪山集十六卷…………………… 1－159
帶經堂集九十二卷 ……………… 2－297　　雪心賦正解四卷………………… 1－334
帶經堂詩話三十卷首一卷……… 1－143　　雪心賦正解四卷………………… 2－442
帶經堂詩話三十卷首一卷……… 1－428　　雪心賦正解四卷………………… 2－477
帶經堂詩話三十卷首一卷……… 1－428　　雪心賦正解四卷………………… 2－511
帶經堂詩話三十卷首一卷……… 1－429　　雪石堂詩草四卷………………… 1－163
帶經堂詩話三十卷首一卷……… 1－533　　雪青閣詩集四卷………………… 1－520
帶經堂詩話三十卷首一卷……… 2－185　　雪青閣詩集四卷………………… 1－520
帶經堂詩話三十卷首一卷……… 2－320　　雪青閣詩集四卷………………… 2－282
碶川詩鈔二十卷詞鈔一卷……… 2－182　　雪青閣詩集四卷………………… 2－305
硃批諭旨不分卷………………… 1－154　　雪牀遺詩二卷…………………… 2－198
硃批諭旨不分卷………………… 1－461　　雪曉詩稿不分卷………………… 2－215
硃批諭旨不分卷………………… 1－528　　雪廬百印續冊不分卷…………… 2－235
硃批諭旨不分卷………………… 2－357　　雪廬詩鈔四卷…………………… 1－170
硃批諭旨不分卷………………… 2－384　　捷錄大成四卷…………………… 1－468
硃批諭旨六十卷 ……………… 2－98　　推求師意二卷…………………… 2－241
硃批諭旨六十卷………………… 2－109　　頂批金丹真傳六卷……………… 2－578
匏瓜錄十卷……………………… 1－532　　授堂文鈔八卷…………………… 2－306
盛世危言八卷…………………… 1－483　　授堂文鈔八卷…………………… 2－312
盛世危言五卷…………………… 1－339　　授堂文鈔八卷續集二卷讀書山房文
盛世危言五卷…………………… 2－322　　　鈔二卷 ……………………… 2－23
盛世危言五卷…………………… 2－323　　授堂金石文字續跋十四卷……… 2－306
盛世危言六卷…………………… 2－410　　授堂金石文字續跋四卷………… 1－467
盛世危言六卷…………………… 2－410　　授堂遺書八種…………………… 1－305
盛世危言六卷…………………… 2－410　　授堂遺書八種…………………… 1－551
盛世危言六卷…………………… 2－410　　授堂遺書八種…………………… 2－31
盛世危言六卷續編四卷………… 1－339　　授經堂遺集二百二十二卷 …… 2－89
盛世危言六卷續編四卷………… 2－409　　授經圖二十卷…………………… 1－216
盛世危言六卷續編四卷………… 2－409　　授經圖二十卷…………………… 1－216
盛世危言六卷續編四卷………… 2－409　　授經圖二十卷…………………… 1－229
盛世危言六卷續編四卷………… 2－409　　探杏譜一卷附磨勘條例摘要一卷 … 2－442
盛世危言六卷續編四卷………… 2－409　　探梅酬唱集不分卷……………… 2－487
盛世危言六卷續編四卷………… 2－409　　探道本原二卷…………………… 1－378

189

探道本原二卷 ················· 2－488

掃花詩草五卷 ················· 1－418

救生船四卷 ··················· 1－476

救荒十六策一卷 ··············· 1－461

救荒治民書三卷拾遺一卷 ······· 1－290

救荒徵驗錄一卷 ··············· 2－486

救偏瑣言五卷備用良方一卷 ····· 1－30

[光緒]處州府志三十卷首一卷末一卷

················· 2－408

堂邑鄉約保甲規一卷 ··········· 1－463

堂邑鄉約保甲規一卷 ··········· 2－333

常山貞石志二十四卷 ··········· 2－133

[光緒]常山縣志六十八卷首一卷末一卷

················· 2－59

常州先哲遺書第一集四十四種 ····· 2－86

常州先哲遺書第一集四十四種 ····· 2－149

常州先哲遺書第一集四十四種 ····· 2－197

常州先哲遺書第一集四十四種 ····· 2－197

常州賦一卷 ··················· 2－248

常州賦一卷 ··················· 2－495

常言道四卷 ··················· 2－273

[乾隆]常昭合志十二卷首一卷 ····· 2－390

[乾隆]常昭合志十二卷首一卷 ····· 2－591

常昭合志稿四十八卷首一卷末一卷 ···· 2－51

常昭合志稿四十八卷首一卷末一卷 ···· 2－51

常昭合志稿四十八卷首一卷末一卷

················· 2－262

常昭合志稿四十八卷首一卷末一卷

················· 2－263

常德文徵四十八卷首一卷 ········· 2－227

[江蘇]常熟小山鄒氏支譜一卷 ····· 1－527

野叟曝言二十卷一百五十四回 ····· 1－486

野叟曝言二十卷一百五十四回 ····· 2－299

野客叢書三十卷附錄一卷 ········· 1－4

野獲編三十卷首一卷補遺四卷 ····· 1－590

野獲編三十卷首一卷補遺四卷 ····· 2－67

野獲編三十卷首一卷補遺四卷 ····· 2－319

野鶴山房文鈔五卷 ············· 1－501

晨風閣叢書二十二種 ··········· 1－522

晨風閣叢書二十二種 ··········· 2－156

晨風閣叢書二十二種 ··········· 2－280

晨風閣叢書二十二種 ··········· 2－332

晨風閣叢書第一集五十二種 ······· 2－132

眼科大全六卷首一卷 ··········· 1－477

眼科明目論一卷 ··············· 2－350

眼前不可錄不分卷 ············· 1－376

問心堂溫病條辨六卷首一卷 ······ 1－562

問心堂溫病條辨六卷首一卷 ······ 2－592

問字堂集六卷 ················· 2－227

問秋館菊錄一卷霜圃識餘二卷 ····· 2－221

問經堂叢書二十四種 ··········· 2－186

問齋醫案五卷 ················· 2－271

曼陀羅花室全集五種附一種 ······· 2－84

晦庵先生朱文公文集一百卷目錄二

卷續集十一卷別集十卷 ······· 1－82

晦庵先生朱文公文集一百卷目錄二

卷續集十一卷別集十卷 ······· 1－403

晦庵先生朱文公文集一百卷目錄二

卷續集十一卷別集十卷 ······· 2－399

晦庵先生朱文公續集十一卷別集十卷

················· 1－509

晦極明生世紀四十章 ··········· 1－377

晞髮集十卷遺集二卷補一卷 ······· 1－58

晚邨先生八家古文精選 ··········· 2－15

晚邨先生八家古文精選八卷 ······· 1－56

晚邨先生八家古文精選八卷 ······· 1－128

晚香亭詩鈔四卷 ··············· 1－539

晚香齋文存三卷 ··············· 1－429

晚笑堂畫傳一卷明太祖功臣圖一卷

················· 1－169

晚笑堂畫傳一卷明太祖功臣圖一卷

················· 1－207

晚唐詩鈔二十六卷 ·············· 1－62

晚晴集一卷 ··················· 2－462

晚聞居士遺集九卷首一卷 ········· 1－241

晚聞居士遺集九卷首一卷 ········· 1－405

晚聞居士遺集九卷首一卷 ········· 2－167

晚翠樓詩鈔四卷 ··············· 2－129

晚學集八卷 ··················· 1－416

晚學集八卷附元魏滎陽鄭文公摩崖

碑跋一卷 ················· 2－316

晚學齋文集十二卷 ············· 2－139

異方便淨土傳燈歸元鏡三祖實錄二卷 ……………………………………… 1－492

異方便淨土傳燈歸元鏡三祖實錄二卷 ……………………………………… 1－525

異方便淨土傳燈歸元鏡三祖實錄二卷 ……………………………………… 1－556

異方便淨土傳燈歸元鏡三祖實錄二卷 ……………………………………… 1－556

異苑十卷 …………………… 1－8
異苑十卷 …………………… 1－31
異授眼科一卷 ……………… 1－563
異號類編二十卷 …………… 1－381
異聞錄十二卷 ……………… 1－480
［光緒］略陽鄉土志三卷 …… 2－49
略論安樂淨土義一卷讚阿彌陀佛偈一卷 ……………………………………… 1－371
鄂省丁漕指掌二卷楚北水利堤防紀
要四卷 …………………… 1－587
鄂國金佗稡編二十八卷續編三十卷 ……………………………………… 1－267
鄂國金佗稡編二十八卷續編三十卷 ……………………………………… 1－267
鄂國金佗稡編二十八卷續編三十卷 ……………………………………… 2－185
唱經堂才子書彙稿十種 …… 1－130
唱經堂才子書彙稿十種 …… 2－333
唱經堂杜詩解四卷 ………… 1－42
唱經堂批歐陽永叔詞十二首一卷 …… 1－210
唱經堂語錄纂二卷 ………… 2－580
［乾隆］婁縣志三十卷首二卷 … 1－209
國史文苑傳二卷 …………… 2－462
國史考異六卷 ……………… 2－327
國民教育愛國心不分卷 …… 1－366
國民教育論不分卷 ………… 1－367
國政貿易相關書二卷 ……… 1－296
國政貿易相關書二卷 ……… 2－526
國家學綱領不分卷 ………… 1－313
國朝二十四家文鈔二十四卷 … 1－183
國朝二十四家文鈔二十四卷 … 1－499
國朝二十四家文鈔二十四卷 … 2－160
國朝十家四六文鈔不分卷 … 2－76

國朝三家文鈔三十二卷 …… 1－58
國朝山左詩鈔六十卷 ……… 1－62
國朝山左詩鈔六十卷 ……… 1－65
國朝山左詩鈔六十卷 ……… 1－81
國朝山左詩鈔六十卷 ……… 1－146
國朝山右詩存附集八卷 …… 1－518
國朝六家詩鈔八卷 ………… 1－59
國朝六家詩鈔八卷 ………… 1－128
國朝六家詩鈔八卷 ………… 1－144
國朝六家詩鈔八卷 ………… 1－165
國朝六家詩鈔八卷 ………… 1－175
國朝六家詩鈔八卷 ………… 2－17
國朝文才調集一卷 ………… 2－464
國朝文棟八卷 ……………… 1－492
國朝文鈔五編論文集鈔二卷 … 1－96
國朝文匯二百卷首一卷 …… 2－147
國朝文匯二百卷首一卷 …… 2－418
國朝文匯甲前集二十卷甲集六十卷乙
集七十卷丙集三十卷丁集二十卷 ……………………………………… 1－385
國朝文徵四十卷 …………… 1－495
國朝文徵四十卷 …………… 2－169
國朝文錄八十二卷 ………… 1－386
國朝文錄八十二卷 ………… 1－387
國朝文錄八十二卷 ………… 1－496
國朝文錄八十二卷 ………… 2－123
國朝文錄八十二卷 ………… 2－131
國朝文錄八十二卷 ………… 2－180
國朝文錄八十二卷 ………… 2－185
國朝文錄八十二卷 ………… 2－521
國朝文錄續編六十七卷 …… 1－389
國朝文錄續編六十七卷 …… 2－143
國朝方望溪先生集六種 …… 1－410
國朝正雅集一百卷 ………… 1－386
國朝古文所見集十三卷 …… 1－497
國朝古文所見集十三卷 …… 2－111
國朝先正事略六十卷 ……… 1－274
國朝先正事略六十卷 ……… 1－576
國朝先正事略六十卷 ……… 1－578
國朝先正事略六十卷 ……… 1－578
國朝先正事略六十卷 ……… 2－98

國朝先正事略六十卷···············2－340

國朝先正事略六十卷···············2－421

國朝先正事略六十卷···············2－463

國朝先正事略六十卷···············2－538

國朝先正事略六十卷···············2－540

國朝先正事略六十卷···············2－571

國朝先正事略六十卷續編八卷·········1－273

國朝先正事略六十卷續編八卷·········1－274

國朝先正事略六十卷續編四卷·········1－273

國朝先正事略六十卷續編四卷·········1－273

國朝名人書札二卷···············1－507

國朝名人著述叢編十三種··········1－430

國朝名人著述叢編十三種··········2－327

國朝江西節孝錄八十七卷··········1－272

國朝宋學淵源記二卷·············2－345

國朝松江詩鈔六十四卷············2－160

國朝松陵詩徵二十卷·············1－142

國朝杭郡詩三輯一百卷············2－147

國朝杭郡詩續輯四十六卷··········2－172

國朝事略五卷················1－457

國朝兩浙科名錄不分卷···········2－143

國朝典故六十二種···············1－27

國朝金陵詞鈔八卷附一卷··········2－207

國朝金陵詩徵四十八卷············2－163

國朝律賦新機初集一卷續集一卷二

　集一卷··················1－499

國朝柔遠記二十卷·············1－283

國朝貢舉年表三卷首一卷··········2－357

國朝耆獻類徵初編七百二十卷········2－192

國朝耆獻類徵初編七百二十卷總目

　二十卷賢媛類徵初編十二卷·······1－273

國朝常州詞錄三十一卷···········1－536

國朝常州詞錄三十一卷············2－59

國朝常州詞錄三十一卷···········2－152

國朝常州駢體文三十一卷結一宦駢

　體文一卷················2－305

國朝常州駢體文錄三十一卷附結一

　宦駢體文一卷··············2－174

國朝常州駢體文錄三十一卷結一宦

　駢體文一卷···············2－16

國朝詞綜四十八卷二集八卷·········1－395

國朝詞綜四十八卷國朝詞綜二集八

　卷明詞綜十二卷·············1－143

國朝詞綜續編二十四卷···········1－394

國朝詞綜續編二十四卷···········2－313

國朝畫徵錄三卷···············2－248

國朝畫徵錄三卷明人附錄一卷續錄二卷

　·····················2－319

國朝畫徵錄三卷明人附錄一卷續錄二卷

　·····················2－336

國朝畫徵錄三卷續錄二卷··········1－77

國朝畫徵錄三卷續錄二卷··········1－139

國朝畫徵錄三卷續錄二卷··········1－491

國朝畫徵錄三卷續錄二卷··········1－552

國朝試律金針續選前集五卷·········1－541

國朝詩人徵略六十卷············1－528

國朝詩人徵略六十卷·············2－33

國朝詩人徵略六十卷二編六十四卷

　·····················1－456

國朝詩別裁集三十六卷···········1－65

國朝詩別裁集三十六卷···········1－127

國朝詩別裁集三十六卷···········1－143

國朝詩別裁集三十六卷···········1－201

國朝詩萃初集十卷二集十四卷·······2－257

國朝詩鐸二十六卷首一卷··········2－17

國朝經義錄四卷··············1－497

國朝經義錄四卷··············2－443

國朝閨秀正始集二十卷附錄一卷補

　遺一卷題詞一卷附錄一卷·········2－113

國朝閨秀正始集二十卷附錄一卷補

　遺一卷題詞一卷附錄一卷·········2－125

國朝閨閣詩鈔一百種············2－127

國朝閨閣詩鈔一百種············2－463

國朝閨閣詩鈔一百種············2－491

國朝閨閣詩鈔一百種············2－573

國朝閨閣詩鈔一百種············2－585

國朝漢學師承記八卷············1－532

國朝漢學師承記八卷············2－345

國朝漢學師承記八卷國朝經師經義一卷

　·····················1－307

國朝漢學師承記八卷國朝經師經義一

　卷國朝宋學淵源記二卷附記一卷

·· 1 – 307

國朝漢學師承記八卷國朝經師經義
　目錄一卷國朝宋學淵源記二卷附
　記一卷 ······································· 1 – 307
國朝畿輔詩傳六十卷 ················· 2 – 152
國朝畿輔詩傳六十卷 ················· 2 – 305
國朝駢體正宗十二卷 ················· 1 – 495
國朝駢體正宗十二卷 ··················· 2 – 15
國朝駢體正宗十二卷 ··················· 2 – 84
國朝駢體正宗十二卷 ··················· 2 – 84
國朝駢體正宗十二卷 ················· 2 – 243
國朝駢體正宗評本十二卷補編一卷 ··· 2 – 226
國朝駢體正宗續編八卷 ·············· 2 – 84
國朝歷科題名碑錄初集不分卷明洪
　武至崇禎各科不分卷 ·············· 1 – 123
國朝學案小識十四卷首一卷 ········ 2 – 561
國朝學案小識十四卷首一卷末一卷 ··· 2 – 72
國朝學案小識十四卷首一卷末一卷 ··· 2 – 72
國朝學案小識十四卷首一卷末一卷
·· 1 – 471
國朝嶺南文鈔十八卷 ················· 2 – 136
國朝嶺南文鈔十八卷 ················· 2 – 312
國朝蘇州府長元吳三邑科第譜四卷
·· 1 – 528
國朝蘇州府長元吳三邑科第譜四卷
·· 2 – 171
國朝麗體金膏八卷 ···················· 2 – 564
國朝嚴州詩錄八卷 ···················· 2 – 251
國朝嚴州詩錄八卷 ···················· 2 – 251
國策編年一卷 ·························· 2 – 195
國策編年一卷 ·························· 2 – 254
國際公法一卷 ·························· 1 – 292
國際公法志五章 ·························· 2 – 1
國語二十一卷 ···························· 1 – 19
國語二十一卷 ···························· 1 – 43
國語二十一卷 ···························· 1 – 55
國語二十一卷 ···························· 1 – 57
國語二十一卷 ·························· 1 – 269
國語二十一卷 ·························· 1 – 269
國語二十一卷 ·························· 1 – 269
國語二十一卷 ·························· 2 – 119

國語二十一卷 ·························· 2 – 131
國語二十一卷 ·························· 2 – 343
國語二十一卷 ·························· 2 – 473
國語二十一卷 ·························· 2 – 517
國語二十一卷 ·························· 2 – 595
國語二十一卷考異四卷 ·············· 2 – 516
國語十六卷 ································· 1 – 2
國語三君注輯存四卷發正二十一卷
　國語明道本攷異四卷 ·············· 2 – 26
國語正義二十一卷 ····················· 2 – 69
國語正義二十一卷 ··················· 2 – 192
國語正義二十一卷 ··················· 2 – 225
國語明道本攷異四卷 ················· 2 – 253
國語明道本攷異四卷 ················· 2 – 473
國語校注本三種 ························· 2 – 68
國語校注本三種 ······················· 2 – 191
國語校注本三種 ······················· 2 – 222
國語校注本三種 ······················· 2 – 303
國學講義二卷 ···························· 1 – 1
國學講義二卷 ·························· 1 – 169
國學講義二卷 ·························· 2 – 111
唯識二十論一卷 ······················· 1 – 369
唯識二十論述記四卷 ················· 1 – 369
唯識二十論述記四卷 ················· 1 – 439
唯識開蒙問答二卷 ··················· 1 – 368
啖蔗軒詩存三卷 ······················· 1 – 536
崧湖時文一卷 ·························· 1 – 494
崧湖時文一卷 ·························· 2 – 306
眾紗集一卷 ······························ 1 – 17
［光緒］崑新兩縣續修合志五十二卷
　首一卷末一卷 ······················· 2 – 264
崔東壁遺書前編八種附二種 ········ 2 – 136
崔東壁遺書前編八種附二種 ········ 2 – 136
崇文書局彙刻書（三十三種叢書） ··· 2 – 388
崇文書局彙刻書（三十三種叢書） ··· 1 – 564
崇文書局彙刻書（三十三種叢書） ··· 1 – 564
崇文總目五卷 ·························· 1 – 589
崇文總目五卷補遺一卷附錄一卷 ····· 2 – 230
崇正叢書十二種 ······················· 2 – 23
崇百藥齋文集二十卷續集四卷三集
　十二卷 ································· 1 – 537

崇百藥齋文集二十卷續集四卷三集
　　十二卷‥‥‥‥‥‥‥‥‥‥　2－183
崇百藥齋文集二十卷續集四卷三集
　　十二卷‥‥‥‥‥‥‥‥‥‥　2－329
崇百藥齋文集二十卷續集四卷三集
　　十二卷合肥學舍札記十二卷‥‥‥　1－421
崇祀鄉賢祠録一卷‥‥‥‥‥‥‥　1－141
崇祀鄉賢祠録一卷‥‥‥‥‥‥‥　1－145
崇祀鄉賢詞録一卷‥‥‥‥‥‥‥　1－549
崇祀録一卷‥‥‥‥‥‥‥‥‥‥　1－169
崇祀録一卷‥‥‥‥‥‥‥‥‥‥　2－248
［光緒］崇明縣志十八卷‥‥‥‥　2－376
［光緒］崇明縣志十八卷‥‥‥‥　2－376
［光緒］崇明縣志十八卷‥‥‥‥　2－376
［光緒］崇明縣志十八卷‥‥‥‥　2－376
［光緒］崇明縣志十八卷‥‥‥‥　2－377
崇雲閣新較算法全書四卷‥‥‥‥　1－349
崇雅堂全書十三種‥‥‥‥‥‥‥　1－437
崇雅堂詩鈔五卷‥‥‥‥‥‥‥‥　1－151
崇雅堂稿八卷‥‥‥‥‥‥‥‥‥　1－108
崇禎五十宰相傳一卷‥‥‥‥‥‥　2－116
崇禎宮詞二卷‥‥‥‥‥‥‥‥‥　1－22
崇蘭堂詩初存十卷‥‥‥‥‥‥‥　2－79
崆峒山志二卷‥‥‥‥‥‥‥‥‥　2－50
崆峒山志二卷‥‥‥‥‥‥‥‥‥　2－298
過庭録十六卷‥‥‥‥‥‥‥‥‥　1－337
過庭録十六卷‥‥‥‥‥‥‥‥‥　1－482
過廳集一卷‥‥‥‥‥‥‥‥‥‥　2－124
梨洲遺著彙栞二十四種‥‥‥‥‥　2－489
梨洲遺著彙栞二十四種‥‥‥‥‥　2－565
移芝室全集十二種‥‥‥‥‥‥‥　1－422
笛倚樓詩草二卷‥‥‥‥‥‥‥‥　2－283
笛漁小槀十卷‥‥‥‥‥‥‥‥‥　1－67
笛漁小槀十卷‥‥‥‥‥‥‥‥‥　1－84
笛漁小槀十卷‥‥‥‥‥‥‥‥‥　1－127
笛漁小槀十卷‥‥‥‥‥‥‥‥‥　1－128
笛漁小槀十卷‥‥‥‥‥‥‥‥‥　1－152
笛漁小槀十卷‥‥‥‥‥‥‥‥‥　1－165
笛漁小槀十卷‥‥‥‥‥‥‥‥‥　1－414
笛漁小槀十卷‥‥‥‥‥‥‥‥‥　1－515
笛漁小槀十卷‥‥‥‥‥‥‥‥‥　2－225

笛漁小槀十卷‥‥‥‥‥‥‥‥‥　2－303
笛漁小槀十卷‥‥‥‥‥‥‥‥‥　2－332
符勝堂集五卷‥‥‥‥‥‥‥‥‥　1－155
笠翁一家言全集四種‥‥‥‥‥‥　1－85
笠翁一家言全集四種‥‥‥‥‥‥　1－102
笠翁一家言全集四種‥‥‥‥‥‥　1－203
笠翁十種曲‥‥‥‥‥‥‥‥‥‥　1－503
笠翁文集四卷‥‥‥‥‥‥‥‥‥　1－99
笠翁文集四卷詩集三卷餘集一卷‥‥‥　1－415
笠翁文集四卷詩集三卷餘集一卷別
　　集二卷偶集六卷‥‥‥‥‥‥　1－107
笠翁文集四卷詩集三卷餘集一卷別
　　集二卷偶集六卷‥‥‥‥‥‥　1－144
笠翁偶集六卷‥‥‥‥‥‥‥‥‥　1－176
笠翁傳奇十種‥‥‥‥‥‥‥‥‥　2－293
笥河文集十六卷首一卷‥‥‥‥‥　1－538
笥河文集十六卷首一卷‥‥‥‥‥　2－304
笥河詩集二十卷‥‥‥‥‥‥‥‥　2－320
笥河詩集二十卷文集十六卷首一卷
　　‥‥‥‥‥‥‥‥‥‥‥‥‥　1－512
第一才子書六十卷一百二十回‥‥‥　2－8
第一才子書六十卷一百二十回‥‥‥　2－341
第一才子書六十卷一百二十回‥‥‥　2－514
第一樓叢書九種‥‥‥‥‥‥‥‥　2－120
第五才子書水滸傳七十五卷‥‥‥‥　1－487
第六才子書八卷附西廂文一卷‥‥‥　1－156
第六才子書八卷附西廂文一卷‥‥‥　1－197
第六絃溪文鈔四卷‥‥‥‥‥‥‥　1－416
敏求機要十六卷‥‥‥‥‥‥‥‥　1－484
敏求機要十六卷‥‥‥‥‥‥‥‥　2－345
敏求機要十六卷‥‥‥‥‥‥‥‥　2－494
敏求機要十六卷‥‥‥‥‥‥‥‥　2－500
敏求機要十六卷‥‥‥‥‥‥‥‥　2－555
敏果齋叢書七種‥‥‥‥‥‥‥‥　1－320
敏果齋叢書七種‥‥‥‥‥‥‥‥　1－475
敏果齋叢書七種‥‥‥‥‥‥‥‥　2－421
敏學齋古文一卷山居詩草一卷壯遊
　　詩草一卷壯遊詩草續編一卷山居
　　詩草二集一卷壯遊詩草補篇一卷
　　鐸遊詩草一卷詩賦小草一卷感知
　　小一卷臆說一卷臆說三集一卷臆

說四集一卷 …………………… 1－514
偃師金石記四卷 ……………… 1－92
偶存集一卷 …………………… 2－311
偶存集一卷援守井研記略一卷 …… 2－213
偏球圖國名歌不分卷 ………… 1－280
得一齋雜著四種 ……………… 2－30
得天居士集六卷 ……………… 2－205
得月樓賦鈔四編 ……………… 2－350
得樹齋詩不分卷 ……………… 1－171
從政筆記一卷 ………………… 2－248
從政遺規二卷 ………………… 1－75
從政遺規二卷 ………………… 1－195
從政遺規二卷 ………………… 1－474
從政遺規二卷 ………………… 2－451
從野堂存稿八卷存稿補遺一卷年譜
　一卷附錄一卷 ……………… 2－139
船山詩草二十卷 ……………… 1－511
船山詩草二十卷 ……………… 1－512
船山詩草二十卷 ……………… 1－512
船山詩草二十卷 ……………… 1－532
船山詩草二十卷 ……………… 2－131
船山詩草二十卷 ……………… 2－136
船山詩草二十卷 ……………… 2－337
船山詩草二十卷補遺六卷 …… 1－395
船山詩草二十卷補遺六卷 …… 1－411
船山詩草選六卷 ……………… 2－450
船山遺書五十六種 …………… 2－500
船山遺書五十六種附一種 …… 1－437
船山遺書五十六種附一種 …… 1－437
船山遺書五十六種附一種 …… 1－437
船山遺書五十六種附一種 …… 2－81
船山遺書五十六種附一種 …… 2－89
船山遺書五十六種附一種 …… 2－164
船山遺書五十六種附一種 …… 2－175
船山遺書五十六種附一種 …… 2－175
船山遺書五十六種附一種 …… 2－206
船山遺書五十六種附一種 …… 2－367
船山遺書五十六種附一種 …… 2－374
船山遺書五十六種附一種 …… 2－382
船山遺書五十六種附一種 …… 2－468
船山遺書五十六種附一種 …… 2－476

船山遺書五十六種附一種 …… 2－480
船山遺書五十六種附一種 …… 2－481
船山遺書五十六種附一種 …… 2－483
船山遺書五十六種附一種 …… 2－485
船山遺書五十六種附一種 …… 2－485
船山遺書五十六種附一種 …… 2－500
船山遺書五十六種附一種 …… 2－507
船山遺書五十六種附一種 …… 2－508
船山遺書五十六種附一種 …… 2－508
船山遺書五十六種附一種 …… 2－509
船山遺書五十六種附一種 …… 2－514
船山遺書五十六種附一種 …… 2－514
船山遺書五十六種附一種 …… 2－532
船山遺書五十六種附一種 …… 2－533
船山遺書五十六種附一種 …… 2－543
船山遺書五十六種附一種 …… 2－545
船山遺書五十六種附一種 …… 2－551
船山遺書五十六種附一種 …… 2－562
船山遺書五十六種附一種 …… 2－573
船山遺書五十六種附一種 …… 2－574
船山遺書五十六種附一種 …… 2－594
船司空雅集録一卷 …………… 1－401
船塢論略一卷圖一卷 ………… 2－4
釣魚蓬山館集六卷附錄一卷 … 2－161
斜川集六卷附錄二卷 ………… 1－174
斜川集六卷附錄二卷訂誤一卷 … 1－125
鳥鼠山人小集十六卷 ………… 1－13
鳥鼠山人後集二卷 …………… 1－13
鳥鼠山人遺集四十四卷 ……… 1－166
[乾隆]魚臺縣志十三卷首一卷末一卷
　…………………………………… 1－112
象數一原七卷 ………………… 1－345
象數一原七卷 ………………… 1－345
象數一原七卷 ………………… 1－543
象數論六卷 …………………… 1－220
逸子書七種 …………………… 2－318
逸周書十卷 …………………… 1－156
逸周書十卷 …………………… 1－174
逸周書十卷校正補遺一卷 …… 1－157
逸周書十卷校正補遺一卷附錄一卷
　…………………………………… 2－253

195

逸周書集訓校釋十卷周書逸文一卷
　…………………………………… 1－568
逸書十種 …………………………… 2－326
逸語十卷 …………………………… 1－125
猗覺寮雜記二卷 …………………… 1－51
許氏幼科七種 ……………………… 2－271
許氏說文解字雙聲疊韻譜一卷 …… 2－230
許文正公遺書十二卷首一卷末一卷
　…………………………………… 1－168
許文正公遺書十二卷首一卷末一卷 … 2－20
許文正公遺書十二卷首一卷末一卷
　…………………………………… 2－178
許松濱先生全集四十三卷首一卷末一卷
　…………………………………… 1－407
許尚書文御史奏摺不分卷 ………… 2－189
許魯齋先生年譜一卷心法約編一卷
　…………………………………… 1－439
許魯齋先生年譜一卷心法約編一卷
　…………………………………… 1－578
許魯齋先生年譜一卷心法約編一卷
　…………………………………… 2－104
許魯齋先生年譜一卷心法約編一卷
　…………………………………… 2－108
許魯齋先生年譜一卷心法約編一卷
　…………………………………… 2－288
許魯齋先生集六卷 ………………… 2－105
許學叢刻九種 ……………………… 2－66
訟過齋日記六卷 …………………… 1－336
訪樂堂儀禮雅言二卷 ……………… 2－432
麻疹約要一卷 ……………………… 2－582
麻疹癥候不分卷 …………………… 2－248
庚子山年譜一卷總釋一卷 ………… 2－170
庚子山全集十卷 …………………… 2－178
庚子山全集十卷 …………………… 2－450
庚子山集十六卷 …………………… 1－304
庚子山集十六卷 …………………… 1－509
庚子山集十六卷 …………………… 2－242
庚子山集十六卷 …………………… 2－492
庚子山集十六卷年譜一卷總釋一卷
　…………………………………… 2－581
庚子山集十六卷首一卷總釋十六卷

　…………………………………… 1－400
庚子山集十六卷總釋一卷 ………… 2－165
庚子山集十六卷總釋一卷 ………… 2－313
庚子山集十六卷總釋十六卷 ……… 1－508
庚子山集十六卷總釋十六卷 ……… 1－510
庾開府全集十六卷 ………………… 2－170
庾開府哀江南賦註不分卷 ………… 1－149
庾開府集二卷 ……………………… 2－242
產孕集二卷 ………………………… 1－479
產孕集二卷 ………………………… 2－176
產孕集二卷 ………………………… 2－271
產科七十二章 ……………………… 2－5
產後編二卷 ………………………… 1－478
庸吏庸言二卷 ……………………… 2－367
庸吏庸言二卷 ……………………… 2－457
庸吏庸言二卷 ……………………… 2－469
庸行編八卷 ………………………… 1－134
庸言四卷 …………………………… 2－190
庸書內篇二卷外篇二卷 …………… 1－337
庸書內篇二卷外篇二卷 …………… 1－339
庸書內篇二卷外篇二卷 …………… 2－6
庸書內篇二卷外篇二卷 …………… 2－526
庸庵文編四卷文續編二卷文外編四
　卷海外文編四卷 ………………… 2－534
庸庵文編四卷文續編二卷文外編四
　卷海外文編四卷 ………………… 2－534
庸庵文編四卷文續編二卷文外編四
　卷海外文編四卷 ………………… 2－535
庸閒齋筆記十二卷 ………………… 2－195
庸盦文別集六卷 …………………… 1－417
庸盦全集七種 ……………………… 1－418
庸盦全集七種 ……………………… 1－418
庸盦全集七種 ……………………… 2－164
庸盦全集七種 ……………………… 2－438
庸盦全集七種 ……………………… 2－490
庸盦全集七種 ……………………… 2－494
庸盦海外文編四卷 ………………… 1－418
康南海傳九章 ……………………… 2－507
康熙甲子史館新刊古今通韻十二卷
　首一卷 …………………………… 1－70
康熙字典十二集 …………………… 1－101

康熙字典十二集 …………………………… 1–111
康熙字典十二集 …………………………… 1–137
康熙字典十二集 …………………………… 1–159
康熙字典十二集 …………………………… 1–199
康熙字典十二集 …………………………… 2–448
康熙字典十二集 …………………………… 2–515
康熙字典十二集 …………………………… 2–545
康熙字典十二集 …………………………… 2–566
康熙字典十二集 …………………………… 2–583
康熙字典十二集備考一卷補遺一卷
　　………………………………………… 2–406
康熙字典十二集備考一卷補遺一卷
　　………………………………………… 2–517
康熙字典十二集檢字一卷等韻一卷
　　………………………………………… 2–590
康熙字典十二集檢字一卷辨似一卷等
　韻一卷總目一卷備考一卷補遺一卷
　　………………………………………… 1–450
康熙字典十二集總目一卷檢字一卷
　等韻一卷 ……………………………… 1–173
康熙字典十二集總目一卷檢字一卷辨
　似一卷等韻一卷備考一卷補遺一卷
　　………………………………………… 1–240
康熙字典十二集總目一卷檢字一卷辨
　似一卷等韻一卷備考一卷補遺一卷
　　………………………………………… 1–240
康熙字典十二集總目一卷檢字一卷辨
　似一卷等韻一卷備考一卷補遺一卷
　　………………………………………… 1–240
康熙字典十二集總目一卷檢字一卷
　辨似一卷等韻一卷備考一卷補
　遺一卷 ………………………………… 1–447
康熙字典十二集總目一卷檢字一卷辨
　似一卷等韻一卷備考一卷補遺一卷
　　………………………………………… 2–404
康熙字典十二集總目一卷檢字一卷
　辨似一卷等韻一卷備考一卷補
　遺一卷 ………………………………… 2–548
康熙字典十二集總目一卷檢字一卷
　辨似一卷等韻一卷備考一卷補
　遺一卷 ………………………………… 2–548

康熙字典四書集注真本不分卷 ……… 2–404
康熙字典點畫較正四書集註真本十九卷
　　………………………………………… 2–569
康熙字典點畫較正四書集註真本十九卷
　首一卷 ………………………………… 1–105
康熙字典點畫較正四書集註真本不分卷
　　………………………………………… 1–565
康對山先生文集十卷 …………………… 1–82
康對山先生文集十卷 …………………… 1–98
康對山先生文集十卷 …………………… 1–99
康對山先生文集十卷 …………………… 1–136
康對山先生文集十卷 …………………… 1–153
康對山先生文集十卷 …………………… 1–198
康對山先生文集十卷 …………………… 1–204
康對山先生文集十卷 …………………… 1–506
康對山先生文集十卷附錄一卷 ……… 1–108
康對山先生集四十五卷首一卷 ……… 1–98
康對山先生集四十五卷首一卷 ……… 1–103
康對山先生集四十五卷首一卷 ……… 1–105
康對山先生集四十五卷首一卷 ……… 1–187
康對山先生集四十六卷 ………………… 1–13
康輶紀行十六卷 ………………………… 1–286
鹿洲公案二卷 …………………………… 1–318
鹿洲全集八種 …………………………… 1–62
鹿洲全集八種 …………………………… 1–438
鹿洲全集八種 …………………………… 1–519
鹿洲全集八種 …………………………… 2–152
鹿洲初集二十卷 ………………………… 1–85
鹿洲初集二十卷 ………………………… 1–85
裒碧齋詩五卷 …………………………… 1–429
章氏遺書二種 …………………………… 2–121
章氏遺書二種 …………………………… 2–475
章無黨先生戒溺女文不分卷 ………… 2–455
章實齋先生遺書六卷 ………………… 1–535
商文毅公集六卷 ………………………… 1–14
[康熙]商丘縣志二十卷首一卷 …… 1–112
[乾隆]商南縣志十二卷 ……………… 1–41
商南縣鄉土志不分卷 ………………… 1–251
商音百感集一卷 ……………………… 2–297
商榷集三卷 ……………………………… 1–61
望三益齋叢書十一種 ………………… 2–89

望炊樓叢書五種附二種 …………… 2－217

望眉草堂文集□□卷時文□□卷 …… 1－513

望眉草堂詩集四卷 ………………… 1－509

望益軒詩集三卷詞一卷 …………… 1－419

望堂金石初集不分卷 ……………… 2－588

望堂金石初集不分卷二集不分卷 …… 1－298

望溪先生文一卷 …………………… 1－127

望溪先生文偶抄不分卷 …………… 1－135

望溪先生文集十八卷集外文十卷集
　　外文補遺二卷 ………………… 1－517

望溪先生文集十八卷集外文十卷集
　　外文補遺二卷 ………………… 2－169

望溪先生文集十八卷集外文十卷集
　　外文補遺二卷年譜二卷 ……… 1－407

望溪先生文集十八卷集外文十卷集
　　外文補遺二卷年譜二卷 ……… 1－408

望溪先生文集十八卷集外文十卷集
　　外文補遺二卷年譜二卷 ……… 1－410

望溪先生文集十八卷集外文十卷集
　　外文補遺二卷年譜二卷 ……… 2－103

望溪先生正集十八卷集外文十卷集
　　外文補遺二卷年譜二卷 ……… 2－81

望溪集八卷 ………………………… 1－142

望溪集八卷 ………………………… 1－538

望溪集不分卷 ……………………… 1－174

率祖堂叢書八種附六種 …………… 1－143

率祖堂叢書八種附六種 …………… 1－155

率祖堂叢書八種附六種 …………… 1－155

情史類略二十四卷 ………………… 1－236

情史類略二十四卷 ………………… 1－524

情史類略二十四卷 ………………… 1－563

情史類略二十四卷 ………………… 2－532

惜字焚化沉灰法一卷 ……………… 1－378

惜抱軒九經說十七卷 ……………… 2－546

惜抱軒今體詩選十八卷 …………… 2－168

惜抱軒今體詩選十八卷 …………… 2－491

惜抱軒文集十六卷詩後集一卷外集
　　一卷法帖題跋三卷筆記八卷 …… 2－272

惜抱軒全集十種 …………………… 1－416

惜抱軒全集十種 …………………… 1－439

惜抱軒全集十種 …………………… 1－439

惜抱軒全集十種 …………………… 1－439

惜抱軒全集十種 …………………… 1－439

惜抱軒全集十種 …………………… 1－516

惜抱軒全集十種 …………………… 2－88

惜抱軒全集十種 …………………… 2－141

惜抱軒全集十種 …………………… 2－167

惜抱軒全集十種 …………………… 2－304

惜抱軒全集十種 …………………… 2－477

惜抱軒全集十種 …………………… 2－491

惜抱軒全集十種 …………………… 2－508

惜抱軒全集十種 …………………… 2－564

惜抱軒時文一卷 …………………… 2－80

惜抱軒遺書三種 …………………… 2－127

惜抱軒遺書三種 …………………… 2－186

惜陰軒叢書三十四種 ……………… 2－538

惜陰軒叢書三十四種續編一種 …… 1－215

惜陰軒叢書三十四種續編一種 …… 1－434

惜陰軒叢書三十四種續編一種 …… 1－434

惜陰軒叢書三十四種續編一種 …… 1－434

惜陰軒叢書三十四種續編一種 …… 1－434

惜陰軒叢書三十四種續編一種 …… 1－523

惜陰軒叢書三十四種續編一種 …… 1－553

惜陰軒叢書三十四種續編一種 …… 2－24

惜陰軒叢書三十四種續編一種 …… 2－509

惜陰軒叢書三十四種續編一種 …… 2－509

惜陰軒叢書三十四種續編一種 …… 2－520

惜陰軒叢書三十四種續編一種 …… 2－531

惜陰軒叢書三十四種續編一種 …… 2－538

惜陰軒叢書三十四種續編一種 …… 2－538

惜陰軒叢書三十四種續編一種 …… 2－538

惜陰軒叢書三十四種續編一種 …… 2－538

惜陰軒叢書三十四種續編一種 …… 2－538

惜陰軒叢書三十四種續編一種 …… 2－576

惜陰軒叢書三十四種續編一種 …… 2－577

惜陰軒叢書續編五種 ……………… 1－215

悼亡詩一卷 ………………………… 1－169

惕吉錄不分卷 ……………………… 2－459

惟寶書齋醫學揀抄一卷 …………… 1－480

惇倫堂詩集六卷雜著一卷 ………… 2－32

剪燈新話二卷 ……………………… 2－318

剪燈餘話三卷 ……………………… 2－318

清文彙書十二卷 …………………… 1－32
清文彙書十二卷 …………………… 1－34
清代稅率一卷 ……………………… 1－463
清白士集六種附一種 ……………… 2－221
清全齋讀春秋編十二卷 …………… 1－230
清江貝先生詩集十卷詩餘一卷文集
　　三十卷 ………………………… 1－63
清芬樓遺稿四卷 …………………… 2－78
清芬錄一卷 ………………………… 2－288
清足居集一卷蕉窗詞一卷 ………… 2－153
清和眞人北游語錄一卷 …………… 2－426
清河書畫舫十二卷 ………………… 1－204
清河書畫舫十二卷補遺一卷 ……… 1－77
清河書畫舫十二卷補遺一卷 ……… 1－182
清河書畫舫十二卷補遺一卷 ……… 1－491
清查保甲章程不分卷 ……………… 1－301
清真指南九卷 ……………………… 1－378
清真釋疑補輯二卷 ………………… 2－209
清秘述聞十六卷 …………………… 1－333
清秘述聞十六卷 …………………… 2－315
清秘述聞十六卷 …………………… 2－502
清秘述聞十六卷槐廳載筆二十卷 … 1－482
清容外集九種(紅雪樓九種曲) ……… 1－85
清容居士集五十卷目錄二卷 ……… 1－512
清容居士集五十卷目錄二卷札記一卷
　　………………………………… 1－506
清異錄二卷 ………………………… 1－63
清異錄二卷 ………………………… 1－341
清異錄二卷 ………………………… 1－341
清異錄二卷 ………………………… 1－341
清異錄二卷 ………………………… 1－555
清訟事宜一卷 ……………………… 1－463
清涼山志十卷 ……………………… 1－185
清涼山志十卷 ……………………… 2－34
清涼山志十卷 ……………………… 2－34
清涼山志十卷 ……………………… 2－263
清朝史略十一卷 …………………… 2－340
清尊集十六卷 ……………………… 1－387
清尊集十六卷 ……………………… 2－59
清尊集十六卷 ……………………… 2－84
清尊集十六卷 ……………………… 2－159

清尊集十六卷 ……………………… 2－184
清尊集十六卷 ……………………… 2－221
清尊集十六卷 ……………………… 2－228
清尊集十六卷 ……………………… 2－228
清夢盦二白詞五卷附刻一卷 ……… 2－227
清閟閣全集十二卷 ………………… 1－57
清閟閣全集十二卷 ………………… 2－163
清徭章程四十條一卷 ……………… 1－462
清頌堂叢書八種 …………………… 2－89
清詩初集十二卷 …………………… 1－99
清源山房詩集六集 ………………… 1－419
清溪遺稿二十八卷 ………………… 1－413
清嘉集初編五卷二編四卷三編三卷
　　………………………………… 2－298
清嘉錄十二卷 ……………………… 2－258
清榮居士集五十卷目錄二卷清容集
　　札記一卷 ……………………… 2－120
清漢文海四十卷 …………………… 1－381
清綺軒詞選十三卷 ………………… 1－501
清綺軒詞選十三卷 ………………… 2－322
清儀閣金石題識四卷 ……………… 2－509
清儀閣金石題識四卷 ……………… 2－514
清儀閣題跋不分卷 ………………… 2－148
清儀閣題跋不分卷 ………………… 2－299
清儀閣雜詠一卷竹田樂府一卷竹里
　　畫者詩一卷竹里耆舊詩一卷感逝
　　詩一卷 ………………………… 2－183
清慶堂印譜二卷 …………………… 2－503
[道光]清澗縣志八卷首五卷 ……… 2－45
[道光]清澗縣志八卷首五卷 ……… 2－331
[順治]清澗縣志四卷 ……………… 1－41
清麓文集二十三卷 ………………… 2－210
清麓文集二十三卷日記五卷 ……… 1－420
清麓文集二十三卷日記五卷 ……… 2－20
清麓文集二十三卷日記五卷 ……… 2－20
清麓文集二十三卷日記五卷 ……… 2－107
清麓答問四卷 ……………………… 2－289
清麓答問四卷 ……………………… 2－335
凌忠介公文集二卷 ………………… 2－140
凌谿先生集十八卷 ………………… 1－6
凌谿先生集十八卷 ………………… 2－297

淑艾錄一卷 …………………… 2－288
淑芳軒合纂書經體註六卷圖一卷 …… 1－183
淮北票鹽志略十五卷 …………… 2－187
淮北票鹽志略十五卷 …………… 2－283
淮北票鹽續略十二卷 …………… 1－292
[光緒]淮安府志四十卷首一卷 …… 2－368
淮安藝文志十卷 ………………… 2－269
淮南子二十一卷 ………………… 1－24
淮南子二十一卷 ………………… 1－71
淮南子二十一卷 ………………… 1－142
淮南子二十一卷 ………………… 1－162
淮南子二十一卷 ………………… 2－124
淮南子二十一卷 ………………… 2－163
淮南子二十一卷 ………………… 2－307
淮南子二十一卷敘目一卷 ……… 2－220
淮南子二十一卷敘目一卷 ……… 2－515
淮南天文訓補注二卷 …………… 1－359
淮南天文訓補注二卷 …………… 2－8
淮南天文訓補注二卷 …………… 2－221
淮南票鹽錄要一卷綱鹽錄要一卷 … 2－343
淮南調劑志畧四卷 ……………… 1－92
淮南鴻烈解二十一卷 …………… 1－44
淮南鴻烈解二十一卷 …………… 1－48
淮南鴻烈解二十一卷 …………… 1－77
淮南鴻烈解二十一卷 …………… 2－422
淮南鴻烈解二十八卷 …………… 1－7
淮南雜識四卷 …………………… 2－181
淮南鹽法紀畧十卷 ……………… 1－303
淮軍平捻記十二卷 ……………… 2－268
淮軍平捻記十二卷 ……………… 1－453
淮軍平捻記十二卷 ……………… 2－24
淮軍平捻記十二卷 ……………… 2－163
淮海英靈集二十二卷 …………… 2－222
淮海秋笳集一卷 ………………… 2－220
淮海集十七卷後集二卷詞一卷補遺一卷
　………………………………… 1－406
淮海集十七卷後集二卷詞一卷補遺一卷
　………………………………… 1－537
淮海集十七卷後集二卷詞一卷補遺一卷
　………………………………… 2－122
淮海集四十卷 …………………… 2－312

淮海集四十卷首一卷後集六卷長短
　句三卷詩餘一卷 ……………… 2－20
淮揚水利全圖不分卷 …………… 2－233
淮揚治水論一卷 ………………… 2－233
淨土四經 ………………………… 2－274
淨土極信錄一卷 ………………… 2－275
淨土聖賢錄九卷 ………………… 1－77
淨土論三卷 ……………………… 1－371
淨土警語一卷 …………………… 1－372
淨業知津一卷 …………………… 1－373
淨業知津一卷 …………………… 1－491
淳化祕閣法帖考正十卷附二卷 … 1－38
淳化祕閣法帖考正十卷附二卷 … 1－56
淳化祕閣法帖考正十卷附二卷 … 1－143
淳化祕閣法帖考正十卷附二卷 … 1－145
淳化祕閣法帖考正十卷附二卷 … 1－233
[康熙]淳化縣志八卷 …………… 1－40
[乾隆]淳化縣志三十卷 ………… 1－116
[乾隆]淳化縣志三十卷 ………… 1－178
淡集齋詩鈔四卷 ………………… 2－291
[同治]深州風土記二十二卷附表五卷
　………………………………… 2－34
[雍正]深澤縣志十二卷首一卷 …… 1－112
梁昭明文選十二卷 ……………… 1－44
梁書五十六卷 …………………… 1－34
梁書五十六卷 …………………… 1－90
梁書五十六卷 …………………… 1－109
梁書五十六卷 …………………… 1－178
梁書五十六卷 …………………… 1－182
梁書五十六卷 …………………… 1－190
梁書五十六卷 …………………… 1－247
梁書五十六卷 …………………… 1－247
梁書五十六卷 …………………… 1－451
淥江橋誌四卷 …………………… 2－583
涵芬樓古今文鈔一百卷 ………… 1－384
涵芬樓古今文鈔一百卷 ………… 1－384
涵芬樓古今文鈔一百卷 ………… 1－384
涵芬樓古今文鈔一百卷 ………… 2－524
寄青霞館奕選八卷 ……………… 1－542
寄傲山房塾課新增幼學故事瓊林四
　卷首一卷 ……………………… 2－348

寄傲山房塾課新增幼學故事瓊林四
　　卷首一卷 ……………………… 2－461
寄傲山房塾課新增幼學故事瓊林四
　　卷首一卷 ……………………… 2－531
寄傲山房塾課纂輯禮記全文備旨十一卷
　　………………………………… 1－15
寄傲山房塾課纂輯禮記全文備旨十一卷
　　………………………………… 2－323
寄園寄所寄十二卷 ……………… 1－483
寄愿堂四書玩注詳說四十卷 …… 2－95
寄嶽雲齋試體詩選評註四卷 …… 1－502
寄蠡詩鈔一卷附還珠堂和陶百詩一卷
　　………………………………… 2－238
寄龕全集六種 …………………… 2－212
[道光]宿州志四十二卷首一卷 … 2－53
密梅花館詩錄一卷文錄一卷 …… 2－181
視學制度不分卷 ………………… 2－14
屠先生評釋諜野集四卷 ………… 1－30
張九蒼增補李芝嚴先生瘟疫三方一卷
　　………………………………… 2－294
張三豐先生全集八卷 …………… 1－476
張三豐先生全集八卷 …………… 2－330
張三豐先生全集八卷 …………… 2－504
張子全書九種 …………………… 1－6
張子全書九種 …………………… 1－74
張子全書九種 …………………… 1－92
張子全書九種 …………………… 1－306
張子全書九種 …………………… 1－306
張子全書九種 …………………… 1－306
張子全書九種 …………………… 1－306
張子全書九種 …………………… 1－471
張子全書九種 …………………… 1－564
張子全書九種 …………………… 2－101
張子全書九種 …………………… 2－101
張子全書九種 …………………… 2－345
張子全書九種 …………………… 2－372
張子全書九種 …………………… 2－372
張子全書九種 …………………… 2－373
張子全書九種 …………………… 2－397
張子全書九種 …………………… 2－424
張子全書九種 …………………… 2－424
張子全書九種 …………………… 2－424
張子全書九種 …………………… 2－424
張子全書九種 …………………… 2－487
張子釋要一卷 …………………… 1－470
張太岳文集四十八卷 …………… 2－76
張太僕一門忠節孝錄一卷 ……… 2－333
張太僕不二歌集四卷 …………… 2－333
張太僕鄉試硃卷一卷 …………… 1－494
[陝西潼關]張氏著存堂族譜八卷 … 1－276
張氏適園叢書初集七種 ………… 2－154
張氏醫書七種 …………………… 2－206
張氏醫通十六卷 ………………… 1－64
張氏叢書二十一種 ……………… 2－464
張文貞公年譜一卷 ……………… 2－235
張文襄公手札不分卷 …………… 2－269
張仲景傷寒論原文淺註六卷 …… 2－422
張仲景傷寒論原文淺註六卷 …… 2－454
張仲景傷寒論貫珠集八卷 ……… 1－324
張忠敏公遺集十卷首一卷附錄六卷
　　………………………………… 1－409
張香濤先生奏稿(庚辰年)不分卷 …… 1－29
張皋文箋易詮全集十六種 ……… 2－66
張皋文箋易詮全集十六種 ……… 2－230
張皋文箋易詮全集十六種 ……… 2－230
張皋文箋易詮全集十六種 ……… 2－230
張皋文箋易詮全集十六種 ……… 2－230
張惇物集二卷 …………………… 1－32
張敬堂太史遺書四種附一種 …… 2－328
張夢澤先生手授評選四六燦花十二卷
　　………………………………… 1－23
張蒼水集二卷 …………………… 2－174
張楊園先生年譜一卷附錄一卷 … 1－528
張楊園先生備忘錄四卷 ………… 1－455
張楊園訓子語一卷 ……………… 2－6
張說之文集二十五卷補遺五卷 … 2－182
張燕公集二十五卷 ……………… 1－508
張燕公集二卷 …………………… 1－10
張龍湖先生文集十五卷 ………… 1－58
張龍湖先生文集十五卷 ………… 1－63
張憶娘簪華圖卷題詠一卷 ……… 2－202
強自力齋叢書十四種 …………… 1－349

強項雜記一卷 …………………… 1－482

強學彙編十九卷 ………………… 1－383

隋唐石刻拾遺二卷 ……………… 1－298

隋書八十五卷 …………………… 1－109

隋書八十五卷 …………………… 1－110

隋書八十五卷 …………………… 1－110

隋書八十五卷 …………………… 1－183

隋書八十五卷 …………………… 1－190

隋書八十五卷 …………………… 1－248

隋書八十五卷 …………………… 1－248

隋書八十五卷 …………………… 1－248

隋書八十五卷 …………………… 1－248

隋書八十五卷 …………………… 1－451

隋書八十五卷 …………………… 2－88

隋書八十五卷 …………………… 2－547

隋書八十五卷 …………………… 2－574

隋書地理志考證九卷 …………… 1－563

隋書經籍志補二卷 ……………… 2－561

隋經籍志考證十三卷 …………… 2－328

[乾隆]鄖縣志十八卷首一卷 …… 1－188

[乾隆]鄖縣志十八卷首一卷 …… 2－42

[乾隆]鄖縣志十八卷首一卷 …… 2－42

[雍正]鄖縣志十卷首一卷 ……… 1－119

鄖縣鄉土志三卷 ………………… 1－249

陽宅三要四卷 …………………… 1－476

陽宅三要四卷 …………………… 1－480

陽宅三要四卷 …………………… 1－480

陽宅大成四種 …………………… 1－94

陽明先生文集十六卷 …………… 2－492

陽明先生文錄五卷外集九卷別錄十卷

………………………………… 1－47

陽明先生集要四種 ……………… 2－178

陽明先生集要四種 ……………… 2－284

陽春白雪八卷外集一卷 ………… 1－340

隆平集二十卷 …………………… 1－76

婦人良方二十四卷 ……………… 1－195

婦人良方二十四卷 ……………… 1－477

婦人良方二十四卷 ……………… 2－428

婦人良方二十四卷 ……………… 2－433

婦女一說曉一卷 ………………… 1－469

婦科一盤珠十卷首一卷 ………… 2－117

婦科五十二章附圖 ……………… 2－5

婦科秘方一卷 …………………… 1－426

婦科秘傳神方不分卷 …………… 2－238

婦嬰三書十八卷 ………………… 1－328

習苦齋畫絮十卷 ………………… 1－364

習苦齋畫絮十卷 ………………… 1－489

習苦齋畫絮十卷 ………………… 1－539

習苦齋畫絮十卷 ………………… 2－118

習苦齋畫絮十卷 ………………… 2－248

習苦齋詩集八卷古文四卷 ……… 2－190

習是編二卷 ……………………… 2－94

參同契分節解三卷箋注分節解三卷 … 1－526

貫華堂第六才子書西廂記八卷 …… 1－18

鄉守輯要十二卷 ………………… 2－455

鄉守輯要十二卷 ………………… 2－461

鄉守輯要合鈔十卷 ……………… 2－270

鄉守輯要合鈔十卷 ……………… 2－467

鄉兵管見三卷 …………………… 2－296

鄉會要訣一卷 …………………… 2－442

鄉黨文菹□□卷 ………………… 2－464

鄉黨圖考十卷 …………………… 1－87

鄉黨圖考十卷 …………………… 1－89

鄉黨圖考十卷 …………………… 1－232

鄉黨圖考十卷 …………………… 1－232

紺珠閣讀書隨筆不分卷 ………… 1－222

絃詩塾詩六卷 …………………… 2－230

紹興內府古器評二卷 …………… 1－4

紹興先正遺書十五種 …………… 2－121

紹興先正遺書十五種 …………… 2－164

[乾隆]紹興府志八十卷首一卷 … 1－122

巢氏諸病源候總論五十卷 ……… 2－208

巢經巢文集六卷詩集九卷詩後集四

卷遺詩一卷附錄一卷 ………… 1－521

巢經巢文集六卷詩集九卷詩後集四

卷遺詩一卷附錄一卷 ………… 1－536

巢經巢集經說一卷 ……………… 2－178

巢經巢詩鈔九卷後集一卷 ……… 1－539

十二畫

貳臣傳十二卷 …………………… 2－463

貳臣傳十二卷逆臣傳四卷 …………… 1－271
貳臣傳十二卷逆臣傳四卷 …………… 1－271
貳臣傳十二卷逆臣傳四卷 …………… 1－573
貳臣傳十二卷逆臣傳四卷 …………… 2－220
絜齋毛詩經筵講義四卷 …………… 1－54
絜齋毛詩經筵講義四卷 …………… 1－55
絜齋集二十四卷 …………… 1－143
琴志樓叢書四十三種 …………… 1－435
琴軒鼠璞四卷 …………… 2－214
琴軒鼠璞四卷 …………… 2－214
琴瑟合譜不分卷 …………… 2－351
琴學入門二卷 …………… 1－365
琴學入門二卷 …………… 2－237
琴學心聲二卷 …………… 1－167
琴學叢書六種 …………… 1－549
琴隱園詩集三十六卷詞集四卷 …… 2－130
琴譜合璧二種 …………… 1－3
琴譜新聲六卷首一卷 …………… 2－276
琴譜新聲六卷首一卷 …………… 2－350
琴鶴堂印譜不分卷 …………… 2－208
琳琅祕室叢書三十種 …………… 1－435
琳琅祕室叢書三十種 …………… 2－83
琳琅祕室叢書三十種 …………… 2－142
琳琅集腋一卷 …………… 1－484
堯峰文鈔五十卷 …………… 1－48
堯峰文鈔五十卷 …………… 1－101
堯峰文鈔四十卷 …………… 1－151
堯峰文鈔四十卷 …………… 1－185
堯峰文鈔四十卷詩十卷 …………… 1－129
堯峰文鈔四十卷詩十卷 …………… 1－144
堯峰文鈔四十卷詩十卷 …………… 1－144
堯峯文粹一卷 …………… 1－414
項氏家說十卷附錄二卷 …………… 1－471
越中百詠一卷 …………… 2－198
越中百詠一卷 …………… 2－214
越中名勝賦一卷 …………… 1－164
越事備考十二卷 …………… 2－224
越南輯略二卷 …………… 1－582
越南輯略二卷 …………… 2－302
越絕書十五卷 …………… 1－19
越諺三卷 …………… 1－549

越諺三卷 …………… 2－214
越縵堂駢體文四卷散體文一卷 …… 1－413
越縵堂駢體文四卷散體文一卷 …… 2－148
趨庭瑣語八卷 …………… 1－420
超然抒情集二卷 …………… 2－215
場前屬別一卷 …………… 2－28
博物志十卷 …………… 1－361
博物志十卷 …………… 1－489
博物典彙二十卷 …………… 1－44
博物新編三集 …………… 1－356
博物新編三集 …………… 1－356
博雅音十卷 …………… 2－133
喜聞過齋文集十二卷 …………… 2－282
彭氏家規一卷 …………… 1－310
彭文敬公全集四種 …………… 1－414
彭城集四十卷 …………… 1－53
彭剛直公奏稿八卷 …………… 2－248
彭剛直公奏稿八卷詩集八卷 …… 1－579
彭剛直公奏稿八卷詩集八卷 …… 2－103
彭剛直公奏稿八卷詩集八卷 …… 2－444
彭剛直公奏稿四卷 …………… 2－381
彭剛直公奏稿四卷 …………… 2－517
彭剛直公詩稿八卷 …………… 2－248
蜑吟合稿一卷 …………… 2－252
裁雲閣詞鈔四卷 …………… 2－207
裁減淮北票鹽浮費全案不分卷 …… 2－115
報恩論二卷首一卷附一卷 …………… 2－149
報恩論二卷首一卷附一卷 …………… 2－427
達生編二卷 …………… 1－93
達生編二卷 …………… 1－93
達生編二卷 …………… 1－93
達生編二卷 …………… 2－403
達生編二卷 …………… 2－431
達生編二卷 …………… 2－573
達生編二卷 …………… 2－592
壹齋集四十卷奏御集二卷兩朝恩賚
　記一卷 …………… 2－532
壹齋集四十卷奏御集二卷兩朝恩賚
　記一卷賦錄二卷汪槳錄二卷蕭湯
　二老遺詩合編一卷 …………… 2－140
壹齋集四十卷奏御集二卷兩朝恩賚

記一卷蕭湯二老遺詩合編二卷 …… 1-419

酉爪集十六種 …………………… 2-188

惡室錄感一卷 …………………… 2-524

惡核良方釋疑一卷 ……………… 1-328

棊盤路圖不分卷 ………………… 2-459

斯文正宗十六卷 ………………… 1-178

斯文精華不分卷 ………………… 1-492

斯文精萃不分卷 ………………… 1-100

斯文精萃不分卷 ………………… 1-145

期不負齋政書九卷文集五卷 …… 2-69

葉氏女科證治四卷 ……………… 1-426

葉忠節公遺稿十二卷 …………… 1-63

葉柝紀程二卷 …………………… 2-85

葉爾羌守城紀略一卷守邊輯要一卷

　…………………………………… 1-458

散原精舍詩二卷 ………………… 2-225

葬書一卷 ………………………… 2-97

葬經內篇一卷 …………………… 2-4

萬氏秘傳片玉心書五卷 ………… 1-205

萬氏家傳保命歌括三十五卷 …… 1-194

萬氏家傳保命歌括三十五卷 …… 1-205

萬氏家傳痘疹心法二十三卷 …… 1-205

萬氏家傳傷寒摘錦二卷 ………… 2-483

萬氏婦人科三卷 ………………… 1-478

萬方鍼線八卷 …………………… 1-75

萬古愁曲一卷 …………………… 2-342

萬充宗先生經學五書 …………… 1-70

萬充宗先生經學五書 …………… 1-153

萬充宗先生經學五書 …………… 1-214

萬充宗先生經學五書 …………… 2-131

萬充宗先生經學五書 …………… 2-233

萬松老人評唱天章覺和尚拈古靖益

　錄六卷 ………………………… 1-556

萬物炊累室類稿三編四種 ……… 1-438

萬卷樓叢書二十九種 …………… 1-437

萬法歸心錄三卷 ………………… 2-276

萬國分類時務大成四十卷 ……… 1-383

萬國分類時務大成四十卷 ……… 1-383

萬國分類時務大成四十卷 ……… 1-383

萬國分類時務大成四十卷首一卷 … 1-491

萬國公法四卷 …………………… 1-293

萬國公法四卷 …………………… 1-293

萬國公法四卷 …………………… 1-293

萬國公法四卷 …………………… 1-542

萬國公法四卷 …………………… 2-502

萬國公法會通十卷 ……………… 2-1

萬國公法會通十卷 ……………… 2-1

萬國公法會通十卷 ……………… 2-1

萬國史記二十卷 ………………… 1-271

萬國史記二十卷 ………………… 2-419

萬國史記二十卷 ………………… 2-471

萬國史記二十卷 ………………… 2-482

萬國史記二十卷 ………………… 2-483

萬國史記二十卷 ………………… 2-563

萬國地理志七編 ………………… 1-543

萬國近政考略十六卷 …………… 1-585

萬國近政考略十六卷 …………… 1-585

萬國近政考略十六卷 …………… 1-585

萬國近政考略十六卷 …………… 2-464

萬國近政考略十六卷 …………… 2-473

萬國近政考略十六卷 …………… 2-507

萬國近政考略十六卷 …………… 2-553

萬國通史前編十卷 ……………… 2-540

萬國通鑑四卷地圖一卷 ………… 1-267

萬國通鑑四卷地圖一卷 ………… 1-267

萬國通鑑四卷地圖一卷 ………… 1-267

萬國通鑑四卷地圖一卷 ………… 2-501

萬國新史大事表十八卷 ………… 1-527

萬國新史簡要三卷 ……………… 1-243

萬國新史簡要三卷 ……………… 1-243

萬國憲法志三卷 ………………… 1-592

萬國輿圖不分卷 ………………… 1-282

萬國輿圖不分卷 ………………… 2-373

萬國總說三卷 …………………… 1-272

萬象一原圖一卷 ………………… 2-7

萬象一原圖一卷 ………………… 2-296

萬密齋書十種 …………………… 1-209

萬葉堂詩鈔二卷 ………………… 2-192

萬善花室文藁六卷 ……………… 2-281

萬善花室文藁六卷續編一卷附錄一卷

　…………………………………… 2-88

萬善花室詩藁四卷文藁七卷詞藁一卷

······· 2－281
萬壽衢歌樂章六卷 ········· 1－50
葛仙翁肘後備急方八卷 ········ 2－268
董氏叢書十六種 ··········· 1－439
董文敏公畫禪隨筆四卷 ········ 1－103
董方立算書七卷 ··········· 1－346
董方立算書七卷 ··········· 1－346
董方立遺書八種 ··········· 2－73
董方立遺書八種 ··········· 2－184
董方立遺書八種 ··········· 2－213
董方立遺書八種 ··········· 2－225
董方立遺書八種 ··········· 2－425
董方立遺書八種 ··········· 2－487
董仲舒集一卷 ············ 1－26
董真人歸真記二卷 ········· 2－489
葆淳閣集二十四卷惺園易說二卷 ··· 1－267
葆淳閣續集一卷 ··········· 1－402
葆淳閣續集一卷 ··········· 1－511
敬吾心室識篆圖不分卷 ······· 2－27
敬告牧令學官勸導士民入學堂習洋
　文條義一卷 ··········· 1－579
敬告牧令學官勸導士民入學堂習洋
　文條義一卷 ··········· 1－579
敬告牧令學官勸導士民入學堂習洋
　文條義一卷 ··········· 1－579
敬告牧令學官勸導士民入學堂習洋
　文條議一卷 ··········· 1－286
敬告牧令學官勸導士民入學堂習洋
　文條議一卷 ··········· 2－13
敬告牧令學官勸導士民入學堂習洋
　文條議一卷 ··········· 2－13
敬告牧令學官勸導士民入學堂習洋
　文條議一卷 ··········· 2－13
敬思堂詩集六卷 ··········· 2－281
敬恕堂詩一卷 ············ 1－67
敬業堂詩集五十卷 ·········· 1－50
敬業堂詩集五十卷 ·········· 1－83
敬業堂詩集五十卷 ·········· 1－185
敬業堂詩集五十卷 ·········· 1－513
敬業堂詩集五十卷續集六卷 ····· 1－62
敬業堂詩集五十卷續集六卷 ······ 1－556

敬業堂詩集五十卷續集六卷 ······ 1－556
敬業堂詩集五十卷續集六卷 ······ 2－183
敬業堂詩集五十卷續集六卷 ······ 2－208
敬業堂詩續集六卷 ········· 1－50
敬義堂家譜二卷 ··········· 1－306
敬聞堂學治雜錄四卷 ········ 2－140
敬齋古今黈八卷 ··········· 1－52
敬齋古今黈八卷拾遺五卷 ······ 2－94
敬齋存稿二十卷陶元亮述酒詩解一
　卷東明紀行一卷 ········· 1－408
落玄軒集選十二卷不贏集一卷天瓿園
　唾海集一卷粵雪篇六卷郢雪篇一卷
　················ 1－11
落落齋遺集十卷附錄一卷 ······ 2－144
萍綠詞三卷 ············· 2－86
葦間詩集五卷 ············ 2－81
葦間詩集五卷 ············ 2－174
葦間詩集五卷 ············ 2－227
朝代紀元表不分卷 ········· 1－67
［正德］朝邑縣志二卷 ········ 1－117
［正德］朝邑縣志二卷 ········ 2－39
［正德］朝邑縣志二卷 ········ 2－39
［正德］朝邑縣志二卷 ········ 2－39
［正德］朝邑縣志二卷 ········ 2－39
［正德］朝邑縣志二卷 ········ 2－39
［正德］朝邑縣志二卷 ········ 2－39
［正德］朝邑縣志二卷 ········ 2－39
［正德］朝邑縣志二卷 ········ 2－39
［正德］朝邑縣志二卷 ········ 2－39
［正德］朝邑縣志二卷 ········ 2－39
［正德］朝邑縣志二卷 ······· 2－193
［正德］朝邑縣志二卷 ······· 2－582
［乾隆］朝邑縣志十一卷首一卷 ··· 1－118
［乾隆］朝邑縣志十一卷首一卷 ··· 1－118
［乾隆］朝邑縣志十一卷首一卷 ··· 1－118
朝邑縣志注二卷朝邑縣志二卷 ····· 2－329
［康熙］朝邑縣後志八卷 ······ 1－117
［康熙］朝邑縣後志八卷 ······ 1－118
［康熙］朝邑縣後志八卷 ······ 1－118
［康熙］朝邑縣後志八卷 ······ 1－118

［康熙］朝邑縣後志八卷　…………　1－118

［康熙］朝邑縣後志八卷　…………　1－118

［康熙］朝邑縣後志八卷　…………　1－118

朝邑縣清丈地糧定數條規總冊不分卷

　　……………………………………　1－459

朝邑縣清丈地糧定數條規總冊不分卷

　　……………………………………　2－193

朝邑縣清丈地糧定數條規總冊不分卷

　　……………………………………　2－572

［宣統］朝邑縣鄉土志一卷　………　1－248

朝邑縣幅員地糧總說不分卷　………　2－115

朝邑縣幅員地糧總說不分卷　………　2－259

朝野類要五卷　………………………　1－52

朝鮮近世史二卷　……………………　1－541

［嘉慶］葭州志二卷　………………　2－44

［嘉慶］葭州志二卷　………………　2－45

［嘉慶］葭州志二卷　………………　2－45

［嘉慶］葭州志二卷　………………　2－532

喪服會通說四卷　……………………　2－228

喪禮或問一卷　………………………　1－88

植物名實圖考三十八卷長編二十二卷

　　……………………………………　1－362

植物教科書二卷　……………………　1－363

植棉說一卷　…………………………　1－318

植棉說一卷　…………………………　1－318

棲雲筆記四卷　………………………　1－312

棲雲山房古體詩鈔二卷　……………　2－283

棲雲山館詞存一卷　…………………　2－283

［乾隆］棲霞縣志十卷　……………　1－112

棉書一卷　……………………………　1－476

棉陽書院學規節鈔一卷　……………　2－239

棉陽學準五卷　………………………　1－94

棣華書屋詩鈔三卷　…………………　2－287

棣懷堂隨筆六卷　……………………　1－514

惠山竹枝詞一卷　……………………　2－245

［光緒］惠州府志四十五卷首一卷　…　2－57

惠烈錄六卷　…………………………　1－66

惠硯溪先生詩說三卷　………………　2－205

粟布演草二卷補一卷　………………　1－346

粟香室叢書五十八種　………………　2－212

粟香室叢書五十八種　………………　2－246

粟香隨筆八卷二筆八卷三筆八卷四

　筆八卷五筆八卷　…………………　1－339

粟香館遺詩一卷　……………………　2－143

棗林雜俎六卷附一卷　………………　1－547

棘闈奪命錄一卷　……………………　1－385

棘闈奪命錄一卷　……………………　2－293

［道光］廈門志十六卷　……………　2－57

［道光］廈門志十六卷　……………　2－577

［道光］廈門志十六卷　……………　2－577

皕宋樓藏書志一百二十卷　…………　2－70

皕宋樓藏書志一百二十卷　…………　2－299

皕宋樓藏書志一百二十卷續志四卷

　　……………………………………　1－295

硯山樵詩集四卷　……………………　1－145

硯雲甲乙編十六種　…………………　2－323

硯緣集錄不分卷　……………………　2－202

雁門集十四卷附一卷倡和錄一卷　…　2－303

雁門集十四卷附一卷倡和錄一卷別

　錄一卷　……………………………　2－279

雁門集六卷補遺一卷唱和錄一卷集

　別錄一卷　…………………………　2－280

雲水前集一卷後集一卷　……………　1－424

雲水前集一卷後集一卷　……………　1－519

雲水前集一卷後集一卷　……………　2－282

雲水前集二卷　………………………　2－444

雲自在龕叢書十九種　………………　1－523

雲自在龕叢書十九種　………………　2－155

雲林別墅繪像妥註第六才子書六卷

　　……………………………………　1－486

雲林別墅繪像妥註第六才子書六卷

　　……………………………………　1－492

雲臥山莊別集五卷　…………………　1－409

［同治］雲和縣志十六卷首一卷　……　2－416

［光緒］雲南通志二百四十二卷首四

　卷附錄四十一卷　…………………　2－264

［道光］雲南通志稿二百十六卷首三卷

　　……………………………………　2－56

雲亭詩鈔一卷　………………………　2－283

雲菴遺詩一卷遺文一卷　……………　1－415

雲菴雜誌四卷　………………………　2－258

雲庵雜錄二十八卷　…………………　2－342

雲棲淨土彙語一卷 ⋯⋯⋯⋯⋯ 2－295
雲間小課二卷 ⋯⋯⋯⋯⋯⋯⋯ 2－170
雲溪友議十二卷 ⋯⋯⋯⋯⋯ 1－43
雲樣集八卷 ⋯⋯⋯⋯⋯⋯⋯⋯ 1－510
雲樣集八卷 ⋯⋯⋯⋯⋯⋯⋯⋯ 1－510
雲潔山房詩鈔四卷 ⋯⋯⋯⋯⋯ 1－257
揚子江流域現勢論四編 ⋯⋯⋯ 1－580
揚子法言十三卷音義一卷 ⋯⋯ 2－199
揚子法言十三卷音義一卷 ⋯⋯ 2－201
揚子法言音義十三卷 ⋯⋯⋯⋯ 2－108
揚州方言韻語長短句一卷 ⋯⋯ 2－85
揚州方言韻語長短句一卷 ⋯⋯ 2－208
揚州水道記四卷 ⋯⋯⋯⋯⋯⋯ 1－563
揚州水道記四卷 ⋯⋯⋯⋯⋯⋯ 2－201
揚州劫餘小識一卷 ⋯⋯⋯⋯⋯ 2－85
揚州足徵錄二十七卷 ⋯⋯⋯⋯ 2－261
揚州畫舫錄十八卷 ⋯⋯⋯⋯⋯ 1－530
揚州畫舫錄十八卷 ⋯⋯⋯⋯⋯ 2－207
揚州畫舫錄十八卷 ⋯⋯⋯⋯⋯ 2－229
揚州畫舫錄題詞十八卷 ⋯⋯⋯ 2－172
提牢備考四卷 ⋯⋯⋯⋯⋯⋯⋯ 2－99
提牢備考四卷 ⋯⋯⋯⋯⋯⋯⋯ 2－172
提牢備考四卷 ⋯⋯⋯⋯⋯⋯⋯ 2－307
揖石齋文集三卷 ⋯⋯⋯⋯⋯⋯ 1－123
揣唐摩宋集一卷 ⋯⋯⋯⋯⋯⋯ 2－292
揣唐摩宋集一卷 ⋯⋯⋯⋯⋯⋯ 2－292
搜神後記二卷 ⋯⋯⋯⋯⋯⋯⋯ 2－315
搜神記八卷 ⋯⋯⋯⋯⋯⋯⋯⋯ 2－315
援守井研記略一卷 ⋯⋯⋯⋯⋯ 2－311
援溺金縲四卷 ⋯⋯⋯⋯⋯⋯⋯ 2－112
援鶉堂筆記五十卷 ⋯⋯⋯⋯⋯ 2－312
揮塵前錄四卷後錄十一卷三錄三卷
　餘話二卷 ⋯⋯⋯⋯⋯⋯⋯⋯ 1－36
握奇經訂本一卷 ⋯⋯⋯⋯⋯⋯ 1－306
握奇經訂本一卷 ⋯⋯⋯⋯⋯⋯ 2－4
雅雨堂藏書十二種 ⋯⋯⋯⋯⋯ 1－86
雅雨堂藏書十二種 ⋯⋯⋯⋯⋯ 1－144
雅雨堂藏書十二種 ⋯⋯⋯⋯⋯ 1－150
悲華經十卷 ⋯⋯⋯⋯⋯⋯⋯⋯ 1－369
紫丁香齋詩課偶存一卷 ⋯⋯⋯ 2－283
紫丁香齋詩課偶存一卷 ⋯⋯⋯ 2－286

紫丁香齋詩課偶存一卷 ⋯⋯⋯ 2－291
紫丁香齋賦課偶存一卷 ⋯⋯⋯ 1－501
紫竹山房詩文集十二卷文集二十卷
　⋯⋯⋯⋯⋯⋯⋯⋯⋯⋯⋯⋯ 2－175
紫陽詩經八卷 ⋯⋯⋯⋯⋯⋯⋯ 2－349
［道光］紫陽縣志八卷首一卷 ⋯ 2－47
［道光］紫陽縣志八卷首一卷 ⋯ 2－47
［道光］紫陽縣志八卷首一卷 ⋯ 2－47
［康熙］紫陽縣新志二卷 ⋯⋯⋯ 1－121
紫雲仙館二集八卷 ⋯⋯⋯⋯⋯ 2－326
紫雲仙館三集八卷 ⋯⋯⋯⋯⋯ 1－499
紫榴吟舫試帖一卷 ⋯⋯⋯⋯⋯ 2－287
紫榴吟舫試帖一卷 ⋯⋯⋯⋯⋯ 2－287
紫薇花館集二十五卷 ⋯⋯⋯⋯ 2－80
紫藤花館詩餘一卷 ⋯⋯⋯⋯⋯ 2－138
紫藤蘿吟館遺集不分卷 ⋯⋯⋯ 1－409
虛白山房駢體文二卷 ⋯⋯⋯⋯ 2－180
虛白室詩鈔十一卷 ⋯⋯⋯⋯⋯ 2－172
虛字註釋六卷 ⋯⋯⋯⋯⋯⋯⋯ 2－529
虛字說一卷 ⋯⋯⋯⋯⋯⋯⋯⋯ 1－241
虛字說一卷 ⋯⋯⋯⋯⋯⋯⋯⋯ 1－241
虛字說一卷 ⋯⋯⋯⋯⋯⋯⋯⋯ 1－241
虛字韻藪一卷 ⋯⋯⋯⋯⋯⋯⋯ 2－336
虛字韻藪一卷補遺一卷 ⋯⋯⋯ 2－341
虛字闡義三卷 ⋯⋯⋯⋯⋯⋯⋯ 2－465
虛受堂文集十六卷 ⋯⋯⋯⋯⋯ 1－406
虛受堂文集十六卷 ⋯⋯⋯⋯⋯ 1－509
虛空孕菩薩經三卷 ⋯⋯⋯⋯⋯ 1－369
虛齋名畫錄十六卷 ⋯⋯⋯⋯⋯ 1－364
虛齋名畫錄十六卷 ⋯⋯⋯⋯⋯ 1－531
虛齋名畫錄十六卷 ⋯⋯⋯⋯⋯ 2－116
虛齋名畫錄十六卷 ⋯⋯⋯⋯⋯ 2－169
虛齋名畫錄十六卷續錄四卷 ⋯ 2－233
棠陰比事一卷 ⋯⋯⋯⋯⋯⋯⋯ 1－475
棠陰比事一卷 ⋯⋯⋯⋯⋯⋯⋯ 2－268
掌故演義七回 ⋯⋯⋯⋯⋯⋯⋯ 1－391
最近揚子江之大勢六章 ⋯⋯⋯ 1－460
最新上海花柳繁華夢四卷三十二回
　⋯⋯⋯⋯⋯⋯⋯⋯⋯⋯⋯⋯ 2－510
最新農學初階一卷 ⋯⋯⋯⋯⋯ 1－317
貼例須知一卷 ⋯⋯⋯⋯⋯⋯⋯ 1－464

207

貽清白齋詩鈔二十卷 …………… 1-219

鼎湖山慶雲寺志八卷首一卷 ……… 2-58

鼎湖山慶雲寺志八卷首一卷 ……… 2-58

鼎鍥幼幼集成六卷 ……………… 1-75

鼎鍥幼幼集成六卷 ……………… 2-4

鼎鍥趙田了凡袁先生編纂古本歷史
　　大方綱鑑補三十九卷首一卷 …… 2-576

鼎鍥趙田了凡袁先生編纂古本歷史
　　大方綱鑑補三十九卷首一卷 …… 1-573

鼎鍥趙田了凡袁先生編纂古本歷史
　　大方綱鑑補三十九卷首一卷 …… 2-323

鼎鍥趙田了凡袁先生編纂古本歷史
　　大方綱鑑補三十九卷首一卷 …… 2-382

鼎鍥趙田了凡袁先生編纂古本歷史
　　大方綱鑑補三十九卷首一卷 …… 2-383

鼎鍥趙田了凡袁先生編纂古本歷史
　　大方綱鑑補三十九卷首一卷 …… 2-394

鼎鍥趙田了凡袁先生編纂古本歷史
　　大方綱鑑補三十九卷首一卷 …… 2-408

鼎鍥趙田了凡袁先生編纂古本歷史
　　大方綱鑑補三十九卷首一卷 …… 2-413

鼎鍥趙田了凡袁先生編纂古本歷史
　　大方綱鑑補三十九卷首一卷 …… 2-413

鼎鍥趙田了凡袁先生編纂古本歷史
　　大方綱鑑補三十九卷首一卷 …… 2-543

鼎鍥趙田了凡袁先生編纂古本歷史
　　大方綱鑑補三十九卷首一卷 …… 2-547

鼎鍥趙田了凡袁先生編纂古本歷史
　　大方綱鑑補四十卷首一卷 ……… 2-413

[光緒]開化縣志十四卷首一卷 …… 2-350

開地道轟藥法三卷圖一卷 ………… 1-319

開地道轟藥法三卷圖一卷 ………… 1-319

開地道轟藥法三卷圖一卷 ………… 1-319

開地道轟藥法三卷圖一卷 ………… 2-525

開地道轟藥法三卷圖一卷 ………… 2-525

開有益齋金石文字記一卷 ………… 2-214

開有益齋讀書志六卷續志一卷金石
　　文字記一卷 …………………… 1-336

開有益齋讀書志六卷續志一卷金石
　　文字記一卷 …………………… 1-547

開有益齋讀書志六卷續志一卷金石

文字記一卷 ……………………… 2-137

開知錄十四卷 …………………… 1-330

開知錄十四卷 …………………… 1-549

開知錄十四卷 …………………… 1-593

開知錄十四卷 …………………… 2-110

[康熙]開封府志四十卷 ………… 1-112

開煤要法十二卷 ………………… 1-362

開煤要法十二卷 ………………… 1-363

開煤要法十二卷 ………………… 1-363

開煤要法十二卷 ………………… 1-363

開煤要法十二卷 ………………… 1-363

開煤要法十二卷 ………………… 1-363

開煤要法十二卷 ………………… 2-11

開礦器法十卷圖二卷 …………… 2-13

閑闢錄十卷 ……………………… 1-308

閒情偶寄十六卷 ………………… 1-182

閒情集三卷 ……………………… 2-158

喇叭吹法一卷 …………………… 2-2

遏云閣曲譜不分卷 ……………… 2-59

景文集六十二卷 ………………… 1-173

景文集六十二卷 ………………… 2-143

景刊宋金元明本詞四十種 ……… 2-195

景宋殘本五代平話八卷 ………… 2-285

景岳全書十六種 ………………… 1-192

景岳全書十六種 ………………… 1-326

景岳全書十六種 ………………… 1-480

景岳全書十六種 ………………… 2-429

景岳全書十六種 ………………… 2-492

景岳全書十六種 ………………… 2-492

景岳全書發揮四卷 ……………… 1-551

景岳全書發揮四卷 ……………… 2-254

景岳湯頭新方歌訣二卷 ………… 1-557

景岳新方砭四卷 ………………… 1-478

景岳新方砭四卷 ………………… 2-319

景岳新方砭四卷 ………………… 2-483

景定嚴州續志十卷 ……………… 2-54

景陸稡編八卷首一卷 …………… 2-142

景教流行中國碑頌正詮一卷 …… 1-378

景德鎮陶錄十卷 ………………… 1-532

貴州郡邑道里圖一卷 …………… 2-261

[乾隆]貴州通志四十六卷首一卷 … 1-122

貴池二妙集五十一卷⋯⋯⋯⋯⋯ 1－552
貴池二妙集五十一卷⋯⋯⋯⋯⋯ 2－182
貴池二妙集四十七卷⋯⋯⋯⋯⋯ 2－131
[同治]郎縣志十卷首一卷 ⋯⋯⋯ 2－261
違碍書籍目錄一卷⋯⋯⋯⋯⋯⋯ 2－296
[乾隆]單縣志十三卷圖一卷 ⋯⋯ 1－190
喤引集二卷附錄一卷⋯⋯⋯⋯⋯ 2－215
喻道要旨一卷⋯⋯⋯⋯⋯⋯⋯⋯ 1－378
圖東學詩八卷⋯⋯⋯⋯⋯⋯⋯⋯ 1－127
黑奴籲天錄四卷⋯⋯⋯⋯⋯⋯⋯ 1－262
[嘉慶]黑龍江外記八卷 ⋯⋯⋯⋯ 1－530
[嘉慶]黑龍江外記八卷 ⋯⋯⋯⋯ 2－50
[嘉慶]黑龍江外記八卷 ⋯⋯⋯⋯ 2－267
[光緒]黑龍江述略六卷 ⋯⋯⋯⋯ 2－51
無止境初存藁六卷⋯⋯⋯⋯⋯⋯ 2－217
無邪堂答問五卷⋯⋯⋯⋯⋯⋯⋯ 1－483
無邪堂答問五卷⋯⋯⋯⋯⋯⋯⋯ 1－492
無邪堂答問五卷⋯⋯⋯⋯⋯⋯⋯ 2－5
無邪堂答問五卷⋯⋯⋯⋯⋯⋯⋯ 2－396
無如一卷⋯⋯⋯⋯⋯⋯⋯⋯⋯⋯ 1－481
無事且靜坐摘集一卷⋯⋯⋯⋯⋯ 1－421
無弦琴譜二卷⋯⋯⋯⋯⋯⋯⋯⋯ 2－237
無益有益齋論畫詩二卷⋯⋯⋯⋯ 2－154
無量壽經宗要一卷⋯⋯⋯⋯⋯⋯ 1－367
無量壽經優波提舍一卷⋯⋯⋯⋯ 2－273
無量壽經優婆提舍願生偈一卷注二卷
　　附婆藪槃頭菩薩造往生論一卷⋯⋯ 1－371
無線電報八章補編一章⋯⋯⋯⋯ 2－9
無線電報八章補編一章⋯⋯⋯⋯ 2－211
無機化學教科書三卷⋯⋯⋯⋯⋯ 2－9
[光緒]無錫金匱縣志四十卷首一卷 ⋯ 2－52
[光緒]無錫金匱縣志四十卷首一卷
　　⋯⋯⋯⋯⋯⋯⋯⋯⋯⋯⋯⋯ 2－259
[光緒]無錫金匱縣志四十卷首一卷
　　⋯⋯⋯⋯⋯⋯⋯⋯⋯⋯⋯⋯ 2－262
[光緒]無錫金匱縣志四十卷首一卷
　　⋯⋯⋯⋯⋯⋯⋯⋯⋯⋯⋯⋯ 2－262
[光緒]無錫金匱縣志四十卷首一卷
　　⋯⋯⋯⋯⋯⋯⋯⋯⋯⋯⋯⋯ 2－366
[光緒]無錫金匱縣志四十卷首一卷
　　⋯⋯⋯⋯⋯⋯⋯⋯⋯⋯⋯⋯ 2－366

[光緒]無錫金匱縣志四十卷首一卷
　殉難紳民表二卷列女姓氏錄四卷
　　⋯⋯⋯⋯⋯⋯⋯⋯⋯⋯⋯⋯ 2－369
無聲詩史七卷⋯⋯⋯⋯⋯⋯⋯⋯ 1－8
無聲詩史七卷⋯⋯⋯⋯⋯⋯⋯⋯ 1－140
無雙譜一卷⋯⋯⋯⋯⋯⋯⋯⋯⋯ 1－216
缾水齋詩集十七卷別集二卷⋯⋯ 1－426
缾笙館修簫譜四卷⋯⋯⋯⋯⋯⋯ 1－489
智因閣詩集一卷⋯⋯⋯⋯⋯⋯⋯ 1－415
智囊補二十八卷 ⋯⋯⋯⋯⋯⋯⋯ 1－43
剩圃詩集八卷⋯⋯⋯⋯⋯⋯⋯⋯ 1－177
嵇中散集十卷⋯⋯⋯⋯⋯⋯⋯⋯ 1－48
嵇庵詩集六卷⋯⋯⋯⋯⋯⋯⋯⋯ 2－150
嵇庵詩集六卷⋯⋯⋯⋯⋯⋯⋯⋯ 2－226
程子年譜十二卷首一卷末一卷⋯⋯ 2－277
程氏若庸性理字訓一卷⋯⋯⋯⋯ 1－469
程氏所見詩鈔二十四卷⋯⋯⋯⋯ 2－420
程氏所見詩鈔二十四卷⋯⋯⋯⋯ 2－466
程氏所見詩鈔二十四卷⋯⋯⋯⋯ 2－468
程氏所見詩鈔二十四卷⋯⋯⋯⋯ 2－493
程氏性理字訓一卷⋯⋯⋯⋯⋯⋯ 1－308
程氏性理字訓一卷⋯⋯⋯⋯⋯⋯ 2－441
程氏家塾讀書分年日程三卷綱領一卷
　　⋯⋯⋯⋯⋯⋯⋯⋯⋯⋯⋯⋯ 1－309
程氏家塾讀書分年日程三卷綱領一卷
　　⋯⋯⋯⋯⋯⋯⋯⋯⋯⋯⋯⋯ 1－470
程氏家塾讀書分年日程三卷綱領一卷
　　⋯⋯⋯⋯⋯⋯⋯⋯⋯⋯⋯⋯ 1－555
程氏家塾讀書分年日程三卷綱領一卷
　　⋯⋯⋯⋯⋯⋯⋯⋯⋯⋯⋯⋯ 1－558
程氏家塾讀書分年日程三卷綱領一卷
　　⋯⋯⋯⋯⋯⋯⋯⋯⋯⋯⋯⋯ 2－6
程氏家塾讀書分年日程三卷綱領一卷
　　⋯⋯⋯⋯⋯⋯⋯⋯⋯⋯⋯⋯ 2－510
程氏家塾讀書分年日程三卷綱領一卷
　　⋯⋯⋯⋯⋯⋯⋯⋯⋯⋯⋯⋯ 2－531
程氏墨苑十四卷墨苑人文爵里九卷⋯⋯ 1－6
程式編三卷⋯⋯⋯⋯⋯⋯⋯⋯⋯ 1－471
稀痘良方一卷⋯⋯⋯⋯⋯⋯⋯⋯ 1－477
等不等觀雜錄八卷⋯⋯⋯⋯⋯⋯ 1－341
等閒集詩鈔一卷⋯⋯⋯⋯⋯⋯⋯ 2－76

等韻易知不分卷……………… 2－508

策府統宗六十四卷……………… 1－383

策海五十九卷…………………… 1－382

策海□□卷……………………… 2－568

策學備纂三十二卷目錄三十二卷首一卷

………………………………… 1－383

策學備纂三十二卷目錄三十二卷首一卷

………………………………… 2－356

策學備纂三十二卷目錄三十二卷首一卷

………………………………… 2－374

策學備纂三十二卷目錄三十二卷首一卷

………………………………… 2－404

策學備纂三十二卷首一卷………… 2－555

策學備纂三十二卷首一卷………… 2－562

答客芻言不分卷………………… 2－275

答問錄存不分卷………………… 1－481

筍江集一卷……………………… 2－277

筆花醫鏡四卷…………………… 1－478

筆花醫鏡四卷…………………… 2－251

筆花醫鏡四卷…………………… 2－581

筆算便覽五卷…………………… 1－351

筆算數學三卷…………………… 1－352

筆算數學三卷…………………… 1－484

筆疇二卷………………………… 1－32

備急千金要方三十卷…………… 1－563

備急千金要方六十卷…………… 2－301

傅子一卷………………………… 1－53

傅子一卷………………………… 1－245

傅氏眼科審視瑤函六卷首一卷 …… 1－29

傅氏眼科審視瑤函六卷首一卷 …… 2－207

傅氏眼科審視瑤函六卷首一卷 …… 2－430

傅氏眼科審視瑤函六卷首一卷 …… 2－539

傅氏眼科審視瑤函六卷首一卷前賢

　醫案一卷………………………… 2－517

傅青主女科二卷產後編二卷……… 1－425

傅青主先生年譜一卷…………… 1－512

傅青主先生男女科全編四卷…… 2－5

傅青主男科二卷………………… 1－425

傅科全書一卷…………………… 1－478

傅科全書六卷…………………… 1－551

傅徵君霜紅龕詩鈔一卷附錄一卷 …… 1－85

傅鶉觚集五卷 ………………… 2－85

傅蘭雅叢書八種 ……………… 2－32

貸園叢書初集十二種…………… 1－129

貸園叢書初集十二種…………… 1－147

貸園叢書初集十二種…………… 1－158

貸園叢書初集十二種…………… 1－170

［光緒］順天府志一百三十卷附錄一卷

………………………………… 2－267

順天鄉試硃卷光緒丁酉科不分卷…… 2－553

順安詩草八卷…………………… 2－159

順安詩草八卷清儀閣雜詠一卷竹田

　樂府一卷竹里畫者詩一卷竹里耆

　舊詩一卷感逝詩一卷…………… 2－132

集千家註杜工部詩集二十卷文集二卷

……………………………………… 1－9

集千家註杜工部詩集二十卷文集二卷

……………………………………… 1－9

集千家註杜工部詩集二十卷文集二卷

……………………………………… 1－24

集千家註杜工部詩集二十卷文集二卷

……………………………………… 1－29

集千家註杜工部詩集二十卷文集二卷

……………………………………… 1－46

集千家註杜工部詩集二十卷文集二卷

……………………………………… 1－183

集千家註杜工部詩集二十卷文集二

　卷附錄一卷……………………… 1－10

集千家註杜工部詩集二十卷文集二

　卷附錄一卷……………………… 1－12

集古錄目十卷原目一卷………… 2－150

集成篇□□卷…………………… 2－438

集字雜著二卷…………………… 2－293

集唐詩一卷……………………… 1－164

集梅花詩十八種………………… 2－204

集虛草堂叢書甲集九種………… 1－554

集虛草堂叢書甲集九種 ……… 2－86

集虛草堂叢書甲集九種 ……… 2－173

集虛齋四書口義十卷…………… 1－191

集虛齋學古文十二卷離騷經解略一卷

………………………………… 1－139

集聖教序四卷續集聖教序一卷集洛

神十三行字一卷 ……………………… 1－553

集韻十卷 ……………………………… 2－196

集說詮真不分卷續編不分卷提要不分卷

　………………………………………… 2－247

集說詮真提要不分卷 ………………… 2－449

集說詮真續編一卷附歷代永統紀年

　表圖一卷 …………………………… 2－463

集選奇效簡便良方四卷 ……………… 2－555

集驗良方拔萃二卷癸卯年續補集驗

　拔萃良方一卷 ……………………… 1－563

集驗良方拔萃二卷癸卯年續補集驗

　拔萃良方一卷 ……………………… 2－271

集韻十卷 ……………………………… 1－243

集韻十卷 ……………………………… 1－243

集韻十卷 ……………………………… 1－243

集韻三十卷 …………………………… 2－66

集驗良方六卷 ………………………… 2－528

焦山六上人詩 ………………………… 2－135

焦山六上人詩 ………………………… 2－169

焦山四上人詩存四卷懶餘吟草二卷

　………………………………………… 2－244

焦山志二十六卷首一卷 ……………… 2－262

焦山志二十六卷首一卷 ……………… 2－262

焦山志二十六卷首一卷 ……………… 2－528

焦山志二十卷首一卷 ………………… 1－281

焦山續志八卷 ………………………… 2－114

焦山續志八卷 ………………………… 2－262

焦山續志八卷 ………………………… 2－262

焦山續志八卷 ………………………… 2－262

焦氏易林四卷 ………………………… 2－61

焦氏叢書十種 ………………………… 1－438

焦氏叢書十種 ………………………… 2－90

焦氏叢書十種 ………………………… 2－180

焦氏類林八卷 ………………………… 1－63

焦尾閣遺稿不分卷 …………………… 2－211

焦奉政公循蹟詳奏牘鈔不分卷附節

　錄州縣各志不分卷 ………………… 2－269

焦南浦先生年譜一卷附錄一卷增附一卷

　………………………………………… 2－162

皋蘭課業詩賦約編不分卷 …………… 2－23

皋鶴堂批評第一奇書金瓶梅一百回 … 1－10

皋鶴堂批評第一奇書金瓶梅一百回 … 1－20

皖江官場必覽不分卷 ………………… 1－461

御批袁了凡綱鑑三十九卷 …………… 1－261

御批通鑑輯覽一百二十卷 …………… 2－67

御批通鑑輯覽一百二十卷 …………… 2－308

御批通鑑輯覽一百二十卷 …………… 2－380

御批通鑑輯覽一百二十卷 …………… 2－391

御批通鑑輯覽一百二十卷 …………… 2－391

御批通鑑輯覽一百二十卷 …………… 2－391

御批通鑑輯覽一百二十卷 …………… 2－410

御批資治通鑑綱目二十七卷 ………… 2－97

御批資治通鑑綱目三編二十卷 ……… 2－407

御批資治通鑑綱目五十九卷 ………… 2－462

御批資治通鑑綱目五十九卷前編十

　八卷前編舉要三卷前編外記一卷

　續編二十七卷 ……………………… 2－426

御批資治通鑑綱目五十九卷前編十八

　卷舉要三卷外記一卷續編二十七卷

　………………………………………… 2－427

御批資治通鑑綱目五十九卷前編十八

　卷舉要三卷外記一卷續編二十七卷

　………………………………………… 2－427

御批資治通鑑綱目五十九卷首一卷

　………………………………………… 1－261

御批資治通鑑綱目五十九卷首一卷

　………………………………………… 1－261

御批資治通鑑綱目五十九卷首一卷

　………………………………………… 1－261

御批資治通鑑綱目五十九卷首一卷 … 2－97

御批資治通鑑綱目五十九卷首一卷

　………………………………………… 2－344

御批資治通鑑綱目五十九卷首一卷

　………………………………………… 2－485

御批資治通鑑綱目五十九卷首一卷

　………………………………………… 2－502

御批資治通鑑綱目五十九卷首一卷

　………………………………………… 2－551

御批資治通鑑綱目五十九卷首一卷

　………………………………………… 2－552

御批資治通鑑綱目五十九卷首一卷

　………………………………………… 2－552

御批資治通鑑綱目正編五十九卷首一卷　御批歷代通鑑輯覽一百二十卷……… 2－372
　……………………………… 2－555　御批歷代通鑑輯覽一百二十卷……… 2－372
御批資治通鑑綱目全書四種 ………… 1－50　御批歷代通鑑輯覽一百二十卷……… 2－372
御批資治通鑑綱目前編十八卷外記　　御批歷代通鑑輯覽一百二十卷……… 2－373
　一卷舉要三卷 ……………………… 1－261　御批歷代通鑑輯覽一百二十卷……… 2－374
御批資治通鑑綱目前編十八卷外記　　御批歷代通鑑輯覽一百二十卷……… 2－374
　一卷舉要三卷 ……………………… 1－261　御批歷代通鑑輯覽一百二十卷……… 2－375
御批資治通鑑綱目前編十八卷外記　　御批歷代通鑑輯覽一百二十卷……… 2－381
　一卷舉要三卷 ……………………… 1－261　御批歷代通鑑輯覽一百二十卷……… 2－381
御批資治通鑑綱目前編十八卷首一卷　御批歷代通鑑輯覽一百二十卷……… 2－381
　……………………………… 2－97　御批歷代通鑑輯覽一百二十卷……… 2－382
御批資治通鑑綱目前編十八卷首一　　御批歷代通鑑輯覽一百二十卷……… 2－383
　卷舉要三卷 ………………… 2－551　御批歷代通鑑輯覽一百二十卷……… 2－384
御批資治通鑑綱目前編十八卷首一　　御批歷代通鑑輯覽一百二十卷……… 2－384
　卷舉要三卷 ………………… 2－552　御批歷代通鑑輯覽一百二十卷……… 2－385
御批資治通鑑綱目前編十八卷首一　　御批歷代通鑑輯覽一百二十卷……… 2－390
　卷舉要三卷 ………………… 2－552　御批歷代通鑑輯覽一百二十卷……… 2－390
御批增補了凡綱鑑四十卷首一卷 …… 2－408　御批歷代通鑑輯覽一百二十卷……… 2－393
御批增補了凡綱鑑四十卷首一卷 …… 2－500　御批歷代通鑑輯覽一百二十卷……… 2－396
御批增補了凡綱鑑四十卷首一卷 …… 2－502　御批歷代通鑑輯覽一百二十卷……… 2－397
御批歷代通鑑輯覽一百二十卷……… 1－137　御批歷代通鑑輯覽一百二十卷……… 2－397
御批歷代通鑑輯覽一百二十卷……… 1－137　御批歷代通鑑輯覽一百二十卷……… 2－399
御批歷代通鑑輯覽一百二十卷……… 1－260　御批歷代通鑑輯覽一百二十卷……… 2－399
御批歷代通鑑輯覽一百二十卷……… 1－260　御批歷代通鑑輯覽一百二十卷……… 2－399
御批歷代通鑑輯覽一百二十卷……… 1－260　御批歷代通鑑輯覽一百二十卷……… 2－399
御批歷代通鑑輯覽一百二十卷……… 1－260　御批歷代通鑑輯覽一百二十卷……… 2－399
御批歷代通鑑輯覽一百二十卷……… 1－260　御批歷代通鑑輯覽一百二十卷……… 2－400
御批歷代通鑑輯覽一百二十卷……… 1－260　御批歷代通鑑輯覽一百二十卷……… 2－400
御批歷代通鑑輯覽一百二十卷……… 1－573　御批歷代通鑑輯覽一百二十卷……… 2－400
御批歷代通鑑輯覽一百二十卷……… 1－573　御批歷代通鑑輯覽一百二十卷……… 2－400
御批歷代通鑑輯覽一百二十卷……… 1－576　御批歷代通鑑輯覽一百二十卷……… 2－401
御批歷代通鑑輯覽一百二十卷 ……… 2－32　御批歷代通鑑輯覽一百二十卷……… 2－402
御批歷代通鑑輯覽一百二十卷 ……… 2－96　御批歷代通鑑輯覽一百二十卷……… 2－403
御批歷代通鑑輯覽一百二十卷 ……… 2－111　御批歷代通鑑輯覽一百二十卷……… 2－408
御批歷代通鑑輯覽一百二十卷……… 2－365　御批歷代通鑑輯覽一百二十卷……… 2－410
御批歷代通鑑輯覽一百二十卷……… 2－365　御批歷代通鑑輯覽一百二十卷……… 2－410
御批歷代通鑑輯覽一百二十卷……… 2－366　御批歷代通鑑輯覽一百二十卷……… 2－410
御批歷代通鑑輯覽一百二十卷……… 2－366　御批歷代通鑑輯覽一百二十卷……… 2－411
御批歷代通鑑輯覽一百二十卷……… 2－368　御批歷代通鑑輯覽一百二十卷……… 2－411
御批歷代通鑑輯覽一百二十卷……… 2－371　御批歷代通鑑輯覽一百二十卷……… 2－411
御批歷代通鑑輯覽一百二十卷……… 2－371　御批歷代通鑑輯覽一百二十卷……… 2－411

御批歷代通鑑輯覽一百二十卷⋯⋯⋯ 2－411
御批歷代通鑑輯覽一百二十卷⋯⋯⋯ 2－415
御批歷代通鑑輯覽一百二十卷⋯⋯⋯ 2－416
御批歷代通鑑輯覽一百二十卷⋯⋯⋯ 2－434
御批歷代通鑑輯覽一百二十卷⋯⋯⋯ 2－437
御批歷代通鑑輯覽一百二十卷⋯⋯⋯ 2－437
御批歷代通鑑輯覽一百二十卷⋯⋯⋯ 2－438
御批歷代通鑑輯覽一百二十卷⋯⋯⋯ 2－440
御批歷代通鑑輯覽一百二十卷⋯⋯⋯ 2－441
御批歷代通鑑輯覽一百二十卷⋯⋯⋯ 2－443
御批歷代通鑑輯覽一百二十卷⋯⋯⋯ 2－443
御批歷代通鑑輯覽一百二十卷⋯⋯⋯ 2－444
御批歷代通鑑輯覽一百二十卷⋯⋯⋯ 2－444
御批歷代通鑑輯覽一百二十卷⋯⋯⋯ 2－445
御批歷代通鑑輯覽一百二十卷⋯⋯⋯ 2－448
御批歷代通鑑輯覽一百二十卷⋯⋯⋯ 2－448
御批歷代通鑑輯覽一百二十卷⋯⋯⋯ 2－448
御批歷代通鑑輯覽一百二十卷⋯⋯⋯ 2－460
御批歷代通鑑輯覽一百二十卷⋯⋯⋯ 2－461
御批歷代通鑑輯覽一百二十卷⋯⋯⋯ 2－465
御批歷代通鑑輯覽一百二十卷⋯⋯⋯ 2－478
御批歷代通鑑輯覽一百二十卷⋯⋯⋯ 2－478
御批歷代通鑑輯覽一百二十卷⋯⋯⋯ 2－479
御批歷代通鑑輯覽一百二十卷⋯⋯⋯ 2－479
御批歷代通鑑輯覽一百二十卷⋯⋯⋯ 2－479
御批歷代通鑑輯覽一百二十卷⋯⋯⋯ 2－479
御批歷代通鑑輯覽一百二十卷⋯⋯⋯ 2－479
御批歷代通鑑輯覽一百二十卷⋯⋯⋯ 2－480
御批歷代通鑑輯覽一百二十卷⋯⋯⋯ 2－480
御批歷代通鑑輯覽一百二十卷⋯⋯⋯ 2－480
御批歷代通鑑輯覽一百二十卷⋯⋯⋯ 2－495
御批歷代通鑑輯覽一百二十卷⋯⋯⋯ 2－495
御批歷代通鑑輯覽一百二十卷⋯⋯⋯ 2－498
御批歷代通鑑輯覽一百二十卷⋯⋯⋯ 2－498
御批歷代通鑑輯覽一百二十卷⋯⋯⋯ 2－498
御批歷代通鑑輯覽一百二十卷⋯⋯⋯ 2－498
御批歷代通鑑輯覽一百二十卷⋯⋯⋯ 2－507
御批歷代通鑑輯覽一百二十卷⋯⋯⋯ 2－512
御批歷代通鑑輯覽一百二十卷⋯⋯⋯ 2－514
御批歷代通鑑輯覽一百二十卷⋯⋯⋯ 2－530

御批歷代通鑑輯覽一百二十卷⋯⋯⋯ 2－531
御批歷代通鑑輯覽一百二十卷⋯⋯⋯ 2－534
御批歷代通鑑輯覽一百二十卷⋯⋯⋯ 2－534
御批歷代通鑑輯覽一百二十卷⋯⋯⋯ 2－542
御批歷代通鑑輯覽一百二十卷⋯⋯⋯ 2－542
御批歷代通鑑輯覽一百二十卷⋯⋯⋯ 2－552
御批歷代通鑑輯覽一百二十卷⋯⋯⋯ 2－553
御批歷代通鑑輯覽一百二十卷⋯⋯⋯ 2－553
御批歷代通鑑輯覽一百二十卷⋯⋯⋯ 2－557
御批歷代通鑑輯覽一百二十卷⋯⋯⋯ 2－560
御批歷代通鑑輯覽一百二十卷⋯⋯⋯ 2－560
御批歷代通鑑輯覽一百十六卷明唐
　桂二王本末四卷⋯⋯⋯⋯⋯⋯⋯ 1－454
御批續資治通鑑綱目二十七卷⋯⋯⋯ 1－261
御批續資治通鑑綱目二十七卷⋯⋯⋯ 1－261
御批續資治通鑑綱目二十七卷⋯⋯⋯ 1－261
御批續資治通鑑綱目二十七卷⋯⋯⋯ 2－382
御批續資治通鑑綱目二十七卷⋯⋯⋯ 2－445
御批續資治通鑑綱目二十七卷⋯⋯⋯ 2－551
御批續資治通鑑綱目二十七卷⋯⋯⋯ 2－552
御批續資治通鑑綱目二十七卷⋯⋯⋯ 2－552
御刻三希堂石渠寶笈法帖釋文十六卷
　⋯⋯⋯⋯⋯⋯⋯⋯⋯⋯⋯⋯⋯⋯ 2－303
御定大雲輪請雨經二卷⋯⋯⋯⋯⋯⋯ 1－330
御定全唐詩錄一百卷⋯⋯⋯⋯⋯⋯⋯ 1－140
御定全唐詩錄一百卷⋯⋯⋯⋯⋯⋯⋯ 1－171
御定萬年書三卷⋯⋯⋯⋯⋯⋯⋯⋯⋯ 2－562
御定駢字類編二百四十卷⋯⋯⋯⋯⋯ 1－172
御定駢字類編二百四十卷⋯⋯⋯⋯⋯ 1－172
御定駢字類編二百四十卷⋯⋯⋯⋯⋯ 1－381
御定駢字類編二百四十卷⋯⋯⋯⋯⋯ 1－381
御定駢字類編二百四十卷⋯⋯⋯⋯⋯ 1－490
御定駢字類編二百四十卷⋯⋯⋯⋯⋯ 2－141
御定駢字類編二百四十卷⋯⋯⋯⋯⋯ 2－424
御定駢字類編二百四十卷⋯⋯⋯⋯⋯ 2－479
御定歷代紀事年表一百卷⋯⋯⋯⋯⋯ 1－156
御定歷代賦彙一百四十卷外集二十
　卷逸句二卷補遺二十二卷⋯⋯⋯⋯ 1－150
御定歷代賦彙一百四十卷外集二十
　卷逸句二卷補遺二十二卷⋯⋯⋯⋯ 2－161
御定歷代賦彙一百四十卷外集二十卷

213

逸句二卷補遺二十二卷目錄三卷

　……………………………… 1－102

御定歷代賦彙一百四十卷外集二十卷

　逸句二卷補遺二十二卷目錄三卷

　……………………………… 1－172

御定歷代賦彙一百四十卷外集二十卷

　逸句二卷補遺二十二卷目錄三卷

　……………………………… 1－176

御定歷代賦彙一百四十卷外集二十卷

　逸句二卷補遺二十二卷目錄四卷

　……………………………… 1－80

御風要術三卷 ……………………… 1－314

御風要術三卷 ……………………… 1－314

御風要術三卷 ……………………… 1－314

御案易經備旨七卷 ………………… 1－441

御案易經備旨七卷 ………………… 2－336

御案春秋左傳經解備旨十二卷 …… 1－228

御授攝政王洪大經略奏對日抄筆記一卷

　……………………………… 1－286

御製人臣儆心錄一卷 ……………… 1－485

御製文二集十四卷 ………………… 1－149

御製文二集四十四卷目錄二卷 …… 1－108

御製文三集暨餘集不分卷 ………… 1－2

御製文初集十卷 …………………… 1－152

御製文初集三十卷目錄二卷 ……… 1－82

御製文初集三十卷目錄二卷 ……… 1－82

御製文初集三十卷目錄二卷 ……… 1－83

御製律呂正義五卷 ………………… 1－179

御製律曆淵源三種 ………………… 1－77

御製耕織圖不分卷 ………………… 1－313

御製欽若曆書上編十六卷下編十卷

　表十六卷 ………………………… 1－77

御製圓明園詩二卷 ………………… 2－159

御製詩二集九十卷 ………………… 2－508

御製詩二集九十卷目錄十卷 ……… 2－499

御製詩二集九十卷目錄十卷 ……… 2－516

御製詩二集九十卷目錄十卷 ……… 2－516

御製詩二集九十卷總目十卷 ……… 1－83

御製詩二集九十卷總目十卷 ……… 1－83

御製詩三集一百卷總目十二卷 …… 1－83

御製詩三集一百卷總目十二卷 …… 1－83

御製詩初集二十四卷目錄四卷 …… 1－152

御製詩初集二十四卷目錄四卷 …… 1－537

御製詩初集四十八卷目錄六卷 …… 2－27

御製詩初集四十四卷目錄四卷 …… 1－177

御製詩初集四十四卷總目四卷 …… 1－83

御製詩初集四十四卷總目四卷 …… 1－83

御製詩初集四十四卷總目四卷 …… 2－516

御製詩集十卷二集十卷三集八卷 … 1－56

御製資治通鑑綱目全書三種 ……… 1－190

御製增訂清文鑑三十二卷補編四卷

　總綱八卷補編總綱一卷 ………… 1－79

御製增訂清文鑑三十二卷總綱八卷

　補編總綱一卷補編四卷 ………… 1－68

御製數理精蘊二編四十五卷表八卷 … 2－8

御製數理精蘊上編五卷下編四十卷

　……………………………… 2－523

御製數理精蘊上編五卷下編四十卷

　表八卷 ………………………… 1－350

御製數理精蘊上編五卷下編四十卷

　表八卷 ………………………… 1－350

御製數理精蘊上編五卷下編四十卷

　表八卷 ………………………… 1－350

御製數理精蘊上編五卷下編四十卷

　表八卷 ………………………… 1－352

御製數理精蘊上編五卷下編四十卷

　表八卷 ………………………… 1－352

御製數理精蘊上編五卷下編四十卷

　表八卷 ………………………… 1－352

御製數理精蘊上編五卷下編四十卷

　表八卷 ………………………… 2－171

御製數理精蘊上編五卷下編四十卷

　表八卷 ………………………… 2－501

御製數理精蘊上編五卷下編四十卷

　表八卷 ………………………… 2－521

御製數理精蘊上編五卷下編四十卷

　表八卷 ………………………… 2－522

御製數理精蘊上編五卷下編四十卷

　表八卷 ………………………… 2－522

御製數理精蘊上編五卷下編四十卷

　表八卷 ………………………… 2－523

御製數理精蘊上編五卷下編四十卷

表八卷 …………………… 2－523

御製數理精蘊上編五卷下編四十卷

　　表八卷 …………………… 2－523

御製數理精蘊上編五卷下編四十卷

　　表八卷 …………………… 2－539

御製數理精蘊上編五卷下編四十卷

　　表八卷 …………………… 2－554

御製曆象考成上編十六卷 …………… 1－353

御製曆象考成上編十六卷 …………… 1－546

御製曆象考成上編十六卷 …………… 2－9

御製曆象考成上編十六卷 …………… 2－258

御製曆象考成上編十六卷 …………… 2－405

御製曆象考成上編十六卷下編十卷

　　……………………………… 1－359

御製曆象考成後編十卷 ……………… 1－103

御製曆象考成後編十卷 ……………… 1－353

御製曆象考成後編十卷 ……………… 1－353

御製曆象考成後編十卷 ……………… 1－359

御製曆象考成後編十卷 ……………… 1－359

御製曆象考成後編十卷 ……………… 2－344

御製曆象考成後編十卷 ……………… 2－405

御製避暑山莊詩二卷 ………………… 1－101

御製繙譯四書不分卷 ………………… 1－24

御製繙譯四書不分卷 ………………… 1－24

御製勸善要言一卷 …………………… 1－336

御製勸善要言一卷 …………………… 1－525

御撰資治通鑑綱目三編二十卷 ……… 1－49

御撰資治通鑑綱目三編二十卷 ……… 1－49

御撰資治通鑑綱目三編二十卷 ……… 1－106

御撰資治通鑑綱目三編二十卷 ……… 1－106

御撰資治通鑑綱目三編二十卷 ……… 1－106

御撰資治通鑑綱目三編二十卷 ……… 1－175

御撰資治通鑑綱目三編二十卷 ……… 1－200

御撰資治通鑑綱目三編二十卷 ……… 1－574

御撰資治通鑑綱目三編二十卷 ……… 2－97

御撰資治通鑑綱目三編二十卷 ……… 2－355

御撰資治通鑑綱目三編二十卷 ……… 2－357

御撰資治通鑑綱目三編二十卷 ……… 2－382

御撰資治通鑑綱目三編二十卷 ……… 2－382

御撰資治通鑑綱目三編二十卷 ……… 2－382

御撰資治通鑑綱目三編二十卷 ……… 2－383

御撰資治通鑑綱目三編二十卷 ……… 2－383

御撰資治通鑑綱目三編二十卷 ……… 2－406

御撰資治通鑑綱目三編二十卷 ……… 2－408

御撰資治通鑑綱目三編二十卷 ……… 2－412

御撰資治通鑑綱目三編二十卷 ……… 2－543

御撰資治通鑑綱目三編二十卷 ……… 2－543

御撰資治通鑑綱目三編二十卷 ……… 2－553

御撰資治通鑑綱目三編二十卷 ……… 2－554

御撰資治通鑑綱目三編十卷 ……… 1－261

御撰資治通鑑綱目三編五卷 ……… 1－260

御撰資治通鑑綱目三編五卷 ……… 1－260

御撰資治通鑑綱目三編五卷 ……… 1－260

御撰資治通鑑綱目三編五卷 ……… 1－260

御撰資治通鑑綱目三編五卷 ……… 1－573

御撰資治通鑑綱目三編五卷 ……… 2－397

御撰資治通鑑綱目三編五卷 ……… 2－494

御撰資治通鑑綱目三編五卷 ……… 2－504

御撰資治通鑑綱目三編六卷 ……… 2－408

御撰資治通鑑綱目三編六卷 ……… 2－408

御撰資治通鑑綱目三編四十卷 ……… 1－260

御撰資治通鑑綱目三編四十卷 ……… 1－260

御撰資治通鑑綱目三編四十卷 ……… 2－365

御撰資治通鑑綱目三編四卷 ……… 1－260

御選古文淵鑒六十四卷 …………… 1－387

御選古文淵鑒六十四卷 …………… 1－387

御選古文淵鑒六十四卷 …………… 1－387

御選唐宋文醇五十八卷 …………… 1－62

御選唐宋文醇五十八卷 …………… 1－79

御選唐宋文醇五十八卷 …………… 1－175

御選唐宋文醇五十八卷 …………… 1－389

御選唐宋文醇五十八卷 …………… 1－389

御選唐宋文醇五十八卷 …………… 1－389

御選唐宋文醇五十八卷 …………… 1－389

御選唐宋文醇五十八卷 …………… 1－389

御選唐宋文醇五十八卷 …………… 1－499

御選唐宋文醇五十八卷 …………… 2－152

御選唐宋詩醇四十七卷目錄二卷 …… 1－80

御選唐宋詩醇四十七卷目錄二卷 …… 1－97

御選唐宋詩醇四十七卷目錄二卷 …… 1－191

御選唐宋詩醇四十七卷目錄二卷 …… 1－395

御選唐宋詩醇四十七卷目錄二卷 …… 1－395

御選唐宋詩醇四十七卷目錄二卷⋯⋯ 1 - 395

御選唐宋詩醇四十七卷目錄二卷⋯⋯ 2 - 348

御選唐宋詩醇四十七卷目錄二卷⋯⋯ 2 - 414

御選唐宋詩醇四十七卷目錄二卷⋯⋯ 2 - 415

御選唐宋詩醇四十七卷目錄二卷⋯⋯ 2 - 499

御選唐宋詩醇四十七卷目錄二卷⋯⋯ 2 - 565

御選唐詩三十二卷目錄三卷 ⋯⋯⋯⋯ 1 - 59

御選唐詩三十二卷目錄三卷 ⋯⋯⋯⋯ 1 - 162

御選唐詩三十二卷目錄三卷⋯⋯⋯⋯ 2 - 353

御選雲棲蓮池袾宏大師語錄一卷 ⋯ 1 - 369

御選語錄十九卷 ⋯⋯⋯⋯⋯⋯⋯⋯⋯ 1 - 374

御纂七經 ⋯⋯⋯⋯⋯⋯⋯⋯⋯⋯⋯⋯ 1 - 565

御纂七經 ⋯⋯⋯⋯⋯⋯⋯⋯⋯⋯⋯⋯ 1 - 565

御纂七經 ⋯⋯⋯⋯⋯⋯⋯⋯⋯⋯⋯⋯ 2 - 91

御纂七經五種 ⋯⋯⋯⋯⋯⋯⋯⋯⋯⋯ 1 - 214

御纂七經五種 ⋯⋯⋯⋯⋯⋯⋯⋯⋯⋯ 1 - 214

御纂七經五種 ⋯⋯⋯⋯⋯⋯⋯⋯⋯⋯ 1 - 214

御纂七經五種 ⋯⋯⋯⋯⋯⋯⋯⋯⋯⋯ 1 - 214

御纂七經五種 ⋯⋯⋯⋯⋯⋯⋯⋯⋯⋯ 1 - 214

御纂七經五種 ⋯⋯⋯⋯⋯⋯⋯⋯⋯⋯ 2 - 90

御纂七經五種 ⋯⋯⋯⋯⋯⋯⋯⋯⋯⋯ 2 - 438

御纂朱子全書六十六卷 ⋯⋯⋯⋯⋯⋯ 1 - 74

御纂朱子全書六十六卷⋯⋯⋯⋯⋯⋯ 1 - 134

御纂朱子全書六十六卷⋯⋯⋯⋯⋯⋯ 1 - 556

御纂朱子全書六十六卷 ⋯⋯⋯⋯⋯⋯ 2 - 99

御纂周易折中二十二卷 ⋯⋯⋯⋯⋯⋯ 1 - 64

御纂周易折中二十二卷首一卷 ⋯⋯⋯ 1 - 63

御纂周易折中二十二卷首一卷⋯⋯⋯ 1 - 162

御纂周易折中二十二卷首一卷⋯⋯⋯ 1 - 196

御纂周易折中二十二卷首一卷⋯⋯⋯ 1 - 219

御纂周易折中二十二卷首一卷⋯⋯⋯ 1 - 219

御纂周易折中二十二卷首一卷⋯⋯⋯ 1 - 304

御纂周易折中二十二卷首一卷⋯⋯⋯ 1 - 540

御纂周易折中二十二卷首一卷⋯⋯⋯ 1 - 551

御纂周易折中二十二卷首一卷⋯⋯⋯ 2 - 383

御纂周易折中二十二卷首一卷⋯⋯⋯ 2 - 417

御纂周易述義十卷 ⋯⋯⋯⋯⋯⋯⋯⋯ 1 - 87

御纂周易述義十卷 ⋯⋯⋯⋯⋯⋯⋯⋯ 1 - 87

御纂周易述義十卷 ⋯⋯⋯⋯⋯⋯⋯⋯ 1 - 219

御纂周易述義十卷 ⋯⋯⋯⋯⋯⋯⋯⋯ 2 - 90

御纂周易述義十卷 ⋯⋯⋯⋯⋯⋯⋯⋯ 2 - 457

御纂性理精義十二卷 ⋯⋯⋯⋯⋯⋯⋯ 1 - 74

御纂性理精義十二卷 ⋯⋯⋯⋯⋯⋯⋯ 1 - 92

御纂性理精義十二卷 ⋯⋯⋯⋯⋯⋯⋯ 1 - 92

御纂性理精義十二卷 ⋯⋯⋯⋯⋯⋯⋯ 1 - 102

御纂性理精義十二卷 ⋯⋯⋯⋯⋯⋯⋯ 1 - 107

御纂性理精義十二卷 ⋯⋯⋯⋯⋯⋯⋯ 2 - 100

御纂性理精義十二卷 ⋯⋯⋯⋯⋯⋯⋯ 2 - 550

御纂春秋直解十二卷 ⋯⋯⋯⋯⋯⋯⋯ 1 - 19

御纂春秋直解十二卷 ⋯⋯⋯⋯⋯⋯⋯ 1 - 193

御纂春秋直解十五卷 ⋯⋯⋯⋯⋯⋯⋯ 1 - 132

御纂詩義折中二十卷 ⋯⋯⋯⋯⋯⋯⋯ 1 - 221

御纂詩義折中二十卷 ⋯⋯⋯⋯⋯⋯⋯ 1 - 222

御纂詩義折中二十卷 ⋯⋯⋯⋯⋯⋯⋯ 1 - 280

御纂詩義折中二十卷 ⋯⋯⋯⋯⋯⋯⋯ 2 - 384

御纂詩義折中二十卷 ⋯⋯⋯⋯⋯⋯⋯ 2 - 424

御纂詩義折中二十卷 ⋯⋯⋯⋯⋯⋯⋯ 2 - 437

御纂詩義折中二十卷 ⋯⋯⋯⋯⋯⋯⋯ 2 - 492

御纂詩義折中二十卷 ⋯⋯⋯⋯⋯⋯⋯ 2 - 507

御纂詩義折中二十卷 ⋯⋯⋯⋯⋯⋯⋯ 2 - 525

御纂醫宗金鑑十五種 ⋯⋯⋯⋯⋯⋯⋯ 1 - 326

御纂醫宗金鑑十五種 ⋯⋯⋯⋯⋯⋯⋯ 1 - 540

御纂醫宗金鑑十五種 ⋯⋯⋯⋯⋯⋯⋯ 2 - 417

御纂醫宗金鑑十五種 ⋯⋯⋯⋯⋯⋯⋯ 2 - 419

御纂醫宗金鑑十五種 ⋯⋯⋯⋯⋯⋯⋯ 2 - 428

御纂醫宗金鑑十五種 ⋯⋯⋯⋯⋯⋯⋯ 2 - 429

御纂醫宗金鑑十五種 ⋯⋯⋯⋯⋯⋯⋯ 2 - 429

御纂醫宗金鑑十五種 ⋯⋯⋯⋯⋯⋯⋯ 2 - 453

御纂醫宗金鑑十五種 ⋯⋯⋯⋯⋯⋯⋯ 2 - 453

御纂醫宗金鑑十五種 ⋯⋯⋯⋯⋯⋯⋯ 2 - 479

御纂醫宗金鑑十五種 ⋯⋯⋯⋯⋯⋯⋯ 2 - 514

御纂醫宗金鑑十五種 ⋯⋯⋯⋯⋯⋯⋯ 2 - 575

御纂醫宗金鑑十五種 ⋯⋯⋯⋯⋯⋯⋯ 2 - 577

御纂醫宗金鑑十五種 ⋯⋯⋯⋯⋯⋯⋯ 2 - 578

御纂醫宗金鑑十五種 ⋯⋯⋯⋯⋯⋯⋯ 2 - 583

御纂醫宗金鑑十五種 ⋯⋯⋯⋯⋯⋯⋯ 2 - 584

御纂醫宗金鑑十五種 ⋯⋯⋯⋯⋯⋯⋯ 2 - 584

御纂醫宗金鑑十五種 ⋯⋯⋯⋯⋯⋯⋯ 2 - 586

御纂醫宗金鑑外科十六卷⋯⋯⋯⋯⋯ 1 - 426

御覽曲洧舊聞十卷 ⋯⋯⋯⋯⋯⋯⋯⋯ 1 - 72

復古編二卷 ⋯⋯⋯⋯⋯⋯⋯⋯⋯⋯⋯ 1 - 90

復古編二卷 ⋯⋯⋯⋯⋯⋯⋯⋯⋯⋯⋯ 2 - 93

復古編二卷附一卷 ⋯⋯⋯⋯⋯ 2－66
復初齋文集三十五卷⋯⋯⋯⋯⋯ 1－423
復初齋文集三十五卷⋯⋯⋯⋯⋯ 2－163
復初齋文集三十五卷⋯⋯⋯⋯⋯ 2－168
復初齋文集三十五卷⋯⋯⋯⋯⋯ 2－228
復初齋文集三十五卷⋯⋯⋯⋯⋯ 2－299
復初齋文集三十五卷⋯⋯⋯⋯⋯ 2－305
復莊駢儷文榷二編八卷⋯⋯⋯⋯ 2－170
復堂類集文四卷詩十一卷詞三卷⋯⋯ 2－126
復堂類集文四卷詩十一卷詞三卷日
　記八卷 ⋯⋯⋯⋯⋯⋯⋯⋯⋯⋯ 2－134
復堂類集文四卷詩九卷詞二卷待堂
　文一卷日記六卷 ⋯⋯⋯⋯⋯⋯ 1－533
復堂類集文四卷詩九卷詞二卷待堂
　文一卷日記六卷 ⋯⋯⋯⋯⋯⋯ 2－157
復淮故道圖說一卷 ⋯⋯⋯⋯⋯⋯ 2－269
復齋餘稿二卷續編一卷 ⋯⋯⋯⋯ 1－245
復齋錄六卷 ⋯⋯⋯⋯⋯⋯⋯⋯⋯ 1－366
復齋錄六卷 ⋯⋯⋯⋯⋯⋯⋯⋯⋯ 2－7
復齋錄六卷 ⋯⋯⋯⋯⋯⋯⋯⋯⋯ 2－268
復齋錄六卷 ⋯⋯⋯⋯⋯⋯⋯⋯⋯ 2－288
循吏傳(秦煥傳)一卷 ⋯⋯⋯⋯⋯ 2－251
循蘭館詩存三卷 ⋯⋯⋯⋯⋯⋯⋯ 2－139
徧行堂集十六卷 ⋯⋯⋯⋯⋯⋯⋯ 2－188
舒恬軒周禮讀本六卷 ⋯⋯⋯⋯⋯ 1－554
[光緒]鉅鹿縣志十二卷首一卷 ⋯⋯ 2－34
鈍吟老人遺藥九種 ⋯⋯⋯⋯⋯⋯ 1－128
鈍吟老人遺藥九種 ⋯⋯⋯⋯⋯⋯ 2－418
鈍翁文錄十六卷 ⋯⋯⋯⋯⋯⋯⋯ 2－160
鈍硯卮言一卷 ⋯⋯⋯⋯⋯⋯⋯⋯ 2－137
鈐山堂集四十卷 ⋯⋯⋯⋯⋯⋯⋯ 2－124
欽取朝考卷(清同治十年、十三年科
　光緒二至三年、六年科)不分卷⋯⋯ 2－251
欽定二十四史 ⋯⋯⋯⋯⋯⋯⋯⋯ 2－350
欽定七政四餘萬年書不分卷⋯⋯⋯ 2－194
欽定七經綱領不分卷⋯⋯⋯⋯⋯⋯ 1－214
欽定七經綱領不分卷⋯⋯⋯⋯⋯⋯ 1－214
欽定七經綱領不分卷⋯⋯⋯⋯⋯⋯ 1－214
欽定工部則例一百十六卷首一卷⋯⋯ 2－330
欽定工部則例一百十六卷首一卷⋯⋯ 2－347
欽定工部則例九十八卷⋯⋯⋯⋯⋯ 2－238

欽定大清會典一百三十二卷⋯⋯⋯ 2－533
欽定大清會典一百卷⋯⋯⋯⋯⋯⋯ 2－517
欽定大清會典一百卷⋯⋯⋯⋯⋯⋯ 2－522
欽定大清會典一百卷⋯⋯⋯⋯⋯⋯ 2－540
欽定大清會典一百卷⋯⋯⋯⋯⋯⋯ 2－551
欽定大清會典一百卷首一卷 ⋯⋯⋯ 1－460
欽定大清會典八十卷⋯⋯⋯⋯⋯⋯ 1－585
欽定大清會典八十卷⋯⋯⋯⋯⋯⋯ 2－499
欽定大清會典八十卷事例九百二十卷
　目錄八卷圖一百三十二卷目錄二卷
　⋯⋯⋯⋯⋯⋯⋯⋯⋯⋯⋯⋯⋯⋯ 1－289
欽定大清會典事例一千二百二十卷
　目錄八卷 ⋯⋯⋯⋯⋯⋯⋯⋯⋯ 1－585
欽定大清會典事例九百二十卷目錄八卷
　⋯⋯⋯⋯⋯⋯⋯⋯⋯⋯⋯⋯⋯⋯ 1－583
欽定大清會典圖一百三十二卷⋯⋯⋯ 2－523
欽定天祿琳琅書目十卷⋯⋯⋯⋯⋯ 1－300
欽定天祿琳琅書目十卷⋯⋯⋯⋯⋯ 1－547
欽定天祿琳琅書目十卷 ⋯⋯⋯⋯⋯ 2－99
欽定天祿琳琅書目十卷⋯⋯⋯⋯⋯ 2－116
欽定天祿琳琅書目十卷⋯⋯⋯⋯⋯ 2－208
欽定天祿琳琅書目十卷後編二十卷 ⋯ 2－71
欽定天祿琳琅書目十卷後編二十卷
　⋯⋯⋯⋯⋯⋯⋯⋯⋯⋯⋯⋯⋯⋯ 2－231
欽定五軍道里表十八卷⋯⋯⋯⋯⋯ 1－294
欽定五軍道里表十八卷⋯⋯⋯⋯⋯ 1－294
欽定日下舊聞考一百六十卷⋯⋯⋯ 1－174
欽定中樞政考三十一卷⋯⋯⋯⋯⋯ 1－290
欽定化治四書文一卷 ⋯⋯⋯⋯⋯ 2－94
欽定六部處分則例五十二卷⋯⋯⋯ 1－293
欽定六部處分則例五十二卷⋯⋯⋯ 1－294
欽定六部處分則例五十二卷⋯⋯⋯ 1－294
欽定古今圖書集成一萬卷目錄四十卷
　⋯⋯⋯⋯⋯⋯⋯⋯⋯⋯⋯⋯⋯⋯ 1－1
欽定本朝四書文不分卷⋯⋯⋯⋯⋯ 1－304
欽定本朝四書文不分卷⋯⋯⋯⋯⋯ 2－309
欽定四庫全書提要二百卷目錄二十
　卷首一卷 ⋯⋯⋯⋯⋯⋯⋯⋯⋯ 2－199
欽定四庫全書總目二百卷⋯⋯⋯⋯ 1－302
欽定四庫全書總目二百卷⋯⋯⋯⋯ 1－303
欽定四庫全書總目二百卷⋯⋯⋯⋯ 2－385

欽定四庫全書總目二百卷 …………… 2－405
欽定四庫全書總目二百卷 …………… 2－533
欽定四庫全書總目二百卷 …………… 2－574
欽定四庫全書總目二百卷首一卷 …… 1－302
欽定四庫全書總目二百卷首一卷 …… 1－302
欽定四庫全書總目二百卷首一卷 …… 1－466
欽定四庫全書總目二百卷首一卷 …… 2－99
欽定四庫全書總目二百卷首一卷 …… 2－341
欽定四庫全書總目二百卷首一卷 …… 2－408
欽定四庫全書總目二百卷首一卷 …… 2－513
欽定四庫全書總目二百卷首一卷 …… 2－515
欽定四庫全書總目二百卷首一卷 …… 2－595
欽定四庫全書總目二百卷首四卷 …… 1－151
欽定四庫全書總目二百卷首四卷 …… 2－185
欽定四庫全書總目提要二百卷 ……… 2－430
欽定四庫全書簡明目錄二十卷首一卷
　　　　…………………………………… 1－179
欽定四庫全書簡明目錄二十卷首一卷
　　　　…………………………………… 1－298
欽定四庫全書簡明目錄二十卷首一卷
　　　　…………………………………… 2－100
欽定四庫全書簡明目錄二十卷首一卷
　　　　…………………………………… 2－334
欽定四庫全書簡明目錄二十卷首一卷
　　　　…………………………………… 2－354
欽定四庫全書簡明目錄二十卷首一卷
　　　　…………………………………… 2－354
欽定四庫全書簡明目錄二十卷首一卷
　　　　…………………………………… 2－359
欽定四庫全書簡明目錄二十卷首一卷
　　　　…………………………………… 2－516
欽定四書文選 …………………………… 1－190
欽定四書文選不分卷 …………………… 1－231
欽定吏部文選司章程三十二卷驗對
　司章程五卷考功司章程三十三卷
　稽勳司章程四卷 …………………… 1－293
欽定吏部處分則例五十二卷 ………… 1－297
欽定吏部處分則例五十二卷 ………… 1－588
欽定吏部處分則例五十二卷 ………… 2－313
欽定吏部銓選漢官品級考四卷欽定
　吏部銓選則例八卷 ………………… 1－294
欽定吏部銓選滿洲官員品級考五卷
　　　　…………………………………… 1－294
欽定全唐文一千卷總目三卷 ………… 1－384
欽定全唐文一千卷總目三卷 ………… 2－168
欽定全唐文一千卷總目三卷 ………… 2－344
欽定全唐文一千卷總目三卷韻編一卷
　　　　…………………………………… 1－268
欽定武英殿聚珍版程式一卷 ………… 1－51
欽定英傑歸真一卷 …………………… 1－20
欽定協紀辨方書三十六卷 …………… 1－75
欽定協紀辨方書三十六卷 …………… 1－474
欽定明鑑二十四卷首一卷 …………… 1－303
欽定明鑑二十四卷首一卷 …………… 2－97
欽定明鑑二十四卷首一卷 …………… 2－550
欽定物料價值則例十二卷首一卷 …… 1－73
欽定周官義疏四十八卷首一卷 ……… 1－134
欽定周官義疏四十八卷首一卷 ……… 1－195
欽定周官義疏四十八卷首一卷 ……… 1－225
欽定周官義疏四十八卷首一卷 ……… 2－344
欽定周官義疏四十八卷首一卷 ……… 2－423
欽定周官義疏四十八卷首一卷 ……… 2－454
欽定周官義疏四十八卷首一卷 ……… 2－458
欽定周官義疏四十八卷首一卷 ……… 2－470
欽定周官義疏四十八卷首一卷 ……… 2－473
欽定周官義疏四十八卷首一卷 ……… 2－478
欽定周官義疏四十八卷首一卷 ……… 2－478
欽定周官義疏四十八卷首一卷 ……… 2－484
欽定周官義疏四十八卷首一卷 ……… 2－549
欽定周官義疏四十八卷首一卷 ……… 2－550
欽定周官義疏四十八卷首一卷 ……… 2－552
欽定周官義疏四十八卷首一卷 ……… 2－573
欽定宗室王公功績表傳十二卷首一卷
　　　　…………………………………… 1－457
欽定春秋左傳讀本三十卷 …………… 1－228
欽定春秋左傳讀本三十卷 …………… 2－366
欽定春秋左傳讀本三十卷 …………… 2－376
欽定春秋左傳讀本三十卷 …………… 2－437
欽定春秋左傳讀本三十卷 …………… 2－532
欽定春秋傳說彙纂三十八卷 ………… 2－389
欽定春秋傳說彙纂三十八卷首二卷 … 2－385
欽定春秋傳說彙纂三十八卷首二卷 … 2－389

欽定春秋傳說彙纂三十八卷首二卷 … 2–390
欽定春秋傳說彙纂三十八卷首二卷 … 2–447
欽定春秋傳說彙纂三十八卷首二卷 … 2–474
欽定春秋傳說彙纂三十八卷首二卷 … 2–515
欽定春秋傳說彙纂三十八卷首二卷 … 2–519
欽定春秋傳說彙纂三十八卷首二卷 … 2–538
欽定春秋傳說彙纂三十八卷首二卷 … 2–539
欽定春秋傳說彙纂三十八卷首二卷 … 2–539
欽定春秋傳說彙纂三十八卷首二卷 … 2–544
欽定科場條例六十卷首一卷…………… 1–585
欽定科場條例六十卷首一卷…………… 2–375
欽定科場條例六十卷首一卷…………… 1–297
欽定科場條例六十卷首一卷…………… 2–379
欽定重刻淳化閣帖十卷 ……………… 1–53
欽定重修兩浙鹽法志三十卷首二卷 … 2–193
欽定修正逐年籌備事宜清單一卷…… 1–586
欽定書經傳說彙纂二十一卷………… 1–220
欽定書經傳說彙纂二十一卷首二卷… 2–519
欽定書經傳說彙纂二十一卷首二卷
　書序一卷………………………… 1–196
欽定書經傳說彙纂二十一卷首二卷
　書序一卷………………………… 1–196
欽定書經傳說彙纂二十一卷首二卷
　書序一卷………………………… 1–196
欽定書經傳說彙纂二十一卷首二卷
　書序一卷………………………… 1–196
欽定書經傳說彙纂二十一卷首二卷
　書序一卷………………………… 1–209
欽定書經傳說彙纂二十一卷首二卷
　書序一卷………………………… 2–376
欽定書經傳說彙纂二十一卷首二卷
　書序一卷………………………… 2–479
欽定書經圖說五十卷………………… 1–540
欽定書經圖說五十卷………………… 2–109
欽定通志考證三卷…………………… 1–439
欽定授時通考七十八卷 ……………… 1–74
欽定授時通考七十八卷 ……………… 1–316
欽定授時通考七十八卷 ……………… 1–316
欽定授時通考七十八卷 ……………… 1–316
欽定國朝詩別裁集三十二卷 ………… 1–81
欽定國朝詩別裁集三十二卷 ………… 1–127

欽定國朝詩別裁集三十二卷………… 1–209
欽定國朝詩別裁集三十二卷………… 1–500
欽定國朝詩別裁集三十二卷………… 1–503
欽定國朝詩別裁集三十二卷………… 1–533
欽定國朝詩別裁集三十二卷………… 2–186
欽定國朝詩別裁集三十二卷………… 2–394
欽定國朝詩別裁集三十二卷………… 2–465
欽定國朝詩別裁集三十二卷………… 2–496
欽定國朝詩別裁集三十二卷………… 2–496
欽定康濟錄四卷……………………… 1–291
欽定康濟錄四卷 ……………………… 1–73
欽定康濟錄四卷……………………… 1–106
欽定康濟錄四卷……………………… 2–211
欽定康濟錄四卷……………………… 2–506
欽定清漢對音字式一卷……………… 1–449
欽定清漢對音字式一卷……………… 2–249
欽定萬年書不分卷…………………… 1–355
欽定萬年書不分卷…………………… 2–117
欽定勝朝殉節諸臣錄十二卷首一卷 … 1–69
欽定勝朝殉節諸臣錄十二卷首一卷
　…………………………………… 2–134
欽定蒙古源流八卷 …………………… 1–43
欽定詩經傳說彙纂二十一卷首二卷
　詩序二卷………………………… 1–221
欽定詩經傳說彙纂二十一卷首二卷
　詩序二卷………………………… 2–375
欽定詩經傳說彙纂二十一卷首二卷
　詩序二卷………………………… 2–427
欽定詩經傳說彙纂二十一卷首二卷
　詩序二卷………………………… 2–454
欽定詩經傳說彙纂二十一卷首二卷
　詩序二卷………………………… 2–493
欽定詩經傳說彙纂二十一卷首二卷
　詩序二卷………………………… 2–506
欽定剿平粵匪方略四百二十卷……… 1–578
欽定熙朝雅頌集一百〇六卷首集二
　十六卷餘集二卷………………… 2–227
欽定遼金元三史語解四十六卷……… 1–255
欽定遼金元三史語解四十六卷……… 1–255
欽定遼金元三史語解四十六卷……… 1–255
欽定篆文六經四書六十三卷………… 2–147

219

欽定儀象考成三十卷首二卷 ………… 1–359
欽定儀禮義疏四十八卷首二卷 ……… 1–224
欽定儀禮義疏四十八卷首二卷 ……… 2–352
欽定儀禮義疏四十八卷首二卷 ……… 2–428
欽定儀禮義疏四十八卷首二卷 ……… 2–447
欽定儀禮義疏四十八卷首二卷 ……… 2–454
欽定儀禮義疏四十八卷首二卷 ……… 2–455
欽定儀禮義疏四十八卷首二卷 ……… 2–466
欽定儀禮義疏四十八卷首二卷 ……… 2–467
欽定儀禮義疏四十八卷首二卷 ……… 2–467
欽定儀禮義疏四十八卷首二卷 ……… 2–480
欽定儀禮義疏四十八卷首二卷 ……… 2–481
欽定儀禮義疏四十八卷首二卷 ……… 2–484
欽定儀禮義疏四十八卷首二卷 ……… 2–550
欽定學政全書八十六卷首一卷 ……… 1–293
欽定學政全書八十六卷首一卷 ……… 1–293
欽定學政全書八十六卷首一卷 ……… 1–293
欽定學政全書八十六卷首一卷 ……… 2–246
欽定錢錄十六卷 …………………… 2–154
欽定磨勘條例四卷續增磨勘則例一卷
　 …………………………………… 2–268
欽定磨勘條例四卷續增磨勘則例一
　 卷續增磨勘條例一卷 …………… 2–246
欽定禮記義疏八十二卷 …………… 1–132
欽定禮記義疏八十二卷 …………… 2–373
欽定禮記義疏八十二卷首一卷 …… 2–398
欽定禮記義疏八十二卷首一卷 …… 2–400
欽定禮記義疏八十二卷首一卷 …… 2–400
欽定禮記義疏八十二卷首一卷 …… 2–405
欽定禮記義疏八十二卷首一卷 …… 2–408
欽定禮記義疏八十二卷首一卷 …… 2–519
欽定禮記義疏八十二卷首一卷 …… 2–521
欽定禮記義疏八十二卷首一卷 …… 2–535
欽定禮記義疏八十二卷首一卷 …… 2–550
欽定禮記義疏八十二卷首一卷 …… 2–550
欽定禮記義疏八十二卷首一卷 …… 2–550
欽定續文獻通考二百五十卷 ……… 1–287
欽定續文獻通考二百五十卷 ……… 1–287
欽定續文獻通考二百五十卷 ……… 2–407
欽定續文獻通考二百五十卷 ……… 2–407
欽定續文獻通考二百五十卷 ……… 2–424

欽定續文獻通考二百五十卷 ……… 2–434
欽定續文獻通考二百五十卷 ……… 2–434
欽定續文獻通考二百五十卷 ……… 2–437
欽定續文獻通考二百五十卷 ……… 2–506
欽定續文獻通考二百五十卷 ……… 2–575
欽定續文獻通考輯要二十六卷 …… 2–431
欽定續文獻通考輯要二十六卷 …… 2–435
欽定續文獻通考輯要二十六卷 …… 2–436
欽定續文獻通考輯要二十六卷 …… 2–437
欽定續文獻通考輯要二十六卷 …… 2–469
欽定續文獻通考輯要二十六卷 …… 2–508
欽定續通志六百四十卷 …………… 1–289
欽定續通志六百四十卷 …………… 1–581
欽定續通志六百四十卷 …………… 2–385
欽定續通志六百四十卷 …………… 2–393
欽定續通志六百四十卷 …………… 2–425
欽定續通志六百四十卷 …………… 2–435
欽定續通志六百四十卷 …………… 2–437
欽定續通典一百五十卷 …………… 1–287
欽定續通典一百五十卷 …………… 1–287
欽定續通典一百五十卷 …………… 1–581
欽定續通典一百五十卷 …………… 1–581
欽定續通典一百五十卷 …………… 2–398
欽定續通典一百五十卷 …………… 2–465
欽旌節烈樓母李太宜人家傳題辭一卷
　 …………………………………… 1–580
欽頒州縣事宜一卷 ………………… 1–466
欽頒州縣事宜一卷 ………………… 2–250
欽頒州縣事宜一卷 ………………… 2–295
鈞天樂二本 ………………………… 2–245
番禺陳氏東塾叢書五種 …………… 1–439
番禺陳氏東塾叢書五種 …………… 2–85
番禺陳氏東塾叢書五種 …………… 2–148
番禺陳氏東塾叢書五種 …………… 2–307
[同治]番禺縣志五十四卷首一卷附
　 錄一卷 …………………………… 2–374
[同治]番禺縣志五十四卷首一卷附
　 錄一卷 …………………………… 2–581
創建豫南書院存略不分卷 ………… 2–302
創辦密雲學堂檔案不分卷 ………… 2–60
飲月軒詩文存稾合鈔八卷 ………… 1–409

飲月軒詩文存橐合鈔八卷 …………… 1－409
飲月軒詩文存橐合鈔八卷 …………… 2－286
飲月軒詩文存橐合鈔八卷 …………… 2－286
飲月軒詩文存橐合鈔八卷 …………… 2－315
飲冰室文集十六卷補遺二卷 ………… 2－309
飲冰室自由書二卷 …………………… 2－402
飲杜詩集二卷飲杜文集一卷 ………… 1－395
腓尼西亞史七章 ……………………… 1－242
勝天王般若波羅密經七卷 …………… 2－256
勝朝殉揚錄三卷 ……………………… 2－69
勝朝遺事五十種 ……………………… 1－564
勝朝遺事五十種 ……………………… 2－488
勝朝遺事五十種 ……………………… 2－533
勝鬘經寶窟十五卷 …………………… 1－372
猶太史十七章 ………………………… 1－242
觚賸八卷 ……………………………… 1－71
觚賸八卷 ……………………………… 1－149
觚賸八卷續編四卷 …………………… 1－163
然鐙記聞一卷 ………………………… 2－16
貿易須知輯要二卷 …………………… 2－243
鄒叔子遺書七種 ……………………… 2－180
鄒徵君存稿一卷 ……………………… 1－556
鄒徵君遺書八種 ……………………… 2－314
鄒鑒亭司馬戎溺女文序不分卷 ……… 2－455
詁經精舍八集 ………………………… 2－462
詁經精舍文集十四卷 ………………… 1－423
詁經精舍四集十六卷續選一卷 ……… 2－446
評月樓遺詩三卷 ……………………… 2－170
評改先入言一卷 ……………………… 2－352
評注繡像水滸傳七十五卷 …………… 2－208
評註才子古文大家十七卷歷朝名文九卷
　　　 …………………………………… 1－134
評註才子古文大家十七卷歷朝名文九卷
　　　 …………………………………… 1－385
評點春秋左傳綱目句解彙雋六卷 …… 2－28
註解傷寒論十卷論圖一卷 …………… 1－327
註釋八銘塾鈔初集五卷 ……………… 1－513
註釋八銘塾鈔初集五卷二集五卷 …… 1－521
註釋古周禮五卷註釋考工記一卷 …… 1－46
註釋白眉故事十卷 …………………… 2－340
註釋竹笑軒賦鈔初集一卷二集二卷 … 2－15

註釋典制文琳初集不分卷二集不分卷
　　　 …………………………………… 1－502
詠菊小品初編不分卷備編不分卷續
　　編不分卷補遺不分 ……………… 2－177
詞苑叢談十二卷 ……………………… 1－60
詞林正韻三卷 ………………………… 2－176
詞林正韻三卷發凡一卷 ……………… 2－201
詞林正韻三卷發凡一卷 ……………… 2－325
詞林典故八卷 ………………………… 1－179
詞科掌錄十七卷詞科餘話七卷 ……… 2－67
詞科掌錄十七卷詞科餘話七卷 ……… 2－136
詞科掌錄十七卷詞科餘話七卷 ……… 2－424
詞科掌錄十七卷詞科餘話七卷 ……… 2－464
詞科餘話七卷 ………………………… 2－325
詞律二十卷 …………………………… 1－140
詞律二十卷 …………………………… 1－164
詞律二十卷 …………………………… 1－198
詞律二十卷 …………………………… 1－394
詞律二十卷 …………………………… 2－72
詞律二十卷 …………………………… 2－505
詞律拾遺二十卷 ……………………… 1－394
詞律拾遺二十卷 ……………………… 2－505
詞致錄十六卷 ………………………… 1－4
詞綜三十八卷 ………………………… 1－139
詞綜三十八卷 ………………………… 1－139
詞綜三十八卷 ………………………… 1－143
詞綜三十卷 …………………………… 1－152
詞論一卷 ……………………………… 1－399
詞選二卷 ……………………………… 1－162
詞選二卷 ……………………………… 2－204
詞選二卷附二卷 ……………………… 2－323
詞選二卷續詞選二卷附錄一卷 ……… 2－159
詞學全書四種 ………………………… 1－142
詞學叢書六種 ………………………… 2－126
詞學叢書六種 ………………………… 2－126
詞館試律清華集四卷 ………………… 1－503
敦艮吉齋詩存二卷補遺一卷 ………… 2－135
敦拙堂詩集十三卷 …………………… 1－534
敦煌石室記一卷 ……………………… 1－468
［道光］敦煌縣志七卷首一卷 ………… 2－50
痘子治畧不分卷 ……………………… 1－64

痘科一得歌訣一卷………………… 2－352
痘科辨證二卷………………… 1－169
痘科辨證二卷………………… 1－169
痘疮經驗良方六卷………………… 1－170
痘疹不求人一卷………………… 1－476
痘疹正宗二卷………………… 1－100
痘疹世醫心法十二卷痘疹格致要論
　　十一卷附痘疹碎金賦一卷………… 1－4
痘疹合用藥性本草摘要一卷………… 2－591
痘疹定論四卷………………… 1－11
痘疹捷要二卷………………… 2－295
痘訣餘義一卷………………… 2－271
痘學真傳八卷………………… 1－75
痧疫論一卷………………… 1－324
痧脹源流一卷………………… 2－294
痧癥全書三卷………………… 1－324
痧癥全書三卷………………… 2－492
遊秦存稿二卷………………… 1－397
遊道堂集四卷………………… 2－201
遊道堂集四卷………………… 2－226
遊歷日本圖經三十卷………………… 2－31
童山全集四種………………… 1－519
童蒙訓三卷………………… 2－204
童蒙須知韻語一卷………………… 1－309
惺諟齋初稿十卷………………… 2－188
愧訥集十二卷………………… 2－182
惲遜庵先生遺集一卷………………… 2－313
善女人傳二卷………………… 1－369
善本書室藏書志四十卷附錄一卷… 1－294
善本書室藏書志四十卷附錄一卷… 2－299
善本書室藏書志四十卷附錄一卷… 2－317
善成堂重訂古文釋義新編八卷……… 2－15
善卷堂四六十卷………………… 1－79
善卷堂四六十卷………………… 1－108
善卷堂四六十卷………………… 1－129
善卷堂四六十卷………………… 1－143
善卷堂四六十卷………………… 1－424
善卷堂四六十卷………………… 1－520
普天忠憤全集十四卷首一卷……… 2－541
普法戰紀二十卷………………… 1－264
普通百科新大辭典不分卷………… 1－382

普通百科新大辭典不分卷………… 1－382
普通百科新大辭典不分卷………… 1－382
普通百科新大辭典不分卷………… 2－543
普通百科新大辭典不分卷………… 2－547
普通商業教科問答不分卷………… 1－357
普通博物問答七章………………… 1－358
普通學歌訣一卷………………… 1－380
普通學歌訣一卷………………… 1－380
普通學歌訣一卷………………… 2－419
普通學歌訣一卷………………… 2－438
普通學歌訣一卷………………… 2－459
普通學歌訣一卷………………… 2－494
普通學歌訣一卷………………… 2－494
普通學歌訣一卷………………… 2－494
普通學歌訣一卷………………… 2－500
普通學歌訣一卷………………… 2－503
[乾隆]普寧縣志十卷首一卷 ……… 1－123
普魯士地方自治行政說六章……… 1－589
普濟良方六卷………………… 1－478
普濟應驗良方八卷補遺一卷……… 2－556
普濟應驗良方八卷補遺續補三卷…… 1－329
尊水園集畧十二卷補遺二卷 ……… 1－21
尊古齋詩鈔四卷………………… 2－165
尊瓠室詩一卷………………… 1－518
尊間齋遺草一卷 ………………… 2－22
尊經書院初集十二卷………………… 2－102
尊聞居士集八卷附錄一卷………… 2－146
尊聞居士集八卷附錄一卷………… 2－146
尊聞堂四書文十二卷………………… 2－101
尊聞錄八卷………………… 1－134
道一錄五卷 ………………… 1－74
道古堂文集四十八卷詩集二十六卷 … 1－63
道古堂文集四十八卷詩集二十六卷
　　集外文一卷集外詩一卷………… 1－417
道古堂文集四十八卷詩集二十六卷
　　集外文一卷集外詩一卷………… 2－140
道古堂文集四十六卷詩集二十六卷 … 1－179
道古堂全集七十六卷………………… 2－181
道古堂詩集二十六卷………………… 1－413
道古堂詩集二十六卷文集四十八卷 … 1－540
道古堂詩集二十六卷文集四十八卷集

外文一卷集外詩一卷軼事一卷 …… 1－515

道古堂詩集二十六卷文集四十六卷 … 1－129

道西齋日記二卷 …………………… 1－482

道西齋日記二卷 …………………… 2－319

道光乙未陝西鄉試硃卷不分卷 ……… 2－346

道光丁酉科陝西鄉試題名錄（道光十

七年）不分卷 ……………………… 2－287

道言內外祕訣全書三十六種 ……… 2－468

道命錄十卷 ………………………… 1－188

道原精萃七種 ……………………… 1－378

道海津梁一卷 ……………………… 2－488

道書十八種 ………………………… 1－475

道書全集十四種 …………………… 1－138

道書杯溪錄三卷赤水吟一卷 ……… 1－591

道鄉先生文集四十卷補遺一卷附錄一卷

…………………………………… 2－163

道鄉先生文集四十卷補遺一卷附錄一卷

…………………………………… 2－308

道鄉鄒忠公文集四十卷 …………… 1－159

道援堂詩集十三卷 ………………… 2－138

道援堂詩集十三卷 ………………… 2－149

道統大成十卷 ……………………… 1－379

道統大成十卷 ……………………… 2－246

道統正宗不分卷 …………………… 2－418

道統正宗不分卷 …………………… 2－425

道統淵源一卷 ……………………… 1－592

道說紀餘初集一卷 ………………… 1－481

道德經二卷 ………………………… 2－417

道德經二卷 ………………………… 2－589

道德經評註二卷 …………………… 2－565

道德經解一卷 ……………………… 2－241

道德經解一卷 ……………………… 2－417

道德經解二卷 ……………………… 2－425

道德經解二卷 ……………………… 2－474

道德經轉語二卷古今本考正二卷 …… 1－310

道德經釋義二卷金玉經一卷 ……… 1－310

道學淵源錄一百卷首一卷 ………… 2－508

道學淵源錄一百卷首一卷 ………… 2－512

道藏輯要二十八集二百九十種 …… 2－573

道齋正軌二十卷 …………………… 2－102

遂生編福幼編合編一卷 …………… 1－476

［乾隆］遂安縣志十卷首一卷 ……… 2－584

［乾隆］遂安縣志十卷首一卷 ……… 2－587

遂初堂文集二十卷 ………………… 2－166

遂翁自訂年譜一卷 ………………… 1－275

遂翁自訂年譜一卷 ………………… 2－342

遂寧張文端公全集七卷首一卷 …… 2－103

曾子二卷 …………………………… 1－306

曾子二卷 …………………………… 1－306

曾子二卷 …………………………… 1－306

曾子二卷 …………………………… 2－469

曾子二卷 …………………………… 2－551

曾子十篇注釋一卷 ………………… 1－315

曾子問講錄四卷 …………………… 2－107

曾文正公大事記四卷 ……………… 1－454

曾文正公大事記四卷 ……………… 2－385

曾文正公手書日記不分卷 ………… 2－23

曾文正公文集四卷 ………………… 1－518

曾文正公文集四卷 ………………… 2－226

曾文正公文集四卷詩集四卷雜著四卷

…………………………………… 2－165

曾文正公文鈔四卷 ………………… 2－165

曾文正公文鈔四卷附刻一卷 ……… 2－549

曾文正公水陸行軍練兵志四卷 …… 1－297

曾文正公水陸行軍練兵志四卷 …… 1－297

曾文正公水陸行軍練兵志四卷 …… 1－297

曾文正公水陸行軍練兵志四卷 …… 1－379

曾文正公水陸行軍練兵志四卷 …… 2－345

曾文正公水陸行軍練兵志四卷 …… 2－416

曾文正公水陸行軍練兵志四卷 …… 2－416

曾文正公水陸行軍練兵志四卷 …… 2－445

曾文正公水陸行軍練兵志四卷 …… 2－445

曾文正公水陸行軍練兵志四卷 …… 2－468

曾文正公全集十五種 ……………… 1－422

曾文正公全集十五種 ……………… 1－422

曾文正公全集十五種 ……………… 2－89

曾文正公全集十五種 ……………… 2－357

曾文正公全集十五種 ……………… 2－385

曾文正公全集十五種 ……………… 2－408

曾文正公全集十五種 ……………… 2－430

曾文正公全集十五種 ……………… 2－512

曾文正公全集十五種 ……………… 2－526

曾文正公全集十五種·············· 2－534

曾文正公全集十五種·············· 2－547

曾文正公全集十五種·············· 2－549

曾文正公全集十六種·············· 2－539

曾文正公全集首一卷奏稿三十六卷··· 2－472

曾文正公奏疏一卷················ 2－549

曾文正公奏稿三十六卷············ 2－427

曾文正公奏稿三十六卷············ 2－476

曾文正公奏議十卷首一卷末一卷····· 2－523

曾文正公奏議十卷首一卷末一卷補

　編四卷······················ 2－404

曾文正公奏議補編四卷············ 2－549

曾文正公家書十卷················ 1－518

曾文正公家書十卷················ 2－451

曾文正公家書十卷················ 2－521

曾文正公書札三十三卷············ 2－526

曾文正公書札三十三卷············ 2－526

曾文正公書札三十三卷············ 2－568

曾文正公詩集三卷文集三卷········ 2－321

曾文正公詩鈔四卷················ 2－549

曾文正公雜著四卷················ 2－221

曾文定公全集二十卷首一卷末一卷··· 1－108

曾文定公全集二十卷首一卷末一卷··· 1－126

曾文定公全集二十卷首一卷末一卷··· 1－135

曾文定公全集二十卷首一卷末一卷··· 1－178

曾忠襄公全集四種附二種·········· 1－427

曾忠襄公奏議三十二卷············ 1－579

曾南豐先生全集五十卷············ 1－400

曾惠敏公文集五卷················ 2－435

曾惠敏公全集四卷················ 2－574

曾惠敏公全集四種················ 2－435

曾惠敏公全集四種················ 2－471

曾惠敏公遺集四種················ 1－529

曾惠敏公遺集四種················ 2－300

曾樂軒稿一卷···················· 2－93

烼掌錄二卷····················· 1－255

馮少墟集二十二卷首一卷續集五卷

　·························· 1－171

馮少墟集二十二卷續集六卷········ 1－153

馮少墟集二十二卷續集四卷········ 1－404

馮少墟關學原編四卷首一卷········ 1－592

馮氏錦囊秘錄八種················ 1－550

馮氏錦囊秘錄八種················ 2－578

馮潛齋年譜不分卷················ 1－456

湛然居士文集十四卷·············· 1－403

湛然居士文集十四卷·············· 1－533

湛然居士集十四卷················ 2－152

湛園未定稿六卷·················· 1－517

湛園未定稿六卷·················· 1－519

湛園詩稿三卷···················· 1－531

湛園詩稿三卷···················· 2－204

湖山便覽十二卷··················· 2－53

湖北官書處新刊書目不分卷········ 1－298

湖北官書處新刊書目不分卷········ 1－298

湖北商務報□□期················ 2－481

湖北詩徵傳略四十卷·············· 1－426

湖北叢書三十一種················ 1－436

湖北叢書三十一種················ 1－436

湖北叢書三十一種················ 2－122

湖州府水道全圖不分卷············ 2－270

[同治]湖州府志九十六卷首一卷······ 2－54

湖州詩徵二十四卷················ 2－127

湖州叢書十二種·················· 1－431

湖州叢書十二種··················· 2－87

湖東第一山詩鈔五卷·············· 2－213

湖東集四卷····················· 2－138

湖南文徵一百九十卷姓氏傳四卷目

　錄六卷補編一卷··············· 1－385

湖南文徵一百九十卷姓氏傳四卷目

　錄六卷補編一卷··············· 1－385

湖南文徵元明文五十四卷國朝文一

　百三十五卷··················· 2－184

湖南苗防屯政考十五卷············ 1－289

湖南時務學堂課藝一卷············ 1－398

[光緒]湖南通志二百八十八卷首八

　卷末十九卷···················· 2－55

湖南試牘一卷···················· 1－505

[湖南寧鄉]唐氏族譜十卷··········· 1－64

湖南釐務彙纂十八卷首一卷········ 1－290

湖唐林館駢體文二卷·············· 1－521

湖海文傳七十五卷················ 1－386

224

湖海文傳七十五卷 …………………… 1－429

湖海文傳七十五卷 …………………… 1－538

湖海文傳七十五卷 …………………… 2－20

湖海文傳七十五卷 …………………… 2－124

湖海文傳七十五卷 …………………… 2－133

湖海文傳七十五卷 …………………… 2－146

湖海文傳七十五卷 …………………… 2－183

湖海文傳七十五卷 …………………… 2－183

湖海詩傳四十六卷 …………………… 1－428

湖海詩傳四十六卷 …………………… 1－429

湖海詩傳四十六卷 …………………… 2－20

湖海詩傳四十六卷 …………………… 2－20

湖海詩傳四十六卷 …………………… 2－131

湖海樓全集五十卷補遺一卷 ………… 1－128

湖海樓全集五十卷補遺一卷 ………… 2－190

湖海樓全集五十卷補遺詩一卷 ……… 1－65

湖海樓詩集十二卷詞集二十卷文集

　　六卷儷體文十二卷補遺詩一卷 …… 1－518

湖海樓叢書十二種 …………………… 1－436

湖海樓叢書十二種 …………………… 1－522

湖海樓叢書十二種 …………………… 2－83

湖海樓叢書十二種 …………………… 2－172

湖海樓叢書十二種 …………………… 2－183

湖海樓叢書十二種 …………………… 2－218

湖海樓叢書十二種 …………………… 2－307

湖程紀略一卷 ………………………… 1－166

湖程紀略一卷 ………………………… 1－167

湖墅小志四卷 ………………………… 2－261

［雍正］湖廣通志一百二十卷首一卷

　………………………………………… 1－122

湖蠶述四卷 …………………………… 2－124

湘山野錄三卷續錄一卷 ……………… 1－63

湘中草六卷 …………………………… 1－169

湘舟漫錄三卷 ………………………… 2－112

湘軍水陸戰紀十六卷 ………………… 2－272

湘軍志十六卷 ………………………… 1－264

湘軍志十六卷 ………………………… 1－573

湘軍志十六卷 ………………………… 2－70

湘軍志十六卷 ………………………… 2－144

湘軍志十六卷 ………………………… 2－320

湘軍志十六卷 ………………………… 2－572

湘軍記二十卷 ………………………… 2－81

湘軍記二十卷 ………………………… 2－157

湘軍記二十卷 ………………………… 2－299

湘軍記二十卷 ………………………… 2－551

湘軍記二十卷 ………………………… 2－572

湘軍記二十卷 ………………………… 2－572

湘棥宧遺槀二卷 ……………………… 1－510

［光緒］湘陰縣圖志三十四卷首一卷

　　末一卷 …………………………… 2－55

湘綺樓文集八卷 ……………………… 2－86

湘綺樓文集八卷 ……………………… 2－132

湘綺樓全書十八種 …………………… 2－83

湘綺樓詩集八卷 ……………………… 2－163

湘綺樓箋啟八卷 ……………………… 2－86

湘潭王氏所著書二十一種 …………… 2－83

［光緒］湘潭縣志十二卷 …………… 2－267

［光緒］湘潭縣志十二卷 …………… 2－366

湯子遺書十卷附錄一卷 ……………… 1－61

湯文正公全集四種 …………………… 1－408

湯文正公全集四種 …………………… 2－206

湯文正公全集四種 …………………… 2－281

湯陰精忠廟志十卷 …………………… 1－64

湯液本草三卷 ………………………… 2－275

湯義仍先生邯鄲夢記二卷 …………… 1－187

［康熙］湯溪縣志十卷 ……………… 1－203

［乾隆］湯溪縣志十卷首一卷 ……… 1－204

測地志要四卷三角須知不分卷量法

　　須知不分卷 ……………………… 2－9

測地繪圖十一卷附一卷 ……………… 1－355

測地繪圖十一卷附一卷 ……………… 1－355

測地繪圖十一卷附一卷 ……………… 1－560

測地繪圖十二卷 ……………………… 1－544

測候叢談四卷 ………………………… 1－359

測候叢談四卷 ………………………… 1－359

測候叢談四卷 ………………………… 1－359

測候叢談四卷 ………………………… 2－460

測海山房中西算學叢刻初編三十一種

　………………………………………… 1－349

測海山房中西算學叢刻初編三十一種

　………………………………………… 1－349

測海集六卷 …………………………… 2－280

測量圖說不分卷‥‥‥‥‥‥‥ 1－356
測圓海鏡細草十二卷‥‥‥‥‥ 1－347
測圓海鏡細草十二卷‥‥‥‥‥ 2－372
測繪海圖全法八卷附一卷‥‥‥ 2－8
測繪淺說一卷‥‥‥‥‥‥‥‥ 1－354
測繪淺說一卷‥‥‥‥‥‥‥‥ 1－354
測繪淺說一卷‥‥‥‥‥‥‥‥ 1－355
溫氏母訓一卷‥‥‥‥‥‥‥‥ 2－241
［乾隆］溫州府志三十卷首一卷‥‥‥ 2－393
［乾隆］溫州府志三十卷首一卷‥‥‥ 2－393
溫庭筠詩集七卷‥‥‥‥‥‥‥ 2－303
溫飛卿詩集七卷別集一卷集外詩一卷
‥‥‥‥‥‥‥‥‥‥‥‥ 1－51
溫飛卿詩集七卷別集一卷集外詩一卷
‥‥‥‥‥‥‥‥‥‥‥‥ 1－57
溫飛卿詩集七卷別集一卷集外詩一卷
‥‥‥‥‥‥‥‥‥‥‥‥ 1－81
溫飛卿詩集七卷別集一卷集外詩一卷
‥‥‥‥‥‥‥‥‥‥‥‥ 1－140
溫飛卿詩集七卷別集一卷集外詩一卷
‥‥‥‥‥‥‥‥‥‥‥‥ 1－143
溫飛卿詩集七卷別集一卷集外詩一卷
‥‥‥‥‥‥‥‥‥‥‥‥ 1－152
溫飛卿詩集七卷別集一卷集外詩一卷
‥‥‥‥‥‥‥‥‥‥‥‥ 1－505
溫飛卿詩集七卷別集一卷集外詩一卷
‥‥‥‥‥‥‥‥‥‥‥‥ 2－104
溫恭毅公文集三十卷‥‥‥‥‥ 1－21
溫病指南二卷‥‥‥‥‥‥‥‥ 2－253
溫病條辨六卷首一卷‥‥‥‥‥ 1－325
溫病條辨六卷首一卷‥‥‥‥‥ 2－427
溫病條辨六卷首一卷‥‥‥‥‥ 2－504
溫與亨先生詩草不分卷‥‥‥‥ 1－24
溫熱經緯五卷‥‥‥‥‥‥‥‥ 1－324
溫熱經緯五卷‥‥‥‥‥‥‥‥ 1－562
溫樂與先生詩集一卷‥‥‥‥‥ 2－60
渭水清濁源流攷不分卷‥‥‥‥ 1－239
渭南文集五十卷‥‥‥‥‥‥‥ 1－26
［乾隆］渭南志十四卷‥‥‥‥‥ 1－180
［雍正］渭南縣志十五卷‥‥‥‥ 1－118
渭陽十勝不分卷‥‥‥‥‥‥‥ 1－121

滑疑集八卷‥‥‥‥‥‥‥‥‥ 1－519
淵雅堂全集九種‥‥‥‥‥‥‥ 2－227
淵鑒齋御纂朱子全書六十六卷‥‥‥ 1－71
淵鑒齋御纂朱子全書六十六卷‥‥‥ 1－107
淵鑒齋御纂朱子全書六十六卷‥‥‥ 1－307
淵鑒齋御纂朱子全書六十六卷‥‥‥ 1－307
淵鑒齋御纂朱子全書六十六卷‥‥‥ 1－307
淵鑒齋御纂朱子全書六十六卷‥‥‥ 2－229
淵鑒齋御纂朱子全書六十六卷‥‥‥ 2－388
淵鑒齋御纂朱子全書六十六卷‥‥‥ 2－388
淵鑒齋御纂朱子全書六十六卷‥‥‥ 2－388
淵鑒齋御纂朱子全書六十六卷‥‥‥ 2－398
淵鑒齋御纂朱子全書六十六卷‥‥‥ 2－398
淵鑒齋御纂朱子全書六十六卷‥‥‥ 2－398
淵鑒齋御纂朱子全書六十六卷‥‥‥ 2－399
淵鑒齋御纂朱子全書六十六卷‥‥‥ 2－399
淵鑑類函四百五十卷目錄四卷‥‥‥ 1－77
淵鑑類函四百五十卷目錄四卷‥‥‥ 1－172
淵鑑類函四百五十卷目錄四卷‥‥‥ 1－380
淵鑑類函四百五十卷目錄四卷‥‥‥ 1－381
淵鑑類函四百五十卷目錄四卷‥‥‥ 2－549
淵鑑類函四百五十卷目錄四卷‥‥‥ 2－562
［光緒］滄安縣志十六卷首一卷‥‥‥ 2－377
［光緒］滄安縣志十六卷首一卷‥‥‥ 2－377
渡江吟一卷‥‥‥‥‥‥‥‥‥ 2－291
游志續編一卷‥‥‥‥‥‥‥‥ 2－256
游定夫先生集四卷首一卷末一卷‥‥ 2－173
游廌山先生集四卷前一卷首一卷附
錄一卷‥‥‥‥‥‥‥‥‥ 1－170
游擊俊堂張公家傳不分卷‥‥‥ 2－488
游藝錄二卷別錄一卷‥‥‥‥‥ 2－329
渼陂集十六卷續集三卷‥‥‥‥ 1－26
渼陂集十六卷續集三卷‥‥‥‥ 1－49
渼陂續集三卷‥‥‥‥‥‥‥‥ 1－15
滋樹堂文集四卷‥‥‥‥‥‥‥ 1－413
滋樹堂文集四卷‥‥‥‥‥‥‥ 2－269
［乾隆］渾源州志十卷‥‥‥‥‥ 2－376
［乾隆］渾源州志十卷‥‥‥‥‥ 2－581
溉亭述古錄二卷‥‥‥‥‥‥‥ 2－77
溉堂前集九卷文集五卷續集六卷詩
餘二卷‥‥‥‥‥‥‥‥‥ 1－147

溉堂前集九卷後集六卷續集六卷文
　　集五卷詩餘二卷 ……………………… 1－84
溉堂前集九卷續集六卷 ……………… 2－237
［光緒］滁州志十卷首一卷末一卷 …… 2－53
割圓八線綴術四卷 …………………… 2－313
割圓綴法四卷 ………………………… 1－351
割圜密率捷法四卷 …………………… 1－354
割圜密率捷法四卷 …………………… 1－542
割錐術課本二篇 ……………………… 1－348
割錐術課本二篇 ……………………… 1－348
割錐術課本二篇 ……………………… 1－348
寒山詩一卷 …………………………… 1－398
寒支初集十卷二集六卷 ……………… 2－281
寒村舉業偶存不分卷 ………………… 2－249
寒松堂全集十二卷 …………………… 1－108
寒松堂全集十二卷 …………………… 1－539
寒松堂全集十二卷 …………………… 2－173
寒松堂全集十二卷 …………………… 2－280
寒夜叢談三卷 ………………………… 2－7
寒疫合編歌括四卷 …………………… 2－429
寒疫合編歌括四卷 …………………… 2－432
寒疫合編歌括四卷 …………………… 2－588
寒疫合編歌括四卷 …………………… 2－592
寒溫條辨七卷溫病壞證一卷 ………… 1－324
寒溫條辨七卷溫病壞證一卷 ………… 2－592
富平鄉土志不分卷 …………………… 1－248
富平縣民賦役全書不分卷 …………… 2－193
［乾隆］富平縣志八卷 ……………… 1－40
［乾隆］富平縣志八卷 ……………… 1－115
［乾隆］富平縣志八卷 ……………… 1－140
［光緒］富平縣志稿十卷首一卷 …… 2－36
［光緒］富平縣志稿十卷首一卷 …… 2－36
［光緒］富平縣志稿十卷首一卷 …… 2－36
［光緒］富平縣志稿十卷首一卷 …… 2－259
富國農書一卷 ………………………… 1－317
富國農書一卷 ………………………… 1－317
富國農書一卷 ………………………… 1－318
富國農書一卷 ………………………… 2－492
富國養民策十六章 …………………… 1－292
［光緒］富陽縣志二十四卷首一卷 …… 2－58
［乾隆］富順縣志五卷首一卷 ……… 2－56

寓意草一卷 …………………………… 2－432
寓意草一卷 …………………………… 2－486
甯古塔記略一卷 ……………………… 2－68
［乾隆］甯武府志十二卷首一卷 …… 1－166
運規約旨三卷 ………………………… 1－351
運規約旨三卷 ………………………… 1－351
運規約旨三卷 ………………………… 1－351
運規約旨三卷 ………………………… 1－351
補三史藝文志一卷 …………………… 1－452
補三國藝文志四卷 …………………… 1－254
補三國藝文志四卷補晉兵志一卷 …… 1－454
補三國疆域志二卷 …………………… 1－253
補三國疆域志二卷 …………………… 1－253
補元史藝文志四卷 …………………… 1－451
補五代史藝文志一卷 ………………… 1－452
補五代史藝文志不分卷 ……………… 1－253
補刊古經解鉤沉三十卷 ……………… 1－529
補史記一卷 …………………………… 2－354
補宋書刑法志一卷補宋書食貨志一卷
　　…………………………………… 1－253
補和攻散寒熱固因不分卷 …………… 2－593
補刻段氏說文解字注三十二卷 ……… 2－128
補注東坡先生編年詩五十卷 ………… 1－141
補注黃帝内經素問二十四卷 ………… 2－422
補注黃帝内經素問二十四卷靈樞十
　　二卷素問遺篇一卷 ……………… 2－124
補注黃帝内經素問二十四卷靈樞十
　　二卷素問遺篇一卷 ……………… 2－203
補注黃帝内經素問二十四卷靈樞十
　　二卷素問遺篇一卷 ……………… 2－558
補注醫學入門七卷首一卷 …………… 2－593
補注續漢書八志三十卷 ……………… 1－573
補後漢書藝文志四卷 ………………… 1－254
補紅樓夢四十八回 …………………… 2－237
補註洗冤錄集證四卷 ………………… 2－448
補註洗冤錄集證四卷 ………………… 2－452
補註洗冤錄集證四卷 ………………… 2－471
補註洗冤錄集證四卷作吏要言一卷 … 1－475
補註洗冤錄集證四卷作吏要言一卷 … 2－498
補註洗冤錄集證四卷作吏要言一卷 … 2－509
補註洗冤錄集證四卷附刊檢骨圖格一卷

·· 1－593
補註洗冤錄集證四卷附刊檢骨圖格一卷
·· 1－593
補註洗冤錄集證四卷附刊檢骨圖格一卷
·· 1－593
補註洗冤錄集證四卷附刊檢骨圖格一卷······
·· 2－1
補註洗冤錄集證四卷附刊檢骨圖格一卷
·· 2－539
補註洗冤錄集證四卷附刊檢骨圖格
　一卷作吏要言一卷············ 1－315
補註洗冤錄集證四卷附刊檢骨圖格
　一卷作吏要言一卷············ 1－315
補疑年錄四卷························ 2－224
補疑年錄四卷························ 2－224
補遼金元藝文志不分卷············ 1－253
補遼金元藝文志不分卷············ 1－451
補寰宇訪碑錄五卷失編一卷········ 2－59
補寰宇訪碑錄五卷失編一卷········ 2－317
補讀書齋遺稿十卷··················· 2－255
補籬遺稿八卷························ 1－540
褚先生集一卷························ 1－400
尋常語一卷··························· 2－6
尋墅外言五卷························ 1－196
畫荃一卷······························ 1－180
畫學心印八卷桐陰論畫圖二卷首一
　卷桐陰畫訣一卷續桐陰論畫一卷
·· 1－489
畫學心印八卷桐陰論畫圖二卷首一
　卷桐陰畫訣一卷續桐陰論畫一卷
·· 2－132
畫禪室隨筆四卷······················ 1－173
畫禪室隨筆四卷······················ 1－485
畫禪室隨筆四卷······················ 1－530
畫禪室隨筆四卷······················ 2－165
強恕齋詩鈔四卷······················ 1－142
費氏遺書三種························ 2－116
費氏遺書三種························ 2－193
粥譜一卷廣粥譜一卷·················· 2－342
賀文忠公遺集五卷末一卷············ 2－212
[乾隆]登封縣志三十二卷　······ 1－173

登壇必究四十卷······················ 1－5
發蒙語正一卷························ 2－490
[道光]婺志粹十四卷　··········· 2－279
[道光]婺志粹十四卷婺詩補三卷　··· 2－266
婺書八卷······························ 2－279
婺詩補三卷··························· 2－197
婆娑洋集一卷························ 2－284
結一廬朱氏賸餘叢書四種············ 1－523
結一廬朱氏賸餘叢書四種　········· 2－84
結水滸全傳七十卷末一卷············ 2－354
絳雪園古方選註不分卷············ 1－561
絳跗閣詩稿十一卷·················· 1－200
絕妙好詞箋七卷　·················· 1－61
絕妙好詞箋七卷續鈔一卷············ 1－405
絕妙好詞箋七卷續鈔一卷············ 2－161
絕妙好詞箋七卷續鈔一卷············ 2－316
幾何原本十五卷······················ 1－351
幾何原本十五卷······················ 1－351
幾何原本十五卷······················ 1－351
幾何原本十五卷······················ 1－362
幾何原本十五卷······················ 1－362
幾何原本十五卷······················ 1－362
幾何原本十五卷······················ 1－544
幾何原本十五卷······················ 1－550
幾何原本十五卷······················ 2－450
幾何原本十五卷······················ 2－567
幾希錄一卷附集古方一卷············ 2－213
幾希錄一卷附集古方一卷············ 2－242
幾希錄良方合璧二卷首一卷·········· 2－213

十三畫

瑟廬遺詩三卷························ 2－194
瑞芍軒詩鈔四卷······················ 2－131
瑞芝山房文鈔八卷·················· 2－182
瑞芝山房詩鈔八卷·················· 2－182
瑞芝室家傳一卷經義尋中十二卷····· 2－106
瑠革司保教紀略不分卷·············· 1－378
韞山堂時文初集一卷三集一卷········ 1－518
填詞名解四卷························ 1－399
填詞圖譜六卷························ 1－399

遠西奇器圖說錄最三卷 …………… 1－332
遠西奇器圖說錄最三卷 …………… 1－489
遠志堂集十三卷 …………………… 1－26
聖人家門喻補編一卷 ……………… 2－288
聖人說不分卷 ……………………… 1－378
聖功編不分卷 ……………………… 1－305
聖功編不分卷 ……………………… 2－6
聖功編不分卷 ……………………… 2－7
聖功編不分卷 ……………………… 2－7
聖功編不分卷 ……………………… 2－302
聖安皇帝本紀二卷 ………………… 2－209
聖武記十四卷 ……………………… 1－263
聖武記十四卷 ……………………… 1－263
聖武記十四卷 ……………………… 1－264
聖武記十四卷 ……………………… 1－264
聖武記十四卷 ……………………… 1－265
聖武記十四卷 ……………………… 1－265
聖武記十四卷 ……………………… 1－265
聖武記十四卷 ……………………… 1－265
聖武記十四卷 ……………………… 2－238
聖武記十四卷 ……………………… 2－254
聖武記十四卷 ……………………… 2－323
聖武記十四卷 ……………………… 2－468
聖門名字籑詁二卷補遺一卷 ……… 2－200
聖門通考十二卷 …………………… 1－272
聖祖仁皇帝庭訓格言一卷 ………… 1－485
聖祖仁皇帝庭訓格言一卷 ………… 2－557
聖祖仁皇帝庭訓格言不分卷 ……… 1－340
聖祖仁皇帝庭訓格言不分卷 ……… 1－340
聖祖仁皇帝庭訓格言不分卷 ……… 1－340
聖祖仁皇帝庭訓格言不分卷 ……… 2－485
聖祖仁皇帝聖訓六十卷 …………… 2－529
聖勇嘎啦哈奇遇傳一卷 …………… 1－353
聖教切要一卷 ……………………… 2－456
聖朝名公奏議八卷 ………………… 2－565
聖朝名公奏議八卷 ………………… 2－567
聖朝名公奏議八卷 ………………… 2－567
聖經典林不分卷 …………………… 1－378
聖嘆秘書四種附一種 ……………… 2－537
聖賢像贊三卷 ……………………… 1－3
聖賢像贊不分卷 …………………… 1－456

聖賢像贊不分卷 …………………… 2－243
聖賢像贊不分卷 …………………… 2－594
聖廟祀典圖考五卷崇聖祠考一卷聖
　跡圖考一卷 ……………………… 2－24
聖廟從祀位次私議一卷 …………… 2－295
聖廟從祀位次私議一卷 …………… 2－295
聖學宗傳十八卷 …………………… 1－46
聖諭十六條附律易解一卷 ………… 1－341
聖諭十六條附律易解一卷 ………… 2－370
聖諭十六條附律易解一卷 ………… 2－407
聖諭十六條附律易解一卷 ………… 2－407
聖諭像解二十卷 …………………… 1－336
聖諭像解二十卷 …………………… 1－336
聖諭像解二十卷 …………………… 1－336
聖諭像解二十卷 …………………… 1－337
聖諭像解二十卷 …………………… 2－345
聖諭像解二十卷 …………………… 2－394
聖諭像解二十卷 …………………… 2－481
聖諭像解二十卷 …………………… 2－511
聖諭像解二十卷 …………………… 2－573
聖諭像解二十卷 …………………… 2－573
聖諭像解二十卷 …………………… 2－575
聖諭廣訓一卷 ……………………… 2－583
聖諭廣訓不分卷 …………………… 1－101
聖諭廣訓不分卷 …………………… 1－336
聖諭廣訓不分卷 …………………… 1－336
聖諭廣訓不分卷 …………………… 1－337
聖諭廣訓不分卷 …………………… 1－485
聖諭廣訓不分卷 …………………… 1－485
聖諭廣訓集證一卷 ………………… 2－563
聖諭徵事一卷 ……………………… 1－459
聖蹟編年一卷 ……………………… 2－455
聖證論補評二卷 …………………… 1－214
戡定新疆記八卷 …………………… 1－265
戡定新疆記八卷 …………………… 1－265
戡定新疆記八卷 …………………… 1－265
戡定新疆記八卷 …………………… 1－265
戡定新疆記八卷 …………………… 1－265
戡定新疆記八卷 …………………… 2－346
戡定新疆記八卷 …………………… 2－346
戡定新疆記八卷 …………………… 2－396

戡定新疆記八卷 ·················· 2 - 438
戡定新疆記八卷 ·················· 2 - 529
戡定新疆記八卷 ·················· 2 - 555
戡定新疆記八卷 ·················· 2 - 563
[同治]鄞縣志七十五卷 ·········· 2 - 527
[同治]鄞縣志七十五卷 ·········· 2 - 527
[同治]鄞縣志七十五卷 ·········· 2 - 527
[同治]鄞縣志七十五卷 ·········· 2 - 583
[同治]鄞縣志七十五卷 ·········· 2 - 583
勤齋集八卷 ····················· 1 - 403
蓮子居詞話四卷 ················· 2 - 229
蓮子居詞話四卷 ················· 2 - 310
蓮洋集二十卷 ··················· 1 - 51
蓮洋集十二卷補遺一卷 ·········· 1 - 538
蓮齋賦評二卷 ··················· 2 - 16
靳文襄公治河方略十卷首一卷 ····· 1 - 91
靳文襄公治河方略十卷首一卷 ····· 1 - 105
靳文襄公奏疏八卷 ··············· 2 - 237
夢陔堂集五十卷文集十卷 ········· 2 - 139
夢奈詩稿一卷 ··················· 2 - 462
夢研齋遺稿八卷 ················· 1 - 512
夢痕錄餘一卷 ··················· 2 - 239
夢窗詞四卷重校夢窗詞札記一卷 ···· 2 - 130
夢園子十二篇 ··················· 2 - 237
夢園書畫錄二十五卷 ············· 2 - 321
夢園叢說內篇八卷外篇八卷 ······· 2 - 269
夢溪筆談二十六卷 ··············· 1 - 29
夢溪筆談二十六卷 ··············· 2 - 355
夢溪筆談二十六卷補筆談三卷續筆
　　談一卷 ··················· 1 - 6
夢樓詩集二十四卷 ··············· 1 - 62
夢樓詩集二十四卷 ··············· 1 - 128
夢樓詩集十六卷 ················· 1 - 64
夢鷗閣詩鈔一卷 ················· 2 - 146
夢鷗閣題詞一卷 ················· 2 - 120
夢鷗閣題詞一卷 ················· 2 - 146
[光緒]蓬州志十五卷 ············ 2 - 56
蒿盦隨筆四卷 ··················· 2 - 171
[乾隆]蒲城縣志十五卷 ·········· 1 - 116
[乾隆]蒲城縣志十五卷 ·········· 1 - 116
[乾隆]蒲城縣志十五卷 ·········· 1 - 116

[乾隆]蒲城縣志十五卷 ·········· 1 - 171
[光緒]蒲城縣新志十三卷首一卷 ····· 2 - 38
[光緒]蒲城縣新志十三卷首一卷 ····· 2 - 38
[光緒]蒲城縣新志十三卷首一卷 ··· 2 - 125
[光緒]蒲城縣新志十三卷首一卷 ··· 2 - 351
蒲城縣徵錄二卷 ················· 2 - 341
[康熙]蒲城縣續志四卷 ·········· 1 - 184
蒲編堂訓蒙草一卷 ··············· 2 - 112
蒲編堂訓蒙草一卷 ··············· 2 - 289
蒞政摘要二卷 ··················· 1 - 294
蓉峰詩話十二卷 ················· 1 - 520
蓉湖吟藁三卷 ··················· 2 - 213
蒙古史二卷 ····················· 2 - 24
[光緒]蒙古志三卷 ·············· 2 - 261
蒙古游牧記十六卷 ··············· 2 - 558
蒙學地文教科書四章 ············· 1 - 580
蒙學地文教科書四章 ············· 1 - 580
蒙學地文教科書四章 ············· 1 - 580
蒙學書報□□種 ················· 2 - 543
蒙學叢書三十四種 ··············· 1 - 438
蒙墾奏稿不分卷 ················· 1 - 237
蒙齋集二十卷 ··················· 1 - 63
蒙齋集二十卷 ··················· 1 - 102
蒙齋集二十卷 ··················· 2 - 355
蒙廬詩存五卷 ··················· 2 - 230
蔭圃詩鈔三卷 ··················· 1 - 516
禁止溺女初次示稿不分卷 ········· 2 - 455
禁扁五卷 ······················ 2 - 580
禁種罌粟示一卷 ················· 1 - 462
禁種罌粟四字諭一卷 ············· 1 - 464
楚國文憲公雪樓程先生文集三十卷
　　附錄一卷 ················· 2 - 153
楚遊小草二卷 ··················· 2 - 291
楚漢諸侯疆域志三卷 ············· 1 - 253
楚漢諸侯疆域志三卷 ············· 1 - 253
楚漢諸侯疆域志三卷 ············· 2 - 235
楚騷綺語六卷 ··················· 2 - 416
楚辭十七卷 ····················· 1 - 39
楚辭十七卷 ····················· 1 - 197
楚辭十七卷 ····················· 1 - 399
楚辭十七卷 ····················· 2 - 75

楚辭十七卷 ·················· 2－141
楚辭十七卷 ·················· 2－216
楚辭八卷 ···················· 1－2
楚辭八卷 ···················· 1－126
楚辭八卷總評一卷 ·············· 1－137
楚辭天問箋一卷 ················ 1－592
楚辭章句十七卷 ················ 1－29
楚辭章句十七卷 ················ 1－398
楚辭集注八卷 ················· 2－104
楚辭集注八卷 ················· 2－334
楚辭集注八卷辨證二卷後語八卷 ····· 1－44
楚辭集注八卷辨證二卷後語六卷 ····· 1－12
楚辭集注八卷辨證二卷後語六卷 ····· 1－57
楚辭集解十五卷蒙引二卷 ·········· 1－185
楚辭補註十七卷 ················ 1－398
楚辭補註十七卷 ················ 1－398
楚辭新註八卷 ················· 1－2
楚辭新註八卷 ················· 1－73
楚辭新註八卷 ················· 1－126
楚辭新註八卷 ················· 1－405
楚辭新註八卷 ················· 1－508
楚辭新註八卷 ················· 2－257
楚辭箋註十七卷 ················ 1－509
楚辭燈四卷 ·················· 1－82
楚辭燈四卷 ·················· 1－157
楚辭燈四卷 ·················· 2－379
楚辭燈四卷楚懷襄二王在位事蹟考一卷
　　　　 ·················· 1－98
楚辭釋十一卷 ················· 2－146
楚寶四十卷外篇五卷 ············· 2－278
楚寶四十卷外篇五卷 ············· 2－302
楷法溯源十四卷目錄一卷 ·········· 2－298
楷法溯源十四卷目錄一卷 ·········· 2－331
楊升菴先生批點文心雕龍十卷 ······· 1－11
楊仁山居士遺著十一種 ··········· 1－517
楊氏全書八種 ················· 2－154
[河南淅川]楊氏宗譜四卷首一卷 ····· 2－28
楊仲宏集八卷 ················· 2－239
楊秀芝詩文集不分卷 ············· 1－33
楊忠介公集十三卷附錄一卷 ········ 1－21
楊忠介公集十三卷附錄五卷 ········ 2－560

楊忠愍公全集四卷 ·············· 1－154
楊忠愍公全集四卷 ·············· 1－408
楊忠愍公全集四卷 ·············· 1－510
楊忠愍公全集四卷 ·············· 1－550
楊忠愍公全集四卷 ·············· 2－21
楊忠愍公全集四卷 ·············· 2－103
楊忠愍公家訓一卷 ·············· 1－477
楊忠愍公家訓一卷 ·············· 1－482
楊忠愍公家訓一卷 ·············· 2－286
楊忠愍公集四卷 ················ 1－411
楊忠愍公集四卷 ················ 2－76
楊忠愍公遺書一卷 ·············· 2－203
楊忠愍公遺書一卷自著年譜一卷 ····· 2－240
楊忠愍集八卷首一卷末一卷 ········ 1－538
楊忠愍集八卷首一卷末一卷 ········ 2－21
楊魚堂先生遺稿不分卷 ··········· 2－184
楊寀峰中丞桑鹽簡編一卷 ·········· 2－295
楊椒山公垂範集四卷 ············· 2－241
楊椒山先生文集二卷 ············· 2－159
楊椒山先生垂範集不分卷 ·········· 2－116
楊椒山家訓一卷 ················ 2－203
楊椒山家訓十九條 ·············· 2－203
楊損齋先生言行錄一卷 ··········· 1－455
楊損齋先生言行錄一卷 ··········· 1－455
楊園先生全集五十四卷 ··········· 1－408
楊園先生全集五十四卷 ··········· 1－408
楊園先生全集五十四卷 ··········· 1－408
楊園淵源錄四卷 ················ 2－265
楊誠齋先生易傳二十卷 ··········· 1－87
楊誠齋詩集十六卷 ·············· 2－174
楊輝算法六卷札記一卷 ··········· 1－439
楊龜山先生集四十二卷首一卷末一卷
　　　　 ·················· 1－169
楊龜山先生集四十二卷首一卷末一卷
　　　　 ·················· 2－151
楞伽阿跋多羅寶經四卷 ··········· 2－246
楞伽阿跋多羅寶經會譯四卷 ········ 1－369
楞伽阿跋多羅寶經會譯四卷 ········ 2－245
槐軒全書三十種 ················ 1－439
槐軒雜著四卷 ················· 2－230
槐廬叢書五編四十六種 ··········· 1－433

槐廬叢書五編四十六種 ………………… 2 – 83
槐廬叢書五編四十六種 ……………… 2 – 170
槐廳載筆二十卷 ………………………… 2 – 179
槐廳載筆二十卷 ………………………… 1 – 392
槐廳載筆二十卷 ………………………… 1 – 547
槐廳載筆二十卷 ………………………… 2 – 306
槐廳載筆二十卷 ………………………… 2 – 409
榆西仙館初稿四十三卷首一卷 ……… 1 – 553
[道光]榆林府志五十卷首一卷 ……… 2 – 44
[道光]榆林府志五十卷首一卷 …… 2 – 351
[道光]榆林府志五十卷首一卷 …… 2 – 532
榆林府志辨訛一卷 ……………………… 2 – 298
榆林縣鄉土志一卷 ……………………… 1 – 250
榆林縣鄉土志一卷 ……………………… 1 – 250
榆園叢刻十五種附一種 ……………… 1 – 431
榆園叢刻十五種附一種 ……………… 1 – 431
榆園叢刻十五種附一種 ……………… 2 – 142
榆園叢刻十五種附一種 ……………… 2 – 166
榆塞紀行錄四卷 ………………………… 1 – 284
楓林黃氏家乘五種 ……………………… 1 – 277
楹書隅錄五卷續編四卷 ……………… 1 – 547
楹書隅錄五卷續編四卷 ……………… 2 – 70
楹書隅錄五卷續編四卷 ……………… 2 – 99
楹書隅錄初編五卷續編四卷 ………… 2 – 305
楹聯集帖不分卷 ………………………… 2 – 177
楹聯集帖不分卷 ………………………… 2 – 247
楹聯新話十卷 …………………………… 2 – 247
楹聯彙編八卷 …………………………… 2 – 337
楹聯録存五卷附錄一卷 ……………… 1 – 391
楹聯叢話十二卷 ………………………… 2 – 15
楹聯叢話十二卷 ………………………… 2 – 176
楹聯叢話十二卷續話四卷 …………… 1 – 499
楹聯雜存一卷 …………………………… 2 – 247
楹聯雜記一卷 …………………………… 1 – 496
楹聯續話四卷 …………………………… 2 – 496
較正醫林狀元壽世保元十卷 ………… 2 – 580
賈太傅新書十卷 ………………………… 1 – 1
感發集二卷 ……………………………… 2 – 285
感舊集十六卷 …………………………… 1 – 102
感舊集十六卷 …………………………… 1 – 127
感舊集十六卷 …………………………… 1 – 181
感應篇陰隲文句釋合刻不分卷 ……… 1 – 310
感應篇彙編四卷首一卷 ……………… 1 – 556
感應篇圖說四部 ………………………… 1 – 167
揅經室一集十四卷二集八卷三集五卷四集十三卷續集十一卷再續集六卷外集五卷 ……… 1 – 416
揅經室一集十四卷二集八卷三集五卷四集十三卷續集十一卷再續集六卷外集五卷 ……… 1 – 416
揅經室一集十四卷二集八卷三集五卷四集十三卷續集十一卷再續集六卷外集五卷 ……… 1 – 416
揅經室一集十四卷二集八卷三集五卷四集十三卷續集十一卷再續集六卷外集五卷 ……… 1 – 518
揅經室一集十四卷二集八卷三集五卷四集十三卷續集十一卷再續集六卷外集五卷 ……… 1 – 536
揅經室一集十四卷二集八卷三集五卷四集十三卷續集十一卷再續集六卷外集五卷 ……… 2 – 21
揅經室一集十四卷二集八卷三集五卷四集十三卷續集十一卷再續集六卷外集五卷 ……… 2 – 82
揅經室一集十四卷二集八卷三集五卷四集十三卷續集十一卷再續集六卷外集五卷 ……… 2 – 122
揅經室一集十四卷二集八卷三集五卷四集十三卷續集十一卷再續集六卷外集五卷 ……… 2 – 134
揅經室一集十四卷二集八卷三集五卷四集十三卷續集十一卷再續集六卷外集五卷 ……… 2 – 232
揅經館詩二卷 …………………………… 1 – 553
碑別字五卷 ……………………………… 2 – 66
碑版文廣例十卷 ………………………… 2 – 26
碑版文廣例十卷 ………………………… 2 – 245
碑執一卷 ………………………………… 1 – 410
碑傳集一百六十卷首二卷末二卷 …… 1 – 275
碑傳集一百六十卷首二卷末二卷 …… 1 – 275
碑傳集一百六十卷首二卷末二卷 …… 1 – 275

碑傳集一百六十卷首二卷末二卷 …… 2－181
碑傳集一百六十卷首二卷末二卷 …… 2－539
碎金詞韻四卷 …………………………… 1－271
碎金續譜六卷養默山房詩餘三卷 …… 1－271
匯菊軒文集四卷 ………………………… 1－424
匯菊軒文集四卷 ………………………… 2－330
匯纂咽喉秘傳一卷 ……………………… 1－557
[康熙]鄂縣志十二卷圖一卷 ………… 1－40
[康熙]鄂縣志十二卷圖一卷 ………… 1－114
[雍正]鄂縣重續志五卷 ……………… 1－40
[雍正]鄂縣重續志五卷 ……………… 1－114
[乾隆]鄂縣新志六卷 ………………… 1－114
[乾隆]鄂縣新志六卷 ………………… 1－114
電氣鍍鎳一卷 …………………………… 2－9
電學十卷首一卷 ………………………… 1－360
電學十卷首一卷 ………………………… 1－544
電學紀要一卷 …………………………… 1－358
電學測算一卷 …………………………… 2－10
電學綱目一卷 …………………………… 2－10
雷公炮製藥性解六卷 …………………… 1－477
雷公炮製藥性解六卷 …………………… 2－432
雷公炮製藥性解六卷 …………………… 2－446
雷公炮製藥性解六卷 …………………… 2－593
雷刻八種 ………………………………… 2－94
雷祖志一卷 ……………………………… 2－14
雷塘庵主弟子記八卷 …………………… 2－74
損齋文鈔十五卷首一卷外集鈔一卷
　　語錄三卷附錄一卷西垫楊氏壬申
　　年譜一卷附錄一卷 ……………… 2－257
裘文達公文集六卷補遺一卷奏議一
　　卷詩集十二卷和御製詩六卷 …… 2－350
督捕則例二卷五軍道里表一卷三流
　　道里表一卷 ……………………… 2－540
歲寒堂詩話二卷 ………………………… 1－51
歲寒堂詩話二卷 ………………………… 1－558
歲寒堂詩話二卷 ………………………… 2－120
虞山七家試律鈔不分卷 ………………… 1－503
虞文靖公道園全集六十卷 ……………… 1－538
虞文靖公道園全集六十卷 ……………… 2－226
虞初新志二十卷 ………………………… 2－368
虞初新志二十卷 ………………………… 2－553

虞初新志二十卷續志十二卷 ………… 1－487
[同治]當陽縣志十八卷 ……………… 2－416
當湖文繫初編二十八卷 ……………… 2－126
當湖文繫初編二十八卷 ……………… 2－174
當歸草堂醫學叢書初編十種附二種
　……………………………………… 2－301
當歸草堂叢書八種 …………………… 1－547
當歸草堂叢書八種 …………………… 2－87
睫巢鏡影十二卷 ……………………… 2－128
睡菴詩稿一卷初刻三卷二刻三卷 …… 1－45
愚一錄十二卷 ………………………… 1－443
愚一錄十二卷 ………………………… 2－96
愚一錄十二卷 ………………………… 2－144
暖春書屋時文略一卷 ………………… 2－283
歗菴集十六卷 ………………………… 1－13
歗菴集十六卷 ………………………… 1－21
暗室燈二卷 …………………………… 1－268
號寒集一卷 …………………………… 2－482
照相鏤板印圖法九章 ………………… 2－12
照相鏤板印圖法九章 ………………… 2－12
照像畧法一卷干片法一卷 …………… 2－315
路史四十五卷 ………………………… 1－17
路史前紀九卷後紀十三卷餘論十卷
　　發揮六卷國名記七卷 …………… 2－326
路德改教紀略二十三章 ……………… 1－378
遣戍伊犁日記一卷天山客話一卷 …… 1－582
蛾術山房詩鈔四卷淞逸詩存一卷 …… 1－534
蛾術堂集十四種 ……………………… 2－85
蛾術編八十二卷 ……………………… 2－316
蛻樵詩抄不分卷 ……………………… 2－115
畹蘭齋文集四卷 ……………………… 1－412
農工商部京師勸工陳列所章程一卷
　……………………………………… 1－586
農工商部京師勸工陳列所章程一卷
　……………………………………… 1－586
農工商部京師勸工陳列所章程一卷
　……………………………………… 1－586
農言著實一卷 ………………………… 1－589
農言著實一卷 ………………………… 2－118
農政全書六十卷 ……………………… 2－184
農侯雜占四卷 ………………………… 2－302

233

農書二十二卷 …………… 1－52
農桑輯要七卷 …………… 1－53
農桑輯要七卷 …………… 1－530
農務十條一卷 …………… 1－317
農務土質論三卷圖說一卷 …… 2－3
農務化學問答二卷 ……… 1－363
農務化學問答二卷 ……… 1－550
農務化學問答二卷 ………… 2－1
農務化學簡法三卷 ……… 1－361
農務化學簡法三卷 ………… 2－1
農務化學簡法三卷 ………… 2－1
農務全書上編十六卷 ……… 2－1
農務全書中編十六卷 ……… 2－1
農務要書簡明目錄一卷 … 1－589
農務實業新編二卷 ……… 2－250
農曹案彙不分卷 ………… 2－244
農話一卷 ………………… 1－317
農學不分卷 ……………… 1－318
農學初級十章 …………… 2－1
農學津梁六十章 …………… 2－1
罪言存略一卷 …………… 1－285
罪言存略一卷 …………… 2－298
蜀中名勝記三十卷 ……… 2－117
蜀中名勝記三十卷 ……… 2－142
蜀秀集九卷 ……………… 1－410
蜀秀集九卷 ……………… 1－511
蜀秀集九卷 ……………… 2－293
蜀典十二卷 ……………… 1－528
蜀典十二卷 ……………… 2－55
蜀碑記十卷首一卷附辨偽考異二卷
　　　………………………… 2－215
蜀碑記補十卷 …………… 1－469
蜀碧四卷 ………………… 1－146
蜀碧四卷 ………………… 1－275
蜀碧四卷 ………………… 2－293
蜀僚問答二卷 …………… 1－463
蜀僚問答二卷 …………… 1－475
蜀輶日記四卷 …………… 2－116
蜀龜鑑七卷首一卷 ……… 2－209
嵩厓尊生書十五卷 ……… 1－326
嵩叟隨筆四卷 …………… 1－548

圓周求徑圖解不分卷 …… 1－347
圓章會纂一卷 …………… 1－365
圓錐曲綫一卷 …………… 1－346
圓錐曲綫說三卷 ………… 1－360
圓覺經析義疏四卷附大義一卷懸示一卷
　　　………………………… 1－368
稗海六函四十八種 ……… 1－17
稗海六函四十八種續四函二十二種 … 1－17
稗海六函四十八種續四函二十二種
　　　………………………… 1－130
筠心堂文集十卷詩集四卷外集一卷
　　　………………………… 1－509
筠州黃蘗山斷際禪師傳心法要二卷
　　　………………………… 2－202
筠清館金石文字五卷 …… 1－387
筠清館金石文字五卷 …… 2－208
筱榭詩鈔十卷訓子筆記一卷 … 2－283
節本泰西新史攬要八卷 … 1－575
節本泰西新史攬要八卷 … 1－575
節本泰西新史攬要八卷 … 2－440
節本原富五卷 …………… 1－587
節本原富五卷 …………… 1－588
節母錄一卷 ……………… 2－321
節孝先生文集三十卷 …… 2－167
節孝先生文集三十卷事實一卷附載一卷
　　　………………………… 1－548
節孝先生集三十二卷事實一卷 … 1－126
節孝贈言三卷 …………… 1－164
與古齋琴譜四卷 ………… 1－549
傳忠錄不分卷 …………… 2－242
傳耕納稼一卷 …………… 2－313
傳家寶四集三十二卷 …… 2－469
傳書樓詩稿題詞不分卷 … 2－252
傳經表一卷通經表一卷 … 2－342
傳經表二卷通經表二卷 … 1－303
傳樸堂詩稿四卷補遺一卷竹樊山莊
　　詞一卷附錄一卷 …… 2－145
傷科補要四卷 …………… 2－133
傷寒六書六卷 …………… 1－163
傷寒舌鑑一卷 …………… 1－562
傷寒舌鑑一卷 …………… 1－562

傷寒舌鑑一卷 …………………… 2－240
傷寒來蘇全集八卷 ……………… 1－324
傷寒明理論四卷 ………………… 1－327
傷寒卒病論二卷 ………………… 1－479
傷寒補天石二卷續傷寒補天石二卷 … 1－324
傷寒準繩八卷 …………………… 2－273
傷寒瘟疫條辯六卷 ……………… 1－480
傷寒論六卷 ……………………… 2－272
傷寒論注四卷首二卷 …………… 1－203
傷寒論後條辨十五卷 …………… 2－580
傷寒論類方一卷 ………………… 2－456
傷寒論類方一卷 ………………… 2－487
傷寒審癥表一卷 ………………… 1－325
傷寒辨證四卷 …………………… 1－65
粵十三家集 ……………………… 1－384
粵十三家集 ……………………… 1－496
粵東古學觀海集□□卷 ………… 1－108
粵東名儒言行錄二十四卷 ……… 2－325
粵東金石略十一卷 ……………… 2－236
粵雅堂叢書三編三十集 ………… 2－83
粵雅堂叢書三編三十集 ………… 2－182
粵雅堂叢書三編三十集一百八十五種
　　……………………………… 1－432
粵雅堂叢書三編三十集一百八十五種
　　……………………………… 1－432
粵雅堂叢書三編三十集一百八十五種
　　……………………………… 1－522
粵雅堂叢書三編三十集一百八十五種
　　……………………………… 2－314
粵雅堂叢書三編三十集一百八十五種
　　……………………………… 2－538
粵雅堂叢書三編三十集一百八十五種
　　……………………………… 2－540
粵雅堂叢書三編三十集一百八十五種
　　……………………………… 2－585
粵遊紀程一卷 …………………… 1－468
微尚齋詩集初編四卷 …………… 2－556
微波榭叢書十五種 ……………… 1－51
微波榭叢書十五種 ……………… 1－129
微粒子病肉眼鑒定法一卷 ……… 1－549
微積溯源八卷 …………………… 1－355

微積溯源八卷 …………………… 1－355
微積溯源八卷 …………………… 1－355
微積溯源八卷 …………………… 1－356
微積溯源八卷 …………………… 1－356
微積溯源八卷 …………………… 1－357
微積溯源八卷 …………………… 1－545
鉄梅花館北風集一卷 …………… 2－293
鉄琴銅劍樓藏書目錄二十四卷 … 1－467
鉛彈子地學正義不分卷 ………… 2－60
會心內集二卷外集二卷 ………… 1－312
會典簡明錄一卷 ………………… 2－142
會試硃批光緒丙子恩科不分卷 … 2－346
會試硃卷光緒庚辰科不分卷 …… 2－346
會試硃卷同治辛未科不分卷 …… 2－346
會稽三賦四卷 …………………… 1－32
會稽三賦四卷 …………………… 1－32
會稽三賦四卷 …………………… 2－246
會稽三賦註四卷 ………………… 1－392
會稽三賦註四卷 ………………… 1－392
會稽三賦註四卷 ………………… 1－392
會稽掇英總集二十卷 …………… 2－174
愛日堂文集八卷詩集二卷外集一卷
　　……………………………… 1－128
愛日堂詩二十八卷 ……………… 1－128
愛日精廬藏書志三十六卷續志四卷
　　……………………………… 2－587
飴山文集十二卷附錄一卷 ……… 1－149
飴山文集十二卷附錄一卷禮俗權衡二卷
　　……………………………… 1－144
飴山詩集二十卷 ………………… 1－155
頒發條例不分卷 ………………… 2－214
詹氏宗譜□□卷 ………………… 2－554
肄業要覽不分卷 ………………… 1－366
解人頤廣集八卷 ………………… 1－501
解文毅公集十六卷 ……………… 1－535
[乾隆]解州平陸縣志十六卷首一卷
　　……………………………… 1－112
[乾隆]解州安邑縣志十六卷首一卷
　　……………………………… 1－123
[乾隆]解州夏縣志十六卷首一卷 … 1－113
解毒編一卷 ……………………… 1－163

解毒編一卷 ················ 2－270
解深密經五卷 ············· 1－154
遙集集六卷 ··············· 2－121
試式一卷 ················· 2－438
試帖青雲集四卷 ··········· 1－494
試帖登瀛詩七卷 ··········· 2－536
試帖詩十四卷 ············· 1－390
試帖詩十四卷 ············· 1－390
試帖詩十四卷 ············· 1－390
試帖詩十卷 ··············· 1－390
試律大觀三十二卷 ········· 2－566
試策二卷 ················· 2－515
詩人玉屑二十卷 ··········· 1－80
詩人玉屑二十卷 ··········· 1－147
詩人玉屑二十卷 ··········· 1－173
詩小學三十卷補一卷 ········ 2－151
詩比興箋四卷 ············· 2－16
詩比興箋四卷 ············· 2－16
詩比興箋四卷 ············· 2－79
詩比興箋四卷 ············· 2－115
詩毛氏傳疏三十卷 ········· 1－223
詩毛氏傳疏三十卷 ········· 2－135
詩古微上編六卷首一卷中編十卷下
　編三卷 ················· 1－222
詩古微上編六卷首一卷中編十卷下
　編三卷 ················· 2－119
詩句題解韻編六卷 ········· 1－448
詩句題解韻編六卷 ········· 2－566
詩外傳十卷 ··············· 1－156
詩考一卷 ················· 1－444
詩志八卷 ················· 1－17
詩材類對纂要四卷 ········· 2－430
詩材類對纂要四卷 ········· 2－465
詩序廣義二十四卷 ········· 1－223
詩序廣義二十四卷 ········· 2－254
詩序辨一卷讀禮私記一卷 ···· 2－254
詩序辨說一卷 ············· 1－207
詩苑天聲歷代樂章二卷 ······ 1－88
詩林韶護二十卷 ··········· 1－131
詩所五十六卷歷代名氏爵里一卷 ····· 1－17
詩故攷異三十二卷 ········· 2－119

詩品一卷 ················· 2－253
詩品三卷 ················· 2－142
詩品註釋一卷 ············· 1－524
詩逆志八卷 ··············· 1－32
詩紀一百三十卷前集十卷外集四卷
　別集十二卷 ············· 1－28
詩紀一百五十六卷目錄三十六卷 ···· 1－17
詩紀一百五十六卷目錄三十六卷 ···· 1－39
詩料菁華平仄詳註六卷 ······ 2－16
詩書古訓六卷 ············· 2－62
詩萃不分卷 ··············· 1－25
詩問七卷 ················· 1－569
詩舲詩錄六卷 ············· 2－283
詩舲詩錄六卷 ············· 2－283
詩舲詩續二卷 ············· 2－243
詩宿二十八卷 ············· 1－36
詩集傳八卷首一卷 ········· 1－570
詩集傳八卷首一卷 ········· 1－570
詩集傳八卷首一卷 ········· 1－570
詩集傳八卷首一卷 ········· 2－334
詩集傳附釋一卷 ··········· 1－221
詩集傳音釋集二十卷 ········ 2－149
詩雋類函一百五十卷 ········ 1－14
詩傳一卷詩說一卷 ········· 2－315
詩傳大全二十卷綱領一卷圖一卷 ···· 1－207
詩話□□卷 ··············· 2－533
詩義折中二十卷 ··········· 1－193
詩經八卷 ················· 1－185
詩經八卷 ················· 1－223
詩經八卷 ················· 1－223
詩經八卷 ················· 1－444
詩經八卷 ················· 2－90
詩經八卷 ················· 2－423
詩經八卷 ················· 2－423
詩經八卷 ················· 2－423
詩經八卷 ················· 2－423
詩經八卷 ················· 2－423
詩經八卷 ················· 2－424
詩經八卷 ················· 2－436
詩經八卷 ················· 2－446
詩經八卷首一卷 ··········· 2－91

詩經八卷首一卷 …………………… 2－560
詩經八卷詩經圖考一卷 …………… 1－444
詩經八卷詩經圖考一卷 …………… 2－460
詩經大全二十卷 …………………… 2－32
詩經小序備覽八卷 ………………… 2－404
詩經小學三十卷 …………………… 2－62
詩經比義述八卷 …………………… 1－145
詩經世本古義二十八卷首一卷末一卷
　　　　　　　　　　　　　　…… 2－309
詩經古譜二卷 ……………………… 1－380
詩經古譜二卷 ……………………… 1－380
詩經古譜二卷 ……………………… 2－508
詩經申義十卷 ……………………… 1－222
詩經衍義合參大全八卷 …………… 2－349
詩經原始十八卷首二卷 …………… 1－222
詩經偶箋十三卷 …………………… 1－8
詩經闡註八卷 ……………………… 1－156
詩經葉音辨譌八卷 ………………… 1－154
詩經集傳八卷 ……………………… 1－222
詩經集傳八卷 ……………………… 1－222
詩經集傳八卷 ……………………… 1－222
詩經集傳八卷 ……………………… 1－444
詩經詮義十二卷首一卷末二卷 …… 2－62
詩經圖解十二卷 …………………… 1－444
詩經融註大全體要八卷 …………… 1－304
詩經講章一卷 ……………………… 1－187
詩經總論不分卷 …………………… 1－444
詩經繹傳八卷 ……………………… 1－193
詩經體注大全合參八卷 …………… 1－222
詩疑二卷 …………………………… 2－194
詩說二卷詩問七卷 ………………… 2－324
詩說二卷詩經拾遺一卷 …………… 1－569
詩說十二卷 ………………………… 2－232
詩說攷畧十二卷 …………………… 2－229
詩賦舉隅一卷 ……………………… 1－553
詩餘不分卷 ………………………… 2－334
詩緝三十六卷 ……………………… 1－15
詩學含英十四卷 …………………… 2－540
詩學要言三卷 ……………………… 1－427
詩學指南八卷 ……………………… 1－140
詩學指南八卷 ……………………… 1－146

詩禪不分卷 ………………………… 1－136
詩總聞二十卷 ……………………… 2－513
詩藪內編六卷外編四卷雜編六卷 … 2－168
詩潘二十卷 ………………………… 1－185
詩韻合璧五卷 ……………………… 2－341
詩韻含英十八卷 …………………… 1－450
詩韻含英四卷 ……………………… 1－241
詩韻音義薈一卷 …………………… 2－511
詩韻萃珍十卷 ……………………… 1－450
詩韻集成十卷 ……………………… 1－447
詩韻集成十卷 ……………………… 1－448
詩韻集成十卷 ……………………… 2－106
詩韻集成十卷 ……………………… 2－250
詩韻集成十卷 ……………………… 2－477
詩韻集成題考合刻九卷首一卷 …… 2－354
詩韻類錦十一卷附錄一卷 ………… 1－391
詩韻釋略五卷 ……………………… 1－33
詩韻釋略五卷 ……………………… 1－200
詩鐘鳴盛集十卷 …………………… 1－504
詩鐘錄不分卷 ……………………… 1－499
詩觸五卷 …………………………… 1－503
誠一堂琴譜六卷琴談二卷 ………… 1－365
誠意伯集二十卷 …………………… 2－181
誠齋先生易傳二十卷 ……………… 1－56
誠齋先生易傳二十卷 ……………… 2－502
誠齋先生易傳二十卷 ……………… 2－512
誠齋詩集十六卷 …………………… 2－140
話雨齋詩存五卷 …………………… 2－239
詮解合刻一卷 ……………………… 2－489
詳批律賦精腋四卷 ………………… 2－18
詳批策論正宗四卷 ………………… 1－463
詳注分韻試帖青雲集四卷 ………… 1－494
詳注分韻試帖青雲集四卷 ………… 2－347
詳注典制文琳五集 ………………… 1－496
詳注嚶求集四卷 …………………… 1－517
詳註分類飲香尺牘四卷 …………… 1－181
廉石居藏書記內編二卷 …………… 2－274
廉書不分卷 ………………………… 1－35
痲科活人全書四卷 ………………… 1－322
瘄醫大全四十卷 …………………… 1－322
[康熙]郿州志八卷 ………………… 1－120

［道光］鄘州志五卷首一卷 ……… 2 - 260

［道光］鄘州志五卷首一卷 ……… 2 - 330

靖海紀事二卷家傳一卷賦一卷 … 1 - 264

靖節先生集十卷首一卷末二卷 … 1 - 399

［光緒］靖邊志稿四卷 …………… 2 - 45

［光緒］靖邊志稿四卷 …………… 2 - 45

［光緒］靖邊志稿四卷 …………… 2 - 45

［光緒］靖邊志稿四卷 …………… 2 - 586

新三字經一卷 …………………… 2 - 289

新化鄒氏敦萩齋遺書五種 ……… 2 - 87

新刊王太史彙選諸子類語四卷 … 1 - 57

新刊五百家註音辯昌黎先生文集四十卷

　　　　………………………… 1 - 147

新刊仁齋直指附遺方論二十六卷 … 1 - 5

新刊文選後集批評十四卷 ……… 1 - 2

新刊古列女傳八卷 ……………… 1 - 39

新刊古列女傳八卷 ……………… 2 - 120

新刊外科正宗四卷 ……………… 1 - 184

新刊外科正宗四卷 ……………… 1 - 479

新刊合併官板音義評註淵海子平五卷

　　　　………………………… 1 - 208

新刊名世文宗三十卷 …………… 2 - 338

新刊良朋彙集六卷 ……………… 1 - 75

新刊良朋彙集六卷 ……………… 2 - 585

新刊性理大全八卷 ……………… 1 - 201

新刊性理大全八卷 ……………… 2 - 370

新刊官板地理玉髓真經二十八卷 … 2 - 417

新刊荊川先生外集三卷附錄一卷 … 1 - 20

新刊校正增補圓機活法詩學全書二

　　十四卷附韻學活法全書十四卷 … 2 - 562

新刊校正增補圓機詩韻活法全書十四卷

　　　　………………………… 2 - 529

新刊校正增釋合并麻衣先生人相編五卷

　　　　………………………… 2 - 453

新刊唐荊川先生稗編一百二十卷目

　　錄三卷 ………………………… 1 - 44

新刊張太岳先生文集四十七卷 …… 1 - 35

新刊道書全集文始真經言外經旨二卷

　　　　………………………… 1 - 137

新刊補注銅人腧穴針灸圖經五卷 … 2 - 302

新刊資治通鑑綱目大全五十九卷 … 2 - 547

新刊趙田了凡袁先生編纂古本歷史

　　大方綱鑑補三十九卷首一卷 …… 2 - 383

新刊趙田了凡袁先生編纂古本歷史

　　大方綱鑑補三十九卷首一卷 …… 2 - 435

新刊趙田了凡袁先生編纂古本歷史

　　大方綱鑑補三十九卷首一卷 …… 2 - 500

新刊趙田了凡袁先生編纂古本歷史

　　大方綱鑑補三十九卷首一卷 …… 2 - 500

新刊趙田了凡袁先生編纂古本歷史

　　大方綱鑑補三十九卷首一卷 …… 2 - 502

新刊趙田了凡袁先生編纂古本歷史

　　大方綱鑑補三十九卷首一卷 …… 2 - 502

新刊漢諸葛武侯秘演禽書十二卷 … 2 - 296

新刊醫林狀元壽世保元十卷 …… 1 - 322

新刊纂圖元亨療馬集六卷 ……… 1 - 186

新刊纂圖元亨療馬集六卷 ……… 2 - 349

新刊纂圖元亨療馬集六卷圖像水黃

　　牛經合併大全二卷 …………… 1 - 328

新刊纂圖元亨療馬集六卷圖像水黃

　　牛經合併大全二卷駝經一卷 … 2 - 333

新刊權載之文集五十卷 ………… 2 - 305

新世考不分卷 …………………… 1 - 481

新民說二卷 ……………………… 2 - 478

新加九經字樣一卷 ……………… 1 - 138

新加九經字樣一卷 ……………… 1 - 159

新加九經字樣一卷 ……………… 1 - 161

新曲六種 ………………………… 1 - 130

新安先集二十卷 ………………… 2 - 173

新序十卷 ………………………… 1 - 43

新序十卷 ………………………… 2 - 387

新刻七十二朝人物考注釋四十卷 … 1 - 187

新刻王掞宸先生評訂神仙鑑二十二卷

　　　　………………………… 2 - 413

新刻玉釧緣全傳三十二卷 ……… 2 - 272

新刻古今玄屑八卷 ……………… 1 - 5

新刻古本劉成美忠節全傳二十五卷

　　　　………………………… 2 - 271

新刻四書七十二朝人物考註釋四十卷

　　　　………………………… 2 - 590

新刻出像點板時尚崑腔雜曲醉怡情八卷

　　　　………………………… 1 - 506

新刻批評史記選要文錦一卷新刻批
　評戰國策選要文錦一卷 ············ 2－284
新刻批評繡像平山冷燕六卷二十回 ··········
　····················· 1－163
新刻批點四書讀本十九卷 ········ 2－93
新刻批點四書讀本十九卷 ········ 2－338
新刻來瞿唐先生易註十五卷首一卷
　末一卷來氏周易圖解一卷 ········ 1－195
新刻來瞿唐先生易註十五卷首一卷
　末一卷來氏周易圖解一卷 ········ 1－219
新刻明政統宗三十卷 ············ 1－6
新刻法家蕭曹兩造雪案鳴冤四卷 ······ 1－312
新刻法筆驚天雷四卷 ············ 1－313
新刻法筆驚天雷四卷 ············ 1－474
新刻官板大字評史心見十二卷 ········ 1－6
新刻官板地理玉髓真經二十八卷 ······ 2－501
新刻封神演義八卷一百回 ········ 1－487
新刻胡氏詩識三卷 ············ 1－12
新刻科場利器集要□□卷 ········ 2－571
新刻重校增補圓機活法詩學全書二
　十四卷 ················ 1－490
新刻重校增補圓機活法詩學全書二
　十四卷 ················ 1－541
新刻重校增補圓機活法詩學全書二
　十四卷附詩韻活法全書十四卷 ······ 1－394
新刻訂正原版劉氏家藏二十四出造
　葬全書八卷 ·············· 1－75
新刻秦雪梅三元記全部六卷 ········ 2－155
新刻校正大字李東垣先生珍珠囊二卷
　·················· 2－431
新刻校正大字李東垣先生珍珠囊二卷
　·················· 2－438
新刻校正大字李東桓先生珍珠囊二卷
　·················· 2－435
新刻校正音釋詞家便覽蕭曹遺筆四卷
　·················· 1－313
新刻校正音釋詞家便覽蕭曹遺筆四卷
　新刻法家蕭曹兩造雪案鳴冤錄四卷
　·················· 1－474
新刻黃掌綸先生評定神仙鑑二十二卷
　·················· 1－76

新刻黃掌綸先生評訂神仙鑑二十二卷
　·················· 2－418
新刻黃掌綸先生評訂神仙鑑三集二
　十二卷 ················ 2－495
新刻黃鶴樓銘楹聯一卷 ·········· 2－245
新刻黃鶴樓銘楹聯一卷 ·········· 2－293
新刻清風閘四卷 ············ 2－155
新刻啟蒙同聲字音註釋捷徑不分卷
　·················· 2－214
新刻張太岳先生文集四十七卷 ······ 1－17
新刻張太岳先生文集四十七卷 ······ 1－413
新刻張太岳先生文集四十七卷 ······ 2－102
新刻景岳先生質疑錄二卷 ········ 1－93
新刻趙田了凡袁先生編纂古本歷史
　大方綱鑑補三十九卷首一卷 ······ 2－499
新刻諸葛宗岳史四公文集 ········ 1－385
新刻諸葛宗岳史四公文集 ········ 2－308
新刻龍圖神斷公案□□卷 ········ 2－475
新刻韓祖成仙寶傳二十四回 ········ 2－235
新刻臨川王介甫先生詩集一百卷 ····· 1－49
新刻臨川王介甫先生詩集一百卷 ····· 1－62
新刻鍾伯敬先生批評封神演義三十卷
　·················· 1－540
新刻鍾伯敬先生批評封神演義三十卷
　·················· 2－349
新刻濟顛大師醉菩提全傳四卷二十回
　·················· 2－270
新定九宮大成南北詞宮譜八十一卷
　閏一卷總目三卷 ············ 1－56
新定三禮圖二十卷 ············ 1－144
新科狀元策不分卷 ············ 1－454
[乾隆]新修慶陽府志四十二卷 ······ 1－192
[光緒]新修潼川府志三十卷 ········ 2－56
新訂四書補註備旨十卷 ·········· 1－568
新訂四書補註備旨十卷 ·········· 2－404
新約全書不分卷 ············ 1－377
新校資治通鑑全書八種 ·········· 1－257
新校資治通鑑全書八種 ·········· 1－257
新校經史海篇直音五卷 ·········· 1－35
新唐書二百二十五卷 ··········· 1－73
新唐書二百二十五卷 ··········· 1－183

239

新唐書二百二十五卷 …………… 1－209
新唐書二百二十五卷 …………… 1－209
新唐書二百二十五卷 …………… 2－366
新唐書二百二十五卷 …………… 2－530
新唐書二百二十五卷 …………… 2－534
新唐書二百二十五卷 …………… 2－558
新書十卷 …………………………… 1－305
新書十卷 …………………………… 1－555
新書十卷 …………………………… 2－470
新排同蒲鐵路演說集股壯劇一卷 …… 2－28
新排同蒲鐵路演說集股壯劇一卷 …… 2－28
新喻三劉文集六卷首一卷 ………… 1－158
新喻梁石門先生集十卷 …………… 1－540
新評龍圖神斷公案十卷 …………… 2－502
新評龍圖神斷公案十卷 …………… 2－510
新補加批綱鑑補註三十九卷首一卷
………………………………………… 2－566
新斠注地理志集釋十六卷 ………… 1－253
新聞學三十六章 …………………… 2－7
新製諸器圖說一卷 ………………… 1－37
新製諸器圖說一卷 ………………… 1－332
新說西遊記一百回 ………………… 1－343
新齊諧二十四卷續新齊諧十卷 …… 1－521
新寧劉宮保七旬賜壽圖不分卷 …… 1－456
新增本草徵備一卷病證機治一卷 … 2－117
新增四書備旨靈捷解八卷 ………… 2－349
新增四書備旨靈捷解八卷 ………… 1－133
新增幼學故事瓊林四卷首一卷 …… 1－496
新增刑案匯覽十六卷 ……………… 1－292
新增格古要論十三卷 ……………… 1－365
新增格古要論十三卷 ……………… 1－365
新增格古要論十三卷 ……………… 1－365
新增格古要論十卷 ………………… 1－522
新增校邠廬抗議二卷 ……………… 1－497
新增象吉備要通書二十九卷 ……… 1－94
新增詩經補註附考備旨八卷 ……… 1－87
新增資治新書初集十四卷首一卷二
　集二十卷 ………………………… 1－451
新增說文韻府羣玉二十卷 ………… 1－28
新增說文韻府羣玉二十卷 ………… 1－33
新增說文韻府羣玉二十卷 ………… 1－90

新增說文韻府羣玉二十卷 ………… 1－90
新增說文韻府羣玉二十卷 ………… 1－200
新增說文韻府羣玉二十卷 ………… 1－447
新增說文韻府羣玉二十卷 ………… 1－448
新增說文韻府羣玉二十卷 ………… 1－449
新增說文韻府羣玉二十卷 ………… 2－533
新增願體集四卷 …………………… 2－451
新增繪圖幼學故事瓊林四卷首一卷
………………………………………… 2－348
新撰亞細亞洲大地志七章 ………… 1－581
新撰亞細亞洲大地志七章 ………… 1－581
新撰亞細亞洲大地志七章 ………… 1－581
新撰歐羅巴政治史四卷 …………… 1－268
新賦珊瑚鉤四卷 …………………… 1－499
新鋄煙波釣叟奇門定局一卷瀛涯勝
　覽一卷 …………………………… 2－476
新選小試利器初編四卷附一卷 …… 2－564
新選古文筆法二十卷首一卷 ……… 2－390
新選古文筆法二十卷首一卷 ……… 2－448
新選無情巧搭初集不分卷 ………… 2－378
新選無情巧搭續集不分卷 ………… 2－378
新編玉釧緣三十二卷 ……………… 1－238
新編古列女傳八卷 ………………… 2－138
新編四元玉鑑細艸三卷 …………… 2－188
新編玄機妙訣斷易黃金策三卷 …… 2－591
新編吏治懸鏡八卷 ………………… 1－463
新編直指算法纂要四卷 …………… 1－24
新編沿海險要圖說十六卷 ………… 2－480
新編南詞定律十三卷首一卷 ……… 1－14
新編綏德州鄉土志四卷 …………… 1－250
新編算學啟蒙三卷 ………………… 1－357
新編算學啟蒙三卷總括一卷後記一
　卷識誤一卷 ……………………… 2－230
新編算學啟蒙三卷總括一卷後記一
　卷識誤一卷 ……………………… 2－458
新輯各國政治藝學分類全書五十三種
………………………………………… 1－382
新輯廣東同文館上海育材書塾東語
　課程不分卷 ……………………… 2－13
新輯纂圖元亨療馬集六卷圖像水黃
　牛經大全二卷駝經一卷 ………… 1－557

240

新學地理志六卷首一卷 …………… 1－583
新學地理志六卷首一卷 …………… 1－583
新學偽經考十四卷 ………………… 1－441
新學偽經考十四卷 ………………… 2－74
新學偽經考十四卷 ………………… 2－169
新學偽經考十四卷 ………………… 2－224
新學偽經考十四卷 ………………… 2－305
新學偽經考十四卷 ………………… 2－554
新學彙編四卷 ……………………… 1－334
新雕校證大字白氏諷諫一卷 ……… 1－400
新雕校證大字白氏諷諫一卷 ……… 2－397
新舊唐書互證二十卷目錄一卷 …… 1－561
新舊唐書合鈔二百六十卷首一卷唐
　書宰相世系表訂譌十二卷 ……… 1－301
新舊唐書合鈔二百六十卷首一卷宰
　相世系表訂訛十二卷 …………… 2－67
新舊唐書合鈔補正六卷 …………… 2－67
新鍥考數問奇諸家字法五侯鯖四卷
　…………………………………… 2－294
新鍥李卓吾先生增補批點皇明正續
　合併通紀統宗十二卷首一卷 …… 1－202
新鍥翰林三狀元會選二十九子品彙
　釋評二十卷 ……………………… 1－208
新鐫忠孝節義龍鳳報八卷 ………… 2－115
新鐫旁批詳註總斷廣名將譜二十卷
　…………………………………… 1－112
新鐫繡像五虎平南狄青後傳六卷四
　十二回 …………………………… 2－233
［宣統］新疆圖志一百十六卷首一卷 … 2－50
新疆賦一卷 ………………………… 1－417
新疆賦一卷 ………………………… 2－541
新纂氏族箋釋八卷 ………………… 1－91
新纂氏族箋釋八卷 ………………… 1－91
新纂門目五臣音註揚子法言十卷…… 1－305
新纂門目五臣音註揚子法言十卷 … 2－254
新纂門目五臣音註揚子法言十卷 … 2－326
新纂門目五臣音註揚子法言十卷 … 2－532
新纂簡捷易明算法四卷 …………… 1－491
新纂簡捷易明算法四卷 …………… 2－420
新鐫十六翰林擬纂酉戌科塲急出題
　旨棘闈丹篆□卷 ………………… 1－25

新鐫木本花鳥譜不分卷 …………… 1－10
新鐫玉茗堂批點按鑑參補南宋志傳
　十卷五十回 ……………………… 1－486
新鐫玉茗堂批點按鑑參補南宋志傳
　十卷五十回 ……………………… 2－115
新鐫玉茗堂批點按鑑參補南宋志傳
　十卷五十回 ……………………… 2－353
新鐫古史要評五卷 ………………… 2－94
新鐫本草醫方合編六卷 …………… 2－526
新鐫校正指明算法二卷 …………… 2－542
新鐫校正詳注分類百子金丹全書十卷
　…………………………………… 1－471
新鐫校正詳注分類百子金丹全書十卷
　…………………………………… 2－212
新鐫徐氏家藏羅經頂門針二卷鄙言一卷
　…………………………………… 1－481
新鐫徐氏家藏羅經頂門針二卷鄙言一卷
　…………………………………… 2－112
新鐫徐氏家藏羅經頂門針二卷鄙言一卷
　…………………………………… 2－492
新鐫註釋故事白眉十卷 …………… 1－381
新鐫經苑二十五種 ………………… 1－215
新鐫經苑二十五種 ………………… 1－215
新鐫經苑二十五種 ………………… 2－90
新鐫經苑二十五種 ………………… 2－165
新鐫趙田歷朝袁先生編纂古本歷史
　大方綱鑑補三十九卷首一卷 …… 2－508
新鐫增補周易備旨一見能解六卷…… 1－219
新鐫歷朝捷錄四卷 ………………… 1－105
新鐫歷法總覽合節鰲頭通書大全十卷
　…………………………………… 2－558
新譯日本法規大全二十五卷首一卷
　…………………………………… 1－558
新譯日本法規大全二十五卷首一卷
　…………………………………… 2－425
新譯日本法規大全二十五卷首一卷
　…………………………………… 2－484
新譯日本法規大全二十五卷首一卷
　…………………………………… 2－529
新譯日本法規大全二十五卷首一卷
　…………………………………… 2－534

新譯富國策二卷 ·················· 1-290

［光緒］新續略陽縣志一卷 ·········· 2-49

［光緒］新續渭南縣志十二卷 ······· 2-40

［光緒］新續渭南縣志十二卷 ······· 2-40

［光緒］新續渭南縣志十二卷 ······· 2-43

韵山堂詩集七卷 ················ 2-189

韵府鉤沉五卷 ·················· 2-176

韵辨一隅八卷 ·················· 2-188

意大利蠶書十五章 ············· 2-1

意林五卷 ······················· 1-52

雍正上諭不分卷 ················ 1-106

雍正上諭不分卷 ················ 2-113

雍正硃批諭旨不分卷 ············ 1-151

雍州金石記十卷記餘一卷 ······· 1-302

雍州金石記十卷記餘一卷 ······· 1-468

雍音四卷 ······················· 1-29

雍益集一卷 ···················· 1-510

雍錄十卷 ······················· 1-33

雍錄十卷 ······················· 1-169

慎子二卷 ······················· 2-216

慎盦文鈔二卷詩鈔二卷 ········· 2-175

慎盦文鈔二卷詩鈔二卷 ········· 2-313

愼疾芻言一卷 ·················· 2-418

愼疾芻言一卷 ·················· 2-455

愼疾芻言一卷 ·················· 2-456

愼詒堂詩經八卷 ················ 1-444

義門先生集十二卷附録一卷 ······ 1-418

義門先生集十二卷附録一卷 ······ 2-171

義門讀書記五十八卷 ············ 1-152

義門讀書記五十八卷 ············ 1-342

義門讀書記五十八卷 ············ 2-148

義門讀書記五十八卷 ············ 2-314

義門讀書記五十八卷行狀一卷 ····· 1-71

義門讀書記五十八卷行狀一卷 ····· 1-72

義學條規一卷 ·················· 2-14

義學條規書院課程一卷 ·········· 1-464

慈悲至德十大深恩寶懺十卷 ······ 2-595

慈湖先生遺書二十卷 ············ 1-10

慈溪黄氏日抄分類九十七卷 ······ 1-68

慈溪黄氏日抄分類九十七卷 ······ 1-76

慈溪黄氏日抄分類九十七卷 ······ 1-125

慈溪黄氏日抄分類九十七卷古今紀
　要十九卷 ···················· 1-175

慈谿姜先生全集三十三卷首一卷 ····· 2-301

［光緒］慈谿縣志五十六卷附編一卷
　························· 2-261

［光緒］慈谿縣志五十六卷附編一卷
　························· 2-414

慈谿縣志列傳附編一卷 ··········· 2-261

煙嶼樓文集四十卷 ·············· 1-534

煙霞萬古樓文集六卷 ············ 1-407

煙霞萬古樓詩選二卷 ············ 2-313

煉鋼要言一卷 ·················· 2-550

資治通鑑二百九十四卷 ········· 1-46

資治通鑑二百九十四卷 ········· 1-50

資治通鑑二百九十四卷 ········· 1-207

資治通鑑二百九十四卷 ········· 1-258

資治通鑑二百九十四卷 ········· 1-258

資治通鑑二百九十四卷 ········· 1-258

資治通鑑二百九十四卷 ········· 1-303

資治通鑑二百九十四卷 ········· 1-451

資治通鑑二百九十四卷 ········· 1-453

資治通鑑二百九十四卷 ········· 1-573

資治通鑑二百九十四卷 ········· 2-225

資治通鑑二百九十四卷 ········· 2-380

資治通鑑二百九十四卷 ········· 2-383

資治通鑑二百九十四卷 ········· 2-386

資治通鑑二百九十四卷 ········· 2-414

資治通鑑二百九十四卷 ········· 2-454

資治通鑑二百九十四卷 ········· 2-490

資治通鑑二百九十四卷 ········· 2-517

資治通鑑二百九十四卷 ········· 2-536

資治通鑑二百九十四卷 ········· 2-547

資治通鑑二百九十四卷 ········· 2-568

資治通鑑二百九十四卷目録三十卷
　························· 1-257

資治通鑑二百九十四卷目録三十卷
　························· 1-258

資治通鑑目録三十卷 ············ 2-109

資治通鑑目録三十卷 ············ 1-134

資治通鑑目録三十卷 ············ 1-255

資治通鑑目録三十卷 ············ 1-573

資治通鑑目錄三十卷·················· 2－327
資治通鑑目錄三十卷·················· 2－515
資治通鑑外紀十卷·················· 2－392
資治通鑑外紀十卷目錄五卷·········· 1－259
資治通鑑外紀十卷目錄五卷·········· 1－259
資治通鑑外紀十卷目錄五卷 ·········· 2－96
資治通鑑外紀十卷目錄五卷·········· 2－108
資治通鑑外紀十卷目錄五卷·········· 2－201
資治通鑑外紀十卷目錄五卷·········· 2－307
資治通鑑外紀十卷目錄五卷·········· 2－473
資治通鑑外紀十卷目錄五卷·········· 2－476
資治通鑑考異三十卷················ 1－452
資治通鑑考異三十卷················ 2－218
資治通鑑考異三十卷················ 2－319
資治通鑑地理今釋十六卷············ 1－258
資治通鑑地理今釋十六卷············ 1－258
資治通鑑地理今釋十六卷············ 1－284
資治通鑑地理今釋十六卷············ 2－411
資治通鑑後編一百八十四卷·········· 1－258
資治通鑑後編一百八十四卷校勘記
　　十五卷·················· 2－109
資治通鑑問疑一卷·················· 1－258
資治通鑑補二百九十四卷 ············ 2－25
資治通鑑補二百九十四卷············ 2－284
資治通鑑節要續編三十卷 ············ 1－27
資治通鑑綱目三編二十卷············ 2－327
資治通鑑綱目三編合刻四種·········· 2－370
資治通鑑綱目五十九卷 ·············· 1－55
資治通鑑綱目五十九卷·············· 1－200
資治通鑑綱目五十九卷·············· 1－209
資治通鑑綱目五十九卷·············· 1－261
資治通鑑綱目五十九卷·············· 1－572
資治通鑑綱目五十九卷·············· 2－370
資治通鑑綱目五十九卷·············· 2－426
資治通鑑綱目五十九卷·············· 2－457
資治通鑑綱目五十九卷·············· 2－477
資治通鑑綱目五十九卷·············· 2－485
資治通鑑綱目五十九卷·············· 2－501
資治通鑑綱目五十九卷·············· 2－509
資治通鑑綱目五十九卷·············· 2－510
資治通鑑綱目五十九卷·············· 2－514
資治通鑑綱目五十九卷·············· 2－543
資治通鑑綱目五十九卷·············· 2－576
資治通鑑綱目五十九卷·············· 2－576
資治通鑑綱目五十九卷·············· 2－577
資治通鑑綱目五十九卷·············· 2－577
資治通鑑綱目五十九卷·············· 2－577
資治通鑑綱目五十九卷改字備考一卷
　　··························· 2－534
資治通鑑綱目五十九卷首一卷········ 1－199
資治通鑑綱目五十九卷首一卷········ 1－199
資治通鑑綱目五十九卷首一卷········ 1－200
資治通鑑綱目五十九卷首一卷········ 1－202
資治通鑑綱目五十九卷首一卷········ 1－209
資治通鑑綱目五十九卷首一卷········ 2－109
資治通鑑綱目五十九卷首一卷········ 2－536
資治通鑑綱目五十九卷首一卷········ 2－536
資治通鑑綱目五十九卷首一卷········ 2－546
資治通鑑綱目五十九卷首一卷········ 2－552
資治通鑑綱目五十九卷首一卷········ 2－552
資治通鑑綱目正編五十九卷·········· 2－371
資治通鑑綱目正編五十九卷首一卷
　　續編二十七卷·············· 2－529
資治通鑑綱目正編五十九卷首一卷
　　續編二十七卷·············· 2－552
資治通鑑綱目前編二十五卷 ·········· 1－91
資治通鑑綱目前編二十五卷·········· 2－533
資治通鑑綱目前編二十五卷·········· 2－536
資治通鑑綱目前編二十五卷正編五
　　十九卷續二十七卷 ·········· 1－49
資治通鑑綱目前編十八卷············ 1－134
資治通鑑綱目前編十八卷首一卷······ 2－379
資治通鑑綱目集說五十九卷前編二卷
　　··························· 1－27
資治通鑑綱目發明五十九卷 ·········· 2－96
資治通鑑綱目發明五十九卷·········· 2－443
資治通鑑釋文三十卷················ 1－259
資治通鑑釋文三十卷················ 2－592
資治通鑑釋文辯誤十二卷············ 2－225
資治新書初集十四卷首一卷二集二十卷
　　··························· 1－461
資治新書初集十四卷首一卷二集二十卷

························· 1 - 575

資治新書初集十四卷首一卷二集二十卷

························· 2 - 109

資政院第一次常年會會議錄不分卷 ··· 2 - 25

滇南雜志二十四卷顧陸遺詩一卷 ··· 1 - 467

滇軺紀程一卷荷戈紀程一卷 ········· 1 - 459

滇軺紀程一卷荷戈紀程一卷 ········· 2 - 115

滇詩拾遺六卷 ·················· 1 - 399

滇粹不分卷 ···················· 1 - 577

滇粹不分卷 ···················· 1 - 577

滇粹不分卷 ···················· 1 - 577

[嘉慶]滇繫四十卷 ················ 2 - 56

[嘉慶]滇繫四十卷 ················ 2 - 56

[嘉慶]滇繫四十卷 ··············· 2 - 267

[嘉慶]溧陽縣志十六卷 ············ 2 - 475

[光緒]溧陽縣續志十六卷末一卷 ··· 2 - 352

[光緒]溧陽縣續志十六卷末一卷 ··· 2 - 575

[光緒]溧陽縣續志十六卷末一卷 ··· 2 - 588

滄江稿十四卷 ·················· 2 - 233

滄溟先生集十四卷 ·············· 2 - 173

滄溟先生集三十卷 ················ 1 - 2

滄溟先生集三十卷附錄一卷 ········· 1 - 4

滄溟先生集三十卷附錄一卷 ········ 1 - 21

滄溟先生集三十卷附錄一卷 ······· 1 - 198

澇喜齋叢書五十種 ·············· 1 - 522

澇喜齋叢書五十種 ·············· 1 - 522

澇喜齋叢書五十種 ·············· 2 - 89

澇喜齋叢書五十種 ············· 2 - 150

澇喜齋叢書五十種 ············· 2 - 317

禊帖綜聞八卷 ·················· 1 - 31

禊湖詩拾八卷首一卷 ············ 2 - 122

福永堂彙鈔二卷 ················· 2 - 7

福幼編一卷 ···················· 1 - 477

福幼編一卷 ···················· 1 - 477

福幼編一卷 ···················· 1 - 478

福幼驗房一卷福幼編一卷 ········· 1 - 93

福州潮一卷 ···················· 2 - 85

福惠全書三十二卷 ·············· 1 - 208

福惠全書三十二卷 ·············· 1 - 301

福惠全書三十二卷 ·············· 1 - 461

福惠全書三十二卷 ············· 2 - 438

福惠全書三十二卷 ·············· 2 - 486

福惠全書三十二卷 ············· 2 - 564

群方便讀不分卷 ··············· 2 - 240

群仙集四卷 ···················· 1 - 310

群書拾補初編三十七種 ·········· 1 - 438

群書拾補初編三十七種 ·········· 1 - 523

群書校補四十一種 ·············· 2 - 307

群書疑辨十二卷 ··············· 2 - 186

群書寶窟六十二種 ·············· 1 - 432

群書寶窟六十二種 ·············· 1 - 432

群經平議三十五卷 ·············· 2 - 179

群經義證八卷 ·················· 1 - 213

群碧樓書目初編九卷 ············ 1 - 546

群賢會驗集不分卷 ·············· 1 - 217

群學肄言十六卷 ··············· 1 - 333

群學肄言十六卷 ··············· 1 - 333

羣玉山房重校醫宗必讀十卷 ········ 2 - 436

羣書札記十六卷 ··············· 1 - 213

羣書札記十六卷 ··············· 2 - 119

羣書典彙十四卷 ················ 1 - 13

羣書治要五十卷 ··············· 1 - 531

羣經字考十卷 ·················· 1 - 566

羣經字詁七十二卷 ·············· 2 - 189

羣經字詁七十二卷檢字一卷 ······· 1 - 217

羣經音辨七卷 ·················· 1 - 61

羣經宮室圖二卷 ················ 1 - 65

羣經宮室圖二卷 ··············· 1 - 526

羣經宮室圖二卷 ··············· 1 - 544

羣經義證八卷 ·················· 2 - 328

羣經識小八卷 ·················· 2 - 221

彙苑詳註三十六卷 ··············· 1 - 28

彙苑詳註三十六卷 ··············· 1 - 33

彙苑詳註三十六卷 ··············· 1 - 43

彙刻書目二十卷 ··············· 1 - 466

彙刻書目二十卷 ··············· 1 - 466

彙刻書目二十卷 ··············· 1 - 466

彙刻書目二十卷 ··············· 1 - 588

彙刻書目二十卷 ··············· 2 - 70

彙刻書目二十卷 ··············· 2 - 317

彙刻書目十卷補編一卷 ·········· 2 - 318

彙刻書目十卷補編一卷 ·········· 2 - 483

彙刻書目十卷補編一卷⋯⋯⋯ 2－570
彙刻書目不分卷⋯⋯⋯⋯⋯ 2－486
彙刻書目不分卷⋯⋯⋯⋯⋯ 2－490
彙刻書目正續合編十卷補編一卷 ⋯⋯ 2－99
彙集金鑑二卷⋯⋯⋯⋯⋯⋯ 2－578
辟邪實錄一卷⋯⋯⋯⋯⋯⋯ 1－485
辟疆園杜詩注解五言律十二卷七言
　律五卷年譜一卷 ⋯⋯⋯⋯⋯ 1－67
辟疆園杜詩注解五言律十二卷七言
　律五卷年譜一卷 ⋯⋯⋯⋯⋯ 2－333
遜志齋全集二十四卷首一卷⋯⋯ 2－178
遜志齋集二十四卷⋯⋯⋯⋯⋯ 1－407
遜志齋集二十四卷附錄一卷 ⋯⋯ 1－11
遜志齋集三十卷拾遺十卷附錄一卷
　⋯⋯⋯⋯⋯⋯⋯⋯⋯⋯ 1－538
遜國忠紀十八卷⋯⋯⋯⋯ 1－2
經文囊括十卷⋯⋯⋯⋯⋯⋯ 1－521
經心書院輿地學課程不分卷⋯⋯ 1－278
經心書院輿地學課程不分卷⋯⋯ 1－278
經心書院輿地學課程不分卷⋯⋯ 1－278
經世博議四卷⋯⋯⋯⋯⋯⋯ 1－334
經史百家簡編二卷⋯⋯⋯⋯⋯ 2－397
經史百家簡編二卷⋯⋯⋯⋯⋯ 2－523
經史百家簡編二卷⋯⋯⋯⋯⋯ 2－547
經史百家雜鈔二十六卷⋯⋯⋯ 1－389
經史百家雜鈔二十六卷 ⋯⋯⋯ 2－98
經史百家雜鈔二十六卷⋯⋯⋯ 2－516
經史次第標目一卷⋯⋯⋯⋯⋯ 2－296
經史問答十卷⋯⋯⋯⋯⋯⋯ 2－217
經史論存四卷 ⋯⋯⋯⋯⋯⋯ 2－73
經史辨體不分卷⋯⋯⋯⋯⋯ 1－73
經史辨體不分卷⋯⋯⋯⋯⋯ 1－189
經史辨體不分卷⋯⋯⋯⋯⋯ 1－200
經字異同四十八卷⋯⋯⋯⋯⋯ 2－132
經玩四種 ⋯⋯⋯⋯⋯⋯⋯ 1－56
經玩四種 ⋯⋯⋯⋯⋯⋯⋯ 1－145
經典釋文三十卷⋯⋯⋯⋯⋯ 1－5
經典釋文三十卷⋯⋯⋯⋯⋯ 1－60
經典釋文三十卷 ⋯⋯⋯⋯⋯ 1－87
經典釋文三十卷⋯⋯⋯⋯⋯ 1－124
經典釋文三十卷⋯⋯⋯⋯⋯ 1－161

經典釋文三十卷⋯⋯⋯⋯⋯ 1－162
經典釋文三十卷⋯⋯⋯⋯⋯ 1－174
經典釋文三十卷⋯⋯⋯⋯⋯ 1－204
經典釋文三十卷⋯⋯⋯⋯⋯ 1－216
經典釋文三十卷⋯⋯⋯⋯⋯ 1－217
經典釋文三十卷⋯⋯⋯⋯⋯ 1－442
經典釋文三十卷 ⋯⋯⋯⋯⋯ 2－93
經典釋文三十卷⋯⋯⋯⋯⋯ 2－324
經典釋文三十卷⋯⋯⋯⋯⋯ 2－447
經典釋文三十卷⋯⋯⋯⋯⋯ 2－532
經典釋文三十卷⋯⋯⋯⋯⋯ 2－534
經典釋文三十卷攷證三十卷⋯⋯ 1－219
經典釋文三十卷攷證三十卷⋯⋯ 1－219
經典釋文三十卷攷證三十卷⋯⋯ 2－446
經典釋文攷證三十卷⋯⋯⋯⋯ 1－162
經典釋文攷證三十卷⋯⋯⋯⋯ 1－190
經典釋文攷證三十卷⋯⋯⋯⋯ 1－216
經典釋文序錄一卷⋯⋯⋯⋯⋯ 1－216
經典釋文序錄一卷⋯⋯⋯⋯⋯ 1－216
經星匯考一卷附步天歌一卷上元甲
　子恆星表一卷⋯⋯⋯⋯⋯⋯ 2－355
經訓約編十四種⋯⋯⋯⋯⋯⋯ 1－3
經訓約編十四種⋯⋯⋯⋯⋯⋯ 1－3
經訓約編十四種詩賦約編一種⋯⋯ 1－3
經訓堂叢書二十一種 ⋯⋯⋯⋯ 1－70
經訓堂叢書二十一種⋯⋯⋯⋯ 1－130
經訓堂叢書二十一種⋯⋯⋯⋯ 1－143
經訓堂叢書二十一種⋯⋯⋯⋯ 1－144
經訓堂叢書二十一種⋯⋯⋯⋯ 1－163
經訓堂叢書二十一種⋯⋯⋯⋯ 1－179
經訓堂叢書二十一種⋯⋯⋯⋯ 1－179
經訓堂叢書二十一種⋯⋯⋯⋯ 1－431
經訓堂叢書二十一種⋯⋯⋯⋯ 1－523
經書字音辨要九卷⋯⋯⋯⋯⋯ 1－449
經理須知三卷⋯⋯⋯⋯⋯⋯ 1－335
經理須知三卷⋯⋯⋯⋯⋯⋯ 1－335
經理須知三卷⋯⋯⋯⋯⋯⋯ 1－335
經野規略三卷劉公政略一卷⋯⋯⋯ 2－249
經畧洪承疇奏對筆記二卷⋯⋯⋯ 1－563
經畧洪承疇奏對筆記二卷⋯⋯⋯ 2－239
經畧洪承疇奏對筆記二卷⋯⋯⋯ 2－259

經笥堂文鈔二卷 …… 2－124
經進文藁六卷 …… 2－136
經畲堂詩集一卷 …… 2－185
經絡歌訣一卷續增日食菜物一卷 …… 2－494
經傳攷證八卷 …… 2－217
經傳繹義五十卷 …… 2－67
經傳釋詞十卷 …… 2－93
經傳釋詞十卷 …… 2－181
經義考三百卷 …… 1－213
經義考三百卷 …… 1－529
經義考三百卷 …… 2－344
經義考三百卷目錄二卷 …… 1－124
經義考三百卷目錄二卷 …… 1－159
經義考三百卷目錄二卷 …… 1－178
經義考三百卷目錄二卷 …… 1－208
經義考三百卷目錄二卷 …… 2－416
經義述聞三十二卷 …… 1－212
經義述聞三十二卷 …… 1－212
經義述聞三十二卷 …… 1－212
經義述聞三十二卷 …… 1－442
經義述聞三十二卷 …… 2－67
經義質疑八卷 …… 2－133
經義齋集十八卷 …… 1－140
經義雜記三十卷首一卷 …… 2－67
經德堂文集二十三卷 …… 1－510
經德堂集六種 …… 2－306
經餘必讀八卷 …… 1－340
經餘必讀八卷 …… 1－485
經餘必讀八卷 …… 2－93
經餘必讀八卷 …… 2－490
經餘必讀八卷續編八卷 …… 2－539
經餘必讀三集四卷 …… 1－341
經餘必讀續編八卷 …… 1－341
經餘必讀續編八卷 …… 1－485
經餘必讀續編八卷 …… 2－463
經餘閒墨三卷 …… 2－456
經餘集六卷 …… 1－85
經餘集六卷 …… 1－135
經餘集六卷 …… 1－166
經學文鈔十五卷首三卷 …… 2－148
經學文鈔六卷 …… 2－253

經學通論五卷 …… 1－216
經學通論五卷 …… 2－230
經學質疑四十卷 …… 1－446
經學導言一卷 …… 1－337
經學輯要二十四卷 …… 2－404
經學輯要二十四卷首一卷 …… 1－383
經學歷史一卷 …… 1－267
經學叢書十三種 …… 2－67
經濟教科書六編 …… 1－587
經濟尋源九卷 …… 2－355
經濟類編一百卷 …… 1－16
經濟類編一百卷 …… 1－17
經濟類編一百卷 …… 1－186
經濟類編一百卷 …… 2－476
經濟類編一百卷 …… 2－476
經濟類編一百卷 …… 2－532
經驗良書四卷 …… 1－564
經藝淵海不分卷 …… 1－496
經藝選腴三編 …… 1－541
經韻樓集十二卷 …… 1－517
經韻樓集十二卷 …… 2－312
經韻樓叢書八種 …… 1－129
經籍跋文一卷 …… 2－83
經籍舉要一卷 …… 2－256
經籍舉要一卷附家塾課程一卷 …… 2－217
經籍舉要一卷附錄一卷 …… 1－441
經籍舉要一卷附錄一卷 …… 2－197
經籍纂詁一百〇六卷首一卷 …… 1－216
經籍纂詁一百〇六卷首一卷 …… 1－216
經籍纂詁一百〇六卷首一卷 …… 1－216
經籍纂詁一百〇六卷首一卷 …… 1－216
經籍纂詁一百〇六卷首一卷 …… 1－216
經籍纂詁一百〇六卷首一卷 …… 2－202
經籍纂詁一百〇六卷首一卷 …… 2－337
經讀考異八卷補一卷句讀敘述二卷補
　一卷附翟晴江四書攷異內句讀一卷
　…… 1－565
經驗良方一卷 …… 2－545
經驗良方二卷 …… 1－154
經驗良方二卷 …… 1－194
經驗良方三卷 …… 1－329

經驗良方四卷 …………………… 2－427
經驗良方□□卷 ………………… 2－590
經驗廣集三卷 …………………… 1－524
經驗選秘六卷 …………………… 2－270
綏寇紀略十二卷補遺三卷 ……… 1－57
綏寇紀略十二卷補遺三卷 ……… 1－267
綏寇紀略十二卷補遺三卷 ……… 2－156
綏德州甘井記一卷 ……………… 2－50
[順治]綏德州志八卷 …………… 1－41
[乾隆]綏德直隸州志八卷 ……… 1－120
[光緒]綏德直隸州志八卷首一卷 … 2－45
[光緒]綏德直隸州志八卷首一卷 … 2－45
[光緒]綏德直隸州志八卷首一卷 … 2－583
[光緒]綏德直隸州志八卷首一卷 … 2－583
彙刻太倉舊志五種 ……………… 2－263
駁呂留良四書講義八卷 ………… 1－22
駁呂留良四書講義八卷 ………… 1－22
駁呂留良四書講義八卷 ………… 1－70
駁呂留良四書講義八卷 ………… 2－94
駁呂留良四書講義八卷 ………… 2－122

十四畫

碧山堂全集四卷 ………………… 1－406
碧山樂府四卷 …………………… 1－180
碧玉鈿傳奇二卷 ………………… 1－225
碧血錄五卷 ……………………… 1－457
碧城詩鈔十二卷 ………………… 2－174
碧桃軒集唐詩四卷 ……………… 2－475
碧桃軒集唐詩四卷 ……………… 2－530
碧梧書屋詩鈔四卷 ……………… 1－502
碧梧書屋詩鈔四卷 ……………… 2－286
碧梧書屋詩鈔四卷 ……………… 2－286
碧梧書屋詩鈔四卷 ……………… 2－330
碧腴齋詩存八卷 ………………… 2－496
趙公諡文行狀一卷 ……………… 1－126
趙氏三集三卷 …………………… 2－251
趙氏淵源集十卷消暑錄一卷 …… 2－78
趙文敏公松雪齋全集十卷外集一卷
　續集一卷 …………………… 1－99
趙文敏公松雪齋全集十卷外集一卷

續集一卷附錄一卷 ……………… 1－104
趙文敏公松雪齋全集十卷外集一卷
　續集一卷附錄一卷 ………… 1－149
趙文敏公松雪齋全集十卷外集一卷
　續集一卷附錄一卷 ………… 1－147
趙恭毅公剩藁八卷 ……………… 1－158
趙乾生先生仿摹秦漢瓦當圖並識不
　分卷 ………………………… 1－233
趙裘萼公剩藁四卷 ……………… 1－158
[光緒]嘉定縣志三十二卷首一卷補
　遺一卷 ……………………… 2－266
嘉定錢氏潛研堂全書二十一種 … 1－578
嘉定錢氏潛研堂全書二十一種 … 2－90
嘉定錢氏潛研堂全書二十一種 … 2－223
嘉樂齋三蘇文範十八卷 ………… 1－48
嘉樂齋三蘇文範十八卷首一卷 … 1－65
嘉樹山房集二十卷外集二卷 …… 2－76
嘉樹山房集二十卷外集二卷 …… 2－163
[康熙]嘉興縣志九卷 …………… 1－122
[嘉慶]嘉興縣志三十六卷首二卷 … 2－54
嘉應平寇紀略一卷 ……………… 2－191
截搭觀止二集 …………………… 1－494
赫胥黎天演論二卷 ……………… 2－472
赫胥黎天演論二卷 ……………… 2－481
赫胥黎天演論二卷 ……………… 2－483
赫胥黎天演論二卷 ……………… 2－518
臺規四十卷首一卷 ……………… 2－301
臺灣外記三十卷 ………………… 2－540
臺灣戰紀二卷 …………………… 2－192
臺灣戰紀二卷 …………………… 2－284
臺灣雜記不分卷 ………………… 2－268
穀山筆塵十八卷 ………………… 1－18
穀詒堂詩存二卷 ………………… 2－212
壽世彙編五種 …………………… 2－433
壽世編四種 ……………………… 2－139
壽梅山房詩存一卷 ……………… 2－174
聚文堂唐詩和解□□卷 ………… 2－568
聚學軒叢書五集六十種 ………… 2－161
摹古印彙不分卷 ………………… 1－36
蔿園文鈔一卷 …………………… 1－420
蔡中郎集十卷外紀一卷外集四卷末一卷

················ 1 – 406
蔡中郎集十卷外紀一卷外集四卷列
　　傳一卷年表一卷 ·········· 2 – 168
蔡中郎集十卷外紀一卷外集四卷列
　　傳一卷年表一卷 ·········· 2 – 304
蔡中郎集八卷 ········· 1 – 22
蔡中郎集八卷 ········· 1 – 48
蔡氏月令二卷 ········· 2 – 303
蔗尾詩集十卷 ········· 1 – 518
蔗香吟館試體詩八卷 ······· 2 – 297
蔗塘未定稿九卷外集八卷 ······ 1 – 58
熙朝人鑑八卷 ········· 1 – 272
熙朝人鑑八卷 ········· 1 – 272
熙朝人鑑上集四卷首一卷下集四卷
　　首一卷 ············· 2 – 240
熙朝紀政八卷 ········· 2 – 409
熙朝紀政六卷 ········· 1 – 573
熙朝宰輔錄一卷 ········ 2 – 284
熙朝新語十六卷 ········ 1 – 271
熙朝新語十六卷 ········ 2 – 166
蓼懷堂琴譜不分卷 ······· 2 – 182
槍炮算法從新三卷 ······· 1 – 543
榴園詩草一卷 ········· 1 – 504
榴園詩賦合刻不分卷 ······· 1 – 501
榴園詩賦合刻不分卷 ······· 1 – 503
榴園詩賦合刻不分卷 ······· 1 – 503
榕村全書三十二種附十種 ······ 1 – 438
榕村全書三十二種附十種 ······ 2 – 205
榕村全書三十二種附十種 ······ 2 – 207
榕村全書三十二種附十種 ······ 2 – 380
榕村全書三十二種附十種 ······ 2 – 380
榕村全集四十卷 ········ 1 – 84
榕村全集四十卷 ········ 1 – 100
榕村全集四十卷別集五卷 ······ 1 – 84
榕村全集四十卷別集五卷 ······ 1 – 515
榕村詩選八卷首一卷 ······· 1 – 61
榕村詩選八卷首一卷 ······· 1 – 161
榕村詩選八卷首一卷 ······· 1 – 163
榕村語錄十四卷 ········ 1 – 473
榕村語錄續集二十卷 ······· 2 – 282
榕園詩鈔一卷 ········· 2 – 253

榕園詩鈔一卷文鈔一卷楹帖一卷 ······ 2 – 283
榕園叢書六十三種續刻三種 ········ 2 – 89
歌詩編四卷集外詩一卷 ········ 1 – 2
監中錄一卷 ············ 2 – 202
監本四書 ············· 2 – 383
監本四書 ············· 2 – 404
監本四書十九卷 ·········· 1 – 233
監本附音春秋公羊注疏二十八卷 ····· 1 – 230
監本附音春秋公羊注疏二十八卷 ····· 2 – 431
監本附音春秋公羊注疏二十八卷 ····· 2 – 520
監本附音春秋穀梁注疏二十卷 ······ 2 – 431
監本附音春秋穀梁傳注疏四卷 ······ 1 – 231
監本易經四卷 ··········· 1 – 441
監本春秋公羊傳注疏二十八卷 ······ 2 – 513
監本書經六卷 ··········· 1 – 220
監本詩經八卷 ··········· 1 – 444
屬志學會章程不分卷 ········ 2 – 394
爾雅二卷 ············· 1 – 447
爾雅三卷 ·············· 1 – 8
爾雅三卷 ············· 1 – 235
爾雅三卷 ············· 1 – 447
爾雅三卷 ············· 1 – 448
爾雅三卷 ············· 1 – 567
爾雅三卷 ············· 2 – 64
爾雅三卷 ············· 2 – 65
爾雅三卷 ············· 2 – 142
爾雅正義二十卷 ·········· 1 – 70
爾雅正義二十卷 ·········· 1 – 70
爾雅正義二十卷 ·········· 1 – 105
爾雅正義二十卷 ·········· 1 – 141
爾雅正義二十卷 ·········· 1 – 141
爾雅正義二十卷 ·········· 2 – 92
爾雅古義十二卷首一卷 ········ 2 – 64
爾雅串珠二卷 ··········· 1 – 447
爾雅直音二卷 ··········· 1 – 26
爾雅直音二卷 ··········· 1 – 189
爾雅直音二卷 ··········· 1 – 566
爾雅直音二卷 ··········· 2 – 214
爾雅直音二卷 ··········· 2 – 279
爾雅注疏十一卷 ·········· 1 – 89
爾雅注疏十一卷 ·········· 1 – 89

248

爾雅注疏十一卷 …………………… 1－235
爾雅注疏十一卷 …………………… 1－447
爾雅注疏十一卷 …………………… 2－371
爾雅注疏十一卷 …………………… 2－376
爾雅注疏十卷 ……………………… 1－26
爾雅注疏十卷 ……………………… 1－235
爾雅注疏十卷 ……………………… 1－235
爾雅注疏十卷 ……………………… 1－235
爾雅注疏本正誤五卷 ……………… 1－235
爾雅音訓不分卷 …………………… 1－447
爾雅音義二卷 ……………………… 1－447
爾雅郭注義疏二十卷 ……………… 1－235
爾雅郭注義疏二十卷 ……………… 1－261
爾雅郭注義疏二十卷 ……………… 2－147
爾雅註疏十一卷 …………………… 1－14
爾雅註疏十一卷 …………………… 1－169
爾雅補注殘本一卷 ………………… 1－236
爾雅疏十卷 ………………………… 1－235
爾雅疏十卷 ………………………… 2－65
爾雅疏十卷 ………………………… 2－146
爾雅疏十卷 ………………………… 2－307
爾雅疏十卷 ………………………… 2－370
爾雅蒙求二卷 ……………………… 1－235
爾雅蒙求二卷 ……………………… 1－236
爾雅蒙求二卷 ……………………… 1－236
爾雅蒙求二卷 ……………………… 1－430
爾雅蒙求二卷 ……………………… 1－430
爾雅蒙求二卷 ……………………… 2－371
爾雅義疏二十卷 …………………… 1－555
爾雅經注三卷音釋一卷 …………… 1－567
爾雅釋文三卷 ……………………… 1－105
爾雅釋文三卷 ……………………… 1－141
爾雅釋文三卷 ……………………… 1－141
需時眇言十卷 ……………………… 2－181
摘注聖武記城守篇一卷 …………… 1－313
摘注聖武記城守篇一卷 …………… 2－3
摘注聖武記城守篇一卷 …………… 2－3
摘注聖武記城守篇一卷 …………… 2－3
摘星樓治痘全書十八卷 …………… 1－328
摘錄功德界限條目一卷附三字功過格
　　………………………………… 1－343

翡翠巢札稿四卷 …………………… 1－234
對山書屋墨餘錄十六卷 …………… 1－490
對山書屋墨餘錄十六卷 …………… 2－195
對雨樓叢書五種 …………………… 1－438
對峯文集十六卷續集三卷 ………… 1－235
對雪亭文集二卷詩鈔十卷 ………… 1－82
對雪亭文集十卷 …………………… 1－98
對數表不分卷 ……………………… 2－311
對數表不分卷切弦對數表不分卷八線
　間表不分卷八線對數簡表不分卷
　　………………………………… 2－308
對數表四卷 ………………………… 1－356
對數表四卷 ………………………… 1－356
對數表四卷 ………………………… 1－356
對數表并八線對數表二卷 ………… 1－38
對數述二卷算學雜草二卷 ………… 2－324
對數述二卷算學雜草二卷 ………… 2－491
對數詳解五卷 ……………………… 1－347
對類便讀六卷首一卷 ……………… 2－247
嘗試語不分卷 ……………………… 1－75
暌車志六卷 ………………………… 1－26
暢園叢書甲函五種 ………………… 2－83
暢園叢書甲函五種 ………………… 2－164
閝式堂古文選釋八卷 ……………… 2－469
閝式堂古文選釋八卷 ……………… 2－472
閝見瓣香錄十卷 …………………… 1－482
［乾隆］聞喜縣志十二卷首一卷 … 1－113
［光緒］聞喜縣志補四卷 ………… 2－35
［光緒］聞喜縣志斠三卷首一卷 … 2－35
［光緒］聞喜縣志續四卷 ………… 2－34
閩都記三十三卷 …………………… 2－27
［萬曆］閩都記三十三卷 ………… 2－57
閩產錄異六卷 ……………………… 1－548
閩產錄異六卷 ……………………… 1－561
團練說一卷附補遺一卷 …………… 2－454
鳴原堂論文二卷 …………………… 1－520
鳴原堂論文二卷 …………………… 2－525
鳴原堂論文二卷 …………………… 2－535
鳴鶴堂文集二十一卷 ……………… 2－81
鳴鶴堂文集二十一卷 ……………… 2－184
鳴鶴堂文集十卷 …………………… 1－143

鳴鶴堂文集十卷詩集十一卷‥‥‥‥‥ 2–119
嘯云軒文集六卷附錄一卷詩集二卷‥ 2–127
嘯古堂文集八集‥‥‥‥‥‥‥‥‥‥‥ 2–126
嘯古堂詩集八卷‥‥‥‥‥‥‥‥‥‥‥ 2–176
嘯亭雜錄十卷‥‥‥‥‥‥‥‥‥‥‥ 1–482
嘯亭雜錄十卷‥‥‥‥‥‥‥‥‥‥‥ 1–483
嘯亭雜錄十卷續錄三卷‥‥‥‥‥‥‥ 2–537
嘯亭雜錄八卷續錄二卷‥‥‥‥‥‥‥ 2–541
嘯堂集古錄二卷‥‥‥‥‥‥‥‥‥‥ 1–466
嘯園叢書六函五十七種‥‥‥‥‥‥‥ 1–436
嘯園叢書六函五十七種‥‥‥‥‥‥‥ 2–180
嘯園叢書六函五十七種‥‥‥‥‥‥‥ 2–406
嘐嘐言六卷‥‥‥‥‥‥‥‥‥‥‥‥ 1–333
嘐嘐言六卷‥‥‥‥‥‥‥‥‥‥‥‥ 1–482
圖民錄四卷‥‥‥‥‥‥‥‥‥‥‥‥ 1–299
圖民錄四卷‥‥‥‥‥‥‥‥‥‥‥‥ 1–299
圖民錄四卷‥‥‥‥‥‥‥‥‥‥‥‥ 1–300
圖開勝蹟六卷‥‥‥‥‥‥‥‥‥‥‥ 2–319
圖註八十一難經四卷附校正瀕湖脉
　學一卷‥‥‥‥‥‥‥‥‥‥‥‥‥ 2–471
圖註八十一難經辨眞四卷‥‥‥‥‥‥ 1–479
圖註八十一難經辨眞四卷‥‥‥‥‥‥ 1–480
圖註八十一難經辨眞四卷‥‥‥‥‥‥ 1–526
圖註八十一難經辨眞四卷‥‥‥‥‥‥ 2–321
圖註八十一難經辨眞四卷‥‥‥‥‥‥ 2–438
圖註八十一難經辨眞四卷‥‥‥‥‥‥ 2–446
圖註八十一難經辨眞四卷‥‥‥‥‥‥ 2–593
圖註脉訣辨眞四卷‥‥‥‥‥‥‥‥‥ 1–211
圖註脉訣辨眞四卷‥‥‥‥‥‥‥‥‥ 1–480
圖註脉訣辨眞四卷‥‥‥‥‥‥‥‥‥ 1–526
圖註脉訣辨眞四卷‥‥‥‥‥‥‥‥‥ 2–5
圖繪全像山海經廣注二十三卷‥‥‥ 1–76
圖繪寶鑑八卷‥‥‥‥‥‥‥‥‥‥‥ 2–277
圖繪寶鑑八卷補遺一卷‥‥‥‥‥‥‥ 1–168
鄒齋叢書二十種‥‥‥‥‥‥‥‥‥‥ 1–435
鄒齋叢書二十種‥‥‥‥‥‥‥‥‥‥ 2–83
鄒齋叢書二十種‥‥‥‥‥‥‥‥‥‥ 2–174
製火藥法三卷‥‥‥‥‥‥‥‥‥‥‥ 1–331
製火藥法三卷‥‥‥‥‥‥‥‥‥‥‥ 1–545
製火藥法三卷‥‥‥‥‥‥‥‥‥‥‥ 2–3
製機理法八卷圖一卷‥‥‥‥‥‥‥‥ 2–12

製羃金法二卷‥‥‥‥‥‥‥‥‥‥‥ 2–11
製羃金法二卷‥‥‥‥‥‥‥‥‥‥‥ 2–11
種茶良法一卷‥‥‥‥‥‥‥‥‥‥‥ 1–317
種植芻言一卷‥‥‥‥‥‥‥‥‥‥‥ 1–318
種福堂公選良方兼刻古吳名醫精論四卷
　‥‥‥‥‥‥‥‥‥‥‥‥‥‥‥‥ 1–68
稱謂錄三十二卷‥‥‥‥‥‥‥‥‥‥ 1–528
稱謂錄三十二卷‥‥‥‥‥‥‥‥‥‥ 2–109
稱謂錄三十二卷‥‥‥‥‥‥‥‥‥‥ 2–122
稱讚淨土佛攝受經一卷‥‥‥‥‥‥‥ 2–273
篋衍集十二卷‥‥‥‥‥‥‥‥‥‥‥ 1–59
箋註陶淵明集十卷總論一卷‥‥‥‥‥ 2–28
箋註陶淵明集六卷‥‥‥‥‥‥‥‥‥ 1–508
箋釋梅亭先生四六標準四十卷目錄一卷
　‥‥‥‥‥‥‥‥‥‥‥‥‥‥‥‥ 1–102
算式集要四卷‥‥‥‥‥‥‥‥‥‥‥ 1–344
算式集要四卷‥‥‥‥‥‥‥‥‥‥‥ 1–354
算式集要四卷‥‥‥‥‥‥‥‥‥‥‥ 1–354
算式集要四卷‥‥‥‥‥‥‥‥‥‥‥ 1–356
算式集要四卷‥‥‥‥‥‥‥‥‥‥‥ 1–542
算式集要四卷‥‥‥‥‥‥‥‥‥‥‥ 1–542
算式集要四卷‥‥‥‥‥‥‥‥‥‥‥ 1–564
算式解注十四卷‥‥‥‥‥‥‥‥‥‥ 2–8
算法圓理括囊一卷‥‥‥‥‥‥‥‥‥ 1–346
算法圓理括囊一卷‥‥‥‥‥‥‥‥‥ 2–313
算書廿一種‥‥‥‥‥‥‥‥‥‥‥‥ 2–8
算書廿一種‥‥‥‥‥‥‥‥‥‥‥‥ 2–373
算書廿一種‥‥‥‥‥‥‥‥‥‥‥‥ 2–373
算術啟蒙三卷‥‥‥‥‥‥‥‥‥‥‥ 1–330
算經十書‥‥‥‥‥‥‥‥‥‥‥‥‥ 1–95
算經十書‥‥‥‥‥‥‥‥‥‥‥‥‥ 1–165
算經十書‥‥‥‥‥‥‥‥‥‥‥‥‥ 2–147
算牖四卷‥‥‥‥‥‥‥‥‥‥‥‥‥ 1–348
算學三種‥‥‥‥‥‥‥‥‥‥‥‥‥ 1–353
算學五種‥‥‥‥‥‥‥‥‥‥‥‥‥ 2–10
算學問津不分卷‥‥‥‥‥‥‥‥‥‥ 2–8
算學啟蒙三卷‥‥‥‥‥‥‥‥‥‥‥ 1–350
算學啟蒙三卷‥‥‥‥‥‥‥‥‥‥‥ 2–489
算學課藝四卷‥‥‥‥‥‥‥‥‥‥‥ 1–542
算學課藝四卷‥‥‥‥‥‥‥‥‥‥‥ 1–543
算學課藝四卷‥‥‥‥‥‥‥‥‥‥‥ 2–329

管子二十四卷 …………………… 1-3
管子二十四卷 …………………… 1-25
管子二十四卷 …………………… 1-315
管子二十四卷 …………………… 1-320
管子二十四卷 …………………… 2-31
管子二十四卷 …………………… 2-153
管子二十四卷 …………………… 2-175
管子二十四卷 …………………… 2-305
管子二十四卷 …………………… 2-577
管子二十四卷首一卷 …………… 2-410
管子校正二十四卷 ……………… 2-73
管子校正二十四卷 ……………… 2-224
管子校正二十四卷 ……………… 2-588
管城碩記三十卷 ………………… 1-94
管窺輯要八十卷 ………………… 1-77
管窺輯要八十卷 ………………… 1-125
管窺輯要八十卷 ………………… 1-208
管窺輯要八十卷 ………………… 2-406
管窺輯要八十卷 ………………… 2-560
管窺輯要八十卷目錄一卷 ……… 1-32
管窺輯要八十卷目錄一卷 ……… 1-94
儆居集內編十四卷 ……………… 2-204
儆曙齋醫案舉隅一卷 …………… 1-103
[道光]銅山縣志二十四卷首一卷 …… 2-52
銅板四書遵注合講十九卷 ……… 2-94
銅鼓書堂遺棄三十二卷 ………… 1-151
銅鼓書堂遺棄三十二卷 ………… 1-160
銅鼓書堂遺棄三十二卷 ………… 1-537
銅僊傳一卷 ……………………… 1-153
銅熨斗齋隨筆八卷 ……………… 2-310
銀海精微四卷 …………………… 2-33
銀海精微四卷 …………………… 2-402
銀海精微四卷 …………………… 2-539
銀礦指南一卷 …………………… 1-357
銀礦指南一卷 …………………… 1-357
銀礦指南一卷 …………………… 1-361
銀礦指南一卷 …………………… 1-362
銀礦指南一卷 …………………… 1-545
鄱陽集四卷首一卷末一卷 ……… 2-480
遯翁苦口一卷 …………………… 1-471
遯窟讕言十二卷 ………………… 2-166

鳳求凰傳奇二卷 ………………… 1-187
鳳凰山七十二卷 ………………… 2-284
[乾隆]鳳翔府志十二卷首一卷 … 2-42
[乾隆]鳳翔府志十二卷首一卷 … 2-42
[乾隆]鳳翔縣志八卷首一卷 …… 1-119
[乾隆]鳳翔縣志八卷首一卷 …… 1-123
鳳翔縣採訪一卷 ………………… 2-351
鳳臺祇謁筆記一卷 ……………… 2-115
鳳墅殘帖釋文十卷 ……………… 2-143
鳳儀書院課藝摘存一卷 ………… 1-398
[光緒]鳳縣志十卷首一卷 ……… 2-49
[道光]鳳縣志不分卷 …………… 1-252
疑年錄四卷 ……………………… 2-224
疑字音釋一卷 …………………… 1-11
疑雨集四卷 ……………………… 1-507
疑獄集十卷附錄一卷 …………… 1-315
[乾隆]雒南縣志十二卷 ………… 1-120
[乾隆]雒南縣志十二卷 ………… 1-120
誡子書一卷 ……………………… 2-241
誡子書一卷 ……………………… 2-307
誌表碑傳行實一卷 ……………… 1-14
誌銘廣例二卷 …………………… 1-23
語石十卷 ………………………… 1-301
語石十卷 ………………………… 1-531
語石十卷 ………………………… 2-332
語新二卷 ………………………… 2-126
誥封夫人馬母董夫人淑行詩一卷 …… 1-525
誥封章母顧太宜人墓誌銘一卷家傳一卷
　　　　　　　　　　　　　　 1-580
誥授中憲大夫署理順天霸昌道祥符
　劉公崇祀鄉賢題稿一卷 ……… 1-579
誥授奉政大夫焦公行述一卷 …… 2-28
說文三種 ………………………… 2-66
說文分韻易知錄十卷 …………… 1-236
說文分韻易知錄五卷說文分畫易知
　錄一卷說文重文標目五卷 …… 2-66
說文引經考二卷補遺一卷 ……… 1-271
說文引經考異十六卷 …………… 2-222
說文引經考證七卷互異說一卷 … 1-238
說文引經考證七卷互異說一卷 … 1-238
說文引經考證七卷互異說一卷 … 2-93

說文引經考證七卷互異說一卷········ 2－129

說文引經異字三卷················· 2－222

說文古本攷十四卷················· 2－26

說文古籀補一卷附錄一卷··········· 1－449

說文古籀補十四卷附錄一卷········· 1－237

說文古籀補十四卷附錄一卷········· 1－139

說文古籀補十四卷補遺一卷附錄一卷

　　······························ 1－221

說文古籀補十四卷補遺一卷附錄一卷

　　······························ 2－221

說文古籀疏證六卷原目一卷········· 2－149

說文古籀疏證六卷原目一卷········· 2－480

說文本經答問二卷················· 1－239

說文外編十五卷補遺一卷··········· 1－236

說文外編十五卷補遺一卷··········· 2－140

說文字原集註十六卷原表一卷表說一卷

　　······························ 1－162

說文字原韻表二卷················· 1－237

說文長箋一百卷首二卷說文解題一

　　卷六書長箋七卷··············· 1－42

說文拈字七卷補遺一卷············· 1－236

說文拈字七卷補遺一卷············· 1－551

說文拈字七卷補遺一卷············· 2－126

說文拈字七卷補遺一卷············· 2－285

說文建首字讀一卷················· 1－449

說文段注訂補十四卷··············· 1－448

說文段注訂補十四卷··············· 2－143

說文段注撰要九卷················· 2－65

說文校議十五卷··················· 2－65

說文校議十五卷··················· 2－65

說文校議十五卷··················· 2－121

說文校議十五卷··················· 2－191

說文通訓定聲十八卷分部柬韻一卷

　　說雅十九篇古今韻準一卷········ 1－560

說文通訓定聲十八卷分部柬韻一卷

　　······························ 2－406

說文通訓定聲十八卷分部檢韻一卷

　　······························ 2－467

說文通訓定聲十八卷分部檢韻一卷

　　說雅一卷古今韻準一卷·········· 1－237

說文通訓定聲十八卷分部檢韻一卷

說雅一卷古今韻準一卷行述一卷

　　······························ 1－237

說文通訓定聲十八卷柬韻一卷········ 1－551

說文通訓定聲十八卷柬韻一卷說雅

　　十九篇古今韻準一卷··········· 2－196

說文通訓定聲十八卷柬韻一卷說雅

　　十九篇古今韻準一卷··········· 2－196

說文通訊定聲十八卷首一卷附分部

　　檢韻一卷說雅一卷古今韻準一卷

　　······························ 2－325

說文通檢十四卷首一卷末一卷········ 1－236

說文通檢十四卷首一卷末一卷 ······· 2－92

說文通檢十四卷首一卷末一卷········ 2－381

說文通檢十四卷首一卷末一卷········ 2－466

說文通檢十四卷首一卷末一卷········ 2－511

說文逸字二卷····················· 1－526

說文逸字辨證二卷················· 1－237

說文逸字辨證二卷················· 1－526

說文提要一卷····················· 1－238

說文提要一卷····················· 1－238

說文提要一卷····················· 2－253

說文答問疏證六卷················· 2－126

說文測議七卷 ···················· 2－30

說文發疑六卷····················· 1－239

說文發疑六卷····················· 2－143

說文楬原二卷····················· 1－239

說文解字十二卷··················· 1－4

說文解字十五卷 ·················· 1－37

說文解字十五卷··················· 1－47

說文解字十五卷··················· 1－89

說文解字十五卷··················· 1－89

說文解字十五卷··················· 1－140

說文解字十五卷··················· 1－236

說文解字十五卷··················· 1－237

說文解字十五卷 ·················· 2－65

說文解字十五卷 ·················· 2－65

說文解字十五卷··················· 2－93

說文解字十五卷··················· 2－137

說文解字十五卷··················· 2－144

說文解字十五卷··················· 2－222

說文解字十五卷··················· 2－232

說文解字十五卷……………… 2－381
說文解字十五卷……………… 2－447
說文解字十五卷……………… 2－459
說文解字十五卷……………… 2－529
說文解字十五卷……………… 2－568
說文解字三十二卷…………… 2－221
說文解字三十二卷…………… 2－535
說文解字三十二卷…………… 2－535
說文解字三十二卷…………… 2－535
說文解字三十二卷…………… 2－536
說文解字五百四十部目一卷…… 2－188
說文解字句讀三十卷………… 2－168
說文解字句讀三十卷………… 2－381
說文解字句讀三十卷………… 2－486
說文解字句讀三十卷………… 2－522
說文解字句讀三十卷………… 2－550
說文解字句讀三十卷………… 2－555
說文解字句讀三十卷補正三十卷…… 1－238
說文解字句讀三十卷補正三十卷…… 2－380
說文解字注三十二卷………… 1－238
說文解字注三十二卷………… 1－238
說文解字注三十二卷………… 1－238
說文解字注三十二卷………… 1－238
說文解字注三十二卷………… 1－550
說文解字注三十二卷………… 2－65
說文解字注三十二卷六書音韵表二卷
　　…………………………… 2－186
說文解字注三十卷 …………… 2－65
說文解字校錄十五卷………… 2－169
說文解字徐氏繫傳四十卷……… 1－561
說文解字通釋四十卷 ………… 1－51
說文解字通釋四十卷………… 1－238
說文解字通釋四十卷附校勘記三卷
　　…………………………… 2－118
說文解字通釋四十卷附錄一卷…… 1－104
說文解字通釋四十卷附錄一卷…… 2－147
說文解字通釋四十卷附錄一卷…… 2－522
說文解字義證五十卷………… 1－237
說文解字義證五十卷………… 1－237
說文解字義證五十卷………… 1－237
說文解字義證五十卷………… 1－526

說文解字義證五十卷 ………… 2－65
說文解字義證五十卷………… 2－195
說文解字斠詮十四卷………… 1－239
說文解字斠詮十四卷………… 1－448
說文解字斠詮十四卷………… 2－121
說文解字舊音一卷經典文字辨證書五
　卷音同意義辯五卷樂遊聯唱集二卷
　　…………………………… 1－65
說文解字繫傳四十卷校勘記三卷 …… 2－65
說文解字雙聲疊韻譜一卷……… 1－448
說文解字韻譜十卷…………… 2－253
說文新附攷六卷……………… 2－131
說文新附攷六卷續攷一卷…… 1－239
說文新附攷六卷續攷一卷…… 1－239
說文新附攷六卷續攷一卷…… 1－239
說文新附攷六卷續攷一卷…… 2－144
說文經典異字釋一卷………… 1－236
說文管見三卷………………… 1－449
說文管見三卷 ………………… 2－65
說文廣義三卷………………… 2－493
說文審音十六卷……………… 2－140
說文辨字正俗八卷…………… 2－65
說文辨字正俗八卷…………… 2－114
說文辨字正俗八卷…………… 2－135
說文辨字正俗八卷…………… 2－147
說文辨疑一卷 ………………… 2－92
說文聲系十四卷……………… 2－188
說文聲讀表七卷……………… 1－237
說文繫傳四十卷……………… 2－381
說文繫傳校刊記三卷………… 2－191
說文繫傳校錄三十卷………… 1－449
說文繫傳校錄三十卷………… 2－314
說文繫傳校錄三十卷………… 2－502
說文釋例二十卷……………… 1－237
說文釋例二十卷……………… 1－237
說文釋例二十卷……………… 1－237
說文釋例二十卷……………… 2－126
說文釋例二十卷……………… 2－324
說文蠡箋十四卷……………… 2－138
說文蠡箋十四卷……………… 2－446
說苑二十卷…………………… 2－562

說帖摘要抄存十四卷……………… 1－467
說帖辨例新編四十八卷…………… 2－309
說帖簡明目錄三十六卷…………… 1－467
說郛一千二百四十六種 …………… 1－86
說郛一千二百四十六種 …………… 1－182
說郛一千二百四十六種 …………… 1－204
說郛一千二百四十六種 …………… 1－211
說郛續五百三十一種……………… 1－86
說郛續五百三十一種……………… 1－182
說郛續五百三十一種……………… 1－211
說唐前傳十卷小英雄傳二卷薛家府
　　傳六卷 ………………………… 1－94
說部精華十二卷…………………… 2－166
說嵩三十二卷例目一卷…………… 1－110
說鈴二集五十二種………………… 2－573
說鈴六十二種……………………… 1－130
說鈴六十二種……………………… 1－178
說鈴六十二種……………………… 1－343
說鈴六十二種……………………… 1－486
說鈴六十二種……………………… 1－486
說鈴續集七種……………………… 1－153
說詩晬語二卷……………………… 1－503
說詩晬語二卷……………………… 2－16
說詩樂趣類編二十卷……………… 1－402
說學齋稿不分卷………………… 1－3
廣三字經一卷……………………… 2－7
廣三字經一卷……………………… 2－289
廣三字經一卷……………………… 2－395
廣川題跋十卷……………………… 2－336
廣玉匣記二卷……………………… 2－594
[光緒]廣平府志六十三卷首一卷 … 2－267
廣西全省地輿圖說不分卷 ……… 2－27
[嘉慶]廣西通志二百七十九卷首一卷
　　…………………………………… 2－57
[嘉慶]廣西通志二百七十九卷首一卷
　　…………………………………… 2－57
廣西餉銀捐輸章程一卷…………… 1－465
廣列女傳二十卷附錄一卷………… 2－108
[光緒]廣州府志一百六十三卷 …… 2－415
廣近思錄十四卷…………………… 2－199
廣快書五十種 ……………………… 1－30

[廣東]南海九江朱氏家譜十二卷首四卷
　　…………………………………… 1－456
[廣東]南海學正黃氏家譜十二卷首
　　一卷末一卷…………………… 1－276
廣東武備學堂章程外論一卷……… 2－3
廣東武備學堂章程外論一卷……… 2－3
廣東武備學堂章程外論一卷……… 2－3
廣東武備學堂試辦簡要章程一卷… 2－3
廣東武備學堂試辦簡要章程一卷… 2－3
廣東武備學堂試辦簡要章程一卷… 2－3
廣東海圖說不分卷………………… 1－281
[道光]廣東通志三百三十四卷首一卷
　　…………………………………… 2－368
[道光]廣東通志三百三十四卷首一卷
　　…………………………………… 2－582
[道光]廣東通志三百三十四卷首一卷
　　…………………………………… 2－587
廣東新語二十八卷………………… 1－548
廣事類賦四十卷…………………… 1－177
廣事類賦四十卷…………………… 1－491
廣事類賦四十卷…………………… 2－531
廣金石韻府五卷…………………… 1－13
廣金石韻府五卷…………………… 2－521
廣金石韻府五卷玉篇字略一卷…… 1－244
廣金石韻府五卷字略一卷 ……… 1－62
廣金石韻府五卷附玉篇字略一卷 … 2－30
廣治平畧三十六卷………………… 1－382
廣治平畧三十六卷………………… 2－564
廣治平畧三十六卷續編八卷……… 1－382
廣治平略四十四卷………………… 2－504
[同治]廣信府志十二卷首一卷 …… 2－389
廣陵史稿四卷……………………… 2－85
廣陵思古編二十九卷……………… 2－134
廣陵通典十卷……………………… 1－562
廣陵通典十卷 ……………………… 2－69
廣通報不分卷……………………… 2－349
廣陽雜記五卷……………………… 2－327
廣博物志五十卷 …………………… 1－15
廣博物志五十卷 …………………… 1－43
廣博物志五十卷 …………………… 1－362
廣博物志五十卷 …………………… 1－362

廣雅書局叢書一百五十九種⋯⋯⋯⋯ 1－563
廣雅書局叢書一百五十九種⋯⋯⋯⋯ 2－181
廣雅書院藏書目錄七卷⋯⋯⋯⋯⋯ 1－465
廣雅疏證十卷 ⋯⋯⋯⋯⋯⋯⋯⋯ 2－66
廣雅疏證十卷 ⋯⋯⋯⋯⋯⋯⋯⋯ 2－66
廣雅疏證十卷 ⋯⋯⋯⋯⋯⋯⋯ 2－133
廣雅疏證十卷博雅音十卷⋯⋯⋯⋯ 1－239
廣雅疏證十卷博雅音十卷⋯⋯⋯⋯ 1－239
廣雅碎金三卷 ⋯⋯⋯⋯⋯⋯⋯ 2－197
廣經室文鈔一卷 ⋯⋯⋯⋯⋯⋯ 1－424
廣經室文鈔一卷 ⋯⋯⋯⋯⋯⋯ 2－231
廣經室文鈔一卷 ⋯⋯⋯⋯⋯⋯ 2－531
廣廣仁籙八卷首一卷 ⋯⋯⋯⋯ 2－487
廣廣事類賦三十二卷 ⋯⋯⋯⋯ 2－339
廣廣事類賦三十二卷 ⋯⋯⋯⋯ 2－373
廣廣事類賦三十二卷 ⋯⋯⋯⋯ 2－381
廣瘟疫論四卷 ⋯⋯⋯⋯⋯⋯⋯ 1－480
廣漢魏叢書八十種 ⋯⋯⋯⋯⋯ 1－206
廣增四書典腋二十卷 ⋯⋯⋯⋯ 1－446
[光緒]廣德州志六十卷首一卷末一卷
⋯⋯⋯⋯⋯⋯⋯⋯⋯⋯⋯⋯ 2－367
[光緒]廣德州志六十卷首一卷末一卷
⋯⋯⋯⋯⋯⋯⋯⋯⋯⋯⋯⋯ 2－381
[光緒]廣德州志六十卷首一卷末一卷
⋯⋯⋯⋯⋯⋯⋯⋯⋯⋯⋯⋯ 2－394
[光緒]廣德州志六十卷首一卷末一卷
⋯⋯⋯⋯⋯⋯⋯⋯⋯⋯⋯⋯ 2－519
廣學類編十二卷 ⋯⋯⋯⋯⋯⋯ 2－14
廣輿記二十四卷 ⋯⋯⋯⋯⋯⋯ 1－13
廣輿記二十四卷 ⋯⋯⋯⋯⋯⋯ 1－68
廣輿記二十四卷 ⋯⋯⋯⋯⋯⋯ 1－69
廣輿記二十四卷 ⋯⋯⋯⋯⋯⋯ 1－111
廣輿記二十四卷 ⋯⋯⋯⋯⋯⋯ 2－28
廣輿記二十四卷 ⋯⋯⋯⋯⋯⋯ 2－381
廣輿記二十四卷 ⋯⋯⋯⋯⋯⋯ 2－381
廣輿記二十四卷 ⋯⋯⋯⋯⋯⋯ 2－385
廣輿記二十四卷 ⋯⋯⋯⋯⋯⋯ 2－385
廣輿記二十四卷 ⋯⋯⋯⋯⋯⋯ 2－476
廣輿記二十四卷 ⋯⋯⋯⋯⋯⋯ 2－535
廣濟耆舊詩集十二卷 ⋯⋯⋯⋯ 2－138
[同治]廣豐縣志十卷首一卷 ⋯⋯⋯ 2－579

[道光]廣豐縣志三十二卷首一卷 ⋯ 2－376
[道光]廣豐縣志三十二卷首一卷 ⋯ 2－579
廣韻五卷 ⋯⋯⋯⋯⋯⋯⋯⋯⋯ 1－64
廣韻五卷 ⋯⋯⋯⋯⋯⋯⋯⋯⋯ 1－64
廣韻五卷 ⋯⋯⋯⋯⋯⋯⋯⋯⋯ 1－108
廣續方言四卷 ⋯⋯⋯⋯⋯⋯⋯ 1－239
廣鹽桑說一卷 ⋯⋯⋯⋯⋯⋯⋯ 1－564
瘞鶴銘考一卷 ⋯⋯⋯⋯⋯⋯⋯ 2－193
瘍醫準繩六卷 ⋯⋯⋯⋯⋯⋯⋯ 2－432
瘟疫明辨四卷末一卷 ⋯⋯⋯⋯ 2－271
瘟疫論二卷 ⋯⋯⋯⋯⋯⋯⋯⋯ 1－167
瘟疫論二卷 ⋯⋯⋯⋯⋯⋯⋯⋯ 1－540
瘟疫論二卷 ⋯⋯⋯⋯⋯⋯⋯⋯ 2－252
瘟疫論補注二卷 ⋯⋯⋯⋯⋯⋯ 2－279
瘦石稿十卷 ⋯⋯⋯⋯⋯⋯⋯⋯ 1－85
[同治]韶州府志四十卷 ⋯⋯⋯⋯⋯ 2－57
端敏先生遺集四卷 ⋯⋯⋯⋯⋯ 1－420
端敏先生遺集四卷 ⋯⋯⋯⋯⋯ 2－22
端敏先生遺集四卷 ⋯⋯⋯⋯⋯ 2－22
端園詩草不分卷 ⋯⋯⋯⋯⋯⋯ 2－201
端溪硯史三卷 ⋯⋯⋯⋯⋯⋯⋯ 1－532
端溪硯史三卷 ⋯⋯⋯⋯⋯⋯⋯ 2－177
端溪硯史三卷 ⋯⋯⋯⋯⋯⋯⋯ 2－192
端溪硯史三卷 ⋯⋯⋯⋯⋯⋯⋯ 2－248
適可齋記行六卷 ⋯⋯⋯⋯⋯⋯ 2－155
適軒尺牘八卷 ⋯⋯⋯⋯⋯⋯⋯ 1－507
適軒尺牘八卷 ⋯⋯⋯⋯⋯⋯⋯ 1－507
適軒尺牘八卷 ⋯⋯⋯⋯⋯⋯⋯ 2－338
適情錄二十卷 ⋯⋯⋯⋯⋯⋯⋯ 1－9
適園藏書志十六卷 ⋯⋯⋯⋯⋯ 1－547
齊山巖洞志二十六卷首一卷 ⋯⋯ 2－53
齊民要術十卷 ⋯⋯⋯⋯⋯⋯⋯ 2－27
齊民要術十卷 ⋯⋯⋯⋯⋯⋯⋯ 2－196
齊民要術十卷 ⋯⋯⋯⋯⋯⋯⋯ 2－521
齊省堂增訂儒林外史五十六回⋯⋯ 2－493
齊莊中正堂制義十二卷律賦六卷試
帖八卷⋯⋯⋯⋯⋯⋯⋯⋯⋯⋯ 1－514
齊詩翼氏學四卷 ⋯⋯⋯⋯⋯⋯ 2－240
齊詩翼氏學疏證二卷敘錄一卷⋯⋯ 2－317
齊魯遊草三卷 ⋯⋯⋯⋯⋯⋯⋯ 1－412
精一辨一卷 ⋯⋯⋯⋯⋯⋯⋯⋯ 1－8

精訂綱鑑廿四史通俗衍義二十六卷
　四十四回 ······················· 2－205
精選巧搭大觀不分卷 ············· 2－570
精選名儒草堂詩餘三卷 ··········· 2－216
精選耕石賦稿一卷 ··············· 2－326
精選時務策要四卷 ··············· 1－492
精選黃眉故事十卷 ··············· 1－76
精選讀本不分卷 ················· 2－255
精鐫古今麗賦十卷 ··············· 1－45
鄭少谷先生全集二十四卷 ········· 1－511
鄭少谷先生全集二十四卷首一卷 ····· 2－144
鄭少谷批選時文讀本二卷 ········· 1－500
鄭氏四種 ······················· 2－131
鄭氏佚書二十三種 ··············· 1－215
鄭氏佚書二十三種 ··············· 2－173
鄭氏周易三卷 ··················· 1－105
鄭氏周易三卷 ··················· 1－142
鄭氏遺書五種 ··················· 2－316
鄭司農年譜一卷 ················· 2－194
鄭志三卷 ······················· 1－54
鄭志三卷 ······················· 1－137
鄭谷詩存八卷 ··················· 1－427
鄭谷詩存八卷 ··················· 1－427
鄭谷詩存八卷 ··················· 2－207
鄭板橋全集六編 ················· 2－338
鄭忠愍公北山先生文集三十卷 ······· 1－157
鄭端簡公徵吾錄二卷 ············· 1－28
榮祭酒遺文一卷 ················· 2－160
漢口竹枝詞六卷 ················· 1－540
漢瓦研齋初編不分卷 ············· 1－502
漢中志一卷蜀志一卷南中志一卷 ····· 2－351
漢石例六卷 ····················· 2－29
漢西域圖考七卷首一卷 ··········· 2－71
漢西域圖考七卷首一卷 ··········· 2－222
漢西域圖考七卷首一卷 ··········· 2－259
漢西域圖考七卷首一卷 ··········· 2－325
漢西域圖考七卷首一卷 ··········· 2－541
漢名臣言行錄十二卷 ············· 1－125
漢名臣傳三十二卷 ··············· 1－272
漢名臣傳三十二卷 ··············· 1－275
漢名臣傳三十二卷 ··············· 1－457

[嘉慶]漢州志四十卷首一卷末一卷 ··· 2－55
漢志水道疏證四卷 ··············· 1－256
漢制考四卷 ····················· 1－2
漢官儀三卷 ····················· 1－291
漢官儀三卷 ····················· 2－226
漢官舊儀二卷補遺一卷 ··········· 1－52
漢南紀游一卷游漢南詩一卷 ········· 1－582
[嘉慶]漢南續修郡志三十二卷首一卷
　······························· 1－251
漢律考一卷 ····················· 2－2
漢律類纂一卷 ··················· 1－380
漢律類纂一卷 ··················· 1－380
漢律類纂一卷 ··················· 1－461
漢律類纂一卷 ··················· 2－1
漢桓王張聖帝警世格言一卷 ········· 2－593
漢書一百二十卷 ················· 2－218
漢書一百卷 ····················· 1－15
漢書一百卷 ····················· 1－39
漢書一百卷 ····················· 1－106
漢書一百卷 ····················· 1－108
漢書一百卷 ····················· 1－191
漢書一百卷 ····················· 1－192
漢書一百卷 ····················· 1－192
漢書引經異文錄證六卷 ··········· 1－213
漢書引經異文錄證六卷 ··········· 2－442
漢書西域傳補注二卷 ············· 1－257
漢書西域傳補注二卷 ············· 2－188
漢書西域傳補注二卷 ············· 2－541
漢書注校補五十六卷 ············· 2－203
漢書注校補五十六卷 ············· 2－544
漢書評林一百卷 ················· 1－301
漢書評林一百卷 ················· 1－302
漢書評林一百卷 ················· 1－572
漢書評林一百卷 ················· 2－567
漢書補注一百卷首一卷 ··········· 2－65
漢書疏證三十六卷 ··············· 1－255
漢書蒙拾三卷後漢書蒙拾二卷 ······· 1－454
漢書蒙拾三卷後漢書蒙拾二卷 ······· 2－253
漢書辨疑二十二卷 ··············· 1－257
[嘉慶]漢陰縣志十卷首一卷 ······· 2－47
[嘉慶]漢陰縣志十卷首一卷 ········· 2－47

［嘉慶］漢陰縣志十卷首一卷 ………… 2－47
［嘉慶］漢陰縣志十卷首一卷 ………… 2－47
［嘉慶］漢陰縣志十卷首一卷 ………… 2－47
［嘉慶］漢陰縣志十卷首一卷 ………… 2－47
［康熙］漢陰縣志六卷 ………………… 1－42
漢摯室文鈔四卷補遺一卷 …………… 2－227
漢碑引經攷六卷附漢碑引緯攷一卷
　　　　　　　　　　　　　　　　 2－224
漢碑四種 ……………………………… 1－92
漢碑徵經一卷 ………………………… 1－213
漢碑徵經一卷 ………………………… 1－467
漢碑錄文四卷 ………………………… 2－31
漢詩十卷 ……………………………… 1－428
漢詩音註十卷 ………………………… 2－17
漢詩音註十卷古今韻攷不分卷 ……… 1－148
漢溪書法通解八卷 …………………… 1－170
漢溪書法通解八卷 …………………… 1－489
漢溪書法通解八卷 …………………… 1－489
漢諸葛忠武侯年譜一卷 ……………… 2－214
漢學商兌三卷 ………………………… 1－434
漢學商兌三卷 ………………………… 2－72
漢學商兌三卷 ………………………… 2－254
漢學商兌四卷 ………………………… 1－305
漢學商兌贅言四卷附識八則 ………… 2－381
漢隸字源五卷碑目一卷 ……………… 1－364
漢隸字源五卷碑目一卷附字一卷 …… 1－5
漢隸字源五卷碑目一卷附字一卷 …… 1－38
漢隸異體舉要一卷 …………………… 1－205
漢魏二十一家易注 …………………… 2－61
漢魏二十一家易注 …………………… 2－120
漢魏六朝女子文選二卷 ……………… 2－169
漢魏六朝百三名家集 ………………… 1－384
漢魏六朝百三名家集 ………………… 1－384
漢魏六朝百三名家集 ………………… 1－384
漢魏六朝百三名家集 ………………… 1－384
漢魏六朝百三名家集 ………………… 1－390
漢魏六朝百三名家集 ………………… 2－218
漢魏六朝百三名家集 ………………… 2－355
漢魏六朝百三名家集 ………………… 2－440
漢魏六朝百三名家集 ………………… 2－441
漢魏六朝百三名家集 ………………… 2－441

漢魏六朝百三名家集 ………………… 2－450
漢魏六朝百三名家集 ………………… 2－465
漢魏六朝百三名家集 ………………… 2－466
漢魏六朝百三名家集 ………………… 2－467
漢魏六朝百三名家集 ………………… 2－477
漢魏六朝百三名家集 ………………… 2－510
漢魏六朝百三名家集 ………………… 2－513
漢魏六朝百三名家集 ………………… 2－513
漢魏六朝百三名家集 ………………… 2－514
漢魏六朝百三名家集 ………………… 2－584
漢魏六朝百三名家集 ………………… 2－586
漢魏六朝百三名家集 ………………… 2－594
漢魏六朝百三家集 …………………… 2－508
漢魏六朝名家集初刻十八種附二十二種
　　　　　　　　　　　　　　　　 2－225
漢魏六朝志墓金石例一卷 …………… 2－252
漢魏音四卷 …………………………… 1－160
漢魏音四卷 …………………………… 1－177
漢魏音四卷 …………………………… 1－244
漢魏音四卷 …………………………… 2－448
漢魏叢書七十六種 …………………… 1－203
漢魏叢書三十八種 …………………… 1－66
漢魏叢書三十八種 …………………… 1－139
漢藝文志攷證十卷 …………………… 1－572
漢藝文志攷證十卷 …………………… 2－457
漢簡七卷 ……………………………… 1－448
漢簡箋正七卷 ………………………… 1－236
滿洲名臣傳三十二卷 ………………… 1－272
滿洲名臣傳四十八卷 ………………… 1－457
滿洲名臣傳四十八卷 ………………… 2－406
滿漢事類集要二卷雜話一卷 ………… 1－32
漸西村舍彙刊四十四種 ……………… 1－558
漸西村舍彙刊四十四種 ……………… 2－22
漸西村舍彙刊四十四種 ……………… 2－197
漸西村舍彙刊四十四種 ……………… 2－198
漸學廬叢書十五種 …………………… 1－435
漸學廬叢書第一集十五種 …………… 2－129
漱芳齋合纂禮記體注四卷 …………… 1－444
漱石齋吟草十四卷 …………………… 2－281
漁洋山人文略十四卷 ………………… 1－103
漁洋山人文略十四卷 ………………… 1－130

漁洋山人文略十四卷 …………… 1-161

漁洋山人古詩選三十二卷 ………… 2-73

漁洋山人古詩選五十卷 …………… 1-500

漁洋山人年譜一卷 ……………… 1-151

漁洋山人自撰年譜二卷 ………… 1-124

漁洋山人自撰年譜二卷 ………… 1-161

漁洋山人自撰年譜二卷 ………… 1-163

漁洋山人自撰年譜二卷 ………… 1-179

漁洋山人自撰年譜二卷附錄一卷補一卷

　　…………………………… 1-423

漁洋山人詩集二十二卷 ………… 1-129

漁洋山人詩集二十二卷續集十六卷 … 1-82

漁洋山人精華錄十卷 …………… 1-33

漁洋山人精華錄十卷 …………… 1-39

漁洋山人精華錄十卷 …………… 1-129

漁洋山人精華錄十卷 …………… 1-188

漁洋山人精華錄訓纂十卷目錄二卷

　　…………………………… 1-124

漁洋山人精華錄訓纂十卷目錄二卷

　　…………………………… 1-161

漁洋山人精華錄訓纂十卷目錄二卷

　　…………………………… 1-163

漁洋山人精華錄訓纂十卷目錄二卷

　　…………………………… 1-178

漁洋山人精華錄訓纂十卷總目二卷

　首一卷補十卷年譜二卷附錄一卷

　辨訛一卷 ……………………… 1-423

漁洋山人精華錄訓纂補十卷首一卷

　年譜補一卷 ………………… 1-63

漁洋山人精華錄箋注十二卷………… 1-518

漁洋山人精華錄箋注十二卷………… 2-248

漁洋山人精華錄箋注十二卷年譜一卷

　　…………………………… 1-526

漁洋山人精華錄箋注十二卷年譜一卷

　　…………………………… 2-20

漁洋山人精華錄箋注十二卷年譜一

　卷補一卷附錄一卷 …………… 1-147

漁洋山人精華錄箋注十二卷年譜一

　卷補一卷附錄一卷…………… 2-406

漁洋山人精華錄箋注十二卷年譜一

　卷補注一卷…………………… 1-427

漁洋山人精華錄箋注十二卷年譜一

　卷補注一卷…………………… 1-421

漁洋山人精華錄箋注十二卷年譜一

　卷補注一卷…………………… 1-421

漁洋山人精華錄箋注十二卷附補注

　一卷附錄一卷年譜一卷………… 2-249

漁洋山人精華錄箋注十二卷附補注

　一卷附錄一卷年譜一卷………… 2-405

漁洋山人精華錄箋注十二卷補一卷

　附錄一卷 …………………… 1-63

漁洋山人精華錄箋注十二卷補一卷

　續補一卷續錄箋注一卷………… 1-204

漁洋山人精華錄箋注十二卷補注一卷

　　…………………………… 1-151

漁洋山人精華錄箋注十二卷補注一卷

　　…………………………… 2-83

漁洋山人精華錄箋注十二卷補注一

　卷年譜一卷附錄一卷………… 1-61

漁洋山人精華錄箋注十二卷補注一

　卷年譜一卷附錄一卷………… 1-550

漁洋詩話二卷……………………… 1-503

漁洋詩話二卷……………………… 1-520

漁洋詩話三卷……………………… 1-146

[漁洋遺書] ……………………… 1-129

漁隱叢話前集六十卷後集四十卷 …… 1-50

漁隱叢話前集六十卷後集四十卷 …… 1-505

漪香山館文集一卷………………… 1-516

漳浦黃先生年譜二卷……………… 1-404

漳浦黃先生年譜二卷……………… 2-329

演孔芻說一卷……………………… 2-240

滬寧鐵路研究資料一卷…………… 1-464

漱水志二卷………………………… 2-266

寤詠一卷燕賦一卷………………… 1-22

[康熙]寧化縣志七卷……………… 2-57

[光緒]寧羌州志五卷……………… 2-48

[光緒]寧羌州志五卷……………… 2-48

[光緒]寧羌州志五卷……………… 2-48

[光緒]寧羌州志五卷　………… 2-299

寧羌州鄉土志二卷………………… 2-48

寧羌州鄉土志二卷………………… 2-49

[雍正]寧波府志三十六卷首一卷 …… 2-54

［雍正］寧波府志三十六卷首一卷 … 2－524
［雍正］寧波府志三十六卷首一卷 … 2－524
［道光］寧陝廳志四卷 …………… 2－47
［道光］寧陝廳志四卷 …………… 2－47
［道光］寧陝廳志四卷 …………… 2－47
［道光］寧陝廳志四卷 …………… 2－47
［道光］寧陝廳志四卷 …………… 2－47
寧都三魏全集 …………………… 1－388
寧都三魏全集三種附三種 ……… 2－15
寧鄉周氏祠田記一卷 …………… 2－209
寧墾稾殯不分卷 ………………… 1－20
實事求是之齋經義二卷 ………… 2－201
實政錄七卷 ……………………… 1－294
實政錄七卷 ……………………… 1－294
實政錄七卷 ……………………… 1－466
實政錄七卷 ……………………… 2－102
實政錄七卷 ……………………… 2－102
實政錄七卷 ……………………… 2－144
實政錄七卷 ……………………… 2－468
實齋印存一卷 …………………… 1－492
肇論略注六卷 …………………… 1－368
［道光］肇慶府志二十二卷首一卷 …… 2－57
暨陽輿頌一卷 …………………… 1－299
隨山宇方抄 ……………………… 2－418
隨軒金石文字九種 ……………… 2－27
隨軒金石文字九種 ……………… 2－30
隨軒金石文字九種 ……………… 2－70
隨軒金石文字九種 ……………… 2－165
隨軒金石文字九種 ……………… 2－258
隨軒金石文字九種 ……………… 2－303
隨息居重訂霍亂論二卷 ………… 2－251
隨息居重訂霍亂論四卷 ………… 2－302
隨庵徐氏叢書十種 ……………… 2－284
隨庵徐氏叢書十種續編十種 …… 2－232
隨軺筆記四卷 …………………… 2－269
隨園三十八種 …………………… 2－497
隨園三十八種 …………………… 2－505
隨園三十八種 …………………… 2－520
隨園三十八種 …………………… 2－521
隨園三十八種 …………………… 2－567
隨園三十八種 …………………… 2－586

隨園三十六種 …………………… 2－569
隨園三十種 ……………………… 1－79
隨園三十種 ……………………… 1－417
隨園三十種 ……………………… 2－105
隨園三十種 ……………………… 2－197
隨園三十種 ……………………… 2－404
隨園三十種 ……………………… 2－491
隨園三十種 ……………………… 2－495
隨園三十種 ……………………… 2－497
隨園三十種 ……………………… 2－506
隨園三十種 ……………………… 2－520
隨園食單四卷 …………………… 1－481
隨園詩話二十六卷補遺十卷 …… 2－314
隨園詩話二十六卷補遺十卷 …… 2－504
隨園詩話二十卷補遺四卷 ……… 1－519
隨園詩話十六卷補遺十卷 ……… 1－519
隨園詩話十六卷補遺十卷 ……… 2－561
隨園詩話十六卷補遺十卷 ……… 2－569
隨園詩話十六卷補遺四卷 ……… 1－519
隨園詩話十六卷續隨園詩話十卷 …… 1－199
隨園隨筆二十八卷 ……………… 1－343
隨園隨筆二十八卷 ……………… 2－569
隨園駢體文注十六卷 …………… 2－329
隨園續同人集十七卷 …………… 1－417
隨園續同人集十七卷 …………… 2－508
隨園續同人集十七卷 …………… 2－569
隨輦集四十二卷 ………………… 1－536
熊襄愍公集十卷首一卷末一卷 … 1－553
熊襄愍公集十卷首一卷末一卷 … 2－322
翠岩室詩鈔二卷 ………………… 2－591
翠岩偶集六卷 …………………… 2－80
翠柏山房詩草初編一卷續編一卷醉
　　夫詩餘一卷 ………………… 2－291
翠娛閣評選十六名家小品三十二卷 … 2－28
翠娛閣評選行笈必攜十種 ……… 1－28
翠薇山房數學十二種 …………… 1－344
翠薇山房數學十二種 …………… 1－344
翠薇山房數學十二種 …………… 1－349
翠薇山房數學十二種 …………… 1－351
翠薇山房數學十二種 …………… 1－488
翠薇山房數學十二種 …………… 1－543

259

翠薇山房數學十二種‥‥‥‥‥‥‥ 2－195

翠螺閣詩詞藁一卷‥‥‥‥‥‥‥‥ 2－152

綱目大戰錄三卷‥‥‥‥‥‥‥‥‥ 2－105

綱目萬方全書十二卷‥‥‥‥‥‥‥ 1－549

綱鑑不分卷‥‥‥‥‥‥‥‥‥‥‥ 1－573

綱鑑正史約三十六卷‥‥‥‥‥‥‥ 1－205

綱鑑正史約三十六卷‥‥‥‥‥‥‥ 1－205

綱鑑易知錄二十卷‥‥‥‥‥‥‥‥ 1－260

綱鑑易知錄九十二卷‥‥‥‥‥‥‥ 1－452

綱鑑集要五卷歷代僭國附錄一卷‥‥‥ 1－7

綱鑑會編九十八卷‥‥‥‥‥‥‥‥ 1－573

綱鑑會纂三十九卷首一卷‥‥‥‥‥ 2－337

綱鑑會纂三十九卷首一卷‥‥‥‥‥ 2－511

綱鑑會纂三十九卷首一卷‥‥‥‥‥ 2－575

綱鑑會纂三種‥‥‥‥‥‥‥‥‥‥ 1－203

綱鑑會纂四十六卷續編二十三卷附

　御撰資治通鑑綱目三編二十卷‥‥ 2－524

綱鑑擇語十卷‥‥‥‥‥‥‥‥‥‥ 1－453

綱鑑擇語十卷‥‥‥‥‥‥‥‥‥‥ 1－574

綱鑑擇語十卷‥‥‥‥‥‥‥‥‥‥ 2－375

綱鑑擇語十卷‥‥‥‥‥‥‥‥‥‥ 2－507

綱鑑擇語十卷‥‥‥‥‥‥‥‥‥‥ 2－517

綱鑑擇語十卷‥‥‥‥‥‥‥‥‥‥ 2－517

綱鑑擇語十卷‥‥‥‥‥‥‥‥‥‥ 2－517

綱鑑擇語十卷‥‥‥‥‥‥‥‥‥‥ 2－538

綱鑑擇語十卷‥‥‥‥‥‥‥‥‥‥ 2－538

綱鑑擇語十卷‥‥‥‥‥‥‥‥‥‥ 2－540

綱鑑擇語十卷‥‥‥‥‥‥‥‥‥‥ 2－540

綱鑑總論二卷‥‥‥‥‥‥‥‥‥‥ 1－453

綱鑑總論二卷‥‥‥‥‥‥‥‥‥‥ 1－453

網師園唐詩箋十八卷‥‥‥‥‥‥‥ 1－103

網師園唐詩箋十八卷‥‥‥‥‥‥‥ 1－129

維摩詰所說經三卷‥‥‥‥‥‥‥‥ 2－151

維摩詰所說經折衷疏六卷‥‥‥‥‥ 1－368

維摩詰所說經無我疏十二卷‥‥‥‥ 1－368

維摩詰所說經註八卷‥‥‥‥‥‥‥ 2－150

綿津山人詩集二十七卷‥‥‥‥‥‥ 1－59

綿津山人詩集二十七卷‥‥‥‥‥‥ 1－102

綿津山人詩集二十七卷‥‥‥‥‥‥ 1－158

綿津山人詩集二十七卷‥‥‥‥‥‥ 1－175

綴白裘十二集四十八卷‥‥‥‥‥‥ 2－406

綴白裘十二集四十八卷‥‥‥‥‥‥ 2－572

綴術釋明二卷‥‥‥‥‥‥‥‥‥‥ 1－347

綴術釋戴二卷‥‥‥‥‥‥‥‥‥‥ 1－347

綴術釋戴二卷‥‥‥‥‥‥‥‥‥‥ 2－373

綠雪堂遺集二十卷‥‥‥‥‥‥‥‥ 1－405

綠雪堂遺集二十卷‥‥‥‥‥‥‥‥ 2－82

綠雪堂遺集二十卷‥‥‥‥‥‥‥‥ 2－82

綠雪堂遺集二十卷‥‥‥‥‥‥‥‥ 2－217

綠雪館詩鈔四卷‥‥‥‥‥‥‥‥‥ 2－140

綠野仙蹤八十回‥‥‥‥‥‥‥‥‥ 2－297

綠萼梅齋遺稿二卷題詞一卷‥‥‥‥ 2－291

綠筠書屋詩稿八卷詩餘一卷‥‥‥‥ 1－414

綠筠書屋詩稿八卷詩餘一卷‥‥‥‥ 2－268

綠筠堂菊花詩集四卷首一卷‥‥‥‥ 2－216

綠漪草堂文集三十卷首一卷別集二

　卷首一卷外集二卷首一卷詩集二

　十卷首一卷研華館詞三卷首一卷

　‥‥‥‥‥‥‥‥‥‥‥‥‥‥‥ 1－417

綠漪草堂文集三十卷首一卷詩集二

　十卷首一卷‥‥‥‥‥‥‥‥‥‥ 1－417

綠漪草堂詩集二十卷外集二卷別集

　二卷研華館詞三卷首一卷‥‥‥‥ 1－405

綠蘿山莊文集二十四卷‥‥‥‥‥‥ 1－128

綠蘿山莊文集二十四卷‥‥‥‥‥‥ 1－128

十五畫

璜川吳氏四書學‥‥‥‥‥‥‥‥‥ 2－223

璜川吳氏經學叢書十四種‥‥‥‥‥ 2－67

璇璣碎錦二卷‥‥‥‥‥‥‥‥‥‥ 1－111

髯仙詩舫逸稿一卷‥‥‥‥‥‥‥‥ 2－187

駐粵八旗志二十四卷首一卷‥‥‥‥ 1－281

駐奧使館報告書不分卷‥‥‥‥‥‥ 1－587

摯太常集校補一卷‥‥‥‥‥‥‥‥ 1－246

琴玞山房詩稿八卷補遺一卷‥‥‥‥ 2－292

琴玞山房詩稿八卷補遺一卷唱和詩一卷

　‥‥‥‥‥‥‥‥‥‥‥‥‥‥‥ 1－393

增刊校正王狀元集註分類東坡先生

　詩二十五卷‥‥‥‥‥‥‥‥‥‥ 1－36

增幼學故事瓊林四卷首一卷‥‥‥‥ 1－505

增刪算法統宗十一卷‥‥‥‥‥‥‥ 1－344

增删算法统宗十一卷⋯⋯⋯⋯⋯ 1－345
增删算法统宗十一卷⋯⋯⋯⋯⋯ 1－345
增删算法统宗十一卷⋯⋯⋯⋯⋯ 1－349
增删算法统宗十一卷⋯⋯⋯⋯⋯ 1－349
增删算法统宗十一卷⋯⋯⋯⋯⋯ 1－349
增删算法统宗十一卷⋯⋯⋯⋯⋯ 1－544
增注四六类腋十九卷⋯⋯⋯⋯⋯ 1－496
增注字类标韵六卷⋯⋯⋯⋯⋯⋯ 1－244
增注庄子因八卷⋯⋯⋯⋯⋯⋯⋯ 1－476
增注庄子因六卷⋯⋯⋯⋯⋯⋯⋯ 2－247
增注医宗己任编四种⋯⋯⋯⋯⋯ 1－326
增注类证活人书二十二卷释音一卷
　　药性一卷⋯⋯⋯⋯⋯⋯⋯⋯ 1－327
增注类证活人书二十二卷释音一卷
　　药性一卷⋯⋯⋯⋯⋯⋯⋯⋯ 1－553
增注类证活人书二十二卷释音一卷
　　药性一卷⋯⋯⋯⋯⋯⋯⋯⋯ 2－5
增定课儿鉴畧妥注善本五卷⋯⋯ 2－473
[光绪]增修甘泉县志二十四卷首一
　　卷图一卷⋯⋯⋯⋯⋯⋯⋯⋯ 2－480
增修东莱书说三十五卷首一卷⋯ 2－101
增修河东盐法备览八卷首一卷⋯ 1－462
增修河东盐法备览八卷首一卷⋯ 2－237
[光绪]增修登州府志六十九卷 ⋯ 2－265
[道光]增修怀远县志四卷⋯⋯⋯ 1－41
增修筹饷事例一卷条款筹饷事例一
　　卷增修现行常例一卷⋯⋯⋯ 1－212
增订二三场群书备考四卷 ⋯⋯⋯ 1－95
增订二三场群书备考四卷⋯⋯⋯ 1－340
增订二三场群书备考四卷⋯⋯⋯ 1－532
增订太上感应篇图说一卷⋯⋯⋯ 1－475
增订丹桂籍十二卷⋯⋯⋯⋯⋯⋯ 1－477
增订古今秘苑四卷二集四卷⋯⋯ 2－194
增订古今掌故一卷⋯⋯⋯⋯⋯⋯ 2－512
增订本草备要三卷医方集解六卷附
　　汤头歌括一卷经络歌诀一卷⋯ 2－565
增订本草备要四卷⋯⋯⋯⋯⋯⋯ 2－428
增订本草备要四卷附汤头歌诀一卷⋯⋯⋯⋯
　　　　　　　　　　　　　　 2－594
增订四书备旨十卷 ⋯⋯⋯⋯⋯⋯ 1－88
增订四经精华三十卷⋯⋯⋯⋯⋯ 2－92

增订字学举隅不分卷⋯⋯⋯⋯⋯ 2－447
增订初学秘诀一卷⋯⋯⋯⋯⋯⋯ 1－493
增订金壶字考十九卷二集二十一卷
　　补录一卷补注一卷 ⋯⋯⋯⋯ 1－35
增订金壶字攷一卷⋯⋯⋯⋯⋯⋯ 1－449
增订金壶字攷一卷⋯⋯⋯⋯⋯⋯ 2－474
增订金壶字攷四卷末一卷⋯⋯⋯ 2－314
增订周易去疑十一卷首一卷末一卷
　　　　　　　　　　　　　　 1－219
增订南诏野史二卷⋯⋯⋯⋯⋯⋯ 2－111
增订袁文笺正四卷⋯⋯⋯⋯⋯⋯ 1－495
增订袁文笺正四卷⋯⋯⋯⋯⋯⋯ 2－339
增订袁文笺正四卷⋯⋯⋯⋯⋯⋯ 2－523
增订袁文笺正四卷补注一卷⋯⋯ 2－523
增订寄岳云斋试体诗选四卷 ⋯⋯ 2－23
增订敬信录一卷⋯⋯⋯⋯⋯⋯⋯ 1－157
增订敬信录二卷⋯⋯⋯⋯⋯⋯⋯ 1－211
增订敬信录二卷⋯⋯⋯⋯⋯⋯⋯ 2－487
增订敬信录二卷附经验急救方⋯ 1－212
增订电学入门不分卷⋯⋯⋯⋯⋯ 1－363
增订详註广日记故事二卷⋯⋯⋯ 2－217
增订慎守编十五卷⋯⋯⋯⋯⋯⋯ 1－331
增订汉魏丛书八十六种 ⋯⋯⋯⋯ 1－86
增订汉魏丛书八十六种 ⋯⋯⋯⋯ 1－86
增订汉魏丛书八十六种 ⋯⋯⋯⋯ 1－86
增订汉魏丛书八十六种⋯⋯⋯⋯ 1－100
增订汉魏丛书八十六种⋯⋯⋯⋯ 1－206
增订汉魏丛书八十六种⋯⋯⋯⋯ 1－211
增订汉魏丛书八十六种⋯⋯⋯⋯ 1－211
增订汉魏丛书八十六种⋯⋯⋯⋯ 1－522
增订汉魏丛书八十六种⋯⋯⋯⋯ 2－395
增订汉魏丛书八十六种⋯⋯⋯⋯ 2－398
增订汉魏丛书八十六种⋯⋯⋯⋯ 2－441
增订汉魏丛书八十六种⋯⋯⋯⋯ 2－523
增订汉魏丛书九十六种⋯⋯⋯⋯ 1－432
增订汉魏丛书九十六种⋯⋯⋯⋯ 2－517
增订纲鉴正史约三十六卷⋯⋯⋯ 1－258
增订輶轩语一卷⋯⋯⋯⋯⋯⋯⋯ 2－551
增订輶轩语一卷⋯⋯⋯⋯⋯⋯⋯ 2－573
增订临文便览不分卷⋯⋯⋯⋯⋯ 1－482
增订临文便览不分卷⋯⋯⋯⋯⋯ 2－160

增智囊補二十八卷 …………………… 2－557
增智囊補二十八卷 …………………… 2－563
增評補像全圖金玉緣一百二十回 …… 1－487
增評補像全圖金玉緣一百二十回 …… 1－487
增評補像全圖金玉緣一百二十回 …… 2－590
增註字類標韻六卷 …………………… 1－554
增補千家詩七言絕句□□卷 ………… 2－463
增補小題真珠船五卷 ………………… 2－574
增補功過格二卷 ……………………… 2－591
增補四書義經義式一卷附禮部奏定
　　鄉會歲科試章程一卷粵雅堂本群
　　英書義一卷 ……………………… 1－445
增補四書精繡圖像人物備考十二卷 … 1－88
增補四書精繡圖像人物備考十二卷
　　　………………………………… 1－489
增補四書精繡圖像人物備考十二卷 … 1－95
增補地理直指原真大全三卷首一卷
　　　………………………………… 1－334
增補字學舉隅不分卷 ………………… 2－449
增補字學舉隅不分卷 ………………… 2－536
增補足本東萊博議二十五卷 ………… 1－590
增補足本東萊博議二十五卷 ………… 1－590
[雍正]增補沔陽志不分卷 …………… 1－41
增補東萊博議二十五卷 ……………… 2－345
增補東萊博議二十五卷 ……………… 2－454
增補東萊博議二十五卷 ……………… 2－507
增補東萊博議二十五卷 ……………… 2－529
增補東萊博議二十五卷增補虛字註
　　釋六卷 …………………………… 2－552
增補東萊博議虛字註釋六卷 ………… 2－345
增補東萊博議虛字註釋六卷 ………… 2－454
增補事類統編九十三卷首一卷 ……… 1－383
增補事類統編九十三卷首一卷 ……… 1－383
增補事類統編九十三卷首一卷 ……… 2－15
增補事類統編九十三卷首一卷 ……… 2－340
增補事類統編九十三卷首一卷 ……… 2－353
增補事類統編九十三卷首一卷 ……… 2－354
增補事類統編九十三卷首一卷 ……… 2－357
增補事類統編九十三卷首一卷 ……… 2－378
增補事類統編九十三卷首一卷 ……… 2－409
增補春秋左傳易讀六卷 ……………… 2－332

增補真侜寶卷一卷 …………………… 2－234
增補秘傳痘疹玉髓金鏡錄真本四卷
　　　………………………………… 2－438
增補萬寶全書二十卷 ………………… 1－492
增補萬寶全書二十卷 ………………… 1－530
增補虛宇注釋一卷 …………………… 1－590
增補註釋故事白眉十卷 ……………… 1－94
增補痘疹玉髓金鏡錄三卷首一卷圖
　　像一卷 …………………………… 1－477
增補痘疹金鏡錄四卷首一卷 ………… 2－478
增補矮屋必須九卷 …………………… 1－383
增補詩韻合璧五卷 …………………… 2－336
增補彙刻書目不分卷 ………………… 2－296
增補壽世保元十卷 …………………… 1－478
增補齊省堂儒林外史六十回 ………… 1－551
增補隨園詩話十六卷補遺十卷 ……… 2－526
增補歷史綱鑑三十九卷首一卷 ……… 2－412
增補醫方一盤珠十卷 ………………… 2－207
增像全圖三國志演義第一才子書十
　　六卷一百二十回 ………………… 2－348
增像全圖三國演義六十卷一百二十回
　　　………………………………… 2－348
增像全圖東周列國志二十七卷一百
　　○八回 …………………………… 2－397
增像第六才子書六卷 ………………… 1－483
增廣大生要旨五卷 …………………… 2－161
增廣小題多寶船二十七卷 …………… 2－572
增廣古今人物論三十六卷 …………… 2－569
增廣四書題鏡味根錄三十七卷 ……… 1－471
增廣四書題鏡味根錄三十七卷 ……… 1－471
增廣尚友錄統編二十二卷 …………… 1－382
增廣尚友錄統編二十二卷 …………… 2－195
增廣時務新策十二卷 ………………… 1－335
增廣時務新策十二卷 ………………… 1－335
增廣時務新策十二卷 ………………… 1－335
增廣智囊補二十八卷 ………………… 1－481
增廣試帖玉芙蓉五卷 ………………… 2－374
增廣試帖詩海三十二卷 ……………… 1－390
增廣試帖詩海三十二卷 ……………… 1－496
增廣試帖詩海三十二卷 ……………… 2－356
增廣試帖詩海三十二卷 ……………… 2－378

增廣詩句題解彙編三十二卷 ·········· 2 - 16

增廣賦海統編大全三十卷 ·········· 2 - 350

增廣驗方新編二十四卷 ·········· 1 - 322

增輯尺牘合璧四卷 ·········· 1 - 507

[光緒]增續沔陽縣志二卷 ·········· 2 - 42

[光緒]增續沔陽縣志二卷 ·········· 2 - 42

戢山先生人譜一卷人譜類記二卷 ····· 1 - 528

戢山先生人譜一卷人譜類記二卷 ····· 1 - 590

邁庵筆載一卷 ·········· 2 - 330

蕉庵琴譜四卷 ·········· 2 - 125

蕉庵琴譜四卷 ·········· 2 - 350

蕉窗囈語六卷 ·········· 1 - 336

蕩平髮逆圖記二十二卷首一卷 ·········· 2 - 114

蕩平髮逆圖記二十二卷首一卷 ·········· 2 - 237

樓外樓訂正妥註第六才子書六卷首一卷

·········· 2 - 293

樓邨詩集二十五卷 ·········· 1 - 64

樓邨詩集二十五卷 ·········· 1 - 128

樊山公牘三卷 ·········· 1 - 294

樊山公牘三卷 ·········· 2 - 543

樊山批判十四卷 ·········· 2 - 543

樊山批判十四卷 ·········· 2 - 579

樊山批判十四卷公牘三卷 ·········· 1 - 466

樊山政書六卷 ·········· 1 - 294

樊山政書六卷 ·········· 2 - 461

樊山政書六卷 ·········· 2 - 539

樊山集二十八卷 ·········· 2 - 530

樊山集二十八卷二家詠古詩一卷二

　家試帖一卷二家詞鈔五卷樊山續

　集二十八卷公牘三卷時文一卷 ····· 2 - 297

樊山集二十八卷續集二十八卷 ······· 2 - 543

樊山集二十八卷續集二十八卷二家詠

　古詩一卷二家試帖一卷二家詞鈔五

　卷公牘三卷批判十四卷時文一卷

·········· 2 - 59

樊山續集二十八卷 ·········· 2 - 537

樊山續集二十八卷 ·········· 2 - 538

樊川文集二十卷 ·········· 1 - 516

樊川文集二十卷別集一卷外集一卷

·········· 2 - 135

樊川文集二十卷別集一卷外集一卷

·········· 2 - 332

樊川文集二十卷別集一卷外集一卷

·········· 2 - 344

樊川詩集四卷 ·········· 2 - 171

樊川詩集四卷補遺一卷別集一卷外

　集一卷 ·········· 1 - 560

樊南文集補編十二卷附錄一卷 ······· 2 - 78

樊南文集詳註八卷 ·········· 1 - 401

樊南文集詳註八卷 ·········· 2 - 184

樊南陽詩解一卷 ·········· 2 - 17

樊榭山房十卷集續集十卷文集八卷

　遊仙百詠三卷秋林琴雅四卷鑾新

　曲二卷集外詩一卷集外詞一卷集

　外文一卷 ·········· 2 - 136

樊榭山房文集八卷 ·········· 1 - 139

樊榭山房全集二十八卷 ·········· 2 - 130

樊榭山房集十卷 ·········· 1 - 178

樊榭山房集十卷 ·········· 1 - 428

樊榭山房集十卷續集十卷 ·········· 1 - 147

樊榭山房集十卷續集十卷 ·········· 1 - 558

樊榭山房集十卷續集十卷文集八卷

·········· 1 - 428

樊榭山房詩集十卷續集十卷文集八

　卷集外詩四卷又一卷集外詞四卷

　又一卷集外曲二卷集外文一卷 ····· 1 - 534

輪船布陣十二卷首一卷圖一卷 ······· 1 - 319

輪船布陣十二卷首一卷圖一卷 ······· 1 - 319

輪船布陣十二卷首一卷圖一卷 ······· 1 - 546

輪臺雜記二卷 ·········· 1 - 420

輪輿私箋二卷附圖一卷 ·········· 1 - 224

輟耕錄三十卷 ·········· 1 - 3

輟耕錄三十卷 ·········· 1 - 19

輟耕錄三十卷 ·········· 1 - 158

輟耕錄三十卷 ·········· 2 - 106

甌北全集七種 ·········· 1 - 130

甌北全集七種 ·········· 1 - 438

甌北全集七種 ·········· 2 - 232

甌北集五十卷續增詩集三卷首一卷

·········· 1 - 422

甌北詩鈔二十一卷 ·········· 1 - 154

甌北詩鈔十七卷 ·········· 1 - 134

263

甌北詩鈔十八卷 ……………………… 1－151
甌北詩話十卷續詩話二卷 …………… 1－430
甌北詩話十卷續詩話二卷 …………… 2－152
甌江小記一卷 ………………………… 2－259
甌江小記一卷 ………………………… 2－266
甌香館集十二卷首一卷末一卷 ……… 2－21
甌鉢羅室書畫過目考四卷首一卷附一卷
　　………………………………………… 1－364
甌鉢羅室書畫過目考四卷首一卷附一卷
　　………………………………………… 1－551
歐可雜著六卷詩鈔十四卷 …………… 1－332
歐美日本審判庭編制法通義一卷 …… 1－312
歐美各國政治詳考五章附錄一章 …… 1－290
歐美各國憲法不分卷 ………………… 1－297
歐美政體通覽一卷 …………………… 1－586
歐洲十九世紀史七編 ………………… 2－345
歐洲列國十九周政治史三卷 ………… 1－271
歐洲列國十九周政治史三卷 ………… 1－271
歐洲列國十九周政治史三卷 ………… 1－272
歐洲列國戰事本末二十二卷 ………… 1－264
歐洲列國戰事本末二十二卷 ………… 1－264
歐洲列國戰事本末二十二卷 ………… 1－264
歐洲列國戰事本末二十二卷 ………… 1－576
歐洲列國戰事本末二十二卷 ………… 2－477
歐洲列國戰事本末二十二卷 ………… 2－542
歐洲列國戰事本末二十二卷 ………… 2－542
歐洲列國戰事本末二十二卷 ………… 2－548
歐洲列國戰事本末二十二卷 ………… 2－549
歐洲東方交涉記十二卷 ……………… 1－295
歐洲東方交涉記十二卷 ……………… 1－295
歐洲東方交涉記十二卷 ……………… 1－295
歐洲東方交涉記十二卷 ……………… 1－576
歐洲東方交涉記十二卷 ……………… 2－456
歐洲最近政治史十六章 ……………… 1－584
歐洲新政史六編三十八章 …………… 1－584
歐陽文公圭齋集十五卷首一卷附錄一卷
　　………………………………………… 2－221
歐陽文忠公五代史抄二十卷 ………… 1－208
歐陽文忠公集一百五十三卷附錄五卷
　　………………………………………… 1－36
歐陽文忠公詩集六卷文集三十卷首

一卷末一卷 ………………………… 1－159
歐陽文忠公新唐書抄二卷五代史抄
　　二十卷 ………………………………… 1－5
歐陽文忠公新唐書抄二卷五代史抄
　　二十卷 ……………………………… 1－66
歐陽文精選不分卷 …………………… 2－474
歐羅巴通史四卷 ……………………… 1－577
賢首五教儀開蒙增注五卷 …………… 1－368
賢愚因緣經十三卷 …………………… 1－371
醉白堂文集四卷續集一卷 …………… 1－412
醉耕詩集六卷 ………………………… 1－233
遼文存六卷附錄二卷 ………………… 2－219
遼史一百十五卷 ……………………… 1－41
遼史一百十五卷 ……………………… 1－250
遼史一百十五卷 ……………………… 1－250
遼史一百十五卷 ……………………… 1－250
遼史一百十五卷 ……………………… 1－250
遼史一百十五卷 ……………………… 2－367
遼史一百十五卷 ……………………… 2－464
遼史一百十六卷 ……………………… 1－33
遼史一百十六卷 ……………………… 1－161
遼史一百十六卷 ……………………… 2－88
遼史一百十六卷 ……………………… 2－466
遼史地理志考五卷 …………………… 2－67
遼史拾遺二十四卷 …………………… 1－254
遼史拾遺二十四卷 …………………… 1－255
遼史拾遺二十四卷 …………………… 1－255
遼史拾遺二十四卷 …………………… 1－572
遼史拾遺二十四卷 …………………… 2－67
遼史拾遺二十四卷拾遺補五卷 ……… 2－307
遼史拾遺補五卷 ……………………… 1－254
遼史拾遺補五卷 ……………………… 1－254
遼史拾遺補五卷 ……………………… 1－572
遼史紀事本末四十卷 ………………… 2－256
遼史紀事本末四十卷首一卷 ………… 1－268
遼史紀事本末四十卷首一卷 ………… 1－453
遼史紀事本末四十卷首一卷 ………… 2－433
遼史紀事本末四十卷首一卷 ………… 2－460
遼史紀事本末四十卷首一卷金史紀
　　事本末五十二卷首一卷 …………… 2－312
遼金元三史語解 ……………………… 1－572

遼金元三史語解 …………… 2－257

確山先生時藝不分卷 ………… 2－22

確山先生駢體文四卷 ………… 1－420

確山先生駢體文四卷 ………… 1－513

確山先生駢體文四卷時藝一卷 … 1－420

確山駢體文四卷 …………… 2－245

震川先生文集二十卷 ………… 1－181

震川先生別集十卷 …………… 1－143

震川先生集三十卷別集十卷 …… 1－152

震川先生集三十卷別集十卷附錄一卷

　　　　　　　　　…………… 1－58

震川先生集三十卷別集十卷附錄一卷

　　　　　　　　　…………… 1－59

震川先生集三十卷別集十卷附錄一卷

　　　　　　　　　…………… 1－160

震川先生集三十卷別集十卷附錄一卷

　　　　　　　　…………… 1－404

震川先生集三十卷附錄一卷別集十卷

　　　　　　　　…………… 1－404

震澤先生集三十六卷 ………… 1－12

霄鵬先生遺著三種 …………… 1－322

撫本禮記鄭注考異二卷 ……… 2－63

撫本禮記鄭注考異二卷 ……… 2－219

播琴堂文集五卷詩集十卷 …… 2－159

撰集百緣經十卷 …………… 2－426

齒錄一卷 …………………… 1－419

賞雨茅屋詩集二十二卷外集一卷 … 1－427

賞雨茅屋詩集二十二卷外集一卷 … 1－427

賞雨茅屋詩集二十二卷外集一卷 … 2－78

賞奇軒合編五種 …………… 1－216

賞奇軒合編五種 …………… 1－490

賞奇軒合編五種 …………… 2－249

賞奇軒合編五種 …………… 2－419

賦法一卷 …………………… 2－241

賦則四卷首一卷 …………… 2－518

賦海大觀三十二卷 …………… 2－357

賦海大觀三十二卷 …………… 2－377

賦海大觀三十二卷 …………… 2－565

賦海大觀三十二卷目錄一卷 …… 1－390

賦海大觀三十二卷目錄一卷 …… 2－466

賦海大觀三十二卷目錄一卷 …… 2－558

賦梅書屋詩二集三卷 ………… 1－418

賦梅書屋詩三集二卷 ………… 1－418

賦梅書屋詩四集一卷 ………… 1－418

賦梅書屋詩初集六卷 ………… 1－418

賦鈔四卷 …………………… 2－138

賦鈔箋畧十五卷 …………… 1－59

賦鈔箋畧十五卷 …………… 1－64

賦鈔箋畧十五卷 …………… 1－149

賦鈔箋畧十五卷 …………… 1－164

賦鈔箋畧十五卷 …………… 2－181

賦學正鵠八卷 ……………… 1－504

賦學正鵠集釋十一卷 ………… 2－18

賦學正鵠集釋十一卷 ………… 2－327

賦學正鵠集釋十一卷 ………… 2－482

賦學指南十六卷 …………… 2－16

賦學指南十卷 ……………… 1－502

賦學指南十卷 ……………… 1－502

賦學指南十卷 ……………… 2－16

賦學雞跖集三十卷附錄一卷 …… 1－493

賭棋山莊集文七卷詞話十二卷續五卷

　　　　　　　　…………… 2－329

賜杖集一卷祖帳集二卷 ……… 1－511

賜書堂詩鈔八卷 …………… 1－162

賜葛堂文集六卷 …………… 1－417

賜葛堂文集六卷 …………… 1－519

賜葛堂文集六卷 …………… 2－330

賜硯齋題畫偶錄一卷 ………… 2－339

賜閒堂集四十卷 …………… 1－24

賜綺堂集二十八卷 …………… 1－416

賜墨齋詩二卷詞一卷 ………… 2－139

賜墨齋詩二卷詞一卷 ………… 2－230

賜餘堂集十四卷 …………… 1－45

閱微草堂筆記二十四卷 ……… 1－485

閱微草堂筆記二十四卷 ……… 1－486

閱微草堂筆記二十四卷 ……… 1－487

閱微草堂筆記二十四卷 ……… 2－7

閱微草堂筆記二十四卷 ……… 2－134

閱微草堂筆記二十四卷 ……… 2－180

閱微草堂筆記二十四卷 ……… 2－308

閱藏知津四十四卷總目四卷 …… 1－371

閱藏隨筆二卷 ……………… 2－14

影宋台州本荀子二十卷…………… 2－279

影宋鈔繪圖爾雅三卷 …………… 1－448

影園瑤華集三卷 ……………………… 1－60

遺史儒臣傳□□卷遺史親臣傳□□卷

　………………………………… 2－401

蝶仙小史一卷 ……………………… 2－155

數夆詩鈔六卷 ……………………… 2－158

數度衍二十三卷首三卷 …………… 1－355

數紀典故補十七卷 ………………… 1－451

數紀典故補十七卷 ………………… 1－490

數書九章十八卷 …………………… 1－345

數書九章十八卷 …………………… 1－522

數書九章札記四卷 ………………… 1－345

數書九章札記四卷 ………………… 1－522

數理精蘊二編四十五卷表八卷 …… 1－543

數學拾遺一卷 ……………………… 2－373

數學理九卷附錄一卷 ……………… 1－355

數學理九卷附錄一卷 ……………… 1－356

數學理九卷附錄一卷 ……………… 1－356

數學理九卷附錄一卷 ……………… 2－456

數學理九卷附錄一卷 ……………… 2－459

數學理九卷附錄一卷 ……………… 2－459

數學理九卷附錄一卷 ……………… 2－461

數學理九卷附錄一卷 ……………… 2－544

數學啟蒙二卷 ……………………… 1－350

數學啟蒙二卷 ……………………… 1－350

數學精詳十一卷首一卷末一卷 …… 1－352

墨子十六卷 ………………………… 2－150

墨子十六卷 ………………………… 2－494

墨子十六卷 ………………………… 2－512

墨子十六卷篇目考一卷 …………… 1－71

墨子十六卷篇目考一卷 …………… 1－161

墨池編二十卷 ……………………… 1－10

墨池編二十卷 ……………………… 1－77

墨妙亭碑目攷二卷附攷一卷……… 2－148

墨林今話十八卷續編一卷………… 1－367

墨林今話十八卷續編一卷………… 1－532

墨林今話十八卷續編一卷………… 2－174

墨法集要一卷 ……………………… 1－52

墨選觀止一卷 ……………………… 1－495

墨緣彙觀四卷 ……………………… 1－364

墨緣彙觀四卷 ……………………… 1－364

墨緣彙觀四卷 ……………………… 1－364

墨緣彙觀四卷 ……………………… 2－333

墨緣彙觀四卷 ……………………… 2－359

墨緣彙觀四卷 ……………………… 2－359

墨緣彙觀四卷 ……………………… 2－359

墨緣彙觀四卷 ……………………… 2－359

墨緣彙觀四卷 ……………………… 2－359

墨緣彙觀四卷 ……………………… 2－359

墨緣彙觀四卷 ……………………… 2－359

墨緣彙觀四卷 ……………………… 2－359

墨緣彙觀四卷 ……………………… 2－359

墨緣彙觀四卷 ……………………… 2－359

墨緣彙觀四卷 ……………………… 2－557

稽古日鈔八卷 ……………………… 1－138

稽古日鈔八卷 ……………………… 1－145

稽古日鈔八卷 ……………………… 1－159

稽古錄二十卷 ……………………… 2－73

稽古錄二十卷 ……………………… 2－109

稽古錄二十卷 ……………………… 2－109

稽瑞一卷 …………………………… 2－300

稻香吟館詩藁六卷文藁一卷……… 2－282

稻香樓詩藁不分卷 ………………… 2－132

黎文蕭公遺書七種 ………………… 2－69

黎里志十六卷首一卷 ……………… 2－267

篋中詞六卷詞續三卷……………… 2－132

範身錄四卷 ………………………… 2－199

範家集畧六卷 ……………………… 1－558

箴銘輯要類編前錄一卷後錄三卷…… 1－341

箴銘輯要類編前錄一卷後錄三卷…… 1－593

篆文六經四書十種 ………………… 2－521

篆字彙十二集 ……………………… 1－203

篆刻鍼度八卷 ……………………… 1－492

篆書字法一卷 ……………………… 2－328

篆訣不分卷 ………………………… 2－198

篆學瑣著二十八種 ………………… 1－365

篆學瑣著二十八種 ………………… 1－491

篆學瑣著二十八種 ………………… 2－59

篆學瑣著二十八種 ………………… 2－228

篆學叢書二十八種 ………………… 2－70

牖民真經一卷 ……………………… 2－589

儀小經一卷……………………… 1－226
儀小經一卷……………………… 1－445
儀鄭堂文集二卷 ………………… 2－77
儀衞軒文集十二卷外集一卷………… 2－148
儀衞軒詩集五卷…………………… 2－148
儀禮十七卷………………………… 1－224
儀禮十七卷………………………… 1－275
儀禮十七卷………………………… 1－442
儀禮十七卷………………………… 1－443
儀禮十七卷………………………… 1－571
儀禮十七卷………………………… 1－571
儀禮十七卷………………………… 1－571
儀禮十七卷………………………… 2－231
儀禮十七卷………………………… 2－278
儀禮十七卷正誤一卷……………… 1－13
儀禮十七卷校錄一卷……………… 1－224
儀禮十七卷校錄一卷……………… 1－570
儀禮十七卷校錄一卷……………… 2－455
儀禮十七卷校錄二卷……………… 2－427
儀禮十七卷監本正誤一卷石經誤字一卷
………………………………… 1－209
儀禮小疏十一卷尚書小疏一卷春秋左
　傳小疏一卷文孝先生墓誌銘一卷
………………………………… 2－63
儀禮正義四十卷…………………… 1－224
儀禮正義四十卷 ………………… 2－63
儀禮正義四十卷…………………… 2－134
儀禮正義四十卷…………………… 2－519
儀禮正義四十卷…………………… 2－589
儀禮古今文疏義十七卷…………… 1－224
儀禮古今文疏義十七卷…………… 1－571
儀禮私箋八卷……………………… 1－224
儀禮私箋八卷……………………… 2－227
儀禮初學讀本十七卷……………… 2－329
儀禮析疑十七卷…………………… 1－131
儀禮注疏十七卷 ………………… 1－13
儀禮注疏十七卷 ………………… 1－36
儀禮注疏十七卷…………………… 1－443
儀禮注疏十七卷…………………… 2－432
儀禮注疏十七卷…………………… 2－475
儀禮注疏五十卷…………………… 1－224

儀禮注疏五十卷附校勘記五十卷…… 2－474
儀禮注疏五十卷附校勘記五十卷…… 2－511
儀禮注疏校勘記五十卷…………… 2－383
儀禮要義五十卷 ………………… 2－93
儀禮要義五十卷…………………… 2－449
儀禮要義五十卷…………………… 2－457
儀禮約編二卷……………………… 1－224
儀禮約編二卷……………………… 1－224
儀禮約編二卷……………………… 2－344
儀禮約編二卷……………………… 2－361
儀禮約編二卷……………………… 2－361
儀禮約編二卷……………………… 2－361
儀禮約編二卷……………………… 2－361
儀禮約編二卷……………………… 2－361
儀禮約編二卷……………………… 2－361
儀禮約編二卷……………………… 2－361
儀禮約編二卷……………………… 2－362
儀禮約編二卷……………………… 2－362
儀禮約編二卷……………………… 2－362
儀禮約編二卷……………………… 2－362
儀禮約編二卷……………………… 2－362
儀禮約編二卷……………………… 2－362
儀禮約編二卷……………………… 2－362
儀禮約編二卷……………………… 2－362
儀禮約編二卷……………………… 2－362
儀禮約編二卷……………………… 2－362
儀禮約編二卷……………………… 2－362
儀禮約編二卷……………………… 2－362
儀禮約編二卷……………………… 2－362
儀禮約編二卷……………………… 2－362
儀禮約編二卷……………………… 2－363
儀禮約編二卷……………………… 2－363
儀禮約編二卷……………………… 2－363

儀禮約編二卷 …………………… 2－363
儀禮約編二卷 …………………… 2－363
儀禮約編二卷 …………………… 2－363
儀禮約編二卷 …………………… 2－363
儀禮約編二卷 …………………… 2－363
儀禮約編二卷 …………………… 2－363
儀禮約編二卷 …………………… 2－363
儀禮約編二卷 …………………… 2－363
儀禮約編二卷 …………………… 2－363
儀禮約編二卷 …………………… 2－363
儀禮約編二卷 …………………… 2－363
儀禮約編二卷 …………………… 2－363
儀禮約編二卷 …………………… 2－363
儀禮約編二卷 …………………… 2－364
儀禮約編二卷 …………………… 2－364
儀禮約編二卷 …………………… 2－364
儀禮約編二卷 …………………… 2－364
儀禮約編二卷 …………………… 2－364
儀禮約編二卷 …………………… 2－364
儀禮約編二卷 …………………… 2－364
儀禮約編二卷 …………………… 2－364
儀禮約編二卷 …………………… 2－364
儀禮約編二卷 …………………… 2－364
儀禮約編二卷 …………………… 2－364
儀禮約編二卷 …………………… 2－364
儀禮約編二卷 …………………… 2－364
儀禮約編二卷 …………………… 2－364
儀禮約編二卷 …………………… 2－364
儀禮約編二卷 …………………… 2－370
儀禮約編二卷 …………………… 2－396
儀禮章句十七卷 ………………… 1－123
儀禮章句十七卷 ………………… 2－62
儀禮章句十七卷 ………………… 2－323
儀禮喪服或問不分卷 …………… 1－131
儀禮集釋三十卷 ………………… 1－54
儀禮集釋三十卷 ………………… 1－87
儀禮節要一卷 …………………… 2－517

儀禮節略二十卷 ………………… 1－123
儀禮經注疏正譌十七卷 ………… 1－123
儀禮經集注十七卷 ……………… 1－187
儀禮經集注十七卷 ……………… 2－349
儀禮經傳通解三十七卷 ………… 2－421
儀禮經傳通解三十七卷續二十九卷
　首一卷 ………………………… 1－224
儀禮經傳通解三十七卷續二十九卷
　首一卷 ………………………… 1－571
儀禮經傳通解續二十九卷 ……… 2－383
儀禮圖六卷 ……………………… 1－224
儀禮圖六卷 ……………………… 1－224
儀禮管見三卷附一卷 …………… 1－123
儀禮鄭註句讀十七卷監本正誤一卷
　石經誤字一卷 ………………… 1－14
儀禮鄭註句讀十七卷監本正誤一卷
　石經誤字一卷 ………………… 1－224
儀禮鄭註句讀十七卷監本正誤一卷
　石經誤字一卷 ………………… 1－224
儀禮鄭註句讀十七卷監本正誤一卷
　石經誤字一卷 ………………… 2－62
儀禮鄭註句讀十七卷監本正誤一卷
　石經誤字一卷 ………………… 2－190
儀禮識誤三卷 …………………… 1－124
儀禮韻言二卷 …………………… 1－227
儀禮韻言二卷 …………………… 2－93
儀禮釋官九卷首一卷 …………… 2－62
儀顧堂集二十卷 ………………… 1－424
儀顧堂集二十卷 ………………… 2－79
儀顧堂集二十卷 ………………… 2－135
儀顧堂集十六卷 ………………… 2－135
儀顧堂集十六卷 ………………… 2－317
儀顧堂題跋十六卷 ……………… 1－424
儀顧堂題跋十六卷 ……………… 2－316
儀顧堂題跋十六卷續跋十六卷 … 2－132
儀顧堂題跋十六卷續跋十六卷 … 2－273
儀顧堂續跋十六卷 ……………… 2－316
德州田氏叢書十三種 …………… 1－86
[乾隆]德州志十二卷首一卷 …… 1－112
德音堂琴譜十卷 ………………… 1－61
德音堂琴譜十卷 ………………… 1－108

德音堂琴譜十卷……………… 1－137
德國學校論略一卷……………… 1－295
德國議院章程合盟紀事本末一卷…… 1－587
德興實學館讀書約目一卷………… 1－589
衛生鴻寶六卷…………………… 2－234
衛生寶鑑二十四卷補遺一卷……… 1－325
衛生寶鑑二十四卷補遺一卷……… 1－325
衛生寶鑑二十四卷補遺一卷……… 1－325
衛生寶鑑二十四卷補遺一卷……… 2－509
衛道編二卷 ……………………… 1－93
衛道編二卷 ……………………… 1－330
衛道編二卷 ……………………… 1－590
衛靜軒行述一卷………………… 1－457
［嘉慶］衛藏通志十六卷首一卷……… 2－56
［嘉慶］衛藏通志十六卷首一卷……… 2－485
［嘉慶］衛藏通志十六卷首一卷 …… 2－519
［嘉慶］衛藏通志十六卷首一卷 …… 2－551
［乾隆］衛藏圖識四卷附蠻語一卷…… 1－122
衛濟餘編十八卷………………… 2－194
徵信錄一卷……………………… 1－460
徹悟禪師語錄二卷……………… 1－373
徹悟禪師遺稿二卷……………… 2－252
盤洲文集八十卷 ………………… 1－17
盤洲文集八十卷首一卷末一卷…… 2－75
銷燬抽燬書目禁書總目違礙書目奏
　繳咨禁書目合刻四卷 ………… 2－33
劍南詩鈔不分卷………………… 2－145
劍南詩鈔六卷 …………………… 1－82
劍南詩鈔六卷 …………………… 1－209
劍南詩鈔六卷 …………………… 2－152
劍南詩槀八十五卷 ……………… 1－49
劍南詩槀八十五卷 ……………… 2－27
劍虹居文集二卷詩集二卷………… 2－172
［乾隆］餘姚志四十卷 …………… 1－210
［乾隆］餘姚志四十卷 …………… 1－210
［光緒］餘姚縣志二十七卷首一卷末一卷
　………………………………… 2－54
［光緒］餘姚縣志二十七卷首一卷末一卷
　………………………………… 2－58
［光緒］餘姚縣志二十七卷首一卷末一卷
　………………………………… 2－578

餘師錄前集十四卷後集十卷續集八卷
　………………………………… 2－255
餘齋恥言二卷…………………… 2－111
滕王閣集十卷…………………… 2－247
魯詩遺說攷六卷敘錄一卷………… 2－326
魯齋書院學約十條……………… 1－587
魯齋書院學規彙編一卷………… 1－587
魯齋書院學規彙編一卷………… 2－291
魯齋集十卷……………………… 1－398
魯齋遺書十二卷………………… 1－213
劉子全書三十九卷首一卷………… 2－321
劉子全書四十卷首一卷…………… 2－281
劉氏家塾四書解不分卷………… 1－234
劉氏家塾四書解不分卷………… 1－234
劉氏家塾四書解不分卷………… 1－234
劉氏家塾四書解不分卷………… 1－304
劉氏家塾四書解不分卷………… 1－304
劉氏家塾四書解不分卷………… 1－304
劉氏家塾四書解不分卷………… 2－113
劉氏碎金一卷…………………… 2－140
劉氏傳經堂現刻書目一卷………… 1－465
劉氏遺書八種…………………… 1－424
劉文烈公全集十二卷……………… 2－321
劉左史文集四卷………………… 2－456
劉武慎公年譜三卷……………… 2－280
劉武慎公遺書二十五卷………… 2－280
劉武慎公遺書五種附一種………… 2－152
劉奇烈公事實一卷……………… 1－457
劉果敏公遺書十七卷……………… 1－560
劉河間傷寒六書………………… 1－326
劉河間醫學六書 ………………… 1－33
劉孟塗集四十四卷……………… 1－534
劉香寶卷二卷…………………… 2－154
劉屏山先生全集二十卷………… 1－172
劉屏山先生全集二十卷………… 1－172
劉海峯文集八卷詩集十一卷 …… 2－80
劉海峯文集八卷詩集十一卷……… 2－189
劉海峯制藝一卷………………… 2－80
劉槎翁先生詩選十二卷………… 1－409
劉襄勤史傳稿一卷……………… 2－216
劉禮部集十二卷………………… 1－410

269

劉禮部集十二卷……………… 1－538
劉禮部集十二卷……………… 2－164
劉禮部集十二卷……………… 2－225
劉禮部集十二卷……………… 2－281
請觀音經疏一卷……………… 1－368
諸子平議三十五卷…………… 1－276
諸子平議三十五卷…………… 2－179
諸子平議三十五卷…………… 2－304
諸子品節五十卷 ……………… 1－15
諸子品節五十卷……………… 1－43
諸子彙函九十四種…………… 1－169
諸子彙函九十四種…………… 2－505
諸史拾遺五卷………………… 1－256
諸史間論十五卷……………… 1－303
諸史間論十五卷……………… 2－105
諸臣名聯不分卷……………… 2－250
諸名家評本錢牧齋箋注杜詩二十卷
　　……………………………… 1－400
諸名家評本錢牧齋箋注杜詩二十卷
　　……………………………… 1－400
諸家詩話一卷附錄一卷唱酬題咏附
　　錄一卷年譜一卷…………… 1－103
諸葛丞相集四卷……………… 1－157
諸葛武侯心書一卷白猿經風雨占圖
　　說一卷……………………… 2－551
諸葛忠武侯文集六卷………… 2－521
諸葛忠武侯文集六卷首一卷…… 1－399
諸葛忠武侯文集六卷首一卷…… 2－530
諸葛忠武侯文集六卷首一卷…… 2－548
諸葛忠武侯全集二十卷首三卷……… 1－398
諸葛忠武侯全集二十卷首三卷……… 1－398
諸葛忠武侯集四卷附錄二卷首一卷 …… 2－22
諸經業性念佛集一卷………… 2－420
［光緒］諸暨縣志六十一卷首一卷 …… 2－54
［光緒］諸暨縣志六十一卷首一卷 …… 2－58
［光緒］諸暨縣志六十一卷首一卷 …… 2－58
課士直解七卷………………… 1－154
課子隨筆節鈔六卷續編一卷…… 1－481
課幼賦程一卷………………… 1－501
誰園詩鈔六卷………………… 2－215
論法華二卷…………………… 1－368

論射一卷……………………… 2－294
論理學綱要一卷……………… 1－333
論理學綱要一卷……………… 1－333
論語二卷……………………… 1－551
論語十卷……………………… 1－447
論語十卷……………………… 2－322
論語十卷孟子七卷大學一卷中庸一卷
　　……………………………… 2－338
論語正義二十四卷 …………… 2－64
論語正義二十四卷……………… 2－95
論語古注集箋十卷考一卷附一卷 …… 2－95
論語古注集箋十卷考一卷附一卷 …… 2－198
論語古訓十卷附一卷 ………… 1－69
論語注疏二十卷……………… 1－175
論語注疏解經二十卷 ………… 1－88
論語注疏解經二十卷 ………… 1－236
論語注疏解經二十卷 ………… 1－236
論語注疏解經二十卷 ………… 2－430
論語注疏解經二十卷附論語音義一卷
　　……………………………… 2－472
論語注疏解經十卷 …………… 2－64
論語後案二十卷……………… 1－232
論語後案二十卷……………… 1－232
論語後案二十卷……………… 2－224
論語集注本義匯糸二十卷首一卷 …… 1－197
論語集注本義匯糸二十卷首一卷 …… 1－198
論語集注本義匯糸二十卷首一卷 …… 1－198
論語集解義疏十卷…………… 2－226
論語緒言一卷………………… 2－288
論語類考二十卷……………… 2－146
論餘適濟編一卷……………… 2－525
論衡三十卷…………………… 1－470
調查日本郵電學堂報告書二卷……… 2－192
調象菴稿四十卷……………… 1－44
談天十八卷…………………… 1－357
談天十八卷…………………… 1－358
談天十八卷…………………… 2－446
談天十八卷首一卷表一卷…… 1－358
談天十八卷首一卷表一卷…… 1－359
談天十八卷首一卷表一卷…… 1－359
談天十八卷首一卷表一卷…… 1－359

談天十八卷首一卷表一卷‥‥‥‥‥ 1－560
談天十八卷首一卷表一卷‥‥‥‥‥ 2－447
談藝珠叢二十七種‥‥‥‥‥‥‥ 1－426
談藪一卷 ‥‥‥‥‥‥‥‥‥‥ 1－99
廟制圖考四卷‥‥‥‥‥‥‥‥‥ 2－233
摩兜堅齋汲古集聯一卷‥‥‥‥‥‥ 2－156
摩訶止觀輔行傳弘決四十卷‥‥‥‥ 1－375
摩訶般若波羅蜜多心經一卷‥‥‥‥ 2－275
摩訶般若波羅蜜多心經一卷‥‥‥‥ 2－488
襃谷古蹟輯畧一卷‥‥‥‥‥‥‥ 1－552
襃谷古蹟輯畧一卷‥‥‥‥‥‥‥ 2－192
襃谷古蹟輯畧一卷‥‥‥‥‥‥‥ 2－511
襃谷古蹟輯畧一卷附錄一卷‥‥‥‥ 2－489
襃忠録四卷首一卷‥‥‥‥‥‥‥ 1－164
襃忠録四卷‥‥‥‥‥‥‥‥‥‥ 2－180
襃忠録四卷‥‥‥‥‥‥‥‥‥‥ 2－245
襃城古蹟輯略一卷 ‥‥‥‥‥‥ 2－50
［道光］襃城縣志十一卷 ‥‥‥‥ 1－252
［道光］襃城縣志十一卷 ‥‥‥‥ 1－252
瘞鶴銘考補一卷‥‥‥‥‥‥‥‥ 2－301
瘡瘍經驗全書六卷 ‥‥‥‥‥‥ 1－75
瘡瘍經驗全書六卷‥‥‥‥‥‥‥ 1－168
瘡瘍經驗全書六卷‥‥‥‥‥‥‥ 2－590
瘡瘍經驗全書六卷‥‥‥‥‥‥‥ 2－593
慶元黨禁一卷‥‥‥‥‥‥‥‥‥ 1－180
慶防記略二卷‥‥‥‥‥‥‥‥‥ 1－283
慶典成案五卷‥‥‥‥‥‥‥‥‥ 2－499
慶典成案五卷‥‥‥‥‥‥‥‥‥ 2－504
憬嵒軼事記一卷‥‥‥‥‥‥‥‥ 1－275
養一齋文集二十卷‥‥‥‥‥‥‥ 2－131
養一齋文集二十卷‥‥‥‥‥‥‥ 2－173
養一齋文集二十卷‥‥‥‥‥‥‥ 2－353
養一齋文集二十卷‥‥‥‥‥‥‥ 2－420
養一齋文集二十卷詩集四卷‥‥‥‥ 1－424
養一齋文集二十卷詩集四卷‥‥‥‥ 1－533
養一齋集二十六卷劄記九卷四書文
　一卷試帖一卷詩話十卷李杜詩話
　三卷詞三卷首一卷‥‥‥‥‥‥ 1－415
養一齋集二十六卷劄記九卷四書文
　一卷試帖一卷詩話十卷李杜詩話
　三卷詞三卷首一卷 ‥‥‥‥‥‥ 2－87

養一齋詩集二十五卷首一卷‥‥‥‥ 2－314
養心光室詩槀八卷‥‥‥‥‥‥‥ 2－140
養正草一卷‥‥‥‥‥‥‥‥‥‥ 1－512
養正書屋全集定本四十卷目錄四卷
　‥‥‥‥‥‥‥‥‥‥‥‥‥ 2－194
養正遺規二卷‥‥‥‥‥‥‥‥‥ 2－434
養正遺規二卷‥‥‥‥‥‥‥‥‥ 2－450
養正遺規二卷補編一卷‥‥‥‥‥‥ 1－194
養正遺規二卷補編一卷‥‥‥‥‥‥ 1－195
養正遺規補編一卷‥‥‥‥‥‥‥ 2－433
養正遺規摘鈔一卷補鈔一卷‥‥‥‥ 2－434
養正遺規摘鈔二卷補鈔一卷‥‥‥‥ 1－333
養正遺規摘鈔二卷補鈔一卷‥‥‥‥ 1－333
養正遺規摘鈔二卷補鈔一卷‥‥‥‥ 1－333
養正齋音書蒙求端始一卷‥‥‥‥‥ 1－449
養古齋叢錄二十六卷餘錄十卷‥‥‥ 2－149
養古齋叢錄二十六卷餘錄十卷‥‥‥ 2－171
養志居僅存槀十八卷‥‥‥‥‥‥ 1－537
養知書屋詩集十五卷文集二十八卷
　‥‥‥‥‥‥‥‥‥‥‥‥‥ 1－407
養知書屋遺集三種‥‥‥‥‥‥‥ 2－175
養素堂文集三十五卷‥‥‥‥‥‥ 1－510
養素堂文集三十五卷首一卷‥‥‥‥ 1－410
養素堂文集三十五卷首一卷‥‥‥‥ 1－410
養素堂文集三十五卷首一卷‥‥‥‥ 1－410
養素堂文集三十五卷首一卷‥‥‥‥ 1－536
養素堂文集三十五卷首一卷 ‥‥‥‥ 2－29
養素堂文集三十五卷首一卷‥‥‥‥ 2－103
養素堂文集三十五卷首一卷‥‥‥‥ 2－504
養素堂文集三十五卷首一卷‥‥‥‥ 2－505
養素堂文集三十五卷首一卷‥‥‥‥ 2－541
養素堂文集三十五卷首一卷‥‥‥‥ 2－541
養素堂文集三十五卷首一卷‥‥‥‥ 2－547
養素堂文集三十五卷首一卷‥‥‥‥ 2－549
養素堂詩集二十六卷‥‥‥‥‥‥ 2－306
養晦堂文集十卷詩集二卷思辨錄疑
　義一卷‥‥‥‥‥‥‥‥‥‥ 1－421
養雲山館試帖四卷 ‥‥‥‥‥‥ 2－19
養蒙正規不分卷‥‥‥‥‥‥‥‥ 1－338
養蒙針度五卷‥‥‥‥‥‥‥‥‥ 2－278
養蒙書九種附二種‥‥‥‥‥‥‥ 1－305

養蒙書九種附二種 …………… 1－307
養蒙書九種附二種 …………… 1－591
養蒙書九種附二種 …………… 1－591
養蒙書九種附二種 …………… 1－591
養餘齋初集四卷二集四卷三集六卷
　　　　　　　　　　…………… 2－141
養餘齋集八卷 ………………… 2－188
養鹽要術一卷 ………………… 1－317
養鹽秘訣一卷 ………………… 1－317
遵黃録不分卷 ………………… 1－488
[道光]遵義府志四十八卷首一卷 …… 2－56
遵議滿漢通行刑律一卷 ………… 2－2
導古堂文集二卷 ……………… 1－517
[乾隆]潮州府志四十二卷首一卷 …… 2－57
[乾隆]潮州府志四十二卷首一卷 … 2－589
潛夫論十卷 …………………… 1－92
潛旭集存不分卷 ……………… 1－235
潛邱劄記六卷 ………………… 1－146
潛研堂文集五十卷 …………… 1－538
潛研堂文集五十卷詩集十卷詩續集十卷
　　　　　　　　　　…………… 2－79
潛研堂文集五十卷詩集十卷詩續集十卷
　　　　　　　　　　…………… 2－79
潛研堂全書二十一種 ………… 1－440
潛研堂全書二十一種 ………… 1－440
潛研堂全書二十一種 ………… 2－147
潛室陳先生木鍾集十一卷 ……… 2－77
潛莊文鈔六卷 ………………… 2－78
潛書四卷 ……………………… 2－123
潛書四卷 ……………………… 2－150
潛書四卷 ……………………… 2－151
潛庵先生遺稿五卷 …………… 1－150
潛虛先生文集十四卷補遺一卷年譜一卷
　　　　　　　　　　…………… 2－123
潛溪集八卷附録一卷 ………… 1－35
潛溪録六卷首一卷 …………… 2－195
潛確居類書一百二十卷 ……… 1－16
潛確居類書一百二十卷 ……… 1－17
潛確居類書一百二十卷 ……… 1－17
潛確居類書一百二十卷 ……… 1－19
潛確居類書一百二十卷 ……… 1－46
潛確居類書一百二十卷 ……… 1－532
潛齋詩集九卷 ………………… 1－407
潛齋詩集九卷 ………………… 2－561
澗泉日記三卷 ………………… 1－51
澂潭山房詩集十七卷 ………… 2－218
澳門記略二卷首一卷末一卷 …… 1－283
潘少白先生文集十五卷 ……… 2－282
潘公免災救難寶卷三卷 ……… 2－155
潘公免災救難寶卷三卷 ……… 2－235
潘世恩年譜一卷 ……………… 2－216
潼關鄉土志不分卷 …………… 1－248
[康熙]潼關衛志三卷 ………… 1－40
澄江賦約四卷 ………………… 1－396
澄江賦約四卷 ………………… 1－396
澄江賦約四卷 ………………… 1－396
[乾隆]澄城縣志二十卷 ……… 1－116
[乾隆]澄城縣志二十卷 ……… 1－116
[乾隆]澄城縣志二十卷 ……… 1－116
[嘉靖]澄城縣志二卷 ………… 1－116
[順治]澄城縣志二卷 ………… 2－38
[順治]澄城縣志二卷首一卷 … 1－116
[順治]澄城縣志二卷首一卷 … 1－116
[順治]澄城縣志二卷首一卷 …… 2－582
[咸豐]澄城縣志三十卷北征文鈔一
　　卷北征詩鈔一卷 ………… 2－38
澄衷蒙學堂字課圖說四卷………… 1－366
澄衷蒙學堂字課圖說四卷………… 1－366
澄衷蒙學堂字課圖說四卷………… 1－366
澄衷蒙學堂字課圖說四卷………… 2－339
澄衷蒙學堂字課圖說四卷………… 2－469
澄衷蒙學堂字課圖說四卷………… 2－481
澄衷蒙學堂字課圖說四卷………… 2－481
澄衷蒙學堂字課圖說四卷………… 2－481
澄衷蒙學堂字課圖說四卷………… 2－481
澄衷蒙學堂字課圖說四卷………… 2－482
澄懷園文存十五卷 …………… 1－130
澄懷園文存十五卷 …………… 2－86
澄懷園語四卷 ………………… 1－480
澄懷園語四卷 ………………… 1－512
澄蘭室古緣萃録十八卷………… 2－121
寫韻軒小藁二卷………………… 1－406

審看擬式四卷首一卷……………………… 1－297
審看擬式四卷首一卷 ……………………… 2－69
憨山大師夢遊摘要二卷 …………………… 2－210
憨山老人夢遊集五十五卷 ………………… 2－162
履園叢話二十四卷 ………………………… 1－529
履園叢話二十四卷 ………………………… 2－147
履園叢話二十四卷 ………………………… 2－171
履園叢話二十四卷 ………………………… 2－222
履園叢話二十四卷 ………………………… 2－394
履園叢話二十四卷 ………………………… 2－450
履園叢話二十四卷 ………………………… 2－499
履園叢話二十四卷 ………………………… 2－561
履齋示兒編二十三卷覆校一卷校補一卷
　　…………………………………………… 2－502
遲鴻軒詩存一卷 …………………………… 1－538
選拔貢卷光緒乙酉科不分卷 ……………… 2－346
選拔貢卷咸豐辛酉科不分卷 ……………… 1－243
選注六朝唐賦不分卷 ……………………… 1－504
選時易簡一卷開奩圖一卷 ………………… 2－286
選集漢印分韻二卷 ………………………… 2－162
選集漢印分韻二卷續集二卷 ……………… 1－379
選詩七卷詩人爵里一卷 …………………… 1－84
選擇叢書集要五種 ………………………… 1－5
選學膠言二十卷補遺一卷 ………………… 2－302
選讀朱子文集目錄十八卷 ………………… 2－119
險異錄圖說合覽不分卷 …………………… 1－332
豫工二卯事例一卷 ………………………… 2－591
豫軍紀略十二卷 …………………………… 1－574
豫教三書一卷 ……………………………… 1－473
豫章先賢九家年譜十六卷 ………………… 2－246
豫章書院課藝八卷 ………………………… 1－395
豫養編六卷 ………………………………… 1－473
豫養編六卷 ………………………………… 1－473
豫養編六卷 ………………………………… 1－309
豫齋集二卷 ………………………………… 1－511
豫醫雙璧二種 ……………………………… 1－529
樂志堂文略四卷 …………………………… 2－170
樂志簃詩錄六卷詞錄一卷筆記四卷
　　文錄四卷味經堂詩錄二卷 …………… 2－172
樂志簃詩錄六卷詞錄一卷筆記四卷
　　文錄四卷味經堂詩錄二卷 ………… 2－172

樂典六編附錄一編 ………………………… 1－592
樂府外集琴譜四卷首一卷 ………………… 2－237
樂府詩集一百卷 …………………………… 1－46
樂府詩集一百卷 …………………………… 1－393
樂府詩集一百卷 …………………………… 1－393
樂府詩集一百卷 …………………………… 1－393
樂府詩集一百卷 …………………………… 2－196
樂府詩集一百卷 …………………………… 2－305
樂府詩集一百卷 …………………………… 2－456
樂府詩集一百卷目錄二卷 ………………… 2－170
樂郊私語一卷 ……………………………… 1－32
樂律攷二卷 ………………………………… 2－91
樂律全書十三種曆書三種 ………………… 1－18
樂遊聯唱集二卷 …………………………… 1－80
樂善堂全集四十卷目錄四卷………………… 1－102
樂善堂全集定本三十卷首一卷目錄一卷
　　……………………………………………… 1－83
樂善堂全集定本三十卷首一卷目錄一卷
　　……………………………………………… 1－131
樂經律呂通解五卷 ………………………… 2－91
樂經集註四卷 ……………………………… 1－185
樂譜一卷 …………………………………… 1－526
練兵實紀九卷雜集六卷 …………………… 1－320
練兵實紀九卷雜集六卷 …………………… 1－474
練兵實紀九卷雜集六卷 …………………… 1－528
練兵實紀九卷雜集六卷 …………………… 2－99
練勇芻言五卷 ……………………………… 1－462
緬甸國志一卷英領緬甸志一卷緬甸新
　　志一卷暹羅國志一卷布哈爾志一卷
　　……………………………………………… 1－583
緬甸國志一卷英領緬甸志一卷緬甸新
　　志一卷暹羅國志一卷布哈爾志一卷
　　……………………………………………… 1－583
緬甸國志一卷英領緬甸志一卷緬甸新
　　志一卷暹羅國志一卷布哈爾志一卷
　　……………………………………………… 1－583
緬甸圖志不分卷英領緬甸志不分卷
　　緬甸新志不分卷暹羅國志不分卷
　　布哈爾志不分卷 ……………………… 2－303
緝古筭經細草三卷 ………………………… 1－262
緝古筭經一卷附圖解三卷細草一卷

音義一卷 …………………………… 1－346
缉古算經三卷 ……………………… 1－347
缉古算經考注二卷 ………………… 1－347
缉古算經考注二卷 ………………… 1－347
缉古算經考注二卷 ………………… 2－308
缉雅堂詩話二卷 …………………… 2－165
緱山先生集二十七卷 ……………… 1－7
編年拔秀二卷 ……………………… 1－28
編注醫學入門七卷首一卷 ………… 2－433
編注醫學入門七卷首一卷 ………… 2－526
編注醫學入門七卷首一卷 ………… 2－592
編輯四診心法要訣二卷 …………… 2－423
編輯四診心法要訣二卷 …………… 2－579
編輯外科心法要訣十六卷 ………… 2－453
編輯外科心法要訣十六卷 ………… 2－453
編輯刺灸心法要訣八卷 …………… 1－205
編輯婦科心法要訣六卷 …………… 2－430
編輯痘疹心法要訣六卷 …………… 2－488
編輯傷寒心法要訣三卷 …………… 2－579
編輯雜病心法要訣五卷 …………… 2－429
編錄堂詩鈔三卷 …………………… 2－292
畿南疏草二卷 ……………………… 2－289
畿南疏草二卷西臺奏議一卷 ……… 2－289
畿輔水利議一卷 …………………… 1－460
畿輔水利議一卷 …………………… 1－560
畿輔水利議一卷 …………………… 2－117
畿輔全圖不分卷 …………………… 1－279
畿輔河道水利叢書八種 …………… 1－304
畿輔河道水利叢書八種 …………… 1－561
［雍正］畿輔通志一百二十卷 ……… 1－205
［同治］畿輔通志三百卷首一卷 …… 2－33
［同治］畿輔通志三百卷首一卷 …… 2－351
［同治］畿輔通志三百卷首一卷 …… 2－395
［同治］畿輔通志三百卷首一卷 …… 2－453
［同治］畿輔通志三百卷首一卷 …… 2－515
［同治］畿輔通志三百卷首一卷 …… 2－536
［同治］畿輔通志三百卷首一卷 …… 2－536
［同治］畿輔通志三百卷首一卷 …… 2－579
畿輔義倉圖不分卷 ………………… 1－107
畿輔叢書一百二十六種 …………… 1－411
畿輔叢書一百二十六種 …………… 1－430

畿輔叢書一百二十六種 …………… 2－197
璞齋集八卷 ………………………… 1－533
璞齋集八卷 ………………………… 2－153
靜志居詩話二十四卷 ……………… 2－244
靜春堂詩集四卷 …………………… 1－180
靜思錄二卷 ………………………… 1－315
靜修先生丁亥集六卷遺文六卷遺詩
　六卷拾遺七卷續集三卷 ………… 1－9
靜修先生文集十二卷 ……………… 1－508
靜修先生文集十二卷 ……………… 2－280
靜修先生文集附錄二卷 …………… 1－9
靜娛室存藥二卷首一卷 …………… 2－219
靜惕堂詩集四十四卷 ……………… 1－63
靜惕堂詩集四十四卷 ……………… 1－129
靜遠堂集二卷首一卷補一卷 ……… 2－157
靜廉齋詩集二十四卷 ……………… 2－230
隸韻十卷碑目一卷考證一卷 ……… 1－273
駱大司馬奏稿十六卷 ……………… 2－537
駱公年譜一卷 ……………………… 1－456
駱文忠公奏稿十卷 ………………… 2－144
駱文忠公奏議十六卷奏稿十一卷 … 2－296
駱文忠公奏議十六卷奏稿十一卷附
　錄一卷 …………………………… 1－285
駱文忠公奏議十六卷奏稿十一卷附
　錄一卷 …………………………… 1－285
駱賓王文集十卷 …………………… 1－274
駁毛西河四書改錯二十一卷 ……… 1－446
駁毛西河四書改錯二十一卷 ……… 1－446
駢枝生踏歌二卷 …………………… 1－501
駢雅訓纂十六卷 …………………… 1－240
駢雅訓纂十六卷 …………………… 1－240
駢雅訓纂十六卷 …………………… 1－449
駢雅訓纂十六卷首一卷序目一卷駢
　雅七卷 …………………………… 2－188
駢雅訓纂七卷首一卷 ……………… 2－66
駢體文鈔三十一卷 ………………… 1－392
駢體文鈔三十一卷 ………………… 1－392
駢體文鈔三十一卷 ………………… 1－393
駢體文鈔三十一卷 ………………… 2－83
駢體文鈔三十一卷 ………………… 2－120
駢體文鈔三十一卷 ………………… 2－131

274

駢體南鍼十六卷 ·················· 1－392

十六畫

撼山草堂遺稿三卷補錄一卷 ·········· 1－517
燕川集十四卷 ·················· 2－313
燕子箋記二卷 ·················· 1－501
燕子箋記二卷 ·················· 2－226
燕子箋記二卷 ·················· 2－233
燕在閣知新錄三十二卷 ········· 1－19
燕在閣知新錄三十二卷 ········· 1－44
燕在閣知新錄三十二卷 ········· 1－55
燕遊日記五卷 ·················· 1－69
燕蘭小譜五卷 ·················· 1－100
薛氏醫按二十四種 ··············· 1－222
薛氏醫按二十四種 ··············· 1－479
薛氏醫按二十四種 ··············· 2－207
薛氏醫按二十四種 ··············· 2－422
薛氏醫按二十四種 ··············· 2－431
薛文清公集九種 ················ 1－29
薛文清公讀書全錄類編二十卷 ······· 1－20
薛文清公讀書全錄類編二十卷 ······· 1－136
薛文清公讀書錄十一卷續錄十二卷
 ·························· 2－254
薛文清公讀書錄節鈔二十三卷 ······· 1－154
薛文清公讀書錄講義十二卷 ········ 1－93
薛生白濕熱條辨一卷 ·············· 1－322
薇云小舍試帖詩課二卷詩課續編二卷
 ·························· 1－503
薇省同聲集四種 ················ 2－311
薈蕞編二十卷 ·················· 2－126
[乾隆]蕭山縣志四十卷 ··········· 1－190
[乾隆]蕭山縣志四十卷 ··········· 1－210
[乾隆]蕭山縣志四十卷 ··········· 2－374
[乾隆]蕭山縣志四十卷 ··········· 2－374
蕭閑老人明秀集注六卷 ··········· 2－587
翰林記二十卷 ·················· 2－208
頤志齋叢書二十一種 ············· 1－437
頤志齋叢書二十一種 ············· 2－67
頤志齋叢書二十一種 ············· 2－163
頤志齋叢書二十一種 ············· 2－272

頤巢類藁三卷 ·················· 1－521
頤道堂詩選十四卷詩外集十卷詩集
 補遺四卷文鈔四卷秣陵集六卷 ······ 2－315
薛荔山莊詩文集五卷 ············· 1－422
薛荔山莊詩文集五卷 ············· 1－422
樹桑養蠶要略一卷樹藝良規一卷 ····· 2－233
樹經堂詠史詩八卷 ·············· 2－77
樹經堂詠史詩八卷 ·············· 2－185
樹經堂遺文一卷 ················ 2－292
樹廬文鈔十卷 ·················· 2－141
縠秀山房存藁十卷 ·············· 1－386
橋李遺書二十六種 ·············· 2－160
橋李遺書二十六種 ·············· 2－296
樵山堂集九卷 ·················· 2－60
樵川二家詩四卷 ················ 1－171
樵說十二卷 ···················· 1－528
樵說十二卷 ···················· 2－315
樵說續六卷 ···················· 2－6
樵隱詩話二卷 ·················· 2－155
樽酒銷寒詞一卷附錄一卷 ·········· 2－213
橘中人語一卷 ·················· 2－239
橘中心語一卷 ·················· 2－256
橘中秘四卷 ···················· 2－200
輯宋四書五經義式不分卷 ·········· 2－454
輯逸子書三種 ·················· 1－471
輶軒今語一卷 ·················· 1－298
輶軒今語一卷 ·················· 1－298
輶軒今語一卷經濟歲舉特科奏牘一
 卷徐學使湘室條誡一卷 ·········· 1－589
輶軒使者絕代語釋別國方言十三卷
 ·························· 1－158
輶軒使者絕代語釋別國方言十三卷 ··· 1－53
輶軒使者絕代語釋別國方言十三卷
 ·························· 1－152
輶軒使者絕代語釋別國方言十三卷
 首一卷 ···················· 1－240
輶軒使者絕代語釋別國方言十三卷
 首一卷 ···················· 2－191
輶軒使者絕代語釋別國方言箋疏十三卷
 ·························· 1－240
輶軒使者絕代語釋別國方言箋疏十三卷

……………………………………… 2－26

輶軒使者絕代語釋別國方言箋疏十三卷

……………………………………… 2－153

輶軒語一卷 ……………………………… 1－341

輶軒語一卷 ……………………………… 1－341

輶軒語一卷 ……………………………… 1－341

輶軒語一卷 ……………………………… 2－389

輶軒語一卷 ……………………………… 2－481

輶軒語一卷 ……………………………… 2－496

輶軒語一卷 ……………………………… 2－506

輶軒語一卷 ……………………………… 2－554

輶軒語一卷 ……………………………… 2－554

輶軒語一卷書目答問四卷 …………… 2－482

輶軒語一卷書目答問四卷四川尊經

　書院記一卷 ……………………… 2－280

輶軒語七卷 ……………………………… 2－70

賴古堂名賢尺牘新鈔十二卷 ………… 1－103

賴古堂名賢尺牘新鈔十二卷 ………… 1－396

融堂書解二十卷 ………………………… 1－54

融堂書解二十卷 ………………………… 1－103

醒世寶訓不分卷 ……………………… 2－586

醒迷集四卷續集四卷再續集二卷 …… 1－310

勵志錄二卷 …………………………… 2－240

勵志錄二卷 …………………………… 2－310

勵學譯編六種 ………………………… 1－212

磧砂藏六千三百六十二卷 …………… 1－1

[光緒]磚坪廳志不分卷 ……………… 1－251

[光緒]磚坪廳志不分卷 ……………… 2－46

歷代大儒詩鈔六十卷首一卷 ………… 1－388

歷代女才子手簡二卷 ………………… 2－191

歷代文宗十卷 ………………………… 2－436

歷代世系表不分卷 …………………… 1－253

歷代世系表不分卷 …………………… 1－253

歷代世系表不分卷 …………………… 1－253

歷代世系紀年編一卷 ………………… 1－458

歷代世系紀年編一卷 ………………… 2－517

歷代史表五十九卷 …………………… 1－529

歷代史案二十卷首一卷 ……………… 2－105

歷代史案二十卷首一卷 ……………… 2－523

歷代史論十二卷宋史論三卷元史論一卷

……………………………………… 2－195

歷代史論十二卷宋史論三卷元史論一卷

……………………………………… 2－483

歷代史論十二卷宋史論三卷元史論一卷

……………………………………… 2－501

歷代史論十二卷宋史論三卷元史論一卷

……………………………………… 2－544

歷代史論十二卷宋史論三卷元史論

　一卷明史論四卷左傳史論二卷 … 1－467

歷代史論十二卷附續編一卷左傳一

　卷明史論一卷 ………………… 2－517

歷代史論十二卷續編一卷 …………… 2－344

歷代史論十二卷續編一卷 …………… 2－497

歷代史論十二卷續編一卷 …………… 2－499

歷代史論十二卷續編一卷 …………… 2－542

歷代史論十二卷續編一卷元史論一卷

……………………………………… 2－387

歷代史論十二卷續編一卷左傳論一

　卷明史論一卷 ………………… 2－556

歷代仙史八卷 ………………………… 2－156

歷代仙史八卷 ………………………… 2－268

歷代地理志韻編今釋二十卷皇朝輿

　地韻編二卷 …………………… 2－339

歷代地理志韻編今釋二十卷皇朝輿

　地韻編二卷歷代地理沿革圖一卷

……………………………………… 2－470

歷代地理沿革表四十七卷 …………… 1－279

歷代地理沿革圖一卷 ………………… 2－259

歷代地理沿革圖一卷 ………………… 2－495

歷代名人小簡二卷 …………………… 2－179

歷代名人尺牘精華錄十二卷 ………… 2－464

歷代名人年譜十卷存疑及生年卒月

　無攷一卷 ……………………… 2－133

歷代名人書札二卷 …………………… 2－17

歷代名人書札二卷續編二卷 ………… 2－504

歷代名臣言行錄二十四卷 …………… 1－269

歷代名臣言行錄二十四卷 …………… 1－269

歷代名臣言行錄二十四卷 …………… 1－272

歷代名臣言行錄二十四卷 …………… 1－273

歷代名臣言行錄二十四卷 …………… 1－273

歷代名臣言行錄二十四卷 …………… 1－273

歷代名臣言行錄二十四卷 …………… 1－273

歷代名臣言行錄二十四卷·············· 1－273
歷代名臣言行錄二十四卷·············· 1－273
歷代名臣言行錄二十四卷·············· 1－273
歷代名臣言行錄二十四卷·············· 1－273
歷代名臣言行錄二十四卷·············· 1－273
歷代名臣言行錄二十四卷 ··············· 2－98
歷代名臣言行錄二十四卷·············· 2－308
歷代名臣言行錄二十四卷·············· 2－438
歷代名臣言行錄二十四卷·············· 2－438
歷代名臣言行錄二十四卷·············· 2－442
歷代名臣言行錄二十四卷·············· 2－544
歷代名臣言行錄二十四卷·············· 2－548
歷代名臣言行錄二十四卷·············· 2－549
歷代名臣言行錄二十四卷·············· 2－549
歷代名臣言行錄二十四卷·············· 2－549
歷代名臣言行錄二十四卷·············· 2－549
歷代名臣言行錄二十四卷·············· 2－549
歷代名臣言行錄二十四卷·············· 2－550
歷代名臣言行錄二十四卷·············· 2－550
歷代名臣言行錄二十四卷·············· 2－552
歷代名臣言行錄二十四卷·············· 2－561
歷代名臣奏議三百十九卷目錄一卷
　　······························ 1－172
歷代名臣奏議三百十九卷目錄一卷
　　······························ 1－184
歷代名臣奏議三百十九卷目錄一卷
　　······························ 1－203
歷代名臣奏議三百五十卷·············· 1－7
歷代名臣奏議三百五十卷目錄一卷
　　······························ 1－284
歷代名臣傳三十五卷首一卷······· 1－157
歷代名臣傳三十五卷首一卷續編五卷
　　······························ 2－462
歷代名將事略二卷·················· 1－576
歷代名賢列女氏姓譜一百五十七卷
　　······························ 1－278
歷代名賢列女氏姓譜一百五十七卷
　　······························ 2－195
歷代名賢列女氏姓譜一百五十七卷
　　······························ 2－410
歷代名賢列女氏姓譜一百五十七卷

歷代名賢列女氏姓譜一百五十七卷
　　······························ 2－412
歷代名賢列女氏姓譜一百五十七卷
　　······························ 2－474
歷代名賢列女氏姓譜一百五十七卷
　　······························ 2－542
歷代名賢齒譜九卷·················· 1－103
歷代名賢齒譜九卷名媛齒譜三卷 ······ 1－91
歷代名儒傳八卷···················· 1－157
歷代河防統纂二十八卷·············· 1－460
歷代政要表二卷···················· 2－104
歷代帝王年表一卷·················· 2－254
歷代帝王年表十四卷················ 1－454
歷代帝王年表十四卷帝王廟諡年諱
　譜一卷·························· 2－174
歷代帝王年表十四卷帝王廟諡年諱
　譜一卷·························· 2－270
歷代帝王年表三卷·················· 2－111
歷代帝王表不分卷·················· 1－252
歷代帝王表不分卷·················· 1－252
歷代帝王法帖釋文十卷·············· 1－468
歷代帝王法帖釋文十卷·············· 1－468
歷代帝王法帖釋文十卷·············· 1－468
歷代帝王法帖釋文十卷·············· 1－589
歷代帝王法帖釋文十卷·············· 1－590
歷代帝王法帖釋文十卷·············· 2－331
歷代帝王法帖釋文十卷·············· 2－355
歷代帝王法帖釋文十卷·············· 2－546
歷代帝王法帖釋文十卷·············· 2－593
歷代帝王總論不分卷················ 1－222
歷代神仙通鑑三集二十二卷首一卷
　　······························ 2－525
歷代都江堰功小傳二卷·············· 2－196
歷代通鑑纂要九十二卷·············· 1－259
歷代通鑑纂要九十二卷·············· 1－452
歷代循吏傳八卷···················· 2－213
歷代循吏傳八卷···················· 2－488
歷代畫史彙傳七十二卷附錄二卷····· 1－363
歷代畫史彙傳七十二卷首一卷附錄二卷
　　······························ 2－327
歷代畫史彙傳七十二卷首一卷附錄二卷
　　······························ 2－530

歷代畫史彙傳七十二卷首一卷附錄二卷
　　…………………………… 2－585
歷代畫史彙傳七十二卷首一卷目錄
　　三卷附錄二卷引證書目一卷……… 1－298
歷代畫史彙傳七十二卷首一卷目錄
　　三卷附錄二卷引證書目一卷 ……… 2－552
歷代詩家初集五十六卷二集八十六卷
　　………………………………… 1－19
歷代詩話二十八種 ……………… 1－154
歷代經濟文統三十二卷 ………… 1－390
歷代經濟文統三十二卷 ………… 1－390
歷代經濟文統三十二卷 ………… 1－390
歷代儒學存真錄十卷 …………… 1－311
歷代輿地沿革表二十卷 ………… 1－527
歷代輿地沿革險要圖不分卷 …… 1－282
歷代輿地沿革險要圖不分卷 …… 1－466
歷代輿地沿革險要圖說不分卷 … 2－279
歷代職官表六卷 ………………… 1－290
歷代職官表六卷 ………………… 1－290
歷代職官表六卷 ………………… 1－290
歷代職官表六卷 ………………… 1－585
歷代職官表六卷 ………………… 2－370
歷代職官表六卷 ………………… 2－370
歷代職官表六卷 ………………… 2－370
歷代職官表六卷 ………………… 2－370
歷代職官表六卷 ………………… 2－370
歷代職官表六卷 ………………… 2－537
歷代鐘鼎彝器款識法帖二十卷……… 1－553
歷代鐘鼎彝器款識法帖二十卷 ……… 2－30
歷代鐘鼎彝器款識法帖二十卷 ……… 2－118
歷代鐘鼎彝器款識法帖二十卷 ……… 2－337
歷代鐘鼎彝器款識法帖二十卷 ……… 2－571
歷年紀略一卷 …………………… 1－457
歷朝紀事本末九種 ……………… 1－575
歷朝詩人小傳四十八卷 ………… 1－66
歷朝詩要選六卷古律賦要四卷……… 1－504
歷朝詩約選九十二卷……………… 1－394
歷朝詩選要六卷 ………………… 1－504
歷朝賦格三集十五卷 …………… 1－97
愁齋存稿二卷 …………………… 1－169
霓裳曲譜不分卷 ………………… 1－229

冀教叢編七卷 …………………… 1－343
頻羅庵遺集四種 ………………… 1－412
頻羅庵遺集四種 ………………… 2－77
頻羅庵遺集四種 ………………… 2－77
餐華室尺牘叢殘二卷 …………… 1－509
盧忠肅公集十二卷首一卷 ……… 1－402
盧忠肅公集十二卷首一卷 ……… 2－103
盧墓陳孝子詩一卷 ……………… 1－394
曉村詩文鈔不分卷 ……………… 1－217
曉庵先生文集三卷詩集二卷 …… 2－147
曉庵先生文集三卷詩集二卷 …… 2－183
器象顯真四卷圖一卷 …………… 1－488
器象顯真四卷器象顯真圖一卷 … 1－355
戰史叢書□□集 ………………… 1－577
戰史叢書□□集 ………………… 1－577
戰史叢書□□集 ………………… 1－577
戰法學二卷 ……………………… 1－318
戰略攷三十一卷 ………………… 1－492
戰國策十一卷 …………………… 1－55
戰國策十二卷 …………………… 1－187
戰國策十卷 ……………………… 1－12
戰國策十卷 ……………………… 1－13
戰國策十卷 ……………………… 1－35
戰國策十卷 ……………………… 2－437
戰國策十卷 ……………………… 2－440
戰國策十卷 ……………………… 2－440
戰國策十卷 ……………………… 2－441
戰國策三十三卷 ………………… 1－106
戰國策三十三卷 ………………… 1－174
戰國策三十三卷 ………………… 1－269
戰國策三十三卷 ………………… 1－270
戰國策三十三卷 ………………… 1－270
戰國策三十三卷 ………………… 1－270
戰國策三十三卷 ………………… 2－475
戰國策三十三卷 ………………… 2－546
戰國策三十三卷 ………………… 2－546
戰國策三十三卷 ………………… 2－576
戰國策三十三卷附劄記三卷 ……… 2－338
戰國策去毒二卷 ………………… 2－188
戰國策校註十卷 ………………… 1－270

戰國策校註十卷 …………………… 1－270　　篤素堂文集十六卷 …………………… 1－108

戰國策校註十卷 …………………… 1－270　　篤素堂文集四卷 …………………… 1－509

戰國策校註十卷 …………………… 1－279　　篤慎堂爐余詩稿二卷 ……………… 2－255

戰國策校註十卷 …………………… 1－279　　舉業新編不分卷 …………………… 1－333

戰國策校註十卷 …………………… 1－541　　舉業墨模全集三十三卷 …………… 1－517

戰國策校註十卷 …………………… 2－494　　興平縣士女續志三卷 ……………… 2－40

戰國策校註十卷 …………………… 2－508　　興平縣士女續志三卷 ……………… 2－40

戰國策校註十卷 …………………… 2－509　　興平縣士女續志三卷 ……………… 2－40

戰國策校註三十三卷 ……………… 2－305　　[乾隆]興平縣志二十五卷 ………… 1－119

戰國策釋地二卷 …………………… 2－311　　[乾隆]興平縣志二十五卷 ………… 2－40

還魂記二卷 ………………………… 1－64　　[乾隆]興平縣志二十五卷 ………… 2－40

嶧桐集文集十卷詩集十卷 ………… 1－535　　[乾隆]興平縣志二十五卷 ………… 2－40

嶧桐集文集十卷詩集十卷 ………… 2－81　　[乾隆]興平縣志八卷 …………… 1－119

嵎浮閣賦集一卷詩集十三卷 ……… 1－508　　興平縣鄉土志六卷 ………………… 2－40

嵎浮閣賦集一卷詩集十三卷 ……… 1－513　　興平縣鄉土志六卷 ………………… 2－40

嵎浮閣賦集一卷詩集十三卷 ……… 2－238　　興平縣鄉土志六卷 ………………… 2－40

嵎浮閣賦集一卷詩集十三卷 ……… 2－286　　[乾隆]興安府志三十卷 ………… 1－120

嵎浮閣賦集一卷詩集十三卷 ……… 2－344　　[乾隆]興安府志三十卷 ………… 1－120

圜天圖說三卷續編二卷首一卷 …… 1－353　　學古堂日記四十種 ………………… 2－238

圜天圖說三卷續編二卷首一卷 …… 2－193　　學古齋金石叢書十二種 …………… 1－304

圜率攷真圖解一卷 ………………… 2－313　　學仕遺規四卷補四卷 ……………… 1－333

黔記四卷 …………………………… 2－56　　學旨要略一卷 …………………… 2－7

黔書二卷 …………………………… 1－72　　學杜集一卷 ……………………… 1－85

黔書二卷 …………………………… 2－56　　學杜集一卷 ……………………… 1－168

黔詩紀要三十三卷 ………………… 2－185　　學宋齋詞韻一卷 ………………… 2－205

黔語二卷 …………………………… 1－455　　學易記五卷 ……………………… 1－220

黔語二卷 …………………………… 2－264　　學易記五卷 ……………………… 1－220

積古齋鐘鼎彝器款識十卷 ………… 1－302　　學易記五卷 ……………………… 1－220

積古齋鐘鼎彝器款識十卷 ………… 2－30　　學治一得編一卷 ………………… 2－295

積古齋鐘鼎彝器款識十卷 ………… 2－66　　學治要言一卷 …………………… 1－299

積古齋鐘鼎彝器款識十卷 ………… 2－148　　學治要言一卷 …………………… 1－299

積古齋鐘鼎彝器款識十卷 ………… 2－164　　學治要言一卷 …………………… 1－299

積古齋鐘鼎彝器款識十卷 ………… 2－334　　學治要言一卷 …………………… 2－421

積古齋鐘鼎彝器款識十卷 ………… 2－494　　學治要言一卷 …………………… 2－479

積古齋鐘鼎彝器款識十卷 ………… 2－553　　學治要言一卷 …………………… 2－516

積石文稿十八卷 …………………… 2－127　　學治要言一卷 …………………… 2－529

積學齋叢書二十種 ………………… 1－437　　學治臆說二卷續說一卷 …………… 1－301

積學齋叢書二十種 ………………… 2－118　　學治臆說二卷續說一卷說贅一卷 … 1－462

積學齋叢書二十種 ………………… 2－316　　學治臆說二卷續說一卷說贅一卷 … 1－462

穆宗毅皇帝聖訓一百六十卷 ……… 2－529　　學治臆說四卷續說一卷說贅一卷 … 2－286

穆堂初藁五十卷別藁五十卷 ……… 1－142　　學計韻言一卷 …………………… 1－379

學計韻言一卷 …………………………… 1－380
學校條規一卷 …………………………… 1－464
學校管理法問答十一章 ………………… 1－367
學校管理術一卷 ………………………… 2－13
學部具奏酌改中學堂文實兩科課程
　摺不分卷 …………………………… 2－394
學部奏定增訂各學堂管理通則不分卷
　………………………………………… 2－463
學海堂集二集二十二卷 ………………… 1－433
學海堂集二集二十二卷 ………………… 1－433
學海堂集二集二十二卷 ………………… 2－324
學海堂集十六卷 ………………………… 1－433
學海堂集十六卷 ………………………… 1－433
學海堂集十六卷 ………………………… 2－324
學海堂集十六卷二集二十二卷 ……… 2－78
學海堂集十六卷二集二十二卷 ……… 2－171
學海堂集三集二十四卷 ………………… 1－433
學海堂集三集二十四卷 ………………… 1－433
學海堂集三集二十四卷 ……… 2－78
學海堂集三集二十四卷 ……… 2－171
學海堂集三集二十四卷 ……… 2－324
學海堂集四集二十八卷 ………………… 1－433
學海堂集四集二十八卷 ……… 2－78
學海堂集四集二十八卷 ……… 2－78
學海堂集四集二十八卷 ……… 2－171
學海堂叢刻十三種 ……………………… 2－325
學海堂叢刻十三種 ……………………… 2－476
學案小識十四卷首一卷末一卷 ……… 1－305
學案小識十四卷首一卷末一卷 ……… 1－305
學案小識十四卷首一卷末一卷 ……… 1－305
學案小識十四卷首一卷末一卷 ……… 1－590
學案小識十四卷首一卷末一卷 ……… 2－101
學案小識十四卷首一卷末一卷 ……… 2－186
學案小識十四卷首一卷末一卷 ……… 2－541
學案初模二十卷 ………………………… 1－591
學案初模二十卷 ………………………… 1－591
學案初模二十卷學案續編二十卷 …… 1－312
學案初模二十卷續編二十卷 ………… 2－468
學案續編二十卷 ………………………… 2－101
學規七種一卷附一卷 …………………… 2－7
學堂奏草一卷 …………………………… 1－464

學堂奏草一卷 …………………………… 1－464
學庸訓蒙瑣言三卷 ……………………… 1－309
學庸隅反不分卷 ………………………… 1－89
學庸聖經解一卷 ………………………… 2－294
學庸講義三卷 …………………………… 1－474
學達觀齋制藝不分卷詩存不分卷 …… 2－330
學達觀齋制藝不分卷詩存不分卷 …… 2－347
學詁齋文集二卷 ………………………… 1－423
學詁齋文集二卷 ………………………… 2－232
學道六書六卷 …………………………… 1－74
學統五十三卷 …………………………… 1－92
學統五十三卷 …………………………… 1－125
學統五十三卷 …………………………… 2－294
學蔀通辯十二卷首一卷 ………………… 1－311
學詩詳說三十卷正詁五卷 …………… 2－128
學算筆談十二卷 ………………………… 1－346
學算筆談十二卷 ………………………… 1－346
學算筆談十二卷 ………………………… 1－346
學算筆談十二卷 ………………………… 1－349
學算筆談十二卷 ………………………… 1－488
學算筆談十二卷 ………………………… 2－470
學算筆談十二卷 ………………………… 2－526
學齋庸訓一卷 …………………………… 2－213
學韻紀要二卷 …………………………… 1－36
盥白齋詩鈔四卷 ………………………… 2－282
儒林公議二卷 …………………………… 1－71
儒林外史五十六回 ……………………… 1－548
儒林宗派十六卷 ………………………… 1－306
儒林宗派十六卷 ………………………… 2－269
儒門事親十五卷 ………………………… 1－323
儒門法語一卷 …………………………… 1－310
儒門法語一卷 …………………………… 1－473
儒門法語一卷 …………………………… 1－555
儒門語要六卷 …………………………… 2－199
儒門醫學三卷 …………………………… 1－326
儒門醫學三卷 …………………………… 1－326
儒門醫學三卷 …………………………… 2－487
儒門醫學三卷 …………………………… 2－514
儒酸福傳奇二卷 ………………………… 2－244
儒酸福傳奇二卷 ………………………… 2－244
衡門芹一卷 ……………………………… 1－23

衡門芹一卷 …………………… 2-303
錢氏三世五王集不分卷 ………… 2-242
錢氏小兒藥證三卷附方一卷 …… 2-118
錢氏政學叢書五種 ……………… 2-411
錢志新編二十卷 ………………… 1-531
錢志新編二十卷 ………………… 2-29
錢志新編二十卷 ………………… 2-116
錢志新編二十卷 ………………… 2-168
錢志新編二十卷 ………………… 2-470
錢辛楣先生年譜一卷 …………… 1-340
錢辛楣先生年譜一卷 …………… 1-340
錢辛楣先生年譜一卷 …………… 1-340
錢辛楣先生年譜一卷 …………… 2-69
錢辛楣先生年譜一卷 …………… 2-128
錢牧齋文鈔一卷 ………………… 1-519
錢牧齋文鈔一卷 ………………… 2-421
錢牧齋文鈔一卷 ………………… 2-442
錢牧齋先生尺牘三卷 …………… 2-554
錢牧齋先生尺牘□□卷 ………… 2-487
錢牧齋先生列朝詩集小傳十卷 … 1-148
錢牧齋先生列朝詩集小傳十卷 … 1-504
錢南園先生遺集五卷 …………… 1-427
錢南園先生遺集五卷 …………… 2-21
錢南園先生遺集五卷 …………… 2-232
錢南園先生遺集五卷 …………… 2-484
錢陟園考訂資治通鑑綱目全書五十九卷
　　…………………………… 2-68
錢陟園考訂資治通鑑綱目全書五十九卷
　　…………………………… 2-511
錢敏肅公奏疏七卷 ……………… 2-26
錢敏肅公奏疏七卷首一卷 ……… 2-123
錢塘遺事十卷 …………………… 2-329
錫金識小錄十二卷 ……………… 1-529
錦字箋四卷 ……………………… 1-107
錦字箋四卷 ……………………… 1-493
錦樹堂詩鑑十二卷 ……………… 1-170
錦繡萬花谷別集三十卷 ………… 1-18
錦繡萬花谷前集四十卷後集四十卷
　　續集四十卷 ………………… 1-18
錦囊集四卷外集一卷 …………… 1-537
錄異記八卷 ……………………… 1-9

劍谿說詩二卷又編一卷 ………… 1-256
餞秋試詩二十八首一卷 ………… 1-419
館律分韻六卷 …………………… 2-328
館閣律賦雅正註釋六卷 ………… 1-499
館賦精選四卷 …………………… 1-502
館賦鴛鍼四卷 …………………… 1-501
館課我法詩箋四卷 ……………… 1-513
館課我法詩箋四卷 ……………… 1-513
館課詩注不分卷 ………………… 1-107
館課詩鈔十卷 …………………… 1-503
館課詩註不分卷 ………………… 1-502
館課詩賦偶存不分卷 …………… 2-303
館課賦稿不分卷 ………………… 1-107
雕丘雜錄十八種 ………………… 1-548
雕菰集二十四卷 ………………… 1-534
雕菰集二十四卷 ………………… 2-181
[光緒]獲鹿縣志十四卷首一卷末一卷
　　…………………………… 2-34
獨異志三卷 ……………………… 1-71
獨漉堂全集三十二卷 …………… 2-207
鴛鴦湖櫂歌一百首一卷 ………… 1-162
鴛鴦湖櫂歌一百首次朱太史竹垞原
　　韻一卷 ……………………… 1-162
鴛鴦湖櫂歌一卷 ………………… 1-149
鴛鴦湖櫂歌一卷 ………………… 1-162
鴛鴦湖櫂歌八十八首和韻一卷續駕
　　鴦湖櫂歌三十首一卷 ……… 1-162
諧鐸十二卷 ……………………… 1-559
諭行旗務奏議四卷 ……………… 1-32
諭摺彙存二十二卷 ……………… 2-471
諭摺彙存不分卷 ………………… 2-257
諭摺彙存不分卷 ………………… 2-493
諭摺彙存不分卷 ………………… 2-556
諭摺彙存不分卷 ………………… 2-556
諭摺彙存不分卷 ………………… 2-567
憑山閣增輯留青新集三十卷 …… 1-80
憑山閣增輯留青新集三十卷 …… 1-82
憑山閣增輯留青新集三十卷 …… 1-96
憑山閣增輯留青新集三十卷 …… 1-96
憑山閣增輯留青新集三十卷 …… 1-100
憑山閣增輯留青新集三十卷 …… 1-196

憑山閣增輯留青新集三十卷 ………… 1－392

憑山閣增輯留青新集三十卷 ………… 2－508

凝香室鴻雪因緣圖記三集 ………… 1－483

凝香室鴻雪因緣圖記三集 ………… 1－549

凝香閣詩稿一卷 ………… 1－155

磨綺室詩存一卷 ………… 2－174

辨中邊論述記六卷 ………… 1－372

辨字通考四卷首一卷 ………… 2－290

辨志堂家訓節鈔一卷 ………… 2－110

辨志堂家訓節鈔一卷 ………… 2－290

辨志堂家訓節鈔一卷 ………… 2－291

辨學七種 ………… 2－7

辨證奇聞十卷 ………… 2－543

辨證錄十四卷 ………… 2－559

親屬記二卷 ………… 1－448

龍川文集三十卷 ………… 1－176

龍川文集三十卷 ………… 1－411

龍川文集三十卷 ………… 1－411

龍川文集三十卷首一卷 ………… 2－189

［嘉慶］龍川縣志四十卷 ………… 2－415

龍文鞭影二卷 ………… 2－343

龍文鞭影二卷 ………… 2－349

龍文鞭影二卷 ………… 2－555

龍文鞭影二卷 ………… 2－560

龍文鞭影二卷 ………… 2－561

龍威祕書十集一百六十九種 ……… 1－86

龍威祕書十集一百六十九種 ……… 1－86

龍威祕書十集一百六十九種 ……… 1－86

龍威祕書十集一百六十九種 ……… 1－100

龍威祕書十集一百六十九種 ……… 2－554

龍莊遺書四種 ………… 1－437

龍舒淨土文十卷首一卷末一卷 … 1－372

龍游東南鄉公禁冬笋案稿一卷 … 2－240

龍游脩志采訪啟一卷 ………… 2－528

［康熙］龍游縣志十二卷首一卷 …… 2－527

［康熙］龍游縣志十二卷首一卷 …… 2－581

龍輔女紅餘志二卷 ………… 2－235

龍圖公案十卷 ………… 2－255

龍圖公案□□卷 ………… 2－475

龍圖公案□□卷 ………… 2－477

龍學孫公春秋經解十五卷 ………… 1－129

龍谿王先生全集二十二卷 ………… 1－537

龍谿王先生全集二十卷大象義述一卷
………… 1－409

憺園全集三十六卷 ………… 1－418

憺園全集三十六卷 ………… 2－124

營工要覽四卷 ………… 2－2

營城揭要二卷 ………… 1－321

營城揭要二卷 ………… 1－321

營城揭要二卷 ………… 1－321

營城揭要二卷 ………… 1－545

營城揭要二卷 ………… 2－535

營壘圖說一卷 ………… 1－314

營壘圖說一卷 ………… 1－314

營壘圖說一卷 ………… 1－545

縈青閣試帖註釋四卷 ………… 2－194

澥雲詩鈔八卷 ………… 2－132

澠水燕談錄十卷 ………… 1－26

潞藩新刻述古書法纂十卷 ………… 1－37

澤存堂五種 ………… 1－239

澤存堂五種 ………… 1－239

澤雅文集八卷 ………… 2－135

澤雅堂文集十卷 ………… 2－209

澹仙詩鈔四卷澹仙詞鈔二卷 ………… 2－80

澹如山房詩藁十卷 ………… 2－212

澹香齋咏史詩一卷 ………… 2－293

澹香齋試帖輯註一卷 ………… 1－500

澹香齋試帖輯註二卷 ………… 2－348

澹香齋試帖輯註四卷 ………… 1－498

澹雅局增定課讀鑑略妥註善本五卷
………… 2－536

澹粹軒詩草二卷 ………… 2－157

澹靜齋文鈔八卷詩鈔六卷 ………… 1－408

澹靜齋詩鈔六卷 ………… 2－184

濂亭文集八卷 ………… 1－406

濂亭文集八卷 ………… 1－512

濂洛關閩書十九卷 ………… 2－110

憲法精理二卷 ………… 1－592

憲法精理二卷 ………… 2－309

憲政論四編 ………… 1－587

憲章錄四十六卷 ………… 1－43

寰宇分合志八卷 ………… 2－33

寰宇訪碑錄十二卷 ···················· 1－298
寰宇訪碑錄十二卷 ···················· 2－123
寰宇訪碑錄十二卷 ···················· 2－294
寰宇訪碑錄十二卷 ···················· 2－349
寰宇訪碑錄十二卷 ···················· 2－501
寰宇訪碑錄十二卷刊謬一卷 ········· 2－59
窺垣秘術二卷 ························· 1－214
禪林僧寶傳三十卷補一卷附一卷 ····· 1－372
禪林寶訓二卷 ························· 1－137
禪林寶訓筆說二卷 ····················· 2－113
禪林寶訓筆說二卷 ····················· 2－323
禪林寶訓筆說二卷 ····················· 2－440
禪門日誦一卷 ························· 1－377
禪門法事要集□□卷 ·················· 2－482
禪門鍛鍊說一卷 ······················ 1－374
禪宗頌古聯珠通集四十卷 ············ 2－404
禪源諸詮集都序四卷 ·················· 1－374
禪餘詩一卷 ··························· 2－557
禪關策進一卷 ························· 1－374
避亂錄一卷 ··························· 1－483
彊邨詞三卷 ··························· 2－175
隰圃詩文集不分卷 ···················· 1－30
隱拙齋文鈔六卷隱拙齋集二十六卷
···································· 1－159
隱居通議三十一卷 ···················· 1－100
隱居通議三十一卷 ···················· 2－563
[光緒]縉雲縣志十六卷首一卷末一卷
···································· 2－377
[光緒]縉雲縣志十六卷首一卷末一卷
···································· 2－585

十七畫

環天室古近體詩類選五卷後集一卷
···································· 2－588
環遊地球新錄四卷 ···················· 1－284
環遊地球新錄四卷 ···················· 1－468
環翠軒古文二卷詩存三卷 ············ 2－217
贅言存稿一卷 ························· 2－258
戴氏注論語二十卷 ···················· 2－128
戴氏家傳幼科方□□卷 ················ 2－287

戴東原先生年譜一卷 ·················· 2－137
戴東原集十二卷 ······················ 1－533
戴東原集十二卷 ······················ 2－21
戴東原集十二卷 ······················ 2－165
戴東原集十二卷 ······················ 2－315
戴東原集十二卷札記一卷 ············ 1－129
戴東原集十二卷札記一卷 ············ 2－137
戴東原集十二卷年譜一卷 ············ 1－416
戴南山文鈔六卷 ······················ 1－517
戴靜齋先生遺書二卷傳一卷 ········· 2－138
戴簡恪公遺集八卷 ···················· 1－416
壕塹私議一卷 ························· 1－331
鰲峯縣鄉土志十五卷 ·················· 1－249
鰲峯縣鄉土志十五卷 ·················· 1－249
蟄廬遺集一卷 ························· 2－217
蟄廬叢書二種 ························· 1－440
聲律通考十卷 ························· 2－91
聲律啟蒙撮要二卷 ···················· 2－467
聲遠堂文鈔四卷 ······················ 2－134
聲調三譜十二卷 ······················ 1－428
聲調三譜十二卷 ······················ 2－475
聲調四譜圖說十二卷首一卷末一卷
···································· 1－399
聲調四譜圖說十二卷首一卷末一卷 ··· 2－21
聲調前譜一卷後譜一卷續譜一卷談
龍錄一卷 ··························· 1－151
聲調譜一卷 ··························· 2－245
聲調譜一卷八病說一卷 ··············· 1－123
聲調譜一卷談龍錄一卷 ··············· 1－68
聲調譜三卷 ··························· 1－149
聲學八卷 ····························· 1－360
聲學八卷 ····························· 1－360
聲學八卷 ····························· 1－360
聲學八卷 ····························· 1－488
聰山集五種 ··························· 1－153
聰訓齋語一卷恆產瑣言一卷 ········· 2－199
聯經四卷 ····························· 1－78
藍山先生詩集二卷 ···················· 2－282
藍山詩集六卷 ························· 2－144
[光緒]藍田縣志十六卷 ··············· 2－36
[光緒]藍田縣志十六卷 ··············· 2－36

［光緒］藍田縣志十六卷 ……………… 2－386
［雍正］藍田縣志四卷首一卷 ………… 1－23
［雍正］藍田縣志四卷首一卷 ………… 1－180
藍田縣鄉土志二卷…………………… 1－252
藍田縣鄉土志二卷 ………………… 2－36
藍澗詩集二卷………………………… 2－282
藏書十三種 ………………………… 2－90
藏書目一卷…………………………… 2－297
藏書紀事詩七卷……………………… 1－467
藏書紀事詩六卷……………………… 1－530
藏園九種曲…………………………… 1－130
舊五代史一百五十卷………………… 1－249
舊五代史一百五十卷………………… 1－250
舊五代史一百五十卷………………… 1－250
舊五代史一百五十卷………………… 1－450
舊五代史一百五十卷 ………………… 2－88
舊五代史一百五十卷………………… 2－399
舊五代史一百五十卷………………… 2－513
舊五代史一百五十卷目錄二卷……… 1－162
舊五代史一百五十卷目錄二卷……… 1－183
舊雨集三卷…………………………… 1－427
舊雨集三卷…………………………… 1－519
舊雨集三卷 ………………………… 2－21
舊雨集三卷 ………………………… 2－21
舊雨集三卷 ………………………… 2－102
舊雨題贈一卷 ……………………… 1－85
舊唐書二百卷………………………… 1－162
舊唐書二百卷………………………… 1－250
舊唐書二百卷………………………… 1－250
舊唐書二百卷………………………… 1－250
舊唐書二百卷………………………… 1－250
舊唐書二百卷………………………… 1－452
舊唐書二百卷 ……………………… 2－88
舊唐書二百卷………………………… 2－227
舊唐書二百卷………………………… 2－434
舊唐書二百卷………………………… 2－529
舊唐書二百卷………………………… 2－568
舊唐書二百卷………………………… 2－570
舊唐書二百卷………………………… 2－570
舊唐書二百卷………………………… 2－572
舊唐書二百卷校勘記六十六卷……… 2－255

舊唐書校勘記六十六卷……………… 1－452
舊唐書逸文十二卷…………………… 1－452
舊德集十四卷 ……………………… 2－75
舊德集十四卷 ……………………… 2－79
舊德集十四卷 ……………………… 2－106
韓子二十卷附錄一卷………………… 2－340
韓五泉附錄二卷……………………… 1－168
韓五泉附錄二卷……………………… 2－193
韓五泉附錄二卷……………………… 2－330
韓五泉詩四卷………………………… 2－193
韓五泉詩四卷朝邑縣志二卷 ……… 1－8
韓五泉詩四卷朝邑縣志二卷………… 1－168
韓五泉詩四卷朝邑縣志二卷………… 2－330
韓五泉詩四卷遺詩一卷附錄二卷朝
　邑縣志二卷………………………… 1－404
韓内翰別集一卷補遺一卷 ………… 1－35
韓文公文抄十六卷 ………………… 1－3
韓文考異四十卷外集考異十卷遺文
　考異一卷末一卷………………… 1－400
韓文考異四十卷外集考異十卷遺文
　考異一卷首一卷末一卷 ………… 1－400
韓文考異四十卷外集考異十卷遺文
　考異一卷首一卷末一卷 ………… 2－21
韓文起十二卷………………………… 2－569
韓安人遺詩一卷……………………… 1－168
韓安人遺詩一卷……………………… 2－193
韓安人遺詩一卷……………………… 2－330
韓苑洛全集二十二卷………………… 1－133
韓苑洛全集二十二卷………………… 1－507
韓苑洛全集二十二卷………………… 1－508
韓苑洛全集二十二卷………………… 1－518
韓苑洛全集二十二卷 ……………… 2－27
韓苑洛全集二十二卷………………… 2－104
韓非子二十卷………………………… 1－3
韓非子二十卷………………………… 1－5
韓非子二十卷………………………… 2－25
韓非子二十卷………………………… 2－71
韓非子二十卷………………………… 2－125
韓非子二十卷………………………… 2－138
韓非子二十卷………………………… 2－198
韓非子二十卷………………………… 2－304

韓非子二十卷附錄一卷 …………… 1－123
韓非子集解二十卷首一卷 …………… 1－554
韓非子集解二十卷首一卷 …………… 2－332
韓非子識誤三卷 …………… 2－25
韓非子識誤三卷 …………… 2－304
韓昌黎詩集編年箋注十二卷 …………… 1－104
韓昌黎詩集編年箋注十二卷 …………… 1－153
韓忠定公集四卷 …………… 1－83
［乾隆］韓城縣志十六卷首一卷 …… 1－116
［乾隆］韓城縣志十六卷首一卷 …… 1－116
［乾隆］韓城縣志十六卷首一卷 …… 1－117
［嘉慶］韓城縣續志五卷 …………… 1－117
［嘉慶］韓城縣續志五卷 …………… 2－38
［嘉慶］韓城縣續志五卷 …………… 2－38
韓柳文 …………… 1－39
韓筆酌蠡三十卷 …………… 1－72
韓集補注一卷 …………… 1－399
韓集點勘四卷 …………… 1－396
韓集點勘四卷 …………… 1－398
韓集點勘四卷 …………… 1－398
韓集點勘四卷 …………… 2－475
韓集點勘四卷 …………… 2－483
韓詩外傳十卷 …………… 1－158
韓詩外傳十卷 …………… 1－174
韓詩外傳十卷 …………… 2－219
韓詩外傳十卷 …………… 2－220
韓詩外傳十卷 …………… 2－256
韓詩外傳十卷 …………… 2－325
韓詩外傳十卷補逸一卷 …………… 1－12
韓詩外傳十卷補逸一卷 …………… 1－130
韓詩外傳十卷補逸一卷 …………… 2－232
韓詩外傳十卷補逸一卷拾遺一卷 …… 1－223
韓詩外傳十卷補逸一卷拾遺一卷 …… 2－131
韓詩外傳十卷補逸一卷拾遺一卷 …… 2－219
韓詩外傳十卷補逸一卷拾遺一卷 …… 2－220
隸法彙纂十卷 …………… 1－154
隸法彙纂十卷字錄一卷 …………… 1－141
隸法彙纂十卷字錄一卷 …………… 2－518
隸法彙纂十卷字錄一卷 …………… 2－555
隸法彙纂十卷字錄一卷 …………… 2－555
隸篇十五卷續十五卷再續十五卷 …… 1－239

隸篇十五卷續十五卷再續十五卷 …… 1－268
隸篇十五卷續十五卷再續十五卷 …… 1－451
隸篇十五卷續十五卷再續十五卷 …… 1－553
隸篇十五卷續十五卷再續十五卷 …… 2－145
隸篇十五卷續十五卷再續十五卷 …… 2－218
隸篇十五卷續十五卷再續十五卷 …… 2－218
隸篇十五卷續十五卷再續十五卷 …… 2－403
隸辨八卷 …………… 1－31
隸辨八卷 …………… 1－56
隸辨八卷 …………… 1－63
隸辨八卷 …………… 1－90
隸辨八卷 …………… 1－103
隸辨八卷 …………… 1－103
隸辨八卷 …………… 1－111
隸辨八卷 …………… 1－154
隸辨八卷 …………… 2－31
隸辨八卷 …………… 2－163
隸韻十卷 …………… 2－219
隸韻考證二卷碑目考證一卷 …………… 2－219
隸釋二十七卷 …………… 1－111
隸釋二十七卷 …………… 1－240
隸釋二十七卷 …………… 1－240
隸釋二十七卷 …………… 1－451
隸釋二十七卷 …………… 2－167
隸續二十一卷 …………… 1－240
檉花館試帖輯注一卷 …………… 1－499
檉華館文集六卷詩集四卷駢體文一
　卷雜錄一卷 …………… 2－443
檉華館文集六卷詩集四卷駢體文一
　卷雜錄一卷坿錄一卷 …………… 1－423
檉華館文集六卷詩集四卷駢體文一
　卷雜錄一卷坿錄一卷 …………… 1－516
檉華館試帖彙鈔輯注十卷 …………… 1－496
檉華館試帖彙鈔輯注十卷 …………… 2－19
檉華館詩集四卷 …………… 1－514
檉華館雜錄一卷 …………… 1－482
檉華館雜錄一卷 …………… 1－482
檉華館雜錄一卷附錄一卷 …………… 1－515
檉華館雜錄一卷附錄一卷 …………… 2－28
檀几叢書一百五十七種 …………… 1－68
檀几叢書一百五十七種 …………… 1－86

285

檀几叢書一百五十七種……………… 1－100
檀几叢書一百五十七種……………… 1－131
檀几叢書一百五十七種……………… 1－149
檀几叢書一百五十七種……………… 1－176
檀弓二卷………………………………… 1－69
檀氏儀禮韻言塾課藏本二卷 ……… 2－91
擊磬錄一卷…………………………… 1－469
擊磬錄一卷…………………………… 2－293
擊磬錄一卷…………………………… 2－293
臨川先生全集錄四卷………………… 1－177
［同治］臨川縣志五十四卷首一卷末一卷
　　　　　　　　　　　　　　…… 2－267
臨文便覽不分卷……………………… 2－289
臨文便覽不分卷……………………… 2－337
臨文便覽不分卷……………………… 2－461
臨池啟蒙二卷………………………… 2－334
臨陣傷科捷要四卷…………………… 1－325
臨陣傷科捷要四卷…………………… 1－325
臨陣傷科捷要四卷…………………… 1－325
臨陣傷科捷要四卷…………………… 2－557
臨陣管見九卷…………………………… 2－4
臨陣管見九卷………………………… 2－322
［乾隆］臨晉縣志八卷 ……………… 1－184
［康熙］臨海縣志十五卷首一卷 …… 1－188
［康熙］臨潼縣志八卷 ……………… 1－114
［乾隆］臨潼縣志九卷圖一卷 ……… 1－114
［乾隆］臨潼縣志九卷圖一卷 ……… 1－114
［乾隆］臨潼縣志九卷圖一卷 ……… 1－194
［光緒］臨潼縣續志二卷 …………… 2－36
臨證指南醫案十卷 …………………… 1－67
臨證指南醫案十卷 ………………… 1－104
臨證指南醫案十卷種福堂公選温熱
　論醫案四卷 ……………………… 1－322
臨證指南醫案十卷續四卷 ………… 2－116
臨證指南醫案十卷續四卷 ………… 2－588
霜紅龕文四卷………………………… 2－156
霜紅龕集四十卷……………………… 1－512
霜紅龕集四十卷附錄三卷年譜一卷
　　　　　　　　　　　　　　…… 2－174
霞客遊記十三卷……………………… 2－234
霞客遊記十卷外編一卷 ……………… 2－68

霞客遊記十卷外編一卷 ……………… 2－68
霞客遊記十卷外編一卷補編一卷 …… 1－283
擬進呈楊忠愍蚺蛇膽表忠記二卷 …… 1－45
擬漢樂府八卷………………………… 1－21
豳風廣義三卷………………………… 1－95
豳風廣義三卷………………………… 2－33
豳風廣義三卷………………………… 2－302
嶺南三大家詩選二十四卷…………… 2－137
嶺南三大家詩選二十四卷…………… 2－147
嶺南三大家詩選二十四卷…………… 2－174
嶺南集八卷…………………………… 2－172
嶺南遺書六集………………………… 2－180
嶺南遺書六集五十九種……………… 1－433
嶺南遺書六集五十九種……………… 1－433
嶺南遺書第二集十一種……………… 1－433
嶺南遺書第三集十種………………… 1－433
嶺雲集六卷…………………………… 1－129
嶽雪樓書畫錄五卷…………………… 1－365
穗城潰淚不分卷……………………… 1－500
魏公譚訓十卷………………………… 2－70
魏志三十卷…………………………… 2－398
魏叔子文集外篇二十二卷日錄三卷
　詩集八卷 ………………………… 2－542
魏叔子文集外篇二十二卷日錄三卷
　詩集八卷 ………………………… 2－548
魏叔子文集外篇二十二卷日錄三卷
　詩集八卷 ………………………… 2－565
魏特進集一卷………………………… 2－563
魏書一百十四卷……………………… 1－68
魏書一百十四卷……………………… 1－109
魏書一百十四卷……………………… 1－109
魏書一百十四卷……………………… 1－201
魏書一百十四卷……………………… 1－248
魏書一百十四卷……………………… 1－248
魏書一百十四卷……………………… 1－248
魏書一百十四卷……………………… 1－451
魏書一百十四卷 ……………………… 2－88
魏書一百十四卷……………………… 2－378
魏書一百十四卷……………………… 2－379
魏書一百十四卷……………………… 2－470
魏書一百十四卷……………………… 2－547

魏書一百三十卷 ······ 1-183
魏書一百三十卷 ······ 1-190
魏書一百三十卷 ······ 1-206
魏書一百三十卷 ······ 1-206
魏書一百三十卷 ······ 1-206
魏書一百三十卷 ······ 1-206
魏書校勘記一卷 ······ 2-243
魏鄭公文集三卷詩集一卷諫續錄一卷
　　　 ······ 2-22
魏鄭公諫錄五卷 ······ 1-61
魏鄭公諫續錄二卷 ······ 1-51
魏鄭公諫續錄二卷 ······ 1-277
輿地要覽圖三十六幅 ······ 1-27
輿地紀勝二百卷 ······ 1-278
輿地紀勝二百卷 ······ 2-68
輿地紀勝二百卷 ······ 2-246
輿地紀勝二百卷補闕十卷校勘記五
　　十二卷 ······ 2-307
輿地經緯度里表一卷 ······ 1-278
輿地經緯度里表一卷 ······ 2-259
輿地經緯度里表一卷 ······ 2-319
輿地廣記三十八卷 ······ 1-52
輿地廣記三十八卷 ······ 1-278
輿地廣記三十八卷 ······ 1-280
輿地廣記三十八卷 ······ 2-572
輿地學課程不分卷戊戌遊記不分卷
　　　 ······ 1-365
輿地學課程不分卷戊戌遊記不分卷
　　　 ······ 1-365
輿地學課程不分卷戊戌遊記不分卷
　　　 ······ 1-365
輿地學課程不分卷戊戌遊記不分卷
　　　 ······ 1-365
輿地學課程不分卷戊戌遊記不分卷
　　　 ······ 1-580
輿地學課程不分卷戊戌遊記不分卷
　　　 ······ 1-580
優詔褒忠錄不分卷 ······ 1-276
儲遜庵文集十二卷 ······ 1-536
龜山先生集四十二卷 ······ 1-37
[康熙]徽州府志十八卷圖一卷 ······ 1-121

鍊石編三卷 ······ 1-363
鍊石編三卷 ······ 1-363
鍼灸大成十卷 ······ 1-75
鍼灸大成十卷 ······ 1-186
鍼灸大成十卷 ······ 1-562
鍼灸大成十卷 ······ 2-256
鍼灸大成十卷 ······ 2-342
鍼灸大成十卷 ······ 2-456
鍼灸大成十卷 ······ 2-487
鍼灸大成十卷 ······ 2-503
鍼灸大成十卷新刊銅人鍼灸經八卷 ··· 1-75
鍼灸甲乙經十二卷 ······ 1-36
鍾呂二祖師合習和情煉性功過格一
　　卷附孚右帝君心經一卷 ······ 2-426
鍾呂二祖師合習和情煉性功過格一
　　卷附孚右帝君心經一卷 ······ 2-480
[同治]鍾祥縣志二十卷附補編二卷
　　　 ······ 2-409
爵秩全覽不分卷 ······ 1-458
爵秩全覽不分卷 ······ 1-558
谿山琴況一卷 ······ 1-229
谿田文集十一卷首一卷補遺一卷續
　　補遺一卷搜遺一卷 ······ 1-402
谿田文集十一卷首一卷補遺一卷續
　　補遺一卷搜遺一卷 ······ 2-23
谿田文集十一卷首一卷補遺一卷續
　　補遺一卷搜遺一卷 ······ 2-326
臆說集二卷 ······ 1-221
鮚軒詩八卷 ······ 1-402
鮚軒詩八卷 ······ 2-459
鮚埼亭集三十八卷全謝山先生經史
　　問答十卷外編五十卷首一卷 ······ 1-536
鮚埼亭集三十八卷全謝山先生經史
　　問答十卷外編五十卷首一卷 ······ 2-21
鮚埼亭集三十八卷全謝山先生經史
　　問答十卷外編五十卷首一卷 ······ 2-548
鮚埼亭集三十八卷全謝山先生經史
　　問答十卷外編五十卷首一卷 ······ 2-548
鮚埼亭集三十八卷首一卷 ······ 1-422
鮚埼亭集三十八卷首一卷全謝山先
　　生經史問答十卷 ······ 2-133

鮚埼亭集三十八卷首一卷全謝山先
　　生經史問答十卷 ……………… 2－239

鮚埼亭集三十八卷首一卷全謝山先
　　生經史問答十卷 ……………… 2－320

鮚埼亭集三十八卷首一卷鮚埼亭集外
　　編五十卷全謝山先生經史問答十卷
　　……………………………………… 1－422

謝光祿集一卷 …………………… 2－523

謝宣城集五卷 …………………… 2－220

謝華啟秀集八卷 ………………… 2－22

謝梅莊先生遺集八卷西北域記一卷
　　……………………………………… 1－409

謝穀堂算學三種 ………………… 1－592

謝疊山公文集六卷 ……………… 1－78

謝疊山先生文章軌範七卷 ……… 1－388

謙吉堂稿一卷後編一卷續編一卷 …… 1－169

[同治]襄陽縣誌七卷首一卷 …… 2－351

氍底零箋一卷 …………………… 2－320

應制詩賦題解四卷 ……………… 1－96

應制體詩二卷 …………………… 1－101

應試唐詩說詳八卷 ……………… 1－397

應試唐詩類釋十九卷 …………… 2－296

甕牖閒評八卷 …………………… 1－51

燮堂叢書□□種 ………………… 1－522

鴻泥印記一卷 …………………… 1－500

鴻雪因緣圖記三集 ……………… 1－214

鴻雪因緣圖記三集 ……………… 1－353

鴻雪因緣圖記三集 ……………… 2－184

鴻雪因緣圖記三集 ……………… 2－300

鴻雪因緣圖記三集 ……………… 2－335

鴻雪軒尺牘六卷 ………………… 1－506

鴻雪軒尺牘六卷 ………………… 1－507

鴻雪軒尺牘四卷 ………………… 1－506

鴻蒙室叢書四種 ………………… 2－114

鴻慶居士文集四十二卷 ………… 2－163

鴻濛室文抄四卷 ………………… 2－329

鴻濛室詩鈔二十卷首一卷末一卷 …… 2－305

濬性淵源一卷 …………………… 2－210

濬性淵源一卷 …………………… 2－247

濟一子道書十二種 ……………… 2－461

濟世單方一卷 …………………… 1－478

濟急法一卷 ……………………… 2－5

濟陽綱目一百〇八卷 …………… 1－325

濟陽綱目一百〇八卷 …………… 2－587

濟陰綱目十四卷 ………………… 1－135

濟陰綱目十四卷 ………………… 2－33

濟陰綱目五卷 …………………… 1－25

濯絳宧存稿一卷 ………………… 2－500

[乾隆]濰縣志六卷首一卷末一卷 … 1－166

賽金丹四卷 ……………………… 1－524

賽金丹提綱二卷 ………………… 2－430

邃雅堂集十卷 …………………… 2－170

邃雅堂集十卷文集續編一卷 …… 2－220

邃懷堂文集四卷詩前編六卷詩後編
　　六卷詞鈔二卷駢文箋注十六卷補
　　箋一卷哀忠集三卷
　　……………………………………… 1－534

邃懷堂文集四卷詩集前編六卷後編
　　六卷駢文箋注十六卷補箋一卷哀
　　忠集初編一卷二編一卷三編一卷
　　……………………………………… 1－415

邃懷堂文集箋注十六卷 ………… 1－415

邃懷堂詩集前編六卷後編六卷小清
　　容山館詞鈔二卷 ……………… 2－277

禮表一卷 ………………………… 2－108

禮表一卷 ………………………… 2－289

禮記二十卷 ……………………… 1－87

禮記二十卷 ……………………… 1－106

禮記二十卷 ……………………… 1－203

禮記二十卷 ……………………… 1－223

禮記二十卷 ……………………… 1－226

禮記二十卷 ……………………… 1－226

禮記二十卷 ……………………… 1－226

禮記二十卷 ……………………… 2－63

禮記二十卷 ……………………… 2－219

禮記二十卷 ……………………… 2－365

禮記二十卷 ……………………… 2－365

禮記二十卷 ……………………… 2－365

禮記二十卷 ……………………… 2－365

禮記二十卷 ……………………… 2－371

禮記二十卷 ……………………… 2－396

禮記二十卷 ……………………… 2－474

禮記十卷 ………………………… 1－225

禮記十卷·······················1－225　　禮記約編五卷·················2－358
禮記十卷·······················1－226　　禮記約編五卷·················2－358
禮記十卷·······················1－226　　禮記約編五卷·················2－358
禮記十卷·······················1－226　　禮記約編五卷·················2－358
禮記十卷·······················1－226　　禮記約編五卷·················2－358
禮記十卷·······················1－445　　禮記約編五卷·················2－358
禮記十卷·······················1－446　　禮記約編五卷·················2－358
禮記十卷························ 2－63　　禮記約編五卷·················2－358
禮記十卷 ······················ 2－90　　禮記約編五卷·················2－358
禮記十卷·······················2－367　　禮記約編五卷·················2－358
禮記十卷·······················2－371　　禮記約編五卷·················2－358
禮記十卷·······················2－371　　禮記約編五卷·················2－358
禮記十卷·······················2－372　　禮記約編五卷·················2－358
禮記十卷·······················2－372　　禮記約編五卷·················2－359
禮記十卷·······················2－408　　禮記約編五卷·················2－359
禮記十卷·······················2－416　　禮記約編五卷·················2－359
禮記十卷·······················2－439　　禮記約編五卷·················2－359
禮記十卷·······················2－446　　禮記約編五卷·················2－360
禮記十卷·······················2－482　　禮記約編五卷·················2－360
禮記三十卷·····················1－445　　禮記約編五卷·················2－360
禮記大全三十卷··············1－132　　禮記約編五卷·················2－360
禮記天算釋一卷··············1－225　　禮記約編五卷·················2－360
禮記天算釋一卷··············1－443　　禮記約編五卷·················2－360
禮記心典傳本三卷 ··········· 1－88　　禮記約編五卷·················2－360
禮記心典傳本四卷 ··········· 1－15　　禮記約編五卷·················2－360
禮記初學讀本□□卷··········2－482　　禮記約編五卷·················2－360
禮記析疑四十八卷············2－307　　禮記約編五卷·················2－360
禮記述注二十八卷 ··········· 1－87　　禮記約編五卷·················2－360
禮記或問八卷··················2－321　　禮記約編五卷·················2－360
禮記易讀二卷··················2－347　　禮記約編五卷·················2－360
禮記注疏六十三卷············1－173　　禮記約編五卷·················2－360
禮記注疏六十三卷············1－441　　禮記約編五卷·················2－361
禮記注疏六十三卷············1－445　　禮記約編五卷·················2－361
禮記注疏六十三卷············2－376　　禮記約編五卷·················2－361
禮記注疏六十三卷············2－432　　禮記約編五卷·················2－361
禮記注疏六十三卷············2－441　　禮記約編五卷·················2－361
禮記要義三十三卷校勘記一卷 ······· 2－93　　禮記約編五卷·················2－361
禮記約編十卷··················2－344　　禮記約編五卷·················2－371
禮記約編五卷··················2－357　　禮記約編五卷·················2－371
禮記約編五卷··················2－358　　禮記約編五卷·················2－371
禮記約編五卷··················2－358　　禮記約編五卷·················2－371

禮記約編五卷 ……………………… 2－440
禮記約編五卷 ……………………… 2－442
禮記約編五卷 ……………………… 2－459
禮記約編五卷 ……………………… 2－518
禮記約編五卷 ……………………… 2－557
禮記約編五卷附禮記圖說五卷 …… 2－461
禮記約編五卷附禮記圖說五卷 …… 2－461
禮記訓纂四十九卷 ………………… 1－225
禮記訓纂四十九卷 ………………… 2－225
禮記旁訓六卷 ……………………… 1－540
禮記旁訓六卷 ……………………… 2－91
禮記章句四十九卷 ………………… 1－570
禮記章句四十九卷 ………………… 2－503
禮記章句四十九卷 ………………… 2－506
禮記章句四十九卷 ………………… 2－545
禮記章句四十九卷 ………………… 2－551
禮記章句四十九卷 ………………… 2－575
禮記揭要六卷 ……………………… 1－16
禮記集腋八卷 ……………………… 1－15
禮記集解六十一卷 ………………… 2－371
禮記集說十卷 ……………………… 1－186
禮記集說大全三十卷 ……………… 1－34
禮記傳十六卷 ……………………… 1－226
禮記傳十六卷 ……………………… 2－372
禮記圖說五卷 ……………………… 2－435
禮記說義纂訂二十四卷 …………… 1－180
禮記質疑四十九卷 ………………… 1－225
禮記釋文四卷 ……………………… 2－219
禮記體註四卷 ……………………… 1－88
禮部政務處合奏變通科舉章程一卷
 …………………………………… 1－465
禮書一百五十卷 …………………… 1－227
禮書一百五十卷 …………………… 1－445
禮書通故五十卷 …………………… 2－63
禮書通故五十卷 …………………… 2－204
禮書綱目八十五卷首三卷 ………… 2－25
禮書綱目八十五卷首三卷 ………… 2－92
禮堂經說二卷 ……………………… 2－310
禮經校釋二十二卷 ………………… 2－63
禮經宮室答問二卷 ………………… 2－149
禮經通論一卷 ……………………… 1－570

禮經釋例十三卷首一卷 …………… 1－227
禮經釋例十三卷首一卷 …………… 2－63
禮圖四卷禮注六卷 ………………… 1－443
禮說十四卷大學說一卷 …………… 2－190
禮器圖說五卷 ……………………… 2－344
欒隖詩存續集二十一卷 …………… 1－411
甓湖草堂文集六卷近集四卷 ……… 1－59
甓湖聯吟集七卷 …………………… 1－62
翼教叢編六卷 ……………………… 2－24
翼教叢編六卷 ……………………… 2－72
翼教叢編六卷 ……………………… 2－146
縵雅堂駢體文八卷 ………………… 1－405
縵雅堂駢體文八卷 ………………… 1－539
縵雅堂駢體文八卷 ………………… 2－216
縵雅堂駢體文八卷 ………………… 2－224
總纂升庵合集二百四十卷 ………… 2－512
繆篆分韻五卷補一卷 ……………… 1－241
繆篆分韻五卷補一卷 ……………… 2－458

十八畫

饅飣亭集三十二卷 ………………… 1－415
饅飣亭集三十二卷後集十二卷 …… 2－185
藕香零拾三十九種 ………………… 1－437
藕香零拾三十九種 ………………… 1－523
藕香零拾三十九種 ………………… 2－185
藕香零拾三十九種 ………………… 2－272
藝文備覽十二集一百二十卷補詳字
 義十四卷 ………………………… 1－240
藝文備覽補詳字義十四篇 ………… 1－566
藝文類聚一百卷 …………………… 1－6
藝文類聚一百卷 …………………… 1－15
藝文類聚一百卷 …………………… 1－47
藝文類聚一百卷 …………………… 1－499
藝舟雙楫一卷 ……………………… 1－490
藝舟雙楫一卷 ……………………… 2－292
藝舟雙楫六卷 ……………………… 1－552
藝舟雙楫論書四卷 ………………… 2－12
藝苑卮言六卷 ……………………… 1－44
藝苑捃華四十八種 ………………… 2－284
藝風堂文集七卷外篇一卷 ………… 2－226

藝風堂文集七卷外編一卷 ······ 2－158
藝風堂文續集八卷外集一卷 ······ 2－151
藝風堂金石文字目十八卷 ······ 2－71
藝風藏書記八卷續記八卷 ······ 1－547
藝海珠塵八集一百六十三種 ······ 1－240
藝海珠塵八集一百六十三種 ······ 2－27
藝海珠塵八集一百六十三種 ······ 2－89
藝海珠塵八集一百六十三種 ······ 2－138
藝棄六卷 ······ 2－134
藝棄六卷 ······ 2－145
藝棄六卷 ······ 2－179
藤花亭十種 ······ 1－559
藤華館試帖十卷 ······ 1－496
藤陰雜記十二卷 ······ 2－159
藤陰雜記十二卷 ······ 2－304
藤陰雜記十二卷 ······ 2－322
藥言隨筆三卷 ······ 2－180
藥言賸稿四卷 ······ 2－564
藥性不分卷 ······ 2－250
藥性蒙求二卷 ······ 2－241
藥性賦一卷附醫方捷徑一卷 ······ 2－428
藥師琉璃光如來本願功德經直解二卷
 ······ 1－370
擘茝書屋詩詞遺稿二卷 ······ 1－511
覆瓿集十三種 ······ 2－122
覆瓿集十三種 ······ 2－134
覆瓿集十三種 ······ 2－163
覆瓿集十三種 ······ 2－188
醫方捷徑指南二卷 ······ 2－504
醫方捷徑指南全書二卷 ······ 2－438
醫方集解三卷 ······ 1－93
醫方集解三卷 ······ 1－186
醫方集解三卷 ······ 1－562
醫方集解三卷 ······ 2－192
醫方集解三卷 ······ 2－422
醫方集解三卷 ······ 2－428
醫方集解三卷 ······ 2－585
醫方集解三卷 ······ 2－585
醫方集解三卷湯頭歌括一卷 ······ 2－494
醫方集解六卷 ······ 2－434
醫方選要十卷 ······ 2－476

醫方辨難大成三集二百〇六卷首一卷
 ······ 2－302
醫旨緒餘二卷 ······ 2－155
醫林改錯二卷 ······ 2－430
醫林改錯二卷 ······ 2－578
醫林指月十二種 ······ 1－323
醫林繩墨大會十二卷 ······ 1－551
醫林纂要探源十卷 ······ 1－326
醫門初學萬金一統要訣分類四種 ······ 1－550
醫門法律六卷 ······ 1－323
醫門法律六卷 ······ 2－153
醫門法律六卷 ······ 2－430
醫門棒喝二種 ······ 2－236
醫法心傳一卷 ······ 1－326
醫法圓通四卷 ······ 1－324
醫宗必讀十卷 ······ 2－444
醫宗必讀十卷 ······ 2－483
醫宗必讀十卷 ······ 2－494
醫宗必讀十卷 ······ 2－494
醫宗必讀十卷 ······ 2－494
醫宗必讀五十一卷首一卷 ······ 1－479
醫宗備要三卷 ······ 1－326
醫宗說約五卷 ······ 1－325
醫宗說約五卷首一卷 ······ 2－438
醫宗說約六卷 ······ 2－434
醫宗說約六卷 ······ 2－436
醫宗說約六卷 ······ 2－436
醫要集覽九種 ······ 1－25
醫砭一卷 ······ 2－60
醫原二卷 ······ 2－192
醫師秘笈二卷 ······ 1－322
醫效秘傳三卷 ······ 1－554
醫效秘傳三卷 ······ 2－235
醫效秘傳三卷 ······ 2－253
醫效秘傳三卷 ······ 2－276
醫效秘傳三卷 ······ 2－583
醫書八種 ······ 2－235
醫理真傳四卷 ······ 1－324
醫理略述二卷 ······ 1－323
醫理略述二卷 ······ 1－323
醫理略述二卷 ······ 1－323

醫略十三卷 …………… 1－325
醫貫六卷 ………………… 2－453
醫貫六卷 ………………… 2－594
醫貫砭二卷 ……………… 2－430
醫貫砭二卷 ……………… 2－455
醫貫砭二卷神農本草經百種錄一卷
　　 ……………………… 2－579
醫無閭子醫貫六卷 ……… 2－594
醫經原旨六卷 …………… 1－75
醫經溯洄集一卷 ………… 2－452
醫經讀不分卷 …………… 1－479
醫碥七卷 ………………… 1－322
醫閭先生集九卷附錄一卷 … 2－333
醫說十卷續醫說十卷 …… 1－323
醫綱提要八卷 …………… 1－326
醫醇賸義四卷 …………… 1－554
醫醇賸義四卷醫方論四卷 … 1－328
醫醇賸義四卷醫方論四卷 … 1－547
醫學一見能一卷 ………… 2－590
醫學入門七卷首一卷 …… 1－135
醫學入門七卷首一卷 …… 2－476
醫學入門七卷首一卷 …… 2－487
醫學三字經四卷 ………… 1－476
醫學切要七種 …………… 2－271
醫學心悟五卷附外科十法一卷 … 2－445
醫學白話四卷 …………… 1－426
醫學白話四卷 …………… 2－592
醫學金針八卷 …………… 1－327
醫學真傳四卷 …………… 1－478
醫學集成四卷 …………… 2－429
醫學集成四卷 …………… 2－454
醫學源流論二卷 ………… 2－488
醫學源流論二卷 ………… 2－531
醫學摘要一卷 …………… 1－480
醫學摘粹五種附二種 …… 1－552
醫學實在易八卷 ………… 1－480
醫學讀書記三卷 ………… 1－562
麗居士語錄三卷 ………… 1－373
爇餘剩草一卷 …………… 1－533
霧隱山房詩草□□卷 …… 2－292
豐川今古文尚書質疑八卷 … 1－105

豐川今古文尚書質疑八卷 … 1－105
豐川全集正集二十八卷續集二十三
　　卷江漢書院講義十卷外集四卷 … 1－511
豐川春秋原經十六卷 …… 1－571
豐川家訓節要一卷 ……… 1－589
豐川家訓節要一卷 ……… 2－118
豐川續集三十四卷 ……… 1－171
豐川續集三十四卷 ……… 1－411
豐川續集三十四卷 ……… 1－510
豐川續集三十四卷 ……… 2－21
［乾隆］豐順縣志八卷首一卷 … 2－57
叢書輯要七卷 …………… 2－289
叢書輯要七卷 …………… 2－289
叢笙齋文集六卷 ………… 2－194
叢笙齋集十四卷 ………… 1－403
叢笙齋集十四卷 ………… 1－404
叢笙齋集十四卷 ………… 1－409
叢睦汪氏遺書十九種 …… 1－513
叢睦汪氏遺書十九種 …… 2－150
叢碧山房詩初集十四卷二集六卷三
　　集十一卷四集十卷五集六卷 … 1－60
題江南曾文正公祠百詠一卷 … 2－216
題鳳館稿八卷題鳳館文稿一卷 … 1－414
題蕉館集八卷 …………… 2－291
瞻闋集虛一卷 …………… 2－296
闕里文獻考一百卷首一卷末一卷 … 1－586
闕里述聞十四卷 ………… 1－277
闕里述聞十四卷 ………… 2－69
闕里誌二十四卷 ………… 2－285
闕里誌十二卷 …………… 1－91
曠典闡幽錄四卷 ………… 1－455
曠典闡幽錄四卷 ………… 1－455
曠遊偶筆□□卷 ………… 2－291
蟲吟詩草一卷 …………… 1－421
蟲吟詩草不分卷 ………… 1－30
鵑音一卷白社詩草一卷 … 1－37
韞山堂文集八卷 ………… 2－200
韞山堂文集八卷詩集十六卷 … 2－180
韞山堂全集二十四卷 …… 2－178
韞山堂時文初集一卷二集二卷三集一卷
　　 ……………………… 1－423

韞山堂時文初集一卷二集二卷三集一卷
　　‥‥‥‥‥‥‥‥‥‥‥‥‥　2－555
韞山堂時文稿初集一卷二集一卷三
　　集一卷‥‥‥‥‥‥‥‥‥‥‥　1－520
韞山堂時文稿初集一卷二集一卷三
　　集一卷‥‥‥‥‥‥‥‥‥‥‥　1－520
韞山堂詩集十六卷‥‥‥‥‥‥‥‥　2－167
韞山堂詩集十六卷‥‥‥‥‥‥‥‥　2－200
韞山堂詩集十六卷文集八卷‥‥‥‥　1－535
韞山堂詩集十六卷文集八卷‥‥‥‥　2－143
韞光樓印譜二卷‥‥‥‥‥‥‥‥‥　1－163
穢跡金剛說神通大滿陀羅尼法術靈
　　要門經一卷‥‥‥‥‥‥‥‥‥　1－375
穢跡金剛說神通大滿陀羅尼法術靈
　　要門經一卷‥‥‥‥‥‥‥‥‥　1－375
穢跡金剛說神通大滿陀羅尼法術靈
　　要門經一卷‥‥‥‥‥‥‥‥‥　2－417
簡明中西匯參醫學圖說不分卷‥‥‥　1－426
簡易庵算稿四卷‥‥‥‥‥‥‥‥‥　2－8
簡易醫訣四卷‥‥‥‥‥‥‥‥‥‥　2－183
簡莊文鈔六卷續編二卷河莊詩鈔一卷
　　‥‥‥‥‥‥‥‥‥‥‥‥‥‥　2－164
簡莊文鈔六卷續編二卷詩鈔一卷‥‥　2－158
簡莊文鈔六卷續編二卷詩鈔一卷‥‥　2－224
簡莊綴文六卷‥‥‥‥‥‥‥‥‥‥　2－177
簡農部夢遊記一卷‥‥‥‥‥‥‥‥　1－337
簡摩集五卷‥‥‥‥‥‥‥‥‥‥‥　1－516
簡齋集十六卷‥‥‥‥‥‥‥‥‥‥　1－98
簡齋集十六卷‥‥‥‥‥‥‥‥‥‥　2－422
簡齋集十六卷‥‥‥‥‥‥‥‥‥‥　2－462
簡齋集十六卷‥‥‥‥‥‥‥‥‥‥　2－534
簡齋集十六卷‥‥‥‥‥‥‥‥‥‥　2－564
簣山堂詩鈔十二卷‥‥‥‥‥‥‥‥　2－215
雙白詞八卷詞旨一卷漱玉詞一卷‥‥　2－325
雙白燕堂文集二卷外集八卷‥‥‥‥　1－421
雙白燕堂文集二卷外集八卷‥‥‥‥　2－209
雙池文集十卷‥‥‥‥‥‥‥‥‥‥　1－420
雙池文集十卷‥‥‥‥‥‥‥‥‥‥　1－514
雙池先生年譜四卷‥‥‥‥‥‥‥‥　1－456
雙柏齋女史吟三卷‥‥‥‥‥‥‥‥　2－286
雙柏齋女史吟三卷‥‥‥‥‥‥‥‥　2－286

雙紅豆詞二卷‥‥‥‥‥‥‥‥‥‥　1－425
雙桂軒尺牘不分卷‥‥‥‥‥‥‥‥　1－509
雙桂堂稿十卷‥‥‥‥‥‥‥‥‥‥　2－22
雙桐山房詩鈔二卷‥‥‥‥‥‥‥‥　2－214
雙桐書屋詩賸一卷‥‥‥‥‥‥‥‥　1－553
雙桐書屋詩賸七卷‥‥‥‥‥‥‥‥　2－314
雙硯齋詩鈔一卷詞鈔一卷‥‥‥‥‥　1－392
雙楳景閣叢書十六種‥‥‥‥‥‥‥　1－548
雙楳景閣叢書十六種‥‥‥‥‥‥‥　2－26
雙楳景閣叢書十六種‥‥‥‥‥‥‥　2－162
雙楳景閣叢書十六種‥‥‥‥‥‥‥　2－387
雙楳景閣叢書十六種‥‥‥‥‥‥‥　2－510
雙節堂庸訓六卷‥‥‥‥‥‥‥‥‥　1－307
雙節堂庸訓六卷‥‥‥‥‥‥‥‥‥　1－307
雙節堂庸訓四卷‥‥‥‥‥‥‥‥‥　2－277
雙溪集十二卷‥‥‥‥‥‥‥‥‥‥　1－156
雙樹軒詩初稿十二卷‥‥‥‥‥‥‥　2－239
邊事彙鈔十二卷續鈔八卷‥‥‥‥‥　1－282
邊事彙鈔十二卷續鈔八卷‥‥‥‥‥　2－272
邊華泉集八卷‥‥‥‥‥‥‥‥‥‥　1－22
邊華泉集八卷稿六卷‥‥‥‥‥‥‥　1－65
歸田詩話三卷‥‥‥‥‥‥‥‥‥‥　1－67
歸田瑣記八卷‥‥‥‥‥‥‥‥‥‥　1－481
歸田瑣記八卷‥‥‥‥‥‥‥‥‥‥　2－73
歸田瑣記八卷‥‥‥‥‥‥‥‥‥‥　2－176
歸雲別集十種‥‥‥‥‥‥‥‥‥‥　1－158
歸雲別集十種‥‥‥‥‥‥‥‥‥‥　1－408
歸雲別集十種‥‥‥‥‥‥‥‥‥‥　1－494
歸雲別集十種‥‥‥‥‥‥‥‥‥‥　2－88
歸愚文鈔二十卷年譜一卷餘集七卷歸愚
　　詩鈔二十卷餘集八卷‥‥‥‥‥　1－160
歸震川先生集三十卷別集十卷附錄一卷
　　‥‥‥‥‥‥‥‥‥‥‥‥‥‥　2－101
歸震川錢牧齋尺牘合刊五卷‥‥‥‥　1－395
歸震川錢牧齋尺牘合刊五卷‥‥‥‥　2－338
歸潛堂詩粹十七卷‥‥‥‥‥‥‥‥　1－235
歸潛筆記十八卷‥‥‥‥‥‥‥‥‥　1－26
歸錢尺牘五卷‥‥‥‥‥‥‥‥‥‥　1－104
歸欙龕叢稿十二卷續編四卷‥‥‥‥　2－190
歸顧朱三先生年譜合刻三種附一種‥　2－272
鎮江剿平粵匪記二卷‥‥‥‥‥‥‥　2－85

鎮江剿平粵匪記二卷 …………… 2－208　　隴秦詩鈔三卷 …………………… 2－513
鎮安鄉土志二卷 ………………… 2－46　　彝軍紀略一卷 …………………… 1－274
［雍正］鎮安縣志三卷 ………… 1－120　　彝軍紀略一卷 …………………… 2－193
鎮安學治錄一卷 ………………… 1－588　　繙譯米利堅志四卷 ……………… 1－284
鎮城竹枝詞一卷 ………………… 2－233　　繙譯米利堅志四卷 ……………… 2－312
［道光］鎮原縣志二十二卷首一卷 …… 2－50　　織目二十三圖 …………………… 1－169
［光緒］鎮海縣志四十卷 ……… 2－415　　織錦回文詩一卷 ………………… 1－504
翻刻第七才子書六卷 …………… 1－107　　織錦回文詩一卷 ………………… 2－289
翻譯名義集選一卷 ……………… 1－375　　織錦回文詩一卷 ………………… 2－289
翻譯名義集選一卷 ……………… 1－375　　織錦回文詩一卷 ………………… 2－296
觸詠集二卷 ……………………… 1－391
謫麐堂遺集四卷 ………………… 2－133

十九畫

謫麐堂遺集四卷 ………………… 2－169
顏氏家訓二卷 …………………… 2－177　　難經經釋二卷 …………………… 1－196
顏氏家訓七卷附錄一卷補遺一卷 …… 1－210　　難經經釋二卷 …………………… 2－454
顏氏學記十卷 …………………… 2－72　　擷石齋文集二十六卷 …………… 2－215
顏料篇三卷 ……………………… 2－11　　擷石齋文集二十六卷 …………… 2－232
顏楊合璧法帖藁不分卷 ………… 2－31　　擷石齋詩集五十卷 ……………… 1－100
顏魯公文集十四卷 ……………… 1－397　　擷石齋詩集四十九卷 …………… 1－129
顏學辯八卷 ……………………… 2－25　　擷石齋詩集四十九卷 …………… 2－167
雜阿含經五十卷 ………………… 1－368　　蓬庵文鈔一卷 …………………… 2－157
雜疫證治一卷 …………………… 2－294　　勸民告示不分卷 ………………… 1－464
雜華文表三卷 …………………… 2－273　　勸戒近錄六卷續錄六卷三錄六卷四
雜病證治類方八卷 ……………… 2－207　　　錄六卷五錄六卷六錄六卷七錄六
雜病證治類方八卷 ……………… 2－593　　　卷八錄六卷九錄六卷 ……… 1－490
離憂集二卷 ……………………… 2－180　　勸戒纏足叢說一卷 ……………… 2－297
離騷一卷 ………………………… 2－330　　勸孝合編一卷 …………………… 1－376
癖談六卷 ………………………… 1－552　　勸俗篇一卷 ……………………… 2－242
癖談六卷 ………………………… 2－316　　勸捐積穀章程一卷 ……………… 1－589
爐遺集二卷 ……………………… 2－139　　勸習西文議不分卷 ……………… 2－457
爐餘錄二卷 ……………………… 1－459　　勸習西文議不分卷 ……………… 2－460
爐餘錄二卷 ……………………… 2－157　　勸善舉隅不分卷 ………………… 2－274
［同治］瀏陽縣志二十四卷 …… 2－351　　勸誡淺語十六條 ………………… 1－300
璧沼集四卷 ……………………… 2－22　　勸學篇二卷 ……………………… 1－337
［康熙］隴州志八卷首一卷 …… 1－119　　勸學篇二卷 ……………………… 1－337
［康熙］隴州志八卷首一卷 …… 1－119　　勸學篇二卷 ……………………… 1－337
［康熙］隴州志八卷首一卷 …… 1－119　　勸學篇二卷 ……………………… 1－337
［乾隆］隴州續志八卷首一卷末一卷　　勸學篇二卷 ……………………… 1－339
　　………………………………… 1－119　　勸學篇二卷 ……………………… 1－339
［乾隆］隴州續志八卷首一卷末一卷　　勸學篇二卷 ……………………… 1－339
　　………………………………… 1－119　　勸學篇二卷 ……………………… 1－342

勸學篇二卷 ……………………… 2－98

勸學篇二卷 ……………………… 2－98

勸學篇二卷 ……………………… 2－210

勸學篇二卷 ……………………… 2－447

勸學篇二卷 ……………………… 2－478

勸學篇二卷 ……………………… 2－514

勸學篇二卷 ……………………… 2－559

勸諭牧令文一卷 ………………… 2－309

勸懲交勉錄六卷 ………………… 2－212

蘇文奇賞五十卷 ………………… 1－32

蘇文忠公詩集五十卷 …………… 1－428

蘇文忠公詩集五十卷 …………… 1－428

蘇文忠公詩集五十卷 …………… 1－429

蘇文忠公詩集五十卷 …………… 1－509

蘇文忠公詩集五十卷 …………… 2－179

蘇文忠公詩集五十卷 …………… 2－300

蘇文忠公詩集五十卷 …………… 2－385

蘇文忠公詩集五十卷目錄二卷 … 2－231

蘇文忠公詩集五十卷目錄二卷 … 2－303

蘇文忠公詩集五十卷目錄二卷 … 2－332

蘇文忠公詩集擇粹十八卷 ……… 1－508

蘇文忠公詩編注集成總案四十五卷

………………………………… 1－270

蘇文忠公詩編註集成四十六卷總案四

　十五卷首一卷目錄一卷附雜綴酌存

　一卷蘇海識餘四卷賸詩圖一卷 … 1－403

蘇文忠公詩編註集成總案四十六卷

………………………………… 1－429

蘇文忠詩合註五十卷首一卷 …… 1－139

蘇文忠詩合註五十卷首一卷 …… 1－176

蘇文忠詩合註五十卷首一卷 …… 2－387

蘇文忠詩合註五十卷首一卷目錄一卷

………………………………… 1－81

蘇文忠詩合註五十卷首一卷目錄一卷

………………………………… 2－387

蘇老泉先生全集二十卷 ………… 1－125

蘇老泉先生全集二十卷附錄二卷 … 1－174

蘇老泉先生全集十六卷 ………… 1－36

蘇州名勝圖詠四卷 ……………… 2－348

[同治]蘇州府志一百五十卷首三卷

………………………………… 2－52

[同治]蘇州府志一百五十卷首三卷

………………………………… 2－52

[同治]蘇州府志一百五十卷首三卷

………………………………… 2－264

蘇沈內翰良方十卷 ……………… 1－75

蘇沈內翰良方十卷 ……………… 2－4

蘇長公小品四卷 ………………… 1－11

蘇長公合作八卷補二卷附錄一卷 … 1－32

蘇東坡尺牘八卷黃山谷尺牘十卷 … 1－506

蘇東坡全集一百十五卷 ………… 2－390

蘇東坡詩集注三十二卷 ………… 1－57

蘇東坡詩集注三十二卷 ………… 1－190

蘇東坡詩集注三十二卷 ………… 1－209

蘇亭詩話四卷 …………………… 2－76

蘇黃門龍川別志二卷 …………… 1－11

蘇黃詩詞小簡四卷 ……………… 1－386

蘇詩全集□□卷 ………………… 2－391

蘇詩全集□□卷 ………………… 2－422

蘇詩查註補正四卷 ……………… 1－504

蘇詩查註補正四卷 ……………… 2－22

蘇詩補注八卷 …………………… 1－125

蘇詩續補遺二卷 ………………… 1－81

蘇鄰遺詩二卷 …………………… 2－304

蘇盦文錄二卷駢文錄五卷詩錄八

　卷詞錄一卷 …………………… 2－183

蘇盦文錄五卷詩錄八卷詞錄一卷 … 1－532

警天雷六卷問答二卷 …………… 1－474

警書三卷 ………………………… 2－184

藹春齋初稾澹海集古體詩三卷今體

　詩五卷 ………………………… 2－586

蘊素軒詩稿四卷 ………………… 2－80

蘊愫閣詩集十二卷續集八卷文集六

　卷別集四卷琴竹山莊樂府二卷 … 1－33

麗句集六卷 ……………………… 1－18

麗廔叢書九種 …………………… 1－438

麗廔叢書九種 …………………… 1－549

礦石圖說一卷 …………………… 1－361

礦務叢鈔十二種 ………………… 1－363

礦務叢鈔十二種 ………………… 2－555

願學編二卷 ……………………… 1－28

攈古錄金文九卷 ………………… 1－298

曝書亭集二十三卷 …………………… 2－186

曝書亭集二十三卷 …………………… 2－343

曝書亭集十卷 ………………………… 2－22

曝書亭集八十卷 ……………………… 1－152

曝書亭集八十卷 ……………………… 2－206

曝書亭集八十卷附錄一卷 …………… 1－67

曝書亭集八十卷附錄一卷 …………… 1－84

曝書亭集八十卷附錄一卷 …………… 1－99

曝書亭集八十卷附錄一卷 …………… 1－127

曝書亭集八十卷附錄一卷 …………… 1－128

曝書亭集八十卷附錄一卷 …………… 1－165

曝書亭集八十卷附錄一卷 …………… 1－414

曝書亭集八十卷附錄一卷 …………… 1－515

曝書亭集八十卷附錄一卷 …………… 2－225

曝書亭集八十卷附錄一卷 …………… 2－225

曝書亭集八十卷附錄一卷 …………… 2－303

曝書亭集八十卷附錄一卷 …………… 2－332

曝書亭集外詩八卷 …………………… 2－303

曝書亭集詞注七卷 …………………… 1－516

曝書亭集詞注七卷 …………………… 2－176

曝書亭集詞注七卷 …………………… 2－343

曝書亭集詩註二十二卷年譜一卷 …… 2－141

曝書亭集詩註二十四卷年譜一卷 …… 1－532

曝書亭詞拾遺三卷 …………………… 2－159

曝書雜記二卷 ………………………… 2－116

曝書雜記三卷 ………………………… 2－83

關中文獻略一卷 ……………………… 1－455

關中文獻略一卷 ……………………… 1－475

關中水利議一卷 ……………………… 1－313

關中古蹟錄不分卷 …………………… 2－334

關中同官錄不分卷 …………………… 1－439

關中同官錄不分卷 …………………… 2－208

關中同官錄不分卷 …………………… 2－293

關中同官錄不分卷 …………………… 2－310

關中兩朝文鈔二十二卷 ……………… 1－384

關中兩朝文鈔二十二卷文鈔補六卷詩
鈔十二卷詩鈔補四卷詩鈔又補一卷
…………………………………… 1－505

關中兩朝文鈔二十二卷文鈔補六卷
詩鈔十二卷詩鈔補四卷詩鈔又補
一卷賦鈔二卷…………………… 2－398

關中兩朝文鈔二十二卷首一卷……… 2－403

關中兩朝文鈔二十二卷補六卷……… 1－393

關中兩朝文鈔補六卷………………… 1－384

關中兩朝詩鈔十二卷詩鈔補四卷賦
鈔二卷又補一卷………………… 1－560

關中兩朝詩鈔十二卷賦鈔二卷……… 1－384

關中兩朝詩鈔補四卷又補一卷……… 1－384

關中兩朝詩鈔補四卷又補一卷……… 1－393

關中金石文字存逸考十二卷首一卷
…………………………………… 1－468

關中金石文字存逸考十二卷首一卷
…………………………………… 1－552

關中金石文字存逸考十二卷首一卷
…………………………………… 1－590

關中金石文字存逸考十二卷首一卷 … 2－32

關中金石文字存逸考十二卷首一卷
…………………………………… 2－344

關中金石記八卷 ……………………… 1－73

關中金石記八卷 ……………………… 1－175

關中金石記八卷 ……………………… 1－301

關中金石記八卷 ……………………… 1－302

關中金石記八卷 ……………………… 1－552

關中金石記八卷 ……………………… 2－97

關中金石記八卷 ……………………… 2－211

關中金石記八卷附記一卷…………… 1－468

關中金石記八卷附記一卷 …………… 2－29

關中金石記八卷附記一卷 …………… 2－29

關中金石記八卷附記一卷 …………… 2－324

關中金石記八卷附記一卷札記一卷 … 2－29

關中書院大學講義一卷中庸講義一
卷論語講義四卷孟子講義三卷四
書講義補二卷勉學堂中庸講義一
卷蘭山書院課解一卷 …………… 1－22

關中書院志學齋書目一卷…………… 2－206

關中書院課士詩一卷………………… 1－509

關中書院課解五卷 …………………… 1－84

關中書院課藝一卷…………………… 1－397

關中書院課藝一卷附志學齋日記一卷
…………………………………… 1－395

關中書院課藝一卷附志學齋日記一卷
…………………………………… 1－395

關中書院課藝一卷附志學齋日記一卷
　　⋯⋯⋯⋯⋯⋯⋯⋯⋯⋯⋯ 1－395
關中書院課藝一卷附志學齋日記一卷
　　⋯⋯⋯⋯⋯⋯⋯⋯⋯⋯⋯ 2－348
關中書院課藝一卷附志學齋日記一卷
　　⋯⋯⋯⋯⋯⋯⋯⋯⋯⋯⋯ 2－485
關中書院課藝一卷附志學齋日記一卷
　　⋯⋯⋯⋯⋯⋯⋯⋯⋯⋯⋯ 2－552
關中書院學規不分卷附關中書院志
　學齋學規不分卷 ⋯⋯⋯⋯⋯⋯ 2－394
關中集不分卷 ⋯⋯⋯⋯⋯⋯⋯⋯ 1－386
關中勝蹟圖志三十卷 ⋯⋯⋯⋯ 1－50
關中道脈四種書 ⋯⋯⋯⋯⋯⋯ 1－472
關中道脈四種書 ⋯⋯⋯⋯⋯⋯ 1－592
關中漢唐存碑跋一卷 ⋯⋯⋯⋯ 2－31
關西馬氏叢書二十二種附三種 ⋯⋯ 2－116
關帝桃園明聖經註一卷 ⋯⋯⋯⋯ 2－578
關帝桃園明聖經註不分卷附錄不分卷
　　⋯⋯⋯⋯⋯⋯⋯⋯⋯⋯⋯ 2－14
關帝新諭一卷降諭一卷降筆一卷 ⋯ 2－593
關聖帝君救劫篇一卷 ⋯⋯⋯⋯ 2－417
關聖帝君寶訓一卷 ⋯⋯⋯⋯⋯ 2－589
關學原編四卷首一卷 ⋯⋯⋯⋯ 1－91
關學原編四卷首一卷 ⋯⋯⋯⋯ 1－440
關學原編四卷首一卷 ⋯⋯⋯⋯ 1－440
關學原編四卷首一卷 ⋯⋯⋯⋯ 1－592
關學原編四卷首一卷 ⋯⋯⋯⋯ 2－107
關學原編四卷首一卷 ⋯⋯⋯⋯ 2－528
關隴思危錄四卷 ⋯⋯⋯⋯⋯⋯ 1－564
疇人傳三編七卷 ⋯⋯⋯⋯⋯⋯ 1－489
疇人傳四十六卷 ⋯⋯⋯⋯⋯⋯ 1－333
疇人傳四十六卷 ⋯⋯⋯⋯⋯⋯ 1－334
疇人傳四十六卷 ⋯⋯⋯⋯⋯⋯ 1－335
疇人傳四十六卷續六卷 ⋯⋯⋯ 1－579
嚴太僕文集十二卷 ⋯⋯⋯⋯⋯ 2－184
嚴太僕先生集十二卷 ⋯⋯⋯⋯ 1－420
嚴本儀禮鄭氏注校錄一卷 ⋯⋯ 1－275
[乾隆]嚴州府志三十五卷首一卷 ⋯ 2－594
嚴州圖經八卷 ⋯⋯⋯⋯⋯⋯⋯ 2－54
[淳熙]嚴州圖經八卷 ⋯⋯⋯⋯ 2－264
嚴陵張九儀增釋地理琢玉斧巒頭歌

括不分卷 ⋯⋯⋯⋯⋯⋯⋯⋯⋯ 2－253
嚴陵張九儀增釋地理琢玉斧巒頭歌
　括不分卷 ⋯⋯⋯⋯⋯⋯⋯⋯ 2－272
轞園醫學六種 ⋯⋯⋯⋯⋯⋯⋯ 1－324
羅山遺集八種 ⋯⋯⋯⋯⋯⋯⋯ 1－440
[嘉慶]羅江縣志三十六卷 ⋯⋯⋯ 2－55
羅邽州遺文一卷 ⋯⋯⋯⋯⋯⋯ 1－51
羅昭諫集八卷 ⋯⋯⋯⋯⋯⋯⋯ 2－177
羅馬史二卷 ⋯⋯⋯⋯⋯⋯⋯⋯ 1－577
羅馬史二卷 ⋯⋯⋯⋯⋯⋯⋯⋯ 1－577
羅馬史二卷 ⋯⋯⋯⋯⋯⋯⋯⋯ 1－577
羅馬史要十三卷首一卷 ⋯⋯⋯ 1－577
羅浮倚鶴山人詩草一卷山房談玄詩
　草一卷 ⋯⋯⋯⋯⋯⋯⋯⋯⋯ 1－520
羅鄂州小集六卷 ⋯⋯⋯⋯⋯⋯ 1－51
羅鄂州小集六卷附錄一卷 ⋯⋯ 1－405
羅鄂州小集六卷附錄一卷 ⋯⋯ 1－405
羅鄂州小集六卷附錄一卷 ⋯⋯ 2－145
羅經指南撥霧集三卷 ⋯⋯⋯⋯ 2－112
羅經指南撥霧集三卷 ⋯⋯⋯⋯ 2－112
羅經指南撥霧集三卷 ⋯⋯⋯⋯ 2－418
羅經秘竅十卷 ⋯⋯⋯⋯⋯⋯⋯ 2－511
羅經頂門針二卷 ⋯⋯⋯⋯⋯⋯ 2－490
羅經發源起例十卷 ⋯⋯⋯⋯⋯ 2－564
羅經解定七卷附一卷 ⋯⋯⋯⋯ 1－554
羅豫章先生集十二卷首一卷末一卷
　　⋯⋯⋯⋯⋯⋯⋯⋯⋯⋯⋯ 1－170
羅豫章先生集十二卷首一卷末一卷
　　⋯⋯⋯⋯⋯⋯⋯⋯⋯⋯⋯ 2－110
羅豫章先生集十二卷首一卷末一卷
　　⋯⋯⋯⋯⋯⋯⋯⋯⋯⋯⋯ 2－233
羅豫章先生集十二卷首一卷末一卷
　　⋯⋯⋯⋯⋯⋯⋯⋯⋯⋯⋯ 2－238
贊生社助養拯嬰條例一卷 ⋯⋯ 1－296
籀書內篇二卷外篇二卷 ⋯⋯⋯ 2－229
籀膏述林十卷 ⋯⋯⋯⋯⋯⋯⋯ 2－117
籀膏述林十卷 ⋯⋯⋯⋯⋯⋯⋯ 2－186
籫曝雜記六卷 ⋯⋯⋯⋯⋯⋯⋯ 2－177
鯤溟先生詩集四卷奏疏一卷 ⋯⋯ 1－409
譚誤四卷 ⋯⋯⋯⋯⋯⋯⋯⋯⋯ 1－480
識字貫通法指針一卷 ⋯⋯⋯⋯ 2－525

證璧集四卷 ……………… 2－131
廬山小志二十四卷首一卷…… 2－265
廬山志十五卷 …………… 1－122
廬山志十五卷 …………… 2－533
廬山志十五卷 …………… 2－533
廬山志十五卷 …………… 2－558
廬山紀游詩一卷武夷紀游詩一卷 …… 2－27
廬陵宋丞相信國公文忠烈先生全集
　　十六卷 ………………… 1－68
廬陵宋丞相信國公文忠烈先生全集
　　十六卷 ………………… 1－98
廬陵宋丞相信國公文忠烈先生全集
　　十六卷 ………………… 1－145
廬陵周益國文忠公集十二種續刊三種
　　………………………… 1－401
廬陵周益國文忠公集十二種續刊三種
　　………………………… 2－20
廬陵歐陽文忠公全集十種 …… 1－111
廬陵歐陽文忠公全集十種 …… 2－163
癡說八卷 ………………… 1－470
韻字同異辨二卷 ………… 2－295
韻字略十二集 …………… 2－403
韻字辨同五卷 …………… 1－241
韻歧五卷 ………………… 1－59
韻歧五卷 ………………… 1－241
韻府約編二十四卷 ……… 1－243
韻府約編二十四卷 ……… 1－243
韻香閣詩草一卷 ………… 2－465
韻海大全不分卷 ………… 2－505
韻海鴛鴦十六卷 ………… 1－448
韻海鴛鴦十六卷 ………… 1－448
韻海鴛鴦十六卷 ………… 1－450
韻詁五卷附錄一卷 ……… 1－241
韻詁五卷附錄一卷 ……… 1－448
韻補五卷 ………………… 1－244
韻補五卷 ………………… 2－149
韻補五卷 ………………… 2－325
韻補正一卷 ……………… 2－149
韻彙五卷 ………………… 2－146
韻對典考二卷 …………… 1－450
韻對典考二卷 …………… 2－462

韻對典考二卷 …………… 2－530
韻學五卷 ………………… 1－36
韻學叢書三十四種題跋一卷……… 2－342
韻學蠡言舉要（丁酉圃叢書）三種 … 2－191
韻辨附文五卷 …………… 1－244
韻辨附文五卷 …………… 1－244
韻辨附文五卷 …………… 1－450
韻辨附文五卷 …………… 1－450
韻辨附文五卷 …………… 2－458
韻辨附文五卷 …………… 2－471
韻辨附文五卷 …………… 2－471
韻辨附文五卷 …………… 2－531
韻辨附文五卷 …………… 2－576
韻蘭集賦鈔六卷 ………… 2－341
懶雲樓詩草四卷 ………… 2－215
懷小編二十卷 …………… 2－161
懷小編二十卷 …………… 2－166
懷古田舍梅統十三卷 …… 2－25
懷芳記一卷 ……………… 2－248
懷星堂全集三十卷 ……… 1－406
懷清堂集二十卷首一卷 … 1－60
懷清堂集二十卷首一卷 … 1－61
懷清堂集二十卷首一卷 … 1－99
懷清堂集二十卷首一卷 … 1－101
［乾隆］懷遠縣志三卷 …… 1－41
懷潞園叢刊十四種 ……… 1－440
懷舊集十二卷續集六卷又續集二卷
　　女士詩錄一卷 ……… 1－414
懷嚳雜俎十二種 ………… 2－119
懷嚳雜俎十二種 ………… 2－283
懷嚳雜俎十二種 ………… 2－296
懷麓堂詩稿二十卷文稿三十卷詩後
　　稿十卷文後稿三十卷文續稿十卷
　　………………………… 1－82
類林新詠三十六卷 ……… 1－108
類林新詠三十六卷 ……… 1－157
類林新詠三十六卷 ……… 1－183
類林新詠三十六卷 ……… 1－206
類書纂要三十三卷 ……… 1－77
類書纂要三十三卷 ……… 1－124
類腋五十五卷 …………… 1－95

類腋五十五卷 …………………… 1－490
類腋五十五卷 …………………… 2－341
類經三十二卷 …………………… 1－28
類經三十二卷 …………………… 1－326
類經三十二卷 …………………… 2－558
類篇十五卷 ……………………… 1－174
類篇四十五卷 …………………… 1－240
類篇四十五卷 …………………… 1－240
［元貞］類編長安志十卷 ……… 1－247
類編標註文公先生經濟文衡前集二十
　五卷後集二十五卷續集二十二卷
　………………………………… 1－127
爆藥記要六卷 …………………… 1－321
爆藥記要六卷 …………………… 1－321
爆藥記要六卷 …………………… 1－379
爆藥記要六卷 …………………… 2－562
瀟碧堂集二十卷 ………………… 1－30
瀟碧堂集二十卷 ………………… 1－45
瀕湖脉學一卷 …………………… 2－431
瀕湖脉學一卷奇經八脈考一卷脈訣
　考證一卷 ……………………… 2－533
瀛舟筆談十二卷首一卷 ………… 2－72
瀛舟筆談十二卷首一卷 ………… 2－137
瀛奎律髓刊誤四十九卷 ………… 2－22
瀛奎律髓四十九卷 ……………… 1－85
瀛奎律髓四十九卷 ……………… 1－150
瀛奎律髓四十九卷 ……………… 1－185
瀛海探驪集八卷 ………………… 1－514
瀛海探驪集八卷 ………………… 1－514
瀛海探驪集八卷 ………………… 1－517
瀛海論三卷 ……………………… 1－284
瀛海論三卷 ……………………… 1－468
瀛寰瑣紀二十八卷 ……………… 2－219
瀛環志畧十卷 …………………… 1－280
瀛環志畧十卷 …………………… 1－283
瀛環志畧十卷 …………………… 1－298
瀛環志畧十卷 …………………… 2－232
瀛環志畧十卷 …………………… 2－457
瀛環志畧十卷 …………………… 2－550
瀛環志畧正集十卷續集四卷末一卷
　………………………………… 2－497
瀛環新志十卷 …………………… 2－435
瀛環新志十卷 …………………… 2－438
瀛壖雜志六卷 …………………… 2－149
繹史一百六十卷世系圖一卷年表一卷
　………………………………… 1－65
繹史一百六十卷世系圖一卷年表一卷
　………………………………… 1－70
繹史一百六十卷世系圖一卷年表一卷
　………………………………… 1－264
繹史一百六十卷世系圖一卷年表一卷
　………………………………… 1－264
繹史一百六十卷世系圖一卷年表一卷
　………………………………… 1－264
繹史一百六十卷世系圖一卷年表一卷
　………………………………… 1－268
繹史一百六十卷世系圖一卷年表一卷
　………………………………… 1－303
繹史一百六十卷世系圖一卷年表一卷
　………………………………… 2－459
繹史糾謬考八卷摭遺十八卷 …… 1－574
繹史糾謬考八卷摭遺十八卷 …… 2－506
繹志十九卷 ……………………… 1－310
繹志十九卷 ……………………… 1－310
繹志十九卷 ……………………… 1－310
繹志十九卷 ……………………… 1－310
繹志十九卷 ……………………… 2－167
繹志十九卷附劄記一卷 ………… 2－228
繪地法原一卷 …………………… 1－282
繪地法原一卷 …………………… 1－282
繪地法原一卷 …………………… 1－282
繪地法原不分卷 ………………… 1－541
繪地法原不分卷 ………………… 1－541
繪地法原不分卷 ………………… 1－541
繪地法原不分卷 ………………… 1－544
繪像列仙傳四卷 ………………… 1－343
繪像第六才子書八卷 …………… 2－340
繪詩齋集二卷附一卷 …………… 2－591
繪圖孝經讀本一卷 ……………… 1－447
繪圖綴白裘十二集四十八卷 …… 2－195
繪圖增像西遊記二十卷一百回 … 1－343
繪圖騙術奇談四卷 ……………… 1－343

繡水王氏家藏集十二種 …………… 2－137

繡虎軒尺牘二集八卷三集八卷 ……… 1－98

繡虎軒尺牘八卷 ………………… 1－98

繡像十美圖傳四十卷四十回………… 2－236

繡像古今奇觀四十卷 …………… 1－487

繡像東西漢全傳十六卷 …………… 1－493

繡像封神演義一百回 …………… 1－353

繡像風箏誤八卷三十二回 ………… 2－258

繡像飛龍全傳十二卷六十回 ……… 2－299

繡像海上繁華初集六卷二集六卷 …… 1－487

繡像閨閣英才傳三卷 …………… 1－486

繡圖平山冷燕四才子書四卷二十回

　　……………………………… 1－486

繡鐙問字圖題詞一卷皇清敕封孺人

　誥贈淑人旌表節孝顯祖妣倪太淑

　人行狀一卷 …………………… 2－242

蘭山堂詩集十五卷 …………… 1－417

蘭山課業松厓詩錄二卷 ………… 1－80

蘭山課業松厓詩錄二卷 ………… 1－96

蘭山課業松厓詩錄二卷 ………… 1－99

蘭山課業風騷補編二卷 ………… 1－80

蘭山課業詩賦約編不分卷風騷補編

　不分卷 ……………………… 1－401

蘭山課業經訓約編不分卷 ……… 2－520

[道光]蘭州府志十二卷首一卷 …… 2－259

蘭如集不分卷 ………………… 1－520

蘭言詩鈔四卷 ………………… 1－407

蘭音閣詩草二卷 ……………… 1－421

蘭室秘藏三卷 ………………… 2－434

蘭室秘藏三卷 ………………… 2－452

蘭雪堂古事苑十二卷 …………… 1－137

蘭福堂詩集一卷 ……………… 1－517

蘭臺軌範八卷 ………………… 2－427

蘭臺軌範八卷 ………………… 2－430

蘭臺軌範八卷 ………………… 2－552

蘭臺軌範八卷 ………………… 2－552

蘭閨清玩一卷 ………………… 2－311

蘭綺堂詩鈔十七卷 …………… 2－160

[乾隆]醴泉縣志十四卷圖一卷 …… 1－120

[乾隆]醴泉縣志十四卷圖一卷 …… 1－120

甌閣十二卷 …………………… 2－341

[嘉靖]耀州志十一卷 …………… 1－115

[嘉靖]耀州志十一卷 …………… 1－115

[嘉靖]耀州志十一卷 …………… 1－115

[嘉靖]耀州志十一卷 …………… 1－115

[嘉靖]耀州志十一卷 …………… 1－115

[嘉靖]耀州志十一卷 …………… 1－184

[嘉靖]耀州志十一卷 …………… 1－188

[嘉慶]耀州志十卷 …………… 2－36

闡道集十卷末一卷 …………… 2－178

闢邪錄三卷首一卷 …………… 2－211

鶡冠子三卷 …………………… 1－9

鶡冠子三卷 …………………… 1－52

鶡冠子三卷 …………………… 2－305

鶡冠子三卷 …………………… 2－565

二十畫

蠛蠓集五卷 …………………… 1－44

蠛蠓集五卷 …………………… 1－540

蠕範八卷 ……………………… 2－156

籌洋芻議一卷 ………………… 1－292

籌洋芻議一卷 ………………… 1－292

籌洋芻議一卷 ………………… 1－292

籌洋芻議一卷 ………………… 1－295

籌海圖編十三卷 ……………… 1－71

籌海蠡言一卷 ………………… 1－284

籌鄂龜鑑七卷首一卷 ………… 1－585

籌蒙芻議二卷 ………………… 1－547

籌算三卷 ……………………… 1－336

籌算分法淺釋一卷 …………… 1－355

籌算淺釋二卷 ………………… 1－488

籌算蒙學一卷 ………………… 1－355

籌辦萍鄉鐵路公牘四卷 ……… 2－12

籌辦萍鄉鐵路公牘四卷 ……… 2－12

籌辦萍鄉鐵路公牘四卷 ……… 2－12

籌濟編三十二卷首一卷 ……… 1－290

籌濟編三十二卷首一卷 ……… 2－149

籌濟編三十二卷首一卷 ……… 2－442

纂補四書大全二十卷 ………… 1－132

纂圖互註揚子法言十卷 ……… 2－333

覺世真經注證一卷 …………… 2－275

覺世經圖說四卷 ················· 2－273
覺世警言□□卷 ················· 2－592
覺生詩鈔十卷詠物詩鈔四卷詠史詩
　　鈔三卷感舊詩鈔二卷 ····· 1－413
覺華龕詩存一卷 ················· 2－77
鐔津文集十九卷首一卷 ········· 1－371
鐫京板賈公圖像水黃牛經合併大全二卷
　　···························· 2－487
鐫國朝名公翰藻超奇十四卷 ····· 1－27
鐫補雷公炮製藥性解六卷 ······· 1－557
鐘山札記四卷 ··················· 1－178
鐙味齋詩存五卷 ················· 2－224
釋氏四書箋注五卷 ··············· 1－374
釋氏書啟一卷 ··················· 1－377
釋氏稽古略四卷 ················· 1－377
釋氏稽古略四卷 ················· 2－273
釋文辯誤十二卷 ················· 1－258
釋名疏證八卷補遺一卷續釋名一卷
　　···························· 1－153
釋名疏證八卷補遺一卷續釋名一卷
　　···························· 1－153
釋名疏證八卷續釋名一卷補遺一卷
　　···························· 1－176
釋名疏證補八卷續一卷補遺一卷補
　　附一卷 ····················· 2－186
釋門真孝錄五卷 ················· 1－374
釋命一卷 ······················· 2－285
釋迦如來成道記注一卷 ··········· 2－426
釋音二十五卷 ··················· 1－111
釋穀四卷 ······················· 1－318
釋摩訶衍論十卷 ················· 2－417
釋摩訶衍論十卷 ················· 2－419
釋鑑稽古略續集三卷 ············· 1－377
釋鑑稽古略續集三卷 ············· 2－273
饒崧生先生摺譜一卷 ············· 2－259
饑民圖說一卷 ··················· 2－193
臙脂牡丹六卷 ··················· 1－507
觸藩始末三卷 ··················· 1－265
護理陝西巡撫布政使徐炘奏摺三道
　　···························· 2－343
護理陝西巡撫布政使徐炘奏摺五道

························· 2－343
譯印西文地圖招股章程不分卷 ······· 2－308
譯印西文地圖招股章程不分卷 ······· 2－308
譯印西文地圖招股章程不分卷 ······· 2－308
譯印西文地圖招股章程不分卷 ······· 2－441
譯書提要一卷 ··················· 1－334
議會政黨論四編 ················· 1－587
懺摩錄一卷 ····················· 2－198
［光緒］寶山縣志十四卷首一卷 ········ 2－51
寶古堂重修宣和博古圖錄三十卷 ····· 1－182
寶奎堂集十二卷 ················· 2－204
寶素堂時文一卷 ················· 2－313
寶閑堂集四卷末一卷 ············· 1－62
寶綸堂文鈔八卷 ················· 2－179
寶綸堂文鈔八卷詩鈔六卷 ········· 1－537
寶綸堂文鈔八卷詩鈔六卷 ········· 2－187
寶綸堂外集十二卷 ··············· 1－407
寶綸堂集十卷 ··················· 2－219
寶綸堂集十卷拾遺一卷 ··········· 2－119
寶儉齋全集七種 ················· 1－421
寶錄訓世各經文彙編四種 ········· 2－578
寶藏論一卷 ····················· 1－371
寶藏興焉十二卷 ················· 1－362
寶藏興焉十二卷 ················· 1－542
寶藏興焉十二卷 ················· 2－356
寶藏興焉十二卷 ················· 2－365
寶應貞列女錄不分卷 ············· 2－335
［乾隆］寶雞縣志十六卷 ··········· 1－180
［康熙］寶雞縣志三卷 ············· 1－40
寶雞縣脩城記一卷 ··············· 2－351
寶顏堂訂正三事遡眞一卷 ········· 1－31
寶顏堂訂正靖康緗素雜記十卷 ······· 1－100
寶顏堂祕笈六集二百二十三種 ······· 1－3
寶顏堂祕笈六集二百二十三種 ······· 1－29
寶鐵齋金石跋尾三卷 ············· 2－150
寶鐵齋金石跋尾三卷 ············· 2－150
寶存四卷 ······················· 2－190
寶存四卷 ······················· 2－207
繼雅堂詩集三十四卷 ············· 1－421
繼雅堂詩集三十四卷 ············· 1－545

二十一畫

鰲峰書院講學錄不分卷 ……………… 1－107
鰲頭通書大全十卷 ………………… 1－334
權載之文集五十卷附補刻一卷 ……… 2－300
權衡一書四十一卷 ………………… 1－5
權衡一書四十一卷 ………………… 2－131
礮法求新六卷附編一卷補編一卷圖一卷
…………………………………… 1－321
礮法求新六卷附編一卷補編一卷圖一卷
…………………………………… 1－321
礮法畫譜一卷 ……………………… 1－319
礮乘新法三卷首一卷圖一卷 ……… 1－362
礮乘新法三卷首一卷圖一卷 ……… 1－362
礮乘新法三卷首一卷圖一卷 ……… 1－362
礮學六種 …………………………… 1－331
礮學六種 …………………………… 1－331
礮學六種 …………………………… 1－331
攜雪堂文集四卷 …………………… 1－413
攜雪堂文集四卷 …………………… 2－124
攜雪堂全集五卷 …………………… 2－29
攜雪堂試帖不分卷 ………………… 2－18
儀山文集一百卷目錄二卷 ………… 1－12
儀山外集四十卷 …………………… 1－17
鐵甲叢譚五卷圖一卷 ……………… 1－314
鐵甲叢譚五卷圖一卷 ……………… 1－314
鐵甲叢譚五卷圖一卷 ……………… 1－314
鐵甲叢譚五卷圖一卷 ……………… 1－545
鐵甲叢譚五卷圖一卷 ……………… 2－321
鐵厓三種 …………………………… 1－503
鐵華館叢書 ………………………… 1－12
鐵華館叢書六種 …………………… 1－436
鐵華館叢書六種 …………………… 2－167
鐵華館叢書六種 …………………… 2－238
鐵華館叢書六種 …………………… 2－317
鐵堂詩草二卷 ……………………… 1－171
鐵堂詩草二卷 ……………………… 1－211
鐵堂詩草二卷 ……………………… 1－211
鐵船詩鈔二十一卷試律四卷樂府四卷
…………………………………… 1－393

鐵琴銅劍樓藏宋元本書目四卷 ……… 2－223
鐵路紀要三卷 ……………………… 1－354
鐵路紀要三卷 ……………………… 2－11
鐵網珊瑚二十卷 …………………… 1－140
鐵網珊瑚二十卷 …………………… 1－176
鐵網珊瑚書品十卷 ………………… 1－209
鐵網珊瑚書品十卷畫品六卷 ……… 2－12
鐵彈子靈誠精義傳心三集三卷 …… 2－112
鐵橋漫稿八卷 ……………………… 1－420
鐵橋漫稿八卷 ……………………… 2－143
鐵橋漫稿八卷 ……………………… 2－182
爛柯山志十三卷 …………………… 2－279
爛柯山志十三卷 …………………… 2－577
竈母新經不分卷 …………………… 2－590
顧氏音學五書三十八卷 …………… 1－42
顧亭林先生年譜一卷閻潛北年譜一卷
…………………………………… 1－276
顧亭林先生年譜一卷閻潛北年譜一卷
…………………………………… 2－325
顧亭林先生詩箋注十七卷 ………… 2－77
顧亭林先生詩箋注十七卷校補一卷
…………………………………… 2－169
顧亭林先生遺書十種 ……………… 2－89
顧亭林先生遺書十種 ……………… 2－174
顧亭林先生遺書十種 ……………… 2－320
顧亭林先生遺書十種補遺十一種 …… 2－84
顧華陽集三卷 ……………………… 2－198
顧鳳翔遺集不分卷 ………………… 1－514
顧端文公遺書十四種 ……………… 2－85
顧端文公遺書十四種 ……………… 2－174
鶴山文鈔三十二卷 ………………… 1－403
鶴山文鈔三十二卷 ………………… 2－131
鶴山文鈔三十二卷 ………………… 2－223
鶴山文鈔三十二卷周禮折衷四卷附
師友雅言一卷 …………………… 2－76
鶴山文鈔三十二卷周禮折衷四卷師
友雅言一卷 ……………………… 1－403
鶴山題跋七卷 ……………………… 2－336
鶴汀詩草一卷 ……………………… 1－499
鶴汀詩草一卷 ……………………… 2－153
鶴汀詩草一卷 ……………………… 2－290

鶴林寺志不分卷……………………… 2－265
鶴林寺志不分卷……………………… 2－265
鶴和樓制義一卷……………………… 1－503
鶴泉文抄二卷集李三百篇二卷……… 2－132
鶴泉文鈔續選九卷…………………… 2－437
[同治]鶴峯州志續修十四卷首一卷
………………………………………… 2－55
鶴梅詩存二卷………………………… 2－196
鶴梅詩存二卷………………………… 2－299
鶴巢詩存一卷………………………… 2－23
鶴閑草堂主人自述苦狀一卷………… 2－255
鶴徵後錄十二卷首一卷……………… 2－186
鶴徵後錄十二卷首一卷……………… 2－235
鶴徵錄八卷首一卷…………………… 2－235
鶴徵錄八卷首一卷…………………… 2－242
[光緒]蠡縣志十卷…………………… 2－33
[光緒]蠡縣志十卷…………………… 2－351
續二三場群書備考三卷……………… 1－22
續山東考古錄三十二卷首一卷……… 1－298
續天路歷程不分卷…………………… 1－377
續文章正宗復刻十二卷……………… 2－244
續文章正宗復刻十二卷……………… 2－458
續文獻通考鈔三十卷………………… 2－512
續文獻通考纂二十二卷……………… 1－460
續方言二卷…………………………… 2－191
續方言補一卷………………………… 2－191
續心影集四卷………………………… 1－469
續古文苑二十卷……………………… 1－389
續古文苑二十卷……………………… 2－224
續古文辭類纂二十八卷……………… 1－262
續古文辭類纂二十八卷……………… 1－389
續古文辭類纂二十八卷……………… 2－71
續古文辭類纂十卷…………………… 2－486
續古文辭類纂三十四卷……………… 1－386
續古文辭類纂三十四卷……………… 1－390
續古文辭類纂三十四卷……………… 1－390
續古文辭類纂三十四卷……………… 1－534
續古文辭類纂三十四卷……………… 2－243
續古文辭類纂三十四卷……………… 2－312
續古文辭類纂三十四卷……………… 2－467
續古文辭類纂三編二十八卷………… 2－188

續弘簡錄元史類編四十二卷………… 1－59
續弘簡錄元史類編四十二卷………… 1－462
續西國近事彙編二十八卷…………… 1－342
續西國近事彙編二十八卷…………… 1－342
續西學大成七十八種………………… 1－542
續同人集十七卷……………………… 1－500
續名醫類案三十六卷………………… 1－562
續近思錄十四卷……………………… 1－201
續近思錄十四卷……………………… 2－393
[嘉慶]續武功縣志五卷……………… 2－41
續東軒遺集不分卷…………………… 2－139
續知不足齋叢書二集十七種………… 2－7
續知不足齋叢書二集十七種………… 2－413
續刻呂涇野先生文集八卷首一卷…… 1－406
續刻呂涇野先生文集八卷首一卷…… 1－406
續刻呂涇野先生文集八卷首一卷…… 1－406
續刻讀史快編六十卷………………… 1－301
[乾隆]續河南通志八十卷首四卷…… 2－34
[光緒]續修井陘縣志三十六卷……… 2－34
[嘉慶]續修中部縣志四卷首一卷…… 2－36
[光緒]續修平利縣志十卷…………… 2－46
[光緒]續修平利縣志十卷…………… 2－46
[光緒]續修平利縣志十卷…………… 2－46
[光緒]續修平利縣志十卷…………… 2－46
[道光]續修咸陽縣志一卷…………… 1－115
[道光]續修咸陽縣志一卷…………… 1－115
[道光]續修咸陽縣志一卷…………… 1－167
[道光]續修咸陽縣志一卷…………… 2－380
[道光]續修咸陽縣志一卷…………… 2－380
續修楓涇小志十卷首一卷…………… 2－262
[同治]續修寧鄉縣志四十四卷首一卷
………………………………………… 2－584
[嘉慶]續修潼關廳志三卷…………… 2－40
[嘉慶]續修潼關廳志三卷…………… 2－587
[光緒]續修臨晉縣志二卷…………… 2－340
[同治]續修羅江縣志二十四卷……… 2－55
續泉匯十四卷首集一卷補遺二卷…… 2－336
續後漢書九十卷……………………… 1－247
續後漢書九十卷……………………… 2－403
續後漢書九十卷……………………… 2－559
續後漢書九十卷附札記四卷………… 1－254

續後漢書九十卷附札記四卷⋯⋯⋯⋯ 2-366
[康熙]續華州志四卷 ⋯⋯⋯⋯⋯ 1-119
[康熙]續華州志四卷 ⋯⋯⋯⋯⋯ 2-40
[康熙]續華州志四卷 ⋯⋯⋯⋯⋯ 2-44
[康熙]續華州志四卷 ⋯⋯⋯⋯⋯ 2-100
[康熙]續華州志四卷 ⋯⋯⋯⋯⋯ 2-579
續原教論二卷⋯⋯⋯⋯⋯⋯⋯⋯⋯ 1-370
續晉國垂棘六卷續二集十卷續三集
　　十卷續四集九卷 ⋯⋯⋯⋯⋯ 2-15
續唐書七十卷⋯⋯⋯⋯⋯⋯⋯⋯⋯ 1-451
續涇川叢書七種⋯⋯⋯⋯⋯⋯⋯⋯ 2-324
續通商條約章程成案彙編八卷⋯⋯ 2-521
[乾隆]續商州志十卷⋯⋯⋯⋯⋯⋯ 1-120
[乾隆]續商州志十卷⋯⋯⋯⋯⋯⋯ 1-120
續博物志十卷⋯⋯⋯⋯⋯⋯⋯⋯⋯ 1-361
續博物志十卷⋯⋯⋯⋯⋯⋯⋯⋯⋯ 2-326
[萬曆]續朝邑縣志八卷⋯⋯⋯⋯⋯ 1-117
[萬曆]續朝邑縣志八卷⋯⋯⋯⋯⋯ 1-117
[萬曆]續朝邑縣志八卷⋯⋯⋯⋯⋯ 1-117
[萬曆]續朝邑縣志八卷⋯⋯⋯⋯⋯ 1-118
[萬曆]續朝邑縣志八卷⋯⋯⋯⋯⋯ 1-118
[萬曆]續朝邑縣志八卷⋯⋯⋯⋯⋯ 1-118
[光緒]續雲南通志稿一百九十四卷
　　首六卷 ⋯⋯⋯⋯⋯⋯⋯⋯⋯ 2-56
[光緒]續雲南通志稿一百九十四卷
　　首六卷 ⋯⋯⋯⋯⋯⋯⋯⋯⋯ 2-56
[光緒]續雲南通志稿一百九十四卷
　　首六卷 ⋯⋯⋯⋯⋯⋯⋯⋯⋯ 2-262
續集漢印分韻二卷⋯⋯⋯⋯⋯⋯⋯ 1-244
續復古編四卷⋯⋯⋯⋯⋯⋯⋯⋯⋯ 1-238
續富國策四卷⋯⋯⋯⋯⋯⋯⋯⋯⋯ 1-292
續富國策四卷⋯⋯⋯⋯⋯⋯⋯⋯⋯ 1-461
續富國策四卷⋯⋯⋯⋯⋯⋯⋯⋯⋯ 1-586
續富國策四卷⋯⋯⋯⋯⋯⋯⋯⋯⋯ 2-480
[陝西武功]續補康氏族譜五卷 ⋯⋯ 2-233
續碑傳集八十六卷首二卷⋯⋯⋯⋯ 1-300
續碑傳集八十六卷首二卷⋯⋯⋯⋯ 1-455
續碑傳集八十六卷首二卷⋯⋯⋯⋯ 2-152
續資治通鑑二百二十卷⋯⋯⋯⋯⋯ 1-259
續資治通鑑二百二十卷⋯⋯⋯⋯⋯ 1-259
續資治通鑑二百二十卷⋯⋯⋯⋯⋯ 1-259

續資治通鑑二百二十卷⋯⋯⋯⋯⋯ 1-259
續資治通鑑二百二十卷⋯⋯⋯⋯⋯ 1-259
續資治通鑑二百二十卷⋯⋯⋯⋯⋯ 1-265
續資治通鑑二百二十卷⋯⋯⋯⋯⋯ 1-452
續資治通鑑二百二十卷⋯⋯⋯⋯⋯ 2-309
續資治通鑑二百二十卷⋯⋯⋯⋯⋯ 2-375
續資治通鑑二百二十卷⋯⋯⋯⋯⋯ 2-413
續資治通鑑二百二十卷⋯⋯⋯⋯⋯ 2-414
續資治通鑑二百二十卷⋯⋯⋯⋯⋯ 2-415
續資治通鑑二百二十卷⋯⋯⋯⋯⋯ 2-421
續資治通鑑二百二十卷⋯⋯⋯⋯⋯ 2-532
續資治通鑑二百二十卷⋯⋯⋯⋯⋯ 2-574
續資治通鑑二百二十卷⋯⋯⋯⋯⋯ 2-574
續資治通鑑二百二十卷⋯⋯⋯⋯⋯ 2-574
續資治通鑑二百二十卷⋯⋯⋯⋯⋯ 2-574
續資治通鑑二百二十卷⋯⋯⋯⋯⋯ 2-580
續資治通鑑二百二十卷明紀六十卷
　　外紀十卷⋯⋯⋯⋯⋯⋯⋯⋯⋯ 1-259
續資治通鑑長編五百二十卷目錄二卷
　　⋯⋯⋯⋯⋯⋯⋯⋯⋯⋯⋯⋯ 1-258
續資治通鑑長編五百二十卷目錄二卷
　　⋯⋯⋯⋯⋯⋯⋯⋯⋯⋯⋯⋯ 1-258
續資治通鑑長編五百二十卷目錄二卷
　　⋯⋯⋯⋯⋯⋯⋯⋯⋯⋯⋯⋯ 1-258
續資治通鑑長編五百二十卷目錄二卷
　　⋯⋯⋯⋯⋯⋯⋯⋯⋯⋯⋯⋯ 1-258
續資治通鑑長編五百二十卷目錄二卷
　　⋯⋯⋯⋯⋯⋯⋯⋯⋯⋯⋯⋯ 2-304
續資治通鑑長編五百二十卷目錄二卷
　　⋯⋯⋯⋯⋯⋯⋯⋯⋯⋯⋯⋯ 2-411
續資治通鑑長編拾補六十卷⋯⋯⋯ 1-259
續資治通鑑長編拾補六十卷⋯⋯⋯ 1-259
續資治通鑑長編拾補六十卷⋯⋯⋯ 2-411
續資治通鑑綱目二十七卷⋯⋯⋯⋯ 2-371
續資治通鑑綱目二十七卷⋯⋯⋯⋯ 2-382
續資治通鑑綱目二十七卷⋯⋯⋯⋯ 2-446
續資治通鑑綱目二十七卷⋯⋯⋯⋯ 2-502
續資治通鑑綱目二十七卷⋯⋯⋯⋯ 2-536
續資治通鑑綱目二十七卷⋯⋯⋯⋯ 2-558

續資治通鑑綱目二十七卷 ············ 2－595

續彙刻書目十二卷補遺一卷 ············ 1－296

續廣事類賦三十三卷 ············ 1－383

續廣事類賦三十三卷 ············ 2－373

續廣事類賦三十三卷 ············ 2－382

續廣事類賦三十三卷 ············ 2－385

[同治]續漢州志二十四卷首一卷補
　　一卷志餘一卷 ············ 2－55

續漢書志三十卷 ············ 1－451

續漢書志三十卷 ············ 2－503

續增大生要旨六卷 ············ 2－345

續增河東鹽法備覽三卷首一卷 ············ 2－237

續編資治宋元綱目大全二十七卷 ············ 1－205

續編綏寇紀略五卷 ············ 2－24

續檇李詩繫四十卷 ············ 2－174

續輯明刑圖說一卷 ············ 1－316

[同治]續輯漢陽縣志二十八卷 ············ 2－263

[同治]續輯漢陽縣志二十八卷 ············ 2－351

[嘉慶]續興安府志八卷 ············ 2－46

[嘉慶]續興安府志八卷 ············ 2－46

續藏書二十七卷 ············ 2－467

續禮記集說一百卷 ············ 1－224

續離騷不分卷 ············ 2－131

[乾隆]續耀州志十一卷 ············ 1－115

[乾隆]續耀州志十一卷 ············ 1－115

[乾隆]續耀州志十一卷 ············ 1－115

[乾隆]續耀州志十一卷 ············ 1－115

[乾隆]續耀州志十一卷 ············ 1－115

[乾隆]續耀州志十一卷 ············ 1－115

[乾隆]續耀州志十一卷 ············ 1－184

[乾隆]續耀州志十一卷 ············ 1－188

[乾隆]續耀州志十一卷 ············ 2－386

[光緒]續纂句容縣志二十卷首一卷
　　末一卷 ············ 2－393

[光緒]續纂句容縣志二十卷首一卷
　　末一卷 ············ 2－582

[同治]續纂江寧府志十五卷首一卷
　　勘誤一卷 ············ 2－51

[同治]續纂江寧府志十五卷首一卷
　　勘誤一卷 ············ 2－51

[同治]續纂揚州府志二十四卷 ············ 2－51

[同治]續纂揚州府志二十四卷 ············ 2－51

續讀史快編十五卷 ············ 1－301

二十二畫

聽雨齋詩集二十五卷別集一卷補編一卷
　　············ 2－77

聽泉遺詩三卷 ············ 2－158

聽桐廬殘草一卷附錄一卷 ············ 2－17

聽訟批稿不分卷 ············ 1－239

聽訟挈要一卷 ············ 1－464

聽訟挈要一卷 ············ 1－464

聽訟挈要一卷 ············ 1－464

聽訟挈要一卷 ············ 1－475

聽訟挈要一卷 ············ 2－448

聽訟挈要一卷 ············ 2－448

聽訟挈要一卷 ············ 2－559

聽訟挈要一卷 ············ 2－560

聽訟廬詩鈔十六卷 ············ 2－219

聽雲閣集一卷 ············ 2－525

聽鼓餘暇錄六卷 ············ 2－298

聽經閣同聲集六卷 ············ 2－32

聽潮音館詞集三卷 ············ 2－494

聽嚶堂仕林啟雋十二卷 ············ 1－508

聽嚶堂翰苑英華六卷 ············ 1－494

蘿谷文集四卷 ············ 2－300

蘿藦亭札記八卷 ············ 2－227

驚風治驗錄一卷 ············ 1－476

驚風辨證必讀書二卷 ············ 1－324

欝華閣遺集四卷 ············ 2－128

鷗陂漁話六卷 ············ 1－548

鷗陂漁話六卷 ············ 2－181

躔離引蒙二卷 ············ 1－359

躔離引蒙二卷 ············ 2－9

體仁要術一卷 ············ 1－375

體仁彙編四種 ············ 1－47

體育圖說二卷 ············ 1－329

體微齋遺編三種附一種 ············ 2－7

體微齋遺編三種附一種 ············ 2－7

穰梨館過眼錄四十卷續錄十六卷 ······ 2－159

鑄史駢言十二卷 ············ 1－502

鑄史駢言十二卷……………………… 2－236

鑄金論畧六卷 ………………………… 2－12

鑄金論畧圖一卷 ……………………… 1－345

鑄錢工藝三卷總論一卷圖一卷 ……… 1－354

鑄錢工藝三卷總論一卷圖一卷 ……… 1－354

鑄錢工藝三卷總論一卷圖一卷 ……… 1－354

鑑止水齋集二十卷 …………………… 1－409

鑑止水齋集二十卷 …………………… 2－85

鑑止水齋集二十卷 …………………… 2－128

鑑止水齋集二十卷 …………………… 2－142

鑑止水齋集二十卷 …………………… 2－225

鑑止水齋集二十卷 …………………… 2－304

鑑戒錄十卷 …………………………… 2－7

鑑略四字書一卷 ……………………… 2－243

鑑略四字書一卷 ……………………… 2－516

鑑略妥註五卷 ………………………… 1－453

鑑語經世編二十七卷 ………………… 1－392

鑑撮四卷 ……………………………… 1－574

讀左補義五十卷首一卷 ……………… 1－175

讀左補義五十卷首一卷 ……………… 1－229

讀史大畧六十卷首一卷 ……………… 1－256

讀史大畧六十卷首一卷 ……………… 2－101

讀史大畧六十卷首一卷 ……………… 2－197

讀史及幼編一卷 ……………………… 2－97

讀史方輿紀要一百三十卷 …………… 1－236

讀史方輿紀要一百三十卷 …………… 1－278

讀史方輿紀要一百三十卷 …………… 1－279

讀史方輿紀要一百三十卷 …………… 1－279

讀史方輿紀要一百三十卷 …………… 1－279

讀史方輿紀要一百三十卷 …………… 1－279

讀史方輿紀要一百三十卷 …………… 1－579

讀史方輿紀要一百三十卷 …………… 2－505

讀史方輿紀要一百三十卷 …………… 2－507

讀史方輿紀要一百三十卷 …………… 2－588

讀史方輿紀要一百三十卷方輿全圖

　總說五卷………………………… 2－417

讀史方輿紀要一百三十卷方輿全圖

　總說五卷………………………… 2－588

讀史方輿紀要一百三十卷輿圖要覽四卷

　…………………………………… 2－515

讀史方輿紀要一百三十卷輿圖要覽四卷

　…………………………………… 2－550

讀史方輿紀要一百三十卷輿圖要覽四卷

　…………………………………… 2－550

讀史方輿紀要歷代州域形勢十卷…… 1－277

讀史兵略四十六卷 …………………… 1－320

讀史兵略四十六卷 …………………… 1－320

讀史兵略四十六卷 …………………… 1－320

讀史兵略四十六卷 …………………… 1－474

讀史兵略四十六卷 …………………… 2－493

讀史兵略四十六卷 …………………… 2－510

讀史兵略四十六卷 …………………… 2－568

讀史兵略續編十卷 …………………… 1－320

讀史糾繆十五卷 ……………………… 1－548

讀史亭詩集十六卷 …………………… 1－84

讀史紀畧四卷 ………………………… 1－468

讀史紀畧四卷 ………………………… 2－326

讀史記憶說五卷 ……………………… 2－113

讀史提綱四卷 ………………………… 1－469

讀史集四卷 …………………………… 1－228

讀史碎金六卷 ………………………… 2－536

讀史碎金六卷註八十卷 ……………… 1－469

讀史碎金註八十卷 …………………… 2－433

讀史碎金註八十卷 …………………… 2－445

讀史管見三十卷目錄二卷 …………… 1－4

讀史論略一卷 ………………………… 1－469

讀史論略一卷 ………………………… 1－469

讀史論略一卷 ………………………… 1－469

讀史論略一卷 ………………………… 2－457

讀史論略一卷 ………………………… 2－474

讀史鏡古編三十二卷 ………………… 1－381

讀史鏡古編三十二卷 ………………… 1－381

讀史鏡古編三十二卷 ………………… 2－70

讀史鏡古編三十二卷 ………………… 2－188

讀四書大全說十卷 …………………… 2－503

讀四書大全說十卷 …………………… 2－540

讀四書叢說八卷 ……………………… 2－95

讀白華草堂詩初集九卷二集十二卷

　苜蓿集八卷……………………… 1－419

讀有用書齋雜著二卷 ………………… 2－161

讀杜心解六卷首二卷 ………………… 1－60

讀杜心解六卷首二卷 ………………… 1－139

讀杜心解六卷首二卷 …………………… 1－151
讀杜心解六卷首二卷 …………………… 1－153
讀杜心解六卷首二卷 …………………… 1－178
讀杜心解六卷首二卷 …………………… 1－428
讀我書齋試帖詩草不分卷 ……………… 1－500
讀我書齋應試文稿一卷 ………………… 1－510
讀近思錄一卷 …………………………… 1－556
讀易大旨五卷 …………………………… 1－132
讀易集說不分卷 ………………………… 1－218
讀易集說不分卷 ………………………… 1－218
讀易集說不分卷 ………………………… 1－441
讀易詳說十卷 …………………………… 1－42
讀易輯要淺釋三卷 ……………………… 1－217
讀例存疑五十四卷 ……………………… 2－331
讀例存疑五十四卷 ……………………… 2－558
讀孟會心記略七卷 ……………………… 2－95
讀春秋界說一卷讀孟子界說一卷 ……… 2－325
讀律心得一卷 …………………………… 2－140
讀律心得三卷 …………………………… 1－463
讀風臆補十五卷 ………………………… 1－547
讀書一得八卷 …………………………… 1－71
讀書小記十七種 ………………………… 1－76
讀書分年法程一卷 ……………………… 2－328
讀書存疑一卷 …………………………… 1－549
讀書作文譜十二卷師善誘法二卷 ……… 1－137
讀書拾遺六卷 …………………………… 1－483
讀書紀數略五十四卷 …………………… 1－76
讀書紀數略五十四卷 …………………… 1－138
讀書紀數略五十四卷 …………………… 1－338
讀書紀數略五十四卷 …………………… 1－555
讀書記疑十六卷 ………………………… 2－326
讀書記數略五十四卷 …………………… 2－126
讀書堂杜工部文集註解二卷 …………… 1－430
讀書堂杜工部文集註解二卷 …………… 1－430
讀書堂杜工部文集註解二卷 …………… 1－430
讀書堂杜工部文集註解二卷 …………… 2－75
讀書堂杜工部文集註解二卷 …………… 2－167
讀書堂杜工部文集註解二卷附錄一卷
　　　…………………………………… 1－155
讀書堂綵衣全集四十六卷 ……………… 2－80
讀書做人譜一卷 ………………………… 2－254

讀書偶存一卷 …………………………… 1－486
讀書脞錄七卷續編四卷 ………………… 2－149
讀書摘要不分卷 ………………………… 1－232
讀書樂趣八卷 …………………………… 1－471
讀書錄十一卷續錄十二卷 ……………… 1－47
讀書錄十一卷續錄十二卷 ……………… 1－93
讀書錄十一卷續錄十二卷 ……………… 1－93
讀書錄十一卷續錄十二卷 ……………… 1－136
讀書錄十一卷續錄十二卷 ……………… 2－6
讀書錄十一卷續錄十二卷行實錄五卷
　　　…………………………………… 1－93
讀書雜志八十二卷餘編二卷 …………… 1－338
讀書雜志八十二卷餘編二卷 …………… 1－338
讀書雜志八十二卷餘編二卷 …………… 1－480
讀書雜志八十二卷餘編二卷 …………… 1－531
讀書雜志八十二卷餘編二卷 …………… 2－74
讀書雜志八十二卷餘編二卷 …………… 2－102
讀書雜志八十二卷餘編二卷 …………… 2－122
讀書雜釋十四卷 ………………………… 1－530
讀書雜釋十四卷 ………………………… 2－152
讀書鏡二卷 ……………………………… 1－341
讀書鏡八卷 ……………………………… 1－341
讀書鏡八卷 ……………………………… 1－525
讀書鏡八卷 ……………………………… 2－108
讀書鏡八卷 ……………………………… 2－113
讀書續錄十二卷 ………………………… 2－462
讀通鑑綱目條記二十卷首一卷 ………… 1－261
讀通鑑論三十卷末一卷 ………………… 2－540
讀通鑑論三十卷末一卷 ………………… 2－542
讀畫齋叢書八集 ………………………… 1－478
讀畫齋叢書四十六種 …………………… 1－435
讀畫齋叢書四十六種 …………………… 2－89
讀畫齋叢書四十六種 …………………… 2－318
讀詩質疑三十一卷首十五卷 …………… 1－69
讀詩質疑三十一卷首十五卷 …………… 1－142
讀賦卮言一卷 …………………………… 2－327
讀選樓詩稿十卷 ………………………… 2－145
讀藍皮書記上海撤兵事書所見二十
　　二則不分卷 ……………………… 1－301
讀禮志疑一卷 …………………………… 2－510
讀禮志疑一卷 …………………………… 2－546

讀禮志疑六卷 ·············· 1－146
讀禮通考一百二十卷 ········ 1－65
讀禮通考一百二十卷 ········ 1－202
讀禮通考一百二十卷 ········ 1－205
讀禮通考一百二十卷 ········ 1－207
讀禮通考一百二十卷 ········ 1－226
讀禮通考一百二十卷 ········ 1－226
讀禮通考一百二十卷 ········ 1－226
讀禮通考一百二十卷 ········ 1－226
讀禮通考一百二十卷 ········ 2－92
讀禮通考一百二十卷 ········ 2－344
讀禮通考一百二十卷 ········ 2－447
讀禮通考一百二十卷 ········ 2－449
讀禮通考一百二十卷 ········ 2－453
讀禮通考一百二十卷 ········ 2－503
讀禮通考一百二十卷 ········ 2－514
讀禮叢鈔十六種 ············ 2－149
讀離騷四折 ················ 2－335
讀勸學編書後不分卷 ········ 1－336
讀讀書錄二卷 ·············· 2－241
龔安節公野古集三卷上周文襄公書一卷
 ························ 1－21
龔安節先生畫訣一卷 ········ 1－180
龔定盦文集三卷續集四卷補編四卷
 文集補一卷拾遺一卷文集詞選一
 卷年譜一卷 ·············· 1－551

二十三畫

纑塘集不分卷 ·············· 1－408
驗方新選不分卷 ············ 2－118
驗方新編十六卷 ············ 1－322
驗方新編十六卷 ············ 1－322
驗方新編十六卷 ············ 1－526
驗方新編八卷 ·············· 1－526
驗方新編八卷 ·············· 2－487
驗方新編八卷 ·············· 2－586
驗礦砂要法十節 ············ 1－358
顯志堂稿十二卷 ············ 1－412
顯志堂稿十二卷 ············ 1－412
顯志堂稿十二卷 ············ 2－118
顯志堂稿十二卷 ············ 2－143
顯志堂稿十二卷 ············ 2－220
顯志堂稿十二卷 ············ 2－252
顯志堂稿十二卷 ············ 2－537
顯志堂稿十二卷 ············ 2－551
顯密圓通成佛心要集二卷 ···· 1－373
顯揚聖教論二十卷 ·········· 1－371
麟洲雜著四卷 ·············· 2－199
[光緒]麟遊縣新志草十卷首一卷 ···· 2－42
[光緒]麟遊縣新志草十卷首一卷 ···· 2－42
[光緒]麟遊縣新志草十卷首一卷 ···· 2－42
[光緒]麟遊縣新志草十卷首一卷 ···· 2－42
[光緒]麟遊縣新志草十卷首一卷 ···· 2－42
麟臺故事五卷 ·············· 1－52
[同治]樂城縣志十四卷首一卷末一卷
 ························ 2－34
變法平議一卷 ·············· 1－339
變法奏議叢鈔不分卷 ········ 2－236
變雅堂文集八卷詩集十卷附錄二卷
 ························ 1－540
變雅堂詩文集四卷詩集十卷遺集附
 錄一卷 ·················· 2－237
變雅堂詩集十卷 ············ 2－480
變雅堂詩集十卷文集八卷附錄二卷
 ························ 2－132
變雅堂詩集十卷附錄一卷 ···· 2－555
變雅堂遺集十八卷附錄二卷詩集十
 卷文集八卷 ·············· 2－257

二十四畫

觀世音菩薩本行經二卷 ······ 2－252
觀世音菩薩得大勢菩薩受記經一卷
 ························ 2－273
觀世音救苦真經一卷太上感應篇一
 卷關聖帝君覺世真經一卷文昌帝
 君陰隲文不分卷 ·········· 2－591
觀古堂所著書十七種 ········ 1－523
觀古堂所著書十七種 ········ 2－164
觀古堂彙刻書十三種 ········ 1－436
觀古閣泉說一卷 ············ 2－29

觀古閣泉說一卷 …………………… 2－193
觀古閣叢刻四種附二種 …………… 2－234
觀古閣叢稿二卷 …………………… 2－29
觀古閣叢稿二卷 …………………… 2－310
觀自得齋叢書二十九種 …………… 1－435
觀我生室彙稿十種 ………………… 2－231
觀我生室彙稿十種 ………………… 2－304
觀物博異八卷 ……………………… 1－356
觀所緣緣論會釋一卷 ……………… 1－372
觀音十二圓覺不分卷 ……………… 2－275
觀音大士救劫勸世真言一卷 ……… 2－419
觀音夢授經一卷經解一卷 ………… 2－593
觀音濟度本願真經二卷 …………… 2－274
觀象玩占五十卷 …………………… 1－254
觀象廬叢書十九種 ………………… 2－23
觀感錄一卷 ………………………… 2－303
觀感錄一卷 ………………………… 2－424
觀聚方要補十卷 …………………… 1－329
觀齋集十六卷 ……………………… 1－405
[光緒]鹽城縣志十七卷首一卷 …… 2－584
鹽鐵論十卷 ………………………… 1－555
鹽鐵論十卷 ………………………… 1－555
靈州山人詩錄六卷 ………………… 2－589
靈芬館集十種 ……………………… 2－129
靈芬館集十種 ……………………… 2－229
靈芬館集十種 ……………………… 2－232
靈芬館集十種 ……………………… 2－323
靈芬館詩話十八卷 ………………… 2－186
靈素提要淺注十二卷 ……………… 2－324
靈峽學則一卷 ……………………… 2－13
靈峰蕅益大師梵室偶談一卷 ……… 1－373
靈峰蕅益大師選定淨土十要十卷 … 1－372
靈棋經二卷 ………………………… 2－327
[康熙]靈壽縣志十卷末一卷 ……… 1－112
[康熙]靈壽縣志十卷末一卷 ……… 1－167
[同治]靈壽縣志十卷末一卷 ……… 2－33
靈樞素問節要淺註十卷 …………… 1－480
靈樞經九卷 ………………………… 1－177
靈樵仙館詩草一卷 ………………… 2－525
靈憲書屋算草八卷 ………………… 1－348
靈隱子六卷 ………………………… 1－25

靈寶畢法三卷 ……………………… 2－191
靈鶼閣叢書五十六種 ……………… 1－434
靈鶼閣叢書五十六種 ……………… 2－150
鸁吉堂餘稿一卷 …………………… 2－331
攬青閣詩鈔二卷夢春廬詞一卷 …… 2－77
蠶外紀二卷 ………………………… 1－549
蠶尾集十卷續集二卷 ……………… 1－155
蠶尾集十卷續集二卷後集二卷 …… 1－129
蠶尾集十卷續集二卷後集二卷 …… 1－181
蠶桑合編一卷 ……………………… 2－202
蠶桑速效編一卷 …………………… 2－2
蠶桑速效編一卷 …………………… 2－2
蠶桑芻言不分卷 …………………… 1－318
蠶桑萃編十五卷首一卷 …………… 1－319
蠶桑萃編十五卷首一卷 …………… 1－319
蠶桑萃編十五卷首一卷 …………… 1－320
蠶桑萃編十五卷首一卷 …………… 1－554
蠶桑萃編十五卷首一卷 …………… 2－381
蠶桑萃編十五卷首一卷 …………… 2－443
蠶桑萃編十五卷首一卷 …………… 2－443
蠶桑萃編十五卷首一卷 …………… 2－492
蠶桑萃編十五卷首一卷 …………… 2－520
蠶桑問答二卷續編一卷 …………… 2－275
蠶桑備言一卷 ……………………… 1－558
蠶桑備要四卷附醫蠶病方一卷 …… 2－107
蠶桑備要四卷附蠶桑指誤一卷井利
　圖說一卷 ………………………… 1－318
蠶桑備要四篇 ……………………… 2－295
蠶桑備要四篇并利圖說一卷 ……… 1－476
蠶桑說畧種竹木法合刊一卷 ……… 1－476
蠶桑說畧種竹木法合刊一卷 ……… 1－476
蠶桑實濟六卷 ……………………… 2－120
蠶桑實濟六卷 ……………………… 2－177
蠶桑輯要一卷 ……………………… 1－475
蠶桑輯要一卷 ……………………… 1－564
蠶桑輯要一卷 ……………………… 2－294
蠶桑輯要三卷廣蠶桑說一卷 ……… 1－379
蠶桑輯要三卷廣蠶桑說一卷 ……… 1－379
蠶桑簡編一卷 ……………………… 2－2
艷跡編一卷 ………………………… 2－559
[康熙]衢州府志四十卷首一卷 …… 2－58

［康熙］衢州府志四十卷首一卷 …… 2－378
［康熙］衢州府志四十卷首一卷 …… 2－378
［康熙］衢州府志四十卷首一卷 …… 2－378
［康熙］衢州府志四十卷首一卷 …… 2－378
讒書五卷 …………………………… 2－108
讒書五卷 …………………………… 2－111
讒書五卷 …………………………… 2－117
［同治］贛州府志七十八卷首一卷 … 2－266
［光緒］贛榆縣志十八卷 ………… 2－68
［光緒］贛榆縣志十八卷 ………… 2－265

二十五畫

蠻書十卷 …………………………… 2－111

二十六畫

灤陽消夏錄六卷 …………………… 1－489

灤陽消夏錄六卷續錄六卷 ………… 2－292
灤陽續錄四卷 ……………………… 1－484

二十八畫

驪山集十四卷 ……………………… 1－13

二十九畫

鬱華閣遺集四卷 …………………… 1－516
鬱華閣遺集四卷 …………………… 1－521

陝西省圖書館
古籍普查登記目錄（上）

全國古籍普查登記目錄

國家圖書館出版社
National Library of China Publishing House

圖書在版編目(CIP)數據

陝西省圖書館古籍普查登記目録/陝西省圖書館編. --北京:國家圖書館出版社,2014.8
ISBN 978 - 7 - 5013 - 5376 - 7

Ⅰ.①陝… Ⅱ.①陝… Ⅲ.①古籍—圖書館目録—陝西省 Ⅳ.①Z838

中國版本圖書館 CIP 數據核字(2014)第 110268 號

書　　名	陝西省圖書館古籍普查登記目録(全三冊)
編　　者	陝西省圖書館　編
索引編製	趙　嫄　宋志英
責任編輯	趙　嫄　宋志英

出　　版　國家圖書館出版社(100034　北京市西城區文津街 7 號)
　　　　　　(原書目文獻出版社　北京圖書館出版社)
發　　行　010 - 66114536　66126153　66151313　66175620
　　　　　　66121706(傳真),66126156(門市部)
E-mail　　btsfxb@ nlc. gov. cn(郵購)
Website　www. nlcpress. com ──→投稿中心
經　　銷　新華書店
印　　裝　河北三河弘翰印務有限公司
版　　次　2014 年 8 月第 1 版第 1 次印刷

開　　本　787×1092 毫米　1/16
印　　張　95
字　　數　1600 千字

書　　號　ISBN 978 - 7 - 5013 - 5376 - 7
定　　價　850.00 圓

《全國古籍普查登記目録》

工作委員會

《全國古籍普查登記目録》

序 言

　　全國古籍普查登記工作是"中華古籍保護計劃"的首要任務,是全面開展古籍搶救、保護和利用工作的基礎,也是有史以來第一次由政府組織、參加收藏單位最多的全國性古籍普查登記工作。

　　2007年國務院辦公廳發佈《關於進一步加强古籍保護工作的意見》(國辦發[2007]6號),明確了古籍保護工作的首要任務是對全國公共圖書館、博物館和教育、宗教、民族、文物等系統的古籍收藏和保護狀況進行全面普查,建立中華古籍聯合目録和古籍數字資源庫。2011年12月,文化部下發《文化部辦公廳關於加快推進全國古籍普查登記工作的通知》(文辦發[2011]518號),進一步落實了全國古籍普查登記工作。根據文化部2011年518號文件精神,國家古籍保護中心擬訂了《全國古籍普查登記工作方案》,進一步規範了古籍普查登記工作的範圍、内容、原則、步驟、辦法、成果和經費。目前進行的全國古籍普查登記工作的中心任務是通過每部古籍的身份證——"古籍普查登記編號"和相關信息,建立古籍總臺賬,全面瞭解全國古籍存藏情况,開展全國古籍保護的基礎性工作,加强各級政府對古籍的管理、保護和利用。

　　《全國古籍普查登記工作方案》規定了全國古籍普查登記工作的三個主要步驟:一、開展古籍普查登記工作;二、在古籍普查登記基礎上,編纂出版館藏古籍普查登記目録,形成《全國古籍普查登記目録》;三、在古籍普查登記工作基本完成的前提下,由省級古籍保護中心負責編纂出版本省古籍分類聯合目録《中華古籍總目》分省卷,由國家古籍保護中心負責編纂出版《中華古籍總目》統編卷。

　　在党和政府領導下,在各地區、各有關部門和全社會共同努力下,古籍普查登記工作得以扎實推進。古籍普查已在除臺灣、港澳之外的全國各省級行政區域開展,普查内容除漢文古籍外,還包括各少數民族文字古籍,特別是於2010年分別啓動了新疆古籍保護和西藏古籍保護專項,因地制宜,開展古籍普查登記工作;國家古籍保護中心研製的"全國古籍普查登記平臺"已覆蓋到全國各省級古籍保護中心,並進一步研發了"中華古籍索引庫",爲及時展現古籍普查成果提供有力支持;截至目前,已有11375部古籍進入《國家珍貴古籍名録》,浙江、江蘇、山東、河北等省公佈了省級《珍貴古籍名録》，古籍分級保護機制初步形成。

　　《全國古籍普查登記目録》是古籍普查工作的階段性成果，旨在摸清家底，揭示館藏，反映古籍的基本信息。原則上每申報單位獨立成冊，館藏量少不能獨立成冊者，則在本省範圍内幾個館目合併成冊。無論獨立成冊還是合併成冊，均編製獨立的書名筆畫索引附於書後。著録的必填基本項目有：古籍普查登記編號、索書號、題名卷數、著者（含著作方式）、版本、冊數及存缺卷數。其他擴展項目有：分類號、批校題跋、版式、裝幀形式、叢書子目、書影、破損狀況等。有條件的收藏單位多著録的一些擴展項目，也反映在《全國古籍普查登記目録》上。目録編排按古籍普查登記編號排序，内在順序給予各古籍收藏單位較大自由度，可按分類排列古籍普查登記編號，也可按排架號、按同書名等排列古籍普查登記編號，以反映各館特色。

　　此次全國古籍普查登記工作，克服了古籍數量多、普查人員少、普查難度大等各種困難，也得到了全國古籍保護工作者的極大支持。在古籍普查登記過程中，國家古籍保護中心、各省古籍保護中心爲此舉辦了多期古籍普查、古籍鑒定、古籍普查目録審校等培訓班，全國共 1600 餘家單位參加了培訓，爲古籍普查登記工作培養了大量人才。同時在古籍普查登記工作中，也鍛煉了普查員的實踐能力，爲將來古籍保護事業發展奠定了良好的基礎。

　　《全國古籍普查登記目録》的出版，將摸清我國古籍家底，爲古籍保護和利用工作提供依據，也將是古籍保護長期工作的一個里程碑。

國家古籍保護中心

2013 年 10 月

《全國古籍普查登記目録》

編纂凡例

一、收録範圍爲我國境内各收藏機構或個人所藏,産生於 1912 年以前,具有文物價值、學術價值和藝術價值的文獻典籍,包括漢文古籍和少數民族文字古籍以及甲骨、簡帛、敦煌遺書、碑帖拓本、古地圖等文獻。其中,部分文獻的收録年限適當延伸。

二、以各收藏機構爲分册依據,篇幅較小者,適當合併出版。

三、一部古籍一條款目,複本亦單獨著録。

四、著録基本要求爲客觀登記、規範描述。

五、著録款目包括古籍普查登記編號、索書號、題名卷數、著者、版本、册數、存缺卷等。古籍普查登記編號的組成方式是:省級行政區劃代碼—單位代碼—古籍普查登記順序號。

六、以古籍普查登記編號順序排序。

七、編製各館藏目録書名筆畫索引附於書後,以便檢索。

《陝西省圖書館古籍普查登記目録》

編委會

《陝西省圖書館古籍普查登記目録》

前　言

　　《陝西省圖書館古籍普查登記目録》經國家古籍保護中心審核,就要由國家圖書館出版社出版了,對於陝西省圖書館來説,這是一件非常重要的事情,也是很久以來我們的心願,我們額手稱快。

　　回想陝西省圖書館成立一百多年以來的歷史,基於清廷頒發、本省調撥、各省互調,以及本館購置、接受社會捐贈等方式,歷經幾代館長的恪職盡責,含辛茹苦,積累了 34 萬多冊館藏古籍。在這其中,宋元佳刻,堪稱書林寶愛,明清珍品孤罕,更是琳瑯滿目。怎樣把這些館藏珍品揭示出來,呈現給讀者,就成了一個很重要的問題。在陝西省圖書館的歷史上,曾經有過兩次館藏古籍目録的編纂,一次是 1935 年機製紙印本,另一次是建國初手寫善本書目。機製紙印本酸化脆爛嚴重,手寫本衹包括極少的一部分古籍,兩者均不能涵蓋後來增添的古籍。由於規範標準的不夠細緻,信息量的不完整、不充分,以及所編書本式目録存在着筆誤所造成的錯訛等等,使陝西省圖書館藏珍貴古籍一直不能快捷地展現給文獻研究者和使用者,館藏文獻的開發和利用自然受到了很大程度的制約。正是基於此,陝西省圖書館一直以來想要編纂一部館藏古籍書目,一是便於爲讀者服務,二是清理館藏家底。但考慮到科學性、先進性,以及統一的標準、規範和檢索手段等等因素,一拖再拖,沒有舉措。

　　適逢此時,中華古籍保護計劃開始實施,國家古籍保護中心組織專業人員研製了"全國古籍普查登記平臺"軟件,制定了普查著録的標準、規範,既方便快捷,又整齊劃一。在這樣的大好形勢下,陝西省圖書館特藏部全體工作人員,按照全國古籍普查項目内容,全力以赴,完成了館藏古籍登記目録著録任務,摸清了家底。其中善本古籍 2975 部 43722冊,四級以上普通古籍 19609 部 194173 冊,其餘爲不入級古籍和影印古籍。這些數據的完整著録,爲本館古籍普查登記目録的編輯出版奠定了基礎。此次編入古籍普查登記目録的數據爲 20529 條。

　　陝西省圖書館的古籍普查登記目録歷經款目著録和審校兩個階段。首先,在款目著

1

録方面力求做到信息登記客觀、準確、明晰,爲兼顧"全國古籍普查登記平臺"的著録工作,先將館藏全部古籍數據按照古籍平臺著録規範著録到平臺上,再利用平臺數據導出功能,把數據批量導出爲 Excel 古籍目録。其次,審校 Excel 古籍目録,側重在登記目録文字的準確性和款目著録格式的規範性,避免内容出現"硬傷"。一校嚴格參照《全國古籍普查登記手册》中的附録一《漢文古籍著録規則》進行,同時删除了不屬於此次古籍普查登記目録範圍,如民國書籍、域外鈔寫和印製的中國古籍或重複著録的數據等。二校按照國家古籍保護中心最新發佈的《全國古籍普查登記目録審校要求》中的審校細則和《古籍普查登記表格整理規範》進一步完善。

依此標準和規範,《陝西省圖書館古籍普查登記目録》編排審校完成以後,經過國家古籍保護中心審核,符合出版要求,被列入首批全國古籍登記目録出版單位,這是我們辛勤工作的結晶,也爲陝西省圖書館建成館藏古籍書目數據庫夯實了基礎。對於陝西省圖書館來説,這是一件很重要、很有意義的大事,可喜可賀。

陝西省圖書館
2013 年 10 月

總 目 録

上冊

《陝西省圖書館古籍普查登記目録》編委會 ……………………………………………… 1
《陝西省圖書館古籍普查登記目録》前言 ………………………………………………… 1
610000 – 1001 – 0000001 至 0010323(古籍普查登記編號)…………………………… 1

中冊

610000 – 1001 – 0010324 至 0020529(古籍普查登記編號)…………………………… 1

下冊

書名筆畫字頭索引 …………………………………………………………………………… 1
書名筆畫索引 ………………………………………………………………………………… 23

610000－1001－0000001　善

磧砂藏六千三百六十二卷　宋刻元補明遞修本　五千一百二十七冊　六行十七字　存五千六百四十六卷

610000－1001－0000002　善

欽定古今圖書集成一萬卷目錄四十卷　（清）陳夢雷　（清）蔣廷錫纂修　清雍正四年(1726)內府銅活字印本(總目卷一至二、方輿彙編職方典卷八百九十七至八百九十八、博物彙編藝術典卷五百八十五至六百二十、博物彙編草木典卷二百三十三至二百三十四、二百六十一至二百六十二配清光緒十年抄本)　四千六百五十二冊　九行二十字小字雙行同白口四周雙邊　存九千三百〇四卷

610000－1001－0000003　善0000001

昌谷集四卷　（唐）李賀著　（明）曾益釋　明末刻本　四冊　九行二十字小字雙行同白口四周單邊

610000－1001－0000004　善0000001

六經圖六卷　（清）王皓校　清乾隆五年(1740)向山堂刻本　十二冊　行數不等字數不等白口四周單邊

610000－1001－0000005　善0000002

韋蘇州集十卷　（唐）韋應物撰　明刻朱墨印本　四冊　八行十八字白口四周單邊

610000－1001－0000006　善0000003

分類補註李太白詩二十五卷　（唐）李白撰（宋）楊齊賢集注　（元）蕭士贇補注　**分類編次李太白文五卷**　（唐）李白撰　明嘉靖二十二年(1543)郭雲鵬寶善堂刻本　十六冊　八行十七字小字雙行同白口左右雙邊

610000－1001－0000007　善0000004

孟東野詩集十卷附錄一卷　（唐）孟郊著　明嘉靖三十五年(1556)秦禾刻本　二冊　九行十八字小字雙行同白口四周單邊

610000－1001－0000008　善0000005

元白長慶集　（明）馬元調輯　明萬曆刻本　八冊　十行二十一字白口左右雙邊

610000－1001－0000009　善0000006

中唐十二家詩集　（明）蔣孝輯　明萬曆四十年(1612)金陵書坊王世茂刻本　十冊　九行十九字白口四周雙邊　存九種

610000－1001－0000010　善0000007

空同子集六十六卷目錄三卷附錄二卷　（明）李夢陽撰　（明）鄧雲霄校　明萬曆三十年至三十一年(1602－1603)鄧雲霄刻本　十二冊　十行二十字白口左右雙邊

610000－1001－0000011　善0000008

唐人三家集　（明）張遜業校正　明嘉靖三十一年(1552)江都黃墫刻本　六冊　九行十九字小字雙行同白口四周雙邊

610000－1001－0000012　善0000008

國學講義二卷　（清）王蘭生著　（清）劉紹攽校訂　清乾隆八年(1743)刻本　二冊　九行二十字白口四周雙邊

610000－1001－0000013　善0000010

賈太傅新書十卷　（漢）賈誼撰　（明）何孟春訂注　明正德十四年(1519)刻本　二冊　十行二十字小字雙行同白口四周單邊　存五卷(一至五)

610000－1001－0000014　善0000011

活幼便覽一卷　（明）劉錫撰　明刻本　二冊　九行二十一字白口四周雙邊

610000－1001－0000015　善0000013

山海經十八卷　（晉）郭璞傳　（明）吳琯校　明刻本　二冊　十行二十字小字雙行同白口左右雙邊

610000－1001－0000016　善0000014

方氏墨譜六卷　（明）方于魯撰　（明）丁雲鵬繪　明萬曆方氏美蔭堂刻本　四冊　行數不等字數不等白口四周單邊　存四卷(一至四)

610000－1001－0000017　善0000015

弗措山房詩存不分卷　（清）趙德巽著　清稿本　三冊　十二行字數不等

610000－1001－0000018　善0000016

石墨鐫華八卷 （明）趙崡撰 明萬曆四十六年(1618)刻本 四冊 八行十八字白口四周單邊

610000－1001－0000019 善0000017

石墨鐫華八卷 （明）趙崡撰 明萬曆四十六年(1618)刻本 四冊 八行十八字白口四周單邊

610000－1001－0000020 善0000020

玉坡張先生黃花集七卷 （明）張原著 （明）馬理評點 明正德刻本 二冊 十行二十一字白口左右雙邊 存三卷(三至四、七)

610000－1001－0000021 善0000021

楚辭八卷 （宋）朱熹集注 （明）蔣之翹評校 明天啟六年(1626)刻本 四冊 九行二十一字小字雙行同白口四周單邊

610000－1001－0000022 善0000022

兵垣四編四卷附四種四卷 （明）閔聲編 明天啟元年(1621)閔氏刻朱墨印本 五冊 九行十八字白口四周單邊

610000－1001－0000023 善0000024

楚辭新註八卷 （清）屈復評註 清乾隆三年(1738)刻本 四冊 九行二十字小字雙行同白口四周雙邊

610000－1001－0000024 善0000025

遜國忠紀十八卷 （明）周鑣編 明崇禎六年(1633)刻本 四冊 九行二十字白口四周單邊

610000－1001－0000025 善0000026

國語十六卷 （三國吳）韋昭解 （宋）宋庠補音 明刻本 五冊 九行二十字小字雙行同白口左右雙邊

610000－1001－0000026 善0000027

歌詩編四卷集外詩一卷 （唐）李賀著 明末汲古閣刻本 一冊 十二行二十字上下黑口左右雙邊

610000－1001－0000027 善0000028

滄溟先生集三十卷 （明）李攀龍撰 附錄一

卷 （明）張弘道等校 明隆慶六年(1572)刻本 十六冊 十行二十字白口左右雙邊

610000－1001－0000028 善0000029

漢制考四卷 （宋）王應麟著 明崇禎毛氏汲古閣刻本 二冊 八行十九字白口左右雙邊

610000－1001－0000029 善0000030

周禮十二卷 （漢）鄭玄註 明萬曆刻本 六冊 八行十七字小字雙行同白口四周雙邊

610000－1001－0000030 善0000031

御製文三集暨餘集不分卷 （清）王杰輯 清稿本 八冊 八行二十一字小字雙行同

610000－1001－0000031 善0000032

皇明玉曆祥異賦圖注類纂十五卷 （明）□□繪撰 清彩繪本 十五冊 九行十字白口四周雙邊

610000－1001－0000032 善0000033

重修正文對音捷要真傳琴譜大全十卷 （明）楊表正撰 明萬曆十三年(1585)金陵富春堂刻本 五冊 十行二十四字小字雙行不等白口四周雙邊

610000－1001－0000033 善0000034

桯史十五卷附錄一卷 （宋）岳珂撰 （明）毛晉訂 明崇禎毛氏汲古閣刻本 五冊 八行十九字白口左右雙邊

610000－1001－0000034 善0000034

十三經註疏 （□）□□輯 明崇禎十二年(1639)毛氏汲古閣刻本 一百十三冊 九行二十一字小字雙行同白口左右雙邊

610000－1001－0000035 善0000035

新刊文選後集批評十四卷 （南朝梁）蕭統選輯 （明）郭正域批評 明萬曆刻本 十四冊 九行十八字小字雙行同白口四周單邊

610000－1001－0000036 善0000037

名賢書札不分卷 （清）何紹基等書 （清）王步瀛輯 清末稿本 一冊 行數不等字數不等

610000－1001－0000037 善0000038

琴譜合璧二種　(明)楊掄輯　明萬曆三十七年(1609)刻本　六冊　八行十六字小字雙行不等白口四周雙邊

610000－1001－0000038　善0000039
大明成化丁亥重刊改併五音類聚四聲篇十五卷　(金)韓孝彥　(金)韓道昭編　明成化三年(1467)刻本　五冊　十行十七至二十字不等小字雙行二十二至二十九字不等上下黑口四周雙邊

610000－1001－0000039　善0000041
輟耕錄三十卷　(明)陶宗儀撰　清廣文堂刻本　十冊　十行二十一字小字雙行同白口左右雙邊

610000－1001－0000040　善0000042
津逮祕書一百四十一種　(明)毛晉輯　明崇禎虞山毛氏汲古閣刻本　二冊　九行十九字小字雙行同白口左右雙邊　存四種

610000－1001－0000041　善0000043
津逮祕書一百四十一種　(明)毛晉輯　明崇禎虞山毛氏汲古閣刻本　三冊　九行十九字小字雙行同白口左右雙邊　存三種

610000－1001－0000042　善0000044
元包經傳五卷　(北周)衛元嵩述　(唐)蘇源明傳　(唐)李江注　元包數總義二卷　(明)張行成述　明天啟六年(1626)刻本　四冊　九行二十字小字雙行同白口四周單邊

610000－1001－0000043　善0000045
奇門遁甲秘要二卷　(明)甘霖撰　明萬曆刻本　四冊　九行十九字白口四周單邊

610000－1001－0000044　善0000046
韓非子二十卷　(戰國)韓非撰　明萬曆十年(1582)刻本　八冊　九行十九字小字雙行同白口四周單邊

610000－1001－0000045　善0000047
天恩存問錄前集一卷後集一卷續集一卷附錄一卷　(明)王承裕輯　明刻清道光十八年(1838)補刻本　二冊　九行十八字白口四周雙邊

610000－1001－0000046　善0000048
寶顏堂祕笈六集二百二十三種　(明)陳繼儒輯　明萬曆繡水沈氏刻本　一冊　九行十八字白口左右雙邊　存三種

610000－1001－0000047　善0000050
管子二十四卷　(春秋)管仲撰　(唐)房玄齡註釋　(唐)劉績增註　(明)朱長春通演　(明)沈鼎新　(明)朱養純參評　(明)朱養和輯訂　明天啟五年(1625)朱養純花齋刻本　六冊　九行二十字白口四周單邊

610000－1001－0000048　善0000050
經訓約編十四種詩賦約編一種　(清)盛元珍撰　清乾隆四十二年(1777)刻本　十二冊　十行二十五字白口四周雙邊　存十三種詩賦約編一種

610000－1001－0000049　善0000051
韓文公文抄十六卷　(唐)韓愈撰　(明)茅坤評　明刻朱墨印本　八冊　九行二十字白口四周單邊

610000－1001－0000050　善0000051
經訓約編十四種　(清)盛元珍撰　清乾隆四十二年(1777)刻本　八冊　十行二十五字白口四周雙邊　存九種

610000－1001－0000051　善0000052
聖賢像贊三卷　(明)呂維祺輯　明崇禎五年(1632)刻本　四冊　十行十九字小字雙行同白口左右雙邊

610000－1001－0000052　善0000052
經訓約編十四種　(清)盛元珍撰　清乾隆刻本　六冊　十行二十五字白口四周雙邊　存九種

610000－1001－0000053　善0000053
說學齋稿不分卷　(明)危素著　清抄本　二冊　九行二十一字

610000－1001－0000054　善0000053
省吾堂四種　(清)蔣光弼輯　古文尚書考二卷　(清)惠棟撰　清乾隆刻本　十二冊　十行二十一字小字雙行同粗黑口間白口左右雙邊

610000－1001－0000055　善0000054

讀史管見三十卷目録二卷　（宋）胡寅著　明崇禎八年(1635)張溥刻本　十冊　九行二十一字白口左右雙邊

610000－1001－0000056　善0000055

止止齋集七十卷　（明）沈演撰　明末刻本　六冊　八行十七至十八字白口四周單邊　存二十四卷（一至六、二十六至三十一、五十八至六十九）

610000－1001－0000057　善0000057

石鼓文正誤四卷　（明）陶滋撰　明嘉靖十二年(1533)錢貢刻本　二冊　三至九行四至二十字小字雙行二十字白口四周單邊

610000－1001－0000058　善0000058

東坡先生全集七十五卷　（宋）蘇軾撰　明末文盛堂刻本　三十二冊　十行十九字白口左右雙邊

610000－1001－0000059　善0000059

滄溟先生集三十卷附録一卷　（明）李攀龍撰　明隆慶六年(1572)刻本　十二冊　十行二十字白口左右雙邊

610000－1001－0000060　善0000060

方氏墨譜六卷　（明）方于魯撰　明萬曆方氏美蔭堂刻本　四冊　行數不等字數不等白口四周單邊

610000－1001－0000061　善0000061

說文解字十二卷　（漢）許慎撰　（南唐）徐鍇校　明萬曆二十六年(1598)陳大科刻本　六冊　七行十四字小字雙行二十字上下黑口四周雙邊

610000－1001－0000062　善0000062

黃帝內經素問註證發微九卷　（明）馬蒔撰　明萬曆刻本　八冊　十行二十二字小字雙行同白口四周雙邊

610000－1001－0000063　善0000063

二曲集二十六卷　（清）李顒撰　（清）王心敬輯　清康熙四十四年(1705)刻本　八冊　九行二十字白口四周雙邊

610000－1001－0000064　善0000064

詞致録十六卷　（明）李天麟輯　明萬曆十五年(1587)刻本　七冊　十行二十字白口四周單邊

610000－1001－0000065　善0000065

時物典彙二卷　（明）李日華輯　（明）魯重民補訂　明末刻本　一冊　九行二十字白口四周單邊　存一卷（上）

610000－1001－0000066　善0000066

野客叢書三十卷附録一卷　（宋）王楙撰　明刻本　九冊　九行二十字白口四周單邊

610000－1001－0000067　善0000067

紹興內府古器評二卷　（宋）張掄撰　明崇禎毛氏汲古閣刻本　一冊　八行十九字白口左右雙邊

610000－1001－0000068　善0000068

南華眞經副墨八卷讀南華眞經雜說一卷　（明）陸西星述　明萬曆六年(1578)李齊芳刻本　十六冊　九行十八字白口四周單邊

610000－1001－0000069　善0000069

重修正文對音捷要真傳琴譜大全十卷　（明）楊表正撰　明萬曆十三年(1585)金陵富春堂刻本　四冊　十行二十四字白口四周雙邊　存八卷（一至八）

610000－1001－0000070　善0000070

老學庵筆記十卷　（宋）陸游著　（明）諸葛元聲校　明刻本　一冊　九行二十字白口四周單邊

610000－1001－0000071　善0000070

仿宋相臺五經附考證五種　（宋）岳珂輯　清乾隆四十八年(1783)武英殿刻本　三十三冊　八行十七字小字雙行同白口四周單邊

610000－1001－0000072　善0000071

痘疹世醫心法十二卷痘疹格致要論十一卷附痘疹碎金賦一卷　（明）萬全著　明嘉靖二十八年(1549)刻本　六冊　十行二十字白口四周雙邊

610000 – 1001 – 0000073　善 0000072

新刊仁齋直指附遺方論二十六卷　（宋）楊士瀛撰　（明）朱崇正補遺　明嘉靖二十九年(1550)朱崇正刻本　二冊　十四行二十四字小字雙行同白口四周單邊　存四卷(二十三至二十六)

610000 – 1001 – 0000074　善 0000073

李氏焚書六卷　（明）李贄撰　明刻本　六冊　九行二十字白口四周單邊

610000 – 1001 – 0000075　善 0000075

大佛頂如來密因修證了義諸菩薩萬行首楞嚴經十卷　題（唐）釋般剌密帝　（唐）釋彌伽釋迦譯　（元）釋惟則會解　明敬義堂刻本　五冊　九行二十字白口四周單邊

610000 – 1001 – 0000076　善 0000076

韓非子二十卷　（戰國）韓非著　明萬曆周孔教刻本　八冊　八行十四字上下黑口四周雙邊

610000 – 1001 – 0000077　善 0000077

登壇必究四十卷　（明）王鳴鶴編輯　明萬曆二十七年(1599)刻本　三十二冊　十行二十字小字雙行同白口四周雙邊

610000 – 1001 – 0000078　善 0000078

歐陽文忠公新唐書抄二卷五代史抄二十卷　（明）茅坤批評　明末刻本　五冊　九行二十字白口四周單邊

610000 – 1001 – 0000079　善 0000079

選擇叢書集要五種　（明）江之棟輯　明崇禎五年(1632)尚白齋刻本　五冊　十行二十一字白口四周單邊

610000 – 1001 – 0000080　善 0000081

南極篇二十二卷　（明）文祥鳳著　明萬曆刻本　十冊　九行二十字白口四周單邊　存十八卷(一至十八)

610000 – 1001 – 0000081　善 0000082

書牘六卷　（明）熊廷弼撰　（明）鄭元士重校　明廣陵汪修能刻本　八冊　十行二十二字白口四周單邊

610000 – 1001 – 0000082　善 0000084

甲子會紀五卷　（明）薛應旂編集　（明）陳仁錫評閱　明嘉靖三十八年(1559)刻本　四冊　八行十八字小字雙行同白口四周單邊

610000 – 1001 – 0000083　善 0000085

建文書法儗前編一卷正編二卷附編二卷　（明）朱鷺撰　明萬曆刻本　二冊　七行十七字小字雙行同白口四周單邊

610000 – 1001 – 0000084　善 0000087

漢隸字源五卷碑目一卷附字一卷　（宋）婁機撰　明末毛氏汲古閣刻本　五冊　五行字數不等白口左右雙邊　缺一卷(上平聲)

610000 – 1001 – 0000085　善 0000087

權衡一書四十一卷　（清）王植輯錄　清乾隆刻本　二十四冊　十行二十一字小字雙行同白口四周單邊

610000 – 1001 – 0000086　善 0000089

五倫書六十二卷　（明）宣宗朱瞻基撰　明正統十二年(1447)內府刻本　十六冊　九行十八字上下黑口四周雙邊　缺三卷(十八、二十一、二十八)

610000 – 1001 – 0000087　善 0000090

新刻古今玄屑八卷　（明）王家佐選評　明萬曆二十三年(1595)金陵書坊嘉賓堂周氏刻本　六冊　九行二十字白口四周單邊

610000 – 1001 – 0000088　善 0000092

元曲選十集　（明）臧懋循編　明萬曆臧氏雕蟲館刻本　四十冊　九行二十字小字雙行同白口左右雙邊

610000 – 1001 – 0000089　善 0000093

忠愍公詩集三卷文集一卷　（宋）寇準撰　明嘉靖十四年(1535)刻清道光十八年(1838)補刻本　一冊　八行十八字白口左右雙邊

610000 – 1001 – 0000090　善 0000093

經典釋文三十卷　（唐）陸德明撰　清康熙通志堂刻本　十冊　十一行十七字小字雙行二十二字白口左右雙邊

610000－1001－0000091　善0000094
程氏墨苑十四卷墨苑人文爵里九卷　(明)程大約撰　明萬曆程氏滋蘭堂刻本　二十二册　行數不等字數不等白口四周單邊　缺一卷(墨苑人文爵里六)

610000－1001－0000092　善0000095
重修宣和博古圖錄三十卷　(宋)王黼等撰　明萬曆七年(1579)于承祖刻崇禎九年(1636)于道南補修本　十六册　八行十七字白口四周單邊

610000－1001－0000093　善0000096
重刊增補論策全題性理集要八卷　(明)郝孔昭編輯　明萬曆十一年(1583)金陵書林唐廷仁刻本　二册　十五行二十八字白口四周雙邊

610000－1001－0000094　善0000097
月令廣義二十四卷首一卷附錄一卷　(明)馮應京輯　(明)戴任增釋　明萬曆三十年(1602)秣陵陳邦泰刻本　十二册　九行二十字小字雙行同白口四周單邊

610000－1001－0000095　善0000098
二十子　(明)黄之寀校　明萬曆刻本　二册　九行十八字白口左右雙邊　存二種

610000－1001－0000096　善0000099
太醫院校註婦人良方大全二十四卷　(宋)陳自明編　(明)薛己校註　明金陵書林唐富春刻本　八册　十一行二十二字白口四周雙邊

610000－1001－0000097　善0000100
夢溪筆談二十六卷補筆談三卷續筆談一卷　(宋)沈括撰　明崇禎四年(1631)嘉定馬元調刻本　八册　九行十八字上下黑口左右雙邊

610000－1001－0000098　善0000102
藝文類聚一百卷　(唐)歐陽詢撰　明嘉靖二十八年(1549)平陽府刻本　七册　十四行二十八字白口左右雙邊　存十九卷(八十二至一百)

610000－1001－0000099　善0000103
皇明名臣言行錄四卷　(明)李廷機纂　(明)徐縉芳校　明萬曆刻本　二册　九行十八字白口左右雙邊

610000－1001－0000100　善0000104
重刻渼陂王太史先生全集二十七卷　(明)王九思撰　明嘉靖十二年(1533)王獻等刻嘉靖二十四年(1545)翁萬達刻崇禎十三年(1640)張宗孟刻合印本　十一册　十行二十一字白口四周單邊　存十九卷(渼陂集一至十六、續集一至三)

610000－1001－0000101　善0000105
新刻明政統宗三十卷　(明)塗山編輯　(明)傅兆祥校訂　明萬曆四十三年(1615)刻本　十三册　九行十九字小字雙行同白口四周單邊　缺七卷(二、九至十二、二十至二十一)

610000－1001－0000102　善0000107
周易本義正解二十二卷首一卷　(清)丁鼎時　(清)吳瑞麟纂輯　清康熙三十二年(1693)賜書堂刻本　三十册　十行二十七字小字雙行同白口四周單邊

610000－1001－0000103　善0000108
張子全書九種　(宋)張載撰　(宋)朱熹註釋　清康熙刻本　六册　十行二十字白口四周雙邊

610000－1001－0000104　善0000109
被褐子五卷　(明)王學謨撰　稿本　五册　九行二十字白口四周單邊

610000－1001－0000105　善0000111
淩谿先生集十八卷　(明)朱應登撰　明嘉靖刻本　四册　十行十九字白口四周單邊

610000－1001－0000106　善0000112
新刻官板大字評史心見十二卷　(明)郭大有著　明萬曆十二年(1584)周對峰刻本　六册　十一行二十三字白口四周雙邊

610000－1001－0000107　善0000113
周易淺義四卷　(清)耿極撰　清康熙二十七年(1688)刻本　五册　九行二十字小字雙行十九字白口四周單邊

610000－1001－0000108　善0000115

太史升庵文集八十一卷目錄四卷　(明)楊慎著　明萬曆十年(1582)刻本　二十八冊　十行二十字白口四周單邊

610000－1001－0000109　善0000116

伏羲圖贊二卷雜卦傳古音考一卷　(明)陳第著　(明)焦竑訂　明萬曆刻本　二冊　十行二十一字白口左右雙邊

610000－1001－0000110　善0000117

淮南鴻烈解二十八卷　(漢)劉安撰　(漢)許慎記　(明)劉績補註　明弘治王溥刻本　十六冊　九行十七字小字雙行同上下黑口四周雙邊

610000－1001－0000111　善0000118

宋濂溪周元公先生集十卷　(宋)周敦頤撰　(明)周沈珂輯　明萬曆四十二年(1614)周與爵刻本　四冊　十行二十字白口四周單邊

610000－1001－0000112　善0000119

歷代名臣奏議三百五十卷　(明)黃淮等輯　(明)張溥刪正　明崇禎八年(1635)東觀閣刻本　十六冊　九行十八字白口左右雙邊　存五十六卷(一至二十三、五十三至八十五)

610000－1001－0000113　善0000120

草堂詩餘五卷　(明)楊慎批點　明萬曆閔映璧刻朱墨印本　二冊　八行十八字小字雙行不等白口四周單邊

610000－1001－0000114　善0000120

書經大全正解十二卷　(清)吳荃彙輯　清康熙二十九年(1690)深柳堂刻本　十五冊　十二行三十字小字雙行同白口四周單邊

610000－1001－0000115　善0000121

石屏詩集十卷　(宋)戴復古撰　清抄本　二冊　九行十九字　存三卷(四至六)

610000－1001－0000116　善0000122

重校正唐文粹一百卷　(宋)姚鉉纂　明嘉靖三年(1524)徐焴萬竹山房刻六年(1527)重修本　二十四冊　十四行二十五字白口左右雙邊

610000－1001－0000117　善0000123

緱山先生集二十七卷　(明)王衡著　明刻本　六冊　九行十八字白口四周單邊　存十三卷(一至六、十至十一、十四至十五、二十一至二十三)

610000－1001－0000118　善0000124

司馬溫公稽古錄二十卷　(宋)司馬光撰　明范氏天一閣刻本　二冊　九行十八字小字雙行同白口四周單邊

610000－1001－0000119　善0000125

書傳大全十卷書說綱領一卷　(明)胡廣等編　明內府刻本　八冊　十行二十二字小字雙行同上下黑口四周雙邊

610000－1001－0000120　善0000126

朱文公校昌黎先生文集四十卷外集十卷遺文一卷集傳一卷　(明)朱吾弼重編　明萬曆三十三年(1605)朱崇沐刻本　十五冊　九行十八字小字雙行同白口四周雙邊　缺三卷(文集十至十二)

610000－1001－0000121　善0000126

[乾隆]重修盩厔縣志十四卷　(清)楊儀修　(清)王開沃等纂　清乾隆五十年(1785)刻本　六冊　十一行二十二字小字雙行同粗黑口左右雙邊

610000－1001－0000122　善0000127

李卓吾批點世說新語補二十卷　(南朝宋)劉義慶撰　(南朝梁)劉孝標注　(明)李贄批點　明萬曆刻本　十冊　九行十八字小字雙行同白口四周單邊

610000－1001－0000123　善0000128

黃石齋先生大滌函書六卷　(明)黃道周撰　明崇禎十五年(1642)刻清初何瑞圖增修本　六冊　九行十九字白口四周單邊

610000－1001－0000124　善0000130

吟秋閣詩鈔初稿一卷　(清)飲霞女士著　清稿本　一冊　八行字數不等白口四周雙邊

610000－1001－0000125　善0000131

綱鑑集要五卷歷代僭國附錄一卷　(清)顧祖

禹撰　清桂蔭堂抄本　五冊　九行二十字小字雙行不等白口左右雙邊

610000－1001－0000126　善0000132

文始真經言外經旨二卷　（宋）陳顯微註　清抄本　二冊　八行字數不等

610000－1001－0000127　善0000133

典籍格言不分卷　（明）王恕輯　明弘治十八年(1505)刻本　一冊　十行十八字白口四周雙邊

610000－1001－0000128　善0000135

呻吟語六卷　（明）呂坤撰　明萬曆二十一年(1593)刻本　八冊　九行十九字白口左右雙邊

610000－1001－0000129　善0000136

東坡先生詩集註三十二卷　（宋）蘇軾著（宋）王十朋纂集　明崇禎王永積刻本　十冊　十行二十一字小字雙行同白口左右雙邊

610000－1001－0000130　善0000137

桃花扇傳奇二卷　（清）孔尚任撰　清康熙刻本　四冊　十行二十字白口四周單邊

610000－1001－0000131　善0000138

無聲詩史七卷　（清）姜紹書撰　清康熙五十九年(1720)李光瑛刻本(卷一至三配抄本)　二冊　八行十七字上下黑口左右雙邊

610000－1001－0000132　善0000139

禹貢詳畧二卷　（明）韓邦奇撰　明刻本　二冊　十二行二十四字白口四周單邊

610000－1001－0000133　善0000140

王臨川文集一百卷目錄二卷　（宋）王安石著（明）李光祚校　明萬曆四十年(1612)王鳳翔光啟堂刻本　三冊　十行二十字白口四周單邊　存二十八卷(一至十八、九十一至一百)

610000－1001－0000134　善0000141

爾雅三卷　（宋）鄭樵註　明末汲古閣刻本　一冊　九行十九字小字雙行同白口四周單邊

610000－1001－0000135　善0000142

陳書三十六卷　（唐）姚思廉撰　明崇禎四年(1631)琴川毛氏汲古閣刻本　三冊　十二行二十五字白口左右雙邊

610000－1001－0000136　善0000143

周書五十卷　（唐）令狐德棻等撰　明崇禎五年(1632)琴川毛氏汲古閣刻本　四冊　十二行二十五字白口左右雙邊

610000－1001－0000137　善0000144

白虎通德論二卷　（漢）班固纂集　（明）俞元符重校　明萬曆俞元符刻本　四冊　八行十八字白口四周單邊

610000－1001－0000138　善0000146

詩經偶箋十三卷　（明）萬時華撰　明崇禎六年(1633)李泰刻本　二冊　九行二十字白口四周單邊　存九卷(一至九)

610000－1001－0000139　善0000147

古今說海　（明）陸楫輯　明嘉靖二十三年(1544)雲間陸氏儼山書院刻本　十四冊　八行十六字白口左右雙邊　存說纂部十集二十一種

610000－1001－0000140　善0000148

韓五泉詩四卷朝邑縣志二卷　（明）韓邦靖撰　**附錄二卷**　（明）王九思撰　清刻本　三冊　九行二十二字白口左右雙邊

610000－1001－0000141　善0000149

精一辨一卷　（□）□□撰　清末民初抄本　一冊　八行二十二字小字雙行同白口四周雙邊

610000－1001－0000142　善0000150

通志略五十二卷　（宋）鄭樵著　明正德九年(1514)刻本　十六冊　十行二十字小字雙行同白口四周單邊

610000－1001－0000143　善0000151

異苑十卷　（南朝宋）劉敬叔撰　（明）胡震亨（明）毛晉同訂　明末刻本　一冊　九行十八字白口左右雙邊

610000－1001－0000144　善0000151

周易函書約註十八卷 （清）胡煦撰　清雍正葆璞堂刻本　十冊　十行二十四字白口四周雙邊

610000－1001－0000145　善0000152

靜修先生丁亥集六卷遺文六卷遺詩六卷拾遺七卷續集三卷 （元）劉因撰　**靜修先生文集附錄二卷** （元）賈彝編　明弘治十八年（1505）崔晷刻嘉靖十六年（1537）汪堅重修本　四冊　九行二十字上下黑口四周雙邊　缺十八卷（丁亥集一至六、遺文一至六、遺詩一至六）

610000－1001－0000146　善0000152

周易函書約存十五卷首三卷 （清）胡煦撰　清乾隆五十九年（1794）葆璞堂刻本　十冊　十行二十四字白口四周雙邊

610000－1001－0000147　善0000153

鶡冠子三卷 （宋）陸佃解　（明）王宇等評　明天啟五年（1625）朱氏花齋刻本　一冊　九行二十字小字雙行同白口四周單邊

610000－1001－0000148　善0000154

錄異記八卷 （五代）杜光庭撰　明崇禎刻本　一冊　九行十八字白口左右雙邊

610000－1001－0000149　善0000155

初學記三十卷 （唐）徐堅撰　明萬曆十五年（1587）徐守銘寧壽堂刻本　六冊　九行十八字小字雙行二十四字白口左右雙邊

610000－1001－0000150　善0000156

初學記三十卷 （唐）徐堅撰　明萬曆二十五年至二十六年（1597－1598）陳大科刻本　十二冊　九行二十字小字雙行同白口左右雙邊

610000－1001－0000151　善0000157

宋文鑑一百五十卷目錄三卷 （宋）呂祖謙輯　明嘉靖五年（1526）晉藩養德書院刻本　十七冊　十三行二十一字上下黑口四周雙邊　存一百二十六卷（一至五十四、六十三至一百十二、一百二十九至一百五十）

610000－1001－0000152　善0000158

唐張文獻公曲江集十二卷 （唐）張九齡撰

附錄一卷 明天啟四年（1624）顧懋光刻本　八冊　十行二十字白口四周單邊

610000－1001－0000153　善0000158

周易詳說十八卷 （清）劉紹攽撰　清乾隆十三年（1748）刻本　八冊　十行二十字白口四周雙邊

610000－1001－0000154　善0000159

適情錄二十卷 （明）林應龍著　明嘉靖四十年（1561）澄心堂刻本　五冊　九行二十一字小字雙行同白口左右雙邊　缺四卷（八至九、十六至十七）

610000－1001－0000155　善0000160

分類補註李太白詩二十五卷 （唐）李白撰　（宋）楊齊賢集註　（元）蕭士贇補註　（明）許自昌校　**唐翰林李太白年譜一卷** （宋）薛仲邕編　明古吳汪復初刻本　十二冊　九行二十字小字雙行同白口左右雙邊

610000－1001－0000156　善0000161

集千家註杜工部詩集二十卷文集二卷 （唐）杜甫撰　（明）許自昌校　明萬曆三十年（1602）刻本　六冊　九行二十字小字雙行同白口四周單邊

610000－1001－0000157　善0000162

集千家註杜工部詩集二十卷文集二卷 （唐）杜甫撰　（明）許自昌校　明刻本　六冊　九行二十字小字雙行同白口四周單邊間左右雙邊　存十六卷（詩集一、八至二十，文集一至二）

610000－1001－0000158　善0000163

韋蘇州集十卷總論一卷 （唐）韋應物撰　明末淩濛初刻朱墨印本　四冊　八行十八字白口四周單邊

610000－1001－0000159　善0000164

孟東野詩集十卷 （唐）孟郊撰　明萬曆淩濛初刻朱墨印本　四冊　八行十九字白口左右雙邊

610000－1001－0000160　善0000164

周易廣義四卷 （明）鄭敷教撰　清康熙刻本

二冊 九行二十字小字雙行同白口四周單邊

610000 – 1001 – 0000161 善 0000165

李于鱗唐詩廣選七卷 （明）李攀龍輯 （明）淩瑞森 （明）淩南榮集評 明萬曆三年(1575)淩氏盟鷗館刻朱墨印本 十冊 八行十八字白口四周單邊

610000 – 1001 – 0000162 善 0000165

易溫二卷 （清）方鯤著 清康熙四十四年(1705)刻本 二冊 九行二十字白口四周雙邊

610000 – 1001 – 0000163 善 0000166

集千家註杜工部詩集二十卷文集二卷附錄一卷 （唐）杜甫撰 明嘉靖十五年(1536)玉几山人校刻本 二十四冊 八行十七字小字雙行同白口四周雙邊 缺一卷(附錄一)

610000 – 1001 – 0000164 善 0000167

張燕公集二卷 （唐）張說撰 明嘉靖十六年(1537)刻本 二冊 十一行十八字白口四周單邊

610000 – 1001 – 0000165 善 0000168

唐詩品彙九十卷拾遺十卷 （明）高棅輯 (明)張恂重訂 明刻本 十冊 十行二十字小字雙行同白口左右雙邊

610000 – 1001 – 0000166 善 0000169

唐四家集 （□）□□輯 明刻本 八冊 十行十八字白口左右雙邊

610000 – 1001 – 0000167 善 0000171

慈湖先生遺書二十卷 （宋）楊簡撰 明嘉靖四年(1525)秦鉞刻本 十二冊 二十行二十二字白口四周單邊

610000 – 1001 – 0000168 善 0000172

西廂記四卷十六齣 （元）王實甫撰 清康熙刻本 四冊 行數不等字數不等白口左右雙邊

610000 – 1001 – 0000169 善 0000173

唐黃御史集八卷附錄一卷 （唐）黃滔撰 明

崇禎十一年(1638)黃鳴喬、黃鳴俊刻本 四冊 八行十八字小字雙行同白口左右雙邊

610000 – 1001 – 0000170 善 0000174

墨池編二十卷 （宋）朱長文纂 清雍正十一年(1733)寶硯山房刻本 六冊 十一行二十一字白口左右雙邊

610000 – 1001 – 0000171 善 0000175

庚子銷夏記八卷閒者軒帖考一卷 （清）孫承澤撰 清乾隆二十六年(1761)刻本 八冊 十行二十字黑口左右雙邊

610000 – 1001 – 0000172 善 0000175

書經要義六卷 （清）王建常著 清雍正八年(1730)崇陽公署刻本 六冊 十行二十六字小字雙行同粗黑口四周單邊

610000 – 1001 – 0000173 善 0000176

忠經集註一卷 題(漢)馬融撰 （明）劉勃註 明萬曆刻本 一冊 八行二十字白口四周單邊

610000 – 1001 – 0000174 善 0000177

老子道德經二卷 （春秋）李耳撰 （漢）河上公章句 明嘉靖刻本 一冊 八行十七字小字雙行同白口四周雙邊

610000 – 1001 – 0000175 善 0000178

浣筆泉詩不分卷 （清）黃易撰 清稿本 一冊 十行二十三字小字雙行同上下黑口左右雙邊

610000 – 1001 – 0000176 善 0000179

新鐫木本花鳥譜不分卷 （明）黃鳳池輯 明天啟元年(1621)刻本 五冊 行數不等字數不等白口四周單邊

610000 – 1001 – 0000177 善 0000181

皋鶴堂批評第一奇書金瓶梅一百回 （清）李漁撰 清康熙三十四年(1695)皋鶴堂刻本 十六冊 十一行二十二字小字雙行同白口四周單邊 存五十回(一至四、十四至二十一、二十七至三十五、四十二至四十九、五十一至六十一、六十六至六十九、七十五至七十六、八十六至八十七、九十八至九十九)

610000－1001－0000178　善0000182
松圓浪淘集十八卷偈庵集二卷　（明）程嘉燧
著　明萬曆四十六年（1618）刻本　四冊　十
行十八字小字雙行同上下黑口左右雙邊

610000－1001－0000179　善0000183
**落玄軒集選十二卷不羸集一卷天畆園唾海集
一卷粵雪篇六卷郢雪篇一卷**　（明）程于古撰
（明）馮玄鑑選　明崇禎元年（1628）刻本
四冊　九行十七字白口四周雙邊　缺一卷
（粵雪篇二）

610000－1001－0000180　善0000184
痘疹定論四卷　（清）朱純嘏輯　（清）雲畊抄
清乾隆四十年（1775）抄本　三冊　十一行
二十字白口左右雙邊

610000－1001－0000181　善0000185
丘隅集十九卷　（明）喬世寧著　明嘉靖刻本
六冊　九行二十字白口四周單邊

610000－1001－0000182　善0000185
重訂申文定公署經講義會編十二卷　（明）申
時行編　（明）申紹芳校訂　明崇禎書林王應
俊刻本　十二冊　十二行二十四字白口四周
單邊

610000－1001－0000183　善0000186
楊升菴先生批點文心雕龍十卷　（南朝梁）劉
勰著　（明）楊升菴批點　（明）梅慶生音註
明天啟二年（1622）金陵聚錦堂刻本　六冊
九行二十四字白口左右雙邊

610000－1001－0000184　善0000187
高季迪先生大全集十八卷　（明）高啟撰　清
康熙許竹素園刻本　十二冊　十行十八字白
口左右雙邊

610000－1001－0000185　善0000189
東坡先生志林十二卷　（宋）蘇軾撰　**蘇黃門
龍川別志二卷**　（宋）蘇轍撰　明刻本　六
冊　九行二十字白口四周單邊

610000－1001－0000186　善0000190
李石疊集四卷　（明）李宗樞撰　**附錄一卷**
明嘉靖二十九年（1550）西亭書院刻本　四冊

九行十六字白口四周單邊

610000－1001－0000187　善0000194
**唐韓昌黎集四十卷外集十卷遺文一卷附錄一
卷**　（唐）韓愈撰　（明）蔣之翹輯　明崇禎刻
本　十六冊　九行十七字小字雙行同白口左
右雙邊

610000－1001－0000188　善0000195
曹子建集十卷　（三國魏）曹植撰　**疑字音釋
一卷**　明刻本　四冊　九行十七字小字雙行
同白口左右雙邊

610000－1001－0000189　善0000196
玉機微義五十卷　（明）徐彥純撰　（明）劉純
續　明正德刻本　十六冊　十一行二十字上
下黑口四周雙邊

610000－1001－0000190　善0000199
東坡先生詩集註三十二卷　（宋）蘇軾著
（宋）王十朋纂集　**東坡紀年錄一卷**　（宋）傅
藻編纂　明萬曆茅維刻本　十五冊　十行二
十一字小字雙行同白口左右雙邊　缺二卷
（十五至十六）

610000－1001－0000191　善0000200
蘇長公小品四卷　（宋）蘇軾撰　（明）王納諫
輯並評　明凌啟康刻朱墨印本　四冊　八行
十九字白口四周單邊

610000－1001－0000192　善0000201
水經四十卷　（北魏）酈道元注　（明）吳琯校
明萬曆十三年（1585）文樞堂吳桂宇刻本
九冊　十行二十字白口左右雙邊

610000－1001－0000193　善0000202
遜志齋集二十四卷附錄一卷　（明）方孝孺撰
明嘉靖四十年（1561）王可大刻萬曆四年
（1576）重修本　十冊　十行二十字白口左右
雙邊

610000－1001－0000194　善0000204
春秋左傳釋義評苑二十卷　（明）王錫爵編輯
明萬曆十八年（1590）嘉賓堂刻本　十六冊
十行十九字小字雙行同白口四周雙邊

610000－1001－0000195　善0000205

班馬字類五卷　（宋）婁機撰　明刻本　二冊　六行大小不等黑口四周單邊

610000－1001－0000196　善0000207

可齋雜藁三十四卷續藁八卷續藁後十二卷　（宋）李曾伯撰　清抄本　五冊　十行二十四字白口四周雙邊　存二十卷（續藁一至八、續藁後一至十二）

610000－1001－0000197　善0000209

東江詩鈔十二卷　（清）唐孫華撰　清康熙五十六年（1717）刻本　二冊　十一行二十一字上下黑口左右雙邊

610000－1001－0000198　善0000210

新刻胡氏詩識三卷　（明）胡文煥類編　明萬曆二十一年（1593）刻本　三冊　十行二十字白口左右雙邊

610000－1001－0000199　善0000211

鐵華館叢書　（清）蔣鳳藻輯　清光緒九年至十年（1883－1884）長洲蔣氏影刻本　六冊　十四行大小字不等白口左右雙邊

610000－1001－0000200　善0000212

玉茗堂還魂記二卷　（明）湯顯祖撰　清乾隆十四年（1749）水絲館快雨堂刻本　四冊　九行二十字小字雙行同白口四周單邊

610000－1001－0000201　善0000213

六子書六十卷　（明）顧春輯　明嘉靖十二年（1533）顧春世德堂刻本　二十冊　八行十七字小字雙行同白口四周雙邊

610000－1001－0000202　善0000215

儼山文集一百卷目錄二卷　（明）陸深撰　（明）黃標校編　明嘉靖陸楫刻崇禎十三年（1640）修補本　八冊　十行二十字白口左右雙邊

610000－1001－0000203　善0000218

集千家註杜工部詩集二十卷文集二卷附錄一卷　（唐）杜甫撰　明嘉靖十五年（1536）玉几山人校刻本　十二冊　八行十七字小字雙行同白口四周雙邊

610000－1001－0000204　善0000219

震澤先生集三十六卷　（明）王鏊撰　明嘉靖刻本　二十冊　十一行二十字小字雙行同白口左右雙邊

610000－1001－0000205　善0000220

金史一百三十五卷目錄二卷　（元）脫脫等撰　明嘉靖八年（1529）南京國子監刻清順治至康熙遞修本　二十冊　十行二十二字上黑口左右雙邊

610000－1001－0000206　善0000221

梅溪先生廷試策一卷奏議四卷文集二十卷後集二十九卷　（宋）王十朋撰　附錄一卷　明正統五年（1440）劉謙、何濙刻天順六年（1462）重修本　二十四冊　十一行二十一字上下黑口四周雙邊

610000－1001－0000207　善0000222

韓詩外傳十卷補逸一卷　（漢）韓嬰著　清乾隆五十五年（1790）亦有生齋刻本　二冊　十行二十一字白口左右雙邊

610000－1001－0000208　善0000223

戰國策十卷　（宋）鮑彪校注　（元）吳師道重校　明萬曆九年（1581）張一鯤刻本　八冊　九行二十字小字雙行同白口左右雙邊

610000－1001－0000209　善0000224

坐隱齋先生自訂棋譜全集不分卷　（元）晏天章　（元）嚴德甫輯　明書林王公行刻本　二冊　十二行十八字小字雙行同白口四周雙邊

610000－1001－0000210　善0000225

大學衍義四十三卷　（宋）眞德秀彙輯　明刻本　八冊　十行二十字小字雙行同白口四周單邊

610000－1001－0000211　善0000227

楚辭集注八卷辨證二卷後語六卷　（宋）朱熹撰　反離騷一卷　（漢）揚雄撰　明嘉靖十四年（1535）袁褧刻本　六冊　十行十八字小字雙行同白口左右雙邊

610000－1001－0000212　善0000228

浙江名勝圖說不分卷　（□）□□繪　清初刻

五色套印本 四冊 十一行字數不等白口四周單邊

610000－1001－0000213 善0000229
廣輿記二十四卷 （明）陸應陽原纂 （清）蔡方炳增輯 明萬曆刻本 六冊 十行十九字小字雙行同白口左右雙邊

610000－1001－0000214 善0000230
戰國策十卷 （宋）鮑彪校注 （元）吳師道重校 明萬曆五年(1577)刻本 八冊 九行二十字小字雙行同白口左右雙邊

610000－1001－0000215 善0000231
羣書典彙十四卷 （明）黃道周評輯 明崇禎十六年(1643)敦古齋刻本 十四冊 九行二十四字小字雙行同白口四周單邊

610000－1001－0000216 善0000231
周禮節釋十二卷 （清）鮑梁纂輯 清乾隆四十六年(1781)刻本 四冊 九行二十二字小字雙行同白口左右雙邊

610000－1001－0000217 善0000232
驪山集十四卷 （明）趙統著 明萬曆三十一年(1603)楊光訓刻本 十冊 十行二十字白口四周雙邊

610000－1001－0000218 善0000233
東垣十書 （明）□□輯 明吳門書林德馨堂刻本 十四冊 九行二十字小字雙行同白口四周單邊

610000－1001－0000219 善0000234
歇菴集十六卷 （明）陶望齡著 明萬曆三十八年至三十九年(1610－1611)山陰王應遴刻本 八冊 九行十九字白口四周雙邊

610000－1001－0000220 善0000236
二曲集二十六卷 （清）李顒撰 清康熙三十三年(1694)刻四十四年(1705)後印本 八冊 九行二十字白口四周雙邊

610000－1001－0000221 善0000237
康對山先生集四十六卷 （明）康海著 明萬曆十年(1582)潘允哲刻本 十冊 九行二十

字白口左右雙邊

610000－1001－0000222 善0000238
梓溪文鈔內集八卷外集十卷 （明）舒芬撰 明萬曆四十八年(1620)舒璨刻本 十二冊 九行十八字小字雙行同白口四周雙邊

610000－1001－0000223 善0000239
梓溪文鈔內集八卷外集十卷 （明）舒芬撰 明萬曆四十八年(1620)舒璨刻本 一冊 九行十八字小字雙行同白口四周雙邊 存四卷（外集一至四）

610000－1001－0000224 善0000240
廣金石韻府五卷 （明）朱雲輯篆 （明）俞顯謨較正 （明）林尚葵參廣 （明）李根較定 明崇禎九年(1636)蓮菴刻朱墨套印本 五冊 六行字數不等白口四周單邊

610000－1001－0000225 善0000241
白虎通德論二卷 （漢）班固撰 （明）黃珙重校 明刻本 二冊 八行十八字白口四周單邊

610000－1001－0000226 善0000242
鳥鼠山人後集二卷 （明）胡纘宗撰 明嘉靖刻清順治十三年(1656)周盛時補修本 二冊 九行十九字小字雙行同白口四周單邊

610000－1001－0000227 善0000242
鳥鼠山人小集十六卷 （明）胡纘宗撰 明嘉靖刻清順治十三年(1656)周盛時補修本 六冊 十一行二十字白口四周單邊

610000－1001－0000228 善0000242
儀禮注疏十七卷 （漢）鄭玄注 （唐）賈公彥疏 明崇禎九年(1636)汲古閣刻本 九冊 九行二十一字小字雙行同白口左右雙邊 存十三卷（一至八、十三至十七）

610000－1001－0000229 善0000243
文選雙字類要三卷 題（宋）蘇易簡撰 明刻本 六冊 十行字數不等白口左右雙邊

610000－1001－0000230 善0000243
儀禮十七卷正誤一卷 （清）鄭玄注 （清）張

爾岐句讀　清乾隆八年(1743)刻本　六冊
九行二十四字小字雙行同白口左右雙邊

610000－1001－0000231　善0000244
新編南詞定律十三卷首一卷　(清)呂士雄等
輯　清康熙五十九年(1720)刻本　八冊　八
行十八字白口四周雙邊

610000－1001－0000232　善0000244
**儀禮鄭註句讀十七卷監本正誤一卷石經誤字
一卷**　(清)張爾岐撰　清乾隆三十八年
(1773)李光明莊刻本　六冊　十一行二十二
字小字雙行同白口四周雙邊

610000－1001－0000233　善0000245
重刊許氏說文解字五音韻譜十二卷　(宋)李
燾撰　明天啟七年(1627)世裕堂刻本　六冊
七行十四字小字雙行二十字白口左右雙邊

610000－1001－0000234　善0000246
爾雅註疏十一卷　(晉)郭璞註　(宋)邢昺疏
明萬曆二十一年(1593)北京國子監刻崇禎
吳士元等修補印本　二冊　九行二十一字小
字雙行同白口左右雙邊　存八卷(四至十一)

610000－1001－0000235　善0000247
大明天順四年歲次庚辰大統曆一卷　(明)
□□撰　明天順刻本　一冊　八至十七行大
小字不等上下黑口左右雙邊

610000－1001－0000236　善0000248
列女傳十六卷　(漢)劉向撰　(明)汪庚增輯
(明)仇英繪圖　清乾隆四十四年(1779)知
不足齋刻本　十六冊　十行二十一字四
周單邊

610000－1001－0000237　善0000249
商文毅公集六卷　(明)商輅撰　(清)張一魁
等輯校　清順治十四年(1657)商德協刻本
一冊　十行二十二字白口左右雙邊　存三卷
(一至三)

610000－1001－0000238　善0000250
宋名家詞六集六十一種　(明)毛晉輯　明海
虞毛氏汲古閣刻本　一冊　八行十八字白口
左右雙邊　存三種

610000－1001－0000239　善0000251
陳眉公訂正海語三卷　(明)黃衷著　明刻本
一冊　八行十八字白口四周單邊

610000－1001－0000240　善0000253
周忠毅公奏議四卷　(明)周宗建撰　(明)熊
開元校　**誌表碑傳行實一卷**　(明)周廷祚撰
明天啟熊開元刻本　四冊　九行二十字白
口左右雙邊

610000－1001－0000241　善0000253
周恭肅公集十六卷附錄一卷　(明)周用撰
明嘉靖二十八年(1549)周國南川上草堂刻天
啟重修本　六冊　十行二十字白口四周雙邊

610000－1001－0000242　善0000254
山堂肆考二百二十八卷補遺十二卷　(明)彭
大翼纂　(明)張幼學編輯　明萬曆二十三年
(1595)金陵書林周顯刻四十七年(1619)重修
本　四十冊　十一行二十二字白口四周單邊

610000－1001－0000243　善0000255
山堂肆考二百二十八卷補遺十二卷　(明)彭
大翼纂　(明)張幼學編輯　明萬曆二十三年
(1595)金陵書林周顯刻四十七年(1619)重
修本　三十六冊　十一行二十二字白口四
周單邊　存一百五十三卷(宮集二十四至四
十八,商集一至四十八,徵集五至四十八,羽
集一至二十、二十五至二十八、三十七至四
十八)

610000－1001－0000244　善0000256
山堂肆考二百二十八卷補遺十二卷　(明)彭
大翼纂　明萬曆二十五年(1597)刻本　八十
二冊　十一行二十二字白口四周單邊

610000－1001－0000245　善0000257
性理大全書七十卷　(明)胡廣等撰　明萬曆
二十五年(1597)吳勉學師古齋刻本　二十四
冊　十行二十字小字雙行同白口左右雙邊

610000－1001－0000246　善0000258
詩雋類函一百五十卷　(明)俞安期彙纂
(明)梅鼎祚增纂　明萬曆三十七年(1609)刻
本　七十八冊　十行二十字小字雙行同白口

四周單邊　存一百四十六卷(一至四十、四十三至九十二、九十五至一百五十)

610000－1001－0000247　善0000259

明文奇賞四十卷　(明)陳仁錫評選　明天啟三年(1623)刻本　十八冊　十行二十一字白口四周單邊

610000－1001－0000248　善0000260

陶靖節集十卷　(晉)陶潛撰　(宋)湯漢等箋注　**總論一卷**　明萬曆十五年(1587)休陽程氏刻本　四冊　九行十八字小字雙行同白口左右雙邊

610000－1001－0000249　善0000261

香乘二十八卷　(明)周嘉冑輯　明崇禎十四年(1641)刻清康熙元年(1662)周亮節重修本　八冊　九行十七字白口四周單邊

610000－1001－0000250　善0000261

禮記心典傳本四卷　(清)胡瑤光纂　清康熙三十二年(1693)刻本　四冊　九行二十字小字雙行同白口四周單邊

610000－1001－0000251　善0000262

諸子品節五十卷　(明)陳深輯　明萬曆十九年(1591)刻本　十六冊　九行二十字小字雙行同白口四周單邊

610000－1001－0000252　善0000263

渼陂續集三卷　(明)王九思撰　明嘉靖二十五年(1546)廣東揭陽翁萬達刻本　三冊　十行二十一字白口四周單邊

610000－1001－0000253　善0000264

藝文類聚一百卷　(唐)歐陽詢撰　明嘉靖六年至七年(1527－1528)胡纘宗、陸采刻本　二十冊　十四行二十八字白口左右雙邊

610000－1001－0000254　善0000265

唐人百家小說　(明)桃源居士輯　明刻本　三十冊　九行二十字小字雙行同白口左右雙邊

610000－1001－0000255　善0000266

廣博物志五十卷　(明)董斯張纂　明萬曆四

十五年(1617)高暉堂刻本　二十六冊　九行十八字小字雙行同白口四周單邊

610000－1001－0000256　善0000267

史記一百三十卷　(漢)司馬遷撰　(南朝宋)裴駰集解　(唐)司馬貞索隱　(唐)張守節正義　明嘉靖四年(1525)汪諒刻本　二十八冊　十行十八字小字雙行二十三字白口左右雙邊

610000－1001－0000257　善0000268

漢書一百卷　(漢)班固撰　(唐)顏師古注　(明)鍾人傑校　明萬曆四十七年(1619)鍾人傑刻本　二十四冊　九行二十字小字雙行同白口四周單邊

610000－1001－0000258　善0000268

寄傲山房塾課纂輯禮記全文備旨十一卷　(清)鄒聖脉纂輯　清乾隆二十九年(1764)刻本　四冊　十行二十字小字雙行同白口四周單邊　存四卷(一至四)

610000－1001－0000259　善0000269

詩緝三十六卷　(宋)嚴粲撰　明嘉靖趙府味經堂刻本　十二冊　九行十八字小字雙行同白口四周雙邊

610000－1001－0000260　善0000269

禮記集腋八卷　(清)徐斌纂　清康熙四十一年(1702)刻本　四冊　九至十六行十至二十一字白口四周雙邊

610000－1001－0000261　善0000270

史記一百三十卷　(漢)司馬遷撰　(南朝宋)裴駰集解　(唐)司馬貞索隱　(唐)張守節正義　明嘉靖四年至六年(1525－1527)王延喆刻本　三十二冊　十行十八字小字雙行二十三字白口左右雙邊

610000－1001－0000262　善0000271

六家文選六十卷　(南朝梁)蕭統撰　(唐)李善等注　明嘉靖十三年至二十八年(1534－1549)袁褧嘉趣堂刻本　三十二冊　十一行十八字小字雙行二十六字白口左右雙邊

610000－1001－0000263　善0000272

唐陸宣公集二十二卷 （唐）陸贄撰 （清）年羹堯重訂 清雍正刻本 六冊 十行二十字白口四周單邊

610000－1001－0000264 善0000272

周禮注疏刪翼三十卷 （明）王志長輯 清乾隆六十年（1795）刻本 十冊 九行十九字小字雙行同白口左右雙邊

610000－1001－0000265 善0000273

史記一百三十卷 （漢）司馬遷撰 （南朝宋）裴駰集解 （唐）司馬貞索隱 （唐）張守節正義 明嘉靖八年至九年（1529－1530）南京國子監刻本 二十四冊 十行二十一字小字雙行同上下黑口四周雙邊

610000－1001－0000266 善0000276

元白長慶集 （明）馬元調校 明萬曆馬氏寶儉堂刻本 十八冊 十行二十一字白口左右雙邊

610000－1001－0000267 善0000277

潛確居類書一百二十卷 （明）陳仁錫纂輯 明崇禎五年（1632）刻本 六十四冊 十行二十字白口四周單邊

610000－1001－0000268 善0000278

大還閣琴譜六卷谿山琴況一卷萬峰閣指法閟箋一卷 （清）徐祺撰 清康熙十二年（1673）蔡毓榮刻本 五冊 六行字數不等白口四周雙邊

610000－1001－0000269 善0000279

津逮祕書一百四十一種 （明）毛晉輯 明崇禎虞山毛氏汲古閣刻本 四冊 八行十九字白口左右雙邊 存二種

610000－1001－0000270 善0000280

經濟類編一百卷 （明）馮琦纂 明萬曆三十二年（1604）浙虎林郡刻本 二十八冊 十行二十字白口四周單邊 存五十六卷（一至十、十三至三十六、五十三至七十、七十五至七十八）

610000－1001－0000271 善0000281

帶經堂集九十二卷 （清）王士禎撰 清乾隆十二年（1747）槐蔭草堂刻本 二十冊 十行十九字小字雙行二十八字白口左右雙邊

610000－1001－0000272 善0000282

皇明文徵七十四卷 （明）何喬遠編 明崇禎四年（1631）刻本 十六冊 九行十八字小字雙行同白口左右雙邊 存四十三卷（一至四十三）

610000－1001－0000273 善0000283

四書凝道錄不分卷 （清）劉紹攽撰 稿本 十一冊 行數不等字數不等

610000－1001－0000274 善0000285

元文類七十卷 （元）蘇天爵編 明末修德堂刻本 十六冊 九行二十字白口四周單邊

610000－1001－0000275 善0000286

弇州史料前集三十卷後集七十卷 （明）王世貞著 明萬曆四十二年（1614）楊鶴等刻本 四十冊 九行十八字白口四周單邊

610000－1001－0000276 善0000287

至大重修宣和博古圖錄三十卷 （宋）王黼等撰 明嘉靖七年（1528）蔣旸刻本 十九冊 八行十七字白口左右雙邊 存十九卷（六至十五、十八、二十一、二十三至二十六、二十八至三十）

610000－1001－0000277 善0000288

至大重修宣和博古圖錄三十卷 （宋）王黼等撰 明嘉靖七年（1528）蔣旸刻本 四冊 八行十七字白口左右雙邊 存八卷（五至八、二十一至二十二、二十七至二十八）

610000－1001－0000278 善0000288

禮記揭要六卷 （清）周蕙田輯錄 清乾隆五十四年（1789）刻本 六冊 九至十八行十一至二十一字白口左右雙邊

610000－1001－0000279 善0000289

前漢書一百卷 （漢）班固撰 （唐）顏師古注 元大德九年（1305）太平路儒學刻明成化正德遞修本 六十四冊 十行二十二字小字雙行同白口四周雙邊

610000 – 1001 – 0000280　善 0000290

稗海六函四十八種續四函二十二種　（明）商
濬輯　清康熙補修本　七十五冊　九行二十
字小字雙行同白口四周單邊

610000 – 1001 – 0000281　善 0000291

稗海六函四十八種　（明）商濬輯　明萬曆刻
本　二十二冊　九行二十字白口四周單邊
存四十種

610000 – 1001 – 0000282　善 0000292

潛確居類書一百二十卷　（明）陳仁錫纂輯
明崇禎刻本　六十二冊　十行二十字小字雙
行同白口四周單邊

610000 – 1001 – 0000283　善 0000293

新刻張太岳先生文集四十七卷　（明）張居正
著　明萬曆四十年(1612)刻本　十六冊　十
行二十字白口四周單邊

610000 – 1001 – 0000284　善 0000294

經濟類編一百卷　（明）馮琦纂　明萬曆三十
二年(1604)浙虎林郡刻本(卷五至六配抄本)
　四十冊　十行二十字白口四周單邊　存六
十三卷(一至十二、二十三至四十二、四十四
至四十六、七十三至一百)

610000 – 1001 – 0000285　善 0000295

潛確居類書一百二十卷　（明）陳仁錫纂輯
明崇禎刻本　六十冊　十行二十字小字雙行
同白口四周單邊

610000 – 1001 – 0000286　善 0000296

詩志八卷　（清）牛運震著　清嘉慶五年
(1800)刻本　十冊　九行二十二字白口四周
雙邊

610000 – 1001 – 0000287　善 0000297

路史四十五卷　（宋）羅泌纂　明萬曆三十九
年(1611)喬可傳刻本　二十四冊　十行二十
字小字雙行同白口四周單邊

610000 – 1001 – 0000288　善 0000298

黃石齋水天小草不分卷　（明）黃道周撰　明
崇禎四年(1631)刻本　一冊　十行二十一字
白口四周單邊

610000 – 1001 – 0000289　善 0000299

詩紀一百五十六卷目錄三十六卷　（明）馮惟
訥彙編　（明）吳琯校訂　明萬曆刻本　四十
冊　九行十九字小字雙行同白口四周雙邊

610000 – 1001 – 0000290　善 0000300

盤洲文集八十卷　（宋）洪适撰　清抄本　二
十冊　行數不等字數不等

610000 – 1001 – 0000291　善 0000302

東坡詞一卷　（宋）蘇軾撰　明崇禎毛氏汲古
閣刻本　二冊　八行十八字小字雙行同白口
左右雙邊

610000 – 1001 – 0000292　善 0000303

儼山外集四十卷　（明）陸深撰　明嘉靖陸楫
刻明崇禎十三年(1640)修補本　四冊　十行
二十字白口左右雙邊

610000 – 1001 – 0000293　善 0000304

眾玅集一卷　（宋）趙師秀編　明末毛氏汲古
閣刻本　一冊　八行十九字白口左右雙邊

610000 – 1001 – 0000294　善 0000305

黃氏畫譜八種　（明）黃鳳池輯　明萬曆集雅
齋刻本　二冊　行數不等字數不等白口四周
單邊　存二種

610000 – 1001 – 0000295　善 0000306

武經直解十二卷　（明）劉寅撰　（明）張居正
增訂　明崇禎十年(1637)翁鴻業刻本　十二
冊　九行二十一字白口四周單邊　存十一卷
(一至六、八至十二)

610000 – 1001 – 0000296　善 0000307

唐詩紀一百七十卷目錄三十四卷　（明）黃德
水編　（明）吳琯校訂　明萬曆十三年(1585)
吳琯刻本　三十冊　九行十九字小字雙行同
白口四周雙邊

610000 – 1001 – 0000297　善 0000308

詩所五十六卷歷代名氏爵里一卷　（明）臧懋
循撰　明萬曆三十一年(1603)雕蟲館刻本
十二冊　十行二十一字小字雙行同白口四周
單邊

610000－1001－0000298　　善0000309

水心文集二十九卷　（宋）葉適撰　明末刻本
　四冊　　九行十九字白口四周單邊

610000－1001－0000299　　善0000311

草堂詩餘五卷　（明）楊慎批點　明閔映璧刻
朱墨印本　　五冊　　八行十八字白口四周單邊

610000－1001－0000300　　善0000314

樂律全書十三種曆書三種　（明）朱載堉撰
明萬曆鄭藩刻内府增修本　　二十冊　　十二行
二十五字上下黑口四周雙邊

610000－1001－0000301　　善0000315

錦繡萬花谷前集四十卷後集四十卷續集四十
卷　（宋）□□輯　明嘉靖十四年（1535）徽藩
崇古書院刻本　　十六冊　　九行十七字小字雙
行同白口四周單邊

610000－1001－0000302　　善0000316

太史華句八卷　（明）凌迪知輯　明萬曆四年
至五年（1576－1577）吳興凌氏桂芝館刻本
六冊　　八行十七字小字雙行同白口左右雙邊

610000－1001－0000303　　善0000317

[嘉靖]重修三原志十六卷　（明）朱昱纂輯
（明）林洪榑訂補　（明）張信續訂　明崇禎九
年（1636）刻本　　十二冊　　十行十九字小字雙
行十八至十九字不等上下黑口四周雙邊

610000－1001－0000304　　善0000318

具茨晁先生詩集一卷　（宋）晁冲之撰　清初
刻本　　一冊　　十行二十字白口四周單邊

610000－1001－0000305　　善0000319

貫華堂第六才子書西廂記八卷　（元）王實甫
撰　（清）金聖嘆批點　清初貫華堂刻本　　六
冊　　八行十九字小字雙行同白口左右雙邊

610000－1001－0000306　　善0000320

錦繡萬花谷別集三十卷　（宋）□□輯　明嘉
靖十五年（1536）秦汴繡石書堂刻本　　四冊
十二行二十一字白口四周單邊

610000－1001－0000307　　善0000321

麗句集六卷　（明）許之吉輯　明天啟五年

（1625）刻本（目錄配抄本）　　六冊　　九行十九
字白口四周單邊

610000－1001－0000308　　善0000322

洪武正韻牋十卷　（明）宋濂等撰　（明）楊時
偉補牋　明崇禎四年（1631）刻本　　五冊　　八
行大字不等小字雙行二十六字白口四周單邊

610000－1001－0000309　　善0000324

性理大全書七十卷　（明）胡廣等撰　明萬曆
二十五年（1597）吳勉學師古齋刻本　　二十四
冊　　十行二十字小字雙行同白口左右雙邊

610000－1001－0000310　　善0000325

大元聖政典章新集至治條例不分卷　（□）
□□撰　清抄本　　三冊　　九行字數不等

610000－1001－0000311　　善0000325

左傳評林八卷補遺一卷　（清）張光華輯　清
雍正八年（1730）刻本　　四冊　　十行九至二十
字白口左右雙邊

610000－1001－0000312　　善0000326

小山詞不分卷　（宋）晏幾道著　明崇禎汲古
閣刻本　　一冊　　八行十八字小字雙行同白口
左右雙邊

610000－1001－0000313　　善0000328

音韻六書指南不分卷　（清）崔鴻達纂　清道
光二十三年（1843）抄本　　一冊　　七行大小字
不等白口四周單邊

610000－1001－0000314　　善0000331

皇明詞林人物考十二卷　（明）王兆雲輯著
明萬曆刻本　　十冊　　九行十八字白口左右雙
邊　存十卷（二、四至十二）

610000－1001－0000315　　善0000332

穀山筆塵十八卷　（明）于慎行著　明萬曆四
十一年（1613）刻本　　四冊　　九行十八字白口
四周單邊

610000－1001－0000316　　善0000333

春秋體註四卷　（宋）胡安國傳　（清）范翔參
訂　清乾隆五年（1740）致和堂刻本　　四冊
十一至二十一行不等十八至二十二字不等白

口左右雙邊

610000－1001－0000317　善0000334
海剛峰集十卷　(明)海瑞撰　明萬曆刻本
十冊　九行十九字白口四周雙邊

610000－1001－0000318　善0000335
潛確居類書一百二十卷　(明)陳仁錫輯　明
崇禎刻本　八十冊　十行二十字白口四周
單邊

610000－1001－0000319　善0000335
左傳事緯十二卷附錄八卷　(清)馬驌撰　清
康熙刻本　十冊　九行二十二字白口左右
雙邊

610000－1001－0000320　善0000336
歷代詩家初集五十六卷二集八十六卷　(清)
范士楫　(清)戴明說輯　清順治十三年
(1656)刻本　八冊　九行二十一字小字雙行
同白口左右雙邊　缺六十卷(初集一至五十
六、二集八十三至八十六)

610000－1001－0000321　善0000339
輟耕錄三十卷　(明)陶宗儀撰　清廣文堂刻
本　十冊　十行二十一字白口左右雙邊

610000－1001－0000322　善0000340
重廣補註黃帝內經素問二十四卷遺篇一卷
(唐)王冰註　(宋)林億等校正　(宋)孫兆
改誤　明萬曆二十九年(1601)新安吳勉學刻
本　十二冊　十行二十字小字雙行三十字白
口四周單邊　缺一卷(遺篇一)

610000－1001－0000323　善0000341
杜律意註二卷　(明)趙統註　明萬曆刻本
二冊　十行二十字白口四周雙邊

610000－1001－0000324　善0000343
燕在閣知新錄三十二卷　(清)王棠彙訂　清
康熙五十六年(1717)刻本　十一冊　十行二
十一字白口四周單邊　存二十九卷(一至十
三、十七至三十二)

610000－1001－0000325　善0000343
春秋大事表五十卷附錄一卷春秋輿圖一卷

(清)顧棟高輯　清乾隆十七年(1752)萬卷樓
刻本　十六冊　行數不等字數不等白口四周
單邊

610000－1001－0000326　善0000344
春秋大事表五十卷輿圖一卷　(清)顧棟高輯
清乾隆十七年(1752)萬卷樓刻本　二十冊
行數不等字數不等白口四周單邊

610000－1001－0000327　善0000345
重刊荊川先生文集十七卷外集三卷附錄一卷
(明)唐順之撰　明萬曆元年(1573)純白齋
刻本　四冊　十行二十字白口左右雙邊　存
七卷(文集二至五、八至十)

610000－1001－0000328　善0000346
西清古鑑四十卷錢錄十六卷　(清)梁詩正
(清)蔣溥等輯　清光緒十四年(1888)邁宋書
館影印本　二十四冊　十行十八字白口四周
雙邊

610000－1001－0000329　善0000347
國語二十一卷　(三國吳)韋昭解　(宋)宋庠
補音　明萬曆張一鯤刻本　六冊　九行二十
字小字雙行同白口左右雙邊

610000－1001－0000330　善0000349
吳越春秋十卷　(漢)趙曄撰　**越絕書十五卷**
(漢)袁康撰　明萬曆十四年(1586)馮念祖
臥龍山房刻本　五冊　八行十七字小字雙行
同白口左右雙邊

610000－1001－0000331　善0000350
御纂春秋直解十二卷　(清)傅恆纂　清乾隆
二十三年(1758)刻本　八冊　八行二十字白
口四周雙邊

610000－1001－0000332　善0000351
左氏節萃十卷　(清)凌斗隍撰　清乾隆四十
年(1775)書業堂刻本　十冊　九行二十二字
白口左右雙邊

610000－1001－0000333　善0000352
五雅全書　(明)郎奎金輯　明天啟六年
(1626)郎氏堂策檻刻本　六冊　九行二十字
小字雙行同白口四周單邊

610000 - 1001 - 0000334　善 0000353

明詩正聲十八卷　（明）穆光胤輯　明萬曆陳素蘊刻本　四冊　八行十八字白口左右雙邊　存十二卷（四至十二、十六至十八）

610000 - 1001 - 0000335　善 0000353

春秋三十卷　（宋）胡安國傳　清乾隆五十五年（1790）奎壁齋刻本　八冊　九行十八字小字雙行同白口左右雙邊

610000 - 1001 - 0000336　善 0000355

百二人畫像　（清）樊燦臨摹　清精繪本　四冊　行數不等字數不等

610000 - 1001 - 0000337　善 0000358

欽定英傑歸真一卷　（清）洪仁玕撰　抄本　二冊　八行字數不等

610000 - 1001 - 0000338　善 0000359

三輔黃圖六卷　（漢）□□撰　明末清初刻本　一冊　九行十八字小字雙行同白口四周單邊

610000 - 1001 - 0000339　善 0000361

皋鶴堂批評第一奇書金瓶梅一百回　（清）周大章輯評　（清）張竹坡批評　清康熙三十四年（1695）皋鶴堂刻本　二十四冊　十一行二十二字白口四周單邊

610000 - 1001 - 0000340　善 0000361

左傳翼三十八卷　（清）周大章輯評　清乾隆五年（1740）文盛堂刻本　十六冊　九行二十二字白口左右雙邊

610000 - 1001 - 0000341　善 0000362

寧覼槾殯不分卷　（清）喬桐蔭撰　清稿本　一冊　九行字數不等白口四周單邊

610000 - 1001 - 0000342　善 0000363

吾學編六十九卷　（明）鄭曉撰　明隆慶元年（1567）鄭履淳刻本　二十四冊　十行十九字白口左右雙邊

610000 - 1001 - 0000343　善 0000364

耕織圖一卷　（□）□□仿繪　精繪本　四冊

610000 - 1001 - 0000344　善 0000366

文清公薛先生文集二十四卷　（明）張鼎編　明萬曆四十二年（1614）刻本　十二冊　十行二十字白口四周雙邊

610000 - 1001 - 0000345　善 0000366

薛文清公讀書全錄類編二十卷　（明）薛瑄編　明萬曆二十七年（1599）刻本　八冊　十行二十字白口四周單邊

610000 - 1001 - 0000346　善 0000367

文編六十四卷　（明）唐順之選批　（明）姜寶編次　明嘉靖三十五年（1556）胡帛刻本　三十冊　十行二十字白口四周單邊

610000 - 1001 - 0000347　善 0000368

新刊荊川先生外集三卷附錄一卷　（明）唐順之撰　明萬曆元年（1573）刻本　二冊　十行二十字白口左右雙邊

610000 - 1001 - 0000348　善 0000369

荊川先生右編四十卷　（明）唐順之編　明萬曆三十三年（1605）南京國子監刻本　四十冊　十行二十字白口左右雙邊

610000 - 1001 - 0000349　善 0000370

文獻通考三百四十八卷　（元）馬端臨纂　明嘉靖三年（1524）刻本　八十四冊　十行二十字小字雙行同上下黑口四周雙邊　存二百七十九卷（一至二、八至二十一、二十五至五十一、五十五至八十六、九十至一百十、一百十四至一百二十二、一百三十一至一百九十三、二百至二百〇四、二百十二至二百二十七、二百三十三至二百四十六、二百五十一至二百五十六、二百六十至二百七十三、二百八十五至三百十六、三百二十一至三百二十七、三百三十二至三百四十八）

610000 - 1001 - 0000350　善 0000371

唐類函二百卷目錄二卷　（明）俞安期彙纂　（明）徐顯卿校訂　明萬曆三十一年（1603）德聚堂刻本　六十冊　十行二十字小字雙行同上下黑口四周單邊

610000 - 1001 - 0000351　善 0000372

元白長慶集　（明）馬元調輯　明萬曆三十二

年(1604)刻本　二十四冊　十行二十一字白口左右雙邊

610000－1001－0000352　善0000373
唐雅八卷　（明）胡纘宗輯　明嘉靖二十八年(1549)刻本　四冊　十行二十字白口四周雙邊

610000－1001－0000353　善0000374
[陝西三原]段氏家乘不分卷　（清）段鍾華編　清康熙二十七年(1688)刻本　一冊　九行二十字白口四周雙邊

610000－1001－0000354　善0000377
唐詩歸三十六卷　（明）鍾惺　（明）譚元春編　明刻本　四冊　九行十八字小字雙行同白口左右雙邊

610000－1001－0000355　善0000379
奎壁小學六卷孝經忠經不分卷　（清）王相箋　（明）陳選集註　明崇禎金陵奎壁齋刻本　三冊　九行十七字小字雙行同白口左右雙邊

610000－1001－0000356　善0000380
宋洪魏公進萬首唐人絕句四十卷目錄四卷（宋）洪邁輯　（明）黃習遠補　明萬曆三十五年(1607)趙宧光刻本　十二冊　十行十八字白口左右雙邊

610000－1001－0000357　善0000381
玉茗堂全集五十四卷　（明）湯顯祖著　清康熙十三年(1674)書竹林堂刻本　三十二冊　七行十八字白口四周單邊

610000－1001－0000358　善0000382
龔安節公野古集三卷上周文襄公書一卷（明）龔詡撰　安節先生年譜一卷　（清）龔挺撰　明崇禎八年(1635)龔挺刻清康熙重修本　二冊　九行十九字白口四周雙邊

610000－1001－0000359　善0000383
滄溟先生集三十卷附錄一卷　（明）李攀龍撰　明徐履道起鳳館刻本　六冊　十行二十字白口左右雙邊

610000－1001－0000360　善0000384

溫恭毅公文集三十卷　（明）溫純撰　明崇禎九年(1636)刻清乾隆十五年(1750)增補本八冊　十行二十字白口左右雙邊

610000－1001－0000361　善0000385
何大復先生集三十八卷附錄一卷　（明）何景明著　清乾隆十五年(1750)何輝少等刻本八冊　九行二十字白口四周雙邊

610000－1001－0000362　善0000386
楊忠介公集十三卷附錄一卷　（明）楊爵著明萬曆十六年(1588)刻本　八冊　九行二十字白口四周單邊

610000－1001－0000363　善0000387
尊水園集署十二卷補遺二卷　（清）盧世㴶著附錄一卷　清順治十七年(1660)盧孝餘刻本　八冊　九行十九字小字雙行同白口四周單邊

610000－1001－0000364　善0000388
明德先生文集二十六卷　（明）呂維祺撰　清康熙七年(1668)刻本　六冊　十行二十一字白口左右雙邊　存十一卷(一至十一)

610000－1001－0000365　善0000389
擬漢樂府八卷　（明）胡纘宗著　明嘉靖刻本二冊　十行十九字小字雙行同白口四周單邊

610000－1001－0000366　善0000390
可泉擬涯翁擬古樂府二卷　（明）胡纘宗著明嘉靖三十六年(1557)刻本　二冊　十行十九字小字雙行十七字白口四周單邊

610000－1001－0000367　善0000391
歇菴集十六卷　（明）陶望齡著　（明）王應遴校　明萬曆三十八年至三十九年(1610－1611)山陰王應遴刻本　三冊　九行十九字下黑口四周雙邊　存三卷(十三至十五)

610000－1001－0000368　善0000392
大㑊集三卷　（明）王璜撰　明嘉靖董世彥刻本　三冊　十行二十字白口四周單邊

610000－1001－0000369　善0000393

邊華泉集八卷 （明）邊貢撰 明嘉靖十七年
（1538）司馬魯瞻刻本 四冊 十一行十九至
二十字不等白口左右雙邊

610000－1001－0000370 善0000394
東越証學錄十六卷 （明）周汝登著 明萬曆
三十三年（1605）刻本 四冊 九行十八字白
口四周單邊

610000－1001－0000371 善0000394
四書朱子本義匯參四十三卷首四卷 （清）王
步青輯 （清）王士鼇編 清乾隆十年（1745）
敦復堂刻本 三十冊 九行二十三字小字雙
行同白口四周單邊

610000－1001－0000372 善0000396
秦漢瓦當文字不分卷 （清）孫星衍釋文 清
乾隆稿本 二冊 行數不等字數不等

610000－1001－0000373 善0000397
崇禎宮詞二卷 （清）王譽昌著 清雍正元年
（1723）遠山樓抄本 一冊 八行十六字小字
雙行同上黑口四周單邊

610000－1001－0000374 善0000398
續二三塲群書備考三卷 （明）袁儼撰 明崇
禎刻本 二冊 八行二十一字小字雙行同白
口四周單邊

610000－1001－0000375 善0000398
關中書院大學講義一卷中庸講義一卷論語講
義四卷孟子講義三卷四書講義補二卷勉學堂
中庸講義一卷蘭山書院課解一卷 （清）孫景
烈著 清乾隆四十三年（1778）刻本 十一冊
九行二十五字白口四周雙邊

610000－1001－0000376 善0000399
痡詠一卷燕賦一卷 （明）王若之著 清順治
二年（1645）傅敏佚笈姑存刻本 一冊 八行
十七字白口四周單邊

610000－1001－0000377 善0000400
［陝西三原］三原焦吳里梁氏家乘不分卷
（明）梁希贊輯 明刻本 一冊 九行十八字
白口四周單邊

610000－1001－0000378 善0000401
阮嗣宗集二卷 （三國魏）阮籍撰 （明）程榮
校 明萬曆程榮刻本 一冊 九行二十字白
口左右雙邊 存一卷（上）

610000－1001－0000379 善0000402
蔡中郎集八卷 （漢）蔡邕撰 （明）汪士賢校
明萬曆、天啟汪士賢刻本 一冊 九行二
十字白口左右雙邊 存二卷（一至二）

610000－1001－0000380 善0000403
高季迪先生大全集十八卷 （明）高啟撰 清
康熙竹素園刻本 四冊 十行二十字白口左
右雙邊

610000－1001－0000381 善0000404
中州集十卷首一卷中州樂府一卷 （金）元好
問輯 明末毛氏汲古閣刻本 十二冊 八行
十九字白口左右雙邊

610000－1001－0000382 善0000404
駁呂留良四書講義八卷 （清）朱軾編 清雍
正九年（1731）刻本 八冊 九行二十一字小
字雙行同白口四周雙邊

610000－1001－0000383 善0000405
赤水玄珠三十卷醫案五卷醫旨緒餘二卷
（明）孫一奎輯 明萬曆二十四年（1596）刻本
二十冊 九行十九字白口四周單邊

610000－1001－0000384 善0000405
駁呂留良四書講義八卷 （清）朱軾編 清雍
正九年（1731）刻本 八冊 九行二十一字小
字雙行同白口四周雙邊

610000－1001－0000385 善0000406
洪武正韻十六卷 （明）樂韶鳳 （明）宋濂等
撰 明刻本 一冊 八行大字不等小字雙行
二十四字白口四周雙邊 存三卷（一至三）

610000－1001－0000386 善0000407
中州集十卷首一卷中州樂府一卷 （金）元好
問輯 明末毛氏汲古閣刻本 十冊 八行十
九字白口左右雙邊

610000－1001－0000387 善0000408

草堂詩餘正集六卷續集二卷別集四卷新集五卷 （明）沈際飛評點 明刻本 四冊 九行十九字小字雙行同白口四周單邊 存四卷（正集三至六）

610000－1001－0000388 善0000409
孔子家語十卷 （三國魏）王肅注 （明）吳勉學校 明萬曆刻本 四冊 九行十八字小字雙行同白口左右雙邊

610000－1001－0000389 善0000410
［雍正］藍田縣志四卷首一卷 （清）郭顯賢撰 （清）李元昇增修 （清）李大捷等增纂 清順治刻雍正八年（1730）增修本 一冊 九行二十字小字雙行同白口四周雙邊 存一卷（二）

610000－1001－0000390 善0000411
尚友錄二十二卷 （明）廖用賢編纂 明崇禎元年（1628）刻本 十冊 七行大字不等小字雙行十八字白口四周單邊 存十卷（一至十）

610000－1001－0000391 善0000412
五車韻瑞一百六十卷 （明）凌稚隆輯 明刻本 十四冊 十行大字不等小字雙行二十七字白口左右雙邊 存五十一卷（一至五十一）

610000－1001－0000392 善0000413
張夢澤先生手授評選四六燦花十二卷 （明）毛應翔詮釋 明刻本 四冊 九行十八字小字雙行同白口四周單邊 存二卷（五至六）

610000－1001－0000393 善0000414
忠統三卷 （明）王徵撰 明崇禎刻本 一冊 九行十八字小字雙行同白口四周單邊 存一卷（下）

610000－1001－0000394 善0000414
日講四書解義二十六卷 （清）喇沙里 （清）陳廷敬等撰 清康熙十六年（1677）刻本 二十六冊 九行十八字粗黑口四周雙邊

610000－1001－0000395 善0000415
衡門芹一卷 （明）辛全撰 明晉淑健等刻本 一冊 九行二十字白口四周單邊

610000－1001－0000396 善0000415
日講四書解義二十六卷 （清）喇沙里 （清）陳廷敬等撰 清康熙十六年（1677）刻本 十六冊 九行十八字小字雙行同粗黑口四周雙邊

610000－1001－0000397 善0000416
海防纂要十三卷 （明）王在晉撰 明萬曆四十一年（1613）王在晉刻本 十冊 十行二十字白口四周單邊 存八卷（一至二、四至五、十至十三）

610000－1001－0000398 善0000419
四書朱子異同條辨四十卷 （清）李佩霖 （清）李禎訂 清康熙四十五年（1706）近譬堂刻本 四十八冊 九行二十一字小字雙行同白口左右雙邊

610000－1001－0000399 善0000421
坐隱先生全集三種 （明）汪廷訥撰 明萬曆三十七年（1609）汪氏環翠堂刻本 四冊 行數不等字數不等白口四周單邊 存二種

610000－1001－0000400 善0000422
沈獅峯先生詩畫合冊不分卷 （清）沈宗敬繪 清初精繪本 一冊

610000－1001－0000401 善0000425
水經注箋四十卷 （漢）桑欽撰 （北魏）酈道元注 （明）朱謀㙔箋 明萬曆四十三年（1615）李長庚刻本 二冊 十行二十字小字雙行同白口左右雙邊 存三卷（一至三）

610000－1001－0000402 善0000432
華嶽金石志一卷 （清）李榕撰 唐昭陵石蹟考畧五卷 （清）林侗撰 金石學錄二卷 （清）李遇孫輯 誌銘廣例二卷 （清）梁玉繩撰 抄本 四冊 十二行字數不等白口四周雙邊

610000－1001－0000403 善0000434
東坡先生全集七十五卷 （宋）蘇軾撰 東坡年譜一卷 （宋）王宗稷編 東坡詩選十二卷 （明）譚元春選 明末文盛堂刻本 二十八冊 十行十九字小字雙行同白口左右雙邊

缺四卷(全集七十二至七十五)

610000－1001－0000404　善0000435
温與亨先生詩草不分卷　(清)温自知撰　清抄本　一冊　十行二十七字

610000－1001－0000405　善0000437
朱文公校昌黎先生文集四十卷外集十卷　(唐)韓愈撰　(宋)朱熹考異　明萬曆三十三年(1605)朱崇沐刻本　十五冊　九行十八字小字雙行同白口四周雙邊　缺六卷(文集三十一至三十六)

610000－1001－0000406　善0000437
御製繙譯四書不分卷　(清)鄂爾泰釐定　清乾隆二十年(1755)刻本　六冊　行數不等字數不等白口四周雙邊

610000－1001－0000407　善0000438
集千家註杜工部詩集二十卷文集二卷　(唐)杜甫撰　(明)許自昌校　明萬曆三十年(1602)許自昌刻本　五冊　九行二十字小字雙行同白口左右雙邊

610000－1001－0000408　善0000438
御製繙譯四書不分卷　(清)鄂爾泰釐定　清乾隆二十年(1755)刻本　六冊　行數不等字數不等白口四周雙邊

610000－1001－0000409　善0000439
東坡全集一百十五卷目錄七卷　(宋)蘇軾撰　**東坡年譜一卷**　(宋)王宗稷編　**東坡先生墓誌銘一卷**　(宋)蘇轍撰　**東坡本傳**　(元)脫脫撰　明刻本　二十四冊　十行十九字小字雙行同白口四周單邊

610000－1001－0000410　善0000440
初學記三十卷　(唐)徐堅撰　(明)陳大科校　明萬曆二十五年至二十六年(1597－1598)陳大科刻本　八冊　九行二十字小字雙行同白口左右雙邊

610000－1001－0000411　善0000441
印史五卷　(明)何通撰　明天啟三年(1623)刻鈐印本　五冊　行數不等字數不等白口四周單邊

610000－1001－0000412　善0000442
新編直指算法纂要四卷　(明)程大位編集　明萬曆二十六年(1598)賓渠旅舍刻本　一冊　十行二十二字白口四周雙邊

610000－1001－0000413　善0000442
四書集註大全　(清)陸隴其輯　清康熙四十一年(1702)三魚堂刻本　三十二冊　八行二十三字小字雙行同粗黑口左右雙邊

610000－1001－0000414　善0000443
忠愍公詩集三卷　(宋)寇準撰　明弘治刻清道光十八年(1838)補刻本　一冊　八行十八字白口左右雙邊間四周單邊

610000－1001－0000415　善0000444
杜工部文集二卷集千家註杜工部詩集二十卷　(唐)杜甫撰　(明)許自昌校　明萬曆三十年(1602)刻本　四冊　九行二十字小字雙行同白口左右雙邊

610000－1001－0000416　善0000445
賜閒堂集四十卷　(明)申時行撰　明萬曆四十四年(1616)申用懋刻本　六冊　九行十八字白口左右雙邊　存六卷(一至二、五至六、十五至十六)

610000－1001－0000417　善0000445
四書考輯要二十卷　(清)陳宏謀輯　(清)陳蘭森編校　清乾隆三十六年(1771)陳氏培遠堂刻本　五冊　十行二十字小字雙行同白口四周雙邊　存十一卷(十至二十)

610000－1001－0000418　善0000447
淮南子二十一卷　(漢)劉向校定　(明)吳勉學校正　明萬曆刻本　一冊　九行十八字白口左右雙邊　存四卷(十三至十六)

610000－1001－0000419　善0000452
仙機武庫八卷　(明)陸玄宇輯　明崇禎二年(1629)西陵碧雲書屋刻本　八冊　行數不等字數不等白口四周單邊

610000－1001－0000420　善0000453
陸放翁全集六種　(宋)陸游撰　明海虞毛氏汲古閣刻本　八十冊　八行十八字白口左右雙邊

610000－1001－0000421　善0000455
史記評林一百三十卷　（明）凌稚隆輯校　明萬曆五年(1577)刻本　四十冊　十行十九字小字雙行同白口左右雙邊

610000－1001－0000422　善0000456
靈隱子六卷　（唐）駱賓王撰　（明）陳魁士注明萬曆二十四年(1596)陳大科刻本　二冊　十行二十字小字雙行同白口四周雙邊

610000－1001－0000423　善0000457
訂補明醫指掌十卷　（明）皇甫中撰註　（明）王肯堂訂補　明天啟三年(1623)刻本　五冊　九行二十字小字雙行同白口四周單邊

610000－1001－0000424　善0000458
三蘇文集七十一卷首一卷　（宋）蘇洵　（宋）蘇軾　（宋）蘇轍撰　明嘉靖刻本　二冊　十行二十字白口四周雙邊　存十五卷（五十一至六十五）

610000－1001－0000425　善0000459
杜樊川集十七卷　（唐）杜牧撰　（明）朱一是等評　明末吳氏西爽堂刻本　十冊　九行十八字白口四周單邊

610000－1001－0000426　善0000460
醫要集覽九種　（明）□□輯　明刻本　六冊　十行二十字上下黑口四周雙邊　存八種

610000－1001－0000427　善0000461
十家鈔　（清）王步青編　清映旭齋刻本　六冊　九行二十五字白口左右雙邊　存二種

610000－1001－0000428　善0000462
明德先生文集二十六卷　（明）呂維祺撰　清康熙刻本　五冊　十行二十一字白口左右雙邊　存十卷（二至十一）

610000－1001－0000429　善0000463
函史上編八十二卷下編二十一卷　（明）鄧元錫撰　明崇禎刻本　五冊　十行二十一字白口四周單邊　存六卷（下編八至十三）

610000－1001－0000430　善0000464
皇明館課經世宏辭續集十五卷　（明）王錫爵（明）陸翀之輯　明萬曆二十一年(1593)周日校刻本　一冊　十二行二十四字白口四周單邊　存一卷(八)

610000－1001－0000431　善0000465
管子二十四卷　（唐）房玄齡註　明萬曆十年(1582)趙用賢刻本　六冊　九行十九字小字雙行同白口四周單邊

610000－1001－0000432　善0000467
詩萃不分卷　（清）樊增祥等書　稿本　一冊　行數不等字數不等

610000－1001－0000433　善0000468
孝經一卷　（宋）邢昺註　清康熙二十三年(1684)刻本　一冊　八行十八字白口四周雙邊

610000－1001－0000434　善0000470
新鐫十六翰林擬纂酉戌科場急出題旨棘闈丹篆□卷　（明）周延儒等修纂　（明）郭偉訂正　明刻本　四冊　十行十八字白口四周單邊　存四卷（上論一至二、大學五、中庸六）

610000－1001－0000435　善0000471
東萊先生西漢詳節三十卷　（宋）呂祖謙編　明弘治京兆慎獨齋七十三翁刻本　一冊　十行二十二字小字雙行同白口四周單邊　存四卷（十至十三）

610000－1001－0000436　善0000472
濟陰綱目五卷　（明）武之望撰　明萬曆四十八年(1620)刻本　一冊　十行二十一字白口四周雙邊　存一卷(五)

610000－1001－0000437　善0000473
史記一百三十卷　（漢）司馬遷撰　（南朝宋）裴駰集解　（唐）司馬貞索隱　（唐）張守節正義　明嘉靖四年至六年(1525-1527)王延喆刻本　二十冊　十行十八字小字雙行二十三字白口左右雙邊

610000－1001－0000438　善0000475
何太僕集十卷　（明）何棟如撰　明末刻本　二冊　九行二十字白口四周單邊

610000 – 1001 – 0000439　善 0000476
書記洞詮一百二十卷目錄十卷　（明）梅鼎祚輯　明萬曆二十五年至二十七年（1597 – 1599）刻本　十九冊　十行二十字小字雙行同白口左右雙邊　存六十五卷（六至六十、八十一至九十）

610000 – 1001 – 0000440　善 0000478
唐詩類苑一百卷　（明）卓明卿編輯　明萬曆十四年（1586）崧齋活字印本　二十三冊　十行二十字白口四周單邊　存七十五卷（一至二十二、四十八至一百）

610000 – 1001 – 0000441　善 0000479
百研銘不分卷　（清）屈復撰　清乾隆二十九年（1764）溫映驪刻本　一冊　十行十九字白口左右雙邊

610000 – 1001 – 0000442　善 0000480
睽車志六卷　（宋）郭彖撰　明萬曆刻本　二冊　九行二十字白口四周單邊

610000 – 1001 – 0000443　善 0000481
澠水燕談錄十卷　（宋）王闢之撰　明萬曆刻本　二冊　九行二十字白口四周單邊

610000 – 1001 – 0000444　善 0000485
歸潛筆記十八卷　（清）陳名揚撰　抄本　四冊　八行二十二字　存十一卷（五至七、十一至十八）

610000 – 1001 – 0000445　善 0000486
渼陂集十六卷續集三卷　（明）王九思撰　明崇禎十三年（1640）補刻本　十一冊　十行二十一字白口四周單邊

610000 – 1001 – 0000446　善 0000487
遠志堂集十三卷　（明）喬因卓撰　明萬曆三十七年（1609）刻本　六冊　九行十八字白口四周單邊

610000 – 1001 – 0000447　善 0000488
爾雅直音二卷　（清）孫佀輯　清乾隆六十年（1795）刻本　二冊　十行字數不等白口左右雙邊

610000 – 1001 – 0000448　善 0000489
渭南文集五十卷　（宋）陸游撰　明末海虞毛氏汲古閣刻本　二十冊　八行十八字白口左右雙邊

610000 – 1001 – 0000449　善 0000490
爾雅注疏十卷　（晉）郭璞注　（宋）邢昺疏　清乾隆四十三年（1778）三樂齋刻本　六冊　九行二十一字小字雙行同白口左右雙邊

610000 – 1001 – 0000450　善 0000498
董仲舒集一卷　（漢）董仲舒著　明萬曆刻本　一冊　九行二十字白口左右雙邊

610000 – 1001 – 0000451　善 0000499
四史鴻裁四十卷　（明）穆文熙批輯　明萬曆十八年（1590）刻本　二十冊　十行二十字小字雙行同白口四周雙邊

610000 – 1001 – 0000452　善 0000500
初學記三十卷　（唐）徐堅撰　（明）陳大科校　明萬曆二十五年至二十六年（1597 – 1598）陳大科刻本　二十八冊　九行二十字小字雙行同白口左右雙邊　缺二卷（二十七至二十八）

610000 – 1001 – 0000453　善 0000501
史記鉤玄四卷　（明）錢普撰　明萬曆六年（1578）刻本　四冊　九行二十字白口左右雙邊

610000 – 1001 – 0000454　善 0000502
古今合璧事類備要前集六十九卷後集八十一卷續集五十六卷　（宋）謝維新輯　別集九十四卷外集六十六卷　（宋）虞載輯　明嘉靖三十一年至三十五年（1552 – 1556）夏相刻本　一百冊　八行十七字小字雙行二十四字白口左右雙邊

610000 – 1001 – 0000455　善 0000503
真西山讀書記乙集上大學衍義四十三卷　（宋）真德秀彙輯　明刻本　二十冊　十行二十字小字雙行同白口四周單邊

610000 – 1001 – 0000456　善 0000503
西山先生真文忠公讀書記甲集三十七卷丁集

二卷乙集下二十二卷 （宋）真德秀撰 宋開慶元年(1259)福州官刻元明遞修本 八十冊 九行十六字小字雙行二十四字白口左右雙邊

610000－1001－0000457 善0000504

國朝典故六十二種 （明）朱當㴐編 明抄本 三十冊 十行字數不等上下藍口四周雙邊

610000－1001－0000458 善0000505

天下一統志九十卷 （明）李賢等修 （明）萬安等纂 明萬曆萬壽堂刻本 四十八冊 十行二十二字小字雙行同白口四周單邊

610000－1001－0000459 善0000506

少微通鑑節要五十卷外紀四卷 （宋）江贄撰 資治通鑑節要續編三十卷 （明）張光啓撰 明正德九年(1514)司禮監刻本 四十冊 九行十五字小字雙行同上下黑口四周雙邊

610000－1001－0000460 善0000507

輿地要覽圖三十六幅 （清）顧祖禹撰 清繪圖本 一冊 行數不等大小字不等

610000－1001－0000461 善0000509

文獻通考三百四十八卷 （元）馬端臨撰 明嘉靖三年(1524)司禮監刻本 一百〇一冊 十行二十字小字雙行同上下黑口四周雙邊 存三百四十五卷(一至四十四、四十八至三百四十八)

610000－1001－0000462 善0000509

埤雅二十卷 （宋）陸佃撰 明天啟六年(1626)郎氏堂策檻刻本 六冊 九行二十字白口四周單邊

610000－1001－0000463 善0000510

鐫國朝名公翰藻超奇十四卷 （明）徐宗夔輯 明萬曆唐廷仁刻本 十四冊 十行二十二字白口四周單邊

610000－1001－0000464 善0000511

資治通鑑綱目集說五十九卷前編二卷 （明）扶安輯 （明）晏宏校補 明嘉靖晏宏刻本 二十六冊 十行二十一字小字雙行同白口四周雙邊 存五十二卷(一至三、六至十三、十

七至三十三、三十六至五十九)

610000－1001－0000465 善0000512

唐宋白孔六帖一百卷目錄二卷 （唐）白居易 （宋）孔傳輯 明刻本 一百冊 十行十八字小字雙行同白口左右雙邊

610000－1001－0000466 善0000513

大學衍義四十三卷 （宋）眞德秀彙輯 大學衍義補一百六十卷首一卷 （明）丘濬撰 （明）陳仁錫評閱 明崇禎五年(1632)陳仁錫刻本 七十二冊 十行二十字小字雙行同白口四周單邊

610000－1001－0000467 善0000514

性理大全書七十卷 （明）胡廣等編輯 明刻本 二十四冊 十行二十字小字雙行同白口左右雙邊

610000－1001－0000468 善0000515

泊如齋重修宣和博古圖錄三十卷 （宋）王黼等撰 明萬曆十六年(1588)泊如齋刻本 十二冊 八行十七字白口四周單邊

610000－1001－0000469 善0000516

甲子會紀五卷 （明）薛應旂編集 （明）陳仁錫評閱 明末陳仁錫刻本 四冊 八行十八字小字雙行同白口四周單邊

610000－1001－0000470 善0000517

四書疑問五卷 （明）史記事撰 明萬曆四十五年(1617)渭南史記事刻本 五冊 九行十七字白口四周雙邊

610000－1001－0000471 善0000518

三才圖會一百〇六卷 （明）王圻撰 明萬曆刻本 一冊 九行二十二字白口四周單邊 存二卷(十二至十三)

610000－1001－0000472 善0000519

沈氏弋說六卷 （明）沈長卿撰 （明）黃可師等評 明萬曆刻本 十二冊 八行十八字白口四周單邊

610000－1001－0000473 善0000520

胡文煥校刻書十種 （明）胡文煥等輯 明萬

曆刻本　四冊　十行二十字白口左右雙邊

610000－1001－0000474　善0000521
明理學月川曹先生年譜二卷　(明)張信民纂
著　(清)張璟裁定　清刻本　一冊　十行二
十二字白口四周雙邊

610000－1001－0000475　善0000522
編年拔秀二卷　(明)孫森輯　明萬曆三十年
(1602)劉汝弼、吳惟咸等刻本　一冊　八行
十八字小字雙行同白口四周雙邊

610000－1001－0000476　善0000523
翠娛閣評選行笈必攜十種　(明)陸雲龍輯
明崇禎四年(1631)崢霄館刻本　二十冊　九
行十九字白口四周單邊

610000－1001－0000477　善0000524
梓溪文鈔內集八卷外集十卷　(明)舒芬撰
(明)舒琛等輯　明萬曆四十八年(1620)刻本
十二冊　九行十八字白口四周雙邊

610000－1001－0000478　善0000525
新增說文韻府羣玉二十卷　(元)陰時夫編輯
　(元)陰中夫編註　明萬曆刻本　二十冊
十一行二十二字小字雙行同白口左右雙邊

610000－1001－0000479　善0000526
宣和畫譜二十卷　(宋)□□撰　明崇禎毛氏
汲古閣刻本　四冊　八行十九字小字雙行同
白口左右雙邊

610000－1001－0000480　善0000527
鄭端簡公徵吾錄二卷　(明)鄭曉撰　明隆慶
鄭履淳刻本　一冊　十行十九字白口左右
雙邊

610000－1001－0000481　善0000528
春秋左傳十五卷　(明)孫月峯批點　明萬曆
四十四年(1616)閔齊伋刻朱墨印本　十二冊
　九行十九字白口四周單邊

610000－1001－0000482　善0000529
宋名臣言行錄別集二十六卷續集八卷　(宋)
李幼武輯　(明)張鰲山校正　明刻本　五冊
十一行二十二字白口四周單邊

610000－1001－0000483　善0000531
詩紀一百三十卷前集十卷外集四卷別集十二
卷　(明)馮惟訥編　明嘉靖三十九年(1560)
甄敬刻本　二十四冊　九行二十一字小字雙
行同白口四周單邊　存八十九卷(詩紀漢詩
一至十,魏詩一至九,吳詩一,宋詩一至十一,
齊詩一至八,梁詩一至十四、二十至三十四,
北魏詩一至二,北齊詩一至二,隋詩一至四,
前集一至六,外集一至四,別集七至九)

610000－1001－0000484　善0000532
彙苑詳註三十六卷　(明)鄒善長輯　(明)王
世貞鑒定　明梅墅石渠閣刻本　二十五冊
十行二十字小字雙行同白口左右雙邊

610000－1001－0000485　善0000533
類經三十二卷　(明)張介賓類注　圖翼十一
卷附翼四卷　(明)張介賓撰　明天啟四年
(1624)刻本　四十冊　八行十八字白口四周
單邊

610000－1001－0000486　善0000535
性理大全書七十卷　(明)胡廣等撰　明萬曆
吳勉學師古齋刻本　二十冊　十行二十字小
字雙行同白口左右雙邊

610000－1001－0000487　善0000537
中州集十卷中州樂府一卷　(金)元好問撰
明末毛氏汲古閣刻本　八冊　八行十九字白
口左右雙邊

610000－1001－0000488　善0000538
五種秘竅全書　(明)甘霖撰　明崇禎唐鯉耀
文林閣刻本　八冊　九行二十二字白口四周
單邊　存二種附一種

610000－1001－0000489　善0000541
願學編二卷　(明)胡纘宗撰　明嘉靖刻清順
治補修本　二冊　九行十九字白口四周單邊

610000－1001－0000490　善0000542
老子鬳齋口義二卷　(宋)林希逸撰　(明)張
四維補　明萬曆二年(1574)敬義堂刻本　二
冊　十行二十二字白口四周單邊

610000－1001－0000491　善0000543

楚辭章句十七卷　（漢）王逸撰　**附錄一卷**
明萬曆十四年(1586)馮少祖觀妙齋刻本　三冊　九行十八字小字雙行同白口左右雙邊

610000－1001－0000492　善0000544

老子解二卷　（宋）蘇轍撰　明刻本　二冊
九行十八字白口左右雙邊

610000－1001－0000493　善0000545

呂氏家塾讀詩記三十二卷　（宋）呂祖謙撰
明萬曆四十一年(1613)陳龍光等刻本　十冊
十行二十字小字雙行同白口左右雙邊

610000－1001－0000494　善0000546

二十子　（明）吳勉學輯　明萬曆吳勉學刻本
三十六冊　九行十八字白口左右雙邊

610000－1001－0000495　善0000547

泊如齋重修宣和博古圖錄三十卷　（宋）王黼
等撰　明萬曆十六年(1588)泊如齋刻本　二
十冊　八行十七字白口四周單邊　存二十卷
(一至二十)

610000－1001－0000496　善0000548

性理大全書七十卷　（明）胡廣等撰　明萬曆
二十五年(1597)吳勉學師古齋刻本　三十六
冊　十行二十字小字雙行同白口左右雙邊

610000－1001－0000497　善0000549

傅氏眼科審視瑤函六卷首一卷　（明）傅仁宇
撰　（明）林長生補　清刻本　八冊　九行二
十字白口四周雙邊

610000－1001－0000498　善0000550

書義會真錄十九卷　（明）牛應元撰　明天啟
萬卷樓刻本　十冊　六行二十八字白口四周
單邊

610000－1001－0000499　善0000551

文清公薛先生文集二十四卷　（明）薛瑄撰
（明）張鼎編輯　明萬曆四十二年(1614)刻本
十二冊　十行二十字白口四周雙邊

610000－1001－0000500　善0000552

夢溪筆談二十六卷　（宋）沈括撰　明崇禎四
年(1631)馬元調刻本　三冊　九行十八字白

口左右雙邊　存二十卷(一至二十)

610000－1001－0000501　善0000553

集千家註杜工部詩集二十卷文集二卷　（唐）
杜甫撰　（明）許自昌校　明萬曆三十年
(1602)許自昌刻本　十二冊　九行二十字小
字雙行同白口左右雙邊

610000－1001－0000502　善0000554

東垣十書　（明）□□輯　明刻本　十二冊
十行二十字白口四周雙邊　存十種

610000－1001－0000503　善0000555

文清公薛先生文集二十四卷　（明）薛瑄撰
（明）張鼎編輯　清雍正十二年(1734)薛氏刻
本　十二冊　十行二十字白口四周雙邊

610000－1001－0000504　善0000556

薛文清公集九種　（明）薛瑄撰　清雍正、乾
隆刻本　十三冊　十二行二十二字上下黑口
左右雙邊　存四種

610000－1001－0000505　善0000560

雍音四卷　（明）胡纘宗編　明嘉靖刻清王任
賢補刻本　四冊　十行二十字白口四周單邊

610000－1001－0000506　善0000561

伊川擊壤集二十卷　（宋）邵雍撰　明文靖書
院刻本　四冊　十行二十字下黑口四周雙邊

610000－1001－0000507　善0000562

寶顏堂祕笈六集二百二十三種　（明）陳繼儒
輯　明萬曆繡水沈氏刻本　一冊　八行十八
字白口四周單邊　存二種

610000－1001－0000508　善0000563

史記一百三十卷　（漢）司馬遷撰　（南朝宋）
裴駰集解　（唐）司馬貞索隱　（唐）張守節正
義　明嘉靖八年至九年(1529－1530)南京國
子監刻本　三十冊　十行二十一字上下黑口
四周雙邊

610000－1001－0000509　善0000566

張香濤先生奏稿(庚辰年)不分卷　（清）張之
洞撰　抄本　一冊　八行二十字四周雙邊

610000－1001－0000510　善0000566

六書通十卷　（明）閔齊伋輯　清乾隆六十年
(1795)刻本　六冊　八行字數不等白口四周
雙邊

610000 – 1001 – 0000511　善 0000567

隰圃詩文集不分卷　（清）鄭預撰　清抄本
六冊　九行字數不等

610000 – 1001 – 0000512　善 0000568

救偏瑣言五卷備用良方一卷　（清）費啟泰著
清順治刻本　六冊　十行二十二字白口四
周單邊

610000 – 1001 – 0000513　善 0000570

蟲吟詩草不分卷　（清）楊道南撰　清抄本
一冊　六行字數不等

610000 – 1001 – 0000514　善 0000571

姓氏譜纂七卷　（明）李日華撰　明崇禎刻本
三冊　九行二十字小字雙行同白口四周單
邊　缺一卷(五)

610000 – 1001 – 0000515　善 0000572

石墨鐫華八卷　（明）趙崡撰　明萬曆四十六
年(1618)刻本　二冊　八行十八字白口四周
單邊

610000 – 1001 – 0000516　善 0000574

唐類函二百卷目錄二卷　（明）俞安期輯　明
萬曆三十一年(1603)刻本　四十冊　十行二
十字小字雙行同白口四周單邊

610000 – 1001 – 0000517　善 0000575

瀟碧堂集二十卷　（明）袁宏道撰　明萬曆三
十六年(1608)袁氏書種堂刻本　三冊　九行
十八字白口四周單邊　存十五卷(一至十、十
六至二十)

610000 – 1001 – 0000518　善 0000576

江文通文集十卷　（南朝梁）江淹撰　（明）汪
士賢校　明萬曆、天啟新安汪氏刻本　二冊
九行二十字白口左右雙邊間四周單邊

610000 – 1001 – 0000519　善 0000577

廣快書五十種　（明）何偉然輯　明崇禎刻本
三冊　八行十八字白口左右雙邊　存五種

610000 – 1001 – 0000520　善 0000578

屠先生評釋謀野集四卷　（明）王穉登撰　明
萬曆刻本　一冊　十行二十字白口四周單邊
存一卷(三)

610000 – 1001 – 0000521　善 0000579

十三經註疏　（□）□□輯　明萬曆十四年至
二十一年(1586 – 1593)北京國子監刻本　一
百〇五冊　九行二十一字小字雙行同白口左
右雙邊

610000 – 1001 – 0000522　善 0000580

文獻通考三百四十八卷　（元）馬端臨撰　明
末刻本　一百〇九冊　十行二十字小字雙行
同白口四周單邊　存三百十六卷(一至二百
八十四、三百十七至三百四十八)

610000 – 1001 – 0000523　善 0000581

大清宣統二年歲次庚戌時憲書一卷　（清）欽
天監編　清宣統刻朱墨印本　一冊　行數不
等字數不等上下黑口四周雙邊

610000 – 1001 – 0000524　善 0000582

大清光緒二十七年歲次辛丑時憲書一卷
（清）欽天監編　清光緒刻朱墨印本　一冊
行數不等字數不等上下黑口四周雙邊

610000 – 1001 – 0000525　善 0000583

大清光緒十七年歲次辛卯時憲書一卷　（清）
欽天監編　清光緒刻朱墨印本　一冊　行數
不等字數不等白口四周單邊

610000 – 1001 – 0000526　善 0000584

大清光緒二十四年歲次戊戌時憲書一卷
（清）欽天監編　清光緒刻朱墨印本　一冊
行數不等字數不等白口四周單邊

610000 – 1001 – 0000527　善 0000585

大清光緒十九年歲次癸巳時憲書一卷　（清）
欽天監編　清光緒刻朱墨印本　一冊　行數
不等字數不等白口四周雙邊

610000 – 1001 – 0000528　善 0000587

大清光緒二十六年歲次庚子時憲書一卷
（清）欽天監編　清光緒刻朱墨印本　一冊
行數不等字數不等上下黑口四周雙邊

610000－1001－0000529　善0000588

大清光緒八年歲次壬午時憲書一卷　（清）欽
天監編　清光緒刻紫墨印本　一冊　行數不
等字數不等上下黑口四周雙邊

610000－1001－0000530　善0000589

大清光緒十五年歲次己丑時憲書一卷　（清）
欽天監編　清光緒刻朱墨印本　一冊　行數
不等字數不等上下黑口四周雙邊

610000－1001－0000531　善0000590

大清光緒二十一年歲次乙未時憲書一卷
（清）欽天監編　清光緒刻本　一冊　行數不
等字數不等上下黑口四周雙邊

610000－1001－0000532　善0000591

大清光緒二十九年歲次癸卯時憲書一卷
（清）欽天監編　清光緒刻朱墨印本　一冊
行數不等字數不等上下黑口四周雙邊

610000－1001－0000533　善0000592

大清光緒三十一年歲次乙巳時憲書一卷
（清）欽天監編　清光緒刻朱墨印本　一冊
行數不等字數不等上下黑口四周雙邊

610000－1001－0000534　善0000593

大清光緒三十二年歲次丙午時憲書一卷
（清）欽天監編　清光緒刻朱墨印本　一冊
行數不等字數不等上下黑口四周雙邊

610000－1001－0000535　善0000594

大清光緒二十八年歲次壬寅時憲書一卷
（清）欽天監編　清光緒刻朱墨印本　一冊
行數不等字數不等上下黑口四周雙邊

610000－1001－0000536　善0000595

大清光緒十四年歲次戊子時憲書一卷　（清）
欽天監編　清光緒刻朱墨印本　一冊　行數
不等字數不等上下黑口四周雙邊

610000－1001－0000537　善0000596

大清光緒二十年歲次甲午時憲書一卷　（清）
欽天監編　清光緒刻朱墨印本　一冊　行數
不等字數不等上下黑口四周雙邊

610000－1001－0000538　善0000597

大清同治元年歲次壬戌時憲書一卷　（清）欽
天監編　清同治刻本　一冊　行數不等字數
不等上下黑口四周雙邊

610000－1001－0000539　善0000597

六書分類十二卷首一卷　（清）傅世垚撰　清
康熙四十四年(1705)刻嘉慶重修本　十二冊
八行二十四字小字雙行同白口四周單邊

610000－1001－0000540　善0000598

文章正宗鈔四卷　（宋）眞德秀輯　（明）胡汝
嘉節鈔　明萬曆三年(1575)刻本　一冊　十
行二十一字白口左右雙邊　存一卷(四)

610000－1001－0000541　善0000599

佐玄直指圖解九卷首一卷　（明）劉基著
（明）江之棟輯　明崇禎五年(1632)尚白齋刻
本　一冊　十行二十二字白口四周單邊

610000－1001－0000542　善0000600

異苑十卷　（南朝宋）劉敬叔撰　（明）胡震亨
（明）毛晉訂　明崇禎毛氏汲古閣刻本　二
冊　九行十八字白口左右雙邊

610000－1001－0000543　善0000600

隸辨八卷　（清）顧藹吉撰　清康熙五十七年
(1718)刻本　八冊　十二行大小字不等白口
四周單邊

610000－1001－0000544　善0000601

寶顏堂訂正三事遡眞一卷　（明）李豫亨撰
明萬曆刻本　一冊　八行十八字白口四周
單邊

610000－1001－0000545　善0000602

褉帖綜聞八卷　（明）胡世安輯　明刻本　一
冊　九行十八字小字雙行同白口左右雙邊

610000－1001－0000546　善0000603

陳太史無夢園初集三十四卷　（明）陳仁錫撰
明崇禎六年(1633)張一鳴刻本　一冊　九
行十八字白口左右雙邊　存目次

610000－1001－0000547　善0000604

陳眉公重訂書品一卷　（南朝梁）庾肩吾著
明萬曆三十四年(1606)刻本　一冊　八行十

八字白口四周單邊

610000－1001－0000548　善0000605

樂郊私語一卷　（元）姚桐壽著　明萬曆三十四年(1606)刻本　一冊　八行十八字白口四周單邊

610000－1001－0000549　善0000606

筆疇二卷　（明）王達著　明萬曆三十四年(1606)刻本　一冊　八行十八字白口四周單邊

610000－1001－0000550　善0000609

性命雙脩萬神圭旨四卷　（□）□□撰　明萬曆四十三年(1615)吳之鶴刻本　三冊　十一行十八字白口四周單邊

610000－1001－0000551　善0000610

度律五言註解三卷　（明）趙汸註　明萬曆十六年(1588)吳懷保七松居刻本　一冊　九行二十字小字雙行同白口四周單邊

610000－1001－0000552　善0000611

蘇文奇賞五十卷　（明）陳仁錫選評　明崇禎四年(1631)刻本　二十四冊　十行二十字白口左右雙邊

610000－1001－0000553　善0000612

蘇長公合作八卷補二卷附錄一卷　（宋）蘇軾著　明萬曆四十八年(1620)凌啟康刻三色套印本　十二冊　八行十九字小字雙行十八字白口四周單邊

610000－1001－0000554　善0000613

二十一史　清乾隆五十九年(1794)補修本四百八十五冊　十行二十一字小字雙行同白口左右雙邊　存十九種

610000－1001－0000555　善0000615

張惇物集二卷　（明）張蒙訓著　清抄本　一冊　八行大小字不等

610000－1001－0000556　善0000616

諭行旗務奏議四卷　（清）□□編　清乾隆刻本　四冊　十二行字數不等白口四周雙邊

610000－1001－0000557　善0000617

王奉常集詩十五卷目錄三卷文五十四卷目錄五卷　（明）王世懋撰　明萬曆十七年(1589)刻本　二十四冊　十行二十字白口左右雙邊

610000－1001－0000558　善0000617

清文彙書十二卷　（清）李延基撰　清乾隆十六年(1751)刻本　十二冊　八行大小字不等白口四周雙邊

610000－1001－0000559　善0000618

文致不分卷　（明）劉士鱗輯　（明）閔昭明（明）閔無頗集評　明天啟元年(1621)閔元衢刻朱墨印本　八冊　八行十八字白口四周單邊

610000－1001－0000560　善0000618

滿漢事類集要二卷雜話一卷　（清）陳可臣輯　清康熙四十九年(1710)刻本　三冊　五行字數不等白口四周雙邊

610000－1001－0000561　善0000619

會稽三賦四卷　（宋）王十朋撰　（明）南逢吉註　（明）尹壇補註　（明）陶望齡評述　明天啟元年(1621)刻朱墨印本　三冊　八行十三字白口四周單邊

610000－1001－0000562　善0000620

詩逆志八卷　（清）劉紹攽學　清乾隆稿本二冊　十行二十二字

610000－1001－0000563　善0000621

三原圖并玄武七宿圖論解不分卷　（□）□□撰　清光緒三十一年(1905)抄本　四冊　行數不等字數不等

610000－1001－0000564　善0000622

管窺輯要八十卷目錄一卷　（清）黃鼎纂　清順治十年(1653)善成堂刻本　四十冊　九行十九字白口四周單邊間四周雙邊

610000－1001－0000565　善0000623

會稽三賦四卷　（宋）王十朋撰　（明）南逢吉註　明萬曆朱啟元刻本　四冊　八行十八字小字雙行同白口四周單邊

610000－1001－0000566　善0000624

彙苑詳註三十六卷　（明）王世貞輯　明萬曆
二十三年(1595)刻本　十六冊　十行二十字
小字雙行同白口左右雙邊　存九卷(一至二、
四至六、十四至十五、十八、二十)

610000－1001－0000567　善0000625

楊秀芝詩文集不分卷　（清）楊秀芝撰　清末
稿本　十九冊　九行二十二至二十五字不等
小字雙行二十一字

610000－1001－0000568　善0000626

劉河間醫學六書　（金）劉完素撰　（明）吳勉
學校　明萬曆二十九年(1601)新安吳勉學步
月樓刻本　十冊　十行二十字白口四周雙邊

610000－1001－0000569　善0000627

雍錄十卷　（宋）程大昌著　（明）吳琯校　明
新安吳琯刻本　十冊　十行二十字小字雙行
同白口左右雙邊

610000－1001－0000570　善0000628

果堂集十二卷　（清）沈彤著　清乾隆沈氏果
堂刻本　六冊　十一行二十一字小字雙行同
白口左右雙邊

610000－1001－0000571　善0000629

蘊愫閣詩集十二卷續集八卷文集六卷別集四
卷琴竹山莊樂府二卷　（清）盛大士撰　清道
光元年至六年(1821－1826)刻本　十冊　十
一行二十二字上下黑口左右雙邊

610000－1001－0000572　善0000630

東洲艸堂文鈔二十卷　（清）何紹基撰　眠琴
閣遺文一卷遺詩二卷　（清）何慶涵撰　浣月
樓遺詩二卷　（清）李楣撰　清光緒刻本　五
冊　十二行二十四字小字雙行同上下黑口四
周單邊

610000－1001－0000573　善0000631

漁洋山人精華錄十卷　（清）林佶編　清康熙
林佶刻本　四冊　十一行二十一字上下黑口
左右雙邊

610000－1001－0000574　善0000633

神農本草經疏三十卷　（明）繆希雍著　明天
啟五年(1625)綠君亭刻本　十冊　八行十八

字白口四周單邊

610000－1001－0000575　善0000634

中州全韻十九卷　（明）范善溱撰　清抄本
一冊　十行字數不等

610000－1001－0000576　善0000635

詩韻釋略五卷　（明）梁應圻訂　清康熙十七
年(1678)李希禹刻本　四冊　八行字數不等
白口四周單邊　存四卷(二至五)

610000－1001－0000577　善0000636

孝經大全二十八卷首一卷　（明）呂維祺箋次
　孝經或問三卷　（明）呂維祺著　孝經翼一
卷　（明）呂維祜著　清康熙二年(1663)新安
呂氏刻本　六冊　九行十七字小字雙行同白
口左右雙邊

610000－1001－0000578　善0000637

二十一史　明萬曆北京國子監刻本　五百三
十一冊　十行二十一字小字雙行同白口左右
雙邊

610000－1001－0000579　善0000638

二十一史　明刻明清遞修本　四百二十四冊
　十行二十二字小字雙行二十七字黑口左右
雙邊　存十六種

610000－1001－0000580　善0000639

唐書二百二十五卷　（宋）歐陽修撰　（清）荊
子邁校　明刻明清遞修本　四十四冊　十行
二十二字上黑口四周雙邊

610000－1001－0000581　善0000640

遼史一百十六卷　（元）脫脫等撰　（清）荊子
邁校　明嘉靖八年(1529)南京國子監刻清順
治至康熙遞修本　八冊　十行二十二字上黑
口四周雙邊

610000－1001－0000582　善0000640

新增說文韻府羣玉二十卷　（元）陰時夫輯
(元)陰中夫註　清康熙五十五年(1716)文盛
堂、天德堂刻本　二十冊　十一行二十二字
小字雙行同白口左右雙邊

610000－1001－0000583　善0000641

南齊書五十九卷　（南朝梁）蕭子顯撰　明萬曆十七年(1589)刻本　八冊　九行十八字上下黑口四周雙邊

610000－1001－0000584　善0000642

金史一百三十五卷　（元）脫脫等撰　明嘉靖八年(1529)南京國子監刻本　三十冊　十行二十二字上下黑口左右雙邊

610000－1001－0000585　善0000642

清文彙書十二卷　（清）李延基撰　清康熙刻本　十二冊　八行字數不等白口四周雙邊

610000－1001－0000586　善0000643

宋史四百九十六卷　（元）脫脫等修　（清）荊子邁校　明嘉靖刻明清遞修本（列傳卷二百四十七至二百四十八配抄本）　一百冊　十行二十字白口間上黑口四周雙邊

610000－1001－0000587　善0000643

音漢清文鑑十卷　（清）明鐸註　清雍正十三年(1735)刻本　一冊　八行大小字不等白口上下雙邊

610000－1001－0000588　善0000644

陳書三十六卷　（唐）姚思廉撰　明萬曆三十三年(1605)北京國子監刻本　六冊　十行二十一字白口左右雙邊

610000－1001－0000589　善0000645

北史一百卷　（唐）李延壽撰　明崇禎十二年(1639)琴川毛氏汲古閣刻本　二十四冊　十二行二十五字白口左右雙邊

610000－1001－0000590　善0000646

北齊書五十卷　（唐）李百藥撰　明萬曆三十四年(1606)北京國子監刻本　六冊　十行二十一字白口左右雙邊

610000－1001－0000591　善0000647

北齊書五十卷　（唐）李百藥撰　明萬曆三十四年(1606)北京國子監刻本　八冊　十行二十一字白口左右雙邊

610000－1001－0000592　善0000648

梁書五十六卷　（唐）姚思廉撰　明萬曆三十

三年(1605)北京國子監刻本　八冊　十行二十一字白口左右雙邊

610000－1001－0000593　善0000649

禮記集說大全三十卷　（明）胡廣等輯　明趙敬山德壽堂刻本　十六冊　十一行二十二字小字雙行同白口四周單邊

610000－1001－0000594　善0000650

春秋集傳大全三十七卷序論一卷諸國興廢說一卷春秋二十國年表一卷　（明）胡廣等輯　明嘉靖九年(1530)安正堂刻本　二十冊　十一行二十二字小字雙行同白口四周單邊

610000－1001－0000595　善0000651

太函集一百二十卷目錄六卷　（明）汪道昆著　明萬曆十九年(1591)刻本　二十冊　十行二十字白口左右雙邊　存四十二卷(一至十六、二十一至二十四、一百○一至一百十二、一百十七至一百二十,目錄一至六)

610000－1001－0000596　善0000652

宋書一百卷　（南朝梁）沈約撰　明弘治四年(1491)刻嘉靖萬曆補修本　二十冊　九行十八字上黑口左右雙邊

610000－1001－0000597　善0000653

黃湄詩選十卷　（清）王又旦著　（清）王士禎選　清康熙刻本　二冊　十行十九字上下黑口四周單邊

610000－1001－0000598　善0000654

文林綺繡五種　（明）凌迪知輯　明萬曆四年至五年(1576－1577)吳興凌氏桂芝館刻本　十冊　八行十七字小字雙行同白口左右雙邊

610000－1001－0000599　善0000655

范文正公年譜一卷　（宋）樓鑰編次　（明）毛一鷺重校　范文正公年譜補遺一卷　（明）毛一鷺彙編　明萬曆刻本　一冊　九行二十字白口四周單邊

610000－1001－0000600　善0000655

范文正公集十二卷　（宋）范仲淹撰　（明）毛一鷺彙編　明萬曆刻本　九冊　九行二十字白口四周單邊

610000－1001－0000601　善0000656

陸放翁全集六種　（宋）陸游撰　明海虞毛氏汲古閣刻本　四十冊　八行十八字白口左右雙邊

610000－1001－0000602　善0000657

具茨晁先生詩集一卷　（宋）晁冲之撰　清初刻本　一冊　十行二十字白口四周單邊

610000－1001－0000603　善0000658

四書考二十八卷四書考異一卷　（明）陳仁錫增定　明崇禎七年(1634)刻本　十四冊　九行十九字白口四周單邊

610000－1001－0000604　善0000659

王氏書苑補益十二卷　（明）詹景鳳　（明）王元貞校　明萬曆刻本　四冊　十行二十字白口左右雙邊

610000－1001－0000605　善0000660

新校經史海篇直音五卷　（□）□□撰　明刻藍印本　五冊　十一行字數不等上下藍口四周雙邊

610000－1001－0000606　善0000661

文選章句二十八卷　（明）陳與郊撰　明萬曆二十五年(1597)刻本　一冊　十行字數不等白口左右雙邊　存目錄

610000－1001－0000607　善0000662

陶節菴傷寒全生集四卷　（明）陶華撰　（明）何燖重校　明刻本　四冊　九行二十字白口四周單邊

610000－1001－0000608　善0000669

廉書不分卷　（清）王雨謙輯　稿本　十二冊　十行字數不等

610000－1001－0000609　善0000670

韓內翰別集一卷補遺一卷　（唐）韓偓撰　明崇禎毛氏汲古閣刻本　一冊　九行十九字白口左右雙邊

610000－1001－0000610　善0000671

戰國策十卷　（□）□□注　明刻本　二冊　九行十八字小字雙行同白口左右雙邊　存二卷(七至八)

610000－1001－0000611　善0000672

二十家子書　（明）謝汝韶輯　明萬曆六年(1578)吉藩崇德書院刻本　九冊　十一行二十二字上下黑口四周雙邊　存十一種

610000－1001－0000612　善0000673

重訂易經疑問十二卷　（明）姚舜牧著　明萬曆刻本　四冊　十行二十字白口四周單邊　存八卷(五至十二)

610000－1001－0000613　善0000673

附釋文互註禮部韻略五卷　（宋）丁度撰　清康熙四十五年(1706)曹寅揚州使院刻本　五冊　九行大字不等小字雙行二十四字細黑口左右雙邊

610000－1001－0000614　善0000674

癸辛雜識前集一卷後集一卷續集二卷別集二卷　（宋）周密輯　（明）毛晉訂　明末毛氏汲古閣刻本　二冊　九行十九字白口左右雙邊　存四卷(續集一至二、別集一至二)

610000－1001－0000615　善0000675

潛溪集八卷附錄一卷　（明）宋濂著　明嘉靖十五年(1536)溫秀刻本　五冊　十行二十字白口四周單邊　存六卷(一、三至四、七至八，附錄一)

610000－1001－0000616　善0000676

周易集解十七卷　（唐）李鼎祚輯　**周易集解略例一卷**　（三國魏）王弼撰　明嘉靖三十六年(1557)聚樂堂刻本　五冊　八行十八字白口四周雙邊　存十卷(六至七、十至十五、十七,略例一)

610000－1001－0000617　善0000676

增訂金壺字考十九卷二集二十一卷補錄一卷補註一卷　（宋）釋適之原編　（清）田朝恆增訂　清乾隆二十七年(1762)刻本　八冊　八行大字不等小字雙行三十二字白口左右雙邊

610000－1001－0000618　善0000677

新刊張太岳先生文集四十七卷　（明）張居正著　明萬曆四十年(1612)唐國達刻本　八冊

十行二十字白口四周單邊　存二十四卷
（二十四至四十七）

610000－1001－0000619　善0000678
歐陽文忠公集一百五十三卷附錄五卷　（宋）
歐陽修撰　明正德七年（1512）劉喬刻嘉靖十
六年（1537）詹治重修本　十六冊　十行二十
字小字雙行同上下黑口四周雙邊　存一百十
一卷（歐陽文忠公集九至三十三、四十三至五
十、五十八至六十二、七十至九十二、九十七
至一百二十六、一百三十四至一百四十二、一
百四十八至一百五十三,附錄一至五）

610000－1001－0000620　善0000679
摹古印彙不分卷　（□）□□篆　鈐印本　七
冊　四周單邊

610000－1001－0000621　善0000680
唐段少卿酉陽雜俎前集二十卷續集十卷
（唐）段成式撰　（明）李雲鵠校　明萬曆三十
六年（1608）李雲鵠刻本　三冊　十行二十一
字白口四周單邊

610000－1001－0000622　善0000681
家範十卷　（宋）司馬光撰　明天啟六年
（1626）夏縣司馬露等刻本　二冊　九行二十
字白口四周雙邊

610000－1001－0000623　善0000683
儀禮注疏十七卷　（漢）鄭玄注　（唐）賈公彥
疏　明嘉靖刻本　一冊　九行二十一字小字
雙行同白口四周單邊　存一卷（八）

610000－1001－0000624　善0000684
揮塵前錄四卷後錄十一卷三錄三卷餘話二卷
　（宋）王明清輯　（明）毛晉訂　明毛氏汲古
閣刻本　九冊　九行十九字白口左右雙邊

610000－1001－0000625　善0000685
韋蘇州集十卷　（唐）韋應物撰　清康熙項氏
玉淵堂刻本　一冊　十一行二十一字上下黑
口四周單邊

610000－1001－0000626　善0000686
文選六十卷　（南朝梁）蕭統撰　（唐）李善注
　考異十卷　（清）胡克家考異　清嘉慶鄱陽

胡氏刻本　十二冊　十行二十一字小字雙行
同白口左右雙邊

610000－1001－0000627　善0000687
**增刊校正王狀元集註分類東坡先生詩二十五
卷**　（宋）蘇軾撰　（宋）王十朋纂集　（宋）
劉辰翁批點　元刻本　五冊　十二行二十一
字小字雙行二十六字上下黑口四周雙邊　存
五卷（七至八、十五至十七）

610000－1001－0000628　善0000688
詩宿二十八卷　（明）劉一相彙輯　明萬曆三
十六年（1608）刻本　一冊　九行十九字白口
四周雙邊　存一卷（十九）

610000－1001－0000629　善0000688
學韻紀要二卷　（清）劉紹攽撰　清乾隆五年
（1740）刻本　二冊　九行十八字小字雙行同
白口四周雙邊

610000－1001－0000630　善0000689
**古今合璧事類備要前集六十九卷後集八十一
卷續集五十六卷**　（宋）謝維新輯　**別集九十
四卷外集六十六卷**　（宋）虞載輯　明嘉靖三
十一年至三十五年（1552－1556）三衢夏相刻
本　四十四冊　八行大字不等小字雙行二十
四字白口左右雙邊　存一百八十五卷（前集
三十四至六十九,後集十六至三十三、六十二
至八十一,續集一至二十二,別集一至二十
三,外集一至六十六）

610000－1001－0000631　善0000689
韻學五卷　（清）王植撰　清雍正八年（1730）
刻本　五冊　行數不等字數不等白口四周
單邊

610000－1001－0000632　善0000691
鍼灸甲乙經十二卷　（晉）皇甫謐撰　明萬曆
二十九年（1601）新安吳勉學刻本　四冊　十
二行二十字白口左右雙邊

610000－1001－0000633　善0000692
蘇老泉先生全集十六卷　（宋）蘇洵著　明刻
本　四冊　十行十九字白口四周單邊

610000－1001－0000634　善0000693

昌黎先生集四十卷外集十卷遺文一卷　（唐）韓愈撰　（宋）廖瑩中校正　**朱子校昌黎先生集傳一卷**　（宋）朱熹撰　明萬曆東吳徐氏東雅堂刻本　三十冊　九行十七字小字雙行同上下黑口四周雙邊　存四十四卷（昌黎先生集八至四十、外集一至十、集傳一）

610000－1001－0000635　善0000694

王文恪公集三十六卷　（明）王鏊著　**鵑音一卷白社詩草一卷**　（明）王禹聲撰　**名公筆記一卷**　明萬曆十七年（1589）王氏三槐堂刻本　八冊　九行二十字白口四周單邊

610000－1001－0000636　善0000695

新製諸器圖說一卷　（明）王徵著　明崇禎元年（1628）武位中刻本　一冊　九行十八字白口四周雙邊

610000－1001－0000637　善0000696

孤樹裒談十卷　（明）李默輯　清刻本　一冊　十三行二十四字白口四周單邊　存三卷（七至九）

610000－1001－0000638　善0000697

潞藩新刻述古書法纂十卷　（明）朱常淓撰　明崇禎九年（1636）潞藩刻本　四冊　九行十八字白口四周雙邊

610000－1001－0000639　善0000698

李義山詩集三卷詩譜一卷諸家詩評一卷　（唐）李商隱撰　（清）朱鶴齡箋註　（清）沈厚塽輯評　清同治九年（1870）萃文堂刻三色套印本　四冊　十行二十一字小字雙行同白口左右雙邊

610000－1001－0000640　善0000700

元人十種詩　（明）毛晉輯　明崇禎十一年（1638）汲古閣刻本　十六冊　九行十九字白口左右雙邊　存八種

610000－1001－0000641　善0000701

小學六卷　（明）陳選集註　明金陵奎壁齋刻本　四冊　九行十七字白口左右雙邊

610000－1001－0000642　善0000702

宋名家詞六集六十一種　（明）毛晉輯　明海虞毛氏汲古閣刻本　三十二冊　八行十八字白口左右雙邊

610000－1001－0000643　善0000703

海忠介公文集十卷　（明）海瑞著　明末曾櫻刻本　二冊　九行十八字白口四周單邊

610000－1001－0000644　善0000704

山海經十八卷　（晉）郭璞傳　（明）吳琯校　明萬曆吳琯刻本　二冊　十行二十字小字雙行同白口左右雙邊

610000－1001－0000645　善0000705

水經四十卷　（漢）桑欽撰　（北魏）酈道元注　（明）吳琯校刊　明萬曆吳琯刻本　六冊　十行二十字白口左右雙邊　存十八卷（二十三至四十）

610000－1001－0000646　善0000706

空同集六十四卷　（明）李夢陽撰　明萬曆二十九年（1601）刻本　五冊　十行二十字白口四周雙邊　存十三卷（二十九至三十六、六十至六十四）

610000－1001－0000647　善0000707

尚書注疏二十卷　（漢）孔安國傳　（唐）孔穎達疏　明崇禎汲古閣刻本　七冊　九行二十一字小字雙行同白口左右雙邊　存十八卷（一至十八）

610000－1001－0000648　善0000708

龜山先生集四十二卷　（宋）楊時撰　明萬曆十九年（1591）刻本　六冊　十行二十一字白口四周雙邊

610000－1001－0000649　善0000709

說文解字十五卷　（漢）許慎撰　（宋）徐鉉等校定　明末汲古閣刻本　八冊　七行十五字小字雙行二十二字白口左右雙邊

610000－1001－0000650　善0000710

宋六家詩集　（明）潘是仁輯　明末刻本　八冊　九行十九字白口四周單邊

610000－1001－0000651　善0000711

荆川先生右編四十卷　（明）唐順之編　（明）

劉日寧補 （明）朱國楨校刊 明萬曆三十三年(1605)南京國子監刻本 六冊 十行二十字白口左右雙邊 存十一卷(九至十九)

610000 – 1001 – 0000652 善0000712

春秋公羊注疏二十八卷 （漢）何休學 明崇禎七年(1634)汲古閣刻本 八冊 九行二十字小字雙行同白口左右雙邊

610000 – 1001 – 0000653 善0000713

對數表并八線對數表二卷 （清）□□撰 清康熙刻本 二冊 行數不等大小字不等白口四周單邊

610000 – 1001 – 0000654 善0000714

唐類函二百卷目錄二卷 （明）俞安期纂 （明）徐顯卿校刊 明萬曆三十一年(1603)刻本 八十冊 十行二十字小字雙行同白口四周單邊

610000 – 1001 – 0000655 善0000715

空同集六十三卷 （明）李夢陽撰 明嘉靖十一年(1532)曹嘉刻三十一年(1552)朱睦㮮增修本 八冊 十一行二十字白口左右雙邊 存三十二卷(一至三十二)

610000 – 1001 – 0000656 善0000720

通鑑論三卷 （宋）司馬光撰 清抄本 二冊 八行字數不等

610000 – 1001 – 0000657 善0000721

分類補註李太白詩二十五卷 （唐）李白撰 （宋）楊齊賢集註 （元）蕭士贇補註 明嘉靖二十五年(1546)玉几山人校刻本 三冊 八行十七字小字雙行同白口四周雙邊 存八卷(六至七、十至十一、十八至十九、二十四至二十五)

610000 – 1001 – 0000658 善0000722

六朝文絜四卷 （清）許槤評選 清道光五年(1825)海昌許槤享金寶石齋刻朱墨印本 二冊 九行十八字上下黑口左右雙邊

610000 – 1001 – 0000659 善0000723

青邱高季迪先生詩集十八卷首一卷遺詩一卷 （明）高啟撰 （清）金檀輯注 **青邱高季迪**

先生鳧藻集五卷扣舷集一卷附錄一卷 （清）金檀輯 清雍正六年至七年(1728 – 1729)文瑞樓刻本 六冊 十一行二十二字小字雙行三十三字白口左右雙邊

610000 – 1001 – 0000660 善0000724

白石詩集一卷詞集一卷諸家評論一卷 （宋）姜夔撰 清康熙五十七年(1718)曾時燦刻雍正五年(1727)華苹書屋印本 一冊 十行十九字上下黑口左右雙邊 缺一卷(諸家評論一)

610000 – 1001 – 0000661 善0000726

唐陸宣公集二十二卷 （唐）陸贄撰 （清）年羹堯重訂 清康熙六十一年(1722)刻本 六冊 十行二十字白口四周單邊

610000 – 1001 – 0000662 善0000727

漢隸字源五卷碑目一卷附字一卷 （宋）婁機撰 明末毛氏汲古閣刻本 八冊 五行字數不等白口左右雙邊

610000 – 1001 – 0000663 善0000728

山堂肆考二百二十八卷補遺十二卷 （明）彭大翼纂 明萬曆刻本 十四冊 十一行二十二字白口四周單邊 存四十一卷(宮集二至九、十六至二十八、四十六至四十八，角集二十九至四十一、四十五至四十八)

610000 – 1001 – 0000664 善0000729

桯史十五卷附錄一卷 （宋）岳珂撰 （明）毛晉訂 明崇禎毛氏汲古閣刻本 二冊 八行十九字白口左右雙邊

610000 – 1001 – 0000665 善0000730

朱文公校昌黎先生文集四十卷外集十卷遺文一卷 （唐）韓愈撰 （宋）朱熹考異 （宋）王伯大音釋 （明）朱吾弼重編 **朱文公校昌黎先生集傳一卷** （宋）朱熹撰 明萬曆三十三年(1605)朱崇沐刻本 十冊 九行十八字小字雙行同白口四周雙邊

610000 – 1001 – 0000666 善0000732

淳化祕閣法帖考正十卷附二卷 （清）王澍詳定 （清）汪玉球參正 清雍正八年(1730)詩

鼎齋刻本　四冊　十行十八字白口左右雙邊

610000－1001－0000667　善0000733

詩紀一百五十六卷目錄三十六卷　（明）馮惟訥彙編　（明）吳琯校訂　明萬曆十四年(1586)刻本　四十冊　九行十九字小字雙行同白口四周雙邊

610000－1001－0000668　善0000734

韓柳文　（明）游居敬輯　明嘉靖十六年(1537)游居敬刻本　十一冊　十一行二十二字白口左右雙邊

610000－1001－0000669　善0000735

漁洋山人精華錄十卷　（清）王士禛撰　（清）林佶編　清康熙三十九年(1700)刻本　一冊　十一行二十一字小字雙行不等上下黑口左右雙邊　存五卷(六至十)

610000－1001－0000670　善0000736

楚辭十七卷　（漢）劉向編集　（漢）王逸章句　明隆慶五年(1571)豫章夫容館刻本　一冊　八行十七字小字雙行同白口四周雙邊　存七卷(一至七)

610000－1001－0000671　善0000738

文心雕龍十卷　（南朝梁）劉勰著　明刻本　四冊　九行十七字白口四周雙邊

610000－1001－0000672　善0000739

呂氏春秋二十六卷　（漢）高誘訓解　（明）汪一鸞重訂　明萬曆三十三年(1605)汪一鸞刻本　四冊　九行十八字小字雙行同白口四周單邊

610000－1001－0000673　善0000740

重廣補註黃帝內經素問二十四卷　（唐）王冰註　（宋）林億等校正　（宋）孫兆改誤　明嘉靖二十九年(1550)顧從德影宋刻本　十二冊　十行二十字小字雙行三十字白口左右雙邊

610000－1001－0000674　善0000741

新刊古列女傳八卷　（漢）劉向撰　（晉）顧愷之繪　清道光五年(1825)揚州阮福刻本　二冊　行數不等字數不等下黑口左右雙邊

610000－1001－0000675　善0000742

元文類七十卷目錄三卷　（元）蘇天爵編　（元）王守誠校訂　明崇禎修德堂刻本　十五冊　九行二十字白口四周單邊　缺五卷(六十六至七十)

610000－1001－0000676　善0000743

史記索隱三十卷　（唐）司馬貞撰　明末毛氏汲古閣刻本　四冊　十四行二十七字小字雙行四十字白口左右雙邊

610000－1001－0000677　善0000744

呂氏春秋二十六卷　題(宋)陸游評　（明）凌稚隆批　明萬曆四十八年(1620)凌毓枏刻朱墨套印本　八冊　九行十八字白口四周單邊

610000－1001－0000678　善0000745

六子書　（明）顧春輯　明刻本　二十冊　八行十七字小字雙行同白口四周雙邊

610000－1001－0000679　善0000746

漢書一百卷　（漢）班固撰　（唐）顏師古注　明刻本　五十冊　十行二十二字白口四周單邊　存二十九卷(十七至二十八、七十二至八十五、九十六至九十八)

610000－1001－0000680　善0000747

史記一百三十卷　（漢）司馬遷撰　明刻本　四冊　十行十八字小字雙行二十三字白口左右雙邊　存四卷(十九至二十二)

610000－1001－0000681　善0000748

史記一百三十卷　（漢）司馬遷撰　（南朝宋）裴駰集解　（唐）司馬貞索隱　（唐）張守節正義　明嘉靖十三年(1534)秦藩朱惟焯刻二十九年(1550)重修本　二十冊　十行十八字小字雙行二十三字白口左右雙邊

610000－1001－0000682　善0000750

六家文選六十卷　（南朝梁）蕭統撰　（唐）李善等注　明嘉靖十三年至二十八年(1534－1549)袁褧嘉趣堂刻本　十八冊　十一行十八字小字雙行二十六字白口左右雙邊　存四十四卷(一至四、七至十四、十七至二十二、二十五至二十八、三十一至四十、四十五至五十六)

610000－1001－0000683　善0000751

字學大全三十二卷　（明）王三聘編　明嘉靖
四十三年至四十五年(1564－1566)刻本　九
冊　十行十八字上下黑口四周雙邊　存二十
七卷(一至二十一、二十五至三十)

610000－1001－0000684　善0000753

[康熙]重修平遙縣志二卷　（清）陳以恂修
（清）梁雉翔纂　清康熙十二年(1673)刻本
一冊　九行二十字小字雙行同白口四周單邊
存一卷(下)

610000－1001－0000685　善0000755(原12327)

[康熙]鄠縣志十二卷圖一卷　（清）康如璉修
（清）康弘祥纂　清康熙二十一年(1682)刻
本　四冊　八行十八字小字雙行同白口四周
單邊

610000－1001－0000686　善0000756(原12329)

[雍正]鄠縣重續志五卷　（清）魯一佐修
（清）周夢熊纂　清雍正十年(1732)刻乾隆十
二年(1747)增修本　二冊　八行十八字小字
雙行同白口四周雙邊

610000－1001－0000687　善0000757

[康熙]寶雞縣志三卷　（清）何錫爵修
（清）吳之翰纂　清康熙二十一年(1682)刻本
二冊　八行二十字小字雙行同白口四周
單邊

610000－1001－0000688　善0000758(原12350)

[萬曆]同官縣志十卷　（明）劉澤遠修
（明）寇慎纂　（明）孔尚標增修　明萬曆四十
六年(1618)刻崇禎十三年(1640)增補本　二
冊　八行十八字小字雙行同白口四周單邊

610000－1001－0000689　善0000759

[乾隆]富平縣志八卷　（清）喬履信纂修　清
乾隆五年(1740)刻本　五冊　十行二十字白
口四周雙邊

610000－1001－0000690　善0000761

[康熙]涇陽縣志八卷　（清）王際有纂修　清
康熙九年(1670)刻本　四冊　九行二十字小
字雙行同白口四周單邊

610000－1001－0000691　善0000763

[康熙]淳化縣志八卷　（清）張如錦纂修　甘
泉歷年表一卷　（明）羅廷繡纂　清康熙四十
年(1701)刻本　四冊　九行二十字小字雙行
同白口四周單邊

610000－1001－0000692　善0000764

[順治]白水縣志二卷　（清）王永命纂修　清
順治四年(1647)刻本　二冊　九行二十字白
口四周單邊

610000－1001－0000693　善0000766

[順治]重脩郃陽縣志七卷　（清）葉子循纂修
清順治十年(1653)刻本　二冊　十行二十
字白口四周單邊

610000－1001－0000694　善0000768

[天啟]同州志十八卷　（明）張一英修
（明）馬樸纂　明天啟五年(1625)刻本　三冊
十行二十字小字雙行同白口四周單邊　存
十四卷(一至九、十四至十八)

610000－1001－0000695　善0000769

[乾隆]大荔縣志十六卷首一卷　（清）沈應俞
修　（清）葉超懋纂　清乾隆七年(1742)刻本
四冊　九行二十字小字雙行同白口四周
雙邊

610000－1001－0000696　善0000771(原12533)

[康熙]潼關衛志三卷　（清）唐咨伯修
（清）楊端木纂　清康熙二十四年(1685)刻本
二冊　九行二十字白口四周雙邊

610000－1001－0000697　善0000774

北史一百卷　（唐）李延壽撰　清康熙二十五
年(1686)重修本　三十冊　十行二十一字白
口左右雙邊

610000－1001－0000698　善0000777

十六國春秋一百卷　（北魏）崔鴻撰　清初刻
本　十二冊　十一行二十三字白口四周雙邊

610000－1001－0000699　善0000780(原12633)

[順治]汧陽志不分卷　（清）王國瑋纂修　清
順治十年(1653)刻十七年(1660)增修本　一
冊　八行二十五字白口四周單邊

610000－1001－0000700　善0000780(原12633)

[雍正]增補汧陽志不分卷　(清)吳宸栳等補修　(清)管旆增續　清雍正十年(1732)刻乾隆元年(1736)增修本　一冊　八行二十一字白口四周雙邊

610000－1001－0000701　善0000781

[嘉靖]邠州誌四卷　(明)姚本修　(明)閻奉恩纂　(清)蘇東柱續纂修　清順治六年(1649)刻康熙增修本　二冊　九行二十字小字雙行同白口四周雙邊

610000－1001－0000702　善0000783

史記一百三十卷　(漢)司馬遷撰　(明)徐孚遠　(明)陳子龍測議　清初刻本　二十八冊　九行二十字小字雙行同白口左右雙邊

610000－1001－0000703　善0000783

[康熙]長武縣志二卷　(清)張純儒修(清)莫琛纂　清康熙十六年(1677)刻本　二冊　十行二十字小字雙行同白口四周單邊

610000－1001－0000704　善0000784

[康熙]三水縣志四卷　(清)林逢泰修(清)文倬天纂　清康熙十六年(1677)刻本二冊　十行二十字小字雙行同白口四周單邊

610000－1001－0000705　善0000785

[順治]安塞縣志十卷　(清)李暲修　(清)郭指南纂　清乾隆九年(1744)倪嘉謙抄本一冊　九行字數不等

610000－1001－0000706　善0000787

[雍正]安定縣志不分卷　(清)吳瑛修　(清)王鴻薦纂　抄本　二冊　行數不等字數不等

610000－1001－0000707　善0000789

唐書二百二十五卷　(宋)歐陽修等撰　明崇禎毛氏汲古閣刻本　三十四冊　十二行二十五字白口左右雙邊　存二百十七卷(一至七十四、八十三至二百二十五)

610000－1001－0000708　善0000789

[康熙]延長縣志十卷首一卷　(清)孫芳馨修(清)樊鍾秀纂　抄本　四冊　行數不等字數不等

610000－1001－0000709　善0000790

[乾隆]延長縣志十卷　(清)王崇禮纂修　抄本　四冊　九行字數不等

610000－1001－0000710　善0000791

[順治]洛川志二卷　(清)陳爌修　(清)李楷　(清)東蔭商纂　清順治十八年(1661)刻本　二冊　九行十八字小字雙行同白口四周雙邊

610000－1001－0000711　善0000792

[康熙]中部縣志四卷　(清)李瑄修　(清)劉爾怡纂　清康熙三十二年(1693)刻本　二冊　十一行二十四字小字雙行同白口四周雙邊

610000－1001－0000712　善0000798

遼史一百十五卷　(元)脫脫等撰　明嘉靖八年(1529)南京國子監刻明清遞修本　十冊十行二十二字小字雙行同白口左右雙邊

610000－1001－0000713　善0000798(原12736)

[乾隆]懷遠縣志三卷　(清)蘇其焰纂修　清乾隆十二年(1747)刻本　二冊　九行二十字白口四周雙邊

610000－1001－0000714　善0000799(原12737)

[道光]增修懷遠縣志四卷　(清)蘇其焰原本　(清)何丙勳增補　抄本　四冊　行數不等字數不等

610000－1001－0000715　善0000802

[順治]綏德州志八卷　(清)王元士修(清)郝鴻圖纂　清順治十八年(1661)刻本一冊　九行二十二字小字雙行同白口四周雙邊

610000－1001－0000716　善0000804

[順治]清澗縣志四卷　(清)廖元發修(清)白乃貞等纂　清順治刻本　二冊　九行二十二字小字雙行同白口四周雙邊

610000－1001－0000717　善0000807(原12791)

[乾隆]商南縣志十二卷　(清)羅文思纂修抄本　四冊　九行字數不等白口無版框

610000 – 1001 – 0000718　善 0000812

[雍正] 洵陽縣志六卷　(清)葉時沉纂修　抄本　二冊　行數不等大字不等小字雙行不等

610000 – 1001 – 0000719　善 0000814(原 12818)

[乾隆] 平利縣志書一卷　(清)□□纂　抄本　一冊　九行二十二字

610000 – 1001 – 0000720　善 0000816(原 12831)

[康熙] 石泉縣志四卷　(清)潘瑞奇修 (清)張峻蹟纂　抄本　一冊　十行字數不等

610000 – 1001 – 0000721　善 0000817

[康熙] 漢陰縣志六卷　(清)趙世震修 (清)汪澤延纂　清康熙二十六年(1687)刻本　一冊　九行二十字小字雙行同白口四周雙邊

610000 – 1001 – 0000722　善 0000834(原 0012215)

[康熙] 東阿縣志十二卷　(清)劉沛先重編 (清)鄭廷瑾續編　清康熙五十四年(1715)增刻本　六冊　十行二十字小字雙行同白口四周單邊

610000 – 1001 – 0000723　善 0000835

[天順] 重刊襄陽郡誌四卷　(明)張恆纂修 (明)沈慶校正　明天順李人儀刻本　八冊　十二行二十三字上下黑口四周雙邊

610000 – 1001 – 0000724　善 0000836

岱史十八卷　(明)查志隆輯 (明)張緝彥刪補　明萬曆刻清康熙增修本　七冊　九行二十字白口四周單邊

610000 – 1001 – 0000725　善 0000838

唱經堂杜詩解四卷　(唐)杜甫撰　清乾隆九年(1744)傳萬堂刻本　六冊　十行二十二字白口左右雙邊

610000 – 1001 – 0000726　善 0000839

周易傳義大全二十四卷筮儀一卷易五贊一卷朱子圖說一卷易說綱領一卷　(明)胡廣等輯　易經考異一卷　(宋)王應麟撰　明崇禎詩瘦閣刻本　十二冊　八行二十一字小字雙行同白口左右雙邊

610000 – 1001 – 0000727　善 0000840

讀易詳說十卷　(宋)李光撰　抄本　五冊　八行二十字

610000 – 1001 – 0000728　善 0000841

書經直指六卷　(明)徐善述撰　明成化二十年(1484)南京錢溥刻本　五冊　十行二十字上下黑口四周雙邊

610000 – 1001 – 0000729　善 0000842

尚書日記十六卷　(明)王樵著 (明)王肯堂編　明崇禎五年(1632)壯繼光刻本　六冊　十行二十字白口四周單邊

610000 – 1001 – 0000730　善 0000843

周禮全經釋原十二卷通論一卷傳敘論一卷　(明)柯尚遷集釋　明隆慶四年(1570)張大忠刻本　七冊　十行二十字白口四周單邊

610000 – 1001 – 0000731　善 0000844

孫月峰先生批評禮記六卷　(明)孫礦撰　明末馮元仲刻本　六冊　九行二十一字白口四周單邊

610000 – 1001 – 0000732　善 0000845

四書籤義纂要十二卷　(宋)趙惪撰　抄本　五冊　十一行二十四字小字雙行同

610000 – 1001 – 0000733　善 0000846

四書最勝藏二十卷　(明)馬來遠輯　明刻本　十二冊　九行二十三字白口左右雙邊

610000 – 1001 – 0000734　善 0000847

說文長箋一百卷首二卷說文解題一卷六書長箋七卷　(明)趙宦光撰 (明)顧元方校　明崇禎四年(1631)趙均小宛堂刻本　四十冊　十行二十字小字雙行同白口左右雙邊

610000 – 1001 – 0000735　善 0000848

埤雅二十卷　(宋)陸佃撰　明成化十五年(1479)劉廷吉刻本　六冊　十一行二十字上下黑口四周雙邊

610000 – 1001 – 0000736　善 0000849

顧氏音學五書三十八卷　(清)顧炎武撰　清康熙六年(1667)張弨符山堂刻本　十二冊

八行十二字小字雙行二十四字白口左右雙邊

610000－1001－0000737　善0000850

草聖彙辯不分卷　（明）白芬彙編　（清）朱宗文摹辯　清順治九年（1652）嘉禾問業堂刻本　四冊　四行字數不等白口四周單邊

610000－1001－0000738　善0000851

憲章錄四十六卷　（明）薛應旂編述　明萬曆二年（1574）陸光宅刻本　三十冊　十行二十字白口四周單邊

610000－1001－0000739　善0000852

重訂王鳳洲先生綱鑑會纂四十六卷續宋元紀二十三卷　（明）王世貞纂　（明）陳仁錫訂　明末刻本　四十冊　十行二十字小字雙行同白口四周單邊

610000－1001－0000740　善0000853

欽定蒙古源流八卷　（清）小徹辰薩囊撰　抄本　六冊　七行十八字

610000－1001－0000741　善0000854

通志略五十二卷　（宋）鄭樵著　（明）陳宗夔校　明嘉靖二十九年（1550）陳宗夔刻本　十二冊　十行二十字小字雙行同白口四周單邊

610000－1001－0000742　善0000855

國語二十一卷　（三國吳）韋昭解　（宋）宋庠補音　明新建李克家刻本　八冊　九行二十字小字雙行同白口四周單邊

610000－1001－0000743　善0000856

初潭集十二卷　（明）李贄纂輯　（明）王克安重訂　明末刻本　十二冊　九行二十字白口四周單邊

610000－1001－0000744　善0000858

東都事略一百三十卷　（宋）王偁撰　清寶華堂影宋刻本　二十四冊　十二行二十四字上下黑口左右雙邊

610000－1001－0000745　善0000861（原13607）

各省呈送書目十六卷　（□）□□抄　清末抄本　八冊　十一行二十字白口左右雙邊

610000－1001－0000746　善0000862

吳越所見書畫錄六卷　（清）陸時化輯　**書畫說鈴一卷**　（清）陸時化撰　抄本　六冊　十行二十一字

610000－1001－0000747　善0000863

諸子品節五十卷　（明）陳深輯　明刻本　十二冊　九行二十字白口四周單邊

610000－1001－0000748　善0000864

耳談類增五十四卷　（明）王同軌著　明萬曆三十一年（1603）唐氏世德堂刻本　十六冊　十二行二十四字白口四周單邊

610000－1001－0000749　善0000865

廣博物志五十卷　（明）董斯張纂　明萬曆四十五年（1617）高暉堂刻本　四十八冊　九行十八字小字雙行同白口四周單邊

610000－1001－0000750　善0000866

新序十卷　（漢）劉向著　（明）程榮校　明萬曆新安程氏刻本　四冊　九行二十字白口左右雙邊

610000－1001－0000751　善0000867

河南邵氏聞見錄前錄二十卷後錄三十卷　（宋）邵伯溫著　（宋）邵博著　明崇禎虞山毛氏汲古閣刻本　十六冊　八行十九字白口左右雙邊

610000－1001－0000752　善0000868

大學衍義補一百六十卷首一卷　（明）丘濬撰　（明）陳仁錫評閱　明刻本　四十冊　十行二十字白口左右雙邊

610000－1001－0000753　善0000869

雲溪友議十二卷　（唐）范攄撰　明萬曆會稽商氏半埜堂刻本　四冊　九行二十字白口四周單邊

610000－1001－0000754　善0000870

彙苑詳註三十六卷　（明）鄒善長輯　（明）王世貞鑒定　明萬曆二十三年（1595）金閶世裕堂刻本　十六冊　十行二十字白口左右雙邊

610000－1001－0000755　善0000871

智囊補二十八卷　（清）馮夢龍輯　明末刻本

十六冊　九行二十字白口四周單邊

610000－1001－0000756　善0000872

博物典彙二十卷　（明）黃道周纂　明崇禎八年(1635)刻本　八冊　九行十九字白口左右雙邊

610000－1001－0000757　善0000872

通鑑集要十卷　（明）諸燮編輯　（明）董其昌等參閱　明末刻本　八冊　十行二十四字小字雙行同白口四周單邊

610000－1001－0000758　善0000873

藝苑卮言六卷　（明）王世貞著　明嘉靖三十七年(1558)蘇州刻本　四冊　十行二十字白口左右雙邊

610000－1001－0000759　善0000874

燕在閣知新錄三十二卷　（清）王棠彙訂　清康熙五十六年(1717)燕在閣刻本　十二冊　十行二十一字白口四周單邊

610000－1001－0000760　善0000875

西湖志四十八卷　（清）李衛修　（清）傅王露等纂　清雍正刻本　二十冊　九行二十一字小字雙行同下黑口四周雙邊

610000－1001－0000761　善0000876

淮南鴻烈解二十一卷　（漢）劉安撰　（漢）高誘注　（明）茅袁張批點　明緝柳齋刻本　四冊　九行二十字小字雙行同白口四周單邊

610000－1001－0000762　善0000877

春雪箋八卷　（明）許以忠　（明）王煒輯　明王世烘刻本　八冊　九行十八字白口四周單邊

610000－1001－0000763　善0000878

中吳紀聞六卷　（宋）龔明之撰　明虞山毛氏汲古閣刻本　四冊　九行十八字上下黑口左右雙邊

610000－1001－0000764　善0000879

梁昭明文選十二卷　（南朝梁）蕭統輯　（明）張鳳翼纂注　明萬曆刻本　十二冊　九行二十字小字雙行同白口四周單邊

610000－1001－0000765　善0000880

司空表聖文集十卷　（唐）司空圖撰　清抄本　二冊　十一行二十一字

610000－1001－0000766　善0000881

楚辭八卷辨證二卷後語八卷　（宋）朱熹集註　（明）蔣之翹評校　**附覽二卷總評一卷**（明）蔣之翹輯　明天啟六年(1626)蔣之翹刻本　四冊　九行二十一字小字雙行同白口四周單邊

610000－1001－0000767　善0000882

皇明詩選七卷　（明）慎蒙編選　明萬曆刻本　十冊　十行二十字小字雙行同白口左右雙邊

610000－1001－0000768　善0000883

新刊唐荊川先生稗編一百二十卷目錄三卷（明）唐順之輯　明萬曆九年(1581)浙江歸安茅一相文霞閣刻本　四十冊　十行二十字白口四周雙邊

610000－1001－0000769　善0000884

肖雲稾十四卷肖雲文稾一卷　（明）林愛民著　明嘉靖刻本　八冊　九行二十字白口四周單邊

610000－1001－0000770　善0000885

調象菴稿四十卷　（明）鄒迪光著　明萬曆三十六年(1608)刻本　十冊　八行十六字白口四周單邊　存三十四卷(一至三十四)

610000－1001－0000771　善0000886

北畿賀文宗批點策學指南四卷　（明）桂天祥校閱　明萬曆萬世德刻本　十二冊　八行二十字小字雙行同白口四周雙邊

610000－1001－0000772　善0000887

徐文長逸稿二十四卷畸譜一卷　（明）徐渭撰　（明）張汝霖評選　明天啟三年(1623)張維城刻本　十冊　九行二十字白口四周單邊

610000－1001－0000773　善0000888

蟻蠪集五卷　（明）盧柟著　明萬曆刻本　四冊　十行十九字白口四周單邊　存四卷(一至四)

610000－1001－0000774　善0000889

賜餘堂集十四卷　（明）吳中行著　明萬曆二十八年(1600)吳亮、吳奕等刻本　八冊　十行二十字白口左右雙邊

610000－1001－0000775　善0000890

瓶花齋集十卷　（明）袁宏道撰　明萬曆三十六年(1608)勾吳袁氏書種堂刻本　四冊　九行十八字白口四周單邊

610000－1001－0000776　善0000891

瀟碧堂集二十卷　（明）袁宏道撰　明萬曆三十六年(1608)勾吳袁氏書種堂刻本　八冊　九行十八字白口四周單邊

610000－1001－0000777　善0000892

睡菴詩稿一卷初刻三卷二刻三卷　（明）湯賓尹著　明萬曆半埜商氏刻本　六冊　九行十八字白口四周單邊

610000－1001－0000778　善0000894

周恭肅公集二十二卷　（明）周用撰　明萬曆二十二年(1594)周應願川上草堂刻本　十二冊　十行二十字白口四周雙邊

610000－1001－0000779　善0000895

中州集十卷首一卷中州樂府一卷　（金）元好問輯　明末毛氏汲古閣刻本　十冊　八行十九字白口左右雙邊

610000－1001－0000780　善0000896

精鐫古今麗賦十卷　（明）袁宏道輯　（明）王三餘增補　明崇禎四年(1631)刻本　八冊　九行二十二字白口四周單邊

610000－1001－0000781　善0000897

茹古畧集三十卷　（明）程良孺著　清康熙五十九年(1720)刻本　六冊　九行二十字白口四周雙邊　存十二卷(一至十二)

610000－1001－0000782　善0000901

陸放翁全集六種　（宋）陸游撰　明毛氏汲古閣刻本　四十八冊　八行十八字白口左右雙邊

610000－1001－0000783　善0000902

琅邪代醉編四十卷　（明）張鼎思輯　明萬曆二十五年(1597)陳性學刻本　四十冊　十行二十一字白口四周雙邊

610000－1001－0000784　善0000903

息齋集四卷外集一卷續外集一卷外集補遺一卷　（清）金之俊撰　清順治十六年(1659)刻本　六冊　八行二十字白口四周雙邊　缺二卷(續外集一、外集補遺一)

610000－1001－0000785　善0000904

弇州山人續稿二百〇七卷目錄十卷　（明）王世貞撰　明刻本　九十六冊　十行二十字白口左右雙邊

610000－1001－0000786　善0000905

弇山堂別集一百卷　（明）王世貞著　明萬曆十八年(1590)金陵刻本　四十八冊　十行二十字白口四周單邊

610000－1001－0000787　善0000906

擬進呈楊忠愍蚰蛇膽表忠記二卷　（清）丁耀亢編　清順治刻本　四冊　九行二十字白口四周單邊

610000－1001－0000788　善0000907

弇州史料前集三十卷後集七十卷　（明）王世貞撰　（明）董復表彙次　明萬曆四十二年(1614)刻本　六十冊　九行十八字白口四周單邊

610000－1001－0000789　善0000908

弇州山人四部稿一百七十四卷目錄十二卷　（明）王世貞撰　明萬曆五年(1577)王氏世經堂刻本　九十六冊　十行二十字白口四周雙邊

610000－1001－0000790　善0000909

車書樓選註當代名公四六天花八卷　（明）許以忠選　（明）王世茂註　明末書林龔舜緒刻本　四冊　八行二十字小字雙行同白口四周雙邊

610000－1001－0000791　善0000910

四六類編十六卷　（明）李日華輯　（明）魯重民補　（明）錢蔚起校刊　明崇禎魯重民刻本

十六冊　九行二十字白口四周單邊

610000－1001－0000792　善0000911
樂府詩集一百卷　（宋）郭茂倩編　明汲古閣刻本　十六冊　十一行二十一字白口左右雙邊

610000－1001－0000793　善0000912(原14062)
秘傳天祿閣寓言外史八卷　（漢）黃憲撰（明）王鰲評　（明）朱養和輯　明朱養和花齋刻本　四冊　九行二十字小字雙行同白口四周單邊

610000－1001－0000794　善0000914
通志堂集二十卷　（清）納蘭性德撰　抄本四冊　十二行字數不等　存十一卷（一至十一）

610000－1001－0000795　善0000915
唐類函二百卷目錄二卷　（明）俞安期彙纂明萬曆俞安期刻本　六十四冊　十行二十字小字雙行同下黑口四周單邊

610000－1001－0000796　善0000916
潛確居類書一百二十卷　（明）陳仁錫輯　明崇禎刻本　五十六冊　十行二十字小字雙行同白口四周單邊

610000－1001－0000797　善0000917
荀子二十卷　（唐）楊倞註　明嘉靖十二年(1533)吳郡顧氏世德堂刻本　十冊　八行十七字小字雙行同白口四周雙邊

610000－1001－0000798　善0000918
註釋古周禮五卷註釋考工記一卷　（明）郎兆玉註釋　明天啟郎氏堂策檻刻本　六冊　九行二十字小字雙行同白口四周單邊

610000－1001－0000799　善0000919
春秋集傳大全三十七卷序論一卷東坡圖說一卷諸國興廢說一卷春秋二十國年表一卷（明）胡廣等輯　明萬曆十八年(1590)刻本二十四冊　十一行二十一字小字雙行同上下黑口四周雙邊　缺四卷（春秋集傳大全三十五至三十七、春秋二十國年表一）

610000－1001－0000800　善0000920
四書湖南講十一卷　（明）葛寅亮撰　明崇禎十年(1637)刻本　八冊　八行二十字小字雙行同白口四周單邊

610000－1001－0000801　善0000921
重訂四書說叢十七卷　（明）沈守正輯　明天啟七年(1627)章炫然刻本　六冊　十行二十字白口四周單邊

610000－1001－0000802　善0000922
資治通鑑二百九十四卷　（宋）司馬光撰（元）胡三省音註　（明）陳仁錫評閱　明天啟五年(1625)陳仁錫刻本　八十三冊　十行二十字小字雙行同白口四周單邊

610000－1001－0000803　善0000923
聖學宗傳十八卷　（明）周汝登編　明萬曆三十四年(1606)王世韜等刻本(卷二、十四配抄本)　六冊　九行十八字白口四周單邊

610000－1001－0000804　善0000923
十七史商榷一百卷　（清）王鳴盛撰　清乾隆五十二年(1787)刻本　二十四冊　十行二十字小字雙行同白口四周雙邊

610000－1001－0000805　善0000924
性理會通七十卷續編四十二卷　（明）汪明際點閱　（明）鍾人傑訂正　明崇禎刻本　二十八冊　十行二十字小字雙行同白口四周單邊

610000－1001－0000806　善0000924
十七史商榷一百卷　（清）王鳴盛撰　清乾隆五十二年(1787)刻本　二十四冊　十行二十字白口四周雙邊

610000－1001－0000807　善0000925
集千家註杜工部詩集二十卷文集二卷　（唐）杜甫撰　（明）許自昌校　明萬曆刻本　十冊九行二十字小字雙行同白口左右雙邊

610000－1001－0000808　善0000926
三國志六十五卷　（晉）陳壽撰　（南朝宋）裴松之注　明崇禎十七年(1644)毛氏汲古閣刻本　十二冊　十二行二十五字小字雙行三十七字白口左右雙邊

610000 – 1001 – 0000809　善 0000927

讀書錄十一卷續錄十二卷 （明）薛瑄撰　清康熙刻本　四冊　十二行二十二字上下黑口左右雙邊

610000 – 1001 – 0000810　善 0000928

衍極二卷 （元）鄭杓撰 （元）劉有定釋　清抄本　二冊　十行二十一字小字雙行同

610000 – 1001 – 0000811　善 0000929

體仁彙編四種 （明）彭用光撰　明嘉靖二十八年(1549)刻本　八冊　九行二十字小字雙行同上下黑口四周雙邊

610000 – 1001 – 0000812　善 0000930

大學衍義補一百六十卷首一卷 （明）丘濬撰 （明）陳仁錫評閱　明崇禎刻本　四十冊　十行二十字白口四周單邊

610000 – 1001 – 0000813　善 0000931

大學衍義補一百六十卷首一卷 （明）丘濬撰 （明）陳仁錫評閱　明萬曆刻本(卷一百三十四配抄本)　三十二冊　十行二十字白口四周單邊

610000 – 1001 – 0000814　善 0000932

亦政堂重修宣和博古圖錄三十卷 （宋）王黼等撰　**考古圖十卷** （宋）呂大臨撰　**古玉圖二卷** （元）朱德潤撰　清乾隆十八年(1753)重修本(卷一配清刻本)　四十冊　八行十七字白口四周單邊

610000 – 1001 – 0000815　善 0000933

南華眞經十卷 （晉）郭象註 （唐）陸德明音義　明刻本　十二冊　八行十七字小字雙行同白口四周雙邊

610000 – 1001 – 0000816　善 0000934

南宮奏議三十卷 （明）嚴嵩撰　明嘉靖二十六年(1547)嚴氏鈐山堂刻本　十冊　十行二十字白口左右雙邊

610000 – 1001 – 0000817　善 0000935

宋南燼紀聞四卷 題（宋）辛棄疾撰　清抄本　四冊　九行二十字

610000 – 1001 – 0000818　善 0000936

六一題跋十一卷 （宋）歐陽修撰　明崇禎毛氏汲古閣刻本　八冊　八行十九字白口左右雙邊

610000 – 1001 – 0000819　善 0000937

任彥升集六卷 （南朝梁）任昉撰 （明）呂兆禧校　明萬曆十八年(1590)刻本　二冊　九行二十字白口左右雙邊

610000 – 1001 – 0000820　善 0000940

說文解字十五卷 （漢）許愼撰 （宋）徐鉉等校定　清初毛氏汲古閣刻本　八冊　七行字數不等白口左右雙邊

610000 – 1001 – 0000821　善 0000941

重刻經史海篇直音十卷 （□）□□撰　明隆慶三年(1569)吳氏刻本　十冊　十一行字數不等白口四周單邊

610000 – 1001 – 0000822　善 0000942

陽明先生文錄五卷外集九卷別錄十卷 （明）王守仁撰　明嘉靖十四年(1535)閏人詮刻本　二十冊　十行二十字白口左右雙邊

610000 – 1001 – 0000823　善 0000943

藝文類聚一百卷 （唐）歐陽詢撰 （明）王元貞校　明萬曆十五年(1587)秣陵王元貞刻本　二十冊　十行二十字白口左右雙邊

610000 – 1001 – 0000824　善 0000946(原18338)

重校正唐文粹一百卷 （宋）姚鉉纂　明嘉靖六年(1527)上海萬竹山房徐焴刻本(卷五十至五十二配刻本)　十五冊　十四行二十五字白口左右雙邊　缺十二卷(十九至二十五、四十五至四十九)

610000 – 1001 – 0000825　善 0000947

午亭文編五十卷 （清）林佶輯錄　清乾隆四十三年(1778)澤州陳氏刻本　十六冊　十一行二十一字黑口左右雙邊

610000 – 1001 – 0000826　善 0000948(原0018356)

朱文公校昌黎先生文集四十卷外集十卷遺文一卷集傳一卷 （唐）韓愈撰 （宋）朱熹校正 （明）朱吾弼重編　明萬曆三十三年(1605)

朱崇沐刻本　十冊　九行十八字小字雙行同
白口四周雙邊

610000－1001－0000827　善0000949
堯峰文鈔五十卷　(清)汪琬撰　(清)林佶編
　清康熙三十二年(1693)林佶刻本　八冊
十三行二十五字小字雙行同上下黑口左右
雙邊

610000－1001－0000828　善0000950(原18407)
春秋衡庫三十卷附錄三卷備錄一卷　(明)馮
夢龍輯　明天啟五年(1625)刻本　六冊　十
行二十字小字雙行同白口四周單邊

610000－1001－0000829　善0000951
嘉樂齋三蘇文範十八卷　(宋)蘇洵等撰
(明)楊慎原選　(明)袁宏道參閱　明天啟二
年(1622)刻本　八冊　九行十八字小字雙行
同白口四周單邊

610000－1001－0000830　善0000953
東萊先生三國志詳節二十卷首一卷　(宋)呂
祖謙纂　明嘉靖四十五年至隆慶四年(1566
－1570)陝西布政司刻本　八冊　十行二十
二字小字雙行同白口四周單邊

610000－1001－0000831　善0000954
東萊先生西漢詳節三十卷　(宋)呂祖謙纂
明嘉靖四十五年至隆慶四年(1566－1570)陝
西布政司刻本　五冊　十行二十二字小字雙
行同白口四周單邊　存八卷(二至九)

610000－1001－0000832　善0000955
東萊先生南史詳節二十五卷首一卷　(宋)呂
祖謙纂　明嘉靖四十五年至隆慶四年(1566
－1570)陝西布政司刻本　九冊　十行二十
二字小字雙行同白口四周單邊

610000－1001－0000833　善0000956
東萊先生北史詳節二十八卷首一卷　(宋)呂
祖謙纂　明嘉靖四十五年至隆慶四年(1566
－1570)陝西布政司刻本　十一冊　十行二
十二字小字雙行同白口四周單邊

610000－1001－0000834　善0000958(原0018463)
任彥升集六卷　(南朝梁)任昉著　(明)呂兆

禧校　明萬曆十八年(1590)刻本　一冊　九
行二十字白口左右雙邊

610000－1001－0000835　善0000959(原18464)
嵇中散集十卷　(晉)嵇康撰　(明)汪士賢校
　明嘉靖四年(1525)刻本　二冊　九行二十
字白口左右雙邊

610000－1001－0000836　善0000960
阮嗣宗集二卷　(三國魏)阮籍著　(明)汪士
賢校　明刻本　一冊　九行二十字白口左右
雙邊

610000－1001－0000837　善0000961(原18466)
蔡中郎集八卷　(漢)蔡邕著　(明)汪士賢校
　明刻本　二冊　九行二十字白口左右雙邊

610000－1001－0000838　善0000962(原0018476)
莊子翼八卷　(明)焦竑編訂　(明)王元貞校
閱　明萬曆十六年(1588)王元貞刻本　四冊
　十行二十字小字雙行同白口左右雙邊

610000－1001－0000839　善0000963(原18518)
二十子　(明)吳勉學校　明刻本　六冊　九
行十八字白口左右雙邊　存四種

610000－1001－0000840　善0000964(原0018526)
津逮祕書一百四十一種　(明)毛晉輯　明崇
禎虞山毛氏汲古閣刻本　七冊　九行十八字
白口左右雙邊　存五種

610000－1001－0000841　善0000966(原18533)
六臣註文選六十卷　(南朝梁)蕭統撰　(唐)
李善等註　明萬卷堂刻本　二十八冊　十行
十八字小字雙行二十三字白口四周單邊　存
五十六卷(一至十七、二十至五十八)

610000－1001－0000842　善0000967(原18557)
淮南鴻烈解二十一卷　(漢)劉安著　(漢)高
誘註　(明)張象賢訂　明萬曆張象賢刻本
十冊　九行十九字小字雙行同白口四周雙邊

610000－1001－0000843　善0000968(原0018620)
**古文奇賞二十二卷續古文奇賞三十四卷奇賞
齋廣文苑英華二十六卷四續古文奇賞五十三
卷**　(明)陳仁錫選評　明萬曆、天啟刻本

四十冊　十行二十字小字雙行同白口四周
單邊

610000－1001－0000844　善0000969
史記一百三十卷　（漢）司馬遷撰　（南朝宋）
裴駰集解　（唐）司馬貞索隱　（唐）張守節正
義　明刻本　五十三冊　十行十八字小字雙
行二十三字白口左右雙邊　存八十四卷（一
至五、七至九、十二至十四、十六至二十、三十
四至三十六、三十九至四十六、五十四至五十
七、六十一至七十五、七十九至八十八、九十
二至九十四、一百〇二至一百〇四、一百〇六
至一百〇九、一百十三至一百三十）

610000－1001－0000845　善0000969
御撰資治通鑑綱目三編二十卷　（清）張廷玉
等撰　清乾隆十一年(1746)刻本　四冊　十
一行二十二字小字雙行同白口四周單邊

610000－1001－0000846　善0000970
古香齋新刻袖珍御選古文淵鑒六十四卷
(清)徐乾學等編注　清光緒南海孔氏刻五色
套印本　二十二冊　九行二十字小字雙行同
白口四周雙邊

610000－1001－0000847　善0000970
御撰資治通鑑綱目三編二十卷　（清）張廷玉
等撰　清乾隆十一年(1746)武英殿刻本　八
冊　十一行二十二字小字雙行同粗黑口四周
雙邊

610000－1001－0000848　善0000971
**桐陰論畫二卷首一卷桐陰畫訣一卷續桐陰論
畫一卷**　（清）秦祖永撰　清同治五年(1866)
刻朱墨印本　四冊　八行十八字小字雙行同
上下黑口左右雙邊

610000－1001－0000849　善0000972
文心雕龍十卷　（南朝梁）劉勰撰　清道光十
三年(1833)刻朱墨印本　四冊　十行二十一
字白口左右雙邊

610000－1001－0000850　善0000973
史通削繁四卷　（清）紀昀編　清道光十三年
(1833)兩廣節署刻朱墨印本　四冊　十行二

十一字小字雙行同白口左右雙邊

610000－1001－0000851　善0000975
杜工部集二十卷首一卷　（唐）杜甫撰　清道
光十四年(1834)刻五色套印本　八冊　八行
二十字小字雙行同上下黑口左右雙邊

610000－1001－0000852　善0000976
劍南詩稿八十五卷　（宋）陸游撰　明末毛氏
汲古閣刻本　八冊　八行十八字白口左右雙
邊　存十二卷（一至十二）

610000－1001－0000853　善0000977
津逮祕書一百四十一種　（明）毛晉輯　明崇
禎虞山毛氏汲古閣刻本　十冊　八行十九字
白口左右雙邊　存五種

610000－1001－0000854　善0000978
渼陂集十六卷續集三卷　（明）王九思撰　明
嘉靖刻清補刻本　十冊　十行二十一字白口
四周單邊　存十四卷（渼陂集三至十六）

610000－1001－0000855　善0000979
王文成公全書三十八卷　（明）王守仁撰　明
隆慶六年(1572)刻本　二十四冊　九行十九
字白口四周雙邊

610000－1001－0000856　善0000980
**水經注釋四十卷首一卷附錄二卷水經注箋刊
誤十二卷**　（清）趙一清錄　清乾隆五十一年
(1786)趙氏小山堂刻本　十冊　十行二十二
字小字雙行同白口左右雙邊

610000－1001－0000857　善0000981
新刻臨川王介甫先生詩集一百卷　（宋）王安
石撰　明萬曆四十年(1612)王鳳翔光啟堂刻
本　三十三冊　十行二十字白口四周單邊
存九十卷（七至十、十五至一百）

610000－1001－0000858　善0000981
**資治通鑑綱目前編二十五卷正編五十九卷續
二十七卷**　（宋）朱熹撰　（明）陳仁錫評閱
清康熙四十年(1701)王公行刻本　一百十五
冊　七行十八字小字雙行同白口四周單邊　存
一百〇八卷（前編一至二十五,正編一至五十
九,續一至八、十一至十九、二十一至二十七）

610000－1001－0000859　善0000982

大學衍義四十三卷　（宋）眞德秀彙輯　明崇禎五年(1632)陳仁錫刻本　八冊　十行二十字小字雙行同白口四周單邊

610000－1001－0000860　善0000983

大學衍義補一百六十卷首一卷　（明）丘濬撰　（明）陳仁錫評閱　明崇禎五年(1632)陳仁錫刻本　八冊　十行二十字白口四周單邊　存三十六卷(一至三十五、首一)

610000－1001－0000861　善0000984

資治通鑑二百九十四卷　（宋）司馬光編集　(元)胡三省音註　**通鑑釋文辯誤十二卷**　(元)胡三省撰　清嘉慶二十一年(1816)鄱陽胡氏刻本　一百冊　十行二十字小字雙行同上下黑口四周雙邊

610000－1001－0000862　善0000986

行水金鑑一百七十五卷首一卷　（明）傅澤洪錄　清雍正三年(1725)淮揚官舍刻本　三十六冊　十一行二十一字小字雙行三十二字上下黑口左右雙邊

610000－1001－0000863　善0000989

關中勝蹟圖志三十卷　（清）畢沅纂　清乾隆經訓堂刻本　十二冊　十行二十一字小字雙行同白口四周雙邊

610000－1001－0000864　善0000989

御批資治通鑑綱目全書四種　（明）商輅等撰　（清）聖祖玄燁批　清康熙四十六年(1707)刻本　七十八冊　十一行二十二字小字雙行同粗黑口四周雙邊

610000－1001－0000865　善0000992

漁隱叢話前集六十卷後集四十卷　（宋）胡仔輯　清乾隆耘經樓刻本　八冊　十三行二十一至二十三字上下黑口左右雙邊

610000－1001－0000866　善0000993

何大復先生集三十八卷　（明）何景明撰　**附錄一卷**　清乾隆刻本　四冊　九行二十字白口四周雙邊　存二十一卷(十九至三十八、附錄一)

610000－1001－0000867　善0000994

敬業堂詩集五十卷　（清）查慎行撰　清康熙五十八年(1719)刻本　十二冊　十一行二十一字小字雙行同白口左右雙邊

610000－1001－0000868　善0000994

敬業堂詩續集六卷　（清）查慎行撰　清乾隆查學、查開刻本　三冊　十一行二十一字小字雙行同白口左右雙邊

610000－1001－0000869　善0000995

重刻昭明文選李善註六十卷　（南朝梁）蕭統輯　（唐）李善註　清乾隆三十七年(1772)海錄軒刻朱墨印本　十二冊　十二行二十五字小字雙行三十七字白口左右雙邊

610000－1001－0000870　善0000996

萬壽衢歌樂章六卷　（清）彭元瑞撰　清乾隆刻朱墨印本　六冊　九行二十字白口四周雙邊

610000－1001－0000871　善0000997

白沙子古詩教解二卷　（明）陳獻章撰　（明）湛若水注　清乾隆三十六年(1771)碧玉樓刻本　一冊　十行二十一字白口四周雙邊

610000－1001－0000872　善0000997

白沙子全集十卷首一卷末一卷　（明）陳獻章撰　**附錄一卷**　清乾隆三十六年(1771)碧玉樓刻本　九冊　十行二十一字白口四周雙邊

610000－1001－0000873　善0001000

古今說海四部一百三十五種　（明）陸楫輯　明嘉靖雲山書院刻本　二冊　八行十六字白口四周雙邊　存一部六種

610000－1001－0000874　善0001001

王黃州小畜集三十卷　（宋）王禹偁撰　清抄本　六冊　十行二十二字

610000－1001－0000875　善0001002

五禮通考二百六十二卷首四卷　（清）秦蕙田輯　清乾隆十八年(1753)秦氏味經窩刻本　六十冊　十三行二十一字小字雙行三十一字白口左右雙邊　存二百五十一卷(一至十五、三十一至二百六十二,首一至四)

610000－1001－0000876　善0001007

春秋左傳杜注三十卷首一卷　（清）姚培謙學
清乾隆十一年(1746)陸氏小鬱林刻本　十
六冊　九行十九字小字雙行三十字白口左右
雙邊

610000－1001－0000877　善0001011

蓮洋集二十卷　（清）吳雯著　**年譜一卷附錄
一卷**　清乾隆三十九年(1774)荊圃草堂刻本
八冊　十一行二十三字白口四周單邊

610000－1001－0000878　善0001012

羅鄂州小集六卷　（宋）羅願撰　**羅鄂州遺文
一卷**　（宋）羅頌撰　清康熙五十二年(1713)
程哲七略書堂刻本　四冊　十一行二十一字
白口左右雙邊

610000－1001－0000879　善0001013

溫飛卿詩集七卷別集一卷集外詩一卷　（唐）
溫庭筠撰　（明）曾益原注　（清）顧予咸補注
（清）顧嗣立重校　清康熙三十六年(1697)
長洲顧氏秀野草堂刻本　二冊　十一行二十
字小字雙行三十字白口左右雙邊

610000－1001－0000880　善0001014

微波榭叢書十五種　（清）孔繼涵輯　清乾隆
曲阜孔氏微波榭刻本　六冊　十一行二十一
字白口四周雙邊　存七種

610000－1001－0000881　善0001015

說文解字通釋四十卷　（南唐）徐鍇傳釋　清
道光十九年(1839)影宋刻本　八冊　七行字
數不等上下黑口左右雙邊

610000－1001－0000882　善0001016

武英殿聚珍版書　清乾隆武英殿木活字印本
一冊　九行二十一字小字雙行同白口四周
雙邊　存二種

610000－1001－0000883　善0001017

琉球國志略十六卷首一卷　（清）周煌輯　清
乾隆武英殿木活字印武英殿聚珍版書本　四
冊　九行二十一字小字雙行同白口四周雙邊

610000－1001－0000884　善0001018

東觀漢記二十四卷　（漢）劉珍等撰　清乾隆

武英殿木活字印武英殿聚珍版書本　二冊
九行二十一字小字雙行同白口四周雙邊

610000－1001－0000885　善0001019

澗泉日記三卷　（宋）韓淲撰　清乾隆武英殿
木活字印武英殿聚珍版書本　一冊　九行二
十一字小字雙行同白口四周雙邊

610000－1001－0000886　善0001020

直齋書錄解題二十二卷　（宋）陳振孫撰　清
乾隆武英殿木活字印武英殿聚珍版書本　八
冊　九行二十一字白口四周雙邊單魚尾

610000－1001－0000887　善0001021

欽定武英殿聚珍版程式一卷　（清）金簡撰
清乾隆武英殿木活字印武英殿聚珍版書本
一冊　九行二十一字白口四周雙邊

610000－1001－0000888　善0001022

攷古質疑六卷　（宋）葉大慶撰　清乾隆武英
殿木活字印武英殿聚珍版書本　二冊　九行
二十一字小字雙行同白口四周雙邊

610000－1001－0000889　善0001023

甕牖閒評八卷　（宋）袁文撰　清乾隆武英殿
木活字印武英殿聚珍版書本　二冊　九行二
十一字小字雙行同白口四周雙邊

610000－1001－0000890　善0001024

猗覺寮雜記二卷　（宋）朱翌撰　清乾隆武英
殿木活字印武英殿聚珍版書本　一冊　九行
二十一字白口四周雙邊

610000－1001－0000891　善0001025

魏鄭公諫續錄二卷　（元）翟思忠撰　清乾隆
三十八年(1773)武英殿刻本　一冊　十行二
十一字小字雙行同白口四周雙邊

610000－1001－0000892　善0001026

碧溪詩話十卷　（宋）黃徹撰　清乾隆武英殿
木活字印武英殿聚珍版書本　一冊　九行二
十一字白口四周雙邊

610000－1001－0000893　善0001027

歲寒堂詩話二卷　（宋）張戒撰　清乾隆武英
殿木活字印武英殿聚珍版書本　一冊　九行

二十一字小字雙行同白口四周雙邊

610000－1001－0000894　善0001028

浩然齋雅談三卷　(宋)周密撰　清乾隆武英殿木活字印武英殿聚珍版書本　一冊　九行二十一字小字雙行同白口四周雙邊

610000－1001－0000895　善0001029

牧庵集三十六卷　(元)姚燧撰　**牧庵年譜一卷**　(元)劉致撰　清乾隆武英殿木活字印武英殿聚珍版書本　十六冊　九行二十一字小字雙行同白口四周雙邊

610000－1001－0000896　善0001030

麟臺故事五卷　(宋)程俱撰　清乾隆武英殿木活字印武英殿聚珍版書本　一冊　九行二十一字小字雙行同白口四周雙邊

610000－1001－0000897　善0001031

農書二十二卷　(元)王禎撰　清乾隆武英殿木活字印武英殿聚珍版書本　十冊　九行二十一字小字雙行同白口四周雙邊

610000－1001－0000898　善0001032

朝野類要五卷　(宋)趙升撰　清乾隆武英殿木活字印武英殿聚珍版書本　二冊　九行二十一字白口四周雙邊

610000－1001－0000899　善0001033

鶡冠子三卷　(宋)陸佃解　清乾隆武英殿木活字印武英殿聚珍版書本　三冊　九行二十一字小字雙行同白口四周雙邊

610000－1001－0000900　善0001034

墨法集要一卷　(明)沈繼孫撰　清乾隆武英殿木活字印武英殿聚珍版書本　一冊　九行二十一字小字雙行同白口四周雙邊

610000－1001－0000901　善0001035

五經算術二卷　(北周)甄鸞撰　清乾隆武英殿木活字印武英殿聚珍版書本　一冊　九行二十一字小字雙行同白口四周雙邊

610000－1001－0000902　善0001036

武英殿聚珍版書　清乾隆武英殿木活字印本　一冊　九行二十一字小字雙行同白口四周

雙邊　存二種

610000－1001－0000903　善0001037

武英殿聚珍版書　清乾隆武英殿木活字印本　一冊　九行二十一字小字雙行同白口四周雙邊　存二種

610000－1001－0000904　善0001038

文苑英華辨證十卷　(宋)彭叔夏撰　清乾隆武英殿木活字印武英殿聚珍版書本　一冊　九行二十一字小字雙行同白口四周雙邊

610000－1001－0000905　善0001039

五代史纂誤三卷　(宋)吳縝撰　清乾隆武英殿木活字印武英殿聚珍版書本　一冊　九行二十一字小字雙行同上下黑口四周雙邊

610000－1001－0000906　善0001040

漢官舊儀二卷補遺一卷　(漢)衛宏撰　清乾隆武英殿刻本　一冊　十行二十一字小字雙行同白口四周雙邊

610000－1001－0000907　善0001041

敬齋古今黈八卷　(元)李冶撰　清乾隆武英殿木活字印武英殿聚珍版書本　四冊　九行二十一字小字雙行同白口四周雙邊

610000－1001－0000908　善0001042

意林五卷　(唐)馬總撰　清乾隆武英殿木活字印武英殿聚珍版書本　一冊　九行二十一字小字雙行同白口四周雙邊

610000－1001－0000909　善0001043

涑水記聞十六卷　(宋)司馬光撰　清乾隆武英殿木活字印武英殿聚珍版書本　四冊　九行二十一字小字雙行同白口四周雙邊

610000－1001－0000910　善0001044

輿地廣記三十八卷　(宋)歐陽忞撰　清乾隆武英殿木活字印武英殿聚珍版書本　六冊　九行二十一字小字雙行同白口四周雙邊

610000－1001－0000911　善0001045

武英殿聚珍版書　清乾隆浙江刻本　六冊　九行二十一字小字雙行同白口左右雙邊　存三種

610000－1001－0000912　善0001046

宋朝事實二十卷　（宋）李攸撰　清乾隆武英殿木活字印武英殿聚珍版書本　五冊　九行二十一字小字雙行同白口四周雙邊

610000－1001－0000913　善0001047

郭氏傳家易說十一卷　（宋）郭雍著　清乾隆武英殿木活字印武英殿聚珍版書本　五冊　九行二十一字白口四周雙邊

610000－1001－0000914　善0001048

易緯乾坤鑿度二卷　（漢）鄭玄注　清乾隆三十八年(1773)刻本　一冊　十行二十一字小字雙行同白口四周雙邊

610000－1001－0000915　善0001049

易緯八種　（漢）鄭玄注　清乾隆三十八年(1773)武英殿刻本　一冊　十行二十一字小字雙行同白口四周雙邊　存六種

610000－1001－0000916　善0001050

元豐九域志十卷　（宋）王存等撰　清乾隆武英殿木活字印武英殿聚珍版書本　六冊　九行二十一字小字雙行同白口四周雙邊

610000－1001－0000917　善0001051

元和郡縣志四十卷　（唐）李吉甫撰　清乾隆武英殿木活字印武英殿聚珍版書本　八冊　九行二十一字小字雙行同白口四周雙邊

610000－1001－0000918　善0001052

欽定重刻淳化閣帖十卷　（清）吳省蘭輯　清乾隆武英殿木活字印武英殿聚珍版書本　二冊　九行二十一字小字雙行同白口四周雙邊

610000－1001－0000919　善0001053

傅子一卷　（晉）傅玄撰　清乾隆武英殿木活字印武英殿聚珍版書本　一冊　九行二十一字白口四周雙邊

610000－1001－0000920　善0001054

帝範四卷　（唐）太宗李世民撰　清乾隆武英殿刻本　一冊　十行二十一字小字雙行同白口四周雙邊

610000－1001－0000921　善0001055

禹貢說斷四卷　（宋）傅寅撰　清乾隆三十九年(1774)武英殿木活字印武英殿聚珍版書本　四冊　九行二十一字白口四周雙邊

610000－1001－0000922　善0001056

止堂集十八卷　（宋）彭龜年撰　清乾隆三十九年(1774)武英殿木活字印武英殿聚珍版書本　三冊　九行二十一字白口四周雙邊

610000－1001－0000923　善0001057

茶山集八卷　（宋）曾幾撰　清乾隆四十一年(1776)武英殿木活字印武英殿聚珍版書本　二冊　九行二十一字白口四周雙邊

610000－1001－0000924　善0001058

農桑輯要七卷　（元）司農司撰　清乾隆武英殿木活字印武英殿聚珍版書本　二冊　九行二十一字白口四周雙邊

610000－1001－0000925　善0001059

明本釋三卷　（宋）劉荀撰　清乾隆三十八年(1773)武英殿木活字印武英殿聚珍版書本　一冊　九行二十一字白口四周雙邊

610000－1001－0000926　善0001060

公是弟子記四卷　（宋）劉敞撰　清乾隆四十三年(1778)武英殿木活字印武英殿聚珍版書本　一冊　九行二十一字白口四周雙邊

610000－1001－0000927　善0001061

兩漢刊誤補遺十卷　（宋）吳仁傑撰　清乾隆四十三年(1778)武英殿木活字印武英殿聚珍版書本　二冊　九行二十一字白口四周雙邊

610000－1001－0000928　善0001062

輶軒使者絕代語釋別國方言十三卷　（漢）揚雄撰　（晉）郭璞注　清乾隆四十四年(1779)武英殿木活字印武英殿聚珍版書本　四冊　九行二十一字白口四周雙邊

610000－1001－0000929　善0001063

彭城集四十卷　（宋）劉攽撰　清乾隆四十七年(1782)武英殿木活字印武英殿聚珍版書本　十九冊　九行二十一字白口四周雙邊　存三十八卷(一至二十四、二十七至四十)

610000－1001－0000930　善0001064

絜齋毛詩經筵講義四卷　(宋)袁燮撰　清乾隆四十年(1775)武英殿木活字印武英殿聚珍版書本　一冊　九行二十一字白口四周雙邊

610000－1001－0000931　善0001065

唐會要一百卷　(宋)王溥撰　清乾隆三十九年(1774)武英殿木活字印武英殿聚珍版書本　六十冊　九行二十一字小字雙行同白口四周雙邊

610000－1001－0000932　善0001066

后山詩十二卷　(宋)陳師道撰　(宋)任淵注　清乾隆四十一年(1776)武英殿木活字印武英殿聚珍版書本　三冊　九行二十一字小字雙行同白口四周雙邊

610000－1001－0000933　善0001067

毘陵集十六卷　(宋)張守撰　清乾隆四十四年(1779)武英殿木活字印武英殿聚珍版書本　十一冊　九行二十一字小字雙行同白口四周雙邊　存十五卷(一至十五)

610000－1001－0000934　善0001068

尚書詳解五十卷　(宋)陳經撰　清乾隆四十七年(1782)武英殿木活字印武英殿聚珍版書本　八冊　九行二十一字白口四周雙邊

610000－1001－0000935　善0001069

融堂書解二十卷　(宋)錢時撰　清乾隆三十九年(1774)武英殿木活字印武英殿聚珍版書本　四冊　九行二十一字小字雙行同白口四周雙邊

610000－1001－0000936　善0001070

春秋釋例十五卷　(晉)杜預撰　清乾隆四十六年(1781)武英殿木活字印武英殿聚珍版書本　五冊　九行二十一字小字雙行同白口四周雙邊

610000－1001－0000937　善0001071

春秋辨疑四卷　(宋)蕭楚撰　清乾隆三十九年(1774)武英殿木活字印武英殿聚珍版書本　一冊　九行二十一字小字雙行同白口四周雙邊

610000－1001－0000938　善0001072

鄭志三卷　(三國魏)鄭小同撰　清乾隆四十二年(1777)武英殿木活字印武英殿聚珍版書本　一冊　九行二十一字小字雙行同白口四周雙邊

610000－1001－0000939　善0001073

禹貢指南四卷　(宋)毛晃撰　清乾隆三十九年(1774)武英殿木活字印武英殿聚珍版書本　一冊　九行二十一字白口四周雙邊

610000－1001－0000940　善0001074

春秋傳說例一卷　(宋)劉敞撰　清乾隆四十一年(1776)武英殿木活字印武英殿聚珍版書本　一冊　九行二十一字小字雙行同白口四周雙邊

610000－1001－0000941　善0001075

尚書詳解二十六卷　(宋)夏僎撰　清乾隆三十九年(1774)武英殿木活字印武英殿聚珍版書本　八冊　九行二十一字白口四周雙邊

610000－1001－0000942　善0001076

武英殿聚珍版書　清乾隆武英殿木活字印本　一冊　九行二十一字小字雙行同白口四周雙邊　存二種

610000－1001－0000943　善0001077

儀禮集釋三十卷　(宋)李如圭撰　清乾隆四十七年(1782)武英殿木活字印武英殿聚珍版書本　十冊　九行二十一字白口四周雙邊

610000－1001－0000944　善0001078

春秋經解十五卷　(宋)孫覺撰　清乾隆三十九年(1774)武英殿木活字印武英殿聚珍版書本　六冊　九行二十一字白口四周雙邊

610000－1001－0000945　善0001079

大戴禮記十三卷　(漢)戴德撰　(北周)盧辯注　清乾隆四十二年(1777)武英殿木活字印武英殿聚珍版書本　四冊　九行二十一字小字雙行同白口四周雙邊

610000－1001－0000946　善0001081

徐文長文集八卷目錄一卷　(明)徐渭撰　(明)袁宏道評點　(明)閔德美校訂　明萬曆

刻本　八冊　九行二十字白口四周單邊

610000－1001－0000947　善0001083

石柱記五卷　（唐）顏真卿撰　（清）鄭元慶箋釋　清康熙四十一年（1702）刻本　一冊　十一行二十一字小字雙行二十七字白口左右雙邊

610000－1001－0000948　善0001084

燕在閣知新錄三十二卷　（清）王棠彙訂　清康熙五十六年（1717）燕在閣刻本　十二冊　十行二十一字白口四周單邊

610000－1001－0000949　善0001086

文選六十卷　（南朝梁）蕭統選　（唐）李善注　明嘉靖四年（1525）晉藩養德書院刻本　十九冊　十行二十二字黑口四周雙邊　存五十七卷（一至八、十二至六十）

610000－1001－0000950　善0001087

資治通鑑綱目五十九卷　（宋）朱熹撰　明嘉靖三十五年（1556）趙府居敬堂刻本　三十冊　十行二十字小字雙行同白口四周雙邊

610000－1001－0000951　善0001088

四書二十八卷　（宋）朱熹撰　明刻本　十冊　八行十四字小字雙行十八字粗黑口四周雙邊

610000－1001－0000952　善0001089

四書集註二十八卷　（宋）朱熹集註　明正統十二年（1447）司禮監刻本　五冊　八行十四字小字雙行十八字粗黑口四周雙邊　存九卷（大學集註一、中庸集註一、論語集註一至七）

610000－1001－0000953　善0001090

石墨鐫華八卷　（明）趙崡撰　明萬曆刻本　二冊　八行十八字白口四周單邊

610000－1001－0000954　善0001091

前漢書一百三十卷　（漢）班固撰　明嘉靖八年至九年（1529－1530）刻本　一冊　十行二十一字小字雙行同細黑口四周雙邊　存五卷（八至十二）

610000－1001－0000955　善0001094（原07719）

芥子園畫傳五卷　（清）王槩輯摹　清康熙十八年（1679）刻套印本　五冊　八行二十字白口四周單邊

610000－1001－0000956　善0001095

宋東京考二十卷　（清）周城輯　清乾隆嘉興周城刻本　八冊　十行二十一字小字雙行同粗黑口四周雙邊

610000－1001－0000957　善0001098

玉溪生詩意八卷　（清）屈復著　清乾隆四年（1739）樹德堂刻本　四冊　十行二十一字小字雙行同白口左右雙邊

610000－1001－0000958　善0001099（原14603）

國語二十一卷　（三國吳）韋昭注　**戰國策十一卷**　（宋）鮑彪注　清康熙四十二年（1703）金毂園重修本　十二冊　九行十九字小字雙行同白口四周單邊

610000－1001－0000959　善0001100

十國春秋一百十四卷附拾遺一卷備考一卷　（清）吳任臣撰　清乾隆五十八年（1793）刻本　十九冊　十行二十一字小字雙行同白口左右雙邊　存一百〇七卷（一至五十七、六十七至一百十六）

610000－1001－0000960　善0001100（原13861）

述本堂詩集十八卷　（清）方登峰等著　清乾隆二十年（1755）刻本　六冊　十行十九字小字雙行二十八字白口左右雙邊

610000－1001－0000961　善0001101

絜齋毛詩經筵講義四卷　（宋）袁燮撰　清乾隆四十年（1775）武英殿木活字印武英殿聚珍版書本　一冊　九行二十一字白口四周雙邊

610000－1001－0000962　善0001102

石墨鐫華八卷　（明）趙崡撰　明萬曆刻本　四冊　八行十八字白口四周單邊

610000－1001－0000963　善0001112

李太白文集三十卷　（唐）李白著　清康熙五十六年（1717）吳門繆日芑雙泉草堂影宋刻本　十冊　十一行二十字白口左右雙邊

610000 – 1001 – 0000964　善 0001113（原 005164）

古詩歸十五卷唐詩歸三十六卷　（明）鍾惺等
輯　（明）劉教重訂　明萬曆刻本　十冊　十
行十九字小字雙行同白口左右雙邊

610000 – 1001 – 0000965　善 0001114

事物考八卷　（明）王三聘輯　明嘉靖刻清乾
隆補刻本　四冊　十行二十字白口四周單邊

610000 – 1001 – 0000966　善 0001115

御製詩集十卷二集十卷三集八卷　（清）聖祖
玄燁撰　（清）高士奇編　（清）宋犖校　清康
熙四十二年（1703）刻本　六冊　六行十六字
白口四周雙邊

610000 – 1001 – 0000967　善 0001116（原 9091）

唐文粹一百卷　（宋）姚鉉纂　明嘉靖八年
（1529）晉府養德書院刻本　二十四冊　十三
行二十一字白口四周單邊

610000 – 1001 – 0000968　善 0001117（原 09846）

全唐詩九百卷　（清）曹寅等輯　清康熙四十
四年至四十六年（1705 – 1707）揚州詩局刻本
　一百二十冊　十一行二十一字細黑口左右
雙邊

610000 – 1001 – 0000969　善 0001119

明詩別裁集十二卷　（清）沈德潛　（清）周準
輯　清乾隆四年（1739）刻本　四冊　十行十
九字小字雙行二十九字白口左右雙邊

610000 – 1001 – 0000970　善 0001120（原 11800）

有懷堂文藁二十二卷詩藁六卷　（清）韓菼撰
　清康熙刻本　四冊　十一行二十一字白口
四周單邊

610000 – 1001 – 0000971　善 0001121

新定九宮大成南北詞宮譜八十一卷閏一卷總
目三卷　（清）周祥鈺　（清）鄒金生等輯　清
乾隆十一年（1746）允祿刻朱墨印本　五十冊
　七行十六字白口四周雙邊

610000 – 1001 – 0000972　善 0001122（原 12047）

晚邨先生八家古文精選八卷　（清）呂留良輯
　清康熙四十三年（1704）呂氏家塾刻本　八
冊　十行二十五字細黑口左右雙邊

610000 – 1001 – 0000973　善 0001123（原 12104）

淳化祕閣法帖考正十卷附二卷　（清）王澍詳
定　（清）汪玉球參正　清雍正八年（1730）詩
鼎齋刻本　四冊　十行十八字白口左右雙邊

610000 – 1001 – 0000974　善 0001125（原 12113）

砥齋集十二卷　（清）王弘撰著　清康熙刻本
　六冊　八行二十字白口左右雙邊

610000 – 1001 – 0000975　善 0001126（原 13257）

草聖彙辯不分卷　（明）白芬彙編　（清）朱宗
文摹辯　清順治刻本　六冊　行數不等字數
不等

610000 – 1001 – 0000976　善 0001127

誠齋先生易傳二十卷　（宋）楊萬里著　明嘉
靖二十一年（1542）尹耕療鶴亭刻本　八冊
九行二十四字白口四周單邊

610000 – 1001 – 0000977　善 0001128（原 13262）

太湖備考十六卷首一卷湖程紀略一卷　（清）
金友理纂　（清）金友珀校　清乾隆十五年
（1750）刻本　八冊　十行二十一字小字雙行
三十一字白口左右雙邊

610000 – 1001 – 0000978　善 0001129（原 13336）

日省錄二卷　（清）王承烈著　（清）孫能寬校
　清康熙六十年（1721）刻本　一冊　九行二
十二字白口四周雙邊

610000 – 1001 – 0000979　善 0001130（原 13478）

隸辨八卷　（清）顧藹吉撰　清康熙五十七年
（1718）刻本　八冊　十二行大小字不等白口
四周單邊

610000 – 1001 – 0000980　善 0001131

經玩四種　（清）沈淑撰　清雍正三年（1725）
常熟沈氏孝德堂刻本　八冊　九行字數不等
白口左右雙邊

610000 – 1001 – 0000981　善 0001132

西魏書二十四卷　（清）謝啟昆撰　清乾隆六
十年（1795）刻本　六冊　十一行二十三字白
口四周雙邊

610000 – 1001 – 0000982　善 0001133

皇華紀聞四卷南來志一卷北歸志一卷廣州遊
覽一卷　（清）王士禎撰　清康熙刻本　四冊
十行十九字粗黑口左右雙邊

610000－1001－0000983　善0001134（原13538）
李氏藏書六十八卷　（明）李贄撰　明萬曆二
十七年（1599）焦竑刻本　二十冊　九行二十
字白口四周單邊　存六十卷（一至六十）

610000－1001－0000984　善0001135（原13545）
天下郡國利病書一百二十卷　（清）顧炎武撰
清抄本　六十冊　十行二十三字細黑口間
白口左右雙邊

610000－1001－0000985　善0001136
新刊王太史彙選諸子類語四卷　（明）王衡彙
選　（明）陳繼儒校次　明刻本　八冊　九行
二十二字白口四周單邊

610000－1001－0000986　善0001137
石齋先生經傳九種　（明）黃道周輯　（清）鄭
開極重訂　清康熙三十二年（1693）晉安鄭開
極刻本　六冊　九行十八字小字雙行同白口
左右雙邊　存三種

610000－1001－0000987　善0001138
國語二十一卷　（三國吳）韋昭注　清乾隆二
十七年（1762）刻本　六冊　十行二十一字小
字雙行同白口四周單邊

610000－1001－0000988　善0001138（原13563）
清閟閣全集十二卷　（元）倪瓚著　（清）曹培
廉校　清康熙五十二年（1713）城書室刻本
六冊　十一行二十一字小字雙行三十字白口
四周單邊

610000－1001－0000989　善0001139
三才藻異三十三卷　（清）屠粹忠著　（清）林
學錦重校　清乾隆二十八年（1763）刻本　十
四冊　八行十九字小字雙行同白口左右雙邊

610000－1001－0000990　善0001140
綏寇紀略十二卷補遺三卷　（清）吳偉業撰
（清）鄒漪原訂　（清）張海鵬重校　清康熙十
三年（1674）刻本　四冊　九行二十一字小字
雙行同黑口左右雙邊

610000－1001－0000991　善0001141（原13689）
邵文莊公經史全書五種　（明）邵寶撰　（明）
王宗元編次　（明）曹荃編　明崇禎四年
（1631）曹荃刻本　六冊　十行二十字白口四
周單邊

610000－1001－0000992　善0001142
蘇東坡詩集注三十二卷　（宋）蘇軾著　（清）
朱從延重校　（宋）呂祖謙分編　（宋）王十朋
纂輯　清康熙三十七年（1698）文蔚堂刻本
十冊　十一行十九字小字雙行二十八字白口
左右雙邊

610000－1001－0000993　善0001143
昌黎先生詩集注十一卷　（唐）韓愈撰　（清）
顧嗣立刪補　清康熙三十八年（1699）秀野草
堂刻本　四冊　十一行二十字小字雙行三十
字白口左右雙邊

610000－1001－0000994　善0001144
溫飛卿詩集七卷別集一卷集外詩一卷　（唐）
溫庭筠撰　（明）曾益原注　（清）顧予咸補注
（清）顧嗣立重校　清康熙三十六年（1697）
長洲顧氏秀野草堂刻本　六冊　十一行二十
字小字雙行三十字白口左右雙邊

610000－1001－0000995　善0001145
白虎通四卷　（漢）班固撰　附考一卷　（清）
莊述祖撰　闕文一卷　（清）莊述祖輯　校勘
補遺一卷　（清）盧文弨撰　清乾隆四十九年
（1784）抱經堂刻本　四冊　十行二十字小字
雙行同白口左右雙邊

610000－1001－0000996　善0001146
楚辭集注八卷辨證二卷後語六卷　（宋）朱熹
撰　明成化十一年（1475）刻本　六冊　九行
十八字小字雙行同白口四周單邊

610000－1001－0000997　善0001147
王荊文公詩五十卷　（宋）王安石撰　（宋）李
壁箋注　（清）張宗松校刊　清康熙六年
（1667）張宗松刻本　六冊　十一行二十一字
小字雙行同細黑口左右雙邊

610000－1001－0000998　善0001148

張龍湖先生文集十五卷 （明）張治撰 （清）彭思眷編輯 清雍正四年(1726)彭思眷刻本 四冊 十行二十字白口左右雙邊

610000－1001－0000999 善0001149

李義山文集十卷 （清）徐樹穀箋 （清）徐炯註 清康熙四十七年(1708)花谿草堂刻本 八冊 十行二十一字小字雙行三十一字白口左右雙邊

610000－1001－0001000 善0001150

李義山詩集十六卷 （唐）李商隱撰 （清）姚培謙箋 （清）王煦谷錄 清乾隆五年(1740)松桂讀書堂刻本 四冊 十行二十一字小字雙行三十二字白口左右雙邊 缺一卷(十二)

610000－1001－0001001 善0001151

晞髮集十卷遺集二卷補一卷 （宋）謝翱撰 冬青引注一卷登西臺慟哭記注一卷 （明）張丁撰 天地間集一卷 （宋）謝翱輯 清康熙四十一年(1702)陸大業刻本 八冊 九行十八字小字雙行二十七字黑口左右雙邊

610000－1001－0001002 善0001152

宋王黃州小畜集三十卷 （宋）王禹偁撰 （清）趙熟典重校 清乾隆二十五年(1760)趙熟典愛日堂刻本 十二冊 十一行二十二字粗黑口四周雙邊

610000－1001－0001003 善0001153

姜白石詩詞合集九卷附錄一卷 （宋）姜夔撰 清乾隆八年(1743)刻本 二冊 十一行十九字小字雙行同白口左右雙邊

610000－1001－0001004 善0001154

若菴集五卷 （清）程庭撰 清康熙六十年(1721)刻本 二冊 十行十九字白口左右雙邊

610000－1001－0001005 善0001155

唐音審體二十卷 （清）錢良擇編 清康熙四十三年(1704)昭質堂刻本 八冊 十一行二十三字小字雙行三十四字白口左右雙邊

610000－1001－0001006 善0001156

冬心先生集四卷 （清）金農撰 清雍正十一年(1733)廣陵般若庵刻本 二冊 十行十八字白口左右雙邊

610000－1001－0001007 善0001157

本事詩十二卷 （清）徐釚編輯 （清）汪肯堂重校刊 清乾隆二十二年(1757)刻本 六冊 十一行二十一字小字雙行二十九字白口左右雙邊

610000－1001－0001008 善0001158

國朝三家文鈔三十二卷 （清）宋犖 （清）徐汝霖選 （清）邵長蘅訂 清康熙三十三年(1694)刻本 十冊 十二行二十三字黑口左右雙邊

610000－1001－0001009 善0001159

蔗塘未定稿九卷外集八卷 （清）查為仁撰 清乾隆刻本 八冊 十行二十一字白口四周單邊

610000－1001－0001010 善0001160

震川先生集三十卷別集十卷附錄一卷 （明）歸有光著 （清）歸莊較勘 （清）歸玠編輯 清康熙刻本 十六冊 十行二十字白口左右雙邊

610000－1001－0001011 善0001161

白田草堂存稿二十四卷行狀一卷崇祀鄉賢祠錄一卷 （清）王懋竑著 清乾隆十七年(1752)刻本 六冊 十二行二十二字小字雙行同白口左右雙邊

610000－1001－0001012 善0001163

石帆詩集八卷 （清）張曾著 清初刻本 二冊 九行十八字小字雙行同白口左右雙邊

610000－1001－0001013 善0001164

帶經堂集九十二卷 （清）王士禛撰 （清）程哲校編 清康熙五十一年(1712)七略書堂刻本 二十冊 十行十九字白口左右雙邊

610000－1001－0001014 善0001165

南屏山人詩集十卷賦一卷 （清）任端書撰 清乾隆四年(1739)刻本 六冊 九行十八字白口四周雙邊

610000 - 1001 - 0001015　善 0001166

黌湖草堂文集六卷近集四卷　（清）吳世杰著　（清）吳世燾輯　清康熙四十四年(1705)許彪刻本　六冊　九至十一行二十字小字雙行同細黑口間白口左右雙邊

610000 - 1001 - 0001016　善 0001166

續弘簡錄元史類編四十二卷　（清）邵遠平輯　清康熙四十五年(1706)刻本　十五冊　十二行二十四字小字雙行同白口四周單邊

610000 - 1001 - 0001017　善 0001167

震川先生集三十卷別集十卷附錄一卷　（明）歸有光著　（清）歸莊較勘　（清）歸玠編輯　清康熙十四年(1675)刻本　六冊　十行二十字白口左右雙邊

610000 - 1001 - 0001018　善 0001168

帶經堂集九十二卷　（清）王士禛撰　（清）程哲校編　清康熙五十一年(1712)七略書堂刻本　二十四冊　十行十九字小字雙行二十七字白口左右雙邊

610000 - 1001 - 0001019　善 0001169

高陽挽集二卷　（明）許浩輯　清雍正三年(1725)刻本　二冊　十一行二十一字黑口左右雙邊

610000 - 1001 - 0001020　善 0001170

午亭文編五十卷　（清）林佶輯錄　清康熙四十七年(1708)林佶刻本　十六冊　十一行二十一字黑口左右雙邊

610000 - 1001 - 0001021　善 0001171

賦鈔箋畧十五卷　（清）雷琳　（清）張杏濱箋　清乾隆三十一年(1766)王氏刻本　六冊　九行十九字小字雙行二十八至三十字不等白口左右雙邊

610000 - 1001 - 0001022　善 0001172

後村居士詩十六卷詩話二卷詩餘二卷　（宋）劉克莊撰　（明）姚廷謙校訂　清康熙五十九年(1720)劉雙楠刻本　四冊　十行十九字黑口四周單邊

610000 - 1001 - 0001023　善 0001173

韻歧五卷　（清）江昱輯　清乾隆二十五年(1760)刻本　二冊　九行一至四字不等小字雙行二十字細黑口左右雙邊

610000 - 1001 - 0001024　善 0001175

大學衍義補纂要六卷　（明）徐栻編輯　明萬曆五年(1577)浙江刻本　六冊　十行二十字白口四周單邊

610000 - 1001 - 0001025　善 0001176

唐世說新語十三卷　（唐）劉肅撰　（明）王世貞校　明萬曆三十一年(1603)潘玄度刻本　四冊　八行二十字白口四周單邊

610000 - 1001 - 0001026　善 0001178

御選唐詩三十二卷目錄三卷　（清）聖祖玄燁選　（清）陳廷敬編　清康熙五十二年(1713)武英殿刻朱墨印本　十五冊　七行十七字小字雙行不等白口四周雙邊

610000 - 1001 - 0001027　善 0001179

篋衍集十二卷　（清）陳維崧輯　（清）蔣國祥校訂　清康熙三十一年(1692)刻本　四冊　十行十九字小字雙行不等黑口左右雙邊

610000 - 1001 - 0001028　善 0001182

國朝六家詩鈔八卷　（清）劉執玉選　清乾隆三十二年(1767)刻本　四冊　十行二十一字小字雙行三十一字細黑口左右雙邊

610000 - 1001 - 0001029　善 0001183

力本文集十三卷　（清）馬榮祖撰　清乾隆十七年(1752)石蓮堂刻本　六冊　八行十九字小字雙行同白口左右雙邊

610000 - 1001 - 0001030　善 0001184

古文淵鑒六十四卷　（清）徐乾學等編注　清康熙二十四年(1685)內府刻四色套印本　二十四冊　九行二十字小字雙行同黑口四周單邊

610000 - 1001 - 0001031　善 0001185

綿津山人詩集二十七卷　（清）宋犖撰　清康熙三十七年(1698)刻本　六冊　十行十九字白口四周單邊

610000－1001－0001032　善0001186

叢碧山房詩初集十四卷二集六卷三集十一卷
四集十卷五集六卷　（清）龐塏著　清康熙刻
本　八冊　十行十九字黑口四周單邊

610000－1001－0001033　善0001187

經典釋文三十卷　（唐）陸德明撰　清康熙通
志堂刻本　八冊　十一行十七字小字雙行不
等白口左右雙邊

610000－1001－0001034　善0001188

己畦詩集十卷殘餘一卷　（清）葉燮撰　清乾
隆二十八年（1763）刻本　四冊　十行十九字
小字雙行二十七字白口四周雙邊

610000－1001－0001035　善0001189

己畦集二十二卷原詩四卷　（清）葉燮撰　清
康熙葉氏二棄草堂刻本　十二冊　十行十九
字白口四周雙邊

610000－1001－0001036　善0001191

影園瑤華集三卷　（明）鄭元勳輯　清乾隆二
十七年（1762）鄭開基刻本　二冊　九行二十
字小字雙行同白口左右雙邊

610000－1001－0001037　善0001192

西軒效唐集錄十二卷　（明）丁養浩撰　清乾
隆刻朱印本　四冊　十一行二十一字白口左
右雙邊

610000－1001－0001038　善0001193

秋笳集八卷　（清）吳兆騫著　清康熙徐乾學
刻雍正四年（1726）吳振臣增刻本　二冊　十
一行二十字小字雙行同細黑口間白口左右
雙邊

610000－1001－0001039　善0001194

詞苑叢談十二卷　（清）徐釚編輯　清康熙二
十七年（1688）蛾術齋刻本　四冊　九行二十
字小字雙行同白口左右雙邊

610000－1001－0001040　善0001195

金石錄三十卷　（宋）趙明誠撰　清乾隆二十
七年（1762）雅雨堂刻本　四冊　十行二十一
字小字雙行同白口四周單邊

610000－1001－0001041　善0001196（原16001）

小桐廬詩草十卷　（清）袁景輅撰　清乾隆刻
本　一冊　十行十九字小字雙行同白口左右
雙邊

610000－1001－0001042　善0001197

讀杜心解六卷首二卷　（唐）杜甫撰　（清）浦
起龍講解　清雍正二年至三年（1724－1725）
浦氏寧我齋刻本　八冊　十行二十二字小字
雙行三十三字白口左右雙邊

610000－1001－0001043　善0001198

勉廬詩鈔四卷試草一卷　（清）周孝學撰　清
康熙刻本　二冊　十行十九字小字雙行二十
九字白口左右雙邊

610000－1001－0001044　善0001199（原16287）

四焉齋文集六卷　（清）曹一士著　（清）曹錫
黼編訂　（清）葉承校　清乾隆十五年（1750）
刻本　四冊　十行二十一字黑口左右雙邊

610000－1001－0001045　善00012

［雍正］陝西通志一百卷首一卷　（清）劉於義
修　（清）沈青崖纂　清雍正十三年（1735）刻
本　四冊　十二行二十六字小字雙行同白口
四周雙邊　存四卷（四十四、四十六、四十八、
六十六）

610000－1001－0001046　善0001200

懷清堂集二十卷首一卷　（清）湯右曾撰　清
乾隆十二年（1747）懷清堂刻本　四冊　十行
二十一字小字雙行同白口左右雙邊

610000－1001－0001047　善0001201

施愚山先生學餘文集二十八卷　（清）施閏章
著　（清）施彥淳　（清）施彥恪輯錄　（清）
施琮校　施愚山先生學餘文集七卷　（清）施
閏章著　（清）施企曾　（清）施念曾校　施氏
家風述畧一卷　（清）施閏章輯錄　續編一卷
　（清）施彥恪輯錄　清康熙四十七年（1708）
棟亭刻乾隆施企曾等續刻本　七冊　十一行
二十一字小字雙行同白口左右雙邊

610000－1001－0001048　善0001202（原16369）

午亭文編五十卷　（清）林佶輯錄　清康熙四

十七年(1708)林佶刻本　十六冊　十一行二十一字黑口左右雙邊

610000－1001－0001049　善0001203(原16438)
芝雲堂詩稿四卷　(清)徐賓撰　清康熙刻本　二冊　十一行二十一字小字雙行三十一字白口左右雙邊

610000－1001－0001050　善0001204(原16519)
商榷集三卷　(清)高不騫撰　清康熙三十五年(1696)刻本　一冊　十行十九字小字雙行二十八字白口左右雙邊

610000－1001－0001051　善0001205
德音堂琴譜十卷　(清)汪天榮輯　清康熙三十年(1691)刻本　三冊　八行十八字小字雙行同白口左右雙邊

610000－1001－0001052　善0001205
史傳三編五十六卷　(清)朱軾等編　清雍正七年(1729)刻本　二十四冊　九行二十二字白口左右雙邊

610000－1001－0001053　善0001206(原16570)
羣經音辨七卷　(宋)賈昌朝撰　清康熙五十三年(1714)張氏刻本　二冊　十行二十字小字雙行同白口左右雙邊

610000－1001－0001054　善0001208(原16689)
唐堂集五十卷補遺二卷續集八卷冬錄一卷(清)黃之雋撰　清乾隆十三年(1748)刻本　十冊　十行二十一字小字雙行同白口左右雙邊

610000－1001－0001055　善0001209(原16711)
榕村詩選八卷首一卷　(清)李光地輯　清雍正七年(1729)杭州臬署刻本　三冊　九行十九字小字雙行二十七字白口左右雙邊

610000－1001－0001056　善0001211(原10805)
絕妙好詞箋七卷　(宋)周密原輯　(清)查為仁　(清)厲鶚箋　清乾隆十三年(1748)刻朱墨印本　二冊　九行二十一字小字雙行同白口四周單邊

610000－1001－0001057　善0001212(原16847)

湯子遺書十卷附錄一卷　(清)湯斌撰　清康熙四十二年(1703)刻本　四冊　十行十九字小字雙行二十二字黑口左右雙邊

610000－1001－0001058　善0001213(原16855)
懷清堂集二十卷首一卷　(清)湯右曾撰　清乾隆十二年(1747)懷清堂刻本　四冊　十行二十一字小字雙行同白口左右雙邊

610000－1001－0001059　善0001214(原16941)
唐詩別裁集八卷　(清)沈德潛　(清)陳培脉選　清康熙五十六年(1717)刻本　六冊　十行十九字小字雙行不等黑口左右雙邊

610000－1001－0001060　善0001215(原7015)
石湖居士詩集三十五卷　(宋)范成大撰　(清)顧嗣協等重訂　清康熙二十七年(1688)刻本　四冊　十一行二十一字小字雙行同細黑口左右雙邊　存三十三卷(一至三十三)

610000－1001－0001061　善0001216(原17020)
青邱高季迪先生詩集十八卷補遺一卷詩餘一卷附錄一卷　(明)高啟撰　(清)金檀輯注　清雍正六年(1728)刻本　八冊　十一行二十二字小字雙行三十三字白口左右雙邊

610000－1001－0001062　善0001217(原17028)
漁洋山人精華錄箋注十二卷補注一卷年譜一卷附錄一卷　(清)王士禎撰　(清)金榮箋注　(清)徐准纂輯　清康熙鳳翻堂刻本　十二冊　十一行二十字小字雙行三十字白口左右雙邊

610000－1001－0001063　善0001218(原17379)
大廣益會玉篇三十卷　(南朝梁)顧野王撰　(唐)孫強增字　(宋)陳彭年等重修　清康熙四十三年(1704)刻本　三冊　十行二十字小字雙行二十七字白口左右雙邊

610000－1001－0001064　善0001219(原17149)
魏鄭公諫錄五卷　(唐)王方慶集　清康熙刻本　一冊　十一行二十一字白口左右雙邊

610000－1001－0001065　善0001220(原17278)
石松堂集八卷　(清)余為霖著　(清)黃文星訂　清康熙十六年(1677)刻本　八冊　八行

二十字白口四周雙邊

610000－1001－0001066　善0001223（原18188）
晚唐詩鈔二十六卷　（清）查克弘　（清）凌紹
乾選　（清）楊兆璘校　清康熙四十二年
（1703）栖鳳閣刻本　八冊　十行十九字小字
雙行不等白口左右雙邊

610000－1001－0001067　善0001224
廣金石韻府五卷字略一卷　（清）林尚葵廣輯
　（清）李根較正　清康熙九年（1670）周氏賴
古堂刻本　五冊　六行字數不等白口四周
單邊

610000－1001－0001068　善0001225（原18194）
御選唐宋文醇五十八卷　（清）高宗弘曆選
清乾隆三年（1738）武英殿刻四色套印本　二
十四冊　九行二十二字白口四周雙邊

610000－1001－0001069　善0001226（原18196）
分甘餘話四卷　（清）王士禎撰　清康熙七略
書堂刻本　二冊　十行十九字小字雙行二十
八字白口左右雙邊

610000－1001－0001070　善0001227（原18206）
唐詩金粉十卷　（清）沈炳震纂輯　清雍正二
年（1724）冬讀書齋刻本　八冊　十一行大小
字不等白口左右雙邊

610000－1001－0001071　善0001228（原18222）
施註蘇詩四十二卷總目二卷　（清）宋犖
（清）张榕端閱定　（清）邵長蘅　（清）顧嗣
立　（清）宋至刪補　**續補遺二卷**　（清）馮景
補註　**王註正譌一卷　東坡年譜一卷**　（宋）
王宗稷編　清康熙三十八年（1699）刻本　十
冊　十行二十一字小字雙行三十一字黑口四
周單邊

610000－1001－0001072　善0001229（原18245）
司馬氏書儀十卷　（宋）司馬光撰　清雍正二
年（1724）刻本　一冊　十一行十九字小字雙
行二十四字細黑口左右雙邊

610000－1001－0001073　善0001230（原18275）
國朝山左詩鈔六十卷　（清）盧見曾纂　清乾
隆二十三年（1758）雅雨堂刻本　二十四冊

十行二十一字小字雙行同白口四周單邊

610000－1001－0001074　善0001231（原18277）
夢樓詩集二十四卷　（清）王文治撰　清乾隆
六十年（1795）刻本　八冊　十一行二十二字
白口四周單邊

610000－1001－0001075　善0001232（原18278）
新刻臨川王介甫先生詩集一百卷　（宋）王安
石著　（明）李光祚校　明萬曆四十年（1612）
王鳳翔等刻本　十六冊　十行二十字白口四
周單邊

610000－1001－0001076　善0001233（原18294）
寶閑堂集四卷末一卷　（清）張四科撰　清乾
隆二十四年（1759）張四科刻本　二冊　十行
十九字白口左右雙邊

610000－1001－0001077　善0001234
陳書三十六卷　（唐）姚思廉撰　明萬曆十六
年（1588）國子監刻本　四冊　九行十八字白
口四周雙邊

610000－1001－0001078　善0001235（原18316）
甕湖聯吟集七卷　（清）李光國選　清乾隆十
九年（1754）刻本　四冊　十行十九字粗黑口
左右雙邊

610000－1001－0001079　善0001236（原18352）
鹿洲全集八種　（清）藍鼎元撰　（清）曠敏本
等評　清雍正十年（1732）刻本　二十冊　九
行二十字白口左右雙邊

610000－1001－0001080　善0001237
芥子園畫傳二集九卷　（清）王槩　（清）王著
　（清）王臬輯摹　清康熙四十年（1701）刻套
印本　四冊　九行十八至二十字白口四周單邊

610000－1001－0001081　善0001238（原18360）
金石文字記六卷　（清）顧炎武撰　清康熙刻
本　二冊　十一行二十字小字雙行不等白口
四周單邊

610000－1001－0001082　善0001239（原18391）
敬業堂詩集五十卷續集六卷　（清）查慎行撰
　清康熙五十八年（1719）刻本　十二冊　十

一行二十一字小字雙行同白口左右雙邊

610000－1001－0001083　善0001240（原18424）

靜惕堂詩集四十四卷　（清）曹溶撰　清雍正三年（1725）李維鈞刻本　六冊　十一行二十一字白口左右雙邊

610000－1001－0001084　善0001242（原18431）

道古堂文集四十八卷詩集二十六卷　（清）杭世駿撰　清乾隆五十五年（1790）刻本　十二冊　十行二十一字小字雙行同白口左右雙邊

610000－1001－0001085　善0001243（原18447）

清江貝先生詩集十卷詩餘一卷文集三十卷　（明）貝瓊撰　（清）金檀編輯　清康熙五十八年（1719）燕翼堂刻本　六冊　十一行二十一字白口左右雙邊

610000－1001－0001086　善0001244（原18429）

漁洋山人精華錄箋注十二卷補一卷附錄一卷　（清）王士禛撰　（清）金榮箋注　（清）徐准纂輯　清康熙金氏鳳翩堂刻本　六冊　十一行二十字小字雙行三十字白口左右雙邊

610000－1001－0001087　善0001244（原18459）

湘山野錄三卷續錄一卷　（宋）釋文瑩著　（明）毛晉訂　明崇禎汲古閣刻本　四冊　八行十九字白口左右雙邊

610000－1001－0001088　善0001246（原18483）

清異錄二卷　（宋）陶穀撰　清康熙刻本　二冊　十一行二十一字黑口左右雙邊

610000－1001－0001089　善0001247（原18485）

葉忠節公遺稿十二卷　（清）葉映榴撰　（清）葉芳輯錄　清乾隆十年（1745）刻本　三冊　十一行二十一字小字雙行同黑口左右雙邊

610000－1001－0001090　善0001248（原18486）

平山堂小志十二卷　（清）程夢星編纂　清乾隆十六年（1751）刻本　四冊　十行二十一字小字雙行同白口四周單邊

610000－1001－0001091　善0001249（原18434）

漁洋山人精華錄訓纂補十卷首一卷年譜補一卷　（清）王士禛撰　（清）惠棟訓纂　清乾隆

二十二年（1757）刻本　四冊　十行二十一字小字雙行同白口四周雙邊

610000－1001－0001092　善0001250（原18443）

蒙齋集二十卷　（宋）袁甫撰　清乾隆武英殿木活字印武英殿聚珍版書本　三冊　九行二十一字小字雙行同白口四周雙邊

610000－1001－0001093　善0001251（原18490）

張龍湖先生文集十五卷　（明）張治撰　（清）彭思睿編輯　清雍正四年（1726）彭思睿刻本　八冊　十行二十字白口左右雙邊

610000－1001－0001094　善0001252（原18491）

焦氏類林八卷　（明）焦竑輯　（明）王元貞校　明萬曆十五年（1587）刻本　四冊　十行二十字小字雙行同白口左右雙邊

610000－1001－0001095　善0001253（原18493）

隸辨八卷　（清）顧藹吉撰　清康熙五十七年（1718）刻本　八冊　十二行大小字不等白口四周單邊

610000－1001－0001096　善0001254（原18519）

直齋書錄解題二十二卷　（宋）陳振孫撰　清乾隆武英殿木活字印武英殿聚珍版書本　十冊　九行二十一字白口四周雙邊單魚尾

610000－1001－0001097　善0001255（原18522）

北史一百卷　（唐）李延壽撰　明萬曆二十一年（1593）南京國子監刻本　十五冊　九行十八字黑口左右雙邊

610000－1001－0001098　善0001256

忠義節孝錄二卷　（清）閻珠編　清乾隆六年（1741）刻本　二冊　九至十行二十字白口左右雙邊

610000－1001－0001099　善0001256（原18530）

李義山文集十卷　（清）徐樹穀箋　（清）徐炯註　清康熙四十七年（1708）徐氏花谿草堂刻本　三冊　十行二十一字小字雙行三十一字白口左右雙邊

610000－1001－0001100　善0001259（原18496）

御纂周易折中二十二卷首一卷　（清）李光地

等撰　清康熙五十四年(1715)武英殿刻本
十冊　八行十八字小字雙行二十二字白口四
周雙邊

610000－1001－0001101　善0001260(原18568)

御纂周易折中二十二卷　(清)李光地等撰
清康熙五十四年(1715)武英殿刻本　十二冊
　　八行十八字小字雙行二十二字白口四周
雙邊

610000－1001－0001102　善0001261(原18746)

夢樓詩集十六卷　(清)王文治撰　清乾隆六
十年(1795)刻本　四冊　十一行二十二字白
口四周單邊

610000－1001－0001103　善0001262(原18774)

五知齋琴譜八卷　(清)徐祺鑒定　(清)周魯
封匯纂　清乾隆想琴社刻本　六冊　七至八
行大小字不等白口左右雙邊

610000－1001－0001104　善0001263(原18791)

張氏醫通十六卷　(清)張璐纂　清康熙四十
八年(1709)刻本　十六冊　九行二十字白口
左右雙邊

610000－1001－0001105　善0001264(原18608)

杜詩偶評四卷　(清)沈德潛纂　(清)潘承松
校閱　清乾隆十二年(1747)潘承松賦閑草堂
刻本　四冊　十行十九字小字雙行二十九字
白口左右雙邊

610000－1001－0001106　善0001265(原18610)

廣韻五卷　(宋)陳彭年等撰　清康熙四十三
年(1704)張士俊刻本　二冊　十行字數不等
小字雙行二十七字白口左右雙邊

610000－1001－0001107　善0001266(原18611)

廣韻五卷　(宋)陳彭年等撰　清康熙四十三
年(1704)張士俊刻本　五冊　十行字數不等
小字雙行二十七字白口左右雙邊

610000－1001－0001108　善0001267

完石齋集六卷　(清)徐琮撰　清康熙刻本
一冊　九行十九字下黑口左右雙邊

610000－1001－0001109　善0001268(原18833)

[湖南寧鄉]唐氏族譜十卷　(清)唐學珊修
清乾隆四十五年(1780)采芝堂刻本　三冊
九行二十字小字雙行同白口四周雙邊

610000－1001－0001110　善0001269(原18844)

樓邨詩集二十五卷　(清)王式丹撰　清雍正
四年(1726)刻本　四冊　十一行二十一字小
字雙行同白口左右雙邊

610000－1001－0001111　善0001270(原18853)

湯陰精忠廟志十卷　(明)張應登等編　(清)
楊世達續輯　清雍正十三年(1735)刻本　五
冊　十二行二十八字小字雙行同白口左右雙
邊

610000－1001－0001112　善0001271(原18862)

律呂圖說二卷　(明)王建常編次　(清)王宏
撰較訂　清乾隆三十九年(1774)朝坂集義堂
刻本　二冊　九行二十一字小字雙行同白口
左右雙邊

610000－1001－0001113　善0001272

宋東萊呂成公外錄四卷　(明)阮元聲輯　清
康熙刻本　一冊　九行二十字小字雙行同白
口四周單邊

610000－1001－0001114　善0001273(原18980)

痘子治暑不分卷　(清)沈蓉江錄　清乾隆三
十七年(1772)抄本　一冊　十行二十一字

610000－1001－0001115　善0001274(原19035)

宋四六選二十四卷　(清)彭元瑞定本　(清)
曹振鏞編　清乾隆四十二年(1777)刻本　十
二冊　九行二十五字白口左右雙邊

610000－1001－0001116　善0001275(原19057)

賦鈔箋畧十五卷　(清)雷琳　(清)張杏濱箋
　清乾隆三十二年(1767)刻本　四冊　九行
十九字小字雙行二十八至三十字不等白口左
右雙邊

610000－1001－0001117　善0001276

還魂記二卷　(明)湯顯祖撰　清初刻本　二
冊　九行十九字白口左右雙邊

610000－1001－0001118　善0001277(原19115)

湖海樓全集五十卷補遺詩一卷　（清）陳維崧
著　清乾隆六十年（1795）刻本　十六冊　十
行二十一字白口左右雙邊

610000 – 1001 – 0001119　善 0001278（原 19370）

外科大成四卷　（清）祁坤輯著　清康熙四年
（1665）善成堂刻本　八冊　十行二十字白口
四周單邊

610000 – 1001 – 0001120　善 0001280

恥堂存稿八卷　（宋）高斯得撰　清乾隆四十
四年（1779）武英殿木活字印武英殿聚珍版書
本　二冊　九行二十一字白口四周雙邊

610000 – 1001 – 0001121　善 0001281（原 20151）

傷寒辨證四卷　（清）陳堯道編集　清康熙十
八年（1679）刻本　四冊　九行二十字白口四
周單邊

610000 – 1001 – 0001122　善 0001282（原 20204）

羣經宮室圖二卷　（清）焦循撰　清乾隆五十
八年（1793）刻本　二冊　十行二十字小字雙
行二十九字白口左右雙邊

610000 – 1001 – 0001123　善 0001283（原 21075）

梅崖居士文集三十卷首一卷外集八卷　（清）
朱仕琇撰　清乾隆四十七年（1782）刻本　十
二冊　九行二十五字黑口左右雙邊

610000 – 1001 – 0001124　善 0001285（原 21844）

繹史一百六十卷世系圖一卷年表一卷　（清）
馬驌撰　清康熙刻本　二十四冊　十一行二
十四字小字雙行三十六字白口左右雙邊

610000 – 1001 – 0001125　善 0001286（原 21866）

說文解字舊音一卷經典文字辨證書五卷音同
意義辯五卷樂遊聯唱集二卷　（清）畢沅輯
清乾隆四十九年（1784）刻本　三冊　八至十
一行大小字不等黑口四周單邊

610000 – 1001 – 0001126　善 0001287（原 21913）

國朝詩別裁集三十六卷　（清）沈德潛纂評
清乾隆二十四年（1759）刻本　十二冊　十行
十九字小字雙行二十八字白口左右雙邊

610000 – 1001 – 0001127　善 0001288（原 21917）

格致鏡原一百卷　（清）陳元龍輯　清雍正十
三年（1735）刻本　二十四冊　十一行二十一
字黑口左右雙邊

610000 – 1001 – 0001128　善 0001289（原 22150）

國朝山左詩鈔六十卷　（清）盧見曾纂　清乾
隆二十三年（1758）雅雨堂刻本　十六冊　十
行二十一字小字雙行同白口四周單邊

610000 – 1001 – 0001129　善 0001290（原 22159）

讀禮通考一百二十卷　（清）徐乾學撰　清康
熙三十五年（1696）刻本　三十二冊　十三行
二十一字小字雙行三十一字白口左右雙邊

610000 – 1001 – 0001130　善 0001291

唐荊川先生文集十二卷目錄一卷附錄一卷
（明）唐順之撰　明嘉靖二十八年（1549）安如
石刻本　十二冊　十行二十字白口四周單邊

610000 – 1001 – 0001131　善 0001292（原 22595）

嘉樂齋三蘇文範十八卷首一卷　（宋）蘇洵
（宋）蘇軾　（宋）蘇轍撰　（明）楊慎輯
（明）袁宏道評釋　明天啟二年（1622）刻本
十冊　九行十八字小字雙行同白口四周單邊

610000 – 1001 – 0001132　善 0001293

申質堂夫子全稿四卷　（清）申廷變撰　（清）
王佩鐘編　清康熙四十五年（1706）鶴軒氏研
經草堂抄本　四冊　八行二十三字白口四周
單邊

610000 – 1001 – 0001133　善 0001294

邊華泉集八卷稿六卷　（明）邊貢撰　清康熙
四十四年（1705）刻本　五冊　十行二十二字
白口四周單邊　缺三卷（稿四至六）

610000 – 1001 – 0001134　善 0001295（原 222961）

史忠正公集四卷首一卷末一卷　（明）史可法
撰　（清）史山清輯　清乾隆五十三年（1788）
刻本　二冊　十行二十一字白口左右雙邊

610000 – 1001 – 0001135　善 0001296

弱水集二十二卷　（清）屈復撰　清乾隆二十
九年（1764）刻本　八冊　十行二十一字小字
雙行同白口左右雙邊

610000－1001－0001136　善0001297(原22627)

柳文四十三卷別集二卷外集二卷附錄一卷
(唐)柳宗元撰　(明)莫如士重校　明嘉靖刻本　三十二冊　十一行二十二字白口左右雙邊

610000－1001－0001137　善0001298

馬文莊公文集選十五卷　(明)馬自強著　明萬曆刻本　五冊　十行二十字白口左右雙邊

610000－1001－0001138　善0001299(原22631)

洪武正韻十六卷　(明)樂韶鳳　(明)宋濂等撰　明萬曆十一年(1583)刻本　五冊　八行字數不等小字雙行二十四字黑口四周雙邊

610000－1001－0001139　善0001300

洪武正韻十六卷　(明)樂韶鳳　(明)宋濂等撰　明嘉靖二十七年(1548)刻藍印本　十冊　八行十二字小字雙行二十四字藍口四周雙邊

610000－1001－0001140　善0001301

牧齋有學集五十卷　(清)錢謙益撰　清康熙三年(1664)刻本　二十四冊　十行二十字白口左右雙邊

610000－1001－0001141　善0001302(原22635)

唐詩類選六卷　(明)張居仁輯　明萬曆二十四年(1596)刻本　六冊　九行十七字白口上下雙邊

610000－1001－0001142　善0001303(原22647)

南溪筆錄群賢詩話前集一卷後集一卷　(明)程啟充輯　明正德五年(1510)刻本　二冊　九行十六字白口四周單邊

610000－1001－0001143　善0001304(原22655)

呂氏春秋二十六卷　(漢)高誘訓解　(明)宋邦義等校　明宋邦義等刻本　四冊　十行二十字小字雙行同白口左右雙邊

610000－1001－0001144　善0001305(原22691)

後漢書九十卷　(南朝宋)范曄撰　(唐)李賢注　(明)汪文盛校　**志三十卷**　(晉)司馬彪撰　(南朝梁)劉昭注　(明)汪文盛校　明嘉靖汪文盛等刻本　二十四冊　十二行二十二

字小字雙行二十八字白口左右雙邊

610000－1001－0001145　善0001306

惠烈錄六卷　(明)青宗益　(明)青宗堯編　(清)胡永順等校　清乾隆大寧青氏刻本　三冊　八行十八字白口四周單邊　存五卷(二至六)

610000－1001－0001146　善0001306(原22626)

柳文四十三卷別集二卷外集二卷附錄一卷
(唐)柳宗元撰　明嘉靖刻本　六冊　十一行二十二字白口左右雙邊

610000－1001－0001147　善0001307(原23107)

歐陽文忠公新唐書抄二卷五代史抄二十卷
(明)茅坤批評　明萬曆七年(1579)刻本　十冊　九行十九字小字雙行同白口左右雙邊

610000－1001－0001148　善0001309

歷朝詩人小傳四十八卷　(清)錢謙益輯　清康熙抄本　四冊　十二行二十七字

610000－1001－0001149　善0001310(原13653)

癸辛雜識續集二卷　(宋)周密輯　清刻本　二冊　九行二十字小字雙行同白口四周單邊

610000－1001－0001150　善0001311(原0002628)

荀子二十卷　(唐)楊倞註　明嘉靖刻本　二十冊　八行十七字小字雙行同白口左右雙邊

610000－1001－0001151　善0001312

班馬字類五卷　(宋)婁機撰　明刻本　二冊　六行大小字不等黑口四周單邊

610000－1001－0001152　善0001313(原15860)

西崑酬唱集二卷　(宋)楊億撰　(清)周楨注　清康熙刻本　一冊　九行二十字小字雙行三十字黑口左右雙邊

610000－1001－0001153　善0001314(原13718)

于少保萃忠全傳十卷　(明)孫高亮纂述　明萬曆刻本　十冊　九行二十四字白口四周單邊

610000－1001－0001154　善0001315(原140721)

漢魏叢書三十八種　(明)程榮輯　明萬曆新安程氏刻本　八十冊　九行二十字小字雙行

同白口左右雙邊

610000－1001－0001155　善0001316
初學記三十卷　（唐）徐堅撰　明嘉靖十三年(1534)晉府虛益堂刻本　十二冊　九行十八字小字雙行二十四字粗黑口左右雙邊

610000－1001－0001156　善0001317(原23479)
呂氏春秋二十六卷　（漢）高誘訓解　（明）宋邦義等校　明宋邦義等刻本　十四冊　十行二十字小字雙行同白口左右雙邊

610000－1001－0001157　善0001318
大學衍義四十三卷　（宋）眞德秀撰　清刻本　四冊　十一行十九至二十一字小字雙行同黑口四周雙邊　存十卷(一至三、二十一至二十七)

610000－1001－0001158　善0001319(原23481)
大明一統志九十卷　（明）李賢撰　（明）萬安纂修　明天順五年(1461)內府刻本　四十冊　十行二十二字小字雙行同黑口四周雙邊

610000－1001－0001159　善0001321(原23485)
山志初集六卷二集四卷　（清）王弘撰撰　清乾隆五十三年(1788)刻本　五冊　十行十九字細黑口左右雙邊

610000－1001－0001160　善0001322
南史八十卷　（唐）李延壽撰　元大德十年(1306)刻明嘉靖遞修本　二十冊　十行二十至二十二字小字雙行同白口四周雙邊　存七十六卷(一至二十二、二十七至八十)

610000－1001－0001161　善0001324
敬恕堂詩一卷　（清）查景瑝撰　清乾隆刻本　一冊　九行十九字白口四周雙邊

610000－1001－0001162　善0001325
歸田詩話三卷　（明）瞿佑撰　明弘治十四年(1501)刻本　一冊　十一行二十二字粗黑口四周雙邊

610000－1001－0001163　善0001331
晉書一百三十卷　（唐）房玄齡等撰　明刻明清遞修本　四冊　十行二十字白口左右雙邊

存十六卷(四十四至四十七、六十二至六十五、一百十一至一百十四、一百十五至一百十八)

610000－1001－0001164　善0001332
五倫書六十二卷　（明）宣宗朱瞻基撰　明正統十二年(1447)內府刻本　二冊　九行十八字黑口四周雙邊　存二卷(三十九、四十一)

610000－1001－0001165　善0001333
乾象圖古抄本三卷　（□）□□撰　清抄本　二冊　行數不等十九字小字雙行同

610000－1001－0001166　善0001336
胎產續編一卷　（清）張世偉輯　清刻本　一冊　九行二十四字小字雙行同白口四周雙邊

610000－1001－0001167　善0001423
重刻朱文端公三傳五十一卷　（清）朱軾等輯　清雍正七年(1729)刻本　四十八冊　九行二十二字白口左右雙邊

610000－1001－0001168　善0001426
大清一統志表不分卷　（清）徐午輯　朝代紀元表不分卷　（清）萬廷蘭編　清刻本　十二冊　黑口四周單邊

610000－1001－0001169　善0001434(原0012000)
臨證指南醫案十卷　（清）葉桂撰　清乾隆三十一年(1766)刻本　十冊　十行二十二字小字雙行同白口左右雙邊

610000－1001－0001170　善0001435(原0012014)
辟疆園杜詩註解五言律十二卷七言律五卷年譜一卷　（唐）杜甫撰　（清）顧宸注　清康熙二年(1663)刻本　四冊　九行二十一字小字雙行同白口左右雙邊

610000－1001－0001171　善0001438(原0012031)
庚子銷夏記八卷　（清）孫承澤撰　清乾隆二十六年(1761)刻本　四冊　十行二十字黑口左右雙邊

610000－1001－0001172　善0001440(原0012059)
曝書亭集八十卷附錄一卷　（清）朱彝尊撰　笛漁小稿十卷　（清）朱昆田撰　清康熙四十

七年(1708)刻本　二十冊　十二行二十三字白口左右雙邊

610000－1001－0001173　善0001443(原0012083)

檀几叢書一百五十七種　(清)王晫　(清)張潮輯　清康熙三十四年(1695)新安張氏霞舉堂刻本　十二冊　九行二十字白口四周單邊

610000－1001－0001174　善0001444(原0012087)

兩漢金石記二十二卷　(清)翁方綱撰　清乾隆五十四年(1789)大興翁方綱南昌使院刻本　八冊　十行二十字小字雙行同白口左右雙邊

610000－1001－0001175　善0001445(原0012098)

廣輿記二十四卷　(明)陸應陽原纂　(清)蔡方炳增輯　清康熙五十六年(1717)聚錦堂刻本　十二冊　十行十九字小字雙行同白口左右雙邊

610000－1001－0001176　善0001446(原0012051)

五代史記七十四卷　(宋)歐陽修撰　(宋)徐無黨注　明崇禎毛氏汲古閣刻本　十冊　十二行二十五字小字雙行三十七字白口左右雙邊

610000－1001－0001177　善0001447(原0012052)

宋書一百卷　(南朝梁)沈約撰　明崇禎七年(1634)毛氏汲古閣刻本　三十六冊　十二行二十五字白口左右雙邊

610000－1001－0001178　善0001448(原0012053)

廬陵宋丞相信國公文忠烈先生全集十六卷　(宋)文天祥撰　清雍正三年(1725)刻本　十二冊　十行二十字小字雙行同白口四周雙邊

610000－1001－0001179　善0001450(原0012120)

荀子二十卷　(唐)楊倞注　**校勘補遺一卷**　(清)謝墉撰　清乾隆五十一年(1786)嘉善謝氏刻本　三冊　十行二十字小字雙行同白口左右雙邊

610000－1001－0001180　善0001451(原0012131)

聲調譜一卷談龍錄一卷　(清)趙執信撰　清乾隆三十八年(1773)大盛堂刻本　一冊　九行十九字小字雙行同白口四周雙邊

610000－1001－0001181　善0001452(原0012134)

種福堂公選良方兼刻古吳名醫精論四卷　(清)葉桂撰　(清)華南田等輯校　清乾隆四十年(1775)刻本　二冊　十行二十二字小字雙行同白口左右雙邊

610000－1001－0001182　善0001453(原0012150)

本草綱目五十二卷附圖三卷　(明)李時珍撰　清雍正十三年(1735)刻本　二十冊　九行二十字小字雙行同白口四周單邊

610000－1001－0001183　善0001454(原0012151)

慈溪黃氏日抄分類九十七卷　(宋)黃震編輯　清乾隆三十二年(1767)新安汪佩鍔刻本　二十五冊　十四行二十六字小字雙行同黑口四周雙邊　存八十二卷(一至十、十四至八十五)

610000－1001－0001184　善0001456(原0012154)

宋史四百九十六卷目錄三卷　(元)脫脫等修　清乾隆四年(1739)刻本　九十八冊　十至十二行二十一至二十五字小字雙行二十一至三十七字白口左右雙邊　存三百八十九卷(一至一百〇四、一百十二至三百〇八、三百十三至四百)

610000－1001－0001185　善0001457(原0012155)

魏書一百十四卷　(北齊)魏收撰　明崇禎九年(1636)毛氏汲古閣刻本　十九冊　十二行二十五字白口左右雙邊　存一百十一卷(一至一百十一)

610000－1001－0001186　善0001458

天下一統志九十卷　(明)李賢等修　(明)萬安等纂　清初寶旭齋刻本　四十冊　十行二十二字小字雙行同白口四周單邊

610000－1001－0001187　善0001458(原0012161)

五知齋琴譜八卷　(清)徐祺撰　(清)周魯封匯纂　清雍正二年(1724)燕山周魯封刻本　六冊　八行十八字小字雙行同白口左右雙邊

610000－1001－0001188　善0001459(原0013263)

御製增訂清文鑑三十二卷總綱八卷補編總綱一卷補編四卷　(清)傅恆等撰　清乾隆三十

六年(1771)刻本 四十八冊 白口四周雙邊

610000－1001－0001189 善0001460

廣輿記二十四卷 （明）陸應陽原纂 （清）蔡
方炳增輯 清乾隆九年(1744)四美堂刻本
十六冊 十行十九字小字雙行同白口左右
雙邊

610000－1001－0001190 善0001460(原0013277)

金華詩錄六十卷外集六卷別集四卷書後一卷
（清）朱琰等纂 清乾隆三十八年(1773)刻
五十一年(1786)重修本 十八冊 十行二十
一字小字雙行三十一字白口左右雙邊

610000－1001－0001191 善0001463(原0013311)

松花庵遊草一卷雜稿一卷 （清）吳鎮撰 清
乾隆刻本 二冊 九行十七字小字雙行同白
口四周雙邊

610000－1001－0001192 善0001465

欽定勝朝殉節諸臣錄十二卷首一卷 （清）國
史館編 清乾隆四十一年(1776)刻本 六冊
十行二十一字白口左右雙邊

610000－1001－0001193 善0001465(原0013332)

燕遊日記五卷 （清）雷國楫撰 清乾隆三十
六年(1771)刻本 二冊 十行十九字白口左
右雙邊

610000－1001－0001194 善0001466(原0013340)

易聞十二卷首一卷 （清）歸起先撰 清乾隆
六十年(1795)海虞歸朝煦刻本 四冊 九行
二十三字小字雙行同粗黑口左右雙邊

610000－1001－0001195 善0001467(原0013341)

石齋先生經傳九種 （明）黃道周撰 清康熙
三十二年(1693)晉安鄭肇刻本 十四冊 十
行二十一字小字雙行同白口四周單邊 存
二種

610000－1001－0001196 善0001469(原0013355)

尚書釋天六卷 （清）盛百二撰 清乾隆刻本
三冊 十一行二十二字小字雙行同白口左
右雙邊

610000－1001－0001197 善0001471(原0013370)

讀詩質疑三十一卷首十五卷 （清）嚴虞惇撰
清乾隆刻本 八冊 十一行二十二字小字
雙行同白口左右雙邊

610000－1001－0001198 善0001472(原0013379)

周官祿田考三卷 （清）沈彤撰 清乾隆十六
年(1751)吳江沈彤刻本 一冊 十一行二十
一字小字雙行同白口左右雙邊

610000－1001－0001199 善0001474(原0013394)

檀弓二卷 （清）孫濩孫評訂 清康熙六十年
(1721)林居仁刻本 二冊 八行十八字小字
雙行同白口左右雙邊

610000－1001－0001200 善0001475(原0013396)

大戴禮記十三卷 （漢）戴德撰 （北周）盧辯
注 清康熙五十七年(1718)高安朱軾自修齋
刻本 一冊 九行二十字小字雙行同白口左
右雙邊

610000－1001－0001201 善0001476(原0013404)

春秋指掌三十卷附錄二卷前二卷 （清）儲欣
等撰 清康熙二十七年(1688)天藜閣刻本
四冊 十行二十三字小字雙行同黑口左右
雙邊

610000－1001－0001202 善0001477

元和郡縣志四十卷 （唐）李吉甫撰 清乾隆
三十九年(1774)武英殿木活字印武英殿聚珍
版書本 十二冊 九行二十一字小字雙行同
白口四周雙邊

610000－1001－0001203 善0001477(原0013411)

公羊傳一卷穀梁傳一卷 （清）王源評訂 清
康熙五十五年(1716)漣水程茂刻本 二冊
八行十八字小字雙行二十三字白口左右雙邊

610000－1001－0001204 善0001478(原0013416)

春秋左傳杜林匯參三十卷首一卷 （清）周正
思合纂 清乾隆十四年(1749)刻本 十二冊
十一行十九字小字雙行不等白口左右雙邊

610000－1001－0001205 善0001480(原0013424)

論語古訓十卷附一卷 （清）陳鱣撰 清乾隆
六十年(1795)海寧陳氏簡莊刻嘉慶元年
(1796)重修本 二冊 十行二十一字小字雙

行同黑口左右雙邊

610000－1001－0001206　善0001481（原0013427）
駁呂留良四書講義八卷　（清）朱軾編　清雍正九年（1731）刻本　八冊　九行二十一字小字雙行同白口四周雙邊

610000－1001－0001207　善0001482（原0013435）
爾雅正義二十卷　（清）邵晉涵撰　**釋文三卷**（唐）陸德明撰　清乾隆五十三年（1788）餘姚邵氏家塾刻本　八冊　九行二十一字小字雙行同白口四周雙邊

610000－1001－0001208　善0001483（原0013436）
爾雅正義二十卷　（清）邵晉涵撰　**釋文三卷**（唐）陸德明撰　清乾隆五十三年（1788）餘姚邵氏家塾刻本　六冊　九行二十一字小字雙行同白口四周雙邊

610000－1001－0001209　善0001484（原0013474）
別雅五卷　（清）吳玉搢撰　清乾隆七年（1742）新安程氏督經堂刻本　八冊　十行二十字小字雙行同黑口左右雙邊

610000－1001－0001210　善0001485
山東運河備覽十二卷圖說一卷　（清）陸耀纂　清乾隆四十一年（1776）刻本　六冊　十一行二十五字白口左右雙邊

610000－1001－0001211　善0001485（原0013476）
康熙甲子史館新刊古今通韻十二卷首一卷（清）毛奇齡撰　清康熙二十四年（1685）刻本　十二冊　十行二十字小字雙行同白口四周單邊

610000－1001－0001212　善0001486（原0013483）
九經補注　（清）姜兆錫撰　清雍正、乾隆寅清樓刻本　三十四冊　十行二十五字小字雙行同白口四周單邊

610000－1001－0001213　善0001487（原0013487）
萬充宗先生經學五書　（清）萬斯大撰　清刻本　六冊　十一行二十一字小字雙行同黑口左右雙邊

610000－1001－0001214　善0001490（原0013495）

古今釋疑十八卷　（清）方中履撰　清康熙刻本　十二冊　八行二十字小字雙行同細黑口左右雙邊

610000－1001－0001215　善0001491（原0013497）
松源經說四卷　（清）孫之騄撰　清乾隆三十一年（1766）刻本　四冊　十行二十字小字雙行同黑口左右雙邊

610000－1001－0001216　善0001493（原0013510）
繹史一百六十卷世系圖一卷年表一卷　（清）馬驌撰　清康熙刻本　四十八冊　十一行二十四字小字雙行三十六字白口左右雙邊

610000－1001－0001217　善0001494（原0013517）
十國春秋一百十六卷　（清）吳任臣撰　**拾遺備考補一卷**　（清）周昂輯　清乾隆五十八年（1793）刻嘉慶四年（1799）昭文周氏補刻本　十六冊　十行二十一字小字雙行同白口左右雙邊

610000－1001－0001218　善0001495
水經注四十卷　（北魏）酈道元注　（清）戴震校　清乾隆刻本　十四冊　十行二十一字白口左右雙邊

610000－1001－0001219　善0001495（原0013520）
金山志十卷首一卷　（清）盧見曾撰　清乾隆二十七年（1762）刻本　四冊　十行二十一字小字雙行同白口左右雙邊

610000－1001－0001220　善0001497（原0013524）
經訓堂叢書二十一種　（清）畢沅輯　清乾隆鎮洋畢氏刻本　二冊　十一行二十二字小字雙行同黑口四周單邊　存三種

610000－1001－0001221　善0001498（原0013531）
水道提綱二十八卷　（清）齊召南編錄　清乾隆四十一年（1776）刻本　四冊　九行二十二字小字雙行同白口左右雙邊

610000－1001－0001222　善0001499（原0013533）
東觀漢記二十四卷　（漢）劉珍等撰　清乾隆六十年（1795）刻本　二冊　十二行二十五字小字雙行三十七字白口左右雙邊

610000 – 1001 – 0001223　善0001500(原0013534)

籌海圖編十三卷　（明）胡宗憲撰　明天啟四年(1624)新安胡維極刻本　八冊　十二行二十二字小字雙行同白口四周單邊

610000 – 1001 – 0001224　善0001501(原0013536)

史記評林一百三十卷　（明）凌稚隆輯校　明萬曆二年至四年(1574－1576)吳興凌稚隆刻本　三十二冊　十行十九字小字雙行同白口左右雙邊

610000 – 1001 – 0001225　善0001502

日下舊聞四十二卷　（清）朱彝尊撰　清康熙二十七年(1688)刻本　十四冊　十二行二十一字白口四周單邊

610000 – 1001 – 0001226　善0001503(原0013562)

觚賸八卷　（清）鈕琇輯　清康熙三十九年(1700)臨野堂刻本　四冊　十行十九字白口左右雙邊　存六卷(一至六)

610000 – 1001 – 0001227　善0001504(原0013581)

金石三例　（清）盧見曾輯　清乾隆二十年(1755)盧氏雅雨堂刻本　四冊　十行二十二字小字雙行三十二字白口左右雙邊

610000 – 1001 – 0001228　善0001506(原0013590)

直齋書錄解題二十二卷　（宋）陳振孫撰　清刻本　十冊　九行二十一字白口四周雙邊單魚尾

610000 – 1001 – 0001229　善0001508(原0013619)

墨子十六卷篇目考一卷　（清）畢沅校注　清乾隆四十九年(1784)江蘇鎮洋畢氏靈巖山館刻本　四冊　十一行二十二字小字雙行同黑口四周單邊

610000 – 1001 – 0001230　善0001509(原0013620)

淮南子二十一卷　（清）莊逵吉校刊　清乾隆五十三年(1788)莊逵吉刻本　六冊　十一行二十一字小字雙行同黑口四周單邊

610000 – 1001 – 0001231　善0001510(原0013625)

山海經十八卷篇目考一卷　（晉）郭璞傳（清）畢沅校正　清乾隆四十八年(1783)鎮洋畢沅靈巖山館刻本　三冊　十一行二十二字小字雙行同黑口四周單邊

610000 – 1001 – 0001232　善0001511(原0013634)

金鰲退食筆記二卷　（清）高士奇撰　清康熙刻本　二冊　十行二十字小字雙行同白口四周單邊

610000 – 1001 – 0001233　善0001512(原0013635)

淵鑒齋御纂朱子全書六十六卷　（清）熊賜履（清）李光地等編脩　清乾隆五十三年(1788)武英殿刻本　二十五冊　九行二十字小字雙行同白口四周單邊

610000 – 1001 – 0001234　善0001513(原0013638)

呂氏春秋二十六卷　（清）畢沅輯校　附攷一卷　（清）畢沅輯　清乾隆五十三年(1788)畢氏靈巖山館刻本　六冊　十一行二十二字小字雙行同黑口四周單邊

610000 – 1001 – 0001235　善0001514(原0013641)

讀書一得八卷　（明）黃訓撰　清康熙刻本　八冊　九行二十字白口四周單邊

610000 – 1001 – 0001236　善0001515(原0013647)

省軒考古類編十二卷　（清）柴紹炳纂　（清）姚培謙評　清乾隆二十三年(1758)刻本　四冊　十行二十一字小字雙行同黑口左右雙邊

610000 – 1001 – 0001237　善0001516(原0013648)

儒林公議二卷　（宋）田況撰　清初刻本　二冊　九行二十字白口四周單邊

610000 – 1001 – 0001238　善0001517(原0013651)

獨異志三卷　（唐）李冗撰　清初刻本　三冊　九行二十字白口四周單邊

610000 – 1001 – 0001239　善0001518(原0013652)

拾遺記十卷　（晉）王嘉撰　清初刻本　一冊　九行二十字白口四周單邊　存三卷(一至三)

610000 – 1001 – 0001240　善0001519(原0013665)

義門讀書記五十八卷行狀一卷　（清）何焯撰（清）蔣維鈞編　清乾隆三十四年(1769)石香齋刻本　二十冊　十四行二十二字小字雙行同黑口左右雙邊

610000－1001－0001241　善0001520(原0013658)

容齋隨筆十六卷續筆十六卷三筆十六卷四筆十六卷五筆十卷　(宋)洪邁撰　明崇禎三年(1630)嘉定馬元調刻本　十四冊　九行十八字細黑口左右雙邊

610000－1001－0001242　善0001521(原0013664)

義門讀書記五十八卷行狀一卷　(清)何焯撰　(清)蔣維鈞編　清乾隆三十四年(1769)長洲蔣氏刻本　十六冊　十四行二十二字小字雙行不等黑口左右雙邊

610000－1001－0001243　善0001522(原0013668)

御覽曲洧舊聞十卷　(宋)朱弁撰　清乾隆三十九年(1774)刻本　二冊　十行二十一字小字雙行同細黑口左右雙邊

610000－1001－0001244　善0001523(原0013673)

韓筆酌蠡三十卷　(清)盧軒撰　清雍正八年(1730)歙州程鉴刻本　六冊　九行二十四字小字雙行同白口四周單邊

610000－1001－0001245　善0001524(原0013670)

二程全書五十一卷拾遺一卷　(宋)程顥(宋)程頤撰　清康熙二十五年(1686)河南永寧程湛、程福亮刻本　二十冊　十行二十一字小字雙行同白口四周雙邊

610000－1001－0001246　善0001525(原0013671)

香祖筆記十二卷　(清)王士禎撰　清康熙刻本　四冊　十行十九字白口左右雙邊

610000－1001－0001247　善0001526(原0013677)

畜德錄二十卷　(清)席啟圖撰　清康熙二十五年(1686)繩武堂刻本　十一冊　八行十八字小字雙行同白口左右雙邊　存十八卷(一至十二、十五至二十)

610000－1001－0001248　善0001527(原0013687)

司馬溫公稽古錄二十卷　(宋)司馬光撰　清乾隆五十二年(1787)靈石梁元燾刻本　四冊　九行十八字小字雙行同白口四周雙邊

610000－1001－0001249　善0001528(原0013696)

黔書二卷　(清)田雯撰　清康熙二十九年(1690)刻本　二冊　十一行二十四字小字雙行同黑口左右雙邊

610000－1001－0001250　善0001529(原0013698)

居濟一得八卷　(清)張伯行撰　清康熙四十七年(1708)刻本　四冊　九行二十字小字雙行同白口四周雙邊

610000－1001－0001251　善0001530(原0013703)

河洛精蘊九卷　(清)江永撰　清乾隆三十九年(1774)刻五十年(1785)旌德黃君云重修本　四冊　九行二十五字小字雙行同白口左右雙邊

610000－1001－0001252　善0001531(原0013706)

子史精華一百六十卷　(清)允祿　(清)吳襄等纂　清雍正五年(1727)武英殿刻本　四十八冊　八行二十四字小字雙行同白口四周雙邊

610000－1001－0001253　善0001551

北行日札一卷　(清)王弘撰著　清康熙刻本　一冊　九行二十字小字雙行同白口左右雙邊

610000－1001－0001254　善0001600

洪武正韻十六卷　(明)樂韶鳳等撰　明嘉靖二十二年(1543)刻藍印本　五冊　八行二十四字上下黑口四周雙邊

610000－1001－0001255　善0001649

海國聞見錄二卷　(清)陳倫炯撰　清雍正八年(1730)刻本　一冊　八行二十一字白口左右雙邊

610000－1001－0001256　善0001650

海國聞見錄二卷　(清)陳倫炯撰　清雍正八年(1730)刻本　一冊　八行二十一字白口左右雙邊

610000－1001－0001257　善0001652

于清端公政書八卷首編一卷外集一卷　(清)于成龍撰　(清)蔡方炳等編次　清乾隆二十六年(1761)刻本　十冊　八行二十字白口四周單邊

610000－1001－0001258　善0001743

陸宣公集二十二卷 （唐）陸贄撰 清雍正元年(1723)年羹堯刻本 六冊 十行二十字白口四周單邊

610000－1001－0001259 善0001745
唐陸宣公翰苑集二十四卷 （唐）陸贄撰 （清）張佩芳注 清乾隆三十三年(1768)希音堂刻本 八冊 九行二十一字小字雙行同白口左右雙邊

610000－1001－0001260 善0001749
省軒考古類編十二卷 （清）柴紹炳纂 （清）姚廷謙評 清乾隆二十三年(1758)刻本 四冊 十行二十一字粗黑口左右雙邊

610000－1001－0001261 善0001750
欽定物料價值則例十二卷首一卷 （清）陳宏謀編 清乾隆三十三年(1768)刻本 十二冊 九行二十字小字雙行同白口四周雙邊

610000－1001－0001262 善0001813
楚辭新註八卷 （戰國）屈原著 （清）屈復評註 清乾隆三年(1738)陝西居易堂刻本 一冊 九行二十字小字雙行同白口四周雙邊 存三卷(一至三)

610000－1001－0001263 善0001865
武備志畧五卷 （清）傅禹輯 （清）梅清校 清康熙十五年(1676)刻本 十二冊 九行二十字白口四周雙邊

610000－1001－0001264 善0001890
欽定康濟錄四卷 （清）陸曾禹撰 （清）倪國璉釐定 （清）高宗弘曆刪定 清乾隆五年(1740)武英殿刻本 四冊 九行二十二字白口四周單邊

610000－1001－0001265 善0001902
幸魯盛典四十卷 （清）孔毓圻等纂 清康熙刻本 十二冊 十行二十一字白口四周雙邊

610000－1001－0001266 善0002047
在官法戒錄四卷 （清）陳宏謀輯 清乾隆八年(1743)刻本 五冊 十一行二十字小字雙行同白口四周雙邊

610000－1001－0001267 善0002107
直齋書錄解題二十二卷 （宋）陳振孫撰 清木活字印本 十二冊 九行二十一字白口四周雙邊單魚尾

610000－1001－0001268 善0002178
關中金石記八卷 （清）畢沅撰 清乾隆四十六年(1781)刻本 二冊 十二行二十四字粗黑口四周單邊

610000－1001－0001269 善0002282
兩漢金石記二十二卷 （清）翁方綱撰 清乾隆五十四年(1789)大興翁方網南昌使院刻本 十二冊 十行二十字小字雙行同白口左右雙邊

610000－1001－0001270 善0002283
兩漢金石記二十二卷 （清）翁方綱撰 清乾隆五十四年(1789)大興翁方網南昌使院刻本 六冊 十行二十字小字雙行同白口左右雙邊

610000－1001－0001271 善0002319
秋士史疑四卷君子堂詩一卷秋士新詩一卷 （明）宋存標撰 明末刻本 七冊 八至九行不等十八至二十字不等小字雙行同白口左右雙邊間四周單邊

610000－1001－0001272 善0002320
經史辨體不分卷 （清）徐與喬輯評 清康熙刻本 二十四冊 九行二十六字小字雙行同白口四周單邊

610000－1001－0001273 善0002366
史緯三百三十卷首一卷 （清）陳允錫刪修 清康熙刻本 八十九冊 十行二十三字小字雙行同白口四周單邊 存二百十卷(七十三至一百二十三、一百四十八至一百八十二、二百○一至二百六十六、二百六十九至二百八十三、二百八十六至三百二十三、三百二十六至三百三十)

610000－1001－0001274 善0002460
新唐書二百二十五卷 （宋）歐陽修撰 明刻清康熙三十九年(1700)補刻本(卷六十一至

六十三配抄本）　十册　十行二十二字小字
雙行同白口四周單邊間四周雙邊　存十五卷
（六十一至七十五）

610000－1001－0001275　善0002473
御纂性理精義十二卷　（清）李光地等編　清
刻本　十二册　八行十八字小字雙行二十二
字白口四周雙邊

610000－1001－0001276　善0002493
學道六書六卷　（清）張沐撰　清康熙六年
（1667）刻本　二册　九行十九字白口四周
單邊

610000－1001－0001277　善0002514
道一錄五卷　（清）張沐輯　清康熙五年
（1666）刻本　二册　九行二十字小字雙行同
白口四周單邊

610000－1001－0001278　善0002519
張子全書九種　（宋）張載撰　清乾隆四十九
年（1784）刻本　八册　九行二十字白口左右
雙邊

610000－1001－0001279　善0002538
御纂朱子全書六十六卷　（宋）朱熹撰　（清）
李光地等校　清康熙五十三年（1714）武英殿
刻本　二十八册　九行二十字黑口四周單邊

610000－1001－0001280　善0002558
理學宗傳二十六卷　（清）孫奇逢輯　（清）魏
一鰲　（清）孫立雅編　清康熙五年（1666）刻
本　十二册　九行二十字小字雙行同白口四
周單邊

610000－1001－0001281　善0002610
西山先生真文忠公文集五十五卷　（宋）真德
秀撰　（明）楊鷃重修　（明）丁辛重校　清雍
正元年（1723）刻本　十册　十行二十字小字
雙行同白口四周雙邊

610000－1001－0001282　善0002614
理學備考三十四卷　（清）范鄗鼎刪定　清康
熙十八年（1679）刻二十八年（1689）續刻本
十二册　九行二十五字白口四周雙邊

610000－1001－0001283　善0002625
荀子二十卷校勘補遺一卷　（唐）楊倞注　清
乾隆五十一年（1786）嘉善謝氏刻本　三册
十行二十字小字雙行同白口左右雙邊　存十
卷（四至七、十六至二十，補遺一）

610000－1001－0001284　善0002636
知本提綱十卷　（清）楊屾撰　（清）鄭世鐸注
解　清乾隆十二年（1747）崇本齋刻本　十册
八行十七字小字雙行同白口四周雙邊

610000－1001－0001285　善0002644
呂子節錄四卷補遺二卷　（明）呂坤著　（清）
陳宏謀評輯　清乾隆五十九年（1794）刻本
四册　十行二十一字白口左右雙邊

610000－1001－0001286　善0002672
老子道德經二卷　（春秋）李耳撰　（三國魏）
王弼注　清乾隆武英殿木活字印本　二册
九行二十一字白口四周雙邊

610000－1001－0001287　善0002678
南華發覆八卷　（戰國）莊周撰　（明）釋性通
注　（清）方應祥等校　清乾隆十四年（1749）
雲林懷德堂刻本　六册　九行二十字小字雙
行同白口四周單邊

610000－1001－0001288　善0002679
南華發覆八卷　（戰國）莊周撰　（明）釋性通
注　（清）方應祥等校　清乾隆十四年（1749）
雲林懷德堂刻本　六册　九行二十字小字雙
行同白口四周單邊

610000－1001－0001289　善0002680
莊子獨見三十三卷　（清）胡文英集釋　清乾
隆十七年（1752）三多齋刻本　六册　十行十
八字小字雙行同白口左右雙邊

610000－1001－0001290　善0002691
莊子因六卷　（戰國）莊周撰　（清）林雲銘評
述　清康熙二十七年（1688）刻本　六册　九
行二十二字小字雙行同白口四周雙邊

610000－1001－0001291　善0002768
欽定授時通考七十八卷　（清）鄂爾泰等纂修
清乾隆七年（1742）刻本　二十四册　十一

行二十一字小字雙行同白口四周雙邊

610000－1001－0001292　善0002927
蘇沈内翰良方十卷　（宋）蘇軾　（宋）沈括撰
（清）程永培校　清乾隆於然室刻本　四冊
八行十九字小字雙行同白口左右雙邊

610000－1001－0001293　善0002959
鍼灸大成十卷新刊銅人鍼灸經八卷　（明）楊
繼洲撰　（清）章廷珪重修　清乾隆刻本　十
二冊　十行二十二字白口四周雙邊

610000－1001－0001294　善0002960
**本草綱目五十二卷圖三卷附瀕湖脉學一卷奇
經八脈一卷**　（明）李時珍撰　**附萬方鍼線八
卷**　（清）蔡烈先輯　清乾隆四十九年（1784）
書業堂刻本　五十二冊　九行二十字小字雙
行同白口四周單邊

610000－1001－0001295　善0002966
醫經原旨六卷　（清）薛雪集注　清乾隆十九
年（1754）寧郡簡香齋刻本　六冊　十行二十
一字小字雙行同白口左右雙邊

610000－1001－0001296　善0002994
鍼灸大成十卷　（明）楊繼洲撰　（清）李月桂
重訂　清康熙十九年（1680）李月桂刻本　十
冊　十行二十二字白口四周雙邊

610000－1001－0001297　善0002996
瘡瘍經驗全書六卷　（宋）竇漢卿輯著　清康
熙刻本　六冊　十一行二十六字白口左右
雙邊

610000－1001－0001298　善0003008
鼎鍥幼幼集成六卷　（清）陳復正輯訂　（清）
劉勤校正　清乾隆十六年（1751）刻本　六冊
九行二十字白口左右雙邊

610000－1001－0001299　善0003010
痘學真傳八卷　（清）葉大椿著　清雍正刻本
四冊　九行二十字白口四周雙邊

610000－1001－0001300　善0003015
新刊良朋彙集六卷　（清）孫偉輯　清乾隆善成
堂刻本　六冊　十二行二十四字白口四周雙邊

610000－1001－0001301　善0003065
嘗試語不分卷　（清）王植撰　清乾隆二十七
年（1762）刻本　一冊　十行二十五字白口四
周單邊

610000－1001－0001302　善0003065
皇極經世全書八卷首一卷　（清）王植輯　清
乾隆二十一年（1756）刻本　八冊　九行二十
字白口四周單邊

610000－1001－0001303　善0003065
正蒙十七卷　（清）王植撰　清雍正元年
（1723）刻本　五冊　十行二十五字四周單邊

610000－1001－0001304　善0003065
朱子註釋廉關三書三卷　（清）王植輯　清雍
正元年（1723）刻本　三冊　十行二十五字四
周單邊

610000－1001－0001305　善0003079
卜法詳考四卷　（清）胡煦撰　清乾隆刻本
四冊　十行二十四字小字雙行同白口四周
雙邊

610000－1001－0001306　善0003128
欽定協紀辨方書三十六卷　（清）允祿等纂
清乾隆六年（1741）武英殿木活字印本　十五
冊　九行二十字白口四周雙邊

610000－1001－0001307　善0003129
**新刻訂正原版劉氏家藏二十四出造葬全書八
卷**　（清）劉春沂撰　清刻本　十二冊　十五
行二十八字白口四周單邊

610000－1001－0001308　善0003151
從政遺規二卷　（清）陳宏謀輯　清乾隆七年
（1742）培遠堂刻本　四冊　十一行二十字小
字雙行同白口左右雙邊

610000－1001－0001309　善0003156
四種遺規　（清）陳宏謀輯　清乾隆四年
（1739）培遠堂刻本　十冊　十一行二十字小
字雙行同白口左右雙邊

610000－1001－0001310　善0003157
五種遺規　（清）陳宏謀輯　清乾隆四年

(1739)培遠堂刻本　八冊　十一行二十字小字雙行同白口左右雙邊

610000－1001－0001311　善0003162
訓俗遺規四卷　(清)陳宏謀撰　清乾隆七年(1742)培遠堂刻本　四冊　十一行二十字小字雙行同白口左右雙邊

610000－1001－0001312　善0003267
中吳紀聞六卷　(宋)龔明之撰　(明)毛晉考訂　清乾隆、道光知不足齋刻本　二冊　九行二十一字上下黑口左右雙邊

610000－1001－0001313　善0003288
讀書紀數略五十四卷　(清)宮夢仁編　清康熙四十八年(1709)刻本　十六冊　十行二十一字小字雙行同下黑口四周雙邊

610000－1001－0001314　善0003298
先儒齊治録三卷　(清)于准編　清康熙刻本　三冊　十二行二十三字小字雙行同白口四周單邊

610000－1001－0001315　善0003382
十科策畧箋釋十卷　(明)劉文安撰　(清)劉作楫註釋　清乾隆二十一年(1756)古吳三樂齋刻本　五冊　十行二十字小字雙行同白口四周單邊　存四卷(一、四至五、七)

610000－1001－0001316　善0003403
慈溪黃氏日抄分類九十七卷　(宋)黃震編輯　清乾隆三十二年(1767)刻本　二十四冊　十四行二十六字小字雙行同黑口左右雙邊

610000－1001－0001317　善0003404
陔餘叢考四十三卷　(清)趙翼著　清乾隆五十六年(1791)刻本　十二冊　十一行二十一字白口左右雙邊

610000－1001－0001318　善0003405
陔餘叢考四十三卷　(清)趙翼著　清乾隆五十六年(1791)刻本　十六冊　十一行二十一字白口左右雙邊

610000－1001－0001319　善0003437
治心齋琴學練要五卷　(清)王善輯　清乾隆

二十三年(1758)刻本　六冊　九行二十字白口四周單邊

610000－1001－0001320　善0003440
讀書小記十七種　(清)范爾梅撰　清雍正七年(1729)敬恕堂刻本　十二冊　十行二十四字白口左右雙邊

610000－1001－0001321　善0003444
古愚老人消夏録十七種　(清)汪汲撰　清乾隆、嘉慶古愚山房刻本　十四冊　九行二十四字白口四周雙邊　存十一種

610000－1001－0001322　善0003445
精選黃眉故事十卷　(清)鄧志謨匯編　清乾隆七年(1742)刻本　六冊　十行二十字小字雙行同白口四周單邊

610000－1001－0001323　善0003449
新刻黃掌綸先生評定神仙鑑二十二卷　(清)徐衞述　清康熙五十一年(1712)致和堂刻本　二十四冊　十行二十二字白口左右雙邊

610000－1001－0001324　善0003459
池北偶談二十六卷　(清)王士禛著　清康熙三十九年(1700)臨汀郡署刻本　六冊　十一行二十三字粗黑口左右雙邊

610000－1001－0001325　善0003503
圖繪全像山海經廣注二十三卷　(清)吳任臣注　清康熙聚錦堂刻本　六冊　九行二十二字小字雙行同白口左右雙邊

610000－1001－0001326　善0003504
廿一史彈詞註十一卷　(明)楊慎撰　(清)張三異增訂　(清)張仲璜註　清雍正五年(1727)樹玉堂刻本　八冊　十一行二十一字小字雙行同白口四周單邊

610000－1001－0001327　善0003505
隆平集二十卷　(宋)曾鞏撰　清康熙四十七年(1708)刻本　六冊　九行二十字白口左右雙邊

610000－1001－0001328　善0003549
天文大成管窺輯要八十卷　(清)黃鼎撰

（清）黃九命等校閱　清順治十年（1653）善成堂刻本　四十冊　九行十九字白口左右雙邊

610000－1001－0001329　善0003550

管窺輯要八十卷　（清）黃鼎撰　清順治十年（1653）刻本　三十二冊　九行十九字白口四周單邊

610000－1001－0001330　善0003648

御製欽若曆書上編十六卷下編十卷表十六卷　（清）何國宗等撰　清雍正內府刻本　三十二冊　九行二十字小字雙行同白口四周雙邊

610000－1001－0001331　善0003649

御製律曆淵源三種　（清）何國宗等匯編　清雍正武英殿刻本　六十九冊　九行二十字白口四周雙邊

610000－1001－0001332　善0003832

格致鏡原一百卷　（清）陳元龍輯　清雍正十三年（1735）刻本　十二冊　十一行二十一字黑口左右雙邊　存五十三卷（一至二十七、七十五至一百）

610000－1001－0001333　善0003842

三古圖　（清）黃晟輯　清乾隆十七年（1752）刻本　十八冊　八行十六字白口四周單邊

610000－1001－0001334　善0003843

墨池編二十卷　（宋）朱長文纂　清雍正就閒堂刻本　十二冊　十一行二十一字小字雙行三十二字白口左右雙邊

610000－1001－0001335　善0003870

淮南鴻烈解二十一卷　（漢）劉安撰　（漢）高誘注　（明）何允中編　明萬曆何允中刻本　六冊　九行二十字小字雙行同白口左右雙邊

610000－1001－0001336　善0003872

清河書畫舫十二卷補遺一卷　（明）張丑撰　清乾隆二十八年（1763）池北草堂刻本　十二冊　九行二十二字小字雙行同黑口左右雙邊

610000－1001－0001337　善0003916

佩文齋書畫譜一百卷　（清）孫岳頒輯　清康熙四十七年（1708）靜永堂刻本　一百五十六冊　十一行二十一字白口左右雙邊　缺四卷（四十五至四十六、四十七前半部分、九十五前半部分）

610000－1001－0001338　善0003925

大還閣琴譜六卷谿山琴況一卷萬峰閣指法閟箋一卷　（清）徐祺撰　（清）夏溥校　清康熙十二年（1673）大還閣刻本　五冊　六行字數不等小字雙行不等白口四周雙邊

610000－1001－0001339　善0003929

五知齋琴譜八卷　（清）徐祺撰　（清）周魯封匯纂　清乾隆十一年（1746）刻本　八冊　八行十八字白口左右雙邊

610000－1001－0001340　善0003974

國朝畫徵錄三卷續錄二卷　（清）張庚著　清乾隆四年（1739）刻本　二冊　十行二十一字小字雙行同黑口四周單邊

610000－1001－0001341　善0004215

居士傳五十六卷　（清）彭際清撰　清乾隆四十一年（1776）刻本　四冊　十行二十字小字雙行同細黑口左右雙邊

610000－1001－0001342　善0004298

淨土聖賢錄九卷　（清）彭際清撰　清乾隆四十八年（1783）刻本　三冊　十二行二十四字小字雙行同黑口左右雙邊

610000－1001－0001343　善0004512

淵鑑類函四百五十卷目錄四卷　（清）張英等纂　清康熙四十九年（1710）刻本　一百二十六冊　十一行二十一字小字雙行同黑口四周雙邊　存四百〇七卷（一至十七、二十至二百七十、二百九十二至三百七十六、三百九十七至四百五十）

610000－1001－0001344　善0004519

類書纂要三十三卷　（清）周魯輯　清康熙三年（1664）刻本　二十冊　九行二十二字小字雙行同白口四周單邊

610000－1001－0001345　善0004521

子史精華一百六十卷　（清）允祿　（清）吳襄等纂　清雍正五年（1727）武英殿刻本　四十

八冊　八行二十四字小字雙行同白口四周雙邊

610000－1001－0001346　善0004522

子史精華一百六十卷　（清）允祿　（清）吳襄等纂　清雍正五年(1727)武英殿刻本　四十八冊　八行二十四字小字雙行同白口四周雙邊

610000－1001－0001347　善0004523

事類賦三十卷　（宋）吳淑撰　（明）華麟祥校　清乾隆二十九年(1764)華麟祥刻本　六冊　十行二十字小字雙行同細黑口左右雙邊

610000－1001－0001348　善0004526

事類賦三十卷　（宋）吳淑撰　清康熙會成堂刻本　四冊　十二行二十字小字雙行同白口左右雙邊

610000－1001－0001349　善0004530

事類賦三十卷　（宋）吳淑撰　清乾隆二十五年(1760)刻本　十六冊　十二行二十字小字雙行同細黑口左右雙邊

610000－1001－0001350　善0004531

子史精華一百六十卷　（清）允祿　（清）吳襄等纂　清雍正五年(1727)武英殿刻本　十六冊　八行二十四字小字雙行同白口四周雙邊　存五十一卷(一百十至一百六十)

610000－1001－0001351　善0004532

子史精華一百六十卷　（清）允祿　（清）吳襄等纂　清雍正五年(1727)武英殿刻本　十冊　八行二十四字小字雙行同白口四周雙邊　存五十一卷(八十至一百三十)

610000－1001－0001352　善0004539

格致鏡原一百卷　（清）陳元龍輯　清雍正十三年(1735)刻本　二十四冊　十一行二十一字黑口左右雙邊

610000－1001－0001353　善0004546

聯經四卷　（清）李學禮述　清乾隆五十五年(1790)刻本　四冊　十行二十六字小字雙行同白口四周雙邊

610000－1001－0001354　善0004553

子史精華一百六十卷　（清）允祿　（清）吳襄等纂　清雍正五年(1727)武英殿刻本　六十冊　八行二十四字小字雙行同白口四周雙邊

610000－1001－0001355　善0004556

叩缽齋纂行廚集十八卷　（清）李之涊　（清）汪建封輯　（清）汪志瑞註釋　清康熙五十一年(1712)刻本　二十四冊　九行二十字白口左右雙邊

610000－1001－0001356　善0004616

重訂七種文選　（清）儲欣編　清乾隆五十年(1785)二南堂刻本　十二冊　九行二十五字小字雙行同白口左右雙邊　存五種

610000－1001－0001357　善0004621

謝疊山公文集六卷　（宋）謝枋得撰　清康熙六十年(1721)東山謝氏蘊德堂刻本　四冊　九行十八字白口四周雙邊

610000－1001－0001358　善0004648

重訂文選集評十五卷首一卷末一卷　（清）于光華編　清乾隆五十一年(1786)刻本　十六冊　十行二十四字小字雙行三十六字白口左右雙邊

610000－1001－0001359　善0004682

古文雅正十四卷　（清）蔡世遠撰　清雍正三年(1725)刻本　八冊　八行二十四字白口四周雙邊

610000－1001－0001360　善0004683

文苑英華一千卷　（宋）李昉等輯　明隆慶元年(1567)胡維新、戚繼光刻隆慶萬曆遞修本　一百〇二冊　十一行二十二字小字雙行同白口四周單邊

610000－1001－0001361　善0004709

秦漢文鈔六卷　（明）閔邁德等輯　（明）楊融博批點　明萬曆刻朱墨印本　六冊　九行十九字白口四周單邊　存五卷(一至五)

610000－1001－0001362　善0004712

文選六十卷　（南朝梁）蕭統撰　（唐）李善注　清乾隆三十七年(1772)刻朱墨印本　十六

冊　十二行二十五字小字雙行三十七字白口
左右雙邊

610000－1001－0001363　善0004713
文選六十卷　（南朝梁）蕭統撰　（唐）李善注
　清乾隆三十七年(1772)刻朱墨印本　十二
冊　十二行二十五字小字雙行三十七字白口
左右雙邊

610000－1001－0001364　善0004714
御製增訂清文鑑三十二卷補編四卷總綱八卷
補編總綱一卷　（清）傅恆等撰　清乾隆四十
六年(1781)刻本　十三冊　行數不等大小字
不等白口四周雙邊　存八卷(文鑑一至六、二
十,補編總綱一)

610000－1001－0001365　善0004716
文選六十卷　（南朝梁）蕭統撰　（唐）李善注
　清乾隆三十七年(1772)刻朱墨印本　十冊
十二行二十五字小字雙行三十七字白口左
右雙邊

610000－1001－0001366　善0004717
文選六十卷　（南朝梁）蕭統撰　（唐）李善注
　清乾隆三十七年(1772)刻朱墨印本　十六
冊　十二行二十五字小字雙行三十七字白口
左右雙邊

610000－1001－0001367　善0004718
古文眉詮七十九卷首一卷　（清）浦起龍論次
　（清）程鍾　（清）方懋福彙參　清乾隆九年
(1744)三吳書院刻本　二十四冊　九行二十
二字小字雙行同白口左右雙邊

610000－1001－0001368　善0004725
古文淵鑒六十四卷　（清）徐乾學等編註　清
康熙四十九年(1710)刻五色套印本　四十冊
　九行二十字小字雙行同黑口四周單邊

610000－1001－0001369　善0004726
古文淵鑒六十四卷　（清）徐乾學等編註　清
康熙二十四年(1685)刻四色套印本　三十二
冊　九行二十字小字雙行同黑口四周單邊

610000－1001－0001370　善0004727
古文淵鑒六十四卷　（清）徐乾學等編註　清

康熙內府刻五色套印本　十一冊　九行二十
字小字雙行同黑口四周單邊　存二十卷(十
六至十七、三十五至五十二)

610000－1001－0001371　善0004732
唐宋八大家文鈔一百六十卷　（明）茅坤編
明末清初刻本　八冊　九行二十字白口四周
單邊　存三十四卷(韓文十二至十六、歐陽文
忠公十七至二十四、歐陽文忠公五代史鈔十
六至二十、蘇文忠公八至十八、曾文定公一至
五)

610000－1001－0001372　善0004733
御選唐宋文醇五十八卷　（清）高宗弘曆選
清乾隆三年(1738)武英殿刻四色套印本　二
冊　九行二十二字白口左右雙邊

610000－1001－0001373　善0004740
古文分編集評初集五卷二集五卷三集八卷四
集四卷　（清）于光華編　清乾隆四十年
(1775)刻本　二十四冊　九行二十四字小字
雙行三十八字白口四周單邊

610000－1001－0001374　善0004741
善卷堂四六十卷　（清）陸繁弨撰　清乾隆三
十五年(1770)刻本　六冊　九行二十一字小
字雙行同白口左右雙邊

610000－1001－0001375　善0004771
隨園三十種　（清）袁枚撰　清乾隆、嘉慶刻
本　六冊　十行二十一字黑口左右雙邊　存
六種

610000－1001－0001376　善0004797
文選音義八卷　（清）余蕭客輯著　清乾隆靜
勝堂刻本　四冊　八行十九字小字雙行同細
黑口四周雙邊

610000－1001－0001377　善0004875
古詩箋三十二卷　（清）王士禛輯　清乾隆三
十一年(1766)芷蘭堂刻本　十一冊　十行二
十一字小字雙行同白口左右雙邊　存二十九
卷(五言詩一至十七,七言詩歌行鈔一至五、
九至十五)

610000－1001－0001378　善0004889

憑山閣增輯留青新集三十卷　（清）陳枚選
清康熙四十七年(1708)積秀堂刻本　十冊
十一行二十四字小字雙行同白口四周單邊
存十四卷(一至十四)

610000－1001－0001379　善0004922
樂遊聯唱集二卷　（清）畢沅等撰　清乾隆四
十七年(1782)刻本　一冊　十一行二十一字
小字雙行同黑口左右雙邊

610000－1001－0001380　善0004924
詩人玉屑二十卷　（宋）魏慶之輯　清古松堂
刻本　八冊　十一行二十一字黑口四周雙邊

610000－1001－0001381　善0004925
本朝五言近體瓣香集十六卷　（清）許英編注
　清乾隆二十八年(1763)刻本　四冊　十行
二十三字小字雙行三十三字黑口左右雙邊

610000－1001－0001382　善0004930
朱飲山千金譜二十九卷三韻易知十卷　（清）
朱燮撰　（清）楊廷茲輯　清乾隆五十五年
(1790)刻本　十二冊　九行二十一字小字雙
行同白口左右雙邊

610000－1001－0001383　善0004932
宋詩鈔初集八十四種　（清）呂留良等輯　清
康熙十年(1671)吳氏鑑古堂刻本　二十四冊
　十二行二十二字小字雙行同黑口左右雙邊

610000－1001－0001384　善0004933
御選唐宋詩醇四十七卷目錄二卷　（清）高宗
弘曆選　（清）梁詩正等編　清乾隆二十五年
(1760)刻朱墨印本　二十三冊　九行十九字
白口四周雙邊

610000－1001－0001385　善0005058
李義山文集十卷　（清）徐樹穀箋　（清）徐炯
註　清康熙四十七年(1708)刻本　四冊　十
行二十一字小字雙行三十一字白口左右雙邊

610000－1001－0001386　善0005062
杜少陵全集箋注二十五卷首一卷附編二卷
（清）仇兆鰲輯注　清康熙三十二年(1693)刻
本　二十四冊　十行二十二字小字雙行同黑
口左右雙邊

610000－1001－0001387　善0005063
杜少陵全集箋注二十五卷首一卷附編二卷
（清）仇兆鰲輯注　清康熙三十二年(1693)刻
本　二十四冊　十行二十二字小字雙行同黑
口左右雙邊

610000－1001－0001388　善0005065
李太白文集三十六卷　（唐）李白撰　（清）王
琦輯注　清乾隆二十四年(1759)文聚堂刻本
　十六冊　十行二十字小字雙行同白口左右
雙邊

610000－1001－0001389　善0005071
柯山集五十卷　（宋）張耒撰　清乾隆武英殿
木活字印武英殿聚珍版書本　八冊　九行二
十一字白口四周雙邊

610000－1001－0001390　善0005075
御定歷代賦彙一百四十卷外集二十卷逸句二
卷補遺二十二卷目錄四卷　（清）陳元龍編輯
　清康熙四十五年(1706)刻本　九十六冊
十一行二十一字黑口左右雙邊

610000－1001－0001391　善0005076
王右丞集二十八卷首一卷末一卷　（清）趙殿
成箋註　清乾隆刻本　十冊　十行二十字小
字雙行同白口左右雙邊

610000－1001－0001392　善0005081
蘭山課業松厓詩錄二卷　（清）吳鎮著　蘭山
課業風騷補編二卷　（清）周樽纂輯　清乾隆
五十七年(1792)刻本　三冊　九行二十二字
小字雙行同白口四周雙邊

610000－1001－0001393　善0005109
杜詩偶評四卷　（清）沈德潛纂　（清）潘承松
校閱　清乾隆十二年(1747)潘承松賦閑草堂
刻本　二冊　十行十九字小字雙行二十九字
白口左右雙邊

610000－1001－0001394　善0005111
李義山詩集十六卷　（唐）李商隱撰　（清）姚
培謙箋注　清乾隆五年(1740)桂松讀書堂刻
本　三冊　十行二十一字小字雙行三十至三
十二字白口左右雙邊

610000 - 1001 - 0001395　善 0005120
重刊五百家註音辯昌黎先生文集四十卷
（唐）韓愈撰　清乾隆四十九年(1784)江右體
仁閣刻本　十四冊　十行十八字小字雙行二
十三字白口左右雙邊

610000 - 1001 - 0001396　善 0005122
陳檢討四六二十卷　（清）陳維崧撰　（清）程
師恭注　清乾隆三十五年(1770)刻本　六冊
九行二十二字小字雙行同白口左右雙邊

610000 - 1001 - 0001397　善 0005137
山谷詩內集注二十卷　（宋）黃庭堅撰　（宋）
任淵注　清乾隆五十四年(1789)樹經堂刻本
八冊　十二行二十三字白口左右雙邊

610000 - 1001 - 0001398　善 0005139
溫飛卿詩集七卷別集一卷集外詩一卷　（唐）
溫庭筠撰　（清）曾益原注　（清）顧予咸補注
（清）顧嗣立重校　清康熙三十六年(1697)
長洲顧嗣立秀野草堂刻本　四冊　十一行二
十字小字雙行三十字白口左右雙邊

610000 - 1001 - 0001399　善 0005140
陸放翁全集六種　（宋）陸游撰　明末毛氏汲
古閣刻本　四十八冊　八行十八字白口左右
雙邊

610000 - 1001 - 0001400　善 0005142
宋丞相文山先生全集二十卷　（宋）文天祥撰
清康熙十二年(1673)焉文堂刻本　十二冊
十行二十字白口四周雙邊

610000 - 1001 - 0001401　善 0005168
唐詩貫珠六十卷　（清）胡以梅箋　清康熙五
十四年(1715)素心堂刻本　十冊　九行二十
三字小字雙行同細黑口左右雙邊

610000 - 1001 - 0001402　善 0005170
才調集十卷　（後蜀）韋縠集　清康熙宛委堂
刻本　六冊　八行十九字小字雙行不等白口
左右雙邊

610000 - 1001 - 0001403　善 0005171
二家詩鈔二十卷　（清）邵長蘅選　清康熙三
十四年(1695)刻本　五冊　十行二十一字黑

口四周單邊

610000 - 1001 - 0001404　善 0005172
戒菴詩草六卷　（清）張晉著　（清）孫枝蔚評
清乾隆五十四年(1789)刻本　二冊　九行
十七字小字雙行同白口四周雙邊

610000 - 1001 - 0001405　善 0005173
蘇文忠詩合註五十卷首一卷目錄一卷　（宋）
蘇軾撰　（清）馮應榴輯訂　清乾隆五十八年
(1793)刻本　二十四冊　十一行二十六字小
字雙行三十四字白口左右雙邊

610000 - 1001 - 0001406　善 0005174
施註蘇詩四十二卷總目二卷　（清）宋犖
（清）张榕端閱定　（清）邵長蘅　（清）顧嗣
立　（清）宋至刪補　**蘇詩續補遺二卷**　（清）
馮景補註　**王註正譌一卷**　（清）邵長蘅撰
東坡年譜一卷　（宋）王宗稷撰　（清）邵長蘅
重訂　清康熙三十八年(1699)刻本　二十冊
十行二十一字小字雙行三十一字黑口四周
單邊

610000 - 1001 - 0001407　善 0005177
國朝山左詩鈔六十卷　（清）盧見曾纂　清乾
隆二十三年(1758)雅雨堂刻本　二十冊　十
行二十一字小字雙行同白口四周單邊

610000 - 1001 - 0001408　善 0005178
欽定國朝詩別裁集三十二卷　（清）沈德潛纂
評　清乾隆二十六年(1761)刻本　十六冊
十行十九字小字雙行二十八字白口左右雙邊

610000 - 1001 - 0001409　善 0005179
乾道稿二卷淳熙稿二十卷章泉稿五卷　（宋）
趙蕃撰　清乾隆武英殿木活字印武英殿聚珍
版書本　十冊　九行二十一字白口四周單邊

610000 - 1001 - 0001410　善 0005182
元詩選初集　（清）顧嗣立集　清康熙長洲顧
氏秀野草堂刻本　三十六冊　十三行二十三
字小字雙行三十四字白口左右雙邊

610000 - 1001 - 0001411　善 0005193
施註蘇詩四十二卷總目二卷　（清）宋犖
（清）张榕端閱定　（清）邵長蘅　（清）顧嗣

立 （清）宋至刪補　**續補遺二卷** （清）馮景
補註　**王註正譌一卷** （清）邵長蘅撰　**東
坡年譜一卷** （五代）王宗稷撰　（清）邵長
蘅重訂　清康熙三十八年(1699)刻本　十
冊　十行二十一字小字雙行三十一字黑口
四周單邊

610000－1001－0001412　善0005204

**晦庵先生朱文公文集一百卷目錄二卷續集十
一卷別集十卷** （宋）朱熹撰　（清）蔡方炳
（清）臧眉錫訂定　清康熙二十七年(1688)刻
本　四十八冊　十二行二十四字小字雙行同
粗黑口四周單邊

610000－1001－0001413　善0005210

劍南詩鈔六卷 （宋）陸游著　（清）楊大鶴選
清康熙二十四年(1685)刻本　十冊　十行
十八字白口左右雙邊

610000－1001－0001414　善0005231

康對山先生文集十卷 （明）康海撰　清乾隆
二十六年(1761)刻本　六冊　十行二十字白
口四周雙邊

610000－1001－0001415　善0005257

楚辭燈四卷 （清）林雲銘論述　清康熙三十
六年(1697)挹奎樓刻本　四冊　八行二十字
小字雙行同白口四周單邊

610000－1001－0001416　善0005267

**懷麓堂詩稿二十卷文稿三十卷詩後稿十卷文
後稿三十卷文續稿十卷** （明）李東陽撰　清
康熙二十年(1681)茶鐸刻本　三十二冊　十
行二十字小字雙行同白口四周單邊

610000－1001－0001417　善0005276

王陽明先生全集二十二卷首一卷 （明）王守
仁撰　（清）俞嶙編　清康熙十九年(1680)刻
本　二十四冊　九行十九字白口四周雙邊

610000－1001－0001418　善0005338

憑山閣增輯留青新集三十卷 （清）陳枚選
（清）陳德裕增輯　清康熙刻本　三十二冊
十行二十四字白口四周單邊

610000－1001－0001419　善0005339

對雪亭文集二卷詩鈔十卷 （清）張洲著　清
乾隆五十八年至嘉慶二年(1793－1797)刻本
六冊　九行二十四字白口左右雙邊

610000－1001－0001420　善0005363

漁洋山人詩集二十二卷續集十六卷 （清）王
士禛撰　清康熙二十三年(1684)刻本　八冊
十行十九字小字雙行同白口四周單邊

610000－1001－0001421　善0005378

青巖集十二卷 （清）許楚著　（清）施閏章
（清）王阮亭鑒定　（清）汪息盧校正　清康熙
五十二年(1713)刻本　四冊　十行十九字小
字雙行同白口左右雙邊

610000－1001－0001422　善0005404

思綺堂文集十卷 （清）章藻功撰　清康熙六
十一年(1722)刻本　十冊　十行二十二字小
字雙行同白口四周單邊

610000－1001－0001423　善0005421

文貞公集十二卷 （清）張玉書著　清乾隆五
十七年(1792)松蔭堂刻本　四冊　十一行二
十一字白口左右雙邊　缺七卷(一至七)

610000－1001－0001424　善0005429

**南華山人詩鈔十六卷南華山房詩鈔六卷賦一
卷** （清）張鵬翀著　清乾隆刻本　六冊　十
一行十九至二十一字白口左右雙邊

610000－1001－0001425　善0005430

王陽明先生全集二十二卷首一卷 （明）王守
仁撰　（清）俞嶙編　清康熙十九年(1680)刻
本　二十二冊　九行十九字白口四周雙邊

610000－1001－0001426　善0005431

御製文初集三十卷目錄二卷 （清）高宗弘曆
撰　（清）于敏中編　清乾隆二十九年(1764)
內府刻本　八冊　九行十七字白口四周雙邊

610000－1001－0001427　善0005432

御製文初集三十卷目錄二卷 （清）高宗弘曆
撰　（清）于敏中編　清乾隆二十九年(1764)
內府刻本　十六冊　九行十九字白口四周
雙邊

610000 – 1001 – 0001428　善 0005433

御製文初集三十卷目錄二卷　（清）高宗弘曆撰　（清）于敏中編　清乾隆二十九年(1764)內府刻本　十六冊　九行十七字白口四周雙邊

610000 – 1001 – 0001429　善 0005434

御製詩初集四十四卷總目四卷　（清）高宗弘曆撰　（清）蔣溥編　清乾隆十四年(1749)內府刻本　二十四冊　九行十七字小字雙行同白口四周雙邊

610000 – 1001 – 0001430　善 0005435

御製詩初集四十四卷總目四卷　（清）高宗弘曆著　（清）蔣溥編　清乾隆十四年(1749)內府刻本　十六冊　九行十七字小字雙行同白口四周雙邊

610000 – 1001 – 0001431　善 0005436

御製詩二集九十卷總目十卷　（清）高宗弘曆撰　（清）蔣溥編　清乾隆內府刻本　四十六冊　九行十七字小字雙行同白口四周雙邊

610000 – 1001 – 0001432　善 0005437

御製詩二集九十卷總目十卷　（清）高宗弘曆撰　（清）蔣溥編　清乾隆內府刻本　四十六冊　九行十七字小字雙行同白口四周雙邊

610000 – 1001 – 0001433　善 0005438

御製詩三集一百卷總目十二卷　（清）高宗弘曆撰　（清）于敏中編　清乾隆四十九年(1784)內府刻本　二十八冊　九行十七字小字雙行同白口四周雙邊　存七十九卷（御製詩三集一至六十九,總目一至二、五至十二）

610000 – 1001 – 0001434　善 0005439

御製詩三集一百卷總目十二卷　（清）高宗弘曆撰　（清）于敏中編　清乾隆四十二年(1777)內府刻本　三十冊　九行十七字小字雙行同白口四周雙邊　存八十四卷（御製詩三集一至七十二、總目一至十二）

610000 – 1001 – 0001435　善 0005442

韓忠定公集四卷　（明）韓文撰　（明）喬因羽編　清乾隆十七年(1752)刻本　四冊　十行

二十字白口四周雙邊

610000 – 1001 – 0001436　善 0005443

邵子湘全集三十二卷　（清）邵長蘅纂　清康熙三十四年(1695)刻本　八冊　十行二十一字小字雙行同黑口左右雙邊

610000 – 1001 – 0001437　善 0005444

日知薈說四卷樂善堂全集四十卷目錄四卷　（清）高宗弘曆撰　清乾隆元年至二年(1736－1737)刻本　十六冊　七行十八字白口四周雙邊

610000 – 1001 – 0001438　善 0005454

五公山人集十六卷　（清）王餘佑撰　（清）李興祖編　清康熙三十四年(1695)刻本　六冊　十行二十一字黑口四周雙邊

610000 – 1001 – 0001439　善 0005455

文清公薛先生文集二十四卷　（明）薛瑄撰　（清）張鼎校正編輯　清雍正十二年(1734)刻本　十二冊　十行二十字白口四周雙邊

610000 – 1001 – 0001440　善 0005472

樂善堂全集定本三十卷首一卷目錄一卷　（清）高宗弘曆撰　清乾隆二十四年(1759)內府刻本　十八冊　九行十七字白口四周雙邊

610000 – 1001 – 0001441　善 0005504

敬業堂詩集五十卷　（清）查慎行撰　清康熙五十八年(1719)刻本　五冊　十一行二十一字小字雙行不等白口左右雙邊　存二十一卷（一至七、十二至二十、二十五至二十九）

610000 – 1001 – 0001442　善 0005512

七子詩選十四卷　（清）沈德潛選　清乾隆十八年(1753)刻本　六冊　十行十九字白口左右雙邊

610000 – 1001 – 0001443　善 0005513

安序堂文鈔二十卷　（清）毛際可著　清康熙二十七年(1688)刻本　四冊　九行十九字白口四周單邊

610000 – 1001 – 0001444　善 0005523

白沙子全集十卷首一卷末一卷　（明）陳獻章

撰　白沙子古詩教解二卷　（明）陳獻章撰
（明）湛若水注　清乾隆三十六年(1771)碧玉
樓刻本　十冊　十行二十一字白口四周雙邊

610000－1001－0001445　善0005525

白香山詩長慶集二十卷後集十七卷別集一卷
補遺二卷　（唐）白居易撰　（清）汪立名編訂
　清康熙四十二年(1703)古歙汪氏一隅草堂
刻本　十二冊　十二行二十一字小字雙行三
十二至三十三字不等白口左右雙邊

610000－1001－0001446　善0005534

關中書院課解五卷　（清）孫景烈著　（清）瑪
星阿校刊　清乾隆二十六年(1761)刻本　七
冊　十九行二十二字白口四周雙邊

610000－1001－0001447　善0005534

可園草一卷　（清）孫景烈撰　清乾隆三十八
年(1773)刻本　一冊　九行二十五字白口四
周雙邊

610000－1001－0001448　善0005534

孫檢討自訂四書文一卷　（清）孫景烈著
（清）白觀校刊　清乾隆三十四年(1769)刻本
　一冊　九行二十五字白口四周雙邊

610000－1001－0001449　善0005534

明道書院論語講義偶存一卷　（清）孫景烈著
　（清）張寶樹校刊　清乾隆四十二年(1777)
刻本　一冊　九行二十五字白口四周雙邊

610000－1001－0001450　善0005537

吳徵君蓮洋詩抄八卷　（清）吳雯著　清乾隆
三十二年(1767)刻本　四冊　八行二十一字
小字雙行同白口左右雙邊

610000－1001－0001451　善0005540

讀史亭詩集十六卷　（清）彭而述撰　清康熙
四十八年(1709)刻本　六冊　十一行二十一
字白口左右雙邊

610000－1001－0001452　善0005541

菲泉書屋學語八卷　（清）桑繩簏撰　清乾隆
三十二年(1767)刻本　二冊　十行二十一字
白口四周雙邊

610000－1001－0001453　善0005541

弢甫集十四卷　（清）桑調元撰　清乾隆七年
(1742)蘭陔草堂刻本　二冊　十一行二十字
白口四周單邊

610000－1001－0001454　善0005541

弢甫續集二十卷　（清）桑調元撰　清乾隆七
年(1742)刻本　四冊　十一行二十字白口四
周單邊

610000－1001－0001455　善0005541

弢甫集三十卷　（清）桑調元撰　清乾隆三十
二年(1767)蘭陔草堂刻本　六冊　十一行二
十字白口四周單邊

610000－1001－0001456　善0005541

弢甫五嶽集二十卷　（清）桑調元撰　清乾隆
二十一年(1756)修汲堂刻本　六冊　十一行
二十字左右雙邊

610000－1001－0001457　善0005543

曝書亭集八十卷附錄一卷　（清）朱彝尊撰
笛漁小槁十卷　（清）朱昆田撰　清康熙四十
七年(1708)刻本　十六冊　十二行二十三字
小字雙行三十字白口左右雙邊

610000－1001－0001458　善0005557

溉堂前集九卷後集六卷續集六卷文集五卷詩
餘二卷　（清）孫枝蔚著　清康熙六十年
(1721)刻本　十冊　十一行二十一字小字雙
行同白口四周單邊

610000－1001－0001459　善0005571

選詩七卷詩人爵里一卷　（南朝梁）蕭統選
（明）郭正域批點　（明）凌濛初輯評　明末刻
朱墨印本　三冊　八行十八字白口四周單邊
　缺四卷(選詩三、五至七)

610000－1001－0001460　善0005580

榕村全集四十卷　（清）李光地撰　清乾隆元
年(1736)刻本　十六冊　九行二十字白口左
右雙邊

610000－1001－0001461　善0005581

榕村全集四十卷別集五卷　（清）李光地撰
清乾隆元年(1736)刻本　六冊　九行二十字

白口左右雙邊

610000－1001－0001462　善0005582

笠翁一家言全集四種　（清）李漁撰　清雍正
八年（1730）錢塘李氏芥子園刻本　二十四冊
九行二十字白口四周單邊

610000－1001－0001463　善0005598

鹿洲初集二十卷　（清）藍鼎元著　（清）曠敏
本評　清雍正十年（1732）刻本　八冊　九行
二十字白口左右雙邊

610000－1001－0001464　善0005599

鹿洲初集二十卷　（清）藍鼎元著　（清）礦敏
本評　清雍正十年（1732）刻本　八冊　九行
二十字白口左右雙邊

610000－1001－0001465　善0005627

堅瓠集首集四卷二集四卷三集四卷四集四卷
五集四卷六集四卷七集四卷八集四卷九集四
卷十集四卷餘集四卷廣集六卷祕集六卷補集
六卷　（清）褚人穫纂輯　清康熙二十九年
（1690）刻本　三十冊　八行十六字白口四周
單邊

610000－1001－0001466　善0005644

林蕙堂文集十二卷文集續刻六卷亭皋詩鈔四
卷藝香詞鈔四卷　（清）吳綺著　清康熙四年
（1665）刻本　十六冊　八行十七字白口左右
雙邊

610000－1001－0001467　善0005661

石亭稿不分卷　（清）黃梧岡著　清康熙三十
九年（1700）刻本　四冊　八行十九字白口四
周雙邊

610000－1001－0001468　善0005670

傅徵君霜紅龕詩鈔一卷附錄一卷　（清）傅山
著　清乾隆三十二年（1767）刻本　四冊　八
行二十一字小字雙行同白口四周單邊間四周
雙邊

610000－1001－0001469　善0005743

學杜集一卷　（清）史褒著　清乾隆五十四年
（1789）刻本　一冊　十行十九字小字雙行同
白口四周雙邊

610000－1001－0001470　善0005764

午亭文編五十卷　（清）林佶輯錄　清康熙四
十七年（1708）刻本　八冊　十一行二十一字
黑口左右雙邊

610000－1001－0001471　善0005765

午亭文編五十卷　（清）林佶輯錄　清乾隆刻
本　十六冊　十一行二十一字黑口左右雙邊

610000－1001－0001472　善0005775

瘦石稿十卷　（清）黃振著　舊雨題贈一卷
（明）黃慎等題　清乾隆三十二年（1767）寄生
堂刻本　四冊　九行十九字白口四周雙邊

610000－1001－0001473　善0005783

清容外集九種（紅雪樓九種曲）　（清）蔣士銓
撰　清乾隆紅雪樓刻本　十六冊　九行二十
二字白口四周單邊

610000－1001－0001474　善0005888

日知堂文集六卷　（清）鄭端撰　清乾隆五十
八年（1793）刻本　四冊　十行二十二字黑口
左右雙邊

610000－1001－0001475　善0005915

九畹古文十卷　（清）劉紹攽撰　清乾隆八年
（1743）刻本　十冊　九行二十字小字雙行同
白口四周雙邊

610000－1001－0001476　善0005932

經餘集六卷　（清）劉紹攽撰　清乾隆三十五
年（1770）刻本　二冊　九行十九字小字雙行
同白口四周雙邊

610000－1001－0001477　善0005998

杜詩論文五十六卷　（清）吳見思注　（清）潘
眉評　清康熙刻本　二十四冊　九行二十二
字白口左右雙邊

610000－1001－0001478　善0006001

瀛奎律髓四十九卷　（元）方回選　重刻律髓
記言一卷　（清）吳寶芝撰　清康熙五十二年
（1713）刻本　十六冊　十行十九字白口左右
雙邊

610000－1001－0001479　善0006062

文心雕龍十卷 （南朝梁）劉勰撰 （明）楊慎批點 （清）張松孫輯註 清乾隆五十六年(1791)刻本 四冊 九行十八字小字雙行同白口四周雙邊

610000－1001－0001480 善0006073

居濟一得八卷 （清）張伯行著 （明）張師栻編次 清康熙四十七年(1708)刻本 四冊 九行二十字白口四周雙邊

610000－1001－0001481 善0006089

德州田氏叢書十三種 （清）田雯等撰 清康熙至乾隆刻本 二十四冊 九至十二行不等十九至二十二字不等上下黑口左右雙邊 缺三種

610000－1001－0001482 善0006114

檀几叢書一百五十七種 （清）王晫 （清）張潮輯 清康熙三十四年(1695)新安張氏霞舉堂刻本 十二冊 九行二十字白口四周單邊 缺一種

610000－1001－0001483 善0006126

說郛一千二百四十六種 （元）陶宗儀輯 （明）陶珽重校 說郛續五百三十一種 （明）陶珽纂 清順治四年(1647)刻本 一百五十二冊 九行二十字白口左右雙邊 缺說郛四十四種續四十一種

610000－1001－0001484 善0006135

增訂漢魏叢書八十六種 （清）王謨輯 清乾隆五十七年(1792)刻本 八十冊 九行二十字小字雙行同白口左右雙邊

610000－1001－0001485 善0006136

增訂漢魏叢書八十六種 （清）王謨輯 清乾隆五十七年(1792)刻本 八十冊 九行二十字小字雙行同白口左右雙邊

610000－1001－0001486 善0006137

增訂漢魏叢書八十六種 （清）王謨輯 清乾隆五十七年(1792)刻本 一百冊 九行二十字小字雙行同白口左右雙邊

610000－1001－0001487 善0006143

雅雨堂藏書十二種 （清）盧見曾輯 清乾隆二十一年(1756)德州盧氏刻本 二十四冊 十行二十一字白口四周單邊 缺一種

610000－1001－0001488 善0006162

知不足齋叢書三十集 （清）鮑廷博輯 清乾隆、道光長塘鮑氏刻本 二百二十四冊 九行二十一字小字雙行同上下黑口左右雙邊 缺第三十集七種

610000－1001－0001489 善0006163

知不足齋叢書三十集 （清）鮑廷博輯 清乾隆、道光長塘鮑氏刻本 二百十七冊 九行二十一字小字雙行同上下黑口左右雙邊 缺第八集一種、第十八集一種缺卷、第二十集一種全缺一種缺卷、第二十四集四種、第二十六集三種全缺二種缺卷、第二十八集三種、第三十集五種

610000－1001－0001490 善0006227

龍威祕書十集一百六十九種 （清）馬俊良輯 清乾隆五十九年至嘉慶元年(1794－1796)浙江石門馬氏大酉山房刻本 七十九冊 九行二十字小字雙行同上下黑口左右雙邊 缺一集二種、五集一種、六集一種缺卷

610000－1001－0001491 善0006228

龍威祕書十集一百六十九種 （清）馬俊良輯 清乾隆五十九年至嘉慶元年(1794－1796)浙江石門馬氏大酉山房刻本 八十冊 九行二十字小字雙行同上下黑口左右雙邊

610000－1001－0001492 善0006229

龍威祕書十集一百六十九種 （清）馬俊良輯 清乾隆五十九年至嘉慶元年(1794－1796)浙江石門馬氏大酉山房刻本 五十六冊 九行二十字小字雙行同上下黑口左右雙邊 二至三集、六至十集全存、一、五集全缺、四集存十三種

610000－1001－0001493 善0006320

因樹屋書影十卷 （清）周亮工撰 清雍正三年(1725)懷德堂刻本 六冊 九行十八字小字雙行同白口四周單邊

610000－1001－0001494 善0006336

杭大宗七種叢書　（清）杭世駿撰　清乾隆五
十七年(1792)杭賓仁羊城刻本　八冊　十行
二十一字白口左右雙邊

610000－1001－0001495　善0006352

禮記二十卷　（漢）鄭玄注　清乾隆四十八年
(1783)武英殿刻本　十冊　八行十七字小字
雙行同白口四周雙邊

610000－1001－0001496　善0006353

十三經類語十四卷　（明）羅萬藻輯　（明）魯
重民注　（清）潘育龍重訂　十三經序論選一
卷　（明）何兆聖輯　清康熙五十五年(1716)
刻本　八冊　九行二十字小字雙行同白口四
周單邊

610000－1001－0001497　善0006366

御纂周易述義十卷　（清）傅恆等纂　清乾隆
二十年(1755)刻本　六冊　八行二十字白口
四周雙邊

610000－1001－0001498　善0006379

經典釋文三十卷　（唐）陸德明撰　清乾隆五
十六年(1791)刻本　十冊　十一行二十二字
小字雙行同粗黑口四周單邊

610000－1001－0001499　善0006383

御纂周易述義十卷　（清）傅恆等纂　清乾隆
二十年(1755)刻本　六冊　八行二十字白口
四周雙邊

610000－1001－0001500　善0006388

尚書十三卷　（漢）孔安國撰　清乾隆四十八
年(1783)武英殿刻本　五冊　八行十七字小
字雙行同白口左右雙邊

610000－1001－0001501　善0006394

五經四子書　（□）□□編　清乾隆七年
(1742)怡府明善堂刻本　二十八冊　八行十
七字小字雙行同白口四周雙邊　存五種

610000－1001－0001502　善0006405

儀禮集釋三十卷　（宋）李如圭撰　清乾隆四
十七年(1782)武英殿木活字印武英殿聚珍版
書本　十二冊　九行二十一字白口四周雙邊

610000－1001－0001503　善0006409

楊誠齋先生易傳二十卷　（宋）楊萬里著　明
末刻本　六冊　九行二十字白口四周單邊

610000－1001－0001504　善0006420

毛詩二十卷　（漢）鄭玄箋　清乾隆四十八年
(1783)武英殿刻本　十冊　八行十七字小字
雙行同白口四周雙邊

610000－1001－0001505　善0006421

新增詩經補註附考備旨八卷　（清）鄒聖脉纂
輯　清刻本　四冊　十一行二十字小字雙行
同白口四周單邊

610000－1001－0001506　善0006427

鄉黨圖考十卷　（清）江永撰　清乾隆五十二
年(1787)致和堂刻本　四冊　九行二十五字
白口左右雙邊

610000－1001－0001507　善0006437

禹貢錐指二十卷略例圖一卷　（清）胡渭撰
清康熙四十四年(1705)漱六軒刻本　十六冊
十一行二十一字小字雙行三十字白口左右
雙邊

610000－1001－0001508　善0006441

書經要義六卷　（清）王建常著　清雍正八年
(1730)崇陽公署刻本　六冊　十行二十五字
小字雙行同上下黑口四周單邊

610000－1001－0001509　善0006443

禮記述注二十八卷　（清）李光坡撰　清乾隆
三十二年(1767)清白堂刻本　十四冊　八行
二十二字小字雙行同白口四周單邊

610000－1001－0001510　善0006449

書經要義六卷　（清）王建常著　清雍正八年
(1730)崇陽公署刻本　四冊　十行二十六字
小字雙行同粗黑口四周單邊

610000－1001－0001511　善0006450

書經要義六卷　（清）王建常著　清雍正八年
(1730)崇陽公署刻本　八冊　十行二十六字
小字雙行同粗黑口四周單邊

610000－1001－0001512　善0006451

書經要義六卷 （清）王建常著 清雍正八年
(1730)崇陽公署刻本 六冊 十行二十六字
小字雙行同上下黑口四周單邊

610000－1001－0001513 善0006454

禮記體註四卷 （清）范翔訂 清乾隆七年
(1742)懷德堂刻本 四冊 九行十八字小字
雙行同白口左右雙邊

610000－1001－0001514 善0006455

禮記心典傳本三卷 （清）胡瑤光輯 清康熙
三十二年(1693)刻本 四冊 九行二十字小
字雙行同白口四周單邊

610000－1001－0001515 善0006460

春秋左傳分類賦四卷 （清）夏大觀編撰 清
乾隆三十七年(1772)刻本 四冊 八行二十
字小字雙行同粗黑口四周單邊

610000－1001－0001516 善0006463

四書翼注論文十六卷 （清）張甄陶述 清乾
隆五十四年(1789)五華貴山書院刻本 十四
冊 十行二十二字白口左右雙邊

610000－1001－0001517 善0006465

春秋要義五卷 （清）王建常錄 清乾隆四十
二年(1777)刻本 五冊 九行二十二字小字
雙行同白口四周雙邊

610000－1001－0001518 善0006468

春秋繁露十七卷漢廣川董子集一卷 （漢）董
仲舒著 （明）孫鑛等評 下馬陵詩文集二卷
（漢）董國輔輯 清乾隆刻本 四冊 九行
二十字小字雙行不等白口四周單邊

610000－1001－0001519 善0006471

四書左國匯纂四卷 （清）高其名等纂 清乾
隆四十九年(1784)三樂堂刻本 四冊 九行
二十字小字雙行同白口左右雙邊

610000－1001－0001520 善0006472

四書左國匯纂四卷 （清）高其名等纂 清乾
隆三十五年(1770)本立堂刻本 四冊 九行
二十二字小字雙行同白口四周單邊

610000－1001－0001521 善0006477

增訂四書備旨十卷 （明）鄧林著 （清）杜定
基增訂 清乾隆四十四年(1779)刻本 六冊
十一行三十二字小字雙行同白口左右雙邊

610000－1001－0001522 善0006491

喪禮或問一卷 （清）方苞著 清雍正刻本
一冊 九行十九字白口左右雙邊

610000－1001－0001523 善0006496

春秋傳三十卷首一卷 （宋）胡安國撰 清乾
隆五十八年(1793)味經堂刻本 八冊 九行
十八字小字雙行同白口左右雙邊

610000－1001－0001524 善0006500

詩苑天聲歷代樂章二卷 （清）范良輯并評
清順治十七年(1660)旋采堂刻本 一冊 十
行二十二字小字雙行同白口左右雙邊

610000－1001－0001525 善0006501

春秋經傳集解三十卷 （晉）杜預撰 （唐）陸
德明音義 春秋名號歸一圖二卷 （五代）馮
繼先撰 清乾隆四十八年(1783)武英殿刻本
三十冊 八行十七字小字雙行同白口四周
雙邊

610000－1001－0001526 善0006505

春秋大成三十一卷 （清）馮如京纂 清順治
十一年(1654)介軒刻本 十八冊 十行十七
字小字雙行同白口四周雙邊

610000－1001－0001527 善0006509

四書考輯要二十卷 （清）陳宏謀輯 清乾隆
三十六年(1771)培遠堂刻本 十冊 十行二
十字小字雙行同白口四周雙邊

610000－1001－0001528 善0006513

增補四書精繡圖像人物備考十二卷 （清）陳
仁錫增訂 清乾隆二十一年(1756)文錦堂刻
本 八冊 十三行三十字小字雙行同白口四
周單邊

610000－1001－0001529 善0006519

論語注疏解經二十卷 （三國魏）何晏 （宋）
邢昺疏 明崇禎十年(1637)汲古閣刻本 四
冊 九行二十一字小字雙行同白口左右雙邊

610000 – 1001 – 0001530　善 0006521

爾雅注疏十一卷　（晉）郭璞注　（宋）邢昺疏
明崇禎汲古閣刻本　四冊　九行二十一字
小字雙行同白口左右雙邊

610000 – 1001 – 0001531　善 0006523

鄉黨圖考十卷　（清）江永著　清乾隆五十八
年(1793)金閶書業堂刻本　三冊　九行二十
五字白口左右雙邊

610000 – 1001 – 0001532　善 0006525

六書通十卷　（明）閔齊伋輯　（清）畢弘述篆
訂　清康熙五十九年(1720)基閶堂刻本　十
冊　八行大小字不等白口四周雙邊

610000 – 1001 – 0001533　善 0006526

天蓋樓四書語錄四十六卷　（清）呂留良撰
（清）周在延編　清康熙二十三年(1684)金陵
刻本　十六冊　九行二十三字白口左右雙邊

610000 – 1001 – 0001534　善 0006527

小四書　（明）朱升編　清康熙三十二年
(1693)恆德堂刻本　六冊　六行大小字不等
白口左右雙邊

610000 – 1001 – 0001535　善 0006528

學庸隅反不分卷　（清）王廷瑗抄　清乾隆四
年(1739)抄本　一冊　九行二十五字

610000 – 1001 – 0001536　善 0006529

孝經正義九卷　（宋）邢昺注疏　明末清初汲
古閣刻本　一冊　九行二十一字小字雙行同
白口左右雙邊

610000 – 1001 – 0001537　善 0006531

四書考輯要二十卷　（清）陳宏謀輯　清乾隆
三十六年(1771)培遠堂刻本　十冊　十行二
十字小字雙行同白口四周雙邊

610000 – 1001 – 0001538　善 0006532

四書考輯要二十卷　（清）陳宏謀輯　清乾隆
三十六年(1771)培遠堂刻本　十冊　十行二
十字小字雙行同白口四周雙邊

610000 – 1001 – 0001539　善 0006536

說文解字十五卷　（漢）許慎撰　（宋）徐鉉等

校定　明末清初毛氏汲古閣刻本　八冊　七
行字數不等白口左右雙邊

610000 – 1001 – 0001540　善 0006537

說文解字十五卷　（漢）許慎撰　（宋）徐鉉等
校定　明末清初毛氏汲古閣刻本　八冊　七
行字數不等白口左右雙邊

610000 – 1001 – 0001541　善 0006541

爾雅注疏十一卷　（晉）郭璞注　（宋）邢昺疏
清乾隆五十一年(1786)三樂齋刻本　四冊
九行二十一字小字雙行同白口左右雙邊

610000 – 1001 – 0001542　善 0006555

四書朱子本義匯粂四十三卷首四卷　（清）王
步青輯　（清）王土鼇編　清乾隆十年(1745)
敦復堂刻本　三十二冊　九行二十三字小字
雙行同白口四周單邊

610000 – 1001 – 0001543　善 0006560

重刊許氏說文解字五音韻譜十二卷　（宋）李
燾撰　明天啟七年(1627)世裕堂刻本　六冊
七行字數不等白口左右雙邊

610000 – 1001 – 0001544　善 0006588

周易十卷　（三國魏）王弼注　清乾隆四十八
年(1783)武英殿刻本　五冊　八行十七字小
字雙行同白口四周雙邊

610000 – 1001 – 0001545　善 0006590

匡謬正俗八卷　（唐）顏師古撰　清乾隆二十
一年(1756)雅雨堂刻本　一冊　十行二十一
字白口四周單邊

610000 – 1001 – 0001546　善 0006596

**四書釋地一卷續一卷又續一卷三續一卷孟子
生卒年月考一卷**　（清）閻若璩撰　清乾隆八
年(1743)王氏東浯刻本　四冊　十一行二十
字小字雙行三十字白口左右雙邊

610000 – 1001 – 0001547　善 0006601

古今韻略五卷　（清）邵長蘅纂　清康熙三十
五年(1696)刻本　五冊　九行十四字小字雙
行二十八字上下黑口四周單邊

610000 – 1001 – 0001548　善 0006602

復古編二卷 （宋）張有著 **校正一卷** （清）葛鳴陽撰 **附錄一卷曾樂軒稿一卷** （宋）張維撰 **安陸集一卷** （宋）張先撰 清乾隆四十六年(1781)葛鳴陽刻本 三冊 五行字數不等白口四周單邊

610000－1001－0001549 善0006603

新增說文韻府羣玉二十卷 （元）陰時夫輯 （元）陰中夫注 清康熙五十五年(1716)文盛堂、天德堂刻本 十六冊 十一行二十二字小字雙行同白口左右雙邊

610000－1001－0001550 善0006606

新增說文韻府羣玉二十卷 （元）陰時夫輯 （元）陰中夫注 清乾隆二十四年(1759)刻本 二十冊 十一行二十二字小字雙行同白口左右雙邊

610000－1001－0001551 善0006622

五代史記七十四卷 （宋）歐陽修撰 明崇禎三年(1630)汲古閣刻本 八冊 十二行二十五字小字雙行三十八字白口左右雙邊

610000－1001－0001552 善0006626

晉書一百三十卷 （唐）房玄齡等撰 明崇禎元年(1628)汲古閣刻本 二十四冊 十二行二十五字白口左右雙邊

610000－1001－0001553 善0006630

宋書一百卷 （南朝梁）沈約撰 明崇禎七年(1634)汲古閣刻本 十六冊 十二行二十五字白口左右雙邊

610000－1001－0001554 善0006633

陳書三十六卷 （唐）姚思廉撰 （明）趙用賢校正 明萬曆十六年(1588)刻清順治至康熙遞修本 四冊 九行十八字白口四周雙邊

610000－1001－0001555 善0006634

陳書三十六卷 （唐）姚思廉撰 明崇禎四年(1631)汲古閣刻本 四冊 十二行二十五字白口左右雙邊

610000－1001－0001556 善0006638

周書五十卷 （唐）令狐德棻撰 明末清初汲古閣刻本 五冊 十二行二十五字白口左右雙邊

610000－1001－0001557 善0006639

北齊書五十卷 （唐）李百藥撰 明崇禎十一年(1638)汲古閣刻本 五冊 十二行二十五字白口左右雙邊

610000－1001－0001558 善0006641

梁書五十六卷 （唐）姚思廉撰 明崇禎六年(1633)汲古閣刻本 八冊 十二行二十五字白口左右雙邊

610000－1001－0001559 善0006642

南齊書五十九卷 （南朝梁）蕭子顯撰 明崇禎十年(1637)汲古閣刻本 八冊 十二行二十五字白口左右雙邊

610000－1001－0001560 善0006644

史記一百三十卷 （漢）司馬遷撰 明崇禎十四年(1641)汲古閣刻本 十六冊 十二行二十五字白口左右雙邊

610000－1001－0001561 善0006646

南史八十卷 （唐）李延壽撰 明崇禎十三年(1640)汲古閣刻本 十五冊 十二行二十五字白口左右雙邊

610000－1001－0001562 善0006647

北史一百卷 （唐）李延壽撰 明崇禎十二年(1639)琴川毛氏汲古閣刻本 二十冊 十二行二十五字白口左右雙邊

610000－1001－0001563 善0006650

隸辨八卷 （清）顧藹吉撰 清康熙五十七年(1718)刻本 八冊 十二行大小字不等白口四周單邊

610000－1001－0001564 善0006669

唐書二百二十五卷 （宋）歐陽修等撰 明末清初汲古閣刻本 四十五冊 十二行二十五字白口左右雙邊

610000－1001－0001565 善0006677

十七史商榷一百卷 （清）王鳴盛撰 清乾隆五十二年(1787)刻本 二十冊 十行二十字白口四周雙邊

610000－1001－0001566 善0006681

宋元通鑑一百五十七卷　(明)薛應旂撰
(明)陳仁錫評　明天啟六年(1626)陳仁錫刻
本　三十一冊　十行二十字白口四周單邊

610000－1001－0001567　善0006728

東華錄三十二卷　(清)蔣良騏編　清乾隆三
十年(1765)刻本　三十二冊　八行十六字白
口四周單邊

610000－1001－0001568　善0006730

東周紀年一卷　(清)張坊纂輯　清乾隆二十
三年(1758)刻本　一冊　十八行字數不等白
口四周單邊

610000－1001－0001569　善0006733

資治通鑑綱目前編二十五卷　(明)南軒撰
(明)陳仁錫評定　正編五十九卷首一卷
(宋)朱熹撰　(明)陳仁錫評定　續編二十七
卷　(明)商輅等撰　(明)陳仁錫評定　清康
熙四十年(1701)王公行刻本　一百二十冊
七行十八字小字雙行同白口四周單邊

610000－1001－0001570　善0006746

草字彙十二卷　(清)石梁集　清乾隆五十三
年(1788)敬義齋刻本　六冊　行數不等字數
不等白口四周雙邊

610000－1001－0001571　善0006766

闕里誌十二卷　(明)陳鎬撰　(明)孔胤植等增
補　明萬曆三十七年(1609)刻崇禎修補本　六
冊　九行二十一字小字雙行同白口四周單邊

610000－1001－0001572　善0006779

文公家禮儀節八卷　(明)丘濬輯　(明)楊廷
筠訂　明萬曆三十七年(1609)錢時刻本　六
冊　八行十六字小字雙行同細黑口四周雙邊

610000－1001－0001573　善0006784

新纂氏族箋釋八卷　(清)熊峻運著　清雍正
刻本　四冊　十行二十七字小字雙行同白口
四周單邊

610000－1001－0001574　善0006785

新纂氏族箋釋八卷　(清)熊峻運著　清雍正
刻本　四冊　十行二十七字小字雙行同白口
四周單邊

610000－1001－0001575　善0006787

歷代名賢齒譜九卷名媛齒譜三卷　(清)易宗
涫輯　清乾隆刻本　二十冊　十四行二十八
字粗黑口左右雙邊

610000－1001－0001576　善0006821

唐陸宣公集二十二卷　(唐)陸贄撰　(清)王
汝驤等校　清雍正元年(1723)年龔堯刻本
十六冊　十行二十字白口四周單邊

610000－1001－0001577　善0006848

于清端公政書八卷首編一卷外集一卷續集一
卷　(清)于成龍撰　(清)蔡方炳等編　清康
熙四十六年(1707)刻本　十冊　八行二十字
白口四周單邊

610000－1001－0001578　善0006849

關學原編四卷首一卷　(明)馮從吾纂　清乾
隆二十二年(1757)刻本　二冊　九行十八字
白口四周雙邊

610000－1001－0001579　善0006872

省軒考古類編十二卷　(清)柴紹炳纂　(清)
姚培謙評　清乾隆二十三年(1758)刻本　六
冊　十行二十一字粗黑口左右雙邊

610000－1001－0001580　善0006873

靳文襄公治河方略十卷首一卷　(清)崔應階
重編　清乾隆三十二年(1767)刻本　七冊
十行二十字白口左右雙邊　存八卷(一至四、
七至十)

610000－1001－0001581　善0006877

文獻通考紀要二卷　(□)□□撰　清乾隆四
年(1739)刻本　四冊　九行二十字小字雙行
同白口四周雙邊

610000－1001－0001582　善0006882

孫文定公奏疏十二卷　(清)孫嘉淦撰　(清)
孫鑄校　清乾隆敦和堂刻本　十二冊　九行
十八至二十字白口四周雙邊

610000－1001－0001583　善0006883

孫文定公奏疏十二卷　(清)孫嘉淦撰　(清)
孫鑄校　清乾隆敦和堂刻本　十二冊　九行
十八至二十字白口四周雙邊

610000－1001－0001584　善0006889

水經注四十卷　（北魏）酈道元撰　清乾隆三十九年(1774)武英殿木活字印武英殿聚珍版書本　十六冊　九行二十一字小字雙行同白口左右雙邊

610000－1001－0001585　善0006909

淮南調劑志畧四卷　（□）□□撰　清乾隆刻本　四冊　八行二十一字白口左右雙邊

610000－1001－0001586　善0006921

洛學編五卷　（清）湯斌輯　清乾隆三年(1738)刻本　一冊　十行二十字白口左右雙邊

610000－1001－0001587　善0007000

居官寡過錄四卷　（□）盤嶠野人輯　清乾隆四十年(1775)刻本　四冊　九行二十二字白口左右雙邊

610000－1001－0001588　善0007060

偃師金石記四卷　（清）武億纂　清乾隆五十三年(1788)刻本　一冊　十行二十一字小字雙行同白口左右雙邊

610000－1001－0001589　善0007082

兩漢金石記二十二卷　（清）翁方綱撰　清乾隆五十四年(1789)大興翁方網南昌使院刻本　八冊　十行二十字小字雙行同白口左右雙邊

610000－1001－0001590　善0007093

六書分類十二卷首一卷　（清）傅世垚撰　清嘉慶元年(1796)刻本　十三冊　八行字數不等白口四周單邊

610000－1001－0001591　善0007105

漢碑四種　（清）黃易集藏　清乾隆五十四年(1789)小蓬萊閣刻本　二冊　行數不等大小字不等白口四周單邊

610000－1001－0001592　善0007120

育正堂重訂幼學須知句解四卷　（清）程允升著　（清）錢元龍校　清乾隆二十二年(1757)寶寧堂刻本　四冊　九行十七字小字雙行同白口左右雙邊

610000－1001－0001593　善0007122

御纂性理精義十二卷　（清）李光地等編　清康熙五十六年(1717)武英殿刻本　六冊　八行十八字小字雙行二十二字白口四周雙邊

610000－1001－0001594　善0007123

御纂性理精義十二卷　（清）李光地等編　清康熙五十六年(1717)武英殿刻本　六冊　八行十八字小字雙行二十二字白口四周雙邊

610000－1001－0001595　善0007149

日省錄二卷　（清）王承烈著　（清）孫能寬校　清康熙六十年(1721)刻本　一冊　九行二十二字白口四周雙邊

610000－1001－0001596　善0007154

潛夫論十卷　（漢）王符撰　清乾隆十九年(1754)刻本　四冊　九行二十字白口左右雙邊

610000－1001－0001597　善0007173

張子全書九種　（宋）張載撰　清乾隆四十九年(1784)臨潼宋廷尊刻本　八冊　九行二十字白口左右雙邊

610000－1001－0001598　善0007182

小學句讀記六卷　（明）陳選點　（清）王建常記　清乾隆十七年(1752)刻本　五冊　十行二十五字小字雙行同粗黑口四周雙邊

610000－1001－0001599　善0007186

學統五十三卷　（清）熊賜履撰　清康熙二十四年(1685)熊賜履刻本　十六冊　九行二十字白口左右雙邊

610000－1001－0001600　善0007188

近思錄十四卷　（宋）葉采集解　清乾隆十三年(1748)刻本　二冊　九行二十字白口左右雙邊

610000－1001－0001601　善0007196

法苑火齊八卷　（明）何齊聖著　清乾隆十三年(1748)刻本　八冊　八行二十字小字雙行同白口四周雙邊

610000－1001－0001602　善0007206

性理三解 （明）韓邦奇撰 清乾隆刻本 四冊 十行二十字白口四周雙邊

610000－1001－0001603 善0007207

性理三解 （明）韓邦奇撰 清乾隆刻本 四冊 十行二十字白口四周雙邊

610000－1001－0001604 善0007208

性理三解 （明）韓邦奇撰 清乾隆刻本 四冊 十行二十字白口四周雙邊

610000－1001－0001605 善0007209

性理三解 （明）韓邦奇撰 清乾隆刻本 四冊 十行二十字白口四周雙邊

610000－1001－0001606 善0007221

讀書錄十一卷續錄十二卷 （明）薛瑄撰 清乾隆四十一年(1776)刻本 四冊 十二行二十二字黑口左右雙邊

610000－1001－0001607 善0007225

讀書錄十一卷續錄十二卷行實錄五卷 （明）薛瑄撰 清乾隆十一年(1746)刻本 九冊 十二行二十二字小字雙行同細黑口左右雙邊

610000－1001－0001608 善0007226

薛文清公讀書錄講義十二卷 （明）薛瑄撰 （清）張怒齋選 （清）黃霖編 （清）鄒昌焰講義 （清）馬德懋輯訂 清雍正九年(1731)刻本 四冊 九行十九字小字雙行同白口左右雙邊

610000－1001－0001609 善0007227

讀書錄十一卷續錄十二卷 （明）薛瑄撰 清乾隆十六年(1751)刻本 七冊 十二行二十二字小字雙行同細黑口左右雙邊

610000－1001－0001610 善0007248

衛道編二卷 （清）劉紹攽編注 清乾隆二十九年(1764)刻本 二冊 九行二十一字小字雙行同白口四周雙邊

610000－1001－0001611 善0007255

呂子節錄四卷補遺二卷 （明）呂坤著 （清）陳宏謀評輯 清乾隆元年(1736)刻本 三冊 九行十八字白口左右雙邊 存一卷(補遺一)

610000－1001－0001612 善0007262

四禮翼八卷 （明）呂坤著 清康熙五十八年(1719)刻本 一冊 九行二十字粗黑口四周雙邊

610000－1001－0001613 善0007312

醫方集解三卷 （清）汪昂輯 （清）汪桓參訂 （明）胡雪峰重訂 清乾隆五年(1740)天德堂刻本 四冊 十行大小字不等白口四周單邊 存二卷(上、中)

610000－1001－0001614 善0007316

小學六卷 （宋）朱熹撰 （明）陳選集註 清乾隆十年(1745)蓮花書院刻本 四冊 九行十四字白口四周雙邊

610000－1001－0001615 善0007342

三命通會十二卷 （明）萬民英著 清雍正十三年(1735)刻本 六冊 十行二十字小字雙行同白口左右雙邊

610000－1001－0001616 善0007349

達生編二卷 （清）亟齋居士著 附福幼驗房一卷福幼編一卷 （明）黃倫樂增訂 清乾隆刻本 一冊 九行二十二字小字雙行同白口四周單邊

610000－1001－0001617 善0007370

達生編二卷 （清）亟齋居士著 清乾隆五十六年(1791)刻本 一冊 九行二十字白口四周雙邊

610000－1001－0001618 善0007393

達生編二卷 （清）亟齋居士著 清康熙五十四年(1715)刻本 一冊 九行二十二字小字雙行同白口四周雙邊

610000－1001－0001619 善0007398

徐氏醫書六種 （清）徐大椿撰 清乾隆半松齋刻本 十二冊 九行二十二字白口左右雙邊

610000－1001－0001620 善0007424

新刻景岳先生質疑錄二卷 （明）張介賓撰 （清）石楷校訂 敖氏傷寒金鏡錄一卷 （元）杜本撰 （元）杜清碧增定 清康熙二十七年

(1688)刻本　二冊　九行二十字白口左右
雙邊

610000－1001－0001621　善0007433
考槃餘事四卷　（元）屠隆著　清乾隆六十年
(1795)刻本　一冊　八行十九字小字雙行同
細黑口四周雙邊

610000－1001－0001622　善0007439
重訂增補陶朱公致富全書四卷　（明）陳繼儒
輯　（清）石巖逸叟增訂　清乾隆四十四年
(1779)刻本　四冊　十二行二十五字小字雙
行同白口四周單邊

610000－1001－0001623　善0007441
人生必讀書十二卷　（清）唐彪編　清乾隆六
十年(1795)刻本　六冊　十一行二十五字小
字雙行同粗黑口左右雙邊

610000－1001－0001624　善0007443
新增象吉備要通書二十九卷　（清）魏鑒篆輯
　清康熙五十一年(1712)刻本　八冊　十六
行三十八字小字雙行同白口四周單邊

610000－1001－0001625　善0007448
本草綱目五十二卷附圖三卷　（明）李時珍撰
　清乾隆四十九年(1784)萬方刻本　四十五
冊　九行二十字小字雙行同白口四周單邊
存五十一卷(一至四十八、五十至五十二,附
圖上、中)

610000－1001－0001626　善0007451
南窗紀談一卷　（宋）□□撰　清乾隆、道光
長塘鮑氏刻本　一冊　九行二十一字上下黑
口左右雙邊

610000－1001－0001627　善0007457
陽宅大成四種　（清）魏青江撰　清乾隆七年
(1742)刻本　十六冊　十行二十四字小字雙
行同白口左右雙邊

610000－1001－0001628　善0007504
棉陽學準五卷　（清）藍鼎元著　清雍正七年
(1729)刻本　二冊　九行十七字白口左右
雙邊

610000－1001－0001629　善0007514
增補註釋故事白眉十卷　（明）許以忠註釋
清雍正十三年(1735)素位堂刻本　八冊　十
一行二十字小字雙行同白口四周單邊

610000－1001－0001630　善0007577
管城碩記三十卷　（清）徐文靖著　清乾隆九
年(1744)刻本　八冊　九行二十字白口左右
雙邊

610000－1001－0001631　善0007591
日知錄三十二卷　（清）顧炎武撰　清乾隆六
十年(1795)刻本　八冊　九行二十二字小字
雙行同白口左右雙邊　存八卷(一至八)

610000－1001－0001632　善0007592
日知錄三十二卷之餘四卷　（清）顧炎武撰
清乾隆六十年(1795)刻本　二十三冊　九行
二十二字小字雙行同白口左右雙邊　存三十
卷(一至二十七、三十至三十二)

610000－1001－0001633　善0007596
因樹屋書影十卷　（清）周亮工撰　清雍正三
年(1725)懷德堂刻本　六冊　九行十八字小
字雙行同白口四周單邊

610000－1001－0001634　善0007630
**山海經廣注十八卷讀山海經語一卷雜述一卷
圖五卷**　（晉）郭璞注　（清）吳任臣釋　清乾
隆五十一年(1786)刻本　六冊　九行二十二
字小字雙行同白口左右雙邊

610000－1001－0001635　善0007655
說唐前傳十卷小英雄傳二卷薛家府傳六卷
（清）如蓮居士編次　清乾隆元年(1736)刻本
　八冊　十二行二十八字白口四周單邊

610000－1001－0001636　善0007692
管窺輯要八十卷目錄一卷　（清）黃鼎篆　清
順治十年(1653)善成堂刻本　十六冊　九行
十九字白口四周單邊間四周雙邊

610000－1001－0001637　善0007693
三多齋重訂註釋采眉故事十卷　（清）煙霞逸
叟增訂　清乾隆三十六年(1771)三多齋刻本
　七冊　十一行二十字小字雙行同白口四周

單邊　存九卷(一、三至十)

610000－1001－0001638　善0007696
天中記六十卷　(明)陳耀文撰　明萬曆刻本
十二冊　十一行二十一字白口左右雙邊
存二十四卷(一至十八、二十一至二十六)

610000－1001－0001639　善0007705
梅氏叢書輯要二十一種附二種　(清)梅文鼎
撰　清乾隆二十六年(1761)梅毅成承學堂刻
本　十二冊　十一行二十四字小字雙行同白
口四周雙邊　缺九種

610000－1001－0001640　善0007707
算經十書　(清)孔繼涵輯　清乾隆曲阜孔氏
刻本(周髀算經卷二附音義卷一配清光緒十
六年(1890)滬上刻本)　十冊　九行十八字
小字雙行同上下黑口左右雙邊

610000－1001－0001641　善0007733
子史精華一百六十卷　(清)允祿　(清)吳襄
等纂　清雍正五年(1727)武英殿刻本　二十
四冊　八行二十四字小字雙行同白口四周
雙邊

610000－1001－0001642　善0007734
四書典林三十卷　(清)江永輯　清乾隆五十
四年(1789)刻本　十二冊　八行二十二字小
字雙行同白口左右雙邊

610000－1001－0001643　善0007744
初學行文語類四卷　(清)孫埏編輯　清乾隆
四十六年(1781)元興堂刻本　一冊　十一行
二十六字小字雙行同白口四周單邊

610000－1001－0001644　善0007762
增補四書精繡圖像人物備考十二卷　(清)薛
方山彙輯　(清)陳仁錫增訂　清乾隆六年
(1741)刻本　八冊　十三行三十字白口四周
單邊

610000－1001－0001645　善0007763
類腋五十五卷　(清)姚培謙輯　清乾隆刻本
八冊　九行二十四字小字雙行同白口左右
雙邊　存三十一卷(二十五至五十五)

610000－1001－0001646　善0007785
重訂事類賦三十卷　(宋)吳淑撰　重訂廣事
類賦四十卷　(清)華希閔撰　(清)華希閔重
訂　清乾隆二十九年(1764)聚錦堂刻本　九
冊　九行二十一字小字雙行同細黑口四周
雙邊

610000－1001－0001647　善0007801
子史精華一百六十卷　(清)允祿　(清)吳襄
等纂　清刻本　三十六冊　八行二十四字小
字雙行同白口四周雙邊

610000－1001－0001648　善0007816
豳風廣義三卷　(清)楊屾編輯　清乾隆七年
(1742)刻本　二冊　九行二十字小字雙行同
白口四周雙邊

610000－1001－0001649　善0007827
書法正宗不分卷　(明)蔣和撰　清乾隆五十
七年(1792)香遠堂刻本　一冊　行數不等大
小字不等白口四周單邊

610000－1001－0001650　善0007846
增訂二三塲群書備考四卷　(明)袁黃著
(明)袁儼注　明崇禎五年(1632)王天惠刻本
四冊　九行二十一字小字雙行同白口四周
單邊

610000－1001－0001651　善0007873
丹鉛總錄二十七卷　(明)楊愼撰　清乾隆五
十六年(1791)刻本　十二冊　十行二十字小
字雙行同細黑口四周單邊

610000－1001－0001652　善0007904
唐宋八家文讀本三十卷　(唐)韓愈著　(清)
沈德潛評點　清乾隆十五年(1750)芸生堂刻
本　十二冊　十行二十字小字雙行同白口左
右雙邊

610000－1001－0001653　善0007906
文選六十卷　(南朝梁)蕭統撰　(唐)李善注
清乾隆二十四年(1759)刻本　十六冊　十
二行二十五字小字雙行三十七字白口左右
雙邊

610000－1001－0001654　善0007922

文選六十卷　（南朝梁）蕭統撰　（唐）李善注
　　清乾隆三十七年(1772)刻朱墨印本　十二
　　冊　十二行二十五字小字雙行三十七字白口
　　左右雙邊

610000－1001－0001655　善0007924
南雷文定前集十一卷後集四卷三集三卷四集
四卷附錄一卷　（清）黃宗羲撰　清康熙二十
七年(1688)刻本　八冊　十一行二十四字小
字雙行同細黑口左右雙邊

610000－1001－0001656　善0007937
憑山閣增輯留青新集三十卷　（清）陳枚選
（清）陳德裕增輯　清康熙文立堂刻本　十三
冊　十一行二十四字小字雙行同白口四周單
邊　缺一卷(五)

610000－1001－0001657　善0007951
分體利試文中初集六卷　（明）郝廷顯評選
清乾隆八年(1743)刻本　二冊　九行二十五
字白口四周單邊

610000－1001－0001658　善0007962
古文眉詮七十九卷首一卷　（清）浦起龍論次
　（清）程鍾　（清）方懋福彙參　清乾隆九年
(1744)三吳書院刻本　十八冊　九行二十二
字小字雙行同白口左右雙邊　存四十七卷
(十七至十九、三十一至五十一、五十七至七
十九)

610000－1001－0001659　善0007963
國朝文鈔五編論文集鈔二卷　（清）高塘輯
清乾隆五十一年(1786)刻本　二十九冊　九
行二十五字白口四周雙邊

610000－1001－0001660　善0007967
文選六十卷　（南朝梁）蕭統撰　（唐）李善注
　　清乾隆三十七年(1772)刻朱墨印本　十六
冊　十二行二十五字小字雙行三十七字白口
左右雙邊

610000－1001－0001661　善0007969
唐宋八家文讀本三十卷　（唐）韓愈著　（清）
沈德潛評點　清乾隆十五年(1750)小欉林刻
本　十六冊　十行二十字白口左右雙邊

610000－1001－0001662　善0007975
文選六十卷　（南朝梁）蕭統撰　（唐）李善注
　　清乾隆三十七年(1772)刻朱墨印本　十六
冊　十二行二十四字小字雙行三十七字白口
左右雙邊

610000－1001－0001663　善0007976
元詩選六卷補遺一卷　（清）顧奎光選輯
(清)陶瀚等參評　清乾隆十六年(1751)刻本
　　四冊　十行十九字小字雙行同白口左右
雙邊

610000－1001－0001664　善0007977
庚辰集五卷　（清）紀昀編　清乾隆二十七年
(1762)刻本　五冊　十行二十四字小字雙行
同白口左右雙邊

610000－1001－0001665　善0007978
文選六十卷　（南朝梁）蕭統撰　（唐）李善注
　　清乾隆三十七年(1772)刻朱墨印本　十一
冊　十二行二十五字小字雙行三十七字白口
左右雙邊　存五十六卷(一至二十五、三十至
六十)

610000－1001－0001666　善0007979
文選六十卷　（南朝梁）蕭統撰　（唐）李善注
　　清乾隆三十七年(1772)刻朱墨印本　十二
冊　十二行二十五字小字雙行三十七字白口
左右雙邊

610000－1001－0001667　善0008002
蘭山課業松厓詩錄二卷　（清）吳鎮撰　（清）
楊芳燦選　清乾隆五十七年(1792)刻本　二
冊　九行二十二字白口四周雙邊

610000－1001－0001668　善0008019
應制詩賦題解四卷　（清）丁湘錦選注　清乾
隆五十五年(1790)敦厚堂刻本　四冊　九行
十九字小字雙行同白口四周單邊

610000－1001－0001669　善0008027
憑山閣增輯留青新集三十卷　（清）陳枚撰
(清)陳德裕增輯　清康熙四十七年(1708)積
秀堂刻本　二十四冊　十一行二十四字白口
四周單邊

610000 – 1001 – 0001670　善 0008029

小草廬時文一卷　（清）吳鳳來撰　清乾隆五十一年(1786)刻本　一冊　九行二十五字白口四周雙邊

610000 – 1001 – 0001671　善 0008034

古唐詩合解十二卷古詩四卷　（清）王堯衢註　清雍正十年(1732)刻本　六冊　十行二十四字小字雙行同白口四周單邊

610000 – 1001 – 0001672　善 0008035

古唐詩合解十二卷古詩四卷　（清）王堯衢註　清雍正十年(1732)刻本　五冊　九行二十四字小字雙行同白口四周單邊　存十四卷（一至七、十至十六）

610000 – 1001 – 0001673　善 0008036

古唐詩合解十二卷古詩四卷　（清）王堯衢註　清雍正十年(1732)三益堂刻本　六冊　十行二十一字小字雙行同白口左右雙邊

610000 – 1001 – 0001674　善 0008037

古唐詩合解十二卷古詩四卷　（清）王堯衢註　清雍正十年(1732)恆德堂刻本　六冊　十一行二十四字小字雙行同白口四周單邊

610000 – 1001 – 0001675　善 0008078

御選唐宋詩醇四十七卷目錄二卷　（清）高宗弘曆選　（清）梁詩正等編　清乾隆二十五年(1760)書業堂刻本　十七冊　十行十九字小字雙行同白口四周單邊　存三十二卷（一至十、二十三至三十八、四十一至四十六）

610000 – 1001 – 0001676　善 0008079

西樓記四卷　（清）袁于令撰　清乾隆五十五年(1790)寧我齋刻本　二冊　九行十八字小字雙行同白口左右雙邊

610000 – 1001 – 0001677　善 0008087

明詩別裁集十二卷　（清）沈德潛　（清）周準輯　清乾隆四年(1739)刻本　六冊　十行十九字小字雙行二十九字白口左右雙邊

610000 – 1001 – 0001678　善 0008101

分月新賦四卷　（清）吳肖元選注　清乾隆三十三年(1768)刻本　四冊　七行十八字小字雙行同白口四周單邊

610000 – 1001 – 0001679　善 0008109

明詩別裁集十二卷　（清）沈德潛　（清）周準輯　清乾隆四年(1739)刻本　四冊　十行十九字小字雙行二十九字白口左右雙邊

610000 – 1001 – 0001680　善 0008114

十名家詞集　（清）侯文燦輯　清康熙二十八年(1689)亦園刻本　四冊　九行二十一字小字雙行同白口左右雙邊

610000 – 1001 – 0001681　善 0008133

明詩綜一百卷　（清）朱彝尊輯　清康熙四十四年(1705)刻本　三十二冊　十一行二十一字小字雙行不等白口左右雙邊

610000 – 1001 – 0001682　善 0008135

徐詩二卷　（清）徐夜撰　（清）王士禛輯　清康熙三十七年(1698)刻本　一冊　十行二十字小字雙行同粗黑口左右雙邊

610000 – 1001 – 0001683　善 0008143

古詩選不分卷　（清）梁善長編　清乾隆三十年(1765)刻本　一冊　九行二十字小字雙行同白口左右雙邊

610000 – 1001 – 0001684　善 0008146

才調集補注十卷　（後蜀）韋縠集　（清）殷元勳箋注　（清）宋邦綏補注　清乾隆五十八年(1793)刻本　五冊　十行二十一字小字雙行同白口四周雙邊　存九卷（一、三至十）

610000 – 1001 – 0001685　善 0008147

才調集十卷　（後蜀）韋縠集　清康熙四十三年(1704)刻本　六冊　八行十九字小字雙行不等白口左右雙邊

610000 – 1001 – 0001686　善 0008154

歷朝賦格三集十五卷　（清）陸菜輯評　清康熙二十五年(1686)刻本　八冊　九行十九字白口四周單邊

610000 – 1001 – 0001687　善 0008175

含英閣詩草十卷　（清）鄭熙績撰　清康熙二十六年(1687)刻本　二冊　九行二十字小字

雙行同白口四周雙邊

610000－1001－0001688　善0008176
納書楹曲譜正集三卷續集四卷外集二卷
(清)葉堂撰　清乾隆五十七年(1792)刻本
五冊　六行十八字小字雙行同白口四周雙邊
存五卷(正集一至三,續集一、四)

610000－1001－0001689　善0008185
繡虎軒尺牘二集八卷三集八卷　(清)曹煜撰
清康熙十七年(1678)傳萬堂刻本　八冊
九行十八字白口左右雙邊

610000－1001－0001690　善0008186
繡虎軒尺牘八卷　(清)曹煜撰　清康熙十七
年(1678)傳萬堂刻本　四冊　九行十八字小
字雙行同白口左右雙邊

610000－1001－0001691　善0008196
廬陵宋丞相信國公文忠烈先生全集十六卷
(宋)文天祥撰　清乾隆二年(1737)刻本　十
六冊　十行二十字白口四周雙邊

610000－1001－0001692　善0008203
簡齋集十六卷　(宋)陳與義撰　清乾隆四十
六年(1781)武英殿木活字印武英殿聚珍版書
本　四冊　九行二十一字小字雙行同白口四
周雙邊

610000－1001－0001693　善0008213
康對山先生集四十五卷首一卷　(明)康海撰
(清)馬逸姿校　清康熙五十一年(1712)古
邰馬氏貽穀堂刻本　十二冊　十行二十字白
口左右雙邊

610000－1001－0001694　善0008224
楚辭燈四卷楚懷襄二王在位事蹟考一卷
(清)林雲銘撰　**屈原列傳一卷**　(漢)司馬遷
撰　清康熙三十六年(1697)挹奎樓刻本　四
冊　八行二十字小字雙行同白口左右雙邊

610000－1001－0001695　善0008225
宋孫仲益內簡尺牘十卷首一卷目錄一卷
(宋)孫覿撰　(宋)李祖堯編注　(清)蔡焯
等增訂　清乾隆十二年(1747)刻本　四冊
九行二十字小字雙行同粗黑口四周單邊

610000－1001－0001696　善0008260
王陽明先生文鈔二十卷　(明)王守仁撰
(清)張問達輯　清康熙二十八年(1689)刻本
八冊　九行二十三字小字雙行同白口四周
單邊

610000－1001－0001697　善0008261
重刻吳淵穎集十二卷附錄一卷　(元)吳萊撰
(清)查遴輯　清康熙四十九年(1710)刻雍
正元年(1723)增刻本　四冊　十一行二十四
字白口左右雙邊

610000－1001－0001698　善0008266
苑洛集二十二卷　(明)韓邦奇撰　清乾隆十
六年(1751)刻本　十冊　十行二十字白口左
右雙邊

610000－1001－0001699　善0008267
康對山先生文集十卷　(明)康海撰　清乾隆
二十六年(1761)刻本　六冊　十行二十字白
口四周雙邊

610000－1001－0001700　善0008270
杜詩詳註附編二卷　(唐)杜甫撰　(清)仇兆
鰲輯註　清康熙刻本　二冊　十行二十二字
小字雙行同粗黑口左右雙邊

610000－1001－0001701　善0008285
思綺堂文集十卷　(清)章藻功撰　清康熙六
十一年(1722)刻本　十冊　十行二十二字小
字雙行同白口四周單邊

610000－1001－0001702　善0008305
杜詩詳註二十五卷首一卷附編二卷　(唐)杜
甫撰　(清)仇兆鰲輯註　清康熙三十二年
(1693)刻本　二十四冊　十行二十二字小字
雙行同粗黑口左右雙邊

610000－1001－0001703　善0008324
對雪亭文集十卷　(清)張洲撰　清乾隆五十
八年(1793)刻本　四冊　九行二十三字白口
左右雙邊

610000－1001－0001704　善0008329
呂東萊先生文集四卷　(宋)呂祖謙撰　(清)
張伯行編訂　清康熙五十年(1711)刻本　一

冊 十行二十二字白口左右雙邊

610000－1001－0001705 善0008346

延壽集四卷 （清）王詩荃輯 清乾隆五十七年(1792)刻本 四冊 十行二十字小字雙行同白口四周雙邊

610000－1001－0001706 善0008352

昌黎先生詩集注十一卷 （清）顧嗣立刪補年譜一卷 清康熙三十八年(1699)刻本 六冊 十一行二十字小字雙行三十字白口左右雙邊

610000－1001－0001707 善0008392

吳詩集覽二十卷 （清）靳榮藩輯 **談藪一卷** （清）靳榮藩輯 清乾隆刻本 三十一冊 九行二十一字小字雙行同黑口四周雙邊 缺一卷(十九)

610000－1001－0001708 善0008400

懷清堂集二十卷首一卷 （清）湯右曾撰 清乾隆十二年(1747)刻本 五冊 十行二十一字小字雙行同白口左右雙邊

610000－1001－0001709 善0008404

松花菴律古一卷 （清）吳鎮撰 清乾隆三十四年(1769)刻本 一冊 九行十七字小字雙行同白口四周雙邊

610000－1001－0001710 善0008420

梅崖居士文集三十卷首一卷外集八卷 （清）朱仕琇撰 清乾隆四十七年(1782)刻本 十二冊 九行二十五字黑口左右雙邊

610000－1001－0001711 善0008427

蘭山課業松厓詩錄二卷 （清）吳鎮撰 （清）楊芳燦選 清乾隆五十七年(1792)刻本 二冊 九行二十二字小字雙行同白口四周雙邊

610000－1001－0001712 善0008432

宋氏綿津詩鈔八卷 （清）宋犖撰 （清）邵長蘅選 清康熙刻本 二冊 十行二十一字小字雙行不等粗黑口四周單邊

610000－1001－0001713 善0008445

唐人五言長律清麗集六卷 （清）徐日璉等輯

注 清乾隆二十二年(1757)刻本 四冊 九行十九字小字雙行同白口左右雙邊

610000－1001－0001714 善0008458

曝書亭集八十卷附錄一卷 （清）朱彝尊撰 清康熙五十三年(1714)刻本 七冊 十二行二十三字白口左右雙邊 缺十二卷(五十六至六十七)

610000－1001－0001715 善0008470

笠翁文集四卷 （清）李漁撰 清康熙十七年(1678)刻本 四冊 九行二十字白口左右雙邊

610000－1001－0001716 善0008497

趙文敏公松雪齋全集十卷外集一卷續集一卷 （元）趙孟頫撰 （清）曹培廉校 清康熙五十二年(1713)刻本 四冊 十行十九字小字雙行不等白口左右雙邊

610000－1001－0001717 善0008508

二曲集四十六卷 （清）李顒撰 清康熙刻本 一冊 九行二十字小字雙行同白口四周雙邊 存二卷(二十二、二十七)

610000－1001－0001718 善0008510

清詩初集十二卷 （清）蔣鑨 （清）翁介眉等選 清康熙金陵鄧執中刻本 六冊 十一行二十一字小字雙行同白口左右雙邊

610000－1001－0001719 善0008524

康對山先生文集十卷 （明）康海撰 （清）孫景烈選次 清乾隆二十六年(1761)刻本 六冊 十行二十字白口四周雙邊

610000－1001－0001720 善0008546

午亭文編五十卷 （清）林佶輯錄 清康熙四十七年(1708)刻本 十六冊 十一行二十一字黑口左右雙邊

610000－1001－0001721 善0008552

中晚唐詩叩彈集十二卷續集三卷 （清）杜詔等輯 清康熙四十三年(1704)刻本 四冊 十一行二十字小字雙行不等白口左右雙邊

610000－1001－0001722 善0008558

戒亭續集四卷 （清）劉壬撰 清乾隆四十五年(1780)刻本 一冊 九行十八字白口四周雙邊

610000 – 1001 – 0001723 善 0008567

蘀石齋詩集五十卷 （清）錢載撰 清乾隆五十三年(1788)刻本 六冊 十二行二十三字小字雙行三十四字白口左右雙邊

610000 – 1001 – 0001724 善 0008614

燕蘭小譜五卷 （清）吳長元撰 海漚小譜一卷 （清）趙執信撰 清乾隆五十年(1785)刻本 二冊 八行十六字小字雙行同白口四周雙邊

610000 – 1001 – 0001725 善 0008627

憑山閣增輯留青新集三十卷 （清）陳枚輯 (清)陳德裕增輯 清康熙四十七年(1708)積秀堂刻本 二十四冊 十一行二十四字小字雙行不等白口四周單邊

610000 – 1001 – 0001726 善 0008631

斯文精萃不分卷 （清）尹繼善輯 清乾隆七年(1742)刻本 二十冊 九行二十五字小字雙行同白口四周單邊

610000 – 1001 – 0001727 善 0008640

看山閣集六十四卷 （清）黃圖珌撰 清乾隆刻本 二冊 十行十九字粗黑口左右雙邊 存八卷(閑筆一至八)

610000 – 1001 – 0001728 善 0008651

弱水集二十二卷 （清）屈復撰 清乾隆七年(1742)刻本 四冊 十行二十一字小字雙行同白口左右雙邊

610000 – 1001 – 0001729 善 0008652

宋詩紀事一百卷 （清）厲鶚 （清）馬曰琯輯 清乾隆十一年(1746)刻本 三十六冊 十一行二十二字小字雙行不等黑口左右雙邊

610000 – 1001 – 0001730 善 0008675

增訂漢魏叢書八十六種 （清）王謨輯 清乾隆五十七年(1792)刻本 七十冊 九行二十字小字雙行同白口左右雙邊 存七十二種

610000 – 1001 – 0001731 善 0008676

檀几叢書一百五十七種 （清）王晫 （清）張潮輯 清康熙三十四年(1695)新安張氏霞舉堂刻本 十六冊 九行二十字白口四周單邊

610000 – 1001 – 0001732 善 0008684

秘書廿一種 （清）汪士漢輯 清乾隆七年(1742)新安汪氏刻本 十二冊 十行二十字小字雙行同白口四周單邊

610000 – 1001 – 0001733 善 0008688

隱居通議三十一卷 （元）劉壎撰 清康熙六年(1667)刻本 七冊 九行二十一字小字雙行同黑口左右雙邊

610000 – 1001 – 0001734 善 0008719

龍威祕書十集一百六十九種 （清）馬俊良輯 清乾隆五十九年至嘉慶元年(1794 – 1796)浙江石門馬氏大酉山房刻本 八十冊 九行二十字小字雙行同細黑口左右雙邊

610000 – 1001 – 0001735 善 0008732

痘疹正宗二卷 （清）宋麟祥撰 清乾隆二十九年(1764)刻本 四冊 八行二十字小字雙行同白口四周單邊

610000 – 1001 – 0001736 善 0008752

榕村全集四十卷 （清）李光地撰 清乾隆元年(1736)刻本 六冊 九行二十字白口左右雙邊 存二十卷(一至二十)

610000 – 1001 – 0001737 善 0008759

寶顏堂訂正靖康緗素雜記十卷 （宋）黃朝英撰 明刻本 一冊 八行十八字小字雙行同白口四周單邊

610000 – 1001 – 0001738 善 0008759

亦政堂鐫陳眉公志秘笈一集五十種 （明）陳繼儒編 明刻本 二冊 八至九行不等十八至十九字不等小字雙行同白口左右雙邊間四周單邊 存七種

610000 – 1001 – 0001739 善 0008764

中州道學存真錄四卷 （清）劉宗泗輯 清康熙四十二年(1703)刻本 一冊 十行二十一字粗黑口左右雙邊

610000－1001－0001740　善0008769

應制體詩二卷　（清）金啟南撰　（清）王鳴盛
鑒定　清乾隆二十四年(1759)經緯堂刻本
一冊　八行十七字小字雙行同白口四周單邊
　存一卷(上)

610000－1001－0001741　善0008778

聖諭廣訓不分卷　（清）聖祖玄燁撰　（清）世
宗胤禛廣訓　清雍正二年(1724)刻本　一冊
　九行二十一字白口四周雙邊

610000－1001－0001742　善0008797

四書徵十二卷　（明）王夢簡撰　明末刻本
六冊　九行二十五字小字雙行同白口四周
單邊

610000－1001－0001743　善0008803

康熙字典十二集　（清）張玉書纂　清康熙五
十五年(1716)刻本　四十冊　八行十二字小
字雙行二十四字白口四周雙邊

610000－1001－0001744　善0008804

孟子四考四卷　（清）周廣業撰　清乾隆六十
年(1795)刻本　二冊　十行二十三字小字雙
行同白口左右雙邊

610000－1001－0001745　善0008807

大學新編五卷　（明）劉元卿撰　明萬曆二十
三年(1595)刻本　四冊　九行十八字小字雙
行同白口四周單邊

610000－1001－0001746　善0008882

文房肆考圖說八卷　（清）唐秉鈞纂　（清）康
愷繪圖　清乾隆四十三年(1778)竹映山莊刻
本　四冊　九行二十字上下黑口左右雙邊

610000－1001－0001747　善0008910

兩漢金石記二十二卷　（清）翁方綱撰　清乾
隆五十四年(1789)大興翁方綱南昌使院刻本
　六冊　十行二十字小字雙行同白口左右
雙邊

610000－1001－0001748　善0008926

六書分類十二卷首一卷　（清）傅世垚撰　清
康熙四十四年(1705)刻本　二十冊　八行大
小字不等白口四周單邊

610000－1001－0001749　善0008942

日知薈說四卷　（清）高宗弘曆撰　清乾隆元
年(1736)刻本　四冊　七行十八字白口四周
雙邊

610000－1001－0001750　善0008950

食物本草會纂十二卷　（清）沈李龍撰　清乾
隆四十八年(1783)刻本　八冊　九行二十二
字小字雙行同白口四周單邊

610000－1001－0001751　善0008956

春秋經傳集解三十卷首一卷　（晉）杜預原本
　（唐）陸德明音釋　（宋）林堯叟附註　**左繡
一卷**　（明）馮李驊輯　　清康熙五十九年
(1720)刻本　十六冊　八行二十字小字雙行
同白口四周單邊

610000－1001－0001752　善0008967

懷清堂集二十卷首一卷　（清）湯右曾撰　清
乾隆十二年(1747)懷清堂刻本　六冊　十行
二十一字小字雙行同白口左右雙邊

610000－1001－0001753　善0008983

**青邱高季迪先生詩集十八卷首一卷補遺一卷
扣舷集一卷附錄一卷**　（明）高啟撰　（清）金
檀輯注　清雍正六年(1728)刻本　八冊　十
一行二十二字小字雙行三十三字白口左右
雙邊

610000－1001－0001754　善0008984

御製避暑山莊詩二卷　（清）聖祖玄燁輯
（清）沈嵛繪圖　（清）揆叙等注　清乾隆六年
(1741)刻朱墨印本　二冊　六行十七字小字
雙行二十一字白口四周雙邊

610000－1001－0001755　善0008985

堯峰文鈔五十卷　（清）汪琬撰　（清）林佶編
　清康熙林佶刻本　八冊　十三行二十五字
上下黑口左右雙邊

610000－1001－0001756　善0008997

有懷堂文藁二十二卷詩藁六卷　（清）韓菼撰
　清康熙四十二年(1703)刻本　六冊　十一
行二十一字小字雙行同白口四周單邊

610000－1001－0001757　善0009004

毘陵集十六卷　（宋）張守撰　清乾隆四十四年(1779)武英殿木活字印武英殿聚珍版書本　六冊　九行二十一字小字雙行同白口四周雙邊

610000－1001－0001758　善0009005

綿津山人詩集二十七卷　（清）宋犖撰　清康熙二十七年(1688)刻本　六冊　十行十九字小字雙行同白口四周單邊

610000－1001－0001759　善0009037

笠翁一家言全集四種　（清）李漁撰　清刻本　十六冊　九行二十字白口左右雙邊

610000－1001－0001760　善0009065

唐丞相曲江張文獻公集十二卷千秋金鑒錄五卷附錄一卷　（唐）張九齡撰　清雍正十三年(1735)刻本　六冊　九行十八字白口四周單邊

610000－1001－0001761　善0009074

蒙齋集二十卷　（宋）袁甫撰　清乾隆武英殿木活字印本　五冊　九行二十一字白口四周雙邊

610000－1001－0001762　善0009081

御定歷代賦彙一百四十卷外集二十卷逸句二卷補遺二十二卷目錄三卷　（清）陳元龍編　清康熙四十五年(1706)刻本　六十四冊　十一行二十一字上下黑口左右雙邊

610000－1001－0001763　善0009088

箋釋梅亭先生四六標準四十卷目錄一卷　（宋）李劉撰　（明）孫雲翼箋　清乾隆六年(1741)刻本　十六冊　十行二十一字小字雙行同白口左右雙邊

610000－1001－0001764　善0009092

二希堂文集十一卷首一卷　（清）蔡世遠撰　清雍正十年(1732)刻本　四冊　九行二十字白口四周雙邊

610000－1001－0001765　善0009101

感舊集十六卷　（清）王士禎輯　（清）盧見曾補傳　清乾隆十七年(1752)刻本　八冊　十一行二十一字小字雙行不等白口左右雙邊

610000－1001－0001766　善0009120

范文正公集二十卷別集四卷政府奏議二卷尺牘三卷年譜補遺一卷言行拾遺四卷鄱陽遺事錄一卷遺蹟一卷義莊規矩二卷褒賢集五卷補編五卷　（宋）范仲淹撰　范忠宣公集二十卷遺文三卷奏議二卷遺文一卷附錄一卷補編一卷　（清）范純仁撰　清康熙四十六年(1707)刻本　二十四冊　十一行二十一字白口左右雙邊

610000－1001－0001767　善0009137

施註蘇詩四十二卷總目二卷　（清）宋犖（清）張榕端閱定　（清）邵長蘅　（清）顧嗣立　（清）宋至刪補　續補遺二卷　（清）馮景補註　王註正譌一卷　（清）邵長蘅撰　東坡年譜一卷　（宋）王宗稷撰　（清）邵長蘅重訂　清康熙三十九年(1700)刻本　十六冊　十行二十一字小字雙行三十一字黑口四周單邊

610000－1001－0001768　善0009156

帶經堂集九十二卷　（清）王士禎撰　清乾隆十二年(1747)槐蔭草堂刻本　四十八冊　十行十九字小字雙行二十七字白口左右雙邊

610000－1001－0001769　善0009168

樂善堂全集四十卷目錄四卷　（清）高宗弘曆撰　清乾隆元年(1736)刻本　二十四冊　七行十八字白口四周雙邊

610000－1001－0001770　善0009199

呂子節錄四卷　（明）呂坤著　（清）陳宏謀評輯　清乾隆元年(1736)刻本　一冊　九行十八字白口左右雙邊

610000－1001－0001771　善0009203

御纂性理精義十二卷　（清）李光地等編　清康熙五十六年(1717)武英殿木活字印武英殿聚珍版書本　五冊　八行十八字小字雙行二十二字白口四周雙邊

610000－1001－0001772　善0009250

朱子四書或問小註三十六卷　（清）徐方廣增註　清康熙四十七年(1708)刻本　七冊　十一行二十四字小字雙行同白口左右雙邊

610000－1001－0001773　善0009258

御製曆象考成後編十卷　(清)顧琮等編　清乾隆七年(1742)刻本　八冊　九行二十字小字雙行同白口左右雙邊

610000－1001－0001774　善0009297

杜工部集二十卷　(唐)杜甫撰　(清)錢謙益箋注　**諸家詩話一卷附錄一卷唱酬題咏附錄一卷年譜一卷**　清康熙六年(1667)刻三色套印本　六冊　十一行二十字小字雙行三十字上下黑口四周雙邊

610000－1001－0001775　善0009331

融堂書解二十卷　(宋)錢時撰　清乾隆三十九年(1774)武英殿木活字印武英殿聚珍版書本　四冊　九行二十一字白口四周雙邊

610000－1001－0001776　善0009375

網師園唐詩箋十八卷　(清)宋宗元輯　清乾隆三十二年(1767)刻本　六冊　十行二十一字小字雙行不等白口左右雙邊

610000－1001－0001777　善0009399

禹貢說斷四卷　(宋)傅寅撰　清乾隆三十九年(1774)武英殿木活字印武英殿聚珍版書本　四冊　九行二十一字小字雙行同白口四周雙邊

610000－1001－0001778　善0009411

歷代名賢齒譜九卷　(清)易宗涒輯　清雍正三年(1725)刻本　十冊　十四行二十八字小字雙行同粗黑口左右雙邊

610000－1001－0001779　善0009416

陳迦陵文集六卷儷體文集十卷湖海樓詩集八卷迦陵詞全集三十卷　(清)陳維崧撰　清康熙宜興陳氏患立堂刻本　十六冊　十二行二十二字上黑口左右雙邊

610000－1001－0001780　善0009437

中晚唐詩叩彈集十二卷續集三卷　(清)杜詔輯　清康熙四十三年(1704)刻本　六冊　十一行二十一字小字雙行不等白口左右雙邊

610000－1001－0001781　善0009446

董文敏公畫禪隨筆四卷　(明)董其昌撰

(清)汪汝祿編次　清康熙十七年(1678)刻本　三冊　八行十九字小字雙行同白口四周單邊

610000－1001－0001782　善0009448

香祖筆記十二卷　(清)王士禎撰　清康熙刻本　四冊　十行十九字白口左右雙邊

610000－1001－0001783　善0009449

漁洋山人文略十四卷　(清)王士禎撰　清康熙三十四年(1695)刻本　五冊　十行十九字小字雙行不等黑口左右雙邊

610000－1001－0001784　善0009455

林氏活人錄彙編十四卷　(清)林開燧編　(清)張在浚重輯　**微曙齋醫案舉隅一卷**　(清)柴潮生撰　清乾隆十八年(1753)刻本　八冊　八行二十二字小字雙行同白口四周雙邊

610000－1001－0001785　善0009467

康對山先生集四十五卷首一卷　(明)康海撰　(清)馬逸姿校　清康熙五十一年(1712)古郿馬氏貽穀堂刻本　十二冊　十行二十字白口左右雙邊

610000－1001－0001786　善0009477

隸辨八卷　(清)顧藹吉撰　清乾隆八年(1743)刻本　八冊　十二行大小字不等白口四周單邊

610000－1001－0001787　善0009478

隸辨八卷　(清)顧藹吉撰　清乾隆八年(1743)刻本　八冊　十二行大小字不等白口四周單邊

610000－1001－0001788　善0009497

石墨鐫華八卷　(明)趙崡撰　清乾隆長塘鮑氏刻本　二冊　九行二十字上下黑口左右雙邊

610000－1001－0001789　善0009499

賴古堂名賢尺牘新鈔十二卷　(清)高阜選　清康熙周氏賴古堂刻本　十三冊　九行二十字小字雙行同白口四周單邊

610000－1001－0001790　善0009500

古詩肄及六卷唐詩肄及十八卷　（清）任璣輯
清康熙二十一年(1682)刻本　四冊　十二
行二十五字小字雙行同白口左右雙邊

610000－1001－0001791　善0009506

午亭文編五十卷　（清）林佶輯錄　清康熙四
十七年(1708)刻本　十六冊　十一行二十一
字黑口左右雙邊

610000－1001－0001792　善0009530

兩漢金石記二十二卷　（清）翁方綱撰　清乾
隆五十四年(1789)大興翁方綱南昌使院刻本
　八冊　十行二十字小字雙行同白口左右雙
邊　存二十一卷(一至二十一)

610000－1001－0001793　善0009531

六書通十卷　（明）閔齊伋輯　（清）畢宏述纂
訂　（清）程昌燁校　清康熙五十九年(1720)
基閏堂刻本　六冊　八行大小字不等白口四
周雙邊

610000－1001－0001794　善0009532

韓昌黎詩集編年箋注十二卷　（清）方世舉撰
　清乾隆二十三年(1758)雅雨堂刻本　六冊
　十行二十三字小字雙行同白口四周單邊

610000－1001－0001795　善0009533

歸錢尺牘五卷　（清）顧棫輯　清康熙三十八
年(1699)宛委堂刻本　四冊　十行二十字小
字雙行同黑口四周雙邊

610000－1001－0001796　善0009535

臨證指南醫案十卷　（清）葉桂撰　清乾隆三
十三年(1768)刻本　十冊　十行二十二字小
字雙行同白口左右雙邊

610000－1001－0001797　善0009592

古文淵鑒六十四卷　（清）徐乾學等編注　清
康熙二十四年(1685)內府刻四色套印本　四
十八冊　九行二十字小字雙行同黑口四周
單邊

610000－1001－0001798　善0009612

**昌黎先生外集十卷遺文一卷昌黎先生集傳一
卷**　（唐）韓愈撰　明萬曆東吳徐氏東雅堂刻

本　六冊　九行十八字小字雙行同白口四周
雙邊

610000－1001－0001799　善0009627

**趙文敏公松雪齋全集十卷外集一卷續集一卷
附錄一卷**　（元）趙孟頫撰　（清）曹培廉校
清康熙五十二年(1713)曹培廉城書室刻本
四冊　十行十九字小字雙行不等白口左右
雙邊

610000－1001－0001800　善0009675

二程粹言二卷　（宋）楊時訂定　（宋）張栻編
次　清康熙四十七年(1708)張氏正誼堂刻本
　一冊　十行二十二字白口四周單邊

610000－1001－0001801　善0009678

松陽講義十二卷　（清）陸隴其撰　清康熙二
十九年(1690)刻本　三冊　九行二十二字小
字雙行同白口左右雙邊

610000－1001－0001802　善0009753

四書講義困勉錄三十七卷續錄六卷附錄一卷
　（清）陸隴其纂輯　清康熙嘉會堂刻本　十
一冊　十二行二十一字上下黑口左右雙邊
存二十卷(一至二十)

610000－1001－0001803　善0009780

朱子遺書十七種　（宋）朱熹撰　清康熙禦兒
呂氏寶誥堂刻本　二冊　十三行二十七字小
字雙行同上下黑口左右雙邊

610000－1001－0001804　善0009789

朱子家禮八卷首一卷　（明）丘濬輯　**四禮初
稿四卷**　（明）宋纁輯　**四禮約言四卷**　（明）
呂維祺著　清康熙四十年(1701)刻本　八冊
　八行十八字小字雙行同白口四周雙邊

610000－1001－0001805　善0009810

春秋三十卷首一卷　（宋）胡安國傳　清乾隆
十五年(1750)黃晟槐蔭草堂刻本　六冊　九
行十八字小字雙行同白口左右雙邊

610000－1001－0001806　善0009849

說文解字通釋四十卷附錄一卷　（南唐）徐鍇
傳釋　清乾隆四十七年(1782)刻本　八冊
七行大小字不等黑口左右雙邊

610000－1001－0001807　善0009880

**白香山詩長慶集二十卷後集十七卷別集一卷
補遺二卷** （唐）白居易撰　（清）汪立名編訂
　年譜一卷 （清）汪立名撰　**年譜舊本一卷**
（宋）陳振孫撰　清康熙四十二年(1703)刻
本　八冊　十二行二十一字小字雙行不等白
口左右雙邊

610000－1001－0001808　善0009882

唐丞相曲江張文獻公集十二卷附錄一卷
（唐）張九齡撰　清乾隆十三年(1748)刻本
五冊　九行十八字白口四周單邊　存十一卷
（一至十一）

610000－1001－0001809　善0009884

康對山先生集四十五卷首一卷 （明）康海撰
　（清）馬逸姿校　清康熙五十一年(1712)古
邰馬氏貽穀堂刻本　十二冊　十行二十字白
口左右雙邊

610000－1001－0001810　善0009909

全唐詩九百卷目錄十二卷 （清）曹寅等編
清康熙四十六年(1707)刻道光十年(1830)重
修本　一百二十冊　十一行二十一字小字雙
行三十字上下黑口左右雙邊

610000－1001－0001811　善0009966

金匱玉函經八卷 （漢）張機著　（晉）王叔和
撰次　（宋）林億等校正　清康熙刻本　四冊
　八行十八字小字雙行同白口四周雙邊

610000－1001－0001812　善0009975

幼科鉄鏡六卷 （清）夏鼎著　清康熙三多齋
刻本　二冊　九行二十四字小字雙行同白口
左右雙邊

610000－1001－0001813　善0009997

新鐫歷朝捷錄四卷 （明）顧充編著　（清）陳
繼儒彙纂　清初刻本　四冊　八行二十二字
小字雙行同白口左右雙邊

610000－1001－0001814　善0009999

靳文襄公治河方略十卷首一卷 （清）靳輔撰
　（清）崔應階重編　清乾隆三十二年(1767)
刻本　十冊　十行二十字白口左右雙邊

610000－1001－0001815　善0010007

天下山河兩戒考十四卷圖一卷 （清）徐文靖
注　清雍正元年(1723)刻光緒二年(1876)補
刻本　五冊　九行二十字小字雙行同白口左
右雙邊

610000－1001－0001816　善0010014

河防志十二卷 （清）張希良纂　清雍正三年
(1725)刻本　十六冊　九行二十字白口四周
單邊

610000－1001－0001817　善0010015

河防一覽十四卷 （明）潘季馴撰　清乾隆十
三年(1748)刻本　十冊　七至九行不等十四
至二十字不等白口左右雙邊

610000－1001－0001818　善0010093

周易乾鑿度二卷 （漢）鄭玄注　清乾隆二十
一年(1756)雅雨堂刻本　一冊　十行二十一
字小字雙行同白口四周單邊

610000－1001－0001819　善0010094

鄭氏周易三卷 （漢）鄭玄撰　（宋）王應麟輯
　（清）惠棟增補　清乾隆二十一年(1756)刻
本　一冊　十行二十一字小字雙行同白口四
周單邊

610000－1001－0001820　善0010101

**康熙字典點畫較正四書集註真本十九卷首一
卷** （宋）朱熹集註　清乾隆十五年(1750)刻
本　六冊　九行十七字小字雙行同白口左右
雙邊

610000－1001－0001821　善0010138

爾雅正義二十卷 （清）邵晉涵撰　**爾雅釋文
三卷** （唐）陸德明撰　清乾隆五十三年
(1788)刻本　四冊　九行二十一字小字雙行
同白口四周雙邊

610000－1001－0001822　善0010190

豐川今古文尚書質疑八卷 （清）王心敬編
清乾隆三年(1738)刻本　八冊　十行二十一
字白口四周雙邊

610000－1001－0001823　善0010191

豐川今古文尚書質疑八卷 （清）王心敬編

清乾隆三年(1738)刻本　七冊　十行二十一字白口四周雙邊　存七卷(二至八)

610000－1001－0001824　善0010195

大戴禮記十三卷　(漢)戴德撰　(北周)盧辯注　清乾隆二十三年(1758)刻本　二冊　十行二十一字白口四周單邊

610000－1001－0001825　善0010199

尚書大傳四卷補遺一卷　(漢)鄭玄注　**續補遺一卷考異一卷**　(清)盧文弨撰　清乾隆二十一年(1756)雅雨堂刻本　一冊　十行二十一字小字雙行同白口四周單邊

610000－1001－0001826　善0010202

禮記二十卷　(漢)鄭玄注　清乾隆四十八年(1783)武英殿刻本　四冊　八行十七字小字雙行同白口四周雙邊　存九卷(一至九)

610000－1001－0001827　善0010221

春秋體註四卷　(宋)胡安國傳　(清)范翔參訂　清乾隆五十四年(1789)敬業堂刻本　四冊　九行十七字小字雙行同白口四周單邊

610000－1001－0001828　善0010223

春秋要義五卷　(清)王建常錄　清乾隆四十二年(1777)刻本　五冊　九行二十二字小字雙行同白口四周雙邊

610000－1001－0001829　善0010286

漢書一百卷　(漢)班固撰　(唐)顏師古注
後漢書九十卷　(南朝宋)范曄撰　(唐)李賢注　**志三十卷**　(晉)司馬彪撰　(南朝梁)劉昭注　明崇禎十五年(1642)毛氏汲古閣刻本　五十六冊　十二行二十五字小字雙行三十七字白口左右雙邊

610000－1001－0001830　善0010292

御撰資治通鑑綱目三編二十卷　(清)張廷玉等纂　清乾隆十一年(1746)刻本　六冊　十一行二十二字小字雙行同黑口四周單邊間左右雙邊

610000－1001－0001831　善0010293

御撰資治通鑑綱目三編二十卷　(清)張廷玉等纂　清乾隆十一年(1746)刻本　六冊　十

一行二十二字小字雙行同黑口左右雙邊間四周單邊

610000－1001－0001832　善0010294

御撰資治通鑑綱目三編二十卷　(清)張廷玉等纂　清乾隆十一年(1746)刻本　四冊　十一行二十二字小字雙行同黑口四周雙邊

610000－1001－0001833　善0010302

東華錄三十二卷　(清)蔣良騏編　清乾隆三十年(1765)刻本　十冊　九行二十二字小字雙行同白口左右雙邊

610000－1001－0001834　善0010303

東華錄三十二卷　(清)蔣良騏編　清乾隆三十年(1765)刻本　八冊　八行二十八字小字雙行同白口左右雙邊

610000－1001－0001835　善0010356

戰國策三十三卷　(漢)高誘注　清乾隆二十一年(1756)雅雨堂刻本　六冊　十行二十一字小字雙行同白口四周單邊

610000－1001－0001836　善0010393

胡氏榮哀錄二卷　(明)胡初被編　明末清初刻本　一冊　八行二十字白口四周單邊

610000－1001－0001837　善0010398

宋司馬文正公年譜一卷　(清)陳弘謀輯　清乾隆六年(1741)刻本　一冊　十一行二十一字小字雙行同黑口左右雙邊

610000－1001－0001838　善0010489

雍正上諭不分卷　(清)允祿等編　清雍正七年(1729)刻本　二十四冊　十一行二十一字白口四周雙邊

610000－1001－0001839　善0010625

晉政輯要八卷　(清)鄭源璹等纂輯　清乾隆五十四年(1789)山西刻本　八冊　八行二十字白口四周雙邊

610000－1001－0001840　善0010628

欽定康濟錄四卷　(清)陸曾禹撰　(清)倪國璉釐正　(清)高宗弘曆刪定　清乾隆五十八年(1793)刻本　六冊　九行二十二字小字雙

行同白口四周單邊

610000 – 1001 – 0001841　善 0010646
畿輔義倉圖不分卷　（清）方觀承編　清乾隆
十八年(1753)刻本　六冊　白口四周單邊

610000 – 1001 – 0001842　善 0010785
古刻叢鈔一卷　（元）陶宗儀輯　清乾隆、道
光長塘鮑氏刻本　一冊　九行二十一字上下
黑口左右雙邊

610000 – 1001 – 0001843　善 0010816
淵鑒齋御纂朱子全書六十六卷　（清）熊賜履
　（清）李光地等編脩　清康熙五十三年
(1714)刻本　五十一冊　九行二十字小字雙
行同黑口四周單邊　存五十卷（一至二十五、
三十四至五十八）

610000 – 1001 – 0001844　善 0010865
御纂性理精義十二卷　（清）李光地等編　清
康熙五十六年(1717)武英殿刻本　六冊　八
行十八字小字雙行二十二字白口四周單邊

610000 – 1001 – 0001845　善 0010961
沈氏尊生書五種　（清）沈金鰲撰　清乾隆三
十九年(1774)刻本　八冊　十二行二十五字
小字雙行同白口四周雙邊　存四種

610000 – 1001 – 0001846　善 0011048
鰲峰書院講學錄不分卷　（清）祖濟齋撰　清
乾隆七年(1742)刻本　二冊　九行十七字小
字雙行同白口四周雙邊

610000 – 1001 – 0001847　善 0011138
父師善誘法二卷讀書作文譜十二卷　（清）唐
彪撰　清康熙三十八年(1699)刻本　四冊
十一行二十五字小字雙行同白口四周單邊

610000 – 1001 – 0001848　善 0011210
錦字箋四卷　（清）黃澐撰　清康熙二十八年
(1689)刻本　四冊　八行二十字小字雙行同
白口四周雙邊

610000 – 1001 – 0001849　善 0011221
故事尋源十卷　（清）程允升撰　（清）楊應象
集注　清乾隆二十七年(1762)懷德堂刻本

四冊　八行二十四字小字雙行同白口左右
雙邊

610000 – 1001 – 0001850　善 0011253
子史精華一百六十卷　（清）允祿　（清）吳襄
等纂　清雍正五年(1727)武英殿刻本　三十
六冊　八行二十四字小字雙行同白口四周
雙邊

610000 – 1001 – 0001851　善 0011266
元詩選初集　（清）顧嗣立集　清康熙長洲顧
氏秀野草堂刻本　三冊　十三行二十三字小
字雙行三十四至三十五字不等白口左右雙邊

610000 – 1001 – 0001852　善 0011290
古文淵鑒六十四卷　（清）徐乾學等編注　清
康熙二十四年(1685)刻本　二十四冊　九行
二十字小字雙行同黑口四周單邊

610000 – 1001 – 0001853　善 0011298
唐宋八家文讀本三十卷　（唐）韓愈等撰
（清）沈德潛評點　清乾隆十五年(1750)刻本
　十二冊　十行二十字白口左右雙邊間四周
單邊

610000 – 1001 – 0001854　善 0011332
翻刻第七才子書六卷　（明）高明撰　清雍正
十三年(1735)刻本　六冊　九行二十四字小
字雙行同黑口左右雙邊

610000 – 1001 – 0001855　善 0011410
館課賦稿不分卷　（清）吳廷鉁撰　清刻本
一冊　九行二十五字白口四周單邊

610000 – 1001 – 0001856　善 0011411
館課詩注不分卷　（清）紀昀撰　（清）李崇禮
箋　清刻本　一冊　九行二十二字小字雙行
同白口四周單邊

610000 – 1001 – 0001857　善 0014135
**笠翁文集四卷詩集三卷餘集一卷別集二卷偶
集六卷**　（清）李漁撰　清雍正八年(1730)刻
本　十六冊　九行二十字白口四周單邊

610000 – 1001 – 0001858　善 0011455
思綺堂文集十卷　（清）章藻功撰注　清康熙

六十一年(1722)刻本　十冊　十行二十二字
小字雙行同白口四周單邊

610000－1001－0001859　善0011477
崇雅堂稿八卷　(清)王植撰　清乾隆二十四
年(1759)刻本　八冊　九行二十字白口四周
雙邊

610000－1001－0001860　善0011482
曾文定公全集二十卷首一卷末一卷　(宋)曾
鞏撰　(清)彭期輯　清康熙刻本　十二冊
九行二十字小字雙行四十字白口左右雙邊

610000－1001－0001861　善0011484
善卷堂四六十卷　(清)陸繁弨撰　(清)吳自
高注　清乾隆九年(1744)刻本　四冊　十行
二十二字小字雙行三十三字白口四周單邊

610000－1001－0001862　善0011504
御製文二集四十四卷目錄二卷　(清)高宗弘
曆撰　(清)梁國治等編　清乾隆五十一年
(1786)刻本　十二冊　九行十七字小字雙行
同白口四周雙邊

610000－1001－0001863　善0011515
康對山先生文集十卷附錄一卷　(明)康海撰
　清乾隆二十六年(1761)刻本　六冊　十行
二十字白口四周雙邊

610000－1001－0001864　善0011518
粵東古學觀海集□□卷　(清)李調元評選
清乾隆李調元刻本　六冊　十行二十四字小
字雙行同白口左右雙邊　存六卷(一至六)

610000－1001－0001865　善0011564
篤素堂文集十六卷　(清)張英著　清康熙四
十年(1701)刻本　六冊　十行十九字黑口左
右雙邊

610000－1001－0001866　善0011594
寒松堂全集十二卷　(清)魏象樞撰　清康熙
四十七年(1708)刻本　六冊　十行二十字小
字雙行不等黑口左右雙邊　存六卷(一至六)

610000－1001－0001867　善0011696
德音堂琴譜十卷　(清)汪天榮輯　(清)吳之

振鑒定　清康熙六十年(1721)刻本　二冊
八行十八字小字雙行同白口左右雙邊

610000－1001－0001868　善0011701
通俗編三十八卷　(清)翟灝撰　清乾隆十六
年(1751)無不宜齋刻本　十六冊　十二行二
十二字白口左右雙邊

610000－1001－0001869　善0011741
字鑑五卷　(元)李文仲撰　清康熙四十八年
(1709)吳郡張士俊刻本　二冊　八行字數不
等小字雙行十九字白口四周單邊

610000－1001－0001870　善0011747
類林新詠三十六卷　(清)姚之駰撰　清康熙
四十七年(1708)刻本　十二冊　十行二十字
小字雙行同白口左右雙邊

610000－1001－0001871　善0011759
校補竹書紀年二卷　(清)趙紹祖校補　清刻
本　一冊　十行二十二字小字雙行同下黑口
四周單邊

610000－1001－0001872　善0011767
廣韻五卷　(宋)陳彭年等撰　清康熙四十三
年(1704)張士俊刻本　五冊　十行字數不等
小字雙行二十七字白口左右雙邊

610000－1001－0001873　善0011776
江文通集四卷　(南朝梁)江淹撰　(清)梁賓
輯　清乾隆二十四年(1759)刻本　四冊　十
行十九字小字雙行不等黑口左右雙邊

610000－1001－0001874　善0011780
古今韻略五卷　(清)邵長蘅撰　清康熙三十
五年(1696)刻本　二冊　九行十四字小字雙
行二十八字細黑口四周單邊

610000－1001－0001875　善0011812
史記一百三十卷　(漢)司馬遷撰　明崇禎十
四年(1641)刻清順治十三年(1656)毛氏汲古
閣重修本　二十四冊　十二行二十五字小字
雙行三十七字白口左右雙邊

610000－1001－0001876　善0011813
漢書一百卷　(漢)班固撰　(唐)顏師古注

後漢書九十卷　（南朝宋）范曄撰　（唐）李賢注　志三十卷　（晉）司馬彪撰　（南朝梁）劉昭注　明末琴川毛氏汲古閣刻本　八冊　十二行二十五字小字雙行二十七字白口左右雙邊　存十九卷（一至十九）

610000－1001－0001877　善0011814

後漢書九十卷　（南朝宋）范曄撰　（唐）李賢注　志三十卷　（晉）司馬彪撰　（南朝梁）劉昭注　明末琴川毛氏汲古閣刻本　六冊　十二行二十五字小字雙行三十七字白口左右雙邊　存二十六卷（六十下至八十五）

610000－1001－0001878　善0011815

後漢書九十卷　（南朝宋）范曄撰　（唐）李賢注　志三十卷　（晉）司馬彪撰　（南朝梁）劉昭注　明嘉靖八年至九年（1529－1530）刻明清遞修本　十冊　十行二十一字小字雙行同白口四周雙邊　存五十二卷（三十九至九十）

610000－1001－0001879　善0011816

晉書一百三十卷　（唐）房玄齡等撰　明崇禎元年（1628）毛氏汲古閣刻本　四十冊　十二行二十五字小字雙行同白口左右雙邊

610000－1001－0001880　善0011817

晉書一百三十卷　（唐）房玄齡等撰　晉書音義三卷　（唐）何超撰　明正德十年（1515）刻明清遞修本　三十冊　十行二十字小字雙行同白口左右雙邊　存一百十三卷（一至十、三十一至一百三十，音義一至三）

610000－1001－0001881　善0011819

南齊書五十九卷　（南朝梁）蕭子顯撰　明萬曆刻明清遞修本　十冊　九行十八字小字雙行同白口四周雙邊

610000－1001－0001882　善0011820

南齊書五十九卷　（南朝梁）蕭子顯撰　明崇禎十年（1637）毛氏汲古閣刻本　十冊　十二行二十五字小字雙行不等白口左右雙邊

610000－1001－0001883　善0011821

梁書五十六卷　（唐）姚思廉撰　明崇禎六年（1633）毛氏汲古閣刻本　十冊　十二行二十五字小字雙行不等白口左右雙邊

610000－1001－0001884　善0011822

陳書三十六卷　（唐）姚思廉撰　明崇禎四年（1631）毛氏汲古閣刻本　四冊　十二行二十五字白口左右雙邊

610000－1001－0001885　善0011823

周書五十卷　（唐）令狐德棻撰　明崇禎五年（1632）毛氏汲古閣刻本　八冊　十二行二十五字小字雙行同白口左右雙邊

610000－1001－0001886　善0011824

周書五十卷　（唐）令狐德棻撰　（明）趙用賢（明）余孟麟校　明萬曆十六年（1588）南京國子監刻明崇禎清康熙遞修本　八冊　九行十八字小字雙行同白口四周雙邊

610000－1001－0001887　善0011825

魏書一百十四卷　（北齊）魏收撰　明崇禎九年（1636）毛氏汲古閣刻本　三十冊　十二行二十五字白口左右雙邊

610000－1001－0001888　善0011826

魏書一百十四卷　（北齊）魏收撰　明刻本　三十冊　九行十八字小字雙行不等白口間細黑口左右雙邊

610000－1001－0001889　善0011827

北齊書五十卷　（唐）李百藥撰　明萬曆十六年至十七年（1588－1589）刻清順治至康熙遞修本　八冊　九行十八字小字雙行不等白口四周雙邊

610000－1001－0001890　善0011828

北齊書五十卷　（唐）李百藥撰　明崇禎十一年（1638）毛氏汲古閣刻本　八冊　十二行二十五字小字雙行三十七字白口左右雙邊

610000－1001－0001891　善0011829

隋書八十五卷　（唐）魏徵撰　明萬曆二十三年（1595）刻清順治至康熙遞修本　十冊　九行十八字細黑口四周雙邊　存五十卷（三十六至八十五）

610000－1001－0001892　善0011830

隋書八十五卷 （唐）魏徵撰 明崇禎八年(1635)毛氏汲古閣刻本 二十冊 十二行二十五字小字雙行三十七字白口左右雙邊

610000 – 1001 –0001893 善 0011831

隋書八十五卷 （唐）魏徵撰 明刻本 十二冊 十行二十二字小字雙行同細黑口四周雙邊

610000 – 1001 –0001894 善 0011832

南史八十卷 （唐）李延壽撰 明崇禎十三年(1640)毛氏汲古閣刻本 二十冊 十二行二十五字小字雙行三十七字白口左右雙邊

610000 – 1001 –0001895 善 0011833

南史八十卷 （唐）李延壽撰 明刻明清遞修本 二十冊 九行十八字小字雙行同細黑口四周雙邊

610000 – 1001 –0001896 善 0011834

唐書二百二十五卷 （宋）歐陽修 （宋）宋祁撰 明崇禎毛氏汲古閣刻本 三十冊 十二行二十五字小字雙行三十七字白口左右雙邊

610000 – 1001 –0001897 善 0011835

五代史七十四卷 （宋）歐陽修 （宋）徐無黨注 明崇禎三年(1630)毛氏汲古閣刻本 七冊 十二行二十五字小字雙行三十七字白口左右雙邊 存六十五卷(一至六十五)

610000 – 1001 –0001898 善 0011836

宋史四百九十六卷目錄三卷 （元）脫脫等修 明成化七年至十六年(1471 – 1480)刻明清遞修本 一百六十冊 十行二十字小字雙行同細黑口四周雙邊

610000 – 1001 –0001899 善 0011837

金史一百三十五卷目錄二卷 （元）脫脫等撰 明刻明清遞修本 二十冊 十行二十二字小字雙行同細黑口四周單邊間四周雙邊

610000 – 1001 –0001900 善 0011838

元史二百十卷目錄二卷 （明）宋濂等撰 明刻明清遞修本 三十冊 十行二十字小字雙行同白口四周單邊間四周雙邊 存一百十三卷(一至一百十三)

元史二百十卷目錄二卷 （明）宋濂等撰 明刻明清遞修本 三十冊 十行二十字小字雙行同白口四周雙邊 存一百二十七卷(一至八十、一百六十四至二百十)

610000 – 1001 –0001902 善 0011870

金石圖不分卷 （清）牛運震集說 （清）褚峻摹圖 清乾隆八年至十年(1743 – 1745)刻拓本 四冊 行數不等字數不等白口四周單邊間左右雙邊

610000 – 1001 –0001903 善 0011881

古文約選不分卷 （清）允禮選 （清）方苞訂 清雍正十一年(1733)刻本 十二冊 九行十九字白口四周雙邊

610000 – 1001 –0001904 善 0011882

大清會典二百五十卷 （清）尹泰等撰 清雍正十年(1732)刻本 一百冊 十行二十字小字雙行同白口四周雙邊

610000 – 1001 –0001905 善 0011883

宋四六選二十四卷 （清）彭元瑞輯 清乾隆四十二年(1777)刻本 十二冊 九行二十五字白口四周雙邊

610000 – 1001 –0001906 善 0011888

說嵩三十二卷例目一卷 （清）景日昣撰 清康熙五十八年(1719)刻本 十冊 十一行二十五字白口四周雙邊

610000 – 1001 –0001907 善 0011889

茶山集八卷 （宋）曾幾撰 清乾隆四十一年(1776)武英殿木活字印武英殿聚珍版書本 二冊 九行二十一字小字雙行同白口四周雙邊

610000 – 1001 –0001908 善 0011890

南澗甲乙稿二十二卷 （宋）韓元吉撰 清乾隆四十六年(1781)武英殿木活字印武英殿聚珍版書本 八冊 九行二十一字小字雙行同白口四周雙邊

610000 – 1001 –0001909 善 0011896

杜詩集說二十卷末一卷 （唐）杜甫撰 （清）

610000 – 1001 –0001901 善 0011839

江浩然纂輯　清乾隆刻本　十冊　九行二十一字小字雙行同白口左右雙邊　存十卷（一至十）

610000－1001－0001910　善0012012

晉書一百三十卷　（唐）房玄齡等撰　音義三卷　（唐）何超撰　明萬曆二十四年(1596)刻本　二十九冊　十行二十一字小字雙行同白口左右雙邊　存一百二十五卷（一至一百二十五）

610000－1001－0001911　善0012013

唐書二百二十五卷　（宋）歐陽修等撰　釋音二十五卷　（宋）董沖撰　明刻本　三十九冊　十行二十二字小字雙行同細黑口四周雙邊　缺七卷（三十五至四十一）

610000－1001－0001912　善0012026

廣輿記二十四卷　（明）陸應陽原纂　（清）蔡方炳增輯　清康熙五十六年(1717)聚錦堂刻本　十五冊　十行十九字小字雙行同白口四周單邊

610000－1001－0001913　善0012037

璇璣碎錦二卷　（清）萬樹撰　清乾隆五年(1740)江氏柏香堂刻本　二冊　十二行二十八字小字雙行同白口四周單邊

610000－1001－0001914　善0012043

金石圖不分卷　（清）牛運震集說　（清）褚峻摹圖　清乾隆八年至十年(1743－1745)刻拓本　四冊　行數不等字數不等白口四周單邊間左右雙邊

610000－1001－0001915　善0012044

金石圖不分卷　（清）牛運震集說　（清）褚峻摹圖　清乾隆八年至十年(1743－1745)刻拓本　四冊　行數不等字數不等白口四周單邊間左右雙邊

610000－1001－0001916　善0012046

文選刪註十二卷　（明）王象乾刪訂　明萬曆刻本　十二冊　九行十六字小字雙行三十二至三十四字不等白口四周雙邊

610000－1001－0001917　善0012054

秦漢瓦當文字一卷續一卷　（清）程敦撰　清乾隆五十二年至五十九年(1787－1794)橫渠書院刻本　一冊　十一行二十五字黑口四周單邊

610000－1001－0001918　善0012072

廬陵歐陽文忠公全集十種　（宋）歐陽修撰　清乾隆十一年(1746)刻二十四年(1759)重修本　三十二冊　九行二十字小字雙行同白口左右雙邊

610000－1001－0001919　善0012079

隸釋二十七卷　（宋）洪适撰　清乾隆四十二年(1777)汪日秀刻本　八冊　九行二十字小字雙行同白口四周單邊

610000－1001－0001920　善0012084

六書分類十二卷首一卷　（清）傅世垚撰　清乾隆五十四年(1789)刻本　十三冊　八行十二字小字雙行二十四字白口四周單邊

610000－1001－0001921　善0012097

康熙字典十二集　（清）張玉書纂　清康熙五十五年(1716)刻本　四十冊　八行十二字小字雙行二十四字白口四周雙邊

610000－1001－0001922　善0012107

玉芝堂談薈三十六卷首一卷　（明）徐應秋輯　清光緒元年(1875)刻本　三十四冊　九行十九字小字雙行同白口四周單邊

610000－1001－0001923　善0012109

隸辨八卷　（清）顧藹吉撰　清乾隆八年(1743)刻本　八冊　十二行大小字不等白口四周單邊

610000－1001－0001924　善0012119

近思錄集解十四卷　（宋）朱熹編　（宋）葉采集解　清康熙刻本　二冊　九行十九字小字雙行二十四字白口左右雙邊

610000－1001－0001925　善0012139

石室秘籙六卷　（清）陳士鐸撰　清雍正八年(1730)刻本　六冊　十行二十五字小字雙行同白口左右雙邊

610000－1001－0001926　善0012148

取此居文集二卷　（清）周正著　（清）李應鵾
評　清康熙刻本　二冊　八行十九字小字雙
行同白口左右雙邊

610000－1001－0001927　善0012174

新鐫旁批詳註總斷廣名將譜二十卷　（明）陳
元素原本　（明）黃道周註斷　明崇禎刻本
四冊　九行二十字白口四周單邊　存十七卷
（三至十九）

610000－1001－0001928　善0012184

[康熙]靈壽縣志十卷末一卷　（清）陸隴其修
（清）傅維檁纂　清康熙二十五年(1686)刻
本　四冊　十行二十三字小字雙行同白口四
周雙邊

610000－1001－0001929　善0012187

[雍正]深澤縣志十二卷首一卷　（清）趙憲修
（清）王植纂　清雍正十三年(1735)刻本
三冊　九行二十字小字雙行同白口左右雙邊
存九卷（一至九）

610000－1001－0001930　善0012195

[雍正]井陘縣志八卷　（清）鍾文英纂修　清
雍正八年(1730)刻本　四冊　九行二十三字
小字雙行同白口四周雙邊

610000－1001－0001931　善0012198

[雍正]高陽縣志六卷　（清）嚴宗嘉修
（清）李其旋纂　清雍正八年(1730)刻本　六
冊　九行二十字小字雙行同白口四周雙邊

610000－1001－0001932　善0012202

[雍正]山東通志三十六卷首一卷　（清）岳濬
等修　（清）杜詔等纂　清雍正七年(1729)修
乾隆元年(1736)刻本　四十二冊　十行二十
四字小字雙行同白口四周雙邊

610000－1001－0001933　善0012209

[乾隆]德州志十二卷首一卷　（清）王道亨修
（清）張慶源纂　清乾隆五十三年(1788)刻
本　八冊　九行二十字小字雙行同白口四周
單邊

610000－1001－0001934　善0012213

[乾隆]曲阜縣志一百卷　（清）潘相等纂修
清乾隆三十九年(1774)刻本　十二冊　十一
行二十三字小字雙行同白口左右雙邊

610000－1001－0001935　善0012215

[乾隆]棲霞縣志十卷　（清）衛萇纂修　清乾
隆十九年(1754)刻本　三冊　九行二十四字
小字雙行同白口左右雙邊　缺二卷（四至五）

610000－1001－0001936　善0012217

[乾隆]魚臺縣志十三卷首一卷末一卷　（清）
馮振鴻纂修　清乾隆二十九年(1764)刻本
四冊　十行二十一字小字雙行同白口四周
雙邊

610000－1001－0001937　善0012228

[康熙]開封府志四十卷　（清）管竭忠修
（清）張沐纂　清康熙三十四年(1695)刻同治
二年(1863)補刻本　十二冊　十行二十字小
字雙行同白口四周單邊

610000－1001－0001938　善0012236

[康熙]商丘縣志二十卷首一卷　（清）劉德昌
修　（清）葉澐纂　清康熙四十四年(1705)刻
本　六冊　九行二十字白口四周單邊

610000－1001－0001939　善0012238

[雍正]山西通志二百三十卷　（清）覺羅石麟
修　（清）儲大文纂　清雍正十二年(1734)刻
本　一百冊　十二行二十三字小字雙行同白
口四周雙邊

610000－1001－0001940　善0012243

[康熙]徐溝縣志四卷　（清）王嘉謨纂修　清
康熙五十一年(1712)刻本　四冊　九行二十
二字小字雙行同白口四周雙邊

610000－1001－0001941　善0012246

[雍正]定襄縣志八卷　（清）王時炯原本
（清）王會隆續纂修　清雍正五年(1727)刻本
五冊　八行二十字小字雙行同白口四周
雙邊

610000－1001－0001942　善0012247

[乾隆]解州平陸縣志十六卷首一卷　（清）言
如泗　（清）韓鑅典修　（清）杜若拙　（清

荆如棠纂　清乾隆二十九年(1764)刻本　四册　十行二十字小字雙行同白口左右雙邊

610000－1001－0001943　善0012248

[乾隆]解州夏縣志十六卷首一卷　(清)言如泗修　(清)李遵唐纂　清乾隆二十九年(1764)刻本　四册　十行十一字小字雙行同白口左右雙邊

610000－1001－0001944　善0012249

[乾隆]汾陽縣志十四卷首一卷　(清)李文起修　(清)戴震纂　清乾隆三十七年(1772)刻本　六册　十行二十一字小字雙行同白口左右雙邊

610000－1001－0001945　善0012250

[乾隆]聞喜縣志十二卷首一卷　(清)李遵唐纂修　清乾隆三十一年(1766)刻光緒六年(1880)重印本　六册　十行二十二字小字雙行同白口左右雙邊

610000－1001－0001946　善0012262

[康熙]陝西通志三十二卷首一卷　(清)賈漢復修　(清)韓奕續修　(清)王功成　(清)呂和鍾續纂　清康熙六年(1667)刻五十年(1711)增修本　三十册　九行十九字小字雙行同白口四周單邊

610000－1001－0001947　善0012263

[雍正]陝西通志一百卷首一卷　(清)劉於義修　(清)沈青崖纂　清雍正十三年(1735)刻本　一百册　十二行二十六字小字雙行同白口四周雙邊

610000－1001－0001948　善0012264

[雍正]陝西通志一百卷首一卷　(清)劉於義修　(清)沈青崖纂　清雍正十三年(1735)刻本　一百册　十二行二十六字小字雙行同白口四周雙邊

610000－1001－0001949　善0012265

[雍正]陝西通志一百卷首一卷　(清)劉於義修　(清)沈青崖纂　清雍正十三年(1735)刻本　一百册　十二行二十六字小字雙行同白口四周雙邊

610000－1001－0001950　善0012266

[雍正]陝西通志一百卷首一卷　(清)劉於義修　(清)沈青崖纂　清雍正十三年(1735)刻本　一百册　十二行二十六字小字雙行同白口四周雙邊

610000－1001－0001951　善0012267

[雍正]陝西通志一百卷首一卷　(清)劉於義修　(清)沈青崖纂　清雍正十三年(1735)刻本　一百册　十二行二十六字小字雙行同白口四周雙邊

610000－1001－0001952　善0012268

[雍正]陝西通志一百卷首一卷　(清)劉於義修　(清)沈青崖纂　清雍正十三年(1735)刻本　一百册　十二行二十六字小字雙行同白口四周雙邊

610000－1001－0001953　善0012269

[雍正]陝西通志一百卷首一卷　(清)劉於義修　(清)沈青崖纂　清雍正十三年(1735)刻本　一百册　十二行二十六字小字雙行同白口四周雙邊

610000－1001－0001954　善0012270

[雍正]陝西通志一百卷首一卷　(清)劉於義修　(清)沈青崖纂　清雍正十三年(1735)刻本　四十二册　十二行二十六字小字雙行同白口四周雙邊　存四十二卷(五十九至一百)

610000－1001－0001955　善0012271

[雍正]陝西通志一百卷首一卷　(清)劉於義修　(清)沈青崖纂　清雍正十三年(1735)刻本　一百册　十二行二十六字小字雙行同白口四周雙邊

610000－1001－0001956　善0012272

[雍正]陝西通志一百卷首一卷　(清)劉於義修　(清)沈青崖纂　清雍正十三年(1735)刻本　一百册　十二行二十六字小字雙行同白口四周雙邊

610000－1001－0001957　善0012273

[雍正]陝西通志一百卷首一卷　(清)劉於義修　(清)沈青崖纂　清雍正十三年(1735)刻

本　一百册　十二行二十六字小字雙行同白口四周雙邊

610000－1001－0001958　善0012274
[雍正]陝西通志一百卷首一卷　(清)劉於義修　(清)沈青崖纂　清雍正十三年(1735)刻本　一百册　十二行二十六字小字雙行同白口四周雙邊

610000－1001－0001959　善0012275
[雍正]陝西通志一百卷首一卷　(清)劉於義修　(清)沈青崖纂　清雍正十三年(1735)刻本　一百册　十二行二十六字小字雙行同白口四周雙邊

610000－1001－0001960　善0012276
[雍正]陝西通志一百卷首一卷　(清)劉於義修　(清)沈青崖纂　清雍正十三年(1735)刻本　一百册　十二行二十六字小字雙行同白口四周雙邊

610000－1001－0001961　善0012288
[乾隆]西安府志八十卷首一卷　(清)舒其紳修　(清)嚴長明纂　清乾隆四十四年(1779)刻本　四十册　十一行二十二字小字雙行同粗黑口左右雙邊　存六十八卷(一至八、二十一至八十)

610000－1001－0001962　善0012289
[乾隆]西安府志八十卷首一卷　(清)舒其紳修　(清)嚴長明纂　清乾隆四十四年(1779)刻本　十四册　十一行二十二字小字雙行同粗黑口左右雙邊　存二十九卷(二十七至三十八、四十、五十五至五十九、六十三至六十五、七十四至八十,首一)

610000－1001－0001963　善0012290
[熙寧]長安志二十卷圖三卷　(宋)宋敏求纂　(元)李好文繪　(清)畢沅校　清乾隆四十九年(1784)鎮洋畢沅靈巖山館刻經訓堂叢書本　六册　十一行二十二字小字雙行同黑口四周單邊

610000－1001－0001964　善0012291
[熙寧]長安志二十卷圖三卷　(宋)宋敏求纂　(元)李好文繪　(清)畢沅校　清乾隆四十九年(1784)鎮洋畢沅靈巖山館刻經訓堂叢書本　四册　十一行二十二字小字雙行同黑口四周單邊　存十五卷(六至二十)

610000－1001－0001965　善0012317
[康熙]臨潼縣志八卷　(清)趙于京纂修　清康熙四十年(1701)刻本　六册　十行二十字小字雙行同粗黑口四周單邊

610000－1001－0001966　善0012318
[乾隆]臨潼縣志九卷圖一卷　(清)史傳遠纂修　清乾隆四十一年(1776)刻本　六册　十行二十四字白口四周雙邊

610000－1001－0001967　善0012319
[乾隆]臨潼縣志九卷圖一卷　(清)史傳遠纂修　清乾隆四十一年(1776)刻本　六册　十行二十四字白口四周雙邊

610000－1001－0001968　善0012328
[康熙]鄠縣志十二卷圖一卷　(清)康如璉修　(清)康弘祥纂　清康熙二十一年(1682)刻本　四册　八行十八字小字雙行同白口四周單邊

610000－1001－0001969　善0012330
[雍正]鄠縣重續志五卷　(清)魯一佐修　(清)周夢熊纂　清雍正十年(1732)刻乾隆十二年(1747)增修本　二册　八行十八字小字雙行同白口四周雙邊

610000－1001－0001970　善0012331
[乾隆]鄠縣新志六卷　(清)汪以誠修　(清)孫景烈纂　清乾隆四十二年(1777)刻本　四册　十行二十二字小字雙行同白口四周雙邊

610000－1001－0001971　善0012332
[乾隆]鄠縣新志六卷　(清)汪以誠修　(清)孫景烈纂　清乾隆四十二年(1777)刻本　四册　十行二十二字小字雙行同白口四周雙邊

610000－1001－0001972　善0012341
[乾隆]咸陽縣志二十二卷首一卷　(清)臧應

桐纂修 [道光]續修咸陽縣志一卷 （清）陳
堯書纂修 清乾隆十六年(1751)刻道光十六
年(1836)增修本 四冊 十行二十二字白口
四周雙邊

610000 – 1001 – 0001973 善 0012342
[乾隆]咸陽縣志二十二卷首一卷 （清）臧應
桐纂修 [道光]續修咸陽縣志一卷 （清）陳
堯書纂修 清乾隆十六年(1751)刻道光十六
年(1836)增修本 四冊 十行二十二字白口
四周雙邊

610000 – 1001 – 0001974 善 0012358
[乾隆]富平縣志八卷 （清）吳六鰲修
（清）胡文銓纂 清乾隆四十三年(1778)刻本
六冊 十行二十二字白口左右雙邊

610000 – 1001 – 0001975 善 0012364
[嘉靖]耀州志十一卷 （明）李廷寶修
（明）喬世寧纂 五臺山志一卷 （明）喬世寧
纂 清乾隆二十七年(1762)汪灝刻本 二冊
十行二十字白口四周雙邊

610000 – 1001 – 0001976 善 0012365
[嘉靖]耀州志十一卷 （明）李廷寶修
（明）喬世寧纂 五臺山志一卷 （明）喬世寧
纂 清乾隆二十七年(1762)汪灝刻本 二冊
十行二十字白口四周雙邊

610000 – 1001 – 0001977 善 0012366
[嘉靖]耀州志十一卷 （明）李廷寶修
（明）喬世寧纂 五臺山志一卷 （明）喬世寧
纂 清乾隆二十七年(1762)汪灝刻本 二冊
十行二十字白口四周雙邊

610000 – 1001 – 0001978 善 0012367
[嘉靖]耀州志十一卷 （明）李廷寶修
（明）喬世寧纂 五臺山志一卷 （明）喬世寧
纂 清乾隆二十七年(1762)汪灝刻本 二冊
十行二十字白口四周雙邊

610000 – 1001 – 0001979 善 0012368
[嘉靖]耀州志十一卷 （明）李廷寶修
（明）喬世寧纂 五臺山志一卷 （明）喬世寧
纂 清乾隆二十七年(1762)汪灝刻本 二冊

十行二十字白口四周雙邊

610000 – 1001 – 0001980 善 0012369
[乾隆]續耀州志十一卷 （清）汪灝修
（清）鍾麟書纂 清乾隆二十七年(1762)刻光
緒十六年(1890)增刻本 二冊 十行二十字
白口四周雙邊

610000 – 1001 – 0001981 善 0012370
[乾隆]續耀州志十一卷 （清）汪灝修
（清）鍾麟書纂 清乾隆二十七年(1762)刻光
緒十六年(1890)增刻本 二冊 十行二十字
白口四周雙邊

610000 – 1001 – 0001982 善 0012371
[乾隆]續耀州志十一卷 （清）汪灝修
（清）鍾麟書纂 清乾隆二十七年(1762)刻光
緒十六年(1890)增刻本 二冊 十行二十字
白口四周雙邊

610000 – 1001 – 0001983 善 0012372
[乾隆]續耀州志十一卷 （清）汪灝修
（清）鍾麟書纂 清乾隆二十七年(1762)刻本
二冊 十行二十字白口四周雙邊

610000 – 1001 – 0001984 善 0012373
[乾隆]續耀州志十一卷 （清）汪灝修
（清）鍾麟書纂 清乾隆二十七年(1762)刻光
緒十六年(1890)增刻本 二冊 十行二十字
白口四周雙邊

610000 – 1001 – 0001985 善 0012374
[乾隆]續耀州志十一卷 （清）汪灝修
（清）鍾麟書纂 清乾隆二十七年(1762)刻光
緒十六年(1890)增刻本 二冊 十行二十字
白口四周雙邊 存九卷(一至九)

610000 – 1001 – 0001986 善 0012376
[康熙]三原縣志七卷 （清）李瀛修 （清）
溫德嘉 （清）焦之序纂 清康熙四十四年
(1705)刻五十三年(1714)重修本 五冊 十
行二十二字小字雙行同粗黑口四周雙邊

610000 – 1001 – 0001987 善 0012377
[乾隆]三原縣志二十二卷首一卷 （清）張象
魏纂修 清乾隆三十一年(1766)刻本 十冊

十行二十二字小字雙行同白口四周雙邊

610000－1001－0001988　善0012378
[乾隆]三原縣志十八卷首一卷　(清)劉紹攽纂　清乾隆四十八年(1783)刻本　六冊　十行二十二字粗黑口四周單邊

610000－1001－0001989　善0012391
[乾隆]涇陽縣志十卷　(清)葛晨纂修　清乾隆四十三年(1778)刻本　六冊　十二行二十四字小字雙行同黑口四周單邊

610000－1001－0001990　善0012392
[乾隆]涇陽縣後志四卷　(清)唐秉剛修(清)譚一豫纂　清乾隆十二年(1747)刻本二冊　九行二十字小字雙行同白口四周雙邊

610000－1001－0001991　善0012404
[雍正]高陵縣志十卷序圖一卷　(清)丁應松修　(清)樊景顏纂　清雍正十年(1732)刻本　四冊　十行二十一字小字雙行同白口四周雙邊

610000－1001－0001992　善0012409
[乾隆]淳化縣志三十卷　(清)萬廷樹修(清)洪亮吉纂　清乾隆四十九年(1784)刻本　四冊　十一行二十一字黑口左右雙邊

610000－1001－0001993　善0012414
[乾隆]蒲城縣志十五卷　(清)張心鏡修(清)吳泰來纂　清乾隆四十七年(1782)刻本　六冊　十一行二十二字黑口四周雙邊

610000－1001－0001994　善0012415
[乾隆]蒲城縣志十五卷　(清)張心鏡修(清)吳泰來纂　清乾隆四十七年(1782)刻本　六冊　十一行二十二字黑口左右雙邊

610000－1001－0001995　善0012416
[乾隆]蒲城縣志十五卷　(清)張心鏡修(清)吳泰來纂　清乾隆四十七年(1782)刻本　六冊　十一行二十二字黑口左右雙邊

610000－1001－0001996　善0012426
[乾隆]白水縣志四卷首一卷　(清)梁善長纂修　清乾隆十九年(1754)刻本　四冊　九行

二十二字白口上下雙邊

610000－1001－0001997　善0012432
[嘉靖]澄城縣志二卷　(明)徐效賢　(明)敖佐修　(明)石道立纂　明嘉靖三十年(1551)刻清咸豐元年(1851)重修本　一冊十一行二十二字小字雙行同白口四周雙邊

610000－1001－0001998　善0012434
[順治]澄城縣志二卷首一卷　(明)石道立原纂　(清)姚欽明增修　(清)路世美增纂　清順治六年(1649)刻十七年(1660)增補本　四冊　十行二十字小字雙行同白口四周單邊

610000－1001－0001999　善0012435
[順治]澄城縣志二卷首一卷　(明)石道立原纂　(清)姚欽明增修　(清)路世美增纂　清順治六年(1649)刻本　四冊　十行二十字小字雙行同白口四周單邊

610000－1001－0002000　善0012436
[乾隆]澄城縣志二十卷　(清)戴治修(清)洪亮吉　(清)孫星衍纂　清乾隆四十九年(1784)刻本　四冊　十二行二十四字黑口四周單邊

610000－1001－0002001　善0012437
[乾隆]澄城縣志二十卷　(清)戴治修(清)洪亮吉　(清)孫星衍纂　清乾隆四十九年(1784)刻嘉慶十三年(1808)增補本　四冊十二行二十四字粗黑口四周單邊

610000－1001－0002002　善0012438
[乾隆]澄城縣志二十卷　(清)戴治修(清)洪亮吉　(清)孫星衍纂　清乾隆四十九年(1784)刻本　四冊　十二行二十四字粗黑口四周單邊

610000－1001－0002003　善0012449
[乾隆]韓城縣志十六卷首一卷　(清)傅應奎修　(清)錢坫等纂　清乾隆四十九年(1784)刻本　六冊　十二行二十四字粗黑口四周單邊

610000－1001－0002004　善0012450
[乾隆]韓城縣志十六卷首一卷　(清)傅應奎

116

修 （清）錢坫等纂 清乾隆四十九年(1784)
刻本 六册 十二行二十四字粗黑口四周
單邊

610000－1001－0002005 善0012451
[乾隆]韓城縣志十六卷首一卷 （清）傅應奎
修 （清）錢坫等纂 [嘉慶]韓城縣續志五卷
（清）冀蘭泰修 （清）陸耀遹纂 清嘉慶二
十三年(1818)刻本 七册 十二行二十四至
二十五字不等粗黑口四周單邊

610000－1001－0002006 善0012458
[乾隆]郃陽縣全志四卷 （清）席奉乾修
(清)孫景烈纂 清乾隆三十四年(1769)刻本
四册 十行二十二字小字雙行同白口四周
單邊

610000－1001－0002007 善0012459
[乾隆]郃陽縣全志四卷 （清）席奉乾修
(清)孫景烈纂 清乾隆三十四年(1769)刻本
四册 十行二十二字小字雙行同白口四周
單邊

610000－1001－0002008 善0012461
[乾隆]郃陽縣全志四卷 （清）席奉乾修
(清)孫景烈纂 清乾隆三十四年(1769)刻本
四册 十行二十二字小字雙行同白口四周
單邊

610000－1001－0002009 善0012462
[乾隆]郃陽縣全志四卷 （清）席奉乾修
(清)孫景烈纂 清乾隆三十四年(1769)刻本
四册 十行二十二字小字雙行同白口四周
單邊

610000－1001－0002010 善0012463
[乾隆]郃陽縣全志四卷 （清）席奉乾修
(清)孫景烈纂 清乾隆三十四年(1769)刻本
四册 十行二十二字小字雙行同白口四周
單邊

610000－1001－0002011 善0012464
[乾隆]郃陽縣全志四卷 （清）席奉乾修 （清)
孫景烈纂 清乾隆三十四年(1769)刻本 四册
十行二十二字小字雙行同白口四周單邊

610000－1001－0002012 善0012465
[乾隆]郃陽縣全志四卷 （清）席奉乾修
(清)孫景烈纂 清乾隆三十四年(1769)刻本
四册 十行二十二字小字雙行同白口四周
單邊

610000－1001－0002013 善0012466
[乾隆]郃陽縣全志四卷 （清）席奉乾修
(清)孫景烈纂 清乾隆三十四年(1769)刻本
四册 十行二十二字小字雙行同白口四周
單邊

610000－1001－0002014 善0012467
[乾隆]郃陽縣全志四卷 （清）席奉乾修
(清)孫景烈纂 清乾隆三十四年(1769)刻本
五册 十行二十二字小字雙行同白口四周
單邊

610000－1001－0002015 善0012471
[乾隆]同州府志六十卷首一卷 （清）閔鑑修
（清)吳泰來纂 清乾隆四十六年(1781)刻
本 二十二册 十一行二十三字粗黑口左右
雙邊

610000－1001－0002016 善0012472
[乾隆]同州府志二十卷首一卷 （清）張奎祥
修 （清)李之蘭 （清)張德泰纂 清乾隆六
年(1741)刻本 二十册 十二行二十六字白
口四周雙邊

610000－1001－0002017 善0012489
[正德]朝邑縣志二卷 （明）王道修 （明)
韓邦靖纂 [萬曆]續朝邑縣志八卷 （明)郭
實修 （明)王學謨纂 [康熙]朝邑縣後志八
卷 （清)王兆鰲修 （清)王鵬翼纂 清康熙
五十一年(1712)王兆鰲刻本 六册 九行二
十二字小字雙行同白口四周單邊

610000－1001－0002018 善0012502
[萬曆]續朝邑縣志八卷 （明）郭實修
(明)王學謨纂 清康熙五十一年(1712)王兆
鰲刻本 二册 九行二十二字白口四周單邊

610000－1001－0002019 善0012503
[萬曆]續朝邑縣志八卷 （明）郭實修

(明)王學謨纂　清康熙五十一年(1712)王兆
鰲刻本　二冊　九行二十二字白口四周單邊

610000－1001－0002020　善0012504
[萬曆]續朝邑縣志八卷　(明)郭實修
(明)王學謨纂　清康熙五十一年(1712)王兆
鰲刻本　二冊　九行二十二字白口四周單邊

610000－1001－0002021　善0012505
[萬曆]續朝邑縣志八卷　(明)郭實修
(明)王學謨纂　清康熙五十一年(1712)王兆
鰲刻本　二冊　九行二十二字白口四周單邊

610000－1001－0002022　善0012506
[萬曆]續朝邑縣志八卷　(明)郭實修
(明)王學謨纂　清康熙五十一年(1712)王兆
鰲刻本　二冊　九行二十二字白口四周單邊

610000－1001－0002023　善0012507
[康熙]朝邑縣後志八卷　(清)王兆鰲修
(清)王鵬翼纂　清康熙五十一年(1712)刻本
　三冊　九行二十二字小字雙行同白口四周
單邊

610000－1001－0002024　善0012508
[康熙]朝邑縣後志八卷　(清)王兆鰲修
(清)王鵬翼纂　清康熙五十一年(1712)刻本
　三冊　九行二十二字小字雙行同白口四周
單邊

610000－1001－0002025　善0012509
[康熙]朝邑縣後志八卷　(清)王兆鰲修
(清)王鵬翼纂　清康熙五十一年(1712)刻本
　三冊　九行二十二字小字雙行同白口四周
單邊

610000－1001－0002026　善0012510
[康熙]朝邑縣後志八卷　(清)王兆鰲修
(清)王鵬翼纂　清康熙五十一年(1712)刻本
　三冊　九行二十二字小字雙行同白口四周
單邊

610000－1001－0002027　善0012511
[康熙]朝邑縣後志八卷　(清)王兆鰲修　(清)
王鵬翼纂　清康熙五十一年(1712)刻本　三冊
　九行二十二字小字雙行同白口四周單邊

610000－1001－0002028　善0012512
[康熙]朝邑縣後志八卷　(清)王兆鰲修
(清)王鵬翼纂　清康熙五十一年(1712)刻本
　三冊　九行二十二字小字雙行同白口四周
單邊

610000－1001－0002029　善0012513
[乾隆]朝邑縣志十一卷首一卷　(清)金嘉琰
　(清)朱廷模修　(清)錢坫纂　清乾隆四十
五年(1780)刻本　四冊　十二行二十四字粗
黑口四周單邊

610000－1001－0002030　善0012514
[乾隆]朝邑縣志十一卷首一卷　(清)金嘉琰
　(清)朱廷模修　(清)錢坫纂　清乾隆四十
五年(1780)刻本　四冊　十二行二十四字粗
黑口四周單邊

610000－1001－0002031　善0012515
[乾隆]朝邑縣志十一卷首一卷　(清)金嘉琰
　(清)朱廷模修　(清)錢坫纂　清乾隆四十
五年(1780)刻本　四冊　十二行二十四字粗
黑口四周單邊

610000－1001－0002032　善0012522
[乾隆]再續華州志十二卷　(清)汪以誠修
(清)史薵纂　清乾隆五十四年(1789)刻本
二冊　十行二十字白口四周單邊

610000－1001－0002033　善0012529
[雍正]渭南縣志十五卷　(清)岳冠華纂修
清雍正十年(1732)刻本　八冊　九行二十字
小字雙行同白口四周雙邊

610000－1001－0002034　善0012540
[萬曆]華陰縣志九卷　(明)王九疇修
(明)張毓翰纂　明萬曆四十九年(1621)刻清
康熙增修本　二冊　九行二十字白口四周
單邊

610000－1001－0002035　善0012541
[萬曆]華陰縣志九卷　(明)王九疇修
(明)張毓翰纂　明萬曆四十九年(1621)刻清
康熙增修本　四冊　九行二十字白口四周
單邊

610000 – 1001 – 0002036　善 0012543

[乾隆]華陰縣志二十二卷首一卷　（清）陸維垣　（清）許光基修　（清）李天秀等纂　清乾隆五十八年(1793)刻本　十七冊　十行二十四字小字雙行同白口左右雙邊

610000 – 1001 – 0002037　善 0012548

[隆慶]華州志二十四卷　（明）李可久修（明）張光孝纂　明隆慶六年(1572)刻本　四冊　十行二十字白口四周雙邊

610000 – 1001 – 0002038　善 0012550

[康熙]續華州志四卷　（清）馮昌奕修（清）劉遇奇纂　清康熙刻本　四冊　十行二十字白口四周單邊

610000 – 1001 – 0002039　善 0012558

[乾隆]興平縣志二十五卷　（清）顧聲雷修（清）張塤纂　清乾隆四十四年(1779)刻本　六冊　十二行二十四字粗黑口四周單邊

610000 – 1001 – 0002040　善 0012559

[乾隆]興平縣志八卷　（清）胡蛟齡纂修　清乾隆元年(1736)刻本　四冊　十行二十二字小字雙行同白口四周雙邊

610000 – 1001 – 0002041　善 0012573

[正德]武功縣志三卷首一卷　（明）康海纂（清）孫景烈評注　（清）瑪星阿參訂　清乾隆二十六年(1761)瑪星阿刻本　一冊　十二行二十五字小字雙行同白口四周雙邊

610000 – 1001 – 0002042　善 0012605

[雍正]郿縣志十卷首一卷　（清）張素修（清）張執中纂　清雍正十一年(1733)刻本　四冊　九行二十二字白口四周雙邊　存九卷（一至九）

610000 – 1001 – 0002043　善 0012609

[乾隆]鳳翔縣志八卷首一卷　（清）羅鰲修（清）周方炯　（清）劉震纂　清乾隆三十二年(1767)刻本　八冊　九行二十二字白口四周雙邊

610000 – 1001 – 0002044　善 0012619

[順治]重修岐山縣志四卷　（清）王覲修

（清）王業隆纂　清順治十四年(1657)刻本二冊　九行二十二字白口四周雙邊

610000 – 1001 – 0002045　善 0012628

[康熙]隴州志八卷首一卷　（清）羅彰彝纂修　清康熙五十二年(1713)刻本　四冊　九行二十一字白口四周單邊

610000 – 1001 – 0002046　善 0012629

[康熙]隴州志八卷首一卷　（清）羅彰彝纂修　清康熙五十二年(1713)刻本　四冊　九行二十一字白口四周單邊

610000 – 1001 – 0002047　善 0012630

[康熙]隴州志八卷首一卷　（清）羅彰彝纂修　清康熙五十二年(1713)刻本　四冊　九行二十一字白口四周單邊

610000 – 1001 – 0002048　善 0012631

[乾隆]隴州續志八卷首一卷末一卷　（清）吳炳纂修　清乾隆三十一年(1766)刻本　四冊　九行二十一字白口四周單邊

610000 – 1001 – 0002049　善 0012632

[乾隆]隴州續志八卷首一卷末一卷　（清）吳炳纂修　清乾隆三十一年(1766)刻本　四冊　九行二十一字白口四周單邊

610000 – 1001 – 0002050　善 0012639

[乾隆]直隸邠州志二十五卷　（清）王朝爵（清）王灼修　（清）孫星衍纂　清乾隆四十九年(1784)刻本　四冊　十二行二十四字黑口四周單邊

610000 – 1001 – 0002051　善 0012640

[乾隆]直隸邠州志二十五卷　（清）王朝爵（清）王灼修　（清）孫星衍纂　清乾隆四十九年(1784)刻本　四冊　十二行二十四字黑口四周單邊

610000 – 1001 – 0002052　善 0012650

[雍正]重修陝西乾州志六卷　（清）拜思呼朗纂修　清雍正四年(1726)刻本　三冊　十行二十一字白口四周雙邊

610000 – 1001 – 0002053　善 0012672

[乾隆]醴泉縣志十四卷圖一卷　（清）蔣騏昌修　（清）孫星衍纂　清乾隆四十九年(1784)刻本　四冊　十二行二十四字小字雙行同黑口四周單邊

610000－1001－0002054　善0012673
[乾隆]醴泉縣志十四卷圖一卷　（清）蔣騏昌修　（清）孫星衍纂　清乾隆四十九年(1784)刻本　四冊　十二行二十四字小字雙行同黑口四周單邊

610000－1001－0002055　善0012688
[順治]延川縣志一卷　（清）劉穀纂修　清順治十八年(1661)刻本　一冊　九行二十二字白口四周雙邊

610000－1001－0002056　善0012709
[康熙]鄜州志八卷　（清）顧耿臣修　（清）任于嶠纂　清康熙五年(1666)刻本　五冊　九行十八字小字雙行同白口四周雙邊

610000－1001－0002057　善0012742
[乾隆]府谷縣志四卷　（清）鄭居中　（清）麟書纂修　清乾隆四十八年(1783)刻本　四冊　九行二十二字白口四周雙邊

610000－1001－0002058　善0012757
[乾隆]綏德直隸州志八卷　（清）吳忠誥修　（清）李繼嶠纂　清乾隆四十九年(1784)刻本　四冊　九行二十二字白口四周單邊

610000－1001－0002059　善0012774
[雍正]宜君縣志不分卷　（清）查遴纂修　（清）沈華訂正　清雍正十年(1732)刻本　二冊　十行二十二字白口四周雙邊

610000－1001－0002060　善0012775
[雍正]宜君縣志不分卷　（清）查遴纂修　（清）沈華訂正　清雍正十年(1732)刻本　一冊　十行二十二字白口四周雙邊

610000－1001－0002061　善0012783
[乾隆]直隸商州志十四卷首一卷　（清）王如玖纂修　清乾隆九年(1744)刻本　八冊　十行二十字白口四周雙邊

610000－1001－0002062　善0012784
[乾隆]直隸商州志十四卷首一卷　（清）王如玖纂修　清乾隆九年(1744)刻本　八冊　十行二十字白口四周雙邊

610000－1001－0002063　善0012785
[乾隆]續商州志十卷　（清）羅文思纂修　清乾隆二十三年(1758)刻本　二冊　十行二十字白口四周雙邊

610000－1001－0002064　善0012786
[乾隆]續商州志十卷　（清）羅文思纂修　清乾隆二十三年(1758)刻本　二冊　十行二十字白口四周雙邊

610000－1001－0002065　善0012787
[乾隆]雒南縣志十二卷　（清）范啟源纂修　（清）薛韞訂正　清乾隆十一年(1746)刻本　四冊　九行二十字白口四周雙邊

610000－1001－0002066　善0012789
[乾隆]雒南縣志十二卷　（清）范啟源纂修　（清）薛韞訂正　附志一卷　（清）何樹滋纂　附刻八景　（清）陳爾弗增補　清乾隆十年(1745)刻五十二年(1787)重印本同治七年(1868)增刻本　四冊　九行二十字白口四周雙邊

610000－1001－0002067　善0012792(原00808)
[康熙]山陽縣初志三卷　（清）秦凝奎修　（清）梁渟　（清）李日棟纂　清康熙三十三年(1694)刻本　三冊　九行二十二字白口四周雙邊

610000－1001－0002068　善0012793
[雍正]鎮安縣志三卷　（清）武維緒修　（清）任毓茂纂　清雍正四年(1726)刻本　一冊　九行二十字白口四周單邊

610000－1001－0002069　善0012803
[乾隆]興安府志三十卷　（清）李國麒纂修　清乾隆五十三年(1788)刻本　十二冊　十一行二十二字粗黑口左右雙邊

610000－1001－0002070　善0012804
[乾隆]興安府志三十卷　（清）李國麒纂修

清乾隆五十三年(1788)刻本　六冊　十一行
二十二字粗黑口左右雙邊

610000－1001－0002071　善0012824

[康熙]紫陽縣新志二卷　（清）沈麟修
（清）劉應秋纂　清康熙二十七年(1688)刻本
　二冊　九行二十字白口四周雙邊

610000－1001－0002072　善0012861

[康熙]洋縣志八卷首一卷　（清）鄒溶修
（清）周忠纂　清康熙三十三年(1694)刻本
四冊　十行二十字白口四周雙邊

610000－1001－0002073　善0012886

[康熙]沔縣志四卷　（清）錢兆沆纂修　清康
熙四十九年(1710)刻本　一冊　九行二十字
白口四周雙邊

610000－1001－0002074　善0012898

[乾隆]甘肅通志五十卷首一卷　（清）許容修
（清）李迪等纂　清乾隆元年(1736)刻本
三十六冊　九行二十一字小字雙行同白口四
周雙邊

610000－1001－0002075　善0012902

[乾隆]直隸秦州新志十二卷首一卷　（清）費
廷珍修　（清）胡鈇等纂　末一卷　（清）陶奕
曾補輯　清乾隆二十九年(1764)刻本　十六
冊　九行二十字小字雙行同白口四周雙邊

610000－1001－0002076　善0012903

[乾隆]甘州府志十六卷首一卷　（清）鍾賡起
撰　清乾隆四十四年(1779)刻本　十冊　九
行二十二字小字雙行同白口四周雙邊

610000－1001－0002077　善0012906

[乾隆]五涼考治六德集全志五卷　（清）張之
浚等纂修　清乾隆十四年(1749)刻本　五冊
　十二行三十字小字雙行同白口四周單邊

610000－1001－0002078　善0012928

渭陽十勝不分卷　（清）魏毓瀹撰　清康熙二
十三年(1684)刻本　一冊　七行二十四字白
口四周單邊

610000－1001－0002079　善0012930

[乾隆]光州志六十八卷附志餘十二卷　（清）
高兆煌纂修　清乾隆三十五年(1770)刻本
三十二冊　九行二十二字不等小字雙行二十
二字白口左右雙邊　存八卷(志餘一至二、七
至十二)

610000－1001－0002080　善0012936

[乾隆]皋蘭縣志二十卷　（清）吳鼎新修
（清）黃健中纂　清乾隆四十三年(1778)刻本
　四冊　九行二十三字小字雙行同白口四周
雙邊

610000－1001－0002081　善0012944

[乾隆]西寧府新志四十卷　（清）楊應琚纂修
　清乾隆十二年(1747)刻本　十二冊　九行
二十一字小字雙行同白口四周雙邊

610000－1001－0002082　善0012954

[乾隆]盛京通志四十八卷首一卷　（清）呂耀
曾等修　（清）魏樞等纂　清乾隆元年(1736)
刻本　二十冊　十行二十一字小字雙行同白
口四周雙邊

610000－1001－0002083　善0012975

[乾隆]直隸商州志十四卷首一卷　（清）王如
玖纂修　清乾隆九年(1744)刻本　八冊　十
行二十字白口四周雙邊

610000－1001－0002084　善0013020

[康熙]徽州府志十八卷圖一卷　（清）丁廷楗
等修　（清）趙吉士等纂　清康熙三十八年
(1699)萬青閣刻本　十冊　九行二十三字小
字雙行同白口四周單邊

610000－1001－0002085　善0013031

西湖志四十八卷　（清）李衛修　（清）傅王露
等纂　清雍正九年(1731)兩浙鹽驛道庫刻本
　二十冊　九行二十一字小字雙行同下黑口
四周雙邊

610000－1001－0002086　善0013032

西湖志四十八卷　（清）李衛修　（清）傅王露
等纂　清雍正九年(1731)兩浙鹽驛道庫刻本
　二十冊　九行二十一字小字雙行同下黑口
四周雙邊

610000－1001－0002087　善0013033

西湖志四十八卷　（清）李衛修　（清）傅王露
等纂　清雍正九年(1731)兩浙鹽驛道庫刻本
　二十冊　九行二十一字小字雙行同下黑口
四周雙邊

610000－1001－0002088　善0013035

西湖志纂十五卷首一卷　（清）沈德潛　（清）
傅王露輯　（清）梁詩正等纂　清乾隆二十年
(1755)刻二十七年(1762)增刻本　六冊　九
行二十一字小字雙行同白口四周雙邊

610000－1001－0002089　善0013041

[康熙]嘉興縣志九卷　（清）何銑纂修　清康
熙二十四年(1685)刻本　九冊　十行二十二
字小字雙行同白口左右雙邊　存八卷(二至
九)

610000－1001－0002090　善0013044

[乾隆]烏程縣志十六卷　（清）羅愫修
(清)杭世駿纂　清乾隆十一年(1746)刻本
十二冊　十三行二十五字小字雙行同白口左
右雙邊

610000－1001－0002091　善0013047

[乾隆]紹興府志八十卷首一卷　（清）李亨特
等修　（清）平恕等纂　清乾隆五十七年
(1792)刻本　四十六冊　十行二十三字小字
雙行同白口四周雙邊

610000－1001－0002092　善0013078

[雍正]江西通志一百六十二卷首三卷　（清）
謝旻等修　（清）陶成　（清）惲鶴生纂　清雍
正十年(1732)刻本　六十六冊　十二行二十
三字小字雙行同白口左右雙邊　缺三十一卷
(八十六至八十七、九十一至九十九、一百〇
六至一百一十三、一百一十六至一百一十七、一百二
十至一百二十五,首一至三)

610000－1001－0002093　善0013079

廬山志十五卷　（清）毛德琦等增訂　清康熙
五十九年(1720)刻同治十二年(1873)增修本
　十六冊　九行二十一字白口左右雙邊

610000－1001－0002094　善0013081

610000－1001－0002094　善0013081

[雍正]湖廣通志一百二十卷首一卷　（清）邁
柱修　（清）夏力恕纂　清雍正十一年(1733)
刻本　四十八冊　十一行二十二字小字雙行
同白口四周雙邊

610000－1001－0002095　善0013124

[乾隆]貴州通志四十六卷首一卷　（清）鄂爾
泰等修　（清）靖道謨等纂　清乾隆六年
(1741)刻嘉慶補刻本　二十二冊　十一行二
十一字小字雙行同白口四周雙邊

610000－1001－0002096　善0013147

[乾隆]衛藏圖識四卷附蠻語一卷　（清）馬揭
修　（清）盛繩祖纂　清乾隆五十七年(1792)
刻本　四冊　八行二十字小字雙行同上下黑
口左右雙邊

610000－1001－0002097　善0013160

[乾隆]重修臺灣府志二十五卷首一卷　（清）
六十七　（清）范咸纂修　清乾隆十二年
(1747)刻本　十二冊　十一行二十二字小字
雙行同白口四周雙邊

610000－1001－0002098　善0013166

南嶽志八卷　（清）高自位編　（清）曠敏本纂
　清乾隆十八年(1753)刻本　六冊　十行二
十字白口四周雙邊

610000－1001－0002099　善0013179

[乾隆]陸豐縣志十二卷　（清）王之正等修
(清)沈展才等纂　清乾隆十年(1745)刻本
四冊　八行二十二字小字雙行同白口四周
雙邊

610000－1001－0002100　善0013190

[乾隆]海豐縣志十卷末一卷　（清）于卜熊修
　（清）史本纂　清乾隆十五年(1750)刻本
四冊　九行二十二字小字雙行同白口四周
雙邊

610000－1001－0002101　善0013193

[雍正]海陽縣志十二卷　（清）張士璉修
(清)葉適　（清）陳珏等纂　清雍正十二年
(1734)刻本　十冊　九行二十字小字雙行同
白口四周雙邊

610000－1001－0002102　善0013194

[乾隆]普寧縣志十卷首一卷　（清）蕭麟趾修
（清）梅奕紹等纂　清乾隆十年(1745)刻本
八冊　九行二十字白口四周雙邊

610000－1001－0002103　善0013199

長河志籍考十卷　（清）田雯編　清康熙三十
七年(1698)刻本　二冊　十二行二十四字小
字雙行同上下黑口左右雙邊

610000－1001－0002104　善0013200

[乾隆]鳳翔縣志八卷首一卷　（清）羅鰲修
（清）周方炯　（清）劉震纂　清乾隆三十二年
(1767)刻本　八冊　九行二十二字白口四周
雙邊

610000－1001－0002105　善0013204

[康熙]延綏鎮志六卷　（清）譚吉璁纂修　抄
本　八冊　十一行二十字

610000－1001－0002106　善0013225

[乾隆]解州安邑縣志十六卷首一卷　（清）言
如泗修　（清）呂瀁　（清）鄭必陽纂　清乾隆
二十九年(1764)刻本　五冊　十行二十一字
小字雙行同白口左右雙邊

610000－1001－0002107　善0013248

飛鴻堂印譜初集八卷二集八卷三集八卷四集
八卷五集八卷　（清）汪啟淑輯　清刻鈐印本
二十冊　行數不等大小字不等白口四周
雙邊

610000－1001－0002108　善0013250

國朝歷科題名碑錄初集不分卷明洪武至崇禎
各科不分卷　（清）李周望輯　清雍正刻本
十三冊　十行大小字不等上下黑口左右雙邊

610000－1001－0002109　善0013252

韓非子二十卷附錄一卷　（戰國）韓非撰　明
天啟五年(1625)刻本　十冊　九行十八字小
字雙行同白口四周單邊

610000－1001－0002110　善0013279

尺牘蒙詁□□卷　（清）秦嘉銓撰　清乾隆二
十五年(1760)刻本　一冊　九行二十字白口
左右雙邊　存四卷(一至四)

610000－1001－0002111　善0013296

忠武誌八卷　（清）張鵬翮輯　臥龍崗志二卷
（清）羅景輯　清康熙五十一年(1712)刻本
十冊　九行二十字小字雙行不等黑口間白
口左右雙邊

610000－1001－0002112　善0013308

揖石齋文集三卷　（清）趙世英撰　清康熙三
十七年(1698)蒲城趙鐸刻本　一冊　九行二
十二字白口四周單邊

610000－1001－0002113　善0013330

聲調譜一卷八病說一卷　（清）吳鎮撰　清乾
隆五十三年(1788)刻本　一冊　行數不等字
數不等白口四周雙邊

610000－1001－0002114　善0013331

唐李衛公通纂四卷　（明）王承裕輯　明正德
刻清道光十八年(1838)弘道書院補刻本　一
冊　十行二十字小字雙行同白口左右雙邊

610000－1001－0002115　善0013343

易憲四卷卦歌一卷圖說一卷　（明）沈泓撰
清乾隆九年(1744)刻本　三冊　十一行二十
三字小字雙行同白口左右雙邊

610000－1001－0002116　善0013384

儀禮章句十七卷　（清）吳廷華章句　清乾隆
五十九年(1794)德成堂刻本　四冊　十行二
十一字小字雙行同白口左右雙邊

610000－1001－0002117　善0013387

儀禮節略二十卷　（清）朱軾輯　清雍正五年
(1727)刻本　九冊　九行二十一字小字雙行
同白口四周單邊

610000－1001－0002118　善0013389

儀禮管見三卷附一卷　（清）褚寅亮撰　清乾
隆四十九年(1784)刻本　三冊　十行二十一
字小字雙行同白口左右雙邊

610000－1001－0002119　善0013390

儀禮經注疏正譌十七卷　（清）金日追撰　清
乾隆五十三年(1788)刻本　四冊　八行十七
字小字雙行同黑口左右雙邊

610000 – 1001 – 0002120　善 0013391

儀禮識誤三卷　（宋）張淳撰　清乾隆四十年(1775)木活字印本　一冊　九行二十一字小字雙行同白口四周雙邊

610000 – 1001 – 0002121　善 0013393

宋葉文康公禮經會元四卷　（清）陸隴其點定　（清）許元淮輯　清乾隆五十二年(1787)刻本　四冊　九行二十字小字雙行同白口左右雙邊

610000 – 1001 – 0002122　善 0013422

春秋經傳類求十二卷　（清）孫從添等纂　清乾隆二十四年(1759)刻本　十二冊　十二行二十四字小字雙行同白口左右雙邊

610000 – 1001 – 0002123　善 0013443

史記志疑三十六卷　（清）梁玉繩撰　**補遺一卷**　（清）梁學昌輯　清乾隆刻本　十六冊　十二行二十四字小字雙行同白口四周單邊

610000 – 1001 – 0002124　善 0013462

字林考逸八卷　（晉）呂忱撰　（清）任大椿輯　清乾隆刻本　二冊　八行十九字小字雙行同白口四周單邊

610000 – 1001 – 0002125　善 0013464

六書音均表五卷　（清）段玉裁撰　清乾隆刻本　二冊　十行二十字小字雙行二十九字白口四周單邊

610000 – 1001 – 0002126　善 0013471

埤雅二十卷　（宋）陸佃撰　清康熙刻本　四冊　十行二十一字白口四周雙邊

610000 – 1001 – 0002127　善 0013492

經典釋文三十卷　（唐）陸德明撰　**攷證三十卷**　（清）盧文弨撰　**孟子音義二卷**　（宋）孫奭撰　清乾隆五十六年(1791)餘姚盧氏刻本　十二冊　十一行二十二字小字雙行同黑口四周單邊

610000 – 1001 – 0002128　善 0013493

經義考三百卷目錄二卷　（清）朱彝尊撰　清乾隆刻本　四十八冊　十二行二十三字小字雙行同白口四周單邊

610000 – 1001 – 0002129　善 0013530

王鳳洲先生綱鑑正史全編二十四卷附紀一卷歷代輿地圖一卷　（明）王世貞撰　（明）張睿卿輯　清康熙四十八年(1709)刻本　二十四冊　十行二十一字小字雙行同白口四周單邊

610000 – 1001 – 0002130　善 0013547

[熙寧]長安志二十卷圖三卷　（宋）宋敏求纂　（元）李好文繪　（清）畢沅校　清乾隆四十九年(1784)鎮洋畢沅靈巖山館刻經訓堂叢書本　四冊　十一行二十二字小字雙行同黑口四周單邊

610000 – 1001 – 0002131　善 0013604

庚子銷夏記八卷閒者軒帖考一卷　（清）孫承澤撰　清乾隆二十六年(1761)歙縣鮑廷博刻本　四冊　十行二十字黑口左右雙邊

610000 – 1001 – 0002132　善 0013612

類書纂要三十三卷　（清）周魯輯　清康熙三年(1664)刻本　二十冊　九行二十二字小字雙行同白口四周單邊

610000 – 1001 – 0002133　善 0013667

二如亭群芳譜三十卷　（明）王象晉輯　明崇禎沙村草堂刻本　十六冊　八行十八字小字雙行同白口左右雙邊

610000 – 1001 – 0002134　善 0013695

明堂大道錄八卷禘說二卷　（清）惠棟撰　清乾隆鎮洋畢氏經訓堂刻本　四冊　十行二十二字小字雙行同白口左右雙邊

610000 – 1001 – 0002135　善 0013701

抗希堂十六種　（清）方苞撰　清康熙、嘉慶桐城方氏抗希堂刻本　四冊　八行二十字小字雙行同白口左右雙邊　存二種

610000 – 1001 – 0002136　善 0013707

漁洋山人精華錄訓纂十卷目錄二卷　（清）王士禎撰　（清）惠棟訓纂　**漁洋山人自撰年譜二卷**　（清）惠棟注補　**金氏精華錄箋注辯訛一卷**　（清）惠棟撰　清乾隆東吳惠氏紅豆齋刻本　十二冊　十行二十一字小字雙行同白口四周雙邊

610000 – 1001 – 0002137　善 0013709

漢名臣言行錄十二卷　（清）夏之芳輯　清乾隆十六年(1751)刻本　十冊　十行二十一字白口左右雙邊

610000 – 1001 – 0002138　善 0013712

慈溪黃氏日抄分類九十七卷　（宋）黃震編輯　清乾隆三十二年(1767)新安汪佩鍔刻本　二十四冊　十四行二十六字小字雙行同細黑口四周雙邊

610000 – 1001 – 0002139　善 0013714

池北偶談二十六卷　（清）王士禎撰　清康熙四十年(1701)臨汀郡署刻本　八冊　十一行二十三字小字雙行同黑口左右雙邊

610000 – 1001 – 0002140　善 0013716

逸語十卷　（清）曹庭棟輯注　清乾隆十二年(1747)刻本　三冊　九行十七字小字雙行同白口左右雙邊

610000 – 1001 – 0002141　善 0013720

陔餘叢考四十三卷　（清）趙翼撰　清乾隆五十五年(1790)趙氏湛貽堂刻本　十二冊　十一行二十一字小字雙行三十二字白口左右雙邊

610000 – 1001 – 0002142　善 0013729

管窺輯要八十卷　（清）黃鼎纂　清順治十年(1653)刻本　二十五冊　九行十九字白口四周單邊

610000 – 1001 – 0002143　善 0013730

學統五十三卷　（清）熊賜履撰　清康熙二十四年(1685)熊賜履刻本　十六冊　九行二十字白口左右雙邊

610000 – 1001 – 0002144　善 0013733

杜詩論文五十六卷　（清）吳見思撰　（清）潘眉評　清康熙十一年(1672)寶翰樓刻本　十二冊　九行二十二字白口左右雙邊

610000 – 1001 – 0002145　善 0013736

王右丞集二十八卷首一卷末一卷　（清）趙殿成箋註　清乾隆二年(1737)刻本　十冊　十行二十字小字雙行同白口左右雙邊

610000 – 1001 – 0002146　善 0013738

唐四家詩八卷　（清）汪立名編　清康熙三十四年(1695)刻本　六冊　十行十九字黑口左右雙邊

610000 – 1001 – 0002147　善 0013739

李太白詩集二十二卷　（唐）李白撰　（宋）嚴羽評述　明末清初刻本　八冊　九行二十字小字雙行同白口四周雙邊間左右雙邊

610000 – 1001 – 0002148　善 0013740

李太白文集三十二卷　（唐）李白撰　（清）王琦輯注　清乾隆二十三年(1758)寶笏樓刻本　十二冊　十行二十字小字雙行同白口左右雙邊

610000 – 1001 – 0002149　善 0013743

玉溪生詩詳注三卷首一卷樊南文集詳注八卷首一卷　（唐）李商隱撰　（清）馮浩注　清嘉慶元年(1796)刻本　八冊　十一行二十五字小字雙行三十三字白口左右雙邊

610000 – 1001 – 0002150　善 0013745

蘇老泉先生全集二十卷　（宋）蘇洵撰　附錄二卷　（宋）沈斐輯　清康熙三十七年(1698)吳郡邵仁泓刻本　二冊　九行十九字小字雙行同白口左右雙邊

610000 – 1001 – 0002151　善 0013746

蘇詩補注八卷　（宋）蘇軾撰　（清）翁方綱補注　志道集一卷　（宋）顧禧撰　清乾隆四十七年(1782)刻本　四冊　十二行二十四字小字雙行同粗黑口左右雙邊

610000 – 1001 – 0002152　善 0013747

斜川集六卷附錄二卷訂誤一卷　（宋）蘇過撰　清乾隆五十三年(1788)趙氏亦有生齋刻本　二冊　十行二十一字小字雙行同白口左右雙邊

610000 – 1001 – 0002153　善 0013752

陶山集十六卷　（宋）陸佃撰　清乾隆四十一年(1776)武英殿木活字印武英殿聚珍版書本　六冊　九行二十一字小字雙行同白口四周雙邊

610000－1001－0002154　善0013758

攻媿集一百十二卷　（宋）樓鑰撰　清乾隆四十五年(1780)武英殿木活字印武英殿聚珍版書本　二十四冊　九行二十一字小字雙行同白口四周雙邊

610000－1001－0002155　善0013760

節孝先生集三十二卷事實一卷　（宋）徐積撰　清康熙三十五年(1696)丘邁刻本　四冊十行二十字小字雙行同白口左右雙邊

610000－1001－0002156　善0013762

石湖居士詩集三十五卷　（宋）范成大撰（清）顧嗣協重訂　清康熙二十七年(1688)顧氏依園刻本　四冊　十一行二十一字小字雙行同白口左右雙邊

610000－1001－0002157　善0013765

施註蘇詩四十二卷總目二卷　（清）宋犖（清）张榕端閱定　（清）邵長蘅　（清）顧嗣立　（清）宋至刪補　**續補遺二卷**　（宋）蘇軾撰　（清）馮景補註　清康熙三十八年(1699)宋犖刻本　十冊　十行二十一字小字雙行三十一字黑口四周單邊

610000－1001－0002158　善0013766

唐陸宣公集二十二卷　（唐）陸贄撰　（清）年羹堯重訂　清雍正元年(1723)年羹堯刻本六冊　十行二十字小字雙行同白口四周單邊

610000－1001－0002159　善0013767

杜工部集二十卷　（唐）杜甫著　（清）錢謙益箋注　**年譜一卷諸家詩話一卷唱酬題咏附錄一卷附錄一卷**　清康熙六年(1667)刻本　十六冊　十一行二十字小字雙行三十字細黑口四周雙邊

610000－1001－0002160　善0013771

楚辭八卷　（戰國）屈原著　（清）姚培謙節注　清乾隆六年(1741)刻本　四冊　八行十八字細黑口左右雙邊

610000－1001－0002161　善0013772

楚辭新註八卷　（清）屈復撰　清乾隆三年(1738)刻本　六冊　九行二十字小字雙行同白口四周雙邊

610000－1001－0002162　善0013774

白香山詩長慶集二十卷後集十七卷別集一卷補遺二卷　（唐）白居易撰　（清）汪立名編訂　**年譜一卷**　（清）汪立名撰　**年譜舊本一卷**（宋）陳振孫撰　清康熙四十二年(1703)古歙汪氏一隅草堂刻本　十冊　十二行二十一字白口左右雙邊

610000－1001－0002163　善0013786

曾文定公全集二十卷首一卷末一卷　（宋）曾鞏撰　（清）彭期輯　清康熙三十二年(1693)七業堂刻本　八冊　九行二十字白口左右雙邊

610000－1001－0002164　善0013788

宋四名家詩　（清）周之鱗　（清）柴升選輯清康熙弘訓堂刻本　十冊　十行二十一字小字雙行同上下黑口左右雙邊

610000－1001－0002165　善0013793

明詩別裁集十二卷　（清）沈德潛　（清）周準輯　清乾隆四年(1739)刻本　六冊　十行十九字小字雙行二十九字白口左右雙邊

610000－1001－0002166　善0013798

陶菴全集二十四卷　（明）黃淳耀撰　（清）陶應鯤輯　清乾隆二十六年(1761)寶山學刻本六冊　十行二十二字小字雙行同白口左右雙邊

610000－1001－0002167　善0013808

唐陸宣公集二十二卷　（唐）陸贄撰　清乾隆五年(1740)懷德堂刻本　八冊　十行二十字小字雙行同白口四周單邊

610000－1001－0002168　善0013815

松雪齋集十卷外集一卷　（元）趙孟頫撰　**趙公謚文行狀一卷**　清清德堂刻本　四冊　十行十九字小字雙行同細黑口左右雙邊

610000－1001－0002169　善0013817

元詩選初集　（清）顧嗣立集　清康熙長洲顧氏秀野草堂刻本　十五冊　十三行二十三字白口左右雙邊

610000－1001－0002170　善0013819

元詩選癸集十六卷　（清）顧嗣立集　清嘉慶三年(1798)刻本　十六冊　十三行二十三字細黑口左右雙邊

610000－1001－0002171　善0013828

青邱高季迪先生詩集十八卷首一卷補遺一卷扣舷集一卷附錄一卷　（明）高啟撰　（清）金檀輯注　清雍正六年(1728)刻本　十六冊　十一行二十二字小字雙行三十三字白口左右雙邊

610000－1001－0002172　善0013830

刪補古今文致十卷　（明）劉士鏻輯　（明）王字增刪　明天啟刻本　十二冊　九行二十字白口四周單邊

610000－1001－0002173　善0013838

欽定國朝詩別裁集三十二卷　（清）沈德潛纂評　清乾隆二十六年(1761)刻本　八冊　十行十九字小字雙行二十八字白口左右雙邊

610000－1001－0002174　善0013839

小倉山房文集三十五卷　（清）袁枚撰　清乾隆刻本　二冊　十一行二十一字白口四周單邊　存二十九卷(七至三十五)

610000－1001－0002175　善0013840

小倉山房外集六卷補遺一卷　（清）袁枚撰　清乾隆三十四年(1769)刻本　三冊　十一行二十字白口左右雙邊

610000－1001－0002176　善0013841

小倉山房詩集三十六卷補遺二卷　（清）袁枚撰　清乾隆刻本　十二冊　十一行二十一字白口左右雙邊

610000－1001－0002177　善0013842

古今文統十六卷　（明）張以忠輯　（明）陳仁錫評　明崇禎刻本　二十冊　十行二十字小字雙行同白口四周單邊

610000－1001－0002178　善0013843

小倉山房文集三十五卷　（清）袁枚撰　清乾隆刻本　二冊　十一行二十一字白口左右雙邊　存五卷(一至五)

610000－1001－0002179　善0013845

類編標註文公先生經濟文衡前集二十五卷後集二十五卷續集二十二卷　（宋）滕珙輯　明正德四年(1509)趙俊刻本　十六冊　十二行二十三字白口四周單邊

610000－1001－0002180　善0013848

望溪先生文一卷　（清）方苞撰　（清）王兆符　（清）程荃輯　清乾隆十一年(1746)刻本　十冊　九行十九字小字雙行同黑口左右雙邊

610000－1001－0002181　善0013849

國朝詩別裁集三十六卷　（清）沈德潛纂評　清乾隆二十四年(1759)刻本　十八冊　十行十九字小字雙行二十八字白口左右雙邊

610000－1001－0002182　善0013850

圖東學詩八卷　（清）張士林撰　清乾隆十九年(1754)刻本　二冊　十一行二十字白口四周單邊

610000－1001－0002183　善0013856

感舊集十六卷　（清）王士禛選　清乾隆十七年(1752)刻本　六冊　十一行二十一字白口左右雙邊

610000－1001－0002184　善0013888

刪訂唐詩解二十四卷　（明）唐汝詢輯　（清）吳昌祺評　清康熙四十一年(1702)刻本　八冊　九行二十一字小字雙行同白口左右雙邊

610000－1001－0002185　善0013890

忠雅堂詩集二十七卷補遺二卷銅絃詞附南北曲二卷　（清）蔣士銓撰　清乾隆二十七年(1762)刻本　十二冊　十行二十一字白口四周雙邊

610000－1001－0002186　善0013893

阮亭詩選十七卷　（清）王士禛撰　清康熙刻本　四冊　九行十九字小字雙行同白口左右雙邊

610000－1001－0002187　善0013899

曝書亭集八十卷附錄一卷　（清）朱彝尊撰　笛漁小稾十卷　（清）朱昆田撰　清康熙五十三年(1714)朱稻孫刻本　十六冊　十二行二

十三字白口左右雙邊

610000－1001－0002188　善0013900
曝書亭集八十卷附錄一卷　（清）朱彝尊撰
笛漁小槀十卷　（清）朱昆田撰　清康熙四十
七年(1708)刻本　十八冊　十二行二十三字
白口左右雙邊

610000－1001－0002189　善0013905
愛日堂文集八卷詩集二卷外集一卷　（清）孫
宗彝著　清康熙四十二年(1703)刻本　八冊
十一行二十字白口左右雙邊

610000－1001－0002190　善0013906
愛日堂詩二十八卷　（清）陳元龍著　清乾隆
刻本　八冊　十一行十九字白口左右雙邊

610000－1001－0002191　善0013908
東嵒艸堂評訂唐詩鼓吹十卷　（金）元好問輯
（元）郝天挺注　（清）朱三錫評　清康熙二
十七年(1688)刻本　十冊　十一行二十一字
小字雙行同白口四周雙邊

610000－1001－0002192　善0013914
唐詩別裁集十卷　（清）沈德潛撰　清康熙五
十六年(1717)刻本　十冊　十行十九字黑口
左右雙邊

610000－1001－0002193　善0013915
晚邨先生八家古文精選八卷　（清）呂留良輯
清康熙四十三年(1704)呂氏家塾刻本　十
二冊　十行二十五字細黑口左右雙邊

610000－1001－0002194　善0013916
夢樓詩集二十四卷　（清）王文治撰　清乾隆
六十年(1795)刻本　六冊　十一行二十二字
白口四周單邊

610000－1001－0002195　善0013930
樓邨詩集二十五卷　（清）王式丹撰　**小樓詩
集八卷**　（清）王崇高撰　清道光十六年
(1836)刻本　六冊　十一行二十一字白口左
右雙邊

610000－1001－0002196　善0013933
吳詩集覽二十卷　（清）靳榮藩輯　清乾隆刻

本　十二冊　九行二十一字小字雙行同黑口
四周雙邊

610000－1001－0002197　善0013935
鈍吟老人遺藁九種　（清）馮班撰　清康熙刻
本　八冊　十四行二十一字白口間黑口左右
雙邊　存八種

610000－1001－0002198　善0013939
綠蘿山莊文集二十四卷　（清）胡浚撰　清乾
隆八年(1743)刻本　十六冊　十行二十二字
小字雙行同白口四周雙邊

610000－1001－0002199　善0013940
綠蘿山莊文集二十四卷　（清）胡浚撰　清乾
隆二十六年(1761)刻本　十二冊　十行二十
二字小字雙行同白口四周雙邊

610000－1001－0002200　善0013943
天益山堂遺集十卷續刻一卷　（清）馮元仲撰
清乾隆八年(1743)刻本　四冊　十四行二
十六字小字雙行同粗黑口四周單邊

610000－1001－0002201　善0013945
師說匯五卷　（清）張象魏輯　清乾隆五十三
年(1788)刻本　五冊　九行二十二字白口四
周雙邊

610000－1001－0002202　善0013951
湖海樓全集五十卷補遺一卷　（清）陳維崧著
清乾隆六十年(1795)浩然堂刻本　二十四
冊　十行二十一字白口左右雙邊

610000－1001－0002203　善0013953
近光集二十八卷　（清）汪士鋐編纂　（清）徐
修仁參注　清康熙五十八年(1719)刻本　十
二冊　九行十九字小字雙行同黑口左右雙邊

610000－1001－0002204　善0013958
古詩箋三十二卷　（清）王士禎輯　（清）聞人
倓箋　清乾隆三十一年(1766)芷蘭堂刻本
十二冊　十行二十一字小字雙行同白口左右
雙邊

610000－1001－0002205　善0013980
國朝六家詩鈔八卷　（清）劉執玉編　清乾隆

三十二年(1767)詒燕樓刻本　四冊　十行二十一字小字雙行三十二字白口左右雙邊

610000－1001－0002206　善0013981
網師園唐詩箋十八卷　(清)宋宗元輯　清乾隆刻本　四冊　十行二十一字小字雙行三十二字白口左右雙邊

610000－1001－0002207　善0013982
道古堂詩集二十六卷文集四十六卷　(清)杭世駿撰　清乾隆五十五年至五十七年(1790－1792)刻本　十四冊　十行二十一字白口左右雙邊

610000－1001－0002208　善0013988
靜惕堂詩集四十四卷　(清)曹溶撰　清雍正三年(1725)李維鈞刻本　八冊　十一行二十一字白口左右雙邊

610000－1001－0002209　善0013989
漁洋山人精華錄十卷　(清)王士禎撰　(清)林佶編　清康熙三十九年(1700)刻本　十冊　十一行二十一字細黑口左右雙邊

610000－1001－0002210　善0013990
堯峰文鈔四十卷詩十卷　(清)汪琬撰　(清)林佶編　清康熙三十二年(1693)刻本　十冊　十三行二十五字黑口左右雙邊

610000－1001－0002211　善0013995
戴東原集十二卷札記一卷　(清)戴震撰　清乾隆五十七年(1792)經韻樓刻本　四冊　十行二十一字白口左右雙邊

610000－1001－0002212　善0014000
文心雕龍十卷　(南朝梁)劉勰撰　(清)黃叔琳輯注　清乾隆六年(1741)刻本　四冊　九行十九字小字雙行二十七字白口左右雙邊

610000－1001－0002213　善0014006
柘坡居士集十二卷　(清)萬光泰撰　清乾隆二十一年(1756)刻本　二冊　十二行二十三字白口四周單邊

610000－1001－0002214　善0014014
微波榭叢書十五種　(清)孔繼涵輯　清乾隆

曲阜孔氏微波榭刻本　四十二冊　十行二十一字小字雙行同白口四周雙邊

610000－1001－0002215　善0014015
經韻樓叢書八種　(清)段玉裁撰　清乾隆至道光金壇段氏刻本　二十四冊　十一行二十二字小字雙行同白口四周單邊

610000－1001－0002216　善0014023
貸園叢書初集十二種　(清)周永年輯　清乾隆五十四年(1789)歷城周氏竹西書屋刻本　十二冊　十一行二十二字黑口左右雙邊

610000－1001－0002217　善0014031
籜石齋詩集四十九卷　(清)錢載撰　清康熙三十九年(1700)刻本　六冊　十二行二十三字白口左右雙邊

610000－1001－0002218　善0014032
漁洋山人詩集二十二卷　(清)王士禎撰　清康熙八年(1669)沂泳堂刻本　四冊　十行十九字白口四周單邊

610000－1001－0002219　善0014033
[漁洋遺書]　(清)王士禎纂　清康熙刻本　二十四冊　十行十九字白口四周單邊

610000－1001－0002220　善0014035
蠶尾集十卷續集二卷後集二卷　(清)王士禎撰　清康熙刻本　八冊　十行十九字小字雙行二十九字黑口左右雙邊

610000－1001－0002221　善0014037
善卷堂四六十卷　(清)陸繁弨撰　(清)吳自高注　(清)陳明善校閱　清乾隆三十五年(1770)刻本　六冊　九行二十一字小字雙行同白口左右雙邊

610000－1001－0002222　善0014050
嶺雲集六卷　(清)顧天朗輯著　清康熙五十六年(1717)刻本　二冊　八行十六字白口左右雙邊

610000－1001－0002223　善0014051
龍學孫公春秋經解十五卷　(宋)孫覺撰　清康熙十九年(1680)刻本　四冊　十一行二十

字白口左右雙邊

610000－1001－0002224 善0014058

紅雪樓九種曲 （清）蔣士銓撰 清乾隆紅雪樓刻本 六冊 九行二十二字小字雙行同白口左右單邊

610000－1001－0002225 善0014065

韓詩外傳十卷補逸一卷 （漢）韓嬰撰 （清）周宗杬撰 清乾隆五十六年(1791)周氏營道堂刻本 二冊 十行二十字小字雙行同四周單邊

610000－1001－0002226 善0014071

經訓堂叢書二十一種 （清）畢沅輯 清乾隆鎮洋畢氏刻本 三十六冊 十一行二十二字小字雙行同黑口四周單邊

610000－1001－0002227 善0014086

藏園九種曲 （清）蔣士銓撰 清乾隆三十九年(1774)煥乎堂刻本 十二冊 九行二十二字白口四周單邊

610000－1001－0002228 善0014101

唱經堂才子書彙稿十種 （清）金聖嘆撰 清傳萬堂刻本 八冊 十行二十二字白口左右雙邊

610000－1001－0002229 善0014103

稗海六函四十八種續四函二十二種 （明）商濬輯 清康熙刻本 八十冊 九行二十字白口四周單邊

610000－1001－0002230 善0014106

昭代詞選三十八卷 （清）蔣重光選輯 清乾隆三十二年(1767)刻本 十二冊 十行二十字小字雙行同黑口左右雙邊

610000－1001－0002231 善0014116

澄懷園文存十五卷 （清）張廷玉著 清乾隆十三年(1748)刻本 六冊 十行十九字白口左右雙邊

610000－1001－0002232 善0014121

古文眉詮七十九卷首一卷 （清）浦起龍論次 （清）程鍾 （清）方懋福彙參 清乾隆九年

(1744)三吳書院刻本 四十冊 九行二十二字小字雙行同白口左右雙邊

610000－1001－0002233 善0014122

新曲六種 （清）夏綸撰 清乾隆十四年(1749)刻本 十二冊 十行二十字白口四周單邊

610000－1001－0002234 善0014123

古文輯註二編八卷 （清）朱良玉編訂 清乾隆八年(1743)光德堂刻本 四冊 十行二十二字白口四周單邊

610000－1001－0002235 善0014124

林蕙堂文集十二卷 （清）吳綺著 清康熙四年(1665)刻本 四冊 八行十七字白口左右雙邊

610000－1001－0002236 善0014126

古文分編集評初集五卷二集五卷三集八卷四集四卷 （清）于光華編 清乾隆四十年(1775)刻本 二十冊 十行二十四字小字雙行三十六字白口左右雙邊

610000－1001－0002237 善0014134

後村詩集七卷 （清）王文治撰 清康熙四十六年(1707)刻本 八冊 九行二十字小字雙行同黑口左右雙邊

610000－1001－0002238 善0014137

說鈴六十二種 （清）吳震方輯 清康熙四十四年(1705)吳氏刻本 十六冊 十一行二十五字小字雙行同細黑口左右雙邊 缺十四種

610000－1001－0002239 善0014141

甌北全集七種 （清）趙翼撰 清乾隆、嘉慶湛貽堂刻本 六十四冊 十行二十一字小字雙行同白口左右雙邊

610000－1001－0002240 善0014171

洪北江全集九種 （清）洪亮吉撰 清乾隆、嘉慶刻本 四十冊 十二行二十四字小字雙行同上下黑口四周雙邊

610000－1001－0002241 善0014176

漁洋山人文略十四卷 （清）王士禛撰 清康

熙三十四年(1695)刻本　四冊　十行十九字
黑口左右雙邊

610000－1001－0002242　善0014177

西堂杂俎一集八卷二集八卷三集八卷　（清）
尤侗撰　清康熙三十三年(1694)刻本　三十
二冊　十行二十一字白口四周單邊

610000－1001－0002243　善0014179

重訂文選集評十五卷首一卷末一卷　（清）于
光華編　清乾隆五十一年(1786)心間齋刻本
　十六冊　十行二十四字小字雙行三十六字
白口左右雙邊

610000－1001－0002244　善0014186

檀几叢書一百五十七種　（清）王晫　（清）張
潮輯　清康熙三十四年(1695)新安張氏霞翠
堂刻本　八冊　九行二十字白口四周單邊

610000－1001－0002245　善0014189

知不足齋叢書三十集　（清）鮑廷博輯　清乾
隆、道光長塘鮑氏刻本　二百五十六冊　九
行二十一字小字雙行同上下黑口左右雙邊

610000－1001－0002246　善0014192

山堂肆考二百二十八卷補遺十二卷　（明）彭
大翼纂　明萬曆四十七年(1619)刻本　一百
冊　十一行二十二字白口四周單邊

610000－1001－0002247　善0014202

五禮通考二百六十二卷總目二卷首四卷
(清)秦蕙田輯　（清）吳鼎等校　（清）方觀
承訂　清乾隆刻本　一百二十冊　十三行二
十一字小字雙行三十二字白口左右雙邊

610000－1001－0002248　善0014213

樂善堂全集定本三十卷首一卷目錄一卷
(清)高宗弘曆撰　（清）蔣溥輯　清乾隆二十
四年(1759)内府刻本　十六冊　九行十七字
白口四周雙邊

610000－1001－0002249　善0014236

周禮折衷六卷　（漢）鄭玄注　（唐）賈公彦疏
　清康熙六十年(1721)經綸堂刻本　六冊
九行二十字小字雙行同白口四周單邊

610000－1001－0002250　善0014238

詩林韶護二十卷　（清）顧嗣立選輯　清康熙
四十四年(1705)秀野草堂刻本　二十冊　十
一行二十一字白口左右雙邊

610000－1001－0002251　善0014242

周官辨八卷　（清）方苞撰　清乾隆七年
(1742)刻本　一冊　九行十九字粗黑口左右
雙邊

610000－1001－0002252　善0014244

周官析疑三十六卷　（清）方苞撰　**考工記四
卷**　（清）方苞　（清）王兆符等訂　清雍正四
年(1726)刻本　十二冊　九行十九字白口左
右雙邊

610000－1001－0002253　善0014245

周官析疑三十六卷　（清）方苞撰　清乾隆八
年(1743)刻本　五冊　九行十九字白口左右
雙邊

610000－1001－0002254　善0014246

儀禮析疑十七卷　（清）方苞撰　（清）程崟等
編校　清乾隆十一年(1746)刻本　四冊　九
行十九字白口左右雙邊

610000－1001－0002255　善0014247

儀禮喪服或問不分卷　（清）方苞撰　（清）顧
琮訂　清雍正四年(1726)刻本　一冊　九行
十九字小字雙行同粗黑口左右雙邊

610000－1001－0002256　善0014248

春秋通論四卷　（清）方苞撰　（清）王兆符
(清)程崟校　清乾隆九年(1744)刻本　一冊
　九行十九字白口四周雙邊

610000－1001－0002257　善0014250

五經類編二十八卷　（清）周世樟輯　清康熙
二十九年(1690)刻本　十冊　八行二十字小
字雙行同白口左右雙邊

610000－1001－0002258　善0014256

朱子儀禮經傳通解六十九卷目錄一卷　（宋）
朱熹撰　（清）梁萬方考訂　（清）梁開宗參訂
　（清）翁荃等校正　清乾隆十八年(1753)刻
本　四十冊　十行二十五字小字雙行同白口

左右雙邊

610000 – 1001 – 0002259　善 0014261

讀易大旨五卷　（清）孫奇逢纂　（清）耿機校
訂　清康熙六十年(1721)刻本　四冊　九行
二十字白口四周雙邊

610000 – 1001 – 0002260　善 0014263

書經近指六卷　（清）孫奇逢纂　（清）趙繼訂
　清康熙十五年(1676)刻本　四冊　九行二
十字白口四周單邊

610000 – 1001 – 0002261　善 0014264

春秋通論六卷　（清）劉紹攽著　清乾隆八年
(1743)傳經堂刻本　二冊　十行二十字白口
四周雙邊

610000 – 1001 – 0002262　善 0014268

御纂春秋直解十五卷　（清）于敏中等編　清
乾隆二十三年(1758)刻本　八冊　八行十九
字白口四周雙邊

610000 – 1001 – 0002263　善 0014274

易經大全二十卷　（清）周士顯校正　禮記大
全三十卷　（清）張瑞國編纂　（清）沈正宗校
正　春秋大全三十七卷　（清）虞大復參正
黃太史參補古今大方詩經大會十五卷　（清）
葉向高編纂　（清）張義誠校正　黃翰林校正
書經大全十卷　（清）黃際飛校正　清康熙五
十六年(1717)東邑書林王氏刻本　六十四冊
　十二行二十三字小字雙行同白口四周單邊

610000 – 1001 – 0002264　善 0014276

欽定禮記義疏八十二卷　（清）鄂爾泰等纂修
　清初紫陽書院刻本　八十冊　八行二十二
字白口四周雙邊

610000 – 1001 – 0002265　善 0014284

周禮節釋十二卷　（清）鮑梁纂輯　清乾隆四
十一年(1776)聚秀堂刻本　四冊　九行二十
二字小字雙行同白口左右雙邊

610000 – 1001 – 0002266　善 0014287

十三經類語十四卷　（明）羅萬藻輯　（明）魯
重民纂註　清初劉達甫刻本　二十冊　九行
二十二字小字雙行同白口左右雙邊

610000 – 1001 – 0002267　善 0014297

六書通十卷　（明）閔齊伋輯　（清）畢宏述纂
訂　（清）程昌燁校　清乾隆六十年(1795)刻
本　六冊　八行大小字不等白口四周雙邊
存六卷(一至六)

610000 – 1001 – 0002268　善 0014298

六書分類十二卷首一卷　（清）傅世垚輯　清
康熙四十四年(1705)燕詒堂刻本　十六冊
八行大小字不等白口四周單邊

610000 – 1001 – 0002269　善 0014309

四書朱子異同條辨四十卷　（清）李佩霖
（清）李禎訂　清康熙四十五年(1706)近譬堂
刻本　五十冊　九行二十一字小字雙行同白
口左右雙邊

610000 – 1001 – 0002270　善 0014312

四書引解二十六卷　（清）鄧柱瀾纂輯　（清）
文煥明校　清乾隆三十三年(1768)刻本　二
十四冊　九行三十一字小字雙行同白口左右
雙邊

610000 – 1001 – 0002271　善 0014313

纂補四書大全二十卷　（清）劉嗣固纂補　清
康熙四十九年(1710)聚錦堂刻本　二十冊
九行二十六字小字雙行同白口左右雙邊

610000 – 1001 – 0002272　善 0014316

四書典林三十卷　（清）江永輯　（清）趙國麟
校訂　清乾隆元年(1736)糊經齋刻本　十冊
　八行二十二字小字雙行同白口左右雙邊

610000 – 1001 – 0002273　善 0014318

四書考輯要二十卷　（清）陳宏謀輯　（清）陳
蘭森編校　清乾隆三十六年(1771)穆大展局
刻本　十二冊　十行二十字小字雙行同白口
四周雙邊

610000 – 1001 – 0002274　善 0014322

四書題鏡不分卷　（清）汪鯉翔纂　清乾隆九
年(1744)刻本　十二冊　十六行三十字小字
雙行同白口四周單邊

610000 – 1001 – 0002275　善 0014326

四書闡注十九卷　（清）浦泰輯　清乾隆二十

八年(1763)懷德堂刻本　六冊　九行十七字白口四周單邊

610000 – 1001 – 0002276　善0014327
四書襯十九卷　（清）駱培著　清乾隆十年(1745)坦吉堂刻六十年(1795)重修本　六冊　十一行二十四字小字雙行同白口左右雙邊

610000 – 1001 – 0002277　善0014328
四書諸儒輯要四十卷　（清）李沛霖參訂　清乾隆六年(1741)三樂齋刻本　四十冊　十二行三十一字小字雙行同白口左右雙邊

610000 – 1001 – 0002278　善0014329
四書大全四種　（明）胡廣等撰　（清）汪份輯　清康熙四十一年(1702)聚錦堂刻本　二十四冊　九行二十一字小字雙行同白口左右雙邊

610000 – 1001 – 0002279　善0014332
四書左國匯纂四卷　（清）高其名　（清）鄭師成纂　（清）鄭裕貽等校錄　清乾隆四十九年(1784)三樂堂刻本　四冊　九行二十字小字雙行同白口左右雙邊

610000 – 1001 – 0002280　善0014333
四書引左匯解十卷　（清）蕭榕年纂輯　清刻本　四冊　八行二十字小字雙行同白口四周雙邊

610000 – 1001 – 0002281　善0014334
四書大全摘要二十卷　（清）李武纂輯　清雍正九年(1731)三多齋刻本　四冊　十四行二十九字白口四周單邊

610000 – 1001 – 0002282　善0014336
韓苑洛全集二十二卷　（明）韓邦奇著　清乾隆十六年(1751)刻本　十冊　十行十九字白口四周雙邊

610000 – 1001 – 0002283　善0014337
四書類典賦二十四卷年譜二卷　（明）甘紱著　（明）謝蓬泰　（明）周揚熙參　清乾隆四十一年(1776)廣益堂刻本　十二冊　九行二十四字小字雙行同白口左右雙邊

610000 – 1001 – 0002284　善0014339
子史精華一百六十卷　（清）允祿　（清）吳襄等纂　清雍正五年(1727)武英殿刻本　四十冊　八行二十四字小字雙行同白口四周雙邊

610000 – 1001 – 0002285　善0014340
四書引經節解圖考十七卷　（明）吳繼仕編纂　明崇禎九年(1636)刻本　八冊　十行二十字白口四周單邊

610000 – 1001 – 0002286　善0014343
日講四書解義二十六卷　（清）喇沙里　（清）陳廷敬等撰　清康熙十六年(1677)刻本　六冊　九行十八字粗黑口四周雙邊

610000 – 1001 – 0002287　善0014348
呂晚邨先生四書語錄四十六卷　（清）周在廷編次　清康熙二十三年(1684)金陵玉堂刻本　十四冊　九行二十三字白口左右雙邊

610000 – 1001 – 0002288　善0014350
四書述要旁訓十九卷　（清）楊玉緒著　清乾隆二十五年(1760)永順堂刻本　六冊　九行十六字白口四周單邊

610000 – 1001 – 0002289　善0014351
新增四書備旨靈捷解八卷　（清）張素存著　（清）鄒蒼崖增補　清乾隆三十九年(1774)刻本　六冊　十二行字數不等白口四周單邊

610000 – 1001 – 0002290　善0014357
四書註疏大全合纂三十七卷　（明）張溥撰　明崇禎九年(1636)刻本　二十冊　八行十八字小字雙行同白口左右雙邊

610000 – 1001 – 0002291　善0014359
四書約旨十九卷　（清）任啓運撰　清乾隆三十六年(1771)刻本　十冊　十行二十四字白口四周雙邊

610000 – 1001 – 0002292　善0014366
四書大全講義十九卷　（清）吳兆灃纂輯　清乾隆二十一年(1756)刻本　十二冊　九至十八行三十二字小字雙行同白口四周單邊

610000 – 1001 – 0002293　善0014366

四書或問三十九卷　（宋）朱熹著　清乾隆十二年(1747)敬書堂刻本　十冊　十行二十一字黑口四周單邊

610000－1001－0002294　善0014367

朱子四書或問小註三十六卷　（清）徐方廣增註　清康熙六十一年(1722)刻本　十冊　十一行二十二字小字雙行同白口左右雙邊

610000－1001－0002295　善0014374

日講書經解義十三卷　（清）庫勒納撰　清康熙十九年(1680)內府刻本　六冊　九行十八字黑口四周雙邊

610000－1001－0002296　善0014383

資治通鑑綱目前編十八卷　（宋）金履祥編輯　清乾隆十二年(1747)金律刻本　十冊　十一行二十三字小字雙行同黑口四周單邊

610000－1001－0002297　善0014386

資治通鑑目錄三十卷　（宋）司馬光撰　**通鑑釋文辯誤十二卷**　（元）胡三省輯著　明崇禎二年(1629)刻本　十三冊　八至十行不等十二至二十字不等白口四周單邊

610000－1001－0002298　善0014416

文獻通考三百四十八卷目錄一卷　（宋）馬端臨纂　明末刻本　一百冊　十行二十字小字雙行同白口四周單邊

610000－1001－0002299　善0014421

甌北詩鈔十七卷　（清）趙翼撰　清乾隆五十六年(1791)湛貽堂刻本　八冊　十行二十一字白口左右雙邊

610000－1001－0002300　善0014422

庸行編八卷　（清）史典輯　（清）牟允中補　清康熙三十一年(1692)刻本　八冊　九行二十一字白口四周單邊

610000－1001－0002301　善0014425

欽定周官義疏四十八卷首一卷　（清）鄂爾泰等撰　清乾隆十九年(1754)刻本　三十冊　八行十八至二十一字不等小字雙行二十一字白口四周雙邊

610000－1001－0002302　善0014436

文獻通考詳節二十四卷　（元）馬端臨纂　（清）嚴虞惇錄　清乾隆二十九年(1764)刻本　十二冊　十一行二十四字白口左右雙邊

610000－1001－0002303　善0014442

文獻通考纂二十二卷　（元）馬端臨纂　（清）朗星輯　清康熙三年(1664)刻本　二十四冊　九行二十二字白口四周雙邊

610000－1001－0002304　善0014450

大清會典二百五十卷　（清）尹泰等撰　清雍正十年(1732)內府刻本　一百冊　十行二十字白口四周雙邊

610000－1001－0002305　善0014466

[乾隆]山西志輯要十卷首一卷　（清）雅德修　（清）汪本直纂　清乾隆四十五年(1780)刻本　十二冊　九行二十一字小字雙行同白口四周雙邊

610000－1001－0002306　善0014469

直齋書錄解題二十二卷　（宋）陳振孫撰　清乾隆三十八年(1773)武英殿木活字印武英殿聚珍版書本　十二冊　九行二十一字白口四周雙邊

610000－1001－0002307　善0014480

理學宗傳二十六卷　（清）孫奇逢輯　清康熙六年(1667)刻本　五冊　九行二十字白口四周單邊

610000－1001－0002308　善0014490

評註才子古文大家十七卷歷朝名文九卷　（清）金聖嘆選　（清）王之績評註　清康熙二十三年(1684)刻本　八冊　十行二十三字白口四周單邊

610000－1001－0002309　善0014492

尊聞錄八卷　（清）曾受一參述　清乾隆四十年(1775)刻本　八冊　十行二十字白口四周雙邊

610000－1001－0002310　善0014498

御纂朱子全書六十六卷　（宋）朱熹撰　（清）熊賜履等修　清康熙五十三年(1714)刻本

三十冊　九行二十字黑口四周單邊

610000－1001－0002311　善0014499

醫學入門七卷首一卷　(明)李梴著　明萬曆三年(1575)刻本　九冊　九行二十二字小字雙行同白口四周單邊

610000－1001－0002312　善0014500

濟陰綱目十四卷　(明)武之望輯著　清雍正六年(1728)刻本　八冊　十一行二十五字小字雙行同白口左右雙邊

610000－1001－0002313　善0014522

西山先生真文忠公文集五十五卷目錄二卷　(宋)真德秀撰　(明)劉佖震重修　明崇禎十一年(1638)刻本　十六冊　十行二十字白口四周雙邊

610000－1001－0002314　善0014532

乾坤正氣錄八卷　(清)周懋勳撰　清乾隆三十二年(1767)刻本　六冊　十行十九字白口左右雙邊

610000－1001－0002315　善0014535

困學日鈔三十一卷　(明)張履祥著　清乾隆二十一年(1756)蕭山吳琳等刻本　八冊　十行二十四字粗黑口左右雙邊

610000－1001－0002316　善0014536

望溪先生文偶抄不分卷　(清)方苞撰　(清)王兆符輯　清乾隆十三年(1748)陝西學使館刻本　二冊　九行十九字粗黑口左右雙邊

610000－1001－0002317　善0014539

史忠正公集四卷首一卷末一卷　(明)史可法撰　(清)史山清輯　清乾隆五十三年(1788)刻本　二冊　十行二十一字白口左右雙邊

610000－1001－0002318　善0014544

王先生十七史蒙求十六卷　(宋)王令著　(清)金三俊註　清乾隆四十八年(1783)刻本　四冊　十一行二十一字白口左右雙邊

610000－1001－0002319　善0014561

呂子節錄四卷　(明)呂坤著　(清)陳宏謀評輯　清乾隆元年(1736)刻本　二冊　九行十

八字白口左右雙邊

610000－1001－0002320　善0014572

經餘集六卷　(清)劉紹攽著　清乾隆三十五年(1770)刻本　二冊　九行十九字白口四周雙邊

610000－1001－0002321　善0014577

五種遺規　(清)陳宏謀撰　清乾隆四年(1739)刻本　八冊　十一行二十字小字雙行同白口左右雙邊

610000－1001－0002322　善0014585

曾文定公全集二十卷首一卷末一卷　(宋)曾鞏撰　(清)彭期輯　清康熙三十二年(1693)七業堂刻本　十冊　九行二十字白口左右雙邊

610000－1001－0002323　善0014590

唐詩別裁集十卷　(清)沈德潛等選　清康熙五十六年(1717)刻本　五冊　十行十九字黑口左右雙邊

610000－1001－0002324　善0014592

明詩別裁集十二卷　(清)沈德潛　(清)周準輯　清乾隆四年(1739)刻本　六冊　十行十九字小字雙行二十九字白口左右雙邊

610000－1001－0002325　善0014593

施註蘇詩四十二卷總目二卷　(清)宋犖　(清)张榕端閱定　(清)邵長蘅　(清)顧嗣立　(清)宋至刪補　清康熙三十八年(1699)刻本　二十四冊　十行二十一字小字雙行三十一字黑口四周單邊

610000－1001－0002326　善0014595

古文眉詮二十七鈔七十九卷　(清)浦起龍論次　(清)程鍾　(清)方懋福彙參　清乾隆九年(1744)三吳書院刻本　二十四冊　九行二十二字小字雙行同白口左右雙邊

610000－1001－0002327　善0014596

文心雕龍十卷　(南朝梁)劉勰撰　(清)黃叔琳輯注　清乾隆六年(1741)刻本　四冊　九行十九字白口左右雙邊

610000 - 1001 - 0002328　善 0014619

春秋筆削微旨二十六卷　（清）劉紹攽著　清乾隆十九年(1754)刻本　六冊　十行二十字小字雙行同白口四周雙邊

610000 - 1001 - 0002329　善 0014630

史記論文一百三十卷　（清）吳見思評點　清康熙二十六年(1687)刻本　二十四冊　九行二十一字小字雙行同白口左右雙邊

610000 - 1001 - 0002330　善 0014634

大學衍義四十三卷　（宋）眞德秀彙輯　明崇禎五年(1632)刻本　十冊　十行二十字小字雙行同白口四周單邊

610000 - 1001 - 0002331　善 0014635

大學衍義補一百六十卷首一卷　（明）丘濬撰　（清）陳仁錫評閱　明萬曆三十三年(1605)刻本　三十冊　十行二十字小字雙行同白口四周單邊

610000 - 1001 - 0002332　善 0014636

大學衍義四十三卷　（宋）眞德秀彙輯　明崇禎五年(1632)刻本　十二冊　十行二十字小字雙行同白口四周單邊

610000 - 1001 - 0002333　善 0014638

大學衍義四十三卷　（宋）眞德秀輯　清乾隆二年(1737)刻本　十冊　十行二十一字白口左右雙邊間四周單邊

610000 - 1001 - 0002334　善 0014643

永矢弗諼四集　（明）裘自謙編　明崇禎四年(1631)刻本　四冊　八行十八字白口四周單邊

610000 - 1001 - 0002335　善 0014653

詩禪不分卷　（明）石萬程選　明崇禎八年(1635)刻本　一冊　九行二十一字白口四周單邊

610000 - 1001 - 0002336　善 0014655

古詩源十四卷　（清）沈德潛選　清康熙五十八年(1719)刻本　四冊　十行十九字小字雙行二十九字黑口左右雙邊

610000 - 1001 - 0002337　善 0014657

二曲集二十六卷　（清）李顒著　清康熙四十四年(1705)刻本　八冊　九行二十字白口四周雙邊

610000 - 1001 - 0002338　善 0014658

四書反身錄六卷　（清）李顒口授　（清）王心敬錄　清康熙四十一年(1702)刻本　四冊　九行二十字白口四周雙邊

610000 - 1001 - 0002339　善 0014660

四書反身錄六卷　（清）李顒口授　（清）王心敬錄　清康熙二十五年(1686)思硯齋刻本　四冊　九行二十字白口四周雙邊

610000 - 1001 - 0002340　善 0014662

康對山先生文集十卷　（明）康海著　（清）孫孟揚選　清乾隆二十六年(1761)刻本　六冊　十行二十字白口四周雙邊

610000 - 1001 - 0002341　善 0014666

朱子四書或問小註三十六卷　（清）徐方廣增註　清康熙六十一年(1722)刻本　十二冊　十一行二十二字小字雙行同白口左右雙邊

610000 - 1001 - 0002342　善 0014673

格致鏡原一百卷　（清）陳元龍輯　清雍正十三年(1735)刻本　二十四冊　十一行二十一字黑口左右雙邊

610000 - 1001 - 0002343　善 0014674

二曲集二十六卷　（清）李顒著　清康熙四十四年(1705)刻本　十六冊　九行二十字白口四周雙邊

610000 - 1001 - 0002344　善 0014675

薛文清公讀書全錄類編二十卷　（明）薛瑄著　（明）侯鶴齡編　明萬曆二十七年(1599)刻本　八冊　十行二十字白口四周單邊　存十七卷(一至十七)

610000 - 1001 - 0002345　善 0014676

讀書錄十一卷續錄十二卷　（明）薛瑄著　（明）閻禹錫編　清乾隆十六年(1751)刻本　八冊　十二行二十二字黑口左右雙邊

610000－1001－0002346　善0014683

五知齋琴譜八卷　(清)徐祺撰　(清)周魯封匯輯　清乾隆二年(1737)刻本　六冊　八行十八字白口左右雙邊

610000－1001－0002347　善0014685

德音堂琴譜十卷　(清)汪天榮輯　清康熙三十年(1691)刻本　一冊　八行十八字小字雙行同白口左右雙邊　存四卷(一至四)

610000－1001－0002348　善0014710

御批歷代通鑑輯覽一百二十卷　(清)傅恆等撰　清乾隆三十二年(1767)刻本　五十八冊　十一行二十二字小字雙行同白口四周雙邊

610000－1001－0002349　善0014714

御批歷代通鑑輯覽一百二十卷　(清)傅恆等撰　清乾隆三十二年(1767)善成堂刻本　五十八冊　十一行二十二字小字雙行同白口四周雙邊

610000－1001－0002350　善0014724

省軒考古類編十二卷　(清)柴紹炳纂　清雍正四年(1726)刻本　四冊　十行二十一字黑口左右雙邊

610000－1001－0002351　善0014734

楚辭八卷總評一卷　(宋)朱熹集註　明崇禎十年(1637)刻本　二冊　九行二十五字小字雙行同白口四周單邊

610000－1001－0002352　善0014746

讀書作文譜十二卷師善誘法二卷　(清)唐彪輯　清康熙三十八年(1699)刻本　四冊　十一行二十五字白口左右雙邊

610000－1001－0002353　善0014772

新刊道書全集文始真經言外經旨二卷　(春秋)尹喜撰　(宋)陳顯微輯　清康熙刻本　二冊　十一行二十二字白口左右雙邊

610000－1001－0002354　善0014775

文獻通考三百四十八卷　(元)馬端臨纂　明嘉靖三年(1524)司禮監刻本　五十九冊　十行二十字小字雙行同黑口四周雙邊　存二百十卷(六十一至八十三、八十七至二百七十三)

610000－1001－0002355　善0014777

康熙字典十二集　(清)張玉書纂　清康熙五十五年(1716)刻本　十八冊　八行字數不等白口四周雙邊

610000－1001－0002356　善0014782

蘭雪堂古事苑十二卷　(清)鄧志謨編輯　清康熙二十五年(1686)刻本　六冊　九行二十一字白口左右雙邊

610000－1001－0002357　善0014791

世說新語補二十卷　(南朝宋)劉義慶撰　(清)黃汝琳補訂　清乾隆二十七年(1762)刻本　八冊　九行十八字小字雙行同白口左右雙邊

610000－1001－0002358　善0014796

鄭志三卷　(三國魏)鄭小同撰　清乾隆四十二年(1777)武英殿木活字印武英殿聚珍版書本　一冊　九行二十一字小字雙行同白口四周雙邊

610000－1001－0002359　善0014812

禪林寶訓二卷　(宋)釋淨善輯　明嘉靖刻本　一冊　十行二十字黑口四周雙邊

610000－1001－0002360　善0014842

陰隲文圖解四卷　(清)趙如升輯著　清乾隆四十三年(1778)刻本　四冊　十行二十字白口四周雙邊

610000－1001－0002361　善0014843

同聲勸世善言願效籍四卷　(清)雙溪洗心齋集　清乾隆十九年(1754)刻本　四冊　十一行二十字白口左右雙邊

610000－1001－0002362　善0014849

古品節錄六卷　(清)松筠著　清乾隆六十年(1795)刻本　六冊　六行二十四字小字雙行同白口四周雙邊

610000－1001－0002363　善0014850

述記四卷　(清)任兆麟述　清乾隆五十三年(1788)刻本　四冊　九行十七字小字雙行同白口左右雙邊

610000 – 1001 – 0002364　善 0014887

道書全集十四種　（明）閻鶴洲輯　明弘治十七年(1504)刻本　八冊　十一行二十二字白口左右雙邊　存四種

610000 – 1001 – 0002365　善 0014919

四書釋地一卷續一卷又續一卷三續一卷（清）閻若璩撰　清乾隆八年(1743)刻本　三冊　十一行二十字白口左右雙邊

610000 – 1001 – 0002366　善 0014920

西山先生真文忠公文章正宗讀本二十四卷（宋）真德秀撰　清康熙三十五年(1696)刻本　三十二冊　九行二十五字小字雙行同白口四周單邊

610000 – 1001 – 0002367　善 0014957

讀書紀數略五十四卷　（清）宮夢仁輯　清康熙五十年(1711)刻本　八冊　十一行二十一字小字雙行同黑口四周雙邊

610000 – 1001 – 0002368　善 0014959

弱水集二十二卷　（清）屈復著　清乾隆二十九年(1764)刻本　八冊　十行二十一字白口左右雙邊

610000 – 1001 – 0002369　善 0014971

李太白集三十卷　（唐）李白著　清康熙五十六年(1717)刻本　四冊　十一行二十字白口左右雙邊

610000 – 1001 – 0002370　善 0015030

月令明義四卷　（明）黃道周輯　（清）鄭開極訂　清康熙三十二年(1693)刻本　四冊　九行十八字小字雙行同白口左右雙邊

610000 – 1001 – 0002371　善 0015061

[乾隆]山西志輯要十卷首一卷　（清）雅德修（清）汪本直纂　清乾隆四十五年(1780)刻本　十冊　九行二十一字小字雙行同白口四周雙邊

610000 – 1001 – 0002372　善 0015097

庚子銷夏記八卷　（清）孫承澤撰　清乾隆二十六年(1761)刻本　四冊　十行二十字黑口左右雙邊

610000 – 1001 – 0002373　善 0015121

左傳分國纂畧十六卷　（清）盧元昌評閱　清康熙二十八年(1689)刻本　六冊　十行二十二字白口四周單邊

610000 – 1001 – 0002374　善 0015133

稽古日鈔八卷　（清）郁文等輯　清乾隆二十九年(1764)刻本　二冊　十行二十四字白口左右雙邊

610000 – 1001 – 0002375　善 0015135

周官祿田考三卷　（清）沈彤撰　清乾隆十五年(1750)刻本　一冊　十一行二十一字白口左右雙邊

610000 – 1001 – 0002376　善 0015149

古愚老人消夏錄十七種　（清）汪汲撰　清乾隆、嘉慶古愚山房刻本　十六冊　九行二十四字白口四周雙邊

610000 – 1001 – 0002377　善 0015157

屈翁山詩集八卷詞一卷　（清）屈大均著（清）徐肇元選　清康熙刻本　四冊　十行二十一字白口四周單邊

610000 – 1001 – 0002378　善 0015160

兼濟堂纂刻梅勿菴先生曆算全書二十八種（清）梅文鼎撰　清雍正元年(1723)刻本　十九冊　十一行二十四字小字雙行同白口四周雙邊　存十七種

610000 – 1001 – 0002379　善 0015163

尚書古文疏證八卷　（清）閻若璩撰　朱子古文書疑一卷　（清）閻詠輯　清乾隆十年(1745)刻本　八冊　十一行二十字白口左右雙邊

610000 – 1001 – 0002380　善 0015164

五經文字三卷　（唐）張參撰　新加九經字樣一卷　（唐）唐玄度撰　清乾隆叢書樓刻本　四冊　五行字數不等白口四周單邊

610000 – 1001 – 0002381　善 0015180

元詩自攜一卷七言律詩十六卷　（清）姚廷謙輯　清康熙六十一年(1722)刻本　八冊　九行十九字黑口左右雙邊　存十四卷(一至六、

九至十六)

610000－1001－0002382　善0015186

詞綜三十八卷　（清）朱彝尊選輯　清康熙十
七年(1678)刻本　四冊　十行二十一字小字
雙行同黑口左右雙邊　存三十六卷(一至三
十六)

610000－1001－0002383　善0015202

古詩箋三十二卷　（清）王士禎輯　（清）聞人
倓箋　清乾隆三十一年(1766)芷蘭堂刻本
十四冊　十行二十一字白口左右雙邊

610000－1001－0002384　善0015203

四書解義四種七卷　（清）李光地撰　清康熙
六十一年(1722)安溪李馥刻本　八冊　十一
行二十字白口四周單邊

610000－1001－0002385　善0015208

漢魏叢書三十八種　（明）程榮輯　清乾隆五
十七年(1792)刻本　九十三冊　九行二十字
白口左右雙邊

610000－1001－0002386　善0015210

樊榭山房文集八卷　（清）厲鶚撰　清康熙四
十三年(1704)刻本　八冊　十二行二十四字
白口四周單邊

610000－1001－0002387　善0015214

元詩選六卷補遺一卷　（清）顧奎光選輯
（清）陶瀚等參評　清乾隆十六年(1751)刻本
二冊　十行十九字小字雙行同白口左右
雙邊

610000－1001－0002388　善0015216

讀杜心解六卷首二卷　（唐）杜甫撰　（清）浦
起龍解　清雍正二年至三年(1724－1725)浦
氏寧我齋刻本　十冊　十行二十二字白口左
右雙邊

610000－1001－0002389　善0015231

半舫齋古文八卷　（清）夏之蓉著　清乾隆三
十六年(1771)刻本　四冊　十行二十一字黑
口左右雙邊

610000－1001－0002390　善0015233

文選六十卷　（南朝梁）蕭統撰　（唐）李善注
清乾隆三十七年(1772)刻朱墨印本　十二
冊　十二行二十五字小字雙行三十七字白口
左右雙邊

610000－1001－0002391　善0015234

古文淵鑒六十四卷　（清）徐乾學等編注　清
康熙二十四年(1685)刻四色套印本　三十一
冊　九行二十字小字雙行同黑口四周單邊

610000－1001－0002392　善0015237

司馬文正公傳家集八十卷目錄二卷　（宋）司
馬光撰　年譜一卷附錄一卷　（清）陳弘謀輯
清乾隆六年(1741)刻本　十二冊　十一行
二十一字黑口左右雙邊

610000－1001－0002393　善0015254

國朝畫徵錄三卷續錄二卷　（清）張庚著　清
乾隆四年(1739)刻本　二冊　十行二十一字
白口左右雙邊　存四卷(畫錄一至二、畫徵錄
一至二)

610000－1001－0002394　善0015259

集虛齋學古文十二卷離騷經解略一卷　（清）
方桑如著　清乾隆十九年(1754)刻本　二冊
十一行二十一字黑口左右雙邊

610000－1001－0002395　善0015261

金石三例　（清）盧見曾輯　清乾隆二十年
(1755)盧氏雅雨堂刻本　四冊　十一行二十
五字白口左右雙邊

610000－1001－0002396　善0015268

詞綜三十八卷　（清）朱彝尊選輯　清康熙十
七年(1678)刻本　十冊　十行二十一字黑口
左右雙邊

610000－1001－0002397　善0015269

抱經堂文集三十四卷　（清）盧文弨撰　清乾
隆六十年(1795)刻本　八冊　十一行二十一
字白口左右雙邊

610000－1001－0002398　善0015270

蘇文忠詩合註五十卷首一卷　（宋）蘇軾著
（清）馮應榴輯　清乾隆六十年(1795)刻本
八冊　十一行二十六字白口左右雙邊

610000 – 1001 – 0002399　善 0015272

御定全唐詩錄一百卷　（清）徐倬　（清）徐元正校刊　清康熙四十五年(1706)刻本　二十四冊　十一行二十一字黑口左右雙邊

610000 – 1001 – 0002400　善 0015276

中晚唐詩叩彈集十二卷續集三卷　（清）杜詔等輯　清康熙四十三年(1704)刻本　六冊　十一行二十字小字雙行三十二字白口左右雙邊

610000 – 1001 – 0002401　善 0015278

王右丞集二十八卷首一卷末一卷　（清）趙殿成箋註　清乾隆二年(1737)刻本　八冊　十行二十字小字雙行同白口左右雙邊

610000 – 1001 – 0002402　善 0015282

無聲詩史七卷　（清）姜紹書編　清康熙五十九年(1720)觀妙齋刻本　二冊　八行十七字黑口左右雙邊

610000 – 1001 – 0002403　善 0015292

鐵網珊瑚二十卷　（明）都穆撰　清乾隆二十三年(1758)光霽山房刻本　六冊　十行二十二字白口左右雙邊

610000 – 1001 – 0002404　善 0015296

明詩綜一百卷　（清）朱彝尊錄　（清）王森緝評　清康熙四十四年(1705)刻本　二十四冊　十一行二十一字小字雙行三十一字白口左右雙邊

610000 – 1001 – 0002405　善 0015299

[乾隆]富平縣志八卷　（清）吳六鰲修（清）胡文銓纂　清乾隆四十三年(1778)刻本　六冊　十行二十字白口左右雙邊

610000 – 1001 – 0002406　善 0015302

切問齋文鈔三十卷　（清）陸燿輯　清乾隆四十年(1775)劉萬傳局刻本　十冊　十二行二十五字白口左右雙邊

610000 – 1001 – 0002407　善 0015311

詞律二十卷　（清）萬樹撰　清康熙二十六年(1687)陽羨萬氏堆絮園刻本　八冊　七行二十一字小字雙行同白口左右雙邊

610000 – 1001 – 0002408　善 0015342

東坡先生編年詩五十卷　（宋）蘇軾撰　（清）查慎行補注　清康熙四十一年(1702)刻本　十六冊　十行二十一字白口左右雙邊

610000 – 1001 – 0002409　善 0015343

經義齋集十八卷　（清）熊賜履著　清康熙二十九年(1690)刻本　八冊　九行二十字白口左右雙邊

610000 – 1001 – 0002410　善 0015353

溫飛卿詩集七卷別集一卷集外詩一卷　（唐）溫庭筠撰　（清）曾益原注　（清）顧予咸補注　（清）顧嗣立重校　清康熙三十六年(1697)長洲顧嗣立秀野草堂刻本　二冊　十一行二十字小字雙行三十字白口左右雙邊

610000 – 1001 – 0002411　善 0015361

詩學指南八卷　（清）顧龍振輯　清乾隆二十四年(1759)刻本　八冊　十二行二十一字小字雙行同黑口左右雙邊

610000 – 1001 – 0002412　善 0015367

世說新語補二十卷　（南朝宋）劉義慶撰(南朝梁)劉孝標注　（明）何良俊補注　清乾隆二十七年(1762)刻本　十冊　九行十八字小字雙行同白口左右雙邊

610000 – 1001 – 0002413　善 0015392

說文解字十五卷　（漢）許慎撰　清乾隆三十八年(1773)刻本　八冊　七行字數不等白口左右雙邊

610000 – 1001 – 0002414　善 0015397

明儒學案六十二卷　（清）黃宗羲撰　清雍正十三年(1735)刻本　十六冊　十二行二十四字小字雙行同黑口左右雙邊

610000 – 1001 – 0002415　善 0015403

昌黎先生詩集注十一卷　（唐）韓愈撰　（清）顧嗣立刪補　清康熙三十八年(1699)秀野草堂刻本　三冊　十一行二十字小字雙行三十字白口左右雙邊

610000 – 1001 – 0002416　善 0015414

知不足齋叢書三十集　（清）鮑廷博輯　清乾

隆、道光長塘鮑氏刻本　二百四十冊　九行
二十一字細黑口左右雙邊

610000－1001－0002417　善0015435
爾雅正義二十卷　（清）邵晉涵撰　**爾雅釋文
三卷**　（唐）陸德明撰　清乾隆五十三年
(1788)刻本　六冊　九行二十一字小字雙行
同白口四周雙邊

610000－1001－0002418　善0015443
白田草堂存稿二十四卷　（清）王懋竑著　**先
考王公府君行狀一卷**　（清）王箴聽等撰　**崇
祀鄉賢祠錄一卷**　清乾隆二十六年(1761)刻
本　六冊　十二行二十二字白口左右雙邊

610000－1001－0002419　善0015456
北夢瑣言二十卷　（清）孫光憲纂　清乾隆二
十一年(1756)雅玉堂刻本　三冊　十行二十
一字小字雙行同白口四周單邊

610000－1001－0002420　善0015459
爾雅正義二十卷　（清）邵晉涵撰　**爾雅釋文
三卷**　（唐）陸德明撰　清乾隆五十三年
(1788)餘姚邵氏家塾刻本　十冊　九行二十
一字小字雙行同白口四周雙邊

610000－1001－0002421　善0015464
文昌雜錄六卷補遺一卷　（宋）龐元英撰　清
乾隆二十一年(1756)雅雨堂刻本　一冊　十
行二十一字白口四周單邊

610000－1001－0002422　善0015477
補注東坡先生編年詩五十卷　（宋）蘇軾撰
（清）查慎行補注　清乾隆二十六年(1761)刻
本　八冊　十行二十一字小字雙行三十二字
白口左右雙邊

610000－1001－0002423　善0015481
宋詩鈔初集八十四種　（清）呂留良等輯　清
康熙十年(1671)吳氏鑑古堂刻本　二十四冊
　十二行二十二字小字雙行同黑口左右雙邊

610000－1001－0002424　善0015482
隸法彙纂十卷字錄一卷　（清）項懷述編　清
乾隆四十五年(1780)刻本　四冊　六行字數
不等白口四周單邊

610000－1001－0002425　善0015484
古今韻略五卷　（清）邵長蘅纂　清康熙三十
五年(1696)刻本　四冊　九行十四字小字雙
行二十八字上下黑口四周單邊

610000－1001－0002426　善0015485
三魚堂文集十二卷外集六卷　（清）陸隴其著
　附錄一卷　清康熙四十年(1701)刻本　四
冊　九行二十字白口左右雙邊

610000－1001－0002427　善0015494
明詩綜一百卷　（清）朱彝尊錄　清康熙四十
四年(1705)刻本　四十冊　十一行二十一字
小字雙行三十一字白口左右雙邊

610000－1001－0002428　善0015495
拙圃詩草十卷　（清）崔應階著　清雍正十一
年(1733)刻本　四冊　九行二十一字白口四
周雙邊

610000－1001－0002429　善0015498
正誼堂文集不分卷詩集二十卷蓉渡詞三卷
（清）董以寧撰　清康熙三十九年(1700)刻本
　八冊　九行二十一字白口左右雙邊

610000－1001－0002430　善0015500
昭代詞選三十八卷　（清）蔣重光選輯　清乾
隆三十二年(1767)刻本　十二冊　十行二十
字小字雙行同黑口左右雙邊

610000－1001－0002431　善0015501
李義山文集十卷　（清）徐樹穀箋　（清）徐炯
註　清乾隆刻本　六冊　十行二十一字小字
雙行三十一字白口左右雙邊

610000－1001－0002432　善0015508
天一閣書目一卷碑目一卷　（清）范懋柱輯
清乾隆五十二年(1787)刻本　十冊　十行二
十二字白口左右雙邊

610000－1001－0002433　善0015512
唐宋十大家全集錄　（清）儲欣輯　清康熙四
十四年(1705)刻本　十六冊　九行二十五字
小字雙行同黑口左右雙邊

610000－1001－0002434　善0015516

141

淮南子二十一卷 （清）莊逵吉校刊 清乾隆
五十三年(1788)刻本 六冊 十一行二十一
字小字雙行同黑口四周單邊

610000－1001－0002435 善0015517

東嵒艸堂評訂唐詩鼓吹十卷 （金）元好問輯
（元）郝天挺注 （清）廖文炳解 清康熙二
十七年(1688)刻本 五冊 十一行二十一字
小字雙行同白口四周雙邊

610000－1001－0002436 善0015532

鄭氏周易三卷 （漢）鄭玄撰 （宋）王應麟輯
（清）惠棟增補 清乾隆二十一年(1756)刻
本 一冊 十行二十一字白口四周單邊

610000－1001－0002437 善0015533

詞學全書四種 （清）查繼超輯 （清）毛先舒
注 清乾隆十一年(1746)世德堂刻本 八冊
九行二十字白口四周單邊

610000－1001－0002438 善0015539

國朝松陵詩徵二十卷 （清）袁景輅編 清乾
隆三十二年(1767)刻本 六冊 十行二十一
字小字雙行三十一字白口左右雙邊

610000－1001－0002439 善0015543

庚子銷夏記八卷 （清）孫承澤撰 清乾隆二
十六年(1761)刻本 四冊 十行二十字黑口
左右雙邊

610000－1001－0002440 善0015544

文貞公集十二卷 （清）張玉書著 清乾隆五
十七年(1792)刻本 六冊 十一行二十一字
白口左右雙邊

610000－1001－0002441 善0015549

杜工部集二十卷 （唐）杜甫撰 （清）錢謙益
箋 年譜一卷諸家詩話一卷唱酬題咏附錄一
卷附錄一卷 清康熙六年(1667)泰興季振宜
靜思堂刻本 八冊 十一行二十字小字雙行
三十字細黑口左右雙邊

610000－1001－0002442 善0015561

梅氏叢書二十八種 （清）梅文鼎撰 清雍正
刻咸豐九年(1859)梅體萱補刻本 二十四冊
十一行二十四字小字雙行同白口四周雙邊

610000－1001－0002443 善0015562

大戴禮記十三卷 （漢）戴德撰 （北周）盧辯
注 （清）盧見曾補注 清乾隆二十三年
(1758)刻本 二冊 十一行二十字小字雙行
三十字黑口四周雙邊

610000－1001－0002444 善0015567

望溪集八卷 （清）方苞撰 （清）程崟
（清）王兆符輯 清乾隆十一年(1746)刻本
六冊 九行十九字粗黑口左右雙邊

610000－1001－0002445 善0015568

甬上耆舊詩三十卷 （清）胡文學選輯 清康
熙十四年(1675)刻本 十冊 十一行二十二
字白口四周單邊

610000－1001－0002446 善0015581

讀詩質疑三十一卷首十五卷 （清）嚴虞惇著
清乾隆十二年(1747)刻本 十二冊 九行
二十字白口四周單邊

610000－1001－0002447 善0015583

宋端明殿學士蔡忠惠公文集三十六卷首一卷
別集補遺二卷 （宋）蔡襄著 （清）霞甫等校
清雍正至乾隆刻本 十二冊 九行二十字
白口四周單邊

610000－1001－0002448 善0015586

穆堂初藁五十卷別藁五十卷 （清）李紱撰
清乾隆九年(1744)刻本 十八冊 十一行二
十二字小字雙行同白口左右雙邊

610000－1001－0002449 善0015588

尚書古文疏證八卷 （清）閻若璩撰 清乾隆
十年(1745)刻本 九冊 九行二十字白口四
周單邊

610000－1001－0002450 善0015589

安雅堂文集二卷 （清）宋琬著 清康熙五年
(1666)刻本 十冊 十一行二十三字小字雙
行同白口左右雙邊

610000－1001－0002451 善0015590

强恕齋詩鈔四卷 （清）張庚撰 清乾隆十七
年(1752)刻本 二冊 十一行二十字白口左
右雙邊

610000－1001－0002452　善0015591

國朝詩別裁集三十六卷　（清）沈德潛纂評
清乾隆二十四年(1759)刻本　十二冊　十行
十九字小字雙行二十八字白口左右雙邊

610000－1001－0002453　善0015605

善卷堂四六十卷　（清）陸繁弨撰　清乾隆三
十五年(1770)刻本　六冊　九行二十一字白
口左右雙邊

610000－1001－0002454　善0015609

鳴鶴堂文集十卷　（清）任源祥著　（清）王谷
氏著　清乾隆十一年(1746)刻本　四冊　九
行二十一字白口四周單邊

610000－1001－0002455　善0015611

淳化祕閣法帖考正十卷附二卷　（清）王澍撰
（清）沈宗騫臨帖　**釋文二卷**　（清）沈宗騫
較定　清乾隆三十三年(1768)刻本　九冊
九行十八字白口左右雙邊　存八卷(考正一
至五、九至十)

610000－1001－0002456　善0015623

高季迪先生大全集十八卷　（明）高啟撰　清
乾隆二十年(1755)刻本　六冊　十行二十字
白口左右雙邊

610000－1001－0002457　善0015625

帶經堂詩話三十卷首一卷　（清）王士禎撰
清乾隆五十四年(1789)刻本　四冊　十二行
二十三字細黑口左右雙邊

610000－1001－0002458　善0015628

陳檢討四六二十卷　（清）陳維崧撰　清乾隆
三十五年(1770)刻本　四冊　九行二十一字
小字雙行同白口左右雙邊

610000－1001－0002459　善0015634

古文尚書十卷　（漢）馬融　（漢）鄭玄注
(宋)王應麟撰集　（清）孫星衍補集　**尚書逸
文二卷**　（清）江聲輯　（清）孫星衍補訂　清
乾隆六十年(1795)孫氏問字堂刻本　一冊
九行二十一字小字雙行同白口四周雙邊

610000－1001－0002460　善0015643

絜齋集二十四卷　（宋）袁燮撰　清乾隆四十

年(1775)武英殿木活字印武英殿聚珍版書本
五冊　九行二十一字白口左右雙邊

610000－1001－0002461　善0015664

竹雲題跋四卷虛舟題跋十卷又三卷　（清）王
澍著　（清）溫純訂　清乾隆五十三年(1788)
刻本　六冊　八行十八字白口左右雙邊

610000－1001－0002462　善0015667

溫飛卿詩集七卷別集一卷集外詩一卷　（唐）
溫庭筠撰　（清）曾益原注　（清）顧予咸補注
（清）顧嗣立重校　清康熙三十六年(1697)
長洲顧嗣立秀野草堂刻本　二冊　十一行二
十字小字雙行三十字白口左右雙邊

610000－1001－0002463　善0015670

詞綜三十八卷　（清）朱彝尊選輯　**國朝詞綜
四十八卷國朝詞綜二集八卷明詞綜十二卷**
（清）王昶輯　清嘉慶八年(1803)刻本　二十
冊　十行二十一字黑口左右雙邊

610000－1001－0002464　善0015673

經訓堂叢書二十一種　（清）畢沅輯　清乾隆
鎮洋畢氏刻本　三冊　十一行二十二字小字
雙行同黑口四周單邊　存一種

610000－1001－0002465　善0015674

震川先生別集十卷　（明）歸有光撰　清康熙
五十九年(1720)刻本　十冊　十行二十字白
口左右雙邊

610000－1001－0002466　善0015680

分類字錦六十四卷　（清）張廷玉等編　清康
熙六十一年(1722)武英殿刻本　四十冊　大
小字不等白口四周雙邊

610000－1001－0002467　善0015687

南畇文稿二卷　（清）彭定求著　清雍正四年
(1726)刻本　一冊　十行十九字黑口左右雙
邊　存一卷(上)

610000－1001－0002468　善0015710

率祖堂叢書八種附六種　（宋）金履祥撰　清
雍正、乾隆刻本　三冊　十行二十字黑口左
右雙邊　存三種

610000－1001－0002469　善0015711

易堂問目四卷 （清）吳鼎輯　清乾隆三十七年(1772)鄒容成刻本　二冊　十行二十一字下黑口左右雙邊

610000－1001－0002470　善0015718

白華前稿六十卷 （清）吳省欽著　清乾隆四十八年(1783)刻本　十冊　十行二十一字白口左右雙邊

610000－1001－0002471　善0015723

經訓堂叢書二十一種 （清）畢沅輯　清乾隆鎮洋畢氏刻本　二十四冊　十一行二十二字小字雙行同黑口四周單邊

610000－1001－0002472　善0015737

宋王忠文公文集五十卷目錄四卷 （宋）王十朋著　清雍正十年(1732)刻本　十六冊　十一行二十二字黑口四周單邊

610000－1001－0002473　善0015748

飴山文集十二卷附錄一卷禮俗權衡二卷 （清）趙執信撰　清乾隆三十九年(1774)刻本　五冊　十行二十一字白口左右雙邊

610000－1001－0002474　善0015759

吳詩集覽二十卷 （清）靳榮藩輯　**吳詩談藪一卷** （清）靳榮藩輯　清乾隆刻本　十六冊　九行二十一字小字雙行同黑口四周雙邊

610000－1001－0002475　善0015764

名醫類案十二卷 （明）江瓘集　清乾隆三十五年(1770)知不足齋刻本　六冊　十行二十三字小字雙行同上下黑口左右雙邊

610000－1001－0002476　善0015766

扣舷集二卷 （清）徐楠著　清乾隆二十二年(1757)刻本　一冊　九行十九字細黑口左右雙邊

610000－1001－0002477　善0015773

新定三禮圖二十卷 （宋）聶崇義集注　清康熙十五年(1676)通志堂刻本　一冊　行數不等字數不等白口左右雙邊

610000－1001－0002478　善0015780

國朝六家詩鈔八卷 （清）劉執玉選　清乾隆三十二年(1767)刻本　二冊　十行二十一字黑口左右雙邊

610000－1001－0002479　善0015784

雅雨堂藏書十二種 （清）盧見曾輯　清乾隆二十一年(1756)德州盧氏刻本　二十六冊　十行二十一字白口四周單邊

610000－1001－0002480　善0015805

通俗編三十八卷 （清）翟灝撰　清乾隆十六年(1751)無不宜齋刻本　八冊　十二行二十二字白口左右雙邊

610000－1001－0002481　善0015808

堯峰文鈔四十卷詩十卷 （清）汪琬撰　（清）林佶編　清康熙刻本　八冊　十三行二十五字黑口左右雙邊

610000－1001－0002482　善0015809

堯峰文鈔四十卷詩十卷 （清）汪琬撰　（清）林佶編　清康熙刻本　六冊　十三行二十五字黑口左右雙邊

610000－1001－0002483　善0015810

池北偶談二十六卷 （清）王士禎撰　清康熙三十年(1691)刻本　八冊　十一行二十三字小字雙行同黑口左右雙邊

610000－1001－0002484　善0015812

笠翁文集四卷詩集三卷餘集一卷別集二卷偶集六卷 （清）李漁撰　清雍正八年(1730)刻本　十六冊　九行二十字小字雙行同白口四周單邊

610000－1001－0002485　善0015819

宋詩鈔初集八十四種 （清）呂留良等輯　清康熙十年(1671)吳氏鑑古堂刻本　二十六冊　十二行二十二字小字雙行同黑口左右雙邊

610000－1001－0002486　善0015822

四書集註大全 （清）陸隴其輯　清康熙四十一年(1702)三魚堂刻本　二十一冊　八行二十三字小字雙行同白口左右雙邊

610000－1001－0002487　善0015831

硯山樵詩集四卷　（清）錢孫鐘著　清乾隆十八年(1753)刻本　一冊　九行十九字細黑口四周雙邊

610000－1001－0002488　善0015859

四書釋地一卷續一卷又續一卷三續一卷（清）閻若璩撰　清乾隆五十二年(1787)王氏刻本　五冊　十一行二十字白口左右雙邊

610000－1001－0002489　善0015866

詩經比義述八卷　（清）王千仞學　清乾隆五十七年(1792)刻本　四冊　十一行二十一字白口左右雙邊

610000－1001－0002490　善0015877

水心文集二十九卷　（宋）葉適撰　清乾隆二十年(1755)刻本　十六冊　十行二十字白口左右雙邊

610000－1001－0002491　善0015903

斯文精萃不分卷　（清）尹繼善選　清乾隆二十九年(1764)刻本　十冊　八行二十一字白口左右雙邊

610000－1001－0002492　善0015904

經玩四種　（清）沈淑著　清雍正三年(1725)刻本　四冊　九行十六字小字雙行三十二字白口左右雙邊

610000－1001－0002493　善0015915

玉溪生詩意八卷　（唐）李商隱撰　（清）屈復注　清乾隆四年(1739)刻本　四冊　十行二十一字小字雙行同白口左右雙邊

610000－1001－0002494　善0015925

淳化祕閣法帖考正十卷附二卷　（清）王澍撰　清雍正八年(1730)詩鼎齋刻本　四冊　十行十八字白口左右雙邊

610000－1001－0002495　善0015940

稽古日鈔八卷　（清）郁文等輯　清乾隆二十九年(1764)刻本　四冊　十行二十四字小字雙行同白口左右雙邊

610000－1001－0002496　善0015941

白田草堂存稿二十四卷　（清）王懋竑著　先

考王公府君行狀一卷　（清）王箴聽等撰　崇祀鄉賢祠錄一卷　清乾隆二十六年(1761)刻本　六冊　十二行二十二字白口左右雙邊

610000－1001－0002497　善0015972

杜詩偶評四卷　（清）沈德潛纂　（清）潘承松校閱　清乾隆十二年(1747)潘承松賦閑草堂刻本　一冊　十行十九字小字雙行二十九字白口左右雙邊

610000－1001－0002498　善0016007

十種唐詩選十七卷　（清）王士禛刪纂　唐賢三昧集三卷　（清）王士禛選　清康熙三十一年(1692)刻本　六冊　十行十九字黑口左右雙邊

610000－1001－0002499　善0016024

古今韻略五卷　（清）邵長蘅纂　清康熙三十五年(1696)刻本　四冊　九行十四字小字雙行二十八字細黑口四周單邊

610000－1001－0002500　善0016026

本事詩十二卷　（清）徐釚編輯　清乾隆二十二年(1757)刻本　四冊　十一行二十一字白口左右雙邊

610000－1001－0002501　善0016039

佩文齋書畫譜一百卷　（清）孫岳頒輯　清康熙四十八年(1709)刻本　六十冊　十一行二十一字白口左右雙邊

610000－1001－0002502　善0016051

廬陵宋丞相信國公文忠烈先生全集十六卷（宋）文天祥撰　清乾隆五十二年(1787)文有煥刻本　八冊　十行二十字白口四周雙邊存十四卷(一至十四)

610000－1001－0002503　善0016077

通雅五十二卷首三卷　（明）方以智輯著　（清）姚文燮校訂　清康熙五年(1666)姚氏浮山此藏軒刻本　二十冊　十行二十四字小字雙行同白口四周單邊

610000－1001－0002504　善0016088

南華詩鈔六卷　（清）張鵬翀著　清乾隆十年(1745)刻本　六冊　十一行二十一字白口四周單邊

610000－1001－0002505　善0016102

水經注釋四十卷首一卷附錄二卷水經注箋刊誤十二卷　（清）趙一清錄　清乾隆五十一年(1786)趙氏小山堂刻本　二十冊　十行二十二字小字雙行同白口左右雙邊

610000－1001－0002506　善0016105

幸魯盛典四十卷　（清）孔毓圻等纂　清康熙刻本　十二冊　十行二十一字白口四周雙邊

610000－1001－0002507　善0016119

史記鈔四卷　（清）高梅亭集評　清乾隆五十三年(1788)刻本　四冊　九行二十五字小字雙行同白口四周雙邊

610000－1001－0002508　善0016141

漁洋詩話三卷　（清）王士禎著　清乾隆二十三年(1758)刻本　一冊　九行十九字黑口四周單邊

610000－1001－0002509　善0016205

紅雪樓九種曲　（清）蔣士銓撰　清乾隆蔣氏紅雪樓刻本　十二冊　九行二十二字白口四周單邊

610000－1001－0002510　善0016214

潛邱劄記六卷　（清）閻若璩著　清乾隆十年(1745)眷西堂刻本　十冊　十一行二十字白口左右雙邊

610000－1001－0002511　善0016228

蜀碧四卷　（清）彭遵泗編　清乾隆四十二年(1777)刻本　二冊　八行二十字白口左右雙邊

610000－1001－0002512　善0016235

戒亭詩草六卷詩集二卷　（清）劉壬著　清乾隆四十五年(1780)刻本　二冊　九行十八字小字雙行同白口四周雙邊

610000－1001－0002513　善0016240

自愉堂集十卷　（明）來儼然著　明萬曆四十七年(1619)刻本　一冊　十行二十二字白口四周雙邊　存四卷(一至四)

610000－1001－0002514　善0016288

讀禮志疑六卷　（清）陸隴其輯　清康熙四十七年(1708)正誼堂刻本　二冊　十行二十三字小字雙行同白口四周單邊

610000－1001－0002515　善0016312

王荆公唐百家詩選二十卷　（宋）王安石選　清康熙四十三年(1704)刻本　四冊　十行十八字白口左右雙邊

610000－1001－0002516　善0016313

明文英華十卷　（清）顧有孝纂　清康熙刻本　八冊　九行二十二字下黑口左右雙邊

610000－1001－0002517　善0016329

元豐類藁五十卷目錄一卷　（宋）曾鞏著　清乾隆二十八年(1763)刻本　十冊　十行二十字白口左右雙邊

610000－1001－0002518　善0016352

林蕙堂文集十二卷　（清）吳綺著　清乾隆刻本　六冊　八行十七字白口左右雙邊

610000－1001－0002519　善0016361

國朝山左詩鈔六十卷　（清）盧見曾纂　清乾隆二十三年(1758)雅雨堂刻本　二十八冊　十行二十一字小字雙行同白口四周單邊

610000－1001－0002520　善0016365

省軒考古類編十二卷　（清）柴紹炳纂　清雍正四年(1726)刻本　二冊　九行十八字小字雙行同白口四周雙邊

610000－1001－0002521　善0016371

詩學指南八卷　（清）顧龍振輯　清乾隆二十四年(1759)刻本　四冊　十二行二十一字黑口左右雙邊

610000－1001－0002522　善0016381

唐堂集五十卷補遺二卷續集八卷冬錄一卷　（清）黃之雋撰　清乾隆刻本　十二冊　十行二十一字白口左右雙邊

610000－1001－0002523　善0016385

王右丞集二十八卷首一卷末一卷　（清）趙殿成箋註　清乾隆二年(1737)刻本　七冊　十行二十字小字雙行同白口左右雙邊　存二十

六卷(一至二十二、二十七至二十八,首一,末一)

610000 - 1001 - 0002524　善0016435
岱南閣叢書十六種　（清）孫星衍輯　清乾隆、嘉慶蘭陵孫氏刻本　四十八冊　九至十二行二十一至二十四字白口間黑口四周單邊間四周雙邊

610000 - 1001 - 0002525　善0016437
溉堂前集九卷文集五卷續集六卷詩餘二卷　（清）孫枝蔚撰　清康熙十六年(1677)刻本　五冊　十一行二十一字白口四周單邊

610000 - 1001 - 0002526　善0016441
樊榭山房集十卷續集十卷　（清）厲鶚撰　清乾隆四年(1739)刻本　四冊　十二行二十四字白口四周單邊

610000 - 1001 - 0002527　善0016443
新刊五百家註音辯昌黎先生文集四十卷　（唐）韓愈撰　清乾隆四十九年(1784)刻本　六冊　十行十八字小字雙行二十三字白口左右雙邊

610000 - 1001 - 0002528　善0016444
昌黎先生全集四十卷遺文一卷外集十卷　（唐）韓愈撰　（清）李漢編　清乾隆六年(1741)刻本　四冊　九行二十六字白口四周單邊

610000 - 1001 - 0002529　善0016453
貸園叢書初集十二種　（清）周永年輯　清乾隆五十四年(1789)刻本　八冊　十一行二十二字小字雙行同黑口左右雙邊

610000 - 1001 - 0002530　善0016454
明人詩鈔正集十四卷續集十四卷　（清）朱琰輯　清乾隆二十五年(1760)刻本　十冊　十行十九字小字雙行二十八字白口左右雙邊

610000 - 1001 - 0002531　善0016460
南州草堂集三十卷首一卷　（清）徐釚著　清康熙三十四年(1695)刻本　十二冊　十一行十九字黑口四周單邊

610000 - 1001 - 0002532　善0016462
唐詩鼓吹十卷　（金）元好問輯　（元）郝天挺注　（明）廖文炳解　清康熙四十七年(1708)崇玉堂刻本　四冊　十一行二十一字小字雙行同黑口四周單邊

610000 - 1001 - 0002533　善0016481
宋十五家詩選　（清）陳訏輯　清康熙三十二年(1693)刻本　八冊　十一行二十三字黑口左右雙邊

610000 - 1001 - 0002534　善0016484
古詩源十四卷　（清）沈德潛選　清康熙五十八年(1719)刻本　六冊　十行十九字黑口左右雙邊

610000 - 1001 - 0002535　善0016491
趙文敏公松雪齋全集十卷外集一卷續集一卷附錄一卷　（元）趙孟頫著　（清）曹培廉校　清康熙五十二年(1713)刻本　四冊　十行十九字白口左右雙邊

610000 - 1001 - 0002536　善0016499
安陽集五十卷　（宋）韓琦撰　（清）黃邦寧重修　清乾隆三十七年(1772)刻本　十冊　十行二十一字細黑口左右雙邊

610000 - 1001 - 0002537　善0016504
奇晉齋叢書十六種　（清）陸烜輯　清乾隆三十四年(1769)刻本　六冊　八行十九字白口左右雙邊

610000 - 1001 - 0002538　善0016516
禹貢錐指二十卷略例圖一卷　（清）胡渭著　清康熙四十四年(1705)刻本　十冊　十一行二十一字小字雙行三十一字白口左右雙邊

610000 - 1001 - 0002539　善0016543
漁洋山人精華錄箋注十二卷年譜一卷補一卷附錄一卷　（清）金榮箋注　（清）徐淮纂輯　清金氏鳳翔堂刻本　六冊　十一行二十字小字雙行三十字白口左右雙邊

610000 - 1001 - 0002540　善0016544
詩人玉屑二十卷　（宋）魏慶之輯　清初刻本

四册 十一行二十一字上下黑口四周雙邊

610000 - 1001 - 0002541 善 0016548

易堂問目四卷 （清）吳鼎輯 清乾隆三十七年(1772)鄒容成刻本 二冊 十行二十一字下黑口左右雙邊

610000 - 1001 - 0002542 善 0016553

唐詩別裁集十卷 （清）沈德潛選 清康熙五十六年(1717)刻本 四冊 十行十九字黑口左右雙邊

610000 - 1001 - 0002543 善 0016554

漢詩音註十卷古今韻攷不分卷 （清）李因篤撰 清康熙三十七年(1698)刻本 二冊 九行十九字小字雙行同白口四周單邊

610000 - 1001 - 0002544 善 0016557

文選音義八卷 （清）余蕭客輯著 清乾隆二十三年(1758)刻本 二冊 八行字數不等細黑口四周雙邊

610000 - 1001 - 0002545 善 0016558

王漁洋遺書三十八種 （清）王士禛撰 清康熙八年(1669)沂詠堂刻本 二十五冊 十行十九字白口四周單邊 存六種

610000 - 1001 - 0002546 善 0016561

南陽集六卷 （宋）趙湘撰 清乾隆四十二年(1777)刻本 一冊 九行二十一字小字雙行同白口四周雙邊

610000 - 1001 - 0002547 善 0016579

陔餘叢考四十三卷 （清）趙翼撰 清乾隆五十五年(1790)刻本 十二冊 十一行二十一字小字雙行三十一字白口左右雙邊

610000 - 1001 - 0002548 善 0016583

南宋雜事詩七卷 （清）沈嘉轍撰 清雍正浙江杭州芹香齋刻本 四冊 十一行二十一字小字雙行不等白口左右雙邊

610000 - 1001 - 0002549 善 0016592

呂新吾先生去僞齋文集十卷 （明）呂坤撰 清康熙十三年(1674)刻本 六冊 十行二十字白口四周雙邊

610000 - 1001 - 0002550 善 0016606

兩漢金石記二十二卷 （清）翁方綱著 清乾隆五十四年(1789)大興翁方綱南昌使院刻本 八冊 十行二十字小字雙行同白口左右雙邊

610000 - 1001 - 0002551 善 0016607

容齋隨筆十六卷續筆十六卷三筆十六卷四筆十六卷五筆十卷 （宋）洪邁撰 清乾隆五十九年(1794)刻本 十四冊 九行十八字細黑口左右雙邊

610000 - 1001 - 0002552 善 0016622

陳檢討集二十卷 （清）陳維崧撰 （清）程師恭注 清康熙刻本 四冊 十行二十二字小字雙行同上下黑口左右雙邊

610000 - 1001 - 0002553 善 0016627

元詩選初集十集首一卷二集八集三集八集 （清）顧嗣立集 清康熙五十九年(1720)刻本 二十冊 十三行二十三字白口左右雙邊 存十六集(二集一至八、三集一至八)

610000 - 1001 - 0002554 善 0016645

錢牧齋先生列朝詩集小傳十卷 （清）錢謙益撰 （清）錢陸燦輯 清康熙三十七年(1698)黃氏誦芬堂刻本 八冊 十一行二十一字白口左右雙邊

610000 - 1001 - 0002555 善 0016650

宛陵先生文集六十卷 （宋）梅堯臣著 清康熙四十一年(1702)刻本 六冊 十一行二十一字白口左右雙邊

610000 - 1001 - 0002556 善 0016674

五禮通考二百六十二卷首四卷 （清）秦蕙田編輯 清乾隆十八年(1753)刻本 九十冊 十三行二十一字小字雙行三十二字白口左右雙邊

610000 - 1001 - 0002557 善 0016675

五禮通考二百六十二卷首四卷 （清）秦蕙田編輯 清乾隆十八年(1753)刻本 八十冊 十三行二十一字小字雙行三十二字白口左右雙邊

610000 – 1001 – 0002558　善 0016680

檀几叢書一百五十七種　（清）王晫　（清）張
潮輯　清康熙三十四年(1695)新安張氏霞舉
堂刻本　十二冊　九行二十字白口四周單邊

610000 – 1001 – 0002559　善 0016681

唐詩金粉十卷　（清）沈炳震纂輯　清雍正二
年(1724)刻本　四冊　十一行字數不等白口
左右雙邊

610000 – 1001 – 0002560　善 0016690

趙文敏公松雪齋全集十卷外集一卷續集一卷
附錄一卷　（元）趙孟頫撰　（清）曹培廉校
清康熙五十二年(1713)曹氏城書室刻本　四
冊　十行十九字白口左右雙邊

610000 – 1001 – 0002561　善 0016704

昭代詞選三十八卷　（清）蔣重光選輯　清乾
隆三十二年(1767)刻本　十冊　十行二十字
小字雙行同黑口左右雙邊

610000 – 1001 – 0002562　善 0016706

御製文二集十四卷　（清）仁宗顒琰編　清嘉
慶二十年(1815)內府刻本　四冊　七行十五
字白口四周雙邊

610000 – 1001 – 0002563　善 0016734

己畦詩集十卷殘餘一卷　（清）葉燮撰　清乾
隆二十八年(1763)刻本　八冊　十行十九字
白口四周雙邊

610000 – 1001 – 0002564　善 0016737

賦鈔箋畧十五卷　（清）雷琳　（清）張杏濱箋
清乾隆三十一年(1766)刻本　三冊　九行
十九字小字雙行二十八至三十字不等白口左
右雙邊

610000 – 1001 – 0002565　善 0016754

唐宋八家文讀本三十卷　（唐）韓愈著　（清）
沈德潛評　清乾隆十五年(1750)刻本　十
冊　十行二十字白口左右雙邊

610000 – 1001 – 0002566　善 0016777

觚賸八卷　（清）鈕琇輯　清康熙三十九年
(1700)臨野堂刻本　二冊　十行十九字白口
左右雙邊

610000 – 1001 – 0002567　善 0016781

文心雕龍十卷　（南朝梁）劉勰撰　（清）黃叔
琳輯注　清乾隆三年(1738)刻本　二冊　九
行十九字白口左右雙邊

610000 – 1001 – 0002568　善 0016782

天瓶齋書畫題跋二卷　（清）張照撰　（清）張
祥河錄　清乾隆三十八年(1773)刻本　一冊
九行十八字上下黑口左右雙邊

610000 – 1001 – 0002569　善 0016790

白石道人詩集二卷集外詩一卷　（宋）姜夔撰
清乾隆八年(1743)江都陸氏刻本　二冊
十一行十九字小字雙行同白口左右雙邊

610000 – 1001 – 0002570　善 0016793

聲調譜三卷　（清）趙執信撰　清乾隆二十四
年(1759)雅雨堂刻本　一冊　九行十九字小
字雙行同白口四周雙邊

610000 – 1001 – 0002571　善 0016806

古詩源十四卷　（清）沈德潛選　清康熙五十
八年(1719)刻本　四冊　十行十九字黑口左
右雙邊

610000 – 1001 – 0002572　善 0016807

鴛鴦湖櫂歌一卷　（清）朱彝尊著　清乾隆四
十年(1775)刻本　一冊　九行二十字細黑口
四周單邊

610000 – 1001 – 0002573　善 0016809

明史雜詠四卷　（清）嚴遂成撰　清乾隆十二
年(1747)刻本　二冊　十行二十一字白口四
周雙邊

610000 – 1001 – 0002574　善 0016810

庾開府哀江南賦註不分卷　（北周）庾信撰
（清）徐樹穀等輯　清乾隆二十三年(1758)刻
本　一冊　九行十八字小字雙行二十三字細
黑口左右雙邊

610000 – 1001 – 0002575　善 0016830

飴山文集十二卷附錄一卷　（清）趙執信撰
清乾隆三十八年(1773)刻本　四冊　十行二
十一字白口左右雙邊

610000－1001－0002576　善0016837

朱止泉先生文集八卷　（清）朱澤澐撰　（清）朱光進編輯　清乾隆四年（1739）刻本　二冊　九行二十二字白口左右雙邊

610000－1001－0002577　善0016839

武英殿聚珍版書　清乾隆武英殿木活字印本　一百冊　九行二十一字白口四周雙邊　存五種

610000－1001－0002578　善0016840

宋學士全集三十三卷　（明）宋濂撰　清康熙四十八年（1709）刻本　十冊　十一行二十二字白口左右雙邊

610000－1001－0002579　善0016842

白香山詩長慶集二十卷後集十七卷別集一卷補遺二卷　（唐）白居易撰　（清）汪立名編訂　**年譜一卷**　（清）汪立名撰　**年譜舊本一卷**（宋）陳振孫撰　清康熙四十二年（1703）刻本　十冊　十二行二十一字白口左右雙邊　存三十六卷（長慶集一至二十、後集一至十四、年譜一、年譜舊本一）

610000－1001－0002580　善0016843

施註蘇詩四十二卷總目二卷　（清）宋犖（清）张榕端閱定　（清）邵長蘅　（清）顧嗣立　（清）宋至刪補　**續補遺二卷**　（清）馮景補註　**王註正譌一卷**　（清）邵長蘅補註　**東坡年譜一卷**　（宋）王宗稷撰　清康熙三十九年（1700）刻本　十二冊　十行二十一字小字雙行三十一字黑口四周單邊

610000－1001－0002581　善0016844

李義山文集十卷　（清）徐樹穀箋　（清）徐炯註　清康熙四十七年（1708）刻本　四冊　十行二十一字小字雙行三十一字白口左右雙邊

610000－1001－0002582　善0016846

述菴詩鈔十二卷　（清）王昶撰　清乾隆刻本　三冊　十二行二十三字上下黑口左右雙邊

610000－1001－0002583　善0016858

古文斷前集十六卷後集十八卷　（清）姚廷謙評註　清康熙六十一年（1722）刻本　八冊

九行二十一字小字雙行同黑口左右雙邊　存十六卷（前集一至十六）

610000－1001－0002584　善0016871

王右丞詩集二卷　（唐）王維撰　清康熙三十四年（1695）刻本　一冊　十行十九字黑口左右雙邊

610000－1001－0002585　善0016883

雅雨堂藏書十二種　（清）盧見曾輯　清乾隆二十一年（1756）德州盧氏刻本　二十一冊　十行二十一字白口四周單邊

610000－1001－0002586　善0016886

全唐詩九百卷目錄十二卷　（清）曹寅等編　清康熙四十六年（1707）刻本　一百二十冊　十一行二十一字小字雙行三十一字白口左右雙邊

610000－1001－0002587　善0016904

杜工部集二十卷　（唐）杜甫撰　（清）錢謙益箋　清康熙六年（1667）刻本　四冊　十一行二十字小字雙行三十字細黑口四周雙邊

610000－1001－0002588　善0016917

御定歷代賦彙一百四十卷外集二十卷逸句二卷補遺二十二卷　（清）陳元龍輯　清康熙四十五年（1706）刻本　四十八冊　十一行二十一字黑口左右雙邊

610000－1001－0002589　善0016919

瀛奎律髓四十九卷　（元）方回選　清康熙五十二年（1713）刻本　二十冊　十行十九字白口左右雙邊

610000－1001－0002590　善0016927

潛菴先生遺稿五卷　（清）湯斌著　清康熙刻本　八冊　九行二十字小字雙行同白口四周單邊

610000－1001－0002591　善0016928

白沙子全集六卷首一卷　（明）陳獻章撰　清康熙四十九年（1710）刻本　六冊　十一行二十一字黑口左右雙邊

610000－1001－0002592　善0016958

讀杜心解六卷首二卷　（唐）杜甫撰　（清）浦
起龍解　清雍正二年至三年（1724 – 1725）浦
氏寧我齋刻本　十冊　十行二十二字小字雙
行三十二字白口左右雙邊

610000 – 1001 – 0002593　善0016968
銅鼓書堂遺棄三十二卷　（清）查禮撰　清乾
隆五十三年（1788）查淳刻本　四冊　十二行
二十二字白口左右雙邊

610000 – 1001 – 0002594　善0016970
南豐先生元豐類藁五十三卷　（宋）曾鞏撰
清康熙五十六年（1717）長洲顧東巖刻本　十
二冊　十行二十一字白口四周雙邊

610000 – 1001 – 0002595　善0016974
聲調前譜一卷後譜一卷續譜一卷談龍錄一卷
　（清）趙執信撰　清乾隆二十四年（1759）雅
雨堂刻本　一冊　九行十九字白口四周雙邊

610000 – 1001 – 0002596　善0016978
杭大宗七種叢書　（清）杭世駿撰　清乾隆五
十七年（1792）杭賓仁羊城刻本　六冊　十行
二十一字小字雙行同白口左右雙邊

610000 – 1001 – 0002597　善0016983
本朝名媛詩鈔六卷　（清）胡孝思評輯　清乾
隆三十一年（1766）刻本　四冊　九行二十字
白口左右雙邊

610000 – 1001 – 0002598　善0016987
欽定四庫全書總目二百卷首四卷　（清）紀昀
等纂　清乾隆刻本　一百二十冊　九行二十
一字小字雙行同白口四周雙邊

610000 – 1001 – 0002599　善0016990
甌北詩鈔十八卷　（清）趙翼撰　清乾隆五十
六年（1791）刻本　四冊　十行二十一字小字
雙行三十一字白口左右雙邊

610000 – 1001 – 0002600　善0016991
重訂李義山詩箋注三卷集外詩箋注一卷　（唐）
李商隱撰　（清）朱鶴齡箋注　（清）程夢星刪補
年譜一卷詩話一卷　（清）程夢星撰　清乾隆
十一年（1746）東柯草堂刻本　四冊　十行二十
一字小字雙行三十一字黑口四周單邊

610000 – 1001 – 0002601　善0016998
雍正硃批諭旨不分卷　（清）世宗胤禛撰　清
乾隆三年（1738）内府刻朱墨印本　一百十一
冊　十行二十一字白口四周雙邊

610000 – 1001 – 0002602　善0017006
崇雅堂詩鈔五卷　（清）楊汝諧撰　清乾隆刻
本　一冊　十一行二十一字白口左右雙邊

610000 – 1001 – 0002603　善0017009
山谷詩内集注二十卷　（宋）任淵撰　外集注
十七卷　（宋）史容撰　別集注二卷　（宋）史
季温撰　外集補四卷　（清）謝昆輯　年譜十
四卷　（宋）黃子耕編　清乾隆五十四年
（1789）樹經堂刻本　二十冊　十二行二十三
字白口左右雙邊

610000 – 1001 – 0002604　善0017011
堯峰文鈔四十卷　（清）汪琬撰　（清）林佶編
　清康熙刻本　十二冊　十三行二十五字黑
口左右雙邊

610000 – 1001 – 0002605　善0017012
宋百家詩存　（清）曹庭棟輯　清乾隆六年
（1741）刻本　二十冊　十一行二十一字白口
左右雙邊

610000 – 1001 – 0002606　善0017014
初白菴詩評三卷　（清）查慎行撰　（清）張載
華輯　清乾隆四十二年（1777）刻本　三冊
十二行二十三字小字雙行三十四字細黑口左
右雙邊

610000 – 1001 – 0002607　善0017023
古文眉詮七十九卷首一卷　（清）浦起龍論
（清）程鍾　（清）方懋福彙參　清乾隆九年
（1744）三吳書院刻本　十六冊　九行二十二
字小字雙行同白口左右雙邊

610000 – 1001 – 0002608　善0017027
漁洋山人精華錄箋注十二卷補注一卷　（清）
金榮箋注　（清）徐淮纂輯　漁洋山人年譜一
卷　（清）徐淮輯　清金氏鳳翩堂刻本　六冊
　十一行二十字小字雙行三十字白口左右
雙邊

610000－1001－0002609　善0017041

唐摭言十五卷　（唐）王定保撰　清乾隆二十一年(1756)刻本　二冊　十行二十一字小字雙行同白口四周單邊

610000－1001－0002610　善0017052

御製詩初集二十四卷目録四卷　（清）宣宗旻寧撰　（清）曹振鏞等編　清道光九年(1829)武英殿刻本　十六冊　九行十七字白口四周雙邊

610000－1001－0002611　善0017053

御製文初集十卷　（清）宣宗旻寧撰　清道光十一年(1831)刻本　四冊　七行十五字白口四周雙邊

610000－1001－0002612　善0017055

曝書亭集八十卷　（清）朱彝尊著　笛漁小稾十卷　（清）朱昆田著　清康熙四十七年(1708)刻本　十六冊　十二行二十三字白口左右雙邊

610000－1001－0002613　善0017058

陳學士文集十八卷　（清）陳儀著　清乾隆十八年(1753)刻本　八冊　九行二十二字白口左右雙邊

610000－1001－0002614　善0017062

青門簏稾十六卷賸稾八卷旅稾六卷　（清）邵長蘅撰　清康熙四十四年(1705)刻本　八冊　十行二十一字黑口左右雙邊

610000－1001－0002615　善0017067

陸堂文集二十卷　（清）陸奎勳著　清乾隆五年(1740)刻本　六冊　十一行二十四字白口左右雙邊

610000－1001－0002616　善0017071

十國春秋一百十四卷　（清）吳任臣撰　清康熙十六年(1677)刻本　十二冊　十行二十二字小字雙行同白口左右雙邊

610000－1001－0002617　善0017077

陳北溪先生文集十四卷　（宋）陳淳撰　（清）張伯行編訂　清康熙五十四年(1715)張伯行正誼堂刻本　二冊　十行二十二字白口四周單邊

610000－1001－0002618　善0017112

香祖筆記十二卷　（清）王士禛撰　清康熙刻本　四冊　十行十九字白口左右雙邊

610000－1001－0002619　善0017141

義門讀書記五十八卷　（清）何焯撰　清乾隆三十四年(1769)刻本　十六冊　十四行二十二字黑口左右雙邊

610000－1001－0002620　善0017147

震川先生集三十卷別集十卷　（明）歸有光著　（明）歸莊較勘　（清）歸玠編輯　清康熙十四年(1675)歸莊等刻本　十冊　十行二十字白口左右雙邊

610000－1001－0002621　善0017150

陸堂詩學十二卷　（清）陸奎勳著　清康熙五十二年(1713)刻本　一冊　十一行二十三字白口左右雙邊　存八卷(一至八)

610000－1001－0002622　善0017151

溫飛卿詩集七卷別集一卷集外詩一卷　（唐）溫庭筠撰　（清）曾益原注　（清）顧予咸補注　（清）顧嗣立重校　清康熙三十六年(1697)長洲顧嗣立秀野草堂刻本　一冊　十一行二十字小字雙行三十字白口左右雙邊

610000－1001－0002623　善0017158

近光集二十八卷　（清）汪士鋐編纂　（清）徐修仁參注　清康熙五十八年(1719)刻本　八冊　九行十九字小字雙行同黑口左右雙邊

610000－1001－0002624　善0017164

輶軒使者絕代語釋別國方言十三卷　（漢）揚雄撰　（晉）郭璞注　清乾隆四十九年(1784)杭州刻本　二冊　十行二十字小字雙行同白口左右雙邊

610000－1001－0002625　善0017170

訂譌雜録十卷　（清）胡鳴玉撰　清乾隆二十三年(1758)刻本　二冊　十行二十字黑口四周單邊

610000－1001－0002626　善0017178

詞綜三十卷　（清）朱彝尊選輯　清康熙十七

年(1678)刻本　四冊　十行二十一字黑口左右雙邊

610000－1001－0002627　善0017179

尚書後案三十卷　（清）王鳴盛撰　清乾隆四十五年(1780)刻本　六冊　十四行三十字白口四周單邊

610000－1001－0002628　善0017184

聰山集五種　（清）申涵光著　清康熙十六年(1677)刻本　二冊　九行二十字白口四周單邊間四周雙邊

610000－1001－0002629　善0017186

萬充宗先生經學五書　（清）萬斯大撰　清乾隆萬福刻本　二冊　十一行二十一字小字雙行同黑口左右雙邊　存二種

610000－1001－0002630　善0017191

尚書釋天六卷　（清）盛百二撰　清乾隆十八年(1753)李氏刻本　二冊　十一行二十二字小字雙行同白口左右雙邊

610000－1001－0002631　善0017192

易憲四卷　（明）沈泓撰　清乾隆九年(1744)補堂刻本　二冊　十一行二十三字白口左右雙邊

610000－1001－0002632　善0017194

釋名疏證八卷補遺一卷續釋名一卷　（漢）劉熙撰　（清）畢沅疏　清乾隆五十四年(1789)畢氏靈巖山館刻本　二冊　十一行二十二字小字雙行同黑口四周單邊

610000－1001－0002633　善0017195

釋名疏證八卷補遺一卷續釋名一卷　（漢）劉熙撰　（清）畢沅疏　清乾隆五十四年(1789)畢氏靈巖山館刻本　二冊　十一行二十二字黑口四周單邊

610000－1001－0002634　善0017199

讀杜心解六卷首二卷　（唐）杜甫撰　（清）浦起龍解　清雍正二年至三年(1724－1725)浦氏寧我齋刻本　八冊　十行二十二字白口左右雙邊

610000－1001－0002635　善0017253

康對山先生文集十卷　（明）康海撰　清乾隆二十六年(1761)刻本　六冊　十行二十字白口四周雙邊

610000－1001－0002636　善0017255

伏羌紀事詩一卷　（清）楊芳燦撰　清乾隆五十一年(1786)刻本　一冊　十一行二十一字小字雙行同上下黑口左右雙邊

610000－1001－0002637　善0017260

銅儗傳一卷　（清）徐元潤纂　清刻藍印本　一冊　九行二十二字白口四周雙邊

610000－1001－0002638　善0017270

日涉編十二卷　（清）陳垲編　清乾隆三十四年(1769)刻本　十二冊　九行十九字白口四周單邊

610000－1001－0002639　善0017295

說鈴續集七種　（清）吳震方輯　清康熙五十一年(1712)刻本　四冊　十一行二十五字細黑口左右雙邊

610000－1001－0002640　善0017330

馮少墟集二十二卷續集六卷　（明）馮從吾撰　清康熙十四年(1675)馮澄若等刻本　十八冊　九行十八字白口四周單邊　缺一卷(續集一)

610000－1001－0002641　善0017335

六書故三十三卷通釋一卷　（宋）戴侗撰　清乾隆四十九年(1784)刻本　十六冊　七行十七字小字雙行同白口四周單邊

610000－1001－0002642　善0017336

韓昌黎詩集編年箋注十二卷　（清）方世舉考訂　清乾隆二十三年(1758)雅雨堂刻本　六冊　十行二十三字白口四周單邊

610000－1001－0002643　善0017351

武英殿聚珍版書　清乾隆四十二年(1777)福建刻道光、同治遞修本　七百七十九冊　八行二十字白口四周雙邊　缺四種

610000－1001－0002644　善0017355

詩經葉音辨譌八卷 （清）劉維謙編次 清乾隆三年(1738)刻本 四冊 八行十九字小字雙行同白口四周單邊

610000－1001－0002645 善0017366

隸辨八卷 （清）顧藹吉撰 清乾隆八年(1743)玉淵堂刻本 二十四冊 十二行大小字不等白口四周單邊

610000－1001－0002646 善0017376

十國春秋一百十六卷 （清）吳任臣撰 清乾隆五十八年(1793)刻本 十九冊 十行二十一字小字雙行同白口左右雙邊 存一百十四卷(一至四十七、五十一至一百十六)

610000－1001－0002647 善0017435

甬上高僧詩二卷 （清）李鄴嗣選評 清康熙十七年(1678)敬義堂刻本 一冊 十一行二十二字白口四周單邊

610000－1001－0002648 善0017454

隸法彙纂十卷 （清）項懷述撰 清乾隆四十五年(1780)小酉山房刻本 三冊 六行大小字不等白口四周單邊

610000－1001－0002649 善0017480

思古堂十四種書 （清）毛先舒撰 清康熙刻本 一冊 十一行二十二字白口四周單邊 存二種

610000－1001－0002650 善0017484

佩文齋廣羣芳譜一百卷目錄二卷 （清）汪灝等纂 清康熙四十七年(1708)刻本 三十二冊 十一行二十一字白口左右雙邊

610000－1001－0002651 善0017488

家語十卷 （清）姜兆錫校 清雍正二年(1724)刻本 三冊 九行二十五字白口四周單邊

610000－1001－0002652 善0017491

甌北詩鈔二十一卷 （清）趙翼撰 清乾隆五十六年(1791)刻本 八冊 十行二十一字白口左右雙邊

610000－1001－0002653 善0017515

硃批諭旨不分卷 （清）世宗胤禛批 清雍正十年(1732)刻朱墨印本 一百十二冊 十行二十一字白口四周雙邊

610000－1001－0002654 善0017531

薛文清公讀書錄節鈔二十三卷 （明）薛瑄撰 （清）胡啟淳編次 清乾隆四年(1739)刻本 一冊 九行二十二字白口左右雙邊 存六卷(一至六)

610000－1001－0002655 善0017534

孔子家語十卷 （三國魏）王肅注 清乾隆四十五年(1780)刻本 四冊 十一行二十四字白口左右雙邊

610000－1001－0002656 善0017549

歷代詩話二十八種 （清）何文煥編 清乾隆三十五年(1770)刻本 十二冊 九行十八字上下黑口左右雙邊 存十種

610000－1001－0002657 善0017550

課士直解七卷 （清）陳宏謀撰 清乾隆三十五年(1770)刻本 六冊 九行二十一字白口四周單邊

610000－1001－0002658 善0017556

經驗良方二卷 （清）劉起堂輯 清乾隆二十年(1755)刻本 一冊 九行二十五字白口四周單邊

610000－1001－0002659 善0017567

真文忠公心經一卷政經一卷 （宋）真德秀撰 清康熙五十四年(1715)真祖蔭刻本 二冊 九行十八字白口四周雙邊

610000－1001－0002660 善0017568

解深密經五卷 （唐）釋玄奘譯 清雍正十三年(1735)刻本 一冊 十行二十字小字雙行同白口四周單邊

610000－1001－0002661 善0017578

楊忠愍公全集四卷 （明）楊繼盛撰 清康熙三十七年(1698)刻本 二冊 九行二十字白口四周雙邊間左右雙邊

610000－1001－0002662 善0017580

重鐫香雪文鈔十二卷　（清）曹學詩撰　清乾隆三十五年(1770)刻本　十三冊　九行二十一字粗黑口左右雙邊

610000 – 1001 – 0002663　善 0017582

昭明選詩初學讀本四卷　（清）孫人龍輯評　清乾隆十二年(1747)刻本　五冊　九行二十一字小字雙行同白口左右雙邊

610000 – 1001 – 0002664　善 0017586

讀書堂杜工部文集註解二卷附錄一卷　（唐）杜甫撰　（清）張溍評註　清康熙張氏讀書堂刻本　一冊　九行二十二字小字雙行同白口左右雙邊

610000 – 1001 – 0002665　善 0017592

率祖堂叢書八種附六種　（宋）金履祥撰　清雍正、乾隆金華金氏刻本　四冊　十行二十字黑口左右雙邊　存附四種

610000 – 1001 – 0002666　善 0017593

率祖堂叢書八種附六種　（宋）金履祥撰　清雍正、乾隆金華金氏刻本　五冊　十行二十字黑口左右雙邊　存附四種

610000 – 1001 – 0002667　善 0017596

分類字錦六十四卷　（清）張廷玉等編　清康熙六十一年(1722)武英殿刻本　五十六冊　大小字不等白口四周雙邊　存五十六卷(一至十六、二十五至六十四)

610000 – 1001 – 0002668　善 0017601

凝香閣詩稿一卷　（清）倪仁吉撰　清康熙六十一年(1722)刻本　一冊　八行二十三字白口左右雙邊

610000 – 1001 – 0002669　善 0017604

日知錄三十二卷　（清）顧炎武撰　清康熙三十四年(1695)吳江潘氏遂初堂刻本　十四冊　十一行二十二字白口左右雙邊

610000 – 1001 – 0002670　善 0017605

日知錄三十二卷　（清）顧炎武撰　清康熙三十四年(1695)吳江潘氏遂初堂刻本　十二冊　十一行二十二字小字雙行同白口左右雙邊

610000 – 1001 – 0002671　善 0017614

帶經堂集九十二卷　（清）王士禎撰　清康熙刻本　九冊　十行十九字白口左右雙邊　存三十七卷(五十三至八十九)

610000 – 1001 – 0002672　善 0017615

蠶尾集十卷續集二卷　（清）王士禎撰　清康熙三十五年(1696)刻本　六冊　十行十九字小字雙行二十九字細黑口左右雙邊

610000 – 1001 – 0002673　善 0017616

帶經堂集九十二卷　（清）王士禎撰　清康熙刻本　五冊　十行十九字白口左右雙邊　存二十卷(七十三至九十二)

610000 – 1001 – 0002674　善 0017620

杜詩詳註三十一卷首一卷　（唐）杜甫撰　（清）仇兆鰲輯註　清康熙大文堂刻本　二十三冊　十行二十二字小字雙行同下黑口左右雙邊　缺三卷(二十九至三十一)

610000 – 1001 – 0002675　善 0017621

吳詩集覽二十卷談藪二卷補注二十卷　（清）靳榮藩輯注　清乾隆刻本　十六冊　九行二十一字小字雙行同下黑口四周雙邊

610000 – 1001 – 0002676　善 0017628

符勝堂集五卷　（明）周立勳著　清乾隆十二年(1747)刻本　一冊　九行十九字黑口左右雙邊

610000 – 1001 – 0002677　善 0017629

七子詩選十四卷　（清）沈德潛選　清乾隆刻本　二冊　十行十九字白口左右雙邊

610000 – 1001 – 0002678　善 0017630

二希堂文集十一卷首一卷　（清）蔡世遠撰　清雍正八年(1730)刻本　五冊　九行二十字白口左右雙邊

610000 – 1001 – 0002679　善 0017631

飴山詩集二十卷　（清）趙執信撰　清乾隆十七年(1752)刻本　四冊　十行二十一字白口四周單邊

610000 – 1001 – 0002680　善 0017633

草韻彙編二十六卷　(清)陶南望編　清乾隆十九年(1754)刻本　八冊　行數不等字數不等白口四周單邊

610000－1001－0002681　善0017636

御定歷代紀事年表一百卷　(清)王之樞等撰　清康熙刻本　五十七冊　行數不等字數不等小字雙行不等白口四周雙邊　缺十一卷(五十五、六十五至六十六、七十五至七十六、八十至八十二、九十三、九十五至九十六)

610000－1001－0002682　善0017639

李太白文集三十六卷　(唐)李白撰　(清)王琦輯注　清乾隆二十四年(1759)刻本　十二冊　十行二十字小字雙行同白口左右雙邊

610000－1001－0002683　善0017641

詩外傳十卷　(漢)韓嬰著　清乾隆十七年(1752)刻本　二冊　九行十九字白口左右雙邊

610000－1001－0002684　善0017642

芝雲堂詩稿四卷　(清)徐賓撰　清康熙刻本　一冊　十一行二十一字白口左右雙邊

610000－1001－0002685　善0017643

詩經闡註八卷　(宋)朱熹集傳　(清)浦泰纂輯　清乾隆八年(1743)刻本　四冊　行數不等字數不等白口左右雙邊

610000－1001－0002686　善0017644

後邨居士詩二十卷　(宋)劉克莊撰　(清)姚廷謙校　清康熙五十九年(1720)劉雙楠刻本　四冊　十行十九字細黑口四周單邊

610000－1001－0002687　善0017645

雙溪集十二卷　(宋)王炎著　清康熙五十七年(1718)刻本　六冊　十行二十一字黑口左右雙邊

610000－1001－0002688　善0017648

保赤精要二卷　(清)映碧堂主人輯　清乾隆四十二年(1777)抄本　一冊　十行四十字白口

610000－1001－0002689　善0017678

日下舊聞四十二卷　(清)朱彝尊輯　(清)朱

昆田補遺　清康熙二十七年(1688)六峰閣刻本　十二冊　十二行二十一字白口四周單邊

610000－1001－0002690　善0017686

逸周書十卷　(晉)孔晁注　清乾隆五十一年(1786)刻本　二冊　十行二十字白口左右雙邊

610000－1001－0002691　善0017690

春秋大事表五十卷讀春秋偶筆一卷附錄一卷　(清)顧棟高輯　春秋綱領一卷　(宋)胡安國撰　清乾隆十三年(1748)刻本　十冊　行數不等字數不等白口四周單邊

610000－1001－0002692　善0017717

千金翼方三十卷　(唐)孫思邈撰　清乾隆二十八年(1763)刻本　十六冊　十行二十字白口四周單邊

610000－1001－0002693　善0017735

第六才子書八卷附西廂文一卷　(元)王實甫撰　(清)金聖嘆評點　清乾隆五十六年(1791)書業堂刻本　六冊　十一行二十四字白口四周單邊

610000－1001－0002694　善0017736

尤太史西堂餘集三十三卷　(清)尤侗撰　清康熙三十三年(1694)刻本　十冊　十至十三行不等二十一至二十三字不等白口間黑口四周單邊間四周雙邊

610000－1001－0002695　善0017746

律呂圖說二卷　(明)王建常編次　(清)王宏撰較訂　清乾隆三十九年(1774)朝坂集義堂刻本　二冊　九行二十一字小字雙行同白口左右雙邊

610000－1001－0002696　善0017767

浣青詩草四卷　(清)錢孟鈿著　清乾隆四十一年(1776)刻本　一冊　九行二十字白口四周單邊

610000－1001－0002697　善0017782

西陂類稿五十卷　(清)宋犖撰　清康熙五十年(1711)刻本　二十冊　十行十九字白口四周單邊

610000 – 1001 – 0002698　善 0017799

[陝西三原]段氏家乘不分卷　(清)段鍾華撰
　清康熙二十七年(1688)刻本　一冊　九行
二十字白口間粗黑口四周雙邊

610000 – 1001 – 0002699　善 0017827

大還閣琴譜六卷萬峰閣指法閟箋一卷谿山琴
況一卷　(清)徐祺輯　清康熙十二年(1673)
大還閣刻本　六冊　六行字數不等四周雙邊

610000 – 1001 – 0002700　善 0017828

浙江採集遺書總錄十卷閏集一卷　(清)沈初
等編　清乾隆三十九年(1774)刻本　十一冊
　十行二十字上下黑口四周單邊

610000 – 1001 – 0002701　善 0017829

鄭忠愍公北山先生文集三十卷　(宋)鄭剛中
撰　清康熙三十六年(1697)鄭世成刻本　六
冊　十行二十二字白口左右雙邊

610000 – 1001 – 0002702　善 0017868

大學偶言一卷　(清)張文藿撰　清乾隆十七
年(1752)刻本　一冊　十行二十字白口四周
雙邊

610000 – 1001 – 0002703　善 0017914

陶山集十六卷　(宋)陸佃撰　清乾隆四十一
年(1776)武英殿木活字印武英殿聚珍版書本
　四冊　九行二十一字白口四周雙邊

610000 – 1001 – 0002704　善 0017965

述本堂詩集十八卷續集五卷　(清)方觀承輯
　清乾隆二十年(1755)方氏刻本　一冊　十
行十九字白口左右雙邊　存二卷(看蠶詞一、
松漠草一)

610000 – 1001 – 0002705　善 0017999

增訂敬信錄一卷　(□)□□撰　清乾隆五十
一年(1786)刻本　一冊　九行二十二字白口
左右雙邊

610000 – 1001 – 0002706　善 0018013

三藩紀事本末四卷　(清)楊陸榮編　清康熙
五十六年(1717)刻本　一冊　九行二十字白
口左右雙邊

610000 – 1001 – 0002707　善 0018026

李長吉歌詩四卷首一卷外集一卷　(唐)李賀
撰　(清)王琦彙解　清乾隆二十五年(1760)
寶笏樓刻本　二冊　十行二十字小字雙行同
白口左右雙邊

610000 – 1001 – 0002708　善 0018036

歷代名儒傳八卷　(清)朱軾　(清)蔡世遠輯
　清雍正七年(1729)刻本　一冊　九行二十
二字白口左右雙邊

610000 – 1001 – 0002709　善 0018047

歷代名臣傳三十五卷首一卷　(清)朱軾
(清)蔡世遠輯　清雍正七年(1729)刻本　十
九冊　九行二十二字白口左右雙邊　存三十
四卷(一、三至三十五)

610000 – 1001 – 0002710　善 0018087

文遠詩集一卷機語一卷雜著一卷　(清)釋文
遠撰　清乾隆四十九年(1784)刻本　一冊
七行十五字白口四周雙邊

610000 – 1001 – 0002711　善 0018090

楚辭燈四卷　(清)林雲銘論述　清康熙三十
六年(1697)挹奎樓刻本　一冊　八行二十字
小字雙行同白口左右雙邊

610000 – 1001 – 0002712　善 0018092

希賢錄五卷　(清)朱顯祖輯　清康熙三十二
年(1693)天瑞堂刻本　六冊　九行二十字粗
黑口左右雙邊

610000 – 1001 – 0002713　善 0018099

諸葛丞相集四卷　(三國蜀)諸葛亮撰　(清)
朱璘輯　清康熙三十七年(1698)萬卷堂刻本
　四冊　九行十九字白口四周雙邊

610000 – 1001 – 0002714　善 0018127

類林新詠三十六卷　(清)姚之駰撰　清康熙
四十七年(1708)刻本　十三冊　十行二十字
小字雙行同白口左右雙邊

610000 – 1001 – 0002715　善 0018137

逸周書十卷校正補遺一卷　(晉)孔晁注　清
乾隆五十一年(1786)刻本　二冊　十行二十
字白口左右雙邊

610000 – 1001 – 0002716　善 0018149

直齋書錄解題二十二卷　（宋）陳振孫撰　清乾隆三十八年(1773)武英殿木活字印武英殿聚珍版書本　八冊　九行二十一字白口四周雙邊

610000 – 1001 – 0002717　善 0018151

五代史七十四卷　（宋）歐陽修撰　（明）敖文貞校　明萬曆二十八年(1600)刻本　四冊　十行二十一字小字雙行同白口左右雙邊

610000 – 1001 – 0002718　善 0018158

新喻三劉文集六卷首一卷　（宋）劉敞等著　清乾隆十五年(1750)刻本　六冊　十行二十一字白口左右雙邊

610000 – 1001 – 0002719　善 0018169

趙恭毅公剩藁八卷　（清）趙甲喬撰　**趙裘萼公剩藁四卷**　（清）趙熊詔撰　清乾隆六年(1741)刻本　六冊　十二行二十四字粗黑口四周雙邊

610000 – 1001 – 0002720　善 0018178

韓詩外傳十卷　（漢）韓嬰撰　明末清初刻本　二冊　九行十九字白口左右雙邊

610000 – 1001 – 0002721　善 0018191

綿津山人詩集二十七卷　（清）宋犖撰　清康熙四十年(1701)刻本　四冊　十行十九字白口四周單邊

610000 – 1001 – 0002722　善 0018199

貸園叢書初集十二種　（清）周永年輯　清乾隆五十四年(1789)刻本　六冊　十一行二十二字小字雙行同黑口左右雙邊　缺二種

610000 – 1001 – 0002723　善 0018200

三國志六十五卷　（晉）陳壽撰　（南朝宋）裴松之注　明萬曆二十四年(1596)刻清康熙三十九年(1700)修補本　十四冊　十二行二十三字白口左右雙邊

610000 – 1001 – 0002724　善 0018208

荊川文集十八卷　（明）唐順之撰　清康熙五十一年(1712)刻本　八冊　十行二十一字黑口左右雙邊

610000 – 1001 – 0002725　善 0018212

十國春秋一百十六卷　（清）吳任臣撰　清乾隆五十八年(1793)刻本　十六冊　十行二十一字小字雙行同白口左右雙邊

610000 – 1001 – 0002726　善 0018214

近思錄集解十四卷　（宋）朱熹編　（宋）葉采集解　清初刻本　八冊　九行十九字小字雙行二十四字白口左右雙邊

610000 – 1001 – 0002727　善 0018215

輟耕錄三十卷　（明）陶宗儀撰　明末清初刻本　十冊　十行二十一字白口左右雙邊

610000 – 1001 – 0002728　善 0018217

輶軒使者絕代語釋別國方言十三卷　（漢）揚雄撰　（晉）郭璞注　清乾隆四十四年(1779)武英殿木活字印武英殿聚珍版書本　二冊　九行二十一字白口四周雙邊

610000 – 1001 – 0002729　善 0018223

弱水集二十二卷　（清）屈復撰　清乾隆七年(1742)刻本　四冊　十行二十一字小字雙行同白口左右雙邊

610000 – 1001 – 0002730　善 0018224

九域志十卷　（宋）王存纂修　清乾隆四十九年(1784)馮集梧刻本　二冊　十一行二十一字小字雙行同白口左右雙邊

610000 – 1001 – 0002731　善 0018228

歸雲別集十種　（明）陳士元撰　明萬曆十一年(1583)刻本　十八冊　九行二十字小字雙行同白口四周單邊　缺一種

610000 – 1001 – 0002732　善 0018232

佩觿三卷　（宋）郭忠恕撰　清康熙刻本　二冊　八行十七字白口左右雙邊

610000 – 1001 – 0002733　善 0018234

芙蓉山館詩稿六卷詞稿二卷　（清）楊芳燦撰　**桐華吟館詩稿六卷詞稿二卷**　（清）楊揆撰　清乾隆五十七年(1792)刻本　二冊　十二行二十三字白口四周單邊

610000 – 1001 – 0002734　善 0018239

五經文字三卷　（唐）張參輯　新加九經字樣一卷　（唐）唐玄度撰　清乾隆叢書樓刻本二冊　十行二十一字白口左右雙邊

610000－1001－0002735　善0018242

稽古日鈔八卷　（清）郁文等輯　清乾隆二十九年(1764)刻本　四冊　十行二十四字小字雙行同白口左右雙邊

610000－1001－0002736　善0018246

周髀算經二卷　（漢）趙君卿注　（北周）甄鸞重述　（唐）李淳風釋　周髀算經音義一卷（唐）李籍撰　清乾隆三十九年(1774)武英殿木活字印武英殿聚珍版書本　一冊　九行二十一字白口四周雙邊

610000－1001－0002737　善0018246

九章算術九卷　（晉）劉徽注　（唐）李淳風注釋　九章算術音義一卷　（唐）李籍撰　清乾隆三十九年(1774)武英殿木活字印武英殿聚珍版書本　三冊　九行二十一字白口四周雙邊

610000－1001－0002738　善0018256

經義考三百卷目錄二卷　（清）朱彝尊撰　清乾隆二十年(1755)刻本　四十冊　九行二十一字白口四周雙邊　存二百九十八卷（一至二百九十八）

610000－1001－0002739　善0018257

梅村集四十卷目錄二卷　（清）吳偉業撰　清康熙八年(1669)顧湄等刻本　十冊　九行十九字細黑口左右雙邊

610000－1001－0002740　善0018264

康熙字典十二集　（清）張玉書纂　清康熙五十五年(1716)刻本　四十冊　八行字數不等白口四周雙邊

610000－1001－0002741　善0018270

十種唐詩選十七卷　（清）王士禎刪纂　唐賢三昧集三卷　（清）王士禎編　清康熙羅延齋刻本　六冊　十行十九字上下黑口左右雙邊

610000－1001－0002742　善0018273

隱拙齋文鈔六卷隱拙齋集二十六卷　（清）沈

廷芳撰　清乾隆二十二年(1757)刻本　八冊十行十九字白口四周雙邊

610000－1001－0002743　善0018284

陳定宇先生文集十六卷別集一卷　（元）陳櫟撰　清康熙陳嘉基刻本　六冊　十行二十二字黑口左右雙邊

610000－1001－0002744　善0018288

雪山集十六卷　（宋）王質撰　清乾隆四十年(1775)武英殿木活字印武英殿聚珍版書本四冊　九行二十一字白口四周雙邊

610000－1001－0002745　善0018295

白石道人詩集二卷集外詩一卷詩說一卷歌曲四卷別集一卷　（宋）姜夔撰　清乾隆八年(1743)刻本　四冊　十一行十九字白口左右雙邊

610000－1001－0002746　善0018297

南豐先生元豐類藁五十三卷　（宋）曾鞏撰清康熙五十六年(1717)刻本　十冊　十行二十一字白口四周雙邊

610000－1001－0002747　善0018303

切問齋集十六卷文鈔三十卷　（清）陸燿輯清乾隆五十七年(1792)刻本　十冊　九行二十字白口左右雙邊

610000－1001－0002748　善0018308

十七史商榷一百卷　（清）王鳴盛撰　清乾隆五十二年(1787)刻本　十六冊　十行二十字白口四周雙邊

610000－1001－0002749　善0018309

道鄉鄒忠公文集四十卷　（宋）鄒浩撰　清乾隆三十年(1765)刻本　八冊　十行二十字白口四周雙邊

610000－1001－0002750　善0018310

歐陽文忠公詩集六卷文集三十卷首一卷末一卷　（宋）歐陽修撰　清康熙四十九年(1710)刻本　二十四冊　十行二十四字小字雙行同白口左右雙邊

610000－1001－0002751　善0018312

159

黃太史訂正春秋大全三十七卷　（明）胡廣撰
（清）虞大復參訂　清康熙五十年(1711)郁
郁堂刻本　十冊　十二行二十四字小字雙行
同白口左右雙邊

610000－1001－0002752　善0018313

歸愚文鈔二十卷年譜一卷餘集七卷歸愚詩鈔
二十卷餘集八卷　（清）沈德潛撰　清乾隆二
十九年(1764)刻本　十六冊　十行十九字白
口左右雙邊

610000－1001－0002753　善0018323

通雅五十二卷首三卷　（明）方以智輯著
（清）姚文燮校訂　清康熙五年(1666)浮山此
藏軒刻本　二十六冊　十行二十四字小字雙
行同白口四周單邊

610000－1001－0002754　善0018346

華國編文選八卷　（清）孫濩孫輯　（清）孫喬
年增輯　清乾隆二十四年(1759)刻本　四冊
十行二十四字小字雙行同白口左右雙邊

610000－1001－0002755　善0018350

午亭文編五十卷　（清）林佶輯錄　清康熙四
十七年(1708)刻本　十六冊　十一行二十一
字黑口左右雙邊

610000－1001－0002756　善0018357

杜工部集二十卷年譜一卷諸家詩話一卷唱酬
題咏附錄一卷附錄一卷　（唐）杜甫撰　（清）
錢謙益箋註　清康熙六年(1667)季振宜靜思
堂刻本　十冊　十一行二十字小字雙行三十
字黑口四周雙邊

610000－1001－0002757　善0018379

通鑑本末紀要八十一卷首三卷　（清）蔡毓榮
編輯　（清）林子卿注　清康熙四十四年
(1705)刻本　二十四冊　十行二十二字小字
雙行同白口左右雙邊

610000－1001－0002758　善0018380

范文正公全集十二種　（宋）范仲淹撰　清康
熙四十四年至四十六年(1705－1707)范時崇
歲寒堂刻本　十冊　十一行二十一字白口左
右雙邊

610000－1001－0002759　善0018382

司馬文正公集八十二卷首一卷目錄二卷
（宋）司馬光撰　清乾隆九年(1744)劉祖會刻
本　十八冊　九行二十二字白口左右雙邊

610000－1001－0002760　善0018388

昌黎先生詩集注十一卷　（唐）韓愈撰　（清）
顧嗣立刪補　清康熙三十八年(1699)秀野草
堂刻本　四冊　十一行二十字小字雙行三十
字白口左右雙邊

610000－1001－0002761　善0018394

宋重修廣韻五卷　（宋）陳彭年等撰　清康熙
四十五年(1706)曹寅揚州使院刻本　五冊
八行字數不等小字雙行二十字白口左右雙邊
缺一卷(去入聲)

610000－1001－0002762　善0018398

銅鼓書堂遺槀三十二卷　（清）查禮撰　清乾
隆五十七年(1792)刻本　四冊　十二行二十
二字白口左右雙邊

610000－1001－0002763　善0018408

松桂堂全集三十七卷　（清）彭孫遹著　（清）
劉士銘等校　清乾隆八年(1743)刻本　六冊
十行二十六字白口四周雙邊

610000－1001－0002764　善0018410

唐柳河東集四十五卷外集五卷遺文一卷附錄
一卷　（唐）柳宗元撰　（明）蔣之翹輯注　明
崇禎蔣氏三徑草堂刻本　七冊　九行十七字
小字雙行同白口左右雙邊　缺二卷(遺文一、
附錄一)

610000－1001－0002765　善0018415

松雪齋集十卷外集一卷　（元）趙孟頫撰　清
初刻本　二冊　十行二十一字黑口左右雙邊

610000－1001－0002766　善0018416

震川先生集三十卷別集十卷附錄一卷　（明）
歸有光著　（明）歸莊較勘　（清）歸玠編輯
清康熙十四年(1675)歸莊、歸玠等刻本　十
六冊　十行二十字白口左右雙邊

610000－1001－0002767　善0018420

漢魏音四卷　（清）洪亮吉撰　清乾隆五十年

(1785)西安刻本　一冊　十二行二十四字小
字雙行同黑口四周單邊

610000－1001－0002768　善0018421
經典釋文三十卷　(唐)陸德明撰　清康熙十
九年(1680)通志堂刻本　八冊　十一行十七
字小字雙行不等白口左右雙邊

610000－1001－0002769　善0018422
玉巖先生文集九卷附錄一卷　(明)周廣撰
明嘉靖三十七年(1558)杏華書屋刻本　四冊
十行二十一字白口左右雙邊

610000－1001－0002770　善0018425
元詩選二百九十六種　(清)顧嗣立集　清康
熙長洲顧氏秀野草堂刻本　四十一冊　十三
行二十三字小字雙行三十四字白口左右雙邊
存三種

610000－1001－0002771　善0018430
漁洋山人精華錄訓纂十卷目錄二卷　(清)王
士禎撰　(清)惠棟訓纂　**漁洋山人自撰年譜
二卷**　(清)惠棟注補　**金氏精華錄箋注辯訛
一卷**　(清)惠棟撰　清乾隆惠氏紅豆齋刻本
十二冊　十行二十一字白口四周雙邊

610000－1001－0002772　善0018438
五經文字三卷　(唐)張參撰　**新加九經字樣
一卷**　(唐)唐玄度撰　**五經文字疑一卷**
(清)孔繼涵撰　清乾隆三十三年(1768)曲阜
孔氏紅櫚書屋刻本　三冊　九行二十字小字
雙行同白口左右雙邊

610000－1001－0002773　善0018445
遼史一百十六卷　(元)脫脫等撰　清乾隆四
年(1739)刻本　十冊　十行二十一字白口左
右雙邊

610000－1001－0002774　善0018446
**白香山詩長慶集二十卷後集十七卷別集一卷
補遺二卷**　(唐)白居易撰　(清)汪立名編訂
年譜一卷　(清)汪立名撰　**年譜舊本一卷**
(宋)陳振孫撰　清康熙四十二年(1703)古
歙汪氏一隅草堂刻本　十冊　九行二十字小
字雙行同白口左右雙邊

610000－1001－0002775　善0018450
漁洋山人文略十四卷　(清)王士禎撰　清康
熙三十四年(1695)刻本　二冊　十行十九字
黑口左右雙邊

610000－1001－0002776　善0018457
墨子十六卷篇目考一卷　(清)畢沅校注　清
乾隆四十九年(1784)江蘇鎮洋畢氏靈巖山館
刻本　六冊　十一行二十二字小字雙行同黑
口四周單邊

610000－1001－0002777　善0018460
尚書今注音疏十二卷末一卷外編一卷　(清)
江聲撰　清乾隆五十八年(1793)刻本　六冊
十行十四字小字雙行二十一字白口左右
雙邊

610000－1001－0002778　善0018467
呂東萊先生文集二十卷首一卷　(宋)呂祖謙
撰　(清)王崇炳輯　清雍正元年(1723)敬騰
堂刻本　六冊　十行二十四字小字雙行同白
口左右雙邊

610000－1001－0002779　善0018471
榕村詩選八卷首一卷　(清)李光地輯　清雍
正七年(1729)方氏刻本　六冊　九行十九字
小字雙行二十八字白口左右雙邊

610000－1001－0002780　善0018473
呂氏春秋二十六卷　(清)畢沅輯校　**附攷一
卷**　(清)畢沅輯　清乾隆五十三年(1788)畢
氏靈巖山館刻本　六冊　十一行二十二字小
字雙行同黑口四周單邊

610000－1001－0002781　善0018477
苕溪漁隱叢話前集六十卷後集四十卷　(宋)
胡仔撰　清乾隆五年(1740)耘經樓刻本　四
冊　十三行二十二字上下黑口左右雙邊　存
六十卷(前集一至六十)

610000－1001－0002782　善0018484
西山先生真文忠公讀書記四十卷　(宋)真德
秀撰　清乾隆八年(1743)刻本　十二冊　十
行二十一字白口四周雙邊

610000－1001－0002783　善0018495

御纂周易折中二十二卷首一卷　（清）李光地等撰　清乾隆刻本　八冊　八行十八字小字雙行二十二字白口四周雙邊

610000－1001－0002784　善0018503

正字通十二卷　（明）張自烈撰　（清）廖文英輯　字彙舊本首卷一卷　（明）梅膺祚撰　清康熙十年(1671)刻本　十三冊　八行十二字小字雙行二十四字白口四周雙邊

610000－1001－0002785　善0018521

重訂唐詩別裁集二十卷　（清）沈德潛選　清乾隆二十八年(1763)教忠堂刻本　八冊　十行十九字小字雙行二十八字白口左右雙邊

610000－1001－0002786　善0018527

大戴禮記十三卷　（漢）戴德撰　（北周）盧辯注　清乾隆四十二年(1777)武英殿木活字印武英殿聚珍版書本　四冊　九行二十一字小字雙行同白口四周雙邊

610000－1001－0002787　善0018548

淮南子二十一卷　（清）莊逵吉校刊　清乾隆五十三年(1788)刻本　八冊　十一行二十一字小字雙行同黑口四周單邊

610000－1001－0002788　善0018549

舊唐書二百卷　（後晉）劉昫等撰　清乾隆四年(1739)武英殿木活字印本　四十八冊　十行二十一字白口左右雙邊

610000－1001－0002789　善0018552

御選唐詩三十二卷目錄三卷　（清）聖祖玄燁選　（清）陳廷敬等輯注　清康熙五十二年(1713)武英殿刻朱墨印本　十六冊　七行十七字小字雙行不等白口四周雙邊

610000－1001－0002790　善0018566

經典釋文三十卷　（唐）陸德明撰　經典釋文攷證三十卷　（清）盧文弨綴釋　清乾隆五十六年(1791)常州龍城書院刻本　十二冊　十一行二十二字小字雙行同黑口四周單邊

610000－1001－0002791　善0018569

說文字原集註十六卷原表一卷表說一卷　（清）蔣和撰　清乾隆五十二年(1787)刻本

四冊　六行大小字不等細黑口四周雙邊

610000－1001－0002792　善0018570

賜書堂詩鈔八卷　（清）周長發撰　清乾隆八年(1743)刻本　四冊　十行二十一字白口左右雙邊

610000－1001－0002793　善0018575

范忠宣公集二十卷奏議二卷遺文一卷補編一卷附錄一卷　（宋）范純仁撰　清康熙四十六年(1707)歲寒堂刻本　六冊　十一行二十一字白口左右雙邊

610000－1001－0002794　善0018580

鴛鴦湖櫂歌一卷　（清）朱彝尊著　（清）朱芳衡校書　鴛鴦湖櫂歌八十八首和韻一卷續鴛鴦湖櫂歌三十首一卷　（清）譚吉璁撰　鴛鴦湖櫂歌一百首次朱太史竹垞原韻一卷　（清）陸以誠撰　鴛鴦湖櫂歌一百首一卷　（清）張燕昌撰　清乾隆四十年(1775)刻本　二冊　九行二十字小字雙行同黑口四周單邊

610000－1001－0002795　善0018582

大廣益會玉篇三十卷　（南朝梁）顧野王撰　（唐）孫強增字　（宋）陳彭年等重修　清康熙四十三年(1704)刻本　三冊　十行二十字小字雙行不等白口左右雙邊

610000－1001－0002796　善0018583

舊五代史一百五十卷目錄二卷　（宋）薛居正等撰　清乾隆四十九年(1784)刻本　十三冊　十行二十一字小字雙行同白口左右雙邊

610000－1001－0002797　善0018586

重訂李義山詩箋注三卷集外詩箋注一卷　（唐）李商隱撰　（清）朱鶴齡箋注　（清）程夢星刪補　年譜一卷詩話一卷　（清）程夢星輯　清乾隆十一年(1746)東柯草堂刻本　四冊　十行二十一字小字雙行三十一字黑口四周單邊

610000－1001－0002798　善0018601

世說新語八卷　（南朝宋）劉義慶撰　（南朝梁）劉峻注　（宋）劉辰翁批　（明）程稍重訂　清康熙刻本　四冊　九行十九字小字雙行

同白口四周單邊

610000－1001－0002799　善0018603
大事記十二卷通釋三卷解題十二卷　（宋）呂祖謙撰　清刻本　十六冊　八行二十一字小字雙行同白口左右雙邊間四周雙邊

610000－1001－0002800　善0018622
函史上編八十二卷下編二十一卷　（明）鄧元錫纂　清乾隆三年(1738)刻本　五十二冊　十行二十一字小字雙行同白口四周單邊

610000－1001－0002801　善0018654
白鹿書院志十九卷　（清）毛德琦重訂　清康熙五十九年(1720)刻本　一冊　九行二十一字白口左右雙邊　存六卷(一至四、五、八)

610000－1001－0002802　善0018655
雪石堂詩草四卷　（清）劉爾樨撰　清康熙二十三年(1684)刻本　二冊　九行二十字白口四周雙邊

610000－1001－0002803　善0018657
榕村詩選八卷首一卷　（清）李光地輯　清雍正七年(1729)方氏刻本　四冊　九行十九字小字雙行二十七字白口左右雙邊

610000－1001－0002804　善0018722
韞光樓印譜二卷　（清）許容篆刻　清康熙二十八年(1689)刻鈐印本　二冊　行數不等小字雙行不等白口四周雙邊

610000－1001－0002805　善0018724
經訓堂叢書二十一種　（清）畢沅輯　清乾隆鎮洋畢氏刻本　一冊　十一行二十二字小字雙行同黑口四周單邊　存二種

610000－1001－0002806　善0018732
方氏脈證正宗四卷　（清）方肇權著　清乾隆十四年(1749)刻本　一冊　九行二十字小字雙行同白口四周單邊　存二卷(一、三)

610000－1001－0002807　善0018807
解毒編一卷　（清）汪汲輯　清乾隆五十九年(1794)刻本　一冊　九行二十四字白口四周單邊

610000－1001－0002808　善0018849
新刻批評繡像平山冷燕六卷二十回　（清）荻岸散人編　（清）冰玉主人批點　清乾隆靜寄山房刻本　六冊　九行二十一字白口四周雙邊

610000－1001－0002809　善0018867
黃帝内經素問九卷靈樞經九卷　（明）馬元臺原本　（清）張志聰集注　清初三多齋刻本　二十冊　九行二十字小字雙行同白口左右雙邊

610000－1001－0002810　善0018873
明孫石臺先生質疑稿三卷　（明）孫揚撰　清乾隆二十年(1755)刻本　一冊　十行二十一字白口左右雙邊

610000－1001－0002811　善0018876
孔子家語憲四卷　（明）陳際泰釋　明潭陽劉舜臣刻本　一冊　九行二十一字小字雙行同白口四周單邊

610000－1001－0002812　善0018878
瓻賸八卷續編四卷　（清）鈕琇輯　清康熙三十九年(1700)刻本　十冊　十行十九字白口左右雙邊

610000－1001－0002813　善0018879
紀元彙攷四卷　（清）趙駿烈編　（清）華希閔校刊　清初劍光閣刻本　一冊　九行字數不等小字雙行不等白口左右雙邊

610000－1001－0002814　善0018892
漁洋山人精華錄訓纂十卷目錄二卷　（清）王士禎撰　（清）惠棟訓纂　**漁洋山人自撰年譜二卷**　（清）惠棟註補　清乾隆惠氏紅豆齋刻本　十六冊　十行二十一字小字雙行同白口四周雙邊

610000－1001－0002815　善0018895
傷寒六書六卷　（明）陶華述　（明）吳勉學校　明末刻本　二冊　十行二十字白口四周雙邊　存三卷(一至二、六)

610000－1001－0002816　善0018897
陶節菴傷寒全生集四卷　（明）陶華撰　清乾

隆四十七年(1782)刻本　四冊　九行二十字
白口四周單邊

610000 – 1001 – 0002817　善0018898

褒忠錄四卷首一卷　(清)李俊瑄重編　清乾
隆三十五年(1770)刻本　二冊　九行二十字
白口四周單邊

610000 – 1001 – 0002818　善0018910

宋東萊呂成公外錄四卷　(明)阮元聲輯　明
崇禎五年(1632)呂光祖等刻本　一冊　九行
二十字白口四周單邊

610000 – 1001 – 0002819　善0018956

立命編四卷首一卷附一卷格言纂要一卷
(清)徐陶璋等輯　清雍正刻本　一冊　十行
二十二字白口左右雙邊　存二卷(首一、附錄
一)

610000 – 1001 – 0002820　善0018993

越中名勝賦一卷　(清)李壽朋著　清乾隆四
十年(1775)刻本　一冊　十行二十字白口左
右雙邊

610000 – 1001 – 0002821　善0019011

功過格輯要十六卷　(清)李士達輯　清康熙
五十六年(1717)刻本　六冊　七行二十三字
小字雙行同白口四周雙邊

610000 – 1001 – 0002822　善0019025

明東陽孫石臺先生定志編二卷　(明)孫揚輯
　(清)吳大燁重校　清乾隆十七年(1752)刻
本　一冊　十行二十二字黑口左右雙邊

610000 – 1001 – 0002823　善0019052

文心雕龍十卷　(南朝梁)劉勰撰　(清)黃叔
琳輯注　清乾隆六年(1741)刻本　四冊　九
行十九字小字雙行二十九字白口左右雙邊

610000 – 1001 – 0002824　善0019053

文心雕龍十卷　(南朝梁)劉勰撰　(清)黃叔
琳輯注　清乾隆六年(1741)刻本　二冊　九
行十九字小字雙行二十九字白口左右雙邊

610000 – 1001 – 0002825　善0019054

集唐詩一卷　(清)徐亦政集　清乾隆十六年

(1751)汪廣淵刻本　一冊　九行二十一字小
字雙行同白口四周雙邊

610000 – 1001 – 0002826　善0019058

賦鈔箋畧十五卷　(清)雷琳　(清)張杏濱箋
　清乾隆三十一年(1766)刻本　六冊　九行
十九字小字雙行二十八至三十字不等白口左
右雙邊

610000 – 1001 – 0002827　善0019060

詞律二十卷　(清)萬樹撰　清康熙二十六年
(1687)陽羨萬氏堆絮園刻本　八冊　七行二
十一字小字雙行同白口左右雙邊

610000 – 1001 – 0002828　善0019073

八宅明鏡二卷　(清)箬冠道人撰　清乾隆五
十五年(1790)東真堂刻本　二冊　十行二十
二字小字雙行同白口四周雙邊

610000 – 1001 – 0002829　善0019105

節孝贈言三卷　(□)□□撰　清康熙三十七
年(1698)刻本　一冊　六行二十字小字雙行
同白口四周雙邊

610000 – 1001 – 0002830　善0019120

通德類情十三卷　(清)沈重華輯　清乾隆三
十六年(1771)事守堂刻本(卷四配清刻本)
八冊　十行二十五字白口四周單邊

610000 – 1001 – 0002831　善0019145

白香山詩長慶集二十卷後集十七卷別集一卷
補遺二卷　(唐)白居易撰　(清)汪立名編訂
　清康熙四十二年(1703)刻本　十二冊　十
二行二十一字小字雙行三十一字白口左右雙
邊　存十八卷(長慶集四至五、十六至二十、
後集六至十、十五至十七,別集一,補遺一至
二)

610000 – 1001 – 0002832　善0019172

何燕泉先生餘冬序錄六十五卷　(明)何孟春
撰　(清)何達廷等校訂　清乾隆二十三年
(1758)何達廷刻本　十二冊　十行二十一字
白口四周雙邊　缺五卷(閏一至五)

610000 – 1001 – 0002833　善0019173

王文成公語錄二卷　(明)王守仁撰　清乾隆

五十七年(1792)刻本　二冊　十行二十一字
白口左右雙邊

610000－1001－0002834　善0019196
水道提綱二十八卷　(清)齊召南編錄　清乾
隆四十一年(1776)刻本　八冊　九行二十二
字小字雙行同白口左右雙邊

610000－1001－0002835　善0019210
江邨銷夏錄三卷　(清)高士奇輯　清康熙四
十七年(1708)刻本　二冊　九行十八字黑口
左右雙邊

610000－1001－0002836　善0019210
曝書亭集八十卷附錄一卷　(清)朱彝尊撰
笛漁小槀十卷　(清)朱昆田撰　清康熙四十
七年(1708)刻本　十三冊　十二行二十三字
白口左右雙邊

610000－1001－0002837　善0019225
保嬰撮要二卷　(明)薛鎧集　(明)薛己驗
(明)魏一元校勘　清乾隆三十六年(1771)抄
本　一冊　十二行二十五字小字雙行不等

610000－1001－0002838　善0019239
俟後編六卷末一卷　(明)王敬臣撰　(清)彭
定求考訂　清康熙三十八年(1699)刻本　一
冊　十行二十三字白口左右雙邊

610000－1001－0002839　善0019268
宋大家王文公文抄十六卷　(宋)王安石撰
(明)茅坤批評　(明)茅闇叔重訂　明崇禎元
年(1628)刻本　六冊　九行二十字白口四周
單邊

610000－1001－0002840　善0019336
國朝六家詩鈔八卷　(清)劉執玉撰　清乾隆
三十二年(1767)刻本　八冊　十行二十一字
小字雙行同黑口四周單邊

610000－1001－0002841　善0019355
著石堂新刻幼科直言六卷　(清)孟河著
(清)孟莊輯　(清)王垣校　清乾隆五十年
(1785)刻本　一冊　八行二十字白口左右雙
邊　存四卷(一至四)

610000－1001－0002842　善0019359
倪氏產寶一卷　(清)倪枝維纂　(清)于士甲
校　清雍正九年(1731)刻本　一冊　九行二
十一字白口四周雙邊

610000－1001－0002843　善0019362
倪氏產寶一卷　(清)倪枝維纂　(清)于士甲
校　清雍正九年(1731)刻本　一冊　九行二
十一字白口四周雙邊

610000－1001－0002844　善0019371
西魏書二十四卷　(清)謝啟昆撰　清乾隆六
十年(1795)刻本　四冊　十一行二十三字小
字雙行同白口左右雙邊

610000－1001－0002845　善0019389
古香室叢書十二種　(清)王初桐撰　清乾
隆、嘉慶刻本　三冊　十行二十字黑口左右
雙邊　存五種

610000－1001－0002846　善0019390
女科切要八卷　(清)吳道源纂輯　清乾隆三
十八年(1773)刻本　一冊　八行二十字白口
左右雙邊

610000－1001－0002847　善0019400
荀子二十卷　(唐)楊倞注　清乾隆五十一年
(1786)安雅堂刻本　二冊　十行二十字小字
雙行同白口左右雙邊

610000－1001－0002848　善0019403
**草堂詩餘正集六卷續集二卷別集四卷新集五
卷**　(明)沈際飛評點　明末刻本　八冊　九
行十九字小字雙行同白口四周單邊

610000－1001－0002849　善0019411
算經十書　(清)孔繼涵輯　清乾隆曲阜孔氏
刻本(周髀算經卷二附音義卷一配清光緒十
六年(1890)滬上刻本)　七冊　九行十八字
小字雙行同白口四周雙邊

610000－1001－0002850　善0019419
治家畧八卷　(清)胡煒輯　清乾隆二十六年
(1761)刻嘉慶二十三年(1818)重修本　二冊
九行二十二字小字雙行同黑口四周雙邊

610000－1001－0002851　善0019431

玉臺新詠十卷　（南朝陳）徐陵撰　清乾隆二十六年(1761)刻本　四冊　九行十九字白口四周雙邊

610000－1001－0002852　善0019444

修省約編二卷　（清）桑調元鑒定　（清）盧衍仁輯　清乾隆三十六年(1771)刻本　一冊　十行二十字白口四周雙邊

610000－1001－0002853　善0019454

才調集補注十卷　（後蜀）韋縠集　（清）馮默庵等評閱　（清）宋邦綏補注　清乾隆五十八年(1793)刻本　八冊　十行二十一字小字雙行同白口四周雙邊

610000－1001－0002854　善0019468

書畫跋跋三卷續三卷　（明）孫鑛撰　清順治刻本　二冊　十一行二十一字白口左右雙邊　存五卷(一至三、續一至二)

610000－1001－0002855　善0019483

市曲茆堂詩一卷　（清）黃琛撰　清乾隆九年(1744)石香齋刻本　一冊　十行十八字白口左右雙邊

610000－1001－0002856　善0019494

松花庵全集十二卷　（清）吳鎮撰　清宣統二年(1910)重刻本　十一冊　十行二十四字白口四周雙邊

610000－1001－0002857　善0019495

鳥鼠山人遺集四十四卷　（明）胡纘宗撰　明嘉靖刻清順治補刻本　二十三冊　十一行二十字小字雙行同白口四周單邊

610000－1001－0002858　善0019500

白沙子全集六卷首一卷　（明）陳獻章撰　(清)顧嗣協　（清）何九疇重編　清康熙四十九年(1710)刻本　五冊　十一行二十一字小字雙行同黑口左右雙邊

610000－1001－0002859　善0019560

經餘集六卷　（清）劉紹攽撰　清乾隆三十五年(1770)傳經堂刻本　二冊　九行十九字小字雙行同白口四周雙邊

610000－1001－0002860　善0019568

荷塘詩集十卷　（清）張五典撰　清乾隆四十六年(1781)刻本　四冊　九行十九字黑口四周單邊

610000－1001－0002861　善0019608

西湖志纂要九卷　（明）沈梅纂集　（明）沈養元校　（明）沈懋禮　（明）沈弘祖增補　明萬曆十八年(1590)刻本　二冊　十行二十字白口四周雙邊

610000－1001－0002862　善0019613

[乾隆]西寧府新志四十卷　（清）楊應琚纂修　清乾隆十二年(1747)刻二十七年(1762)增修本　十二冊　九行二十一字小字雙行同白口四周雙邊

610000－1001－0002863　善0019616

[乾隆]濰縣志六卷首一卷末一卷　（清）張耀璧修　（清）王誦芬纂　清乾隆二十五年(1760)刻民國二十年(1931)濰縣縣志局重印本　六冊　九行二十一字小字雙行同白口左右雙邊

610000－1001－0002864　善0019655

[乾隆]甯武府志十二卷首一卷　（清）魏元樞　（清）周景柱纂修　清乾隆十五年(1750)刻本　六冊　九行二十字小字雙行同白口左右雙邊

610000－1001－0002865　善0019681

[乾隆]皋蘭縣志二十卷　（清）吳鼎新修　(清)黃健中纂　清乾隆四十三年(1778)刻本　四冊　九行二十三字小字雙行同白口四周雙邊

610000－1001－0002866　善0019694

太湖備考十六卷首一卷 **湖程紀略一卷**　（清）金友理纂述　（清）吳曾撰　**太湖備考續編四卷**　（清）鄭言紹輯　清乾隆十五年(1750)刻光緒二十九年(1903)增修本　十二冊　十行二十一字小字雙行三十一字白口左右雙邊

610000－1001－0002867　善0019754

武夷山志二十四卷首一卷　（清）董天工編

清乾隆十九年(1754)董天工刻本　十冊　十
行二十二字小字雙行同白口左右雙邊

610000－1001－0002868　善0019756
南嶽志八卷　（清）高自位編　（清）黃宮
（清）黃有福校　清乾隆十八年(1753)刻本
六冊　十行二十字白口四周雙邊

610000－1001－0002869　善0019761
太湖備考十六卷首一卷　（清）金友理纂述
湖程紀略一卷　（清）吳曾撰　清乾隆十五年
(1750)刻本　八冊　十行二十一字小字雙行
三十一字白口左右雙邊

610000－1001－0002870　善0019788
[康熙]萊陽縣志十卷　（清）萬邦維修
（清）衛元爵等纂　清康熙十二年(1673)修十
七年(1678)刻本　三冊　九行二十字小字雙
行同白口四周單邊　缺四卷(六至九)

610000－1001－0002871　善0019799
[康熙]靈壽縣志十卷末一卷　（清）陸隴其修
（清）傅維櫺纂　清康熙二十五年(1686)刻
本　四冊　十行二十三字小字雙行同白口四
周雙邊

610000－1001－0002872　善0019816
乾道臨安志十五卷　（宋）周淙纂　清乾隆竹
書堂刻本　一冊　十一行二十字小字雙行同
白口四周雙邊　存三卷(一至三)

610000－1001－0002873　善0019856
松陵文獻十五卷　（清）潘檉章撰　清康熙三
十二年(1693)潘耒刻本　四冊　九行二十字
小字雙行同白口左右雙邊

610000－1001－0002874　善0019873
金華徵獻略二十卷　（清）王崇炳撰錄　（清）
黃廷元校訂　清雍正十年(1732)刻本　八冊
十行二十字白口四周單邊間四周雙邊

610000－1001－0002875　善0019881
[正德]武功縣志三卷首一卷　（明）康海纂
（清）孫景烈評注　（清）瑪星阿參訂　清乾隆
二十六年(1761)瑪星阿刻本　一冊　十二行
二十五字小字雙行同白口四周雙邊

610000－1001－0002876　善0019908
元豐九域志十卷　（宋）王存等撰　清乾隆四
十九年(1784)馮集梧刻本　二冊　十一行二
十一字小字雙行同白口左右雙邊

610000－1001－0002877　善0019916
[乾隆]咸陽縣志二十二卷首一卷　（清）臧應
桐纂修　**[道光]續修咸陽縣志一卷**　（清）陳
堯書纂修　清乾隆十六年(1751)刻道光十六
年(1836)增修本　四冊　十行二十二字白口
四周雙邊

610000－1001－0002878　善0019992
**山海經廣注十八卷雜述一卷讀山海經語一卷
圖五卷**　（清）吳任臣撰　清乾隆五十一年
(1786)金閶書業堂刻本　六冊　九行二十二
字小字雙行同白口左右雙邊

610000－1001－0002879　善0019997
感應篇圖說四部　（清）張澄注　（清）張念祖
等校　清乾隆六十年(1795)刻本　四冊　十
行二十字小字雙行同白口四周單邊

610000－1001－0002880　善0020003
琴學心聲二卷　（清）莊臻鳳著　清康熙刻本
　二冊　八行二十字小字雙行同白口四周
單邊

610000－1001－0002881　善0020004
刪定管荀二卷　（清）方苞刪定　清乾隆元年
(1736)刻本　二冊　八行二十字小字雙行同
白口左右雙邊

610000－1001－0002882　善0020007
南齋先生魏文靖公摘稿八卷附錄一卷　（明）
魏驥撰　（明）洪鐘校摘　清康熙八年(1669)
刻本　一冊　十行二十一字黑口四周雙邊
存三卷(一至三)

610000－1001－0002883　善0020042
沈歸愚詩文全集十四種　（清）沈德潛撰　清
乾隆教忠堂刻本　二冊　十行十九字白口左
右雙邊　存五種

610000－1001－0002884　善0020090
瘟疫論二卷　（明）吳有性撰　清乾隆三十七

年(1772)顧以珍刻本　一冊　十行二十一字白口四周單邊

610000－1001－0002885　善0020091
丹溪朱氏脈因證治二卷　(元)朱震亨撰
(清)湯望久校輯　清乾隆四十年(1775)刻本
　一冊　十行二十字小字雙行同白口左右
雙邊

610000－1001－0002886　善0020101
名醫方論四卷　(清)羅美輯并評　(清)柯韻
伯參閱　清康熙十四年(1675)刻本　一冊
九行二十二字白口左右雙邊

610000－1001－0002887　善0020118
扁鵲心書三卷神方一卷　(戰國)扁鵲傳
(宋)竇材重集　(清)胡玨參論　清乾隆三十
年(1765)王琦刻本　一冊　八行二十字小字
雙行同白口左右雙邊

610000－1001－0002888　善0020156
王氏漁洋詩鈔十二卷　(清)王士禎撰　(清)
邵長蘅選　清康熙三十四年(1695)刻本　三
冊　十行二十一字黑口四周單邊　存十一卷
(一至七、九至十二)

610000－1001－0002889　善0020175
許文正公遺書十二卷首一卷末一卷　(元)許
衡撰　清乾隆五十五年(1790)刻本　六冊
九行二十二字白口四周單邊　存十三卷(一
至十二、首一)

610000－1001－0002890　善0020282
七十二峰足徵集八十八卷　(清)吳定璋輯
(清)沈寶硯編訂　清乾隆十年(1745)吳氏依
綠園刻本　一冊　九行十九字白口左右雙邊
存六卷(六至十一)

610000－1001－0002891　善0020288
乾坤法竅三卷　(清)范宜賓撰　陰符玄解一
卷　(清)范宜賓註釋　清乾隆三十七年
(1772)刻本　三冊　十一行二十二字小字雙
行同白口四周雙邊

610000－1001－0002892　善0020306
朱夫子年譜一卷行狀一卷　(清)朱欽紳輯

清乾隆二年(1737)南昌刻本　一冊　九行二
十字小字雙行同白口四周單邊

610000－1001－0002893　善0020308
圖繪寶鑑八卷補遺一卷　(元)夏文彥纂　清
康熙借綠草堂刻本　三冊　九行二十一字白
口左右雙邊　存七卷(一至七)

610000－1001－0002894　善0020341
學杜集一卷　(清)史褒著　清乾隆五十四年
(1789)刻本　一冊　十行十九字小字雙行同
白口四周雙邊

610000－1001－0002895　善0020353
岱史十八卷　(明)查志隆輯　明萬曆十五年
(1587)刻本　七冊　九行二十字白口四周
單邊

610000－1001－0002896　善0020362
唐人五言排律詩論三卷　(清)蔣鵬翮輯　清
康熙五十四年(1715)刻本　三冊　九行二十
字小字雙行同白口左右雙邊

610000－1001－0002897　善0020367
古文約編六卷　(清)倪承茂訂　清乾隆五年
(1740)刻本　四冊　九行二十字小字雙行同
白口左右雙邊

610000－1001－0002898　善0020368
瘡瘍經驗全書六卷　(宋)竇漢卿輯　清康熙
五十六年(1717)浩然閣刻本　八冊　十一行
二十六字白口左右雙邊

610000－1001－0002899　善0020371
東萊博議四卷　(宋)呂祖謙撰　清乾隆五十
二年(1787)刻本　一冊　九行二十字白口四
周單邊間四周雙邊

610000－1001－0002900　善0020384
韓五泉詩四卷朝邑縣志二卷　(明)韓邦靖撰
　韓五泉附錄二卷　(明)王九思等撰　韓安
人遺詩一卷　(明)屈氏撰　明嘉靖十六年
(1537)趙伯一刻本　三冊　九行二十二字白
口左右雙邊

610000－1001－0002901　善0020392

諸子彙函九十四種　（明）歸有光輯　（明）文
震孟參訂　清刻本　二十四冊　九行十八字
小字雙行同白口四周單邊

610000－1001－0002902　善0020408

織目二十三圖　（□）□□繪　清刻本　一冊
白口四周雙邊

610000－1001－0002903　善0020409

帝鑑圖說不分卷　（明）張居正　（明）呂調陽
輯　清刻本　六冊　九行十九字白口四周
雙邊

610000－1001－0002904　善0020412

九家集注杜詩三十六卷　（唐）杜甫撰　（宋）
郭知達編注　清刻本　十六冊　九行二十一
字小字雙行同白口四周雙邊

610000－1001－0002905　善0020585

楊龜山先生集四十二卷首一卷末一卷　（宋）
楊時撰　清康熙四十七年（1708）刻本　十冊
九行二十字白口左右雙邊

610000－1001－0002906　善0020683

晚笑堂畫傳一卷明太祖功臣圖一卷　（清）上
官周繪　清乾隆八年（1743）刻本　一冊　行
數不等字數不等白口左右雙邊

610000－1001－0002907　善0020701

雍錄十卷　（宋）程大昌撰　明末清初刻本
五冊　十行二十字白口左右雙邊

610000－1001－0002908　善0020743

爾雅註疏十一卷　（晉）郭璞註　（宋）邢昺疏
清乾隆四十三年（1778）三樂齋刻本　六冊
九行二十一字白口左右雙邊

610000－1001－0002909　善0020807

戒亭續集四卷　（清）劉壬著　清乾隆四十五
年（1780）刻本　一冊　九行十八字白口四周
雙邊

610000－1001－0002910　善0020809

慜齋存稿二卷　（清）白乃貞撰　清康熙八年
（1669）刻本　一冊　八行二十字白口四周
單邊

610000－1001－0002911　善0020820

悼亡詩一卷　（清）楊鸞撰　清乾隆二十一年
（1756）刻本　一冊　九行二十一字白口四周
雙邊

610000－1001－0002912　善0020855

痘科辨證二卷　（清）陳堯道編集　清康熙二
十二年（1683）刻本　四冊　九行二十字白口
左右單邊

610000－1001－0002913　善0020864

崇祀錄一卷　（清）□□輯　清康熙六十一年
（1722）刻本　一冊　十一行二十一字白口四
周單邊

610000－1001－0002914　善0020889

國學講義二卷　（清）王蘭生著　（清）劉紹攽
校　清乾隆八年（1743）刻本　一冊　九行二
十字白口四周雙邊

610000－1001－0002915　善0020907

北行日札一卷　（清）王弘撰著　清乾隆刻本
一冊　九行二十字白口左右雙邊

610000－1001－0002916　善0020916

痘科辨證二卷　（清）陳堯道編集　清康熙二
十二年（1683）刻本　二冊　九行二十字白口
左右單邊

610000－1001－0002917　善0020942

湘中草六卷　（清）湯傳楹撰　清康熙二十四
年（1685）刻本　四冊　十行二十一字白口四
周雙邊

610000－1001－0002918　善0020945

桃鄉文鈔二卷　（清）張象蒲撰　清康熙四十
九年（1710）脩月堂刻本　一冊　九行二十字
白口四周單邊

610000－1001－0002919　善0020950

謙吉堂稿一卷後編一卷續編一卷　（清）李仙
洲撰　清乾隆五十一年（1786）刻五十四年
（1789）錦樹堂增刻本　三冊　九行二十五字
白口四周單邊

610000－1001－0002920　善0020956

錦樹堂詩鑑十二卷　(清)錢岳輯　清康熙二十八年(1689)刻本　二冊　十行二十字白口左右雙邊

610000－1001－0002921　善0020959
游廌山先生集四卷前一卷首一卷附録一卷　(宋)游酢撰　清乾隆四十八年(1783)刻本　八冊　十行二十字白口左右雙邊

610000－1001－0002922　善0020972
元史類編四十二卷　(清)邵遠平撰　清乾隆六十年(1795)席氏刻本　十二冊　十二行二十五字小字雙行同白口左右雙邊

610000－1001－0002923　善0020981
痘疮經驗良方六卷　(清)董鳳翀撰　清康熙五十三年(1714)刻本　一冊　九行二十二字小字雙行同白口四周雙邊

610000－1001－0002924　善0020982
活幼精要一卷　(明)慕真子輯　(清)董漢傑校　清康熙五十五年(1716)董漢傑刻本　一冊　九行二十二字白口四周雙邊

610000－1001－0002925　善0020991
泰山集三卷　(清)桑調元撰　清乾隆十九年(1754)刻本　一冊　十一行二十字白口四周雙邊

610000－1001－0002926　善0021000
待園詩鈔四卷　(清)蔣雍植撰　清乾隆二十三年(1758)刻本　一冊　十行二十一字小字雙行同白口左右雙邊

610000－1001－0002927　善0021001
晉昌蜀中吟草一卷　(清)鍾照林撰　清乾隆十九年(1754)刻本　一冊　十行二十一字小字雙行同白口四周單邊

610000－1001－0002928　善0021016
雪廬詩鈔四卷　(清)雷方曉著　(清)彭湘南選　清乾隆九年(1744)刻本　四冊　九行十八字白口四周單邊

610000－1001－0002929　善0021017
漢溪書法通解八卷　(清)戈守智纂著　清乾隆十五年(1750)刻本　四冊　九行二十一字小字雙行同白口四周單邊

610000－1001－0002930　善0021024
秘書廿一種　(清)汪士漢輯　清康熙七年(1668)新安汪氏刻本　二十冊　十行二十字小字雙行同白口左右雙邊

610000－1001－0002931　善0021059
羅豫章先生集十二卷首一卷末一卷　(宋)羅從彦撰　清乾隆十一年(1746)刻本　四冊　九行二十字白口左右雙邊

610000－1001－0002932　善0021071
桂山堂詩鈔五卷　(清)紀炅撰　清康熙六十年(1721)刻本　一冊　十行二十一字白口左右雙邊

610000－1001－0002933　善0021100
定例成案合鐫三十卷目録二卷　(清)孫綸輯　清康熙五十二年(1713)刻本　十二冊　十一行二十六字小字雙行同白口四周單邊

610000－1001－0002934　善0021103
沈歸愚詩文全集十四種　(清)沈德潛撰　清乾隆教忠堂刻本　二十四冊　十行十九字白口左右雙邊

610000－1001－0002935　善0021116
杜詩集説二十卷末一卷　(唐)杜甫撰　(清)仇兆鰲原注　(清)江浩然編輯　清乾隆刻本　十二冊　九行二十一字小字雙行同白口左右雙邊

610000－1001－0002936　善0021134
貸園叢書初集十二種　(清)周永年輯　清乾隆五十四年(1789)刻本　十二冊　十一行二十二字小字雙行同黑口左右雙邊

610000－1001－0002937　善0021145
理信存稿三卷　(清)黎士弘著　清刻本　一冊　十一行二十四字白口　存一卷(審語上)

610000－1001－0002938　善0021172
疹科類編一卷　(明)武之望輯　清康熙五十五年(1716)三原董漢傑刻本　一冊　九行二

十二字白口四周雙邊

610000－1001－0002939　善0021186

[乾隆]同官縣志十卷　(清)袁文觀纂修　清
乾隆三十年(1765)刻本　四冊　九行二十字
白口四周雙邊　存四卷(二、四至六)

610000－1001－0002940　善0021188

宸垣識略十六卷　(清)吳長元輯　清乾隆五
十三年(1788)池北草堂刻本　八冊　九行二
十一字小字雙行同白口左右雙邊

610000－1001－0002941　善0021198

[乾隆]蒲城縣志十五卷　(清)張心鏡修
(清)吳泰來纂　清乾隆四十七年(1782)刻本
　三冊　十一行二十二字黑口左右雙邊　存
七卷(一至二、七至十一)

610000－1001－0002942　善0021263

豐川續集三十四卷　(清)王心敬撰　清乾隆
十五年(1750)刻光緒十三年(1887)補刻本
十六冊　十行二十一字白口四周雙邊

610000－1001－0002943　善0021290

易經揆一十四卷學啟蒙補二卷　(清)梁錫璵
集傳　清乾隆十六年(1751)刻本　十冊　十
行二十一字白口四周雙邊

610000－1001－0002944　善0021294

**困知記二卷續二卷三續一卷四續一卷附錄一
卷續補一卷外編一卷**　(明)羅欽順撰　清乾
隆二十一年(1756)刻嘉慶四年(1799)補刻本
　六冊　十行二十字白口左右雙邊

610000－1001－0002945　善0021344

奕理指歸圖三卷　(清)施紹闇撰　(清)錢長
澤繪圖　清乾隆三十六年(1771)刻本　六冊
　行數不等字數不等白口四周單邊

610000－1001－0002946　善0021349

板屋吟詩草不分卷　(清)吳簡默撰　清乾隆
五十七年(1792)刻本　一冊　九行十七字白
口四周雙邊

610000－1001－0002947　善0021350

得樹齋詩不分卷　(清)張謙撰　(清)孫枝蔚

評判　清乾隆五十四年(1789)刻本　一冊
九行十七字白口四周雙邊

610000－1001－0002948　善0021351

鐵堂詩草二卷　(清)許珌撰　清乾隆五十五
年(1790)蘭山書院刻本　二冊　九行十七字
白口四周雙邊

610000－1001－0002949　善0021352

芙蓉山館詩鈔一卷文鈔一卷　(清)楊芳燦撰
　清乾隆五十八年(1793)刻本　二冊　九行
二十一字白口四周雙邊

610000－1001－0002950　善0021354

古文斷前集十六卷後集十八卷　(清)姚廷謙
評注　清乾隆三十九年(1774)刻本　十一
九行二十一字小字雙行同黑口左右雙邊
存十一卷(前集一至十一)

610000－1001－0002951　善0021358

馮少墟集二十二卷首一卷續集五卷　(明)馮
從吾撰　清康熙十四年(1675)刻本　十八冊
　九行十八字白口四周單邊

610000－1001－0002952　善0021359

**白香山詩長慶集二十卷後集十七卷別集一卷
補遺二卷**　(唐)白居易撰　(清)汪立名編訂
　年譜一卷　(清)汪立名撰　**年譜舊本一卷**
　(宋)陳振孫撰　清康熙四十二年(1703)刻
本　十冊　十二行二十一字白口左右雙邊

610000－1001－0002953　善0021360

樵川二家詩四卷　(宋)嚴羽著　(元)黃鎮成
著　(清)朱霞訂　清康熙六十一年(1722)朱
霞刻本　三冊　八行十八字白口左右雙邊

610000－1001－0002954　善0021361

御定全唐詩錄一百卷　(清)徐倬　(清)徐元
正校刊　清康熙四十五年(1706)刻本　三十
二冊　十一行二十一字黑口左右雙邊

610000－1001－0002955　善0021362

古今類傳四卷　(清)董穀士等輯　清康熙三
十一年(1692)刻本　四冊　十一行二十八字
小字雙行同白口左右雙邊

610000 - 1001 - 0002956　善 0021363

大明三藏法數五十卷　（明）釋一如撰　清康熙二十一年(1682)刻本　一冊　十行二十字小字雙行同白口四周雙邊　存三卷(十三至十五)

610000 - 1001 - 0002957　善 0021364

咏物詩選八卷　（清）俞琰編　清雍正二年(1724)刻本　四冊　十行二十一字黑口左右雙邊

610000 - 1001 - 0002958　善 0021365

于清端公政書八卷首編一卷外集一卷　（清）于成龍著　（清）蔡方炳編　清康熙四十六年(1707)刻本　十冊　八行二十字白口四周單邊

610000 - 1001 - 0002959　善 0021366

劉屏山先生全集二十卷　（宋）劉子翬著　清康熙三十九年(1700)刻本　四冊　十行十九字白口四周單邊

610000 - 1001 - 0002960　善 0021367

劉屏山先生全集二十卷　（宋）劉子翬著　清康熙三十九年(1700)刻本　四冊　十行十九字白口四周單邊

610000 - 1001 - 0002961　善 0021368

託素齋詩集四卷文集六卷　（清）黎士弘著　清康熙二十八年(1689)刻本　十冊　九行二十一字黑口左右雙邊

610000 - 1001 - 0002962　善 0021369

正字通十二集首一卷　（明）張自烈撰　（清）廖文英輯　清康熙十年(1671)刻本　三十三冊　八行十二字小字雙行二十四字白口四周雙邊

610000 - 1001 - 0002963　善 0021370

御定歷代賦彙一百四十卷外集二十卷逸句二卷補遺二十二卷目錄三卷　（清）陳元龍編　清康熙四十五年(1706)刻本　六十四冊　十一行二十一字黑口左右雙邊

610000 - 1001 - 0002964　善 0021371

青邱高季迪先生詩集十八卷首一卷遺詩一卷

鳧藻集五卷　（明）高啟著　（清）金檀輯注　清雍正六年(1728)桐鄉金氏文瑞樓刻本　十冊　十一行二十二字小字雙行三十三字白口左右雙邊

610000 - 1001 - 0002965　善 0021372

太白山人槲葉集五卷　（清）李柏著　清康熙三十四年(1695)刻本　五冊　十行二十二字白口左右雙邊

610000 - 1001 - 0002966　善 0021373

古文淵鑒六十四卷　（清）徐乾學等編注　清康熙二十四年(1685)刻五色套印本　二十八冊　九行二十字小字雙行同黑口四周單邊

610000 - 1001 - 0002967　善 0021375

歷代名臣奏議三百十九卷目錄一卷　（明）張溥編　明崇禎八年(1635)刻本　七十冊　九行十八字白口左右雙邊　存二百八十三卷(一至一百〇五、一百四十二至三百十九)

610000 - 1001 - 0002968　善 0021377

冊府元龜一千卷目錄十卷　（宋）王欽若等編　（明）文翔鳳訂正　清乾隆十九年(1754)刻本　三百六十冊　十行二十字小字雙行同白口四周單邊

610000 - 1001 - 0002969　善 0021378

通鑑紀事本末二百三十九卷　（宋）袁樞編輯　（明）張溥論正　明崇禎刻本　六十冊　九行二十字白口左右雙邊

610000 - 1001 - 0002970　善 0021380

淵鑑類函四百五十卷目錄四卷　（清）張英等纂　清康熙四十九年(1710)刻本　一百六十冊　十一行二十一字小字雙行同黑口四周雙邊

610000 - 1001 - 0002971　善 0021381

御定駢字類編二百四十卷　（清）張廷玉等編　清雍正四年(1726)刻本　二十冊　十行二十一字黑口四周雙邊　存四十卷(一至四十)

610000 - 1001 - 0002972　善 0021381

御定駢字類編二百四十卷　（清）張廷玉等編　清雍正四年(1726)刻本　一百冊　十行二

十一字小字雙行同上下黑口四周雙邊　缺四十卷(一至四十)

610000－1001－0002973　善0021407

本草求真九卷脈理求真三卷本草求真主治二卷　(清)黃宮繡纂　清乾隆三十八年(1773)刻本　八冊　九行二十字小字雙行同白口四周雙邊

610000－1001－0002974　善0021448

[乾隆]西安府志八十卷首一卷　(清)舒其紳修　(清)嚴長明纂　清乾隆四十四年(1779)刻本　三十二冊　十一行二十二字小字雙行同粗黑口左右雙邊

610000－1001－0002975　善0021484

禮記注疏六十三卷　(漢)鄭玄注　(唐)孔穎達疏　(唐)陸德明音義　明崇禎十二年(1639)汲古閣刻本　十九冊　九行二十一字小字雙行同白口左右雙邊　缺三卷(三十六至三十八)

610000－1001－0002976　善0021485

康熙字典十二集總目一卷檢字一卷等韻一卷　(清)張玉書纂　清康熙五十五年(1716)刻本　四十冊　八行字數不等白口四周雙邊

610000－1001－0002977　善0021488

佩文韻府一百〇六卷　(清)張玉書等纂修　清康熙五十年(1711)刻本　九十五冊　行數不等字數不等白口四周雙邊

610000－1001－0002978　善0021504

宋詩紀事一百卷　(清)厲鶚　(清)馬曰琯輯　清乾隆十一年(1746)刻本　二十四冊　十一行二十二字小字雙行不等黑口左右雙邊

610000－1001－0002979　善0021552

成方切用十二卷首一卷末一卷　(清)吳儀洛輯　清乾隆二十六年(1761)刻本　八冊　九行十九字小字雙行同白口左右雙邊

610000－1001－0002980　善0021563

[乾隆]登封縣志三十二卷　(清)陸繼萼修　(清)洪亮吉纂　清乾隆五十二年(1787)刻本　八冊　十一行二十一字粗黑口左右雙邊

610000－1001－0002981　善0021583

大成通志十八卷首一卷　(清)楊慶撰　清康熙十一年(1672)刻本　二十一冊　九行二十四字白口四周雙邊

610000－1001－0002982　善0021619

元詩選首一卷初集六十八卷二集二十六卷三集十六卷　(清)顧嗣立輯　清康熙刻本　四十八冊　十三行二十三字白口左右雙邊

610000－1001－0002983　善0021672

南陽樂傳奇二卷　(清)夏綸撰　(清)徐夢元評　清乾隆九年(1744)刻本　一冊　十行二十字白口四周單邊

610000－1001－0002984　善0021673

天方性理五卷首一卷　(清)劉智撰　清乾隆二十五年(1760)京江清真寺刻本　六冊　九行十八字黑口四周雙邊

610000－1001－0002985　善0021687

景文集六十二卷　(宋)宋祁撰　清乾隆四十六年(1781)武英殿木活字印武英殿聚珍版書本　十二冊　九行二十一字白口四周雙邊

610000－1001－0002986　善0021690

定齋易箋八卷首一卷　(清)陳法撰　清乾隆二十七年(1762)刻本　六冊　十二行二十四字白口左右雙邊

610000－1001－0002987　善0021695

畫禪室隨筆四卷　(明)董其昌撰　清乾隆三十三年(1768)刻本　二冊　八行十八字白口左右雙邊

610000－1001－0002988　善0021696

唐四大家詩集　(清)席啟寓輯　清康熙四十一年(1702)洞庭席氏琴川書屋刻本　十冊　白口左右雙邊

610000－1001－0002989　善0021697

詩人玉屑二十卷　(宋)魏慶之輯　清初處順堂刻本　六冊　十一行二十一字小字雙行同上下黑口四周雙邊

610000－1001－0002990　善0021698

抱經堂叢書十七種 （清）盧文弨輯 清乾隆
餘姚盧氏刻本 四冊 十行二十字小字雙行
同白口左右雙邊 存二種

610000－1001－0002991 善0021701

戰國策三十三卷 （漢）高誘注 清乾隆二十
一年(1756)刻本 四冊 十行二十一字白口
四周單邊

610000－1001－0002992 善0021702

逸周書十卷 （晉）孔晁注 清乾隆五十一年
(1786)刻本 二冊 十行二十字白口左右
雙邊

610000－1001－0002993 善0021705

欽定日下舊聞考一百六十卷 （清）朱彝尊原
輯 （清）于敏中等修 （清）竇光鼐等纂 清
乾隆刻本 四十八冊 九行二十一字小字雙
行同白口四周雙邊

610000－1001－0002994 善0021707

宗鏡錄一百卷 （宋）釋延壽撰 清雍正十二
年(1734)刻本 二十冊 十行二十字白口四
周單邊

610000－1001－0002995 善0021710

吳淵穎集十二卷 （元）吳萊撰 （清）王邦采
箋 清康熙六十年(1721)刻本 四冊 九行
十八字小字雙行同細黑口四周單邊

610000－1001－0002996 善0021711

王荊文公詩五十卷補遺一卷 （宋）王安石撰
（宋）李壁箋注 清乾隆六年(1741)刻本
八冊 十一行二十一字小字雙行三十一字細
黑口左右雙邊

610000－1001－0002997 善0021718

望溪集不分卷 （清）方苞撰 （清）王兆符
(清)程崟輯 清乾隆十一年(1746)刻本 十
冊 九行十九字白口左右雙邊

610000－1001－0002998 善0021719

周易函書約存十五卷首三卷別集十六卷
（清）胡煦撰 清康熙四十九年(1710)刻乾隆
五十九年(1794)重修本 十六冊 十行二十
四字小字雙行同白口四周雙邊

610000－1001－0002999 善0021726

帶經堂集九十二卷 （清）王士禛編 清康熙
七略書堂刻本 十五冊 十行十九字白口左
右雙邊 存六十九卷(一至六十九)

610000－1001－0003000 善0021727

經典釋文三十卷 （唐）陸德明撰 清乾隆五
十六年(1791)刻本 十冊 十一行二十二字
黑口四周單邊

610000－1001－0003001 善0021728

唐律消夏錄五卷 （清）顧安編 清乾隆二十
七年(1762)嘉善何文煥刻本 二冊 九行十
八字黑口左右雙邊

610000－1001－0003002 善0021729

蘇老泉先生全集二十卷附錄二卷 （宋）蘇洵
撰 清康熙三十七年(1698)吳郡邵仁泓刻本
二冊 九行十九字白口左右雙邊

610000－1001－0003003 善0021731

西臺集二十卷 （宋）畢仲游撰 清乾隆四十
六年(1781)武英殿木活字印武英殿聚珍版書
本 五冊 九行二十一字白口四周雙邊

610000－1001－0003004 善0021732

昌黎先生集考異十卷 （宋）朱熹撰 清康熙
四十七年(1708)李光地刻本 二冊 十行二
十字小字雙行同白口左右雙邊

610000－1001－0003005 善0021735

斜川集六卷附錄二卷 （宋）蘇過撰 清乾隆
五十三年(1788)刻本 二冊 十行二十一字
白口左右雙邊

610000－1001－0003006 善0021736

韓詩外傳十卷 （漢）韓嬰撰 補逸一卷
(清)趙懷玉輯 序說一卷 清乾隆五十五年
(1790)刻本 二冊 十行二十一字白口左右
雙邊

610000－1001－0003007 善0021738

類篇十五卷 （宋）司馬光撰 清康熙四十五
年(1706)揚州使院刻本 十四冊 八行十六
字小字雙行二十字上中黑口左右雙邊

610000－1001－0003008　善0021739

毘陵集二十卷補遺一卷附錄一卷　（唐）獨孤及撰　清乾隆五十六年（1791）刻本　八冊　十行二十一字白口左右雙邊

610000－1001－0003009　善0021746

讀左補義五十卷首一卷　（清）姜炳璋輯　清乾隆三十八年（1773）刻本　十四冊　十一行二十三字小字雙行同白口左右雙邊

610000－1001－0003010　善0021750

相臺書塾刊正九經三傳沿革例一卷　（宋）岳珂撰　**列子釋文二卷**　（唐）殷敬順撰　（宋）陳景元補遺　**列子釋文考異不分卷**　（清）任大椿考異　清乾隆五十二年（1787）刻本　一冊　九行二十字小字雙行同白口左右雙邊

610000－1001－0003011　善0021751

御撰資治通鑑綱目三編二十卷　（清）張廷玉等編　清乾隆十一年（1746）刻本　四冊　十一行二十二字小字雙行同白口左右雙邊

610000－1001－0003012　善0021754

綿津山人詩集二十七卷　（清）宋犖撰　清康熙三十七年（1698）刻本　四冊　十行十九字白口四周單邊

610000－1001－0003013　善0021757

重刻黃文節山谷先生文集三十卷　（宋）黃庭堅撰　明萬曆石城興啟堂王鳳翔刻本　六冊　十行二十字白口四周單邊

610000－1001－0003014　善0021764

慈溪黃氏日抄分類九十七卷古今紀要十九卷　（宋）黃震編輯　清乾隆三十二年（1767）刻本　三十二冊　十四行二十六字小字雙行同黑口四周雙邊

610000－1001－0003015　善0021783

[熙寧]長安志二十卷圖三卷　（宋）宋敏求纂（元）李好文繪　（清）畢沅校　清乾隆四十九年（1784）鎮洋畢沅靈巖山館刻經訓堂叢書本　四冊　十一行二十二字小字雙行同黑口四周單邊

610000－1001－0003016　善0021784

國朝六家詩鈔八卷　（清）劉執玉選輯　清乾隆三十二年（1767）刻本　五冊　十行二十字白口左右雙邊　缺一卷（阮亭下）

610000－1001－0003017　善0021785

論語注疏二十卷　（三國魏）何晏注　（宋）邢昺疏　清乾隆四年（1739）刻本　四冊　十行二十一字小字雙行同白口左右雙邊

610000－1001－0003018　善0021789

朱子遺書十七種　（宋）朱熹撰　清康熙禦兒呂氏寶誥堂刻本　十六冊　十二行二十二字小字雙行同上下黑口左右雙邊

610000－1001－0003019　善0021794

宋詩紀事一百卷　（清）厲鶚　（清）馬曰琯輯　清乾隆十一年（1746）刻本　十八冊　十一行二十二字小字雙行不等黑口左右雙邊　存七十七卷（二十四至一百）

610000－1001－0003020　善0021800

司馬文正公傳家集八十卷目錄二卷　（宋）司馬光著　**年譜一卷附錄一卷**　（清）陳弘謀輯　清乾隆七年（1742）刻本　十二冊　十一行二十一字黑口左右雙邊

610000－1001－0003021　善0021802

晏子春秋七卷　（春秋）晏嬰著　（清）孫星衍校　清乾隆五十三年（1788）陽湖孫氏刻本　一冊　十二行二十四字黑口四周單邊

610000－1001－0003022　善0021803

中州金石記五卷　（清）畢沅撰　清乾隆刻本　五冊　十二行二十四字黑口四周單邊

610000－1001－0003023　善0021804

御選唐宋文醇五十八卷　（清）高宗弘曆選　清乾隆三年（1738）武英殿刻四色套印本（卷二十九第十一葉、卷三十八第二十四葉配清抄本）　二十冊　九行二十二字白口四周單邊

610000－1001－0003024　善0021805

關中金石記八卷　（清）畢沅撰　清乾隆四十七年（1782）刻本　六冊　十二行二十四字黑口四周單邊

610000－1001－0003025　善0021806

范文正公集二十卷別集四卷政府奏議二卷尺牘三卷年譜補遺一卷言行拾遺四卷鄱陽遺事錄一卷遺蹟一卷義莊規矩二卷褒賢集五卷補編五卷　（宋）范仲淹撰　范忠宣公集二十卷遺文三卷奏議二卷遺文一卷附錄一卷補編一卷　（宋）范純仁撰　年譜一卷　（宋）樓鑰撰　清康熙四十六年(1707)刻本　十六冊　十一行二十一字白口左右雙邊

610000－1001－0003026　善0021812

山海經十八卷　（晉）郭璞傳　（清）畢沅校正　清乾隆四十八年(1783)鎮洋畢沅靈巖山館刻本　四冊　十一行二十二字小字雙行同黑口四周單邊

610000－1001－0003027　善0021820

鐵網珊瑚二十卷　（明）都穆撰　清乾隆二十三年(1758)刻本　四冊　十行二十二字白口左右雙邊

610000－1001－0003028　善0021831

笠翁偶集六卷　（清）李漁著　清康熙十年(1671)刻本　六冊　九行二十字白口

610000－1001－0003029　善0021842

蘇文忠詩合註五十卷首一卷　（宋）蘇軾著　(清)馮應榴輯註　清乾隆五十八年(1793)刻本　二十冊　十一行二十六字小字雙行三十四字白口左右雙邊

610000－1001－0003030　善0021847

檀几叢書一百五十七種　（清）王晫　（清）張潮輯　清康熙三十四年(1695)新安張氏霞舉堂刻本　十六冊　九行二十字白口四周單邊

610000－1001－0003031　善0021860

大唐開元占經一百二十卷目錄二卷　（唐）瞿曇悉達撰　清乾隆五十一年(1786)刻本　十八冊　十行二十字白口四周雙邊

610000－1001－0003032　善0021864

易漢學八卷　（清）惠棟撰　清乾隆刻本　一冊　十一行二十二字小字雙行同黑口四周單邊

610000－1001－0003033　善0021867

釋名疏證八卷續釋名一卷補遺一卷　（清）畢沅撰　清乾隆五十五年(1790)刻本　四冊　十一行二十二字小字雙行同黑口四周單邊

610000－1001－0003034　善0021869

龍川文集三十卷　（宋）陳亮撰　清康熙四十八年(1709)刻本　八冊　九行十九字白口四周單邊

610000－1001－0003035　善0021871

周易觀象十二卷　（清）李光地注　清乾隆二年(1737)刻本　四冊　十一行二十字白口四周單邊

610000－1001－0003036　善0021875

呂氏春秋二十六卷　（清）畢沅輯校　清乾隆五十三年(1788)畢氏靈巖山館刻本　六冊　十一行二十二字小字雙行同黑口四周單邊

610000－1001－0003037　善0021876

明文在一百卷　（清）薛熙纂　清康熙三十二年(1693)刻本　十冊　十二行二十五字黑口左右雙邊

610000－1001－0003038　善0021877

明堂大道錄八卷禘說二卷　（清）惠棟撰　清乾隆鎮洋畢氏刻本　三冊　十行二十二字小字雙行同白口左右雙邊

610000－1001－0003039　善0021882

御定歷代賦彙一百四十卷外集二十卷逸句二卷補遺二十二卷目錄三卷　（清）陳元龍編　清康熙四十五年(1706)刻本　六十三冊　十一行二十一字黑口左右雙邊　缺二卷(外集一至二)

610000－1001－0003040　善0021886

明詩綜一百卷　（清）朱彝尊錄　（清）汪森緝評　清康熙四十四年(1705)刻本　四十八冊　十一行二十一字白口左右雙邊

610000－1001－0003041　善0021887

水道提綱二十八卷　（清）齊召南編錄　清乾隆四十一年(1776)刻本　八冊　九行二十二字小字雙行同白口左右雙邊

610000－1001－0003042 善0021904

春秋穀梁傳讀本四卷 (清)周樺輯 清乾隆五十八年(1793)刻本 二冊 十七行二十二字小字雙行同白口四周單邊

610000－1001－0003043 善0021916

水經注四十卷 (北魏)酈道元注 清乾隆三十年(1765)刻本 十四冊 十行二十一字白口左右雙邊

610000－1001－0003044 善0021921

荀子二十卷 (唐)楊倞注 清乾隆五十一年(1786)安雅堂刻本 四冊 十行二十字小字雙行同白口左右雙邊

610000－1001－0003045 善0021923

臨川先生全集錄四卷 (宋)王安石撰 (清)儲欣錄 (清)吳蔚起等校勘 清康熙刻本 三冊 九行二十五字小字雙行同上下黑口左右雙邊

610000－1001－0003046 善0021935

宋史四百九十六卷目錄三卷 (元)脫脫等修 清乾隆四年(1739)刻本 一百冊 十行二十一字白口左右雙邊

610000－1001－0003047 善0021942

御製詩初集四十四卷目錄四卷 (清)高宗弘曆撰 (清)蔣溥等編 清乾隆十四年(1749)刻本 八冊 九行十七字白口左右雙邊

610000－1001－0003048 善0021950

易林補遺十二卷 (明)張世寶撰 明萬曆刻本 二冊 九行二十字小字雙行同白口左右雙邊

610000－1001－0003049 善0021954

三農紀十卷 (清)張宗法撰 清乾隆二十五年(1760)刻本 十冊 十一行二十二字白口四周單邊

610000－1001－0003050 善0021961

居易錄三十四卷 (清)王士禛撰 清康熙四十年(1701)刻本 八冊 十行二十字黑口左右雙邊

610000－1001－0003051 善0021962

李太白文集三十六卷 (唐)李白撰 (清)王琦輯注 清乾隆二十四年(1759)刻本 十六冊 十行二十字白口左右雙邊

610000－1001－0003052 善0021975

唐賢三昧集三卷 (清)王士禛編 清康熙二十七年(1688)刻本 一冊 十行十九字黑口左右雙邊

610000－1001－0003053 善0021980

靈樞經九卷 (清)張志聰集注 清康熙十一年(1672)刻本 七冊 九行二十二字白口左右雙邊

610000－1001－0003054 善0021991

王右丞集二十八卷首一卷末一卷 (清)趙殿成箋註 清乾隆二年(1737)刻本 六冊 十行二十字小字雙行同白口左右雙邊

610000－1001－0003055 善0021995

唐宋十大家全集錄 (清)儲欣編 清康熙四十四年(1705)松鱗堂刻本 八冊 九行二十五字上下黑口左右雙邊 存三種

610000－1001－0003056 善0021997

廣事類賦四十卷 (清)華希閔撰 清康熙三十八年(1699)刻本 十冊 十二行二十字小字雙行同細黑口左右雙邊

610000－1001－0003057 善0022000

漢魏音四卷 (清)洪亮吉撰 清乾隆五十年(1785)陽湖洪亮吉刻本 一冊 十二行二十四字小字雙行同黑口四周單邊

610000－1001－0003058 善0022007

施愚山先生學餘文集二十八卷詩集五十卷別集四卷 (清)施閏章撰 (清)施彥淳 (清)施彥恪輯錄 (清)施企曾附校 **施氏家風述畧一卷** (清)施閏章輯錄 **施氏家風述畧續編一卷** (清)施彥恪輯錄 **剩圃詩集八卷** (清)施瑮撰 清康熙四十七年(1708)棟亭刻乾隆施企曾等續刻本 二十冊 十一行二十一字白口四周雙邊

610000－1001－0003059 善0022010

曾文定公全集二十卷首一卷末一卷　（宋）曾
鞏撰　（清）彭期輯　清康熙三十二年（1693）
七業堂刻本　十四冊　九行二十字白口左右
雙邊

610000－1001－0003060　善0022019
明夷待訪錄一卷　（清）黃宗羲著　清刻本
一冊　十行二十四字白口左右雙邊

610000－1001－0003061　善0022023
茶山集八卷　（宋）曾幾撰　清杭州刻本　二
冊　九行二十一字小字雙行同白口左右雙邊

610000－1001－0003062　善0022025
經義考三百卷目錄二卷　（清）朱彝尊撰
（清）李濤校　清乾隆二十年（1755）盧見曾刻
本　四十八冊　十二行二十三字白口四周
單邊

610000－1001－0003063　善0022028
周禮初學讀本六卷　（清）□□撰　清刻本
二冊　十行二十字上下黑口四周雙邊

610000－1001－0003064　善0022029
老泉先生全集錄五卷　（宋）蘇洵撰　（清）儲
欣錄　清康熙四十四年（1705）刻本　二冊
九行二十五字上下黑口左右雙邊

610000－1001－0003065　善0022038
說鈴六十二種　（清）吳震方輯　清刻本　十
六冊　十一行二十五字白口左右雙邊　存前
集後集五十五種

610000－1001－0003066　善0022043
元詩選六卷補遺一卷　（清）顧奎光選輯
（清）陶瀚等參評　清乾隆十六年（1751）刻本
四冊　十行十九字白口左右雙邊

610000－1001－0003067　善0022062
鐘山札記四卷　（清）盧文弨撰　清乾隆五十
五年（1790）刻本　一冊　十一行二十一字粗
黑口四周單邊

610000－1001－0003068　善0022068
［乾隆］淳化縣志三十卷　（清）萬廷樹修
（清）洪亮吉纂　清乾隆四十九年（1784）刻本

四冊　十一行二十一字黑口左右雙邊

610000－1001－0003069　善0022096
石齋先生經傳九種　（明）黃道周撰　清康熙
三十二年（1693）晉安鄭肇刻本　二十冊　九
行十八字小字雙行同白口左右雙邊　存七種

610000－1001－0003070　善0022107
李太白文集三十二卷　（唐）李白撰　（清）王
琦輯注　清乾隆二十三年（1758）寶笏樓刻本
十二冊　十行二十字小字雙行同白口左右
雙邊

610000－1001－0003071　善0022108
樊榭山房集十卷　（清）厲鶚著　清乾隆四年
（1739）刻本　四冊　十二行二十四字白口四
周單邊

610000－1001－0003072　善0022120
讀杜心解六卷首二卷　（唐）杜甫撰　（清）浦
起龍解　清雍正二年至三年（1724－1725）浦
氏寧我齋刻本　六冊　十行二十二字小字雙
行三十二字白口左右雙邊　存三卷（一至三）

610000－1001－0003073　善0022126
梁書五十六卷　（唐）姚思廉撰　明崇禎六年
（1633）琴川毛氏汲古閣刻本　四冊　十二行
二十五字白口左右雙邊

610000－1001－0003074　善0022129
大清一統志表不分卷紀元表不分卷　（清）徐
午輯校　清乾隆五十八年（1793）刻本　十冊
行數不等字數不等黑口四周單邊

610000－1001－0003075　善0022137
池北偶談二十六卷　（清）王士禎撰　清康熙
四十年（1701）臨汀郡署刻本　八冊　十一行
二十三字粗黑口左右雙邊

610000－1001－0003076　善0022140
斯文正宗十六卷　（清）張伯行編輯　清康熙
六十一年（1722）正誼堂刻本　八冊　十行二
十二字白口左右雙邊

610000－1001－0003077　善0022155
漁洋山人精華錄訓纂十卷目錄二卷　（清）王

士禎撰 （清）惠棟訓纂 **漁洋山人自撰年譜二卷** （清）惠棟注補 **金氏精華錄箋注辯訛一卷** （清）惠棟撰 清乾隆惠氏紅豆齋刻本 十二冊 十行二十一字白口四周雙邊

610000－1001－0003078 善0022160
唐詩百名家全集 （清）席啟寓編 清康熙四十七年(1708)洞庭席氏琴川書屋刻本 十六冊 十行十八字白口左右雙邊 存十八種

610000－1001－0003079 善0022174
史學提要箋釋三卷 （宋）黃繼善撰 （清）楊錫祐釋 清康熙五十五年(1716)刻本 五冊 行數不等二十四字小字雙行同白口左右雙邊

610000－1001－0003080 善0022178
孟子集注七卷 （宋）朱熹集注 清康熙六十年(1721)車鼎晉刻本 二冊 九行十七字白口左右雙邊

610000－1001－0003081 善0022200
御製律呂正義五卷 （清）允祉 （清）允祿等撰 清雍正刻本 五冊 六至九行不等二十字白口四周雙邊

610000－1001－0003082 善0022202
古文眉詮七十九卷 （清）浦起龍論次 （清）程鍾 （清）方懋福彙參 清乾隆九年(1744)三吳書院刻本 三十二冊 九行二十二字小字雙行同白口左右雙邊

610000－1001－0003083 善0022208
道古堂文集四十六卷詩集二十六卷 （清）杭世駿撰 清乾隆五十五年(1790)刻本 十二冊 十行二十一字小字雙行同白口左右雙邊

610000－1001－0003084 善0022213
十種唐詩選 （清）王士禎刪纂 清康熙三十一年(1692)刻本 五冊 十行十九字粗黑口左右雙邊

610000－1001－0003085 善0022237
詞林典故八卷 （清）張廷玉等撰 清乾隆十三年(1748)武英殿刻本 十冊 七行十八字白口四周雙邊

610000－1001－0003086 善0022248
弘簡錄二百五十四卷續四十二卷 （明）邵經邦撰 （清）邵遠平校 清康熙二十七年至四十五年(1688－1706)邵遠平刻本 九十四冊 十二行二十四字白口四周單邊 存二百〇六卷(弘簡錄一至六十、九十一至九十九、一百〇六至一百〇八、一百二十一至二百五十四)

610000－1001－0003087 善0022249
朱子家禮八卷首一卷 （明）丘濬輯 **四禮初稿四卷** （明）宋纁輯 **四禮約言四卷** （明）呂維祺著 清康熙四十年(1701)刻本 八冊 八行十八字小字雙行同白口四周單邊

610000－1001－0003088 善0022252
宋黃文節公文集正集三十二卷外集二十四卷別集十九卷 （宋）黃庭堅撰 **黃青社先生伐檀集二卷** （宋）黃庶撰 清乾隆三十年(1765)緝香堂刻本 十六冊 九行二十字白口左右雙邊 缺三十二卷(正集一至三十二)

610000－1001－0003089 善0022261
欽定四庫全書簡明目錄二十卷首一卷 （清）紀昀等撰 清乾隆刻本 八冊 九行二十一字小字雙行同白口左右雙邊 存十三卷(五至六、九至十八,首一)

610000－1001－0003090 善0022330
經訓堂叢書二十一種 （清）畢沅輯 清乾隆鎮洋畢氏刻本 七冊 十一行二十二字小字雙行同黑口四周單邊 存七種

610000－1001－0003091 善0022330
經訓堂叢書二十一種 （清）畢沅輯 清乾隆鎮洋畢氏刻本 四冊 十一行二十二字小字雙行同黑口四周單邊 存二種

610000－1001－0003092 善0022332
今水經一卷表一卷 （清）黃宗羲撰 清乾隆、道光長塘鮑氏刻本 一冊 九行二十一字小字雙行同細黑口左右雙邊

610000－1001－0003093 善0022335
抗希堂十六種 （清）方苞撰 清康熙、嘉慶

桐城方氏抗希堂刻本　三十三冊　九行二十四字白口四周雙邊　存十一種

610000－1001－0003094　善0022348
子史精華一百六十卷　（清）允祿　（清）吳襄等纂　清雍正五年(1727)武英殿刻本　四十冊　八行二十四字小字雙行同白口四周雙邊

610000－1001－0003095　善0022349
東都事略一百三十卷　（宋）王偁撰　清乾隆刻本　十冊　十二行二十四字白口左右雙邊

610000－1001－0003096　善0022354
[乾隆]寶雞縣志十六卷　（清）鄧夢琴修　(清)董詔纂　清乾隆五十年(1785)刻本　四冊　十二行二十四字粗黑口四周單邊

610000－1001－0003097　善0022355
[乾隆]重修鳳翔府志十二卷首一卷　（清）達靈阿修　（清）周方炯　（清）高登科纂　清乾隆三十一年(1766)刻本　十二冊　九行二十二字白口四周雙邊

610000－1001－0003098　善0022357
[萬曆]華陰縣志九卷　（明）王九疇修　(明)張毓翰纂　明萬曆四十九年(1621)刻清康熙增修本　四冊　九行二十字白口四周單邊

610000－1001－0003099　善0022362
[雍正]涇陽縣志八卷　（清）屠楷纂修　清雍正十年(1732)刻本　四冊　九行二十字白口四周雙邊

610000－1001－0003100　善0022364
[乾隆]重修盩厔縣志十四卷　（清）楊儀修　(清)王開沃等纂　清乾隆五十年(1785)刻五十八年(1793)補刻本　六冊　十一行二十二字小字雙行同粗黑口左右雙邊

610000－1001－0003101　善0022366
[正德]武功縣志三卷　（明）康海纂　清雍正十二年(1734)沈華刻本　二冊　十二行二十二字小字雙行同白口四周雙邊

610000－1001－0003102　善0022369
[乾隆]渭南志十四卷　（清）汪以誠纂修　清乾隆四十三年(1778)刻本　八冊　十二行二十四字小字雙行同白口左右雙邊

610000－1001－0003103　善0022393
禮記說義纂訂二十四卷　（明）楊梧著　清康熙十四年(1675)楊昌齡刻本　十三冊　十一行二十二字白口左右雙邊

610000－1001－0003104　善0022405
碧山樂府四卷　（明）王九思撰　明崇禎十三年(1640)刻本　二冊　九行二十二字白口四周單邊

610000－1001－0003105　善0022417
[雍正]藍田縣志四卷首一卷　（清）郭顯賢撰　(清)李元昇增修　（清）李大捷等增纂　清順治刻雍正八年(1730)增修本　八冊　九行二十字小字雙行同白口四周雙邊

610000－1001－0003106　善0022418
唐詩成法十二卷　（清）屈復輯　清乾隆刻本　四冊　九行十九字小字雙行同白口左右雙邊

610000－1001－0003107　善0022475
慶元黨禁一卷　（宋）樵川樵叟撰　清刻本　一冊　九行二十一字細黑口左右雙邊

610000－1001－0003108　善0022476
酒經三卷　（宋）朱翼中撰　清乾隆五十年(1785)刻本　一冊　九行十八字細黑口左右雙邊

610000－1001－0003109　善0022477
龔安節先生畫訣一卷　（清）龔賢撰　畫荃一卷　（清）笪重光著　（清）王翬評　清乾隆桐華館刻本　一冊　九行十八字小字雙行同細黑口左右雙邊

610000－1001－0003110　善0022478
靜春堂詩集四卷　（元）袁易撰　清乾隆至道光長塘鮑氏刻本　一冊　九行二十一字細黑口左右雙邊

610000－1001－0003111　善0022501

[乾隆]長武縣志十二卷　（清）樊士鋒修
（清）洪亮吉　（清）李泰交纂　長武縣志附後
續刻一卷　（清）李大成撰　清乾隆四十八年
（1783）刻嘉慶二十四年（1819）增修本　四冊
十行二十二字白口四周單邊

610000－1001－0003112　善0022503

艾陵文鈔十六卷詩鈔二卷　（清）雷士俊著
（清）劉濤等評　清康熙十六年（1677）莘樂草
堂刻本（艾陵文鈔卷十五、十六配抄本）　五
冊　十行十九字粗黑口四周單邊

610000－1001－0003113　善0022524

詳註分類飲香尺牘四卷　（清）飲香居士輯
（清）慵隱子牋釋　清乾隆五十二年（1787）餘
德堂刻本　四冊　十行二十三字小字雙行同
白口四周雙邊

610000－1001－0003114　善0022568

文選六十卷　（南朝梁）蕭統撰　（唐）李善注
清乾隆五十一年（1786）刻朱墨印本　十二
冊　十二行二十五字小字雙行三十七字白口
左右雙邊

610000－1001－0003115　善0022570

莊子因六卷　（戰國）莊周撰　（清）林雲銘評
述　清康熙二十七年（1688）刻本　六冊　九
行二十二字小字雙行同白口四周雙邊

610000－1001－0003116　善0022571

南華真經旁注五卷　（戰國）莊周撰　（晉）郭
象評　（晉）向秀注　清康熙五十五年（1716）
世榮堂刻本　十冊　六行十八字白口左右
雙邊

610000－1001－0003117　善0022572

南華真經旁注五卷　（戰國）莊周撰　（晉）郭
象評　（晉）向秀注　清康熙五十五年（1716）
世榮堂刻本　十冊　六行十八字白口左右
雙邊

610000－1001－0003118　善0022578

李太白文集三十六卷　（唐）李白撰　（清）王
琦輯注　清乾隆二十五年（1760）寶笏樓刻本

八冊　十行二十字小字雙行同白口左右雙
邊　存十九卷（一至十九）

610000－1001－0003119　善0022579

陸宣公集二十二卷　（唐）陸贄撰　清雍正元
年（1723）年龔堯刻本　六冊　十行二十字白
口四周單邊

610000－1001－0003120　善0022580

元豐類藁五十卷　（宋）曾鞏撰　清康熙四十
九年（1710）長嶺西爽堂刻本　八冊　十行二
十字白口左右雙邊

610000－1001－0003121　善0022584

蠶尾集十卷續集二卷後集二卷　（清）王士禎
撰　清康熙刻本　六冊　十行十九字黑口間
白口左右雙邊

610000－1001－0003122　善0022589

知不足齋叢書三十集　（清）鮑廷博輯　清乾
隆、道光長塘鮑氏刻本　二百二十四冊　九
行二十一字小字雙行同上下黑口左右雙邊

610000－1001－0003123　善0022592

水經注四十卷　（北魏）酈道元注　清乾隆刻
本　十六冊　十行二十一字白口左右雙邊

610000－1001－0003124　善0022593

重刊五百家註音辯昌黎先生文集四十卷
（唐）韓愈撰　清乾隆四十九年（1784）江右體
仁閣刻本　十二冊　十行十八字小字雙行二
十三字白口左右雙邊

610000－1001－0003125　善0022600

震川先生文集二十卷　（明）歸有光著　（明）
蔣以忠編　清乾隆二十三年（1758）刻本　十
冊　十行二十一字白口四周雙邊

610000－1001－0003126　善0022601

明詩綜一百卷　（清）朱彝尊輯　（清）汪森緝
評　清康熙四十四年（1705）刻本　三十二冊
十一行二十一字小字雙行三十一字白口左
右雙邊

610000－1001－0003127　善0022604

感舊集十六卷　（清）王士禎輯　（清）盧見曾

補傳　清乾隆十七年(1752)盧見曾刻本　八冊　十一行二十一字白口左右雙邊

610000－1001－0003128　善0022607

午亭文編五十卷　(清)林佶輯　清乾隆四十三年(1778)林佶刻本　十六冊　十一行二十一字黑口左右雙邊

610000－1001－0003129　善0022634

分類補註李太白詩二十五卷　(唐)李白撰　(宋)楊齊賢集註　(元)蕭士贇補註　(明)許自昌校　**唐翰林李太白年譜一卷**　(宋)薛仲邕編　明萬曆許自昌刻本　十二冊　九行二十字小字雙行同白口左右雙邊

610000－1001－0003130　善0022646

弇州史料前集三十卷後集七十卷　(明)王世貞撰　(明)董復表彙次　明萬曆四十二年(1614)刻本　二冊　九行十八字白口四周單邊　存八卷(前集一至八)

610000－1001－0003131　善0022746

李義山文集十卷　(清)徐樹穀箋　(清)徐炯註　清康熙四十七年(1708)花谿草堂刻本　四冊　十行二十一字小字雙行三十一字白口左右雙邊

610000－1001－0003132　善0022749

清河書畫舫十二卷補遺一卷　(明)張丑撰　清乾隆二十八年(1763)池北草堂刻本　十二冊　九行二十二字小字雙行同黑口左右雙邊

610000－1001－0003133　善0022785

紅雪樓九種曲　(清)蔣士銓撰　清乾隆蔣氏紅雪樓刻本　十二冊　九行二十二字白口四周單邊

610000－1001－0003134　善0022790

香祖筆記十二卷　(清)王士禛撰　清康熙刻本　四冊　十行十九字白口左右雙邊

610000－1001－0003135　善0022793

閒情偶寄十六卷　(清)李漁撰　清康熙翼聖堂刻本　二冊　九行二十字白口四周單邊

610000－1001－0003136　善0022800

三國志六十五卷　(晉)陳壽撰　(南朝宋)裴松之注　明崇禎十七年(1644)毛氏汲古閣刻本　十冊　十二行二十五字小字雙行三十七字白口左右雙邊

610000－1001－0003137　善0022857

光緒史料雜志不分卷　(清)王韜撰　清光緒十四年(1888)稿本　五冊　行數不等字數不等

610000－1001－0003138　善0022903

寶古堂重修宣和博古圖錄三十卷　(宋)王黼等撰　清乾隆亦政堂刻本　十六冊　八行十七字白口四周單邊　存二十九卷(一至十七、十九至三十)

610000－1001－0003139　善0023041

說郛一千二百四十六種　(元)陶宗儀輯　(明)陶珽重校　**說郛續五百三十一種**　(明)陶珽輯　清順治三年(1646)兩浙督學周南李際期宛委山堂刻本　一百三十五冊　九行二十字白口左右雙邊　缺說郛二百三十種說郛續八十種

610000－1001－0003140　善0023094

晉書一百三十卷　(唐)房玄齡等撰　(明)鍾人傑輯評　明末鍾人傑刻本　三十六冊　十行二十字白口四周單邊

610000－1001－0003141　善0023095

宋書一百卷　(南朝梁)沈約撰　明崇禎七年(1634)毛氏汲古閣刻本　二十冊　十二行二十五字白口左右雙邊

610000－1001－0003142　善0023096

南齊書五十九卷　(南朝梁)蕭子顯撰　明崇禎十年(1637)毛氏汲古閣刻本　六冊　十二行二十五字白口左右雙邊

610000－1001－0003143　善0023097

梁書五十六卷　(唐)姚思廉撰　明崇禎六年(1633)毛氏汲古閣刻本　六冊　十二行二十五字白口左右雙邊

610000－1001－0003144　善0023098

陳書三十六卷　(唐)姚思廉撰　明崇禎四年

(1631)毛氏汲古閣刻本　六冊　十二行二十五字白口左右雙邊

610000－1001－0003145　善0023099

魏書一百三十卷　（北齊）魏收撰　明崇禎九年(1636)毛氏汲古閣刻本　二十四冊　十二行二十五字白口左右雙邊　存一百十一卷（一至一百十一）

610000－1001－0003146　善0023100

北齊書五十卷　（唐）李百藥撰　明崇禎十一年(1638)毛氏汲古閣刻本　六冊　十二行二十五字白口左右雙邊

610000－1001－0003147　善0023101

周書五十卷　（唐）令狐德棻等撰　明崇禎十年(1637)毛氏汲古閣刻本　六冊　十二行二十五字白口左右雙邊

610000－1001－0003148　善0023102

隋書八十五卷　（唐）魏徵撰　明崇禎八年(1635)毛氏汲古閣刻本　十八冊　十二行二十五字小字雙行三十七字白口左右雙邊

610000－1001－0003149　善0023103

南史八十卷　（唐）李延壽撰　明崇禎十三年(1640)毛氏汲古閣刻本　十八冊　十二行二十五字白口左右雙邊

610000－1001－0003150　善0023104

北史一百卷　（唐）李延壽撰　明崇禎十二年(1639)毛氏汲古閣刻本　二十四冊　十二行二十五字白口左右雙邊

610000－1001－0003151　善0023105

新唐書二百二十五卷　（宋）歐陽修撰　明崇禎二年(1629)毛氏汲古閣刻本　三十六冊　十二行二十五字白口左右雙邊

610000－1001－0003152　善0023106

舊五代史一百五十卷目錄二卷　（宋）薛居正等撰　清乾隆四十年(1775)武英殿木活字印本　十八冊　十二行二十五字小字雙行三十七字白口左右雙邊

610000－1001－0003153　善0023111

世說新語八卷　（南朝宋）劉義慶撰　（明）何良俊增訂　（明）姚培謙刪訂　清乾隆十三年(1748)姚培謙刻本　四冊　五行十一字細黑口左右雙邊

610000－1001－0003154　善0023124

國朝二十四家文鈔二十四卷　（清）徐斐然輯評　（清）徐秉愿參訂　清嘉慶刻本　十冊　十行二十一字白口左右雙邊

610000－1001－0003155　善0023125

類林新詠三十六卷　（清）姚之駰撰　清康熙四十七年(1708)刻本　十二冊　十行二十字小字雙行同白口左右雙邊

610000－1001－0003156　善0023127

古文眉詮七十九卷首一卷　（清）浦起龍論次　（清）程鍾　（清）方懋福彙參　清乾隆九年(1744)三吳書院刻本　四冊　九行二十二字小字雙行同白口左右雙邊　存十三卷（一至二、七至九、十五至十七、十八至二十二）

610000－1001－0003157　善0023128

淑芳軒合纂書經體註六卷圖一卷　（清）范翔編訂　清康熙五十二年(1713)刻本　六冊　二十二行二十七字小字雙行同白口四周單邊

610000－1001－0003158　善0023145

佩文齋書畫譜一百卷　（清）孫岳頒輯　清康熙內府刻本　八冊　十一行二十一字白口左右雙邊　存十六卷（論書一至十、論畫一至六）

610000－1001－0003159　善0023286

集千家註杜工部詩集二十卷文集二卷　（唐）杜甫撰　（宋）黃鶴　（宋）蔡夢弼補註　明刻本　二十四冊　八行十七字小字雙行同白口左右雙邊

610000－1001－0003160　善0023293

東書堂重修宣和博古圖錄三十卷　（宋）王黼等撰　清乾隆刻本　十八冊　八行十七字白口四周單邊　存二十七卷（一至十五、十八至二十、二十二至三十）

610000－1001－0003161　善0023294

歷代名臣奏議三百十九卷目錄一卷 （明）張
溥編 明崇禎八年(1635)刻本 九十四冊
九行十八字白口左右雙邊 存三百十七卷
（三至三百十九）

610000－1001－0003162 善0023316
戒亭管窺一卷 （清）劉壬著 清乾隆四十六
年(1781)稿本 一冊 九行二十四字

610000－1001－0003163 善0023317
皇清敕授文林郎山西太原府陽曲縣顯考九畹
府君行述一卷 （清）劉壬撰 （清）黨金錫書
清乾隆四十六年(1781)初稿本 一冊 九
行二十四字

610000－1001－0003164 善0023318
皇清敕授文林郎山西太原府陽曲縣顯考九畹
府君行述一卷 （明）劉壬撰 （清）黨金錫書
清乾隆四十六年(1781)初稿本 一冊 九
行字數不等

610000－1001－0003165 善0023319
皇清敕授文林郎山西太原府陽曲縣顯考九畹
府君行述一卷 （清）劉壬撰 （清）黨金錫書
清乾隆四十六年(1781)定稿本 一冊 九
行字數不等

610000－1001－0003166 善0023320
皇清敕授文林郎山西太原府陽曲縣令徽君九
畹先生暨元配李儒人合葬墓志銘一卷 （清）
王杏舒撰 （清）申清鑾書 清乾隆四十五年
(1780)初稿本 一冊 九行字數不等

610000－1001－0003167 善0023321
皇清敕授文林郎山西太原府陽曲縣令徽君九
畹先生暨元配李儒人合葬墓志銘一卷 （清）
王杏舒撰 （清）申清鑾書 清乾隆四十五年
(1780)定稿本 一冊 九行字數不等

610000－1001－0003168 善0023322
皇清敕授文林郎山西太原府陽曲縣令徽君九
畹先生墓志銘一卷 （清）黨金錫撰 清乾隆
四十五年(1780)初稿本 一冊 九行字數
不等

610000－1001－0003169 善0023334

[乾隆]臨晉縣志八卷 （清）王正茂纂修 清
乾隆三十八年(1773)刻光緒六年(1880)重印
本 四冊 九行二十字小字雙行同白口四周
雙邊

610000－1001－0003170 善0023396
新刊外科正宗四卷 （明）陳實功撰 清乾隆
十九年(1754)古吳聚錦堂刻本 七冊 十行
二十六字小字雙行同白口四周單邊

610000－1001－0003171 善0023409
[乾隆]郃陽縣全志四卷 （清）席奉乾修
（清）孫景烈纂 清乾隆三十四年(1769)刻本
五冊 十行二十二字小字雙行同白口四周
單邊

610000－1001－0003172 善0023444
[乾隆]白水縣志四卷首一卷 （清）梁善長纂
修 清乾隆十九年(1754)刻本 四冊 九行
二十二字白口上下雙邊

610000－1001－0003173 善0023445
[雍正]宜君縣志不分卷 （清）查遴纂修
（清）沈華訂正 清雍正十年(1732)刻本 一
冊 十行二十二字白口四周雙邊

610000－1001－0003174 善0023446
[萬曆]華陰縣志九卷 （明）王九疇修
（明）張毓翰纂 明萬曆四十九年(1621)刻清
康熙增修本 二冊 九百二十字白口四周
單邊

610000－1001－0003175 善0023448
[嘉靖]耀州志十一卷 （明）李廷寶修
（明）喬世寧纂 五臺山志一卷 （明）喬世寧
纂 清乾隆二十七年(1762)汪灝刻本 二冊
十行二十字白口四周雙邊

610000－1001－0003176 善0023449
[乾隆]續耀州志十一卷 （清）汪灝修
（清）鍾麟書纂 清乾隆二十七年(1762)刻光
緒十六年(1890)增刻本 二冊 十行二十字
白口四周雙邊

610000－1001－0003177 善0023450
[康熙]蒲城縣續志四卷 （清）汪元仕修

(清)何芬纂　清康熙五十三年(1714)刻本
二冊　九行二十二字白口四周單邊

610000－1001－0003178　善0023477
松花菴詩草一卷　(清)吳鎮撰　清乾隆五十
七年(1792)稿本　六冊　九行字數不等

610000－1001－0003179　善0023483
樂經集註四卷　(清)□崑秀輯　(清)王蘭生
校　清抄本　四冊　九行二十二字白口四周
雙邊

610000－1001－0003180　善0023484
升庵先生文集八十一卷目錄四卷　(明)楊愼
撰　(明)楊有仁編輯　明萬曆二十九年
(1601)刻本　十三冊　十行二十字白口左右
雙邊

610000－1001－0003181　善0023487
春秋三十卷　(宋)胡安國傳　(清)鄭元美校
　清乾隆鄭氏奎壁齋刻本　八冊　九行十八
字小字雙行同白口左右雙邊

610000－1001－0003182　善0023488
沈隱侯集四卷　(南朝梁)沈約撰　(明)沈啟
原輯　(明)沈啓南校　明萬曆十三年(1585)
刻本　四冊　九行十八字小字雙行同白口左
右雙邊

610000－1001－0003183　善0023705
昌黎先生集四十卷外集十卷　(唐)韓愈撰
明徐氏東雅堂刻本　六冊　九行十七字小字
雙行同白口四周雙邊　存二十八卷(七至八、
二十至二十六、三十一至三十九,外集一至
十)

610000－1001－0003184　善0023706
瀛奎律髓四十九卷　(元)方回選　明成化三
年(1467)紫陽書院刻本　二冊　十行二十一
字小字雙行同黑口四周雙邊　存二十三卷
(一至九、二十八至四十一)

610000－1001－0003185　善0023788
清涼山志十卷　(明)釋鎮澄修　(清)釋阿王
老藏重修　清乾隆二十年(1755)刻本　四冊
　九行二十字小字雙行同白口四周雙邊

610000－1001－0003186　善0023821
堯峰文鈔四十卷　(清)汪琬撰　(清)林佶編
　清康熙三十二年(1693)刻本　十六冊　十
三行二十五字粗黑口左右雙邊

610000－1001－0003187　善0023822
吳詩集覽二十卷　(清)靳榮藩輯　清乾隆刻
本　十六冊　九行二十一字小字雙行同黑口
四周雙邊

610000－1001－0003188　善0023824
敬業堂詩集五十卷　(清)查愼行撰　清康熙
五十八年(1719)刻雍正增修本　十冊　十一
行二十一字白口左右雙邊

610000－1001－0003189　善0023825
金薤琳琅二十卷補遺一卷　(明)都穆撰　清
乾隆四十三年(1778)刻本　六冊　九行十八
字白口四周單邊

610000－1001－0003190　善0023829
左傳分國紀事本末二十二卷　(明)孫范輯
明崇禎十一年(1638)刻本　八冊　九行二十
字小字雙行同白口四周單邊

610000－1001－0003191　善0023841
詩瀋二十卷　(清)范家相撰　清乾隆五十三
年(1788)刻本　四冊　十行二十二字粗黑口
左右雙邊

610000－1001－0003192　善0023844
毛詩名物圖說九卷　(清)徐鼎輯　清乾隆刻
本　二冊　十四行二十字白口四周單邊

610000－1001－0003193　善0023901
詩經八卷　(宋)朱熹集注　明刻本　四冊
九行十七字小字雙行同白口四周單邊

610000－1001－0003194　善0023902
水經四十卷　(北魏)酈道元撰　明嘉靖刻本
　六冊　十二行二十字白口左右雙邊　存十
九卷(一至十九)

610000－1001－0003195　善0023903
楚辭集解十五卷蒙引二卷　(明)汪瑗集解
(明)焦宏訂正　**天問注補二卷**　(明)汪仲弘

撰　明萬曆四十三年(1615)刻本　八冊　十
行二十字白口左右雙邊

610000－1001－0003196　善0023904
日知錄三十二卷　(清)顧炎武撰　清康熙三
十四年(1695)吳江潘氏遂初堂刻本　十六冊
十一行二十二字小字雙行同白口左右雙邊

610000－1001－0003197　善0023906
宋伯魯書札一卷　宋伯魯撰　稿本　一冊
八行字數不等白口

610000－1001－0003198　善0023983
醫方集解三卷　(清)汪昂輯　清康熙二十一
年(1682)刻本　三冊　十一行二十八字小字
雙行同白口四周單邊

610000－1001－0003199　善0023984
鍼灸大成十卷　(明)楊繼洲撰　(清)李月桂
重訂　清康熙十九年(1680)李月桂刻本　十
冊　十行二十二字白口四周雙邊

610000－1001－0003200　善0023985
新刊纂圖元亨療馬集六卷　(明)喻本亨
(明)喻本元編訂　清乾隆元年(1736)寶仁堂
刻本　一冊　十二行二十四字白口四周單邊

610000－1001－0003201　善0023987
西園瓣香集三卷　(清)王元常撰　清乾隆刻
本　三冊　八行十八字白口四周雙邊

610000－1001－0003202　善0023988
天中記六十卷　(明)陳耀文編　明萬曆刻本
三十冊　十一行二十一字小字雙行同白口
左右雙邊

610000－1001－0003203　善0023989
四書類典賦二十四卷　(清)甘紱纂註　年譜
二卷　清乾隆刻本　十冊　九行二十一字小
字雙行同白口左右雙邊

610000－1001－0003204　善0023990
禮記集說十卷　(元)陳澔撰　明末汲古閣刻
本　十冊　九行十七字小字雙行同白口左右
雙邊

610000－1001－0003205　善0023992

經濟類編一百卷　(明)馮琦輯　(明)周家棟
(明)吳光義校　明萬曆三十二年(1604)刻
本　三十冊　十行二十字白口四周單邊　存
六十二卷(一至四、七至六十四)

610000－1001－0003206　善0023993
泊如齋重修宣和博古圖錄三十卷　(宋)王黼
等撰　明刻本　十二冊　八行十七字白口四
周單邊　存十六卷(三至十二、十四、二十四
至二十八)

610000－1001－0003207　善0023994
唐大家韓文公文鈔十六卷　(唐)韓愈撰
(明)茅坤編評　明崇禎刻本　十冊　九行二
十字白口四周單邊　存十五卷(一至十、十二
至十六)

610000－1001－0003208　善0023995
亦政堂重修宣和博古圖錄三十卷　(宋)王黼
等撰　(清)黃曉峰鑒定　清乾隆刻本　二十
一冊　八行十七字白口四周單邊　存二十二
卷(一至五、七至十一、十三至二十、二十四至
二十七)

610000－1001－0003209　善0023996
晉書一百三十卷　(唐)房玄齡等撰　音義三
卷　(唐)何超撰　元刻明清遞修本　十七冊
十行二十字白口左右雙邊　存五十七卷
(一至二十、六至十、三十九至七十)

610000－1001－0003210　善0023998
唐書二百二十五卷　(宋)歐陽修　(宋)宋祁
撰　元刻明清遞修本　三十二冊　十行二十
二字白口四周單邊間四周雙邊

610000－1001－0003211　善0023999
唐書二百二十五卷　(宋)歐陽修　(宋)宋祁
撰　明萬曆二十三年(1595)刻本　十四冊
十行二十一字白口左右雙邊　存四十一卷
(八十一至八十二、一百六十四至一百八十
五、二百○九至二百二十五)

610000－1001－0003212　善0024000
唐書釋音二十五卷　(宋)董衝撰　元刻明清
遞修本　一冊　十行字數不等白口四周雙邊

610000－1001－0003213　善0024001

唐書釋音二十五卷　（宋）董衝撰　明萬曆二十三年(1595)刻本　二冊　十行字數不等白口左右雙邊

610000－1001－0003214　善0024002

大明正德乙亥重刊改併五音類聚四聲篇十五卷　（金）韓道昭撰　明正德十五年(1520)刻本　二冊　十行字數不等粗黑口四周雙邊　存五卷(二至六)

610000－1001－0003215　善0024003

冷齋夜話十卷　（宋）釋惠洪撰　明刻本　一冊　九行二十字白口四周單邊

610000－1001－0003216　善0024004

康對山先生集四十五卷首一卷　（明）康海撰　（清）馬逸姿校　清康熙五十一年(1712)古邰馬氏貽穀堂刻本　十冊　十行二十字白口左右雙邊

610000－1001－0003217　善0024005

古今說海一百三十五種　（明）陸楫輯　明嘉靖二十三年(1544)雲間陸氏儼山書院刻本　三冊　八行十六字白口左右雙邊　存二十二種

610000－1001－0003218　善0024006

春秋左傳詳節句解三十五卷　（宋）朱申撰　（明）顧悟芳校　明萬曆十年(1582)刻本　六冊　十行二十一字小字雙行同白口四周單邊　存二十二卷(一至十五、二十六至三十二)

610000－1001－0003219　善0024007

重刻黃文節山谷先生文集三十卷　（宋）黃庭堅撰　（明）李友梅校　明萬曆刻本　二冊　十一行二十字白口四周單邊　存十二卷(一至四、十三至二十)

610000－1001－0003220　善0024008

戰國策十二卷　（明）陳仁錫評　（明）鍾惺撰　清刻本　二冊　九行十八字小字雙行同白口左右雙邊　存二卷(一至二)

610000－1001－0003221　善0024009

鳳求凰傳奇二卷　（清）李漁撰　清刻本　一冊　十一行二十二字白口四周單邊

610000－1001－0003222　善0024010

湯義仍先生邯鄲夢記二卷　（明）湯顯祖撰　明刻本　一冊　十行二十一字白口四周單邊

610000－1001－0003223　善0024011

名世文宗二十卷外集四卷　（明）胡時化輯　明萬曆刻本　三冊　十行二十字小字雙行同白口四周雙邊　存七卷(二至八)

610000－1001－0003224　善0024013

新刻七十二朝人物考注釋四十卷　（明）薛應旂輯　（明）朱煒注　明萬曆刻本　四冊　十行二十字白口四周單邊間四周雙邊

610000－1001－0003225　善0024014

宋林和靖詩四卷　（宋）林逋撰　（清）潘鉉（清）劉永懋閱　清順治披覽閣刻本　一冊　八行二十字白口左右雙邊

610000－1001－0003226　善0024015

且亭詩三卷　（清）楊思聖著　清康熙七年(1668)刻本　一冊　九行二十字白口四周單邊　存一卷(一)

610000－1001－0003227　善0024016

刻精注大明律例致君奇術十一卷首一卷　(明)朱敬循匯輯　明萬曆刻本　二冊　十行十九字白口四周雙邊　存六卷(一至三、九至十一)

610000－1001－0003228　善0024019

唐宋八大家文鈔一百六十卷　（明）茅坤編　明崇禎四年(1631)刻本　一冊　九行二十字白口四周單邊　存三卷(一至三)

610000－1001－0003229　善0024020

儀禮經集注十七卷　（明）張鳳翔著　清順治七年(1650)刻本　一冊　九行十八字白口四周單邊　存二卷(一至二)

610000－1001－0003230　善0024023

詩經講章一卷　（清）劉灝撰　清康熙稿本　二冊　六行十五至十六字不等白口

610000－1001－0003231　善0024027

泊如齋重修宣和博古圖錄三十卷　（宋）王黼
等撰　明萬曆十六年（1588）刻本　一冊　八
行十七字白口四周單邊　存三卷（二十六至
二十八）

610000－1001－0003232　善0024028
陳眉公訂正三輔黃圖二卷　（明）沈璜校　陳
眉公訂正卓異記一卷　（唐）李翺述　（明）項
燧先　（明）沈逢吉訂　明刻本　一冊　八行
十八字小字雙行同白口左右雙邊

610000－1001－0003233　善0024152
古文淵鑒六十四卷　（清）徐乾學等編注　清
康熙二十四年（1685）內府刻四色套印本　六
冊　九行二十字小字雙行同黑口四周單邊
存十五卷（五十至六十四）

610000－1001－0003234　善0024257
三元記二卷　（明）沈受先撰　明末汲古閣刻
本　一冊　下黑口左右雙邊　存一卷（上）

610000－1001－0003235　善0024274
道命錄十卷　（宋）李心傳輯　清乾隆至道光
長塘鮑氏刻本　一冊　九行二十一字小字雙
行同上下黑口左右雙邊　存三卷（八至十）

610000－1001－0003236　善0024382
漁洋山人精華錄十卷　（清）王士禛撰　（清）
林佶編　清康熙三十九年（1700）刻本　三冊
十一行二十一字小字雙行同白口左右雙邊
存七卷（四至十）

610000－1001－0003237　善0024412
南溪筆錄群賢詩話前集一卷後集一卷續集一卷
　（明）程啟充輯　明刻本　二冊　九行十六
字白口四周單邊　存二卷（後集一、續集一）

610000－1001－0003238　善0024447
水道提綱二十八卷　（清）齊召南編錄　清乾
隆四十一年（1776）刻本　六冊　九行二十二
字小字雙行同白口左右雙邊　存十六卷（十
三至二十八）

610000－1001－0003239　善0024485
[乾隆]鄘縣志十八卷首一卷　（清）李帶雙修
　（清）張若纂　清乾隆四十三年（1778）刻本

二冊　十二行二十四字小字雙行三十六字
粗黑口左右雙邊　存九卷（五至九、十五至十
八）

610000－1001－0003240　善0024489
[嘉靖]耀州志十一卷　（明）李廷寶修
（明）喬世寧纂　清乾隆二十七年（1762）汪灝
刻本　一冊　十行二十字小字雙行同白口四
周雙邊　存五卷（一至五）

610000－1001－0003241　善0024490
[乾隆]續耀州志十一卷　（清）汪灝修
（清）鍾麟書纂　清乾隆二十七年（1762）刻光
緒十六年（1890）增刻本　二冊　十行二十字
白口四周雙邊

610000－1001－0003242　善0024492
[乾隆]郃陽縣全志四卷　（清）席奉乾修
（清）孫景烈纂　清乾隆三十四年（1769）刻本
　三冊　十行二十二字小字雙行同白口四周
雙邊　存三卷（二至四）

610000－1001－0003243　善0024493
[乾隆]郃陽縣全志四卷　（清）席奉乾修
（清）孫景烈纂　清乾隆三十四年（1769）刻本
　四冊　十行二十二字小字雙行同白口四周
單邊

610000－1001－0003244　善0024498
[雍正]陝西通志一百卷首一卷　（清）劉於義
修　（清）沈青崖纂　清雍正十三年（1735）刻
本　二冊　十二行二十六字小字雙行同白口
四周雙邊　存二卷（四十三、一百）

610000－1001－0003245　善0024513
三輔黃圖六卷補遺一卷　（漢）□□撰　（清）
畢沅校　清乾隆四十九年（1784）靈巖山館刻
本　一冊　十一行二十二字小字雙行同上下
黑口四周單邊

610000－1001－0003246　善0024540
[康熙]臨海縣志十五卷首一卷　（清）洪若皋
纂　清康熙十二年（1673）修二十二年（1683）
刻本　七冊　九行二十字小字雙行同白口四
周雙邊　存十三卷（一至十三）

610000 - 1001 - 0003247　善 0024549

西湖志四十八卷　（清）李衛修　（清）傅王露等纂　清雍正刻本　三冊　九行二十一字小字雙行同下黑口四周雙邊　存六卷（四十三至四十八）

610000 - 1001 - 0003248　善 0024552

爾雅直音二卷　（清）孫佩輯　清乾隆六十年（1795）刻嘉慶四年（1799）增訂本　一冊　五行十五字白口左右雙邊　存一卷（上）

610000 - 1001 - 0003249　善 0024553

四書正韻平仄合參一卷　（清）許魚門增訂　清乾隆三十年（1765）經緯堂刻本　一冊　六行十四字小字雙行二十八字白口四周單邊

610000 - 1001 - 0003250　善 0024561

周官集注十二卷　（清）方苞撰　清乾隆刻本　六冊　九行二十四字白口四周雙邊

610000 - 1001 - 0003251　善 0024563

[正德]武功縣志三卷首一卷　（明）康海纂（清）孫景烈評注　（清）瑪星阿參訂　清乾隆二十六年（1761）瑪星阿刻本　一冊　十二行二十五字小字雙行同白口四周雙邊

610000 - 1001 - 0003252　善 0024568

周書五十卷　（唐）令狐德棻撰　（明）趙用賢（明）余孟麟校　明萬曆十六年（1588）南京國子監刻明崇禎清康熙遞修本　八冊　九行十八字小字雙行同白口四周雙邊

610000 - 1001 - 0003253　善 0024569

十誦齋集六卷　（清）周天度撰　清乾隆四十八年（1783）刻本　一冊　十行二十一字小字雙行同白口四周單邊

610000 - 1001 - 0003254　善 00010

經史辨體不分卷　（清）徐與喬輯評　清康熙刻本　八冊　九行二十六字小字雙行同白口四周單邊

610000 - 1001 - 0003255　善 00011

[雍正]陝西通志一百卷首一卷　（清）劉於義修　（清）沈青崖纂　清雍正十三年（1735）刻本（卷四十二配鉛印本）　二十四冊　十二行二十五字小字雙行同白口四周雙邊　存二十四卷（十六至十八、四十二至四十四、四十六至四十八、五十五至五十七、六十一至六十四、六十六至六十七、六十九至七十、九十、九十五、九十七至九十八）

610000 - 1001 - 0003256　善 00041

呻吟語六卷　（明）呂坤撰　清乾隆五十九年（1794）刻本　四冊　十一行二十一字白口左右雙邊　缺二卷（五至六）

610000 - 1001 - 0003257　善 00054

古文眉詮七十九卷　（清）浦起龍論次　（清）程鍾　（清）方懋福彙參　清乾隆九年（1744）三吳書院刻本　十七冊　九行二十二字小字雙行同白口左右雙邊　存四十三卷（二十八至三十一、四十一至七十九）

610000 - 1001 - 0003258　善 00060

古詩箋三十二卷　（清）王士禎輯　（清）聞人倓箋　清乾隆三十一年（1766）芝蘭堂刻本　五冊　十行二十一字小字雙行同白口左右雙邊　存七卷（一至六、九）

610000 - 1001 - 0003259　善 00238

[雍正]陝西通志一百卷首一卷　（清）劉於義修　（清）沈青崖纂　清雍正十三年（1735）刻本　三十三冊　十二行二十六字小字雙行同白口四周雙邊　存三十四卷（五十至五十一、五十五至五十七、六十一至六十九、七十一、七十四至八十、八十三至九十三、九十五）

610000 - 1001 - 0003260　善 00403

唐書二百二十五卷　（宋）歐陽修　（宋）宋祁撰　明刻明清遞修本　十冊　十行二十二字小字雙行同白口四周雙邊　存五十卷（五至四十、四十六至五十五、五十七至六十）

610000 - 1001 - 0003261　善 00465

西湖志四十八卷　（清）李衛修　（清）傅王露等纂　清雍正九年（1731）刻本　五冊　九行二十一字小字雙行同白口四周雙邊　存十卷（一至二、五至十二）

610000 - 1001 - 0003262　善 00466

隋書八十五卷　（唐）魏徵撰　明崇禎八年(1635)汲古閣毛氏刻本　十五冊　十二行二十五字小字雙行同白口左右雙邊

610000 – 1001 – 0003263　善00488

御製資治通鑑綱目全書三種　（清）□□編　清康熙刻本　四十六冊　十一行二十二字小字雙行同下黑口四周雙邊

610000 – 1001 – 0003264　善00521

[雍正]陝西通志一百卷首一卷　（清）劉於義修　（清）沈青崖纂　清雍正十三年(1735)刻本　二十四冊　十二行二十六字小字雙行同白口四周雙邊　存二十四卷(七十五至九十八)

610000 – 1001 – 0003265　善00605

[乾隆]蕭山縣志四十卷　（清）黃鈺纂修　清乾隆十六年(1751)刻本　一冊　十行二十二字小字雙行同白口四周雙邊　存七卷(一至七)

610000 – 1001 – 0003266　善00689

宋詩鈔初集八十四種　（清）呂留良等輯　清康熙十年(1671)吳氏鑑古堂刻本　八冊　十二行二十二字小字雙行同黑口左右雙邊　存二十五種

610000 – 1001 – 0003267　善00713

蘇東坡詩集注三十二卷　（宋）蘇軾撰　（宋）呂祖謙編　（宋）王十朋注　清康熙文蔚堂刻本　三冊　十一行十九字小字雙行不等白口左右雙邊　存五卷(十五至十七、二十至二十一)

610000 – 1001 – 0003268　善00722

周書五十卷　（唐）令狐德棻撰　明崇禎五年(1632)毛氏汲古閣刻本　六冊　十二行二十五字白口左右雙邊

610000 – 1001 – 0003269　善00725

梁書五十六卷　（唐）姚思廉撰　明崇禎六年(1633)琴川毛氏汲古閣刻本　八冊　十二行二十五字白口左右雙邊

610000 – 1001 – 0003270　善00768

[乾隆]單縣志十三卷圖一卷　（清）覺羅普爾泰修　（清）傅爾德纂　清乾隆二十四年(1759)刻本　八冊　九行二十二字白口四周雙邊　存九卷(一至五、九至十二)

610000 – 1001 – 0003271　善00774

春秋或問二十卷　（宋）呂大圭撰　清康熙十九年(1680)通志堂刻本　一冊　十一行二十字小字雙行同白口左右雙邊　存七卷(四至十)

610000 – 1001 – 0003272　善00788

經典釋文攷證三十卷　（清）盧文弨輯　清乾隆五十六年(1791)常州龍城書院刻本　一冊　十一行二十二字小字雙行同上下黑口四周單邊　存八卷(儀禮音義攷證一、周禮音義攷證一、毛詩音義攷證三、尚書音義攷證二、周易音義攷證一)

610000 – 1001 – 0003273　善00795

欽定四書文選　（清）方苞選　清乾隆五年(1740)刻本　十一冊　九行二十六字白口左右雙邊　存四種

610000 – 1001 – 0003274　善00850

文獻通考三百四十八卷　（元）馬端臨著　清乾隆十二年(1747)刻本　六冊　十行二十一字白口左右雙邊　存二十五卷(一百六十五至一百八十九)

610000 – 1001 – 0003275　善00859

宋書一百卷　（南朝梁）沈約撰　明崇禎十七年(1644)毛氏汲古閣刻本　一冊　十二行二十五字白口左右雙邊　存七卷(八十至八十六)

610000 – 1001 – 0003276　善00860

魏書一百三十卷　（北齊）魏收撰　明崇禎九年(1636)毛氏汲古閣刻本　一冊　十二行二十五字白口左右雙邊　存七卷(五十三至五十九)

610000 – 1001 – 0003277　善00862

後漢書九十卷　（南朝宋）范曄撰　（唐）李賢注　後漢書志三十卷　（晉）司馬彪撰　（南

朝梁)劉昭注　明末琴川毛氏汲古閣刻本
一冊　十二行二十五字小字雙行三十七字白
口左右雙邊　存十二卷(十九至三十)

610000－1001－0003278　善00864
史記一百三十卷　(漢)司馬遷撰　明末毛氏
汲古閣刻本　一冊　十二行二十五字小字雙
行三十七字白口左右雙邊　存五卷(五至九)

610000－1001－0003279　善00876
漢書一百卷　(漢)班固撰　(唐)顏師古注
明末毛氏汲古閣刻本　八冊　十二行二十五
字小字雙行三十七字白口左右雙邊　存五十
七卷(八至十四、十六至十八、二十一至二十
七、三十三至七十二)

610000－1001－0003280　善00879
晉書一百三十卷　(唐)房玄齡等撰　明末毛
氏汲古閣刻本　六冊　十二行二十五字小字
雙行三十七字白口左右雙邊　存四十卷(十
一至十五、九十六至一百三十)

610000－1001－0003281　善00889
明朝紀事本末八十卷　(清)谷應泰撰　清順
治十五年(1658)築益堂刻本　九冊　九行二
十字小字雙行同白口左右雙邊　存四十五卷
(一至四十五)

610000－1001－0003282　善00902
古文淵鑒六十四卷　(清)徐乾學等編注　清
康熙四十九年(1710)内府刻五色套印本　二
十四冊　九行二十字小字雙行同黑口四周單
邊　存三十九卷(二十六至六十四)

610000－1001－0003283　善00920
古文淵鑒六十四卷　(清)徐乾學等編注　清
康熙二十四年(1685)内府刻四色套印本　十
六冊　九行二十字小字雙行同黑口四周單邊
　存二十二卷(三十五至四十四、五十三至六
十四)

610000－1001－0003284　善00936
北齊書五十卷　(唐)李百藥撰　明崇禎十一
年(1638)毛氏汲古閣刻本　四冊　十二行二
十五字小字雙行三十七字白口左右雙邊

610000－1001－0003285　善00955
御選唐宋詩醇四十七卷目錄二卷　(清)高宗
弘曆選　(清)梁詩正等編　清乾隆二十五年
(1760)紫陽書院刻本　十六冊　九行十九字
白口四周單邊　存四十二卷(一至二十七、三
十二至三十三、三十七至四十七,目錄一至
二)

610000－1001－0003286　善00987
[雍正]**陝西通志一百卷首一卷**　(清)劉於義
修　(清)沈青崖纂　清雍正十三年(1735)刻
本　五十一冊　十二行二十九字小字雙行同
白口四周雙邊　存五十三卷(一至五十二、首
一)

610000－1001－0003287　善00989
集虛齋四書口義十卷　(清)方楘如撰　(清)
于光華編　清乾隆五十三年(1788)大文堂刻
本　六冊　十四行二十五字白口四周單邊間
左右雙邊

610000－1001－0003288　善01054
古文淵鑒六十四卷　(清)徐乾學等編注　清
康熙四十九年(1710)内府刻五色套印本　四
十冊　九行二十字小字雙行同黑口四周單邊

610000－1001－0003289　善01068
南史八十卷　(唐)李延壽撰　明崇禎十三年
(1640)毛氏汲古閣刻本　十六冊　十二行二
十五字小字雙行三十七字白口左右雙邊

610000－1001－0003290　善01070
史記一百三十卷　(漢)司馬遷撰　明末毛氏
汲古閣刻本　八冊　十二行二十五字小字雙
行三十七字白口左右雙邊　存九十八卷(三
十一至七十五、七十七至八十九、九十一至一
百三十)

610000－1001－0003291　善01071
晉書一百三十卷　(唐)房玄齡等撰　明崇禎
元年(1628)毛氏汲古閣刻本　二十四冊　十
二行二十五字小字雙行三十七字白口左右
雙邊

610000－1001－0003292　善01077

通鑑綱目全書四種　清康熙四十年(1701)王公行刻本　三十七冊　七行十八字小字雙行同白口四周單邊　存三種

610000－1001－0003293　善01092
[雍正]陝西通志一百卷首一卷　(清)劉於義修　(清)沈青崖纂　清雍正十三年(1735)刻本　四冊　十二行二十六字小字雙行同白口四周雙邊　存四卷(三十八、六十六、七十、七十四)

610000－1001－0003294　善01116
[乾隆]新修慶陽府志四十二卷　(清)趙本植纂修　清乾隆二十六年(1761)刻本　二冊　九行二十一字小字雙行同白口四周雙邊　存十卷(十三至二十二)

610000－1001－0003295　善01121
唐詩貫珠六十卷　(清)胡以梅箋　清乾隆素心堂刻本　六冊　九行二十三字小字雙行同上下黑口左右雙邊　存十七卷(十六至三十二)

610000－1001－0003296　善01125
通鑑綱目全書四種　清康熙六十一年(1722)四喜堂刻本　四十六冊　七行十八字小字雙行同白口四周單邊　存二種

610000－1001－0003297　善01157
漢書一百卷　(漢)班固撰　(唐)顏師古注　明崇禎十五年(1642)毛氏汲古閣刻本　二十九冊　十二行二十五字小字雙行三十七字白口左右雙邊　缺十八卷(一至十八)

610000－1001－0003298　善01158
漢書一百卷　(漢)班固撰　(唐)顏師古注　明崇禎十五年(1642)毛氏汲古閣刻本　十四冊　十二行二十五字小字雙行三十七字白口左右雙邊　存六十五卷(二十六至九十)

610000－1001－0003299　善01161
古文淵鑑六十四卷　(清)徐乾學等編注　清康熙四十九年(1710)內府刻五色套印本　七冊　九行二十字小字雙行同黑口四周單邊　存十四卷(五至六、十一至十二、十五至二十

二、四十八至四十九)

610000－1001－0003300　善01195
草字彙十二卷　(清)石梁集　清乾隆五十三年(1788)敬義齋刻本　三冊　行數不等大小字不等白口四周雙邊　存六卷(子、丑、午、未、申、酉)

610000－1001－0003301　善01219
格致鏡原一百卷　(清)陳元龍輯　清雍正刻本　十九冊　十一行二十一字黑口左右雙邊　存七十九卷(二十二至一百)

610000－1001－0003302　善01224
南齊書五十九卷　(南朝梁)蕭子顯撰　明崇禎十年(1637)毛氏汲古閣刻本　十冊　十二行二十五字白口左右雙邊

610000－1001－0003303　善01260
周禮註疏四十二卷　(漢)鄭玄註　(唐)賈公彥疏　明崇禎汲古閣刻本　六冊　九行二十一字小字雙行同白口左右雙邊　存十四卷(一至十四)

610000－1001－0003304　善01264
[雍正]陝西通志一百卷首一卷　(清)劉於義修　(清)沈青崖纂　清雍正十三年(1735)刻本　十九冊　十二行二十六字小字雙行同白口四周雙邊　存二十一卷(二十九至三十八、四十一至四十二、四十八至五十二、六十五至六十八)

610000－1001－0003305　善01267
[雍正]陝西通志一百卷首一卷　(清)劉於義修　(清)沈青崖纂　清雍正十三年(1735)刻本　四十冊　十二行二十六字小字雙行同白口四周雙邊　存四十一卷(五至十四、十六至十九、二十一至二十二、二十四至三十、三十六至五十二、八十三)

610000－1001－0003306　善01388
景岳全書十六種　(明)張介賓撰　(清)賈棠訂　清乾隆抄本　七冊　九行二十四字　存三種

610000－1001－0003307　善01391

御纂春秋直解十二卷　（清）傅恆等編　清乾隆二十三年(1758)刻本　七冊　八行二十字小字雙行同白口四周雙邊　存十一卷（一至九、十一至十二）

610000－1001－0003308　善01400

詩義折中二十卷　（清）傅恆等撰　清乾隆二十年(1755)刻本　十冊　十行字數不等小字雙行十九字白口左右雙邊

610000－1001－0003309　善01411

文選六十卷　（南朝梁）蕭統撰　（唐）李善注　清乾隆三十七年(1772)長洲葉氏海錄軒刻朱墨印本　三冊　十二行二十五字小字雙行三十七字白口左右雙邊　存十四卷（三十六至四十三、五十一至五十六）

610000－1001－0003310　善01415

文選六十卷　（南朝梁）蕭統撰　（唐）李善注　清乾隆三十七年(1772)長洲葉氏海錄軒刻朱墨印本　一冊　十二行二十五字小字雙行三十七字白口左右雙邊　存五卷（二十至二十四）

610000－1001－0003311　善01419

文選六十卷　（南朝梁）蕭統撰　（唐）李善注　清乾隆三十七年(1772)長洲葉氏海錄軒刻朱墨印本　一冊　十二行二十五字小字雙行三十七字白口左右雙邊　存六卷（二十四至二十九）

610000－1001－0003312　善01422

文選六十卷　（南朝梁）蕭統撰　（唐）李善注　明崇禎毛氏汲古閣刻本　六冊　十二行二十五字小字雙行三十七字白口左右雙邊　存四十六卷（八至十五、二十三至六十）

610000－1001－0003313　善01430

詩經繹傳八卷　（清）陳抒孝纂錄　（清）汪基增訂　清雍正十一年(1733)刻本　四冊　九行大字不等小字雙行二十四字白口四周單邊

610000－1001－0003314　善01433

文選六十卷　（南朝梁）蕭統撰　（唐）李善注　清乾隆三十七年(1772)長洲葉氏海錄軒刻朱墨印本　二冊　十二行二十五字小字雙行三十七字白口左右雙邊　存七卷（十五至十八、二十九至三十一）

610000－1001－0003315　善01445

三白寶海三卷　（元）釋幕講撰　清乾隆五十五年(1790)樂真堂刻本　一冊　十行二十二字白口左右雙邊

610000－1001－0003316　善01535

文選六十卷　（南朝梁）蕭統撰　（唐）李善注　清乾隆三十七年(1722)長洲葉氏海錄軒刻朱墨印本　九冊　十二行二十五字小字雙行三十七字白口左右雙邊　存三十五卷（五至八、二十至二十六、三十至三十七、四十一至五十六）

610000－1001－0003317　善01538

文選六十卷　（南朝梁）蕭統撰　（唐）李善注　清乾隆三十七年(1722)長洲葉氏海錄軒刻朱墨印本　三冊　十二行二十五字小字雙行三十七字白口左右雙邊　存十四卷（一至九、四十六至五十）

610000－1001－0003318　善01545

文選六十卷　（南朝梁）蕭統撰　（唐）李善注　清乾隆三十七年(1722)長洲葉氏海錄軒刻朱墨印本　二冊　十二行二十五字小字雙行三十七字白口左右雙邊　存四卷（二至三、五十至五十一）

610000－1001－0003319　善01547

文選六十卷　（南朝梁）蕭統撰　（唐）李善注　清乾隆三十七年(1722)長洲葉氏海錄軒刻朱墨印本　二冊　十二行二十五字小字雙行三十七字白口左右雙邊　存十一卷（九至十九）

610000－1001－0003320　善01551

[雍正]陝西通志一百卷首一卷　（清）劉於義修　（清）沈青崖纂　清雍正十三年(1735)刻本　二十五冊　十二行二十六字小字雙行同白口四周雙邊　存二十五卷（十五、五十八至六十一、七十一至七十三、八十三至九十九）

610000 – 1001 – 0003321　善 01552

文選六十卷 （南朝梁）蕭統撰 （唐）李善注
清乾隆三十七年(1722)長洲葉氏海錄軒刻
朱墨印本　十二冊　十二行二十五字小字雙
行三十七字白口左右雙邊　存二十一卷（三
至四、二十三、二十八至二十九、三十二至三
十三、三十九至四十八、五十三至五十四、五
十九至六十）

610000 – 1001 – 0003322　善 01556

文選六十卷 （南朝梁）蕭統撰 （唐）李善注
清乾隆三十七年(1722)長洲葉氏海錄軒刻
朱墨印本　一冊　十二行二十五字小字雙行
三十七字白口左右雙邊　存二卷（四十四至
四十五）

610000 – 1001 – 0003323　善 01560

萬氏家傳保命歌括三十五卷 （明）萬全撰
清乾隆六年(1741)敷文堂刻本　二冊　十行
二十字白口四周單邊　存十三卷（九至二十
一）

610000 – 1001 – 0003324　善 01579

經驗良方二卷 （清）劉起堂輯　清乾隆二十
年(1755)刻本　一冊　九行二十五字白口四
周單邊　存一卷（二）

610000 – 1001 – 0003325　善 01650

史記一百三十卷 （漢）司馬遷撰 （南朝宋）
裴駰集解 （唐）司馬貞索隱 （唐）張守節正
義　清乾隆四年(1739)刻本　一冊　十行二
十一字小字雙行同上下黑口四周雙邊　存四
卷（四十至四十三）

610000 – 1001 – 0003326　善 01657

史記一百三十卷 （漢）司馬遷撰 （南朝宋）
裴駰集解 （唐）司馬貞索隱 （唐）張守節正
義　清乾隆四年(1739)刻本　一冊　二十行
四十二字小字雙行同白口左右雙邊　存十二
卷（三十一至四十二）

610000 – 1001 – 0003327　善 01673

[乾隆]臨潼縣志九卷圖一卷 （清）史傳遠纂
修　清乾隆四十一年(1776)刻本　一冊　十
行二十四字白口四周雙邊　存二卷（四至五）

610000 – 1001 – 0003328　善 01698

養正遺規二卷補編一卷 （清）陳宏謀編　清
乾隆四年(1739)培遠堂刻本　一冊　十一行
二十字白口左右雙邊

610000 – 1001 – 0003329　善 01721

幼科證治準繩九卷 （明）王肯堂輯　明萬曆
十三年(1585)刻本　一冊　十行二十字小字
雙行不等白口四周單邊　存一卷（六）

610000 – 1001 – 0003330　善 01781

後甲集二卷 （清）章大來撰　清康熙五十六
年(1717)刻本　一冊　上下黑口四周單邊

610000 – 1001 – 0003331　善 01795

前漢書一百二十卷 （漢）班固撰 （唐）顏師
古注　明崇禎十五年(1642)毛氏汲古閣刻本
十冊　十二行二十五字小字雙行三十七字
白口左右雙邊　存二十五卷（一至二十五）

610000 – 1001 – 0003332　善 01855

[雍正]陝西通志一百卷首一卷 （清）劉於義
修 （清）沈青崖纂　清雍正十三年(1735)刻
本　二十冊　十二行二十六字小字雙行同白
口四周雙邊　存二十卷（十九、二十七、三十
三、四十六至四十七、六十七至七十六、八十
八、九十一至九十四）

610000 – 1001 – 0003333　善 01869

平陽全書十五卷 （清）葉泰輯　清康熙二十
六年(1687)文光堂刻本　二冊　九行二十一
字白口四周單邊　存六卷（一至三、十三至十
五）

610000 – 1001 – 0003334　善 01877

[雍正]陝西通志一百卷首一卷 （清）劉於義
修 （清）沈青崖纂　清雍正十三年(1735)刻
本　五十四冊　十二行二十六字小字雙行同
白口四周雙邊　存五十四卷（二十、二十二至
二十六、二十八至二十九、三十二、三十四至
三十七、三十九、四十二、四十四至四十五、四
十八至四十九、五十一至六十六、七十七至八
十七、八十九至九十、九十五至一百）

610000 – 1001 – 0003335　善 01963

婦人良方二十四卷 (宋)陳自明撰 (明)薛
己注 明刻本 一冊 十行二十字白口左右
雙邊 存三卷(二十一至二十三)

610000－1001－0003336 善01968

幼科證治準繩九卷 (明)王肯堂輯 明萬曆
刻本 一冊 十行二十字小字雙行同白口四
周單邊 存一卷(二下)

610000－1001－0003337 善01978

新刻來瞿唐先生易註十五卷首一卷末一卷來
氏周易圖解一卷 (明)來知德註 清乾隆二
年(1737)朝爽堂刻本 一冊 九行二十二字
白口四周單邊 存二卷(六至七)

610000－1001－0003338 善02001

而菴說唐詩二十二卷首一卷 (清)徐增著
清康熙九誥堂刻本 二冊 九行十九字白口
左右雙邊 存十二卷(五至十六)

610000－1001－0003339 善02015

北齊書五十卷 (唐)李百藥撰 明崇禎十一
年(1638)毛氏汲古閣刻本 六冊 十二行二
十五字白口左右雙邊

610000－1001－0003340 善02021

格致鏡原一百卷 (清)陳元龍輯 清雍正十
三年(1735)刻本 二冊 十一行二十一字黑
口左右雙邊 存八卷(一至四、十至十三)

610000－1001－0003341 善02029

李義山詩集十六卷 (唐)李商隱撰 (清)姚
培謙箋 清乾隆五年(1740)松桂讀書堂刻本
四冊 十行二十二字小字雙行不等白口左
右雙邊

610000－1001－0003342 善02035

古文眉詮七十九卷 (清)浦起龍論次 (清)
程鍾 (清)方懋福彙參 清乾隆九年(1744)
三吳書院刻本 八冊 九行二十二字小字雙
行同白口左右雙邊 存二十卷(二十一至四
十)

610000－1001－0003343 善02041

玉海二百卷辭學指南四卷附刻十四種 (宋)
王應麟撰 明刻明清遞修本 六十八冊 十

行二十字小字雙行同白口左右雙邊間四周單
邊 存一百二十四卷(四十三至四十四、五十
五至五十六、五十八至八十九、九十二至九十
七、一百至一百〇五、一百二十二至一百四十
九、一百五十三至一百五十五、一百六十至二
百,辭學指南一至四,附刻(七種)

610000－1001－0003344 善02067

養正遺規二卷補編一卷 (清)陳宏謀編 清
乾隆五十四年(1789)培遠堂刻本 一冊 十
一行二十字白口左右雙邊

610000－1001－0003345 善02068

南華真經解內篇七卷外篇十五卷雜篇十一卷
(清)宣穎撰 清康熙積秀堂刻本 一冊
九行二十四字小字雙行同白口四周雙邊 存
七卷(內篇一至七)

610000－1001－0003346 善02080

從政遺規二卷 (清)陳宏謀編輯 清乾隆五
十五年(1790)刻本 二冊 十一行二十字小
字雙行同白口左右雙邊

610000－1001－0003347 善02094

欽定周官義疏四十八卷首一卷 (清)鄂爾泰
等撰 清乾隆十九年(1754)刻本 二十二冊
八行二十二字小字雙行同白口四周雙邊
存四十五卷(一至二、五至六、九至四十八,首
一)

610000－1001－0003348 善02122

[雍正]陝西通志一百卷首一卷 (清)劉於義
修 (清)沈青崖纂 清雍正十三年(1735)刻
本 二十六冊 十二行二十六字小字雙行同
白口四周雙邊 存二十六卷(一至五、七至
九、十一至二十八)

610000－1001－0003349 善02147

周禮註疏四十二卷 (漢)鄭玄註 (唐)賈公
彥疏 明崇禎汲古閣刻本 十二冊 九行二
十一字小字雙行同白口左右雙邊

610000－1001－0003350 善02154

十三經註疏 明末汲古閣刻本 二十七冊 九
行二十一字小字雙行同白口左右雙邊 存三種

610000－1001－0003351　善02159
欽定書經傳說彙纂二十一卷首二卷書序一卷
　（清）王頊齡撰　清雍正八年(1730)刻本
十二冊　八行二十二字小字雙行同白口四周
雙邊

610000－1001－0003352　善02160
欽定書經傳說彙纂二十一卷首二卷書序一卷
　（清）王頊齡撰　清雍正八年(1730)刻本
十六冊　八行二十二字小字雙行同白口四周
雙邊　存二十卷(一至十八、首一至二)

610000－1001－0003353　善02184
難經經釋二卷　（清）徐大椿撰　清雍正五年
至乾隆二十九年(1727－1764)刻本　一冊
九行二十二字小字雙行三十字白口左右雙邊

610000－1001－0003354　善02194
憑山閣增輯留青新集三十卷　（清）陳枚選
（清）陳德裕增輯　清康熙四十七年(1708)積
秀堂刻本　一冊　十一行二十四字小字雙行
同白口四周單邊　存一卷(一)

610000－1001－0003355　善02205
平陽全書十五卷　（清）葉泰輯　清康熙二十
六年(1687)文光堂刻本　二冊　九行二十一
字白口四周雙邊　存四卷(四至五、八至九)

610000－1001－0003356　善02214
南華經解內篇七卷外篇十五卷雜篇十一卷
(戰國)莊周撰　（清）瞿宣穎解　清康熙刻本
　三冊　九行二十四字白口四周雙邊　存十
二卷(五至七、十八至二十二、二十三至二十
六)

610000－1001－0003357　善02220
欽定書經傳說彙纂二十一卷首二卷書序一卷
　（清）王頊齡撰　清雍正八年(1730)刻本
二十冊　八行二十二字小字雙行同白口四周
雙邊

610000－1001－0003358　善02224
欽定書經傳說彙纂二十一卷首二卷書序一卷
　（清）王頊齡撰　清雍正八年(1730)刻本
四冊　八行二十二字小字雙行同白口四周雙

邊　存四卷(十九至二十一、書序一)

610000－1001－0003359　善02231
御纂周易折中二十二卷首一卷　（清）李光地
等撰　清康熙五十四年(1715)刻本　十二冊
　八行十八字小字雙行二十二字白口四周
雙邊

610000－1001－0003360　善02234
重刻昭明文選李善註六十卷　（南朝梁）蕭統
輯　（唐）李善註　清乾隆三十七年(1772)海
錄軒刻朱墨印本　十二冊　十二行二十五字
小字雙行三十七字白口左右雙邊

610000－1001－0003361　善02272
[雍正]陝西通志一百卷首一卷　（清）劉於義
修　（清）沈青崖纂　清雍正十三年(1735)刻
本　五十三冊　十二行二十六字小字雙行同
白口四周雙邊　存五十六卷(一至四、十五、
二十、二十三、三十一至三十五、五十三至八
十五、八十五至九十四,首一)

610000－1001－0003362　善02274
[雍正]陝西通志一百卷首一卷　（清）劉於義
修　（清）沈青崖纂　清雍正十三年(1735)刻
本　四十七冊　十二行二十六字小字雙行同
白口四周雙邊　存四十七卷(二、四至五、九
至二十、二十二、二十四、二十六至二十九、四
十、六十二至七十五、七十八至七十九、八十
二至九十)

610000－1001－0003363　善02275
尋墅外言五卷　（清）李繩遠撰　清乾隆刻本
　一冊　十一行二十一字上下黑口左右雙邊

610000－1001－0003364　善02279
[雍正]陝西通志一百卷首一卷　（清）劉於義
修　（清）沈青崖纂　清雍正十三年(1735)刻
本　三十五冊　十二行二十六字小字雙行同
白口四周雙邊　存三十六卷(一至九、十一至
十二、十四至十六、十八、二十八至三十、四十
六至五十二、五十四至六十二、六十四,首一)

610000－1001－0003365　善02282
[雍正]陝西通志一百卷首一卷　（清）劉於義

修 （清)沈青崖纂　清雍正十三年(1735)刻
本　五冊　十二行二十六字小字雙行同白口
四周雙邊　存五卷(五十六至五十八、六十至
六十一)

610000 – 1001 – 0003366　善 02285
[雍正]陝西通志一百卷首一卷　（清)劉於義
修 （清)沈青崖纂　清雍正十三年(1735)刻
本　一冊　十二行二十六字小字雙行同白口
四周雙邊　存一卷(五十九)

610000 – 1001 – 0003367　善 02286
[雍正]陝西通志一百卷首一卷　（清)劉於義
修 （清)沈青崖纂　清雍正十三年(1735)刻
本　一冊　十二行二十六字小字雙行同白口
四周雙邊　存一卷(五十八)

610000 – 1001 – 0003368　善 02299
陳書三十六卷　（唐)姚思廉撰　明崇禎四年
(1631)琴川毛氏汲古閣刻本　四冊　十二行
二十五字白口左右雙邊

610000 – 1001 – 0003369　善 02353
文獻通考三百四十八卷　（元)馬端臨撰　清
乾隆十二年(1747)刻本　三十二冊　十行二
十一字白口左右雙邊　存一百三十四卷(三
十三至一百〇二、一百九十至二百五十三)

610000 – 1001 – 0003370　善 02388
楚辭十七卷　（戰國)屈原撰 （漢)劉向輯
(漢)王逸注 （宋)洪興祖補　清初毛氏汲古
閣刻本　六冊　九行十五字小字雙行二十字
白口左右雙邊

610000 – 1001 – 0003371　善 02427
第六才子書八卷附西廂文一卷　 （元)王實甫
撰 （清)金聖嘆評　清乾隆四十五年(1780)
積秀堂刻本　一冊　十一行二十四字小字雙
行同白口四周單邊　存四卷(一至四)

610000 – 1001 – 0003372　善 02429
春秋左傳綱目杜林詳注十四卷首一卷　 （明)
張岐然輯　清雍正十三年(1735)拔茅居木活
字印本　一冊　九行三十字小字雙行同白口
四周單邊　存二卷(十三至十四)

610000 – 1001 – 0003373　善 02441
論語集注本義匯糸二十卷首一卷　 （清)王步
青輯 （清)王士籠編　清乾隆十年(1745)常
熟孫氏敦復堂刻本　六冊　九行二十三字小
字雙行同白口四周單邊　存十卷(十一至二
十)

610000 – 1001 – 0003374　善 02442
孟子集注本義匯參十四卷首一卷　 （清)王步
青輯 （清)王士籠編　清乾隆十年(1745)常
熟孫氏敦復堂刻本　六冊　九行二十三字小
字雙行同白口四周單邊　存七卷(八至十四)

610000 – 1001 – 0003375　善 02451
孟子集注本義匯參十四卷首一卷　 （清)王步
青輯 （清)王士籠編　清乾隆十年(1745)常
熟孫氏敦復堂刻本　八冊　九行二十三字小
字雙行同白口四周單邊　存十一卷(二至六、
九至十四)

610000 – 1001 – 0003376　善 02459
子史精華一百六十卷　（清)允祿 （清)吳襄
等纂　清雍正五年(1727)武英殿刻本　八冊
　八行二十四字小字雙行二十四字白口四周
雙邊　存四十四卷(一至四十四)

610000 – 1001 – 0003377　善 02474
明呂叔簡先生四禮翼四卷　（明)呂坤撰　清
乾隆四十二年(1777)刻本　一冊　九行二十
一字白口四周單邊

610000 – 1001 – 0003378　善 02553
史記一百三十卷　（漢)司馬遷撰　明末毛氏
汲古閣刻本　二冊　十二行二十五字小字雙
行三十七字白口左右雙邊　存七卷(一至七)

610000 – 1001 – 0003379　善 02565
香祖筆記十二卷　（清)王士禎撰　清康熙刻
本　五冊　十行十九字白口左右雙邊　存十
卷(三至十二)

610000 – 1001 – 0003380　善 02567
香祖筆記十二卷　（清)王士禎撰　清康熙刻
本　三冊　十行十九字白口左右雙邊　存九
卷(四至十二)

610000－1001－0003381　善02574

論語集注本義匯叅二十卷首一卷　（清）王步青輯　（清）王士鼇編　清乾隆十年(1745)常熟孫氏敦復堂刻本　七冊　九行二十三字小字雙行同白口四周單邊　存十二卷(一至十一、首一)

610000－1001－0003382　善02575

論語集注本義匯叅二十卷首一卷　（清）王步青輯　（清）王士鼇編　清乾隆十年(1745)常熟孫氏敦復堂刻本　三冊　九行二十三字小字雙行同白口四周雙邊　存六卷(一至五、首一)

610000－1001－0003383　善02642

史記一百三十卷　（漢）司馬遷撰　明末毛氏汲古閣刻本　三冊　十二行二十五字小字雙行三十七字白口左右雙邊　存二十卷(六至十二、十八至三十)

610000－1001－0003384　善02647

史記一百三十卷　（漢）司馬遷撰　明末毛氏汲古閣刻本　一冊　十二行二十五字小字雙行三十七字白口左右雙邊　存七卷(一至七)

610000－1001－0003385　善02666

金史一百三十五卷　（元）脫脫等撰　明萬曆三十四年(1606)刻本　十六冊　十行二十一字白口左右雙邊　存八十七卷(一至四十、八十九至一百三十五)

610000－1001－0003386　善02677

百名家詩選　（清）魏憲輯　清康熙枕江堂刻本　一冊　九行十八字白口左右雙邊　存四種

610000－1001－0003387　善02693

詞律二十卷　（清）萬樹編　清康熙二十六年(1687)陽羨萬氏堆絮園刻本　三冊　七行二十一字小字雙行同白口左右雙邊　存八卷(六至十三)

610000－1001－0003388　善02709

[雍正]陝西通志一百卷首一卷　（清）劉於義修　（清）沈青崖纂　清雍正十三年(1735)刻本　一冊　十二行二十六字小字雙行同白口四周雙邊　存一卷(五十九)

610000－1001－0003389　善02710

康對山先生文集十卷　（明）康海撰　清乾隆二十六年(1761)刻本　一冊　九行二十字白口左右雙邊　存一卷(二)

610000－1001－0003390　善02737

亦政堂重考古玉圖二卷　（清）黃晟撰　清乾隆十七年(1752)刻本　一冊　八行十七字白口四周單邊

610000－1001－0003391　善02764

桂巖子二卷　（漢）董仲舒撰　明刻本　一冊　九行十八字白口四周單邊

610000－1001－0003392　善02801

[雍正]陝西通志一百卷首一卷　（清）劉於義修　（清）沈青崖纂　清雍正十三年(1735)刻本　九十八冊　十二行二十六字小字雙行同白口四周雙邊　缺二卷(二十、五十八)

610000－1001－0003393　善02816

李太白文集三十卷附錄六卷　（清）王琦輯　清乾隆二十四年(1759)刻本　十四冊　十行二十字小字雙行同白口左右雙邊

610000－1001－0003394　善02844

史記一百三十卷首一卷　（漢）司馬遷撰　（明）鍾人傑校　明刻本(本紀卷六至十二、年表卷一至二、列傳卷四十一至五十配清刻本)　十一冊　九行二十字白口四周單邊　缺六十六卷(年表三、七至八、書五至八、世家一至六、二十四至三十，列傳一至四十、五十一至五十六)

610000－1001－0003395　善02864

滄溟先生集三十卷附錄一卷　（明）李攀龍撰　明隆慶六年(1572)刻本　四冊　十行二十字白口左右雙邊　缺二十四卷(一至二十四)

610000－1001－0003396　善02871

文獻通考三百四十八卷　（元）馬端臨著　清乾隆十二年(1747)刻本　三十二冊　十行二十一字小字雙行同白口左右雙邊　存一百二

198

十五卷(一百〇三至一百二十、一百四十三至一百六十四、二百五十四至三百十四、三百二十五至三百四十八)

610000 – 1001 – 0003397　善02902
文獻通考三百四十八卷　（元）馬端臨撰　明嘉靖三年(1524)刻本　二冊　十行二十字上下黑口四周雙邊　存十一卷(一百九十四至一百九十九、二百十二至二百十六)

610000 – 1001 – 0003398　善02908
亦政堂重修考古圖十卷　（宋）呂大臨撰　清乾隆十七年(1752)刻本　一冊　八行十七字白口四周單邊　存一卷(四)

610000 – 1001 – 0003399　善02935
康熙字典十二集　（清）張玉書等編　清康熙刻本　二冊　八行十二字小字雙行二十四字白口四周雙邊　存一集(辰集)

610000 – 1001 – 0003400　善02959
孔子家語十卷　（三國魏）王肅注　清乾隆四十六年(1781)書業堂刻本　二冊　十一行二十四字白口左右雙邊

610000 – 1001 – 0003401　善03023
資治通鑑綱目五十九卷首一卷　（宋）朱熹撰　（明）陳仁錫評　清康熙四十年(1701)刻本　二十九冊　七行十八字小字雙行同白口四周單邊　存二十卷(一至五、二十九至四十三)

610000 – 1001 – 0003402　善03039
資治通鑑綱目五十九卷首一卷　（宋）朱熹撰　（明）陳仁錫評述　清康熙四十年(1701)王公行刻本　三冊　七行十八字小字雙行同白口四周單邊　存二卷(一、首一)

610000 – 1001 – 0003403　善03061
文獻通考三百四十八卷　（元）馬端臨撰　清乾隆十二年(1747)刻本　十二冊　十行二十一字小字雙行同白口四周單邊　存四十四卷(十五至三十二、四十七至五十、六十五至六十七、九十五至一百〇五、一百二十五至一百二十八、三百四十至三百四十三)

610000 – 1001 – 0003404　善03124
隨園詩話十六卷續隨園詩話十卷　（清）袁枚撰　清乾隆五十七年(1792)刻本　六冊　十一行二十一字白口左右雙邊　存十六卷(一至十三、續三至五)

610000 – 1001 – 0003405　善03211
孟子注疏解經十四卷　（漢）趙岐注　（宋）孫奭疏　清初汲古閣刻本　六冊　九行二十一字小字雙行同白口左右雙邊

610000 – 1001 – 0003406　善03229
分類補註李太白詩二十五卷　（唐）李白撰　（宋）楊齊賢集註　（元）蕭士贇補註　（明）許玄祐校　明汪復初刻本　七冊　九行二十字小字雙行同白口左右雙邊　缺三卷(四至六)

610000 – 1001 – 0003407　善03280
昭明文選六十卷　（南朝梁）蕭統撰　（唐）李善注　清乾隆二十五年(1760)刻本　十六冊　十二行二十六字小字雙行三十七字白口左右雙邊

610000 – 1001 – 0003408　善03291
唐人說薈六集一百六十四種　（清）陳世熙輯　清乾隆五十八年(1793)刻本　二十三冊　九行二十一字小字雙行同白口左右雙邊　存一百十八種

610000 – 1001 – 0003409　善03294
孝經合刻一卷　（清）李鳳彩　（清）周福山輯　清乾隆四十九年(1784)刻本　一冊　十行二十字白口左右雙邊

610000 – 1001 – 0003410　善03320
唐陸宣公集二十二卷　（唐）陸贄撰　（清）年羹堯重訂　清雍正元年(1723)年羹堯刻本　一冊　十行二十字小字雙行同白口四周單邊　存五卷(一至五)

610000 – 1001 – 0003411　善03329
後漢書一百二十卷　（南朝宋）范曄撰　明末毛氏汲古閣刻本　二冊　十二行二十五字小字雙行三十七字白口左右雙邊　存十八卷

(續漢書志一至十八)

610000－1001－0003412　善03339
御撰資治通鑑綱目三編二十卷 （清）張廷玉
等撰　清乾隆十一年(1746)刻本　四冊　十
一行二十二字小字雙行同下黑口四周雙邊

610000－1001－0003413　善03341
晉書一百三十卷 （唐）房玄齡等撰　明末毛
氏汲古閣刻本　十三冊　十二行二十五字小
字雙行三十七字白口左右雙邊　存六十五卷
(二十七至九十一)

610000－1001－0003414　善03342
[雍正]陝西通志一百卷首一卷 （清）劉於義
修　（清）沈青崖纂　清雍正十三年(1735)刻
本　十七冊　十二行二十六字小字雙行同白
口四周雙邊　存十七卷(十四、二十、四十五、
五十四、五十五、六十二、六十五、六十七、八
十六、八十七至九十二、九十五、九十九)

610000－1001－0003415　善03363
新增說文韻府羣玉二十卷 （元）陰時夫輯
(元)陰中夫注　清康熙五十五年(1716)文盛
堂、天德堂刻本　十三冊　十一行二十二字
小字雙行同白口左右雙邊

610000－1001－0003416　善03365
詩韻釋略五卷 （明）梁應圻訂　清康熙十七
年(1678)李希禹刻本　一冊　八行字數不等
白口四周單邊　存一卷(四)

610000－1001－0003417　善03366
文翰類選大成一百六十三卷 （明）李伯璵
(明)馮厚輯　明刻本　一冊　十二行二十三
字上下黑口四周雙邊　存三卷(四十三至四
十五)

610000－1001－0003418　善03370
晉書一百三十卷 （唐）房玄齡等撰　明崇禎
元年(1628)毛氏汲古閣刻本　六冊　十二行
二十五字小字雙行三十七字白口左右雙邊
存二十五卷(一至二十五)

610000－1001－0003419　善03427
北史一百卷 （唐）李延壽撰　明萬曆二十一

年(1593)南京國子監刻本　一冊　九行十八
字黑口左右雙邊　存三卷(三至五)

610000－1001－0003420　善03428
絳跗閣詩稿十一卷 （清）諸錦撰　清乾隆二
十七年(1762)刻本　一冊　十一行二十三字
白口左右雙邊　存三卷(九至十一)

610000－1001－0003421　善03430
孫真人備急千金要方九十三卷 （唐）孫思邈
撰　（宋）林億校正　明嘉靖二十二年(1543)
刻萬曆三十五年(1607)補修本　五冊　十一
行二十四字上下黑口左右雙邊　存二十五卷
(二十二至二十五、三十二至三十七、四十二
至四十六、七十八至八十二、八十九至九十
三)

610000－1001－0003422　善03437
資治通鑑綱目五十九卷首一卷 （宋）朱熹撰
（宋）劉友益書法　（宋）尹起莘發明
(元)汪克寬考異　（元）徐昭文考證　（元）
王幼學集覽　（明）陳濟正誤　（明）馮智舒質
實　明嘉靖十四年(1535)潁川張鯤補刻本
三冊　九行二十字小字雙行同白口四周雙邊
存三卷(一、十四至十五)

610000－1001－0003423　善03450
唐書二百二十五卷 （宋）歐陽修　（宋）宋祁
纂修　明萬曆二十三年(1595)刻本　七冊
十行二十一字白口左右雙邊　存二十四卷
(二百〇二至二百二十五)

610000－1001－0003424　善03453
資治通鑑綱目五十九卷 （宋）朱熹撰　明萬
曆朱燮元刻本　一冊　七行十八字小字雙行
同白口左右雙邊　存一卷(一)

610000－1001－0003425　善03472
經史辨體不分卷 （清）徐與喬輯評　清康熙
刻本　六冊　九行二十六字小字雙行同
四周單邊

610000－1001－0003426　善03473
呂子節錄四卷補遺二卷 （明）呂坤著　（清）
陳宏謀評輯　清乾隆刻本　四冊　九行十八

字白口左右雙邊　存四卷(三至四、補遺一至二)

610000－1001－0003427　善03475
國朝詩別裁集三十六卷　(清)沈德潛纂評
清乾隆二十四年(1759)刻本　一冊　十行十九字小字雙行二十八字白口左右雙邊　存三卷(一至三)

610000－1001－0003428　善03476
明詩別裁集十二卷　(清)沈德潛　(清)周準輯　清乾隆刻本　一冊　十行十九字小字雙行二十九字白口左右雙邊　存九卷(四至十二)

610000－1001－0003429　善03477
秘書廿一種　(清)汪士漢輯　清康熙七年(1668)刻本　一冊　十行二十字小字雙行同白口左右雙邊　存四種

610000－1001－0003430　善03481
[雍正]陝西通志一百卷首一卷　(清)劉於義修　(清)沈青崖纂　清雍正十三年(1735)刻本　十九冊　十二行二十六字小字雙行同白口四周雙邊　存十九卷(十五、四十七至四十八、六十三至六十九、七十一、七十四至八十、九十三)

610000－1001－0003431　善03486
史記輯評二十四卷　(漢)司馬遷撰　(明)鄧以讚輯評　(明)陳祖苞參補　(明)朱日燦校閱　明萬曆刻本　八冊　九行十八字白口四周雙邊　缺八卷(七至十四)

610000－1001－0003432　善03487
泊如齋重修宣和博古圖錄三十卷　(宋)王黼等撰　明萬曆十六年(1588)泊如齋刻本　四冊　八行十七字白口四周單邊　存八卷(八至九、十四至十五、二十至二十三)

610000－1001－0003433　善03488
重修宣和博古圖錄三十卷　(宋)王黼等撰　明萬曆七年(1579)于承祖刻崇禎九年(1636)于道南補修本　三冊　八行十七字白口四周單邊　存六卷(七至八、十一至十二、十四至十五)

610000－1001－0003434　善03489
新刊性理大全八卷　(宋)周敦頤撰　(宋)朱熹注　性理體註補訓解不分卷　(清)張道升　(清)仇廷桂纂輯　(清)呂從律增訂　清乾隆元年(1736)集錦堂刻本　一冊　九行十六字小字雙行同白口左右雙邊

610000－1001－0003435　善03521
續近思錄十四卷　(清)張伯行集解　清康熙四十九年(1710)刻本　一冊　九行十七字小字雙行同白口左右雙邊　存二卷(一至二)

610000－1001－0003436　善03524
魏書一百十四卷　(北齊)魏收撰　清順治十六年(1659)刻本　八冊　十行二十一字白口左右雙邊　存四十一卷(二十一下至五十六、九十四至九十八)

610000－1001－0003437　善03533
史記題評一百三十卷　(明)楊慎　(明)李元陽輯　明嘉靖刻本　十一冊　九行二十字小字雙行同白口左右雙邊　存二十七卷(一百〇四至一百三十)

610000－1001－0003438　善03534
汲冢周書十卷　(晉)孔晁注　清康熙八年(1669)刻本　一冊　十行二十字小字雙行同白口左右雙邊

610000－1001－0003439　善03538
唐書二百二十五卷　(宋)歐陽修　(宋)宋祁撰　明萬曆二十三年(1595)刻本　七冊　十行二十一字小字雙行同白口左右雙邊　存三十七卷(一至三、四十六至五十六、一百七十九至二百〇一)

610000－1001－0003440　善03539
唐書二百二十五卷　(宋)歐陽修　(宋)宋祁撰　明萬曆二十三年(1595)刻本　二十一冊　十行二十一字小字雙行同白口左右雙邊　存一百四十七卷(一至三、八至二十九、三十一至三十三、三十六至四十、四十六至七十二、七十五、七十七至七十九、九十五至九十七、一百〇三至一百六十三、一百八十六至一百九十一、一百九十六至二百〇八)

610000－1001－0003441　善03540

史記一百三十卷　（漢）司馬遷撰　明末毛氏汲古閣刻本　七冊　十二行二十五字小字雙行三十七字白口左右雙邊　存三十一卷（八至十七、二十一至四十一）

610000－1001－0003442　善03541

史記一百三十卷　（漢）司馬遷撰　（明）徐孚遠　（明）陳子龍測議　明崇禎刻本　三冊　九行二十字小字雙行同白口左右雙邊　存六卷（一至六）

610000－1001－0003443　善03568

大清律例按語三十卷　（清）朱軾撰　清雍正三年（1725）刻本　一冊　九行二十字白口四周雙邊　存一卷（二）

610000－1001－0003444　善03571

[乾隆]同州府志二十卷首一卷　（清）張奎祥修　（清）李之蘭纂　清乾隆六年（1741）刻本　九冊　十二行二十六字小字雙行同白口四周雙邊　存十一卷（九、十一至二十）

610000－1001－0003445　善03572

中阿含經六十卷　（晉）釋瞿曇僧伽提婆譯　明崇禎十六年（1643）刻本　一冊　十行二十字白口四周雙邊　存五卷（二十六至三十）

610000－1001－0003446　善03573

菩薩瓔珞經二十卷　（後秦）釋竺佛念譯　清順治三年（1646）刻本　一冊　十行二十字小字雙行同白口四周雙邊　存五卷（六至十）

610000－1001－0003447　善03575

大乘大集地藏十輪經十卷　（唐）釋玄奘譯　清順治五年（1648）刻本　二冊　十行二十字小字雙行同白口四周雙邊

610000－1001－0003448　善03586

資治通鑑綱目五十九卷首一卷　（宋）朱熹撰　（明）陳仁錫評　清康熙四十年（1701）刻本　十七冊　七行十八字小字雙行同白口四周單邊　存五卷（一至五）

610000－1001－0003449　善03590

呂氏春秋二十六卷　（清）畢沅輯校　**附攷一**卷　（清）畢沅輯　清乾隆五十三年（1788）畢氏靈巖山館刻本　三冊　十一行二十二字小字雙行同黑口四周單邊　存十八卷（一至十八）

610000－1001－0003450　善03592

莊子解三卷　（戰國）莊周撰　（清）吳世尚評注　（清）湯奠邦參訂　清康熙五十四年（1715）光裕堂刻本　四冊　七行十八字小字雙行同白口左右雙邊

610000－1001－0003451　善03593

讀禮通考一百二十卷　（清）徐乾學編　清康熙三十五年（1696）刻本　十九冊　十三行二十一字小字雙行三十一字白口左右雙邊　存七十四卷（一至十四、十九至四十、七十至八十八、九十七至一百〇六、一百十二至一百二十）

610000－1001－0003452　善03600

十三經註疏　明崇禎十二年（1639）古虞毛氏汲古閣刻本　七十一冊　九行二十一字小字雙行同白口左右雙邊　存九種

610000－1001－0003453　善03601

後漢書一百二十卷　（南朝宋）范曄撰　明末毛氏汲古閣刻本　一冊　十二行二十五字小字雙行三十七字白口左右雙邊　存二卷（一至二）

610000－1001－0003454　善03602

三國志六十五卷　（晉）陳壽撰　（南朝宋）裴松之注　明崇禎十七年（1644）毛氏汲古閣刻本　一冊　十二行二十五字小字雙行三十七字白口左右雙邊　存七卷（魏書六至十二）

610000－1001－0003455　善03604

新鍥李卓吾先生增補批點皇明正續合併通紀統宗十二卷首一卷　（明）陳建輯　清康熙三十五年（1696）刻本　一冊　十二行二十八字小字雙行同白口四周單邊　存二卷（九至十）

610000－1001－0003456　善03607

建文朝野彙編二十卷　（明）屠叔方纂　明萬曆二十六年（1598）刻本　一冊　九行十八字

小字雙行同白口左右雙邊　存一卷(八)

610000－1001－0003457　善03621

通鑑地理通釋十四卷　(宋)王應麟撰　明刻清康熙乾隆遞修本　一冊　十行二十字白口四周單邊間四周雙邊　存五卷(六至十)

610000－1001－0003458　善03677

禮記二十卷　(元)陳澔集說　明刻本　四冊　八行十四字小字雙行十八字上下黑口四周雙邊　存七卷(一至四、八、十一至十二)

610000－1001－0003459　善03688

[乾隆]盛京通志四十八卷首一卷　(清)呂耀曾等修　(清)魏樞等纂　清乾隆元年(1736)刻咸豐二年(1852)雷以諴校補重印本　四冊　九行二十一字小字雙行同白口四周雙邊　存十二卷(一至十二)

610000－1001－0003460　善03690

漢魏叢書七十六種　(明)何允中輯　明萬曆二十年(1592)刻本　三十七冊　九行二十字白口左右雙邊　存二十三種

610000－1001－0003461　善03737

傷寒論注四卷首二卷　(漢)張機撰　(清)柯琴編注　(清)馬中驛校訂　清乾隆二十年(1755)刻本　五冊　十行二十一字小字雙行同白口左右雙邊

610000－1001－0003462　善03752

河南程氏全書六種　(宋)程顥　(宋)程頤撰　(宋)朱熹輯　清刻本　八冊　十二行二十二字小字雙行同上下黑口左右雙邊　存五種

610000－1001－0003463　善03767

史記一百三十卷　(漢)司馬遷撰　明末毛氏汲古閣刻本　四冊　十二行二十五字白口左右雙邊　存三十卷(三十一至六十)

610000－1001－0003464　善03787

歷代名臣奏議三百十九卷目錄一卷　(明)張溥編　明崇禎八年(1635)刻本　九冊　九行十八字白口左右雙邊　存二十九卷(二十五至五十二、五十五)

610000－1001－0003465　善03789

四書朱子本義匯參　(清)王步青輯　(清)王士鼇編　清乾隆十年(1745)常熟孫氏敦復堂刻本　十六冊　九行二十三字小字雙行同白口四周單邊　存三種

610000－1001－0003466　善03821

篆字彙十二集　(清)佟世男編　清康熙多山堂刻本　十二冊　八行十二字小字雙行二十四字白口左右雙邊

610000－1001－0003467　善03830

笠翁一家言全集四種　(清)李漁撰　清雍正八年(1730)錢塘李氏芥子園刻本　十六冊　九行二十字白口四周單邊

610000－1001－0003468　善03836

綱鑑會纂三種　(明)王世貞纂　(明)陳仁錫訂　(明)呂一經較　清康熙三十五年(1696)刻本　六十二冊　十行二十字小字雙行同白口四周單邊

610000－1001－0003469　善03837

通鑑綱目全書四種　明末清初刻本　五十冊　七行十八字小字雙行同白口四周單邊

610000－1001－0003470　善03840

[乾隆]青浦縣志四十卷　(清)孫鳳鳴修　(清)王昶纂　清乾隆五十三年(1788)刻本　四冊　十行二十二字小字雙行同白口左右雙邊　存十二卷(十四至二十五)

610000－1001－0003471　善03857

[雍正]江西通志一百六十二卷首三卷　(清)謝旻等修　(清)陶成　(清)惲鶴生纂　清雍正十年(1732)刻本　二冊　十二行二十三字白口左右雙邊　存三卷(四十九至五十、一百二十)

610000－1001－0003472　善03858

[康熙]湯溪縣志十卷　(清)宋紹業修　(清)張祖年纂　清康熙五十五年(1716)刻本　二冊　十行二十字下黑口左右雙邊　存一卷(五)

610000－1001－0003473　善03859

[乾隆]湯溪縣志十卷首一卷 （清）陳鍾晃修 （清）馮宗城等纂 清乾隆四十八年(1783)刻本 四冊 十行二十二字小字雙行同白口四周雙邊 缺二卷（五至六）

610000－1001－0003474 善03866

[乾隆]武安縣志二十卷圖一卷 （清）蔣光祖修 （清）夏兆豐纂 清乾隆四年(1739)刻本 五冊 九行二十字白口四周雙邊 存十四卷（一至四、九至十二、十五、十七至二十，圖一）

610000－1001－0003475 善03871

古文淵鑒六十四卷 （清）徐乾學等編注 清康熙二十四年(1685)内府刻四色套印本 六冊 九行二十字小字雙行同黑口四周單邊 存十四卷（三十六至四十九）

610000－1001－0003476 善03872

河南程氏遺書二十五卷附錄一卷 （宋）程顥 （宋）程頤撰 （宋）朱熹輯 清康熙石門呂氏寶誥堂刻本 一冊 十二行二十二字小字雙行同上下黑口左右雙邊 存八卷（三至十）

610000－1001－0003477 善03934

四書典林三十卷 （清）江永輯 清乾隆六十年(1795)金閶函三堂刻本 十二冊 八行二十二字白口左右雙邊

610000－1001－0003478 善03945

清河書畫舫十二卷 （明）張丑撰 清乾隆二十八年(1763)池北草堂刻本 十冊 九行二十二字小字雙行同黑口左右雙邊 缺二卷（巳、申）

610000－1001－0003479 善03953

史記一百三十卷 （漢）司馬遷撰 明末毛氏汲古閣刻本 一冊 十二行二十五字小字雙行三十七字白口左右雙邊 存五卷（十三至十七）

610000－1001－0003480 善03954

史記一百三十卷 （漢）司馬遷撰 明末毛氏汲古閣刻本 十冊 十二行二十五字小字雙行三十七字白口左右雙邊

610000－1001－0003481 善03958

說郛一千二百四十六種 （元）陶宗儀輯 （明）陶珽重校 清順治三年(1646)兩浙督學周南李際期宛委山堂刻本 二冊 九行二十字白口左右雙邊 存九種

610000－1001－0003482 善03959

漁洋山人精華錄箋注十二卷補一卷續補一卷續錄箋注一卷 （清）金榮箋注 （清）徐淮纂輯 清乾隆刻本 一冊 十一行二十字小字雙行三十字白口左右雙邊 存二卷（七至八）

610000－1001－0003483 善03985

康對山先生文集十卷 （明）康海撰 （清）孫景烈選次 清乾隆二十六年(1761)刻本（卷八至十配清刻本） 六冊 十行二十字白口四周雙邊

610000－1001－0003484 善04002

春秋左傳註疏六十卷 （晉）杜預註 （唐）陸德明音義 （唐）孔穎達疏 明崇禎十一年(1638)古虞毛氏汲古閣刻十三經註疏本 一冊 九行二十一字小字雙行同白口左右雙邊 存四卷（五十四至五十七）

610000－1001－0003485 善04003

經典釋文三十卷 （唐）陸德明撰 附考證三十卷 （清）盧文弨撰 清乾隆五十六年(1791)餘姚盧氏刻本 五冊 十一行二十二字小字雙行同上下黑口四周單邊 存十三卷（經典釋文一至十三）

610000－1001－0003486 善04004

宋金仁山先生大學疏義一卷論語集註攷證十卷孟子集註攷證七卷 （宋）金履祥撰 清雍正七年(1729)金律刻本 一冊 十行二十字下黑口左右雙邊 存一卷（宋金仁山先生大學疏義一）

610000－1001－0003487 善04010

修真六書九卷 （宋）張伯端撰 （清）董德甯輯 清乾隆五十三年(1788)古越集陽樓刻本 一冊 九行二十二字小字雙行同白口四周雙邊 存五卷（一至五）

610000 - 1001 - 0003488　善 04011

周易參同契正義三卷　（清）董德甯註　清乾隆五十三年(1788)古越集陽樓刻本　二冊九行二十二字小字雙行同白口四周雙邊

610000 - 1001 - 0003489　善 04046

[雍正]畿輔通志一百二十卷　（清）唐執玉（清）李衛修　（清）陳儀　（清）田易纂　清雍正十三年(1735)刻本　二十三冊　十行二十字白口四周雙邊　存六十七卷(二至六、十一至十二、十七至十九、二十四至二十五、二十七、三十至三十七、三十九至四十四、四十九至五十三、六十三至六十四、六十七至七十一、七十四至八十三、八十六至九十四、九十六至九十七、一百至一百〇一、一百〇五至一百〇九)

610000 - 1001 - 0003490　善 04068

大泌山房集一百三十四卷目錄二卷　（明）李維楨撰　明萬曆刻本　一冊　十行二十一字白口四周單邊　存二卷(六十九至七十)

610000 - 1001 - 0003491　善 04119

綱鑑正史約三十六卷　（明）顧錫疇撰　（清）陳宏謀增訂　清乾隆二年(1737)桂林陳氏培遠堂刻本　十冊　十一行二十字小字雙行同白口左右雙邊　存十七卷(一至十五、二十一至二十二)

610000 - 1001 - 0003492　善 04120

綱鑑正史約三十六卷　（明）顧錫疇撰　（清）陳宏謀增訂　清乾隆二年(1737)桂林陳氏培遠堂刻本　一冊　十一行二十字小字雙行同白口左右雙邊　存一卷(一)

610000 - 1001 - 0003493　善 04122

黃太史訂正春秋大全三十七卷　（明）胡廣等撰　（清）虞大復參訂　清康熙五十六年(1717)刻本　十四冊　十二行二十四字小字雙行同白口四周單邊

610000 - 1001 - 0003494　善 04149

消寒新詠四卷集詠一卷　（清）三益山房編　清乾隆六十年(1795)宏文閣刻本　四冊　八行十七字小字雙行同白口四周雙邊

610000 - 1001 - 0003495　04161

校增三要合編　（清）四明茹古齋主人編　清光緒十九年(1893)四明茹古齋鉛印本　一冊　十行十三字小字雙行二十六字白口四周雙邊

610000 - 1001 - 0003496　善 04207

漢隸異體舉要一卷　（清）蔣和撰　清乾隆刻本　一冊　五行大小字不等白口四周單邊

610000 - 1001 - 0003497　善 04213

編輯刺灸心法要訣八卷　（清）吳謙等輯　清乾隆刻本　一冊　九行十九字白口四周雙邊

610000 - 1001 - 0003498　善 04246

萬氏秘傳片玉心書五卷　（明）萬全撰　清乾隆六年(1741)敷文堂刻本　一冊　十行二十字白口四周單邊　存一卷(五)

610000 - 1001 - 0003499　善 04247

萬氏家傳保命歌括三十五卷　（明）萬全撰　清乾隆六年(1741)敷文堂刻本　二冊　十行二十字白口四周單邊　存十一卷(十七至二十七)

610000 - 1001 - 0003500　善 04248

萬氏家傳痘疹心法二十三卷　（明）萬全撰　清乾隆六年(1741)敷文堂刻本　一冊　十行二十字白口四周單邊　存十二卷(一至十二)

610000 - 1001 - 0003501　善 04270

續編資治宋元綱目大全二十七卷　（明）商輅編　明刻本　二冊　十一行二十三字上下黑口四周雙邊　存五卷(十八至二十二)

610000 - 1001 - 0003502　善 04272

四禮翼八卷　（明）呂坤撰　清雍正十一年(1733)刻本　一冊　九行二十一字白口四周單邊

610000 - 1001 - 0003503　善 04273

五禮通考二百六十二卷　（清）秦蕙田撰　**讀禮通考一百二十卷**　（清）徐乾學撰　清初刻本　二冊　十三行二十一字白口左右雙邊存十卷(五禮通考二百〇八至二百一十二、讀禮通考九十六至一百)

610000－1001－0003504　善04276

桂林霜二卷　（清）蔣士銓撰　（清）張三禮評文　（清）楊迎鶴正譜　清乾隆刻本　一冊　九行二十二字白口四周單邊

610000－1001－0003505　善04284

類林新詠三十六卷　（清）姚之駰撰　清康熙四十七年(1708)刻本　十六冊　十行二十字小字雙行同白口左右雙邊

610000－1001－0003506　善04287

西堂秋夢錄一卷　（清）尤侗撰　清康熙刻本　一冊　十行二十一字下黑口四周單邊

610000－1001－0003507　善04295

廣漢魏叢書八十種　（明）何允中輯　明萬曆二十年(1592)刻本　二冊　九行二十字小字雙行同白口左右雙邊　存五種

610000－1001－0003508　善04296

增訂漢魏叢書八十六種　（清）王謨輯　清乾隆五十六年(1791)刻本　四冊　九行二十字小字雙行同白口左右雙邊　存三種

610000－1001－0003509　善04313

古唐詩合解十二卷古詩四卷　（清）王堯衢注　清乾隆五十五年(1790)刻本(古詩卷一至四配清刻本)　五冊　九行二十一字小字雙行同下黑口左右雙邊　缺四卷(古唐詩三至四、十一至十二)

610000－1001－0003510　善04330

春秋左傳杜林滙參三十卷首一卷　（清）周正思撰　清乾隆十四年(1749)嵩山書屋刻本　六冊　十行二十五字小字雙行同白口左右雙邊　存十五卷(一至十五)

610000－1001－0003511　善04332

周禮註疏刪翼三十卷　（明）王志長輯　清乾隆六十年(1795)醉墨齋刻本　一冊　九行十九字小字雙行同白口左右雙邊　存二卷(一至二)

610000－1001－0003512　善04335

三國志六十五卷　（晉）陳壽撰　（南朝宋）裴松之注　明萬曆刻本　一冊　十二行二十三

字小字雙行同白口左右雙邊　存一卷(魏書八)

610000－1001－0003513　善04336

魏書一百三十卷　（北齊）魏收撰　明崇禎九年(1636)毛氏汲古閣刻本　四冊　十二行二十五字白口左右雙邊　存二十二卷(一至十三、二十二至三十)

610000－1001－0003514　善04337

魏書一百三十卷　（北齊）魏收撰　明崇禎九年(1636)毛氏汲古閣刻本　五冊　十二行二十五字白口左右雙邊　存二十七卷(十至十六、六十八至七十六、七十九至八十七、一百十二至一百十三)

610000－1001－0003515　善04338

魏書一百三十卷　（北齊）魏收撰　明崇禎九年(1636)毛氏汲古閣刻本　十二冊　十二行二十五字白口左右雙邊　存六十一卷(四十至五十二、六十七至一百十四)

610000－1001－0003516　善04339

魏書一百三十卷　（北齊）魏收撰　明崇禎九年(1636)毛氏汲古閣刻本　一冊　十二行二十五字白口左右雙邊　存五卷(六十四至六十八)

610000－1001－0003517　善04340

三國志六十五卷　（晉）陳壽撰　（南朝宋）裴松之注　明崇禎十七年(1644)毛氏汲古閣刻本　五冊　十二行二十五字小字雙行三十七字白口左右雙邊　存四十卷(魏書六至十二、二十七至三十,蜀書一至十五,吳書一、八至二十)

610000－1001－0003518　善04341

十三經註疏　明崇禎十二年(1639)古虞毛氏汲古閣刻本　八冊　九行二十一字小字雙行同白口左右雙邊　存二種

610000－1001－0003519　善04342

史記一百三十卷　（漢）司馬遷撰　明末毛氏汲古閣刻本　十冊　十二行二十五字小字雙行三十七字白口左右雙邊　存八十八卷(四

十三至一百三十)

610000－1001－0003520　善04343

左傳練要詳評十卷　(清)王源撰　(清)王步青評訂　清初刻本　六冊　九行二十二字小字雙行同白口左右雙邊

610000－1001－0003521　善04344

太史陳明卿批點國策八卷　(明)陳仁錫選評　清康熙三十九年(1700)刻本　八冊　十行二十字小字雙行同白口四周雙邊

610000－1001－0003522　善04345

白香山詩長慶集二十卷後集十七卷別集一卷補遺二卷　(唐)白居易撰　(清)汪立名編訂　**年譜一卷**　(清)汪立名撰　**年譜舊本一卷**　(宋)陳振孫撰　清康熙四十二年(1703)古歙汪氏一隅草堂刻本　八冊　十二行二十一字小字雙行三十一字白口左右雙邊

610000－1001－0003523　善04346

五禮通考二百六十二卷　(清)秦蕙田撰　**讀禮通考一百二十卷**　(清)徐乾學撰　清乾隆刻本　十一冊　十三行二十一字小字雙行三十一字白口左右雙邊　存四十五卷(五禮通考一百三十七至一百四十、一百四十四至一百四十七、一百九十七至二百〇七,讀禮通考六十二至八十七)

610000－1001－0003524　善04378

詩傳大全二十卷綱領一卷圖一卷　(明)胡廣等輯　**詩序辨說一卷**　(宋)朱熹撰　明崇禎吳郡顧凝遠詩瘦閣刻本　十二冊　八行二十一字小字雙行同白口左右雙邊

610000－1001－0003525　善04393

晚笑堂畫傳一卷明太祖功臣圖一卷　(清)上官周繪　清乾隆八年(1743)刻本　二冊　行數不等字數不等白口左右雙邊

610000－1001－0003526　善04427

而菴說唐詩二十二卷首一卷　(清)徐增撰　清乾隆二十三年(1758)文茂堂刻本　四冊　九行二十一字白口左右雙邊

610000－1001－0003527　善04428

李義山詩集三卷　(唐)李商隱撰　(清)朱鶴齡箋注　(清)沈在寬校閱　清順治十六年(1659)金陵葉永茹刻本　二冊　十行二十一字小字雙行同白口左右雙邊

610000－1001－0003528　善04440

上乘藏經節要宗鏡錄一百卷　(宋)釋延壽輯　明刻本　十二冊　九行二十字白口四周單邊　存三十八卷(一至三十八)

610000－1001－0003529　善04500

宋大家歐陽文忠公文抄三十二卷　(宋)歐陽修撰　(明)茅坤批評　(明)茅闇叔重訂　清康熙刻本　三冊　十行二十四字白口四周單邊　存十四卷(十九至三十二)

610000－1001－0003530　善04500

宋大家蘇文忠公文抄二十八卷　(宋)蘇軾撰　(明)茅坤批評　(明)茅闇叔重訂　清康熙刻本　二冊　十行二十四字白口四周單邊　存十二卷(一至十二)

610000－1001－0003531　善04502

泊如齋重修宣和博古圖錄三十卷　(宋)王黼等撰　明萬曆十六年(1588)泊如齋刻本　八冊　八行十七字白口四周單邊　存十六卷(十一至二十、二十三至二十四、二十七至三十)

610000－1001－0003532　善04503

泊如齋重修宣和博古圖錄三十卷　(宋)王黼等撰　明萬曆十六年(1588)泊如齋刻本　十三冊　八行十七字白口四周單邊　存二十四卷(一至七、十至十五、十八至二十三、二十六至三十)

610000－1001－0003533　善04506

資治通鑑二百九十四卷　(宋)司馬光撰　(元)胡三省音注　(明)陳仁錫評閱　明末刻本　三十八冊　十行二十字小字雙行同白口四周單邊　存一百〇四卷(九至十一、十四至三十二、三十八至三十九、四十二至四十六、五十至六十四、八十二至八十四、一百二十至一百二十四、二百至二百〇五、二百十八至二百四十二、二百四十六至二百五十一、二百

五十三至二百五十五、二百六十至二百六十一、二百六十三至二百六十五、二百七十至二百七十七)

610000－1001－0003534　善04507
新鍥翰林三狀元會選二十九子品彙釋評二十卷　(明)焦竑校正　(明)翁正春閱釋　(明)朱之蕃圈點　明萬曆刻本　八冊　十行二十四字白口四周單邊　存八卷(八至十、十二至十四、十八、二十)

610000－1001－0003535　善04511
性理大全書七十卷　(明)胡廣等撰　明萬曆二十五年(1597)吳勉學師古齋刻本　九冊　十行二十字小字雙行同白口左右雙邊　存二十七卷(十九至二十六、三十七至四十五、四十九至五十八)

610000－1001－0003536　善04538
新刊合併官板音義評註淵海子平五卷　(宋)徐升編　(明)楊淙增校　清乾隆五十年(1785)刻本　二冊　十三行二十五字小字雙行同白口四周單邊

610000－1001－0003537　善04571
後漢書一百二十卷　(南朝宋)范曄撰　明末毛氏汲古閣刻本　十二冊　十二行二十五字小字雙行三十七字白口左右雙邊　存六十一卷(後漢書十一至六十三、後漢志二十三至三十)

610000－1001－0003538　善04577
佛祖綱目四十一卷首一卷　(明)朱時恩撰　明崇禎五年(1632)刻本　一冊　十行二十字下黑口四周雙邊　存三卷(二十九至三十一)

610000－1001－0003539　善04581
管窺輯要八十卷　(清)黃鼎纂　清順治十年(1653)刻本　十三冊　九行十九字白口四周單邊　存三十九卷(一至十、二十四至三十、四十二至四十四、五十二至六十、七十一至八十)

610000－1001－0003540　善04582
宋書一百卷　(南朝梁)沈約撰　明崇禎毛氏

汲古閣刻本　一冊　十二行二十五字白口左右雙邊　存四卷(二十五至二十八)

610000－1001－0003541　善04583
歐陽文忠公五代史抄二十卷　(宋)歐陽修撰　(明)茅坤評選　明刻本　一冊　九行二十字白口四周單邊　存五卷(一至五)

610000－1001－0003542　善04604
北溪先生字義二卷　(宋)陳淳撰　(清)戴嘉禧增訂　清康熙五十三年(1714)海陽戴嘉禧愛荊堂刻本　一冊　十行二十二字小字雙行同上黑口左右雙邊

610000－1001－0003543　善04606
經義考三百卷目錄二卷　(清)朱彝尊撰　清乾隆刻本　十冊　十二行二十三字白口四周單邊　存五十六卷(二百四十三至二百九十八)

610000－1001－0003544　善04607
秘書廿一種　(清)汪士漢輯　清康熙七年(1668)新安汪氏刻本　一冊　十行二十字白口左右雙邊　存二種

610000－1001－0003545　善04614
古詩類苑一百三十卷　(明)張之象輯　(明)俞顯卿補訂　(明)徐光啟校正　明萬曆三十年(1602)俞顯謨刻本　七冊　十行二十一字小字雙行同白口左右雙邊　存二十一卷(十一至十三、十七至二十、二十五至二十八、五十至五十三、八十五至九十)

610000－1001－0003546　善04630
福惠全書三十二卷　(清)黃六鴻撰　清康熙三十三年(1694)刻本　四冊　九行二十二字小字雙行同白口左右雙邊　存十五卷(一至三、九至十二、二十五至三十二)

610000－1001－0003547　善04646
宋書一百卷　(南朝梁)沈約撰　明崇禎七年(1634)毛氏汲古閣刻本　二十冊　十二行二十五字白口左右雙邊

610000－1001－0003548　善04651
通鑑輯要前編二卷附錄一卷正編十九卷續編

八卷明史臆要八卷　（清）姚培謙　（清）張景
星撰　清乾隆二十六年(1761)刻本　十六冊
　七行十六字白口左右雙邊

610000－1001－0003549　善04656

納書楹曲譜正集三卷續集四卷外集二卷
（清）葉堂撰　清乾隆五十七年(1792)刻本
六冊　六行十八字小字雙行同白口四周雙邊
　存六卷(續集一至四、外集一至二)

610000－1001－0003550　善04708

重訂綴白裘十二集四十八卷　（清）玩花主人
輯　（清）錢德蒼增輯　清乾隆四十六年
(1781)刻本　二冊　九行二十字白口四周單
邊　存三卷(一至三)

610000－1001－0003551　善04738

蘇東坡詩集注三十二卷　（宋）蘇軾撰　（宋）
呂祖謙編　（宋）王十朋注　清康熙文蔚堂刻
本　二冊　十一行十九字小字雙行二十八字
白口左右雙邊　存四卷(二十七至二十八、三
十一至三十二)

610000－1001－0003552　善04798

欽定書經傳說彙纂二十一卷首二卷書序一卷
　（清）王頊齡等輯　清雍正八年(1730)刻本
　一冊　十六行二十二字白口四周雙邊　存
首二卷(上下)

610000－1001－0003553　善04835

大六壬大全十三卷　（清）郭載騋輯　清康熙
刻本　二冊　十行二十四字小字雙行同白口
四周單邊　存二卷(四、十)

610000－1001－0003554　善04864

欽定國朝詩別裁集三十二卷　（清）沈德潛纂
評　清乾隆刻本　一冊　十行十九字小字雙
行二十八字白口左右雙邊　存七卷(四至十)

610000－1001－0003555　善04866

資治通鑑綱目五十九卷　（宋）朱熹撰　（明）
陳仁錫評　明萬曆刻本　一冊　七行十八字
小字雙行同白口左右雙邊　存一卷(一)

610000－1001－0003556　善04903

儀禮十七卷監本正誤一卷石經誤字一卷

（漢）鄭玄撰　（清）張爾岐注　清乾隆八年
(1743)和衷堂刻本　四冊　九行二十四字小
字雙行同白口四周單邊

610000－1001－0003557　善04910

萬密齋書十種　（明）萬全撰　清乾隆六年
(1741)敷文堂刻本　七冊　十行二十字白口
四周單邊　存三種

610000－1001－0003558　善04933

前漢書一百二十卷　（漢）班固撰　（唐）顏師
古注　明崇禎十五年(1642)毛氏汲古閣刻本
　二十四冊　十二行二十五字小字雙行三十
七字白口左右雙邊

610000－1001－0003559　善04942

新唐書二百二十五卷　（宋）歐陽修撰　明崇
禎汲古閣刻本　三冊　十二行二十五字白口
左右雙邊　存二十五卷(一百二十四至一百
三十九、一百四十九至一百五十七)

610000－1001－0003560　善04955

鐵網珊瑚書品十卷　（明）朱存理集錄　清雍
正吳郡朱氏刻本　八冊　十行二十一字白口
左右雙邊　存八卷(二至九)

610000－1001－0003561　善04958

新唐書二百二十五卷　（宋）歐陽修撰　明刻
明清遞修本　一冊　十行二十二字白口四周
單邊　存五卷(四十一至四十五)

610000－1001－0003562　善04987

[乾隆]婁縣志三十卷首二卷　（清）謝庭薰修
　（清）陸錫熊纂　清乾隆五十三年(1788)刻
本　五冊　十一行二十一字白口左右雙邊
存二十一卷(一至四、七至十、十五至二十、二
十六至三十,首一至二)

610000－1001－0003563　善04991

資治通鑑綱目五十九卷首一卷　（宋）朱熹撰
　清康熙二十八年(1689)朱廷梅補刻本　一
冊　七行十八字白口四周雙邊　存一卷(首
一)

610000－1001－0003564　善04996

劍南詩鈔六卷　（宋）陸游撰　（清）楊大鶴輯

清康熙二十四年(1685)刻本　六冊　十行
十八字白口左右雙邊

610000－1001－0003565　善05007
顏氏家訓七卷附錄一卷補遺一卷　（北齊）顏
之推撰　（清）趙曦明注　（清）盧文弨校補
清乾隆五十四年(1789)刻本　二冊　十行二
十一字白口左右雙邊

610000－1001－0003566　善05028
[乾隆]餘姚志四十卷　（清）唐若瀛修
（清）邵晉涵等纂　清乾隆四十六年(1781)刻
本　五冊　十行二十一字小字雙行同白口左
右雙邊　存二十六卷(一至四、十七至三十、
三十三至四十)

610000－1001－0003567　善05029
[乾隆]餘姚志四十卷　（清）唐若瀛修
（清）邵晉涵等纂　清乾隆四十六年(1781)刻
本　一冊　十行二十一字小字雙行同白口左
右雙邊　存七卷(二十六至三十二)

610000－1001－0003568　善05056
[乾隆]郃陽縣全志四卷　（清）席奉乾修
（清）孫景烈纂　清乾隆三十四年(1769)刻本
　一冊　十行二十二字白口四周單邊　存一
卷(四)

610000－1001－0003569　善05079
[康熙]丹徒縣志十卷首一卷　（清）鮑天鍾纂
修　清康熙二十二年(1683)刻本　五冊　九
行十九字白口左右雙邊　存三卷(三、七、九)

610000－1001－0003570　善05094
南嶽志八卷　（清）高自位編　清乾隆十八年
(1753)刻本　二冊　十行二十字白口四周雙
邊　存三卷(四至六)

610000－1001－0003571　善05095
[乾隆]天津縣志二十四卷　（清）朱奎揚
（清）張志奇修　（清）吳廷華等纂　清乾隆四
年(1739)刻本　二冊　十行二十一字白口四
周雙邊　存四卷(十一至十四)

610000－1001－0003572　善05104
[乾隆]蕭山縣志四十卷　（清）黃鈺纂修　清

乾隆十六年(1751)刻本　二冊　十行二十二
字小字雙行同白口四周雙邊　存六卷(八至
十三)

610000－1001－0003573　善05109
唱經堂批歐陽永叔詞十二首一卷　（清）金聖
嘆撰　清順治刻本　一冊　十行二十二字小
字雙行同白口左右雙邊

610000－1001－0003574　善05135
[乾隆]華陰縣志二十二卷首一卷　（清）陸維
垣等修　（清）李天秀等纂　清乾隆五十八年
(1793)刻本　一冊　十行二十四字白口左右
雙邊　存一卷(十四)

610000－1001－0003575　善05147
左氏春秋內外傳類選八卷　（明）樊王家輯
明萬曆三十六年(1608)刻本　一冊　八行十
八字白口四周單邊　存一卷(四)

610000－1001－0003576　善05152
名醫類案十二卷　（明）江瓘集　清乾隆三十
五年(1770)知不足齋刻本　六冊　十行二十
三字小字雙行同上下黑口左右雙邊　存九卷
(一至九)

610000－1001－0003577　善05163
金山志十九卷首一卷　（清）劉名芳纂修　清
乾隆十九年(1754)刻本　三冊　九行十九字
白口四周雙邊　存十六卷(一至五、十至十
九,首一)

610000－1001－0003578　善05173
[康熙]合肥縣志二十卷　（清）賈暉修
（清）王方岐纂　清康熙三十六年(1697)刻本
　五冊　九行二十字白口四周雙邊　存十四
卷(一至四、八至十五、十九至二十)

610000－1001－0003579　善05239
東醫寶鑑二十二卷目錄二卷　（朝鮮）許浚撰
　清乾隆二十八年(1763)刻本　一冊　八行
二十一字小字雙行同白口左右雙邊　存一卷
(目錄上)

610000－1001－0003580　善05243
[乾隆]大荔縣志二十六卷首一卷　（清）賀雲

鴻修　清乾隆五十一年(1786)刻本　五冊
十行二十字白口左右雙邊　存十七卷(一至
八、十三至十六、十九至二十二,首一)

610000－1001－0003581　善05247

近光集二十八卷　(清)汪士鋐編纂　(清)徐
修仁參注　清康熙五十八年(1719)刻本　十
冊　九行十九字小字雙行同黑口左右雙邊

610000－1001－0003582　善05277

[乾隆]桐廬縣志十六卷　(清)嚴正身等修
(清)金嘉琰等纂　清乾隆二十一年(1756)刻
本　二冊　十行二十一字小字雙行同白口四
周雙邊　存五卷(一至二、五至七)

610000－1001－0003583　善05278

[乾隆]桐廬縣志十六卷　(清)嚴正身等修
(清)金嘉琰等纂　清乾隆二十一年(1756)刻
本　三冊　十行二十一字小字雙行同白口四
周雙邊　存六卷(一至四、十二至十三)

610000－1001－0003584　善05281

立齋外科發揮八卷　(明)薛己撰　(明)吳琯
輯　明萬曆刻本　一冊　十行二十字白口左
右雙邊　存三卷(一至三)

610000－1001－0003585　善05294

鐵堂詩草二卷　(清)許珌撰　清乾隆五十五
年(1790)蘭山書院刻本　一冊　九行十七字
白口四周雙邊　存一卷(下)

610000－1001－0003586　善05310

鐵堂詩草二卷　(清)許珌撰　清乾隆五十五
年(1790)蘭山書院刻本　一冊　九行十七字
白口四周雙邊　存一卷(上)

610000－1001－0003587　善05319

說郛一千二百四十六種　(元)陶宗儀輯
(明)陶珽重校　清順治三年(1646)兩浙督學
周南李際期宛委山堂刻本　九十一冊　九行
二十字白口左右雙邊　存一百二十八種

610000－1001－0003588　善05351

山堂肆考二百二十八卷補遺十二卷　(明)彭
大翼纂　(明)張幼學編輯　明萬曆二十三年
(1595)金陵書林周顯刻四十七年(1619)重修

本　八冊　十一行二十二字白口四周單邊
存二十五卷(角集四至二十八)

610000－1001－0003589　善05355

左氏春秋內外傳類選八卷　(明)樊王家輯
明萬曆三十六年(1608)刻本　五冊　八行十
八字白口四周單邊　存五卷(一、三、六至八)

610000－1001－0003590　善05357

述祖詩一卷于京集五卷　(清)尤侗撰　清康
熙刻本　一冊　十行二十一字白口四周單邊

610000－1001－0003591　善05363

說郛續五百三十一種　(明)陶珽輯　清順治
三年(1646)兩浙督學周南李際期宛委山堂刻
本　六冊　九行二十字白口左右雙邊　存七
十五種

610000－1001－0003592　善05374

增訂敬信錄二卷　(清)李天錫撰　清乾隆五
十七年(1792)刻本　一冊　九行十九字白口
左右雙邊

610000－1001－0003593　善05385

南華經分章句解四卷　(明)陳榮選撰　清乾
隆三年(1738)陳廷信、陳廷尹刻本　一冊
十行二十三字小字雙行同白口四周雙邊　存
一卷(三)

610000－1001－0003594　善05396

圖註脉訣辨真四卷　(晉)王叔和撰　清康熙
二十九年(1690)刻本　一冊　九行二十字小
字雙行同白口四周單邊　存三卷(一至三)

610000－1001－0003595　善05401

增訂漢魏叢書八十六種　(清)王謨輯　清乾
隆五十六年(1791)刻本　三十五冊　九行二
十字白口左右雙邊　存四十二種

610000－1001－0003596　善05405

增訂漢魏叢書八十六種　(清)王謨輯　清乾
隆五十六年(1791)刻本　四十一冊　九行二
十字白口左右雙邊　存十九種

610000－1001－0003597　善05438

高上玉皇本行集經三卷　(漢)張良校正　清

乾隆十四年(1749)刻本　一冊　五行十六字
上下雙邊　存一卷(下)

610000－1001－0003598　善05439
增訂敬信錄二卷附經驗急救方　(清)李天錫
撰　清乾隆四十六年(1781)刻本　一冊　九
行十九字白口左右雙邊

610000－1001－0003599　普0000004
經義述聞三十二卷　(清)王引之著　清嘉慶
二十二年(1817)刻本　十六冊　十行二十一
字小字雙行同白口左右雙邊

610000－1001－0003600　普0000005
經義述聞三十二卷　(清)王引之著　清嘉慶
二十二年(1817)刻本　二十冊　十行二十一
字小字雙行同白口左右雙邊

610000－1001－0003601　普0000006
經義述聞三十二卷　(清)王引之著　清嘉慶
二十二年(1817)刻本　二十冊　十行十一字
小字雙行同白口左右雙邊

610000－1001－0003602　普0000007
皇清經解續編二百〇七種　王先謙輯　清光
緒十二年(1886)江陰南菁書院刻本　三百二
十冊　十一行二十四字小字雙行同白口四周
單邊

610000－1001－0003603　普0000009
宗玄集三卷　(唐)吳筠撰　清抄本　一冊
八行二十一字

610000－1001－0003604　普0000009
十三經注疏附考證　(□)□□編　清同治十
年(1871)廣東書局刻本　一百二十冊　十行
二十一字小字雙行同白口左右雙邊

610000－1001－0003605　普0000010
十三經注疏附考證　(□)□□編　清同治十
年(1871)廣東書局刻本　一百六十冊　十行
二十一字小字雙行同白口左右雙邊

610000－1001－0003606　普0000011
十三經注疏附考證　(□)□□編　清同治十
年(1871)廣東書局刻本　一百二十冊　十行

二十一字小字雙行同白口左右雙邊

610000－1001－0003607　普0000012
咸平集三十卷　(宋)田錫撰　清抄本　四冊
十行二十字白口

610000－1001－0003608　普0000012
四書義正鵠不分卷　(清)朱鈞撰　清光緒二
十七年(1901)石印本　四冊　十三行三十二
字白口四周雙邊

610000－1001－0003609　普0000013
四書義正鵠不分卷　(清)朱鈞撰　清光緒二
十七年(1901)石印本　四冊　十三行三十二
字白口四周雙邊

610000－1001－0003610　普0000013
勵學譯編六種　(□)□□編　清光緒二十七
年(1901)石印本　十冊　十一行二十五字上
下黑口四周單邊

610000－1001－0003611　普0000014
增修籌餉事例一卷條款籌餉事例一卷增修現
行常例一卷　(□)□□輯　清同治五年
(1866)刻本　四冊　九行二十一字白口四周
雙邊

610000－1001－0003612　普0000014
古微書三十六卷　(明)孫瑴著錄　清光緒二
十一年(1895)鴻文書局石印本　四冊　十四
行三十六字白口四周雙邊

610000－1001－0003613　普0000015
奏辦清查保甲章程不分卷　(□)□□輯　清
光緒十一年(1885)刻本　二冊　九行二十四
字小字雙行同白口四周雙邊

610000－1001－0003614　普0000015
四書五經義大全五十六卷目錄一卷首一卷
(清)雙璞齋主人輯　清光緒二十八年(1902)
圖書集成局鉛印本　十六冊　十三行三十六
字白口四周單邊

610000－1001－0003615　普0000016
大方廣佛華嚴經著述集要二十八種　(□)
□□輯　清同治八年至民國六年(1869－

1917)如皋刻經處、雞園刻經處、長沙刻經處、
金陵刻經處合刻本　十二冊　十行二十字小
字雙行同細黑口左右雙邊

610000－1001－0003616　普0000016
漢書引經異文錄證六卷　（清）繆祐孫學　清
光緒十一年(1885)刻本　二冊　十行二十字
黑口左右雙邊

610000－1001－0003617　普0000017
漢碑徵經一卷　（清）朱百度撰　清光緒十五
年(1889)廣雅書局刻本　一冊　十一行二十
四字小字雙行同白口四周單邊

610000－1001－0003618　普0000018
群經義證八卷　（清）武億撰　清道光二十三
年(1843)刻本　一冊　十一行二十三字粗黑
口左右雙邊

610000－1001－0003619　普0000019
魯齋遺書十二卷　（元）許衡撰　（明）怡愉編
輯　抄本　四冊　九行二十一字

610000－1001－0003620　普0000019
十三經札記十二種附一種　（清）朱亦棟撰
清光緒四年(1878)武林竹簡齋刻本　六冊
九行二十一字白口四周雙邊

610000－1001－0003621　普0000020
羣書札記十六卷　（清）朱亦棟撰　清光緒四
年(1878)武林竹簡齋刻本　六冊　九行二十
一字小字雙行同白口四周雙邊

610000－1001－0003622　普0000021
孫谿朱氏經學叢書初編十三種　（清）朱記榮
輯　清光緒吳縣朱氏槐廬刻本　十二冊　十
一行二十一字小字雙行同細黑口左右雙邊

610000－1001－0003623　普0000022
經義考三百卷　（清）朱彝尊撰　清光緒二十
三年(1897)浙江書局刻本　四十九冊　十二
行二十三字小字雙行同白口左右雙邊　存二
百九十五卷(四至二百九十八)

610000－1001－0003624　普0000024
十三經注疏并校勘記　（清）阮元校勘　清光

緒十三年(1887)點石齋石印本　二十五冊
二十行四十字小字雙行同白口四周雙邊

610000－1001－0003625　普0000025
十三經注疏附校勘記　（清）阮元撰　清光緒
十三年(1887)脈望仙館石印本　三十二冊
二十行四十字小字雙行四十八字白口四周
單邊

610000－1001－0003626　普0000026
十三經注疏附校勘記　（清）阮元撰　清光緒
十三年(1887)脈望仙館石印本　三十二冊
二十行四十字小字雙行四十八字白口四周
單邊

610000－1001－0003627　普0000027
十三經注疏附校勘記　（清）阮元撰　清光緒
十三年(1887)脈望仙館石印本　三十二冊
二十行四十字小字雙行四十八字白口四周
單邊

610000－1001－0003628　普0000028
重刊宋本十三經注疏附校勘記　（清）阮元撰
校勘記　（清）盧宣旬摘錄　清同治十二年
(1873)江西書局刻本　一百七十二冊　十行
十九字小字雙行二十三字粗黑口左右雙邊
存十二種

610000－1001－0003629　普0000029
通志堂經解一百三十九種　（清）納蘭性德編
　清同治十二年(1873)粵東書局刻本　四百
七十二冊　十一行二十字白口左右雙邊

610000－1001－0003630　普0000030
通志堂經解一百三十九種　（清）納蘭性德編
　清同治十二年(1873)粵東書局刻本　五百
冊　十二行二十字白口左右雙邊

610000－1001－0003631　普0000031
四書五經義二十四篇　（清）□□撰　清光緒
二十七年(1901)長沙刻本　一冊　十二行二
十四字白口四周單邊

610000－1001－0003632　普0000032
十三經注疏校勘記識語四卷　（清）汪文臺撰
　清光緒三年(1877)江西書局刻本　二冊

十行十八字粗黑口

610000－1001－0003633　普0000033
沈氏經學六種　（清）沈淑撰　清光緒八年
(1882)虞山後知不足齋刻本　六冊　九行十
六字小字雙行三十二字白口左右雙邊

610000－1001－0003634　普0000035
御纂七經五種　（清）聖祖玄燁撰　清末刻本
　一百八十八冊　十一行二十一字白口四周
雙邊

610000－1001－0003635　普0000036
窺垣秘術二卷　（明）陳志明撰　清抄本　二
冊　十行二十四字白口

610000－1001－0003636　普0000036
御纂七經五種　（清）聖祖玄燁撰　清末刻本
　一百八十八冊　十一行二十一字白口四周
雙邊

610000－1001－0003637　普0000037
御纂七經五種　（清）聖祖玄燁撰　清末刻本
　一百八十八冊　十一行二十一字白口四周
雙邊

610000－1001－0003638　普0000038
御纂七經五種　（清）聖祖玄燁撰　清末刻本
　一百八十八冊　十一行二十一字白口四周
雙邊

610000－1001－0003639　普0000039
御纂七經五種　（清）聖祖玄燁撰　清末刻本
　一百八十二冊　十一行二十一字白口四周
雙邊

610000－1001－0003640　普0000040
鴻雪因緣圖記三集　（清）麟慶著　清道光二
十七年(1847)揚州刻本　六冊　十行二十字
白口四周雙邊

610000－1001－0003641　普0000040
四書五經義不分卷　（清）居易軒主人輯　清
光緒二十七年(1901)西安書局鉛印本　一冊
　十六行三十字白口四周雙邊

610000－1001－0003642　普0000041

四書五經義不分卷　（清）居易軒主人輯　清
光緒二十七年(1901)西安書局鉛印本　一冊
　十六行三十字白口四周雙邊

610000－1001－0003643　普0000042
欽定七經綱領不分卷　（清）□□輯　清宣統
元年(1909)學部圖書局鉛印本　一冊　十四
行三十二字小字雙行同白口四周雙邊

610000－1001－0003644　普0000043
欽定七經綱領不分卷　（清）□□輯　清宣統
元年(1909)學部圖書局鉛印本　一冊　十四
行三十二字小字雙行同白口四周雙邊

610000－1001－0003645　普0000044
欽定七經綱領不分卷　（清）□□輯　清宣統
元年(1909)學部圖書局鉛印本　一冊　十四
行三十二字小字雙行同白口四周雙邊

610000－1001－0003646　普0000045
六藝論疏證一卷　（清）皮錫瑞撰　清光緒二
十五年(1899)刻本　一冊　十一行二十四字
小字雙行同粗黑口左右雙邊

610000－1001－0003647　普0000046
聖證論補評二卷　（清）皮錫瑞撰　清光緒二
十五年(1899)刻本　二冊　十一行二十四字
小字雙行同粗黑口左右雙邊

610000－1001－0003648　普0000048
三經精華　（清）薛嘉穎輯　清光緒二年
(1876)刻本　十二冊　八行十五字小字雙行
三十字白口四周雙邊

610000－1001－0003649　普0000049
東觀奏記三卷　（唐）裴庭裕撰　清光緒三十
一年(1905)抄本　一冊　九行二十二字白口
四周單邊

610000－1001－0003650　普0000049
萬充宗先生經學五書　（清）萬斯大撰　清嘉
慶元年(1796)刻本　六冊　十一行二十一字
小字雙行同黑口左右雙邊

610000－1001－0003651　普0000056
函海四十函一百五十二種　（清）李調元輯

清刻本　一冊　十行二十字小字雙行同白口
四周雙邊　存第十六函二種

610000 - 1001 - 0003652　普 0000056
惜陰軒叢書續編五種　（明）呂柟撰　（清）李
錫齡校勘　清咸豐八年（1858）刻本　十冊
十行二十二字粗黑口左右雙邊

610000 - 1001 - 0003653　普 0000057
惜陰軒叢書三十四種續編一種　（清）李錫齡
輯　清咸豐八年（1858）刻本　十冊　十行二
十二字粗黑口左右雙邊　存一種

610000 - 1001 - 0003654　普 0000058
皇清經解一百七十三種　（清）阮元輯　清光
緒十六年（1890）刻本　四百冊　十一行二十
四字小字雙行同白口左右雙邊

610000 - 1001 - 0003655　普 0000059
皇清經解一百七十三種　（清）阮元輯　清道
光九年（1829）刻咸豐十一年（1861）增刻本
三百六十冊　十一行二十四字小字雙行同白
口左右雙邊

610000 - 1001 - 0003656　普 0000060
皇清經解檢目八卷附通用表一卷　（清）蔡啟
盛編　清光緒十二年（1886）刻本　二冊　十
四行字數不等白口四周雙邊

610000 - 1001 - 0003657　普 0000060
皇清經解一百七十三種　（清）阮元輯　清道
光九年（1829）刻咸豐十一年（1861）增刻本
三百六十二冊　十一行二十四字小字雙行同
白口左右雙邊

610000 - 1001 - 0003658　普 0000067
東塾讀書記二十五卷　（清）陳澧撰　清光緒
二十七年（1901）邵州勸學書舍刻本　六冊
十一行二十四字小字雙行同粗黑口左右雙邊
　　存十五卷（一至十二、十五至十六、二十一）

610000 - 1001 - 0003659　普 0000068
東塾讀書記二十五卷　（清）陳澧撰　清末刻
本　二冊　十二行二十四字小字雙行同粗黑
口四周單邊　存七卷（論語、孟子、易、春秋、
諸子、三國、朱子）

610000 - 1001 - 0003660　普 0000069
兩漢五經博士考三卷　（清）張金吾撰　清道
光十五年（1835）虞山後知不足齋刻本　一冊
　　十二行二十四字小字雙行同細黑口左右
雙邊

610000 - 1001 - 0003661　普 0000071
仿宋相臺五經附考證　（宋）岳珂輯　清光緒
二年（1876）江南書局刻本　三十二冊　八行
十七字小字雙行同白口四周雙邊

610000 - 1001 - 0003662　普 0000072
古經解彙函十六種　（清）鍾謙鈞等輯　清光
緒十五年（1889）湘南書局刻本　三十二冊
十行二十一字小字雙行同白口左右雙邊

610000 - 1001 - 0003663　普 0000073
古經解彙函十六種　（清）鍾謙鈞等輯　清光
緒十五年（1889）湘南書局刻本　三十二冊
十行二十一字小字雙行同白口左右雙邊

610000 - 1001 - 0003664　普 0000074
古經解彙函十六種　（清）鍾謙鈞等輯　清同
治十二年（1873）粵東書局刻本　三十二冊
十行二十一字小字雙行同白口左右雙邊

610000 - 1001 - 0003665　普 0000075
十三經古注　（明）金蟠等校勘　清同治八年
（1869）浙江書局刻本　四十四冊　九行二十
五字小字雙行同白口左右雙邊　存十種

610000 - 1001 - 0003666　普 0000076
鄭氏佚書二十三種　（漢）鄭玄撰　（清）袁鈞
輯　清光緒十四年（1888）浙江書局刻本　十
冊　十行二十一字小字雙行同粗黑口左右
雙邊

610000 - 1001 - 0003667　普 0000077
新鐫經苑二十五種　（清）錢儀吉輯　清同治
七年（1868）王儒行等刻本　七十三冊　十行
二十字小字雙行同白口四周雙邊　存二十
四種

610000 - 1001 - 0003668　普 0000078
新鐫經苑二十五種　（清）錢儀吉輯　清同治
七年（1868）王儒行等刻本　三十冊　十行二

十字小字雙行同白口四周雙邊　存十七種

610000－1001－0003669　普0000079

授經圖二十卷　(明)朱睦㮮撰　清道光二十
六年(1846)宏道書院刻本　二冊　十行二十
二字小字雙行同粗黑口四周單邊

610000－1001－0003670　普0000080

授經圖二十卷　(明)朱睦㮮撰　清道光二十
六年(1846)宏道書院刻本　二冊　十行二十
二字小字雙行同粗黑口四周單邊

610000－1001－0003671　普0000081

經學通論五卷　(清)皮錫瑞撰　清光緒三十
三年(1907)思賢書局刻本　五冊　十二行二
十五字白口左右雙邊

610000－1001－0003672　普0000082

經典釋文序錄一卷　(唐)陸德明撰　清末刻
本　一冊　十一行二十四字小字雙行同粗黑
口四周單邊

610000－1001－0003673　普0000083

無雙譜一卷　(清)金古良撰　抄本　二冊
行數不等字數不等

610000－1001－0003674　普0000083

經典釋文攷證三十卷　(清)盧文弨撰　**經典
釋文序錄一卷**　(唐)陸德明撰　清光緒十五
年(1889)湘南書局刻本　十六冊　十一行二
十一字小字雙行同粗黑口四周單邊

610000－1001－0003675　普0000084

十一經音訓　(清)楊國楨撰　清光緒三年
(1877)湖北崇文書局刻本　二十六冊　七行
二十二字小字雙行同白口四周單邊

610000－1001－0003676　普0000085

十一經音訓　(清)楊國楨撰　清道光刻本
二十六冊　七行二十二字小字雙行同白口四
周單邊

610000－1001－0003677　普0000086

賞奇軒合編五種　(□)□□輯　清光緒十二
年(1886)上海同文書局石印本　四冊　行數
不等字數不等四周單邊　存四種

610000－1001－0003678　普0000086

十一經音訓　(清)楊國楨撰　清道光刻本
三十六冊　七行二十二字小字雙行同白口四
周單邊

610000－1001－0003679　普0000088

苗族風俗寫真不分卷　(□)□□繪　彩繪本
二冊　行數不等十五字

610000－1001－0003680　普0000088

經籍纂詁一百〇六卷首一卷　(清)阮元譔集
清嘉慶揚州阮元琅嬛僊館刻本　六十四冊
八行二十字小字雙行同白口左右雙邊

610000－1001－0003681　普0000089

經籍纂詁一百〇六卷首一卷　(清)阮元譔集
清光緒六年(1880)淮南書局刻本　四十冊
八行二十字小字雙行同白口左右雙邊

610000－1001－0003682　普0000090

經籍纂詁一百〇六卷首一卷　(清)阮元譔集
清光緒六年(1880)淮南書局刻本　五十四
冊　八行二十字小字雙行同白口左右雙邊

610000－1001－0003683　普0000091

明清職官列傳□□卷　(□)□□編　抄本
十五冊　七行十八字白口四周單邊　存十五
冊(六十九、七十一至七十六、八十五至九十
二)

610000－1001－0003684　普0000091

經籍纂詁一百〇六卷首一卷　(清)阮元譔集
清光緒六年(1880)淮南書局刻本　四十二
冊　八行二十字小字雙行同白口左右雙邊

610000－1001－0003685　普0000092

經籍纂詁一百〇六卷首一卷　(清)阮元譔集
清嘉慶揚州阮元琅嬛僊館刻本　六十冊
八行二十字小字雙行同白口左右雙邊

610000－1001－0003686　普0000094

經典釋文三十卷　(唐)陸德明撰　(清)盧文
弨考證　清同治八年(1869)湖北崇文書局刻
本　十二冊　十一行二十二字小字雙行同粗
黑口四周雙邊

610000 – 1001 – 0003687　普 0000095

經典釋文三十卷　（唐）陸德明撰　（清）盧文
弨考證　清同治八年(1869)湖北崇文書局刻
本　十二冊　十一行二十二字小字雙行同粗
黑口四周雙邊

610000 – 1001 – 0003688　普 0000096

羣經字詁七十二卷檢字一卷　（清）段諤廷撰
　清道光二十九年(1849)長沙黔陽楊氏刻本
　十六冊　九行二十四字小字雙行同白口四
周雙邊

610000 – 1001 – 0003689　普 0000097

四書字詁七十八卷檢字一卷　（清）段諤廷撰
　清道光二十九年(1849)刻咸豐七年(1857)
長沙黔陽楊氏補刻本　十六冊　九行二十四
字小字雙行同白口四周雙邊

610000 – 1001 – 0003690　普 0000098

古文周易參同契註八卷　（清）魏伯陽撰
（清）袁仁林註　清末刻本　二冊　十行二十
二字小字雙行同粗黑口四周單邊

610000 – 1001 – 0003691　普 0000099

西樓易說十八卷　（清）楊家洙撰　清光緒十
四年(1888)刻本　十八冊　九行十七字小字
雙行三十二字白口四周單邊

610000 – 1001 – 0003692　普 0000100

三易註畧讀法一卷義易註畧三卷孔易註畧十
四卷　（清）劉一明撰　清嘉慶十六年(1811)
刻本　十六冊　九行二十二字白口四周雙邊

610000 – 1001 – 0003693　普 0000101

讀易輯要淺釋三卷　（清）鄭本玉輯　清同治
三年(1864)刻本　三冊　九行二十一字小字
雙行同白口四周單邊

610000 – 1001 – 0003694　普 0000103

周易參考三卷　（清）高靜輯　清宣統元年
(1909)思貽齋刻本　二冊　十行二十二字白
口四周雙邊　存二卷(一至二)

610000 – 1001 – 0003695　普 0000104

周易參考三卷　（清）高靜輯　清宣統元年
(1909)思貽齋刻本　三冊　十行二十二字白

口四周雙邊

610000 – 1001 – 0003696　普 0000105

周易四卷　（唐）孔穎達疏　清同治十年
(1871)刻本　二冊　九行十七字小字雙行同
白口四周雙邊

610000 – 1001 – 0003697　普 0000106

天下名山勝景一覽圖不分卷　（□）□□撰
清末民初刻本　一冊

610000 – 1001 – 0003698　普 0000106

周易解故一卷　（清）丁晏撰　清光緒十九年
(1893)廣雅書局刻本　一冊　十一行二十四
字小字雙行同粗黑口四周單邊

610000 – 1001 – 0003699　普 0000107

曉村詩文鈔不分卷　（清）張天德著　抄本
六冊　九行二十四字

610000 – 1001 – 0003700　普 0000108

玩易意見二卷　（明）王恕撰　（清）李錫齡校
　清道光二十六年(1846)刻本　一冊　十行
二十二字粗黑口四周雙邊

610000 – 1001 -- 0003701　普 0000110

群賢會驗集不分卷　（□）□□撰　抄本　八
冊　行數不等字數不等

610000 – 1001 – 0003702　普 0000111

周易正義十卷　（唐）孔穎達疏　清嘉慶二十
年至二十一年(1815 – 1816)江西南昌府學刻
本　八冊　十行十八字小字雙行二十四字粗
黑口左右雙邊

610000 – 1001 – 0003703　普 0000112

易經集解一卷易傳集解十卷周易口訣義六卷
周易口訣義補一卷　（清）孫星衍輯　清光緒
二年(1876)廣陵雙梧書屋刻本　六冊　九行
二十一字小字雙行同白口左右雙邊

610000 – 1001 – 0003704　普 0000113

定東陵工程清冊不分卷　（□）□□撰　清末
民初抄本　一冊　十二行字數不等

610000 – 1001 – 0003705　普 0000114

己任編八卷　（清）高鼓峰著　（清）楊乘六評

抄本　一冊　行數不等字數不等

610000－1001－0003706　普0000114

易學啟蒙四卷周易本義十二卷　（宋）朱熹撰
清光緒元年(1875)三原刻本　三冊　九至
十二行不等十七至二十二字不等小字雙行同
粗黑口左右雙邊

610000－1001－0003707　普0000115

周易經義審七卷首一卷　（清）盧浙輯　清嘉
慶十七年(1812)三芝山房刻本　八冊　九行
二十三字白口四周雙邊

610000－1001－0003708　普0000116

讀易集說不分卷　（清）朱勳撰　清嘉慶二十
二年(1817)資善堂刻本　十二冊　十行二十
二字小字雙行同粗黑口四周單邊

610000－1001－0003709　普0000117

讀易集說不分卷　（清）朱勳撰　清嘉慶二十
二年(1817)資善堂刻本　十二冊　十行二十
二字小字雙行同粗黑口四周單邊

610000－1001－0003710　普0000119

易經八卷　（宋）程頤傳　清光緒九年(1883)
江南書局刻本　四冊　九行十七字小字雙行
同白口左右雙邊

610000－1001－0003711　普0000121

書古微十二卷首一卷　（清）魏源撰　清光緒
四年(1878)淮南書局刻本　四冊　十行二十
一字小字雙行同白口左右雙邊

610000－1001－0003712　普0000122

書古微十二卷首一卷　（清）魏源撰　清光緒
四年(1878)淮南書局刻本　四冊　十行二十
一字小字雙行同白口左右雙邊

610000－1001－0003713　普0000124

書經六卷　（宋）蔡沈集傳　清同治十年
(1871)刻本　四冊　九行十七字小字雙行同
白口四周雙邊

610000－1001－0003714　普0000125

書經六卷首一卷末一卷　（宋）蔡沈集傳　清
光緒七年(1881)金陵書局刻本　四冊　九行

十七字小字雙行同白口左右雙邊

610000－1001－0003715　普0000126

書經六卷首一卷末一卷　（宋）蔡沈集傳　清
光緒七年(1881)金陵書局刻本　四冊　九行
十七字小字雙行同白口左右雙邊

610000－1001－0003716　普0000127

書經六卷　（宋）蔡沈集傳　清光緒十五年
(1889)信述堂刻本　四冊　九行十七字小字
雙行同粗黑口四周單邊

610000－1001－0003717　普0000128

書經讀本不分卷　（清）徐立綱撰　清光緒十
九年(1893)陝西刊書處刻本　二冊　七行二
十二字小字雙行同白口左右雙邊

610000－1001－0003718　普0000129

書經讀本不分卷　（清）徐立綱撰　清光緒十
九年(1893)關中味經官書局刻本　二冊　七
行二十二字小字雙行同白口左右雙邊

610000－1001－0003719　普0000130

尚書伸孔篇一卷　（清）焦廷琥撰　清光緒十
四年(1888)廣雅書局刻本　一冊　十一行二
十四字小字雙行同粗黑口四周單邊

610000－1001－0003720　普0000131

易學啟蒙四卷周易本義十二卷　（宋）朱熹撰
清光緒元年(1875)三原刻本　三冊　九至
十二行不等十七至二十二字不等小字雙行同
粗黑口左右雙邊

610000－1001－0003721　普0000132

易學啟蒙四卷周易本義十二卷　（宋）朱熹撰
清光緒元年(1875)三原刻本　三冊　九至
十二行不等十七至二十二字不等小字雙行同
粗黑口左右雙邊

610000－1001－0003722　普0000133

周易本義附音訓十二卷　（宋）朱熹撰　清同
治四年(1865)金陵書局刻本　二冊　九行十
七字小字雙行同白口左右雙邊

610000－1001－0003723　普0000134

胡氏家集十八卷補遺四卷　（清）胡元儀校錄

清光緒二十三年(1897)稿本　二冊　十二
行二十五字左右雙邊

610000 – 1001 – 0003724　普0000134
易經讀本不分卷　（□）□□撰　清光緒十四
年(1888)陝西求友齋刻本　二冊　七行二十
二字小字雙行同白口左右雙邊

610000 – 1001 – 0003725　普0000135
周易程傳八卷　（宋）程頤傳　清光緒九年
(1883)江南書局刻本　二冊　九行十七字小
字雙行同白口左右雙邊

610000 – 1001 – 0003726　普0000136
易說旁通十卷　（清）吳嶽輯　清同治十年
(1871)刻本　十冊　十一行二十三字小字雙
行同白口四周雙邊

610000 – 1001 – 0003727　普0000138
易憲四卷　（明）沈泓疏　清光緒十四年
(1888)刻本　三冊　十一行二十三字小字雙
行同白口左右雙邊

610000 – 1001 – 0003728　普0000139
御纂周易述義十卷　（清）傅恆等纂　清同治
十二年(1873)味經書院刻本　八冊　八行二
十字白口四周雙邊

610000 – 1001 – 0003729　普0000141
御纂周易折中二十二卷首一卷　（清）李光地
等撰　清末刻本　十二冊　八行十八字小字
雙行二十二字白口四周雙邊

610000 – 1001 – 0003730　普0000142
御纂周易折中二十二卷首一卷　（清）李光地
等撰　清末刻本　二十冊　八行十八字小字
雙行二十二字白口四周雙邊

610000 – 1001 – 0003731　普0000145
貽清白齋詩鈔二十卷　（清）楊鼎昌著　清稿
本　十冊　八行字數不等

610000 – 1001 – 0003732　普0000147
**新刻來瞿唐先生易註十五卷首一卷末一卷來
氏周易圖解一卷**　（明）來知德註　清刻本
九冊　九行二十二字小字雙行同白口四周單

邊　存十三卷（一至二、七至十五,首一,末
一）

610000 – 1001 – 0003733　普0000148
**易經來註圖解一卷易學啟蒙一卷來瞿唐先生
易註十五卷末一卷**　（明）來知德註　清道光
元年(1821)大文堂刻本　十二冊　九行二十
二字小字雙行同白口四周單邊間四周雙邊

610000 – 1001 – 0003734　普0000149
周易姚氏學十六卷首一卷　（清）姚配中撰
清光緒三年(1877)湖北崇文書局刻本　六冊
十二行二十四字小字雙行同粗黑口四周
雙邊

610000 – 1001 – 0003735　普0000150
新鐫增補周易備旨一見能解六卷　（明）黃淳
耀撰　清刻本　六冊　十一行三十七字小字
雙行同白口四周單邊

610000 – 1001 – 0003736　普0000154
經典釋文三十卷攷證三十卷　（唐）陸德明撰
（清）盧文弨輯　清同治十三年(1874)成都
尊經書院刻本　十冊　十一行二十二字小字
雙行同粗黑口四周雙邊

610000 – 1001 – 0003737　普0000155
經典釋文三十卷攷證三十卷　（唐）陸德明撰
（清）盧文弨輯　清同治十年(1871)刻本
十六冊　十一行二十二字小字雙行同粗黑口
四周單邊

610000 – 1001 – 0003738　普0000156
周易函書別集十六卷　（清）胡煦撰　清末葆璞
堂刻本　六冊　十行二十四字白口四周雙邊

610000 – 1001 – 0003739　普0000157
涇野先生周易說翼三卷　（明）呂柟撰　清末
刻本　三冊　十行二十二字小字雙行同粗黑
口左右雙邊

610000 – 1001 – 0003740　普0000159
增訂周易去疑十一卷首一卷末一卷　（明）舒
宏諤撰　清光緒八年(1882)江右養云書屋刻
本　十二冊　十行二十四字小字雙行同白口
左右雙邊

610000－1001－0003741　普 0000160

學易記五卷　（明）金賁亨撰　清道光二十年(1840)刻本　二冊　十行二十二字粗黑口四周單邊

610000－1001－0003742　普 0000161

學易記五卷　（明）金賁亨撰　清道光二十年(1840)刻本　二冊　十行二十二字粗黑口四周單邊

610000－1001－0003743　普 0000162

學易記五卷　（明）金賁亨撰　清道光二十年(1840)刻本　二冊　十行二十二字粗黑口四周單邊

610000－1001－0003744　普 0000166

易緯略義三卷　（清）張惠言撰　清末廣雅書局刻本　一冊　十一行二十四字小字雙行同粗黑口四周單邊

610000－1001－0003745　普 0000167

象數論六卷　（清）黃宗羲撰　清光緒廣雅書局刻本　二冊　十二行二十四字小字雙行同粗黑口四周單邊

610000－1001－0003746　普 0000168

玩易四道十三卷首一卷末一卷　（清）黃寅階輯　清同治十二年(1873)青雲樓書坊刻本　十冊　八行二十字小字雙行同白口四周雙邊

610000－1001－0003747　普 0000169

易占經緯四卷　（明）韓邦奇輯　清閩庠刻本　四冊　十行二十至二十一字不等小字雙行二十八至三十一字不等白口四周單邊

610000－1001－0003748　普 0000170

易隱八卷首一卷　（清）曹九錫輯　清光緒十一年(1885)祥麟書屋刻本　四冊　十行二十二字小字雙行同白口四周雙邊

610000－1001－0003749　普 0000171

易隱八卷首一卷　（清）曹九錫輯　清光緒十一年(1885)祥麟書屋刻本　七冊　十行二十二字小字雙行同白口四周雙邊

610000－1001－0003750　普 0000172

尚書詳解十三卷　（宋）胡士行編　清同治巴陵鍾謙鈞刻本　二冊　十一行二十字小字雙行三十字白口左右雙邊

610000－1001－0003751　普 0000173

欽定書經傳說彙纂二十一卷　（清）王頊齡撰　清末刻本　二十一冊　八行十八字小字雙行二十二字白口四周雙邊

610000－1001－0003752　普 0000174

尚書箋三十卷　王闓運集注并箋　清末刻本　三冊　八行十七字小字雙行同白口四周雙邊

610000－1001－0003753　普 0000176

書蔡傳附釋一卷　（清）丁晏撰　清光緒二十年(1894)廣雅書局刻本　一冊　十一行二十四字粗黑口四周單邊

610000－1001－0003754　普 0000177

尚書古文辨惑二十二卷　（清）張諧之撰　清光緒三十年(1904)宏農潛修精舍刻本　六冊　九行二十二字白口左右雙邊

610000－1001－0003755　普 0000178

附釋音尚書注疏二十卷　（唐）孔穎達疏　（清）阮元校勘　（清）盧宣旬摘錄　清嘉慶二十年(1815)江西南昌府學刻本　十冊　十行十七字小字雙行二十三字粗黑口左右雙邊

610000－1001－0003756　普 0000179

尚書注疏十九卷　（唐）陸德明音義　（唐）孔穎達疏　清同治十年(1871)刻本　十冊　十行二十一字小字雙行同白口左右雙邊

610000－1001－0003757　普 0000180

工程做法四十八卷　（清）允禮等編　抄本　十八冊　九行十九字小字雙行同

610000－1001－0003758　普 0000180

尚書古文疏證八卷　（清）閻若璩撰　清嘉慶元年(1796)天津吳氏刻本　八冊　十一行二十字白口左右雙邊

610000－1001－0003759　普 0000181

監本書經六卷　（宋）蔡沈集傳　清咸豐七年

(1857)刻本　四冊　九行十七字小字雙行同
白口四周雙邊

610000－1001－0003760　普0000183
書經六卷　（宋）蔡沈集傳　清同治十年
(1871)刻本　四冊　九行十七字小字雙行同
白口四周雙邊

610000－1001－0003761　普0000184
尚書通考十卷　（元）黃鎮成輯　清同治鍾謙
鈞刻本　三冊　十一行二十字小字雙行二十
九至三十一字不等白口左右雙邊

610000－1001－0003762　普0000186
書經講義會編十二卷　（明）申時行編　（明）
徐銓仝校訂　清末刻本　十一冊　九行二十
四字小字雙行同白口四周雙邊　存十一卷
（二至十二）

610000－1001－0003763　普0000187
尚書表注二卷　（宋）金履祥注　清同治鍾謙
鈞刻本　一冊　十行十八字白口左右雙邊

610000－1001－0003764　普0000188
說文古籀補十四卷補遺一卷附錄一卷　（清）
吳大澂撰　抄本　四冊　八行大字不等小字
雙行不等

610000－1001－0003765　普0000188
古本尚書表注二卷　（宋）金履祥注　清光緒
十年(1884)掃葉書房刻本　二冊　十行十八
字白口左右雙邊

610000－1001－0003766　普0000189
禹貢圖考不分卷　雷柱述　清宣統元年
(1909)陝西學務公所圖書館石印本　一冊
行數不等字數不等四周單邊

610000－1001－0003767　普0000190
禹貢圖考不分卷　雷柱述　清宣統元年
(1909)陝西學務公所圖書館石印本　一冊
行數不等字數不等四周單邊

610000－1001－0003768　普0000191
禹貢圖考不分卷　雷柱述　清宣統元年
(1909)陝西學務公所圖書館石印本　一冊

行數不等字數不等四周單邊

610000－1001－0003769　普0000192
臆說集二卷　（清）張祖武撰　清抄本　二冊
九行二十字

610000－1001－0003770　普0000193
良朋彙集四卷　（清）孫偉撰　清抄本　四冊
行數不等字數不等

610000－1001－0003771　普0000193
禹貢班義述三卷　（清）成蓉鏡撰　清光緒十
四年(1888)廣雅書局刻本　一冊　十一行二
十四字小字雙行同粗黑口四周單邊

610000－1001－0003772　普0000194
奎壁書經六卷　（宋）蔡沈集傳　清光緒十一
年(1885)奎壁齋刻本　四冊　九行十七字小
字雙行同白口左右雙邊

610000－1001－0003773　普0000195
書經體註六卷　（清）錢希祥纂輯　清光緒二
十年(1894)濟雅書局刻本　四冊　五至九行
不等十七至二十七字不等小字雙行同白口四
周單邊間四周雙邊

610000－1001－0003774　普0000196
御纂詩義折中二十卷　（清）傅恆等纂　清末
刻本　六冊　十一行二十四字白口左右雙邊

610000－1001－0003775　普0000197
汪氏珊瑚網法書題跋二十四卷名畫題跋二十
四卷　（明）汪砢玉輯　清抄本　十四冊　十
行二十字

610000－1001－0003776　普0000197
詩集傳附釋一卷　（清）丁晏撰　清光緒二十
年(1894)廣雅書局刻本　一冊　十一行二十
四字粗黑口四周單邊

610000－1001－0003777　普0000198
馬石田文集十五卷附錄一卷　（元）馬祖常撰
清抄本　四冊　十行二十字

610000－1001－0003778　普0000198
欽定詩經傳說彙纂二十一卷首二卷詩序二卷
（清）王鴻緒等纂　清末刻本　二十冊　八

行十八字小字雙行二十二字白口四周雙邊

610000－1001－0003779　普0000199

附釋音毛詩注疏七十卷校勘語七十卷　（漢）
毛亨傳　（唐）孔穎達疏　清光緒十九年
(1893)刻本　三十二冊　十行二十一字小字
雙行同白口四周雙邊

610000－1001－0003780　普0000200

附釋音毛詩注疏七十卷校勘語七十卷　（漢）
毛亨傳　（唐）孔穎達疏　（清）阮元校　清光
緒十九年(1893)刻本　三十二冊　十行二十
一字小字雙行同白口四周雙邊

610000－1001－0003781　普0000201

詩經集傳八卷　（宋）朱熹集傳　清光緒七年
(1881)金陵書局刻本　四冊　九行十七字小
字雙行同白口左右雙邊

610000－1001－0003782　普0000202

詩經集傳八卷　（宋）朱熹集傳　清光緒二十
二年(1896)金陵書局刻本　四冊　九行十七
字小字雙行同白口左右雙邊

610000－1001－0003783　普0000203

薛氏醫按二十四種　（明）薛己撰　（明）吳琯
輯　清刻本　六十四冊　十行二十字白口左
右雙邊

610000－1001－0003784　普0000204

詩古微上編六卷首一卷中編十卷下編三卷
（清）魏源輯　清光緒十三年(1887)刻本　十
冊　十行二十二字小字雙行同白口左右雙邊

610000－1001－0003785　普0000205

毛詩傳箋三十卷　（漢）毛亨傳　（漢）鄭玄箋
　（清）劉瀏編　清光緒十七年(1891)緯蕭草
堂刻本　八冊　九行二十二字小字雙行同白
口左右雙邊

610000－1001－0003786　普0000206

紺珠閣讀書隨筆不分卷　（清）李延之撰　抄
本　十六冊　行數不等字數不等

610000－1001－0003787　普0000206

詩經體注大全合參八卷　（清）高朝瓔撰

610000－1001－0003788　普0000208

（清）沈世稽輯　清光緒二十二年(1896)益元
書局刻本　四冊　九至二十行不等十七至二
十六字不等小字雙行同白口四周雙邊

610000－1001－0003788　普0000208

歷代帝王總論不分卷　（□）□□撰　抄本
一冊　八行十九至二十字不等

610000－1001－0003789　普0000208

詩經原始十八卷首二卷　（清）方玉潤撰　清
同治十年(1871)隴東分署刻本　十冊　十一
行二十五字小字雙行同粗黑口左右雙邊

610000－1001－0003790　普0000209

詩經集傳八卷　（宋）朱熹集傳　清嘉慶十年
(1805)十笏堂刻本　四冊　九行十七字小字
雙行同白口左右雙邊

610000－1001－0003791　普0000212

詩經申義十卷　（清）吳士模撰　清道光十五
年(1835)刻本　四冊　十行二十一字白口左
右雙邊

610000－1001－0003792　普0000213

毛詩訂詁八卷附錄二卷　（清）顧棟高撰　清
光緒二十二年(1896)江蘇書局刻本　四冊
十六行二十七字小字雙行同粗黑口左右雙邊

610000－1001－0003793　普0000214

西齋集十五卷刪遺一卷　（清）吳暻撰　清抄
本　四冊　十行二十一字

610000－1001－0003794　普0000214

毛詩天文攷一卷　（清）洪亮吉撰　清光緒十
七年(1891)廣雅書局刻本　一冊　十一行二
十四字小字雙行同粗黑口四周單邊

610000－1001－0003795　普0000215

御纂詩義折中二十卷　（清）傅恆等纂　清光
緒十二年(1886)姚光照刻本　十冊　九行二
十字小字雙行同白口左右雙邊

610000－1001－0003796　普0000216

毛詩古音攷四卷附錄一卷　（明）陳第撰　清
光緒六年(1880)張裕釗刻本　四冊　十行二
十一字小字雙行同白口四周雙邊

610000－1001－0003797　普0000217

毛詩後箋三十卷　（清）胡承珙撰　清道光十七年(1837)廣雅書局刻本　十二冊　十一行二十四字小字雙行同粗黑口四周單邊

610000－1001－0003798　普0000218

呂氏家塾讀詩記三十二卷　（宋）呂祖謙撰　清刻本　五冊　十行二十字小字雙行同白口四周雙邊　存二十六卷(一至二十六)

610000－1001－0003799　普0000219

詩毛氏傳疏三十卷　（清）陳奐撰　清刻本　九冊　十行二十一字小字雙行同粗黑口左右雙邊　存二十八卷(三至三十)

610000－1001－0003800　普0000223

韓詩外傳十卷補逸一卷拾遺一卷　（漢）韓嬰撰　（清）周廷寀校注　清光緒元年(1875)望三益齋刻本　四冊　十行二十一字小字雙行同白口左右雙邊

610000－1001－0003801　普0000224

詩序廣義二十四卷　（清）姜炳璋輯　清嘉慶二十年(1815)尊行堂刻本　十二冊　十一行二十二字小字雙行同白口左右雙邊

610000－1001－0003802　普0000225

詩經八卷　（宋）朱熹集傳　清同治十年(1871)刻本　四冊　九行十七字小字雙行同白口四周雙邊

610000－1001－0003803　普0000226

詩經八卷　（宋）朱熹集傳　清同治十三年(1874)刻本　四冊　九行十七字小字雙行同白口四周雙邊

610000－1001－0003804　普0000228

求古錄禮說十六卷補遺一卷　（清）金鶚撰　**校勘記三卷**　（清）王士駿輯　清光緒二年(1876)刻本　十二冊　十行二十一字小字雙行同細黑口左右雙邊

610000－1001－0003805　普0000229

周官新義十六卷考工記解二卷　（宋）王安石撰　（清）王簡校訂　清刻本　二冊　十行二十字小字雙行同白口四周雙邊　存八卷(一至八)

610000－1001－0003806　普0000230

禮記二十卷　（漢）鄭玄注　清同治九年(1870)楚北崇文書局刻本　八冊　九行十七字小字雙行同白口左右雙邊

610000－1001－0003807　普0000232

周禮集解節要六卷　（清）高紫超集解　（清）鄧愷纂訂　清刻本　二冊　九行二十字小字雙行同白口四周單邊

610000－1001－0003808　普0000233

周禮約編六卷　（清）汪基鈔譔　清光緒三十二年(1906)陝西學務公所鉛印本　三冊　九行二十二字小字雙行同白口四周雙邊

610000－1001－0003809　普0000234

周官精義十二卷　（清）連斗山編次　清嘉慶二年(1797)致和堂刻本　五冊　九行二十三字小字雙行同白口左右雙邊

610000－1001－0003810　普0000235

周官精義十二卷　（清）連斗山編次　清嘉慶十八年(1813)刻本　五冊　九行二十三字小字雙行同白口左右雙邊

610000－1001－0003811　普0000236

周禮初學讀本六卷　（清）萬廷蘭校　清光緒二年(1876)四川學院衙門刻本　二冊　十行二十字小字雙行同粗黑口四周雙邊

610000－1001－0003812　普0000237

宋葉文康公禮經會元節本四卷　（清）陸隴其點定　（清）許元淮節錄　清嘉慶五年(1800)刻本　四冊　九行二十字小字雙行同白口左右雙邊

610000－1001－0003813　普0000238

周禮精華六卷　（清）陳龍標編輯　清同治八年(1869)刻本　四冊　七行二十字白口左右雙邊

610000－1001－0003814　普0000239

周禮六卷　（漢）鄭玄注　（唐）陸德明音義　清嘉慶十一年(1806)清芬閣刻本　六冊　十二行二十五字小字雙行同白口左右雙邊

610000－1001－0003815　　普0000240

欽定儀禮義疏四十八卷首二卷　（清）允祿等撰　清末刻本　三十一冊　八行十八字小字雙行二十三字白口四周雙邊

610000－1001－0003816　　普0000241

儀禮注疏五十卷　（唐）賈公彥撰　清光緒十八年(1892)寶慶務本書局刻本　二十冊　十行十七字小字雙行二十三字粗黑口左右雙邊

610000－1001－0003817　　普0000245

儀禮鄭註句讀十七卷監本正誤一卷石經誤字一卷　（清）張爾岐撰　清同治七年(1868)金陵書局刻本　四冊　九行二十四字小字雙行同白口左右雙邊

610000－1001－0003818　　普0000246

儀禮鄭註句讀十七卷監本正誤一卷石經誤字一卷　（清）張爾岐撰　清同治七年(1868)金陵書局刻本　四冊　九行二十四字小字雙行同白口左右雙邊

610000－1001－0003819　　普0000247

儀禮約編二卷　（清）汪基鈔撰　清光緒三十二年(1906)陝西學務公所鉛印本　一冊　九行二十二字小字雙行同白口四周雙邊

610000－1001－0003820　　普0000248

儀禮約編二卷　（清）汪基鈔撰　清光緒三十二年(1906)陝西學務公所鉛印本　一冊　九行二十二字小字雙行同白口四周雙邊

610000－1001－0003821　　普0000250

儀禮十七卷校錄一卷　（漢）鄭玄注　**續校一卷**　（清）黃丕烈續校　清同治九年(1870)崇文書局刻本　二冊　十四行二十五字小字雙行三十至三十一字不等白口左右雙邊

610000－1001－0003822　　普0000251

儀禮圖六卷　（清）張惠言撰　清同治九年(1870)崇文書局刻本　三冊　十一行二十二字小字雙行二十二至三十二字不等白口四周雙邊

610000－1001－0003823　　普0000252

東垣十書　（明）王肯堂訂正　清敦化堂刻本　十六冊　十行二十字白口左右雙邊

610000－1001－0003824　　普0000252

儀禮經傳通解三十七卷續二十九卷首一卷　(宋)朱熹撰　（清）賀瑞麟補正　清光緒十七年(1891)三原劉氏刻本　十六冊　十行二十五字小字雙行同粗黑口四周單邊　存五十三卷(一至三十七、續一至十六)

610000－1001－0003825　　普0000253

儀禮古今文疏義十七卷　（清）胡承珙撰　清光緒三年(1877)湖北崇文書局刻本　四冊　十二行二十四字小字雙行同粗黑口四周雙邊

610000－1001－0003826　　普0000254

儀禮正義四十卷　（漢）鄭玄注　（清）胡培翬撰　（清）楊大堉補　清同治七年(1868)刻本　二十四冊　十行二十二字小字雙行同白口左右雙邊

610000－1001－0003827　　普0000255

儀禮十七卷　（漢）鄭玄注　（唐）陸德明音義　**儀禮圖六卷**　（清）張惠言述　清同治七年至九年(1868－1870)崇文書局刻本　七冊　九行十七字小字雙行同白口四周雙邊

610000－1001－0003828　　普0000256

儀禮私箋八卷　（清）鄭珍撰　清光緒十七年(1891)廣雅書局刻本　一冊　十一行二十四字上下黑口四周單邊

610000－1001－0003829　　普0000257

輪輿私箋二卷附圖一卷　（清）鄭珍撰　清光緒十七年(1891)廣雅書局刻本　一冊　十一行二十四字粗黑口四周單邊

610000－1001－0003830　　普0000258

續禮記集說一百卷　（清）杭世駿撰　清光緒二十一年至三十年(1895－1904)浙江書局刻本　四十冊　十行二十一字白口左右雙邊

610000－1001－0003831　　普0000259

王制箋一卷　（清）皮錫瑞撰　清光緒三十四年(1908)思賢書局刻本　一冊　十二行二十五字白口左右雙邊

610000－1001－0003832　普0000260

禮記十卷　（元）陳澔集說　清嘉慶十年(1805)刻本　十冊　九行十七字小字雙行同白口左右雙邊

610000－1001－0003833　普0000262

禮記十卷　（元）陳澔集說　清同治十年(1871)刻本　十冊　九行十七字小字雙行同白口四周雙邊

610000－1001－0003834　普0000265

禮記質疑四十九卷　（清）郭嵩燾撰　清光緒十六年(1890)思賢講舍刻本　十冊　十一行二十四字粗黑口左右雙邊

610000－1001－0003835　普0000266

禮記天算釋一卷　（清）孔廣牧撰　清光緒十五年(1889)廣雅書局刻本　一冊　十一行二十四字粗黑口四周單邊

610000－1001－0003836　普0000267

禮記訓纂四十九卷　（清）朱彬輯　清宣統元年(1909)學部圖書館刻本　十冊　九行二十二字小字雙行同白口左右雙邊

610000－1001－0003837　普0000270

欽定周官義疏四十八卷首一卷　（清）鄂爾泰等撰　清刻本　二十八冊　八行二十一字小字雙行同白口四周雙邊

610000－1001－0003838　普0000271

附釋音周禮注疏四十二卷　（漢）鄭玄注（唐）賈公彥等撰　清光緒十八年(1892)寶慶務本書局刻本　二十冊　十行十七字小字雙行二十三字粗黑口左右雙邊

610000－1001－0003839　普0000273

周禮注疏刪翼三十卷　（明）王志長纂修　清刻本　五冊　八行十九字小字雙行同白口左右雙邊　存十卷(三至十二)

610000－1001－0003840　普0000274

碧玉鈿傳奇二卷　（清）崔問余撰　抄本　一冊　八行二十四字

610000－1001－0003841　　　普0000274

附釋音周禮注疏四十二卷　（漢）鄭玄注（唐）陸德明釋文　（唐）賈公彥疏　**附校勘記一卷**　（清）阮元撰　清光緒二十六年(1900)味經刊書處刻本　二十四冊　十行二十一字小字雙行同白口四周雙邊

610000－1001－0003842　普0000275

附釋音周禮注疏四十二卷　（漢）鄭玄注（唐）陸德明釋文　（唐）賈公彥疏　**附校勘記一卷**　（清）阮元撰　清光緒二十六年(1900)味經刊書處刻本　二十四冊　十行二十一字小字雙行同白口四周雙邊

610000－1001－0003843　普0000276

附釋音周禮注疏四十二卷　（漢）鄭玄注（唐）陸德明釋文　（唐）賈公彥疏　**附校勘記一卷**　（清）阮元撰　清光緒二十六年(1900)味經刊書處刻本　六冊　十行二十一字小字雙行同白口四周雙邊　存十卷(一至十)

610000－1001－0003844　普0000277

三禮義證十二卷　（清）武億撰　清道光二十三年(1843)刻本　二冊　十一行二十三字白口左右雙邊

610000－1001－0003845　普0000278

周禮正義八十六卷　（清）孫詒讓撰　清光緒三十一年(1905)鉛印本　十七冊　十二行三十二字小字雙行三十七字上下黑口四周單邊　存八十一卷(一至八十一)

610000－1001－0003846　普0000279

周禮旁訓經疏節要六卷　（清）孟一飛輯　清道光六年(1826)刻本　四冊　八行二十二字小字雙行同白口四周單邊

610000－1001－0003847　普0000280

周禮易讀六卷　（清）司徒修選訂　清道光十五年(1835)刻本　四冊　十二行二十至二十五字不等小字雙行同白口左右雙邊

610000－1001－0003848　普0000281

周禮易讀六卷　（清）司徒修選訂　清道光十五年(1835)刻本　四冊　十二行二十至二十五字不等小字雙行同白口左右雙邊

610000 – 1001 – 0003849　普 0000284

周禮政要四卷　(清)孫詒讓撰　清光緒三十年(1904)西安官書局鉛印本　二冊　十一行二十二字白口四周雙邊

610000 – 1001 – 0003850　普 0000285

周禮政要四卷　(清)孫詒讓撰　清光緒三十年(1904)西安官書局鉛印本　二冊　十一行二十二字白口左右雙邊

610000 – 1001 – 0003851　普 0000286

禮記十卷　(元)陳澔集說　清光緒十二年(1886)官書處刻本　十冊　九行十七字小字雙行同白口四周雙邊

610000 – 1001 – 0003852　普 0000287

禮記十卷　(元)陳澔集說　清咸豐元年(1851)紫文閣刻本　十冊　九行十七字小字雙行同白口左右雙邊

610000 – 1001 – 0003853　普 0000289

禮記傳十六卷　(宋)呂大臨撰　清宣統三年(1911)存心堂刻本　四冊　十三行二十二字白口四周單邊

610000 – 1001 – 0003854　普 0000290

禮記十卷　(元)陳澔集說　清同治五年(1866)金陵書局刻本　十冊　九行十七字小字雙行同白口左右雙邊

610000 – 1001 – 0003855　普 0000291

禮記十卷　(元)陳澔集說　清同治五年(1866)金陵書局刻本　十冊　九行十七字小字雙行同白口左右雙邊

610000 – 1001 – 0003856　普 0000292

司馬氏書儀十卷　(宋)司馬光撰　清同治七年(1868)江蘇書局刻本　一冊　十一行十九字小字雙行二十四字白口左右雙邊

610000 – 1001 – 0003857　普 0000293

禮記二十卷　(漢)鄭玄注　清光緒十七年(1891)關中味經官書局刻本　十冊　九行十七字小字雙行同白口四周雙邊

610000 – 1001 – 0003858　普 0000294

禮記二十卷　(漢)鄭玄注　清光緒十七年(1891)關中味經官書局刻本　十冊　九行十七字小字雙行同白口四周雙邊

610000 – 1001 – 0003859　普 0000295

禮記二十卷　(漢)鄭玄注　清光緒十七年(1891)關中味經官書局刻本　十冊　九行十七字小字雙行同白口四周雙邊

610000 – 1001 – 0003860　普 0000296

儀小經一卷　(清)李因篤撰　清光緒十年(1884)刻本　一冊　十行二十二字上下黑口四周單邊

610000 – 1001 – 0003861　普 0000297

讀禮通考一百二十卷　(清)徐乾學撰　清光緒七年(1881)江蘇書局刻本　三十二冊　十三行二十一字小字雙行三十一字白口左右雙邊

610000 – 1001 – 0003862　普 0000298

讀禮通考一百二十卷　(清)徐乾學撰　清光緒七年(1881)江蘇書局刻本　三十二冊　十三行二十一字小字雙行三十一字白口左右雙邊

610000 – 1001 – 0003863　普 0000299

讀禮通考一百二十卷　(清)徐乾學撰　清光緒二十四年(1898)三味堂刻本　四十冊　十三行二十一字小字雙行三十一字白口左右雙邊

610000 – 1001 – 0003864　普 0000300

讀禮通考一百二十卷　(清)徐乾學撰　清光緒二十四年(1898)三味堂刻本　四十冊　十三行二十一字小字雙行三十一字白口左右雙邊

610000 – 1001 – 0003865　普 0000301

大清光緒十八年歲次壬辰時憲書一卷　(清)欽天監編　清光緒刻本　一冊　九行字數不等上下黑口四周雙邊

610000 – 1001 – 0003866　普 0000301

五禮通考二百六十二卷總目二卷首四卷　(清)秦蕙田輯　清光緒二十二年(1896)三味

堂刻本　一百二十冊　十三行二十一字小字
雙行三十一字白口左右雙邊

610000－1001－0003867　普0000302
五禮通考二百六十二卷總目二卷首四卷
(清)秦蕙田輯　清光緒六年(1880)江蘇書局
刻本　一百冊　十三行二十一字小字雙行三
十一字白口左右雙邊

610000－1001－0003868　普0000303
五禮通考二百六十二卷總目二卷首四卷
(清)秦蕙田輯　清光緒六年(1880)江蘇書局
刻本　一百冊　十三行二十一字小字雙行三
十一字白口左右雙邊

610000－1001－0003869　普0000304
大戴禮記補注十三卷　(清)孔廣森撰　清同
治十三年(1874)淮南書局刻本　四冊　十行
二十字小字雙行同粗黑口左右雙邊

610000－1001－0003870　普0000305
禮經釋例十三卷首一卷　(清)凌廷堪學　清
嘉慶十四年(1809)阮氏文選樓刻本　十冊
十行二十一字小字雙行同白口四周雙邊

610000－1001－0003871　普0000306
禮書一百五十卷　(宋)陳祥道撰　清嘉慶九
年(1804)郭龍光刻本　二十四冊　九行二十
一字小字雙行同白口四周雙邊

610000－1001－0003872　普0000307
三禮約編十八卷　(清)汪基鈔譔　清光緒三
十二年至三十三年(1906－1907)陝西學務公
所鉛印本　十冊　九行二十二字小字雙行同
白口四周雙邊

610000－1001－0003873　普0000308
三禮約編十八卷　(清)汪基鈔譔　清光緒三
十二年至三十三年(1906－1907)陝西學務公
所鉛印本　二十冊　九行二十二字小字雙行
同白口四周雙邊

610000－1001－0003874　普0000309
三禮約編十八卷　(清)汪基鈔譔　清光緒三
十二年至三十三年(1906－1907)陝西學務公
所鉛印本　十冊　九行二十二字小字雙行同

白口四周雙邊

610000－1001－0003875　普0000310
妙法蓮華經觀世音菩薩普門品一卷　(後秦)
釋鳩摩羅什譯　抄本　一冊　七行二十九字

610000－1001－0003876　普0000310
三禮約編喈鳳十九卷　(清)汪基鈔譔　清嘉
慶九年(1804)刻本　五冊　九行十八字小字
雙行同白口四周單邊　存十三卷(周禮一至
六,禮記五至六、九至十,儀禮一至三)

610000－1001－0003877　普0000311
儀禮韻言二卷　(清)檀萃纂　清光緒八年
(1882)掃葉山房刻本　一冊　九行二十字小
字雙行同白口四周雙邊　存一卷(上)

610000－1001－0003878　普0000312
宋季三朝政要六卷　(宋)□□撰　抄本　二
冊　九行字數不等

610000－1001－0003879　普0000312
三禮陳數求義三十卷　(清)林喬蔭撰　清嘉
慶八年(1803)刻本　二冊　十行二十二字白
口四周雙邊　存十四卷(十七至三十)

610000－1001－0003880　普0000313
黃楊集三卷　(元)華幼武撰　(元)華琴編
清末民初存裕堂刻本　二冊　九行二十五字
白口四周單邊

610000－1001－0003881　普0000313
批點春秋左傳綱目句解彙雋六卷　(清)韓炎
撰　清一德堂刻本　五冊　十行二十四字小
字雙行同白口四周單邊　存五卷(二至六)

610000－1001－0003882　普0000314
白虎通疏證十二卷　(清)陳立撰　清光緒六
年(1880)淮南書局刻本　四冊　十二行二十
四字小字雙行同白口左右雙邊

610000－1001－0003883　普0000316
重刻恭簡公志樂二十卷　(明)韓邦奇撰　清
道光六年(1826)裕德堂刻本　十二冊　十行
二十字小字雙行同白口四周雙邊

610000－1001－0003884　普0000318

春秋詞命三卷　(明)王鏊撰　(清)王申伯校勘　清宣統二年(1910)鉛印本　一冊　十行二十五字白口四周單邊

610000－1001－0003885　普0000322

春秋恆解八卷　(清)劉沅輯注　清咸豐二年(1852)刻本　八冊　九行二十二字小字雙行同白口左右雙邊

610000－1001－0003886　普0000323

春秋屬辭辨例編六十卷首二卷　(清)張應昌撰　清同治十二年(1873)江蘇書局刻本　三十二冊　十二行二十六字粗黑口左右雙邊

610000－1001－0003887　普0000324

春秋屬辭辨例編六十卷首二卷　(清)張應昌撰　清同治十二年(1873)江蘇書局刻本　二十四冊　十二行二十六字粗黑口左右雙邊存四十七卷(一至四十五、首一至二)

610000－1001－0003888　普0000326

春秋左傳注疏六十卷目錄一卷附錄一卷　(晉)杜預注　(唐)陸德明音義　(唐)孔穎達疏　清同治十年(1871)刻本　三十冊　十行二十一字小字雙行同白口左右雙邊

610000－1001－0003889　普0000327

附釋音春秋左傳注疏六十卷　(晉)杜預注　(唐)孔穎達疏　(唐)陸德明音義　附校勘記六十卷　(清)阮元撰　清嘉慶十七年(1812)南昌府學刻本　三十二冊　十行十七字小字雙行二十一字粗黑口左右雙邊

610000－1001－0003890　普0000328

春秋經傳集解三十卷　(晉)杜預撰　(唐)陸德明音義　清同治八年(1869)崇文書局刻本　十二冊　九行十七字小字雙行同白口四周雙邊

610000－1001－0003891　普0000329

東垣十書　(明)□□撰　清刻本　四冊　十行二十字白口四周雙邊　存六種

610000－1001－0003892　普0000329

御案春秋左傳經解備旨十二卷　(清)鄒聖脉纂輯　清刻本　六冊　行數不等大小字不等

白口四周單邊

610000－1001－0003893　普0000330

讀史集四卷　(明)楊以任輯　清抄本　八冊　八行十八字

610000－1001－0003894　普0000331

左傳易讀六卷　(清)司徒修輯注　清光緒十七年(1891)刻本　六冊　十行二十五字小字雙行同白口四周雙邊

610000－1001－0003895　普0000332

春秋集古傳注二十六卷首一卷　(清)邰坦注　清同治十一年(1872)刻本　六冊　十二行二十四字白口左右雙邊

610000－1001－0003896　普0000333

東垣十書　(明)王肯堂訂正　清文奎堂刻本　十六冊　十行二十字白口左右雙邊

610000－1001－0003897　普0000334

欽定春秋左傳讀本三十卷　(清)英和等輯　清同治八年(1869)江蘇書局刻本　十冊　九行十七字小字雙行同白口左右雙邊

610000－1001－0003898　普0000336

左通補釋三十二卷　(清)梁履繩撰　清光緒元年(1875)汪曾唯刻本　十二冊　十一行二十三字粗黑口左右雙邊

610000－1001－0003899　普0000337

唐韓文公年譜一卷　(清)林雲銘編　抄本　一冊　十一行二十三字

610000－1001－0003900　普0000337

春秋左傳杜注三十卷首一卷　(清)姚培謙學　清光緒九年(1883)江南書局刻本　十冊　十一行二十二字小字雙行同白口左右雙邊

610000－1001－0003901　普0000338

黃文節公年譜一卷　(清)楊希閔編　清抄本　一冊　十一行二十三字

610000－1001－0003902　普0000339

春秋大事表五十卷輿圖一卷附錄一卷　(清)顧棟高輯　清光緒十四年(1888)求友齋刻本　二十四冊　十一行二十五字小字雙行四十

字白口左右雙邊

610000－1001－0003903　普 0000340
春秋大事表五十卷輿圖一卷附錄一卷　（清）
顧棟高輯　清光緒十四年(1888)求友齋刻本
二十四冊　十一行二十五字小字雙行四十
字白口左右雙邊

610000－1001－0003904　普 0000341
春秋大事表五十卷輿圖一卷附錄一卷　（清）
顧棟高輯　清光緒十四年(1888)求友齋刻本
二十四冊　十一行二十五字小字雙行四十
字白口左右雙邊

610000－1001－0003905　普 0000342
江寧紀事不分卷　（□）□□撰　抄本　一冊
八行十八字

610000－1001－0003906　普 0000342
春秋大事表五十卷輿圖一卷附錄一卷　（清）
顧棟高輯　清光緒十四年(1888)求友齋刻本
二十四冊　十一行二十五字小字雙行四十
字白口左右雙邊

610000－1001－0003907　普 0000344
霓裳曲譜不分卷　（□）□□編　抄本　一冊
六行十六字

610000－1001－0003908　普 0000345
春秋左傳五十卷　（晉）杜預集解　（唐）陸德
明釋文　（宋）林堯叟句解　清光緒八年
(1882)關中節署刻本　十六冊　十行二十字
小字雙行同白口四周雙邊

610000－1001－0003909　普 0000346
春秋左傳五十卷　（晉）杜預集解　（唐）陸德
明釋文　（宋）林堯叟句解　清光緒八年
(1882)關中節署刻本　十六冊　十行二十字
小字雙行同白口左右雙邊

610000－1001－0003910　普 0000348
春秋左傳五十卷　（晉）杜預　（宋）林堯叟注
釋　（唐）陸德明音義　（明）鍾惺等評點　清
光緒二十七年(1901)刻本　十冊　十行二十
字小字雙行同白口左右雙邊

610000－1001－0003911　普 0000349
讀左補義五十卷首一卷　（清）姜炳璋輯　清
嘉慶十九年(1814)醉經樓刻本　十四冊　十
一行二十三字白口左右雙邊

610000－1001－0003912　普 0000350
唐詩畫譜三集　（明）黃鳳池輯　清道光安雅
齋刻本　四冊　行數不等字數不等四周單邊
存三集(初集、二集、四集)

610000－1001－0003913　普 0000351
前漢書味腴十一卷　（□）□□編　抄本　十
一冊　八行二十四字

610000－1001－0003914　普 0000352
春秋左傳詁二十卷　（清）洪亮吉撰　清光緒
四年(1878)授經堂刻本　八冊　十一行二十
二字粗黑口左右雙邊

610000－1001－0003915　普 0000354
泉志十五卷　（宋）洪遵撰　抄本　二冊　十
二行字數不等白口四周雙邊

610000－1001－0003916　普 0000354
春秋集傳辨異十二卷　（清）趙培桂撰　清同
治六年(1867)明德堂刻本　六冊　九行二十
三字小字雙行同白口左右雙邊

610000－1001－0003917　普 0000355
左傳舊疏考正八卷　（清）劉文淇撰　清光緒
三年(1877)湖北崇文書局刻本　四冊　十二
行二十四字粗黑口四周雙邊

610000－1001－0003918　普 0000356
谿山琴況一卷　（明）徐祺撰　抄本　一冊
九行字數不等

610000－1001－0003919　普 0000356
左傳舊疏考正八卷　（清）劉文淇撰　清光緒
三年(1877)湖北崇文書局刻本　四冊　十二
行二十四字粗黑口四周雙邊

610000－1001－0003920　普 0000357
授經圖二十卷　（明）朱睦㮮撰　抄本　一冊
十一行二十四字　存三卷(一至三)

610000－1001－0003921　普 0000357

左傳舊疏考正八卷　（清）劉文淇撰　清光緒三年(1877)湖北崇文書局刻本　四冊　十二行二十四字粗黑口四周雙邊

610000－1001－0003922　普0000358

清全齋讀春秋編十二卷　（宋）陳深撰　清光緒鍾謙鈞刻本　二冊　十一行二十字小字雙行同白口左右雙邊

610000－1001－0003923　普0000359

春秋述義拾遺八卷首一卷書目考一卷　（清）陳熙晉撰　清光緒十七年(1891)廣雅書局刻本　二冊　十一行二十四字粗黑口四周單邊

610000－1001－0003924　普0000360

春秋規過考信三卷　（清）陳熙晉撰　清光緒十五年(1889)廣雅書局刻本　三冊　十一行二十四字粗黑口四周單邊

610000－1001－0003925　普0000362

春秋集傳釋義大成十二卷首一卷　（元）俞皋述　（清）成德校　清通志堂刻本　四冊　十一行二十字小字雙行三十字白口左右雙邊

610000－1001－0003926　普0000363

春秋左傳杜注三十卷首一卷　（清）姚培謙學　清光緒九年(1883)江南書局刻本　八冊　十一行二十二字小字雙行同白口左右雙邊

610000－1001－0003927　普0000364

春秋公羊經傳解詁十二卷　（漢）何休撰　清光緒二十五年(1899)味經刊書處刻本　四冊　九行二十二字小字雙行同白口左右雙邊

610000－1001－0003928　普0000365

西域瑣談四卷　（清）七十一撰　清抄本　四冊　八行字數不等

610000－1001－0003929　普0000365

春秋公羊經傳解詁十二卷　（漢）何休撰　清光緒二十五年(1899)味經刊書處刻本　四冊　九行二十二字小字雙行同白口左右雙邊

610000－1001－0003930　普0000366

春秋公羊經傳解詁十二卷　（漢）何休撰　清光緒二十五年(1899)味經刊書處刻本　四冊　九行二十二字小字雙行同白口左右雙邊

610000－1001－0003931　普0000367

春秋公羊經傳解詁十二卷附音本校記一卷　（漢）何休撰　清同治二年(1863)魏彥刻本　二冊　十一行十九字小字雙行二十七字白口左右雙邊

610000－1001－0003932　普0000368

春秋公羊經傳解詁十二卷附音本校記一卷　（漢）何休撰　清同治二年(1863)魏彥刻本　二冊　十一行十九字小字雙行二十七字白口左右雙邊

610000－1001－0003933　普0000369

春秋公羊傳十一卷　（漢）何休撰　（唐）陸德明音義　清光緒十二年(1886)文昌書局刻本　六冊　九行十七字小字雙行同白口四周雙邊

610000－1001－0003934　普0000370

春秋公羊傳注疏二十八卷附考證一卷　（漢）何休撰　（唐）陸德明音義　清同治十年(1871)刻本　十冊　十行二十一字小字雙行同白口左右雙邊

610000－1001－0003935　普0000372

監本附音春秋公羊注疏二十八卷　（漢）何休撰　（唐）陸德明音義　校勘記二十八卷（清）阮元撰　（清）盧宣旬摘錄　清嘉慶二十年(1815)江西南昌府學刻本　十冊　十行十七字小字雙行二十三字粗黑口左右雙邊

610000－1001－0003936　普0000373

春秋穀梁傳十二卷　（晉）范甯集解　（唐）陸德明音義　清光緒十二年(1886)文昌書局刻本　四冊　九行十七字小字雙行同白口左右雙邊

610000－1001－0003937　普0000374

春秋穀梁注疏二十卷　（晉）范甯集解　（唐）陸德明音義　（唐）楊士勛疏　清同治十年(1871)刻本　九冊　十行二十一字小字雙行同白口左右雙邊

610000－1001－0003938　普0000375

監本附音春秋穀梁傳注疏四卷　（晉）范甯集
解　（唐）楊士勛疏　清光緒十三年(1887)石
印本　一冊　二十行三十八字小字雙行四十
六字白口四周雙邊

610000－1001－0003939　普0000376
春秋穀梁傳十二卷　（晉）范甯集解　清道光
刻本　二冊　七行二十二至四十字不等白口
四周單邊

610000－1001－0003940　普0000377
春秋穀梁傳十二卷　（晉）范甯集解　清同治
七年(1868)金陵書局刻本　二冊　九行二十
二字小字雙行同白口左右雙邊

610000－1001－0003941　普0000379
春秋穀梁傳注疏二十卷　（晉）范甯集解
（唐）楊士勛疏　清末四友堂刻本　四冊　九
行二十一字小字雙行同白口左右雙邊

610000－1001－0003942　普0000380
春秋繁露十七卷　（漢）董仲舒撰　清光緒三
年(1877)湖北崇文書局刻本　二冊　十二行
二十四字粗黑口四周雙邊

610000－1001－0003943　普0000381
春秋十六卷首一卷名號歸一圖二卷釋文音義
一卷　（春秋）左丘明等傳　（晉）杜預等注
清同治十年(1871)刻本　十四冊　十一行二
十二字小字雙行同白口左右雙邊

610000－1001－0003944　普0000382
春秋十六卷首一卷名號歸一圖二卷釋文音義
一卷　（春秋）左丘明等傳　（晉）杜預等注
清同治十年(1871)刻本　十四冊　十一行二
十二字小字雙行同白口四周雙邊

610000－1001－0003945　普0000383
春秋十六卷首一卷名號歸一圖二卷釋文音義
一卷　（春秋）左丘明等傳　（晉）杜預等注
清同治十年(1871)刻本　十四冊　十一行二
十二字小字雙行同白口四周雙邊

610000－1001－0003946　普0000384
春秋十六卷首一卷　（春秋）左丘明等傳
（晉）杜預注　清嘉慶十年(1805)刻本　十六

冊　九行十七字小字雙行同白口四周單邊

610000－1001－0003947　普0000386
春秋集解十二卷　（宋）蘇轍撰　清末刻本
二冊　十行二十字白口四周雙邊

610000－1001－0003948　普0000387
春秋通論六卷　（清）劉紹攽撰　清末刻本
二冊　十行二十字小字雙行同白口四周雙邊

610000－1001－0003949　普0000388
春秋筆削微旨二十六卷　（清）劉紹攽撰　清
末刻本　六冊　十行二十字白口四周雙邊

610000－1001－0003950　普0000389
春秋微旨三卷　（唐）陸淳撰　清末刻本　一
冊　十行二十字小字雙行同白口四周雙邊

610000－1001－0003951　普0000392
四書集注十九卷　（宋）朱熹撰　清光緒八年
(1882)金陵書局刻本　六冊　九行十七字小
字雙行同白口左右雙邊

610000－1001－0003952　普0000395
四書心解不分卷　（清）王吉相撰　（清）賈錫
智校正　清道光二十四年(1844)刻本　四冊
　九行二十字粗黑口四周雙邊

610000－1001－0003953　普0000396
四書集疏附正二十二卷論語緒言一卷　（清）
張秉直撰　清同治十二年(1873)刻本　十
　十行二十字小字雙行同白口左右雙邊

610000－1001－0003954　普0000397
四書約旨十九卷　（清）任啓運撰　清光緒二
十年(1894)浙江官書局刻本　十二冊　十二
行二十二字小字雙行同粗黑口左右雙邊

610000－1001－0003955　普0000399
欽定四書文選不分卷　（清）方苞等選評　清
光緒刻本　二十四冊　九行二十五字白口四
周雙邊

610000－1001－0003956　普0000402
四書讀本十九卷　（宋）朱熹集注　清光緒二
十年(1894)味經刊書處刻本　六冊　九行二
十二字小字雙行同白口左右雙邊

610000 – 1001 – 0003957　普 0000403

四書小參一卷 （明）朱斯行著　**四書問答一卷** （明）朱斯行撰　清光緒三年(1877)姑蘇刻經處刻本　一冊　十行二十字細黑口左右雙邊

610000 – 1001 – 0003958　普 0000407

四書義正鵠不分卷 （清）朱鈞撰　清光緒二十七年(1901)石印本　四冊　十三行三十二字白口四周雙邊

610000 – 1001 – 0003959　普 0000408

四書義正鵠不分卷 （清）朱鈞撰　清光緒二十七年(1901)石印本　四冊　十三行三十二字白口四周雙邊

610000 – 1001 – 0003960　普 0000409

四書論二卷 （清）王伊編　清光緒二十七年(1901)石印本　四冊　十四行三十四字白口四周雙邊

610000 – 1001 – 0003961　普 0000410

四書經註集證十九卷 （宋）朱熹集註 （清）吳昌宗撰　清光緒二十六年(1900)刻本　十六冊　十一行二十五字小字雙行同白口左右雙邊

610000 – 1001 – 0003962　普 0000411

四書經註集證十九卷 （宋）朱熹集註 （清）吳昌宗撰　清光緒二十六年(1900)刻本　十六冊　十一行二十五字小字雙行同白口左右雙邊

610000 – 1001 – 0003963　普 0000412

四書經註集證十九卷 （宋）朱熹集註 （清）吳昌宗撰　清光緒二十六年(1900)刻本　十六冊　十一行二十五字小字雙行同白口左右雙邊

610000 – 1001 – 0003964　普 0000418

四書十九卷 （宋）朱熹集註　清末刻本　十冊　九行十七字小字雙行同白口四周雙邊

610000 – 1001 – 0003965　普 0000421

李見菴四書大成直講二十卷 （清）朱錫書撰　清道光十一年(1831)刻本　二十冊　九行

二十五字白口四周雙邊

610000 – 1001 – 0003966　普 0000422

四書釋地補一卷續補一卷又續補一卷三續補一卷 （清）閻若璩原本 （清）樊廷枚校補　清嘉慶二十一年(1816)海涵堂刻本　六冊　九行二十一字小字雙行同粗黑口左右雙邊

610000 – 1001 – 0003967　普 0000423

四書疏註撮言大全三十七卷 （宋）朱熹章句 （清）胡蓉芝輯　清光緒十八年(1892)益元書局刻本　十五冊　九行三十六字小字雙行同白口四周單邊　存二十五卷(大學一,中庸一,論語三、四、七至二十,孟子二、七、九至十一、十三至十四)

610000 – 1001 – 0003968　普 0000424

鄉黨圖考十卷 （清）江永撰　清末綠蔭堂刻本　六冊　九行二十五字小字雙行同白口左右雙邊

610000 – 1001 – 0003969　普 0000425

鄉黨圖考十卷 （清）江永撰　清末綠蔭堂刻本　六冊　九行二十五字小字雙行同白口左右雙邊

610000 – 1001 – 0003970　普 0000426

論語後案二十卷 （清）黃式三撰　清光緒九年(1883)浙江書局刻本　十冊　九行二十二字小字雙行同白口左右雙邊

610000 – 1001 – 0003971　普 0000427

殷高宗刻石釋文不分卷 （清）無勦居士釋　清抄本　一冊　十行字數不等

610000 – 1001 – 0003972　普 0000427

論語後案二十卷 （清）黃式三撰　清光緒九年(1883)浙江書局刻本　十冊　九行二十二字小字雙行同白口左右雙邊

610000 – 1001 – 0003973　普 0000428

讀書摘要不分卷 劉昌營輯　抄本　一冊　十二行字數不等

610000 – 1001 – 0003974　普 0000429

羽陽千秋館兩漢錢範模考五卷 劉昌營撰　稿

本　一冊　十行字數不等　存二卷(一至二)

610000－1001－0003975　普0000430

淳化祕閣法帖考正十卷附二卷 (清)王澍撰
抄本　四冊　十二行字數不等白口四周
雙邊

610000－1001－0003976　普0000431

四書通二十六卷 (元)胡炳文撰　(清)納蘭
性德校訂　清末刻本　二十五冊　十行二十
二字粗黑口四周單邊

610000－1001－0003977　普0000432

四書通二十六卷 (元)胡炳文撰　(清)納蘭
性德校訂　清末刻本　二十六冊　十行二十
二字粗黑口四周單邊

610000－1001－0003978　普0000433

趙乾生先生仿摹秦漢瓦當圖並識不分卷
(清)趙乾生仿摹並識　清光緒四年(1878)趙
乾生繪圖本　二冊

610000－1001－0003979　普0000433

四書凝道錄十九卷 (清)劉紹攽撰　清光緒
二十年(1894)涇陽劉文在堂刻本　十八冊
九行二十字小字雙行同粗黑口四周雙邊

610000－1001－0003980　普0000436

醉耕詩集六卷 (清)滋陽癡人撰　抄本　一
冊　九行字數不等

610000－1001－0003981　普0000436

四書撼餘說七卷 (清)曹之升輯　清嘉慶十
九年(1814)蕭山曹氏家塾刻本　六冊　十行
二十四字白口左右雙邊

610000－1001－0003982　普0000439

四書典制類聯音註三十三卷 (清)閻其淵輯
清光緒二年(1876)寶與堂刻本　六冊　十
行二十五字小字雙行同白口四周雙邊　存十
八卷(一至十八)

610000－1001－0003983　普0000440

松陽講義十二卷 (清)陸隴其撰　清光緒十
四年(1888)涇陽柏經正堂刻本　六冊　九行
二十三字粗黑口左右雙邊

610000－1001－0003984　普0000441

松陽講義十二卷 (清)陸隴其撰　清光緒二
十年(1894)涇陽柏經正堂刻本　六冊　九行
二十三字粗黑口左右雙邊

610000－1001－0003985　普0000443

四書義十二卷 (清)陸隴其撰　清光緒二十
四年(1898)千頃堂石印本　六冊　十一行二
十二字上下黑口左右雙邊

610000－1001－0003986　普0000444

四書義十二卷 (清)陸隴其撰　清光緒二十
四年(1898)千頃堂石印本　六冊　十一行二
十二字粗黑口左右雙邊

610000－1001－0003987　普0000446

四書約旨十九卷 (清)任啓運撰　清末刻本
八冊　十行二十四字白口四周雙邊

610000－1001－0003988　普0000447

四書十九卷 (宋)朱熹集注　清同治十年
(1871)刻本　六冊　九行十七字小字雙行同
白口四周雙邊

610000－1001－0003989　普0000448

四書十九卷 (宋)朱熹集注　清光緒十六年
(1890)刻本　六冊　九行十七字小字雙行同
白口四周雙邊

610000－1001－0003990　普0000449

監本四書十九卷 (宋)朱熹集注　清嘉慶十
年(1805)刻本　六冊　九行十七字小字雙行
同白口左右雙邊

610000－1001－0003991　普0000450

大學章句質疑一卷中庸章句質疑二卷 (清)
郭嵩燾撰　清光緒十六年(1890)刻本　三冊
十一行二十四字小字雙行同粗黑口左右
雙邊

610000－1001－0003992　普0000451

四書典故辨正二十卷附錄問答一卷 (清)周
柄中撰　清光緒十二年(1886)徐氏刻本　六
冊　十行二十一字粗黑口左右雙邊

610000－1001－0003993　普0000452

四書典故辨正二十卷 （清）周柄中撰 清光緒十六年(1890)習靜齋刻本 六冊 九行二十一字白口四周單邊

610000－1001－0003994 普0000453

大學或問二卷 （宋）朱熹撰 清光緒元年(1875)乾陽書院刻本 一冊 九行二十字粗黑口四周雙邊

610000－1001－0003995 普0000454

大學或問二卷 （宋）朱熹撰 清光緒二十八年(1902)張世英刻本 一冊 九行十八字小字雙行同白口左右雙邊

610000－1001－0003996 普0000455

大學或問二卷 （宋）朱熹撰 清光緒二十八年(1902)張世英刻本 一冊 九行十八字白口左右雙邊

610000－1001－0003997 普0000456

大學或問二卷 （宋）朱熹撰 清光緒二十八年(1902)張世英刻本 一冊 九行十八字小字雙行同白口左右雙邊

610000－1001－0003998 普0000459

大學衍義四十三卷 （宋）眞德秀撰 清光緒十三年(1887)柏經正堂刻本 十二冊 十行二十字小字雙行同黑口四周單邊

610000－1001－0003999 普0000460

劉氏家塾四書解不分卷 （清）袁文煥校訂 清光緒二年(1876)刻本 八冊 九行二十二字白口四周雙邊

610000－1001－0004000 普0000461

劉氏家塾四書解不分卷 （清）袁文煥校訂 清光緒二年(1876)刻本 八冊 九行二十二字白口四周雙邊

610000－1001－0004001 普0000462

劉氏家塾四書解不分卷 （清）袁文煥校訂 清光緒二年(1876)刻本 八冊 九行二十二字白口四周雙邊

610000－1001－0004002 普0000464

孟子要略五卷 （宋）朱熹撰 清光緒二十八

年(1902)廣雅書局刻本 一冊 十行二十三字上下黑口左右雙邊

610000－1001－0004003 普0000466

翡翠巢札稿四卷 （清）徐昂發撰 抄本 一冊 八行字數不等

610000－1001－0004004 普0000466

大學直解二卷 （清）王建常撰 清光緒三原劉氏傳經堂刻本 二冊 九行二十一字小字雙行同白口四周雙邊

610000－1001－0004005 普0000470

孟子注疏解經十四卷 （漢）趙岐注 （宋）孫奭疏 清光緒十八年(1892)湖南寶慶務本書局刻本 六冊 十行十七字小字雙行二十三字上下黑口左右雙邊

610000－1001－0004006 普0000471

孟子注疏解經十四卷 （漢）趙岐注 （宋）孫奭疏 清嘉慶二十年(1815)南昌府學刻本 八冊 十行十六字小字雙行二十三字上下黑口左右雙邊

610000－1001－0004007 普0000472

孟子注疏解經十四卷 （漢）趙岐注 （宋）孫奭疏 清刻本 六冊 九行二十一字小字雙行同白口左右雙邊

610000－1001－0004008 普0000473

孝經注疏十卷 （宋）邢昺疏 清光緒十八年(1892)湖南寶慶務本書局刻本 二冊 十行十六字小字雙行二十三字上下黑口左右雙邊

610000－1001－0004009 普0000474

孝經刊誤一卷 （宋）朱熹撰 孝經本義二卷孝經或問三卷 （明）呂維祺撰 孝經翼一卷 （明）呂維祜撰 清刻本 一冊 十行二十字白口四周雙邊

610000－1001－0004010 普0000475

孝經一卷 （漢）孔安國傳 清宣統元年(1909)陝西學務公所圖書館石印本 一冊 八行十七字白口四周雙邊

610000－1001－0004011 普0000476

孝經刊誤一卷　（宋）朱熹撰　清光緒三原劉
氏傳經堂刻本　一冊　九行二十字白口四周
雙邊

610000－1001－0004012　普0000479

孝經本義一卷　（清）劉光蕡撰　清光緒三十
一年(1905)涇陽柏經正堂刻本　三冊　九行
十九字小字雙行同上下黑口左右雙邊

610000－1001－0004013　普0000480

孝經本義一卷　（清）劉光蕡撰　清光緒三十
一年(1905)涇陽柏經正堂刻本　一冊　九行
十九字小字雙行同上下黑口左右雙邊

610000－1001－0004014　普0000481

孝經本義一卷　（清）劉光蕡撰　清光緒三十
一年(1905)涇陽柏經正堂刻本　一冊　九行
十九字小字雙行同上下黑口左右雙邊

610000－1001－0004015　普0000482

對峯文集十六卷續集三卷　（清）陳名揚撰
抄本　七冊　八行二十四字白口四周雙邊
存十一卷(文集一至九、十一至十二)

610000－1001－0004016　普0000482

孝經衍義一百卷首二卷　（清）葉方藹等纂
清刻本　三十冊　九行十八字小字雙行同上
下黑口四周雙邊

610000－1001－0004017　普0000483

歸潛堂詩粹十七卷　（清）陳名揚輯　抄本
六冊　八行二十四字白口四周雙邊

610000－1001－0004018　普0000483

爾雅注疏十一卷　（晉）郭璞注　（唐）陸德明
音義　（宋）邢昺疏　清同治十年(1871)刻本
　六冊　十行二十一字小字雙行同白口左右
雙邊

610000－1001－0004019　普0000484

黃龍士先生棋譜不分卷范施程梁棋譜不分卷
　（清）鄧元鏸編　清光緒抄本　二冊　十六
行字數不等左右雙邊

610000－1001－0004020　普0000485

五雅全書　（明）郎奎金輯　清嘉慶九年

(1804)刻本　八冊　九行二十字小字雙行同
白口左右雙邊

610000－1001－0004021　普0000486

爾雅三卷　（晉）郭璞注　（唐）陸德明音義
清末清芳閣刻本　三冊　十二行二十五字小
字雙行三十七字白口左右雙邊

610000－1001－0004022　普0000487

爾雅注疏本正誤五卷　（清）張宗泰撰　清光
緒二十六年(1900)廣雅書局刻本　一冊　十
一行二十四字小字雙行同上下黑口四周單邊

610000－1001－0004023　普0000489

爾雅注疏十卷　（宋）邢昺疏　清光緒十八年
(1892)湖南寶慶務本書局刻本　六冊　十行
十六字小字雙行二十三字上下黑口左右雙邊

610000－1001－0004024　普0000490

潛旭集存不分卷　劉昌營輯錄　抄本　四冊
　十行二十四字四周單邊

610000－1001－0004025　普0000491

爾雅注疏十卷　（宋）邢昺疏　清光緒二十年
(1894)陝甘味經刊書處刻本　八冊　十行二
十一字小字雙行同白口四周雙邊

610000－1001－0004026　普0000492

爾雅注疏十卷　（宋）邢昺疏　清光緒二十年
(1894)陝甘味經刊書處刻本　八冊　十行二
十一字小字雙行同白口四周雙邊

610000－1001－0004027　普0000493

爾雅郭注義疏二十卷　（清）郝懿行撰　清光
緒十年(1884)榮縣蜀南閣刻本　八冊　九行
二十一字小字雙行同上下黑口左右雙邊

610000－1001－0004028　普0000494

爾雅疏十卷　（宋）邢昺疏　清嘉慶二十年
(1815)南昌府學刻本　六冊　十行十七至二
十三字不等小字雙行二十三字上下黑口左右
雙邊

610000－1001－0004029　普0000495

爾雅蒙求二卷　（清）李拔式撰　清同治十二
年(1873)味經書院刻本　二冊　四行十字白

口四周單邊

610000－1001－0004030　普0000496
爾雅蒙求二卷　（清）李拔式撰　清同治十二年(1873)味經書院刻本　二冊　四行十字白口四周單邊

610000－1001－0004031　普0000497
爾雅蒙求二卷　（清）李拔式撰　清同治十二年(1873)味經書院刻本　二冊　四行十字白口四周單邊

610000－1001－0004032　普0000498
爾雅補注殘本一卷　（清）劉玉麐撰　清光緒十四年(1888)廣雅書局刻本　一冊　十一行二十四字小字雙行同上下黑口四周單邊

610000－1001－0004033　普0000499
論語注疏解經二十卷　（三國魏）何晏集解（宋）邢昺疏　清光緒十八年(1892)湖南寶慶務本書局刻本　六冊　十行十八字小字雙行二十三字上下黑口左右雙邊

610000－1001－0004034　普0000500
論語注疏解經二十卷　（三國魏）何晏集解（宋）邢昺疏　清嘉慶二十年(1815)南昌府學刻本　六冊　十行十八字小字雙行二十三字上下黑口左右雙邊

610000－1001－0004035　普0000501
文字蒙求廣義四卷　（清）王筠撰　清光緒二十七年(1901)江楚書局刻本　五冊　十行二十二字小字雙行同上下黑口左右雙邊

610000－1001－0004036　普0000502
說文經典異字釋一卷　（清）高翔麟撰　清光緒九年(1883)萬卷樓刻本　一冊　九行十七字小字雙行同上黑口左右雙邊

610000－1001－0004037　普0000503
說文拈字七卷補遺一卷　（清）王玉樹撰　清嘉慶八年(1803)芳梫堂刻本　四冊　七行十六字小字雙行二十字白口四周雙邊

610000－1001－0004038　普0000506
小學彙函十四種　（清）鍾謙鈞等輯　清刻本

三十一冊　十行二十一字小字雙行同白口左右雙邊

610000－1001－0004039　普0000507
讀史方輿紀要一百三十卷　（清）顧祖禹撰　劉昌營校訂　抄本　六十一冊　九行字數不等

610000－1001－0004040　普0000507
小學彙函十四種　（清）鍾謙鈞等輯　清刻本　三十二冊　十行二十一字小字雙行同白口左右雙邊

610000－1001－0004041　普0000508
情史類略二十四卷　（清）詹詹外史輯　清刻本　十二冊　九行二十一字白口左右雙邊缺一卷(九)

610000－1001－0004042　普0000508
小學彙函十四種　（清）鍾謙鈞等輯　清光緒十五年(1889)湘南書局刻本　十八冊　十行二十一字小字雙行同白口左右雙邊　存十二種

610000－1001－0004043　普0000510
說文分韻易知錄十卷　（清）許巽行撰　清光緒五年(1879)刻本　十冊　七行大小字不等白口左右雙邊

610000－1001－0004044　普0000511
說文解字十五卷　（漢）許慎撰　**說文通檢十四卷首一卷末一卷**　（清）黎永椿編　清刻本　十二冊　十行二十二字小字雙行同白口左右雙邊

610000－1001－0004045　普0000512
說文外編十五卷補遺一卷　（清）雷浚撰　清光緒二年(1876)刻本　六冊　十行二十一字小字雙行同上下黑口四周雙邊

610000－1001－0004046　普0000513
汗簡箋正七卷　（宋）郭忠恕撰　（清）鄭珍箋正　清光緒十五年(1889)廣雅書局刻本　六冊　七行二十七字小字雙行同上下黑口四周單邊

610000－1001－0004047　普0000514

文字蒙求四卷　（清）王筠撰　清光緒五年
(1879)常熟鮑氏後知不足齋刻本　二冊　六
行大字不等小字雙行二十二字白口四周雙邊

610000－1001－0004048　普0000515

小學鉤沈三十九種　（清）任大椿輯　（清）王
念孫校正　清光緒十年(1884)龍氏刻本　二
冊　十行二十二字小字雙行同上下黑口左右
雙邊

610000－1001－0004049　普0000518

說文釋例二十卷　（清）王筠撰　清同治四年
(1865)刻本　十冊　九行二十二字小字雙行
同白口四周雙邊

610000－1001－0004050　普0000519

說文解字十五卷　（漢）許慎撰　（宋）徐鉉校
定　清光緒七年(1881)淮南書局刻本　六冊
七行字數不等上下黑口左右雙邊

610000－1001－0004051　普0000521

說文釋例二十卷　（清）王筠撰　清光緒九年
(1883)成都御風樓刻本　十八冊　九行二十
二字小字雙行同上下黑口左右雙邊

610000－1001－0004052　普0000522

說文釋例二十卷　（清）王筠撰　清光緒九年
(1883)成都御風樓刻本　十冊　九行二十二
字小字雙行同上下黑口左右雙邊

610000－1001－0004053　普0000523

說文古籀補十四卷附錄一卷　（清）吳大澂撰
　清光緒二十四年(1898)刻本　二冊　八行
大小字不等白口四周單邊

610000－1001－0004054　普0000525

**說文通訓定聲十八卷分部檢韻一卷說雅一卷
古今韻準一卷行述一卷**　（清）朱駿聲撰　**行
狀一卷**　（清）朱孔彰撰　清同治九年(1870)
朱氏臨嘯閣刻本　二十四冊　八行二十字小
字雙行同白口四周雙邊

610000－1001－0004055　普0000526

**說文通訓定聲十八卷分部檢韻一卷說雅一卷
古今韻準一卷**　（清）朱駿聲撰　**行狀一卷**

（清）朱孔彰撰　清同治九年(1870)朱氏臨嘯
閣刻本　二十四冊　八行二十字小字雙行同
白口四周雙邊

610000－1001－0004056　普0000534

六書轉注錄十卷　（清）洪亮吉撰　清光緒四
年(1878)授經堂刻本　二冊　十一行二十二
字小字雙行同上下黑口左右雙邊

610000－1001－0004057　普0000535

說文逸字辨證二卷　（清）李楨撰　清光緒十
一年(1885)畹蘭室刻本　二冊　九行大小字
不等下黑口四周雙邊

610000－1001－0004058　普0000536

平寇紀略九篇　（□）□□撰　抄本　三冊
九行字數不等

610000－1001－0004059　普0000536

說文解字義證五十卷　（清）桂馥撰　清同治
九年(1870)崇文書局刻本　三十二冊　十行
二十三字小字雙行同白口四周雙邊

610000－1001－0004060　普0000537

說文解字義證五十卷　（清）桂馥撰　清同治
九年(1870)崇文書局刻本　三十二冊　十行
二十三字小字雙行同白口四周雙邊

610000－1001－0004061　普0000538

說文解字義證五十卷　（清）桂馥撰　清同治
九年(1870)崇文書局刻本　三十二冊　十行
二十三字小字雙行同白口四周雙邊

610000－1001－0004062　普0000540

蒙墾奏稿不分卷　（清）貽谷撰　抄本　四冊
　九行字數不等白口四周雙邊

610000－1001－0004063　普0000542

說文聲讀表七卷　（清）苗夔撰　清同治、光
緒福山王氏刻本　二冊　九行二十字小字雙
行同上下黑口左右雙邊

610000－1001－0004064　普0000543

說文字原韻表二卷　（清）胡重編　清嘉慶十
六年(1811)秀水金氏月香書屋刻本　一冊
七行字數不等上下黑口左右雙邊

610000－1001－0004065　普0000544

苗氏說文四種 （清）苗夔撰　清道光至咸豐漢磚亭刻本　八冊　行數不等字數不等白口四周雙邊

610000－1001－0004066　普0000545

續復古編四卷 （元）曹本撰　清光緒十二年(1886)歸安姚覲元咫進齋刻本　四冊　五行字數不等上下黑口左右雙邊

610000－1001－0004067　普0000546

說文提要一卷 （清）陳建侯撰　清同治十二年(1873)湖北崇文書局刻本　一冊　六行字數不等白口四周雙邊

610000－1001－0004068　普0000547

說文提要一卷 （清）陳建侯撰　清同治十二年(1873)湖北崇文書局刻本　一冊　六行字數不等白口四周雙邊

610000－1001－0004069　普0000549

說文引經考證七卷互異說一卷 （清）陳瑑撰　清同治十三年(1874)湖北崇文書局刻本　二冊　十行二十三字白口四周雙邊

610000－1001－0004070　普0000550

說文引經考證七卷互異說一卷 （清）陳瑑撰　清同治十三年(1874)湖北崇文書局刻本　二冊　十行二十三字白口四周雙邊

610000－1001－0004071　普0000552

說文解字句讀三十卷補正三十卷 （清）王筠撰　清同治四年(1865)刻本　十六冊　十行二十四字小字雙行同白口四周雙邊

610000－1001－0004072　普0000553

字說一卷 （清）吳大澂撰　清光緒十九年(1893)長沙思賢講舍刻本　一冊　十行十九字白口四周單邊

610000－1001－0004073　普0000554

倉頡篇三卷 （清）孫星衍撰　**續本一卷**（清）任大椿輯　**補本二卷**（清）陶方琦輯　清光緒十六年(1890)江蘇書局刻本　二冊　十行二十二字小字雙行同白口左右雙邊

610000－1001－0004074　普0000555

字林考逸八卷附錄一卷 （清）任大椿撰　**補本一卷補附錄一卷**（清）陶方琦撰　清光緒十六年(1890)江西書局刻本　四冊　十行二十二字小字雙行同白口左右雙邊

610000－1001－0004075　普0000556

說文解字注三十二卷 （清）段玉裁注　清同治十一年(1872)湖北崇文書局刻本　二十四冊　九行二十二字小字雙行同白口四周雙邊

610000－1001－0004076　普0000557

新編玉釧緣三十二卷 （□）□□撰　抄本　一冊　九行字數不等　存十五卷(一至十五)

610000－1001－0004077　普0000557

說文解字注三十二卷 （清）段玉裁注　清同治十一年(1872)湖北崇文書局刻本　十八冊　九行二十二字小字雙行同白口四周雙邊

610000－1001－0004078　普0000558

說文解字注三十二卷 （清）段玉裁注　清同治十一年(1872)湖北崇文書局刻本　十八冊　九行二十二字小字雙行同白口四周雙邊

610000－1001－0004079　普0000559

說文解字注三十二卷 （清）段玉裁注　清宣統元年(1909)仿經韻樓刻本　十八冊　九行二十二字小字雙行同白口左右雙邊

610000－1001－0004080　普0000560

說文解字通釋四十卷 （南唐）徐鍇傳釋　（清）朱翱釋音　清光緒九年(1883)江蘇書局刻本　五冊　七行十一字小字雙行二十二字上下黑口左右雙邊

610000－1001－0004081　普0000561

段氏說文注訂八卷 （清）鈕樹玉撰　清同治十三年(1874)湖北崇文書局刻本　二冊　九行二十二字白口四周雙邊

610000－1001－0004082　普0000562

段氏說文注訂八卷 （清）鈕樹玉撰　清同治十三年(1874)湖北崇文書局刻本　二冊　九行二十二字白口四周雙邊

610000－1001－0004083　普 0000563

說文本經答問二卷　(清)鄭知同撰　清光緒十六年(1890)廣雅書局刻本　一冊　十一行二十四字小字雙行同上下黑口四周單邊

610000－1001－0004084　普 0000565

聽訟批稿不分卷　(□)□□撰　抄本　一冊　七行二十四字

610000－1001－0004085　普 0000567

說文楬原二卷　(清)張行孚撰　清光緒十一年(1885)揚州刻本　二冊　七行大字不等小字雙行十九字上下黑口左右雙邊

610000－1001－0004086　普 0000568

名原二卷　(清)孫詒讓撰　清光緒三十一年(1905)刻本　一冊　十五行二十五字小字雙行同上下黑口左右雙邊

610000－1001－0004087　普 0000569

說文發疑六卷　(清)張行孚撰　清光緒十年(1884)刻本　三冊　九行二十字小字雙行同上下黑口左右雙邊

610000－1001－0004088　普 0000570

說文解字斠詮十四卷　(清)錢坫撰　清光緒九年(1883)淮南書局刻本　六冊　七行大字不等小字雙行二十一字白口左右雙邊

610000－1001－0004089　普 0000571

說文新附攷六卷續攷一卷　(清)鈕樹玉撰　清同治十三年(1874)湖北崇文書局刻本　二冊　十行二十三字小字雙行同白口四周雙邊

610000－1001－0004090　普 0000572

說文新附攷六卷續攷一卷　(清)鈕樹玉撰　清同治十三年(1874)湖北崇文書局刻本　二冊　十行二十三字小字雙行同白口四周雙邊

610000－1001－0004091　普 0000573

一呼便透三十九卷首一卷　(□)□□撰　抄本　四十冊　行數不等字數不等

610000－1001－0004092　普 0000573

說文新附攷六卷續攷一卷　(清)鈕樹玉撰　清同治十三年(1874)湖北崇文書局刻本　二冊　十行二十三字小字雙行同白口四周雙邊

610000－1001－0004093　普 0000576

小學考五十卷　(清)謝啟昆撰　清光緒十四年(1888)浙江書局刻本　二十冊　十一行二十一字白口左右雙邊

610000－1001－0004094　普 0000577

小學考五十卷　(清)謝啟昆撰　清光緒十四年(1888)浙江書局刻本　二十冊　十一行二十一字白口左右雙邊

610000－1001－0004095　普 0000579

澤存堂五種　(清)張士俊輯　清光緒十四年(1888)上海蜚英館石印本　八冊　十行二十字小字雙行同白口左右雙邊

610000－1001－0004096　普 0000580

澤存堂五種　(清)張士俊輯　清光緒十四年(1888)上海蜚英館石印本　八冊　十行二十字小字雙行同白口左右雙邊

610000－1001－0004097　普 0000583

廣雅疏證十卷博雅音十卷　(清)王念孫撰　清光緒五年(1879)淮南書局刻本　八冊　十行二十一字小字雙行同白口左右雙邊

610000－1001－0004098　普 0000584

廣雅疏證十卷博雅音十卷　(清)王念孫撰　清光緒五年(1879)淮南書局刻本　八冊　十行二十一字小字雙行同白口左右雙邊

610000－1001－0004099　普 0000585

隸篇十五卷續十五卷再續十五卷　(清)翟云升編　清道光十七年至十八年(1837－1838)刻本　十冊　十四行大字不等小字雙行二十五字白口左右雙邊

610000－1001－0004100　普 0000586

渭水清濁源流攷不分卷　(清)李殿圖撰　抄本　一冊　八行字數不等

610000－1001－0004101　普 0000587

廣續方言四卷　(清)程先甲撰　清宣統二年(1910)刻本　三冊　十行二十一字小字雙行同上下黑口左右雙邊

610000－1001－0004102　普0000588

輶軒使者絕代語釋別國方言十三卷首一卷
(漢)揚雄撰　(晉)郭璞注　清光緒十七年
(1891)思賢講舍刻本　三冊　十一行二十四
字小字雙行同上下黑口左右雙邊

610000－1001－0004103　普0000589

類篇四十五卷　(宋)司馬光撰　清光緒二年
(1876)川東官舍刻本　十五冊　八行十六字
小字雙行二十字上黑口左右雙邊

610000－1001－0004104　普0000590

類篇四十五卷　(宋)司馬光撰　清光緒十二
年(1886)揚州使院刻本　十四冊　八行十七
字小字雙行二十字白口左右雙邊

610000－1001－0004105　普0000594

輶軒使者絕代語釋別國方言箋疏十三卷
(清)錢繹撰　清光緒十六年(1890)紅蝠山房
刻本　六冊　九行二十字小字雙行同白口四
周單邊

610000－1001－0004106　普0000595

駢雅訓纂十六卷　(明)朱謀㙔撰　清光緒十
二年(1886)後知不足齋刻本　八冊　十二行
二十五字小字雙行同白口四周雙邊

610000－1001－0004107　普0000596

駢雅訓纂十六卷　(明)朱謀㙔撰　清光緒十
二年(1886)後知不足齋刻本　八冊　十二行
二十五字小字雙行同白口四周雙邊

610000－1001－0004108　普0000598

小學鉤沈三十九種　(清)任大椿撰　(清)王
念孫校　清光緒十年(1884)李氏半畝園刻本
二冊　十行二十一字小字雙行同粗黑口左
右雙邊

610000－1001－0004109　普0000599

小爾雅訓纂六卷　(清)宋翔鳳撰　清光緒十
六年(1890)廣雅書局刻本　一冊　十一行二
十四字小字雙行同粗黑口四周單邊

610000－1001－0004110　普0000601

隸釋二十七卷　(宋)洪适撰　**汪本隸釋刊誤
一卷**　(清)黃丕烈撰　清同治十一年(1872)

皖南洪氏晦木齋刻本　六冊　九行二十至二
十一字不等小字雙行同白口四周單邊

610000－1001－0004111　普0000602

隸釋二十七卷　(宋)洪适撰　清同治十一年
(1872)皖南洪氏晦木齋刻本　四冊　九行二
十至二十一字不等小字雙行同白口四周單邊
存二十二卷(一至二十二)

610000－1001－0004112　普0000603

隸續二十一卷　(宋)洪适撰　清同治十年
(1871)刻本　二冊　十行二十字小字雙行同
白口四周單邊　存十九卷(一至八、十一至二
十一)

610000－1001－0004113　普0000604

字典考證三十六卷　(清)王引之等撰　清光
緒二年(1876)崇文書局刻本　六冊　十行二
十一字白口四周雙邊

610000－1001－0004114　普0000605

**康熙字典十二集總目一卷檢字一卷辨似一卷
等韻一卷備考一卷補遺一卷**　(清)張玉書等
撰　清末刻本　四十冊　八行十二字小字雙
行二十四字白口四周雙邊

610000－1001－0004115　普0000606

**康熙字典十二集總目一卷檢字一卷辨似一卷
等韻一卷備考一卷補遺一卷**　(清)張玉書等
撰　清光緒元年(1875)湖北崇文書局刻本
四十冊　八行十二字小字雙行二十四字白口
四周雙邊

610000－1001－0004116　普0000607

**康熙字典十二集總目一卷檢字一卷辨似一卷
等韻一卷備考一卷補遺一卷**　(清)張玉書等
撰　清末刻本　四十冊　八行十二字小字雙
行二十四字白口四周雙邊

610000－1001－0004117　普0000608

藝海珠塵八集一百六十三種　(清)吳省蘭輯
抄本　二冊　存三種

610000－1001－0004118　普0000610

藝文備覽十二集一百二十卷補詳字義十四卷
(清)沙木集注　清嘉慶十一年(1806)刻本

四十二冊　五行二十四字小字雙行同粗黑口四周雙邊

610000－1001－0004119　普0000611
宋學三書　（清）楊霈慰輯　清道光二十年(1840)刻本　六冊　八至九行不等十七至二十字不等小字雙行十九至二十五字不等白口四周單邊間四周雙邊

610000－1001－0004120　普0000612
字彙十二集首一卷末一卷　（明）梅膺祚音釋　清嘉慶十六年(1811)崇文堂刻本　十四冊　十行二十字小字雙行同白口四周單邊

610000－1001－0004121　普0000613
六書正譌五卷　（元）周伯琦編注　清光緒十二年(1886)刻本　四冊　五行二十字白口四周單邊

610000－1001－0004122　普0000614
虛字說一卷　（清）袁仁林撰　清末刻本　一冊　十行二十二字小字雙行同粗黑口四周單邊

610000－1001－0004123　普0000615
虛字說一卷　（清）袁仁林撰　清末刻本　一冊　十行二十二字小字雙行同粗黑口四周單邊

610000－1001－0004124　普0000616
虛字說一卷　（清）袁仁林撰　清末刻本　一冊　十行二十二字小字雙行同粗黑口四周單邊

610000－1001－0004125　普0000619
韻詁五卷附錄一卷　（清）方濬頤輯　清光緒四年(1878)淮南書局刻本　六冊　八行大字不等小字雙行三十字白口左右雙邊

610000－1001－0004126　普0000621
韻歧五卷　（清）江昱輯　清光緒七年(1881)刻本　二冊　九行十四字小字雙行二十字白口左右雙邊

610000－1001－0004127　普0000622
韻字辨同五卷　（清）翁方綱撰　清末刻本

二冊　六行十六字小字雙行同白口四周雙邊

610000－1001－0004128　普0000623
佩文詩韻釋要五卷　（清）周蓮塘撰　（清）林重輯　清光緒十二年(1886)刻本　一冊　九行大小字不等白口左右雙邊

610000－1001－0004129　普0000624
佩文詩韻釋要五卷　（清）周蓮塘撰　（清）林重輯　清光緒十二年(1886)刻本　一冊　九行大小字不等白口左右雙邊

610000－1001－0004130　普0000625
佩文詩韻釋要五卷　（清）周蓮塘撰　（清）林重輯　清光緒十二年(1886)刻本　一冊　九行大小字不等白口左右雙邊

610000－1001－0004131　普0000628
繆篆分韻五卷補一卷　（清）桂馥撰　清嘉慶元年(1796)刻本　二冊　八行字數不等白口左右雙邊

610000－1001－0004132　普0000629
詩韻含英四卷　（清）劉文蔚輯　清末刻本二冊　九行字數不等白口四周單邊

610000－1001－0004133　普0000632
晚聞居士遺集九卷首一卷　（清）王宗炎撰　清道光十年(1830)刻本　四冊　十行二十字小字雙行同上下黑口左右雙邊

610000－1001－0004134　普0000633
六書音均表五卷　（清）段玉裁記　清同治十一年(1872)湖北崇文書局刻本　一冊　十行二十字小字雙行二十九字白口四周雙邊　存三卷(一至三)

610000－1001－0004135　普0000637
音韻闡微十八卷　（清）李光地等撰　清光緒七年(1881)淮南書局刻本　五冊　八行大字不等小字雙行二十四字白口四周雙邊

610000－1001－0004136　普0000644
札樸十卷　（清）桂馥撰　清光緒九年(1883)長洲蔣氏心矩齋刻本　八冊　十一行二十一字粗黑口左右雙邊

610000－1001－0004137　普0000645

正蒙會稿四卷　(明)劉璣撰　清末三原李錫齡刻本　四冊　十行二十二字粗黑口四周單邊

610000－1001－0004138　普0000647

俄史輯譯四卷　(英國)闞斐迪譯　(清)徐景羅輯譯　清光緒十四年(1888)益智書會刻本　四冊　十行二十二字小字雙行同粗黑口四周雙邊

610000－1001－0004139　普0000649

亞美利加洲通史十編　(清)戴彬編譯　(清)王慕陶校閱　清光緒二十八年(1902)商務印書館鉛印本　二冊　十五行三十二字上黑口四周單邊

610000－1001－0004140　普0000650

泰西通史上編六章　(日本)箕作元八　(日本)峯岸米造撰　(清)華文祺　(清)李澂譯纂　清光緒二十八年(1902)文明編譯印書局鉛印本　四冊　十二行三十二字小字雙行四十三字白口四周雙邊

610000－1001－0004141　普0000651

亞西里西巴比倫史九章　(日本)北村三郎編述　(清)趙必振譯　清光緒廣智書局鉛印本　一冊　十二行二十七字白口四周雙邊

610000－1001－0004142　普0000653

日本維新史十二編附錄一編　(日本)東京博文館編輯　(清)羅孝高譯　清光緒二十八年(1902)鉛印本　六冊　十三行三十四字白口四周雙邊

610000－1001－0004143　普0000654

埃及史三篇首一篇　(日本)北村三郎編著　(清)趙必振譯　清光緒二十九年(1903)廣智書局鉛印本　一冊　十二行二十七字白口四周雙邊

610000－1001－0004144　普0000655

波斯史三篇首一篇　(日本)北村三郎編著　(清)趙必振譯　清光緒二十九年(1903)廣智書局鉛印本　一冊　十二行二十七字白口四周雙邊

610000－1001－0004145　普0000656

亞刺伯史二篇首一篇　(日本)北村三郎編著　(清)趙必振譯　清光緒二十九年(1903)廣智書局鉛印本　一冊　十二行二十七字白口四周雙邊

610000－1001－0004146　普0000658

腓尼西亞史七章　(日本)北村三郎編著　(清)趙必振譯　清光緒二十九年(1903)廣智書局鉛印本　一冊　十二行二十七字白口四周單邊

610000－1001－0004147　普0000659

猶太史十七章　(日本)北村三郎編著　(清)趙必振譯　清光緒二十八年(1902)廣智書局鉛印本　一冊　十二行二十七字白口四周雙邊

610000－1001－0004148　普0000660

近世史略不分卷　(清)上海廣學會校正　清光緒三十年(1904)上海美華書館鉛印本　一冊　十四行三十四字白口四周雙邊

610000－1001－0004149　普0000661

華盛頓泰西史略八卷　(清)黎汝謙　(清)蔡國昭譯　清光緒二十三年(1897)新學會石印本　四冊　十五行三十二字白口四周雙邊

610000－1001－0004150　普0000662

華盛頓泰西史略八卷　(清)黎汝謙　(清)蔡國昭譯　清光緒二十三年(1897)新學會石印本　四冊　十五行三十二字白口四周雙邊

610000－1001－0004151　普0000663

五變中黃經二卷　(晉)凝神子撰　(晉)焦休文注解　抄本　一冊　八行字數不等

610000－1001－0004152　普0000663

華盛頓泰西史略八卷　(清)黎汝謙　(清)蔡國昭譯　清光緒二十三年(1897)新學會石印本　四冊　十五行三十二字白口四周雙邊

610000－1001－0004153　普0000664

華盛頓泰西史略八卷　(清)黎汝謙　(清)蔡國昭譯　清光緒二十三年(1897)新學會石印本　四冊　十五行三十二字白口四周雙邊

610000－1001－0004154　普0000665

選拔貢卷咸豐辛酉科不分卷　(清)□□輯
清咸豐刻本　一冊　九行二十五字白口四周
雙邊

610000－1001－0004155　普0000665

華盛頓泰西史略八卷　(清)黎汝謙　(清)蔡
國昭譯　清光緒二十三年(1897)新學會石印
本　四冊　十五行三十二字白口四周雙邊

610000－1001－0004156　普0000666

咸豐拾壹年陝西鄉試一卷　(清)□□輯　清
咸豐刻本　一冊　九行二十字上下黑口四周
雙邊

610000－1001－0004157　普0000666

俄史輯譯四卷　(英國)闞斐迪譯　(清)徐景
羅輯譯　清光緒二十三年(1897)湖南新學書
局石印本　六冊　九行二十一字小字雙行同
粗黑口左右雙邊

610000－1001－0004158　普0000667

俄史輯譯四卷　(英國)闞斐迪譯　(清)徐景
羅輯譯　清光緒二十三年(1897)湖南新學書
局石印本　六冊　九行二十一字小字雙行同
粗黑口左右雙邊

610000－1001－0004159　普0000668

萬國新史簡要三卷　(清)薛福成輯　(清)錢
恂校　清光緒二十三年(1897)鉛印本　三冊
　九行二十二字小字雙行四十四字白口左右
雙邊

610000－1001－0004160　普0000669

萬國新史簡要三卷　(清)薛福成輯　(清)錢
恂校　清光緒二十三年(1897)鉛印本　三冊
　九行二十二字小字雙行四十四字白口左右
雙邊

610000－1001－0004161　普0000670

集韻十卷　(宋)丁度等撰　清光緒二年
(1876)川東官舍刻本　十冊　八行十六字小
字雙行二十字白口左右雙邊

610000－1001－0004162　普0000671

集韻十卷　(宋)丁度等撰　清光緒二年

(1876)川東官舍刻本　十冊　八行十六字小
字雙行二十字白口左右雙邊

610000－1001－0004163　普0000672

集韻十卷　(宋)丁度等撰　清嘉慶十九年
(1814)刻本　十冊　八行十六字小字雙行二
十字白口左右雙邊

610000－1001－0004164　普0000674

附釋文互註禮部韻略五卷　(宋)丁度撰　清
光緒二年(1876)川東官舍刻本　五冊　九行
二十四字黑口左右雙邊

610000－1001－0004165　普0000675

附釋文互註禮部韻略五卷　(宋)丁度撰　清
光緒二年(1876)川東官舍刻本　五冊　九行
二十四字黑口左右雙邊

610000－1001－0004166　普0000677

韻府約編二十四卷　(清)鄧愷輯　清聚學堂
刻本　十冊　八行大字不等小字雙行二十二
字白口左右雙邊　存十一卷(一至十一)

610000－1001－0004167　普0000678

韻府約編二十四卷　(清)鄧愷輯　清刻本
十二冊　八行大字不等小字雙行二十二字白
口左右雙邊

610000－1001－0004168　普0000679

柴氏古韻通八卷　(清)柴紹炳撰　清末刻本
　八冊　八行十六字白口左右雙邊

610000－1001－0004169　普0000680

古音類表九卷首一卷　(清)傅壽彤撰　清光
緒二年(1876)大梁臬署刻本　三冊　九行二
十字白口四周單邊

610000－1001－0004170　普0000681

古音類表九卷首一卷　(清)傅壽彤撰　清光
緒二年(1876)大梁臬署刻本　三冊　九行二
十字白口四周單邊

610000－1001－0004171　普0000682

古音類表九卷首一卷　(清)傅壽彤撰　清光
緒二年(1876)大梁臬署刻本　三冊　九行二
十字白口四周單邊

610000 – 1001 – 0004172　普 0000683

古音類表九卷首一卷　（清）傅壽彤撰　清光緒二年(1876)大梁皋署刻本　三冊　九行二十字白口四周單邊

610000 – 1001 – 0004173　普 0000684

古音類表九卷首一卷　（清）傅壽彤撰　清光緒二年(1876)大梁皋署刻本　三冊　九行二十字白口四周單邊

610000 – 1001 – 0004174　普 0000685

廣金石韻府五卷玉篇字略一卷　（明）朱時望編纂　（清）林尚葵廣輯　（清）李根較正（清）周亮工鑒定　（清）張鳳藻增訂　清咸豐七年(1857)巴郡理董軒張氏刻本　六冊　六行字數不等上下黑口左右雙邊

610000 – 1001 – 0004175　普 0000686

韻補五卷　（宋）吳棫撰　清光緒九年(1883)邵武徐氏刻本　三冊　九行二十二字小字雙行同細黑口左右雙邊

610000 – 1001 – 0004176　普 0000690

姚氏四種　（清）姚文棟撰　抄本　四冊　九行字數不等　存三種

610000 – 1001 – 0004177　普 0000690

音學五書　（清）顧炎武撰　清光緒十六年(1890)長沙思賢講舍刻本　十六冊　九行二十一字小字雙行同粗黑口左右雙邊

610000 – 1001 – 0004178　普 0000691

續集漢印分韻二卷　（清）謝景卿纂摹　清嘉慶八年(1803)康二酉六書齋刻本　一冊　六行字數不等白口四周雙邊　存一卷(上)

610000 – 1001 – 0004179　普 0000693

中國字母北京切音合訂不分卷　盧戇章著　清光緒三十二年(1906)上海點石齋石印本　一冊　行數不等字數不等白口四周雙邊

610000 – 1001 – 0004180　普 0000694

增注字類標韻六卷　（清）華綗輯　（清）范多珏重訂　清光緒十六年(1890)鴻寶齋石印本　二冊　十五行二十一字小字雙行四十二字白口四周雙邊

610000 – 1001 – 0004181　普 0000695

漢魏音四卷　（清）洪亮吉撰　清光緒三年(1877)授經堂刻本　一冊　十二行二十四字小字雙行同粗黑口左右雙邊

610000 – 1001 – 0004182　普 0000696

韻辨附文五卷　（清）沈兆霖輯　清道光二十四年(1844)刻本　五冊　七行大小字不等白口四周雙邊

610000 – 1001 – 0004183　普 0000697

韻辨附文五卷　（清）沈兆霖撰　清道光二十四年(1844)刻本　五冊　七行大小字不等白口四周雙邊

610000 – 1001 – 0004184　普 0000698

佩文韻府一百〇六卷　（清）張玉書等編　清刻本　一百十五冊　十二行二十五字小字雙行同白口四周雙邊

610000 – 1001 – 0004185　普 0000699

列子八卷　（戰國）列禦寇撰　（唐）盧重元注　清嘉慶八年(1803)江都秦氏石研齋刻本　四冊　十行二十一字小字雙行同白口左右雙邊

610000 – 1001 – 0004186　普 0000699

佩文韻府一百〇六卷　（清）張玉書等輯　清刻本　一百六十冊　十二行二十五字小字雙行同白口四周雙邊

610000 – 1001 – 0004187　普 0000700

佩文韻府一百〇六卷　（清）張玉書等編　清刻本　九十五冊　十二行二十五字小字雙行同白口四周雙邊

610000 – 1001 – 0004188　普 0000701

二十四史　（清）張廷玉等輯　清光緒二十九年(1903)五洲同文局石印本　七百十三冊　十行二十一字小字雙行同上下黑口左右雙邊

610000 – 1001 – 0004189　普 0000702

二十四史　（清）張廷玉等輯　清光緒二十九年(1903)五洲同文局石印本　七百十三冊　十行二十一字小字雙行同上下黑口左右雙邊

610000－1001－0004190　普0000703
二十四史　(清)張廷玉等輯　清光緒二十九年(1903)五洲同文局石印本　七百十一冊十行二十一字小字雙行同上下黑口左右雙邊

610000－1001－0004191　普0000704
二十四史　(清)張廷玉等輯　清光緒二十九年(1903)五洲同文局石印本　七百十冊　十行二十一字小字雙行同上下黑口左右雙邊

610000－1001－0004192　普0000705
二十四史　(清)張廷玉等輯　清光緒二十九年(1903)五洲同文局石印本　七百〇七冊十行二十一字小字雙行同上下黑口左右雙邊

610000－1001－0004193　普0000706
二十四史　(清)張廷玉等輯　清光緒二十八年(1902)竹簡齋石印本　一百九十八冊　二十行四十二字白口左右雙邊

610000－1001－0004194　普0000707
二十四史　(清)張廷玉等輯　清光緒二十八年(1902)竢石齋石印本　一百九十二冊　二十三行五十字小字雙行同白口四周單邊　存二十三種

610000－1001－0004195　普0000708
二十四史　(清)張廷玉等輯　清光緒四年(1878)金陵書局刻本　七百十三冊　十二行二十五字小字雙行三十六至三十八字不等白口左右雙邊

610000－1001－0004196　普0000709
二十四史　(清)張廷玉等輯　清光緒金陵書局刻本　四百九十三冊　十二行二十五字小字雙行三十六至三十八字不等白口左右雙邊　存二十二種

610000－1001－0004197　普0000710
二十四史　(清)張廷玉等輯　清同治八年(1869)金陵書局刻本　四百九十八冊　十二行二十五字小字雙行三十六至三十八字不等白口左右雙邊　存二十三種

610000－1001－0004198　普0000711
武英殿本二十四史　(□)□□撰　清同治八

年(1869)嶺南菊古堂刻本　八百四十三冊十行二十一字小字雙行同白口左右雙邊

610000－1001－0004199　普0000712
二十一史　(清)張廷玉等輯　清光緒二十八年(1902)竹簡齋石印本　二十八冊　二十行四十二字小字雙行同白口左右雙邊　存四種

610000－1001－0004200　普0000713
二十一史　(清)張廷玉等輯　清光緒二十八年(1902)竹簡齋石印本　二十八冊　二十行四十二字小字雙行同白口左右雙邊　存四種

610000－1001－0004201　普0000714
二十一史　(清)張廷玉等輯　清光緒二十八年(1902)竹簡齋石印本　二十八冊　二十行四十二字小字雙行同白口左右雙邊　存四種

610000－1001－0004202　普0000715
史記一百三十卷　(漢)司馬遷撰　清光緒二十年(1894)陝甘味經書院刻本　三十二冊十二行二十一字小字雙行同白口四周雙邊

610000－1001－0004203　普0000716
晏子春秋八卷　(春秋)晏嬰撰　清嘉慶二十一年(1816)吳鼒刻本　二冊　九行十八字上下黑口四周雙邊

610000－1001－0004204　普0000716
史記一百三十卷　(漢)司馬遷撰　清光緒二十年(1894)陝甘味經書院刻本　三十二冊十二行二十一字小字雙行同白口四周雙邊

610000－1001－0004205　普0000717
復齋餘稿二卷續編一卷　(清)王建常撰　抄本　二冊　九行字數不等

610000－1001－0004206　普0000717
前漢紀三十卷　(漢)荀悅撰　**後漢紀三十卷兩漢紀校紀二卷**　(晉)袁宏撰　(晉)陳璞校**東漢會要四十卷**　(宋)徐天麟撰　(清)阮元編　清光緒五年(1879)嶺南學海堂刻本二十四冊　十行二十字白口左右雙邊

610000－1001－0004207　普0000718
傅子一卷　(晉)傅玄撰　抄本　一冊　十行

字數不等白口四周單邊

610000－1001－0004208　普 0000718

史記集解一百三十卷 （南朝宋）裴駰集解
清同治九年(1870)崇文書局刻本　二十四冊
十行二十二字小字雙行同白口四周雙邊

610000－1001－0004209　普 0000719

摯太常集校補一卷 （晉）摯虞撰　張鵬一校
補　抄本　一冊　六行二十五字上紅口

610000－1001－0004210　普 0000719

史記一百三十卷 （漢）司馬遷撰 （南朝宋）
裴駰集解　清同治十一年(1872)成都書局刻
本　三十二冊　十行二十一字小字雙行同白
口左右雙邊

610000－1001－0004211　普 0000724

史記一百三十卷 （漢）司馬遷撰 （南朝宋）
裴駰集解　清光緒四年(1878)金陵書局刻本
十六冊　十二行二十五字小字雙行三十七
至三十八字不等白口左右雙邊

610000－1001－0004212　普 0000725

七十家賦鈔六卷 （清）張惠言輯　清道光元
年(1821)合和康紹鏞刻本　四冊　十三行二
十二字上下黑口左右雙邊

610000－1001－0004213　普 0000725

前漢書一百二十卷 （漢）班固撰　清同治十
年(1871)成都書局刻本　三十二冊　十行二
十一字小字雙行同白口左右雙邊

610000－1001－0004214　普 0000726

後漢書一百二十卷 （南朝宋）范曄撰　清同
治十年(1871)成都書局刻本　三十二冊　十
行二十一字小字雙行同白口左右雙邊

610000－1001－0004215　普 0000727

三國志六十五卷 （晉）陳壽撰　清同治十年
(1871)成都書局刻本　十六冊　十行二十一
字小字雙行同白口左右雙邊

610000－1001－0004216　普 0000728

前漢書一百二十卷 （漢）班固撰　清光緒二
十三年(1897)味經刊書處刻本　四十八冊

十一行二十一字小字雙行同白口四周雙邊

610000－1001－0004217　普 0000729

前漢書一百二十卷 （漢）班固撰　清光緒二
十三年(1897)味經刊書處刻本　四十八冊
十一行二十一字小字雙行同白口四周雙邊

610000－1001－0004218　普 0000730

前漢書一百二十卷 （漢）班固撰　清光緒二
十三年(1897)味經刊書處刻本　四十八冊
十一行二十一字小字雙行同白口四周雙邊

610000－1001－0004219　普 0000731

竹書穆天子傳六卷 （晉）郭璞注 （清）洪頤
煊校　清嘉慶九年(1804)刻本　一冊　十行
二十一字上下黑口左右雙邊

610000－1001－0004220　普 0000731

後漢書一百二十卷 （南朝宋）范曄撰　清光
緒二十七年(1901)味經刊書處刻本　三十六
冊　十一行二十一字小字雙行同白口四周
雙邊

610000－1001－0004221　普 0000732

後漢書一百二十卷 （南朝宋）范曄撰　清光
緒二十七年(1901)味經刊書處刻本　三十六
冊　十一行二十一字小字雙行同白口四周
雙邊

610000－1001－0004222　普 0000733

後漢書一百二十卷 （南朝宋）范曄撰　清光
緒二十七年(1901)味經刊書處刻本　三十六
冊　十一行二十一字小字雙行同白口四周
雙邊

610000－1001－0004223　普 0000734

後漢書一百二十卷 （南朝宋）范曄撰　清光
緒二十七年(1901)味經刊書處刻本　三十六
冊　十一行二十一字小字雙行同白口四周
雙邊

610000－1001－0004224　普 0000736

三國志六十五卷 （晉）陳壽撰　清光緒十三
年(1887)江南書局刻本　八冊　十二行二十
五字小字雙行三十七字白口左右雙邊

610000－1001－0004225　普0000737

續後漢書九十卷　（元）郝經撰　清刻本　二
十四冊　十二行二十二字小字雙行同粗黑口
左右雙邊

610000－1001－0004226　普0000739

後漢書一百二十卷　（南朝宋）范曄撰　清同
治十年(1871)金陵書局刻本　十六冊　十二
行二十五字小字雙行三十七字白口左右雙邊

610000－1001－0004227　普0000740

後漢書一百二十卷　（南朝宋）范曄撰　清光
緒十三年(1887)金陵書局刻本　二十一冊
十二行二十五字小字雙行二十七字白口左右
雙邊　存一百〇七卷(一至四十六、六十下至
一百二十)

610000－1001－0004228　普0000741

晉書一百三十卷　（唐）房玄齡等撰　清同治
十年(1871)金陵書局刻本　二十冊　十二行
二十五字白口左右雙邊

610000－1001－0004229　普0000743

宋書一百卷　（南朝梁）沈約撰　清同治十一
年(1872)金陵書局刻本　二十冊　十二行二
十五字白口左右雙邊

610000－1001－0004230　普0000744

宋書一百卷　（南朝梁）沈約撰　清同治十一
年(1872)金陵書局刻本　十六冊　十二行二
十五字白口左右雙邊

610000－1001－0004231　普0000745

宋書一百卷　（南朝梁）沈約撰　清同治十一
年(1872)金陵書局刻本　十六冊　十二行二
十五字白口左右雙邊

610000－1001－0004232　普0000746

南齊書五十九卷　（南朝梁）蕭子顯撰　清同
治十三年(1874)金陵書局刻本　六冊　十二
行二十五字白口左右雙邊

610000－1001－0004233　普0000747

南齊書五十九卷　（南朝梁）蕭子顯撰　清同
治十三年(1874)金陵書局刻本　六冊　十二
行二十五字白口左右雙邊

610000－1001－0004234　普0000748

南齊書五十九卷　（南朝梁）蕭子顯撰　清光
緒二十九年(1903)五洲同文局石印本　八冊
十行二十一字上下黑口左右雙邊

610000－1001－0004235　普0000749

士禮居藏書題跋記六卷　（清）黃丕烈撰　清
光緒十年(1884)潘氏滂喜齋刻朱印本　四冊
十一行二十三字上下紅口左右雙邊

610000－1001－0004236　普0000749

梁書五十六卷　（唐）姚思廉撰　清同治十三
年(1874)金陵書局刻本　六冊　十二行二十
五字白口左右雙邊

610000－1001－0004237　普0000750

梁書五十六卷　（唐）姚思廉撰　清同治十三
年(1874)金陵書局刻本　六冊　十二行二十
五字白口左右雙邊

610000－1001－0004238　普0000751

陳書三十六卷　（唐）姚思廉撰　清同治十一
年(1872)金陵書局刻本　四冊　十二行二十
五字白口左右雙邊

610000－1001－0004239　普0000752

陳書三十六卷　（唐）姚思廉撰　清同治十一
年(1872)金陵書局刻本　四冊　十二行二十
五字白口左右雙邊

610000－1001－0004240　普0000753

陳書三十六卷　（唐）姚思廉撰　清同治十一
年(1872)金陵書局刻本　四冊　十二行二十
五字白口左右雙邊

610000－1001－0004241　普0000754

[元貞]類編長安志十卷　（元）駱天驤纂　抄
本　十冊　十行二十二字小字雙行同白口四
周雙邊

610000－1001－0004242　普0000754

陳書三十六卷　（唐）姚思廉撰　清光緒二十
九年(1903)五洲同文局石印本　六冊　十行
二十一字上下黑口左右雙邊

610000－1001－0004243　普0000755

隋書八十五卷 （唐）魏徵撰 清光緒二十九
年(1903)五洲同文局石印本 二十四冊 十
行二十一字上下黑口左右雙邊

610000－1001－0004244 普0000756

魏書一百十四卷 （北齊）魏收撰 清光緒二
十九年(1903)五洲同文局石印本 二十四冊
十行二十一字黑口左右雙邊

610000－1001－0004245 普0000757

魏書一百十四卷 （北齊）魏收撰 清同治十
一年(1872)金陵書局刻本 二十冊 十二行
二十五字白口左右雙邊

610000－1001－0004246 普0000758

魏書一百十四卷 （北齊）魏收撰 清同治十
一年(1872)金陵書局刻本 二十冊 十二行
二十五字白口左右雙邊

610000－1001－0004247 普0000760

富平鄉土志不分卷 （清）□□編 清末抄本
一冊 十行字數不等

610000－1001－0004248 普0000760

隋書八十五卷 （唐）魏徵撰 清同治十年
(1871)淮南書局刻本 十二冊 十二行二十
五字白口左右雙邊

610000－1001－0004249 普0000761

隋書八十五卷 （唐）魏徵撰 清同治十年
(1871)淮南書局刻本 十二冊 十二行二十
五字白口左右雙邊

610000－1001－0004250 普0000762

涇陽縣鄉土志三卷 （清）□□撰 清光緒二
十三年(1897)稿本 一冊 九行二十一字
存一卷(三)

610000－1001－0004251 普0000762

隋書八十五卷 （唐）魏徵撰 清同治十年
(1871)淮南書局刻本 十六冊 十二行二十
五字白口左右雙邊

610000－1001－0004252 普0000763

周書五十卷 （唐）令狐德棻等撰 清同治十
三年(1874)金陵書局刻本 四冊 十二行二

十五字白口左右雙邊

610000－1001－0004253 普0000764

周書五十卷 （唐）令狐德棻等撰 清同治十
三年(1874)金陵書局刻本 四冊 十二行二
十五字白口左右雙邊

610000－1001－0004254 普0000766

北齊書五十卷 （唐）李百藥撰 清同治十三
年(1874)金陵書局刻本 六冊 十二行二十
五字白口左右雙邊

610000－1001－0004255 普0000767

北齊書五十卷 （唐）李百藥撰 清同治十三
年(1874)金陵書局刻本 四冊 十二行二十
五字白口左右雙邊

610000－1001－0004256 普0000768

北齊書五十卷 （唐）李百藥撰 清同治十三
年(1874)金陵書局刻本 四冊 十二行二十
五字白口左右雙邊

610000－1001－0004257 普0000770

南史八十卷 （唐）李延壽撰 清同治十一年
(1872)金陵書局刻本 十六冊 十二行二十
五字白口左右雙邊

610000－1001－0004258 普0000770(原12524)

[宣統]朝邑縣鄉土志一卷 （清）朱續馨編
清宣統抄本 一冊 八行字數不等

610000－1001－0004259 普0000771

南史八十卷 （唐）李延壽撰 清同治十一年
(1872)金陵書局刻本 十二冊 十二行二十
五字白口左右雙邊

610000－1001－0004260 普0000772

南史八十卷 （唐）李延壽撰 清同治十一年
(1872)金陵書局刻本 十二冊 十二行二十
五字白口左右雙邊

610000－1001－0004261 普0000772(原12539)

潼關鄉土志不分卷 （□）□□撰 抄本 一
冊 八行字數不等

610000－1001－0004262 普0000773

武功縣鄉土志一卷 （清）高錫華編 清光緒

抄本　一冊　九行字數不等

610000－1001－0004263　普0000775

北史一百卷　（唐）李延壽撰　清同治十一年
(1872)金陵書局刻本　二十冊　十二行二十
五字白口左右雙邊

610000－1001－0004264　普0000775(原12601)

盩厔縣鄉土志十五卷　（清）左一芬編輯　抄
本　一冊　十行二十四字

610000－1001－0004265　普0000776

北史一百卷　（唐）李延壽撰　清同治十一年
(1872)金陵書局刻本　二十冊　十二行二十
五字白口左右雙邊

610000－1001－0004266　普0000776(原12602)

盩厔縣鄉土志十五卷　（清）左一芬編輯　抄
本　二冊　十行二十五字

610000－1001－0004267　普0000777(原12606)

鄜縣鄉土志三卷　（清）程壎撰　清光緒三十
三年(1907)抄本　一冊　十行二十五字白口
四周雙邊

610000－1001－0004268　普0000778

舊五代史一百五十卷　（宋）薛居正等撰　清
同治十一年(1872)湖北崇文書局刻本　十六
冊　十二行二十五字小字雙行三十七字白口
四周雙邊

610000－1001－0004269　普0000778(原12626)

岐山縣鄉土志三卷　（清）□□撰　清光緒三
十四年(1908)抄本　一冊　十行二十五字白
口四周雙邊

610000－1001－0004270　普0000779(原12627)

岐山縣鄉土志三卷　（清）□□撰　清抄本
一冊　十行二十五字白口四周雙邊

610000－1001－0004271　普0000780

五代史七十四卷　（宋）歐陽修撰　（宋）徐無
黨注　清同治十一年(1872)湖北崇文書局刻
本　八冊　十二行二十五字小字雙行三十六
至三十七字不等白口四周雙邊

610000－1001－0004272　普0000781

前漢書一百二十卷　（漢）班固撰　清同治十
年(1871)成都書局刻本　三十二冊　十行二
十一字小字雙行同白口左右雙邊

610000－1001－0004273　普0000782

郃縣鄉土志一卷　（清）張殿華輯　抄本　一
冊　九行二十九至三十字

610000－1001－0004274　普0000782

前漢書一百卷　（漢）班固撰　清同治八年
(1869)金陵書局刻本　十六冊　十二行二十
五字小字雙行三十七字白口左右雙邊

610000－1001－0004275　普0000784

宋史四百九十六卷　（元）脫脫等修　清光緒
元年(1875)浙江書局刻本　九十三冊　十二
行二十五字白口左右雙邊

610000－1001－0004276　普0000785

宋史四百九十六卷　（元）脫脫等修　清光緒
元年(1875)浙江書局刻本　七十九冊　十二
行二十五字白口左右雙邊

610000－1001－0004277　普0000786

宋史四百九十六卷　（元）脫脫等修　清光緒
元年(1875)浙江書局刻本　一百冊　十二行
二十五字白口左右雙邊

610000－1001－0004278　普0000788

宋史翼四十卷　（清）陸心源輯　清光緒三十
三年(1907)刻本　十冊　十行二十字小字雙
行同粗黑口四周雙邊

610000－1001－0004279　普0000790

唐書二百二十五卷　（宋）歐陽修等撰　清同
治十二年(1873)浙江書局刻本　三十九冊
十二行二十五字白口左右雙邊　存二百二十
一卷(一至二百十五、二百二十至二百二十
五)

610000－1001－0004280　普0000791

唐書二百二十五卷　（宋）歐陽修等撰　清
治十二年(1873)浙江書局刻本　四十冊　十
二行二十五字白口左右雙邊

610000－1001－0004281　普0000792

唐書二百二十五卷 （宋）歐陽修等撰 清同治十二年(1873)浙江書局刻本 三十九冊 十二行二十五字白口左右雙邊 存二百二十二卷（四至二百二十五）

610000－1001－0004282 普0000793
唐書二百二十五卷 （宋）歐陽修等撰 清同治十二年(1873)浙江書局刻本 十冊 十二行二十五字白口左右雙邊 存五十六卷（一百七十至二百二十五）

610000－1001－0004283 普0000794
遼史一百十五卷 （元）脫脫等撰 清同治十二年(1873)江蘇書局刻本 十二冊 十二行二十五字小字雙行同白口左右雙邊

610000－1001－0004284 普0000795
遼史一百十五卷 （元）脫脫等撰 清同治十二年(1873)江蘇書局刻本 十二冊 十二行二十五字小字雙行同白口左右雙邊

610000－1001－0004285 普0000796
遼史一百十五卷 （元）脫脫等撰 清同治十二年(1873)江蘇書局刻本 十二冊 十二行二十五字小字雙行同白口左右雙邊

610000－1001－0004286 普0000796(原12734)
榆林縣鄉土志一卷 （□）□□編 抄本 一冊 九行二十四字白口四周雙邊

610000－1001－0004287 普0000797
遼史一百十五卷 （元）脫脫等撰 清同治十二年(1873)江蘇書局刻本 十六冊 十二行二十五字小字雙行同白口左右雙邊

610000－1001－0004288 普0000797(原12735)
榆林縣鄉土志一卷 （□）□□編 抄本 一冊 十行字數不等

610000－1001－0004289 普0000800
府谷縣鄉土志□□卷 （清）□□纂 清末稿本 一冊 十行字數不等 存一卷（二）

610000－1001－0004290 普0000800
舊唐書二百卷 （後晉）劉昫等撰 清同治十一年(1872)浙江書局刻本 十冊 十二行二

十五字白口左右雙邊 存五十一卷（一至三、三十一至三十五、三十九至四十五、四十九至八十四）

610000－1001－0004291 普0000801
舊唐書二百卷 （後晉）劉昫等撰 清同治十一年(1872)浙江書局刻本 四十冊 十二行二十五字白口左右雙邊

610000－1001－0004292 普0000802
舊唐書二百卷 （後晉）劉昫等撰 清同治十一年(1872)浙江書局刻本 四十冊 十二行二十五字白口左右雙邊

610000－1001－0004293 普0000803
舊唐書二百卷 （後晉）劉昫等撰 清同治十一年(1872)浙江書局刻本 四十冊 十二行二十五字白口左右雙邊

610000－1001－0004294 普0000803(原12760)
新編綏德州鄉土志四卷 （□）□□編 抄本 四冊 行數不等字數不等

610000－1001－0004295 普0000804
舊五代史一百五十卷 （宋）薛居正等撰 清同治十一年(1872)湖北崇文書局刻本 十六冊 十二行二十五字小字雙行三十七字白口左右雙邊

610000－1001－0004296 普0000805
陝西同州府大荔縣鄉土志稿不分卷 （□）□□撰 抄本 一冊 八行字數不等

610000－1001－0004297 普0000805
舊五代史一百五十卷 （宋）薛居正等撰 清同治十一年(1872)湖北崇文書局刻本 八冊 十二行二十五字小字雙行三十七字白口左右雙邊 存七十三卷（一至七十三）

610000－1001－0004298 普0000806
五代史七十四卷 （宋）歐陽修撰 清光緒十七年(1891)陝甘味經書院刻本 十冊 十二行二十一字小字雙行同白口四周雙邊

610000－1001－0004299 普0000807
五代史七十四卷 （宋）歐陽修撰 清光緒十

七年(1891)陝甘味經書院刻本 十冊 十二行二十一字小字雙行同白口四周雙邊

610000－1001－0004300 普0000808

五代史七十四卷 （宋）歐陽修撰 清光緒十七年(1891)陝甘味經書院刻本 十冊 十二行二十一字小字雙行同白口四周雙邊

610000－1001－0004301 普0000809

五代史七十四卷 （宋）歐陽修撰 清光緒十七年(1891)陝甘味經書院刻本 十冊 十二行二十一字小字雙行同白口四周雙邊

610000－1001－0004302 普0000810

五代史七十四卷 （宋）歐陽修撰 清同治十一年(1872)湖北崇文書局刻本 八冊 十二行二十五字小字雙行三十七字白口左右雙邊

610000－1001－0004303 普0000811(原12809)

[光緒]磚坪廳志不分卷 （□）□□編 清末抄本 二冊 九行二十字

610000－1001－0004304 普0000812

五代史七十四卷 （宋）歐陽修撰 清光緒元年(1875)成都書局刻本 十冊 十行二十一字小字雙行同白口左右雙邊

610000－1001－0004305 普0000813

洵陽縣鄉土志四卷 （清）羅澤南纂修 清光緒稿本 一冊 行數不等字數不等

610000－1001－0004306 普0000813

金史一百三十五卷 （元）脫脫等撰 清同治十三年(1874)江蘇書局刻本 二十冊 十二行二十五字小字雙行同白口左右雙邊

610000－1001－0004307 普0000814

金史一百三十五卷 （元）脫脫等撰 清同治十三年(1874)江蘇書局刻本 二十四冊 十二行二十五字小字雙行同白口左右雙邊

610000－1001－0004308 普0000815

金史一百三十五卷 （元）脫脫等撰 清同治十三年(1874)江蘇書局刻本 二十冊 十二行二十五字小字雙行同白口左右雙邊

610000－1001－0004309 普0000816

元史二百十卷 （明）宋濂撰 清同治十三年(1874)江蘇書局刻本 四十冊 十二行二十五字小字雙行同白口左右雙邊

610000－1001－0004310 普0000817

元史二百十卷 （明）宋濂撰 清同治十三年(1874)江蘇書局刻本 四十三冊 十二行二十五字小字雙行同白口左右雙邊

610000－1001－0004311 普0000818

元史新編九十五卷 （清）魏源撰 清光緒三十一年(1905)邵陽魏慎微堂刻本 三十二冊 十二行二十二字小字雙行同白口左右雙邊

610000－1001－0004312 普0000818(原12848)

[嘉慶]漢南續修郡志三十二卷首一卷 （清）嚴如熤修 （清）鄭炳然等纂 抄本 十六冊 行數不等字數不等

610000－1001－0004313 普0000819

元史二百十卷 （明）宋濂撰 清同治十三年(1874)江蘇書局刻本 四十四冊 十二行二十五字小字雙行同白口左右雙邊

610000－1001－0004314 普0000819(原12851)

商南縣鄉土志不分卷 （□）□□編 清宣統二年(1910)抄本 一冊 九行字數不等

610000－1001－0004315 普0000820

南鄭鄉土志一卷 （清）□□編 清末抄本 四冊 十行二十三字

610000－1001－0004316 普0000821

明史三百三十二卷 （清）張廷玉等撰 清光緒三年(1877)湖北崇文書局刻本 七十九冊 十二行二十五字小字雙行同白口四周雙邊

610000－1001－0004317 普0000821(原12866)

洋縣鄉土志一卷 （□）□□編 抄本 一冊 九行二十六字

610000－1001－0004318 普0000822

明史三百三十二卷 （清）張廷玉等撰 清光緒三年(1877)湖北崇文書局刻本 七十八冊 十二行二十五字小字雙行同白口左右雙邊 存三百三十卷(一至三百二十、三百二十三

至三百三十二)

610000－1001－0004319　普0000823
洋縣鄉土志一卷　（□）□□編　抄本　一冊
　九行二十六字

610000－1001－0004320　普0000823
明史三百三十二卷　（清）張廷玉等撰　清光
緒三年(1877)湖北崇文書局刻本　六十冊
十二行二十五字小字雙行同白口四周雙邊

610000－1001－0004321　普0000824
明史三百三十二卷　（清）張廷玉等撰　清光
緒三年(1877)湖北崇文書局刻本　七十八冊
　十二行二十五字小字雙行同白口左右雙邊
間四周雙邊　存三百二十九卷(一至三百二
十、三百二十四至三百三十二)

610000－1001－0004322　普0000826
歷代帝王表不分卷　（清）齊召南編　清道光
四年(1824)小琅嬛僊館刻本　四冊　八行大
小字不等上下黑口左右雙邊

610000－1001－0004323　普0000827
歷代帝王表不分卷　（清）齊召南編　清道光
四年(1824)小琅嬛僊館刻本　四冊　八行大
小字不等上下黑口左右雙邊

610000－1001－0004324　普0000827(原12890)
[道光]襄城縣志十一卷　（清）光朝魁纂修
抄本　四冊　九行二十一字白口

610000－1001－0004325　普0000828
三國郡縣表八卷　（清）吳增僅編　清光緒二
十一年(1895)刻本　四冊　十行大小字不等
白口左右雙邊

610000－1001－0004326　普0000828(原12891)
[道光]襄城縣志十一卷　（清）光朝魁纂修
抄本　四冊　九行二十一字白口

610000－1001－0004327　普0000829
三國郡縣表八卷　（清）吳增僅編　清光緒二
十一年(1895)刻本　四冊　十行大小字不等
白口左右雙邊

610000－1001－0004328　普0000830

[道光]鳳縣志不分卷　（清）陳韶纂　清道光
六年(1826)抄本　一冊　九行字數不等

610000－1001－0004329　普0000830
三國郡縣表八卷　（清）吳增僅編　清光緒二
十一年(1895)刻本　四冊　十行大小字不等
粗黑口左右雙邊

610000－1001－0004330　普0000831
三國郡縣表八卷　（清）吳增僅編　清光緒二
十一年(1895)刻本　四冊　十行大小字不等
粗黑口左右雙邊

610000－1001－0004331　普0000831(原12897)
[光緒]留壩鄉土志不分卷　（清）王戀照修
（清）吳從周編　清光緒三十三年(1907)抄本
　三冊　九行二十四字

610000－1001－0004332　普0000832
三國郡縣表八卷　（清）吳增僅編　清光緒二
十一年(1895)刻本　四冊　十行大小字不等
粗黑口左右雙邊

610000－1001－0004333　普0000832(原20721)
藍田縣鄉土志二卷　（清）□□編　清宣統二
年(1910)抄本　四冊　九行字數不等

610000－1001－0004334　普0000833
五代紀年表一卷　（清）周嘉猷撰　清光緒十
七年(1891)廣雅書局刻本　一冊　十一行大
小字不等粗黑口四周單邊

610000－1001－0004335　普0000834
三國紀年表一卷　（清）周嘉猷撰　清光緒十
七年(1891)廣雅書局刻本　一冊　十一行大
小字不等粗黑口四周單邊

610000－1001－0004336　普0000837
回疆誌四卷首一卷　（清）蘇爾德輯　抄本
四冊　八行二十字白口四周雙邊

610000－1001－0004337　普0000837
元史藝文志四卷　（清）錢大昕補纂　清嘉慶
五年(1800)江蘇書局刻本　一冊　十二行二
十五字小字雙行同白口左右雙邊

610000－1001－0004338　普0000838

元史氏族表三卷　（清）錢大昕補纂　清嘉慶
十一年(1806)江蘇書局刻本　二冊　十二行
二十五字小字雙行不等白口左右雙邊

610000－1001－0004339　普0000839

補遼金元藝文志不分卷　（清）倪燦撰　清光
緒十七年(1891)廣雅書局刻本　一冊　十一
行二十四字小字雙行同粗黑口四周單邊

610000－1001－0004340　普0000840

補五代史藝文志不分卷　（清）顧櫰三撰　清
光緒十七年(1891)廣雅書局刻本　一冊　十
一行二十四字小字雙行不等粗黑口四周單邊

610000－1001－0004341　普0000841

補三國疆域志二卷　（清）洪亮吉撰　清光緒
十七年(1891)廣雅書局刻本　一冊　十一行
二十四字小字雙行同粗黑口四周單邊

610000－1001－0004342　普0000842

東晉疆域志四卷　（清）洪亮吉撰　清光緒十
七年(1891)廣雅書局刻本　二冊　十一行二
十四字小字雙行同粗黑口四周單邊

610000－1001－0004343　普0000843

東晉疆域志四卷　（清）洪亮吉撰　清光緒四
年(1878)授經堂刻本　二冊　十二行二十四
字小字雙行同粗黑口左右雙邊

610000－1001－0004344　普0000844

十六國疆域志十六卷　（清）洪亮吉撰　清光
緒十七年(1891)廣雅書局刻本　四冊　十一
行二十四字小字雙行同黑口四周單邊

610000－1001－0004345　普0000845

十六國疆域志十六卷　（清）洪亮吉撰　清光
緒四年(1878)授經堂刻本　四冊　十二行二
十四字小字雙行同粗黑口四周單邊

610000－1001－0004346　普0000846

補宋書刑法志一卷補宋書食貨志一卷　（清）
郝懿行撰　清光緒十七年(1891)廣雅書局刻
本　一冊　十一行二十四字小字雙行同粗黑
口四周單邊

610000－1001－0004347　普0000847

楚漢諸侯疆域志三卷　（清）劉文淇撰　清光
緒十五年(1889)廣雅書局刻本　一冊　十一
行二十四字小字雙行同粗黑口四周單邊

610000－1001－0004348　普0000848

楚漢諸侯疆域志三卷　（清）劉文淇撰　清光
緒二年(1876)金陵刻本　一冊　十一行二十
三字小字雙行同白口左右雙邊

610000－1001－0004349　普0000849

新斠注地理志集釋十六卷　（清）錢坫著
（清）徐松集釋　清同治十三年(1874)會稽章
氏刻本　八冊　十一行二十二字小字雙行同
粗黑口四周單邊

610000－1001－0004350　普0000850

元史藝文志四卷宋遼金元四史朔閏攷二卷
（清）錢大昕撰　清嘉慶五年(1800)長沙龍氏
家塾刻本　一冊　十行二十二字小字雙行同
白口左右雙邊

610000－1001－0004351　普0000851

元史藝文志四卷　（清）錢大昕撰　清嘉慶五
年(1800)江蘇書局刻本　一冊　十二行二十
五字小字雙行同白口左右雙邊

610000－1001－0004352　普0000852

歷代世系表不分卷　（□）□□撰　清末味經
官書局刻本　一冊　行數不等大小字不等細
黑口四周單邊

610000－1001－0004353　普0000853

歷代世系表不分卷　（□）□□撰　清末味經
官書局刻本　一冊　行數不等大小字不等細
黑口四周單邊

610000－1001－0004354　普0000854

歷代世系表不分卷　（□）□□撰　清末味經
官書局刻本　一冊　行數不等大小字不等細
黑口四周單邊

610000－1001－0004355　普0000855

補三國疆域志二卷　（清）洪亮吉撰　清光緒
四年(1878)授經堂刻本　一冊　十二行二十
四字小字雙行同粗黑口左右雙邊

610000－1001－0004356　普0000856

八史經籍志十種　（日本）□□輯　清光緒九年(1883)鎮海張壽榮刻本　十六冊　十行二十一字小字雙行同白口左右雙邊

610000－1001－0004357　普0000857

南北史補志十四卷　（清)汪士鐸撰　清光緒四年(1878)淮南書局刻本　六冊　十二行二十五字小字雙行同白口左右雙邊

610000－1001－0004358　普0000858

補三國藝文志四卷　（清)侯康撰　清光緒十三年(1887)廣雅書局刻本　一冊　十一行二十四字小字雙行同粗黑口四周單邊

610000－1001－0004359　普0000859

觀象玩占五十卷　（唐)李淳風撰　抄本　二十冊　十行二十四字

610000－1001－0004360　普0000859

補後漢書藝文志四卷　（清)侯康撰　清光緒十七年(1891)刻本　一冊　十一行二十四字小字雙行同粗黑口四周單邊

610000－1001－0004361　普0000860

元史氏族表三卷　（清)錢大昕補纂　清嘉慶十一年(1806)江蘇書局刻本　二冊　十二行二十五字小字雙行不等白口左右雙邊

610000－1001－0004362　普0000861

元史氏族表三卷　（清)錢大昕補纂　清嘉慶十一年(1806)長沙龍氏家塾刻本　二冊　十行二十二字小字雙行不等粗黑口左右雙邊

610000－1001－0004363　普0000862

遼史拾遺補五卷　（清)楊復吉輯　清光緒二十六年(1900)廣雅書局刻本　二冊　十一行二十四字粗黑口四周單邊

610000－1001－0004364　普0000863

遼史拾遺補五卷　（清)楊復吉輯　清光緒三年(1877)江蘇書局刻本　二冊　十行二十一字白口左右雙邊

610000－1001－0004365　普0000864

遼史拾遺二十四卷　（清)厲鶚撰　清光緒二

十六年(1900)廣雅書局刻本　六冊　十一行二十四字小字雙行同粗黑口四周單邊

610000－1001－0004366　普0000865

廿二史劄記三十六卷補遺一卷　（清)趙翼撰　清光緒二十六年(1900)新化西畬山館刻本　十二冊　十一行二十一字小字雙行同粗黑口左右雙邊

610000－1001－0004367　普0000866

重訂王鳳洲先生綱鑑會纂八十九卷　（明)王世貞撰　清光緒二十九年(1903)上海洪寶齋書局石印本　八冊　二十六行五十二字小字雙行同白口四周雙邊

610000－1001－0004368　普0000867

重訂王鳳洲先生綱鑑會纂八十九卷　（明)王世貞撰　清光緒二十九年(1903)上海洪寶齋書局石印本　八冊　二十六行五十二字小字雙行同白口四周雙邊

610000－1001－0004369　普0000868

重訂王鳳洲先生綱鑑會纂八十九卷　（明)王世貞撰　清光緒二十九年(1903)上海洪寶齋書局石印本　八冊　二十六行五十二字小字雙行同白口四周雙邊

610000－1001－0004370　普0000869

續後漢書九十卷附札記四卷　（元)郝經撰　(清)郁松年撰札記　清道光二十一年(1841)刻本　三冊　十一行二十二字細黑口左右雙邊　存四卷(札記一至四)

610000－1001－0004371　普0000870

後漢書注補正八卷　（清)周壽昌撰　清光緒十七年(1891)廣雅書局刻本　一冊　十一行二十四字小字雙行同粗黑口四周單邊

610000－1001－0004372　普0000871

晉宋書故一卷　（清)郝懿行撰　清光緒十七年(1891)廣雅書局刻本　一冊　十一行二十四字小字雙行同粗黑口四周單邊

610000－1001－0004373　普0000874

司馬温公稽古錄二十卷　（宋)司馬光撰　清末刻本　四冊　九行十九字小字雙行同白口

四周雙邊

610000 – 1001 – 0004374　普 0000875

司馬温公稽古録二十卷　（宋）司馬光撰　清光緒五年(1879)江蘇書局刻本　三冊　十行二十一字小字雙行同粗黑口四周雙邊

610000 – 1001 – 0004375　普 0000875(原 13694)

焠掌録二卷　（清）汪啓淑輯　抄本　二冊　八行十七字

610000 – 1001 – 0004376　普 0000876

資治通鑑目録三十卷　（宋）司馬光編　清同治八年(1869)江蘇書局刻本　十冊　八行十七至十八字不等小字雙行不等白口左右雙邊

610000 – 1001 – 0004377　普 0000877

遼史拾遺二十四卷　（清）厲鶚撰　清光緒元年(1875)江蘇書局刻本　八冊　十行二十一字白口左右雙邊

610000 – 1001 – 0004378　普 0000878

遼史拾遺二十四卷　（清）厲鶚撰　清光緒元年(1875)江蘇書局刻本　十冊　十行二十一字白口左右雙邊

610000 – 1001 – 0004379　普 0000879

後漢書注又補一卷　（清）沈銘彝撰　清光緒十四年(1888)廣雅書局刻本　一冊　十一行二十四字小字雙行同粗黑口四周單邊

610000 – 1001 – 0004380　普 0000880

欽定遼金元三史語解四十六卷　（清）□□輯　清光緒四年(1878)江蘇書局刻本　十冊　十二行大小字不等白口左右雙邊

610000 – 1001 – 0004381　普 0000881

欽定遼金元三史語解四十六卷　（清）□□輯　清光緒四年(1878)江蘇書局刻本　十冊　十二行大小字不等白口左右雙邊

610000 – 1001 – 0004382　普 0000882

欽定遼金元三史語解四十六卷　（清）□□輯　清光緒四年(1878)江蘇書局刻本　十冊　十二行大小字不等白口左右雙邊

610000 – 1001 – 0004383　普 0000884

廿二史劄記三十六卷補遺一卷　（清）趙翼撰　清光緒二十四年(1898)集益書社刻本　十四冊　十一行二十二字小字雙行同粗黑口四周單邊

610000 – 1001 – 0004384　普 0000885

廿二史劄記三十六卷補遺一卷　（清）趙翼撰　清嘉慶刻本　十二冊　十一行二十一字小字雙行同白口左右雙邊

610000 – 1001 – 0004385　普 0000886

史記志疑三十六卷補遺一卷　（清）梁玉繩撰　清光緒十三年(1887)廣雅書局刻本　二十冊　十一行二十四字小字雙行同粗黑口四周單邊

610000 – 1001 – 0004386　普 0000887

史記注補正一卷　（清）方苞撰　清光緒二十年(1894)廣雅書局刻本　一冊　十一行二十四字小字雙行同粗黑口四周單邊

610000 – 1001 – 0004387　普 0000888

前漢書校勘札記一百卷　（清）□□撰　清光緒二十三年(1897)陝甘味經刊書處刻本　六冊　十一行二十一字小字雙行同白口四周雙邊

610000 – 1001 – 0004388　普 0000889

前漢書校勘札記一百卷　（清）□□撰　清光緒二十三年(1897)陝甘味經刊書處刻本　六冊　十一行二十一字小字雙行同白口四周雙邊

610000 – 1001 – 0004389　普 0000890

前漢書校勘札記一百卷　（清）□□撰　清光緒二十三年(1897)陝甘味經刊書處刻本　六冊　十一行二十一字小字雙行同白口四周單邊

610000 – 1001 – 0004390　普 0000891

漢書疏證三十六卷　（清）沈欽韓撰　清光緒二十六年(1900)浙江官書局刻本　二十四冊　十行二十二字小字雙行同白口左右雙邊

610000 – 1001 – 0004391　普 0000892

後漢書疏證三十卷　（清）沈欽韓撰　清光緒

二十六年(1900)浙江官書局刻本 十六冊
十行二十二字小字雙行同白口左右雙邊

610000－1001－0004392 普0000893
史記正譌三卷 （清)王元啟撰 清光緒十六
年(1890)廣雅書局刻本 一冊 十一行二十
四字小字雙行同粗黑口四周單邊

610000－1001－0004393 普0000894
諸史拾遺五卷 （清)錢大昕撰 清光緒十七
年(1891)刻本 一冊 十一行二十四字小字
雙行同粗黑口四周單邊

610000－1001－0004394 普0000895
三史拾遺五卷 （清)錢大昕撰 清光緒十七
年(1891)廣雅書局刻本 一冊 十一行二十
四字小字雙行同粗黑口四周單邊

610000－1001－0004395 普0000896
三國志攷證八卷 （清)潘眉撰 清光緒十五
年(1889)廣雅書局刻本 二冊 十一行二十
四字小字雙行同粗黑口四周單邊

610000－1001－0004396 普0000897
史記毛本正誤不分卷 （清)丁晏撰 清光緒
十八年(1892)廣雅書局刻本 一冊 十一行
二十四字粗黑口四周單邊

610000－1001－0004397 普0000898
完菴劉先生詩集二卷 （明)劉珏撰 抄本
四冊 十行十八字

610000－1001－0004398 普0000898
漢志水道疏證四卷 （清)洪頤煊撰 清光緒
十八年(1892)廣雅書局刻本 一冊 十一行
二十四字小字雙行同粗黑口四周單邊

610000－1001－0004399 普0000899
劍谿說詩二卷又編一卷 （清)喬億撰 抄本
二冊 十行十九字

610000－1001－0004400 普0000899
校刊史記集解索隱正義札記五卷 （清)張文
虎撰 清同治十一年(1872)金陵書局刻本
二冊 十一行二十二字小字雙行同粗黑口四
周雙邊

610000－1001－0004401 普0000900
廿一史提綱歌二卷 （清)李兆洛編 清同治
十年(1871)刻本 二冊 九行二十二字小字
雙行同白口左右雙邊

610000－1001－0004402 普0000901
三國志辨疑三卷 （清)錢大昭撰 清光緒十
五年(1889)廣雅書局刻本 一冊 十一行二
十四字粗黑口四周單邊

610000－1001－0004403 普0000902
讀史大畧六十卷首一卷 （清)沙張白著 附
小沙子史略一卷 （清)沙晉著 清道光二十
五年(1845)刻本 十二冊 十二行二十二字
白口四周雙邊

610000－1001－0004404 普0000903
五代史校勘札記七十四卷 （清)劉光蕡撰
清光緒十七年(1891)陝甘味經書院刻本 四
冊 十二行二十一字小字雙行同白口四周
雙邊

610000－1001－0004405 普0000904
五代史校勘札記七十四卷 （清)劉光蕡撰
清光緒十七年(1891)陝甘味經書院刻本 四
冊 十二行二十字小字雙行同白口四周雙邊

610000－1001－0004406 普0000905
五代史校勘札記七十四卷 （清)劉光蕡撰
清光緒十七年(1891)陝甘味經書院刻本 四
冊 十二行二十一字小字雙行同白口四周
單邊

610000－1001－0004407 普0000906
史記校勘札記一百三十卷補一卷 （清)劉光
蕡等撰 清光緒二十年(1894)陝甘味經刊書
處刻本 六冊 十二行二十一字小字雙行同
白口四周雙邊

610000－1001－0004408 普0000907
史記校勘札記一百三十卷補一卷 （清)劉光
蕡等撰 清光緒二十年(1894)陝甘味經刊書
處刻本 六冊 十二行二十一字小字雙行同
白口四周雙邊

610000－1001－0004409 普0000908

史記校勘札記一百三十卷補一卷 （清）劉光
蕡等撰 清光緒二十年(1894)陝甘味經刊書
處刻本 六冊 十二行二十一字小字雙行同
白口四周雙邊

610000－1001－0004410 普0000909
史記校勘札記一百三十卷論例一卷補一卷
（清）劉光蕡等撰 清光緒二十一年(1895)刻
本 六冊 十二行二十一字小字雙行同白口
四周單邊

610000－1001－0004411 普0000910
重訂王鳳洲先生綱鑑會纂四十六卷 （明）王
世貞撰 清刻本 四十冊 十行二十字小字
雙行同白口四周單邊

610000－1001－0004412 普0000911
金史詳校十卷史論五答一卷 （清）施國祁撰
清光緒六年(1880)會稽章氏刻本 十冊
十行二十二字小字雙行同細黑口左右雙邊

610000－1001－0004413 普0000912
三國志注證遺四卷 （清）周壽昌撰 清光緒
十七年(1891)廣雅書局刻本 一冊 十一行
二十四字小字雙行同粗黑口四周單邊

610000－1001－0004414 普0000913
雲潔山房詩鈔四卷 （清）湯景桐著 清光緒
三十一年(1905)稿本 四冊 七行十八字
白口

610000－1001－0004415 普0000913
後漢書辨疑十一卷 （清）錢大昭撰 清光緒
十四年(1888)廣雅書局刻本 二冊 十一行
二十四字粗黑口四周單邊

610000－1001－0004416 普0000914
漢書辨疑二十二卷 （清）錢大昭撰 清光緒
十三年(1887)廣雅書局刻本 五冊 十一行
二十四字小字雙行不等粗黑口四周單邊

610000－1001－0004417 普0000915
十七史商榷一百卷 （清）王鳴盛撰 清光緒
十九年(1893)廣雅書局刻本 十四冊 十一
行二十四字小字雙行同粗黑口四周單邊

610000－1001－0004418 普0000916
十七史商榷一百卷 （清）王鳴盛撰 清光緒
十九年(1893)廣雅書局刻本 十四冊 十一
行二十四字小字雙行同粗黑口四周單邊

610000－1001－0004419 普0000917
三國志補注續一卷 （清）侯康撰 清光緒十
七年(1891)廣雅書局刻本 一冊 十一行二
十四字小字雙行同粗黑口四周單邊

610000－1001－0004420 普0000918
漢書西域傳補注二卷 （清）徐松撰 清光緒
二十年(1894)廣雅書局刻本 一冊 十一行
二十四字小字雙行同粗黑口四周單邊

610000－1001－0004421 普0000919
前漢書補注一百卷 王先謙補注 清光緒二
十六年(1900)長沙王氏刻本 三十二冊 十
二行二十五字小字雙行同白口左右雙邊

610000－1001－0004422 普0000920
明通鑑一百卷 （清）夏燮輯 清光緒二十三
年(1897)湖北官書處刻本 四十冊 十行二
十一字小字雙行同粗黑口四周雙邊

610000－1001－0004423 普0000921
史記天官書補目一卷 （清）孫星衍撰 清光
緒十三年(1887)廣雅書局刻本 一冊 十一
行二十四字小字雙行同粗黑口四周單邊

610000－1001－0004424 普0000925
新校資治通鑑全書八種 （清）胡元常輯 清
光緒十七年(1891)長沙楊氏刻本 一百二十
冊 十二行二十五字小字雙行同黑口左右
雙邊

610000－1001－0004425 普0000926
新校資治通鑑全書八種 （清）胡元常輯 清
光緒十七年(1891)長沙楊氏刻本 一百二十
冊 十二行二十五字小字雙行同黑口左右
雙邊

610000－1001－0004426 普0000927
資治通鑑二百九十四卷目錄三十卷 （宋）司
馬光撰 （元）胡三省音注 通鑑釋文辯誤十
二卷 （元）胡三省撰 清同治八年(1869)江

蘇書局刻本　一百十冊　十行二十字小字雙行同細黑口四周雙邊　缺三十三卷(二百六十二至二百九十四)

610000－1001－0004427　普0000928
資治通鑑二百九十四卷目錄三十卷　(宋)司馬光撰　(元)胡三省音注　**通鑑釋文辯誤十二卷**　(元)胡三省撰　清同治八年(1869)江蘇書局刻本　一百十冊　十行二十字小字雙行同細黑口四周雙邊

610000－1001－0004428　普0000930、普0000942
資治通鑑二百九十四卷　(宋)司馬光撰　(元)胡三省撰　**通鑑釋文辯誤十二卷**　(元)胡三省撰　清光緒二十八年(1902)上海積山書局石印本　三十一冊　二十行四十字小字雙行同白口四周雙邊

610000－1001－0004429　普0000931
資治通鑑二百九十四卷　(宋)司馬光編　(元)胡三省音注　**通鑑釋文辯誤十二卷**　(元)胡三省撰　清鄱陽胡氏刻本　一百二十冊　十行二十字小字雙行同細黑口四周單邊

610000－1001－0004430　普0000932
資治通鑑地理今釋十六卷　(清)吳熙載撰　清光緒八年(1882)江蘇書局刻本　三冊　十行二十字小字雙行同細黑口四周雙邊

610000－1001－0004431　普0000933
資治通鑑地理今釋十六卷　(清)吳熙載撰　清光緒八年(1882)江蘇書局刻本　三冊　十行二十字小字雙行同細黑口四周雙邊

610000－1001－0004432　普0000934
增訂綱鑑正史約三十六卷　(清)顧錫疇撰　(清)陳宏謀增訂　清同治八年(1869)浙江書局刻本　二十冊　十一行二十字小字雙行同白口左右雙邊

610000－1001－0004433　普0000935
資治通鑑後編一百八十四卷　(清)徐乾學編集　清光緒富陽夏氏刻本　四十八冊　十二行二十一字小字雙行同白口左右雙邊

258

610000－1001－0004434　普0000936
續資治通鑑長編五百二十卷目錄二卷　(宋)李燾撰　清光緒七年(1881)浙江書局刻本　一百二十冊　十二行二十一字小字雙行同白口左右雙邊

610000－1001－0004435　普0000937
續資治通鑑長編五百二十卷目錄二卷　(宋)李燾撰　清光緒七年(1881)浙江書局刻本　一百二十冊　十二行二十一字小字雙行同白口左右雙邊

610000－1001－0004436　普0000938
續資治通鑑長編五百二十卷目錄二卷　(宋)李燾撰　清光緒七年(1881)浙江書局刻本　一百二十冊　十二行二十一字小字雙行同白口左右雙邊

610000－1001－0004437　普0000939
續資治通鑑長編五百二十卷目錄二卷　(宋)李燾撰　清光緒七年(1881)浙江書局刻本　一百二十冊　十二行二十一字小字雙行同白口四周單邊

610000－1001－0004438　普0000940
續資治通鑑長編五百二十卷目錄二卷　(宋)李燾撰　清光緒七年(1881)浙江書局刻本　一百二十冊　十二行二十一字小字雙行同白口左右雙邊

610000－1001－0004439　普0000941
資治通鑑二百九十四卷　(宋)司馬光撰　(元)胡三省撰　**通鑑釋文辯誤十二卷**　(元)胡三省撰　清光緒二十八年(1902)上海積山書局石印本　一冊　二十行四十字小字雙行同白口四周雙邊　存十二卷(辯誤一至十二)

610000－1001－0004440　普0000941
資治通鑑問疑一卷　(宋)劉義仲撰　**釋文三十卷**　(宋)史炤撰　**釋文辯誤十二卷**　(元)胡三省撰　清光緒十四年(1888)刻本　八冊　十二行二十五字小字雙行同粗黑口左右雙邊

610000－1001－0004441　普0000943

通鑑釋文辯誤十二卷　（元）胡三省撰　清光緒十六年(1890)上海積山書局石印本　一冊　二十行四十字小字雙行同白口四周雙邊

610000－1001－0004442　普0000944

通鑑釋文辯誤十二卷　（元）胡三省撰　清光緒十六年(1890)上海積山書局石印本　一冊　二十行四十字小字雙行同白口四周雙邊

610000－1001－0004443　普0000946

資治通鑑釋文三十卷　（宋）史炤撰　清光緒五年(1879)吳興陸氏十萬卷樓刻本　四冊　十二行二十二至二十四字不等小字雙行三十字粗黑口四周雙邊

610000－1001－0004444　普0000947

續資治通鑑長編拾補六十卷　（清）黃以周等輯　清光緒九年(1883)浙江書局刻本　十六冊　十二行二十一字小字雙行同白口左右雙邊

610000－1001－0004445　普0000948

續資治通鑑長編拾補六十卷　（清）黃以周等輯　清光緒九年(1883)浙江書局刻本　十六冊　十二行二十一字小字雙行同白口左右雙邊

610000－1001－0004446　普0000949

歷代通鑑纂要九十二卷　（明）李東陽等編　清光緒二十三年(1897)廣雅書局刻本　五十冊　十行二十字小字雙行同白口左右雙邊

610000－1001－0004447　普0000950

續資治通鑑二百二十卷明紀六十卷外紀十卷　（清）畢沅撰　清光緒十六年(1890)上海積山書局石印本　二十九冊　二十行四十二字小字雙行同白口四周雙邊

610000－1001－0004448　普0000951

續資治通鑑二百二十卷　（清）畢沅撰　明紀六十卷　（清）陳鶴纂　外紀十卷　（宋）劉恕編　清光緒十六年(1890)上海積山書局石印本　二十九冊　二十行四十二字小字雙行同白口四周雙邊

610000－1001－0004449　普0000952

續資治通鑑二百二十卷　（清）畢沅撰　明紀六十卷　（清）陳鶴纂　外紀十卷　（宋）劉恕編　清光緒十六年(1890)上海積山書局石印本　二十九冊　二十行四十二字小字雙行同白口四周雙邊

610000－1001－0004450　普0000953

續資治通鑑二百二十卷　（清）畢沅編　清同治八年(1869)江蘇書局刻本　六十冊　十行二十一字小字雙行同白口四周雙邊

610000－1001－0004451　普0000955

續資治通鑑二百二十卷　（清）畢沅編　清同治八年(1869)江蘇書局刻本　六十冊　十行二十一字小字雙行同白口四周雙邊

610000－1001－0004452　普0000956

續資治通鑑二百二十卷　（清）畢沅編　清末江蘇書局刻本　五十九冊　十行二十一字小字雙行同白口四周雙邊　存二百十七卷(四至二百二十)

610000－1001－0004453　普0000957

資治通鑑外紀十卷目錄五卷　（宋）劉恕編　清同治十年(1871)江蘇書局刻本　十冊　十行二十二字小字雙行同粗黑口左右雙邊

610000－1001－0004454　普0000958

資治通鑑外紀十卷目錄五卷　（宋）劉恕編　清同治十年(1871)江蘇書局刻本　二十冊　十行二十二字小字雙行同細黑口左右雙邊

610000－1001－0004455　普0000959

明紀六十卷　（清）陳鶴纂　清同治十年(1871)江蘇書局刻本　二十冊　十一行二十四字小字雙行同細黑口四周雙邊

610000－1001－0004456　普0000960

明紀六十卷　（清）陳鶴纂　清同治十年(1871)江蘇書局刻本　十九冊　十一行二十四字小字雙行同粗黑口四周單邊　存五十七卷(一至十五、十九至六十)

610000－1001－0004457　普0000961

明紀六十卷　（清）陳鶴纂　清同治十年(1871)江蘇書局刻本　二十冊　十一行二十

四字小字雙行同細黑口四周單邊

610000－1001－0004458　普0000962

明紀六十卷　（清）陳鶴纂　清同治十年
(1871)江蘇書局刻本　二十冊　十一行二十
四字小字雙行同粗黑口四周雙邊

610000－1001－0004459　普0000963

尺木堂綱鑑易知錄二十卷　（清）吳乘權
（清）周之炯　（清）周之燦輯　**御撰資治通鑑
綱目三編四卷**　（清）張廷玉等編　清光緒十
三年(1887)點石齋石印本　十二冊　二十行
四十字小字雙行同白口四周單邊

610000－1001－0004460　普0000964

尺木堂綱鑑易知錄二十卷　（清）吳乘權
（清）周之炯　（清）周之燦輯　**御撰資治通鑑
綱目三編五卷**　（清）張廷玉等編　清光緒二
十五年(1899)鴻寶齋石印本　十冊　二十四
行五十六字小字雙行同白口四周雙邊

610000－1001－0004461　普0000965

尺木堂綱鑑易知錄二十卷　（清）吳乘權
（清）周之炯　（清）周之燦輯　**御撰資治通鑑
綱目三編五卷**　（清）張廷玉等編　清光緒二
十五年(1899)鴻寶齋石印本　十冊　二十四
行五十六字小字雙行同白口四周雙邊

610000－1001－0004462　普0000966

尺木堂綱鑑易知錄二十卷　（清）吳乘權
（清）周之炯　（清）周之燦輯　**御撰資治通鑑
綱目三編五卷**　（清）張廷玉等編　清光緒二
十五年(1899)鴻寶齋石印本　十冊　二十四
行五十六字小字雙行同白口四周雙邊

610000－1001－0004463　普0000967

綱鑑易知錄二十卷　（清）吳乘權輯　**御撰資
治通鑑綱目三編五卷**　（清）張廷玉輯　清光
緒二十五年(1899)鴻寶齋石印本　十冊　二
十四行五十六字小字雙行同白口四周雙邊

610000－1001－0004464　普0000968

易知摘要類編十二卷　（清）高崇基等編　清
同治十三年(1874)刻本　十二冊　十行二十
四字小字雙行同白口左右雙邊

610000－1001－0004465　普0000971

御撰資治通鑑綱目三編四十卷　（清）朱珪等
撰　清同治十一年(1872)江西書局刻本　十
二冊　十一行二十二字小字雙行同細黑口四
周雙邊

610000－1001－0004466　普0000972

御撰資治通鑑綱目三編四十卷　（清）朱珪等
撰　清同治十一年(1872)江西書局刻本　十
二冊　十一行二十二字小字雙行同細黑口四
周雙邊

610000－1001－0004467　普0000973

御批歷代通鑑輯覽一百二十卷　（清）傅恆等
纂　清同治十一年(1872)湖北崇文書局刻本
六十冊　十一行二十二字小字雙行同白口
四周雙邊

610000－1001－0004468　普0000974

御批歷代通鑑輯覽一百二十卷　（清）傅恆等
纂　清同治十一年(1872)湖北崇文書局刻本
六十冊　十一行二十二字小字雙行同白口
四周雙邊

610000－1001－0004469　普0000975

御批歷代通鑑輯覽一百二十卷　（清）傅恆等
纂　清同治十一年(1872)湖北崇文書局刻本
六十冊　十一行二十二字小字雙行同白口
四周雙邊

610000－1001－0004470　普0000977

御批歷代通鑑輯覽一百二十卷　（清）傅恆等
纂　清光緒二十九年(1903)美華書局石印本
二十冊　二十五行五十六字白口四周單邊

610000－1001－0004471　普0000978

御批歷代通鑑輯覽一百二十卷　（清）傅恆等
纂　清光緒二十九年(1903)美華書局石印本
二十冊　二十五行五十六字白口四周單邊

610000－1001－0004472　普0000979

御批歷代通鑑輯覽一百二十卷　（清）傅恆等
纂　清光緒二十九年(1903)美華書局石印本
二十冊　二十五行五十六字白口四周單邊

610000－1001－0004473　普0000980

資治通鑑綱目五十九卷 （宋）朱熹著 清光緒二年（1876）王子杭刻本 三十冊 九行二十字小字雙行同粗黑口左右雙邊

610000 - 1001 - 0004474 普 0000982

御批資治通鑑綱目五十九卷首一卷 （宋）朱熹撰 御批資治通鑑綱目前編十八卷外記一卷舉要三卷 （宋）金履祥撰 御批續資治通鑑綱目二十七卷 （明）商輅撰 清光緒十三年（1887）上海同文書局石印本 二十四冊 十八行三十六字小字雙行同白口四周單邊

610000 - 1001 - 0004475 普 0000983

御批資治通鑑綱目五十九卷首一卷 （宋）朱熹撰 御批資治通鑑綱目前編十八卷外記一卷舉要三卷 （宋）金履祥撰 御批續資治通鑑綱目二十七卷 （明）商輅撰 清光緒十三年（1887）上海同文書局石印本 二十四冊 十八行三十六字小字雙行同白口四周單邊

610000 - 1001 - 0004476 普 0000984

御批資治通鑑綱目五十九卷首一卷 （宋）朱熹撰 御批資治通鑑綱目前編十八卷外記一卷舉要三卷 （宋）金履祥撰 御批續資治通鑑綱目二十七卷 （明）商輅撰 清光緒十三年（1887）上海同文書局石印本 二十四冊 十八行三十六字小字雙行同白口四周單邊

610000 - 1001 - 0004477 普 0000985

日知錄集釋三十二卷刊誤二卷續刊誤二卷 （清）顧炎武著 （清）黃汝成集釋 清道光十四年（1834）刻本 十二冊 十一行二十二字小字雙行同上下黑口左右雙邊

610000 - 1001 - 0004478 普 0000985

通鑑綱目輯要三十七卷 （清）姚培謙撰 清光緒二十八年（1902）石印本 八冊 十五行三十八字白口四周雙邊

610000 - 1001 - 0004479 普 0000986

讀通鑑綱目條記二十卷首一卷 （清）李述來著 清刻本 六冊 九行二十字小字雙行同粗黑口左右雙邊

610000 - 1001 - 0004480 普 0000987

古文辭類纂七十四卷 （清）姚鼐輯 清道光合河康氏家塾刻本 十二冊 十三行二十二字上下黑口左右雙邊

610000 - 1001 - 0004481 普 0000987

御批袁了凡綱鑑三十九卷 （明）袁黃撰 御撰資治通鑑綱目三編十卷 （清）張廷玉撰 清光緒二十五年（1899）著易堂石印本 十一冊 二十六行六十四字小字雙行同白口四周雙邊

610000 - 1001 - 0004482 普 0000988

爾雅郭注義疏二十卷 （清）郝懿行撰 清同治四年（1865）刻本 八冊 九行二十一字小字雙行同上下黑口左右雙邊

610000 - 1001 - 0004483 普 0000990

全芳備祖前集二十七卷後集三十一卷 （宋）陳景沂輯 抄本 六冊 十行字數不等 缺十六卷（後集十六至三十一）

610000 - 1001 - 0004484 普 0000991

春冰室詩鈔不分卷 李岳瑞撰 抄本 一冊 十四行二十五字白口四周雙邊

610000 - 1001 - 0004485 普 0000993

東華全錄四百二十五卷附續編咸豐六十九卷 王先謙編 清光緒十三年（1887）刻本 一百五十二冊 十三行二十五字小字雙行同白口左右雙邊

610000 - 1001 - 0004486 普 0000994

東華全錄四百二十五卷附續編咸豐六十九卷 王先謙編 清光緒十三年（1887）刻本 一百八十八冊 十三行二十五字小字雙行同白口左右雙邊

610000 - 1001 - 0004487 普 0000995

同治東華續錄一百卷 王先謙編 清光緒二十五年（1899）公記書莊石印本 二十四冊 二十四行五十字白口四周雙邊

610000 - 1001 - 0004488 普 0000996

同治東華續錄一百卷 王先謙編 清光緒二十五年（1899）公記書莊石印本 二十四冊 二十四行五十字白口四周雙邊

610000－1001－0004489　普0000997

同治東華續錄一百卷　王先謙編　清光緒二
十四年(1898)文瀾書局石印本　二十四冊
二十二行四十八字白口四周雙邊

610000－1001－0004490　普0000998

**書目答問四卷古今人著述合刻叢書目一卷別
錄一卷國朝著述諸家姓名略一卷**　(清)張之
洞撰　清光緒四年(1878)上海淞隱閣鉛印本
　一冊　九行二十一字小字雙行不等白口四
周雙邊

610000－1001－0004491　普0000998

同治東華續錄一百卷　王先謙編　清光緒二
十四年(1898)文瀾書局石印本　二十四冊
二十二行四十八字白口四周雙邊

610000－1001－0004492　普0000999

黑奴籲天錄四卷　(美國)斯土活著　林紓譯
　清光緒二十七年(1901)刻本　三冊　十行
三十字下黑口四周雙邊　存三卷(一、三至
四)

610000－1001－0004493　普0000999

同治東華續錄一百卷　王先謙編　清光緒二
十四年(1898)文瀾書局石印本　二十四冊
二十二行四十八字白口四周雙邊

610000－1001－0004494　普0001001

史學提要四卷　(宋)黃繼善原本　(清)狄寬
增訂　**史學提要輯注四卷**　(清)狄寬輯　清
嘉慶十一年(1806)刻本　八冊　五至二十四
行不等八至四十字不等小字雙行同白口四周
單邊

610000－1001－0004495　普0001002

東華錄二十二卷(天命、天聰、崇德朝)　王先
謙撰　清光緒十四年(1888)刻本　六冊　十
二行二十五字小字雙行同白口左右雙邊

610000－1001－0004496　普0001003

東華續錄一百二十卷(乾隆朝)　王先謙編
清光緒十四年(1888)刻本　五十六冊　十二
行二十五字小字雙行同白口左右雙邊

610000－1001－0004497　普0001004

東華錄三十六卷(順治朝)　王先謙編　清光
緒十四年(1888)刻本　八冊　十二行二十五
字小字雙行同白口左右雙邊

610000－1001－0004498　普0001005

東華續錄六十卷(道光朝)　王先謙編　清光
緒十四年(1888)刻本　十四冊　十二行二十
五字小字雙行同白口左右雙邊

610000－1001－0004499　普0001006

東華續錄五十卷(嘉慶朝)　王先謙編　清光
緒十四年(1888)刻本　十六冊　十二行二十
五字小字雙行同白口左右雙邊

610000－1001－0004500　普0001007

東華續錄一百卷(咸豐朝)　王先謙編　清光
緒十五年(1889)刻本　六十冊　十二行二十
五字小字雙行同白口左右雙邊

610000－1001－0004501　普0001008

緝古筭經細草三卷　(清)張敦仁撰　清嘉慶
八年(1803)藝學軒刻本　一冊　十行十八字
小字雙行同上下黑口左右雙邊

610000－1001－0004502　普0001008

建炎以來繫年要錄二百卷　(宋)李心傳撰
清光緒五年(1879)仁壽蕭氏刻本　六十冊
十行二十二字小字雙行同白口左右雙邊

610000－1001－0004503　普0001009

弦切對數表不分卷　(清)賈步緯譯述　清光
緒二十六年(1900)江南機器製造總局鉛印本
　三冊　行數不等字數不等白口四周雙邊

610000－1001－0004504　普0001010

續古文辭類纂二十八卷　(清)黎庶昌編　清
光緒十六年(1890)金陵書局刻本　八冊　十
二行二十五字小字雙行三十七字白口左右
雙邊

610000－1001－0004505　普0001010

咸豐東華續錄六十九卷　(清)潘頤福編　清
光緒十八年(1892)圖書集成局石印本　十六
冊　十三行四十字白口四周單邊

610000－1001－0004506　普0001011

四裔編年表四卷 （美國）林樂知譯 （清）嚴
良勳譯 清光緒二十三年(1897)石印本 四
冊 行數不等字數不等白口四周雙邊

610000－1001－0004507 普0001012
四裔編年表四卷 （美國）林樂知譯 （清）嚴
良勳譯 清光緒二十三年(1897)石印本 四
冊 行數不等字數不等白口四周雙邊

610000－1001－0004508 普0001013
四裔編年表四卷 （美國）林樂知譯 （清）嚴
良勳譯 清光緒二十三年(1897)石印本 四
冊 行數不等字數不等白口四周雙邊

610000－1001－0004509 普0001014
十朝東華錄五百二十五卷同治東華續錄一百
卷 王先謙編 清光緒二十五年(1899)石印
本 八十八冊 二十三行五十字白口四周
雙邊

610000－1001－0004510 普0001015
十朝東華錄五百二十五卷同治東華續錄一百
卷 王先謙編 清光緒二十五年(1899)石印
本 八十七冊 二十三行五十字白口四周雙
邊 缺三卷(同治東華續錄一至三)

610000－1001－0004511 普0001017
東華錄三十二卷 （清）蔣良騏編 清刻本
十五冊 九行二十二字小字雙行同白口四周
雙邊

610000－1001－0004512 普0001018
十一朝東華錄詳節二十四卷 （清）鄔樹庭編
清光緒二十六年(1900)上海東文學堂石印
本 十六冊 二十一行四十五字下黑口四周
單邊

610000－1001－0004513 普0001019
十一朝東華錄詳節二十四卷 （清）鄔樹庭編
清光緒二十六年(1900)上海東文學堂石印
本 十六冊 二十一行四十五字下黑口四周
單邊

610000－1001－0004514 普0001020
十一朝東華錄詳節二十四卷 （清）鄔樹庭編
清光緒二十六年(1900)上海東文學堂石印

本 十六冊 二十一行四十五字下黑口四周
單邊

610000－1001－0004515 普0001021
前漢紀三十卷 （漢）荀悅撰 清光緒二年
(1876)嶺南學海堂刻本 七冊 十行二十字
白口左右雙邊

610000－1001－0004516 普0001022
後漢紀三十卷 （晉）袁宏撰 清光緒二年
(1876)嶺南學海堂刻本 九冊 十行二十字
白口左右雙邊

610000－1001－0004517 普0001023
小腆紀年附考二十卷 （清）徐鼒撰 清光緒
十四年(1888)龍威圖書坊刻本 八冊 十一
行二十三字小字雙行同白口四周雙邊

610000－1001－0004518 普0001024
三朝北盟會編二百五十卷首一卷 （宋）徐夢
莘撰 校勘記二卷補遺一卷 （清）袁祖安撰
清光緒四年(1878)越東鉛印本 四十冊
十行二十二字下黑口四周雙邊

610000－1001－0004519 普0001025
三朝北盟會編二百五十卷首一卷 （宋）徐夢
莘撰 校勘記二卷補遺一卷 （清）袁祖安撰
清光緒四年(1878)越東鉛印本 四十冊
十行二十二字下黑口四周雙邊

610000－1001－0004520 普0001026
三朝北盟會編二百五十卷首一卷 （宋）徐夢
莘撰 校勘記二卷補遺一卷 （清）袁祖安撰
清光緒四年(1878)越東鉛印本 四十冊
十行二十二字下黑口四周雙邊

610000－1001－0004521 普0001027
聖武記十四卷 （清）魏源撰 清道光二十六
年(1846)刻本 十二冊 十一行二十三字小
字雙行同白口四周雙邊

610000－1001－0004522 普0001028
聖武記十四卷 （清）魏源撰 清道光二十六
年(1846)刻本 十冊 十行二十一字小字雙
行同白口四周雙邊

610000－1001－0004523　普0001029

聖武記十四卷　（清）魏源撰　清道光二十六年(1846)刻本　十冊　十行二十一字小字雙行同白口四周雙邊

610000－1001－0004524　普0001030

聖武記十四卷　（清）魏源撰　清道光二十六年(1846)刻本　十冊　十行二十一字小字雙行同白口四周雙邊

610000－1001－0004525　普0001031

靖海紀事二卷家傳一卷賦一卷　（清）施琅撰　清光緒刻本　二冊　八行二十二字小字雙行同白口四周單邊

610000－1001－0004526　普0001034

普法戰紀二十卷　（清）王韜撰　（清）張宗良口譯　清光緒二十一年(1895)王氏刻本　十冊　十一行二十三字粗黑口四周雙邊

610000－1001－0004527　普0001035

歐洲列國戰事本末二十二卷　王樹枏撰　清光緒二十九年(1903)陝西官運書局石印本　六冊　十行二十二字小字雙行不等黑口左右雙邊

610000－1001－0004528　普0001036

歐洲列國戰事本末二十二卷　王樹枏撰　清光緒二十九年(1903)陝西官運書局石印本　六冊　十行二十二字小字雙行不等黑口左右雙邊

610000－1001－0004529　普0001037

歐洲列國戰事本末二十二卷　王樹枏撰　清光緒二十九年(1903)陝西官運書局石印本　六冊　十行二十二字小字雙行不等黑口左右雙邊

610000－1001－0004530　普0001038

繹史一百六十卷世系圖一卷年表一卷　（清）馬驌撰　清光緒十五年(1889)金匱浦氏刻本　四十冊　十一行二十四字小字雙行三十六字白口左右雙邊

610000－1001－0004531　普0001039

繹史一百六十卷世系圖一卷年表一卷　（清）

馬驌撰　清同治七年(1868)刻本　四十八冊　十一行二十四字小字雙行三十六字白口左右雙邊

610000－1001－0004532　普0001040

繹史一百六十卷世系圖一卷年表一卷　（清）馬驌撰　清光緒二十四年(1898)浙江書局刻本　五十冊　十一行二十四字小字雙行三十六字粗黑口四周單邊

610000－1001－0004533　普0001041

通鑑紀事本末二百三十九卷　（宋）袁樞編輯　（明）張溥論正　清同治十二年(1873)江西書局刻本　八十冊　十行二十字細黑口左右雙邊

610000－1001－0004534　普0001042

通鑑紀事本末二百三十九卷　（宋）袁樞編輯　（明）張溥論正　清同治十二年(1873)江西書局刻本　八十冊　十行二十字細黑口左右雙邊

610000－1001－0004535　普0001043

通鑑紀事本末二百三十九卷　（宋）袁樞編輯　（明）張溥論正　清同治十二年(1873)江西書局刻本　八十冊　十行二十字細黑口左右雙邊

610000－1001－0004536　普0001046

左傳紀事本末五十三卷　（清）高士奇著　清同治十二年(1873)江西書局刻本　十二冊　十行二十字小字雙行同細黑口左右雙邊

610000－1001－0004537　普0001047

左傳紀事本末五十三卷　（清）高士奇著　清同治十二年(1873)江西書局刻本　十二冊　十行二十字小字雙行同細黑口左右雙邊

610000－1001－0004538　普0001048

左傳紀事本末五十三卷　（清）高士奇著　清同治十年(1871)江西書局刻本　十二冊　十行二十字小字雙行同細黑口左右雙邊

610000－1001－0004539　普0001049

湘軍志十六卷　王闓運撰　清末刻本　四冊　十行二十一字白口左右雙邊

610000－1001－0004540　普0001050

續資治通鑑二百二十卷　（清）畢沅編　清同治六年(1867)江蘇書局刻本　六十冊　十行二十一字小字雙行同白口四周雙邊

610000－1001－0004541　普0001051

戡定新疆記八卷　（清）魏光燾撰　清光緒二十五年(1899)鉛印本　二冊　十一行二十六字白口四周雙邊

610000－1001－0004542　普0001052

戡定新疆記八卷　（清）魏光燾撰　清光緒二十五年(1899)鉛印本　二冊　十一行二十六字白口四周雙邊

610000－1001－0004543　普0001053

戡定新疆記八卷　（清）魏光燾撰　清光緒二十五年(1899)鉛印本　二冊　十一行二十六字白口四周雙邊

610000－1001－0004544　普0001054

戡定新疆記八卷　（清）魏光燾撰　清光緒二十五年(1899)鉛印本　二冊　十一行二十六字白口四周雙邊

610000－1001－0004545　普0001055

戡定新疆記八卷　（清）魏光燾撰　清光緒二十五年(1899)鉛印本　二冊　十一行二十六字白口四周雙邊

610000－1001－0004546　普0001059

英美海軍戰史三卷　（美國）愛德華史賓氏撰　（日本）越山平三郎譯　清光緒二十八年(1902)上海世界譯書局石印本　一冊　十一行二十四字小字雙行同上下黑口四周單邊

610000－1001－0004547　普0001060

聖武記十四卷　（清）魏源撰　清光緒二十七年(1901)夢坡室石印本　八冊　十五行三十八字白口四周雙邊

610000－1001－0004548　普0001061

聖武記十四卷　（清）魏源撰　清光緒二十七年(1901)夢坡室石印本　八冊　十五行三十八字白口四周雙邊

610000－1001－0004549　普0001062

尼羅海戰史十七章溫聖脫海戰史九章哥品杭海戰史二編十七章　（美國）耶特瓦德斯邊撰　（日本）越山平三郎譯　清光緒二十九年(1903)商務印書館鉛印本　一冊　十四行三十三字白口四周雙邊

610000－1001－0004550　普0001063

聖武記十四卷　（清）魏源撰　清光緒二十四年(1898)湖南書局刻本　十冊　九行二十二字小字雙行同粗黑口左右雙邊

610000－1001－0004551　普0001064

觸藩始末三卷　（清）華廷傑撰　清末刻本　一冊　九行二十一字小字雙行同粗黑口左右雙邊

610000－1001－0004552　普0001065

聖武記十四卷　（清）魏源撰　清道光二十六年(1846)刻本　十二冊　十行二十一字小字雙行同白口四周雙邊

610000－1001－0004553　普0001066

宋史紀事本末一百〇九卷　（明）馮琦編（明）陳邦瞻增訂　清光緒十三年(1887)廣雅書局刻本　十六冊　十行二十字粗黑口四周單邊

610000－1001－0004554　普0001067

宋史紀事本末一百〇九卷　（明）馮琦編（明）陳邦瞻增訂　清末刻本　十七冊　九行二十字白口左右雙邊

610000－1001－0004555　普0001068

宋史紀事本末一百〇九卷　（明）馮琦編（明）陳邦瞻增訂　清同治十三年(1874)江西書局刻本　二十冊　十行二十字粗黑口左右雙邊

610000－1001－0004556　普0001069

宋史紀事本末一百〇九卷　（明）馮琦編（明）陳邦瞻增訂　清同治十三年(1874)江西書局刻本　二十冊　十行二十字粗黑口左右雙邊

610000－1001－0004557　普0001070

宋史紀事本末一百〇九卷　（明）馮琦編
（明）陳邦瞻增訂　清同治十三年(1874)江西
書局刻本　二十冊　十行二十字粗黑口左右
雙邊

610000－1001－0004558　普0001071
宋史紀事本末一百〇九卷　（明）馮琦編
（明）陳邦瞻增訂　清同治十三年(1874)江西
書局刻本　二十冊　十行二十字粗黑口左右
雙邊

610000－1001－0004559　普0001075
重訂普法戰紀四卷　（清）張宗良口譯　（清）
王韜輯　清光緒二十四年(1898)中華印務總
局石印本　八冊　八行十八字小字雙行同白
口四周單邊

610000－1001－0004560　普0001076
重訂普法戰紀四卷　（清）張宗良口譯　（清）
王韜輯　清光緒二十四年(1898)中華印務總
局石印本　八冊　八行十八字小字雙行同白
口四周單邊

610000－1001－0004561　普0001077
明史紀事本末八十卷　（清）谷應泰編輯　清
同治十三年(1874)江西書局刻本　二十冊
十行二十字粗黑口左右雙邊

610000－1001－0004562　普0001078
明史紀事本末八十卷　（清）谷應泰編輯　清
同治十三年(1874)江西書局刻本　二十冊
十行二十字粗黑口左右雙邊

610000－1001－0004563　普0001079
明史紀事本末八十卷　（清）谷應泰編輯　清
同治十三年(1874)江西書局刻本　二十冊
十行二十字粗黑口左右雙邊

610000－1001－0004564　普0001080
孫子十家註十三卷　（宋）吉天保輯　（清）孫
星衍　（清）吳人驥校　敘錄一卷　（清）畢以
珣撰　清咸豐五年(1855)活字印本　四冊
十二行二十四字小字雙行同黑口左右雙邊

610000－1001－0004565　普0001080
明季北略二十四卷　（清）計六奇輯　清道光

琉璃廠半松居士活字印本　十二冊　九行二
十字白口左右雙邊

610000－1001－0004566　普0001081
明季南略十八卷明季北略二十四卷　（清）計
六奇輯　清道光琉璃廠半松居士活字印本
十八冊　九行二十字白口四周單邊

610000－1001－0004567　普0001082
文苑英華一千卷目錄二卷　（宋）李昉等輯
清道光宜祿堂抄本　十八冊　十二行二十二
字白口四周雙邊　存一百八十一卷(五百六
十一至六百三十、六百五十一至六百六十、六
百八十一至六百九十一、七百三十一至七百
四十、七百七十一至七百九十、九百二十一至
九百六十、九百八十一至一千)

610000－1001－0004568　普0001082
平浙紀略十六卷　（清）秦緗業纂　清同治十
二年(1873)浙江書局刻本　四冊　十行二十
字白口四周雙邊

610000－1001－0004569　普0001083
平浙紀略十六卷　（清）秦緗業纂　清同治十
二年(1873)浙江書局刻本　四冊　十行二十
三字白口四周雙邊

610000－1001－0004570　普0001085
尚史七十卷　（清）李鍇纂　清嘉慶十九年
(1814)晚香草堂刻本　三十二冊　十行二十
四字小字雙行同白口左右雙邊

610000－1001－0004571　普0001086
明季實錄四卷　（清）顧炎武輯　清光緒三十
四年(1908)抄本　二冊　八行二十字白口

610000－1001－0004572　普0001087
東都事略一百三十卷　（宋）王偁撰　清光緒
九年(1883)淮南書局刻本　八冊　十二行二
十四字白口左右雙邊

610000－1001－0004573　普0001088
紀元通攷十二卷　（清）葉維庚撰　清道光八
年(1828)刻本　四冊　十行二十四字小字雙
行同白口左右雙邊

610000－1001－0004574　普0001089

帝王甲子記一卷　（清）王在鎬編輯　清咸豐
八年（1858）務敏齋刻本　一冊　九行十七字
小字雙行同粗黑口四周雙邊

610000－1001－0004575　普0001091

竹書紀年二卷　（南朝梁）沈約注　（清）陳詩
集注　清嘉慶十年（1805）刻本　二冊　十行
二十二字粗黑口四周雙邊

610000－1001－0004576　普0001092

盼雲軒畫傳四卷　（清）鳳山繪　清同治三年
（1864）刻本　四冊

610000－1001－0004577　普0001092

周季編略九卷　（清）黃式三纂　清同治十二
年（1873）浙江書局刻本　四冊　九行二十二
字小字雙行同白口左右雙邊

610000－1001－0004578　普0001093

括地志八卷　（唐）李泰等撰　（清）孫星衍輯
　清嘉慶三年（1798）刻本　一冊　十二行二
十四字小字雙行同粗黑口左右雙邊

610000－1001－0004579　普0001093

綏寇紀略十二卷補遺三卷　（清）吳偉業撰
清嘉慶九年（1804）刻本　八冊　九行二十一
字小字雙行同粗黑口左右雙邊

610000－1001－0004580　普0001094

經學歷史一卷　（清）皮錫瑞撰　清光緒三十
二年（1906）思賢書局刻本　一冊　十二行二
十五字小字雙行同白口左右雙邊

610000－1001－0004581　普0001095

萬國通鑑四卷地圖一卷　（清）趙如光譯　清
光緒八年（1882）刻本　六冊　十行二十五字
小字雙行同白口四周雙邊

610000－1001－0004582　普0001096

天演論二卷　（英國）赫胥黎撰　嚴復譯　清
光緒二十七年（1901）富文書局石印本　一冊
　十行二十一字白口四周雙邊

610000－1001－0004583　普0001096

萬國通鑑四卷地圖一卷　（清）趙如光譯　清

光緒八年（1882）刻本　六冊　十行二十五字
小字雙行同白口四周雙邊

610000－1001－0004584　普0001097

天演論二卷　（英國）赫胥黎撰　嚴復譯　清
光緒鉛印本　二冊　十行二十二字白口左右
雙邊

610000－1001－0004585　普0001097

萬國通鑑四卷地圖一卷　（清）趙如光譯　清
光緒八年（1882）刻本　六冊　十行二十五字
小字雙行同白口四周雙邊

610000－1001－0004586　普0001098

十六國春秋一百卷　（北魏）崔鴻撰　清光緒
十二年（1886）湖北官書處刻本　十二冊　十
一行二十三字小字雙行同白口四周雙邊

610000－1001－0004587　普0001099

十國春秋一百十六卷　（清）吳任臣撰　**拾遺**
一卷備考一卷　（清）周昂輯　清刻本　二十
冊　十行二十一字小字雙行同白口左右雙邊

610000－1001－0004588　普0001101

西史彙函二十二卷　（英國）慕維廉譯　清光
緒二十三年（1897）新學書局刻本　十六冊
九行二十一字小字雙行同白口左右雙邊

610000－1001－0004589　普0001102

西史彙函二十二卷　（英國）慕維廉譯　清光
緒二十三年（1897）新學書局刻本　十二冊
九行二十一字小字雙行同白口左右雙邊

610000－1001－0004590　普0001103

葆淳閣集二十四卷惺園易說二卷　（清）王杰
撰　**王文端公年譜一卷**　（清）阮元編　清嘉
慶二十年（1815）刻本　十二冊　十行二十字
白口四周雙邊

610000－1001－0004591　普0001104

鄂國金佗稡編二十八卷續編三十卷　（宋）岳
珂編　清光緒九年（1883）浙江書局刻本　十
二冊　九行二十一字白口左右雙邊

610000－1001－0004592　普0001105

鄂國金佗稡編二十八卷續編三十卷　（宋）岳

珂編　清光緒九年(1883)浙江書局刻本　十二冊　九行二十一字白口左右雙邊

610000－1001－0004593　普0001109

暗室燈二卷　(清)張鴻憲等編　清道光二十八年(1848)陝西西安鐘樓南澇巷口内王家刻字鋪刻本　二冊　十二行二十六字小字雙行同白口左右雙邊

610000－1001－0004594　普0001110

守城要覽四卷　(明)宋祖舜編　清道光九年(1829)東阿周天爵刻本　二冊　九行二十一字粗黑口四周單邊

610000－1001－0004595　普0001111

大清中外壹統輿圖三十卷中一卷首一卷　(清)胡林翼　(清)嚴樹森主持　(清)鄒世詒　(清)晏啟鎮編繪　(清)李廷簫　(清)汪士鐸核校　清宣統石印本　十六冊　行數不等字數不等黑口四周雙邊

610000－1001－0004596　普0001112

晉畧六十五卷　(清)周濟撰　清光緒二年(1876)味雋齋刻本　十冊　十二行二十五字小字雙行同白口左右雙邊

610000－1001－0004597　普0001114

新撰歐羅巴政治史四卷　(日本)幸田成友撰　(清)新是謀者譯　清光緒二十八年(1902)泰東時務譯印局鉛印本　四冊　十一行二十四字上下黑口四周雙邊

610000－1001－0004598　普0001117

中東戰紀本末八卷首一卷末一卷續編四卷首一卷末一卷　(美國)林樂知譯　(清)蔡爾康輯　清光緒二十三年(1897)圖書集成局鉛印本　十二冊　十三行四十字小字雙行同白口四周單邊

610000－1001－0004599　普0001118

中東戰紀本末三編四卷　(美國)林樂知譯　(清)蔡爾康輯　清光緒二十六年(1900)圖書集成局鉛印本　四冊　十三行四十字小字雙行同白口四周單邊

610000－1001－0004600　普0001118(原09847)

欽定全唐文一千卷總目三卷韻編一卷　(清)董誥等編　清嘉慶内府刻本　二百五十二冊　九行二十二字白口四周雙邊

610000－1001－0004601　普0001119

中東戰紀本末三編四卷　(美國)林樂知譯　(清)蔡爾康輯　清光緒二十六年(1900)圖書集成局鉛印本　四冊　十三行四十字小字雙行同白口四周單邊

610000－1001－0004602　普0001120

繹史一百六十卷世系圖一卷年表一卷　(清)馬驌譔　清光緒二十三年(1897)尚友齋石印本　二十四冊　十六行三十六字小字雙行五十四字白口左右雙邊

610000－1001－0004603　普0001121

淮軍平捻記十二卷　(清)周世澄撰　清光緒三年(1877)上海機器印書局鉛印本　二冊　十二行三十字白口四周雙邊

610000－1001－0004604　普0001122

五洲史略不分卷　(英國)賴白奇著　(英國)李提摩太修輯　(清)丁雄口譯　(清)斐熙琳筆述　(清)盧峯三重校　清宣統三年(1911)廣學會鉛印本　一冊　十二行二十七字白口四周雙邊

610000－1001－0004605　普0001123

遼史紀事本末四十卷首一卷　(清)李有棠編　清光緒二十八年(1902)上海捷記書局石印本　一冊　二十二行四十四字小字雙行同白口四周雙邊

610000－1001－0004606　普0001124

金史紀事本末五十二卷首一卷　(清)李有棠編　清光緒二十八年(1902)上海捷記書局石印本　二冊　二十二行四十四字小字雙行同白口四周雙邊

610000－1001－0004607　普0001124(原12112)

隸篇十五卷續十五卷再續十五卷　(清)翟云升撰　清道光十八年(1838)刻本　十冊　十四行二十五字白口左右雙邊

610000－1001－0004608　普0001128

平定粵匪紀略十八卷附記四卷 （清）杜文瀾
輯 清同治九年(1870)刻本 十冊 十行二
十二字白口四周雙邊

610000－1001－0004609 普 0001129

平定粵匪紀略十八卷附記四卷 （清）杜文瀾
輯 清光緒九年(1883)經訓堂刻本 六冊
十二行二十七字白口四周雙邊

610000－1001－0004610 普 0001130

平定粵寇紀署十八卷附記四卷 （清）杜文瀾
撰 清光緒元年(1875)詒穀堂刻本 十冊
九行二十一字白口左右雙邊

610000－1001－0004611 普 0001131

東南紀事十二卷 （清）邵廷采撰 清光緒十
年(1884)邵武徐氏刻本 二冊 九行二十二
字白口左右雙邊

610000－1001－0004612 普 0001132

借閒生詩三卷詞一卷 （清）汪遠孫著 清道
光二十年(1840)錢塘振綺堂刻本 二冊 十
一行十九字白口左右雙邊

610000－1001－0004613 普 0001133

四裔編年表四卷 （美國）林樂知譯 （清）嚴
良勳譯 清末江南機器製造總局刻本 四冊
行數不等大小字不等白口左右雙邊

610000－1001－0004614 普 0001134

四裔編年表四卷 （美國）林樂知譯 （清）嚴
良勳譯 清末江南機器製造總局刻本 四冊
行數不等字數不等白口四周雙邊

610000－1001－0004615 普 0001135

四裔編年表四卷 （美國）林樂知譯 （清）嚴
良勳譯 清末江南機器製造總局刻本 四冊
行數不等大小字不等白口左右雙邊

610000－1001－0004616 普 0001136

弘簡錄二百五十四卷 （明）邵經邦輯 清刻
本 三十二冊 十二行二十四字白口四周
單邊

610000－1001－0004617 普 0001142

名臣言行錄前集十卷後集十四卷 （宋）朱熹
撰 續集八卷別集二十六卷外集十七卷
（宋）李幼武撰 清道光十年(1830)刻本 二
十冊 十行二十字白口左右雙邊

610000－1001－0004618 普 0001143

中州人物考八卷 （明）孫徵著 清道光二十
四年(1844)刻本 六冊 九行二十二字白口
四周單邊

610000－1001－0004619 普 0001144

歷代名臣言行錄二十四卷 （清）朱桓輯
（清）潘永季校定 （清）許時庚重校 清光緒
十五年(1889)廣百宋齋鉛印本 十二冊 十
五行四十四字白口四周雙邊

610000－1001－0004620 普 0001145

歷代名臣言行錄二十四卷 （清）朱桓輯 清
同治四年(1865)寶仁堂刻本 三十六冊 十
行二十一字小字雙行同白口四周單邊

610000－1001－0004621 普 0001146

國語二十一卷 （春秋）左丘明撰 （三國吳）
韋昭注 札記一卷 （清）黃丕烈撰 攷異四
卷 （清）汪遠孫撰 清同治八年(1869)崇文
書局刻本 五冊 十一行二十一字小字雙行
三十至三十三字不等白口左右雙邊

610000－1001－0004622 普 0001147

國語二十一卷 （春秋）左丘明撰 （三國吳）
韋昭注 札記一卷 （清）黃丕烈撰 攷異四
卷 （清）汪遠孫撰 清同治八年(1869)崇文
書局刻本 五冊 十一行二十一字小字雙行
三十至三十三字不等白口左右雙邊

610000－1001－0004623 普 0001148

國語二十一卷 （春秋）左丘明撰 （三國吳）
韋昭疏 札記一卷 （清）黃丕烈撰 攷異四
卷 （清）汪遠孫撰 清同治八年(1869)崇文
書局刻本 五冊 十一行二十一字小字雙行
三十至三十三字不等白口左右雙邊

610000－1001－0004624 普 0001149

戰國策三十三卷 （漢）劉向撰 （漢）高誘注
札記三卷 （清）黃丕烈撰 清同治八年
(1869)崇文書局刻本 五冊 十一行二十字

小字雙行同白口左右雙邊

610000 - 1001 - 0004625　普0001150

戰國策三十三卷　(漢)劉向撰　(漢)高誘注
札記三卷　(清)黃丕烈撰　清同治八年
(1869)崇文書局刻本　五冊　十一行二十字
小字雙行同白口左右雙邊

610000 - 1001 - 0004626　普0001151

戰國策三十三卷　(漢)劉向撰　(漢)高誘注
札記三卷　(清)黃丕烈撰　清同治八年
(1869)崇文書局刻本　五冊　十一行二十字
小字雙行同白口左右雙邊

610000 - 1001 - 0004627　普0001152

泰西新史攬要二十四卷　(英國)馬懇西著
(英國)李提摩太譯　(清)蔡爾康述稿　清光
緒二十九年(1903)秦中書局石印本　八冊
十一行二十七字白口四周雙邊

610000 - 1001 - 0004628　普0001153

泰西新史攬要二十四卷　(英國)馬懇西著
(英國)李提摩太譯　(清)蔡爾康述稿　清光
緒二十九年(1903)秦中書局石印本　八冊
十一行二十七字白口四周雙邊

610000 - 1001 - 0004629　普0001154

泰西新史攬要二十四卷　(英國)馬懇西著
(英國)李提摩太譯　(清)蔡爾康述稿　清光
緒二十九年(1903)秦中書局石印本　八冊
十一行二十七字白口四周雙邊

610000 - 1001 - 0004630　普0001155

泰西十八周史攬要十八卷　(英國)雅各偉德
著　(英國)季理斐成章譯　(清)李鼎星述稿
清光緒二十八年(1902)商務書局鉛印本
六冊　十一行二十七字白口四周雙邊

610000 - 1001 - 0004631　普0001156

泰西十八周史攬要十八卷　(英國)雅各偉德
著　(英國)季理斐成章譯　(清)李鼎星述稿
清光緒二十八年(1902)商務書局鉛印本
六冊　十一行二十七字白口四周雙邊

610000 - 1001 - 0004632　普0001157

泰西十八周史攬要十八卷　(英國)雅各偉德

著　(英國)季理斐成章譯　(清)李鼎星述稿
清光緒二十八年(1902)商務書局鉛印本
六冊　十一行二十七字白口四周雙邊

610000 - 1001 - 0004633　普0001159

蘇文忠公詩編注集成總案四十五卷　(清)王
文誥輯注　清光緒十四年(1888)浙江書局刻
本　一冊　十一行三十字小字雙行同白口四
周單邊　存四卷(四十二至四十五)

610000 - 1001 - 0004634　普0001162

戰國策三十三卷　(漢)劉向輯　(漢)高誘注
清光緒二十七年(1901)鴻寶齋石印本　五
冊　十四行字數不等白口四周雙邊

610000 - 1001 - 0004635　普0001162(原13884)

思適齋集十八卷　(清)顧廣圻撰　清道光二
十九年(1849)徐氏刻本　四冊　十行二十字
小字雙行同黑口左右雙邊

610000 - 1001 - 0004636　普0001163

戰國策三十三卷　(漢)劉向輯　清光緒二十
七年(1901)鴻寶齋石印本　五冊　十四行字
數不等白口四周雙邊

610000 - 1001 - 0004637　普0001165

西史綱目三十五卷　(清)周維翰撰　清光緒
二十八年(1902)經世文社石印本　十八冊
十三行二十八字白口四周雙邊

610000 - 1001 - 0004638　普0001167

戰國策校註十卷　(宋)鮑彪校註　(元)吳士
道重校　清光緒二十二年(1896)惜陰軒刻本
一冊　十行二十一字小字雙行同粗黑口四
周單邊

610000 - 1001 - 0004639　普0001168

戰國策校註十卷　(宋)鮑彪校註　(元)吳師
道重校　清光緒二十二年(1896)惜陰軒刻本
八冊　十行二十一字小字雙行同粗黑口四
周單邊

610000 - 1001 - 0004640　普0001169

戰國策校註十卷　(宋)鮑彪校註　(元)吳師
道重校　清光緒二十二年(1896)惜陰軒刻本
八冊　十行二十一字小字雙行同粗黑口四

周單邊

610000－1001－0004641　普0001173

日本全史二十二卷　（日本）□□撰　清光緒
二十八年(1902)通文書局石印本　十六冊
十行二十字白口四周雙邊

610000－1001－0004642　普0001174

碎金續譜六卷養默山房詩餘三卷　（清）謝元
淮輯　碎金詞韻四卷　（清）謝元淮輯　（清）
吳同午校　清道光二十八年(1848)刻朱墨印
本　八冊　六至十行不等十五字小字雙行不
等白口四周單邊間四周雙邊

610000－1001－0004643　普0001177

東坡和陶合箋四卷附錄一卷　（宋）蘇軾撰
(清)溫汝能篆訂　清嘉慶十二年(1807)刻本
一冊　八行十七字小字雙行同白口四周雙邊

610000－1001－0004644　普0001178

日本外史二十二卷首一卷　（日本）賴襄子成
撰　清光緒二十八年(1902)文賢閣石印本
八冊　十三行三十字白口四周雙邊

610000－1001－0004645　普0001179

日本外史二十二卷首一卷　（日本）賴襄子成
撰　清光緒二十八年(1902)文賢閣石印本
八冊　十三行三十字白口四周雙邊

610000－1001－0004646　普0001180

字鑑五卷　（元）李文仲撰　（清）許槤訂正
(清)朱傳瑚參校　清道光五年(1825)罨經書
塾刻本　二冊　七行十八字小字雙行同黑口
左右雙邊

610000－1001－0004647　普0001181

俟寧居偶詠二卷　（清）朱休度撰　清嘉慶十
七年(1812)刻本　四冊　十二行二十三字小
字雙行三十三字白口左右雙邊

610000－1001－0004648　普0001182

萬國史記二十卷　（日本）岡本監輔著　（日
本)中村正直閱　清光緒二十三年(1897)慎
記書莊石印本　四冊　二十四行五十三字白
口四周雙邊

610000－1001－0004649　普0001183

熙朝新語十六卷　（清）余金輯　清道光四年
(1824)刻本　四冊　九行二十字白口四周單邊

610000－1001－0004650　普0001186

出使公牘十卷　（清）薛福成撰　清光緒二十
四年(1898)傳經樓刻本　十冊　十行二十一
字細黑口左右雙邊

610000－1001－0004651　普0001187

貳臣傳十二卷逆臣傳四卷　（清）國史館編
清都城琉璃廠半松居士木活字印本　八冊
九行二十字白口左右雙邊

610000－1001－0004652　普0001188

貳臣傳十二卷逆臣傳四卷　（清）國史館編
清都城琉璃廠半松居士木活字印本　八冊
九行二十字白口四周單邊

610000－1001－0004653　普0001189

行素齋雜記二卷　（清）李佳撰　清光緒二十
七年(1901)湖南臬署刻本　二冊　十行二十
一字粗黑口左右雙邊

610000－1001－0004654　普0001190

說文引經考二卷補遺一卷　（清）吳玉搢撰
清道光元年(1821)程贊咏刻本　四冊　十一
行二十字黑口四周單邊

610000－1001－0004655　普0001190

俄羅斯大風潮不分卷　（英國）克咯伯著
(清)獨立之個人譯　清光緒二十八年(1902)
鉛印本　一冊　十一行二十七字白口四周
雙邊

610000－1001－0004656　普0001191

歐洲列國十九周政治史三卷　（法國）賽紐榘
著　（美國）麥克範譯　（清）許士熊譯述
(清)俞復參校　清光緒二十八年(1902)文明
書局鉛印本　一冊　十二行三十二字白口四
周雙邊

610000－1001－0004657　普0001192

歐洲列國十九周政治史三卷　（法國）賽紐榘
著　（美國）麥克範譯　（清）許士熊譯述
(清)俞復參校　清光緒二十八年(1902)文明

書局鉛印本　一册　十二行三十二字白口四周雙邊

610000－1001－0004658　普0001193
歐洲列國十九周政治史三卷　(法國)賽紐槃著　(美國)麥克範譯　(清)許士熊譯述　(清)俞復參校　清光緒二十八年(1902)文明書局鉛印本　一册　十二行三十二字白口四周雙邊

610000－1001－0004659　普0001195
華陽國志十二卷　(晉)常璩撰　清嘉慶十九年(1814)刻本　四册　十行二十字小字雙行同粗黑口左右雙邊

610000－1001－0004660　普0001196
華陽國志十二卷　(晉)常璩撰　清嘉慶十九年(1814)刻本　四册　十行二十字小字雙行同粗黑口左右雙邊

610000－1001－0004661　普0001197
萬國總説三卷　(日本)岡本鑒伕著　清光緒十年(1884)郭懷書屋刻本　三册　九行二十二字小字雙行同白口左右雙邊

610000－1001－0004662　普0001198
滿洲名臣傳三十二卷　(清)國史館編　清京都琉璃廠榮錦書坊活字印本　三十二册　九行十七字白口四周單邊

610000－1001－0004663　普0001199
漢名臣傳三十二卷　(清)國史館編　清京都琉璃廠榮錦書坊活字印本　三十二册　九行十七字白口四周單邊

610000－1001－0004664　普0001200
泰西各國名人言行録十六卷首二卷　(清)張兆蓉撰　清光緒二十九年(1903)石印本　六册　十八行三十九字白口四周雙邊

610000－1001－0004665　普0001201
日本近世豪傑小傳四卷　(清)商務印書館編　清光緒二十九年(1903)商務印書館鉛印本　一册　十四行三十三字下黑口四周雙邊

610000－1001－0004666　普0001202
熙朝人鑑八卷　(清)丁承祜編　清光緒十三年(1887)刻本　六册　十一行二十三字白口四周雙邊　存六卷(上集二、四,下集一至四)

610000－1001－0004667　普0001203
熙朝人鑑八卷　(清)丁承祜編　清宣統二年(1910)朱静波刻本　四册　九行二十一字白口四周雙邊

610000－1001－0004668　普0001204
聖門通考十二卷　(明)包大爟編　清道光十七年(1837)刻本　六册　十行二十字小字雙行同白口左右雙邊

610000－1001－0004669　普0001206
歷代名臣言行録二十四卷　(清)朱桓輯　清嘉慶二年(1797)刻本　三十六册　十行二十一字小字雙行同白口左右雙邊

610000－1001－0004670　普0001207
昌黎先生詩增注證訛十一卷　(唐)韓愈撰　(清)顧嗣立删補　(清)黄鉞增注證訛　清道光二十八年(1848)刻本　四册　十一行二十字小字雙行三十字白口左右雙邊

610000－1001－0004671　普0001207
兩浙名賢録六十二卷　(明)徐象梅撰　清光緒二十六年(1900)浙江書局刻本　六十二册　十行二十一字白口左右雙邊

610000－1001－0004672　普0001208
國朝江西節孝録八十七卷　(□)□□編　清光緒五年(1879)江西書局刻本　四十册　十二行二十二字小字雙行同白口左右雙邊

610000－1001－0004673　普0001210
鬼谷子三卷　(南朝梁)陶弘景注　清嘉慶十年(1805)江都秦氏石研齋刻本　三册　十行二十一字小字雙行同白口左右雙邊

610000－1001－0004674　普0001211
江西忠義録十二卷　(清)沈葆禎輯　清同治十二年(1873)刻本　四册　十二行二十三字小字雙行同粗黑口四周雙邊

610000－1001－0004675　普0001213

美國名君言行錄不分卷　（美國）貝德禮著
清光緒三十年(1904)上海美華書館鉛印本
一冊　十四行三十四字白口四周雙邊

610000 - 1001 - 0004676　普0001215

臣鑒錄二十卷　（清）蔣伊編輯　清末刻本
二十冊　九行二十三字白口左右雙邊

610000 - 1001 - 0004677　普0001216

荊駝逸史五十三種　（清）陳湖逸士輯　清道
光古槐山房木活字印本　二十四冊　八行十
七字上下黑口四周雙邊　缺八種

610000 - 1001 - 0004678　普0001217

國朝耆獻類徵初編七百二十卷總目二十卷賢
媛類徵初編十二卷　（清）李桓輯　清光緒十
年至十六年(1884 - 1890)湘陰李氏刻本　二
百九十冊　十行二十五字白口四周雙邊

610000 - 1001 - 0004679　普0001219

歷代名臣言行錄二十四卷　（清）朱桓輯　清
光緒二十八年(1902)官書局石印本　八冊
二十行四十六字白口四周雙邊

610000 - 1001 - 0004680　普0001220

歷代名臣言行錄二十四卷　（清）朱桓輯　清
光緒二十八年(1902)官書局石印本　八冊
二十行四十六字白口四周雙邊

610000 - 1001 - 0004681　普0001221

歷代名臣言行錄二十四卷　（清）朱桓輯　清
光緒二十九年(1903)上海吳雲記鉛印本　十
二冊　二十行四十四字白口四周單邊

610000 - 1001 - 0004682　普0001221(原18165)

隸韻十卷碑目一卷考證一卷　（宋）劉球纂
清嘉慶十四年(1809)刻本　四冊　五至七行
不等大小字不等白口四周單邊

610000 - 1001 - 0004683　普0001222

歷代名臣言行錄二十四卷　（清）朱桓輯　清
光緒二十九年(1903)上海吳雲記鉛印本　十
二冊　二十二行四十四字白口四周單邊

610000 - 1001 - 0004684　普0001222(原18182)

定香亭筆談四卷　（清）阮元撰　（清）吳文溥

錄　清嘉慶五年(1800)揚州阮氏琅嬛僊館刻
本　四冊　十行二十字小字雙行同白口四周
雙邊

610000 - 1001 - 0004685　普0001223

歷代名臣言行錄二十四卷　（清）朱桓輯　清
光緒二十九年(1903)上海吳雲記鉛印本　十
二冊　二十二行四十四字白口四周單邊

610000 - 1001 - 0004686　普0001224

歷代名臣言行錄二十四卷　（清）朱桓輯　清
光緒二十九年(1903)上海鴻寶書局鉛印本
十二冊　二十二行四十四字白口四周單邊

610000 - 1001 - 0004687　普0001225

歷代名臣言行錄二十四卷　（清）朱桓輯　清
光緒二十九年(1903)上海鴻寶書局鉛印本
十二冊　二十二行四十四字白口四周單邊

610000 - 1001 - 0004688　普0001226

歷代名臣言行錄二十四卷　（清）朱桓輯　清
光緒二十九年(1903)上海鴻寶書局鉛印本
十二冊　二十二行四十四字白口四周單邊

610000 - 1001 - 0004689　普0001227

歷代名臣言行錄二十四卷　（清）朱桓輯　清
光緒二十六年(1900)湖南書局刻本　二十四
冊　十一行二十六字小字雙行同白口四周
單邊

610000 - 1001 - 0004690　普0001228

國朝先正事略六十卷續編四卷　（清）李元度
撰　清光緒二十五年(1899)石印本　十冊
二十三行五十字白口四周雙邊

610000 - 1001 - 0004691　普0001229

國朝先正事略六十卷續編四卷　（清）李元度
撰　清光緒二十八年(1902)廣益書局石印本
十冊　二十三行五十字白口四周單邊

610000 - 1001 - 0004692　普0001230

國朝先正事略六十卷續編八卷　（清）李元度
撰　清光緒二十五年(1899)圖書集成書局鉛
印本　十冊　十八行四十四字白口四周單邊

610000 - 1001 - 0004693　普0001231

國朝先正事略六十卷續編八卷 （清）李元度撰　清光緒二十五年(1899)圖書集成書局鉛印本　十冊　十八行四十四字白口四周單邊

610000－1001－0004694　普0001232

國朝先正事略六十卷 （清）李元度纂　清同治五年(1866)循陔草堂刻本　二十四冊　十行二十四字白口四周單邊

610000－1001－0004695　普0001233

元史紀事本末二十七卷 （明）陳邦瞻編　清同治十三年(1874)江西書局刻本　四冊　十行二十字粗黑口左右雙邊

610000－1001－0004696　普0001234

元史紀事本末二十七卷 （明）陳邦瞻編　清同治十三年(1874)江西書局刻本　四冊　十行二十字細黑口左右雙邊

610000－1001－0004697　普0001235

宋史紀事本末二十七卷 （明）陳邦瞻編　清同治十三年(1874)江西書局刻本　四冊　十行二十字細黑口左右雙邊

610000－1001－0004698　普0001236

明季稗史彙編十六種 （清）留雲居士輯　清都城琉璃廠刻本　十六冊　九行十九字白口左右雙邊

610000－1001－0004699　普0001237

唐語林八卷 （宋）王讜撰　（清）李錫齡校刊　清光緒活字印本　四冊　十行二十二字小字雙行同黑口四周單邊

610000－1001－0004700　普0001238

唐語林八卷 （宋）王讜撰　（清）李錫齡校刊　清光緒活字印本　四冊　十行二十二字小字雙行同黑口四周單邊

610000－1001－0004701　普0001242

石渠紀餘六卷 （清）王慶雲撰　清光緒刻本　六冊　十一行二十三字小字雙行同粗黑口左右雙邊

610000－1001－0004702　普0001245(原18482)

表異錄二十卷 （明）王志堅輯　清光緒刻本

二冊　十一行二十一字黑口左右雙邊

610000－1001－0004703　普0001248

兩山墨談十八卷 （明）陳霆著　（清）李錫齡校刊　清道光十九年(1839)活字印本　四冊　十行二十二字小字雙行同粗黑口四周單邊

610000－1001－0004704　普0001249

兩山墨談十八卷 （明）陳霆著　（清）李錫齡校刊　清道光十九年(1839)活字印本　四冊　十行二十二字粗黑口四周單邊

610000－1001－0004705　普0001252

列國變通興盛記不分卷 （英國）李提摩太撰　清光緒二十四年(1898)上海廣學會鉛印本　一冊　十二行二十七字白口四周雙邊

610000－1001－0004706　普0001253

大日本中興先覺志二卷 （日本）岡本監輔著　清光緒二十七年(1901)開導社刻本　二冊　十行二十字白口四周雙邊

610000－1001－0004707　普0001254

彝軍紀略一卷 （清）彭洵撰　清光緒十二年(1886)刻本　一冊　十行二十字白口四周雙邊

610000－1001－0004708　普0001257

百將圖傳二卷 （清）丁日昌輯　清同治八年(1869)江蘇書局刻本　二冊　十一行二十一字白口四周單邊

610000－1001－0004709　普0001257(原18541)

駱賓王文集十卷 （唐）駱賓王撰　**考異一卷** （清）顧廣圻撰　清嘉慶二十一年(1816)秦氏石研齋刻本　二冊　十一行二十字小字雙行同白口左右雙邊

610000－1001－0004710　普0001258

李元賓文集六卷 （唐）李觀撰　（唐）陸希聲編　清嘉慶二十三年(1818)秦氏石研齋刻本　一冊　十一行二十字白口左右雙邊

610000－1001－0004711　普0001260

列女傳校注八卷 （漢）劉向撰　清光緒十七年(1891)趙劉氏刻本　四冊　十一行十九字

小字雙行同白口四周單邊

610000－1001－0004712　普0001261

憬嵒軼事記一卷　（清）方海雲輯　清同治四年(1865)刻本　一冊　十行二十三字白口四周雙邊

610000－1001－0004713　普0001267

漢名臣傳三十二卷　（清）國史館編　清京都琉璃廠榮錦書坊刻本　三十二冊　九行十七字白口四周單邊

610000－1001－0004714　普0001272

文獻徵存錄十卷　（清）錢林輯　清咸豐八年(1858)刻本　十冊　十一行二十一字白口左右雙邊

610000－1001－0004715　普0001273

陸清獻公莅嘉遺蹟三卷　（清）黃維玉輯　清同治六年(1867)刻本　一冊　九行十九字白口左右雙邊

610000－1001－0004716　普0001274

病榻夢痕錄二卷錄餘一卷　（清）汪輝祖撰　清道光六年(1826)刻本　三冊　十行二十一字小字雙行同白口左右雙邊

610000－1001－0004717　普0001279(原20021)

蜀碧四卷　（清）彭遵泗編述　清同治元年(1862)文順堂刻本　一冊　八行二十字小字雙行同白口左右雙邊

610000－1001－0004718　普0001281

古列女傳八卷　（漢）劉向著　清光緒三年(1877)崇文書局刻本　四冊　十二行二十四字粗黑口四周雙邊

610000－1001－0004719　普0001284(原21769)

儀禮十七卷　（漢）鄭玄注　**嚴本儀禮鄭氏注校錄一卷**　（清）黃丕烈撰　清嘉慶二十年(1815)讀未見書齋刻本　二冊　十四行二十五字小字雙行三十三字白口左右雙邊

610000－1001－0004720　普0001287

八旗滿洲氏族通譜八十卷　（清）□□編　清刻本　十二冊　十行字數不等白口四周雙邊

存四十卷(二十二至二十七、三十一至四十六、五十六至六十六、七十四至八十)

610000－1001－0004721　普0001289

栗恭勤公年譜二卷　（清）張壬林輯　清光緒十六年(1890)刻本　二冊　十行二十二字白口四周雙邊

610000－1001－0004722　普0001294

方正學先生年譜一卷　（明）盧演輯纂　清道光二十七年(1847)刻本　一冊　八行二十二字白口四周雙邊

610000－1001－0004723　普0001294

先聖生卒年月日考二卷　（清）孔廣牧輯　清光緒十五年(1889)廣雅書局刻本　一冊　十一行二十四字小字雙行同粗黑口四周雙邊

610000－1001－0004724　普0001296

栗大王年譜一卷　（清）張壬林撰　清宣統元年(1909)豫英會社石印本　一冊　十二行三十字白口四周雙邊

610000－1001－0004725　普0001299

遂翁自訂年譜一卷　（清）趙昀撰　清光緒刻本　一冊　九行二十四字白口四周雙邊

610000－1001－0004726　普0001308

陝西全省實務表略五種　（清）陝西省勸業公所輯　清宣統二年(1910)抄本　五冊　行數不等字數不等

610000－1001－0004727　普0001308

碑傳集一百六十卷首二卷末二卷　（清）錢儀吉撰　清光緒十九年(1893)江蘇書局刻本　六十冊　十六行二十七字小字雙行同粗黑口四周單邊

610000－1001－0004728　普0001309

碑傳集一百六十卷首二卷末二卷　（清）錢儀吉撰　清光緒十九年(1893)江蘇書局刻本　六十冊　十六行二十七字小字雙行同粗黑口四周單邊

610000－1001－0004729　普0001310

碑傳集一百六十卷首二卷末二卷　（清）錢儀

吉撰　清光緒十九年(1893)江蘇書局刻本
五十九冊　十六行二十七字小字雙行同粗黑
口四周單邊　缺三卷(一百三十至一百三十
二)

610000－1001－0004730　普0001311
史傳三編五十六卷　(清)朱軾等編輯　清同
治三年(1864)刻本　二十四冊　九行二十二
字白口左右雙邊

610000－1001－0004731　普0001312
史傳三編五十六卷　(清)朱軾等編輯　清同
治三年(1864)刻本　二十七冊　九行二十二
字白口左右雙邊

610000－1001－0004732　普0001313
明太僕寺少卿徐公遺像題辭不分卷　(清)徐
霆發輯　清末民初太倉張燮臣刻本　一冊
十行二十一字白口左右雙邊

610000－1001－0004733　普0001314
彡石自訂年譜一卷　(清)陸元紘撰　清道光
刻本　一冊　十行二十字粗黑口四周單邊

610000－1001－0004734　普0001315
優詔褒忠錄不分卷　(清)王用臣等撰　清同
治十二年(1873)刻本　一冊　七行二十字白
口四周單邊

610000－1001－0004735　普0001317
海東逸史十八卷　(清)翁洲老民撰　清光緒
邵武徐氏刻本　一冊　九行二十二字白口左
右雙邊

610000－1001－0004736　普0001328
顧亭林先生年譜一卷閻潛北年譜一卷　(清)
張穆編　清道光二十四年(1844)刻本　一冊
九行二十一字小字雙行同粗黑口四周單邊

610000－1001－0004737　普0001329
建文年譜四卷　(清)趙士喆纂修　清咸豐四
年(1854)刻本　一冊　九行二十字白口四周
雙邊

610000－1001－0004738　普0001330
紅樓圓夢三十回　(清)夢夢先生撰　清嘉慶

刻本　六冊　八行十八字白口四周單邊　存
二十七回(一至十六、二十四至三十四)

610000－1001－0004739　普0001330
朱子行狀一卷程明道先生行狀一卷　(宋)黃
榦撰　清同治六年(1867)刻本　一冊　九行
二十字白口四周單邊

610000－1001－0004740　普0001331
通鑑至聖備考全集二卷闕里聖廟記一卷
(清)蒲申錫輯　清嘉慶二十二年(1817)留餘
山房刻本　二冊　九行二十三字小字雙行同
白口四周雙邊

610000－1001－0004741　普0001334
諸子平議三十五卷　(清)俞樾撰　清末民初
李氏刻本　一冊　十行二十一字小字雙行同
黑口左右雙邊　存三卷(管子一至三)

610000－1001－0004742　普0001336
王深寧先生年譜一卷　(清)陳僅纂輯　清道
光二十五年(1845)刻本　一冊　十行二十二
字小字雙行同白口四周雙邊

610000－1001－0004743　普0001340
[陝西潼關]張氏著存堂族譜八卷　(清)張澧
中輯　(清)張樹葵　(清)張聚玲續輯　清光
緒三十四年(1908)鉛印本　一冊　十行二十
四字白口左右雙邊

610000－1001－0004744　普0001347
**[廣東]南海學正黃氏家譜十二卷首一卷末一
卷**　黃任恆編　清宣統三年(1911)保粹堂刻
本　二冊　十一行二十四字黑口四周單邊

610000－1001－0004745　普0001348
家乘蒐遺不分卷　(清)陳永壽輯　清光緒三
十三年(1907)大梁刻本　一冊　八行二十二
字小字雙行同白口左右雙邊

610000－1001－0004746　普0001354
安惠堂志略二卷　(清)湯煊撰　清光緒十年
(1884)刻本　一冊　九行二十六字白口四周
單邊

610000－1001－0004747　普0001355

孤忠錄二卷　（清）袁祖志編　清光緒十二年(1886)上海還讀樓刻本　一冊　九行二十一字白口四周雙邊

610000－1001－0004748　普0001362

周列士傳一卷　（清）顧壽楨撰　清同治五年(1866)見素抱樸齋刻本　一冊　十一行二十三字白口四周雙邊

610000－1001－0004749　普0001370

楓林黃氏家乘五種　（清）黃彭年輯　清同治、光緒刻本　五冊　九行二十字白口四周雙邊

610000－1001－0004750　普0001372

元史譯文證補三十卷　（清）洪鈞撰　清光緒二十三年(1897)刻本　四冊　十二行二十五字小字雙行三十七字白口四周單邊

610000－1001－0004751　普0001373

元史譯文證補三十卷　（清）洪鈞撰　清光緒二十三年(1897)刻本　四冊　十二行二十五字小字雙行三十七字白口四周單邊

610000－1001－0004752　普0001389

近思錄十四卷　（宋）呂祖謙撰　（宋）朱熹撰　清光緒十年(1884)刻本　二冊　九行十八字小字雙行同上下黑口四周單邊

610000－1001－0004753　普0001396

魏鄭公諫續錄二卷　（元）翟思忠撰　清末刻本　一冊　九行二十一字小字雙行同白口四周雙邊

610000－1001－0004754　普0001396

宋朝事實二十卷　（宋）李攸撰　清末刻本　六冊　九行二十一字小字雙行同白口四周雙邊

610000－1001－0004755　普0001396

五代史纂誤三卷　（宋）吳縝撰　清末刻本　一冊　九行二十一字小字雙行同白口四周雙邊

610000－1001－0004756　普0001400

方輿紀要簡覽三十四卷　　（清）顧祖禹撰

（清）潘鐸輯　清光緒二十八年(1902)刻本　十六冊　十行二十三字小字雙行同白口左右雙邊

610000－1001－0004757　普0001401

方輿紀要簡覽三十四卷　（清）顧祖禹撰　（清）潘鐸輯　清咸豐八年(1858)刻本　十六冊　十行二十三字小字雙行同白口四周單邊

610000－1001－0004758　普0001402

讀史方輿紀要歷代州域形勢十卷　（清）顧祖禹撰　清光緒二十二年(1896)澹雅書局刻本　十冊　九行十八字小字雙行同白口左右雙邊

610000－1001－0004759　普0001403

闕里述聞十四卷　（清）鄭曉如撰　清同治五年(1866)刻本　八冊　十一行二十二字白口四周雙邊

610000－1001－0004760　普0001404

地學淺釋三十八卷　（英國）雷俠兒撰　（清）華蘅芳筆述　（美國）瑪高溫口譯　清同治十二年(1873)江南機器製造總局刻本　八冊　十行二十二字黑口左右雙邊

610000－1001－0004761　普0001405

地學淺釋三十八卷　（英國）雷俠兒撰　（清）華蘅芳筆述　（美國）瑪高溫口譯　清同治十二年(1873)江南機器製造總局刻本　八冊　十行二十二字黑口左右雙邊

610000－1001－0004762　普0001406

元豐九域志十卷　（宋）王存等撰　清光緒八年(1882)金陵書局刻本　四冊　十一行二十一字小字雙行同白口左右雙邊

610000－1001－0004763　普0001407

元豐九域志十卷　（宋）王存等撰　清光緒八年(1882)金陵書局刻本　四冊　十一行二十一字小字雙行同白口左右雙邊

610000－1001－0004764　普0001408

元豐九域志十卷　（宋）王存等撰　清光緒八年(1882)金陵書局刻本　四冊　十一行二十一字小字雙行同白口左右雙邊

610000－1001－0004765　普0001409

輿地廣記三十八卷　（宋）歐陽忞撰　**札記二卷**　（清）黄丕烈撰　清嘉慶十七年（1812）刻本　四冊　十三行二十四字小字雙行同白口四周單邊

610000－1001－0004766　普0001410

武威韓氏忠節錄二卷　（清）張澍輯　清道光二十年（1840）刻本　二冊　八行二十二字小字雙行同白口四周雙邊

610000－1001－0004767　普0001414

地理須知不分卷　（英國）傅蘭雅著　清光緒九年（1883）刻本　一冊　十行二十二字粗黑口四周雙邊

610000－1001－0004768　普0001415

地理須知不分卷　（英國）傅蘭雅著　清光緒九年（1883）刻本　一冊　十行二十二字粗黑口四周雙邊

610000－1001－0004769　普0001416

地理須知不分卷　（英國）傅蘭雅著　清光緒九年（1883）刻本　一冊　十行二十二字粗黑口四周雙邊

610000－1001－0004770　普0001420

輿地經緯度里表一卷　（清）丁取忠撰　清咸豐十一年（1861）刻本　一冊　十一行二十字白口四周單邊

610000－1001－0004771　普0001422

李文忠公事略不分卷　（清）□□撰　清末刻本　一冊　十行二十字黑口左右雙邊

610000－1001－0004772　普0001424

地志四種　（清）紀昀等纂　清光緒九年（1883）金陵書局刻本　五十四冊　十二行二十四字小字雙行同粗黑口左右雙邊

610000－1001－0004773　普0001431

歷代名賢列女氏姓譜一百五十七卷　（清）蕭智漢纂輯　清嘉慶二十年（1815）刻本　一百二十一冊　十三行二十二字白口四周雙邊　存一百三十五卷（一至八十六、八十八、九十至一百一十三、一百三十至一百四十二、一百四十七至一百五十七）

610000－1001－0004774　普0001432

輿地紀勝二百卷　（宋）王象之編　清道光二十九年（1849）懼盈齋刻本　六十四冊　十行二十字小字雙行同白口左右雙邊

610000－1001－0004775　普0001433

經心書院輿地學課程不分卷　（清）姚炳奎撰　清光緒二十八年（1902）經心書院刻本　八冊　九行二十一字小字雙行同上下黑口左右雙邊

610000－1001－0004776　普0001434

經心書院輿地學課程不分卷　（清）姚炳奎撰　清光緒二十八年（1902）經心書院刻本　八冊　九行二十一字小字雙行同上下黑口左右雙邊

610000－1001－0004777　普0001435

經心書院輿地學課程不分卷　（清）姚炳奎撰　清光緒二十八年（1902）經心書院刻本　八冊　九行二十一字小字雙行同上下黑口左右雙邊

610000－1001－0004778　普0001436

太平寰宇記二百卷目錄二卷　（宋）樂史撰　（清）洪亮吉校　清嘉慶八年（1803）刻本　四十八冊　十行二十二字小字雙行同粗黑口四周雙邊

610000－1001－0004779　普0001437

太平寰宇記二百卷目錄二卷　（宋）樂史撰　清光緒八年（1882）金陵書局刻本　三十六冊　十行二十字小字雙行同白口左右雙邊

610000－1001－0004780　普0001438

太平寰宇記二百卷目錄二卷　（宋）樂史撰　（清）洪亮吉校　清嘉慶八年（1803）刻本　三十二冊　十行二十二字小字雙行同粗黑口四周雙邊

610000－1001－0004781　普0001439

讀史方輿紀要一百三十卷　（清）顧祖禹撰　清嘉慶十六年（1811）敷文閣刻本　六十冊　十行二十一字小字雙行同白口四周雙邊

610000－1001－0004782　普0001440
讀史方輿紀要一百三十卷　（清）顧祖禹著
清光緒二十五年(1899)三味書室刻本　六十
冊　十一行二十四字小字雙行同粗黑口左右
雙邊

610000－1001－0004783　普0001441
讀史方輿紀要一百三十卷　（清）顧祖禹著
清光緒二十五年(1899)三味書室刻本　六十
冊　十一行二十四字小字雙行同粗黑口左右
雙邊

610000－1001－0004784　普0001442
讀史方輿紀要一百三十卷　（清）顧祖禹著
（清）彭元瑞校　清光緒五年(1879)桐華書屋
刻本　五十冊　十行二十一字小字雙行同白
口四周雙邊

610000－1001－0004785　普0001443
讀史方輿紀要一百三十卷　（清）顧祖禹著
（清）彭元瑞校　清光緒五年(1879)桐華書屋
刻本　六十冊　十行二十一字小字雙行同白
口四周雙邊

610000－1001－0004786　普0001444
天下郡國利病書一百二十卷　（清）顧炎武輯
清光緒五年(1879)桐華書屋刻本　五十冊
十行二十一字小字雙行同白口左右雙邊

610000－1001－0004787　普0001445
天下郡國利病書一百二十卷　（清）顧炎武輯
清光緒二十八年(1902)敷文閣刻本　六十
冊　十行二十一字小字雙行同白口左右雙邊

610000－1001－0004788　普0001446
天下郡國利病書一百二十卷　（清）顧炎武輯
清光緒二十八年(1902)敷文閣刻本　六十
二冊　十行二十一字小字雙行同白口左右
雙邊

610000－1001－0004789　普0001447
天下郡國利病書一百二十卷　（清）顧炎武輯
清光緒五年(1879)桐華書屋刻本　六十冊
十一行二十一字小字雙行同白口左右雙邊

610000－1001－0004790　普0001453

李氏五種合刊　（清）李兆洛撰　清光緒十四
年(1888)上海掃葉山房刻本　十冊　八行二
十二字小字雙行同白口四周雙邊

610000－1001－0004791　普0001454
李氏五種合刊　（清）李兆洛撰　清光緒十四
年(1888)上海掃葉山房刻本　十二冊　八行
二十二字小字雙行同白口四周雙邊

610000－1001－0004792　普0001455
李氏五種合刊　（清）李兆洛撰　清光緒十八
年(1892)長沙竹素書局刻本　十二冊　八行
二十二字小字雙行同白口四周雙邊

610000－1001－0004793　普0001456
李氏五種合刊　（清）李兆洛撰　清光緒十八
年(1892)長沙竹素書局刻本　十二冊　八行
二十二字小字雙行同白口四周雙邊　存四種

610000－1001－0004794　普0001457
李氏五種合刊　（清）李兆洛撰　清同治十年
(1871)合肥李鴻章刻本　九冊　八行二十二
字小字雙行同白口四周雙邊　存三種

610000－1001－0004795　普0001459
畿輔全圖不分卷　（清）□□繪　清刻本　十
二冊　十二行二十四字小字雙行同白口四周
雙邊

610000－1001－0004796　普0001461
歷代地理沿革表四十七卷　（清）陳芳績撰
清光緒二十一年(1895)廣雅書局刻本　二十
四冊　十行二十四字小字雙行不等粗黑口四
周單邊

610000－1001－0004797　普0001466
戰國策校註十卷　（宋）鮑彪校　（元）吳師道
重校　清末刻本　八冊　十行二十一字小字
雙行同白口四周單邊

610000－1001－0004798　普0001467
戰國策校註十卷　（宋）鮑彪校　（元）吳師道
重校　清末刻本　八冊　十行二十一字小字
雙行同白口四周單邊

610000－1001－0004799　普0001470(原0013366)

御纂詩義折中二十卷 （清）傅恆等纂 清道光刻本 六冊 十一行二十四字白口左右雙邊

610000－1001－0004800 普0001471

偏球圖國名歌不分卷 （清）吳廷楨撰 清末刻本 一冊 十行二十四字小字雙行同白口左右雙邊

610000－1001－0004801 普0001474

皇朝中外壹統輿圖中一卷南十卷北二十卷首一卷 （清）胡林翼 （清）嚴樹森主持 （清）鄒世詒 （清）晏啟鎮編繪 （清）李廷簫 （清）汪大鐸核校 清同治二年(1863)湖北撫署刻本 十二冊 粗黑口四周雙邊

610000－1001－0004802 普0001475

皇朝中外壹統輿圖中一卷南十卷北二十卷首一卷 （清）胡林翼 （清）嚴樹森等主持 （清）鄒世詒 （清）晏啟鎮編繪 （清）李廷簫 （清）汪大鐸核校 清同治二年(1863)湖北撫署刻本 十二冊 粗黑口四周雙邊

610000－1001－0004803 普0001476

皇朝中外壹統輿圖中一卷南十卷北二十卷首一卷 （清）胡林翼 （清）嚴樹森等主持 （清）鄒世詒 （清）晏啟鎮編繪 （清）李廷簫 （清）汪大鐸核校 清同治二年(1863)湖北撫署刻本 十二冊 粗黑口四周雙邊

610000－1001－0004804 普0001478

元和郡縣圖志四十卷補志九卷 （唐）李吉甫撰 （清）孫星衍輯 （清）嚴觀補 清光緒八年(1882)金陵書局刻本 八冊 十二行二十四字小字雙行同粗黑口左右雙邊

610000－1001－0004805 普0001479

元和郡縣圖志四十卷補志九卷 （唐）李吉甫撰 （清）孫星衍輯 （清）嚴觀補 清光緒八年(1882)金陵書局刻本 十冊 十二行二十四字小字雙行同粗黑口左右雙邊

610000－1001－0004806 普0001480

元和郡縣圖志四十卷補志九卷 （唐）李吉甫撰 （清）孫星衍輯 （清）嚴觀補 清光緒八

年(1882)金陵書局刻本 十冊 十二行二十四字小字雙行同粗黑口左右雙邊

610000－1001－0004807 普0001482

地理全志一卷 （英國）慕維廉編 清光緒九年(1883)關中味經官書局刻本 二冊 十行二十二字小字雙行同白口四周雙邊

610000－1001－0004808 普0001483

地理全志一卷 （英國）慕維廉編 清光緒九年(1883)關中味經官書局刻本 二冊 十行二十二字小字雙行同白口四周雙邊

610000－1001－0004809 普0001484

輿地廣記三十八卷 （宋）歐陽忞撰 札記二卷 （清）黃丕烈撰 清光緒六年(1880)金陵書局刻本 四冊 十三行二十四字小字雙行同白口四周單邊

610000－1001－0004810 普0001486

水道提綱二十八卷 （清）齊召南編錄 清光緒二十四年(1898)新化三味書室刻本 六冊 十一行二十四字小字雙行同黑口左右雙邊

610000－1001－0004811 普0001488

防海新論十八卷 （德國）希理哈撰 （清）華蘅芳筆述 清同治十二年(1873)江南機器製造總局刻本 六冊 十行二十二字粗黑口左右雙邊

610000－1001－0004812 普0001489

防海新論十八卷 （德國）希理哈撰 （清）華蘅芳筆述 清同治十二年(1873)江南機器製造總局刻本 六冊 十行二十二字粗黑口左右雙邊

610000－1001－0004813 普0001490

防海新論十八卷 （德國）希理哈撰 （清）華蘅芳筆述 清同治十二年(1873)江南機器製造總局刻本 六冊 十行二十二字粗黑口左右雙邊

610000－1001－0004814 普0001491

瀛環志畧十卷 （清）徐繼畬輯著 清光緒二十四年(1898)新化三味書室刻本 六冊 十一行二十四字小字雙行同粗黑口左右雙邊

610000 – 1001 – 0004815　普 0001493

水經注四十卷 （北魏）酈道元注 （清）全祖望校 **補遺一卷附錄二卷** （清）全祖望撰 清光緒十四年(1888)薛氏刻本　十六冊　十行二十一字小字雙行同粗黑口左右雙邊

610000 – 1001 – 0004816　普 0001494

浙西水利備考不分卷 （清）王鳳生纂　清光緒四年(1878)浙江書局刻朱墨印本　四冊九行二十三字小字雙行同白口四周單邊

610000 – 1001 – 0004817　普 0001496

水經注箋刊誤十二卷 （清）趙一清撰　清光緒六年(1880)蛟川花雨樓張氏刻本　六冊十行二十二字小字雙行同白口左右雙邊

610000 – 1001 – 0004818　普 0001496(原 0013521)

焦山志二十卷首一卷 （清）吳雲輯　清道光十九年(1839)刻本　六冊　十行二十一字小字雙行同白口左右雙邊

610000 – 1001 – 0004819　普 0001497

水經注釋四十卷首一卷附錄二卷刊誤十二卷 （清）趙一清撰　清光緒六年(1880)蛟川花雨樓張氏刻本　十冊　十行二十二字小字雙行同白口左右雙邊

610000 – 1001 – 0004820　普 0001498

水經注四十卷首一卷 （北魏）酈道元撰　王先謙校　清光緒十八年(1892)長沙王氏思賢講舍刻本　十六冊　十一行二十四字小字雙行同粗黑口左右雙邊

610000 – 1001 – 0004821　普 0001499

水經注匯校四十卷首一卷 （北魏）酈道元撰 （清）楊希閔校 **附錄二卷** （清）趙一清撰清光緒七年(1881)福州刻本　十冊　十一行二十三字小字雙行同白口四周雙邊

610000 – 1001 – 0004822　普 0001500

水經注四十卷首一卷 （北魏）酈道元撰　清光緒三年(1877)湖北崇文書局刻本　十二冊十二行二十四字小字雙行同粗黑口四周雙邊

610000 – 1001 – 0004823　普 0001501

海道圖說十五卷長江圖說一卷 （英國）金約翰輯 （英國）傅蘭雅口譯 （清）王德均筆述清光緒刻本　十冊　十行二十二字小字雙行同粗黑口左右雙邊

610000 – 1001 – 0004824　普 0001502

海道圖說十五卷長江圖說一卷 （英國）金約翰輯 （英國）傅蘭雅口譯 （清）王德均筆述清光緒刻本　十冊　十行二十二字小字雙行同粗黑口左右雙邊

610000 – 1001 – 0004825　普 0001503

海道圖說十五卷長江圖說一卷 （英國）金約翰輯 （英國）傅蘭雅口譯 （清）王德均筆述清光緒刻本　十冊　十行二十二字小字雙行同粗黑口左右雙邊

610000 – 1001 – 0004826　普 0001506

廣東海圖說不分卷 （清）張之洞撰　清光緒十五年(1889)廣雅書局刻本　一冊　十一行二十四字白口四周單邊

610000 – 1001 – 0004827　普 0001507

埏紘外乘二十五卷 （美國）林樂知譯 （清）嚴良勳譯　清光緒二十七年(1901)江南機器製造總局刻本　八冊　十行二十二字粗黑口左右雙邊

610000 – 1001 – 0004828　普 0001507(原 0013605)

江刻書目三種 （清）江標輯　清光緒蘇州振新書社印本　四冊　十行二十字小字雙行同白口左右雙邊

610000 – 1001 – 0004829　普 0001508

駐粵八旗志二十四卷首一卷 （清）長善等纂清光緒五年(1879)刻本　十六冊　十一行二十一字小字雙行同白口四周雙邊

610000 – 1001 – 0004830　普 0001509

海國圖志一百卷 （清）魏源撰　清光緒十三年(1887)巴蜀善成堂刻本　三十二冊　九行二十一字小字雙行同白口四周雙邊

610000 – 1001 – 0004831　普 0001510

海國圖志一百卷 （清）魏源撰　清光緒二年(1876)涇固道署刻本　三十二冊　九行二十

一字小字雙行同白口四周雙邊

610000 – 1001 – 0004832　普 0001511

海國圖志一百卷　（清）魏源撰　清光緒二年
(1876)涇固道署刻本　三十二冊　九行二十
一字小字雙行同白口四周雙邊

610000 – 1001 – 0004833　普 0001512

繪地法原一卷　（美國）金楷理口譯　（清）王
德均筆述　清光緒江南機器製造總局刻本
一冊　十行二十二字粗黑口左右雙邊

610000 – 1001 – 0004834　普 0001513

繪地法原一卷　（美國）金楷理口譯　（清）王
德均筆述　清光緒江南機器製造總局刻本
一冊　十行二十二字粗黑口左右雙邊

610000 – 1001 – 0004835　普 0001514

繪地法原一卷　（美國）金楷理口譯　（清）王
德均筆述　清光緒江南機器製造總局刻本
一冊　十行二十二字粗黑口左右雙邊

610000 – 1001 – 0004836　普 0001515

五省溝洫圖說一卷　（清）沈夢蘭編　清光緒
六年(1880)江蘇書局刻本　一冊　九行二十
二字白口四周雙邊

610000 – 1001 – 0004837　普 0001516

苗防備覽二十二卷　（清）嚴如熤撰　清道光
二十三年(1843)刻本　六冊　十行二十五字
小字雙行同白口左右雙邊　存十五卷（一至
十、十五至十九）

610000 – 1001 – 0004838　普 0001517

洋防輯要二十四卷　（清）嚴如熤輯　清道光
刻本　十三冊　十二行二十六字小字雙行同
白口四周雙邊　存十八卷（一至二、五至十
八、二十一、二十四）

610000 – 1001 – 0004839　普 0001518

江蘇省全圖不分卷　（清）沈寶禾等編　清同
治七年(1868)刻本　二冊　八行二十四字白
口四周雙邊

610000 – 1001 – 0004840　普 0001519

甘肅全省輿地圖不分卷　（清）□□繪　清光

緒刻本　二冊　二十行二十字四周雙邊

610000 – 1001 – 0004841　普 0001520

甘肅全省輿地圖不分卷　（清）□□繪　清光
緒刻本　二冊　二十行二十字四周雙邊

610000 – 1001 – 0004842　普 0001521

甘肅全省輿地圖不分卷　（清）□□繪　清光
緒刻本　二冊　二十行二十字四周雙邊

610000 – 1001 – 0004843　普 0001524

歷代輿地沿革險要圖不分卷　楊守敬　饒敦
秩撰　清光緒五年(1879)東湖饒氏刻朱墨印
本　一冊　九至十行不等十六字白口四周
單邊

610000 – 1001 – 0004844　普 0001527

萬國輿圖不分卷　（清）陳兆桐撰　清光緒十
二年(1886)石印本　一冊　行數不等大小字
不等白口四周雙邊

610000 – 1001 – 0004845　普 0001528

長江圖說十二卷首一卷　（清）馬徵麟輯　清
同治十年(1871)湖北崇文書局刻本　五冊
十六行二十四字小字雙行同白口四周雙邊

610000 – 1001 – 0004846　普 0001529

大清十朝聖訓九百二十二卷　（清）太祖努爾
哈赤等撰　清光緒刻本　二百五十冊　十三
行二十五字白口左右雙邊

610000 – 1001 – 0004847　普 0001532

邊事彙鈔十二卷續鈔八卷　（清）朱克敬輯
清光緒六年(1880)刻本　十冊　九行二十二
字白口左右雙邊

610000 – 1001 – 0004848　普 0001533

大英國志八卷　（英國）慕維廉著　清咸豐墨
海書院刻本　四冊　十行二十三字白口左右
雙邊

610000 – 1001 – 0004849　普 0001535

出使英法義比四國日記六卷　（清）薛福成著
清光緒十七年(1891)刻本　六冊　十行二
十一字白口左右雙邊

610000 – 1001 – 0004850　普 0001536

出使日記續刻十卷　（清）薛福成撰　清光緒
二十四年(1898)刻本　十冊　十行二十一字
白口左右雙邊

610000－1001－0004851　普0001537

朔方備乘六十八卷首十二卷　（清）何秋濤撰
　清光緒刻本　十八冊　九行二十一字小字
雙行同白口四周雙邊　存四十五卷(一至四
十五)

610000－1001－0004852　普0001538

西湖遊覽志二十四卷志餘二十六卷　（明）田
汝成撰　清光緒二十二年(1896)錢塘丁氏嘉
惠堂刻本　十二冊　十行二十字白口四周
雙邊

610000－1001－0004853　普0001539

皇朝藩部要略十八卷世系表四卷　（清）祁韻
士纂　清光緒十年(1884)浙江書局刻本　八
冊　十行二十一字白口左右雙邊

610000－1001－0004854　普0001540

國朝柔遠記二十卷　（清）王之春編　清光緒
十七年(1891)刻本　四冊　十一行二十二字
粗黑口左右雙邊　存十三卷(七至十九)

610000－1001－0004855　普0001541

城防備覽不分卷　（明）王書輯　清光緒二十
一年(1895)刻本　一冊　十行二十四字白口
左右雙邊

610000－1001－0004856　普0001542

澳門記略二卷首一卷末一卷　（清）印光任
（清）張汝霖纂　清光緒六年(1880)江寧藩署
刻本　二冊　九行二十字小字雙行同白口左
右雙邊

610000－1001－0004857　普0001545

西歸日札一卷　（清）王弘撰撰　（清）李虁龍
評　清光緒二十六年(1900)刻本　一冊　九
行十九字小字雙行同白口四周單邊

610000－1001－0004858　普0001546

待菴日札一卷　（清）王弘撰撰　（清）李虁龍
評　清光緒二十六年(1900)刻本　一冊　九
行十九字小字雙行同白口四周單邊

610000－1001－0004859　普0001552

陝甘味經書院志一卷　（清）劉光蕡編　清光
緒二十年(1894)陝西涇陽味經書院售書處刻
本　一冊　十行二十四字小字雙行同白口左
右雙邊

610000－1001－0004860　普0001553

陝甘味經書院志一卷　（清）劉光蕡編　清光
緒二十年(1894)陝西涇陽味經書院售書處刻
本　一冊　十行二十四字小字雙行同白口左
右雙邊

610000－1001－0004861　普0001556

慶防記略二卷　（清）惠登甲撰　清光緒二十
四年(1898)刻本　一冊　十行十九字白口四
周雙邊

610000－1001－0004862　普0001558

浙東籌防錄四卷　（清）薛福成輯　清光緒十
二年(1886)刻本　五冊　十行二十一字白口
左右雙邊

610000－1001－0004863　普0001559

兩浙防護錄不分卷　（清）阮元編　清光緒十
五年(1889)浙江書局刻本　二冊　十行二十
三字粗黑口左右雙邊

610000－1001－0004864　普0001626

瀛環志畧十卷　（清）徐繼畬輯著　清同治十
二年(1873)刻本　六冊　十行二十四字小字
雙行同白口左右雙邊

610000－1001－0004865　普0001630

乘查筆記二卷　（清）斌椿纂　清末刻本　一
冊　八行二十字白口左右雙邊

610000－1001－0004866　普0001631

霞客遊記十卷外編一卷補編一卷　（明）徐宏
祖著　（清）葉廷甲補編　清光緒七年(1881)
瘦影山房木活字印本　十二冊　十行二十三
字細黑口四周單邊

610000－1001－0004867　普0001632

西遊錄一卷　（元）耶律楚材撰　清光緒二十
一年(1895)味經售書處刻本　一冊　十行二
十二字小字雙行同白口左右雙邊

610000－1001－0004868　普0001635

東西洋考十二卷　（明）張燮撰　（清）李錫齡校　清光緒刻本　四冊　十行二十二字小字雙行同粗黑口四周單邊

610000－1001－0004869　普0001636

東西洋考十二卷　（明）張燮撰　（清）李錫齡校　清光緒刻本　四冊　十行二十二字小字雙行同粗黑口四周單邊

610000－1001－0004870　普0001640

環遊地球新錄四卷　（清）李圭撰　清光緒三年(1877)刻本　四冊　九行二十三字小字雙行同白口四周雙邊

610000－1001－0004871　普0001641

柬埔寨以北探路記十五卷　（法國）晃西士加尼撰　清光緒元年(1875)味經刊書處刻本　十冊　十行二十二字白口左右雙邊

610000－1001－0004872　普0001642

柬埔寨以北探路記十五卷　（法國）晃西士加尼撰　清光緒元年(1875)味經刊書處刻本　十冊　十行二十二字白口左右雙邊

610000－1001－0004873　普0001643

太師王端毅公奏議十五卷　（明）王恕撰　清刻本　六冊　十行十七至十九字不等白口左右雙邊

610000－1001－0004874　普0001647

資治通鑑地理今釋十六卷　（清）吳熙載撰　清光緒八年(1882)江蘇書局刻本　三冊　十行二十字小字雙行同粗黑口四周雙邊　存十三卷(四至十六)

610000－1001－0004875　普0001651

日下舊聞四十二卷　（清）朱彝尊撰　清末鉛印本　二十四冊　十二行二十一字白口四周單邊

610000－1001－0004876　普0001653

歷代名臣奏議三百五十卷目錄一卷　（明）黃淮　（明）楊士奇輯　（明）張溥刪正　清刻本　六十四冊　九行十八字白口左右雙邊　存二百九十四卷(二十四至五十二、八十六至三百五十)

610000－1001－0004877　普0001663

出使英法義比四國日記六卷　（清）薛福成撰　清光緒二十三年(1897)新學書局刻本　七冊　十行二十二字小字雙行同白口左右雙邊

610000－1001－0004878　普0001665

西征日記一卷　（清）黃家鼎撰　清光緒刻本　二冊　九行十九字白口四周雙邊

610000－1001－0004879　普0001671

吳山伍公廟志六卷首一卷　（清）金文淳纂修　清光緒元年(1875)刻本　一冊　十行二十一字白口左右雙邊

610000－1001－0004880　普0001672

榆塞紀行錄四卷　（清）潞河漁者纂　清光緒十二年(1886)李氏代耕堂刻本　一冊　十行二十一字小字雙行同黑口左右雙邊

610000－1001－0004881　普0001674

籌海蠡言一卷　（清）鍾體志撰　清光緒十一年(1885)刻本　一冊　九行二十一字粗黑口四周雙邊

610000－1001－0004882　普0001677

西輶日記四卷　（清）黃楙材撰　清光緒得一齋刻本　二冊　八行二十五字小字雙行同白口左右雙邊

610000－1001－0004883　普0001678

秦輶日記一卷　（清）潘祖蔭撰　清咸豐刻本　二冊　十行二十二字小字雙行同白口四周雙邊

610000－1001－0004884　普0001683

繙譯米利堅志四卷　（日本）岡千仞　（日本）河野通之撰　清光緒二十三年(1897)新學書局刻本　二冊　九行二十一字白口左右雙邊

610000－1001－0004885　普0001684

使西紀程二卷　（清）郭嵩燾撰　清光緒刻本　一冊　九行二十字粗黑口四周雙邊

610000－1001－0004886　普0001685

瀛海論三卷　（清）荷笠者編　清光緒二年

（1876）刻本　二冊　九行二十字小字雙行同粗黑口四周雙邊

610000－1001－0004887　普0001714
左恪靖侯奏稿初編三十八卷續編七十六卷三編六卷　（清）左宗棠撰　清光緒刻本　六十三冊　九行二十一字白口左右雙邊

610000－1001－0004888　普0001723
左恪靖侯奏稿初編三十八卷續編七十六卷三編六卷　（清）左宗棠撰　清光緒刻本　一百十九冊　九行二十一字白口左右雙邊

610000－1001－0004889　普0001728
恭壽堂奏議十二卷　（清）韓文綺撰　（清）王滌源編次　清道光刻本　十冊　八行二十字白口四周單邊　存十卷（一至四、六至十一）

610000－1001－0004890　普0001729
罪言存略一卷　（清）郭嵩燾撰　清光緒五年（1879）養知書屋刻本　一冊　十行二十五字粗黑口四周單邊

610000－1001－0004891　普0001730
沈文肅公政書七卷首一卷　（清）沈葆楨著　（清）吳元炳編　清光緒六年（1880）吳門節署活字印本　十二冊　十行二十四字白口四周雙邊

610000－1001－0004892　普0001731
桂州夏文愍公奏議二十一卷　（明）夏言撰　清光緒十七年（1891）江西書局刻本　十二冊　十行二十一字白口四周雙邊

610000－1001－0004893　普0001732
出使奏疏二卷　（清）薛福成撰　清光緒二十年（1894）刻本　二冊　十行二十一字白口左右雙邊

610000－1001－0004894　普0001734
唐陸宣公翰苑集二十四卷首一卷末一卷　（唐）陸贄撰　（清）張佩芳註釋　（清）柏森校　清光緒十八年（1892）柏經正堂刻本　二十五冊　九行二十一字小字雙行同粗黑口左右雙邊

610000－1001－0004895　普0001735
唐陸宣公翰苑集二十四卷首一卷末一卷　（唐）陸贄撰　（清）張佩芳註釋　（清）柏森校　清光緒十八年（1892）柏經正堂刻本　八冊　九行二十一字小字雙行同粗黑口左右雙邊

610000－1001－0004896　普0001736
唐陸宣公翰苑集二十四卷首一卷末一卷　（唐）陸贄撰　（清）張佩芳註釋　（清）柏森校　清光緒十八年（1892）柏經正堂刻本　十二冊　九行二十一字小字雙行同粗黑口左右雙邊

610000－1001－0004897　普0001737
駱文忠公奏議十六卷奏稿十一卷附錄一卷　（清）駱秉章撰　清光緒四年（1878）刻本　二十四冊　十行二十字粗黑口左右雙邊

610000－1001－0004898　普0001738
駱文忠公奏議十六卷奏稿十一卷附錄一卷　（清）駱秉章撰　清同治十年（1871）刻本　二十四冊　十行二十字粗黑口左右雙邊

610000－1001－0004899　普0001739
林文忠公政書甲集九卷乙集十七卷丙集十一卷　（清）林則徐撰　（清）李元度編　清光緒刻本　十六冊　九行二十字粗黑口四周雙邊

610000－1001－0004900　普0001740
林文忠公政書五種　（清）林則徐撰　清光緒三年至五年（1877－1879）刻本　十六冊　九行二十字粗黑口四周雙邊

610000－1001－0004901　普0001741
陸宣公集二十二卷附錄一卷　（唐）陸贄撰　清光緒二年（1876）江蘇書局刻本　六冊　十行二十字白口四周單邊

610000－1001－0004902　普0001742
唐陸宣公集二十二卷　（唐）陸贄撰　清同治五年（1866）楊氏問竹軒家塾刻本　六冊　九行二十字白口四周雙邊

610000－1001－0004903　普0001744
大唐六典三十卷　（唐）玄宗李隆基撰　（唐）

李林甫注　清光緒二十一年(1895)廣雅書局刻本　四冊　十一行二十四字小字雙行同粗黑口四周單邊

610000－1001－0004904　普0001746
西漢會要七十卷　(宋)徐天麟撰　清光緒十年(1884)江蘇書局刻本　十冊　九行二十一字小字雙行同白口四周雙邊

610000－1001－0004905　普0001747
五代會要三十卷　(宋)王溥撰　清光緒十二年(1886)江蘇書局刻本　六冊　九行二十一字小字雙行同白口四周雙邊

610000－1001－0004906　普0001751
東漢會要四十卷　(宋)徐天麟撰　清光緒十年(1884)江蘇書局刻本　八冊　九行二十一字小字雙行同白口四周雙邊

610000－1001－0004907　普0001763
玉坡先生奏議六卷　(明)張原撰　(清)李錫齡校刊　清道光十八年(1838)刻本　二冊　十行二十二字白口四周雙邊

610000－1001－0004908　普0001764
康輶紀行十六卷　(清)姚瑩撰　清同治六年(1867)刻本　八冊　十二行二十二字小字雙行同白口左右雙邊

610000－1001－0004909　普0001765
中興奏議選八卷　(清)陳弢輯　清光緒元年(1875)京都小酉山房刻本　四冊　十行二十二字白口左右雙邊

610000－1001－0004910　普0001771
奏摺譜不分卷　(清)饒旬宣纂　**御授攝政王洪大經略奏對日抄筆記一卷**　(清)洪承疇撰　清光緒十六年(1890)刻本　二冊　十三行二十五字白口左右雙邊

610000－1001－0004911　普0001772
唐陸宣公集二十二卷　(唐)陸贄撰　清末刻本　七冊　十行二十字白口四周雙邊

610000－1001－0004912　普0001773
唐陸宣公奏議全集四卷首一卷　(清)汪銘謙

輯　清光緒十五年(1889)刻本　四冊　十行二十一字白口左右雙邊

610000－1001－0004913　普0001778
敬告牧令學官勸導士民入學堂習洋文條議一卷　(清)顧家相撰　清末刻本　一冊　十一行二十五字小字雙行同粗黑口左右雙邊

610000－1001－0004914　普0001785
大清搢紳全書四卷　(□)榮錄堂輯　清宣統二年(1910)榮錄堂刻本　五冊　十四行大小字不等白口四周雙邊

610000－1001－0004915　普0001789
西漢會要七十卷　(宋)徐天麟撰　清光緒五年(1879)嶺南學海堂刻本　十冊　十行二十字小字雙行同白口左右雙邊

610000－1001－0004916　普0001790
東漢會要四十卷　(宋)徐天麟撰　清光緒五年(1879)嶺南學海堂刻本　八冊　十行二十字小字雙行同白口左右雙邊

610000－1001－0004917　普0001791
各國政治藝學通考三十六卷　(清)凌霄閣主人編　清光緒二十八年(1902)石印本　六冊　十七行三十九字小字雙行同白口四周雙邊

610000－1001－0004918　普0001792
時務要覽八卷　(清)朱克敬編　清光緒二十三年(1897)上海萬選樓石印本　四冊　十三行三十一字白口四周雙邊

610000－1001－0004919　普0001793
四裔制作權輿三卷　(清)歸曾祁編　清光緒二十八年(1902)石印本　一冊　十行二十二字白口四周單邊

610000－1001－0004920　普0001794
日本變法次第類考二十五卷　(清)程恩培編　清光緒二十八年(1902)政學譯社鉛印本　十二冊　十行二十二字小字雙行同白口四周單邊

610000－1001－0004921　普0001795
日本變法次第類考二十五卷　(清)程恩培編

清光緒二十八年(1902)政學譯社鉛印本
十二冊　十行二十二字小字雙行同白口四周
單邊

610000－1001－0004922　普0001796

日本變法次第類考二十五卷　(清)程恩培編
清光緒二十八年(1902)政學譯社鉛印本
十二冊　十行二十二字小字雙行同白口四周
單邊

610000－1001－0004923　普0001797

九通　(唐)杜佑等撰　清刻本　九百十八冊
十一行二十一字小字雙行同白口左右雙邊
缺十卷(七百四十九至七百五十八)

610000－1001－0004924　普0001798

皇朝文獻通考三百卷　(清)嵇璜　(清)劉墉
纂修　清光緒八年(1882)浙江書局刻本　一
百六十一冊　九行二十一字小字雙行同白口
左右雙邊

610000－1001－0004925　普0001799

皇朝文獻通考三百卷　(清)嵇璜　(清)劉墉
纂修　清光緒八年(1882)浙江書局刻本　一
百六十冊　九行二十一字小字雙行同白口左
右雙邊

610000－1001－0004926　普0001800

皇朝文獻通考三百卷　(清)嵇璜　(清)劉墉
纂修　清光緒八年(1882)浙江書局刻本　一
百五十八冊　九行二十一字小字雙行同白口
左右雙邊

610000－1001－0004927　普0001801

欽定續通典一百五十卷　(清)嵇璜等纂修
清光緒元年(1875)學海堂刻本　四十八冊
九行二十一字小字雙行同白口四周雙邊

610000－1001－0004928　普0001802

欽定續通典一百五十卷　(清)嵇璜等纂修
清光緒十二年(1886)浙江書局刻本　三十一
冊　九行二十一字小字雙行同白口左右雙邊
缺三十二卷(一至三、五十八至八十六)

610000－1001－0004929　普0001803

欽定續文獻通考二百五十卷　(清)嵇璜等纂

修　清光緒二十七年(1901)上海圖書集成局
鉛印本　三十六冊　十六行四十三字白口四
周單邊

610000－1001－0004930　普0001804

欽定續文獻通考二百五十卷　(清)嵇璜等纂
修　清光緒十三年(1887)浙江書局刻本　一
百十九冊　九行二十一字小字雙行同白口左
右雙邊

610000－1001－0004931　普0001805

九通　(唐)杜佑等撰　清光緒二十二年
(1896)浙江書局刻本　九百九十七冊　九行
二十一字小字雙行同白口左右雙邊　缺九卷
(文獻通考一百十二至一百十三、二百二十八
至二百二十九,續通典一至三,續通志一百十
四至一百十五)

610000－1001－0004932　普0001806

皇朝通典一百卷　(清)嵇璜等纂修　清光緒
元年(1875)學海堂刻本　三十二冊　九行二
十一字小字雙行同白口四周雙邊

610000－1001－0004933　普0001807

皇朝通典一百卷　(清)嵇璜等纂修　清光緒
八年(1882)浙江書局刻本　四十冊　九行二
十一字小字雙行同白口左右雙邊

610000－1001－0004934　普0001808

皇朝通志一百二十六卷　(清)嵇璜等纂修
清光緒八年(1882)浙江書局刻本　四十冊
九行二十一字小字雙行同白口左右雙邊

610000－1001－0004935　普0001809

九通　(唐)杜佑等撰　清光緒二十二年
(1896)浙江書局刻本　九百九十四冊　九行
二十一字小字雙行同白口左右雙邊

610000－1001－0004936　普0001810

九通　(唐)杜佑等撰　清光緒二十二年
(1896)浙江書局刻本　九百九十八冊　九行
二十一字小字雙行同白口左右雙邊

610000－1001－0004937　普0001811

九通　(唐)杜佑等撰　清光緒二十七年
(1901)上海圖書集成局鉛印本　二百九十九

冊　十六行四十三字小字雙行同白口四周單
邊　缺九卷(三百〇六至三百十四)

610000－1001－0004938　普0001812

九通　(唐)杜佑等撰　清光緒二十七年
(1901)上海圖書集成局鉛印本　二百九十二
冊　十六行四十三字小字雙行同白口四周
單邊

610000－1001－0004939　普0001813

皇朝通典一百卷　(清)嵇璜　(清)劉墉纂修
清光緒八年(1882)浙江書局刻本　四十冊
九行二十一字小字雙行同白口左右雙邊

610000－1001－0004940　普0001814

皇朝通典一百卷　(清)嵇璜　(清)劉墉纂修
清光緒八年(1882)浙江書局刻本　四十冊
九行二十一字小字雙行同白口左右雙邊

610000－1001－0004941　普0001815

皇朝通典一百卷　(清)嵇璜　(清)劉墉纂修
清光緒八年(1882)浙江書局刻本　四十冊
九行二十一字小字雙行同白口左右雙邊

610000－1001－0004942　普0001816

通典二百卷　(唐)杜佑撰　清咸豐九年
(1859)崇仁謝氏刻本　四十八冊　十一行二
十一字小字雙行同白口左右雙邊

610000－1001－0004943　普0001817

通典二百卷　(唐)杜佑撰　清同治十年
(1871)廣東學海堂刻本　四十八冊　十行二
十一字小字雙行同白口左右雙邊

610000－1001－0004944　普0001818

通典二百卷　(唐)杜佑撰　清同治十年
(1871)廣東學海堂刻本　四十八冊　十行二
十一字小字雙行同白口左右雙邊

610000－1001－0004945　普0001819

皇朝通典一百卷　(清)嵇璜　(清)劉墉纂修
清光緒二十七年(1901)上海圖書集成局鉛
印本　十二冊　十六行四十三字小字雙行同
白口四周單邊

610000－1001－0004946　普0001820

皇朝通典一百卷　(清)嵇璜　(清)劉墉纂修
清光緒二十七年(1901)上海圖書集成局鉛
印本　十二冊　十六行四十三字小字雙行同
白口四周單邊

610000－1001－0004947　普0001821

通典二百卷　(唐)杜佑纂修　清光緒二十七
年(1901)上海圖書集成局鉛印本　十六冊
十六行四十三字小字雙行同白口四周單邊

610000－1001－0004948　普0001822

通典二百卷　(唐)杜佑纂修　清光緒二十七
年(1901)上海圖書集成局鉛印本　十六冊
十六行四十三字小字雙行同白口四周單邊

610000－1001－0004949　普0001823

皇朝通志一百二十六卷　(清)嵇璜　(清)劉
墉纂修　清光緒八年(1882)浙江書局刻本
四十冊　九行二十一字小字雙行同白口左右
雙邊

610000－1001－0004950　普0001824

皇朝通志一百二十六卷　(清)嵇璜　(清)劉
墉纂修　清光緒八年(1882)浙江書局刻本
四十冊　九行二十一字小字雙行同白口左右
雙邊

610000－1001－0004951　普0001825

通志二百卷　(宋)鄭樵撰　清咸豐九年
(1859)崇仁謝氏刻本　一百三十八冊　十一
行二十一字小字雙行同白口左右雙邊

610000－1001－0004952　普0001826

通志二百卷　(宋)鄭樵撰　清光緒二十七年
(1901)圖書集成局鉛印本　五十七冊　十六
行四十三字白口四周單邊　缺九卷(一至九)

610000－1001－0004953　普0001827

皇朝通志一百二十六卷　(清)嵇璜等纂修
清光緒二十七年(1901)上海圖書集成局鉛印
本　十二冊　十六行四十三字小字雙行同白
口四周單邊

610000－1001－0004954　普0001828

皇朝通志一百二十六卷　(清)嵇璜等纂修
清光緒二十七年(1901)上海圖書集成局鉛印

本　十二冊　十六行四十三字小字雙行同白口四周單邊

610000 – 1001 – 0004955　普 0001829
欽定續通志六百四十卷　(清)嵇璜等纂修
清光緒二十七年(1901)上海圖書集成局鉛印
本　六十冊　十六行四十三字小字雙行同白
口四周單邊

610000 – 1001 – 0004956　普 0001830
皇朝文獻通考三百卷　(清)嵇璜等纂修　清
光緒二十七年(1901)上海圖書集成局鉛印本
　四十八冊　十六行四十三字小字雙行同白
口四周單邊

610000 – 1001 – 0004957　普 0001831
文獻通考二十四卷　(元)馬端臨撰　清光緒
二十五年(1899)上海點石齋石印本　二十四
冊　二十二行四十二字白口四周單邊

610000 – 1001 – 0004958　普 0001832
文獻通考二十四卷　(元)馬端臨撰　清光緒
二十五年(1899)上海點石齋石印本　二十四
冊　二十二行四十二字白口四周單邊

610000 – 1001 – 0004959　普 0001833
文獻通考二十四卷　(元)馬端臨撰　清光緒
二十五年(1899)上海點石齋石印本　二十四
冊　二十二行四十二字白口四周單邊

610000 – 1001 – 0004960　普 0001834
文獻通考三百四十八卷　(元)馬瑞臨撰　清
咸豐九年(1859)崇仁謝氏刻本　一百二十八
冊　十行二十一字小字雙行同白口左右雙邊

610000 – 1001 – 0004961　普 0001835
皇朝通志一百二十六卷　(清)嵇璜等纂修
清光緒八年(1882)浙江書局刻本　三十九冊
　九行二十一字小字雙行同白口左右雙邊
存一百二十三卷(一至七十、七十四至一百二
十六)

610000 – 1001 – 0004962　普 0001848
**欽定大清會典八十卷事例九百二十卷目錄八
卷圖一百三十二卷目錄二卷**　(清)托津等纂
修　清嘉慶二十三年(1818)刻本　四百一十二

冊　十行二十字小字雙行同白口四周雙邊
存九百〇三卷(事例一至六十八、八十六至九
百二十)

610000 – 1001 – 0004963　普 0001850
大清會典四卷　(清)托津等纂修　清同治十
一年(1872)崇文書局刻本　四冊　十行二十
字白口四周雙邊

610000 – 1001 – 0004964　普 0001855
重刊二十四史　清同治八年(1869)嶺南葄古
堂刻本　八百四十冊　十行二十一一字小字雙
行同白口左右雙邊

610000 – 1001 – 0004965　普 0001857
水師操練十八卷首一卷附一卷　(英國)傅蘭
雅口譯　(清)徐建寅筆述　清末刻本　三冊
　十行二十二字上下黑口左右雙邊

610000 – 1001 – 0004966　普 0001858
水師操練十八卷首一卷附一卷　(英國)傅蘭
雅口譯　(清)徐建寅筆述　清末刻本　三冊
　十行二十二字粗黑口左右雙邊

610000 – 1001 – 0004967　普 0001859
水師操練十八卷首一卷附一卷　(英國)傅蘭
雅口譯　(清)徐建寅筆述　清末刻本　三冊
　十行二十二字上下黑口左右雙邊

610000 – 1001 – 0004968　普 0001860
勅修河東鹽法志十二卷　(清)覺羅石麟等修
　(清)朱一鳳等纂輯　清刻本　八冊　九行
二十字小字雙行同白口四周雙邊

610000 – 1001 – 0004969　普 0001861
湖南苗防屯政考十五卷　(清)但湘良撰　清
光緒九年(1883)但氏刻本　十七冊　十行二
十五字小字雙行同白口左右雙邊

610000 – 1001 – 0004970　普 0001862
荒政輯要九卷　(清)汪志伊撰　清嘉慶十一
年(1806)刻本　二冊　九行二十四字白口四
右雙邊

610000 – 1001 – 0004971　普 0001863
荒政輯要九卷　(清)汪志伊撰　清同治八年

(1869)崇文書局刻本　二冊　十行二十二字
白口四周雙邊

610000－1001－0004972　普0001864

荒政輯要九卷　（清）汪志伊撰　清同治八年
(1869)崇文書局刻本　二冊　十行二十二字
白口四周雙邊

610000－1001－0004973　普0001870

救荒治民書三卷拾遺一卷　（宋）董煟編著
（清）錢熙祚校　清同治八年(1869)崇文書局
刻本　二冊　十一行二十三字粗黑口左右
雙邊

610000－1001－0004974　普0001871

重刊救荒補遺書二卷　（宋）董煟編著　（元）
張光大新增　（明）朱熊補遺　（明）王崇慶釋
斷　清同治八年(1869)楚北崇文書局刻本
二冊　十行二十二字白口左右雙邊

610000－1001－0004975　普0001873

新譯富國策二卷　（日本）通正齋生譯　清光
緒二十二年(1896)刻本　一冊　十行二十二
字粗黑口左右雙邊

610000－1001－0004976　普0001875

歐美各國政治詳考五章附錄一章　（清）單啟
鵬撰　清末刻本　二冊　十行二十字粗黑口
左右雙邊

610000－1001－0004977　普0001876

歷代職官表六卷　（清）黃本驥輯　清光緒二
十四年(1898)柏經正堂刻本　四冊　十行二
十二字小字雙行同粗黑口四周單邊

610000－1001－0004978　普0001877

歷代職官表六卷　（清）黃本驥輯　清光緒二
十四年(1898)柏經正堂刻本　四冊　十行二
十二字小字雙行同粗黑口四周單邊

610000－1001－0004979　普0001878

歷代職官表六卷　（清）黃本驥輯　清光緒二
十四年(1898)柏經正堂刻本　四冊　十行二
十二字小字雙行同粗黑口四周單邊

610000－1001－0004980　普0001880

湖南釐務彙纂十八卷首一卷　（清）但湘良撰
清光緒十五年(1889)刻本　二十冊　十行
二十五字小字雙行同白口左右雙邊

610000－1001－0004981　普0001881

欽定中樞政考三十一卷　（清）鄂爾泰撰　清
刻本　十八冊　十行二十字白口四周雙邊

610000－1001－0004982　普0001884

英國水師律例四卷　（英國）師德麟撰　（清）
舒高第等譯　清光緒三年(1877)江南機器製
造總局刻本　二冊　十行二十二字小字雙行
同白口四周雙邊

610000－1001－0004983　普0001885

英國水師律例四卷　（英國）師德麟撰　（清）
舒高第等譯　清光緒三年(1877)江南機器製
造總局刻本　二冊　十行二十二字小字雙行
同白口四周雙邊

610000－1001－0004984　普0001886

英國水師律例四卷　（英國）師德麟撰　（清）
舒高第等譯　清光緒三年(1877)江南機器製
造總局刻本　二冊　十行二十二字小字雙行
同白口四周雙邊

610000－1001－0004985　普0001888

刑案成式十卷　（清）孟壺史撰　清光緒四年
(1878)墨池書屋刻本　十冊　九行二十二字
白口四周雙邊

610000－1001－0004986　普0001889

籌濟編三十二卷首一卷　（清）楊景仁輯　清
光緒五年(1879)江蘇書局刻本　八冊　九行
二十五字小字雙行同白口左右雙邊

610000－1001－0004987　普0001891

治平略增定全書三十三卷　（清）朱健等撰
清道光五年(1825)刻本　十六冊　九行二十
字白口四周單邊

610000－1001－0004988　普0001892

治平略增定全書三十三卷　（明）朱健等撰
清道光五年(1825)刻本　二十冊　九行二十
字白口四周單邊

610000－1001－0004989　普0001893

吾學錄初編二十四卷　（清）吳榮光述　清光緒七年(1881)李氏桐蔭軒刻本　十二冊　九行二十一字小字雙行同白口左右雙邊

610000－1001－0004990　普0001894

吾學錄初編二十四卷　（清）吳榮光述　清光緒七年(1881)李氏桐蔭軒刻本　十二冊　九行二十一字小字雙行同白口左右雙邊

610000－1001－0004991　普0001895

吾學錄初編二十四卷　（清）吳榮光述　清光緒七年(1881)李氏桐蔭軒刻本　十二冊　九行二十一字小字雙行同白口左右雙邊

610000－1001－0004992　普0001896

列國歲計政要十二卷　（英國）麥丁富得力編纂　清光緒元年(1875)刻本　六冊　十行二十二字粗黑口左右雙邊

610000－1001－0004993　普0001897

水師章程十四卷續編六卷　（英國）水師兵部原著　（美國）林樂知口譯　（清）鄭昌棪筆述　清光緒刻本　十六冊　十行二十二字粗黑口左右雙邊

610000－1001－0004994　普0001898

水師章程十四卷續編六卷　（英國）水師兵部原著　（美國）林樂知口譯　（清）鄭昌棪筆述　清光緒刻本　十六冊　十行二十二字粗黑口左右雙邊

610000－1001－0004995　普0001899

水師章程十四卷續編六卷　（英國）水師兵部原著　（美國）林樂知口譯　（清）鄭昌棪筆述　清光緒刻本　十六冊　十行二十二字粗黑口左右雙邊

610000－1001－0004996　普0001900

兩淮鹽法志五十六卷首四卷　（清）方濬頤等補纂　清同治九年(1870)揚州書局刻本　二十冊　九行二十二字白口左右雙邊

610000－1001－0004997　普0001901

晉政輯要四十卷　（清）安頤等纂　清光緒十五年(1889)刻本　三十二冊　九行二十字小

字雙行同粗黑口四周雙邊

610000－1001－0004998　普0001903

文廟祀典考五十卷首一卷　（清）龐鍾璐輯　清光緒四年(1878)刻本　八冊　十二行二十四字小字雙行同白口四周雙邊

610000－1001－0004999　普0001904

大清通禮五十四卷　（清）穆克登額等修　清光緒九年(1883)江蘇書局刻本　十二冊　十三行二十一字小字雙行同白口左右雙邊

610000－1001－0005000　普0001905

欽定康濟錄四卷　（清）倪國璉編　清同治八年(1869)崇文書局刻本　三冊　十行二十二字白口四周雙邊

610000－1001－0005001　普0001906

漢官儀三卷　（宋）劉攽撰　清道光四年(1824)揚州穆西堂刻本　一冊　九行十七字小字雙行二十三字粗黑口左右雙邊

610000－1001－0005002　普0001907

文廟通考六卷　（清）牛樹梅編　清同治十一年(1872)浙江書局刻本　二冊　十行二十一字小字雙行同白口左右雙邊

610000－1001－0005003　普0001908

文廟通考六卷　（清）牛樹梅編　清光緒十四年(1888)岐山學署刻本　四冊　九行二十二字小字雙行同粗黑口四周雙邊

610000－1001－0005004　普0001909

文廟通考六卷　（清）牛樹梅編　清光緒十四年(1888)岐山學署刻本　四冊　九行二十二字小字雙行同粗黑口四周雙邊

610000－1001－0005005　普0001910

文廟通考六卷　（清）牛樹梅編　清光緒十四年(1888)岐山學署刻本　四冊　九行二十二字小字雙行同粗黑口四周雙邊

610000－1001－0005006　普0001911

皇朝文典七十四卷　（清）李兆洛編　清嘉慶刻本　二十四冊　十一行二十二字白口左右雙邊

610000 – 1001 – 0005007　普 0001912

大金集禮四十卷　（金）張瑋撰　**校勘大金集禮識語一卷**　（清）廖廷相撰　**大金集禮校勘記一卷**　繆荃孫撰　清光緒二十一年(1895)廣雅書局刻本　四冊　十一行二十四字小字雙行同粗黑口四周單邊

610000 – 1001 – 0005008　普 0001913

皇朝祭器樂舞錄二卷　（清）嚴樹森等輯　清同治十年(1871)楚北崇文書局刻本　二冊　九行二十二字小字雙行同白口四周雙邊

610000 – 1001 – 0005009　普 0001914

文廟祀位一卷　（清）倭什琿布等撰　清同治八年(1869)楚北崇文書局刻本　一冊　十二行二十字小字雙行同白口四周雙邊

610000 – 1001 – 0005010　普 0001915

淮北票鹽續略十二卷　（清）許寶書編　清同治九年(1870)刻本　四冊　十行二十字白口四周雙邊

610000 – 1001 – 0005011　普 0001916

法國條款一卷　（清）吳毓麟校　清咸豐八年(1858)山東書局刻本　一冊　九行二十四字白口四周雙邊

610000 – 1001 – 0005012　普 0001929

續富國策四卷　（清）陳熾撰　清光緒二十四年(1898)刻本　四冊　十行二十三字白口左右雙邊

610000 – 1001 – 0005013　普 0001930

富國養民策十六章　（□）□□撰　清光緒二十四年(1898)刻本　三冊　十三行二十八字白口四周雙邊

610000 – 1001 – 0005014　普 0001931

英政概一卷英藩政概四卷　（清）劉啟彤編譯　清光緒二十三年(1897)章經濟刻本　二冊　十行二十字白口左右雙邊

610000 – 1001 – 0005015　普 0001932

英政概一卷英藩政概四卷　（清）劉啟彤編譯　清光緒二十二年(1896)成都刻本　二冊　十行二十字白口左右雙邊

610000 – 1001 – 0005016　普 0001933

五洲各國政治考八卷　（清）錢恂輯　清光緒二十八年(1902)古餘書局刻本　五冊　十一行二十八字白口左右雙邊

610000 – 1001 – 0005017　普 0001950

江西抽釐章程一卷　（□）□□撰　清同治十三年(1874)刻本　一冊　八行二十字白口四周雙邊

610000 – 1001 – 0005018　普 0001969

新增刑案匯覽十六卷　（清）祝松庵編　清光緒二十八年(1902)南洋學譯書院刻本　八冊　九行二十八字白口四周單邊

610000 – 1001 – 0005019　普 0001980

三流道里表一卷　（清）唐紹祖撰　清同治十一年(1872)江蘇書局刻本　二冊　九行十八字小字雙行同白口左右雙邊

610000 – 1001 – 0005020　普 0001981

三流道里表一卷　（清）唐紹祖撰　清同治十一年(1872)江蘇書局刻本　二冊　九行十八字小字雙行同白口左右雙邊

610000 – 1001 – 0005021　普 0001982

國際公法一卷　（日本）平崗定太郎撰　（清）薛瑩中校　清光緒刻本　一冊　十三行二十六字粗黑口左右雙邊

610000 – 1001 – 0005022　普 0001983

籌洋芻議一卷　（清）薛福成撰　清光緒十三年(1887)醉六堂刻本　一冊　十行二十一字白口左右雙邊

610000 – 1001 – 0005023　普 0001984

籌洋芻議一卷　（清）薛福成撰　清光緒十三年(1887)醉六堂刻本　一冊　十行二十一字白口左右雙邊

610000 – 1001 – 0005024　普 0001985

籌洋芻議一卷　（清）薛福成撰　清光緒十三年(1887)醉六堂刻本　一冊　十行二十一字白口左右雙邊

610000 – 1001 – 0005025　普 0001986

大清律例彙輯便覽四十卷督捕則例二卷五軍
道里表一卷三流道里表一卷 （清）刑部制訂
　　清同治十一年（1872）讞局刻本　三十二冊
　　九行三十四字小字雙行同白口四周雙邊

610000－1001－0005026　普0001987
大清律例彙輯便覽四十卷督捕則例二卷五軍
道里表一卷三流道里表一卷 （清）刑部制訂
　　清同治十一年（1872）讞局刻本　二十八冊
　　九行三十四字小字雙行同白口四周雙邊
　　存三十五卷（六至四十）

610000－1001－0005027　普0001988
大清律例彙輯便覽四十卷督捕則例二卷五軍
道里表一卷三流道里表一卷 （清）刑部制訂
　　清同治十一年（1872）讞局刻本　三十二冊
　　九行三十四字小字雙行同白口左右雙邊

610000－1001－0005028　普0001989
大清通禮五十四卷 （清）來保等修　清末刻
本　六冊　九行二十字白口四周雙邊　存三
十七卷（十八至五十四）

610000－1001－0005029　普0001990
欽定吏部文選司章程三十二卷驗對司章程五
卷考功司章程三十三卷稽勳司章程四卷
（清）吏部編　清同治十三年（1874）刻本　十
三冊　九行二十字白口左右雙邊　缺三卷
（文選司章程十七至十九）

610000－1001－0005030　普0001991
大清律例歌訣三卷洗冤錄歌訣一卷 （清）程
夢元編　清光緒二十六年（1900）秦中官書局
刻本　二冊　九行二十二字小字雙行同白口
四周雙邊

610000－1001－0005031　普0001992
大清律例歌訣三卷洗冤錄歌訣一卷 （清）程
夢元編　清光緒二十六年（1900）秦中官書局
刻本　二冊　九行二十二字小字雙行同白口
四周雙邊

610000－1001－0005032　普0001993
大清律例歌訣三卷洗冤錄歌訣一卷 （清）程
夢元編　清光緒二十六年（1900）秦中官書局

刻本　二冊　九行二十二字小字雙行同白口
四周雙邊

610000－1001－0005033　普0001997
吏部例章揭要六卷 （清）林之望等編　清光
緒元年（1875）湖北藩署清查局刻本　六冊
九行十八字小字雙行同白口四周雙邊

610000－1001－0005034　普0001998
萬國公法四卷 （美國）惠頓撰　（美國）丁韙
良譯　清同治三年（1864）刻本　四冊　十行
二十一字白口四周雙邊

610000－1001－0005035　普0001999
萬國公法四卷 （美國）惠頓撰　（美國）丁韙
良譯　清同治三年（1864）刻本　四冊　十行
二十一字白口四周雙邊

610000－1001－0005036　普0002000
萬國公法四卷 （美國）惠頓撰　（美國）丁韙
良譯　清同治三年（1864）刻本　四冊　十行
二十一字白口四周雙邊

610000－1001－0005037　普0002008
欽定學政全書八十六卷首一卷 （清）童璜等
纂修　清嘉慶十七年（1812）刻本　二十四冊
　　九行二十字小字雙行同白口四周雙邊

610000－1001－0005038　普0002009
欽定學政全書八十六卷首一卷 （清）童璜等
纂修　清嘉慶十七年（1812）刻本　二十四冊
　　九行二十字小字雙行同白口四周雙邊

610000－1001－0005039　普0002010
欽定學政全書八十六卷首一卷 （清）童璜等
纂修　清嘉慶十年（1805）刻本　二十冊　九
行二十字小字雙行同白口左右雙邊

610000－1001－0005040　普0002014
欽定六部處分則例五十二卷 （清）文孚編
清光緒十五年（1889）刻本　十一冊　九行二
十二字白口四周雙邊　缺二十八卷（十四至
十五、二十七至五十二）

610000－1001－0005041　普0002015
星軺指掌三卷續一卷 （清）聯芳 （清）慶常

譯　清光緒二年(1876)刻本　四冊　九行二十字小字雙行同下黑口四周雙邊

610000－1001－0005042　普0002022

欽定六部處分則例五十二卷　(清)文孚編　清光緒二年(1876)沈淑生孫眉山刻本　五十二冊　九行二十二字白口左右雙邊

610000－1001－0005043　普0002023

欽定六部處分則例五十二卷　(清)文孚編　清光緒二年(1876)沈淑生孫眉山刻本　二十四冊　九行二十二字白口左右雙邊

610000－1001－0005044　普0002029

刑案彙要十一卷　(清)劉衡輯　清同治六年(1867)退補齋刻本　四冊　九行二十一字小字雙行同白口四周雙邊

610000－1001－0005045　普0002032

欽定吏部銓選滿洲官員品級考五卷　(清)錫珍輯　清光緒十二年(1886)刻本　七冊　九行二十字小字雙行同白口四周雙邊

610000－1001－0005046　普0002033

欽定五軍道里表十八卷　(清)明亮輯　清同治十二年(1873)江蘇書局刻本　十八冊　九行十九字小字雙行二十七字白口左右雙邊

610000－1001－0005047　普0002034

欽定五軍道里表十八卷　(清)明亮輯　清同治十二年(1873)江蘇書局刻本　十八冊　九行十九字小字雙行二十七字白口左右雙邊

610000－1001－0005048　普0002035

折獄龜鑑八卷折獄龜鑑補六卷　(宋)鄭克輯　(清)胡文炳校訂　清光緒四年(1878)蘭石齋刻本　八冊　十行二十二字粗黑口四周雙邊

610000－1001－0005049　普0002036

折獄龜鑑八卷折獄龜鑑補六卷　(宋)鄭克輯　(清)胡文炳校訂　清光緒四年(1878)蘭石齋刻本　八冊　十行二十二字粗黑口四周雙邊

610000－1001－0005050　普0002040

大清律例統纂集成四十二卷　(清)刑部制訂　(清)沈之奇等纂　清末刻本　二十三冊　九行二十字小字雙行同白口四周單邊　存四十一卷(二至四十二)

610000－1001－0005051　普0002041

樊山公牘三卷　(清)樊增祥撰　清光緒二十年(1894)刻本　二冊　十二行二十三字小字雙行同粗黑口左右雙邊

610000－1001－0005052　普0002043

欽定吏部銓選漢官品級考四卷欽定吏部銓選則例八卷　(清)吏部撰　清末刻本　十二冊　九行二十字小字雙行同白口四周雙邊

610000－1001－0005053　普0002045

樊山政書六卷　(清)樊增祥撰　清宣統二年(1910)刻本　六冊　十二行二十三字小字雙行同粗黑口左右雙邊

610000－1001－0005054　普0002046

實政錄七卷　(明)呂坤撰　清道光元年(1821)刻本　十冊　九行十八字白口四周雙邊

610000－1001－0005055　普0002048

實政錄七卷　(明)呂坤撰　清同治十一年(1872)江蘇書局刻本　六冊　十一行二十一字小字雙行同白口左右雙邊

610000－1001－0005056　普0002049

莅政摘要二卷　(清)陸隴其輯　清光緒六年(1880)吳門刻本　二冊　八行二十字小字雙行同白口左右雙邊

610000－1001－0005057　普0002050

名醫類案十二卷　(明)江瓘輯　(明)江應元校勘　(明)江應宿補　(清)鮑廷博等重校　清同治十年(1871)藏脩堂刻本　十二冊　十行二十三字小字雙行同上下黑口左右雙邊

610000－1001－0005058　普0002051

善本書室藏書志四十卷附錄一卷　(清)丁丙輯　清光緒二十七年(1901)錢塘丁氏刻本　十六冊　十三行二十六字小字雙行同白口四周雙邊

610000 – 1001 – 0005059　普 0002055

歐洲東方交涉記十二卷　（英國）麥高爾撰
（美國）林樂知　瞿昂來譯　清光緒六年
（1880）刻本　二冊　十行二十二字小字雙行
同上下黑口左右雙邊

610000 – 1001 – 0005060　普 0002056

歐洲東方交涉記十二卷　（英國）麥高爾撰
（美國）林樂知　瞿昂來譯　清光緒六年
（1880）刻本　二冊　十行二十二字小字雙行
同上下黑口左右雙邊

610000 – 1001 – 0005061　普 0002057

歐洲東方交涉記十二卷　（英國）麥高爾撰
（美國）林樂知　瞿昂來譯　清光緒六年
（1880）刻本　二冊　十行二十二字小字雙行
同上下黑口左右雙邊

610000 – 1001 – 0005062　普 0002059

籌洋芻議一卷　（清）薛福成撰　清光緒二十
三年（1897）新學書局刻本　一冊　十行二十
二字白口左右雙邊

610000 – 1001 – 0005063　普 0002061

咸同以來中俄交涉記三卷　（清）江標譯　清
光緒二十一年（1895）陝西味經售書處刻本
一冊　十行二十二字小字雙行同白口左右
雙邊

610000 – 1001 – 0005064　普 0002062

咸同以來中俄交涉記三卷　（清）江標譯　清
光緒二十一年（1895）陝西味經售書處刻本
一冊　十行二十二字小字雙行同白口左右
雙邊

610000 – 1001 – 0005065　普 0002063

咸同以來中俄交涉記三卷　（清）江標譯　清
光緒二十一年（1895）陝西味經售書處刻本
一冊　十行二十二字小字雙行同白口左右
雙邊

610000 – 1001 – 0005066　普 0002064

中俄界約斠注七卷首一卷　（清）錢恂撰　清
光緒二十年（1894）醉六堂刻本　二冊　十行
二十四字小字雙行同粗黑口左右雙邊

610000 – 1001 – 0005067　普 0002065

中俄界約斠注七卷首一卷　（清）錢恂撰　清
光緒二十年（1894）醉六堂刻本　二冊　十行
二十四字小字雙行同粗黑口左右雙邊

610000 – 1001 – 0005068　普 0002066

中俄界約斠注七卷首一卷　（清）錢恂撰　清
光緒二十年（1894）醉六堂刻本　二冊　十行
二十四字小字雙行同粗黑口左右雙邊

610000 – 1001 – 0005069　普 0002067

中外交涉類要表一卷光緒通商綜覈表一卷
（清）錢學嘉編　清光緒二十年（1894）醉六堂
刻本　二冊　十行二十四字小字雙行同粗黑
口四周單邊

610000 – 1001 – 0005070　普 0002068

中外交涉類要表一卷光緒通商綜覈表一卷
（清）錢學嘉編　清光緒二十年（1894）醉六堂
刻本　二冊　十行二十四字小字雙行同粗黑
口四周單邊

610000 – 1001 – 0005071　普 0002069

中外交涉類要表一卷光緒通商綜覈表一卷
（清）錢學嘉編　清光緒二十年（1894）醉六堂
刻本　二冊　十行二十四字小字雙行同粗黑
口四周單邊

610000 – 1001 – 0005072　普 0002070

佐治芻言一卷　（英國）傅蘭雅口譯　（清）應
祖錫筆述　清末刻本　三冊　十行二十二字
白口四周雙邊

610000 – 1001 – 0005073　普 0002074

皕宋樓藏書志一百二十卷續志四卷　（清）陸
心源撰　清光緒八年（1882）歸安陸氏十萬卷
樓刻本　三十二冊　十行二十字小字雙行同
白口四周雙邊

610000 – 1001 – 0005074　普 0002079

德國學校論略一卷　（德國）花之安譯　清同
治十二年（1873）刻本　一冊　九行二十五字
白口四周雙邊

610000 – 1001 – 0005075　普 0002084

江北高等學堂試辦章程一卷　（清）陳夔龍擬

訂　清光緒二十八年(1902)刻本　一冊　九
行二十四字白口四周雙邊

610000－1001－0005076　普0002087
大學堂暫行試辦章程一卷　(清)袁世凱撰
清光緒二十七年(1901)刻本　一冊　十行二
十三字粗黑口左右雙邊

610000－1001－0005077　普0002089
官箴十則一卷　(清)陳宏謀撰　**司牧寶鑑一
卷**　(清)李顒輯　清刻本　一冊　七行十六
字白口四周雙邊

610000－1001－0005078　普0002090
贊生社助養拯嬰條例一卷　(清)風池山人撰
清光緒八年(1882)刻本　一冊　八行二十
一字白口四周雙邊

610000－1001－0005079　普0002091
十九世紀外交史十七章　(日本)平田久撰
(清)張相譯　清光緒二十八年(1902)杭州史
學齋刻本　四冊　十二行二十四字上下黑口
左右雙邊

610000－1001－0005080　普0002092
十九世紀外交史十七章　(日本)平田久撰
(清)張相譯　清光緒二十八年(1902)杭州史
學齋刻本　四冊　十二行二十四字上下黑口
左右雙邊

610000－1001－0005081　普0002093
比國通商條約稅則章程一卷　(□)□□輯
清同治四年(1865)山東書局刻本　一冊　九
行二十四字白口四周雙邊

610000－1001－0005082　普0002097
奏辦湖南礦務簡明章程一卷　(清)譚繼洵訂
清末刻本　一冊　九行二十一字粗黑口左
右雙邊

610000－1001－0005083　普0002103
國政貿易相關書二卷　(英國)法拉撰　(英
國)傅蘭雅口譯　(清)徐家寶筆述　清光緒
九年(1883)刻本　二冊　十行二十二字粗黑
口左右雙邊

610000－1001－0005084　普0002104
文廟丁祭譜不分卷　(□)□□撰　清同治七
年(1868)江蘇書局刻本　一冊　九行二十二
字白口四周雙邊

610000－1001－0005085　普0002106
律例便覽八卷　(清)蔡逢年輯　清同治九年
(1870)江蘇書局刻本　六冊　十一行二十一
字小字雙行同細黑口左右雙邊

610000－1001－0005086　普0002108
直齋書錄解題二十二卷　(宋)陳振孫撰　清
光緒九年(1883)江蘇書局刻本　六冊　十一
行二十四字小字雙行同白口四周雙邊

610000－1001－0005087　普0002109
直齋書錄解題二十二卷　(宋)陳振孫撰　清
光緒九年(1883)江蘇書局刻本　六冊　十一
行二十四字小字雙行同白口四周雙邊

610000－1001－0005088　普0002110
金石萃編一百六十卷　(清)王昶撰　清嘉慶
十年(1805)刻本　九十五冊　十行二十一字
小字雙行同粗黑口左右雙邊

610000－1001－0005089　普0002111
桂杏聯芳譜六卷附錄一卷　(清)徐謙輯　清
咸豐八年(1858)京都文瑞齋刻本　四冊　九
行二十一字白口左右雙邊

610000－1001－0005090　普0002112
增補彙刻書目不分卷　(清)顧修撰　清光緒
元年(1875)京都琉璃廠刻本　十二冊　九行
二十一字小字雙行同粗黑口左右雙邊

610000－1001－0005091　普0002113
續彙刻書目十二卷補遺一卷　(清)傅雲龍輯
清光緒二年(1876)刻本　十二冊　九行字
數不等粗黑口左右雙邊

610000－1001－0005092　普0002114
行素堂目覩書錄十編　(清)朱記榮輯訂　清
光緒元年(1875)槐廬薲刻本　十冊　九行二
十一字小字雙行同粗黑口左右雙邊

610000－1001－0005093　普0002123

欽定科場條例六十卷首一卷　（清）詹鴻謨
（清）徐堉纂　清光緒刻本　四十六冊　九行
二十字小字雙行同白口四周雙邊

610000－1001－0005094　普0002124

歐美各國憲法不分卷　（日本）眾議院譯
（清）薛瑩中校　清光緒二十八年（1902）傳經
樓刻本　一冊　十三行二十六字粗黑口左右
雙邊

610000－1001－0005095　普0002128

審看擬式四卷首一卷　（清）剛毅輯　清光緒
十三年（1887）刻本　四冊　九行二十字小字
雙行同白口左右雙邊

610000－1001－0005096　普0002132

曾文正公水陸行軍練兵志四卷　（清）王定安
撰　（清）柏森校刊　清光緒二十七年（1901）
柏經正堂刻本　二冊　十行二十二字粗黑口
四周單邊

610000－1001－0005097　普0002133

曾文正公水陸行軍練兵志四卷　（清）王定安
撰　（清）柏森校刊　清光緒二十七年（1901）
柏經正堂刻本　二冊　十行二十二字粗黑口
四周單邊

610000－1001－0005098　普0002134

曾文正公水陸行軍練兵志四卷　（清）王定安
撰　（清）柏森校刊　清光緒二十七年（1901）
柏經正堂刻本　二冊　十行二十二字粗黑口
四周單邊

610000－1001－0005099　普0002135

大唐開元禮一百五十卷　（唐）蕭嵩等撰　清
光緒十二年（1886）公善堂刻本　十六冊　十
行二十字小字雙行同白口左右雙邊

610000－1001－0005100　普0002140

內務府慶典成案五卷　（清）內務府編　清刻
本　五冊　九行二十三字小字雙行同白口四
周雙邊

610000－1001－0005101　普0002141

欽定吏部處分則例五十二卷　（清）吏部編
清末刻本　六冊　九行二十字小字雙行同白

口四周雙邊

610000－1001－0005102　普0002144

故唐律疏議三十卷　（唐）長孫無忌撰　律音
義一卷　（宋）孫奭等撰　宋提刑洗冤集錄五
卷　（宋）宋慈編　清光緒十七年（1891）刻本
八冊　十二行二十四字粗黑口四周雙邊

610000－1001－0005103　普0002145

故唐律疏議三十卷　（唐）長孫無忌撰　律音
義一卷　（宋）孫奭等撰　宋提刑洗冤集錄五
卷　（宋）宋慈編　清光緒十七年（1891）刻本
七冊　十二行二十四字粗黑口四周雙邊
缺五卷（疏義二至六）

610000－1001－0005104　普0002154

五萬卷閣書目記四卷　（清）李嘉績彙錄　清
光緒三十年（1904）華清官舍刻本　二冊　十
一行二十一字小字雙行同粗黑口左右雙邊

610000－1001－0005105　普0002155

西學書目表三卷讀西學書法一卷　梁啟超撰
清光緒二十三年（1897）刻本　一冊　十行
二十五字小字雙行同粗黑口左右雙邊

610000－1001－0005106　普0002170

大學堂章程不分卷　（清）張之洞等撰　清末
湖北學務處刻本　五冊　十行二十三字小字
雙行同粗黑口左右雙邊

610000－1001－0005107　普0002174

汧陽述古編二卷　（清）李嘉績纂　清光緒十
五年（1889）青門厲廬刻本　一冊　十行二十
一字小字雙行同粗黑口左右雙邊

610000－1001－0005108　普0002177

忠武祠墓志七卷首一卷末一卷　（清）李復心
彙輯　清同治五年（1866）刻本　四冊　九行
二十字小字雙行同白口四周雙邊

610000－1001－0005109　普0002179

古墨齋金石跋六卷　（清）趙紹祖輯　清嘉慶
十五年（1810）貴池劉世珩刻本　二冊　十一
行二十一字小字雙行同粗黑口左右雙邊

610000－1001－0005110　普0002180

隋唐石刻拾遺二卷　（清）黃本驥編　清道光
二年(1822)貴池劉世珩刻本　二冊　十一行
二十一字小字雙行同粗黑口左右雙邊

610000－1001－0005111　普0002181
金石萃編補目三卷　（清）黃本驥編　清咸豐
十年(1860)貴池劉世珩刻本　一冊　十一行
二十一字小字雙行同粗黑口左右雙邊

610000－1001－0005112　普0002183
古泉匯首集四卷元集十四卷亨集十四卷利集
十八卷貞集十四卷　（清）李佐賢輯　清同治
三年(1864)利津李氏石泉書屋刻本　二十冊
九行二十四字小字雙行同白口四周雙邊

610000－1001－0005113　普0002190
攈古錄金文九卷　（清）吳式芬撰　清光緒二
十一年(1895)刻本　九冊　十一行二十四字
白口四周單邊

610000－1001－0005114　普0002192
小蓬萊金石文字不分卷　（清）黃易輯　清嘉
慶五年(1800)刻本　五冊　十一行二十六字
小字雙行同白口四周雙邊

610000－1001－0005115　普0002193
望堂金石初集不分卷二集不分卷　楊守敬摹
輯　清光緒二年(1876)宜都楊氏飛青閣刻本
十二冊　行數不等字數不等白口四周單邊

610000－1001－0005116　普0002196
京畿金石考二卷　（清）孫星衍撰　清光緒刻
本　二冊　十行二十二字粗黑口四周單邊

610000－1001－0005117　普0002197
京畿金石考二卷　（清）孫星衍撰　清光緒刻
本　二冊　十行二十二字粗黑口四周單邊

610000－1001－0005118　普0002198
京畿金石考二卷　（清）孫星衍撰　清光緒刻
本　二冊　十行二十二字粗黑口四周單邊

610000－1001－0005119　普0002199
寰宇訪碑錄十二卷　（清）孫星衍撰　（清）邢
澍撰　清光緒九年(1883)江蘇書局刻本　四
冊　十一行二十字小字雙行同白口左右雙邊

610000－1001－0005120　普0002201
山東考古錄一卷　（清）顧炎武撰　續山東考
古錄三十二卷首一卷　（清）葉圭綬撰　清光
緒八年(1882)山東書局刻本　七冊　十行二
十四字白口左右雙邊

610000－1001－0005121　普0002204
欽定四庫全書簡明目錄二十卷首一卷　（清）
紀昀等撰　清同治七年(1868)廣東書局刻本
　十六冊　九行二十一字小字雙行同白口左
右雙邊

610000－1001－0005122　普0002204
瀛環志畧十卷　（清）徐繼畬輯著　清道光二
十八年(1848)刻本　六冊　十行二十五字下
黑口左右雙邊

610000－1001－0005123　普0002205
二十二史感應錄二卷　（清）彭希涑編輯
（清）王貽穀校　清光緒四年(1878)刻本　一
冊　十行二十一字小字雙行同白口左右雙邊

610000－1001－0005124　普0002208
歷代畫史彙傳七十二卷首一卷目錄三卷附錄
二卷引證書目一卷　（清）彭蘊璨編　清光緒
八年(1882)刻本　三十二冊　八行二十字小
字雙行同粗黑口四周雙邊

610000－1001－0005125　普0002213
輶軒今語一卷　（清）徐仁鑄撰　清光緒二十
四年(1898)湖南新學書局刻本　一冊　九行
二十字粗黑口左右雙邊

610000－1001－0005126　普0002214
輶軒今語一卷　（清）徐仁鑄撰　清光緒二十
四年(1898)湖南新學書局刻本　一冊　九行
二十字粗黑口左右雙邊

610000－1001－0005127　普0002215
湖北官書處新刊書目不分卷　（清）湖北官書
處輯　清光緒刻本　一冊　八行字數不等白
口四周雙邊

610000－1001－0005128　普0002216
湖北官書處新刊書目不分卷　（清）湖北官書
處輯　清光緒刻本　一冊　八行字數不等白

口四周雙邊

610000－1001－0005129　普0002218
柔遠新書四卷　（清）朱克敬撰　清光緒十年(1884)刻本　二冊　九行二十二字白口左右雙邊

610000－1001－0005130　普0002227
日本各校紀略一卷　（清）張大鏞撰　清光緒二十五年(1899)浙江書局刻本　一冊　十行二十一字小字雙行同白口左右雙邊

610000－1001－0005131　普0002232
金鶚書院新定章程不分卷　（清）吳季白輯定　清光緒二十四年(1898)湖南金鶚書院刻本　一冊　十行二十字白口四周雙邊

610000－1001－0005132　普0002233
中西紀事二十四卷首一卷　（清）夏燮撰　清同治四年(1865)刻本　六冊　十行二十二字白口四周雙邊

610000－1001－0005133　普0002237
近事要務不分卷　（英國）李提摩太撰　清光緒十五年(1889)刻本　一冊　九行二十字小字雙行同白口左右雙邊

610000－1001－0005134　普0002238
學治要言一卷　（清）左宗棠編　清光緒十五年(1889)陝西藩署刻本　一冊　九行二十二字白口四周雙邊

610000－1001－0005135　普0002239
學治要言一卷　（清）左宗棠編　清光緒十五年(1889)陝西藩署刻本　一冊　九行二十二字白口四周雙邊

610000－1001－0005136　普0002240
學治要言一卷　（清）左宗棠編　清光緒十五年(1889)陝西藩署刻本　一冊　九行二十二字白口四周雙邊

610000－1001－0005137　普0002241
圖民錄四卷　（清）袁守定撰　清同治十一年(1872)江西書局刻本　二冊　九行二十字白口左右雙邊

610000－1001－0005138　普0002242
圖民錄四卷　（清）袁守定撰　清光緒五年(1879)江蘇書局刻本　二冊　九行二十字白口左右雙邊

610000－1001－0005139　普0002243
佐治藥言二卷　（清）汪輝祖撰　清咸豐十一年(1861)長白瑛棨刻本　一冊　九行二十一字白口左右雙邊

610000－1001－0005140　普0002244
佐治藥言二卷　（清）汪輝祖撰　清同治七年(1868)湖北崇文書局刻本　一冊　十行二十一字白口四周雙邊

610000－1001－0005141　普0002245
佐治藥言二卷　（清）汪輝祖撰　清同治五年(1866)刻本　一冊　十行二十一字白口左右雙邊

610000－1001－0005142　普0002246
佐治藥言二卷　（清）汪輝祖撰　清同治五年(1866)刻本　一冊　十行二十一字白口左右雙邊

610000－1001－0005143　普0002247
牧民忠告二卷風憲忠告一卷廟堂忠告一卷　(元)張養浩撰　清道光十一年(1831)碧鮮齋刻本　二冊　八行十七字小字雙行同粗黑口四周雙邊

610000－1001－0005144　普0002248
牧民忠告二卷風憲忠告一卷廟堂忠告一卷　(元)張養浩撰　清道光十一年(1831)碧鮮齋刻本　二冊　八行十七字小字雙行同粗黑口四周雙邊

610000－1001－0005145　普0002249
牧民忠告二卷風憲忠告一卷廟堂忠告一卷　(元)張養浩撰　清道光十一年(1831)碧鮮齋刻本　二冊　八行十七字小字雙行同粗黑口四周雙邊

610000－1001－0005146　普0002250
暨陽輿頌一卷　（清）□□輯　清光緒二十四年(1898)刻本　一冊　九行二十一字小字雙

行同白口四周雙邊

610000－1001－0005147　普0002251

吏治輯要不分卷　（清）倭仁輯　清光緒元年(1875)升泰刻本　一冊　八行十八字白口四周雙邊

610000－1001－0005148　普0002252

圖民錄四卷　（清）袁守定撰　清道光十九年(1839)刻本　一冊　九行二十一字白口四周雙邊

610000－1001－0005149　普0002253

芻言不分卷　（□）□□撰　清末刻本　一冊　十二行二十四字粗黑口四周雙邊

610000－1001－0005150　普0002254

修改長江通商章程一卷　（清）□□編　清光緒二十四年(1898)刻本　一冊　十行二十一字白口左右雙邊

610000－1001－0005151　普0002255

勸誡淺語十六條　（清）曾國藩撰　清光緒五年(1879)刻本　一冊　九行二十字小字雙行同白口左右雙邊

610000－1001－0005152　普0002260

交涉約案摘要七卷首一卷附編一卷　（清）王鵬九編　清光緒二十六年(1900)刻本　四冊　十二行二十五字小字雙行同粗黑口四周雙邊

610000－1001－0005153　普0002266

桂學答問一卷　康有為撰　清光緒二十三年(1897)刻本　一冊　十行二十四字白口左右雙邊

610000－1001－0005154　普0002269

兩罍軒彝器圖釋十二卷　（清）吳雲輯　清同治十二年(1873)刻本　六冊　十行二十二字白口左右雙邊

610000－1001－0005155　普0002277

金石三例　（清）盧見曾輯　（清）王芑孫評　清光緒四年(1878)讀有用書齋刻朱墨印本　四冊　十行二十二字小字雙行三十三字白口

左右雙邊

610000－1001－0005156　普0002278

金石三例續編　（清）朱記榮輯　清光緒十一年(1885)吳縣朱記榮刻本　四冊　十一行二十一字小字雙行同粗黑口左右雙邊間四周單邊

610000－1001－0005157　普0002279

金石三例再續編二種附二種　（清）朱記榮輯　清光緒十四年(1888)吳縣朱記榮刻本　六冊　十一行二十一至二十三字不等小字雙行同粗黑口左右雙邊

610000－1001－0005158　普0002287

金石苑八卷　（清）劉喜海撰　清道光二十八年(1848)刻本　六冊　行數不等字數不等白口四周單邊

610000－1001－0005159　普0002296

同菴史彙十卷　（清）蔣善選評　清刻本　十冊　九行二十二字小字雙行同白口四周雙邊

610000－1001－0005160　普0002297

續碑傳集八十六卷首二卷　繆荃孫纂錄　清宣統二年(1910)江楚編譯書局刻本　二十二冊　十六行二十七字小字雙行同粗黑口四周單邊　存七十九卷(一至三、八至七十一、七十五至八十六)

610000－1001－0005161　普0002298

直省釋奠禮樂記六卷首一卷末一卷　（清）應寶時纂輯　清同治十二年(1873)刻本　四冊　行數不等大小字不等白口四周雙邊

610000－1001－0005162　普0002299

中祀合編一卷　（清）徐暢達輯　清刻本　一冊　九行二十二字小字雙行同白口四周雙邊

610000－1001－0005163　普0002301

欽定天祿琳琅書目十卷　（清）于敏中等編　**後編二十卷**　（清）彭元瑞等編　清光緒十年(1884)長沙王氏刻本　十冊　九行二十一字小字雙行同粗黑口左右雙邊

610000－1001－0005164　普0002305

二十二史感應錄二卷　（清）彭希涑輯　清光緒四年（1878）刻本　一冊　十二行二十三字小字雙行同粗黑口左右雙邊

610000－1001－0005165　普0002307
科場條約二卷　（清）□□撰　清刻本　二冊　七至八行不等字數不等白口四周單邊間四周雙邊

610000－1001－0005166　普0002308
福惠全書三十二卷　（清）黃六鴻撰　清末刻本　十二冊　九行二十二字白口四周單邊

610000－1001－0005167　普0002314
語石十卷　葉昌熾輯　清宣統元年（1909）吳縣葉氏奇觚廎刻本　四冊　十一行二十三字小字雙行同粗黑口左右雙邊

610000－1001－0005168　普0002315
關中金石記八卷　（清）畢沅撰　清光緒三十四年（1908）渭南嚴嶽蓮成都刻本　四冊　十一行二十一字小字雙行同粗黑口左右雙邊

610000－1001－0005169　普0002317
續刻讀史快編六十卷　（明）趙維寰輯　續讀史快編十五卷　（清）李承薰輯　清光緒三年（1877）渝州李承薰刻本　四十六冊　十行二十字粗黑口四周雙邊

610000－1001－0005170　普0002318
史通削繁四卷　（清）紀昀編　清光緒元年（1875）湖北崇文書局刻本　四冊　十行二十一字小字雙行同白口左右雙邊

610000－1001－0005171　普0002325
讀藍皮書記上海撤兵事書所見二十二則不分卷　（清）陳鈺等撰　清末湖北洋務譯書局刻本　一冊　十行二十五字小字雙行同白口四周雙邊

610000－1001－0005172　普0002330
列國陸軍制不分卷　（美國）歐潑登撰　（美國）林樂知　（清）瞿昂來譯　清末江南機器製造總局刻本　三冊　十行二十二字小字雙行同粗黑口左右雙邊

610000－1001－0005173　普0002351
保甲書四卷　（清）徐棟輯　清道光二十八年（1848）刻本　三冊　十行二十五字小字雙行同白口左右雙邊

610000－1001－0005174　普0002353
牧令書輯要十卷　（清）徐棟原編　（清）丁日昌選評　清同治十年（1871）黔陽官署刻本　九冊　十一行二十一字小字雙行同細黑口左右雙邊

610000－1001－0005175　普0002355
清查保甲章程不分卷　（清）顧家相訂　清末刻本　一冊　八行十八字白口四周雙邊

610000－1001－0005176　普0002358
學治臆說二卷續說一卷　（清）汪輝祖撰　清同治七年（1868）湖北崇文書局刻本　二冊　十行二十一字白口四周雙邊

610000－1001－0005177　普0002360
直隸現行通飭章程三卷附恤囚編一卷　（清）直隸按察使司編　清光緒十七年（1891）保定臬署刻本　二冊　九行二十五字白口四周雙邊　存二卷（二至三）

610000－1001－0005178　普0002362
光緒八年山西清查章程不分卷　（清）山西財政清源局編　清光緒九年（1883）江西書局刻本　一冊　十行二十五字白口左右雙邊

610000－1001－0005179　普0002367
新舊唐書合鈔二百六十卷首一卷唐書宰相世系表訂譌十二卷　（清）沈炳震輯　唐書合鈔補正六卷　（清）丁子復撰　清同治十年（1871）杭州吳氏清來堂刻本　七十二冊　十至十二行不等二十一至二十四字不等小字雙行同粗黑口左右雙邊　缺二十七卷（二百十八至二百四十四）

610000－1001－0005180　普0002368
漢書評林一百卷　（明）凌稚隆輯校　清同治十三年（1874）長沙魏氏養翮書屋刻本　三十二冊　十行二十一字小字雙行同白口四周雙邊

610000－1001－0005181　普0002371

漢書評林一百卷　（明）凌稚隆輯校　清光緒
十年（1884）刻本　三十二冊　十行二十一字
小字雙行同白口四周雙邊

610000－1001－0005182　普0002375

關中金石記八卷　（清）畢沅編　清光緒三十
四年（1908）渭南嚴氏刻本　四冊　十一行二
十一字小字雙行同粗黑口左右雙邊

610000－1001－0005183　普0002376

積古齋鐘鼎彝器款識十卷　（清）阮元編　清
光緒九年（1883）知不足齋刻本　四冊　十二
行二十四字白口四周單邊

610000－1001－0005184　普0002377

雍州金石記十卷記餘一卷　（清）朱楓撰　清
道光二十年（1840）三原李錫齡刻本　二冊
十行二十二字粗黑口四周單邊

610000－1001－0005185　普0002378

兩浙金石志十八卷補遺一卷　（清）阮元編錄
清光緒十六年（1890）浙江書局刻本　十二
冊　十一行二十二字小字雙行同白口左右雙邊

610000－1001－0005186　普0002379

兩浙金石志十八卷補遺一卷　（清）阮元編錄
清光緒十六年（1890）浙江書局刻本　十二
冊　十一行二十二字小字雙行同白口左右
雙邊

610000－1001－0005187　普0002381

史記評林一百三十卷　（明）凌稚隆輯校　清
同治十三年（1874）長沙魏氏養翻書屋刻本
二十八冊　十行二十一字小字雙行同白口四
周雙邊

610000－1001－0005188　普0002382

史記評林一百三十卷　（明）凌稚隆輯校　清
同治十三年（1874）長沙魏氏養翻書屋刻本
二十冊　十行二十一字小字雙行同白口四周
雙邊　存一百十三卷（十八至一百三十）

610000－1001－0005189　普0002386

文史通義八卷校讎通義三卷　（清）章學誠撰
清道光十二年至十三年（1832－1833）刻本

五冊　十二行二十五字小字雙行同白口四
周單邊

610000－1001－0005190　普0002387

求古精舍金石圖四卷　（清）陳經編　清嘉慶
二十一年（1816）說劍樓刻本　四冊　九行二
十字小字雙行同上下黑口左右雙邊

610000－1001－0005191　普0002390

廿一史約編八卷首一卷　（清）鄭元慶撰　清
刻本　八冊　九行二十一字小字雙行同白口
四周單邊

610000－1001－0005192　普0002391

二如亭群芳譜二十八卷首一卷　（明）王象晉
輯　清刻本　二十一冊　八行十八字小字雙
行同白口左右雙邊　缺七卷（天譜一至三、歲
譜一至四）

610000－1001－0005193　普0002401

廿二史策案十二卷首一卷　（清）王鎏彙輯
清道光十一年（1831）刻本　六冊　九行二十
五字白口左右雙邊

610000－1001－0005194　普0002407

文史通義八卷校讎通義三卷　（清）章學誠撰
清光緒三十四年（1908）三味堂刻本　八冊
十行二十一字粗黑口左右雙邊

610000－1001－0005195　普0002410

欽定四庫全書總目二百卷　（清）紀昀等撰
清同治七年（1868）廣東書局刻本　一百二十
冊　九行二十一字小字雙行同白口左右雙邊

610000－1001－0005196　普0002411

欽定四庫全書總目二百卷首一卷　（清）紀昀
等撰　清同治七年（1868）廣東書局刻本　一
百二十七冊　九行二十一字小字雙行同白口
左右雙邊　存一百九十八卷（一至五十、五十
三至二百）

610000－1001－0005197　普0002412

欽定四庫全書總目二百卷首一卷　（清）紀昀
等撰　清同治七年（1868）廣東書局刻本　一
百十二冊　九行二十一字小字雙行同白口左
右雙邊

610000－1001－0005198　普 0002413

傳經表二卷通經表二卷　（清）洪亮吉撰　清
光緒五年(1879)授經堂刻本　一冊　行數不
等字數不等粗黑口左右雙邊

610000－1001－0005199　普 0002414

欽定四庫全書總目二百卷　（清）紀昀等撰
清刻本　九十二冊　九行二十一字小字雙行
同白口四周雙邊　存一百八十四卷(一至三
十一、四十六至四十七、五十至二百)

610000－1001－0005200　普 0002430

中興論略八卷　（清）興元撰　清宣統三年
(1911)西安福盛堂刻本　二冊　九行二十一
字小字雙行同粗黑口四周單邊

610000－1001－0005201　普 0002431

中興論略八卷　（清）興元撰　清宣統三年
(1911)西安福盛堂刻本　二冊　九行二十一
字小字雙行同粗黑口四周單邊

610000－1001－0005202　普 0002432

中興論略八卷　（清）興元撰　清宣統三年
(1911)西安福盛堂刻本　二冊　九行二十一
字小字雙行同粗黑口四周單邊

610000－1001－0005203　普 0002433

東萊博議四卷　（宋）呂祖謙撰　清嘉慶三年
(1798)致和堂刻本　四冊　九行二十字小字
雙行同白口左右雙邊

610000－1001－0005204　普 0002436

欽定明鑑二十四卷首一卷　（清）托津等撰
清同治九年(1870)湖北崇文書局刻本　十冊
八行二十字小字雙行同白口四周單邊

610000－1001－0005205　普 0002437

淮南鹽法紀署十卷　（清）方濬頤等撰　清同
治十二年(1873)淮南書局刻本　四冊　九行
二十二字小字雙行同白口左右雙邊

610000－1001－0005206　普 0002442

諸史間論十五卷　（清）李元春撰　清道光十
八年(1838)刻本　八冊　九行二十字小字雙
行同白口左右雙邊

610000－1001－0005207　普 0002443

東萊博議四卷　（宋）呂祖謙撰　清光緒八年
(1882)崇明馮泰松刻本　四冊　九行二十一
字小字雙行同粗黑口四周雙邊

610000－1001－0005208　普 0002444

東萊博議四卷　（宋）呂祖謙撰　清光緒八年
(1882)崇明馮泰松刻本　四冊　九行二十一
字小字雙行同粗黑口四周雙邊

610000－1001－0005209　普 0002445

東萊先生音註唐鑑二十四卷　（宋）范祖禹撰
清光緒十八年(1892)浙江書局刻本　四冊
九行十八字小字雙行同粗黑口左右雙邊

610000－1001－0005210　普 0002449

東萊先生音註唐鑑二十四卷　（宋）范祖禹撰
清光緒十六年(1890)柏經正堂刻本　四冊
九行十八字小字雙行同粗黑口四周單邊

610000－1001－0005211　普 0002450

資治通鑑二百九十四卷　（宋）司馬光編撰
通鑑釋文辯誤十二卷　（元）胡三省撰　清末
江蘇書局刻本　六十七冊　十行二十字小字
雙行同細黑口四周雙邊　缺一百卷(九十六
至一百九十五)

610000－1001－0005212　普 0002451

繹史一百六十卷世系圖一卷年表一卷　（清）
馬驌撰　清光緒十五年(1889)金匱浦氏刻本
四十七冊　十一行二十四字小字雙行三十
六字白口左右雙邊　存一百五十九卷(一至
一百二十九、一百三十三至一百六十、世系圖
一、年表一)

610000－1001－0005213　普 0002453

皇清經解一百七十三種　（清）阮元輯　清咸
豐十一年(1861)刻本　三百六十冊　十一行
二十四字小字雙行同白口左右雙邊

610000－1001－0005214　普 0002454

皇清經解續編二百〇七種　王先謙輯　清光
緒十四年(1888)南菁書院刻本　二百七十六
冊　十一行二十四字小字雙行同白口左右
雙邊

610000－1001－0005215　普0002455

皇清經解續編二百〇七種　王先謙輯　清光緒十四年(1888)南菁書院刻本　三百十七冊十一行二十四字小字雙行同白口左右雙邊

610000－1001－0005216　普0002456

五禮通考二百六十二卷總目二卷首四卷(清)秦蕙田輯　清光緒六年(1880)江蘇書局刻本　一百冊　十三行二十一字小字雙行同白口左右雙邊

610000－1001－0005217　普0002457

御纂周易折中二十二卷首一卷　(清)李光地等撰　清同治六年(1867)浙江馬新貽刻本一百四十二冊　十一行二十四字小字雙行同白口左右雙邊

610000－1001－0005218　普0002458

通志堂經解一百三十九種　(清)納蘭性德輯　(清)徐乾學校訂　清同治十二年(1873)粵東書局刻本　四百八十三冊　十一行二十字小字雙行同白口左右雙邊

610000－1001－0005219　普0002459

通志堂經解一百三十九種　(清)納蘭性德輯　(清)徐乾學校訂　清同治十二年(1873)粵東書局刻本　四百八十冊　十一行二十字小字雙行同白口左右雙邊

610000－1001－0005220　普0002461

庚子山集十六卷　(北周)庾信撰　(清)倪璠註釋　清光緒二十年(1894)儒雅堂刻本　十二冊　十行二十字小字雙行同粗黑口左右雙邊

610000－1001－0005221　普0002462

劉氏家塾四書解不分卷　(清)袁文煥校訂清光緒二年(1876)刻本　八冊　九行二十二字白口四周雙邊

610000－1001－0005222　普0002463

劉氏家塾四書解不分卷　(清)袁文煥校訂清光緒二年(1876)刻本　八冊　九行二十二字白口四周雙邊

610000－1001－0005223　普0002464

劉氏家塾四書解不分卷　(清)袁文煥校訂清光緒二年(1876)刻本　八冊　九行二十二字白口四周雙邊

610000－1001－0005224　普0002465

欽定本朝四書文不分卷　(清)方苞等選評清光緒二年(1876)湖北崇文書局刻本　十六冊　九行二十五字白口四周雙邊

610000－1001－0005225　普0002466

行素草堂金石叢書十六種　(清)朱記榮輯清光緒十四年(1888)吳縣朱氏彙印本　四十冊　十一行二十一字小字雙行同粗黑口左右雙邊

610000－1001－0005226　普0002467

學古齋金石叢書十二種　(清)葛元煦輯　清光緒三十年(1904)會稽取斯堂董氏刻本　二十四冊　九行二十字小字雙行同細黑口左右雙邊　存九種

610000－1001－0005227　普0002468

詩經融註大全體要八卷　(清)高朝瓔撰　清道光二十六年(1846)刻本　九冊　十行二十六字白口左右雙邊

610000－1001－0005228　普0002471

畿輔河道水利叢書八種　(清)吳邦慶輯　清道光四年(1824)益津吳氏刻本　十冊　九行二十二字白口四周雙邊

610000－1001－0005229　普0002472

子書百家　(清)崇文書局輯　清光緒元年(1875)湖北崇文書局刻本　一百十冊　十二行二十四字粗黑口四周雙邊

610000－1001－0005230　普0002474

二十二子　(清)浙江書局輯　清光緒浙江書局刻本　五十六冊　九行二十一字小字雙行同白口左右雙邊

610000－1001－0005231　普0002477

二十二子　(清)浙江書局輯　清光緒浙江書局刻本　八十三冊　九行二十一字小字雙行同白口左右雙邊

610000－1001－0005232　普0002479

十子全書　（清）王子興輯　清嘉慶九年(1804)姑蘇王氏聚文堂刻本　三十二冊　九至十一行不等二十至二十一字不等小字雙行同粗黑口四周單邊

610000－1001－0005233　普0002480

新纂門目五臣音註揚子法言十卷　（晉）李軌註　（唐）柳宗元註　沖虛至德真經八卷（晉）張湛註　清嘉慶九年(1804)刻本　二冊　十一行二十一字小字雙行同粗黑口四周雙邊

610000－1001－0005234　普0002481

平平言四卷　（清）方大湜撰　清光緒二十二年(1896)廣雅書局刻本　二冊　十一行二十四字小字雙行同粗黑口四周單邊

610000－1001－0005235　普0002482

恩錫堂家訓編二卷　（清）龔一發輯　清光緒二十年(1894)刻本　一冊　十行二十一字小字雙行同粗黑口四周雙邊

610000－1001－0005236　普0002483

考禮一卷　（清）高驤雲撰　清道光至咸豐刻本　一冊　十行二十二字小字雙行同白口四周雙邊

610000－1001－0005237　普0002484

日省錄二卷　（清）王承烈撰　（清）孫能寬校　清光緒二十四年(1898)刻本　一冊　九行二十二字白口四周雙邊

610000－1001－0005238　普0002485

學案小識十四卷首一卷末一卷　（清）唐鑑撰　清光緒十年(1884)刻本　十二冊　十行二十一字粗黑口左右雙邊

610000－1001－0005239　普0002486

學案小識十四卷首一卷末一卷　（清）唐鑑撰　清光緒十年(1884)刻本　十二冊　十行二十一字粗黑口左右雙邊

610000－1001－0005240　普0002487

學案小識十四卷首一卷末一卷　（清）唐鑑撰　清光緒十年(1884)刻本　十二冊　十行二十一字粗黑口左右雙邊

610000－1001－0005241　普0002491

真文忠公心經一卷　（宋）真德秀撰　清光緒元年(1875)述荊堂刻本　二冊　九行二十字粗黑口四周雙邊

610000－1001－0005242　普0002492

荀子二十卷首一卷　（唐）楊倞注　王先謙集解　清光緒十七年(1891)刻本　六冊　十一行二十四字小字雙行同黑口左右雙邊

610000－1001－0005243　普0002494

女四書二卷　（清）王相箋註　清光緒六年(1880)李光明莊刻本　二冊　九行十七字小字雙行同白口左右雙邊

610000－1001－0005244　普0002495

聖功編不分卷　（清）賀瑞麟撰　清宣統三年(1911)刻本　一冊　九行二十二字小字雙行同白口左右雙邊

610000－1001－0005245　普0002502

授堂遺書八種　（清）武億撰　清道光二十三年(1843)偃師武氏刻本　十六冊　十行二十一字小字雙行同白口左右雙邊

610000－1001－0005246　普0002503

漢學商兌四卷　（清）方東樹撰　清光緒二十年(1894)傳經堂刻本　四冊　十行二十三字小字雙行同粗黑口四周單邊

610000－1001－0005247　普0002504

小學纂註六卷　（清）高愈增註　清同治八年(1869)江蘇書局刻本　二冊　九行十九字小字雙行同白口左右雙邊

610000－1001－0005248　普0002505

新書十卷　（漢）賈誼撰　清光緒元年(1875)浙江書局刻本　二冊　九行二十一字小字雙行同白口左右雙邊

610000－1001－0005249　普0002508

養蒙書九種附二種　（清）賀瑞麟輯　清同治十二年(1873)刻本　一冊　八至九行不等五至十七字不等小字雙行十五至十七字不等

白口四周雙邊

610000－1001－0005250　普0002510
朱子為學次第考二卷　（清）童能靈撰　清光緒十九年(1893)傳經堂刻本　一冊　十行二十二字小字雙行同粗黑口四周單邊

610000－1001－0005251　普0002511
小學集解六卷輯說一卷　（清）張伯行輯注（清）李蘭汀校訂　清同治六年(1867)楚北崇文書局刻本　三冊　九行十七字小字雙行同白口四周雙邊

610000－1001－0005252　普0002512
孔門言行錄三卷　（清）文應熊輯　（清）王佐訂　清抄本　三冊　九行二十九字

610000－1001－0005253　普0002513
月日紀古十二卷　（清）蕭智漢輯　清道光二十八年(1848)經元堂刻本　十二冊　九行二十字小字雙行同白口四周雙邊

610000－1001－0005254　普0002515
張子全書九種　（宋）張載撰　清同治九年(1870)鳳翔李慎刻本　六冊　十行二十四字小字雙行同白口四周雙邊

610000－1001－0005255　普0002516
張子全書九種　（宋）張載撰　清同治九年(1870)鳳翔李慎刻本　八冊　十行二十四字小字雙行同白口四周雙邊

610000－1001－0005256　普0002517
張子全書九種　（宋）張載撰　清同治九年(1870)鳳翔李慎刻本　八冊　十行二十四字小字雙行同白口四周雙邊

610000－1001－0005257　普0002518
張子全書九種　（宋）張載撰　清道光二十二年(1842)大梁張連科刻本　八冊　十行二十四字小字雙行同白口四周雙邊

610000－1001－0005258　普0002521
敬義堂家譜二卷　（清）紀大奎述錄　清刻本　一冊　十行二十二字小字雙行同粗黑口四周雙邊

610000－1001－0005259　普0002522
尹涇論學一卷　（清）徐玉于輯　清光緒十六年(1890)刻本　一冊　十行二十四字白口左右雙邊

610000－1001－0005260　普0002523
儒林宗派十六卷　（清）萬斯同撰　清宣統三年(1911)浙江圖書館刻本　二冊　八行二十一字左右雙邊

610000－1001－0005261　普0002526
握奇經訂本一卷　（清）李光地注　清末傳經堂刻本　一冊　八行二十二字小字雙行同白口四周雙邊

610000－1001－0005262　普0002527
曾子二卷　（清）雷柱點注　（清）張普校　清光緒三十一年(1905)三原張氏刻本　一冊　九行二十二字小字雙行同粗黑口上下雙邊

610000－1001－0005263　普0002528
曾子二卷　（清）雷柱點注　（清）張普校　清光緒三十一年(1905)三原張氏刻本　一冊　九行二十二字小字雙行同粗黑口上下雙邊

610000－1001－0005264　普0002529
曾子二卷　（清）雷柱點注　（清）張普校　清光緒三十一年(1905)三原張氏刻本　一冊　九行二十二字小字雙行同粗黑口上下雙邊

610000－1001－0005265　普0002530
朱子原訂近思錄十四卷　（宋）朱熹撰　（清）江永集注　清光緒十五年(1889)刻本　四冊　九行十七字小字雙行同白口四周雙邊

610000－1001－0005266　普0002531
朱子原訂近思錄十四卷　（宋）朱熹撰　（清）江永集注　清光緒十五年(1889)刻本　四冊　九行十七字小字雙行同白口四周雙邊

610000－1001－0005267　普0002532
王學質疑五卷附錄一卷　（清）張烈撰　（清）張伯行重訂　清光緒十八年(1892)傳經堂刻本　一冊　十行二十二字粗黑口四周單邊

610000－1001－0005268　普0002535

養蒙書九種附二種　（清）賀瑞麟輯　清同治三年(1864)傳經堂刻本　一冊　九行十七字小字雙行同上下黑口左右雙邊

610000－1001－0005269　普0002537
朱子原訂近思錄十四卷校勘記一卷考訂朱子世家引言一卷　（宋）朱熹撰　（清）江永集注　（清）王鼎校次　清光緒十一年(1885)江西書局刻本　四冊　九行二十字小字雙行同白口四周雙邊

610000－1001－0005270　普0002539
淵鑒齋御纂朱子全書六十六卷　（清）熊賜履　（清）李光地等編脩　清刻本　四十冊　九行二十字小字雙行同上下黑口四周單邊

610000－1001－0005271　普0002540
淵鑒齋御纂朱子全書六十六卷　（清）熊賜履　（清）李光地等編脩　清刻本　六十六冊　九行二十字上下黑口四周單邊

610000－1001－0005272　普0002541
淵鑒齋御纂朱子全書六十六卷　（清）熊賜履　（清）李光地等編脩　清末江西書局刻本　四十冊　九行二十字上下黑口四周單邊

610000－1001－0005273　普0002542
國朝漢學師承記八卷國朝經師經義一卷國朝宋學淵源記二卷附記一卷　（清）江藩撰　清末寶慶勸學書社刻本　四冊　十三行二十五字上下黑口左右雙邊

610000－1001－0005274　普0002543
國朝漢學師承記八卷國朝經師經義一卷　（清）江藩撰　清光緒十三年(1887)刻本　二冊　十三行二十五字白口左右雙邊　存六卷（一至六）

610000－1001－0005275　普0002544
國朝漢學師承記八卷國朝經師經義目錄一卷國朝宋學淵源記二卷附記一卷　（清）江藩撰　清刻本　四冊　十行二十一字白口四周雙邊

610000－1001－0005276　普0002545
雙節堂庸訓六卷　（清）汪輝祖撰　清同治七年(1868)湖北崇文書局刻本　二冊　十行二十一字白口四周雙邊

610000－1001－0005277　普0002546
雙節堂庸訓六卷　（清）汪輝祖撰　清同治七年(1868)湖北崇文書局刻本　二冊　十行二十一字白口四周雙邊

610000－1001－0005278　普0002547
身世準繩二卷　（清）李迪光纂輯　（清）王海文鑒定　（清）史兆熊重梓　清刻本　一冊　九行二十二字小字雙行同白口四周雙邊　缺一卷（下）

610000－1001－0005279　普0002548
身世準繩二卷　（清）李迪光纂輯　（清）王海文鑒定　清咸豐二年(1852)刻本　一冊　九行二十二字小字雙行同白口四周雙邊

610000－1001－0005280　普0002549
志學會約一卷困學錄一卷　（清）湯斌撰　清光緒四年(1878)江蘇書局刻本　一冊　九行二十字白口四周單邊

610000－1001－0005281　普0002552
宋蜀本孔子家語十卷札記一卷　（三國魏）王肅注　清光緒二十四年(1898)影宋刻本　四冊　九行十七字上下黑口左右雙邊

610000－1001－0005282　普0002553
朱子語類一百四十卷　（宋）朱熹撰　（宋）黎靖德編　清光緒二年(1876)刻本　四十八冊　十二行二十四字小字雙行同上下黑口四周雙邊

610000－1001－0005283　普0002554
朱子語類一百四十卷　（宋）朱熹撰　（宋）黎靖德編　清光緒二年(1876)刻本　四十八冊　十二行二十四字小字雙行同上下黑口四周雙邊

610000－1001－0005284　普0002555
朱子語類一百四十卷　（宋）朱熹撰　（宋）黎靖德編　清光緒二年(1876)刻本　四十八冊　十二行二十四字小字雙行同上下黑口四周雙邊

610000 - 1001 - 0005285　普 0002556

理學宗傳二十六卷　（清）孫奇逢輯　清光緒六年(1880)浙江書局刻本　二十冊　九行二十字小字雙行同白口左右雙邊

610000 - 1001 - 0005286　普 0002559

二程全書六種　（宋）程顥　（宋）程頤撰（宋）朱熹輯　清同治四年至五年(1865 - 1866)刻本　十冊　十二行二十二字小字雙行同上下黑口左右雙邊　存三種

610000 - 1001 - 0005287　普 0002562

任子遺書十二篇　（清）任孔昭輯　清光緒二十二年(1896)刻本　一冊　八行十九字白口四周雙邊

610000 - 1001 - 0005288　普 0002563

守信錄二卷　（清）邵召校訂　清光緒二十四年(1898)滕王閣刻本　一冊　十一行二十二字上下黑口左右雙邊

610000 - 1001 - 0005289　普 0002564

牛氏家言二卷　（清）牛樹梅纂　清道光三十年(1850)刻本　二冊　十行二十五字小字雙行同白口四周雙邊

610000 - 1001 - 0005290　普 0002565

中庸衍義十七卷　（明）夏良勝撰　清同治十年(1871)刻本　十二冊　十行二十字小字雙行同白口四周單邊

610000 - 1001 - 0005291　普 0002566

中庸衍義十七卷　（明）夏良勝撰　清同治十年(1871)刻本　十二冊　十行二十字白口四周單邊

610000 - 1001 - 0005292　普 0002567

太玄經十卷　（漢）揚雄撰　（宋）司馬光集注　清光緒元年(1875)湖北崇文書局刻本　二冊　十二行二十四字小字雙行同上下黑口四周雙邊

610000 - 1001 - 0005293　普 0002568

小學集解六卷　（清）張伯行撰　（清）李蘭汀校訂　清同治十一年(1872)江西撫署刻本　三冊　九行十七字小字雙行同白口四周雙邊

610000 - 1001 - 0005294　普 0002569

小學集解六卷　（清）張伯行撰　（清）李蘭汀校訂　清同治六年(1867)崇文書局刻本　三冊　九行十七字小字雙行同白口四周雙邊

610000 - 1001 - 0005295　普 0002572

小學集解六卷　（清）張伯行撰　（清）李蘭汀校訂　清光緒二十七年(1901)廣雅書局刻本　四冊　十行二十字小字雙行同上下黑口左右雙邊

610000 - 1001 - 0005296　普 0002574

宋四子抄釋二十一卷　（明）呂楠撰　（清）李錫齡校刊　清末李錫齡刻本　八冊　十行二十二字小字雙行同上下黑口四周單邊

610000 - 1001 - 0005297　普 0002575

宋四子抄釋二十一卷　（明）呂楠撰　（清）李錫齡校刊　清末李錫齡刻本　八冊　十行二十二字小字雙行同上下黑口四周單邊

610000 - 1001 - 0005298　普 0002576

宋四子抄釋二十一卷　（明）呂楠撰　（清）李錫齡校刊　清末李錫齡刻本　八冊　十行二十二字小字雙行同上下黑口四周單邊

610000 - 1001 - 0005299　普 0002577

閑闢錄十卷　（清）程瞳輯　清光緒十八年(1892)清麓山房刻本　二冊　十行二十二字下黑口四周單邊

610000 - 1001 - 0005300　普 0002578

程氏性理字訓一卷　（宋）程端蒙撰　（宋）程若庸補輯　清同治八年(1869)刻本　一冊　八行十六字白口左右雙邊

610000 - 1001 - 0005301　普 0002579

呻吟語六卷　（明）呂坤撰　清道光六年(1826)刻本　四冊　十一行二十一字小字雙行同白口左右雙邊　缺二卷(四至五)

610000 - 1001 - 0005302　普 0002580

朱子五書二卷　（宋）朱熹撰　（清）賀瑞麟編　清光緒十年(1884)刻本　一冊　九行二十二字上下黑口四周單邊

610000－1001－0005303　普0002581

程氏家塾讀書分年日程三卷綱領一卷　（元）
程端禮編　清同治八年(1869)江蘇書局刻本
　一冊　十一行二十二字白口左右雙邊

610000－1001－0005304　普0002582

多識集類編六卷　（清）朱桓編　清嘉慶刻本
　六冊　九行十七字白口四周雙邊

610000－1001－0005305　普0002583

學庸訓蒙瑣言三卷　（清）乳山山人編　清光
緒八年(1882)刻本　二冊　九行二十二字上
下黑口左右雙邊

610000－1001－0005306　普0002584

孔子家語八卷　（明）何孟春注　（清）盧文弨
校補　清道光二十八年(1848)刻本　二冊
十行二十字白口四周單邊

610000－1001－0005307　普0002585

宋元學案一百卷首一卷　（清）黃宗羲撰
（清）黃百家輯　（清）全祖望補　清光緒五年
(1879)長沙刻本　四十冊　十一行二十四字
上下黑口左右雙邊

610000－1001－0005308　普0002586

宋元學案一百卷首一卷　（清）黃宗羲撰
（清）黃百家輯　（清）全祖望補　清光緒五年
(1879)長沙刻本　四十冊　十一行二十四字
上下黑口左右雙邊

610000－1001－0005309　普0002587

宋元學案一百卷首一卷　（清）黃宗羲撰
（清）黃百家輯　（清）全祖望補　清光緒五年
(1879)長沙刻本　四十冊　十一行二十四字
上下黑口左右雙邊

610000－1001－0005310　普0002589

求己録三卷　（清）蘆涇遯士編　清光緒二十
七年(1901)志強書舍石印本　三冊　十行二
十二字小字雙行同上下黑口左右雙邊

610000－1001－0005311　普0002591

童蒙須知韻語一卷　（清）萬斛泉編　清同治
五年(1866)刻本　一冊　六行十一字白口四
周單邊

610000－1001－0005312　普0002592

豫養編六卷　（清）薛于瑛編　清光緒七年
(1881)刻本　一冊　十行二十二字上下黑口
四周雙邊

610000－1001－0005313　普0002593

求己録三卷　（清）蘆涇遯士編　清光緒刻本
　三冊　十行二十二字小字雙行同上下黑口
左右雙邊

610000－1001－0005314　普0002594

明夷待訪録一卷　（清）黃宗羲撰　清光緒二
十四年(1898)湖南新學書局刻本　一冊　十
行二十一字上下黑口左右雙邊

610000－1001－0005315　普0002595

明夷待訪録一卷　（清）黃宗羲撰　清光緒二
十六年(1900)復邡學舍刻本　一冊　十行二
十四字白口左右雙邊

610000－1001－0005316　普0002596

明夷待訪録一卷　（清）黃宗羲撰　清光緒二
十六年(1900)復邡學舍刻本　一冊　十行二
十四字白口左右雙邊

610000－1001－0005317　普0002597

明夷待訪録一卷　（清）黃宗羲撰　清光緒二
十六年(1900)復邡學舍刻本　一冊　十行二
十四字白口左右雙邊

610000－1001－0005318　普0002601

人範六卷　（清）蔣元輯　清光緒十六年
(1890)守拙軒刻本　二冊　九行二十三字小
字雙行同下黑口四周雙邊

610000－1001－0005319　普0002602

人範六卷　（清）蔣元輯　清光緒十六年
(1890)守拙軒刻本　二冊　九行二十三字小
字雙行同下黑口四周雙邊

610000－1001－0005320　普0002603

人範六卷　（清）蔣元輯　清光緒十六年
(1890)守拙軒刻本　二冊　九行二十三字小
字雙行同下黑口四周雙邊

610000－1001－0005321　普0002604

人範六卷 （清）蔣元輯 清光緒二十七年
(1901)廣雅書局刻本 一冊 十一行二十四
字小字雙行同上下黑口四周單邊

610000－1001－0005322 普0002605
彭氏家規一卷 （清）彭兆奎編 清光緒刻本
一冊 十行十八字上下黑口左右雙邊

610000－1001－0005323 普0002607
儒門法語一卷 （清）彭定求編 （清）湯金釗
輯 （清）廣厚重訂 清光緒元年(1875)江蘇
學政署刻本 一冊 九行二十字小字雙行同
上下黑口四周雙邊

610000－1001－0005324 普0002612
明儒學案六十二卷 （清）黃宗羲撰 （清）萬
言訂 清光緒八年(1882)二老閣刻本 二十
四冊 十一行二十字上下黑口四周單邊

610000－1001－0005325 普0002613
繹志十九卷 （明）胡承諾撰 （清）顧錫麟校
輯 清道光十七年(1837)顧氏刻本 八冊
十二行二十二字下黑口左右雙邊

610000－1001－0005326 普0002615
列子八卷 （戰國）列禦寇撰 （晉）張湛注
列子沖虛至德真經釋文二卷 （唐）殷敬順撰
清嘉慶十八年(1813)湖海樓刻本 二冊
十行二十字小字雙行同上下黑口左右雙邊

610000－1001－0005327 普0002619
老子翼八卷首一卷 （明）焦竑輯 清光緒二
十一年(1895)刻本 四冊 十行二十字小字
雙行同白口左右雙邊

610000－1001－0005328 普0002620
呂子節錄四卷 （明）呂坤著 （清）陳宏謀評
輯 清光緒十年(1884)江西書局刻本 四冊
九行二十一字白口左右雙邊

610000－1001－0005329 普0002621
道德經轉語二卷古今本考正二卷 （□）陳觀
吾撰 道德經釋義二卷金玉經一卷 （唐）純
陽真人撰 （清）牟目源訂 清嘉慶十四年
(1809)刻本 二冊 九行二十一字小字雙行
同白口四周單邊

610000－1001－0005330 普0002622
繹志十九卷 （明）胡承諾撰 清同治十一年
(1872)浙江書局刻本 八冊 十行二十一字
白口左右雙邊

610000－1001－0005331 普0002623
繹志十九卷 （明）胡承諾撰 清同治十一年
(1872)浙江書局刻本 八冊 十行二十一字
白口左右雙邊

610000－1001－0005332 普0002624
繹志十九卷 （明）胡承諾撰 清同治十一年
(1872)浙江書局刻本 八冊 十行二十一字
白口左右雙邊

610000－1001－0005333 普0002626
信好錄四卷 （清）賀瑞麟編 清光緒十六年
(1890)柏經正堂刻本 三冊 十行二十二字
下黑口四周單邊

610000－1001－0005334 普0002627
信好錄四卷 （清）賀瑞麟編 清光緒十六年
(1890)柏經正堂刻本 三冊 十行二十二字
下黑口四周單邊

610000－1001－0005335 普0002629
感應篇陰隲文句釋合刻不分卷 （□）□□撰
清同治五年(1866)刻本 一冊 行數不等
大小字不等白口左右雙邊

610000－1001－0005336 普0002630
醒迷集四卷續集四卷再續集二卷 （□）□□
撰 群仙集四卷 （□）□□撰 清光緒十三
年至十四年(1887－1888)刻本 十四冊 九
行二十一字白口四周雙邊

610000－1001－0005337 普0002633
周子全書四卷 （宋）周敦頤撰 清光緒十三
年(1887)傳經堂刻本 一冊 十二行二十二
字上下黑口四周單邊

610000－1001－0005338 普0002634
太上感應篇增訂圖說十二卷 （清）朱日豐輯
清光緒二年(1876)咸寧縣縣事宋鈬刻本
十二冊 十行二十字上下黑口四周單邊

610000－1001－0005339　普0002635

言子文學錄三卷首一卷末一卷　（春秋）言偃撰　（清）言如泗增輯　清光緒二十三年(1897)刻本　一冊　九行二十一字小字雙行同白口四周雙邊

610000－1001－0005340　普0002637

訓俗書擇要一卷　（清）曹廣權編　清末鉛印本　一冊　十三行三十三字小字雙行同下黑口四周雙邊

610000－1001－0005341　普0002638

小學韻語一卷　（清）羅澤南撰　清光緒九年(1883)涇陽柏經正堂本　一冊　八行十九字小字雙行同上下黑口四周雙邊

610000－1001－0005342　普0002639

姚江學辨二卷　（清）羅澤南撰　清光緒二十年(1894)傳經堂刻本　二冊　十行二十二字下黑口四周單邊

610000－1001－0005343　普0002640

居學錄二卷　（清）曹本榮撰　清光緒十一年(1885)刻本　一冊　十行二十一字白口四周雙邊

610000－1001－0005344　普0002641

歷代儒學存真錄十卷　（清）郭程先定　（清）田俶輯　清咸豐七年(1857)晚悔書屋刻本　四冊　十行二十字白口四周雙邊

610000－1001－0005345　普0002642

學蔀通辯十二卷首一卷　（明）陳建撰　清光緒十八年(1892)傳經堂刻本　二冊　十行二十二字小字雙行同下黑口四周單邊

610000－1001－0005346　普0002643

華陽金仙證論一卷最上一乘慧命經一卷　（清）柳華陽撰　清光緒八年至九年(1882－1883)刻本　二冊　八行二十一字小字雙行同白口四周單邊

610000－1001－0005347　普0002645

涇野子内篇二十七卷　（明）呂柟撰　清光緒七年(1881)刻本　六冊　十行二十五字下黑口四周雙邊

610000－1001－0005348　普0002646

涇野子内篇二十七卷　（明）呂柟撰　清咸豐四年(1854)刻本　六冊　十行二十五字白口四周雙邊

610000－1001－0005349　普0002647

北溪字義二卷補遺一卷嚴陵講義一卷　（宋）陳淳撰　清末刻本　二冊　十行二十一字小字雙行同上下黑口四周單邊

610000－1001－0005350　普0002648

北溪字義二卷補遺一卷嚴陵講義一卷　（宋）陳淳撰　清末刻本　二冊　十行二十一字小字雙行同上下黑口四周單邊

610000－1001－0005351　普0002649

北溪字義二卷補遺一卷嚴陵講義一卷　（宋）陳淳撰　清末刻本　二冊　十行二十一字小字雙行同上下黑口四周單邊

610000－1001－0005352　普0002650

明辨錄一卷　（清）陳法撰　清光緒十八年(1892)三原劉氏傳經堂刻本　一冊　十行二十二字下黑口四周單邊

610000－1001－0005353　普0002652

四書反身錄六卷　（清）李顒撰　清光緒十一年(1885)西安存心堂刻本　二冊　九行二十字小字雙行白口四周雙邊

610000－1001－0005354　普0002653

三魚堂日記十卷(清康熙五年至三十一年)讀禮志疑一卷　（清）陸隴其撰　清同治九年(1870)浙江書局刻本　五冊　十行二十二字小字雙行同白口四周雙邊

610000－1001－0005355　普0002654

三魚堂日記十卷(清康熙五年至三十一年)　（清）陸隴其撰　清同治九年(1870)浙江書局刻本　四冊　十行二十二字小字雙行同白口四周雙邊

610000－1001－0005356　普0002655

人譜一卷人譜類記二卷　（明）劉宗周撰　清光緒二十八年(1902)三原張氏教忠堂刻本　一冊　十行二十字白口四周單邊

610000－1001－0005357　普0002656

人譜一卷　（明）劉宗周撰　清光緒三十二年(1906)陝西學務公所鉛印本　一冊　十二行三十字小字雙行同白口四周雙邊

610000－1001－0005358　普0002657

人譜一卷　（明）劉宗周撰　清光緒三十二年(1906)陝西學務公所鉛印本　一冊　十二行三十字小字雙行同白口四周雙邊

610000－1001－0005359　普0002658

人譜一卷　（明）劉宗周撰　清光緒三十二年(1906)陝西學務公所鉛印本　一冊　十二行三十字小字雙行同白口四周雙邊

610000－1001－0005360　普0002659

退思堂家書條誡一卷　（清）楊瑞庭撰　清光緒十六年(1890)罨畫池頤園刻本　一冊　九行二十一字上下黑口四周雙邊

610000－1001－0005361　普0002660

小學節本二卷　（清）陝西學務公所編　清光緒三十二年(1906)陝西學務公所鉛印本　一冊　十行二十四字小字雙行同白口四周雙邊

610000－1001－0005362　普0002661

小學節本二卷　（清）陝西學務公所編　清光緒三十二年(1906)陝西學務公所鉛印本　一冊　十行二十四字小字雙行同白口四周雙邊

610000－1001－0005363　普0002662

小學節本二卷　（清）陝西學務公所編　清光緒三十二年(1906)陝西學務公所鉛印本　一冊　十行二十四字小字雙行同白口四周雙邊

610000－1001－0005364　普0002663

會心內集二卷外集二卷　（清）劉一明撰　棲雲筆記四卷　（清）素樸散人撰　清嘉慶六年(1801)刻本　八冊　九行二十二字白口四周雙邊

610000－1001－0005365　普0002664

悟真直指十卷　（宋）張真人撰　（清）劉一明注　清刻本　十冊　九行二十一字小字雙行同白口四周雙邊

610000－1001－0005366　普0002665

大學古本質言一卷　（清）劉沅撰　清光緒十七年(1891)平遙李氏刻本　一冊　十一行二十一字上下黑口左右雙邊

610000－1001－0005367　普0002673

太上道德真經集註六卷　（宋）彭耜集釋　清光緒三年(1877)樓觀臺刻本　六冊　十一行二十四字小字雙行同白口四周單邊

610000－1001－0005368　普0002674

莊子內篇註四卷　（明）釋德清註　清光緒十四年(1888)金陵刻經處刻本　二冊　八行二十字小字雙行同白口左右雙邊

610000－1001－0005369　普0002681

大學衍義輯要六卷　（宋）眞德秀原本　（清）陳宏謀纂　大學衍義補輯要十二卷首一卷（明）丘濬撰　（清）陳宏謀輯　清明德堂刻本　四冊　十行二十二字小字雙行同白口左右雙邊　存十一卷（輯要一至六、輯要補一至四、首一）

610000－1001－0005370　普0002682

思辨錄輯要前集二十二卷後集十三卷　（清）陸世儀撰　清光緒三年(1877)江蘇書局刻本　八冊　十二行二十三字小字雙行同白口四周雙邊

610000－1001－0005371　普0002683

學案初模二十卷學案續編二十卷　（清）伊里布編　清光緒二十五年(1899)陝西秦中書局鉛印本　十冊　十行二十四字小字雙行同白口四周雙邊

610000－1001－0005372　普0002684

歐美日本審判庭編制法通義一卷　（清）潘承鍔編　清宣統元年(1909)中國圖書公司鉛印本　一冊　十二行三十三字小字雙行同白口四周雙邊

610000－1001－0005373　普0002685

新刻法家蕭曹兩造雪案鳴冤四卷　（□）管見子註釋　清宣統三年(1911)公記書局石印本　一冊　十九行四十二字白口四周單邊

610000 – 1001 – 0005374　普 0002690

南華真經正義三十三卷　（戰國）莊周撰
（清）陳壽昌輯　清光緒十九年(1893)怡顏齋
刻本　六冊　十行二十字小字雙行同白口四
周雙邊

610000 – 1001 – 0005375　普 0002694

判語錄存四卷　（清）李鈞撰　清道光十三年
(1833)刻本　四冊　九行二十二字白口四周
雙邊

610000 – 1001 – 0005376　普 0002695

印度刑律三卷　（英國）嘉托馬　（英國）美巴
理撰　（日本）山雅各口譯　（清）邱起霖筆述
清光緒二十九年(1903)上海廣學會鉛印本
三冊　十二行二十九字白口四周雙邊

610000 – 1001 – 0005377　普 0002696

國家學綱領不分卷　（德國）伯輪知理撰　梁
啟超譯　清光緒二十八年(1902)上海廣智書
局鉛印本　一冊　十二行三十一字小字雙行
不等白口四周雙邊

610000 – 1001 – 0005378　普 0002697

新刻法筆驚天雷四卷　（□）□□撰　清宣統
三年(1911)上海公記書局石印本　一冊　二
十行二十八字白口四周單邊

610000 – 1001 – 0005379　普 0002698

新刻校正音釋詞家便覽蕭曹遺筆四卷　（□）
閑閑子訂注　清宣統三年(1911)上海公記書
局石印本　一冊　二十行四十二字小字雙行
同白口四周單邊

610000 – 1001 – 0005380　普 0002701

修齊直指一卷　（清）楊㟧撰　清光緒三十年
(1904)柏經正堂刻本　一冊　九行十九字上
下黑口四周雙邊

610000 – 1001 – 0005381　普 0002702

御製耕織圖不分卷　（清）聖祖玄燁題詩
（清）焦秉貞繪　清光緒十二年(1886)上海點
石齋石印本　二冊　七行二十二字白口四周
雙邊

610000 – 1001 – 0005382　普 0002703

610000 – 1001 – 0005382　普 0002703

關中水利議一卷　（清）張鵬飛撰　清道光二
十八年(1848)來鹿堂刻本　一冊　十行二十
二字白口左右雙邊

610000 – 1001 – 0005383　普 0002705

泰西水法六卷　（意大利）熊三拔撰　（明）徐
光啟譯　清嘉慶五年(1800)南沙席氏掃葉山
房刻本　一冊　九行二十二字白口左右雙邊

610000 – 1001 – 0005384　普 0002706

海塘輯要十卷首一卷附釋一卷　（英國）韋更
斯撰　（英國）傅蘭雅口譯　（清）趙元益筆述
清同治刻本　二冊　十行二十二字上下黑
口左右雙邊

610000 – 1001 – 0005385　普 0002707

吳氏方程舉隅一卷　（清）吳傳綺撰　清光緒
二十四年(1898)真實館刻本　一冊　十二行
二十五字上下黑口四周單邊

610000 – 1001 – 0005386　普 0002708

摘注聖武記城守篇一卷　（清）魏源撰　清光
緒二十一年(1895)陝西味經售書處刻本　一
冊　十行二十四字小字雙行同白口左右雙邊

610000 – 1001 – 0005387　普 0002709

洋務用軍必讀三卷　（清）朱克敬撰　清光緒
十年(1884)五湖草廬刻本　二冊　九行十九
字小字雙行同白口左右雙邊

610000 – 1001 – 0005388　普 0002710

洋務用軍必讀三卷　（清）朱克敬撰　清光緒
十年(1884)挹秀山房刻本　二冊　九行十九
字白口左右雙邊

610000 – 1001 – 0005389　普 0002714

老子道德經解二卷首一卷觀老莊影響論一卷
　（明）釋德清撰　清光緒十二年(1886)金陵
刻經處刻本　二冊　十行二十字上下黑口左
右雙邊

610000 – 1001 – 0005390　普 0002715

莊子雪三卷　（戰國）莊周撰　（清）陸樹芝注
清嘉慶四年(1799)粵東儒雅堂刻本　三冊
十一行二十二字小字雙行同白口四周雙邊

610000 - 1001 - 0005391　普 0002718
呻吟語六卷首一卷補遺一卷　（明）呂坤撰
（清）鄂山重刊　清光緒二十一年(1895)味經
刊書處刻本　六冊　十一行二十一字白口左
右雙邊

610000 - 1001 - 0005392　普 0002719
呻吟語六卷首一卷補遺一卷　（明）呂坤撰
（清）鄂山重刊　清光緒二十一年(1895)味經
官書局刻本　六冊　十一行二十一字白口左
右雙邊

610000 - 1001 - 0005393　普 0002720
呻吟語六卷首一卷補遺一卷　（明）呂坤撰
（明）鄂山重刊　清光緒二十一年(1895)味經
官書局刻本　六冊　十一行二十一字白口左
右雙邊

610000 - 1001 - 0005394　普 0002721
時務齋隨錄不分卷　（清）劉光蕡編　清光緒
刻本　二冊　十行二十四字白口左右雙邊

610000 - 1001 - 0005395　普 0002722
時務齋隨錄不分卷　（清）劉光蕡編　清光緒
刻本　二冊　十行二十四字白口左右雙邊

610000 - 1001 - 0005396　普 0002723
時務齋隨錄不分卷　（清）劉光蕡編　清光緒
刻本　二冊　十行二十四字白口左右雙邊

610000 - 1001 - 0005397　普 0002724
鐵甲叢譚五卷圖一卷　（英國）黎特等撰
（清）舒高第　（清）鄭昌棪譯　清末江南機器
製造總局鉛印本　二冊　十行二十二字小字
雙行同白口四周雙邊

610000 - 1001 - 0005398　普 0002725
鐵甲叢譚五卷圖一卷　（英國）黎特等撰
（清）舒高第譯　（清）鄭昌棪譯　清末江南機
器製造總局鉛印本　二冊　十行二十二字小
字雙行同白口四周雙邊

610000 - 1001 - 0005399　普 0002726
鐵甲叢譚五卷圖一卷　（英國）黎特等撰
（清）舒高第　（清）鄭昌棪譯　清末江南機器
製造總局鉛印本　二冊　十行二十二字小字

雙行同白口四周雙邊

610000 - 1001 - 0005400　普 0002727
營壘圖說一卷　（比利時）伯里牙芒撰　（美
國）金楷理口譯　（清）李鳳苞筆述　清末江
南機器製造總局刻本　一冊　十行二十二字
上下黑口左右雙邊

610000 - 1001 - 0005401　普 0002728
營壘圖說一卷　（比利時）伯里牙芒撰　（美
國）金楷理口譯　（清）李鳳苞筆述　清末江
南機器製造總局刻本　一冊　十行二十二字
上下黑口左右雙邊

610000 - 1001 - 0005402　普 0002729
御風要術三卷　（英國）白爾特撰　（美國）金
楷理口譯　（清）華蘅芳筆述　清同治十二年
(1873)江南機器製造總局刻本　二冊　十行
二十二字小字雙行同上下黑口左右雙邊

610000 - 1001 - 0005403　普 0002730
御風要術三卷　（英國）白爾特撰　（美國）金
楷理口譯　（清）華蘅芳筆述　清同治十二年
(1873)江南機器製造總局刻本　二冊　十行
二十二字小字雙行同上下黑口左右雙邊

610000 - 1001 - 0005404　普 0002731
御風要術三卷　（英國）白爾特撰　（美國）金
楷理口譯　（清）華蘅芳筆述　清同治十二年
(1873)江南機器製造總局刻本　二冊　十行
二十二字小字雙行同上下黑口左右雙邊

610000 - 1001 - 0005405　普 0002732
洗冤錄詳義四卷首一卷　（清）許槤編校　**洗
冤錄撫遺二卷補一卷**　（清）葛元煦撰　清光
緒十六年(1890)湖北官書處刻本　六冊　九
行十四字小字雙行同白口左右雙邊

610000 - 1001 - 0005406　普 0002733
洗冤錄詳義四卷首一卷　（清）許槤編校　**洗
冤錄撫遺二卷補一卷**　（清）葛元煦撰　清光
緒十六年(1890)湖北官書局刻本　六冊　九
行十四字小字雙行同白口左右雙邊

610000 - 1001 - 0005407　普 0002734
洗冤錄詳義四卷首一卷　（清）許槤編校　**洗**

冤錄撮遺二卷補一卷　（清）葛元煦撰　清光緒十六年(1890)湖北官書處刻本　六冊　九行十四字小字雙行同白口左右雙邊

610000 – 1001 – 0005408　普 0002736
管子二十四卷　（春秋）管仲撰　（唐）房玄齡注　清嘉慶九年(1804)刻本　十六冊　九行二十字小字雙行同白口四周單邊

610000 – 1001 – 0005409　普 0002737
疑獄集十卷附錄一卷　（五代）和凝撰　（清）徐繼鏞校刊　清咸豐三年(1853)嶺南徐繼鏞刻本　二冊　九行十九字白口四周雙邊

610000 – 1001 – 0005410　普 0002738
重刊補註洗冤錄集證六卷　（宋）宋慈撰（清）王又槐增輯　（清）李觀瀾補輯　（清）阮其新補註　清光緒三年(1877)浙江書局刻四色套印本　五冊　十行十八字小字雙行同白口左右雙邊

610000 – 1001 – 0005411　普 0002739
重刊補註洗冤錄集證六卷　（宋）宋慈撰（清）王又槐增輯　（清）李觀瀾補輯　（清）阮其新補註　清光緒三年(1877)浙江書局刻四色套印本　五冊　十行十八字小字雙行同白口左右雙邊

610000 – 1001 – 0005412　普 0002740
補註洗冤錄集證四卷附刊檢骨圖格一卷作吏要言一卷　（宋）宋慈撰　（清）王又槐集證（清）阮其新補註　清道光二十三年(1843)江都鍾淮刻三色套印本　四冊　十行十八字小字雙行同白口左右雙邊

610000 – 1001 – 0005413　普 0002741
補註洗冤錄集證四卷附刊檢骨圖格一卷作吏要言一卷　（宋）宋慈撰　（清）王又槐集證（清）阮其新補註　清道光二十三年(1843)江都鍾淮刻三色套印本　四冊　十行十八字小字雙行同白口左右雙邊

610000 – 1001 – 0005414　普 0002742
律法須知二卷　（清）呂芝田撰　清光緒十三年(1887)廣州刻本　二冊　九行二十三字小字雙行同白口四周單邊

610000 – 1001 – 0005415　普 0002744
曾子十篇注釋一卷　（清）阮元著　民國九年(1920)渭南嚴氏孝義家塾成都刻本　一冊　十行二十字小字雙行同上下黑口左右雙邊

610000 – 1001 – 0005416　普 0002745
弟子箴言十六卷　（清）胡達源撰　清光緒二十一年(1895)湖南糧儲道署刻本　三冊　十一行二十一字上下黑口左右雙邊　存十二卷（一至十二）

610000 – 1001 – 0005417　普 0002746
靜思錄二卷　（清）藺連璧撰　清光緒二十九年(1903)鉛印本　二冊　十行二十三字小字雙行同白口四周雙邊

610000 – 1001 – 0005418　普 0002747
明刑管見錄一卷　（清）穆翰撰　清光緒二十八年(1902)邠州官舍刻本　一冊　十一行二十二字小字雙行同白口四周雙邊

610000 – 1001 – 0005419　普 0002748
明刑管見錄一卷　（清）穆翰撰　清光緒十一年(1885)湖北書局刻本　一冊　九行二十字小字雙行同白口四周雙邊

610000 – 1001 – 0005420　普 0002749
恤囚編不分卷　（清）周馥編　清光緒十七年(1891)刻本　一冊　九行二十五字小字雙行同白口四周雙邊

610000 – 1001 – 0005421　普 0002750
比利時國法條論五卷　（清）曾仰東譯　（清）王塋修參校　清光緒二十九年(1903)湖北洋務譯書局刻本　一冊　十行二十五字小字雙行同白口四周雙邊

610000 – 1001 – 0005422　普 0002751
行海要術四卷　（美國）金楷理口譯　（清）李鳳苞筆述　清末江南機器製造總局刻本　三冊　十行二十二字小字雙行同上下黑口左右雙邊

610000 – 1001 – 0005423　普 0002752

行海要術四卷 （美國）金楷理口譯 （清）李
鳳苞筆述 清末江南機器製造總局刻本 三
冊 十行二十二字小字雙行同上下黑口左右
雙邊

610000－1001－0005424 普0002753

行海要術四卷 （美國）金楷理口譯 （清）李
鳳苞筆述 清末江南機器製造總局刻本 三
冊 十行二十二字小字雙行同上下黑口左右
雙邊

610000－1001－0005425 普0002754

克虜伯礮準心法一卷表格一卷 （美國）金楷
理口譯 （清）李鳳苞筆述 清末江南機器製
造總局刻本 二冊 十行二十二字小字雙行
同上下黑口左右雙邊

610000－1001－0005426 普0002755

江南機器製造總局所刻書一百五十六種 江
南機器製造總局編譯 清同治至民國江南機
器製造總局刻本 一冊 十行二十二字小字
雙行同上下黑口左右雙邊 存六種

610000－1001－0005427 普0002756

江南機器製造總局所刻書一百五十六種 江
南機器製造總局編譯 清同治至民國江南機
器製造總局刻本 一冊 十行二十二字小字
雙行同上下黑口左右雙邊 存六種

610000－1001－0005428 普0002757

江南機器製造總局所刻書一百五十六種 江
南機器製造總局編譯 清同治至民國江南機
器製造總局刻本 一冊 十行二十二字小字
雙行同上下黑口左右雙邊 存六種

610000－1001－0005429 普0002758

克虜伯礮說四卷附表一卷 （美國）金楷理口
譯 （清）李鳳苞筆述 清末江南機器製造總
局刻本 二冊 十行二十二字小字雙行同上
下黑口左右雙邊

610000－1001－0005430 普0002759

克虜伯礮說四卷附表一卷 （美國）金楷理口
譯 （清）李鳳苞筆述 清末江南機器製造總
局刻本 二冊 十行二十二字小字雙行同上

下黑口左右雙邊

610000－1001－0005431 普0002760

克虜伯礮說四卷附表一卷 （美國）金楷理口
譯 （清）李鳳苞筆述 清末江南機器製造總
局刻本 二冊 十行二十二字小字雙行同上
下黑口左右雙邊

610000－1001－0005432 普0002761

克虜伯礮彈造法二卷圖一卷 （美國）金楷理
口譯 （清）李鳳苞筆述 清末江南機器製造
總局刻本 三冊 十行二十二字小字雙行同
上下黑口左右雙邊

610000－1001－0005433 普0002762

克虜伯礮彈造法二卷圖一卷 （美國）金楷理
口譯 （清）李鳳苞筆述 清末江南機器製造
總局刻本 三冊 十行二十二字小字雙行同
上下黑口左右雙邊

610000－1001－0005434 普0002763

克虜伯礮彈造法二卷圖一卷 （美國）金楷理
口譯 （清）李鳳苞筆述 清末江南機器製造
總局刻本 三冊 十行二十二字小字雙行同
上下黑口左右雙邊

610000－1001－0005435 普0002764

續輯明刑圖說一卷 （清）胡鴻澤輯 清光緒
八年(1882)涇川胡氏刻本 一冊 行數不等
字數不等白口四周雙邊

610000－1001－0005436 普0002765

欽定授時通考七十八卷 （清）鄂爾泰等纂修
清同治江西書局刻本 二十四冊 十一行
二十一字小字雙行同白口四周雙邊

610000－1001－0005437 普0002766

欽定授時通考七十八卷 （清）鄂爾泰等纂修
清同治江西書局刻本 二十四冊 十一行
二十一字小字雙行同白口四周雙邊

610000－1001－0005438 普0002767

欽定授時通考七十八卷 （清）鄂爾泰等纂修
清同治江西書局刻本 二十四冊 十一行
二十一字小字雙行同白口四周雙邊

610000 – 1001 – 0005439　普 0002771

金科輯要三種　（清）武昌侯輯　清同治六年
(1867)都門進修堂刻本　二十二冊　九行二
十二字小字雙行同白口四周雙邊

610000 – 1001 – 0005440　普 0002772

刑部說帖各省通行成案摘要抄存十四卷
（清）清年編　清道光十一年(1831)開封府署
刻本　十四冊　九行二十四字白口四周雙邊

610000 – 1001 – 0005441　普 0002773

各國交涉公法論初集四卷二集四卷三集八卷
　（英國）費利摩羅巴德撰　（英國）傅蘭雅口
譯　（清）俞世爵筆述　清光緒二十七年
(1901)上海日新社石印本　八冊　二十二行
二十四字白口四周雙邊

610000 – 1001 – 0005442　普 0002774

各國交涉公法論初集四卷二集四卷三集八卷
　（英國）費利摩羅巴德撰　（英國）傅蘭雅口
譯　（清）俞世爵筆述　清光緒二十七年
(1901)上海日新社石印本　八冊　二十二行
二十四字白口四周雙邊

610000 – 1001 – 0005443　普 0002775

各國交涉公法論初集四卷二集四卷三集八卷
　（英國）費利摩羅巴德撰　（英國）傅蘭雅口
譯　（清）俞世爵筆述　清光緒二十二年
(1896)慎記書莊石印本　八冊　二十行四十
四字白口四周雙邊

610000 – 1001 – 0005444　普 0002776

各國交涉公法論初集四卷二集四卷三集八卷
　（英國）費利摩羅巴德撰　（英國）傅蘭雅口
譯　（清）俞世爵筆述　清光緒二十二年
(1896)慎記書莊石印本　八冊　二十行四十
四字白口四周雙邊

610000 – 1001 – 0005445　普 0002777

農話一卷　（清）陳啟謙撰　清光緒三十二年
(1906)上海商務印書館鉛印本　一冊　十二
行二十七字小字雙行同下黑口四周雙邊

610000 – 1001 – 0005446　普 0002779

西洋兵書後五種　（清）張之洞編　清光緒六

年(1880)江南機器製造總局石印本　六冊
二十行二十二字上黑口四周雙邊

610000 – 1001 – 0005447　普 0002779

西洋兵書五種　（清）張之洞編　清光緒江南
機器製造總局石印本　六冊　二十行二十二
字上黑口四周雙邊

610000 – 1001 – 0005448　普 0002780

養蠶秘訣一卷　（清）張文藝撰　清刻本　一
冊　八行二十字白口左右雙邊

610000 – 1001 – 0005449　普 0002781

最新農學初階一卷　（英國）旦爾恆理撰
(英國)秀耀春口譯　（清）范熙庸筆述　清光
緒二十七年(1901)石印本　一冊　十三行二
十五字上下黑口四周雙邊

610000 – 1001 – 0005450　普 0002782

種茶良法一卷　（英國）高葆真撰　清宣統二
年(1910)上海美華書館鉛印本　一冊　十二
行二十七字白口四周雙邊

610000 – 1001 – 0005451　普 0002783

栽桑問答一卷　（清）潘守廉輯　清光緒二十
八年(1902)南陽縣署刻本　一冊　十四行二
十六字白口四周雙邊

610000 – 1001 – 0005452　普 0002784

養蠶要術一卷　（清）潘守廉輯　清光緒二十
八年(1902)南陽縣署刻本　一冊　十二行二
十四字小字雙行同上黑口左右雙邊

610000 – 1001 – 0005453　普 0002785

農務十條一卷　（清）河南商務農工總局撰
清末鉛印本　一冊　九行二十四字白口四周
雙邊

610000 – 1001 – 0005454　普 0002787

富國農書一卷　（清）陳熾撰　清光緒二十五
年(1899)江西萍鄉縣署木活字印本　一冊
十一行二十五字上下黑口四周單邊

610000 – 1001 – 0005455　普 0002788

富國農書一卷　（清）陳熾撰　清光緒二十五
年(1899)江西萍鄉縣署木活字印本　一冊

陝西省圖書館古籍普查登記目錄

十一行二十五字上下黑口四周單邊

610000－1001－0005456　普0002789

富國農書一卷　（清）陳熾撰　清光緒二十五年(1899)江西萍鄉縣署木活字印本　一冊　十一行二十五字上下黑口四周單邊

610000－1001－0005457　普0002790

蠶桑備要四卷附蠶桑指誤一卷井利圖說一卷　（清）劉青藜補輯　清光緒二十二年(1896)刻本　一冊　十行二十四字小字雙行同白口左右雙邊

610000－1001－0005458　普0002791

蠶桑芻言不分卷　（清）王景松輯　清光緒三十年(1904)河南商務農工總局刻本　一冊　九行二十五字上黑口四周雙邊

610000－1001－0005459　普0002792

陳文恭公伐蛟說一卷　（清）陳宏謀編　清光緒八年(1882)江西書局刻本　一冊　九行二十一字白口四周雙邊

610000－1001－0005460　普0002793

陳文恭公伐蛟說一卷　（清）陳宏謀撰　清光緒八年(1882)江西書局刻本　一冊　九行二十一字白口四周雙邊

610000－1001－0005461　普0002794

植棉說一卷　（美國）梅亞爾撰　（清）易揚遠譯　清宣統元年(1909)陝西圖書館鉛印本　一冊　十二行三十字白口四周雙邊

610000－1001－0005462　普0002795

植棉說一卷　（美國）梅亞爾撰　（清）易揚遠譯　清宣統元年(1909)陝西圖書館鉛印本　一冊　十二行三十字白口四周雙邊

610000－1001－0005463　普0002796

栽苧麻法略一卷　（清）黃厚裕撰　清光緒二十七年(1901)刻本　一冊　十行二十二字小字雙行同白口左右雙邊

610000－1001－0005464　普0002797

種植芻言一卷　（清）江召棠撰　清光緒宜春縣署刻本　一冊　九行十七字小字雙行同白

口四周雙邊

610000－1001－0005465　普0002798

農學不分卷　（□）□□撰　清末鉛印本　一冊　九行二十五字小字雙行同下黑口四周雙邊

610000－1001－0005466　普0002799

法律學綱領不分卷　（日本）戶水寬人撰　清光緒傳經樓刻本　一冊　十三行二十六字小字雙行同上黑口左右雙邊

610000－1001－0005467　普0002800

法律學研究術　（日本）安西與四郎講述　（日本）山田義莊筆記　（清）薛瑩中校　清光緒傳經樓刻本　一冊　十三行二十六字小字雙行同上黑口左右雙邊

610000－1001－0005468　普0002801

鹿洲公案二卷　（清）藍鼎元撰　清光緒七年(1881)漕河節署刻本　二冊　九行二十一字小字雙行同上下黑口左右雙邊

610000－1001－0005469　普0002802

釋穀四卷　（清）劉寶楠撰　清光緒十四年(1888)廣雅書局刻本　一冊　十一行二十四字小字雙行同上下黑口四周單邊

610000－1001－0005470　普0002803

戰法學二卷　（日本）石井忠利撰　清光緒二十三年(1897)金陵刻本　一冊　十一行二十六字小字雙行同上下黑口四周單邊

610000－1001－0005471　普0002804

行軍指南一卷　（清）蔭昌編譯　清光緒十九年(1893)鉛印本　一冊　九行二十三字小字雙行同白口四周雙邊

610000－1001－0005472　普0002808

航海簡法四卷　（英國）那麗撰　（美國）金楷理口譯　（清）王德均筆錄　清末上海江南機器製造總局刻本　二冊　十行二十二字小字雙行同上下黑口左右雙邊

610000－1001－0005473　普0002809

航海簡法四卷　（英國）那麗撰　（美國）金楷理口譯　（清）王德均筆錄　清末上海江南機

器製造總局刻本　二冊　十行二十二字小字
雙行同上下黑口左右雙邊

610000－1001－0005474　普0002810
航海簡法四卷　（英國）那麗撰　（美國）金楷
理口譯　（清）王德均筆錄　清末上海江南機
器製造總局刻本　二冊　十行二十二字小字
雙行同上下黑口左右雙邊

610000－1001－0005475　普0002811
礮法畫譜一卷　（清）丁乃文撰　清光緒刻本
　一冊　十行二十三字小字雙行同白口左右
雙邊

610000－1001－0005476　普0002812
陳紀十卷　（明）何良臣撰　（清）李錫齡校刊
　清道光惜陰軒刻本　一冊　十行二十二字
小字雙行同上下黑口四周單邊　存二卷（三
至四）

610000－1001－0005477　普0002813
輪船布陣十二卷首一卷圖一卷　（英國）賈密
倫撰　（英國）傅蘭雅口譯　（清）徐建寅筆述
　清光緒江南機器製造總局刻本　二冊　十
行二十二字上下黑口左右雙邊

610000－1001－0005478　普0002814
輪船布陣十二卷首一卷圖一卷　（英國）賈密
倫撰　（英國）傅蘭雅口譯　（清）徐建寅筆述
　清光緒江南機器製造總局刻本　二冊　十
行二十二字上下黑口左右雙邊

610000－1001－0005479　普0002815
子藥準則一卷　（清）丁友雲編　清光緒十四
年（1888）江南機器製造總局刻本　一冊　十
行二十二字白口四周雙邊

610000－1001－0005480　普0002816
子藥準則一卷　（清）丁友雲撰　清光緒十四
年（1888）江南機器製造總局刻本　一冊　十
行二十二字白口四周雙邊

610000－1001－0005481　普0002817
子藥準則一卷　（清）丁友雲撰　清光緒十四
年（1888）江南機器製造總局刻本　一冊　十
行二十二字白口四周雙邊

610000－1001－0005482　普0002818
開地道轟藥法三卷圖一卷　（英國）英國武備
工程學堂輯　（英國）傅蘭雅口譯　（清）汪振
聲筆述　清光緒江南機器製造總局刻本　二
冊　十行二十二字上下黑口左右雙邊

610000－1001－0005483　普0002819
開地道轟藥法三卷圖一卷　（英國）英國武備
工程學堂輯　（英國）傅蘭雅口譯　（清）汪振
聲筆述　清光緒江南機器製造總局刻本　二
冊　十行二十二字上下黑口左右雙邊

610000－1001－0005484　普0002820
開地道轟藥法三卷圖一卷　（英國）英國武備
工程學堂輯　（英國）傅蘭雅口譯　（清）汪振
聲筆述　清光緒江南機器製造總局刻本　二
冊　十行二十二字上下黑口左右雙邊

610000－1001－0005485　普0002821
正學隅見述一卷　（清）王弘撰撰　清光緒二
十一年（1895）王凌霄刻本　一冊　八行二十
字白口四周雙邊

610000－1001－0005486　普0002822
正學隅見述一卷　（清）王弘撰撰　清光緒二
十一年（1895）王凌霄刻本　一冊　八行二十
字白口四周雙邊

610000－1001－0005487　普0002823
桑蠶說一卷　（清）江毓昌撰　清刻本　一冊
　十行二十一字小字雙行同白口四周單邊

610000－1001－0005488　普0002824
桑蠶說一卷　（清）江毓昌撰　清刻本　一冊
　十行二十一字小字雙行同白口四周單邊

610000－1001－0005489　普0002825
蠶桑萃編十五卷首一卷　（清）衛杰撰　清光
緒二十四年（1898）刻本　八冊　十行二十字
下黑口四周雙邊

610000－1001－0005490　普0002826
蠶桑萃編十五卷首一卷　（清）衛杰撰　清光
緒二十四年（1898）刻本　八冊　十行二十字
下黑口四周雙邊

610000－1001－0005491　普0002827

蠶桑萃編十五卷首一卷　（清）衛杰撰　清光緒二十四年(1898)刻本　八冊　十行二十字下黑口四周雙邊

610000－1001－0005492　普0002828

紀效新書十八卷首一卷　（明）戚繼光撰　清道光十年(1830)來鹿堂刻本　五冊　十行二十字白口四周單邊

610000－1001－0005493　普0002829

重修名法指掌圖四卷　（清）徐灝纂輯　清同治九年(1870)崇文書局刻本　四冊　行數不等字數不等白口四周雙邊

610000－1001－0005494　普0002830

練兵實紀九卷雜集六卷　（明）戚繼光撰　清刻本　六冊　九行二十一字上下黑口左右雙邊

610000－1001－0005495　普0002831

紀效新書十八卷首一卷　（明）戚繼光撰　清光緒元年(1875)京都寶林堂刻本　六冊　九行二十一字上下黑口左右雙邊

610000－1001－0005496　普0002832

紀效新書十八卷首一卷　（明）戚繼光撰　清嘉慶九年(1804)虞山張氏照曠閣刻本　六冊　九行二十一字上下黑口左右雙邊

610000－1001－0005497　普0002833

孫子十家註十三卷敍錄一卷遺說一卷　（春秋）孫武撰　（清）孫星衍校　（清）吳人驥校　清嘉慶二年(1797)兗州觀察署刻本　八冊　十二行二十四字小字雙行同上下黑口左右雙邊

610000－1001－0005498　普0002834

敏果齋叢書七種　（清）許乃釗輯　清道光錢塘許氏刻本　二十冊　十行二十一字小字雙行同上下黑口左右雙邊

610000－1001－0005499　普0002835

管子二十四卷　（春秋）管仲撰　（唐）房玄齡注　清光緒五年(1879)影宋刻本　八冊　十二行二十五字白口四周單邊

320

610000－1001－0005500　普0002836

讀史兵略四十六卷　（清）胡林翼撰　清咸豐十一年(1861)武昌節署刻本　十六冊　十二行二十四字小字雙行同白口四周雙邊

610000－1001－0005501　普0002837

讀史兵略四十六卷　（清）胡林翼撰　清咸豐十一年(1861)武昌節署刻本　十六冊　十二行二十四字小字雙行同白口四周雙邊

610000－1001－0005502　普0002838

讀史兵略四十六卷　（清）胡林翼撰　清咸豐十一年(1861)武昌節署刻本　二十冊　十二行二十四字小字雙行同白口左右雙邊

610000－1001－0005503　普0002839

水雷秘要五卷圖一卷　（英國）史理孟撰　（清）舒高第口譯　（清）鄭昌棪筆述　清光緒六年(1880)江南機器製造總局刻本　六冊　十行二十二字小字雙行同白口四周雙邊

610000－1001－0005504　普0002840

水雷秘要五卷圖一卷　（英國）史理孟撰　（清）舒高第口譯　（清）鄭昌棪筆述　清光緒六年(1880)江南機器製造總局刻本　六冊　十行二十二字小字雙行同上下黑口左右雙邊

610000－1001－0005505　普0002841

讀史兵略續編十卷　（清）胡林翼撰　清光緒二十八年(1902)湘省學堂刻本　十冊　十二行二十四字下黑口四周雙邊

610000－1001－0005506　普0002842

兵船汽機六卷　（英國）息尼德撰　（英國）傅蘭雅口譯　（清）華備鈺筆述　清光緒十一年(1885)江南機器製造總局刻本　八冊　十行二十二字上下黑口左右雙邊

610000－1001－0005507　普0002843

兵船汽機六卷　（英國）息尼德撰　（英國）傅蘭雅口譯　（清）華備鈺筆述　清光緒十一年(1885)江南機器製造總局刻本　八冊　十行二十二字上下黑口左右雙邊

610000－1001－0005508　普0002844

兵船汽機六卷　（英國）息尼德撰　（英國）傅

蘭雅口譯 （清）華備鈺筆述 清光緒十一年
(1885)江南機器製造總局刻本 八冊 十行
二十二字上下黑口左右雙邊

610000－1001－0005509 普0002845
自強軍西法類編十八卷創制公言二卷 （清）
沈敦和纂輯 （清）洪恩波參訂 清光緒二十
四年(1898)上海順成書局石印本 二十冊
十行二十字小字雙行同上下黑口四周雙邊

610000－1001－0005510 普0002846
自強軍西法類編十八卷創制公言二卷 （清）
沈敦和纂輯 （清）洪恩波參訂 清光緒二十
四年(1898)上海順成書局石印本 十九冊
十行二十字小字雙行同上下黑口四周雙邊
存十九卷(一至九、十一至二十)

610000－1001－0005511 普0002847
爆藥記要六卷 （美國）水雷局編 （清）舒高
第口譯 （清）趙元益筆述 清光緒江南機器
製造總局刻本 一冊 十行二十二字小字雙
行同上下黑口左右雙邊

610000－1001－0005512 普0002848
爆藥記要六卷 （美國）水雷局編 （清）舒高
第口譯 （清）趙元益筆述 清光緒江南機器
製造總局刻本 一冊 十行二十二字小字雙
行同上下黑口左右雙邊

610000－1001－0005513 普0002849
營城揭要二卷 （英國）儲意比撰 （英國）傅
蘭雅口譯 （清）徐壽筆述 清光緒江南機器
製造總局刻本 二冊 十行二十二字上下黑
口左右雙邊

610000－1001－0005514 普0002850
營城揭要二卷 （英國）儲意比撰 （英國）傅
蘭雅口譯 （清）徐壽筆述 清光緒江南機器
製造總局刻本 二冊 十行二十二字上下黑
口左右雙邊

610000－1001－0005515 普0002851
營城揭要二卷 （英國）儲意比撰 （英國）傅
蘭雅口譯 （清）徐壽筆述 清光緒江南機器
製造總局刻本 二冊 十行二十二字上下黑

口左右雙邊

610000－1001－0005516 普0002852
礮法求新六卷附編一卷補編一卷圖一卷
（英國）烏理治官礮局編 （清）舒高第譯
（清）鄭昌棪譯 清光緒江南機器製造總局鉛
印本 八冊 十行二十二字小字雙行同白口
四周雙邊

610000－1001－0005517 普0002853
礮法求新六卷附編一卷補編一卷圖一卷
（英國）烏理治官礮局編 （清）舒高第譯
（清）鄭昌棪譯 清光緒江南機器製造總局鉛
印本 八冊 十行二十二字小字雙行同白口
四周雙邊

610000－1001－0005518 普0002854
水師保身法六章 （法國）勒羅阿撰 （英國）
伯克雷譯 （清）程鑾重譯 （清）趙元益重譯
清末江南機器製造總局刻本 一冊 十行
二十二字上下黑口左右雙邊

610000－1001－0005519 普0002858
訓練操法詳晰圖說二十二卷 （清）袁世凱撰
清光緒二十八年(1902)昌言報館石印本
十二冊 十行二十字小字雙行同白口四周
雙邊

610000－1001－0005520 普0002859
中西兵略指掌二十四卷首一卷 （清）陳龍昌
輯 清光緒二十八年(1902)秦中官書局石印
本 八冊 十一行三十二字小字雙行同白口
四周雙邊

610000－1001－0005521 普0002860
中西兵略指掌二十四卷首一卷 （清）陳龍昌
輯 清光緒二十八年(1902)秦中官書局石印
本 八冊 十一行三十二字小字雙行同白口
四周雙邊

610000－1001－0005522 普0002861
重樓玉鑰二卷 （清）鄭梅澗撰 清末鉛印本
一冊 十行二十一字小字雙行同上黑口四
周單邊

610000－1001－0005523 普0002862

重樓玉鑰二卷 （清）鄭梅澗撰 清末鉛印本
一冊 十行二十一字小字雙行同上黑口四
周單邊

610000－1001－0005524 普0002863

重樓玉鑰二卷 （清）鄭梅澗撰 清末鉛印本
一冊 十行二十一字小字雙行同上黑口四
周單邊

610000－1001－0005525 普0002864

醫碥七卷 （清）何夢瑤撰 清刻本 八冊
十行二十五字小字雙行同白口四周單邊

610000－1001－0005526 普0002865

臨證指南醫案十卷種福堂公選温熱論醫案四
卷 （清）葉桂撰 清刻本 十二冊 十行二
十三字小字雙行同白口四周單邊

610000－1001－0005527 普0002866

時疫白喉捷要一卷 （清）張紹修撰 清光緒
十一年(1885)三原善堂鉛印本 一冊 十一
行三十二字小字雙行同白口四周單邊

610000－1001－0005528 普0002867

時疫白喉捷要一卷 （清）張紹修撰 清光緒
十一年(1885)三原善堂鉛印本 一冊 十一
行三十二字小字雙行同白口四周單邊

610000－1001－0005529 普0002868

時疫白喉捷要一卷 （清）張紹修撰 清光緒
十一年(1885)三原善堂鉛印本 一冊 十一
行三十二字小字雙行同白口四周單邊

610000－1001－0005530 普0002869

增廣驗方新編二十四卷 （清）鮑相璈編
(清)張紹棠增輯 清末上海珍藝書局鉛印本
十一冊 十五行三十四字小字雙行同白口
四周雙邊 缺一卷(九)

610000－1001－0005531 普0002870

兒科醒十二卷 （清）芝嶼樵客著 （清）華陽
山人閲定 清上海千頃堂書局刻本 二冊
九行二十一字小字雙行同白口左右雙邊

610000－1001－0005532 普0002871

痲科活人全書四卷 （清）謝玉瓊編 （清）劉

齊珍校刊 清光緒十六年(1890)紅杏山房刻
本 六冊 九行二十字小字雙行同白口四周
雙邊

610000－1001－0005533 普0002873

醫師秘笈二卷 （清）□□撰 薛生白濕熱條
辨一卷 （清）薛雪撰 清光緒七年(1881)浙
寧簡香齋刻本 二冊 八行二十字小字雙行
同上下黑口左右雙邊

610000－1001－0005534 普0002874

仁壽鏡四卷 （清）孟葑編 清光緒二十一年
(1895)渝城術古堂刻本 四冊 十二行二十
七字小字雙行同白口四周雙邊

610000－1001－0005535 普0002875

新刊醫林狀元壽世保元十卷 （清）龔廷賢編
（清）周亮登校刊 清敬儀堂刻本 四冊
十四行三十字小字雙行同白口四周雙邊

610000－1001－0005536 普0002876

瘍醫大全四十卷 （清）顧世澄編 清廣州玉
山樓刻本 五冊 九行二十字小字雙行同白
口左右雙邊 存五卷(二十一至二十五)

610000－1001－0005537 普0002877

尚論張仲景傷寒論重編二卷首一卷後四卷
(清)喻昌撰 清刻本 四冊 十行二十四字
小字雙行同白口四周單邊

610000－1001－0005538 普0002878

驗方新編十六卷 （清）鮑相璈撰 清光緒四
年(1878)臨清皮居仁堂刻本 十冊 十行二
十二字小字雙行同白口四周單邊

610000－1001－0005539 普0002879

驗方新編十六卷 （清）鮑相璈撰 清光緒四
年(1878)臨清皮居仁堂刻本 十冊 十行二
十二字小字雙行同白口四周單邊

610000－1001－0005540 普0002880

霄鵬先生遺著三種 （清）黃保康撰 清宣統
三年(1911)南海黃氏刻本 三冊 十行十八
字上下黑口四周雙邊

610000－1001－0005541 普0002881

陳修園醫書五十種 （清）陳念祖撰 清光緒
三十一年(1905)上海商務印書館鉛印本 二
冊 十六行三十三字小字雙行同白口四周雙
邊 存二種

610000 – 1001 – 0005542 普 0002884

校正醫學心悟六卷 （清）程國彭撰 清末上
海鑄記書局石印本 四冊 十八行四十字白
口四周雙邊

610000 – 1001 – 0005543 普 0002886

醫門法律六卷 （清）喻昌撰 清末上海簡青
齋書局石印本 四冊 二十三行字數不等小
字雙行不等白口四周雙邊

610000 – 1001 – 0005544 普 0002889

尚論篇四卷後篇四卷寓意草一卷 （清）喻昌
撰 清光緒三十三年(1907)上海簡青齋書局
石印本 四冊 二十七行大小字不等白口四
周雙邊

610000 – 1001 – 0005545 普 0002891

醫理略述二卷 （清）尹端模譯 清光緒十八
年(1892)刻本 二冊 十行二十四字白口四
周雙邊

610000 – 1001 – 0005546 普 0002892

醫理略述二卷 （清）尹端模譯 清光緒十八
年(1892)刻本 二冊 十行二十四字白口左
右雙邊

610000 – 1001 – 0005547 普 0002893

醫理略述二卷 （清）尹端模譯 清光緒十八
年(1892)刻本 二冊 十行二十四字白口四
周雙邊

610000 – 1001 – 0005548 普 0002896

醫說十卷續醫說十卷 （宋）張杲撰 清宣統
三年(1911)上海文明書局鉛印本 六冊 十
三行三十三字小字雙行同下黑口四周雙邊

610000 – 1001 – 0005549 普 0002897

儒門事親十五卷 （明）張子和撰 （清）吳勉
學校勘 清宣統二年(1910)千頃堂石印本
六冊 十六行三十三字白口四周雙邊

610000 – 1001 – 0005550 普 0002900

醫林指月十二種 （清）王琦纂輯 清光緒二
十二年(1896)上海圖書集成印書局鉛印本
八冊 十三行四十字白口四周單邊

610000 – 1001 – 0005551 普 0002903

陳修園醫書四十種 （清）陳念祖撰 清光緒
三十一年(1905)上海商務印書館鉛印本 二
十冊 十六行三十三字小字雙行同白口四周
雙邊 存三十三種

610000 – 1001 – 0005552 普 0002904

陳修園醫學全集十六種 （清）陳念祖撰 清
光緒十四年(1888)掃葉山房刻本 二十六冊
八行十八字小字雙行同白口四周雙邊 存
九種

610000 – 1001 – 0005553 普 0002905

東醫寶鑑二十三卷目録二卷 （朝鮮）許浚撰
清光緒十一年(1885)刻本 二十五冊 八
行十九字小字雙行同白口左右雙邊

610000 – 1001 – 0005554 普 0002906

本經疏證十二卷續疏六卷本經序疏要八卷
（清）鄒澍撰 清同治十二年(1873)反經堂刻
本 十二冊 十一行二十一字小字雙行同白
口左右雙邊

610000 – 1001 – 0005555 普 0002907

本經疏證十二卷續疏六卷本經序疏要八卷
（清）鄒澍撰 清同治十二年(1873)反經堂刻
本 十二冊 十一行二十一字小字雙行同白
口左右雙邊

610000 – 1001 – 0005556 普 0002908

本經疏證十二卷續疏六卷本經序疏要八卷
（清）鄒澍撰 清同治十二年(1873)反經堂刻
本 十二冊 十一行二十一字小字雙行同白
口左右雙邊

610000 – 1001 – 0005557 普 0002912

西醫眼科撮要不分卷 （□）□□編 清光緒
六年(1880)廣州博濟醫局刻本 一冊 十行
二十四字白口四周雙邊

610000 – 1001 – 0005558 普 0002913

陶節菴傷寒全生集四卷　（明）陶華撰　（清）
葉桂評　清眉壽堂刻本　四冊　九行二十字
夾行小字十九字白口左右雙邊

610000－1001－0005559　普0002914
小兒藥證真訣三卷　（宋）錢乙撰　（清）李錫
齡校刊　清刻本　一冊　十行二十一字小字
雙行同上下黑口左右雙邊

610000－1001－0005560　普0002915
小兒藥證真訣三卷　（宋）錢乙撰　（清）李錫
齡校刊　清刻本　二冊　十行二十一字小字
雙行同上下黑口左右雙邊

610000－1001－0005561　普0002916
小兒藥證真訣三卷　（宋）錢乙撰　（清）李錫
齡校刊　清刻本　二冊　十行二十一字小字
雙行同上下黑口左右雙邊

610000－1001－0005562　普0002917
內科新說二卷　（英國）合信　（清）管茂材撰
　清咸豐八年(1858)上海仁濟醫館刻本　一
冊　十行二十四字小字雙行同白口四周雙邊

610000－1001－0005563　普0002918
內經知要二卷　（明）李念莪輯　（清）薛生白
校刊　清光緒九年(1883)江左書林刻本　二
冊　九行十八字小字雙行同上下黑口四周
雙邊

610000－1001－0005564　普0002919
痧癥全書三卷　（清）王凱編輯　（清）林森傳
授　（清）胡傑校訂　痧疫論一卷　（清）胡傑
輯　清道光三年(1823)刻本　二冊　九行二
十二字白口左右雙邊

610000－1001－0005565　普0002921
驚風辨證必讀書二卷　（清）莊一夔撰　（清）
秦霖熙輯　清光緒二十七年(1901)上元江氏
刻本　一冊　九行二十一字小字雙行同白口
左右雙邊

610000－1001－0005566　普0002922
張仲景傷寒論貫珠集八卷　（清）尤怡注　（清）
朱陶性校　清嘉慶十五年(1810)江蘇綠蔭堂活
字印本　四冊　十行二十字白口四周單邊

610000－1001－0005567　普0002923
溫熱經緯五卷　（清）王士雄撰　（清）楊照藜
　（清）汪曰楨評　（清）沈宗淦參　清同治二
年(1863)刻本　四冊　十行二十二字小字雙
行同上下黑口左右雙邊

610000－1001－0005568　普0002924
傷寒來蘇全集八卷　（清）柯琴撰　清宣統元
年(1909)同文會刻本　四冊　十二行三十二
字小字雙行同白口四周雙邊

610000－1001－0005569　普0002925
大生要旨五卷　（清）唐千頃纂　（清）張鵬翂
校刊　清同治七年(1868)漢南書院刻本　一
冊　九行二十字小字雙行同白口四周雙邊

610000－1001－0005570　普0002928
寒溫條辨七卷溫病壞證一卷　（清）楊璇撰
（清）胡漢槎校刊　清光緒二十三年(1897)湖
南書局刻本　五冊　十行二十三字小字雙行
同白口四周雙邊

610000－1001－0005571　普0002929
傷寒補天石二卷續傷寒補天石二卷　（明）戈
維城撰　清嘉慶十六年(1811)寧波汲綆齋刻
本　四冊　八行二十字白口四周單邊

610000－1001－0005572　普0002930
三指禪三卷　（清）周學霆撰　清光緒二十一
年(1895)澹雅書局刻本　三冊　九行二十二
字小字雙行同白口左右雙邊

610000－1001－0005573　普0002931
韡園醫學六種　（清）潘霨輯　清光緒九年至
十年(1883－1884)江西書局刻本　十二冊
八行十三字小字雙行同白口四周雙邊

610000－1001－0005574　普0002932
醫法圓通四卷　（清）鄭壽全撰　清光緒二十
九年(1903)七星會刻本　四冊　九行二十字
小字雙行同白口四周單邊

610000－1001－0005575　普0002933
醫理真傳四卷　（清）鄭壽全撰　清光緒二十
九年(1903)七星會刻本　四冊　九行二十一
字小字雙行同白口四周單邊

610000－1001－0005576　普0002934

濟陽綱目一百〇八卷　（明）武之望編　（清）
張楠注　清咸豐六年(1856)宏道書院刻本
四十八冊　九行二十字白口四周雙邊

610000－1001－0005577　普0002935

重刊巢氏諸病源候總論五十卷　（隋）巢元方
撰　清光緒元年(1875)湖北崇文書局刻本
八冊　九行二十四字白口左右雙邊

610000－1001－0005578　普0002936

醫宗說約五卷　（清）蔣示吉撰　清光緒十四
年(1888)掃葉山房刻本　五冊　九行二十四
字小字雙行同白口四周單邊

610000－1001－0005579　普0002937

素問靈樞類纂約注三卷　（清）汪昂輯　清光
緒六年(1880)江左書林刻本　三冊　八行二
十二字小字雙行同白口四周單邊

610000－1001－0005580　普0002938

温病條辨六卷首一卷　（清）吳瑭撰　清寧波
群玉山房刻本　六冊　九行十九字小字雙行
同白口左右雙邊

610000－1001－0005581　普0002939

全體新論一卷　（英國）合信撰　（清）陳修堂
譯　清咸豐元年(1851)刻本　一冊　十行二
十四字小字雙行同白口四周雙邊

610000－1001－0005582　普0002940

醫略十三卷　（清）蔣寶素撰　清道光二十年
(1840)快志堂刻本　二冊　十行二十二字白
口左右雙邊

610000－1001－0005583　普0002941

衛生寶鑑二十四卷補遺一卷　（元）羅天益撰
　清光緒二十二年(1896)長沙刻本　八冊
十行二十二字上下黑口四周單邊

610000－1001－0005584　普0002942

衛生寶鑑二十四卷補遺一卷　（元）羅天益撰
　清光緒二十二年(1896)長沙刻本　八冊
十行二十二字上下黑口四周單邊

610000－1001－0005585　普0002943

衛生寶鑑二十四卷補遺一卷　（元）羅天益撰
　（清）李錫齡校刊　清道光二十六年(1846)
三原惜陰軒刻本　八冊　十行二十二字小字
雙行同上下黑口四周單邊

610000－1001－0005586　普0002945

臨陣傷科捷要四卷　（英國）帕脫編　（清）舒
高第　（清）鄭昌棪譯　清末江南機器製造總
局鉛印本　四冊　十行二十二字小字雙行同
白口四周雙邊

610000－1001－0005587　普0002946

臨陣傷科捷要四卷　（英國）帕脫編　（清）舒
高第　（清）鄭昌棪譯　清末江南機器製造總
局鉛印本　四冊　十行二十二字小字雙行同
白口四周雙邊

610000－1001－0005588　普0002947

臨陣傷科捷要四卷　（英國）帕脫編　（清）舒
高第　（清）鄭昌棪譯　清末江南機器製造總
局鉛印本　四冊　十行二十二字小字雙行同
白口四周雙邊

610000－1001－0005589　普0002949

聿修堂醫學叢書十三種　（日本）丹波元簡等
撰　楊守敬輯　清光緒十年(1884)刻本　四
十八冊　十行二十三字小字雙行同白口四周
單邊

610000－1001－0005590　普0002951

傷寒審癥表一卷　（清）包誠輯　清同治十年
(1871)崇文書局刻本　一冊　行數不等字數
不等白口四周雙邊

610000－1001－0005591　普0002952

幼科鐵鏡六卷　（清）夏鼎撰　清刻本　二冊
　九行二十四字白口四周單邊

610000－1001－0005592　普0002953

本草綱目五十二卷　（明）李時珍撰　（清）張
雲中校勘　清同治十一年(1872)刻本　四十
冊　十行三十字小字雙行同白口四周單邊

610000－1001－0005593　普0002954

內科理法後編十卷附一卷　（英國）虎伯撰
（清）舒高第譯　（清）趙元益錄　清光緒江南

機器製造總局刻本　四冊　十行二十二字上下黑口左右雙邊　缺三卷(一至三)

610000－1001－0005594　普0002955

增注醫宗己任編四種　(清)高鼓峰著　(清)王汝謙補注　(清)楊乘六評　清光緒十七年(1891)李光明莊刻本　四冊　九行十八字小字雙行同白口四周雙邊

610000－1001－0005595　普0002956

儒門醫學三卷　(英國)海德蘭撰　(英國)傅蘭雅譯　(清)趙元益錄　清光緒江南機器製造總局刻本　四冊　十行二十二字上下黑口左右雙邊

610000－1001－0005596　普0002957

儒門醫學三卷　(英國)海德蘭撰　(英國)傅蘭雅譯　(清)趙元益錄　清光緒江南機器製造總局刻本　四冊　十行二十二字上下黑口左右雙邊

610000－1001－0005597　普0002958

醫林纂要探源十卷　(清)汪紱輯　(清)徐鎣等校勘　清光緒二十三年(1897)江蘇書局刻本　十冊　十行二十二字小字雙行同白口四周雙邊

610000－1001－0005598　普0002961

黃帝內經素問九卷　(清)高世栻注解　清光緒十三年(1887)浙江書局刻本　八冊　九行二十字小字雙行同白口四周雙邊

610000－1001－0005599　普0002963

醫宗備要三卷　(清)曾鼎輯　清同治李光明莊刻本　一冊　十一行二十二字小字雙行同白口左右雙邊

610000－1001－0005600　普0002964

嵩厓尊生書十五卷　(清)景日昣撰　清光緒六年(1880)成都善成堂刻本　六冊　十行二十四字小字雙行同白口四周單邊

610000－1001－0005601　普0002965

醫綱提要八卷　(清)李宗源編　(清)王汝謙評述　清光緒二十三年(1897)南京李光明莊刻本　四冊　十一行二十四字小字雙行同白

口左右雙邊

610000－1001－0005602　普0002967

醫法心傳一卷　(清)程芝田撰　清光緒十三年(1887)養鶴山房刻本　一冊　八行二十字白口左右雙邊

610000－1001－0005603　普0002968

劉河間傷寒六書　(金)劉完素撰　清刻本十二冊　十行二十字小字雙行同白口四周單邊

610000－1001－0005604　普0002971

柳選四家醫案　(清)柳寶詒編　清光緒三十年(1904)惜餘小舍刻本　六冊　十行二十一字小字雙行同白口四周雙邊

610000－1001－0005605　普0002972

徐氏醫書六種　(清)徐大椿撰　清同治十二年(1873)湖北崇文書局刻本　九冊　九行二十五字小字雙行同白口左右雙邊　存五種

610000－1001－0005606　普0002976

黃帝內經素問註證發微十卷靈樞註證發微九卷　(明)馬蒔註　清刻本　二十四冊　十行二十二字小字雙行同白口四周單邊

610000－1001－0005607　普0002977

類經三十二卷　(明)張介賓類注　**圖翼十一卷附翼四卷**　(明)張介賓撰　清嘉慶四年(1799)萃英堂刻本　二十四冊　八行十八字小字雙行同白口四周單邊

610000－1001－0005608　普0002978

景岳全書十六種　(明)張介賓撰　清刻本二十冊　九行二十四字小字雙行同白口左右雙邊　存十五種

610000－1001－0005609　普0002980

脈經十卷　(晉)王叔和撰　清咸豐六年(1856)宏道書院刻本　四冊　九行二十字小字雙行同白口四周雙邊

610000－1001－0005610　普0002981

御纂醫宗金鑑十五種　(清)吳謙等輯　清光緒九年(1883)掃葉山房刻本　四十六冊　十

行二十四字白口左右雙邊

610000－1001－0005611　普0002982

沈氏尊生書五種　(清)沈金鰲撰　清同治十三年(1874)湖北崇文書局刻本　二十六冊　十二行二十五字小字雙行同白口左右雙邊

610000－1001－0005612　普0002983

西藥大成十卷首一卷　(英國)來拉　(英國)海德蘭撰　(英國)傅蘭雅口譯　(清)趙元益筆述　清光緒十年(1884)江南機器製造總局刻本　十六冊　十行二十二字上下黑口左右雙邊

610000－1001－0005613　普0002984

西藥大成十卷首一卷　(英國)來拉　(英國)海德蘭撰　(英國)傅蘭雅口譯　(清)趙元益筆述　清光緒十年(1884)江南機器製造總局刻本　十六冊　十行二十二字上下黑口左右雙邊

610000－1001－0005614　普0002985

脈經十卷　(晉)王叔和撰　清光緒三十一年(1905)長沙徐氏橘隱園影宋刻本　四冊　十二行二十字小字雙行同白口左右雙邊

610000－1001－0005615　普0002986

女科二卷產後編二卷　(清)傅山撰　清同治八年(1869)湖北崇文書局刻本　二冊　十二行二十一字小字雙行同白口四周雙邊

610000－1001－0005616　普0002987

內科理法前編六卷後編十卷附一卷　(英國)虎伯撰　(清)舒高第口譯　(清)趙元益筆述　清光緒江南機器製造總局刻本　十二冊　十行二十二字上下黑口左右雙邊

610000－1001－0005617　普0002988

內科理法前編六卷後編十卷附一卷　(英國)虎伯撰　(清)舒高第口譯　(清)趙元益筆述　清光緒江南機器製造總局刻本　十二冊　十行二十二字上下黑口左右雙邊

610000－1001－0005618　普0002989

內科理法前編六卷後編十卷附一卷　(英國)虎伯撰　(清)舒高第口譯　(清)趙元益筆述

清光緒江南機器製造總局刻本　十二冊　十行二十二字上下黑口左右雙邊

610000－1001－0005619　普0002990

增注類證活人書二十二卷釋音一卷藥性一卷　(宋)朱肱撰　(明)吳勉學校　清末刻本　四冊　十行二十字小字雙行同上下黑口左右雙邊

610000－1001－0005620　普0002991

世補齋醫書前集六種後集四種附五種　(清)陸懋修撰　清光緒十年至宣統二年(1884－1910)刻本　十八冊　十行二十三字白口四周雙邊

610000－1001－0005621　普0002992

六科證治準繩　(明)王肯堂輯　(清)程永培校　清光緒十八年(1892)廣州石經堂刻本　七十冊　十行二十字小字雙行同白口左右雙邊

610000－1001－0005622　普0002993

西藥略釋四卷　(清)孔繼良撰　(美國)嘉約翰校正　清光緒十二年(1886)刻本　四冊　十行二十四字小字雙行四十八字白口四周雙邊

610000－1001－0005623　普0002994

醫學金針八卷　(清)陳念祖撰　(清)潘霨增輯　清光緒四年(1878)潘氏敏德堂刻本　四冊　八行十八字白口四周雙邊

610000－1001－0005624　普0002995

胎產心法三卷　(清)閻純璽撰　清道光二十七年(1847)刻本　五冊　九行二十三字白口四周雙邊

610000－1001－0005625　普0002997

註解傷寒論十卷論圖一卷　(漢)張仲景述　(晉)王叔和撰　(金)成無己註　**傷寒明理論四卷**　(金)成無己撰　清光緒六年(1880)刻本　六冊　十行二十字小字雙行同白口左右雙邊　缺二卷(一至二)

610000－1001－0005626　普0002998

西醫略論三卷　(英國)合信　(清)管茂材撰

清咸豐七年(1857)上海仁濟醫館刻本　一冊　十行二十四字小字雙行同白口四周雙邊

610000－1001－0005627　普0002999

西醫略論三卷　（英國）合信　（清）管茂材撰
清咸豐七年(1857)上海仁濟醫館刻本　一冊　十行二十四字小字雙行同白口四周雙邊

610000－1001－0005628　普0003000

中藏經八卷華佗內照法一卷　（漢）華佗撰（清）徐舜山重校　清光緒六年(1880)上虞徐氏刻本　二冊　九行二十五字小字雙行同白口左右雙邊

610000－1001－0005629　普0003002

仲景全書五種　（漢）張仲景撰　清光緒二十年(1894)成都崇文齋鄧氏刻本　九冊　十一行二十二字白口左右雙邊　存四種

610000－1001－0005630　普0003003

醫醇賸義四卷醫方論四卷　（清）費伯雄撰（清）費應蘭編次　清光緒十四年(1888)上海掃葉山房刻本　六冊　八行十八字小字雙行同白口左右雙邊

610000－1001－0005631　普0003005

唐王燾先生外臺秘要方四十卷　（唐）王燾撰（宋）林億等校正　清同治十三年(1874)廣東翰墨園刻本　四十冊　十行二十二字小字雙行同白口上下雙邊

610000－1001－0005632　普0003006

本草述三十二卷首一卷　（清）劉若金撰（清）薛恮校　清嘉慶十五年(1810)武進薛氏還讀山房刻本　十五冊　十行二十字小字雙行同白口左右雙邊　存二十五卷(八至三十二)

610000－1001－0005633　普0003007

食物本草會纂十二卷圖六卷　（清）沈李龍纂輯　清嘉慶八年(1803)金陵致和堂刻本　六冊　十一行二十二字小字雙行同白口四周單邊　缺六卷(會纂七至十二)

610000－1001－0005634　普0003009

婦嬰三書十八卷　（清）沈金鰲（清）強健撰

（清）朱增惠校　清同治元年(1862)上海醉六堂刻本　六冊　十二行二十五字小字雙行同白口左右雙邊

610000－1001－0005635　普0003011

摘星樓治痘全書十八卷　（明）朱一麟撰（清）朱法訂補　（清）朱萊參校　清道光六年(1826)耕樂堂刻本　十冊　九行二十字小字雙行同白口左右雙邊

610000－1001－0005636　普0003012

時病論八卷　（清）雷豐著　（清）劉賓臣鑒定　清光緒十年(1884)雷氏愼修堂刻本　四冊　八行二十字小字雙行同白口左右雙邊

610000－1001－0005637　普0003013

惡核良方釋疑一卷　（清）勞守愼輯　清光緒二十九年(1903)刻本　一冊　九行二十四字白口左右雙邊

610000－1001－0005638　普0003014

十三科絳雪園古方選注十五卷　（清）王子接注　（清）葉桂校　清掃葉山房刻本　四冊　十行二十二字小字雙行同白口左右雙邊

610000－1001－0005639　普0003016

全體闡微三卷　（美國）柯為良撰　清光緒十五年(1889)福州聖教醫館石印本　三冊　十二行二十七字白口四周雙邊

610000－1001－0005640　普0003023

新刊纂圖元亨療馬集六卷圖像水黃牛經合併大全二卷　（明）喻本元　（明）喻本亨撰　清光緒十三年(1887)有益堂刻本　六冊　十二行二十四字小字雙行同白口四周單邊

610000－1001－0005641　普0003024

化學衛生論四卷　（英國）真司騰撰　（英國）傅蘭雅口譯　清光緒十六年(1890)上海格致書室刻本　四冊　十行二十二字上下黑口左右雙邊

610000－1001－0005642　普0003029

古今醫案按十卷　（清）俞震纂輯　清宣統元年(1909)上海會文堂書局石印本　十冊　十三行二十八字下黑口四周雙邊

610000 – 1001 – 0005643　普 0003030

經驗良方三卷　（清）陸成本輯　清善成堂刻本　四冊　十行二十字小字雙行同下黑口四周雙邊

610000 – 1001 – 0005644　普 0003031

男女育兒新法四十九章　（日本）中井龍之助撰　（清）誘民子譯　清光緒二十八年（1902）啟智書會鉛印本　一冊　十二行二十九字白口四周雙邊

610000 – 1001 – 0005645　普 0003032

治心免病法二卷　（美國）烏特亨利撰　（英國）傅蘭雅譯　清光緒二十二年（1896）上海格致書室石印本　一冊　十三行二十七字下黑口四周雙邊

610000 – 1001 – 0005646　普 0003033

治心免病法二卷　（美國）烏特亨利撰　（英國）傅蘭雅譯　清光緒二十二年（1896）上海格致書室石印本　一冊　十三行二十七字下黑口四周雙邊

610000 – 1001 – 0005647　普 0003038

洞主仙師白喉治法忌表抉微一卷　（清）耐修子錄注　清光緒二十九年（1903）刻本　一冊　九行二十六字下黑口四周雙邊

610000 – 1001 – 0005648　普 0003039

洞主仙師白喉治法忌表抉微一卷　（清）耐修子錄注　清光緒二十九年（1903）刻本　一冊　九行二十六字下黑口四周雙邊

610000 – 1001 – 0005649　普 0003040

體育圖說二卷　（美國）羅克斯撰　（清）姚受庠筆譯　清光緒三十年（1904）上海廣學會鉛印本　一冊　九行二十字白口四周雙邊

610000 – 1001 – 0005650　普 0003041

保全生命論一卷附一卷　（英國）古蘭肥勒撰　（英國）秀耀春口譯　（清）趙元益筆述　清光緒二十七年（1901）上海石印本　一冊　十行二十二字上下黑口左右雙邊

610000 – 1001 – 0005651　普 0003042

觀聚方要補十卷　（日本）丹波元簡輯　清道光上洋江左書林刻本　五冊　十行二十四字小字雙行同白口四周單邊　存五卷（一、三至四、七、九）

610000 – 1001 – 0005652　普 0003043

普濟應驗良方八卷補遺續補三卷　（清）德軒氏編　清咸豐七年（1857）李光明莊狀元閣刻本　二冊　十行二十二字白口左右雙邊

610000 – 1001 – 0005653　普 0003047

洋務實學新編二卷　（清）傅雲龍編　清光緒二十二年（1896）上海書局石印本　二冊　十四行二十八字上下黑口四周單邊

610000 – 1001 – 0005654　普 0003048

性學舉隅一卷　（美國）丁韙良撰　清光緒三十年（1904）上海廣學會鉛印本　一冊　十一行二十七字白口四周單邊

610000 – 1001 – 0005655　普 0003049

帝國主義不分卷　（日本）浮田和民撰　清光緒二十八年（1902）上海商務印書館鉛印本　一冊　十八行三十三字小字雙行同白口四周雙邊

610000 – 1001 – 0005656　普 0003050

泰西事物起原四卷　（日本）澀江保編　（清）傅運森補譯　清光緒二十八年（1902）上海文明書局鉛印本　二冊　十二行三十一字小字雙行同白口四周雙邊

610000 – 1001 – 0005657　普 0003055

王船山經史論八種　（清）王夫之撰　清光緒二十五年（1899）公記書莊石印本　五冊　十七行三十八字小字雙行同白口四周雙邊　存三種

610000 – 1001 – 0005658　普 0003056

涇渭清濁辨一卷　（清）李殿圖撰　清刻本　一冊　七行十七字小字雙行同白口四周雙邊

610000 – 1001 – 0005659　普 0003057

改良乾坤法竅三卷　（清）范宜賓編　清宣統三年（1911）上海掃葉山房石印本　三冊　二十行四十三字白口四周雙邊

610000 - 1001 - 0005660　普 0003059

地理五訣八卷　（清）趙廷棟撰　清末上海廣
益書局石印本　四冊　二十一行四十四字小
字雙行同白口四周雙邊

610000 - 1001 - 0005661　普 0003061

地理知本金鎖秘二卷　（清）鄧恭撰　清嘉慶
二十一年(1816)夢覺草堂刻本　四冊　十行
二十二字小字雙行同白口四周單邊

610000 - 1001 - 0005662　普 0003062

五行大義五卷　（隋）蕭吉撰　清刻本　二冊
十行二十字小字雙行同上下黑口左右雙邊

610000 - 1001 - 0005663　普 0003063

六壬指南五卷　（清）程起鸞編　（清）陳良謀
注　清刻本　一冊　九行二十三字小字雙行
同白口四周單邊　存三卷(一至三)

610000 - 1001 - 0005664　普 0003064

衛道編二卷　（清）劉紹攽編注　清光緒元年
(1875)刻本　二冊　九行二十一字小字雙行
同白口四周雙邊

610000 - 1001 - 0005665　普 0003066

太乙數統宗大全四十卷　（清）李自明編　清
刻本　十六冊　七行十八字小字雙行同下黑
口四周雙邊

610000 - 1001 - 0005666　普 0003067

開知錄十四卷　（清）張秉直撰　（清）賀瑞麟
校勘　清光緒元年(1875)刻本　四冊　九行
二十字上下黑口四周雙邊

610000 - 1001 - 0005667　普 0003069

九章算術細草圖說九卷　（晉）劉徽注　（唐）
李淳風注釋　（清）李潢譔　清嘉慶二十五年
(1820)刻本　八冊　十行二十字小字雙行同
白口四周雙邊

610000 - 1001 - 0005668　普 0003071

算術啟蒙三卷　（元）朱世傑編　（清）羅士琳
注　清道光二十年(1840)刻本　三冊　十行
十九字白口左右雙邊

610000 - 1001 - 0005669　普 0003072

素書三卷　（漢）黃石公撰　清道光十九年
(1839)刻本　一冊　八行十七字小字雙行同
下黑口四周雙邊

610000 - 1001 - 0005670　普 0003074

七政臺曆不分卷　（清）楊天爵撰　（清）四知
堂輯　清光緒三十年(1904)四知堂刻本　四
冊　九行三十二字小字雙行同白口四周單邊

610000 - 1001 - 0005671　普 0003075

御定大雲輪請雨經二卷　（隋）那連提耶舍譯
清同治十年(1871)湖南通志總局刻本　一
冊　十行二十字小字雙行同白口四周雙邊

610000 - 1001 - 0005672　普 0003076

周易闡真四卷首一卷　（清）劉一明撰　（清）
張陽全校勘　清嘉慶四年(1799)刻本　八冊
九行二十二字白口四周雙邊

610000 - 1001 - 0005673　普 0003078

皇極經世緒言九卷首二卷　（宋）邵雍撰
（明）黃畿洲注　（清）包耀校勘　清道光十年
(1830)錢塘徐樹堂刻本　十冊　九行二十四
字白口四周單邊　缺一卷(首一下)

610000 - 1001 - 0005674　普 0003080

六壬類聚四卷　（清）紀大奎撰　（清）紀壁東
校勘　清光緒刻本　四冊　八行二十字小字
雙行同上下黑口四周單邊

610000 - 1001 - 0005675　普 0003083

六壬粹言六卷首一卷　（清）劉赤江編　清道
光六年(1826)刻本　四冊　九行二十一字白
口四周雙邊

610000 - 1001 - 0005676　普 0003085

金精廖公秘授地學心法正傳畫筴扒砂經四卷
廖金精畫筴撥砂經心法地理學直訓補遺一卷
（宋）廖禹撰　清嘉慶刻本　六冊　九行二
十二字白口四周單邊

610000 - 1001 - 0005677　普 0003086

金精廖公秘授地學心法正傳畫筴扒砂經四卷
廖金精畫筴撥砂經心法地理學直訓補遺一卷
（宋）廖禹撰　清嘉慶刻本　六冊　九行二
十二字白口四周單邊

610000 – 1001 – 0005678　普 0003087

金精廖公秘授地學心法正傳畫筴扒砂經四卷
廖金精畫筴撥砂經心法地理學直訓補遺一卷
附集一卷　（宋）廖禹撰　清嘉慶刻本　五冊
九行二十二字白口四周單邊

610000 – 1001 – 0005679　普 0003087

金精廖公秘授地學心法正傳畫筴扒砂經四卷
廖金精畫筴撥砂經心法地理學直訓補遺一卷
　（宋）廖禹撰　清嘉慶刻本　五冊　九行二
十二字白口四周單邊

610000 – 1001 – 0005680　普 0003088

增訂愼守編十五卷　（清）陳錫蕃訂　清咸豐
四年(1854)刻本　四冊　十二行二十二字白
口左右雙邊

610000 – 1001 – 0005681　普 0003090

小學句讀記六卷　（清）王建常撰　清同治七
年(1868)三原劉氏傳經堂刻本　五冊　十行
二十五字小字雙行同上下黑口四周雙邊

610000 – 1001 – 0005682　普 0003093

海軍調度要言三卷　（英國）拏核甫撰　（清）
舒高第　（清）鄭昌棪譯　清光緒江南機器製
造總局鉛印本　二冊　十行二十二字小字雙
行同白口四周雙邊

610000 – 1001 – 0005683　普 0003095

海軍調度要言三卷　（英國）拏核甫撰　（清）
舒高第　（清）鄭昌棪譯　清光緒江南機器製
造總局鉛印本　二冊　十行二十二字小字雙
行同白口四周雙邊

610000 – 1001 – 0005684　普 0003096

兵船礮法六卷　（美國）水師書院原書　（美
國）金楷理口譯　（清）朱恩錫筆述　（清）李
鳳苞刪潤　清光緒江南機器製造總局刻本
三冊　十行二十二字小字雙行同上下黑口左
右雙邊

610000 – 1001 – 0005685　普 0003097

兵船礮法六卷　（美國）水師書院原書　（美
國）金楷理口譯　（清）朱恩錫筆述　（清）李
鳳苞刪潤　清光緒江南機器製造總局刻本

三冊　十行二十二字小字雙行同上下黑口左
右雙邊

610000 – 1001 – 0005686　普 0003098

兵船礮法六卷　（美國）水師書院原書　（美
國）金楷理口譯　（清）朱恩錫筆述　（清）李
鳳苞刪潤　清光緒江南機器製造總局刻本
三冊　十行二十二字上下黑口左右雙邊

610000 – 1001 – 0005687　普 0003099

製火藥法三卷　（英國）利稼孫　（英國）華得
斯輯　（英國）傅蘭雅口譯　（清）丁樹棠筆述
　清末江南機器製造總局刻本　一冊　十行
二十二字上下黑口左右雙邊

610000 – 1001 – 0005688　普 0003100

洪瓣百金方十四卷首一卷　（清）惠麓酒民編
次　（清）玉厄居士重訂　清刻本　八冊　九
行二十三字小字雙行同白口四周單邊

610000 – 1001 – 0005689　普 0003103

礮學六種　（清）趙鏡波　（清）姚志善編　清
光緒三十二年(1906)北洋陸軍編譯局石印本
　六冊　九行二十四字小字雙行同白口四周
雙邊

610000 – 1001 – 0005690　普 0003104

礮學六種　（清）趙鏡波　（清）姚志善編　清
光緒三十二年(1906)北洋陸軍編譯局石印本
　六冊　九行二十四字小字雙行同白口四周
雙邊

610000 – 1001 – 0005691　普 0003105

礮學六種　（清）趙鏡波　（清）姚志善編　清
光緒三十二年(1906)北洋陸軍編譯局石印本
　六冊　九行二十四字小字雙行同白口四周
雙邊

610000 – 1001 – 0005692　普 0003106

壕壍私議一卷　（清）劉光蕡撰　清刻本　一
冊　十行二十四字小字雙行同白口四周單邊

610000 – 1001 – 0005693　普 0003107

地理辨正直解五卷天元五歌闡義五卷心眼指
要四卷　（清）蔣平階撰　（清）姜垚辨正
(清)章仲山直解　清經元堂刻本　六冊　九

行二十一字小字雙行同白口左右雙邊

610000－1001－0005694　普0003110
中西骨格辨正七卷　（清）劉廷楨輯　清光緒二十九年(1903)上海廣學會鉛印本　二冊十五行三十四字小字雙行同白口四周雙邊

610000－1001－0005695　普0003112
險異錄圖說合覽不分卷　（清）豫師撰　（清）錢寶書繪　清光緒十四年(1888)石印本　二冊七行十六字白口四周雙邊

610000－1001－0005696　普0003113
新製諸器圖說一卷　（明）王徵撰　清道光十年(1830)來鹿堂刻本　一冊　九行十八字小字雙行同白口四周雙邊

610000－1001－0005697　普0003114
遠西奇器圖說錄最三卷　（明）王徵譯繪（德國）鄧玉函口授　清道光十年(1830)來鹿堂刻本　三冊　九行二十字小字雙行同白口左右雙邊

610000－1001－0005698　普0003115
勾股邊角相求圖解舉隅一卷　（清）吳和翱撰清光緒二十四年(1898)刻本　一冊　二十行二十字白口四周雙邊

610000－1001－0005699　普0003116
困學紀聞二十卷　（宋）王應麟撰　清同治九年(1870)揚州書局刻本　六冊　十一行二十字小字雙行二十九字白口左右雙邊

610000－1001－0005700　普0003117
山法全書二卷　（清）葉泰撰　清刻本　四冊九行二十一字小字雙行三十三字白口四周單邊

610000－1001－0005701　普0003118
困學紀聞注二十卷　（宋）王應麟撰　（清）翁元圻注　清道光二十九年(1849)刻本　十五冊　十一行二十字小字雙行三十一字白口左右雙邊

610000－1001－0005702　普0003121
訓士一卷　（清）王植輯　清光緒十三年

(1887)關中書院刻本　一冊　六行二十四字白口四周雙邊

610000－1001－0005703　普0003122
訓士一卷　（清）王植輯　清光緒十三年(1887)關中書院刻本　一冊　六行二十四字白口四周雙邊

610000－1001－0005704　普0003123
訓士一卷　（清）王植輯　清光緒十三年(1887)關中書院刻本　一冊　六行二十四字白口四周雙邊

610000－1001－0005705　普0003125
重定齊家寶要二卷　（清）張文嘉　（清）張仲嘉輯　清刻本　四冊　九行二十字小字雙行同白口四周雙邊

610000－1001－0005706　普0003126
浮邱子十二卷　（清）湯鵬撰　清同治四年(1865)刻本　四冊　十二行二十九字白口四周雙邊

610000－1001－0005707　普0003127
退思說略六卷　（清）吳協輯　清同治十一年(1872)刻本　六冊　十行二十四字白口四周雙邊

610000－1001－0005708　普0003134
尸子存疑一卷尸子二卷　（戰國）尸佼撰（清）汪繼培輯　清光緒三年(1877)浙江書局刻本　一冊　九行二十一字小字雙行同白口左右雙邊

610000－1001－0005709　普0003135
古學記問錄十五卷　（清）吳蔚文輯　清同治四年(1865)式義堂刻本　八冊　十一行二十四字白口四周雙邊

610000－1001－0005710　普0003136
歐可雜著六卷詩鈔十四卷　（清）龔鉽撰　清道光七年(1827)刻本　八冊　八行二十字小字雙行同白口四周雙邊

610000－1001－0005711　普0003137
返性圖十卷　（□）□□撰　清光緒二十一年

(1895)符心耀刻本　十冊　九行二十三字小字雙行同白口左右雙邊

610000－1001－0005712　普0003141
嘐嘐言六卷　（清）郭柏蔭撰　清同治十年（1871）刻本　一冊　九行二十一字白口四周雙邊

610000－1001－0005713　普0003145
論理學綱要一卷　（日本）十時彌撰　（清）田吳炤譯　清光緒二十九年（1903）上海商務印書館鉛印本　一冊　十五行三十二字上下黑口四周單邊

610000－1001－0005714　普0003146
論理學綱要一卷　（日本）十時彌撰　（清）田吳炤譯　清光緒二十九年（1903）上海商務印書館鉛印本　一冊　十五行三十二字上下黑口四周單邊

610000－1001－0005715　普0003148
群學肄言十六卷　（英國）斯賓塞爾撰　嚴復譯　清光緒二十九年（1903）上海文明書局鉛印本　四冊　十一行二十七字白口四周雙邊

610000－1001－0005716　普0003149
群學肄言十六卷　（英國）斯賓塞爾撰　嚴復譯　清光緒二十九年（1903）上海文明書局鉛印本　四冊　十一行二十七字白口四周雙邊

610000－1001－0005717　普0003150
舉業新編不分卷　（清）黃蘭芳編　清光緒二十八年（1902）青雲社木活字印本　四冊　十行二十二字白口四周雙邊

610000－1001－0005718　普0003152
養正遺規摘鈔二卷補鈔一卷　（清）陳宏謀輯　清光緒關中味經官書局刻本　一冊　十行二十四字小字雙行同白口左右雙邊

610000－1001－0005719　普0003153
養正遺規摘鈔二卷補鈔一卷　（清）陳宏謀輯　清光緒關中味經官書局刻本　一冊　十行二十四字小字雙行同白口左右雙邊

610000－1001－0005720　普0003154

養正遺規摘鈔二卷補鈔一卷　（清）陳宏謀輯　清光緒關中味經官書局刻本　一冊　十行二十四字小字雙行同白口左右雙邊

610000－1001－0005721　普0003155
學仕遺規四卷補四卷　（清）陳宏謀輯　清光緒五年（1879）江蘇書局刻本　五冊　十一行二十一字白口左右雙邊

610000－1001－0005722　普0003158
五種遺規　（清）陳宏謀輯　清同治七年（1868）湖北崇文書局刻本　八冊　十行二十二字小字雙行同白口四周雙邊

610000－1001－0005723　普0003159
五種遺規　（清）陳宏謀輯　清同治七年（1868）湖北崇文書局刻本　七冊　十行二十二字小字雙行同白口四周雙邊　存四種

610000－1001－0005724　普0003160
五種遺規　（清）陳宏謀輯　清光緒二十二年（1896）經綸元記刻本　七冊　十行二十字小字雙行同上下黑口左右雙邊　存四種

610000－1001－0005725　普0003161
知新編六卷　（清）求艾室主人選　清光緒二十八年（1902）宜章學署刻本　五冊　十行二十四字小字雙行同上下黑口左右雙邊

610000－1001－0005726　普0003163
訓俗遺規四卷　（清）陳宏謀編　清光緒十六年（1890）陝西求友齋刻本　二冊　十行二十四字小字雙行同白口左右雙邊

610000－1001－0005727　普0003164
晏子春秋八卷　（春秋）晏嬰撰　清光緒元年（1875）湖北崇文書局刻本　二冊　十二行二十四字上下黑口四周雙邊

610000－1001－0005728　普0003165
清秘述聞十六卷　（清）法式善編　清嘉慶四年（1799）刻本　六冊　十二行二十四字上下黑口四周單邊

610000－1001－0005729　普0003176
疇人傳四十六卷　（清）阮元撰　續編六卷

（清）羅士琳撰　三編七卷　（清）諸可寶撰

近代疇人著述記一卷　（清）華世芳撰　清光緒二十二年(1896)上海璣衡堂石印本　六冊　二十行四十二字小字雙行同白口四周雙邊

610000－1001－0005730　普0003177

疇人傳四十六卷　（清）阮元撰　**續編六卷**（清）羅士琳撰　三編七卷　（清）諸可寶撰

近代疇人著述記一卷　（清）華世芳撰　清光緒二十二年(1896)上海璣衡堂石印本　六冊　二十行四十二字小字雙行同白口四周雙邊

610000－1001－0005731　普0003183

經世博議四卷　（清）陳虹撰　清光緒二十四年(1898)刻本　一冊　十行二十一字小字雙行同上下黑口左右雙邊

610000－1001－0005732　普0003188

鰲頭通書大全十卷　（明）熊宗立撰　清末上海廣益書局石印本　十二冊　二十行三十二字白口四周雙邊

610000－1001－0005733　普0003189

新學彙編四卷　（美國）林樂知撰　（清）蔡爾康編　清光緒二十四年(1898)上海廣學會鉛印本　四冊　十三行四十字小字雙行同白口四周單邊

610000－1001－0005734　普0003190

大唐開元占經一百二十卷　（唐）瞿曇悉達等修　清光緒恆德堂刻本　二十四冊　十行二十字小字雙行同白口四周雙邊

610000－1001－0005735　普0003193

增補地理直指原真大全三卷首一卷　（清）釋如玉撰　清末上海校經山房石印本　四冊　十八行三十二字白口四周雙邊

610000－1001－0005736　普0003196

雪心賦正解四卷　（唐）卜應天撰　（清）孟浩注　清宣統三年(1911)上海廣益書局石印本　二冊　十九行三十四字小字雙行同白口四周單邊

610000－1001－0005737　普0003197

三命通會十二卷　（明）萬民英撰　清宣統元

年(1909)上海江左書林石印本　十二冊　二十一行四十五字白口四周雙邊

610000－1001－0005738　普0003198

地理錄要四卷　（清）蔣平階撰　（清）于楷校刊　清光緒元年(1875)宏道堂刻本　四冊　九行二十字小字雙行同白口四周單邊

610000－1001－0005739　普0003199

柳氏家藏三元總錄三卷　（明）柳洪泉撰　清道光五年(1825)刻本　二冊　十行二十四字小字雙行同白口四周單邊

610000－1001－0005740　普0003200

大六壬尋原四集　（清）張純照輯　清光緒十四年(1888)學庫山房刻本　四冊　九行二十字白口四周單邊

610000－1001－0005741　普0003200

譯書提要一卷　（清）考察政治大臣輯　清光緒三十三年(1907)政治官報局鉛印本　一冊　十六行三十六字四周雙邊

610000－1001－0005742　普0003201

中外經世緒言十六卷　（清）余貽範撰　清光緒二十一年(1895)上海文盛堂石印本　八冊　十三行三十七字白口四周雙邊

610000－1001－0005743　普0003202

中外經世緒言十六卷　（清）余貽範撰　清光緒二十一年(1895)上海文盛堂石印本　八冊　十三行三十七字白口四周雙邊

610000－1001－0005744　普0003203

中外經世緒言十六卷　（清）余貽範撰　清光緒二十一年(1895)上海文盛堂石印本　八冊　十三行三十七字白口四周雙邊

610000－1001－0005745　普0003204

中外經世緒言續編八卷　（清）海上閒鷗輯清光緒二十四年(1898)石印本　八冊　十四行三十六字白口四周雙邊

610000－1001－0005746　普0003205

中外經世緒言續編八卷　（清）海上閒鷗輯清光緒二十四年(1898)石印本　八冊　十四

行三十六字白口四周雙邊

610000－1001－0005747　普0003206

中外經世緒言三編二十卷　（清）廬山老人輯
　清光緒二十四年（1898）上海文盛書局石印
本　八冊　十四行三十六字白口四周雙邊

610000－1001－0005748　普0003207

中外經世緒言三編二十卷　（清）廬山老人撰
　清光緒二十四年（1898）上海文盛書局石印
本　八冊　十四行三十六字白口四周雙邊

610000－1001－0005749　普0003208

時務新書八種　（清）杞憂生輯　清光緒梧岡
精舍石印本　六冊　行數不等字數不等白口
四周雙邊

610000－1001－0005750　普0003209

增廣時務新策十二卷　（清）□□輯　清光緒
二十三年（1897）石印本　六冊　二十行四十
字白口四周雙邊

610000－1001－0005751　普0003210

增廣時務新策十二卷　（清）□□輯　清光緒
二十三年（1897）石印本　六冊　二十行四十
字白口四周雙邊

610000－1001－0005752　普0003211

增廣時務新策十二卷　（清）□□輯　清光緒
二十三年（1897）石印本　六冊　二十行四十
字白口四周雙邊

610000－1001－0005753　普0003212

洋務新論六卷亞東救時論議二卷　（英國）李
提摩太撰　（清）仲英輯　清光緒二十年
（1894）史隱仙館石印本　八冊　十七行三十
五字白口四周雙邊

610000－1001－0005754　普0003213

洋務新論六卷亞東救時論議二卷　（英國）李
提摩太撰　（清）仲英輯　清光緒二十年
（1894）史隱仙館石印本　八冊　十七行三十
五字白口四周雙邊

610000－1001－0005755　普0003214

日本地理兵要十卷日本會計錄四卷　（清）姚

文棟撰　（清）臧毓麒校勘　（清）胡廣淵覆校
　清光緒二十年（1894）寶善書局石印本　六
冊　十九行三十八字白口四周雙邊

610000－1001－0005756　普0003215

經理須知三卷　（清）馮國璋鑒定　清光緒三
十二年（1906）北洋武備翻譯局鉛印本　三冊
　十行二十五字白口四周雙邊

610000－1001－0005757　普0003216

經理須知三卷　（清）馮國璋鑒定　清光緒三
十二年（1906）北洋武備翻譯局鉛印本　三冊
　十行二十五字白口四周雙邊

610000－1001－0005758　普0003217

經理須知三卷　（清）馮國璋鑒定　清光緒三
十二年（1906）北洋武備翻譯局鉛印本　三冊
　十行二十五字白口四周雙邊

610000－1001－0005759　普0003222

疇人傳四十六卷　（清）阮元撰　**續傳六卷**
（清）羅士琳續補　清光緒八年（1882）海鹽常
惺齋張氏刻本　十二冊　十行二十字小字雙
行同白口左右雙邊

610000－1001－0005760　普0003223

天演論二卷　（英國）赫胥黎撰　嚴復譯　清
光緒二十九年（1903）鉛印本　一冊　十四行
三十二字白口四周單邊

610000－1001－0005761　普0003224

天演論二卷　（英國）赫胥黎撰　嚴復譯　清
光緒二十一年（1895）陝西味經售書處刻本
二冊　十行二十二字白口左右雙邊

610000－1001－0005762　普0003225

天演論二卷　（英國）赫胥黎撰　嚴復譯　清
光緒二十一年（1895）陝西味經售書處刻本
二冊　十行二十二字白口左右雙邊

610000－1001－0005763　普0003226

天演論二卷　（英國）赫胥黎撰　嚴復撰　清
光緒二十一年（1895）陝西味經售書處刻本
二冊　十行二十二字白口左右雙邊

610000－1001－0005764　普0003229

讀勸學編書後不分卷 （清）陳鼎撰 清光緒
刻本 一冊 十三行二十八字上下黑口四周
雙邊

610000 － 1001 － 0005765 普 0003230
正譌八卷 （清）劉沅著 清咸豐四年（1854）
清和月刻本 四冊 九行二十二字白口左右
雙邊

610000 － 1001 － 0005766 普 0003231
老學庵筆記十卷 （宋）陸游撰 清光緒三年
（1877）湖北崇文書局刻本 二冊 十二行二
十四字上下黑口四周雙邊

610000 － 1001 － 0005767 普 0003232
籌算三卷 （清）梅文鼎撰 清光緒十三年
（1887）陝西求友齋刻本 二冊 十行二十四
字小字雙行同白口四周雙邊

610000 － 1001 － 0005768 普 0003233
日知錄集釋三十二卷 （清）顧炎武撰 （清）
黃汝成集釋 清同治元年（1862）湖北崇文書
局刻本 十六冊 十一行二十二字小字雙行
同上下黑口四周雙邊

610000 － 1001 － 0005769 普 0003234
日知錄集釋三十二卷刊誤二卷續刊誤二卷
（清）顧炎武撰 （清）黃汝成集釋 清同治十
一年（1872）崇文書局刻本 十六冊 十一行
二十二字小字雙行同上下黑口四周雙邊

610000 － 1001 － 0005770 普 0003235
日知錄三十二卷之餘四卷菰中隨筆一卷
（清）顧炎武撰 清道光十二年（1832）刻本
二十冊 十一行二十二字小字雙行同白口左
右雙邊

610000 － 1001 － 0005771 普 0003236
訟過齋日記六卷 （清）毛輝鳳撰 清同治十
一年（1872）刻本 二冊 九行二十二字上下
黑口四周雙邊

610000 － 1001 － 0005772 普 0003238
聖諭廣訓不分卷 （清）聖祖玄燁撰 （清）世
宗胤禛廣訓 清刻本 二冊 九行二十一字
白口四周雙邊

610000 － 1001 － 0005773 普 0003239
聖諭廣訓不分卷 （清）聖祖玄燁撰 （清）世
宗胤禛廣訓 清光緒二十四年（1898）刻本
四冊 九行二十一字白口四周單邊

610000 － 1001 － 0005774 普 0003240
聖諭像解二十卷 （清）梁延年編 清光緒二
十八年（1902）刻本 十冊 十行二十一字白
口四周單邊

610000 － 1001 － 0005775 普 0003241
聖諭像解二十卷 （清）梁延年編 清光緒二
十八年（1902）刻本 十冊 十行二十一字白
口四周單邊

610000 － 1001 － 0005776 普 0003242
聖諭像解二十卷 （清）梁延年撰 清光緒二
十八年（1902）刻本 十冊 十行二十一字白
口四周單邊

610000 － 1001 － 0005777 普 0003243
開有益齋讀書志六卷續志一卷金石文字記一
卷 （清）朱緒曾撰 清光緒六年（1880）金陵
翁氏茹古閣刻本 四冊 十行二十一字白口
左右雙邊

610000 － 1001 － 0005778 普 0003244
吳氏遺箸五卷 （清）吳夌雲撰 清光緒十七
年（1891）廣雅書局刻本 二冊 十行二十四
字小字雙行同上下黑口四周單邊

610000 － 1001 － 0005779 普 0003245
御製勸善要言一卷 （清）世祖福臨撰 清刻
本 一冊 八行二十一字白口四周雙邊

610000 － 1001 － 0005780 普 0003246
蕉窗囈語六卷 （清）汪荊川撰 清道光二十
四年（1844）汲古堂刻本 四冊 七行二十一
字小字雙行同白口四周雙邊

610000 － 1001 － 0005781 普 0003247
前守寶錄五卷後守寶錄二十卷 （清）魁聯撰
清同治十三年（1874）廣州刻本 八冊 十
行二十一字小字雙行同上黑口四周雙邊

610000 － 1001 － 0005782 普 0003248

簡農部夢遊記一卷　（清）蔡以璂撰　清光緒
三十一年(1905)刻本　一冊　十行二十二字
白口四周雙邊

610000－1001－0005783　普0003250
勸學篇二卷　（清）張之洞撰　清光緒二十四
年(1898)味經刊書處刻本　一冊　十行二十
四字小字雙行同白口左右雙邊

610000－1001－0005784　普0003251
過庭錄十六卷　（清）宋翔鳳撰　清光緒七年
(1881)會稽章氏刻本　四冊　十一行二十一
字小字雙行同黑口四周單邊

610000－1001－0005785　普0003255
經學導言一卷　鄔慶時撰　清光緒三十一年
(1905)刻本　一冊　十行二十字小字雙行同
白口左右雙邊

610000－1001－0005786　普0003259
勸學篇二卷　（清）張之洞撰　清光緒二十四
年(1898)菁華報館刻本　一冊　十一行二十
五字小字雙行同上下黑口四周單邊

610000－1001－0005787　普0003260
勸學篇二卷　（清）張之洞撰　清光緒二十四
年(1898)菁華報館刻本　一冊　十一行二十
五字小字雙行同上下黑口四周單邊

610000－1001－0005788　普0003261
勸學篇二卷　（清）張之洞撰　清光緒二十四
年(1898)菁華報館刻本　一冊　十一行二十
五字小字雙行同上下黑口四周單邊

610000－1001－0005789　普0003262
時務詞林二卷　（清）汪先彌編　清光緒二十
二年(1896)明達學社刻本　一冊　十一行二
十四字小字雙行同白口四周雙邊

610000－1001－0005790　普0003265
菰中隨筆一卷　（清）顧炎武撰　清末上海文
瑞樓石印本　二冊　十四行三十二字白口四
周雙邊

610000－1001－0005791　普0003266
聖諭像解二十卷　（清）梁延年輯　清光緒五

年(1879)上海點石齋石印本　四冊　十三行
三十字小字雙行同白口四周單邊

610000－1001－0005792　普0003270
各國鐵路圖考四卷　（清）劉啟彤譯述　清光
緒二十四年(1898)上海書局石印本　七冊
十行二十四字小字雙行同上黑口四周雙邊

610000－1001－0005793　普0003271
各國鐵路圖考四卷　（清）劉啟彤譯述　清光
緒二十四年(1898)上海書局石印本　八冊
十行二十四字小字雙行同上黑口四周雙邊

610000－1001－0005794　普0003273
草廬經略十二卷　（明）□□撰　清光緒七年
(1881)粵雅堂刻本　四冊　十四行二十七字
白口四周單邊

610000－1001－0005795　普0003278
中國現勢論不分卷　（清）出洋學生編輯所譯
述　清末味經官書局鉛印本　二冊　十一行
二十五字白口四周雙邊

610000－1001－0005796　普0003279
中國現勢論不分卷　（清）出洋學生編輯所譯
述　清末味經官書局鉛印本　二冊　十一行
二十五字小字雙行同白口四周雙邊

610000－1001－0005797　普0003285
聖諭廣訓不分卷　（清）聖祖玄燁撰　（清）世
宗胤禛廣訓　清刻本　一冊　十行二十字小
字雙行同白口四周雙邊

610000－1001－0005798　普0003286
庸書內篇二卷外篇二卷　（清）陳次亮撰　清
光緒二十四年(1898)刻本　四冊　十行二十
三字白口左右雙邊

610000－1001－0005799　普0003289
事物紀原十卷　（宋）高承撰　（明）李果考訂
　（清）李錫齡校刊　清末惜陰軒刻本　十冊
　十行二十二字小字雙行同上下黑口四周
單邊

610000－1001－0005800　普0003290
事物紀原十卷　（宋）高承撰　（明）李果考訂

（清)李錫齡校刊　清末惜陰軒刻本　十冊
十行二十二字小字雙行同上下黑口四周
單邊

610000－1001－0005801　普0003291
事物紀原十卷　（宋)高承撰　（明)李果考訂
（清)李錫齡校刊　清末惜陰軒刻本　十冊
十行二十二字小字雙行同上下黑口四周
單邊

610000－1001－0005802　普0003292
千字文一卷續千字文一卷廣千字文一卷
（南朝梁)周興嗣等撰　清解梁書院刻本　一
冊　四行八字下黑口左右雙邊

610000－1001－0005803　普0003307
讀書紀數略五十四卷　（清)宮夢仁撰　（清)
宋澤元校刊　清光緒六年(1880)懺花盦刻本
十二冊　十行二十一字小字雙行同白口左
右雙邊

610000－1001－0005804　普0003308
養蒙正規不分卷　（瑞士)柏思大羅齊撰
（英國)秀耀春　（清)汪振聲譯　清光緒江南
機器製造總局鉛印本　一冊　十行二十四字
白口四周雙邊

610000－1001－0005805　普0003309
北行日札一卷　（清)王弘撰撰　（清)王凌霄
校刊　清光緒二十年(1894)刻本　一冊　九
行二十字白口四周單邊

610000－1001－0005806　普0003309
待菴日札一卷西歸日札一卷　（清)王弘撰撰
（清)李慶龍評　清光緒二十六年(1900)刻
本　一冊　九行十九字白口四周單邊

610000－1001－0005807　普0003310
書敘指南二十卷　（宋)任廣撰　（清)李錫齡
編　清末惜陰軒刻本　四冊　十行二十字小
字雙行同上下黑口四周單邊

610000－1001－0005808　普0003311
書敘指南二十卷　（宋)任廣撰　（清)李錫齡
校訂　清末惜陰軒刻本　四冊　十行二十字
小字雙行同上下黑口四周單邊

610000－1001－0005809　普0003312
讀書雜志八十二卷餘編二卷　（清)王念孫撰
清同治九年(1870)金陵書局刻本　二十四
冊　十行二十一字小字雙行同白口四周雙邊

610000－1001－0005810　普0003313
讀書雜志八十二卷餘編二卷　（清)王念孫撰
清同治九年(1870)金陵書局刻本　二十四
冊　十行二十一字小字雙行同白口四周雙邊
缺三卷(一至三)

610000－1001－0005811　普0003316
時務通攷三十一卷首一卷　（清)杞廬主人輯
清光緒二十三年(1897)點石齋石印本　二
十四冊　二十行四十四字小字雙行同下黑口
四周雙邊

610000－1001－0005812　普0003317
時務通攷八十二卷　（清)陳驤等輯　清光緒
二十三年(1897)湖南求賢書院刻本　二十四
冊　十二行二十五字白口四周雙邊

610000－1001－0005813　普0003318
時務通攷續編三十一卷　（清)點石齋主人輯
清光緒二十七年(1901)點石齋石印本　十
六冊　二十一行四十五字小字雙行同下黑口
四周雙邊

610000－1001－0005814　普0003319
時務通攷續編三十一卷　（清)點石齋主人輯
清光緒二十七年(1901)點石齋石印本　十
六冊　二十一行四十五字小字雙行同下黑口
四周雙邊

610000－1001－0005815　普0003320
各國藝學政治輿地考五十六卷　（清)□□編
清光緒二十八年(1902)石印本　十四冊
十四行三十四字白口四周雙邊

610000－1001－0005816　普0003321
耳食錄五卷　（清)樂鈞撰　清末上海進步書
局石印本　二冊　十四行三十五字上下黑口
四周雙邊

610000－1001－0005817　普0003322
夜雨秋燈錄初集四卷續集四卷三集四卷

(清)宣鼎撰　清末上海進步書局石印本　四
冊　十四行三十五字上下黑口四周雙邊

610000－1001－0005818　普0003323

庸書內篇二卷外篇二卷　(清)陳次亮撰　清
光緒二十四年(1898)慎記書莊石印本　七冊
　十行二十三字白口左右雙邊

610000－1001－0005819　普0003324

兩般秋雨盦隨筆八卷　(清)梁紹壬撰　清末
上海進步書局石印本　六冊　十四行三十五
字上下黑口四周雙邊

610000－1001－0005820　普0003325

金壺七墨六種　(清)黃鈞宰撰　清末上海進
步書局石印本　四冊　十四行三十五字上下
黑口四周雙邊

610000－1001－0005821　普0003326

變法平議一卷　(清)張殿撰　清光緒二十七
年(1901)鉛印本　一冊　十五行三十字白口
四周雙邊

610000－1001－0005822　普0003327

勸學篇二卷　(清)張之洞撰　清光緒二十四
年(1898)刻本　一冊　十行二十三字小字雙
行同黑口左右雙邊

610000－1001－0005823　普0003328

勸學篇二卷　(清)張之洞撰　清光緒二十四
年(1898)刻本　一冊　十行二十三字小字雙
行同黑口左右雙邊

610000－1001－0005824　普0003329

勸學篇二卷　(清)張之洞撰　清光緒二十四
年(1898)刻本　一冊　十行二十三字小字雙
行同黑口左右雙邊

610000－1001－0005825　普0003330

盛世危言五卷　(清)鄭觀應撰　清光緒二十
一年(1895)上海古香閣鉛印本　五冊　十二
行三十一字白口四周單邊

610000－1001－0005826　普0003331

盛世危言六卷續編四卷　(清)鄭觀應撰　清
光緒二十二年(1896)上海書局石印本　十冊

十二行二十八字白口四周雙邊

610000－1001－0005827　普0003334

洋務備考十六卷　(清)沈維堉撰　清光緒二
十二年(1896)上海書局石印本　六冊　十四
行三十七字白口四周雙邊

610000－1001－0005828　普0003339

治家格言繹義一卷　(清)朱用純撰　(清)戴
翊清繹義　清宣統元年(1909)無錫大文齋印
刷所石印本　一冊　十四行三十四字白口四
周單邊

610000－1001－0005829　普0003341

人生必讀書十二卷　(清)唐彪輯　清道光二
十二年(1842)刻本　二十三冊　八行二十二
字小字雙行同上下黑口四周雙邊　存十一卷
(一至三、五至十二)

610000－1001－0005830　普0003342

癸巳類稿十五卷　(清)俞正燮撰　清光緒五
年(1879)會稽章氏刻本　十二冊　十二行二
十四字白口左右雙邊

610000－1001－0005831　普0003344

日本現勢論一卷　(日本)東邦協會編　(清)
養浩齋主人譯　清光緒二十八年(1902)上海
廣智書局鉛印本　一冊　十二行二十七字白
口四周雙邊

610000－1001－0005832　普0003345

**粟香隨筆八卷二筆八卷三筆八卷四筆八卷五
筆八卷**　金武祥撰　清光緒上海掃葉山房石
印本　十六冊　十五行三十二字白口四周
雙邊

610000－1001－0005833　普0003346

困學紀聞注二十卷　(宋)王應麟撰　(清)翁
元圻輯　清光緒十五年(1889)刻本　二十冊
　十行二十字小字雙行同白口左右雙邊

610000－1001－0005834　普0003347

東亞將來大勢論一卷　(日本)持地六三郎撰
　(清)趙必振譯　清光緒二十八年(1902)上
海廣智書局鉛印本　一冊　十二行二十七字
小字雙行三十字白口四周雙邊

610000－1001－0005835　普0003349
初學讀書要略不分卷　(清)葉瀚撰　清光緒
二十四年(1898)味經刊書處刻本　一冊　十
行二十四字白口四周單邊

610000－1001－0005836　普0003351
十駕齋養新錄二十卷餘錄三卷　(清)錢大昕
撰　**錢辛楣先生年譜一卷**　(清)錢慶曾校注
　竹汀居士年譜續編一卷　(清)錢慶曾撰
清光緒二年(1876)浙江書局刻本　八冊　十
行二十三字小字雙行同白口左右雙邊

610000－1001－0005837　普0003352
十駕齋養新錄二十卷餘錄三卷　(清)錢大昕
撰　**錢辛楣先生年譜一卷**　(清)錢慶曾校注
　竹汀居士年譜續編一卷　(清)錢慶曾撰
清光緒二年(1876)浙江書局刻本　八冊　十
行二十三字小字雙行同白口左右雙邊

610000－1001－0005838　普0003353
十駕齋養新錄二十卷餘錄三卷　(清)錢大昕
撰　**錢辛楣先生年譜一卷**　(清)錢慶曾校注
　竹汀居士年譜續編一卷　(清)錢慶曾撰
清光緒二年(1876)浙江書局刻本　八冊　十
行二十三字小字雙行同白口左右雙邊

610000－1001－0005839　普0003354
通雅五十二卷首三卷　(明)方以智輯著
(清)姚文燮校訂　清立教館刻本　二十四冊
　十行二十四字小字雙行同白口四周單邊

610000－1001－0005840　普0003355
通雅五十二卷首三卷　(明)方以智輯著
(清)姚文燮校訂　清立教館刻本　二十四冊
　十行二十四字小字雙行同白口四周單邊

610000－1001－0005841　普0003357
修身第一書不分卷　(□)□□撰　清末民初
刻本　一冊　八行二十五字白口四周雙邊

610000－1001－0005842　普0003359
**重刻宋本夷堅志甲志二十卷乙志二十卷丙志
二十卷丁志二十卷**　(宋)洪邁撰　(清)陸心
源校　清光緒五年(1879)吳興陸氏十萬卷樓
刻本　十二冊　九行十八字小字雙行同上下

黑口四周雙邊

610000－1001－0005843　普0003360
癸巳存稿十五卷　(清)俞正燮撰　清光緒十
年(1884)刻本　八冊　十二行二十四字白口
四周雙邊

610000－1001－0005844　普0003361
陽春白雪八卷外集一卷　(宋)趙聞禮編　清
道光九年(1829)江都秦氏享帚精舍刻本　四
冊　十行二十字小字雙行同白口左右雙邊

610000－1001－0005845　普0003362
山志六卷二集六卷　(清)王弘撰撰　清刻本
　六冊　十行十九字小字雙行同細黑口左右
雙邊

610000－1001－0005846　普0003363
立命功過格不分卷　(□)□□撰　清光緒十
年(1884)刻本　一冊　十一行二十五字小字
雙行同白口四周單邊

610000－1001－0005847　普0003368
增訂二三塲群書備考四卷　(明)袁黃撰
(清)袁儼注　(清)沈昌世增訂　清末民初刻
本　四冊　九行二十一字小字雙行同白口四
周單邊

610000－1001－0005848　普0003369
聖祖仁皇帝庭訓格言不分卷　(清)世宗胤禛
撰　清光緒鉛印本　一冊　九行二十四字白
口四周雙邊

610000－1001－0005849　普0003377
聖祖仁皇帝庭訓格言不分卷　(清)世宗胤禛
撰　清末刻本　二冊　七行二十一字白口四
周雙邊

610000－1001－0005850　普0003378
聖祖仁皇帝庭訓格言不分卷　(清)世宗胤禛
撰　清末刻本　二冊　七行二十一字白口四
周雙邊

610000－1001－0005851　普0003379
經餘必讀八卷　(清)雷琳等輯　清光緒二十
年(1894)尚德堂刻本　四冊　十行二十二字

小字雙行同白口左右雙邊

610000 – 1001 – 0005852　普0003387
等不等觀雜錄八卷　（清）楊文會撰　清末民初刻本　四冊　十行二十字小字雙行同細黑口左右雙邊

610000 – 1001 – 0005853　普0003393
讀書鏡二卷　（明）陳繼儒撰　清咸豐元年（1851）山陰胡學醇刻本　二冊　九行十九字白口四周雙邊

610000 – 1001 – 0005854　普0003394
讀書鏡八卷　（明）陳繼儒撰　清光緒四年（1878）味經書院刻本　二冊　九行十八字白口四周雙邊

610000 – 1001 – 0005855　普0003395
陰晉異函三卷　（清）李汝榛編輯　清道光二十六年（1846）刻本　三冊　九行二十四字小字雙行同白口四周雙邊

610000 – 1001 – 0005856　普0003397
定香亭筆談四卷　（清）阮元撰　（清）吳文溥錄　清光緒二十五年（1899）浙江書局刻本　四冊　十行二十字小字雙行同白口左右雙邊

610000 – 1001 – 0005857　普0003398
求己錄三卷　（清）蘆涇遯士編　清光緒二十二年（1896）刻本　三冊　十行二十二字小字雙行同黑口左右雙邊

610000 – 1001 – 0005858　普0003399
經餘必讀續編八卷　（清）雷琳等輯　清光緒二十年（1894）尚德堂刻本　四冊　十行二十二字小字雙行同白口左右雙邊

610000 – 1001 – 0005859　普0003400
經餘必讀三集四卷　（清）雷琳等輯　清光緒二十年（1894）尚德堂刻本　二冊　十行二十二字小字雙行同白口左右雙邊

610000 – 1001 – 0005860　普0003401
箴銘輯要類編前錄一卷後錄三卷　（清）寇守信輯　清光緒七年（1881）刻本　四冊　九行二十字小字雙行同粗黑口四周雙邊

610000 – 1001 – 0005861　普0003402
公門修行錄不分卷　（清）牛樹梅輯　清同治元年（1862）文雅齋刻本　一冊　十行二十二字小字雙行同白口四周雙邊

610000 – 1001 – 0005862　普0003407
拯溺寶筏不分卷　（清）懷少館主人輯　清光緒八年（1882）鬱文堂刻本　一冊　八行二十三字白口四周雙邊

610000 – 1001 – 0005863　普0003412
清異錄二卷　（宋）陶穀撰　（清）李錫齡校　清末三原李錫齡刻本　二冊　十行二十二字粗黑口四周單邊

610000 – 1001 – 0005864　普0003413
清異錄二卷　（宋）陶穀撰　（清）李錫齡校　清末三原李錫齡刻本　二冊　十行二十二字粗黑口四周單邊

610000 – 1001 – 0005865　普0003414
清異錄二卷　（宋）陶穀撰　（清）李錫齡校　清末三原李錫齡刻本　二冊　十行二十二字粗黑口四周單邊

610000 – 1001 – 0005866　普0003416
聖諭十六條附律易解一卷　（清）聖祖玄燁撰　（清）夏炘繹　清光緒鉛印本　一冊　九行二十二字白口四周雙邊

610000 – 1001 – 0005867　普0003419
輶軒語一卷　（清）張之洞撰　（清）趙維熙增訂　清光緒二十一年（1895）陝西學署刻本　一冊　九行二十一字小字雙行同白口左右雙邊

610000 – 1001 – 0005868　普0003420
輶軒語一卷　（清）張之洞撰　（清）趙維熙增訂　清光緒二十一年（1895）陝西學署刻本　一冊　九行二十一字小字雙行同白口左右雙邊

610000 – 1001 – 0005869　普0003421
輶軒語一卷　（清）張之洞撰　（清）趙維熙增訂　清光緒二十一年（1895）陝西學署刻本　一冊　九行二十一字小字雙行同白口左右雙邊

610000 – 1001 – 0005870　普 0003424

義門讀書記五十八卷　(清)何焯撰　清光緒
六年(1880)刻本　十二冊　十四行二十二字
小字雙行同粗黑口左右雙邊

610000 – 1001 – 0005871　普 0003426

朱子議政錄不分卷　(清)邢廷莢撰　清光緒
二十五年(1899)刻本　一冊　十行二十四字
小字雙行同粗黑口左右雙邊

610000 – 1001 – 0005872　普 0003427

東洋看操察學日記一卷　(清)張望齡撰　清
光緒二十九年(1903)秦中官書局石印本　一
冊　十行二十四字白口四周雙邊

610000 – 1001 – 0005873　普 0003429

元城語錄解三卷行錄解一卷　(明)王崇慶撰
(清)李錫齡校　清道光二十年(1840)刻本
二冊　十行二十二字小字雙行同粗黑口四
周單邊

610000 – 1001 – 0005874　普 0003430

元城語錄解三卷行錄解一卷　(明)王崇慶撰
(清)李錫齡校　清道光二十年(1840)刻本
二冊　十行二十二字小字雙行同粗黑口四
周單邊

610000 – 1001 – 0005875　普 0003431

元城語錄解三卷行錄解一卷　(明)王崇慶撰
(清)李錫齡校　清道光二十年(1840)刻本
二冊　十行二十二字小字雙行同粗黑口四
周單邊

610000 – 1001 – 0005876　普 0003434

**大佛頂如來密因修證了義諸菩薩萬行首楞嚴
經貫珠集十卷**　(明)釋戒潤撰　清刻本　十
冊　八行二十字小字雙行同白口左右雙邊

610000 – 1001 – 0005877　普 0003435

勸學篇二卷　(清)張之洞撰　清光緒二十四
年(1898)刻本　一冊　十行二十三字小字雙
行同下黑口左右雙邊

610000 – 1001 – 0005878　普 0003446

香祖筆記十二卷　(清)王士禎撰　清刻本
二冊　十行十九字白口左右雙邊　存六卷

(四至六、十至十二)

610000 – 1001 – 0005879　普 0003447

**山海經箋疏十八卷附圖贊一卷訂譌一卷敘錄
一卷**　(晉)郭璞傳　(清)郝懿行箋疏　清嘉
慶十四年(1809)琅嬛仙館刻本　四冊　十行
二十四字小字雙行同白口左右雙邊

610000 – 1001 – 0005880　普 0003448

**山海經箋疏十八卷附圖贊一卷訂譌一卷敘錄
一卷**　(晉)郭璞傳　(清)郝懿行箋疏　清嘉
慶十四年(1809)琅嬛仙館刻本　四冊　十行
二十四字小字雙行同白口左右雙邊

610000 – 1001 – 0005881　普 0003450

西國近事彙編三十六卷　(美國)金楷理口譯
(清)姚棻筆述　清光緒二十三年(1897)慎
記書莊石印本　十二冊　二十四行四十四字
白口四周雙邊

610000 – 1001 – 0005882　普 0003451

西國近事彙編三十六卷　(美國)金楷理口譯
(清)姚棻筆述　清光緒二十三年(1897)慎
記書莊石印本　十二冊　二十四行四十四字
白口四周雙邊

610000 – 1001 – 0005883　普 0003452

西國近事彙編三十六卷　(美國)金楷理口譯
(清)姚棻筆述　清光緒二十三年(1897)慎
記書莊石印本　十二冊　二十四行四十四字
白口四周雙邊

610000 – 1001 – 0005884　普 0003453

西國近事彙編三十六卷　(美國)金楷理口譯
(清)姚棻筆述　清光緒二十三年(1897)慎
記書莊石印本　十八冊　二十四行四十四字
白口四周雙邊

610000 – 1001 – 0005885　普 0003454

續西國近事彙編二十八卷　(清)鍾天緯編
清末石印本　二十八冊　二十行二十四字白
口四周雙邊

610000 – 1001 – 0005886　普 0003455

續西國近事彙編二十八卷　(清)鍾天緯編
清末石印本　二十八冊　二十行二十四字白

口四周雙邊

610000－1001－0005887　普0003460

池北偶談二十六卷　(清)王士禎撰　(清)張
介祺校刊　清刻本　十二冊　九行二十一字
白口四周雙邊

610000－1001－0005888　普0003463

古本影劇原稿本一卷　(□)□□輯　清宣統
三年(1911)抄本　一冊　八行二十二字

610000－1001－0005889　普0003467

新說西遊記一百回　(清)張書紳撰　清光緒
刻本　二十四冊　十行二十四字小字雙行同
白口四周單邊

610000－1001－0005890　普0003470

冀教叢編七卷　(清)蘇興輯　清光緒二十五
年(1899)上海書局石印本　四冊　十五行二
十七字白口四周雙邊

610000－1001－0005891　普0003473

洋務時事彙編八卷　(清)葛子源輯　清光緒
二十四年(1898)上海書局石印本　十二冊
十六行四十字白口四周雙邊

610000－1001－0005892　普0003474

軍國民讀本甲編二卷乙編一卷　(清)林萬里
　(清)黃展雲編　清光緒三十四年(1908)中
國圖書公司鉛印本　三冊　九行二十八字白
口四周雙邊

610000－1001－0005893　普0003477

七國新學備要一卷　(英國)李提摩太撰　清
光緒二十四年(1898)商務印書館鉛印本　一
冊　十三行二十二字白口四周雙邊

610000－1001－0005894　普0003479

摘錄功德界限條目一卷附三字功過格　(□)
□□編　清光緒十七年(1891)江西安福縣署
刻本　一冊　九行二十一字小字雙行同白口
左右雙邊

610000－1001－0005895　普0003481

五洲政藝撮要二十六卷　(清)蕭德驤輯　清
光緒二十八年(1902)石印本　六冊　十九行

四十五字白口四周雙邊

610000－1001－0005896　普0003482

時事新論十二卷　(英國)李提摩太撰　清光
緒鉛印本　二冊　十三行四十字白口四周單
邊　存六卷(七至十二)

610000－1001－0005897　普0003487

大明正德皇遊江南傳七卷四十五回　(清)何
夢梅撰　清道光二十二年(1842)刻本　四冊
　十行二十字白口左右雙邊

610000－1001－0005898　普0003492

隨園隨筆二十八卷　(清)袁枚撰　清刻本
八冊　十行二十一字上下黑口左右雙邊

610000－1001－0005899　普0003495

太平廣記五百卷　(宋)李昉等編　清道光二
十六年(1846)文光裕記刻本　五十冊　十二
行二十二字白口四周雙邊

610000－1001－0005900　普0003497

繪圖增像西遊記二十卷一百回　(明)吳承恩
撰　(清)陳士斌詮解　清光緒十七年(1891)
上海廣百宋齋鉛印本　十冊　十七行三十二
字白口四周雙邊

610000－1001－0005901　普0003499

繪圖騙術奇談四卷　(清)雷君曜編　清宣統
元年(1909)上海掃葉山房石印本　三冊　十
四行三十一字白口花欄　存三卷(一、三至
四)

610000－1001－0005902　普0003501

說鈴六十二種　(清)吳震方輯　清嘉慶五年
(1800)刻本　三十二冊　九行二十一字上下
黑口左右雙邊　缺九種

610000－1001－0005903　普0003502

繪像列仙傳四卷　(明)還初道人輯　清光緒
十三年(1887)上海掃葉山房刻本　四冊　七
行十八字白口四周單邊

610000－1001－0005904　普0003506

東周列國全志二十三卷一百〇八回　(明)馮
夢龍撰　(清)蔡元放評點　清咸豐四年

(1854)書成山房刻朱墨印本　二十四冊　十二行二十六字小字雙行同白口四周雙邊　缺四卷(二十四至二十七)

610000－1001－0005905　普0003507

郎潛紀聞十四卷燕下鄉脞錄十六卷　（清）陳康祺撰　清光緒十年(1884)琴川刻本　八冊　十行二十一字小字雙行同白口左右雙邊

610000－1001－0005906　普0003509

利濟學堂報不分卷　（清）陳虬編　清光緒二十三年(1897)浙江溫州刻本　七冊　十五行二十八字上下黑口四周單邊

610000－1001－0005907　普0003511

兼濟堂纂刻梅勿菴先生曆算全書二十八種　（清）梅文鼎撰　（清）魏荔彤編　清光緒十一年(1885)上海敦懷書屋石印本　二十四冊　十一行二十四字小字雙行同白口四周雙邊

610000－1001－0005908　普0003512

兼濟堂纂刻梅勿菴先生曆算全書二十八種　（清）梅文鼎撰　（清）魏荔彤編　清光緒十一年(1885)上海敦懷書屋石印本　二十四冊　十一行二十四字小字雙行同白口四周雙邊

610000－1001－0005909　普0003513

兼濟堂纂刻梅勿菴先生曆算全書二十八種　（清）梅文鼎撰　（清）魏荔彤編　清光緒十一年(1885)上海敦懷書屋石印本　二十四冊　十一行二十四字小字雙行同白口四周雙邊

610000－1001－0005910　普0003514

白芙堂算書二十三種　（清）丁取忠輯　清同治、光緒長沙古荷花池精舍刻本　三十二冊　十行二十二字小字雙行同白口左右雙邊

610000－1001－0005911　普0003515

白芙堂算書二十三種　（清）丁取忠輯　清同治、光緒長沙古荷花池精舍刻本　三十二冊　十行二十二字小字雙行同白口左右雙邊

610000－1001－0005912　普0003516

梅氏叢書輯要二十一種附二種　（清）梅文鼎

撰　清同治十三年(1874)裕德書局刻本　二十四冊　十一行二十四字小字雙行同白口四周雙邊

610000－1001－0005913　普0003517

翠薇山房數學十二種　（清）張作楠撰　（清）范景福校勘　（清）江臨泰補圖　清光緒息園刻本　二十四冊　九行二十二字小字雙行同白口左右雙邊

610000－1001－0005914　普0003518

翠薇山房數學十二種　（清）張作楠撰　（清）范景福校勘　（清）江臨泰補圖　清光緒息園刻本　二十四冊　九行二十二字小字雙行同白口左右雙邊

610000－1001－0005915　普0003519

代數術二十五卷　（英國）華里司輯　（英國）傅蘭雅譯　（清）華蘅芳筆述　清同治十二年(1873)江南機器製造總局刻本　六冊　十行二十二字小字雙行同上下黑口左右雙邊

610000－1001－0005916　普0003520

代數術二十五卷　（英國）華里司輯　（英國）傅蘭雅譯　（清）華蘅芳筆述　清同治十二年(1873)江南機器製造總局刻本　六冊　十行二十二字小字雙行同上下黑口左右雙邊

610000－1001－0005917　普0003521

代數術二十五卷　（英國）華里司輯　（英國）傅蘭雅譯　（清）華蘅芳述　清同治十二年(1873)江南機器製造總局刻本　六冊　十行二十二字小字雙行同上下黑口左右雙邊

610000－1001－0005918　普0003522

算式集要四卷　（英國）哈司韋輯　（英國）傅蘭雅譯　（清）江衡筆述　清光緒江南機器製造總局刻本　二冊　十行二十二字小字雙行同上下黑口左右雙邊

610000－1001－0005919　普0003523

增刪算法統宗十一卷　（明）程大位編集　（清）梅瑴成增刪　清同治、光緒刻本　四冊　十行二十二字小字雙行同上下黑口左右雙邊

610000－1001－0005920　普0003524

增删算法統宗十一卷　（明）程大位編集
（清）梅毅成增删　清同治、光緒刻本　四冊
　十行二十二字小字雙行同上下黑口左右
雙邊

610000－1001－0005921　普0003525

增删算法統宗十一卷　（明）程大位編集
（清）梅毅成增删　清同治、光緒刻本　四冊
　十行二十二字小字雙行同上下黑口左右
雙邊

610000－1001－0005922　普0003526

形學備旨十卷　（美國）狄考文譯　（清）鄒立
文筆述　（清）劉永錫參閱　清光緒二十三年
（1897）上海美華書館刻本　二冊　十二行二
十五字白口四周雙邊

610000－1001－0005923　普0003527

形學備旨十卷　（美國）狄考文譯　（清）鄒立
文筆述　（清）劉永錫參閱　清光緒二十三年
（1897）上海美華書館刻本　二冊　十二行二
十五字白口四周雙邊

610000－1001－0005924　普0003528

形學備旨十卷　（美國）狄考文譯　（清）鄒立
文筆述　（清）劉永錫參閱　清光緒二十八年
（1902）上海美華書館鉛印本　二冊　十二行
二十五字白口四周雙邊

610000－1001－0005925　普0003529

數書九章十八卷　（宋）秦九韶撰　**數書九章
札記四卷**　（清）宋景昌撰　清道光二十二年
（1842）刻本　八冊　十一行二十二字上下黑
口左右雙邊

610000－1001－0005926　普0003530

鑄金論畧圖一卷　（英國）司布勒村撰　（英
國）傅蘭雅口譯　（清）汪振聲筆述　清光緒
刻本　一冊　大小字不等黑口左右雙邊

610000－1001－0005927　普0003531

九數外錄一卷　（清）顧觀光撰　清刻本　一
冊　十行二十二字上下黑口左右雙邊

610000－1001－0005928　普0003532

九數外錄一卷　（清）顧觀光撰　清刻本　一
冊　十行二十二字上下黑口左右雙邊

610000－1001－0005929　普0003533

象數一原七卷　（清）項名達撰　（清）戴煦校
勘　清光緒十四年（1888）刻本　四冊　十行
二十字小字雙行同白口左右雙邊

610000－1001－0005930　普0003534

象數一原七卷　（清）項名達撰　（清）戴煦校
勘　清光緒十四年（1888）刻本　四冊　十行
二十字小字雙行同白口左右雙邊

610000－1001－0005931　普0003535

則古昔齋算學二十四卷　（清）李善蘭撰　清
同治六年（1867）刻本　六冊　十行二十二字
上下黑口左右雙邊

610000－1001－0005932　普0003536

則古昔齋算學二十四卷　（清）李善蘭撰　清
同治六年（1867）刻本　六冊　十行二十二字
上下黑口左右雙邊

610000－1001－0005933　普0003537

恆河沙館算草二卷　（清）華世芳撰　清光緒
十一年（1885）金匱華氏刻本　一冊　十行二
十二字上下黑口左右雙邊

610000－1001－0005934　普0003538

代數難題解法十六卷　（英國）倫德輯　（英
國）傅蘭雅口譯　（清）華蘅芳筆述　清光緒
江南機器製造總局刻本　六冊　十行二十二
字上下黑口左右雙邊

610000－1001－0005935　普0003539

代數難題解法十六卷　（英國）倫德輯　（英
國）傅蘭雅口譯　（清）華蘅芳筆述　清光緒
江南機器製造總局刻本　六冊　十行二十二
字上下黑口左右雙邊

610000－1001－0005936　普0003540

代數難題解法十六卷　（英國）倫德輯　（英
國）傅蘭雅口譯　（清）華蘅芳筆述　清光緒
江南機器製造總局刻本　六冊　十行二十二
字上下黑口左右雙邊

610000－1001－0005937　普0003541
三角數理十二卷　(英國)海麻士輯　(英國)
傅蘭雅口譯　(清)華蘅芳筆述　清末刻本
六冊　十行二十二字上下黑口左右雙邊

610000－1001－0005938　普0003542
三角數理十二卷　(英國)海麻士輯　(英國)
傅蘭雅口譯　(清)華蘅芳筆述　清末刻本
六冊　十行二十二字上下黑口左右雙邊

610000－1001－0005939　普0003543
三角數理十二卷　(英國)海麻士輯　(英國)
傅蘭雅口譯　(清)華蘅芳筆述　清末刻本
六冊　十行二十二字上下黑口左右雙邊

610000－1001－0005940　普0003544
勾股六術一卷　(清)項名達撰　(清)徐有壬
撰　**弧角拾遺一卷**　(清)賈步緯撰　清末刻
本　一冊　十行二十二字小字雙行同上下黑
口左右雙邊

610000－1001－0005941　普0003545
勾股六術一卷　(清)項名達撰　(清)徐有壬
撰　**弧角拾遺一卷**　(清)賈步緯撰　清末刻
本　一冊　十行二十二字小字雙行同上下黑
口左右雙邊

610000－1001－0005942　普0003546
董方立算書七卷　(清)董祐誠撰　清末刻本
一冊　十行二十二字小字雙行同上下黑口
左右雙邊

610000－1001－0005943　普0003547
董方立算書七卷　(清)董祐誠撰　清末刻本
一冊　十行二十二字小字雙行同上下黑口
左右雙邊

610000－1001－0005944　普0003551
衍元小草二卷　(清)孔慶霶　(清)孔慶鼺
(清)勞綱章撰　清光緒二十四年(1898)刻本
二冊　十行二十二字上下黑口左右雙邊

610000－1001－0005945　普0003552
學算筆談十二卷　(清)華蘅芳撰　清光緒二
十三年(1897)味經書局刻本　五冊　十行二
十二字白口左右雙邊　存十卷(一至十)

610000－1001－0005946　普0003553
學算筆談十二卷　(清)華蘅芳撰　清光緒二
十三年(1897)味經書局刻本　六冊　十行二
十二字白口左右雙邊

610000－1001－0005947　普0003554
學算筆談十二卷　(清)華蘅芳撰　清光緒二
十三年(1897)味經書局刻本　六冊　十行二
十二字白口左右雙邊

610000－1001－0005948　普0003555
行素軒算稿六種　(清)華蘅芳撰　清光緒八
年(1882)梁谿華氏刻本　六冊　十行二十二
字上下黑口左右雙邊　存五種

610000－1001－0005949　普0003556
行素軒算稿六種　(清)華蘅芳撰　清光緒八
年(1882)梁谿華氏刻本　二冊　十行二十二
字上下黑口左右雙邊　存四種

610000－1001－0005950　普0003557
緝古算經一卷附圖解三卷細草一卷音義一卷
(唐)王孝通撰并注　(清)陳杰校字　清道
光二十年(1840)刻本　二冊　十行二十一字
小字雙行同白口四周雙邊

610000－1001－0005951　普0003558
曲綫新說一卷隄積術辨一卷　(清)蔣維鐘撰
清光緒二十七年(1901)刻本　一冊　九行
二十五字白口四周雙邊

610000－1001－0005952　普0003559
曲綫新說一卷隄積術辨一卷　(清)蔣維鐘撰
清光緒二十七年(1901)刻本　一冊　九行
二十五字白口四周雙邊

610000－1001－0005953　普0003560
圓錐曲綫一卷　(美國)求德生譯　(清)劉維
師筆述　清光緒十九年(1893)美華書館鉛印
本　一冊　十行二十三字小字雙行同白口四
周雙邊

610000－1001－0005954　普0003561
算法圓理括囊一卷　(日本)加悅傳一郎撰
粟布演草二卷補一卷　(清)吳嘉善等演
(清)丁取忠等述　清同治十三年(1874)長沙

荷池精舍刻本　一冊　十行二十二字小字雙
行同白口左右雙邊

610000－1001－0005955　普0003562
圓周求徑圖解不分卷　（清）蕭書雲撰　清光
緒三十年(1904)刻本　一冊　十行二十二字
上下黑口四周雙邊

610000－1001－0005956　普0003563
時務齋算稿叢鈔六種　（清）邢延苪等演　清
光緒二十三年(1897)味經書局刻本　四冊
十行二十四字白口左右雙邊　存四種

610000－1001－0005957　普0003564
江西武備學堂中西算學課程二卷　（清）張鴻
勛撰　清光緒三十一年(1905)刻本　一冊
十行二十四字下黑口左右雙邊

610000－1001－0005958　普0003565
緝古算經三卷　（唐）王孝通撰并注　（清）張
敦仁細草　清光緒二年(1876)荷池精舍刻本
　一冊　十行二十二字小字雙行同白口左右
雙邊

610000－1001－0005959　普0003566
益古演段三卷　（元）李冶撰　清同治十二年
(1873)荷池精舍刻本　二冊　十行二十二字
小字雙行同白口左右雙邊

610000－1001－0005960　普0003567
測圓海鏡細草十二卷　（元）李冶撰　清同治
十二年(1873)荷池精舍刻本　四冊　十行二
十二字白口左右雙邊

610000－1001－0005961　普0003568
綴術釋明二卷　（清）明安圖撰　（清）左潛編
　清光緒元年(1875)荷池精舍刻本　一冊
十行二十一字小字雙行同白口左右雙邊

610000－1001－0005962　普0003569
綴術釋戴二卷　（清）戴鄂士撰　（清）左潛編
　清光緒元年(1875)荷池精舍刻本　一冊
十行二十一字小字雙行同白口左右雙邊

610000－1001－0005963　普0003570
八線對數簡表一卷　（清）賈步緯編　清末上

海江南機器製造總局鉛印本　一冊　十行二
十二字上下黑口左右雙邊

610000－1001－0005964　普0003571
八線對數簡表一卷　（清）賈步緯編　清末上
海江南機器製造總局鉛印本　一冊　十行二
十二字上下黑口左右雙邊

610000－1001－0005965　普0003572
八線對數簡表一卷　（清）賈步緯編　清末上
海江南機器製造總局鉛印本　一冊　十行二
十二字上下黑口左右雙邊

610000－1001－0005966　普0003573
對數詳解五卷　（清）丁取忠撰　清同治十二
年(1873)荷池精舍刻本　一冊　十行二十二
字小字雙行同白口左右雙邊

610000－1001－0005967　普0003574
緝古算經考注二卷　（唐）王孝通注　（清）李
潢評述　清刻本　二冊　十行二十字小字雙
行同上下黑口左右雙邊

610000－1001－0005968　普0003575
緝古算經考注二卷　（唐）王孝通注　（清）李
潢評述　清刻本　二冊　十行二十字小字雙
行同上下黑口左右雙邊

610000－1001－0005969　普0003576
代數術二十五卷首一卷　（英國）傅蘭雅口譯
　（清）華蘅芳筆述　清末關中味經官書局刻
本　六冊　十行二十二字小字雙行同白口左
右雙邊

610000－1001－0005970　普0003577
代數術二十五卷首一卷　（英國）傅蘭雅口譯
　（清）華蘅芳筆述　清末關中味經官書局刻
本　六冊　十行二十二字小字雙行同白口左
右雙邊

610000－1001－0005971　普0003578
代數術二十五卷首一卷　（英國）傅蘭雅口譯
　（清）華蘅芳筆述　清末關中味經官書局刻
本　六冊　十行二十二字小字雙行同白口左
右雙邊

610000－1001－0005972　普0003579

靈憲書屋算草八卷　（清）張鴻勛撰　清光緒二十八年(1902)綿竹山房刻本　四冊　十行二十四字小字雙行同下黑口四周單邊

610000－1001－0005973　普0003580

算牖四卷　（清）許桂林撰　清道光十年(1830)刻本　二冊　八行十九字小字雙行同上下黑口左右雙邊

610000－1001－0005974　普0003581

平三角舉要五卷　（清）梅文鼎撰　清光緒十四年(1888)陝西求友齋刻本　二冊　十行二十四字小字雙行同白口左右雙邊

610000－1001－0005975　普0003582

平三角舉要五卷　（清）梅文鼎撰　清光緒十四年(1888)陝西求友齋刻本　二冊　十行二十四字小字雙行同白口左右雙邊

610000－1001－0005976　普0003583

平三角舉要五卷　（清）梅文鼎撰　清光緒十四年(1888)陝西求友齋刻本　二冊　十行二十四字小字雙行同白口左右雙邊

610000－1001－0005977　普0003584

九數通考十一卷首一卷末一卷　（清）屈曾發撰　清刻本　二冊　十行二十四字小字雙行同白口左右雙邊　存一卷(末一)

610000－1001－0005978　普0003585

九數通考十一卷首一卷末一卷　（清）屈曾發撰　清刻本　二冊　十行二十四字小字雙行同白口左右雙邊　存一卷(末一)

610000－1001－0005979　普0003586

九數通考十一卷首一卷末一卷　（清）屈曾發撰　清刻本　二冊　十行二十四字小字雙行同白口左右雙邊　存一卷(末一)

610000－1001－0005980　普0003587

割錐術課本二篇　（英國）威里孫撰　（清）陳泗譯　清光緒三十二年(1906)京師學部編譯書局鉛印本　一冊　十二行三十一字下黑口四周雙邊

610000－1001－0005981　普0003588

割錐術課本二篇　（英國）威里孫撰　（清）陳泗譯　清光緒三十二年(1906)京師學部編譯書局鉛印本　一冊　十二行三十一字下黑口四周雙邊

610000－1001－0005982　普0003589

割錐術課本二篇　（英國）威里孫撰　（清）陳泗譯　清光緒三十二年(1906)京師學部編譯書局鉛印本　一冊　十二行三十一字下黑口四周雙邊

610000－1001－0005983　普0003590

白芙堂算書二十三種　（清）吳嘉善述　（清）丁取忠補　清光緒二十二年(1896)關中味經官書局刻本　四冊　十行二十四字白口左右雙邊

610000－1001－0005984　普0003591

白芙堂算書二十三種　（清）吳嘉善述　（清）丁取忠補　清光緒二十二年(1896)關中味經官書局刻本　四冊　十行二十四字白口左右雙邊

610000－1001－0005985　普0003592

白芙堂算書二十三種　（清）吳嘉善述　（清）丁取忠補　清光緒二十二年(1896)關中味經官書局刻本　四冊　十行二十四字白口左右雙邊　存一種

610000－1001－0005986　普0003593

萍課演算不分卷　（清）毛宗藩撰　清末會稽顧氏刻本　一冊　十一行二十五字小字雙行同上黑口左右雙邊

610000－1001－0005987　普0003594

梅氏叢書輯要二十一種附二種　（清）梅文鼎撰　清光緒十四年(1888)上海龍文書局石印本　六冊　二十二行二十四字小字雙行同白口四周雙邊

610000－1001－0005988　普0003595

梅氏叢書輯要二十一種附二種　（清）梅文鼎撰　清光緒十四年(1888)上海龍文書局石印本　六冊　二十二行二十四字小字雙行同白

口四周雙邊

610000－1001－0005989　普0003596

梅氏叢書輯要二十一種附二種　（清）梅文鼎
撰　清光緒十四年(1888)上海龍文書局石印
本　六冊　二十二行二十四字小字雙行同白
口四周雙邊

610000－1001－0005990　普0003597

強自力齋叢書十四種　（清）馮澂等撰　清光
緒二十三年(1897)上海著易堂書局石印本
六冊　二十行二十二字白口四周雙邊

610000－1001－0005991　普0003598

測海山房中西算學叢刻初編三十一種　（清）
測海山房主人輯　清光緒二十二年(1896)上
海璣衡堂石印本　三十六冊　二十行十九字
小字雙行同白口四周雙邊

610000－1001－0005992　普0003599

測海山房中西算學叢刻初編三十一種　（清）
測海山房主人輯　清光緒二十二年(1896)上
海璣衡堂石印本　三十六冊　二十行十九字
小字雙行同白口四周雙邊

610000－1001－0005993　普0003600

學算筆談十二卷　（清）華蘅芳撰　清末石印
本　四冊　二十行二十二字白口四周雙邊

610000－1001－0005994　普0003601

中西算學集要五種　（清）周毓英等撰　清光
緒七年(1881)刻本　六冊　九行二十四字白
口左右雙邊

610000－1001－0005995　普0003602

崇雲閣新較算法全書四卷　（清）蔣守誠編
清光緒十七年(1891)刻本　四冊　九行二十
字小字雙行同白口四周單邊

610000－1001－0005996　普0003603

代數菁華錄十六卷　（英國）傅蘭雅口譯
（清）華蘅芳筆述　清光緒二十三年(1897)上
海書局石印本　四冊　二十四行二十六字上
下黑口四周雙邊

610000－1001－0005997　普0003604

增刪算法統宗十一卷　（明）程大位編集
（清）梅穀成增刪　清光緒二十二年(1896)上
海璣衡堂石印本　二冊　二十行二十二字小
字雙行同白口四周雙邊

610000－1001－0005998　普0003605

增刪算法統宗十一卷　（明）程大位編集
（清）梅穀成增刪　清光緒二十二年(1896)上
海璣衡堂石印本　二冊　二十行二十二字小
字雙行同白口四周雙邊

610000－1001－0005999　普0003606

增刪算法統宗十一卷　（明）程大位編集
（清）梅穀成增刪　清光緒二十二年(1896)上
海璣衡堂石印本　二冊　二十行二十二字小
字雙行同白口四周雙邊

610000－1001－0006000　普0003607

代數通藝錄十六卷　（清）方愷撰　清光緒二
十四年(1898)著易堂石印本　五冊　十二行
二十六字小字雙行不等下黑口四周單邊

610000－1001－0006001　普0003608

代數通藝錄十六卷　（清）方愷撰　清光緒二
十四年(1898)著易堂石印本　五冊　十二行
二十六字小字雙行不等下黑口四周單邊

610000－1001－0006002　普0003609

代數通藝錄十六卷　（清）方愷撰　清光緒二
十四年(1898)著易堂石印本　五冊　十二行
二十六字小字雙行不等下黑口四周單邊

610000－1001－0006003　普0003610

古今算學叢書第三九十七種　（清）劉鐸編
清光緒二十四年(1898)算學書局石印本　二
十八冊　十三行二十五字小字雙行同白口四
周單邊　存二十九種

610000－1001－0006004　普0003611

翠薇山房數學十二種　（清）張作楠撰　（清）
范景福校勘　（清）江臨泰補圖　清光緒二十
三年(1897)上海鴻寶齋石印本　八冊　十八
行二十二字小字雙行同白口四周雙邊

610000－1001－0006005　普0003612

決疑數學十卷　（英國）傅蘭雅譯　（清）華蘅

芳筆述　清光緒二十三年(1897)上海格致書室鉛印本　四冊　十三行二十七字小字雙行同下黑口四周雙邊

610000－1001－0006006　普0003613

決疑數學十卷　(英國)傅蘭雅譯　(清)華蘅芳筆述　清光緒二十三年(1897)上海格致書室鉛印本　四冊　十三行二十七字小字雙行同下黑口四周雙邊

610000－1001－0006007　普0003614

決疑數學十卷　(英國)傅蘭雅譯　(清)華蘅芳筆述　清光緒二十三年(1897)上海格致書室鉛印本　四冊　十三行二十七字小字雙行同下黑口四周雙邊

610000－1001－0006008　普0003615

決疑數學十卷　(英國)傅蘭雅譯　(清)華蘅芳筆述　清光緒二十三年(1897)上海飛鴻閣石印本　二冊　二十行二十二字小字雙行同白口左右雙邊

610000－1001－0006009　普0003616

御製數理精蘊上編五卷下編四十卷表八卷　(清)聖祖玄燁撰　清光緒三十二年(1906)上海通時書局石印本　二十四冊　十九行二十字白口四周雙邊

610000－1001－0006010　普0003617

中西算學大成一百卷　(清)陳維祺撰　清光緒二十七年(1901)石印本　十九冊　十六行三十二字小字雙行同白口四周雙邊　缺三卷(九十六至九十八)

610000－1001－0006011　普0003618

算學啟蒙三卷　(元)朱世傑撰　清光緒二十二年(1896)上海璣衡堂石印本　三冊　二十行十九字白口四周雙邊

610000－1001－0006012　普0003621

四元玉鑑細艸三卷　(元)朱世傑撰　(清)鍾煜校勘　清光緒二十二年(1896)鴻寶齋書局石印本　六冊　十六行十六字上下黑口四周雙邊

610000－1001－0006013　普0003622

數學啟蒙二卷　(英國)偉烈亞力撰　清光緒二十四年(1898)上海六先書局鉛印本　四冊　九行二十字小字雙行二十四字白口四周雙邊

610000－1001－0006014　普0003623

數學啟蒙二卷　(英國)偉烈亞力撰　清光緒二十四年(1898)上海六先書局鉛印本　四冊　九行二十字小字雙行二十四字白口四周雙邊

610000－1001－0006015　普0003624

中西算學叢書初編十四種附八種　(清)四明求敏齋主人輯　清光緒二十二年(1896)上海鴻寶齋石印本　四十冊　十一行二十三字小字雙行同上下黑口左右雙邊

610000－1001－0006016　普0003625

中西算學叢書初編十四種附八種　(清)四明求敏齋主人輯　清光緒二十二年(1896)上海鴻寶齋石印本　四十冊　十一行二十三字小字雙行同上下黑口左右雙邊

610000－1001－0006017　普0003626

中西算學叢書初編十四種附八種　(清)四明求敏齋主人輯　清光緒二十二年(1896)上海鴻寶齋石印本　四十冊　十一行二十三字小字雙行同上下黑口左右雙邊

610000－1001－0006018　普0003627

御製數理精蘊上編五卷下編四十卷表八卷　(清)何國宗編　清光緒二十二年(1896)上海博文書局石印本　二十四冊　十八行三十二字小字雙行同白口四周雙邊

610000－1001－0006019　普0003628

御製數理精蘊上編五卷下編四十卷表八卷　(清)何國宗編　清光緒二十二年(1896)上海博文書局石印本　二十四冊　十八行三十二字小字雙行同白口四周雙邊

610000－1001－0006020　普0003629

九數通考十一卷首一卷末一卷　(清)屈曾發撰　清光緒二十三年(1897)陝西味經刊書處刻本　八冊　十行二十三字小字雙行同白口

左右雙邊

610000－1001－0006021　普0003630

九數通考十一卷首一卷末一卷　（清）屈曾發撰　清光緒二十三年(1897)陝西味經刊書處刻本　八冊　十行二十三字小字雙行同白口左右雙邊

610000－1001－0006022　普0003631

九數通考十一卷首一卷末一卷　（清）屈曾發撰　清光緒二十三年(1897)陝西味經刊書處刻本　八冊　十行二十三字小字雙行同白口左右雙邊

610000－1001－0006023　普0003632

翠薇山房數學十二種　（清）張作楠　（清）范景福撰　清光緒十三年(1887)茗溪醉六堂刻本　二十冊　九行二十三字小字雙行同白口四周單邊

610000－1001－0006024　普0003633

割圓綴法四卷　（清）徐有壬撰　（清）左潛編　清同治十二年(1873)荷池精舍刻本　一冊　十行二十二字小字雙行同白口左右雙邊

610000－1001－0006025　普0003634

筆算便覽五卷　（清）紀大畢等編　清光緒二十四年(1898)一元堂刻本　二冊　十二行二十八字小字雙行同白口左右雙邊

610000－1001－0006026　普0003635

運規約旨三卷　（英國）白起德編　（英國）傅蘭雅口譯　（清）徐建寅筆述　清末江南機器製造總局刻本　一冊　十行二十二字小字雙行同上下黑口左右雙邊

610000－1001－0006027　普0003636

運規約旨三卷　（英國）白起德編　（英國）傅蘭雅口譯　（清）徐建寅筆述　清末江南機器製造總局刻本　一冊　十行二十二字小字雙行同上下黑口左右雙邊

610000－1001－0006028　普0003637

運規約旨三卷　（英國）白起德編　（英國）傅蘭雅口譯　（清）徐建寅筆述　清末江南機器製造總局刻本　一冊　十行二十二字小字雙

行同上下黑口左右雙邊

610000－1001－0006029　普0003638

運規約旨三卷　（英國）白起德編　（英國）傅蘭雅口譯　（清）徐建寅筆述　清末江南機器製造總局刻本　一冊　十行二十二字小字雙行同上下黑口左右雙邊

610000－1001－0006030　普0003639

幾何原本十五卷　（意大利）利瑪竇口譯　（明）徐光啟筆受　（英國）偉烈亞力續譯　（清）李善蘭續筆　清同治四年(1865)金陵湘鄉曾國藩刻本　八冊　九行二十二字小字雙行同上下黑口左右雙邊

610000－1001－0006031　普0003639

重學二十卷曲線說三卷　（英國）艾約瑟口譯　（清）李善蘭筆述　清同治五年(1866)刻本　六冊　十行二十二字小字雙行同上下黑口左右雙邊

610000－1001－0006032　普0003639

則古昔齋算學叢書十三種　（清）李善蘭撰　清同治六年(1867)金陵刻本　六冊　十行二十二字小字雙行同上下黑口左右雙邊

610000－1001－0006033　普0003640

幾何原本十五卷　（意大利）利瑪竇口譯　（明）徐光啟筆受　（英國）偉烈亞力續譯　（清）李善蘭續筆　清同治四年(1865)金陵湘鄉曾國藩刻本　八冊　九行二十二字小字雙行同上下黑口左右雙邊

610000－1001－0006034　普0003640

重學二十卷曲線說三卷　（英國）艾約瑟口譯　（清）李善蘭筆述　清同治五年(1866)刻本　六冊　十行二十二字小字雙行同上下黑口左右雙邊

610000－1001－0006035　普0003640

則古昔齋算學叢書十三種　（清）李善蘭撰　清同治六年(1867)金陵刻本　六冊　十行二十二字小字雙行同上下黑口左右雙邊

610000－1001－0006036　普0003641

幾何原本十五卷　（意大利）利瑪竇口譯

(明)徐光啟筆受 （英國)偉烈亞力續譯
(清)李善蘭續筆　清同治四年(1865)金陵湘
鄉曾國藩刻本　八冊　九行二十二字小字雙
行同上下黑口左右雙邊

610000－1001－0006037　普0003641

重學二十卷曲線說三卷 （英國)艾約瑟口譯
(清)李善蘭筆述　清同治五年(1866)刻本
六冊　十行二十二字小字雙行同上下黑口
左右雙邊

610000－1001－0006038　普0003641

則古昔齋算學叢書十三種 （清)李善蘭撰
清同治六年(1867)金陵刻本　六冊　十行二
十二字小字雙行同上下黑口左右雙邊

610000－1001－0006039　普0003642

數學精詳十一卷首一卷末一卷 （清)屈曾發
輯　清同治十年(1871)學海堂刻本　六冊
十二行二十四字小字雙行同白口左右雙邊

610000－1001－0006040　普0003643

九數通考十一卷首一卷末一卷 （清)屈曾發
輯　清同治十一年(1872)刻本　六冊　十二
行二十四字小字雙行同白口左右雙邊

610000－1001－0006041　普0003644

九數通考十一卷首一卷末一卷 （清)屈曾發
輯　清同治十一年(1872)刻本　五冊　十二
行二十四字小字雙行同白口左右雙邊

610000－1001－0006042　普0003645

御製數理精蘊上編五卷下編四十卷表八卷
(清)聖祖玄燁撰 （清)何國宗編 （清)梅
毅成編　清光緒八年(1882)江寧藩署刻本
四十冊　九行二十字小字雙行同白口四周
雙邊

610000－1001－0006043　普0003646

御製數理精蘊上編五卷下編四十卷表八卷
(清)聖祖玄燁撰 （清)何國宗編 （清)梅
毅成編　清光緒八年(1882)江寧藩署刻本
四十冊　九行二十字小字雙行同白口四周
雙邊

610000－1001－0006044　普0003647

御製數理精蘊上編五卷下編四十卷表八卷
(清)聖祖玄燁撰 （清)何國宗編 （清)梅
毅成編　清光緒八年(1882)江寧藩署刻本
四十冊　九行二十字小字雙行同白口四周
雙邊

610000－1001－0006045　普0003652

行素軒算學五種 （清)華蘅芳撰　清光緒二
十二年(1896)上海文瑞樓石印本　六冊　二
十行二十二字白口四周雙邊

610000－1001－0006046　普0003653

九數通考續集九卷 （清)顧觀光撰　清光緒
二十二年(1896)復古齋石印本　四冊　二十
二行二十五字小字雙行同白口四周雙邊

610000－1001－0006047　普0003654

筆算數學三卷 （美國)狄考文撰　清陝西味
經官書局鉛印本　四冊　十一行三十一字上
下黑口四周雙邊　存十四章(八至二十一)

610000－1001－0006048　普0003655

**九章算術細草圖說九卷附海島算經細草圖說
一卷** （晉)劉徽注 （唐)李淳風注釋
(清)李潢譔　清光緒二十二年(1896)上海文
淵山房石印本　二冊　二十行二十字小字雙
行同白口四周雙邊

610000－1001－0006049　普0003656

**九章算術細草圖說九卷附海島算經細草圖說
一卷** （晉)劉徽注 （唐)李淳風注釋
(清)李潢譔　清光緒二十二年(1896)上海文
淵山房石印本　二冊　二十行二十字小字雙
行同白口四周雙邊

610000－1001－0006050　普0003657

**九章算術細草圖說九卷附海島算經細草圖說
一卷** （晉)劉徽注 （唐)李淳風注釋
(清)李潢譔　清光緒二十二年(1896)上海文
淵山房石印本　二冊　二十行二十字小字雙
行同白口四周雙邊

610000－1001－0006051　普0003658

**九章算術細草圖說九卷附海島算經細草圖說
一卷** （晉)劉徽注 （唐)李淳風注釋

（清）李潢譔　清刻本　八冊　十行二十字小字雙行同白口四周雙邊

610000－1001－0006052　普0003659

中西天文算學問答十卷　（清）江衡輯　清光緒二十二年(1896)上海積山書局石印本　四冊　十三行二十字白口四周雙邊

610000－1001－0006053　普0003660

中西天文算學問答十卷　（清）江衡輯　清光緒二十二年(1896)上海積山書局石印本　四冊　十三行二十字白口四周雙邊

610000－1001－0006054　普0003661

五緯捷算四卷　（清）黃炳垕撰　清光緒二十二年(1896)上海書局石印本　六冊　九行二十三字上下黑口四周雙邊

610000－1001－0006055　普0003662

五緯捷算四卷　（清）黃炳垕撰　清光緒二十二年(1896)上海書局石印本　六冊　九行二十三字上下黑口四周雙邊

610000－1001－0006056　普0003663

中西算學匯通四卷　（清）羅士琳撰　清光緒二十二年(1896)三魚書屋石印本　四冊　八行二十四字白口左右雙邊

610000－1001－0006057　普0003664

中西算學匯通四卷　（清）羅士琳撰　清光緒二十二年(1896)三魚書屋石印本　四冊　八行二十四字白口左右雙邊

610000－1001－0006058　普0003665

算學三種　（□）□□輯　清光緒十四年(1888)上海大同書局石印本　八冊　十八行三十六字小字雙行同白口四周雙邊

610000－1001－0006059　普0003667

御製曆象考成上編十六卷　（清）聖祖玄燁撰　清光緒二十四年(1898)杭州德記書莊石印本　十六冊　九行二十字白口四周雙邊

610000－1001－0006060　普0003669

御製曆象考成後編十卷　（清）顧琮等編　清光緒二十四年(1898)富強齋石印本　十冊

九行二十字白口四周雙邊

610000－1001－0006061　普0003670

御製曆象考成後編十卷　（清）顧琮等編　清光緒二十四年(1898)富強齋石印本　十冊　九行二十字白口四周雙邊

610000－1001－0006062　普0003673

鴻雪因緣圖記三集　（清）麟慶撰　清光緒二十二年(1896)上海點石齋石印本　六冊　十八行三十六字白口四周雙邊

610000－1001－0006063　普0003674

聖勇嘎啦哈奇遇傳一卷　（英國）華立熙撰　清光緒二十九年(1903)鉛印本　一冊　十二行二十七字白口四周雙邊

610000－1001－0006064　普0003677

日本維新英雄兒女奇遇記一卷　（日本）長田偶得撰　（清）逸人後裔譯　清光緒二十七年(1901)鉛印本　一冊　十四行二十七字白口四周雙邊

610000－1001－0006065　普0003687

繡像封神演義一百回　（明）許仲琳撰　（明）鍾惺評釋　清光緒十五年(1889)上海廣百宋齋鉛印本　十冊　十七行三十二字四周雙邊

610000－1001－0006066　普0003690

圜天圖說三卷續編二卷首一卷　（清）李明徹撰　清嘉慶二十四年至道光元年(1819－1821)松梅軒刻本　五冊　九行二十字小字雙行同白口左右雙邊

610000－1001－0006067　普0003691

井礦工程三卷　（英國）白爾捺輯　（英國）傅蘭雅口譯　（清）趙元益筆述　清同治江南機器製造總局刻本　二冊　十行二十二字上下黑口左右雙邊

610000－1001－0006068　普0003692

井礦工程三卷　（英國）白爾捺輯　（英國）傅蘭雅口譯　（清）趙元益筆述　清同治江南機器製造總局刻本　二冊　十行二十二字上下黑口左右雙邊

610000－1001－0006069　普0003693

井礦工程三卷　（英國）白爾捺輯　（英國）傅蘭雅口譯　（清）趙元益筆述　清同治江南機器製造總局刻本　二冊　十行二十二字上下黑口左右雙邊

610000－1001－0006070　普0003694

鑄錢工藝三卷總論一卷圖一卷　（英國）傅蘭雅譯　（清）鍾天緯譯　清光緒江南機器製造總局鉛印本　二冊　十行二十二字白口四周雙邊

610000－1001－0006071　普0003695

鑄錢工藝三卷總論一卷圖一卷　（英國）傅蘭雅譯　（清）鍾天緯譯　清光緒江南機器製造總局鉛印本　二冊　十行二十二字白口四周雙邊

610000－1001－0006072　普0003696

鑄錢工藝三卷總論一卷圖一卷　（英國）傅蘭雅譯　（清）鍾天緯譯　清光緒江南機器製造總局鉛印本　二冊　十行二十二字白口四周雙邊

610000－1001－0006073　普0003698

鐵路紀要三卷　（美國）柯理集　（清）潘松譯　（清）章壽彝校　清光緒二十年(1894)江南機器製造總局刻本　一冊　十行二十二字小字雙行同上下黑口左右雙邊

610000－1001－0006074　普0003699

汽機必以十二卷首一卷附一卷　（英國）蒲而捺撰　（英國）傅蘭雅口譯　（清）徐建寅筆述　清光緒江南機器製造總局刻本　六冊　十行二十二字上下黑口左右雙邊

610000－1001－0006075　普0003700

汽機必以十二卷首一卷附一卷　（英國）蒲而捺撰　（英國）傅蘭雅口譯　（清）徐建寅筆述　清光緒江南機器製造總局刻本　六冊　十行二十二字上下黑口左右雙邊

610000－1001－0006076　普0003701

汽機必以十二卷首一卷附一卷　（英國）蒲而捺撰　（英國）傅蘭雅口譯　（清）徐建寅筆述

清光緒江南機器製造總局刻本　六冊　十行二十二字上下黑口左右雙邊

610000－1001－0006077　普0003702

割圜密率捷法四卷　（清）明安圖撰　（清）陳際新續　清道光十九年(1839)石梁岑氏刻本　三冊　八行二十四字上下黑口四周雙邊

610000－1001－0006078　普0003703

算式集要四卷　（英國）哈司韋輯　（英國）傅蘭雅口譯　（清）江衡筆述　清光緒江南機器製造總局刻本　二冊　十行二十二字上下黑口左右雙邊

610000－1001－0006079　普0003704

算式集要四卷　（英國）哈司韋輯　（英國）傅蘭雅口譯　（清）江衡筆述　清光緒江南機器製造總局刻本　二冊　十行二十二字上下黑口左右雙邊

610000－1001－0006080　普0003705

代數積拾級十八卷　（美國）羅密士撰　（英國）偉烈亞力口譯　（清）李善蘭筆述　清咸豐九年(1859)刻本　三冊　九行二十字白口四周雙邊

610000－1001－0006081　普0003706

代數積拾級十八卷　（美國）羅密士撰　（英國）偉烈亞力口譯　（清）李善蘭筆述　清咸豐九年(1859)刻本　三冊　九行二十字白口四周雙邊

610000－1001－0006082　普0003707

代數積拾級十八卷　（美國）羅密士撰　（英國）偉烈亞力口譯　（清）李善蘭筆述　清咸豐九年(1859)刻本　三冊　九行二十字白口四周雙邊

610000－1001－0006083　普0003708

測繪淺說一卷　（清）陝西布政使司編　清光緒十六年(1890)刻本　一冊　八行二十三字小字雙行同上黑口四周雙邊

610000－1001－0006084　普0003709

測繪淺說一卷　（清）陝西布政使司編　清光緒十六年(1890)刻本　一冊　八行二十三字

小字雙行同上黑口四周雙邊

610000－1001－0006085　普0003710
測繪淺說一卷　（清）陝西布政使司編　清光緒十六年(1890)刻本　一冊　八行二十三字小字雙行同上黑口四周雙邊

610000－1001－0006086　普0003711
測地繪圖十一卷附一卷　（英國）富路瑪撰（英國）傅蘭雅口譯　（清）徐壽筆述　清光緒江南機器製造總局刻本　四冊　十行二十二字上下黑口左右雙邊

610000－1001－0006087　普0003712
測地繪圖十一卷附一卷　（英國）富路瑪撰（英國）傅蘭雅口譯　（清）徐壽筆述　清光緒江南機器製造總局刻本　四冊　十行二十二字上下黑口左右雙邊

610000－1001－0006088　普0003713
器象顯真四卷器象顯真圖一卷　（英國）白力蓋輯　（英國）傅蘭雅口譯　（清）徐建寅刪述　清光緒江南機器製造總局刻本　三冊　十行二十二字上下黑口左右雙邊

610000－1001－0006089　普0003715
籌算分法淺釋一卷　勞乃宣撰　清光緒二十四年(1898)吳橋官廨刻本　一冊　十行二十二字下黑口左右雙邊

610000－1001－0006090　普0003716
籌算蒙學一卷　勞乃宣撰　清光緒二十四年(1898)吳橋官廨刻本　一冊　十行二十二字上下黑口左右雙邊

610000－1001－0006091　普0003717
古籌算考釋六卷　勞乃宣撰　清光緒十二年(1886)完縣官舍刻朱墨印本　六冊　十行二十二字小字雙行同上下黑口左右雙邊

610000－1001－0006092　普0003718
微積溯源八卷　（英國）華里司輯　（英國）傅蘭雅口譯　（清）華蘅芳筆述　清光緒江南機器製造總局刻本　六冊　十行二十二字上下黑口左右雙邊

610000－1001－0006093　普0003719
微積溯源八卷　（英國）華里司輯　（英國）傅蘭雅口譯　（清）華蘅芳筆述　清光緒江南機器製造總局刻本　六冊　十行二十二字上下黑口左右雙邊

610000－1001－0006094　普0003720
微積溯源八卷　（英國）華里司輯　（英國）傅蘭雅口譯　（清）華蘅芳筆述　清光緒江南機器製造總局刻本　六冊　十行二十二字上下黑口左右雙邊

610000－1001－0006095　普0003721
三才紀要一卷　（清）□□輯　清光緒至宣統江南機器製造總局刻本　一冊　十一行二十四字上下黑口左右雙邊

610000－1001－0006096　普0003722
三才紀要一卷　（清）□□輯　清光緒至宣統江南機器製造總局刻本　一冊　十一行二十四字上下黑口左右雙邊

610000－1001－0006097　普0003723
三才紀要一卷　（清）□□輯　清光緒至宣統江南機器製造總局刻本　一冊　十一行二十四字上下黑口左右雙邊

610000－1001－0006098　普0003724
欽定萬年書不分卷　（清）□□編　清同治八年(1869)刻本　二冊　八行大小字不等白口四周雙邊

610000－1001－0006099　普0003725
恆星赤道經緯度圖不分卷　（清）李兆洛編　清咸豐元年(1851)江陰六嚴刻朱墨印本　八冊　行數不等字數不等四周單邊

610000－1001－0006100　普0003726
數度衍二十三卷首三卷　（清）方中通撰　清光緒十六年(1890)太原王氏成都刻本　十冊　九行二十四字小字雙行同白口四周雙邊

610000－1001－0006101　普0003727
數學理九卷附錄一卷　（英國）棣麽甘撰（英國）傅蘭雅口譯　（清）趙元益筆述　清末江南機器製造總局刻本　四冊　十行二十二

字小字雙行同上下黑口左右雙邊

610000－1001－0006102　普0003728

數學理九卷附錄一卷　（英國）棣麼甘撰
（英國）傅蘭雅口譯　（清）趙元益筆述　清末
江南機器製造總局刻本　四冊　十行二十二
字小字雙行同上下黑口左右雙邊

610000－1001－0006103　普0003729

數學理九卷附錄一卷　（英國）棣麼甘撰
（英國）傅蘭雅口譯　（清）趙元益筆述　清
末江南機器製造總局刻本　四冊　十行二十二
字小字雙行同上下黑口左右雙邊

610000－1001－0006104　普0003730

八線備旨四卷　（美國）羅密士撰　（美國）潘
慎文選譯　清光緒二十年(1894)上海美華書
館鉛印本　一冊　十二行三十四字白口四周
雙邊

610000－1001－0006105　普0003731

八線備旨四卷　（美國）羅密士撰　（美國）潘
慎文選譯　清光緒二十年(1894)上海美華書
館鉛印本　一冊　十二行三十四字白口四周
雙邊

610000－1001－0006106　普0003732

算式集要四卷　（英國）哈司韋輯　（英國）傅
蘭雅口譯　（清）江衡筆述　清光緒二十三年
(1897)長沙影珠山廬刻本　二冊　十行二十
二字小字雙行同上下黑口左右雙邊

610000－1001－0006107　普0003733

觀物博異八卷　（法國）普謝撰　（英國）季理
斐成章譯詞　（清）李鼎星述稿　清光緒三十
年(1904)上海美華書館鉛印本　一冊　十四
行三十四字小字雙行同白口四周雙邊

610000－1001－0006108　普0003734

博物新編三集　（英國）合信撰　清咸豐五年
(1855)上海墨海書館刻本　一冊　十行二十
四字小字雙行同白口四周雙邊

610000－1001－0006109　普0003735

博物新編三集　（英國）合信撰　清咸豐五年
(1855)上海墨海書館刻本　一冊　十行二十

四字小字雙行同白口四周雙邊

610000－1001－0006110　普0003736

對數表四卷　（清）賈步緯校述　清末江南機
器製造總局刻本　四冊　四行五十字上下黑
口四周單邊

610000－1001－0006111　普0003737

對數表四卷　（清）賈步緯校述　清末江南機
器製造總局刻本　四冊　四行五十字上下黑
口四周單邊

610000－1001－0006112　普0003738

對數表四卷　（清）賈步緯校述　清末江南機
器製造總局刻本　四冊　四行五十字上下黑
口四周單邊

610000－1001－0006113　普0003739

拋物淺釋一卷　（清）翟寶書編　清光緒二十
七年(1901)橡竹書屋刻本　一冊　十行二十
四字小字雙行同白口左右雙邊

610000－1001－0006114　普0003740

測量圖說不分卷　（清）翟寶書編　清光緒二
十六年(1900)橡竹書屋刻本　一冊　八行二
十三字小字雙行同白口四周雙邊

610000－1001－0006115　普0003741

味經時務齋課稿叢鈔四種　（清）張元勳等編
　清光緒二十三年(1897)味經刊書處刻本
六冊　十行二十四字小字雙行同白口左右
雙邊

610000－1001－0006116　普0003742

微積溯源八卷　（英國）華里司輯　（英國）傅
蘭雅口譯　（清）華蘅芳筆述　清末關中味經
官書局刻本　六冊　十行二十二字白口左右
雙邊

610000－1001－0006117　普0003743

微積溯源八卷　（英國）華里司輯　（英國）傅
蘭雅口譯　（清）華蘅芳筆述　清末關中味經
官書局刻本　六冊　十行二十二字白口左右
雙邊

610000－1001－0006118　普0003744

微積溯源八卷　（英國）華里司輯　（英國）傅蘭雅口譯　（清）華蘅芳筆述　清末關中味經官書局刻本　六冊　十行二十二字白口左右雙邊

610000－1001－0006119　普0003745

汽機新制八卷　（英國）白爾格撰　（英國）傅蘭雅口譯　（清）徐建寅筆述　清末江南機器製造總局刻本　二冊　十行二十二字小字雙行同上下黑口左右雙邊

610000－1001－0006120　普0003746

汽機發軔九卷附表一卷　（英國）美以納（美國）白勞那撰　（英國）偉烈口譯　（清）徐壽筆述　清末江南機器製造總局刻本　四冊　十行二十二字小字雙行同上下黑口左右雙邊

610000－1001－0006121　普0003747

汽機發軔九卷附表一卷　（英國）美以納（美國）白勞那撰　（英國）偉烈口譯　（清）徐壽筆述　清末江南機器製造總局刻本　四冊　十行二十二字小字雙行同上下黑口左右雙邊

610000－1001－0006122　普0003748

汽機發軔九卷附表一卷　（英國）美以納（美國）白勞那撰　（英國）偉烈口譯　（清）徐壽筆述　清末江南機器製造總局刻本　四冊　十行二十二字小字雙行同上下黑口左右雙邊

610000－1001－0006123　普0003749

新編算學啟蒙三卷　（元）朱世傑編　清光緒十二年(1886)琉璃廠刻本　三冊　十行十九字小字雙行同白口左右雙邊

610000－1001－0006124　普0003752

江氏數學翼梅八卷　（清）江永撰　清光緒七年(1881)群玉山房刻本　四冊　九行二十一字小字雙行同上下黑口左右雙邊

610000－1001－0006125　普0003753

江氏數學翼梅八卷　（清）江永撰　清光緒七年(1881)群玉山房刻本　四冊　九行二十一

字小字雙行同上下黑口左右雙邊

610000－1001－0006126　普0003754

銀礦指南一卷　（美國）亞倫撰　（英國）傅蘭雅口譯　（清）應祖錫筆述　清光緒二十三年(1897)上海六先書局石印本　一冊　十五行三十二字下黑口四周雙邊

610000－1001－0006127　普0003755

銀礦指南一卷　（美國）亞倫撰　（英國）傅蘭雅口譯　（清）應祖錫筆述　清光緒二十三年(1897)上海六先書局石印本　一冊　十五行三十二字下黑口四周雙邊

610000－1001－0006128　普0003756

普通商業教科問答不分卷　（清）公之魯撰　清光緒三十一年(1905)上海文明書局鉛印本　一冊　十行二十七字小字雙行同白口四周雙邊

610000－1001－0006129　普0003757

西藝知新正續合編二十二卷　（英國）諾格德撰　（英國）傅蘭雅譯　（清）徐壽筆述　清光緒二十二年(1896)上海璣衡堂石印本　六冊　二十行二十二字白口四周雙邊

610000－1001－0006130　普0003758

西藝知新正續合編二十二卷　（英國）諾格德撰　（英國）傅蘭雅譯　（清）徐壽筆述　清光緒二十二年(1896)上海璣衡堂石印本　六冊　二十行二十二字白口四周雙邊

610000－1001－0006131　普0003759

西藝知新正續合編二十二卷　（英國）諾格德撰　（英國）傅蘭雅譯　（清）徐壽筆述　清光緒二十二年(1896)上海璣衡堂石印本　六冊　二十行二十二字白口四周雙邊

610000－1001－0006132　普0003760

天地奇異志一卷　（英國）華立熙撰　（清）張文彬筆述　清宣統三年(1911)商務印書館鉛印本　一冊　十二行二十七字小字雙行同白口四周雙邊

610000－1001－0006133　普0003761

談天十八卷　（英國）侯失勒撰　（英國）偉烈

亞力口譯　（清）李善蘭刪述　（清）徐建寅續
述　清光緒二十二年（1896）上海著易堂石印
本　四冊　二十行二十二字白口四周雙邊

610000－1001－0006134　普0003762
談天十八卷　（英國）侯失勒撰　（英國）偉烈
亞力口譯　（清）李善蘭刪述　（清）徐建寅續
述　清光緒二十二年（1896）上海著易堂石印
本　四冊　二十行二十二字白口四周雙邊

610000－1001－0006135　普0003763
談天十八卷首一卷表一卷　（英國）侯失勒撰
　（英國）偉烈亞力口譯　（清）李善蘭刪述
（清）徐建寅續述　清光緒二十七年（1901）上
海日新社石印本　四冊　二十行二十二字白
口四周雙邊

610000－1001－0006136　普0003764
五十年泰西實學衍義補不分卷　（英國）羅勃
克編　（清）陸震譯　清光緒二十九年（1903）
上海華美書館鉛印本　一冊　十二行二十七
字小字雙行四十字白口四周雙邊

610000－1001－0006137　普0003765
格致進化不分卷　（英國）馬林譯　（清）李玉
書筆述　清光緒三十年（1904）廣學會鉛印本
　一冊　十二行二十九字小字雙行同白口四
周雙邊

610000－1001－0006138　普0003766
金石識別十二卷　（美國）代那撰　（美國）瑪
高溫口譯　（清）華蘅芳筆述　清光緒二十三
年（1897）上海著易堂石印本　四冊　二十行
二十二字白口四周雙邊

610000－1001－0006139　普0003767
驗礦砂要法十節　（日本）施德明譯　清光緒
二十六年（1900）商務印書館鉛印本　一冊
十二行二十七字小字雙行同白口四周雙邊

610000－1001－0006140　普0003769
普通博物問答七章　（清）上海商務印書館編
　清光緒三十年（1904）商務印書館鉛印本
一冊　十二行二十七字下黑口四周雙邊

610000－1001－0006141　普0003770

化學大成七十卷　（清）江南機器製造總局輯
　清光緒二十二年（1896）上海璣衡堂石印本
二十冊　二十行二十二字白口四周雙邊

610000－1001－0006142　普0003771
格致須知四集　（英國）傅蘭雅撰輯　清刻本
　八冊　十行二十二字上下黑口四周雙邊

610000－1001－0006143　普0003772
重學須知不分卷　（英國）傅蘭雅撰　清光緒
十五年（1889）刻本　一冊　十行二十二字小
字雙行同上下黑口四周雙邊

610000－1001－0006144　普0003773
電學紀要一卷　（英國）吳師承撰　（英國）李
提摩太口譯　清光緒三十年（1904）上海廣學
會鉛印本　一冊　十二行二十七字白口四周
雙邊

610000－1001－0006145　普0003774
物理標準二卷　（英國）牛負撰　（清）莫安仁
譯　清光緒三十年（1904）上海廣學會鉛印本
　一冊　十一行三十字小字雙行四十三字白
口四周雙邊

610000－1001－0006146　普0003775
化學歌括一卷植物學歌略一卷　（清）虞和欽
撰　清光緒二十六年（1900）味經官書局鉛印
本　一冊　十二行二十八字下黑口四周雙邊

610000－1001－0006147　普0003776
理化示教不分卷　（清）杜亞泉撰　清光緒三
十二年（1906）上海商務印書館鉛印本　一冊
十二行二十七字下黑口四周雙邊

610000－1001－0006148　普0003777
高厚蒙求四集八種　（清）徐朝俊編　（清）徐
紱校勘　清道光四年（1824）掃葉山房刻本
四冊　十行二十一字小字雙行同白口四周
單邊

610000－1001－0006149　普0003778
高厚蒙求四集八種　（清）徐朝俊編　（清）徐
紱校勘　清道光四年（1824）掃葉山房刻本
四冊　十行二十一字小字雙行同白口四周
單邊

610000－1001－0006150　普0003779

星土釋三卷首一卷　（清）李林松編　清光緒十年(1884)刻本　二冊　八行二十字小字雙行同白口左右雙邊

610000－1001－0006151　普0003780

天文揭要二卷　（美國）赫士譯　（清）周文源筆述　清光緒二十五年(1899)上海華美書館鉛印本　二冊　十行三十四字小字雙行同白口四周雙邊

610000－1001－0006152　普0003781

天文揭要二卷　（美國）赫士譯　（清）周文源筆述　清光緒二十五年(1899)上海華美書館鉛印本　二冊　十行三十四字小字雙行同白口四周雙邊

610000－1001－0006153　普0003782

天文揭要二卷　（美國）赫士譯　（清）周文源筆述　清光緒二十五年(1899)上海華美書館鉛印本　二冊　十行三十四字小字雙行同白口四周雙邊

610000－1001－0006154　普0003783

瞳離引蒙二卷　（清）賈步緯撰　（清）賈文浩校勘　清光緒十八年(1892)江南機器製造總局鉛印本　二冊　十行二十二字小字雙行同上下黑口四周單邊

610000－1001－0006155　普0003784

談天十八卷首一卷表一卷　（英國）侯失勒撰　（英國）偉烈亞力口譯　（清）李善蘭刪述　（清）徐建寅續述　清末江南機器製造總局刻本　四冊　十行二十二字上下黑口左右雙邊

610000－1001－0006156　普0003785

談天十八卷首一卷表一卷　（英國）侯失勒撰　（英國）偉烈亞力口譯　（清）李善蘭刪述　（清）徐建寅續述　清末江南機器製造總局刻本　四冊　十行二十二字上下黑口左右雙邊

610000－1001－0006157　普0003786

談天十八卷首一卷表一卷　（英國）侯失勒撰　（英國）偉烈亞力口譯　（清）李善蘭刪述　（清）徐建寅續述　清末江南機器製造總局刻本　四冊　十行二十二字上下黑口左右雙邊

610000－1001－0006158　普0003787

天文圖說四卷　（英國）柯雅各撰　（美國）摩嘉立等譯　清光緒九年(1883)益智書會刻本　一冊　十行二十二字小字雙行同上下黑口左右雙邊

610000－1001－0006159　普0003788

測候叢談四卷　（美國）金楷理口譯　（清）華蘅芳筆述　清光緒江南機器製造總局刻本　二冊　十行二十二字上下黑口左右雙邊

610000－1001－0006160　普0003789

測候叢談四卷　（美國）金楷理口譯　（清）華蘅芳筆述　清光緒江南機器製造總局刻本　二冊　十行二十二字上下黑口左右雙邊

610000－1001－0006161　普0003790

測候叢談四卷　（美國）金楷理口譯　（清）華蘅芳筆述　清光緒江南機器製造總局刻本　二冊　十行二十二字上下黑口左右雙邊

610000－1001－0006162　普0003791

淮南天文訓補注二卷　（清）錢塘撰　清光緒三年(1877)湖北崇文書局刻本　二冊　十二行二十四字小字雙行同上下黑口四周雙邊

610000－1001－0006163　普0003792

御製曆象考成後編十卷　（清）顧琮等編　清末刻本　十冊　九行二十字小字雙行同白口四周雙邊

610000－1001－0006164　普0003793

御製曆象考成後編十卷　（清）顧琮等編　清光緒二十二年(1896)勵志書屋刻本　十冊　九行二十字白口四周雙邊

610000－1001－0006165　普0003794

御製曆象考成上編十六卷下編十卷　（清）聖祖玄燁撰　清光緒二十一年(1895)湖北官書處刻本　三十一冊　九行二十字小字雙行同白口四周雙邊

610000－1001－0006166　普0003795

欽定儀象考成三十卷首二卷　（清）允祿等纂

（清）戴進賢等考測　（清）明安圖等推算
清末刻本　三十一冊　九行二十字小字雙行
同白口四周雙邊

610000 – 1001 – 0006167　普 0003796
格致彙編不分卷　（英國）傅蘭雅輯　清光緒
二年至十八年(1876 – 1892)上海格致書室鉛
印本　二十八冊　二十一行四十二字白口四
周雙邊

610000 – 1001 – 0006168　普 0003797
格致彙編不分卷　（英國）傅蘭雅編　清光緒
二年至十八年(1876 – 1892)上海格致書室鉛
印本　二十八冊　二十一行四十二字白口四
周雙邊

610000 – 1001 – 0006169　普 0003798
格致彙編不分卷　（英國）傅蘭雅編　清光緒
二年至十八年(1876 – 1892)上海格致書室鉛
印本　二十冊　二十一行四十二字白口四周
雙邊

610000 – 1001 – 0006170　普 0003799
考試司機七卷首一卷　（英國）傅蘭雅口譯
（英國）拖爾那撰　（清）徐華封筆述　清末江
南機器製造總局刻本　六冊　十行二十二字
小字雙行同上下黑口左右雙邊

610000 – 1001 – 0006171　普 0003800
考試司機七卷首一卷　（英國）傅蘭雅口譯
（英國）拖爾那撰　（清）徐華封筆述　清末江
南機器製造總局刻本　六冊　十行二十二字
小字雙行同上下黑口左右雙邊

610000 – 1001 – 0006172　普 0003801
考試司機七卷首一卷　（英國）傅蘭雅口譯
（英國）拖爾那撰　（清）徐華封筆述　清末江
南機器製造總局刻本　六冊　十行二十二字
小字雙行同上下黑口左右雙邊

610000 – 1001 – 0006173　普 0003802
圓錐曲綫說三卷　（英國）艾約瑟口譯　（清）
李善蘭筆述　清末江南機器製造總局刻本
一冊　十行二十二字小字雙行同上下黑口左
右雙邊

610000 – 1001 – 0006174　普 0003803
聲學八卷　（英國）田大里撰　（英國）傅蘭雅
口譯　（清）徐建寅筆述　清末江南機器製造
總局刻本　二冊　十行二十二字小字雙行同
上下黑口左右雙邊

610000 – 1001 – 0006175　普 0003804
聲學八卷　（英國）田大里撰　（英國）傅蘭雅
口譯　（清）徐建寅筆述　清末江南機器製造
總局刻本　二冊　十行二十二字小字雙行同
上下黑口左右雙邊

610000 – 1001 – 0006176　普 0003805
聲學八卷　（英國）田大里撰　（英國）傅蘭雅
口譯　（清）徐建寅筆述　清末江南機器製造
總局刻本　二冊　十行二十二字小字雙行同
上下黑口左右雙邊

610000 – 1001 – 0006177　普 0003806
光學二卷　（英國）田大里編　（英國）金楷理
口譯　（清）趙元益筆述　清末江南機器製造
總局刻本　二冊　十行二十二字小字雙行同
上下黑口左右雙邊

610000 – 1001 – 0006178　普 0003807
光學二卷　（英國）田大里編　（英國）金楷理
口譯　（清）趙元益筆述　清末江南機器製造
總局刻本　二冊　十行二十二字小字雙行同
上下黑口左右雙邊

610000 – 1001 – 0006179　普 0003808
電學十卷首一卷　（英國）瑙挨德撰　（英國）
傅蘭雅口譯　（清）徐建寅筆述　清末江南機
器製造總局刻本　六冊　十行二十二字小字
雙行同上下黑口左右雙邊

610000 – 1001 – 0006180　普 0003809
重學二十卷　（英國）艾約瑟口譯　（清）李善
蘭筆述　清同治五年(1866)刻本　五冊　十
行二十二字小字雙行同上下黑口左右雙邊

610000 – 1001 – 0006181　普 0003810
重學二十卷　（英國）艾約瑟口譯　（清）李善
蘭筆述　清同治五年(1866)刻本　五冊　十
行二十二字小字雙行同上下黑口左右雙邊

610000－1001－0006182　普0003812

農務化學簡法三卷　（美國）固來納著　（英國）傅蘭雅口譯　（清）王澍善筆述　清光緒二十九年(1903)江南機器製造總局刻本　一冊　十行二十二字小字雙行同上下黑口左右雙邊

610000－1001－0006183　普0003813

見物五卷　（明）李蘇撰　（清）李錫齡校刊　清末惜陰軒刻本　二冊　十行二十字小字雙行同上下黑口四周單邊

610000－1001－0006184　普0003814

見物五卷　（明）李蘇撰　（清）李錫齡校刊　清末惜陰軒刻本　二冊　十行二十字小字雙行同上下黑口四周單邊

610000－1001－0006185　普0003815

百獸圖說一卷　（清）韋門道氏撰　清光緒八年(1882)益智書會刻本　一冊　十行二十二字小字雙行同上下黑口左右雙邊

610000－1001－0006186　普0003817

博物志十卷　（晉）張華撰　清光緒元年(1875)湖北崇文書局刻本　一冊　十二行二十四字上下黑口四周雙邊

610000－1001－0006187　普0003818

續博物志十卷　（宋）李石撰　清光緒元年(1875)湖北崇文書局刻本　一冊　十二行二十四字上下黑口四周雙邊

610000－1001－0006188　普0003819

化學分原八卷　（英國）蒲陸山撰　（英國）傅蘭雅口譯　（清）徐建寅筆述　清光緒江南機器製造總局刻本　二冊　十行二十二字上下黑口左右雙邊

610000－1001－0006189　普0003820

化學鑑原續編二十四卷　（英國）蒲陸山撰（英國）傅蘭雅口譯　（清）徐壽筆述　清光緒江南機器製造總局刻本　六冊　十行二十二字上下黑口左右雙邊

610000－1001－0006190　普0003821

冶金錄三卷　（美國）阿發滿撰　（英國）傅蘭

雅口譯　（清）趙元益筆述　清光緒江南機器製造總局刻本　二冊　十行二十二字上下黑口左右雙邊

610000－1001－0006191　普0003822

冶金錄三卷　（美國）阿發滿撰　（英國）傅蘭雅口譯　（清）趙元益筆述　清光緒江南機器製造總局刻本　二冊　十行二十二字上下黑口左右雙邊

610000－1001－0006192　普0003823

冶金錄三卷　（美國）阿發滿撰　（英國）傅蘭雅口譯　（清）趙元益筆述　清光緒江南機器製造總局刻本　二冊　十行二十二字上下黑口左右雙邊

610000－1001－0006193　普0003824

金石識別十二卷　（美國）代那撰　（美國）瑪高溫口譯　（清）華蘅芳筆述　清光緒江南機器製造總局刻本　六冊　十行二十二字上下黑口左右雙邊

610000－1001－0006194　普0003825

金石識別十二卷　（美國）代那撰　（美國）瑪高溫口譯　（清）華蘅芳筆述　清光緒江南機器製造總局刻本　六冊　十行二十二字上下黑口左右雙邊

610000－1001－0006195　普0003826

金石識別十二卷　（美國）代那撰　（美國）瑪高溫口譯　（清）華蘅芳筆述　清同治十一年(1872)江南機器製造總局刻本　六冊　十行二十二字上下黑口左右雙邊

610000－1001－0006196　普0003828

礦石圖說一卷　（英國）傅蘭雅撰　清光緒十年(1884)刻本　一冊　十行二十二字上下黑口左右雙邊

610000－1001－0006197　普0003829

銀礦指南一卷　（美國）亞倫撰　（英國）傅蘭雅口譯　（清）應祖錫筆述　清光緒十七年(1891)江南機器製造總局刻本　一冊　十行二十二字上下黑口左右雙邊

610000－1001－0006198　普0003830

銀礦指南一卷　（美國）亞倫撰　（英國）傅蘭
雅口譯　（清）應祖錫筆述　清光緒十七年
(1891)江南機器製造總局刻本　一冊　十行
二十二字上下黑口左右雙邊

610000－1001－0006199　普0003831

寶藏興焉十二卷　（英國）費而奔著　（英國）
傅蘭雅口譯　（清）徐壽筆述　清光緒江南機
器製造總局刻本　十二冊　十行二十二字上
下黑口左右雙邊

610000－1001－0006200　普0003833

格物探源六卷　（英國）韋廉臣撰　清宣統二
年(1910)刻本　四冊　十二行二十七字白口
四周雙邊

610000－1001－0006201　普0003834

格致啟蒙四種　（英國）羅斯古撰　（美國）林
樂知譯　清末刻本　四冊　十行二十二字小
字雙行同上下黑口左右雙邊

610000－1001－0006202　普0003835

格物入門七卷　（美國）丁韙良撰　清同治七
年(1868)京都同文館刻本　七冊　十行二十
一字白口四周雙邊

610000－1001－0006203　普0003836

礮乘新法三卷首一卷圖一卷　（英國）英國製
造官局撰　（清）舒高第口譯　（清）鄭昌棪筆
述　清末鉛印本　六冊　十行二十二字小字
雙行同白口四周雙邊

610000－1001－0006204　普0003837

礮乘新法三卷首一卷圖一卷　（英國）英國製
造官局撰　（清）舒高第口譯　（清）鄭昌棪筆
述　清末鉛印本　六冊　十行二十二字小字
雙行同白口四周雙邊

610000－1001－0006205　普0003838

礮乘新法三卷首一卷圖一卷　（英國）英國製
造官局撰　（清）舒高第口譯　（清）鄭昌棪筆
述　清末鉛印本　六冊　十行二十二字小字
雙行同白口四周雙邊

610000－1001－0006206　普0003839

廣博物志五十卷　（明）董斯張纂　（明）楊鶴

考訂　清光緒五年(1879)學海堂刻本　二十
六冊　九行十八字白口四周單邊

610000－1001－0006207　普0003840

廣博物志五十卷　（明）董斯張纂　（明）楊鶴
考訂　清光緒二十五年(1899)聚賢齋刻本
二十八冊　九行十八字白口四周單邊

610000－1001－0006208　普0003841

植物名實圖考三十八卷長編二十二卷　（清）
吳其濬撰　（清）陸應穀校刊　清道光二十八
年(1848)刻本　五十九冊　九行二十四字小
字雙行同白口四周雙邊　缺一卷(長編十二)

610000－1001－0006209　普0003844

幾何原本十五卷　（意大利）利瑪竇口譯
（明）徐光啟筆受　（英國）偉烈亞力口譯
（清）李善蘭筆受　清同治四年(1865)金陵湘
鄉曾國藩刻本　八冊　九行二十二字上下黑
口左右雙邊

610000－1001－0006210　普0003845

幾何原本十五卷　（意大利）利瑪竇口譯
（明）徐光啟筆受　（英國）偉烈亞力口譯
（清）李善蘭筆受　清同治四年(1865)金陵湘
鄉曾國藩刻本　八冊　九行二十二字上下黑
口左右雙邊

610000－1001－0006211　普0003846

幾何原本十五卷　（意大利）利瑪竇口譯
（明）徐光啟筆受　（英國）偉烈亞力口譯
（清）李善蘭筆受　清同治四年(1865)金陵湘
鄉曾國藩刻本　八冊　九行二十二字上下黑
口左右雙邊

610000－1001－0006212　普0003847

弦雪居重訂遵生八牋十九卷總目一卷　（明）
高濂撰　清嘉慶刻本　二十冊　九行十八字
白口四周單邊

610000－1001－0006213　普0003848

開煤要法十二卷　（英國）士密德輯　（英國）
傅蘭雅口譯　（清）王德均筆述　清末江南機
器製造總局刻本　二冊　十行二十二字上下
黑口左右雙邊

610000－1001－0006214　普0003849

開煤要法十二卷　（英國）士密德輯　（英國）
傅蘭雅口譯　（清）王德均筆述　清末江南機
器製造總局刻本　二冊　十行二十二字上下
黑口左右雙邊

610000－1001－0006215　普0003850

開煤要法十二卷　（英國）士密德撰　（英國）
傅蘭雅口譯　（清）王德均筆述　清末江南機
器製造總局刻本　二冊　十行二十二字上下
黑口左右雙邊

610000－1001－0006216　普0003852

西藝知新二十二卷　（英國）諾格德撰　（英
國）傅蘭雅口譯　（清）徐壽筆述　清光緒江
南機器製造總局刻本　六冊　十行二十二字
上下黑口左右雙邊　存十卷(一至十)

610000－1001－0006217　普0003853

鍊石編三卷　（英國）亨利黎特撰　（清）舒高
第　（清）鄭昌棪譯　清光緒鉛印本　一冊
十行二十二字小字雙行同白口四周雙邊

610000－1001－0006218　普0003854

鍊石編三卷　（英國）亨利黎特撰　（清）舒高
第　（清）鄭昌棪譯　清光緒鉛印本　二冊
十行二十二字小字雙行同白口四周雙邊

610000－1001－0006219　普0003855

工業教育一卷　（日本）今景彥撰　（清）許之
衡譯　清光緒三十四年(1908)廣東學務公所
鉛印本　一冊　十三行三十七字下黑口四周
雙邊

610000－1001－0006220　普0003856

植物教科書二卷　（日本）松村任三撰　（日
本）齊田功太郎撰　清光緒天津官報局鉛印
本　二冊　十行二十四字下黑口四周雙邊

610000－1001－0006221　普0003857

礦務叢鈔十二種　（英國）士密德等輯　清光
緒二十三年(1897)六先書局鉛印本　八冊
十五行三十二字下黑口四周雙邊　存六種

610000－1001－0006222　普0003858

中國工商業考一卷　（日本）緒方南溟撰

（日本）古城貞吉譯　清光緒二十三年(1897)
時務報館石印本　一冊　十三行三十字上下
黑口四周單邊

610000－1001－0006223　普0003862

開煤要法十二卷　（英國）士密德輯　（英國）
傅蘭雅口譯　（清）王德均筆述　清光緒二十
三年(1897)上海六先書局石印本　一冊　十
五行三十二字小字雙行同下黑口四周雙邊

610000－1001－0006224　普0003863

開煤要法十二卷　（英國）士密德輯　（英國）
傅蘭雅口譯　（清）王德均筆述　清光緒二十
三年(1897)上海六先書局石印本　一冊　十
五行三十二字小字雙行同下黑口四周雙邊

610000－1001－0006225　普0003864

開煤要法十二卷　（英國）士密德輯　（英國）
傅蘭雅口譯　（清）王德均筆述　清光緒二十
三年(1897)上海六先書局石印本　一冊　十
五行三十二字小字雙行同下黑口四周雙邊

610000－1001－0006226　普0003865

增訂電學入門不分卷　（美國）丁韙良撰　清
光緒二十四年(1898)上海宏文閣石印本　四
冊　九行二十一字白口四周雙邊

610000－1001－0006227　普0003866

農務化學問答二卷　（英國）仲斯敦撰　（英
國）秀耀春口譯　（清）范熙庸筆述　清光緒
二十七年(1901)石印本　二冊　十行二十二
字上下黑口左右雙邊

610000－1001－0006228　普0003870

庚子銷夏記八卷　（清）孫承澤撰　清山隱居
刻本　二冊　九行二十字上下黑口左右雙邊

610000－1001－0006229　普0003873

金石索十二卷首一卷　（清）馮雲鵬編　清光
緒三十二年(1906)上海文新局石印本　二十
四冊　行數不等字數不等白口四周單邊

610000－1001－0006230　普0003876

歷代畫史彙傳七十二卷附錄二卷　（清）彭蘊
璨編　清光緒五年(1879)京都善成堂書鋪刻
本　十四冊　八行二十字小字雙行同上下黑

363

口四周雙邊　缺三十三卷(七至九、十三至十八、二十二至三十一、三十八至五十一)

610000 - 1001 - 0006231　普0003877

桐陰論畫二卷首一卷續一卷畫訣一卷二編二卷三編二卷　(清)秦祖永撰　清同治三年(1864)刻朱墨印本　六冊　八行十八字小字雙行同上下黑口左右雙邊

610000 - 1001 - 0006232　普0003882

墨緣彙觀四卷　(清)安岐編　清光緒二十六年(1900)鉛印本　六冊　九行二十二字白口四周雙邊

610000 - 1001 - 0006233　普0003883

墨緣彙觀四卷　(清)安岐編　清光緒二十六年(1900)鉛印本　六冊　九行二十二字白口四周雙邊

610000 - 1001 - 0006234　普0003884

墨緣彙觀四卷　(清)安岐編　清光緒二十六年(1900)鉛印本　六冊　九行二十二字白口四周雙邊

610000 - 1001 - 0006235　普0003887

虛齋名畫錄十六卷　龐元濟編　清宣統元年(1909)烏程龐氏刻本　十五冊　九行二十一字小字雙行同下黑口四周雙邊　存十五卷(一至二、四至十六)

610000 - 1001 - 0006236　普0003888

習苦齋畫絮十卷　(清)戴熙撰　(清)惠年編　清光緒十九年(1893)杭州惠年刻本　四冊　十行二十二字小字雙行同上下黑口左右雙邊

610000 - 1001 - 0006237　普0003889

友石軒印存不分卷　(清)楊秉信篆刻　清宣統刻鈐印本　一冊　行數不等字數不等白口四周雙邊

610000 - 1001 - 0006238　普0003890

友石軒印存不分卷　(清)楊秉信篆刻　清宣統刻鈐印本　一冊　行數不等字數不等白口四周雙邊

610000 - 1001 - 0006239　普0003891

友石軒印存不分卷　(清)楊秉信篆刻　清宣統刻鈐印本　一冊　行數不等字數不等白口四周雙邊

610000 - 1001 - 0006240　普0003892

西清古鑑四十卷錢錄十六卷　(清)梁詩正等篆　清光緒十四年(1888)上海鴻文書局石印本　二十四冊　十行十八字白口四周雙邊

610000 - 1001 - 0006241　普0003893

西清續鑑甲編二十卷附錄一卷　(清)王傑等輯　清宣統三年(1911)上海商務印書館影印本　四十二冊　十行十八字白口四周雙邊

610000 - 1001 - 0006242　普0003894

西清續鑑甲編二十卷附錄一卷　(清)王傑等輯　清宣統三年(1911)涵芬樓影印本　三十八冊　十行十八字小字雙行三十六字白口四周雙邊　存十九卷(三至二十、附錄一)

610000 - 1001 - 0006243　普0003895

思古齋雙鉤漢碑篆額不分卷　(清)何澂輯　清光緒九年(1883)思古齋刻本　三冊　九行二十字白口四周單邊

610000 - 1001 - 0006244　普0003896

漢隸字源五卷碑目一卷　(宋)婁機撰　清光緒三年(1877)川東官舍刻本　六冊　九行十九字白口左右雙邊

610000 - 1001 - 0006245　普0003897

甌鉢羅室書畫過目考四卷首一卷附一卷　(清)李玉棻編　清光緒二十三年(1897)京都興盛齋刻本　四冊　十一行二十五字白口四周雙邊

610000 - 1001 - 0006246　普0003898

十竹齋書畫譜八種　(清)胡正言輯并繪　清光緒五年(1879)吳縣朱記榮校經山房刻彩色套印本　八冊

610000 - 1001 - 0006247　普0003899

芥子園畫傳五卷　(清)王槩輯摹　清刻彩色套印本　四冊　九行二十字白口左右雙邊

610000－1001－0006248　普0003899

芥子園畫傳四集四卷　（清）王槩輯摹　**圓章會纂一卷**　（清）李漁纂輯　清嘉慶刻本　三冊　十行二十字白口四周單邊　缺一卷（一）

610000－1001－0006249　普0003900

書畫鑑影二十四卷　（清）李佐賢輯　清同治十年(1871)利津李氏刻本　八冊　九行二十四字小字雙行同白口四周雙邊

610000－1001－0006250　普0003905

嶽雪樓書畫錄五卷　（清）孔廣陶編　清光緒十五年(1889)南海孔氏三十有三萬卷堂刻本　五冊　九行二十一字小字雙行同白口左右雙邊

610000－1001－0006251　普0003917

新增格古要論十三卷　（明）曹昭撰　（清）李錫齡校刊　清光緒惜陰軒刻本　六冊　十行二十字小字雙行同上下黑口四周單邊

610000－1001－0006252　普0003918

新增格古要論十三卷　（明）曹昭撰　（清）李錫齡校刊　清光緒惜陰軒刻本　六冊　十行二十字小字雙行同上下黑口四周單邊

610000－1001－0006253　普0003919

新增格古要論十三卷　（明）曹昭撰　（清）李錫齡校刊　清光緒惜陰軒刻本　六冊　十行二十字小字雙行同上下黑口四周單邊

610000－1001－0006254　普0003920

輿地學課程不分卷戊戌遊記不分卷　（清）姚炳奎編　清光緒二十九年(1903)湖北經心書院刻本　十二冊　九行二十一字小字雙行同下黑口四周單邊

610000－1001－0006255　普0003921

輿地學課程不分卷戊戌遊記不分卷　（清）姚炳奎編　清光緒二十九年(1903)湖南經心書院刻本　八冊　九行二十一字小字雙行同下黑口四周單邊

610000－1001－0006256　普0003922

輿地學課程不分卷戊戌遊記不分卷　（清）姚炳奎編　清光緒二十九年(1903)湖北經心書院刻本　八冊　九行二十一字小字雙行同下黑口四周單邊

610000－1001－0006257　普0003923

輿地學課程不分卷戊戌遊記不分卷　（清）姚炳奎編　清光緒二十九年(1903)湖北經心書院刻本　八冊　九行二十一字小字雙行同下黑口四周單邊

610000－1001－0006258　普0003924

篆學瑣著二十八種　（清）顧湘輯　清道光二十年(1840)海虞顧氏刻本　八冊　九行二十一字小字雙行同上下黑口四周雙邊

610000－1001－0006259　普0003926

琴學入門二卷　（清）張鶴輯　清同治六年(1867)心響往齋刻本　二冊　十行二十一字白口四周單邊

610000－1001－0006260　普0003927

誠一堂琴譜六卷琴談二卷　（清）程允基輯　清刻本　六冊　八行十三字小字雙行二十三字白口四周雙邊

610000－1001－0006261　普0003930

日本游學指南不分卷　章宗祥撰　清光緒二十七年(1901)鉛印本　一冊　十四行三十二字小字雙行同白口四周雙邊

610000－1001－0006262　普0003931

明治小學教育沿革不分卷　京師學部編譯書局編　清光緒三十二年(1906)京師學部官書局鉛印本　一冊　十三行三十一字小字雙行同下黑口四周雙邊

610000－1001－0006263　普0003932

明治小學教育沿革不分卷　京師學部編譯書局編　清光緒三十二年(1906)京師學部官書局鉛印本　一冊　十三行三十一字小字雙行同下黑口四周雙邊

610000－1001－0006264　普0003933

明治小學教育沿革不分卷　京師學部編譯書局編　清光緒三十二年(1906)京師學部官書局鉛印本　一冊　十三行三十一字小字雙行同下黑口四周雙邊

610000－1001－0006265　普0003940
訓蒙捷徑二卷　（清）黃慶澄編　清光緒二十六年(1900)復邠學舍刻本　一冊　十行二十一字小字雙行同白口四周雙邊

610000－1001－0006266　普0003942
澄衷蒙學堂字課圖說四卷　（清）劉樹屏編　清光緒二十七年(1901)澄衷蒙學堂石印本　八冊　十二行大小字不等下黑口四周雙邊

610000－1001－0006267　普0003943
澄衷蒙學堂字課圖說四卷　（清）劉樹屏編　清光緒二十七年(1901)澄衷蒙學堂石印本　八冊　十二行大小字不等下黑口四周雙邊

610000－1001－0006268　普0003944
澄衷蒙學堂字課圖說四卷　（清）劉樹屏編　清光緒二十七年(1901)澄衷蒙學堂石印本　八冊　十二行大小字不等下黑口四周雙邊

610000－1001－0006269　普0003945
兒童矯弊論不分卷　（日本）大村仁太郎編（清）京師編書局譯　清光緒三十一年(1905)京師官書局鉛印本　一冊　十二行三十一字下黑口四周單邊

610000－1001－0006270　普0003946
兒童矯弊論不分卷　（日本）大村仁太郎編（清）京師編書局譯　清光緒三十一年(1905)京師官書局鉛印本　一冊　十二行三十一字下黑口四周單邊

610000－1001－0006271　普0003948
幼學歌五卷續編一卷　（清）王用臣編　清光緒十二年(1886)深澤王用臣斯陶書屋刻本　二冊　九行二十字小字雙行同白口四周雙邊

610000－1001－0006272　普0003949
幼學歌五卷續編一卷　（清）王用臣編　清光緒十二年(1886)深澤王用臣斯陶書屋刻本　二冊　九行二十字小字雙行同白口四周雙邊

610000－1001－0006273　普0003950
幼學歌五卷續編一卷　（清）王用臣編　清光緒十二年(1886)深澤王用臣斯陶書屋刻本　二冊　九行二十字小字雙行同白口四周雙邊

610000－1001－0006274　普0003951
日本興學之經驗不分卷　（日本）野尻精一講述　清光緒三十三年(1907)鉛印本　一冊　十三行三十二字上下黑口四周單邊

610000－1001－0006275　普0003952
日本興學之經驗不分卷　（日本）野尻精一講述　清光緒三十三年(1907)鉛印本　一冊　十三行三十二字上下黑口四周單邊

610000－1001－0006276　普0003953
日本興學之經驗不分卷　（日本）野尻精一講述　清光緒三十三年(1907)鉛印本　一冊　十三行三十二字上下黑口四周單邊

610000－1001－0006277　普0003954
人子宜知書三卷　（清）文丙奎撰　清光緒十三年(1887)刻本　二冊　九行二十一字小字雙行同白口左右雙邊

610000－1001－0006278　普0003957
國民教育愛國心不分卷　（日本）穗積八束著（清）章起渭譯　（清）劉景韓校　清光緒三十一年(1905)兩廣學務處鉛印本　一冊　十二行三十二字下黑口四周雙邊

610000－1001－0006279　普0003958
肄業要覽不分卷　（英國）史本守撰　（清）顏永京譯　清光緒二十一年(1895)上海格致書室鉛印本　一冊　十二行二十五字白口四周雙邊

610000－1001－0006280　普0003968
復齋錄六卷　（清）王建常撰　清光緒元年(1875)述經堂刻本　四冊　九行二十字上下黑口四周雙邊

610000－1001－0006281　普0003971
幼學操身不分卷　（英國）慶丕（清）翟汝舟撰　清光緒二十四年(1898)關中味經官書局刻本　一冊　十行二十四字白口左右雙邊

610000－1001－0006282　普0003972
幼學操身不分卷　（英國）慶丕（清）翟汝舟撰　清光緒二十四年(1898)關中味經官書局刻本　一冊　十行二十四字白口左右雙邊

610000－1001－0006283　普0003973

幼學操身不分卷　（英國）慶丕　（清）翟汝舟撰　清光緒二十四年(1898)關中味經官書局刻本　一冊　十行二十四字白口左右雙邊

610000－1001－0006284　普0003980

九九銷夏錄十四卷　（清）俞樾撰　清道光十二年(1832)刻本　二冊　十行二十一字白口左右雙邊

610000－1001－0006285　普0003987

兒童矯弊論不分卷　（日本）大村仁太郎編　（清）京師編書局譯　清光緒三十一年(1905)京師官書局鉛印本　一冊　十二行三十一字下黑口四周單邊

610000－1001－0006286　普0003990

國民教育論不分卷　（日本）浮田和民著　（清）沅麃生議述　清光緒三十一年(1905)鉛印本　一冊　十三行三十二字白口四周雙邊

610000－1001－0006287　普0003997

學校管理法問答十一章　（清）邵義譯　清光緒三十一年(1905)秦中官書局石印本　一冊　十二行二十七字下黑口四周雙邊

610000－1001－0006288　普0004000

師鄭堂中國文學講義不分卷　孫雄撰　清光緒三十四年(1908)鉛印本　一冊　十二行二十七字白口四周雙邊

610000－1001－0006289　普0004001

教育史四篇二十四章　（清）商務印書館編譯所編纂　清光緒三十一年(1905)上海商務印書館鉛印本　一冊　十三行三十二字白口四周雙邊

610000－1001－0006290　普0004008

埩氏實踐教育學二卷　（奧地利）埩斯弗勒特力撰　（日本）藤代禎輔譯　（日本）中島端重譯　大學堂譯書分局譯　清光緒二十九年(1903)大學堂官書局鉛印本　二冊　十四行三十二字下黑口四周雙邊

610000－1001－0006291　普0004009

埩氏實踐教育學二卷　（奧地利）埩斯弗勒特力撰　（日本）藤代禎輔譯　（日本）中島端重譯大學堂譯書分局譯　清末鉛印本　二冊　十二行二十九字上下黑口四周雙邊

610000－1001－0006292　普0004011

忘憂清樂集不分卷　（宋）張學士撰　清嘉慶七年(1802)南陵徐乃昌影宋刻本　一冊　十行二十四字小字雙行同白口左右雙邊

610000－1001－0006293　普0004012

西方子明堂灸經八卷校勘記一卷　（□）西方子撰　清光緒十年(1884)當歸草堂刻本　一冊　十行二十一字小字雙行同黑口四周雙邊　存四卷(五至八)

610000－1001－0006294　普0004014

墨林今話十八卷續編一卷　（清）蔣寶齡撰　清同治十一年(1872)映雪草廬刻本　八冊　十行二十一字黑口左右雙邊

610000－1001－0006295　普0004019

占察善惡業報經玄義一卷疏二卷行法一卷　（明）釋智旭撰　清同治七年(1868)邵陽魏繡君刻本　二冊　十二行二十四字細黑口左右雙邊

610000－1001－0006296　普0004020

大方廣佛新華嚴經合論一百二十卷首一卷　（唐）釋實义難陀譯　（唐）李通玄造論　（唐）釋志寧釐經合論　清同治十一年(1872)金陵刻經處刻本　三十冊　十行二十字小字雙行同白口左右雙邊

610000－1001－0006297　普0004021

大方廣佛華嚴經疏鈔懸談二十八卷首一卷　（唐）釋澄觀撰　清光緒三十三年(1907)金陵刻經處刻本　八冊　十行二十字白口左右雙邊

610000－1001－0006298　普0004022

大方廣圓覺修多羅了義經近釋六卷　（清）釋通潤撰　清光緒十二年(1886)金陵刻經處刻本　二冊　十行二十字白口左右雙邊

610000－1001－0006299　普0004024

無量壽經宗要一卷　（新羅）釋元曉撰　清末

刻本 一冊 十行二十字白口左右雙邊

610000－1001－0006300 普0004025

維摩詰所說經折衷疏六卷 （明）釋大賢撰
清光緒金陵刻經處刻本 三冊 十行二十字
白口左右雙邊

610000－1001－0006301 普0004026

梵網經菩薩戒本疏十卷 （唐）釋法藏撰 清
光緒二十五年(1899)金陵刻經處刻本 二冊
十行二十字白口左右雙邊

610000－1001－0006302 普0004027

圓覺經析義疏四卷附大義一卷懸示一卷
(清)釋通理述 （清）釋心興較訂 清光緒三
十三年(1907)揚州藏經院刻本 四冊 十行
二十字白口左右雙邊

610000－1001－0006303 普0004028

請觀音經疏一卷 （隋）釋智顗說 （隋）釋灌
頂記 清末許靈虛刻本 一冊 十行二十字
小字雙行同細黑口左右雙邊

610000－1001－0006304 普0004029

仁王護國般若經疏五卷 （隋）釋智顗說
(隋)釋灌頂記 清光緒十一年(1885)江北刻
經處刻本 二冊 十行二十字小字雙行同細
黑口左右雙邊

610000－1001－0006305 普0004037

雜阿含經五十卷 （南朝宋）釋求那跋陀羅譯
清光緒十四年(1888)江寧王本龍刻本 十
二冊 十行二十字細黑口左右雙邊

610000－1001－0006306 普0004040

肇論略注六卷 （明）釋德清述 清光緒十四
年(1888)金陵刻經處刻本 二冊 八行二十
字小字雙行同細黑口左右雙邊

610000－1001－0006307 普0004044

唯識開蒙問答二卷 （元）釋雲峰集 清宣統
三年(1911)揚州藏經禪院刻本 二冊 十行
二十字小字雙行同細黑口左右雙邊

610000－1001－0006308 普0004049

賢首五教儀開蒙增注五卷 （清）釋通理述

(清)釋心興校訂 清宣統元年(1909)揚州藏
經處刻本 五冊 十行二十字小字雙行同細
黑口左右雙邊

610000－1001－0006309 普0004057

大薩遮尼乾子受記經十卷 （北魏）釋菩提留
支譯 清光緒十九年(1893)江北刻經處刻本
二冊 十行二十字小字雙行同細黑口左右
雙邊

610000－1001－0006310 普0004076

方廣大莊嚴經十二卷 （唐）釋地婆訶羅譯
清光緒三十一年(1905)揚州藏經院刻本 四
冊 十行二十字小字雙行同細黑口左右雙邊

610000－1001－0006311 普0004078

大方廣圓覺經大疏十六卷首一卷 （唐）釋宗
密述 清宣統元年(1909)金陵刻經處刻本
四冊 十行二十字小字雙行同細黑口左右
雙邊

610000－1001－0006312 普0004093

法化老和尚貪嗔癡註一卷 （清）釋法化撰
清光緒元年(1875)杭州昭慶寺慧空經房刻本
一冊 十行二十字小字雙行同白口左右
雙邊

610000－1001－0006313 普0004094

法門疏抄二卷 （清）釋昌德編輯 清同治十
三年(1874)慈濟寺刻本 二冊 八行二十字
小字雙行同白口四周雙邊

610000－1001－0006314 普0004095

維摩詰所說經無我疏十二卷 （明）釋傅燈撰
清光緒二十三年(1897)天台山真覺寺刻本
六冊 九行二十字小字雙行同上下黑口四
周雙邊

610000－1001－0006315 普0004096

論法華二卷 （清）釋咫觀老人述 （清）釋妙
諦子等記 清光緒三年(1877)江北刻經處刻
本 一冊 十行二十字小字雙行同細黑口左
右雙邊

610000－1001－0006316 普0004098

法華擊節不分卷 （明）釋德清述 清宣統元

年(1909)揚州藏經處刻本 一冊 十行二十
字小字雙行同細黑口左右雙邊

610000－1001－0006317 普0004100

成唯識論述記六十卷 （唐）釋窺基撰 清光
緒二十七年(1901)金陵刻經處刻本 二十冊
十行二十字細黑口左右雙邊

610000－1001－0006318 普0004101

妙法蓮華經七卷 （後秦）釋鳩摩羅什譯 清
末金陵朝天宮書局刻本 四冊 七行十七字
小字雙行同白口左右雙邊

610000－1001－0006319 普0004103

西齋淨土詩四卷 （元）釋梵琦撰 清末民初
金陵刻經處刻本 四冊 十行二十字小字雙
行同細黑口左右雙邊

610000－1001－0006320 普0004104

四眾弟子淨土詩不分卷 （清）釋定慧等撰
清同治十一年(1872)如皋刻經處刻本 一冊
十行二十字小字雙行同細黑口左右雙邊

610000－1001－0006321 普0004105

宗鏡錄一百卷 （宋）釋延壽輯 清光緒二十
五年(1899)江北刻經處刻本 二十冊 十行
二十字小字雙行同細黑口左右雙邊

610000－1001－0006322 普0004113

楞伽阿跋多羅寶經會譯四卷 （明）釋員珂會
譯 清光緒三十四年(1908)金陵刻經處刻本
四冊 十行二十字細黑口左右雙邊

610000－1001－0006323 普0004114

佛母大孔雀明王經三卷 （唐）釋不空譯 清
宣統二年(1910)常州天寧寺清鎔刻本 一冊
十行二十字小字雙行同細黑口左右雙邊

610000－1001－0006324 普0004115

佛母大孔雀明王經三卷 （唐）釋不空譯 清
光緒十四年(1888)常熟刻經處刻本 一冊
十行二十字小字雙行同細黑口左右雙邊

610000－1001－0006325 普0004117

大方便佛報恩經七卷 （□）□□譯 清同治
十一年(1872)金陵刻經處刻本 二冊 十行

二十字細黑口左右雙邊

610000－1001－0006326 普0004118

御選雲棲蓮池袾宏大師語錄一卷 （□）□□
選 清光緒刻本 一冊 十行二十一字細黑
口左右雙邊

610000－1001－0006327 普0004122

唯識二十論一卷 （唐）釋玄奘譯 **唯識二十
論述記四卷** （唐）釋窺基撰 清宣統二年
(1910)江西刻經處刻本 一冊 十行二十字
細黑口左右雙邊 存三卷(唯識二十論一、述
記一至二)

610000－1001－0006328 普0004129

善女人傳二卷 （清）彭際清撰 清同治十一
年(1872)常熟刻經處刻本 一冊 十行二十
字小字雙行同細黑口左右雙邊

610000－1001－0006329 普0004137

虛空孕菩薩經三卷 （隋）釋闍那崛多譯 清
光緒八年(1882)常熟刻經處刻本 一冊 十
行二十字小字雙行同細黑口左右雙邊

610000－1001－0006330 普0004138

佛母大孔雀明王經三卷 （唐）釋不空譯 清
光緒十四年(1888)常熟刻經處刻本 一冊
十行二十字小字雙行同細黑口左右雙邊

610000－1001－0006331 普0004141

悲華經十卷 （北涼）釋曇無讖譯 清光緒四
年(1878)金陵刻經處刻本 三冊 十行二十
字小字雙行同細黑口左右雙邊

610000－1001－0006332 普0004143

佛說目連問戒律中五百輕重事經二卷 （□）
□□譯 清光緒二年(1876)江北刻經處刻本
一冊 十行二十字小字雙行同細黑口左右
雙邊

610000－1001－0006333 普0004145

大般涅槃經四十卷 （北涼）釋曇無讖譯 清
光緒五年(1879)善成妙湛刻本 十冊 十行
二十字細黑口左右雙邊

610000－1001－0006334 普0004146

大乘密嚴經三卷　（唐）釋不空譯　清光緒二十三年（1897）金陵刻經處刻本　一冊　十行二十字小字雙行同細黑口左右雙邊

610000－1001－0006335　普0004147

佛說樓炭經六卷　（晉）釋法立　（晉）釋法炬譯　清光緒刻本　二冊　十行二十字細黑口左右雙邊

610000－1001－0006336　普0004148

佛說觀無量壽佛經一卷　（南朝宋）釋畺良耶舍譯　清光緒八年（1882）金陵刻經處刻本　一冊　十行二十字小字雙行同細黑口左右雙邊

610000－1001－0006337　普0004149

地藏菩薩本願經三卷　（唐）釋實义難陀譯　清光緒三十年（1904）金陵刻經處刻本　一冊　九行十八字細黑口左右雙邊

610000－1001－0006338　普0004151

佛說貝多樹下思惟十二因緣經一卷　（三國吳）釋支謙譯　佛說緣起聖道經一卷　（唐）釋玄奘譯　佛說稻稈經一卷　（□）□□譯　大乘舍黎娑擔摩經一卷　（宋）釋施護譯　清光緒三年（1877）金陵刻經處刻本　一冊　十行二十字小字雙行同細黑口左右雙邊

610000－1001－0006339　普0004152

阿難問事佛吉凶經一卷　（漢）釋安世高譯　十二緣生祥瑞經二卷　（宋）釋施護譯　清光緒三年（1877）江北刻經處刻本　一冊　十行二十字小字雙行同細黑口左右雙邊

610000－1001－0006340　普0004153

佛說四諦經一卷　（漢）釋安世高譯　佛說恆水經一卷　（晉）釋法炬譯　佛說瞻婆比丘經一卷　（晉）釋法炬譯　佛說本相倚致經一卷　（漢）釋安世高譯　佛說緣本致經一卷　（□）□□譯　佛說頂生王故事經一卷　（晉）釋法炬譯　佛說文陀竭王經一卷　（北涼）釋曇無讖譯　清光緒六年（1880）金陵刻經處刻本　一冊　十行二十字小字雙行同細黑口左右雙邊

610000－1001－0006341　普0004155

佛說梵網經菩薩心地品合注七卷　（後秦）釋鳩摩羅什譯　（明）釋智旭注　玄義一卷　（明）釋智旭述　菩薩戒羯磨文釋一卷　（唐）釋玄奘譯　（明）釋智旭釋　清同治十三年（1874）金陵刻經處刻本　五冊　十行二十字小字雙行同細黑口左右雙邊

610000－1001－0006342　普0004158

藥師琉璃光如來本願功德經直解二卷　（清）釋靈耀撰　清宣統二年（1910）常州刻經處刻本　一冊　十行二十字小字雙行同細黑口左右雙邊

610000－1001－0006343　普0004160

妙法蓮華經通義二十卷　（明）釋德清述　清光緒三十四年（1908）金陵刻經處刻本　五冊　十行二十字小字雙行同細黑口左右雙邊

610000－1001－0006344　普0004163

梵網經心地品菩薩戒義疏發隱五卷首一卷戒疏發隱事義五卷菩薩戒問辯一卷　（隋）釋智者大師說　（明）釋法隱疏　清光緒二十五年（1899）金陵刻經處刻本　五冊　十行二十字小字雙行同白口左右雙邊

610000－1001－0006345　普0004168

四念處四卷　（隋）釋智者大師說　清光緒三年（1877）江北刻經處刻本　一冊　十行二十字小字雙行同細黑口左右雙邊

610000－1001－0006346　普0004169

修習止觀坐禪法要二卷元妙法門一卷　（隋）釋智顗述　清光緒二十九年（1903）金陵刻經處刻本　一冊　十行二十字小字雙行同細黑口左右雙邊

610000－1001－0006347　普0004170

般若綱要十卷卷前一卷　（清）釋葛鼎慧提綱　清光緒二十二年（1896）揚州刻經處刻本　四冊　十行二十字小字雙行同細黑口左右雙邊

610000－1001－0006348　普0004171

續原教論二卷　（明）沈士榮撰　清光緒元年

(1875)金陵刻經處刻本　一冊　十行二十字
細黑口左右雙邊

610000－1001－0006349　普0004172

寶藏論一卷　(後秦)釋僧肇撰　清光緒二十
三年(1897)金陵刻經處刻本　一冊　十行二
十字細黑口左右雙邊

610000－1001－0006350　普0004173

淨土論三卷　(唐)釋迦才撰　清光緒金陵刻
經處刻本　一冊　十行二十字細黑口左右
雙邊

610000－1001－0006351　普0004174

大乘中觀釋論十卷　(宋)釋惟淨等譯　清光
緒三十四年(1908)金陵刻經處刻本　二冊
十行二十字細黑口左右雙邊

610000－1001－0006352　普0004177

大乘起信論一卷　(唐)釋實义難陀譯　清光
緒二十四年(1898)金陵刻經處刻本　一冊
九行十八字小字雙行同細黑口左右雙邊

610000－1001－0006353　普0004178

大般涅槃經十三錄三卷廿一經錄一卷　(清)
嵩齡輯　清刻本　三冊　九行二十字白口四
周雙邊

610000－1001－0006354　普0004179

方廣大莊嚴經十二卷　(唐)釋地婆訶羅譯
清光緒三十一年(1905)揚州藏經院刻本　四
冊　十行二十字小字雙行同細黑口左右雙邊

610000－1001－0006355　普0004180

佛說孝子五王七經不分卷　(□)□□□譯　清
刻本　一冊　十行二十字細黑口左右雙邊

610000－1001－0006356　普0004182

佛說阿彌陀經要解一卷　(後秦)釋鳩摩羅什
譯　(明)釋智旭解　清光緒十一年(1885)金
陵刻經處刻本　一冊　九行二十字細黑口左
右雙邊

610000－1001－0006357　普0004187

顯揚聖教論二十卷　(唐)釋玄奘譯　清宣統
元年(1909)揚州藏經院刻本　四冊　十行二

十字細黑口左右雙邊

610000－1001－0006358　普0004188

**無量壽經優婆提舍願生偈一卷注二卷附婆藪
槃頭菩薩造往生論一卷**　(北魏)釋菩提留支
譯　(北魏)釋曇鸞注解　**略論安樂淨土義一
卷讚阿彌陀佛偈一卷**　(北魏)釋曇鸞撰　清
光緒十九年(1893)金陵刻經處刻本　一冊
十行二十字小字雙行同細黑口左右雙邊

610000－1001－0006359　普0004190

**陰符經發隱不分卷道德經發隱不分卷沖虛經
發隱不分卷南華經發隱不分卷**　(清)楊文會
注　清光緒三十年(1904)金陵刻經處刻本
一冊　十行二十字小字雙行同細黑口左右
雙邊

610000－1001－0006360　普0004191

閱藏知津四十四卷總目四卷　(清)釋智旭編
清光緒十八年(1892)金陵刻經處刻本　十
冊　十行二十字小字雙行同細黑口左右雙邊

610000－1001－0006361　普0004198

鐔津文集十九卷首一卷　(宋)釋契嵩撰　清
光緒二十八年(1902)揚州藏經院刻本　四冊
十行二十字小字雙行同細黑口左右雙邊

610000－1001－0006362　普0004200

周安士先生全書四種　(清)周安士撰　清光
緒二十四年(1898)刻本　六冊　十行二十字
小字雙行同細黑口左右雙邊

610000－1001－0006363　普0004204

賢愚因緣經十三卷　(北魏)釋慧覺譯　清光
緒刻本　四冊　十行二十字小字雙行同細黑
口左右雙邊

610000－1001－0006364　普0004208

菩薩戒本經不分卷箋要不分卷　(北涼)釋曇
無讖譯　(清)釋智旭箋　清光緒六年(1880)
金陵藏經處刻本　一冊　十行二十字細黑口
左右雙邊

610000－1001－0006365　普0004209

金光明經玄義二卷　(隋)釋智者大師撰
(隋)釋灌頂記　**金光明經玄義拾遺記五卷**

（宋）釋知禮述　清光緒七年(1881)姑蘇刻經處刻本　二冊　十行二十字細黑口左右雙邊

610000－1001－0006366　普0004210

四教義六卷　（隋）釋智顗撰　清刻本　二冊　十行二十字細黑口左右雙邊

610000－1001－0006367　普0004211

佛說觀無量壽佛經疏四卷　（唐）釋善導集記　清光緒二十年(1894)金陵刻經處刻本　二冊　十行二十字小字雙行同細黑口左右雙邊

610000－1001－0006368　普0004214

弘明集十四卷　（南朝梁）釋僧祐集　清光緒二十二年(1896)金陵刻經處刻本　四冊　十行二十字小字雙行同細黑口左右雙邊

610000－1001－0006369　普0004216

佛祖歷代通載三十六卷　（元）釋念常集　清宣統元年(1909)江北刻經處刻本　八冊　十行二十字小字雙行同細黑口左右雙邊

610000－1001－0006370　普0004217

高僧傳初集十五卷　（南朝梁）釋慧皎撰　清光緒十年(1884)金陵刻經處刻本　四冊　十行二十字小字雙行同細黑口左右雙邊

610000－1001－0006371　普0004218

禪林僧寶傳三十卷補一卷附一卷　（宋）釋惠洪撰　清光緒六年(1880)常熟刻經處刻本　三冊　十行二十字小字雙行同細黑口左右雙邊

610000－1001－0006372　普0004222

比丘尼傳四卷　（晉）釋寶唱撰　清光緒十一年(1885)金陵刻經處刻本　一冊　十行二十字小字雙行同細黑口左右雙邊

610000－1001－0006373　普0004223

觀所緣緣論會釋一卷　（□）陳那菩薩造　（唐）釋玄奘譯　（明）釋明昱會釋　**六離合釋**　**法式通關一卷**　（明）釋明昱通關　清光緒二十八年(1902)金陵刻經處刻本　一冊　十行二十字小字雙行同細黑口左右雙邊

610000－1001－0006374　普0004230

辨中邊論述記六卷　（唐）釋窺基撰　清同治四年(1865)江西刻經處刻本　三冊　十行二十字細黑口左右雙邊

610000－1001－0006375　普0004233

淨土警語一卷　（清）釋行策撰　清光緒六年(1880)常熟刻經處刻本　一冊　十行二十字小字雙行同細黑口左右雙邊

610000－1001－0006376　普0004234

佛說四十二章經一卷　（漢）釋迦葉摩騰共竺法蘭譯　**佛遺教經一卷**　（後秦）釋鳩摩羅什譯　**八大人覺經一卷**　（漢）釋安世高譯　清同治九年(1870)金陵刻經處刻本　一冊　十行二十字細黑口左右雙邊

610000－1001－0006377　普0004237

龍舒淨土文十卷首一卷末一卷　（宋）王日休撰　清光緒九年(1883)金陵刻經處刻本　一冊　十行二十字細黑口左右雙邊

610000－1001－0006378　普0004238

往生集三卷附一卷　（明）釋袾宏輯　清光緒二十四年(1898)金陵刻經處刻本　一冊　十行二十字上下黑口左右雙邊

610000－1001－0006379　普0004239

靈峰蕅益大師選定淨土十要十卷　（明）釋蕅益大師選　清光緒二十年(1894)揚州藏經院刻本　四冊　九行二十一字細黑口左右雙邊

610000－1001－0006380　普0004244

勝鬘經寶窟十五卷　（唐）釋吉藏撰　清光緒二十九年(1903)金陵刻經處刻本　四冊　十行二十字細黑口左右雙邊

610000－1001－0006381　普0004246

法華指掌疏七卷懸示一卷科判一卷事義一卷　（清）釋通理述　清宣統元年(1909)江北刻經處刻本　十二冊　十行二十字小字雙行同細黑口左右雙邊

610000－1001－0006382　普0004255

佛說無量壽經義疏六卷　（三國魏）釋康僧鎧譯　（隋）釋慧遠撰疏　清光緒二十年(1894)金陵刻經處刻本　二冊　十行二十字小字雙

行同細黑口左右雙邊

610000－1001－0006383　普 0004260

靈峰蕅益大師梵室偶談一卷　（清）釋智旭撰
　徹悟禪師語錄二卷　（清）徹悟禪師撰　清
同治七年(1868)金陵刻經處刻本　一冊　十
二行二十四字細黑口左右雙邊

610000－1001－0006384　普 0004261

天台四教儀一卷　（高麗）釋諦觀錄　**始終心
要一卷**　（隋）釋從義注　**天台八教大意一卷**
　（隋）釋灌頂撰　清宣統元年(1909)揚州藏
經院刻本　一冊　十行二十字小字雙行同細
黑口左右雙邊

610000－1001－0006385　普 0004262

龐居士語錄三卷　（唐）于頔編集　清咸豐元
年(1851)金陵刻經處刻本　一冊　十行二十
一字小字雙行同白口左右雙邊

610000－1001－0006386　普 0004263

淨業知津一卷　（清）釋悟開述　清同治十三
年(1874)金陵刻經處刻本　一冊　十行二十
字細黑口左右雙邊

610000－1001－0006387　普 0004264

念佛百問一卷　（清）釋悟開撰　清同治五年
(1866)正定王蔭福刻本　一冊　九行二十字
小字雙行同白口左右雙邊

610000－1001－0006388　普 0004265

修西日課不分卷　（清）鄭學川等纂集　清同
治金陵刻經處刻本　一冊　八行十六字小字
雙行同白口四周單邊

610000－1001－0006389　普 0004267

西歸直指四卷首一卷　（清）周安士輯　清光
緒十二年(1886)金陵刻經處刻本　一冊　十
行二十字小字雙行同細黑口左右雙邊

610000－1001－0006390　普 0004268

念佛伽陀一卷　（清）釋際醒撰　清同治金陵
刻經處刻本　一冊　八行二十字細黑口左右
雙邊

610000－1001－0006391　普 0004274

重訂西方公據二卷　（清）彭際清集　清光緒
四年(1878)金陵刻經處刻本　一冊　十行二
十字小字雙行同細黑口左右雙邊

610000－1001－0006392　普 0004275

重訂西方公據二卷　（清）彭際清集　清光緒
四年(1878)金陵刻經處刻本　一冊　十行二
十字小字雙行同細黑口左右雙邊

610000－1001－0006393　普 0004277

受持佛說阿彌陀經行願儀一卷　（清）釋成時
輯　（清）彭際清訂　清同治九年(1870)如皋
刻經處刻本　一冊　十行二十字小字雙行同
細黑口左右雙邊

610000－1001－0006394　普 0004278

三壇傳戒正範四卷　（清）釋讀體撰　清同治
十二年(1873)江北刻經處刻本　三冊　十行
二十字小字雙行同細黑口左右雙邊

610000－1001－0006395　普 0004279

毗尼日用切要一卷　（清）釋讀體匯集　**沙彌
律儀要略一卷**　（清）釋袾宏輯　清光緒十八
年(1892)金陵刻經處刻本　一冊　十行二十
字小字雙行同細黑口左右雙邊

610000－1001－0006396　普 0004280

毘尼珍敬錄二卷　（明）釋廣承輯錄　（明）釋
智旭會補　清光緒二年(1876)貫珠刻本　二
冊　十行二十字細黑口左右雙邊

610000－1001－0006397　普 0004281

佛說造像量度經一卷解一卷續補一卷　（清）
工布查布譯解　清同治十三年(1874)金陵刻
經處刻本　一冊　十行二十字小字雙行同細
黑口左右雙邊

610000－1001－0006398　普 0004282

顯密圓通成佛心要集二卷　（唐）釋道㲀集
清同治十一年(1872)金陵刻經處刻本　一冊
　十行二十字小字雙行同細黑口左右雙邊

610000－1001－0006399　普 0004285

大乘修行菩薩行門諸經要集三卷　（唐）釋智嚴
譯　清光緒二十一年(1895)江北刻經處刻本
一冊　十行二十字小字雙行同細黑口左右雙邊

610000－1001－0006400　普 0004286

大清重刻龍藏彙記一卷　（清）梁詩正等撰
清同治九年(1870)金陵刻經處刻本　一冊
十行二十字小字雙行同細黑口左右雙邊

610000－1001－0006401　普 0004290

十二門論宗致義記四卷　（後秦）釋鳩摩羅什
譯　（唐）釋法藏記　清宣統三年(1911)江西
刻經處刻本　二冊　十行二十字小字雙行同
細黑口左右雙邊

610000－1001－0006402　普 0004291

大乘起信論義記七卷　（唐）釋法藏撰　清光
緒二十四年(1898)金陵刻經處刻本　二冊
十行二十字細黑口左右雙邊

610000－1001－0006403　普 0004292

釋氏四書箋注五卷　（明）釋真界等纂注　清
光緒十一年(1885)金陵刻經處刻本　四冊
十行二十字小字雙行同細黑口左右雙邊

610000－1001－0006404　普 0004295

仁王護國般若波羅密多經二卷　（唐）釋不空
譯　清同治九年(1870)金陵刻經處刻本　一
冊　十行二十字小字雙行同細黑口左右雙邊

610000－1001－0006405　普 0004297

御選語錄十九卷　（清）世宗胤禛選　清光緒
四年(1878)金陵刻經處刻本　十四冊　十行
二十一字細黑口左右雙邊

610000－1001－0006406　普 0004301

宗範八卷　（清）錢伊庵編輯　清光緒十二年
(1886)金陵刻經處刻本　一冊　十行二十字
細黑口左右雙邊　存一卷(八)

610000－1001－0006407　普 0004302

禪關策進一卷　（明）釋袾宏輯　清光緒二十
四年(1898)金陵刻經處刻本　一冊　十行二
十字細黑口左右雙邊

610000－1001－0006408　普 0004303

教觀綱宗一卷釋義一卷　（明）釋智旭撰　清
光緒刻本　一冊　十行二十字小字雙行同細
黑口左右雙邊

610000－1001－0006409　普 0004304

教觀綱宗一卷釋義一卷　（明）釋智旭撰　清
光緒刻本　一冊　十行二十字小字雙行同細
黑口左右雙邊

610000－1001－0006410　普 0004305

原人論一卷　（唐）釋宗密撰　清同治十三年
(1874)雞園刻經處刻本　一冊　十行二十字
小字雙行同細黑口左右雙邊

610000－1001－0006411　普 0004306

禪門鍛鍊說一卷　（明）釋戒顯撰　清同治十
一年(1872)如皋刻經處刻本　一冊　十行二
十字小字雙行同細黑口左右雙邊

610000－1001－0006412　普 0004307

高峰大師語錄一卷　（元）釋原妙撰　清光緒
十五年(1889)金陵刻經處刻本　一冊　十行
二十字細黑口左右雙邊

610000－1001－0006413　普 0004308

禪源諸詮集都序四卷　（唐）釋宗密撰　清光
緒十八年(1892)金陵刻經處刻本　一冊　十
行二十字小字雙行同細黑口左右雙邊

610000－1001－0006414　普 0004313

釋門真孝錄五卷　（清）張廣湉輯　清光緒刻
本　一冊　十行二十字細黑口左右雙邊

610000－1001－0006415　普 0004324

佛教中學課本古文四集　（清）釋諦閑編　清
末金陵刻經處刻本　四冊　十行二十字小字
雙行同細黑口左右雙邊

610000－1001－0006416　普 0004325

佛教初學課本一卷註一卷　（清）楊文會撰
清光緒三十二年(1906)金陵刻經處刻本　一
冊　七行十六字小字雙行同細黑口左右雙邊

610000－1001－0006417　普 0004328

大明太宗文皇帝御製序讚文十篇一卷御製感
應序一卷諸佛世尊如來菩薩尊者名稱歌曲感
應卷五十一卷　（明）太宗朱棣撰　清末刻本
一冊　十行二十字細黑口左右雙邊

610000－1001－0006418　普 0004339

摩訶止觀輔行傳弘決四十卷 （隋）釋智顗說
（唐）釋湛然撰　清光緒許靈虛刻本　二十
冊　十行二十字小字雙行同細黑口左右雙邊

610000－1001－0006419　普 0004342

天台四教儀集注十卷 （元）釋蒙潤輯　清光
緒三十四年(1908)揚州藏經院刻本　四冊
十行二十字小字雙行同細黑口左右雙邊

610000－1001－0006420　普 0004343

大乘法界無差別論疏二卷 （唐）釋法藏撰
清光緒二十一年(1895)金陵刻經處刻本　一
冊　十行二十字細黑口左右雙邊

610000－1001－0006421　普 0004344

修設瑜伽集要施食壇儀一卷首一卷 （明）釋
袾宏補註　清光緒二十五年(1899)金陵刻經
處刻本　一冊　十行二十字小字雙行同細黑
口左右雙邊

610000－1001－0006422　普 0004345

修設瑜伽集要施食壇儀一卷首一卷 （明）釋
袾宏補注　清光緒二十五年(1899)金陵刻經
處刻本　一冊　十行二十字小字雙行同細黑
口左右雙邊

610000－1001－0006423　普 0004349

大乘中觀釋論十卷 （宋）釋惟淨等譯　清光
緒三十四年(1908)金陵刻經處刻本　二冊
十行二十字細黑口左右雙邊

610000－1001－0006424　普 0004351

重訂教乘法數十二卷 （清）釋超海等訂　清
光緒三十四年(1908)常州天寧寺刻本　六冊
行數不等字數不等細黑口左右雙邊

610000－1001－0006425　普 0004353

佛說七俱胝佛母準提大明陀羅尼經一卷
（唐）釋金剛智譯　千手千眼觀世音菩薩廣大
圓滿無礙大悲心陀羅尼經一卷 （唐）釋伽梵
達摩譯　佛頂尊勝陀羅尼經一卷 （唐）釋佛
陀波利譯　穢跡金剛說神通大滿陀羅尼法術
靈要門經一卷 （唐）釋無能勝譯　清光緒八
年(1882)金陵刻經處刻本　一冊　十行二十
字小字雙行同細黑口左右雙邊

610000－1001－0006426　普 0004354

佛說七俱胝佛母準提大明陀羅尼經一卷
（唐）釋金剛智譯　千手千眼觀世音菩薩廣大
圓滿無礙大悲心陀羅尼經一卷 （唐）釋伽梵
達摩譯　佛頂尊勝陀羅尼經一卷 （唐）釋佛
陀波利譯　穢跡金剛說神通大滿陀羅尼法術
靈要門經一卷 （唐）釋無能勝譯　清光緒八
年(1882)金陵刻經處刻本　一冊　十行二十
字小字雙行同細黑口左右雙邊

610000－1001－0006427　普 0004355

**佛說一切如來金剛三業最上祕密大教王經七
卷** （宋）釋施護譯　清末刻本　二冊　十行
二十字小字雙行同細黑口左右雙邊

610000－1001－0006428　普 0004357

翻譯名義集選一卷 （宋）釋法雲編　（清）
□□選　清同治十二年(1873)江北刻經處刻
本　一冊　十行二十字小字雙行同細黑口左
右雙邊

610000－1001－0006429　普 0004358

翻譯名義集選一卷 （宋）釋法雲編　（清）
□□選　清同治十二年(1873)江北刻經處刻
本　一冊　十行二十字小字雙行同細黑口左
右雙邊

610000－1001－0006430　普 0004360

佛說造像量度經一卷解一卷續補一卷 （清）
工布查布譯并解述　清同治十三年(1874)金
陵刻經處刻本　一冊　十行二十字小字雙行
同細黑口左右雙邊

610000－1001－0006431　普 0004362

文昌帝君陰騭文廣義節錄三卷 （清）周安士
撰　清光緒七年(1881)刻本　三冊　十行二
十字小字雙行同細黑口左右雙邊

610000－1001－0006432　普 0004363

仙佛合宗語錄不分卷 （明）伍守陽撰　（明）
伍守虛校注　清宣統二年(1910)上海千頃堂
石印本　四冊　十行二十四字白口四周雙邊

610000－1001－0006433　普 0004364

百年兩事一卷 （清）鄭韋菴述　**體仁要術一**

卷 （清）彭紹升撰　清末民初刻本　一冊
九至十行不等二十至二十一字不等白口間上
下黑口左右雙邊

610000－1001－0006434　普0004365
因果實錄一卷　（清）江潮遠輯　清道光二十
四年(1844)刻本　一冊　九行二十字白口四
周雙邊

610000－1001－0006435　普0004366
丹桂根緣一卷　（清）李一德等輯　清同治十
三年(1874)刻本　一冊　八行二十字白口四
周雙邊

610000－1001－0006436　普0004367
丹桂根緣一卷　（清）李一德等輯　清同治十
三年(1874)刻本　一冊　八行二十字白口四
周雙邊

610000－1001－0006437　普0004368
丹桂根緣一卷　（清）李一德等輯　清同治十
三年(1874)刻本　一冊　八行二十字白口四
周雙邊

610000－1001－0006438　普0004369
公門果報錄一卷　（清）宋楚望輯　清光緒十
九年(1893)關中書院刻本　一冊　九行二十
字小字雙行同白口四周雙邊

610000－1001－0006439　普0004370
文昌帝君敬信錄一卷　（清）萬劫餘生撰　清
光緒二十七年(1901)刻本　一冊　九行十一
字小字雙行同白口左右雙邊

610000－1001－0006440　普0004371
太上感應篇一卷　（清）惠棟注　清光緒十三
年(1887)刻本　一冊　九行二十五字小字雙
行同白口左右雙邊

610000－1001－0006441　普0004373
公門果報錄一卷　（清）宋楚望輯　清光緒十
八年(1892)江蘇書局刻本　一冊　九行二十
字小字雙行同白口左右雙邊

610000－1001－0006442　普0004374
勸孝合編一卷　（清）紀蘭馨編　清道光二十

六年(1846)刻本　一冊　九行二十三字小字
雙行同四周雙邊

610000－1001－0006443　普0004375
烏夜啼思親曲一卷　（清）徐廷珍撰　清光緒
二年(1876)刻本　一冊　六行十八字白口四
周單邊

610000－1001－0006444　普0004376
戒殺放生文一卷　（明）釋袾宏撰并注　清末
民初刻本　一冊　十行二十六字小字雙行三
十四字白口四周單邊

610000－1001－0006445　普0004377
牛戒彙鈔不分卷　（清）吳省蘭輯　清光緒十
三年(1887)刻本　一冊　九行二十至二十一
字不等白口四周單邊

610000－1001－0006446　普0004378
志公勸世文一卷　（南朝梁）志公禪師撰　清
同治九年(1870)萍西倪家坊寧綏堂刻本　一
冊　八行二十字白口四周單邊

610000－1001－0006447　普0004379
了凡四訓一卷　（明）袁黃撰　清光緒刻本
一冊　九行二十三字白口左右雙邊

610000－1001－0006448　普0004403
眼前不可錄不分卷　（清）留塵倦客編　清光
緒二十五年(1899)上海官善書局鉛印本　一
冊　十四行三十一字白口四周雙邊

610000－1001－0006449　普0004406
中峰國師三時繫念佛事一卷　（宋）釋延壽述
（清）釋隆清校　清同治十二年(1873)釋隆
清刻本　一冊　五行十七字白口四周雙邊

610000－1001－0006450　普0004407
唐書釋音二卷　（宋）董衝撰　清刻本　一冊
十二行二十五字小字雙行同白口左右雙邊

610000－1001－0006451　普0004408
比雅十卷　（清）洪亮吉撰　清光緒五年
(1879)陽湖洪用懃授經堂刻本　一冊　十一
行二十二字小字雙行同黑口左右雙邊

610000－1001－0006452　普0004409

沙彌律儀要略述義二卷　（清）釋書玉釋　清末華山律堂刻本　二冊　十行二十字小字雙行同黑口四周雙邊

610000－1001－0006453　普0004410

列祖提綱錄四十二卷首一卷　（清）釋行悅集　清同治十三年(1874)刻本　十冊　十行二十字小字雙行同黑口四周雙邊

610000－1001－0006454　普0004411

釋氏書啟一卷　（清）法筏道人植菴輯　清同治十年(1871)昭慶寺慧空經房刻本　一冊　八行二十三字小字雙行同白口左右雙邊

610000－1001－0006455　普0004412

禪門日誦一卷　（清）徐文瀕輯　清光緒二十六年(1900)常州府天寧寺刻本　一冊　十行二十字小字雙行同白口四周雙邊

610000－1001－0006456　普0004413

法界安立圖三卷　（明）釋仁潮集錄　清咸豐九年(1859)慧空經房刻本　二冊　十行二十字小字雙行同白口四周單邊

610000－1001－0006457　普0004414

唐玄奘法師八識規矩母頌一卷　（清）釋性起論釋　清光緒三年(1877)刻本　一冊　十行二十字白口四周單邊

610000－1001－0006458　普0004415

釋氏稽古略四卷　（元）釋覺岸撰　釋鑑稽古略續集三卷　（明）釋大聞編　清光緒十二年(1886)刻本　五冊　九行二十八字小字雙行同白口四周單邊

610000－1001－0006459　普0004416

天慧徹禪師語錄二卷　（清）釋際聖等編　清光緒三十二年(1906)刻本　二冊　十行二十一字小字雙行同黑口左右雙邊

610000－1001－0006460　普0004418

地藏菩薩本願經科注六卷首一卷　（清）釋靈乘輯　清光緒七年(1881)杭州府慧空經房刻本　六冊　十行二十字小字雙行同黑口四周雙邊

610000－1001－0006461　普0004419

毘尼關要十六卷事議十六卷　（清）釋德基輯　清光緒三十二年(1906)刻本　九冊　九行二十字小字雙行同上下黑口左右雙邊

610000－1001－0006462　普0004420

佛祖統系道影四卷　（清）釋守一編　清光緒六年(1880)蘇州瑪瑙經房善書局刻本　四冊　十行二十字白口左右雙邊

610000－1001－0006463　普0004426

續天路歷程不分卷　（英國）本仁約翰撰　（清）孫榮理刪訂　清宣統二年(1910)上海美華書館鉛印本　一冊　十二行二十七字白口四周雙邊

610000－1001－0006464　普0004427

新約全書不分卷　（□）□□撰　清宣統二年(1910)聖書公會鉛印本　一冊　十四行三十三字白口四周雙邊

610000－1001－0006465　普0004428

古聖徒殉難記三卷　（□）廣學會編　清光緒二十九年(1903)上海商務印書館鉛印本　二冊　十三行三十三字白口四周雙邊　存二卷（上下）

610000－1001－0006466　普0004429

天道功課不分卷　（□）廣學會編　清光緒三十年(1904)上海商務印書館鉛印本　一冊　十二行二十七字白口四周雙邊

610000－1001－0006467　普0004431

基督聖德論不分卷　（英國）季理斐譯　清光緒二十九年(1903)上海廣學會鉛印本　一冊　十二行二十七字小字雙行同白口四周雙邊

610000－1001－0006468　普0004432

真道結果實證八章　（英國）季理斐譯　清光緒二十九年(1903)上海商務印書館鉛印本　一冊　十二行二十七字白口四周雙邊

610000－1001－0006469　普0004433

晦極明生世紀四十章　（英國）季理斐譯　清光緒二十七年(1901)上海商務印書館鉛印本　一冊　十二行二十七字白口四周雙邊

610000－1001－0006470　普0004434

瑙革司保教紀略不分卷　（英國）洪朗生口譯
（英國）陸鳴九筆錄　清光緒二十九年
(1903)上海商務印書館鉛印本　一冊　十二
行二十七字白口四周雙邊

610000－1001－0006471　普0004436

聖人說不分卷　（清）山雅谷撰　清光緒三十
年(1904)上海商務印書館鉛印本　一冊　十
二行二十七字白口四周雙邊

610000－1001－0006472　普0004437

小先知釋義不分卷　（清）倪戈氏撰　清光緒
三十一年(1905)上海商務印書館鉛印本　二
冊　十三行二十九字白口四周雙邊

610000－1001－0006473　普0004438

西方歸道十一章　（英國）華立熙譯　清光緒
二十六年(1900)上海美華書館鉛印本　一冊
十二行二十七字小字雙行同白口四周雙邊

610000－1001－0006474　普0004439

路德改教紀略二十三章　（美國）林樂知譯
清宣統元年(1909)上海廣學會鉛印本　一冊
十二行二十七字白口四周單邊

610000－1001－0006475　普0004444

清真指南九卷　（清）馬注撰　清光緒十年
(1884)刻本　十冊　八行十九字小字雙行同
白口四周雙邊

610000－1001－0006476　普0004451

惜字焚化沉灰法一卷　（清）陶忠源撰　清光
緒十八年(1892)刻本　一冊　八行字數不等
白口四周單邊

610000－1001－0006477　普0004452

喻道要旨一卷　（英國）李提摩太集譯　清光
緒三十年(1904)上海廣學會鉛印本　二冊
十四行三十字白口四周雙邊

610000－1001－0006478　普0004453

探道本原二卷　（清）秀耀春撰　清光緒二十
年(1894)刻本　二冊　十行二十四字白口左
右雙邊

610000－1001－0006479　普0004454

天道興國淺說一卷　（清）鹿完天撰　清宣統
元年(1909)上海美華書館鉛印本　一冊　十
四行二十九字白口四周雙邊

610000－1001－0006480　普0004455

基督約言一卷　（英國）韋廉臣撰　（英國）李
提摩太編　清光緒二十五年(1899)上海美華
書館鉛印本　一冊　十一行二十五字小字雙
行五十一字白口四周雙邊

610000－1001－0006481　普0004456

馬太福音略解一卷　（英國）楊格非撰　清光
緒二十八年(1902)英漢書館鉛印本　一冊
十一行三十二字小字雙行四十字白口四周
雙邊

610000－1001－0006482　普0004457

基督實錄三卷　（清）韋廉臣撰　清光緒二十
五年(1899)美華書館鉛印本　一冊　十四行
三十字白口四周單邊

610000－1001－0006483　普0004458

景教流行中國碑頌正詮一卷　（葡萄牙）陽瑪
諾注　清光緒四年(1878)刻本　一冊　八行
十六字小字雙行同白口四周雙邊

610000－1001－0006484　普0004459

聖經典林不分卷　（美國）范約翰等輯　清宣
統二年(1910)上海中國聖教書會鉛印本　一
冊　十七行四十六字下黑口四周單邊

610000－1001－0006485　普0004460

道原精萃七種　（清）倪懷編輯　清光緒十三
年(1887)上海慈母堂鉛印本　八冊　九行二
十四字白口四周雙邊

610000－1001－0006486　普0004461、普
0004462、普0004463、普0004464、普0004465、
普0004488、普0004489

白芙堂算書二十三種　（清）丁取忠輯　清同
治、光緒長沙古荷花池精舍刻本　二十冊
十行二十二字小字雙行同白口左右雙邊　存
十二種

610000－1001－0006487　普0004466

選集漢印分韻二卷續集二卷 （清）袁日省撰
（清）謝雲生摹錄 清嘉慶二年(1797)漱藝
堂刻本 三冊 六行二十二字白口四周雙邊
缺一卷(續集上)

610000－1001－0006488 普0004468
學計韻言一卷 （清）江衡撰 清光緒二十一
年(1895)陝西味經售書處刻本 一冊 十行
二十四字小字雙行同白口左右雙邊

610000－1001－0006489 普0004469
四元玉鑑細艸三卷首一卷坿增一卷四坿一卷
（元）朱世傑撰 （清）羅士琳補 清道光十
八年(1838)揚州宋敦五刻本 八冊 八行二
十四字上下黑口四周雙邊

610000－1001－0006490 普0004470
道統大成十卷 （清）汪啟漢輯 清光緒二十
六年(1900)上海千頃堂書局刻本 十冊 九
行二十二字小字雙行同白口四周雙邊

610000－1001－0006491 普0004471
容齋隨筆十六卷首一卷續筆十六卷三筆十六
卷四筆十六卷五筆十卷 （宋）洪邁撰 清光
緒九年(1883)刻本 十四冊 十行十八字小
字雙行同細黑口左右雙邊

610000－1001－0006492 普0004472
表異錄二十卷 （明）王志堅輯 清道光至咸
豐刻本 一冊 十行二十二字小字雙行同黑
口四周單邊 存八卷(一至八)

610000－1001－0006493 普0004473
茶香室叢鈔二十三卷目錄一卷續鈔二十五卷
（清）俞樾撰 清光緒九年(1883)刻本 十
四冊 十行二十一字白口左右雙邊

610000－1001－0006494 普0004477
陝西境内漢江流域貿易稽核比較冊一卷
（清）仇繼恆編 清光緒三十二年(1906)鉛印
本 一冊 十三行三十二字白口四周雙邊

610000－1001－0006495 普0004478
小學集解六卷輯說一卷 （宋）朱熹撰 （清）
張伯行輯註 清光緒十三年(1887)陝西布政
司刻本 四冊 九行十七字小字雙行同白口

四周雙邊

610000－1001－0006496 普0004479
小學集解六卷輯說一卷 （宋）朱熹撰 （清）
張伯行輯註 清光緒十三年(1887)陝西布政
司刻本 四冊 九行十七字小字雙行同白口
四周雙邊

610000－1001－0006497 普0004480
小學集解六卷輯說一卷 （宋）朱熹撰 （清）
張伯行輯註 清光緒十三年(1887)陝西布政
司刻本 四冊 九行十七字小字雙行同白口
四周雙邊

610000－1001－0006498 普0004481
爆藥記要六卷 （美國）水雷局編 （清）舒高
第口譯 （清）趙元益筆述 清光緒江南機器
製造總局刻本 一冊 十行二十二字小字雙
行同黑口左右雙邊

610000－1001－0006499 普0004482
蠶桑輯要三卷廣蠶桑說一卷 （清）沈秉成輯
清光緒元年(1875)江西書局刻本 一冊
十一行二十一字小字雙行同黑口左右雙邊

610000－1001－0006500 普0004483
蠶桑輯要三卷廣蠶桑說一卷 （清）沈秉成輯
清光緒元年(1875)江西書局刻本 一冊
十一行二十一字小字雙行同黑口左右雙邊

610000－1001－0006501 普0004484
曾文正公水陸行軍練兵志四卷 （清）王定安
撰 （清）柏森校刊 清光緒二十六年(1900)
柏經正堂刻本 一冊 十行二十二字黑口四
周單邊 存二卷(一至二)

610000－1001－0006502 普0004485
信好錄四卷 （清）賀瑞麟編 清光緒十六年
(1890)柏經正堂刻本 一冊 十行二十二字
黑口四周單邊

610000－1001－0006503 普0004486
通志堂經解一百三十九種 （清）納蘭性德輯
清同治十二年(1873)粵東書局刻本 十三
冊 十一行二十字小字雙行同白口左右雙邊
存六種

610000－1001－0006504　普0004490

普通學歌訣一卷　（清）張一鵬撰　清光緒秦中官書局鉛印本　一冊　十行二十二字白口左右雙邊

610000－1001－0006505　普0004491

普通學歌訣一卷　（清）張一鵬撰　清光緒秦中官書局鉛印本　一冊　十行二十二字白口左右雙邊

610000－1001－0006506　普0004492

學計韻言一卷　（清）江衡述　清光緒二十一年（1895）陝西味經售書處刻本　一冊　十行二十四字小字雙行同白口左右雙邊

610000－1001－0006507　普0004497

漢律類纂一卷　張鵬一輯　清光緒三十三年（1907）奉天格致學堂鉛印本　一冊　十行二十二字小字雙行同白口四周單邊

610000－1001－0006508　普0004498

漢律類纂一卷　張鵬一輯　清光緒三十三年（1907）奉天格致學堂鉛印本　一冊　十行二十二字小字雙行同白口四周單邊

610000－1001－0006509　普0004499

明儒學案六十二卷　（清）黃宗羲撰　（清）萬言訂　清光緒八年（1882）二老閣刻本　十六冊　十一行二十字上下黑口四周單邊

610000－1001－0006510　普0004500

陸操新義四卷　（德國）康貝撰　（清）李丹崖譯　清光緒十年（1884）石印本　二冊　十三行三十字白口四周雙邊

610000－1001－0006511　普0004501

陸操新義四卷　（德國）康貝撰　（清）李丹崖譯　清光緒十年（1884）石印本　二冊　十三行三十字白口四周雙邊

610000－1001－0006512　普0004502

陸操新義四卷　（德國）康貝撰　（清）李丹崖譯　清光緒十年（1884）石印本　二冊　十三行三十字白口四周雙邊

610000－1001－0006513　普0004505

詩經古譜二卷　（宋）趙彥甫撰　（元）熊興可譜　（清）學部注簡譜　清光緒三十四年（1908）學部圖書局石印本　一冊　行數不等大小字不等白口

610000－1001－0006514　普0004506

詩經古譜二卷　（宋）趙彥甫撰　（元）熊興可譜　（清）學部注簡譜　清光緒三十四年（1908）學部圖書局石印本　一冊　行數不等大小字不等白口

610000－1001－0006515　普0004508

記事珠十卷　（清）張以謙撰　清嘉慶二十一年（1816）刻本　十冊　十行二十四字小字雙行同白口左右雙邊

610000－1001－0006516　普0004509

玉海二百卷附刻十四種　（宋）王應麟撰　清光緒九年（1883）浙江書局刻本　一百二十二冊　十行二十字小字雙行同白口左右雙邊

610000－1001－0006517　普0004510

玉海二百卷辭學指南四卷附刻十四種　（宋）王應麟撰　清光緒十年（1884）成都志古堂刻本　一百十六冊　十行二十字小字雙行同白口四周單邊

610000－1001－0006518　普0004511

淵鑑類函四百五十卷目錄四卷　（清）張英等纂修　清末刻本　一百二十六冊　十行二十一字小字雙行同黑口四周雙邊　存四百〇五卷(一至二百二十二、二百四十九至二百九十三、三百十七至四百五十,目錄一至四)

610000－1001－0006519　普0004513

北堂書鈔一百六十卷首一卷　（唐）虞世南撰　（清）孔廣陶校注　清光緒十四年（1888）南海孔氏三十有三萬卷堂影宋刻本　二十冊　十二行二十二字小字雙行同黑口四周單邊

610000－1001－0006520　普0004514

玉海二百卷辭學指南四卷附刻十四種　（宋）王應麟撰　清光緒十年（1884）成都志古堂刻本　一百五十九冊　十行二十字小字雙行同白口四周單邊　缺三種

610000－1001－0006521　普 0004515

皇朝政典類纂五百卷目錄六卷　（清）席裕福等輯　清光緒二十九年（1903）上海圖書集成局鉛印本　一百二十冊　十六行四十二字白口四周單邊

610000－1001－0006522　普 0004516

皇朝政典類纂五百卷目錄六卷　（清）席裕福等輯　清光緒二十九年（1903）上海圖書集成局鉛印本　一百二十冊　十六行四十二字白口四周單邊

610000－1001－0006523　普 0004517

皇朝政典類纂五百卷目錄六卷　（清）席裕福等輯　清光緒二十九年（1903）上海圖書集成局鉛印本　一百二十冊　十六行四十二字白口四周單邊

610000－1001－0006524　普 0004518

淵鑑類函四百五十卷目錄四卷　（清）張英等纂　清光緒十八年（1892）上海同文書局石印本　六十冊　二十一行四十二字白口四周單邊

610000－1001－0006525　普 0004520

九通分類總纂二百四十卷　（清）汪鐘霖纂　清光緒二十八年（1902）文蘭書局石印本　八十冊　二十行四十四字白口四周單邊

610000－1001－0006526　普 0004524

法苑珠林一百卷　（唐）釋道世撰　清道光七年（1827）燕園蔣氏刻本　二十四冊　十行二十字小字雙行同黑口

610000－1001－0006527　普 0004525

讀史鏡古編三十二卷　（清）潘世恩輯　清同治十三年（1874）飛霞閣刻本　八冊　九行二十一字白口四周雙邊

610000－1001－0006528　普 0004527

法苑珠林一百二十卷　（唐）釋道世撰　清刻本(卷三十三至四十五配抄本)　二十四冊　十行二十字黑口四周雙邊　存八十六卷(六至五十五、六十至六十三、八十九至一百二十)

610000－1001－0006529　普 0004528

讀史鏡古編三十二卷　（清）潘世恩輯　清道光四年（1824）刻本　八冊　九行二十一字白口四周雙邊

610000－1001－0006530　普 0004533

月令粹編二十四卷圖說一卷補遺一卷附編一卷　（清）秦嘉謨編　清咸豐七年（1857）刻本　十冊　九行二十二字小字雙行同上下黑口四周雙邊

610000－1001－0006531　普 0004534

御定駢字類編二百四十卷　（清）張廷玉等編　清光緒十三年（1887）上海同文書局石印本　四十八冊　二十行四十二字白口四周雙邊

610000－1001－0006532　普 0004535

御定駢字類編二百四十卷　（清）張廷玉等編　清光緒十三年（1887）上海同文書局石印本　四十八冊　二十行四十二字白口四周雙邊

610000－1001－0006533　普 0004536

太平御覽一千卷目錄十五卷　（宋）李昉等纂　清嘉慶二十三年（1818）鮑氏刻本　一百二十冊　十三行二十二字小字雙行同白口左右雙邊

610000－1001－0006534　普 0004537

太平御覽一千卷目錄十五卷　（宋）李昉等纂　清嘉慶二十三年（1818）鮑氏刻本　一百六十冊　十三行二十二字小字雙行同白口左右雙邊

610000－1001－0006535　普 0004538

清漢文海四十卷　（清）瓜爾佳巴尼琿編　清道光元年（1821）刻本　二十冊　十行二十五字小字雙行同白口四周單邊

610000－1001－0006536　普 0004540

異號類編二十卷　（清）史夢蘭輯　清同治四年（1865）刻本　四冊　十行二十三字黑口四周雙邊

610000－1001－0006537　普 0004541

新鐫註釋故事白眉十卷　（明）許以忠纂　清末刻本　六冊　九行二十五字小字雙行同白

口四周單邊

610000－1001－0006538　普0004542

元和姓纂十卷　（唐）林寶撰　（清）孫星衍等校　清光緒六年(1880)金陵書局刻本　四冊　十二行二十四字小字雙行同黑口左右雙邊

610000－1001－0006539　普0004543

元和姓纂十卷　（唐）林寶撰　（清）孫星衍等校　清光緒六年(1880)金陵書局刻本　四冊　十二行二十四字小字雙行同黑口左右雙邊

610000－1001－0006540　普0004544

四書典制類聯音註三十三卷　（清）閻其淵輯　清嘉慶元年(1796)函三堂刻本　六冊　九行二十五字小字雙行同白口左右雙邊　存十六卷(一至三、七至十四、十八至二十二)

610000－1001－0006541　普0004545

莊子集釋十卷　（清）郭慶藩撰　清光緒二十年(1894)湖南思賢書局刻本　八冊　十一行二十四字黑口左右雙邊

610000－1001－0006542　普0004547

策海五十九卷　（清）黃倬輯　清光緒八年(1882)刻本　二十四冊　十二行二十六字白口四周雙邊

610000－1001－0006543　普0004548

通鑑綱目分類策論檢題不分卷　（清）夢蜨生輯　（清）江上枕流客校訂　清光緒二十九年(1903)上海官書局石印本　四冊　十三行大小字不等下黑口四周單邊

610000－1001－0006544　普0004549

通鑑綱目分類策論檢題不分卷　（清）夢蜨生編　（清）江上枕流客校訂　清光緒二十九年(1903)上海官書局石印本　四冊　十三行大小字不等下黑口四周單邊

610000－1001－0006545　普0004550

通鑑綱目分類策論檢題不分卷　（清）夢蜨生編　（清）江上枕流客校訂　清光緒二十九年(1903)上海官書局石印本　四冊　十三行大小字不等下黑口四周單邊

610000－1001－0006546　普0004551

增廣尚友錄統編二十二卷　（清）應祖錫編　清光緒二十八年(1902)洪寶齋石印本　十二冊　十六行字數不等小字雙行五十字白口四周雙邊

610000－1001－0006547　普0004554

新輯各國政治藝學分類全書五十三種　（清）東山主人輯　清光緒二十八年(1902)上海東山書局石印本　三十一冊　十九行四十一字上下黑口四周雙邊　存五十一種

610000－1001－0006548　普0004557

日本法規解字一卷　（清）錢恂　（清）董鴻禕編　清光緒三十三年(1907)上海商務印書館鉛印本　一冊　十五行三十七字下黑口四周雙邊

610000－1001－0006549　普0004558

普通百科新大辭典不分卷　（清）黃摩西編　清宣統三年(1911)上海國學扶輪社鉛印本　十五冊　行數不等字數不等上下黑口四周單邊

610000－1001－0006550　普0004559

普通百科新大辭典不分卷　（清）黃摩西編　清宣統三年(1911)上海國學扶輪社鉛印本　十五冊　行數不等字數不等上下黑口四周單邊

610000－1001－0006551　普0004560

普通百科新大辭典不分卷　（清）黃摩西編　清宣統三年(1911)上海國學扶輪社鉛印本　十五冊　行數不等字數不等上下黑口四周單邊

610000－1001－0006552　普0004561

廣治平畧三十六卷續編八卷　（清）蔡方炳撰　清末漁古山房刻本　十二冊　十二行三十字白口四周雙邊

610000－1001－0006553　普0004562

廣治平畧三十六卷　（清）蔡方炳撰　清刻本　十冊　十二行三十字白口四周雙邊

610000－1001－0006554　普0004563

續廣事類賦三十三卷　（清）王鳳喈撰注　清嘉慶三年(1798)刻本　十六冊　九行二十三字小字雙行同白口四周雙邊

610000－1001－0006555　普0004564

增補事類統編九十三卷首一卷　（清）黃葆真輯　清光緒三年(1877)群玉書屋刻本　四十八冊　九行二十一字小字雙行同白口四周雙邊

610000－1001－0006556　普0004565

古香齋新刻袖珍淵鑑類函四百五十卷目錄四卷　（清）張英等纂　清光緒南海孔氏刻本一百九十二冊　十行二十一字小字雙行同白口左右雙邊

610000－1001－0006557　普0004566

格致精華錄四卷　（清）江標編　清光緒二十二年(1896)石印本　三冊　十四行三十四字白口四周雙邊

610000－1001－0006558　普0004567

格致精華錄四卷　（清）江標編　清光緒二十二年(1896)石印本　三冊　十四行三十四字白口四周雙邊

610000－1001－0006559　普0004568

策學備纂三十二卷目錄三十二卷首一卷（清）蔡啟盛輯　清光緒二十六年(1900)上海點石齋石印本　八十冊　二十四行五十五字白口四周單邊

610000－1001－0006560　普0004569

經學輯要二十四卷首一卷　（清）吳潁炎輯清光緒二十三年(1897)上海點石齋石印本七十二冊　二十四行五十一字白口四周單邊

610000－1001－0006561　普0004571

萬國分類時務大成四十卷　（清）錢豐輯（清）高味中考訂　（清）謝晉封校勘　清光緒二十七年(1901)石印本　二十八冊　十八行四十三字上下黑口四周雙邊

610000－1001－0006562　普0004572

萬國分類時務大成四十卷　（清）錢豐輯（清）高味中考訂　（清）謝晉封校勘　清光緒

二十七年(1901)石印本　二十八冊　十八行四十三字上下黑口四周雙邊

610000－1001－0006563　普0004573

萬國分類時務大成四十卷　（清）錢豐輯（清）高味中考訂　（清）謝晉封校勘　清光緒二十七年(1901)石印本　二十八冊　十八行四十三字上下黑口四周雙邊

610000－1001－0006564　普0004574

各國時事類編十八卷　（清）沈純撰　清光緒九年(1883)上海書局石印本　四冊　十六行三十七字小字雙行同白口四周單邊

610000－1001－0006565　普0004575

中外實務策府統宗四十四卷　（清）文盛書局主人編　清光緒二十四年(1898)上海文盛書局石印本　二十冊　十六行三十六字白口四周雙邊

610000－1001－0006566　普0004576

強學彙編十九卷　（清）馬冠群輯　清光緒二十三年(1897)文瑞樓石印本　八冊　二十行四十二字白口四周單邊

610000－1001－0006567　普0004577

增補矮屋必須九卷　（清）朱雲亭輯　清光緒六年(1880)刻本　十六冊　九行二十字小字雙行同白口左右雙邊

610000－1001－0006568　普0004578

增補事類統編九十三卷首一卷　（清）黃葆真增輯　清光緒十二年(1886)上海同文書局石印本　十二冊　十五行四十二字小字雙行同白口四周單邊

610000－1001－0006569　普0004579

策府統宗六十四卷　（清）蔡梅菴輯　清光緒十五年(1889)鴻文書局石印本　十三冊　二十六行四十八字白口四周雙邊　存二十九卷（三、六至七、二十五至四十六、五十二至五十五）

610000－1001－0006570　普0004580

中西時務策學纂要六卷　（清）張元臚編　清光緒二十三年(1897)煥文書局石印本　六冊

十五行三十六字白口左右雙邊

610000－1001－0006571　普0004581

校正尚友錄二十二卷　（明）廖用賢編纂
（明）張伯琮補　清光緒十九年(1893)蜚英館
石印本　十二冊　十四行四十七字白口四周
雙邊

610000－1001－0006572　普0004582

漢魏六朝百三名家集　（明）張溥輯　清光緒
五年(1879)彭懋謙信述堂刻本　一百冊　九
行十八字白口左右雙邊

610000－1001－0006573　普0004583

漢魏六朝百三名家集　（明）張溥輯　清光緒
五年(1879)彭懋謙信述堂刻本　一百冊　九
行十八字白口左右雙邊

610000－1001－0006574　普0004584

漢魏六朝百三名家集　（明）張溥輯　清光緒
五年(1879)彭懋謙信述堂刻本　九十九冊
九行十八字白口左右雙邊

610000－1001－0006575　普0004586

漢魏六朝百三名家集　（明）張溥輯　清光緒
十八年(1892)善化章經濟堂刻本　九十九冊
　九行十八字白口左右雙邊

610000－1001－0006576　普0004588

欽定全唐文一千卷總目三卷　（清）董誥等編
　清光緒二十七年(1901)廣雅書局刻本　一
百九十九冊　十三行二十五字白口四周單邊

610000－1001－0006577　普0004594

三蘇全集　（清）弓翊清等編　清道光十二年
(1832)眉州三蘇祠刻本　六十四冊　九行二
十五字上下黑口左右雙邊

610000－1001－0006578　普0004595

關中兩朝文鈔二十二卷　（清）李元春選　清
道光刻本　二十二冊　九行二十字白口左右
雙邊

610000－1001－0006579　普0004596

關中兩朝文鈔補六卷　（清）李元春選　清道
光十六年(1836)刻本　六冊　九行二十字白

口左右雙邊

610000－1001－0006580　普0004597

關中兩朝詩鈔十二卷賦鈔二卷　（清）李元春
選　清道光十二年(1832)刻本　十冊　九行
二十字白口左右雙邊

610000－1001－0006581　普0004598

關中兩朝詩鈔補四卷又補一卷　（清）李元春
選　清道光十六年(1836)刻本　五冊　九行
二十字白口左右雙邊

610000－1001－0006582　普0004599

唐人五十家小集　（清）江標輯　清光緒二十
一年(1895)元和江氏影宋刻本　十六冊　十
行十八字白口左右雙邊

610000－1001－0006583　普0004600

唐人五十家小集　（清）江標輯　清光緒二十
一年(1895)元和江氏影宋刻本　十六冊　十
行十八字白口左右雙邊

610000－1001－0006584　普0004601

粵十三家集　（清）伍元薇輯　清道光二十年
(1840)南海伍氏詩雪軒刻本　五十冊　九行
二十一字粗黑口左右雙邊

610000－1001－0006585　普0004606

宋六十一家詞選十二卷　（清）馮煦輯　清宣
統二年(1910)掃葉山房石印本　四冊　十四
行三十字白口四周雙邊

610000－1001－0006586　普0004607

涵芬樓古今文鈔一百卷　吳曾祺輯　清宣統
二年(1910)商務印書館鉛印本　一百冊　十
二行三十一字下黑口四周雙邊

610000－1001－0006587　普0004608

涵芬樓古今文鈔一百卷　吳曾祺輯　清宣統
二年(1910)商務印書館鉛印本　一百冊　十
二行三十一字下黑口四周雙邊

610000－1001－0006588　普0004609

涵芬樓古今文鈔一百卷　吳曾祺輯　清宣統
二年(1910)商務印書館鉛印本　一百冊　十
二行三十一字下黑口四周雙邊

610000－1001－0006589　普0004610
國朝文匯甲前集二十卷甲集六十卷乙集七十卷丙集三十卷丁集二十卷　（清）國學扶輪社輯　清宣統元年(1909)上海國學扶輪社石印本　一百冊　十五行三十二字上下黑口四周雙邊

610000－1001－0006590　普0004611
沈氏三先生文集　（宋）□□輯　清光緒二十二年(1896)浙江書局刻本　十冊　九行二十一字白口左右雙邊

610000－1001－0006591　普0004613
兩浙輶軒錄四十卷補遺十卷　（清）阮元訂　清光緒十六年(1890)浙江書局刻本　三十二冊　十二行二十三字小字雙行同白口左右雙邊

610000－1001－0006592　普0004614
唐文拾遺七十二卷目錄八卷續拾十六卷　（清）陸心源輯　清光緒刻本　二十六冊　十行二十字白口間黑口四周雙邊

610000－1001－0006593　普0004615
桐城吳氏古文讀本十三卷　（清）吳汝綸評選　（清）常堉璋編　清光緒三十二年(1906)上海文明書局鉛印本　四冊　十一行二十七字白口四周雙邊

610000－1001－0006594　普0004617
初唐四傑文集二十一卷　（□）□□輯　清光緒五年(1879)淮南書局刻本　三冊　十二行二十二字小字雙行同白口左右雙邊

610000－1001－0006595　普0004618
初唐四傑文集二十一卷　（□）□□輯　清光緒五年(1879)淮南書局刻本　四冊　十二行二十二字小字雙行同白口四周雙邊

610000－1001－0006596　普0004619
新刻諸葛宗岳史四公文集　（清）劉質慧輯　清同治十二年(1873)三原劉氏述荊堂刻本　十四冊　九行二十字小字雙行同上下黑口四周雙邊

610000－1001－0006597　普0004620

610000－1001－0006598　普0004622
棘闈奪命錄一卷　（清）春湖居士輯　清咸豐八年(1858)刻本　一冊　十行二十二字白口四周雙邊

610000－1001－0006598　普0004622
古謠諺一百卷　（清）杜文瀾輯　清咸豐十一年(1861)曼陀羅華閣刻本　十六冊　九行二十一字小字雙行同白口左右雙邊

610000－1001－0006599　普0004625
湖南文徵一百九十卷姓氏傳四卷目錄六卷補編一卷　（清）羅汝懷輯　清同治十年(1871)刻本　一百冊　十行二十四字白口左右雙邊

610000－1001－0006600　普0004626
湖南文徵一百九十卷姓氏傳四卷目錄六卷補編一卷　（清）羅汝懷輯　清同治十年(1871)刻本　一百冊　十行二十四字白口左右雙邊

610000－1001－0006601　普0004627
古文辭類纂七十五卷　（清）姚鼐輯　清光緒二十五年(1899)秦中官書局鉛印本　八冊　十五行三十三字白口四周雙邊

610000－1001－0006602　普0004628
古文辭類纂七十五卷　（清）姚鼐輯　清光緒二十五年(1899)秦中官書局鉛印本　八冊　十五行三十三字白口四周雙邊

610000－1001－0006603　普0004629
古文辭類纂七十五卷　（清）姚鼐輯　清光緒二十五年(1899)秦中官書局鉛印本　八冊　十五行三十三字白口四周雙邊

610000－1001－0006604　普0004630
海虞三陶先生集合刻　（清）楊沂孫輯　清光緒七年(1881)海虞楊同福貴池縣署刻本　八冊　十一行二十一字白口左右雙邊

610000－1001－0006605　普0004631
評註才子古文大家十七卷歷朝名文九卷　（清）金聖嘆原選　（清）王之績評注　清末文源堂書坊刻本　十二冊　十行二十三字小字雙行同白口四周單邊

610000－1001－0006606　普0004632

古文辭類纂七十四卷　（清）姚鼐輯　清同治八年(1869)江蘇書局刻本　十二冊　十三行二十二字粗黑口左右雙邊

610000－1001－0006607　普0004633

古文辭類纂七十四卷　（清）姚鼐輯　清同治八年(1869)江蘇書局刻本　十二冊　十三行二十二字粗黑口左右雙邊

610000－1001－0006608　普0004634

湖海文傳七十五卷　（清）王昶輯　清同治五年(1866)刻本　十六冊　十二行二十三字小字雙行同粗黑口左右雙邊

610000－1001－0006609　普0004635

籋秀山房存槀十卷　（清）馬功儀等撰　清光緒二年(1876)刻本　四冊　七行二十字小字雙行同白口四周雙邊

610000－1001－0006610　普0004635

文選理學權輿十七卷　（清）汪師韓等撰　清光緒十五年(1889)刻本　八冊　十行二十一字小字雙行同粗黑口左右雙邊

610000－1001－0006611　普0004637

文選理學權輿十七卷　（清）汪師韓等撰　清光緒十五年(1889)刻本　八冊　十行二十一字小字雙行同粗黑口左右雙邊

610000－1001－0006612　普0004642

古文雅正十四卷　（清）蔡世遠撰　清光緒二十八年(1902)曾氏刻本　八冊　十行二十二字白口左右雙邊

610000－1001－0006613　普0004643

古文雅正十四卷　（清）蔡世遠撰　清光緒二十八年(1902)曾氏刻本　八冊　十行二十二字白口左右雙邊

610000－1001－0006614　普0004644

古文雅正十四卷　（清）蔡世遠撰　清同治七年(1868)曾氏刻本　八冊　十行二十二字白口左右雙邊

610000－1001－0006615　普0004645

國朝文錄八十二卷　（清）李祖陶輯　清道光

十九年(1839)瑞州廟鳳儀書院刻本　十九冊　九行二十五字白口四周雙邊

610000－1001－0006616　普0004646

西湖叢集不分卷　（清）李鼎等撰　清光緒二十三年(1897)嘉惠堂丁氏刻本　八冊　十行二十字白口四周雙邊

610000－1001－0006617　普0004647

古文翼八卷　（清）唐德宜編　清光緒十九年(1893)經國書局刻本　八冊　九行二十三字小字雙行同白口四周雙邊

610000－1001－0006618　普0004649

林嚴文鈔四卷　林紓　嚴復撰　清宣統元年(1909)國學扶輪社鉛印本　四冊　十三行三十字上下黑口四周雙邊

610000－1001－0006619　普0004650

關中集不分卷　（清）楊名颺撰　清道光十五年(1835)刻本　一冊　九行二十二字白口四周雙邊

610000－1001－0006620　普0004666

蘇黃詩詞小簡四卷　（宋）蘇軾　（宋）黃庭堅撰　（清）羅崇介編　清宣統元年(1909)中國書畫會石印本　四冊　十一行二十二字白口四周雙邊

610000－1001－0006621　普0004669

國朝正雅集一百卷　（清）符葆森輯　清咸豐七年(1857)半畝園刻本　十四冊　九行二十一字小字雙行同粗黑口四周雙邊　存三十九卷(三至二十二、四十八至五十四、五十八至六十六、七十一至七十三、九十六至九十九)

610000－1001－0006622　普0004670

文選四十卷　（南朝梁）蕭統撰　（唐）李善注　清宣統三年(1911)上海會文堂書局石印本　十六冊　十三行大小字不等黑口左右雙邊

610000－1001－0006623　普0004671

古文辭類纂七十四卷　（清）姚鼐輯　續古文辭類纂三十四卷　王先謙輯　清光緒三十三年(1907)商務印書館鉛印本　九冊　十六行三十三字下黑口四周雙邊　缺二十四卷(二

十一至三十、六十一至七十四）

610000－1001－0006624　普0004672

國朝文錄八十二卷　（清）姚椿編　清光緒二
十六年(1900)掃葉山房石印本　十六冊　十
九行三十七字白口四周雙邊

610000－1001－0006625　普0004677

古文筆法百篇八卷　（清）李扶九編　清光緒
三十年(1904)上海書局石印本　三冊　十六
行三十五字小字雙行同白口四周單邊

610000－1001－0006626　普0004679

御選古文淵鑒六十四卷　（清）徐乾學等編注
　清光緒二十九年(1903)蜚英書局石印本
十六冊　十八行四十字小字雙行不等黑口四
周單邊

610000－1001－0006627　普0004680

御選古文淵鑒六十四卷　（清）徐乾學等編注
　清光緒二十九年(1903)蜚英書局石印本
十六冊　十八行四十字小字雙行不等黑口四
周單邊

610000－1001－0006628　普0004681

御選古文淵鑒六十四卷　（清）徐乾學等編注
　清光緒二十九年(1903)蜚英書局石印本
十六冊　十八行四十字小字雙行不等黑口四
周單邊

610000－1001－0006629　普0004684

宋文鑑一百五十卷目錄三卷　（宋）呂祖謙編
　清光緒十二年(1886)江蘇書局刻本　二十
四冊　十四行二十五字白口左右雙邊

610000－1001－0006630　普0004685

宋文鑑一百五十卷目錄三卷　（宋）呂祖謙編
　清光緒十二年(1886)江蘇書局刻本　二十
四冊　十四行二十五字白口左右雙邊

610000－1001－0006631　普0004686

宋文鑑一百五十卷目錄三卷　（宋）呂祖謙編
　清光緒十二年(1886)江蘇書局刻本　二十
四冊　十四行二十五字白口左右雙邊

610000－1001－0006632　普0004687

金文最一百二十卷首一卷　（清）張金吾輯
清光緒八年(1882)粵雅堂刻本　三十二冊
十行二十字小字雙行同白口四周雙邊

610000－1001－0006633　普0004688

沈余遺書三種　（清）趙舒翹輯　清光緒二十
二年(1896)江蘇書局刻本　四冊　十行二十
二字粗黑口左右雙邊

610000－1001－0006634　普0004689

筠清館金石文字五卷　（清）吳榮光編　清道
光二十二年(1842)南海吳氏筠清館刻本　五
冊　九行二十一字小字雙行同白口四周雙邊

610000－1001－0006635　普0004690

唐中興閒氣集二卷　（唐）高仲武輯　清光緒
吳門徐元圃刻本　二冊　十行十八字小字雙
行同白口左右雙邊

610000－1001－0006636　普0004691

唐文粹補遺二十六卷　（清）郭麐纂　清光緒
十一年(1885)江蘇書局刻本　四冊　十四行
二十五字白口左右雙邊

610000－1001－0006637　普0004692

唐文粹補遺二十六卷　（清）郭麐纂　清光緒
十一年(1885)江蘇書局刻本　四冊　十四行
二十五字白口左右雙邊

610000－1001－0006638　普0004693

唐人三家集　（清）秦恩復輯　清道光十年
(1830)江都秦氏石研齋刻本　六冊　十一行
二十字白口左右雙邊

610000－1001－0006639　普0004694

文選六十卷　（南朝梁）蕭統撰　（唐）李善注
　清同治八年(1869)金陵書局刻本　十冊
十行二十一字小字雙行同白口四周雙邊

610000－1001－0006640　普0004695

清尊集十六卷　（清）汪遠孫輯　清道光十九
年(1839)錢塘汪氏振綺堂刻本　四冊　十一
行二十四字粗黑口左右雙邊

610000－1001－0006641　普0004696

容城三賢文集　（清）張斐然輯　清道光十六

年(1836)正義書院刻本 十二冊 十行二十
字白口四周雙邊

610000－1001－0006642 普0004697
歷代大儒詩鈔六十卷首一卷 （清）谷際岐彙
鈔 清嘉慶十八年(1813)朱蘭堂刻本 三十
冊 九行二十一字小字雙行同白口四周雙邊
存四十四卷(一至四十四)

610000－1001－0006643 普0004697
南宋文錄錄二十四卷 （清）董兆熊輯 清光
緒十七年(1891)刻本 六冊 十四行二十五
字小字雙行同白口左右雙邊

610000－1001－0006644 普0004698
南宋文範七十卷外編四卷 （清）莊仲方編
清光緒十四年(1888)江蘇書局刻本 十六冊
十四行二十五字白口左右雙邊

610000－1001－0006645 普0004699
文選六十卷 （南朝梁）蕭統撰 （唐）李善注
清同治八年(1869)崇文書局刻本 二十四
冊 十行二十一字小字雙行同白口四周雙邊

610000－1001－0006646 普0004700
金文雅十六卷 （清）莊仲方輯 清光緒十七
年(1891)江蘇書局刻本 四冊 十四行二十
五字白口左右雙邊

610000－1001－0006647 普0004701
南宋文範七十卷外編四卷 （清）莊仲方編
清光緒十四年(1888)江蘇書局刻本 十六冊
十四行二十五字白口左右雙邊

610000－1001－0006648 普0004702
寧都三魏全集 （清）林時益輯 清道光二十
五年(1845)寧都謝庭綬綏園書塾刻本 四十
六冊 九行二十字小字雙行同白口四周雙邊

610000－1001－0006649 普0004703
明文在一百卷 （清）薛熙纂 （清）何潔輯
清光緒十五年(1889)江蘇書局刻本 十冊
十四行二十五字小字雙行同白口左右雙邊

610000－1001－0006650 普0004704
明文在一百卷 （清）薛熙纂 （清）何潔輯

610000－1001－0006651 普0004705
金文最六十卷首一卷 （清）張金吾輯 清光
緒二十一年(1895)蘇州書局刻本 十六冊
十四行二十五字小字雙行同白口左右雙邊

610000－1001－0006652 普0004706
謝疊山先生文章軌範七卷 （宋）謝枋得撰
清光緒元年(1875)崇文書局刻三色套印本
二冊 八行二十字小字雙行同粗黑口左右
雙邊

610000－1001－0006653 普0004707
元文類七十卷目錄三卷 （元）蘇天爵編 清
光緒十五年(1889)江蘇書局刻本 十冊 十
四行二十五字小字雙行同白口左右雙邊

610000－1001－0006654 普0004708
元文類七十卷目錄三卷 （元）蘇天爵編 清
光緒十五年(1889)江蘇書局刻本 十冊 十
四行二十五字小字雙行同白口左右雙邊

610000－1001－0006655 普0004710
文粹一百卷補遺一卷 （宋）姚鉉纂 清光緒
十六年(1890)杭州許氏榆園刻本 二十冊
十四行二十五字小字雙行同粗黑口四周雙邊

610000－1001－0006656 普0004711
文粹一百卷補遺一卷 （宋）姚鉉纂 清光緒
十六年(1890)杭州許氏榆園刻本 二十冊
十四行二十五字小字雙行同粗黑口左右雙邊

610000－1001－0006657 普0004715
文選六十卷 （南朝梁）蕭統撰 （唐）李善注
（清）葉樹藩參訂 清光緒元年(1875)刻本
十二冊 十二行二十五字小字雙行三十七
字白口左右雙邊

610000－1001－0006658 普0004719
古文辭類纂七十五卷 （清）姚鼐輯 清光緒
二十七年(1901)李氏求要堂刻本 十二冊
十二行二十五字白口左右雙邊

610000－1001－0006659 普0004720

續古文辭類纂二十八卷　王先謙輯　清光緒二十九年(1903)狀元閣刻本　十二冊　十二行二十五字小字雙行三十七字白口左右雙邊

610000－1001－0006660　普0004721

切問齋文鈔三十卷　(清)陸燿輯　清同治八年(1869)切問齋刻本　八冊　十二行二十五字小字雙行同白口左右雙邊

610000－1001－0006661　普0004722

忠雅堂評選四六法海八卷　(明)王志堅編　(清)蔣士銓評選　清同治十年(1871)步月山房刻朱墨印本　八冊　九行二十字小字雙行同白口四周雙邊

610000－1001－0006662　普0004723

經史百家雜鈔二十六卷　(清)曾國藩纂　(清)李鴻章校　清光緒二十年(1894)金城刻本　二十四冊　十行二十四字小字雙行同粗黑口左右雙邊

610000－1001－0006663　普0004724

忠雅堂評選四六法海八卷　(明)王志堅編　(清)蔣士銓評選　清同治十年(1871)藏園刻朱墨印本　八冊　九行二十字小字雙行同白口四周雙邊

610000－1001－0006664　普0004728

古文淵鑒六十四卷　(清)徐乾學等編注　清同治十二年(1873)浙江書局刻本　三十二冊　九行二十字小字雙行同粗黑口四周單邊

610000－1001－0006665　普0004729

古文淵鑒六十四卷　(清)徐乾學等編注　清淵鑒齋刻本　四十冊　九行二十字小字雙行同粗黑口四周單邊

610000－1001－0006666　普0004730

古文淵鑒六十四卷　(清)徐乾學等編注　清末刻本　十冊　九行二十字小字雙行同粗黑口四周單邊　存十一卷(三十八至四十八)

610000－1001－0006667　普0004731

唐宋八大家文鈔一百六十卷　(明)茅坤輯　清刻本　四十冊　十行二十四字白口四周單邊　存一百〇三卷(韓文四至十六,柳文一至十二,歐陽文忠公一至二十、二十九至三十二,蘇文公一至十,蘇文定公一至十六,蘇文忠公一至二十八)

610000－1001－0006668　普0004734

御選唐宋文醇五十八卷　(清)高宗弘曆選　清光緒刻本　二十冊　九行二十二字白口左右雙邊

610000－1001－0006669　普0004735

御選唐宋文醇五十八卷　(清)高宗弘曆選　清光緒刻本　二十冊　九行二十二字白口左右雙邊

610000－1001－0006670　普0004736

御選唐宋文醇五十八卷　(清)高宗弘曆選　清光緒三年(1877)楊昌睿刻本　二十冊　九行二十二字白口左右雙邊

610000－1001－0006671　普0004737

御選唐宋文醇五十八卷　(清)高宗弘曆選　清光緒三年(1877)楊昌睿刻本　二十冊　九行二十二字白口左右雙邊

610000－1001－0006672　普0004738

御選唐宋文醇五十八卷　(清)高宗弘曆選　清光緒三年(1877)楊昌睿刻本　二十冊　九行二十二字白口左右雙邊

610000－1001－0006673　普0004739

續古文苑二十卷　(清)孫星衍撰　清光緒九年(1883)江蘇書局刻本　六冊　十一行二十字小字雙行同白口左右雙邊

610000－1001－0006674　普0004742

古文詞畧讀本二十四卷　(清)梅曾亮編　清光緒三十三年(1907)陝西學務公所圖書局鉛印本　四冊　十四行三十五字白口四周雙邊

610000－1001－0006675　普0004747

國朝文錄續編六十七卷　(清)李祖陶選　清同治七年(1868)刻本　二十冊　十行二十二字白口四周雙邊　存五十七卷(一至五十七)

610000－1001－0006676　普0004748

西泠五布衣遺著三十一卷　(清)吳穎芳等撰

清同治十年(1871)刻光緒九年(1883)丁氏續刻本　八冊　十一行二十二字白口四周雙邊

610000－1001－0006677　普0004749

西泠五布衣遺著三十一卷　（清）吳穎芳等撰　清同治十年(1871)刻光緒九年(1883)丁氏續刻本　九冊　十一行二十二字白口四周雙邊

610000－1001－0006678　普0004750

三宋人集　（清）方功惠輯　清光緒七年(1881)巴陵方氏碧琳琅館刻本　六冊　十行二十一字黑口左右雙邊

610000－1001－0006679　普0004753

續古文辭類纂三十四卷　王先謙輯　清光緒十九年(1893)刻本　五冊　十三行二十二字白口左右雙邊

610000－1001－0006680　普0004754

續古文辭類纂三十四卷　王先謙輯　清光緒七年(1881)刻本　七冊　十三行二十二字白口左右雙邊　存二十八卷(七至三十四)

610000－1001－0006681　普0004755

列朝詩集八十一卷　（清）錢謙益輯　清宣統二年(1910)鉛印本　五十六冊　十三行三十二字上下黑口四周單邊

610000－1001－0006682　普0004756

試帖詩十四卷　（清）鄧雲航編　清光緒二十年(1894)袖海山房石印本　十二冊　二十八行三十字白口四周單邊

610000－1001－0006683　普0004757

試帖詩十卷　（清）鄧雲航編　清光緒二十年(1894)袖海山房石印本　十二冊　二十八行三十字白口四周單邊

610000－1001－0006684　普0004758

試帖詩十四卷　（清）鄧雲航編　清光緒二十年(1894)袖海山房石印本　八冊　二十八行三十字白口四周單邊

610000－1001－0006685　普0004759

試帖詩十四卷　（清）鄧雲航編　清光緒二十年(1894)袖海山房石印本　八冊　二十八行三十字白口四周單邊

610000－1001－0006686　普0004760

校邠廬抗議二卷　（清）馮桂芬撰　清光緒二十四年(1898)上海書局石印本　二冊　十三行三十一字白口四周雙邊

610000－1001－0006687　普0004761

漢魏六朝百三名家集　（明）張溥輯　清刻本　一百十二冊　九行十八字白口左右雙邊　缺四種

610000－1001－0006688　普0004763

增廣試帖詩海三十二卷　（清）經訓堂主人選輯　清光緒十五年(1889)石印本　八冊　三十六行二十九字白口四周單邊

610000－1001－0006689　普0004764

歷代經濟文統三十二卷　（清）顧炎武纂輯　清光緒二十八年(1902)上海廣益書局石印本　十二冊　十四行三十二字小字雙行同上黑口四周雙邊

610000－1001－0006690　普0004765

歷代經濟文統三十二卷　（清）顧炎武纂輯　清光緒二十八年(1902)上海廣益書局石印本　十二冊　十四行三十二字小字雙行同上黑口四周雙邊

610000－1001－0006691　普0004766

歷代經濟文統三十二卷　（清）顧炎武纂輯　清光緒二十八年(1902)上海廣益書局石印本　十二冊　十四行三十二字小字雙行同上黑口四周雙邊

610000－1001－0006692　普0004767

大題文府不分卷　（清）願學廬主人輯　清光緒十九年(1893)上海積山書局石印本　十七冊　二十行四十六字白口四周單邊

610000－1001－0006693　普0004768

賦海大觀三十二卷目錄一卷　（清）鴻寶齋主人編　清光緒十六年(1890)鴻寶齋石印本　二十八冊　二十五行六十字白口四周雙邊

610000－1001－0006694　普 0004770

皇朝駢文類苑十四卷首一卷 （清）姚燮選
清光緒九年(1883)林鐘刻本　二十四冊　九
行二十字小字雙行同上下黑口四周單邊

610000－1001－0006695　普 0004772

校邠廬抗議二卷 （清）馮桂芬撰　清光緒二
十四年(1898)刻本　二冊　九行二十字上下
黑口左右雙邊

610000－1001－0006696　普 0004773

詩韻類錦十一卷附錄一卷 （清）郭化霖編
清光緒五年(1879)刻本　十六冊　九行二十
一字小字雙行同白口四周單邊間四周雙邊

610000－1001－0006697　普 0004777

萍鄉壬寅童試錄經義一卷 （清）顧淳慶編
清光緒顧氏刻本　一冊　十一行二十五字小
字雙行同白口左右雙邊

610000－1001－0006698　普 0004778

萍鄉壬寅童試錄經義一卷 （清）顧淳慶編
清光緒顧氏刻本　一冊　十一行二十五字小
字雙行同白口左右雙邊

610000－1001－0006699　普 0004781

掌故演義七回 （□）□□撰　**教育文編一卷**
張一鵬等撰　清光緒二十七年(1901)刻本
一冊　十行二十三字小字雙行同白口左右
雙邊　缺一回(第七回)

610000－1001－0006700　普 0004790

文選十五卷 （南朝梁）蕭統撰　（唐）李善注
清光緒二十五年(1899)煥文書局石印本
六冊　二十三行四十二字小字雙行不等白口
四周雙邊

610000－1001－0006701　普 0004799

鶴詠集二卷 （清）謝甘樹編　清光緒十一年
(1885)紅杏山房刻本　一冊　八行二十字白
口四周雙邊

610000－1001－0006702　普 0004811

皇朝經世文編一百二十卷姓名總目二卷
（清）賀長齡輯　清光緒十七年(1891)刻本
八十冊　十一行二十四字白口左右雙邊

610000－1001－0006703　普 0004812

皇朝經世文續編一百二十卷姓名總目一卷
（清）葛士濬等輯　清光緒十四年(1888)刻本
四十冊　十一行二十四字白口左右雙邊

610000－1001－0006704　普 0004813

皇朝經世文續編一百二十卷姓名總目一卷
（清）葛士濬等輯　清光緒十四年(1888)刻本
四十冊　十一行二十四字白口左右雙邊

610000－1001－0006705　普 0004846

陝西校士錄一卷 （清）趙惟熙編　清光緒二
十三年(1897)三原學署刻本　四冊　九行二
十五字白口四周雙邊

610000－1001－0006706　普 0004847

陝西校士錄一卷 （清）趙惟熙編　清光緒二
十三年(1897)三原學署刻本　四冊　九行二
十五字白口四周雙邊

610000－1001－0006707　普 0004848

楹聯錄存五卷附錄一卷 （清）俞樾撰　清光
緒二十八年(1902)刻本　四冊　十行二十一
字白口左右雙邊

610000－1001－0006708　普 0004849

莫愁湖楹聯便覽一卷 （清）釋壽安選　清光
緒十年(1884)刻本　一冊　八行二十字小字
雙行同上下黑口四周雙邊

610000－1001－0006709　普 0004850

**光緒壬寅補行庚子恩正併科山西鄉試闈墨不
分卷** （清）曹福元等訂　清光緒二十六年
(1900)衡鑑堂刻本　一冊　九行二十五字小
字雙行同白口四周雙邊

610000－1001－0006710　普 0004852

巧對錄八卷 （清）梁章鉅輯　清光緒二十九
年(1903)遵古齋刻本　四冊　九行二十二字
上下黑口左右雙邊

610000－1001－0006711　普 0004854

門存倡和詩鈔十卷續刻三卷 （清）陳伯弢輯
清末刻本　二冊　十行二十一字黑口左右
雙邊

610000－1001－0006712　普0004855

駢體南鍼十六卷　（清）汪傳懿編輯　（清）汪傳智參閱　清同治五年(1866)刻本　八冊　十行二十一字白口四周雙邊

610000－1001－0006713　普0004856

八家四六文注八卷首一卷　（清）孫星衍著　（清）許貞幹校　清光緒十七年(1891)刻本　十六冊　十一行二十三字小字雙行同黑口四周雙邊

610000－1001－0006714　普0004857

會稽三賦註四卷　（宋）王十朋撰　（明）南逢吉註　（明）尹壇補註　清末刻本　二冊　十行二十二字小字雙行同黑口四周單邊

610000－1001－0006715　普0004858

會稽三賦註四卷　（宋）王十朋撰　（明）南逢吉註　（明）尹壇補註　清末刻本　二冊　十行二十二字小字雙行同黑口四周單邊

610000－1001－0006716　普0004859

會稽三賦註四卷　（宋）王十朋撰　（明）南逢吉註　（明）尹壇補註　清末刻本　二冊　十行二十二字小字雙行同黑口四周單邊

610000－1001－0006717　普0004860

天倫詩一卷　（英國）璞拍撰　（英國）李提摩太譯　（清）任廷旭筆述　清光緒二十四年(1898)上海美華書館鉛印本　一冊　十一行二十四字白口四周雙邊

610000－1001－0006718　普0004861

雙硯齋詩鈔一卷詞鈔一卷　（清）鄧廷楨撰　清宣統元年(1909)陳氏刻本　一冊　九行二十一字小字雙行同白口左右雙邊

610000－1001－0006719　普0004863

槐廳載筆二十卷　（清）法式善編　清嘉慶四年(1799)刻本　六冊　十二行二十四字小字雙行同黑口四周單邊

610000－1001－0006720　普0004864

八代詩選二十卷　王闓運撰　清光緒十九年(1893)善化章氏經濟堂刻本　十冊　十行二十二字黑口左右雙邊

610000－1001－0006721　普0004870

批點七家試帖輯註彙鈔七卷　（清）王廷紹等著　（清）王植桂輯註　清光緒六年(1880)刻朱墨印本　四冊　九行二十二字小字雙行同上下黑口四周雙邊間左右雙邊

610000－1001－0006722　普0004871

光緒癸卯恩科陝西鄉試闈墨不分卷　（清）管廷鶚等輯　清光緒二十九年(1903)衡鑑堂刻本　一冊　九行二十五字小字雙行同白口四周雙邊

610000－1001－0006723　普0004872

唐人萬首絕句選七卷　（宋）洪邁輯　（清）王士禎選　清光緒二十三年(1897)金陵書局刻本　一冊　十行十九字小字雙行同黑口左右雙邊

610000－1001－0006724　普0004873

唐氏蒙求三卷　（清）唐仲冕著　清同治五年(1866)楊氏問竹軒家塾刻本　五冊　十行二十一字白口四周雙邊

610000－1001－0006725　普0004874

十種唐詩選十七卷唐賢三昧集三卷　（清）王士禎刪纂　清南芝堂刻本　四冊　十行十九字黑口左右雙邊

610000－1001－0006726　普0004876

鑑語經世編二十七卷　（清）魏裔介撰　清兼濟堂刻本　十二冊　十行二十字白口左右雙邊

610000－1001－0006727　普0004878

憑山閣增輯留青新集三十卷　（清）陳枚選　（清）陳德裕增輯　清刻本　三十二冊　九行二十字小字雙行同白口左右雙邊

610000－1001－0006728　普0004879

駢體文鈔三十一卷　（清）李兆洛編　清光緒三十四年(1908)刻本　八冊　十三行二十二字小字雙行同粗黑口左右雙邊

610000－1001－0006729　普0004880

駢體文鈔三十一卷　（清）李兆洛編　清光緒八年(1882)刻本　八冊　十三行二十二字小

字雙行同粗黑口左右雙邊

610000－1001－0006730　普0004881

駢體文鈔三十一卷　（清）李兆洛編　清光緒
八年(1882)刻本　十二冊　十三行二十二字
小字雙行同粗黑口左右雙邊

610000－1001－0006731　普0004882

鐵船詩鈔二十一卷試律四卷樂府四卷　（清）
方元鵾撰　清嘉慶十年(1805)刻本　六冊
十行二十二字白口四周雙邊

610000－1001－0006732　普0004883

樂府詩集一百卷　（宋）郭茂倩編　清同治十
三年(1874)崇文書局刻本　十六冊　十一行
二十一字粗黑口四周雙邊

610000－1001－0006733　普0004884

樂府詩集一百卷　（宋）郭茂倩編　清同治十
三年(1874)崇文書局刻本　十六冊　十一行
二十一字小字雙行同粗黑口四周雙邊

610000－1001－0006734　普0004885

樂府詩集一百卷　（宋）郭茂倩編　清同治十
三年(1874)崇文書局刻本　十六冊　十一行
二十一字粗黑口四周雙邊

610000－1001－0006735　普0004886

皇朝經世文編一百二十卷姓名總目二卷
(清)賀長齡輯　清道光七年(1827)刻本　八
十冊　十一行二十四字白口左右雙邊

610000－1001－0006736　普0004887

皇朝經世文編一百二十卷姓名總目二卷
(清)賀長齡輯　清道光七年(1827)刻本　七
十二冊　十一行二十四字白口左右雙邊

610000－1001－0006737　普0004888

皇朝經世文編一百二十卷姓名總目二卷
(清)賀長齡輯　清道光七年(1827)刻本　八
十冊　十一行二十四字白口左右雙邊

610000－1001－0006738　普0004891

八家四六文鈔　（清）吳鼒輯　清較經堂刻本
四冊　十一行二十四字粗黑口四周單邊

610000－1001－0006739　普0004892

文選補遺四十卷　（宋）陳仁子輯　清道光二
十五年(1845)刻本　十二冊　十一行二十四
字小字雙行同白口四周雙邊

610000－1001－0006740　普0004893

唐駢體文抄十七卷　（清）陳均輯　清嘉慶二
十五年(1820)刻本　四冊　十一行二十四字
白口左右雙邊

610000－1001－0006741　普0004894

西河古文錄八卷　（清）李元春輯　清道光十
年(1830)刻本　四冊　九行二十四字白口四
周單邊間四周雙邊

610000－1001－0006742　普0004895

小檀欒室彙刻閨秀詞一百種附一種　徐乃昌
編　清宣統元年(1909)小檀欒室刻本　三十
冊　十一行二十一字細黑口左右雙邊

610000－1001－0006743　普0004896

小檀欒室彙刻閨秀詞一百種附一種　徐乃昌
編　清宣統元年(1909)小檀欒室刻本　二十
八冊　十一行二十一字細黑口左右雙邊

610000－1001－0006744　普0004897

沅湘耆舊集二百卷　（清）鄧顯鶴輯　清道光
二十二年(1842)刻本　六十冊　十一行二十
二字小字雙行同白口左右雙邊

610000－1001－0006745　普0004900

瑯琊山房詩稿八卷補遺一卷唱和詩一卷
(清)王志湉撰　清嘉慶二十三年(1818)刻本
四冊　九行二十一字小字雙行同白口四周
雙邊

610000－1001－0006746　普0004904

關中兩朝文鈔二十二卷補六卷　（清）李元春
選　清道光十二年(1832)刻本　二十九冊
十行二十字白口左右雙邊

610000－1001－0006747　普0004905

關中兩朝詩鈔補四卷又補一卷　（清）李元春
選　清道光十六年(1836)刻本　五冊　九行
二十字白口左右雙邊

610000－1001－0006748　普0004908

古詩源十四卷 （清）沈德潛選 清光緒二十二年（1896）三味堂刻本 四冊 十行二十字小字雙行二十九字黑口左右雙邊

610000－1001－0006749 普0004909

古詩源十四卷 （清）沈德潛選 清光緒十八年（1892）文章書局刻本 二冊 十行二十二字小字雙行同白口四周單邊

610000－1001－0006750 普0004910

唐詩三百首補注八卷 （清）陳婉俊輯 清末刻本 三冊 十行二十一字小字雙行同白口四周雙邊 存六卷（一至六）

610000－1001－0006751 普0004911

唐詩三百首註釋六卷 （清）章燮註 清光緒十六年（1890）石渠山房刻本 四冊 九行二十字小字雙行同白口左右雙邊

610000－1001－0006752 普0004912

唐詩三百首註釋六卷 （清）章燮註 清光緒十六年（1890）石渠山房刻本 四冊 九行二十字小字雙行同白口左右雙邊

610000－1001－0006753 普0004913

唐詩合選詳解十二卷 （清）劉文蔚註釋 清嘉慶元年（1796）刻本 七冊 十行二十四字小字雙行同白口四周單邊 存十卷（一至十）

610000－1001－0006754 普0004914

國朝詞綜續編二十四卷 （清）黃燮清編纂 清同治十二年（1873）刻本 八冊 十一行二十一字小字雙行同白口左右雙邊

610000－1001－0006755 普0004915

五言今體詩鈔九卷七言今體詩鈔九卷 （清）姚鼐輯 清嘉慶十三年（1808）刻本 三冊 十行二十一字小字雙行三十一字粗黑口左右雙邊

610000－1001－0006756 普0004918

唐詩三百首註釋六卷 （清）章燮註 唐詩三百首續選一卷 （清）于慶元編 清光緒十三年（1887）共賞書局刻本 二冊 九行二十字小字雙行同白口左右雙邊

610000－1001－0006757 普0004920

明滇南詩選六卷 （清）趙本敔 （清）張履程輯 清道光元年（1821）刻本 四冊 九行二十一字小字雙行同白口左右雙邊

610000－1001－0006758 普0004921

盧墓陳孝子詩一卷 （清）楊松兆輯 清光緒二年（1876）刻本 一冊 九行二十四字粗黑口四周雙邊

610000－1001－0006759 普0004923

明四子詩集一百二十六卷 嚴嶽蓮輯 清光緒三十三年（1907）渭南嚴氏刻本 二十八冊 十行二十二字白口四周雙邊

610000－1001－0006760 普0004926

重訂唐詩合解箋注十二卷 （清）王堯衢注 清咸豐二年（1852）刻本 五冊 十行二十四字小字雙行同白口四周單邊

610000－1001－0006761 普0004927

全唐詩鈔八十卷補遺十六卷 （清）吳成儀編 清嘉慶十三年（1808）刻本 三十六冊 十一行二十一字小字雙行同白口左右雙邊

610000－1001－0006762 普0004928

新刻重校增補圓機活法詩學全書二十四卷附詩韻活法全書十四卷 （明）王世貞校 （清）蔣先庚重訂 清道光十五年（1835）三味堂刻本 二十冊 十二行二十五字小字雙行同白口四周單邊

610000－1001－0006763 普0004929

明三十家詩選初集八卷二集八卷 （清）汪端輯 清同治十二年（1873）蘊蘭吟館刻本 八冊 十一行二十二字小字雙行同粗黑口左右雙邊

610000－1001－0006764 普0004931

歷朝詩約選九十二卷 （清）劉大櫆纂 清光緒二十一年（1895）文徵閣刻本 二十二冊 十行二十二字白口左右雙邊

610000－1001－0006765 普0004936

詞律二十卷 （清）萬樹撰 詞律拾遺二十卷 （清）徐立本纂 補遺一卷 （清）杜文瀾編

清光緒二年(1876)刻本　十六冊　七行二十一字小字雙行同白口左右雙邊

610000－1001－0006766　普0004937

小檀欒室彙刻閨秀詞一百種附一種　徐乃昌輯　清宣統元年(1909)小檀欒室刻本　二十八冊　十一行二十一字細黑口左右雙邊

610000－1001－0006767　普0004938

三十家詩鈔六卷首一卷末一卷　（清）曾國藩纂　清同治十三年(1874)湖南傳忠書局刻本　六冊　十行二十四字小字雙行同粗黑口左右雙邊

610000－1001－0006768　普0004940

御選唐宋詩醇四十七卷目錄二卷　（清）高宗弘曆選　（清）梁詩正等編　清光緒七年(1881浙江書局刻本　二十冊　九行十九字白口左右雙邊

610000－1001－0006769　普0004941

御選唐宋詩醇四十七卷目錄二卷　（清）高宗弘曆選　（清）梁詩正等編　清光緒七年(1881)浙江書局刻本　二十冊　九行十九字白口左右雙邊

610000－1001－0006770　普0004942

御選唐宋詩醇四十七卷目錄二卷　（清）高宗弘曆選　（清）梁詩正等編　清光緒七年(1881)浙江書局刻本　二十冊　九行十九字白口左右雙邊

610000－1001－0006771　普0004943

陸子全書十八種　（清）陸隴其撰　清光緒十六年(1890)宗培等刻本　三十六冊　十行二十三字黑口四周雙邊

610000－1001－0006772　普0004944

關中書院課藝一卷附志學齋日記一卷　（清）柏景偉選編　清光緒十四年(1888)關中書院刻本　十冊　九行二十五字白口四周雙邊

610000－1001－0006773　普0004945

關中書院課藝一卷附志學齋日記一卷　（清）柏景偉選編　清光緒十四年(1888)關中書院刻本　十冊　九行二十五字白口四周雙邊

610000－1001－0006774　普0004946

關中書院課藝一卷附志學齋日記一卷　（清）柏景偉選編　清光緒十四年(1888)關中書院刻本　十四冊　九行二十五字白口四周雙邊

610000－1001－0006775　普0004947

國朝詞綜四十八卷二集八卷　（清）王昶纂　清嘉慶八年(1803)刻本　十二冊　十行二十一字小字雙行同粗黑口左右雙邊

610000－1001－0006776　普0004948

亥白詩草八卷　（清）張問安撰　**船山詩草二十卷補遺六卷**　（清）張問陶撰　**飲杜詩集二卷飲杜文集一卷**　（清）張問彤撰　清嘉慶二十年至道光二十九年(1815－1849)刻本　十四冊　十行二十字白口左右雙邊

610000－1001－0006777　普0004950

豫章書院課藝八卷　（清）劉峴莊選編　清同治十二年(1873)刻本　四冊　十行二十二字白口四周雙邊

610000－1001－0006778　普0004964

歸震川錢牧齋尺牘合刊五卷　（明）歸有光（清）錢謙益撰　（清）顧械輯　清宣統二年(1910)保定官書局石印本　六冊　十一行二十一字白口四周雙邊

610000－1001－0006779　普0004985

黃花晚節圖題詞一卷續輯一卷　（清）黃榮康輯　清光緒二十八年(1902)刻民國十一年(1922)補刻本　一冊　十行二十一字粗黑口左右雙邊

610000－1001－0006780　普0004986

五大書院課藝四卷　（清）汪先彌輯　清光緒二十二年(1896)明達學社刻本　二冊　十一行二十七字白口四周雙邊

610000－1001－0006781　普0004989

格致書院課藝癸巳二卷壬辰二卷辛卯二卷庚寅二卷戊子一卷丁亥一卷丙戌一卷　（清）王韜輯　清光緒十二年至十九年(1886－1893)鉛印本　六冊　十五行三十二字小字雙行同白口四周雙邊

610000 – 1001 –0006782　普0004992

賴古堂名賢尺牘新鈔十二卷　（清）周在浚等輯　清宣統元年（1909）上海賴古堂鉛印本　七冊　十四行三十三字下黑口四周雙邊

610000 – 1001 –0006783　普0004993

江蘇校士館變法課藝四卷　（清）鄒福保輯　清光緒二十八年（1902）石印本　二冊　十五行三十二字白口四周雙邊

610000 – 1001 –0006784　普0004994

江蘇校士館變法課藝四卷　（清）鄒福保輯　清光緒二十八年（1902）石印本　四冊　十五行三十二字白口四周雙邊

610000 – 1001 –0006785　普0004995

各省西學課藝匯海四十卷　（清）宜今室主人編　清光緒二十三年（1897）石印本　八冊　二十六行四十八字白口四周單邊

610000 – 1001 –0006786　普0004996

各省西學課藝匯海四十卷　（清）宜今室主人編　清光緒二十三年（1897）石印本　八冊　二十六行四十八字白口四周單邊

610000 – 1001 –0006787　普0004997

格致課藝彙編不分卷　（清）王韜輯　清光緒二十三年（1897）上海書局石印本　十冊　十七行三十七字小字雙行同白口四周雙邊

610000 – 1001 –0006788　普0004998

格致書院彙編不分卷　（清）王韜輯　清光緒二十三年（1897）上海書局石印本　十三冊　十七行三十七字白口四周雙邊

610000 – 1001 –0006789　普0004999

澄江賦約四卷　（清）楊景曾輯　清咸豐七年（1857）竹雅山房刻本　四冊　九行二十五字小字雙行同白口四周單邊

610000 – 1001 –0006790　普0005000

澄江賦約四卷　（清）楊景曾輯　清咸豐七年（1857）竹雅山房刻本　三冊　九行二十五字小字雙行同白口四周單邊　存三卷（一至二、四）

610000 – 1001 –0006791　普0005001

澄江賦約四卷　（清）楊景曾輯　清咸豐七年（1857）竹雅山房刻本　二冊　九行二十五字小字雙行同白口四周單邊　存二卷（二、四）

610000 – 1001 –0006792　普0005002

春明詩課彙選八卷　（清）陳研薌選　（清）胡俊章等增輯　**補遺一卷**　（清）李潤均增輯　清光緒九年（1883）關中道署刻本　四冊　九行二十字小字雙行同白口四周雙邊

610000 – 1001 –0006793　普0005003

春明詩課彙選八卷　（清）陳研薌選　（清）胡俊章等增輯　**補遺一卷**　（清）李潤均增輯　清光緒九年（1883）關中道署刻本　四冊　九行二十字小字雙行同白口四周雙邊

610000 – 1001 –0006794　普0005004

春明詩課彙選八卷　（清）陳研薌選　（清）胡俊章等增輯　**補遺一卷**　（清）李潤均增輯　清光緒九年（1883）關中道署刻本　四冊　九行二十字小字雙行同白口四周雙邊

610000 – 1001 –0006795　普0005005

萍鄉課士新藝四卷續編四卷　（清）顧家相編　清光緒二十七年（1901）刻本　七冊　十一行二十五字粗黑口左右雙邊

610000 – 1001 –0006796　普0005006

萍鄉課士新藝四卷續編四卷　（清）顧家相編　清光緒二十七年（1901）刻本　七冊　十一行二十五字白口左右雙邊

610000 – 1001 –0006797　普0005007

孫可之文集二卷　（唐）孫樵撰　清宣統二年（1910）上海會文堂石印本　一冊　十三行二十八字小字雙行同白口四周雙邊

610000 – 1001 –0006798　普0005010

昌黎先生集四十卷外集十卷遺文一卷　（唐）韓愈撰　（唐）李漢輯　（宋）廖瑩中輯注　**韓集點勘四卷**　（清）陳景雲撰　清宣統三年（1911）石印本　十冊　十二行二十八字小字雙行同白口四周雙邊

610000 – 1001 –0006799　普0005012

李長吉集四卷外集一卷 （唐）李賀撰 （明）黃淳耀評述 （清）黎簡批點 清宣統元年(1909)掃葉山房石印本 二冊 九行二十字小字雙行同白口四周單邊

610000－1001－0006800 普0005014

顏魯公文集十四卷 （唐）顏真卿撰 清宣統三年(1911)文盛書局石印本 四冊 十四行三十二字白口四周雙邊

610000－1001－0006801 普0005016

孟東野集十卷 （唐）孟郊撰 追昔遊集三卷 （唐）李紳撰 清宣統二年(1910)上海著易堂石印本 四冊 十二行二十六字小字雙行同白口四周雙邊

610000－1001－0006802 普0005017

河東先生文集六卷 （唐）柳宗元撰 清宣統二年(1910)上海會文堂書局石印本 六冊 十五行三十二字小字雙行同白口四周雙邊

610000－1001－0006803 普0005021

關中書院課藝一卷 （清）蔣湘南編 清咸豐元年(1851)刻本 二冊 九行二十五字白口左右雙邊

610000－1001－0006804 普0005022

遊秦存稿二卷 （清）柳坤厚撰 清光緒元年(1875)刻本 二冊 九行二十字小字雙行同白口左右雙邊

610000－1001－0006805 普0005023

唐詩三百首註疏六卷 （清）蘅塘退士編註 （清）章燮註 清道光十四年(1834)大文堂刻本 二冊 八行二十字小字雙行同白口四周單邊

610000－1001－0006806 普0005024

存古學校課業齋文言略存一卷 （清）高賡恩選定 清宣統二年(1910)刻本 三冊 十行二十二字白口四周雙邊

610000－1001－0006807 普0005025

存古學校課業齋文言略存一卷 （清）高賡恩選定 清宣統二年(1910)刻本 三冊 十行二十二字白口四周雙邊

存古學校課業齋文言略存一卷 （清）高賡恩選定 清宣統二年(1910)刻本 二冊 十行二十二字白口四周雙邊

610000－1001－0006809 普0005027

存古學校課業齋文言略存一卷 （清）高賡恩選定 清宣統二年(1910)刻本 二冊 十行二十二字白口四周雙邊

610000－1001－0006810 普0005028

存古學校課業齋文言略存一卷 （清）高賡恩選定 清宣統二年(1910)刻本 二冊 十行二十二字白口四周雙邊

610000－1001－0006811 普0005029

小倉山房尺牘六卷 （清）袁枚撰 （清）陳名金輯注 清同治二年(1863)經元堂刻本 四冊 九行十九字小字雙行同白口四周單邊

610000－1001－0006812 普0005030

中州課吏錄一卷 （清）瑞良編 清光緒二十九年(1903)鉛印本 三冊 九行二十五字白口左右雙邊

610000－1001－0006813 普0005031

中州課吏錄一卷 （清）瑞良編 清光緒二十九年(1903)鉛印本 三冊 九行二十五字白口左右雙邊

610000－1001－0006814 普0005033

三家宮詞一卷 （明）毛晉輯 清同治十二年(1873)淮南書局刻本 一冊 十一行二十一字粗黑口左右雙邊

610000－1001－0006815 普0005034

應試唐詩說詳八卷 （清）蘇寧亭注疏 清末刻本 三冊 九行二十字小字雙行同白口左右雙邊 存七卷(二至八)

610000－1001－0006816 普0005035

律賦必以集二卷餘論一卷 （清）顧蒓編 清道光十三年(1833)刻本 二冊 十行二十二字白口四周雙邊

610000－1001－0006817 普0005036

鳳儀書院課藝摘存一卷 （清）傅鐘麟編 清末刻本 一冊 十行二十一字白口四周單邊

610000－1001－0006818 普0005040

湖南時務學堂課藝一卷 梁啟超等編 清末民初刻本 一冊 十行二十二字粗黑口左右雙邊

610000－1001－0006819 普0005042

味經課藝四卷 （清）劉煥堂選 清光緒二十一年（1895）味經售書處刻本 六冊 十行二十四字白口四周單邊

610000－1001－0006820 普0005044

王詹事集一卷 （南朝梁）王筠撰 （明）張溥閱 清刻本 一冊 九行十八字白口左右雙邊

610000－1001－0006821 普0005045

楚辭補註十七卷 （宋）洪興祖補註 （清）李錫齡校刊 清光緒刻本 六冊 十行二十二字小字雙行同粗黑口四周單邊

610000－1001－0006822 普0005046

楚辭補註十七卷 （宋）洪興祖補註 （清）李錫齡校刊 清光緒刻本 六冊 十行二十二字小字雙行同粗黑口四周單邊

610000－1001－0006823 普0005047

山南詩選四卷 （清）嚴如熤輯 清光緒十三年（1887）刻本 四冊 九行二十二字小字雙行同粗黑口四周雙邊

610000－1001－0006824 普0005049

兩湖書院課程二卷 （□）□□撰 清末刻本 二冊 九行二十字小字雙行同粗黑口四周雙邊

610000－1001－0006825 普0005053

諸葛忠武侯全集二十卷首三卷 （三國蜀）諸葛亮撰 清光緒十四年（1888）岐山縣署刻本 十二冊 九行二十二字小字雙行同粗黑口四周雙邊

610000－1001－0006826 普0005054

諸葛忠武侯全集二十卷首三卷 （三國蜀）諸葛亮撰 清光緒十四年（1888）岐山縣署刻本 十二冊 九行二十二字小字雙行同粗黑口四周雙邊

610000－1001－0006827 普0005055

寒山詩一卷 （唐）閭邱胤輯 清光緒十一年（1885）金陵刻經處刻本 一冊 十行二十一字白口左右雙邊

610000－1001－0006828 普0005056

魯齋集十卷 （宋）王柏撰 清光緒退補齋刻本 一冊 十一行二十三字小字雙行同白口四周雙邊 存七卷（一至二、六至十）

610000－1001－0006829 普0005057

宋王忠文公文集五十卷目錄四卷年譜一卷 （宋）王十朋撰 （清）唐傳鉎編 清光緒二年（1876）刻本 十二冊 十一行二十一字白口四周單邊

610000－1001－0006830 普0005060

昌黎先生集四十卷外集十卷 （唐）韓愈撰 （唐）李漢輯 **韓集點勘四卷** （清）陳景雲撰 清同治八年（1869）江蘇書局刻本 一冊 九行十七字小字雙行同白口四周雙邊

610000－1001－0006831 普0005061

昌黎先生集四十卷外集十卷 （唐）韓愈撰 （唐）李漢輯 **韓集點勘四卷** （清）陳景雲撰 清同治八年（1869）江蘇書局刻本 十一冊 九行十七字小字雙行同白口四周雙邊

610000－1001－0006832 普0005064

廿一史彈詞二卷 （明）楊慎撰 清道光五年（1825）刻本 二冊 九行二十字白口四周單邊

610000－1001－0006833 普0005066

楚辭章句十七卷 （漢）王逸章句 （宋）洪興祖補注 清光緒九年（1883）書唐山館刻本 六冊 九行十五字小字雙行二十字白口左右雙邊

610000－1001－0006834 普0005067

一笠菴北詞廣正譜十八卷附南戲北詞正謬一卷 （明）徐于室原稿 （清）鈕少雅樂句

（清）李玄玉更定　清青蓮書屋刻本　八冊
六行二十五字小字雙行同白口左右雙邊

610000－1001－0006835　普0005068
宋四名家詩　（清）周之鱗　（清）柴升選編
清有文堂刻本　十二冊　十行二十一字小字
雙行同粗黑口左右雙邊

610000－1001－0006836　普0005072
玉溪生詩詳註三卷樊南文集箋註八卷　（唐）
李商隱撰　（清）馮浩編訂　清嘉慶元年
(1796)刻本　八冊　十一行二十五字小字雙
行三十三字白口左右雙邊

610000－1001－0006837　普0005073
玉溪生詩詳註三卷樊南文集箋註八卷　（唐）
李商隱撰　（清）馮浩編訂　清同治九年
(1870)醉六堂刻本　八冊　十一行二十五字
小字雙行三十三字白口左右雙邊

610000－1001－0006838　普0005074
昌黎先生詩集注十一卷　（唐）韓愈撰　（清）
何焯　（清）朱彝尊評　清道光二十五年
(1845)膺德堂刻朱墨印本　八冊　十一行二
十字小字雙行三十字白口左右雙邊

610000－1001－0006839　普0005079
韓集補注一卷　（唐）韓愈撰　（清）沈欽韓補
注　清光緒十七年(1891)廣雅書局刻本　一
冊　十一行二十四字小字雙行同粗黑口四周
單邊

610000－1001－0006840　普0005080
楚辭十七卷　（戰國）屈原撰　（漢）王逸注
（宋）洪興祖補注　清同治十一年(1872)金陵
書局刻本　四冊　九行十五字小字雙行二十
字白口左右雙邊

610000－1001－0006841　普0005082
聲調四譜圖說十二卷首一卷末一卷　（清）董
文渙編輯　清同治三年(1864)洪洞董氏刻本
六冊　十行二十四字粗黑口左右雙邊

610000－1001－0006842　普0005088
昭代名人尺牘小傳二十四卷　（清）吳修輯
清光緒三十四年(1908)集古齋石印本　二冊

九行三十字白口四周單邊

610000－1001－0006843　普0005089
昭代名人尺牘續編六卷　（清）抉隱主人輯
清宣統元年(1909)影印本　六冊　行數不等
字數不等白口四周單邊

610000－1001－0006844　普0005093
十國宮詞一百首　（清）吳省蘭撰　清同治十
二年(1873)淮南書局刻本　一冊　十一行二
十一字小字雙行二十八字白口左右雙邊

610000－1001－0006845　普0005094
消夏同咏一卷　（清）周樂等撰　清道光十五
年(1835)刻本　一冊　九行二十一字小字雙
行同白口四周單邊

610000－1001－0006846　普0005095
諸葛忠武侯文集六卷首一卷　（三國蜀）諸葛
亮撰　（清）劉質慧校刊　清同治十二年
(1873)三原劉氏述荊堂刻本　四冊　九行二
十字粗黑口四周雙邊

610000－1001－0006847　普0005096
滇詩拾遺六卷　（清）陳榮昌輯　清宣統元年
(1909)刻本　六冊　十行二十三字小字雙行
同白口左右雙邊

610000－1001－0006848　普0005097
靖節先生集十卷首一卷末二卷　（晉）陶潛撰
（清）陶澍注　清光緒九年(1883)江蘇書局
刻本　四冊　十行十九字小字雙行同白口四
周雙邊

610000－1001－0006849　普0005098
填詞圖譜六卷　（清）賴以邠撰　（清）查繼超
增輯　**詞論一卷**　（清）王又華輯　**填詞名解**
四卷　（清）毛先舒撰并注　清刻本　四冊
九行二十字小字雙行同白口四周單邊

610000－1001－0006850　普0005099
徐孝穆集箋注六卷　（南朝陳）徐陵撰　（清）
吳兆宜箋注　清善化經濟書堂刻本　六冊
十行二十字小字雙行同粗黑口左右雙邊

610000－1001－0006851　普0005103

韓文考異四十卷外集考異十卷遺文考異一卷首一卷末一卷　（宋）朱熹考異　清光緒十八年(1892)刻本　十六冊　九行十八字小字雙行同粗黑口四周雙邊

610000－1001－0006852　普 0005104

韓文考異四十卷外集考異十卷遺文考異一卷末一卷　（宋）朱熹考異　清末刻本　十冊　九行十八字小字雙行同粗黑口四周雙邊

610000－1001－0006853　普 0005105

昌黎先生詩集注十一卷　（唐）韓愈撰　（清）顧嗣立刪補　（清）何焯等評　清光緒九年(1883)廣州翰墨園顧氏刻三色套印本　四冊　十一行二十字小字雙行三十字白口左右雙邊

610000－1001－0006854　普 0005106

陶淵明集八卷首一卷末一卷　（晉）陶潛撰　清光緒五年(1879)翰墨園刻三色套印本　二冊　九行二十一字小字雙行同白口四周雙邊

610000－1001－0006855　普 0005107

諸名家評本錢牧齋箋注杜詩二十卷　（唐）杜甫撰　（清）錢謙益箋注　清宣統三年(1911)時中書局石印本　八冊　十四行三十字小字雙行二十九字白口四周雙邊

610000－1001－0006856　普 0005108

諸名家評本錢牧齋箋注杜詩二十卷　（唐）杜甫撰　（清）錢謙益箋注　清宣統三年(1911)時中書局石印本　八冊　十四行三十字小字雙行二十九字白口四周雙邊

610000－1001－0006857　普 0005110

王右丞集二十八卷首一卷末一卷　（清）趙殿成箋註　清刻本　八冊　十行二十字小字雙行同白口左右雙邊

610000－1001－0006858　普 0005112

庾子山集十六卷首一卷總釋十六卷　（北周）庾信撰　（清）倪璠註釋　清光緒十六年(1890)經史閣刻本　十六冊　十行二十字小字雙行同白口左右雙邊

610000－1001－0006859　普 0005113

李昌谷詩注四卷首一卷外集一卷　（唐）李賀撰　（清）王琦輯　清光緒四年(1878)宏達堂刻本　四冊　十行二十字小字雙行同粗黑口左右雙邊

610000－1001－0006860　普 0005119

新雕校證大字白氏諷諫一卷　（唐）白居易撰　清光緒十九年(1893)刻本　一冊　十三行二十九字粗黑口左右雙邊

610000－1001－0006861　普 0005121

李太白文集三十六卷　（唐）李白撰　（清）王琦輯註　清刻本　八冊　十行二十字小字雙行同白口左右雙邊　存十九卷(十八至三十六)

610000－1001－0006862　普 0005123

三十家詩鈔六卷首一卷末一卷　（清）曾國藩纂　（清）王定安增輯　清同治十三年(1874)湖南傳忠書局刻本　六冊　十行二十五字小字雙行同粗黑口左右雙邊

610000－1001－0006863　普 0005124

褚先生集一卷　（漢）褚少孫撰　（明）張溥閱　清末刻本　一冊　九行十八字小字雙行同白口四周雙邊

610000－1001－0006864　普 0005125

宋端明殿學士蔡忠惠公文集三十六卷首一卷別紀補遺二卷　（宋）蔡襄撰　（清）蔡廷魁等校　清遜敏齋刻本　八冊　九行二十字白口四周單邊

610000－1001－0006865　普 0005126

水心先生文集二十九卷補遺一卷　（宋）葉適撰　清光緒八年(1882)孫氏刻本　十二冊　十三行二十二字粗黑口左右雙邊

610000－1001－0006866　普 0005127

陳北溪先生文集十四卷補遺一卷　（宋）陳淳撰　清光緒九年(1883)刻本　四冊　九行二十字粗黑口四周雙邊

610000－1001－0006867　普 0005128

曾南豐先生全集五十卷　（宋）曾鞏撰　清光緒十六年(1890)慈利漁浦書院刻本　十冊

十行二十字白口四周單邊

610000－1001－0006868　普0005130
王臨川全集一百卷目錄二卷　（宋）王安石撰
　清光緒九年（1883）刻本　十六冊　十一行
二十二字粗黑口左右雙邊

610000－1001－0006869　普0005131
宋大家王文公文抄十六卷　（宋）王安石撰
（明）茅闇叔重訂　清道光刻本　六冊　十行
二十四字白口四周雙邊

610000－1001－0006870　普0005132
范石湖詩集注三卷　（宋）范成大撰　（清）沈
欽韓注　清光緒十九年（1893）廣雅書局刻本
　一冊　十一行二十四字粗黑口四周單邊

610000－1001－0006871　普0005133
宋大家王文公文抄十六卷　（宋）王安石撰
（明）茅闇叔重訂　清刻本　四冊　九行二十
字白口四周單邊

610000－1001－0006872　普0005134
李義山詩集三卷首一卷　（唐）李商隱撰
（清）朱鶴齡箋注　（清）沈厚塽輯評　清同治
九年（1870）廣州倅署刻三色套印本　三冊
十行二十一字小字雙行同白口左右雙邊

610000－1001－0006873　普0005135
山谷詩外集注十七卷　（宋）黃庭堅撰　（宋）
史容注　清刻本　四冊　十二行二十三字白
口左右雙邊　存九卷（九至十七）

610000－1001－0006874　普0005136
陶淵明詩一卷　（晉）陶潛撰　清光緒元年
（1875）影印本　二冊　十行十六字白口左右
雙邊

610000－1001－0006875　普0005138
蘭山課業詩賦約編不分卷風騷補編不分卷
（清）周樽輯論　清刻本　六冊　十行二十五
字小字雙行同白口四周雙邊

610000－1001－0006876　普0005141
廬陵周益國文忠公集十二種續刊三種　（宋）
周必大撰　清咸豐元年（1851）刻本　四十冊

十行二十四字小字雙行同白口左右雙邊

610000－1001－0006877　普0005143
黃詩全集五十四卷　（宋）黃庭堅撰　（清）翁
方綱校注　清末刻本　二十冊　十二行二十
三字白口左右雙邊

610000－1001－0006878　普0005144
玉溪生詩詳註三卷首一卷　（唐）李商隱撰
（清）馮浩編訂　清末民初刻本　四冊　十一
行二十五字小字雙行三十三字白口左右雙邊

610000－1001－0006879　普0005145
樊南文集詳註八卷　（唐）李商隱撰　（清）馮
浩編訂　清同治七年（1868）德聚堂刻本　四
冊　十一行二十五字小字雙行三十三字白口
左右雙邊

610000－1001－0006880　普0005152
留春草堂詩鈔七卷　（清）伊秉綬撰　清光緒
二十三年（1897）刻本　二冊　十行十九字粗
黑口四周單邊

610000－1001－0006881　普0005153
黃公遺愛詩集不分卷　（清）柳驤材輯　清光
緒二十五年（1899）刻本　一冊　十行二十一
字白口四周雙邊

610000－1001－0006882　普0005156
冰玉集四卷　（清）鄭維駒輯　清光緒十八年
（1892）徐有培刻本　二冊　八行二十字白口
上下雙邊

610000－1001－0006883　普0005157
春柳唱和詩一卷　（清）張鳴珂等撰　清末刻
本　一冊　十一行二十三字粗黑口左右雙邊

610000－1001－0006884　普0005158
岐嶺贈言集一卷　（清）趙啟聞撰　清末刻本
　一冊　十一行二十三字小字雙行同粗黑口
左右雙邊

610000－1001－0006885　普0005160
船司空雅集錄一卷　（清）黃嘉爾輯　清光緒
十一年（1885）刻本　一冊　十行十九字白口
左右雙邊

610000－1001－0006886　普0005162

宋大家曾文定公文抄十卷　（宋）曾鞏撰
（明）茅坤批評　清刻本　四冊　九行二十四
字白口四周單邊

610000－1001－0006887　普0005163

附鮎軒詩八卷　（清）洪亮吉撰　清光緒三年
(1877)刻本　二冊　十一行二十一字粗黑口
左右雙邊

610000－1001－0006888　普0005166

玉臺新詠箋注十卷　（南朝陳）徐陵編　（清）
吳兆宜箋注　（清）程琰刪補　清光緒五年
(1879)宏達堂刻本　四冊　十行二十一字小
字雙行同白口四周雙邊

610000－1001－0006889　普0005167

庚辰集五卷附唐人試律說一卷　（清）紀昀編
　清刻本　六冊　九行二十字小字雙行同白
口四周單邊

610000－1001－0006890　普0005169

說詩樂趣類編二十卷　（清）伍涵芬輯　（清）
汪正鈞編訂　清嘉慶會成堂刻本　八冊　九
行二十二字小字雙行同白口四周單邊

610000－1001－0006891　普0005187

七十家賦鈔六卷　（清）張惠言輯　清光緒八
年(1882)載文湯刻本　四冊　十三行二十二
字小字雙行同粗黑口左右雙邊

610000－1001－0006892　普0005188

唐律賦鈔一卷　（清）潘遵祁輯　清同治八年
(1869)刻本　一冊　九行二十五字小字雙行
同白口左右雙邊

610000－1001－0006893　普0005189

四家賦鈔四卷　（清）景其濬編　清咸豐三年
(1853)刻本　四冊　十行二十三字白口四周
雙邊

610000－1001－0006894　普0005190

**唐五代宋元詞綜三十八卷明詞綜十二卷國朝
詞綜四十八卷國朝詞綜二集八卷**　（清）朱彝
尊　（清）王昶輯　清光緒二十八年(1902)浦
氏刻本　二十四冊　十行二十一字小字雙行

同粗黑口左右雙邊

610000－1001－0006895　普0005191

元詩選癸集十六卷　（清）顧嗣立輯　清光緒
十四年(1888)刻本　十六冊　十三行二十三
字小字雙行三十五字白口左右雙邊

610000－1001－0006896　普0005192

盧忠肅公集十二卷首一卷　（明）盧象昇撰
清光緒元年(1875)刻本　八冊　十行二十一
字粗黑口左右雙邊

610000－1001－0006897　普0005195

祖帳集二卷賜杖集一卷　（清）江藩輯　**葆淳
閣續集一卷**　（清）王傑撰　清道光二十年
(1840)刻本　四冊　十行二十字白口四周
雙邊

610000－1001－0006898　普0005196

**谿田文集十一卷首一卷補遺一卷續補遺一卷
搜遺一卷**　（明）馬理撰　（清）李錫齡校勘
清道光二十年(1840)刻本　六冊　十行二十
二字白口四周單邊

610000－1001－0006899　普0005197

四吟稿六卷畿南疏草二卷西臺奏議一卷
（明）馬逢臯撰　（清）李錫齡校刊　**南游稿二
卷**　（明）陳兆基撰　清道光十九年(1839)刻
本　六冊　十行二十二字小字雙行同白口左
右雙邊

610000－1001－0006900　普0005198

逆旅集二十卷逆旅集奏議四卷　（明）焦源溥
撰　（清）李錫齡校刊　清道光十九年(1839)
惜陰軒刻本　四冊　十行二十二字小字雙行
同白口左右雙邊

610000－1001－0006901　普0005199

都是春齋文集八卷　（清）張佑撰　清吾學園
刻本　四冊　九行二十二字白口左右雙邊

610000－1001－0006902　普0005200

黃花集七卷　（明）張原撰　（清）李錫齡校刊
清道光十八年(1838)宏道書院刻本　四冊
十行二十二字白口左右雙邊

610000－1001－0006903　　普0005205

**朱子大全文集一百卷目錄二卷續集五卷別集
七卷正譌一卷**　（宋）朱熹撰　清光緒十年
（1884）刻本　四十八冊　十二行二十四字上
下黑口四周雙邊

610000－1001－0006904　　普0005206

**朱子大全文集一百卷目錄二卷續集五卷別集
七卷正譌一卷**　（宋）朱熹撰　清光緒二年
（1876）刻本　四十冊　十二行二十四字上下
黑口四周雙邊　缺二十一卷（文集一至十九、
目錄一至二）

610000－1001－0006905　　普0005207

**晦庵先生朱文公文集一百卷目錄二卷續集十
一卷別集十卷**　（宋）朱熹撰　清道光三十年
（1850）刻本　六十四冊　十二行二十二字小
字雙行同白口左右雙邊

610000－1001－0006906　　普0005208

後山先生集二十四卷首一卷　（宋）陳師道撰
　清光緒十一年（1885）刻本　四冊　十行二
十一字小字雙行同粗黑口左右雙邊

610000－1001－0006907　　普0005209

重校劍南詩藁八十五卷　（宋）陸游撰　（清）
楊大鶴選　清末刻本　八冊　十行十八字白
口左右雙邊

610000－1001－0006908　　普0005213

東萊詩集二十卷　（宋）呂本中撰　清咸豐九
年（1859）刻本　四冊　十二行二十四字粗黑
口四周單邊

610000－1001－0006909　　普0005214

范文正公文集十卷　（宋）范仲淹撰　（清）柳
福培重訂　清光緒三十年（1904）刻本　四冊
　十行二十二字白口四周雙邊

610000－1001－0006910　　普0005215

和靖尹先生文集十卷　（宋）尹焞撰　清光緒
八年（1882）劉昇之刻本　二冊　九行二十字
小字雙行同粗黑口四周雙邊

610000－1001－0006911　　普0005218

陸象山先生文集三十六卷　（宋）陸九淵著

（清）李紱點次　**少湖徐先生學則辯一卷**
（明）徐階著　清道光三年（1823）刻本　十二
冊　九行二十字白口四周雙邊

610000－1001－0006912　　普0005220

**鶴山文鈔三十二卷周禮折衷四卷師友雅言一
卷**　（宋）魏了翁撰　清同治十三年（1874）望
三益齋刻本　十六冊　十三行二十四字白口
左右雙邊

610000－1001－0006913　　普0005221

鶴山文鈔三十二卷　（宋）魏了翁撰　清同治
十三年（1874）望三益齋刻本　十冊　十三行
二十四字白口左右雙邊　存十九卷（一至十
九）

610000－1001－0006914　　普0005222

湛然居士文集十四卷　（元）耶律楚材撰
（清）袁昶輯　清光緒二十一年（1895）桐廬袁
昶刻本　四冊　十行二十一字小字雙行同白
口左右雙邊

610000－1001－0006915　　普0005223

勤齋集八卷　（元）蕭㪺撰　清刻本　二冊
九行二十一字白口四周單邊

610000－1001－0006916　　普0005226

陳北溪先生文集十四卷補遺一卷　（宋）陳淳
撰　（清）張伯行編訂　清光緒九年（1883）刻
本　四冊　九行二十字上下黑口四周雙邊

610000－1001－0006917　　普0005228

**蘇文忠公詩編註集成四十六卷總案四十五卷
首一卷目錄一卷附雜綴酌存一卷蘇海識餘四
卷牋詩圖一卷**　（宋）蘇軾撰　（清）王文誥輯
訂　清光緒十四年（1888）浙江書局刻本　二
十四冊　十一行三十字小字雙行同白口左右
雙邊　存五十三卷（牋詩圖一、諸家弁言一、
王施註諸家姓氏考一、墓誌銘註一、本傳註
一、帖子口號詞一、聖祖仁皇帝御評一、諸家
雜綴酌存一、蘇海識餘一至四、詩目一、編年
古今體詩一至四十）

610000－1001－0006918　　普0005229

叢筵齋集十四卷　（明）來臨著　（清）李錫齡

校刊　清道光二十二年(1842)刻本　四冊
十行二十二字白口四周雙邊

610000－1001－0006919　普0005230
叢筮齋集十四卷　(明)來臨著　(清)李錫齡
校刊　清道光二十二年(1842)刻本　二冊
十行二十二字白口四周雙邊　存八卷(一至
八)

610000－1001－0006920　普0005232
忠介公集十三卷首一卷末一卷附錄五卷
(明)楊爵著　清光緒十九年(1893)張履誠堂
刻本　六冊　九行二十下黑口四周單邊

610000－1001－0006921　普0005233
王陽明先生全集十六卷　(明)王守仁撰　清
道光六年(1826)刻本　十六冊　九行二十四
字白口左右雙邊

610000－1001－0006922　普0005236
馮少墟集二十二卷續集四卷　(明)馮從吾著
清光緒刻本　十八冊　九行十八字白口四
周單邊

610000－1001－0006923　普0005237
郝文忠公陵川文集三十九卷附錄一卷　(元)
郝經撰　(清)王鏐編訂　清嘉慶三年(1798)
刻本　十冊　十行二十二字白口左右雙邊

610000－1001－0006924　普0005239
震川先生集三十卷別集十卷附錄一卷　(明)
歸有光著　清光緒六年(1880)歸氏刻本　十
六冊　十行二十字白口左右雙邊

610000－1001－0006925　普0005240
震川先生集三十卷附錄一卷別集十卷　(明)
歸有光著　清光緒六年(1880)歸氏刻本　十
六冊　十行二十字白口左右雙邊

610000－1001－0006926　普0005241
砥齋集十二卷　(清)王弘撰著　清光緒二十
年(1894)刻本　六冊　八行二十字白口左右
雙邊

610000－1001－0006927　普0005242
砥齋集十二卷　(清)王弘撰著　清光緒二十

六年(1900)刻本　六冊　八行二十字白口左
右雙邊

610000－1001－0006928　普0005242
山志六卷　(清)王弘撰著　清光緒二十六年
(1900)刻本　六冊　十行十九字白口左右
雙邊

610000－1001－0006929　普0005243
砥齋集十二卷　(清)王弘撰著　清光緒二十
六年(1900)刻本　六冊　八行二十字白口左
右雙邊

610000－1001－0006930　普0005243
山志六卷　(清)王弘撰著　清光緒二十六年
(1900)刻本　六冊　十行十九字白口四周
單邊

610000－1001－0006931　普0005244
**重刊校正唐荊川先生文集十二卷外集三卷附
錄一卷補遺五卷**　(明)唐順之撰　清光緒三
十年(1904)江南書局刻本　十冊　十行二十
字上下黑口左右雙邊

610000－1001－0006932　普0005245
黃漳浦集五十卷首一卷目錄二卷　(明)黃道
周撰　(清)陳壽祺重編　**漳浦黃先生年譜二
卷**　(清)莊起儔編　清刻本　二十四冊　十
二行二十四字小字雙行同上下黑口左右雙邊

610000－1001－0006933　普0005247
自愉堂文集六卷詩集四卷　(明)來儼然著
(清)李錫齡校刊　清道光二十一年(1841)刻
本　六冊　十行二十二字白口四周雙邊

610000－1001－0006934　普0005249
況靖安集八卷首一卷末一卷　(明)況鐘撰
(清)陳永懋編梓　(清)陳家述校　清光緒十
七年(1891)刻本　四冊　九行二十二字白口
左右雙邊

610000－1001－0006935　普0005250
**韓五泉詩四卷遺詩一卷附錄二卷朝邑縣志二
卷**　(明)韓邦靖撰　清刻本　三冊　九行二
十二字白口左右雙邊

610000 - 1001 - 0006936　普 0005251

綠雪堂遺集二十卷　（清）王衍梅撰　清道光二十九年(1849)刻本　八冊　十二行二十三字白口左右雙邊

610000 - 1001 - 0006937　普 0005252

綠漪草堂詩集二十卷外集二卷別集二卷研華館詞三卷首一卷　（清）羅汝懷撰　清光緒九年(1883)湖南湘潭羅氏刻本　五冊　十行二十四字小字雙行同白口四周雙邊　缺七卷（詩集一至七）

610000 - 1001 - 0006938　普 0005254

楚辭新註八卷　（清）屈復撰　清道光十七年(1837)刻本　四冊　十行二十字小字雙行同白口四周雙邊

610000 - 1001 - 0006939　普 0005255

宋宗忠簡公文集四卷首一卷補遺一卷遺事二卷　（宋）宗澤撰　清同治十二年(1873)刻本　四冊　九行二十字小字雙行同上下黑口四周雙邊

610000 - 1001 - 0006940　普 0005258

冰壺山館詩鈔六十四卷首一卷　（清）王夢庚撰　清道光十三年(1833)刻本　十六冊　十行十九字白口左右雙邊

610000 - 1001 - 0006941　普 0005259

縵雅堂駢體文八卷　（清）王詒壽撰　清光緒六年(1880)刻本　四冊　十一行二十二字上下黑口左右雙邊

610000 - 1001 - 0006942　普 0005261

觀齋集十六卷　（清）王澤撰　清咸豐四年(1854)廣東南海刻本　二冊　十二行二十四字小字雙行同上下黑口左右雙邊

610000 - 1001 - 0006943　普 0005266

晚聞居士遺集九卷首一卷　（清）王宗炎撰　清道光十一年(1831)刻本　六冊　十行二十字小字雙行同上下黑口四周雙邊

610000 - 1001 - 0006944　普 0005268

思菴野錄三卷　（明）薛敬之著　清咸豐元年(1851)刻本　四冊　十行二十一字白口四周雙邊

610000 - 1001 - 0006945　普 0005269

甫田集三十六卷　（明）文徵明撰　清宣統三年(1911)鉛印本　十二冊　十二行三十一字白口四周雙邊

610000 - 1001 - 0006946　普 0005274

乖崖先生文集十二卷附錄一卷　（宋）張詠撰　清光緒八年(1882)刻本　二冊　十行二十字小字雙行同上下黑口左右雙邊

610000 - 1001 - 0006947　普 0005278

王文成公全書三十八卷　（明）王守仁撰　清刻本　二十四冊　九行二十一字白口左右雙邊

610000 - 1001 - 0006948　普 0005279

王文成公全書三十八卷　（明）王守仁撰　清刻本　二十四冊　九行二十一字白口左右雙邊

610000 - 1001 - 0006949　普 0005280

文恭集四十卷　（宋）胡宿撰　清刻本　八冊　九行二十一字小字雙行同白口四周雙邊

610000 - 1001 - 0006950　普 0005281

羅鄂州小集六卷附錄一卷　（宋）羅願撰　清光緒十九年(1893)黟縣李氏刻本　二冊　十一行二十一字上下黑口四周雙邊

610000 - 1001 - 0006951　普 0005282

羅鄂州小集六卷附錄一卷　（宋）羅願撰　清光緒十九年(1893)黟縣李氏刻本　二冊　十一行二十一字上下黑口四周雙邊

610000 - 1001 - 0006952　普 0005284

絕妙好詞箋七卷續鈔一卷　（宋）周密原輯　(清)厲鶚　（清）查為仁箋　（清）余集鈔撮　清同治十一年(1872)會稽章氏刻本　四冊　十一行二十三字小字雙行同白口左右雙邊

610000 - 1001 - 0006953　普 0005285

元遺山先生全集九種　（金）元好問撰　清光緒七年(1881)讀書山房刻本　十七冊　十行二十二字上下黑口四周單邊

610000 - 1001 - 0006954　普 0005286

來陽伯先生詩集二十卷 （明）來復著 （清）李錫齡校刊 清道光二十三年(1843)刻本 八冊 十行二十二字白口四周雙邊

610000－1001－0006955 普0005287

來陽伯文集二十卷 （明）來復著 （清）李錫齡校刊 清道光二十三年(1843)刻本 十冊 十行二十二字白口左右雙邊

610000－1001－0006956 普0005288

來陽伯文集二十卷 （明）來復著 （清）李錫齡校刊 清道光二十三年(1843)刻本 十冊 十行二十二字白口左右雙邊

610000－1001－0006957 普0005289

岳忠武王文集八卷首一卷末一卷 （宋）岳飛撰 清同治十二年(1873)刻本 四冊 九行二十字上下黑口四周雙邊

610000－1001－0006958 普0005290

淮海集十七卷後集二卷詞一卷補遺一卷 （宋）秦觀著 清道光二十一年(1841)補刻本 八冊 十行二十一字小字雙行同白口左右雙邊

610000－1001－0006959 普0005291

蔡中郎集十卷外紀一卷外集四卷末一卷 （漢）蔡邕撰 清咸豐二年(1852)東郡楊氏海源閣刻本 六冊 九行十八字小字雙行同白口左右雙邊

610000－1001－0006960 普0005292

涇野先生文集三十八卷 （明）呂柟撰 清富平楊氏刻本 八冊 十二行二十三字白口左右雙邊

610000－1001－0006961 普0005293

涇野先生文集三十八卷 （明）呂柟撰 清富平楊氏刻本 八冊 十二行二十三字白口左右雙邊

610000－1001－0006962 普0005294

續刻呂涇野先生文集八卷首一卷 （明）呂柟撰 清道光十二年(1832)刻本 八冊 十二行二十三字白口左右雙邊

610000－1001－0006963 普0005295

續刻呂涇野先生文集八卷首一卷 （明）呂柟撰 清道光十二年(1832)刻本 八冊 十二行二十三字白口左右雙邊

610000－1001－0006964 普0005296

續刻呂涇野先生文集八卷首一卷 （明）呂柟撰 清道光十二年(1832)刻本 八冊 十二行二十三字白口左右雙邊

610000－1001－0006965 普0005297

碧山堂全集四卷 （清）王衍惇著 清道光二十四年(1844)刻本 四冊 九行二十二字白口四周雙邊

610000－1001－0006966 普0005300

江陵張文忠公全集四十七卷 （明）張居正著 （明）雷思霈校 （明）馬啟圖校 清刻本 十六冊 十行二十字白口四周單邊

610000－1001－0006967 普0005301

波餘遺藁一卷首一卷附錄二卷 （清）王翼孫撰 寫韻軒小藁二卷 （清）曹貞秀撰 清嘉慶九年(1804)刻本 六冊 十行二十一字白口左右雙邊

610000－1001－0006968 普0005302

李空同詩集三十三卷附錄一卷 （明）李夢陽撰 清宣統二年(1910)掃葉山房石印本 十冊 十四行二十九字白口四周雙邊

610000－1001－0006969 普0005308

懷星堂全集三十卷 （明）祝允明撰 清宣統二年(1910)中國書畫會鉛印本 八冊 十四行三十四字下黑口四周雙邊

610000－1001－0006970 普0005309

虛受堂文集十六卷 王先謙撰 清宣統二年(1910)石印本 六冊 十四行三十字白口四周雙邊

610000－1001－0006971 普0005311

廉亭文集八卷 （清）張裕釗撰 清宣統元年(1909)掃葉山房石印本 二冊 十四行三十一字白口四周雙邊

610000－1001－0006972　普0005313
定盦文集三卷續集四卷補編四卷餘集一卷續錄一卷　（清）龔自珍撰　清光緒二十八年（1902）鉛印本　四冊　十五行三十二字白口四周雙邊

610000－1001－0006973　普0005314
定盦文集三卷續集四卷補編四卷餘集一卷續錄一卷　（清）龔自珍撰　清光緒二十八年（1902）鉛印本　四冊　十五行三十二字白口四周雙邊

610000－1001－0006974　普0005315
定盦文集三卷續集四卷補編四卷餘集一卷續錄一卷　（清）龔自珍撰　清光緒二十八年（1902）鉛印本　四冊　十五行三十二字白口四周雙邊

610000－1001－0006975　普0005318
王氏仁蔭堂全集六卷　（清）王汝梅撰　清末石印本　六冊　七行二十字白口

610000－1001－0006976　普0005321
東坡和陶合箋四卷　（清）溫汝能纂　清宣統二年（1910）掃葉山房石印本　二冊　十二行二十五字小字雙行同白口四周雙邊

610000－1001－0006977　普0005333
蘭言詩鈔四卷　（清）李瑞編　清光緒七年（1881）刻本　四冊　九行二十二字小字雙行同白口四周雙邊

610000－1001－0006978　普0005334
寶綸堂外集十二卷　（清）齊召南撰　清宣統三年（1911）掃葉山房石印本　二冊　十四行二十八字小字雙行二十四字白口四周雙邊

610000－1001－0006979　普0005336
航海吟草一卷　（清）奕譞撰　清光緒十三年（1887）上海鴻文書局石印本　一冊　九行二十字白口四周雙邊

610000－1001－0006980　普0005337
煙霞萬古樓文集六卷　（清）王曇撰　清道光二十年（1840）刻本　二冊　九行十九字白口四周雙邊

610000－1001－0006981　普0005340
胡敬齋先生文集三卷　（明）胡居仁撰　清同治八年（1869）傳經堂刻本　二冊　九行二十字上下黑口四周雙邊

610000－1001－0006982　普0005341
潛齋詩集九卷　（清）文龍撰　清光緒三十年（1904）刻本　四冊　十行二十一字小字雙行同上下黑口四周單邊

610000－1001－0006983　普0005342
黃花集七卷　（明）張原著　（明）馬理校正評點　（清）李錫齡校刊　清道光十八年（1838）宏道書院刻本　四冊　十行二十二字白口左右雙邊

610000－1001－0006984　普0005344
郝文忠公陵川文集三十九卷附錄一卷　（元）郝經撰　（清）王鏐編訂　清道光十六年（1836）刻本　九冊　十行二十二字小字雙行同白口左右雙邊　缺四卷（二十五至二十八）

610000－1001－0006985　普0005345
許松滂先生全集四十三卷首一卷末一卷　（清）許錫祺著　清光緒十七年（1891）刻本　八冊　十行二十二字白口左右雙邊

610000－1001－0006986　普0005346
養知書屋詩集十五卷文集二十八卷　（清）郭嵩燾著　清光緒十八年（1892）刻本　十六冊　十行二十一字白口左右雙邊

610000－1001－0006987　普0005347
郭侍郎奏疏十二卷　（清）郭嵩燾撰　清光緒十八年（1892）刻本　十二冊　十行二十一字上下黑口左右雙邊

610000－1001－0006988　普0005348
遜志齋集二十四卷　（明）方孝孺撰　拾補一卷外紀一卷　（明）張紹謙輯　附錄一卷　（明）盧演　（明）翁明英撰　清道光二十六年（1846）義烏陳初田刻本　十六冊　十行二十二字白口左右雙邊

610000－1001－0006989　普0005349
望溪先生文集十八卷集外文十卷集外文補遺

二卷年譜二卷 （清)方苞撰 清咸豐元年(1851)刻本 十六冊 十一行二十一字小字雙行同白口四周雙邊

610000－1001－0006990 普0005350

望溪先生文集十八卷集外文十卷集外文補遺二卷年譜二卷 （清)方苞撰 清咸豐元年(1851)刻本 十二冊 十一行二十一字小字雙行同白口四周雙邊

610000－1001－0006991 普0005351

楊忠愍公全集四卷 （明)楊繼盛撰 （清)章鈺輯 （清)毛大可鑒定 清末刻本 四冊 九行二十字白口四周雙邊

610000－1001－0006992 普0005352

西亭文鈔十二卷首一卷末一卷 （清)王原撰 清光緒十七年(1891)刻本 四冊 十行二十二字白口四周雙邊

610000－1001－0006993 普0005353

青虛山房集十一卷 （清)王太岳著 清光緒十九年(1893)定興鹿氏刻本 六冊 十行二十二字白口四周單邊

610000－1001－0006994 普0005355

史忠正公文集四卷首一卷 （明)史可法撰 清同治十二年(1873)刻本 二冊 九行二十字小字雙行同上下黑口四周雙邊

610000－1001－0006995 普0005356

歸雲別集十種 （明)陳士元著 （清)吳毓梅校刊 清道光十三年(1833)刻本 十六冊 九行二十字小字雙行同白口四周雙邊

610000－1001－0006996 普0005357

中州集十卷首一卷中州樂府一卷 （金)元好問輯 清光緒七年(1881)讀書山房刻本 十一冊 十行二十二字上下黑口四周單邊

610000－1001－0006997 普0005358

楊園先生全集五十四卷 （清)張履祥撰 （清)姚璉輯 （清)萬斛泉編次 清同治十年(1871)江蘇書局刻本 十六冊 十行二十二字小字雙行同白口四周雙邊

610000－1001－0006998 普0005359

楊園先生全集五十四卷 （清)張履祥撰 （清)姚璉輯 （清)萬斛泉編次 清同治十年(1871)江蘇書局刻本 十六冊 十行二十二字小字雙行同白口四周雙邊

610000－1001－0006999 普0005360

楊園先生全集五十四卷 （清)張履祥撰 （清)姚璉輯 （清)萬斛泉編次 清同治十年(1871)江蘇書局刻本 十六冊 十行二十二字小字雙行同白口四周雙邊

610000－1001－0007000 普0005362

湯文正公全集四種 （清)湯斌撰 清同治九年(1870)刻本 三十二冊 十行十九字下黑口左右雙邊

610000－1001－0007001 普0005364

小琅環園詩錄七卷集句一卷詞錄一卷 （清)張修府撰 清光緒七年(1881)長沙刻本 二冊 十行二十三字小字雙行同白口四周雙邊

610000－1001－0007002 普0005365

王子安集十六卷 （唐)王勃撰 清光緒五年(1879)華陽醉經堂刻本 四冊 九行二十一字白口四周雙邊

610000－1001－0007003 普0005366

敬齋存稿二十卷陶元亮述酒詩解一卷東明紀行一卷 （清)張諧之撰 清光緒二十二年(1896)刻本 八冊 九行二十二字白口左右雙邊

610000－1001－0007004 普0005368

四安堂詩鈔二卷 （清)夏照著 （清)孫廷傑校 清光緒八年(1882)刻本 一冊 八行二十字白口四周單邊

610000－1001－0007005 普0005375

纑塘集不分卷 （清)顧貞觀撰 清光緒七年(1881)枕經葄史齋刻本 一冊 九行十九字小字雙行同上下黑口四周雙邊

610000－1001－0007006 普0005376

滄靜齋文鈔八卷詩鈔六卷 （清)龔景瀚著 清同治八年(1869)濟南郡署刻本 八冊 十

行二十一字上下黑口四周雙邊

610000－1001－0007007　普 0005379
柏香書屋詩鈔二十四卷　（清）張鳳孫撰　清
道光二十年（1840）粵東省城西湖街簡書齋刻
本　六冊　十行二十一字小字雙行同上下黑
口左右雙邊

610000－1001－0007008　普 0005380
西園文集四卷　（清）張吉梁著　清同治七年
（1868）刻本　四冊　九行二十五字白口四周
雙邊

610000－1001－0007009　普 0005381
張忠敏公遺集十卷首一卷附錄六卷　（明）張
國維著　清光緒五年（1879）江蘇書局刻本
六冊　十行二十二字下黑口左右雙邊

610000－1001－0007010　普 0005382
雲臥山莊別集五卷　（清）郭崑燾著　清光緒
十年（1884）湘陰郭氏峀瞻堂刻本　二冊　十
行二十二字小字雙行同上下黑口四周雙邊

610000－1001－0007011　普 0005383
謝梅莊先生遺集八卷西北域記一卷　（清）謝
濟世撰　清光緒三十四年（1908）鉛印本　二
冊　十二行三十字下黑口四周雙邊

610000－1001－0007012　普 0005384
鑑止水齋集二十卷　（清）許宗彥撰　清咸豐
八年（1858）刻本　六冊　十行二十字小字雙
行同上下黑口左右雙邊

610000－1001－0007013　普 0005386
馬文莊公文集選十五卷附錄一卷　（明）馬自
強著　清同治九年（1870）刻本　四冊　十行
二十三字白口左右雙邊

610000－1001－0007014　普 0005387
忠介公集十三卷首一卷末一卷附錄五卷
（明）楊爵著　清光緒十九年（1893）張履誠堂
刻本　六冊　九行二十字小字雙行同下黑口
四周單邊

610000－1001－0007015　普 0005388
劉槎翁先生詩選十二卷　（明）劉崧撰　清咸

豐十年（1860）刻本　五冊　十行二十字上下
黑口左右雙邊

610000－1001－0007016　普 0005389
叢笙齋集十四卷　（明）來臨著　（清）李錫齡
校刊　清道光二十二年（1842）刻本　四冊
十行二十二字白口四周雙邊

610000－1001－0007017　普 0005390
飲月軒詩文存彙合鈔八卷　（清）唐廷詔著
清道光二十一年（1841）刻本　四冊　八行二
十字白口四周雙邊　存七卷（一至七）

610000－1001－0007018　普 0005391
飲月軒詩文存彙合鈔八卷　（清）唐廷詔著
清道光二十一年（1841）刻本　五冊　八行二
十字白口四周雙邊

610000－1001－0007019　普 0005392
看詩隨錄一百三十卷　（清）高靜選　清光緒
二十二年（1896）甯河高氏繼善堂刻本　四十
一冊　十行二十二字小字雙行同白口四周雙
邊　存八十八卷（一至八十八）

610000－1001－0007020　普 0005393
劫火紀焚不分卷　（清）何桂笙著　清光緒十
九年（1893）刻本　一冊　十行二十二字白口
左右雙邊

610000－1001－0007021　普 0005395
紫藤蘿吟館遺集不分卷　（清）章婉儀撰　清
光緒二十一年（1895）刻本　一冊　十一行二
十二字上下黑口左右雙邊

610000－1001－0007022　普 0005396
鯤溟先生詩集四卷奏疏一卷　（明）郭諫臣著
　清嘉慶七年（1802）刻本　二冊　十行十九
字上下黑口四周單邊

610000－1001－0007023　普 0005397
龍谿王先生全集二十卷大象義述一卷　（明）
王畿撰　（明）丁賓編　清光緒八年（1882）刻
本　十一冊　九行二十一字上下黑口四周
雙邊

610000－1001－0007024　普 0005398

望溪先生文集十八卷集外文十卷集外文補遺二卷年譜二卷　（清）方苞撰　（清）戴鈞衡重編　清咸豐元年(1851)刻本　十六冊　十一行二十一字小字雙行同白口四周雙邊

610000－1001－0007025　普0005399
茗柯文初編一卷二編二卷三編一卷四編一卷　（清）張惠言撰　清光緒七年(1881)刻本　二冊　十行二十一字白口四周雙邊

610000－1001－0007026　普0005400
茗柯文初編一卷二編二卷三編一卷四編一卷　（清）張惠言撰　清光緒七年(1881)刻本　二冊　十行二十一字白口四周雙邊

610000－1001－0007027　普0005402
陶堂志微錄五卷遺文一卷　（清）高心夔編碑朷一卷　（清）楊峴等撰　清光緒七年(1881)平湖朱氏刻本　四冊　十行二十五字上下黑口左右雙邊

610000－1001－0007028　普0005403
蜀秀集九卷　（清）譚宗浚編　清光緒五年(1879)成都試院刻本　十二冊　十行二十字下黑口左右雙邊

610000－1001－0007029　普0005405
國朝方望溪先生集六種　（清）方苞著　清刻本　七冊　九行十九字白口四周雙邊間左右雙邊

610000－1001－0007030　普0005406
劉禮部集十二卷　（清）劉逢祿撰　清道光十年(1830)思誤齋刻本　四冊　十一行二十一字小字雙行同下黑口四周雙邊

610000－1001－0007031　普0005407
紀文達公遺集三十二卷　（清）紀昀撰　（清）紀樹馨編校　清嘉慶十七年(1812)刻本　十八冊　十行二十一字白口四周雙邊

610000－1001－0007032　普0005408
紀文達公遺集三十二卷　（清）紀昀撰　（清）紀樹馨編校　清嘉慶十七年(1812)刻本　十六冊　十行二十一字白口四周雙邊

610000－1001－0007033　普0005409
紀文達公遺集三十二卷　（清）紀昀撰　（清）紀樹馨編校　清嘉慶十七年(1812)刻本　十二冊　十行二十一字白口四周雙邊

610000－1001－0007034　普0005410
紀文達公遺集三十二卷　（清）紀昀撰　（清）紀樹馨編校　清嘉慶十七年(1812)刻本　十八冊　十行二十一字白口四周雙邊

610000－1001－0007035　普0005411
紀文達公遺集文十六卷　（清）紀昀撰　（清）紀樹馨編校　清嘉慶十七年(1812)刻本　十二冊　十行二十一字白口四周雙邊

610000－1001－0007036　普0005412
抗希堂十六種　（清）方苞撰　清刻本　三十三冊　九行十九字白口左右雙邊　存十二種

610000－1001－0007037　普0005416
養素堂文集三十五卷首一卷　（清）張澍撰　清道光十七年(1837)刻本　十六冊　十行二十二字白口四周雙邊

610000－1001－0007038　普0005417
養素堂文集三十五卷首一卷　（清）張澍撰　清道光十七年(1837)刻本　十六冊　十行二十二字白口四周雙邊

610000－1001－0007039　普0005418
養素堂文集三十五卷首一卷　（清）張澍撰　清道光十七年(1837)刻本　十六冊　十行二十二字小字雙行同白口四周雙邊

610000－1001－0007040　普0005419
宋張宣公全集三種　（宋）張栻撰　清咸豐四年(1854)刻本　十二冊　十一行二十字白口左右雙邊

610000－1001－0007041　普0005420
花洋山館詩鈔十二卷文鈔六卷試帖二卷　（清）張熙宇撰　清光緒七年(1881)汗青簃刻本　七冊　十一行二十一字白口四周雙邊

610000－1001－0007042　普0005423
元遺山先生集四十卷首一卷附錄一卷補載一

卷年譜三種四卷新樂府四卷續夷堅志四卷
(金)元好問撰 (清)張穆校梓 清光緒八年
(1882)京都翰文齋書坊刻本 十六冊 十二
行二十三字小字雙行同白口左右雙邊

610000－1001－0007043 普0005424
豐川續集三十四卷 (清)王心敬著 (清)陸
綸 (清)謨誠合校 清刻本 十六冊 十行
二十一字白口四周雙邊

610000－1001－0007044 普0005425
小初詩稿三十四卷 (清)王之藩撰 清刻本
一冊 十二行二十四字上下黑口四周雙邊
存一卷(三十四)

610000－1001－0007045 普0005426
半舫齋古文八卷 (清)夏之蓉撰 (清)戴祖
啟批點 清刻本 四冊 十行二十一字上黑
口左右雙邊

610000－1001－0007046 普0005427
小初詩稿三十卷 (清)王之藩撰 清光緒十
二年(1886)刻本 四冊 十二行二十四字小
字雙行同上下黑口四周雙邊

610000－1001－0007047 普0005428
畿輔叢書一百二十六種 (清)王灝輯 清光
緒五年(1879)定州王氏謙德堂刻本 二冊
十行二十二字上下黑口四周單邊 存四種

610000－1001－0007048 普0005440
龍川文集三十卷 (宋)陳亮撰 清光緒元年
(1875)湖北崇文書局刻本 十冊 十行二十
字白口四周雙邊

610000－1001－0007049 普0005441
龍川文集三十卷 (宋)陳亮撰 清光緒元年
(1875)湖北崇文書局刻本 十冊 十行二十
字白口四周雙邊

610000－1001－0007050 普0005445
紀慎齋先生全集十二種續集七種 (清)紀大
奎撰 清嘉慶十三年(1808)刻續集咸豐二年
(1852)刻本 三十八冊 十行二十字上下黑
口四周雙邊 存五種

610000－1001－0007051 普0005448
桐閣先生文鈔十二卷首一卷 (清)李元春著
(清)賀瑞麟編輯 清光緒十年(1884)刻本
十二冊 九行二十二字上下黑口四周單邊

610000－1001－0007052 普0005449
桐閣先生文鈔十二卷首一卷 (清)李元春著
(清)賀瑞麟編輯 清光緒十年(1884)刻本
十二冊 九行二十二字上下黑口四周單邊

610000－1001－0007053 普0005452
太師誠意伯劉文成公集二十卷 (明)劉基撰
清刻本 八冊 十行二十三字白口左右雙
邊 缺九卷(一至九)

610000－1001－0007054 普0005453
楊忠愍公集四卷 (明)楊繼盛撰 清光緒九
年(1883)甘肅藩署鉛印本 四冊 十行二十
字下黑口左右雙邊

610000－1001－0007055 普0005460
水仙亭詞集二卷 (清)項瑏撰 清光緒十二
年(1886)刻本 一冊 九行二十一字白口左
右雙邊

610000－1001－0007056 普0005461
退思軒詩集六卷補遺一卷 (清)張百熙撰
清宣統三年(1911)鉛印本 一冊 十二行二
十九字下黑口四周雙邊

610000－1001－0007057 普0005462
支社詩拾不分卷 (清)周長庚等撰 清光緒
十七年(1891)刻本 一冊 九行二十一字上
黑口左右雙邊

610000－1001－0007058 普0005463
欒隖詩存續集二十一卷 (清)王以敏撰 清
光緒三十三年(1907)刻本 一冊 十行二十
一字白口四周雙邊 存三卷(續集四至六)

610000－1001－0007059 普0005467
船山詩草二十卷補遺六卷 (清)張問陶撰
清同治十三年(1874)刻本 十二冊 十行二
十字白口左右雙邊

610000－1001－0007060 普0005471

西河詩錄八卷　(清)李元春選　清道光十年(1830)刻本　四冊　九行二十四字白口左右雙邊

610000－1001－0007061　普0005474

宛雅初編八卷二編八卷三編二十四卷首一卷　(明)梅鼎祚編　清光緒元年(1875)刻本　十二冊　十行二十一字白口左右雙邊

610000－1001－0007062　普0005475

吳詩集覽二十卷　(清)靳榮藩輯　清乾隆刻本　二十冊　九行二十一字小字雙行同黑口四周雙邊

610000－1001－0007063　普0005476

松花菴全集十一種　(清)吳鎮撰　清宣統二年(1910)狄道後學刻本　十二冊　十行二十四字小字雙行同白口四周雙邊　存九種

610000－1001－0007064　普0005477

吳學士詩集五卷　(清)吳鼐著　(清)梁肇煌　(清)薛時雨編訂　清光緒八年(1882)江甯藩署刻本　二冊　十一行二十四字小字雙行同白口左右雙邊

610000－1001－0007065　普0005478

吳學士文集四卷　(清)吳鼐著　(清)梁肇煌　(清)薛時雨編訂　清光緒八年(1882)江甯藩署刻本　四冊　十一行二十四字小字雙行同白口左右雙邊

610000－1001－0007066　普0005479

醉白堂文集四卷續集一卷　(清)謝良琦撰　清光緒十九年(1893)臨桂王鵬運刻本　二冊　十行二十四字上下黑口左右雙邊

610000－1001－0007067　普0005485

沈元咸詩墨一卷　(清)沈銛撰　清宣統三年(1911)石印本　一冊　行數不等字數不等白口

610000－1001－0007068　普0005489

怡志堂詩初編八卷文初編六卷　(清)朱琦撰　清咸豐七年(1857)刻同治四年(1865)重印本　四冊　十行二十一字白口四周雙邊

610000－1001－0007069　普0005490

頻羅庵遺集四種　(清)梁同書撰　清光緒十三年(1887)刻本　六冊　十行二十一字小字雙行同白口左右雙邊

610000－1001－0007070　普0005491

顯志堂稿十二卷　(清)馮桂芬著　清光緒二年(1876)校邠廬刻本　八冊　十一行二十三字下黑口左右雙邊

610000－1001－0007071　普0005492

顯志堂稿十二卷　(清)馮桂芬著　清光緒二年(1876)校邠廬刻本　六冊　十一行二十三字下黑口左右雙邊

610000－1001－0007072　普0005499

又其次齋詩集七卷　(清)吳世涵撰　清咸豐二年(1852)刻本　四冊　九行十九字上下黑口四周雙邊

610000－1001－0007073　普0005501

受祺堂文集四卷續刻四卷　(清)李因篤著　清道光七年至十年(1827－1830)刻本　八冊　十行二十四字白口左右雙邊

610000－1001－0007074　普0005502

晼蘭齋文集四卷　(清)李楨著　清光緒十八年(1892)刻本　二冊　九行二十二字下黑口四周雙邊

610000－1001－0007075　普0005503

齊魯遊草三卷　(清)李嘉樂撰　清光緒刻本　一冊　十行二十一字小字雙行同白口四周雙邊

610000－1001－0007076　普0005505

二曲擇要三卷　(清)李顒撰　清光緒十八年(1892)馬忠信堂刻本　一冊　九行二十字白口四周雙邊

610000－1001－0007077　普0005508

西河古文錄八卷　(清)李元春輯　清道光十年(1830)刻本　四冊　九行二十四字白口左右雙邊

610000－1001－0007078　普0005509

清溪遺稿二十八卷 （清）程正揆著 清刻本
六冊 九行十九字白口左右雙邊

610000－1001－0007079 普0005510
代耕堂全集十四種 （清）李嘉績輯 清光緒
刻本 十三冊 十一行二十一字小字雙行同
上下黑口左右雙邊 存十一種

610000－1001－0007080 普0005511
代耕堂全集十四種 （清）李嘉績撰 清光緒
刻本 十六冊 十一行二十一字小字雙行同
上下黑口左右雙邊

610000－1001－0007081 普0005514
松陵文錄二十四卷 （清）凌淦輯 清同治十
三年(1874)刻本 十冊 十二行二十三字白
口四周雙邊

610000－1001－0007082 普0005515
道古堂詩集二十六卷 （清）杭世駿撰 清刻
本 六冊 十行二十一字白口左右雙邊

610000－1001－0007083 普0005516
金忠節公文集八卷 （明）金聲撰 清光緒三
年(1877)刻本 四冊 九行二十二字白口左
右雙邊

610000－1001－0007084 普0005519
心白日齋集六卷 （清）尹耕雲著 清光緒十
年(1884)刻本 四冊 十行二十二字白口左
右雙邊

610000－1001－0007085 普0005521
金源紀事詩八卷 （清）湯運泰著 清同治十
二年(1873)淮南書局刻本 四冊 十行二十
一字小字雙行同下黑口左右雙邊

610000－1001－0007086 普0005522
花宜館詩鈔十六卷無腔村笛二卷 （清）吳振
棫撰 清咸豐十一年(1861)刻本 六冊 十
行二十一字小字雙行同白口四周雙邊

610000－1001－0007087 普0005524
空同詩集三十四卷 （明）李夢陽撰 清光緒
十五年(1889)渭南嚴氏刻本 六冊 十行二
十二字白口左右雙邊

610000－1001－0007088 普0005526
新刻張太岳先生文集四十七卷 （明）張居正
著 （明）馬啟圖 （明）雷思霈校 清刻本
十六冊 十行二十字白口四周單邊

610000－1001－0007089 普0005527
越縵堂駢體文四卷散體文一卷 （清）李慈銘
著 清光緒二十三年(1897)刻本 四冊 十
一行二十一字白口左右雙邊

610000－1001－0007090 普0005531
白圭堂詩鈔八卷續鈔六卷 （清）江之紀撰
清同治三年(1864)刻本 四冊 九行十九字
小字雙行同白口四周雙邊

610000－1001－0007091 普0005532
紀慎齋先生全集十二種續集七種 （清）紀大
奎撰 清嘉慶十三年至咸豐二年(1808－
1852)刻本 三十二冊 十行二十字下黑口
四周雙邊 存十二種

610000－1001－0007092 普0005533
孫夏峰全集五種附一種 （清）孫奇逢撰 清
刻本 十六冊 九行二十一字白口四周雙邊

610000－1001－0007093 普0005534
滋樹堂文集四卷 （清）孫景烈著 清道光十
一年(1831)刻本 九冊 九行二十字白口四
周雙邊

610000－1001－0007094 普0005535
覺生詩鈔十卷詠物詩鈔四卷詠史詩鈔三卷感
舊詩鈔二卷 （清）鮑桂星著 清嘉慶二十五
年(1820)刻本 六冊 十行二十一字小字雙
行同白口左右雙邊

610000－1001－0007095 普0005536
悔餘菴文稿九卷詩稿十三卷樂府四卷衲蘇集
二卷餘辛集三卷 （清）何栻著 清同治元年
至四年(1862－1865)刻本 十二冊 十二行
二十四字小字雙行同上黑口四周雙邊

610000－1001－0007096 普0005538
攜雪堂文集四卷 （清）吳可讀著 （清）楊慶
生箋注 清光緒二十六年(1900)浙江書局刻
本 四冊 十行二十三字上下黑口左右雙邊

610000－1001－0007097　普0005539
彭文敬公全集四種 （清）彭蘊章撰　清刻本
八冊　十行二十一字白口左右雙邊

610000－1001－0007098　普0005544
曝書亭集八十卷附錄一卷 （清）朱彝尊撰
笛漁小稾十卷 （清）朱昆田撰　清道光善成
堂刻本　二十冊　十二行二十三字白口左右
雙邊

610000－1001－0007099　普0005546
古微堂内集三卷外集七卷 （清）魏源著　清
光緒四年(1878)淮南書局刻本　四冊　十行
二十一字白口左右雙邊

610000－1001－0007100　普0005547
小萬卷齋文藁二十四卷詩藁三十二卷詩續藁
十二卷詩遺藁一卷經進藁四卷 （清）朱琦撰
清光緒十一年(1885)嘉樹山房刻本　四冊
十行二十一字白口四周雙邊

610000－1001－0007101　普0005548
吳學士文集四卷 （清）吳藻撰　（清）梁肇煌
（清）薛時雨編訂　清光緒八年(1882)江甯
藩署刻本　四冊　十一行二十四字白口左右
雙邊

610000－1001－0007102　普0005549
吳學士詩集五卷 （清）吳藻撰　（清）梁肇煌
（清）薛時雨編訂　清光緒八年(1882)江甯
藩署刻本　二冊　十一行二十四字小字雙行
同白口左右雙邊

610000－1001－0007103　普0005550
梅村詩集箋注十八卷 （清）吳偉業撰　（清）
吳翌鳳箋注　清光緒二十二年(1896)新化三
味堂刻本　十二冊　十行二十一字小字雙行
同白口左右雙邊

610000－1001－0007104　普0005552
香蘇山館古體詩集十四卷香蘇山館今體詩集
十六卷 （清）吳嵩梁撰　清刻本　八冊　十
二行二十四字小字雙行同上下黑口四周單邊

610000－1001－0007105　普0005554
懷舊集十二卷續集六卷又續集二卷女士詩錄

一卷　（清）吳翌鳳輯　清嘉慶刻本　二十四
冊　十行二十一字白口左右雙邊

610000－1001－0007106　普0005556
朱鼎甫輓聯詩文不分卷 （清）宋懷新輯　清
刻本　一冊　十四行二十六字白口四周單邊

610000－1001－0007107　普0005558
題鳳館稿八卷題鳳館文稿一卷 （清）朱鑑成
著　清同治十年(1871)成都刻本　六冊　九
行二十一字上下黑口左右雙邊

610000－1001－0007108　普0005560
沈歸愚詩文全集十四種 （清）沈德潛撰　清
刻本　二十四冊　十行十九字白口左右雙邊

610000－1001－0007109　普0005561
有正味齋詩集十六卷駢體文二十四卷詞集八
卷外集五卷 （清）吳錫麒撰　清嘉慶十三年
(1808)刻本　十六冊　十二行二十四字上下
黑口四周單邊

610000－1001－0007110　普0005563
綠筠書屋詩稿八卷詩餘一卷 （清）張籛著
清道光二十五年(1845)刻本　四冊　九行二
十一字小字雙行同上下黑口左右雙邊

610000－1001－0007111　普0005564
堯峯文粹一卷 （清）汪琬著　（清）徐德立選
刊　清刻本　一冊　十一行二十四字上下黑
口左右雙邊

610000－1001－0007112　普0005565
倚松閣詩鈔十五卷 （清）馮錫鏞撰　清同治
九年(1870)刻本　一冊　十行二十一字白口
四周雙邊　存五卷(一至五)

610000－1001－0007113　普0005566
金源紀事詩八卷 （清）湯運泰著　清同治十
二年(1873)淮南書局刻本　四冊　十行二十
一字小字雙行同下黑口左右雙邊

610000－1001－0007114　普0005567
海峰先生詩集十卷 （清）劉大櫆著　（清）姚
蕭校定　清刻本　一冊　十行二十二字白口
左右雙邊　存五卷(一至五)

610000 – 1001 – 0007115　普 0005568

饘餀亭集三十二卷　（清）祁寯藻撰　清咸豐
六年(1856)刻本　六冊　十一行二十二字白
口四周雙邊

610000 – 1001 – 0007116　普 0005570

雲菴遺詩一卷遺文一卷　（清）顧森撰　（清）
楊坊校刊　清道光三十年(1850)刻本　二冊
九行二十字下黑口四周單邊

610000 – 1001 – 0007117　普 0005572

海秋詩集二十六卷附評跋附錄　（清）湯鵬撰
清道光十八年(1838)刻本　八冊　九行二
十一字白口四周雙邊

610000 – 1001 – 0007118　普 0005573

勉益齋偶存稿八卷續存稿十六卷　（清）裕謙
撰　清光緒二年(1876)刻本　二十四冊　九
行二十字白口四周雙邊

610000 – 1001 – 0007119　普 0005574

耕雲別墅詩集一卷　（清）鄔啟祚著　清宣統
元年(1909)刻本　一冊　十行二十字白口四
周雙邊

610000 – 1001 – 0007120　普 0005575

智因閣詩集一卷　（清）鄔寶珍著　清宣統元
年(1909)刻本　一冊　十行二十字白口四周
雙邊

610000 – 1001 – 0007121　普 0005576

勉行堂詩集二十四卷首一卷文集六卷　（清）
程晉芳撰　清嘉慶二十三年至二十五年
(1818 – 1820)刻本　六冊　十二行二十四字
小字雙行同上下黑口四周單邊

610000 – 1001 – 0007122　普 0005577

勉行堂詩集二十四卷首一卷文集六卷　（清）
程晉芳撰　清嘉慶二十三年至二十五年
(1818 – 1820)刻本　十四冊　十二行二十四
字小字雙行同上下黑口四周單邊

610000 – 1001 – 0007123　普 0005578

南宋雜事詩七卷　（清）沈嘉轍撰　清同治十
一年(1872)淮南書局刻本　四冊　十一行二
十一字小字雙行二十八字白口左右雙邊

610000 – 1001 – 0007124　普 0005579

勉益齋偶存八卷　（清）裕謙撰　清道光十二
年(1832)刻本　八冊　九行二十字白口四周
雙邊

610000 – 1001 – 0007125　普 0005583

笠翁文集四卷詩集三卷餘集一卷　（清）李漁
著　清刻本　八冊　九行二十字白口四周
單邊

610000 – 1001 – 0007126　普 0005584

**邃懷堂文集四卷詩集前編六卷後編六卷駢文
箋注十六卷補箋一卷哀忠集初編一卷二編一
卷三編一卷**　（清）袁翼撰　清光緒十三年
(1887)刻本　十六冊　九行二十字白口左右
雙邊

610000 – 1001 – 0007127　普 0005585

壯悔堂文集十卷　（清）侯方域撰　（清）賈開
宗等選　清嘉慶二十二年(1817)強忍堂刻本
四冊　九行十八字白口四周雙邊

610000 – 1001 – 0007128　普 0005586

**養一齋集二十六卷劄記九卷四書文一卷試帖
一卷詩話十卷李杜詩話三卷詞三卷首一卷**
（清）潘德輿撰　清道光二十九年至同治十一
年(1849 – 1872)刻本　二十冊　十行二十二
字白口四周雙邊

610000 – 1001 – 0007129　普 0005587

邃懷堂文集箋注十六卷　（清）袁翼著　（清）
朱舲箋注　清咸豐八年(1858)古懽齋刻本
六冊　十行二十一字小字雙行同下黑口四周
雙邊

610000 – 1001 – 0007130　普 0005589

梅村詩集箋注十八卷　（清）吳偉業撰　（清）
吳翌鳳箋注　清光緒十年(1884)湖北官書處
刻本　十二冊　十行二十一字白口左右雙邊

610000 – 1001 – 0007131　普 0005590

海秋詩集二十六卷附評跋附錄　（清）湯鵬撰
清道光十八年(1838)刻本　八冊　九行二
十一字白口四周雙邊

610000 – 1001 – 0007132　普 0005591

桮湖文集十二卷　（清）吳敏樹著　清光緒十
九年(1893)思賢講舍刻本　四冊　十三行二
十二字白口左右雙邊

610000－1001－0007133　普 0005592
賜綺堂集二十八卷　（清）詹應甲撰　清道光
八年(1828)刻本　十冊　十行二十一字上下
黑口左右雙邊

610000－1001－0007134　普 0005593
有正味齋詩集十六卷續集八卷詞集八卷詞續
集二卷駢體文二十四卷續集八卷外集五卷
（清）吳錫麒撰　清嘉慶刻本　十八冊　十二
行二十四字上下黑口四周單邊

610000－1001－0007135　普 0005594
天真閣集三十二卷　（清）孫原湘撰　清光緒
十七年(1891)刻本　八冊　十二行二十四字
上下黑口四周單邊

610000－1001－0007136　普 0005597
惜抱軒全集十種　（清）姚鼐撰　清同治五年
(1866)省心閣刻本　十六冊　十行二十一字
白口左右雙邊

610000－1001－0007137　普 0005601
戴簡恪公遺集八卷　（清）戴敦元撰　清道光
二十六年(1846)浙江督學使署刻本　四冊
九行二十二字白口四周雙邊

610000－1001－0007138　普 0005602
恩餘堂輯稿四卷　（清）彭元瑞撰　（清）彭邦
疇編校　清道光七年(1827)刻本　二冊　十
行十九字白口四周雙邊

610000－1001－0007139　普 0005603
戴東原集十二卷年譜一卷　（清）戴震撰　清
宣統二年(1910)渭南嚴氏刻本　六冊　十行
二十一字上下黑口左右雙邊

610000－1001－0007140　普 0005604
晚學集八卷　（清）桂馥撰　清道光二十一年
(1841)刻本　二冊　十行二十一字上下黑口
左右雙邊

610000－1001－0007141　普 0005608
秋江集註六卷　（清）黃任著　（清）王元麟註
清道光二十三年(1843)刻本　六冊　十行
二十四字小字雙行同白口四周雙邊

610000－1001－0007142　普 0005609
第六絃溪文鈔四卷　（清）黃廷鑑著　（清）鮑
廷爵校刊　清光緒十年(1884)後知不足齋刻
本　二冊　十行二十一字上下黑口左右雙邊

610000－1001－0007143　普 0005610
忠雅堂詩集二十七卷補遺二卷　（清）蔣士銓
撰　清嘉慶三年(1798)揚州刻本　六冊　十
二行二十四字上下黑口左右雙邊

610000－1001－0007144　普 0005611
忠雅堂詩集二十七卷補遺二卷　（清）蔣士銓
撰　清嘉慶三年(1798)揚州刻本　二十四冊
十二行二十四字上下黑口左右雙邊

610000－1001－0007145　普 0005612
中復堂全集九種附一種　（清）姚瑩著　清同
治六年(1867)安福縣署刻本　三十六冊　十
二行二十二字白口左右雙邊

610000－1001－0007146　普 0005613
揅經室一集十四卷二集八卷三集五卷四集十
三卷續集十一卷再續集六卷外集五卷　（清）
阮元撰　清道光三年(1823)文選樓刻本　三
十二冊　十行二十字白口四周雙邊

610000－1001－0007147　普 0005614
揅經室一集十四卷二集八卷三集五卷四集十
三卷續集十一卷再續集六卷外集五卷　（清）
阮元撰　清道光三年(1823)文選樓刻本　二
十四冊　十行二十字白口四周雙邊

610000－1001－0007148　普 0005615
揅經室一集十四卷二集八卷三集五卷四集十
三卷續集十一卷再續集六卷外集五卷　（清）
阮元撰　清道光三年(1823)文選樓刻本　二
十四冊　十行二十字白口四周雙邊

610000－1001－0007149　普 0005616

思補齋文集四卷　（清）劉星煒著　清刻本
二冊　十行十九字小字雙行同白口左右雙邊

610000－1001－0007150　普0005617
堵文忠公集十卷　（明）堵允錫著　清光緒十
三年(1887)刻本　六冊　九行二十二字小字
雙行同白口左右雙邊

610000－1001－0007151　普0005618
太師誠意伯劉文成公集二十卷　（明）劉基撰
　清光緒二十六年(1900)浙江書局刻本　十
冊　十行二十三字白口左右雙邊

610000－1001－0007152　普0005620
賜葛堂文集六卷　（清）岳震川撰　清光緒五
年(1879)刻本　五冊　十行二十一字白口左
右雙邊

610000－1001－0007153　普0005622
蘭山堂詩集十五卷　（清）黃璟撰　清道光六
年(1826)刻本　十冊　九行二十一字白口四
周雙邊

610000－1001－0007154　普0005623
道古堂文集四十八卷詩集二十六卷集外文一
卷集外詩一卷　（清）杭世駿撰　清光緒十四
年(1888)汪氏振綺堂刻本　十六冊　十行二
十一字白口左右雙邊

610000－1001－0007155　普0005624
綠漪草堂文集三十卷首一卷別集二卷首一卷
外集二卷首一卷詩集二十卷首一卷研華館詞
三卷首一卷　（清）羅汝懷著　清光緒九年
(1883)湖南省城刻本　十二冊　十行二十四
字小字雙行同白口四周雙邊

610000－1001－0007156　普0005625
綠漪草堂文集三十卷首一卷詩集二十卷首一
卷　（清）羅汝懷著　清刻本　十一冊　十行
二十四字小字雙行同白口四周雙邊　缺十三
卷(詩集八至二十)

610000－1001－0007157　普0005626
石笥山房文集五卷補遺一卷　（清）胡天游撰
　清宣統元年(1909)國學扶輪社鉛印本　四
冊　十三行三十字上下黑口四周雙邊

610000－1001－0007158　普0005628
隨園三十種　（清）袁枚輯　清刻本　五十一
冊　十行二十一字上下黑口左右雙邊　存十
八種

610000－1001－0007159　普0005634
黃梨洲遺書八種　（清）黃宗羲撰　清光緒三
十一年(1905)杭州羣學社石印本　十四冊
十五行三十三字白口左右雙邊

610000－1001－0007160　普0005635
胡文忠公遺集八十六卷首一卷　（清）胡林翼
撰　清光緒十四年(1888)著易堂鉛印本　八
冊　十七行四十字白口四周雙邊

610000－1001－0007161　普0005636
胡文忠公遺集八十六卷首一卷　（清）胡林翼
撰　清光緒十四年(1888)著易堂鉛印本　八
冊　十七行四十字白口四周雙邊

610000－1001－0007162　普0005637
胡文忠公遺集八十六卷首一卷　（清）胡林翼
撰　清光緒十四年(1888)著易堂鉛印本　八
冊　十七行四十字白口四周雙邊

610000－1001－0007163　普0005638
松桂堂全集三十七卷南淮集三卷延露詞三卷
　（清）彭孫遹撰　清宣統三年(1911)上海掃
葉山房石印本　十二冊　十四行三十二字白
口四周雙邊

610000－1001－0007164　普0005639
新疆賦一卷　（清）徐松撰　清道光四年
(1824)讀有用書齋刻本　一冊　九行二十五
字小字雙行同白口四周雙邊

610000－1001－0007165　普0005640
隨園續同人集十七卷　（清）袁枚輯　清刻本
　五冊　十行二十一字上下黑口四周單邊

610000－1001－0007166　普0005643
亭林文集六卷餘集一卷　（清）顧炎武著　清
刻本　四冊　九行二十字上下黑口左右雙邊

610000－1001－0007167　普0005647
庸盦文別集六卷　（清）薛福成撰　清光緒二

十九年(1903)石印本　六冊　十四行二十八字白口四周雙邊

610000 – 1001 – 0007168　普 0005648

庸盦全集七種　(清)薛福成撰　清光緒二十八年(1902)秦中官書局石印本　十冊　十四行二十五字上下黑口四周單邊

610000 – 1001 – 0007169　普 0005649

庸盦全集七種　(清)薛福成撰　清光緒二十八年(1902)秦中官書局石印本　十冊　十四行二十五字上下黑口四周單邊

610000 – 1001 – 0007170　普 0005653

香屑集十八卷首一卷末一卷　(清)黃之雋撰　清宣統二年(1910)石印本　四冊　十二行二十八字小字雙行同白口四周雙邊

610000 – 1001 – 0007171　普 0005656

義門先生集十二卷附錄一卷　(清)何焯撰　清宣統三年(1911)中華圖書館石印本　四冊　十四行三十字小字雙行同白口四周雙邊

610000 – 1001 – 0007172　普 0005658

庸盦海外文編四卷　(清)薛福成著　清光緒二十三年(1897)湖南新學書局刻本　四冊　十行二十二字左右雙邊

610000 – 1001 – 0007173　普 0005659

憺園全集三十六卷　(清)徐乾學撰　清光緒九年(1883)鉏月唵館刻本　十六冊　九行二十一字上下黑口左右雙邊

610000 – 1001 – 0007174　普 0005660

掃花詩草五卷　(清)衛慶悰著　清咸豐刻本　二冊　九行二十一字上下黑口左右雙邊

610000 – 1001 – 0007175　普 0005662

玉笥山房制義一卷　(清)顧廷綸著　清光緒二年(1876)刻本　三冊　九行二十五字上下黑口四周雙邊

610000 – 1001 – 0007176　普 0005663

牧菴雜紀六卷　(清)徐一麟著　清同治七年(1868)刻本　四冊　九行二十一字小字雙行同白口四周雙邊

610000 – 1001 – 0007177　普 0005664

我法集二卷　(清)紀昀著　清嘉慶元年(1796)刻本　一冊　九行二十字白口四周雙邊

610000 – 1001 – 0007178　普 0005667

息存室吟稿初集一卷　(清)杭溫如著　清光緒三十四年(1908)刻本　一冊　八行二十一字白口四周雙邊

610000 – 1001 – 0007179　普 0005668

息存室吟稿續集一卷　(清)杭溫如著　清光緒三十四年(1908)刻本　一冊　八行二十一字白口四周雙邊

610000 – 1001 – 0007180　普 0005669

盾鼻餘瀋一卷　(清)左宗棠撰　清刻本　一冊　十行二十字上黑口四周雙邊

610000 – 1001 – 0007181　普 0005671

白香亭詩集二卷和陶詩一卷　(清)鄧輔綸撰　清光緒十九年(1893)東河督署刻本　二冊　十行二十字上下黑口左右雙邊

610000 – 1001 – 0007182　普 0005677

賦梅書屋詩初集六卷　(清)宋廷樑撰　清光緒十七年(1891)西江刻本　二冊　九行二十一字小字雙行同上下黑口四周雙邊

610000 – 1001 – 0007183　普 0005678

賦梅書屋詩二集三卷　(清)宋廷樑撰　清光緒二十年(1894)西江刻本　一冊　九行二十一字小字雙行同上下黑口四周雙邊

610000 – 1001 – 0007184　普 0005679

賦梅書屋詩三集二卷　(清)宋廷樑撰　清光緒二十三年(1897)西江刻本　一冊　九行二十一字小字雙行同上下黑口四周雙邊

610000 – 1001 – 0007185　普 0005680

賦梅書屋詩四集一卷　(清)宋廷樑撰　清光緒二十六年(1900)西江刻本　一冊　九行二十一字小字雙行同上下黑口四周雙邊

610000 – 1001 – 0007186　普 0005681

不解解軒詩稿二卷　(清)宋沛霖著　清咸豐

五年(1855)縣州熊文華麗堂刻本　二冊　十行二十字白口四周雙邊

610000 – 1001 – 0007187　普 0005682

奉使三音諾彥記程草二卷　（清）寶鋆撰　清咸豐九年(1859)刻本　一冊　十行二十一字小字雙行同白口四周雙邊

610000 – 1001 – 0007188　普 0005683

齒錄一卷　（清）何鏞著　清光緒十九年(1893)刻本　一冊　十行二十二字白口左右雙邊

610000 – 1001 – 0007189　普 0005684

玉筍山房要集四卷　（清）顧廷綸著　清光緒二十年(1894)刻本　一冊　九行二十一字小字雙行同上下黑口四周雙邊

610000 – 1001 – 0007190　普 0005686

述學內篇三卷補遺一卷外篇一卷別錄一卷附錄一卷校勘記一卷　（清）汪中撰　清同治八年(1869)揚州書局刻本　二冊　十三行三十字小字雙行不等白口左右雙邊

610000 – 1001 – 0007191　普 0005687

省香齋詩集六卷　（清）孔慶鏴著　清光緒十七年(1891)青門寓廬刻本　二冊　九行二十二字小字雙行同上下黑口左右雙邊

610000 – 1001 – 0007192　普 0005689

望益軒詩集三卷詞一卷　（清）蔣國楨撰　清光緒二十六年(1900)章江刻本　一冊　九行二十二字小字雙行同白口左右雙邊

610000 – 1001 – 0007193　普 0005694

清源山房詩集六集　（清）黃良佐著　清刻本　二冊　十行二十一字上下黑口四周單邊

610000 – 1001 – 0007194　普 0005695

壬辰蜀道雜詩一卷　（清）路朝霖撰　清光緒十八年(1892)京師刻本　一冊　九行二十四字白口四周雙邊

610000 – 1001 – 0007195　普 0005696

餞秋試詩二十八首一卷　（清）路德撰　清光緒八年(1882)刻本　一冊　九行二十二字小

字雙行同白口四周雙邊

610000 – 1001 – 0007196　普 0005697

倚晴樓七種曲　（清）黃燮清著　清光緒三十三年(1907)海鹽開通新書局刻本　八冊　九行二十二字白口左右雙邊　缺一種

610000 – 1001 – 0007197　普 0005701

郝氏遺書三十三種　（清）郝懿行撰　清光緒八年(1882)刻本　四十二冊　九行二十一字小字雙行同上下黑口左右雙邊　存十三種

610000 – 1001 – 0007198　普 0005702

易說十二卷便錄一卷　（清）郝懿行學　清光緒八年(1882)東路廳署刻本　四冊　九行二十一字小字雙行同上下黑口左右雙邊

610000 – 1001 – 0007199　普 0005707

讀白華草堂詩初集九卷二集十二卷首蓿集八卷　（清）黃釗撰　清道光十五年(1835)刻本　八冊　十行二十一字小字雙行同白口四周雙邊

610000 – 1001 – 0007200　普 0005708

壹齋集四十卷奏御集二卷兩朝恩賚記一卷蕭湯二老遺詩合編二卷　（清）黃鉞撰　清咸豐九年(1859)蕪湖許氏刻本　七冊　十二行二十四字小字雙行同上下黑口四周單邊　缺十一卷(七至十、二十八至三十四)

610000 – 1001 – 0007201　普 0005709

聊齋先生文集二卷　（清）蒲松齡撰　清宣統二年(1910)匯通信記書局鉛印本　二冊　十三行三十字上下黑口四周雙邊

610000 – 1001 – 0007202　普 0005710

有正味齋駢文箋注十六卷補注一卷　（清）吳錫麒著　（清）葉聯芬箋注　清道光二十年(1840)刻本　六冊　九行二十字小字雙行同上下黑口左右雙邊

610000 – 1001 – 0007203　普 0005714

一規八棱研齋詞鈔一卷文鈔一卷時文一卷詩鈔六卷類鈔一卷　（清）徐廷華著　清光緒九年(1883)武昌廔齋刻本　四冊　十行二十二字上下黑口左右雙邊

610000－1001－0007204　普0005717

孟晉齋文集五卷　（清）顧壽楨撰　清同治五年(1866)見素抱樸齋刻本　三冊　十一行二十三字小字雙行同白口四周雙邊

610000－1001－0007205　普0005718

雙池文集十卷　（清）汪紱撰　清刻本　四冊　十行十九字白口左右雙邊

610000－1001－0007206　普0005719

嚴太僕先生集十二卷　（清）嚴虞惇撰　清光緒十年(1884)常熟嚴氏刻本　四冊　十一行二十一字白口左右雙邊

610000－1001－0007207　普0005720

鐵橋漫稿八卷　（清）嚴可均撰　清光緒十一年(1885)長洲蔣氏刻本　四冊　十一行二十一字小字雙行同上下黑口左右雙邊

610000－1001－0007208　普0005721

趨庭瑣語八卷　（清）史澂著　清光緒十一年(1885)繼園刻本　二冊　十行二十二字小字雙行同上下黑口左右雙邊

610000－1001－0007209　普0005722

退思軒詩存一卷　（清）史澂撰　清光緒九年(1883)刻本　一冊　八行二十字小字雙行同上下黑口左右雙邊

610000－1001－0007210　普0005723

確山先生駢體文四卷時藝一卷　（清）宋世犖著　（清）李錫齡校刊　清道光二十年(1840)刻本　四冊　十行二十二字小字雙行同白口四周單邊

610000－1001－0007211　普0005724

確山先生駢體文四卷　（清）宋世犖著　（清）李錫齡校刊　清道光二十年(1840)刻本　二冊　十行二十二字小字雙行同白口四周單邊

610000－1001－0007212　普0005725

兩當軒集二十二卷集攷二卷附錄四卷　（清）黃景仁著　清光緒二年(1876)刻本　六冊　十一行二十二字上下黑口四周單邊

610000－1001－0007213　普0005726

友竹山房詩草七卷首一卷補遺一卷　（清）蘇履吉撰　清道光十年(1830)刻本　四冊　十行二十一字白口四周雙邊

610000－1001－0007214　普0005727

端敏先生遺集四卷　（清）胡元直著　清光緒二十年(1894)刻本　一冊　十三行二十二字小字雙行同上下黑口左右雙邊

610000－1001－0007215　普0005728

藹園文鈔一卷　（清）楊金監譔　清光緒十六年(1890)世承堂楊氏刻本　一冊　十行二十三字白口左右雙邊

610000－1001－0007216　普0005735

清麓文集二十三卷日記五卷　（清）賀瑞麟著　（清）劉嗣曾校刊　清光緒二十五年(1899)傳經堂刻本　二十三冊　十行二十字下黑口四周雙邊

610000－1001－0007217　普0005738

文公朱先生感興詩一卷　（宋）朱熹撰　（清）蔡模注　**武夷櫂歌注一卷**　（宋）陳普注　清刻本　一冊　九行十七字上下黑口左右雙邊

610000－1001－0007218　普0005744

輪臺雜記二卷　（清）史善長撰　清刻本　一冊　八行二十字上下黑口左右雙邊

610000－1001－0007219　普0005745

東遠紀畧一卷　（清）史善長撰　清嘉慶二十四年(1819)刻本　一冊　八行二十字上下黑口左右雙邊

610000－1001－0007220　普0005748

中山史論二卷詩鈔四卷奏議四卷　（清）郝浴著　清刻本　四冊　十行二十字白口左右雙邊　存七卷(中山史論一、詩鈔一至四、奏議三至四)

610000－1001－0007221　普0005749

食古齋詩錄四卷詩餘一卷文錄一卷　（清）柳以蕃撰　清光緒十年(1884)刻本　二冊　十行二十四字小字雙行同白口左右雙邊

610000－1001－0007222　普0005750

姜氏家集五種 （清）姜慶成輯 清道光二十
五年(1845)刻本 五冊 九行二十一字白口
左右雙邊

610000－1001－0007223 普0005751

周文忠公尺牘二卷附錄一卷 （清）周天爵著
清同治七年(1868)蘇松太道署刻本 一冊
九行二十字白口左右雙邊

610000－1001－0007224 普0005752

代耕堂全集十四種 （清）李嘉績撰 清光緒
刻本 十一冊 十一行二十一字小字雙行同
上下黑口左右雙邊 存七種

610000－1001－0007225 普0005753

陶文毅公全集六十四卷首一卷末一卷 （清）
陶澍撰 清道光二十年(1840)淮北士民公刻
本 三十冊 十行二十一字白口四周雙邊
缺二十卷(三十一至五十)

610000－1001－0007226 普0005754

養晦堂文集十卷詩集二卷思辨錄疑義一卷
(清)劉蓉著 清光緒三年(1877)思賢講舍刻
本 六冊 十行二十四字上下黑口左右雙邊
缺二卷(養晦堂文集九至十)

610000－1001－0007227 普0005756

尚絅堂詩集五十二卷詞集二卷駢體文二卷
(清)劉嗣綰撰 清同治八年(1869)刻本 八
冊 十一行二十二字上下黑口左右雙邊

610000－1001－0007228 普0005757

存悔齋集二十八卷外集四卷 （清）劉鳳誥撰
清道光十年(1830)刻本 六冊 十一行二
十四字小字雙行同白口左右雙邊

610000－1001－0007229 普0005759

尚絅堂詩集五十二卷詞集二卷駢體文二卷
(清)劉嗣綰撰 清道光六年(1826)刻本 十
冊 十一行二十二字上下黑口左右雙邊

610000－1001－0007230 普0005760

崇百藥齋文集二十卷續集四卷三集十二卷合
肥學舍札記十二卷 （清）陸繼輅撰 五眞閣
吟藁一卷 （清）錢惠尊撰 雙白燕堂文集二
卷外集八卷 （清）陸耀遹撰 清光緒四年

(1878)興國州署刻本 二十冊 十一行二十
一字上下黑口四周單邊

610000－1001－0007231 普0005761

守吾山房詩草一卷 （清）陳爾祿著 無事且
靜坐摘集一卷 （清）陳德純著 蟲吟詩草一
卷 （清）何芷卿著 蘭音閣詩草二卷 （清）
陳友琴著 風雨懷人館詞抄二卷 （清）陳爾
莃著 味道根齋草四卷 （清）陳子詢著 清
同治十二年(1873)刻本 六冊 十一行二十
三字小字雙行同白口四周雙邊

610000－1001－0007232 普0005762

繼雅堂詩集三十四卷 （清）陳僅撰 清道光
二十七年(1847)刻本 六冊 十行二十二字
白口四周雙邊

610000－1001－0007233 普0005763

漁洋山人精華錄箋注十二卷年譜一卷補注一
卷 （清）金榮箋注 （清）徐準纂輯 清刻本
十冊 十一行二十字小字雙行三十字白口
左右雙邊

610000－1001－0007234 普0005766

漁洋山人精華錄箋注十二卷年譜一卷補注一
卷 （清）金榮箋注 （清）徐準纂輯 清刻本
十冊 十一行二十字小字雙行三十字白口
左右雙邊

610000－1001－0007235 普0005767

曲園襍纂五十卷 （清）俞樾撰 清刻本 八
冊 十行二十一字白口左右雙邊 存三十五
卷(一至三十五)

610000－1001－0007236 普0005768

寶儉齋全集七種 （清）陳祁撰 清嘉慶刻本
八冊 八行十九字白口四周雙邊

610000－1001－0007237 普0005769

培遠堂偶存稿四十八卷 （清）陳宏謀著
(清)陳鐘珂 （清）陳蘭森編 清刻本 二十
四冊 九行二十字白口四周雙邊

610000－1001－0007238 普0005771

海峰文集八卷詩集六卷 （清）劉大櫆著 清
刻本 十冊 九行十九字白口左右雙邊

610000－1001－0007239　普0005773

鮚埼亭集三十八卷首一卷鮚埼亭集外編五十
卷全謝山先生經史問答十卷　（清）全祖望撰
（清）史夢蛟校　清同治十一年（1872）刻本
三十二冊　十行二十一字小字雙行同白口
左右雙邊

610000－1001－0007240　普0005774

鮚埼亭集三十八卷首一卷　（清）全祖望撰
（清）史夢蛟校　清同治十一年（1872）刻本
八冊　十行二十一字白口左右雙邊　存二十
五卷（一至二十四、首一）

610000－1001－0007241　普0005776

胡文忠公遺集八十六卷首一卷　（清）胡林翼
撰　（清）鄭敦謹　（清）曾國荃編輯　清同治
六年（1867）刻本　三十二冊　十行二十字上
下黑口左右雙邊

610000－1001－0007242　普0005777

甌北集五十卷續增詩集三卷首一卷　（清）趙
翼撰　清嘉慶十七年（1812）刻本　十三冊
十一行二十一字白口左右雙邊

610000－1001－0007243　普0005778

移芝室全集十二種　（清）楊彝珍著　清光緒
刻本　九冊　十一行二十一字白口四周雙邊
存十種

610000－1001－0007244　普0005779

胡文忠公遺集八十六卷首一卷　（清）胡林翼
撰　清刻本　三十二冊　十行二十字上下黑
口四周雙邊

610000－1001－0007245　普0005780

胡文忠公遺集八十六卷首一卷　（清）胡林翼
撰　清光緒元年（1875）湖北崇文書局刻本
三十二冊　十行二十字上下黑口四周雙邊

610000－1001－0007246　普0005781

西堂全集四集三十一種附一種　（清）尤侗譔
清刻本　十六冊　十行二十一字小字雙行
同白口四周單邊　存西堂文集三種、詩集十
二種、餘集一種、附一種

610000－1001－0007247　普0005782

422

苕苓集初刊八種　（清）蔣棨渭輯　清道光、
咸豐刻本　八冊　九行二十一字白口四周
雙邊

610000－1001－0007248　普0005784

西堂全集四集三十一種附一種　（清）尤侗撰
清刻本　二十四冊　十行二十一字小字雙
行同白口四周單邊　存西堂文集三種、詩集
十二種、餘集一種、附一種

610000－1001－0007249　普0005784

西堂全集四集三十一種附一種　（清）尤侗撰
清刻本　二十四冊　十行二十一字小字雙
行同白口四周單邊　存西堂文集三種、詩集
十二種、餘集一種、附一種

610000－1001－0007250　普0005785

西堂全集四集三十一種附一種　（清）尤侗撰
清刻本　二十四冊　十行二十一字小字雙
行同白口四周單邊　存西堂文集三種、詩集
十二種、餘集一種、附一種

610000－1001－0007251　普0005786

西堂全集四集三十一種附一種　（清）尤侗撰
清刻本　二十三冊　十行二十一字小字雙
行同白口四周單邊　存西堂文集三種、詩集
十二種、餘集一種、附一種

610000－1001－0007252　普0005787

曾文正公全集十五種　（清）曾國藩撰　清同
治、光緒傳忠書局刻本　一百五十冊　十行
二十四字上下黑口左右雙邊

610000－1001－0007253　普0005788

曾文正公全集十五種　（清）曾國藩撰　清同
治、光緒傳忠書局刻本　一百十八冊　十行
二十四字上下黑口左右雙邊

610000－1001－0007254　普0005790

薛荔山莊詩文集五卷　（清）成瑞著　春雲集
六卷首一卷末一卷　（清）嵩祿等著　定舫旅
吟賸藁一卷　（清）玉符著　清道光刻本　三
冊　九行十九字小字雙行同白口四周雙邊

610000－1001－0007255　普0005791

薛荔山莊詩文集五卷　（清）成瑞著　清道光

二十四年(1844)刻本　四冊　九行十九字小字雙行同白口四周雙邊

610000－1001－0007256　普0005792

漁洋山人精華錄訓纂十卷總目二卷首一卷補十卷年譜二卷附錄一卷辨訛一卷　(清)惠棟撰　漁洋山人自撰年譜二卷附錄一卷補一卷　(清)惠棟註補　清光緒十七年(1891)會稽徐氏述史樓刻本　十四冊　十行二十一字小字雙行同白口四周雙邊

610000－1001－0007257　普0005793

古歡堂集三十七卷　(清)田雯撰　清刻本十二冊　十一行二十一字小字雙行同上下黑口左右雙邊

610000－1001－0007258　普0005794

檉華館文集六卷詩集四卷駢體文一卷雜錄一卷坿錄一卷　(清)路德著　清光緒七年(1881)解梁刻本　十冊　九行二十二字下黑口左右雙邊

610000－1001－0007259　普0005795

詁經精舍文集十四卷　(清)阮元手訂　清刻本　四冊　十行二十字白口四周雙邊

610000－1001－0007260　普0005796

江上小蓬萊吟舫詩存十八卷詩餘二卷　(清)葉坤厚撰　清光緒九年(1883)陝西藩署刻本二十冊　十行二十一字小字雙行同白口四周雙邊

610000－1001－0007261　普0005797

西泠懷古集十卷　(清)陳文述著　(清)朱綬　(清)王嘉祿編　清刻本　四冊　十行二十二字白口四周雙邊

610000－1001－0007262　普0005798

西泠懷古集十卷　(清)陳文述著　(清)朱綬　(清)王嘉祿編　清刻本　四冊　十行二十二字白口四周雙邊

610000－1001－0007263　普0005799

秣陵集六卷歷代互見圖考一卷金陵歷代紀年事表一卷　(清)陳文述撰　清光緒十年(1884)淮南書局刻本　三冊　十一行二十二

字小字雙行同上下黑口左右雙邊

610000－1001－0007264　普0005800

秣陵集六卷　(清)陳文述輯　清光緒十年(1884)淮南書局刻本　三冊　十一行二十二字小字雙行同上下黑口左右雙邊

610000－1001－0007265　普0005804

復初齋文集三十五卷　(清)翁方綱撰　(清)李彥章校刊　清刻本　十冊　十一行二十一字白口左右雙邊

610000－1001－0007266　普0005806

甘泉鄉人稿二十四卷餘稿二卷　(清)錢泰吉撰　年譜一卷　(清)錢應溥撰　清光緒十一年(1885)刻本　六冊　十行二十一字小字雙行同上下黑口左右雙邊

610000－1001－0007267　普0005807

知養恬齋時文鈔六卷賦鈔四卷題解一卷試帖二卷詩集三十卷　(清)羅繞典撰　清刻本十二冊　十行二十三字白口左右雙邊

610000－1001－0007268　普0005808

學詁齋文集二卷　(清)薛壽撰　清光緒十五年(1889)廣雅書局刻本　一冊　十一行二十四字小字雙行同上下黑口四周單邊

610000－1001－0007269　普0005809

萍軒小草二卷避弋小草二卷萍軒詞草一卷律賦賸槀一卷試帖賸槀一卷　(清)黃富民撰泛槳錄二卷　(清)黃鉞撰　清刻本　三冊十二行二十四字小字雙行同上下黑口四周單邊　缺一卷(泛槳錄下)

610000－1001－0007270　普0005811

徐州二遺民集　(清)馮煦輯　清光緒十九年(1893)刻本　五冊　十行二十二字小字雙行同上下黑口四周雙邊

610000－1001－0007271　普0005812

韞山堂時文初集一卷二集二卷三集一卷(清)管世銘著　清光緒十六年(1890)刻本四冊　九行二十五字白口左右雙邊

610000－1001－0007272　普0005813

養一齋文集二十卷詩集四卷　（清）李兆洛撰
清光緒八年(1882)刻本　十二冊　十二行
二十二字小字雙行同下黑口左右雙邊

610000－1001－0007273　普0005814

小謨觴館詩集八卷詩續集二卷詩餘附錄一卷
文集四卷文續集二卷　（清）彭兆蓀撰　清同
治十三年(1874)刻本　六冊　十二行二十三
字小字雙行同白口左右雙邊

610000－1001－0007274　普0005817

來紫堂合集三卷　（清）李天秀等著　（清）李
祖望輯　清咸豐二年(1852)刻本　二冊　九
行二十四字白口四周雙邊

610000－1001－0007275　普0005819

太白山人槲葉集五卷南遊草一卷附補遺一卷
附刊一卷　（清）李柏著　清刻本　六冊　十
行二十二字白口左右雙邊

610000－1001－0007276　普0005820

善卷堂四六十卷　（清）陸繁弨撰　（清）吳自
高注　清光緒元年(1875)刻本　六冊　九行
二十一字小字雙行同白口左右雙邊

610000－1001－0007277　普0005821

切問齋集十二卷首一卷　（清）陸燿著　清光
緒十八年(1892)江蘇書局刻本　四冊　十一
行二十一字上下黑口左右雙邊

610000－1001－0007278　普0005822

三魚堂文集十二卷外集六卷附錄一卷　（清）
陸隴其著　（清）席永恂等校　清刻本　十冊
九行二十字白口左右雙邊

610000－1001－0007279　普0005823

三魚堂文集十二卷外集六卷附錄一卷　（清）
陸隴其著　（清）席永恂等校　清刻本　十冊
九行二十字白口左右雙邊

610000－1001－0007280　普0005824

三魚堂文集十二卷外集六卷附錄一卷　（清）
陸隴其著　（清）席永恂等校　清刻本　八冊
九行二十字白口左右雙邊

610000－1001－0007281　普0005825

儀顧堂集二十卷　（清）陸心源譔　清光緒二
十四年(1898)刻本　六冊　十行十八字小字
雙行同上下黑口四周雙邊

610000－1001－0007282　普0005826

儀顧堂題跋十六卷　（清）陸心源撰　清刻本
六冊　十行二十字白口四周雙邊

610000－1001－0007283　普0005827

雲水前集一卷後集一卷　（清）劉元機著　清
光緒十一年(1885)楚北余永慶刻本　二冊
九行二十字下黑口四周雙邊

610000－1001－0007284　普0005831

匯菊軒文集四卷　（清）周元鼎撰　清咸豐十
年(1860)守澤草堂刻本　四冊　九行二十二
字白口四周雙邊

610000－1001－0007285　普0005832

孟塗前集十卷後集二十二卷文集十卷駢體文
二卷　（清）劉開撰　清道光六年(1826)姚氏
檗山草堂刻本　八冊　十二行二十四字上下
黑口四周單邊

610000－1001－0007286　普0005835

廣經室文鈔一卷　（清）劉恭冕撰　清光緒十
五年(1889)廣雅書局刻本　一冊　十一行二
十四字小字雙行同上下黑口四周單邊

610000－1001－0007287　普0005836

劉氏遺書八種　（清）劉台拱撰　清光緒十五
年(1889)廣雅書局刻本　二冊　十一行二十
四字上下黑口四周單邊

610000－1001－0007288　普0005837

石龕詩卷二十四卷詩餘偶存一卷　（清）劉楚
英撰　清同治九年(1870)粵西鹺署刻本　四
冊　十二行二十四字小字雙行同上下黑口四
周雙邊

610000－1001－0007289　普0005838

池陽吟草二卷續草一卷　（清）余庚陽撰　清
同治十年(1871)刻本　三冊　九行二十字小
字雙行同上下黑口四周雙邊

610000－1001－0007290　普0005839

池陽吟草二卷續草一卷　（清）余庚陽撰　清同治十年(1871)刻本　三冊　九行二十字小字雙行同上下黑口四周雙邊

610000－1001－0007291　普0005840

池陽吟草二卷續草一卷　（清）余庚陽撰　清同治十年(1871)刻本　二冊　九行二十字小字雙行同上下黑口四周雙邊　缺一卷(池陽吟草一)

610000－1001－0007292　普0005841

小滄浪筆談四卷　（清）阮元記　清光緒二十六年(1900)江蘇書局刻本　二冊　十行二十字上下黑口四周單邊

610000－1001－0007293　普0005844

春暉堂初稿八卷首一卷　（清）鄭維駒著　清光緒十九年(1893)豐北湖園三起書屋刻本　二冊　九行二十一字小字雙行同白口四周雙邊

610000－1001－0007294　普0005845

有三惜齋詩二卷　（清）趙福雲著　清咸豐七年(1857)刻本　一冊　九行二十一字小字雙行同白口四周雙邊

610000－1001－0007295　普0005850

松陽鈔存二卷　（清）陸隴其撰　（清）楊開基編次　清同治九年(1870)刻本　一冊　十行二十字小字雙行同白口左右雙邊

610000－1001－0007296　普0005851

培遠堂手札節存三卷　（清）陳宏謀著　清同治十一年(1872)江蘇書局刻本　一冊　十一行二十一字上黑口左右雙邊

610000－1001－0007297　普0005852

峯泖去思集一卷　（清）劉有光輯　清光緒二十六年(1900)刻本　一冊　九行二十一字白口四周單邊

610000－1001－0007298　普0005856

句溪襍著四卷　（清）陳立著　清光緒十六年(1890)思賢講舍刻本　一冊　十一行二十四字上下黑口左右雙邊

610000－1001－0007299　普0005858

雙紅豆詞二卷　（清）周天麟撰　清光緒十七年(1891)石印本　一冊　九行二十二字小字雙行同下黑口四周單邊

610000－1001－0007300　普0005859

水雲欸乃一卷泥爪詞一卷竹窗秋籟一卷悔餘詞一卷　（清）周天麟撰　月樓琴語一卷（清）蕭恆貞撰　清光緒十七年(1891)石印本　一冊　九行二十二字小字雙行同下黑口四周單邊

610000－1001－0007301　普0005860

水流雲在館集杜詩存一卷　（清）周天麟撰　清光緒十七年(1891)石印本　一冊　九行二十二字下黑口四周單邊

610000－1001－0007302　普0005861

水流雲在館集蘇詩存一卷　（清）周天麟撰　清光緒十七年(1891)石印本　一冊　九行二十二字下黑口四周單邊

610000－1001－0007303　普0005868

抱真書屋詩鈔十一卷　（清）陸應穀撰　清咸豐五年(1855)刻本　一冊　十行二十一字小字雙行同白口左右雙邊　存二卷(十至十一)

610000－1001－0007304　普0005871

眠琴閣詩鈔十二卷首一卷續編三卷首一卷末一卷　（清）呂廷輝著　清同治二年(1863)黔中刻本　五冊　十一行二十二字上下黑口四周雙邊

610000－1001－0007305　普0005872

中西醫學入門二卷　（清）唐宗海撰　清光緒二十一年(1895)上海書局石印本　四冊　十三行三十六字白口四周雙邊

610000－1001－0007306　普0005874

傅青主男科二卷　（清）傅山撰　清光緒二十五年(1899)上海圖書集成局鉛印本　一冊　十四行四十字白口四周單邊

610000－1001－0007307　普0005875

傅青主女科二卷產後編二卷　（清）傅山撰　清光緒二十五年(1899)上海圖書集成局鉛印

本　一冊　十四行四十字白口四周單邊

610000－1001－0007308　普0005876
御纂醫宗金鑑外科十六卷　（清）吳謙　（清）劉裕鋒修　清光緒三十二年(1906)有益齋石印本　四冊　十九行四十字小字雙行同白口四周雙邊

610000－1001－0007309　普0005877
葉氏女科證治四卷　（清）葉桂撰　清光緒三十四年(1908)上海文宜書局石印本　四冊　十五行三十七字小字雙行同白口四周單邊

610000－1001－0007310　普0005878
簡明中西匯參醫學圖說不分卷　（清）王有忠撰　清光緒三十二年(1906)樂群書局石印本　四冊　十二行二十二字小字雙行同下黑口四周單邊

610000－1001－0007311　普0005879
醫學白話四卷　（清）洪壽曼編　清光緒三十四年(1908)上海彪蒙書室石印本　四冊　八行二十一字白口四周雙邊

610000－1001－0007312　普0005880
本草三家合註三卷　（清）郭汝驄集註　神農本草經百種錄一卷　（清）徐大椿撰　清光緒二十九年(1903)上海飛鴻書林石印本　四冊　十九行四十字白口四周雙邊

610000－1001－0007313　普0005882
太醫院增補青囊藥性賦直解十卷　（清）曉星樵人著　（清）羅必燁參訂　清光緒二十三年(1897)讓堂信記刻本　四冊　十一行十八字白口左右雙邊

610000－1001－0007314　普0005883
婦科秘方一卷　（清）竹林寺僧撰　清道光十三年(1833)刻本　一冊　十行二十四字白口四周雙邊

610000－1001－0007315　普0005884
王洪緒先生外科證治全生一卷　（清）王維德撰　清咸豐十一年(1861)武昌節署刻本　一冊　十二行二十四字白口四周雙邊

610000－1001－0007316　普0005885
衍石齋記事稿十卷　（清）錢儀吉撰　清道光十四年(1834)刻本　五冊　九行二十一字小字雙行同上下黑口四周雙邊

610000－1001－0007317　普0005886
餅水齋詩集十七卷別集二卷　（清）舒位撰　清嘉慶二十一年(1816)刻本　八冊　十二行二十三字小字雙行同白口四周單邊

610000－1001－0007318　普0005887
四書翼注論文十二卷愚一錄十二卷補學軒批選時文讀本二卷文集外編四卷制藝四卷制藝雜話一卷詩集十二卷　（清）鄭獻甫著　清光緒八年(1882)黔南節署刻本　三十冊　十行二十字白口四周雙邊　缺一卷(四書翼注一)

610000－1001－0007319　普0005889
談藝珠叢二十七種　（清）王啟原輯　清光緒十一年(1885)長沙玉尺山房刻本　十一冊　八行二十一字白口四周雙邊　缺十一種

610000－1001－0007320　普0005891
日損益齋古文八卷　（清）馬疏著　清咸豐七年(1857)刻本　四冊　九行二十五字白口四周雙邊

610000－1001－0007321　普0005892
石琴詩鈔十二卷　（清）李映棻撰　清同治三年(1864)刻本　六冊　九行二十一字小字雙行同下黑口四周雙邊

610000－1001－0007322　普0005893
湖北詩徵傳略四十卷　（清）丁宿章輯　清光緒九年(1883)刻本　二十冊　十行二十四字小字雙行同上下黑口四周雙邊

610000－1001－0007323　普0005905
春帖遺墨題詞一卷　（清）劉繹等撰　（清）李其滋輯　清末刻本　一冊　十行二十一字小字雙行同白口左右雙邊

610000－1001－0007324　普0005907
周氏止庵詞辨二卷雜著一卷　（清）譚獻評　清道光二十七年(1847)刻本　一冊　十行二十四字上下黑口四周雙邊

610000 – 1001 – 0007325　普 0005909

述古堂文集十二卷　（清）錢兆鵬著　清光緒
七年(1881)刻本　四冊　十三行二十二字上
下黑口左右雙邊

610000 – 1001 – 0007326　普 0005911

入洛集不分卷　（清）何家琪等輯　清光緒刻
本　一冊　十行二十一字白口左右雙邊

610000 – 1001 – 0007327　普 0005913

板橋集六卷　（清）鄭燮著　清刻本　四冊
十行十九字白口左右雙邊

610000 – 1001 – 0007328　普 0005914

錢南園先生遺集五卷　（清）錢灃撰　清同治
十一年(1872)刻本　四冊　十行二十一字白
口左右雙邊

610000 – 1001 – 0007329　普 0005916

曾忠襄公全集四種附二種　（清）曾國荃撰
清光緒二十九年(1903)刻本　六十冊　十行
二十四字下黑口左右雙邊

610000 – 1001 – 0007330　普 0005917

賞雨茅屋詩集二十二卷外集一卷　（清）曾燠
撰　清嘉慶二十四年至道光三年(1819 –
1823)刻本　八冊　十行二十一字小字雙行
同白口四周雙邊

610000 – 1001 – 0007331　普 0005918

賞雨茅屋詩集二十二卷外集一卷　（清）曾燠
撰　清嘉慶二十四年至道光三年(1819 –
1823)刻本　八冊　十行二十一字小字雙行
同白口四周雙邊

610000 – 1001 – 0007332　普 0005930

鄭谷詩存八卷　（清）劉世奇著　清光緒三年
(1877)三原傳經堂刻本　一冊　九行二十字
小字雙行同上下黑口四周雙邊

610000 – 1001 – 0007333　普 0005931

鄭谷詩存八卷　（清）劉世奇著　清光緒三年
(1877)三原傳經堂刻本　一冊　十行二十字
小字雙行同上下黑口四周雙邊

610000 – 1001 – 0007334　普 0005933

九畹續集二卷　（清）劉紹攽著　清刻本　二
冊　九行十九字白口四周雙邊

610000 – 1001 – 0007335　普 0005934

九畹續集二卷　（清）劉紹攽著　清刻本　二
冊　九行十九字白口四周雙邊

610000 – 1001 – 0007336　普 0005935

大雲山房文稾初集四卷二集四卷　（清）惲敬
著　清光緒十四年(1888)官書處刻本　八冊
十行二十二字上下黑口四周單邊

610000 – 1001 – 0007337　普 0005936

大雲山房文稾初集四卷二集四卷　（清）惲敬
著　清光緒十四年(1888)官書處刻本　八冊
十行二十二字上下黑口四周雙邊

610000 – 1001 – 0007338　普 0005937

舊雨集三卷　（清）鄭士範著　清光緒二十六
年(1900)周正誼堂刻本　一冊　九行十七字
黑口四周雙邊

610000 – 1001 – 0007339　普 0005938

漁洋山人精華錄箋注十二卷年譜一卷補注一
卷　（清）金榮箋注　（清）徐准纂輯　清刻本
十冊　十一行二十字小字雙行三十字白口
左右雙邊

610000 – 1001 – 0007340　普 0005952

汴游冰玉稿初集四卷二集五卷三集四卷四編
二卷　（清）朱寯瀛撰　清光緒三十三年至宣
統元年(1907 – 1909)鉛印本　四冊　十二行
二十六字白口四周雙邊

610000 – 1001 – 0007341　普 0005962

立德堂詩話一卷　（清）鄔以謙著　清宣統二
年(1910)刻本　一冊　十行二十字白口四周
雙邊

610000 – 1001 – 0007342　普 0005963

詩學要言三卷　（清）鄔啟祚纂　清宣統三年
(1911)刻本　一冊　十行二十字白口四周
雙邊

610000 – 1001 – 0007343　普 0005964

耕雲別墅詩話一卷　（清）鄔啟祚著　清宣統

三年(1911)刻本　一冊　十行二十字白口四周雙邊

610000－1001－0007344　普0005965
北江詩話六卷　(清)洪亮吉撰　清光緒三年(1877)授經堂刻本　一冊　十一行二十二字上下黑口左右雙邊

610000－1001－0007345　普0005968
逢吉堂焚餘稿一卷　(清)黃錫深著　題詞一卷　(清)黃春編　清光緒三十年(1904)刻本　一冊　十行二十一字上下黑口左右雙邊

610000－1001－0007346　普0005972
出山詩草一卷　(清)劉洪闢著　清光緒三十三年(1907)學余軒刻本　一冊　九行二十二字白口四周雙邊

610000－1001－0007347　普0005973
砭身集六卷　(清)劉鳴珂著　(清)柏森校刊　清光緒二十八年(1902)柏經正堂刻本　二冊　十一行二十二字上下黑口四周雙邊

610000－1001－0007348　普0005977
帶經堂詩話三十卷首一卷　(清)王士禎撰　清光緒元年(1875)刻本　一冊　十二行二十三字上下黑口左右雙邊　存二卷(一至二)

610000－1001－0007349　普0005986
聲調三譜十二卷　(清)王祖源輯　清光緒十八年(1892)關中書院刻本　四冊　九行二十二字小字雙行同上下黑口四周雙邊

610000－1001－0007350　普0005996
湖海詩傳四十六卷　(清)王昶輯　清嘉慶八年(1803)刻本　二十冊　十二行二十三字小字雙行不等上下黑口左右雙邊

610000－1001－0007351　普0005997
樊榭山房集十卷　(清)厲鶚撰　清刻本　四冊　十二行二十四字小字雙行同白口四周單邊

610000－1001－0007352　普0005999
漢詩十卷　(清)李因篤音評　清刻本　四冊　九行二十字小字雙行同白口左右雙邊

610000－1001－0007353　普0006000
樊榭山房集十卷續集十卷文集八卷　(清)厲鶚撰　清光緒七年(1881)嶺南述軒刻本　六冊　十二行二十四字小字雙行二十六字白口四周單邊

610000－1001－0007354　普0006002
四六叢話三十三卷選詩叢話一卷　(清)孫梅輯　清光緒七年(1881)吳下刻本　十二冊　十行二十一字上下黑口左右雙邊

610000－1001－0007355　普0006003
四六叢話三十三卷選詩叢話一卷　(清)孫梅輯　清光緒七年(1881)吳下刻本　十二冊　十行二十一字小字雙行同上下黑口左右雙邊

610000－1001－0007356　普0006004
四六叢話三十三卷選詩叢話一卷　(清)孫梅輯　清光緒七年(1881)吳下刻本　十二冊　十行二十一字小字雙行同上下黑口左右雙邊

610000－1001－0007357　普0006005
曹集銓評十卷逸文一卷　(清)丁晏纂　清同治十一年(1872)刻本　二冊　九行二十二字小字雙行同白口左右雙邊

610000－1001－0007358　普0006007
讀杜心解六卷首二卷　(清)浦起龍撰　清刻本　八冊　十行二十二字小字雙行三十二字白口左右雙邊

610000－1001－0007359　普0006008
蘇文忠公詩集五十卷　(宋)蘇軾撰　(清)紀昀評點　清同治八年(1869)韞玉山房刻朱墨印本　十二冊　十行二十一字小字雙行同白口左右雙邊

610000－1001－0007360　普0006009
蘇文忠公詩集五十卷　(宋)蘇軾撰　(清)紀昀評點　清同治八年(1869)韞玉山房刻朱墨印本　十二冊　十行二十一字小字雙行同白口左右雙邊

610000－1001－0007361　普0006010
帶經堂詩話三十卷首一卷　(清)王士禎撰　清同治十二年(1873)廣州藏脩堂刻本　十冊

十二行二十三字小字雙行三十四字上下黑口左右雙邊

610000 – 1001 – 0007362　普 0006011
帶經堂詩話三十卷首一卷　（清）王士禎撰　清同治十二年(1873)廣州藏脩堂刻本　七冊　十二行二十三字小字雙行三十四字上下黑口左右雙邊　缺二卷(一至二)

610000 – 1001 – 0007363　普 0006020
蘇文忠公詩集五十卷　（宋）蘇軾著　（清）紀昀評點　清道光十四年(1834)兩廣節署刻朱墨印本　十二冊　十行二十一字小字雙行同白口左右雙邊

610000 – 1001 – 0007364　普 0006023
宋詩紀事一百卷　（清）厲鶚　（清）馬曰琯輯　清刻本　二十四冊　十一行二十二字小字雙行不等黑口左右雙邊

610000 – 1001 – 0007365　普 0006030
陳州集三卷　（清）朱寯瀛撰　清宣統三年(1911)鉛印本　一冊　十行二十五字白口左右雙邊

610000 – 1001 – 0007366　普 0006034
晚香齋文存三卷　（清）朱寯瀛撰　清宣統元年(1909)鉛印本　一冊　十行二十五字白口四周雙邊

610000 – 1001 – 0007367　普 0006040
湖海詩傳四十六卷　（清）王昶輯　清刻本　四冊　十二行十三字小字雙行三十五字上黑口左右雙邊　存三十一卷(五至三十五)

610000 – 1001 – 0007368　普 0006041
宋詩紀事補遺一百卷小傳補正四卷　（清）陸心源輯　清光緒十九年(1893)刻本　二十六冊　十行二十字上下黑口四周雙邊

610000 – 1001 – 0007369　普 0006045
陶詩匯評四卷附錄一卷　（晉）陶潛撰　（清）溫汝能輯　清宣統二年(1910)上海掃葉山房石印本　二冊　十二行二十五字小字雙行同白口四周雙邊

610000 – 1001 – 0007370　普 0006047
四六雕蟲十卷　（明）馬樸撰　清同治十一年(1872)刻本　四冊　十行二十三字白口左右雙邊

610000 – 1001 – 0007371　普 0006053
文心雕龍十卷　（南朝梁）劉勰撰　（清）黃叔琳輯注　清刻本　四冊　九行十九字小字雙行二十九字白口左右雙邊

610000 – 1001 – 0007372　普 0006054
湖海文傳七十五卷　（清）王昶輯　清道光十七年(1837)刻本　十六冊　十二行二十三字上下黑口左右雙邊

610000 – 1001 – 0007373　普 0006055
思益堂詩鈔六卷古文二卷詞鈔一卷日札十卷　（清）周壽昌撰　清光緒十四年(1888)刻本　六冊　十三行二十二字白口四周單邊

610000 – 1001 – 0007374　普 0006057
友松吟館詩鈔十五卷　（清）毓俊撰　清光緒二十五年(1899)刻本　四冊　九行二十一字下黑口左右雙邊

610000 – 1001 – 0007375　普 0006058
褱碧齋詩五卷　（清）陳銳撰　清刻本　一冊　九行二十一字上下黑口四周雙邊　存一卷(三)

610000 – 1001 – 0007376　普 0006059
水流雲在館試帖二卷詩鈔十四卷詞鈔八卷悔餘詞續刊一卷　（清）周天麟撰　清光緒二十一年至二十五年(1895 – 1899)刻本　八冊　十一行二十四字上下黑口四周單邊

610000 – 1001 – 0007377　普 0006060
蘇文忠公詩編註集成總案四十六卷　（清）王文誥譔　清刻本　六冊　十一行三十字小字雙行同白口左右雙邊　缺十八卷(二十三至四十)

610000 – 1001 – 0007378　普 0006063
文心雕龍十卷　（南朝梁）劉勰撰　（清）黃叔琳注　（清）紀昀評　清道光十三年(1833)兩廣節署刻朱墨印本　十冊　十行二十一字白

口左右雙邊

610000－1001－0007379　普0006064

杜詩鏡銓二十卷附錄一卷　(清)楊倫編輯
讀書堂杜工部文集註解二卷　(清)張溍評註
清同治十年(1871)望三益齋刻本　十冊
九行二十字小字雙行三十字白口左右雙邊

610000－1001－0007380　普0006065

杜詩鏡銓二十卷附錄一卷　(清)楊倫編輯
讀書堂杜工部文集註解二卷　(清)張溍評註
清同治十年(1871)望三益齋刻本　十冊
九行二十字小字雙行同白口左右雙邊

610000－1001－0007381　普0006066

杜詩鏡銓二十卷附錄一卷　(清)楊倫編輯
讀書堂杜工部文集註解二卷　(清)張溍評註
清同治十年(1871)望三益齋刻本　十冊
九行二十字小字雙行三十字白口左右雙邊

610000－1001－0007382　普0006067

甌北詩話十卷續詩話二卷　(清)趙翼撰　清
宣統元年(1909)石印本　一冊　十一行二十
五字小字雙行同白口四周雙邊

610000－1001－0007383　普0006071

四書反身錄十四卷續錄二卷　(清)李顒口授
(清)王心敬錄　清光緒八年(1882)刻本
四冊　九行二十二字白口四周雙邊

610000－1001－0007384　普0006072

附釋音春秋左傳注疏六十卷　(晉)杜預注
(唐)陸德明音義　(唐)孔穎達疏　清刻本
八冊　十行十七字小字雙行二十三字上下黑
口左右雙邊　存十六卷(四十五至六十)

610000－1001－0007385　普0006074

爾雅蒙求二卷　(清)李拔式識　清同治十二
年(1873)刻本　二冊　八行十字白口四周
單邊

610000－1001－0007386　普0006075

爾雅蒙求二卷　(清)李拔式識　清同治十二年
(1873)刻本　二冊　八行十字白口四周單邊

610000－1001－0007387　普0006076

四元玉鑑細艸三卷首一卷坿增一卷四坿一卷
(元)朱世傑編述　(清)鍾煜校正　清道光
十六年(1836)刻本　十冊　八行二十四字上
下黑口四周雙邊

610000－1001－0007388　普0006077

河濱詩選十卷　(清)李楷著　(清)元春選輯
(清)謝洵校　(清)謝蘭畹校刊　清刻本
八冊　九行二十二字白口左右雙邊

610000－1001－0007389　普0006078

皇清經解分經彙纂十六種　(清)船山主人輯
清光緒十九年(1893)上海袖海山房石印本
三十二冊　三十三行二十四字小字雙行同
白口四周單邊

610000－1001－0007390　普0006080

性命雙脩萬神圭旨四卷　(□)□□撰　清刻
本　四冊　十行十八字白口左右雙邊

610000－1001－0007391　普0006081

唐代叢書一百六十四種　(清)王文誥輯　清
嘉慶十一年(1806)刻本　二十八冊　九行二
十一字白口左右雙邊　缺三十四種

610000－1001－0007392　普0006082

國朝名人著述叢編十三種　(清)□□輯　清
光緒五年(1879)上海淞隱閣鉛印本　六冊
九行二十一字小字雙行三十一字上下黑口四
周雙邊

610000－1001－0007393　普0006084

益雅堂叢書六十五種　(清)□□輯　清光緒
九年(1883)刻本　八冊　九行二十一字小字
雙行同上下黑口四周單邊　存五種

610000－1001－0007394　普0006085

正覺樓叢刻二十九種　(清)崇文書局輯　清
光緒崇文書局刻本　三十六冊　九行十八字
白口左右雙邊

610000－1001－0007395　普0006086

畿輔叢書一百二十六種　(清)王灝輯　清光
緒五年(1879)定州王氏謙德堂刻本　十冊
十行二十二字小字雙行同上下黑口四周單邊
存三種

610000 – 1001 – 0007396　普 0006090

湖州叢書十二種　（清）陸心源輯　清光緒湖城義塾刻本　二十冊　九行二十字小字雙行同上下黑口四周雙邊　缺三種

610000 – 1001 – 0007397　普 0006091

式訓堂叢書四十一種　（清）章壽康輯　清光緒會稽章氏刻本　二十九冊　十一行二十一字小字雙行同上下黑口四周單邊　缺十一種

610000 – 1001 – 0007398　普 0006092

式訓堂叢書四十一種　（清）章壽康輯　清光緒會稽章氏刻本　三十二冊　十一行二十一字小字雙行同上下黑口四周單邊　缺十一種

610000 – 1001 – 0007399　普 0006093

式訓堂叢書四十一種　（清）章壽康輯　清光緒會稽章氏刻本　三十二冊　十一行二十一字小字雙行同上下黑口四周單邊　缺十一種

610000 – 1001 – 0007400　普 0006098

武林掌故叢編二十六集　（清）丁丙輯　清光緒錢塘丁氏嘉惠堂刻本　二百〇四冊　十行二十字白口四周單邊　缺三種

610000 – 1001 – 0007401　普 0006099

武林往哲遺著二編六十六種　（清）丁丙輯　清光緒錢塘丁氏嘉惠堂刻本　九十六冊　十一行二十一字白口左右雙邊

610000 – 1001 – 0007402　普 0006100

古今說部叢書二百六十六種　國學扶輪社輯　清宣統至民國上海國學扶輪社鉛印本　五十六冊　十三行三十字小字雙行同上下黑口四周單邊　缺二十五種

610000 – 1001 – 0007403　普 0006101

經訓堂叢書二十一種　（清）畢沅輯　清光緒十三年(1887)大同書局影印本　十六冊　十四行三十三字小字雙行同白口四周雙邊

610000 – 1001 – 0007404　普 0006102

榆園叢刻十五種附一種　（清）許增輯　清同治、光緒刻本　十六冊　十二行二十三字白口左右雙邊

610000 – 1001 – 0007405　普 0006103

榆園叢刻十五種附一種　（清）許增輯　清同治、光緒刻本　十六冊　十二行二十三字白口左右雙邊

610000 – 1001 – 0007406　普 0006105

功順堂叢書十八種　（清）潘祖蔭輯　清光緒吳縣潘氏刻本　二十三冊　九行二十二字小字雙行同上下黑口左右雙邊

610000 – 1001 – 0007407　普 0006107

昭代叢書十一集　（清）張潮　（清）張漸輯　（清）楊復吉　（清）沈楙惪續輯　清道光吳江沈氏世楷堂刻本　一百七十四冊　九行二十字小字雙行同白口左右雙邊

610000 – 1001 – 0007408　普 0006108

昭代叢書十一集　（清）張潮　（清）張漸輯　（清）楊復吉　（清）沈楙惪續輯　清道光吳江沈氏世楷堂刻本　一百四十冊　九行二十字小字雙行同白口左右雙邊

610000 – 1001 – 0007409　普 0006109

天壤閣叢書二十六種　（清）王懿榮輯　清同治、光緒福山王氏刻本　十九冊　八行十五字小字雙行同上下黑口四周單邊　缺八種

610000 – 1001 – 0007410　普 0006110

正誼堂全書六十八種　（清）張伯行輯　（清）楊浚重輯　清同治五年(1866)福州正誼書院刻八年至九年(1869－1870)續刻本　一百八十一冊　十行二十二字小字雙行同白口左右雙邊

610000 – 1001 – 0007411　普 0006111

正誼堂全書六十八種　（清）張伯行輯　（清）楊浚重輯　清同治五年(1866)福州正誼書院刻八年至九年(1869－1870)續刻本　一百六十二冊　十行二十二字小字雙行同白口左右雙邊　缺一種

610000 – 1001 – 0007412　普 0006112

正誼堂全書六十八種　（清）張伯行輯　（清）楊浚重輯　清同治五年(1866)福州正誼書院刻八年至九年(1869－1870)續刻本　一百九

十八冊　十行二十二字小字雙行同白口左右
雙邊　缺一種

610000－1001－0007413　普0006115
月河精舍叢鈔五種　（清）丁寶書輯　清光緒
六年（1880）苕溪丁氏刻本　十三冊　十行二
十二字小字雙行同上黑口左右雙邊

610000－1001－0007414　普0006116
王刊四種　（□）□□輯　清刻本　六十冊
十行二十一字小字雙行同白口四周雙邊

610000－1001－0007415　普0006117
佚存叢書六秩十七種　（日本）林衡輯　清光
緒八年（1882）滬上黃氏木活字印本　三十六
冊　十行二十字上下黑口四周單邊

610000－1001－0007416　普0006118
西學自強叢書五十三種　（清）張之洞輯　清
光緒二十四年（1898）上海測海山房石印本
六十冊　二十行四十四字白口四周雙邊

610000－1001－0007417　普0006119
二酉堂叢書二十一種　（清）張澍輯　清道光
元年（1821）武威張氏二酉堂刻本　十二冊
十行二十四字小字雙行同白口左右雙邊

610000－1001－0007418　普0006120
二酉堂叢書二十一種　（清）張澍輯　清道光
元年（1821）武威張氏二酉堂刻本　十二冊
十行二十四字小字雙行同白口左右雙邊

610000－1001－0007419　普0006121
二酉堂叢書二十一種　（清）張澍輯　清道光
元年（1821）武威張氏二酉堂刻本　十二冊
十行二十四字小字雙行同白口左右雙邊

610000－1001－0007420　普0006122
粵雅堂叢書三編三十集一百八十五種　（清）
伍崇曜輯　清道光、光緒南海伍氏刻本　三
百二十冊　九行二十一字上下黑口左右雙邊

610000－1001－0007421　普0006123
粵雅堂叢書三編三十集一百八十五種　（清）
伍崇曜輯　清道光、光緒南海伍氏刻本　三
百七十冊　九行二十一字上下黑口左右雙邊

缺第二十四集十二種、第二十五集三種

610000－1001－0007422　普0006128
平津館叢書三十八種　（清）孫星衍輯　清光
緒十一年（1885）吳縣朱氏槐廬家塾刻本　五
十冊　十一行二十字小字雙行同白口左右
雙邊

610000－1001－0007423　普0006129
平津館叢書三十八種　（清）孫星衍輯　清光
緒十一年（1885）吳縣朱氏槐廬家塾刻本　四
十八冊　十一行二十字小字雙行同白口左右
雙邊

610000－1001－0007424　普0006130
平津館叢書三十八種　（清）孫星衍輯　清光
緒十一年（1885）吳縣朱氏槐廬家塾刻本　五
十五冊　十一行二十字白口左右雙邊　缺
一種

610000－1001－0007425　普0006131
群書寶窟六十二種　（清）羣學社編　清光緒
二十八年（1902）石印本　二十四冊　十五行
三十六字白口四周單邊

610000－1001－0007426　普0006132
群書寶窟六十二種　（清）羣學社編　清光緒
二十八年（1902）石印本　三十二冊　十五行
三十六字白口四周單邊

610000－1001－0007427　普0006134
半厂叢書初編十種　（清）譚獻輯　清光緒仁
和譚氏刻本　十六冊　十一行二十一字小字
雙行同白口左右雙邊

610000－1001－0007428　普0006138
增訂漢魏叢書九十六種　（清）王謨輯　清光
緒二十年（1894）藝文書局刻本　一百十七冊
　十行二十字小字雙行同白口左右雙邊　缺
載籍三種

610000－1001－0007429　普0006139
武英殿聚珍版書三十九種　清浙江刻本　一
百二十冊　九行二十一字小字雙行同白口左
右雙邊

610000－1001－0007430　普0006142

槐廬叢書五編四十六種　（清）朱記榮輯　清光緒吳縣朱氏槐廬家塾刻本　八十冊　十一行二十一字小字雙行同上下黑口左右雙邊

610000－1001－0007431　普0006145

嶺南遺書六集五十九種　（清）伍元薇　（清）伍崇曜輯　清道光、同治南海伍氏粵雅堂文字歡娛室刻本　九十六冊　十一行二十二字上下黑口四周單邊

610000－1001－0007432　普0006146

嶺南遺書六集五十九種　（清）伍元薇　（清）伍崇曜輯　清道光、同治南海伍氏粵雅堂文字歡娛室刻本　九十六冊　十一行二十二字上下黑口四周單邊

610000－1001－0007433　普0006147

嶺南遺書第二集十一種　（清）伍元薇　（清）伍崇曜輯　清道光、同治南海伍氏粵雅堂文字歡娛室刻本　八冊　十一行二十二字上下黑口四周單邊　缺二種

610000－1001－0007434　普0006148

嶺南遺書第三集十種　（清）伍元薇　（清）伍崇曜輯　清道光、同治南海伍氏粵雅堂文字歡娛室刻本　八冊　十一行二十二字上下黑口四周單邊　缺第三集五種

610000－1001－0007435　普0006149

學海堂集十六卷　（清）吳蘭修編　清道光五年(1825)刻本　八冊　十行二十字小字雙行同白口左右雙邊

610000－1001－0007436　普0006150

學海堂集十六卷　（清）吳蘭修編　清道光五年(1825)刻本　六冊　十行二十字小字雙行同白口左右雙邊

610000－1001－0007437　普0006151

學海堂集二集二十二卷　（清）吳蘭修編　清道光十八年(1838)刻本　十六冊　十行二十字小字雙行同白口左右雙邊

610000－1001－0007438　普0006152

學海堂集二集二十二卷　（清）吳蘭修編　清

道光十八年(1838)刻本　十冊　十行二十字小字雙行同白口左右雙邊

610000－1001－0007439　普0006153

學海堂集四集二十八卷　（清）金錫齡輯　清光緒十二年(1886)刻本　十六冊　十行二十字小字雙行同下黑口左右雙邊

610000－1001－0007440　普0006154

學海堂集三集二十四卷　（清）張維屏續編　清咸豐九年(1859)刻本　八冊　十行二十字小字雙行同白口左右雙邊

610000－1001－0007441　普0006155

學海堂集三集二十四卷　（清）張維屏續編　清咸豐九年(1859)刻本　八冊　十行二十字小字雙行同白口左右雙邊

610000－1001－0007442　普0006156

重刊拜經樓叢書七種　（清）吳騫輯　清光緒十一年(1885)會稽章氏鄂渚刻本　八冊　十行二十二字小字雙行同上下黑口左右雙邊

610000－1001－0007443　普0006157

重刊拜經樓叢書七種　（清）吳騫輯　清光緒十一年(1885)會稽章氏鄂渚刻本　八冊　十行二十二字小字雙行同上下黑口左右雙邊

610000－1001－0007444　普0006158

泰西新學叢書十五種　（□）□□編　清光緒二十三年(1897)富文書局刻本　二十冊　十行二十一字下黑口左右雙邊

610000－1001－0007445　普0006164

後知不足齋叢書八函四十七種　（清）鮑廷爵輯　清光緒常熟鮑氏刻本　三十二冊　十二行二十四字上下黑口左右雙邊　存四函十六種

610000－1001－0007446　普0006165

後知不足齋叢書八函四十七種　（清）鮑廷爵輯　清光緒常熟鮑氏刻本　二十六冊　十二行二十四字小字雙行同上下黑口左右雙邊　存四種

610000－1001－0007447　普0006172

西學富強叢書八十八種　（清）袁俊德編　清
光緒二十七年(1901)上海日新社石印本　六
十冊　二十行四十四字白口四周雙邊　缺
三種

610000－1001－0007448　普0006173
西學啟蒙十六種　（英國）艾約瑟譯　清光緒
二十四年(1898)石印本　十六冊　十八行三
十七字白口四周雙邊

610000－1001－0007449　普0006174
西學啟蒙十六種　（英國）艾約瑟譯　清光緒
二十四年(1898)石印本　十六冊　十八行三
十七字白口四周雙邊

610000－1001－0007450　普0006175
西學啟蒙十六種　（英國）艾約瑟譯　清光緒
二十四年(1898)石印本　十六冊　十八行三
十七字白口四周雙邊

610000－1001－0007451　普0006176
西政叢書三十二種　梁啟超輯　清光緒二十
三年(1897)慎記書莊石印本　三十二冊　十
八行四十字小字雙行同白口四周雙邊

610000－1001－0007452　普0006178
靈鶼閣叢書五十六種　（清）江標輯　清光緒
元和江氏湖南使院刻本　四十八冊　十一行
二十三字小字雙行同上下黑口左右雙邊

610000－1001－0007453　普0006179
海山仙館叢書五十六種　（清）潘仕成輯　清
道光、咸豐番禺潘氏刻光緒補刻本　一百二
十八冊　九行二十一字上下黑口左右雙邊

610000－1001－0007454　普0006180
海山仙館叢書五十六種　（清）潘仕成輯　清
道光、咸豐番禺潘氏刻光緒補刻本　一百五
十九冊　九行二十一字上下黑口左右雙邊
存五十四種全部、一種三卷

610000－1001－0007455　普0006181
海山仙館叢書五十六種　（清）潘仕成輯　清
道光、咸豐番禺潘氏刻光緒補刻本　七十五
冊　九行二十一字上下黑口左右雙邊　缺十
四種

610000－1001－0007456　普0006182
昭代叢書十一集　（清）張潮　（清）楊復吉輯
　清道光吳江沈氏世楷堂刻本　十五冊　九
行二十字白口左右雙邊　存別集六十種附
一種

610000－1001－0007457　普0006183
昭代叢書十一集　（清）張潮　（清）楊復吉輯
　清道光吳江沈氏世楷堂刻本　十五冊　九
行二十字白口左右雙邊　存別集六十種附
一種

610000－1001－0007458　普0006184
惜陰軒叢書三十四種續編一種　（清）李錫齡
輯　清道光二十六年(1846)刻本　一百二十
一冊　十行二十二字上下黑口四周單邊

610000－1001－0007459　普0006185
惜陰軒叢書三十四種續編一種　（清）李錫齡
輯　清道光二十六年(1846)刻本　一百二十
三冊　十行二十二字上黑口四周單邊

610000－1001－0007460　普0006186
惜陰軒叢書三十四種續編一種　（清）李錫齡
輯　清道光二十六年(1846)刻本　一百二十
四冊　十行二十二字上下黑口四周單邊

610000－1001－0007461　普0006187
惜陰軒叢書三十四種續編一種　（清）李錫齡
輯　清道光二十六年(1846)刻本　一百二十
冊　十行二十二字上下黑口四周單邊

610000－1001－0007462　普0006188
十六國疆域志十六卷　（清）洪亮吉撰　清嘉
慶三年(1798)刻本　四冊　十二行二十四字
小字雙行同上下黑口四周單邊

610000－1001－0007463　普0006189
漢學商兌三卷　（清）方東樹撰　清同治十年
(1871)望三益齋刻本　四冊　十行二十二字
小字雙行同白口左右雙邊

610000－1001－0007464　普0006190
咫進齋叢書三十七種　（清）姚覲元輯　清光
緒九年(1883)歸安姚氏刻本　三十二冊　十
三行二十二字上黑口左右雙邊

610000 – 1001 – 0007465　普 0006191

小石山房叢書三十八種　（清）顧湘輯　清同治十三年(1874)虞山顧氏刻本　三十二冊十一行二十二字上下黑口左右雙邊

610000 – 1001 – 0007466　普 0006192

小石山房叢書三十八種　（清）顧湘輯　清同治十三年(1874)虞山顧氏刻本　十六冊　十一行二十二字上下黑口左右雙邊

610000 – 1001 – 0007467　普 0006193

小石山房叢書三十八種　（清）顧湘輯　清同治十三年(1874)虞山顧氏刻本　十五冊　十一行二十二字上下黑口左右雙邊　缺四種

610000 – 1001 – 0007468　普 0006194

漸學廬叢書十五種　（清）胡祥鑅輯　清光緒元和胡氏石印本　十一冊　十三行三十字上下黑口四周單邊

610000 – 1001 – 0007469　普 0006195

南菁書院叢書四十一種　王先謙　繆荃孫輯清光緒十四年(1888)江陰南菁書院刻本四十冊　九行二十五字小字雙行同白口左右雙邊

610000 – 1001 – 0007470　普 0006197

觀自得齋叢書二十九種　（清）徐士愷輯　清光緒石埭徐氏刻本　二十四冊　十一行二十一字小字雙行同下黑口四周雙邊

610000 – 1001 – 0007471　普 0006198

邵武徐氏叢書二十三種　（清）徐榦輯　清光緒刻本　二十冊　九行二十二字小字雙行同白口左右雙邊

610000 – 1001 – 0007472　普 0006199

鄦齋叢書二十種　徐乃昌輯　清光緒二十六年(1900)南陵徐氏刻本　十六冊　十一行二十一字小字雙行同上下黑口左右雙邊

610000 – 1001 – 0007473　普 0006200

讀畫齋叢書四十六種　（清）顧修輯　清嘉慶四年(1799)桐川顧氏刻本　六十四冊　九行二十一字上下黑口左右雙邊

610000 – 1001 – 0007474　普 0006201

函海四十函一百五十二種　（清）李調元輯清光緒七年至八年(1881 – 1882)廣漢鐘登甲樂道齋刻本　九十四冊　十行二十字白口四周雙邊　缺九函至十四函全部、十五函三種、十六函一種缺卷、十七至二十函全部、二十二函四種、三十四函一種缺卷、三十五至四十函全部

610000 – 1001 – 0007475　普 0006203

士禮居黃氏叢書十八種附二種　（清）黃丕烈輯　清光緒十三年(1887)上海蜚英館影印本三十冊　八行十七字小字雙行同白口左右雙邊

610000 – 1001 – 0007476　普 0006204

士禮居黃氏叢書十八種附二種　（清）黃丕烈輯　清光緒十三年(1887)上海蜚英館影印本三十冊　八行十七字小字雙行同白口左右雙邊

610000 – 1001 – 0007477　普 0006206

宜稼堂叢書七種　（清）郁松年輯　清道光刻本　六十四冊　十一行二十二字上下黑口左右雙邊

610000 – 1001 – 0007478　普 0006207

宜稼堂叢書七種　（清）郁松年輯　清道光刻本　五十六冊　十一行二十二字上下黑口左右雙邊

610000 – 1001 – 0007479　普 0006208

小萬卷樓叢書十七種　（清）錢培名輯　清咸豐四年(1854)刻本　八冊　十行二十字白口左右雙邊

610000 – 1001 – 0007480　普 0006210

琴志樓叢書四十三種　易順鼎撰　清光緒刻本　二十冊　九行二十字白口左右雙邊

610000 – 1001 – 0007481　普 0006211

琳琅祕室叢書三十種　（清）胡珽輯　清咸豐三年(1853)仁和胡氏木活字印本　二十四冊九行二十一字上下黑口四周單邊

610000 – 1001 – 0007482　普 0006213

金華叢書六十九種 （清）胡鳳丹輯 清同治、光緒刻本 二百五十五冊 九行十九字小字雙行同白口四周雙邊 缺六種

610000－1001－0007483 普0006214

金華叢書六十九種 （清）胡鳳丹輯 清同治、光緒刻本 十九冊 九行二十字白口四周雙邊 存二種

610000－1001－0007484 普0006215

湖北叢書三十一種 （清）趙尚輔輯 清光緒十七年(1891)三餘草堂刻本 一百冊 十行十八字小字雙行二十四字上黑口四周單邊

610000－1001－0007485 普0006216

湖北叢書三十一種 （清）趙尚輔輯 清光緒十七年(1891)三餘草堂刻本 七十二冊 十行十八字小字雙行二十四字上下黑口四周單邊 存十八種

610000－1001－0007486 普0006217

玉函山房輯佚書五百九十四種 （清）馬國翰輯 清光緒九年(1883)長沙嫏嬛館刻本 一百十冊 九行二十字小字雙行同白口四周雙邊

610000－1001－0007487 普0006218

玉函山房輯佚書五百九十四種 （清）馬國翰輯 清光緒九年(1883)長沙嫏嬛館刻本 一百冊 九行二十字小字雙行同白口四周雙邊

610000－1001－0007488 普0006219

玉函山房輯佚書五百九十四種 （清）馬國翰輯 清光緒九年(1883)長沙嫏嬛館刻本 一百冊 九行二十字小字雙行同白口四周雙邊

610000－1001－0007489 普0006220

玉函山房輯佚書五百九十四種 （清）馬國翰輯 清光緒十年(1884)楚南書局刻本 九十九冊 九行二十字小字雙行同上下黑口四周雙邊 缺二十種

610000－1001－0007490 普0006221

玉函山房輯佚書五百九十四種 （清）馬國翰輯 清光緒十年(1884)楚南書局刻本 一百冊 九行二十字上下黑口四周雙邊

610000－1001－0007491 普0006222

玉函山房輯佚書五百九十四種 （清）馬國翰輯 清光緒十年(1884)楚南湘遠堂刻本 九十六冊 九行二十字上下黑口左右雙邊 缺小學類十七種

610000－1001－0007492 普0006223

嘯園叢書六函五十七種 （清）葛元煦輯 清光緒九年(1883)仁和葛氏刻本 三十六冊 九行二十字下黑口四周雙邊

610000－1001－0007493 普0006224

香豔叢書三百二十八種 （清）蟲天子輯 清宣統國學扶輪社鉛印本 七十二冊 十三行三十字上下黑口四周雙邊 缺七十二種

610000－1001－0007494 普0006231

峭帆樓叢書十八種 趙詒琛輯 清宣統至民國新陽趙氏刻本 二十冊 十行二十一字上下黑口左右雙邊

610000－1001－0007495 普0006232

觀古堂彙刻書十三種 葉德輝輯 清光緒二十八年(1902)長沙葉氏刻民國八年(1919)重編印本 二十八冊 十一行二十二字上下黑口左右雙邊

610000－1001－0007496 普0006233

鐵華館叢書六種 （清）蔣鳳藻輯 清光緒長洲蔣氏影刻本 十冊 十二行二十二字小字雙行二十五字白口左右雙邊

610000－1001－0007497 普0006234

武英殿聚珍版書 清同治十三年(1874)江西書局刻本 一百二十八冊 九行二十一字白口四周雙邊

610000－1001－0007498 普0006235

武英殿聚珍版書 清同治十三年(1874)江西書局刻本 九十六冊 九行二十一字白口四周雙邊 存四十六種

610000－1001－0007499 普0006236

湖海樓叢書十二種 （清）陳春輯 清嘉慶蕭山陳氏刻本 三十二冊 十行二十字小字雙行同上下黑口左右雙邊

610000 - 1001 - 0007500　普 0006238

十萬卷樓叢書五十一種　（清）陸心源輯　清
光緒歸安陸氏刻本　九十六冊　十行十九字
上下黑口四周雙邊

610000 - 1001 - 0007501　普 0006239

積學齋叢書二十種　徐乃昌輯　清光緒南陵
徐氏刻本　十六冊　十一行二十一字上下黑
口左右雙邊

610000 - 1001 - 0007502　普 0006240

萬卷樓叢書二十九種　（□）□□輯　清光緒
三年(1877)湖北崇文書局刻本　七十七冊
十二行二十四字上下黑口四周雙邊

610000 - 1001 - 0007503　普 0006248

崇雅堂全書十三種　（清）王植輯錄　清光緒
十二年(1886)刻本　五十四冊　九行二十字
白口四周雙邊　存十二種

610000 - 1001 - 0007504　普 0006249

十萬卷樓叢書五十一種　（清）陸心源輯　清
光緒歸安陸氏刻本　八十冊　十行十九字上
下黑口四周雙邊

610000 - 1001 - 0007505　普 0006250

頤志齋叢書二十一種　（清）丁晏撰　清咸
豐、同治刻本　十六冊　十行二十字白口左
右雙邊

610000 - 1001 - 0007506　普 0006253

船山遺書五十六種附一種　（清）王夫之撰
清同治四年(1865)湘鄉曾國荃金陵刻本　一
百六十冊　十行二十二字上下黑口左右雙邊

610000 - 1001 - 0007507　普 0006254

船山遺書五十六種附一種　（清）王夫之撰
清同治四年(1865)湘鄉曾國荃金陵刻本　一
百二十三冊　十行二十二字上下黑口左右
雙邊

610000 - 1001 - 0007508　普 0006255

船山遺書五十六種附一種　（清）王夫之撰
清同治四年(1865)湘鄉曾國荃金陵刻本　一
百六十冊　十行二十二字上下黑口左右雙邊

610000 - 1001 - 0007509　普 0006256

青照堂叢書四十四種　（清）李元春輯　清道
光十五年(1835)朝邑劉際清等刻本　一百〇
三冊　九行二十字白口左右雙邊

610000 - 1001 - 0007510　普 0006257

青照堂叢書四十四種　（清）李元春輯　清道
光十五年(1835)朝邑劉際清等刻本　四十八
冊　九行二十字白口左右雙邊　存二十八種

610000 - 1001 - 0007511　普 0006260

藕香零拾三十九種　繆荃孫輯　清光緒、宣
統刻本　三十二冊　十四行二十一字上下黑
口左右雙邊

610000 - 1001 - 0007512　普 0006262

少室山房筆叢十二種　（明）胡應麟撰　清光
緒二十二年(1896)刻本　十六冊　十一行二
十四字小字雙行同上下黑口四周單邊

610000 - 1001 - 0007513　普 0006263

所願學齋書鈔四種附一種　（清）沈夢蘭撰
清光緒十七年(1891)刻本　四冊　九行二十
二字白口四周雙邊

610000 - 1001 - 0007514　普 0006264

武陵山人遺書十種續刊二種　（清）顧觀光撰
　清光緒九年(1883)刻本　八冊　十行二十
二字小字雙行同白口左右雙邊

610000 - 1001 - 0007515　普 0006266

龍莊遺書四種　（清）汪輝祖撰　清光緒江蘇
書局刻本　六冊　十行二十一字上下黑口左
右雙邊

610000 - 1001 - 0007516　普 0006267

安吳四種　（清）包世臣撰　清光緒十四年
(1888)刻本　十六冊　十行二十二字白口左
右雙邊

610000 - 1001 - 0007517　普 0006268

安吳四種　（清）包世臣撰　清光緒十四年
(1888)刻本　十六冊　十行二十二字白口左
右雙邊

610000 - 1001 - 0007518　普 0006269

安吳四種 (清)包世臣撰 清同治十一年(1872)刻本 二十四冊 十行二十二字白口左右雙邊

610000－1001－0007519 普0006270

安吳四種 (清)包世臣撰 清同治十一年(1872)刻本 十四冊 十行二十二字白口左右雙邊

610000－1001－0007520 普0006271

蒙學叢書三十四種 (清)汪鍾霖編 清光緒二十三年至二十九年(1897－1903)石印本 三十二冊 十三行三十字小字雙行同白口四周單邊

610000－1001－0007521 普0006272

二思堂叢書六種 (清)梁章鉅撰 清光緒元年(1875)福州梁氏刻本 十六冊 九行二十二字下黑口左右雙邊

610000－1001－0007522 普0006273

鹿洲全集八種 (清)藍鼎元撰 清光緒五年(1879)刻本 二十六冊 八行二十字白口左右雙邊

610000－1001－0007523 普0006274

洪北江全集二十三種 (清)洪亮吉撰 清光緒洪用懃授經堂刻本 二十六冊 十一行二十二字上下黑口左右雙邊 存五種

610000－1001－0007524 普0006275

洪北江全集二十三種 (清)洪亮吉撰 清光緒洪用懃授經堂刻本 八十四冊 十一行二十二字上下黑口左右雙邊

610000－1001－0007525 普0006276

甌北全集七種 (清)趙翼撰 清刻本 四十冊 十二行二十字小字雙行同白口左右雙邊 缺一種

610000－1001－0007526 普0006277

志寧堂叢書六種 (清)徐文靖編 清光緒二年(1876)刻本 二十四冊 九行二十字小字雙行同白口左右雙邊

610000－1001－0007527 普0006278

對雨樓叢書五種 繆荃孫輯 清光緒江陰繆氏刻本 六冊 十二行二十四字白口四周雙邊

610000－1001－0007528 普0006279

榕村全書三十二種附十種 (清)李光地輯 清道光九年(1829)李維迪刻本 一百二十冊 九行十九字白口左右雙邊

610000－1001－0007529 普0006280

焦氏叢書十種 (清)焦循撰 清光緒二年(1876)衡陽魏氏刻本 四十八冊 十行二十一字小字雙行同上下黑口左右雙邊

610000－1001－0007530 普0006281

二酉堂叢書二十一種 (清)張澍輯 清道光元年(1821)武威張氏二酉堂刻本 八冊 十行二十四字小字雙行同白口左右雙邊

610000－1001－0007531 普0006282

求己堂八種 (清)施彥士撰 清嘉慶、道光刻本 十冊 十行二十一字白口左右雙邊

610000－1001－0007532 普0006290

群書拾補初編三十七種 (清)盧文弨撰 清光緒十三年(1887)上海蜚英館石印本 八冊 十行二十一字小字雙行同白口左右雙邊

610000－1001－0007533 普0006291

七修類稿五十一卷續稿七卷 (明)郎瑛著 清光緒六年(1880)廣州翰墨園刻本 十六冊 九行二十字上下黑口左右雙邊

610000－1001－0007534 普0006292

亭林文集六卷餘集一卷 (清)顧炎武著 清刻本 二冊 九行二十字上下黑口左右雙邊

610000－1001－0007535 普0006293

萬物炊累室類稿三編四種 (清)沈同芳撰 清宣統三年(1911)上海中國圖書公司鉛印本 五冊 十一行二十八字白口四周單邊

610000－1001－0007536 普0006296

麗廔叢書九種 葉德輝輯 清光緒長沙葉氏刻本 八冊 十行二十字白口左右雙邊

610000－1001－0007537 普0006297

陸桴亭先生遺書二十種附一種 （清）陸世儀撰 清光緒二十五年(1899)京師刻本 二十冊 十行二十字白口左右雙邊

610000－1001－0007538 普0006298

番禺陳氏東塾叢書五種 （清）陳澧撰 清咸豐至光緒刻本 八冊 十行二十字白口左右雙邊

610000－1001－0007539 普0006299

惜抱軒全集十種 （清）姚鼐纂輯 清嘉慶刻本 十六冊 十行二十一字上下黑口左右雙邊

610000－1001－0007540 普0006300

惜抱軒全集十種 （清）姚鼐纂輯 清嘉慶刻本 十二冊 十行二十一字上下黑口左右雙邊 存三種

610000－1001－0007541 普0006301

董氏叢書十六種 （清）董玘譔 （清）孫金鑑校 清光緒三十二年(1906)董氏家塾刻本 十二冊 十行二十一字上黑口左右雙邊

610000－1001－0007542 普0006302

春暉堂叢書十二種 （清）徐渭仁輯 清道光、咸豐徐氏刻本 十冊 九行二十二字上下黑口四周雙邊

610000－1001－0007543 普0006303

惜抱軒全集十種 （清）姚鼐撰 清同治五年(1866)省心閣刻本 十六冊 十行二十一字白口左右雙邊

610000－1001－0007544 普0006304

惜抱軒全集十種 （清）姚鼐撰 清同治五年(1866)省心閣刻本 十六冊 十行二十一字白口左右雙邊

610000－1001－0007545 普0006306

唯識二十論述記四卷 （唐）釋窺基撰 清宣統二年(1910)江西刻經處刻本 四冊 二十行二十字白口左右雙邊 存二卷(三至四)

610000－1001－0007546 普0006309

槐軒全書三十種 （清）劉沅撰 清咸豐至民

國刻本 五十二冊 十行二十字小字雙行同白口四周雙邊 存十三種

610000－1001－0007547 普0006310

欽定通志考證三卷 （宋）鄭樵撰 清浙江書局刻本 三冊 九行二十一字白口左右雙邊

610000－1001－0007548 普0006311

治平大略四卷 （清）張秉直著 清光緒元年(1875)傳經堂刻本 二冊 九行二十字上下黑口四周雙邊

610000－1001－0007549 普0006313

陳張散騎集一卷 （南朝陳）張正見著 清刻本 一冊 九行十八字白口左右雙邊

610000－1001－0007550 普0006314

陝甘味經書院志一卷 （清）劉光蕡編 清光緒二十年(1894)陝西涇陽味經售書處刻本 一冊 十行二十四字白口左右雙邊

610000－1001－0007551 普0006316

楊輝算法六卷札記一卷 （宋）楊輝撰 清道光二十二年(1842)刻本 二冊 十一行二十二字上下黑口左右雙邊

610000－1001－0007552 普0006317

海峰先生詩集十卷 （清）劉大櫆著 清刻本 一冊 十行二十二字白口左右雙邊 缺五卷(一至五)

610000－1001－0007553 普0006319

許魯齋先生年譜一卷心法約編一卷 （清）鄭士範編集 清光緒六年(1880)刻本 一冊 十行二十二字下黑口四周雙邊

610000－1001－0007554 普0006323

陝西存古學校現辦節略不分卷 （清）高曦亭撰 清宣統元年(1909)刻本 一冊 十行二十二字白口四周雙邊

610000－1001－0007555 普0006324

關中同官錄不分卷 （□）□□撰 清光緒八年(1882)刻本 八冊 九行二十字小字雙行同白口四周雙邊

610000－1001－0007556 普0006325

關學原編四卷首一卷 (明)馮從吾著 清道光十年(1830)傳經堂刻本 四冊 九行十八字白口四周雙邊

610000－1001－0007557 普0006327

關學原編四卷首一卷 (明)馮從吾著 續編三卷 (明)王爾緝著 清光緒十七年(1891)灃西草堂刻本 四冊 九行二十字白口四周雙邊

610000－1001－0007558 普0006329

中州樂府一卷 (金)元好問輯 清刻本 一冊 十一行二十一字小字雙行同上下黑口左右雙邊

610000－1001－0007559 普0006330

蟄廬叢書二種 (清)陳虬撰 清光緒十九年至二十年(1893－1894)石印本 六冊 十一行二十一字小字雙行同上下黑口左右雙邊

610000－1001－0007560 普0006331

侯官嚴氏叢刻六種 嚴復撰 清光緒二十八年(1902)上海書局石印本 四冊 十二行二十六字白口四周雙邊

610000－1001－0007561 普0006332

八字覺原一卷 (清)滄州先生著 清光緒十三年(1887)刻本 一冊 八行十八字白口四周雙邊

610000－1001－0007562 普0006333

懷潞園叢刊十四種 (清)李嘉績輯 清光緒刻本 八冊 十一行二十一字小字雙行同上下黑口左右雙邊 存十一種

610000－1001－0007563 普0006334

羅山遺集八種 (清)羅澤南撰 清刻本 八冊 八行二十四字白口四周雙邊

610000－1001－0007564 普0006335

江都陳氏叢書七種 (清)陳本禮撰 清嘉慶、道光遞刻本 四冊 九行二十二字小字雙行同白口四周雙邊 存三種

610000－1001－0007565 普0006337

潛研堂全書二十一種 (清)錢大昕撰 清光緒十年(1884)長沙龍氏家塾刻本 六十二冊 十行二十二字小字雙行同上下黑口左右雙邊

610000－1001－0007566 普0006338

潛研堂全書二十一種 (清)錢大昕撰 清光緒十年(1884)長沙龍氏家塾刻本 三十五冊 十行二十二字上下黑口左右雙邊 存十一種

610000－1001－0007567 普0006339

春在堂全書三十四種 (清)俞樾撰 清光緒二十五年(1899)刻本 一百冊 十行二十一字小字雙行同上下黑口左右雙邊

610000－1001－0007568 普0006340

春在堂全書三十四種 (清)俞樾撰 清光緒二十五年(1899)刻本 六十四冊 十行二十一字小字雙行同上下黑口左右雙邊

610000－1001－0007569 普0006341

春在堂全書三十四種 (清)俞樾撰 清光緒二十五年(1899)刻本 九十八冊 十行二十一字小字雙行同上下黑口左右雙邊 缺七種

610000－1001－0007570 普0006342

春在堂全書三十四種 (清)俞樾撰 清光緒二十五年(1899)刻本 一百二十五冊 十行二十一字小字雙行同上下黑口左右雙邊 缺三種

610000－1001－0007571 普0006343

春在堂全書三十四種 (清)俞樾撰 清光緒二十五年(1899)刻本 六十五冊 十行二十一字小字雙行同上下黑口左右雙邊 缺十八種

610000－1001－0007572 普0006344

春在堂全書三十四種 (清)俞樾撰 清光緒二十五年(1899)刻本 七十七冊 十行二十一字上下黑口左右雙邊 缺十九種

610000－1001－0007573 普0006345

小坡識小錄四卷 (清)馬騰蛟編 清同治十三年(1874)刻本 二冊 十行二十三字白口左右雙邊

610000－1001－0007574　普 0006349

半半山莊農言著實一卷　（清）楊秀沅著　清光緒二十三年(1897)柏經正堂刻本　一冊　十行二十二字上下黑口四周單邊

610000－1001－0007575　普 0006351

十三經注疏附考證　清同治十年(1871)廣東書局刻本　一百二十冊　十行二十一字小字雙行同白口左右雙邊

610000－1001－0007576　普 0006354

古經解彙函十六種小學彙函十四種　（清）鍾謙鈞等輯　清同治十二年(1873)粵東書局刻本　六十四冊　十行二十一字小字雙行同白口左右雙邊

610000－1001－0007577　普 0006355

十三經注疏校勘記　（清）阮元撰　清同治十三年(1874)湖南書局刻本　四十六冊　九行二十一字小字雙行同白口左右雙邊

610000－1001－0007578　普 0006356

袖珍八經旁訓二十四卷　（□）□□撰　清道光二十三年(1843)刻本　十二冊　七行二十字白口四周單邊

610000－1001－0007579　普 0006356

禮記注疏六十三卷　（漢）鄭玄注　（唐）孔穎達疏　（唐）陸德明音義　清同治十三年(1874)湖南刻本　十二冊　十四行八字白口四周單邊

610000－1001－0007580　普 0006357

新學偽經考十四卷　康有為撰　清光緒十七年(1891)武林望雲樓石印本　八冊　十行二十字小字雙行同上下黑口左右雙邊

610000－1001－0007581　普 0006359

七經精義七種　（清）黃淦撰　清嘉慶十三年(1808)刻本　十四冊　九行二十四字白口四周單邊

610000－1001－0007582　普 0006361

十三經集字摹本不分卷　（清）彭玉雯纂　清道光二十九年(1849)刻本　八冊　行數不等字數不等上下黑口四周雙邊

610000－1001－0007583　普 0006363

周易圖說述四卷首一卷　（清）王宏撰撰　清道光二年(1822)刻本　六冊　九行二十二字小字雙行同白口左右雙邊

610000－1001－0007584　普 0006364

周易圖說述四卷首一卷　（清）王宏撰撰　清刻本　四冊　九行十一字小字雙行同白口左右雙邊

610000－1001－0007585　普 0006365

讀易集說不分卷　（清）朱勳撰　清嘉慶二十二年(1817)資善堂刻本　十二冊　十行二十二字小字雙行同上下黑口四周單邊

610000－1001－0007586　普 0006367

御案易經備旨七卷　（清）鄒聖脉纂　清宏德堂刻本　六冊　二十二行十字白口四周單邊

610000－1001－0007587　普 0006368

易經八卷　（宋）程頤傳　清光緒九年(1883)江南書局刻本　三冊　九行十七字小字雙行同白口左右雙邊

610000－1001－0007588　普 0006369

孔經新義四種　劉次源撰　清宣統元年(1909)鉛印本　五冊　十三行三十二字小字雙行同白口四周雙邊

610000－1001－0007589　普 0006370

考定大學經傳解一卷附錄一卷　（清）丘嘉穗輯　清刻本　一冊　十行二十二字上下黑口四周單邊

610000－1001－0007590　普 0006371

監本易經四卷　（□）□□撰　清嘉慶十六年(1811)刻本　三冊　九行十七字小字雙行同白口四周單邊

610000－1001－0007591　普 0006372

經籍舉要一卷附錄一卷　（清）龍啟瑞撰　清光緒十九年(1893)桐廬袁氏中江講院刻本　一冊　十一行二十八字上下黑口左右雙邊

610000－1001－0007592　普 0006373

重校十三經不貳字不分卷　（清）李鴻藻編

清光緒十七年(1891)刻本　一冊　十七行五字白口左右雙邊

610000－1001－0007593　普0006374

經義述聞三十二卷　(清)王引之著　清道光七年(1827)壽藤書屋刻本　二十四冊　十行二十一字小字雙行同白口四周雙邊

610000－1001－0007594　普0006375

東塾讀書記二十五卷　(清)陳澧撰　清光緒七年(1881)刻本　五冊　十二行二十四字小字雙行同上下黑口四周單邊　存十五卷(一至十二、十五至十六、二十一)

610000－1001－0007595　普0006376

易占經緯四卷附錄一卷　(明)韓邦奇輯　清嘉慶七年(1802)刻本　四冊　十行大小字不等白口四周單邊

610000－1001－0007596　普0006377

重刊宋本周易注疏八卷校勘記一卷　(三國魏)王弼注　(唐)孔穎達撰　(清)阮元校刊　清嘉慶二十年(1815)江西南昌府學刻本　六冊　十行十八字小字雙行二十四字上下黑口左右雙邊

610000－1001－0007597　普0006378

周易注疏九卷　(三國魏)王弼注　(唐)孔穎達正義　清同治十三年(1874)湖南書局刻本　四冊　九行二十字小字雙行同白口左右雙邊

610000－1001－0007598　普0006380

易占經緯四卷附錄一卷　(明)韓邦奇輯　清嘉慶七年(1802)刻本　四冊　十行大小字不等白口四周單邊

610000－1001－0007599　普0006381

易占經緯四卷附錄一卷　(明)韓邦奇輯　清嘉慶七年(1802)刻本　四冊　十行大小字不等白口四周單邊

610000－1001－0007600　普0006382

經典釋文三十卷　(唐)陸德明撰　清刻本　十二冊　十一行十七字小字雙行二十五字白口左右雙邊

610000－1001－0007601　普0006384

周易本義十二卷首一卷末一卷　(宋)朱熹撰　清光緒十九年(1893)江南書局刻本　二冊　九行十七字小字雙行同白口左右雙邊

610000－1001－0007602　普0006385

唐石經校文十卷　(清)嚴可均纂　清光緒八年(1882)崇寧譚明經刻本　四冊　十一行二十四字小字雙行同上下黑口左右雙邊

610000－1001－0007603　普0006387

易占經緯四卷附錄一卷　(明)韓邦奇輯　清嘉慶七年(1802)刻本　四冊　十行大小字不等白口四周單邊

610000－1001－0007604　普0006389

周禮注疏四十二卷　(漢)鄭玄注　(唐)賈公彥疏　清同治十三年(1874)湖南書局刻本　二十冊　九行二十字小字雙行同白口左右雙邊

610000－1001－0007605　普0006390

附釋音周禮注疏四十二卷　(漢)鄭玄注　(唐)賈公彥疏　(唐)陸德明釋文　清嘉慶二十年(1815)江西南昌府學刻本　二十冊　十行十七字小字雙行二十三字上下黑口左右雙邊

610000－1001－0007606　普0006391

毛詩稽古編三十卷　(清)陳啟源撰　**附考一卷**　(清)費雲倬撰　清光緒九年(1883)上海同文書局影印本　八冊　十行二十五字小字雙行同白口左右雙邊

610000－1001－0007607　普0006392

石經考異二卷　(清)杭世駿撰　清咸豐元年(1851)長沙小琅嬛僊館刻本　一冊　十行二十字小字雙行同白口四周雙邊

610000－1001－0007608　普0006393

七經精義　(清)黃淦撰　清嘉慶刻本　三冊　九行二十四字小字雙行同白口四周單邊　存三種

610000－1001－0007609　普0006395

儀禮十七卷　(漢)鄭玄注　(清)張爾岐句讀

清同治十一年(1872)山東書局刻本 六冊
九行十七字小字雙行同白口四周單邊

610000－1001－0007610 普 0006396
儀禮注疏十七卷 (漢)鄭玄注 清同治十三
年(1874)湖南書局刻本 十二冊 九行二十
一字小字雙行同白口左右雙邊

610000－1001－0007611 普 0006397
重栞宋本儀禮注疏附校勘記五十卷 (唐)賈
公彥疏 清嘉慶二十年(1815)江西南昌府學
刻本 十六冊 十行十七字小字雙行二十三
字上下黑口左右雙邊

610000－1001－0007612 普 0006398
易堂問目四卷 (清)吳鼎輯 清光緒十六年
(1890)刻本 四冊 九行二十一字白口四周
單邊

610000－1001－0007613 普 0006399
書經體注大全六卷 (清)錢希祥纂輯 清道
光二十年(1840)古香書屋刻本 四冊 二十
行二十七字白口四周單邊

610000－1001－0007614 普 0006400
愚一錄十二卷 (清)鄭獻甫撰 清光緒四年
(1878)刻本 六冊 九行二十字下黑口四周
雙邊

610000－1001－0007615 普 0006401
周易象義集成三卷 (清)陳洪冠纂輯 清咸
豐八年(1858)刻本 三冊 行數不等三十二
字小字雙行同白口四周雙邊

610000－1001－0007616 普 0006403
易經卦名試帖二卷 (清)戴槃著 清咸豐三
年(1853)刻本 一冊 十行二十四字白口四
周雙邊

610000－1001－0007617 普 0006406
易經大全會解四卷 (清)來爾繩纂 清道光
十七年(1837)姑蘇老桐山房刻本 四冊 二
十行二十字白口左右雙邊

610000－1001－0007618 普 0006407
周官精義十二卷 (清)連斗山註釋 清嘉慶

二十二年(1817)刻本 六冊 九行二十三字
小字雙行同白口左右雙邊

610000－1001－0007619 普 0006408
周禮精華六卷 (清)陳龍標編輯 清嘉慶十
一年(1806)刻本 六冊 七行二十字白口四
周雙邊

610000－1001－0007620 普 0006410
批點禮記易讀旁訓四卷 (□)□□撰 清光
緒五年(1879)刻本 四冊 七行二十字白口
四周單邊

610000－1001－0007621 普 0006411
禮圖四卷禮注六卷 (清)張懷浣採輯 清嘉
慶十七年(1812)刻本 二冊 十行二十字小
字雙行同白口四周雙邊

610000－1001－0007622 普 0006412
禮記天算釋一卷 (清)孔廣牧撰 清光緒十
五年(1889)廣雅書局刻本 一冊 十一行二
十四字上下黑口四周單邊

610000－1001－0007623 普 0006413
周易備旨一見能解六卷 (清)黃淳耀鑒定
清刻本 六冊 十一行大字不等小字雙行三
十二字白口四周單邊

610000－1001－0007624 普 0006414
周圖五卷周注三卷 (清)張懷浣採輯 清嘉
慶十七年(1812)刻本 二冊 行數不等字數
不等白口四周雙邊

610000－1001－0007625 普 0006415
儀禮十七卷 (漢)鄭玄注 (清)張爾岐句讀
清同治七年(1868)金陵書局刻本 四冊
九行二十四字小字雙行同白口左右雙邊

610000－1001－0007626 普 0006416
周禮六卷 (漢)鄭玄注 (唐)陸德明音義
清光緒二十年(1894)金陵書局刻本 六冊
十二行二十五字白口左右雙邊

610000－1001－0007627 普 0006417
周禮易讀六卷 (清)司徒修選訂 清咸豐四
年(1854)刻本 二冊 九行二十字小字雙行

同白口左右雙邊

610000－1001－0007628　普0006419

周禮六卷 （漢）鄭玄注 （唐）陸德明音義
清同治十一年(1872)山東書局刻本 六冊
九行十七字小字雙行同白口四周單邊

610000－1001－0007629　普0006422

慎詒堂詩經八卷 （宋）朱熹集傳 清刻本
四冊 九行十七字小字雙行同白口四周單邊

610000－1001－0007630　普0006423

監本詩經八卷 （宋）朱熹集傳 清嘉慶十六
年(1811)寶章堂刻本 五冊 九行十七字小
字雙行同白口四周單邊

610000－1001－0007631　普0006424

詩經集傳八卷 （宋）朱熹集傳 清光緒二十
二年(1896)金陵書局刻本 五冊 九行十七
字小字雙行同白口左右雙邊

610000－1001－0007632　普0006425

重栞宋本毛詩注疏附校勘記二十卷 （唐）孔
穎達疏 清嘉慶二十年(1815)江西南昌府學
刻本 二十四冊 十行十八字小字雙行二十
三字上下黑口左右雙邊

610000－1001－0007633　普0006426

詩經八卷詩經圖考一卷 （宋）朱熹集傳 清
咸豐六年(1856)和順齋刻本 四冊 九行十
七字小字雙行同白口四周單邊

610000－1001－0007634　普0006428

易占經緯四卷附錄一卷 （明）韓邦奇撰 清
刻本 四冊 十行大小字不等下黑口四周
單邊

610000－1001－0007635　普0006429

夏書禹貢攷畧一卷 （清）魏廷獻撰 清咸豐
三年(1853)刻本 一冊 九行二十一字白口
四周雙邊

610000－1001－0007636　普0006431

書經集句賦稿補注二卷 （清）戴槃撰 清咸
豐三年(1853)刻本 三冊 十行二十三字小
字雙行不等白口四周雙邊

610000－1001－0007637　普0006432

詩經八卷 （宋）朱熹集傳 清同治十一年
(1872)山東書局刻本 四冊 九行十七字小
字雙行同白口四周單邊

610000－1001－0007638　普0006433

詩經總論不分卷 （清）何廷弼著 清光緒二
十二年(1896)刻本 一冊 八行二十五字白
口四周雙邊

610000－1001－0007639　普0006434

詩考一卷 （宋）王應麟撰 清刻本 一冊
十行二十字小字雙行同白口左右雙邊

610000－1001－0007640　普0006435

詩經圖解十二卷 （清）張懷浣採輯 清嘉慶
十七年(1812)刻本 二冊 十行二十字小字
雙行同白口四周雙邊

610000－1001－0007641　普0006436

禹貢集解二卷 （宋）傅寅撰 清同治八年
(1869)永康胡鳳丹退補齋刻本 二冊 九行
二十字白口四周雙邊

610000－1001－0007642　普0006438

大文堂書經體注六卷 （宋）蔡沈集傳 清刻
本 六冊 九行二十七字白口四周單邊

610000－1001－0007643　普0006439

書經六卷 （宋）蔡沈集傳 清光緒十三年
(1887)刻本 四冊 九行十七字小字雙行同
下黑口四周單邊

610000－1001－0007644　普0006440

書經六卷首一卷末一卷 （宋）蔡沈集傳 清
光緒七年(1881)金陵書局刻本 四冊 九行
十七字小字雙行同白口左右雙邊

610000－1001－0007645　普0006444

漱芳齋合纂禮記體注四卷 （清）范翔撰 清
刻本 四冊 十行十九字小字雙行同白口左
右雙邊

610000－1001－0007646　普0006445

尚書注疏二十卷 （唐）孔穎達疏 清同治十
三年(1874)湖南書局刻本 十冊 九行二十

字小字雙行同白口左右雙邊

610000－1001－0007647　普0006446

書經圖解十卷　（清）張懷浣採集　清刻本
二冊　十行大小字不等白口四周雙邊

610000－1001－0007648　普0006448

古周易一卷　（宋）呂成公考定　清刻本　一
冊　十一行二十字白口四周雙邊

610000－1001－0007649　普0006452

春秋考略二卷　（清）魏廷獻撰　清咸豐元年
(1851)刻本　二冊　九行二十一字小字雙行
同白口四周雙邊

610000－1001－0007650　普0006459

儀小經一卷　（清）李因篤撰　清光緒十年
(1884)刻本　一冊　十行二十二字上下黑口
四周單邊

610000－1001－0007651　普0006462

禮記注疏六十三卷　（漢）鄭玄注　（唐）孔穎
達疏　（唐）陸德明釋文　清嘉慶二十年
(1815)江西南昌府學刻本　二十四冊　十行
十八字小字雙行二十三字上下黑口左右雙邊

610000－1001－0007652　普0006466

春秋公羊傳注疏二十八卷　（漢）何休解詁
(唐)徐彥疏　（唐）陸德明音義　清同治十三
年(1874)湖南書局刻本　十二冊　九行二十
一字白口左右雙邊

610000－1001－0007653　普0006467

春秋傳說彙要十二卷　（清）聖祖玄燁御案
清嘉慶十六年(1811)刻本　四冊　九行十七
字小字雙行同白口左右雙邊

610000－1001－0007654　普0006469

春秋穀梁注疏二十卷　（晉）范甯集解　（唐）
楊士勛疏　清同治十三年(1874)湖南書局刻
本　六冊　九行二十一字小字雙行同白口左
右雙邊

610000－1001－0007655　普0006474

春秋圖解十卷　（□）□□撰　清嘉慶十七年
(1812)刻本　二冊　行數不等字數不等白口

四周雙邊

610000－1001－0007656　普0006475

四書章句集註十九卷　（宋）朱熹章句　清光
緒二十年(1894)味經書屋刻本　六冊　九行
二十二字小字雙行同白口左右雙邊

610000－1001－0007657　普0006476

春秋穀梁傳十二卷　（晉）范甯集解　清光緒
二十一年(1895)金陵書局刻本　二冊　九行
二十二字小字雙行同白口左右雙邊

610000－1001－0007658　普0006478

春秋繁露十七卷　（漢）董仲舒撰　清光緒八
年(1882)淮南書局刻本　二冊　十行二十字
小字雙行同下黑口左右雙邊

610000－1001－0007659　普0006479

三禮陳數求義三十卷　（清）林喬蔭撰　清嘉
慶八年(1803)刻本　十四冊　十行二十二字
白口四周雙邊

610000－1001－0007660　普0006480

禮記三十卷　（元）陳澔集說　清刻本　十冊
九行十七字小字雙行同白口四周單邊

610000－1001－0007661　普0006481

禮記十卷　（元）陳澔撰　清光緒十九年
(1893)江南書局刻本　十冊　九行十七字小
字雙行同白口左右雙邊

610000－1001－0007662　普0006482

**增補四書義經義式一卷附禮部奏定鄉會歲科
試章程一卷粵雅堂本群英書義一卷**　（清）學
翼齋主人輯　清光緒二十四年(1898)學翼齋
石印本　一冊　十五行三十字白口四周雙邊

610000－1001－0007663　普0006483

四書題鏡不分卷　（清）汪鯉翔纂述　清刻本
十冊　十七行三十字白口四周單邊

610000－1001－0007664　普0006484

禮書一百五十卷　（宋）陳祥道撰　清嘉慶九
年(1804)刻本　二十四冊　九行二十一字小
字雙行同白口四周雙邊

610000－1001－0007665　普0006485

經學質疑四十卷 （清）狄子奇述 清道光十七年(1837)刻本 六冊 十行二十二字小字雙行同白口左右雙邊

610000－1001－0007666 普0006486

廣增四書典腋二十卷 （清）松軒主人編 清同治二年(1863)京都琉璃廠刻本 六冊 十五行二十字白口四周單邊

610000－1001－0007667 普0006487

四書大註匯叅合講題鏡合纂七卷 （□）□□撰 清刻本 十二冊 十一行二十八字小字雙行不等白口四周單邊

610000－1001－0007668 普0006488

春秋左傳五十卷 （晉）杜預註 （唐）陸德明音義 清道光二十年(1840)古香書屋刻本 十二冊 上欄二十行八字下欄十五行二十八字白口四周單邊

610000－1001－0007669 普0006489

日鋤齋律呂新書初解二卷 （宋）蔡季通撰 （清）張琛注 清嘉慶二十三年(1818)刻本 二冊 九行十九字白口四周雙邊

610000－1001－0007670 普0006492

左繡三十卷首一卷 （清）馮李驊等評輯 清刻本 八冊 八行十五字白口左右雙邊

610000－1001－0007671 普0006493

四書貫珠講義十九卷 （清）林文竹輯 清同治十一年(1872)刻本 十冊 九行二十一字小字雙行同白口四周單邊

610000－1001－0007672 普0006494

春秋左傳注疏六十卷 （晉）杜預注 （唐）孔穎達疏 清同治十三年(1874)湖南書局刻本 二十四冊 九行二十一字小字雙行同白口左右雙邊

610000－1001－0007673 普0006495

附釋音春秋左傳注疏六十卷 （晉）杜預注 （唐）孔穎達疏 （唐）陸德明釋文 清嘉慶二十年(1815)南昌府學刻本 二十四冊 十行大字不等小字雙行二十三字上下黑口左右雙邊

610000－1001－0007674 普0006497

駁毛西河四書改錯二十一卷 （清）戴大昌著 清道光二十八年(1848)刻本 四冊 九行二十三字白口左右雙邊

610000－1001－0007675 普0006498

駁毛西河四書改錯二十一卷 （清）戴大昌著 清道光二十八年(1848)刻本 四冊 九行二十三字白口左右雙邊

610000－1001－0007676 普0006499

禮記十卷 （元）陳澔集說 清同治十一年(1872)山東書局刻本 十冊 九行十七字小字雙行同白口四周單邊

610000－1001－0007677 普0006502

重刻恭簡公志樂二十卷 （明）韓邦奇著 清嘉慶十一年(1806)刻本 十二冊 十行二十字白口四周雙邊

610000－1001－0007678 普0006503

重刻恭簡公志樂二十卷 （明）韓邦奇著 清嘉慶十一年(1806)刻本 十二冊 十行二十字白口四周雙邊

610000－1001－0007679 普0006504

重刻恭簡公志樂二十卷 （明）韓邦奇著 清嘉慶十一年(1806)刻本 十二冊 十行二十字白口四周雙邊

610000－1001－0007680 普0006506

春秋公羊傳十二卷附音本校記一卷 （漢）何休注 清光緒二十一年(1895)金陵書局刻本 二冊 十一行十九字小字雙行二十七字白口左右雙邊

610000－1001－0007681 普0006507

四書集註十九卷 （宋）朱熹集註 清光緒二十年(1894)金陵書局刻本 六冊 九行十七字小字雙行同白口左右雙邊

610000－1001－0007682 普0006508

春秋左傳杜註補輯三十卷 （晉）杜預註 （清）姚培謙補輯 清光緒七年(1881)金陵書局刻本 十冊 十一行二十二字小字雙行同上下黑口左右雙邊

610000－1001－0007683　普 0006510

大學衍義四十三卷　（宋）真德秀彙輯　**補一百六十卷**　（明）丘濬撰　（明）陳仁錫評閱　清道光十七年（1837）刻本　五十冊　十行二十字小字雙行同白口四周單邊

610000－1001－0007684　普 0006511

孝經注疏九卷音義一卷　（宋）邢昺撰　清同治十三年（1874）湖南書局刻本　一冊　九行二十一字小字雙行同白口左右雙邊

610000－1001－0007685　普 0006512

爾雅注疏十一卷　（晉）郭璞注　（宋）邢昺疏　**爾雅音義二卷**　（唐）陸德明撰　清同治十三年（1874）湖南書局刻本　三冊　九行二十一字白口左右雙邊

610000－1001－0007686　普 0006514

四書合講十九卷　（清）□□輯　清刻本　六冊　二十六行大小字不等白口四周單邊

610000－1001－0007687　普 0006515

繪圖孝經讀本一卷　（清）世祖福臨注　清宣統三年（1911）上海錦章書局石印本　一冊　十二行十七字小字雙行三十三字白口四周單邊

610000－1001－0007688　普 0006516

爾雅串珠二卷　（明）朱銓撰　清華州刻本　一冊　八行十八字白口左右雙邊

610000－1001－0007689　普 0006517

爾雅二卷　（晉）郭璞注　抄本　一冊　九行二十四字

610000－1001－0007690　普 0006518

呂晚邨先生四書講義四十三卷　（清）陳鏦編次　清刻本　十二冊　十一行二十一字上下黑口左右雙邊

610000－1001－0007691　普 0006522

爾雅三卷　（晉）郭璞注　（唐）陸德明音義　清同治十一年（1872）刻本　三冊　九行十七字小字雙行同白口四周單邊

610000－1001－0007692　普 0006524

論語十卷　（宋）朱熹集注　清刻本　四冊　九行大小字不等白口左右雙邊

610000－1001－0007693　普 0006530

孝經一卷　（唐）玄宗李隆基注　（唐）陸德明音義　清同治十一年（1872）山東書局刻本　一冊　九行十七字小字雙行同白口四周單邊

610000－1001－0007694　普 0006533

佩文韻府一百〇六卷韻府拾遺一百〇六卷　（清）張玉書等編　清光緒十八年（1892）上海同文書局石印本　六十冊　二十四行五十字小字雙行同白口四周雙邊

610000－1001－0007695　普 0006534

康熙字典十二集總目一卷檢字一卷辨似一卷等韻一卷備考一卷補遺一卷　（清）張玉書等纂　清光緒三十二年（1906）上海商務印書館石印本　六冊　二十一行三十一字小字雙行六十二字白口四周雙邊

610000－1001－0007696　普 0006538

佩文詩韻五卷　（清）周蓮塘撰　清道光四年（1824）刻本　二冊　八行十五字小字雙行三十字白口四周雙邊

610000－1001－0007697　普 0006539

詩韻集成十卷　（清）余照輯　清道光二十一年（1841）刻本　四冊　十八行十一字白口四周單邊

610000－1001－0007698　普 0006540

新增說文韻府羣玉二十卷　（元）陰時夫輯　清刻本　二十冊　十一行二十二字小字雙行同白口四周單邊

610000－1001－0007699　普 0006542

爾雅音訓不分卷　（□）□□撰　清道光十年（1830）刻本　一冊　七行二十二字小字雙行同白口四周單邊

610000－1001－0007700　普 0006543

十三經集字一卷　（清）李鴻藻撰　清光緒六年（1880）刻本　一冊　三行五字白口左右雙邊

610000 – 1001 – 0007701　普 0006547

孝經一卷　（唐）玄宗李隆基注　（唐）陸德明音義　清同治九年(1870)揚州書局刻本　一冊　八行十七字小字雙行同白口四周雙邊

610000 – 1001 – 0007702　普 0006548

親屬記二卷　（清）鄭珍撰　清光緒十八年(1892)刻本　一冊　十一行二十四字上下黑口四周單邊

610000 – 1001 – 0007703　普 0006549

爾雅三卷　（晉）郭璞注　（唐）陸德明音義　清光緒二十一年(1895)廣雅書局刻本　三冊　十二行二十五字小字雙行三十六字白口左右雙邊

610000 – 1001 – 0007704　普 0006550

字韻學鵠二卷　（清）姚文登輯　清光緒十三年(1887)大同書局石印本　二冊　十六行大小字不等白口四周雙邊

610000 – 1001 – 0007705　普 0006551

詩韻集成十卷　（清）余照輯　清道光十九年(1839)京都琉璃廠刻本　四冊　八行十一字白口四周單邊

610000 – 1001 – 0007706　普 0006552

漢簡七卷　（宋）郭忠恕撰　清光緒九年(1883)上海點石齋石印本　一冊　八行大小字不等白口四周單邊

610000 – 1001 – 0007707　普 0006553

韻海鴛鴦十六卷　（清）尋樂居士編輯　清道光二十五年(1845)刻本　六冊　八行二十字小字雙行同白口左右雙邊

610000 – 1001 – 0007708　普 0006554

韻海鴛鴦十六卷　（清）尋樂居士編輯　清咸豐十年(1860)刻本　六冊　八行二十字小字雙行同白口左右雙邊

610000 – 1001 – 0007709　普 0006556

說文解字雙聲疊韻譜一卷　（清）鄧廷楨撰　清光緒九年(1883)同文書局石印本　一冊　九行二十字白口左右雙邊

610000 – 1001 – 0007710　普 0006558

新增說文韻府羣玉二十卷　（元）陰時夫輯　清刻本　二十冊　十一行二十二字小字雙行同白口四周單邊

610000 – 1001 – 0007711　普 0006563

字學舉隅不分卷　（清）龍啟瑞　（清）龍光甸撰　清同治十年(1871)西安義興堂刻本　二冊　八行十六字小字雙行三十二字白口左右雙邊

610000 – 1001 – 0007712　普 0006564

重校十三經不貳字不分卷　（清）李鴻藻編　清光緒元年(1875)刻本　一冊　三行五字白口左右雙邊

610000 – 1001 – 0007713　普 0006566

影宋鈔繪圖爾雅三卷　（晉）郭璞注　清嘉慶六年(1801)刻本　三冊　十二行二十字小字雙行同上下黑口四周雙邊

610000 – 1001 – 0007714　普 0006567

韻詁五卷附錄一卷　（清）方濬頤輯　清光緒四年(1878)淮南書局刻本　六冊　八行十五字小字雙行三十字白口左右雙邊

610000 – 1001 – 0007715　普 0006568

說文解字斠詮十四卷　（清）錢坫撰　清光緒九年(1883)淮南書局刻本　六冊　七行大字不等小字雙行二十四字白口左右雙邊

610000 – 1001 – 0007716　普 0006569

說文段注訂補十四卷　（清）王紹蘭撰　清光緒十四年(1888)刻本　八冊　十行二十字白口四周雙邊

610000 – 1001 – 0007717　普 0006571

詩句題解韻編六卷　（清）陳維屏纂輯　清同治四年(1865)刻本　六冊　九行大小字不等白口左右雙邊

610000 – 1001 – 0007718　普 0006572

小學考五十卷　（清）謝啟昆撰　清光緒十五年(1889)鉛印本　六冊　十九行三十八字白口四周雙邊

610000 – 1001 – 0007719　普 0006574

分隸偶存二卷　（清）萬經編輯　清光緒八年
(1882)辨志堂刻本　二冊　十行二十一字上
下黑口左右雙邊

610000 – 1001 – 0007720　普 0006576

養正齋音書蒙求端始一卷　（清）沙南迂愚輯
清道光十四年(1834)刻本　一冊　六行大
字不等小字雙行二十二字白口四周雙邊

610000 – 1001 – 0007721　普 0006577

新增說文韻府羣玉二十卷　（元）陰時夫輯
清刻本　二十冊　十一行大字不等小字雙行
二十二字白口四周單邊

610000 – 1001 – 0007722　普 0006578

佩文詩韻釋要五卷　（清）周蓮塘撰　清光緒
八年(1882)刻本　二冊　八行大小字不等白
口四周雙邊

610000 – 1001 – 0007723　普 0006579

字說一卷　（清）吳大澂撰　清光緒十九年
(1893)刻本　一冊　十行十九字白口四周
單邊

610000 – 1001 – 0007724　普 0006580

增訂金壺字攷一卷　（清）郝在田撰　清光緒
元年(1875)刻本　一冊　八行大小字不等白
口左右雙邊

610000 – 1001 – 0007725　普 0006581

校增字學舉隅不分卷　（清）龍啓瑞撰　清同
治十三年(1874)刻本　一冊　八行大小字不
等白口左右雙邊

610000 – 1001 – 0007726　普 0006582

校增字學舉隅不分卷　（清）龍啓瑞撰　清同
治十三年(1874)刻本　一冊　八行大小字不
等白口左右雙邊

610000 – 1001 – 0007727　普 0006583

校增字學舉隅不分卷　（清）龍啓瑞撰　清同
治十三年(1874)刻本　一冊　八行大小字不
等白口左右雙邊

610000 – 1001 – 0007728　普 0006589

說文古籀補一卷附錄一卷　（清）吳大澂撰
清光緒七年(1881)刻本　二冊　十行十八字
白口四周單邊

610000 – 1001 – 0007729　普 0006591

說文管見三卷　（清）胡秉虔撰　清刻本　一
冊　十一行二十一字上下黑口左右雙邊

610000 – 1001 – 0007730　普 0006592

重訂類字蒙求不分卷　（清）師竹齋主人重訂
清光緒六年(1880)刻本　二冊　六行大小
字不等白口四周雙邊

610000 – 1001 – 0007731　普 0006593

經書字音辨要九卷　（清）揚名颺輯　清道光
十年(1830)式好堂刻本　二冊　八行大字不
等小字雙行二十二字白口四周雙邊

610000 – 1001 – 0007732　普 0006594

駢雅訓纂十六卷　（明）朱謀㙔撰　清光緒十
二年(1886)知不足齋刻本　八冊　十二行二
十五字白口四周雙邊

610000 – 1001 – 0007733　普 0006595

說文繫傳校錄三十卷　（清）王筠撰　（清）劉
燿椿參訂　清道光二十三年(1843)刻本　四
冊　十行大字不等小字雙行二十四字白口四
周雙邊

610000 – 1001 – 0007734　普 0006604

說文建首字讀一卷　（清）苗夔撰　清咸豐元
年(1851)刻本　一冊　七行大字不等小字雙
行二十字下黑口四周雙邊

610000 – 1001 – 0007735　普 0006605

前漢書一百卷　（漢）班固撰　（唐）顏師古注
清光緒十三年(1887)金陵書局刻本　十六
冊　十二行二十五字小字雙行三十七字白口
左右雙邊

610000 – 1001 – 0007736　普 0006607

欽定清漢對音字式一卷　（清）福隆安撰　清
刻本　一冊　九行二十字白口四周雙邊

610000 – 1001 – 0007737　普 0006608

古今韻會舉要三十卷禮部韻略七音三十六字

母通考一卷　(宋)黃公紹編輯　清光緒九年(1883)淮南書局刻本　十冊　十一行二十字小字雙行同上下黑口左右雙邊

610000－1001－0007738　普0006609

佩文韻府一百〇六卷　(清)張玉書等編　清光緒二十年(1894)上海點石齋石印本　六十冊　二十四行大字不等小字雙行五十字白口四周雙邊

610000－1001－0007739　普0006610

韻海駕鴦十六卷　(清)尋樂居士編輯　清道光二十二年(1842)刻本　八冊　八行二十字小字雙行同白口左右雙邊

610000－1001－0007740　普0006611

詩韻含英十八卷　(清)劉文蔚輯　清刻本　二冊　八行大小字不等白口四周雙邊

610000－1001－0007741　普0006612

詩韻萃珍十卷　(清)黃昌瑞輯　清咸豐九年(1859)聚盛堂刻本　四冊　九行大字不等小字雙行三十六字白口四周單邊

610000－1001－0007742　普0006613

韻對典考二卷　(清)車萬育著　(清)聶銑敏重訂　清光緒五年(1879)刻本　一冊　九行二十字小字雙行同白口左右雙邊

610000－1001－0007743　普0006614

佩文詩韻釋要五卷　(清)周蓮塘撰　(清)林重輯　清刻本　一冊　九行十八字小字雙行三十六字白口左右雙邊

610000－1001－0007744　普0006615

韻辨附文五卷　(清)沈兆霖撰　清道光二十三年(1843)刻本　二冊　七行大小字不等白口四周雙邊

610000－1001－0007745　普0006616

韻辨附文五卷　(清)沈兆霖撰　清道光二十三年(1843)刻本　五冊　七行大小字不等白口四周雙邊

610000－1001－0007746　普0006618

北齊書五十卷　(唐)李百藥撰　清同治十三年(1874)金陵書局刻本　四冊　十二行二十五字白口左右雙邊

610000－1001－0007747　普0006619

五代史記注七十四卷　(宋)歐陽修撰　(宋)徐無黨原注　(清)彭元瑞注　清道光八年(1828)刻本　四十冊　十行二十一字小字雙行同白口四周雙邊

610000－1001－0007748　普0006620

史記集解索隱正義合刻本一百三十卷　(漢)司馬遷撰　(南朝宋)裴駰集解　清同治五年(1866)金陵書局刻本　二十冊　十一行二十二字小字雙行同上下黑口四周雙邊

610000－1001－0007749　普0006621

康熙字典十二集檢字一卷辨似一卷等韻一卷總目一卷備考一卷補遺一卷　(清)張玉書等撰　清道光七年(1827)刻本　四十冊　八行十六字小字雙行同白口四周雙邊

610000－1001－0007750　普0006623

晉書一百三十卷　(唐)房玄齡等撰　清同治十年(1871)金陵書局刻本　二十冊　十二行二十五字白口左右雙邊

610000－1001－0007751　普0006624

晉書輯本不分卷　(清)湯球輯　清廣雅書局刻本　九冊　十一行二十四字小字雙行同上下黑口四周單邊

610000－1001－0007752　普0006625

三國志六十五卷　(晉)陳壽撰　(南朝宋)裴松之注　清光緒十三年(1887)江南書局刻本　八冊　十二行二十五字小字雙行三十七字白口左右雙邊

610000－1001－0007753　普0006627

宋書一百卷　(南朝梁)沈約撰　清同治十一年(1872)金陵書局刻本　十六冊　十二行二十五字白口左右雙邊

610000－1001－0007754　普0006628

舊五代史一百五十卷　(宋)薛居正等撰　清嘉慶元年(1796)刻本　十六冊　十二行二十五字小字雙行三十七字白口左右雙邊

610000－1001－0007755　普 0006629

後漢書一百卷　（南朝宋）范曄撰　（唐）李賢注　續漢書志三十卷　（南朝梁）劉昭注補　清光緒十三年(1887)金陵書局刻本　十六冊　十二行二十五字小字雙行三十七字白口左右雙邊

610000－1001－0007756　普 0006631

周書五十卷　（唐）令狐德棻等撰　清同治十三年(1874)金陵書局刻本　四冊　十二行二十五字白口左右雙邊

610000－1001－0007757　普 0006632

魏書一百十四卷　（北齊）魏收撰　清同治十一年(1872)金陵書局刻本　二十冊　十二行二十五字白口左右雙邊

610000－1001－0007758　普 0006635

隋書八十五卷　（唐）魏徵等撰　清同治十年(1871)淮南書局刻本　十二冊　十二行二十五字白口左右雙邊

610000－1001－0007759　普 0006636

梁書五十六卷　（唐）姚思廉撰　清同治十三年(1874)金陵書局刻本　六冊　十二行二十五字白口左右雙邊

610000－1001－0007760　普 0006637

南齊書五十九卷　（南朝梁）蕭子顯撰　清同治十三年(1874)金陵書局刻本　六冊　十二行二十五字白口左右雙邊

610000－1001－0007761　普 0006640

北史一百卷　（唐）李延壽撰　清同治十一年(1872)金陵書局刻本　二十冊　十二行二十五字白口左右雙邊

610000－1001－0007762　普 0006643

南史八十卷　（唐）李延壽撰　清同治十一年(1872)金陵書局刻本　十二冊　十二行二十五字白口左右雙邊

610000－1001－0007763　普 0006645

續唐書七十卷　（清）陳鱣撰　清光緒二十一年(1895)廣雅書局刻本　六冊　十一行二十四字上下黑口四周單邊

610000－1001－0007764　普 0006648

補遼金元藝文志不分卷　（清）倪燦撰　清光緒十七年(1891)廣雅書局刻本　一冊　十一行二十四字上下黑口四周單邊

610000－1001－0007765　普 0006649

宋史藝文志補不分卷　（清）倪燦撰　清光緒十七年(1891)廣雅書局刻本　一冊　十一行二十四字上下黑口四周單邊

610000－1001－0007766　普 0006652

隸釋二十七卷　（宋）洪适撰　清刻本　八冊　九行二十字白口四周單邊

610000－1001－0007767　普 0006653

隸篇十五卷續十五卷再續十五卷　（清）翟云升撰　清道光十七年(1837)刻本　十冊　十四行二十五字白口左右雙邊

610000－1001－0007768　普 0006654

新增資治新書初集十四卷首一卷二集二十卷　（清）李漁輯　清文光堂刻本　八冊　十一行二十字白口左右雙邊

610000－1001－0007769　普 0006657

二十一史　清光緒二十八年(1902)竢寶齋石印本　三十二冊　二十三行五十字小字雙行同白口四周單邊　存四種

610000－1001－0007770　普 0006658

數紀典故補十七卷　（清）李元春輯　清刻本　十冊　九行二十四字白口四周單邊

610000－1001－0007771　普 0006659

資治通鑑二百九十四卷　（宋）司馬光撰　（元）胡三省音注　清光緒十七年(1891)刻本　一百冊　十二行二十五字上下黑口左右雙邊

610000－1001－0007772　普 0006660

尺木堂明鑑易知錄十五卷　（清）朱國標鈔（清）吳乘權等輯　清刻本　八冊　九行二十字白口四周單邊

610000－1001－0007773　普 0006665

補元史藝文志四卷　（清）錢大昕撰　清光緒

十九年(1893)廣雅書局刻本　一冊　十一行
二十四字上下黑口四周單邊

610000－1001－0007774　普0006666
補三史藝文志一卷　(清)金門詔撰　清廣雅
書局刻本　一冊　十一行二十四字上下黑口
四周單邊

610000－1001－0007775　普0006667
補五代史藝文志一卷　(清)顧櫰三撰　清光
緒十七年(1891)廣雅書局刻本　一冊　十一
行二十四字小字雙行同上下黑口四周單邊

610000－1001－0007776　普0006668
史記集解一百三十卷　(漢)司馬遷撰　(南
朝宋)裴駰注　清光緒十四年(1888)金陵書
局刻本　十六冊　十二行二十五字小字雙行
同白口左右雙邊

610000－1001－0007777　普0006670
舊唐書二百卷　(後晉)劉昫等撰　清同治十
一年(1872)定遠方氏刻本　三十五冊　十二
行二十五字白口左右雙邊

610000－1001－0007778　普0006671
舊唐書校勘記六十六卷　(清)岑建功撰　清
同治十一年(1872)定遠方氏刻本　二十三冊
　十二行二十五字小字雙行同白口左右雙邊

610000－1001－0007779　普0006673
綱鑑易知錄九十二卷　(清)吳乘權等輯　清
光緒十一年(1885)廣百宋齋鉛印本　十六冊
　十四行四十二字小字雙行同白口四周雙邊

610000－1001－0007780　普0006674
舊唐書逸文十二卷　(清)岑建功輯　清同治
十一年(1872)定遠方氏刻本　二冊　十二行
二十五字小字雙行同白口左右雙邊

610000－1001－0007781　普0006675
資治通鑑考異三十卷　(宋)司馬光編集　清
光緒十九年(1893)廣雅書局刻本　十冊　十
一行二十四字上下黑口四周單邊

610000－1001－0007782　普0006676
皇朝通鑑長編紀事本末一百五十卷　(宋)楊

仲良撰　清光緒十九年(1893)廣雅書局刻本
　二十四冊　十一行二十四字小字雙行同下
黑口四周單邊

610000－1001－0007783　普0006678
歷代通鑑纂要九十二卷　(明)李東陽等編
清光緒二十三年(1897)廣雅書局刻本　四十
八冊　十行二十字小字雙行同白口左右雙邊

610000－1001－0007784　普0006679
續資治通鑑二百二十卷　(清)畢沅撰　清同
治六年(1867)江蘇書局刻本　六十四冊　十
行二十一字小字雙行同白口四周雙邊

610000－1001－0007785　普0006680
明紀六十卷　(清)陳鶴纂　清同治十年
(1871)江蘇書局刻本　二十冊　十一行二十
四字上下黑口四周雙邊

610000－1001－0007786　普0006682
史外八卷　(清)汪有典著　清同治四年
(1865)刻本　八冊　九行二十四字白口左右
雙邊

610000－1001－0007787　普0006683
東都事略一百三十卷　(宋)王偁撰　清光緒
九年(1883)淮南書局刻本　八冊　十二行二
十四字白口左右雙邊

610000－1001－0007788　普0006684
晉畧六十六卷　(清)周濟譔　清光緒二年
(1876)刻本　十二冊　十二行二十五字小字
雙行三十八字白口左右雙邊

610000－1001－0007789　普0006685
東都事略一百三十卷　(宋)王偁撰　清嘉慶
席氏掃葉山房南沙刻本　二十冊　十二行二
十五字白口左右雙邊

610000－1001－0007790　普0006686
史外八卷　(清)汪有典著　清同治四年
(1865)刻本　八冊　九行二十四字白口左右
雙邊

610000－1001－0007791　普0006687
東都事略一百三十卷　(宋)王偁撰　清光緒

九年(1883)淮南書局刻本　八冊　十二行二十四字白口左右雙邊

610000－1001－0007792　普0006690

明史紀事本末八十卷　（清）谷應泰編輯　清光緒十三年(1887)廣雅書局刻本　十六冊　十行二十字下黑口四周單邊

610000－1001－0007793　普0006693

孔子編年四卷　（清）狄子奇撰　清光緒十三年(1887)浙江書局刻本　一冊　十行二十二字小字雙行同白口左右雙邊

610000－1001－0007794　普0006694

孟子編年四卷　（清）狄子奇撰　清光緒十三年(1887)浙江書局刻本　一冊　十行二十二字小字雙行同白口左右雙邊

610000－1001－0007795　普0006695

淮軍平捻記十二卷　（清）周世澄撰　清刻本　四冊　九行二十四字白口左右雙邊

610000－1001－0007796　普0006698

宋史紀事本末一百〇九卷　（明）馮琦編　清光緒十三年(1887)廣雅書局刻本　十六冊　十行二十字下黑口四周單邊

610000－1001－0007797　普0006700

南漢紀五卷　（清）吳蘭修撰　清道光三十年(1850)粵雅堂刻本　二冊　十一行二十二字小字雙行同上下黑口四周單邊

610000－1001－0007798　普0006701

東華錄三十二卷　（清）蔣良騏撰　清刻本　十冊　九行二十二字白口左右雙邊

610000－1001－0007799　普0006703

建炎以來朝野雜記甲集二十卷乙集二十卷逸文一卷　（宋）李心傳撰　清吳興張氏刻本　十冊　十一行二十三字上下黑口左右雙邊

610000－1001－0007800　普0006704

東觀漢記二十四卷　（漢）劉珍等撰　清道光刻本　四冊　九行二十一字小字雙行同白口四周雙邊

610000－1001－0007801　普0006705

綱鑑擇語十卷　（清）司徒修選輯　清咸豐五年(1855)刻本　五冊　九行二十二字白口四周雙邊

610000－1001－0007802　普0006706

綱鑑總論二卷　（清）顧祖禹撰　清光緒二十八年(1902)江西黃景清書局刻本　二冊　十一行二十一字上下黑口左右雙邊

610000－1001－0007803　普0006707

鑑略妥註五卷　（明）李廷機編著　清刻本　一冊　十行二十八字小字雙行同白口左右雙邊

610000－1001－0007804　普0006708

綱鑑總論二卷　（清）顧祖禹撰　清光緒二十八年(1902)江西黃景清書局刻本　二冊　十一行二十一字上下黑口左右雙邊

610000－1001－0007805　普0006710

多忠勇公平陝事略一卷　（清）李宗燾撰　清刻本　一冊　七行十八字白口四周雙邊

610000－1001－0007806　普0006712

遼史紀事本末四十卷首一卷　（清）李有棠撰　清光緒二十六年(1900)廣雅書局刻本　四冊　十行二十字小字雙行同下黑口四周單邊

610000－1001－0007807　普0006713

左傳紀事本末五十三卷　（清）高士奇撰　清光緒二十六年(1900)廣雅書局刻本　十二冊　十行二十字下黑口四周單邊

610000－1001－0007808　普0006714

文學興國策二卷　（美國）林樂智譯　清光緒二十二年(1896)圖書集成局鉛印本　一冊　十三行四十字白口四周單邊

610000－1001－0007809　普0006715

資治通鑑二百九十四卷　（宋）司馬光撰（元）胡三省音注　清刻本　二十冊　十行二十字小字雙行同下黑口左右雙邊

610000－1001－0007810　普0006716

金史紀事本末五十二卷首一卷　（清）李有棠撰　清光緒二十七年(1901)廣雅書局刻本

六冊　十行二十字小字雙行同下黑口四周
單邊

610000－1001－0007811　普0006717
通鑑輯要前編二卷正編十九卷續編八卷明史
八卷　（清）姚培謙等撰　清嘉慶二十三年
(1818)刻本　十六冊　九行二十字小字雙行
同白口四周單邊

610000－1001－0007812　普0006718
校正元親征錄一卷　（清）何秋濤撰　清光緒
二十三年(1897)蓮池書局刻本　一冊　十一
行二十四字小字雙行同下黑口左右雙邊

610000－1001－0007813　普0006721
元史紀事本末二十七卷　（明）陳邦瞻輯　清
光緒十三年(1887)廣雅書局刻本　三冊　十
行二十字下黑口四周單邊

610000－1001－0007814　普0006722
西魏書二十四卷附錄一卷　（清）謝啟昆撰
清廣雅書局刻本　六冊　十一行二十四字上
下黑口四周單邊

610000－1001－0007815　普0006723
袁王綱鑑合編五十九卷　（明）袁黃纂集
（明）王世貞彙編　清光緒三十年(1904)上海
商務印書館鉛印本　十六冊　十九行四十三
字小字雙行五十七字白口四周單邊

610000－1001－0007816　普0006724
袁王綱鑑合編五十九卷　（明）袁黃纂集
（明）王世貞彙編　清光緒三十年(1904)上海
商務印書館鉛印本　十六冊　十九行四十三
字小字雙行五十七字白口四周單邊

610000－1001－0007817　普0006725
重訂王鳳洲先生綱鑑會纂四十六卷　　（明）
王世貞撰　（清）陳仁錫訂　清光緒二十五
年(1899)上海章福記書局石印本　十六冊
　二十四行五十一字小字雙行同白口四周
雙邊

610000－1001－0007818　普0006726
漢書蒙拾三卷後漢書蒙拾二卷　（清）杭世駿
撰　清光緒十年(1884)上海同文書局石印本

二冊　十行二十字小字雙行同白口四周
單邊

610000－1001－0007819　普0006727
都門紀略四卷菊部羣英二卷　（清）楊靜亭編
　清光緒元年(1875)刻本　五冊　八行十六
字小字雙行不等白口左右雙邊　原缺一卷
（菊部羣英上）

610000－1001－0007820　普0006729
御批歷代通鑑輯覽一百十六卷明唐桂二王本
末四卷　（清）傅恆等編纂　清光緒三十年
(1904)上海商務印書館鉛印本　二十四冊
十五行二十八字小字雙行四十三字白口四
周單邊

610000－1001－0007821　普0006731
補三國藝文志四卷補晉兵志一卷　（清）侯康
撰　清刻本　一冊　十一行二十三字上下黑
口左右雙邊

610000－1001－0007822　普0006732
歷代帝王年表十四卷　（清）齊召南編　清同
治二年(1863)武林葉敦怡堂刻本　四冊　八
行大小字不等上下黑口左右雙邊

610000－1001－0007823　普0006734
尺木堂綱鑑易知錄九十二卷　（清）吳乘權等
輯　清刻本　四十冊　九行二十字小字雙行
同白口四周單邊

610000－1001－0007824　普0006735
通鑑紀事本末二百三十九卷　（宋）袁樞編輯
　（明）張溥論正　清光緒十三年(1887)廣雅
書局刻本　四十八冊　十行二十字下黑口四
周單邊

610000－1001－0007825　普0006737
曾文正公大事記四卷　（清）王定安著　清刻
本　二冊　九行二十字白口左右雙邊

610000－1001－0007826　普0006738
新科狀元策不分卷　（清）謝蘭生輯　清道光
十九年(1839)刻本　二冊　十行二十四字白
口四周單邊

610000－1001－0007827　普0006740

楊損齋先生言行錄一卷　（清）楊樹椿撰　清光緒刻本　一冊　十行二十二字上下黑口四周雙邊

610000－1001－0007828　普0006741

楊損齋先生言行錄一卷　（清）楊樹椿撰　清光緒刻本　一冊　十行二十二字上下黑口四周雙邊

610000－1001－0007829　普0006744

建文年譜四卷　（清）趙士喆纂修　清咸豐四年(1854)刻本　四冊　九行二十字白口四周雙邊

610000－1001－0007830　普0006745

建文年譜四卷　（清）趙士喆纂修　清咸豐四年(1854)刻本　四冊　九行二十字白口四周雙邊

610000－1001－0007831　普0006747

重刻剡川姚氏本戰國策札記三卷　（清）黃丕烈撰　清嘉慶八年(1803)刻本　一冊　十一行二十字白口左右雙邊

610000－1001－0007832　普0006748

華陽國志十二卷　（晉）常璩撰　清光緒十六年(1890)刻本　四冊　十行二十字上下黑口左右雙邊

610000－1001－0007833　普0006749

東洋史要二卷　（日本）桑原騭藏撰　（清）樊炳清譯　清光緒二十五年(1899)東文學社石印本　四冊　十五行三十二字上下黑口四周雙邊

610000－1001－0007834　普0006751

吳越備史四卷補遺一卷　（宋）范坰等撰　吳越備史雜考一卷　（清）吳受徵輯　清光緒二十一年(1895)錢塘丁氏嘉惠堂刻本　二冊　十行二十字白口四周雙邊

610000－1001－0007835　普0006752

黔語二卷　（清）吳振棫纂　清咸豐四年(1854)刻本　一冊　十二行二十四字上下黑口四周單邊

610000－1001－0007836　普0006753

姚江淵源錄四卷　（清）黃嗣東輯　清刻本　一冊　十三行二十二字上下黑口左右雙邊

610000－1001－0007837　普0006754

張楊園先生備忘錄四卷　（清）張履祥著　清道光十五年(1835)刻本　一冊　十行二十四字白口左右雙邊

610000－1001－0007838　普0006755

皇清陝西歷科進士錄（清順治三年至道光十六年）四卷　（清）王承烈　（清）衛祖頊輯　清道光十六年(1836)刻本　一冊　八行大小字不等白口四周雙邊

610000－1001－0007839　普0006756

關中文獻略一卷　（清）任溫編次　（清）韓甲第　（清）嚴炘校訂　清道光五年(1825)渭陽嚴熾侯刻本　一冊　九行二十二字白口四周單邊

610000－1001－0007840　普0006757

十六國春秋輯補一百卷年表一卷　（清）湯球撰　清光緒二十一年(1895)廣雅書局刻本　十冊　十一行二十四字上下黑口四周單邊

610000－1001－0007841　普0006758

天聖明道本國語二十一卷考異四卷　（清）汪遠孫撰　清同治八年(1869)湖北崇文書局刻本　五冊　十一行二十二字小字雙行不等白口左右雙邊

610000－1001－0007842　普0006760

曠典闡幽錄四卷　（清）宋佑文等輯　清刻本　四冊　十行二十二字白口

610000－1001－0007843　普0006761

曠典闡幽錄四卷　（清）宋佑文等輯　清刻本　四冊　十行二十二字白口

610000－1001－0007844　普0006762

續碑傳集八十六卷首二卷　繆荃孫纂錄　清宣統二年(1910)江楚編譯書局刻本　三十冊　十六行二十七字上下黑口四周單邊

610000－1001－0007845　普0006763

新寧劉宮保七旬賜壽圖不分卷　（清）恩壽等輯　清光緒二十六年（1900）石印本　八冊　八行二十二字下黑口四周雙邊

610000－1001－0007846　普0006764

古今楹聯彙刻小傳十二集首一集外一集　（清）吳隱輯　清宣統三年（1911）西泠印社鉛印本　二冊　九行二十八字白口半葉四周單邊

610000－1001－0007847　普0006765

聖賢像贊不分卷　（□）□□撰　清同治三年（1864）積賢書舫刻本　四冊　九行十九字小字雙行同白口左右雙邊

610000－1001－0007848　普0006767

國朝詩人徵略六十卷二編六十四卷　（清）張維屏輯　清道光十年（1830）刻本　十六冊　十行二十二字上下黑口左右雙邊

610000－1001－0007849　普0006768

文獻徵存錄十卷　（清）錢林輯　清咸豐八年（1858）刻本　十冊　十一行二十一字白口左右雙邊

610000－1001－0007850　普0006769

文獻徵存錄十卷　（清）錢林輯　清咸豐八年（1858）刻本　十冊　十一行二十一字白口左右雙邊

610000－1001－0007851　普0006771

五朝名臣言行錄前集十卷後集十四卷續集八卷別集二十六卷外集十七卷　（宋）朱熹纂集　清同治七年（1868）臨川桂氏刻本　十二冊　十二行二十三字上下黑口左右雙邊

610000－1001－0007852　普0006773

秋甫先生藝文畧一卷　（清）焦聯奎等編次　清同治七年（1868）刻本　一冊　九行二十字白口四周雙邊

610000－1001－0007853　普0006774

倪高士年譜一卷　（清）沈世良編　清宣統元年（1909）刻本　一冊　十一行二十二字小字雙行同上下黑口左右雙邊

610000－1001－0007854　普0006775

[廣東]南海九江朱氏家譜十二卷首四卷　（清）朱宗琦等纂修　（清）朱次琦議修　清同治八年（1869）朱福元、朱奎元、朱顯元刻本　十二冊　十一行二十四字白口左右雙邊

610000－1001－0007855　普0006776

朱子年譜一卷　（清）鄭士範編集　清光緒六年（1880）刻本　一冊　十行二十二字小字雙行同下黑口四周雙邊

610000－1001－0007856　普0006777

雙池先生年譜四卷　（清）余龍光編次　清光緒二十二年（1896）刻本　二冊　十行二十二字小字雙行同白口四周雙邊

610000－1001－0007857　普0006778

馮潛齋年譜不分卷　（清）馮願修　清宣統三年（1911）刻本　二冊　十一行二十四字小字雙行同上下黑口四周單邊

610000－1001－0007858　普0006780

元和姓纂十卷　（唐）林寶撰　清光緒六年（1880）金陵書局刻本　四冊　十二行二十四字小字雙行同上下黑口左右雙邊

610000－1001－0007859　普0006782

孟子年譜二卷　（清）曹之升撰　清刻本　二冊　九行二十一字小字雙行同上下黑口左右雙邊

610000－1001－0007860　普0006783

印人傳三卷續印人傳八卷再續印人傳四卷　（清）周亮工　（清）王啟淑撰　（清）葉銘輯　清宣統二年（1910）杭州西泠印社鉛印本　八冊　十二行三十字白口四周單邊

610000－1001－0007861　普0006786

駱公年譜一卷　（清）駱秉章編　清刻本　二冊　九行二十四字白口四周雙邊

610000－1001－0007862　普0006788

黃忠端公年譜四卷補遺一卷　（明）莊起儔編　清道光九年（1829）刻本　二冊　七行二十字小字雙行同白口四周雙邊

610000－1001－0007863　普0006789

合肥相國七十賜壽圖一卷　（清）李鴻藻輯
清光緒十八年(1892)石印本　四冊　十八行
三十九字下黑口四周雙邊

610000－1001－0007864　普0006791

孫文靖年譜一卷　（清）孫慧惇撰　清光緒二
十七年(1901)鉛印本　一冊　九行十九字下
黑口四周雙邊

610000－1001－0007865　普0006792

陝甘鄉試同年齒錄不分卷　（□）□□撰　清
同治刻本　一冊　九行大字不等小字雙行十
字白口四周雙邊

610000－1001－0007866　普0006793

劉奇烈公事實一卷　（清）吳勉等著　清刻本
一冊　八行二十字白口左右雙邊

610000－1001－0007867　普0006796

陸清獻公年譜一卷　（清）吳光西編　清光緒
涇陽柏經正堂刻本　一冊　九行二十字小字
雙行同下黑口四周單邊

610000－1001－0007868　普0006797

建文年譜四卷　（清）趙士喆纂修　清咸豐四
年(1854)刻本　四冊　九行二十字白口四周
雙邊

610000－1001－0007869　普0006798

歷年紀略一卷　（清）惠霥嗣編　清刻本　一
冊　九行二十字白口四周雙邊

610000－1001－0007870　普0006799

碧血錄五卷　（清）莊仲方著論　清咸豐二年
(1852)刻本　一冊　十一行二十三字白口左
右雙邊

610000－1001－0007871　普0006800

方正學先生年譜一卷　（明）盧演輯纂　清道
光二十七年(1847)刻本　一冊　八行二十二
字白口四周雙邊

610000－1001－0007872　普0006801

任鈞臺先生遺書四卷　（清）任啟運撰　（清）
張紀植錄　清嘉慶十四年(1809)刻本　五冊

九行二十二字小字雙行同白口四周雙邊

610000－1001－0007873　普0006802

春洋子自訂年譜一卷　（清）張佑編　清刻本
一冊　九行二十二字小字雙行同白口左右
雙邊

610000－1001－0007874　普0006804

衛靜軒行述一卷　（清）衛錫齡撰　清道光刻
本　一冊　八行二十字白口四周單邊

610000－1001－0007875　普0006805

王恩綬忠孝錄不分卷　（清）汪朝榮等著　清
同治五年(1866)刻本　一冊　九行十九字白
口四周雙邊

610000－1001－0007876　普0006807

國朝事略五卷　江楚編譯局編　清光緒三十
三年(1907)廣東學務公所鉛印本　一冊　十
二行三十二字下黑口四周雙邊

610000－1001－0007877　普0006808

世篤忠貞錄不分卷　（清）榮祿纂　清光緒三
年(1877)石印本　二冊　七行二十字小字雙
行同白口四周雙邊

610000－1001－0007878　普0006809

先聖生平年月日表二卷　（清）孔廣牧述　清
光緒十五年(1889)廣雅書局刻本　一冊　十
一行二十四字下黑口四周單邊

610000－1001－0007879　普0006810

漢名臣傳三十二卷　（清）國史館編　清刻本
三十一冊　九行十七字白口四周單邊

610000－1001－0007880　普0006811

滿洲名臣傳四十八卷　（清）國史館編　清刻
本　三十六冊　九行十七字白口四周單邊
缺六卷(十三至十八)

610000－1001－0007881　普0006812

欽定宗室王公功績表傳十二卷首一卷　（清）
國史館編　清刻本　八冊　十二行字數不等
白口四周雙邊

610000－1001－0007882　普0006813

大清搢紳全書四卷　（清）榮錄堂編　清光緒

二十七年(1901)榮錄堂刻本　四冊　十四行
三十二字白口四周雙邊

610000－1001－0007883　普0006814
大清搢紳全書四卷　(清)榮錄堂編　清光緒
十六年(1890)榮錄堂刻本　六冊　十四行三
十二字白口四周雙邊

610000－1001－0007884　普0006815
大清搢紳全書四卷　(清)榮錄堂編　清光緒
三十三年(1907)榮錄堂刻本　四冊　十四行
三十二字白口四周雙邊

610000－1001－0007885　普0006816
大清搢紳全書四卷　(清)榮錄堂編　清光緒
三十三年(1907)榮寶齋刻本　七冊　十四行
三十二字白口四周雙邊

610000－1001－0007886　普0006818
大清搢紳全書四卷　(清)榮錄堂編　清道光
二十八年(1848)榮錄堂刻本　五冊　十四行
三十二字白口四周雙邊

610000－1001－0007887　普0006819
大清搢紳全書四卷　(清)榮錄堂編　清光緒
二十七年(1901)榮錄堂刻本　四冊　十四行
三十二字小字雙行同白口四周雙邊

610000－1001－0007888　普0006820
大清搢紳全書四卷　(清)榮錄堂編　清光緒
二十七年(1901)榮錄堂刻本　四冊　十四行
三十二字小字雙行同白口四周雙邊

610000－1001－0007889　普0006821
方輿全圖總說五卷　(清)顧祖禹輯　(清)浦
錫齡校訂　清光緒二十七年(1901)圖書集成
局鉛印本　四冊　十四行三十六字小字雙行
同白口四周單邊

610000－1001－0007890　普0006822
官游紀略二卷　(清)高廷瑤撰　清光緒九年
(1883)資中官廨刻本　一冊　十行二十一字
上下黑口左右雙邊

610000－1001－0007891　普0006823
官游紀略二卷　(清)高廷瑤撰　清光緒九年
(1883)資中官廨刻本　一冊　十行二十一字
上下黑口左右雙邊

610000－1001－0007892　普0006824
華嶽圖經二卷　(清)蔣湘南著　清咸豐元年
(1851)刻本　一冊　九行二十二字白口四周
雙邊

610000－1001－0007893　普0006824
華嶽圖經二卷　(清)蔣湘南著　清咸豐元年
(1851)刻本　一冊　九行二十二字白口四周
雙邊　存一卷(一)

610000－1001－0007894　普0006825
南漢地理志一卷　(清)吳蘭修撰　清道光三
十年(1850)南海伍氏刻本　一冊　十一行二
十二字小字雙行同上下黑口四周單邊

610000－1001－0007895　普0006826
葉爾羌守城紀略一卷守邊輯要一卷　(清)璧
昌撰　清道光二十八年(1848)刻本　一冊
八行二十一字白口四周雙邊

610000－1001－0007896　普0006827
爵秩全覽不分卷　(□)□□撰　清光緒三十
一年(1905)刻本　四冊　十六行大小字不等
白口四周雙邊

610000－1001－0007897　普0006828
歷代世系紀年編一卷　(清)沈炳震撰　清刻
本　一冊　十行二十四字白口左右雙邊

610000－1001－0007898　普0006829
地理全志一卷　(英國)慕維廉輯譯　清光緒
二十一年(1895)陝西味經售書處刻本　一冊
十行二十二字小字雙行同白口四周雙邊

610000－1001－0007899　普0006830
山西疆域沿革圖譜五卷　(清)張煦修輯　清
光緒十三年(1887)刻本　四冊　十二行二十
三字小字雙行不等上下黑口左右雙邊

610000－1001－0007900　普0006831
天下郡國利病書一百二十卷　(清)顧炎武撰
清光緒二十七年(1901)圖書集成局鉛印本
二十八冊　十四行四十二字白口四周單邊

610000－1001－0007901　普0006832
重校趙氏水經注釋四十卷首一卷附錄二卷水
經注箋刊誤十二卷　（清）趙一清錄　清光緒
六年(1880)張氏刻本　二十冊　十行二十二
字白口左右雙邊

610000－1001－0007902　普0006833
水經注圖二卷　（清）汪士鐸學　清咸豐十一
年(1861)刻本　一冊　十二行二十四字小字
雙行同上下黑口四周雙邊

610000－1001－0007903　普0006835
上諭內閣一百五十九卷　（清）允祿等輯　清
刻本　三十二冊　十一行二十一字白口四周
雙邊

610000－1001－0007904　普0006838
西游錄一卷　（元）耶律楚材撰　清光緒二十
一年(1895)陝西味經售書處刻本　一冊　十
行二十二字白口左右雙邊

610000－1001－0007905　普0006839
滇軺紀程一卷荷戈紀程一卷　（清）林則徐撰
　清光緒三年(1877)刻本　一冊　十行二十
四字白口左右雙邊

610000－1001－0007906　普0006840
宦游紀略二卷　（清）高廷瑤錄存　清同治元
年(1862)刻本　一冊　九行二十五字白口四
周雙邊

610000－1001－0007907　普0006842
南海先生戊戌奏稿不分卷　康有為撰　清宣
統三年(1911)鉛印本　一冊　十一行二十三
字白口四周單邊

610000－1001－0007908　普0006843
宦游紀略二卷　（清）高廷瑤撰　清光緒二十
六年(1900)貴築高氏刻本　一冊　十二行二
十三字上下黑口左右雙邊

610000－1001－0007909　普0006845
吳中舊事一卷　（元）陸友仁撰　平江記事一
卷　（元）高德基撰　燼餘錄二卷　（元）城北
遺民述　清刻本　一冊　十行二十四字白口
左右雙邊

610000－1001－0007910　普0006846
同治中興京外奏議約編八卷　（清）陳弢輯
清光緒元年(1875)刻本　四冊　十行二十二
字白口左右雙邊

610000－1001－0007911　普0006850
林文忠公政書五種　（清）林則徐撰　清光緒
二十四年(1898)天津文德堂石印本　六冊
十九行三十八字下黑口四周雙邊

610000－1001－0007912　普0006851
林文忠公政書甲集九卷乙集十七卷丙集十一
卷蒐遺一卷　（清）林則徐撰　清光緒刻本
二十冊　九行二十字下黑口四周雙邊　缺一
卷（蒐遺一）

610000－1001－0007913　普0006852
中西關繫略論四卷　（美國）林樂知著　清光
緒二年(1876)鉛印本　一冊　十六行三十四
字白口四周雙邊

610000－1001－0007914　普0006853
拳教析疑說一卷　勞乃宣撰　清光緒二十六
年(1900)刻本　一冊　八行二十二字白口左
右雙邊

610000－1001－0007915　普0006858
聖諭徵事一卷　（清）李庚乾輯　清光緒十九
年(1893)刻本　一冊　九行二十二字白口左
右雙邊

610000－1001－0007916　普0006859
朝邑縣清丈地糧定數條規總冊不分卷　（清）
霍勤勳等編　清光緒十九年(1893)鉛印本
一冊　十行二十四字小字雙行同白口四周
雙邊

610000－1001－0007917　普0006862
李文忠公海軍函稿四卷　（清）李鴻章撰
（清）吳汝綸編　清光緒二十八年(1902)蓮池
書社鉛印本　二冊　十二行二十八字小字雙
行同上下黑口四周雙邊

610000－1001－0007918　普0006863
居易初集二卷　（清）經元善撰　清光緒二十
七年(1901)葡國濠鏡之大駁臺鉛印本　二冊

十行二十五字小字雙行同白口四周雙邊

610000－1001－0007919　普 0006864
陸宣公奏議願學編二卷　（清）蔡方炳撰　清
啟元堂刻本　四冊　八行二十四字白口四周
單邊

610000－1001－0007920　普 0006865
唐陸宣公奏議讀本四卷　（唐）陸贄撰　（清）
汪銘謙編　（清）馬傳庚評點　清光緒二十六
年(1900)會稽馬氏石印本　二冊　十二行二
十四字白口四周雙邊

610000－1001－0007921　普 0006866
唐陸宣公集二十二卷　（唐）陸贄撰　清咸豐
元年(1851)刻本　六冊　十行二十字白口四
周雙邊

610000－1001－0007922　普 0006867
文獻通考纂二十二卷　（元）馬端臨著　**續文
獻通考纂二十二卷**　（明）王沂著　清刻本
三十二冊　九行二十二字白口四周雙邊

610000－1001－0007923　普 0006868
貞觀政要十卷　（唐）吳兢撰　清光緒四年
(1878)刻本　四冊　十行二十字白口左右
雙邊

610000－1001－0007924　普 0006869
歷代河防統纂二十八卷　（清）陳璜輯　清光
緒十四年(1888)鴻寶齋石印本　四冊　十七
行五十字白口四周雙邊

610000－1001－0007925　普 0006870
海防策要四卷　（清）陳彤輔輯　清光緒十四
年(1888)上海蜚英館石印本　一冊　二十四
行四十字白口四周雙邊

610000－1001－0007926　普 0006871
河防策要四卷　（清）陳彤輔輯　清光緒十四
年(1888)上海蜚英館石印本　一冊　二十四
行四十字白口四周雙邊

610000－1001－0007927　普 0006874
水經注匯校四十卷附錄二卷首一卷　（北魏）
酈道元撰　（清）楊希閔校　清光緒七年

(1881)福州刻本　十二冊　十一行二十三字
小字雙行同白口四周雙邊

610000－1001－0007928　普 0006875
最近揚子江之大勢六章　（日本）國府犀東撰
　（清）趙必振譯　清光緒二十八年(1902)廣
智書局鉛印本　一冊　十二行三十一字白口
四周雙邊

610000－1001－0007929　普 0006876
欽定大清會典一百卷首一卷　（清）崑岡等撰
　清光緒三十五年(1909)京師官書局石印本
　二十四冊　十行二十字小字雙行同白口四
周雙邊

610000－1001－0007930　普 0006878
水道提綱二十八卷　（清）齊召南編錄　清光
緒七年(1881)上海文瑞樓鉛印本　八冊　十
行二十二字小字雙行同白口左右雙邊

610000－1001－0007931　普 0006879
微信錄一卷　（清）張秉直著　清光緒元年
(1875)李懷德堂刻本　一冊　九行二十字上
下黑口四周雙邊

610000－1001－0007932　普 0006880
陝西南山谷口攷一卷　（清）毛鳳枝撰　清刻
本　一冊　十行二十字小字雙行同上下黑口
四周雙邊

610000－1001－0007933　普 0006881
畿輔水利議一卷　（清）林則徐撰　清廣仁堂
刻本　一冊　十行二十三字白口四周雙邊

610000－1001－0007934　普 0006884
兩漢策要十二卷　（宋）陶叔獻編　清光緒十
三年(1887)同文書局石印本　八冊　六行十
四字上下黑口四周雙邊

610000－1001－0007935　普 0006885
五大洲政治通考四十八卷　（清）急先務齋主
人輯　清光緒二十七年(1901)石印本　十二
冊　十八行四十字上下黑口四周雙邊

610000－1001－0007936　普 0006886
通典總序一卷　（唐）杜佑著　**通志總序一卷**

（宋）鄭樵著　**文獻通考總序一卷**　（元）馬端臨著　清光緒十九年（1893）文英閣刻本一冊　十行二十四字上下黑口左右雙邊

610000－1001－0007937　普0006888

水經注四十卷　（北魏）酈道元撰　清光緒二十年（1894）寶善書局石印本　二十冊　十行二十四字小字雙行同上下黑口左右雙邊

610000－1001－0007938　普0006889

山東現奉部議奏准賑捐章程一卷　（清）山東賑撫總局訂　清光緒二十七年（1901）鉛印本　一冊　九行二十一字白口四周雙邊

610000－1001－0007939　普0006890

硃批諭旨不分卷　（清）鄂爾泰編　清光緒十三年（1887）石印本　六十冊　十五行三十三字白口四周雙邊

610000－1001－0007940　普0006891

水經注四十卷首一卷附錄二卷　（北魏）酈道元撰　清光緒二十三年（1897）新化三味書室刻本　十六冊　十一行二十四字小字雙行同上下黑口四周單邊

610000－1001－0007941　普0006892

列國政要一百三十二卷首一卷　（清）戴鴻慈（清）端方輯　清光緒三十三年（1907）石印本　三十二冊　十行二十八字白口四周雙邊

610000－1001－0007942　普0006893

紀元通攷十二卷　（清）葉維庚輯　清道光八年（1828）鐘秀山房刻本　四冊　十行二十四字白口左右雙邊

610000－1001－0007943　普0006894

九通　（清）□□輯　清光緒二十七年（1901）上海圖書集成局鉛印本　二百九十八冊　十六行四十三字小字雙行同白口四周單邊

610000－1001－0007944　普0006895

分類史事政治論海十六卷　（清）王澍劼編　清光緒三十年（1904）海陵鑑古齋石印本　三十二冊　十四行四十字白口四周單邊

610000－1001－0007945　普0006896

皖江官場必覽不分卷　（清）周顯洛輯　清光緒二十年（1894）刻本　六冊　十行字數不等下黑口四周單邊

610000－1001－0007946　普0006897

福惠全書三十二卷　（清）黃六鴻著　清刻本　十二冊　九行二十二字白口左右雙邊

610000－1001－0007947　普0006898

資治新書初集十四卷首一卷二集二十卷　（清）李漁輯　清同治十二年（1873）刻本　十二冊　十二行二十字白口四周單邊　缺六卷（初集五至六、九至十二）

610000－1001－0007948　普0006899

現行刑律簡明圖不分卷　（清）法律館撰　清宣統三年（1911）文明書局石印本　一冊　行數不等大小字不等白口四周單邊

610000－1001－0007949　普0006900

續富國策四卷　（清）陳熾撰　清光緒二十四年（1898）刻本　一冊　十行二十三字白口左右雙邊

610000－1001－0007950　普0006901

漢律類纂一卷　張鵬一撰　清光緒三十三年（1907）奉天學務公所鉛印本　一冊　十行二十二字小字雙行同白口四周單邊

610000－1001－0007951　普0006902

救荒十六策一卷　（清）寄湘漁父輯　清光緒五年（1879）刻本　一冊　九行二十二字白口四周雙邊

610000－1001－0007952　普0006903

治平大略四卷　（清）張秉直著　清光緒元年（1875）傳經堂刻本　二冊　九行二十字上下黑口四周雙邊

610000－1001－0007953　普0006904

法部奏定考試法官主要科應用法律章程一卷　（清）法部編　清宣統石印本　一冊　十三行三十字白口左右雙邊

610000－1001－0007954　普0006905

原富五卷　（英國）斯密亞丹撰　嚴復譯　清

461

光緒二十八年（1902）南洋公學譯書院鉛印本
八冊　十二行三十二字上下黑口四周雙邊

610000－1001－0007955　普0006906
續弘簡錄元史類編四十二卷　（清）邵遠平輯
清刻本　二十冊　十二行二十四字小字雙
行同白口四周單邊

610000－1001－0007956　普0006907
治平畧增定全書三十三卷　（明）朱健等著
清道光二十九年（1849）刻本　十冊　九行二
十字白口四周單邊

610000－1001－0007957　普0006908
陝西朝邑縣應催徵光緒拾壹年民欠銀錢糧草
總數仍未完散數徵信冊一卷　（清）朝邑錢糧
催徵局撰　清末刻本　一冊　十行二十四字
白口四周雙邊

610000－1001－0007958　普0006910
禁種罌粟示一卷　（□）□□撰　清光緒十一
年（1885）刻本　一冊　九行二十字小字雙行
同白口四周雙邊

610000－1001－0007959　普0006911
律法須知二卷　（清）呂芝田撰　清刻本　一
冊　九行二十字白口四周單邊　存一卷（下）

610000－1001－0007960　普0006912
重修名法指掌圖四卷　（清）徐灝撰　清同治
九年（1870）湖北崇文書局刻本　四冊　行數
不等字數不等白口四周雙邊

610000－1001－0007961　普0006913
五軍道里表一卷　（清）刑部制訂　清同治十
一年（1872）湖北讞局刻本　二冊　行數不等
字數不等白口四周雙邊

610000－1001－0007962　普0006915
通商各國條約類編十八卷首一卷末一卷附錄
一卷　（清）畿輔通志局編　清光緒三年
（1877）畿輔通志局刻本　六冊　九行二十四
字白口左右雙邊

610000－1001－0007963　普0006916
學治臆說二卷續說一卷說贅一卷　（清）汪輝

祖纂　清道光十七年（1837）刻本　二冊　九
行二十一字白口四周雙邊

610000－1001－0007964　普0006917
佐治藥言一卷續一卷　（清）汪輝祖纂　清咸
豐二年（1852）刻本　一冊　九行二十一字白
口左右雙邊

610000－1001－0007965　普0006918
佐治藥言一卷續一卷　（清）汪輝祖纂　清道
光二十六年（1846）刻本　一冊　十一行二十
一字白口左右雙邊

610000－1001－0007966　普0006919
重栞張運青先生治鏡錄二卷　（清）隋人鵬集
解　清道光十三年（1833）刻本　二冊　九行
二十一字白口四周雙邊

610000－1001－0007967　普0006920
學治臆說二卷續說一卷說贅一卷　（清）汪輝
祖纂　清咸豐二年（1852）刻本　一冊　九行
二十一字白口左右雙邊

610000－1001－0007968　普0006923
清徭章程四十條一卷　（□）□□撰　清刻本
一冊　九行二十五字白口四周雙邊

610000－1001－0007969　普0006924
練勇芻言五卷　（清）王鑫著　清光緒十七年
（1891）湘鄉王氏金陵刻本　一冊　九行二十
字上下黑口左右雙邊

610000－1001－0007970　普0006926
牧令須知六卷　（清）剛毅著　清光緒十八年
（1892）刻本　二冊　十三行二十四字上黑口
左右雙邊

610000－1001－0007971　普0006928
牧令書節要十八卷　（清）陳士傑輯　清光緒
十一年（1885）刻本　一冊　十行二十四字白
口左右雙邊

610000－1001－0007972　普0006929
增修河東鹽法備覽八卷首一卷　（清）江人鏡
等纂修　清光緒八年（1882）刻本　十冊　九
行二十字白口左右雙邊

610000 – 1001 – 0007973　普 0006930

咸同以來中俄交涉記二卷　（清）江標譯　清
光緒二十一年(1895)陝西味經售書處刻本
一冊　十行二十二字小字雙行同白口左右
雙邊

610000 – 1001 – 0007974　普 0006931

詳批策論正宗四卷　（清）集成書屋主人輯
清光緒二十四年(1898)刻本　四冊　九行二
十五字上下黑口四周雙邊

610000 – 1001 – 0007975　普 0006932

清訟事宜一卷　（清）曾國荃撰　清同治七年
(1868)黔陽藩署刻本　一冊　九行二十四字
白口四周雙邊

610000 – 1001 – 0007976　普 0006933

牧民忠告二卷　（元）張養浩著　清同治十年
(1871)黔陽官署刻本　一冊　十一行二十一
字白口左右雙邊

610000 – 1001 – 0007977　普 0006934

入幕須知五種附一種　（清）張廷驤輯　清光
緒十八年(1892)浙江書局刻本　四冊　十行
二十字白口四周雙邊

610000 – 1001 – 0007978　普 0006935

文廟備考八卷　（清）趙映奎輯　清道光七年
(1827)刻本　四冊　九行二十字白口左右
雙邊

610000 – 1001 – 0007979　普 0006936

文廟備考八卷　（清）趙映奎輯　清道光二十
七年(1847)刻本　四冊　九行二十字白口左
右雙邊

610000 – 1001 – 0007980　普 0006937

文廟備考八卷　（清）趙映奎輯　清道光二十
七年(1847)刻本　四冊　九行二十字白口左
右雙邊

610000 – 1001 – 0007981　普 0006937

文廟備考八卷　（清）趙映奎輯　清道光二十
七年(1847)刻本　四冊　九行二十字白口左
右雙邊

610000 – 1001 – 0007982　普 0006938

外國師船圖表十二卷　（清）許景澄輯　清光
緒十二年(1886)柏林使署石印本　四冊　十
二行二十九字白口四周單邊

610000 – 1001 – 0007983　普 0006939

重刻張太僕堂邑鄉約保甲規一卷　（明）張春
著　清刻本　一冊　八行二十字白口左右
雙邊

610000 – 1001 – 0007984　普 0006940

堂邑鄉約保甲規一卷　（明）張春著　清刻本
一冊　八行二十字白口左右雙邊

610000 – 1001 – 0007985　普 0006941

保甲書輯要四卷　（清）徐棟原編　清同治十
年(1871)黔陽官署刻本　一冊　十一行二十
一字白口左右雙邊

610000 – 1001 – 0007986　普 0006943

唐溥淵觀察崇祀錄一卷　（清）唐文炘編　清
光緒三十二年(1906)鉛印本　一冊　十行二
十字上下黑口四周雙邊

610000 – 1001 – 0007987　普 0006950

皇清開國方略三十二卷首二卷　（清）阿桂編
清光緒十三年(1887)廣百宋齋鉛印本　六
冊　十三行三十一字白口四周雙邊

610000 – 1001 – 0007988　普 0006951

新編吏治懸鏡八卷　（清）徐文弼編輯　清刻
本　一冊　十行二十字白口左右雙邊

610000 – 1001 – 0007989　普 0006952

清代稅率一卷　（□）□□撰　清刻本　一冊
六行字數不等白口四周單邊

610000 – 1001 – 0007990　普 0006953

蜀僚問答二卷　（清）劉衡存稿　**讀律心得三
卷**　（清）劉衡纂輯　清道光十六年(1836)刻
本　一冊　八行二十字白口四周雙邊

610000 – 1001 – 0007991　普 0006954

陝西節義總局章程一卷　（清）陝西節義總局
編　清同治刻本　一冊　八行二十字白口四
周雙邊

610000－1001－0007992　普0006956

江鄂兩督覆陳變法三摺三卷　（清）劉坤一　（清）張之洞撰　清光緒二十七年（1901）鉛印本　一冊　十一行二十二字白口四周雙邊

610000－1001－0007993　普0006957

勸民告示不分卷　（清）魯山縣正堂撰輯　清道光十一年（1831）刻本　一冊　九行二十二字白口四周單邊

610000－1001－0007994　普0006958

高等實業學堂章程十八卷　（清）學部編　清光緒三十三年（1907）鉛印本　一冊　十行二十三字白口四周雙邊

610000－1001－0007995　普0006960

學堂奏草一卷　（清）左紹佐撰　清光緒二十九年（1903）鉛印本　一冊　十一行二十二字

610000－1001－0007996　普0006961

學堂奏草一卷　（清）左紹佐撰　清光緒二十九年（1903）鉛印本　一冊　十一行二十二字

610000－1001－0007997　普0006962

學校條規一卷　（□）□□撰　清刻本　一冊　六行二十四字白口四周雙邊

610000－1001－0007998　普0006963

貼例須知一卷　（□）□□撰　清刻本　一冊　八行二十字白口四周雙邊

610000－1001－0007999　普0006964

義學條規書院課程一卷　（清）陝西布政使編　清同治十二年（1873）刻本　一冊　九行二十字白口四周雙邊

610000－1001－0008000　普0006965

京師公立求實中學堂詳細章程一卷　（清）□□撰　清光緒三十年（1904）鉛印本　一冊　二十行三十字白口四周雙邊

610000－1001－0008001　普0006966

禁種罌粟四字諭一卷　（清）左宗棠撰　清同治八年（1869）刻本　一冊　三行八字白口四周單邊

610000－1001－0008002　普0006967

奉旨減免虞鄉差徭章程定本一卷　（清）李映旭撰　清光緒五年（1879）刻本　一冊　八行二十二字白口四周單邊

610000－1001－0008003　普0006968

交代章程一卷　（清）湖北清查交代總局編　清同治刻本　一冊　九行二十字白口四周雙邊

610000－1001－0008004　普0006969

文廟通考六卷　（清）牛樹梅撰　清同治十一年（1872）浙江書局刻本　二冊　十行二十一字白口左右雙邊

610000－1001－0008005　普0006970

防海節要一卷　（□）□□撰　清刻本　一冊　九行二十字白口左右雙邊

610000－1001－0008006　普0006971

文廟丁祭譜不分卷　（清）黃貞吉等輯　清光緒九年（1883）新都尊經閣刻本　一冊　九行二十二字白口四周雙邊

610000－1001－0008007　普0006972

聽訟挈要一卷　（清）阮祖棠撰　清光緒十八年（1892）金陵刻本　一冊　八行二十一字白口左右雙邊

610000－1001－0008008　普0006973

聽訟挈要一卷　（清）阮祖棠撰　清光緒十八年（1892）金陵刻本　一冊　八行二十一字上下黑口左右雙邊

610000－1001－0008009　普0006974

聽訟挈要一卷　（清）阮祖棠撰　清光緒十八年（1892）金陵刻本　一冊　八行二十一字白口左右雙邊

610000－1001－0008010　普0006975

奏定陸軍營制餉章三卷　（清）奕劻撰　清光緒三十年（1904）石印本　一冊　十一行二十六字白口四周單邊

610000－1001－0008011　普0006976

滬寧鐵路研究資料一卷　（清）申報館輯　清光緒三十一年（1905）申報館鉛印本　一冊

十五行三十二字白口四周雙邊

610000－1001－0008012　普0006977
奏定學堂章程不分卷　（清）張之洞等撰　清光緒三十年（1904）兩廣學務處鉛印本　八冊　十二行二十六字下黑口四周雙邊

610000－1001－0008013　普0006978
牧令書二十三卷保甲書四卷　（清）徐棟輯　清道光二十八年（1848）刻本　二十一冊　十行二十五字小字雙行同白口左右雙邊

610000－1001－0008014　普0006979
星軺指掌三卷續一卷　（清）聯芳　（清）慶常譯　清光緒二年（1876）刻本　四冊　九行二十字小字雙行同下黑口四周雙邊

610000－1001－0008015　普0006980
陝西味經官書局書目一卷　（清）陝西味經官書局輯　清光緒二十九年（1903）刻本　一冊　十行字數不等白口左右雙邊

610000－1001－0008016　普0006982
三場程式不分卷　（清）監臨院編　清光緒二十八年（1902）刻本　一冊　九行二十字白口四周雙邊

610000－1001－0008017　普0006983
光緒二十七年變通科舉考試章程一卷　（清）禮部擬訂　清光緒刻本　一冊　十一行二十二字白口四周雙邊

610000－1001－0008018　普0006984
禮部政務處合奏變通科舉章程一卷　（清）禮部　（清）政務處編　清光緒刻本　一冊　十一行二十二字白口四周雙邊

610000－1001－0008019　普0006985
十家牌法一卷　（清）胡啟文編　清咸豐七年（1857）刻本　一冊　八行二十字白口四周雙邊

610000－1001－0008020　普0006987
陝西省賑捐請獎章程一卷　（□）□□撰　清光緒刻本　一冊　九行二十五字白口四周雙邊

610000－1001－0008021　普0006988
廣西餉銀捐輸章程一卷　（清）柯逢時編　清光緒二十九年（1903）鉛印本　一冊　九行二十二字白口四周雙邊

610000－1001－0008022　普0006989
山東現奉部議奏准賑捐章程一卷　（清）山東賑撫賑捐總局編　清光緒二十七年（1901）刻本　一冊　九行二十一字白口四周雙邊

610000－1001－0008023　普0006990
陝西官書局書目一卷　（清）陝西官書局編　清刻本　一冊　十行字數不等白口左右雙邊

610000－1001－0008024　普0006991
奏辦西路蒙旗墾務公司章程一卷　（清）貽穀撰　清光緒二十八年（1902）石印本　一冊　九行二十二字白口四周雙邊

610000－1001－0008025　普0006992
吏治三書　（清）劉衡撰　清同治十年（1871）黔陽官署刻本　一冊　十一行二十一字白口左右雙邊

610000－1001－0008026　普0006993
劉氏傳經堂現刻書目一卷　（清）劉氏傳經堂編　清刻本　一冊　六行十六字上下黑口四周雙邊

610000－1001－0008027　普0006994
書目答問不分卷　（清）張之洞撰　清末刻本　二冊　十行二十五字小字雙行同白口四周雙邊

610000－1001－0008028　普0006995
書目答問不分卷　（清）張之洞撰　清末刻本　二冊　十行二十五字小字雙行同白口四周雙邊

610000－1001－0008029　普0006997
廣雅書院藏書目錄七卷　（清）廖廷相編　清刻本　二冊　十一行三十字小字雙行同上下黑口四周單邊

610000－1001－0008030　普0006999
約章成案匯覽甲篇十卷乙篇四十二卷　（清）

顏世清編　清光緒三十一年(1905)上海點石齋石印本　四十五冊　十行二十六字白口四周單邊　缺一卷(乙篇一)

610000－1001－0008031　普0007001

樊山批判十四卷公牘三卷　(清)樊增祥撰　清光緒二十三年(1897)刻本　十冊　十二行二十三字上下黑口左右雙邊

610000－1001－0008032　普0007002

欽頒州縣事宜一卷　(清)田文鏡等輯　清同治十年(1871)黔陽官署刻本　一冊　十一行二十一字白口左右雙邊

610000－1001－0008033　普0007003

欽定四庫全書總目二百卷首一卷　(清)紀昀等編　清同治七年(1868)廣東書局刻本　一百二十冊　九行二十一字白口左右雙邊

610000－1001－0008034　普0007008

歷代輿地沿革險要圖不分卷　楊守敬等撰　清光緒五年(1879)東湖饒氏刻本　一冊　十行字數不等白口四周單邊

610000－1001－0008035　普0007009

中外輿地全圖不分卷　(清)鄒代鈞編　清光緒二十九年(1903)刻本　一冊　十七行三十二字小字雙行同白口四周雙邊

610000－1001－0008036　普0007012

嘯堂集古錄二卷　(宋)王俅撰　清嘉慶十七年(1812)鴛湖張氏刻本　一冊　行數不等字數不等白口四周單邊

610000－1001－0008037　普0007016

味經書院藏書目不分卷　(清)劉光蕡撰　清光緒二十一年(1895)刻本　一冊　十行二十四字白口左右雙邊

610000－1001－0008038　普0007017

五萬卷閣書目記四卷　(清)李嘉績編　清光緒三十年(1904)華清官舍刻本　二冊　十一行二十一字上下黑口左右雙邊

610000－1001－0008039　普0007018

史目表二卷　(清)洪飴孫撰　清光緒四年

(1878)啟秀山房刻本　一冊　行數不等字數不等白口左右雙邊

610000－1001－0008040　普0007019

實政錄七卷　(明)呂坤撰　清道光元年(1821)刻本　十冊　九行十八字白口四周雙邊

610000－1001－0008041　普0007023

彙刻書目二十卷　(清)顧修編　清嘉慶四年(1799)刻本　十冊　九行大小字不等上下黑口左右雙邊

610000－1001－0008042　普0007024

彙刻書目二十卷　(清)顧修編　清嘉慶四年(1799)刻本　十二冊　九行字數不等上下黑口左右雙邊

610000－1001－0008043　普0007025

彙刻書目二十卷　(清)顧修編　清嘉慶四年(1799)刻本　十二冊　九行大小字不等上下黑口左右雙邊

610000－1001－0008044　普0007027

吉金齋古銅印譜六卷　(清)何昆玉輯　清刻本　六冊　白口四周單邊

610000－1001－0008045　普0007028

直齋書錄解題二十二卷　(宋)陳振孫撰　清刻本　十二冊　九行二十一字白口四周雙邊單魚尾

610000－1001－0008046　普0007029

行素堂目覩書錄十編　(清)朱記榮輯訂　清光緒十年(1884)刻本　十冊　九行字數不等上下黑口左右雙邊

610000－1001－0008047　普0007030

汴京遺跡志二十四卷　(明)李濂撰　清刻本　四冊　十行二十二字小字雙行同上下黑口四周單邊　缺八卷(一至八)

610000－1001－0008048　普0007031

重定金石契不分卷　(清)張燕昌撰　清光緒二十二年(1896)刻本　四冊　十行十六字白口四周單邊

610000 – 1001 – 0008049　普 0007032

陶齋吉金錄八卷 （清）端方輯　清光緒三十四年(1908)石印本　八冊　行數不等字數不等白口四周單邊

610000 – 1001 – 0008050　普 0007033

陶齋吉金續錄二卷 （清）端方輯　清宣統元年(1909)石印本　二冊　行數不等字數不等白口四周單邊

610000 – 1001 – 0008051　普 0007040

石墨鐫華八卷 （明）趙崡著　清光緒十八年(1892)刻本　二冊　八行十八字白口四周單邊

610000 – 1001 – 0008052　普 0007045

二百冊孝圖四卷 （清）胡文炳輯　清光緒刻本　四冊　十行二十四字白口四周雙邊

610000 – 1001 – 0008053　普 0007047

鉄琴銅劍樓藏書目錄二十四卷 （清）瞿鏞撰　清光緒二十四年(1898)常熟瞿氏刻本　十冊　十行二十二字小字雙行同上下黑口左右雙邊

610000 – 1001 – 0008054　普 0007048

藏書紀事詩七卷 葉昌熾撰　清宣統二年(1910)刻本　六冊　十一行二十三字上下黑口左右雙邊

610000 – 1001 – 0008055　普 0007049

說帖簡明目錄三十六卷 （清）戴敦元輯　清道光十五年(1835)刻本　四十冊　九行二十字白口四周雙邊

610000 – 1001 – 0008056　普 0007050

近世世界商工業史十章 （日本）桐生政次撰　（清）人演譯社譯　清光緒二十九年(1903)鉛印本　一冊　十四行三十一字白口四周雙邊

610000 – 1001 – 0008057　普 0007051

說帖摘要抄存十四卷 （清）律例館輯　清道光十一年(1831)刻本　十四冊　九行二十四字白口四周雙邊

610000 – 1001 – 0008058　普 0007054

二如亭群芳譜三十卷 （明）王象晉輯　清刻本　二十八冊　八行十八字白口四周單邊

610000 – 1001 – 0008059　普 0007055

二如亭群芳譜三十卷 （明）王象晉輯　清刻本　二十四冊　八行十八字小字雙行同白口左右雙邊

610000 – 1001 – 0008060　普 0007057

京畿金石考二卷 （清）孫星衍撰　清道光二十六年(1846)刻本　二冊　十行二十二字粗黑口四周單邊

610000 – 1001 – 0008061　普 0007058

南漢金石志二卷 （清）吳蘭修撰　清道光三十年(1850)南海伍氏刻本　一冊　十一行二十二字上下黑口四周單邊

610000 – 1001 – 0008062　普 0007059

授堂金石文字續跋四卷 （清）武億著　清道光二十三年(1843)刻本　二冊　十一行二十三字上下黑口左右雙邊

610000 – 1001 – 0008063　普 0007061

漢碑徵經一卷 （清）朱百度著　清光緒十五年(1889)廣雅書局刻本　一冊　十一行二十四字小字雙行同上下黑口四周單邊

610000 – 1001 – 0008064　普 0007062

歷代史論十二卷宋史論三卷元史論一卷明史論四卷左傳史論二卷 （明）張溥論正　清光緒五年(1879)刻本　八冊　十一行二十一字上下黑口左右雙邊

610000 – 1001 – 0008065　普 0007063

金石存十五卷 （清）吳玉搢撰　（清）李調元校　清刻本　三冊　十一行二十字白口左右雙邊

610000 – 1001 – 0008066　普 0007064

安陽縣金石錄十二卷 （清）武億撰　清刻本　四冊　十一行二十三字上下黑口左右雙邊

610000 – 1001 – 0008067　普 0007065

滇南雜志二十四卷顧陸遺詩一卷 （清）曹樹

翹編　清末鉛印本　八冊　十二行二十七字白口四周單邊

610000－1001－0008068　普0007066
東萊博議四卷　（宋）呂祖謙撰　清刻本　四冊　九行二十二字小字雙行同白口四周單邊

610000－1001－0008069　普0007067
東萊博議四卷　（宋）呂祖謙撰　清光緒二十四年(1898)上海文富樓石印本　一冊　十五行三十七字白口四周雙邊

610000－1001－0008070　普0007069
關中金石文字存逸考十二卷首一卷　（清）毛鳳枝撰　清光緒二十七年(1901)會稽顧氏江西萍鄉縣署刻本　十二冊　十行二十字上下黑口左右雙邊

610000－1001－0008071　普0007070
行川必要一卷　（清）賀縉紳撰　清咸豐十年(1860)刻本　一冊　八行大小字不等白口四周雙邊

610000－1001－0008072　普0007071
瀛海論三卷　（清）張自牧撰　清光緒十三年(1887)蒲坼但氏刻本　一冊　十行二十一字白口左右雙邊

610000－1001－0008073　普0007072
粤遊紀程一卷　（清）晏端書著　清光緒十三年(1887)刻本　一冊　九行二十一字上下黑口左右雙邊

610000－1001－0008074　普0007073
環遊地球新錄四卷　（清）李圭撰　清光緒鉛印本　四冊　九行二十三字白口四周雙邊

610000－1001－0008075　普0007076
關中金石記八卷附記一卷　（清）畢沅撰　清道光二十七年(1847)刻本　五冊　十二行二十四字上下黑口四周雙邊

610000－1001－0008076　普0007077
歷代帝王法帖釋文十卷　（清）徐朝弼集釋　清嘉慶十七年(1812)刻本　一冊　九行二十四字小字雙行同白口四周雙邊

610000－1001－0008077　普0007078
歷代帝王法帖釋文十卷　（清）徐朝弼集釋　清嘉慶十七年(1812)刻本　一冊　九行二十四字小字雙行同白口四周雙邊

610000－1001－0008078　普0007079
歷代帝王法帖釋文十卷　（清）徐朝弼集釋　清嘉慶十七年(1812)刻本　一冊　九行二十四字小字雙行同白口四周雙邊

610000－1001－0008079　普0007080
二如亭群芳譜三十卷　（明）王象晉纂輯　清刻本　二十四冊　八行二十八字小字雙行同白口四周單邊

610000－1001－0008080　普0007084
敦煌石室記一卷　羅振玉撰　清宣統元年(1909)廣雅書局鉛印本　一冊　十二行二十五字白口四周雙邊

610000－1001－0008081　普0007088
山右金石存略目錄摘要一卷　（清）宋琦輯　清光緒二十年(1894)刻本　一冊　八行十六字白口四周雙邊

610000－1001－0008082　普0007091
雍州金石記十卷記餘一卷　（清）朱楓著　（清）李錫齡校　清道光二十年(1840)李錫齡刻本　二冊　十行二十二字粗黑口四周單邊

610000－1001－0008083　普0007094
南史識小錄十四卷北史識小錄十四卷　（清）沈名蓀等輯　清同治十年(1871)武林吳氏清來堂刻本　八冊　十一行二十字白口左右雙邊

610000－1001－0008084　普0007096
讀史紀畧四卷　（清）蕭潛纂輯　清道光二十年(1840)靈石楊氏澹靜齋刻本　四冊　九行二十字小字雙行同白口四周雙邊

610000－1001－0008085　普0007097
捷錄大成四卷　（明）顧充撰　清刻本　四冊　八行十八字小字雙行同白口四周單邊

610000－1001－0008086　普0007098

廿一史約編八卷 （清）鄭元慶述 清刻本
八冊 九行二十一字小字雙行同白口四周單邊

610000－1001－0008087 普0007100

十年讀書之廬重刊韻史二卷補一卷 （清）許
遜翁撰 清咸豐十一年(1861)十年讀書之廬
刻本 一冊 八行二十字小字雙行同白口四
周雙邊

610000－1001－0008088 普0007101

讀史提綱四卷 （清）孔廣榮補注 清道光二
十四年(1844)刻本 四冊 六行十六字小字
雙行三十二字上下黑口左右雙邊

610000－1001－0008089 普0007102

史記菁華錄六卷 （清）姚苧田撰 清光緒九
年(1883)廣州翰墨園刻本 六冊 九行二十
字小字雙行同上下黑口四周雙邊

610000－1001－0008090 普0007103

史記菁華錄六卷 （清）姚苧田撰 清光緒二
十三年(1897)刻本 六冊 九行二十字小字
雙行同白口左右雙邊

610000－1001－0008091 普0007104

蜀碑記補十卷 （清）李調元撰 清刻本 一
冊 十行二十字小字雙行同白口四周雙邊

610000－1001－0008092 普0007109

東社讀史隨筆二卷 （□）獨醒主人撰 清光
緒上海鑄記書局石印本 二冊 十二行二十
四字白口四周雙邊

610000－1001－0008093 普0007110

古今治統二十卷 （明）徐奮鵬撰 清刻本
六冊 十行二十字小字雙行同白口四周單邊

610000－1001－0008094 普0007112

讀史論略一卷 （清）杜詔著 清光緒三年
(1877)京都敬業堂刻本 一冊 七行二十字
小字雙行同白口左右雙邊

610000－1001－0008095 普0007113

讀史論略一卷 （清）杜詔著 清光緒三年
(1877)京都敬業堂刻本 一冊 七行二十字

小字雙行同白口左右雙邊

610000－1001－0008096 普0007114

讀史論略一卷 （清）杜詔著 清刻本 一冊
十一行二十四字上下黑口左右雙邊

610000－1001－0008097 普0007115

讀史碎金六卷註八十卷 （清）胡文炳編輯
清光緒元年(1875)刻本 八十冊 十行二十
二字小字雙行同白口四周雙邊

610000－1001－0008098 普0007121

續心影集四卷 （清）李士麟編輯 清光緒二
年(1876)蘭州郡署刻本 四冊 九行二十字
白口四周雙邊

610000－1001－0008099 普0007125

擊磬錄一卷 （□）□□撰 清同治五年
(1866)刻本 一冊 九行二十字上下黑口四
周雙邊

610000－1001－0008100 普0007126

百里治畧一卷 （清）李元春撰 清刻本 一
冊 九行二十字白口左右雙邊

610000－1001－0008101 普0007127

程氏若庸性理字訓一卷 （宋）程若庸撰 清
同治十三年(1874)刻本 一冊 八行二十字
白口四周雙邊

610000－1001－0008102 普0007128

正學語錄一卷 （清）李元春評選 清刻本
一冊 九行二十字白口左右雙邊

610000－1001－0008103 普0007129

婦女一說曉一卷 （□）□□撰 清光緒九年
(1883)刻本 一冊 八行十三字上下黑口四
周雙邊

610000－1001－0008104 普0007130

西村省己錄一卷 （明）顧亮著 清咸豐四年
(1854)刻本 一冊 八行十八字下黑口左右
雙邊

610000－1001－0008105 普0007132

全人譜十二卷 （清）湯斌輯 清同治三年
(1864)屏山刻本 七冊 八行二十字下黑口

陝西省圖書館古籍普查登記目錄

四周雙邊

610000－1001－0008106　普0007133

公門果報錄一卷　（清）宋楚望輯　清光緒十
九年(1893)關中書院刻本　一冊　九行二十
字白口四周雙邊

610000－1001－0008107　普0007134

張子釋要一卷　（清）李元春撰　清刻本　一
冊　九行二十字白口左右雙邊

610000－1001－0008108　普0007135

真文忠公心經一卷政經一卷　（宋）真德秀撰
　清光緒元年(1875)述荊堂刻本　一冊　九
行二十字上下黑口四周雙邊

610000－1001－0008109　普0007136

真文忠公心經一卷政經一卷　（宋）真德秀撰
　清光緒元年(1875)述荊堂刻本　一冊　九
行二十字上下黑口四周雙邊

610000－1001－0008110　普0007137

真文忠公心經一卷政經一卷　（宋）真德秀撰
　清光緒元年(1875)述荊堂刻本　二冊　九
行二十字上下黑口四周雙邊

610000－1001－0008111　普0007138

朱子家禮六卷首一卷　（宋）朱熹撰　清光緒
五年(1879)岐山武氏刻本　三冊　九行十七
字小字雙行同上下黑口四周雙邊

610000－1001－0008112　普0007139

幽夢續影一卷　（清）朱錫綬著　清光緒七年
(1881)略園刻本　一冊　十行十八字白口四
周雙邊

610000－1001－0008113　普0007140

幽夢續影一卷　（清）朱錫綬著　清光緒七年
(1881)略園刻本　一冊　十行十八字白口四
周雙邊

610000－1001－0008114　普0007141

幽夢續影一卷　（清）朱錫綬著　清光緒七年
(1881)略園刻本　一冊　十行十八字白口四
周雙邊

610000－1001－0008115　普0007141

幽夢續影一卷　（清）朱錫綬著　清光緒七年
(1881)略園刻本　一冊　十行十八字白口四
周雙邊

610000－1001－0008116　普0007142

程氏家塾讀書分年日程三卷綱領一卷　（元）
程端禮撰　清同治十年(1871)山東尚志堂刻
本　一冊　十二行二十二字白口四周雙邊

610000－1001－0008117　普0007143

性理易讀一卷　（清）志遠堂主人輯　清咸豐
二年(1852)刻本　一冊　九行二十三字小字
雙行同白口四周雙邊

610000－1001－0008118　普0007144

五子近思錄發明十四卷　（清）施璜纂註　清
刻本　八冊　九行二十字小字雙行同下黑口
左右雙邊

610000－1001－0008119　普0007145

論衡三十卷　（漢）王充著　清刻本　十四冊
　九行二十字白口左右雙邊

610000－1001－0008120　普0007146

教諭語四卷　（清）謝金鑾著　清嘉慶二十年
(1815)刻本　一冊　十一行二十一字白口左
右雙邊

610000－1001－0008121　普0007147

教諭語四卷　（清）謝金鑾撰　清同治九年
(1870)刻本　一冊　十行二十一字白口四周
雙邊間左右雙邊

610000－1001－0008122　普0007148

癡說八卷　（清）紀蔭田著　清道光元年(1821)
刻本　八冊　八行二十字白口四周雙邊

610000－1001－0008123　普0007150

小學纂註六卷　（清）高愈輯　清光緒三十一
年(1905)上海煥文書局石印本　二冊　十四
行三十二字小字雙行同白口四周雙邊

610000－1001－0008124　普0007151

小四書　（明）朱升輯　清光緒十四年(1888)
刻本　三冊　六行五字小字雙行八字白口四
周單邊

610000－1001－0008125　普0007152

國朝學案小識十四卷一卷末一卷　（清）唐鑑
撰　清光緒十年(1884)刻本　十二冊　十行
二十一字上下黑口左右雙邊

610000－1001－0008126　普0007153

倭文端公遺書十種　（清）倭仁撰　清刻本
二冊　十行二十一字白口四周雙邊　存四種

610000－1001－0008127　普0007155

小四書　（明）朱升輯　清光緒十四年(1888)
刻本　四冊　六行大小字不等白口四周雙邊

610000－1001－0008128　普0007156

四書典制匯海四十卷　（清）稡經館主人編輯
　清光緒十四年(1888)刻本　十六冊　十二
行二十二字白口四周單邊

610000－1001－0008129　普0007157

四書典林四十二卷　（清）江永新編　清和安
堂刻本　十六冊　八行大字不等小字雙行二
十四字白口四周單邊

610000－1001－0008130　普0007158

新鐫校正詳注分類百子金丹全書十卷　（清）
郭偉選注　**任兆麟述記三卷**　（清）任兆麟撰
　清光緒二十九年(1903)洪寶齋石印本　九
冊　十三行三十七字白口四周雙邊

610000－1001－0008131　普0007159

增廣四書題鏡味根錄三十七卷　（清）金澂輯
　清光緒二十一年(1895)上海寶文書局石印
本　八冊　二十行二十六字小字雙行五十二
字白口四周單邊

610000－1001－0008132　普0007160

增廣四書題鏡味根錄三十七卷　（清）金澂輯
　清光緒二十一年(1895)上海寶文書局石印
本　八冊　二十行二十六字小字雙行五十二
字白口四周單邊

610000－1001－0008133　普0007161

讀書樂趣八卷　（清）伍涵芬撰　清嘉慶五年
(1800)刻本　二冊　十行二十五字小字雙行
同白口四周單邊

610000－1001－0008134　普0007163

名賢集一卷　（□）□□撰　清刻本　一冊
六行十二字白口四周單邊

610000－1001－0008135　普0007165

遜翁苦口一卷　（清）顧廣圻編　清道光四年
(1824)刻本　一冊　十一行二十一字白口左
右雙邊

610000－1001－0008136　普0007166

日川曹夫子通書述解二卷　（明）曹端撰　清
刻本　一冊　十行二十二字白口四周雙邊

610000－1001－0008137　普0007167

朱子增損呂氏鄉約一卷　（宋）呂大忠撰
（宋）朱熹訂　清同治四年(1865)刻本　一冊
　九行二十字上下黑口四周雙邊

610000－1001－0008138　普0007168

項氏家說十卷附錄二卷　（清）項安世撰　清
刻本　三冊　九行二十一字白口四周雙邊

610000－1001－0008139　普0007169

程式編三卷　（清）龔鼎元再編　清同治十一
年(1872)京都刻本　一冊　十一行二十四字
白口四周雙邊

610000－1001－0008140　普0007170

張子全書九種　（宋）張載撰　清光緒十七年
(1891)三原傳經堂刻本　六冊　十行二十字
小字雙行同上下黑口四周雙邊

610000－1001－0008141　普0007171

易理三種初稿一卷　（清）孫霱飆撰　清同治
三年(1864)刻本　一冊　九行二十字白口四
周雙邊

610000－1001－0008142　普0007172

輯逸子書三種　（清）孫馮翼輯　清嘉慶刻本
　一冊　十二行二十四字上下黑口左右雙邊

610000－1001－0008143　普0007174

育英源一卷　（清）石成金撰　清同治十二年
(1873)甘露凝珠堂刻本　一冊　八行二十字
白口四周單邊

610000－1001－0008144　普0007176

告君錄一卷 （清）仁齋先生輯　清光緒十四年(1888)刻本　一冊　九行二十二字下黑口四周單邊

610000－1001－0008145　普0007177

女四書四卷 （清）王相箋註　（清）鄭漢校梓　清宣統元年(1909)西安馬存心堂刻本　二冊　九行十七字白口左右雙邊

610000－1001－0008146　普0007179

小學句讀記六卷 （明）陳選點　（清）王建常記　清同治十二年(1873)刻本　八冊　十行二十五字小字雙行同上下黑口四周雙邊

610000－1001－0008147　普0007180

小學集解六卷 （清）張伯行輯　清光緒十年(1884)貴州藩府刻本　四冊　九行二十字小字雙行同白口四周雙邊

610000－1001－0008148　普0007181

小學集解六卷 （清）張伯行輯　清光緒十年(1884)貴州藩府刻本　二冊　十行二十字小字雙行同上下黑口左右雙邊

610000－1001－0008149　普0007183

家範十卷 （宋）司馬光撰　清光緒六年(1880)解梁書院刻本　四冊　九行二十二字下黑口四周雙邊

610000－1001－0008150　普0007184

延平答問一卷 （宋）朱熹撰　清光緒五年(1879)延平府署刻本　四冊　九行十七字上下黑口四周雙邊

610000－1001－0008151　普0007185

五經歲徧齋校書 （清）翟云升輯　清刻本　十冊　十行二十字上下黑口左右雙邊

610000－1001－0008152　普0007187

五子近思錄十四卷 （宋）朱熹　（宋）呂祖謙編　（清）汪佑合編　清刻本　五冊　九行二十字白口四周單邊

610000－1001－0008153　普0007189

朱子原訂近思錄集注十四卷 （清）江永集注　清光緒十五年(1889)刻本　四冊　九行十

七字小字雙行同白口四周雙邊

610000－1001－0008154　普0007190

近思錄集注十四卷 （清）汪永集注　清咸豐三年(1853)刻本　四冊　九行二十一字小字雙行同白口四周雙邊

610000－1001－0008155　普0007191

五子近思錄十四卷 （宋）朱熹　（宋）呂祖謙編　（清）汪佑合編　清刻本　四冊　九行二十字小字雙行同白口左右雙邊

610000－1001－0008156　普0007192

小學六卷近思錄十四卷 （宋）朱熹撰　清光緒十三年(1887)刻本　四冊　九行十八字上下黑口左右雙邊

610000－1001－0008157　普0007193

四書反身錄八卷 （清）李顒著　清光緒二年(1876)刻本　四冊　九行二十字白口左右雙邊

610000－1001－0008158　普0007194

四書反身錄十四卷 （清）李顒著　清同治五年(1866)刻本　四冊　九行二十字白口四周雙邊

610000－1001－0008159　普0007195

四書反身錄六卷續錄二卷 （清）李顒著　清咸豐七年(1857)刻本　四冊　九行二十字白口左右雙邊

610000－1001－0008160　普0007197

關中道脈四種書 （清）李元春輯　清道光十年(1830)刻本　六冊　九行二十字白口左右雙邊

610000－1001－0008161　普0007203

重刊補註洗冤錄集證六卷 （清）王又槐增輯　（清）阮其新補註　清道光二十四年(1844)刻四色套印本　六冊　十行十八字白口左右雙邊

610000－1001－0008162　普0007204

洗冤錄詳義四卷首一卷 （清）許槤編校　清咸豐六年(1856)刻本　四冊　九行十四字白

口左右雙邊

610000 – 1001 – 0008163　普 0007205
明儒學案六十二卷　（清）黃宗羲著　清光緒八年(1882)刻本　二十冊　十一行二十字上下黑口四周單邊

610000 – 1001 – 0008164　普 0007210
性理三解　（明）韓邦奇撰　清嘉慶七年(1802)刻本　四冊　十行二十字白口四周雙邊

610000 – 1001 – 0008165　普 0007211
榕村語錄十四卷　（清）李光地著　清刻本六冊　九行二十字白口左右雙邊

610000 – 1001 – 0008166　普 0007212
明儒學案六十二卷　（清）黃宗羲撰　清道光元年(1821)刻本　二十四冊　十二行二十四字上下黑口左右雙邊

610000 – 1001 – 0008167　普 0007213
元宰必讀書一卷　（清）彭定求撰　清道光二十五年(1845)富平張餘典刻本　一冊　八行二十二字白口左右雙邊

610000 – 1001 – 0008168　普 0007214
儒門法語一卷　（清）彭定求撰　清同治四年(1865)刻本　一冊　十二行二十五字上下黑口四周雙邊

610000 – 1001 – 0008169　普 0007215
豫教三書一卷　（清）賀瑞麟輯　清光緒八年(1882)刻本　一冊　九行十七字上下黑口四周雙邊

610000 – 1001 – 0008170　普 0007217
人範六卷　（清）蔣元輯　清光緒十六年(1890)刻本　一冊　九行二十三字下黑口四周雙邊

610000 – 1001 – 0008171　普 0007218
人範六卷　（清）蔣元輯　清光緒二十七年(1901)廣雅書局刻本　一冊　十一行二十四字小字雙行同上下黑口四周單邊

610000 – 1001 – 0008172　普 0007219

人範六卷　（清）蔣元輯　清光緒二十七年(1901)廣雅書局刻本　二冊　十一行二十四字小字雙行同上下黑口四周單邊

610000 – 1001 – 0008173　普 0007222
豫養編六卷　（清）薛于瑛編　清光緒七年(1881)刻本　一冊　十行二十二字上下黑口四周雙邊

610000 – 1001 – 0008174　普 0007223
豫養編六卷　（清）薛于瑛編　清光緒七年(1881)刻本　一冊　十行二十二字上下黑口四周雙邊

610000 – 1001 – 0008175　普 0007228
行軍測繪十卷首一卷　（英國）連提撰　（英國）傅蘭雅口譯　（清）趙元益筆述　清末江南機器製造總局刻本　二冊　十行二十二字上下黑口左右雙邊

610000 – 1001 – 0008176　普 0007229
皇極經世六十卷觀物外篇二卷圖一卷　（宋）邵雍撰　清咸豐元年(1851)刻本　十一冊　十行二十二字白口左右雙邊

610000 – 1001 – 0008177　普 0007230
太上寶符圖說不分卷　（清）施少欽編　清光緒十八年(1892)鴻文書局石印本　三冊　九行二十五字白口四周雙邊

610000 – 1001 – 0008178　普 0007231
武備輯要二卷　（清）金鑑輯錄　清道光二十二年(1842)刻本　二冊　八行二十字白口四周雙邊

610000 – 1001 – 0008179　普 0007232
武經讀本不分卷　（□）□□編　清刻本　一冊　七行二十字白口四周雙邊

610000 – 1001 – 0008180　普 0007233
梅花易數五卷　（宋）邵雍撰　清刻本　五冊　九行二十四字白口四周單邊

610000 – 1001 – 0008181　普 0007235
虎鈐經二十卷　（宋）許洞撰　清刻本　四冊　十行二十字白口左右雙邊

610000－1001－0008182　普0007236

練兵實紀九卷雜集六卷　（明）戚繼光撰　清道光十四年（1834）刻本　八冊　九行二十一字白口左右雙邊

610000－1001－0008183　普0007237

紀效新書十八卷首一卷　（明）戚繼光撰　清道光二十年（1840）刻本　六冊　九行二十一字上下黑口四周雙邊

610000－1001－0008184　普0007238

欽定協紀辨方書三十六卷　（清）允祿等纂　清刻本　三十六冊　九行二十字白口四周雙邊　存九卷（一至三、二十一至二十六）

610000－1001－0008185　普0007240

從政遺規二卷　（清）陳宏謀輯　清光緒三十年（1904）維新書局刻本　二冊　十一行二十一字小字雙行同黑口四周雙邊間四周單邊

610000－1001－0008186　普0007241

求是於古齋三種附一種　（清）周耿光著　清同治五年（1866）善化楊氏問竹軒家塾刻本　一冊　十行二十一字白口左右雙邊

610000－1001－0008187　普0007243

學庸講義三卷　（清）閻遹烑著　（清）劉宗實評　清光緒十四年（1888）刻本　三冊　九行二十二字下黑口左右雙邊

610000－1001－0008188　普0007245

洋鎗淺言一卷　（□）□□撰　清末刻本　一冊　十行二十二字上下黑口左右雙邊

610000－1001－0008189　普0007246

城守篇一卷　（清）魏源譔　清刻本　一冊　八行二十二字白口左右雙邊

610000－1001－0008190　普0007247

讀史兵略四十六卷　（清）胡林翼撰　清刻本　十二冊　十二行二十四字白口四周雙邊　存三十四卷（六至十一、十八至二十、十二至十四、二十五至四十六）

610000－1001－0008191　普0007249

朱子語類日鈔五卷　（清）陳澧編　清光緒二

610000－1001－0008191　普0007249 … 十六年（1900）廣雅書局刻本　一冊　十一行二十四字上下黑口四周單邊

610000－1001－0008192　普0007250

小學句讀記六卷　（明）陳選點　（清）王建常記　清同治七年（1868）刻本　五冊　十行二十五字上下黑口四周雙邊

610000－1001－0008193　普0007251

警天雷六卷問答二卷　（□）□□撰　清嘉慶十三年（1808）刻本　一冊　十行十八字白口四周單邊

610000－1001－0008194　普0007252

新刻法筆驚天雷四卷　（□）□□撰　清宣統元年（1909）上海校經山房石印本　一冊　二十行二十八字白口四周單邊

610000－1001－0008195　普0007253

新刻校正音釋詞家便覽蕭曹遺筆四卷新刻法家蕭曹兩造雪案鳴冤錄四卷　（□）閑閑子訂注　（□）管見子注　清宣統元年（1909）上海校經山房石印本　一冊　二十行四十二字小字雙行同白口四周雙邊

610000－1001－0008196　普0007254

仁書二卷　（清）易佩紳著　清光緒十年（1884）刻本　一冊　十行二十二字下黑口左右雙邊

610000－1001－0008197　普0007257

小坡識小錄四卷　（清）馬騰蛟撰　清同治十三年（1874）刻本　四冊　十行二十三字白口左右雙邊

610000－1001－0008198　普0007258

告存贅語二卷　（清）馬先登著　清光緒十一年（1885）刻本　一冊　十行二十三字白口左右雙邊　存一卷（上）

610000－1001－0008199　普0007259

呂書六種合刻　（□）□□輯　清道光二十四年（1844）刻本　一冊　九行二十二字小字雙行同白口四周雙邊　存四種

610000－1001－0008200　普0007261

蜀僚問答二卷　（清）劉衡存稿　清道光十六年(1836)刻本　一冊　八行二十字白口四周雙邊

610000－1001－0008201　普0007263

小兒語一卷　（明）呂得勝撰　清宣統二年(1910)刻本　一冊　八行十八字白口四周單邊

610000－1001－0008202　普0007265

名法指掌新例增訂四卷　（清）沈辛田輯　清道光四年(1824)刻本　四冊　行數不等大小字不等白口四周單邊

610000－1001－0008203　普0007266

棠陰比事一卷　（宋）桂萬榮撰　清同治十三年(1874)刻本　一冊　十行二十字白口四周雙邊

610000－1001－0008204　普0007267

補註洗冤錄集證四卷附作吏要言一卷　（清）阮其新補註　清道光二十三年(1843)江都鍾淮刻三色套印本　四冊　十行十八字小字雙行同白口左右雙邊

610000－1001－0008205　普0007268

聽訟挈要一卷　（清）阮祖棠撰　清光緒十八年(1892)金陵刻本　一冊　八行二十一字白口左右雙邊

610000－1001－0008206　普0007270

關中文獻略一卷　（清）任温編次　（清）韓甲第校正　（清）嚴焌校訂　清道光五年(1825)渭陽嚴燨侯刻本　一冊　九行二十二字白口四周單邊

610000－1001－0008207　普0007271

南華真經解六卷　（清）宣穎著　清刻本　四冊　九行二十四字小字雙行不等白口四周單邊

610000－1001－0008208　普0007272

太上感應篇一卷　（清）惠棟箋注　清同治刻本　一冊　七行十八字小字雙行同白口四周雙邊

610000－1001－0008209　普0007273

太上感應篇一卷　（清）惠棟箋注　清同治刻本　一冊　七行十八字小字雙行同白口四周雙邊

610000－1001－0008210　普0007274

道書十八種　（清）悟元道人著　清嘉慶二十一年(1816)刻本　二十四冊　八行二十字白口四周雙邊

610000－1001－0008211　普0007283

增訂太上感應篇圖說一卷　（清）朱日豐輯　清同治十三年(1874)刻本　十二冊　十行二十字上下黑口四周單邊

610000－1001－0008212　普0007284

蠶桑輯要一卷　（清）譚鐘麟編　清刻本　一冊　十一行二十一字白口左右雙邊

610000－1001－0008213　普0007286

老子章義二卷　（清）姚鼐撰　清同治九年(1870)刻本　一冊　十行二十二字上下黑口左右雙邊

610000－1001－0008214　普0007287

敏果齋叢書七種　（清）許乃釗輯　清道光錢塘許氏刻本　十五冊　十行二十一字白口四周雙邊

610000－1001－0008215　普0007288

尚論篇四卷後篇四卷　（清）喻昌撰　清刻本　四冊　十行二十四字白口左右雙邊

610000－1001－0008216　普0007290

三農紀二十四卷　（清）張宗法撰　清刻本　十二冊　十一行二十二字小字雙行同白口四周單邊

610000－1001－0008217　普0007291

六藝綱目二卷首一卷末一卷坿錄二卷　（元）舒天民述　清光緒二十二年(1896)刻本　二冊　九行十九字下黑口左右雙邊

610000－1001－0008218　普0007292

荀子二十卷　（唐）楊倞注　清嘉慶九年(1804)刻本　十冊　十行二十字小字雙行同

白口左右雙邊

610000－1001－0008219　普0007305

蠶桑說畧種竹木法合刊一卷　（清）宗星藩撰
清同治七年(1868)刻本　一冊　九行二十
二字上黑口四周雙邊

610000－1001－0008220　普0007306

蠶桑說畧種竹木法合刊一卷　（清）宗星藩撰
清同治七年(1868)刻本　一冊　九行二十
二字上黑口四周雙邊

610000－1001－0008221　普0007307

桑蠶說一卷　（清）江毓昌撰　清刻本　一冊
十行二十二字白口四周雙邊

610000－1001－0008222　普0007308

丹桂籍四卷首一卷末一卷續一卷　（明）顔正
輯注　清刻本　四冊　九行十九字白口左右
雙邊

610000－1001－0008223　普0007309

希賢言行錄一卷　（清）金瑤輯　清道光二十
三年(1843)刻本　一冊　八行二十四字白口
四周雙邊

610000－1001－0008224　普0007310

醫學三字經四卷　（清）陳念祖撰　清刻本
一冊　十行二十五字小字雙行同白口四周
單邊

610000－1001－0008225　普0007311

張三豐先生全集八卷　（明）張君實撰　清道
光二十四年(1844)刻本　十六冊　九行二十
一字下黑口左右雙邊

610000－1001－0008226　普0007313

本草備要八卷　（清）汪昂撰　清光緒十年
(1884)刻本　四冊　十行二十四字小字雙行
同白口四周單邊

610000－1001－0008227　普0007314

棉書一卷　（□）□□撰　清刻本　一冊　八
行二十字上下黑口四周雙邊

610000－1001－0008228　普0007315

蠶桑備要四篇并利圖說一卷　（清）劉青藜輯

清光緒二十二年(1896)刻本　一冊　十行
二十四字小字雙行同白口左右雙邊

610000－1001－0008229　普0007318

立向法一卷　（□）□□撰　抄本　一冊　行
數不等字數不等

610000－1001－0008230　普0007320

呻吟語六卷首一卷補遺一卷　（明）呂坤撰
清咸豐十年(1860)刻本　六冊　十一行二十
一字白口左右雙邊

610000－1001－0008231　普0007321

救生船四卷　（□）□□撰　清同治十二年
(1873)刻本　四冊　九行二十四字白口
雙邊

610000－1001－0008232　普0007322

胡敬齋先生居業錄四卷文集三卷　（明）胡居
仁撰　清同治九年(1870)刻本　六冊　九行
二十字上下黑口四周雙邊

610000－1001－0008233　普0007323

驚風治驗錄一卷　（清）秦霖熙輯　清光緒十
二年(1886)刻本　一冊　七行十八字上下黑
口四周單邊

610000－1001－0008234　普0007324

遂生編福幼編合編一卷　（清）莊一夔撰　清
嘉慶十八年(1813)刻本　一冊　八行十八字
下黑口左右雙邊

610000－1001－0008235　普0007325

增注莊子因八卷　（戰國）莊周撰　（清）林雲
銘評述　抄本　八冊　六行十六字小字雙
行同

610000－1001－0008236　普0007326

陽宅三要四卷　（清）趙廷棟撰　清刻本　四
冊　九行二十一字下黑口四周單邊間四周
雙邊

610000－1001－0008237　普0007327

痘疹不求人一卷　（明）朱棟隆撰　清咸豐刻
本　一冊　十行二十二字小字雙行同白口左
右雙邊

610000－1001－0008238　普0007328

引痘略一卷　（清）邱熺輯　清嘉慶刻本　一
冊　九行二十一字白口四周單邊

610000－1001－0008239　普0007330

人譜一卷人譜類記二卷　（明）劉宗周撰　清
道光八年(1828)刻本　二冊　十一行二十一
字上黑口四周單邊

610000－1001－0008240　普0007331

楊忠愍公家訓一卷　（明）楊繼盛撰　清同治
四年(1865)刻本　一冊　九行二十字白口四
周雙邊

610000－1001－0008241　普0007332

人譜類記一卷　（明）劉宗周撰　清光緒二十
八年(1902)刻本　一冊　十一行二十一字白
口四周單邊

610000－1001－0008242　普0007333

增補痘疹玉髓金鏡錄三卷首一卷圖像一卷
（明）翁仲仁撰　清嘉慶二十年(1815)金陵寶
善堂刻本　四冊　十行二十四字白口左右
雙邊

610000－1001－0008243　普0007334

法言十卷　（漢）揚雄撰　清刻本　二冊　九
行二十字白口左右雙邊

610000－1001－0008244　普0007337

風角書八卷　（清）張爾岐撰　清道光十四年
(1834)刻本　二冊　九行二十四字白口左右
雙邊

610000－1001－0008245　普0007338

雷公炮製藥性解六卷　（明）李中梓編輯　清
刻本　六冊　十行二十四字小字雙行同白口
左右雙邊

610000－1001－0008246　普0007340

重鐫食物本草纂會六卷圖六卷　（清）沈李龍
撰　清嘉慶八年(1803)刻本　三冊　十一行
二十二字小字雙行同白口四周單邊

610000－1001－0008247　普0007341

婦人良方二十四卷　（宋）陳自明編　清刻本

十冊　十行二十字白口左右雙邊

610000－1001－0008248　普0007346

陳修園醫書三十種　（清）陳念祖撰　清光緒
三十一年(1905)上海商務印書館鉛印本　九
冊　十六行三十三字小字雙行同白口四周雙
邊　存九種

610000－1001－0008249　普0007347

增訂丹桂籍十二卷　（明）顏正輯　清道光四
年(1824)刻本　十二冊　九行二十字下黑口
左右雙邊

610000－1001－0008250　普0007348

稀痘良方一卷　（清）馬朝楨校刊　清光緒六
年(1880)刻本　一冊　九行十九字白口左右
雙邊

610000－1001－0008251　普0007352

福幼編一卷　（清）莊一夔撰　清光緒元年
(1875)刻本　一冊　九行二十字上下黑口四
周單邊

610000－1001－0008252　普0007353

石室秘籙六卷　（清）陳士鐸撰　清刻本　二
冊　十一行二十五字白口四周單邊

610000－1001－0008253　普0007354

女科仙方四卷　（清）傅山撰　清刻本　一冊
九行二十字上下黑口四周單邊

610000－1001－0008254　普0007355

福幼編一卷　（清）莊一夔撰　清光緒刻本
一冊　九行二十字上下黑口四周單邊

610000－1001－0008255　普0007357

大生要旨五卷　（清）唐千頃纂　清道光四年
(1824)刻本　一冊　九行二十字白口四周雙
邊

610000－1001－0008256　普0007358

眼科大全六卷首一卷　（明）傅仁宇撰　清善
成堂刻本　六冊　十行二十二字白口左右
雙邊

610000－1001－0008257　普0007360

時方妙用四卷　（清）陳念祖撰　清刻本　二

冊　八行十八字白口左右雙邊

610000－1001－0008258　普0007363

校正圖註脈訣四卷附方一卷　（晉）王叔和譔
　　奇經八脈考一卷　（明）李時珍撰輯　校正
瀕湖脉學一卷　清光緒三十一年（1905）上海
日新書局石印本　一冊　行數不等大小字不
等白口四周雙邊

610000－1001－0008259　普0007367

陳修園廿三種　（清）陳念祖撰　清光緒三十
四年（1908）寶慶經元書局刻本　一冊　九行
二十二字白口左右雙邊　存六種

610000－1001－0008260　普0007368

濟世單方一卷　（□）□□撰　清刻本　一冊
四行大小字不等白口四周單邊

610000－1001－0008261　普0007368

重刻保嬰編一卷　（清）巫齋居士撰　清刻本
　一冊　七行十五字白口左右雙邊

610000－1001－0008262　普0007368

福幼編一卷　（清）莊一夔撰　清刻本　一冊
九行二十五字白口左右雙邊

610000－1001－0008263　普0007369

增補壽世保元十卷　（清）龔廷賢編　清同治
元年（1862）刻本　一冊　十四行三十字白口
左右雙邊　存一卷（甲集一）

610000－1001－0008264　普0007371

刪註脈訣規正二卷圖註八十一難經四卷
（清）沈鏡刪註　清光緒二十三年（1897）刻本
四冊　十行二十四字白口四周單邊

610000－1001－0008265　普0007372

刪註脈訣規正二卷　（清）沈鏡刪註　清刻本
二冊　十行二十四字白口四周單邊

610000－1001－0008266　普0007374

筆花醫鏡四卷　（清）江涵暾著　（清）何鏡源
校訂　清道光四年（1824）刻本　一冊　十行
二十字白口左右雙邊

610000－1001－0008267　普0007375

地理悟真合編□□卷　（唐）楊益編　清光緒

二十年（1894）刻本　一冊　九行二十五字小
字雙行同上黑口左右雙邊　存一卷（楊益疑
龍經五）

610000－1001－0008268　普0007377

景岳新方砭四卷　（清）陳念祖著　清同治四
年（1865）刻本　一冊　九行二十字白口四周
單邊

610000－1001－0008269　普0007378

脈學奇經八脈考一卷　（明）李時珍撰　清刻
本　一冊　九行二十字小字雙行同白口四周
單邊

610000－1001－0008270　普0007379

讀畫齋叢書八集　（清）顧修輯　清桐華館刻
本　一冊　九行十八字小字雙行同上下黑口
左右雙邊　存己集二種

610000－1001－0008271　普0007383

傅科全書一卷　（清）傅山撰　清光緒四年
（1878）刻本　四冊　九行二十二字白口四周
單邊

610000－1001－0008272　普0007384

普濟良方六卷　（□）□□撰　清同治元年
（1862）刻本　一冊　九行二十五字白口四周
雙邊

610000－1001－0008273　普0007386

醫學真傳四卷　（清）鄭壽全撰　清同治十三
年（1874）刻本　一冊　九行二十四字白口四
周單邊

610000－1001－0008274　普0007387

萬氏婦人科三卷　（□）□□撰　清刻本　一
冊　九行二十四字白口四周單邊

610000－1001－0008275　普0007389

產後編二卷　（清）傅山撰　清刻本　二冊
八行十八字白口四周單邊

610000－1001－0008276　普0007390

胎產心法三卷　（清）閻純璽撰　清刻本　一冊
九行二十二字白口四周雙邊　缺一卷（下）

610000－1001－0008277　普0007391

女科要旨四卷　(清)陳念祖撰　清刻本　一
冊　十行二十五字白口四周單邊

610000－1001－0008278　普0007392

產孕集二卷　(清)張曜孫撰　清同治七年
(1868)蘊璞齋刻本　一冊　十一行二十三字
白口四周雙邊

610000－1001－0008279　普0007394

醫宗必讀五十一卷首一卷　(明)李中梓著
清三讓堂刻本　八冊　十一行二十七字白口
四周單邊

610000－1001－0008280　普0007395

四書會同一卷　(清)薛學兼纂輯　抄本　二
十六冊　九行二十四字

610000－1001－0008281　普0007397

薛氏醫按二十四種　(明)薛己撰　(明)吳琯
編　清刻本　四十八冊　十行二十字白口左
右雙邊

610000－1001－0008282　普0007400

內經知要二卷　(明)李念莪輯注　清道光五
年(1825)刻本　二冊　八行十八字小字雙行
同白口四周雙邊

610000－1001－0008283　普0007401

重廣補注黃帝內經素問二十四卷　(唐)王冰
注　(宋)林億等校　清道光二十九年(1849)
刻本　六冊　十行二十字小字雙行三十字白
口左右雙邊

610000－1001－0008284　普0007402

南華真經解內篇七卷外篇十五卷雜篇十一卷
　(清)宣穎著　清經國堂刻本　六冊　九行
二十四字白口四周單邊

610000－1001－0008285　普0007403

如響錄一卷　(清)知安道人撰　清刻本　一
冊　九行二十字白口四周雙邊

610000－1001－0008286　普0007404

保赤良方四卷　(清)嚴江輯　清光緒九年
(1883)刻本　一冊　十行二十四字白口四周
雙邊

610000－1001－0008287　普0007405

新刊外科正宗四卷　(明)陳實功撰　清嘉慶
十年(1805)刻本　四冊　十一行二十六字小
字雙行同白口四周單邊

610000－1001－0008288　普0007407

天文算學纂要二十卷　(清)陳松撰　清光緒
十三年(1887)刻本　十二冊　九行二十字上
下黑口四周雙邊　缺五卷(九至十三)

610000－1001－0008289　普0007408

圖註八十一難經辨眞四卷　(戰國)扁鵲著
(明)張世賢圖註　清刻本　二冊　十行二十
字白口四周單邊

610000－1001－0008290　普0007409

白喉忌表抉微一卷　(清)耐修子錄　清光緒
十七年(1891)刻本　一冊　九行二十六字小
字雙行同白口四周雙邊

610000－1001－0008291　普0007410

白喉治法急救法一卷　(□)□□撰　清刻本
　一冊　九行二十六字小字雙行同白口四周
雙邊

610000－1001－0008292　普0007411

白喉治法忌表抉微一卷　(清)耐修子錄　清
刻本　一冊　九行二十六字小字雙行同白口
四周雙邊

610000－1001－0008293　普0007413

治溫提要一卷　(清)曹文遠撰　清光緒四年
(1878)刻本　一冊　四行八字白口四周雙邊

610000－1001－0008294　普0007414

地理五訣八卷　(清)趙廷棟撰　清道光十四
年(1834)刻本　四冊　九行二十一字白口左
右雙邊

610000－1001－0008295　普0007415

傷寒卒病論二卷　(漢)張機撰　(清)沈又彭
編　醫經讀不分卷　(清)沈又彭編　清刻本
　四冊　九行二十一字小字雙行同白口左右
雙邊

610000－1001－0008296　普0007416

傷寒瘟疫條辯六卷 （清）楊璿撰 清咸豐三年(1853)刻本 六冊 九行二十字白口四周雙邊

610000－1001－0008297 普0007418
景岳全書十六種 （明）張介賓撰 清道光元年(1821)刻本 三十二冊 十行二十四字白口左右雙邊

610000－1001－0008298 普0007419
醫學摘要一卷 （清）王志沂輯 清道光七年(1827)刻本 一冊 十行二十四字小字雙行同白口四周單邊

610000－1001－0008299 普0007420
醫學實在易八卷 （清）陳念祖撰 清刻本 一冊 八行十八字白口四周單邊 缺二卷(七至八)

610000－1001－0008300 普0007421
惟寶書齋醫學揀抄一卷 （清）無能氏錄 無能氏抄本 一冊 八行字數不等白口四周雙邊

610000－1001－0008301 普0007425
廣瘟疫論四卷 （清）戴天章撰 清刻本 一冊 十行二十一字白口四周雙邊 存二卷(三至四)

610000－1001－0008302 普0007426
三家醫案合刻三卷 （清）葉桂等撰 清道光十一年(1831)刻本 一冊 八行二十一字白口左右雙邊

610000－1001－0008303 普0007427
行醫寶鑑一卷 （□）□□撰 抄本 一冊 九行大小字不等白口四周雙邊

610000－1001－0008304 普0007428
陽宅三要四卷 （清）趙廷棟撰 清道光十四年(1834)刻本 二冊 九行二十一字白口四周單邊

610000－1001－0008305 普0007429
陽宅三要四卷 （清）趙廷棟撰 清道光十四年(1834)刻本 二冊 九行二十一字白口四周單邊

610000－1001－0008306 普0007430
圖註八十一難經辨眞四卷 （戰國）扁鵲撰 （明）張世賢註 圖註脉訣辨眞四卷 （晉）王叔和譔 （明）張世賢註 脈訣附方一卷 （明）張世賢編次 清光緒十六年(1890)刻本 一冊 十行二十一字白口四周單邊

610000－1001－0008307 普0007431
異聞錄十二卷 （清）孫洙撰 清刻本 一冊 九行二十字白口四周單邊 存三卷(十至十二)

610000－1001－0008308 普0007432
四秘全書地理大全十二種 （清）尹有本輯 清三省齋刻本 十冊 八行十六字白口四周雙邊

610000－1001－0008309 普0007434
靈樞素問節要淺註十卷 （清）陳念祖集註 清同治四年(1865)刻本 五冊 八行十八字小字雙行同白口四周雙邊

610000－1001－0008310 普0007435
陳修園廿三種 （清）陳念祖撰 清光緒三十四年(1908)寶慶經元書局刻本 四冊 八行十八字白口四周雙邊 存三種

610000－1001－0008311 普0007440
澄懷園語四卷 （清）張廷玉著 清同治十年(1871)刻本 一冊 十行二十字上下黑口左右雙邊

610000－1001－0008312 普0007442
洴澼百金方十四卷首一卷 （清）袁宮桂編次 清道光二十年(1840)刻本 七冊 九行二十四字白口四周單邊

610000－1001－0008313 普0007444
讀書雜志八十二卷餘編二卷 （清）王念孫撰 清同治九年(1870)刻本 二十四冊 十行二十一字小字雙行同白口四周雙邊

610000－1001－0008314 普0007445
譚誤四卷 （明）馬樸撰 清同治九年(1870)刻本 一冊 十行二十三字白口左右雙邊

610000－1001－0008315　普0007446

困學紀聞注二十卷　（宋）王應麟撰　（清）翁元圻輯注　清道光五年(1825)刻本　十冊　十一行二十字白口左右雙邊

610000－1001－0008316　普0007447

歸田瑣記八卷　（清）梁章鉅撰　清同治八年(1869)刻本　四冊　九行二十二字白口左右雙邊

610000－1001－0008317　普0007449

白虎通疏證十二卷　（清）陳立撰　清光緒元年(1875)刻本　四冊　十二行二十四字小字雙行同白口左右雙邊

610000－1001－0008318　普0007450

無如一卷　（明）呂坤輯　清光緒十四年(1888)刻本　一冊　九行二十一字白口四周雙邊

610000－1001－0008319　普0007452

答問錄存不分卷　（清）李枞撰　清宣統元年(1909)土山灣印書館鉛印本　一冊　十行三十字白口四周雙邊

610000－1001－0008320　普0007454

牙牌靈數一卷　（清）岳慶山樵撰　抄本　一冊　九行大小字不等

610000－1001－0008321　普0007459

新鐫徐氏家藏羅經頂門針二卷鄙言一卷　（明）徐之鎮著　清文奎堂刻本　二冊　九行二十二字白口四周單邊

610000－1001－0008322　普0007460

課子隨筆節鈔六卷續編一卷　（清）張又渠輯　（清）徐桐節鈔並續編　清光緒六年(1880)川東刻本　二冊　十三行二十二字上下黑口左右雙邊

610000－1001－0008323　普0007461

道說紀餘初集一卷　（清）子一居士輯　清光緒二十六年(1900)刻本　一冊　九行二十五字白口四周雙邊

610000－1001－0008324　普0007462

校訂困學紀聞五箋二十卷　（宋）王應麟撰　（清）閻若璩等箋　清嘉慶十三年(1808)刻本　十二冊　十一行二十五字下黑口左右雙邊

610000－1001－0008325　普0007463

隨園食單四卷　（清）袁枚輯　清嘉慶元年(1796)刻本　二冊　八行十八字白口四周雙邊

610000－1001－0008326　普0007470

新世考不分卷　（英國）高葆真撰　上海廣學會譯　清光緒二十八年(1902)上海廣學會鉛印本　一冊　十二行二十七字白口四周雙邊

610000－1001－0008327　普0007472

士箴一卷　（清）張祥齡撰　清刻本　一冊　六行二十字上黑口四周單邊

610000－1001－0008328　普0007474

訓士一卷　（清）王植輯　清光緒十三年(1887)關中書院刻本　一冊　六行二十四字白口四周雙邊

610000－1001－0008329　普0007475

呂祖彙集三十四卷附十四卷　（唐）呂嵒撰　清道光三十年(1850)刻本　二十四冊　九行二十一字白口四周雙邊

610000－1001－0008330　普0007477

增廣智囊補二十八卷　（明）馮夢龍輯　清光緒二十四年(1898)上海文盛書局石印本　五冊　十八行四十字白口四周單邊

610000－1001－0008331　普0007478

白喉辯癥一卷　（清）黃維翰著　清光緒十年(1884)刻本　一冊　九行二十二字白口四周雙邊

610000－1001－0008332　普0007480

家政約言一卷　（清）戴百壽撰　清光緒二十年(1894)刻本　一冊　八行二十字白口四周雙邊

610000－1001－0008333　普0007481

佔畢叢談六卷勸學卮言一卷時文蠡測一卷　（清）袁守定撰　清光緒十二年(1886)刻本

四冊　十行二十一字白口四周雙邊

610000－1001－0008334　普0007482

六事箴言一卷　（清）葉玉屏輯　清宣統三年
(1911)刻本　一冊　八行二十字白口左右
雙邊

610000－1001－0008335　普0007483

六事箴言一卷　（清）葉玉屏輯　清刻本　一
冊　八行二十字白口左右雙邊

610000－1001－0008336　普0007484

六事箴言一卷　（清）葉玉屏輯　清光緒十九
年(1893)刻本　一冊　九行二十五字白口四
周雙邊

610000－1001－0008337　普0007485

楊忠愍公家訓一卷　（明）楊繼盛撰　清同治
四年(1865)刻本　一冊　九行二十字白口四
周雙邊

610000－1001－0008338　普0007486

急救應驗良方一卷　（清）費山壽輯　清光緒
六年(1880)刻本　一冊　九行二十二字小字
雙行同下黑口左右雙邊

610000－1001－0008339　普0007487

困學紀聞二十卷　（宋）王應麟撰　清桐華書
塾刻本　六冊　十一行二十五字白口左右
雙邊

610000－1001－0008340　普0007488

檉華館雜錄一卷　（清）路德撰　清刻本　一
冊　九行二十二字下黑口左右雙邊

610000－1001－0008341　普0007489

檉華館雜錄一卷　（清）路德撰　清刻本　一
冊　九行二十二字下黑口左右雙邊

610000－1001－0008342　普0007490

道西齋日記二卷　（清）王詠霓撰　清光緒十
八年(1892)鴻寶齋石印本　一冊　十行三十
字上下黑口左右雙邊

610000－1001－0008343　普0007492

今古奇觀四十卷　（明）抱甕主人選　清刻本
十冊　十一行二十五字白口四周單邊

610000－1001－0008344　普0007493

增訂臨文便覽不分卷　（清）龍光甸　（清）龍
啟瑞輯　清光緒二年(1876)刻本　四冊　六
行二十字白口四周單邊

610000－1001－0008345　普0007494

嘯亭雜錄十卷　（清）昭槤撰　清光緒六年
(1880)刻本　十二冊　九行二十二字白口左
右雙邊

610000－1001－0008346　普0007496

清秘述聞十六卷槐廳載筆二十卷　（清）法式
善編　清刻本　四冊　十二行二十四字上下
黑口四周單邊

610000－1001－0008347　普0007498

聞見瓣香錄十卷　（清）秦武域撰　清刻本
六冊　九行十九字白口左右雙邊

610000－1001－0008348　普0007500

過庭錄十六卷　（清）宋翔鳳撰　清光緒七年
(1881)刻本　四冊　十一行二十一字小字雙
行同黑口四周單邊

610000－1001－0008349　普0007501

嘐嘐言六卷　（清）郭柏蔭撰　清同治十年
(1871)刻本　一冊　九行二十一字白口四周
雙邊

610000－1001－0008350　普0007502

強項雜記一卷　（清）趙月亭撰　清同治八年
(1869)刻本　一冊　十行二十四字白口四周
雙邊

610000－1001－0008351　普0007503

菜根譚一卷　（明）洪應明著　清嘉慶十五年
(1810)刻本　一冊　八行二十字白口左右
雙邊

610000－1001－0008352　普0007505

教官譜二卷　（清）李庚乾輯　清光緒十九年
(1893)刻本　一冊　十行二十一字白口四周
雙邊

610000－1001－0008353　普0007506

二曲先生摘要一卷　（清）李顒撰　清光緒十

八年(1892)刻本　一冊　九行二十字白口四周雙邊

610000－1001－0008354　普0007507

二曲先生摘要一卷　（清）李顒撰　清光緒十八年(1892)刻本　一冊　九行二十字白口四周雙邊

610000－1001－0008355　普0007508

避亂錄一卷　（清）劉筱園撰　清同治十三年(1874)刻本　一冊　十行二十四字白口四周單邊

610000－1001－0008356　普0007510

俗言一卷　（清）劉沅撰　清咸豐四年(1854)刻本　一冊　九行二十一字白口左右雙邊

610000－1001－0008357　普0007511

俗言一卷　（清）劉沅撰　清咸豐四年(1854)刻本　一冊　九行二十一字白口左右雙邊

610000－1001－0008358　普0007515

兩般秋雨盦隨筆四卷　（清）梁紹壬纂　清文德堂刻本　四冊　九行二十一字上下黑口左右雙邊

610000－1001－0008359　普0007516

嘯亭雜錄十卷　（清）昭槤著　清光緒六年(1880)刻本　十二冊　九行二十二字白口左右雙邊

610000－1001－0008360　普0007517

寄園寄所寄十二卷　（清）趙吉士輯　清刻本　十六冊　十一行二十一字白口左右雙邊

610000－1001－0008361　普0007518

洋務自強新論四卷　（清）管斯駿輯　（清）張雲龍校刊　清光緒二十二年(1896)上海書局石印本　四冊　十三行三十字白口四周雙邊

610000－1001－0008362　普0007519

增像第六才子書六卷　（元）王實甫著　清光緒二十七年(1901)上海書局石印本　六冊　十八行四十字白口四周雙邊

610000－1001－0008363　普0007521

盛世危言八卷　（清）鄭觀應輯　清光緒二十

一年(1895)刻本　七冊　十二行三十一字白口四周單邊

610000－1001－0008364　普0007523

豈有此理四卷　（清）孟夏著　清嘉慶四年(1799)刻本　四冊　八行二十字白口左右雙邊

610000－1001－0008365　普0007524

更豈有此理四卷　（□）□□撰　清嘉慶五年(1800)刻本　四冊　八行二十字白口左右雙邊

610000－1001－0008366　普0007525

凝香室鴻雪因緣圖記三集　（清）麟慶撰　清光緒鉛印本　六冊　十二行二十五字白口四周單邊

610000－1001－0008367　普0007528

白虎通四卷　（漢）班固等輯　清刻本　二冊　十行二十字小字雙行同白口左右雙邊

610000－1001－0008368　普0007529

朱子原訂近思錄十四卷　（宋）朱熹　（宋）呂祖謙撰　（清）江永集注　清光緒十五年(1889)刻本　四冊　九行十七字小字雙行同白口四周雙邊

610000－1001－0008369　普0007530

讀書拾遺六卷　（清）傅玉書著　清光緒二十四年(1898)刻本　五冊　十行二十二字白口四周雙邊　缺一卷(三)

610000－1001－0008370　普0007531

日知錄之餘四卷　（清）顧炎武撰　清宣統二年(1910)吳中元和鄒福保刻本　二冊　十一行二十二字白口左右雙邊

610000－1001－0008371　普0007532

酉陽雜俎二十卷續集十卷　（唐）段成式纂　清光緒刻本　六冊　十二行二十四字上下黑口四周雙邊

610000－1001－0008372　普0007535

無邪堂答問五卷　（清）朱一新撰　清光緒二十一年(1895)廣雅書局刻本　五冊　十一行

二十四字上下黑口四周單邊

610000－1001－0008373　普0007536

敏求機要十六卷　（元）劉實撰　清光緒二十六年(1900)秦中官書局鉛印本　四冊　八行二十二字白口四周雙邊

610000－1001－0008374　普0007537

退菴隨筆二十卷　（清）梁章鉅編　清道光十六年(1836)刻本　四冊　九行二十二字白口左右雙邊

610000－1001－0008375　普0007539

石渠閣校刻庭訓閱古隨筆二卷　（明）穆文熙纂輯　清刻本　一冊　九行二十二字小字雙行同白口四周單邊

610000－1001－0008376　普0007541

四庫全書序一卷　（清）張之洞輯　清光緒二十五年(1899)鉛印本　一冊　十行二十二字小字雙行同白口四周雙邊

610000－1001－0008377　普0007543

黃金篇一卷　（清）張祥齡撰　清光緒二十五年(1899)刻本　一冊　六行二十字上黑口四周單邊

610000－1001－0008378　普0007544

明僮小錄一卷　（清）餘不釣徒編　**續錄一卷**　（清）殿春生撰　清同治六年(1867)擷芷館刻本　一冊　六行二十字白口四周雙邊

610000－1001－0008379　普0007545

弟子職女誡居家雜儀三書一卷　（戰國）管夷吾等著　清光緒八年(1882)刻本　一冊　九行十七字上下黑口四周雙邊

610000－1001－0008380　普0007547

西京雜記五卷　（漢）劉歆著　清刻本　一冊　九行二十字白口左右雙邊

610000－1001－0008381　普0007549

初學數紀典故一卷　（清）李元春輯　清刻本　六冊　九行四十四字白口左右雙邊

610000－1001－0008382　普0007551

白門新柳記一卷　（清）許豫撰　清光緒元年

（1875）刻本　一冊　九行二十字白口四周雙邊

610000－1001－0008383　普0007558

琳琅集腋一卷　（清）錢泳撰　清咸豐十年(1860)刻本　一冊　九行二十一字白口四周雙邊

610000－1001－0008384　普0007559

春在堂隨筆十九卷　（清）俞樾撰　清光緒刻本　六冊　十行二十一字白口左右雙邊

610000－1001－0008385　普0007560

丹桂初揩延嗣錄八卷　（清）程抱璞等集　清嘉慶十六年(1811)刻本　二冊　九行二十字白口左右雙邊

610000－1001－0008386　普0007561

水西答問一卷　（明）翟台撰　清嘉慶五年(1800)刻本　一冊　九行二十字下黑口左右雙邊

610000－1001－0008387　普0007562

筆算數學三卷　（美國）狄考文輯　清光緒二十四年(1898)鉛印本　三冊　十五行三十二字白口四周雙邊

610000－1001－0008388　普0007563

老學庵筆記二卷　（宋）陸游撰　清宣統三年(1911)掃葉山房石印本　二冊　十四行三十二字白口四周雙邊

610000－1001－0008389　普0007565

灤陽續錄四卷　（清）紀昀撰　清道光二十七年(1847)刻本　四冊　十行二十字白口左右雙邊

610000－1001－0008390　普0007568

春秋世論三卷　（清）王夫之撰　清刻本　一冊　十一行二十七字上下黑口四周雙邊

610000－1001－0008391　普0007570

色戒錄全集二卷　（清）傅伯辰撰　清光緒十年(1884)刻本　二冊　十一行二十二字白口左右雙邊

610000－1001－0008392　普0007571

御製人臣儆心錄一卷 （清）世祖福臨撰 清刻本 一冊 六行十二字白口四周雙邊

610000－1001－0008393 普0007572

聖諭廣訓不分卷 （清）聖祖玄燁撰 （清）世宗胤禛廣訓 清道光二十年（1840）刻本 一冊 七行十六至十八字白口四周雙邊

610000－1001－0008394 普0007573

聖諭廣訓不分卷 （清）聖祖玄燁撰 （清）世宗胤禛廣訓 清光緒二十九年（1903）廣雅書局刻本 一冊 九行二十二字上下黑口左右雙邊

610000－1001－0008395 普0007574

了凡四訓一卷 （明）袁黃撰 清光緒十五年（1889）刻本 一冊 九行二十字白口左右雙邊

610000－1001－0008396 普0007575

經餘必讀八卷 （清）雷琳等輯 清嘉慶八年（1803）刻本 四冊 十行二十字小字雙行同白口四周單邊

610000－1001－0008397 普0007576

經餘必讀續編八卷 （清）雷琳等輯 清嘉慶十一年（1806）刻本 四冊 十行二十字小字雙行同白口四周單邊

610000－1001－0008398 普0007578

知古錄三卷拾慧錄一卷 （清）恆衿纂輯 清同治二年（1863）刻本 四冊 八行二十字白口四周雙邊

610000－1001－0008399 普0007581

居官鏡一卷 （清）剛毅纂輯 清光緒十八年（1892）刻本 一冊 八行二十字上下黑口左右雙邊

610000－1001－0008400 普0007583

洪文襄奏對筆記二卷 （清）洪承疇撰 清光緒十四年（1888）刻本 一冊 九行二十二字白口四周雙邊

610000－1001－0008401 普0007585

辟邪實錄一卷 （清）第一傷心人撰 清刻本 一冊 十行二十五字白口四周雙邊

610000－1001－0008402 普0007586

聖祖仁皇帝庭訓格言一卷 （清）世宗胤禛撰 清光緒十六年（1890）柏經正堂刻本 一冊 九行二十二字下黑口四周單邊

610000－1001－0008403 普0007587

江隣幾雜誌一卷 （宋）江休復撰 清道光刻紛欣閣叢書本 一冊 十行二十二字白口左右雙邊

610000－1001－0008404 普0007588

全人矩獲四卷 （清）孫念劬輯 清刻本 一冊 十行二十二字白口左右雙邊

610000－1001－0008405 普0007589

閱微草堂筆記二十四卷 （清）紀昀撰 清刻本 四冊 十行二十一字上下黑口四周雙邊 存八卷（七至十、十三至十六）

610000－1001－0008406 普0007590

日省錄二十卷 （清）徐嘉瑞編輯 清咸豐四年（1854）安陸縣徐寶拙齋刻本 八冊 九行二十二字白口四周雙邊

610000－1001－0008407 普0007593

金壺七墨六種 （清）黃鈞宰等撰 清同治十二年（1873）刻本 八冊 九行二十一字白口左右雙邊間四周單邊

610000－1001－0008408 普0007594

畫禪室隨筆四卷 （明）董其昌撰 清宣統三年（1911）掃葉山房石印本 三冊 八行十八字白口左右雙邊

610000－1001－0008409 普0007597

十駕齋養新錄二十卷餘錄三卷錢辛楣先生年譜一卷 （清）錢大昕撰 清光緒二年（1876）浙江書局刻本 八冊 十行二十三字白口左右雙邊

610000－1001－0008410 普0007598

困學紀聞集證合註二十卷 （宋）王應麟著 清嘉慶二十四年（1819）刻本 八冊 十一行二十五字下黑口左右雙邊

610000－1001－0008411　普0007599

來瞿唐先生日錄十三卷　（明）來知德撰　清光緒十七年(1891)刻本　九冊　九行二十字白口四周雙邊

610000－1001－0008412　普0007602

讀書偶存一卷　（清）李朝棟著　清光緒十六年(1890)刻本　一冊　十行二十字上下黑口四周雙邊

610000－1001－0008413　普0007604

家蔭堂一瞬錄一卷　（清）周際華著　清道光十八年(1838)刻本　一冊　九行二十五字白口左右雙邊

610000－1001－0008414　普0007606

重栞金庸齋先生居官必覽二卷　（清）金庸齋著　清道光十三年(1833)仁學齋刻本　二冊　九行二十一字小字雙行同白口四周雙邊

610000－1001－0008415　普0007607

日知錄三十二卷之餘四卷菰中隨筆一卷（清）顧炎武著　清道光十二年(1832)刻本　十六冊　十一行二十二字小字雙行同白口四周單邊　缺一卷(菰中隨筆一)

610000－1001－0008416　普0007610

閱微草堂筆記二十四卷　（清）紀昀撰　清光緒十三年(1887)上海廣百宋齋鉛印本　六冊　十五行四十字小字雙行同白口四周雙邊

610000－1001－0008417　普0007614

說鈴六十二種　（清）吳震方輯　清道光五年(1825)聚秀堂刻本　六冊　九行二十一字上下黑口左右雙邊

610000－1001－0008418　普0007615

雲林別墅繪像妥註第六才子書六卷　（清）鄒聖脉註　清刻本　四冊　十八行八字白口四周單邊

610000－1001－0008419　普0007618

香祖筆記十二卷　（清）王士禛撰　清宣統二年(1910)掃葉山房石印本　四冊　十四行三十字小字雙行同白口四周雙邊

610000－1001－0008420　普0007620

小嫏嬛山館彙刊類書十二種　（清）佚名編　清同治六年(1867)緯文堂刻本　四冊　十行二十字小字雙行同白口四周單邊　存三種

610000－1001－0008421　普0007622

野叟曝言二十卷一百五十四回　（清）夏敬渠撰　清光緒鉛印本　十冊　二十二行三十五字小字雙行同白口四周單邊

610000－1001－0008422　普0007623

說鈴六十二種　（清）吳震方輯　清刻本　七冊　九行二十字上下黑口四周雙邊　存二十種

610000－1001－0008423　普0007628

天花藏批評平山冷燕六卷二十回　（清）荻岸散人撰　清刻本　二冊　十二行三十三字白口四周單邊

610000－1001－0008424　普0007629

新鐫玉茗堂批點按鑑參補南宋志傳十卷五十回　（明）熊大木撰　（清）研石山樵訂正　清文錦堂刻本　六冊　十一行二十字白口四周單邊

610000－1001－0008425　普0007631

品花寶鑑六十回　（清）陳森撰　清光緒三十四年至宣統元年(1908－1909)刻本　十六冊　八行二十二字白口左右雙邊

610000－1001－0008426　普0007632

紀曉嵐先生筆記二十四卷　（清）紀昀撰　清嘉慶二十一年(1816)北平盛氏刻本　十冊　十行二十一字上下黑口四周雙邊

610000－1001－0008427　普0007633

繡像閨閣英才傳三卷　（清）鴛湖煙水撰　清光緒三十二年(1906)石印本　二冊　十四行三十二字白口四周雙邊

610000－1001－0008428　普0007634

繡圖平山冷燕四才子書四卷二十回　（清）荻岸山人編　清光緒二十九年(1903)上海書局石印本　二冊　十六行三十七字白口四周單邊

610000－1001－0008429　普 0007635
繡像海上繁華初集六卷二集六卷　（清）孫家
振撰　清光緒二十九年(1903)上海笑林報館
鉛印本　十二冊　十六行三十字白口四周
雙邊

610000－1001－0008430　普 0007636
閱微草堂筆記二十四卷　（清）紀昀撰　清刻
本　十六冊　八行十七字白口四周單邊

610000－1001－0008431　普 0007637
虞初新志二十卷續志十二卷　（清）張潮輯
清咸豐元年(1851)小琅嬛僊館刻本　十五冊
十行十九字白口左右雙邊

610000－1001－0008432　普 0007638
今古奇觀四十卷　（明）抱甕主人選　清刻本
十四冊　十一行二十五字白口四周單邊

610000－1001－0008433　普 0007646
繡像古今奇觀四十卷　（明）抱甕主人選　清
刻本　十二冊　十二行三十字白口四周單邊

610000－1001－0008434　普 0007656
東周列國志二十七卷一百〇八回　（清）蔡元
放評點　清光緒二十一年(1895)文盛書局石
印本　三冊　二十五行五十七字上下黑口四
周雙邊

610000－1001－0008435　普 0007663
增評補像全圖金玉緣一百二十回　（清）曹霑
著　清光緒十三年(1887)石印本　十六冊
十七行三十九字小字雙行四十字白口四周
雙邊

610000－1001－0008436　普 0007665
郎潛紀聞初筆七卷二筆八卷三筆六卷　（清）
陳康祺著　清宣統二年(1910)掃葉山房石印
本　十冊　十四行二十八字小字雙行同白口
四周雙邊

610000－1001－0008437　普 0007667
增評補像全圖金玉緣一百二十回　（清）曹霑
著　清光緒三十四年(1908)求不負齋石印本
十六冊　十八行四十字小字雙行同白口四
周雙邊

610000－1001－0008438　普 0007669
郎潛紀聞初筆七卷二筆八卷三筆六卷　（清）
陳康祺著　清宣統二年(1910)掃葉山房石印
本　十冊　十四行二十八字小字雙行同白口
四周雙邊

610000－1001－0008439　普 0007671
水滸後傳十卷　（明）陳忱撰評　清刻本　六
冊　十四行三十字小字雙行同白口左右雙邊

610000－1001－0008440　普 0007675
合訂西廂記文機活趣全解八卷　（清）金聖嘆
批點　清刻本　五冊　十行二十六字白口左
右雙邊　缺一卷(八)

610000－1001－0008441　普 0007676
廿一史彈詞註十卷　（明）楊慎撰　明紀彈詞
註一卷　（清）張三異增訂　清道光十二年
(1832)刻本　十二冊　十一行二十一字小字
雙行同白口四周雙邊

610000－1001－0008442　普 0007683
新刻封神演義八卷一百回　（明）許仲琳撰
（明）鍾伯敬評　清蔚文堂刻本　八冊　十四
行三十一字白口四周單邊

610000－1001－0008443　普 0007691
天文大成全志輯要八十卷　（清）黃鼎纂　清
粵東拱星堂刻本　三十一冊　九行十九字白
口四周單邊

610000－1001－0008444　普 0007694
格物入門七卷　（美國）丁韙良著　清光緒二
十一年(1895)竹簡齋石印本　七冊　十行二
十一字白口四周雙邊

610000－1001－0008445　普 0007697
聊齋志異新評十六卷　（清）蒲松齡著　（清）
王士正評　（清）但明倫新評　清光緒十三年
(1887)善成堂刻本　十六冊　十行三十三字
小字雙行同白口四周雙邊

610000－1001－0008446　普 0007698
第五才子書水滸傳七十五卷　（元）施耐庵撰
清刻本　二十四冊　十行二十一字小字雙
行同白口四周單邊

610000－1001－0008447　普0007699

翠薇山房數學十二種　（清）張作楠撰　清光緒二十三年(1897)上海鴻寶齋石印本　八冊　十八行二十二字小字雙行同白口四周雙邊

610000－1001－0008448　普0007700

九章算術細草圖說九卷　（晉）劉徽注　（唐）李淳風注釋　（清）李潢譔　清嘉慶二十五年(1820)刻本　八冊　十行二十字小字雙行同白口四周雙邊

610000－1001－0008449　普0007701

學算筆談十二卷　（清）華蘅芳撰　清光緒關中味經官書局刻本　六冊　十行二十二字小字雙行同白口左右雙邊

610000－1001－0008450　普0007702

矩象測繪一卷　（清）吳錫釗撰　清光緒十七年(1891)杏雨山房刻本　一冊　九行二十二字小字雙行同上下黑口四周雙邊

610000－1001－0008451　普0007703

衍元小草二卷　（清）孔慶霱　（清）孔慶黿　（清）勞紹章撰　清光緒二十四年(1898)刻本　二冊　十行二十二字上下黑口左右雙邊

610000－1001－0008452　普0007704

籌算淺釋二卷　勞乃宣撰　清光緒二十三年(1897)刻本　二冊　十行二十二字上下黑口左右雙邊

610000－1001－0008453　普0007706

高厚蒙求五集　（清）徐朝俊撰　清嘉慶十二年(1807)雲間徐氏刻本　六冊　十行二十字小字雙行同白口四周單邊　存四集

610000－1001－0008454　普0007708

格物入門七卷　（美國）丁韙良著　清同治七年(1868)京都同文館刻本　七冊　十行二十一字小字雙行同白口四周雙邊

610000－1001－0008455　普0007709

西藝知新二十二卷　（英國）諾格德撰　（英國）傅蘭雅譯　（清）徐壽筆述　清光緒江南機器製造總局刻本　十四冊　十行二十二字上下黑口左右雙邊

610000－1001－0008456　普0007710

化學初階四卷　（美國）嘉約翰口譯　（清）何瞭然筆述　清同治九年(1870)刻本　四冊　十行二十四字白口四周雙邊

610000－1001－0008457　普0007711

化學初階四卷　（美國）嘉約翰口譯　（清）何瞭然筆述　清同治九年(1870)刻本　四冊　十行二十四字白口四周雙邊

610000－1001－0008458　普0007712

器象顯真四卷圖一卷　（英國）白力蓋輯　（英國）傅蘭雅口譯　（清）徐建寅刪述　清光緒江南機器製造總局刻本　二冊　十行二十二字上下黑口左右雙邊

610000－1001－0008459　普0007713

聲學八卷　（英國）田大里撰　（英國）傅蘭雅口譯　（清）徐建寅筆述　清末江南機器製造總局刻本　二冊　十行二十二字小字雙行同上下黑口左右雙邊

610000－1001－0008460　普0007714

汽機必以十二卷首一卷附一卷　（英國）蒲而捺撰　（英國）傅蘭雅口譯　（清）徐建寅筆述　清光緒江南機器製造總局刻本　四冊　十行二十二字上下黑口左右雙邊

610000－1001－0008461　普0007715

汽機新制八卷　（英國）白爾格撰　（英國）傅蘭雅口譯　（清）徐建寅筆述　清末江南機器製造總局刻本　二冊　十行二十二字小字雙行同上下黑口左右雙邊

610000－1001－0008462　普0007716

光學二卷　（英國）田大里編　（美國）金楷理口譯　（清）趙元益筆述　清末江南機器製造總局刻本　二冊　十行二十二字小字雙行同上下黑口左右雙邊

610000－1001－0008463　普0007718

遵黃錄不分卷　（清）王幻海著　清道光十六年(1836)刻本　一冊　八行二十字白口四周雙邊

610000－1001－0008464　普0007720

遠西奇器圖說錄最三卷　（明）王徵譯繪
（德國）鄧玉函口授　清嘉慶二十一年（1816）
刻本　四冊　九行十九字白口四周雙邊

610000－1001－0008465　普0007721

河工器具圖說四卷　（清）麟慶纂輯　清道光
十六年（1836）刻本　二冊　行數不等字數不
等白口四周單邊

610000－1001－0008466　普0007723

格致譜二十四卷　（清）屠仁守纂述　清光緒
二十八年（1902）秦中刻本　三冊　九行二十
二字小字雙行同白口四周雙邊　存八卷（一
至八）

610000－1001－0008467　普0007725

漢溪書法通解八卷　（清）戈守智纂著　清咸
豐元年（1851）刻本　二冊　九行二十字白口
四周單邊

610000－1001－0008468　普0007726

漢溪書法通解八卷　（清）戈守智纂著　清咸
豐元年（1851）刻本　四冊　九行二十字白口
四周單邊

610000－1001－0008469　普0007727

習苦齋畫絮十卷　（清）戴熙撰　清光緒十九
年（1893）景文齋刻本　四冊　十行二十二字
小字雙行同上下黑口左右雙邊

610000－1001－0008470　普0007729

灤陽消夏錄六卷　（清）紀昀撰　清刻本　四
冊　八行十七字上黑口四周雙邊

610000－1001－0008471　普0007732

畫學心印八卷桐陰論畫圖二卷首一卷桐陰畫
訣一卷續桐陰論畫一卷　（清）秦祖永評輯
清光緒四年（1878）刻朱墨印本　十冊　八行
十八字小字雙行同上下黑口左右雙邊

610000－1001－0008472　普0007735

秘傳花鏡六卷　（清）陳淏子輯　清刻本　三
冊　九行二十字小字雙行同白口左右雙邊

610000－1001－0008473　普0007736

迴文傳十六卷　（清）李漁撰　（清）鐵華山人

重編　清刻本　一冊　八行十八字白口四周
單邊　存二卷（七至八）

610000－1001－0008474　普0007737

疇人傳三編七卷　（清）諸可寶撰　清光緒二
十二年（1896）上海機衡堂石印本　一冊　二
十行四十二字小字雙行同白口四周雙邊

610000－1001－0008475　普0007739

金剛般若波羅蜜經直解二卷　（清）純陽子撰
清道光二十九年（1849）刻本　一冊　九行
十七字小字雙行同白口四周雙邊

610000－1001－0008476　普0007741

二十四孝不分卷　（□）□□撰　清光緒元年
（1875）刻本　一冊　行數不等大小字不等白
口四周單邊

610000－1001－0008477　普0007745

四書人物類典串珠四十卷　（清）臧志仁編輯
清嘉慶十八年（1813）刻本　八冊　九行二
十五字小字雙行同白口左右雙邊

610000－1001－0008478　普0007746

事類賦三十卷　（宋）吳淑撰　（明）華麟祥校
清嘉慶五年（1800）刻本　四冊　十一行二
十字小字雙行同上下黑口左右雙邊

610000－1001－0008479　普0007748

友石齋印存不分卷　（清）楊秉信撰　清光緒
三十二年（1906）鉛印本　一冊　白口四周
雙邊

610000－1001－0008480　普0007752

博物志十卷　（晉）張華撰　清嘉慶八年
（1803）士禮居刻本　一冊　十一行二十二字
小字雙行同白口左右雙邊

610000－1001－0008481　普0007754

餅笙館修簫譜四卷　（清）舒位撰　清道光十
三年（1833）振綺堂刻本　一冊　七行十六字
白口四周單邊

610000－1001－0008482　普0007756

增補四書精繡圖像人物備考十二卷　（清）薛
方山彙輯　（清）陳仁錫增訂　清嘉慶三年

(1798)刻本　六冊　十三行三十字小字雙行
同白口四周單邊

610000－1001－0008483　普0007758
對山書屋墨餘錄十六卷　（清）毛祥麟撰　清
同治九年(1870)湖州醉六堂吳氏刻本　六冊
　九行二十字小字雙行同白口四周單邊

610000－1001－0008484　普0007759
百美新詠圖傳不分卷　（清）顏希源輯　（清）
王翽繪圖　清集腋軒刻本　五冊　八行十八
字白口四周雙邊

610000－1001－0008485　普0007761
賞奇軒合編五種　（□）□□輯　清光緒十二
年(1886)上海同文書局石印本　四冊　行數
不等字數不等白口四周雙邊　缺一種

610000－1001－0008486　普0007764
類腋五十五卷　（清）姚培謙輯　清刻本　八
冊　九行二十四字白口四周雙邊　存二卷
（八、十五）

610000－1001－0008487　普0007765
七巧圖合璧不分卷　（清）桑下客輯　清嘉慶
十八年(1813)刻本　一冊　行數不等字數不
等白口四周單邊

610000－1001－0008488　普0007766
真蹟日錄初集一卷二集一卷三集一卷　（明）
張丑撰　清池北草堂刻本　一冊　九行二十
字小字雙行同上下黑口左右雙邊

610000－1001－0008489　普0007767
藝舟雙楫一卷　（清）包世臣撰　清光緒八年
(1882)蒲圻但氏刻本　一冊　九行二十一字
上下黑口左右雙邊

610000－1001－0008490　普0007768
數紀典故補十七卷　（清）李元春輯　清光緒
八年(1882)但氏刻本　十冊　九行二十四字
白口四周單邊

610000－1001－0008491　普0007769
新刻重校增補圓機活法詩學全書二十四卷
（明）王世貞校正　清嘉慶六年(1801)崇德書

院刻本　二十四冊　十二行二十五字小字雙
行同白口四周雙邊

610000－1001－0008492　普0007770
子史精華一百六十卷　（清）允祿　（清）吳襄
等纂　清末石印本　十冊　行數不等字數不
等白口四周雙邊

610000－1001－0008493　普0007771
子史精華一百六十卷　（清）允祿　（清）吳襄
等纂　清光緒十二年(1886)上海同文書局石
印本　八冊　行數不等字數不等白口四周
雙邊

610000－1001－0008494　普0007772
御定駢字類編二百四十卷　（清）張廷玉等編
　清光緒十三年(1887)上海同文書局石印本
　四十八冊　二十行四十一字白口四周雙邊

610000－1001－0008495　普0007773
典制駢儷集成五卷　（清）查孝廉編　清光緒
八年(1882)點石齋石印本　二冊　二十四行
四十四字白口四周單邊

610000－1001－0008496　普0007774
文料大成四十卷　（清）冷香子撰　清刻本
二冊　二十行四十六字白口左右雙邊

610000－1001－0008497　普0007775
文料大成四卷首一卷　（清）冷香子撰　清光
緒十五年(1889)刻本　二冊　二十行四十七
字白口四周雙邊

610000－1001－0008498　普0007776
勸戒近錄六卷續錄六卷三錄六卷四錄六卷五
錄六卷六錄六卷七錄六卷八錄六卷九錄六卷
　（清）梁恭辰撰　清光緒二十四年(1898)順
成書局石印本　八冊　十五行三十五字白口
四周單邊

610000－1001－0008499　普0007778
校正尚友錄續集二十二卷　（明）廖用賢編纂
　清末石印本　四冊　十四行二十五字小字
雙行五十字上黑口四周雙邊

610000－1001－0008500　普0007779

文料大成四十卷 （清）冷香子撰 清光緒八年(1882)刻本 十二冊 八行二十五字白口左右雙邊

610000－1001－0008501 普0007782

校正尚友錄二十二卷 （明）廖用賢編纂 清光緒二十九年(1903)茹古山房石印本 四冊 行數不等字數不等上黑口四周雙邊

610000－1001－0008502 普0007783

四書人物類典串珠四十卷 （清）臧志仁編輯 清光緒十二年(1886)刻本 六冊 十行二十五字小字雙行同白口四周單邊 存十七卷（一至十七）

610000－1001－0008503 普0007787

淨業知津一卷 （清）釋悟開述 清同治十三年(1874)金陵刻經處刻本 一冊 十行二十字小字雙行同上下黑口左右雙邊

610000－1001－0008504 普0007788

友竹書舍印存六卷 （清）程銘篆 清末刻鈐印本 六冊

610000－1001－0008505 普0007789

篆學瑣著二十八種 （清）顧湘輯 清道光二十年(1840)海虞顧氏刻本 八冊 九行二十二字上下黑口四周雙邊

610000－1001－0008506 普0007790

五燈會元二十卷 （宋）釋普濟撰 清光緒二十八年(1902)玉海堂影宋刻本 十二冊 十三行二十四字小字雙行同白口左右雙邊

610000－1001－0008507 普0007791

清河書畫舫十二卷補遺一卷 （明）張丑撰 清光緒元年(1875)刻本 十二冊 九行二十二字小字雙行同上黑口左右雙邊

610000－1001－0008508 普0007793

國朝畫徵錄三卷續錄二卷 （清）張庚著 清光緒十九年(1893)上海積山書局石印本 二冊 十四行三十字小字雙行同下黑口四周單邊

610000－1001－0008509 普0007795

正續西藝知新二十二卷 （清）徐壽編 清末石印本 六冊 二十行四十四字白口四周雙邊

610000－1001－0008510 普0007796

重增格物入門七卷 （美國）丁韙良著 清光緒二十五年(1899)上海美華書館鉛印本 七冊 十三行二十七字白口四周雙邊

610000－1001－0008511 普0007797

新纂簡捷易明算法四卷 （清）沈士桂纂輯 （清）嚴瑛校正 清道光九年(1829)刻本 四冊 十行二十二字小字雙行同白口四周單邊

610000－1001－0008512 普0007798

格致彙編不分卷 （英國）傅蘭雅編 清光緒二年至十八年(1876－1892)上海格致書室鉛印本 三冊 二十一行四十二字白口四周雙邊

610000－1001－0008513 普0007800

萬國分類時務大成四十卷首一卷 （清）錢豐輯 清光緒二十三年(1897)袖海山房石印本 二十八冊 十八行四十四字上下黑口四周雙邊

610000－1001－0008514 普0007807

石室仙機五卷 （清）許穀撰 清刻本 四冊 十八行十八字白口四周雙邊

610000－1001－0008515 普0007808

佛教西來玄化應運略錄一卷 （宋）程輝編 清刻本 一冊 十行二十字上下黑口左右雙邊

610000－1001－0008516 普0007809

佛教西來玄化應運略錄一卷 （宋）程輝編 清刻本 一冊 十行二十字上下黑口左右雙邊

610000－1001－0008517 普0007811

廣事類賦四十卷 （清）華希閔著 清刻本 十冊 十一行二十字小字雙行同上下黑口左右雙邊

610000－1001－0008518 普0007812

異方便淨土傳燈歸元鏡三祖實錄二卷　（清）
釋智達撰　清刻本　四冊　十行二十字小字
雙行同白口四周單邊

610000－1001－0008519　普0007818

篆刻鍼度八卷　（清）陳克恕撰　清刻本　一
冊　九行二十字上下黑口左右雙邊

610000－1001－0008520　普0007826

百美新詠圖傳不分卷　（清）顏希源輯　（清）
王翽繪圖　清嘉慶刻本　一冊　八行十八字
白口四周雙邊

610000－1001－0008521　普0007828

自存印譜一卷　（清）張欽修篆　清道光二十
九年(1849)刻鈐印本　一冊　行數不等大小
字不等白口四周雙邊

610000－1001－0008522　普0007829

實齋印存一卷　（清）楊秉信篆　清宣統刻鈐
印本　一冊　行數不等大小字不等白口四周
雙邊

610000－1001－0008523　普0007831

國朝文棟八卷　（清）胡嘉詮輯　清宣統元年
(1909)時中書局鉛印本　四冊　十四行三十
一字白口四周雙邊

610000－1001－0008524　普0007834

增補萬寶全書二十卷　（明）陳眉公纂輯
（清）毛煥文增補　清嘉慶二十二年(1817)刻
本　四冊　行數不等大小字不等白口四周
單邊

610000－1001－0008525　普0007835

坊表錄十六卷　（清）蘇宗經輯　清光緒十六
年(1890)郁林蘇氏刻本　四冊　十行二十二
字小字雙行同白口四周雙邊

610000－1001－0008526　普0007837

幽夢續影一卷　（清）朱錫綬著　清光緒七年
(1881)長白榮祿略園刻本　一冊　十行十八
字白口四周雙邊

610000－1001－0008527　普0007840

五經類編二十八卷　（清）周世樟輯　清刻本

十二冊　八行二十字小字雙行同白口左右
雙邊

610000－1001－0008528　普0007842

史印不分卷　（清）童昌齡撰　清刻鈐印本
一冊　行數不等字數不等白口四周單邊

610000－1001－0008529　普0007843

斯文精華不分卷　（唐）陸贄撰　清刻本　二
冊　九行二十四字白口四周單邊

610000－1001－0008530　普0007845

戰略攷三十一卷　（明）茅元儀撰　（清）潘鐸
評　清咸豐八年(1858)刻本　八冊　九行二
十字小字雙行同白口四周雙邊

610000－1001－0008531　普0007848

九旗古義述一卷　（清）孫詒讓撰　清光緒二
十八年(1902)刻本　一冊　十二行二十二字
小字雙行同上下黑口左右雙邊

610000－1001－0008532　普0007850

天祿閣外史八卷　（漢）黃憲著　清刻本　二
冊　九行二十字白口左右雙邊

610000－1001－0008533　普0007851

無邪堂答問五卷　（清）朱一新撰　清光緒二
十一年(1895)廣雅書局刻本　五冊　十一行
二十四字小字雙行同上下黑口四周單邊

610000－1001－0008534　普0007852

唐文粹補遺二十六卷　（清）郭麐纂　清嘉慶
二十四年(1819)刻本　八冊　十二行二十三
字小字雙行同白口左右雙邊

610000－1001－0008535　普0007855

精選時務策要四卷　（清）劉海平選　清光緒
十五年(1889)石印本　四冊　二十一行四十
四字白口四周雙邊

610000－1001－0008536　普0007856

文選類雋十四卷　（清）何松編　清光緒十六
年(1890)珍藝書局鉛印本　一冊　十一行大
小字不等白口四周雙邊無格

610000－1001－0008537　普0007857

雲林別墅繪像妥註第六才子書六卷　（清）鄒

聖脉註　（清）李卓吾評點　清刻本　四册
十二行十九字白口四周單邊

610000－1001－0008538　普0007858
錦字箋四卷　（清）黃澐撰　清刻本　三册
九行二十字小字雙行同白口四周單邊

610000－1001－0008539　普0007859
初學起講秘訣一卷　（清）吳瑜龍評選　清刻
本　四册　九行二十五字小字雙行同白口四
周單邊

610000－1001－0008540　普0007860
增訂初學秘訣一卷　（清）吳瑜龍評選　清刻
本　二册　九行二十五字小字雙行同白口四
周單邊

610000－1001－0008541　普0007861
家塾蒙求五卷　（清）康基淵纂輯　清同治十
一年(1872)刻本　二册　十行二十二字小字
雙行同白口左右雙邊

610000－1001－0008542　普0007862
仕學初桄雜記一卷　（清）陳錫麒撰　清光緒
六年(1880)點石齋石印本　一册　十行二十
二字白口四周單邊

610000－1001－0008543　普0007863
作文家法一卷　（清）吳自肅著　清光緒七年
(1881)刻本　一册　十行二十二字白口左右
雙邊

610000－1001－0008544　普0007865
初學題類文法合編二卷　（清）楊紀元著　清
光緒五年(1879)刻本　一册　九行二十二字
小字雙行同白口四周雙邊

610000－1001－0008545　普0007866
初學題類文法合編二卷　（清）楊紀元著　清
光緒五年(1879)刻本　一册　九行二十二字
小字雙行同白口四周雙邊

610000－1001－0008546　普0007868
小嫏嬛山館彙刊類書十二種　（清）佚名編
清同治六年(1867)緯文堂刻本　八册　十行
二十字小字雙行同白口四周單邊　存四種

610000－1001－0008547　普0007869
分類賦學三十卷附錄一卷　（清）張維城撰
清刻本　四册　十五行三十六字白口四周雙
邊　缺十卷(一至十)

610000－1001－0008548　普0007870
賦學雞跖集三十卷附錄一卷　（清）張維城輯
清道光十二年(1832)刻本　四册　十五行
三十六字白口四周雙邊　存十卷(一至十)

610000－1001－0008549　普0007871
古事比五十二卷　（清）方中德輯　（清）王梓
校　清光緒十三年(1887)點石齋石印本　六
册　十八行三十六字小字雙行同白口四周
雙邊

610000－1001－0008550　普0007872
四六類腋不分卷　（清）東邨先生著　清道光
九年(1829)刻本　四册　十四行二十二字白
口四周單邊

610000－1001－0008551　普0007874
千金裘二十七卷二集二十六卷　（清）蔣義彬
纂　清嘉慶二十一年(1816)刻本　十册　八
行十七字小字雙行同白口四周雙邊

610000－1001－0008552　普0007875
宏文堂古文觀止十二卷　（清）吳乘權編　清
道光三十年(1850)常郡宏文堂刻本　六册
十行二十四字小字雙行同白口四周單邊

610000－1001－0008553　普0007877
桐閣全書二十四種　（清）李元春撰　清道
光、咸豐刻本　四册　九行二十字白口四周
單邊　存二種

610000－1001－0008554　普0007878
五經分類輯要二十八卷　（清）周世樟輯　清
刻本　十二册　八行二十字小字雙行同白口
左右雙邊

610000－1001－0008555　普0007880
繡像東西漢全傳十六卷　（明）甄偉撰　清嘉
慶二十年(1815)刻本　十二册　十一行二十
四字小字雙行同上下黑口四周單邊

610000 – 1001 – 0008556　普 0007881

三唐人集 （清）馮焌光輯　清光緒二年
(1876)讀有用書齋刻本　六冊　九行十九字
小字雙行同白口左右雙邊

610000 – 1001 – 0008557　普 0007883

歸雲別集十種 （明）陳士元撰　清道光十三
年(1833)應城吳毓梅刻本　二十四冊　九行
二十字小字雙行同白口四周雙邊

610000 – 1001 – 0008558　普 0007884

明文明四卷 （清）路德撰　清同治十二年
(1873)刻本　四冊　九行二十四字小字雙行
同白口左右雙邊

610000 – 1001 – 0008559　普 0007885

明文在一百卷 （清）薛熙纂　清光緒十五年
(1889)江蘇書局刻本　十冊　十四行二十五
字小字雙行同白口左右雙邊

610000 – 1001 – 0008560　普 0007886

太平御覽一千卷目錄十五卷 （宋）李昉等纂
　清光緒十八年(1892)南海李氏刻本　一百
二十冊　十三行二十二字白口左右雙邊

610000 – 1001 – 0008561　普 0007887

試帖青雲集四卷 （清）楊逢春等輯　清道光
二十四年(1844)永福堂刻本　四冊　八行十
八字小字雙行同白口四周單邊

610000 – 1001 – 0008562　普 0007888

詳注分韻試帖青雲集四卷 （清）楊逢春等輯
　清道光五年(1825)刻本　一冊　八行十八
字小字雙行同白口四周單邊

610000 – 1001 – 0008563　普 0007889

玉堂試帖振采集六卷 （清）潘曾瑩編輯　清
道光二十三年(1843)刻本　三冊　八行十九
字小字雙行同白口四周雙邊

610000 – 1001 – 0008564　普 0007890

聽嚶堂翰苑英華六卷 （清）黃始評選　清刻
本　六冊　九行二十四字小字雙行同白口四
周單邊

610000 – 1001 – 0008565　普 0007891

近三科墨卷約選一卷 （清）李秬香撰　清墨
香齋刻本　一冊　九行二十五字白口四周
單邊

610000 – 1001 – 0008566　普 0007892

截搭觀止二集 （清）徐宗翰編　清道光十六
年(1836)美錦堂刻本　四冊　九行二十五字
白口左右雙邊

610000 – 1001 – 0008567　普 0007893

時晴齋試帖二卷 （清）張集馨著　清同治三
年(1864)刻本　二冊　九行二十五字小字雙
行同白口四周雙邊

610000 – 1001 – 0008568　普 0007894

卤厓四書文一卷 （清）張聯珠著　清道光二
十三年(1843)知困齋刻本　二冊　九行二十
五字白口四周單邊

610000 – 1001 – 0008569　普 0007895

張太僕鄉試硃卷一卷 （清）張春撰　清道光
二十八年(1848)刻本　一冊　九行二十五字
小字雙行同白口左右雙邊

610000 – 1001 – 0008570　普 0007896

決科九煉一卷 （清）包敏著　清嘉慶十九年
(1814)刻本　一冊　九行二十一字白口四周
雙邊

610000 – 1001 – 0008571　普 0007897

崧湖時文一卷 （清）馮譽驥撰　清光緒八年
(1882)刻本　一冊　九行二十五字小字雙行
同白口四周雙邊

610000 – 1001 – 0008572　普 0007898

青雲集分韻試帖詳注四卷 （清）楊逢春輯
清道光二十三年(1843)刻本　二冊　九行十
八字小字雙行同白口四周單邊

610000 – 1001 – 0008573　普 0007899

天下才子必讀書十五卷末一卷 （清）金聖嘆
批　清刻本　八冊　十一行二十三字白口左
右雙邊

610000 – 1001 – 0008574　普 0007900

文選旁證四十六卷 （清）梁章鉅撰　清光緒

八年(1882)刻本　十二冊　十二行二十四字
小字雙行同下黑口左右雙邊

610000－1001－0008575　普0007901
八家四六文注八卷首一卷　（清）孫星衍著
（清）許貞幹校　補注一卷　（清）陳衍注　清
光緒十八年(1892)上海圖書集成書局石印本
　八冊　十三行四十字小字雙行同白口四周
單邊

610000－1001－0008576　普0007902
國朝駢體正宗十二卷　（清）曾燠輯　清光緒
十三年(1887)上海蜚英館石印本　六冊　十
一行二十二字白口左右雙邊

610000－1001－0008577　普0007903
古文筆法四卷　（清）李扶九輯　清同治十年
(1871)杜瑞徵刻本　四冊　九行二十五字小
字雙行同白口左右雙邊

610000－1001－0008578　普0007905
文選六十卷　（南朝梁）蕭統撰　（唐）李善注
　清刻本　十六冊　十二行二十五字小字雙
行三十七字白口左右雙邊

610000－1001－0008579　普0007907
文選摘抄二卷　（清）沈郤林訂　清嘉慶二十
年(1815)刻本　二冊　八行十八字小字雙行
同白口四周單邊

610000－1001－0008580　普0007908
宋四六選二十四卷　（清）彭元瑞輯　（清）曹
振鏞編　清同治四年(1865)刻本　四冊　十
一行二十五字白口四周雙邊

610000－1001－0008581　普0007909
古文精選一卷　（□）□□撰　清刻本　二冊
　十行二十五字上黑口左右雙邊

610000－1001－0008582　普0007910
元文類七十卷目錄三卷　（元）蘇天爵編　清
光緒十五年(1889)江蘇書局刻本　十冊　十
四行二十五字小字雙行同白口左右雙邊

610000－1001－0008583　普0007911
中州名賢文表三十卷　（明）劉昌撰　清光緒

二十四年(1898)鴻文書局石印本　六冊　十
二行二十二字上下黑口左右雙邊

610000－1001－0008584　普0007913
國朝文徵四十卷　（清）吳翌鳳選輯　清咸豐
元年(1851)刻本　四十冊　十二行二十五字
白口左右雙邊

610000－1001－0008585　普0007915
古文雅正十四卷　（清）蔡世遠選評　**通志序
一卷通典序一卷文獻通考序一卷**　清嘉慶九
年(1804)刻本　六冊　十行二十五字小字雙
行同白口四周雙邊

610000－1001－0008586　普0007916
袁文箋正十六卷補注一卷　（清）袁枚著
（清）石韞玉箋　清光緒十四年(1888)上海蜚
英館石印本　二冊　十五行三十六字小字雙
行同白口左右雙邊

610000－1001－0008587　普0007917
增訂袁文箋正四卷　（清）袁枚撰　（清）魏大
縉增訂　清同治十三年(1874)石印本　一冊
　十五行三十六字小字雙行同白口左右雙邊

610000－1001－0008588　普0007918
松菊齋時文一卷　（清）郭寶森撰　清光緒十
七年(1891)刻本　一冊　九行二十五字白口
四周雙邊

610000－1001－0008589　普0007919
汪文摘謬一卷　（清）葉燮撰　清咸豐五年
(1855)長沙葉氏刻本　一冊　十一行二十二
字上下黑口四周單邊

610000－1001－0008590　普0007920
桐城吳氏古文讀本十三卷　（清）吳汝綸評選
　（清）常堉璋編　清光緒三十二年(1906)上
海文明書局鉛印本　四冊　十一行二十七字
白口四周雙邊

610000－1001－0008591　普0007921
墨選觀止一卷　（清）梁葆慶選評　清道光十
二年(1832)刻本　四冊　九行二十五字白口
四周雙邊

610000－1001－0008592　普0007923

古文約選不分卷　（清）允禮選　（清）方苞訂　清同治八年(1869)刻本　十六冊　九行十九字白口四周雙邊

610000－1001－0008593　普0007925

粵十三家集　（清）伍元薇輯　清道光二十年(1840)南海伍氏詩雪軒刻本　三十六冊　九行二十一字上下黑口左右雙邊

610000－1001－0008594　普0007926

詳注典制文琳五集　（清）張春波編　清嘉慶九年(1804)刻本　十六冊　九行二十六字白口四周單邊　存四集(二至五)

610000－1001－0008595　普0007928

國朝文錄八十二卷　（清）姚椿輯　清光緒二十六年(1900)掃葉山房石印本　十六冊　十九行三十六字白口四周雙邊

610000－1001－0008596　普0007930

都是春齋制義存橐二卷　（清）張佑著　清刻本　二冊　九行二十五字白口左右雙邊

610000－1001－0008597　普0007931

新增幼學故事瓊林四卷首一卷　（清）程允升撰　（清）鄒聖脉增補　清同治十二年(1873)刻本　四冊　十行二十六字白口四周單邊

610000－1001－0008598　普0007932

文選集腋六卷　（清）胥斌纂輯　清嘉慶十八年(1813)刻本　六冊　八行二十字小字雙行同白口左右雙邊

610000－1001－0008599　普0007933

增注四六類腋十九卷　（清）葉祺昌撰　清光緒十四年(1888)上海石印本　五冊　十四行四十二字白口四周單邊

610000－1001－0008600　普0007934

文料大成四卷　（清）冷香子撰　清光緒二十一年(1895)石印本　二冊　二十行四十四字白口四周單邊

610000－1001－0008601　普0007936

楹聯雜記一卷　（清）呂恩湛輯　清刻本　一

冊　九行二十二字白口左右雙邊

610000－1001－0008602　普0007938

小題正鵠四集　（清）李元度編輯　清咸豐九年(1859)刻本　十冊　九行二十一字白口四周單邊

610000－1001－0008603　普0007939

增廣試帖詩海三十二卷　（清）經訓堂主人選輯　清光緒十九年(1893)積山書局石印本　八冊　三十六行五十八字白口四周單邊

610000－1001－0008604　普0007940

仕商應酬須知便覽二十卷　（清）邰蕙沅撰　清光緒二十二年(1896)石印本　十二冊　十五行三十五字小字雙行同上下黑口四周雙邊

610000－1001－0008605　普0007941

小題文府不分卷　（□）□□輯　清光緒十八年(1892)石印本　二十八冊　三十一行二十四字白口四周單邊

610000－1001－0008606　普0007942

因難見巧四卷　（清）劉青燃編輯　清光緒九年(1883)刻本　四冊　九行二十四字白口四周雙邊

610000－1001－0008607　普0007943

八家四六文注八卷首一卷　（清）孫星衍著　（清）許貞幹校　清光緒十七年(1891)刻本　九冊　十一行二十三字小字雙行同上下黑口四周雙邊　缺一卷(四)

610000－1001－0008608　普0007944

經藝淵海不分卷　（清）常安室主人輯　清光緒十九年(1893)鴻寶齋石印本　十四冊　三十六行四十二字白口四周單邊

610000－1001－0008609　普0007946

藤華館試帖十卷　（清）陳模著　清道光二十一年(1841)刻本　一冊　九行二十五字左右雙邊

610000－1001－0008610　普0007947

椒華館試帖彙鈔輯注十卷　（清）路德編　清道光十四年(1834)刻本　十冊　九行二十二

字小字雙行同上下黑口四周雙邊

610000－1001－0008611　普 0007948

新增校邠廬抗議二卷　（清）馮桂芬撰　清光
緒二十四年(1898)大雅書局刻本　二冊　十
一行二十三字小字雙行同上下黑口左右雙邊

610000－1001－0008612　普 0007949

汪鈍翁文鈔十二卷　（清）汪琬撰　（清）宋犖
（清）許汝霖選　（清）邵長蘅訂　清刻本
四冊　十二行二十三字上下黑口左右雙邊

610000－1001－0008613　普 0007950

皇朝經世文編一百二十卷姓名總目二卷
(清)賀長齡輯　清光緒二十二年(1896)掃葉
山房鉛印本　二十四冊　十七行四十四字白
口四周單邊

610000－1001－0008614　普 0007952

時藝階一卷　（清）路德選　清道光十九年
(1839)文筍堂刻本　八冊　九行二十四字小
字雙行同白口四周單邊

610000－1001－0008615　普 0007953

時藝階一卷　（清）路德選　清道光十九年
(1839)文筍堂刻本　八冊　九行二十五字白
口四周單邊

610000－1001－0008616　普 0007954

時藝向十二卷　（清）路德選　清光緒十二
年(1886)解梁書院刻本　五冊　九行二十
四字小字雙行同白口四周雙邊　缺二卷(五
至六）

610000－1001－0008617　普 0007955

西河古文錄八卷詩錄八卷　（清）李元春輯
清道光十年(1830)刻本　八冊　九行二十四
字白口左右雙邊

610000－1001－0008618　普 0007956

西河古文錄八卷　（清）李元春輯　清道光十
年(1830)刻本　八冊　九行二十四字白口左
右雙邊

610000－1001－0008619　普 0007957

西河古文錄八卷　（清）李元春輯　清道光十

年(1830)刻本　四冊　九行二十四字白口左
右雙邊

610000－1001－0008620　普 0007958

西河古文錄八卷　（清）李元春輯　清道光十
年(1830)刻本　四冊　九行二十四字白口左
右雙邊

610000－1001－0008621　普 0007959

古文辭類纂七十四卷　（清）姚鼐輯　清光緒
二十年(1894)上海圖書集成印書局石印本
十冊　十九行四十四字白口四周單邊　存二
十五卷(一至二十五）

610000－1001－0008622　普 0007960

宮吏部公制義一卷　（清）宮建章著　清光緒
十五年(1889)刻本　二冊　九行二十四字白
口四周單邊

610000－1001－0008623　普 0007961

宮吏部公制義一卷　（清）宮建章著　清光緒
十五年(1889)刻本　二冊　九行二十四字白
口四周單邊

610000－1001－0008624　普 0007964

國朝古文所見集十三卷　（清）陳兆麒編　清
道光二年(1822)一枝山房刻本　二冊　十行
二十字上下黑口左右雙邊

610000－1001－0008625　普 0007965

恩正併科行卷一卷　（清）左樹珍撰　清刻本
一冊　十行二十三字白口四周雙邊

610000－1001－0008626　普 0007966

國朝經義錄四卷　（清）陳兆崙編　清光緒二
十七年(1901)刻本　一冊　十行二十字白口
四周單邊

610000－1001－0008627　普 0007968

春明盍簪集試帖續刻四卷　（清）蔡壽祺撰
清咸豐八年(1858)刻本　二冊　八行十七字
小字雙行同白口四周雙邊

610000－1001－0008628　普 0007970

馬氏歷科硃卷一卷　（明）馬自強撰　清同治
四年(1865)刻本　一冊　九行二十五字小字

雙行同白口四周雙邊

610000 – 1001 – 0008629　普 0007971

唐律賦鈔一卷　（清）潘遵祁輯　清道光二十八年(1848)刻本　一冊　十行二十一字小字雙行同白口四周雙邊

610000 – 1001 – 0008630　普 0007972

華原風土詞一卷　（清）顧曾烜撰　清光緒十九年(1893)刻本　一冊　十行二十一字小字雙行同白口四周雙邊

610000 – 1001 – 0008631　普 0007973

校邠廬抗議二卷　（清）馮桂芬撰　清光緒九年(1883)津河廣仁堂刻本　二冊　十行二十一字上下黑口左右雙邊

610000 – 1001 – 0008632　普 0007974

剡源文鈔四卷　（元）戴表元撰　（清）黃宗羲選　清光緒十五年(1889)刻本　二冊　十行二十一字上下黑口左右雙邊

610000 – 1001 – 0008633　普 0007980

仁在堂時藝辨一卷　（清）路德撰　清道光十六年(1836)刻本　一冊　九行二十五字白口四周單邊

610000 – 1001 – 0008634　普 0007981

思貽齋古近體詩二十一卷　（清）高賡恩撰　清宣統刻朱印本　一冊　十行二十二字小字雙行同紅口四周雙邊　存一卷(十下)

610000 – 1001 – 0008635　普 0007982

思貽齋古近體詩二十一卷　（清）高賡恩撰　清宣統刻本　一冊　十行二十二字小字雙行同白口四周雙邊　存一卷(十下)

610000 – 1001 – 0008636　普 0007983

思貽齋古近體詩二十一卷　（清）高賡恩撰　清宣統刻朱印本　一冊　十行二十二字小字雙行同紅口四周雙邊　存一卷(十下)

610000 – 1001 – 0008637　普 0007984

金陵賦一卷　（清）程先甲撰　清光緒二十三年(1897)刻本　一冊　十行二十一字小字雙行同上下黑口左右雙邊

610000 – 1001 – 0008638　普 0007985

思貽齋詩約存二十一卷　（清）高賡恩撰　清刻本　一冊　十行二十二字小字雙行同白口四周雙邊

610000 – 1001 – 0008639　普 0007986

都是春齋韻語一卷　（清）張佑著　清刻本　一冊　九行二十二字小字雙行同白口左右雙邊

610000 – 1001 – 0008640　普 0007987

吳顧賦合刻一卷　（清）吳錫麒　（清）顧元熙撰　清光緒三年(1877)刻本　二冊　九行二十五字下黑口四周單邊

610000 – 1001 – 0008641　普 0007989

吳友如畫寶十二集　（清）吳友如繪　清宣統元年(1909)石印本　二十五冊　白口四周單邊

610000 – 1001 – 0008642　普 0007991

澹香齋試帖輯註四卷　（清）王廷紹撰　（清）張熙宇輯評　（清）王植桂輯註　清光緒十六年(1890)石渠山房刻本　四冊　九行二十二字小字雙行同上下黑口四周單邊

610000 – 1001 – 0008643　普 0007992

花王閣賸藁一卷　（明）紀坤著　清嘉慶九年(1804)樂敘堂刻本　一冊　九行十九字白口四周雙邊

610000 – 1001 – 0008644　普 0007993

宋元明詩三百首箋一卷　（清）朱梓纂評　清光緒二十一年(1895)刻本　二冊　十行二十一字小字雙行同上下黑口四周雙邊

610000 – 1001 – 0008645　普 0007994

律賦必以集二卷　（清）顧蓴輯　清嘉慶十八年(1813)菊坡精舍刻本　二冊　九行二十字白口四周雙邊

610000 – 1001 – 0008646　普 0007995

二家詩選不分卷　（清）王士禎選　清刻本　一冊　十行十九字上下黑口左右雙邊

610000 – 1001 – 0008647　普 0007996

八代詩選二十卷　王闓運撰　清光緒十六年(1890)江蘇書局刻本　八冊　十行二十一字下黑口左右雙邊

610000－1001－0008648　普0007997

國朝二十四家文鈔二十四卷　(清)徐斐然輯評　(清)徐秉愿參訂　清光緒十年(1884)文光堂刻本　八冊　十行二十一字白口四周雙邊

610000－1001－0008649　普0007998

檉花館試帖輯注一卷　(清)路德編　清刻本　七冊　九行二十字小字雙行同上下黑口四周雙邊

610000－1001－0008650　普0008003

南宋文範七十卷外編四卷　(清)莊仲方述　清光緒十四年(1888)江蘇書局刻本　十二冊　十四行二十五字白口左右雙邊

610000－1001－0008651　普0008004

宋文鑑一百五十卷目錄三卷　(宋)呂祖謙編　清光緒十二年(1886)江蘇書局刻本　二十四冊　十四行二十五字白口左右雙邊

610000－1001－0008652　普0008005

詩鐘錄不分卷　(清)王以慜編　清光緒十一年(1885)刻本　一冊　十行字數不等上下黑口左右雙邊

610000－1001－0008653　普0008006

鶴汀詩草一卷　(清)王佩鍾撰　清道光五年(1825)刻本　一冊　八行二十一字上下黑口四周雙邊

610000－1001－0008654　普0008007

唐詩三百首續選一卷　(清)于慶元編　清咸豐六年(1856)刻本　一冊　十行二十一字小字雙行同白口上下雙邊

610000－1001－0008655　普0008009

藝文類聚一百卷　(唐)歐陽詢撰　清刻本　三十二冊　十行二十字白口左右雙邊

610000－1001－0008656　普0008010

御選唐宋文醇五十八卷　(清)高宗弘曆選

清光緒十年(1884)刻本　二十冊　十行二十二字白口四周單邊

610000－1001－0008657　普0008011

分類文腋八卷　(清)李楨選注　清嘉慶二十五年(1820)刻本　四冊　九行二十五字白口四周單邊

610000－1001－0008658　普0008013

新賦珊瑚鉤四卷　(清)朱琦等輯　清光緒三十年(1904)刻本　四冊　九行二十五字白口左右雙邊

610000－1001－0008659　普0008014

館閣律賦雅正註釋六卷　(清)金鞏甌編輯　(清)吳錫麒註釋　清刻本　四冊　九行二十字白口四周雙邊　存三卷(四至六)

610000－1001－0008660　普0008015

河間試律矩二卷　(清)紀昀著　(清)林昌評註　清嘉慶七年(1802)刻本　二冊　十一行二十五字小字雙行同白口四周單邊

610000－1001－0008661　普0008016

皇朝駢文類苑十四卷　(清)姚燮選　清刻本　十九冊　九行二十字上下黑口左右雙邊

610000－1001－0008662　普0008017

楹聯叢話十二卷續話四卷　(清)梁章鉅編輯　清道光二十二年(1842)刻本　六冊　九行二十二字白口四周雙邊

610000－1001－0008663　普0008018

皇朝經世文編一百二十卷姓名總目二卷　(清)賀長齡輯　清光緒九年(1883)刻本　四十五冊　十一行二十四字白口左右雙邊

610000－1001－0008664　普0008021

國朝律賦新機初集一卷續集一卷二集一卷　(清)孫理評輯　清嘉慶十一年(1806)刻本　三冊　九行二十五字白口四周單邊

610000－1001－0008665　普0008022

紫雲仙館三集八卷　(宋)高敏輯　清道光八年(1828)刻本　四冊　九行二十字白口四周單邊

610000－1001－0008666　普0008023

續同人集十七卷　（清）袁枚輯　清刻本　七冊　十行二十一字上下黑口四周單邊

610000－1001－0008667　普0008024

分類賦學三十卷附錄一卷　（清）張維城輯　清刻本　四冊　十五行三十八字小字雙行同白口四周雙邊　存十九卷(十二至三十)

610000－1001－0008668　普0008025

批點七家詩選註釋七卷　（清）張熙宇輯評　清同治四年(1865)小西山房刻朱墨印本　三冊　十行二十字白口左右雙邊　存六卷(滄香齋試帖一、修竹齋試帖一、尚絅堂試帖一、樨花館試帖一、西漚試帖一、簡學齋館課試律一)

610000－1001－0008669　普0008026

都是春齋制義存稾一卷春陽子自訂年譜一卷韻語一卷　（清）張佑著　清刻本　四冊　九行二十五字白口左右雙邊

610000－1001－0008670　普0008028

全上古三代秦漢三國六朝文七百四十六卷　(清)嚴可均校輯　清光緒十三年至十九年(1887－1893)廣雅書局刻本　八十冊　十三行二十五字小字雙行同上下黑口四周單邊

610000－1001－0008671　普0008030

鴻泥印記一卷　（清）特普欽撰　清光緒十年(1884)刻本　一冊　七行二十字白口四周雙邊

610000－1001－0008672　普0008031

穗城潰淚不分卷　（清）濮巨南撰　清宣統元年(1909)鉛印本　一冊　八行二十一字白口四周雙邊

610000－1001－0008673　普0008032

退密時文不分卷　（清）徐繼畬撰　清道光二十九年(1849)刻本　四冊　九行二十五字下黑口四周雙邊

610000－1001－0008674　普0008038

直省鄉墨正宗一卷　（清）王思沂評選　清光緒五年(1879)刻本　四冊　九行二十五字白口左右雙邊

610000－1001－0008675　普0008039

滄香齋試帖輯註一卷　（清）王廷紹著　（清）張熙宇輯評　（清）王植桂輯註　清同治九年(1870)刻本　一冊　九行二十二字小字雙行同上下黑口四周雙邊

610000－1001－0008676　普0008040

讀我書齋試帖詩草不分卷　（清）唐李杜著　清咸豐三年(1853)刻本　三冊　九行二十二字白口左右雙邊

610000－1001－0008677　普0008042

漁洋山人古詩選五十卷　（清）王士禎選　清同治十三年(1874)刻本　十冊　十行二十二字上下黑口左右雙邊

610000－1001－0008678　普0008043

東坡詩鈔一卷　（宋）蘇軾撰　清同治十三年(1874)抄本　一冊　九行二十一字小字雙行同

610000－1001－0008679　普0008045

鄭少谷批選時文讀本二卷　（清）鄭獻甫選　清同治八年(1869)刻本　二冊　八行二十五字白口四周雙邊

610000－1001－0008680　普0008047

留春山房集古詩鈔二集三卷　（清）龔璁撰　清刻本　一冊　九行二十一字白口四周雙邊

610000－1001－0008681　普0008048

時藝開十二卷　（清）路德著　清光緒十二年(1886)刻本　六冊　九行二十五字白口四周雙邊

610000－1001－0008682　普0008051

茗柯文初編一卷二編二卷三編一卷四編一卷　（清）張惠言撰　清光緒七年(1881)刻本　二冊　十行二十一字白口四周雙邊

610000－1001－0008683　普0008052

欽定國朝詩別裁集三十二卷　（清）沈德潛纂評　清刻本　十六冊　十行十九字小字雙行二十八字白口左右雙邊

610000－1001－0008684　普0008053

定山堂古文小品二卷　（清）龔鼎孳撰　清宣統二年(1910)國學昌明社石印本　二冊　十四行三十字白口四周雙邊

610000－1001－0008685　普0008055

思貽齋古近體詩約存二十一卷　（清）高賡恩撰　清刻本　一冊　十行二十二字白口四周雙邊　存一卷(五)

610000－1001－0008686　普0008057

榴園詩賦合刻不分卷　（清）段紹印撰　清光緒十一年(1885)刻本　一冊　九行二十五字白口左右雙邊

610000－1001－0008687　普0008058

思貽齋古近體詩二十一卷　（清）高賡恩撰　清刻本　一冊　十行二十二字白口四周雙邊　存三卷(八至十)

610000－1001－0008688　普0008059

課幼賦程一卷　（清）康澮撰　清刻本　一冊　九行二十五字白口四周雙邊

610000－1001－0008689　普0008060

紫丁香齋賦課偶存一卷　（清）王治稿　清刻本　一冊　九行二十五字小字雙行同白口四周雙邊

610000－1001－0008690　普0008061

野鶴山房文鈔五卷　（清）計恬撰　清同治六年(1867)刻本　二冊　九行二十二字白口四周單邊

610000－1001－0008691　普0008062

浙江校士經史試帖六卷　（清）周玉麒鑒定　清咸豐八年(1858)刻本　二冊　八行二十二字上黑口四周單邊

610000－1001－0008692　普0008064

吾溪時文不分卷　（清）王吾溪撰　清道光十四年(1834)刻本　八冊　九行二十五字小字雙行同白口四周雙邊

610000－1001－0008693　普0008065

明詩別裁集十二卷　（清）沈德潛　（清）周準

輯　清刻本　六冊　十行十九字小字雙行同白口左右雙邊

610000－1001－0008694　普0008066

清綺軒詞選十三卷　（清）夏秉衡選　清刻本　二冊　六行十二字上下黑口左右雙邊　存七卷(二至八)

610000－1001－0008695　普0008067

燕子箋記二卷　（清）阮大鋮撰　清刻本　二冊　九行二十字白口左右雙邊

610000－1001－0008696　普0008068

知味軒啟事四卷　（清）陳毓靈撰　清道光二十三年(1843)刻本　四冊　九行二十二字白口四周單邊

610000－1001－0008697　普0008069

分類詩腋八卷　（清）李楨編　清嘉慶二十二年(1817)刻本　四冊　九行二十字白口四周單邊

610000－1001－0008698　普0008070

館賦鴛鍼四卷　（清）蔣坼編次　清道光二十八年(1848)刻本　四冊　九行二十三字白口左右雙邊

610000－1001－0008699　普0008071

律賦莩新箋註一卷　（清）顧鵃編　清道光十年(1830)謙益堂刻本　一冊　九行二十五字白口四周單邊

610000－1001－0008700　普0008072

解人頤廣集八卷　（清）錢德蒼增訂　清咸豐九年(1859)刻本　四冊　十一行二十七字白口四周單邊

610000－1001－0008701　普0008073

分類詩腋四卷　（清）李楨編　清嘉慶二十二年(1817)刻本　一冊　九行二十四字白口四周單邊

610000－1001－0008702　普0008074

駢枝生踏歌二卷　（清）何頌花評　（清）陳蜨仙訂　清聯理枝館刻本　一冊　七行十七字白口四周單邊　存一卷(上)

610000 – 1001 – 0008703　普0008076

十詠樓賦鈔箋註一卷　（清）張榮緒選　清道光二十八年(1848)刻本　二冊　十行二十二字小字雙行同白口四周單邊

610000 – 1001 – 0008704　普0008077

知味軒啟事四卷稟言三卷　（清）陳毓靈撰　清道光十九年(1839)刻本　十冊　十行二十二字白口左右雙邊

610000 – 1001 – 0008705　普0008082

館賦精選四卷　（清）綺蔥樓主人評注　清道光二十七年(1847)刻本　四冊　九行十九字白口四周單邊

610000 – 1001 – 0008706　普0008083

紀曉嵐詩註釋四卷　（清）紀昀著　（清）郭斌評註　清嘉慶二年(1797)刻朱墨印本　四冊　七行二十字白口左右雙邊

610000 – 1001 – 0008707　普0008084

律賦清華一卷　（清）吳錫麒評輯　清嘉慶二十二年(1817)刻本　四冊　九行二十五字白口四周單邊

610000 – 1001 – 0008708　普0008085

鑄史駢言十二卷　（清）孫玉田撰　清光緒十三年(1887)石印本　二冊　十四行三十二字小字雙行同白口四周雙邊

610000 – 1001 – 0008709　普0008086

註釋典制文琳初集不分卷二集不分卷　（清）曹之升鑒定　（清）倪鑑編次　（清）周瀛橋等箋註　清嘉慶七年(1802)金陵致和味經堂刻本　八冊　九行二十六字白口四周單邊

610000 – 1001 – 0008710　普0008088

漢瓦研齋初編不分卷　（清）李尚暲編　清光緒二十四年(1898)影印本　一冊　十五行二十八字白口四周雙邊

610000 – 1001 – 0008711　普0008089

館課詩註不分卷　（清）紀昀撰　（清）李崇禮箋　清光緒二十四年(1898)刻本　一冊　九行二十五字白口四周單邊

610000 – 1001 – 0008712　普0008091

寄嶽雲齋試體詩選評註四卷　（清）聶銑敏撰　（清）張學蘇箋　清英秀堂刻本　二冊　八行十九字白口左右雙邊

610000 – 1001 – 0008713　普0008092

律賦韻蘭集註釋六卷　（清）陸雲槎輯選　清道光元年(1821)明經堂刻本　六冊　九行二十一字白口四周單邊

610000 – 1001 – 0008714　普0008093

律賦韻蘭集註釋六卷　（清）陸雲槎輯選　清道光元年(1821)明經堂刻本　六冊　九行二十一字白口四周單邊

610000 – 1001 – 0008715　普0008094

賦學指南十卷　（清）余丙照編輯　清道光九年(1829)刻本　一冊　八行二十四字白口四周雙邊

610000 – 1001 – 0008716　普0008099

碧梧書屋詩鈔四卷　（清）程一敬著　清咸豐五年(1855)刻本　四冊　九行二十字小字雙行同上下黑口左右雙邊

610000 – 1001 – 0008717　普0008100

古詩源十四卷　（清）沈德潛選　清刻本　二冊　十行十九字上下黑口左右雙邊

610000 – 1001 – 0008718　普0008102

律賦蕊珠新編四卷二編四卷　（清）蕭應樾等編次　清道光十七年(1837)刻本　八冊　九行二十五字白口左右雙邊

610000 – 1001 – 0008719　普0008103

六朝唐賦英華四卷　（清）吳坦錄　清道光元年(1821)刻本　四冊　十行二十一字白口左右雙邊

610000 – 1001 – 0008720　普0008104

律賦風芝箋釋一卷　（清）陳鶴年編輯　清嘉慶二十三年(1818)刻本　四冊　九行二十五字白口四周單邊

610000 – 1001 – 0008721　普0008105

賦學指南十卷　（清）余丙照編　清咸豐七年

（1857）刻本　二冊　八行二十四字白口左右
雙邊

610000－1001－0008722　普 0008106
十杉亭帖體詩鈔五卷續編二卷　（清）吳楷著
薇云小舍試帖詩課二卷詩課續編二卷
（清）吳之俊著　清道光三年（1823）刻本　四
冊　八行十七字下黑口左右雙邊

610000－1001－0008723　普 0008107
近四科同館試帖鳴盛集四卷　（清）陳枚等編
輯　清道光二十九年（1849）刻本　二冊　八
行二十字小字雙行同白口四周單邊

610000－1001－0008724　普 0008108
欽定國朝詩別裁集三十二卷　（清）沈德潛纂
評　清刻本　十冊　十行十九字小字雙行二
十八字白口左右雙邊　存六卷（十三至十五、
十八至二十）

610000－1001－0008725　普 0008111
笠翁十種曲　（清）李漁編次　清刻本　九冊
十一行二十三字白口左右雙邊　缺一種

610000－1001－0008726　普 0008112
詩觸五卷　（清）朱琰輯　**漁洋詩話二卷**
（清）王士禎撰　**說詩晬語二卷**　（清）沈德潛
撰　清道光四年（1824）刻本　八冊　九行二
十二字白口四周單邊

610000－1001－0008727　普 0008113
枕善堂尺牘一隅二十卷　（清）陳大溶著　清
道光十六年（1836）刻本　八冊　九行二十一
字白口四周單邊

610000－1001－0008728　普 0008117
留菇盦尺牘叢殘四卷　（清）嚴籟輯　清咸豐
八年（1858）刻本　四冊　九行二十字上下黑
口四周雙邊

610000－1001－0008729　普 0008118
分類詳註飲香尺牘四卷　（清）慵隱子箋釋
清咸豐五年（1855）刻本　三冊　十行二十三
字小字雙行同白口四周雙邊　存三卷（一至
三）

610000－1001－0008730　普 0008119
館課詩鈔十卷　（清）翁心存等輯　清道光三
年（1823）刻本　九冊　十行二十字白口四周
單邊　缺一卷（五）

610000－1001－0008731　普 0008120
鐵厓三種　（明）楊維貞撰　清宣統二年
（1910）上海掃葉山房石印本　十冊　十二行
二十七字小字雙行同白口四周雙邊

610000－1001－0008732　普 0008121
三十家詩鈔六卷首一卷末一卷　（清）曾國藩
編　（清）王定安增輯　清宣統元年（1909）上
海崇善堂石印本　六冊　十四行三十二字小
字雙行同白口四周單邊

610000－1001－0008733　普 0008122
榴園詩賦合刻不分卷　（清）段紹印撰　清光
緒十一年（1885）刻本　一冊　九行二十五字
白口左右雙邊

610000－1001－0008734　普 0008123
榴園詩賦合刻不分卷　（清）段紹印撰　清光
緒十一年（1885）刻本　一冊　九行二十五字
白口左右雙邊無格

610000－1001－0008735　普 0008124
四品彙鈔　（清）王飛鸇輯　清道光二十三年
（1843）刻本　一冊　八行二十字白口四周
單邊

610000－1001－0008736　普 0008126
鶴和樓制義一卷　（清）彭蘊章撰　清道光十
九年（1839）刻本　二冊　九行二十五字白口
四周雙邊

610000－1001－0008737　普 0008127
虞山七家試律鈔不分卷　（清）錢祿泰輯　清
同治二年（1863）刻本　四冊　九行二十五字
白口四周雙邊

610000－1001－0008738　普 0008134
詞館試律清華集四卷　（清）蔣義彬撰　清道
光四年（1824）刻本　四冊　九行二十二字白
口四周雙邊

610000 – 1001 – 0008739　普 0008136

蘇詩查註補正四卷　（清）沈欽韓撰　清光緒二十年(1894)廣雅書局刻本　二冊　十一行二十四字上下黑口四周單邊

610000 – 1001 – 0008740　普 0008139

選注六朝唐賦不分卷　（清）馬傳庚選注　清同治十三年(1874)刻本　二冊　八行二十字小字雙行同白口左右雙邊

610000 – 1001 – 0008741　普 0008141

南畇全集七種　（清）彭定求撰　清同治、光緒刻本　十四冊　十二行二十三字上下黑口四周單邊　存五種

610000 – 1001 – 0008742　普 0008142

全唐近體詩鈔五卷　（清）沈裳錦選　清光緒十二年(1886)蒲圻但氏刻本　一冊　十行二十一字白口左右雙邊　存二卷(一至二)

610000 – 1001 – 0008743　普 0008144

唐詩別裁集二十卷　（清）沈德潛撰　清刻本　八冊　十行十九字白口左右雙邊

610000 – 1001 – 0008744　普 0008145

賦學正鵠八卷　（清）李元度輯　清光緒十一年(1885)刻本　三冊　九行二十一字白口左右雙邊

610000 – 1001 – 0008745　普 0008148

而菴說唐詩十卷　（清）徐增撰　清刻本　六冊　九行二十二字白口四周單邊

610000 – 1001 – 0008746　普 0008149

榴園詩草一卷　（清）段紹印撰　清光緒三年(1877)刻本　一冊　九行二十五字白口四周雙邊

610000 – 1001 – 0008747　普 0008152

青芙蓉閣詩鈔六卷　（清）陸元鋐撰　清刻本　二冊　十行十九字上下黑口四周單邊

610000 – 1001 – 0008748　普 0008153

出山草十二卷　（清）周銘旂撰　清光緒十七年(1891)刻本　四冊　十行二十一字上下黑口四周雙邊

610000 – 1001 – 0008749　普 0008155

織錦回文詩一卷　（前秦）蘇蕙撰　清刻本　一冊　十行二十字白口四周雙邊

610000 – 1001 – 0008750　普 0008157

延壽集十卷　（清）朱廷模等撰　清嘉慶元年(1796)刻本　四冊　十行二十字白口四周雙邊

610000 – 1001 – 0008751　普 0008158

山南詩選四卷　（清）嚴如熤輯　清光緒十三年(1887)刻本　三冊　九行二十二字上下黑口四周雙邊　缺一卷(三)

610000 – 1001 – 0008752　普 0008160

詩鐘鳴盛集十卷　沈宗畸撰　清光緒三十四年(1908)刻本　二冊　七行大小字不等下黑口四周雙邊

610000 – 1001 – 0008753　普 0008161

錢牧齋先生列朝詩集小傳十卷　（清）錢謙益撰　清刻本　十六冊　十一行二十一字白口左右雙邊

610000 – 1001 – 0008754　普 0008164

見素抱樸之齋詩存六卷　（清）呂僑孫撰　清同治十一年(1872)刻本　二冊　九行二十一字白口四周雙邊　缺二卷(一至二)

610000 – 1001 – 0008755　普 0008165

歷朝詩選要六卷　（清）李元春評選　清道光三十年(1850)刻本　二冊　九行二十字白口四周單邊

610000 – 1001 – 0008756　普 0008166

古律賦要四卷　（清）李元春評選　清道光三十年(1850)刻本　四冊　九行十九字白口左右雙邊無格

610000 – 1001 – 0008757　普 0008167

續詞選二卷　（清）董毅輯　清道光十年(1830)刻本　一冊　十一行二十三字白口左右雙邊

610000 – 1001 – 0008758　普 0008168

歷朝詩要選六卷古律賦要四卷　（清）李元春

評選　清道光三十年(1850)刻本　十冊　九行二十字白口四周單邊

610000－1001－0008759　普0008169

關中兩朝文鈔二十二卷文鈔補六卷詩鈔十二卷詩鈔補四卷詩鈔又補一卷　（清）李元春彙選　清道光十六年(1836)刻本　四十二冊　九行二十字白口左右雙邊　缺一卷(文鈔補六)

610000－1001－0008760　普0008170

兩當軒詩鈔十四卷竹眠詞鈔二卷　（清）黃景仁撰　清道光十三年(1833)刻本　二冊　十一行二十四字上下黑口四周單邊

610000－1001－0008761　普0008171

唐詩三百首輯評六卷　（清）孫洙編　清光緒十一年(1885)刻本　二冊　九行二十字小字雙行同白口四周單邊

610000－1001－0008762　普0008172

唐詩三百首註疏四卷　（清）孫洙編　清道光二十七年(1847)刻本　二冊　十行二十字白口四周單邊

610000－1001－0008763　普0008173

老生常談一卷　（清）荔浦編　清刻本　一冊　十一行二十一字白口左右雙邊

610000－1001－0008764　普0008177

漁隱叢話前集六十卷後集四十卷　（宋）胡仔纂集　清刻本　十冊　十三行二十一字上下黑口左右雙邊

610000－1001－0008765　普0008180

乖崖集存六卷　（宋）張詠撰　清光緒十五年(1889)刻本　一冊　十行二十一字上下黑口左右雙邊

610000－1001－0008766　普0008182

湖南試牘一卷　（清）胡元玉等撰　清刻本　一冊　九行二十五字白口左右雙邊

610000－1001－0008767　普0008183

曹李尺牘合選二卷　（清）茅靜安選　清刻本　一冊　十行二十三字上下黑口左右雙邊

610000－1001－0008768　普0008184

家蔭堂尺牘一卷　（清）周際華著　清道光十九年(1839)刻本　一冊　九行二十五字白口左右雙邊

610000－1001－0008769　普0008187

王臨川文集四卷　（宋）王安石撰　清宣統二年(1910)上海會文堂石印本　四冊　十三行二十八字白口四周雙邊

610000－1001－0008770　普0008188

溫飛卿詩集七卷別集一卷集外詩一卷　（唐）溫庭筠撰　（明）曾益注　（清）顧予咸補注　（清）顧嗣立重校　清宣統二年(1910)上海掃葉山房石印本　四冊　十二行大字不等小字雙行三十字白口四周雙邊

610000－1001－0008771　普0008190

桃花扇傳奇二卷四十齣　（清）孔尚任撰　清西園刻本　四冊　十行十九字白口四周單邊

610000－1001－0008772　普0008192

秋鏡齋制藝不分卷　（清）趙培桂著　清咸豐五年(1855)刻本　三冊　十行二十五字白口四周雙邊

610000－1001－0008773　普0008193

增幼學故事瓊林四卷首一卷　（清）程允升撰　（清）鄒聖脈增補　清刻本　二冊　十行二十六字小字雙行同白口四周單邊

610000－1001－0008774　普0008194

桐花齋制藝四卷　（清）彭啟商撰　清光緒八年(1882)刻本　五冊　九行二十五字白口四周雙邊

610000－1001－0008775　普0008195

後山集二十四卷　（宋）陳師道撰　清光緒十一年(1885)刻本　六冊　十行二十一字上下黑口左右雙邊

610000－1001－0008776　普0008197

高子遺書十二卷附錄一卷　（明）高攀龍撰　清光緒二年(1876)刻本　九冊　九行十九字白口四周雙邊　缺四卷(七至八、十一至十二)

505

610000 – 1001 – 0008777　普 0008204

清容居士集五十卷目錄二卷札記一卷　（元）
袁桷撰　清道光二十年(1840)刻本　十二冊
十一行二十二字上下黑口左右雙邊

610000 – 1001 – 0008778　普 0008206

浪語集三十五卷　（宋)薛季宣撰　清同治十
年(1871)金陵書局刻本　六冊　十三行二十
二字上下黑口左右雙邊

610000 – 1001 – 0008779　普 0008207

柳文四十三卷附錄一卷別集二卷外集二卷
(唐)柳宗元撰　清刻本　六冊　十一行二十
二字白口左右雙邊

610000 – 1001 – 0008780　普 0008208

玉溪生詩意八卷　（清)屈復箋注　清道光十
年(1830)刻本　四冊　十行二十一字白口左
右雙邊

610000 – 1001 – 0008781　普 0008211

元遺山詩集箋注十四卷　（金)元好問撰　清
道光二年(1822)刻本　六冊　十二行二十三
字上下黑口左右雙邊

610000 – 1001 – 0008782　普 0008212

康對山先生文集十卷　（明)康海撰　（清)孫
景烈選　清刻本　五冊　十行二十字白口四
周雙邊　缺一卷(一)

610000 – 1001 – 0008783　普 0008218

新刻出像點板時尚崑腔雜曲醉怡情八卷
(清)菰蘆釣叟點次　清古吳致和堂刻本　六
冊　十行二十五字小字雙行同白口四周單邊

610000 – 1001 – 0008784　普 0008219

仁在堂時藝竅十七卷　（清)路德選　清光緒
十四年(1888)刻本　十一冊　九行二十五字
白口左右雙邊　缺一卷(十七)

610000 – 1001 – 0008785　普 0008220

長生殿二卷　（清)洪昇撰　清刻本　二冊
九行二十字白口四周單邊

610000 – 1001 – 0008786　普 0008223

金華唐氏遺書五種附一種　（宋)唐仲友撰

清道光十一年(1831)翠薇山房刻本　七冊
十行二十一字白口四周雙邊

610000 – 1001 – 0008787　普 0008227

制義叢話二十四卷　（清)梁章鉅撰　清咸豐
九年(1859)刻本　八冊　十二行二十五字上
下黑口左右雙邊

610000 – 1001 – 0008788　普 0008228

宋邵康節先生伊川擊壤集十卷　（宋)邵雍撰
（明)吳瀚注　清刻本　六冊　九行十八字
小字雙行同白口四周單邊

610000 – 1001 – 0008789　普 0008229

鴻雪軒尺牘六卷　（清)瞿澄撰　清道光二十
二年(1942)刻本　三冊　九行十七字上下黑
口左右雙邊

610000 – 1001 – 0008790　普 0008230

半園尺牘二十五卷補遺六卷　（清)靜福山人
撰　清光緒五年(1879)刻本　十二冊　十行
十八字白口左右雙邊

610000 – 1001 – 0008791　普 0008231

紅藕山莊尺牘十二卷首一卷　（清)治垠散人
撰　清嘉慶十七年(1812)刻本　六冊　九行
十九字白口左右雙邊

610000 – 1001 – 0008792　普 0008232

鴻雪軒尺牘四卷　（清)龔蕚撰　清刻本　四
冊　八行十六字上下黑口左右雙邊

610000 – 1001 – 0008793　普 0008233

雨亭尺牘六卷　（清)林欽潤撰　清道光二十
三年(1843)綠蘋寄舫刻本　六冊　九行十一
字上下黑口四周單邊

610000 – 1001 – 0008794　普 0008234

制藝萃珍十卷　（清)懷芳居士輯　清道光二
十八年(1848)刻本　十冊　九行二十五字上
下黑口左右雙邊

610000 – 1001 – 0008795　普 0008235

蘇東坡尺牘八卷黃山谷尺牘十卷　（宋)蘇軾
（宋)黃庭堅撰　清光緒三十四年(1908)上
海掃葉山房石印本　八冊　十二行二十八字

白口四周雙邊

610000－1001－0008796　普 0008236

鴻雪軒尺牘六卷　（清）瞿澄撰　清道光二十二年(1842)刻本　五冊　九行十七字上下黑口左右雙邊

610000－1001－0008797　普 0008237

分類尺牘備覽三十卷　（清）王虎榜輯　清光緒十四年(1888)著易堂鉛印本　六冊　二十行二十五字白口四周雙邊

610000－1001－0008798　普 0008238

秋水軒尺牘四卷　（清）許思湄撰　清道光十五年(1835)刻本　四冊　八行十六字上下黑口左右雙邊

610000－1001－0008799　普 0008239

增輯尺牘合璧四卷　（清）許思湄撰　（清）婁世瑞注　清光緒十六年(1890)珍藝書局鉛印本　二冊　十二行三十字小字雙行四十字白口四周雙邊

610000－1001－0008800　普 0008240

分類尺牘備覽三十卷　（清）王虎榜輯　清光緒十九年(1893)申江袖海山房石印本　八冊　十八行二十五字小字雙行同白口四周雙邊

610000－1001－0008801　普 0008241

適軒尺牘八卷　（清）徐菊生撰　清光緒四年(1878)刻本　四冊　十行二十三字白口左右雙邊

610000－1001－0008802　普 0008242

適軒尺牘八卷　（清）徐菊生撰　清光緒元年(1875)刻本　四冊　十行二十三字白口左右雙邊

610000－1001－0008803　普 0008243

秋水軒尺牘四卷　（清）許思湄撰　清道光十五年(1835)刻本　二冊　九行二十字白口左右雙邊

610000－1001－0008804　普 0008245

臙脂牡丹六卷　（清）韓不古撰　清道光二十六年(1846)富春堂刻本　六冊　十行十九字

白口左右雙邊

610000－1001－0008805　普 0008246

胭脂牡丹尺牘六卷　（清）韓鄂輯　清咸豐五年(1855)刻本　五冊　十行二十一字白口四周單邊　缺一卷(六)

610000－1001－0008806　普 0008247

制藝博鈔不分卷　（清）余九萬輯　清道光五年(1825)刻本　八冊　二十行三十字白口四周單邊

610000－1001－0008807　普 0008248

國朝名人書札二卷　吳曾祺編　清宣統元年(1909)上海商務印書館鉛印本　四冊　十四行三十四字下黑口四周雙邊

610000－1001－0008808　普 0008249

疑雨集四卷　（明）王彥泓撰　清宣統元年(1909)掃葉山房石印本　二冊　十四行三十一字白口四周雙邊

610000－1001－0008809　普 0008253

自愉堂詩集四卷　（明）來儼然著　（清）李錫齡校刊　清道光刻本　一冊　十行二十二字白口四周雙邊

610000－1001－0008810　普 0008254

何大復先生全集三十八卷附錄一卷　（明）何景明撰　清咸豐二年(1852)刻本　八冊　九行二十字白口四周雙邊

610000－1001－0008811　普 0008255

文信國公手札一卷　（宋）文天祥撰　清嘉慶二十年(1815)刻本　一冊　十二行二十四字小字雙行同上中下黑口四周單邊

610000－1001－0008812　普 0008256

韓苑洛全集二十二卷　（明）韓邦奇撰　清道光八年(1828)刻本　十冊　十行二十字白口四周雙邊

610000－1001－0008813　普 0008258

不二歌集四卷　（明）張春撰　清道光二十八年(1848)步渠堂刻本　二冊　八行二十字白口左右雙邊

610000－1001－0008814　普0008262

箋註陶淵明集六卷　(晉)陶潛著　(明)張自烈評閱　清敦化堂刻本　二冊　九行十八字白口四周單邊

610000－1001－0008815　普0008263

嶼浮閣賦集一卷詩集十三卷　(明)溫日知著　清咸豐七年(1857)宏道書院刻本　二冊　十行二十二字白口左右雙邊

610000－1001－0008816　普0008264

聽嚶堂仕林啟雋十二卷　(清)黃始選輯　清刻本　十冊　九行二十四字白口左右雙邊　缺一卷(一)

610000－1001－0008817　普0008265

張燕公集二十五卷　(唐)張說撰　清刻本　六冊　九行二十一字白口四周雙邊

610000－1001－0008818　普0008268

制義靈樞四卷　(清)周銘恩輯　清道光五年(1825)刻本　四冊　九行二十五字白口左右雙邊

610000－1001－0008819　普0008273

韓苑洛全集二十二卷　(明)韓邦奇撰　清道光八年(1828)刻本　十冊　十行二十字白口四周雙邊

610000－1001－0008820　普0008274

靜修先生文集十二卷　(元)劉因著　清光緒五年(1879)定州王氏謙德堂刻本　四冊　十行二十二字上下黑口四周單邊

610000－1001－0008821　普0008275

楚辭新註八卷　(清)屈復註　清道光十七年(1837)刻本　四冊　十行二十字白口四周雙邊

610000－1001－0008822　普0008276

施註蘇詩四十二卷總目二卷蘇詩續補遺二卷　(清)宋犖　(清)張榕端閱定　(清)邵長蘅　(清)顧嗣立　(清)宋至刪補　清刻本　十六冊　十行二十一字小字雙行三十一字黑口四周單邊

610000－1001－0008823　普0008277

牧庵集三十六卷　(元)姚燧撰　清刻本　八冊　九行二十一字上黑口四周雙邊

610000－1001－0008824　普0008278

蘇文忠公詩集擇粹十八卷　(清)查慎行撰　(清)紀昀批閱　清嘉慶二十二年(1817)刻本　四冊　八行二十字上下黑口四周雙邊

610000－1001－0008825　普0008279

杜少陵全集詳注二十五卷首一卷附編二卷　(唐)杜甫撰　(清)仇兆鰲輯注　清刻本　二十八冊　十行二十二字小字雙行同下黑口左右雙邊

610000－1001－0008826　普0008281

石林遺書十三種　(宋)葉夢得撰　清宣統三年(1911)刻本　十四冊　十一行二十二字上下黑口左右雙邊

610000－1001－0008827　普0008282

孟東野集十卷附一卷追昔遊集三卷　(唐)孟郊撰　清宣統二年(1910)上海著易堂石印本　四冊　十二行二十六字白口四周雙邊

610000－1001－0008828　普0008283

剡源集三十卷　(元)戴表元撰　清道光二十年(1840)刻本　六冊　十一行二十二字下黑口左右雙邊

610000－1001－0008829　普0008284

剡源集三十卷　(元)戴表元撰　清道光二十年(1840)刻本　六冊　十一行二十二字下黑口左右雙邊

610000－1001－0008830　普0008286

西湖竹枝集一卷　(元)楊維楨編　清光緒七年(1881)刻本　二冊　十行二十字白口四周雙邊

610000－1001－0008831　普0008287

庾子山集十六卷總釋十六卷　(北周)庾信撰　(清)倪璠注　清刻本　十二冊　十行二十字小字雙行同白口左右雙邊

610000－1001－0008832　普0008288

蘇文忠公詩集五十卷　（宋）蘇軾撰　（清）紀昀評點　清同治八年（1869）刻本　十二冊　十行二十一字上黑口左右雙邊

610000－1001－0008833　普0008291

關中書院課士詩一卷　（清）路德評選　清道光十八年（1838）刻本　二冊　九行二十五字白口四周單邊

610000－1001－0008834　普0008292

忠介公集十三卷　（明）楊爵著　清刻本　三冊　九行二十字下黑口四周單邊　存十卷（四至十三）

610000－1001－0008835　普0008295

馬文莊公集十五卷附一卷　（明）馬自強撰　清道光二十六年（1846）刻本　五冊　九行二十二字白口左右雙邊

610000－1001－0008836　普0008296

玉餘尺牘附編八卷　（清）莊士敏撰　清光緒六年（1880）武林大亭山館刻本　四冊　十二行二十一字白口四周雙邊

610000－1001－0008837　普0008298

望眉草堂詩集四卷　（清）顏嗣徽著　清刻本　二冊　八行二十二字白口四周雙邊間上下雙邊

610000－1001－0008838　普0008300

晦庵先生朱文公續集十一卷別集十卷　（宋）朱熹撰　清刻本　四冊　十二行二十二字白口四周單邊

610000－1001－0008839　普0008302

雙桂軒尺牘不分卷　（清）丁善儀撰　清光緒四年（1878）上海申報館鉛印本　一冊　十二行二十四字白口四周雙邊

610000－1001－0008840　普0008303

餐華室尺牘叢殘二卷　（清）清溪漁隱撰　清同治元年（1862）刻本　二冊　九行二十二字白口左右雙邊

610000－1001－0008841　普0008306

飣餖吟十二卷　（清）石贊清集　（清）黃丙森等註釋　清咸豐八年（1858）刻本　四冊　九行二十一字小字雙行同白口四周雙邊

610000－1001－0008842　普0008307

飣餖吟十二卷　（清）石贊清集　（清）黃丙森等註釋　清咸豐八年（1858）刻本　四冊　九行二十一字小字雙行同白口四周雙邊

610000－1001－0008843　普0008310

虛受堂文集十六卷　王先謙撰　清宣統二年（1910）上海國學社石印本　六冊　十四行三十字白口四周雙邊

610000－1001－0008844　普0008311

楚辭箋註十七卷　（戰國）屈原撰　（漢）王逸章句　（宋）洪興祖補註　清寶翰樓刻本　六冊　九行十五字小字雙行二十字白口左右雙邊

610000－1001－0008845　普0008313

日鋤齋詩集十八卷　（清）張琛撰　清道光四年（1824）刻本　十冊　九行二十一字小字雙行同白口四周雙邊

610000－1001－0008846　普0008314

篤素堂文集四卷　（清）張英著　清同治七年（1868）刻本　一冊　十行二十字上下黑口左右雙邊

610000－1001－0008847　普0008315

笑梅軒遺藁不分卷　（清）王景美著　清刻本　一冊　九行二十一字上下黑口四周雙邊

610000－1001－0008848　普0008316

亦耕草堂詩鈔四卷　（清）焦繼華撰　清光緒二十八年（1902）刻本　四冊　十一行二十一字上下黑口左右雙邊

610000－1001－0008849　普0008317

筠心堂文集十卷詩集四卷外集一卷　（清）張嶽崧撰　清道光二十四年（1844）刻本　六冊　十一行二十二字白口四周雙邊

610000－1001－0008850　普0008318

庚子山集十六卷　（北周）庾信撰　（清）倪璠註釋　清道光十九年（1839）刻本　十二冊

十行二十字小字雙行同白口左右雙邊

610000－1001－0008851　普0008319
養素堂文集三十五卷　（清）張澍撰　清刻本
十六冊　十行二十二字白口四周雙邊

610000－1001－0008852　普0008320
陳臥子先生安雅堂稿十八卷　（清）陳子龍撰
清宣統元年(1909)上海時中書局鉛印本
六冊　十四行三十一字白口四周雙邊　缺三
卷(十六至十八)

610000－1001－0008853　普0008321
讀我書齋應試文稿一卷　（清）唐李杜著　清
咸豐三年(1853)刻本　二冊　九行二十五字
上下黑口四周雙邊

610000－1001－0008854　普0008322
思貽齋雜著續集□□卷　（清）高曦亭撰　清
宣統二年(1910)長安刻本　一冊　十行二十
二字白口四周雙邊　存一卷(四)

610000－1001－0008855　普0008323
楊忠愍公全集四卷　（明）楊繼盛撰　（清）毛
大可鑒定　清益善堂刻本　二冊　九行二十
字白口四周單邊

610000－1001－0008856　普0008325
七經樓文鈔六卷　（清）蔣子瀟撰　清道光二
十七年(1847)刻本　四冊　九行二十二字白
口四周雙邊

610000－1001－0008857　普0008326
經德堂文集二十三卷　（清）龍啟瑞撰　清光
緒四年(1878)刻本　九冊　十一行二十八字
上下黑口左右雙邊

610000－1001－0008858　普0008327
昆曲粹存初集不分卷　（清）昆山國樂保存會
編　清宣統三年(1911)石印本　六冊　行數
不等二十字小字雙行三十字白口四周雙邊

610000－1001－0008859　普0008328
**不自是齋詩草八卷詩餘一卷野鶴山房詩草四
卷蒙養日記故事四卷補編一卷**　（清）計恬撰
清咸豐克復堂刻本　十冊　九行十九字白

口四周雙邊

610000－1001－0008860　普0008330
祛疴齋文集六卷續集一卷　（清）王會昌著
清光緒元年(1875)刻本　四冊　九行二十字
白口四周雙邊

610000－1001－0008861　普0008331
祛疴齋文集六卷續集一卷　（清）王會昌著
清光緒元年(1875)刻本　四冊　九行二十字
白口四周雙邊

610000－1001－0008862　普0008332
雲樣集八卷　（清）高陳謨編　清嘉慶二年
(1797)刻本　四冊　十行二十一字小字雙行
同白口左右雙邊

610000－1001－0008863　普0008333
雲樣集八卷　（清）高陳謨編　清嘉慶二年
(1797)刻本　四冊　十行二十一字小字雙行
同白口左右雙邊

610000－1001－0008864　普0008334
豐川續集三十四卷　（清）王心敬撰　清刻本
十七冊　十行二十一字白口四周雙邊

610000－1001－0008865　普0008335
庾子山集十六卷總釋十六卷　（北周）庾信撰
（清）倪璠註釋　清道光十九年(1839)刻本
十二冊　十行二十字小字雙行同白口左右雙
邊

610000－1001－0008866　普0008336
雍益集一卷　（清）王士禛撰　清刻本　一冊
十行十九字上下黑口左右雙邊

610000－1001－0008867　普0008337
湘椷宦遺槀二卷　（清）高銘彤撰　清光緒十
一年(1885)刻本　一冊　九行二十二字白口
四周雙邊

610000－1001－0008868　普0008339
徐孝穆全集六卷　（南朝陳）徐陵撰　（清）吳
兆宜箋注　清光緒二年(1876)廣東翰墨園刻
本　三冊　十行二十字小字雙行同上下黑口
左右雙邊

610000－1001－0008869　普0008340

定盦文集三卷續集四卷文集補四卷　（清）龔
自珍撰　清同治七年(1868)刻本　四冊　十
二行二十四字白口左右雙邊

610000－1001－0008870　普0008341

唐大家柳柳州文抄十二卷　（唐）柳宗元撰
（明）茅坤批評　宋大家王文公文抄十六卷
（宋）王安石撰　（明）茅坤批評　清刻本　六
冊　十行二十四字白口四周單邊

610000－1001－0008871　普0008342

俟命齋存稿一卷　（清）王玉壎著　清咸豐十
一年(1861)刻本　一冊　八行二十一字上下
黑口四周雙邊

610000－1001－0008872　普0008343

擘苣書屋詩詞遺稿二卷　（清）王謙著　清光
緒三十三年(1907)刻本　一冊　十行二十二
字白口四周雙邊

610000－1001－0008873　普0008344

豫齋集二卷　（清）萬方煦著　清光緒七年
(1881)刻本　二冊　十一行十九字白口四周
雙邊

610000－1001－0008874　普0008348

鄭少谷先生全集二十四卷　（明）鄭善夫撰
清道光四年(1824)刻本　十冊　九行十八字
白口四周雙邊

610000－1001－0008875　普0008349

味梨集一卷　（清）王鵬運撰　清光緒二十一
年(1895)刻本　一冊　八行十六字上下黑口
四周單邊

610000－1001－0008876　普0008350

正氣集十卷　（清）王式撰　清宣統三年
(1911)不讀非道書齋鉛印本　四冊　九行二
十五字白口四周雙邊

610000－1001－0008877　普0008351

蜀秀集九卷　（清）譚宗浚編　清光緒五年
(1879)成都試院刻本　七冊　十行二十字下
黑口左右雙邊

610000－1001－0008878　普0008354

葆淳閣續集一卷　（清）王傑撰　賜杖集一卷
祖帳集二卷　（清）江藩輯　清道光二十年
(1840)正文堂粵東省城西湖街刻本　四冊
十行二十字小字雙行同白口四周雙邊

610000－1001－0008879　普0008355

江汗炳靈集二卷　（清）張之洞輯　清光緒十
三年(1887)刻本　六冊　九行二十五字白口
四周雙邊

610000－1001－0008880　普0008356

都是春齋文集八卷　（清）張佑撰　清吾學園
刻本　四冊　九行二十二字白口左右雙邊

610000－1001－0008881　普0008357

都是春齋文集八卷　（清）張佑撰　清吾學園
刻本　四冊　九行二十二字白口左右雙邊

610000－1001－0008882　普0008359

豐川全集正集二十八卷續集二十三卷江漢書
院講義十卷外集四卷　（清）王心敬撰　清刻
本　十二冊　十行二十字白口四周雙邊　缺
二十七卷(江漢書院講義二、六，正集五、十
二、十六、二十一至二十二、二十五至二十八，
續集二至十一、十三至十五、十七、十九至二
十)

610000－1001－0008883　普0008361

都是春齋文集八卷制義存槀一卷韻語一卷年
譜一卷　（清）張佑撰　清吾學園刻本　八冊
　九行二十二字白口左右雙邊

610000－1001－0008884　普0008362

居業堂文集二十卷　（清）王源昆撰　清道光
十一年(1831)刻本　六冊　十三行二十二字
上下黑口左右雙邊

610000－1001－0008885　普0008363

船山詩草二十卷　（清）張問陶撰　清同治十
三年(1874)刻本　八冊　十行二十字白口四
周單邊

610000－1001－0008886　普0008364

都是春齋韻語一卷　（清）張佑撰　清刻本
一冊　九行二十二字白口左右雙邊

610000 – 1001 – 0008887　普 0008365
小石山文集不分卷 （清）武億撰　清刻本
一冊　十行二十一字白口左右雙邊

610000 – 1001 – 0008888　普 0008366
利於不息齋初集一卷 （清）孔昭焜撰　清刻
本　一冊　九行二十一字下黑口四周雙邊

610000 – 1001 – 0008889　普 0008367
船山詩草二十卷 （清）張問陶撰　清刻本
八冊　十行二十字白口左右雙邊

610000 – 1001 – 0008890　普 0008368
夢研齋遺稿八卷 （清）唐樹義撰　清同治四
年(1865)刻本　一冊　十一行二十二字下黑
口四周雙邊

610000 – 1001 – 0008891　普 0008369
澄懷園語四卷 （清）張廷玉撰　抄本　一冊
九行二十二字白口四周雙邊　存一卷(一)

610000 – 1001 – 0008892　普 0008370
**定盦文集三卷續集四卷文集補四卷文集補編
四卷** （清）龔自珍撰　清光緒二十三年
(1897)刻本　六冊　十二行二十四字白口左
右雙邊

610000 – 1001 – 0008893　普 0008371
濂亭文集八卷 （清）張裕釗撰　清宣統元年
(1909)掃葉山房石印本　二冊　十四行三十
一字白口四周雙邊

610000 – 1001 – 0008894　普 0008373
江漢炳靈集二卷 （清）張之洞選　清光緒十
三年(1887)刻本　六冊　九行二十五字白口
四周雙邊

610000 – 1001 – 0008895　普 0008374
船山詩草二十卷 （清）張問陶撰　清嘉慶十
三年(1808)刻本　五冊　十行二十字白口左
右雙邊

610000 – 1001 – 0008896　普 0008393
笥河詩集二十卷文集十六卷首一卷 （清）朱
筠撰　清嘉慶八年(1803)刻本　十四冊　十
行二十一字白口左右雙邊

610000 – 1001 – 0008897　普 0008394
霜紅龕集四十卷 （清）傅山撰　**附錄三卷**
丁寶銓輯　**傅青主先生年譜一卷** 丁寶銓輯
清宣統三年(1911)山陽丁氏刻本　十二冊
十行二十一字上下黑口左右雙邊

610000 – 1001 – 0008898　普 0008396
清容居士集五十卷目錄二卷 （元）袁桷撰
重刻清容居士集札記一卷 （清）郁松年撰
清道光二十年(1840)刻本　十二冊　十一行
二十二字上下黑口左右雙邊

610000 – 1001 – 0008899　普 0008397
此木軒雜著八卷 （清）焦袁熹撰　清嘉慶九年
(1804)刻本　四冊　十行二十字白口左右雙邊

610000 – 1001 – 0008900　普 0008398
春星草堂集七卷 （清）沈丙瑩撰　清光緒十
五年(1889)刻本　三冊　十行二十二字白口
四周雙邊

610000 – 1001 – 0008901　普 0008399
玉溪生詩意八卷 （唐）李商隱撰　（清）屈復
箋注　清道光十年(1830)刻本　五冊　十行
二十一字小字雙行同白口左右雙邊

610000 – 1001 – 0008902　普 0008401
存研樓文集十六卷 （清）儲大文著　清光緒
元年(1875)刻本　十冊　九行二十字白口四
周單邊

610000 – 1001 – 0008903　普 0008402
聊齋志異新評十六卷 （清）蒲松齡著　（清）
王士正評　（清）但明倫新評　清道光二十二
年(1842)廣順但氏刻本　十六冊　九行二十
一字上下黑口左右雙邊

610000 – 1001 – 0008904　普 0008403
東周列國全志二十三卷一百〇八回 （清）蔡
元放評點　清刻本　二十四冊　十二行二十
六字白口四周雙邊

610000 – 1001 – 0008905　普 0008405
養正草一卷 （清）李元度撰　清光緒五年
(1879)刻本　一冊　九行二十五字白口四周
雙邊

512

610000－1001－0008906　普0008406

叢睦汪氏遺書十九種　（清）汪篁輯　清光緒
十二年(1886)錢塘汪氏長沙刻本　三十二冊
十二行二十四字下黑口左右雙邊

610000－1001－0008907　普0008408

幼學集一卷　（清）吳宗儉著　清光緒二十四
年(1898)刻本　一冊　十二行二十五字白口
左右雙邊

610000－1001－0008908　普0008410

居易堂集二十卷　（清）徐枋撰　清刻本　四
冊　十一行二十字白口左右雙邊

610000－1001－0008909　普0008412

館課我法詩箋四卷　（清）紀昀撰　清嘉慶九
年(1804)刻本　四冊　行數不等字數不等白
口四周單邊

610000－1001－0008910　普0008413

館課我法詩箋四卷　（清）紀昀撰　清嘉慶九
年(1804)刻本　四冊　十行二十五字小字雙
行不等白口左右雙邊

610000－1001－0008911　普0008414

峴浮閣賦集一卷詩集十三卷　（清）溫日知撰
清咸豐七年(1857)刻本　二冊　十行二十
二字白口左右雙邊

610000－1001－0008912　普0008415

西河詩錄八卷　（清）李元春輯　清道光十年
(1830)刻本　四冊　九行二十四字白口四周
雙邊

610000－1001－0008913　普0008416

廿一史彈詞註十二卷　（明）楊慎撰　清道光
十二年(1832)刻本　十二冊　十一行二十一
字小字雙行同白口四周雙邊

610000－1001－0008914　普0008417

註釋八銘塾鈔初集五卷　（清）吳懋政編次
清道光二十年(1840)刻本　十冊　九行二十
五字白口四周單邊

610000－1001－0008915　普0008419

桐閣全書二十四種　（清）李元春撰　清道

光、咸豐刻本　二十冊　九行二十字白口左
右雙邊　存四種

610000－1001－0008916　普0008422

庚辰集五卷附唐人試律說一卷　（清）紀昀輯
清刻本　六冊　九行二十字小字雙行同白
口四周單邊

610000－1001－0008917　普0008423

桐閣先生文鈔十二卷首一卷　（清）李元春撰
清光緒十年(1884)刻本　十二冊　九行二
十二字上下黑口四周單邊

610000－1001－0008918　普0008424

桐閣先生文鈔十二卷首一卷　（清）李元春撰
清光緒十年(1884)刻本　十二冊　九行二
十二字上下黑口四周單邊

610000－1001－0008919　普0008426

**有正味齋詞集八卷詩集十六卷詩續集八卷駢
體文續集八卷**　（清）吳錫麒撰　清刻本　十
一冊　十二行二十四字上下黑口四周單邊
存二十四卷（詞集一至八，詩集三至四、六至
九，詩續集一至二、五至八，駢體文續集一至
四）

610000－1001－0008920　普0008428

敬業堂詩集五十卷　（清）查慎行撰　清刻本
十二冊　十一行二十一字白口左右雙邊

610000－1001－0008921　普0008429

**秦碉泉稿不分卷汪雲塾稿不分卷吳雲巖稿不
分卷袁簡齋稿不分卷周懷山稿不分卷陳厚甫
稿不分卷**　（清）秦大士等著　清刻本　三冊
十三行三十二字白口四周雙邊

610000－1001－0008922　普0008430

望眉草堂文集□□卷時文□□卷　（清）顏嗣
徽撰　清刻本　二冊　八行二十二字白口四
周雙邊　存二卷（望眉草堂文集一、時文一）

610000－1001－0008923　普0008434

碻山先生駢體文四卷　（清）宋世犖撰　清刻
本　二冊　十行二十二字白口四周單邊

610000－1001－0008924　普0008437

顧鳳翔遺集不分卷 （清）顧騄撰 清光緒三十二年(1906)刻本 一冊 十一行二十一字上下黑口左右雙邊

610000－1001－0008925 普0008438

敏學齋古文一卷山居詩草一卷壯遊詩草一卷壯遊詩草續編一卷山居詩草二集一卷壯遊詩草補篇一卷鐸遊詩草一卷詩賦小草一卷感知小一卷臆說一卷臆說三集一卷臆說四集一卷 （清）李得春撰 清咸豐二年(1852)刻本 八冊 九行二十六字白口左右雙邊

610000－1001－0008926 普0008439

棣懷堂隨筆六卷 （清）李象鵾撰 清道光元年(1821)刻本 四冊 十行二十四字白口左右雙邊

610000－1001－0008927 普0008440

雙池文集十卷 （清）汪紱撰 清道光十四年(1834)刻本 四冊 十行十九字白口左右雙邊

610000－1001－0008928 普0008446

吳摯甫詩集一卷 （清）吳汝綸撰 清宣統二年(1910)上海國學扶輪社石印本 一冊 十二行二十五字小字雙行同上下黑口四周雙邊

610000－1001－0008929 普0008447

吳摯甫文集四卷深州風土記一卷 （清）吳汝綸撰 清宣統元年(1909)上海國學扶輪社石印本 五冊 十二行二十五字上下黑口四周雙邊

610000－1001－0008930 普0008448

有正味齋駢文箋注十六卷補注一卷 （清）吳錫麒撰 清光緒十七年(1891)刻本 八冊 九行二十字小字雙行同上下黑口左右雙邊

610000－1001－0008931 普0008449

有正味齋外集五卷 （清）吳錫麒撰 清刻本 四冊 十二行二十四字上下黑口四周單邊

610000－1001－0008932 普0008450

齊莊中正堂制義十二卷律賦六卷試帖八卷 （清）殷兆鏞撰 清光緒五年(1879)刻本 八冊 十行二十一字白口左右雙邊

校禮堂集六種 （清）凌廷堪撰 清嘉慶、道光刻本 十四冊 十行二十一字白口四周雙邊

610000－1001－0008934 普0008452

瀛海探驪集八卷 （清）朱埏之輯 清嘉慶十九年(1814)刻本 八冊 九行二十字小字雙行同上下黑口四周雙邊

610000－1001－0008935 普0008453

瀛海探驪集八卷 （清）朱埏之輯 清嘉慶十九年(1814)刻本 四冊 九行二十字小字雙行同上下黑口左右雙邊

610000－1001－0008936 普0008454

梅村文集二十卷 （清）吳偉業撰 清宣統二年(1910)上海國學昌明社石印本 六冊 十四行三十字白口四周雙邊

610000－1001－0008937 普0008455

青藤書屋文集三十卷 （明）徐渭撰 清宣統三年(1911)石印本 八冊 十四行二十八字小字雙行同白口四周雙邊

610000－1001－0008938 普0008456

李空同詩集三十三卷附錄一卷 （明）李夢陽撰 清宣統二年(1910)上海掃葉山房石印本 十冊 十四行二十八字白口四周雙邊

610000－1001－0008939 普0008459

檉華館詩集四卷 （清）路德撰 清刻本 二冊 九行二十二字下黑口左右雙邊

610000－1001－0008940 普0008460

吳梅村詩集箋注十八卷 （清）吳偉業撰 （清）吳翌鳳箋注 清刻本 四冊 十行二十一字小字雙行同白口左右雙邊 存九卷(十至十八)

610000－1001－0008941 普0008461

朱九江先生集十卷首四卷 （清）朱次琦撰 清光緒二十三年(1897)刻本 四冊 十一行二十四字白口左右雙邊

610000－1001－0008942 普0008462

吳詩集覽二十卷談藪二卷　（清）靳榮藩輯
清刻本　八冊　九行二十一字小字雙行同黑
口四周雙邊　存十二卷（九至二十）

610000－1001－0008943　普0008463
曝書亭集八十卷附錄一卷　（清）朱彝尊撰
笛漁小稾十卷　（清）朱昆田撰　清刻本　十
六冊　十二行二十三字白口左右雙邊

610000－1001－0008944　普0008464
香雪齋詩鈔四卷　（清）嚴鈖撰　清光緒十九
年（1893）刻本　二冊　二十行二十一字白口
四周雙邊

610000－1001－0008945　普0008465
檉華館雜錄一卷附錄一卷　（清）路德撰　清
光緒十七年（1891）刻本　一冊　九行二十二
字下黑口四周雙邊

610000－1001－0008946　普0008466
西堂剩稾二卷　（清）尤侗譔　清刻本　一冊
十行二十一字白口四周單邊

610000－1001－0008947　普0008467
桐花齋詩鈔六卷　（清）彭啟商撰　清光緒元
年（1875）刻本　二冊　九行十九字白口四周
雙邊

610000－1001－0008948　普0008468
道古堂詩集二十六卷文集四十八卷集外文一
卷集外詩一卷軼事一卷　（清）杭世駿撰　清
光緒十四年（1888）刻本　十六冊　十行二十
一字小字雙行同白口左右雙邊

610000－1001－0008949　普0008471
堅瓠集選十二卷　（清）褚人穫輯　清道光十
二年（1832）刻本　六冊　八行十八字白口四
周雙邊

610000－1001－0008950　普0008473
堅瓠甲集四卷乙集四卷丙集四卷丁集四卷戊
集四卷己集四卷庚集四卷辛集四卷壬集四卷
癸集四卷補集六卷廣集六卷餘集四卷秘集六
卷續集四卷　（清）褚人穫輯　清道光十二年
（1832）刻本　四十冊　八行十八字白口四周
雙邊

610000－1001－0008951　普0008474
小倉山房往還書札全集十八卷　（清）袁枚撰
清光緒十三年（1887）石印本　二冊　十七
行四十二字白口四周雙邊

610000－1001－0008952　普0008475
小倉山房往還書札全集十八卷　（清）袁枚撰
清光緒十三年（1887）石印本　二冊　十八
行四十二字白口四周單邊

610000－1001－0008953　普0008476
小倉山房詩集三十一卷補遺一卷附錄一卷
（清）袁枚撰　清刻本　八冊　九行二十一字
白口左右雙邊

610000－1001－0008954　普0008477
小倉山房文集三十五卷　（清）袁枚撰　清刻
本　八冊　十行二十一字上下黑口左右雙邊
存二十四卷（一至二十四）

610000－1001－0008955　普0008478
小倉山房外集八卷　（清）袁枚撰　清刻本
二冊　十一行二十一字白口左右雙邊

610000－1001－0008956　普0008479
受祺堂文集四卷續刻四卷　（清）李因篤撰
（清）馮雲杏編次　清道光九年（1829）刻本
八冊　十行二十四字白口左右雙邊

610000－1001－0008957　普0008480
榕村全集四十卷別集五卷　（清）李光地撰
清刻本　十二冊　九行二十字白口左右雙邊

610000－1001－0008958　普0008481
戒淫詩一卷　（清）戴世文撰　清光緒二十年
（1894）刻本　一冊　八行二十字白口四周
雙邊

610000－1001－0008959　普0008483
居易軒詩遺鈔一卷文遺鈔一卷　（清）趙炳龍
撰　清光緒十四年（1888）刻本　一冊　九行
二十一字上下黑口四周雙邊

610000－1001－0008960　普0008484
花潭集詠一卷　（清）黃雲鵠撰　清光緒十二
年（1886）刻本　一冊　九行二十一字下黑口

左右雙邊

610000－1001－0008961　普0008487

青荃集四卷　（清）蔣龥撰　清嘉慶七年(1802)刻本　四冊　十行二十一字白口左右雙邊

610000－1001－0008962　普0008488

二林居集二十四卷　（清）彭紹升撰　清光緒七年(1881)刻本　六冊　十一行二十三字下黑口左右雙邊

610000－1001－0008963　普0008489

秋士先生遺集六卷　（清）彭績撰　清光緒七年(1881)刻本　二冊　十一行二十三字下黑口左右雙邊

610000－1001－0008964　普0008490

鬱華閣遺集四卷　（清）盛昱撰　清刻本　一冊　九行十八字白口左右雙邊

610000－1001－0008965　普0008491

知畏齋文稿一卷　（清）查人漢撰　清道光十八年(1838)刻本　一冊　十二行二十四字上下黑口四周雙邊

610000－1001－0008966　普0008493

二林居集二十四卷　（清）彭紹升撰　清道光十八年(1838)刻本　六冊　十一行二十三字下黑口左右雙邊

610000－1001－0008967　普0008495

蔭圃詩鈔三卷　（清）趙亨鈐撰　清刻本　一冊　十行二十二字白口左右雙邊　存一卷(中)

610000－1001－0008968　普0008498

向湖邨舍詩初集十二卷　（清）趙藩撰　清光緒十四年(1888)刻本　三冊　九行二十一字上下黑口四周雙邊

610000－1001－0008969　普0008499

惜抱軒全集十種　（清）姚鼐撰　清同治五年(1866)省心閣刻本　十六冊　十行二十一字白口左右雙邊　存六種

610000－1001－0008970　普0008500

曝書亭詞注七卷　（清）朱彝尊撰　（清）李富孫注　清刻本　四冊　十一行二十三字小字雙行三十一字白口左右雙邊

610000－1001－0008971　普0008501

漪香山館文集一卷　吳曾祺撰　清宣統二年(1910)商務印書館鉛印本　一冊　十二行三十二字上下黑口四周雙邊

610000－1001－0008972　普0008504

樊川文集二十卷　（唐）杜牧撰　清光緒二十二年(1896)影宋刻本　四冊　十行十八字白口左右雙邊

610000－1001－0008973　普0008507

檉華館文集六卷詩集四卷駢體文一卷雜錄一卷坿錄一卷　（清）路德撰　清刻本　九冊　九行二十二字下黑口左右雙邊　缺一卷(檉華館文集一)

610000－1001－0008974　普0008509

松溪詩藁一卷　（清）李毅著　清研草堂刻本　一冊　十一行二十一字上黑口左右雙邊

610000－1001－0008975　普0008511

如面談新集十卷首一卷　（清）李光祚纂輯　清刻本　六冊　十二行二十五字小字雙行不等白口四周單邊

610000－1001－0008976　普0008512

袁文箋正十六卷補注一卷　（清）袁枚撰　（清）石韞玉注　清道光七年(1827)刻本　八冊　十一行二十二字小字雙行同下黑口四周雙邊

610000－1001－0008977　普0008513

松風閣詩鈔二十六卷　（清）彭蘊章撰　清同治刻本　一冊　十行二十一字白口左右雙邊　存三卷(一至三)

610000－1001－0008978　普0008514

簡摩集五卷　（清）黃淳耀撰　清道光三年(1823)刻本　五冊　九行二十五字白口四周雙邊

610000－1001－0008979　普0008515

戴南山文鈔六卷 （清）戴名世　**方望溪文鈔**
六卷 （清）方苞撰　清宣統二年(1910)上海
國學扶輪社鉛印本　八冊　十三行三十字上
下黑口四周雙邊

610000－1001－0008980　普0008516

舉業墨模全集三十三卷 （清）周百順編　清
道光十六年(1836)刻本　三冊　九行九字小
字雙行二十五字白口四周雙邊

610000－1001－0008981　普0008517

經韻樓集十二卷 （清）段玉裁撰　清光緒十
年(1884)刻本　六冊　十行二十一字白口左
右雙邊

610000－1001－0008982　普0008519

撼山草堂遺稿三卷補錄一卷 （清）陳起書撰
清同治五年(1866)刻本　一冊　八行二十
一字白口四周雙邊

610000－1001－0008983　普0008520

導古堂文集二卷 （清）胡薇元撰　清光緒二
十九年(1903)成都鉛印本　二冊　十行二十
四字白口四周雙邊

610000－1001－0008984　普0008521

恪靖侯盾鼻餘瀋一卷 （清）左宗棠撰　清光
緒七年(1881)刻本　一冊　十行二十字白口
四周雙邊

610000－1001－0008985　普0008522

家蔭堂風檐世草一卷 （清）周承勛等撰
（清）周石藩輯　清道光十九年(1839)刻本
一冊　九行二十五字白口左右雙邊

610000－1001－0008986　普0008523

陳百生遺集四卷 （清）陳寶撰　清光緒十八
年(1892)著易堂鉛印本　一冊　十一行二十
六字小字雙行同白口四周雙邊

610000－1001－0008987　普0008525

石笥山房文集五卷補遺一卷 （清）胡天游撰
清宣統元年(1909)上海國學扶輪社鉛印本
四冊　十三行三十字上下黑口四周雙邊

610000－1001－0008988　普0008526

詳注嚶求集四卷 （清）繆良撰　（清）倪照注
清光緒十六年(1890)珍藝書局鉛印本　二
冊　十四行三十五字小字雙行四十六字白口
四周雙邊

610000－1001－0008989　普0008527

瀛海探驪集八卷 （清）朱埏之輯　（清）毛寅
初等註　清刻本　八冊　九行二十字小字雙
行同上下黑口左右雙邊

610000－1001－0008990　普0008528

半學齋草稿一卷小草一卷 （清）楊沂秀撰
清刻本　一冊　九行二十二字白口四周雙邊

610000－1001－0008991　普0008529

蘭福堂詩集一卷 （清）胡延撰　清光緒二十
七年(1901)刻本　一冊　十行二十一字上下
黑口左右雙邊

610000－1001－0008992　普0008530

苾芻館詞集五卷 （清）胡延撰　清光緒十三
年(1887)刻本　一冊　十行二十一字上下黑
口左右雙邊

610000－1001－0008993　普0008532

陳文恭公手札節要三卷 （清）陳宏謀撰　清
道光二十五年(1845)刻本　一冊　十一行二
十一字白口左右雙邊

610000－1001－0008994　普0008533

手札節要三卷 （清）陳宏謀撰　清道光十九
年(1839)靈石何氏培遠堂刻本　一冊　十行
二十四字白口四周雙邊

610000－1001－0008995　普0008534

楊仁山居士遺著十一種 （清）楊文會撰　清
光緒二十七年(1901)刻本　十冊　十行二十
字小字雙行同白口左右雙邊

610000－1001－0008996　普0008541

湛園未定稿六卷 （清）姜宸英撰　清宣統二
年(1910)寧波汲綆齋書局石印本　六冊　十
四行三十一字白口四周雙邊

610000－1001－0008997　普0008544

望溪先生文集十八卷集外文十卷集外文補遺

二卷　（清）方苞撰　**年譜二卷**　（清）蘇惇元撰　清咸豐元年(1851)戴鈞衡刻本　十四冊　十一行二十一字白口四周雙邊

610000－1001－0008998　普0008547

韓苑洛全集二十二卷　（明）韓邦奇撰　清道光八年(1828)刻本　十冊　十行二十字白口四周雙邊

610000－1001－0008999　普0008550

胡文忠公遺集八十六卷首一卷　（清）胡林翼撰　（清）曾國荃等編輯　（清）胡鳳丹重編　清同治三年(1864)刻本　三十六冊　十行二十字上下黑口四周雙邊

610000－1001－0009000　普0008551

柏梘山房文集十六卷續集一卷駢體文二卷詩集十卷續集二卷　（清）梅曾亮撰　清咸豐六年(1856)刻本　八冊　十行二十一字白口四周雙邊

610000－1001－0009001　普0008553

揅經室一集十四卷二集八卷三集五卷四集十三卷續集十一卷再續集六卷外集五卷　（清）阮元撰　清道光三年(1823)刻本　二十四冊　十行二十字白口四周雙邊　缺二卷(再續集一至二)

610000－1001－0009002　普0008554

湖海樓詩集十二卷詞集二十卷文集六卷儷體文十二卷補遺詩一卷　（清）陳維崧撰　清光緒十八年(1892)刻本　十二冊　十行二十一字白口左右雙邊

610000－1001－0009003　普0008555

國朝山右詩存附集八卷　（清）李錫麟輯錄　清刻本　四冊　九行十九字上下黑口四周雙邊

610000－1001－0009004　普0008557

韞山堂時文初集一卷三集一卷　（清）管世銘撰　清咸豐七年(1857)刻本　二冊　九行二十五字白口四周單邊

610000－1001－0009005　普0008559

尊瓠室詩一卷　（清）陳詩撰　清光緒三十四年(1908)鉛印本　一冊　十行二十六字小字雙行同白口四周雙邊

610000－1001－0009006　普0008560

池陽吟草二卷　（清）余庚陽撰　清同治三年(1864)刻本　二冊　九行二十字小字雙行同上下黑口四周雙邊

610000－1001－0009007　普0008561

池陽吟草二卷　（清）余庚陽撰　清同治三年(1864)刻本　二冊　九行二十字小字雙行同上下黑口四周雙邊

610000－1001－0009008　普0008563

家寶全集四集三十五種　（清）石成金撰　清刻本　八冊　八行二十字小字雙行同白口四周雙邊

610000－1001－0009009　普0008564

蔗尾詩集十卷　（清）鄭方坤撰　清刻本　三冊　十行十九字白口左右雙邊

610000－1001－0009010　普0008565

外丁卯橋居士初藁八卷　（清）劉家謀撰　清道光二十八年(1848)東洋學署刻本　二冊　九行二十一字白口左右雙邊

610000－1001－0009011　普0008566

漁洋山人精華錄箋注十二卷　（清）金榮箋注　（清）徐准纂輯　清刻本　六冊　十一行二十字小字雙行三十字白口左右雙邊

610000－1001－0009012　普0008571

曾文正公文集四卷　（清）曾國藩撰　清同治十三年(1874)刻本　四冊　十行二十四字上下黑口左右雙邊

610000－1001－0009013　普0008573

衍石齋記事稿十卷續稿十卷刻楮集四卷旅逸小稿二卷　（清）錢儀吉撰　清光緒五年(1879)刻本　十二冊　九行二十一字上下黑口四周雙邊

610000－1001－0009014　普0008574

曾文正公家書十卷　（清）曾國藩撰　清刻本　二冊　十行二十四字上下黑口左右雙邊

存二卷(七、九)

610000－1001－0009015　普0008576

滑疑集八卷　(清)韓錫胙撰　清同治十三年
(1874)刻本　四冊　九行二十四字白口左右
雙邊

610000－1001－0009016　普0008577

賜葛堂文集六卷　(清)岳震川撰　清光緒五
年(1879)刻本　四冊　十行二十一字白口左
右雙邊

610000－1001－0009017　普0008578

雲水前集一卷後集一卷　(清)劉元機撰　清
光緒十一年(1885)刻本　二冊　九行二十字
下黑口四周雙邊

610000－1001－0009018　普0008579

三魚堂文集十二卷外集六卷　(清)陸隴其著
　清光緒十五年(1889)涇陽柏經正堂刻本
六冊　九行二十字下黑口四周單邊

610000－1001－0009019　普0008580

湛園未定稿六卷　(清)姜宸英撰　清刻本
六冊　十行二十字白口左右雙邊

610000－1001－0009020　普0008581

鹿洲全集八種　(清)藍鼎元撰　清刻本　十
九冊　九行二十一字白口左右雙邊　存七種

610000－1001－0009021　普0008582

全謝山文鈔十六卷　(清)全祖望撰　清宣統
二年(1910)國學扶輪社鉛印本　八冊　十三
行三十字上下黑口四周雙邊

610000－1001－0009022　普0008585

童山全集四種　(清)李調元撰　清刻本　六
冊　十行二十字小字雙行同白口四周雙邊

610000－1001－0009023　普0008586

隨園詩話二十卷補遺四卷　(清)袁枚撰　清
會文堂刻本　九冊　十行二十一字下黑口左
右雙邊

610000－1001－0009024　普0008587

隨園詩話十六卷補遺十卷　(清)袁枚撰　清
道光二十四年(1844)刻本　六冊　十一行二

十三字上下黑口四周單邊

610000－1001－0009025　普0008589

隨園詩話十六卷補遺四卷　(清)袁枚撰　清
末鉛印本　四冊　十二行二十一字白口四周
雙邊

610000－1001－0009026　普0008590

重訂全唐詩話八卷　(宋)尤袤輯　(清)孫濤
續輯　清宣統三年(1911)三樂堂石印本　四
冊　十六行三十二字下黑口四周雙邊

610000－1001－0009027　普0008594

錢牧齋文鈔一卷　(清)錢謙益撰　清宣統元
年(1909)國學扶輪社鉛印本　四冊　十三行
三十字上下黑口四周雙邊

610000－1001－0009028　普0008595

大雲山房文稾初集四卷二集四卷言事二卷續
刻一卷　(清)惲敬著　清嘉慶二十年(1815)
刻本　十冊　十行二十二字上下黑口四周
雙邊

610000－1001－0009029　普0008596

而菴說唐詩二十二卷首一卷　(清)徐增撰
清刻本　六冊　十行十九至二十一字不等白
口左右雙邊　存九卷(一至九)

610000－1001－0009030　普0008597

舊雨集三卷　(清)鄭士範著　清光緒二十六
年(1900)周正誼堂刻本　二冊　九行十七字
黑口四周雙邊

610000－1001－0009031　普0008598

板橋集六卷　(清)鄭燮撰　清刻本　二冊
十行十九字白口左右雙邊

610000－1001－0009032　普0008599

白雨湖莊詩鈔四卷　(清)余雲煥撰　清光緒
元年(1875)刻本　一冊　九行二十一字白口
四周雙邊

610000－1001－0009033　普0008601

板橋詞鈔一卷　(清)鄭燮撰　清刻本　四冊
十行十九字下黑口左右雙邊

610000－1001－0009034　普0008602

519

雪青閣詩集四卷 （清）謝維藩撰 清光緒九年(1883)刻本 四冊 十行二十一字白口四周雙邊

610000－1001－0009035 普0008603

雪青閣詩集四卷 （清）謝維藩撰 清光緒九年(1883)刻本 四冊 十行二十一字白口四周雙邊

610000－1001－0009036 普0008604

原故文錄一卷詩錄一卷 （清）賀瑞麟編輯 清光緒六年(1880)刻本 一冊 十二行二十四字上下黑口四周單邊

610000－1001－0009037 普0008605

原獻詩錄三卷 （清）賀瑞麟編輯 清光緒六年(1880)刻本 三冊 十二行二十四字上下黑口四周單邊

610000－1001－0009038 普0008606

原獻文錄四卷 （清）賀瑞麟編輯 清光緒六年(1880)刻本 四冊 十二行二十四字上下黑口四周單邊

610000－1001－0009039 普0008607

蘭如集不分卷 （清）雷蘭如撰 清稿本 三冊 九行二十字白口四周雙邊

610000－1001－0009040 普0008608

漁洋詩話二卷 （清）王士禎撰 清宣統元年(1909)掃葉山房石印本 一冊 十四行三十一字白口四周雙邊

610000－1001－0009041 普0008609

杜工部詩話一卷 （清）劉鳳誥撰 清宣統元年(1909)掃葉山房石印本 一冊 十三行三十一字白口四周雙邊

610000－1001－0009042 普0008610

善卷堂四六十卷 （清）陸繁弨撰 （清）吳自高注 清道光二年(1822)刻本 四冊 十行二十二字小字雙行三十三字白口四周單邊

610000－1001－0009043 普0008611

再送越南貢使日記一卷 （清）馬先登撰 清同治十一年(1872)刻本 一冊 十行二十三

字白口左右雙邊

610000－1001－0009044 普0008615

韞山堂時文稿初集一卷二集一卷三集一卷 （清）管世銘撰 清末鉛印本 二冊 十三行三十二字白口四周雙邊 缺一卷(三集一)

610000－1001－0009045 普0008616

韞山堂時文稿初集一卷二集一卷三集一卷 （清）管世銘撰 清末鉛印本 一冊 十三行三十二字白口四周雙邊 缺一卷(三集一)

610000－1001－0009046 普0008617

鳴原堂論文二卷 （清）曾國荃撰 清光緒四年(1878)上海淞隱閣鉛印本 二冊 九行二十一字小字雙行不等白口四周雙邊

610000－1001－0009047 普0008618

蓉峰詩話十二卷 （清）聶銑敏撰 清嘉慶十四年(1809)刻本 六冊 九行二十一字白口左右雙邊

610000－1001－0009048 普0008619

北江詩話六卷 （清）洪亮吉撰 清咸豐四年(1854)南海伍氏刻本 二冊 九行二十一字上下黑口左右雙邊

610000－1001－0009049 普0008624

羅浮偫鶴山人詩草一卷山房談玄詩草一卷 鄭觀應撰 清光緒二十四年(1898)刻本 二冊 九行二十四字白口四周雙邊

610000－1001－0009050 普0008625

海藏樓詩一卷 鄭孝胥撰 清光緒三十二年(1906)鉛印本 一冊 十一行二十三字上黑口四周單邊

610000－1001－0009051 普0008626

春酒堂文集一卷 （清）周容撰 清宣統二年(1910)國學扶輪社鉛印本 一冊 十三行三十字上下黑口四周雙邊

610000－1001－0009052 普0008628

朱竹垞先生杜詩評本二十四卷 （唐）杜甫撰 （清）朱彝尊評 清道光十一年(1831)刻本 八冊 九行十九字上下黑口左右雙邊

610000－1001－0009053　普 0008629

左海文集二十卷　（清）陳壽祺撰　清道光五年(1825)刻本　十四冊　十行二十字上黑口左右雙邊

610000－1001－0009054　普 0008630

江漢炳靈集二卷　（清）張之洞選　清同治九年(1870)刻本　六冊　九行二十五字白口四周雙邊

610000－1001－0009055　普 0008634

陳檢討集二十卷　（清）陳維崧撰　（清）程師恭註　清道光二年(1822)刻本　六冊　十行二十二字小字雙行同白口四周單邊

610000－1001－0009056　普 0008635

陳檢討集二十卷　（清）陳維崧撰　（清）程師恭註　清道光二年(1822)刻本　六冊　十行二十二字小字雙行同白口四周單邊

610000－1001－0009057　普 0008636

陳檢討集二十卷　（清）陳維崧撰　（清）程師恭註　清刻本　十冊　十行二十二字小字雙行同上下黑口左右雙邊

610000－1001－0009058　普 0008637

新齊諧二十四卷續新齊諧十卷　（清）袁枚編　清咸豐八年(1858)刻本　十冊　十行二十一字上下黑口左右雙邊

610000－1001－0009059　普 0008638

宋詩紀事一百卷　（清）厲鶚　（清）馬曰琯輯　清刻本　二十四冊　十一行二十二字小字雙行不等黑口左右雙邊　缺二十三卷(一至二十三)

610000－1001－0009060　普 0008641

來紫堂合集三卷　（清）李天秀等撰　清咸豐二年(1852)刻本　二冊　九行二十四字白口四周雙邊

610000－1001－0009061　普 0008642

來紫堂合集三卷　（清）李天秀等撰　清咸豐二年(1852)刻本　二冊　九行二十四字白口四周雙邊

610000－1001－0009062　普 0008645

鬱華閣遺集四卷　（清）盛昱撰　清光緒三十一年(1905)上海有正書局石印本　一冊　八行十九字上下黑口四周單邊

610000－1001－0009063　普 0008648

湖唐林館駢體文二卷　（清）李慈銘撰　清光緒十年(1884)刻本　一冊　十行二十一字小字雙行同上下黑口四周雙邊

610000－1001－0009064　普 0008648

正蒙會稿四卷　（明）劉璣撰　清刻本　一冊　十行二十一字上下黑口四周雙邊

610000－1001－0009065　普 0008655

明詩紀事甲籤三十卷乙籤二十二卷丙籤十二卷丁籤十七卷戊籤二十二卷己籤二十卷庚籤三十卷辛籤三十四卷　（清）陳田輯　清光緒二十五年至宣統三年(1899－1911)刻本　二十冊　十一行二十三字小字雙行同白口左右雙邊　存一百〇一卷(丙籤一至十二、丁籤一至十七、戊籤一至二十二、己籤一至二十、庚籤一至三十)

610000－1001－0009066　普 0008656

經文囊括十卷　（清）謝階樹等撰　清道光二十九年(1849)刻本　十冊　十行二十一字白口四周單邊

610000－1001－0009067　普 0008657

註釋八銘塾鈔初集五卷二集五卷　（清）吳懋政編次　清刻本　四冊　九行二十五字白口四周單邊

610000－1001－0009068　普 0008658

頤巢類藁三卷　（清）陶邵學撰　清宣統三年(1911)刻本　一冊　十行二十一字小字雙行同上下黑口左右雙邊

610000－1001－0009069　普 0008659

巢經巢文集六卷詩集九卷詩後集四卷遺詩一卷附錄一卷　（清）鄭珍撰　清光緒二十年(1894)刻本　八冊　十行二十一字小字雙行同上下黑口左右雙邊

610000－1001－0009070　普 0008662

式訓堂叢書四十一種　（清）章壽康輯　清光緒會稽章氏刻本　二十六冊　十一行二十一字小字雙行同上下黑口四周單邊

610000－1001－0009071　普0008663

孌堂叢書□□種　（□）□□輯　清克復堂刻本　五冊　九行二十字白口四周雙邊　存二種

610000－1001－0009072　普0008664

行素草堂金石叢書十六種　（清）朱記榮輯　清光緒吳縣朱氏刻十四年(1888)彙印本　二十八冊　十一行二十一字小字雙行同上下黑口左右雙邊

610000－1001－0009073　普0008665

數書九章十八卷　（宋）秦九韶撰　數書九章札記四卷　（清）宋景昌撰　清道光二十二年(1842)刻本　八冊　十一行二十二字上下黑口左右雙邊

610000－1001－0009074　普0008668

功順堂叢書十八種　（清）潘祖蔭輯　清光緒吳縣潘氏刻本　十六冊　九行二十二字上下黑口左右雙邊　存九種

610000－1001－0009075　普0008672

娛園叢刻十一種　（清）許增輯　清光緒十五年(1889)刻本　八冊　十二行二十三字白口左右雙邊

610000－1001－0009076　普0008677

增訂漢魏叢書八十六種　（清）王謨輯　清光緒六年(1880)三餘堂刻本　三十一冊　十行二十字白口四周單邊　存經翼十九種、別史三種、子餘五種、載籍十六種

610000－1001－0009077　普0008678

粵雅堂叢書三編三十集一百八十五種　（清）伍崇曜輯　清道光、光緒南海伍氏刻本　十六冊　九行二十一字上下黑口左右雙邊　缺十九集三種、二十六至三十集

610000－1001－0009078　普0008680

滂喜齋叢書五十種　（清）潘祖蔭輯　清同治、光緒吳縣潘氏京師刻本　三十二冊　十一行二十三字小字雙行同上下黑口左右雙邊

610000－1001－0009079　普0008681

滂喜齋叢書五十種　（清）潘祖蔭輯　清同治、光緒吳縣潘氏京師刻本　三十二冊　十一行二十三字小字雙行同上下黑口左右雙邊

610000－1001－0009080　普0008685

古逸叢書二十六種　（清）黎庶昌輯　清光緒遵義黎氏日本東京使署影刻本　四十八冊　八行十六字小字雙行二十一字白口左右雙邊

610000－1001－0009081　普0008686

湖海樓叢書十二種　（清）陳春輯　清嘉慶蕭山陳氏刻本　二十四冊　十行二十字小字雙行同上下黑口左右雙邊

610000－1001－0009082　普0008687

秘書廿一種　（清）汪士漢輯　清嘉慶九年(1804)新安汪氏刻本　八冊　十行二十字小字雙行同白口四周單邊　存十種

610000－1001－0009083　普0008692

晨風閣叢書二十二種　沈宗畸輯　清宣統元年(1909)番禺沈氏刻本　七冊　十一行二十一字上下黑口四周單邊

610000－1001－0009084　普0008693

函海四十函一百五十二種　（清）李調元輯　清道光五年(1825)李朝夔補刻印本　一冊　十行二十字白口四周雙邊　存第七函四種

610000－1001－0009085　普0008694

唐宋叢書一百○三種　（明）鍾人傑等輯　清刻本　二十冊　九行二十字小字雙行同白口左右雙邊

610000－1001－0009086　普0008696

新增格古要論十卷　（明）曹昭撰　（清）李錫齡校刊　清刻本　一冊　十行二十字白口四周雙邊

610000－1001－0009087　普0008697

知不足齋叢書三十集　（清）鮑廷博輯　（清）鮑志祖續輯　清刻本　二百二十五冊　九行二十一字上下黑口左右雙邊　缺第十六集一

種、第十六集一種缺卷、第二十五集全部

610000－1001－0009088　普0008698

兩山墨談十八卷　（明）陳霆撰　清刻本　四冊　十行二十二字上下黑口四周單邊

610000－1001－0009089　普0008701

小萬卷樓叢書十八種　（清）錢培名輯　清光緒四年(1878)刻本　十六冊　十行二十字白口左右雙邊

610000－1001－0009090　普0008702

功順堂叢書十八種　（清）潘祖蔭輯　清光緒吳縣潘氏刻本　二十四冊　九行二十二字小字雙行同上下黑口左右雙邊

610000－1001－0009091　普0008703

惜陰軒叢書三十四種續編一種　（清）李錫齡輯　清道光二十六年(1846)宏道書院刻本　一百十四冊　十行二十二字上下黑口四周單邊

610000－1001－0009092　普0008705

後知不足齋叢書八函四十七種　（清）鮑廷爵輯　清光緒常熟鮑氏刻本　六十四冊　十二行二十四字小字雙行同上下黑口左右雙邊

610000－1001－0009093　普0008706

後知不足齋叢書八函四十七種　（清）鮑廷爵輯　清光緒常熟鮑氏刻本　八冊　十一行二十字白口左右雙邊　缺第四函三種

610000－1001－0009094　普0008707

咫進齋叢書三十七種　（清）姚覲元輯　清光緒九年(1883)歸安姚氏刻本　二十四冊　十三行二十二字上黑口左右雙邊

610000－1001－0009095　普0008712

涇川叢書五十一種　（清）趙紹祖等輯　清道光十二年(1832)涇縣趙氏古墨齋刻本　六冊　九行二十字下黑口左右雙邊　存十一種

610000－1001－0009096　普0008713

觀古堂所著書十七種　葉德輝輯　清光緒長沙葉氏刻本　二十八冊　十一行二十二字小字雙行同上下黑口左右雙邊

610000－1001－0009097　普0008714

群書拾補初編三十七種　（清）盧文弨撰　清光緒十三年(1887)上海蜚英館石印本　八冊　十行二十一字白口左右雙邊

610000－1001－0009098　普0008715

藕香零拾三十九種　繆荃孫輯　清光緒、宣統刻本　二十四冊　十四行二十一字上下黑口左右雙邊

610000－1001－0009099　普0008716

知不足齋叢書三十集　（清）鮑廷博輯　（清）鮑志祖續輯　清刻本　一百二十四冊　九行二十一字上下黑口左右雙邊　存四集四種、五集六種、六集五種、九集七種、七集二種、十集二種、十一集八種、十二集九種.、十四集一種、十五集五種、十七集五種、十八集四種、二十集六種、二十一集四種、二十二集七種、二十三集七種、二十四集二種、二十五集二種、二十七集一種、二十八集二種、二十九集一種、三十集七種

610000－1001－0009100　普0008718

經訓堂叢書二十一種　（清）畢沅輯　清光緒十三年(1887)大同書局影印本　二十冊　十四行三十三字小字雙行同白口四周雙邊

610000－1001－0009101　普0008720

雲自在龕叢書十九種　繆荃孫輯　清光緒江陰繆氏刻本　二十一冊　十一行二十三字小字雙行同上下黑口左右雙邊

610000－1001－0009102　普0008721

結一廬朱氏賸餘叢書四種　（清）朱澂輯　清光緒三十一年(1905)仁和朱氏刻本　十四冊　九行二十一字小字雙行同上下黑口左右雙邊

610000－1001－0009103　普0008722

青照堂叢書四十四種　（清）李元春輯　清道光十五年(1835)朝邑劉際清等刻本　一百〇三冊　九行二十字白口左右雙邊

610000－1001－0009104　普0008723

青照堂叢書四十四種　（清）李元春輯　清道

光十五年(1835)朝邑劉際清等刻本　八十二冊　九行二十字白口左右雙邊

610000－1001－0009105　普0008724
青照堂叢書四十四種　（清）李元春輯　清道光十五年(1835)朝邑劉際清等刻本　十七冊　九行二十字白口左右雙邊　存十二種

610000－1001－0009106　普0008725
青照堂叢書四十四種　（清）李元春輯　清道光十五年(1835)朝邑劉際清等刻本　二十九冊　九行二十字白口左右雙邊

610000－1001－0009107　普0008726
青照堂叢書四十四種　（清）李元春輯　清道光十五年(1835)朝邑劉際清等刻本　十八冊　九行二十字白口左右雙邊

610000－1001－0009108　普0008727
青照堂叢書四十四種　（清）李元春輯　清道光十五年(1835)朝邑劉際清等刻本　十四冊　九行二十字小字雙行同白口左右雙邊

610000－1001－0009109　普0008728
明詩綜一百卷　（清）朱彝尊輯　清刻本　三十二冊　十一行二十一字白口左右雙邊

610000－1001－0009110　普0008729
連筠簃叢書十五種　（清）楊尚文輯　清道光二十八年(1848)靈石楊氏刻本　三十冊　十行二十三字小字雙行同白口四周單邊

610000－1001－0009111　普0008730
經驗廣集三卷　（清）李文炳輯　清刻本　三冊　九行二十二字小字雙行同白口左右雙邊

610000－1001－0009112　普0008731
賽金丹四卷　（清）徐半峰輯　清光緒八年(1882)刻本　四冊　九行二十二字小字雙行不等白口四周單邊

610000－1001－0009113　普0008733
急救應驗良方一卷　（清）費山壽輯　清光緒二十六年(1900)刻本　一冊　十一行二十四字小字雙行同白口左右雙邊

610000－1001－0009114　普0008734

急救應驗良方一卷　（清）費山壽輯　清光緒二十六年(1900)刻本　一冊　十一行二十四字小字雙行同白口左右雙邊

610000－1001－0009115　普0008735
情史類略二十四卷　（明）馮夢龍撰　（清）詹詹外史評輯　清刻本　十一冊　十一行二十四字小字雙行同白口左右雙邊　缺三卷(十五至十七)

610000－1001－0009116　普0008738
武英殿聚珍版書　清刻本　二百七十三冊　九行二十一字小字雙行同白口四周雙邊　存三十種

610000－1001－0009117　普0008739
古文雅正十四卷　（清）蔡世遠評選　清刻本　三冊　十行二十五字上下黑口左右雙邊　缺三卷(八至十)

610000－1001－0009118　普0008742
周犢山文稿一卷　（清）周鎬撰　清光緒二十年(1894)萬選書局石印本　一冊　二十一行四十五字白口四周單邊

610000－1001－0009119　普0008743
詩品註釋一卷　（唐）司空圖撰　清刻本　一冊　九行十九字小字雙行同白口四周單邊

610000－1001－0009120　普0008745
小石山房叢書三十八種　（清）顧湘輯　清刻本　一冊　十一行二十二字上下黑口左右雙邊　存第五冊一種、第六冊二種

610000－1001－0009121　普0008746
青山風月詩存五卷　（清）計恬輯　清咸豐五年(1855)刻本　一冊　十行二十一字白口四周雙邊

610000－1001－0009122　普0008747
延齡館菊花百咏一卷　（清）計恬著　清咸豐六年(1856)刻本　一冊　九行二十字上下黑口四周雙邊

610000－1001－0009123　普0008748
松菊堂雜著一卷　（清）郭廷謹撰　清光緒三

十四年(1908)鉛印本　一冊　十行三十三字

610000－1001－0009124　普0008750
誥封夫人馬母董夫人淑行詩一卷　(清)段紹
撰　清同治刻本　一冊　八行二十一至二十
二字不等白口左右雙邊

610000－1001－0009125　普0008754
守山閣叢書一百十二種　(清)錢熙祚輯　清
光緒十五年(1889)上海鴻文書局石印本　九
十七冊　十一行二十三字上下黑口左右雙邊

610000－1001－0009126　普0008756
袖珍文林智珠二卷　(清)趙玉書撰　清道光
二十六年(1846)刻本　十八冊　十三行三十
二字白口四周雙邊

610000－1001－0009127　普0008757
昭明文選六臣彙註疏解十九卷　(清)顧施禎
纂輯　清耕心堂刻本　十一冊　八行二十二
字小字雙行同白口四周雙邊　存八卷(二至
九)

610000－1001－0009128　普0008758
昭代叢書十一集　(清)張潮輯　清道光吳江
沈氏世楷堂刻本　一冊　九行二十字白口左
右雙邊　存癸集四種

610000－1001－0009129　普0008761
四庫全書辯正通俗文字一卷　(清)王朝梧輯
　清嘉慶二十一年(1816)刻本　一冊　八行
二十字小字雙行同白口四周雙邊

610000－1001－0009130　普0008762
讀書鏡八卷　(明)陳繼儒著　清光緒四年
(1878)味經書院刻本　二冊　九行十八字白
口四周雙邊

610000－1001－0009131　普0008763
多忠勇公勤勞錄四卷　(清)雷正縮纂輯
(清)劉寶國編次　清光緒元年(1875)刻本
四冊　八行二十二字白口四周雙邊

610000－1001－0009132　普0008765
拾子取義海歌卷一卷　(□)□□撰　清刻本
　一冊　八行二十一字白口左右雙邊

610000－1001－0009133　普0008770
修道時義或問一卷　(清)靳時著　清光緒二
十六年(1900)刻本　一冊　九行二十二字白
口四周雙邊

610000－1001－0009134　普0008772
萍鑛土法煉焦詳說一卷　(清)俞燮堃撰　清
光緒三十三年(1907)刻本　一冊　六行二十
字白口四周雙邊

610000－1001－0009135　普0008773
在官法戒錄四卷　(清)陳弘謀編輯　清刻本
　二冊　十行二十字小字雙行同上下黑口左
右雙邊

610000－1001－0009136　普0008774
在官法戒錄四卷　(清)陳弘謀編輯　清刻本
　二冊　十行二十字小字雙行同上下黑口左
右雙邊

610000－1001－0009137　普0008775
弟子職女誡居家雜儀三書一卷　(清)賀瑞麟
輯　清光緒八年(1882)正誼書院刻本　一冊
　九行十七字小字雙行同上下黑口四周雙邊

610000－1001－0009138　普0008776
二語合編二卷　(清)牛樹梅原編　清光緒九
年(1883)涇陽柏經正堂刻本　一冊　八行十
八字小字雙行同上下黑口四周雙邊

610000－1001－0009139　普0008779
異方便淨土傳燈歸元鏡三祖實錄二卷　(清)
釋智達撰　清光緒二十三年(1897)刻本　一
冊　十行二十字小字雙行同白口四周單邊

610000－1001－0009140　普0008780
御製勸善要言一卷　(清)世祖福臨撰　清光
緒十七年(1891)刻本　一冊　八行十九字下
黑口四周雙邊

610000－1001－0009141　普0008781
教諭語四卷　(清)謝金鑾著　清同治九年
(1870)刻本　一冊　十行二十二字白口四周
雙邊間左右雙邊

610000－1001－0009142　普0008782

在官法戒錄摘鈔四卷 （清）陳弘謀編輯 清同治七年(1868)崇文書局刻本 二冊 十行二十二字白口四周雙邊

610000－1001－0009143 普0008784
洞主仙師白喉治法忌表抉微一卷 （清）耐修子錄 清光緒十七年(1891)刻本 一冊 九行二十六字白口四周雙邊

610000－1001－0009144 普0008785
時疫結喉經驗良方一卷 （清）張善吾輯 清光緒十四年(1888)刻本 一冊 十一行二十四字白口左右雙邊

610000－1001－0009145 普0008786
驗方新編八卷 （清）丁雨生增刪 清光緒十年(1884)刻本 一冊 十九行四十九字白口四周單邊

610000－1001－0009146 普0008787
樂譜一卷 （□）□□撰 抄本 一冊 行數不等字數不等

610000－1001－0009147 普0008788
金丹真傳一卷 （明）孫汝忠著 （□）張崇烈註 （□）李堪疏 悟真篇外集一卷 （□）□□撰 悟真篇三註三卷 （宋）張伯端著 (宋)薛道光等註 參同契分節解三卷箋注分節解三卷 （元）陳致虛解 清刻本 六冊 八行十八字白口左右雙邊

610000－1001－0009148 普0008790
漁洋山人精華錄箋注十二卷年譜一卷 （清）金榮箋注 （清）徐准纂輯 清光緒二十年(1894)上海寶文書局石印本 十冊 十一行二十字小字雙行三十字白口左右雙邊

610000－1001－0009149 普0008791
驗方新編十六卷 （清）鮑相璈編輯 清善成堂刻本 四冊 十行二十二字白口左右雙邊

610000－1001－0009150 普0008792
太醫院補遺本草歌訣雷公炮製八卷 （明）余應奎補遺 清古吳三多齋刻本 四冊 十一行二十字小字雙行同白口四周單邊

610000－1001－0009151 普0008793
圖註八十一難經辨真四卷 （戰國）扁鵲述 （明）張世賢註 圖註脉訣辨真四卷 （西晉）王叔和譔 （明）張世賢註 清懷德堂刻本 四冊 九行二十字小字雙行同白口四周單邊

610000－1001－0009152 普0008794
戒亭詩草二卷 （清）劉壬撰 清内省齋刻本 一冊 九行十八字白口四周雙邊

610000－1001－0009153 普0008795
志心皈依一卷 （□）□□撰 抄本 一冊 九行二十字小字雙行同

610000－1001－0009154 普0008798
說文逸字二卷 （清）鄭珍記 清咸豐八年(1858)湖南經濟書堂刻本 二冊 十二行二十一字上下黑口左右雙邊

610000－1001－0009155 普0008801
太極圖集解一卷 （清）王建常著 清刻本 一冊 九行二十四字白口四周雙邊

610000－1001－0009156 普0008805
說文解字義證五十卷 （清）桂馥撰 清同治九年(1870)湖北崇文書局刻本 二冊 十行二十三字白口四周雙邊

610000－1001－0009157 普0008806
說文逸字辨證二卷 （清）李楨撰 清宣統二年(1910)思賢書局刻本 二冊 九行大小字不等下黑口四周雙邊

610000－1001－0009158 普0008809
竹書紀年統箋十二卷 （清）徐文靖補箋 清光緒三年(1877)浙江書局刻本 四冊 九行二十一字小字雙行同白口左右雙邊

610000－1001－0009159 普0008812
呂晚邨先生四書講義四十三卷 （清）陳鏦編次 清刻本 四冊 十一行二十一字上下黑口左右雙邊

610000－1001－0009160 普0008813
羣經宮室圖二卷 （清）焦循撰 清嘉慶五年

(1800)刻本　二册　十行二十一字白口左右雙邊

610000 – 1001 – 0009161　普 0008814

唐寫本說文解字木部箋異一卷仿唐寫本說文解字木部一卷　（清）莫友芝撰　清同治二年（1863）刻本　二册　十行二十二字小字雙行不等上下黑口四周雙邊

610000 – 1001 – 0009162　普 0008817

二申野錄八卷　（清）孫之騄撰　清吟香館刻本　四册　八行二十字小字雙行同上下黑口四周單邊

610000 – 1001 – 0009163　普 0008818

萬國新史大事表十八卷　（清）上海圖書集成印書局編　清光緒二十七年（1901）漢讀樓石印本　十六册　十行三十五字上黑口四周單邊

610000 – 1001 – 0009164　普 0008819

南巡盛典一百二十卷　（清）高晉纂輯　清光緒八年（1882）點石齋石印本　八册　十六行三十七字白口四周單邊

610000 – 1001 – 0009165　普 0008821

司馬溫公稽古錄二十卷　（宋）司馬光撰　清光緒五年（1879）江蘇書局刻本　四册　十行二十一字小字雙行同上下黑口四周雙邊

610000 – 1001 – 0009166　普 0008822

高士傳三卷　（晉）皇甫謐著　清咸豐八年（1858）刻本　二册　八行十八字白口四周單邊

610000 – 1001 – 0009167　普 0008823

宛雅初編八卷二編八卷三編二十四卷　（明）梅鼎祚輯　（清）張銘　（清）張大森補輯　清道光二十四年（1844）刻本　十二册　十行二十一字小字雙行不等白口左右雙邊

610000 – 1001 – 0009168　普 0008824

日下舊聞四十二卷　（清）朱彝尊撰　清刻本　二十册　十二行二十一字白口四周單邊

610000 – 1001 – 0009169　普 0008826

唐陸宣公集二十二卷增輯二卷　（唐）陸贄撰　（清）耆英重訂　清道光二十七年（1847）刻本　八册　十行二十字白口四周單邊

610000 – 1001 – 0009170　普 0008827

西湖遊覽志二十四卷志餘二十六卷　（明）田汝成撰　清光緒二十二年（1896）錢塘丁氏嘉惠堂刻本　十二册　十行二十字白口四周雙邊

610000 – 1001 – 0009171　普 0008828

岱覽三十二卷　（清）唐仲冕輯　清嘉慶十二年（1807）刻本　十六册　十行二十三字白口四周雙邊

610000 – 1001 – 0009172　普 0008829

中西紀事二十四卷　（清）夏燮撰　清光緒二十三年（1897）慎記書莊石印本　八册　十二行三十字白口四周雙邊

610000 – 1001 – 0009173　普 0008831

皇朝謚法考五卷續編一卷補編一卷續補編一卷　（清）鮑康輯　清同治三年（1864）刻本　二册　十行二十四字小字雙行不等白口左右雙邊

610000 – 1001 – 0009174　普 0008832

[江蘇]常熟小山鄒氏支譜一卷　（清）鄒冠瀛重輯　清光緒三十四年（1908）刻本　一册　行數不等字數不等粗黑口四周雙邊

610000 – 1001 – 0009175　普 0008833

南海先生戊戌奏稿不分卷　康有為撰　清宣統三年（1911）鉛印本　一册　十一行二十三字白口四周單邊

610000 – 1001 – 0009176　普 0008834

歷代輿地沿革表二十卷　（清）龍學泰撰　清光緒三十三年（1907）石印本　二十册　行數不等二十一字白口四周雙邊

610000 – 1001 – 0009177　普 0008835

南史識小錄十四卷北史識小錄十四卷　（清）沈名蓀等輯　清同治十年（1871）刻本　十二册　十一行二十字白口左右雙邊

610000 - 1001 - 0009178　普 0008836

硃批諭旨不分卷　(清)世宗胤禛撰　清光緒
石印本　六十冊　行數不等字數不等白口四
周雙邊

610000 - 1001 - 0009179　普 0008837

海國圖志一百卷　(清)魏源撰　清同治六年
(1867)刻本　二十四冊　九行二十一字白口
四周雙邊

610000 - 1001 - 0009180　普 0008841

帝王世紀纂要四卷　(清)游昌灼輯　清嘉慶
十七年(1812)刻本　四冊　八行二十二字小
字雙行同白口四周雙邊無格

610000 - 1001 - 0009181　普 0008842

樵說十二卷　(清)蜀西樵也撰　昭如女子詩
鈔一卷　(清)王麟書撰　清光緒十八年
(1892)石泉刻本　四冊　十行二十一字上下
黑口左右雙邊

610000 - 1001 - 0009182　普 0008843

國朝蘇州府長元吳三邑科第譜四卷　(清)陸
懋修輯　清光緒三十二年(1906)刻本　二冊
九行二十一字小字雙行不等白口左右雙邊

610000 - 1001 - 0009183　普 0008844

蜀典十二卷　(清)張澍編輯　清光緒二年
(1876)刻本　四冊　十行二十四字白口左右
雙邊

610000 - 1001 - 0009184　普 0008845

西夏紀事本末三十六卷首二卷　(清)張鑑著
清刻本　四冊　十二行二十五字上下黑口
左右雙邊

610000 - 1001 - 0009185　普 0008846

蕺山先生人譜一卷人譜類記二卷　(明)劉宗
周撰　(清)洪正治校編　清道光八年(1828)
教忠堂刻本　二冊　十一行二十一字上下黑
口四周單邊

610000 - 1001 - 0009186　普 0008847

練兵實紀九卷雜集六卷　(明)戚繼光撰　清
京都琉璃廠刻本　六冊　九行二十一字上下
黑口左右雙邊　缺二卷(雜集五至六)

610000 - 1001 - 0009187　普 0008848

治河方畧十卷首一卷　(清)靳輔撰　清刻本
十冊　八行十八字白口四周雙邊

610000 - 1001 - 0009188　普 0008849

張楊園先生年譜一卷附錄一卷　(清)蘇惇元
編　清同治三年(1864)刻本　一冊　九行二
十一字上黑口左右雙邊

610000 - 1001 - 0009189　普 0008850

國朝詩人徵略六十卷　(清)張維屏輯　清嘉
慶二十四年(1819)刻本　二十冊　十行二十
二字上下黑口左右雙邊

610000 - 1001 - 0009190　普 0008851

稱謂錄三十二卷　(清)梁章鉅撰　清光緒元
年(1875)刻本　八冊　九行二十一字白口左
右雙邊

610000 - 1001 - 0009191　普 0008853

周季編略九卷　(清)黃式三撰　清同治十二
年(1873)浙江書局刻本　四冊　九行二十二
字小字雙行同白口左右雙邊

610000 - 1001 - 0009192　普 0008854

明良志略一卷　(清)劉沅撰　清道光二十九
年(1849)刻本　一冊　九行二十二字白口左
右雙邊

610000 - 1001 - 0009193　普 0008855

七家後漢書七種附一種　(清)汪文臺輯　清
光緒八年(1882)刻本　六冊　十行二十二字
上下黑口四周雙邊

610000 - 1001 - 0009194　普 0008858

元史藝文志四卷　(清)錢大昕補　清嘉慶五
年(1800)刻本　一冊　行數不等大小字不等
白口左右雙邊

610000 - 1001 - 0009195　普 0008858

元史氏族表三卷　(清)錢大昕撰　清刻本
二冊　十一行二十字白口左右雙邊　存一卷
(一)

610000 - 1001 - 0009196　普 0008859

四禮翼八卷　(明)呂坤撰　清光緒三十三年

（1907）陝西學務公所石印本　一冊　九行二十二字下黑口四周雙邊

610000－1001－0009197　普 0008861
河工器具圖說四卷　（清）麟慶纂輯　清道光十六年（1836）刻本　二冊　行數不等二十五字白口四周單邊

610000－1001－0009198　普 0008863
紀元通攷十二卷　（清）葉維庚撰　清道光八年（1828）刻本　四冊　十行二十四字白口左右雙邊

610000－1001－0009199　普 0008867
經義考三百卷　（清）朱彝尊錄　清光緒二十三年（1897）浙江書局刻本　五十冊　十二行二十三字白口左右雙邊

610000－1001－0009200　普 0008868
曾惠敏公遺集四種　（清）曾紀澤著　清光緒十九年（1893）刻本　八冊　十行二十四字白口四周雙邊

610000－1001－0009201　普 0008869
歷代史表五十九卷　（清）萬斯同撰　清光緒刻本　八冊　十二行大小字不等白口四周單邊

610000－1001－0009202　普 0008870
海道圖說十五卷長江圖說一卷　（英國）金約翰　（英國）傅蘭雅口譯　（清）王德均筆述　清光緒刻本　十冊　十行二十二字上下黑口左右雙邊

610000－1001－0009203　普 0008871
呂公實政錄七卷　（明）呂坤撰　清刻本　四冊　九行二十字白口四周雙邊

610000－1001－0009204　普 0008872
重修兩淮鹽法志一百六十卷首一卷　（清）王定安等纂修　清光緒三十一年（1905）刻本　六十四冊　十行二十三字白口四周雙邊

610000－1001－0009205　普 0008874
金石屑四卷　（清）鮑昌熙摹　清光緒二年至七年（1876－1881）刻本　四冊　行數不等字數不等白口左右雙邊

610000－1001－0009206　普 0008875
長安獲古編二卷補遺一卷　（清）劉喜海撰　清東武劉氏刻本　二冊　行數不等字數不等白口四周單邊

610000－1001－0009207　普 0008876
六經奧論六卷　（宋）鄭樵撰　清道光十九年（1839）刻本　四冊　十一行二十字小字雙行同上下黑口左右雙邊

610000－1001－0009208　普 0008877
東槎紀略五卷　（清）姚瑩著　清道光九年（1829）刻本　二冊　十行二十四字白口左右雙邊

610000－1001－0009209　普 0008878
重定金石契不分卷　（清）張燕昌撰　清刻本　八冊　行數不等字數不等白口四周單邊

610000－1001－0009210　普 0008879
補刊古經解鉤沉三十卷　（清）余蕭客撰　清道光二十年（1840）刻本　十二冊　十一行二十字上下黑口四周雙邊

610000－1001－0009211　普 0008880
孫真人千金方衍義三十卷　（清）張璐著　清嘉慶六年（1801）掃葉山房刻本　三十冊　十行二十字上下黑口左右雙邊

610000－1001－0009212　普 0008881
錫金識小錄十二卷　（清）黃印輯　清光緒二十二年（1896）刻本　六冊　十一行二十四字白口左右雙邊

610000－1001－0009213　普 0008883
履園叢話二十四卷　（清）錢泳輯　清道光五年（1825）刻本　十二冊　九行二十二字上下黑口四周單邊

610000－1001－0009214　普 0008884
豫醫雙璧二種　（清）吳重熹輯　清宣統元年（1909）梁園節署鉛印本　八冊　十二行三十二字上下黑口左右雙邊

610000－1001－0009215　普 0008885

故唐律疏議三十卷　（唐）長孫無忌等撰　清光緒十七年(1891)刻本　十二冊　十行二十一字上下黑口四周雙邊

610000 – 1001 – 0009216　普 0008887
農桑輯要七卷　（元）司農司撰　清光緒二十一年(1895)刻本　二冊　九行二十一字小字雙行同白口四周雙邊

610000 – 1001 – 0009217　普 0008888
讀書雜釋十四卷　（清）徐鼒撰　清咸豐十一年(1861)刻本　四冊　十一行二十三字白口四周雙邊

610000 – 1001 – 0009218　普 0008889
太玄經十卷　（漢）揚雄撰　（宋）司馬光注　清刻本　四冊　八行十八字小字雙行二十一至二十四字不等白口左右雙邊

610000 – 1001 – 0009219　普 0008891
沈余遺書三種　（清）趙舒翹輯　清光緒二十二年(1896)江蘇書局刻本　四冊　十行二十二字上下黑口左右雙邊

610000 – 1001 – 0009220　普 0008892
[嘉慶]黑龍江外記八卷　（清）西清纂　清光緒二十六年(1900)刻本　四冊　十一行二十四字小字雙行同上下黑口四周單邊

610000 – 1001 – 0009221　普 0008893
洴澼百金方十四卷　（明）袁宮桂編訂　清道光十二年(1832)刻本　六冊　九行二十四字白口四周單邊

610000 – 1001 – 0009222　普 0008894
畫禪室隨筆四卷　（明）董其昌撰　清宣統元年(1909)掃葉山房石印本　三冊　八行十八字白口左右雙邊

610000 – 1001 – 0009223　普 0008896
各國交涉公法論初集四卷二集四卷三集八卷　（英國）費利摩羅巴德撰　（英國）傅蘭雅口譯　（清）俞世爵筆述　清光緒二十二年(1896)慎記書莊石印本　八冊　二十行四十四字白口四周雙邊

610000 – 1001 – 0009224　普 0008897
耐庵類稿五種　（清）陳偉撰　清光緒二十二年(1896)諸父瀚等刻本　六冊　十一行二十二字白口左右雙邊

610000 – 1001 – 0009225　普 0008898
重刊補註洗冤錄集證六卷　（清）阮其新補註　清同治十一年(1872)刻四色套印本　六冊　十行十八字白口左右雙邊

610000 – 1001 – 0009226　普 0008901
黃帝內經素問二十四卷　（明）吳崐註　清光緒二十五年(1899)續溪程氏刻本　八冊　九行二十五字小字雙行同下黑口四周雙邊

610000 – 1001 – 0009227　普 0008902
洗冤錄詳義四卷首一卷　（清）許槤編校　清咸豐六年(1856)刻本　四冊　九行十四字白口左右雙邊

610000 – 1001 – 0009228　普 0008904
郎潛紀聞十四卷燕下鄉脞錄十六卷　（清）陳康祺著　清光緒十年(1884)刻本　八冊　十行二十一字白口左右雙邊

610000 – 1001 – 0009229　普 0008905
藏書紀事詩六卷　葉昌熾撰　清光緒二十三年(1897)刻本　六冊　十一行二十三字上下黑口四周單邊

610000 – 1001 – 0009230　普 0008906
揚州畫舫錄十八卷　（清）李斗撰　清同治十一年(1872)刻本　四冊　十行二十四字小字雙行同白口左右雙邊

610000 – 1001 – 0009231　普 0008907
增補萬寶全書二十卷　（明）陳眉公纂輯　清光緒十二年(1886)刻本　六冊　行數不等字數不等白口四周單邊

610000 – 1001 – 0009232　普 0008908
唐王燾先生外臺秘要方四十卷　（唐）王燾撰　清同治十三年(1874)廣東翰墨園刻本　二十二冊　十行二十二字小字雙行同白口上下雙邊

610000 – 1001 – 0009233　普 0008909

吾學錄初編二十四卷　（清）吳榮光述　清同治九年(1870)江蘇書局刻本　六冊　九行二十一字下黑口左右雙邊

610000 – 1001 – 0009234　普 0008918

理學宗傳二十六卷　（清）孫奇逢輯　清刻本　十六冊　九行二十字白口四周單邊

610000 – 1001 – 0009235　普 0008919

東坡書傳二十卷　（宋）蘇軾撰　清嘉慶張氏照曠閣刻本　三冊　九行二十一字上下黑口左右雙邊

610000 – 1001 – 0009236　普 0008923

古泉匯首集四卷元集十四卷亨集十四卷利集十八卷貞集十四卷首一卷續泉匯首集一卷元集三卷亨集三卷利集三卷貞集五卷補遺二卷　（清）李佐賢撰　清同治三年至光緒元年(1864 – 1875)利津李氏石泉書屋刻本　二十冊　九行二十四字小字雙行不等白口四周雙邊

610000 – 1001 – 0009237　普 0008924

讀書雜志八十二卷餘編二卷　（清）王念孫撰　清同治九年(1870)刻本　二十四冊　十行二十一字小字雙行同白口四周雙邊

610000 – 1001 – 0009238　普 0008928

語石十卷　葉昌熾撰　清宣統元年(1909)刻本　四冊　十一行二十三字小字雙行同上下黑口左右雙邊

610000 – 1001 – 0009239　普 0008929

菰中隨筆一卷　（清）顧炎武著　清道光十二年(1832)刻本　一冊　十一行二十二字白口左右雙邊

610000 – 1001 – 0009240　普 0008930

抱犢山房集六卷　（清）嵇永仁著　清刻本　二冊　九行十九字上下黑口左右雙邊

610000 – 1001 – 0009241　普 0008931

錢志新編二十卷　（清）張崇懿輯　清道光十年(1830)刻本　一冊　九行二十一字白口左右雙邊

610000 – 1001 – 0009242　普 0008932

海東金石苑四卷　（清）劉喜海撰　清光緒七年(1881)張氏二銘草堂刻本　四冊　十一行二十一字白口四周雙邊

610000 – 1001 – 0009243　普 0008933

二百蘭亭齋古印考藏六卷　（清）吳雲撰　清同治三年(1864)刻本　二冊　十一行二十二字白口左右雙邊

610000 – 1001 – 0009244　普 0008935

長安獲古編二卷補遺一卷　（清）劉喜海輯　清刻本　二冊　行數不等字數不等白口四周單邊

610000 – 1001 – 0009245　普 0008936

湛園詩稿三卷　（清）姜宸英撰　清嘉慶二十三年(1818)刻本　二冊　八行十九字下黑口左右雙邊

610000 – 1001 – 0009246　普 0008937

時病論八卷　（清）雷豐著　清光緒十年(1884)雷慎修堂刻本　七冊　八行二十字小字雙行同白口左右雙邊

610000 – 1001 – 0009247　普 0008939

外科心法十卷選要二卷　（清）唐芹洲輯　清刻本　十一冊　九行二十字白口四周雙邊

610000 – 1001 – 0009248　普 0008939

陶齋藏石記四十四卷附陶齋藏磚記二卷　（清）端方撰　清宣統元年(1909)石印本　十二冊　十行二十五字下黑口四周單邊

610000 – 1001 – 0009249　普 0008941

羣書治要五十卷　（唐）魏徵撰　清刻本　二十冊　九行十八字白口四周雙邊

610000 – 1001 – 0009250　普 0008943

虛齋名畫錄十六卷　龐元濟輯　清宣統元年(1909)刻本　十六冊　九行二十一字小字雙行同下黑口四周雙邊

610000 – 1001 – 0009251　普 0008944

石鼓文定本二卷　（清）沈梧撰　清光緒十六年(1890)刻本　二冊　十行二十字白口左右雙邊

610000－1001－0009252　普0008946

景德鎮陶錄十卷　（清）藍浦著　清光緒十七年(1891)刻本　四冊　八行二十字白口四周雙邊

610000－1001－0009253　普0008948

匏瓜錄十卷　（清）芮長恤述　清光緒十三年(1887)刻本　六冊　十行二十二字白口左右雙邊

610000－1001－0009254　普0008949

求闕齋讀書錄十卷　（清）曾國藩著　（清）王定安編輯　清光緒二年(1876)傳忠書局刻本　四冊　十行二十四字白口左右雙邊

610000－1001－0009255　普0008951

增訂二三場群書備考四卷　（明）袁黃著（明）袁儼注　清致和堂刻本　四冊　九行二十一字小字雙行同白口四周單邊

610000－1001－0009256　普0008952

重編留青新集二十四卷　（清）陳維崧撰　清光緒十四年(1888)鉛印本　十二冊　十四行四十字白口四周雙邊

610000－1001－0009257　普0008953

四銅鼓齋論畫集刻十二種　（清）張祥河輯　清道光二十六年(1846)刻本　八冊　九行十八字上下黑口左右雙邊

610000－1001－0009258　普0008954

墨林今話十八卷續編一卷　（清）蔣寶齡撰　清宣統三年(1911)掃葉山房石印本　六冊　十四行三十字白口四周雙邊

610000－1001－0009259　普0008955

泊如齋重修宣和博古圖錄三十卷　（宋）王黼等撰　清刻本　二十冊　八行十七字白口四周單邊

610000－1001－0009260　普0008957

紀文達公遺集三十二卷　（清）紀昀撰　清嘉慶十七年(1812)刻本　十八冊　十行二十一字白口四周雙邊

610000－1001－0009261　普0008958

杜詩詳註二十五卷首一卷附編二卷　（清）仇兆鰲輯註　清刻本　二十四冊　十行二十二字小字雙行同下黑口左右雙邊

610000－1001－0009262　普0008959

泰雲堂文集二卷駢體文集二卷詩集十八卷詞集三卷　（清）孫爾準撰　清光緒三十二年(1906)刻本　四冊　十二行二十四字下黑口左右雙邊

610000－1001－0009263　普0008960

端溪硯史三卷　（清）吳蘭修編　清道光十四年(1834)刻本　三冊　十行二十一字上下黑口四周雙邊

610000－1001－0009264　普0008962

船山詩草二十卷　（清）張問陶撰　清刻本　八冊　十行二十字白口左右雙邊

610000－1001－0009265　普0008964

蘇盦文錄五卷詩錄八卷詞錄一卷　（清）楊葆光撰　清光緒九年(1883)杭州刻本　四冊　十行二十一字上下黑口左右雙邊　缺三卷（詩錄一至三）

610000－1001－0009266　普0008965

潛確居類書一百二十卷　（明）陳仁錫纂輯　清刻本　五十八冊　十行二十字小字雙行同白口四周單邊

610000－1001－0009267　普0008966

國朝漢學師承記八卷　（清）江藩纂　清光緒二十二年(1896)長沙周大文刻本　四冊　十三行二十五字上下黑口左右雙邊

610000－1001－0009268　普0008968

呻吟語六卷　（明）呂坤著　清刻本　六冊　九行十九字白口左右雙邊

610000－1001－0009269　普0008969

太師誠意伯劉文成公集二十卷　（明）劉基撰　清刻本　十冊　十行二十三字白口左右雙邊

610000－1001－0009270　普0008970

曝書亭集詩註二十四卷年譜一卷　（清）楊謙

纂 （清）李集參 清嘉慶木山閣刻本 十六
冊 十一行二十三字小字雙行同白口左右雙
邊 缺二卷(二十三至二十四)

610000－1001－0009271 普0008972

戴東原集十二卷 （清）戴震撰 覆校札記一
卷 （清）段玉裁撰 清刻本 四冊 十行二
十一字白口左右雙邊

610000－1001－0009272 普0008974

胡文忠公遺集八十六卷首一卷 （清）胡林翼
撰 （清）胡鳳丹重編 清光緒元年(1875)湖
北崇文書局刻本 三十二冊 十行二十字上
下黑口四周雙邊

610000－1001－0009273 普0008975

韋蘇州集十卷 （唐）韋應物撰 清宣統三年
(1911)石印本 六冊 十一行二十一字上下
黑口四周單邊

610000－1001－0009274 普0008976

旅游小草四卷 （清）華振著 燹餘剩草一卷
（清）華持撰 清光緒二年(1876)木活字印
本 二冊 八行二十四字小字雙行同白口四
周雙邊

610000－1001－0009275 普0008977

養一齋文集二十卷詩集四卷 （清）李兆洛著
清光緒四年(1878)刻本 十冊 十二行二
十二字下黑口左右雙邊

610000－1001－0009276 普0008978

復堂類集文四卷詩九卷詞二卷待堂文一卷日
記六卷 （清）譚獻撰 清光緒十一年(1885)
刻本 六冊 十一行二十二字上下黑口左右
雙邊

610000－1001－0009277 普0008979

迦陵詞全集三十卷 （清）陳維崧著 清刻本
六冊 十二行二十二字上黑口左右雙邊

610000－1001－0009278 普0008980

元憲集三十六卷 （宋）宋庠撰 清刻本 八
冊 九行二十一字白口四周雙邊

610000－1001－0009279 普0008982

湛然居士文集十四卷 （元）耶律楚材撰 清
光緒二十一年(1895)漸西村舍刻本 四冊
十行二十一字小字雙行同白口左右雙邊

610000－1001－0009280 普0008986

欽定國朝詩別裁集三十二卷 （清）沈德潛纂
評 清刻本 十二冊 十行十九字小字雙行
二十八字白口左右雙邊

610000－1001－0009281 普0008987

小謨觴館詩集注八卷詩續集注二卷詩餘注一
卷詩餘續注一卷小謨觴館文集注四卷文續集
注二卷懺摩錄一卷潘瀾筆記二卷附錄四卷附
錄補遺一卷 （清）彭兆蓀著 （清）孫元培注
清光緒三十二年(1906)刻本 十二冊 十
行二十一字小字雙行同上下黑口左右雙邊

610000－1001－0009282 普0008990

明詩綜一百卷 （清）朱彝尊輯 清刻本 四
十冊 十一行二十一字小字雙行不等白口左
右雙邊

610000－1001－0009283 普0008991

唐人三家集 （清）秦恩復輯 清道光十年
(1830)江都秦氏石研齋影宋刻本 四冊 十
一行二十字小字雙行同上下黑口左右雙邊

610000－1001－0009284 普0008992

璞齋集八卷 （清）諸可寶撰 清光緒二十二
年(1896)刻本 三冊 十行二十一字小字雙
行同上下黑口四周單邊

610000－1001－0009285 普0008993

珂雪詞二卷補遺一卷 （清）曹貞吉著 清刻
本 二冊 十行二十一字小字雙行同白口左
右雙邊

610000－1001－0009286 普0008994

唐黃御史集八卷 （唐）黃滔著 清刻本 四
冊 八行十八字白口左右雙邊

610000－1001－0009287 普0008995

帶經堂詩話三十卷首一卷 （清）王士禎撰
清刻本 八冊 十二行二十三字小字雙行不
等上下黑口四周單邊

610000－1001－0009288　普0008996

樊榭山房詩集十卷續集十卷文集八卷集外詩四卷又一卷集外詞四卷又一卷集外曲二卷集外文一卷　（清）厲鶚撰　振綺堂詩存一卷（清）汪憲撰　松聲池館詩存四卷　（清）汪璐撰　清光緒十年(1884)錢塘汪氏振綺堂刻本　十二冊　十一行二十一字小字雙行不等上下黑口左右雙邊

610000－1001－0009289　普0008998

吳學士文集四卷詩集五卷　（清）吳翯撰（清）梁肇煌等編訂　清光緒八年(1882)江甯藩署刻本　六冊　十一行二十四字白口左右雙邊

610000－1001－0009290　普0009000

元豐類藁五十卷首一卷　（宋）曾鞏撰　清光緒十六年(1890)刻本　十冊　十行二十字白口四周單邊

610000－1001－0009291　普0009001

肖岩詩鈔十二卷　（清）趙良澍撰　清嘉慶五年(1800)雙桂齋刻本　四冊　十行十九字白口四周單邊

610000－1001－0009292　普0009002

高陶堂遺集八卷　（清）高心夔編　清光緒八年(1882)經注經齋刻本　四冊　十行二十五字上下黑口左右雙邊

610000－1001－0009293　普0009003

吳興詩話十六卷　（清）戴璐輯　清嘉慶元年(1796)劉氏嘉業堂刻本　四冊　十一行二十一字小字雙行同上下黑口左右雙邊

610000－1001－0009294　普0009006

敦拙堂詩集十三卷　（清）陳奉茲撰　清嘉慶二年(1797)刻本　四冊　十行二十一字小字雙行同白口左右雙邊

610000－1001－0009295　普0009008

劉孟塗集四十四卷　（清）劉開撰　清道光六年(1826)姚氏檗山草堂刻本　八冊　十二行二十四字上下黑口四周單邊

610000－1001－0009296　普0009009

全史宮詞二十卷　（清）史夢蘭撰　清咸豐六年(1856)刻本　四冊　九行二十三字小字雙行同白口四周雙邊

610000－1001－0009297　普0009010

續古文辭類纂三十四卷　王先謙輯　清朱氏校經山房刻本　八冊　十三行二十二字上下黑口左右雙邊

610000－1001－0009298　普0009011

邃懷堂文集四卷詩前編六卷詩後編六卷詞鈔二卷駢文箋注十六卷補箋一卷哀忠集三卷（清）袁翼撰　蛾術山房詩鈔四卷淞逸詩存一卷　（清）袁文焇撰　清光緒十三年(1887)刻本　二十冊　九行二十字白口左右雙邊

610000－1001－0009299　普0009012

煙嶼樓文集四十卷　（清）徐時棟撰　清光緒元年(1875)豫齋刻本　八冊　十行二十一字上下黑口左右雙邊

610000－1001－0009300　普0009013

西堂全集四集附一種　（清）尤侗撰　清刻本二十四冊　十行二十一字下黑口四周單邊

610000－1001－0009301　普0009014

陶文毅公全集六十四卷首一卷末一卷　（清）陶澍撰　清道光二十年(1840)兩淮淮北士民刻本　二十四冊　十行二十一字白口四周雙邊

610000－1001－0009302　普0009015

西泠酬唱集五卷二集五卷三集五卷　（清）秦緗業撰　清光緒四年(1878)刻本　六冊　十行二十三字小字雙行同上下黑口四周雙邊

610000－1001－0009303　普0009016

雕菰集二十四卷　（清）焦循著　清蘇州文學山房刻本　十二冊　十行二十一字小字雙行同上黑口四周單邊

610000－1001－0009304　普0009017

小謨觴館詩集八卷續二卷文集四卷續二卷詩餘一卷續一卷　（清）彭兆蓀撰　清光緒二十年(1894)觀自得齋刻本　十冊　十二行二十三字小字雙行同白口左右雙邊

610000－1001－0009305　普0009019

罘罳草堂詩集四卷　（清）隆觀易撰　清光緒
五年(1879)刻本　二冊　十行二十一字小字
雙行同上下黑口四周雙邊

610000－1001－0009306　普0009020

解文毅公集十六卷　（清）解縉撰　清刻本
六冊　十行十九字白口左右雙邊

610000－1001－0009307　普0009021

西河古文錄八卷　（清）李元春輯　清道光十
年(1830)刻本　四冊　九行二十四字白口左
右雙邊

610000－1001－0009308　普0009024

章實齋先生遺書六卷　（清）章學誠撰　清宣
統二年(1910)鉛印本　四冊　十二行三十字
白口四周雙邊

610000－1001－0009309　普0009026

知止齋詩集十六卷　（清）翁心存撰　清光緒
三年(1877)刻本　四冊　十行二十一字小字
雙行同上下黑口左右雙邊

610000－1001－0009310　普0009027

嶧桐集文集十卷詩集十卷　（清）劉城撰　清
光緒十九年(1893)養雲山莊刻本　八冊　十
行二十二字白口四周雙邊

610000－1001－0009311　普0009028

有正味齋詩集十六卷駢體文二十四卷詞集八
卷外集五卷　（清）吳錫麒撰　清嘉慶十三年
(1808)刻本　十四冊　十二行二十四字上下
黑口四周單邊

610000－1001－0009312　普0009029

求闕齋日記類鈔二卷　（清）曾國藩撰　清光
緒二年(1876)傳忠書局刻本　二冊　十行二
十四字小字雙行同上下黑口左右雙邊

610000－1001－0009313　普0009030

韞山堂詩集十六卷文集八卷　（清）管世銘撰
　清光緒二十年(1894)刻本　五冊　十一行
二十三字小字雙行同上下黑口左右雙邊

610000－1001－0009314　普0009032

奇觚廎文集三卷外集一卷　葉昌熾撰　清刻
本　二冊　十一行二十三字上下黑口左右
雙邊

610000－1001－0009315　普0009033

述古堂集十二卷　（清）錢兆鵬著　清光緒七
年(1881)刻本　四冊　十三行二十二字上下
黑口左右雙邊

610000－1001－0009316　普0009035

柈湖文集十二卷　（清）吳敏樹撰　清光緒十
九年(1893)思賢講舍刻本　四冊　十三行二
十二字白口左右雙邊

610000－1001－0009317　普0009036

大雲山房文槀初集四卷二集四卷　（清）惲敬
撰　清光緒十四年(1888)官書處刻本　八冊
　十行二十二字上下黑口四周雙邊

610000－1001－0009318　普0009038

依舊草堂遺稿一卷　（清）費丹旭撰　清同治
七年(1868)汪氏振綺堂刻本　一冊　九行十
九字小字雙行同上下黑口左右雙邊

610000－1001－0009319　普0009042

石笥山房文集六卷補一卷詩集十一卷詩餘一
卷補二卷續補二卷　（清）胡天游撰　清咸豐
二年(1852)刻本　十冊　十行二十字白口四
周雙邊

610000－1001－0009320　普0009043

古微堂外集七卷　（清）魏源著　清光緒四年
(1878)刻本　四冊　十行二十一字白口左右
雙邊

610000－1001－0009321　普0009044

元遺山先生集四十卷首一卷附錄一卷補載一
卷年譜三種四卷新樂府四卷續夷堅志四卷
（金）元好問撰　清光緒七年(1881)讀書山房
刻本　十六冊　十行二十二字小字雙行同上
下黑口四周單邊

610000－1001－0009322　普0009045

柯山集五十卷　（宋）張耒撰　清道光十年
(1830)刻本　十冊　九行二十一字小字雙行
同白口四周雙邊

610000 – 1001 – 0009323　普 0009046

陋軒詩十二卷續二卷　（清）吳嘉紀著　清刻本　五冊　九行十九字白口左右雙邊

610000 – 1001 – 0009324　普 0009047

陋軒詩十二卷續二卷　（清）吳嘉紀著　清刻本　五冊　九行十九字小字雙行同白口左右雙邊

610000 – 1001 – 0009325　普 0009048

范忠貞公文集五卷首一卷　（清）范承謨撰　清刻本　八冊　十行十九字小字雙行同上下黑口四周單邊

610000 – 1001 – 0009326　普 0009049

巢經巢文集六卷詩集九卷詩後集四卷遺詩一卷附錄一卷　（清）鄭珍撰　清光緒二十年（1894）刻本　八冊　十行二十一字小字雙行同上下黑口左右雙邊

610000 – 1001 – 0009327　普 0009050

正誼堂文集選一百三十卷　（清）張伯行著　清同治五年（1866）正誼書院刻本　八冊　九行二十字白口四周雙邊

610000 – 1001 – 0009328　普 0009051

初學集一百十卷有學集五十卷補遺二卷投筆集一卷　（清）錢謙益撰　清宣統二年（1910）遂漢齋鉛印本　四十冊　十二行三十字小字雙行同白口四周單邊

610000 – 1001 – 0009329　普 0009052

瓶水齋詩集十七卷別集二卷詩話一卷　（清）舒位撰　清光緒十二年（1886）刻本　四十冊　十二行二十三字白口四周單邊　缺一卷（詩話一）

610000 – 1001 – 0009330　普 0009053

徐騎省集三十卷補遺一卷　（宋）徐鉉撰　校勘記一卷　（清）李英元撰　清光緒十六年至十九年（1890 – 1893）黔南李宗煾刻本　八冊　十行二十一字小字雙行同白口四周雙邊

610000 – 1001 – 0009331　普 0009054

隨輦集四十二卷　（清）高士奇撰　清刻本　八冊　十一行二十字小字雙行二十七字上下黑口四周單邊

610000 – 1001 – 0009332　普 0009055

鮚埼亭集三十八卷全謝山先生經史問答十卷外編五十卷首一卷　（清）全祖望撰　清同治十一年（1872）姚江借樹山房刻本　二十四冊　十行二十一字小字雙行同白口左右雙邊

610000 – 1001 – 0009333　普 0009056

啖蔗軒詩存三卷　（清）方士撰　清同治十一年（1872）刻本　四冊　十行二十一字小字雙行同上下黑口四周雙邊

610000 – 1001 – 0009334　普 0009057

思綺堂文集十卷　（清）章藻功著　清光緒二年（1876）刻本　十冊　十行二十二字小字雙行同白口四周單邊

610000 – 1001 – 0009335　普 0009058

儲遯庵文集十二卷　（清）儲方慶著　清光緒二年（1876）刻本　四冊　九行二十字小字雙行同白口左右雙邊

610000 – 1001 – 0009336　普 0009059

東塾集六卷附申范一卷　（清）陳澧撰　清光緒十八年（1892）刻本　四冊　十二行二十四字小字雙行同白口四周單邊

610000 – 1001 – 0009337　普 0009060

揅經室一集十四卷二集八卷三集五卷四集十三卷續集十一卷再續集六卷外集五卷　（清）阮元撰　清道光三年（1823）刻本　二十四冊　十行二十字小字雙行同白口四周雙邊

610000 – 1001 – 0009338　普 0009061

養素堂文集三十五卷首一卷　（清）張澍撰　清道光十七年（1837）刻本　十六冊　十行二十二字小字雙行同白口四周雙邊

610000 – 1001 – 0009339　普 0009063

國朝常州詞錄三十一卷　繆荃孫輯　清光緒二十二年（1896）江陰繆氏雲自在龕刻本　十二冊　十一行二十三字小字雙行同上下黑口左右雙邊

610000 – 1001 – 0009340　普 0009064

一行居集八卷　（清）彭紹升著　清道光五年(1825)刻朱印本　四冊　十行二十字上下紅口左右雙邊

610000－1001－0009341　普0009066

崇百藥齋文集二十卷續集四卷三集十二卷(清)陸繼輅撰　五眞閣吟藁一卷　（清）錢惠尊撰　清光緒四年(1878)興國州署刻本　十冊　十一行二十一字小字雙行同上下黑口四周單邊　缺六卷(文集一至六)

610000－1001－0009342　普0009068

方學博全集二十六卷　（清）方坰撰　清光緒元年(1875)武昌藩署刻本　六冊　九行二十一字白口四周雙邊

610000－1001－0009343　普0009071

養志居僅存藁十八卷　（清）陳宗起著　清光緒十一年(1885)刻本　十六冊　九行二十一字小字雙行同上下黑口四周雙邊

610000－1001－0009344　普0009072

唐賢三昧集三卷　（清）王士禎編　清光緒九年(1883)翰墨園刻朱墨印本　二十四冊　十行二十一字小字雙行同白口四周雙邊

610000－1001－0009345　普0009075

唐人五十家小集　（清）江標輯　清光緒二十一年(1895)元和江氏影宋刻本　十六冊　十行十八字白口左右雙邊

610000－1001－0009346　普0009076

秋蟪吟館詩鈔七卷　（清）金和撰　清光緒二十一年(1895)刻本　四冊　十行十八字小字雙行同白口左右雙邊

610000－1001－0009347　普0009077

錦囊集四卷外集一卷　（唐）李賀撰　清刻本　二冊　十行二十字上下黑口四周雙邊

610000－1001－0009348　普0009078

五百四峰堂詩鈔二十五卷　（清）黎簡撰　清同治十三年(1874)刻本　八冊　九行十九字小字雙行同上下黑口四周雙邊

610000－1001－0009349　普0009079

龍谿王先生全集二十二卷　（明）王畿撰（明）丁賓編　先生終事記一卷　（明）查鐸撰　清光緒八年(1882)刻本　十二冊　九行二十一字上下黑口四周雙邊

610000－1001－0009350　普0009082

定盦文集三卷續集四卷文集補四卷文集補編四卷　（清）龔自珍撰　清光緒二十三年(1897)萬本書堂刻本　六冊　十二行二十四字白口左右雙邊

610000－1001－0009351　普0009083

寶綸堂文鈔八卷詩鈔六卷　（清）齊召南撰　清光緒十三年(1887)刻本　四冊　十行二十一字小字雙行同上下黑口左右雙邊

610000－1001－0009352　普0009084

銅鼓書堂遺藁三十二卷　（清）查禮撰　清刻本　四冊　十二行二十二字白口左右雙邊

610000－1001－0009353　普0009086

御製詩初集二十四卷目錄四卷　（清）宣宗旻寧撰　（清）曹振鏞編　清刻本　十六冊　九行十七字小字雙行同白口四周雙邊

610000－1001－0009354　普0009087

松雪齋集十卷趙公諡文行狀一卷外集一卷(元)趙孟頫撰　清清德堂刻本　十冊　十行十九字上下黑口左右雙邊

610000－1001－0009355　普0009089

吳詩集覽二十卷　（清）靳榮藩輯　清乾隆刻本　十二冊　九行二十一字小字雙行同黑口四周雙邊

610000－1001－0009356　普0009090

淮海集十七卷後集二卷詞一卷補遺一卷(宋)秦觀著　清道光二十一年(1841)刻本　八冊　十行二十一字小字雙行同白口左右雙邊

610000－1001－0009357　普0009093

莆陽知稼翁集二卷　（宋）黃公度撰　清道光九年(1829)刻本　二冊　九行二十字白口四周單邊

610000－1001－0009358　普0009095

拙尊園叢稿六卷　（清）黎庶昌撰　清光緒十九年(1893)上海醉六堂石印本　二冊　十行二十五字上下黑口左右雙邊

610000－1001－0009359　普0009096

悅心集四卷　（清）世宗胤禛輯　清刻本　二冊　九行二十一字小字雙行同白口左右雙邊

610000－1001－0009360　普0009102

蓮洋集十二卷補遺一卷　（清）吳雯著　清刻本　六冊　九行十九字小字雙行同白口左右雙邊

610000－1001－0009361　普0009103

湖海文傳七十五卷　（清）王昶輯　清同治五年(1866)刻本　二十冊　十二行二十三字上下黑口左右雙邊

610000－1001－0009362　普0009104

遲鴻軒詩存一卷　（清）楊峴撰　清光緒二年(1876)刻本　二冊　十行二十二字小字雙行同白口左右雙邊

610000－1001－0009363　普0009105

虞文靖公道園全集六十卷　（元）虞集撰　清光緒元年(1875)陵陽書局刻本　十五冊　十一行二十一字小字雙行同白口左右雙邊

610000－1001－0009364　普0009106

望溪集八卷　（清）方苞撰　（清）程崟(清)王兆符輯　清刻本　六冊　九行十九字中黑口左右雙邊

610000－1001－0009365　普0009110

兩當軒集二十二卷　（清）黃景仁著　清光緒二年(1876)刻本　六冊　十一行二十二字上下黑口四周單邊

610000－1001－0009366　普0009111

思舊集一卷　（清）張之洞撰　清刻本　六冊　十一行二十四字小字雙行同下黑口左右雙邊

610000－1001－0009367　普0009112

笥河文集十六卷首一卷　（清）朱筠撰　清嘉

慶八年(1803)刻本　十四冊　十行二十一字小字雙行同白口四周單邊

610000－1001－0009368　普0009114

通雅堂詩鈔十卷　（清）施山撰　清光緒元年(1875)荊州刻本　四冊　九行十九字小字雙行同白口四周雙邊

610000－1001－0009369　普0009115

潛研堂文集五十卷　（清）錢大昕撰　清嘉慶二十一年(1816)刻本　十二冊　十行二十一字白口四周單邊

610000－1001－0009370　普0009116

芙蓉山館全集二十卷　（清）楊芳燦撰　清道光二十三年(1843)刻本　四冊　十二行二十五字小字雙行同白口左右雙邊

610000－1001－0009371　普0009117

悟雪樓詩初集六卷二集六卷　（清）徐謙撰　清嘉慶十六年(1811)刻本　四冊　十一行二十一字小字雙行同下黑口四周雙邊

610000－1001－0009372　普0009118

楊忠愍集八卷首一卷末一卷　（明）楊繼盛著　（清）蔣攸銛輯　清道光五年(1825)刻本　四冊　十一行二十一字小字雙行同白口四周雙邊

610000－1001－0009373　普0009119

岳忠武王集八卷首一卷末一卷　（宋）岳飛撰　（清）黃邦寧編輯　清光緒十二年(1886)刻本　四冊　九行二十字小字雙行同白口四周雙邊

610000－1001－0009374　普0009121

劉禮部集十二卷　（清）劉逢錄著　清光緒十八年(1892)延暉承慶堂刻本　六冊　十一行二十一字小字雙行同下黑口四周雙邊

610000－1001－0009375　普0009122

遜志齋集三十卷拾遺十卷附錄一卷　（明）方孝孺撰　清刻本　十八冊　十行二十二字上下黑口左右雙邊

610000－1001－0009376　普0009123

自然好學齋詩鈔十卷　（清）汪端撰　清同治十三年(1874)刻本　三冊　十一行二十二字小字雙行同上下黑口四周單邊

610000－1001－0009377　普0009124

瓶城山館詩鈔十六卷　（清）周劼撰　清咸豐七年(1857)刻本　八冊　八行二十二字小字雙行同白口四周雙邊

610000－1001－0009378　普0009125

九水山房文存二卷　（清）畢亨撰　清咸豐二年(1852)刻本　二冊　九行二十一字小字雙行同上黑口四周雙邊

610000－1001－0009379　普0009126

寒松堂全集十二卷　（清）魏象樞撰　清嘉慶十六年(1811)刻本　十三冊　十行二十字下黑口左右雙邊

610000－1001－0009380　普0009127

縵雅堂駢體文八卷　（清）王詒壽撰　清光緒六年(1880)刻本　二冊　十一行二十二字上下黑口左右雙邊

610000－1001－0009381　普0009128

白華山人詩集十六卷詩說二卷　（清）厲志著　清光緒九年(1883)刻本　四冊　十行二十一字白口左右雙邊

610000－1001－0009382　普0009131

陸桴亭先生遺書二十種附一種　（清）陸世儀撰　清光緒二十五年(1899)京師刻本　二十冊　十行二十字小字雙行同白口左右雙邊

610000－1001－0009383　普0009132

晚香亭詩鈔四卷　（清）蔡邦甸撰　清光緒十八年(1892)天津石印本　四冊　九行二十一字小字雙行同下黑口四周單邊

610000－1001－0009384　普0009134

木雞書屋文鈔四卷　（清）黃金臺撰　清道光六年(1826)刻本　二冊　十一行二十一字白口左右雙邊

610000－1001－0009385　普0009138

習苦齋畫絮十卷　（清）戴熙撰　清光緒十九

年(1893)景文齋刻本　四冊　十行二十二字小字雙行同上下黑口左右雙邊

610000－1001－0009386　普0009139

忠正德文集十卷　（宋）趙鼎撰　清光緒二年(1876)刻本　四冊　九行二十一字小字雙行同白口左右雙邊

610000－1001－0009387　普0009141

有正味齋駢體文二十四卷首一卷　（清）吳錫麒撰　清咸豐九年(1859)青箱塾刻本　六冊　十二行二十五字小字雙行三十字上下黑口四周雙邊

610000－1001－0009388　普0009143

宋邵康節先生伊川擊壤集十卷　（宋）邵雍撰　（明）吳瀚注　清刻本　十冊　九行十八字小字雙行同白口四周單邊

610000－1001－0009389　普0009144

豸華堂文鈔八卷　（清）金應麟著　清道光二十六年(1846)刻本　四冊　十二行二十四字小字雙行同上下黑口四周單邊

610000－1001－0009390　普0009145

忠雅堂詩集二十七卷補遺二卷詞集二卷　（清）蔣士銓撰　清刻本　八冊　十二行二十四字上下黑口左右雙邊

610000－1001－0009391　普0009146

巢經巢詩鈔九卷後集一卷　（清）鄭珍撰　清咸豐二年(1852)刻本　四冊　十行二十一字小字雙行同白口左右雙邊

610000－1001－0009392　普0009148

梅村家藏稿五十八卷補遺一卷世系一卷年譜四卷梅村先生樂府三種二卷　（清）吳偉業撰　清宣統三年(1911)鉛印本　八冊　十五行二十八字上下黑口四周雙邊

610000－1001－0009393　普0009149

青溪舊屋文集十一卷　（清）劉文淇撰　清光緒九年(1883)刻本　二冊　十三行二十二字上下黑口左右雙邊

610000－1001－0009394　普0009150

補籬遺稿八卷 （清）姚福均撰 清光緒三十一年(1905)刻本 二冊 十行二十一字小字雙行同白口四周單邊

610000－1001－0009395 普0009151

道古堂詩集二十六卷文集四十八卷 （清）杭世駿撰 清刻本 十二冊 十行二十一字小字雙行同白口左右雙邊 缺二卷(文集四十六至四十七)

610000－1001－0009396 普0009154

變雅堂文集八卷詩集十卷附錄二卷 （清）杜濬撰 清光緒二十年(1894)刻本 六冊 十行二十一字上下黑口左右雙邊

610000－1001－0009397 普0009155

御纂醫宗金鑑十五種 （清）吳謙等輯 清末刻本 三十三冊 九行二十四字小字雙行同白口左右雙邊

610000－1001－0009398 普0009157

四書集注十九卷 （宋）朱熹集注 清道光二十二年(1842)寶恕堂刻本 六冊 九行十八字小字雙行同白口左右雙邊

610000－1001－0009399 普0009158

春秋左傳旁訓十八卷 （□）□□撰 清光緒十年(1884)新都墨耕堂刻本 十冊 八行二十字白口左右雙邊

610000－1001－0009400 普0009161

通鑑地理通釋十四卷 （宋）王應麟撰 清光緒九年(1883)浙江書局刻本 三冊 十行二十字小字雙行同白口左右雙邊

610000－1001－0009401 普0009163

瘟疫論二卷 （明）吳有性撰 清金陵本立堂刻本 一冊 九行二十字白口左右雙邊

610000－1001－0009402 普0009165

御纂周易折中二十二卷首一卷 （清）李光地等撰 清刻本 二十冊 八行十八字小字雙行二十二字白口四周雙邊

610000－1001－0009403 普0009166

竹林寺女科秘傳一卷 （清）竹林寺僧撰 清

同治三年(1864)刻本 一冊 九行二十一字小字雙行同白口四周雙邊

610000－1001－0009404 普0009169

禮記旁訓六卷 （元）陳澔撰 清光緒十年(1884)新都墨耕堂刻本 六冊 八行二十字白口左右雙邊

610000－1001－0009405 普0009172

欽定書經圖說五十卷 （清）孫家鼐編 清光緒三十一年(1905)石印本 十六冊 十行二十四字小字雙行同白口四周雙邊

610000－1001－0009406 普0009173

漢口竹枝詞六卷 （清）葉調元著 清道光三十年(1850)刻本 一冊 七行二十字小字雙行同白口四周單邊

610000－1001－0009407 普0009174

蟻蠓集五卷 （明）盧柟著 清刻本 五冊 九行十八字白口四周雙邊

610000－1001－0009408 普0009180

咏物詩選八卷 （清）俞琰撰 清刻本 四冊 十行二十一字上下黑口左右雙邊

610000－1001－0009409 普0009181

新喻梁石門先生集十卷 （明）梁寅撰 （清）李先芳重訂 清光緒十五年(1889)刻本 六冊 十一行二十一字下黑口四周單邊

610000－1001－0009410 普0009182

元書一百〇二卷首一卷 （清）曾廉撰 清宣統三年(1911)刻本 二十冊 十二行二十五字白口左右雙邊

610000－1001－0009411 普0009184

新刻鍾伯敬先生批評封神演義三十卷 （明）許仲琳撰 清刻本 十冊 十二行三十字白口四周單邊 缺二卷(一至二)

610000－1001－0009412 普0009196

師鄭堂集六卷 孫雄撰 清光緒十七年(1891)刻本 四冊 八行二十字小字雙行同白口左右雙邊

610000－1001－0009413 普0009198

朝鮮近世史二卷 （日本）林泰輔編修 清光緒二十九年(1903)鴻寶書局石印本 二冊十二行二十五字白口四周雙邊

610000－1001－0009414 普0009200

白圭堂詩鈔八卷續鈔六卷 （清）江之紀撰清光緒十九年(1893)刻本 四冊 九行二十一字小字雙行同上下黑口左右雙邊

610000－1001－0009415 普0009201

是程堂集十四卷 （清）屠倬撰 清嘉慶十九年(1814)刻本 五冊 十一行二十一字小字雙行同上下黑口左右雙邊

610000－1001－0009416 普0009204

金石三例 （清）盧見曾輯 清光緒四年(1878)南海馮氏讀有用書齋刻朱墨印本 十六冊 十行二十二字小字雙行三十二字白口左右雙邊

610000－1001－0009417 普0009206

重訂唐詩別裁集二十卷 （清）沈德潛選 清刻本 八冊 十行十九字小字雙行三十字白口左右雙邊

610000－1001－0009418 普0009210

二銘艸堂金石聚十六卷 （清）張德容輯 清同治十一年(1872)二銘草堂刻本 十六冊行數不等字數不等白口四周雙邊

610000－1001－0009419 普0009211

經藝選腴三編 （清）浣溪主人撰 清道光十九年(1839)刻本 三十冊 十行二十一字白口四周單邊

610000－1001－0009420 普0009212

國朝試律金針續選前集五卷 （清）黃爵滋編輯 清道光二十九年(1849)刻本 一冊 十行二十一字小字雙行同白口四周雙邊

610000－1001－0009421 普0009213

袖珍文林智珠五卷 （清）趙玉書撰 清道光二十六年(1846)刻本 三冊 十三行三十二字白口四周雙邊 存三卷(三至五)

610000－1001－0009422 普0009214

事類統編九十三卷首一卷 （清）林意誠編清道光十九年(1839)柏溪林氏刻本 四十八冊 九行二十一字小字雙行同白口左右雙邊

610000－1001－0009423 普0009215

戰國策校註十卷 （宋）鮑彪校註 （元）吳師道重校 清光緒二十二年(1896)惜陰軒刻本八冊 十行二十一字小字雙行同上下黑口四周單邊

610000－1001－0009424 普0009216

甘泉鄉人稿二十四卷餘稿二卷 （清）錢泰吉撰 年譜一卷 （清）錢應溥撰 清同治刻本六冊 十行二十一字小字雙行同上下黑口左右雙邊 缺三卷(七至九)

610000－1001－0009425 普0009218

繪地法原不分卷 （美國）金楷理口譯 （清）王德均筆述 清光緒刻本 一冊 十行二十二字小字雙行同上下黑口左右雙邊

610000－1001－0009426 普0009219

繪地法原不分卷 （美國）金楷理口譯 （清）王德均筆述 清光緒刻本 一冊 十行二十二字小字雙行同上下黑口左右雙邊

610000－1001－0009427 普0009220

繪地法原不分卷 （美國）金楷理口譯 （清）王德均筆述 清光緒刻本 一冊 十行二十二字小字雙行同上下黑口左右雙邊

610000－1001－0009428 普0009221

水雷秘要五卷圖一卷 （英國）史理孟撰（清）舒高第口譯 （清）鄭昌棪筆述 清光緒六年(1880)江南機器製造總局刻本 十冊十行二十二字小字雙行同上下黑口左右雙邊

610000－1001－0009429 普0009222

海道圖說十五卷長江圖說一卷 （英國）金約翰輯 （清）王德均筆述 （英國）傅蘭雅口譯清光緒刻本 十冊 十行二十二字小字雙行同上下黑口左右雙邊

610000－1001－0009430 普0009224

新刻重校增補圓機活法詩學全書二十四卷（明）王世貞校正 清刻本 八冊 十二行二

十五字小字雙行同白口四周雙邊

610000 - 1001 - 0009431　普 0009225
水師章程十四卷續編六卷　（英國）水師兵部撰　（美國）林樂知口譯　（清）鄭昌棪筆述　清光緒刻本　十六冊　十行二十二字小字雙行同上下黑口左右雙邊

610000 - 1001 - 0009432　普 0009226
萬國公法四卷　（美國）惠頓撰　（美國）丁韙良譯　清同治三年（1864）刻本　四冊　十行二十一字小字雙行同白口四周雙邊

610000 - 1001 - 0009433　普 0009227
東醫寶鑑二十二卷目錄二卷　（朝鮮）許浚撰　清刻本　二冊　十行二十四字小字雙行同白口左右雙邊

610000 - 1001 - 0009434　普 0009228
寄青霞館奕選八卷　（清）王存善輯　清光緒二十三年（1897）刻本　九冊　二十行三十二字白口四周單邊

610000 - 1001 - 0009435　普 0009229
格物入門七卷　（美國）丁韙良著　清光緒二十二年（1896）寶善書局石印本　七冊　十八行三十五字上下黑口四周單邊

610000 - 1001 - 0009436　普 0009230
空氣測學叢談四卷　（美國）金楷理口譯　（清）華蘅芳筆述　清光緒二十三年（1897）上海書局石印本　四冊　十行二十二字下黑口左右雙邊

610000 - 1001 - 0009437　普 0009231
中西算學大成一百卷　（清）陳維祺纂　清光緒二十七年（1901）石印本　十九冊　十六行三十二字小字雙行同白口四周雙邊

610000 - 1001 - 0009438　普 0009232
續西學大成七十八種　（清）孫家鼐編　清光緒二十三年（1897）石印本　十四冊　二十一行字數不等白口四周雙邊　缺五種

610000 - 1001 - 0009439　普 0009233
物理學算法八卷　（美國）丁韙良撰　清光緒

三十年（1904）石印本　七冊　十行二十一字小字雙行同上黑口四周單邊　缺一卷（七）

610000 - 1001 - 0009440　普 0009234
算學課藝四卷　（清）貴榮編次　（清）席淦編次　清光緒二十二年（1896）著易堂石印本　四冊　十一行二十六字小字雙行同白口四周雙邊

610000 - 1001 - 0009441　普 0009235
五緯捷算四卷　（清）黃炳垕撰　清光緒二十二年（1896）上海書局石印本　六冊　九行二十三字上下黑口四周雙邊

610000 - 1001 - 0009442　普 0009236
割圜密率捷法四卷　（清）明安圖撰　（清）陳際新續　清道光十九年（1839）石梁岑氏刻本　三冊　八行二十四字上下黑口四周雙邊

610000 - 1001 - 0009443　普 0009241
三角數理十二卷　（英國）海麻士輯　（英國）傅蘭雅口譯　（清）華蘅芳筆述　清末刻本　五冊　十行二十二字小字雙行不等上下黑口左右雙邊

610000 - 1001 - 0009444　普 0009242
算式集要四卷　（英國）哈司韋輯　（英國）傅蘭雅口譯　（清）江衡筆述　清光緒江南機器製造總局刻本　二冊　十行二十二字小字雙行同上下黑口左右雙邊

610000 - 1001 - 0009445　普 0009243
算式集要四卷　（英國）哈司韋輯　（英國）傅蘭雅口譯　（清）江衡筆述　清光緒江南機器製造總局刻本　二冊　十行二十二字小字雙行同上下黑口左右雙邊

610000 - 1001 - 0009446　普 0009246
兼濟堂纂刻梅勿菴先生曆算全書二十八種　（清）梅文鼎撰　清咸豐九年（1859）梅體萱刻本　二十四冊　八行二十二字小字雙行同白口四周雙邊

610000 - 1001 - 0009447　普 0009247
寶藏興焉十二卷　（英國）費而奔著　（英國）傅蘭雅口譯　（清）徐壽筆述　清光緒江南機

542

器製造總局刻本　十六冊　十行二十二字上下黑口左右雙邊

610000－1001－0009448　普0009248

象數一原七卷　(清)項名達撰　(清)戴煦校勘　清光緒十四年(1888)刻本　四冊　十行二十字小字雙行同白口左右雙邊

610000－1001－0009449　普0009249

則古昔齋算學叢書十三種　(清)李善蘭撰　清同治六年(1867)金陵刻本　六冊　十行二十二字小字雙行同上下黑口左右雙邊

610000－1001－0009450　普0009251

代微積拾級補草一卷　(清)張秉樞撰　清光緒十一年(1885)刻本　二冊　二至十行不等二十四字小字雙行不等白口左右雙邊

610000－1001－0009451　普0009252

自強軍西法類編十八卷創制公言二卷　(清)沈敦和纂輯　(清)洪恩波參訂　清光緒二十四年(1898)上海順成書局石印本　十五冊　十行二十字小字雙行同上下黑口四周雙邊

610000－1001－0009452　普0009253

胡文忠公遺集八十六卷首一卷　(清)胡林翼撰　(清)胡鳳丹重編　清光緒十四年(1888)著易堂鉛印本　八冊　十七行四十字白口四周雙邊

610000－1001－0009453　普0009254

性理大全會通七十卷　(明)胡廣纂　**性理會通四十二卷**　(明)張行成述　清刻本　四十冊　十行十九字小字雙行同白口四周單邊

610000－1001－0009454　普0009255

數理精蘊二編四十五卷表八卷　(清)何國宗(清)梅毅成彙編　清光緒二十二年(1896)上海大同書局石印本　二十四冊　十八行三十二字小字雙行同白口四周雙邊

610000－1001－0009455　普0009256

北溪字義二卷補遺一卷嚴陵講義一卷　(宋)陳淳著　(清)李錫齡輯　清道光二十年(1840)刻本　二冊　十行二十字上下黑口四周單邊

610000－1001－0009456　普0009257

翠薇山房數學十二種　(清)張作楠撰　(清)范景福校勘　(清)江臨泰補圖　清光緒息園刻本　二十四冊　九行二十二字小字雙行同白口左右雙邊

610000－1001－0009457　普0009259

朱子原訂近思錄十四卷　(宋)朱熹撰　(清)江永集注　清光緒十五年(1889)刻本　四冊　九行十七字小字雙行同白口四周雙邊

610000－1001－0009458　普0009260

金石識別十二卷　(美國)代那撰　(美國)瑪高溫口譯　(清)華蘅芳筆述　清同治十一年(1872)江南機器製造總局刻本　六冊　十行二十二字上下黑口左右雙邊

610000－1001－0009459　普0009261

算學課藝四卷　(清)貴榮　(清)席淦編次　清光緒六年(1880)同文館鉛印本　四冊　十一行二十六字小字雙行同白口四周雙邊

610000－1001－0009460　普0009262

高厚蒙求五集　(清)徐朝俊撰　清嘉慶十二年(1807)雲間徐氏刻本　五冊　十行二十一字小字雙行同白口四周單邊　存四集

610000－1001－0009461　普0009263

萬國地理志七編　(日本)中村五六編　(清)周起鳳譯　清光緒二十八年(1902)上海廣智書局鉛印本　一冊　十三行三十六字小字雙行同白口四周雙邊

610000－1001－0009462　普0009264

槍炮算法從新三卷　(清)焦震福撰　清光緒二十二年(1896)刻本　二冊　九行二十字小字雙行同白口四周單邊

610000－1001－0009463　普0009265

炮法畫譜一卷　(清)丁乃文撰　清光緒十二年(1886)刻本　一冊　十行二十四字小字雙行同白口左右雙邊

610000－1001－0009464　普0009266

近思錄十四卷　(宋)呂祖謙　(宋)朱熹撰　清光緒三年(1877)刻本　二冊　九行十八字

小字雙行同上下黑口左右雙邊

610000－1001－0009465　普0009267
天文算學纂要二十卷　(清)陳松撰　清光緒十三年(1887)刻本　十二冊　九行二十字小字雙行同上下黑口四周雙邊　缺七卷(一至七)

610000－1001－0009466　普0009268
繪地法原不分卷　(美國)金楷理口譯　(清)王德均筆述　**測地繪圖十二卷**　(英國)富路瑪撰　(英國)傅蘭雅口譯　(清)徐壽筆述　清光緒二十三年(1897)鉛印本　二冊　二十行四十四字白口四周雙邊

610000－1001－0009467　普0009269
地學淺釋三十八卷　(英國)雷俠兒撰　(清)華蘅芳筆述　(美國)瑪高溫口譯　清光緒石印本　四冊　二十行四十四字小字雙行同白口四周雙邊

610000－1001－0009468　普0009270
白芙堂算書二十三種　(清)丁取忠輯　清光緒十四年(1888)上海龍文書局石印本　八冊　二十行二十二字小字雙行同白口四周雙邊

610000－1001－0009469　普0009271
白芙堂算書二十三種　(清)丁取忠輯　清光緒十四年(1888)上海龍文書局石印本　八冊　二十行二十二字小字雙行同白口四周雙邊

610000－1001－0009470　普0009272
行素軒算稿五種　(清)華蘅芳撰　清光緒二十二年(1896)上海文瑞樓石印本　六冊　二十行二十二字白口四周雙邊

610000－1001－0009471　普0009273
華氏中西算學全書四集　(清)華蘅芳撰　清光緒二十三年(1897)慎記書莊石印本　十二冊　二十二行二十五字下黑口四周雙邊

610000－1001－0009472　普0009274
代數學十三卷首一卷　(英國)棣麼甘撰　(英國)偉烈亞力口譯　(清)李善蘭筆受　清

咸豐九年(1859)上海鉛印本　四冊　十三行三十字小字雙行同白口四周雙邊

610000－1001－0009473　普0009275
梅氏叢書輯要二十一種附二種　(清)梅文鼎撰　清光緒十四年(1888)上海龍文書局石印本　六冊　二十二行二十四字小字雙行同白口四周雙邊

610000－1001－0009474　普0009276
格致須知十九種　(英國)傅蘭雅撰　清光緒刻本　九冊　十行二十二字上下黑口四周雙邊　存九種

610000－1001－0009475　普0009277
古籌算考釋六卷　勞乃宣撰　清光緒十二年(1886)完縣官舍刻朱墨印本　六冊　十行二十二字小字雙行同上下黑口左右雙邊

610000－1001－0009476　普0009278
增刪算法統宗十一卷　(明)程大位編集　(清)梅毅成增刪　清光緒刻本　四冊　十行二十二字小字雙行同上下黑口左右雙邊

610000－1001－0009477　普0009279
幾何原本十五卷　(意大利)利瑪竇口譯　(明)徐光啟筆受　清同治四年(1865)金陵曾國藩衙署刻本　八冊　十行二十二字小字雙行同上下黑口左右雙邊

610000－1001－0009478　普0009280
羣經宮室圖二卷　(清)焦循撰　清光緒十一年(1885)梁谿朱氏刻本　二冊　十行二十字小字雙行三十二字白口左右雙邊

610000－1001－0009479　普0009281
化學鑑原六卷　(英國)韋而司撰　(英國)傅蘭雅口譯　(清)徐壽筆述　清末江南機器製造總局刻本　四冊　十行二十二字上下黑口左右雙邊

610000－1001－0009480　普0009282
電學十卷首一卷　(英國)瑙挨德著　(英國)傅蘭雅口譯　(清)徐建寅筆述　清末江南機器製造總局刻本　六冊　十行二十二字小字雙行同上下黑口左右雙邊

610000 – 1001 – 0009481　普 0009283

大清一統輿圖三十卷首一卷中卷一卷　（清）
鄒世詒等編　（清）李廷簫增訂　清同治二年
（1863）湖北撫署刻本　三十二冊　下黑口四
周雙邊

610000 – 1001 – 0009482　普 0009284

鐵甲叢譚五卷圖一卷　（英國）黎特撰　（清）
舒高第譯　（清）鄭昌棪譯　清末江南機器製
造總局鉛印本　二冊　十行二十二字小字雙
行同白口四周雙邊

610000 – 1001 – 0009483　普 0009285

微積溯源八卷　（英國）華里司輯　（英國）傅
蘭雅口譯　（清）華蘅芳筆述　清末江南機器
製造總局刻本　五冊　十行二十二字小字雙
行不等上下黑口左右雙邊

610000 – 1001 – 0009484　普 0009288

石榴記傳奇四卷　（清）黃振撰　清刻本　四
冊　九行十九字白口四周雙邊

610000 – 1001 – 0009485　普 0009290

梅花夢二卷　（清）張道填詞　清光緒二十年
（1894）刻本　二冊　九行二十二字小字雙行
同白口左右雙邊

610000 – 1001 – 0009486　普 0009291

繼雅堂詩集三十四卷　（清）陳僅撰　清道光
二十七年（1847）刻本　六冊　十行二十二字
白口四周雙邊

610000 – 1001 – 0009487　普 0009292

西藥大成十卷首一卷　（英國）來拉　（英國）
海德蘭撰　（英國）傅蘭雅口譯　（清）趙元益
筆述　清光緒十年（1884）江南機器製造總局
刻本　十五冊　十行二十二字上下黑口左右
雙邊　缺二卷（一至二）

610000 – 1001 – 0009488　普 0009294

西泠五布衣遺著　（清）丁丙輯　清同治、光
緒錢塘丁氏當歸草堂刻本　八冊　十一行二
十二字白口四周雙邊

610000 – 1001 – 0009489　普 0009295

白石詩詞一卷　（宋）姜夔撰　清刻本　二冊

十行十九字上下黑口左右雙邊

610000 – 1001 – 0009490　普 0009296

白石道人歌曲四卷別集一卷　（宋）姜夔撰
清刻本　二冊　十一行十九字小字雙行同白
口左右雙邊

610000 – 1001 – 0009491　普 0009299

春秋大事表五十卷輿圖一卷附錄一卷　（清）
顧棟高輯　清光緒十四年（1888）陝西求友齋
刻本　二十四冊　十一行二十五字小字雙行
三十五字白口左右雙邊

610000 – 1001 – 0009492　普 0009300

行船免撞章程十八章附三卷　（英國）傅蘭雅
（清）鍾天緯譯　清光緒二十一年（1895）刻
本　一冊　十行二十二字小字雙行同白口四
周雙邊

610000 – 1001 – 0009493　普 0009301

製火藥法三卷　（英國）利稼孫　（英國）華得
斯輯　（英國）傅蘭雅口譯　（清）丁樹棠筆述
清末江南機器製造總局刻本　一冊　十行
二十二字小字雙行同上下黑口左右雙邊

610000 – 1001 – 0009494　普 0009302

營城揭要二卷　（英國）儲意比撰　（英國）傅
蘭雅口譯　（清）徐壽筆述　清光緒江南機器
製造總局刻本　二冊　十行二十二字小字雙
行同上下黑口左右雙邊

610000 – 1001 – 0009495　普 0009303

營壘圖說一卷　（比利時）伯里牙芒著　（美
國）金楷理口譯　（清）李鳳苞筆述　清末江
南機器製造總局刻本　一冊　十行二十二字
小字雙行同上下黑口左右雙邊

610000 – 1001 – 0009496　普 0009304

攻守炮法一卷　（德國）布國軍政局撰　（美
國）金楷理口譯　（清）李鳳苞筆譯　清末江
南機器製造總局刻本　一冊　十行二十二字
小字雙行同上下黑口左右雙邊

610000 – 1001 – 0009497　普 0009305

銀礦指南一卷　（美國）亞倫著　（英國）傅蘭
雅口譯　（清）應祖錫筆述　清光緒十七年

(1891)江南機器製造總局刻本　一冊　十行
二十二字上下黑口左右雙邊

610000－1001－0009498　普0009306

衍元筆算今式二卷　(清)汪香祖撰　清光緒
二十三年(1897)江蘇書局刻本　二冊　十一
行二十五字小字雙行同下黑口左右雙邊

610000－1001－0009499　普0009307

御製曆象考成上編十六卷　(清)聖祖玄燁撰
(清)何國宗　(清)梅瑴成彙編　**後編十卷**
(清)顧琮等編　清光緒二十一年(1895)湖
北官書處刻本　十五冊　九行二十字小字雙
行同白口四周雙邊

610000－1001－0009500　普0009308

航海章程一卷初議紀錄一卷　(美國)弗蘭克
林纂　(蒙古)鳳儀口譯　(清)徐家寶筆述
清末江南機器製造總局刻本　一冊　十行二
十二字小字雙行同上下黑口左右雙邊

610000－1001－0009501　普0009309

輪船布陣十二卷首一卷圖一卷　(英國)賈密
倫撰　(英國)傅蘭雅口譯　(清)徐建寅筆述
清光緒江南機器製造總局刻本　二冊　十
行二十二字小字雙行同上下黑口左右雙邊

610000－1001－0009502　普0009310

克虜伯礮說四卷附操法四卷　(美國)金楷理
口譯　(清)李鳳苞筆譯　清末江南機器製造
總局刻本　二冊　十行二十二字小字雙行同
上下黑口左右雙邊

610000－1001－0009503　普0009311

三角數理十二卷　(英國)海麻士輯　(英國)
傅蘭雅口譯　(清)華蘅芳筆述　清末江南機
器製造總局刻本　六冊　十行二十二字小字
雙行不等上下黑口左右雙邊

610000－1001－0009504　普0009312

汽機發軔九卷表一卷　(英國)美以納　(英
國)白勞那撰　(英國)偉烈口譯　(清)徐壽
筆譯　清末江南機器製造總局刻本　四冊
十行二十二字小字雙行同上下黑口左右雙邊

610000－1001－0009505　普0009313

克虜伯礮準心法一卷　(德國)布國軍政局編
(美國)金楷理口譯　(清)李鳳苞筆述　清
末江南機器製造總局刻本　二冊　十行二十
二字小字雙行同上下黑口左右雙邊

610000－1001－0009506　普0009314

克虜伯礮彈造法二卷餅藥造法一卷　(德國)
布國軍政局編　(美國)金楷理口譯　(清)李
鳳苞筆述　清末江南機器製造總局刻本　二
冊　十行二十二字小字雙行同上下黑口左右
雙邊

610000－1001－0009507　普0009315

群碧樓書目初編九卷　鄧邦述撰　清宣統三
年(1911)鉛印本　四冊　十一行二十四字上
下黑口左右雙邊

610000－1001－0009508　普0009316

行軍測繪十卷首一卷　(英國)連提撰　(英
國)傅蘭雅口譯　(清)趙元益筆述　清末江
南機器製造總局刻本　二冊　十行二十二字
小字雙行同上下黑口左右雙邊

610000－1001－0009509　普0009317

炮法求新六卷　(英國)官炮局編　清末江南
機器製造總局刻本　八冊　十行二十二字小
字雙行同白口四周雙邊

610000－1001－0009510　普0009319

日本訪書志十六卷　楊守敬撰　清光緒二十
三年(1897)蘇園刻本　八冊　九行二十字小
字雙行同上下黑口左右雙邊

610000－1001－0009511　普0009320

天一閣見存書目四卷首一卷末一卷　(清)薛
福成撰　清光緒十五年(1889)崇實書院刻本
四冊　十行二十一字小字雙行同白口左右
雙邊

610000－1001－0009512　普0009321

四元釋例三卷　(清)羅士琳撰　清道光十六
年(1836)刻本　八冊　八行二十四字小字雙
行同上下黑口四周雙邊

610000－1001－0009513　普0009325

內閣藏書目錄八卷　(明)孫能傳撰　清刻本

四冊 十一行二十三字上下黑口左右雙邊

610000－1001－0009514 普0009328
欽定天祿琳琅書目十卷 （清）于敏中等撰
後編二十卷 （清）彭元瑞等撰 清光緒十年
（1884）長沙王氏刻本 十冊 九行二十一字
小字雙行同上下黑口左右雙邊

610000－1001－0009515 普0009332
藝風藏書記八卷續記八卷 繆荃孫撰 清光
緒二十六年（1900）刻本 五冊 十一行二十
三字小字雙行同上下黑口左右雙邊

610000－1001－0009516 普0009333
適園藏書志十六卷 張鈞衡撰 清末刻本
六冊 十一行二十二字小字雙行同上下黑口
左右雙邊

610000－1001－0009517 普0009334
梅村家藏稿五十八卷補遺一卷 （清）吳偉業
撰 清宣統三年（1911）武進董氏誦芬室刻本
八冊 十五行二十八字上下黑口四周雙邊

610000－1001－0009518 普0009338
世補齋醫書前集六種 （清）陸懋修撰 清光
緒十二年（1886）山左書局刻本 八冊 十行
二十三字白口四周雙邊

610000－1001－0009519 普0009339
當歸草堂叢書六種 （清）丁丙輯 清同治錢
塘丁氏刻本 六冊 九行二十一字小字雙行
同上黑口左右雙邊

610000－1001－0009520 普0009340
槐廳載筆二十卷 （清）法式善編 清嘉慶四
年（1799）刻本 六冊 十行二十四字小字雙
行同上下黑口四周單邊

610000－1001－0009521 普0009342
醫醇賸義四卷醫方論四卷 （清）費伯雄著
清光緒三年（1877）刻本 六冊 八行十八字
小字雙行同白口左右雙邊

610000－1001－0009522 普0009343
四洪年譜四種 （清）洪汝奎輯 清宣統元年
（1909）晦木齋刻本 四冊 十行二十四字小

字雙行同白口左右雙邊

610000－1001－0009523 普0009344
籌蒙芻議二卷 （清）姚錫光撰 清光緒三十
四年（1908）京師寓齋石印本 二冊 九行二
十二字小字雙行同下黑口四周雙邊

610000－1001－0009524 普0009345
開有益齋讀書志六卷續志一卷金石文字記一
卷 （清）朱緒曾撰 清光緒六年（1880）金陵
翁氏茹古閣刻本 六冊 十行二十一字小字
雙行同白口左右雙邊

610000－1001－0009525 普0009347
棗林雜俎六卷附一卷 （明）談遷著 清宣統
三年（1911）國學扶輪社鉛印本 五冊 十一
行二十九字上下黑口四周雙邊

610000－1001－0009526 普0009348
東垣十書 （明）□□輯 （明）王肯堂訂正
清萃華書院刻本 十二冊 十一行二十五字
小字雙行同白口四周單邊

610000－1001－0009527 普0009349
持靜齋書目四卷續增一卷 （清）丁日昌輯
持靜齋藏書紀要二卷 （清）莫友芝撰 清光
緒刻本 六冊 十行大小字不等白口四周
雙邊

610000－1001－0009528 普0009351
楹書隅錄五卷續編四卷 （清）楊紹和撰 清
同治十二年（1873）刻本 八冊 九行二十一
字小字雙行同白口左右雙邊

610000－1001－0009529 普0009352
讀風臆補十五卷 （明）戴君恩撰 （清）陳繼
揆補輯 清光緒六年（1880）述古堂刻本 二
冊 十八行九字白口左右雙邊

610000－1001－0009530 普0009354
枯木禪琴譜八卷 （清）釋空塵著 （清）朱敏
文選 清光緒二十年（1894）刻本 四冊 八
行二十字白口四周雙邊

610000－1001－0009531 普0009357
重刊巢氏諸病源候總論五十卷 （隋）巢元方

等撰　清光緒十二年(1886)湖北官書局刻本
八冊　九行二十四字白口左右雙邊

610000－1001－0009532　普0009358
讀史糾繆十五卷　(清)牛運震撰　清刻本
七冊　九行二十二字白口四周雙邊

610000－1001－0009533　普0009359
鷗陂漁話六卷　(清)葉廷琯撰　清同治八年
(1869)刻本　二冊　十行二十四字小字雙行
同白口左右雙邊

610000－1001－0009534　普0009360
廣東新語二十八卷　(清)屈大均撰　清刻本
十二冊　十一行十九字白口四周單邊

610000－1001－0009535　普0009361
吹網錄六卷　(清)葉廷琯撰　清同治八年
(1869)刻本　二冊　十行二十四字小字雙行
同白口左右雙邊

610000－1001－0009536　普0009362
松風閣琴譜二卷　(清)莊臻鳳原譜　(清)程
雄選　清刻本　一冊　六行十二字上下黑口
四周單邊

610000－1001－0009537　普0009363
雙楳景闇叢書十六種　葉德輝輯　清光緒、
宣統長沙葉氏郎園刻本　五冊　十一行二十
二字小字雙行同上下黑口左右雙邊

610000－1001－0009538　普0009365
東游紀程四卷　(清)聶士成撰　清光緒二十
一年(1895)石印本　四冊　八行二十字下黑
口左右雙邊

610000－1001－0009539　普0009366
天花精言六卷　(清)袁句撰　清嘉慶三年
(1798)滄州李廷刻本　二冊　十行二十二字
白口左右雙邊

610000－1001－0009540　普0009369
史外八卷　(清)汪有典著　清同治三年
(1864)廬陵尋樂山房刻本　八冊　九行二十
四字白口左右雙邊

610000－1001－0009541　普0009370

東方兵事紀略五卷　(清)姚錫光撰　清光緒
二十三年(1897)武昌刻本　五冊　九行二十
二字小字雙行同上下黑口左右雙邊

610000－1001－0009542　普0009372
雕丘雜錄十八種　(清)梁清遠撰　清同治元
年(1862)刻本　三冊　九行十九字白口左右
雙邊

610000－1001－0009543　普0009374
嵩叟隨筆四卷　(清)馮煦撰　清同治五年
(1866)刻本　六冊　十一行二十二字小字雙
行同上下黑口左右雙邊

610000－1001－0009544　普0009377
閩產錄異六卷　(清)郭柏蒼輯　清光緒十二
年(1886)刻本　八冊　九行二十一字小字雙
行同下黑口左右雙邊

610000－1001－0009545　普0009378
節孝先生文集三十卷事實一卷附載一卷
(宋)徐積撰　清刻本　八冊　九行十八字上
下黑口四周單邊

610000－1001－0009546　普0009379
金薤琳琅二十卷補遺一卷　(明)都穆撰　清
光緒八年(1882)刻本　十冊　九行二十一字
上下黑口左右雙邊

610000－1001－0009547　普0009383
夜雨秋燈錄八卷　(清)宣鼎撰　清光緒三年
(1877)申報館鉛印本　八冊　十二行二十四
字白口四周雙邊

610000－1001－0009548　普0009384
儒林外史五十六回　(清)吳敬梓著　清光緒
七年(1881)申報館鉛印本　十冊　十一行二
十七字小字雙行同白口四周雙邊

610000－1001－0009549　普0009385
治河方略十卷首一卷　(清)靳輔撰　清嘉慶
十七年(1812)刻本　十冊　八行二十字白口
四周雙邊

610000－1001－0009550　普0009387
宋豔十二卷　(清)徐士鑾輯　清光緒十七年

（1891）刻本　六冊　九行二十一字上下黑口
四周雙邊

610000－1001－0009551　普0009389

文談一卷　（清）張秉直輯　清道光九年
（1829）刻本　一冊　九行二十字白口四周
雙邊

610000－1001－0009552　普0009390

開知錄十四卷　（清）張秉直著　清光緒元年
（1875）刻本　四冊　九行二十字上下黑口四
周雙邊

610000－1001－0009553　普0009394

崇祀鄉賢祠錄一卷　（□）□□撰　清刻本
一冊　八行二十字白口四周雙邊

610000－1001－0009554　普0009395

讀書存疑一卷　（清）張秉直撰　清光緒二十
九年（1903）石印本　一冊　十行二十一字白
口四周雙邊

610000－1001－0009555　普0009396

麗廔叢書九種　葉德輝輯　清光緒長沙葉氏
刻本　八冊　十行二十字白口左右雙邊

610000－1001－0009556　普0009397

記過齋藏書六種　（清）蘇源生撰　清咸豐、
光緒鄢陵蘇氏刻本　十冊　九行二十四字小
字雙行同白口四周雙邊　缺一種

610000－1001－0009557　普0009405

琴學叢書六種　楊宗稷撰　清宣統三年
（1911）刻本　八冊　十行二十字小字雙行同
上下黑口四周單邊

610000－1001－0009558　普0009406

治平大略四卷　（清）張秉直著　清光緒元年
（1875）傳經堂刻本　二冊　九行二十字上下
黑口四周雙邊

610000－1001－0009559　普0009407

名數畫譜一卷　（日本）藤原光寧輯　清刻本
四冊　五行八字白口四周雙邊

610000－1001－0009560　普0009408

江陰縣忠義錄十四卷　（清）李念詒輯　清光

緒四年（1878）刻本　十四冊　九行二十一字
白口四周單邊

610000－1001－0009561　普0009409

綱目萬方全書十二卷　（清）朱銘石輯　清刻
本　十二冊　十一行二十五字小字雙行同白
口四周雙邊

610000－1001－0009562　普0009412

杜工部集二十卷首一卷　（唐）杜甫撰　清光
緒二十年（1894）刻五色套印本　八冊　八行
二十字小字雙行同上下黑口左右雙邊

610000－1001－0009563　普0009413

微粒子病肉眼鑒定法一卷　（清）杭州蠶學館
譯　清光緒二十四年（1898）上海務農會石印
本　一冊　十五行三十二字上下黑口四周雙
邊

610000－1001－0009564　普0009414

蠶外紀二卷　（清）陳壽彭譯　清光緒二十三
年（1897）上海務農會石印本　一冊　十五行
三十二字上下黑口四周雙邊

610000－1001－0009565　普0009417

凝香室鴻雪因緣圖記三集　（清）麟慶撰　清
道光二十七年（1847）揚州刻本　六冊　十行
二十一字白口四周雙邊

610000－1001－0009566　普0009418

合鐫士材三書三種附一種　（明）李中梓撰
（清）尤乘增訂　清嘉慶九年（1804）刻本　四
冊　十一行二十四字小字雙行同白口左右
雙邊

610000－1001－0009567　普0009419

三影閣箏語三卷　（清）張雲璈撰　清刻本
一冊　十行十九字白口左右雙邊

610000－1001－0009568　普0009420

越諺三卷　（清）范寅輯　清光緒八年（1882）
刻本　三冊　十行大小字不等白口四周雙邊

610000－1001－0009569　普0009421

與古齋琴譜四卷　（清）祝鳳喈撰　清咸豐五
年（1855）浦城祝鳳喈刻本　四冊　九行二十

二字下黑口左右雙邊

610000－1001－0009570　普0009423
日涉編十二卷　(清)陳垳編　清刻本　十二冊　九行十九字小字雙行同白口四周單邊

610000－1001－0009571　普0009424
馮氏錦囊秘錄八種　(清)馮兆張撰　清嘉慶十八年(1813)會成堂刻本　三十六冊　十行二十二字小字雙行同白口四周單邊

610000－1001－0009572　普0009425
醫門初學萬金一統要訣分類四種　(明)太醫院編　清光緒十四年(1888)李光明莊刻本　四冊　十一行十八字白口四周雙邊　存三種

610000－1001－0009573　普0009426
十五家年譜叢書　(清)楊希閔撰　清光緒揚州書林陳履恆刻本　十六冊　十一行二十三字小字雙行同白口四周雙邊

610000－1001－0009574　普0009427
十五家年譜叢書　(清)楊希閔撰　清光緒揚州書林陳履恆刻本　十六冊　十一行二十三字小字雙行同白口四周雙邊

610000－1001－0009575　普0009429
說文解字注三十二卷　(漢)許慎撰　(清)段玉裁注　清同治十一年(1872)湖北崇文書局刻本　十二冊　九行二十二字小字雙行同白口四周雙邊　存十五卷(一至十五)

610000－1001－0009576　普0009430
二酉堂叢書二十一種　(清)張澍輯　清道光元年(1821)武威張氏二酉堂刻本　六冊　十行二十四字小字雙行同白口左右雙邊

610000－1001－0009577　普0009431
西學大成十二編五十六種　(清)盧梯青(清)王西清輯　清光緒十四年(1888)上海大同書局石印本　十二冊　二十四行五十五字小字雙行同白口四周雙邊

610000－1001－0009578　普0009432
重學二十卷曲線說三卷　(英國)艾約瑟譯　(清)李善蘭筆述　清光緒十四年(1888)上海

大同書局石印本　二冊　十八行三十七字小字雙行同白口四周雙邊

610000－1001－0009579　普0009432
幾何原本十五卷　(意大利)利瑪竇口譯(明)徐光啟筆受　**則古昔齋算學十三種**(清)李善蘭學　清光緒十三年(1887)上海大同書局石印本　五冊　十八行三十七字小字雙行同白口四周雙邊

610000－1001－0009580　普0009433
宋本唐人合集二十八卷　(清)同文書局輯清光緒十年(1884)同文書局石印本　八冊十行十八字白口左右雙邊

610000－1001－0009581　普0009434
農務化學問答二卷　(英國)仲斯敦撰　(英國)秀耀春口譯　(清)范熙庸筆述　清光緒二十七年(1901)石印本　二冊　十行二十二字上下黑口左右雙邊

610000－1001－0009582　普0009435
中西算學大成一百卷　(清)陳維祺纂　清光緒十五年(1889)同文書局石印本　十二冊十六行三十二字小字雙行同白口四周雙邊

610000－1001－0009583　普0009436
書目答問不分卷　(清)張之洞撰　清光緒十四年(1888)上海蜚英館石印本　一冊　十三行二十五字小字雙行不等白口左右雙邊

610000－1001－0009584　普0009441
班馬字類二卷　(宋)婁機撰　清光緒九年(1883)知不足齋刻本　二冊　九行大字不等小字雙行十六字黑口左右雙邊

610000－1001－0009585　普0009443
漁洋山人精華錄箋注十二卷補注一卷年譜一卷附錄一卷　(清)金榮箋注　(清)徐淮纂輯清刻本　十二冊　十一行二十字小字雙行三十字白口左右雙邊

610000－1001－0009586　普0009445
楊忠愍公全集四卷　(明)楊繼盛撰　(清)章鈺輯　(清)毛大可鑒定　清刻本　二冊　九行二十字白口四周雙邊

610000 – 1001 – 0009587　普 0009447

醫林繩墨大會十二卷　（明）方穀著　清嘉慶二十年(1815)刻本　四冊　九行二十一字小字雙行同白口左右雙邊

610000 – 1001 – 0009588　普 0009450

授堂遺書八種　（清）武億撰　清道光二十三年(1843)偃師武氏刻本　十六冊　十行二十一字小字雙行同白口左右雙邊

610000 – 1001 – 0009589　普 0009451

宋大家曾文定公文抄十卷　（宋）曾鞏撰　宋大家蘇文忠公文抄二十八卷　（宋）蘇軾撰　清刻本　十冊　九行二十字白口四周單邊

610000 – 1001 – 0009590　普 0009452

思無邪齋文存六卷　（清）宮爾鐸撰　清光緒十三年(1887)刻本　二冊　九行二十三字下黑口左右雙邊

610000 – 1001 – 0009591　普 0009453

景岳全書發揮四卷　（清）葉桂著　清光緒五年(1879)吳氏醉六堂刻本　四冊　九行二十四字小字雙行同白口左右雙邊

610000 – 1001 – 0009592　普 0009454

龔定盦文集三卷續集四卷補編四卷文集補一卷拾遺一卷文集詞選一卷年譜一卷　（清）龔自珍撰　清宣統元年(1909)鉛印本　七冊十三行三十字小字雙行同上下黑口四周雙邊

610000 – 1001 – 0009593　普 0009456

脈經十卷　（晉）王叔和撰　清刻本　六冊十行二十一字小字雙行同白口四周雙邊

610000 – 1001 – 0009594　普 0009457

昌黎先生詩集注十一卷年譜一卷　（唐）韓愈撰　（清）朱彝尊　（清）何焯評　（清）顧嗣立刪補　清道光二十五年(1845)膚德堂刻朱墨印本　十冊　十一行二十字小字雙行三十字白口左右雙邊

610000 – 1001 – 0009595　普 0009458

說文拈字七卷補遺一卷　（清）王玉樹撰　清嘉慶八年(1803)刻本　四冊　七行十六字小字雙行二十字白口四周雙邊

610000 – 1001 – 0009596　普 0009459

御纂周易折中二十二卷首一卷　（清）李光地等撰　清刻本　十二冊　八行十八字小字雙行二十二字白口四周雙邊

610000 – 1001 – 0009597　普 0009463

甌鉢羅室書畫過目考四卷首一卷附一卷　（清）李玉棻編輯　清光緒二十年(1894)上海鴻文齋石印本　二冊　十二行二十八字上下黑口四周雙邊

610000 – 1001 – 0009598　普 0009464

論語二卷　（清）吳大澂學　清光緒十三年(1887)同文書局石印本　四冊　七行十二字白口四周單邊

610000 – 1001 – 0009599　普 0009465

刑案匯覽六十卷　（清）鮑書蕓撰　清道光十四年(1834)慎思堂刻本　六十四冊　九行二十字白口左右雙邊

610000 – 1001 – 0009600　普 0009468

說文通訓定聲十八卷柬韻一卷　（清）朱駿聲撰　清道光二十八年(1848)刻本　十五冊十行二十字小字雙行二十六字白口四周雙邊

610000 – 1001 – 0009601　普 0009469

傅科全書六卷　（清）傅山著　清光緒四年(1878)刻本　五冊　九行二十二字下黑口四周單邊

610000 – 1001 – 0009602　普 0009472

佩文齋書畫譜一百卷　（清）孫岳頒輯　清光緒九年(1883)上海同文書局石印本　十六冊二十二行四十二字小字雙行六十二字白口左右雙邊

610000 – 1001 – 0009603　普 0009473

增補齊省堂儒林外史六十回　（清）吳敬梓著清光緒十四年(1888)鴻寶齋石印本　四冊十六行三十六字白口四周雙邊

610000 – 1001 – 0009604　普 0009474

全蜀藝文志六十四卷首一卷　（明）周復俊輯清光緒十七年(1891)安岳鄒蘭生雨余山房刻本　十六冊　十一行二十四字小字雙行同

白口四周雙邊

610000－1001－0009605　普0009475

忠武祠墓志七卷首一卷末一卷　（清）李復心
匯輯　清同治五年（1866）刻本　四冊　九行
二十字白口四周雙邊

610000－1001－0009606　普0009479

小萬卷樓詩稿三十二卷　（清）朱琦撰　清道
光九年（1829）刻本　二十四冊　十行二十一
字小字雙行同白口四周雙邊

610000－1001－0009607　普0009480

桐城吳先生全書二種　（清）吳汝綸撰　清光
緒三十年（1904）王恩綬等刻本　二十一冊
九行二十一字小字雙行同上下黑口左右雙邊

610000－1001－0009608　普0009482

國朝畫徵錄三卷續錄二卷　（清）張庚著　清
宣統二年（1910）中國書畫會石印本　二冊
十四行三十字小字雙行同下黑口四周單邊

610000－1001－0009609　普0009483

古今說海一百三十五種　（明）陸楫輯　清道
光元年（1821）苕溪邵氏酉山堂刻本　三十二
冊　八行十六字小字雙行十八字白口左右
雙邊

610000－1001－0009610　普0009485

貴池二妙集五十一卷　劉世珩輯　清光緒二
十七年（1901）劉氏唐石簃刻本　三十二冊
十三行二十三字上下黑口左右雙邊

610000－1001－0009611　普0009488

梅村詩集箋注十八卷　（清）吳偉業撰　（清）
吳翌鳳箋注　清嘉慶十九年（1814）吳郡嚴榮
滄浪吟榭刻本　十二冊　十行二十一字小字
雙行同白口左右雙邊

610000－1001－0009612　普0009489

金石文鈔八卷續鈔二卷　（清）趙紹祖輯　清
嘉慶七年（1802）刻本　十冊　九行十八字白
口四周單邊

610000－1001－0009613　普0009490

金石萃編一百六十卷　（清）王昶撰　清光緒

十九年（1893）上海醉六堂石印本　二十四冊
二十行二十字下黑口四周單邊

610000－1001－0009614　普0009501

關中金石文字存逸考十二卷首一卷　（清）毛
鳳枝撰　清光緒二十七年（1901）會稽顧氏江
西萍鄉縣署刻本　十二冊　十行二十字小字
雙行同上下黑口左右雙邊

610000－1001－0009615　普0009502

胡文忠公遺集十卷首一卷　（清）胡林翼撰
（清）閻敬銘編輯　清同治五年（1866）刻本
十冊　九行二十字下黑口四周雙邊

610000－1001－0009616　普0009503

癖談六卷　（清）蔡雲撰　清嘉慶十五年
（1810）刻本　二冊　十行二十一字白口左右
雙邊

610000－1001－0009617　普0009504

藝舟雙楫六卷　（清）包世臣撰　清光緒九年
（1883）刻本　二冊　九行二十一字下黑口四
周雙邊

610000－1001－0009618　普0009505

醫學摘粹五種附二種　（清）慶恕編撰　清光
緒二十九年（1903）刻本　五冊　九行二十二
字小字雙行同白口四周雙邊

610000－1001－0009619　普0009512

褒谷古蹟輯畧一卷　（清）萬方田等輯注　清
同治十三年（1874）刻本　一冊　八行十七字
小字雙行同白口四周單邊

610000－1001－0009620　普0009513

古今名醫方論四卷匯粹八卷　（清）羅美輯并
評　清道光三年（1823）刻本　八冊　十行二
十字白口四周單邊

610000－1001－0009621　普0009515

關中金石記八卷　（清）畢沅撰　清光緒三十
四年（1908）渭南嚴氏成都刻本　四冊　十一
行二十一字小字雙行同上下黑口左右雙邊

610000－1001－0009622　普0009516

徐氏醫書六種　（清）徐大椿撰　清同治十二

年(1873)湖北崇文書局刻本　十一冊　九行
二十二字小字雙行二十九字白口左右雙邊

610000－1001－0009623　普0009520

本草備要八卷醫方集解二十一卷末二卷
(清)汪昂撰　清光緒十三年(1887)鴻文書局
石印本　六冊　十二行大字不等小字雙行三
十四字白口四周雙邊

610000－1001－0009624　普0009523

增注類證活人書二十二卷釋音一卷藥性一卷
　(宋)朱肱著　(明)吳勉學校　清光緒十年
(1884)江南機器製造總局刻本　四冊　十行
二十字小字雙行同上下黑口左右雙邊

610000－1001－0009625　普0009524

**集聖教序四卷續集聖教序一卷集洛神十三行
字一卷**　(清)馬慧裕集　清嘉慶二年(1797)
貽糓堂刻本　四冊　六行十字白口四周雙邊

610000－1001－0009626　普0009525

歷代鐘鼎彝器款識法帖二十卷　(宋)薛尚功
著　清嘉慶二年(1797)刻本　四冊　十二行
二十二字上下黑口四周單邊

610000－1001－0009627　普0009526

隸篇十五卷續十五卷再續十五卷　(清)翟云
升撰　清道光十七年(1837)刻本　十冊　行
數不等大小字不等白口左右雙邊

610000－1001－0009628　普0009527

金石萃編一百六十卷　(清)王昶撰　清光緒
十九年(1893)上海寶善堂石印本　二十四冊
二十行二十字下黑口四周單邊

610000－1001－0009629　普0009528

千文六書統要二卷　(明)胡正言輯錄　清刻
本　二冊　六行十四字白口四周單邊

610000－1001－0009630　普0009534

名媛詩歸三十六卷　(明)鍾惺輯　清刻本
六冊　九行十九字小字雙行同白口左右雙邊

610000－1001－0009631　普0009539

熊襄愍公集十卷首一卷末一卷　(明)熊廷弼
撰　清道光二十一年(1841)刻本　十冊　九

行二十四字白口左右雙邊

610000－1001－0009632　普0009547

陳修園醫書五十種　(清)陳念祖撰　清光緒
三十一年(1905)上海商務印書館鉛印本　二
十六冊　十六行三十三字小字雙行同白口四
周雙邊

610000－1001－0009633　普0009586

古微堂外集七卷內集三卷　(清)魏源著　清
光緒四年(1878)刻本　四冊　十行二十一字
白口左右雙邊

610000－1001－0009634　普0009590

孴經館詩二卷　(清)胡薇元撰　清宣統二年
(1910)陝西書局鉛印本　一冊　十行二十三
字白口四周雙邊

610000－1001－0009635　普0009594

雙桐書屋詩賸一卷　(清)李應莘著　清刻本
　一冊　八行十七字上下黑口四周雙邊

610000－1001－0009636　普0009595

詩賦舉隅一卷　(□)□□撰　清刻本　一冊
　八行二十字白口四周雙邊

610000－1001－0009637　普0009596

榆西仙館初稿四十三卷首一卷　(清)蔣詩撰
　清刻本　一冊　十一行二十字小字雙行同
白口左右雙邊　存一卷(四十一)

610000－1001－0009638　普0009598

惜陰軒叢書三十四種續編一種　(清)李錫齡
輯　清道光二十六年(1846)宏道書院刻本
八十八冊　十行二十二字上下黑口四周單邊

610000－1001－0009639　普0009610

唐王燾先生外臺秘要方四十卷　(唐)王燾撰
　清同治十三年(1874)廣東翰墨園刻本　三
十二冊　十行二十二字小字雙行同白口上下
雙邊

610000－1001－0009640　普0009620

胎產心法三卷　(清)閻純璽撰　清道光二十
九年(1849)刻本　五冊　九行二十三字小字
雙行同白口四周雙邊　存二卷(一至二)

610000 – 1001 – 0009641　普 0009621

醫醇賸義四卷　（清）費伯雄著　清光緒三年
(1877)刻本　四冊　八行十八字小字雙行同
白口左右雙邊

610000 – 1001 – 0009642　普 0009622

醫效秘傳三卷　（清）葉桂撰　清道光十一年
(1831)刻本　四冊　八行二十一字白口左右
雙邊

610000 – 1001 – 0009643　普 0009625

外科正宗十二卷　（明）陳實功撰　清咸豐十
年(1860)刻本　六冊　九行二十一字小字雙
行同上下黑口左右雙邊

610000 – 1001 – 0009644　普 0009628

吳郡名賢圖傳贊二十卷　（清）顧沅輯　清道
光九年(1829)長洲顧氏刻本　八冊　十二行
二十六字白口左右雙邊

610000 – 1001 – 0009645　普 0009629

多忠勇公勤勞錄四卷　（清）雷正綰纂輯　清
光緒元年(1875)刻本　四冊　八行二十二字
白口四周雙邊

610000 – 1001 – 0009646　普 0009637

古泉匯首集四卷元集十四卷亨集十四卷利集
十八卷貞集十四卷　（清）李佐賢輯　清同治
三年(1864)利津李氏石泉書屋刻本　二十冊
　九行二十四字小字雙行同白口四周雙邊

610000 – 1001 – 0009647　普 0009639

集虛草堂叢書甲集九種　李國松輯　清光緒
合肥李氏刻本　二十四冊　十行二十一字小
字雙行同上下黑口左右雙邊

610000 – 1001 – 0009648　普 0009643

增註字類標韻六卷　（清）華綱撰　（清）范多
玨考訂　清光緒十六年(1890)上海鴻寶齋石
印本　二冊　十五行二十一字小字雙行四十
二字白口四周雙邊

610000 – 1001 – 0009649　普 0009646

舒恬軒周禮讀本六卷　（清）龐佑清訂　清道
光二十八年(1848)刻本　二冊　八行二十字
小字雙行同白口左右雙邊

610000 – 1001 – 0009650　普 0009647

分湖柳氏重脩家譜十二卷　（清）柳兆薰撰
清光緒七年(1881)刻本　四冊　十行二十一
字小字雙行同白口左右雙邊

610000 – 1001 – 0009651　普 0009649

蠶桑萃編十五卷首一卷　（清）衛杰撰　清光
緒二十六年(1900)浙江書局刻本　八冊　十
行二十字小字雙行同白口四周雙邊

610000 – 1001 – 0009652　普 0009650

心矩齋叢書八種　（清）蔣鳳藻輯　清光緒十
四年(1888)刻本　十二冊　十一行二十一字
小字雙行同上下黑口左右雙邊　缺三種

610000 – 1001 – 0009653　普 0009651

重鐫官板陽宅大全十卷　（明）一壑居士輯
清同治八年(1869)善成堂刻本　六冊　十行
二十四字白口四周雙邊

610000 – 1001 – 0009654　普 0009652

韓非子集解二十卷首一卷　（清）王先慎撰
清光緒二十二年(1896)王氏刻本　六冊　十
一行二十四字小字雙行同上下黑口左右雙邊

610000 – 1001 – 0009655　普 0009653

羅經解定七卷附一卷　（清）胡國楨著　清同
治元年(1862)刻本　四冊　十行二十二字小
字雙行同白口四周雙邊

610000 – 1001 – 0009656　普 0009654

分湖柳氏家譜十卷　（清）柳樹芳撰　清道光
二十一年(1841)刻本　二冊　十行二十一字
小字雙行同白口左右雙邊

610000 – 1001 – 0009657　普 0009656

九數通考十一卷首一卷末一卷　（清）屈曾發
輯　清同治十一年(1872)刻本　六冊　十二
行二十四字小字雙行同白口左右雙邊

610000 – 1001 – 0009658　普 0009657

四禮翼一卷　（明）呂坤撰　清光緒八年
(1882)刻本　一冊　十行二十三字白口四周
雙邊

610000 – 1001 – 0009659　普 0009658

爾雅義疏二十卷　(清)郝懿行撰　清光緒七年(1881)刻本　八冊　九行二十一字小字雙行同上下黑口左右雙邊　存十九卷(一至十九)

610000－1001－0009660　普0009659

清異錄二卷　(宋)陶穀撰　清光緒元年(1875)陳氏庸閒齋刻本　二冊　十一行二十一字上下黑口左右雙邊

610000－1001－0009661　普0009660

戊笈談兵九卷首一卷　(清)汪紱錄　清光緒二十一年(1895)刻本　十冊　十行二十二字小字雙行同白口四周雙邊

610000－1001－0009662　普0009661

小萬卷樓叢書十七種　(清)錢培名輯　清咸豐四年(1854)刻本　十二冊　十行二十字小字雙行同白口左右雙邊

610000－1001－0009663　普0009662

孫子十家註十三卷敘錄一卷　(春秋)孫武撰　清光緒三年(1877)浙江書局刻本　六冊　九行二十一字白口左右雙邊

610000－1001－0009664　普0009663

紀效新書十八卷　(明)戚繼光撰　清刻本　六冊　九行二十四字小字雙行同白口左右雙邊

610000－1001－0009665　普0009664

讀書紀數略五十四卷　(清)宮夢仁編　清光緒六年(1880)懺花盦刻本　十五冊　十行二十一字小字雙行同白口左右雙邊

610000－1001－0009666　普0009666

宋稗類鈔三十六卷　(清)潘永因編　清宣統三年(1911)石印本　十二冊　十四行三十字下黑口四周雙邊

610000－1001－0009667　普0009667

守山閣叢書一百十二種　(清)錢熙祚輯　清光緒十五年(1889)上海鴻文書局石印本　一百冊　十一行二十三字上下黑口左右雙邊

610000－1001－0009668　普0009670

周子全書二十二卷首一卷　(宋)周敦頤撰　(清)董榕輯　清光緒二十九年(1903)刻本　十冊　十行十九字小字雙行同上下黑口四周雙邊

610000－1001－0009669　普0009671

荀子集解二十卷考證二卷　王先謙集解　清光緒十七年(1891)刻本　六冊　十一行二十四字小字雙行同上下黑口左右雙邊

610000－1001－0009670　普0009672

鹽鐵論十卷　(漢)桓寬撰　清光緒十七年(1891)思賢講舍刻本　二冊　十一行二十四字小字雙行同上下黑口左右雙邊

610000－1001－0009671　普0009673

新書十卷　(漢)賈誼撰　清刻本　四冊　十行二十字小字雙行同白口左右雙邊

610000－1001－0009672　普0009674

程氏家塾讀書分年日程三卷綱領一卷　(元)程端禮編　清光緒八年(1882)廣仁堂刻本　二冊　十行二十三字上黑口四周雙邊

610000－1001－0009673　普0009676

皇極經世緒言九卷首二卷　(宋)邵康節撰　(明)黃畹洲注釋　(清)劉斯祖述　清嘉慶四年(1799)錢塘徐樹堂刻本　十一冊　九行二十四字白口左右雙邊　缺一卷(七上)

610000－1001－0009674　普0009677

儒門法語一卷　(清)彭定求編　(清)湯金釗輯　(清)廣厚重訂　清光緒元年(1875)江蘇學政署刻本　一冊　九行二十字上下黑口四周雙邊

610000－1001－0009675　普0009679

鹽鐵論十卷　(漢)桓寬撰　清光緒元年(1875)湖北崇文書局刻本　二冊　十二行二十四字上下黑口四周雙邊　存二卷(一至二)

610000－1001－0009676　普0009680

理學宗傳辨正十六卷　(清)劉廷詔撰　(清)倭仁　(清)吳廷棟校訂　清同治十一年(1872)六安求我齋刻本　八冊　十二行二十五字白口左右雙邊

610000 – 1001 – 0009677　普 0009686

華嚴法界玄鏡三卷　（唐）釋澄观述　清刻本
一冊　十行二十字上下黑口左右雙邊

610000 – 1001 – 0009678　普 0009688

卜筮正宗全書十四卷　（清）王維德輯　清光
緒三年(1877)掃葉山房刻本　六冊　九行二
十字白口左右雙邊

610000 – 1001 – 0009679　普 0009690

感應篇彙編四卷首一卷　（□）□□撰　清光
緒二十一年(1895)藏經禪院刻本　四冊　九
行二十一字上下黑口左右雙邊

610000 – 1001 – 0009680　普 0009691

萬松老人評唱天章覺和尚拈古靖益録六卷
（清）釋性一撰　清福德因緣堂刻本　二冊
十行二十字小字雙行同上下黑口左右雙邊

610000 – 1001 – 0009681　普 0009693

孟子年譜二卷　（清）曹之升撰　清嘉慶十年
(1805)刻本　一冊　十行二十字小字雙行同
白口四周雙邊

610000 – 1001 – 0009682　普 0009694

異方便淨土傳燈歸元鏡三祖實録二卷　（清）
釋智達撰　清廣陵藏經禪院刻本　一冊　十
行二十字小字雙行同上下黑口四周單邊

610000 – 1001 – 0009683　普 0009695

異方便淨土傳燈歸元鏡三祖實録二卷　（清）
釋智達撰　清廣陵藏經禪院刻本　一冊　十
行二十字小字雙行同上下黑口四周單邊

610000 – 1001 – 0009684　普 0009696

讀近思録一卷　（清）汪紱著　清光緒十年
(1884)紫陽書院刻本　一冊　十行二十五字
小字雙行同白口左右雙邊

610000 – 1001 – 0009685　普 0009698

秋影樓詩集九卷　（清）汪繹纂　清光緒二十
三年(1897)瞿氏刻本　二冊　十二行二十三
字小字雙行三十四字白口左右雙邊

610000 – 1001 – 0009686　普 0009699

二程子遺書纂二卷　（清）李光地撰　清刻本

二冊　八行二十二字白口四周單邊

610000 – 1001 – 0009687　普 0009700

鄒徵君存稿一卷　（清）鄒伯奇撰　清同治十
二年(1873)刻本　一冊　十二行二十四字小
字雙行同白口左右雙邊

610000 – 1001 – 0009688　普 0009701

孔子集語十七卷　（清）孫星衍撰　清光緒三
年(1877)浙江書局刻本　四冊　九行二十一
字小字雙行同白口左右雙邊

610000 – 1001 – 0009689　普 0009703

家語疏證六卷　（清）孫志祖撰　清光緒會稽
章氏刻本　一冊　十一行二十一字小字雙行
同上下黑口四周單邊

610000 – 1001 – 0009690　普 0009705

孔子家語十卷　（三國魏）王肅注　清光緒二
十四年(1898)陶子霖刻本　四冊　九行十七
字小字雙行同細黑口左右雙邊

610000 – 1001 – 0009691　普 0009706

御纂朱子全書六十六卷　（清）李光地等輯
清光緒江西書局刻本　四十冊　九行二十字
小字雙行同上下黑口四周單邊

610000 – 1001 – 0009692　普 0009707

郝氏遺書三十三種　（清）郝懿行撰　清嘉慶
至光緒刻本　八十冊　九行二十一字小字雙
行同上下黑口左右雙邊

610000 – 1001 – 0009693　普 0009708

敬業堂詩集五十卷續集六卷　（清）查慎行撰
清刻本　二十四冊　十一行二十一字小字
雙行同白口左右雙邊

610000 – 1001 – 0009694　普 0009709

敬業堂詩集五十卷續集六卷　（清）查慎行撰
清刻本　四冊　十一行二十一字小字雙行
同白口左右雙邊　存六卷(續集一至六)

610000 – 1001 – 0009695　普 0009712

高僧傳初集十五卷　（南朝梁）釋慧皎撰　清
光緒十年(1884)金陵刻經處刻本　二冊　十
行二十字小字雙行同上下黑口左右雙邊　存

七卷(一至三、十二至十五)

610000－1001－0009696　普0009713
高僧傳初集十五卷　（南朝梁）釋慧皎撰　清
光緒十年(1884)金陵刻經處刻本　二冊　十
行二十字小字雙行同上下黑口左右雙邊　存
七卷(一至三、十二至十五)

610000－1001－0009697　普0009714
高僧傳初集十五卷　（南朝梁）釋慧皎撰　清
光緒十年(1884)金陵刻經處刻本　八冊　十
行二十字小字雙行同上下黑口左右雙邊　存
三卷(一至三)

610000－1001－0009698　普0009715
高僧傳二集四十卷　（唐）釋道宣撰　清光緒
十六年(1890)江北刻經處刻本　一冊　十行
二十字小字雙行同上下黑口左右雙邊　缺三
十二卷(一至四、十三至四十)

610000－1001－0009699　普0009716
高僧傳二集四十卷　（唐）釋道宣撰　清光緒
十六年(1890)江北刻經處刻本　七冊　十行
二十字白口左右雙邊　缺十六卷(十三至十
六、二十五至三十二、三十七至四十)

610000－1001－0009700　普0009717
**新輯纂圖元亨療馬集六卷圖像水黃牛經大全
二卷駝經一卷**　（明）喻本元　（明）喻本亨撰
　清末上海鑄記書局石印本　一冊　二十行
字數不等白口四周單邊

610000－1001－0009701　普0009718
景岳湯頭新方歌訣二卷　（明）張介賓著　清
英德堂刻本　二冊　八行二十字小字雙行同
白口左右雙邊

610000－1001－0009702　普0009719
高僧傳三集三十卷　（宋）釋贊寧撰　清光緒
十三年(1887)江北刻經處刻本　六冊　十行
二十字白口左右雙邊　存二十二卷(五至十
二、十七至三十)

610000－1001－0009703　普0009720
高僧傳三集三十卷　（宋）釋贊寧撰　清光緒
十三年(1887)江北刻經處刻本　三冊　十行

二十字小字雙行同上下黑口左右雙邊　存六
卷(十七至二十二)

610000－1001－0009704　普0009721
高僧傳三集三十卷　（宋）釋贊寧撰　清光緒
十三年(1887)江北刻經處刻本　二冊　十行
二十字小字雙行同上下黑口左右雙邊　存八
卷(十七至二十四)

610000－1001－0009705　普0009722
高僧傳四集六卷　（明）釋如惺識　清光緒十
八年(1892)江北刻經處刻本　一冊　十行二
十字上下黑口左右雙邊　存三卷(一至三)

610000－1001－0009706　普0009723
高僧傳四集六卷　（明）釋如惺撰　清光緒十
八年(1892)江北刻經處刻本　一冊　十行二
十字小字雙行同上下黑口左右雙邊　存三卷
(一至三)

610000－1001－0009707　普0009724
唐王燾先生外臺秘要方四十卷　（唐）王燾撰
　（宋）林億選　清同治十三年(1874)廣東翰
墨園刻本　四十冊　十行二十二字小字雙行
同白口上下雙邊

610000－1001－0009708　普0009725
文獻通考三百四十八卷　（元）馬端臨著　清
咸豐九年(1859)崇仁謝氏刻本　一百三十冊
　十行二十一字小字雙行同白口左右雙邊
缺十八卷(一、十至十七、三十六至三十九、七
十二至七十六)

610000－1001－0009709　普0009726
匯纂咽喉秘傳一卷　（清）陳鄴仙撰　抄本
一冊　八行二十四字小字雙行同

610000－1001－0009710　普0009728
女科節要一卷　（□）□□撰　抄本　一冊
十一行大小字不等

610000－1001－0009711　普0009729
鐫補雷公炮製藥性解六卷　（明）李中梓編
清刻本　一冊　十行二十二字小字雙行同白
口四周單邊

610000－1001－0009712　普0009730

咽喉總論一卷　（□）□□撰　抄本　一冊
八行大小字不等

610000－1001－0009713　普0009731

名醫類案十二卷　（明）江瓘集　清光緒二十
年(1894)著易堂刻本　十二冊　十行二十三
字小字雙行同上下黑口左右雙邊

610000－1001－0009714　普0009732

殷氏醫案一卷　（□）□□撰　抄本　一冊
八行大小字不等

610000－1001－0009715　普0009733

宗聖志二十卷　（清）王定安輯　清光緒十六
年(1890)金陵刻本　七冊　九行二十字白口
左右雙邊　缺三卷(十六至十八)

610000－1001－0009716　普0009734

程氏家塾讀書分年日程三卷綱領一卷　（元）
程端禮編　清同治七年(1868)崇文書局刻本
二冊　十行二十二字小字雙行同白口四周
雙邊

610000－1001－0009717　普0009744

重訂法國志略二十四卷　（清）王韜撰　清光
緒十五年(1889)長洲王氏淞隱廬鉛印本　十
冊　十三行二十四字白口四周雙邊

610000－1001－0009718　普0009754

四書反身錄八卷　（清）李顒撰　清道光十一
年(1831)浙江書局刻本　四冊　九行二十字
白口四周雙邊

610000－1001－0009719　普0009756

範家集畧六卷　（清）秦坊輯　清刻本　三冊
十一行二十二字白口左右雙邊

610000－1001－0009720　普0009775

蠶桑備言一卷　（清）思補樓主人輯　清光緒
二年(1876)思補樓刻本　一冊　九行二十一
字小字雙行同上下黑口左右雙邊

610000－1001－0009721　普0009778

公門果報錄一卷續錄一卷　（清）宋楚望輯
清光緒十九年(1893)江西書局刻本　一冊

九行二十字小字雙行同白口左右雙邊

610000－1001－0009722　普0009781

歲寒堂詩話二卷　（宋）張戒撰　清刻本　一
冊　九行二十一字白口左右雙邊

610000－1001－0009723　普0009783

新譯日本法規大全二十五卷首一卷　（清）劉
崇傑譯　清光緒三十三年(1907)商務印書館
鉛印本　四十二冊　十五行三十七字下黑口
四周雙邊　存十四卷(一至十四)

610000－1001－0009724　普0009784

漸西村舍彙刊四十四種　（清）袁昶輯　清光
緒桐廬袁氏刻本　五十五冊　十行二十一字
小字雙行同白口左右雙邊

610000－1001－0009725　普0009785

子史精華一百六十卷　（清）允祿　（清）吳襄
等纂　清光緒十二年(1886)上海同文書局石
印本　八冊　行數不等字數不等白口四周
雙邊

610000－1001－0009726　普0009790

格言彙編八種　（清）王乃徽撰　清光緒三十
四年(1908)撫州府署石印本　八冊　十行二
十五字白口四周雙邊

610000－1001－0009727　普0009795

各省選拔同年明經通譜不分卷　（□）□□編
清刻本　一冊　十二行三十字小字雙行同
白口左右雙邊

610000－1001－0009728　普0009798

爵秩全覽不分卷　（□）□□撰　清光緒十六
年(1890)刻本　一冊　十五行二十九字小字
雙行同白口四周雙邊

610000－1001－0009729　普0009801

樊榭山房集十卷續集十卷　（清）厲鶚撰　清
刻本　六冊　十二行二十四字小字雙行同白
口四周單邊

610000－1001－0009730　普0009802

**亦有生齋集詩三十二卷文二十卷詞五卷樂府
二卷**　（清）趙懷玉撰　清嘉慶二十二年

(1817)刻本　二十一冊　十一行二十三字小字雙行同上下黑口左右雙邊

610000－1001－0009731　普0009806

藤花亭十種　(清)梁廷枏纂　清道光十年(1830)刻本　十冊　八行十八字白口四周單邊

610000－1001－0009732　普0009809

政治策論八卷　(清)坐花醉月主人編　清光緒二十八年(1902)奎元堂石印本　六冊　十五行三十三字白口四周雙邊

610000－1001－0009733　普0009812

東漢會要四十卷　(宋)徐天麟撰　清光緒十四年(1888)刻本　四冊　九行二十一字小字雙行同白口左右雙邊

610000－1001－0009734　普0009814

重刊補註洗冤錄集證六卷　(宋)宋慈撰(清)王又槐增輯　**作吏要言一卷**　(清)葉玉屏著　清同治十三年(1874)刻四色套印本二冊　十行十八字小字雙行同白口左右雙邊

610000－1001－0009735　普0009815

立雪齋琴譜二卷　(清)汪紱輯　清光緒二十二年(1896)刻本　二冊　八行二十字小字雙行同白口四周雙邊

610000－1001－0009736　普0009816

水經注西南諸水攷三卷弧三角平視法一卷(清)陳澧撰　清刻本　一冊　十一行二十八字小字雙行同上下黑口四周單邊

610000－1001－0009737　普0009817

秘藏疑龍經大全三卷　(唐)楊益撰　清道光十三年(1833)刻本　一冊　十二行二十五字小字雙行同下黑口四周單邊

610000－1001－0009738　普0009819

奕理指歸圖三卷　(清)施紹闇撰　(清)錢長澤繪　清光緒七年(1881)刻本　五冊　行數不等大小字不等白口四周單邊

610000－1001－0009739　普0009820

周懶予圍棋譜一卷　(清)周嘉錫撰　清刻本

一冊　二十五行十二字白口四周單邊

610000－1001－0009740　普0009823

古逸叢書二十六種　(清)黎庶昌輯　清光緒遵義黎氏日本東京使署影刻本　四十九冊八行十六字小字雙行二十一字白口左右雙邊

610000－1001－0009741　普0009824

佩文韻府一百〇六卷　(清)張玉書等編　清刻本　一百〇六冊　十二行二十五字小字雙行同白口四周雙邊

610000－1001－0009742　普0009827

東華錄三十二卷　(清)蔣良騏編　清刻本十六冊　九行二十二字白口四周雙邊

610000－1001－0009743　普0009828

荀子集解二十卷首一卷　王先謙集解　清光緒十七年(1891)刻本　六冊　十一行二十四字上下黑口左右雙邊

610000－1001－0009744　普0009829

治河奏疏二卷　(明)周堪賡撰　清光緒十八年(1892)校經書院刻本　一冊　十行二十一字上下黑口左右雙邊

610000－1001－0009745　普0009830

乾嘉詩壇點將錄一卷　(清)舒位撰　清光緒三十三年(1907)長沙葉氏刻本　一冊　十一行二十二字小字雙行同上下黑口左右雙邊

610000－1001－0009746　普0009831

奕萃官子一卷　(清)卞文恆評選　清嘉慶二十一年(1816)刻本　一冊　行數不等十六字白口四周雙邊

610000－1001－0009747　普0009834

重刊補註洗冤錄集證五卷　(宋)宋慈撰(清)王又槐增輯　清光緒五年(1879)石印本四冊　十六行三十四字白口四周雙邊

610000－1001－0009748　普0009840

諧鐸十二卷　(清)沈起鳳著　清嘉慶十三年(1808)刻本　四冊　九行二十字上下黑口左右雙邊

610000－1001－0009749　普0009850

司馬文正公傳家集八十卷目錄二卷年譜一卷附錄一卷 （宋）司馬光撰 清光緒十二年(1886)解梁書院刻本 十六冊 十一行二十一字上黑口左右雙邊

610000－1001－0009750 普0009852

劉果敏公遺書十七卷 （清）劉典撰 清光緒十四年(1888)刻本 十七冊 十行二十四字小字雙行同上下黑口左右雙邊

610000－1001－0009751 普0009867

華氏中藏經三卷 （漢）華佗撰 （清）孫星衍校 清光緒九年(1883)刻本 一冊 九行二十字小字雙行同白口左右雙邊

610000－1001－0009752 普0009878

關中兩朝詩鈔十二卷詩鈔補四卷賦鈔二卷又補一卷 （清）李元春選 清道光十二年(1832)刻本 十六冊 九行二十字白口左右雙邊

610000－1001－0009753 普0009883

樊川詩集四卷補遺一卷別集一卷外集一卷 （唐）杜牧撰 清嘉慶三年(1798)刻本 四冊 十行二十一字小字雙行同白口左右雙邊

610000－1001－0009754 普0009887

明詩選集十二卷 （清）魯之裕輯 清刻本 八冊 十行二十一字白口左右雙邊 存八卷（二至四、八至十二）

610000－1001－0009755 普0009888

韋蘇州集十卷 （唐）韋應物撰 清宣統三年(1911)上海自強書局石印本 六冊 十一行二十一字上下黑口四周單邊

610000－1001－0009756 普0009889

四元玉鑑細艸三卷首一卷坿增一卷四坿一卷 （元）朱世傑撰 （清）鍾煜校正 清道光十六年(1836)刻本 八冊 八行二十四字上下黑口四周雙邊

610000－1001－0009757 普0009890

談天十八卷首一卷表一卷 （英國）侯失勒撰 （英國）偉烈亞力口譯 （清）李善蘭刪述 （清）徐建寅續述 清末江南機器製造總局刻

本 四冊 十行二十二字小字雙行同上下黑口左右雙邊

610000－1001－0009758 普0009891

測地繪圖十一卷附一卷 （英國）富路瑪撰 （英國）傅蘭雅口譯 （清）徐壽筆述 清光緒江南機器製造總局刻本 四冊 十行二十二字小字雙行同上下黑口左右雙邊

610000－1001－0009759 普0009892

代數術二十五卷 （英國）華里司輯 （英國）傅蘭雅口譯 （清）華蘅芳筆述 清同治十二年(1873)江南機器製造總局刻本 六冊 十行二十二字小字雙行同上下黑口左右雙邊

610000－1001－0009760 普0009893

代微積拾級十八卷 （英國）羅密士撰 （美國）偉烈亞力口譯 （清）李善蘭筆述 清咸豐九年(1859)刻本 三冊 十行二十二字小字雙行同上下黑口左右雙邊

610000－1001－0009761 普0009894

代數難題解法十六卷 （英國）倫德編輯 （英國）傅蘭雅口譯 （清）華蘅芳筆述 清光緒江南機器製造總局刻本 六冊 十行二十二字小字雙行同上下黑口左右雙邊

610000－1001－0009762 普0009901

明良志略一卷 （清）劉沅撰 清道光二十九年(1849)刻本 一冊 十行二十字小字雙行同白口四周雙邊

610000－1001－0009763 普0009903

皇朝內府輿地圖縮摹本一卷附一卷 （清）六巖繪圖 清道光十四年(1834)刻本 一冊 十三行二十四字小字雙行同白口四周單邊

610000－1001－0009764 普0009908

畿輔水利議一卷 （清）林則徐撰 清刻本 一冊 十行二十三字白口四周雙邊

610000－1001－0009765 普0009911

說文通訓定聲十八卷分部柬韻一卷說雅十九篇古今韻準一卷 （清）朱駿聲撰 **行狀一卷** 朱孔彰撰 清同治九年(1870)臨嘯閣刻本 三十二冊 十行十五字小字雙行三十字白

口四周雙邊

610000－1001－0009766　普0009912

說文解字徐氏繫傳四十卷　（南唐）徐鍇傳釋
（宋）朱翱反切　清道光十九年(1839)江陰
壽陽祁寯藻影宋刻本　八冊　七行十一字小
字雙行二十二字上下黑口左右雙邊

610000－1001－0009767　普0009924

閩產錄異六卷　（清）郭柏蒼輯　清光緒十二
年(1886)刻本　五冊　九行二十一字下黑口
左右雙邊　存五卷(一至五)

610000－1001－0009768　普0009928

江忠烈公遺集二卷首一卷附錄一卷　（清）江
忠源撰　**行狀一卷**　（清）左宗棠　（清）郭嵩
燾撰　清同治十二年(1873)刻本　二冊　十
行二十一字白口左右雙邊

610000－1001－0009769　普0009931

新舊唐書互證二十卷目錄一卷　（清）趙紹祖
撰　清光緒十七年(1891)廣雅書局刻本　四
冊　十一行二十四字小字雙行同上下黑口四
周單邊

610000－1001－0009770　普0009935

廿二史攷異一百卷　（清）錢大昕撰　清光緒
二十年(1894)廣雅書局刻本　十八冊　十一
行二十四字小字雙行同上下黑口四周單邊

610000－1001－0009771　普0009938

畿輔河道水利叢書八種　（清）吳邦慶輯　清
道光四年(1824)益津吳氏刻本　十冊　九行
二十二字白口四周雙邊

610000－1001－0009772　普0009941

西招圖畧一卷　（清）松筠撰　清道光二十七
年(1847)刻本　二冊　六行二十二字小字雙
行同白口四周雙邊

610000－1001－0009773　普0009942

全滇紀要不分卷　（清）雲南課吏館編輯　清
光緒三十一年(1905)鉛印本　十冊　十行二
十五字白口四周雙邊

610000－1001－0009774　普0009948

竹柏山房十五種　（清）林春溥撰　清嘉慶、
咸豐刻本　四十冊　十二行二十二字小字雙
行同上下黑口四周單邊

610000－1001－0009775　普0009955

拳匪紀略八卷前編二卷後編二卷　（清）僑析
生撰　清光緒二十九年(1903)上洋書局石印
本　六冊　十五行三十六字上黑口四周雙邊

610000－1001－0009776　普0009960

中外輿地圖說集成一百三十卷首一卷　（清）
同康廬主人編　清光緒二十年(1894)上海順
成書局石印本　二十四冊　行數不等大小字
不等白口四周單邊

610000－1001－0009777　普0009961

光緒乙巳年交涉要覽五卷　（清）北洋洋務局
纂輯　清光緒三十三年(1907)北洋官報局鉛
印本　五冊　十三行三十二字上黑口四周
單邊

610000－1001－0009778　普0009963

明季稗史彙編十六種　（清）留雲居士輯　清
末京都琉璃廠活字印本　十二冊　九行十九
字白口左右雙邊

610000－1001－0009779　普0009964

絳雪園古方選註不分卷　（清）王子接注　清
掃葉山房刻本　四冊　十行二十二字小字雙
行同白口左右雙邊

610000－1001－0009780　普0009965

長安宮詞一卷　（清）胡延撰　清光緒二十八
年(1902)刻本　一冊　八行二十字小字雙行
同白口左右雙邊

610000－1001－0009781　普0009967

中藏經八卷華佗內照法一卷　（漢）華佗撰
（清）徐舜山重校　清光緒六年(1880)上虞蘭
蘭山房刻本　二冊　九行二十五字小字雙行
同白口左右雙邊

610000－1001－0009782　普0009968

小兒推拿廣意三卷　（清）熊應雄纂輯　（清）
陳世凱重訂　清刻本　二冊　十行二十三字
小字雙行同白口四周雙邊

610000－1001－0009783　普0009973

問心堂温病條辨六卷首一卷　（清）吳瑭著
清道光二十三年(1843)刻本　六冊　九行十
九字小字雙行同白口左右雙邊

610000－1001－0009784　普0009974

時病論八卷　（清）雷豐撰　清光緒三十年
(1904)石印本　二冊　十五行三十字白口四
周雙邊

610000－1001－0009785　普0009976

疫疹草一卷　（清）陳耕道撰　清光緒二十九
年(1903)刻本　一冊　九行十八字小字雙行
同白口左右雙邊

610000－1001－0009786　普0009977

王洪緒先生外科證治全生一卷　（清）王維德
撰　清光緒十八年(1892)刻本　二冊　十二
行二十四字白口四周雙邊

610000－1001－0009787　普0009978

廣陵通典十卷　（清）汪中撰　清同治八年
(1869)揚州書局刻本　二冊　十行二十字上
下黑口左右雙邊

610000－1001－0009788　普0009979

外科證治全書五卷末一卷　（清）許克昌
（清）畢法輯　清光緒八年(1882)刻本　五冊
十行二十二字小字雙行同白口四周雙邊

610000－1001－0009789　普0009981

醫方集解三卷　（清）汪昂著輯　清光緒十五
年(1889)刻本　六冊　八行二十二字小字雙
行同白口四周單邊

610000－1001－0009790　普0009983

醫學讀書記三卷　（清）尤怡撰　清末文瑞樓
石印本　一冊　十四行三十一字白口四周
雙邊

610000－1001－0009791　普0009984

活幼心法九卷　（明）聶尚恆撰　清文富堂刻
本　二冊　九行二十二字小字雙行同白口四
周單邊

610000－1001－0009792　普0009985

610000－1001－0009792　普0009985

金匱心典三卷　（漢）張仲景著　（清）尤怡集
註　清光緒七年(1881)刻本　三冊　十行二
十一字小字雙行同白口左右雙邊

610000－1001－0009793　普0009986

傷寒舌鑑一卷　（清）張登纂　清光緒四年
(1878)刻本　二冊　九行二十字白口四周
單邊

610000－1001－0009794　普0009986

傷寒舌鑑一卷　（清）張登纂　清光緒四年
(1878)刻本　二冊　九行二十字白口四周
單邊

610000－1001－0009795　普0009987

温熱經緯五卷　（清）王士雄纂　清同治十三
年(1874)湖北崇文書局刻本　四冊　九行二
十五字小字雙行同白口左右雙邊

610000－1001－0009796　普0009989

萍鄉文氏所刻醫書六種　（清）文晟輯　清同
治四年(1865)萍鄉文延慶堂刻本　四冊　十
行二十五字小字雙行同白口四周雙邊　存
四種

610000－1001－0009797　普0009990

六治闡要五卷首一卷　（清）鄧觀汝纂述　清
道光元年(1821)刻本　三冊　九行二十字白
口四周單邊

610000－1001－0009798　普0009991

續名醫類案三十六卷　（清）魏之琇編　清光
緒二十二年(1896)畊餘堂石印本　十四冊
十四行四十字白口四周單邊

610000－1001－0009799　普0009995

徐批葉天士先生方案真本一卷　（清）葉桂撰
（清）徐大椿批　清光緒十五年(1889)介石
堂刻本　二冊　九行二十字小字雙行同上下
黑口左右雙邊

610000－1001－0009800　普0009996

鍼灸大成十卷　（明）楊繼洲撰　清嘉慶十七
年(1812)書業堂刻本　十冊　十行二十二字
白口四周雙邊

610000－1001－0009801　普 0009998

天元曆理全書十二卷首一卷　（清）徐發著輯
清刻本　六冊　十行二十一字小字雙行同
白口四周單邊

610000－1001－0009802　普 0010000

隋書地理志考證九卷　楊守敬撰　清光緒二
十七年(1901)宜都楊氏刻本　六冊　十行二
十字小字雙行同上下黑口四周單邊

610000－1001－0009803　普 0010002

西夏紀事本末三十六卷年表一卷　（清）張鑑
著　清光緒十年(1884)江蘇書局刻本　四冊
十二行二十五字白口左右雙邊

610000－1001－0009804　普 0010008

揚州水道記四卷　（清）劉文淇撰　清道光二
十五年(1845)江西撫署刻本　四冊　十行二
十一字小字雙行同白口左右雙邊

610000－1001－0009805　普 0010017

備急千金要方三十卷　（唐）孫思邈撰　（宋）
林億校勘　清光緒四年(1878)蘇州徐敏甫影
宋刻本　二十冊　十三行二十三字小字雙行
同白口左右雙邊

610000－1001－0009806　普 0010024

廣雅書局叢書一百五十九種　（清）廣雅書局
輯　清光緒廣雅書局刻本　八冊　十行二十
四字小字雙行同上下黑口四周單邊　存四種

610000－1001－0009807　普 0010026

情史類略二十四卷　（明）馮夢龍撰　（清）詹
詹外史評輯　清刻本　二十四冊　十一行二
十四字小字雙行同白口左右雙邊

610000－1001－0009808　普 0010028

十五家年譜叢書　（清）楊希閔撰　清光緒揚
州書林陳履恆刻本　十六冊　十一行二十三
字小字雙行同白口四周雙邊

610000－1001－0009809　普 0010029

經畧洪承疇奏對筆記二卷　（清）洪承疇撰
清刻本　二冊　十三行二十五字白口左右
雙邊

610000－1001－0009810　普 0010031

明史稿三百十卷目錄三卷　（清）王鴻緒編撰
清敬慎堂刻本　一百冊　十一行二十三字
白口左右雙邊

610000－1001－0009811　普 0010034

皋鶴堂批評第一奇書金瓶梅一百回　（清）張
竹坡批評　清刻本　二十四冊　十一行二十
二字小字雙行同白口四周單邊

610000－1001－0009812　普 0010035

本草綱目拾遺十卷首一卷　（清）趙學敏輯
清同治十年(1871)錢塘張應昌吉心堂刻本
十冊　十行二十字小字雙行同白口左右雙邊

610000－1001－0009813　普 0010036

全地五大洲女俗通政二十卷首一卷　（英國）
林樂知編　清光緒二十九年(1903)鉛印本
二十一冊　十五行三十字白口四周雙邊

610000－1001－0009814　普 0010037

**集驗良方拔萃二卷癸卯年續補集驗拔萃良方
一卷**　（清）恬素氏撰　清咸豐九年(1859)寄
漚氏刻本　一冊　九行二十一字小字雙行同
白口左右雙邊

610000－1001－0009815　普 0010038

王九峰先生醫案一卷　（清）王九峰撰　清末
抄本　一冊　八行字數不等

610000－1001－0009816　普 0010039

邵公預明歌一卷　（清）闇如氏輯　清末抄本
一冊　九行二十字小字雙行同

610000－1001－0009817　普 0010041

**馬氏庭訓六卷精選後續庭訓二卷匯聚增補庭
訓四卷**　（□）馬懷遠著　（清）紫陽主人抄
清光緒抄本　十二冊　八行大小字不等

610000－1001－0009818　普 0010042

秘授喉科不分卷　（□）□□撰　（清）闇如主
人抄　清末抄本　一冊　十行二十八字小字
雙行不等

610000－1001－0009819　普 0010043

異授眼科一卷　（□）□□撰　（清）闇如主人

抄　清末抄本　一冊　十行二十六字小字雙行同

610000－1001－0009820　普0010044
王九峰先生醫案二卷　（清）王九峯撰　（清）養和主人抄　清末刻本　二冊　十行字數不等

610000－1001－0009821　普0010045
經驗良書四卷　（□）□□撰　（清）闍如主人抄　清末抄本　一冊　十行大小字不等

610000－1001－0009822　普0010046
脈訣秘傳一卷　（清）沈李龍撰　清末抄本　一冊　行數不等大小字不等

610000－1001－0009823　普0010047
便易經驗集一卷　（清）毛世洪輯　（清）汪瑜增訂　清同治六年（1867）抄本　一冊　十行大小字不等

610000－1001－0009824　普0010048
家傳秘術不分卷　（清）闍如主人輯抄　清末抄本　一冊　行數不等大小字不等

610000－1001－0009825　普0010050
浙江全省輿圖並水陸道里記不分卷　（清）宗源瀚等撰　清光緒二十年（1894）石印本　二十四冊　十四行三十六字小字雙行同白口左右雙邊

610000－1001－0009826　普0010052
勝朝遺事五十種　（清）吳彌光輯　（清）宋澤元重訂　清光緒九年（1883）山陰宋澤元懺華盦刻本　十八冊　九行十九字白口左右雙邊

610000－1001－0009827　普0010055
廿一史戰略攷三十三卷　（明）茅元儀原輯　清光緒二十五年（1899）成都志古堂刻本　八冊　十行二十字小字雙行同白口左右雙邊

610000－1001－0009828　普0010061
崇文書局彙刻書（三十三種叢書）　（清）崇文書局輯　清光緒元年（1875）湖北崇文書局刻本　八十冊　十二行二十四字上下黑口四周雙邊

610000－1001－0009829　普0010062
崇文書局彙刻書（三十三種叢書）　（清）崇文書局輯　清光緒元年（1875）湖北崇文書局刻本　八十冊　十二行二十四字上下黑口左右雙邊

610000－1001－0009830　普0010064
捕蝗備要一卷　（清）沈兆澐撰　清宣統二年（1910）姚彤章曹州郡署刻本　一冊　九行二十三字小字雙行同白口四周雙邊

610000－1001－0009831　普0010065
蠶桑輯要一卷　（清）沈秉成輯　**廣蠶桑說一卷**　（清）沈練撰　清光緒二十二年（1896）江西書局刻本　一冊　十一行二十一字小字雙行同下黑口左右雙邊

610000－1001－0009832　普0010066
捕蝗要訣一卷除蟲八要一卷　（清）錢炘和輯　清同治八年（1869）楚北崇文書局刻本　一冊　十行二十二字小字雙行同白口四周雙邊

610000－1001－0009833　普0010070
關隴思危錄四卷　（清）王生吉輯　（清）鄭國治　（清）徐穎悟校　清光緒三十四年（1908）中江雷氏鉛印本　二冊　十三行三十字下黑口四周雙邊

610000－1001－0009834　普0010071
高子遺書十二卷附錄一卷　（明）高攀龍撰　清末刻本　八冊　九行十九字白口四周雙邊

610000－1001－0009835　普0010072
算式集要四卷　（英國）哈司韋輯　（英國）傅蘭雅口譯　（清）江衡筆述　清光緒江南機器製造總局刻本　二冊　十行二十二字小字雙行同上下黑口左右雙邊

610000－1001－0009836　普0010073
張子全書九種　（宋）張載撰　清道光二十二年（1842）大梁張連科刻本　八冊　十行二十四字小字雙行同白口四周雙邊

610000－1001－0009837　普0010075
平定關隴紀略十三卷　（清）易孔昭等撰　清光緒十三年（1887）刻本　二十冊　九行二十

三字白口左右雙邊

610000－1001－0009838　普0010076

御纂七經　（□）□□輯　清光緒十九年
(1893)湖南寶慶漱芳閣刻本　一百二十三冊
十一行二十四字小字雙行同白口左右雙邊

610000－1001－0009839　普0010077

御纂七經　（□）□□輯　清同治刻本　一百
三十四冊　十一行二十四字小字雙行同白口
左右雙邊

610000－1001－0009840　普0010079

唐石經校文十卷　（清）嚴可均纂　清光緒元
尚居刻本　四冊　十一行二十四字小字雙行
同上下黑口左右雙邊

610000－1001－0009841　普0010080

仿宋相臺五經附考證　（宋）岳珂校　清光緒
二年(1876)江南書局刻本　十六冊　八行十
七字小字雙行同白口四周雙邊

610000－1001－0009842　普0010081

周易姚氏學十六卷首一卷　（清）姚配中撰
清光緒三年(1877)湖北崇文書局刻本　六冊
十二行二十四字小字雙行同上下黑口四周
雙邊

610000－1001－0009843　普0010082

四書典制類聯音註四卷　（清）閻其淵輯　清
光緒十九年(1893)鴻寶齋影印本　四冊　二
十二行四十六字白口四周單邊

610000－1001－0009844　普0010083

周易九卷　（三國魏）王弼注　（晉）韓康伯補
注　清同治十二年(1873)稽古樓刻本　四冊
八行十七字小字雙行同白口四周雙邊

610000－1001－0009845　普0010084

四書講義十二卷　（清）陸隴其撰　清光緒二
十七年(1901)上海圖書集成印書局鉛印本
四冊　十四行四十二字白口四周單邊

610000－1001－0009846　普0010085

四書講義十二卷　（清）陸隴其撰　清光緒二
十七年(1901)上海圖書集成印書局鉛印本

四冊　十四行四十二字白口四周單邊

610000－1001－0009847　普0010086

四書講義十二卷　（清）陸隴其撰　清光緒二
十七年(1901)上海圖書集成印書局鉛印本
四冊　十四行四十二字白口四周單邊

610000－1001－0009848　普0010089

周易圖說述四卷首一卷　（清）王宏撰撰　清
刻本　六冊　九行二十二字小字雙行同白口
左右雙邊

610000－1001－0009849　普0010095

四書五經新義二種　（□）□□撰　清光緒二
十七年(1901)石印本　四冊　十行二十八字
白口四周雙邊

610000－1001－0009850　普0010096

四書五經新義二種　（□）□□撰　清光緒二
十七年(1901)石印本　四冊　十行二十八字
白口四周雙邊

610000－1001－0009851　普0010097

四書五經新義二種　（□）□□撰　清光緒二
十七年(1901)石印本　四冊　十行二十八字
白口四周雙邊

610000－1001－0009852　普0010098

松陽講義十二卷　（清）陸隴其撰　（清）侯銓
等編次　清光緒十四年(1888)涇陽柏經正堂
刻本　四冊　九行二十三字下黑口左右雙邊

610000－1001－0009853　普0010099

松陽講義十二卷　（清）陸隴其撰　（清）侯銓
等編次　清光緒十四年(1888)涇陽柏經正堂
刻本　六冊　九行二十三字下黑口左右雙邊

610000－1001－0009854　普0010100

**經讀考異八卷補一卷句讀敘述二卷補一卷附
翟晴江四書攷異内句讀一卷**　（清）武億著
清刻本　一冊　十行二十一字小字雙行同白
口左右雙邊　缺六卷(經讀考異一至六)

610000－1001－0009855　普0010102

康熙字典點畫較正四書集註真本不分卷
(宋)朱熹集註　清嘉慶八年(1803)文盛堂刻

本　六冊　九行十七字小字雙行同白口左右雙邊

610000－1001－0009856　普0010103

四書讀書樂六卷　（明）辛全著　清光緒二十四年（1898）柏經正堂刻本　六冊　十行二十二字上下黑口四周單邊

610000－1001－0009857　普0010104

四書凝道錄十九卷　（清）劉紹攽撰　清光緒二十年（1894）文在堂刻本　十三冊　九行二十字小字雙行同下黑口四周雙邊　存十六卷（大學章句凝道錄一，中庸章句凝道錄一，論語集注凝道錄一至七、九至十,孟子集注凝道錄二至四、六至七）

610000－1001－0009858　普0010106

四書劄記不分卷　（清）王巡泰撰　清光緒九年（1883）刻本　四冊　九行二十一字白口四周雙邊

610000－1001－0009859　普0010107

古經解彙函十六種小學彙函十四種續附十二種　（清）鍾謙鈞等輯　清光緒十四年（1888）上海蜚英館石印本　十九冊　十七行三十八字小字雙行同白口左右雙邊　存十二種

610000－1001－0009860　普0010112

藝文備覽補詳字義十四篇　（清）吳穀人鑒定（清）沙木集注　清嘉慶刻本　三冊　五行十字小字雙行二十四字上下黑口四周雙邊

610000－1001－0009861　普0010113

佩文詩韻釋要五卷　（清）周蓮塘撰　（清）林重輯　清光緒元年（1875）湖北崇文書局刻本　一冊　九行十八字小字雙行三十六字白口左右雙邊

610000－1001－0009862　普0010114

字彙十二集首一卷　（明）梅膺祚音釋　清道光十二年（1832）刻本　十四冊　十行十六字小字雙行三十二字白口四周單邊

610000－1001－0009863　普0010118

羣經字考十卷　（清）吳東發撰　清嘉慶十一

年（1806）刻本　三冊　九行二十一字小字雙行同白口左右雙邊

610000－1001－0009864　普0010122

四書集疏六卷　（清）張秉直撰　清光緒三十四年（1908）柏經正堂刻本　六冊　十行二十一字小字雙行同下黑口四周單邊

610000－1001－0009865　普0010123

長沙胡氏叢書　（清）胡元玉撰　清光緒通鑑堂刻本　一冊　十三行二十二字小字雙行同上下黑口左右雙邊

610000－1001－0009866　普0010127

孟子要略五卷　（宋）朱熹原編　（清）曾國藩重編　清道光二十九年（1849）漢陽劉氏刻本　一冊　十行二十四字小字雙行同上下黑口四周單邊雙邊兼有

610000－1001－0009867　普0010128

孟子要略五卷　（宋）朱熹原編　（清）曾國藩重編　清道光二十九年（1849）漢陽劉氏刻本　一冊　十行二十四字小字雙行同上下黑口四周單邊雙邊兼有

610000－1001－0009868　普0010129

孟子要略五卷　（宋）朱熹原編　（清）曾國藩重編　清道光二十九年（1849）漢陽劉氏刻本　一冊　十行二十四字小字雙行同上下黑口四周單邊雙邊兼有

610000－1001－0009869　普0010130

孟子要略五卷　（宋）朱熹原編　（清）曾國藩重編　清光緒十年（1884）三原劉氏刻本　一冊　九行二十二字小字雙行同上下黑口四周單邊

610000－1001－0009870　普0010131

孝經直解一卷　（清）劉沅註釋　清同治二年（1863）致福樓刻本　一冊　十一行二十四字小字雙行同白口左右雙邊

610000－1001－0009871　普0010132

爾雅直音二卷　（清）孫侗輯　清咸豐十一年（1861）刻本　二冊　五行十五字白口左右雙邊

610000 – 1001 – 0009872　普 0010133

重刊宋本爾雅注疏附校勘記十卷　（宋）邢昺
等校定　清光緒十八年(1892)湖南寶慶務本
書局刻本　六冊　十行十七字小字雙行二十
三字上下黑口左右雙邊

610000 – 1001 – 0009873　普 0010134

大學衍義四十三卷　（宋）眞德秀撰　清同治
十三年(1874)金陵書局刻本　八冊　十行二
十字小字雙行同白口左右雙邊

610000 – 1001 – 0009874　普 0010135

爾雅三卷　（晉）郭璞注　清刻本　一冊　九
行二十一字小字雙行同白口左右雙邊

610000 – 1001 – 0009875　普 0010136

四書引解二十六卷　（清）鄧柱瀾纂輯　清刻
本　二冊　九行三十一字小字雙行同白口左
右雙邊　存五卷(二至四、八至九)

610000 – 1001 – 0009876　普 0010137

大學衍義補輯要十二卷首一卷　（明）丘濬撰
　（清）陳宏謀纂輯　清刻本　九冊　十行二
十二字小字雙行同白口左右雙邊

610000 – 1001 – 0009877　普 0010139

別弊廣增分韻五方元音二卷首一卷　（清）樊
騰鳳著　（清）趙培梓新編　清刻本　五冊
十行二十五字小字雙行同白口四周單邊

610000 – 1001 – 0009878　普 0010140

大學衍義四十三卷　（宋）眞德秀撰　清光緒
二十七年(1901)珊瑚海書局石印本　六冊
二十行三十四字上下黑口四周雙邊

610000 – 1001 – 0009879　普 0010144

重栞宋本十三經注疏附挍勘記　（清）阮元撰
挍勘記　清光緒十八年(1892)湖南寶慶務本
書局刻本　一百七十三冊　十行十八字小字
雙行二十四字上下黑口左右雙邊

610000 – 1001 – 0009880　普 0010145

十三經注疏并校勘記　（清）阮元撰校勘記
清光緒二十四年(1898)點石齋石印本　三十
冊　二十行四十六字小字雙行同白口四周
雙邊

610000 – 1001 – 0009881　普 0010146

宋本十三經注疏附校勘記　（清）阮元撰校勘
記　清光緒十三年(1887)脈望仙館石印本
三十二冊　二十行四十六字小字雙行同白口
四周雙邊

610000 – 1001 – 0009882　普 0010149

十三經音略十二卷附錄一卷　（清）周春著
清嘉慶七年(1802)刻本　五冊　九行二十一
字小字雙行同上下黑口左右雙邊

610000 – 1001 – 0009883　普 0010150

伊川易傳四卷　（宋）程頤著　清光緒十八年
(1892)劉氏傳經堂刻本　四冊　十二行二十
二字上下黑口左右雙邊

610000 – 1001 – 0009884　普 0010151

伊川易傳四卷　（宋）程頤著　清光緒十八年
(1892)劉氏傳經堂刻本　四冊　十二行二十
二字上下黑口左右雙邊

610000 – 1001 – 0009885　普 0010152

四書集疏附正二十二卷論語緒言一卷　（清）
張秉直著　清道光十五年(1835)刻本　十冊
十行二十一字白口左右雙邊

610000 – 1001 – 0009886　普 0010160

周易述聞一卷　（清）林慶炳著　清光緒八年
(1882)刻本　一冊　九行二十一字白口四周
雙邊

610000 – 1001 – 0009887　普 0010161

四子書　（□）□□撰　清末江南機器製造總
局刻本　二冊　十二行二十一字下黑口左右
雙邊

610000 – 1001 – 0009888　普 0010162

十一經音訓　（清）楊國楨撰　清道光十年
(1830)刻本　一冊　七行二十二字小字雙行
同白口四周單邊　存二種

610000 – 1001 – 0009889　普 0010166

爾雅經注三卷音釋一卷　（晉）郭璞注　**集証
三卷**　（清）龍啟瑞纂　清光緒七年(1881)刻
本　二冊　十行二十一字小字雙行同上下黑
口左右雙邊

610000－1001－0009890　普0010168

新訂四書補註備旨十卷 （明）鄧林著 （清）
杜定基增訂 清光緒二十年(1894)刻本 七
冊 十一行三十二字小字雙行同白口四周單
邊 存八卷(論語一至四、孟子一至四)

610000－1001－0009891　普0010169

四書經註集證十九卷 （清）吳昌宗撰 清光
緒二十六年(1900)刻本 十六冊 十一行二
十五字小字雙行同白口左右雙邊

610000－1001－0009892　普0010170

禹貢山川簡易圖考一卷 （清）雷柱述 清宣
統元年(1909)陝西學務公所圖書館石印本
一冊 白口四周單邊

610000－1001－0009893　普0010171

禹貢山川簡易圖考一卷 （清）雷柱述 清宣
統元年(1909)陝西學務公所圖書館石印本
一冊 白口四周單邊

610000－1001－0009894　普0010172

禹貢山川簡易圖考一卷 （清）雷柱述 清宣
統元年(1909)陝西學務公所圖書館石印本
一冊 白口四周單邊

610000－1001－0009895　普0010173

書說二卷 （清）郝懿行著 清光緒八年
(1882)東路廳署刻本 二冊 九行二十一字
小字雙行同上下黑口左右雙邊

610000－1001－0009896　普0010174

汲冢周書輯要一卷 （清）郝懿行著 清光緒
八年(1882)東路廳署刻本 一冊 九行二十
一字小字雙行同上下黑口左右雙邊

610000－1001－0009897　普0010175

書經精華十卷首一卷 （清）王巨源編 （清）
魏朝俊校 清末魏氏古香閣刻本 五冊 十
一行十六字小字雙行三十二字白口左右雙邊

610000－1001－0009898　普0010176

書經體註大全合參六卷 （清）錢希祥纂輯
清光緒十三年(1887)刻本 四冊 二十一行
二十五字白口左右雙邊

610000－1001－0009899　普0010177

十三經注疏 清嘉慶十八年(1813)四友堂刻
本 一百二十冊 九行二十一字小字雙行同
白口左右雙邊 存十二種

610000－1001－0009900　普0010178

周官精義十二卷 （清）連斗山註釋 清道光
二十七年(1847)刻本 六冊 十行二十三字
小字雙行同白口上下雙邊

610000－1001－0009901　普0010179

易傳十七卷 （唐）李鼎祚集解 **周易音義一
卷** （唐）陸德明撰 清刻本 一冊 十行二
十一字小字雙行同白口四周單邊 存二卷
(易傳一、音義一)

610000－1001－0009902　普0010180

易經十二卷首一卷末一卷 （宋）朱熹本義
（宋）呂祖謙音義 清同治四年(1865)金陵書
局刻本 二冊 九行十七字小字雙行同白口
左右雙邊

610000－1001－0009903　普0010181

易經讀本不分卷 （□）□□撰 清光緒十四
年(1888)陝西求友齋刻本 二冊 七行二十
二字小字雙行同白口左右雙邊

610000－1001－0009904　普0010182

易經讀本不分卷 （□）□□撰 清光緒十四
年(1888)陝西求友齋刻本 一冊 七行二十
二字小字雙行同白口左右雙邊

610000－1001－0009905　普0010183

尚書考異六卷 （明）梅鷟撰 清道光五年
(1825)刻本 一冊 十行二十字白口左右雙
邊 存二卷(五至六)

610000－1001－0009906　普0010184

逸周書集訓校釋十卷周書逸文一卷 （清）朱
右曾撰 清光緒三年(1877)湖北崇文書局刻
本 二冊 十二行二十四字小字雙行同上下
黑口四周雙邊

610000－1001－0009907　普0010186

尚書大傳四卷 （漢）伏勝撰 （漢）鄭玄注
考異一卷補遺一卷續補遺一卷 （清）盧文弨

撰并輯　清光緒三年（1877）湖北崇文書局刻本　一冊　十二行二十四字小字雙行同上下黑口四周雙邊

610000－1001－0009908　普0010187
書經六卷　（宋）蔡沈集傳　清嘉慶十年（1805）刻本　四冊　九行十七字小字雙行同白口左右雙邊

610000－1001－0009909　普0010187
周易四卷　（宋）朱熹撰　清嘉慶十年（1805）刻本　六冊　十一行二十三字小字雙行同白口左右雙邊

610000－1001－0009910　普0010192
周易鄭康成注一卷　（宋）王應麟著　清光緒十年（1884）成都志古堂刻本　一冊　十行二十字白口四周單邊

610000－1001－0009911　普0010194
周官恆解六卷　（清）劉沅輯註　清同治十一年（1872）刻本　六冊　十一行二十四字白口左右雙邊

610000－1001－0009912　普0010196
詩說二卷詩經拾遺一卷　（清）郝懿行撰　清光緒八年（1882）東路廳署刻本　三冊　九行二十一字小字雙行同上下黑口左右雙邊

610000－1001－0009913　普0010197
呂叔簡先生四禮翼不分卷　（明）呂坤著　清光緒二十五年（1899）柏經正堂刻本　一冊　九行二十字上下黑口四周單邊

610000－1001－0009914　普0010200
呂叔簡先生四禮翼不分卷　（明）呂坤撰　清同治二年（1863）品蓮書屋刻本　一冊　八行二十字上下黑口左右雙邊

610000－1001－0009915　普0010203
詩問七卷　（清）郝懿行　（清）王照圓撰　清光緒八年（1882）東路廳署刻本　五冊　九行二十一字上下黑口左右雙邊

610000－1001－0009916　普0010204
周禮正義八十六卷　（清）孫詒讓撰　清光緒

三十一年（1905）上海澄衷學堂鉛印本　十二冊　十二行三十二字小字雙行三十七字上下黑口四周單邊

610000－1001－0009917　普0010205
周官精義十二卷　（清）連斗山註釋　清同治十年（1871）粵東桌署刻本　六冊　九行二十三字小字雙行同白口左右雙邊

610000－1001－0009918　普0010206
周官精義十二卷　（清）連斗山註釋　清同治十年（1871）粵東桌署刻本　六冊　九行二十三字小字雙行同白口左右雙邊

610000－1001－0009919　普0010207
周官精義十二卷　（清）連斗山註釋　清同治十年（1871）粵東桌署刻本　六冊　九行二十三字小字雙行同白口左右雙邊

610000－1001－0009920　普0010209
春秋通論六卷　（清）劉紹攽著　清同治十二年（1873）刻本　二冊　十行二十字白口四周雙邊

610000－1001－0009921　普0010210
春秋筆削微旨二十六卷　（清）劉紹攽集註　清同治十二年（1873）刻本　六冊　十行二十字小字雙行同白口四周雙邊

610000－1001－0009922　普0010211
周書斠補四卷　（清）孫詒讓撰　清光緒二十六年（1900）刻本　一冊　十二行二十四字小字雙行同上下黑口左右雙邊

610000－1001－0009923　普0010212
陳氏毛詩五種　（清）陳奐撰　清道光、咸豐吳門南園陳氏掃葉山莊刻本　一冊　十行二十一字小字雙行同上下黑口左右雙邊　存二種

610000－1001－0009924　普0010213
陳氏毛詩五種　（清）陳奐撰　清道光、咸豐吳門南園陳氏掃葉山莊刻本　一冊　十行二十一字小字雙行同上下黑口左右雙邊　存二種

610000 – 1001 – 0009925　普 0010214

詩集傳八卷首一卷　（宋）朱熹集傳　清光緒三十四年（1908）陝西學務公所圖書局鉛印本　四冊　九行二十二字小字雙行同白口四周雙邊

610000 – 1001 – 0009926　普 0010215

詩集傳八卷首一卷　（宋）朱熹集傳　清光緒三十四年（1908）陝西學務公所圖書局鉛印本　四冊　九行二十二字小字雙行同白口四周雙邊

610000 – 1001 – 0009927　普 0010216

詩集傳八卷首一卷　（宋）朱熹集傳　清光緒三十四年（1908）陝西學務公所圖書局鉛印本　四冊　九行二十二字小字雙行同白口四周雙邊

610000 – 1001 – 0009928　普 0010217

毛詩音韻考四卷　（清）程以恬撰　清道光四年（1824）刻本　四冊　八行二十八字小字雙行同白口四周單邊

610000 – 1001 – 0009929　普 0010218

周禮政要二卷　（清）孫詒讓著　清光緒二十八年（1902）瑞安普通學堂刻本　二冊　九行二十五字白口四周單邊

610000 – 1001 – 0009930　普 0010219

春秋家說三卷　（清）王夫之撰　清末石印本　一冊　二十三行四十八字白口四周雙邊　存一卷（三）

610000 – 1001 – 0009931　普 0010220

春秋提要一卷　（清）羅日璧撰　清道光刻本　一冊　九行二十四字小字雙行同白口四周雙邊

610000 – 1001 – 0009932　普 0010222

禮經通論一卷　（清）邵懿辰著　清宣統三年（1911）上海國學扶輪社鉛印本　一冊　十一行二十九字上下黑口四周雙邊

610000 – 1001 – 0009933　普 0010224

春秋恆解八卷餘傳一卷　（清）劉沅輯註　清同治四年（1865）刻本　八冊　十一行二十四字小字雙行同白口左右雙邊

610000 – 1001 – 0009934　普 0010225

朱子詩義補正八卷　（清）方苞著　清光緒三年（1877）刻本　三冊　九行十九字白口左右雙邊　存五卷（四至八）

610000 – 1001 – 0009935　普 0010226

文廟丁祭譜不分卷　（□）□□撰　清刻本　二冊　行數不等大小字不等白口四周雙邊

610000 – 1001 – 0009936　普 0010227

直省釋奠禮樂記六卷首一卷末一卷　（清）應寶時編　清同治十二年（1873）刻本　六冊　九行二十六字小字雙行同白口四周雙邊

610000 – 1001 – 0009937　普 0010228

儀禮十七卷校錄一卷　（漢）鄭玄注　**續校一卷**　（清）黃丕烈撰　清同治九年（1870）楚北崇文書局刻本　二冊　十四行二十五字小字雙行三十一至三十二字不等白口左右雙邊

610000 – 1001 – 0009938　普 0010229

春秋繁露十七卷　（漢）董仲舒著　清光緒三年（1877）湖北崇文書局刻本　二冊　十二行二十四字上下黑口四周雙邊

610000 – 1001 – 0009939　普 0010230

春秋四傳管窺□□卷　（清）張星徽評點　清末刻本　八冊　九行二十四字小字雙行同白口四周雙邊　存九卷（三至十一）

610000 – 1001 – 0009940　普 0010231

禮記章句四十九卷　（清）王夫之撰　清同治四年（1865）湘鄉曾國荃金陵刻本　十六冊　十行二十二字上下黑口左右雙邊

610000 – 1001 – 0009941　普 0010232

佩文韻府拾遺一百〇六卷　（清）張廷玉等編　清刻本　十五冊　十二行二十五字小字雙行同白口四周雙邊

610000 – 1001 – 0009942　普 0010233

周官精義十二卷　（清）連斗山註釋　清刻本　六冊　九行二十三字白口左右雙邊

610000 – 1001 – 0009943　普 0010234

儀禮十七卷　（漢）鄭玄注　（唐）陸德明音義
清光緒十二年(1886)湖北官書處刻本　四冊　九行十七字小字雙行同白口四周雙邊

610000－1001－0009944　普0010235

儀禮十七卷　（漢）鄭玄注　（唐）陸德明音義
清光緒十二年(1886)湖北官書處刻本　四冊　九行十七字小字雙行同白口四周雙邊

610000－1001－0009945　普0010236

儀禮十七卷　（漢）鄭玄注　（唐）陸德明音義
清光緒十二年(1886)湖北官書處刻本　四冊　九行十七字小字雙行同白口四周雙邊

610000－1001－0009946　普0010237

大學衍義四十三卷　（宋）眞德秀撰　清刻本　五十冊　十行二十字小字雙行同白口四周單邊

610000－1001－0009947　普0010238

豐川春秋原經十六卷　（清）王心敬著　清刻本　八冊　十行二十一字白口四周雙邊

610000－1001－0009948　普0010240

四書章句集注十九卷　（宋）朱熹撰　清光緒十二年(1886)傳經堂刻本　六冊　九行十七字小字雙行同下黑口左右雙邊

610000－1001－0009949　普0010241

四書會解二十七卷　（清）綦澧輯　清咸豐元年(1851)刻本　二十四冊　九行二十四字小字雙行同白口左右雙邊

610000－1001－0009950　普0010243

四書古註群義九種彙解　（□）□□輯　清光緒十四年(1888)點石齋石印本　十六冊　十二行三十八字小字雙行同白口四周雙邊

610000－1001－0009951　普0010244

儀禮經傳通解三十七卷續二十九卷首一卷　（宋）朱熹撰　清光緒十八年(1892)三原劉氏刻本　六冊　十行二十五字小字雙行同下黑口四周單邊

610000－1001－0009952　普0010245

何氏公羊春秋十論一卷續十論一卷再續十論

一卷春秋天子二伯方伯卒正附庸尊卑表一卷
廖平撰　清宣統三年(1911)國學扶輪社鉛印本　一冊　十一行二十九字上下黑口四周雙邊

610000－1001－0009953　普0010246

左繡三十卷首一卷　（清）馮李驊　（清）陸浩輯　清嘉慶十六年(1811)刻本　十二冊　行數不等十五字白口四周單邊

610000－1001－0009954　普0010247

左傳事緯十二卷前書八卷　（清）馬驌編　清刻本　十冊　九行二十二字白口左右雙邊

610000－1001－0009955　普0010248

左繡三十卷首一卷　（清）馮李驊　（清）陸浩輯　清嘉慶七年(1802)華川書屋刻本　十二冊　行數不等十五字白口左右雙邊

610000－1001－0009956　普0010249

四書章句集註十九卷　（宋）朱熹撰　清光緒二十年(1894)味經書屋刻本　六冊　九行二十二字小字雙行同白口左右雙邊

610000－1001－0009957　普0010250

四書章句集註十九卷　（宋）朱熹撰　清光緒二十年(1894)味經書屋刻本　六冊　九行二十二字小字雙行同白口左右雙邊

610000－1001－0009958　普0010251

四書章句集註十九卷　（宋）朱熹撰　清光緒二十年(1894)味經書屋刻本　六冊　九行二十二字小字雙行同白口左右雙邊

610000－1001－0009959　普0010252

四書集注正蒙十九卷四書集字音義辨一卷　（宋）朱熹撰　清光緒十四年(1888)八旗官學刻本　六冊　九行十七字小字雙行同白口四周單邊

610000－1001－0009960　普0010253

儀禮古今文疏義十七卷　（清）胡承珙撰　清光緒三年(1877)湖北崇文書局刻本　四冊　十二行二十四字小字雙行同上下黑口四周單邊

610000－1001－0009961　普0010254

春秋左傳五十卷 （晉）杜預 （宋）林堯叟注釋 清刻本 十四冊 八行十七字小字雙行同白口四周單邊

610000－1001－0009962　普0010255

周官精義十二卷 （清）連斗山註釋 清刻本 八冊 十行二十三字小字雙行同白口四周單邊

610000－1001－0009963　普0010256

周官精義十二卷 （清）連斗山註釋 清嘉慶二十三年(1818)山淵堂刻本 六冊 九行二十三字小字雙行同白口左右雙邊

610000－1001－0009964　普0010257

二十四史約編八卷首一卷 （清）鄭元慶撰 清光緒二十九年(1903)支那書局石印本 七冊 十二行三十一字小字雙行同白口四周雙邊 缺一卷(五)

610000－1001－0009965　普0010266

十國春秋一百一十四卷附拾遺一卷備考一卷 （清）吳任臣撰 清光緒十二年(1886)海虞陳氏刻本 十六冊 十行二十一字小字雙行同白口左右雙邊 缺十二卷(二十八至三十九)

610000－1001－0009966　普0010267

東萊先生音註唐鑑二十四卷 （宋）范祖禹撰 （明）呂祖謙註 清光緒十六年(1890)柏經正堂刻本 四冊 九行十八字小字雙行同上下黑口四周單邊

610000－1001－0009967　普0010268

漢藝文志攷證十卷 （宋）王應麟撰 清刻本 二冊 十行二十字小字雙行同白口左右雙邊

610000－1001－0009968　普0010269

五代史校勘札記七十四卷 （清）劉光蕡撰 清光緒十七年(1891)陝甘味經書院刻本 四冊 十二行二十一字小字雙行同白口四周雙邊

610000－1001－0009969　普0010270

史漢駢枝一卷 （清）成儒撰 清光緒十四年(1888)廣雅書局刻本 一冊 十一行二十四字上下黑口四周單邊

610000－1001－0009970　普0010271

明史稿三百十卷目錄三卷 （清）王鴻緒撰 清刻本 十冊 十一行二十三字白口左右雙邊 存二十六卷(表一至九、列傳一至十五、志七十六至七十七)

610000－1001－0009971　普0010272

遼史拾遺補五卷 （清）楊復吉輯 清光緒三年(1877)江蘇書局刻本 二冊 十行二十一字白口左右雙邊

610000－1001－0009972　普0010273

遼史拾遺二十四卷 （清）厲鶚撰 清光緒元年(1875)江蘇書局刻本 八冊 十行二十一字白口左右雙邊

610000－1001－0009973　普0010274

漢書評林一百卷 （明）凌稚隆輯校 清刻本 十三冊 十行二十一字小字雙行同白口四周單邊 存十五卷(六至十五、二十至二十一、二十七至二十八、三十)

610000－1001－0009974　普0010275

遼金元三史語解 （清）高宗弘曆撰 清光緒四年(1878)江蘇書局刻本 十冊 十二行字數不等白口左右雙邊

610000－1001－0009975　普0010276

前漢書一百二十卷 （漢）班固撰 （漢）班昭續撰 （唐）顏師古注 清同治十二年(1873)嶺東使署刻本 十六冊 十二行二十五字小字雙行三十七字白口左右雙邊

610000－1001－0009976　普0010277

廿二史劄記三十六卷首一卷補遺一卷 （清）趙翼撰 清光緒二十五年(1899)上海千頃堂石印本 六冊 十六行四十字白口四周雙邊

610000－1001－0009977　普0010278

資治通鑑綱目五十九卷 （宋）朱熹撰 清光緒二年(1876)刻本 三十冊 九行二十字小字雙行同上下黑口四周雙邊

610000－1001－0009978　普0010279

後漢書九十卷　（南朝宋）范曄撰　（唐）李賢注　**補注續漢書八志三十卷**　（晉）司馬彪撰　（南朝梁）劉昭注　清同治十二年(1873)嶺東使署刻本　十三冊　十二行二十五字小字雙行三十七字白口左右雙邊　缺二十二卷（十八至三十九）

610000－1001－0009979　普0010280

南北史補志十四卷　（清）汪士鐸撰　清光緒四年(1878)淮南書局刻本　六冊　十二行二十五字小字雙行同白口左右雙邊

610000－1001－0009980　普0010281

南北史補志十四卷　（清）汪士鐸撰　清光緒四年(1878)淮南書局刻本　六冊　十二行二十五字小字雙行同白口左右雙邊

610000－1001－0009981　普0010282

明通鑑目錄二十卷　（清）夏燮撰　清光緒二十五年(1899)湖北官書處刻本　八冊　十一行三十字小字雙行同上下黑口四周雙邊

610000－1001－0009982　普0010283

通鑑釋文辯誤十二卷　（元）胡三省撰　清刻本　四冊　十行二十字小字雙行同上下黑口四周雙邊

610000－1001－0009983　普0010284

綱鑑不分卷　（□）□□撰　抄本　九冊　八行二十二字小字雙行同

610000－1001－0009984　普0010285

資治通鑑目錄三十卷　（宋）司馬光編集　清光緒二十六年(1900)圖書集成局鉛印本　四冊　行數不等大小字不等白口四周單邊

610000－1001－0009985　普0010288

明通鑑九十卷首一卷前編四卷附編六卷　（清）夏燮撰　清光緒二十三年(1897)湖北官書處刻本　四十冊　十行二十一字小字雙行同上下黑口四周雙邊

610000－1001－0009986　普0010289

御批歷代通鑑輯覽一百二十卷　（清）傅恆等纂　清光緒二十年(1894)湖南澹雅書局刻本

六十冊　十一行二十二字小字雙行同白口四周雙邊

610000－1001－0009987　普0010290

資治通鑑二百九十四卷　（宋）司馬光撰（元）胡三省音註　清光緒二十六年(1900)圖書集成局鉛印本　四十冊　十六行四十三字小字雙行五十九字白口四周單邊

610000－1001－0009988　普0010291

御撰資治通鑑綱目三編五卷　（清）張廷玉等撰　清光緒二十五年(1899)上海鴻寶齋石印本　二冊　二十四行五十六字白口四周雙邊

610000－1001－0009989　普0010296

湘軍志十六卷　王闓運撰　清光緒二十四年(1898)致知書局刻本　一冊　十四行三十二字白口四周雙邊

610000－1001－0009990　普0010299

熙朝紀政六卷　（清）王慶雲述　清光緒二十四年(1898)石印本　六冊　十行二十二字白口左右雙邊

610000－1001－0009991　普0010300

御批歷代通鑑輯覽一百二十卷　（清）傅恆等纂　清光緒三十年(1904)上海圖書集成局鉛印本　三十二冊　十四行四十二字小字雙行同白口四周單邊

610000－1001－0009992　普0010304

貳臣傳十二卷逆臣傳四卷　（清）國史館編　清刻本　八冊　九行二十字小字雙行同白口四周單邊

610000－1001－0009993　普0010305

鼎鍥趙田了凡袁先生編纂古本歷史大方綱鑑補三十九卷首一卷　（明）袁黃編纂　清光緒三十年(1904)酉記書局刻本　二十七冊　十二行二十八字小字雙行同白口左右雙邊

610000－1001－0009994　普0010306

綱鑑會編九十八卷　（清）葉澐輯錄　清刻本　五十五冊　十一行二十三字小字雙行同下黑口左右雙邊　缺二卷（四十九至五十）

610000－1001－0009995　普0010306

御撰資治通鑑綱目三編二十卷　（清）張廷玉
等撰　清刻本　八冊　十一行二十二字下黑
口左右雙邊

610000－1001－0009996　普0010307

綱鑑擇語十卷　（清）司徒修輯　清同治六年
（1867）刻本　八冊　九行二十二字白口四周
單邊

610000－1001－0009997　普0010308

中東戰紀本末八卷首一卷末一卷續編四卷文
學與國策二卷　（美國）林樂知著譯　（清）蔡
爾康纂輯　清光緒二十三年（1897）圖書集成
局鉛印本　十二冊　十三行四十字白口四周
單邊　缺二卷（文學與國策一至二）

610000－1001－0009998　普0010309

俄土戰紀六卷附錄一卷　（清）湯叡譯　清光
緒二十三年（1897）上海大同譯書局石印本
二冊　十一行二十四字上下黑口四周單邊

610000－1001－0009999　普0010310

日俄戰史四卷　（清）應雄圖編　（清）雷啟中
修　清末鉛印本　四冊　十二行三十字白口
四周雙邊

610000－1001－0010000　普0010311

支那通史四卷　（日本）那珂通世編　清光緒
味經官書局鉛印本　五冊　十一行二十七字
小字雙行同上下黑口四周單邊

610000－1001－0010001　普0010312

鑑撮四卷　（清）曠敏本編　清刻本　四冊
九行二十字小字雙行同下黑口四周雙邊

610000－1001－0010002　普0010315

元史紀事本末二十七卷　（明）陳邦瞻編
（明）張溥論正　清光緒十四年（1888）上海書
業公所崇德堂鉛印本　二冊　十五行四十字
白口四周雙邊

610000－1001－0010003　普0010317

中國文明小史十五章　（日本）田口卯吉著
（清）劉陶譯　清光緒二十八年（1902）廣智書局
鉛印本　一冊　十二行三十一字白口四周雙邊

610000－1001－0010004　普0010319

南疆繹史勘本三十卷首二卷　（清）温睿臨撰
　繹史卹諡考八卷摭遺十八卷　（清）李瑤撰
　清道光十年（1830）刻本　十六冊　九行二
十字白口左右雙邊

610000－1001－0010005　普0010320

豫軍紀略十二卷　（清）尹耕雲等纂　清同治
十一年（1872）刻本　十二冊　九行二十字白
口四周雙邊

610000－1001－0010006　普0010321

西洋歷史教科書二卷　（清）□□編　清光緒
味經官書局鉛印本　二冊　十一行二十五字
小字雙行同下黑口四周雙邊

610000－1001－0010007　普0010322

西洋歷史教科書二卷　（清）□□編　清光緒
味經官書局鉛印本　二冊　十一行二十五字
小字雙行同下黑口四周雙邊

610000－1001－0010008　普0010323

中國歷史問答十六卷　（清）邵義譯輯　清光
緒二十八年（1902）商務印書館鉛印本　一冊
十二行二十七字下黑口四周雙邊

610000－1001－0010009　普0010324

中國歷史問答十六卷　（清）邵義譯輯　清光
緒二十八年（1902）商務印書館鉛印本　一冊
十二行二十七字下黑口四周雙邊

610000－1001－0010010　普0010325

世界歷史問答四篇　（日本）酒井勉著　清光
緒三十一年（1905）商務印書館鉛印本　一冊
十二行二十七字下黑口四周雙邊

610000－1001－0010011　普0010326

世界歷史問答四篇　（日本）酒井勉著　清光
緒三十一年（1905）商務印書館鉛印本　一冊
十二行二十七字下黑口四周雙邊

610000－1001－0010012　普0010327

世界歷史問答四篇　（日本）酒井勉著　清光
緒三十一年（1905）商務印書館鉛印本　一冊
十二行二十七字下黑口四周雙邊

610000－1001－0010013　普0010328

宋史紀事本末一百〇九卷　（明）馮琦撰
（明）陳邦瞻增訂　（明）張溥論正　清光緒十
四年(1888)上海書業公所鉛印本　八冊　十
五行四十字白口四周雙邊

610000－1001－0010014　普0010329

歷朝紀事本末九種　（清）陳如升　（清）朱記
榮輯　清光緒十四年(1888)上海書業公所鉛
印本　五十六冊　十五行四十字白口四周
雙邊

610000－1001－0010015　普0010330

資治新書初集十四卷首一卷二集二十卷
(清)李漁輯　清光緒二十年(1894)上海圖書
集成印書局鉛印本　十二冊　十二行四十字
白口四周單邊

610000－1001－0010016　普0010331

拳教析疑說一卷義和拳教門源流考書後一卷
　勞乃宣輯　清光緒二十八年(1902)刻本
一冊　八行二十二字白口四周雙邊

610000－1001－0010017　普0010332

埃及近世史二十七章　（日本）柴四郎著
(清)章起謂譯　清光緒二十九年(1903)上海
商務印書館鉛印本　一冊　十五行三十二字
上下黑口四周單邊

610000－1001－0010018　普0010333

埃及近世史二十七章　（日本）柴四郎著
(清)章起謂譯　清光緒二十九年(1903)上海
商務印書館鉛印本　一冊　十五行三十二字
上下黑口四周單邊

610000－1001－0010019　普0010334

埃及近世史二十七章　（日本）柴四郎著
(清)章起謂譯　清光緒二十九年(1903)上海
商務印書館鉛印本　一冊　十五行三十二字
上下黑口四周單邊

610000－1001－0010020　普0010335

俄羅斯史十六章附俄羅斯史中大事年譜一章
　（俄國）伊羅瓦伊基著　（日本）八代六郎譯
清光緒二十九年(1903)上海商務印書館鉛

印本　一冊　十五行三十二字上下黑口四周
單邊

610000－1001－0010021　普0010336

俄羅斯史十六章附俄羅斯史中大事年譜一章
　（俄國）伊羅瓦伊基著　（日本）八代六郎譯
清光緒二十九年(1903)上海商務印書館鉛
印本　一冊　十五行三十二字上下黑口四周
單邊

610000－1001－0010022　普0010337

俄羅斯史十六章附俄羅斯史中大事年譜一章
　（俄國）伊羅瓦伊基著　（日本）八代六郎譯
清光緒二十九年(1903)上海商務印書館鉛
印本　一冊　十五行三十二字上下黑口四周
單邊

610000－1001－0010023　普0010338

西洋歷史教科書二卷附中西名表一卷　（英
國）默爾化著　（清）出洋學生編輯所譯述
清光緒三十一年(1905)上海商務印書館鉛印
本　二冊　十五行三十二字上下黑口四周
單邊

610000－1001－0010024　普0010339

西洋歷史教科書二卷附中西名表一卷　（英
國）默爾化著　（清）出洋學生編輯所譯述
清光緒三十一年(1905)上海商務印書館鉛印
本　二冊　十五行三十二字上下黑口四周
單邊

610000－1001－0010025　普0010341

節本泰西新史攬要八卷　（英國）李提摩太譯
　（清）周慶雲節錄　清光緒二十七年(1901)
夢坡室刻本　二冊　十二行二十四字上下黑
口左右雙邊

610000－1001－0010026　普0010342

節本泰西新史攬要八卷　（英國）李提摩太譯
　（清）周慶雲節錄　清光緒二十七年(1901)
夢坡室刻本　二冊　十二行二十四字上下黑
口左右雙邊

610000－1001－0010027　普0010343

東關紀略二卷附錄一卷　（清）林慶炳輯　清

光緒九年(1883)刻本 一冊 十行二十二字白口左右雙邊

610000－1001－0010028 普0010344

歐洲列國戰事本末二十二卷 王樹枬撰 清光緒二十八年(1902)中衛縣署石印本 六冊 十行二十二字小字雙行不等上下黑口左右雙邊

610000－1001－0010029 普0010345

中西紀事二十四卷 (清)江上蹇叟 (清)夏燮撰 清光緒十三年(1887)鉛印本 七冊 十一行二十七字白口四周單邊 缺四卷(九至十二)

610000－1001－0010030 普0010347

國朝先正事略六十卷 (清)李元度纂 清同治五年(1866)循陔草堂刻本 二十四冊 十行二十四字白口左右雙邊

610000－1001－0010031 普0010348

京師大學堂史學科講義二卷 (清)屠寄撰 清光緒味經官書局鉛印本 一冊 九行二十五字小字雙行同下黑口四周雙邊

610000－1001－0010032 普0010349

御批歷代通鑑輯覽一百二十卷 (清)傅恆等纂 清光緒三十一年(1905)商務印書館鉛印本 二十四冊 十五行二十八字小字雙行四十三字白口四周單邊

610000－1001－0010033 普0010350

海東逸史十八卷 (清)翁洲老民撰 (清)徐幹校刊 清光緒邵武徐氏刻本 一冊 九行二十二字白口左右雙邊

610000－1001－0010034 普0010351

一八九八年之西美戰史十六章 (法國)勃利德著 (清)李景鎬 (清)希周甫譯 清光緒三十年(1904)江南機器製造總局鉛印本 二冊 十三行三十字白口四周單邊

610000－1001－0010035 普0010352

一八九八年之西美戰史十六章 (法國)勃利德著 (清)李景鎬 (清)希周甫譯 清光緒三十年(1904)江南機器製造總局鉛印本 二冊 十三行三十字白口四周單邊

610000－1001－0010036 普0010353

彼得興俄記一卷 王樹枬撰 清刻本 一冊 十行二十二字上下黑口左右雙邊

610000－1001－0010037 普0010354

歷代名將事略二卷 陸軍部鑒定 清光緒三十三年(1907)鉛印本 二冊 十行十九字白口四周雙邊

610000－1001－0010038 普0010358

歐洲東方交涉記十二卷 (英國)麥高爾輯著 (美國)林樂知 (美國)瞿昂來譯 清光緒六年(1880)刻本 二冊 十行二十二字小字雙行同上下黑口左右雙邊

610000－1001－0010039 普0010359

英俄印度交涉書一卷續編一卷 (英國)馬文著 (英國)羅亨利 (英國)瞿昂來譯 清末刻本 一冊 十行二十二字上下黑口左右雙邊

610000－1001－0010040 普0010360

元史紀事本末二十七卷 (明)陳邦瞻編 (明)臧懋循補輯 (明)張溥論正 清刻本 三冊 九行二十字白口左右雙邊

610000－1001－0010041 普0010361

俄國蠶食亞洲史略一卷 (清)養浩齋主人輯譯 清光緒二十八年(1902)上海廣智書局鉛印本 一冊 十二行二十六字小字雙行同白口四周雙邊

610000－1001－0010042 普0010362

那波唎翁戰史二卷 (□)□□撰 清末石印本 二冊 十一行二十六字小字雙行同白口四周雙邊

610000－1001－0010043 普0010363

京師大學堂萬國史講義一卷 (日本)服部宇之吉講述 清光緒陝西味經官書局鉛印本 一冊 九行二十五字小字雙行同下黑口四周雙邊

610000－1001－0010044 普0010364

戰史叢書□□集 （美國）耶特瓦德斯邊等著 （日本）越山平三郎等譯 清光緒二十九年 （1903）商務印書館鉛印本 一冊 十四行三 十三字上下黑口四周雙邊 存第一集第五編 三種

610000－1001－0010045 普0010365

戰史叢書□□集 （美國）耶特瓦德斯邊等著 （日本）越山平三郎等譯 清光緒二十九年 （1903）商務印書館鉛印本 一冊 十四行三 十三字上下黑口四周雙邊 存第一集第五編 三種

610000－1001－0010046 普0010366

戰史叢書□□集 （美國）耶特瓦德斯邊等著 （日本）越山平三郎等譯 清光緒二十九年 （1903）商務印書館鉛印本 一冊 十四行三 十三字上下黑口四周雙邊 存第一集第五編 三種

610000－1001－0010047 普0010367

羅馬史要十三卷首一卷 （英國）艾約瑟 （清）華南圭譯 清光緒二十八年（1902）上海 點石齋石印本 二冊 十三行三十字白口四 周雙邊

610000－1001－0010048 普0010368

歐羅巴通史四卷 （日本）箕作元八 （日本） 峯岸米造纂 （清）胡景伊等譯 清光緒二十 六年（1900）東亞譯書會鉛印本 四冊 十行 二十五字小字雙行同白口四周雙邊

610000－1001－0010049 普0010370

法蘭西史五卷 （清）商務印書館編譯 （清） 張宗弼校 清光緒二十九年（1903）商務印書 館鉛印本 一冊 十五行三十二字上下黑口 四周單邊

610000－1001－0010050 普0010371

法蘭西史五卷 （清）商務印書館編譯 （清） 張宗弼校 清光緒二十九年（1903）商務印書 館鉛印本 一冊 十五行三十二字上下黑口 四周單邊

610000－1001－0010051 普0010372

法蘭西史五卷 （清）商務印書館編譯 （清） 張宗弼校 清光緒二十九年（1903）商務印書 館鉛印本 一冊 十五行三十二字上下黑口 四周單邊

610000－1001－0010052 普0010373

羅馬史二卷 （日本）占部百太郎撰 （清）章 起渭等譯 清光緒二十九年（1903）商務印書 館鉛印本 二冊 十五行三十二字上下黑口 四周單邊

610000－1001－0010053 普0010374

羅馬史二卷 （日本）占部百太郎撰 （清）章 起渭等譯 清光緒二十九年（1903）商務印書 館鉛印本 二冊 十五行三十二字上下黑口 四周單邊

610000－1001－0010054 普0010375

羅馬史二卷 （日本）占部百太郎撰 （清）章 起渭等譯 清光緒二十九年（1903）商務印書 館鉛印本 二冊 十五行三十二字上下黑口 四周單邊

610000－1001－0010055 普0010376

滇粹不分卷 （清）呂志伊 （清）李根源輯 清光緒三十四年（1908）鉛印本 一冊 十二 行三十二字白口四周雙邊

610000－1001－0010056 普0010377

滇粹不分卷 （清）呂志伊 （清）李根源輯 清光緒三十四年（1908）鉛印本 一冊 十二 行三十二字白口四周雙邊

610000－1001－0010057 普0010378

滇粹不分卷 （清）呂志伊 （清）李根源輯 清光緒三十四年（1908）鉛印本 一冊 十二 行三十二字白口四周雙邊

610000－1001－0010058 普0010380

九史同姓名略七十二卷補遺四卷 （清）汪輝 祖撰 清刻本 八冊 八行小字雙行二十四 字上下黑口四周單邊 缺三十八卷（一至三 十八）

610000－1001－0010059 普0010381

泰西新史攬要二十四卷 （英國）李提摩太譯

（清）蔡爾康述　清光緒二十八年(1902)商務印書館鉛印本　七冊　十一行二十七字白口左右雙邊

610000－1001－0010060　普0010382

泰西新史攬要二十四卷　（英國)李提摩太譯（清）蔡爾康述　清光緒二十八年(1902)商務印書館鉛印本　七冊　十一行二十七字白口左右雙邊

610000－1001－0010061　普0010383

泰西新史攬要二十四卷　（英國)李提摩太譯（清）蔡爾康述　清光緒二十二年(1896)刻本　八冊　十行二十七字白口左右雙邊

610000－1001－0010062　普0010384

西史綱目二十卷　（清）周維翰撰　清光緒二十七年(1901)石印本　十冊　十三行二十八字白口四周雙邊

610000－1001－0010063　普0010385

中等美國歷史教科書二十章中等英國歷史教科書三篇中等法國歷史教科書九章　（清）南洋官書局譯訂　清光緒三十一年(1905)南洋官書局石印本　四冊　九行二十六字下黑口四周雙邊

610000－1001－0010064　普0010386

孔子編年四卷　（清）狄子奇編　清光緒十三年(1887)浙江書局刻本　一冊　十行二十二字小字雙行同白口左右雙邊

610000－1001－0010065　普0010389

欽定剿平粵匪方略四百二十卷　（清）奕訢撰　清同治十一年(1872)鉛印本　二百〇八冊　七行二十字上下黑口四周雙邊

610000－1001－0010066　普0010390

國朝先正事略六十卷　（清）李元度纂　清同治五年(1866)循陔草堂刻本　二十四冊　十行二十四字白口左右雙邊

610000－1001－0010067　普0010392

國朝先正事略六十卷　（清）李元度纂　**中興名臣事略八卷**　（清）朱孔彰撰　清光緒二十五年(1899)上海圖書集成局鉛印本　十二冊

十八行四十四字白口四周單邊

610000－1001－0010068　普0010394

陸清獻公年譜一卷　（清）吳光酉編　清光緒涇陽柏經正堂刻本　一冊　九行二十字小字雙行同下黑口四周單邊

610000－1001－0010069　普0010395

大日本中興先覺志二卷　（日本)岡本監輔著　清光緒二十七年(1901)開導社刻本　二冊　十行二十字白口四周雙邊

610000－1001－0010070　普0010403

王山史先生年譜□□卷附遺事一卷　（清）康乃心訂　清光緒二十三年(1897)華陰敬義堂刻本　一冊　八行二十字小字雙行同白口四周單邊　存一卷(遺事一)

610000－1001－0010071　普0010403

王氏宗祠志一卷　（清）王弘撰定　清光緒二十一年(1895)刻本　一冊　八行二十字小字雙行同白口四周單邊

610000－1001－0010072　普0010405

延平四先生年譜四卷　（清）毛念恃訂　清刻本　二冊　九行二十字白口四周雙邊

610000－1001－0010073　普0010406

通鑑至聖備考全集二卷　（清）蒲申錫輯　清嘉慶二十二年(1817)刻本　二冊　九行二十三字小字雙行同白口四周雙邊

610000－1001－0010074　普0010407

皇朝謚法考五卷續編一卷補編一卷　（清）鮑康撰　清光緒三年(1877)退補齋胡氏刻本　二冊　十行二十四字小字雙行同白口左右雙邊

610000－1001－0010075　普0010409

許魯齋先生年譜一卷心法約編一卷　（清）鄭士範編集　清光緒六年(1880)刻本　一冊　十行二十二字小字雙行同下黑口四周雙邊

610000－1001－0010076　普0010410

嘉定錢氏潛研堂全書二十一種　（清）錢大昕撰　清光緒十年(1884)長沙龍氏家塾刻本

一冊　十行二十二字小字雙行同上下黑口左
右雙邊　存四種

610000－1001－0010077　普0010418
疇人傳四十六卷續六卷　（清）阮元撰　（清）
羅士琳續補　清光緒八年(1882)海鑒常惺齋
張氏刻本　十二冊　十行二十字小字雙行同
白口左右雙邊

610000－1001－0010078　普0010419
江楚兩制軍會奏變通政治全集一卷　（清）劉
坤一　（清）張之洞撰　清光緒二十七年
(1901)上海寶善齋石印本　一冊　十九行三
十八字白口四周雙邊

610000－1001－0010079　普0010420
古聖徒殉難記三卷　（清）廣學會編　清末鉛
印本　一冊　十三行三十三字白口四周雙邊
　存一卷(中)

610000－1001－0010080　普0010424
**誥授中憲大夫署理順天霸昌道祥符劉公崇祀
鄉賢題稿一卷**　（□）□□撰　清刻本　一冊
十行二十一字上中下黑口四周雙邊

610000－1001－0010081　普0010425
王烈婦孫宜人哀辭不分卷　（清）孫念祖等撰
清光緒元年(1875)刻本　一冊　十行二十
一字小字雙行同上下黑口四周單邊

610000－1001－0010082　普0010449
**左文襄公奏稿初編三十八卷續編七十六卷三
編六卷**　（清）左宗棠撰　清光緒二十八年
(1902)古香閣石印本　十二冊　二十行四十
字白口四周雙邊

610000－1001－0010083　普0010450
泰西人物韻編五卷　（清）汪成教編　清光緒
二十九年(1903)上海書局石印本　五冊　十
一行二十五字小字雙行同白口四周雙邊

610000－1001－0010084　普0010451
泰西人物韻編五卷　（清）汪成教編　清光緒
二十九年(1903)上海書局石印本　五冊　十
一行二十五字小字雙行同白口四周雙邊

610000－1001－0010085　普0010452
泰西人物韻編五卷　（清）汪成教編　清光緒
二十九年(1903)上海書局石印本　五冊　十
一行二十五字小字雙行同白口四周雙邊

610000－1001－0010086　普0010454
讀史方輿紀要一百三十卷　（清）顧祖禹撰
清光緒二十九年(1903)上海益吾齋石印本
二十四冊　十八行三十二字白口四周雙邊

610000－1001－0010087　普0010456
**敬告牧令學官勸導士民入學堂習洋文條義一
卷**　（清）顧家相撰　清末刻本　一冊　十一
行二十五字小字雙行同上下黑口左右雙邊

610000－1001－0010088　普0010457
**敬告牧令學官勸導士民入學堂習洋文條義一
卷**　（清）顧家相撰　清末刻本　一冊　十一
行二十五字上下黑口左右雙邊

610000－1001－0010089　普0010458
**敬告牧令學官勸導士民入學堂習洋文條義一
卷**　（清）顧家相撰　清末刻本　一冊　十一
行二十五字上下黑口左右雙邊

610000－1001－0010090　普0010465
內閣撰擬文字二卷　（清）鮑康編　二編二卷
（清）徐士鑾編　三編一卷　（清）丁士彬編
清同治刻本　四冊　十行二十四字白口左
右雙邊　缺一卷(二編下)

610000－1001－0010091　普0010470
曾忠襄公奏議三十二卷　（清）曾國荃著　清
光緒二十九年(1903)刻本　二十九冊　十行
二十四字下黑口左右雙邊

610000－1001－0010092　普0010472
同治中興京外奏議約編八卷　（清）陳弢編
清光緒元年(1875)簠劍囊琴之室刻本　四冊
十行二十二字白口左右雙邊

610000－1001－0010093　普0010473
彭剛直公奏稿八卷詩集八卷　（清）彭玉麟著
清光緒十七年(1891)吳下刻本　八冊　十
行二十四字白口左右雙邊

610000－1001－0010094　普0010478

皇清誥授奉政大夫守陝西潼關聽同知浙江紹興府會稽縣石潼坊顧府君年五十七行述一卷　（清）顧壽楨述　清咸豐十年(1860)刻本　一冊　八行二十二字白口四周雙邊

610000－1001－0010095　普0010481

忠孝節義見聞紀略一卷　（清）趙嘉肇撰　清光緒十六年(1890)渭南縣署四槐堂刻本　一冊　八行二十一字上下黑口四周雙邊

610000－1001－0010096　普0010483

朱子年譜一卷　（清）鄭士範編　清光緒六年(1880)刻本　一冊　十行二十二字下黑口四周雙邊

610000－1001－0010097　普0010485

黃帝五書　（清）孫星衍校　清光緒十年(1884)吳縣朱氏槐廬家塾刻本　一冊　十一行二十字白口左右雙邊　存三種

610000－1001－0010098　普0010487

誥封章母顧太宜人墓誌銘一卷家傳一卷　(清)顧家相撰　清末刻本　一冊　九行二十一字上下黑口四周雙邊

610000－1001－0010099　普0010488

欽旌節烈樓母李太宜人家傳題辭一卷　（清）樓壽康編　清末刻本　一冊　十行二十字白口四周雙邊

610000－1001－0010100　普0010490

改正世界地理學六卷首一卷　（清）吳闓生編譯　清光緒三十一年(1905)上海文明書局鉛印本　二冊　九行二十六字下黑口四周雙邊

610000－1001－0010101　普0010491

輿地學課程不分卷戊戌遊記不分卷　（清）姚炳奎著　清光緒湖北經心書院刻本　八冊　九行二十一字小字雙行同下黑口左右雙邊

610000－1001－0010102　普0010492

輿地學課程不分卷戊戌遊記不分卷　（清）姚炳奎著　清光緒湖北經心書院刻本　八冊　九行二十一字小字雙行同下黑口左右雙邊

610000－1001－0010103　普0010493

今水經一卷表一卷　（清）黃宗羲撰　清光緒三年(1877)湖北崇文書局刻本　一冊　十二行二十四字小字雙行同上下黑口四周雙邊

610000－1001－0010104　普0010495

揚子江流域現勢論四編　（日本）林繁撰　（清）汪國屏譯　清光緒二十八年(1902)上海廣智書局鉛印本　一冊　十二行三十一字白口四周雙邊

610000－1001－0010105　普0010496

中等地理教科書二卷　（清）□□編　清末味經官書局鉛印本　二冊　十一行二十五字小字雙行同上下黑口四周雙邊

610000－1001－0010106　普0010497

蒙學地文教科書四章　（清）錢承駒撰　清光緒三十二年(1906)上海文明書局鉛印本　一冊　九行二十字小字雙行同下黑口四周雙邊

610000－1001－0010107　普0010498

蒙學地文教科書四章　（清）錢承駒撰　清光緒三十二年(1906)上海文明書局鉛印本　一冊　九行二十字小字雙行同下黑口四周雙邊

610000－1001－0010108　普0010499

蒙學地文教科書四章　（清）錢承駒撰　清光緒三十二年(1906)上海文明書局鉛印本　一冊　九行二十字小字雙行同下黑口四周雙邊

610000－1001－0010109　普0010502

外國地理學校教科書三卷　（日本）白洋一夫譯述　清光緒二十八年(1902)同文滬報館石印本　一冊　十行二十四字小字雙行同白口四周雙邊

610000－1001－0010110　普0010506

日本政治地理七編　（日本）矢津昌永撰　(清)陶鎔譯　清光緒二十八年(1902)商務印書館鉛印本　一冊　十五行三十二字小字雙行同上下黑口四周單邊

610000－1001－0010111　普0010508

秦疆治略一卷　（清）盧坤撰　清道光七年(1827)謝氏賜書堂刻本　一冊　十行二十字

白口左右雙邊

610000－1001－0010112　普0010509

上諭條例不分卷(清道光三十年至咸豐九年)
（清)□□編　清咸豐刻本　七冊　八行二
十一字小字雙行同白口四周雙邊

610000－1001－0010113　普0010510

皇朝通典一百卷　（清)嵇璜等纂　清光緒二
十八年(1902)上海鴻寶書局石印本　八冊
二十二行四十七字小字雙行同白口四周單邊

610000－1001－0010114　普0010511

皇朝通典一百卷　（清)嵇璜等纂　清光緒二
十八年(1902)上海鴻寶書局石印本　八冊
二十二行四十八字白口四周單邊

610000－1001－0010115　普0010512

欽定續通典一百五十卷　（清)嵇璜等纂　清
光緒二十八年(1902)上海鴻寶書局石印本
八冊　二十二行四十八字白口四周單邊

610000－1001－0010116　普0010513

欽定續通典一百五十卷　（清)曹仁虎等纂
清光緒二十八年(1902)上海鴻寶書局石印本
綫裝　二十二行四十八字白口四周單邊

610000－1001－0010117　普0010514

文獻通考三百四十八卷　（元)馬端臨撰　清
光緒二十八年(1902)上海鴻寶書局石印本
三十二冊　二十二行四十八字白口四周單邊

610000－1001－0010118　普0010515

文獻通考三百四十八卷　（元)馬端臨撰　清
光緒二十八年(1902)上海鴻寶書局石印本
綫裝　二十二行四十八字白口四周單邊

610000－1001－0010119　普0010516

皇朝文獻通考三百卷　（清)嵇璜等纂　清光
緒二十八年(1902)上海鴻寶書局石印本　三
十二冊　二十二行四十八字白口四周單邊

610000－1001－0010120　普0010517

皇朝文獻通考三百卷　（清)嵇璜等纂　清
緒二十八年(1902)上海鴻寶書局石印本　三
十二冊　二十二行四十八字白口四周單邊

610000－1001－0010121　普0010518

皇朝通志一百二十六卷　（清)嵇璜等纂　清
光緒二十八年(1902)上海鴻寶書局石印本
八冊　二十二行四十八字白口四周單邊

610000－1001－0010122　普0010519

皇朝通志一百二十六卷　（清)嵇璜等纂　清
光緒二十八年(1902)上海鴻寶書局石印本
八冊　二十二行四十八字白口四周單邊

610000－1001－0010123　普0010520

欽定續通志六百四十卷　（清)嵇璜等纂　清
光緒二十八年(1902)上海鴻寶書局石印本
四十冊　二十二行四十八字白口四周單邊

610000－1001－0010124　普0010521

通志二百卷　（宋)鄭樵撰　清光緒二十八年
(1902)上海鴻寶書局石印本　四十冊　二十
二行四十八字白口四周單邊

610000－1001－0010125　普0010522

皇朝文獻通考輯要二十六卷　（清)嵇璜等纂
修　（清)湯壽潛輯要　清光緒二十五年
(1899)上海圖書集成局鉛印本　十冊　十四
行四十二字小字雙行同白口四周單邊

610000－1001－0010126　普0010523

新撰亞細亞洲大地志七章　（日本)山上萬次
郎編　（清)葉瀚譯　清光緒二十七年(1901)
上海正記書局石印本　四冊　十五行三十字
小字雙行同上下黑口四周單邊

610000－1001－0010127　普0010524

新撰亞細亞洲大地志七章　（日本)山上萬次
郎編　（清)葉瀚譯　清光緒二十七年(1901)
上海正記書局石印本　四冊　十五行三十字
小字雙行同上下黑口四周單邊

610000－1001－0010128　普0010525

新撰亞細亞洲大地志七章　（日本)山上萬次
郎編　（清)葉瀚譯　清光緒二十七年(1901)
上海正記書局石印本　四冊　十五行三十字
小字雙行同上下黑口四周單邊

610000－1001－0010129　普0010527

地文學問答十一章　（清)邵義譯　清光緒三

十二年(1906)上海商務印書館鉛印本　一冊
十二行二十七字白口四周雙邊

610000－1001－0010130　普0010528

地文學問答十一章　(清)邵羲譯　清光緒三
十二年(1906)上海商務印書館鉛印本　一冊
十二行二十七字白口四周雙邊

610000－1001－0010131　普0010529

地文學問答十一章　(清)邵羲譯　清光緒三
十二年(1906)上海商務印書館鉛印本　一冊
十二行二十七字白口四周雙邊

610000－1001－0010132　普0010531

三河創業記五卷　(清)范壽金撰　清光緒三
十三年(1907)石印本　一冊　十四行三十字
白口四周雙邊　存一卷(一)

610000－1001－0010133　普0010532

太華紀游略一卷太白紀游略一卷　(清)趙嘉
肇撰　清光緒十年(1884)刻本　一冊　九行
二十三字上下黑口四周單邊

610000－1001－0010134　普0010533

三輔黃圖六卷　(漢)□□撰　清刻本　一冊
九行二十字白口左右雙邊　存二卷(一至
二)

610000－1001－0010135　普0010535

西征述一卷後西征述一卷　(清)蔣湘南撰
清光緒十四年(1888)長白豫山湘南臬署會心
閣刻本　一冊　十一行二十四字小字雙行同
白口左右雙邊

610000－1001－0010136　普0010536

河套圖考一卷　(清)楊江撰　清咸豐七年
(1857)刻本　一冊　八行二十二字小字雙行
同白口四周雙邊

610000－1001－0010137　普0010537

秦邊紀略六卷　(清)□□撰　清同治十一年
(1872)安徽敬義齋刻本　二冊　十二行二十
四字小字雙行同上黑口四周雙邊

610000－1001－0010138　普0010538

西寧軍務節略不分卷　(清)□□輯　清末石

印本　一冊　十行二十三字白口四周雙邊

610000－1001－0010139　普0010539

遣戍伊犁日記一卷天山客話一卷　(清)洪亮
吉撰　清光緒三年(1877)鄂垣刻本　一冊
十一行二十二字小字雙行同上下黑口四周
單邊

610000－1001－0010140　普0010540

法國新志四卷　(英國)該勒低輯　(英國)傅
紹蘭口譯　(清)潘松筆述　清光緒二十四年
(1898)江南機器製造總局刻本　二冊　十行
二十二字小字雙行不等上下黑口左右雙邊

610000－1001－0010141　普0010541

俄國新志八卷　(英國)陔勒低撰　(英國)傅
蘭雅　(清)潘松譯　清光緒二十四年(1898)
江南機器製造總局刻本　三冊　十行二十二
字上下黑口左右雙邊

610000－1001－0010142　普0010542

越南輯略二卷　(清)徐延旭編輯　清光緒三
年(1877)梧州郡署刻本　二冊　十二行二十
四字上下黑口四周雙邊

610000－1001－0010143　普0010543

海塘輯要十卷首一卷附釋一卷　(英國)韋更
斯撰　(英國)傅蘭雅口譯　(清)趙元益筆述
清同治刻本　二冊　十行二十二字小字雙
行同上下黑口左右雙邊

610000－1001－0010144　普0010544

西域水道記五卷　(清)徐松撰　清道光三年
(1823)刻本　五冊　十一行二十八字小字雙
行同上下黑口左右雙邊

610000－1001－0010145　普0010545

浙西水利備考不分卷　(清)王鳳生纂　清光
緒四年(1878)浙江書局刻朱墨印本　四冊
九行二十三字白口四周單邊

610000－1001－0010146　普0010546

漢南紀游一卷游漢南詩一卷　(清)王志沂著
清刻本　一冊　十行二十字白口左右雙邊

610000－1001－0010147　普0010547

地球各國考略一卷　蒼涇漁者撰　清光緒二十六年(1900)復敩學舍刻本　一冊　十行二十四字白口左右雙邊

610000－1001－0010148　普0010550

水利議一卷　(清)張鵬飛撰　清道光二十八年(1848)刻本　一冊　十行二十二字白口左右雙邊

610000－1001－0010149　普0010551

水利議一卷　(清)張鵬飛撰　清道光二十八年(1848)刻本　一冊　十行二十二字白口左右雙邊

610000－1001－0010150　普0010552

三通序不分卷　(唐)杜佑著　清光緒二十八年(1902)蔣氏求實齋刻本　一冊　十行二十四字上下黑口左右雙邊

610000－1001－0010151　普0010553

三通序不分卷　(唐)杜佑著　清光緒二十八年(1902)蔣氏求實齋刻本　一冊　十行二十四字上下黑口左右雙邊

610000－1001－0010152　普0010554

緬甸國志一卷英領緬甸志一卷緬甸新志一卷暹羅國志一卷布哈爾志一卷　(清)學部編譯圖書局編　清光緒三十三年(1907)學部編譯圖書局鉛印本　一冊　十二行三十一字白口四周雙邊

610000－1001－0010153　普0010555

緬甸國志一卷英領緬甸志一卷緬甸新志一卷暹羅國志一卷布哈爾志一卷　(清)學部編譯圖書局編　清光緒三十三年(1907)學部編譯圖書局鉛印本　一冊　十二行三十一字白口四周雙邊

610000－1001－0010154　普0010556

緬甸國志一卷英領緬甸志一卷緬甸新志一卷暹羅國志一卷布哈爾志一卷　(清)學部編譯圖書局編　清光緒三十三年(1907)學部編譯圖書局鉛印本　一冊　十二行三十一字白口四周雙邊

610000－1001－0010155　普0010558

新學地理志六卷首一卷　(日本)中村五六編　(日本)頓野廣太郎補　(日本)樋田保熙譯　清光緒二十八年(1902)商務印書館鉛印本　三冊　十二行三十四字上下黑口四周雙邊

610000－1001－0010156　普0010559

新學地理志六卷首一卷　(日本)中村五六編　(日本)頓野廣太郎補　(日本)樋田保熙譯　清光緒二十八年(1902)商務印書館鉛印本　三冊　十二行三十四字上下黑口四周雙邊

610000－1001－0010157　普0010561

大英國志八卷　(清)慕維廉譯　清光緒七年(1881)上海益智書局刻本　二冊　十行二十二字白口四周雙邊

610000－1001－0010158　普0010562

大清一統志表不分卷　(清)徐午校輯　清末刻本　十二冊　行數不等大小字不等下黑口四周單邊

610000－1001－0010159　普0010563

分類時務通纂三百卷　(清)陳昌紳編　清光緒二十八年(1902)上海文瀾書局石印本　三十冊　二十二行四十七字白口四周雙邊　存一百九十卷(一百十一至三百)

610000－1001－0010160　普0010564

欽定大清會典事例九百二十卷目錄八卷　(清)托津等撰　清嘉慶刻本　三百五十九冊　十行二十字白口四周雙邊

610000－1001－0010161　普0010566

中俄界記二編首一編　(清)鄒代鈞撰　(清)曾寅校訂　清宣統三年(1911)湖北武昌亞新地學社鉛印本　二冊　十一行二十三字小字雙行二十四字下黑口四周雙邊

610000－1001－0010162　普0010567

中俄界記二編首一編　(清)鄒代鈞撰　(清)曾寅校訂　清宣統三年(1911)湖北武昌亞新地學社鉛印本　一冊　十一行二十三字小字雙行二十四字下黑口四周雙邊

610000－1001－0010163　普0010568

政治一斑四卷　(日本)檜前保人等撰　(清)

出洋學生編輯所譯　清光緒二十八年(1902)
上海商務印書館鉛印本　二冊　十五行三十
二字上下黑口四周單邊

610000－1001－0010164　普0010569

政治一斑四卷　（日本）檜前保人等撰　（清）
出洋學生編輯所譯　清光緒二十八年(1902)
上海商務印書館鉛印本　二冊　十五行三十
二字上下黑口四周單邊

610000－1001－0010165　普0010570

政治一斑四卷　（日本）檜前保人等撰　（清）
出洋學生編輯所譯　清光緒二十八年(1902)
上海商務印書館鉛印本　二冊　十五行三十
二字上下黑口四周單邊

610000－1001－0010166　普0010571

歐洲最近政治史十六章　（日本）森山守次撰
（清）商務印書館譯　清光緒二十九年
(1903)上海商務印書館鉛印本　一冊　十五
行三十二字上下黑口四周單邊

610000－1001－0010167　普0010572

歐洲新政史六編三十八章　（德國）米勒爾撰
（清）商務印書館譯　清光緒二十九年
(1903)上海商務印書館鉛印本　一冊　十七
行三十七字上下黑口四周單邊　存二十章
（一至二十）

610000－1001－0010168　普0010573

日本議會詁法六卷　（清）考察政治大臣編
清光緒三十三年(1907)政治官報局鉛印本
一冊　十二行三十字白口四周雙邊　存三卷
（四至六）

610000－1001－0010169　普0010574

日本官制通覽二編　（清）考察政治大臣編
清光緒三十四年(1908)政治官報局鉛印本
一冊　十二行三十字白口四周雙邊

610000－1001－0010170　普0010575

日本政治要覽十編　（清）考察政治大臣編
清光緒三十三年(1907)政治官報局鉛印本
二冊　十二行三十字白口四周雙邊

610000－1001－0010171　普0010576

日本統計釋例六卷附勘誤表一卷　（清）考察
政治大臣編　清末政治官報局鉛印本　二冊
十二行三十字白口四周雙邊

610000－1001－0010172　普0010577

忠武祠墓志七卷首一卷末一卷　（清）李復心
彙輯　清同治五年(1866)刻光緒十二年
(1886)重修本　四冊　九行二十字小字雙行
同白口四周雙邊

610000－1001－0010173　普0010578

日本憲法疏證四卷附一卷　（清）考察政治大
臣編　清光緒三十四年(1908)鉛印本　二冊
十二行三十字小字雙行同白口四周雙邊

610000－1001－0010174　普0010579

日本憲政略論一卷　（日本）金子堅太郎撰
清光緒政治官報局鉛印本　一冊　十三行三
十字四周雙邊

610000－1001－0010175　普0010580

全邊略記十二卷　（明）方孔炤輯　清刻本
二冊　九行二十字白口四周雙邊　存三卷
（三至四、七）

610000－1001－0010176　普0010581

吾學錄初編二十四卷　（清）吳榮光撰　清同
治九年(1870)江蘇書局刻本　六冊　九行二
十一字下黑口左右雙邊

610000－1001－0010177　普0010582

五大洲述異錄四卷　（清）藜床舊編　清光緒
二十二年(1896)上海書局石印本　四冊　十
三行三十字白口四周雙邊

610000－1001－0010178　普0010583

五大洲述異錄四卷　（清）藜床舊編　清光緒
二十二年(1896)上海書局石印本　四冊　十
三行三十字白口四周雙邊

610000－1001－0010179　普0010584

英法政概二卷　（清）劉啓彤譯　清光緒二十
三年(1897)雙梧書屋石印本　二冊　十行二
十字白口四周單邊

610000－1001－0010180　普0010585

籌鄂龜鑑七卷首一卷　（清）陳俠君輯　清光緒二十二年（1896）賜書堂石印本　六冊　十四行三十二字上黑口四周雙邊

610000－1001－0010181　普0010586
俄事新書二卷　（清）陳俠君輯　清光緒二十二年（1896）上海書局石印本　綫裝　十四行三十二字上黑口四周雙邊

610000－1001－0010182　普0010588
泰西各國采風記五卷附紀程感事詩一卷時務論一卷　（清）宋育仁編　清光緒二十二年（1896）袖海山房石印本　四冊　十二行二十五字小字雙行同白口四周雙邊

610000－1001－0010183　普0010589
歷代職官表六卷　（清）黃本驥校　（清）王廷學重校　清光緒八年（1882）上海王氏刻本　三冊　行數不等大小字不等上下黑口四周雙邊

610000－1001－0010184　普0010590
萬國近政考略十六卷　（清）鄒弢編　清光緒二十七年（1901）三借廬鉛印本　四冊　十四行四十字白口四周單邊

610000－1001－0010185　普0010591
萬國近政考略十六卷　（清）鄒弢編　清光緒二十七年（1901）三借廬鉛印本　四冊　十四行四十字白口四周單邊

610000－1001－0010186　普0010592
萬國近政考略十六卷　（清）鄒弢編　清光緒二十七年（1901）三借廬鉛印本　四冊　十四行四十字白口四周單邊

610000－1001－0010187　普0010593
政治泛論四卷　（美國）威爾遜撰　（日本）高田早苗譯　（清）商務印書館重譯　清光緒二十九年（1903）上海商務印書館鉛印本　二冊　十七行三十七字上下黑口四周單邊

610000－1001－0010188　普0010594
欽定科場條例六十卷首一卷　（清）英滙等纂　清咸豐刻本　四十八冊　九行二十字小字雙行同白口四周雙邊

610000－1001－0010189　普0010595
欽定大清會典事例一千二百二十卷目錄八卷　（清）崑岡等纂　清光緒石印本（卷六十九至八十五配清刻本）　二百三十一冊　十行二十字白口四周雙邊　缺四百七十一卷（一至二、五至六、十二至三十四、五十六至六十八、八十六至九十一、九十九至一百〇一、一百十至一百五十一、一百七十二至一百七十七、二百六十五至二百七十九、二百九十至二百九十三、三百十七至三百十八、三百二十九至三百三十一、三百三十六至三百四十二、三百六十六至四百十四、四百十八至四百十九、四百二十三至四百二十七、四百三十至四百三十二、四百三十八至四百四十、四百五十至四百五十二、四百六十七至四百七十四、四百七十六至四百八十一、四百九十九至五百二十三、五百四十二至五百四十四、六百至六百〇三、六百十四至六百三十六、六百四十三至六百四十六、六百七十一至六百九十、七百〇四至七百〇六、七百十六至七百二十二、七百四十二至七百四十三、七百九十六至八百十八、八百二十二至八百三十七、八百六十二至八百六十六、九百四十九至九百五十二、九百五十八至一千一、一千十七至一千二十、一千六十三至一千八十二、一千八十八至一千一百十、一千一百五十二至一千一百五十五、一千一百六十二至一千一百六十五、一千一百七十至一千一百九十五）

610000－1001－0010190　普0010598
日本丙午議會四卷　（清）考察政治大臣編　清光緒三十四年（1908）政治官報局鉛印本　一冊　十六行三十六字四周雙邊

610000－1001－0010191　普0010600
欽定大清會典八十卷　（清）托津等撰　清嘉慶二十三年（1818）刻本　四十冊　十行二十字小字雙行同白口四周雙邊

610000－1001－0010192　普0010601
中國財政紀略一卷　（日本）東邦協會纂　（清）吳銘譯　清光緒二十八年（1902）上海廣智書局鉛印本　一冊　十二行三十一字白口

四周雙邊

610000－1001－0010193　普0010602

續富國策四卷　（清）陳熾編　清光緒二十四年(1898)刻本　三冊　十行二十三字白口左右雙邊

610000－1001－0010194　普0010603

保富述要十七章　（英國）布來德著　（英國）傅蘭雅口譯　（清）徐家寶筆述　清末民初湖南實學書局刻本　二冊　十行二十二字上下黑口左右雙邊

610000－1001－0010195　普0010604

江西統捐章程五卷　（清）□□編　清光緒石印本　五冊　十一行二十五字白口四周雙邊

610000－1001－0010196　普0010605

俄租遼東暫行省治律一卷　（清）李家鑒譯　清光緒二十九年(1903)商務印書館鉛印本　一冊　十二行三十四字小字雙行同白口四周雙邊

610000－1001－0010197　普0010606

法蘭西政治要覽四編　（清）考察政治大臣編　清光緒三十三年(1907)政治官報局鉛印本　一冊　十二行三十字白口四周雙邊

610000－1001－0010198　普0010607

比利時政治要覽九編　（清）考察政治大臣編　清光緒三十四年(1908)政治官報局鉛印本　一冊　十二行三十字白口四周雙邊

610000－1001－0010199　普0010608

考察英國政府臣民答問不分卷　（清）考察英國憲政大臣譯　清光緒鉛印本　一冊　十二行三十字白口四周雙邊

610000－1001－0010200　普0010609

考察英國議院答問一卷　（清）考察英國憲政大臣譯　清光緒鉛印本　一冊　十二行三十字小字雙行同白口四周雙邊

610000－1001－0010201　普0010610

農工商部京師勸工陳列所章程一卷　（清）農工商部編　清末陝西圖書館鉛印本　一冊

十二行三十字白口四周雙邊

610000－1001－0010202　普0010611

農工商部京師勸工陳列所章程一卷　（清）農工商部編　清末陝西圖書館鉛印本　一冊　十二行三十字白口四周雙邊

610000－1001－0010203　普0010612

農工商部京師勸工陳列所章程一卷　（清）農工商部編　清末陝西圖書館鉛印本　一冊　十二行三十字白口四周雙邊

610000－1001－0010204　普0010613

歐美政體通覽一卷　（日本）上野貞吉著　(清)出洋學生編輯所編　清光緒二十八年(1902)商務印書館鉛印本　一冊　十五行三十二字小字雙行同上黑口四周單邊

610000－1001－0010205　普0010614

陳少湍丁未秋冬之政見一卷　（清）陳少湍撰　清光緒三十四年(1908)鉛印本　一冊　十二行二十五字下黑口四周雙邊

610000－1001－0010206　普0010615

欽定修正逐年籌備事宜清單一卷　（清）奕劻等編　清宣統鉛印本　一冊　十二行三十字白口四周雙邊

610000－1001－0010207　普0010616

奏擬編湖北常備軍制分設兩鎮添練兵隊酌擬餉數并設立參謀執法督操經理四項營務處附全練減練人數餉數與北洋比較數目清單二件摺　（清）張之洞撰　清光緒刻本　一冊　十行二十五字小字雙行不等白口四周雙邊

610000－1001－0010208　普0010617

闕里文獻考一百卷首一卷末一卷　（清）孔繼汾述　清刻本　七冊　十三行二十六字上下黑口左右雙邊　缺三十卷(二十一至三十一、八十二至一百)

610000－1001－0010209　普0010618

大清會典四卷　（清）托津等纂　清同治十一年(1872)刻本　四冊　十行二十字白口四周雙邊

610000 – 1001 – 0010210　普 0010619

經濟教科書六編　（日本）和田垣謙三撰　清光緒二十八年(1902)廣智書局鉛印本　一冊　十三行三十六字白口四周雙邊

610000 – 1001 – 0010211　普 0010623

重建魯齋書院記不分卷　（清）黃嗣東記　**魯齋書院學約十條**　（清）賀瑞麟等編　清光緒十四年(1888)刻本　一冊　十行二十二字上下黑口四周雙邊

610000 – 1001 – 0010212　普 0010624

魯齋書院學規彙編一卷　（清）黃嗣東著　清光緒十七年(1891)刻本　一冊　十行二十二字白口四周雙邊

610000 – 1001 – 0010213　普 0010627

駐奧使館報告書不分卷　（清）李季高編　清光緒三十三年(1907)政治官報局鉛印本　一冊　十八行四十字四周雙邊

610000 – 1001 – 0010214　普 0010629

日本武備教育九章　（清）商務印書館譯述　清光緒二十九年(1903)商務印書館鉛印本　一冊　十五行三十二字上黑口四周單邊

610000 – 1001 – 0010215　普 0010630

議會政黨論四編　（日本）菊池學而撰　（清）商務印書館譯　清光緒二十九年(1903)上海商務印書館鉛印本　一冊　十五行二十八字上黑口四周單邊

610000 – 1001 – 0010216　普 0010631

憲政論四編　（日本）菊池學而撰　（清）林榮譯　清光緒二十九年(1903)上海商務印書館鉛印本　一冊　十五行三十二字上黑口四周單邊

610000 – 1001 – 0010217　普 0010633

各國交涉公法論三集十六卷校勘記一卷　（英國）費利摩羅巴德撰　（英國）傅蘭雅口譯　（清）俞世爵筆述　清光緒二十四年(1898)江南機器製造總局鉛印本　十六冊　八行二十四字白口四周雙邊

610000 – 1001 – 0010218　普 0010634

鄂省丁漕指掌二卷楚北水利堤防紀要四卷　（清）陳汝藩等纂　清光緒四年(1878)刻本　二冊　十行二十八字白口左右雙邊

610000 – 1001 – 0010219　普 0010640

民政部奏定巡警服章圖表一卷　（清）善耆撰　清末石印本　一冊

610000 – 1001 – 0010220　普 0010641

東方時局論略一卷　（清）鄧鏗撰　清光緒十五年(1889)鉛印本　一冊　十行二十二字白口四周雙邊

610000 – 1001 – 0010221　普 0010645

重刊救荒補遺書二卷　（宋）董煟編著　（元）張光大新增　（明）朱熊補遺　（明）王崇慶釋斷　清同治八年(1869)楚北崇文書局刻本　二冊　十行二十二字白口四周雙邊

610000 – 1001 – 0010222　普 0010647

德國議院章程合盟紀事本末一卷　（清）徐建寅編　清光緒八年(1882)石印本　一冊　十四行三十四字小字雙行不等白口四周雙邊

610000 – 1001 – 0010223　普 0010650

英國財政要覽五章　（清）政治官報局編　清光緒三十四年(1908)政治官報局鉛印本　一冊　十二行三十字白口四周雙邊

610000 – 1001 – 0010224　普 0010651

直隸現行通飭章程三卷附恤囚編一卷　（清）直隸按察使司編　清光緒十七年(1891)保定臬署刻本　三冊　九行二十五字白口四周雙邊

610000 – 1001 – 0010225　普 0010652

酌定中州會館條規一卷河南義地章程一卷　（清）旅京中州同鄉會訂　清刻本　一冊　七行二十字白口四周雙邊

610000 – 1001 – 0010226　普 0010658

節本原富五卷　（英國）斯密亞丹撰　嚴復譯　張鵬一節　清光緒三十三年(1907)奉天學務公所鉛印本　二冊　十三行三十四字白口四周單邊

610000－1001－0010227　普0010659

節本原富五卷　（英國）斯密亞丹撰　嚴復譯
張鵬一節　清光緒三十三年(1907)奉天學
務公所鉛印本　二冊　十三行三十四字白口
四周單邊

610000－1001－0010228　普0010660

沈文肅公政書七卷首一卷　（清）沈葆楨著
清光緒六年(1880)刻本　十二冊　十行二十
四字白口四周雙邊

610000－1001－0010229　普0010661

沈文肅公政書七卷首一卷　（清）沈葆楨著
清光緒六年(1880)刻本　十二冊　十行二十
四字白口四周雙邊

610000－1001－0010230　普0010662

欽定吏部處分則例五十二卷　（□）□□編
清刻本　十一冊　九行二十字白口四周雙邊
存四十卷(一至十六、二十至二十五、二十
九至至三十四、四十一至五十二)

610000－1001－0010231　普0010666

鎮安學治錄一卷　（清）徐崑著　清道光二十
七年(1847)刻本　二冊　九行二十二字小字
雙行同白口左右雙邊

610000－1001－0010232　普0010675

中俄界務七卷西悉畢利鐵路考一卷　（清）錢
恂編　清光緒二十九年(1903)上海醉六堂石
印本　二冊　行數不等大小字不等白口左右
雙邊

610000－1001－0010233　普0010676

中俄界務七卷西悉畢利鐵路考一卷　（清）錢
恂編　清光緒二十九年(1903)上海醉六堂石
印本　二冊　行數不等大小字不等白口左右
雙邊

610000－1001－0010234　普0010684

政藝新書五種　（清）馬建忠譯　清光緒二十
七年(1901)教育世界社石印本　二冊　十二
行二十八字上下黑口四周雙邊

610000－1001－0010235　普0010685

各國交涉公法論初集四卷二集四卷三集四卷

（英國）費利摩羅巴德撰　（英國）傅蘭雅口
譯　（清）俞世爵筆述　（清）汪振聲校正
(清)錢國祥覆校　清光緒二十二年(1896)慎
記書莊石印本　八冊　二十行四十四字白口
四周雙邊

610000－1001－0010236　普0010694

交涉約案摘要七卷首一卷附編一卷　（清）王
鵬九編　清光緒二十六年(1900)刻本　四冊
十二行二十五字小字雙行同下黑口四周
雙邊

610000－1001－0010237　普0010696

陝西味經官書局書目一卷　（清）陝西味經官
書局編　清光緒二十九年(1903)刻本　一冊
十行字數不等白口左右雙邊

610000－1001－0010238　普0010708

文學叢書書目提要一卷　（清）上海醫學書局
編　清末鉛印本　一冊　七行大字不等小字
雙行三十九字上下黑口四周單邊

610000－1001－0010239　普0010711

彙刻書目二十卷　（清）顧修編　清光緒十二
年至十五年(1886－1889)上海福瀛書局刻本
二十冊　十一行二十五字小字雙行同上下
黑口左右雙邊

610000－1001－0010240　普0010716

中祀合編不分卷　（清）徐暢達輯　清同治刻
本　一冊　九行二十二字白口四周雙邊

610000－1001－0010241　普0010717

文廟祀位一卷　（清）倭什琿布等纂　清同治
八年(1869)楚北崇文書局刻本　一冊　十二
行二十字小字雙行同白口四周雙邊

610000－1001－0010242　普0010718

皇朝祭器樂舞錄二卷　（清）嚴樹森等輯　清
同治十年(1871)楚北崇文書局刻本　二冊
九行二十二字小字雙行同白口四周雙邊

610000－1001－0010243　普0010719

法部第二次統計表一卷　（清）法部編　清光
緒三十四年(1908)鉛印本　二冊　行數不等
字數不等上黑口四周雙邊

610000－1001－0010244　普0010721

崇文總目五卷　（清）王堯臣等編次　（清）錢
東垣輯釋　**補遺一卷附錄一卷**　（清）錢侗錄
　清光緒八年(1882)常熟後知不足齋刻本
　一冊　十二行大小字不等白口四周單邊

610000－1001－0010245　普0010727

海參崴公董局城治章程一卷　（清）李家鰲譯
　清光緒二十九年(1903)商務印書館鉛印本
　一冊　十二行三十四字上黑口四周雙邊

610000－1001－0010246　普0010728

十家牌法一卷　（清）胡啟文編　清咸豐七年
(1857)刻本　一冊　八行二十字白口四周
雙邊

610000－1001－0010247　普0010729

十家牌法一卷　（清）胡啟文編　清咸豐七年
(1857)刻本　一冊　八行二十字白口四周
雙邊

610000－1001－0010248　普0010730

十家牌法一卷　（清）胡啟文編　清咸豐七年
(1857)刻本　一冊　八行二十字白口四周
雙邊

610000－1001－0010249　普0010731

勸捐積穀章程一卷　（清）陝西巡撫部院頒行
　清咸豐八年(1858)刻本　一冊　八行二十
字白口四周雙邊

610000－1001－0010250　普0010731

**申飭各屬遵辦十家牌設卡巡緝札勸諭紳民協
拏賊匪告示一卷**　（清）陝西巡撫部院撰　清
咸豐八年(1858)刻本　一冊　八行二十字白
口四周雙邊

610000－1001－0010251　普0010735

普魯士地方自治行政說六章　（日本）野村靖
編述　（清）商務印書館譯　清光緒二十五年
(1899)商務印書館鉛印本　一冊　十五行三
十二字小字雙行不等白口四周單邊

610000－1001－0010252　普0010736

味經書院藏書目不分卷　（清）劉光蕡等編
　清光緒二十一年(1895)刻本　一冊　十行二

十四字小字雙行同白口左右雙邊

610000－1001－0010253　普0010737

味經書院藏書目不分卷　（清）劉光蕡等編
　清光緒二十一年(1895)刻本　一冊　十行二
十四字小字雙行同白口左右雙邊

610000－1001－0010254　普0010738

苻秦鄧太尉祠碑并跋一卷　（清）□□輯　清
末鉛印本　一冊　十二行三十字白口四周
雙邊

610000－1001－0010255　普0010739

苻秦鄧太尉祠碑并跋一卷　（清）□□輯　清
末鉛印本　一冊　十二行三十字白口四周
雙邊

610000－1001－0010256　普0010745

秦中書局彙報十九冊　（清）秦中書局編　清
光緒鉛印本　三冊　十五行四十字白口四周
雙邊　存三冊(五至七)

610000－1001－0010257　普0010753

農務要書簡明目錄一卷　（英國）傅蘭雅口譯
　（清）王樹善筆述　清光緒二十七年(1901)
上海製造局刻本　一冊　十行二十二字上下
黑口左右雙邊

610000－1001－0010258　普0010762

德興實學館讀書約目一卷　德興實學館編
　清光緒二十四年(1898)刻本　一冊　六行二
十字白口四周雙邊

610000－1001－0010259　普0010763

**輶軒今語一卷經濟歲舉特科奏牘一卷徐學使
湘室條誡一卷**　（清）徐仁鑄撰　清光緒二十
四年(1898)湖南府正街新學書局刻本　一冊
　九行二十字上下黑口左右雙邊

610000－1001－0010260　普0010764

歷代帝王法帖釋文十卷　（清）徐朝弼集釋
　清嘉慶十七年(1812)刻本　一冊　九行二十
四字小字雙行同白口四周雙邊

610000－1001－0010261　普0010772

豐川家訓節要一卷　（清）王心敬撰　**農言著**

實一卷 （清）楊秀沅著 清光緒三十四年(1908)三原永遠局刻本 一冊 九行二十四字白口間黑口四周雙邊

610000－1001－0010262 普0010773

小學書六卷 （清）朱熹撰 清光緒十年(1884)刻本 二冊 九行十八字小字雙行同上下黑口四周雙邊

610000－1001－0010263 普0010774

朱子五書二卷 （宋）朱熹撰 清光緒十年(1884)刻本 一冊 九行二十二字上下黑口四周單邊

610000－1001－0010264 普0010775

東萊博議四卷 （宋）呂祖謙撰 增補虛宇注釋一卷 （清）馮泰松點定 清光緒八年(1882)鳳城官舍刻本 四冊 九行二十一字小字雙行同下黑口左右雙邊

610000－1001－0010265 普0010777

野獲編三十卷首一卷補遺四卷 （明）沈德符撰 清道光七年(1827)刻本 一冊 十行二十一字白口四周雙邊 存二卷(五至六)

610000－1001－0010266 普0010779

重修潘劉隄碑一卷 （清）趙昀撰 清咸豐七年(1857)刻本 一冊 六行十八字白口四周雙邊

610000－1001－0010267 普0010784

東萊博議二十五卷 （宋）呂祖謙撰 （清）胡鳳丹校 清末多文館石印本 四冊 十四行三十字白口四周雙邊

610000－1001－0010268 普0010786

增補足本東萊博議二十五卷 （宋）呂祖謙撰 清光緒二十九年(1903)秦中官書局石印本 四冊 十七行四十字小字雙行同白口四周單邊

610000－1001－0010269 普0010787

增補足本東萊博議二十五卷 （宋）呂祖謙撰 清光緒二十九年(1903)秦中官書局石印本 四冊 十七行四十字小字雙行同白口四周單邊

610000－1001－0010270 普0010788

關中金石文字存逸考十二卷首一卷 （清）毛鳳枝撰 清光緒二十七年(1901)會稽顧氏江西萍鄉縣署刻本 八冊 十行二十字小字雙行同上下黑口左右雙邊

610000－1001－0010271 普0010789

宋史論三卷元史論一卷 （明）張溥論正 明史論四卷 （清）谷應泰論正 清刻本 三冊 十一行二十一字上下黑口左右雙邊

610000－1001－0010272 普0010794

歷代帝王法帖釋文十卷 （清）徐朝弼集釋 清嘉慶十七年(1812)刻本 一冊 九行二十四字小字雙行同白口四周雙邊

610000－1001－0010273 普0010797

子書百家 （清）崇文書局輯 清光緒元年(1875)湖北崇文書局刻本 一百〇八冊 十二行二十四字上下黑口四周雙邊 缺二種

610000－1001－0010274 普0010798

蕺山先生人譜一卷人譜類記二卷 （明）劉宗周撰 （清）洪正治校編 清嘉慶十六年(1811)刻本 二冊 十行二十一字白口左右雙邊

610000－1001－0010275 普0010799

正學隅見述一卷 （清）王弘撰撰 清光緒二十一年(1895)王凌霄刻本 一冊 八行十九字白口四周雙邊

610000－1001－0010276 普0010800

二程全書六種 （宋）程顥 （宋）程頤撰 (宋)朱熹輯 清光緒十八年(1892)刻本 十冊 十二行二十二字小字雙行同上下黑口左右雙邊 存五種

610000－1001－0010277 普0010801

衛道編二卷 （清）劉紹攽編註 清光緒元年(1875)刻本 一冊 九行二十一字小字雙行同白口四周雙邊

610000－1001－0010278 普0010802

學案小識十四卷首一卷末一卷 （清）唐鑑撰 清光緒十年(1884)刻本 十二冊 十行二

十一字上下黑口左右雙邊

610000－1001－0010279　普0010804

西銘講義一卷　（清）羅澤南撰　清光緒十七年(1891)涇陽柏經正堂刻本　一冊　八行二十四字小字雙行同下黑口左右雙邊

610000－1001－0010280　普0010805

周子全書四卷　（宋）周敦頤撰　清光緒十三年(1887)刻本　一冊　十二行二十二字小字雙行同上下黑口四周單邊

610000－1001－0010281　普0010806

周子全書四卷　（宋）周敦頤撰　清光緒十三年(1887)刻本　一冊　十二行二十二字小字雙行同上下黑口四周單邊

610000－1001－0010282　普0010807

先儒趙子言行錄二卷　（清）陳廷鈞撰　清同治九年(1870)崇文書局刻本　二冊　十行二十二字白口四周雙邊

610000－1001－0010283　普0010809

宗聖學規錄要七卷　（清）宗聖精舍編　清末鉛印本　一冊　十行二十四字白口四周雙邊

610000－1001－0010284　普0010810

弟子箴言二卷　（清）胡達源撰　清道光刻本　二冊　九行二十二字下黑口四周雙邊

610000－1001－0010285　普0010811

小學集註六卷　（宋）朱熹撰　（明）陳選集註　清光緒三十三年(1907)刻本　四冊　九行十八字小字雙行同白口四周雙邊

610000－1001－0010286　普0010812

小學韻語一卷　（清）羅澤南著　清光緒二十一年(1895)江南機器製造總局刻本　一冊　六行大字不等小字雙行二十一字白口四周雙邊

610000－1001－0010287　普0010815

呻吟語六卷附錄一卷　（明）呂坤著　清道光七年(1827)開封府署刻本　六冊　九行二十二字下黑口四周雙邊

610000－1001－0010288　普0010819

道書杯溪錄三卷赤水吟一卷　（清）傅金銓著　清刻本　二冊　九行十八字白口四周雙邊

610000－1001－0010289　普0010830

學案初模二十卷　（清）伊里布輯　清光緒二十五年(1899)秦中書局鉛印本　十冊　十行二十六字白口四周雙邊

610000－1001－0010290　普0010831

學案初模二十卷　（清）伊里布輯　清光緒二十五年(1899)秦中書局鉛印本　十冊　十行二十六字白口四周雙邊

610000－1001－0010291　普0010832

浮邱子十二卷首一卷　（清）湯鵬撰　清宣統二年(1910)掃葉山房石印本　六冊　十四行三十字白口四周雙邊

610000－1001－0010292　普0010833

浮邱子十二卷首一卷　（清）湯鵬撰　清宣統二年(1910)掃葉山房石印本　六冊　十四行三十字白口四周雙邊

610000－1001－0010293　普0010834

四書反身錄八卷　（清）李顒撰　清末掃葉山房石印本　四冊　十二行二十八字白口四周雙邊

610000－1001－0010294　普0010836

養蒙書九種附二種　（清）賀瑞麟輯　清同治十二年(1873)刻本　二冊　九行十七字上下黑口左右雙邊

610000－1001－0010295　普0010837

養蒙書九種附二種　（清）賀瑞麟輯　清同治十二年(1873)刻本　二冊　九行十七字上下黑口左右雙邊

610000－1001－0010296　普0010838

養蒙書九種附二種　（清）賀瑞麟輯　清同治十二年(1873)刻本　二冊　九行十七字上下黑口左右雙邊

610000－1001－0010297　普0010839

各國法制一斑一卷　（清）戴彬譯述　清末鉛印本　一冊　十三行三十七字下黑口四周雙邊

610000－1001－0010298　普0010840

道統淵源一卷　(清)張元勛撰　清宣統二年
(1910)尊經堂鉛印本　一冊　九行二十三字
白口四周雙邊

610000－1001－0010299　普0010844

**古本周易參同契集註二卷附補遺一卷附錄一
卷圖像一卷**　(漢)魏伯陽著　(清)知機子集
註　清同治十二年(1873)刻本　二冊　十行
二十一字小字雙行同白口四周雙邊

610000－1001－0010300　普0010849

公法總論一卷　(英國)羅柏村著　(英國)傅
蘭雅　(清)汪振聲譯　清末江南機器製造總
局刻本　一冊　十行二十二字白口四周雙邊

610000－1001－0010301　普0010850

各國交涉便法論六卷　(英國)費利摩羅巴德
撰　(英國)傅蘭雅譯　(清)錢國祥校　清光
緒刻本　三冊　十一行二十四字白口四周雙
邊　缺三卷(一至二、六)

610000－1001－0010302　普0010852

謝穀堂算學三種　(清)謝家禾撰　清道光十
七年(1837)刻本　一冊　十行二十二字小字
雙行同上下黑口左右雙邊

610000－1001－0010303　普0010853

人譜類記增訂六卷　(明)劉宗周著　清光緒
三年(1877)湖北崇文書局刻本　二冊　十二
行二十四字小字雙行同上下黑口四周雙邊

610000－1001－0010304　普0010854

洗冤錄詳義四卷首一卷　(清)許槤編校　**摭
遺二卷**　(清)葛元煦撰　清光緒五年(1879)
刻本　四冊　九行十四字白口左右雙邊

610000－1001－0010305　普0010855

萬國憲法志三卷　(清)周逵譯　清光緒二十
八年(1902)上海廣智書局鉛印本　一冊　十
二行三十五字白口四周雙邊

610000－1001－0010306　普0010856

憲法精理二卷　(清)周逵編譯　清光緒二十
八年(1902)上海廣智書局鉛印本　一冊　十
二行三十一字白口四周雙邊

610000－1001－0010307　普0010857

日本監獄法二十章　(日本)佐藤信安撰
(清)中國國民叢書社譯　清光緒二十九年
(1903)商務印書館石印本　一冊　十五行三
十二字上黑口四周單邊

610000－1001－0010308　普0010858

楚辭天問箋一卷　(清)丁晏譔　清咸豐四年
(1854)廣雅書局刻本　一冊　十一行二十四
字小字雙行同上下黑口四周單邊

610000－1001－0010309　普0010860

關中道脈四種書　(清)李元春輯　清道光十
年(1830)刻本　六冊　九行二十字白口左右
雙邊

610000－1001－0010310　普0010861

樂典六編附錄一編　(清)李燮義編譯　(清)
高連科校改　清宣統元年(1909)集成圖書公
司鉛印本　一冊　十行二十四字白口四周
雙邊

610000－1001－0010311　普0010862

知本提綱十卷　(清)楊屾撰　(清)鄭世鐸注
解　清光緒三十年(1904)刻本　八冊　八行
十七字小字雙行同白口四周雙邊

610000－1001－0010312　普0010863

關學原編四卷首一卷　(明)馮從吾著　**續編
三卷**　(明)王爾緝著　清光緒十七年(1891)
灃西草堂刻本　四冊　九行二十字白口四周
雙邊

610000－1001－0010313　普0010864

馮少墟關學原編四卷首一卷首一卷　(明)馮
從吾著　(清)李元春重訂　清道光十年
(1830)刻本　二冊　九行二十字白口左右
雙邊

610000－1001－0010314　普0010867

折獄龜鑑八卷　(宋)鄭克輯　(清)許槤重輯
清道光刻本　四冊　九行二十四字小字雙
行同白口左右雙邊

610000－1001－0010315　普0010868

桐閣性理十三論一卷　(清)李元春著　清光

緒十七年(1891)正誼書院刻本　一冊　九行
二十二字上下黑口四周單邊

610000－1001－0010316　普 0010874

公法會通十卷　（美國）丁韙良譯　清光緒二
十四年(1898)長沙南學會刻本　四冊　九行
二十一字小字雙行同上下黑口左右雙邊

610000－1001－0010317　普 0010875

公法會通十卷　（美國）丁韙良譯　清光緒二
十四年(1898)長沙南學會刻本　四冊　九行
二十一字小字雙行同上下黑口左右雙邊

610000－1001－0010318　普 0010876

公法會通十卷　（美國）丁韙良譯　清光緒二
十四年(1898)長沙南學會刻本　四冊　九行
二十一字小字雙行同上下黑口左右雙邊

610000－1001－0010319　普 0010878

補註補註洗冤錄四卷附刊檢骨圖格一卷
(宋)宋慈撰　（清）王又槐集證　（清）阮其
新補註　**作吏要言一卷**　（清）葉玉屏著
(清)朱性齋增　清道光二十三年(1843)刻三
色套印本　四冊　十行十八字小字雙行同白
口左右雙邊

610000－1001－0010320　普 0010879

補註補註洗冤錄四卷附刊檢骨圖格一卷
(宋)宋慈撰　（清）王又槐集證　（清）阮其
新補註　**作吏要言一卷**　（清）葉玉屏著
(清)朱性齋增　清道光二十三年(1843)刻三
色套印本　四冊　十行十八字小字雙行同白
口左右雙邊

610000－1001－0010321　普 0010880

補註補註洗冤錄四卷附刊檢骨圖格一卷
(宋)宋慈撰　（清）王又槐集證　（清）阮其
新補註　**作吏要言一卷**　（清）葉玉屏著
(清)朱性齋增　清道光二十三年(1843)刻三
色套印本　四冊　十行十八字小字雙行同白
口左右雙邊

610000－1001－0010322　普 0010881

箴銘輯要類編前錄一卷後錄三卷　（清）寇守
信編輯　（清）賀瑞麟鑒定　清光緒七年
(1881)刻本　四冊　九行二十字上下黑口四
周雙邊

610000－1001－0010323　普 0010882

開知錄十四卷　（清）張秉直著　（清）賀瑞麟
校　清光緒元年(1875)刻本　四冊　九行二
十字上下黑口四周雙邊